D1691340

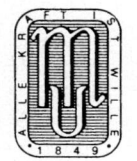

Geistiges Eigentum

Markenrecht | Musterrecht
Patentrecht | Urheberrecht

von

RA Hon.-Prof. Dr.
Guido Kucsko
schönherr
RECHTSANWÄLTE

Wien 2003
Manzsche Verlags- und Universitätsbuchhandlung

Zitiervorschlag
Kucsko, Geistiges Eigentum (2003) [Seite]

Printed in Austria

Alle Rechte, insbesondere das Recht der Vervielfältigung und Verbreitung sowie der Übersetzung, vorbehalten. Kein Teil des Werkes darf in irgendeiner Form (durch Photokopie, Mikrofilm oder ein anderes Verfahren) ohne schriftliche Genehmigung des Verlages reproduziert oder unter Verwendung elektronischer Systeme gespeichert, verarbeitet, vervielfältigt oder verbreitet werden. Es wird darauf verwiesen, dass alle Angaben in diesem Fachbuch trotz sorgfältiger Bearbeitung ohne Gewähr erfolgen und eine Haftung des Autors oder des Verlages ausgeschlossen ist.

ISBN 3-214-00423-9

© 2003 MANZ´sche Verlags- und Universitätsbuchhandlung GmbH, Wien
Telefon: (01) 531 61-0
eMail: verlag@MANZ.at
World Wide Web: www.MANZ.at
Druck: ManzCrossmedia, 1051 Wien

Vorwort

Herzlich willkommen beim mit Abstand spannendsten Rechtsgebiet! Intellectual Property ist das Blut im Körper der Informationsgesellschaft. Was wären das Internet ohne Inhalte, ein Opernhaus ohne Musik, ein Buch ohne Schrift? Was wären die Computertechnik ohne Erfindungen, Großmutters Likör ohne Geheimrezept und eine Operation ohne Narkose? Was wäre ein Sportwagen ohne Design? Was wäre ein Wollwaschmittel ohne Marke? Überall ist Intellectual Property, überall ist Immaterialgüterrecht.

Dieses Buch will dieses faszinierende Rechtsgebiet nicht isoliert, sondern eingebettet in sein historisches, technisches, ökonomisches, gesellschaftliches und rechtliches Umfeld praxisnah darstellen. Eine Hauptaufgabe dabei war es, das nur noch schwer zu überblickende Gewebe aus nationalen, gemeinschaftsrechtlichen und internationalen Normen sowie die Fülle höchstgerichtlicher Entscheidungen so zu systematisieren, dass eine leichte Orientierung und eine vertiefte Information möglich werden. Das Buch ist dazu in **drei Abschnitte** gegliedert:

- **preview** gibt – ohne zwingende Systematik – einen ersten Ausblick auf das Umfeld und das Aufgabengebiet des Immaterialgüterrechts.
- **mustknow** gibt die Systematisierung vor und enthält in Kurzfassung jene Informationen zum Marken-, Muster-, Patent- und Urheberrecht, die man in der Praxis und auch zur Prüfung unbedingt wissen sollte.
- **details** behandelt ausführlich die Details dieser vier Teilgebiete in derselben Systematik wie der mustknow-Abschnitt. Sie können also zwischen diesen Teilen hin- und herblättern, je nach dem, ob Sie den schnellen Überblick oder die tiefergehende information suchen.

Ja, und da wären noch die **Bilder**: Es hat mich gereizt zu versuchen, ob sich in einem juristischen Lehrbuch ein Konzept umsetzen lässt, das sich in der Vorlesung bewährt hat: Duch starke Bebilderung das Interesse zu wecken, den Einstieg zu erleichtern und assoziative Erinnerungsstützen zu schaffen. So wurde dieses Buch letzlich eine bebilderte Expedition, Reisebericht und Reiseführer zugleich, Begleiter im unsichtbaren, allgegenwärtigen Dschungel des Immaterialgüterrechts.

Und noch etwas: Mich stört es, wenn man schon kurz nach dem Erscheinen eines Fachbuchs nicht sicher sein kann, ob sich nicht Grundlegendes geändert hat. Ich stelle daher diesem Buch eine **Website** zur Seite, die zwar nicht jede Entwicklung in der Judikatur und Literatur nachzeichnen, aber zumindest bis zum Erscheinen einer Neuauflage auf grundsätzliche, wichtige Änderungen aufmerksam machen soll: **www.geistigeseigentum.at**.

Allen, die dazu beigetragen haben, dieses Projekt – von dem ich schon sehr lange träumte und das mich über Jahre begleitete – zu verwirklichen, danke ich sehr herzlich. An erster Stelle den Gastautoren, die durch ihre **statements** den Blickwinkel der themenspezifisch immaterialgüterrechtlichen Betrachtungsweise erweitert haben, und so das Verständnis für dieses sehr spezielle Rechtsgebiet erleichtern.

Herrn Hon.-Prof. DDr. *Robert Dittrich* verdanke ich viele Hinweise und Anregungen zum Kapitel Urheberrecht. Frau Dr. *Charlotte Radaszkiewicz* hat mit einem Team von Studentinnen und Studenten die schwierige Korrekturarbeit übernommen – vielen Dank! Der Verlag MANZ war bereit, auf dieses Buch lange zu warten und es dann auch noch so zu akzeptieren, wie ich es mir gewünscht habe. Dafür danke ich sehr.

Nicht zuletzt danke ich aber Ihnen, dass Sie Interesse an meinem Lieblingsthema und an diesem Buch haben. Möge es Ihnen annähernd so viel Freude machen und Ertrag bringen wie es mir bei der Arbeit daran gebracht hat. Wenn Sie Fehler, störende Lücken oder sonst Kritikwürdiges finden, sagen Sie es mir bitte (wenn es Ihnen gefällt, bitte auch) oder scheiben Sie mir: **g.kucsko@schoenherr.at**.

Wien, im August 2003   **Guido Kucsko**

Inhaltsverzeichnis

Vorwort	V
Abkürzungsverzeichnis	XV

▶ preview 31

old economy >> new economy >> one economy	3
Vor 100 Jahren	4
Net Kids	5
Rechtssicherheit	6
Registered Rights	7
Der „Stein von Rosetta"	7
Der Markendschungel	8
Drei griechische Säulen	8
Geld	9
Die Zukunft nationaler Patentämter	9
Das Phänomen Internet	10
Die Zeit und ihre Beschleunigung	11
Von neuen/alten Interessengegensätzen	11
Wir wollen alles	12
Interfaces	13
Transaktionskosten	14
Das Höhlengleichnis	15
Informationsselektion	15
Passive Meinungsfreiheit	16
Electronic Government	16
Schon erschöpft?	17
Ownership of resources and Biopiracy	17
Auf der Suche nach Bildern	18
ForumShopping	18
Kiss	19
Das Entertainment-Zeitalter	19
Neues IP schafft neue Intellectual Property Rights	20
Forschung im All	20
Der schmerzliche Verlust des Überblicks	21
Die Wurzel des IP	21
Distributed Denial of Services Attacks	21
Vom Fliegen	22
Der Sirenenruf der Werbung	22
Regulierung und Deregulierung	23
Was kommt nach der Deregulierung?	23

E-Commerce ist Geschichte 24
Apropos Abkürzung 24
Ein Thema nur für Zivilrechtler? 25
MEMS und Cookies 26
IP unter Denkmalschutz 26
Immaterialgüterrecht 27

STATEMENT   GEIST – vom Standpunkt der Hirnforschung (*Seitelberger*)   29

▸ mustknow — 31

mustknow|grundstrukturen — 33
1. Worüber sprechen wir eigentlich? — 33
2. Begriffsbildung — 33
3. Die IP-Transportwege — 34
4. Verfassungsrechtlicher Rahmen — 34
5. Internationales Recht — 35

mustknow|markenrecht — 37
1. Einleitung — 37
2. Schutzgegenstand „Marke" — 38
3. Markeninhaber — 40
4. Institutionen — 40
5. Registrierung — 41
6. Wirkung des Markenschutzes — 42
7. Schutzdauer — 45
8. Sanktionen — 46
9. Verbandsmarke — 46
10. Geographische Angaben und Ursprungsbezeichnungen — 47
11. Gemeinschaftsmarke — 49
12. Internationale Marke — 50
13. Name, Firma, Geschäftsbezeichnung, Titel, Ausstattung — 52

mustknow|musterrecht — 55
1. Einleitung — 55
2. Schutzgegenstand „Muster" — 56
3. Schöpfer — 57
4. Institutionen — 58
5. Registrierung — 58
6. Wirkung des Musterschutzes — 59
7. Schutzdauer — 60
8. Sanktionen — 60
9. Gemeinschaftsgeschmacksmuster — 61

mustknow|patentrecht — 65
1. Einleitung — 65
2. Schutzgegenstand „Erfindung" — 66

3.	Erfinder	67
4.	Institutionen	67
5.	Patenterteilung	68
6.	Wirkung des Patentschutzes	69
7.	Schutzdauer	70
8.	Sanktionen	71
9.	Gebrauchsmuster	71
10.	Halbleiterschutz	73
11.	Schutzzertifikate	74
12.	Europäisches Patent	75
13.	PCT-Anmeldung	76

mustknow|urheberrecht   79

1.	Einleitung	79
2.	Schutzgegenstand „Werk"	80
3.	Urheber	81
4.	Institutionen	82
5.	Entstehen des Schutzes	83
6.	Wirkung des Urheberrechtsschutzes	83
7.	Schutzdauer	84
8.	Sanktionen	85
9.	Leistungsschutz	86

details 87

details|grundstrukturen 88
1. Worüber sprechen wir eigentlich? 88
2. Begriffsbildung 90
3. Die IP-Transportwege 107
   STATEMENT Taxi Orange als vieldiskutierte Programminnovation (*Böhm*) 125
   STATEMENT WWW – Bewertbarkeit des Web als Werbemedium (*Limberger*) 166
4. Verfassungsrechtlicher Rahmen 182
5. Internationales Recht 187

details|markenrecht 195
   STATEMENT Die Marke zählt (*Oliva*) 196
1. Einleitung 198
   STATEMENT Wie entsteht Corporate Design? (*Dunkl*) 252
2. Schutzgegenstand „Marke" 254
   STATEMENT Imagetransfer (*Schweiger*) 334
3. Markeninhaber 336
   STATEMENT Der Wert der Marke (*Schweiger*) 346
4. Institutionen 348
5. Registrierung 355
   STATEMENT Geist und Besitz (*Liessmann*) 388
6. Wirkung des Markenschutzes 390
7. Schutzdauer 475
   STATEMENT Die Zukunft gehört den Marken (*Karmasin*) 519
8. Sanktionen 520
9. Verbandsmarke 540
   STATEMENT Das demoskopische Rechtsgutachten als strategisches Instrument (*Pflüger*) 550
10. Geographische Angaben und Ursprungsbezeichnungen 552
11. Gemeinschaftsmarke 566
    STATEMENT Und wo waren Sie? (*Bene*) 621
12. Internationale Marke 622
    STATEMENT Die Aufgabe der Vollendung des europäischen Binnenmarkts im Bereich der Immaterialgüterrechte (*Gaster*) 638
13. Name, Firma, Geschäftsbezeichnung, Titel, Ausstattung 640

details|musterrecht 693
   STATEMENT Kreativität als Wirtschaftsfaktor (*Filek*) 694
1. Einleitung 696

	STATEMENT Schutzverband – Hüter des fairen Wettbewerbs (*Seidelberger*)	723
2.	Schutzgegenstand „Muster"	724
	STATEMENT Aus Error-Design lernen (*Marchsteiner*)	745
3.	Schöpfer	746
4.	Institutionen	750
5.	Registrierung	753
6.	Wirkung des Musterschutzes	764
	STATEMENT Design der Gärten (*Terzic*)	771
7.	Schutzdauer	772
8.	Sanktionen	779
	STATEMENT Thonet – eine Ikone des Möbeldesigns (*Mang*)	782
9.	Gemeinschaftsgeschmacksmuster	783

details|patentrecht — 805

	STATEMENT Von der „mechnischen Erfindung" zur „Informationserfindung" (*Rafeiner*)	807
1.	Einleitung	808
	STATEMENT Dolli (*Flammer*)	837
2.	Schutzgegenstand „Erfindung"	838
3.	Erfinder	852
4.	Institutionen	863
	STATEMENT IP Boom in Japan (*Obuchi*)	883
5.	Patenterteilung	884
	STATEMENT Allgemeinheit – Forscher – Finanziers (*Schuöcker*)	919
6.	Wirkung des Patentschutzes	920
7.	Schutzdauer	936
8.	Sanktionen	953
	STATEMENT "Österreichische Vereinigung für gewerblichen Rechtsschutz und Urheberrecht" (*Sonn*)	965
9.	Gebrauchsmuster	966
10.	Halbleiterschutz	988
11.	Schutzzertifikate	1007
12.	Europäisches Patent	1017
13.	PCT-Anmeldung	1035

details|urheberrecht — 1045

	STATEMENT Wozu Urheberrechtsschutz für Software? (*Schneider*)	1047
1.	Einleitung	1048
	STATEMENT Paid Content (*Fallenböck*)	1102
2.	Schutzgegenstand „Werk"	1104
	STATEMENT Was tut die AKM (*Graninger*)	1130
3.	Urheber	1132
4.	Institutionen	1140
5.	Entstehen des Schutzes	1166

	STATEMENT Der Veranstalterverband (*Reinprecht*)	1169
6.	Wirkung des Urheberrechtsschutzes	1170
	STATEMENT Werkzeug und Urheber (*Moritsch*)	1259
7.	Schutzdauer	1260
8.	Sanktionen	1267
	STATEMENT Netzwerk und Interaktivität (*Moritsch*)	1293
9.	Leistungsschutz	1294
	STATEMENT Multikat und Kapazität (*Moritsch*)	1339
	SCHLUSSWORT Wie entsteht „Urheberrecht"? (*Dittrich*)	1341

STICHWORTVERZEICHNIS   **1343**

Abkürzungsverzeichnis

AA	anderer Ansicht
ABGB	Allgemeines Bürgerliches Gesetzbuch
abl	ablehnend
ABl	Amtsblatt
Abs	Absatz
aF	alte Fassung
AHR	Autonome Honorar-Richtlinie (AHR 1976) für Rechtsanwälte
AnwBl	Anwaltsblatt
AnwZ	Anwaltszeitung
ArbSlg	Sammlung arbeitsrechtlicher Entscheidungen
Art	Artikel
ASGG	Arbeits– und Sozialgerichtsgesetz
Aufl	Auflage
AusfO	Ausführungsordnung
AVG	Allgemeines Verwaltungsverfahrensgesetz
BA	Beschwerdeabteilung des Patentamts
Bd	Band
BGBl	Bundesgesetzblatt
BK	Beschwerdekammer
BKA	Bundeskanzleramt
BlgNR	Beilage(n) zu den stenographischen Protokollen des Nationalrats
BMG	Bundesministeriengesetz 1986
BMJ	Bundesministerium für Justiz
BMVIT	Bundesministerium für Verkehr, Innovation und Technologie
BMWA	Bundesministerium für Wirtschaft und Arbeit
BMBWK	Bundesministerium für Bildung, Wissenschaft und Kultur
B-VG	Bundes-Verfassungsgesetz in der Fassung 1929
CR	Computer und Recht (Zeitschrift)
bzw	beziehungsweise
dUrhG	deutsches Urheberrechtsgesetz
EB	Erläuternde Bemerkungen (bzw „Erläuterungen")
ELR	European Law Reporter
EPÜ	Europäisches Patentübereinkommen
EuG	Gericht erster Instanz der Europäischen Gemeinschaften
EuGH	Gerichtshof der Europäischen Gemeinschaften
EUR	Euro

EvBl	Evidenzblatt der Rechtsmittelentscheidungen (in ÖJZ)
EVHGB	Vierte Verordnung zur Einführung handelsrechtlicher Vorschriften im Lande Österreich
EWR	Europäischer Wirtschaftsraum
EWRA	Abkommen über den Einheitlichen Europäischen Wirtschaftsraum
FS	Festschrift
FuR	Film und Recht
G	Gesetz
GATT	Allgemeines Zoll- und Handelsabkommen (General Agreement on Tariffs and Trade)
GedS	Gedenkschrift
gem	gemäß
GesRZ	Der Gesellschafter, Zeitschrift für Gesellschafts- und
GewO	Gewerbeordnung
GGV	Gemeinschaftsgeschmacksmusterverordnung
GmbH	Gesellschaft mit beschränkter Haftung
GMG	Gebrauchsmustergesetz
GMV	Gemeinschaftsmarkenverordnung
GP	Gesetzgebungsperiode
GRURInt	Gewerblicher Rechtsschutz und Urheberrecht, Internationaler Teil (Zeitschrift)
GZ	Gerichts-Zeitung
GZV	Gütezeichenverordnung
HABM	Harmonisierungsamt für den Binnenmarkt
HGB	Handelsgesetzbuch
HlSchG	Halbleiterschutzgesetz
Hrsg	Herausgeber
idF	in der Fassung
INTERGU	Internationale Gesellschaft für Urheberrecht e.V.
IPRG	Bundesgesetz über das internationale Privatrecht
iVm	in Verbindung mit
iw	im Wesentlichen
iwS	im weiteren Sinn
JBl	Juristische Blätter
KartG	Kartellgesetz
K&R	Kunst & Recht (Zeitschrift)
KO	Konkursordnung
LJZ	Liechtensteinische Juristen-Zeitung
LMG	Lebensmittelgesetz
LMKV	Lebensmittelkennzeichnungsverordnung
MAStV	Musteranmeldestellenverordnung
MMA	Madrider Abkommen über die internationale

	Registrierung von Marken
MR	Medien und Recht
MSchG	Markenschutzgesetz
MuSchG	Musterschutzgesetz
mwN	mit weiteren Nachweisen
NA	Nichtigkeitsabteilung des Patentamts
NahVersG	Nahversorgungsgesetz
Nov	Novelle
NZ	Österreichische Notariats-Zeitung
ÖBl	Österreichische Blätter für gewerblichen Rechtsschutz und Urheberrecht
OGH	Oberster Gerichtshof
ÖJZ	Österreichische Juristenzeitung
OLG	Oberlandesgericht
OPM	Oberster Patent- und Markensenat
ÖSGRUM	Österreichische Schriftenreihe zum gewerblichen
ÖZGR	Österreichische Zeitschrift für gewerblichen Rechtsschutz
ÖZW	Österreichische Zeitschrift für Wirtschaftsrecht
PA	Österreichisches Patentamt
PatG	Patentgesetz
PAV	Patentamtsverordnung
PBl	Patentblatt
PCT	Patent Cooperation Treaty
PGMMV	Patent-, Gebrauchsmuster, Marken- und Musterverordnung
PPG	Produktpirateriegesetz
PSchM-VO	Verordnung (EG) Nr 1610/96 des Europäischen Parlaments und des Rates vom 23. Juli 1996 über die Schaffung eines ergänzenden Schutzzertifikats für Pflanzenschutzmittel
PublV	Verordnung über die Herausgabe amtlicher Publikationen des Patentamtes
PVÜ	Pariser Verbandsübereinkunft
RA	Rechtsabteilung des Patentamts
RAT	Rechtsanwaltstarif
RBÜ	Revidierte Berner Übereinkunft zum Schutze von Werken der Literatur und Kunst
RdW	Recht der Wirtschaft
RfR	Rundfunkrecht (Beilage zu ÖBl)
RL	Richtlinie
RN	Randnummer
Rs	Rechtssache
Rsp	Rechtsprechung
S	Seite

s	siehe
SchwMitt	Schweizerische Mitteilungen über gewerblichen
SchZ-VO	Verordnung (EWG) Nr 1768/92 des Rates vom 18. Juni 1992 über die Schaffung eines ergänzenden Schutzzertifikats für Arzneimittel
SSt	Entscheidungen des österreichischen Obersten Gerichtshofes in Strafsachen
str	strittig
stRsp	ständige Rechtsprechung
SZ	Entscheidungen des österreichischen Obersten Gerichtshofes in Zivilsachen
TBK	Technische Beschwerdekammer des Europäischen Patentamts
TRFV	Teilrechtsfähigkeitsverordnung
TRIPS	Abkommen über handelsbezogene Aspekte der Rechte des geistigen Eigentums (Anhang 1 C des WTO-Abkommens)
udgl	und dergleichen
UFITA	Archiv für Urheber-, Film-, Funk- und Theaterrecht Unternehmensrecht
UrhG	Urheberrechtsgesetz
UrhG-Nov	Novelle zum Urheberrechtsgesetz
uU	unter Umständen
UWG	Bundesgesetz gegen den unlauteren Wettbewerb
uzw	und zwar
VerwGes	Verwertungsgesellschaft
VfGH	Verfassungsgerichtshof
VfSlg	Erkenntnisse und Beschlüsse des Verfassungsgerichtshofs, Amtliche Sammlung
vgl	vergleiche
VStG	Verwaltungsstrafgesetz
wbl	Wirtschaftsrechtliche Blätter
WettDerG	Wettbewerbsderegulierungsgesetz
WIPO	World Intellectual Property Organisation
WRP	Wettbewerb in Recht und Praxis

preview

preview

Dieser Abschnitt des Buchs ist eine kurze Vorschau zur Einführung.

Zur Einführung in eines der spannendsten Rechtsgebiete, eng verflochten mit allen Lebensbereichen, getrieben von der schnellen Dynamik technischer Entwicklung. Viel Spass in meinem Lieblingsgebiet.

old economy >> new economy >> one economy

Es war fast wie Zauberei, fast so als würden auf magische Weise die Naturgesetze aufgehoben werden. Scheinbar losgelöst vom Ballast rechtlicher Bindungen und ökonomischer Grundregeln hat eine neue Generation junger Gründer und Manager sich aufgemacht, die „new economy" auszurufen. Hinter ihnen folgte eine Schar hoffnungsvoller Investoren. Die Börsen öffneten sich (nicht nur im wörtlichen sondern auch im institutionellen Sinn), Geld floss in junge Unternehmen und in facettenreiche Visionen künftig global erfolgreicher Unternehmen. Das Internet und die neuen Möglichkeiten eines global vernetzten Informationsaustausches und Wirtschaftens haben uns alle beeindruckt und überrollt. Noch ehe ausgelotet werden konnte, ob die bestehenden rechtlichen Rahmenbedingungen für diese neue Bewegung passen, welche neuen Risken es zu berücksichtigen gilt, welche ökonomischen Vorkehrungen ratsam und notwendig wären, haben diese Unternehmen mit ungeheuerer Tatkraft und bewundernswertem Einsatz ihrer Manager und Mitarbeiter zu arbeiten begonnen. Das vorläufige traurige Zwischenergebnis ist bekannt: Jäh vom Schnürlboden der Zaubervorführung abgestürzt, ist die „new economy-Blase" geplatzt. Viele hatten es schon vorhergesehen, nicht alle haben sich rechtzeitig darauf eingestellt. War dies nun lediglich eine Episode für die Wirtschaftsgeschichtsbücher oder war es der Auftakt zu einem Umbau unserer Wirtschaft? Ich glaube an das Zweite. Diese unter dem unscharfen Begriff „new economy" gestartete Entwicklung hat dauerhafte Folgen. Das Internet hat sich zum integralen Bestandteil jeder Geschäftstätigkeit und zum für viele bereits unverzichtbaren Vehikel auch der privaten Kommunikation und Informationsaufnahme entwickelt. Die nationalen Rechtsordnungen haben in Teilbereichen bereits nachgezogen und spezielle rechtliche Rahmenbedingungen geschaffen. Die vor Jahren noch geschmähte „old economy" bedient sich längst der Ideen und Methoden dieser neuen Kommunikationsmedien und hat sie in ihr Instrumentarium ganz selbstverständlich aufgenommen. Das Schlagwort „new economy" ist aber – ebenso wie seine Nachwirkungen – keineswegs auf dem Bereich des Internet beschränkt. Die globalen Netzwerke zum Informations- und Datenaustausch sind lediglich eine, wenngleich besonders markante Facette dieser Entwicklung. Wir werden dieser Entwicklung aber noch sehr viel deutlicher im unmittelbaren persönlichen Lebensbereich begegnen. Gentechnisch veränderte Lebensmittel, Mikrochips in nahezu jedem Gegenstand, die diesen vernetzen und zum „intelligenten" Helfer des Menschen machen, operationslose Heilmethoden, Krankheitsvorsorge durch Eingriff in die menschliche Erbsubstanz, sind hier nur Schlaglichter auf diese Entwicklung.

Vor 100 Jahren

Vor kurzem feierte das Österreichische Patentamt – zuständig für Marken, Geschmacksmuster, Patente und Gebrauchsmuster – sein 100-jähriges Bestehen. Wie reizvoll wäre es doch, zur Einleitung über die historischen Wurzeln des nationalen und internationalen Immaterialgüterrechts zu referieren. Wie passend wäre es, von kaiserlichen Patenten wie etwa dem Kaiserlichen Patent 1858, „womit ein Gesetz zum Schutze der gewerblichen Marken und anderen Bezeichnungen" erlassen wurde, oder von alten Privilegien, wie etwa jenem für den „Pirocatoforus" (einem Apparat zur Ausnützung der Sonnenwärme für den Antrieb einer Dampfmaschinen) und deren weiterer Entwicklung zu erzählen.

Dieser Gedanke verblasst freilich gegenüber der Idee, anstelle der Zitate aus alten Papieren über große österreichische Erfinder, bekannte und weniger berühmte, zu berichten. Sie alle kennen *Hedy Lamarr* als „Schönste Frau der Welt". In Wien geboren, wurde sie ein gefeierter Star in Hollywood. Sie spielte mit *Clark Gable*, *Spencer Tracy* und *James Stewart*. Schon als Kind hatte sie ein waches Interesse für die Technik und nur wenige wissen, dass sie eine große Erfinderin war, deren System zur Funksteuerung von Torpedos heute als fundamentale Lösungsidee für das Problem der knappen Sendefrequenzen für Handys fruchtbar gemacht wird.

Wie passend wäre es vielleicht, zur Einstimmung über das Amtsgebäude des Österreichischen Patentamts zu berichten; über das erste Domizil des K. u. K. Patentamts im Privatgebäude der Familie *Eppstein* – übrigens ein Provisorium, das bis 1925 anhielt. Später übersiedelte man in das schöne Haus am Kohlmarkt, im Herzen Wiens. Dieses beherbergte damals noch das berühmte *Kaffee Puchner*. *Karl Kraus* beschreibt es in den „Letzten Tagen der Menschheit". Über all dies berichtet *Paul Negwer* in seinem historischen Beitrag zur Festschrift „100 Jahre Österreichisches Patentamt".[1]

Wien im ausgehenden 19. Jahrhundert:[2] *Johann und Josef Schrammel* spielen auf. Beim Heurigen und in Wirtshäusern wie der *Güldenen Waldschnepfe* in Dornbach wird musiziert, getrunken, gelacht und gefeiert. Im Musikpavillon vom *Sperl* in der Josefstadt geigt *Johann Strauß*. Der alte Wiener Prater mit seinen Vergnügungsetablissements ist ein Zentrum behaglicher Unterhaltung aller Gesellschaftsschichten. Im „*Dritten Kaffeehaus*" spielt das 26. Infanterieregiment des Großfürsten von Russland (Dirigent: *Franz Lehar*). Unweit davon sitzt der Wirt vom *Gol-*

---

[1]) *Negwer*, Die Amtsgebäude des Österreichischen Patentamtes 1899 – 1999, FS 100 Jahre PA (1999).
[2]) Zum Folgenden vgl *Sinhuber*, Zu Gast im alten Wien (1997).

denen Kreuz mit seiner Gattin am vordersten Tisch und genießt mit seinen Gästen die frisch engagierte Militärkapelle, während an der Adresse Prater 37 im Restaurant *Prohaska* die erste Damenkapelle aufspielt: die *„Kapelle Richter"*, ein früher Vorläufer der *Spice Girls*. Was für eine Zeit?! *Überall war Musik – urheberrechtlich geschützte Musik*. Und so verwundert es wenig, dass in diesen Tagen, genau genommen am 17. 10. 1897, eine Gesellschaft gegründet wurde, deren Aufgabe es werden sollte, die Rechte der Urheber bei der Nutzung ihrer Werke und Darbietungen zu wahren. Es war dies die Geburtsstunde der *„Gesellschaft der Autoren, Componisten und Musikverleger"*, der heutigen Verwertungsgesellschaft AKM.[3] Und es verwundert auch nicht, dass schon ein Jahr später als Gegengewicht der „Verein der Vergnügungs-Etablissementbesitzer in Österreich" gegründet wurde, der bis heute als starker Interessenverband unter der Kurzbezeichnung „Veranstalterverband – VVAT" die urheberrechtlichen Interessen der Konzertlokalbesitzer und Veranstalter vertritt. All dies verwundert nicht, befanden wir uns doch damals schon mitten im Dschungel der Intellectual Property Rights, der einen Interessenausgleich zwischen Urhebern und Nutzern geistigen Eigentums erforderlich machte.

Net Kids

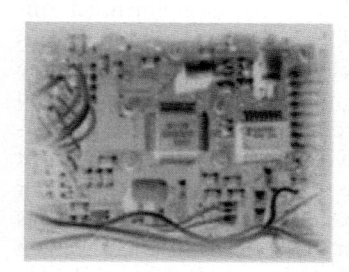

Ich habe aber alle diese schönen historischen Leitgedanken für eine Einleitung verworfen, weil eine andere Frage noch spannender ist: Wie wird die nächste Generation rückblickend die heutige Entwicklung sehen, die dann deren „Rechtsgeschichte" ist? Es kommt jetzt jene Generation, die *Tom Tapscott* so treffend als die „Net Kids" bezeichnet hat.[4] Und dies passt ganz hervorragend zu unserem **preview**. Denn, dieses Buch ist nicht der Rechtshistorie gewidmet und soll auch nicht nur die zum Stichtag des Redaktionsschlusses geltende Rechtslage darstellen, sondern einen Blick in die Zukunft gewähren, in die Zukunft, die heute für die nächste Generation vorbereitet wird.

Diese Generation ist auf einem neuen Spielplatz aufgewachsen: Dem Internet. Sie chatten mit Freunden in Deutschland, England oder Amerika, sie durchstöbern Datenbanken in Servern, von denen man nicht einmal weiß, wo sie aufgestellt sind. Sie laden sich Bilder, Texte und Filme herunter, bestellen Produkte und berichten ihren Freunden in E-Mails mehrmals täglich, wie es ihnen geht. Sie spielen interaktive Multimediagames, an denen gleichzeitig mehrere Spieler in verschiedenen Kontinenten beteiligt sind. Für sie ist der Globus sehr klein geworden. Es ist eine phantastische Generation, die jetzt heranwächst, fern von Vorurteilen, weltoffen,

---

[3]) Vgl dazu die Festschrift 100 Jahre AKM (1997).
[4]) *Tom Tapscott*, Net Kids (Signum Verlag 1998).

global orientiert, diskussionsfreudig und kritisch. Es ist jene Generation, für die wir heute die Lebensumgebung schaffen, in der sie morgen agieren wird. Was hat dies mit Immaterialgüterrecht zu tun? Was hat dies mit IP zu tun? Sehr, sehr viel: Ohne Immaterialgüter, ohne urheberrechtlich geschützte Texte, Bilder, Filme, ohne Markenartikel, ohne Software, ohne patentfähige Hardware, ohne Webdesign wäre der viel zitierte Datenhighway leer und öd. Oder anders gewendet: Die Immaterialgüter sind das Blut in den Adern der Kommunikationsgesellschaft. Ob Computerspiel oder Wissensdatenbank, Bilddatei oder MP3-Soundfile, alles unterliegt den Spielregeln des Immaterialgüterrechts.

Die Net-Generation von heute stellt die Manager global agierender Unternehmen von morgen, gewohnt die weltumspannenden Netzwerke der Information Technology zu nutzen. Welche Erwartungen werden sie an das von uns heute weiterzubildende System des Immaterialgüterrechts haben? Werden sie ein adäquates Rechtssystem vorfinden?

Rechtssicherheit

Ein solches System erfordert eines: Rechtssicherheit! Das ist es, wonach Mandanten vor allem suchen. Sie haben zumeist kein Problem damit, dass ihnen der Anwalt sagt, das geht oder das geht nicht. Nicht die klar negative Auskunft ist das Problem, sondern die ungewisse: das „könnte" geschützt sein, hier „könnte" eine Kollision mit anderen Schutzrechten bestehen, das „müsste" man in den einzelnen Ländern noch prüfen, letzte Sicherheit kann es freilich nicht geben ... Rechtssicherheit bedeutet global harmonisierte Rechtsvorschriften. Rechtssicherheit bedeutet einfach zu erlangende Schutzrechte. Heute erkundigen wir uns nach der besten Zugverbindung über eine interaktive Homepage und buchen auch dort das Ticket. Wie sollen wir der Net-Generation erklären, dass sie nicht auch Marken über das Internet anmelden kann? Rechtssicherheit bedeutet aber auch globale Recherchenmöglichkeiten. Rechtssicherheit bedeutet klare Grenzen des Schutzbereichs von Immaterialgüterrechten.

Eigentlich ist die Forderung leicht formuliert: Weniger, klarere und globale Normen. Wir müssen die Regulierungsfreude eindämmen und uns nicht nur über die Fortbildung der Rechtsordnung durch das Schaffen neuer Normen als Reaktion auf technische oder wirtschaftliche Neuerungen Gedanken machen, sondern vor allem darüber, wie man bestehende Normenwerke reduzieren, streichen oder vereinheitlichen kann. Gerade bei den Bemühungen um eine internationale Harmonisierung ist das schmerzhaft. Unterschiedliche Standards müssen zusammengeführt werden, manch liebgewonnene Besonderheit nationaler Regelung ist aufzugeben. Aber jeder Kompromiss, jede Verwässerung einer klaren und präzisen Regelung durch das Zusammenfügen verschiedenster Einflüsse führt zur Unübersichtlichkeit und zur Rechtsunsicherheit.

Registered Rights

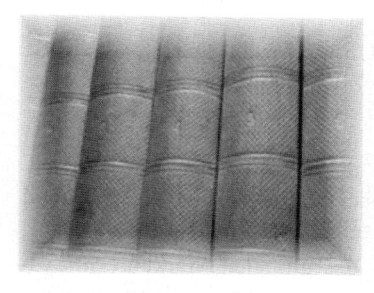

Konkret: „Ich liebe Bücher und ich liebe registrierte Schutzrechte." Dass Registerrechte keineswegs aus der Mode gekommen sind, zeigt das Internet. Dieses weltumspannende Netzwerk ist ohne staatliche Autorität, ohne Zentralstelle und ohne Vorgaben durch die Juristen entstanden. Einfach aus der faktischen Notwendigkeit, dem Datenstrom eindeutige Adressen zuzuordnen, hat sich ein System der Vergabe von Domain-Namen entwickelt. Dieses stellt sicher, dass ein registrierter Domain-Name nicht noch ein zweites Mal an jemanden anderen vergeben wird. Will man feststellen, ob ein bestimmter Domain-Name noch frei ist, genügt eine höchst einfache Recherche, um dies global abzuklären. Wir müssen also einen Weg finden, die existierenden, kaum recherchierbaren, nicht registrierten Schutzrechte in registrierte und daher recherchierbare Rechte überzuführen. Einfach in globalen Datenbanken recherchierbare Rechte mit einem eindeutig definierten Schutzumfang sind die Voraussetzung dafür, dass wir als Juristen den Mandanten klare und damit befriedigende Antworten geben können.

Der „Stein von Rosetta"

Ich bewundere den „Stein von Rosetta". Auf einer schwarzen Basaltplatte findet sich eine Huldigung an Ptolemäus VI. in ägyptischer Sprache (in Hieroglyphen und in demotischer Schrift) und auch in griechischer Sprache. Ich bewundere diesen Stein, weil er sich auf drei Schriften beschränkt. Wieviele Schriften und Sprachen können wir in global vernetzten Datenbanken verwalten? Es werden wohl höchstens drei Sprachen sein können. Aus diplomatischen Gründen sage ich nicht, welche. Welche Freude werden Sprachforscher in späteren Jahrhunderten über unsere mehrsprachigen EU-Richtlinien haben: So viele Sprachen in paralleler Übersetzung. Vielleicht werden sie sich aber auch darüber wundern, dass wir uns diesen vervielfachten Verwaltungsaufwand geleistet haben.

Vielleicht kommen uns die Techniker zu Hilfe. Weltweit forschen die Labors der großen Technologiekonzerne an der Verfeinerung der Spracherkennungs- und Übersetzungssoftware. Schon wird uns versprochen, dass es in wenigen Jahren nicht mehr erforderlich sein wird, eine Website mehrsprachig zu gestalten. Die Übersetzungssoftware wird uns jeden Inhalt in der gewünschten eigenen Sprache zugänglich machen. Vielleicht entschärft das auch das Sprachenproblem im juristischen Bereich.

Der Markendschungel

Ich schätze die kleinen Unterschiede! Die Unterschiede der Pflanzen im Dschungel der Natur und die Unterschiede im Dschungel der Marken. Die Net Kids, die Konsumenten von heute und morgen, sind das Leben im Dschungel gewohnt. Sie sind aufmerksam und kritisch. Sie unterscheiden mit hoher Treffsicherheit das Original von der plumpen verwechselbar ähnlichen Annäherung.

Wir können dem Kollaps des globalen Markenrechtssystems nur dadurch begegnen, dass wir die Schutzgrenzen der Kennzeichen enger ziehen. Ein zu weit ausgedehnter Schutzbereich der Marken gegen verwechselbar ähnliche Bezeichnungen, ständig steigende Zahlen registrierter nationaler, regionaler und internationaler Marken macht es heute schon den Unternehmern fast unmöglich, noch freie, Kollisionen tunlichst vermeidende Kennzeichen zu finden. Dabei sollten wir auch berücksichtigen, dass die Ausstattung von Waren und Leistungen heute mehr denn je zur Unterscheidung der Produkte beiträgt und in die Ähnlichkeitsprüfung zwingend mit einzubeziehen ist. Wir sind auch hier zur Neudefinition aufgerufen.

Drei griechische Säulen

Gestatten sie mir noch einmal ein Bild aus dem privaten Ferienalbum: Urlaub in Griechenland, drei Säulen eines antiken Tempels, drei Säulen, die das tragfähige Fundament des Immaterialgüterschutzes bilden: Nicht alle Unternehmen sind global präsent. Die große Mehrheit hat nach wie vor einen territorial eingeschränkten nationalen oder regionalen Einzugsbereich. Wir benötigen daher ein Immaterialgüterrechtssystem, das drei Säulen hat: nationalen, regionalen und/oder globalen Schutz. Zwingend ist aber, dass diese Schutzrechtssysteme weltweit nach harmonisierten Regeln funktionieren. Das Territorialitätsprinzip mit national und regional stark unterschiedlich ausgeprägten materiellen und formellen Regeln des Immaterialgüterrechts ist den Anforderungen an eine global vernetzte Wirtschaft nicht mehr gewachsen.

Geld

Ich habe nichts gegen Geld! Wer würde dies nicht unterschreiben? Ich habe aber auch nichts gegen Geld, das als Kaufpreis für ein Monopolrecht dient. Hohe Gebühren für Schutzrechte sind durch das gewährte Monopol und durch entsprechende Serviceleistungen gerechtfertigt. Die Patentämter benötigen diese Einnahmen, um schnell funktionierende Schutzrechtssysteme zu unterhalten, um Anfragenden Recherchenmöglichkeiten zu bieten und um auf diese Weise einen Ausgleich zur Monopolisierung Geistigen Eigentums zugunsten Einzelner zu schaffen. Allerdings sollten die Gebührensysteme vereinfacht werden.

Einheitliche Gebühren, bargeldlos einzuzahlen, möglichst in einer einzigen Währung. Der Euro hat hier einen ersten Schritt zur Vereinfachung gebracht.

Die Zukunft nationaler Patentämter

Welche Funktion kommt nationalen Patentämtern in einer globalisierten Wirtschaft zu? Werden sie bald durch einige wenige Zentralstellen zu ersetzen sein? Ich glaube nicht. Nationale Patentämter werden weiterhin das Portal zum Immaterialgüterschutz in ihren Ländern sein. Neben global auftretenden großen Konzernen werden die Volkswirtschaften weiterhin zu einem sehr erheblichen Teil von Klein- und Mittelunternehmen getragen werden. Diese benötigen den unkomplizierten, leicht erreichbaren Zugang zum Immaterialgüterschutz, die Beratung durch Fachleute in ihrer Landessprache, die Hilfestellung zur Erlangung nationaler, regionaler und globaler Schutzrechte vor Ort.

Die nationalen Patentämter sind in vielen Bereichen die Vorreiter für jene Entwicklungen, die dann zu einer Internationalisierung und zu einer Harmonisierung beitragen können. Heute erleben wir das Entstehen nationaler Online-Recherchensysteme, wie das über Internet abrufbare Recherchensystem des Österreichischen Patentamts. Diese Systeme sind Keimzellen globaler Recherchensysteme mit international verknüpften zentralen und dezentralen Datenbanken. Die nationalen Patentämter tragen das Wissen zu den Menschen. Sie sind es, die in ihrem Land das Wissen über den gewerblichen Rechtsschutz, über die zur Verfügung stehenden Schutzmöglichkeiten und über bereits gefundene technische Lösungen zur Vermeidung nutzloser Doppelforschungen und Doppelerfindungen vermitteln können. An dieser Stelle danke ich dem Präsidenten des Österreichischen Patentamts iR, *Dr. Rafeiner*, ganz besonders dafür, dass er jedes Jahr die Studenten meiner Vorlesung zu sich ins Patentamt zur Diskussion einladen hat.

Das Phänomen Internet

Nach einer Studie der Boston Consulting Group wird für 2003 ein Internet-Business-to-Business Transaktionsvolumen von $ 2 Trillionen erwartet.[5] Heute muss man kein Zukunftsguru mehr sein um vorauszusagen, dass das Internet (oder ein globales Nachfolgenetz, vielleicht über Funkverbindung und damit endlich von der Leine gelassen – so wie es die neue Handygeneration bereits ankündigt) in wenigen Jahren für uns alle ein selbstverständliches Werkzeug des täglichen Lebens sein wird.

Wir werden Reiseziele im Internet aussuchen, buchen und kommentieren. Wir werden Bücher und CDs nicht bloß online bestellen, sondern sogleich in Bits auf unseren eigenen PC oder ein handliches – selbstverständlich perfekt gestyltes, leichtes und leistungsstarkes – elektronisches Buch herunterladen. Wir werden uns daran gewöhnt haben, überall und zu jeder Zeit das individuell nach unseren Wünschen zusammengestellte „Fernseh"-Programm konsumieren zu können. Wir werden uns sogar an die Videotelefonie gewöhnt haben und froh sein, nicht nur den Namen des Anrufers, den wir vielleicht in der Eile gar nicht einordnen können, zu hören, sondern auch gleich sein Livebild zu sehen, sodass es bei uns vielleicht schneller „klingelt", wer das ist. Wir werden seine persönliche Visitenkarte mitbekommen und können noch während des Telefonats nachvollziehen, welche Funktion er in seiner Firma hat und wo wir ihm schon mal begegnet sind. Es wird uns auch gelegentlich verlocken, einen Film ein klein wenig zu bearbeiten und ihm ein gutes Ende zu geben, oder uns einfach mitspielen zu lassen. Jeder sein eigener Studiobesitzer: Was hindert uns, unsere Texte, Fotos oder Multimediaproduktionen über den letzten Urlaub oder über unser Hobby mit Filmen, Bildern, Originaltexten und Tondokumenten auf unserer Website „online zu stellen" und weltweit für Gleichgesinnte oder auch nur für Freunde und Familienangehörige in anderen Ländern verfügbar zu machen?

Eigentlich ist die Situation kaum anders als zur vorigen Jahrhundertwende: *Überall ist Musik – überall ist urheberrechtlich geschützte Musik*, überall ist geschütztes Intellectual Property und überall wird es intensiv genutzt, weltweit, in globaler Vernetzung. Das Volumen, die technische Qualität, die allzeitige und an jedem Ort bestehende Verfügbarkeit, die Möglichkeiten interaktiver Nutzung haben sich freilich extrem gesteigert.

---

[5]) 19.2.2000: http://www.bcg.com.

Die Zeit und ihre Beschleunigung

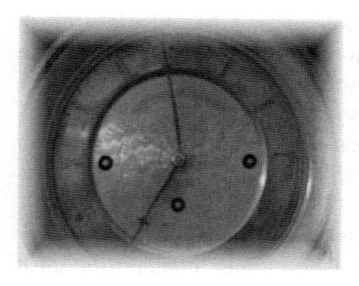

Auch darin werden Sie mir vielleicht zustimmen können: Alles wird immer schneller und kurzlebiger. Kaum haben wir uns an die Telefaxe gewöhnt, die uns die Nachdenkpause des Postlaufs geraubt haben, macht es im PC bereits „Ping" und wir werden informiert, dass soeben die 30ste E-Mail des heutigen Tages eingelangt ist und ihrer sofortigen Bearbeitung harrt. Kaum haben wir unsere Stereoanlage darauf trainiert, auch CDs abzuspielen und während wir uns noch an den Vorzügen der MD ergötzen, ist alles Schnee von gestern, weil diese Datenfülle doch viel besser gar nicht mehr gespeichert, sondern „streaming" aus dem Internet wiedergegeben werden sollte. Um ehrlich zu sein: Ich finde das toll und muss mich sehr beherrschen, nicht bei jedem Technologiewechsel sogleich die ganze bisherige Anlage rauszuschmeißen, in der festen, immer wieder erneuerten Überzeugung, dass dann alles noch leichter, schneller und eben besser gehen wird.

Als Juristen können wir jedenfalls für diese Beschleunigung nur dankbar sein, denn jeder technologische Fortschritt wirft sogleich eine Fülle neuer alter Rechtsfragen auf und schafft neuen juristischen Regelungsbedarf (Kopiergeräte bedingten die Reprographievergütung, Satellitenempfangsanlagen erforderten neue europäische Regelungen für das Senderecht, auch Computerprogramme bedurften einer speziellen Harmonisierungsrichtlinie, die Verlockung zu schnellen Bestellungen im E-Commerce fordert das Konsumentenschutzrecht heraus, MP3-files sind überhaupt der juristische Hit des Jahres) – man wird uns wohl auch weiterhin benötigen. Es macht jedenfalls Spaß mit dabei zu sein.

Von neuen/alten Interessengegensätzen

Das Leitmotiv aus 1897/1898 (Gründung von AKM und VVAT) ist unverändert gleich geblieben. Es besteht ein tiefgreifender Interessengegensatz zwischen Rechteinhabern und Verwertern. Dies bedarf eines immer wieder neu anzupassenden Interessenausgleichs durch entsprechende gesetzliche Regelungen, durch Gesamtverträge oder Einzelverträge und auch durch klärende Gerichtsentscheidungen. Voraussetzung dafür sind Interessenverbände wie die genannten, die in der Lage sind, eine kompetente Diskussion über diese komplexen Themen zu führen. Und das ist keineswegs allein ein Thema das Urheberrechts, wie die jahrelange Diskussion über den Designschutz für Kfz-Ersatzteile ebenso eindrucksvoll dokumentiert wie die Rechtsprechung zur Frage, ob ich eine berühmte Marke für ganz andersartige Produkte verwenden darf (zB „Rolls Royce" für eine Diskothek).

Wir wollen alles

Fortschrittsgläubigkeit und Machbarkeitsüberzeugung sind notwendiger Nährboden für die technische Fortentwicklung. Von bloßer Technikverliebtheit sind wir nach der Jahrtausendwende schon weit entfernt. In den letzten Jahrzehnten wurde sehr eingehend der Disput zwischen extremen Positionen der Naturschützer und der Betonierer geführt.

Für die jetzt heranreifende Generation wird dieses Ringen um einen akzeptablen Kompromiss historisches Wissen sein. Dass die Erschließung der Welt durch die Technik, das Gestalten und Durchdringen mit Intellectual Property, des steten Korrektivs lebensfreudiger Verbundenheit mit der ursprünglichen, vom Menschen nur behutsam zu nutzenden, in Ihrer Integrität zu achtenden Natur bedarf, ist selbstverständlich geworden. In vielen Bereichen der IP-Wirtschaft werden wir auf diese notwendige Balance stoßen, sei es die Begrenzung des Patentschutzes an der Nahtstelle zum menschlichen, tierischen oder pflanzlichen Leben, sei es die Frage nach der musterrechtlichen Monopolisierbarkeit natürlicher Gestaltungsformen oder das Immaterialgut des Sortenschutzrechts.

In dieser Auseinandersetzung kann sich dieses Rechtsgebiet auch der Diskussion ethischer Fragen nicht entziehen. Der lange Diskussionsprozess um die Regelung der rechtlichen Rahmenbedingungen für den Patentschutz gentechnologischer Erfindungen ist nur ein markantes Beispiel. Dieses Verschmelzen des Wissens um die Grundlagen des Lebens mit dem Forschen nach technischer und kommerzieller Anwendbarkeit wird eines der beherrschenden Themen des Immaterialgüterrechts in den kommenden Jahren sein.

Visionäre, die noch vor wenigen Jahren eindrucksvolle Zukunftsszenarien über die Digitalisierung und die alle Lebensbereiche erfassende Computertechnologie gezeichnet haben, sind bereits zu Berichterstattern über Alltäglichkeiten geworden. Diese Visionen haben sich schneller als erwartet erfüllt. Ob dies auch auf jene Prognosen zutreffen wird, die ein Bild biologisch gezüchteter, „lebender" Gebilde mit gigantischer Rechnerleistung zeichnen, wissen wir nicht. Es werden sich aber weiterhin, vielleicht noch deutlich schärfer als bisher, die Fragen nach dem Schutz dieser Leistungen, nach den Grenzen des Zulässigen, nach der Rechtfertigung der Monopolisierung stellen. Fragen, die letztlich durch Novellen zu den hier zu erörternden Gesetzen zu beantworten sein werden.

update: www.geistigeseigentum.at

Interfaces

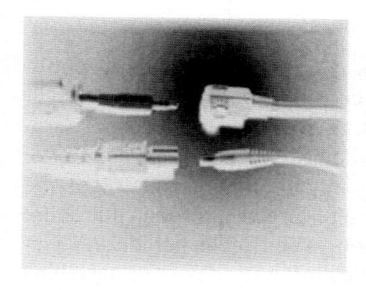

Die Digitalisierung von Informationen hat es möglich gemacht, gewaltige Datenbanken des Wissens aufzubauen. Was früher Bibliothekshäuser füllte, ist jetzt auf kleinen handlichen Speichermedien unterzubringen. Was früher nur als Unikat existierte, ist jetzt beliebig oft, auf einfache, schnelle und billige Weise kopierbar. Das Informationszeitalter liegt nicht vor uns, es ist Realität geworden. Jedermann hat – zumindest theoretisch – Zugriff auf dieses Weltwissen, das in großen Strömen in die Computersysteme einfließt, dort verfügbar gehalten wird und über globale Netzwerke von jedem Ort der Welt abrufbar und verfügbar ist.

Der weitere Aufbau dieser Datenbanken ist nicht das Problem. Schwieriger ist es, leistungsfähige Netze aufzubauen, die den Transport großer Datenmengen (Filme und Liveübertragungen) ohne spürbaren Zeitverlust ermöglichen. Wer häufig dem langsamen, entnervenden Aufbau von Websites und der minutenfressenden Übertragung von Videofiles zugesehen hat, weiß, was ich meine.

Die entscheidende Aufgabe wird aber darin liegen, bessere Interfaces zwischen dem menschlichen Gehirn und den Datenbanken herzustellen. Der Zugriff auf die in Büchern festgelegten Informationen über das Auge funktioniert hervorragend, schnell, mit ein wenig Licht an nahezu jedem Ort, immer wieder reproduzierbar, ohne großen technischen Aufwand und mit einfachen Orientierungssystemen (wie einem Inhaltsverzeichnis und einem Stichwortregister). Mit einer komplexen Multimediadatenbank zu kommunizieren, ist schon wesentlich schwieriger.

Sicherlich wird bald die Informationseingabe über das Hämmern auf einer Tastatur durch eine Schnittstelle mit Spracherkennung ersetzbar sein. Sicherlich werden die Systeme immer kleiner, sodass man nicht unbedingt an einen bestimmten Arbeitsplatz mit PC gefesselt ist, um in eine Datenbank einzusteigen. Überzeugend wird das Thema Interface aber erst gelöst sein, wenn die Bedienung ebenso einfach und benutzerfreundlich ist, wie das Aufschlagen einer Zeitschrift in der U-Bahn. Glaubt man den Vorankündigungen von Bildschirmen im Brillenglas, die das jederzeitige Einblenden von Informationen zulassen, von Computern im Schuhabsatz, die über die leitende Hautoberfläche mit diesem Brillendisplay vernetzt sind, so erwartet uns ja in unmittelbarer Zukunft noch einiges an Schnittstellenverbesserung. Bedenkt man aber, dass uns diese über Funk transportierten Informationen allgegenwärtig wie die Luft zum Atmen umgeben, so könnte man nach einer noch direkteren Schnittstelle zwischen dem menschlichen Gehirn und dem allgegenwärtigen

Kucsko, Geistiges Eigentum (2003)

Intellectual Property fragen, die in ihrer Sensibilität vielleicht sogar die klassischen Sinnesorgane übertrifft.

Transaktionskosten

Wie leicht war es noch, einen Roman zu publizieren: Ein einziger Autor, mit dem der Verleger einen Verlagsvertrag schließt. Ein einziger Grafiker, der aufgrund eines Werkvertrags das Cover gestaltet. Dazu genügten Standardverträge, die einmal ausgearbeitet wurden und dann für Jahre unverändert blieben, wenn nicht gerade der Gesetzgeber eine Neuordnung des Verlagsrechts brachte (was aber nicht der Fall war). Autor und Verleger unterfertigten am Beginn des Projekts den Formularvertrag und die Rechteeinräumung war für alle Auflagen und Ausgaben abgesichert.

Versucht man dieses Modell des Rechteerwerbs auf ein Multimediaprodukt, wie eine Website, umzulegen, so zeigen sich die Grenzen des Machbaren: Tausende Details, Grafiken, Animationen, Texte, Fotos, Filme, manchmal nur kleine Partikelchen eines größeren Werks, manchmal umfangreiche Dokumente, die über Hyperlinks anzusprechen sind, all dies oftmals bearbeitet, um es in Funktion und Layout einzupassen. Wer entwirft, verhandelt und verwaltet all diese Verträge? Wer hilft dabei, überhaupt die jeweiligen Rechteinhaber ausfindig zu machen, wenn zur Illustration eine Karikatur, ein Comicstrip, ein Archivfoto benötigt wird? Es geht nicht um die Höhe des Entgelts. Das wird in vielen Fällen ohnehin nur marginal sein können. Es geht um die Transaktionskosten, die der Vertragsabschluss insgesamt (von der Recherche bis zur Rechtsberatung) verursacht.

Hier wird man nach neuen (Aus-)Wegen suchen müssen. Dazu könnte die in das digitalisierte Werk eingearbeitete Signatur ein Ansatz sein: Das Werk wird veröffentlicht und damit zur Nutzung freigegeben. Mit jeder Nutzung wird automatisch ein Abrechnungssystem in Gang gesetzt, das Millibeträge verrechnet, kumuliert und dann abrechnet. Oder es werden weite Bereiche der Nutzung freigestellt, weil sie für das eigentlich zu verkaufende Hauptprodukt werben und daher auch aus der Sicht des Rechteinhabers zu fördern sind. Erst für die Hauptnutzung wird dann ein Nutzungsentgelt eingehoben.

Dies wird auch technische Verschlüsselungsmethoden erfordern, die vor Raubkopien schützen. Wer aber schützt die Schutzmechanismen? Die Industrie fordert spezielle Normen, die das Knacken solcher Mechanismen ebenso unterbinden wie den Vertrieb dafür geeigneter Geräte. Dagegen wird die Forderung nach Informationsfreiheit, nach Freiheit des Informationszugriffs und der Informationsweitergabe laut – ein neues Diskussionsfeld ist eröffnet.

Wie auch immer: Wir müssen auch das Thema Transaktionskosten in den Griff bekommen. Dies wird nur im intensiven Dialog zwischen Nutzern und Rechteinhabern und mit kreativen neuen Denkansätzen und Technologien möglich sein.

Das Höhlengleichnis

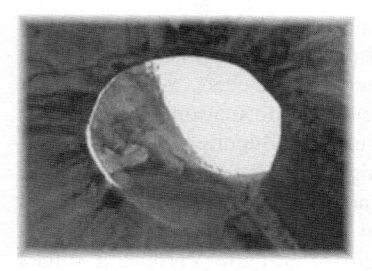

Zumindest seit dem Höhlengleichnis gehen wir bewusst damit um, dass wir nur selten über authentische Informationen verfügen. Wir begnügen uns zumeist mit einem Informationssurrogat. Wir begnügen uns mit einer Kurzmeldung in der Zeitung, manchmal vielleicht sogar mit der Schlagzeile. Wir schöpfen Information aus einem wenige Minuten dauernden Fernsehbericht und bilden unsere (politische) Meinung aus einem Leitartikel oder Kommentar. Dies tun wir umso stärker, je wichtiger ein Ereignis ist. Ob die Milch im Eisschrank abgelaufen ist, überprüfen wir noch authentisch an der Packung selbst. Dass das Programm einer staatstragenden Partei neu gefasst wurde, entnehmen wir einem Zeitungsbericht unter Verzicht darauf, das Originalprogramm zu besorgen. Welche Forderungen eine nationale Minderheit in einem Nachbarland wirklich stellt, das zu verifizieren, ist bereits fast unmöglich. Der Kommentator wird dies ohnehin besser beurteilen und zusammenfassend berichten ...

Die authentische, ursprüngliche Information ist aber jetzt mit einem Mal verfügbar. Fernsehen und Internet werden technisch ineinander verschmelzen. Wenn der Kommentator über das neue Parteiprogramm berichtet, wird ein Mausklick genügen, um den Original-Volltext am Bildschirm zu haben oder auszudrucken. Jeder kann im Internet präsent sein. Jede Minderheitengruppe kann ihre Forderungen authentisch selbst formulieren, zugänglich machen und zur Diskussion stellen. Die Informationsvermittlung ist mit einem Schlag demokratisiert. Wir alle haben den Zugang dazu und wir werden ihn nutzen.

Informationsselektion

Noch wichtiger als leistungsfähigere Breitbandkabel und immer kleiner werdende Computer ist die Entwicklung von Suchmaschinen, die uns in der Fülle verfügbarer Informationen zielsicher zu den benötigten Daten führen. Sie werden sich auf den jeweiligen Benutzer, dessen Vorkenntnisse, Bedürfnisse und Suchanliegen sehr individuell einzustellen haben, um das schnelle Selektieren der Informationen zu ermöglichen. Erst danach werden wir entscheiden, welches aufgefundene Intellectual Property wir tatsächlich nutzen wollen. Dies wird markante Auswirkungen auf das Lizenzieren von Schutzrechten und vor allem auf das Vergüten unterschiedlicher Nutzungsintensität haben. Das Lizenzrecht, das Urhebervertragsrecht, die technischen Abrechnungssysteme dazu werden erst zu entwickeln sein.

Passive Meinungsfreiheit

Unsere Freiheit, die eigene Meinung zu verkünden und Informationen zu geben, ist verfassungsrechtlich weitgehend abgesichert. Wie aber steht es um unsere Freiheit, Informationen zu bekommen? Was tun, wenn der Zugang zur Information durch Immaterialgüterrechte versperrt ist? Das Thema ist nicht neu. Der Terrorist kann sich im Strafprozess nicht dadurch der Verurteilung entziehen, dass er die öffentliche Verlesung seines Bekennerschreibens als Beweismittel gestützt auf sein Urheberrecht untersagt. Eine spezielle „freie Werknutzung" weist hier das Individualrecht im Interesse der Allgemeinheit in die Schranken.

Die Medienbeobachtung hat dieses Thema jüngst wieder zur Diskussion gestellt. Auch hier wird ein freier Zugang zur Information verlangt. Um die Medien beobachten und dem Auftraggeber Kopien der Berichte, die ihn betreffen, geben zu können, bedarf es der Klarstellung, dass dies nicht in fremde Rechte eingreift.

Electronic Government

Ja, ich weiß, dass nicht jeder einen Internetzugang hat. Ich weiß, dass es heute sogar noch eine Minderheit ist, die dieses Medium wirklich intensiv nutzt. Ich kenne die statistische Diskrepanz zwischen der (Medien-)Präsenz dieses Phänomens und der tatsächlichen Nutzung. Dennoch: Ich bin sicher, dass sich das rasant weiterentwickeln wird. Wir haben in den letzten Jahren gerade im Justizsektor hervorragende Erfahrungen mit dem Onlinezugang zum Grundbuch, zum Firmenbuch und im elektronischen Mahnverfahren sammeln können. Österreich ist hier zweifellos führend. Die Initiative für ein Electronic Government kann man als Rechtsberater nur uneingeschränkt unterstützen. Derzeit noch am Beginn (Informationen und Formulare werden unter www.help.gv.at zur Verfügung gestellt), soll dieses System durch die Einführung der digitalen Signatur in wenigen Jahren die meisten Behördenwege obsolet machen.

Ja, ich weiß, dass nicht jeder einen Internetzugang hat. Aber es wird für die erforderliche Übergangszeit in jedem kleinen Ort Amtsstuben geben, die diesen Zugang haben und in denen jemand als Dienstleister sitzt, der nicht nur für die Sterbeurkunde oder den Reisepass, sondern für alle Wünsche an Behörden zuständig ist und der jenen, die über keinen Netzzugang verfügen, bei der Dateneingabe behilflich ist.

Schon erschöpft?

Hoffentlich nicht! Aber Immaterialgüterrechte tun dies – sie erschöpfen sich. Bringt der Markeninhaber den Markenartikel irgendwo in der EU in Verkehr, so kann er sich in keinem anderen EU-Staat auf eine registrierte Marke berufen, um den (Weiter-)Vertrieb zu verhindern. Das Inverkehrbringen hat eben das Markenrecht erschöpft. Man kann versuchen, dies dogmatisch aus dem Wesen der Marke und ihren Funktionen abzuleiten, man kann es aber auch als handelspolitische Maßnahme hinnehmen. Es würde dem Freihandelsgebot der Gemeinschaft krass widersprechen, könnte man die Märkte innerhalb der EU durch getrennte Markenregistrierungen voneinander abschotten. So leicht lässt sich der mühsam errungene freie Warenverkehr nicht wieder ins Gegenteil verkehren.

Was aber wenn die Originalware erstmals außerhalb der EU in Verkehr gebracht wurde (zB in der Türkei) und dann auf welchen Wegen immer ins Gemeinschaftsterritorium kommt? Die Antwort hat einen Namen: „Silhouette". So hieß das Markenprodukt (eine Brille), die dieses Schicksal hatte, und so heißt seither die EuGH-Entscheidung, die zu diesem Fall erging. Von Erschöpfung ist hier keine Spur. Das Markenrecht greift, der unerwünschte Parallelimport aus einem Drittland kann abgewehrt werden.

Seither wird diese Munterpille gegen die Erschöpfung heftig diskutiert. Wir werden sehen, ob die Festung Europa weiter standhaft bleibt, oder ob man dem freien Transfer von befugt in Verkehr gebrachten Immaterialgütern global die Pforten öffnet. Vielleicht ein Thema für die WTO? Vielleicht ein Thema für die Revision des Abkommens über Trade Related Aspects of Intellectual Property Rights – kurz TRIPS?

Ownership of Resources and Biopiracy

Hinter diesen Schlagworten steht eine tiefgehende Diskussion. Die ländliche Bevölkerung exotischer Gebiete befürchtet, durch die Patentierung von Pflanzen und deren biologischer Teilchen, durch Monopole auf lebende Organismen, betrieben von großen Konzernen, die weltweit auf der Suche nach neuen Anwendungssubstanzen umherstreifen, ihrer Schätze beraubt zu werden.

Auch hier wird das Immaterialgüterrecht in den nächsten Jahren auf eine heikle Probe des Abwägens zwischen der Freiheit aller und dem notwendigen Investitionsanreiz durch das Schaffen von IP-Monopolen gestellt werden.

Auf der Suche nach Bildern

Wir haben schon über Recherchen nach Marken und über den Wunsch nach global vernetzten Suchsystemen gesprochen. Technisch ist das schon heute machbar. Es fehlt der politische Wille. Weit schwieriger wird es aber, nach Bildern zu suchen. Wenn auch nur ein Referent das graphische Symbol in einem Logo missdeutet und die als Eiffelturm gemeinte Zeichnung unter die Ölbohrtürme einreiht, wer sollte dieses Bild jemals wieder finden? Wie soll man Logos kategorisieren, die jeweils durch das Symbol eines Herzens charakterisiert sind, freilich in ganz unterschiedlichen Darstellungsweisen?

Wir werden solche Systeme aber benötigen, um Kollisionen zu vermeiden, Kollisionen mit anderen Bildzeichen, Ausstattungen, Designs oder urheberrechtlich geschützten Bildern. Wie bei der Spracherkennungs- und Übersetzungssoftware können wird nur hoffen, dass die Entwicklung rasch und erfolgreich verläuft.

ForumShopping

Das ist nicht der zugkräftige Name eines Kaufhauses, sondern die Bezeichnung eines Artverhaltens von im Immaterialgüterrecht tätigen Anwälten. Sie nutzen die national bestehenden Unterschiede im materiellen Recht, im Gerichtsgebrauch und vor allem in den Regeln des internationalen Prozessrechts, die das Anknüpfen an die Jurisdiktionen verschiedener Länder und damit die Wahl zwischen verschiedenen Gerichten ermöglichen. Ziel des Selektionsprozesses ist es, jenen Gerichtsstand zu finden, bei dem man sich das taktisch günstigste Ergebnis erhofft.

Neu am Markt ist beispielsweise der „Belgische Torpedo". Derjenige, der befürchten muss, wegen einer Patentverletzung mit einer einstweiligen Verfügung (etwa in Deutschland) in Anspruch genommen zu werden, bringt vorsorglich in Belgien eine negative Feststellungsklage ein. Diese soll in aller Ruhe und Dauer klären, ob er das fremde Patent verletzt. Kommt dann der eilige Antrag auf einstweilige Verfügung, so wendet man ein, dass ja ohnehin schon in Belgien ein präjudizieller Rechtsstreit läuft und der Richter das Verfahren daher getrost unterbrechen und auf diese ausländische Entscheidung warten könne.

update: www.geistigeseigentum.at

Mit ihm wartet dann auch der Kläger auf seine ehemals eilige einstweilige Verfügung, und das kann lange dauern ... Gegenmittel? – Harmonisierung der Normen und auch der Spruchpraxis nationaler Entscheidungsinstanzen.

KISS

Was gibt es Schöneres, als drei Abende lang einen Techniker-Schnellkurs zu absolvieren, indem man den neuen Videorecorder programmiert, erlernt, wie man mit ihm in den verschiedenen Lebenslagen eines Fernseh-Video-Fans unter Benutzung der vielen eindrucksvollen Schaltknöpfe und plötzlich am Bildschirm erscheinenden (manchmal schwer wieder wegzubekommenden) Steuerungsmenüs umzugehen hat, um am nächsten Tag festzustellen, dass statt des Mitternachtsfilms doch nur die Fernverkaufssendung eines anderen Kanals aufgezeichnet wurde. Schön vor allem deshalb, weil man weiß, dass man die Fehlfunktion nie und nimmer dem Gerät, sondern nur der eigenen Verständnislosigkeit gegenüber einfachen technischen Bedienungsanleitungen zuzuschreiben hat.

Doch ein Gedanke lässt das Lächeln wieder auf unser Gesicht zurückkehren, denn da ist die Juristenkunst doch gleich etwas ganz anderes. Wo sich die Techniker mit kleinen Bildgeschichten, Icons mit Rufzeichen und Glühbirnen abmühen, um uns auf bestimmte Funktionen aufmerksam zu machen und auf den rechten Pfad zu leiten, formulieren wir locker, umgangssprachlich, gut gegliedert und leicht fasslich, was dann in einfach aufzufindenden Normenwerken mit abwechslungsreichen Novellen als Bedienungsanleitung für eine internationale Markenanmeldung dient.

Irgendwann werden uns die Techniker das altbekannte „keep it simple and stupid" groß und deutlich an die Wand schreiben, wenn es sie dann noch gibt, die Juristenkunst.

Das Entertainment-Zeitalter

Dass wir unterhalten werden wollen, wussten schon die Römer und veranstalteten Spiele, die den heutigen Events um nichts nachstanden. Entertainment nicht nur als Zeitvertreib für die – so die Prophezeiungen – kommende Freizeitgesellschaft. Entertainment auch als Weg, Wissen zu vermitteln und die zunächst noch bitter erscheinende Pille des Lernens zu versüßen. Wo das Interesse geweckt ist, wo die Begeisterung erwacht, wo der Spieltrieb durchbricht, dort wird Lernen nicht mehr als Belastung empfunden und das erworbene Wissen ist durch mannigfaltige Assoziationen weit besser verankert als durch eine trockene tabellarische Wissensvermittlung. Die multimediale Wissensvermittlung wird zur Selbstverständlichkeit werden und mehr Information einfacher zugänglich machen. Aber: kein Enter-/Infotainment ohne Intellectual Property.

Neues IP schafft neue Intellectual Property Rights

Der Kreis der Immaterialgüterrechte ist beschränkt. Um ihn zu erweitern, bedarf es des Gesetzgebers. Wird ein neuer Typ Intellectual Property entwickelt, der in keines der bisherigen Schutzschemata so richtig passt, kann sehr schnell ein neues Intellectual Property Right kreiert werden, vorausgesetzt ein entsprechender wirtschaftspolitischer Druck ist vorhanden. So wurde unsere Rechtsordnung etwa auf Anregung der USA um ein eigenes Schutzrecht für die „Topographien von Halbleitererzeugnissen" bereichert. Wir werden uns mit dem Halbleiterschutzgesetz noch näher befassen. Praktische Bedeutung hat es bislang kaum erlangt und am Horizont dämmert schon die Ablöse der Halbleitertechnologie durch neu zu entwickelnde Nanotechnologien und vielleicht werden wir bald ein weiteres Kapitel für diese Produkte hinzufügen.

Der Lebenszyklus von Produkten und Technologien wird offenbar immer kürzer, die Schutzfristen werden oft gar nicht voll genutzt. Vielfach ist es wichtiger, ob der Schutz schnell und unkompliziert erlangt werden kann. Deshalb wurde dem Patentrecht auch jüngst das einfacher gestaltete Gebrauchsmusterrecht (für ein „kleines Patent") an die Seite gestellt.

Auch Datenbanken, die zwar keine urheberschutzwürdigen Leistungen sind, deren Erstellung aber dennoch viel Geld kostet, bedürfen des Schutzes. Ein neues, EU-weit vereinheitlichtes Leistungsschutzrecht hat hier Abhilfe geschaffen.

Der Kreis der Immaterialgüterrechte wächst und wächst und wächst und immer wieder werde ich von Agenturen gefragt, weshalb eigentlich die originelle Werbe- oder Geschäftsidee als solche nicht geschützt ist ... Aber vielleicht kommt auch dafür einmal ein spezielles Intellectual Property Right.

Inzwischen bleiben uns auch noch bestimmte Lückenfüller. Selbst die Übernahme einer sonderrechtlich nicht geschützten Leistung kann sittenwidrig sein. Wer die Werbeagentur nach der Präsentation freundlich verabschiedet, aber die präsentierte Idee dennoch umsetzt, muss mit zivilrechtlichen Ansprüchen rechnen.

Forschung im All

Wenn Sie sich mehr für Sciencefiction und Völkerrecht interessieren, so sei Ihnen das Thema anempfohlen, welches Recht wohl auf Erfindungen anzuwenden ist, die in Labors auf einer Umlaufbahn um die Erde oder auf dem Weg zum Mars gemacht werden. Ich persönlich habe im Moment noch alle Hände voll damit zu tun, in der Rechtsberatung Klarheit zu schaffen, welche Rechtsordnungen von einer terrestrischen internationalen Werbekampagne betroffen sind.

Der schmerzliche Verlust des Überblicks

In diesem Dickicht der Interessen, in diesem Strom sich ständig neuernder Rahmenbedingungen, unter dem Druck, schnell adäquate und vor allem politisch akzeptable gesetzliche Lösungen zu schaffen und letztlich aus der Tatsache, dass an den Kochtöpfen des Immaterialgüterrechts national, regional und international sehr viele Köche mit stark differierenden Rezepten stehen, folgt ein neues Spezialistentum.

Der „Patentrechtler" ist froh, nicht auch noch die rasante Rechtsentwicklung im Urheberrecht mitverfolgen zu müssen, und der „Urheberrechtler" kümmert sich wenig um die Spruchpraxis des Harmonisierungsamts zum Markenrecht.

Wie hilfreich es hier ist, Abstand und Überblick zu gewinnen und wieder Gemeinsamkeiten und damit Vereinfachungen zu finden, hat *Schönherr* exemplarisch vorgeführt, als er daranging, die unterschiedlichen Sanktionenregelungen in den *ip*-Gesetzen zu vergleichen. Er hat den Anstoß zu deren Vereinheitlichung gegeben. Dieser Weg sollte nicht in Vergessenheit geraten.

Die Wurzeln des IP

Sie liegen im menschlichen Denken. Das Gehirn produziert geistiges Eigentum, unablässig, milliardenfach, individuell. Ein gigantisches System der Informationsentwicklung, -speicherung und -verarbeitung. Ein System, das unsere Fortschritte in der Information Technology als rührende Gehversuche erscheinen lässt.

Das erste Statement in diesem Buch ist daher dieser Quelle des IP gewidmet. Wenn man den Denkanstößen, die *Seitelberger*, einer der führenden Gehirnforscher, uns in seinem Beitrag gibt, ein wenig nachhängt, dann macht uns dies vielleicht behutsamer in der Bearbeitung jener Rechtsvorschriften, die wie grobes Werkzeug an der weiteren Behandlung dieses immateriellen Guts ansetzen.

Distributed Denial of Services Attacks

Prominente Websites wie amazon oder eBay sehen sich einer neuen Form der Computerkriminalität ausgesetzt: Hacker arrangieren einen DDoS-Angriff, indem sie über zig Server gleichzeitig Anfragen auf eine Website senden und den angegriffenen Rechner unter der Flut der gleichzeitig zu verarbeitenden Daten zusammenbrechen lassen. Der wirtschaftliche Schaden solcher Attacken ist enorm, die *ipzone* zeigt sich verletzlich. Auch hier sollte nicht mit neuen Normen, sondern mit technischen Schutzmaßnahmen reagiert werden. Dass derartige Angriffe rechtswidrig sind, sagen uns schon die alten (Strafrechts-)Normen.

Vom Fliegen

Das Jusstudium sollte dazu dienen, fliegen zu lernen. Wir benötigen den großen Überblick, das Wissen über grundlegende Zusammenhänge, den Weitblick über die Grenzen enger Spezialgebiete und die Fähigkeit Detailpläne zu nutzen, um eine gezielte Landung zu ermöglichen, mit der Selbstsicherheit eines Piloten, der mit seiner Maschine auch dann umgehen kann, wenn er einen Flughafen zum ersten Mal ansteuert. Wir benötigen in der Praxis nicht den Juristen, der alle Detailpläne im Kopf hat, sondern einen, der fliegen kann. Dies ist kein Appell für oberflächliches Wissen, sondern für ein Wissen aus dem Verständnis der Strukturen. Nicht das angelernte Detailwissen, das schon nach Wochen verflogen ist, sondern das Verständnis für Regelungssysteme ist gefordert.

Der Sirenenruf der Werbung

Ich bin sicher, Sie kaufen nach streng rationalen Gesichtspunkten: Qualität, Preis, Lieferfähigkeit, Service. Das gewinnende Lächeln der Verkäuferin, der vertrauenswürdige Tonfall in der Stimme des Außendienstberaters, das elegante noble Design der Füllfeder, die angenehme Werbemelodie, die Ihnen seit den Morgenstunden nicht aus dem Kopf geht, das Bild unberührter Natur österreichischer Gebirgslandschaften im Käse-Werbespot, all das lässt Sie – so wie mich – völlig kalt. Es genügte eigentlich die Produktaufschrift „Nachthemd" oder „Käse" zusammen mit der Deklaration der Materialbeschaffenheit und Inhaltsstoffe, um die Kaufentscheidung zu treffen. Übrigens auch die großflächig affichierten Werbeplakate, die ganzseitigen Zeitungsinserate und die millionenschwere Rundfunk-Werbekampagne können meine allein an Qualität, Preis, Lieferfähigkeit und Service orientierte Willensbildung nicht beeinflussen.

Da dies so ist, sind wir auch nicht durch Zugabenangebote, Gewinnspiele, Ausverkaufssonderangebote und andere unsachliche, aber im Ergebnis untaugliche Beeinflussungsversuche zu verlocken.

Merkwürdig nur, dass das eine erlaubt, das andere aber auf weiten Strecken wettbewerbswidrig ist. Vielleicht sollten wir doch ein wenig mehr erlauben. Schließlich herrschen seit der Liberalisierung der vergleichenden Werbung unter namentlicher

Nennung des deutlich mieseren Mitbewerbers ohnehin schon amerikanische Verhältnisse.

Vielleicht würde ich mich dann doch ein wenig unsachlich verlocken lassen, müsste aber wenigstens nicht mehr an Tatbestände des Gesetzes gegen den unlauteren Wettbewerb denken ...

Regulierung und Deregulierung

Ein merkwürdiges Phänomen: Ein Monopol (sei es Telekom, Rundfunk, Energieversorgung oder Verkehr) wird aufgebrochen. Die Folge ist nicht Deregulierung, sondern zunächst Regulierung. Für den Marktzutritt der herandrängenden Marktteilnehmer müssen strenge Spielregeln normiert werden (für die Vergabe von Frequenzen, Leitungsrechten etc), um einen Wildwuchs zu vermeiden. Ist der Wettbewerb aber etabliert, dann folgt sehr bald der Ruf nach Deregulierung, damit sich die Mitbewerber marktwirtschaftlich frei entwickeln können. So geschieht es dann auch – und zwar auch in Österreich – wetten?

Das ist gut so. Wir sind noch immer zu regulierungswütig. Das gilt im besonderen Maße für die Werbebeschränkungen. Im Anwaltsstand wurden diese Restriktionen übrigens erfreulicherweise soeben deutlich reduziert. Ich halte den Weg der Werbebeschränkungen im Allgemeinen (Ausnahmen muss es wohl auch hier geben) für falsch. Was folgt nach dem Tabakwerbeverbot? Werbeverbote für Zucker, um unsere Zähne zu schützen? Der bessere Weg ist die Investition in Aufklärung über die Folgen. – Aber auch darüber kann man unterschiedlicher Meinung sein.

Was kommt nach der Deregulierung?

Ganz einfach: Das Gesetz gegen den unlauteren Wettbewerb (UWG) und das Kartellgesetz, denn die Konsequenz des liberalisierten Wettbewerbs in den deregulierten Branchen ist die Unterwerfung unter die allgemeinen Regelungen des Wettbewerbsrechts, zur Vermeidung von Auswüchsen im Interesse der Konsumenten, aber auch zum Schutz der Wettbewerber voreinander und zur Festigung der Institution des freien Wettbewerbs. Das ist gewöhnungsbedürftig. An die Stelle staatlich geregelter Preise tritt plötzlich der freie Preiswettbewerb. An die Stelle des Zwangs, bestimmte einheitliche Vorgaben einzuhalten, tritt jetzt das kartellrechtliche Verbot, sich abzustimmen.

Und noch etwas folgt: Das Markenrecht. Wer hätte das vor ein paar Jahren noch gedacht: Strom als Markenartikel! Das ist nur konsequent, denn mit der Öffnung des Strommarktes ist der freie Wettbewerb ausgebrochen. Die farblose Elektrizität bedarf nunmehr einer speziellen Produktidentität des jeweiligen Anbieters. Sie bedarf starker Marken, die diese Identität signalisieren. Die kreativen Markenagenturen sind herausgefordert, die Anbieter von Strom und Gas rüsten ihre Werbeabteilungen auf und das Immaterialgüterrecht hat neue Branchen zu betreuen. Große Unternehmen müssen umdenken und sich in einem neuen, geänderten Umfeld bewähren.

E-Commerce ist Geschichte

Noch diskutieren wir über die rechtlichen Rahmenbedingungen für jene wagemutigen Unternehmen, die darauf vertrauen, das Internet nicht nur als zeitgeistige Visitenkarte sondern als Verkaufsladen zu nutzen. Welche Rechtsordnung ist auf deren Geschäfte anzuwenden, welcher Gerichtsstand greift, wie verifiziere ich die Identität meines Geschäftspartners, wie setze ich Ansprüche wegen Leistungsstörungen durch? Je renommierter der Anbieter ist, desto stärker wird das Vertrauen in ihn und seine Erreichbarkeit sein. Je simpler die zu erbringende Leistung ist (zB Lieferung eines bestimmten Buchs), umso weniger wird man das Service vor Ort vermissen. Was aber mit komplexeren Produkten, was mit einer Waschmaschine, die dann von der Spedition mit freundlichen Grüßen von einem fernen Cyberunternehmen geliefert wird? Manche prognostizieren, dass ohnehin der „Business-to-Consumer"-Bereich weniger Erfolg versprechend zu bedienen ist als der „Business-to-Business"-Bereich, bei dem der Kunde genau weiß, was er von wem zu welchem Preis kaufen will.

Aber kaum haben wir die Neuschöpfung „E-Commerce" in unseren Sprachschatz aufgenommen, hat der Trend bereits seine Richtung hin zum M-Commerce („Mobile Commerce") geändert. Das verspricht nun wirklich Ubiquität: Nicht mehr gefesselt an den Schreibtisch, auf dem der PC als Pforte zum Internet thront, sondern frei und ungebunden mit dem Handy einkaufen, das ist das neue Versprechen. Dazu das passende neue Schlagwort: WAP („Wireless Application Protocol") oder nutzen Sie bereits die jüngst eingeführte Technologie des GPRS („General Packet Radio System") oder gar schon UMTS („Universale Mobile Telecommunication Standard")?

Apropos Abkürzung

Dass es Modeworte und neue Wortschöpfungen gibt, die man einfach in seinen Wortschatz integrieren muss, um Politiker zu verstehen und in der Konversation mithalten zu können, ist nicht neu. Origineller ist die Flut neuer Kürzel, derer man sich mit der gleichen Selbstverständlichkeit und Unbekümmertheit zu bedienen hat. Das Jahr 2000 war schlicht y2k. Nicht zu verwechseln mit b2b, was nicht auf eine chemische Verbindung, sondern auf Geschäftstätigkeit der Unternehmer miteinander („business to business") verweist. Damit haben Sie auch schon das Strickmuster: b2c = business to consumer, c2c = consumer to consumer, b2g = business to government usw. Hätte ich doch nur rechtzeitig eine Marke für diese Neuschöpfungen angemeldet ...

Ein Thema nur für Zivilrechtler?

Frank O. Ghery – Guggenheim Museum

Primär ja. Wann und wie wird ein Vertragsabschluss beim virtuellen Einkauf wirksam? Gelten die Allgemeinen Geschäftsbedingungen? Es ist aber auch ein Thema für Werbeagenturen und Wettbewerbsrechtler. Die Aufgabenstellungen sind neu: Wie wirbt man für die „dot-coms"? Sicher nicht nur im Netz. Zuerst werden die klassischen Medien (Printinserate, Rundfunkspots, Plakate etc) auf die Webadresse aufmerksam machen müssen. Die Werbung wird dafür entweder an einem prominenten Firmen-/Markennamen aus der Vornetzzeit anknüpfen oder sie wird laut schreiend den Newcomer verkünden müssen, um „Traffic" auf seiner Website zu erzeugen. Wie aber hält man das flüchtige Auge des Websurfers fest? Der kurze Besuch auf der Website, das Zählen der „eyeballs", die dort gesichtet werden, sagt noch nichts über den Umsatz, den man dort erzielen kann. Abwechslungsreich und spannend, täglich, stündlich, bald sogar fortlaufend sich erneuernd, so erwartet man sich dieses Onlinemedium. Die enormen Kosten dieses Services werden bis auf weiteres primär aus der Werbung zu lukrieren sein. Bunte Banner machen auf die beworbenen Produkte aufmerksam. Da der Computer weiß, welche Vorlieben der Surfer hat, kann er gezielt jenes Banner einblenden, das zielgruppenspezifisch passt. Neue Agenturen entstehen, die diese Werbefeldzüge organisieren. Datenschützer fragen nach den Grenzen zulässiger Kundenbeobachtung, Wettbewerbsrechtler fragen sich, ob das Ausblenden fremder Banner mit Hilfe spezieller Abwehrsoftware ein Behinderungswettbewerb ist, ob zum Wiederkommen verführende Gewinnspiele nach nationalem Lauterkeitsrecht zulässig und die verschiedenartigen Links zu fremden Inhalten unproblematisch sind.

Findige Piraten registrieren fremde Kennzeichen als Domain-Namen, die sie zur gegebenen Zeit dem Namens-/Markeninhaber zum Kauf anbieten. Doch auch dieser neue Erwerbszweig der „Domain-Grabber" und „Cybersquatter" ist nicht mehr das, was er zu Beginn seines goldenen Zeitalters war. Schnell haben die Gerichte – auch in Österreich – Wege gefunden, derartigen Handel als kennzeichenrechtsverletzend oder schlicht als sittenwidrig zu unterbinden – ein kleiner Triumph unserer flexiblen Rechtsordnung, die alle diese Begriffe nicht kennt, dennoch aber ein entsprechendes Instrumentarium für ein Vorgehen bietet.

All dies sind aber nur Teilerwägungen. Was ist mit dem Telekomrecht? Übertragung mit Webcam als Rundfunksendung? Welche Beschränkungen hält das öffentliche Recht bereit? Greift die Strafrechtsordnung? Wann haftet der Provider? Ein facettenreiches neues Gebilde – wie das Guggenheimmuseum von *Frank O. Ghery* – ist entstanden, reizvoll und herausfordernd.

MEMS und Cookies

Schon seit Jahren wird darüber geschrieben, geheimnisvolle Vorahnungen neuer Technologien verbinden sich mit der Hoffnung nach einfacher Lösung alter Probleme: Microelectromechanical Systems (kurz „Mems") heißen jene Miniaturmaschinen, die so klein sind, dass sie in den Blutkreislauf eingespritzt werden können, um dann forschend und berichtend als U-Boote durch den menschlichen Körper zu schwimmen und jene Informationen zu geben, die zur Heilung des Patienten unerlässlich sind, oder um Medikamente gezielt an den Ort des Geschehens zu transportieren, ja um vielleicht sogar die erforderliche Operation gleich vor Ort durchzuführen. Es wird kaum einen Bereich geben, in dem uns diese Miniroboter nicht behilflich sein können. Erst einmal in Kohorten produziert, werden sie nicht nur durch die Miniaturisierung an sich, sondern auch durch ihre Kosteneffizienz brillieren. Den Patentanwälten werden sie aber jedenfalls Arbeit bringen.

Kleine virtuelle Roboter werden schon heute mit großer Selbstverständlichkeit über die globalen Datennetze in den Organismus unseres Computers eingeschleust. Liebevoll „Cookies" genannt, setzen sich diese Dateien nach unserem Besuch auf einer Website in unserer Festplatte fest, um bei nächster Gelegenheit Informationen über uns und unser Nutzerverhalten zurückzusenden. Die Internetfirmen benötigen diese Daten, um Userprofile anzulegen, um unser Surfverhalten zu erforschen und letztlich, um ihr Angebot entsprechend auszurichten. Da lacht das Herz der Datenschützer ... Vielleicht werden aber auch die Wettbewerbsrechtler bald damit befasst werden, wenn es um die lauterkeitsrechtliche Würdigung dieser Technologie geht.

IP unter Denkmalschutz

Im Bereich des Urheberrechts wird er diskutiert: der immerwährende Denkmalschutz für geistiges Eigentum. Auch nach dem Ablauf der – ohnehin langen – Schutzfrist sollen Eingriffe in die Werkintegrität untersagt sein. Mozarts Zauber-

update: www.geistigeseigentum.at

flöte soll ebenso in ihrem Originalklang unangetastet bleiben, wie das Bildnis römischer Statuen. Ich halte dies für den falschen Weg. Geistige Schöpfungen bedürfen der freien Nutzung jenes Gedankenguts, das frühere Generationen geschaffen haben. Die Immaterialgüterrechte schaffen eine Ausnahme. Sie monopolisieren, um dem Schöpfer eine Grundlage zur wirtschaftlichen Verwertung und zum Schutz seiner persönlichen Beziehung zum Werk zu sichern. Dies ist in klar definierten Grenzen und zeitlich befristet legitim. Vor einem beengenden, immerwährenden Schutz sollten wir uns aber hüten.

Immaterialgüterrecht

Jene, die sich mit diesem Rechtsgebiet näher befassen, werden sich seiner Faszination nicht entziehen können – ein Rechtsgebiet, das alle Lebensbereiche durchdringt, das an vorderster Linie der technischen, kulturellen, wirtschaftlichen und sozialen Entwicklung gestaltend wirkt und jeden Tag aufs Neue herausgefordert ist, ein Rechtsgebiet farbenprächtig und abwechslungsreich wie unsere Welt. Ein Rechtsgebiet ideal für jene, die sich darüber freuen, ins Zeitalter der Jahrtausendwende hineingeboren worden zu sein.

welcome to the invisible jungle of intellectual property rights

Literaturhinweis: Zur Lesegewohnheit bei juristischen Büchern gehört es, auch umfangreiche Literaturzitate und Hinweise zu erwarten. Selbstverständlich werde ich im Folgenden darum bemüht sein, die einschlägige Fachliteratur – Aufsätze, Bücher und Zeitschriften – zum jeweiligen Detailthema auflisten. Gestatten Sie mir aber bitte zuvor, jene Zeitschrift zu nennen, die ich als derzeit für „Immaterialgüterrechtler" unentbehrlich halte: das monatlich erscheinende Magazin **wired**.[6] Es ist mehr als eine zeitgeistige Kultzeitschrift, in der *Nicholas Negroponte*[7] lange Zeit maßgebliche Kommentare veröffentlicht hat. Hier finden Sie Berichte über die aktuelle IP-Entwicklung. Diese Informationen dann rechtlich zu würdigen, das ist unsere Juristenaufgabe ...

---

[6]) online: www.wired.com.
[7]) Einer der führenden Experten im Bereich Multimedia, Direktor des Media Laboratory des Massachusetts Institute of Technology (MIT), Gründer von wired und Autor des Bestsellers „being digital" (1995).

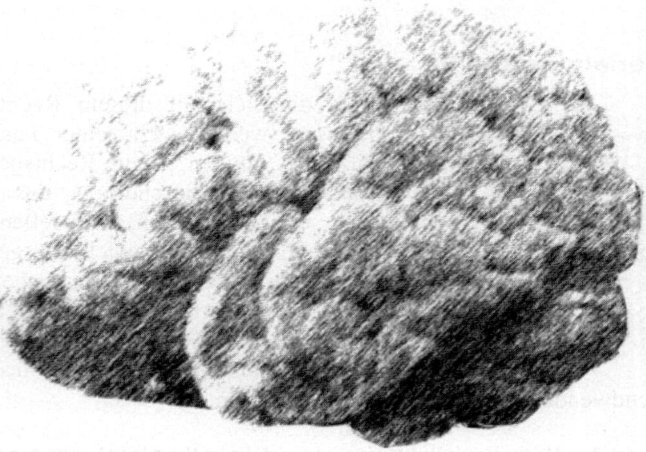

GEIST – vom Standpunkt der Hirnforschung

Unter "Geist" ist jener Wirklichkeitsbereich zu verstehen, der vom bewussten menschlichen Individuum durch sein schöpferisches Vermögen aus Leistungsprodukten der Gehirnarbeit erstellt wird. Das Gehirn, das komplizierteste Gebilde der Welt, ist ein Mega-System zur Verarbeitung von Information: Es besteht aus über 15 Mia Neuronen mit mehr als 50.000 Mia interneuronalen Kontakten, die zahlreiche, verschieden große und flexible Netzwerke bilden, die miteinander durch leitende nervöse Strukturen zu einer Gesamtleistung über den Spezialfunktionen der 5 Hauptanteile des Gehirns verbunden sind.

Die Information besteht in Form von Mustern der aus Innen- und Umwelt des Individuums transformierten neuralen Erregung, die das gesamte Individualverhalten in hoher Differenzierung und Komplexität tragen und steuern. Information besitzt kein materielles Substrat, sondern funktionale Realität.

Die meisten der im Gehirn instrumentierten Programme dienen den basalen Lebensprozessen und kommen nur bei Störfällen als Anomalien des so genannten Befindens zum Bewusstsein. Dieses, eine in seinem Wesen ungeklärte Arbeitsweise des Gehirns, vermittelt die Resultate der Sinnestätigkeit als Wahrnehmung in einer filmartigen, raumzeitlichen Repräsentation der Umwelt, die zielvolle Reaktionen gegenüber dem Umweltgeschehen ermöglicht. Darauf ruhen die höheren Stufen der multimodalen Informationsverarbeitung, die man als Kognition bezeichnet. Dazu gehört das idente Wahrnehmungsobjekt. In das so genannten Real-Modell der Vorstellung geht Abstraktionsvermögen mit ein und in das Modell-Objekt der kreativen Einbildungskraft die humane Symbolfähigkeit. Symbole sind realitätsäquivalente Signalkomplexe mit eigenem Realitätswert. Die symbolischen Funktionen sind ein evolutionäres Novum und das Kriterium der menschlichen Art. Die präsymbolische Netzwerkarbeit wurde beim Menschen durch die bewusste linear-serielle Symbolbearbeitung, das Grundverfahren logischen Denkens, überbaut. Die Möglichkeiten effektiver Nutzung der skizzierten kognitiven Potenzen wurden durch die Erfindung der menschlichen Sprache realisiert: Ihr Wesen liegt in der nichtneuronalen Neukodierung der komplexen neuralen Produkte der Informationsverarbeitung mittels Sprachlauten.

So steht das Wort „Geist" für einen riesigen Programmkomplex, den die neurale Gehirnarbeit kaum bewältigen könnte, der aber als simpler akustischer Input deren Kaskaden leicht durchlaufen und neue Information liefern kann. Zu dem Netz dieser Errungenschaften zählt auch Vergegenwärtigung von Zeit im Rahmen von Wollen und Planen. Insgesamt gewährt die funktionale Identität der hierarchisch gestuften Produkte der Hirnleistung nicht nur die Formung eines stimmigen Weltbildes und Verhaltensrahmens, sondern auch die kardinale Konzeption des Ichs im Selbst-Bewusstsein als Verdinglichung der Einheit des Subjekts über der Dualität der menschlichen Natur. Unter "Geist" ist somit die Gesamtheit der Formen und Gebilde, sowie der sekundären Objektivierungen symbolischer Produkte zu verstehen, dh das Universum der Erzeugnisse der menschlichen Hirntätigkeit, jener Mikrokosmos, den jeder Mensch erwirbt, selbst erweitert und mit Wort, Schrift und Tat in den Besitz der Gemeinschaft einbringt.

▲ em. o. Univ.-Prof. Dr. Franz SEITELBERGER, Wien.

must know

mustknow

Dieser Abschnitt des Buchs soll einen schnellen Überblick verschaffen, er bietet „das Wichtigste kurz gefasst", mehr nicht. Ich habe daher bewusst sogar auf §§-Zitate verzichtet.

Die Gliederung ist mit jener des Abschnitts „details" ident. Sie können daher zwischen diesen Teilen des Buchs „hin- und herspringen", je nachdem, ob Ihnen der Überblick genügt, oder ob Sie vertiefende Ausführungen benötigen.

Grundstrukturen (details: Seite 88)

1. Worüber sprechen wir eigentlich? (details: Seite 88)

Gegenstand dieses Buchs ist das „*geistige Eigentum*". Es geht also nicht um physische Gegenstände, um die Gebäude, Maschinen und Waren eines Unternehmens, es geht um immaterielle Güter, um Marken, die aus einem ununterscheidbaren Produkt einen „Markenartikel" machen, um das Design, das über die Funktion hinaus das Produkt attraktiv gestaltet, die erfinderische Idee für eine neuartige technische Lösung und die kreative künstlerische Leistung. Diese Immaterialgüter sind heute zu einem zentralen Wirtschaftsgut geworden, oftmals der wertvollste Besitz eines Unternehmens.

2. Begriffsbildung (details: Seite 90)

Wie schützt man diese *immateriellen Güter*? Anders als körperliche Sachen kann man sie nicht einfach verwahren und dadurch vor Diebstahl sichern. Ist das Produkt erst einmal unter der Marke auf den Markt gekommen, das Design verbreitet, die Erfindung im Produkt angewendet und die kreative Leistung öffentlich dargeboten, so ist das Immaterialgut *allgegenwärtig*. Es ist der Nachahmung, dem Plagiat, ausgesetzt. Es bedarf daher besonderer rechtlicher Regelungen, um diesen „geistigen Gütern" Schutz zu gewähren. Das *Immaterialgüterrecht* sieht dazu zum Schutz geistigen Eigentums in seinem Kern ein *Ausschließungsrecht* vor: Der Rechtsinhaber kann andere von der Nutzung des immaterialen Guts ausschließen. Der Urheber eines Werks der Literatur kann verhindern, dass ein Verleger ohne seine Zustimmung das Werk druckt und in Verkehr bringt. Der Markenartikelhersteller kann verhindern, dass ein Konkurrent dieselbe oder eine verwechselbar ähnliche Marke für gleichartige Produkte verwendet.

Die immaterialgüterrechtlichen Regelungen ermöglichen aber auch, dass diese Immaterialgüter *verkehrsfähig* werden: Der Rechteinhaber kann Lizenzen einräumen oder das Schutzrecht zur Gänze veräußern.

Es gilt das „*Enumerationsprinzip*": Es stehen nur jene Immaterialgüterrechte zur Verfügung, die das Gesetz vorsieht. Die wesentlichen Gesetze zum Schutz von Immaterialgütern sind das Markenschutzgesetz (MSchG), das Musterschutzgesetz (MuSchG), das Patentgesetz (PatG), das Gebrauchsmustergesetz (GMG) und das Urheberrechtsgesetz (UrhG).

Für diese „Immaterialgüterrechte" ist international auch der Ausdruck „*geistiges Eigentum*" gebräuchlich. Demgegenüber ist der früher gebräuchlichere Ausdruck „*gewerblicher Rechtsschutz*" enger. Er umfasst nicht das Urheberrecht.

Kucsko, Geistiges Eigentum (2003)

Noch spezieller ist der Begriff der „*Persönlichkeitsrechte*": Dies sind subjektive Rechte, die dem Schutz der Person dienen. Schutzobjekt ist nicht das vermögensrechtliche Interesse, sondern die Person, unmittelbar in Bezug auf ein Rechtsobjekt (Name, Werk, Brief, Erfindung etc). So kennt etwa auch das Patentrecht persönlichkeitsrechtliche Regelungen zum Schutz der „Erfinderehre" (also des Anspruchs auf Nennung als Erfinder). Im UrhG finden sich neben dem Recht auf Urheberbezeichnung auch spezielle persönlichkeitsrechtliche Regelungen wie der Brief- und Bildnisschutz.

Das Immaterialgüterrecht hat aber auch zum *Wettbewerbsrecht* eine Nahebeziehung. Das Gesetz gegen unlauteren Wettbewerb (UWG) soll Missbräuchen und Auswüchsen der Gewerbefreiheit durch unlautere Verhaltensweisen entgegenwirken. Dieses Rechtsgebiet wird als „*Lauterkeitsrecht*" bezeichnet. Teilweise finden sich im UWG aber auch kennzeichenrechtliche Regelungen.

3. Die IP-Transportwege (details: Seite 107)

Geistiges Eigentum wird auf unterschiedlichen Wegen transportiert. Dies hat unmittelbaren Bezug zum Immaterialgüterrecht. Insbesondere im Urheberrecht spiegelt die Entwicklung der rechtlichen Regelungen die technische Entwicklung wider. Beginnend mit der Vervielfältigung und Verbreitung in Buchform waren jeweils neue Technologien rechtlich zu erfassen: die Fotografie, die Schallplatte, der Film und der Rundfunk. Die jüngste Geschichte der Rechtsentwicklung zeigt dies besonders deutlich: Es galt, die neuen Technologien und Medien der Digitalisierung, des Computers, der (elektronischen) Datenbanken und des Internets zu regeln. Ist Software ebenso wie ein Roman urheberrechtlich zu schützen? Verdient derjenige rechtlichen Schutz, der mit erheblichem Kostenaufwand (selbständig nicht geschützte) Daten in Datenbanken sammelt? Wie ist die Verwendung von Marken im Internet zu beurteilen? Kann der Markeninhaber gegen den Missbrauch seines Firmennamens als Domain Name vorgehen? Sind Tauschbörsen im Internet urheberrechtlich zulässig? Immer wieder ist die Rechtsordnung herausgefordert, den neuen Gegebenheiten angepasste Rahmenbedingungen zu formulieren.

Apropos Transportwege: Raubkopien werden nach wie vor zu einem sehr erheblichen Teil auf traditionellen Wegen mit dem Auto oder per Flugzeug transportiert. Die Europäische Union hat daher spezielle Regelungen im Kampf gegen die *Produktpiraterie* erlassen. Die Grenzbehörden sind aufgerufen, piraterieverdächtige Ware (gefälschte T-Shirts, gefälschte Uhren, raubkopierte Software etc) anzuhalten und gegebenenfalls zu beschlagnahmen.

4. Verfassungsrechtlicher Rahmen (details: Seite 182)

Die Regelungen des Immaterialgüterrechts sind *Bundessache*. Sie unterliegen der Überprüfung am Maßstab der *Grundrechte*. So muss unter Umständen der Urheberrechtsschutz hinter dem Grundrecht der Freiheit der Meinungsäußerung zurücktreten.

5. Internationales Recht (details: Seite 187)

Das Immaterialgüterrecht ist nach wie vor vom *Territorialitätsprinzip* geprägt. Jedes Land regelt sein Immaterialgüterrecht autonom. Eine österreichische Marke genießt nur in Österreich nach den Regelungen des österreichischen Markenrechts Schutz. Ein französisches Patent hat in Österreich keine Wirkung. Zu diesem Territorialitätsprinzip steht die Tatsache in Widerspruch, dass die wirtschaftliche Tätigkeit keineswegs an der Landesgrenze Halt macht. Kaum ein Unternehmen kann heute darauf verzichten, mehr oder weniger grenzüberschreitend tätig zu sein. Rechtliche Unterschiede zwischen den Ländern sind dabei eine beträchtliche Barriere. Einerseits will der Inhaber eines Immaterialguts sicherstellen, dass dieses auch auf Auslandsmärkten geschützt ist. Andererseits aber will er vermeiden, durch den Export seiner Ware, vielleicht ohne es zu wissen, im Ausland fremde Rechte zu verletzen. Schon im 19. Jahrhundert hat man daher begonnen, durch *internationale Abkommen* eine gewisse Harmonisierung des Immaterialgüterrechts zu erreichen. Insbesondere die *Weltorganisation für geistiges Eigentum* (WIPO) verwaltet wichtige internationale Verträge, wie beispielsweise das Madrider Abkommen für die „Internationale Marke".

In jüngerer Zeit gingen wichtige Harmonisierungsimpulse von der *World Trade Organisation* (WTO) aus. Das TRIPS-Abkommen der WTO enthält Regelungen zur weltweiten Verstärkung und Harmonisierung des Schutzes des geistigen Eigentums.

Auch für die *Europäische Union* ist die Harmonisierung der Rechte am geistigen Eigentum ein zentrales Thema. Das Markenrecht sowie das Musterrecht (für den Designschutz) wurden in der Gemeinschaft bereits weitestgehend vereinheitlicht. Für das Urheberrecht wurden insgesamt sieben Harmonisierungsrichtlinien zur Vereinheitlichung wesentlicher Teilbereiche erlassen. Zusätzlich hat die Europäische Union mit der Gemeinschaftsmarke und dem Gemeinschaftsgeschmacksmuster neue Immaterialgüter geschaffen, die aufgrund einer einzigen Anmeldung in allen Mitgliedstaaten der Europäischen Gemeinschaft wirksam werden. Dadurch soll den Unternehmern einerseits Rechtssicherheit durch harmonisierte Regelungen gegeben werden. Andererseits sollen die Unternehmer aber die Möglichkeit erhalten, zentrale Schutzrechte zu erwerben, die im gesamten Binnenmarkt wirksam sind, sodass die bisherigen Einzelanmeldungen in jedem einzelnen Mitgliedsland entbehrlich werden.

Kultobjekt – Campbell´s

Wie gerne hätte ich an dieser Stelle ein Statement von *Andy Warhol*. Er hat den Massenartikel zum Kunstwerk erhoben. Er hat die Magie der Marke beschworen. In seiner Zeit lebend und visionär. Er hätte seine helle Freude am www gehabt. Er hätte teilgenommen an der globalen

*ip*zone.

Markenrecht (details: Seite 195)

1. Einleitung (details: Seite 198)

1.1. Begriff „Markenrecht" (details: Seite 198)

Marken sind „alle Zeichen", die sich graphisch darstellen lassen, soweit sie geeignet sind, Waren oder Dienstleistungen eines Unternehmens von denjenigen anderer Unternehmen zu unterscheiden. Als *„Markenrecht im objektiven Sinn"* sind jene Normen zu verstehen, die den Schutz von Marken regeln. Das *„Markenrecht im subjektiven Sinn"* bezeichnet demgegenüber die dem Einzelnen aufgrund der Regelungen des Markenrechts im objektiven Sinn zustehenden Befugnisse.

1.2. Schutzzweck des Markenrechts (details: Seite 200)

Die Marke hat für den Vertrieb von Produkten enorme Bedeutung. Sie ist das Signal, das es dem Abnehmer ermöglicht, sich in der Fülle verschiedener Waren oder Leistungen zurechtzufinden und ohne nähere Prüfung diejenige zu wählen, mit der er bisher gute Erfahrungen gemacht hat oder (etwa aufgrund der Werbung) zu machen hofft. Demnach kommen der Marke mehrere Funktionen zu: Die Marke hat eine *„Herkunftsfunktion"*: Sie dient dazu, die eigenen Waren oder Dienstleistungen ihres Inhabers von gleichen oder gleichartigen anderer zu unterscheiden. Die Marke hat aber auch eine *„Garantie-(Vertrauens-)Funktion"*: Mit einer eingeführten Marke verbindet der Konsument die Vorstellung einer bestimmten Güte oder Beschaffenheit. Der Produzent „garantiert" ihm, dass die Produkte, die mit der Original-Marke versehen sind, dieser Qualitätserwartung entsprechen. Dies ist freilich keine rechtlich geschützte Funktion, da es dem Markeninhaber grundsätzlich auch freisteht, die Produktqualität zu ändern. Schließlich hat die Marke eine *„Suggestiv- oder Werbefunktion"*: Oftmals ist es gerade die bekannte Marke, die für ein neues Produkt wirbt und die Aufmerksamkeit der Abnehmer darauf lenkt.

1.3. Auskunftsstellen (details: Seite 206)

Derjenige, der bei der Anmeldung von Marken Rat sucht, wird sich zunächst primär an das *Österreichische Patentamt*, bei dem die Markenanmeldung vorzunehmen ist, wenden können. Dort erhält man auch die erforderlichen Formulare und Merkblätter.

1.4. Rechtsquellen (details: Seite 206)

Das Markenrecht ist primär im *Markenschutzgesetz 1970* (MSchG), zuletzt novelliert 2001, geregelt. Auf Gemeinschaftsebene hat die *Markenrichtlinie* (MarkenRL)

Kucsko, Geistiges Eigentum (2003)

Vorgaben zur Harmonisierung des Markenrechts in Europa gebracht, die von Österreich entsprechend ins nationale Recht umgesetzt wurden.

1.5. Literatur (details: Seite 217)

Wenn Sie weiterführende Literatur zum Markenrecht benötigen, so erlaube ich mir, dazu auf den Abschnitt „details I markenrecht" zu verweisen.

1.6. Entwicklung des Markenrechts (details: Seite 226)

Am Beginn standen die so genannten *„Haus- und Hofmarken"*, die das Eigentum bezeichnet haben. Daraus haben sich dann *„Meisterzeichen"* und *„Stadt- und Zunftzeichen"* entwickelt. Das erste Markenschutzgesetz in Österreich wurde mit Kaiserlichem Patent von 1858 erlassen. Das derzeit geltende MSchG aus 1970 wurde inzwischen mehrfach novelliert. Die tiefgreifendsten Veränderungen hat dabei die Anpassung an die Vorgaben der MarkenRL gebracht.

1.7. Systematik (details: Seite 237)

Wir werden das Markenrecht (im Abschnitt „mustknow" und ebenso im Abschnitt „details") in folgender Systematik durchforsten: Schutzgegenstand, Markeninhaber, Institutionen, Registrierung, Wirkung, Schutzdauer, Sanktionen, Verbandsmarke, Gemeinschaftsmarke, Internationale Marke und schließlich Name, Firma, Geschäftsbezeichnung, Titel, Ausstattung.

1.8. Internationales Markenrecht (details: Seite 238)

Auch das Markenrecht ist vom Territorialitätsprinzip beherrscht. Durch das *„Madrider Abkommen"* wurde allerdings die Möglichkeit geschaffen, mit einer einzigen Anmeldung „internationalen Markenschutz" zu erlangen. In der Europäischen Union hat die *MarkenRL* eine weitestgehende Harmonisierung gebracht. Die *GemeinschaftsmarkenVO* hat zusätzlich die „Gemeinschaftsmarke" mit Wirkung für die gesamte EU eingeführt.

2. Schutzgegenstand „Marke" (details: Seite 254)

2.1. Definition der Marke (details: Seite 256)

Die Markendefinition ist weit gefasst. Alle Zeichen, die sich graphisch darstellen lassen, wie insbesondere Wörter, Abbildungen, Buchstaben, Zahlen, können grundsätzlich als Marken geschützt werden. Am gebräuchlichsten sind *„Wortmarken"*, *„Bildmarken"*, und *„Wort-Bild-Marken"*. Auch dreidimensionale Marken sind schützbar. Viel diskutiert, in der Praxis aber selten, sind exotische Marken wie „abstrakte Farbmarken", „Geruchsmarken" und „Klangmarken". Auch solche Zeichen kommen grundsätzlich für den Markenschutz in Betracht.

2.2. Schutzvoraussetzungen (details: Seite 266)

Nicht jedes graphisch darstellbare Zeichen ist als Marke registrierbar. Das MSchG sieht gewisse *Registrierungshindernisse* vor. Man unterscheidet zwischen „absoluten Registrierungshindernissen", die nicht beseitigt werden können, und „relativen Registrierungshindernissen", die der Anmelder einer Marke unter gewissen Umständen widerlegen kann. Zunächst zu den „*absoluten* Registrierungshindernissen":

Hoheitszeichen: Marken, die ausschließlich aus Staatswappen oder anderen staatlichen Hoheitszeichen, aus amtlichen Prüfungs- und Gewährzeichen sowie aus bestimmten Zeichen internationaler Organisationen bestehen, sind vom Schutz ausgeschlossen.

Definitionswidrige Zeichen: Ist ein Zeichen nicht graphisch darstellbar, so kann es auch nicht als Marke registriert werden.

Bestimmte dreidimensionale Zeichen: Besteht ein Zeichen ausschließlich aus der Form, die durch die Art der Ware selbst bedingt ist, zur Herstellung einer technischen Wirkung erforderlich ist oder die der Ware einen wesentlichen Wert verleiht, so ist es ebenfalls nicht als Marke eintragungsfähig.

Ordnungs- oder sittenwidrige Zeichen: Von der Registrierung sind solche Zeichen ausgeschlossen, die gegen die öffentliche Ordnung oder die guten Sitten verstoßen.

Irreführende Zeichen können nicht registriert werden (zB „SEIDENTRAUM" als Marke für Textilien aus Kunstfaser).

Gewisse Wein- und Spirituosenmarken mit geografischen Angaben sind ebenfalls von der Registrierung ausgeschlossen.

In der Praxis wichtiger sind die „*relativen* Registrierungshindernisse":

Fehlende Unterscheidungskraft: Die Hauptfunktion der Marke liegt darin, die mit ihr gekennzeichneten Waren oder Dienstleistungen von jenen anderer zu unterscheiden. Ein Zeichen, dass diese Funktion nicht erfüllt, ist daher von der Registrierung ausgeschlossen (zB „TOP" für Nahrungsmittel oder der Slogan „MEHR FÜR IHR GELD" für ein Waschmittel). Dieses Registrierungshindernis kann jedoch dadurch beseitigt werden, dass der Anmelder eine hinreichende *Verkehrsgeltung* für dieses Zeichen nachweist.

Beschreibende Zeichen: Besteht ein Zeichen ausschließlich aus einer Bezeichnung der Art, der Beschaffenheit, der Menge, der Bestimmung, des Wertes, der Herkunft oder der Zeit der Herstellung einer Ware oder Dienstleistung, so ist er ebenfalls von der Registrierung ausgeschlossen, sofern nicht ein *Verkehrsgeltungsnachweis* erbracht wird (zB „ENERGY PLUS" für Nahrungsmittel, „MOBILE OFFICE" im Zusammenhang mit dem Angebot von Mobilfunkunternehmen).

Gattungsbezeichnungen: Marken, die ausschließlich aus Zeichen oder Angaben bestehen, die im allgemeinen Sprachgebrauch oder in den „redlichen oder ständigen Verkehrsgepflogenheiten" üblich sind, sind von der Registrierung ausgeschlossen (zB „FUSSBALLSTICKERALBUM"). Auch dieses Registrierungshin-

Kucsko, Geistiges Eigentum (2003)

dernis kann beseitigt werden, wenn ein entsprechender *Verkehrsgeltungsnachweis* erbracht wird.

Auszeichnung als Bestandteil: Schließlich sind Marken nicht registrierbar, die eine Auszeichnung oder bestimmte Symbole enthalten, sofern nicht das entsprechende *Recht zur Benützung* dieses Zeichens nachgewiesen wird.

3. Markeninhaber (details: Seite 336)

3.1. Individualmarke (details: Seite 336)

Als „*Individualmarke*" bezeichnet man die einer einzelnen Rechtsperson gehörende Marke zum Unterschied zur „Verbandsmarke". Der Inhaber einer Marke muss *nicht* über ein „*markenfähiges Unternehmen*" verfügen. Er muss lediglich rechtsfähig sein (zB natürliche Person, GmbH, AG, OHG, Verein etc). Auch ausländische Anmelder können nationale Marken erwerben.

3.2. Verbandsmarke (details: Seite 343)

Für die „*Verbandsmarke*" ist charakteristisch, dass der Verband als Markeninhaber nicht selbst über ein einschlägiges Unternehmen verfügt und auch gar nicht beabsichtigt, die Marke selbst zu verwenden. Er will diese Marke nur erwerben, um sie seinen Mitgliedern, die entsprechende Unternehmen haben, zur Benützung zur Verfügung zu stellen. Wir werden in einem gesonderten Kapitel nochmals auf die Verbandsmarke zurückkommen.

3.3. Nennung als Markeninhaber (details: Seite 343)

Das Markenrecht schreibt nicht zwingend vor, dass der Markeninhaber auf dem Produkt genannt wird. In der Praxis ist es jedoch üblich geworden, bei registrierten Marken zumindest das Zeichen ® anzubringen. Es weist darauf hin, dass dieses Zeichen eine geschützte Marke ist, und hilft zu verhindern, dass die Marke zur bloßen Gattungsbezeichnung wird.

4. Institutionen (details: Seite 348)

Grundsätzlich ist in Markenangelegenheiten das *Österreichische Patentamt* (PA) zuständig. Das Anmeldeverfahren obliegt der *Rechtsabteilung* (RA), gegen deren Beschlüsse eine Beschwerde an die *Beschwerdeabteilung* (BA) erhoben werden kann. Streitige Markenverfahren (insbesondere auf Löschung einer Marke) werden vor der *Nichtigkeitsabteilung* (NA) verhandelt. Gegen deren Entscheidung besteht ein Instanzenzug an den *Obersten Patent- und Markensenat* (OPM).

Die Entscheidung im Verletzungsverfahren obliegt hingegen den *Gerichten*.

5. Registrierung (details: Seite 355)

5.1. Anmeldestelle (details: Seite 355)

Markenanmeldungen sind beim PA in Wien einzubringen (Dresdner Straße 87–105, 1200 Wien).

5.2. Formerfordernisse (details: Seite 355)

Die Anmeldung ist *schriftlich* vorzunehmen. Dazu stellt das Patentamt entsprechende Formulare gratis zur Verfügung. In der Anmeldung ist insbesondere die *Marke*, die geschützt werden soll, zu bezeichnen. Weiters ist ein *Waren- und Dienstleistungsverzeichnis* anzufügen, in dem die Waren und Dienstleistungen verzeichnet werden, für welche die Marke Schutz genießen soll. Die Einteilung dieser Waren und Dienstleistungen erfolgt nach der Klassifikation des *Abkommens von Nizza*.

Die *Anmeldegebühr* beträgt 69,-- EUR. Dazu kommt eine Klassengebühr von 15,-- EUR für die ersten drei Warenklassen. Die Schutzdauergebühr beträgt 145,-- EUR, der zu entrichtende Druckkostenbeitrag 25,-- EUR.

5.3. Priorität (details: Seite 379)

Der Priorität eines Kennzeichens kommt entscheidende Bedeutung zu. Das Kennzeichen mit der besseren Priorität hat *Vorrang*. Die Bestimmung der Priorität ist bei den einzelnen Kennzeichenrechten (Name, Firma, Marke etc) unterschiedlich. Für die Marke ist zunächst die *Anmeldung* entscheidend. Mit dem Tag der ordnungsgemäßen Anmeldung einer Marke erlangt der Anmelder das Prioritätsrecht. Unter Umständen kann man jedoch aufgrund der *Pariser Verbandsübereinkunft* (PVÜ) die bessere Priorität einer Auslandsanmeldung in Anspruch nehmen (so genannte „*Verbandspriorität*").

5.4. Amtliche Prüfung (details: Seite 383)

Das PA prüft die Anmeldung auf *Gesetzmäßigkeit*, insbesondere auf das Vorliegen von Registrierungshindernissen. Bestehen Bedenken gegen die Registrierung, so wird der Anmelder zur Äußerung aufgefordert. Er kann daher, insbesondere beim Vorliegen relativer Registrierungshindernisse, noch im Zuge des Anmeldeverfahrens versuchen, die Registrierung durch entsprechende Nachweise zu erreichen.

Im Zuge des Anmeldeverfahrens führt das Patentamt auch eine *Ähnlichkeitsrecherche* durch. Diese ist jedoch unverbindlich. Selbst wenn in der Recherche idente oder verwechselbar ähnliche Marken aufscheinen, hindert dies die Registrierung nicht. Es bleibt dem Anmelder überlassen, ob er eine Kollision mit älteren Marken riskiert.

5.5. Wirkung der Anmeldung (details: Seite 384)

Mit der Anmeldung wird das Anmeldeverfahren eingeleitet und der Anmelder erwirbt das übertragbare Recht aus der Anmeldung sowie das Prioritätsrecht.

5.6. Veröffentlichung und Registrierung (details: Seite 385)

Besteht kein Registrierungshindernis, so ist die Marke in das *Markenregister* einzutragen und im *Markenanzeiger* zu publizieren. Der Markeninhaber erhält eine *„Markenurkunde"*. In das Markenregister werden alle wesentliche Daten (Marke, Priorität, Inhaber, Waren und Dienstleistungen etc) eingetragen. Das Markenregister steht jedermann zur Einsicht offen.

5.7. Erweiterung des Waren- und Dienstleistungsverzeichnisses (details: Seite 386)

Der Markeninhaber kann das Waren- und Dienstleistungsverzeichnis seiner Marke auch *nachträglich* erweitern. Allerdings genießt diese Erweiterung dann die schlechtere Priorität dieser Änderung.

6. Wirkung des Markenschutzes (details: Seite 390)

6.1. Ausschließungsrecht (details: Seite 390)

Im Zentrum steht – wie bei jedem Immaterialgüterrecht – ein *Ausschließungsrecht*: Die eingetragene Marke gewährt ihrem Inhaber das Recht, Dritten zu verbieten, ohne seine Zustimmung im geschäftlichen Verkehr *erstens* ein mit der Marke gleiches Zeichen für Waren oder Dienstleistungen zu benutzen, die mit denjenigen gleich sind, für die Marke eingetragen ist und *zweitens* ein mit der Marke gleiches oder ähnliches Zeichen für gleiche oder ähnliche Waren oder Dienstleistungen zu benutzen, wenn dadurch für das Publikum die Gefahr von Verwechslungen besteht, die die Gefahr einschließt, dass das Zeichen mit der Marke gedanklich in Verbindung gebracht wird. Es werden also zwei Fallgruppen unterschieden:

6.2. Schutz bei Zeichen- und Warenidentität (details: Seite 391)

In der ersten Fallgruppe sind das Zeichen des Eingreifers und die Waren und Dienstleistungen, für die er es verwendet, gleich (identisch) mit denjenigen, für welche die identische Marke des Klägers eingetragen ist. In diesem Fall wird die Verwechslungsgefahr nicht mehr geprüft. Es ist evident, dass eine Kennzeichenkollision vorliegt und der Beklagte in das Ausschließungsrecht des Markeninhabers eingreift.

6.3. Schutz bei Verwechslungsgefahr (details: Seite 393)

Sind die beiden Zeichen hingegen nicht identisch aber ähnlich bzw sind die Waren und Dienstleistungen nicht identisch, sondern bloß ähnlich, so liegt nur dann ein Eingriff in das Ausschließungsrecht vor, wenn *Verwechslungsgefahr* besteht. Diese wird insbesondere dann angenommen, wenn die Zeichen nach dem Gesamteindruck im Klang, im Bild oder im Sinn verwechselbar ähnlich sind. Dabei genügt im Allgemeinen bereits eines dieser Kriterien. So wurde etwa für Weine die Verwechslungsgefahr zwischen „OPUS ONE" und „OPUS DORA" bejaht, ebenso für Boden- und Pflastersteine, die Ähnlichkeit zwischen „CASTELLO" einerseits und „VIA CASTELLO" andererseits. Hingegen wurde für Backwaren keine Verwechslungsgefahr zwischen „RITZ" und „SPITZ" sowie zwischen „TUFFTRIDE" und „NU-TRIDE" (beides für hochspezialisierte Produkte zur Metallbehandlung) angenommen. Die Beurteilung ist also im Ergebnis stark einzelfallbezogen. Dennoch hat die Rechtsprechung eine Reihe allgemeiner Grundsätze festgeschrieben, die im konkreten Fall die Beurteilung der Verwechslungsgefahr erleichtern.

6.4. Eingriffshandlungen (details: Seite 435)

Nicht jede Verwendung einer fremden Marke ist ein Eingriff in das Markenrecht. Markenverletzung ist die Benutzung eines Zeichens zur Kennzeichnung einer Ware oder Dienstleistung, insbesondere indem die fremde Marke auf der Ware oder ihrer Verpackung angebracht wird oder indem Waren unter der Marke angeboten, in Verkehr gebracht, eingeführt oder ausgeführt werden bzw Dienstleistungen angeboten oder erbracht werden.

6.5. Erweiterter Schutz für bekannte Marken (details: Seite 440)

Je bekannter eine Marke ist, desto größer ist die Gefahr, dass sie missbräuchlich verwendet wird, weil ein anderer versucht, ihren Ruf für seine Produkte auszunützen. Das Markenrecht gewährt daher der bekannten Marken einen erweiterten Schutz. Der Inhaber kann auch verbieten, dass ohne seine Zustimmung im geschäftlichen Verkehr ein mit der Marke gleiches oder ihr ähnliches Zeichen für Waren oder Dienstleistungen benutzt wird, die *nicht* denen *ähnlich* sind, für welche die Marke eingetragen ist, wenn die Marke im Inland *bekannt* ist, und die Benutzung des Zeichens die *Unterscheidungskraft* oder die *Wertschätzung* der Marke ohne rechtfertigenden Grund *in unlauterer Weise* ausnutzt oder beeinträchtigt. So konnte beispielsweise der Inhaber der Bekleidungsmarke „BOSS" verhindern, dass dieses Zeichen für Zigaretten verwendet wird.

6.6. Sonstige Regelungen (details: Seite 449)

Parallel zum Markenschutz und ergänzend können unter Umständen andere Regelungen greifen. Insbesondere gewährt das UWG einen Schutz vor sittenwidriger Ausbeutung fremder Leistung.

6.7. Grenzen des Schutzes (details: Seite 450)

Gewisse Verwendungen der Marken sind ausdrücklich vom Markenschutz ausgenommen. Insbesondere kann der Markeninhaber nicht verhindern, dass die Marke als *Bestimmungsangabe* für Zubehör oder Ersatzteile verwendet wird.

6.8. Erschöpfung (details: Seite 452)

Ist die Ware unter der Marke vom Markeninhaber in Österreich in Verkehr gebracht worden, so kann er gestützt auf sein Markenrecht den Weitervertrieb nicht untersagen. Das Markenrecht ist „*erschöpft*". Diese Erschöpfung gilt auch für *Parallelimporte* innerhalb des EWR, nicht aber für Parallelimporte aus Drittländern.

6.9. Einwand sittenwidrigen Markenerwerbs (details: Seite 462)

Unter Umständen besitzt der Kläger zwar formal ein Markenrecht, hat dieses aber auf sittenwidrige Weise erworben. Die Rechtsprechung lässt hier den Einwand der Sittenwidrigkeit zu, so dass der Kläger von seinem Ausschließungsrecht gegebenenfalls nicht Gebrauch machen kann.

6.10. Benützungsverbot für bestimmte Kennzeichen (details: Seite 465)

Wenig Bedeutung in der Praxis hat eine spezielle Regelung, wonach der unbefugte Gebrauch von Staatswappen und anderen Hoheitszeichen sowie gewisser Prüfungs- und Gewährzeichen unzulässig und mit Verwaltungsstrafe sanktioniert ist.

6.11. Hinweis auf Markenschutz (details: Seite 465)

Erweckt die Wiedergabe einer eingetragenen Marke in einem Wörterbuch oder einem ähnlichen Nachschlagewerk den Eindruck, als sei sie eine *Gattungsbezeichnung*, so kann der Markeninhaber verlangen, dass spätestens bei der Neuauflage des Werks der Hinweis beigefügt wird, dass es sich um eine eingetragene Marke handelt.

6.12. Übertragung der Rechte (details: Seite 466)

Die Marke ist frei *übertragbar*. Sie kann unabhängig von einem Eigentumswechsel am Unternehmen für alle oder einen Teil der Waren oder Dienstleistungen, für die sie eingetragen ist, übertragen werden. Die Übertragung der Marke ist in das Markenregister einzutragen.

6.13. Lizenzen (details: Seite 468)

Die Marke ist weiters für alle oder einen Teil der Waren oder Dienstleistungen, für die sie eingetragen ist, *lizenzierbar*. Die Lizenz kann eine ausschließliche sein. Dann darf der Markeninhaber keine weiteren Lizenzen erteilen und muss sich auch selbst der Nutzung enthalten. Auch Lizenzen können in das Markenregister eingetragen werden.

6.14. Pfandrecht (details: Seite 473)

Die Marke kann auch *verpfändet* werden. Dieses Pfandrecht kann auf schriftlichen Antrag und Vorlage einer entsprechenden Urkunde in das Markenregister eingetragen werden.

6.15. Markenzwang (details: Seite 473)

Auch dies ist eine in der Praxis ungebräuchliche Regelung: Der zuständige Bundesminister kann für bestimmte Waren die Verpflichtung vorschreiben, sie mit einer Marke zu bezeichnen.

7. Schutzdauer (details: Seite 475)
7.1. Erste Schutzperiode (details: Seite 475)

Das Markenrecht entsteht mit dem Tag der Eintragung in das Markenregister. Es endet *zehn Jahre* nach dem Ende des Monats, in dem die Marke registriert worden ist.

7.2. Erneuerung (details: Seite 475)

Durch rechtzeitige Zahlung einer *Erneuerungsgebühr* kann die Schutzdauer immer wieder um je *zehn Jahre* verlängert werden. Der Markenschutz ist also *nicht befristet*.

7.3. Ende des Schutzes (details: Seite 476)

Die Marke ist zu *löschen*, wenn der Inhaber auf sie *verzichtet*, die Registrierung *nicht* rechtzeitig *erneuert* worden ist, das Markenrecht aus anderen Gründen *erloschen* ist oder die Löschung durch eine rechtskräftige *Entscheidung* verfügt wurde. Folgende *Löschungstatbestände* berechtigen Dritte, einen Antrag auf Löschung der Marke zu stellen:

Kollision mit älterer Marke: Der Inhaber einer prioritätsälteren kollidierenden Marke kann die Löschung der jüngeren beantragen. Der Löschungsantrag ist jedoch dann abzuweisen, wenn der Antragsteller die Benutzung der jüngeren eingetragenen Marke während eines Zeitraumes von fünf aufeinander folgenden Jahren in Kenntnis dieser Benutzung geduldet hat (*Verwirkung*).

Kollision mit älterem nicht registriertem Zeichen: Auch ein nicht als Marke registriertes Zeichen kann bei Erlangung der Verkehrsgeltung Schutz genießen. Wenn es die bessere Priorität als eine kollidierende eingetragene Marke hat, so kann ein Löschungsantrag gestellt werden. Auch hier besteht eine Verwirkungsfrist.

Kollision mit älterem Handelsnamen: Derjenige, der einen prioritätsälteren Namen, eine Firma oder eine besondere Bezeichnung seines Unternehmens hat, kann gegen eine kollidierende, prioritätsjüngere Marke mit einem Löschungsantrag vorgehen. Auch hier besteht eine fünfjährige Verwirkungsdauer.

Agentenmarke: Mit diesem Löschungstatbestand kann sich der Geschäftsherr, der über eine Marke im Ausland verfügt, dagegen wehren, dass der zur Wahrung seiner Interessen im Inland tätige „Agent" treuwidrig eine Marke eintragen lässt.

Von Amts wegen wahrzunehmende Löschungsgründe: Jedermann kann die Löschung einer Marke aus von Amts wegen wahrzunehmenden Gründen beantragen.

Insbesondere kann geltend gemacht werden, dass der Marke ein Registrierungshindernis entgegenstand, sodass sie nicht hätte registriert werden dürfen.

Nichtgebrauch: Eine seit mehr als fünf Jahren registrierte, nicht ernsthaft genutzte Marke ist löschungsreif. Jedermann kann einen entsprechenden Antrag stellen.

Entwicklung zum Freizeichen: Wenn eine eingetragene Marke nachträglich zur gebräuchlichen Bezeichnung der betreffenden Ware oder Dienstleistung geworden ist, dann hat sie ihre Unterscheidungskraft verloren. Dementsprechend kann jedermann die Löschung beantragen.

Irreführungseignung: Wenn die Marke durch ihre Benutzung irreführend geworden ist, so bildet auch dies einen von jedermann geltend zu machenden Löschungsgrund.

Bösgläubigkeit: Dieser neue Löschungsgrund besteht ganz allgemein dann, wenn der Anmelder bei der Anmeldung „bösgläubig" war.

8. Sanktionen (details: Seite 520)

8.1. Zivilrechtlicher Schutz (details: Seite 520)

Gegen Markenrechtsverletzungen kann insbesondere mit Ansprüchen auf Unterlassung (auch im Wege einer einstweiligen Verfügung), Beseitigung, Zahlung (angemessenes Entgelt, Schadenersatz, Herausgabe des Gewinns), Rechnungslegung und Urteilsveröffentlichung vorgegangen werden. Auch insoweit sieht das MSchG eine Verwirkung vor, wenn der Markeninhaber nicht rechtzeitig seine Ansprüche geltend macht.

8.2. Strafrechtlicher Schutz (details: Seite 536)

Vorsätzliche Markenrechtsverletzungen sind gerichtlich als Privatanklagedelikt strafbar.

8.3. Auskunftspflicht (details: Seite 538)

Derjenige, der Gegenstände in einer Weise bezeichnet, die geeignet ist, den Eindruck zu erwecken, dass die verwendete Bezeichnung Markenschutz genießt, muss auf Verlangen Auskunft darüber geben, auf welches Schutzrecht sich die Bezeichnung stützt.

9. Verbandsmarke (details: Seite 540)

9.1. Einleitung (details: Seite 540)

Bei der Verbandsmarke deutet die Herkunft nicht auf ein einzelnes Unternehmen, sondern auf eine Gruppe von selbständigen Unternehmen. Bei dieser Marke ist daher die *Garantiefunktion* betont. Der Verband steht also gleichsam als Garant dafür, dass die Mitglieder, die diese Marke verwenden, bestimmte Standards erfüllen. Dementsprechend sieht das MSchG gewisse Sonderregelungen vor.

9.2. Schutzgegenstand (details: Seite 543)

Als Verbandsmarken kommen wie bei der Individualmarke sowohl Waren- als auch Dienstleistungsmarken, Wort-, Bild- und Wort-Bild-Marken in Betracht.

9.3. Markeninhaber (details: Seite 544)

Inhaber von Verbandsmarken können Verbände mit Rechtspersönlichkeit (insbesondere Vereine, aber auch eine GmbH) oder juristische Personen des öffentlichen Rechts (Bund, Land, Bezirk, Gemeinde) sein.

9.4. Behörden (details: Seite 545)

Für das Markenverfahren sind bei Verbandsmarken grundsätzlich dieselben Behörden und Gerichte zuständig wie für Individualmarken.

9.5. Anmeldeverfahren (details: Seite 545)

Für das Anmeldeverfahren bestehen Besonderheiten. Insbesondere muss eine *Markensatzung* vorgelegt werden, die nähere Details über die Bedingungen der Benutzung enthält.

9.6. Wirkung der Verbandsmarke (details: Seite 546)

Auch die Verbandsmarke gewährt ein *Ausschließungsrecht*. Dieses steht dem Verband als Markeninhaber zu. Die Übertragbarkeit der Verbandsmarke ist allerdings eingeschränkt.

9.7. Schutzdauer (details: Seite 547)

Es gelten grundsätzlich die gleichen Regelungen wie für die Individualmarke. Das MSchG sieht lediglich einen *zusätzlichen Löschungstatbestand* vor, wenn der Verband zu bestehen aufhört oder wenn er duldet, dass die Marke missbräuchlich benutzt wird.

9.8. Sanktionen (details: Seite 548)

Insoweit gelten die gleichen Regelungen wie bei der Verletzung einer Individualmarke.

10. Geographische Angaben und Ursprungsbezeichnungen (details: Seite 552)

10.1. Einleitung (details: Seite 552)

Mit der *Verordnung 2081* wurde in der Gemeinschaft ein spezielles System zum Schutz geographischer Angaben und Ursprungsbezeichnungen geschaffen. Das MSchG enthält dazu lediglich Ausführungsbestimmungen.

Kucsko, Geistiges Eigentum (2003)

10.2. Schutzgegenstand (details: Seite 554)

Die VO 2081 erfasst nicht alle gewerblichen Erzeugnisse, sondern nur bestimmte Produktgruppen (*Agrarerzeugnisse und Lebensmittel*). Dabei geht sie von der Annahme aus, dass die Verbraucher in jüngerer Zeit für ihre Ernährung die Qualität der Quantität vorziehen und daher der Angabe der geographischen Herkunft besondere Bedeutung zukommt.

10.3. Berechtigter (details: Seite 555)

Die geschützte Bezeichnung darf von allen *Herstellern* in dem betreffenden geographischen Gebiet verwendet werden, die gemäß der festgelegten *Spezifikation* erzeugen.

10.4. Institutionen (details: Seite 556)

Anträge auf Eintragung von geographischen Angaben und Ursprungsbezeichnungen sind an den jeweiligen Mitgliedstaat zu richten. Für Österreich ist dafür das PA zuständig. Die Entscheidung obliegt dann der *Kommission* der Europäischen Gemeinschaft. Die Rechtsdurchsetzung obliegt wieder den nationalen Gerichten.

10.5. Registrierung (details: Seite 556)

Nach einem Prüfverfahren werden die geschützten Bezeichnungen von der Kommission in das „*Verzeichnis der geschützten Ursprungsbezeichnungen und der geschützten geographischen Angaben*" eingetragen.

10.6. Wirkung der Registrierung (details: Seite 562)

Ist die Bezeichnung registriert, so dürfen die berechtigten Erzeuger auf diese Tatsache in der Werbung besonders *hinweisen*. Der Schutz der eingetragenen Bezeichnung umfasst auch jede widerrechtliche Aneignung, Nachahmung oder Anspielung auf die Bezeichnung, selbst wenn der wahre Ursprung des Erzeugnisses angegeben ist oder wenn die geschützte Bezeichnung in Übersetzung oder zusammen mit Ausdrücken wie „Art", „Typ", „Verfahren", „Nachahmung" udgl verwendet wird.

10.7. Schutzdauer (details: Seite 563)

Eine Befristung des Schutzes ist *nicht* vorgesehen.

10.8. Sanktionen (details: Seite 563)

Die Verordnung selbst kennt keine Sanktionen. Sie ergeben sich aus dem MSchG. Dieses sieht sowohl zivilrechtliche als auch strafrechtliche Sanktionen vor.

11. Gemeinschaftsmarke (details: Seite 566)

11.1. Einleitung (details: Seite 568)

Die Schaffung des Gemeinschaftsmarkensystems war ein Meilenstein in der Harmonisierung des Immaterialgüterrechts in der Europäischen Gemeinschaft. Parallel zur weitgehenden Harmonisierung des nationalen Markenrechts durch die MarkenRL wurde ein neues Schutzrecht geschaffen, dass zentral verwaltet und mit einer einzigen Anmeldung alle Mitgliedstaaten der Europäischen Union erfasst. Die Regelungen dafür finden sich in der *GemeinschaftsmarkenVO*.

11.2. Schutzgegenstand „Gemeinschaftsmarke" (details: Seite 574)

Die Gemeinschaftsmarke ist dadurch charakterisiert, dass sie ein eigenständiges, einheitliches Markenrecht für den ganzen EU-Bereich bringt (Grundsatz der *Eigenständigkeit* und *Einheitlichkeit*). Dieses Markensystem besteht unabhängig und neben den weiterbestehenden nationalen Markenrechtssystemen (Grundsatz der *Koexistenz*).

Die als Gemeinschaftsmarke registrierbaren Zeichen stimmen in der *Definition* und in den *Schutzvoraussetzungen* im Wesentlichen mit dem nationalen österreichischen Markenrecht überein, zumal die Vorgaben der GemeinschaftsmarkenVO mit jenen der MarkenRL harmonisiert wurden.

Ein wesentlicher Unterschied ergibt sich allerdings daraus, dass ältere Kennzeichenrechte bereits im Anmeldeverfahren als Eintragungshindernis berücksichtigt werden, sofern der Berechtigte einen Widerspruch gegen die Anmeldung erhebt.

11.3. Markeninhaber (details: Seite 582)

Auch bei der Gemeinschaftsmarke gibt es sowohl Individualmarken als auch „Gemeinschaftskollektivmarken".

11.4. Institutionen (details: Seite 585)

Die Verwaltung der Gemeinschaftsmarke obliegt dem „*Harmonisierungsamt für den Binnenmarkt (Marken, Muster und Modelle) – HABM*" in Alicante. Gegen Entscheidungen der Beschwerdekammer des HABM ist eine Klage beim Gericht erster Instanz der Europäischen Gemeinschaften (EuG) möglich.

Für Verletzungsverfahren sind nationale „*Gemeinschaftsmarkengerichte*" berufen (in Österreich: das Handelsgericht Wien bzw für Strafverfahren das Landesgericht für Strafsachen Wien).

11.5. Registrierung (details: Seite 590)

Anmeldungen für Gemeinschaftsmarken können entweder beim PA oder direkt beim HABM eingereicht werden. Die Anmeldung muss *schriftlich* erfolgen. Auch hier ist ein *Waren- und Dienstleistungsverzeichnis* erforderlich. Mit der Anmeldung erhält der Anmelder die *Priorität*.

Das HABM prüft die Anmeldung auf das Vorliegen der Anmeldungsvoraussetzungen und insbesondere auf Eintragungshindernisse. Danach wird die Anmeldung veröffentlicht und jeder hat die Möglichkeit, *Widerspruch* gegen die Anmeldung mit der Begründung zu erheben, dass ein relatives Eintragungshindernis (Bestehen eines älteren Rechts) vorliegt.

Entspricht die Anmeldung den Vorschriften, so wird die Marke in das *„Register für Gemeinschaftsmarken"* eingetragen. Wird die Gemeinschaftsmarkenanmeldung hingegen zurückgewiesen, so besteht unter Umständen die Möglichkeit, diese Anmeldung in nationale Markenanmeldungen, die dann in den betreffenden Ländern weiter zu behandeln sind, umzuwandeln.

11.6. Wirkung der Gemeinschaftsmarke (details: Seite 609)

Die Gemeinschaftsmarke gewährt wie die nationale Marke ein *Ausschließungsrecht*. Ihre Wirkungen erstrecken sich auf das gesamte Gemeinschaftsgebiet. Sie unterliegt ebenso dem Gebrauchszwang. Die Rechte aus der Gemeinschaftsmarke können übertragen, lizenziert und verpfändet werden.

11.7. Schutzdauer (details: Seite 613)

Die erste Schutzperiode beträgt *zehn Jahre* ab dem Tag der Anmeldung. Die Eintragung kann immer wieder, jeweils um weitere zehn Jahre, verlängert werden.

Der Schutz der Gemeinschaftsmarke *endet* durch Zeitablauf, Verzicht, Nichtigerklärung oder Verfall. Die Nichtigerklärung ist insbesondere bei Vorliegen von Registrierungshindernissen möglich. Die Gemeinschaftsmarke ist für verfallen zu erklären, wenn sie nicht ausreichend gebraucht wurde, wenn sie sich zum Freizeichen entwickelt hat oder wenn sie zur Täuschung geeignet ist.

11.8. Sanktionen (details: Seite 617)

Die Sanktionen ergeben sich aus dem nationalen Recht und entsprechen im Wesentlichen jenen bei nationalen österreichischen Marken.

12. Internationale Marke (details: Seite 622)

12.1. Einleitung (details: Seite 623)

Demjenigen, der internationalen Markenschutz erlangen will, stehen drei Wege zur Verfügung: Er kann in jedem Land eine nationale Marke anmelden, er kann für den Bereich der Europäischen Union eine Gemeinschaftsmarke anmelden oder er kann von der Möglichkeit einer internationalen Anmeldung nach dem Madrider Markenabkommen (MMA) Gebrauch machen. Die auf diesem Weg erlangte *„internationale Marke"* (IR-Marke) ist in den beteiligten Ländern ebenso geschützt, als wäre sie dort unmittelbar hinterlegt worden. Die internationale Marke ist aber nur ein *„Bündel nationaler Marken"*. Das MMA vereinheitlicht und vereinfacht den

Registrierungsvorgang, schafft aber kein einheitliches Markenrecht für die betroffenen Staaten.

12.2. Schutzgegenstand „Internationale Marke" (details: Seite 626)

Welche Zeichen als internationale Marken registriert werden können, ergibt sich aus den jeweiligen nationalen markenrechtlichen Regelungen. Grundsätzlich kommen dafür die gleichen Marken in Betracht wie für österreichische nationale Anmeldungen.

12.3. Markeninhaber (details: Seite 626)

Die internationale Marke steht jenen Personen offen, die Angehörige eines Verbandsstaates sind, sowie sonstigen Personen, die in einem Verbandsstaat des MMA Wohnsitz oder wirkliche Niederlassung haben.

12.4. Institutionen (details: Seite 627)

Die internationale Registrierung obliegt dem *Internationalen Büro* für geistiges Eigentum der WIPO in Genf. Das System des MMA ist durch ein Zusammenwirken dieses Internationalen Büros mit den nationalen Patentämtern der Mitgliedstaaten gekennzeichnet. Die internationale Registrierung setzt die vorherige Eintragung der gleichen Marke im *Ursprungsland* voraus. Eine IR-Marke kann nur über die Markenbehörde des Ursprungslands angemeldet werden. Ist also Österreich das Ursprungsland, so ist die IR-Marke über das PA anzumelden.

Für Eingriffsverfahren in Österreich sind dieselben Zivil- und Strafgerichte zuständig wie bei nationalen Marken.

12.5. Registrierung (details: Seite 627)

Die internationale Registrierung nach dem MMA setzt die vorherige Eintragung der gleichen Marke als *„Basismarke"* im Ursprungsland voraus. Dass das MMA nicht bloß die Anmeldung, sondern bereits die Registrierung der Ursprungsmarke verlangt, war in der Praxis oftmals hinderlich und für manche Länder sogar ein Grund dem MMA nicht beizutreten. Daher wurde ergänzend das *Madrider Protokoll* geschlossen, das vorsieht, dass die beteiligten Länder die bloße Anmeldung der Ursprungsmarke als ausreichend akzeptieren. Der Antrag auf Registrierung einer IR-Marke ist beim PA einzubringen. Wie für nationale Markenanmeldungen ist auch für die internationale Registrierung ein spezielles *Formular* vorgesehen. Die Waren und Dienstleistungen sind ein einem Verzeichnis anzuführen. Zusätzlich muss ausdrücklich beantragt werden, *für welche Länder* des Verbands der Schutz beansprucht wird. Mit dem Einlangen des Gesuchs um internationale Eintragung bei der nationalen Behörde erlangt der Anmelder die *Priorität*.

Nach einer Vorprüfung der Anmeldung erhalten die Markenbehörden der betreffenden Länder die Möglichkeit, den IR-Marken im Rahmen ihres innerstaatlichen

Rechts den Schutz zu verweigern. Dazu wird ein entsprechender „vorläufiger" bzw dann „endgültiger" *Schutzverweigerungsbescheid* erlassen.

12.6. Wirkung der IR-Marke (details: Seite 632)

Die IR-Marke ist in jedem der beteiligten Vertragsländer ebenso geschützt, wie wenn sie dort unmittelbar hinterlegt worden wäre. Inhalt und Umfang des Schutzes richten sich nach dem nationalen Rechts des jeweiligen Verbandsstaates, in Österreich daher nach dem MSchG.

Fünf Jahre lang besteht *„Akzessorietät"*, das heißt, dass die IR-Marke vom Bestand der nationalen Basismarke abhängig ist.

Die IR-Marke kann grundsätzlich übertragen und lizenziert werden.

12.7. Schutzdauer (details: Seite 634)

Die Schutzdauer für eine IR-Marke beträgt zunächst *20 Jahre*. Die Registrierung kann immer wieder für weitere 20 Jahre durch Zahlung einer Gebühr verlängert werden.

Der Markenschutz *endet* durch Zeitablauf, Verzicht, Wegfall der Basismarke während der Abhängigkeit und Unwirksamerklärung.

12.8. Sanktionen (details: Seite 636)

Die materiellrechtlichen Ansprüche bei Verletzung des jeweiligen „nationalen Teils" einer IR-Marke richten sich nach den nationalen markenrechtlichen Regelungen.

13. Name, Firma, Geschäftsbezeichnung, Titel, Ausstattung (details: Seite 640)

Die Marke konkurriert mit anderen Kennzeichenrechten (Ausstattung, Name, Firma, nicht registrierten Marken, Titel). Wir sind dieser Tatsache bereits bei den Löschungsgründen für die eingetragene Marke begegnet.

13.1. Name (details: Seite 642)

Der Name kennzeichnet eine physische oder juristische Person. Er kann entweder der bürgerliche Name oder der Name, den ein Unternehmen in geschäftlichen Verkehr verwendet, sein. Inhaber des Namenrechts ist die betreffende natürliche oder juristische Person. Unter gewissen Voraussetzungen genießt auch der ausländische Handelsname Schutz in Österreich.

Das Namensrecht entsteht beim bürgerlichen Namen mit *Geburt* und Namensgebung, beim Handelsnamen mit der *Ingebrauchnahme*.

Wird jemandem das Recht zur Führung seines Namens *bestritten* oder wird er durch unbefugten Gebrauch seines Namens *beeinträchtigt*, so kann er auf Unterlassung und bei Verschulden auf Schadenersatz klagen. Weiters stehen ihm ein Beseitigungsanspruch und ein Rechnungslegungsanspruch zu. Zusätzlich besteht eine strafrechtliche Sanktion.

13.2. Firma (details: Seite 656)

Die Firma eines *Vollkaufmannes* ist der Name, unter dem er im Handel seine Geschäfte betreibt und die Unterschrift abgibt. Auch die Firma bzw das Firmenschlagwort können – wenn sie unterscheidungskräftig sind oder Verkehrsgeltung erlangt haben – kennzeichenrechtlichen Schutz beanspruchen.

13.3. Geschäftsbezeichnung (details: Seite 672)

Die Geschäftsbezeichnung ist ein Wort- oder Bildzeichen, das bestimmt und geeignet ist, ein Unternehmen oder einen Betrieb von anderen zu unterscheiden (zB „Steffel" für ein Kaufhaus oder „Hotel zur Post"). Es ist als Kennzeichen gegen den verwechslungsfähigen Gebrauch geschützt.

13.4. Titel (details: Seite 677)

Der Titel eines Geisteswerks (Werk der Literatur, CD, Film etc) kann ebenfalls Kennzeichenschutz genießen. Einer Registrierung bedarf dies nicht. Es bestehen ähnliche zivilrechtliche Sanktionen wie bei den anderen Kennzeichenrechten.

13.5. Ausstattung (details: Seite 685)

Die Ausstattung hat die gleiche Funktion wie die Marke. Sie dient dazu, Waren oder Dienstleistungen eines Unternehmens von gleichartigen Waren oder Dienstleistungen eines anderen Unternehmens zu unterscheiden (zB eine charakteristische Färbung der Kleidung der Angestellten). Voraussetzung für den Schutz ist die Erlangung der Verkehrsgeltung.

Der Teil vom Ganzen

Wenn man bedenkt, wie lange der Streit um den Musterschutz für Autoersatzteile die Harmonisierung des europäischen Geschmacksmusterrechts aufgehalten hat, so dokumentiert dies offenbar die hohe Bedeutung dieser Designobjekte für die

*Ip*zone.

update: www.geistigeseigentum.at

Musterrecht (details: Seite 693)

1. Einleitung (details: Seite 696)

1.1. Begriff „Musterrecht" (details: Seite 696)

Mit diesem Begriff wird jener Bereich umfasst, der allgemein trefflicher als „Designschutz" bezeichnet wird. Wie beim Markenrecht kann man zwischen „Musterrecht im *objektiven* Sinn" (= jene Normen, die den Schutz von Mustern regeln) und dem „Musterrecht im *subjektiven* Sinn" (= die dem Einzelnen aufgrund der Regelungen des Musterrechts zustehenden Befugnisse) unterscheiden. In der neueren Terminologie wird das Musterrecht für den Designschutz als *„Geschmackmusterrecht"* bezeichnet und so vom *„Gebrauchsmusterrecht"* abgegrenzt, das erfinderische Leistungen schützt.

1.2. Schutzzweck des Musterschutzrechts (details: Seite 700)

„Design sells"! Das Design eines Produkts ist zu einem sehr wesentlichen, manchmal sogar entscheidenden Instrument der Absatzförderung geworden. Dem Schutz des Designs kommt daher sehr erhebliche wirtschaftliche Bedeutung zu.

1.3. Auskunftsstellen (details: Seite 701)

Auch für Musterangelegenheiten ist zunächst das PA eine wichtige Anlaufstelle. Dort sind auch die Muster zum Schutz anzumelden.

1.4. Rechtsquellen (details: Seite 702)

Das Musterrecht ist primär im *Musterschutzgesetz 1990* (MuSchG), zuletzt 2003 novelliert, geregelt. Die Novelle 2003 hat tief in das Musterrecht eingegriffen. Insbesondere wurden die Musterdefinition, die Schutzvoraussetzungen und die Schutzdauer geändert. Für „alte Muster" gelten die früheren Regelungen weiter. Ich werde im Folgenden einen kurzen Überblick über die neuen Regelungen geben.

Auf Gemeinschaftsebene hat die Musterrichtlinie (MusterRL) Vorgaben zur Harmonisierung des Musterrechts in Europa geschaffen, die von Österreich mit der Novelle 2003 umgesetzt wurden.

1.5. Literatur (details: Seite 705)

Für weiterführende Literatur erlaube ich mir, wieder auf den Abschnitt „details" zu verweisen.

1.6. Entwicklung des Musterrechts (details: Seite 708)

Die Geschichte geschmackmusterrechtlicher Regelungen beginnt in Frankreich und England mit Bestimmungen zum Schutz der Textilindustrie im 16. und 18. Jahrhundert. In Österreich beginnt die Entwicklung des Geschmacksmusterschutzes mit einem kaiserlichen Patent von 1858. Das geltende MuSchG stammt aus 1990.

1.7. Systematik (details: Seite 711)

Ebenso wie das Markenrecht behandeln wir das Musterrecht in der Systematik: Schutzgegenstand, Schöpfer, Institutionen, Registrierung, Wirkung des Musterschutzes, Schutzdauer und Sanktionen.

1.8. Internationales Geschmacksmusterrecht (details: Seite 712)

Auch hier besteht ein Spannungsverhältnis zwischen dem *Territorialitätsprinzip* einerseits und dem Bedürfnis nach global harmonisierten Rechtsvorschriften andererseits. Ähnlich wie das Madrider Markenabkommen sollte das *Haager Musterabkommen* eine internationale Musteranmeldung ermöglichen. Es hat jedoch in der Praxis bei weitem nicht dieselbe Bedeutung erlangt. Österreich ist diesem Abkommen bis heute nicht beigetreten.

Im Bereich der EU hat die *MusterRL* die Regelungen für das Geschmacksmusterrecht weitestgehend vereinheitlicht. Zusätzlich hat die *GemeinschaftsgeschmacksmusterVO* ein gemeinschaftsweit wirksames „Gemeinschaftsgeschmacksmuster" geschaffen.

2. Schutzgegenstand „Muster" (details: Seite 724)

2.1. Definition des Musters (details: Seite 724)

Als *„Muster"* wird die Erscheinungsform eines ganzen Erzeugnisses oder eines Teils davon definiert, die sich insbesondere aus den Merkmalen der Linien, Konturen, Farben, der Gestalt, Oberflächenstruktur und/oder der Werkstoffe des Erzeugnisses selbst und/oder seiner Verzierung ergibt. Geschützt werden sowohl (zweidimensionale) Muster als auch (dreidimensionale) Modelle.

2.2. Schutzvoraussetzungen (details: Seite 732)

Ähnlich wie bei der Marke muss auch das Design über diese allgemeinen Kriterien eines „Musters" hinaus noch weitere Voraussetzungen erfüllen, um Schutz zu genießen:

Neuheit: Dies ist die in der Praxis wichtigste Voraussetzung. Ein Muster gilt als neu, wenn der Öffentlichkeit vor dem Tag der Anmeldung des Musters zur Registrierung oder, wenn eine Priorität in Anspruch genommen wird, vor dem Prioritätstag kein identisches Muster zugänglich gemacht worden ist. Muster gelten als identisch, wenn sich ihre Merkmale nur in unwesentlichen Einzelheiten unterscheiden.

Von dieser Grundregel gibt es Ausnahmen (wichtig ist vor allem die 12-monatige „Neuheitsschonfrist").

Eigenart: Als weiteres Schutzkriterium ist erforderlich, dass sich der Gesamteindruck, den das Muster beim informierten Benutzer hervorruft, von dem Gesamteindruck unterscheidet, den ein anderes Muster, welches der Öffentlichkeit vor dem Tag seiner Anmeldung zur Registrierung oder, wenn eine Priorität in Anspruch genommen wird, vor dem Prioritätstag zugänglich gemacht worden ist, bei diesem Benutzer hervorruft. Für die Frage der „Eigenart" ist der Grad der Gestaltungsfreiheit des Schöpfers bei der Entwicklung des Musters zu berücksichtigen.

Öffentliche Ordnung: Muster, die gegen die öffentliche Ordnung oder die guten Sitten verstoßen sind vom Schutz ausgeschlossen.

Doppelschutzverbot: Dieses gewährt dem prioritätsälteren (aber noch nicht neuheitsschädlich veröffentlichten) Muster Vorrang vor dem später angemeldeten.

Technisch-funktionelle Merkmale: Die Novelle 2003 hat dieses weitere Registrierungskriterium nunmehr ausdrücklich festgeschrieben. Ein Recht an einem Muster besteht nicht an Erscheinungsmerkmalen eines Erzeugnisses, die ausschließlich durch dessen technische Funktion bedingt sind.

3. Schöpfer (details: Seite 746)

3.1. Schöpferprinzip (details: Seite 746)

Grundsätzlich hat der Schöpfer des Musters oder sein Rechtsnachfolger Anspruch auf Musterschutz. Auf die Nationalität kommt es dabei nicht an.

3.2. Doppelschöpfung (details: Seite 747)

Theoretisch ist es denkbar, dass zwei Schöpfer unabhängig voneinander das gleiche Muster kreieren. Jeder von beiden hat daher zunächst Anspruch auf Musterschutz, wobei dann die Priorität der Anmeldung entscheidet.

3.3. Arbeitnehmer-/Auftragnehmermuster (details: Seite 747)

Das MuSchG enthält eine ausdrückliche Regelung für Muster, die im Rahmen eines Arbeits- oder Auftragsverhältnisses geschaffen wurden. Grundsätzlich hat die Rechte daran – wenn nichts anderes vereinbart worden ist – der Arbeitgeber bzw Auftraggeber. Eine besondere Vergütungsregelung besteht nicht.

3.4. Nennung als Schöpfer (details: Seite 748)

Der Schöpfer eines Musters kann zwar nicht verlangen, auf den Produkten selbst genannt zu werden, sein Name ist aber gegebenenfalls im Musterregister zu vermerken.

3.5. Verhältnis mehrere Musterinhaber zueinander (details: Seite 749)

Es ist denkbar, dass zwei oder mehrere Personen gemeinsam ein Muster erwerben. Ihr Rechtsverhältnis untereinander regelt sich nach den allgemeinen zivilrechtlichen Bestimmungen.

4. Institutionen (details: Seite 750)

4.1. Wirtschaftskammern (details: Seite 750)

Bis zum In-Kraft-Treten der MuSchG-Novelle konnten Muster auch bei bestimmten Landeskammern der gewerblichen Wirtschaft angemeldet werden. Nunmehr ist die Anmeldung zentralisiert worden.

4.2. Patentamt (details: Seite 751)

Ebenso wie in Markenangelegenheiten ist das *Österreichische Patentamt* (PA) auch für die Geschmacksmusteranmeldungen zuständig. Im Anmeldeverfahren entscheidet die Rechtsabteilung (RA) mit Instanzenzug zur Beschwerdeabteilung (BA). Streitige Verfahren (insbesondere auf Nichtigerklärung) sind vor der Nichtigkeitsabteilung (NA) zu führen. Gegen deren Entscheidung ist ein Rechtsmittel an den Obersten Patent- und Markensenat (OPM) vorgesehen.

Die Entscheidung im Verletzungsverfahren obliegt hingegen den *Gerichten*.

5. Registrierung (details: Seite 753)

5.1. Anmeldestelle (details: Seite 753)

Musteranmeldungen sind nunmehr zentral beim PA in Wien einzubringen.

5.2. Formerfordernisse (details: Seite 754)

Die Anmeldung ist *schriftlich* vorzunehmen. Dazu stellt das PA entsprechende *Formulare* gratis zur Verfügung. In der Anmeldung ist das Muster zu *offenbaren*. Dazu sind entsprechende Abbildungen vorzulegen. Es ist auch zulässig, ein Musterexemplar (Originalgegenstand oder Modell) vorzulegen. Weiters ist ein *Warenverzeichnis* beizufügen, um jene Waren zu bezeichnen, für welche das Muster Schutz genießen soll. Die Einteilung der Waren erfolgt nach der Klassifikation des *Abkommens von Locarno*.

Innerhalb derselben Klasse können kostensparend bis zu 50 Muster als „*Sammelmuster*" angemeldet werden. Weiters ist die Anmeldung von „*Geheimmustern*" vorgesehen. Der versiegelte Umschlag ist nur auf Antrag des Anmelders oder auf Antrag eines Dritten, dem gegenüber sich der Musteranmelder auf das Muster berufen hat, sonst von Amts wegen nach 18 Monaten zu öffnen.

Die *Anmeldegebühr* beträgt 43,-- EUR. Dazu kommt eine Klassengebühr von 10,-- EUR je Warenklasse. Weiters ist eine Veröffentlichungsgebühr von 25,-- EUR zu entrichten.

5.3. Priorität (details: Seite 759)

Mit dem Tag der *Anmeldung* erlangt der Musteranmelder die *Priorität* für sein Muster. Unter Umständen kann eine bessere *Auslandspriorität* nach der Pariser Verbandsübereinkunft in Anspruch genommen werden.

5.4. Amtliche Prüfung (details: Seite 760)

Das Patentamt prüft die Musteranmeldung nur eingeschränkt. Insbesondere werden die Erfordernisse der Neuheit, der Eigenart, der Nichtverletzung des Doppelschutzverbots und der fehlenden technischen Bedingtheit nicht geprüft.

5.5. Wirkung der Anmeldung (details: Seite 761)

Mit der Anmeldung wird das Anmeldeverfahren eingeleitet und der Anmelder erwirbt das übertragbare Recht aus der Anmeldung sowie das Prioritätsrecht.

5.6. Veröffentlichung und Registrierung (details: Seite 761)

Bestehen gegen die Registrierung des Musters keine Bedenken, so sind dessen Veröffentlichung im *Österreichischen Musteranzeiger* und die Eintragung im *Musterregister* zu verfügen. Dieses steht zur öffentlichen Einsichtnahme offen.

6. Wirkung des Musterschutzes (details: Seite 764)

6.1. Ausschließungsrecht (details: Seite 764)

Der Musterinhaber hat das ausschließliche Recht, das Muster zu *benutzen* und Dritten zu *verbieten*, es ohne seine Zustimmung zu benutzen. Dies schließt die Herstellung, das Anbieten, das Inverkehrbringen, die Einfuhr, die Ausfuhr und die Benutzung eines Erzeugnisses, in das das Muster aufgenommen oder bei dem es verwendet wird, sowie den Besitz des Erzeugnisses zu den genannten Zwecken ein. Der Umfang des Schutzes aus einem Recht an einem Muster erstreckt sich auf jedes Muster, das beim informierten Benutzer keinen anderen *Gesamteindruck* hervorruft.

Gewisse Bereiche sind allerdings vom Musterschutz ausgenommen, so insbesondere der *private* Bereich zu nichtgewerblichen Zwecken und Handlungen zu *Versuchszwecken*. Das Verbietungsrecht richtet sich also nur gegen denjenigen, der ein identes oder verwechslungsfähig ähnliches Muster „*betriebsmäßig*" verwendet.

Erschöpfung: Das Musterrecht greift nicht mehr, wenn das Erzeugnis vom Rechtsinhaber oder mit seiner Zustimmung im EWR in Verkehr gebracht worden ist. Er kann dann den Weitervertrieb des betreffenden Produkts nicht mehr gestützt auf sein Musterrecht unterbinden.

6.2. Räumlicher Schutzbereich (details: Seite 767)

Der österreichische Musterschutz wirkt nur im Inland und nicht gegen Nutzungshandlungen im Ausland.

6.3. Vorbenützerrecht (details: Seite 767)

Derjenige, der *gutgläubig* ein unter den Schutzumfang eines registrierten Musters fallendes Muster bereits vor dem Prioritätstag im Inland benützt oder die hiefür erforderlichen Vorkehrungen getroffen hat, ist von den Wirkungen des Musterschutzes weitgehend ausgenommen.

6.4. Übertragung der Rechte (details: Seite 768)

Das Musterrecht kann frei *übertragen* werden. Nicht übertragbar ist hingegen der (persönlichkeitsrechtliche) Anspruch auf Nennung als Schöpfer.

6.5. Lizenzen (details: Seite 769)

Der Musterinhaber kann anderen *ausschließliche* oder *nicht ausschließliche* Lizenzen zur Nutzung erteilen.

6.6. Pfandrecht (details: Seite 770)

Das Muster kann *verpfändet* werden. Das Pfandrecht ist auf Antrag ins Musterregister einzutragen.

7. Schutzdauer (details: Seite 772)

7.1. Erste Schutzperiode (details: Seite 772)

Das Musterrecht *beginnt* mit dem Tag der Registrierung. Die erste Schutzperiode dauert *fünf Jahre*.

7.2. Erneuerung (details: Seite 773)

Durch rechtzeitige Zahlung einer *Erneuerungsgebühr* kann der Schutz immer wieder um fünf Jahre bis zum Gesamtausmaß von *25 Jahren* verlängert werden.

7.3. Ende des Schutzes (details: Seite 773)

Der Musterschutz endet durch Zeitablauf, Verzicht, Nichtigerklärung oder Aberkennung. Die *Nichtigerklärung* ist insbesondere dann auszusprechen, wenn sich in einem Löschungsverfahren ergibt, dass die Schutzvoraussetzung der Neuheit nicht gegeben war oder dass das Muster unter das Doppelschutzverbot fällt, ärgerniserregend oder nicht eigenartig ist.

Wer behauptet, anstelle des Musterinhabers Anspruch auf das Recht an dem Muster zu haben, kann anstelle der Nichtigerklärung die *Aberkennung* und *Übertragung* des Musters begehren.

8. Sanktionen (details: Seite 779)

8.1. Zivilrechtlicher Schutz (details: Seite 779)

Gegen Musterrechtsverletzungen stehen dem Musterinhaber insbesondere Ansprüche auf Unterlassung (auch im Wege einer einstweiligen Verfügung), Beseitigung,

Zahlung (angemessenes Entgelt, Schadenersatz, Herausgabe des Gewinns), Rechnungslegung und Urteilsveröffentlichung zu.

8.2. Strafrechtlicher Schutz (details: Seite 780)

Vorsätzliche Musterrechtsverletzungen sind als *Privatanklagedelikt* gerichtlich strafbar.

8.3. Auskunftspflicht (details: Seite 780)

Wer Erzeugnisse in einer Weise bezeichnet, die geeignet ist, den Eindruck zu erwecken, dass sie Geschmacksmusterschutz genießen, muss auf Verlangen jedermann darüber *Auskunft* geben, auf welches Musterrecht sich die Bezeichnung stützt.

8.4. Feststellungsantrag (details: Seite 780)

Beim PA kann die *Feststellung* begehrt werden, ob ein bestimmtes Design unter ein geschütztes Muster fällt. Dadurch kann man die Rechtslage abklären, bevor das Produkt vertrieben wird.

9. Gemeinschaftsgeschmacksmuster (details: Seite 783)

9.1. Einleitung (details: Seite 783)

Mit 6.3.2002 ist die *GemeinschaftsgeschmacksmusterVO* in Kraft getreten. Sie hat für den Bereich des Designschutzes ein ähnliches System geschaffen wie für das Markenrecht. Das „*Harmonisierungsamt für den Binnenmarkt (Marken, Muster und Modelle) – HABM*" in Alicante verwaltet zentral das neue Schutzrecht des „Gemeinschaftsgeschmacksmusters", das aufgrund einer einzigen Anmeldung in allen Mitgliedstaaten der Europäischen Union geschützt ist.

9.2. Schutzgegenstand „Gemeinschaftsgeschmacksmuster" (details: Seite 786)

Es gilt das Prinzip der *Eigenständigkeit* und *Einheitlichkeit*: Das europäische Gemeinschaftsgeschmacksmuster ist vom nationalen Musterrecht unabhängig und wirkt in der gesamten Gemeinschaft. Die Definition stimmt mit der (neuen) Definition des österreichischen Musters überein. Allerdings unterscheidet die europäische Regelung zwischen dem „*nicht eingetragenen* Gemeinschaftsgeschmacksmuster" und dem „*eingetragenen* Gemeinschaftsgeschmacksmuster".

Voraussetzung für den Musterschutz sind auch hier Neuheit, Eigenart, Nichtvorliegen eines Verstoßes gegen die öffentliche Ordnung oder das Doppelschutzverbot. Weiters besteht auch hier der Ausschluss von rein technisch-funktionellen Merkmalen.

9.3. Entwerfer (details: Seite 791)

Es gilt das *Schöpferprinzip*. Für *Arbeitnehmer- bzw Auftragnehmermuster* ist vorgesehen, dass das Schutzrecht im Zweifel dem Auftraggeber bzw Arbeitgeber zusteht.

Der Entwerfer hat Anspruch auf *Nennung* als Schöpfer.

9.4. Institutionen (details: Seite 792)

Zur Administration des Gemeinschaftsgeschmacksmusters ist das HABM berufen. Das Verletzungsverfahren obliegt den *Gemeinschaftsgeschmacksmustergerichten*. Für Österreich sind dies das Handelsgericht Wien sowie das Landesgericht für Strafsachen Wien.

9.5. Registrierung (details: Seite 794)

Gemeinschaftsgeschmacksmuster können entweder beim PA oder direkt beim HABM eingereicht werden. Die Anmeldung muss *schriftlich* erfolgen und ein *Warenverzeichnis* enthalten. Auch hier ist selbstverständlich eine entsprechende *Offenbarung* des Musters erforderlich. *Sammelanmeldungen* sind möglich.

Der Anmeldetag bestimmt die *Priorität*, wobei die Inanspruchnahme einer Unionspriorität nach der Pariser Verbandsübereinkunft möglich ist.

Das HABM prüft die Anmeldungsvoraussetzungen und verfügt gegebenenfalls die Eintragung in das *Register für Gemeinschaftsgeschmacksmuster*.

9.6. Wirkung des Gemeinschaftsgeschmacksmusters (details: Seite 798)

Der Umfang des Schutzes aus dem Gemeinschaftsgeschmacksmuster erstreckt sich auf jedes Geschmacksmuster, das beim informierten Benutzer keinen anderen Gesamteindruck erweckt. Das eingetragene Gemeinschaftsgeschmacksmuster gewährt seinem Inhaber das *ausschließliche Recht*, es zu benutzen und Dritten zu verbieten, es ohne seine Zustimmung zu benutzen. Dieses Recht ist beim nicht eingetragenen Gemeinschaftsgeschmacksmuster insoweit eingeschränkt, als nur dann eine Verletzung vorliegt, wenn die angefochtene Benutzung das Ergebnis einer *Nachahmung* des geschützten Musters ist. Nutzungen in bestimmten Bereichen (Privatbereich, Versuchszwecke etc) sind vom Schutzbereich ausgenommen. Es gilt der Erschöpfungsgrundsatz innerhalb der Gemeinschaft.

Der gutgläubige Vorbenützer hat ein *Vorbenutzungsrecht*, das ihm die weitere Nutzung des Musters sichert.

Die Rechte aus dem Gemeinschaftsgeschmacksmuster sind *übertragbar* und *lizenzierbar*. Sie können auch Gegenstand eines *Pfandrechts* sein.

9.7. Schutzdauer (details: Seite 802)

Das nicht eingetragene Gemeinschaftsgeschmacksmuster ist nur *drei Jahre* geschützt. Hingegen dauert der Schutz für das eingetragene Gemeinschaftsgeschmacksmuster zunächst *fünf* Jahre und kann um jeweils weitere fünf Jahre bis maximal *25 Jahre* verlängert werden.

Der Schutz des eingetragenen Gemeinschaftsgeschmacksmusters *endet* durch Zeitablauf, Verzicht oder Nichtigerklärung (insbesondere wenn ein Schutzhindernis besteht).

9.8. Sanktionen (details: Seite 804)

Die Sanktionen ergeben sich aus dem *nationalen Recht* und entsprechen jenen beim nationalen österreichischen Muster.

PS:

Leider ist die Ersatzteilfrage nur aufgeschoben und nicht wirklich gelöst worden.

Kucsko, Geistiges Eigentum (2003)

Vom Klick zum JPEG

Es war ein weiter Weg von den ersten Photoapparaten, die ihre einfache technische Funktion mit einem Klick verrieten bis zur Digitalphotographie, abgespeichert in unsichtbaren JPEG-Dateien – ein Weg voll Erfindungen, ein Weg mitten durch die

*ip*zone.

Patentrecht (details: Seite 805)

1. Einleitung (details: Seite 808)

1.1. Begriff „Patentrecht" (details: Seite 808)

Als „Patenrecht im *objektiven* Sinn" bezeichnet man jene Normen, die das Patentwesen (insbesondere den Schutz von Erfindungen) regeln. Aufgrund dieser Normen steht dem einzelnen Patentinhaber das „Patentrecht im *subjektiven* Sinn" als übertragbares Vermögensrecht zu.

1.2. Schutzzweck des Patentrechts (details: Seite 809)

Wie wichtig Innovationen für jedes Unternehmen sind, insbesondere im technischen Bereich, liegt auf der Hand. Andererseits besteht ein Interesse der Öffentlichkeit, am technischen Fortschritt teilzuhaben. Jeder steht „auf den Schultern des anderen". Das Patentrechtssystem geht einen vermittelnden Weg. Einerseits gibt es dem Erfinder die Möglichkeit, ein zeitlich befristetes Ausschließungsrecht an der Erfindung zu erlangen, um seine erfinderische Idee entsprechend wirtschaftlich auswerten zu können. Andererseits erfordert der Patentschutz die Offenlegung der Erfindung. Dadurch wird der Wissensstand der Allgemeinheit bereichert, Doppelerfindungen können vermieden werden und ein Aufbauen auf den Entwicklungsergebnissen anderer ist (nach Ablauf des Patentschutzes oder bei Erwerb einer Lizenz) möglich.

1.3. Auskunftsstellen (details: Seite 811)

Patente sind beim Österreichischen Patentamt (PA) anzumelden. Dort erhält man auch die erforderlichen Anmeldungsunterlagen und Informationen.

1.4. Rechtsquellen (details: Seite 811)

Das nationale Patentrecht ist primär im *Patentgesetz 1970* (PatentG), zuletzt novelliert 2001, geregelt. Auf Gemeinschaftsebene hat es bislang nur eine teilweise Harmonisierung durch die BiotechnologieRL gegeben, die von Österreich noch nicht umgesetzt wurde.

1.5. Literatur (details: Seite 815)

Dazu erlaube ich mir auf den Abschnitt „details" zu verweisen.

1.6. Entwicklung des Patentrechts (details: Seite 823)

Die Ursprünge des Patentrechts liegen im *Privilegienwesen*. Aus diesen Einzelprivilegien hat sich dann ein geordnetes, der Allgemeinheit zugängliches Patentrechtssystem entwickelt. Für Österreich ist derzeit eine Patentrechtsnovelle 2003/04 in Arbeit, die weitere Verbesserungen des Patentschutzes bringen soll.

1.7. Systematik (details: Seite 827)

Im Folgenden wird – in der gleichen Systematik wie in den vorangegangenen Abschnitten – zunächst der Schutzgegenstand dargestellt. Es folgen die Abschnitte Erfinder, Institutionen, Patenterteilung, Wirkung, Schutzdauer und Sanktionen. Daran schließen sich dann noch spezielle Kapitel über verwandte Rechtsvorschriften.

1.8. Internationales Patentrecht (details: Seite 828)

Maßgeblichen Einfluss auf die Harmonisierung des Patentrechts hatte das *Europäische Patentübereinkommen*, das mit einer zentralen Anmeldung und Erteilung ein Bündel nationaler Patente verschafft.

Im Bereich der Europäischen Union sind seit längerer Zeit Bemühungen um ein *Gemeinschaftspatentübereinkommen* im Gange, die jedoch noch nicht abgeschlossen werden konnten. Lediglich die *BiotechnologieRL* hat gewisse Harmonisierungsvorgaben gebracht.

2. Schutzgegenstand „Erfindung" (details: Seite 838)

2.1. Definition der Erfindung (details: Seite 838)

Für *Erfindungen*, die neu sind, sich für den Fachmann nicht in naheliegender Weise aus dem Stand der Technik ergeben und gewerblich anwendbar sind, werden auf Antrag Patente erteilt. Gewisse Leistungen sind jedoch ausdrücklich vom Erfindungsbegriff ausgeschlossen (Entdeckungen, wissenschaftliche Theorien, mathematische Methoden, ästhetische Formschöpfungen, Computerprogramme etc). Voraussetzung für die Erlangung eines Patentes ist, dass der Erfinder die *„Regel zum technischen Handeln"* kennt. Er muss zwar nicht wissen, warum die Erfindung funktioniert, er muss aber wissen, wie er zur Lösung gekommen ist. Die Erfindung muss *wiederholbar* und *ausführbar* sein. Sie muss auf dem *Gebiet der Technik* liegen und *gewerblich anwendbar* sein.

2.2. Schutzvoraussetzungen (details: Seite 843)

Gewisse Erfindungen sind vom Patentschutz generell ausgeschlossen (Erfindungen, die gegen die öffentliche Ordnung oder gegen die guten Sitten verstoßen; Verfahren zur chirurgischen oder therapeutischen Behandlung des menschlichen oder tierischen Körpers; Pflanzensorten oder Tierarten).

Wesentliche Voraussetzung für den Patentschutz ist, dass die Erfindung *„neu"* ist. Sie gilt dann als neu, wenn sie nicht zum *„Stand der Technik"* gehört. Dazu zählt alles, was der Öffentlichkeit vor dem Prioritätstag der Anmeldung durch schriftliche oder mündliche Beschreibung, durch Benützung oder in sonstiger Weise zugänglich gemacht worden ist.

Weiters muss die Erfindung eine gewisse „*Erfindungshöhe*" aufweisen. Nicht alles, was neu ist, verdient Patentschutz. Die neue erfinderische Lösung darf für den Durchschnittsfachmann – gemessen am Stand der Technik – nicht nahe liegen.

3. Erfinder (details: Seite 852)

3.1. Schöpferprinzip (details: Seite 852)

Das Recht an der Erfindung entsteht durch den Realakt des Findens der Regel zum technischen Handeln. Es steht daher zunächst dem Schöpfer der Erfindung („*Erfinder*") zu.

3.2. Doppelerfindung (details: Seite 854)

Haben mehrere unabhängig voneinander die gleiche Erfindung gemacht, so hat zunächst jeder ein Recht an seiner Erfindung. Das Patent erhält aber nur der Erstanmelder.

3.3. Nationalität des Erfinders (details: Seite 854)

Die Staatsbürgerschaft ist nicht Voraussetzung für die Erlangung des Patentschutzes.

3.4. Diensterfindung (details: Seite 854)

Das PatG enthält detaillierte Regelungen über jene Erfindungen, die von einem Arbeitnehmer im Rahmen seiner dienstlichen Obliegenheiten gemacht wurden. Es sieht dazu auch spezielle Regelungen über eine zusätzliche „*Diensterfindervergütung*" vor.

3.5. Nennung als Erfinder (details: Seite 860)

Der Erfinder hat einen unübertragbaren, unverzichtbaren und unvererbbaren Anspruch auf Nennung als Erfinder im Patentregister.

3.6. Verhältnis mehrere Patentinhaber zueinander (details: Seite 861)

Wird das Patent von mehreren Personen angemeldet, so richtet sich ihr Rechtsverhältnis untereinander nach den allgemeinen zivilrechtlichen Regelungen.

4. Institutionen (details: Seite 863)

4.1. Patentamt (details: Seite 863)

Das Patenterteilungsverfahren obliegt dem PA. Für das Erteilungsverfahren sind dort die Technischen Abteilungen (TA) zuständig. Gegen ihre Entscheidungen kann ein Rechtsmittel an die Beschwerdeabteilung (BA) ergriffen werden. Für

Kucsko, Geistiges Eigentum (2003)

streitige Verfahren (insbesondere auf Nichtigerklärung oder Aberkennung) ist die Nichtigkeitsabteilung (NA) zuständig.

4.2. Oberster Patent- und Markensenat (details: Seite 879)

Der OPM entscheidet über Rechtsmittel gegen die Endentscheidungen der NA unter dem Vorsitz des Präsidenten in aus 5 Mitgliedern bestehenden Senaten.

4.3. Gerichte (details: Seite 881)

Für das Patentverletzungsverfahren ist für ganz Österreich *ausschließlich* das Handelsgericht Wien zuständig. Die Strafverfahren obliegen dem Landesgericht für Strafsachen Wien.

4.4. Bundesministerien (details: Seite 881)

Organisatorisch ist für das PA das Bundesministerium für Verkehr, Innovation und Technologie (BMVIT) zuständig.

5. Patenterteilung (details: Seite 884)

5.1. Anmeldestelle (details: Seite 884)

Die Patentanmeldung hat beim PA zu erfolgen.

5.2. Anmeldung (details: Seite 884)

Die Patentanmeldung ist *schriftlich* einzureichen. Sie muss insbesondere eine entsprechende *Beschreibung* mit Erläuterungen und einen oder mehrere „*Patentansprüche*" enthalten. Diese umschreiben den Schutzanspruch für das Patent.

Die *Anmeldegebühr* beträgt 50,-- EUR. Zusätzlich ist für das Patent jeweils eine Jahresgebühr zu entrichten. Im ersten Jahr beträgt diese 65,-- EUR und steigt bis auf 1.747,-- EUR für das 20ste Jahr an.

Mit der Anmeldung wird das Patenterteilungsverfahren eingeleitet und es entsteht ein Anspruch auf Patenterteilung.

5.3. Priorität (details: Seite 897)

Mit dem Tag der Anmeldung erlangt der Anmelder das Recht der Priorität für seine Erfindung. Er hat gegenüber jeder später angemeldeten gleichen Erfindung den Vorrang.

Auch im Patentrecht kann der Anmelder unter Umständen die *Verbandspriorität* nach der Pariser Verbandsübereinkunft in Anspruch nehmen.

5.4. Vorprüfung (details: Seite 901)

Zunächst unterliegt die Patentanmeldung der *Vorprüfung* durch die TA. Die Anmeldung wird in formeller und materieller Hinsicht (Neuheit, Erfindungshöhe etc) geprüft. Insoweit weicht also das Patenteilungsverfahren vom Verfahren für Geschmacksmuster ab. Man bezeichnet deshalb die Patente auch als *„geprüfte Rechte"*.

Danach folgt eine öffentliche *Bekanntmachung* und *Auslegung* der Anmeldung. Auf diese Weise erhält jedermann die Möglichkeit, *Einspruch* gegen die Patenterteilung zu erheben. Dies kann auch dazu führen, dass das neue Patent als von einem älteren abhängig erklärt wird.

Werden keine Einsprüche erhoben, so wird das Patent *eingetragen* und *kundgemacht*. Die Publikation erfolgt im *Patentblatt*. Weiters wird eine *Patentschrift* publiziert.

Auf Antrag kann das Patentamt auch schriftliche *Gutachten* über den Stand der Technik und darüber, ob eine patentfähige Erfindung vorliegt, erstatten.

6. Wirkung des Patentschutzes (details: Seite 920)

6.1. Ausschließungsrecht (details: Seite 920)

Das Ausschließungsrecht des Patentinhabers berechtigt diesen, andere davon auszuschließen, den Gegenstand der Erfindung *betriebsmäßig herzustellen*, in Verkehr zu bringen, feil zu halten oder zu gebrauchen oder zu den genannten Zwecken einzuführen oder zu besitzen. Jede betriebsmäßige Anwendung der patentierten Erfindung in einer der Benutzungsarten ohne Zustimmung des Patentinhabers ist eine Patentverletzung.

6.2. Räumlicher Schutzbereich (details: Seite 925)

Entsprechend dem *Territorialitätsprinzip* wirkt ein österreichisches Patent nur in Österreich. Es gilt der *Erschöpfungsgrundsatz*: Der Patentinhaber kann sich nicht mehr auf sein Patentrecht berufen, um den Import geschützter Produkte aus einem anderen EU-Staat abzuwehren, wenn die betreffende Ware von ihm selbst oder mit seiner Zustimmung durch einen Dritten in diesem Mitgliedstaat in Verkehr gebracht worden ist.

6.3. Vorbenützerrecht (details: Seite 926)

Wer die Erfindung bereits zur Zeit der Anmeldung *in gutem Glauben* im Inland in Benützung genommen hatte, darf sie weiter benützen.

6.4. Patente in Fahrzeugen (details: Seite 928)

Sonderregelungen gelten für Kraftfahrzeuge, die patentverletzende Einrichtungen aufweisen.

6.5. Bindung an die Rechtsvorschriften (details: Seite 928)

Ein Patent entbindet nicht von der Einhaltung der Rechtsvorschriften. Dass jemand ein Patent besitzt, bedeutet also noch nicht zwingend, dass er auch berechtigt ist, es anzuwenden.

6.6. Übertragung der Rechte (details: Seite 928)

Patente sind frei *übertragbar*. Nicht übertragbar ist hingegen der Anspruch auf Erfindernennung.

6.7. Freiwillige Lizenzen (details: Seite 929)

Auch das Patent kann lizenziert werden. Es steht dem Inhaber frei, *ausschließliche* oder *nicht ausschließliche* Lizenzen einzuräumen.

6.8. Zwangslizenz (details: Seite 930)

Im Interesse der Öffentlichkeit bestehen Regelungen für die zwangsweise Lizenzierung von Patenten.

6.9. Pfandrecht (details: Seite 934)

Das Patentrecht kann Gegenstand eines (exekutiven oder vertraglichen) Pfandrechts sein.

6.10. Wirkung der Eintragung ins Patentregister (details: Seite 935)

Das Patentrecht, das Pfandrecht und sonstige dingliche Rechte an Patentrechten werden mit der Eintragung in das *Patentregister* erworben und gegen Dritte wirksam.

7. Schutzdauer (details: Seite 936)

7.1. Höchstdauer (details: Seite 936)

Um ein Patent aufrecht zu erhalten, muss jährlich eine *Jahresgebühr* gezahlt werden. Die maximale Schutzdauer beträgt *20 Jahre* ab dem Anmeldetag.

7.2. Ende des Schutzes (details: Seite 937)

Das Patent *erlischt* durch Zeitablauf bei Erreichung der Maximalschutzdauer, durch nicht rechtzeitige Einzahlung der Jahresgebühr, durch Verzicht, Rücknahme, Nichtigerklärung, Aberkennung oder erbenlosen Tod des Patentinhabers. Die *Nichtigerklärung* ist insbesondere dann möglich, wenn Registrierungshindernisse (etwa fehlende Neuheit) geltend gemacht werden. Hat der Anmelder keinen Anspruch auf Erteilung des Patents, so kann der tatsächlich Berechtigte einen *Aberkennungsanspruch* geltend machen. Der Inhaber eines prioritätsälteren Patents oder eines prioritätsälteren Gebrauchsmusters kann die Entscheidung beantragen, dass die gewerbliche Verwendung einer patentierten Erfindung die vollständige oder teilweise Benützung seiner Erfindung voraussetzt (*Abhängigerklärung*).

8. Sanktionen (details: Seite 953)

8.1. Zivilrechtlicher Schutz (details: Seite 953)

Wer in einer der ihm aus einem Patent zustehende Befugnisse verletzt worden ist kann auf Unterlassung klagen. Ihm stehen auch Ansprüche auf Erlassung einer einstweiligen Verfügung, auf Beseitigung, Urteilsveröffentlichung, Rechnungslegung und Zahlung zu.

8.2. Strafrechtlicher Schutz (details: Seite 960)

Vorsätzliche Patentrechtsverletzungen sind gerichtlich als *Privatanklagedelikt* strafbar.

8.3. Auskunftspflicht (details: Seite 961)

Wer Gegenstände in einer Weise bezeichnet, die geeignet ist, den Eindruck zu erwecken, dass sie Patentschutz genießen, hat auf Verlangen Auskunft darüber zu geben, auf *welches Schutzrecht* sich die Bezeichnung stützt.

8.4. Feststellungsantrag (details: Seite 961)

In einem Feststellungsverfahren kann geklärt werden, ob ein Gegenstand bzw ein Verfahren patentverletzend ist.

9. Gebrauchsmuster (details: Seite 966)

9.1. Einleitung (details: Seite 966)

Als Gebrauchsmuster können Erfindungen geschützt werden, die zwar nicht die für eine Patenterteilung erforderliche Erfindungshöhe, aber doch zumindest einen „*erfinderischen Schritt*" bieten. Das Anmeldeverfahren ist – vor allem wegen des Verzichts auf eine Neuheitsprüfung – einfacher und kürzer als bei Patenten. Andererseits ist aber dementsprechend auch die Rechtsbeständigkeit geringer (es kann leichter von Dritten angegriffen werden). Die Schutzdauer ist kürzer. Gelegentlich bezeichnet man daher das Gebrauchsmuster als „kleines Patent". Die Regelungen des Gebrauchsmusters finden sich im *GebrauchsmusterG* (GMG). Im Bereich der Europäischen Gemeinschaft gibt es dazu noch keine Harmonisierungsvorgaben.

9.2. Schutzgegenstand „Gebrauchsmuster" (details: Seite 972)

Ebenso wie das PatG enthält auch das GMG keine umfassende Definition des Erfindungsbegriffs. Als *Gebrauchsmuster* werden Erfindungen geschützt, die neu sind, auf einem erfinderischen Schritt beruhen und gewerblich anwendbar sind. Anders als im Patentrecht ist die *Programmlogik* nicht vom Schutz ausgenommen. Entdeckungen, ästhetische Formschöpfungen, Computerprogramme etc sind jedoch ebenso wie im Patentrecht nicht schützbar.

Schutzausschließend ist auch ein Verstoß gegen die öffentliche Ordnung oder gegen die guten Sitten. Verfahren zur chirurgischen und therapeutischen Behandlung von Menschen sowie Pflanzensorten und Tierarten sind auch nach dem GMG dem Schutz nicht zugänglich.

9.3. Erfinder (details: Seite 976)

Es gilt das *Schöpferprinzip*. Anspruch auf Gebrauchsmusterschutz hat der Erfinder oder sein Rechtsnachfolger. Die patentrechtlichen Sonderregelungen für *Diensterfindungen* sind sinngemäß anzuwenden. Der Erfinder hat auch Anspruch auf *Erfindernennung*.

9.4. Institutionen (details: Seite 977)

Für die Erteilung von Gebrauchsmustern ist das *Österreichische Patentamt* (PA) zuständig. Die *Gerichte* (Handelsgericht Wien und Landesgericht für Strafsachen Wien) entscheiden im Verletzungsverfahren.

9.5. Registrierung (details: Seite 978)

Die Anmeldung ist beim PA *schriftlich* einzubringen. Die Erfindung ist entsprechend zu offenbaren. Auch hier sind *Ansprüche*, die den Schutzbereich umschreiben, zu formulieren. Die *Anmeldegebühr* beträgt 50,-- EUR. Dazu kommt eine Veröffentlichungsgebühr von 72,-- EUR. Die Jahresgebühr ist auch beim Gebrauchsmuster gestaffelt (von 43,-- bis 218,-- EUR). Mit dem Tag der ordnungsgemäßen Anmeldung des Gebrauchsmusters erlangt der Anmelder das *Prioritätsrecht*.

Das PA *prüft* im Anmeldeverfahren lediglich formale Voraussetzungen. Die Neuheit und das Vorliegen eines „erfinderischen Schrittes" werden demgegenüber nicht geprüft. Die Registrierung erfolgt im *„Gebrauchsmusterregister"*.

Das Anmeldeverfahren wurde dadurch flexibel gestaltet, dass die *Umwandlung* der Gebrauchsmusteranmeldung in eine Patentanmeldung beantragt werden kann. Analog dazu ist auch der Wechsel von einer Patentanmeldung zur Gebrauchsmusteranmeldung möglich.

9.6. Wirkung des Gebrauchsmusterschutzes (details: Seite 983)

Das GMG gewährt ein *Verbietungsrecht*, das jenem des Patentinhabers entspricht. Auch ein *Vorbenützerrecht* ist vorgesehen.

Das Gebrauchsmuster kann *übertragen* werden. Der Gebrauchsmusterinhaber kann es *verpfänden* oder *Lizenzen* einräumen.

9.7. Schutzdauer (details: Seite 985)

Der Gebrauchsmusterschutz beginnt mit dem Tag der amtlichen Veröffentlichung des Gebrauchsmusters und endet spätestens *10 Jahre* nach dem Ende des Monats, in dem das Gebrauchsmuster angemeldet worden ist. Der Gebrauchsmusterschutz erlischt nicht nur mit Erreichung der Höchstdauer, sondern auch bei nicht rechtzeitiger Zahlung einer Jahresgebühr, bei Verzicht oder bei Nichtigerklärung des Gebrauchsmusters.

9.8. Sanktionen (details: Seite 986)

Die zivil- und strafrechtlichen Sanktionen entsprechen jenen im PatG.

10. Halbleiterschutz (details: Seite 988)

10.1. Einleitung (details: Seite 988)

Die Entwicklung von Halbleitererzeugnissen erfordert einen großen Kostenaufwand. Zum Schutz dieser Leistung wurde daher ein neues Immaterialgut geschaffen. Es schützt die *Topographien* von Halbleitererzeugnissen. Geregelt ist dies im *HalbleiterschutzG* (HlSchG).

10.2. Schutzgegenstand „Topographie" (details: Seite 994)

Der Schutz kann für *dreidimensionale Strukturen* von mikroelektronischen Halbleitererzeugnissen (Topographien) erlangt werden, wenn und soweit sie *Eigenart* aufweisen.

10.3. Schöpfer (details: Seite 995)

Es gilt das *Schöpferprinzip*. Das HlSchG ordnet das Recht an der Topographie zunächst der physischen Person zu, die sie geschaffen hat. Diese kann das Recht übertragen. Ist die Topographie im Rahmen eines *Dienstverhältnisses* oder sonst im Auftrag eines anderen geschaffen worden, so steht der Anspruch auf Halbleiterschutz dem Dienstgeber oder dem Auftraggeber zu.

10.4. Institutionen (details: Seite 998)

Für Halbleiterschutzangelegenheiten ist das *Österreichische Patentamt* (PA) zuständig. Die Entscheidung im Verletzungsverfahren obliegt den *Gerichten* (Handelsgericht Wien und Landesgericht für Strafsachen Wien).

10.5. Registrierung (details: Seite 1000)

Die Anmeldung ist *schriftlich* beim PA vorzunehmen. Dieses prüft in formeller Hinsicht. Ob die materiellen Schutzvoraussetzungen gegeben sind, wird hingegen nicht geprüft. Die Registrierung erfolgt im *Halbleiterschutzregister*.

10.6. Wirkung des Halbleiterschutzes (details: Seite 1001)

Der Inhaber des Halbleiterschutzrechts erhält ein *Ausschließungsrecht* an der Topographie. Es unterliegt dem *Erschöpfungsgrundsatz*. Das Halbleiterschutzrecht ist *übertragbar*, *verpfändbar* und *lizenzierbar*.

10.7. Schutzdauer (details: Seite 1003)

Der Schutz *entsteht* mit dem Tag der erstmaligen nicht nur vertraulichen geschäftlichen Verwertung der Topographie, sofern diese innerhalb von zwei Jahren beim PA angemeldet wird oder mit dem Tag der Anmeldung beim PA, wenn die Topographie zuvor noch nicht oder nur vertraulich geschäftlich verwertet worden ist. Der Schutz *endet* durch Zeitablauf (spätestens mit Ablauf des *10. Kalenderjahres* nach dem Jahr des Schutzbeginns), Verzicht, Nichtigerklärung oder Aberkennung.

10.8. Sanktionen (details: Seite 1005)

Gegen Verletzungen des Halbleiterschutzrechts bestehen sowohl zivilrechtliche Ansprüche als auch Strafsanktionen. Das HlSchG verweist dazu weitgehend auf das PatG.

11. Schutzzertifikate (details: Seite 1007)

11.1. Einleitung (details: Seite 1007)

Da Patentanmeldeverfahren oft langwierig sind und in gewissen Bereichen (insbesondere bei Arzneimitteln und Pflanzenschutzmitteln) das patentwerbende Unternehmen parallel dazu auch ein spezielles Zulassungsverfahren für das betreffende Produkt absolvieren muss, ist gelegentlich schon ein beträchtlicher Teil der patentrechtlichen Schutzdauer verstrichen, bis mit der Auswertung begonnen werden kann. In der EU wurden daher Regelungen über spezielle *„ergänzende Schutzzertifikate"* erlassen, die einen maximal fünfjährigen, an das Ende der Patentdauer anschließenden Schutz gewähren. Geregelt ist dies im *Schutzzertifikatsgesetz 1996* (SchZG 1996).

11.2. Schutzgegenstand (details: Seite 1011)

Für bestimmte im Hoheitsgebiet eines Mitgliedstaates durch ein Patent geschützte Erzeugnisse, die vor ihrem Inverkehrbringen als Arzneimittel bzw Pflanzenschutzmittel Gegenstand eines verwaltungsrechtlichen Genehmigungsverfahrens sind bzw waren, kann unter gewissen Voraussetzungen ein *ergänzendes Schutzzertifikat* erteilt werden.

11.3. Berechtigter (details: Seite 1012)

Das Recht auf das Zertifikat steht dem *Inhaber des Grundpatents* oder seinem Rechtsnachfolger zu. Die patentrechtlichen Regelungen über die *Diensterfindervergütung* und *Erfindernennung* sind entsprechend anzuwenden.

11.4. Institutionen (details: Seite 1012)

Schutzzertifikate, die in Österreich geltende Patente ergänzen, werden vom *Österreichischen Patentamt* (PA) nach Maßgabe von Verordnungen der EU über die Schaffung ergänzender Schutzzertifikate erteilt. Die Entscheidung im Verletzungsverfahren obliegt den *Gerichten* (Handelsgericht Wien und Landesgericht für Strafsachen Wien).

11.5. Registrierung (details: Seite 1013)

Die Anmeldung ist (fristgebunden) *schriftlich* beim PA vorzunehmen. Die Eintragung erfolgt im *Schutzzertifikatsregister*.

11.6. Wirkung des Schutzzertifikats (details: Seite 1015)

Der durch das Schutzzertifikat gewährte Schutz erstreckt sich in den Grenzen des durch das *Grundpatent* gewährten Schutzes allein auf das Erzeugnis, das von der *Genehmigung* für das Inverkehrbringen des entsprechenden Arzneimittels bzw Pflanzenschutzmittels erfasst wird, und zwar auf diejenigen Verwendungen des Erzeugnisses als Arzneimittel bzw Pflanzenschutzmittel, die vor Ablauf des Zertifikats genehmigt wurden. Im Übrigen gewährt das Zertifikat dieselben Rechte wie das Grundpatent und unterliegt denselben Beschränkungen und Verpflichtungen.

11.7. Schutzdauer (details: Seite 1016)

Das Schutzzertifikat gilt ab Ablauf der gesetzlichen Laufzeit des Grundpatents für eine Dauer, die dem Zeitraum zwischen der Einreichung der Anmeldung für das Grundpatent und dem Zeitpunkt der ersten Genehmigung für das Inverkehrbringen in der Gemeinschaft entspricht, abzüglich eines Zeitraums von 5 Jahren. Ungeachtet dessen beträgt die Laufzeit des Schutzzertifikats aber *höchstens 5 Jahre* vom Zeitpunkt seines Wirksamwerdens an. Der Schutz *endet* durch Zeitablauf, Verzicht, nicht rechtzeitige Zahlung der Jahresgebühr, Widerruf, Nichtigerklärung oder Aberkennung.

11.8. Sanktionen (details: Seite 1016)

Gegen Verletzungen der Rechte aus dem Schutzzertifikat bestehen sowohl zivilrechtliche Ansprüche als auch Strafsanktionen nach dem PatG.

12. Europäisches Patent (details: Seite 1017)

12.1. Einleitung (details: Seite 1017)

Als „*Europäisches Patent*" werden die nach dem *Europäischen Patentübereinkommen* (EPÜ) vom *Europäischen Patentamt in München* erteilten Patente bezeichnet. Es hat in jedem Vertragsstaat, für den es erteilt worden ist, dieselbe Wirkung und unterliegt denselben Vorschriften wie ein in diesem Staat erteiltes nationales Patent, soweit sich aus dem EPÜ nichts anderes ergibt. Durchführungsbestimmungen enthält das *Patentverträge-Einführungsgesetz*.

12.2. Schutzgegenstand (details: Seite 1021)

Europäische Patente werden für Erfindungen erteilt, die neu sind, auf einer erfinderischen Tätigkeit beruhen und gewerblich anwendbar sind. Die Ausnahmen sowie die Schutzvoraussetzungen entsprechen im Wesentlichen den nationalen österreichischen Regelungen.

12.3. Erfinder (details: Seite 1023)

Es gilt das *Schöpferprinzip*: Das Recht auf das europäische Patent steht dem *Erfinder* oder seinem Rechtsnachfolger zu. Die patentrechtlichen Regelungen über die *Diensterfindungen* und *Erfindernennung* sind entsprechend anzuwenden.

12.4. Institutionen (details: Seite 1024)

Das *Europäische Patentamt* hat seinen Sitz in *München*. Dem *Österreichischen Patentamt* (PA) kommen Zuständigkeiten als Anmeldestelle und für Nichtigkeits- und Aberkennungsverfahren zu. Die Entscheidung im Verletzungsverfahren obliegt den *Gerichten* (Handelsgericht Wien und Landesgericht für Strafsachen Wien).

12.5. Registrierung (details: Seite 1026)

Die Anmeldung muss *schriftlich* beim EPA oder beim PA eingereicht werden. Das EPA beschließt über die *Erteilung* des europäischen Patents für die benannten Vertragsstaaten. Die Entscheidung über die Erteilung wird erst an dem Tag wirksam, an dem im *Europäischen Patentblatt* auf die Erteilung hingewiesen worden ist.

12.6. Wirkung des Patentschutzes (details: Seite 1032)

Das europäische Patent gewährt seinem Inhaber vom Tag der Bekanntmachung des Hinweises auf seine Erteilung an in jedem Vertragsstaat, für den es erteilt ist, grundsätzlich *dieselben Rechte*, die ihm ein in diesem Staat erteiltes *nationales Patent* gewähren würde. Es ist *übertragbar* und *lizenzierbar*.

12.7. Schutzdauer (details: Seite 1033)

Die Laufzeit des europäischen Patents beträgt *zwanzig Jahre*, gerechnet vom Anmeldetag an.

12.8. Sanktionen (details: Seite 1034)

Eine Verletzung des europäischen Patents wird nach nationalem Recht behandelt.

13. PCT-Anmeldung (details: Seite 1035)

13.1. Einleitung (details: Seite 1035)

Der *Patent Cooperation Treaty* (PCT) ermöglicht es, aufgrund einer einzigen Anmeldung (beim Österreichischen Patentamt) Patentschutz in mehr als 100 Staaten zu erlangen. Durchführungsbestimmungen enthält das *Patentverträge-Einführungsgesetz*.

13.2. Schutzgegenstand (details: Seite 1038)

Der PCT harmonisiert nicht die materiellrechtlichen Regelungen. Er bestimmt lediglich im Zusammenhang mit der *„internationalen vorläufigen Prüfung"*, dass ein nicht bindendes *Gutachten* darüber erstellt wird, ob die beanspruchte Erfindung als neu, auf erfinderischer Tätigkeit beruhend (nicht offensichtlich) und gewerblich anwendbar anzusehen ist.

13.3. Erfinder (details: Seite 1038)

Auch hinsichtlich des Begriffs *„Erfinder"* macht der PCT keine Vorgaben.

13.4. Institutionen (details: Seite 1038)

Die Verwaltungsaufgaben des Verbands werden vom *Internationalen Büro in Genf* wahrgenommen. Für Anmelder, die österreichische Staatsbürger sind oder ihren Wohnsitz (Sitz) in Österreich haben, ist das *Österreichische Patentamt* (PA) das *Anmeldeamt* im Sinne des PCT. Die Entscheidung im Verletzungsverfahren obliegt den *Gerichten* (Handelsgericht Wien und Landesgericht für Strafsachen Wien).

13.5. Registrierung (details: Seite 1039)

Die internationale Anmeldung ist beim *Anmeldeamt* (das ist für Österreich das PA) einzureichen. Für jede internationale Anmeldung wird von der „Internationalen Recherchenbehörde" ein *internationaler Recherchenbericht* erstellt. Danach kann der Anmelder – wenn er aufgrund der internationalen Recherche Chancen für ein Patent sieht – das *nationale* Anmeldeverfahren fortsetzen. Er kann aber auch (fakultativ) noch eine *„internationale vorläufige Prüfung"* durchführen lassen und dann erst die (nationalen bzw regionalen) Registrierungsverfahren fortsetzen. Dies erleichtert die Arbeit in den betreffenden (dezentralen) Verfahren. Anders als nach dem EPÜ ist die *Patenterteilung* nicht zentralisiert. Letztlich erhält der Anmelder auch nach diesem System kein einheitliches „internationales Patent", sondern ein *Bündel* nationaler (bzw regionaler) Schutzrechte.

13.6. Wirkung des Patentschutzes (details: Seite 1043)

Der PCT harmonisiert insoweit die Rechtsvorschriften nicht. Es gilt das Recht des jeweiligen Patentsystems.

13.7. Schutzdauer (details: Seite 1043)

Auch insoweit ist keine Harmonisierung vorgesehen.

13.8. Sanktionen (details: Seite 1043)

Auch diese bestimmen sich nach der jeweils anzuwendenden (nationalen bzw regionalen) Patentrechtsordnung.

Kucsko, Geistiges Eigentum (2003)

Magie der Kunst

Magic Christian

Magie als Ursprung der Kunst.
Der Urheber als Magier, als Verwandler der Realität, als Vermittler zwischen Welten. Willkommen im Bereich des Urheberrechts, willkommen in der
*ip*zone.

Urheberrecht (details: Seite 1045)

1. Einleitung (details: Seite 1048)

1.1. Begriff „Urheberrecht" (details: Seite 1048)

Das „Urheberrecht" dient einerseits dem Schutz von Kunstwerken „im klassischen Sinn" (Literatur, Tonkunst, bildende Künste, Film). Andererseits werden aber auch Datenbanken, Computerprogramme, Leistungen der Lichtbildhersteller für Lichtbilder, die nicht als „Werke der Kunst" zu beurteilen sind, Leistungen der Schallträgerhersteller oder eines Rundfunkunternehmers für seine Sendeleistung geschützt (so genannte „*Leistungsschutzrechte*").

1.2. Schutzzweck des Urheberrechts (details: Seite 1050)

Das Urheberrecht schützt eine Leistung. Dies kann eine kreative („künstlerische") Leistung sein. Es schützt aber auch gewisse Investitionsleistungen.

1.3. Auskunftsstellen (details: Seite 1051)

Für Urheberrechtsfragen stehen Interessenverbände (sowohl der Urheber als auch der Unternehmer) zur Verfügung.

1.4. Rechtsquellen (details: Seite 1051)

Das Urheberrecht ist primär im *Urheberrechtsgesetz* (UrhG), zuletzt 2003 novelliert, geregelt. Die Novelle 2003 hat tiefgreifende Neuerungen zur Anpassung an eine gemeinschaftsrechtliche Harmonisierungsrichtlinie (InfoRL) gebracht.

1.5. Literatur (details: Seite 1054)

Für weiterführende Literatur erlaube ich mir, auf den Abschnitt „details" zu verweisen.

1.6. Entwicklung des Urheberrechts (details: Seite 1066)

Die Antike kannte noch kein Urheberrecht. Es hat sich erst aus der naturrechtlichen Theorie des „*geistigen Eigentums*" entwickelt. In Österreich beginnt die Entwicklung des Urheberrechts mit dem Kaiserlichen Patent von 1846. Das geltende UrhG stammt aus 1936, wurde aber inzwischen mehrfach novelliert.

1.7. Systematik (details: Seite 1078)

Das Urheberrecht wird in diesem Buch nach einer möglichst ähnlichen Systematik behandelt wie die anderen Immaterialgüterrechte: Schutzgegenstand, Urheber,

Kucsko, Geistiges Eigentum (2003)

Institutionen, Entstehen des Schutzes, Wirkung, Schutzdauer, Sanktionen und Leistungsschutz.

1.8. Internationales Urheberrecht (details: Seite 1080)

Auch das Urheberrecht ist nach wie vor vom *Territorialitätsprinzip* beherrscht. Es besteht aber eine Reihe wichtiger internationaler Verträge, die als Basis für einen fast weltweiten Schutz dienen (insbesondere die *Berner Übereinkunft* – RBÜ, das *Welturheberrechtsabkommen* – WUA und das *TRIPS-Abkommen*).

Im Bereich der EU haben sieben *Harmonisierungsrichtlinien* bereits weite Bereiche des nationalen Urheberrechts vereinheitlicht.

2. Schutzgegenstand „Werk" (details: Seite 1104)

2.1. Definition des Werks (details: Seite 1104)

„*Werke*" im Sinne des UrhG sind „eigentümliche geistige Schöpfungen auf den Gebieten der Literatur, der Tonkunst, der bildenden Künste und der Filmkunst". Ein Werk genießt als Ganzes und in seinen Teilen urheberrechtlichen Schutz. Zentrale Voraussetzung für den Urheberrechtsschutz ist das Kriterium der „*Eigentümlichkeit*". Dieses ist vom Gesetz nicht näher konkretisiert. Nur eine *individuell* eigenartige Leistung, die sich vom Alltäglichen, Landläufigen, üblicherweise Hervorgebrachten abhebt, wird geschützt. In der Rechtsprechung wurde beispielsweise der Satz „Voll Leben und voll Tod ist diese Erde" (aus dem Gedicht Jura Soyfers „Das Lied von der Erde") als geschützt beurteilt. Zu den Werkkategorien, die dem Urheberrechtsschutz zugänglich sind, zählen auch Computerprogramme und Datenbanken.

2.2. Werkteile (details: Seite 1121)

Werkteile genießen nur dann urheberrechtlichen Schutz, wenn sie als solche dem Erfordernis einer eigentümlichen geistigen Schöpfung entsprechen. Im Verletzungsstreit ist daher zu prüfen, ob der Verletzer individuelle Elemente entnommen hat.

2.3. Bearbeitungen (details: Seite 1121)

Übersetzungen und andere Bearbeitungen eines Werks werden, soweit sie eine eigentümliche geistige Schöpfung des Bearbeiters sind, unbeschadet des am bearbeiteten Werk bestehenden Urheberrechts, wie Originalwerke geschützt.

2.4. Sammelwerke (details: Seite 1122)

Sammlungen, die infolge der Zusammenstellung einzelner Beiträge zu einem einheitlichen Ganzen eine eigentümliche geistige Schöpfung bilden, werden als *Sammelwerke* urheberrechtlich geschützt (zB eine nach wissenschaftlichen Kriterien zusammengestellte Sammlung expressionistischer Gedichte). Davon unberührt bleiben aber die an den aufgenommenen Beiträgen etwa bestehenden Urheberrechte, die den Urhebern der betreffenden Beiträge zustehen.

2.5. Freie – veröffentlichte – erschienene Werke (details: Seite 1128)

Gewisse „*freie*" Werke sind ausdrücklich vom Urheberrechtsschutz ausgenommen (Gesetze, Verordnungen, amtliche Erlässe, Entscheidungen etc). Als „*veröffentlicht*" bezeichnet man ein Werk, das mit Einwilligung des Berechtigten der Öffentlichkeit zugänglich gemacht worden ist. Als „*erschienen*" bezeichnet man ein Werk, das mit Einwilligung des Berechtigten der Öffentlichkeit dadurch zugänglich gemacht worden ist, dass Werkstücke in genügender Anzahl feilgehalten oder in Verkehr gebracht worden sind. Diese Unterscheidung ist vor allem im Zusammenhang mit den freien Werknutzungen wichtig, weil teilweise daran angeknüpft wird, ob es sich um ein veröffentlichtes oder ein erschienenes Werk handelt.

3. Urheber (details: Seite 1132)

3.1. Schöpferprinzip (details: Seite 1132)

Urheber eines Werks ist, wer es geschaffen hat.

3.2. Doppelschöpfung (details: Seite 1133)

Es ist zumindest theoretisch möglich, dass zwei Schöpfer unabhängig voneinander das gleiche Werk kreieren. Dann erwerben die beiden Schöpfer unabhängig voneinander Urheberrechtsschutz.

3.3. Gehilfe (details: Seite 1133)

Der Gehilfe, der zur Schaffung des Werks keinen eigenpersönlichen geistigen Beitrag geleistet hat, erwirbt kein Urheberrecht.

3.4. Miturheber (details: Seite 1134)

Anders als der bloße Gehilfe ist der Miturheber zu beurteilen, der mit einem anderen gemeinsam ein Werk geschaffen hat, bei dem die Ergebnisse ihres Schaffens eine *untrennbare Einheit* bilden. In diesem Fall steht das Urheberrecht den Urhebern *gemeinschaftlich* zu. Verzichtet ein Miturheber auf sein Urheberrecht oder stirbt er und erwirbt es weder ein Erbe noch ein Legatar, so geht das Miturheberrecht auf die anderen Miturheber über.

3.5. Teilurheber (details: Seite 1135)

Die *Verbindung von Werken* verschiedener Art – wie die eines Werks der Tonkunst mit einem Sprachwerk oder einem Filmwerk – begründet an sich noch keine Miturheberschaft, sondern „*Teilurheberschaft*".

Kucsko, Geistiges Eigentum (2003)

3.6. Arbeitnehmer-/Auftragnehmerschöpfungen (details: Seite 1135)

Das UrhG enthält *keine generelle Regelung* für Werke, die im Rahmen eines Arbeits- oder Auftragsverhältnisses geschaffen wurden. Der Arbeit-/Auftraggeber ist vielmehr darauf verwiesen, vertraglich entsprechende Nutzungsrechte zu erwerben (durch Erwerb einer Werknutzungsbewilligung oder eines Werknutzungsrechts). Allerdings wird man zumeist von einer stillschweigenden Rechtseinräumung ausgehen können. Nur für *Computerprogramme* und *Datenbankwerke* enthält das UrhG spezielle Regelungen.

3.7. Sonderregelungen für Filmwerke (details: Seite 1137)

Die Verwertungsrechte an gewerbsmäßig hergestellten Filmwerken stehen grundsätzlich dem Inhaber des Unternehmens (*Filmhersteller*) zu („*cessio legis*").

3.8. Urhebervermutung (details: Seite 1138)

Wer auf den Vervielfältigungsstücken eines erschienenen Werks oder auf dem Urstück eines Werks der bildenden Künste in der üblichen Weise als Urheber bezeichnet wird, gilt widerlegbar als Urheber, wenn die Bezeichnung sein wahrer Name, ein von ihm bekanntermaßen gebrauchter Deckname oder (bei Werken der bildenden Künste) sein Künstlerzeichen ist. Dasselbe gilt grundsätzlich auch für denjenigen, der bei einem öffentlichen Vortrag, einer öffentlichen Aufführung oder Vorführung, bei einer Rundfunksendung oder bei einer öffentlichen Zurverfügungstellung des Werks als Urheber bezeichnet wird.

4. Institutionen (details: Seite 1140)

4.1. Justizministerium (details: Seite 1140)

Beim Justizministerium (BMJ) wird das *Urheberregister* geführt, das aber in der Praxis keine große Bedeutung hat.

4.2. Gerichte (details: Seite 1140)

Die Entscheidung im Verletzungsverfahren obliegt den *Gerichten*.

4.3. Verwertungsgesellschaften (details: Seite 1142)

Die „*Verwertungsgesellschaften*" (zB AKM) verwalten treuhändig die Rechte an Werken und erteilen entsprechende Nutzungsbewilligungen an ihrem Repertoire (zB zur Musikwiedergabe in einer Diskothek). Rechtsgrundlage für ihre Tätigkeit ist das *Verwertungsgesellschaftengesetz*.

4.4. Nutzerverbände (details: Seite 1158)

Die Verwertungsgesellschaften schließen mit Interessenverbänden der Nutzer (Wirtschaftskammer Österreich, Veranstalterverband) *Gesamtverträge* zur Regelung der Tarife.

4.5. Schiedskommission (details: Seite 1159)

Kommt keine Einigung auf einen Gesamtvertrag zu Stande, so kann eine *Schiedskommission* bestellt werden, die dann eine generell wirkende *Satzung* erlässt.

4.6. Schiedsstelle (details: Seite 1162)

Die Schiedsstelle ist zur Entscheidung über die Vergütungssätze für die *Leerkassettenvergütung* sowie zur *Vertragshilfe* im Zusammenhang mit der *Kabelweiterleitung* zuständig.

5. Entstehen des Schutzes (details: Seite 1166)

Das Urheberrecht entsteht „automatisch" mit dem *Realakt* der Schaffung des Werks. Ein *Formalakt*, wie etwa die Registrierung, ist nicht erforderlich.

6. Wirkung des Urheberrechtsschutzes (details: Seite 1170)

Das Urheberrecht gewährt dem Inhaber – mit gewissen Ausnahmen – das *ausschließliche Recht*, sein Werk auf die ihm im UrhG vorbehaltenen Arten zu verwerten (also wirtschaftlich zu nutzen; so genannte *Verwertungsrechte*) sowie das Recht auf Schutz seiner „*geistigen Interessen*" am Werk (*Urheberpersönlichkeitsrecht*).

6.1. Verwertungsrechte (details: Seite 1170)

Das UrhG normiert bestimmte *Ausschließungsrechte*. Der Anspruch des Urhebers richtet sich aber nicht unmittelbar gegen den (zumeist schwer erfassbaren) Benützer des Werks, sondern knüpft an die Werkvermittlung (Vervielfältigung, Verbreitung, Sendung, Vortrag udgl) an. Diese ist dem Urheber vorbehalten; er entscheidet darüber, ob er sie einem anderen gestattet. Das Entgelt für die Benützung des Werks wird dann (zB vom Verleger, vom Rundfunkunternehmer udgl) auf den Verbraucher umgelegt (durch Einrechnung zB in den Buchpreis, in die Rundfunkgebühr udgl). Das Gesetz sieht somit ein *Stufensystem zur mittelbaren Erfassung des Endverbrauchers* vor. Dazu stehen dem Urheber folgende Ausschließungsrechte zu: Recht der ersten Inhaltsangabe, Bearbeitungs- und Übersetzungsrecht, Vervielfältigungsrecht, Verbreitungsrecht (mit Vermiet- und Verleihrecht), Senderecht, Vortrags-, Aufführungs- und Vorführungsrecht, Wiedergaberecht (für Datenbankwerke) und das mit der Novelle 2003 neu eingeführte Zurverfügungstellungsrecht.

6.2. Urheberpersönlichkeitsrecht (details: Seite 1198)

Der Urheber hat das ausschließliche Recht, darüber zu entscheiden, ob, durch wen und wie sein Werk der Öffentlichkeit zugänglich gemacht werden soll (*Veröffentlichungsrecht*). Er hat weiters das unverzichtbare Recht, die *Urheberschaft* in Anspruch zu nehmen, wenn sie bestritten oder das Werk einem anderen zugeschrieben wird. Er bestimmt, ob und mit welcher *Urheberbezeichnung* das Werk zu versehen ist (unter Umständen Pseudonym). Die Regelungen des *Werkschutzes* sichern den Urheber gegen unzulässige Bearbeitungen. Der Besitzer eines Werkstücks hat es dem Urheber auf Verlangen zugänglich zu machen, soweit dies notwendig ist, um das Werk zu vervielfältigen.

6.3. Freie Werknutzung (details: Seite 1201)

Das Urheberrecht stellt der Allgemeinheit gewisse Nutzungen eines Werks frei. Diese *„freien Werknutzungen"* bilden Ausnahmen von den ausschließlichen Verwertungsrechten des Urhebers. Das UrhG kennt zahlreiche solche Ausnahmen, die teils für alle Werkkategorien, teils nur für einzelne gelten. Neu ist die freie Werknutzung für flüchtige und begleitende Vervielfältigungen (zB kurzfristige Zwischenspeicherung im Cache). In der Praxis besonders wichtig ist das Recht auf „Vervielfältigung zum eigenen Gebrauch". Als Gegenleistung werden dafür die Leerkassettenvergütung sowie die Reprographievergütung eingehoben. Weitere wichtige Freistellungen gelten etwa für das Zitatrecht und die „Freiheit des Straßenbildes".

6.4. Schutz geistiger Interessen bei freien Werknutzungen (details: Seite 1238)

Die Ausnahmeregelungen für freie Werknutzungen stellen zwar vom Ausschließungsrecht des Urhebers frei, sodass dieser die Nutzung nicht untersagen kann. Der Nutzer wird hingegen nicht von der Einhaltung bestimmter Regelungen zum Schutze der ideellen Rechte des Urhebers befreit (insbesondere Werkschutz und Quellenangabe).

6.5. Übertragung der Rechte (details: Seite 1240)

Das Urheberrecht ist vererblich und kann auch durch Vermächtnis übertragen werden. Im Übrigen ist das Urheberrecht unübertragbar.

6.6. Einräumung von Nutzungsrechten (details: Seite 1241)

Der Urheber kann anderen (durch *„Urheberrechtsverträge"*) gestatten, das Werk auf einzelne oder alle ihm vorbehaltenen Verwertungsarten zu benutzen (*Werknutzungsbewilligung*). Er kann diese Befugnis einem anderen aber auch mit *ausschließlicher* Wirkung einräumen (*Werknutzungsrecht*). In beiden Fällen ist eine zeitliche, räumliche oder inhaltliche *Beschränkung* zulässig. Diese Verträge sind grundsätzlich *formfrei*, sie können auch konkludent geschlossen werden.

7. Schutzdauer (details: Seite 1260)

7.1. Allgemeines (details: Seite 1260)

Die *SchutzfristenRL* hat eine Vereinheitlichung der Schutzfristen in Europa gebracht. Für Österreich waren dazu nur geringfügige Anpassungen erforderlich.

7.2. Fristenberechnung (details: Seite 1264)

Bei Berechnung der Schutzfristen ist das Kalenderjahr, in dem die für den Beginn der Frist maßgebende Tatsache eingetreten ist, nicht mitzuzählen.

7.3. Schutzfristen (details: Seite 1264)

Im Allgemeinen beträgt die Schutzfrist *70 Jahre* ab dem Todesjahr des letztlebenden Miturhebers. Unter gewissen Voraussetzungen knüpft aber der Fristenlauf an den Zeitpunkt der Veröffentlichung an.

7.4. Lieferungswerke (details: Seite 1265)

Bei Werken, die in mehreren Bänden, Teilen, Lieferungen, Nummern oder Episoden veröffentlicht werden und bei denen die Veröffentlichung die für den Beginn der Schutzfrist maßgebende Tatsache darstellt, wird die Schutzfrist von der Veröffentlichung jedes einzelnen Bestandteils berechnet.

7.5. Schutz geistiger Interessen (details: Seite 1265)

Auch wenn die Schutzfrist schon abgelaufen ist, kann der Schöpfer eines Werks den *Schutz seiner geistigen Interessen* Zeit seines Lebens geltend machen.

8. Sanktionen (details: Seite 1267)

8.1. Zivilrechtlicher Schutz (details: Seite 1268)

Bei Urheberrechtsverletzungen bestehen *zivilrechtliche* Ansprüche (insbesondere auf Unterlassung, Beseitigung, Rechnungslegung, Zahlung und Urteilsveröffentlichung).

8.2. Mitwirkung der Zollbehörden (details: Seite 1279)

Zur Absicherung der Zahlungsansprüche für die Leerkassettenvergütung ist auch eine Mitwirkung der Zollbehörden vorgesehen

8.3. Schutz von Computerprogrammen (details: Seite 1280)

Der Inhaber eines auf das UrhG gegründeten Ausschließungsrechts an einem Computerprogramm, der sich *technischer Mechanismen zum Schutz* dieses Programms bedient, kann auf Unterlassung und Beseitigung des dem Gesetz widerstreitenden Zustands klagen, wenn Mittel in Verkehr gebracht oder zu Erwerbszwecken besessen werden, die allein dazu bestimmt sind, die unerlaubte Beseitigung oder Umgehung dieser technischen Mechanismen zu erleichtern.

8.4. Schutz technischer Maßnahmen (details: Seite 1281)

Seit der Novelle 2003 bestehen auch spezielle Regelungen zur Absicherung *technischer Maßnahmen*.

8.5. Schutz von Kennzeichnungen (details: Seite 1285)

Schließlich sind seit der Novelle 2003 auch die besonderen Kennzeichnungen (zur Bezeichnung des Werks, des Urhebers sowie der Modalitäten und Bedingungen für die Nutzung des Werks) geschützt.

8.6. Strafrechtliche Vorschriften (details: Seite 1286)

Vorsätzliche Urheberrechtsverletzungen sind als *Privatanklagedelikt* gerichtlich strafbar.

9. Leistungsschutz (details: Seite 1294)

Das UrhG regelt *„verwandte Schutzrechte"* für Leistungen, die zwar nicht „eigentümlich" sind, aber mit der Vermittlung von Werken im Zusammenhang stehen (Vorträge und Aufführungen; Leistung des Veranstalters; Lichtbilder; Herstellung von Schallträgern; Rundfunksendungen; Veröffentlichung nachgelassener Werke; Datenbanken).

Weiters enthält es *persönlichkeitsrechtliche Bestimmungen* (Briefschutz; Recht am eigenen Bild).

Schließlich finden sich im UrhG noch *wettbewerbsrechtliche Regelungen* (Nachrichtenschutz und Titelschutz).

details

Grundstrukturen

1. WORÜBER SPRECHEN WIR EIGENTLICH?

OLD ECONOMY

Dieses Buch ist dem *Geistigen Eigentum* gewidmet. So ehrfürchtig wir auch vor manch großer Fabriksanlage der – übrigens zu Unrecht so genannten – „old economy" stehen, so sehr wir um den hohen Stellenwert der chemischen Industrie Bescheid wissen oder das Fehlen großer eigener Pharmakonzerne und Schiffswerften bedauern, die – sehr bald ebenfalls zu Unrecht so bezeichnete – „new economy" hat uns mit einem Schlag die Augen geöffnet: Zentrales Wirtschaftsgut im neuen Jahrtausend ist das Geistige Eigentum (Intellectual Property – IP). Dieses nicht greifbare, sich ständig verändernde, weiterentwickelnde, üppig aus der Quelle menschlichen Geistes fließende Gut, allgegenwärtig und doch rar, ist der unabdingbare Rohstoff jeder wirtschaftlichen Betätigung, ja dessen, was wir als menschliches Leben umschreiben, überhaupt. Es ist die Grundlage der Sprachbildung, der allgemeinen Konvention zwischenmenschlicher Signale, die uns die Kommunikation, das Miteinander und auch das Gegeneinander ermöglicht. Es ist der Boden, aus dem die Gestaltung einer Produkt- oder Anwendungsidee wächst, aus dem das Wissen um technische Gesetzmäßigkeiten, deren Anwendung und deren praktischen Nutzung für die Funktion hochkomplexer technischer Maschinen und einfacher Alltagsgegenstände gezogen wird. Es ist die Essenz, aus der die Werbebotschaft, ein Slogan, ein Logo, ein Lockruf des Werbenden um die Gunst des Kunden, die Strategie des Marktführers und das innovative Konzept der Start-up-Unternehmen ihre Überzeugungskraft schöpfen. Es ist das geistige Konzept, das die Verantwortung dafür trägt, dass aus einer runden Plastikscheibe Kammermusik ertönt und dass das Wissen von Millionen Büchern über Kupferkabel in jeden Haushalt transportiert werden kann. Was wären Bücher, Museen, Theater, Konzerthallen ohne die zu schützende geistige Leistung der Literaten, Wissenschafter, Maler, Bildhauer, Schauspieler, Komponisten und Musiker? Sie alle produzieren jenes Geistige Eigentum, das unser kulturelles Erbe ausmacht. Der Entwurf des Architekten ist ebenso Geistiges Eigentum, wie der analysierende Artikel eines Journalisten oder der Naturfilm, der gerade parallel zu einem Krimi ausgestrahlt wird. Die neuen Technologien haben dieses weder neue noch neu entdeckte Gut ins Zentrum unserer Aufmerksamkeit gerückt. „Content" ist die Zauberformel bei der Bewertung eines Projekts.[1] Doch die old economy wird vielleicht rascher von der new economy lernen als umgekehrt. Während letztere sich noch um Finanzierung und Aufbau der zur Auslieferung notwendigen Logistik kümmern muss, übernimmt erstere die neuen Kommunikationswege, Inhalte und Methoden mit der Selbstverständlichkeit desjenigen, der die Erfahrung und das Geld hat, große neue Projekte umzusetzen, und der die Sorge hat, eine entscheidende neue Entwicklung unentschuldbar zu versäumen.

Wir erleben heute einen gigantischen Wettlauf um dieses wertvolle immaterielle Gut. „Human Resources" heißt das dominante Managementziel. Die stete Suche nach den besten Köpfen, den innovativsten Ideenbringern, den Vordenkern, den Strategen, den genialen Typen, den Kommunikationsfähigen, den Teambildern, den Problemlösern, ist eine der wichtigsten Investitionen. Denn sie steckt die Claims ab, die goldenen Quellen künftiger Wertschöpfung. Die Musikindustrie musste nicht die Finanzkraft von NAPSTER fürchten, sondern dessen IP, das globale Konzept des Gratis-Musiktausches, die nur virtuell geschaffene Community von Millionen Usern. Soll man Milliarden in eigene Forschungsteams investieren oder sich umsehen, wo es eine Garagenwerkstatt gibt, in der das System der Zukunft bereits entwickelt wurde? Wie sichert man sich dieses IP? Wie verteidigt man es gegen Diebstahl durch die Konkurrenz? Wie schützt man es? Aber auch: Wie bekämpft man fremde Schutzrechte, um wieder freien Weg zur eigenen Nutzung zu erhalten? Dazu gibt es eine kleine Anzahl traditioneller Rechtsgebiete – Markenrecht, Musterrecht, Patentrecht, Urheberrecht, das ist es schon im Wesentlichen; Schutzsysteme, die altbekannt, großteils bereits im 19. Jahrhundert entstanden sind. Wir werden im Folgenden die Entstehung dieser Rechtsgebiete nachzeichnen, den derzeitigen Regelungsstand erörtern und einen Ausblick auf die weitere Entwicklung machen. Diese Rechtsentwicklung ist heute ebenso rasant wie die technische und sie ist ebenso internationalisiert.

Für *Österreich* ist der Bereich des „Geistigen Eigentums" von besonderer Bedeutung. Die zur Entwicklung dieser Güter erforderlichen Rahmenbedingungen zu schaffen, ist nicht nur Aufgabe der Politik, sondern von uns allen, auch im Bereich der Rechtspflege. Die behutsame Weiterentwicklung der rechtlichen Rahmenbedingungen ist ebenso notwendig wie die Bereitstellung der erforderlichen finanziellen Mittel für Kulturförderung, Forschung und Entwicklung.

---

[1]) Vgl dazu *Nikitsch*, Content wird Programm – Zur Entwicklung der Werbeformen im Netz, in *Zechner/Altendorfer/Ponstingl*, Handbuch Internet (2000) 53.

2. BEGRIFFSBILDUNG

Literaturhinweise: *Kiss-Horvath*, Zur Frage des öffentlich-rechtlichen Charakters des Patent- und Markenrechts, ÖBl 1967, 121; *Hermann*, Zur Frage des öffentlich-rechtlichen Charakters des Patent- und Markenrechts, ÖBl 1967, 1; *Kiss-Horvath*, Zur Frage des öffentlich-rechtlichen Charakters des Patent- und Markenrechts, ÖBl 1968, 121; *Thaler*, Immaterialgüterrechte und gewerblicher Rechtsschutz, FS 75 Jahre Österr Patentamt (1974) 246; *Schönherr*, Zur Begriffsbildung im Immaterialgüterrecht, FS Troller (1975) 57; *Schönherr*, Gewerblicher Rechtsschutz und Urheberrecht (1982) 1; *Troller*, Immaterialgüterrecht I[3] (1983); *Wadle*, Geistiges Eigentum (1996); *Dittrich/Öhlinger*, Verfassungsrechtlicher Schutz von geistigem Eigentum und passive Informationsfreiheit, UFITA 1997, 5 (13); *Hubmann/Götting/Forkel*, Gewerblicher Rechtsschutz[6] (1998); *Schweighofer*, Rechtsinformatik und Wissensrepräsentation (1999); *Jahnel/Schramm/ Staudegger* (Hrsg), Informatikrecht (2000); *Vavrovsky*, Zur Vergleichbarkeit von Angeboten bei der Vergabe von geistig-schöpferischen Leistungen, ÖZW 2000, 11; *Krejci*, Grundriß des Handelsrechts[2] (2001) 5; *Mayer-Schönberger*, Information und Recht (2001).

Von der Liebe zur Ordnung

Noch nie wollte ein Mandant von mir wissen, was unter den Begriff „gewerblicher Rechtsschutz" fällt und wie man diesen Begriff vom „gewerblichen Schutzrecht" abzugrenzen hat, wohl aber, ob sein für morgen zur Schaltung vorgesehenes Inserat wettbewerbsrechtlich in Ordnung ist oder wie er es ändern muss, damit der Mitbewerber ihn nicht angreifen kann, ob das neu kreierte Logo als Marke registrierbar ist und ob die Agentur nach Beendigung des Agenturvertrags noch Ansprüche wegen der weiteren Verwendung der von ihr kreierten Sujets geltend machen kann ... Eine unbegrenzte Anzahl regelungsbedürftiger Lebenssachverhalte einerseits und ein beschränktes juristische Instrumentarium, vorgegeben durch ein fixes Korsett von Rechtsnormen andererseits, erfordern systematisierendes Denken. Als Jurist ist einem dieser systematische Zugang selbstverständlich. Zuerst bedarf es der groben Kategorisierung: Die Beurteilung des Inserats wird primär nach den Regeln des im UWG normierten Lauterkeitsrechts erfolgen müssen. Für die Frage des Schutzes eines Logos ist das Markenschutzgesetz „zuständig" und die drohende Auseinandersetzung mit der Agentur ist einerseits vertragsrechtlich und andererseits nach den Spielregeln des Urheberrechtsgesetzes einzuschätzen. All dies interessiert den Mandanten nur insoweit, als es zur Lösung der bei ihm anstehenden praktischen Probleme unmittelbar beiträgt. Er wird nicht an abstrakten Kategorien interessiert sein, sehr wohl aber an der Mitteilung, dass sein Inserat wettbewerbsrechtlich deshalb problematisch ist, weil es in Form eines Gewinnspiels ein Zugabenversprechen enthält, das mit den im UWG vorgesehenen Regelungen nicht in Einklang zu bringen ist. Er wird sich dann wahrscheinlich sogar für diese Detailbestimmung interessieren, freilich nur um auszuloten, was er tun kann, um das Gewinnspiel möglichst unverändert anzukündigen und dennoch rechtlich abgesichert zu sein. Er wird auch erfahren wollen, welche konkreten Schritte das Markenschutzgesetz für die Erlangung einer registrierten Marke vorsieht, wie lange das dauert, wieviel es kostet usw. Gelegentlich wird es sogar erforderlich sein, ihm über den Unterschied des Eigentumsrechts an körperlichen Sachen und der immaterialgüterrechtlichen Nutzungsbefugnis zu berichten, um ihm plausibel zu machen, dass aus dem Kauf eines Originalgemäldes eines zeitgenössischen Künstlers nicht schon automatisch die Befugnis folgt, dass er dieses – ihm ja gehörende Bild – im Geschäftsbericht abdrucken darf.

Um also bei der Beantwortung konkreter Rechtsfragen richtig einzusteigen, um den komplexen ersten Eindruck systematisch richtig einzuordnen, ist zunächst der Überblick über die zu Gebote stehenden Regelungsbereiche erforderlich. Dann kann man sich dem Detailplan der gesetzlichen Regelungen widmen und schließlich abseits der mechanischen Anwendung formelhafter Normen kreative Lösungen und Argumentationsketten entwickeln. All dies geht nur Schritt für Schritt und deshalb schrecke ich nicht davor zurück, Sie zunächst um Geduld sowie darum zu bitten, mir auf recht trockenem Grund bei einem ersten Rundgang durch die grundlegenden Begriffsdefinitionen zu folgen:

2.1. Der rechtliche Schutz geistiger Leistungen

Nähern wir uns dem Dickicht ineinander verschlungener Regelungsstränge mit einer grundsätzlichen Erwägung: Wer kennt ihn nicht, den verärgerten (halblaut zwischen den Zähnen hervorgepressten) Ausruf „Das war eigentlich *meine* Idee"? Immer dann, wenn man vermeint, jemand habe eine Idee „gestohlen", muss man sich auch sogleich fragen, ob man dies lediglich als unkollegial, also nach gewissen sittlichen, moralischen oder branchenüblichen Kriterien verwerflich beurteilt oder ob man vermeint, dass der betreffende Ideendieb rechtswidrig, vielleicht sogar strafrechtlich verantwortlich, gehandelt hat.

Zunächst wird man davon ausgehen müssen, dass die *Übernahme eines fremden Gedankens frei* ist. Keiner würde daran Anstoß nehmen, wenn jemand anderer berichtet, dass er soeben von mir erfahren habe, was heute im Fernsehen gespielt wird und dass ich mich daher entschlossen habe, doch länger in der Kanzlei zu bleiben. In einem Konzept der freien Marktwirtschaft ist es ebenso legitim, auf dem Arbeitsergebnis anderer aufzubauen und beispielsweise eine neuartige Geschäftsidee (zB die Idee, einen Energy Drink zu kreieren, oder die Idee, Immobilien über eine Website mit Fotos der Objekten anzubieten, oder die Idee, Pizzas mit einem Telefonservice und der Möglichkeit individueller Zusammenstellung und Lieferung per Botendienst ins traute Heim zu verkaufen) aufzugreifen und eine ähnliche Ware oder Dienstleistung anzubieten. Die persönliche Sichtweise, ob so etwas rechtlich zulässig sein soll, variiert übrigens in der Praxis sehr stark danach, auf welcher Seite der Betreffende gerade steht. So kommt es gelegentlich vor, dass in einer Besprechung ein Mandant mit Selbstverständlichkeit davon ausgeht, er dürfe ein Geschäftsmodell der Konkurrenz übernehmen, und dass er daher nur ausloten muss, wie nahe er sich am werblichen Auftritt der Konkurrenz (Marke, Design, Werbeslogans etc) anlehnen darf. In der nächsten Besprechung sucht dann ein Unternehmer aus einer anderen Branche anwaltliche Vertretung, weil er mit ebensolcher Selbstverständlichkeit, ja geradezu Entrüstung, darauf pocht, dass die Übernahme des von ihm mühsam entwickelten Geschäftsmodells durch einen Konkurrenten (freilich unter einem ganz anderen Markennamen und in andersartiger Aufmachung) unlauter Konkurrenz mache und daher umgehend mit rechtlichen Mitteln abzustellen sei. Ganz ähnlich verläuft diese divergente Sichtweise bei den meisten Kategorien geistiger Schöpfungen, seien es nun erfinderische Ideen, Unternehmenskennzeichen, Marken, Firmennamen, Designs, Grafiken, Texte, Bilder usw.

Der Konflikt zwischen dem Interesse des Schöpfers einer geistigen Leistung an einem möglichst umfassenden (Monopol-)Schutz und dem Interesse der Allgemeinheit, alle Schöpfungen der Menschheit frei nutzen zu können, diese weiterzuentwickeln und zu verwerten, ist alt. Erst nach und nach hat sich das Bewusstsein entwickelt, dass hier ein Rechtsschutz erforderlich ist, freilich immer speziell zugeschnitten auf die betreffende Kategorie geistiger Leistung. So hat sich ein spezieller urheberrechtlicher Schutz (mit Detailregelungen über die Schutzvoraussetzungen, Schutzumfang, Schutzdauer, Ausnahmen vom Schutz und Sanktion) für künstlerisch-kreative Leistungen entwickelt. Technische Lösungen wurden als „Erfindungen" mit Regelungen des Patentrechts erfasst. Die Kreation einer Marke kann nach markenrechtlichen Vorschriften geschützt werden usw. Auf diese Weise ist eine Palette von Sondergesetzen entstanden, die den jeweiligen speziellen Wünschen beider Interessengruppen mehr oder weniger weit Rechnung tragen. Erst wenn eine gesetzliche Regelung in Kraft ist, die eine bestimmte geistige Leistung als geschützt normiert und deren Schöpfer gewisse Rechte an diesem Rechtsgut einräumt, hat der Schöpfer die Möglichkeit, gegen andere, die seine „Idee" ohne seine Einwilligung übernehmen und nutzen, vorzugehen.

Es gibt bislang keinen generellen Schutz jeder geistigen Schöpfung, jeder Idee. Der Kreis der Schutzrechte wurde im Verlauf der Zeit zwar immer mehr erweitert (neue Schutzrechte zB für Datenbanken oder biotechnologische Erfindungen kamen hinzu), außerhalb dieser Sonderregelungen besteht aber nach wie vor die grundsätzliche *Nachahmungsfreiheit*.

Bei den rechtspolitischen Erwägungen, ob man bestimmte geistige Leistungen schützen soll, spielt noch ein wesentliches Argument mit: Wenn man den Schutz gewährt, kann man als Gegenleistung die *Offenbarung* der nunmehr geschützten Idee verlangen. Der Erfinder erhält ein registriertes Schutzrecht (Patent), muss es aber andererseits hinnehmen, dass seine Erfindung veröffentlicht wird. Dadurch können es andere vermeiden, in sein Schutzrecht einzugreifen, sie können aber auch ihre Kenntnisse über den Stand der Technik durch eine Recherche in den öffentlich zugänglichen Patentschriften erweitern und für ihre eigenen Entwicklungen darauf aufbauen oder eine eigene kostenaufwendige Neuentwicklung unterlassen und statt dessen eine Lizenz vom bereits geschützten Erfinder erwerben.

In der Antike war trotz der ausgebildeten römischen und griechischen Rechtsordnungen der Gedanke des Schutzes geistiger Leistungen weitgehend unbekannt. Erst etwa ab dem 14. Jahrhundert entwickelte sich in Form von *Privilegien* ein gewisser Schutz, der aber im Bereich des Urheberrechts zunächst dem Verleger und nicht dem Urheber zustand. Die heute geltenden Gesetze und internationalen Abkommen sind im Wesentlichen im 19. Jhdt entstanden. Wir werden bei den einzelnen Schutzrechten jeweils nochmals kurz auf die Historie zurückkommen.

2.2. Immaterialgüterrecht

Hier geht es um einen sehr speziellen Bereich, wertvoller Güter: Es geht nicht um physische Objekte, T-Shirts, Lampen, elektronische Bauteile, Musikinstrumente, Bücher, Ölbilder udgl, sondern um geistige Güter, um Marken, Design, Erfindungen, Musik, Literatur, Bilder, Software und sonstige Urheberleistungen. Es geht nicht um die Orgelpfeifen, sondern um die Musik, die aus ihnen ertönt. Diese geistigen Güter bedürfen im Vergleich zu körperlichen Sachen besonderer Schutzmechanismen. Deshalb haben sich spezielle immaterialgüterrechtliche Regelungen entwickelt. Solche zu schützenden „geistigen Güter" werden – im Gegensatz zu den materiellen körperlichen Gegenständen – als „Immaterialgüter" bezeichnet. Durch spezielle Gesetze wurden subjektive (also jeweils nicht der Allgemeinheit, sondern einem bestimmten Rechtssubjekt – Erfinder, Urheber etc – zustehende) Rechte an diesen geistigen Gütern formuliert. So wurden diese geistigen Güter durch das Gesetz verselbständigt und dadurch verkehrsfähig gemacht (der Inhaber eines Patents kann dieses ebenso verkaufen oder Nutzungslizenzen einräumen wie der Inhaber einer Marke oder eines geschützten Designs). Für derartige Rechte an Immaterialgütern wird der von Josef Kohler geprägte Ausdruck „Immaterialgüterrechte" verwendet. Die dieses Gebiet regelnden Rechtsvorschriften werden unter der Bezeichnung „Immaterialgüterrecht" zusammengefasst.

Es bestehen zwar zwischen den Immaterialgüterrechten und dem Eigentum an körperlichen Sachen gewisse Gemeinsamkeiten; der (von der Naturrechtslehre geprägte) Ausdruck „Geistiges Eigentum" darf aber nicht über die bedeutenden Unterschiede hinwegtäuschen. So liegt das Wesentliche des Immaterialgüterrechts – eines absoluten Rechts – nicht darin, dass ein Immaterialgut von seinem Inhaber gebraucht werden kann und darf, sondern darin, dass dieser das Recht hat, jeden anderen vom bestimmungsgemäßen Gebrauch auszuschließen (vgl die positive und negative Befugnis in § 354 ABGB), oder zumindest Anspruch auf angemessene Vergütung hat (zB § 76 Abs 3 UrhG; Seite 1319). Es kann also gegenüber jedem anderen durchgesetzt werden, auch wenn zu dem anderen keine vertragliche Beziehung besteht (anders etwa das subjektive Recht auf Zahlung des Kaufpreises, das nur gegenüber dem Vertragspartner, von dem man die Sache gekauft hat, durchgesetzt werden kann). So wie der Eigentümer einer Sache gegen jeden vorgehen kann, der seine Sache stiehlt oder schuldhaft beschädigt, kann der Inhaber eines Immaterialgüterrechts gegen jeden vorgehen, der sein Geistiges Eigentum rechtswidrig verwertet (zB ein Manuskript ohne Zustimmung des Autors druckt und verbreitet).

Bei einem Vergleich der Ausgestaltung des Eigentumsrechts mit den Immaterialgüterrechten ist vor allem ein gravierender Unterschied zwischen dem Eigentum an körperlichen Sachen und dem „Geistigen Eigentum" zu berücksichtigen: Körperliche Sachen lassen sich in *Gewahrsame* nehmen. Ich kann meine Golddukaten in einen Banktresor sperren und so vor Diebstahl bewahren. Ein Immaterialgut ist demgegenüber prinzipiell *allgegenwärtig*. Man bezeichnet dies als die *„potentielle Ubiquität von Immaterialgütern"*: Jemand sieht einen Sketch im Kabarett, merkt sich die Personen, den Handlungsablauf, die Pointe, ja vielleicht sogar den konkreten Text der Dialoge, die Ausstattung, die Kostüme, die Lichteffekte. Er kann das Kabaretttheater verlassen und all dies Wissen mit sich nehmen, ohne dass im Theater etwas fehlt. Er kann am nächsten Abend im eigenen Programm denselben Sketch aufführen. Man kann sich CDs ausborgen, sie auf Minidiscs überspielen und wieder unversehrt zurückgeben. Der Besitzer der CDs ist dadurch um nichts ärmer geworden, man selbst verfügt aber über idente Kopien der Musikstücke, die man selbst nutzen oder vielleicht sogar im Bekanntenkreis verkaufen kann. Man kann eigene Baumwollleibchen mit einem grünen Krokodil versehen und – obwohl bei Lacoste keine derartigen Tiere fehlen – mit erheblicher Preissteigerung als scheinbar Original-Markenartikel weiterveräußern. Immaterialgüter sind also weit schwerer zu „beaufsichtigen" als körperliche Sachen. Ein probates Mittel wäre die absolute *Geheimhaltung*. Wird der Sketch zwar erdacht, aber niemals aufgeführt, lässt man das Mutterband der Musikdarbietung in der Schublade, ohne es zu kopieren, und hätte sich Lacoste mit dem Wissen um den Besitz einer Krokodilmarke zufrieden gegeben, ohne damit Leibchen zu schmücken, so wäre die Gefahr des Diebstahls „Geistigen Eigentums" deutlich reduziert. Gegen Null reduziert wäre aber freilich auch der Nutzen, den man aus seiner geistigen Schöpfung ziehen kann. Es sind daher andere, spezielle rechtliche Schutzmechanismen erforderlich, die es dem Inhaber Geistigen Eigentums ermöglichen, dieses zu veröffentlichen, ihm aber gleichzeitig Ansprüche gegen denjenigen geben, der es unbefugt verwertet. Die Schaffung derartiger Schutzinstrumente liegt auch im Interesse der Öffentlichkeit. Nur dann, wenn Erfindungen durch Patente geschützt werden können, wird der Erfinder seine Erfindung veröffentlichen und dadurch den allgemein bekannten Stand der Technik bereichern. Dies wiederum ist eine wesentliche Voraussetzung dafür, dass andere Erfinder darauf aufbauend weiterforschen und -entwickeln können.

Dieses spezielle Instrument zum Schutz Geistigen Eigentums ist das Immaterialgüterrecht. Es formuliert in seinem Kern ein *Ausschließungsrecht*, ein *„ius excludendi"*. So hat der Urheber des Sketches das ausschließliche Recht der öffentlichen Wiedergabe (§ 18 UrhG, Seite 1309) und kann daher gegen jeden anderen vorgehen, der sein Werk ungefragt öffentlich darbietet. Der Rechteinhaber an der CD kann gegen den Raubkopierer vorgehen, der in das ausschließlich ihm zustehende Vervielfältigungs- und Verbreitungsrecht (§§ 15 und 16 UrhG, Seite 1290 und 1293) eingegriffen hat und der Markeninhaber kann die gefälschten Lacoste-Shirts, die das ausschließliche Recht zur kennzeichenmäßigen Verwendung der Marke (§ 10 MSchG, Seite 390) verletzen, beschlagnahmen lassen.

Das allein wäre aber noch nicht ausreichend. Was hilft es einem jungen Musiker, der mit seiner Band ein hitverdächtiges Musikstück komponiert und aufgenommen hat, dass er andere von der Verwendung ausschließen kann? Eigentlich will er eher das Gegenteil. Er will, dass möglichst viele seinen Hit „verwerten", CDs produzieren und verbreiten, ihn im Radio spielen und in Diskotheken dröhnen lassen. Es bedarf daher zusätzlich weiterer rechtlicher Mechanismen, die es dem Schöpfer Geistigen Eigentums ermöglichen, anderen die Nutzung gegen Entgelt zu gestatten, also „*Lizenzverträge*" zu schließen oder seine Rechte sogar zur Gänze jemand anderem zu verkaufen. Die Rechtsordnung muss ihm ein Verfügungsrecht einräumen. Auch dies findet sich in den jeweiligen immaterialgüterrechtlichen Spezialgesetzen. So sind beispielsweise Marken frei übertragbar und können daher verkauft werden (§ 11 MSchG, Seite 466), der Inhaber kann Dritten aber auch bloß eine entgeltliche Lizenz einräumen (§ 14 MSchG, Seite 469).

Im Bereich des Immaterialgüterrechts gilt das „*Enumerationsprinzip*". Es stehen nur jene Immaterialgüterrechte zur Verfügung, die durch Gesetz vorgesehen sind. Immaterialgüterrechte sind absolute (gegen jeden Dritten wirkende) Rechte und können daher nicht kraft Privatautonomie (durch vertragliche Vereinbarung mit einem anderen) geschaffen werden. Im Wesentlichen bestehen zum Schutz von Immaterialgütern folgende Gesetze:[2]

- Markenschutzgesetz (MSchG),
- Musterschutzgesetz (MuSchG),

---

[2]) Über die Zuordnung der Teilgebiete zum Immaterialgüterrecht besteht im Einzelnen (etwa bei der Zuordnung des Markenrechts) keine ganz einheitliche Meinung; vgl dazu *Thaler*, Immaterialgüterrechte und gewerblicher Rechtsschutz, FS 75 Jahre Österr Patentamt (1974) 246 (247).

- Patentgesetz (PatG),
- Gebrauchsmustergesetz (GMG),
- Halbleiterschutzgesetz (HlSchG),
- Sortenschutzgesetz (SortSchG),
- Schutzzertifikatsgesetz (SchZG) und
- Urheberrechtsgesetz (UrhG).

Gelegentlich wird der Kreis der Immaterialgüterrechte erweitert, jüngst zB für den Schutz von Datenbanken. Dies erfordert freilich einen entsprechenden gesetzgeberischen Akt (zB eine Novelle zum UrhG zur Einfügung der Schutzbestimmungen für Datenbanken, § 76c UrhG).

Und was ich sonst noch fragen wollte: Behandelt man die Grundlagen, so drängen sich sogleich viele grundlegende Fragen auf. Wann entsteht eigentlich ein Immaterialgüterrecht? Das ist interessanterweise nicht einheitlich geregelt. Das Urheberrecht entsteht mit dem Realakt der Schöpfung des Werks, ohne Registrierung, ohne Formvorschrift. Das Patent bedarf hingegen einer formellen Patentanmeldung, einer Prüfung auf Neuheit, Erfindungshöhe usw und schließlich der Registrierung. Ähnliches gilt für die Marke und das musterrechtlich geschützte Design. Ist wenigstens die Dauer dieser Immaterialgüter einheitlich geregelt? Keineswegs. Die Schutzdauer des Urheberrechts bleibt dem Schöpfer des Werkes zu Lebzeiten ein Geheimnis, denn sie wird erst ab dem Ablauf seines Todesjahres berechnet und dauert dann 70 Jahre. Hier ist der Markeninhaber besser dran. Er kann schon zu Lebzeiten den Schutzdauerverlauf beobachten. Versäumt er es, rechtzeitig eine Erneuerungsgebühr einzuzahlen, so erlischt der Schutz nach zehn Jahren. Auch hier sorgt allerdings das Gesetz bis über den Tod und weiter vor, denn das Markenrecht kann das Urheberrecht bei weitem überdauern, um zehn Jahre verlängert und wieder verlängert und wieder verlängert ... bis ans Ende aller Tage. Ganz anders im Patentrecht, dort ist nach 20 Jahren Schluss und das Musterrecht dauerte bisher überhaupt nur maximal 15 Jahre (jetzt wird der Schutz auf 25 Jahre verlängert). Wie steht es um die Sanktionen? Vieles ist ähnlich und doch auch nicht. Die einzelnen Immaterialgüter sind im Allgemeinen zivil- und strafrechtlich abgesichert, weisen im Detail aber dann doch unterschiedliche Sanktionsregelungen auf. Es war ein besonderes Verdienst von *Schönherr*, hier auf eine Vereinheitlichung zu dringen, die er auch zu erheblichen Teilen durchsetzen konnte. Da aber die einzelnen Schutzrechte in verschiedenen Gesetzen geregelt sind, die aus unterschiedlichen Anlässen novelliert werden, wuchert der Garten weiterhin recht üppig. So enthielt beispielsweise das UrhG schon bisher die von manchen kritisierte Spezialregelung, dass als Mindestschaden das doppelte angemessene Entgelt begehrt werden kann. In keinem anderen Gesetz gab es dazu eine Parallele. Im Sommer 1999 wurde diese Regelung jetzt auch ins Markenrecht übernommen. Im Patentrecht und im Musterrecht fehlt sie hingegen weiterhin. Man könnte sich auch fragen, welche Bedeutung die Priorität hat (bei der Markenanmeldung, beim Patent, bei der Schöpfung eines Werkes, beim Domain-Namen), welcher Spielraum dem Richter in den einzelnen Gesetzen durch Generalklauseln zugewiesen wird oder inwieweit die einzelnen Gesetze Regelungen über das jeweilige Lizenzvertragsrecht enthalten, inwieweit diese Regelungen übereinstimmen, lückenhaft oder analogiefähig sind. In diesem schnellen Überblick ist nicht Raum für solche Detailvergleiche. Sie erscheinen mir im Übrigen für den Leser, der mit den einzelnen Gebieten noch nicht vertraut ist, eher als Zumutung und verwirrend. Ich will daher diese Erörterung von Querschnittsthemen hier abbrechen und nur anmerken, dass wir das Bemühen *Schönherrs* um Vereinheitlichung (und dadurch auch Vereinfachung) im legistischen Bereich fortsetzen müssen.

2.3. „Geistiges Eigentum"

Für „Immaterialgüterrechte" hat sich international der Ausdruck „*Geistiges Eigentum*" („Propriété Intellectuelle", „Intellectual Property") durchgesetzt. So heißt etwa jene Organisation, die insbesondere die internationalen Markenanmeldungen verwaltet „WIPO – World Intellectual Property Organisation" (Seite 188). Art 1 Z 2 TRIPS-Abk (Seite 191) unterstellt dem Begriff „geistiges Eigentum" im Sinne dieses Abkommens „alle Arten des geistigen Eigentums, die Gegenstand der Abschnitte 1 bis 7 des II. Teils sind", also Urheberrecht und verwandte Schutzrechte, Markenrecht, Schutz geographischer Angaben, Muster- und Patentschutz, Schutz der Topographien integrierter Schaltkreise und geheimen Know-hows. Das Abkommen über den Europäischen Wirtschaftsraum übertitelt den Anhang XVII mit „Geistiges Eigentum".

Der Begriff des „Geistigen Eigentums" ist in der Naturrechtslehre und der Philosophie der Aufklärung entstanden. Im Zentrum steht hier die Person als Individuum, dem ein „natürliches Eigentum" an seiner Geistesleistung zuzubilligen ist. Insbesondere die Französische Revolution hat dieser Idee zum Durchbruch verholfen. Der Urheber sollte nicht mehr auf die Gunst des Landesherrn angewiesen sein, der ein Privileg zum Schutz erlassen oder auch verweigern konnte. Dies fügte sich nahtlos in die neuen Prinzipien von Gewerbefreiheit und Menschenrechten.

Ich habe diesen Begriff als Titel dieses Buchs über Immaterialgüterrecht gewählt, weil er meines Erachtens am anschaulichsten ist. Er drückt am deutlichsten die Beziehung des Menschen zu einem besonderen Objekt, nämlich zur geistigen Leistung, aus. Er charakterisiert durch das Wort Eigentum in fast volkstümlicher Weise, wie stark die in diesem Bereich eingeräumte Rechtsposition ist. So wie das Eigentum an einer körperlichen Sache allgemein als die stärkste rechtliche Verfügungsgewalt gedeutet wird, trifft dies auch auf die immaterialgüterrechtlichen Regelungen zu. Ja in gewissem Sinn ist das Geistige Eigentum zumindest gleich stark wie das „körperliche" Eigentum. So heißt es in § 33 Abs 2 UrhG vorsorglich: „In der Übertragung des Eigentums an einem Werkstück ist im Zweifel die Einräumung eines Werknutzungsrechts oder die Erteilung einer Werknutzungsbewilligung nicht enthalten." Selbst der Eigentümer einer Originalgrafik, darf diese also nur dann durch Vervielfältigung, Verbreitung, Sendung etc verwerten, wenn der Schöpfer einverstanden ist. Das Entscheidendste für diese Titelwahl war aber, dass dieser Begriff auch in der Praxis verwendet und verstanden wird.

2.4. Gewerblicher Rechtsschutz"

Ein häufig verwendeter Oberbegriff für die hier zu erörternden Materien ist der Terminus *„Gewerblicher Rechtsschutz"* („Protection de la Propriété Industrielle", „Protection of Industrial Property"). Dieser Begriff ist zwar nicht gesetzlich definiert, aber seit langem gebräuchlich: Das Österreichische Patentamt führt die Bezeichnung *„Zentralbehörde für den gewerblichen Rechtsschutz"*. Es ist für das Patentwesen, den Gebrauchsmusterschutz, den Halbleiterschutz und die ergänzenden Schutzzertifikate sowie für Angelegenheiten des Schutzes von Mustern (Designschutz), Marken und Herkunftsangaben zuständig. Nach § 57 Abs 1 PatG gehören „Service- und Informationsleistungen auf dem Gebiet des gewerblichen Rechtsschutzes" zum Wirkungskreis des Patentamtes. Der Präsident des Patentamtes ist auch Leiter des vom Patentamt geführten „Referates für den gewerblichen Rechtsschutz des Bundesministeriums für Handel, Gewerbe und Industrie"[3] (§ 58 Abs 8 PatG). Die TeilrechtsfähigkeitsV (Seite 214) kennt diesen Begriff ebenso wie die PublikationenV (Seite 214), die vorsieht (§ 2 Abs 1), dass „Gesetze, Verordnungen und Kundmachungen auf dem Gebiet des gewerblichen Rechtsschutzes" im Österreichischen Patentblatt I. Teil zu verlautbaren sind. Die Gemeinschaftsmarkenverordnung (GMV; Seite 214) bezeichnet die für die Markenanmeldung national zuständige Behörde (etwa in Art 25 Abs 1) als die „Zentralbehörde für den gewerblichen Rechtsschutz eines Mitgliedstaats". Der gleichen Terminologie folgt die MusterRL (etwa Art 2 Abs 1; Seite 794). Im Folgenden werden Sie häufig auf Zitate aus der Fachzeitschrift „ÖBl" stoßen. Sie trägt den vollen Titel „Österreichische Blätter für *gewerblichen Rechtsschutz* und Urheberrecht", ihr Herausgeber ist die „Österreichische Vereinigung für *gewerblichen Rechtsschutz* und Urheberrecht".

„Gewerblicher Rechtsschutz" ist eine Sammelbezeichnung für verschiedene Rechtsnormen mit unterschiedlichen Schutzzwecken.[4] Der Schutz kann zunächst

---

[3]) Nunmehr ist das BMVIT zuständig (Abschnitt K, Z 14 Anlage zu § 2 BMG iVm Art VII BMG).
[4]) Zu den teilweise unterschiedlichen Abgrenzungen der zum „gewerblichen Rechtsschutz" zu zählenden Bereiche vgl *Thaler*, Immaterialgüterrechte und gewerblicher Rechtsschutz, FS 75 Jahre Österr Patentamt (1974) 246.

die Ergebnisse bestimmter gewerblich verwertbarer oder unternehmerischer *Leistungen* umfassen; dem dienen im nationalen Recht

- der im *Gesetz gegen den unlauteren Wettbewerb* – UWG (§§ 11 und 12) geregelte Geheimnisschutz,
- das *Musterschutzgesetz* – MuSchG (für den „Designschutz"),
- das *Patentgesetz* – PatG (für den Schutz von „Erfindungen"),
- das *Gebrauchsmustergesetz* – GMG (für „kleine Erfindungen"),
- das *Halbleiterschutzgesetz* – HlSchG (für die „Topographien" von Mikrochips),
- das *Sortenschutzgesetz* (zum Schutz von Pflanzenzüchtungen) und
- das *Schutzzertifikatsgesetz* – SchZG (zur Verlängerung des Schutzes für Arzneimittelpatente),
- der im *Urheberrechtsgesetz* – UrhG (§ 66 Abs 5, §§ 73 – 76e und § 79) geregelte Leistungsschutz (für die Veranstaltung künstlerischer Darbietungen, für Lichtbilder, Schallträger, Rundfunksendungen, nachgelassene Werke, Datenbanken und Nachrichten).

Regelungen des gewerblichen Rechtsschutzes bieten weiters Schutz für Kennzeichen. Dem dient das Kennzeichenrecht, nämlich

- das *Markenschutzgesetz* – MSchG (es regelt den Schutz registrierter Marken),
- § 9 *Gesetz gegen den unlauteren Wettbewerb* – UWG (er regelt zivilrechtliche Ansprüche bei Kennzeichenrechtsverletzungen),
- § 37 *Handelsgesetzbuch* – HGB (über den Schutz der Firma),
- § 43 *Allgemeines Bürgerliches Gesetzbuch* – ABGB über den Schutz des Namens,
- § 80 *Urheberrechtsgesetz* – UrhG (für Titel und Ausstattung von Werken im Sinne des Urheberrechts) und
- § 14 *Sortenschutzgesetz* (für Sortenbezeichnungen).

Aufgabe des gewerblichen Rechtsschutzes ist weiters die Abwehr rechtswidriger *Beeinträchtigungen der Unternehmertätigkeit*, einer *Irreführung* im Geschäftsverkehr oder überhaupt wirtschaftspolitisch unerwünschter Maßnahmen. Dem dient das Wettbewerbsrecht im engeren Sinne, nämlich insbesondere

- das *Gesetz gegen den unlauteren Wettbewerb* – UWG und seine zahlreichen Durchführungsverordnungen und
- das *Nahversorgungsgesetz* – NahVersG.

Die Gesetze und Verordnungen, auf denen der gewerbliche Rechtsschutz beruht, gehören zu einem großen Teil dem *öffentlichen Recht* an. Das Markenschutzgesetz (MSchG), das Musterschutzgesetz (MuSchG), das Patentgesetz (PatG), das Gebrauchsmustergesetz (GMG), das Halbleiterschutzgesetz (HlSchG), das Sortenschutzgesetz, das Schutzzertifikatsgesetz (SchZG) und einzelne Bestimmungen des Gesetzes gegen den unlauteren Wettbewerb (§§ 9, 11 und 12 UWG) gewähren aber auch – in der Regel übertragbare – Vermögensrechte, die *„gewerblichen Schutzrechte"*; das sind subjektive Privatrechte, die aus den Normen des *„gewerblichen Rechtsschutzes"* (als dem Recht im objektiven Sinn) abgeleitet und damit Sachen im weiten Sinn des § 285 ABGB sind. Daher können sie auch verpfändet und gepfändet werden. Ihre vorsätzliche Verletzung ist in der Regel überdies strafbar.

Die Begriffe „*Immaterialgüterrecht*" und „*gewerblicher Rechtsschutz*" überlappen also einander. Sie divergieren vor allem insoweit, als das „klassische" Urheberrecht (Schutz von Werken der Literatur, der Tonkunst, der bildenden Künste und der Filmkunst) nicht zu den „gewerblichen Schutzrechten" zählt. Sie werden einwenden, dass diese Abgrenzung wohl nicht mehr ganz zutrifft: Ist Software oder eine Datenbank nicht primär ein „gewerbliches" Erzeugnis, fern von Kunst und eher der Erfindung verwandt? Kann man beim Schutz eines Firmenschildes (Seite 1110) wirklich noch davon sprechen, dass hier keine kommerzielle Leistung geschützt wird? Ich stimme diesen Zweifeln zu. Das Urheberrecht hat sich in den letzten Jahren beträchtlich gewandelt. *Thaler*[5] meinte noch, „wenn man auch dem Schöpfer eines künstlerischen Werkes Erwägungen wirtschaftlicher Natur durchaus zumuten mag, so ist doch unbestreitbar, dass das Kunstwerk in erster Linie dem persönlichen künstlerischen Schaffensdrang seine Entstehung verdankt und nicht dem Gedanken Geld zu machen." Wegen der im Bereich des Urheberrechts somit nicht im Vordergrund stehenden „gewerblichen Verwertbarkeit" begründete er die Abgrenzung zu den „gewerblichen Schutzrechten". Inzwischen hat sich das Urheberrecht allerdings wesentlich weiter entwickelt (verbreitert). Man kann dies aus guten Gründen bedauern, ja vielleicht sogar davon sprechen, dass es seine Natur geändert und seinen ursprünglichen Aufgabenkreis überschritten, seine Zielrichtung verwässert hat. Wie auch immer, dies ist der Stoff, aus dem man abendlange Seminardiskussionen machen kann. Die praktische Relevanz ist hingegen marginal. Wie gesagt: Den rechtssuchenden Mandanten werden diese Definitions- und Abgrenzungsfragen kaum interessieren. Ich persönlich halte den Begriff des „gewerblichen Rechtsschutzes" für eher verwirrend. Auch die Studenten denken dabei in erster Linie an das Gewerberecht. Demgegenüber ist der Begriff „Geistiges Eigentum" plastischer in der Begriffsumschreibung, international gebräuchlicher, und umfassender, weil er auch das Urheberrecht einschließt.

2.5. Persönlichkeitsrechte

Persönlichkeitsrechte sind subjektive Rechte, die dem Schutz der Person dienen. Schutzobjekt ist nicht das vermögensrechtliche Interesse, sondern die Person unmittelbar in Bezug auf ein Rechtsobjekt (Name, Werk, Brief, Erfindung usw). Wer einen Roman schreibt, ein Bild malt, einen Liebesbrief dichtet oder sein Forscherleben in die Entwicklung einer Erfindung investiert, hat eine

---

[5]) Immaterialgüterrechte und gewerblicher Rechtsschutz, FS 75 Jahre Österr Patentamt (1974) 246 (253).

starke persönliche Beziehung zu der geistigen Leistung, die er geschaffen hat. Selbstverständlich will er nicht, dass andere diese Leistung ohne seine Zustimmung finanziell auswerten. Er wird aber darüber hinaus auch Wert darauf legen, dass seine Urheberschaft nicht bestritten wird und sich nicht ein Fremder unberechtigt als Schöpfer rühmt. Er wird sicherstellen wollen, dass sein Werk entweder unveröffentlicht bleibt, weil es zu persöhnlich und intim ist, oder er wird zumindest verhindern wollen, dass es bei der Veröffentlichung entstellt wird. Der Schöpfer wird sich dagegen zur Wehr setzen wollen, dass ihm eine bearbeitete Version, die vielleicht sogar die künstlerische Botschaft ins Gegenteil verkehrt, unterschoben und diese Publikation mit seinem Namen ihm fälschlich als sein Werk zugerechnet wird. Es geht also hier um einen besonders sensiblen Bereich, um den Bereich der Persönlichkeit des Menschen als Individuum. Persönlichkeitsrechte geben dem Geschützten nur Abwehrrechte und allenfalls Schadenersatzansprüche, begründen aber keine Immaterialgüterrechte. Sie können nicht verkauft, übertragen, lizenziert oder verpfändet werden. Ein Persönlichkeitsrecht ist etwa die in § 20 PatG geschützte „Erfinderehre": Der Erfinder hat Anspruch auf Nennung als Erfinder. Dieser Anspruch kann nicht übertragen werden und geht nicht auf die Erben über. Ein Verzicht auf den Anspruch ist ohne rechtliche Wirkung. Dass die Erfinderehre nicht verpfändbar ist als Sicherstellung für einen Kredit, liegt auf der Hand. Im Gegensatz zu den *Immaterialgüterrechten* sind Persönlichkeitsrechte also sehr eng an die Person des Berechtigten gebunden. Sie sind daher nicht übertragbar und gehen in der Regel mit der Person des Berechtigten unter (davon gibt es freilich Ausnahmen, wie etwa beim Brief- und Bildnisschutz; §§ 77 und 78 UrhG, Seite 1333).[6]

2.6. Wettbewerbsrecht

Das Wort „*Wettbewerb*" deutet es bereits an. Es geht um das Konkurrenzverhalten, und zwar zwischen Menschen, genauer noch um das *wirtschaftliche Konkurrenzverhalten*. Das Wettbewerbsrecht stellt jene rechtlichen Rahmenbedingungen zur Verfügung, um das Wettbewerbsverhalten der Unternehmer in geordneten Bahnen zu halten. Wie diese Ordnung aussehen soll, ist eine wertende Entscheidung unserer jeweiligen Wirtschaftsordnung. Einerseits bauen wir auf die Kräfte des freien Wettbewerbs, andererseits wollen wir Auswüchse unterbinden, die zu Lasten der Wettbewerbsfreiheit anderer gehen (zB Preisabsprachen zwischen Anbietern, Vernichtungswettbewerb durch systematisches Preisunterbieten usw). Wir wollen aber auch die „Marktgegenseite", den Konsumenten, einbeziehen. Unstritig dient daher das Wettbewerbsrecht auch dem Interesse des Konsumenten, beispielsweise von irreführender Werbung, belästigender Telefonwerbung oder Methoden psychischen Kaufzwangs verschont zu werden. Das „Wettbewerbsrecht" wird zumeist dem „Immaterialgüterrecht" begrifflich gegenübergestellt. Auch hier ist die Terminolo-

---

[6]) Zum „*postmortalen Persönlichkeitsrecht*" jüngst OGH 29. 8. 2003, 6 Ob 283/01p, ecolex 2003, 18 mwN.

gie aber nicht völlig einheitlich.[7] Der juristische Begriff „Wettbewerbsrecht" ist mehrdeutig:

Als „*Wettbewerbsrecht im engeren Sinn*" bezeichnet man die im Gesetz gegen unlauteren Wettbewerb (UWG) geregelte Materie. Sie soll vor allem Missbräuchen und Auswüchsen der Gewerbefreiheit und der Meinungsfreiheit entgegensteuern; sie dient somit dem Individualschutz, sei es der Unternehmer, sei es der Verbraucher. Dieses „Wettbewerbsrecht im engeren Sinne" wird auch als „*Lauterkeitsrecht*" bezeichnet. Es enthält Regelungen gegen irreführende Werbung, Kreditschädigung, Bestechung und Geheimnisbruch. Es normiert ein strenges Zugabenverbot (mit gewissen Ausnahmen), legt die Voraussetzungen für Ausverkaufsankündigungen fest und enthält eine Verordnungsermächtigung für Kennzeichnungsvorschriften (zB für Waschmittel oder Haushaltsgeräte). Vor allem aber enthält das UWG eine Generalklausel, die ganz allgemein ein gegen die guten Sitten verstoßendes Wettbewerbsverhalten untersagt. Diese bildet die Grundlage für eine weitverzweigte Rechtsprechung zu verschiedenen Fallgruppen wettbewerbswidrigen Verhaltens (zB sittenwidriger Normverstoß, psychischer Kaufzwang). Das Lauterkeitsrecht hat mannigfache Bezüge zum Immaterialgüterrecht. Es sichert über die Generalklausel den Schutz vor Ausbeutung fremder Leistung auch dort, wo es verabsäumt wurde, einen immaterialgüterrechtlichen Sonderschutz zu erlangen. Es sichert Geschäfts- und Betriebsgeheimnisse. Es enthält – jedenfalls, wenn man der Eingliederung des § 9 ins UWG folgt – ergänzende Regelungen zum Kennzeichenrecht. Andererseits finden sich im Markenrecht lauterkeitsrechtliche Anklänge, wie etwa beim Schutz bekannter Marken oder beim Löschungstatbestand des sittenwidrigen Markenerwerbs. Was aber für mich noch gewichtiger ist: Werbebotschaften sind Mikrokosmen geistigen Eigentums. Komprimiert in einen kurzen Slogan, ein Bild, einen Spot, unter äußerster Ausnutzung der teuren Werbefläche bzw Werbezeit, überbringen sie eine gedankliche Botschaft vom Werbenden zum Umworbenen. Sie sind geistiges Eigentum. Das Lauterkeitsrecht regelt die Grenzen zulässiger Werbebotschaften. Es gibt im Übrigen kein einheitliches Lauterkeitsrecht für alle und jedes. Aus unterschiedlichsten Beweggründen, sei es Gesundheitsschutz, sei es Konsumentenschutz, sei es Schutz vor allzu mächtigen Marktteilnehmern, sei es auch nur wegen des Selbstverständnisses einer bestimmten Berufsbranche, haben sich branchenspezifische lauterkeitsrechtliche Regelungen herausgebildet. Produktspezifische Sondervorschriften für die Werbung für Arzneimittel etwa. Diese unterscheiden in sich wieder danach, wem gegenüber geworben wird, gegenüber dem sachkundigen Arzt oder gegenüber dem weitgehend hilflosen (tatsächlichen

---

[7]) Dazu *Thaler*, Immaterialgüterrechte und gewerblicher Rechtsschutz, FS 75 Jahre Österr Patentamt (1974) 246 (247).

oder vermeintlichen) Patienten. Die Tabakwerbung kennt Werbebeschränkungen und Kennzeichnungsvorschriften, die anderen Produkten gänzlich erspart bleiben. Dafür genügt es bei anwaltlicher Werbung nicht, dass sie lauter ist, sie muss auch den speziellen standesrechtlichen Vorschriften entsprechen. Auch hier ist vielfach Wildwuchs enstanden, auch hier wäre eine Vereinheitlichung wünschenswert. Aus Umfanggründen kann ich in diesem Buch das Lauterkeitsrecht nicht eingehender erörtern. Ich werde aber an den wichtigsten Stellen entsprechende Exkurse machen.

Zum „*Wettbewerbsrecht im weiteren Sinn*" gehört auch das Recht der Wettbewerbsbeschränkungen, insbesondere das *Kartellrecht*. Verhindert werden soll ein Missbrauch der Vertragsfreiheit, aber auch der faktischen Marktmacht zur Einschränkung des freien Wettbewerbs; diese Normen dienen in erster Linie dem Institutionenschutz, dem Schutz des Wettbewerbs als solchen. Sie verbieten Preisabsprachen zwischen den Anbietern, vertikale Preisbindungen beim Vertrieb, territoriale oder sachliche Marktabgrenzungen und sonstige wettbewerbsbeschränkende Verhaltensweisen. Es soll sicherstellen, dass die Marktkräfte des (lauteren) Wettbewerbs zwischen den Unternehmen auch tatsächlich frei wirken können. Es soll sicherstellen, dass ein zum Monopolisten oder Marktbeherrscher gewachsenes Unternehmen seine Marktmacht nicht missbraucht, andere durch unsachliche Diskriminierung schädigt oder den Marktzutritt absperrt. Eine Ergänzung des UWG und des KartellG ist das Bundesgesetz zur Verbesserung der Nahversorgung und der Wettbewerbsbedingungen (*NahversorgungsG*). Es wäre spannend gewesen, auch das Kartellrecht einzubeziehen, zumal auch dieses sowohl zum Lauterkeitsrecht als auch zum Immaterialgüterrecht starke Affinitäten hat. Missbrauch der Marktmacht als Verstoß gegen die guten Sitten und als Kartellverstoß, kartellrechtliche Schranken immaterialgüterrechtlicher Lizenzen, Begrenzung der Medienkonzentration und Entflechtung, das Nahversorgungsrecht als Grenzmaterie zwischen Lauterkeitsrecht und Kartellrecht. Die Liste ließe sich noch trefflich verlängern, aber: dieses Buch wäre wohl niemals fertig geworden, hätte ich auch das Kartellrecht als eigenständigen Teil einbezogen. Übrigens läuft eine analoge Abgrenzungsdiskussion auch zwischen Kartellrecht und Infrastrukturrecht: Ist Telekomrecht Sache der Kartellrechtler oder eine rein konzessionsrechtliche Materie und damit dem klassischen Verwaltungsrecht zuzuordnen?

2.7. Informatikrecht und Informationsrecht

In jüngster Zeit sind neue Sammelbegriffe entstanden. Unter „*Informatikrecht*" werden verschiedenartige Regelungsmaterien zusammengefasst, soweit sie im Zusammenhang mit der Informationstechnologie stehen (insbesondere Zivilrecht, Gewerblicher Rechtsschutz und Urheberrecht, Handelsrecht, Arbeitnehmerschutzrecht, Datenschutzrecht, Telekommunikationsrecht, Gewerberecht, Steuerrecht und

Strafrecht).[8] Ausgehend vom gebräuchlichen Begriff „Informationsgesellschaft" wurde auch die Kategorie *„Informationsrecht"* geschaffen, die ebenfalls fächerübergreifend (vom Datenschutzrecht bis zum Urheberrecht) konzipiert ist.[9] Diese Begriffsbildung ist zunächst noch eher verwirrend.[10] Weitere Begriffe, wie „Computerrecht", „Cyberlaw", „Multimediarecht", haben sich dazugesellt und machen es nicht gerade leichter, die Bezeichnung der zu untersuchenden Regelungen mit der bestehenden Normenordnung deckungsgleich in Einklang zu bringen. Dennoch ist dieser Versuch einer Systematisierung der bestehenden Regelungsmaterien in Zuordnung zu einem umfassenden Sachthema sinnvoll, um übergreifende Strukturen und Wechselwirkungen nachvollziehbar zu machen. Dass ein beträchtliches Interesse an dieser „Querschnittsmaterie" besteht, zeigt nicht zuletzt der erfolgreiche „Universitätslehrgang für Informationsrecht und Rechtsinformation" am Wiener Juridicum.

Ich habe für dieses Buch dennoch einen „klassischen Ansatz" gewählt. Das hier im Zentrum stehende Immaterialgüterrecht ist nur ein Teilaspekt dieser neuen, umfassenden Begriffe. Aus systematischen und didaktischen Gründen erscheint es mir aber sinnvoller, dieses Gebiet in seiner Geschlossenheit und nach den (auch international) weiterhin herrschenden Untergliederungen darzustellen. Freilich werde ich mich bemühen, immer wieder die Links zu verwandten oder angrenzenden Rechtsgebieten herzustellen. Eine gwisse „IT-Lastigkeit" der Darstellung ist ebenfalls nicht zufällig, sondern entspricht meiner Praxistätigkeit und meiner privaten Neigung.

2.8. Konvergenz der Schutzrechte?

Die „alten Systeme" funktionieren zwar noch, aber nicht hinreichend. Immaterialgüterrecht als nationale Angelegenheit (nach unzähligen nationalen Rechtsvorschriften und vor divergierend judizierenden nationalen Gerichten) ist nicht die adäquate Antwort auf globale Netzwerke und globale Nutzungen. Aber auch die klassische Untergliederung der Rechtsbereiche ist nicht mehr befriedigend. Beispiel Designschutz: Es geht hier um den Schutz des Aussehens gewerblicher Erzeugnisse. In Deutschland hat man diesem Thema ein eigenes Gesetz gewidmet und dieses eher urheberrechtlich ausgerichtet. Dafür spricht auch tatsächlich einiges, geht es doch um ästhetische Formschöpfungen und Gestaltungen. Österreich hat sein Musterschutzgesetz hin-

---

[8]) Vgl *Jahnel/Schramm/Staudegger* (Hrsg), Informatikrecht (2000).
[9]) *Mayer-Schönberger*, (Information und Recht [2001] 23) definiert es als „die Summe aller Normen, die die Beziehungen der Individuen zu Information regeln".
[10]) Vgl das Vorwort zu *Feldner/Forgó/Kremnitzer/Philapitsch* (Hrsg), Chaos Control – Das Internet als dunkle Seite des Rechts? (2001).

gegen eher am Patentrecht orientiert und als Schutzvoraussetzung die „Neuheit" im patentrechtlichen Sinn normiert. Beispiel Software: Soll man sie patentrechtlich schützen (Stichwort „Patent Approach") oder urheberrechtlich (Stichwort „Copyright Approach") oder soll man überhaupt eine völlig neue Kategorie schaffen (Stichwort „Schutz sui generis"). Österreich hat Software zunächst lauterkeitsrechtlich in der Fallgruppe „sittenwidriges Ausbeuten fremder Leistung" geschützt. Dann hat man in Österreich, den Vorgaben einer gemeinschaftsrechtlichen Harmonisierungsrichtlinie folgend, einen speziellen Schutz ins Urheberrechtsgesetz eingebaut. Bald darauf hat Österreich eine ergänzende Schutzmöglichkeit (für die Programmlogik) im Gebrauchsmusterrecht, also einem dem Patentrecht nahe verwandten Schutzrecht, normiert. Jetzt läuft international bei der Debatte um ein Gemeinschaftspatent der Zug ebenfalls wieder in Richtung Patentschutz. Also was jetzt: Lauterkeitsrecht, Urheberrecht, Gebrauchsmusterrecht oder klassisches Patentrecht? Beispiel Datenbanken: Als Werke mit „Eigenart" haben sie Urheberrechtsschutz, parallel dazu besteht aber für bloße Datenansammlungen unter Umständen auch ein reiner Leistungsschutz, übrigens genauso wie für Rundfunksendungen oder die Produktion von Schallträgern. Das alles sind kommerziell bewertbare Leistungen aber keine kreativen Schöpfungen. Dennoch ist der Schutz im Urheberrechtsgesetz verankert. Stichwort Schutzrechtskonkurrenz: Dasselbe Design kann Urheberrechtsschutz genießen, als Geschmacksmuster registriert sein, als dreidimensionale Marke registriert sein und vielleicht auch lauterkeitsrechtlich gegen Nachahmungen abgesichert sein. Die Spielregeln dieser Gebiete sind aber im Detail ganz unterschiedlich (etwa die Schutzfristen oder die Regelung der Frage, wem eigentlich die von einem Arbeitnehmer geschaffene Leistung gehört, ganz zu schweigen von den Sanktionen und Zuständigkeiten). Gelegentlich ist es geradezu bezweckt, die Regelungen eines bestimmten Teilgebietes zu umgehen. Das war wohl auch der Hauptbeweggrund der USA dafür, den Schutz von Halbleitererzeugnissen nicht dem Urheberrecht anzuvertrauen und damit dem Regime der Berner Übereinkunft mit dem Grundsatz der Inländerbehandlung zu unterstellen. Stattdessen wählte man ein eigenständiges neues Schutzrecht und konnte so strenge Regelungen der „materiellen Gegenseitigkeit" durchsetzen (Seite 997).

Das Schlagwort der „Konvergenz" wird gerne im Medienbereich verwendet. Aber erleben wir nicht eine zumindest ebenso spannende Konvergenz im Bereich der Schutzrechte? Fast scheint es, als wäre die Zuordnung einzelner Schutzobjekte zu einem bestimmten rechtlichen Typus willkürlich, ja geradezu zufällig (abhängig von internationalen Verhandlungen und Kompromissformeln). Sollten wir nicht das gesamte System und dessen Untergliederungen hinterfragen, vielleicht mit dem Ziel, zu einem einzigen Leistungsschutzrecht zu gelangen, das die verschiedenen Güter (eigentümliche Schöpfungen, Kennzeichen, Datenbanken usw) in ein einheitliches Schutzsystem bringt?

Diese Idee hat durchaus Faszinierendes an sich: Stellen Sie sich vor, Sie wollen auf Ihrer Website ein kleines tool verwenden, das Sie im Internet gefunden haben (zB eine Datenbank mit dem Namen „FindWeather", in der man das Reiseziel und die Ankunftszeit eingibt und dafür einen Link zu einer Website mit dem für diese Zeit am gewünschten Ort prognostizierten Wetter bekommt). Ist das ein Werk der Grafik, eine Software, eine Datenbank? Besteht Patentschutz, ist die Übernahme lauterkeitsrechtlich zulässig? Gibt es hier einen Markenschutz? Um wieviel einfacher wäre es, wenn ein einziges online zugängliches Register bestünde, in das Sie die bei dem tool angegebene RegisterNr eingeben und Auskunft über den Rechteinhaber sowie seine Bereitschaft zur Lizenzierung erhalten.

Ich verkenne nicht, dass dies das Wunschdenken eines Praktikers ist. Wenn man bedenkt, wieviele internationale Vertragswerke angepasst werden müssten, wenn man sieht, wie mühsam der Weg zur internationalen Harmonisierung ist und wie schwer es ist, eingefahrene Pfade umzuleiten, dann wird man diesem Wunsch keine realistische Chance auf Verwirklichung geben können. Aber vielleicht schafft es die nächste oder übernächste Generation...

2.9. Die Intellectual Property Zone (*ip*zone)

Ich persönlich mag den Begriff „IP". Kurz und prägnant signalisiert er – übrigens ähnlich wie „IT" für „Information Technology" – worum es geht. Das Produkt des (menschlichen oder maschinellen) Geistes ist es, was an der Jahrtausendwende die Wirtschaft bewegt. Gleichgültig, ob es um die wissenschaftliche Fachinformation über die neuesten Erkenntnisse zu einer noch effizienteren Chip-Architektur geht, um einen zugkräftigen Markennamen, eine erfolgreiche Werbekampagne oder die Vermarktung eines Musicals, immer geht es um Geistiges Eigentum. Die *ip*zone ist kein eng umgrenztes, abgeschlossenes Territorium. Sie durchdringt alle Lebensbereiche, ist überall präsent und nur in einem virtuellen Sinn ein abgegrenztes Themengebiet. Folgen Sie mir jetzt bitte auf einer *„Guided Tour"* durch den „Dschungel der *ip*zone".

update: www.geistigeseigentum.at

3. DIE *IP*TRANSPORTWEGE

Das Immaterialgüterrecht ist ganz wesentlich von den *Transportwegen* und ihrer (technischen) Ausgestaltung mitbestimmt. Natürlich sollte ein Urheberrechtsgesetz möglichst technologieneutral sein, um nicht allzu schnell zu veralten. Tatsächlich ist es das aber nicht. Was täten wir heute beispielsweise ohne § 15 Abs 3 UrhG, der uns sagt, dass zu den Schallträgern alle „der wiederholbaren Wiedergabe von Werken dienende(n) Mittel" gehören, „die ohne Schallaufnahme durch Lochen, Stanzen, Anordnen von Stiften oder auf ähnliche Art hergestellt werden (Drehorgeln, Spieldosen u. dgl.)"? Nun, damals, als diese Norm geschaffen wurde, gehörte die Drehorgel eben noch zum Stand der Technik und daher in das Gesetz. Heute reiht sich diese Regelung ebenso wie die angesprochenen Geräte in die Sammlung historischer Kuriositäten ein, löst aber nicht die Frage, ob auch die digitale Kopie auf einer Flashcard gleich zu beurteilen ist. Gelten nun die gleichen Regelungen, wenn ich einen Text als Illustration in einem gedruckten Buch, als Lesung im Hörfunk, als szenische Darstellung im Fernsehen, als Pagebestandteil einer Website oder auf CD-ROM verbreite? Tatsächlich ist einmal das Vervielfältigungs- und Verbreitungsrecht, dann das Senderecht oder das Vortragsrecht angesprochen – unterschiedliche Transportwege und unterschiedliche Regelungen. Auch das Lauterkeitsrecht divergiert je nach Transportweg. So unterliegt die Werbung für Tabakprodukte in Printmedien anderen Einschränkungen als jene im Fernsehen. Manchmal kreieren neue Transportwege auch neue Werbemethoden, die dann wieder neues Lauterkeitsrecht nach sich ziehen. Denken Sie bitte an das Internet, an E-Mails, an unerwünschte E-Mail-Massen-Werbesendungen und an das darauf folgende Verbot der E-Mail-Werbung in § 101 TKG, das als sittenwidriger Normverstoß lauterkeitsrechtlich über § 1 UWG durchgesetzt werden kann. Ähnlich lief es schon davor bei der Faxwerbung und noch früher bei der Telefonwerbung. Ein anderes Beispiel: Im Internet brauchen sie für eine Website einen Domain-Namen, sonst findet man sie nicht. Wie aber verträgt sich die notwendigerweise globale Verwendung dieses Erkennungszeichens damit, dass in allen Ländern Marken, Firmennamen, Personennamen, etc existieren, mit denen Ihr Domain-Name unter Umständen kollidiert. Ein neuer Transportweg – neue Rechtsfragen im Immaterialgüterrecht?

Ganz zentral ist aber auch die Frage des *Zugangs* zu den Transportwegen. Was hindert Sie, Ihre Werbebotschaft als Flugblatt zu verteilen? Schwieriger ist es schon, Content über einen Telekomdienst zu verbreiten oder gar einen Fernsehsender zu betreiben. Die Kontrolle über die Transportwege, die Netzwerke der Kommunikation, die Vergabe von Zutrittsgenehmigungen ist eng mit Fragen der Kontrolle der Marktmacht jener verbunden, die wesentliche Teile eines Transportwegs beherrschen (zB Verlage mit auflagestarken, den Markt und die öffentliche Meinung dominierenden Printmedien). Die Diskussion über die KommAustria hat dies sehr deutlich gezeigt. Infrastrukturfragen und Fragen der Kartellrechtsaufsicht sind eng miteinander verwoben. Dazu gehören aber auch die Fragen des Content und des Umgangs mit diesem wertvollen Gut (Stichwort: Lizenzierungspflicht).

Wenn man über Intellectual Property diskutiert, muss man zunächst die *„Medien"*, also die Transportvehikel für die menschlichen Gedanken, einbeziehen. Das MedienG[11] ist zwar keine abschließende Kodifikation des Rechts der (Massen-) Medien. Es gibt aber doch – über den Bereich der Printmedien hinaus – ordnungspolitische Grundsätze der Informationsvermittlung vor.

Die Kommunikationsgesellschaft ist von ihnen dominiert: *„Massenmedien"*, wie das Fernsehen, die Presse oder das Radio, die Informationen an eine große Anzahl von Menschen richten, kennen ihr Gegenüber nur nach Gruppen eingeteilt. Sie kennen die statistisch geschätzte Anzahl von Akademikern, Schülern, Männern und Frauen unter den Hörern, Sehern und Lesern, nicht aber die Identität aller Empfänger. Ihre Breitenwirkung ist gewaltig, ihre Treffsicherheit wird immer größer (wenn man etwa die Beobachtungsmöglichkeiten bedenkt, die bei der Informationsvermittlung im WorldWideWeb zur Ermittlung der Surfgewohnheiten zur Verfügung stehen).

Demgegenüber ist die *„Individualkommunikation"* dadurch gekennzeichnet, dass der Versender der Information den Empfänger identifizieren kann.[12] Uns interessieren hier beide Bereiche. Die Rechtsfolgen der Übermittlung geistigen Eigentums in der Individualkommunikation (zB einem Brief, einer E-Mail oder einem Gespräch) sind nämlich grundlegend anders als bei Versendung desselben Geistigen Eigentums über ein Massenkommunikationsmittel.

Doch damit sind nur gewisse Verkehrswege umschrieben. IP wird auch in Schulen und Universitäten vermittelt. Markenartikel finden sich in nahezu allen Geschäften von der Lebensmittelkette bis zum Innenstadt-Schmuckgeschäft. Patentgeschütztes Wissen steckt in Autos und Flugzeugen. Geschütztes Design begleitet uns im Restaurant ebenso wie am Mittagstisch zu Hause. All das sind Transportwege für geistiges Eigentum.

Um die immaterialgüterrechtlichen Fragen besser nachvollziehen zu können, ist die Kenntnis der Grundstrukturen der wichtigsten Kommunikationswege hilfreich. Wir

---

[11]) BG v 12. 6. 1981 über die Presse und andere Publizistische Medien, BGBl 1981/314 idF BGBl I 2001/136.
[12]) Zum Begriff „Massenmedium" eingehender: *Holoubek/Traimer/Weiner*, Grundzüge des Rechts der Massenmedien (2000) 3. Eine gesetzliche Definition dieses Begriffs gibt es nicht, wohl aber verwendet der Gesetzgeber ihn gelegentlich (vgl zB § 2 Abs 1 Z 4 BundestheaterorganisationsG).

werden diese Themen zwar im Rahmen dieses Buches nicht tiefergehend beackern können; die eingehendere Darstellung des Medienrechts, des Rundfunkrechts, des Telekomrechts, der kartellrechtlichen Rahmenbedingen, der Infrastrukturregelungen, des Gewerbrechts etc würde jeden Rahmen sprengen. Dennoch will ich aber zumindest einen kurzen Überblick geben und dort, wo es zum Verständnis unerlässlich oder als Link zu weiterführenden Themen nützlich erscheint, diese Bereiche auch im Folgenden gelegentlich neuerlich ansprechen:

3.1. Sprache Bild Schrift

Sieht man von der rohen Tat mit bloßer Hand, von der Bewegung des eigenen Körpers, als Ausdruck einer Botschaft (Agression, Abwehr, Furcht, Freude etc) ab, waren das Wort und dann die Schrift die ersten Transporteure geistiger Güter, Ideen, Informationen, vielleicht sogar Erfindungen. Erste Markierungen auf Stöcken oder Steinen, um Tage oder Tiere zu zählen und so das Gedächnis zu entlasten, gab es schon in der Steinzeit.[13] Die Schrift enstand – so nimmt man an – 3100 v. Chr. Man benutzte handliche Tafeln auf Ton, in die man die Schriftzeichen drücken konnte. Es war ein langer Weg von einfachen Bildzeichen zur allgemein verwendbaren Schrift.

Mit dem Internet und SMS-Nachrichten auf Handy-Displays scheint sich der Kreis wieder zu schließen. Die Schriftzeichen werden wieder mit einfachen Bildzeichen untermischt. Sie kennen und verwenden das noch nicht? Also, drehen Sie das Buch um 90° im Uhrzeigersinn und Sie werden das folgende Zeichen :-) als lachendes Gesicht mit der Botschaft „ich bin fröhlich" lesen können, oder ;-) oder :-(oder §:-))) usw.[14] Auch das hat übrigens mit IP zu tun, denn angeblich wurde bereits versucht, solche einfachen Zeichen als Marken zu schützen. Etwas ernsthafter ist aber die Frage nach dem Schutz eines Schriftenfonts (also eines von einem Grafiker speziell entwickelten Zeichensatzes). In Betracht käme der Urheberrechtsschutz (Seite 1227). Ein graphisch als kennzeichnendes Logo gestaltetes Wort, wäre als Wort-Bild-Marke schützbar (Seite 258). Sprache und Schrift beschäftigen uns im Immaterialgüterrecht in vielfacher Hinsicht: Ist die ausschließlich für Maschinen lesbare Schrift von Computerprogrammen urheberrechtlich als Software und damit als „Werk der Literatur" schützbar? Dazu Seite 1231. Sind die für das Auge des Betrachters auf der Website unsichtbaren „Metatags" als im geschäftlichen Verkehr kennzeichenmäßig verwendete Zeichen zu beurteilen? Dazu Seite 439. Das Thema „Übersetzung" ist ebenfalls ein urheberrechtliches. Dass nicht

---

[13]) Dazu und zum Folgenden: *Nissen*, in Meilensteine der Menschheit (Brockhaus 1999) 38ff.
[14]) Eine (fast) vollständige Liste von Smileys finden Sie bei *Tapscott*, Net Kids (1998) 100 oder bei ihren Kindern am Handy und in deren E-Mails.

bloß der Originaltext, sondern auch die Übersetzerleistung zu schützen ist, war keineswegs immer gesichert (Seite 1289). Wie beschreibe ich „graphisch" nonverbale Äußerungen, zB den als Marke zu schützenden Duft? Wo siedeln wir die *Notenschrift* an, in Europa im 9. Jhdt im Bereich der lateinischen Kirchenmusik entstanden[15], irgendwo zwischen Werk der Tonkunst, Literatur oder bildender Kunst? Eine heute kaum mehr entbehrliche, freilich nur für Maschinen lesbare „Schrift" ist der *BarCode* (Strichcode), also die Folge dicker und dünner Striche, die beim Einscannen in der Kasse alle Informationen über die Ware und ihren Preis mitteilt. Kleine graphische Symbole, die uns die Welt erklären, nennt man *„Icons"*, den im Internet häufig benötigten schrägen Strich / nennt man *„Slash"*, wenn er in die Gegenrichtung geneigt ist \ *„Backslash"*. Und noch etwas sollte ich erwähnen: Die Gewerbeordnung ist auf die literarische Tätigkeit, die Ausübung der schönen Künste[16], nicht anzuwenden (§ 2 Abs 1 Z 7 GewO 1994).

3.2. Buchdruck und Buchverlag

Für Europa wird die Erfindung des Buchdrucks und damit der Startschuss für die moderne Massenkommunikation (per Flugblatt, Plakat, Buch, Broschüre, Zeitung usw) *Gutenberg* zugeschrieben und sogar über das Geburtsjahr ist man sich im Klaren, es war das Jahr 1440.[17] Dass das Abschreiben von Büchern in China schon zwei Jahrhunderte früher durch technische Druckverfahren ersetzt worden war, müssen wir wohl hinnehmen. So wie es aussieht, werden die elektronischen Medien die Printmedien jedenfalls nicht so schnell verdrängen. Nach wie vor ist dieses Medium hervorragend dazu geeignet, IP zu verbreiten, von der Urlaubslektüre bis hin zur wissenschaftlichen Abhandlung über neue gentechnische Erfindungen. Der Gesamtumsatz mit Büchern lag übrigens – so der Hauptverband des Österreichischen Buchhandels (Grünangergasse 4, 1010 Wien, Tel +43/1/512 15 35, Fax +43/1/512 84 82, E-Mail: hvb@buecher.at) – in Österreich 2000 bei rund 12 Mrd ATS.[18] Für gewisse Bereiche werden freilich neue Produktionswege sinnvoll sein. *„Printing On Demand"* (POD) wird es ermöglichen, Bücher aus online zugänglichen Datenbanken „abzurufen" und individuell auszudrucken.[19] Dies spart erhebliche Kosten, weil

---
[15]) *Eggebrecht*, in Meilensteine der Menschheit (Brockhaus 1999) 110.
[16]) Unter „Ausübung der schönen Künste" versteht die Gewerbeordnung die „eigenschöpferische Tätigkeit in einem Kunstzweig"; die Restaurierung von Kunstwerken ist dann als Ausübung der schönen Künste zu beurteilen, wenn für die Wiederherstellung eine nachgestaltende künstlerische Fähigkeit erforderlich ist (§ 2 Abs 11 GewO 1994).
[17]) Dazu und zum Folgenden: *Münch*, in Meilensteine der Menschheit (Brockhaus 1999) 138ff.
[18]) http://www.buecher.at; weitere Hinweise zur Verlags- und Buchhandelssituation in Österreich bei *Holoubek/Traimer/Weiner*, Grundzüge des Rechts der Massenmedien (2000) 8.
[19]) Dazu *Plassmann*, Printing-on-Demand – Neue Chancen für das Buch?, in *Zechner/Altendorfer/Ponstingl*, Handbuch Internet (2000) 53.

nicht „auf Lager" produziert und distribuiert werden muss. In manchen (vor allem wissenschaftlichen) Bereichen wird das Online-Publizieren, bei dem die Texte überhaupt nur noch im Internet zugänglich sind, zweckmäßig sein. Schließlich warte ich schon seit Jahren auf ein taugliches elektronisches Buch: leicht, billig, gut lesbare Schrift am Display, einfache Handhabung... Gerade für den Studienbereich könnte das sinnvoll sein. Die Studenten laden sich aus dem Internet jeweils jene Inhalte auf das elektronische Buch, die sie für die nächste Prüfung lernen müssen. Freilich: ob wir wirklich bereit sind, auf die unsere Merkfähigkeit unterstützenden Eselsohren, Kaffeeränder, individuellen Unterstreichungen, eingeklebten Ergänzungen, kurzum auf das herrliche, leicht zu transportierende, bei Zeitknappheit auch noch unter den Kopfpolster zu legende Ding Buch *wirklich* zu verzichten, wird sich erst zeigen.

Zu den zivilrechtlichen Regelungen des *Verlagsvertrags*: Seite 1370, zum *Titelschutz*: Seite 677.[20] Bücher haben regelmäßig eine *ISBN-Nummer*. Dies ist eine internationale Kennung, die zwar nicht zwingend erforderlich, aber bei professionellen Verlagen üblich ist.[21] Die ISBN-Nummern vergibt der bereits oben erwähnte Hauptverband des Österreichischen Buchhandels. Auf formlosen Antrag bekommt man mit Einzahlung einer Gebühr 10 ISBN-Nummern zugewiesen. Die weiters häufig zu findende *CIP-Einheitsaufnahme* ist eine deutschsprachige Vorinformation für Bibliotheken. CIP bedeutet „Cataloguing in publication". Der CIP-Dienst ist eine kostenlose Serviceleistung der Deutschen Bibliothek (D-60322 Frankfurt a. M., Adickesalle 1) für Verlage und Institutionen zur bibliographischen Anzeige von Neuerscheinungen.

Für das Verlagswesen von Interesse ist auch das *MedienG*[22]: § 43 MedienG iVm der BibliotheksstückeV[23] regelt die Verpflichtung des Verlegers zur Ablieferung von 2 Exemplaren an die Nationalbibliothek. Zusätzliche *Pflichtexemplare* richten sich nach dem Bundesland des Verlagsortes. Weiters sind der Parlamentsbibliothek und der Administrativen Bibliothek des Bundeskanzleramtes Exemplare anzubieten.[24] Der Mindestinhalt für das *Impressum* findet sich in § 24 MedienG.

Aus *urheberrechtlicher* Sicht ist der Buchvertrieb vor allem im Hinblick auf die Erschöpfung des Verbreitungsrechts des Urhebers von Interesse. Ist das konkrete Werkstück einmal mit Zustimmung des Rechteinhabers in Verkehr gebracht worden, so kann er den weiteren Vertrieb nicht mehr verhindern (Seite 1295). Wettbewerbsrechtlich hat in den letzten Jahren vor allem die Frage der *Buchpreisbindung*

---

[20]) Zum Vertragsrecht: *Hartl/Reich-Rohrwig/Schlosser*, Der Druckvertrag im österreichischen Recht (1987); *Iro*, Die Verantwortlichkeit des Verlegers für den Inhalt seiner Bücher, RdW 1993, 328.
[21]) Wenn man an der deutschen „Sonderverteilung Bibliothekstantieme öffentliche Bibliotheken" teilhaben will, benötigt man eine ISBN; vgl http://www.vgwort.de/dyna.php3?sp=da585d123b&search=ISBN&c=1.
[22]) BGBl 1981/314 idF BGBl I 2001/136.
[23]) BGBl 1981/554.
[24]) Die Ablieferungspflicht erfasst (noch) nicht neue Medien, wie CD-ROMs (*Holoubek/Traimer/Weiner*, Grundzüge des Rechts der Massenmedien [2000] 19).

für Diskussion gesorgt.[25] Das *Markenrecht* ist nicht nur im Zusammenhang mit dem markenrechtlichen Schutz von Titeln, sondern auch insoweit für Verleger von Interesse, als der Verleger eines Wörterbuchs, Lexikons oder ähnlichen Nachschlagewerks unter Umständen auf Verlangen des Inhabers einer Marke sicherstellen muss, dass der Wiedergabe der Marke der Hinweis beigefügt wird, dass es sich um eine eingetragene Marke handelt (§ 13 MSchG; Seite 469).

3.3. Zeitungen und Zeitschriften

Von den Anfängen des Buchdrucks im 15. Jahrhundert an, dauerte es noch einige Zeit, bis es über die Entwicklung von Flugschriften schließlich zur Produktion von regelmäßig erscheinden Zeitungen kam. Dies hatte einen zweifachen Grund: Erstens mussten sich erst die Druckverfahren entsprechend weiterentwickeln, um für die schnelle Massenproduktion geeignet zu sein. Zweitens, und das war vielleicht sogar noch wichtiger, mussten die Verkehrswege erst schnell und dicht erschlossen sein, um den Transport der Druckschriften entsprechend zu gewährleisten. Zunächst waren es vor allem die Kaufleute und Gelehrten, die an einer regelmäßigen und zuverlässigen Information interessiert waren.[26] Anfang des 17. Jahrhunderts erschienen die ersten Zeitungen, zunächst wöchentlich, ab der Jahrhundertmitte schon täglich. Wenn Sie die Printmedienlandschaft in Österreich aus statistischer Sicht interessiert, so finden Sie die aktuellen Daten der Mediaanalyse unter: http://www.mediaanalyse.co.at. Für weitere aktuelle Informationen zum österreichischen Pressewesen: VÖZ – Verband Österreichischer Zeitungen (Renngasse 12, 1010 Wien, Tel: 533 79 79, Fax: 533 79 79-22, E-Mail: gs@voez.at; www.voez.at). Dies ist die auf freiwilliger Mitgliedschaft beruhende Interessenvertretung der österreichischen Tages- und Wochenzeitungen sowie wöchentlich oder monatlich erscheinender Magazine. Zu den gesetzlichen Regelungen der *Presseförderung* vgl das PresseförderungsG 1985[27]. Zu den Rechtsverhältnissen der Journalisten vgl das *JournalistenG*[28] und die Sonderbestimmungen des MedienG (§ 2 „Überzeugungsschutz", § 3 „Schutz namentlich gezeichneter Beiträge", § 4 „Kein Veröffentlichungszwang", § 5 „Redaktionsstatuten").

---

[25]) Derzeitige Lösung: BG über die Preisbindung bei Büchern, BGBl I 2000/45, in Kraft getreten am 30. 6. 2000. Vgl dazu: *Eilmannsberger*, Zur EG-rechtlichen Zulässigkeit der Buchpreisbindung, wbl 1995, 105; *Thurnher*, Hält oder fällt die Preisbindung für Bücher? Die Buchpreisbindung auf dem europäischen Prüfstein, ÖBl 1995, 155; *Willheim*, Gemeinschaftsrechtliche Zulässigkeit des neuen Buchpreisbindungsgesetzes, ecolex 2000, 848; *Schneider*, Buchpreisbindung verfassungskonform? ecolex 2000, 852.
[26]) Dazu und zum Folgenden: *Bender/Grassl*, in Meilensteine der Menschheit (Brockhaus 1999) 226ff.
[27]) BGBl 1985/228 idF BGBl I 1999/194.
[28]) G v 11. 2. 1920 über die Rechtsverhältnisse der Journalisten, StGBl 1920/88 idF BGBl I 2002/100.

Die Betätigung ist im Übrigen primär im *MedienG* näher geregelt: Jedes „Medienwerk" muss ein *Impressum* mit einem Mindestinhalt (Name oder Firma des Medieninhabers [Verlegers] und des Herstellers sowie der Verlags- und der Herstellungsort; § 24 Abs 1 MedienG) aufweisen. Für „periodische Medienwerke" gilt eine erweiterte Impressumspflicht (§ 24 Abs 2 MedienG). Ergänzt wird diese Offenlegung durch die einmal im Jahr zu erfüllende Verpflichtung des Medieninhabers eines periodischen Mediums, weitere Angaben zu machen (Namen oder Firma, Unternehmensgegenstand, Wohnort, Sitz oder Niederlassung und Art und Höhe der Beteiligung der Medieninhaber usw; § 25 MedienG). Ankündigungen, Empfehlungen sowie sonstige Beiträge und Berichte, für deren Veröffentlichung ein Entgelt geleistet wird, müssen in periodischen Medien als „Anzeige", „entgeltliche Einschaltung" oder „Werbung" gekennzeichnet sein, es sei denn, dass Zweifel über die Entgeltlichkeit durch Gestaltung oder Anordnung ausgeschlossen werden können (*Kennzeichnung entgeltlicher Veröffentlichungen*; § 26 MedienG). Diese Offenlegungspflichten sind durch Verwaltungsstrafsanktionen abgesichert (§ 27 MedienG). Effizienter ist allerdings die Sanktionierung in der Fallgruppe „sittenwidriger Normverstoß" nach § 1 UWG.

§ 43 MedienG iVm der BibliotheksstückeV[29] regelt die Verpflichtung des Medieninhabers (Verlegers) zur *Ablieferung* von Exemplaren an bestimmte Bibliotheken. Der Vertrieb auf der Straße (insbesondere durch „*Kolporteure*") ist in §§ 47ff MedienG und § 82 StVO[30] geregelt.

Das UrheberrechtsG enthält Sonderregelungen zum Schutz von Zeitungs- und Zeitschriftenartikeln (§ 44 UrhG; Seite 1226). Es enthält aber auch spezielle Regelungen zum (wettbewerbsrechtlichen) *Nachrichtenschutz* (§ 79 UrhG; Seite 1454). Diese Bestimmungen schützen die Nachrichtenagenturen.[31] Andererseits gibt es aber auch Freistellungen vom Urheberrechtsschutz, die eine aktuelle Medienberichterstattung erleichtern sollen (freie Werknutzung zur Berichterstattung über Tagesereignisse, § 42c UrhG, Seite 1337; Ausnahme für öffentliche politische Reden, § 43 UrhG, Seite 1343).

---

[29]) BGBl 1981/554.
[30]) BG v 6. 7. 1960, mit dem Vorschriften über die Straßenpolizei erlassen werden, BGBl 1960/159 idF BGBl I 2002/128.
[31]) Allgemein zu Nachrichtenagenturen und Nachrichtendiensten: *Holoubek/Traimer/Weiner*, Grundzüge des Rechts der Massenmedien (2000) 10.

3.4. Foto

Erst Anfang des 19. Jhdts gelang es erstmals *Joseph Nicéphore* nach acht- bis zehnstündiger Belichtungsdauer ein Abbild des Blicks aus seinem Arbeitszimmer auf einer Zinnplatte festzuhalten.[32] Dieses Verfahren entwickelte er weiter zur *Heliographie*. Seinem Partner *Daguerre* gelang dann ein weiterer technischer Entwicklungsschritt (*Daguerreotypie*). Bei diesem Verfahren wurde ein Jodsilberbild mit Quecksilberdämpfen entwickelt und mit einer Kochsalzlösung fixiert. Diese Aufnahmen waren nicht reproduzierbare Unikate. Wegen der langen Belichtungsdauer eignete sich das Verfahren auch nicht zur Aufnahme von Menschen. Mitte des 19. Jhdts reifte die Fotographie – allerdings noch mit einem sehr erheblichen Ausrüstungsaufwand – zur gewerblichen Anwendung für Porträtfotos. Erst mit dem *Lichtdruckverfahren* wurde die Massenreproduktion möglich. Die bis heute gebräuchliche Fotografie auf Negativstreifen, hat uns von Kindheit an begleitet. Neu ist hingegen die *digitale* Fotografie. Das Licht wird hier auf einen lichtempfindlichen Chip gelenkt und in einzelne Bildpunkte (*Pixel*) zerlegt, die dann digital abgespeichert und weiterverarbeitet werden können. Digitale Fest- und Bewegtbildkameras sind seit 1996 als Konsumartikel erhältlich.[33] Digitalkameras verwenden die unterschiedlichsten Speichermedien (Speicherung in der Kamera selbst oder auf austauschbaren Datenträgern, wie FlashCard oder MemoryStick).

Die Bezüge der Fotografie zum *Urheberrecht* sind vielfältig. Das Lichtbild kann „Werk" sein (Seite 1237) oder zumindest Leistungsschutz beanspruchen (Seite 1429). Aber auch die (Persönlichkeits-)Rechte des Abgebildeten sind im UrhG verankert („Recht am eigenen Bild"; Seite 1452).

3.5. Schallplatte

Thomas Edison: Ihm gelang es 1877, Schall zu speichern. Seine Phonographen arbeiteten noch mechanisch. Erst mit der Entwicklung der Schallplatte und des Grammophons stand eine Technologie zur Verfügung, die sich zur Massenfertigung eignete.[34] Damals schon war der limitierte Speicherplatz (wie heute in der Computertechnologie) ein Thema. Anfangs nur zwei Minuten Tonaufzeichnung auf einer Hartgummiplatte wa-

---

[32]) Dazu und zum Folgenden: *Düchting*, in Meilensteine der Menschheit (Brockhaus 1999) 230ff.
[33]) *Rebensburg*, in Meilensteine der Menschheit (Brockhaus 1999) 403.
[34]) Dazu und zum Folgenden: *Elste*, in Meilensteine der Menschheit (Brockhaus 1999) 266ff.

ren zu wenig. Um die vorige Jahrhundertwende folgte dann der Wechsel zu den Schellaks, 1925 kamen die elektronischen Hilfsmittel (Mikrofon und Verstärker) hinzu, 1929 gingen Ton und Film erstmals eine Symbiose zum Tonfilm ein, 1935 wurde das Magnettonband erfunden, 1953 nutzte man bereits intensiv das Videoband und ab 1958 wurden Stereoschallplatten angeboten. Hier in etwa setzen meine eigenen Erinnerungen – Ihre auch? – an: Tonbandspulen und Drahtspulen zur Tonaufzeichnung erhielten bald eine sensationelle Konkurrenz: klein, handlich, mit einstündiger Spieldauer war die Kompaktkassette (MusiCassette, MC) ab Anfang der 60er-Jahre das ideale Speichermedium, um Schallplatten oder Musik aus dem Radio aufzuzeichnen.

Erst in jüngster Zeit hat der „Walkman"[35] neue Konkurrenz durch tragbare CompactDisc(CD)-Player, MiniDisc(MD)-Player und mp3-Player erhalten. Was war dazwischen geschehen? Zwischen MC und MD liegt eine technische Revolution, der Wechsel von analoger zu *digitaler* Aufzeichnungstechnik! Sie speichert den Ton als Zahlencode. Eine nahezu endlose Folge von 0 und 1 vermag Informationen, seien es Texte, Bilder, Musik oder Filme, in einer für Menschen unverständlichen Sprache auszudrücken und auf der CD zu bannen. Mit einem Laserstrahl abgetastet werden diese kurzen Impulse durch einen Digital-analog-Wandler im Gerät wieder in akustische Erlebnisse umgewandelt. Der Siegeszug der CD war nicht aufzuhalten; kein Bandsalat, höchste Tonqualität, großes Speichervolumen, handliches Format. In Österreich ist die IFPI (IFPI Austria Verband der österreichischen Musikwirtschaft, Schreyvogelgasse 2/5 A-1010 Wien. Tel +43 (1) 535 60 35, Fax +43 (1) 535 51 91 E-Mail: ifpi@ifpi.at) eine gute Anlaufstelle für Informationen über den Markt der Tonträgerproduzenten.[36] Ein paar technische Begriffe:

> **Coverversion**: Wenn Sie das auf einem Tonträger eines bekannten Musikstücks lesen, wissen Sie, dass dieses Stück nicht von den Originalinterpreten, sondern von anderen Musikern (nach-)gespielt wurde, und zwar ohne eigenständige Neuinterpretation.
> **Sampling**: Bei dieser Aufnahmetechnik werden verschiedene Tonquellen zusammengemischt und zu einem neuen Tonstück verarbeitet (dies wirft interessante urheberrechtliche Fragen hinsichtlich der verwendeten, regelmäßig urheber- oder leistungsschutzrechtlich geschützten, im Endprodukt aber nicht mehr als solche erkennbaren Zutaten auf).
> **unplugged**: Musizieren auf Naturinstrumenten (zum Unterschied zur Musik mit elektronischen Instrumenten, die „angesteckt" werden müssen).
> **Sampler**: Tonträger mit einer Zusammenstellung von Titeln verschiedener (erfolgreicher) Sänger, Musiker oder Musikgruppen.
> **Bootleg**: Schallträger mit einem verbotenen (heimlichen) Mitschnitt eines Live-Konzerts.

---

[35]) Zum Markenschutz für die Bezeichnung „Walkman" vgl Seite 514.
[36]) http://www.ifpi.at. Weitere Hinweise zu den Tonträgerfirmen und Labels in Österreich bei *Holoubek/Traimer/Weiner*, Grundzüge des Rechts der Massenmedien (2000) 9.

- **Counterfeits**: Schallträger, die als Fälschungen dem Original möglichst ähnlich gestaltet sind.
- **Raubkopien**: Allgemeiner Begriff für unerlaubt hergestellte Vervielfältigungsstücke.
- **Audio-Compact-Disc**: 1970 von Philips und Sony eingeführter Datenträger für Musik.
- **MIDI** (Musical Instrument Digital Interface): eine digitale Schnittstelle für Musikinstrumente. Sie dient zB dazu, eine elektronische Orgel an einen Computer anzuschließen.
- **DAT** (Digital Audio Tape): Magnetband zur digitalen Datenaufzeichnung.
- **CD-ROM** (Compact Disc Read Only Memory): eine CD, die vor allem zum Speichern von Software, Spielen und sonstigen Daten verwendet wird. Sie kann nur „gelesen", aber nicht beschrieben werden. Sie wird auch als „Silver Disc" bezeichnet. Software wird heute üblicherweise auf CD-ROM ausgeliefert. Die früher gebräuchlichen Disketten reichen für die heutigen Programme regelmäßig im Speichervolumen nicht mehr aus. Heutige PCs weisen zumeist bereits ein CD-ROM-Laufwerk auf, in das dieser Datenträger eingelegt und vom Computer gelesen werden kann. CD-ROMS mit erhöhtem Speichervolumen sind die HDCR-ROMS („*High Density*").
- **CD-R** (Compact Disc Recordable): Sie wird leer ausgeliefert und kann vom User einmal beschrieben („gebrannt") werde; ein Liebling nicht nur jener, die Sicherungskopien ihrer eigenen Daten herstellen, sondern auch der Raubkopierer, die sie mit fremden Programmen füllen und lukrativ weiterverkaufen. Ihrer Farbe entsprechend wird sie auch als „Gold Disc" bezeichnet. Zum Brennen der CD-R benötigt man einen CD-Brenner, also eine zusätzliche Hardwarekomponente, die in der Regel noch nicht im PC eingebaut ist.
- **CD-RW** (Compact Disc Re-Writeable): Sie ist lesbar und wiederholt beschreibbar, der Inhalt kann also ähnlich wie bei einem Tonband durch einen neuen Inhalt „überspielt" werden (Read Write).
- **DVD** (Digital Versatile Disc): Sie weist ein so großes Fassungsvolumen auf, dass auch Filme digital abgespeichert werden können. Als Komprimierungsstandard gilt derzeit mpeg (Moving Picture Expert Group). Um DVDs abspielen zu können, benötigt man ein spezielles DVD-Laufwerk, das manche neuere PCs bereits serienmäßig aufweisen. Im Übrigen sind aber gesonderte DVD-Player geläufig, die an den Fernseher angeschlossen werden können. Präziser spricht man von einer DVD-ROM (Digital Versatile Disc Read Only Memory), weil die Daten nur gelesen, aber keine neuen Daten auf sie gespeichert werden können.
- **DVD-R**: Die konsequente Weiterentwicklung ist eine (einmal) beschreibbare DVD; der Nutzer kann also selbst seinen Inhalt (einen Film) auf diesem Medium aufzeichnen und in einem DVD-Spieler wiedergeben. Präziser ist auch hier wieder der Begriff DVD-RAM (Digital Versatile Disc Random Access Memory). Wir werden also bald unsere alten VHS-Videos (vor allem unsere selbstgedrehten Urlaubsepen) auf dieses neue digitale Speichermedium überspielen können. Die DVDs sind haltbarer und haben einen geringeren Platzbedarf. Wegen der wesentlich größeren Speicherkapazitat der DVD gegenüber der CD wird dieses Trägermedium auch für die Datenspeicherung interessant werden. Der Preis der Scheibe wird allerdings in der Anfangszeit noch relativ hoch sein.

> **DVD-RW**: Dies ist eine Variante zur *wiederholten* Beschreibbarkeit („Re-Writeable"). Mit den weiteren Formaten „DVD+RW" und „DVD-RAM" ist der Markt derzeit nicht ganz einfach zu überblicken.

Doch die Vorboten einer neuen Revolution sind schon da: Wozu noch CDs in Plastikschachteln als körperliche Waren transportieren und in Geschäften distribuieren (auf Lager halten, nachbestellen, einzeln und mit hohem Personalaufwand verkaufen), wenn man Musik komprimiert über das Internet „virtuell" transportieren kann? Mit dem Komprimierungsverfahren mp3 wurde dies technisch möglich. Musik kann – mit einer Zutrittsschranke (kodiert) – im Internet angeboten werden. Derjenige, der den Obulus zahlt, bekommt ein Passwort oder die sonst erforderliche Zutrittsberechtigung, darf sich das Musikstück in digitaler Qualität herunterladen und abspielen.

> **CD-Ripper**: Wenn Sie ein zwei Jahre altes Computer-Lexikon zur Hand nehmen, wird dieser Begriff vermutlich noch nicht enthalten sein. Man bezeichnet damit ein Programm, das die Daten einer CD im WAV-Format auf ihre Festplatte überträgt und speichert. Von dort aus können die Daten mit einer speziellen Software in das Dateiformat mp3 komprimiert werden, sodass sie wesentlich weniger Speicherplatz benötigen. In dieser Form ist das Musikstück dann für Ihren tragbaren kleinen mp3-Player passend (über ein Kabel wird es vom PC in den mp3-Player hineingespielt und dort gespeichert; zur Übertragung kann aber auch ein Speichermedium, wie etwa ein Memory-Stick, verwendet werden, den man zunächst in den PC steckt und mit den mp3-Musikdateien füllt, um ihn dann in den mp3-Player zu stecken und abzuspielen).
> **mp3-Player**: Gerät zum Abspielen von Musikstücken, die im Format mp3 komprimiert wurden. Zu den kleinen tragbaren Geräten werden auch schon größere Heimgeräte und in andere Geräte (Autoradio, Handy, Armbanduhr) eingebaute Abspielgeräte angeboten.

Urheberrechtlich ist dieser Bereich von zentralem Interesse, geht es doch hier regelmäßig um die Vervielfältigung und Verbreitung geschützten Materials. Die Weiterentwicklung der betreffenden Regelungen ist gerade in diesem Bereich stark technologiebezogen. So war etwa das private Überspielen zunächst nicht nur von der Zustimmung der Rechteinhaber freigestellt, sondern auch gratis. Als die Entwicklung der Leerkassetten ausgereift war und der Markt sich entwickelt hatte, wurde die „Leerkassettenvergütung" eingeführt, um die Rechteinhaber an dieser privaten Nutzung finanziell zu beteiligen (Seite 1332). Besondere (Leistungs-) Schutzbestimmungen gibt es für den Tonträgerhersteller (Seite 1433). In einer „simplen" CD stecken aber auch *Patente* und die Kennzeichen des Labels sind *markenrechtlich* schützbar. Wir werden also den Schallträgern in diesem Buch noch mehrfach begegnen.

3.6. Film

Es hat noch immer seinen besonderen Reiz, wenn in der Nachbarstraße große LKWs einer Filmproduktionsfirma auffahren, Scheinwerfer montiert, Gehsteige abgesperrt, Schauspieler eingewiesen und alle sonstigen Vorkehrungen für einen „Set" getroffen werden. Hier entstehen jene faszinierenden Träume, die wir selbst dann als individuelles Erlebnis aufnehmen, wenn wir die Vorführung mit -zig, weltweit vielleicht Millionen anderen Menschen teilen. Ob dies die Brüder *Auguste* und *Louis Lumiere* so vorhergesehen haben, als sie Ende des 19. Jahrhunderts einen der ersten einminütigen Filme zeigten?[37] Mit den Nikolodeons (Münzautomaten zur Filmvorführung) konnte man jedenfalls sehr bald gut Geld verdienen. Das technische Grundprinzip ist simpel: Weil das menschliche Auge träge ist, nimmt es die schnelle Abfolge einzelner Bilder nicht als Einzelbilder, sondern als bewegtes Bild wahr, ähnlich vielleicht wie die Farbpunkte der Pointilisten aus genügender Entfernung als Malerei und nicht als Ansammlung von Punkten rezipiert werden. Man lernte jedenfalls sehr schnell, die Überzeugungskraft dieses Mediums zu nutzen, nicht nur zur Unterhaltung, sondern auch zur Beeinflussung. Geändert hat sich daran bis heute wenig. Doch: Während meine Eltern die ersten Kinderfilme noch mit ratternden Schmalspurfilmen ohne Ton und mit nach und nach verblassenden Farben hergestellt haben, steht nunmehr dem Hobbyfilmer ein Arsenal digitaler Filmkameras mit studioreifen Effekten und die Filmbearbeitung im PC (Schneiden und Nachvertonen) wohlfeil und leicht zu bedienen zur Verfügung; der Film wurde als Medium endgültig demokratisiert. Im gewerblichen Bereich sind wir nicht gerade eine führende „Filmnation": Die österreichische Filmwirtschaft ist eher klein und überschaubar.[38] Zur gesetzlichen Regelung der *Filmförderung* vgl das FilmförderungsG.[39]

Hauptvertriebsweg ist weiters das *Kino*. Die weiteren Vertriebsstufen des Films sind in der Filmwirtschaft genau definiert. Nach der ersten Welle der Kinoauswertung (ca 6 bis 12 Monate) kommt der Vertrieb von *Kaufvideos* (bzw der DVD-Vertrieb), dann erst erfolgt die Freigabe der *Verleihvideos*, dann die Ausstrahlung im *PayTV* und schließlich die Austrahlung im allgemein zugänglichen *Fernsehen*.[40]

Urheberrechtlich ist der Film als eigenständige Werkkategorie in den Kreis der zu schützenden Schöpfungen aufgenommen worden (Seite 1237). Nicht nur über den

---

[37]) Dazu und zum Folgenden: *Jansen*, in Meilensteine der Menschheit (Brockhaus 1999) 282ff.
[38]) Details bei *Holoubek/Traimer/Weiner*, Grundzüge des Rechts der Massenmedien (2000) 8.
[39]) BG v 25. 11. 1980 über die Förderung des österreichischen Films, BGBl 1980/557 idF BGBl I 1998/34.
[40]) Zur gemeinschaftsrechtlichen Beurteilung der zeitlichen Staffelung des Übergangs von einer Vertriebsform zur anderen: EuGH 11. 7. 1985, Rs C-60 und 61/84 – GRUR Int 1986, 114.

Schutz dieser Werke finden sich Sonderregelungen, sondern auch über die erst später entstandene neue Verwertungsschiene des VideoFilmverleihs (Seite 1298).
Wo liegt die Zukunft des Films? „*Movies Without Film*"[41] könnte die Antwort sein: Es wird allerdings noch einige Zeit dauern, bis der klassische Filmstreifen durch die digitale Filmwiedergabe verdrängt wird. Zunächst ist dafür ein digitales Aufzeichnungsverfahren erforderlich, das in der Auflösung an die Qualität des klassischen Filmmaterials heranreicht („*High-Definition Digital Technologie*"). Dann benötigt man das „*cutting-edge equipment*", mit dessen Hilfe man in diesem Verfahren aufzeichnen und bearbeiten kann. Schließlich muss man die Kinobetreiber erst davon überzeugen, dass sie an Stelle der bisher verwendeten Projektoren DLPs (Digital Light Projectors) anschaffen. Erst dann wird man die Vorteile nutzen können. Vor allem erspart dieses Verfahren die hohen Kosten für die Anfertigung und Distribution der Film(Rollen)Kopien. Online könnten die jeweils benötigten Filme direkt ins Kino zugespielt werden. Auch das Flimmern der Kratzer in älteren Filmkopien würde verschwinden. Aber vielleicht wollen wir dies gar nicht, oder zumindest nicht so bald, denn auch dieses Movie-Flimmern hat seinen Reiz, so wie das Knistern der alten Schallplatten, das mit der CD verschwunden ist...

3.7. Rundfunk

Folgen Sie mir bitte weiter, zu den „elektronischen Medien": Ich will mit dem ORF beginnen. Er war das erste Massenmedium, das mir in der Kindheit als solches bewusst wurde. Zuerst lange Jahre des Wartens, des unkundig staunend Mithörens, wenn Schulfreunde über Fernsehserien plauderten, dann das erste Schwarz-Weiß-Geräten mit „Lassy", „Abenteuer unter Wasser" und dem „Raumschiff Orion". Recht spät dann erst das Farbfernsehen, Ausdruck von Wohlstand, Wirtschaftswunder und neuer Technik mit „Wünsch Dir was" und „*Kuhlenkampf*". Der Medienkonsum war familiäres Gemeinschaftserlebnis und Gesprächsstoff für die nächsten Tage, nicht nur dann, wenn *Dietmar Schönherr* und *Vivi Bach* ein Auto versenkten oder überraschten Eltern die Tochter in Transparentbluse präsentierten. Erste juristische Begegnung als Assistent an der Uni. Damals ging es – wie übrigens auch heute wieder – um brisante urheberrechtliche Fragen des Senderechts, genau genommen der Kabelweiterleitung von ORF-Programmen. Die „Ära *Bacher*", die faszinierenden Reportagen von *Hugo Portisch*, die Erzählungen von *Edgar Böhm* (Seite 125), Opernübertragungen, Spielfilme, Formel 1-Rennen und nicht zuletzt die Werbung, von *Annemarie Moser Pröll* bis zu den Videokunstwerken der frühen HUMANIC-Spots, genial, ohne das Pro-

---

[41]) Newsweek April 9, 2001, 61.

dukt auch nur der Gattung nach zu nennen. Begleitend ein Printmedium, die „Nachlese" und heute x-mal am Tag der Blick auf die WebSite www.orf.at. Meine eigenen Erinnerungen an den ORF sind alltäglich, so wie für uns alle. Ein gigantisches Sprachrohr, Transporteur von Wissen und Unterhaltung, von Weltoffenheit und österreichischem Selbstverständnis, immer sensibel, immer im breiten öffentlichen (auch politischen) Interesse. Ist TXO („Taxi Orange") ein sensationeller Erfolg, zu dem man einer öffentlich-rechtlichen Sendeanstalt nur gratulieren kann, oder ein Grenzgänger am Rande des Programmauftrags?

Die *Geschichte des Rundfunks* reicht selbstverständlich viel weiter zurück: Am 2. 11.1920 sendete ein in Pittsburgh errichteter Sender Wahlresultate. Es war die Geburtsstunde des Hörfunks.[42] Wie begann die *Geschichte des ORF*?[43] 1924 wurde die erste Konzession verliehen. Es konstituierte sich die RAVAG und am 1. Oktober desselben Jahres wurde der Rundfunkbetrieb offiziell eröffnet. Am Ende dieses Monats zählte man bereits 30.000 Rundfunkteilnehmer und im Jänner des Folgejahres 100.000. Noch ein paar Spezialitäten:

- **RDS** (Radio Data System): Wundern Sie sich auch manchmal, dass Ihr Autoradio selbstbewusst anzeigt, wie der Sender heißt, den Sie ausgewählt haben, dass es auch ohne Ihr Zutun eine besser geeignete Frequenz für das selbe Programm sucht, wenn die Empfangsqualität nachlässt, und dass es sich mit der automatischen Zuschaltung des Verkehrsfunks auch dann in Ihr Bewusstsein drängt, wenn Sie gerade eine Tonbandkassette abspielen? RDS ist die Antwort. Es wird im UKW-Band vom Sender mitausgestrahlt und gibt Ihrem Autoradio die genannten Informationen.
- **PAL** (Phase Alternation Line): In Europa verbreiteter Standard für analoges Farbfernsehen.
- **Teletext**: Dieses Informationssystem wird zusammen mit dem Sendesignal ausgestrahlt und vermittelt jenen, die ein teletexttaugliches Fernsehgerät besitzen, Textinformationen (Wetterberichte, Programmhinweise, Nachrichten etc).
- **DAB** (Digital Audio Broadcasting): So heißt ein schon weit verbreiteter Standard für digitale (und daher qualitativ noch bessere) Hörfunkübertragung.
- **DVB** (Digital Video Broadcasting): Das ist der entsprechende Standard für digitales Fernsehen. Es wird bereits für Satelliten- und Kabelübertragungen eingesetzt (zB „Premiere World").
- **HDTV** (High Definition Tele Vision): bezeichnet eine hochauflösende Übertragungsqualität.
- **Decoder**: Gerät zur Entschlüsselung von Signalen.
- **Set Top Box**: Dieses Zusatzgerät wird benötigt, um das über Kabel oder Satellit vermittelte digitale Fernsehen empfangen zu können.
- **Pay TV**: Dieses wird verschlüsselt ausgestrahlt. Der Abonnent bekommt einen Decoder, um das Programm sehen zu können, muss aber für das Programm gesondert zahlen.

---

[42]) Dazu und zum Folgenden: *Conrad*, in Meilensteine der Menschheit (Brockhaus 1999) 326ff.
[43]) Vgl im Detail: http://mediaresearch.orf.at/chro_14.htm.

- **Pay Per View**: Der Zuschauer muss für den Konsum zahlen (zB die pay-per-view Videoangebote in den Hotelvideoanlagen).
- **Video on demand**: Der Film wird dann übertragen, wenn der einzelne Nutzer ihn anfordert.
- **Near Video on demand**: Hier wird ein bestimmter Film zeitversetzt immer wieder gezeigt. Der Zuschauer kann sich den passenden Einstiegszeitpunkt aussuchen.
- **TV-Karte**: Damit kann man einen PC so aufrüsten, dass man mit ihm (am Computerbildschirm) etwa mit einem Telekabel-Anschluss auch fernsehen kann.
- **Multiplex**: technische Einrichtung zur Umwandlung von analogen in digitale Signale und zur Bündelung dieser in einen digitalen Datenstrom (§ 2 Z 6 PrTV-G).
- **Vollprogramm**: Rundfunkprogramm mit vielfältigen Inhalten, in welchen insb Information, Bildung und Unterhaltung einen wesentlichen Teil des Gesamtprogramms bilden (§ 2 Z 17 PrTV-G).
- **Spartenprogramm**: Rundfunkprogramm mit im Wesentlichen gleichen Inhalten (§ 2 Z 18 PrTV-G).
- **Fensterprogramm**: zeitlich begrenztes Rundfunkprogramm, das im Rahmen eines von einem anderen Veranstalter ausgestrahlten Programms (Rahmenprogramm), welches den überwiegenden Teil der Sendezeit in Anspruch nimmt, ausgestrahlt wird (§ 2 Z 19 PrTV-G).
- **Kabelinformationsprogramm**: Kabel-Rundfunkprogramm, das ausschließlich aus eigengestalteten Beiträgen eines Kabelnetzbetreibers besteht und seinem Inhalt nach überwiegend auf Sachinformationen (wie örtliche Veranstaltungshinweise, Wettervorhersagen, Straßenverkehrsberichte usw) beschränkt ist (§ 2 Z 20 PrTV-G).
- **Teletext**: Darbietungen zur Information mittels schriftlicher und grafischer Zeichen und Symbole sowie mittels Standbildern, die als Service für die Empfänger auf einem eigenen Kanal oder in der Austastlücke eines Fernsehsignals angeboten werden (§ 2 Z 21 PrTV-G).
- **Eigenwerbeprogramm**: Rundfunkprogramm, das dem Vertrieb eigener Produkte, Dienstleistungen, Sendungen oder Programme des Rundfunkveranstalters dient (§ 2 Z 22 PrTV-G).
- **Teleshopping**: Fernsehsendungen direkter Angebote an die Öffentlichkeit für den Absatz von Waren oder die Erbringung von Dienstleistungen einschließlich unbeweglicher Sachen, Rechte und Verpflichtungen gegen Entgelt (§ 2 Z 23 PrTV-G).
- **PVR** (Personal Video Recording): Mit diesem Begriff werden die jetzt aufkommenden PCs bezeichnet, die mit TV-Karte, DVD-RW-Laufwerk und einer entsprechend großen Festplatte ausgestattet sind, um das digitalisierte Aufnehmen von Fernsehsendungen zu ermöglichen.
- **Internet-Radio**: Schon jetzt ist das Angebot von „Sendern" groß, die Radioprogramme über das Internet verbreiten. Wenn einmal jedes Auto auch permanent mit dem Internet kommuniziert, so wird dies wohl auch am guten alten Autoradio nicht spurlos vorübergehen.
- **Web-TV**: Technisch ist es bereits möglich auch „Fernsehsendungen" live oder aus einer Aufzeichnung im Internet abzurufen. Die Übertragung erfolgt „strea-

ming". Man muss also nicht warten, bis alle Daten heruntergeladen wurden. Es wird lediglich ein Buffer gefüllt, dann beginnt das Abspielen bereits, während die folgenden Daten in den Buffer nachgeladen werden. Breite Bedeutung hat Web-TV allerdings noch nicht erlangt. Eine der Hauptursachen dafür liegt in der immer noch zu geringen Bandbreite für die Übertragung. Dadurch ist die Auflösung nicht annähernd so gut wie bei einem Fernseherbild und es kann immer wieder zu Unterbrechungen kommen. Würden tatsächlich Millionen Zuseher – wie bei einer Fernsehshow – gleichzeitig einsteigen, wären wohl auch die Server überfordert. Oder anders gewendet: Der Betrieb entsprechend leistungsstarker Server und der Aufbau der erforderlichen Infrastruktur wären so aufwendig, dass es bis auf weiteres sicher kostengünstiger ist, die „alten" Rundfunksendeanlagen zu nutzen. Wann also die von manchen schon vor Jahren beschworene Medienkonvergenz wirklich kommt, steht in den Sternen. Fest etabliert haben sich hingegen die senderbegleitenden Websites, wie auch jene des ORF (www.orf.at).

Wie sieht der geltende *rechtliche Rahmen* für den ORF aus? Das Rundfunkgesetz (RFG; nunmehr „*ORF-Gesetz*" oder abgekürzt ORF-G)[44] wurde knapp vor der Sommerpause 2001 durchgreifend novelliert. Es wurde eine Stiftung „Österreichischer Rundfunk" eingerichtet, die eigene Rechtspersönlichkeit hat. Ihr Zweck ist die Erfüllung „des öffentlich-rechtlichen Auftrags" des ORF (insbesondere Versorgungsauftrag und Programmauftrag). Die Stiftung hat keinen Eigentümer. Begünstigt ist die Allgemeinheit. Detailliert geregelt sind die Werbung sowie die Patronanzsendungen und Details wie „Product-Placement", Unterbrecherwerbung, Werbung für Arzneimittel und alkoholische Getränke, Schutz von Minderjährigen, Sponsoring (§§ 13ff ORF-G). Als Organe wurden der Stiftungsrat, der Generaldirektor und der Publikumsrat vorgesehen. Finanziert wird der ORF weiterhin aus Werbeerlösen und Teilnehmerentgelten.

Was tut sich zur Weiterentwicklung des Fernsehens im *Gemeinschaftsrecht*? Manchmal ist es schon störend: Spielfilme sind breiter als mein Fernseher. Es bleiben daher nur zwei Varianten: Entweder die volle Breite des Films wird gezeigt, kombiniert mit je einem schwarzen Balken oben und unten. Oder der Film füllt den Bildschirm oben und unten bis zum Rand, dafür reitet John Wayne ins Nichts, weil links und rechts ein Stück vom Film fehlt. Die Ursache dafür liegt darin, dass übliche Fernseher das Format 4:3 haben und nicht Breitleinwandformat. Es ist ein erklärtes Ziel der europäischen Gemeinschaft, die Entwicklung der Fernsehdienste für das Breitbildschirmformat (16:9) und für hochauflösendes Fernsehen (HDTV – *High Definition TeleVision*) sowie der Fern-

Haben Sie schon Platz gemacht für einen breiteren Fernseher?

---

[44]) BG über die Aufgaben und die Einrichtung des Österreichischen Rundfunks BGBl 1984/379 idF BGBl I 2002/100.

sehdienste, die volldigitale Übertragungssysteme verwenden, zu fördern. Zur Umsetzung der betreffenden HarmonisierungsRL[45] wurde im Sommer 2000 das *BG über die Anwendung von Normen von Fernsehsignalen* (FS-G) geschaffen.[46] Dazu gibt das FS-G gewisse Normungen und gemeinsame Schnittstellen (Common Interfaces) vor. Es soll sichergestellt werden, dass der Konsument in Zukunft nicht mehrere Decoder erwerben muss, um verschiedene, verschlüsselt ausgestrahlte Programme empfangen zu können. Die neuen Fernsehdienste sollen nach standartisierten Systemen übertragen werden. Es soll sichergestellt werden, dass sie durch entsprechende technische Ausgestaltung der Fernsehgeräte empfangen werden können und dass Rundfunkveranstalter und Hersteller von Fernsehgeräten chancengleichen Zugang zu fortgeschrittener Fernsehtechnologie erhalten. Dieses Gesetz regelt also im Wesentlichen technische Maßnahmen zur Weiterentwicklung des Fernsehens und ist daher für unser engeres Thema nur am Rande von Interesse.[47]

Aus *urheberrechtlicher* Sicht hat der ORF eine interessante Doppelstellung: Einerseits nutzt er geschützte Werke (sendet Filme, Musik etc) und ist daher einer der großen Verwerter, der entsprechende Rechte an bestehenden Produktionen einkauft oder als Produzent erwirbt. Andererseits hat er selbst Rechte zu vergeben. Insbesondere stehen ihm als Rundfunkunternehmen Leistungsschutzrechte (Seite 1438) und als Filmhersteller Urheberrechte zu (Seite 1429). Wir werden diesem Medium also in verschiedenen Zusammenhängen im Folgenden noch mehrfach begegnen.

Jung ist die Geschichte des *Privatrundfunks*: Am 24. 11. 1993 entschied der Europäische Gerichtshof für Menschenrechte (EGMR)[48], dass das Sendemonopol des ORF gegen Art 10 EMRK verstößt. Mit dem Regionalradiogesetz (RRG)[49] wurde daher eine entsprechende gesetzliche Grundlage für die Öffnung geschaffen. Mit 1. 4. 2001 wurde es durch das *Privatradiogesetz* (PrR-G) ersetzt.[50]

---

[45]) RL 95/47/EG über die Anwendung von Normen für die Übertragung von Fernsehsignalen, ABl 1995 L S 51.
[46]) BGBl I 2000/50 idF Art IV BGBl I 2001/136; dazu *Brenn*, Zugangskontrollgesetz (2001) 12.
[47]) Auch auf die *FernsehRL* (Richtlinie des Rates vom 3. Oktober 1989 zur Koordinierung bestimmter Rechts- und Verwaltungsvorschriften der Mitgliedstaaten über die Ausübung der Fernsehtätigkeit (89/552/EWG) ABl 1989 L 298 S 23; berichtigt in ABl 1989 L 331 S 51 idF Abkommen über den Europäischen Wirtschaftsraum – Anhang X – Audiovisuelle Dienste – Verzeichnis nach Artikel 36 Absatz 2, ABl 1994 L 001 S 417, ABl 1989 L 331 S 51 und ABl 1997 L 202 S 60) können wir an dieser Stelle nicht eingehen.
[48]) ÖJZ 1994, 32 = MR 1993, 239.
[49]) BG, mit dem Regelungen über regionalen und lokalen Hörfunk erlassen werden (Regionalradiogesetz - RRG), BGBl 1993/506, idF BGBl 1993/917, 1994/505, 1995/700, I 1997/41, I 1999/2, I 1999/160 und I 2000/51.
[50]) BG, mit dem Bestimmungen für privaten Hörfunk erlassen werden, BGBl I 2001/20 idF BGBl I 2001/136.

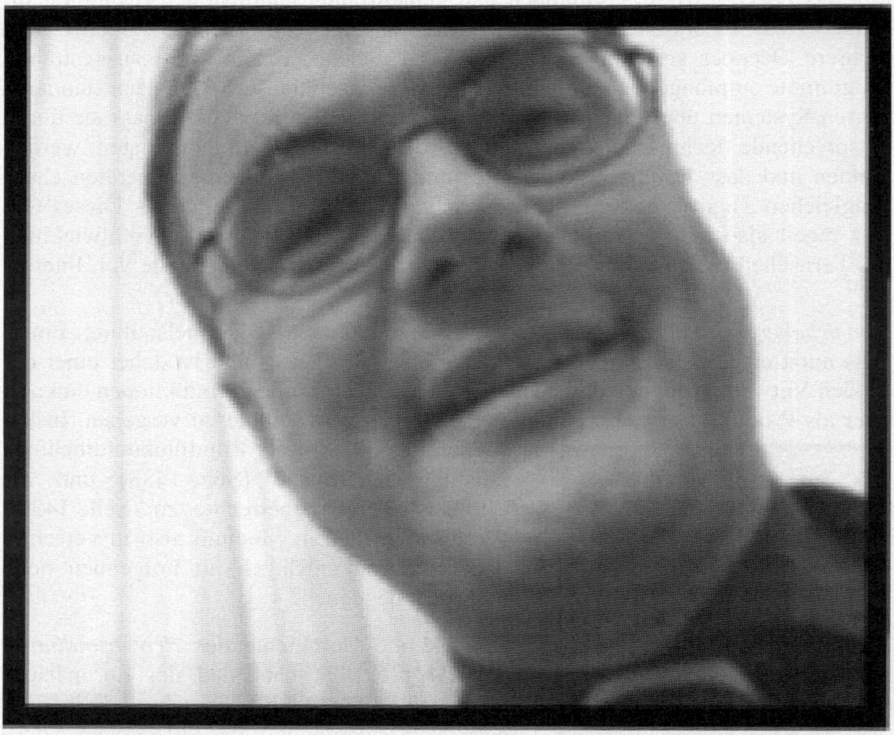

Taxi Orange
als vieldiskutierte Programminnovation

Wenn man sich die Entstehung einer Programmidee anschaut, so bleibt nicht viel über von der romantischen Vorstellung einer küssenden Muse. Jeder Kreative, der auf derlei beflügelnde Zärtlichkeiten wartet, wird lange auf den Erfolg warten. Eine Idee, die auf dem freien Markt bestehen soll, muss, wie jedes andere Produkt auch, bestimmten Gesetzmäßigkeiten entsprechen. Die jeweilige Marktsituation, die Zielgruppe, der Zeitpunkt und die Vermarktung sind nur einige wichtige Punkte, die es auch bei einer so flüchtigen „Ware" wie einer Idee zu beachten gilt. Jeder, der es schafft, alle diese Unwägbarkeiten richtig einzuschätzen und das gültige, zeitgemäße Konzept zu finden, wird Erfolg haben – und Erfolg heißt in diesem Zusammenhang ein Publikum zu finden, das die Idee mag.

TXO entstand im ORF als Antwort auf den großen Erfolg von „BIG Brother", der bis zu 500.000 junge österreichische Zuseher zu RTL 2 wandern ließ. Da der ORF rund 50% seiner Einnahmen aus der TV-Werbung bestreitet und der Werbemarkt sehr jugendorientiert ist, war es auch eine ökonomische Überlegung, die unsere Reaktion auf „BB" motivierte.

Die Marktsituation war also analysiert und die Zielgruppe definiert. Der Zeitpunkt ergab sich aus dem Ausstrahlungstermin unseres Konkurrenzprodukts, war also auch geklärt. Es blieb noch eine Frage offen: Wie schaut das österreichische Format einer „Reality TV-Show" tatsächlich aus, will man nicht ein internationales Produkt im Lizenzweg erwerben? Da sich der ORF als öffentlich-rechtlicher Sender auch in diesem Programmgenre mit originären Mitteln behaupten wollte, wurde die Abteilung für Programmentwicklung mit der Erfindung einer österreichischen Realityshow beauftragt. Jetzt kam endlich die Muse zu ihrem Kuss und tatsächlich entstanden innerhalb kurzer Zeit die Idee und die Regeln für TXO. Durch diese Erfindung ersparte sich der ORF teure Lizenzkosten und entwickelte eine Innovation, die ihrerseits im internationalen TV-Geschäft auf größtes Interesse stieß. Ähnlich verhält es sich mit der jüngsten erfolgreichen Programminnovation des ORF: „Starmania", dessen Lizenz vom öffentlich-rechtlichen TV-Sender der Schweiz SF DRS erworben wurde.

Wie man sieht, ist der Weg zu einer Idee ausgesprochen profan. Der Erfolg hängt sehr oft von völlig unwägbaren Faktoren ab, die man mit der besten Strategie nicht beeinflussen kann (wenn das möglich wäre, gäbe es nur erfolgreiche Ideen). Ist der Erfolg aber eingetreten, dann ist es für den Inhaber einer Idee ausgesprochen wichtig, dass er in seiner Urheberschaft auch geschützt ist.

◄ **Edgar Böhm** ist Unterhaltungschef und stellvertretender Programmintendant des ORF.

Das Aufkommen von Privat-(Regional-)Sendern hatte übrigens ein spannendes urheberrechtliches Verfahren zur Folge: Radio Melody setzte ein digitalisiertes Sendestudio ein, speicherte die CDs ab und sendete direkt aus dem Computer. Die zuständige Verwertungsgesellschaft machte daraufhin zusätzlich zu dem für das Senderecht zu zahlende Entgelt auch Ansprüche wegen „mechanischer Vervielfältigung" erfolgreich geltend (Seite 1293).

Aber nicht nur das Radio wurde „entmonopolisiert". Längst ist der ORF auch nicht mehr alleiniger Herrscher über die in bläuliches Licht getauchte Fernsehzuschauerschaft. Kabelanschluss oder Satellit haben das Zappen, den abendlichen Fitnessparcours zwischen einer fast schon unüberblickbaren Anzahl konkurrierender Sender möglich gemacht. Das terrestrische Sendemonopol ist schon seit langem dadurch gemildert, dass die „intergrale" Weiterleitung (also zeitgleich und unverändert) von (in- und ausländischen) Fernsehprogrammen über Kabelanlagen ebenso zulässig ist wie der Empfang konkurrierender Programme aus dem Ausland über Satellit.

Die „programmgestaltende" („aktive") Veranstaltung von Hörfunk und Fernsehen durch private Anbieter in Kabelnetzen (Kabel-Rundfunk) sowie über Satellit (Satelliten-Rundfunk) ist allerdings erst seit 1997 zulässig. Sie wurde zunächst im Kabel- und Satelliten-RundfunkG[1] geregelt. Die Veranstaltung von Fernsehen auf drahtlosem terrestrischen Weg hatte dieses Gesetz hingegen weiterhin eigenen bundesgesetzlichen Regelungen vorbehalten (§ 1 Abs 1 KSRG). Zugleich mit der Novellierung der für den ORF geltenden Regelungen wurde nunmehr mit dem *Privatfernsehgesetz* (PrTV-G)[2] auch dieser Bereich geöffnet. Es regelt die „Veranstaltung von Fernsehen auf drahtlosem terrestrischen Weg (Terrestrisches Fernsehen) sowie von Hörfunk und Fernsehen in Kabelnetzen (Kabelrundfunk) und über Satellit (Satellitenrundfunk). Voraussetzung für diese Betätigung ist die Zulassung durch die KommAustria als Regulierungsbehörde. Um die Entwicklung digitalen Fernsehens voranzutreiben, wurde die Bildung einer Arbeitsgemeinschaft „Digitale Plattform Austria" vorgesehen (§ 21 PrTV-G). Auch hier sind gesetzlich (§ 30 PrTV-G) *Programmgrundsätze* vorgegeben und es finden sich entsprechende Werbebeschränkungen (§§ 34 ff PrTV-G).

3.9. Zugangskontrolle

Literaturhinweis: *Burgstaller*, Decoder-Piraterie und StGB, ecolex 1996, 608; *Kucsko*, Schutz verschlüsselter Dienste, ÖBl 1996, 109; *Brenn*, Richtlinie über Informations- und Kommunikationsdienste mit Zugangskontrolle und Überlegungen zur innerstaatlichen Umsetzung, ÖJZ 1999, 81; *Brenn*, Zugangskontrollgesetz (2001); *Haller*, Music on demand – Internet, Abrufdienste und Urheberrecht (2001) 71; v *Lewinski/Walter* in *Walter* (Hrsg), Europäisches Urheberrecht (2001) 1107.

---

[1] Bundesgesetz, mit dem Bestimmungen über den Kabel- und Satellitenrundfunk erlassen werden (Kabel- und Satelliten-Rundfunkgesetz) BGBl I 1997/42 idF BGBl I 1997/100, BGBl I 1999/194, BGBl I 2000/49.
[2] BGBl I 2001/84.

Das ZugangskontrollG schützt genau genommen nicht den Inhalt, sondern die Zutrittsschranke.

Die *IP*Transportwege bedürfen unter Umständen einer besonderen Absicherung: Es ist schon einige Jahre her, dass die ersten „Decoder" für Pay-TV auf den Markt kamen. Verschlüsselt ausgestrahlte Fernsehprogramme, die nur ein wirres Flackern, manchmal schemenhafte Bilder und einen verzerrten Ton liefern, können damit „entschlüsselt" und in ihrer vollen Pracht empfangen werden. Meist sind diese Programme besonders attraktiv und voll neuer Filme. Einziger Nachteil: Sie kosten etwas. Regelmäßig ist eine AboGebühr zu entrichten. Erst als „Mitglied" bekommt man den Decoder geliehen. Wo etwas zu verdienen ist, sind auch Piraten und es dauerte nicht lange, bis „Piraten-Decoder" angeboten wurden. Gegen einen gerade noch akzeptablen Kaufpreis konnte man diese erstehen und ohne die laufende Mitgliedsgebühr zu zahlen die verschlüsselten Wunderwelten betreten. Ich hatte damals gegen solche Piraten vorzugehen. Weit und breit kein Sonderschutz, keine Urheberrechtsverletzung (der Decoder kopiert nicht, sendet nicht,...), keine Markenverletzung (die Produkte waren ja nicht mit der Marke des Programmanbieters versehen), keine Patentverletzung (ein Patentschutz bestand nicht), aber es blieb noch die Generalklausel des § 1 UWG (Seite 209) gegen sittenwidrige Ausbeutung fremder Leistung. Das hat dann auch funktioniert und eine einstweilige Verfügung konnte erwirkt werden.[3] Ohne Sonderschutz ist das freilich gelegentlich eine mühsame Sache und vor allem: Bei derartigen UWG-Verstößen gibt es keine Strafsanktion und daher auch keine Hausdurchsuchung und Beschlagnahme.

Seit Mitte 2000 ist dies anders: Entsprechend gemeinschaftsrechtlichen Vorgaben (ZugangskontrollRL)[4] wurde das *ZugangskontrollG* (ZuKG)[5] geschaffen. Ziel des ZuKG ist es[6], „einen weiteren Baustein in der Anpassung der Rechtsordnung an die Bedürfnisse der Informationsgesellschaft, die wesentliche Impulse für das österreichische Wirtschaftswachstum und die österreichische Beschäftigungslage hat", zu geben. Entsprechend der ZugangskontrollRL sollten Fernseh- und Radiosendungen (Rundfunkdienste) sowie Dienste der Informationsgesellschaft, die den Interessenten gegen Entgelt angeboten werden und einer „Zugangskontrolle" unterliegen, geschützt werden. Der Schutzzweck dieser Regelungen besteht darin, die Vergütung der Diensteanbieter sicherzustellen und sie davor zu schützen, dass Eingreifer („Piraten") die Umgehung von Zugangskontrollen ermöglichen. Ähnlich

---

[3]) OLG Wien 20. 12. 1990 – Decoder – ecolex 1996, 612.
[4]) Richtlinie 98/84/EG über den rechtlichen Schutz von zugangskontrollierten Diensten und von Zugangskontrolldiensten, ABl 1998 L 320 S 54. Die Richtlinie war von den Mitgliedstaaten bis 28. 5. 2000 umzusetzen. Zur Vorbereitung hatte die Kommission 1996 das Grünbuch „Der rechtliche Schutz verschlüsselter Dienste im Binnenmarkt" publiziert (KOM [96] 76 endg).
[5]) Bundesgesetz über den Schutz zugangskontrollierter Dienste (Zugangskontrollgesetz – ZuKG) BGBl I 2000/60 idF Art VI BGBl I 2001/32 (KommAustriaG).
[6]) EB 99 BlgNR 21. GP 6.

wie im Urheberrecht sollte auch das Recht auf Zugangskontrolle als absolut geschütztes Recht ausgestaltet werden. Angesprochen sind „technische Maßnahmen, die die Inanspruchnahme und den Empfang eines geschützten Dienstes von der individuellen Erlaubnis des Diensteanbieters abhängig machen". Aufgrund einer Zugangskontrolle soll also – so die Erläuterungen weiter – nur der durch den Diensteanbieter autorisierte Zugang zu einem Dienst möglich sein. Damit soll sichergestellt werden, dass der Nutzer mit dem Diensteanbieter einen Bezugsvertrag abschließt und für den jeweiligen Abruf das dafür vorgesehene Entgelt entrichtet. In den vergangenen Jahren habe sich gemeinschaftsweit ein Markt für den – entgeltlichen – Abruf von Fernsehprogrammen und von Online-Informationen oder sonstigen Online-Dienstleistungen entwickelt. Derartigen Vertriebsmethoden werden – so die EB weiter – große Wachstumspotenziale zugesprochen. Sie seien allerdings nur dann rentabel, wenn die angebotenen Dienste durch Zugangskontrollen vor unbefugtem Empfang geschützt werden. Bekannte Beispiele für zugangskontrollierte Dienste seien etwa das Pay-TV, zugangsgeschützte Video-auf-Abruf-Dienste und passwortgeschützte Internetdienste. Technisch könne die Zugangskontrolle durch eine Verschlüsselung der Übertragungssignale, durch elektronische Sperren oder durch den Einsatz von Passworttechnologien bewerkstelligt werden. Die Materialien weisen darauf hin, dass immer häufiger Geräte, Computersysteme und Computerprogramme vertrieben werden, mit denen die geschützten Rundfunk- oder Internetdienste ohne Genehmigung des Diensteanbieters empfangen werden können. Durch diese „Piraterie" würden die Anbieter kontrollierter Dienste beträchtliche Schäden erleiden. Auch hinderten solche Praktiken die weitere Ausbreitung geschützter Dienstleistungen, denen für die weitere Entwicklung der Informationsgesellschaft eine Schlüsselrolle zugeschrieben werde. Das Interesse der Anbieter an der Bereitstellung solcher Dienste sei nämlich gering, wenn sie keine Handhabe gegen die Herstellung und den Vertrieb nicht autorisierter Umgehungsvorrichtungen haben.

Das ZuKG regelt dementsprechend den rechtlichen Schutz von Diensteanbietern, die Fernsehsendungen, Radiosendungen oder Dienste der Informationsgesellschaft gegen Entgelt und unter einer Zugangskontrolle bereitstellen (§ 1 ZuKG). Dazu werden folgende Legaldefinitionen vorgegeben (§ 2 ZuKG; Art 2 ZugangskontrollRL):

- **Diensteanbieter**: eine natürliche oder juristische Person oder eine sonstige rechtsfähige Einrichtung, die geschützte Dienste bereitstellt;
- **geschützter Dienst**: eine Fernsehsendung, eine Radiosendung oder ein Dienst der Informationsgesellschaft, die oder der gegen Entgelt und unter einer Zugangskontrolle erbracht wird, einschließlich der Zugangskontrolle für solche Dienste, soweit sie als eigenständiger Dienst anzusehen sind;
  Unter den Schutz fallen nach den EB[7] also beispielsweise das Pay-TV, geschützte Video-on-demand-Dienste oder passwortgeschützte Internetdienste. Mit den

---

[7]) Zum ganzen EB 99 BlgNR 21. GP zu §§ 1 und 2.

eigenständigen Diensten der Zugangskontrolle sind Dienste gemeint, die die eigentliche Zugangskontrolle gewährleisten, etwa Verschlüsselungsdienste. Geschützt werden nur *entgeltlich angebotene Dienste*: begründet wird dies damit, dass die Richtlinie die *Vergütung der Diensteanbieter* sichern will. Es werden daher jene Dienste erfasst, bei denen der Nutzer dem Anbieter für den Abruf unmittelbar ein Entgelt entrichtet. Eine entgeltliche Bereitstellung von Diensten wird aber auch dann angenommen, wenn zwar eine einzelne Dienstleistung ohne die Verpflichtung zur Zahlung eines Entgelts abgerufen werden kann, diesem Abruf aber eine rechtliche Beziehung zugrunde liegt, in deren Rahmen der Nutzer dem Anbieter oder auch einem Dritten ein Entgelt (auch in Form von Gebühren, wie zB in Form von Rundfunkgebühren) zu leisten hat. Der Inanspruchnahme eines geschützten Dienstes muss allerdings eine konkrete Gegenleistung gegenüberstehen. Eine von einem Sponsor finanzierte, vom Nutzer unentgeltlich abrufbare Webseite unterliege damit nicht dem ZuKG. Das Gleiche gilt für kostenlose Dienste, bei denen der Anbieter nur feststellen will, wer seine Dienste abruft, aber kein Entgelt für den Abruf verlangt; in einem solchen Fall diene die Zugangskontrolle nicht der Entgeltsicherung.

▸ **Fernsehsendung**: eine drahtgebundene oder drahtlose, erdgebundene oder durch Satelliten vermittelte, unverschlüsselte oder verschlüsselte Erstsendung von Fernsehprogrammen, die zum Empfang durch die Allgemeinheit bestimmt ist, einschließlich der Übermittlung an andere Veranstalter zur Weiterverbreitung an die Allgemeinheit;[8]
Es komme – so die EB[9] – nicht darauf an, ob die Signale digital oder analog übertragen werden. Charakteristisches Merkmal solcher Dienste sei die „Punkt-zu-Multipunkt"-Signalübertragung. Im Unterschied zu den „Diensten der Informationsgesellschaft" werden bei Fernsehdiensten die Informationen und Daten nicht auf individuellen Abruf des Empfängers weitergeleitet.

▸ **Radiosendung**: eine drahtgebundene oder drahtlose – einschließlich der durch Satelliten vermittelten – Sendung von Radioprogrammen, die zum Empfang durch die Allgemeinheit bestimmt ist;
Auch hier sollen sowohl die analogen als auch die digitalen, über Kabel, Satelliten oder terrestrisch verbreiteten Programme erfasst sein. Fernseh- und Radiodienste werden oft auch als „Rundfunkdienste" bezeichnet.[10]

▸ **Dienst der Informationsgesellschaft**: ein in der Regel gegen Entgelt *elektronisch* im *Fernabsatz* und auf *individuellen Abruf* eines Empfängers erbrachter Dienst, wobei als im Fernabsatz erbrachter Dienst ein Dienst, der ohne gleichzeitige körperliche Anwesenheit der Parteien erbracht wird, als elektronisch erbrachter Dienst ein Dienst, der mittels Geräten für die elektronische Verarbeitung, einschließlich digitaler Kompression, und Speicherung von Daten am Ausgangspunkt gesendet und am Endpunkt empfangen sowie vollständig über Draht, über Funk, auf optischem oder anderem elektromagnetischen Weg gesendet, weitergeleitet und empfangen wird, und als auf individuellen Abruf eines

---

[8]) Vgl zur Definition auch die RL 89/552/EWG (Fernsehen ohne Grenzen).
[9]) 99 BlgNR 21. GP zu § 2.
[10]) Zum ganzen EB 99 BlgNR 21. GP zu § 2.

Empfängers erbrachter Dienst ein Dienst, der durch die Übertragung von Daten auf individuelle Anforderung erbracht wird, verstanden werden;[11] Wesensmerkmal eines *„Dienstes der Informationsgesellschaft"* ist – so wieder die EB[12] - zunächst, dass er „in der Regel gegen Entgelt" erbracht bzw bereitgestellt wird. Dies entspreche Art 50 EGV. Nach der RSp des EuGH müsse das Entgelt die wirtschaftliche Gegenleistung für die betreffende Leistung darstellen.[13] Diese Voraussetzung fehle bei Tätigkeiten, die ein Staat ohne wirtschaftliche Gegenleistung im Rahmen seiner Aufgaben, insbesondere in den Bereichen Soziales, Kultur, Bildung und Justiz, ausübt. Dies sei auch dann der Fall, wenn die staatlichen Tätigkeiten von Selbstverwaltungskörpern (zB Notariatskammer oder Sozialversicherungsträger) ausgeübt werden. Die Dienste der Informationsgesellschaft sollen somit nur wirtschaftliche Tätigkeiten erfassen. Erfasst seien aber auch Dienste, die nicht von denjenigen vergütet werden, die sie empfangen.

Im Fernabsatz bedeute, dass der Anbieter und der Empfänger nicht gleichzeitig körperlich anwesend sind. Dies treffe etwa für die Online-Übermittlung einer Diagnose, nicht jedoch für die Untersuchung eines Patienten in der Arztpraxis unter Verwendung elektronischer Geräte zu. In ähnlicher Weise erfolge beispielsweise die elektronische Buchung eines Flugtickets im Fernabsatz, nicht aber die Buchung eines Flugtickets über ein Computernetz, wenn sie in einem Reisebüro in Anwesenheit des Kunden vorgenommen wird.

Elektronisch bedeute, dass der Dienst über ein elektronisches System erbracht wird, in dem die Daten sowohl beim Sender als auch beim Empfänger elektronisch verarbeitet und gespeichert werden. Die elektronischen Daten müssen gesendet, weitergeleitet und empfangen werden. Charakteristisch sei, dass die Signale von „Punkt zu Punkt" (nicht von „Punkt zu Multipunkt") übertragen werden. Zu den „Diensten der Informationsgesellschaft" gehören damit beispielsweise alle Online-Dienste, wie Online-Informationen oder Online-Angebote, das „electronic publishing" oder Online-Zugänge zu Datenbanken, weiters Online-Informationsdienste und Online-Dienste, die Instrumente zur Datensuche, zum Zugang zu Daten oder zur Datenabfrage bereitstellen, und schließlich auch Dienste, die Informationen über ein Kommunikationsnetz übermitteln, den Zugang zu einem Kommunikationsnetz anbieten oder fremde Informationen speichern.

Auf individuellen Abruf des Empfängers schließlich bedeute, dass der Inhalt (die Informationen oder Kommunikationsdaten) vom Empfänger gesondert angefordert wird. Auch E-Mail-Dienste werden in diesem Sinn angefordert, und zwar selbst dann, wenn der Abruf nicht beim eigentlichen Inhalteanbieter (Kommunikationspartner), sondern bei einem eigenen Serviceprovider erfolgt. Nicht individuell abgerufen werden dagegen Dienste, die gleichzeitig für eine unbegrenzte Zahl von Empfängern erbracht werden („Punkt-zu-Multipunkt"-Übertragungen

---

[11]) Zu dieser Definition verweist die ZugangskontrollRL auf Art 1 Z 2 TransparenzRL. Diese wurde durch die RL 98/34/EG, ABl 1998 L 204 S 37, neu kodifiziert; seit der ÄnderungsRL 98/48/EG, ABl 1998 L 217 S 18, unterliegen auch Vorschriften der Mitgliedstaaten über Dienste der Informationsgesellschaft dem Notifikationsverfahren (EB 99 BlgNR 21. GP zu § 2). Vgl dazu: BG zur Durchführung eines Informationsverfahrens auf dem Gebiet der technischen Vorschriften, der Vorschriften für die Dienste der Informationsgesellschaft und der Normen (Notifikationsgesetz 1999 - NotifG 1999) BGBl I 1999/183.

[12]) 99 BlgNR 21. GP zu § 2.

[13]) Vgl EuGH 7. 12. 1993, Rs C-109/92 – Wirth.

bzw Broadcasting). Daher sollen Fernseh-, Hörfunk- oder Teletextdienste nicht unter diese Definition fallen. Ein Hilfsmittel für die Bestimmung, ob ein Dienst der Informationsgesellschaft im Sinn eines individuellen Abrufs vorliegt, könne darin bestehen, darauf abzustellen ob der Dienst interaktiv erbracht wird. In einem solchen Fall hänge die übermittelte Information überwiegend von den Eingaben des Empfängers ab.

Die „Dienste der Informationsgesellschaft" seien vor allem von den *Telekommunikationsdiensten*[14] abzugrenzen. Bei diesen erfolge keine elektronische Verarbeitung und Speicherung der übertragenen Daten sowohl am Ausgangspunkt als auch am Endpunkt. Dies gelte auch für die digitale Sprachtelefonie und für digitale Fernkopierdienste (Telefaxübermittlungen). Die Abgrenzung könne allerdings aufgrund des Zusammenwachsens verschiedener Technologien (so genannte „Konvergenz") mitunter auf Schwierigkeiten stoßen. Auch werden in der Praxis zum Teil abweichende Terminologien verwendet. Datenspeicherungen auf CD-ROM, die gemeinhin als elektronische Dienstleistung bezeichnet werden, sollten nicht dem ZuKG unterliegen. Der Anhang V zur TransparenzRL enthält eine Beispielsliste für Dienste, die nicht Dienste der Informationsgesellschaft sind, zB: Dienste, die zwar mit elektronischen Geräten, aber in materieller Form erbracht werden (etwa die Ausgabe von Geld oder von Fahrkarten über Automaten), Offline-Dienste (wie der Vertrieb von CD-ROM oder Software auf Disketten) und alle Dienste, die nicht über elektronische Verarbeitungs- und Speicherungssysteme erbracht werden, zB auf herkömmlichem Weg (in Echtzeit) erbrachte Sprachtelefon-, Telefax- und Telexdienste sowie alle über diese Medien abgewickelte Beratungsdienste. Dieser Anhang und die ihm folgende Anlage zum NotifikationsG 1999[15] seien bei der aufgrund der technischen Gegebenheiten bisweilen schwierigen Auslegung des § 2 Z 5 ZuKG heranzuziehen.

▸ **Zugangskontrolle**: eine technische Maßnahme oder Vorrichtung, die den Zugang zu einem geschützten Dienst in verständlicher Form von einer vorherigen individuellen Erlaubnis abhängig macht;

Mit einer Zugangskontrolle werde – so die EB[16] – der erlaubte Zugang zum jeweils geschützten Dienst, dh der Empfang in verständlicher Form, von einer vorherigen Genehmigung des Diensteanbieters abhängig gemacht. Der Diensteanbieter sieht also eine technische Maßnahme vor, die einen verständlichen Empfang des Dienstes ohne seine Einwilligung unmöglich macht. Die Zugangskontrolle werde technisch durch eine Verschlüsselung der Übertragungssignale, elektronische Sperren oder den Einsatz von Passworttechnologien bewerkstelligt.

▸ **Zugangskontrollvorrichtung**: ein Gerät oder Computerprogramm, das dazu bestimmt oder angepasst ist, den Zugang zu einem geschützten Dienst in verständlicher Form zu ermöglichen;

▸ **Umgehungsvorrichtung**: ein Gerät oder Computerprogramm, das dazu bestimmt oder angepasst ist, den Zugang zu einem geschützten Dienst in verständlicher Form ohne Erlaubnis des Diensteanbieters zu ermöglichen (zB nicht auto-

---

[14]) RL 97/51/EG, ABl 1997 L 295 S 23.
[15]) BGBl I 1999/183.
[16]) 99 BlgNR 21. GP zu § 2.

risierte Decoder, Smartcards oder Programme, mit denen Passwörter oder sonstige Autorisierungscodes „geknackt" werden können).

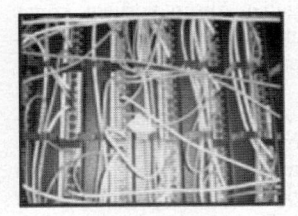

Der Diensteanbieter hat gemäß § 3 ZuKG das *ausschließliche Recht*, den Zugang zu einem von ihm bereitgestellten geschützten Dienst in verständlicher Form von seiner vorherigen individuellen Erlaubnis abhängig zu machen. Die Herstellung, die Einfuhr, der Vertrieb, der Verkauf, die Vermietung oder Verpachtung und die Innehabung von Umgehungsvorrichtungen sowie deren Installierung, Wartung, Instandsetzung oder Austausch sind, soweit damit gewerbliche Zwecke verfolgt werden, verboten (§ 4 Abs 1 ZuKG; Art 4 ZugangskontrollRL).[17] Das Verbot umfasst also auch Reparaturarbeiten. Da Umgehungsvorrichtungen nicht nur physische Geräte (zB Hardware), sondern auch Computerprogramme (Software) sein können, sind Serviceleistungen, die sich auf eine Software beziehen, ebenfalls verboten.

Ebenso sind, soweit damit gewerbliche Zwecke verfolgt werden, die *Werbung* und andere Maßnahmen zur Förderung des In-Verkehr-Bringens von Umgehungsvorrichtungen, wie etwa das Direktmarketing, das Sponsoring oder die Öffentlichkeitsarbeit, verboten (§ 4 Abs 1 ZuKG). Die Verbote nach § 4 Abs 1 und 2 ZuKG erfassen alle im Inland begangenen oder verwirklichten Handlungen unabhängig davon, wo sich der den Verboten zuwider Handelnde niedergelassen hat (§ 3 Abs 3 ZuKG). Die Verbotsnormen sollen sich – so die EB[18] – zunächst auf alle Handlungen erstrecken, die im Inland begangen werden. Dies sei etwa dann der Fall, wenn Umgehungsvorrichtungen im Inland hergestellt oder in den Verkehr gebracht oder zum Zweck des In-Verkehr-Bringens „besessen" werden. Im Zusammenhang mit Serviceleistungen müsse aber auch die Fernwartung oder Ersatzteilsendung aus dem Ausland erfasst werden. In diesen Fällen werden die Serviceleistungen (deren letztes Tatbestandsmerkmal) im Inland verwirklicht. In gleicher Weise sollen Werbe- und andere absatzfördernde Maßnahmen, die sich (auch) auf den österreichischen Markt auswirken, in Österreich verfolgt werden können.

Die zivil- und strafrechtlichen Sanktionen richten sich nur gegen *gewerbsmäßige „Piraten"*, nicht aber gegen private Nutzer solcher illegaler Vorrichtungen.[19] „Gewerbsmäßig" wird dabei im Sinne des § 1 Abs 2 GewO 1994 als „selbständige und regelmäßige Tätigkeit in der Absicht, damit einen wirtschaftlichen Vorteil zu erzielen" definiert. Der private Besitz und die private Verwendung von Umgehungsvorrichtungen sollen damit jedoch nicht erfasst werden.

Als *Sanktionen* sind Ansprüche auf *Unterlassung* (§ 5 ZuKG, und zwar nach § 9 ZuKG auch im Wege einer einstweiligen Verfügung ohne Gefahrenbescheini-

---

[17]) Vgl dazu OGH 28. 5. 2002, 4 Ob 30/02v – EDV-Firmenbuch II – MR 2002, 306.
[18]) 99 BlgNR 21. GP zu § 4.
[19]) EB 99 BlgNR 21. GP 6; bei der Schaffung dieser Sanktionen orientierte man sich bewusst am UrhG (§§ 81 bis 93).

gung)[20], *Beseitigung* (§ 6 ZuKG und zwar auch hinsichtlich der Werbemittel, wie Plakate, Broschüren oder sonstige Druckwerke), *Schadenersatz* und *Gewinnherausgabe* (§ 7 ZuKG, wobei anstelle des Ersatzes des Vermögensschadens sowie der Herausgabe des Gewinns auch das Doppelte des angemessenen Entgelts für die Inanspruchnahme des geschützten Dienstes begehrt werden kann; hingegen ist kein Ersatz des ideellen Schadens vorgesehen) und *Rechnungslegung* (§ 8 ZuKG). Die Vergütung der Rechteinhaber (Inhaber von Urheberrechten) soll[21] allerdings nicht vom Schutzzweck dieses Gesetzes erfasst sein. Sie seien daher auch nicht aktiv legitimiert. Den Diensteanbietern bleibe es freilich unbenommen, im Rahmen vertraglicher Vereinbarungen ihr Recht auf Zugangskontrolle auf andere Personen zu übertragen. Nur wenn der Vergütungsanspruch des Diensteanbieters rechtswirksam auf eine andere Person übertragen wird, gehe auch die Aktivlegitimation zur Durchsetzung dieser Ansprüche über.

Wer gewerbsmäßig (§ 70 StGB) Umgehungsvorrichtungen vertreibt, verkauft, vermietet oder verpachtet, ist *gerichtlich strafbar* (Freiheitsstrafe bis zu zwei Jahren oder Geldstrafe bis zu 360 Tagessätzen). Ebenso ist zu bestrafen, wer gewerbsmäßig (§ 70 StGB) Umgehungsvorrichtungen herstellt, einführt oder mit dem Vorsatz erwirbt oder innehat, dass diese auf die genannte Art und Weise in Verkehr gebracht werden oder dass mit ihrer Hilfe anderen der Zugang zu einem geschützten Dienst ermöglicht wird (§ 10 ZuKG; ausgestaltet als Privatanklagedelikt).[22] Wer Umgehungsvorrichtungen ausschließlich zum privaten Gebrauch einführt, erwirbt oder sich sonst verschafft, ist nicht als Beteiliger (§ 12 StGB) zu bestrafen. Auch die Beschlagnahme und Einziehung sind vorgesehen (§§ 11 und 12 ZuKG). Ergänzend besteht noch eine (mildere) *Verwaltungsstrafsanktion* für denjenigen, der gewerbsmäßig (§ 70 StGB) und wissentlich Umgehungsvorrichtungen installiert, wartet, instand setzt oder austauscht oder durch Werbung, Direktmarketing, Sponsoring oder andere Öffentlichkeitsarbeit zum Kauf, zur Miete oder zur Pacht von Umgehungsvorrichtungen anregt (§ 13 ZuKG). Zuständig sind in erster Instanz die Bezirksverwaltungsbehörden und in zweiter Instanz die Unabhängigen Verwaltungssenate in den Ländern (Art 129a B-VG).

---

[20]) Die Frage des Vorliegens der Wiederholungsgefahr ist nach den gleichen Grundsätzen wie nach dem UWG zu beurteilen, EB 99 BlgNR 21. GP zu § 5.
[21]) 99 BlgNR 21. GP zu §§ 5 ff.
[22]) Vgl auch § 91 Abs 1a UrhG (Seite 1281).

3.10. Telefon

Die Erfindung des Telefons – ein klassisches Medium der Individualkommunikation – im heutigen Sinn ist rund 125 Jahre alt: 1876 ließ *Alexander Graham Bell* den ersten Apparat patentieren. Eigentlich geht die Entwicklung aber in die Zeit der Französischen Revolution zurück, als *Claude Chappe* seine Erfindung eines „optischen Flügeltelegrafen" zur Übermittlung von Befehlen vorstellte.[23] Es war ein rein mechanisches System, das jeweils nur auf Sichtweite Nachrichten weitergeben konnte. Es folgten der elektromagnetisch arbeitende *Nadeltelegraph* und dann das *Morsegerät*. Die Schrift wurde nun in Punkte und Striche übersetzt und so über weite Strecken übermittelt. 1837 wurde das erste Gerät dieser Art zum Patent angemeldet. Erst rund 40 Jahre später ging *Bell* mit seiner Erfindung des Telefons zum Patentamt, übrigens nur wenige Stunden vor seinem Konkurrenten *Elisha Grey*; aber zum Prioritätsprinzip im Patentrecht werden wir ja noch kommen (Seite 897).

Wie verlief die Geschichte des Telefons in Österreich?[24] 1847 hat die erste telegraphische Überland-Verbindung Wien-Brünn-Prag (immerhin sind das 300 Kilometer) ihren Betrieb aufgenommen. 1881 erteilte das k.k. Handelsministerium der „Wiener Privat-Telegraphen-Gesellschaft" (PTV) die „Concession" zum Betrieb von Telefonanlagen im Umkreis von 15 km um den „Stephansthurm". Ab 1927 gab es Telefonapparate mit Wählscheiben und man konnte die gewünschte Verbindung selbst (ohne Vermittlung) herstellen. In den 90er Jahren erfolgte die Umstellung des Netzes auf digitale Telefonie. Heute erleben wir also ein „duales System" der Telefonie: einerseits das klassische Festnetz, andererseits die boomende Handytechnologie. Zunächst zum Klassiker „*Festnetz*". Dieses hat sich in jüngster Zeit markant weiterentwickelt, um weitere Dienste als nur die Sprachtelefonie zu erfüllen. Über die digitalen Leitungssysteme werden Faxe ebenso wie Computer für den Internetzugang angeschlossen. Damit wird die Übermittlung von E-Mails ebenso wie (Internet-)Radiohören und (Internet-)Fernsehen ermöglicht; ein paar technische Fachbegriffe:

> **ISDN** (Integrated Services Digital Network): Eine ISDN-Leitung ermöglicht die digitale Datenübermittlung und gewährt eine höhere Übertragungsrate (und damit eine Verkürzung der Dauer der Datenübermittlung) von bis zu 128 kbits.
> **ADSL** (Asymmetric Digital Suscriber Line): Diese neue Übertragungstechnik ermöglicht auch mit alten Kupferkabeln eine höhere Übertragungsleistung, erfordert aber ein spezielles ADSL-Modem. Über diese Technologie wird auch ein permanenter Internetzugang (also ohne dass der Anwender sich jeweils erst einwählen muss) eröffnet.

---

[23]) Dazu und zum Folgenden: *Kern*, in Meilensteine der Menschheit (Brockhaus 1999) 242ff.
[24]) Vgl dazu im Detail: www.telekom.at/Content.Node2/de/unternehmen/geschichte/index.php.

- **ATM** (Asynchron Transfer Mode): Hier werden die Daten paketweise übermittelt. Übertragungsraten bis zu 622 mbits und mehr werden prognostiziert.
- **Telekabelnetz**: Das Netz der Telekabel wurde zunächst für die Übermittlung von Kabelfernsehen geschaffen und bietet nun auch die Möglichkeit zur Telefonie und vor allem für einen schnellen Internetzugang.
- **Stromleitungstelefonie**: Noch ist diese Technologie zwar erst im Testbetrieb, die Idee ist aber beeindruckend: Österreich ist ohnehin von einem Kabelnetz überzogen, das in (nahezu) jedes Haus und jedes Zimmer führt. Derzeit transportiert es „nur" 220V Strom. Wieso sollte dieses Netz nicht gleichzeitig auch die Daten für Telefon, Internet, Fernsehen etc transportieren? Wird auch hier eine Konvergenz verschiedener Sektoren stattfinden?
- **Router**: Seit der Beseitigung des Monopols hat der Kunde die Wahl zwischen verschiedenen Anbietern für Festnetztelefonie. Die Tarife der Telekomanbieter sind aber stark unterschiedlich strukturiert. Dementsprechend schwierig ist der Kostenvergleich für den Konsumenten. Um hier zu helfen, wurden spezielle Geräte entwickelt, die automatisch den jeweils günstigsten Anbieter suchen und dessen Vorwahl einspielen.

Das *Handy* ist aus dem Alltagsleben nicht mehr wegzudenken. Was wäre denn ein Restaurantbesuch ohne Telefonklingen? Auch hier ein paar technische Schlagworte:

- **Handy**: So bezeichnen wir die Endgeräte, mit denen man so handlich über Funk telefonieren kann. Klingt sehr amerikanisch, ist es aber nicht, denn die Amerikaner nennen das gleiche Ding nicht „Handy", sondern „Mobile Phone".
- **D-Netz**: Mobilfunksysteme der 1. Generation waren analoge Systeme, wie etwa das österreichische D-Netz (1974 wurde in Österreich das B-Netz eingeführt, dessen maximale Teilnehmerzahl nur 2.000 betrug; 1984 folgte das Autotelefonnetz C, das bis zu 63.000 Teilnehmer erreichte und 1990 kam dann das ebenfalls noch analoge Mobiltelefonnetz D auf).
- **GSM** (Global System for Mobile Communications) ist das Mobilkommunikationssystem der 2. Generation (Frequenz 900 bzw 1800 MHz). Der GSM-Standard wurde in Österreich 1994 eingeführt. Derzeit nutzen bereits über 300 Millionen Teilnehmer weltweit dieses System.
- **Dual Band Handy**: Ein Handy, das in beiden Frequenzbändern (900 und 1800 MHz) funktioniert.
- **Tri Band Handy**: Dieses Handy beherrscht zusätzlich noch das für die USA wichtige 1900 MHz Frequenzband.
- **HSCSD** (High Speed Circuit Switched Data) ist eine spezielle Technik, um in GSM-Netzen Daten mit höheren Geschwindigkeiten zu übertragen. Die Daten werden über je vier Kanäle gleichzeitig gesendet und empfangen. Die Bandbreite beträgt 56 kbps (Kilobit pro Sekunde). Diese Übertragungstechnologie ist erforderlich, um einen Internetzugang über das Handy mit erträglicher Übertragungsgeschwindigkeit zu ermöglichen. Es reicht in etwa an die Übertragungsleistung eines Festnetzanschlusses heran.
- **GPRS** (General Packet Radio Service) ist eine paket-basierte GSM-Technik. Es wird also nicht ein permanenter und daher teurer, ständiger Gesprächskanal eröffnet. Über bis zu acht Kanäle werden die Daten vielmehr paketweise „nach

Bedarf" zwischen den „Datenpaketen" anderer Teilnehmer transportiert. Dadurch wird die Bandbreite noch besser ausgenützt. Sie beträgt bei diesem Verfahren bis zu 170 kbps.

- **GPS** (Global Positioning System): Das erwähne ich hier – unsystematisch – nur, um Verwechslungen mit GPRS vorzubeugen. Das GPS ist ein Navigationssystem, das Ihre jeweilige Position (zB im Auto oder mit einem Schiff) über Satelliten orten und Sie zum gewünschten Ziel hinführen kann.
- **EDGE** (Enhanced Data for GSM Evolution): Mit diesem Modulationsverfahren wird die Datenübertragungsrate eines GSM-Kanals auf bis zu 48 kbpts (Kilobit pro Sekunde) vergrößert. Außerdem können gleichzeitig bis zu acht Kanäle genutzt werden.
- **UMTS** (Universal Mobile Telecommunication System) ist das Mobilkommunikationssystem der 3. Generation (3G Networks). Die Bewerber um diese Frequenzen haben unfassbar hohe Summen geboten, um die entsprechenden Lizenzen zu erhalten. Schon tauchen Spekulationen darüber auf, ob sich dies jemals rechnen wird. Zwei Eigenschaften machen diesen Standard so attraktiv: Erstens soll die Datenübertragungsrate weit höher sein als bisher (bis zu 2000 kbps). Dadurch werden viele schon lange angekündigte mobile Multimediaanwendungen technisch machbar. Es wird dann nicht nur – wie beim Telefon – um die Übermittlung von Sprache gehen, sondern vor allem um das Angebot von Content. Die Verbindung zum Internet wird dazu die Inhalte (Texte, Bilder, Filme) liefern. Erst durch diesen Schritt wird E-Commerce (oder besser: „Mobile-Commerce") wirklich realisierbar werden. Zweitens wird dies ein weltweiter Standard sein. Ein Handy, das überall kompatibel einsetzbar ist, lautet das Versprechen. Österreich hat die erforderlichen Lizenzen im Dezember 2000 erteilt. Alle 6 Bewerber erhielten bei einer Versteigerung je ein Frequenzpaar und zahlten dafür insgesamt mehr als 9 Milliarden Schilling. Für UMTS sind wie bei HSCSD, GPRS oder EDGE neue Endgeräte erforderlich. Die Netzbetreiber müssen dazu ihre Infrastruktur anpassen. Den Netzbetreibern stehen also – je nach Technologie – hohe zusätzliche Infrastrukturkosten ins Haus. Nach der *„Killerapplikation"*, die das Geld wieder herein holen soll, wird allerdings noch eifrig gesucht.
- **MIMO** (Multiple Input Multiple Output): Damit befasst sich derzeit ein Forschungsteam an der TU Wien. Das System soll eine zehnmal schnellere Datenübertragung als ADSL ermöglichen. Dies soll durch mehrere Antennen an einem Handy erreicht werden.
- **Roaming**: Zwischen den nationalen GSM-Netzbetreibern wurden weitgehend „Roaming-Abkommen" geschlossen, die es dem Teilnehmer ermöglichen, auch im betreffenden ausländischen Handynetz (eines anderen Betreibers) zu telefonieren. Die Gebühren werden dann zwischen den Betreibern verrechnet.
- **SIM Card** (Suscriber Identity Module Card): Auf dieser, in das Handy einzusetzenden Chipkarte sind die individuellen Daten (insbesondere die Handynummer) des jeweiligen Teilnehmers gespeichert. Sie identifiziert ihn gegenüber dem betreffenden Netzbetreiber.
- **PIN** (Personal Identification Number): Code (meist Zahlenfolge) zur Identifikation für den Zutritt (zB zur Aktivierung eines Handys oder zur Bankomatkarte).

- **SMS** (Short Message Services): Dieses System ermöglicht die Übertragung von kurzen Texten (bis 160 Zeichen) von Handy zu Handy (oder auch über das Internet und den PC). Es ist bereits zu einem Volkssport ausgeartet und man muss die Fingerfertigkeit jener bewundern, deren Daumen blitzschnell über die Minitastatur gleitet, um durch mehrfaches Drücken derselben Taste genau den passenden Buchstaben zu generieren. Übrigens werden schon lange nicht bloß Buchstabenzeichen versandt. Könner gestalten das Display durch entsprechende Zeichen graphisch und übermitteln stimmungsvolle Bildchen. Und schon erwacht auch das Interesse der Wettbewerbsrechtler: Wie wehrt man sich gegen Werbe-SMS, die ebenso unerwartet wie unerwünscht auf dem Handy erscheinen?
- **MMS** (Multimedia Messaging Service): Auch beim SMS wartet bereits der Nachfolger, nicht bloß kleine Texte, sondern auch Bilder, Musik- und Videofiles sollen künftig transportiert werden. Funktionieren wird es allerdings erst mit den hohen Übertragungsraten von UMTS.
- **WAP** (Wireless Application Protocol) ermöglicht es, mit einem Micro-Browser, Inhalte des WWW sowie zusätzliche Anwendungen und Dienste (über GSM) auch auf Handys anzuzeigen. Dazu wird WML (Wireless Markup Language) verwendet. Das ist ein dem HTML (Seite 156) ähnliches Protokoll, das es ermöglicht, die Internet-Inhalte lesbar für ein kleines Handy-Display wiederzugeben. Der WAP-Gateway stellt die Verbindung zwischen dem Handynetz und dem Internet her. Damit wachsen zwei Technologien zusammen (Stichwort: Konvergenz). Die Anwendung von WAP ist auch deshalb interessant, weil zwei Grenzen überschritten werden: Einerseits werden nicht bloß Handys mit dieser Technologie arbeiten. Das Display eines Handys ist regelmäßig klein und daher nicht wirklich dazu geeignet, Internetseiten wiederzugeben. Notebooks können zwar mit einem Handy verbunden werden und sind daher für das mobile Internetsurfen gut geeignet. Andererseits aber sind sie doch zu groß, als dass man sie ständig bei sich tragen könnte. Deshalb werden nunmehr vermehrt Minicomputer (sie werden PDA – *Personal Digital Assistant* genannt) angeboten, die in der Größe eines Taschenkalenders alle wichtigen Funktionen wie Adressbuch, Notizen, Terminkalender und zusätzliche Applikationen (Spiele, Rechenprogramme, einfache Textverarbeitung etc), vor allem aber einen größeren Bildschirm bieten. Zusätzlich mit WAP ausgestattet, schlagen sie die Brücke zwischen Handy und Computer mit Internetzugang. Im Ergebnis werden also (Hardware-)Grenzen gesprengt. Andererseits verschwimmen aber auch die Grenzen zwischen klassischer Telekommunikation und Internet.
- **Ringtone**: Welches Handy läutet heute noch, wie früher ein Telefon? Auch die zahlreichen Standardmelodien reichen nicht mehr. Aus dem Internet (bzw vom Provider via SMS) können Sie inzwischen aus einer riesigen Menge von Rufzeichen (Ringtones) auswählen und hereinkommende Anrufe – je nach Laune mit „Mission impossible" oder „Oops!"-Klängen ankündigen lassen.
- **Bluetooth** ermöglicht die Kurzstrecken-Kommunikation per Funk. Bis zu 8 Geräte können so miteinander kommunizieren (Daten austauschen). Das Notebook kann auf diese Weise unkompliziert mit einem Drucker, einer Kamera, dem Handy oder dem PDA verbunden oder an das interne Netzwerk angeschlossen werden. Man erspart sich den oftmals störenden und auch teuren Kabelsalat. Die

Reichweite der Funkverbindung soll etwa 10 Meter (mit Verstärker bis zu 100 m) betragen, genug, um im Haushalt oder im Büro die notwendigen Verbindungen herzustellen. Anders als bei einer Infrarotverbindung ist kein Sichtkontakt mehr erforderlich.

- **LBS** (Location Based Services): Durch Technologien wie Bluetooth können innerhalb enger räumlicher Grenzen ortsabhängige Dienste angeboten werden (zB Hinweise auf besonders günstige Angebote eines Geschäftes, in dessen unmittelbarer Nähe man sich befindet).
- **Online/Multiuser Games (MUGs)**: Kleine, einfache Spiele auf dem Handy sind schon eine Selbstverständlichkeit. Gelegentlich können zwei Handys über die Infrarot-Schnittstelle sogar so miteinander kommunizieren, dass sich an einem Handy-Spiel zwei Teilnehmer beteiligen können. Der wirkliche Durchbruch für Spielbegeisterte wird aber erst mit UMTS erwartet. Dann soll es möglich werden, online mit mehreren Spielern (so wie jetzt schon über das Internet) zu spielen. Spätestens dann sollten Sie sich ein neues Handy kaufen!
- **iMode** ist ein in Japan von **NTT DoCoMo** entwickeltes und überaus erfolgreiches System. Es ermöglicht den Handy-Internetzugang und ist dem WAP vergleichbar.
- **Satellitentelefon:** Hier stellt das „Handy" eine Funkverbindung zu einem Satelliten her. Entsprechend leistungsstark muss das Handy und entsprechend dicht das Satellitennetz sein. „Iridium" ist mit einem derartigen Netzwerk spektakulär gescheitert, weil die Kosten einfach zu hoch waren. Heute sind die GSM-Netze international so ausgedehnt, dass die direkte Satellitentelefonie nur noch einen eingeschränkten Anwendungsbereich hat.

Die jüngere österreichische Geschichte des Telekomrechts ist von der Liberalisierung dieses Sektors geprägt.[25] Vorbereitet durch das Fernmeldegesetz 1993[26], brachte das *TelekommunikationsG* 1997 (TKG)[27] die Umsetzung der gemeinschaftsrechtlichen Vorgabe, den Telekommarkt der Mitgliedstaaten ab 1. 1. 1998 vollständig zu liberalisieren. Eine derartige Sektorliberalisierung lässt sich nicht allein dadurch erreichen, dass das gesetzlich vorgeschriebene Monopol beseitigt und einfach jeder als Anbieter am Markt zugelassen wird. Es geht nämlich nicht bloß darum, den freien Wettbewerb mehrer Anbieter zu ermöglichen. Es geht vor allem auch darum, die liberalisierten Dienste im öffentlichen Interesse funktionsfähig zu erhalten und sogar noch auszubauen. Es geht darum, die knappen Ressourcen (Frequenzen, Kabelwege etc) fair und zweckentsprechend zwischen den Anbietern zu verteilen und den neu am Markt Auftretenden den Zugang zu bestehenden, unter der Kontrolle des ehemaligen Monopolisten stehenden Infrastrukturen zu ermögli-

---

[25]) Zur historischen Entwicklung des Monopols: *Holoubek/Lehofer/Damjanovic*, Grundzüge des Telekommunikationsrechts (2000) 1ff.
[26]) BGBl 1993/908.
[27]) BGBl I 1997/100 idF BGBl I 2003/16.

chen. Das TKG (§ 1 Abs 1) umschreibt diese Aufgaben so: „Zweck dieses Bundesgesetzes ist es, durch Förderung des Wettbewerbes im Bereich der Telekommunikation die Versorgung der Bevölkerung und der Wirtschaft mit zuverlässigen, preiswerten, hochwertigen und innovativen Telekommunikationsdienstleistungen zu gewährleisten." Dieses Ziel kann nicht durch schrankenlose Deregulierung, sondern zunächst nur durch eine neue, auf die Öffnung des Marktes gerichtete *Regulierung* erreicht werden. Durch diese Regulierung sollen folgende Ziele erreicht werden (§ 1 Abs 2 TKG):

▸ Schaffung einer modernen *Telekommunikationsinfrastruktur* zur Förderung der Standortqualität auf hohem Niveau,
▸ Sicherstellung eines chancengleichen und funktionsfähigen *Wettbewerbs* auf den Märkten der Telekommunikation,
▸ Sicherstellung eines flächendeckenden *Universaldienstes*,
▸ Schutz der Nutzer vor *Missbrauch einer marktbeherrschenden Stellung*,
▸ Sicherstellung einer effizienten und störungsfreien Nutzung von *Frequenzen*.

Ein wesentlicher Unterschied des Telekomrechts zum Medienrecht, insbesondere zum Rundfunkrecht, liegt darin, dass die Regulierungsmaßnahmen zwar den Zugang zu den technischen Strukturen regeln, aber kaum Vorgaben für das zu transportierende Geistige Eigentum machen. Sieht man etwa von § 101 TKG (Verbot der unerbetenen Werbung per Fax oder E-Mail) ab, so enthält das TKG keine Einschränkungen dessen, was als Inhalt transportiert werden darf. Ganz anders das Rundfunkrecht: Hier finden sich detaillierte inhaltliche Vorgaben (Regelungen über die Programmstruktur, über unzulässige Inhalte, wie unter der Wahrnehmungsgrenze liegende Werbung, Regelungen über die Objektivität der Berichterstattung etc). Der Grund dafür liegt darin, dass die Telekommunikation typischerweise der *Individualkommunikation* dient. – Wer würde sich schon vorschreiben lassen, dass er seinem Freund am Telefon nur ausgewogene Informationen geben darf? Demgegenüber dient der Rundfunk typischerweise der Massenkommunikation und ist im hohen Maße geeignet, die öffentliche Meinung zu bilden, sodass – so meint der Gesetzgeber jedenfalls – auch gewisse inhaltliche (Kontroll-)Vorgaben notwendig sind. Die gesetzliche Definition der „*Telekommunikation*" spiegelt diesen Unterschied nur unzureichend wider (§ 3 Z 13 TKG): „Telekommunikation" ist der „technische Vorgang des Aussendens, Übermittelns und Empfangens von Nachrichten jeglicher Art in der Form von Zeichen, Sprache, Bildern oder Tönen mittels dazu dienender technischer Einrichtungen". Dies würde auch auf den Rundfunk passen. Bei der Definition der *Telekommunikationsdienste* wird dann allerdings der Rundfunk ausdrücklich (allerdings eingeschränkt auf Kabelnetze) ausgenommen (§ 3 Z 14 TKG): „Telekommunikationsdienst" ist eine „gewerbliche Dienstleistung, die in der Übertragung und/oder Weiterleitung von Signalen auf Telekommunikationsnetzen besteht, einschließlich des Angebotes von Mietleitungen; nicht darunter fällt insbesondere der bloße Wiederverkauf (Handel mit) von Telekommunikationsdienstleistungen sowie die Übertragung von Rundfunk und Fernsehrundfunk durch Inhaber von Gemeinschaftsantennenanlagen (Kabelnetzbetreiber)." Die künftige Entwicklungstendenz dürfte jedoch (Stichwort: *Konvergenz*) dahin gehen, der zu beobachtenden Verschmelzung verschiedener (der Individual- und Massenkommunikation dienender) Kommunikationstechnologien (über das Internet sind Sprachtelefonie, Videokonferenzen, radioähnliche Musikübertragung und Web-Fernsehen gleichermaßen möglich) durch die Schaffung einheitlicher rechtlicher Rahmenbedingungen Rechnung zu tragen.

Wären Sie darüber glücklich, wenn in Ihre Wohnung 10 verschiedene Telefonkabel gelegt werden, damit ihnen jeder der neuen „alternativen Telekombetreiber" (so werden die neben dem ehemaligen Monopolisten neu auftretenden Telekomanbieter genannt) auf Wunsch Telekommunikationsdienstleistungen erbringen kann? Tatsächlich wird diese „*letzte Meile*" („local loop") zum Endbenutzer durchwegs nach wie vor vom ehemaligen Monopolisten betrieben. Alternativen sind allerdings im Kommen: direkte Zuleitungen, Zuleitungen über das Kabelfernsehnetz oder Funkverbindungen („wireless local loop").

Unter dem Begriff *Open Network Provision* werden jene Regelungen verstanden, die den Zugang der alternativen Netzbetreiber zu den bestehenden Telekommunikationsnetzen ermöglichen. Sie regeln die *Zusammenschaltung* der Netze und deren Schnittstellen (*Point of Interconnection*). Auf diese Weise wird sichergestellt, dass der Teilnehmer an einem alternativen Netzwerk mit Teilnehmern am Telekom Austria-Netz telefonieren kann. Andererseits ist es erforderlich, eine bestimmte Netzvorwahl zu wählen, um in das Netz des alternativen Betreibers zu gelangen. Dies geschieht entweder individuell bei jedem Telefonat oder die Vorwahl wird automatisch ausgeführt („*Preselection*").

In der *Behördenstruktur* zeigen sich bereits die Konvergenztendenzen: Die *Telekom-Control-Kommission* (eine Kollegialbehörde mit richterlichem Einschlag gemäß Art 20 Abs 2 und Art 133 Z 4 B-VG) ist dazu berufen, gewisse hoheitliche Aufgaben zu erfüllen (Erteilung, Entziehung und Widerruf von Konzessionen; Genehmigung von Geschäftsbedingungen und Entgelten; Feststellung, welcher Anbieter als marktbeherrschend einzustufen ist; Festlegung der Bedingungen für die Zusammenschaltung; Feststellung über die Nichteinhaltung des Quersubventionsverbotes; Zuteilung von Frequenzen, die zur Erbringung von öffentlichen Mobilkommunikationsdiensten vorgesehen sind, etc; § 111 TKG). Ihr wurde zunächst die Telekom-Control GmbH an die Seite gestellt, die für alle Aufgaben berufen wurde, die nicht der Telekom-Control-Kommission zugewiesen wurden (§ 109 TKG) und die auch weisungsgebunden die Geschäftsführung der Telekom-Control-Kommission zu besorgen hat (§ 110 Abs 2 TKG). Das KommAustria-Gesetz[28] hat zwar die Telekom-Control-Kommission bestehen lassen, aber die „*Rundfunk und Telekom Regulierungs-GmbH*" (RTR-GmbH; A-1060 Wien, Mariahilferstr. 77 – 79, Tel: +43 1 580 58-0; Fax: +43 1 580 58-9191; E-Mail: rtr@rtr.at) gegründet, die die bisherige Telekom-Control GmbH im Wege der Ver-

---

[28]) BGBl I 2001/32.

schmelzung in sich aufgenommen hat. Die neue RTR-GmbH ist nunmehr zur administrativen Unterstützung sowohl der KommAustria als auch der Telekom-Control-Kommission berufen (§ 5 KommAustriaG).

Das TKG regelt insbesondere die Anzeige- und Konzessionspflichten (für Sprachtelefonie, Dienstleistungen der Internet-Provider etc), den im öffentlichen Interesse erforderlichen Kontrahierungszwang („Jedermann ist berechtigt, öffentliche Telekommunikationsdienste einschließlich den Universaldienst und besondere Versorgungsaufgaben unter den Bedingungen der veröffentlichten allgemeinen Geschäftsbedingungen und Entgelte in Anspruch zu nehmen"; § 62 TKG), die Zusammenschaltungsverpflichtung (§ 41 TKG), das Fernmeldegeheimnis und Besonderheiten des Datenschutzes (§§ 87ff TKG), Verpflichtungen zum Führen von Teilnehmerverzeichnissen und Auskunftsdiensten, zur Bereitstellung von Notrufdiensten (§ 19 TKG), Regelungen über die Allgemeinen Geschäftsbedingungen etc und nicht zuletzt spezielle Verpflichtungen marktbeherrschender Unternehmen (§ 33 TKG).

3.11. Computer

Der schon legendäre MITS Altair 8800 aus 1975 wird als der erste „Personal Computer" bezeichnet. Die Software war auf Papierstreifen „gespeichert".

Als ich in der Kanzlei als Konzipient begann, Anfang der 80er Jahre, war der Computer im Bürobereich noch kein Thema: Vielleicht da und dort ein Taschenrechner, sonst aber Schreibmaschinen, wobei die Fortschrittlichen eine mit Korrekturtaste hatten. Kein Datenspeicher, zur Korrektur musste man „Auslacken" und „Drübertippen" oder – was *Schönherr* gelegentlich als Ausdruck der Sparsamkeit mit Papier auch tat – den Text handschriftlich ausbessern. Weitere Ausfertigungen wurden mit „Durchschlagpapier" hergestellt. Dann kam der erste Schreibautomat von PHILIPS, eine riesige Maschine, die Texte auf großen Disketten speichern und den (wiederholbaren) Ausdruck mit einem höllisch lärmenden Drucker bewerkstelligen konnte. Erst die „Schallschluckhaube" brachte erste Erleichterungen für die geplagten Ohren der Sekretärinnen. Was aber weiter blieb, waren die „Stricherllisten", für jeden Brief, jedes Telefonat etc, die die Grundlage zur Honorarabrechnung lieferten. Dann bot ein externes Rechenzentrum seine Dienste zur elektronischen Verarbeitung der handschriftlichen Listen an. Ausdrucke entstanden, die auf magische Weise jede Leistung einer Causa zuordneten, nach dem Anwaltstarif bewerteten und auch noch Summen enthielten. Der Computer zwang uns ein System auf, das zur vollständigen Erfassung aller Leistungen und termingerechten Abrechnung führte. Der Effekt war eine schlagartige deutliche Umsatzsteigerung und die Erkenntnis, wie viel offenbar in früheren Jahren durch die Mängel der händischen Erfassung und

Berechnung unter den Tisch gefallen war. Seither ist der Computer kein Grundsatzthema mehr, von jedem akzeptiert, ohne Laptop und Heimbüro, ohne Internetzugang, ohne Zugriff auf interne und externe Datenbanken, ohne Dokumentenverwaltung, wäre die tägliche Arbeit undenkbar. Die Erkenntnis, dass neue Technologien erst dann breit akzeptiert und angewendet werden, wenn der „User" unmittelbar deren ökonomischen Wert, die unmittelbaren Vorteile für die tägliche Arbeit erfasst hat, haben wir so exemplarisch am eigenen Beispiel erfahren können.[29] Diese Erkenntnis hat sich in der Folge immer wieder wiederholt, mit dem Fax, dem Telex, der E-Mail usw. Irgendwann kippt eine potente neue Technologie vom Dasein des Spielzeugs belächelter Technofreaks in den selbstverständlichen Alltag. Vielleicht liegt darin die Ursache dafür, dass die Juristen jedesmal auf neue von einer technologischen Entwicklung überrascht, nicht selten sogar überrollt werden. Erst im Nachhinein werden dann die rechtlichen Rahmenbedingungen entsprechend angepasst.

Das „Mailüfterl", einer der ersten volltransistorierten Computer der Welt, gebaut 1956-58 vom österreichischen Computer-Pionier Heinz Zemanek. Zu bewundern im Technischen Museum in Wien.

Selbstverständlich greift die objektivierende, über die persönlichen Erlebnisse hinausreichende *historische* Darstellung weiter zurück:[30] Exakt lässt sich die Geburtsstunde des Computers sicherlich nicht fixieren. Am Beginn standen die Rechenmaschinen[31], mechanisch von einem Motor oder per Hand angetrieben, mit Zahnrädern oder Lochkarten. In den 40er Jahren folgten die ersten elektronischen Maschinen mit Relais, dann Röhren und schließlich Transistoren. Zuerst noch raumfüllend und mit aus heutiger Sicht kaum beeindruckender Rechenleistung und heute als Microbauteil in den meisten Geräten des beruflichen und privaten Alltags, stets bereit, nicht bloß zu rechnen, sondern Texte, Bilder, Musik, Filme, Informationen aller Art zu verarbeiten, zu speichern, zu transportieren und wieder wahrnehmbar zu machen. All dies wurde erst durch die dem Computer eigene simple Sprache der *Digitalisierung* ermöglicht. Zerlegt in 0 und 1, in Strom fließt und kein Strom, in hell und dunkel, wird jede Information präzise festgehalten und damit speicher-, verabeitungs- und reproduktionsfähig, immer und immer wieder, immer in exakt derselben Qualität.[32] Der 1.000ste Ausdruck digital gespeicherter Information gibt den Inhalt, zB eine Grafik, exakt gleich wieder wie der erste. Darin liegt der enorme qualitative und letztlich quantitative Unterschied zu analogen Kopierverfahren. Zwischen dem ersten Abzug einer mit Kaltnadelradierung bearbeiteten Kupferplat-

---

[29]) Zu den speziellen EDV-Anwendungen im Rechtsbereich vgl *Jahnel/Mader*, EDV für Juristen[2] (1998).
[30]) Dazu und zum Folgenden: *Zemanek*, in Meilensteine der Menschheit (Brockhaus 1999) 341ff.
[31]) Die älteste soll der aus Stäben und Kugeln bestehende, 1000 v Chr in China erfundene Abakus sein.
[32]) Der Gegensatz dazu ist „analog": Hier erfolgt die Umsetzung der Vorlage (zB Tonfolge, Temperatur, Zeit) durch innerhalb einer Bandbreite skalierte Zwischenwerte (zB Schwingungen einer Lautsprechermembran; Thermometer mit Quecksilberanzeige, Uhr mit Zeigern).

te und dem 1.000sten Abzug dieser Radierung liegen wegen der mechanischen Abnützung der Druckplatte Welten. Dies bleibt nicht ohne Einfluss auf alle anderen IP-Vertriebswege. Der Buchdruck wurde durch den Computersatz revolutioniert. Heute kann jeder Autor sein eigener Setzer und vielleicht sogar sein eigener Online-Verleger sein. Wir sind nicht mehr auf die Programmgestaltung des Fernsehens angewiesen, wenn unser Computer abgespeicherte oder aus dem Internet geladene Filme oder Nachrichtensendungen zu beliebigen Zeiten wiedergeben kann. Wozu ein getrennter Telefonapparat, wenn Telefonie über den Computer ebenfalls möglich ist? usw. Immerhin besaßen im Jahr 2000 bereits 55 % der österreichischen Haushalte einen PC.[33]

Der Apple Macintosh 1984, einer der ersten PCs mit Graphical User Interface (GUI).

Die Bezüge zum geistigen Eigentum sind mannigfaltig. Die Hardware kann patentfähige Erfindungen enthalten. Die Halbleitererzeugnisse erfreuen sich eines speziellen Schutzes (Halbleiterschutzgesetz Seite 988). Die Software wurde zunächst von der Judikatur schon aufgrund der Generalklausel gegen unlauteren Wettbewerb (§ 1 UWG Seite 209) vor Raubkopierern geschützt. Seit 1993 ist ein umfassender Schutz – auf der Grundlage einer europäischen HarmonisierungsRL – im Urheberrecht verankert (§§ 40a ff UrhG Seite 1208). Die Hard- und Software-Produkte werden regelmäßig mit geschützten Marken versehen, die als solche einen hohen ökonomischen Wert haben (Microsoft, Corell, Apple, Bull usw) und bei Raubkopien eine zusätzliche Anspruchsgrundlage (Verletzung des Markenrechts) geben. In jüngster Zeit beschäftigen uns aber vor allem die Auswirkungen, die der Einsatz dieser leistungsstarken, weltweit gebräuchlichen, global vernetzten Rechenmaschinen auf die Verbreitung geistigen Eigentums hat, Stichwort „Napster". Gestatten Sie mir bitte auch hier ein kurzes Glossar jener IT(„Information Technology"[34])-Begriffe, die auch in der juristischen Diskussion häufig auftauchen und daher zum Verständnis wichtig sind:

- **Hardware**: So bezeichnet man die physisch angreifbaren Teile des Computers (Gehäuse samt Innenleben, Bildschirm, Tastatur, Maus, Modem etc).
- **PC** (*Personal Computer*): Der „persönliche Computer" steht im Gegensatz zum Großrechner („*Mainframe*"). Anfangs als nicht erfolgversprechend belächelt, hat er heute – vor allem wegen der extrem gestiegenen Leistungsfähigkeit, des akzeptablen Preises, der einfachen Bedienung und der Unabhängigkeit von einem Rechenzentrum – die Welt erobert. Steht der ganze PC auf Ihrer Schreibtischplatte, so nennt man dies einen „*Desktop PC*", steht die Zentraleinheit hingegen aufrecht unter Ihrem Tisch, so haben Sie einen „*Tower PC*". Passt Ihr PC in die Aktentasche, dann haben Sie ein „*Notebook*". Die Anwendung von „*Multime-*

---

[33]) http://mediaresearch.orf.at/fernb13.htm.
[34]) Zunächst sprach man von „DV" (Datenverarbeitung), dann – nach dem Umstieg von Relais auf Röhrentechnologie – von „EDV" (Elektronische Datenverarbeitung) und heute von „IT" (Informationstechnik).

diaprodukten" erfordert einen besonders leistungsfähigen PC, man nannte ein solches Gerät daher zunächst *„Multimedia PC"*. Heute ist es schwer vorstellbar, dass ein neuer PC diese Eigenschaften nicht hat; dieser Begriff wird also wohl bald wieder verschwinden.

- **PDA** (Personal Digital Assistant): So werden Kleincomputer bezeichnet (etwa handflächengroß), die eingeschränkte Funktionen bieten (Adressverzeichnis, Notizen, Kalender). In Verbindung mit einem Handy, einer Kamera, einem mp3-Player etc, sind die Funktionen dieses Kleingerätes weiter ausbaufähig. Übrigens ganz allgemein nennt man elektronische Geräte *„Devices"*.
- **Clone**: Nachbau eines Markenprodukts.
- **CPU** (Central Processing Unit): So bezeichnet man den *Prozessor*, das Herz des Computers. Seine Leistungskraft wird nach der Anzahl der Arbeitsschritte pro Sekunde bemessen (Taktfrequenz).
- **Chips**: Sie sind die Tausendfüßler des Computers, kleine rechteckige schwarze Bauteile mit zahlreichen, wie Beinchen aussehenden, seitlich angebrachten Anschlüssen. Sie beinhalten in ihrem Inneren auf einem Silizium-Halbleiterplättchen angebrachte *„integrierte Schaltkreise"*, kleinste elektronische Bauteile (insbesondere Transistoren und Dioden). Zum Schutz von „Halbleitererzeugnissen" (Semiconductor Products) Seite 988.
- **Hard Disk**: Schreib-Lese-Köpfe gleiten auf einem Miniatur-Luftpolster über eine magnetisierte, mit hoher Geschwindigkeit rotierende Scheibe (*„Festplatte"*), um Daten einzugeben oder zu lesen.
- **ROM** (Read Only Memory): Das ist ein Speicher, in dem die Daten fix abgelegt sind (*„Festspeicher"*). Er „vergisst" sie auch dann nicht, wenn der Strom abgeschaltet wird.
- **RAM** (Random Access Memory): Hier können Daten vorübergehend abgespeichert werden (*„Arbeitsspeicher"*). Hat er keinen Strom, so vergisst er sein Wissen.
- **Cache**: ein Zwischenspeicher, in dem Daten beim Verarbeitungsvorgang vorübergehend zwischengespeichert werden (übrigens Anlass für urheberrechtliche Erwägungen: Ist die äußerst kurze, flüchtige Zwischenspeicherung im Cache, die keinem eigenständigen Zweck dient, ein gesonderter Vervielfältigungsvorgang?).
- **Floppy Disc**: Die Diskette ist ein gebräuchlicher Datenträger im Format 3½ Zoll.
- **Drive**: So nennt man das in den Computer eingebaute („interne") oder in einem gesonderten Gehäuse untergebrachte („externe") *„Laufwerk"*, in das ein Datenträger (zB eine Diskette) eingelegt und abgespielt werden kann.
- **Booten**: Hochstarten eines Computers.
- **USB** (Universal Serial Bus): Verschiedene Komponenten des Computers müssen mit der CPU verbunden werden. Dazu dienen *„Serielle Schnittstellen"* (zB für die Maus), bei denen die Daten bitweise (= nacheinander; was ein „Bit" ist, finden Sie auf Seite 147) übertragen werden und die *„Parallelen Schnittstellen"* (zB für Drucker), bei denen acht Bits nebeneinander übertragen werden können. Bei den meisten (auch älteren) PCs finden Sie diese beiden Arten von Steckern an der Geräterückseite (der breitere Stecker ist der parallele). Relativ neu ist hingegen der universell einzusetzende *USB-Port* (für Maus, Drucker, Modem

etc). Er ist klein, rechteckig und erlaubt es, mehrere Komponenten gemeinsam über einen Verteiler anzustecken.

- **Adapter**: ein Zwischenstecker.
- **Keyboard**: ohne „Tastatur" läuft beim PC gar nichts.
- **Screen** (Bildschirm): während man die Tastatur als „input device" bezeichnet, ist der ebenfalls unerlässliche Bildschirm ein „output device". Beim Notebook nennt man ihn übrigens ebenso wie beim Handy „*display*". Flache Bildschirme werden in LCD („*Liquid Crystal Display*")-Technologie hergestellt. Die LED abgekürzten Leuchtdioden („*Light Emitting Diodes*") werden hingegen vor allem als kleine Signallämpchen verwendet (irgendwo an Ihrem Notebook leuchtet vermutlich ein solches LED in grün, gelb oder rot). Gelegentlich ist der Bildschirm tastempfindlich, sodass Sie Befehle durch bloßes Berühren bestimmter Stellen mit dem Finger oder einem speziellen Stift eingeben können („*Touch Screen*"). Mit der Tastenkombination ⇧ + Strg + PrtSc können Sie übrigens einen „*Screenshot*" (also ein Bild, das genau das zeigt, was Sie gerade am Bildschirm sehen) speichern und dann in ein Dokument einfügen.

Software auf Papierstreifen: eine der ersten Programmierungen von Bill Gates, Beginn einer sensationellen Erfolgsstory. Heute hat dieses Unternehmen weltweit rund 40.000 Mitarbeiter.

- **Maus**: ein mit der Hand zu bedienendes semmelknödelgroßes Eingabegerät. Die dekorativen, mit mehr oder weniger geschmackvollen Bildern geschmückten Kunststoffunterlagen, auf denen der erfahrene Computeranwender seine Maus laufen läßt, nennt man „*Mouse Pad*". In Notebooks gebräuchliche Alternativen zur Maus sind der „*Trackball*" und das „*Touch-Feld*".
- **Joy Stick**: Wer jemals ein Flugsimulationsprogramm auf einem PC über die Tastatur spielen wollte, weiß, wozu man den „Steuerknüppel" braucht. Mit „*Feuerknöpfen*" ist er ein unerlässliches „*Add on*" (Zusatzgerät) für jeden „*Game Freak*".
- **Plug and Play**: Wer wünscht sich das bei derartigen Geräten nicht? Ein Zusatzgerät (zB eine neue Maus oder einen neuen Drucker) anstecken, die Geräte erkennen einander sofort selbständig (ohne dass man irgendetwas „*konfigurieren*" oder einen speziellen „*Treiber*" installieren muss) und schon geht´s los. Moderne Geräte bieten diese Funktion bereits weitgehend.
- **Code**: Als Juristen denken wir wohl primär an den Code Napoléon, das Zivilgesetzbuch, das Napoleons I. in Kraft gesetzt hat. In der Datenverarbeitung wird damit eine Zuordnungsregel bezeichnet, die es ermöglicht, denselben Inhalt von einer Darstellungsform (zB deutsche Sprache) in eine andere (von Maschinen lesbare Anweisungen) umzusetzen. „Code" ist aber auch als Abkürzung für „Programmcode" gebräuchlich und bezeichnet somit ein Computerprogramm, sei es als Quellcode (Sourcecode) oder Maschinencode.
- **Software**: Das sind die in einem Computer ablaufenden Programme, nunmehr speziell dem Urheberrechtsschutz anvertraut (Seite 1231). Als „*Groupware*" bezeichnet man die in einer Arbeitsgruppe verwendete Software (zB zur Terminverwaltung). Für die Entwicklung einer Software wird zunächst ein *Pflichtenheft*

erstellt, das die zu lösende Aufgabe im Detail formuliert. Auf dieser Grundlage entsteht dann bereits das in Programmiersprache abgefasste Programm in Form des „*Sourcecode*" (auch „*Quellcode*" oder „*Quelltext*" genannt). Dieser wird schließlich in den „*Maschinencode*" (*Objectcode*) umgewandelt. Damit bezeichnet man die Anweisung an den Computer (dessen Prozessor) in einer Sprache, die dieser versteht („*Maschinensprache*"). Diese Sprache besteht nur noch aus einer Folge der binären Zeichen 0 und 1.

- **Compiler**: Sie dienen der Übersetzung des Sourcecode aus einer höheren Programmiersprache in den Maschinencode.
- **Interpreter**: Während der Compiler einmal das gesamte Programm übersetzt, das dann im Maschinencode dauerhaft verfügbar ist, übersetzt der Interpreter jeweils laufend die betreffenden Programmteile. Dies benötigt mehr Zeit, ist aber flexibler bei Programmänderungen.
- **OS** (Operating System): Damit der Computer überhaupt „laufen" kann, ist zur Verwaltung der einzelnen Systemkomponenten eine „*Betriebssystem-Software*" erforderlich (zB Windows 98, Windows NT, Windows 2000, Unix, Linux).
- **AS** (Application Software): So bezeichnet man jene Software, die auf das Betriebssystem „aufgesetzt" wird und bestimmte Aufgaben für den Anwender erfüllen kann („Anwendungsprogramm", zB ein Textverarbeitungsprogramm, ein Kalkulationsprogramm, aber auch Computerspiele, Bildbearbeitungssoftware etc.).
- **GUI** (Graphical User Interface): Es begann damit, dass die Bildschirme mit bloßen Zeichen gefüllt waren und die Benützer eben jeweils die erforderlichen Befehle eintippen mussten. Für breite Benutzerkreise wurde der PC daher erst durch die graphische Benutzeroberfläche, also die Gestaltung des Bildschirms mit Bildzeichen, auf die man klicken kann, attraktiv.
- **OCR** (Optical Character Recognition): ist ein Programm, mit dem der Computer beim Einscannen von Texten nicht bloß ein Abbild des Textblattes als Bild herstellt, sondern die einzelnen Zeichen erkennt, sodass der Text weiter bearbeitet werden kann. Dies ist zumeist auch schon deshalb notwendig, weil die Schrifterkennung nicht fehlerlos ist.
- **Release**: So bezeichnet man eine (neue) Programmversion.
- **Reverse Engineering**: Durch die Rückentwicklung eines Programmes wird eine entsprechende eigene Entwicklung ermöglicht (dafür gibt es rechtliche Sonderregelungen; Seite 1333).
- **OEM (Original Equipment Manufacturer) Software**: Hier gestattet der Softwarehersteller, bestimmten Hardwareherstellern, die Software gleich direkt auf das Gerät aufzuspielen und in dieser Form weiterzuverbreiten (der Kunde erhält in der Regel eine Back-up-Kopie).
- **File**: Als „*Datei*" bezeichnet man einen Datensatz, der unter einem „*Dateinamen*" abgespeichert und aufgerufen werden kann (zB eine Textdatei, eine Bilddatei usw). Wenn mehrere User gemeinsam auf eine Datei zugreifen können, so wird dies als „*File Sharing*" bezeichnet. Diese Dateien sind auf einem „*File Server*" (Seite 148) gespeichert.
- **Directory**: ist ein Verzeichnis.

- **Back-up-Kopie**: Softwarekopie, die nicht zur gesonderten Weiterverbreitung dient, sondern als Sicherungskopie, falls die Software auf den betreffenden Computer erneut aufgespielt werden muss.
- **Crack**: Umgehen des Kopierschutzes. Statt „Cracker" – das ist derjenige, der ein solches (illegales) Werkzeug anwendet – kann man auch *„Hacker"* sagen.
- **Dongle**: ein Stecker, der als Zutrittsschranke dient. Er ist dazu notwendig, um Zugang zu einem bestimmten Programm zu erhalten. Erst wenn er in den Computer eingesteckt wird, kann das Programm aufgerufen werden.
- **Passwort**: Codewort als Zutrittsschranke.
- **DRM** (Digital Rights Management): Softwaresysteme für den Kopierschutz.
- **PIN** (Personal Information Number): als „Passwort" dienende Zeichenfolge.
- **TAN** (Transaction Number): Diese benötigen Sie beim *„Homebanking"* noch zusätzlich zum PIN. Je Transaktion wird eine TAN verwendet, bis alle aufgebraucht sind und Ihnen die Bank neue schickt.
- **Cut and Paste**: Markieren Sie eine Textstelle, schneiden Sie diese aus und platzieren Sie diese an einer anderen Stelle. Das ist „Cut and Paste". Wenn Sie aber eine Stelle anklicken, die linke Maustaste gedrückt halten und erst an der gewünschten Einfügestelle wieder loslassen, sodass das verschobene Objekt dort eingebaut wird, so nennt man dies *„Drag and Drop"*.
- **Bundling**: gebündelter Verkauf an sich getrennter Produkte (zB Hard- und Software).
- **Bit** (Binary Digit): die Digitalisierung beschränkt sich auf die Darstellung in 1 oder 0. Ein einzelnes dieser beiden Zeichen nennt man Bit.
- **Byte**: Eine aus acht Bits gebildete binäre Zahl nennt man Byte, also zB 01000110. Weitere Maßeinheiten: 1 Kbyte (KiloByte) = 1024 Bytes, 1 Mbyte (MegaByte) = 1024 Kbytes, 1 Gbyte (GigaByte) = 1024 Mbytes. Man verwendet diese Maßeinheiten vor allem, um den Speicherplatz eines Datenträgers oder einer Festplatte zu bemessen.
- **Bug** (Fehler): Auch das soll es in Programmen geben.
- **y2k** (year 2000): Erinnern Sie sich noch? Es ist schon wieder Geschichte, die Aufregung um das nahende Jahr 2000. y2k: Synonym für die Bewahrheitung aller Ängste vor und Vorbehalte gegen Computer, Synonym für deren drohenden Zusammenbruch, weil sie den Datumssprung nicht mitvollziehen können, Synonym für Weltuntergangsangst. Wir werden es wohl nie erfahren, wieviel davon berechtigte Sorge war und wieviel Hysterie oder schlicht geniale Vermarktungsstrategie für Softwaredienstleistungen.
- **Compiler**: Computerprogramm, das die für Menschen lesbaren Anweisungen in für den Computer verständliche Befehle umwandelt.
- **PDF** (Portable Document Format): Format zum Speichern und Versenden von Dateien.
- **Zippen**: Komprimieren (= Reduktion des Speicherumfangs) von Dateien. Gelegentlich werden Sie als Anhang (*„Attachment"*) zu einer E-Mail eine „gezippte" Datei erhalten. Dann müssen Sie diese zunächst mit einem entsprechenden Programm „entzippen", bevor Sie sie öffnen können.
- **TIFF** (Tagged Image File Format): Format für Bilddateien.
- **JPEG** (Joint Photographic Experts Group): Komprimierungsstandard für Bilder.
- **PCX**: ein anderer Komprimierungsstandard für Bilder.

- **GIF** (Graphic Interchange Format): noch ein anderer Komprimierungsstandard für Bilder.
- **mpeg** (Moving Picture Experts Group): Komprimierungsverfahren für Videodateien.
- **EAN** (Europäische Artikelnummer): So wird die mit einem Strichcode (Barcode) versehene Artikelnummer bezeichnet, mit der jedes einzelne Produkt für die EDV (zB Supermarktkassen) identifizierbar gemacht wird; nähere Informationen: EAN-Austria GmbH (Mayerhofgasse 1/15, A-1040 Wien; Tel: +43 1 505 86 01, E-Mail: office@ean.co.at; www.ean.co.at).
- **WAVE**: Dateiformat für Audiofiles.
- **ASP** (Application Service Provider): Unternehmen, die Software über das Internet in der Weise vertreiben, dass der Kunde die Software nicht mehr „kauft" (also eine zeitlich nicht limitierte Nutzungsbewilligung erwirbt), sondern lediglich zur Nutzung auf Zeit „mietet". Vorteile für den Kunden: Er zahlt nur entsprechend der tatsächlichen Nutzungsdauer und kann immer auf die aktuellste Software-Version zugreifen.
- **Server**: Auf diesem Computer werden in einem Netzwerk zentralisiert Daten verarbeitet und gespeichert.
- **Client**: ein mit dem Server verbundener Computer. Er ist der „Kunde" des Servers und erhält von diesem Daten. Mehrere Clients greifen so im Netzwerk auf einen einzigen Server zu. Dies hat (unter anderem) den Vorteil, dass eine einzige Datensicherung beim Server genügt.
- **Proxy-Server**: Wird dem Server vorgeschaltet, um die an diesen gerichteten Anfragen zu ordnen (und allenfalls vorab schon selbst zu erledigen). Ähnlich wie ein Cache speichert ein Proxy-Server bei Ihrem ISP häufig aufgerufene Websites, um den schnelleren Zugriff durch seine Mitglieder zu ermöglichen.
- **LAN** (Local Area Network): In vielen Firmen ist dies bereits eine Selbstverständlichkeit: Jeder von mehreren Mitarbeitern hat seinen eigenen PC, aber alle sind in einem internen Netzwerk miteinander verbunden, sodass die Mitarbeiter auf gemeinsame Ressourcen (zB einen gemeinsamen Drucker, eine CD-Station, eine Datenbank) zugreifen und Daten untereinander austauschen können. Neuerdings werden bereits LANs angeboten, bei denen die Kabel durch Funkübertragung ersetzt werden („*Funk-LAN*", „*Wireless Network*").
- **WAN** (Wide Area Network): ein weit reichendes Netzwerk (über Kabel oder Satellit). Das Internet ist beispielsweise ein WAN.
- **Backbone**: Leistungsfähige Kabelverbindung in einem Netzwerk, von der aus Abzweigungen ausgehen.
- **Account**: Der dem User mit Zugangsberechtigung in einem System zur Verfügung stehende Bereich („Guthaben").
- **Interface**: Allgemeiner Ausdruck für „Schnittstelle", insbesondere zwischen Geräten (zB Verbindung PC zu Drucker) oder Softwareprodukten (zB zwischen einem Textverarbeitungsprogramm und einer Datenbanksoftware).
- **Port**: Schnittstelle zwischen Hardwareprodukten.
- **PCMCIA** (PC Memory Card International Association): internationaler Standard für flache, in etwa scheckkartengroße Hardwarekomponenten, die in einen

speziellen Schacht („*Slot*") in den PC (insbesondere bei *Notebooks*) eingeschoben werden können.
- **Viren**: Ich gebe es ja zu: Ich hatte auch den berühmten „Love-Virus", eine kleine Datei, an eine E-Mail angehängt, die sich beim Anklicken aktiviert und gewisse Dateien (alle von mir mühsam gesammelten Bilddateien – zum Glück waren die meisten in einem externen Speicher gesichert) zerstört. Das wäre aber noch nicht das Schlimmste. Dieser Virus liest nämlich alle E-Mail-Adressen und versendet sich gleich selbst massenhaft an diese. Wie ein Kettenbrief funktioniert das. Die so beglückten Empfänger erkennen den vertrauten Absender und sind ebenfalls versucht, sogleich das Attachment zu öffnen usw. Ich war also nicht der einzige. Die Varianten von „Viren", „*Trojanern*", „*Würmern*" und wie diese famosen Zerstörungsprogramme sonst noch heißen, sind unerschöpflich. Ein stets (ebenfalls über das Internet) aktualisiertes Virenschutzprogramm, kombiniert mit persönlicher Vorsicht (vor allem vor Attachments!), ist unerlässlich.
- **Cyberspace**: Software kann künstliche Welten erschaffen. Wir können durch den Dschungel wandern, Abenteuer bestehen, durch eine virtuelle Einkaufsstraße schlendern und shoppen oder eine ehrwürdige Universität betreten, um dort zu studieren, alles ohne den PC im Wohnzimmer zu verlassen – das ist der „Cyberspace".

Die Fülle der ständig zu ergänzenden Fachausdrücke, neuen Anwendungen und neuen Anwendungskonflikte haben den Juristen geraume Zeit erhebliche Schwierigkeiten bereitet. Sind die zivilrechtlichen Regelungen über Kauf oder Werkvertrag anzuwenden? Welche Gewährleistungs-, Schadenersatz- und Produkthaftungsregelungen gelten? Wie ist der Schutz von Innovationen in diesem Bereich zu gewährleisten? Benötigen wir nicht eine gesonderte, neu zu formulierende Kodifikation aller Normen, die auf diese Technologie anzuwenden ist? usw. Inzwischen sind auch hier Alltag und Beruhigung eingetreten. Die bestehenden Normen passen mit kleinen Adaptierungen (die zum Teil auch von der Rechtsprechung vorgenommen werden) sehr gut zur Problemlösung. Ein „Computergesetz" wird es sicher nicht mehr geben. Hingegen werden weiterhin da und dort neue Sonderregelungen geschaffen werden (insbesondere im Zusammenhang mit der Vernetzung von Computern im Internet, aber dazu gleich im Folgenden).[35]

Was ist von der *weiteren Entwicklung* zu erwarten? Blickt man auf die Rückseite eines professionellen Computerschranks, so wird das Hauptproblem deutlich: Wie aus einer Spaghettimaschine quellen Kabel hervor (übrigens kaum anders als bei jeder gut ausgerüsteten Heimanlage mit Receiver, Verstärker, CD-Player etc, alles mit einem Gewirr von Kabeln verdrahtet). Das wird sicherlich eine der Hauptaufgaben

---

[35]) Zu den in der Lehre entwickelten Begriffen „Rechtsinformatik" (im weiteren und im engeren Sinn) und „Informationsrecht" vgl etwa *Jahnel/Mader*, EDV für Juristen – Grundriss der Rechtsinformatik² (1998) 11.

der nächsten Jahre sein: Kabellose Vernetzung der Geräte. Moore´s Law[36] für die weitere Entwicklung neuer Generationen von Prozessoren gilt nach wie vor: Die Leistungsfähigkeit der Prozessoren verdoppelt sich alle 18 Monate. Gleichzeitig schrumpfen die Computer trotz steigender Leistungskraft. Ihre Anwendung in nahezu allen elektronischen Geräten wird zur Selbstverständlichkeit. Wir werden den Computer bald nicht mehr als selbständige Maschine mit komplexer Bedienungsanleitung bewusst wahrnehmen und „bedienen" (ein verräterisches Wort!), sondern als selbstverständlichen Bestandteil unserer Umgebung akzeptieren – so wie wir uns heute nicht mehr überlegen, wohin eigentlich das Wasser fließt, das wir aus der Badewanne lassen oder welchen Maschinen wir es verdanken, dass die Ampel von Rot auf Grün wechselt. Hausinterne Netzwerke von „intelligenten" Geräten werden über das Internet von außen steuerbar. Was das bringt? In mir keimen immer erst dann Zweifel darüber auf, ob der Küchenherd und das Licht am Gang tatsächlich abgeschaltet ist, wenn ich die ersten Stunden der Fahrt in den Urlaub zurückgelegt habe und ein Umkehren nahezu unmöglich ist. In Zukunft wird mich, und jene, die unter ähnlichen Gedanken leiden, dies nicht mehr plagen, weil wir die Geräte von jedem Ort der Welt über das Internet steuern können. Vorausgesetzt natürlich, wir haben einen funktionierenden Netzzugang. Apropos „intelligente Geräte": Diese werden mehr und mehr nicht mehr nur mit dem Menschen kommunizieren, seine Befehle entgegennehmen und den Zustand ihrer Betriebsbereitschaft durch kleine Lämpchen signalisieren, sondern untereinander kommunizieren. Die Iriserkennung bei der Eingangstüre, die es mir abnimmt, einen Schlüssel bei mir zu tragen, wird der Stereoanlage mitteilen, dass ich da bin und diese wird meine Lieblings-CD abspielen. Der Eiskasten wird dem Lieferanten verraten, dass ich soeben das letzte Ei in die Pfanne geschlagen habe, und der leere Benzintank wird das Navigationssystem meines Autos veranlassen, mich auf die nächstgelegene Tankstelle aufmerksam zu machen, ... wenn ich all das will und nicht den Off-Schalter betätige. Die weitere Entwicklung der Computer wird also einerseits von „*Computer Power*", also der rapide weiter wachsenden Leistungsfähigkeit (bei schrumpfender Größe) und andererseits von „*Connectivity*", also der Fähigkeit, mit Mensch und Maschine zu kommunizieren, geprägt sein. Für die Computervernetzung über das Internet heißt dies: „*low cost, high speed and wireless*"!

Dieses Zusammenwachsen der Geräte erfordert aber noch etwas: vereinheitlichte *Standards*. Nur dann, wenn die Formate für Stecker, Hardware und Software zusammenpassen, wird diese Vernetzung Realität werden. Der dafür erforderliche Druck wird von den Konsumenten kommen, die weder das „alles aus einer Hand"-Prinzip noch verschiedene, untereinander nicht kompatible Systeme verschiedener Anbieter akzeptieren werden.

Die derzeit laufende Diskussion über *Open Source* ist spannend. Der Gedanke, dass Software in einem Gegenmodell zur kommerziellen Welt von einer Commu-

---

[36]) *Gordon Moore* war Geschäftsführer von Intel, als er 1968 dieses Prinzip formulierte.

nity weiterentwickelt wird, die das Produkt jeweils wieder der Allgemeinheit ebenso unentgeltlich zur Verfügung stellt, hat etwas Faszinierendes an sich. Ich erlebe es freilich in der Praxis anders. Wenn man einem Unternehmer sagt, er solle die unter Zuhilfenahme von Open Source entstandenen Produkte, für die er selbst hohe Entwicklungskosten hatte, wiederum der Allgemeinheit (und damit auch seinen Hauptkonkurrenten) gratis zur Verfügung stellen, so sieht er die Welt regelmäßig anders und plädiert dafür, dass ihm diese Weiterentwicklung selbstverständlich als sein Know-How, als sein „Geistiges Eigentum", zur wirtschaftlichen Verwertung vorbehalten bleiben muss. Er benötigt dies, um seine eigenen Investitionen wieder hereinzubekommen. Die Formel *„Innovation = Invention + Exploitation"* hat viel für sich. Nur wenn dem Innovator auch die wirtschaftliche Auswertung seiner „Erfindung" ermöglicht wird, kann man erwarten, dass er diese Arbeit auf sich nehmen und das Produkt der Allgemeinheit zugänglich machen wird.

3.12. Internet

Literaturhinweise – Allgemein: *Bock*, Die Vergabe von Internet Domain-Names – ein neuer Lösungsansatz, sic! 1997, 267; *Gantner*, Computerviren – Technik und Recht (1995); *Auer/Loimer*, Zur Strafbarkeit der Verbreitung von Kinderpornographie über das Internet, ÖJZ 1997, 613; *Kucsko*, Internetomania und andere Entwicklungen, ÖBl 1997, 209; *Mayer-Schönberger*, Das Recht am Info-Highway (1997); *Mayer-Schönberger/Schneider-Manns-Au*, Der Jurist am Info-Highway (1997); *Jahnel/Mader*, EDV für Juristen – Grundriss der Rechtsinformatik[2] (1998); *Jochum* (Hrsg), Recht, Moral und Datenhighway (1998); *Laga*, Rechtsprobleme im Internet (1998); *Reinbothe*, Neue Medien und Urheberrecht, ÖBl 1998, 155; *Thiele*, Das Internet in der anwaltlichen Berufspraxis, AnwBl 1998, 670; *Thiele*, Straftaten im Cyberspace, MR 1998, 219; *Höhne*, Anwaltswerbung im Internet, ÖBl 1999, 610; *Kilches*, Juristische Informationen im Internet, Nova & Varia 1999/3, 78; *Mayer-Schönberger/Pilz*, E-Commerce: Rechtliche Rahmenbedingungen und Notwendigkeiten, AnwBl 1999, 217; *Schweighofer*, Rechtsinformatik und Wissensrepräsentation (1999); *Thiele*, Die Publikation von Gerichtsentscheidungen im Internet, RZ 1999, 215; *Tumpel*, Steuern im Cyberspace! ecolex 1999, 238; *Biegler* (Hrsg), www.electronicbusiness.at (2000); *Ellmaier*, Internet für Steuerberufe (2000); *Iltschev/Ludwig*, Ertragsteuerliche Behandlung des e-commerce, ecolex 2000, 475; *Kind/Menzel* (Hrsg), Rechtsinformatik (2000); *Kucsko/Madl*, doingbusiness.at (2000); *Reischl/Sundt*, Das vierte W (2000); *Schramböck*, Gewerberechtliche Schranken des e-commerce, ecolex 2000, 484; *Schweighofer*, Wer reguliert das Internet? MR 2000, 347; *Schweighofer/Menzel* (Hrsg), E-Commerce und E-Government – Aktuelle Fragestellungen der Rechtsinformatik (2000); *Traudtner/Höhne*, Internet und Gewerbeordnung, ecolex 2000, 480; *Turnheim* (Hrsg), Kommunikation 2001 (2000); *Wessely*, Die Tücken der Technik – Zum „maschinellen" Verkehr zwischen Bürger und Behörde, ÖJZ 2000, 701; *Zechner/Altendorfer/Ponstingl*, Handbuch Internet (2000); *Feldner/Forgó/Kremnitzer/Philapitsch* (Hrsg), Chaos Control – Das Internet als dunkle Seite des Rechts? (2001); *Kilches*, Steuerrecht und Internet – Neuerungen, ecolex 2001, 357; *Pollack*, Wem gehört das Internet, Homepages 2001/1, 14; *Rothmüller/Ruhle*, Internet-Zugangsmodelle im internationalen Vergleich, MR 2001, 121; *Thurnher/Hohensinner*, ...fragen Sie Ihren Internet- Apotheker: Arzneimittelvertrieb und das Internet, ecolex 2001, 493; *Wiedenbauer*, Online-Magazine und medienrechtliche Ordnungsvorschriften, MR 2001, 73; *Barbist/Gruber/Oberkofler/Stomper* (Hrsg), Praxishandbuch Internetrecht (2002); *Filzmoser*, Gewerbe- und berufsrechtliche Aspekte des E-Commerce-Gesetzes, RdW 2002, 322; *Mosing/Otto*, Internet-Adressverwaltung in Österreich, MR 2002, 176.

Wettbewerbs- und Immaterialgüterrecht: *Kucsko*, Internetomania und andere Entwicklungen, ÖBl 1997, 209; *Mayer-Schönberger/Hauer*, Kennzeichenrecht & Internet Domain Namen, ecolex 1997, 947; *Schanda*, Internet Domain Names and Rights in Distinctive Marks: A German and Austrian Perspective,

C.T.L.R. 1997, 221; *Höhne*, Namensfunktion von Internet Domain Names? ecolex 1998, 924; *Kapferer/Pahl*, Kennzeichenschutz für Internet-Adressen, ÖBl 1998, 275; *Walter*, „JUSLINE" – „domaingrabbing" im Internet, MR 1998, 106; *Brandl/Fallenböck*, Zu den namens- und markenrechtlichen Aspekten der Domain-Namen im Internet, wbl 1999, 481; *Brandl/Fallenböck*, Der Schutz von Internet Domain Namen nach UWG, RdW 1999, 186; *Kilches*, Internet-Streitigkeiten: Domain-Grabbing, RdW 1999, 638; *Kothoff*, Fremde Kennzeichen in Metatags: Marken und Wettbewerbsrecht, K&R 1999, 157; *Menke*, Die Verwendung fremder Kennzeichen in Metatags: Ein Fall für das Kennzeichen- und /oder das Wettbewerbsrecht? WRP 1999, 982; *Schanda*, Replik auf Höhne, Namensfunktion von Internet Domain Names? ecolex 1999, 181; *G. Schönherr*, Wettbewerbsrechtliche Aspekte des Internet, ÖBl 1999, 267; *Thiele*, Der Gerichtsstand bei Wettbewerbsverstößen im Internet, ÖJZ 1999, 754; *Thiele*, E-mail-Werbung zulässig, RdW 1999, 386; *Thiele*, Erste Anmerkungen zur Novelllierung des § 101 TKG, RdW 1999, 570; *Essl*, Domain-Grabbing als Straftatbestand, ÖBl 2000, 250; *Essl*, E-Commerce-Richtlinie und Wettbewerbsrecht: Eine kritische Anmerkung, ÖBl 2000,156; *Essl*, Freihaltebedürfnis bei generischen und beschreibenden Internet-Domains? ÖBl 2000, 99; *Höhne*, Zum Stand der Domain-Judikatur des OGH, MR 2000, 356; *Kur*, Metatags – pauschale Verurteilung oder differenzierende Betrachtung? CR 2000, 488; *Laga*, Das österreichische Spam-Verbot. Ein rechtlich bedenkliches Kuriosum, ÖBl 2000, 243; *Mayer-Schönberger*, Das Immaterialgüterrecht in der Informationsgesellschaft – Ein Essay, ÖBl 2000, 51; *G. Schönherr*, Wettbewerbsrechtliche Aspekte des Internet, ÖBl 2000, 267; *Schramböck*, Urheberrechtsschutz von Internet-Websites und anderen Bildschirmdarstellungen von Computerprogrammen, ecolex 2000, 126; *Seidelberger*, Wettbewerbsrecht und Internet, RdW 2000, 518; *Stockinger/Kranebitter*, Kriterien für den rechtmäßigen Gebrauch von Internet-Domain-Bezeichnungen, MR 2000, 3; *Thiele*, Verträge über Internet Domains, ecolex 2000, 210; *Thiele*, Checkliste Internet Domains – Vertragsgestaltung, ecolex 2000, 218; *Thiele/Fischer*, Domain Grabbing im englischen und österreichischen Recht, wbl 2000, 351; *Thiele/Rohlfing*, Gattungsbezeichnungen als Domain-Namen, MMR 2000, 591; *Urlesberger*, e-commerce und Kartellrecht, ecolex 2000, 374; *Wagner*, Unbefugter Zugriff auf e-Mail, ecolex 2000, 273; *Bottenschein*, Namensschutz bei Streitigkeiten um Internet-Domains, MMR 2001, 286; *Burgstaller*, BGH: Gattungs-Domains sind zulässig! MR 2001, 254; *Burgstaller*, Pfändung von Internet Domains – (k)ein Problem! ecolex 2001, 197; *Burgstaller*, Internet-Domain – eine pfändbare Sache? RdW 2001, 258; *Burgstaller*, „VANITY-Nummern" – Telefon- und Internetadressen in einem, ecolex 2001, 753; *Essl*, BGH lässt Gattungsbegriffe als Internet-Domains zu, ecolex 2001, 545; *Fallenböck/Stockinger*, Update Domainrecht: „Typosquatting", Domains im Kollisionsrecht, MR 2001, 403; *Grünzweig*, Haftung für Links im Internet nach Wettbewerbsrecht, RdW 2001, 521; *Haller*, Music on demand – Internet, Abrufdienste und Urheberrecht (2001); *Höhne*, Von Hyperlinks und Metatags, MR 2001, 109; *Kilches*, Exekution auf Internet-Domains, RdW 2001, 390; *Kucsko*, Panta Rhei und Weblog-Panik, ÖBl 2001, 97; *Mayer-Schönberger/Galla /Fallenböck*, Das Recht der Domain Namen (2001); *Medwenitsch/Schanda*, Download von MP3-Dateien aus dem Internet, ecolex 2001, 215; *Oberkofler*, (Ver-)Pfändung von Internet-Domains – Neue Entwicklungen im Domain-Recht, MR 2001, 185; *Plöckinger/Gassner*, Strafrechtliche Überlegungen zum Domain-Grabbing, MR 2001, 180; *Schramböck*, Rechtliche Fragen bei Domain-Namen-Konflikten, transfer 2001, 2; *Silberbauer*, Unlauterer Wettbewerb im Internet, ecolex 2001, 345; *Stomper*, Wettbewerbsrechtliche Mitverantwortlichkeit für verlinkte Inhalte, RdW 2001, 388; *Stomper*, Gattungsbezeichnungen als Domain-Namen, ecolex 2001, 351; *Stomper*, Verantwortung der Domain-Vergabestelle für Kennzeichenverletzungen, RdW 2001, 136; *Thiele*, Pfändung von Internet Domains, ecolex 2001, 38; *Thiele*, Meta-Tags und das österreichische Wettbewerbsrecht, ÖJZ 2001, 168; *Thiele*, „.EU" – Neues Domain-Grundgesetz für Europa? RdW 2001, 140; *Thiele*, Recht und billig – Das Internet-Domain-Schiedsgericht der WIPO, RdW 2001, 3; *Wessely*, Privatsphäre im Internet, MR 2001, 135; *Zankl*, OGH erlaubt meta-tags im Internet, AnwBl 2001, 316; *Zankl*, Verantwortlichkeit für fremde Internetinhalte, JBl 2001, 409; *Anderl*, Zum Umfang der Haftung der Domain-Vergabestelle, ecolex 2002, 189; *Anderl*, Kritische Gedanken zur Judikatur über die Haftung der Domain-Vergabestellen, AnwBl 2002, 138; *Anderl*, Streitschlichtungsverfahren für die TLD.at – Stein der Weisen? AnwBl 2002, 385; *Burgstaller*, Domainübertragung auch im Provisorialverfahren? MR 2002, 49; *Fallenböck*, „shell.de" – Zum Recht der Gleichnamigen bei Internet Domains, RdW 2002, 525; *Fallenböck/Kaufmann/Lausegger*, Ortsnamen und geografische Bezeichnungen als Internet-Domain-Namen, ÖBl 2002, 164; *Kilches*,

Verwendung von Gattungsbegriffen als Domain-Namen nicht wettbewerbswidrig! RdW 2002, 11; *Stomper*, Markenrechtliche Aspekte bei Meta-Tags, MR 2002, 340; *Thiele*, Banner Grabbing als neue Werbemethode im Internet, RdW 2002, 331; *Thiele*, Shell gegen Shell – eine neue Dimension des Domainrechts? MR 2002, 198; *Anderl*, Die Domain-Streitschlichtung für .at, MMR 2003, 374; *Gruber*, Internet und UWG, in *Gruber/Mader*, Privatrechtsfragen des e-commerce (2003) 205; *Jahn/Häussle*, Aktuelle Entscheidungspraxis zum Internet im Bereich des gewerblichen Rechtsschutzes (I), GesRZ 2003, 66 und 144; *Karl*, Die Verletzung von Serien- und Wort-Bild-Marken durch Domain-Namen, ÖJZ 2003, 128; *Skribe*, Wettbewerbsrechtliche Aspekte von Links im World Wide Web (2003); *Thiele*, Internet-Domains und Kennzeichenrecht, in *Gruber/Mader*, Privatrechtsfragen des e-commerce (2003) 87; *Thiele*, Domain Sharing – der Königsweg im flachen Adressraum? RdW 2003, 249; *Wolfsgruber*, Internationale Domain-Verwaltung und Registrierung einer Domain unter „at", in *Gruber/Mader*, Privatrechtsfragen des e-commerce (2003) 71; *Handig*, Zulässigkeit der Darstellung von Inhalten Dritter auf einer Webpage, RdW 2003, 365. Zur urheberrechtlichen Spezialliteratur Seite 1172.
Zivilrecht: *Brandl/Mayer-Schönberger*, Die Haftung von Online-Diensten für übermittelte Inhalte, ecolex 1996, 129; *Czernich*, Kauf- und Dienstleistungsverträge im Internet, ecolex 1996, 82; *Madl*, Vertragsabschluss im Internet, ecolex 1996, 79; *Brenn*, Zivilrechtliche Rahmenbedingungen für den rechtsgeschäftlichen Verkehr im Internet, ÖJZ 1997, 641; *Jaburek/Wölfl*, Cyber-Recht, Marktplatz Internet – schrankenlose Geschäfte (1997); *Kilches*, Fernabsatzrichtlinie – Europäisches Electronic Commerce Grundgesetz? MR 1997, 276; *Brenn*, Der elektronische Geschäftsverkehr, ÖJZ 1999, 481; *Brenn*, Haftet ein Internet-Service-Provider für die von ihm verbreiteten Informationen? ecolex 1999, 249; *Fallenböck/Haberler*, Rechtsfragen bei Verbrauchergeschäften im Internet (Online-Retailing), RdW 1999, 505; *Graf*, Wer haftet beim Telebanking? ecolex 1999, 239; *Kilches*, Electronic Commerce Richtlinie, MR 1999, 3; *Knobl*, Der künftige Regelungsrahmen der Ausgabe von „electronic money", ecolex 1999, 244; *Mohr*, Elektronischer Kauf – Verbraucherschutz im Fernabsatz, ecolex 1999, 247; *Mohr*, KSchG-Novelle 1999 – Verbraucherschutz im Fernabsatz, ecolex 1999, 755; *Riedl*, Auch die UNCITRAL mengt sich in den elektronischen Geschäftsverkehr ein, ecolex 1999, 241; *Schauer*, e-commerce in der Europäischen Union (1999); *Thiele*, Form- und Fristwahrung durch elektronische Übermittlung einer Textdatei? MR 1999, 7; *Tonninger*, Rechtsverletzung im Internet – Providerhaftung? ecolex 1999, 251; *Zankl*, Neue Fälligkeitsregeln und Informationspflichten im Internet (Fernabsatz), ecolex 1999, 350; *Zankl*, Rücktritt vom Vertrag im Fernabsatz (insb Internet), ecolex 1999, 416; *Zankl*, Haftung für Fehlinformation im Internet, ecolex 1999, 473; *Zib*, Electronic Commerce und Risikozurechnung im rechtsgeschäftlichen Verkehr, ecolex 1999, 230; *Brandl/Kalss*, Vermittlung von Finanzdienstleistungen im Internet, ecolex 2000, 751; *Gruber/Mader*, Internet und e-commerce – Neue Herausforderungen an das Privatrecht (2000); *Koziol/Welser*, Bürgerliches Recht[11] II (2000) 369; *Kresbach*, E-Commerce (2000); *Laga/Reissner*, Sicherer elektronischer Geschäftsverkehr (2000); *Thaler*, Vertragsabschluss bei Online-Auktionen, ecolex 2000, 568; *Wessely*, Internetauktionen – Steiger' dich rein! MR 2000, 266; *Zankl*, Rechtsqualität und Zugang von Erklärungen im Internet, ecolex 2001, 344; *Zankl*, Haftung für Hyperlinks im Internet, ecolex 2001, 354; *Horak*, werbung@internet (2002); *Stomper*, Kollision Domain - Namensrecht, RdW 2002, 140; *Gruber*, Die Haftungsbestimmungen im ECG, in *Gruber/Mader*, Privatrechtsfragen des e-commerce (2003) 243; *Mader*, Zur Zahlung beim Online-Vertrag, in *Gruber/Mader*, Privatrechtsfragen des e-commerce (2003) 45; *Mottl*, Zur Praxis des Vertragsabschlusses im Internet, in *Gruber/Mader*, Privatrechtsfragen des e-commerce (2003) 1; *Roth*, Internationales Vertrags- und Wettbewerbsrecht bei Internetsachverhalten, in *Gruber/Mader*, Privatrechtsfragen des e-commerce (2003) 253.

Genial: Ein Eiskasten mit Internetanschluss, das zum Inhalt passende Kochrezept kann man am Display der Türe ablesen, was fehlt, wird sogleich online nachbestellt. Es ist erstaunlich, wie weit verbreitet gerade diese Zukunftsvision ist. Sie wird fast so oft zitiert, wie die hinlänglich bekannte Geschichte des Internet, von dessen militärischem Ursprung Ende der 50er Jahre (ARPAnet – Advanced Research Projects Agency Network) über seine Verbreitung zur Vernetzung wissenschaftlicher Forschungsinstitutionen bis zum globalen Massenkommunikationsmittel des 21. Jahrhunderts, an das Österreich seit 1989 angeschlossen ist.[37] Väter hat es inzwischen – wie jede erfolgreiche Idee – viele.[38] Für unseren Bereich ist seine historische Entwicklung allerdings wenig aufschlussreich. Es bleibt nur, nochmals festzuhalten, dass dieses weltumspannende Recherchen- und Datenbanksystem in kürzester Zeit, ohne Vorgaben durch Juristen und Politiker und technisch – relativ – störungsfrei entstanden ist. 1969 fand die erste Internet-Übertragung statt, 1993 schätzte man bereits eine Million Teilnehmer, 1998 einhundert Millionen und für 2002 wurden dreihundert Millionen prognostiziert.[39] Es hat wichtige neue Wirtschaftsbereiche erschaffen und alte in die „new economy" katapultiert. Es hat unsere Kommunikationswege revolutioniert und unseren Planeten kleiner gemacht. Es hat aber auch neue Rechtsfragen aufgeworfen, die nunmehr abzuarbeiten sind. Dabei ist ein Phänomen besonders interessant: Diese technologische Entwicklung ging so schnell wie eine Epidemie über das Land, dass gar nicht Zeit war, rechtliche Rahmenbedingungen zurecht zu zimmern. Gefordert war daher primär die Rechtsprechung. Sie musste sich innerhalb kurzer Zeit mit diesem neuen Gebiet vertraut machen und alte Werkzeuge zu sinnvollen Resultaten anwenden. Dies ist weitestgehend gelungen und der Ruf nach einer eigenen Internetgesetzgebung ist verstummt. Es werden nur zu Teilaspekten Justierungen erforderlich sein. Die globale Harmonisierung von Rechtsvorschriften wird uns insbesondere im Wettbewerbs- und Immaterialgüterrecht ohnehin nicht erspart bleiben; aber ich beginne mich zu wiederholen (Seite 6).[40] Ich werde daher in diesem Buch weder dem „Internetrecht" (auch nicht unter dem Schlagwort „Informationsrecht") noch einzelnen Spezialthemen (wie beispielsweise den „Domain Names") eigene Kapitel widmen. Die spezifischen Fragen im Zusammenhang mit diesem Medium werden vielmehr an der je-

Ein Eiskasten aus der Vor-Internet-Zeit.

---

[37]) Dazu: *Maurer/Lampl*, in: Meilensteine der Menschheit (Brockhaus 1999) 409ff; *Turnheim* (Hrsg), Kommunikation 2001 (2000) 138.

[38]) Entwickelt wurde es im Wesentlichen von *Tim Berners-Lee* am CERN (Conseil Européen pour la Recherche Nucléaire) in Genf. Der Begriff „Information Highway" wird *Al Gore*, früherer US-Vizepräsident, zugeschrieben.

[39]) *Broukal*, in *Turnheim* (Hrsg), Kommunikation 2001 (2000) 14.

[40]) Zur Notwendigkeit der Harmonisierung etwa *Kucsko*, MP3 macht Musik frei? Urheberrechtsverletzungen im Internet, *Gravenreuth*, Regelloses Internet? Das Internet zwischen europäischem Normaktionismus und nationaler Lethargie, *Philapitsch*, Regelloses Internet? Das Scheitern der Cyberlaw-Diskussion an unklaren Begriffen (Koreferat), alle in *Feldner/Forgó/Kremnitzer/ Philapitsch* (Hrsg), Chaos Control (2001) 45.

weils systematisch passenden Stelle des betreffenden juristischen Sachthemas erörtert werden. Die jüngere Judikatur spiegelt die wachsende Bedeutung des Internet gut wieder. Immer mehr Entscheidungen befassen sich direkt oder indirekt mit den Werbeauftritten im Internet, sei es die irreführende Verwendung von Abbildungen in einer Homepage[41] oder das Herstellen von Links zu fremden Websites, die Haftung von Internet-Providern oder die Beurteilung von Metatags. Dazu ein paar Schlaglichter, ein paar Schlagworte, „die man kennen muss":

- **Internet** (International Network): Dieser Begriff bezeichnet ein weltweites Netzwerk von Computern, die ständig oder zeitweise miteinander verbunden sind. Die Verbindung zum Internet wird entweder mit einem *„Modem"* über eine Leitung hergestellt („normale" Telefonleitung oder eine ISDN-Leitung, die bereits eine höhere Übertragungsrate aufweist und daher dafür sorgt, dass die Inhalte schneller von und zu Ihnen transportiert werden, oder eine noch deutlich schnellere Verbindung über ADSL, wie es die Telekom Austria anbietet, oder ein Breitband-Kabelanschluss, wie bei UPC-Telekabel). Oder man stellt den Kontakt zum Internet über eine Funkverbindung (mit einem Handy oder einem handyähnlichen Gerät, wie dem CardPhone von Nokia) her.
- **Intranet**: ist ein firmeninternes Netzwerk von Computern, ähnlich dem Internet, aber eben auf eine Firma beschränkt.
- **Extranet**: Wird ein solches Intranet auch auf Außenstellen ausgedehnt (Außendienstmitarbeiter, Filialstellen oder auch Kunden, denen man einen beschränkten und passwortgeschützten Zugang gewährt), so bezeichnet man dies als Extranet.
- **www** (World Wide Web): Das World Wide Web ist ein spezieller Dienst im Internet. Man verbindet seinen Computer über eine Telefonleitung (oder über das Handy) mit seinem Serviceprovider, ist in einem globalen Netzwerk von millionen Computern und kann auf diesen vernetzten Datenbestand zugreifen. Übrigens stammt das www nicht aus Amerika. Es wurde im 1953 gegründeten CERN (Conseil Européen pour la Recherche Nucléaire - European Organisation for Nuclear Research) in Genf entwickelt.
- **WAP** (Wireless Application Protocol): ermöglicht das Surfen mit dem Handy.
- **W3C** (World Wide Web Consortium): Institution zur Koordination von Standards im www. Das W3C hat über 500 Mitglieder (Unternehmen, Universitäten, Forschungseinrichtungen etc); nähere Informationen finden Sie unter www.w3c.org.
- **ISP** (Internet Service Provider): Um ins Internet einzusteigen, stellt man für die erforderliche Zeit eine (Kabel- oder Funk-)Verbindung zu einem Provider her, der seinerseits rund um die Uhr ans Internet angeschlossen ist.
- **Protocol**: Als „Protokoll" bezeichnet man eine Konvention zur Vereinheitlichung der Kommunikation zwischen verschiedenen Systemen. Ohne Einigung auf ein bestimmtes, allgemein verwendetes Protokoll könnten die unterschiedlichen Systeme (verschiedener Hersteller) einander nicht „verstehen".
- **IP** (Internet Protocol): So Leid es mir tut, aber die Techniker haben diesen Begriff, der von Juristen als Abkürzung für „Intellectual Property" verwendet wird,

---

[41]) OGH 19. 12. 2000, 4 Ob 308/00y – Numtec-Interstahl – ÖBl-LS 01/48, 49 = RdW 2001/237 = ÖBl 2001, 126 = MR 2001, 118 = ecolex 2001, 462 (*Schanda*) = MMR 2001, 516 (*Schanda*) = GRUR Int 2001, 796.

ebenfalls in Anspruch genommen. Sie bezeichnen damit ein System zur Identifikation jedes einzelnen Computers im Netz (IP-Adresse). Die Daten werden im Internet paketweise (auf unterschiedlichen Wegen) versandt. Damit sie am richtigen Ziel landen, tragen sie jeweils die IP-Adresse mit sich.

- **FTP** (File Transfer Protocol): Dieses Protokoll wird für den Up- und Download von Daten verwendet.

Gemütliches Internet-Café in Amsterdam.

- **TCP** (Transmission Control Protocol): Dieses Übertragungsprotokoll sichert die Übermittlung von Daten in derselben Reihenfolge, in der die einzelnen Datenpakete versandt wurden.
- **http** (Hypertext Transfer Protocol): Übertragungsprotokoll fürs Internet.
- **TCP/IP** (Transmission Control Protocol/ Internet Protocol): Dieser Standard für die Datenübertragung in Netzwerken besteht aus mehreren Einzelprotokollen. – Sie merken es wohl schon an der Kürze meiner Erklärungsversuche: Die Anzahl unterschiedlicher Protokolle, mit eindrucksvollen Abkürzungen und Volltiteln, aber offenbar unterschiedlichen technischen Funktionen, ist für den Autor dieses juristischen Buches mehr als herausfordernd; ich bitte die Techniker dafür um Nachsicht.
- **HTML** (Hyper Text Markup Language): bezeichnet ein einheitliches Dateiformat für die Texte im Internet. Ohne diese Vereinheitlichung wäre es nicht möglich, dass Sie die Dokumente verschiedenster Anbieter lesen können. Wollen Sie einen Text ins Internet stellen? Dann formatieren sie ihn bitte in html.
- **XML** (Extensible Markup Language): Ender der 90er Jahre als Alternative zu HTML entwickeltes Format.
- **IP-Adresse**: Jeder Computer im Internet trägt eine solche Adresse, um identifizierbar zu sein. Sie besteht aus einer Zahlenfolge, die länger als übliche Telefonnummern und daher schwer zu merken ist. Sie besteht aus einer Reihe von 4 Zahlen, die jeweils zwischen 0 – 255 liegen. Unsere IP-Adresse ist zB 195.70. 228.230.
- **Domain-Name**: Da die IP-Adresse schwer zu merken ist, werden alphanumerische Domain-Namen kreiert, die ebenfalls nur einmal vergeben werden und daher für eine eindeutige Zuordnung sorgen. Unser Domain-Name lautet zB: schoenherr.at (ist doch viel leichter zu merken, als die IP-Nummer 195.70.228. 230!).[42]
- **DNS** (Domain Name System): Dieses System ist das Verbindungsglied. Es regelt die Übersetzung von Domain Namen in die IP-Adressen. Sie geben also www.schoenherr.at ein und das DNS übersetzt das in 195.70.228.230.

---

[42]) Eine sehr gute Zusammenstellung der Fakten über Domain-Namen, ihren Aufbau, ihre Funktion und ihre Vergabe findet sich in OGH 17. 8. 2000, 4 Ob 158/00i – gewinn.at – MR 2000, 322 = wbl 2000, 579 = EvBl 2001/20 = ecolex 2001, 128 (*Schanda*) = RdW 2001/32 = ÖJZ-LSK 2001/8 = GRUR Int 2001, 468 = MMR 2001, 307 (*Schanda*).

details | grundstrukturen

- **URL** (Uniform Resource Locator): Das ist die spezielle Adresse einer Datei im Internet. Man benötigt sie, um auf diese Daten zugreifen zu können. Mein Lebenslauf ist beispielsweise auf unserer Website www.schoenherr.at unter der URL: http://www.schoenherr.at/partners/kucsko.htm abgelegt.
- **TLD** (Top Level Domain): So wird jener Bestandteil der URL bezeichnet, der den Domain-Name-Inhaber und sein Angebot näher charakterisiert: als Länderkennung bezeichnet „.at" Österreich („.de" steht für Deutschland usw), als Artbezeichnung steht „.com" für kommerzielle Angebote, „.org" für Organisationen, „.ac.at" für akademische Institutionen in Österreich, „.edu" für das Unterrichtswesen, „.gv.at" für österreichische staatliche Institutionen, usw.
- **ICANN** (Internet Corporation for Assigned Names and Numbers): Diese Institution verwaltet das DNS auf globaler Ebene. Sie finden Sie unter www.icann.org.
- **nic.at** (NIC.AT Internet Verwaltungs- und Betriebs GmbH): Sie ist als Vergabestelle für .at-Domains zuständig. Nähere Informationen finden Sie unter www.nic.at.
- **UDRP** (Uniform Domain Name Dispute-Resolution Policy): Richtlinie über die Streitschlichtung bei .com, .net und .org top-level domains.[43]
- **online**: bedeutet, dass man direkt mit einem EDV-System (bzw dem Internet) verbunden ist. Lädt man sich hingegen Daten auf einen Speicher (zB Festplatte des PCs) herunter, um daran nach dem Ausstieg aus dem Internet weiterzuarbeiten, so bezeichnet man diesen weiteren Zugriff als „offline".
- **Baud**: Maßeinheit für die Übertragungsgeschwindigkeit (vor allem dann von Interesse, wenn Sie ein Modem auswählen: je weniger Baud, desto länger müssen Sie bei der Datenübertragung warten).
- **Website**: So wird das Informationsangebot genannt, das unter dem Domain Name aufrufbar ist. Eine Website besteht zumeist aus mehreren *Webseiten*, das ist jeweils der Inhalt eines Browser-Fensters. Über Hyperlinks sind die Webseiten miteinander verknüpft und aufrufbar.
- **Homepage**: Die erste Seite (Titelseite) einer Website. Hier findet sich zumeist eine Begrüßung, oder – zeitsparend und daher benutzerfreundlich – auch gleich ein verzweigtes Inhaltsverzeichnis, um auf die weiteren Inhalte der Website zugreifen zu können.
- **Link**: Als „Link" oder „*Hyperlink*" bezeichnet man die Verknüpfung zwischen Datensätzen: Sie klicken auf einen Hyperlink und gelangen so auf eine andere Stelle derselben Seite, desselben Dokuments, oder auch zu einer bestimmten Stelle in einer anderen Website. Es ist ein Wesensprinzip der Internettechnologie und wir werden uns bald so daran gewöhnt haben, dass es uns in „analogen Medien" wie Büchern abgeht. Hier kann ich nur durch Seitenangaben auf andere Stellen des Buches verweisen, aber den Inhalt anderer Bücher nicht unmittelbar zugänglich machen. Die Haftung für Links (bzw den Inhalt jener Stelle, zu der ich einen Link setze), hat übrigens bereits den OGH beschäftigt.[44]
- **Weblog**: persönliche, im Internet publizierte Linksammlung.

---

[43]) Details: http://www.icann.org/udrp/udrp.htm.
[44]) OGH 19. 12. 2000, 4 Ob 274/00y – jobmonitor.com – ecolex 2001, 356 = MMR 2001, 518 (*Schanda*)

- **Portal:**[45] Traum jedes ambitionierten Website-Betreibers: Als Portal bezeichnet man solche Websites, die als Zutritt zum Internet verwendet werden (also die erste Seite, die aufgeht, wenn man die Verbindung zum Internet herstellt). Von dort aus unternimmt dann der User seine Streifzüge durch das Internet. Je attraktiver ein Portal ist (vielseitiges, interessegerechtes, zuverlässiges Angebot, häufige Aktualisierung), umso mehr Menschen werden dieses Portal als Einstiegsseite wählen. Dies erhöht die Zugriffe auf das Portal und damit auch dessen wirtschaftlichen (Werbe-)Wert.
- **Browser:** „To browse through a book" bedeutet „in einem Buch schmökern". Es lag daher nahe, dieses Wort auch für das Blättern im gigantischen Datenbestand des Internets zu wählen. Die Software, die dies ermöglicht, indem sie die Daten auffindbar und am Bildschirm sichtbar macht, nennt man „Browser". Am gebräuchlichsten sind derzeit wohl der „*Internet Explorer*" von Microsoft und der „*Netscape Navigator*". Die Darstellung des Inhalts (Content) erfolgt im *Browserfenster*. Heute ist es üblich, dieses Fenster nicht nur jeweils mit einem einzigen HTML-Dokument zu füllen, sondern verschiedene „*Frames*" einzurichten, denen dann jeweils getrennte Dokumente zugewiesen werden. Dadurch bleibt beispielsweise der linke Rand mit der „*Navigationsleiste*" immer stehen, während im rechten Frame der Inhalt jeweils wechselt, je nach dem, welche Überschrift in der Navigationsleiste angeklickt wird.
- **Surfen:** Durch das Anklicken von Links gelangt man im Internet von einer Website zur nächsten. Dieses „Herumblättern" nennt man „surfen".
- **Bookmark:** Auch im www gibt es „Lesezeichen", die Sie sich in Ihrem Browser vermerken und dann wieder anklicken können, wenn Sie zu der betreffenden Website gehen wollen. Dadurch ersparen Sie es sich, jedesmal neu die URL einzugeben.
- **Search Engine:** „Suchmaschinen" indizieren den Inhalt von Websites und erleichtern so die Suche. Es genügt die Eingabe eines gesuchten Wortes und man erhält eine (mehr oder weniger lange) Liste von Websites, auf denen der Begriff vorkommt. „*Metasuchmaschinen*" recherchieren ihrerseits in mehreren anderen Suchmaschinen und bringen daher regelmäßig ein noch aussagekräftigeres Suchergebnis.
- **Netiquette:** rechtlich nicht verbindliche, aber internationalen Usancen entsprechende Verhaltensweisen der korrekten Kommunikation im Internet. Vor allem im E-Mail-Verkehr wird die zunehmende Missachtung dieser Grundregeln beklagt (keine oder fehlerhafte Anrede, Tippfehler, allzu lockere Ausdrucksweise etc).[46]
- **Firewall:** Hard-und Softwareprodukte, die ein Netzwerk vor unbefugtem Zutritt schützen.
- **Gateway:** Verbindungsstelle zwischen unterschiedlichen Netzen (zB Internet und Handynetz).
- **Webvertising:** Klingt toll, heißt aber nichts anderes als „Werben im Internet (Web)".

---

[45]) Vgl *Feichtinger*, Von der Firmenwebsite zum Portal, in *Zechner/Altendorfer/Ponstingl*, Handbuch Internet (2000) 53.
[46]) Vgl etwa die msn.co.uk-Studie unter dem bezeichnenden Titel „Britain: A Nation of E-Literates" (2001).

- **Werbebanner**: Sie sind die virtuellen Plakate des Internets. Am Beginn waren es einfache Streifen auf der besuchten Website mit einer Werbeaufschrift, einem Markennamen oder einem sonstigen Hinweis. Klickt man sie an, so wird ein Link zur Website des Werbenden hergestellt. Inzwischen sind die Banner nicht nur bunt, sondern auch bewegt und erregen die Aufmerksamkeit des Betrachters durch Flash- und 3-D-Animationen mit Sound wie kleine Werbespots, verleiten ihn (durch eine Gewinnchance udgl) zum zweimal Hinschauen und möglichst zum ersehnten Klick.
- **Metatags**: So werden Informationen über eine Website bezeichnet, die deren Inhaber in den Quelltext aufnimmt. Sie sind im Quelltext enthalten und daher für den Betrachter der Website nicht sichtbar. Wohl aber werden sie von Suchmaschinen gefunden. Diese suchen nämlich nicht bloß im sichtbaren Text der Websites, sondern auch in den Metatags. Findet sich ein Suchbegriff (auch) in den Metatags, so wird die Relevanz der betreffenden Website für das Suchergebnis regelmäßig höher bewertet.[47] Man kann also durch die für den Benutzer unsichtbare Eingabe eines Begriffs (zB eines Markennamens) im Quelltext erreichen, dass die betreffende Website unter den Suchergebnissen prominent an der Spitze gereiht wird, obwohl sie im Text vielleicht gar nichts mit diesem Schlagwort zu tun hat. Auf diese Weise kann man die Besucherfrequenz der Website erhöhen. Dass dies unter Umständen unlauter ist und/oder fremde Kennzeichenrechte verletzt, liegt auf der Hand (Seite 439).
- **Pop-ups**: Sie erscheinen überraschend und mitunter lästig plötzlich am Bildschirm, kleine Fenster mit Gratisangeboten und vor allem Werbung.
- **Instant Messenger**: Damit können Internetbesucher direkt miteinander Botschaften austauschen („chatten"). Sie müssen also nicht eine E-Mail senden und erst warten, bis die Antwort-E-Mail einlangt. Besonders komfortabel sind jene Systeme, die den Gast beim Einstieg sogleich darüber informieren, wer seiner Freunde ebenfalls gerade im Internet (also „online") ist, damit man sogleich einen Chat beginnen kann.
- **Avatare**: Das sind künstliche Figuren, die einfache Comics-Zeichnungen weit hinter sich lassen. sie sehen nicht nur ideal aus, sie bewegen sich, erscheinen dreidimensional, sprechen und geben dem Besucher einer Website Informationen, führen ihn herum und lernen sogar von ihm. Sie beobachten sein Userverhalten und stellen sich darauf ein. Gelegentlich kann der Besucher auch an ihrer Erschaffung teilhaben und ihnen gewisse Aussehens- und Wesenszüge zuordnen, ihnen seine speziellen Interessen mitteilen, kurz, sich eine zweite virtuelle Existenz im Internet schaffen, die dort für ihn und mit ihm agiert.
- **Userprofile**: Wissen Sie, wer ihr Werbeplakat gesehen hat? Wissen Sie, wofür sich jener Passant, der es genauer betrachtete, sonst noch interessiert? Im Internet ist dies relativ leicht feststellbar. Der Werbende kann (durch so genanntes „Surftracing") Userprofile anlegen, die ihm nähere Auskunft über das erreichte Zielpublikum, seine regionale Zuordnung und seine Interessen geben. Dies erleichtert es ihm, seine Zielgruppe exakter zu definieren und gezielter mit Werbung anzusprechen.

---

[47]) OGH 19. 12. 2000, 4 Ob 308/00y – Numtec-Interstahl – ÖBl-LS 01/48, 49 = RdW 2001/237 = ÖBl 2001, 126 = MR 2001, 118 = ecolex 2001, 462 (*Schanda*) = MMR 2001, 516 (*Schanda*) = GRUR Int 2001, 796.

- **Online-Communities**: Davon träumt jeder Werbende, eine starke Fan-Gemeinde zu bilden, die sich regelmäßig trifft, Informationen austauscht und ihrem gemeinsamen (Konsum-)Interesse frönt. Als Mitglied der Community teilt man deren Vision, deklariert sich und definiert sich durch ihre Eigenschaften. Das Internet ist für die Bildung von Communities wie kein anderes Medium zuvor geeignet. Von nahezu jedem Ort aus kann man sich zur Kommunikation verbinden, viel unkomplizierter als bei einer Telefonkonferenz (mit dem gelegentlich sehr mühsamen Vorgang des Einwählens mehrerer Teilnehmer und dem Wirrwarr verschiedener, den Teilnehmern nicht immer zuordenbarer Stimmen). Man kann von einem *Chatroom* (so heißt der Bereich einer Website, in dem man die eigenen schriftlichen Botschaften eintippt und jene der anderen liest) zum anderen surfen, je nach Interesse. Man kann in eine laufende Diskussion einsteigen, wann immer man Lust hat, und vor allem, man kann mit einem Knopfdruck wieder aussteigen, wenn man selbige verliert, und zwar ohne Peinlichkeit, denn: die Besucher treten ohnehin regelmäßig anonym (unter einem „*Nickname*") auf. Die Werbewirtschaft hat diese Foren schnell entdeckt. Wo sonst trifft man auf einem Fleck eine Gruppe von Menschen, die an einem ganz bestimmten Thema interessiert und daher als homogene Zielgruppe definiert sind?[48]
- **E-Mail**: Dies ist ein spezieller Dienst des Internet, der es ermöglicht, Nachrichten an andere zu senden und von anderen zu empfangen. Der E-Mail können als Attachment Dateien (Dokumente, Bilder, Filme, Tondateien) angeschlossen werden. Die E-Mail-Adresse wird aus einer persönlichen Bezeichnung des Inhabers (zB „g.kucsko") und der Bezeichnung des Internetproviders, verbunden durch das Zeichen @ („at") und der Länderkennung (für Österreich: „.at", für Deutschland: „.de" usw) gebildet; also zB: g.kucsko@schoenherr.at. Wenn Sie jemandem eine Kopie Ihrer E-Mail senden wollen, so adressieren Sie diese mit „cc" („*Courtesy Copy*"). Wenn Sie andere mit massenweise versandten E-Mails „zuschütten", so nennt man dies „*Spamming*".
- **News-Mails**: Das ist nichts anderes als eine (Direkt-)Werbeform, nur dass statt Postsendungen E-Mail, verwendet werden. Auch bei Anwaltskanzleien fasst diese Werbemethode langsam Fuß. Vorteil: Man kann – sofern man über eine entsprechend selektierte mailinglist verfügt - zielgruppenspezifisch werben, der Kostenaufwand ist gering, es geht schnell, man kann eine „Response-Möglichkeit" vorsehen und letztlich eine „Community" (also einen Kreis jener, die sich genau für das betreffende Produkt oder Thema interessieren und durch den immer wiederkehrenden Kontakt zu einer treuen Gemeinde werden) aufbauen. Nachteil: Irgendwann geht der Empfänger in E-Mails unter, die er nicht einmal mehr öffnet, sondern ungelesen (vielleicht sogar automatisch) löscht. Lauterkeitsrechtlich ist das bereits ein europäisches Thema.
- **Hoaxes**: Die Bezeichnung kommt vom altenglischen „hocus" = Scherz, Falschmeldung. Hoaxes sind Ketten-E-Mails, die vor angeblichen Viren warnen. Der Versender behauptet, ein bestimmter Virus sei extrem gefährlich und es gäbe dazu derzeit noch keinen Schutz. Er fordert daher den E-Mail-Empfänger auf, diese Warnung an alle Bekannten weiterzuleiten. Auf diese Weise verbreitet sich

---

[48]) Zur Schaffung von Online-Brand-Communities *McWilliam*, Online-Communities geben Marken mehr Schub, Harvard Business manager 2/2001, 72.

das Hoax, das selbst gar kein Virus ist, virenartig über die Welt und spammt die Mail-Boxen voll.
- **Download**: Damit bezeichnet man das Herunterladen von Daten aus dem Internet auf den eigenen Computer, sei es vorübergehend, um sie am Bildschirm anzusehen, sei es dauerhaft gespeichert. Übrigens gehört dieses Wort schon zur deutschen Umgangssprache. Der *Duden*[49] übersetzt nicht nur „Download", sondern verweist auch auf die Ausdrucksform „ich habe *downgeloaded*".
- **Upload**: Das ist schlicht das Gegenteil zu Download, also das Senden von Daten aus dem eigenen Computer ins Internet.
- **Cookie**: „Süßes Keks", eine nette Bezeichnung für jene kleinen Dateien, die ein Internet-Server auf Ihrem Computer anlegt, um ein Nutzungsprofil zu erstellen, Informationen, die für den Websitebetreiber sehr nützlich sind (Der Server, der Ihnen das Cookie geschickt hat, erkennt Sie bei einem neuen Besuch wieder). Andererseits kann ein Cookie für den User insofern hilfreich sein, als er den Wiederzugriff auf die betreffende Website erleichtert.
- **Applet**: kleines Programm, das über das Internet heruntergeladen werden kann (zB Animation oder Video).
- **SET** (Secure Electronic Transaction): System für einen abgesicherten Zahlungsverkehr mit Kreditkarten im Internet.
- **PGP** (Pretty Good Privacy): im Internet verbreitetes Verschlüsselungsprogramm.
- **Streaming**: kontinuierliche Audio- und Video-Datenübertragung. Es ist also kein zeitaufwendiger voller Download der Daten erforderlich, sondern das Tonstück oder Video beginnt bereits zu spielen, während die weiteren Daten erst nachgeliefert werden.
- **Webcam**: eine kleine Digitalkamera, die direkt an den Computer angeschlossen wird und Bildübertragungen (im Rahmen einer Website oder zur Videokonferenz) in das Internet vornehmen kann.
- **Internet-Radio**: Im Internet findet man bereits eine große Anzahl von Websites, die „Radiomusik" anbieten, die man unmittelbar aus dem Internet am Computer wiedergeben kann (sofern dieser eine Soundkarte und Lautsprecher hat). Eigene Suchmaschinen führen einen zu gesuchten Spartensendern für verschiedene Musikrichtungen.
- **mp3**: ein spezielles Komprimierungsverfahren, um die sonst meist als WAV-Dateien abgespeicherten Musikstücke zu komprimieren und dadurch das Datenvolumen zu verringern. Dies ist nötig, um akzeptable Übertragungszeiten für eine Musikdatei zu erhalten.
- **P2P** (Peer to Peer): Damit werden spezielle Systeme des Austausches von Daten im Internet bezeichnet. Die Bezeichnung „Peer" wird in der Sprache des britischen Adels verstanden und bezeichnet einen autonom Gleichgesinnten, einen „vom selben Stand".[50] Klassisches Beispiel war die Musik-Tausch-Plattform Napster. Sie bot eine zentrale Suchmaschine, mit deren Hilfe man feststellen konnte, ob ein bestimmtes Musikstück auf dem PC (der Festplatte) eines anderen NapsterUsers gespeichert ist. Hatte man es gefunden, so konnte man es sich von

---

[49]) Die deutsche Rechtschreibung I^{22} (2000).
[50]) *Steurer*, Napster und die neuen Netzwerke des Vertrauens, HighTechPresse 1/2 2001, 18.

dort herunterladen. Auf diese Weise wurden Millionen autonomer PCs (bzw deren Benutzer) zum Datenaustausch vernetzt. Jeder bot jedem seinen Content zur Kopie an, und zwar gratis. Dass dies für die Tonträgerindustrie – und wie manche meinen auch für das Urheberrechtssystem insgesamt – eine existentielle Herausforderung war, liegt auf der Hand. P2P funktioniert nämlich nicht nur bei Audiodateien, sondern auch für Filme, Texte usw. Diesem System wird daher bereits eine große Zukunft für verschiedenste Wirtschaftsbereiche und den Einsatz auch in Intra- und Extranets (Seite 155) vorausgesagt. Jeder kann von jedem Arbeitsplatz aus auf das dezentralisiert abgelegte Wissen jedes anderen Teilnehmers zugreifen, sofern er nur über einen geeigneten Browser (Seite 158) und eine Suchmaschine verfügt. Und: Sofern der andere seinen Computer ebenfalls gerade eingeschaltet hat.

- **Push**: Hier bekommt der User Daten aufgedrängt, auch wenn er sie nicht angefordert hat (zB eine E-Mail-Werbung).
- **Pull**: Der User muss sich die gewünschte Information selbst holen (zB eine Website aufrufen).
- **Key-Word-Advertising**: Bei dieser Werbemethode scheint bei der Suche nach einem bestimmten (Marken-)Namen in einer Suchmaschine sogleich ein Link (Banner oder sonstige Werbung) eines Unternehmens auf (insbesondere eines Händlers, bei dem man diesen Artikel bekommt). Das ist kein Zufall, denn der Werbende hat dazu mit dem Betreiber der Suchmaschine eine entsprechende entgeltliche Vereinbarung getroffen.
- **Powershopping**: Hier schließen sich mehrere Interessenten zu einem gemeinsamen Kauf zusammen, um durch die erhöhte Stückzahl zu Preisreduktionen zu kommen. Auch dies wird bereits aus lauterkeitsrechtlicher Sicht diskutiert.
- **Internet-Telefonie**: Über das Internet kann man nicht nur Schrift (E-Mails) übertragen, sondern auch die Stimme. Einziger Nachteil bei der Internet-Telefonie: Der Gesprächspartner muss ebenfalls gerade online sein.
- **Internet-Videokonferenz**: Auch das funktioniert bereits. Mit einem Mikrofon und einer Webkamera kann man zum Ton auch das Bild des Gesprächspartners übertragen. Die Qualität des Bildes (Auflösung, Größe, „Ruckfreiheit") hängt allerdings noch deutlich von der jeweiligen Übertragungsrate (Bandbreite) des Internetanschlusses ab.
- **Online Privacy**: In Europa bestehen traditionell strenge datenschutzrechtliche Regelungen. Dazu gibt es auch Harmonisierungsvorgaben der Gemeinschaft. Den USA sind derartige Regelungen weitgehend fremd. Durch das gemeinsame Informationsnetzwerk Internet ist dieser Gegensatz mit einem Schlag zur Konfliktzone geworden. Wie kann die EU ihre Mitglieder vor Datenschutzverletzungen durch US-online-Anbieter schützen, wie kann die „online privacy" gewahrt werden?
- **Open Source/Open Content („freeware")**: Dass es „freie Werke" (das sind solche, die kraft besonderer gesetzlicher Anordnung vom Urheberrechtsschutz ausgenommen sind; Seite 1246) gibt, ist nicht neu. Mit dem Schlagwort „Open Source" („Freeware", „Public Domain") werden jedoch solche Softwareprodukte bezeichnet, die zwar urheberrechtlich geschützt sind, deren Schöpfer diesen Schutz aber nicht in Anspruch nehmen. Sie stellen ihr Werk vielmehr der Allgemeinheit zur freien Nutzung zur Verfügung. Der Tradition des Internet ent-

sprechend, einen freien (unentgeltlichen) Zugang zu den Informationen zu schaffen, entspricht die in jüngster Zeit wieder verstärkt zu vermerkende Tendenz, Inhalte (*Content*) der Allgemeinheit im Netz „urheberrechtsfrei" zur Verfügung zu stellen. Im Bildungsbereich könnte diesem Ziel auch dadurch entsprochen werden, dass öffentliche Förderungen für Bildungsprojekte (Stichwort: *„e-learning"*) davon abhängig gemacht werden, dass der Projektbetreiber die Ergebnisse (als „Gegenleistung") Universitäten und Schulen als „Open Content" gratis über das Internet zur Verfügung stellt. Bei der *Shareware* wird die Software gegen eine bloß geringe Gebühr zur Verfügung gestellt.

▸ **Satelliten-Internet**: Bei dieser Technologie kann man über eine Satellitenantenne Daten direkt über den Satelliten aus dem Internet abrufen. Vorteil: hohe Übertragungsgeschwindigkeit.
▸ **PLT** (Power Line Technology): Derzeit noch im Probebetrieb, vielleicht aber schon bald flächendeckender Internetzugang über die 200V Stromsteckdose.
▸ **Cybercafé**: Hier können Sie in Gesellschaft Gleichgesinnter im Internet surfen und Kaffee trinken.
▸ **Internet Zeit**: Auch das gibt es schon seit einiger Zeit, genau genommen seit 1998. Swatch hat eine eigene Zeitrechnung kreiert, die der Globalität dieses Mediums entspricht. Es gibt dabei keine Zeitzonen mehr. Der Tag wird in 1.000 Zeiteinheiten (so genannte „Beats") eingeteilt. Ein Beat dauert 1 Minute und 26,4 Sekunden. Die Internet Zeit wird mit @ und drei Ziffern ausgedrückt. Die Zeitrechnung beginnt jeweils um Mitternacht, gemessen im Standort Biel in der Schweiz (zentraleuropäische Winterzeit). Zu Mittag ist es @500 und zwar einheitlich überall auf der (Internet-)Welt. Sicherlich ist dies primär ein Werbegag, eine Spielerei. Vielleicht aber doch nicht so ganz, bedenkt man, dass bei einer globalen Verwaltung von Schutzrechten mit Prioriätsprinzip, die Feststellung der sekundengenauen Prioritätserlangung (zB durch Einlangen der Online-Anmeldung einer Marke) entscheidende Bedeutung zukommen würde. Eine global einheitliche Zeitmessung wäre da durchaus praktisch.

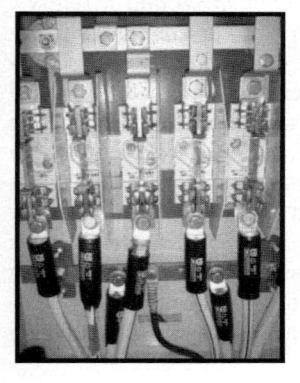

Gerade beim Internet hat die *Konvergenz* der verschiedenen Medien und Übertragungswege besondere Bedeutung.[51] Einerseits schreitet die Konvergenz der Endgeräte voran. PC, Fernseher, Telefon, Internetterminal, Stereoanlage etc verschmelzen zu einem einheitlichen Alleskönner. Andererseits verschmelzen die Netze. Die ursprünglich nur für die Übermittlung von Kabelfernsehen konzipierten Netze übertragen jetzt auch Telefonie und bieten einen schnellen Internetzugang. Die jüngste Entwicklung bei der Nutzung „neuer/alter" Netzwerke ist der Internetkommunikation über das Stromnetz gewidmet: Über ein spezielles Modem, das einfach an die 220V-Steckdose gesteckt

---

[51]) Vgl dazu etwa *Wessely*, Neue Medien, neues Recht? in *Feldner/Forgó/Kremnitzer/Philapitsch* (Hrsg), Chaos Control (2001) 71.

wird, soll man den Computer mit dem Ethernetkabel anschließen können. In Österreich laufen dazu bereits Feldversuche. Angeblich ist die Übertagungsrate „sensationell". Apropos Konvergenz: Nicht nur Rundfunkanstalten und Zeitungsverlage nutzen das Internet, um ihre Inhalte parallel und ergänzend in diesem Medium zu verbreiten. Auch für den Film ist es schon eine Selbstverständlichkeit geworden, dass im Internet nicht nur ein Trailer sondern zumindest eine autorisierte Website (sowie in schneller Folge private Websites von Fans) zu finden sind. Das bislang genialste Projekt dieser Art hat *Steven Spielberg* inszeniert. Wir wussten schon, dass demnächst „Artificial Intelligence" in die Kinos kommen wird. Es gab auch den gewohnten Trailer im Internet. Dann bemerkte aber jemand unter den Credits im Nachspann den Hinweis auf *Jeanine Salla*. Nicht ihr (zuvor nicht prominenter) Name, sondern ihr Beruf war es, der neugierig machte: „sentient machine therapist". Auf der Suche nach näheren Informationen über diese Psychotherapeutin für Maschinen gelangte man auf die Website einer schon im nächsten Jahrhundert angesiedelten US-Universität („Bangalore World University"), an der sie lehrt, und von da aus weiter zu einem verschlungenen gewaltigen Netzwerk scheinbar offizieller Websites und privater Präsentationen, zu Hinweisen auf einen Mord und zu Diskussionsforen mit tausenden Gleichgesinnten, die verschiedene Fäden dieser globalen und virtuellen Mörderjagd aufgenommen hatten, ihre Erfahrungen austauschten und den Start des „Main Event", des Films über die ultimative Weiterentwicklung des Computers zur fühlenden „künstlichen Intelligenz", kaum mehr erwarten konnten. Apropos „künstliche Intelligenz": Ihr Einsatz in der Rechtsfindung in Form von „Subsumtionsautomaten", „Expertensystemen" oder „neuronalen Netzen" wird wohl noch einige Zeit auf sich warten lassen.[52]

Wir haben die Weiterentwicklung vernetzter Computer schon angesprochen, die Marschroute lautet: *„low cost, high speed and wireless"*! Die Entwicklung um Napster kündigt es ja bereits an. Wir werden uns von dem Gratisselbstbedienungsladen, der das Internet in seinen Anfangstagen war, schrittweise verabschieden müssen. Sobald es funktionierende, einfach zu administrierende Systeme für die Einhebung von „Mikroentgelten" geben wird, werden wir uns daran gewöhnen, dass die attraktiven Angebote im Internet nicht mehr *gratis* sind. Nicht nur die ersten Ausfälle junger, erfolgversprechender Startups sondern auch der Konflikt zwischen privatwirtschaftlich agierenden, entgeltlichen Datenbankanbietern und den unentgeltlichen Informationsangeboten der öffentlichen

---

[52]) Vgl dazu die Beiträge in *Schweighofer/Menzel* (Hrsg), E-Commerce und E-Government – Aktuelle Fragestellungen der Rechtsinformatik (2000); *Svoboda*, Der Subsumtionsautomat? Rechtsfindung an der Schnittstelle zwischen Mensch und Maschine und *Popolari*, (Koreferat), beide in *Feldner/Forgó/Kremnitzer/Philapitsch* (Hrsg), Chaos Control (2001) 33 und 39.

Hand, markieren die anlaufende Diskussion der ökonomischen Rahmenbedingungen.[53]

---

[53]) *Holenstein*, Alles Gratis? Grund- und Mehrwertrechtsinformation im Netz und *Zucker* (Koreferat), *Hanusch-Linser*, Die Regel von der Ausnahme oder: Öffentliches Recht für jedermann und doch nicht ganz ..., alle in *Feldner/Forgó/Kremnitzer/Philapitsch* (Hrsg), Chaos Control (2001) 17 und 29. Zu den *steuerrechtlichen Fragen*: *Biegler/Karner*, Handels- und steuerrechtliche Bilanzierung von Webpages, *Biegler*, Einkünftequalifikation und Besteuerung nach nationalem Steuerrecht, *Toifl*, Einkunftserzielung nach Abkommensrecht, *Rattinger*, Umsatzsteuer und Electronic Commerce, *Lehner/Koch*, Electronic Commerce – Prüfungsansätze, Nachweis und Dokumentationsfragen aus der Sicht des Wirtschaftsprüfers, *Koch*, E-Commerce und Sicherheit – Kontrolle und Zahlungssysteme im Internet, alle in *Biegler* (Hrsg), www.electronicbusiness.at (2000) 19. Vgl auch die allgemeinen Literaturhinweise am Beginn des Kapitels.

WWW – Bewertbarkeit des Web als Werbemedium

Das Internet stellt grundlegend neue Anforderungen an Kontakt- und Wirkungsmessung sowie an die Mediaplanung. Für klassische Medien gibt es bewährte Methoden zur Feststellung ihrer Nutzung und Verbreitung (wie die Messung von Reichweiten, Auflagen etc). Wie jedes Werbemedium muss auch das Internet quantitativ und qualitativ bewertbar sein.

Zum ersten Mal ist ein Medium selbst als Messsystem zur Erhebung seiner Leistungskennzahlen tauglich – wird dadurch Werbeeffizienz und Werbeerfolg wirklich direkt messbar? Einerseits kann die Messung der Zugriffe auf Websites, die auf dem Server eines Online-Anbieters liegen, durch Protokollierung in Logfiles *serverseitig* erfolgen. So lässt sich die Nutzung von Online-Angeboten (Websites) analysieren. Was aber analysiert man? Eine Maßzahl für die Leistung einer Website als Werbeträger sind zum einen die „Visits". Damit bezeichnet man die Anzahl der Besuche einer Website. Diese muss jedoch nicht mit der Anzahl der Besucher ident sein. 30.000 Visits einer Website in einem Monat können von 30.000 Personen stammen, die diese jeweils nur einmal besucht haben. Oder diese Visits stammen vielleicht von 1.000 Personen, die sie 30 Mal, also täglich besucht haben und damit ein hohes Maß an „Website-Treue" beweisen würden. Messbar sind auch die „PageImpressions", also die Seitenabrufe innerhalb des Online-Angebotes. Mit den „AdImpressions" wird weiters der potentielle Sichtkontakt (bzw der technisch erfolgreiche Abruf) mit dem auf einer Website platzierten Werbemittel (etwa einem Banner) ausdrückt. Wird das Werbemittel kontaktiert (der Banner angeklickt) so bezeichnet man dies als „AdClick". Der „AdClick" bzw. die „AdClick Rate" (Verhältnis AdClicks zu Page- bzw AdImpressions) wird vielfach als wichtige Kennzahl für den Werbemittelerfolg angesehen. In Österreich bietet sich die ÖWA – Österreichische Webanalyse (www.oewa.at) als offizielle Kontrollinstanz zur Prüfung der von Online-Medien gemeldeten Visits und PageImpressions (PI) – und somit zur Bereitstellung objektiv vergleichbarer Zugriffsdaten – an. Weiteren Aufschluss über die Nutzung von Online-Angeboten geben (im Rahmen der ÖWA) die „Unique Clients" (UC, ds von mindestens einer Person verwendete Endgeräte, zB PC), die zeitbezogene Einheit „Usetime" (durchschnittliche Dauer eines Visits) sowie die Verhältnisse der einzelnen Maßzahlen zueinander (PI:Visits, PI:UC, Visits:UC). Zur Bewertung der Kosten-Leistung-Relation von Online-Werbekampagnen können monetäre Größen wie zB Cost per Thousand Impressions (TKP Tausend-Kontakte-Preis), Cost per Click (CPC) oder Cost per Order (CPO) herangezogen werden.

Da die serverseitige Messung keine Rückschlüsse auf die Struktur der User zulässt, werden auch *nutzerseitige* Methoden wie z.B. repräsentative Befragungen (telefonisch bzw. per Web-Fragebogen) eingesetzt, die Informationen zu Soziodemographie, Interessen, usw. der Internet-User liefern (in Österreich: AIM Austrian Internet Monitor – die Basisstudie zur Internet-Nutzung in Österreich; AIR Austrian Internet Radar – ein Instrument zur Netto-Reichweitenmessung mittels „Unique Visitors". Siehe http://mediaresearch.orf.at). Im Rahmen von Online-Panels wie sie zB von comScore Media Metrix (www.comscore.com/metrix) oder von Nielsen/Netratings (www.nielsen-netratings.com) angeboten werden, erhebt eine spezielle Software bei einer repräsentativen Stichprobe von Usern deren Online-Aktivitäten.

Neben den vorgestellten Methoden zur quantitativen Kontakt- und Verbreitungsmessung sind vor allem auch Methoden zur qualitativen Analyse von Werbewirkung im Web unter Berücksichtigung der speziellen Eigenschaften dieses „neuen" Mediums (wie zB Interaktivität, Multimedialität, laufende Entwicklung neuer Werbeformen) gefordert. Studien und Erhebungsansätze sind bereits in einer Vielzahl vorhanden – dennoch muss auf diesem Gebiet weiter objektiv geforscht werden, um adäquate, standardisierte Verfahren zu etablieren und die Vergleichbarkeit der Ergebnisse zu gewährleisten.

◄ **Mag. Astrid Limberger** ist Head of Research in der Mediaagentur Mediaedge:cia; vgl auch ihren Beitrag Kontaktmessung und Werbewirkung im Internet, transfer 2/2000, 23.

3.13. Produktpiraterie und Grenzkontrolle

Literaturhinweise: *Levin*, Was bedeutet „counterfeiting"? GRUR Int 1987, 18; *Schuhmacher*, Verordnung gegen „Markenpiraterie", wbl 1987, 92; *Jahn*, Moderne Piraten Produktpiraterie und ihre Bekämpfung, WRP 1988, 413; *Knaak*, Die nationalen und internationalen Arbeiten gegen die Markenpiraterie – Eine Zwischenbilanz, GRUR Int 1988, 1; *Sack*, Probleme des Inlandswettbewerbs mit Auslandsbezug nach deutschem und österreichischem Kollisions- und Wettbewerbsrecht, ÖBl 1988, 113 (120); *Schulze*, Das Gesetz zur Bekämpfung der Produktpiraterie vom 7. März 1990, MR 1990, 129; *Karsch*, Gewerblicher Rechtsschutz in Österreich und im Europarecht, ecolex 1994, 175; *Prettenthaler/Wittmann*, Pirateriekontrolle durch die Zollbehörden, MR 1995, 202; *Steinmetz*, Urheberrechtliche Aspekte des GATT, in *Dittrich* (Hrsg), Beiträge zum Urheberrecht III, ÖSGRUM 17 (1995) 40; *Ahrens*, Die europarechtlichen Möglichkeiten der Beschlagnahme von Produktpirateriewaren an der Grenze unter Berücksichtigung des TRIPS-Abkommens, RIW 1996, 727; *Warbek*, Produkt-Piraten als Delikts-Kavaliere? Österreich und die Plagiate, ecolex 1996, 762; *Daum*, Abschöpfung der Bereicherung und Einstweilige Verfügung im Privatanklageverfahren wegen Produktpiraterie, MR 1999, 84; *Kucsko*, Antipiraterieverordnung greift, ÖBl 1999, 157; *Knaak*, EG-Produktpiraterie-Verordnung, in *Harte-Bavendamm* (Hrsg), Handbuch der Markenpiraterie in Europa (2000) 51; *Pöchhacker/Annacker*, Österreich, in *Harte-Bavendamm* (Hrsg), Handbuch der Markenpiraterie in Europa (2000) 319; *Kucsko*, Neuigkeiten im gewerblichen Rechtsschutz? ÖBl 2000, 193; *Walter*, Produktpiraterieverordnung, in *Walter* (Hrsg), Europäisches Urheberrecht (2000) 835; *Sack*, Die Durchfuhr im europäischen Markenrecht nach der EuGH-Entscheidung vom 6. 4. 2000 zur ProduktpiraterieVO (EG) Nr. 3295/94, WRP 2000, 702; *Gamerith*, Parallelimport und Markenpiraterie, FS Koppensteiner (2001) 365; *Kucsko*, Aktuelle Entwicklungen im gewerblichen Rechtsschutz, ÖBl 2001, 1; *Natlacen/Prohaska-Marchried/Marosi*, PPG (2001); *Rungg/Barbist*, „Hasta la vista Baby" – Arnold(-stein) als Drehscheibe der Bekämpfung der Produktpiraterie in Österreich, ecolex 2001, 685; *Walter*, Der Entwurf des Produktpirateriegesetzes 2001 aus urheberrechtlicher Sicht, MR 2001, 97.

Ein sonniger Nachmittag, Wien, Kärntnerstraße, ein Menschenauflauf, Lautsprecherdurchsagen, Arbeiter mit Schaufeln, eine Dampfwalze, Journalisten, Kamerateams, Zollbeamte und haufenweise Software-CDROMs, vermischt mit Computermäusen. Was ist der Anlass? Eine öffentliche Vernichtungsaktion für gefälschte Produkte, waren die das Geistige Eigentum verletzen. Sie wurden vom Zoll an der EU-Außengrenze als verdächtig angehalten, die Schutzrechtsinhaber haben Verfahren eingeleitet und letztlich wurde die Vernichtung der Fälschungen angeordnet und zur (abschreckenden) Aufklärung der Allgemeinheit öffentlich durchgeführt. Rechtsgrundlage dafür ist die *ProduktpiraterieVO* 1994 (PPVO).[1]

---

[1] Verordnung (EG) Nr 3295/94 des Rates vom 22. Dezember 1994 über Maßnahmen, welche das Verbringen von Waren, die bestimmte Rechte am geistigen Eigentum verletzen, in die Gemeinschaft sowie ihre Ausfuhr und Wiederausfuhr aus der Gemeinschaft betreffen, ABl 1994 L 341 S 8 idF ABl 1999 L 27 S 1; Durchführungsverordnung („PPDVO"): ABl 1995 L 133 S 2 idF ABl 1999 L 308 S 16. Die Abkürzungen „PPVO" und „PPDVO" sind nicht amtlich. Mit 1. 7. 2004 wird diese Verordnung durch die Verordnung (EG) Nr 1383/2003 des Rates vom 22. Juli 2003 über das Vorgehen der Zollbehörden gegen Waren, die im Verdacht stehen, bestimmte Rechte geistigen Eigentums zu verletzen, und die Maßnahmen gegenüber Waren, die anerkanntermaßen derartige Rechte verletzen (ABl 2003 L 196 S 7), ersetzt werden.

Bereits mit 1. 1. 1988 war eine erste PiraterieVO[2] in Kraft getreten, die das Eindringen nachgeahmter Markenartikel aus Drittstaaten in die Gemeinschaft verhindern sollte. Andere Immaterialgüter (Patente, urheberrechtlich geschützte Werke etc) waren nicht erfasst. Es folgte 1994 das TRIPS-Abk der GATT-Uruguay-Runde. Dieses „Agreement on Trade-Related Aspects of Intellectual Property Rights" (Seite 191)[3] hat das geistige Eigentum in die Regelungen des WTO-Abkommens einbezogen. Es enthält auch spezielle Bestimmungen für „Besondere Erfordernisse im Hinblick auf Maßnahmen an der Grenze" (Art 51 bis 60). Parallel dazu gingen die Arbeiten an einer neuen gemeinschaftsrechtlichen PiraterieVO weiter. Vor allem wollte man auch andere Immaterialgüter einbeziehen. So entstand die PiraterieVO 1994, die am 1. 7. 1995 in Kraft getreten ist und die alte PiraterieVO 1986 ersetzt hat. Diese neue Verordnung berücksichtigt bereits die Vorgaben des TRIPS-Abk. Die Kommission hat dann im Oktober 1998 ein „Grünbuch zur Bekämpfung von Nachahmungen und Produkt- und Dienstleistungspiraterie im Binnenmarkt"[4] vorgelegt, das Nachahmungen sowie die Produkt- und Dienstleistungspiraterie als ein „Phänomen von internationalem Ausmaß" mit einem Volumen von „5–7 % des Welthandels" bezeichnet. 1999 wurden schließlich auch Patente sowie die ergänzenden Schutzzertifikate für Arzneimittel und Pflanzenschutzmittel (Seite 1007) in den Schutzbereich einbezogen.[5] In Österreich ist dazu mit 7. 7. 2001 das *Produktpirateriegesetz* (PPG)[6] in Kraft getreten. Es enthält ergänzende Regelungen zur ProduktpiraterieVO 1994.

Gewisse Vorgaben enthält übrigens auch bereits die *PVÜ* durch ihre Regelungen über „Beschlagnahme des mit einer Marke oder einem Handelsnamen widerrechtlich versehenen Erzeugnisses bei der Einfuhr": Jedes widerrechtlich mit einer Fabrik- oder Handelsmarke oder mit einem Handelsnamen versehene Erzeugnis ist bei der Einfuhr in diejenigen Verbandsländer, in denen diese Marke oder dieser Handelsname Anspruch auf gesetzlichen Schutz hat, zu beschlagnahmen (Art 9 Abs 1 PVÜ). Die Beschlagnahme ist auch in dem Land vorzunehmen, in dem die widerrechtliche Anbringung stattgefunden hat, oder in dem Land, in das das Erzeugnis eingeführt worden ist (Art 9 Abs 2 PVÜ). Die Beschlagnahme erfolgt gemäß den innerstaatlichen Rechtsvorschriften jedes Landes auf Antrag entweder der Staats-

---

[2]) Verordnung (EWG) Nr 3841/86 des Rates vom 1. Dezember 1986 über Maßnahmen zum Verbot der Überführung nachgeahmter Waren in den zollrechtlich freien Verkehr, ABl 1986 L 357 S 1; Durchführungsverordnung: ABl 1987 L 291 S 19.
[3]) Abkommen zur Errichtung der Welthandelsorganisation (WTO-Abkommen) samt Schlußakte, Anhängen, Beschlüssen und Erklärungen der Minister sowie österreichischen Konzessionslisten betreffend landwirtschaftliche und nichtlandwirtschaftliche Produkte und österreichische Verpflichtungslisten betreffend Dienstleistungen BGBl 1995/1 idF BGBl 1995/379 (insbesondere TRIPS: Abkommen über handelsbezogene Aspekte der Rechte des geistigen Eigentums, Anhang 1C des WTO-Abkommens).
[4]) KOM (98) 569 endg.
[5]) ABl 1999 L 27 S 1.
[6]) BG, mit dem ergänzende Regelungen im Verkehr mit Waren, die ein Recht am geistigen Eigentum verletzen, erlassen werden, BGBl I 2001/65. Kompetenzrechtlich stützt sich das PPG auf Art 10 Abs 1 Z 2 B-VG. So weit im PPG nicht anderes bestimmt ist, gelten die Vorschriften über die Zollverfahren (§ 1 Abs 2 PPG). Durch die Anwendung der PPVO und des PPG wird den aus dem TRIPS-Abkommen resultierenden österreichischen Verpflichtungen entsprochen (EB zum PPG; 589 BlgNR 21. GP 4).

anwaltschaft oder jeder anderen zuständigen Behörde oder einer beteiligten Partei, sei diese eine natürliche oder eine juristische Person (Art 9 Abs 3 PVÜ). Die Behörden sind nicht gehalten, die Beschlagnahme im Fall der Durchfuhr zu bewirken (Art 9 Abs 4 PVÜ). Lassen die Rechtsvorschriften eines Landes die Beschlagnahme bei der Einfuhr nicht zu, so tritt an die Stelle der Beschlagnahme das Einfuhrverbot oder die Beschlagnahme im Inland (Art 9 Abs 5 PVÜ). Lassen die Rechtsvorschriften eines Landes weder die Beschlagnahme bei der Einfuhr noch das Einfuhrverbot noch die Beschlagnahme in Inland zu, so treten an die Stelle dieser Maßnahmen bis zu einer entsprechenden Änderung der Rechtsvorschriften diejenigen Klagen und Rechtsbehelfe, die das Gesetz dieses Landes im gleichen Fall den eigenen Staatsangehörigen gewährt (Art 9 Abs 6 PVÜ).

3.13.1. Schutzgegenstand

Die Regelungen der PPVO sind auf *„Waren, die ein Recht am geistigen Eigentum verletzen"*, anzuwenden; das sind (Art 1 Abs 2 lit a PPVO):

- **Nachgeahmte Waren**: So werden Waren einschließlich ihrer Verpackung definiert, auf denen ohne Zustimmung des Rechtsinhabers *Marken* oder *Zeichen* angebracht sind, die mit Marken oder Zeichen identisch sind, die für derartige Waren rechtsgültig eingetragen sind oder die in ihren wesentlichen Merkmalen nicht von solchen Marken oder Zeichen zu unterscheiden sind und damit nach den Rechtsvorschriften der Gemeinschaft oder denjenigen des Mitgliedstaats, bei dem der Antrag auf Tätigwerden der Zollbehörden gestellt wird, die Rechte des Inhabers der betreffenden Marke verletzen (in den Schutzbereich wurde nunmehr auch die Gemeinschaftsmarke einbezogen).
- **Kennzeichnungsmittel**: Damit werden „gesondert gestellte" (also nicht bereits mit der betreffenden Ware verbundene) Embleme, Anhänger, Aufkleber, Prospekte, Bedienungs- und Gebrauchsanweisungen, Garantieerklärungen und ähnliche Träger von Kennzeichen umschrieben, auf die die oben genannten Umstände zutreffen;
- **Verpackungen**: Auch diese hebt die PPVO nochmals besonders hervor und unterstellt sie ihrem Regime, selbst wenn sie „gesondert gestellt werden";
- **Unerlaubt hergestellte Vervielfältigungsstücke oder Nachbildungen**: Das sind Waren, die Vervielfältigungsstücke oder Nachbildungen sind oder solche enthalten und die ohne Zustimmung des Inhabers des *Urheberrechts* oder *verwandter Schutzrechte* oder ohne Zustimmung des Inhabers eines nach einzelstaatlichem Recht eingetragenen *Geschmacksmusterrechts* oder ohne Zustimmung einer vom Rechtsinhaber im Herstellungsland ordnungsgemäß ermächtigten Person angefertigt werden, sofern die Herstellung nach den Rechtsvorschriften der Gemeinschaft oder denjenigen des Mitgliedstaats, bei dem der Antrag auf Tätigwerden der Zollbehörden gestellt wird, die betroffenen Rechte verletzt;
- **Patent- oder schutzzertifikatsverletzende Waren**: Seit der Ergänzung 1999 ist die PPVO auch auf Waren anwendbar, die nach den Rechtsvorschriften des Mitgliedstaats, bei dem der Antrag auf Tätigwerden der Zollbehörden gestellt wird,

ein Patent oder ein ergänzendes Schutzzertifikat gemäß der VO 1768/92 oder VO 1610/96 verletzen.

Den oben aufgelisteten Waren werden auch *„Formen und Matrizen"* gleichgestellt, die speziell zur Herstellung einer nachgeahmten Marke oder einer Ware, die eine derartige Marke trägt, zur Herstellung einer Ware, die ein Patent oder ein Zertifikat verletzt, oder zur unerlaubten Herstellung von Vervielfältigungsstücken oder Nachbildungen bestimmt oder im Hinblick darauf angepasst worden sind, sofern die Verwendung dieser Formen oder Matrizen nach den Rechtsvorschriften der Gemeinschaft oder des Mitgliedstaats, bei dem der Antrag auf Tätigwerden der Zollbehörden gestellt wird, die Rechte des Rechtsinhabers verletzt (Art 1 Abs 3 PPVO). Geschützt werden also im Ergebnis *Marken, Geschmacksmuster, Patente, Schutzzertifikate und urheber- bzw leistungsschutzrechtlich geschützte Leistungen.* Damit geht die PPVO weiter als Art 51 TRIPS-Abk, der nur Marken und urheberrechtlich geschützte Werke zwingend erfasst. Die Mitgliedstaaten müssen nach den Vorgaben des TRIPS-Abk Verfahren vorsehen, mit denen ein Rechtsinhaber, der triftige Gründe für den Verdacht hat, dass es zur Einfuhr von nachgeahmten Markenerzeugnissen oder nachgeahmten urheberrechtlich geschützten Waren kommen kann, in die Lage versetzt wird, bei den zuständigen Gerichts- oder Verwaltungsbehörden schriftlich zu beantragen, dass die Zollbehörden die Abfertigung dieser Erzeugnisse in den freien Verkehr aussetzen. Die Mitglieder können allerdings vorsehen, dass ein solcher Antrag auch in Bezug auf Waren gestellt werden kann, bei denen es um andere Verletzungen der Rechte des geistigen Eigentums geht, sofern die Erfordernisse dieses Abschnitts des TRIPS-Abk beachtet werden. Der erweiterte Anwendungsbereich der PPVO ist also TRIPS-konform. Im Einzelfall kann allerdings die Durchsetzung der Rechte erhebliche Schwierigkeiten bereiten:

Beispiel:

> Aus einem tschechischen Presswerk sollten mehrere tausend CD-Raubkopien per PKW zu einem Händler in Luxemburg gebracht werden. Die Fahrt nahm bei einer Kontrolle am Zollamt Wullowitz ihr Ende. Ein Strafverfahren wegen Urheberrechtsverletzung war die Folge. Es stellte sich aber die Frage, worin überhaupt die Urheberrechtsverletzung in Österreich bestand. Die unbefugte Vervielfältigung wurde im Ausland vorgenommen und in Verkehr wurde die Ware noch nicht gebracht. Der OGH hielt es zwar für denkbar, von einer *„fiktiven Herstellung der nachgeahmten Ware im Inland"* und damit von der Anwendbarkeit der PPVO auszugehen, verneinte aber letztlich die Passivlegitimation des lediglich als Anmelder der Ware zur Verzollung tätigen Speditionsunternehmens.[7]

---

[7]) OGH 4. 7. 2000, 4 Ob 173/00w – Disques Duchesse III – ÖBl 2001, 186 = ÖBl-LS 2000/128, 130 = MR 2000, 242 (*Walter*) = GRUR Int 2001, 472.

Nicht von der PPVO erfasst sind *Halbleitererzeugnisse* und Waren, die *Geschäfts- oder Betriebsgeheimnisse* verletzen. Auch unzulässige *Parallelimporte* können nicht aufgrund der PPVO abgewehrt werden.[8] Die ergänzenden Regelungen des PPG haben insoweit keine Ausdehnung des Schutzes gebracht.

3.13.2. Berechtigter

Die PPVO (Art 1 Abs 2 lit b) bezeichnet als „*Rechtsinhaber*" den Inhaber einer Marke oder eines Zeichens, eines Patents eines Zertifikats und/oder eines der Rechte im Sinne des Art 1 Abs 2 lit a PPVO sowie jede andere „zur Benutzung dieser Marke oder dieses Patents, dieses Zertifikats und/oder zur Wahrung dieser Rechte befugte Person oder deren Vertreter". Diese Formulierung ist sehr weit gefasst. Der Inhaber eines Werknutzungsrechts (Seite 1362) wird legitimiert sein. Beim Inhaber einer bloßen Werknutzungsbewilligung wird dies zutreffend verneint.[9] Nach Art 1 PPDVO können natürliche und juristische Personen als Vertreter agieren, insbesondere auch bestimmte Verwertungsgesellschaften.

3.13.3. Institutionen

Anträge nach Art 3 Abs 1 PPVO sind beim Zollamt Arnoldstein (A-9500 Villach, Ackerweg 19; Tel: 04242-3028-39; Fax: 04242-3028-73) einzubringen (§ 1 Abs 1 PPG; Art 3 Abs 8 PPVO; Art 5 PPDVO). Nähere Infos finden Sie auf der Website des Bundesministeriums für Finanzen www.bmf.gv.at.

3.13.4. Antrag

In jedem Mitgliedstaat kann der Rechtsinhaber bei den zuständigen Zollbehörden einen *schriftlichen Antrag* auf Tätigwerden der Zollbehörden für den Fall stellen, dass für Waren einer der in Art 1 Abs 1 lit a PPVO genannten Tatbestände (dazu gleich unten) vorliegt (Art 3 Abs 1 PPVO; für *Gemeinschaftsmarken* wurde zur Erleichterung eine Sonderregelung vorgesehen: Hier kann auch das Tätigwerden der Zollbehörden eines oder mehrerer anderer Mitgliedstaaten beantragt werden). Der Antrag sollte folgenden *Inhalt* haben (Art 3 Abs 2 PPVO):

- **Beschreibung der Waren**: Diese muss so hinreichend genau sein, dass sie es den Zollbehörden ermöglicht, die betreffenden Waren zu erkennen;
- **Schutzrechtsnachweis**: Der Antragsteller muss nachweisen, dass er der Inhaber des Schutzrechts für die betreffenden Waren ist (vgl auch Art 2 PPDVO);
- **Dauer**: Der Antragsteller muss den Zeitraum angeben, für den das Tätigwerden der Zollbehörden beantragt wird;
- **Mitgliedstaaten**: Bei Gemeinschaftsmarken sind die betreffenden Mitgliedstaaten zu benennen (vgl auch Art 2a PPDVO);
- **Zweckdienliche Informationen**: Der Antragsteller kann weiters alle sonstigen Informationen beibringen, über die er verfügt, damit die zuständige Zollbehörde

---

[8]) Anders die Rechtslage in Deutschland: BFH 7. 10. 1999 – Jockey – MarkenR 2000, 52; *Blumenröder*, Grenzbeschlagnahme bei Parallelimporten, MarkenR 2000, 46.

[9]) Vgl *Walter*, Produktpiraterieverordnung, in *Walter* (Hrsg), Europäisches Urheberrecht (2000) 835 (873).

in voller Kenntnis der Sachlage entscheiden kann; zB Angaben über den Wert und die Aufmachung der Waren, insbesondere über jene Merkmale, an denen Raubkopien zu erkennen sind. Dies Angaben müssen „möglichst genau sein, damit die Zollbehörden verdächtige Sendungen nach den Methoden der Risikoanalyse unter vertretbarem Arbeitsaufwand zielsicher erkennen können" (Art 3 PPDVO).

Gebühren: Der aus der Bearbeitung des Antrags auf Tätigwerden der Zollbehörden erwachsende Personal- und Sachaufwand ist vom Antragsteller zu ersetzen. Zur Berechnung des Personalaufwandes sind dabei die nach § 101 Abs 2 Zollrechts-Durchführungsgesetz (ZollR-DG) bestimmten Personalkostensätze heranzuziehen (§ 2 Abs 1 PPG; Art 3 Abs 4 PPVO). Die EB[10] gehen von einem durchschnittlichen Zeitaufwand von fünf Stunden für die Bearbeitung eines Antrags aus und prognostizieren daher, dass die Kosten pro Antrag – abgesehen von allfälligen Barauslagenersätzen oder anderem Sachaufwand – ungefähr ATS 1.000,-- betragen werden.

Entscheidung: Die Zollbehörde hat den Antragsteller schriftlich über ihre Entscheidung zu unterrichten (Art 3 Abs 5 PPVO). Die stattgebende Entscheidung wird jenen Zollstellen, bei denen mutmaßlich Pirateriewaren abgefertigt werden könnten, unverzüglich mitgeteilt (Art 5 Abs 1 PPVO; Sonderregelungen bestehen für Anträge zu Gemeinschaftsmarken). Gegen abweisende Entscheidungen kann Berufung erhoben werden (§ 85a ZollR-DG).

Sicherheitsleistung: Unter den Voraussetzungen des Art 3 Abs 6 PPVO ist bei Stattgabe des Antrags vom Antragsteller eine Sicherheit zu leisten, um die Bezahlung der Kosten nach §§ 2 Abs 2 und 7 Abs 1 PPG sowie der Verwaltungsabgaben nach § 2 Abs 3 PPG sicherzustellen. Von der Leistung einer Sicherheit kann im Einzelfall abgesehen werden, wenn die Einbringlichkeit der Kosten und der Verwaltungsabgaben auf andere Art gewährleistet ist (§ 3 PPG). Von der Möglichkeit, auch eine Sicherheitsleistung für allfällige Schadenersatzansprüche des Anmelders oder des Importeurs gegenüber dem Rechtsinhaber vorzusehen (Art 3 Abs 6 PPVO), hat Österreich nicht Gebrauch gemacht. Man wollte eine Klärung und Abwicklung solcher Ansprüche dem Zivilrechtsweg vorbehalten.[11]

Amtswegiges Einschreiten: Art 4 PPVO ermöglicht es den Zollorganen, auch vor bzw ohne entsprechende Antragstellung durch den Rechtsinhaber tätig zu werden, wenn es *offensichtlich* ist, dass es sich um Waren handelt, die bestimmte Rechte am geistigen Eigentum verletzen. Von dieser Möglichkeit wird durch § 4 Abs 1 PPG Gebrauch gemacht, jedoch mit der Einschränkung, dass der Rechtsinhaber entweder bekannt oder leicht festzustellen ist: Bei Vorliegen der Voraussetzungen nach Art 4 PPVO unterrichtet das Zollamt Arnoldstein den Rechtsinhaber, sofern dieser bekannt ist oder leicht festzustellen ist (§ 4 Abs 1 PPG). In diesen Fällen

---

[10]) EB zum PPG; 589 BlgNR 21. GP 5.
[11]) EB zum PPG; 589 BlgNR 21. GP 6.

sind die Zollbehörden ermächtigt, die Überlassung *drei Arbeitstage* auszusetzen oder die betreffenden Waren während der gleichen Frist zurückzuhalten, damit der Rechtsinhaber einen Antrag auf Tätigwerden gemäß Art 3 PPVO stellen kann (Art 4 PPVO).

3.13.5. Wirkung

Die PPVO regelt die Voraussetzungen für ein *Tätigwerden der Zollbehörden* hinsichtlich der Waren, bei denen der *Verdacht* besteht, dass es sich um Waren handelt, die ein Recht am geistigen Eigentum verletzen (Art 1 Abs 1 PPVO), wenn sie

- zur *Überführung* in den zollrechtlich freien Verkehr (Art 61 ZollkodexVO),
- zur *Ausfuhr* oder
- zur *Wiederausfuhr* angemeldet werden;
- im Zusammenhang mit ihrer zollamtlichen *Überwachung* (Art 37 ZollkodexVO),
- mit ihrer Überführung in ein *Nichterhebungsverfahren* (Art 84 Abs 1 lit a ZollkodexVO) oder
- anlässlich der *Mitteilung* ihrer Wiederausfuhr oder
- Verbringung in eine *Freizone* oder ein *Freilager* (Art 166 ZollkodexV) im Rahmen einer zollamtlichen Prüfung entdeckt werden.

Es soll also ein dichter Schutzvorhang an der *EU-Außengrenze* zur Abwehr von Pirateriewaren geschaffen werden: „Zur Gewährleistung der völligen Geschlossenheit der Außengrenze der Gemeinschaft sollte den Zollbehörden die Möglichkeit gegeben werden, in bezug auf sämtliche zollrechtlichen Sachverhalte tätig zu werden, in denen Waren, die bestimmte Rechte am geistigen Eigentum verletzen, und damit gleichgestellte Waren, angetroffen werden können" (Erwägungsgrund 3 PPVO). Waren, die ein Recht am geistigen Eigentum verletzen, dürfen daher nicht in die Gemeinschaft verbracht, in den zollrechtlich freien Verkehr oder in ein Nichterhebungsverfahren überführt, in eine Freizone oder ein Freilager verbracht, ausgeführt oder wiederausgeführt werden (Art 2 PPVO). Weiters regelt die PPVO die *Maßnahmen*, die von den „zuständigen Stellen" zu treffen sind, wenn festgestellt wird, dass die betreffenden Waren tatsächlich Waren sind, die ein Recht am geistigen Eigentum verletzen (Art 1 Abs 1 lit b PPVO):

Werden piraterieverdächtige Waren gefunden, so wird – gegebenenfalls nach Konsultierung des Antragstellers – die *Überlassung dieser Waren ausgesetzt* oder die Waren werden zurückgehalten (Art 6 Abs 1 PPVO). Die betreffende Zollstelle setzt unverzüglich das Zollamt Arnoldstein in Kenntnis. Dieses *informiert* den *Rechteinhaber*. Dem Rechteinhaber werden Name und Anschrift des Anmelders und des Empfängers mitgeteilt (Art 8 PPVO sieht noch die Möglichkeit der Mitteilung weiterer Informationen, über den Versender, den Produzenten etc, vor). Die Zollstelle räumt weiters dem Rechteinhaber die Möglichkeit ein, die Ware zu beschauen. Diese Informationen sind erforderlich, damit der Rechteinhaber die notwendigen Rechtsverfolgungsschritte setzen kann. Diese Regelungen der PPVO gehen allfälligen nationalen (Datenschutz-)Regelungen, nach denen die Identität des Anmelders oder des Empfängers eingeführter Pirateriewaren dem Markeninhaber nicht bekanntgegeben werden dürfte, vor.[12]

Der Rechteinhaber hat dann *10 Arbeitstage* Zeit, um die „für die Entscheidung in der Sache zuständige Stelle" zu befassen und die Zollstelle davon zu verständigen. Erforderlichenfalls kann diese Frist um höchstens 10 Arbeitstage verlängert werden (Art 7 PPVO). Verabsäumt der Rechteinhaber dies, so wird die Ware freigegeben. Eine Sonderregelung besteht für Patente, Zertifikate und Geschmacksmuster. Hier kann die Freigabe durch eine entsprechende *Sicherheitsleistung* erwirkt werden (Art 7 Abs 2 PPVO).

Wird letztlich festgestellt, dass es tatsächlich Pirateriewaren sind, so werden diese *vernichtet* bzw aus dem Verkehr gezogen (Art 8 PPVO).

Beispiele:

- Zunächst war unklar, ob die PPVO auch dann greift, wenn Pirateriewaren aus einem Nicht-EU-Staat lediglich im *Transit* über ein EU-Mitgliedsland in ein anderes Nicht-EU-Land transportiert werden: Die (ausländische) Klägerin war Inhaberin in Österreich geschützter Marken. Die Beklagte hatte 633 Polo T-Shirts aus einem Drittstaat über Österreich in einen anderen Drittstaat bringen wollen. Der OGH hat die Frage, ob die PPVO auf solche Transitfälle überhaupt anwendbar ist, dem EuGH zur Vorabentscheidung vorgelegt.[13] Der EuGH hat diese Frage bejaht und auch gleich ausgesprochen, dass nichts hervorgekommen sei, was die Gültigkeit der PPVO beeinträchtigen könnte.[14]

- Dieser Fall ging dann – nach Vorliegen der Vorabentscheidung des EuGH – wieder vor den österreichischen Zivilgerichten weiter. Nunmehr war zwar die grundsätzliche Anwendbarkeit der PPVO auf einen derartigen Sachverhalt geklärt. Unklar war aber die nächste Frage, ob eine *örtliche Zuständigkeit* für ein österreichisches *Zivilgericht* gegeben ist. Letztlich gelangte der OGH zur Auffassung, dass § 83c Abs 3 JN im Einklang mit der Zielsetzung des Art 1 PPVO („... so weit wie möglich zu verhindern", dass Pirateriewaren auf den Markt gelangen) auszulegen sei, und bejahte die Zuständigkeit. Der Begriff des „Einlangens" in § 83c Abs 3 JN sei nicht auf den Fall des Eintreffens des Gegenstandes an seinem Bestimmungsort nach Durchlaufen des geplanten Transportweges einzuengen. Selbst wenn Absender und Empfänger der Ware ihren Sitz jeweils in Drittstaaten haben, sei jener Ort, an dem die Transitware von Zollbehörden in Anwendung der PPVO im Inland angehalten wurde, als Ort des Einlangens zu beurteilen. Mit dem Bejahen der örtlichen Zuständigkeit konnte auch das Beste-

---

[12]) EuGH 14. 10. 1999, Rs C-223/98 – Adidas AG – EuZW 2000, 274 = GRUR Int 2000, 163 = MarkenR 2000, 17.
[13]) OGH 29. 9.1998 – Polo T-Shirts – ÖBl 1999, 84 = MR 2000, 93 (*Walter*) = ecolex 1999, 183 (*Schanda*) = wbl 1999, 87. Vgl auch den weiteren Vorlageantrag OGH 27. 4. 1999 – BOSS – ÖBl 1999, 234.
[14]) EuGH 6. 4. 2000, Rs C-383/98 – Polo T-Shirts II – ÖBl 2000, 233 = ecolex 2000, 440 = MR 2000, 96 (*Walter*) = WRP 2000, 713 = GRUR Int 2000, 748 = ABl HABM 2000, 856.

hen der inländischen Gerichtsbarkeit bejaht werden.[15] Ebenso entschied der OGH dann auch noch in einem weiteren Fall.[16]

- Im bereits oben (Seite 171) geschilderten Fall der beim Zollamt Wullowitz angehaltenen raubkopierten CDs bejahte das OLG Linz die inländische Gerichtsbarkeit auch für die *strafrechtliche Verfolgung*.[17]
- Ein anderes Verfahren spielte in Frankreich: Dort wurden in Spanien rechtmäßig hergestellte Kfz-Ersatzteile angehalten, die eigentlich für den Vertrieb in Italien bestimmt waren. Begründet wurde dies damit, dass diese Teile gegen einen Geschmacksmusterschutz in Frankreich verstoßen. Im Bestimmungsland Italien hätten diese Ersatzteile hingegen tatsächlich rechtmäßig vertrieben werden dürfen. Frankreich wurde daher vom EuGH wegen eines Verstoßes gegen Art 28 EG (früher Art 30 EG-V; verbotene *Behinderung des freien Warenverkehrs*) verurteilt.[18]

Erweiterte Antipiraterieaßnahmen: Die PPVO sieht ein Tätigwerden der Zollbehörden im Zusammenhang mit der Überführung von Waren in ein Zollverfahren, mit der Wiederausfuhr oder mit der Verbringung in eine Freizone oder in ein Freilager vor. Die Möglichkeit des Tätigwerdens endet jedenfalls mit der Überführung in das betreffende Zollverfahren. Dies führe – so die EB[19] – teilweise zu unbefriedigenden Ergebnissen, wenn Waren, die bestimmte Rechte am geistigen Eigentum verletzen, zB im Rahmen eines Schmuggels bei einer Kontrolle kurz nach dem Grenzübertritt entdeckt werden (also in jenen Fällen, wo es nicht mehr zu einer „Überführung in den zollrechtlich freien Verkehr" kommt, sondern zollrechtlich nur mehr die Eingangsabgaben nacherhoben werden), weil die Zollorgane dann nach der PPVO nicht mehr tätig werden können, und zwar auch dann nicht, wenn ein entsprechender Antrag bereits vorliegt. Das PPG hat daher insoweit das Regime der PPVO ausgedehnt: Diese Regelungen finden jetzt auch dann Anwendung, wenn es für Zollorgane bei Tätigwerden im Rahmen der ihnen *sonst obliegenden Aufgaben* offensichtlich ist, dass es sich bei den Waren um solche handelt, die ein Recht am geistigen Eigentum verletzen (§ 4 Abs 2 PPG). Art 4 und Art 7 Abs 1 PPVO sind in diesen Fällen entsprechend anzuwenden. Den Zollorganen soll also im Rahmen der ihnen sonst obliegenden Aufgaben die Möglichkeit gegeben werden, bei „*Offensichtlichkeit*" den Rechtsinhaber zu verständigen. Eine solche Regelung entspreche – so die EB[20] – im Übrigen auch einer international immer wieder aufgestellten Forderung, der aber durch eine EU-Verordnung im Hinblick auf die Kompetenzlage nicht entsprochen, sondern die nur auf nationaler Ebene erfüllt werden kann. Der zusätzliche Verweis auf die Anwendbarkeit der Art 4 und Art 7 Abs 1 PPVO bedeute, dass in denjenigen Fällen, in denen ein Schutzantrag bereits

---

[15]) OGH 3. 5. 2000 – Polo T-Shirts III – ÖBl 2000, 237 = MR 2000, 239 (*Walter*) = wbl 2000, 430.
[16]) OGH 23. 5. 2000, 4 Ob 126/00h – BOSS III – EvBl 2000/212 = SZ 73/83 = MR 2000, 240 = ZfRV 2000/94.
[17]) OLG Linz 15. 3. 2000, 7 Bs 13/00 – Disques Duchesse I – MR 200, 100 (*Walter*). Zum Fall des Transportes von Raubpressungen aus der Ukraine, die für Italien bestimmt waren: OLG Wien 8. 10. 1999, 21 Bs 399/99 – Royal Sped – MR 1999, 285 (*Walter*); zum Transit gefälschter Software: OLG Linz 18. 7. 2000, 8 Bs 145/00.
[18]) EuGH 26. 9. 2000 Rs C-23/99 – Kommission ./. Frankreich – wbl 2000, 564 = GRUR Int 2001, 57.
[19]) EB zum PPG; 589 BlgNR 21. GP 6.
[20]) EB zum PPG; 589 BlgNR 21. GP 6.

vorliegt, das Zollamt Arnoldstein innerhalb von zehn bzw 20 Arbeitstagen nach der Beschlagnahme von der Befassung, der „zuständigen Stelle" in Kenntnis gesetzt werden muss. Im amtswegigen Verfahren ist dem Rechtsinhaber, sofern er leicht feststellbar oder bekannt ist, zuvor eine Frist von drei Arbeitstagen zur Stellung dieses Schutzantrags einzuräumen. Für diese Zeit sei die betreffende Ware vorläufig zu beschlagnahmen. Könne der Rechtsinhaber innerhalb der drei Arbeitstage nicht festgestellt werden oder stelle er keinen Schutzantrag, so sei die Beschlagnahme unverzüglich aufzuheben, ebenso in den Fällen, in denen dem Zollamt Arnoldstein nicht fristgerecht die entsprechende Mitteilung über die Befassung der „zuständigen Stelle" zukomme.

Art 10 PPVO sieht eine *„Reisefreigrenze"* vor: Vom Anwendungsbereich der PPVO sind „Waren ohne kommerziellen Charakter" ausgenommen, die im persönlichen Gepäck des Reisenden enthalten sind, und zwar in den Grenzen, die für die Gewährung einer Zollbefreiung festgelegt sind.

Obwohl das PPG erst 2001 erlassen wurde, haben wir in Österreich schon eine mehrjährige Erfahrung mit dem Produktpiraterieverfahren. Insbesondere hat sich gezeigt, dass oftmals nur relativ kleine Mengen (die allerdings die „Reisefreigrenze" übersteigen) angehalten werden und der Verfahrensaufwand nach der PPVO unverhältnismäßig groß ist. Die Gerichte seien daher mit einer Vielzahl „kleiner Fälle überschwemmt" worden.[21] In den meisten Fällen sei der Anmelder (so die EB weiter), bzw derjenige, der die betreffenden Waren in das Zollgebiet der Gemeinschaft verbracht hat, bereit, auf diese zu verzichten, um ein Gerichtsverfahren zu vermeiden (diese Ausführungen in den EB decken sich auch mit meinen Erfahrungen in der Praxis). Dem deutschen Vorbild folgend wurde daher ein abgekürztes Verfahren eingeführt, das dazu dient, „die Gerichte zu entlasten, das Verfahren zu beschleunigen, dem Rechtsinhaber zu seinem Schutz zu verhelfen und dem Anmelder Kosten vermeiden zu helfen". Im Einzelnen läuft dieses *Verfahren* so ab:

Mitteilung: Wurde die Überlassung der Ware gemäß Art 6 Abs 1 PPVO ausgesetzt oder diese beschlagnahmt, so ist dies zunächst dem Anmelder (Art 4 Z 18 Zollkodex) bzw dem Verfügungsberechtigten schriftlich mitzuteilen (§ 5 Abs 1 PPG). In die Mitteilung ist der Hinweis aufzunehmen, dass es als Verzicht auf die Ware zu Gunsten der Staatskasse im Sinne des Art 8 Abs 2 PPVO gilt, wenn nicht innerhalb von fünf Arbeitstagen ab der Zustellung der Mitteilung schriftlich widersprochen wird. Art 6 PPVO bleibt unberührt.

Widerspruch: Wird gegen eine Mitteilung gemäß § 5 Abs 1 PPG innerhalb von fünf Arbeitstagen schriftlich widersprochen, so ist die Ware nach Maßgabe des Art 7 PPVO zu überlassen (§ 5 Abs 2 PPG). Die Ware ist also nur dann zu überlassen, wenn der Rechtsinhaber nicht innerhalb von zehn (bzw 20) Arbeitstagen nachweist, dass er das zuständige Gericht befasst hat. Da § 1 Abs 2 PPG die Anwend-

---

[21]) EB zum PPG; 589 BlgNR 21. GP 6.

barkeit der Vorschriften über die Zollverfahren feststellt, sind für den Widerspruch die allgemeinen Vorschriften des ZollR-DG maßgeblich.[22]

Verzicht: Bei Erhalt dieser Mitteilung über die Beschlagnahme bzw die Aussetzung der Überlassung hat der Anmelder bzw der Verfügungsberechtigte die Möglichkeit, dies zu akzeptieren und auf die Waren zu verzichten (vgl § 5 Abs 1 PPG). Wird innerhalb von fünf Arbeitstagen kein schriftlicher Widerspruch erhoben, so gilt dies als Verzicht auf die Ware zu Gunsten der Staatskasse im Sinne des Art 8 Abs 2 PPVO. Es kommt dann zu den Beseitigungsmaßnahmen nach § 7 PPG: Die Zollbehörde hat die betroffenen Waren auf Kosten des Rechtsinhabers zu *vernichten* oder zu zerstören oder auf andere Weise ohne Kosten für die Staatskasse aus dem Marktkreislauf zu nehmen (§ 7 Abs 1 PPG). Mit Zustimmung des Rechtsinhabers können die Waren auch karitativen Zwecken zugeführt oder auf andere Weise verwertet werden (§ 7 Abs 2 PPG; Art 8 Abs 1 PPVO; vgl auch § 51 Abs 2 ZollR-DG). Das Zollamt Arnoldstein hat den Rechtsinhaber zu informieren, falls auf Waren gemäß § 5 Abs 1 PPG zu Gunsten der Staatskasse verzichtet wird (§ 5 Abs 3 PPG).

Das abgekürzte Verfahren nach § 5 Abs 1 bis 3 PPG ist auch in den Fällen durchzuführen, in denen die Zollorgane von Amts wegen einschreiten (Art 4 PPVO), sofern der Rechtsinhaber fristgerecht einen Antrag auf Tätigwerden gemäß Art 3 PPVO stellt (§ 5 Abs 4 PPG).

Kosten, die dem Bund aus der Durchführung einer Maßnahme nach Art 6 PPVO erwachsen, sind dem Bund vom Antragsteller zu ersetzen (§ 2 Abs 2 PPG). Dies betrifft insbesondere Transport- oder Lagerkosten sowie die mit der Vernichtung von Waren verbundenen Kosten. Werden vorübergehend verwahrte Waren in Durchführung einer Maßnahme nach Art 6 PPVO bei einer Zollstelle gelagert, sind die gemäß § 104 Abs 1 ZollR-DG zu entrichtenden Verwaltungsabgaben durch den Antragsteller zu entrichten (§ 2 Abs 3 PPG). Im Zusammenhang mit dieser Kostentragungspflicht des Antragstellers weisen die EB[23] besonders darauf hin, dass ein Regressanspruch gegenüber dem Importeur oder dem für den Warenumlauf Verantwortlichen im Zivilrechtsweg besteht.

Eine nach Art 7 Abs 2 PPVO geleistete *Sicherheit* (Seite 173) unterliegt an Stelle der Waren dem Verfall, wenn von der zur Entscheidung in der Sache zuständigen Stelle rechtskräftig festgestellt wird, dass die Waren ein Patent, ein ergänzendes Schutzzertifikat oder ein Geschmacksmusterrecht verletzen (§ 6 PPG).

Beispiel:
> Was tun, wenn weder Versender noch Empfänger für ein Verfahren greifbar sind? Hier bleibt immer noch gemäß § 445a StPO das selbständige Einziehungsverfahren ohne Anhörung des Betroffenen. Dieses ist allerdings auf einen Ma-

---
[22]) EB zum PPG; 589 BlgNR 21. GP 6.
[23]) EB zum PPG; 589 BlgNR 21. GP 6.

ximalwert der einzuziehenden Sache von ATS 10.000,-- beschränkt. Wird also beispielsweise eine größere Lieferung gefälschter Uhren des obersten Preissegments angehalten, so fragt sich, ob nun der fiktive Wert eines Originals oder der geringe Wert der als Fälschung erkannten Produkte zählt und ob der Wert aller Uhren zu addieren ist. Das LG Korneuburg hat als Rechtsmittelinstanz entschieden, dass es auf den Wert der einzelnen Uhr ankommt. Ein Kontingent von 1.950 Uhren, verpackt in drei Behältnisse, ist daher nicht als eine oder drei Gesamtsachen zu beurteilen. Hinsichtlich des Wertes meinte es: „... auf illegalen Märkten erzielbare Werte sind nicht schutzwürdig".[24] Dem ist nichts hinzuzufügen.

3.13.6. Schutzdauer

Die Zollbehörde hat in ihrer Entscheidung auch den Zeitraum zu bestimmen, für den die Zollbehörden tätig werden (Art 3 Abs 5 PPVO). Dieser Zeitraum kann auf Antrag verlängert werden (Art 3 Abs 9 PPVO). Der Rechtsinhaber ist verpflichtet, die zuständigen Zollbehörden von einem Erlöschen des Schutzrechts zu verständigen (Art 3 Abs 7 PPVO).

3.13.7. Sanktionen

Art 8 PPVO sieht eine besondere Regelung zur Gewinnabschöpfung vor. Art 11 PPVO normiert weiters eine allgemeine Verpflichtung zur Einführung von Sanktionen, die „wirksam, verhältnismäßig und abschreckend" sein müssen.

Das PPG hat daher eine zusätzliche Sanktion gebracht: Wer Waren, die aufgrund des Verfahrens nach Art 6 PPVO als Waren erkannt wurden, die ein Recht am geistigen Eigentum verletzen, in die Gemeinschaft verbringt, in den zollrechtlich freien Verkehr oder in ein Nichterhebungsverfahren überführt, in eine Freizone oder ein Freilager verbringt, ausführt oder wiederausführt, begeht ein Finanzvergehen und ist von der Finanzstrafbehörde mit Geldstrafe bis zu 15.000,--, bei fahrlässiger Begehung mit Geldstrafe bis zu 4.000,-- zu bestrafen (§ 8 Abs 1 PPG; Art 11 PPVO). Neben diesen Strafen ist auf Verfall nach Maßgabe des § 17 FinStrG zu erkennen (§ 8 Abs 2 PPG).

3.13.8. Ausblick

Die Bekämpfung der Produktpiraterie ist für die Europäischen Gemeinschaften weiterhin ein wichtiges Thema. Es wurde erkannt, dass die Piraterie nicht nur von Investitionen und Innovationen abschreckt, sondern auch Arbeitsplätze gefährdet und Nachteile für Verbraucher bringt. Zitiert wird eine Statistik, wonach der Piraterieanteil (in Prozenten des legalen Handels im Binnenmarkt) im Sektor Informatik 39 %, Audivisuelles 16 %, Textilien 10 bis 16 %, Musik 10 %, Autoersatzteile 5 bis 10 % und bei Sport und Freizeit 5 bis 7 % betrage. Das unterschiedliche Schutzniveau innerhalb der Union sei geeignet, zu Handelsverlagerungen und da-

---

[24]) LG Korneuburg 11. 7. 2000, 90b Bl 35/00.

mit zu einer Verfälschung des Wettbewerbs zu führen. Am 30. 11. 2000 wurde daher eine *Mitteilung der Kommission* an den Rat, das Europäische Parlament und den Wirtschafts- und Sozialausschuss über Folgemaßnahmen zum Grünbuch über die Bekämpfung von Nachahmungen und Produkt- und Dienstleistunspiraterie im Binnenmarkt veröffentlicht.[25] Darin wird empfohlen, die Bekämpfung von Nachahmungen unionsweit zu forcieren und zu verbessern. Ein *Aktionsplan* sieht Sofortmaßnahmen vor: Die Kommission kündigt einen Richtlinienvorschlag an, um die „Mittel zur Durchsetzung der Rechte an geistigem Eigentum" zu verbessern und einen „allgemeinen Rahmen für den Informationsaustausch und die Verwaltungszusammenarbeit" abzustecken. Gegenstand einer solchen Richtlinie soll das Recht von Berufsverbänden sein, vor Gericht die Kollektivinteressen zu vertreten, mit deren Wahrung sie beauftragt sind (vgl dazu etwa im Bereich des Lauterkeitsrechts § 14 UWG). Der Rechtsschutz technischer Schutzvorkehrungen im Bereich des gewerblichen Eigentums soll ausgebaut werden.[26] Die geplante Rechtsvorschrift sollte die Herstellung und Verteilung illegaler technischer Schutzvorkehrungen verbieten und Rechtsmittel gegen die Manipulation der legalen Schutzvorkehrungen vorsehen. Als erweiterte Sanktionen sollen die Möglichkeit, Verkaufsstellen und Einrichtungen, in denen Plagiate hergestellt werden, zu schließen, die für illegale Zwecke verwendete Ausrüstung zu beschlagnahmen und Guthaben und Gewinne einzuziehen, die von den Tätern erzielt wurden. Die Beweissicherungsverfahren sollen verstärkt werden. Der Rückruf von auf den Markt gebrachten rechtsverletzenden Waren auf Kosten des Verletzers wird ebenso diskutiert wie einheitliche Kriterien für den Schadenersatz, die Einführung eines Auskunftsrechts sowie die Urteilsveröffentlichung. Auch der Vorschlag einer Verpflichtung zur Verwendung von Identifikationscodes auf „optischen Disketten" wird angesprochen. Weiters sollen Schulungen für Beamte der Strafverfolgungsbehörden sowie Kampagnen zur Aufklärung und Sensibilisierung der Öffentlichkeit konzipiert werden. Die Kommission kündigt an, die Bekämpfung von Nachahmungen im Rahmen der Beitrittsverhandlungen weiterhin als vorrangiges Thema zu behandeln. Es soll eine Studie in Auftrag gegeben werden, die eine Methodik für die Erhebung, die Auswertung und den Vergleich der Daten über Nachahmungen und Piraterie festlegen soll. Im Rahmen der vorgeschlagenen Sofortmaßnahmen soll schließlich eine interne Anlaufstelle eingerichtet werden, die als Schnittstelle zwischen den Kommissionsdienststellen, die mit der Bekämpfung von Nachahmungen und Piraterie befasst sind, fungiert und für mehr Transparenz nach außen sorgt. Als mittelfristige Maßnahmen wird die Kommission prüfen, ob es sinnvoll ist, ergänzende Systeme der Verwaltungszusammenarbeit zur Bekämpfung von Nachahmungen und Produkt- und Dienstleistungspiraterie aufzubauen, insbesondere Verfahren zur Zusammenarbeit zwischen den zuständigen nationalen Behörden, aber auch zwischen diesen Behörden und der Kommission. Erwogen werden auch die

---

[25]) KOM (2000) 789 endg.
[26]) Vgl dazu die bereits bestehenden Regelungen in der InfoRL (Seite 1280).

Harmonisierung der Mindeststrafen, die Erweiterung der Kompetenzen von Europol auf die Bekämpfung von Nachahmungen und Piraterie sowie der Aufbau einer Struktur, die es ermöglicht, zB über eine Website, auf einschlägige Entscheidungen nationaler Gerichte zuzugreifen. Insgesamt will man also die durch die ProduktpiraterieVO geschaffene Absicherung an der Außengrenze nunmehr durch wirksame Maßnahmen im Inneren ergänzen. Trotz aller Regelungsvorschläge findet sich aber auch die bemerkenswerte Feststellung: *„Die Kommission möchte betonen, dass dem Staat ohne jeden Zweifel eine wichtige Rolle bei der Bekämpfung von Nachahmungen und Produkt- und Dienstleistungspiraterie zufällt, die Verantwortung in diesem Bereich jedoch in erster Linie bei den Inhabern der Rechte am geistigen Eigentum liegt. Diese müssen selbst wachsam sein, zum Beispiel bei ihrer Politik zur Vergabe von Lizenzen und der Kontrolle von Produkt- und Leistungsqualität.“*

Ich teile diese Meinung, insbesondere aus der Erfahrung der Vorzüge des Privatanklagesystems im Bereich der Strafverfolgung, aber auch aus der allgemeinen Erfahrung der Effizienz der Pirateriebekämpfung mit den bereits bestehenden Schutzmechanismen; man muss sie nur nutzen. Die rechtlichen Instrumente sind aber nur ein Teil der umfassenden Maßnahmen gegen Produktpiraterie. Eine wirksame Unternehmensstrategie gegen Counterfeiting beginnt im Unternehmen selbst. Das Bewusstsein des Managements und der Mitarbeiter (in Forschung und Entwicklung ebenso wie im Marketing und im Vertrieb) dafür, wie wichtig die Absicherung geistigen Eigentums ist, muss Teil der Unternehmenskultur sein. Nur wer über die rechtlichen Schutzmechanismen Bescheid weiß, wird sie auch richtig nutzen (neuheitsschädliche Vorveröffentlichungen vermeiden, die erforderlichen Rechte an zugekauften Leistungen erwerben, strategisch wichtige Produkte und Märkte durch registrierte Schutzrechte absichern). Dieses Bewusstsein um die Wichtigkeit des eigenen geistigen Eigentums eines Unternehmens muss zu entsprechenden internen und externen Sicherungsmaßnahmen führen (Geheimhaltungsvereinbarungen für Mitarbeiter und Auftragnehmer; Bindung und Kontrolle von Produktions- und Vertriebspartnern, um „graue Produktionen" für Nachahmer und die Preisgabe von Geschäfts- und Betriebsgeheimnissen zu verhindern etc). Produktspezifische Kennzeichnungen zur Markierung von Originalprodukten (Hologramme, spezielle Etiketten, Wasserzeichen, digitale Signaturen etc) müssen einerseits die leichte Erkennbarkeit von Fälschungen (etwa durch die prüfenden Zollbehörden) ermöglichen, andererseits aber (insbesondere durch versteckte und geheimgehaltene Merkmale) auch Hürden gegen professionelle Fälscher errichten. Der Kampf gegen die Produktpiraterie muss aber auch in der Öffentlichkeit geführt werden. Nur wenn dort das Bewusstsein für den Wert der Originalware und den Schaden aus der Piraterie (Verlust von Arbeitsplätzen, Verringerung von Steuereinnahmen, Gefährdung der Gesundheit und Sicherheit etwa bei Fälschung von Medikamenten, Schädigung der Konsumenten durch fehlende Original-Garantieleistungen etc) geweckt wird, können die juristischen Instrumente wirksam greifen.[27]

3.14. Ist das alles?

Selbstverständlich nicht. IP wird auf allen Kommunikationswegen, die Menschen nutzen, transportiert. Vom persönlichen Gespräch zwischen Verkäufer und Kunde oder der Kunden untereinander über Veranstaltungen, wie Verkaufsmessen, Kinovorführungen, Popkonzerte oder Seminare, reicht die Palette bis zum Transport in körperlicher Form beim Vertrieb von Waren oder der Erbringung von Dienstleistungen. Überall werden Marken verwendet, um Produkte und Dienstleistungen unterscheidbar zu machen, die (Werbe-)Botschaft ist in der Regel urheberrechtlich geschützt, ebenso das Design und unter Umständen sogar die spezielle technische Lösung; denn: Wo auch immer sich Menschen befinden, ist *intellectual property*. Wo auch immer sich Menschen befinden, ist **ipzone**. Ich habe daher in den vorangehenden Abschnitten eine Auswahl treffen müssen und nur jene *IP*Transportwege näher behandelt, die in der Praxis besonders bedeutsam sind, interessante Fragen aufwerfen und die daher im Folgenden in verschiedenem Zusammenhang immer wieder anzusprechen sein werden.

4. VERFASSUNGSRECHTLICHER RAHMEN

4.1. Selbstregulierung

Im Bereich des Lauterkeitsrechts ist die „Selbstregulierung" keine Neuheit. So hatte sich etwa die Austria Tabak Selbstbeschränkungen der Werbung auferlegt, die Pharmabranche unterwirft sich dem „Verhaltenskodex der Pharmig" und der ORF gibt in seinen Allgemeinen Geschäftsbedingungen Werbebeschränkungen vor. Aus dem Bereich des Immaterialgüterrechts ist der Musterschiedsvertrag 1946 der Vorarlberger Stickereibetriebe ein schönes Beispiel für Selbstregulierung; ebenso das Schiedsverfahren der WIPO für Domain-Name-Konflikte (Seite 189). Gerade im Internet wurde von Beginn an ganz allgemein der Ruf nach „Selbstbeschränkung" laut, zu einem erheblichen Teil wohl deshalb, weil eine baldige gesetzgeberische Regulierung (noch dazu global harmonisiert) in unerreichbarer Ferne scheint. Die „Netiquette" lehrt die Nutzer, wie man sich zu verhalten hat, die Community bestraft Verstöße durch eine Mailflut. Wie aber zwingt man *alle* Teilnehmer unter solche Verhaltensregeln und wie sorgt man für wirklich generell durchsetzbare Sanktionen? Letztlich wird die „Selbstregulierung" nicht mehr als eine Überbrückung sein, bis die Rechtsordnung dieses „soft law" durch sanktionenbewehrte

---

[27]) Zur ganzen Bandbreite ratsamer Maßnahmen: *Fischer/Eck/Richter*, Was sich gegen Produkt- und Markenpiraterie tun lässt, Harvard Business Manager 2002/1, 80.

Normen ersetzt hat.[28] Zunehmend gewinnt auch ein anderer Aspekt der „Selbstregulierung" an Bedeutung:[29] Bei der Entwicklung des Internets ist sehr deutlich zu beobachten, dass die Produzenten der Strukturen und Inhalte verstärkt darum bemüht sind, ihre Leistungen selbst auf technischem Weg abzusichern (durch definierte Standards und Schnittstellen, Kopierschutz- und Zugangskontrollmechanismen). Man wartet also mit der (technischen) Absicherung der eigenen Leistung nicht ab, bis die nationalen Gesetzgeber einen geeigneten Schutz bereitstellen. Der rechtliche Schutz kommt vielmehr dann noch dazu (vgl das ZugangskontrollG, Seite 126).

4.2. Gesetzgebungskompetenz

Die nationale Gesetzgebung im Bereich des Immaterialgüterrechts ist *Bundessache*: Das Markenrecht fällt unter Art 10 Abs 1 Z 8 B-VG[30], ebenso das Geschmacksmusterrecht (in Art 10 Abs 1 Z 8 B-VG als „Musterrecht" bezeichnet)[31], das Patentrecht (in Art 10 Abs 1 Z 8 B-VG als „Patentwesen" aufgelistet), dazu zählen auch das Gebrauchsmusterrecht, das Halbleiterschutzrecht[32], das Sortenschutzzrecht[33] und das Schutzzertifikatsrecht[34] sowie das Urheberrecht (Art 10 Abs 1 Z 6 B-VG)[35]. Auch das Lauterkeitsrecht ist in die Kompetenz des Bundesgesetzgebers verwiesen („Bekämpfung des unlauteren Wettbewerbes", Art 10 Abs 1 Z 8 B-VG).

4.3. Grundrechtsbindung

Literaturhinweise: *Kiss-Horvath*, Zur Frage des öffentlich-rechtlichen Charakters des Patent- und Markenrechtes, ÖBl 1967, 121; *Hermann*, Zur Frage des öffentlich-rechtlichen Charakters des Patent- und des Markenrechts, ÖBl 1968, 121; *Kiss-Horvath*, Zur Frage des öffentlich-rechtlichen Charakters des Patent- und Markenrechtes – Ausführungen auf eine Erwiderung, ÖBl 1968, 121; *Hermann*, Die Patenterteilung in Österreich in verfassungsrechtlicher Sicht, ÖBl 1969, 101; *Sabaditsch*, Oberster Patent- und Markensenat und Verfassungsgerichtshof, PBl 1974, 124; *Aicher*, Verfassungsrechtlicher Eigentumsschutz und Immaterialgüterrechte, FS Schönherr (1986) 3; *Bernegger*, Die wirtschaftliche Bedeutung der Europäischen Menschenrechtskonvention, ÖZW 1987, 11 und 45; *Binder*, Der materielle Gesetzesvorbehalt der Erwerbsfreiheit (Art 6 StGG), ÖZW 1988, 1; *Tretter*, Die freie Werknutzung für den Schulgebrauch unter dem Blickwinkel der Eigentumsfreiheit, in *Dittrich* (Hrsg), Beiträge zum Urheberrecht I, ÖSGRUM 6 (1988) 53; *Mayer*, Werbung und Grundrechte, ÖZW 1989, 1; *Lessiak*, Zur Rechtsstellung von Verwertungsgesellschaften bei Geltendmachung von Vergütungsansprüchen, ÖJZ 1993, 760; *Triffterer/Schmoller*, Die Freiheit der Kunst und die Grenzen des Strafrechts, ÖJZ 1993, 547; *Ko-*

---

[28]) Vgl dazu und insbesondere zu den ISPA-Verhaltensrichtlinien *Pilz*, Selbstregulierung im Netz? und *Oswald*, Selbstregulierung und Selbstbetrug (Koreferat), in *Feldner/Forgó/Kremnitzer/Philapitsch* (Hrsg), Chaos Control – Das Internet als dunkle Seite des Rechts? (2001) 1 und 11.
[29]) Vgl zu dieser Diskussion insbesondere *Lessig*, Code an Other Laws of Cyberspace (2000).
[30]) EB MSchG-Nov 1999, abgedruckt bei *Kucsko*, MSchG 1.
[31]) EB, abgedruckt bei *Knittel/Kucsko*, Musterschutzgesetz 11.
[32]) EB, abgedruckt bei *Gräser/Kucsko*, HlSchG 13.
[33]) EB, 598 BlgNR 18. GP 15.
[34]) EB, 1635 BlgNR 18. GP 3.
[35]) OGH 31. 5. 1994, 4 Ob 19/94 – Leerkassettenvergütung – ÖBl 1995, 89 = MR 1999, 165 = ecolex 1995, 112 = GRUR Int 1995, 423.

rinek, Verfassungsrechtliche Grundlagen des Eigentumsschutzes und des Enteignungsrechts in Österreich, in *Korinek/Pauger/Rummel*, Handbuch des Enteigungsrechts (1994) (= *Korinek*, Grundrechte und Verfassungsgerichtsbarkeit [2000] 155); *Holoubek*, Die Rundfunkfreiheit des Art. 10 EMRK, MR 1994, 6; *Platzgummer*, Herabwürdigung religiöser Lehren, Meinungsfreiheit und Freiheit der Kunst, JBl 1995, 137; *Baumgartner*, EMRK und Gemeinschaftsrecht, ZfV 1996, 319; *Holoubek*, OGH, EMRK und Gemeinschaftsrecht, ZfV 1996, 28; *Meissel/Oberhammer*, Historische Grundlagen des österreichischen Enteignungsrechts, ÖJZ 1996, 921; *Dittrich/Öhlinger*, Verfassungsrechtlicher Schutz von geistigem Eigentum und passive Informationsfreiheit, UFITA 1997, 5; *Hecht/Herzig*, Tabakmonopol und Erwerbsfreiheit, ZfV 1997, 444; *Weiner*, Beleidigungsschutz für Politiker und Richter – Zur Rechtsprechung des EGMR, MR 1998, 255; *Berka*, Die Grundrechte – Grundfreiheiten und Menschenrechte in Österreich (1999); *Gamerith*, Der Oberste Patent- und Markensenat, eine Höchstinstanz in Konkurrenz zum OGH? ÖBl 1999, 111; *Berka*, Unternehmensschädigende Kritik und Freiheit der Meinungsäußerung, wbl 2000, 265; *Damjanovic/Oberkofler*, Neue Akzente aus Strassburg – Die Rechtsprechung zu Art 10 EMRK, MR 2000, 70; *Gruber*, Freiwerden einer registrierten Marke, JBl 2000, 545 (554); *Swoboda*, Art 12 EMRK – das immer noch unbekannte Wesen, MR 2000, 293; *Kodek*, Die Verwertung rechtswidriger Tonbandaufnahmen und Abhörergebnisse im Zivilverfahren, ÖJZ 2001, 281 und 334; *Pöschl/Kahl*, Die Intentionalität – ihre Bedeutung und Berechtigung in der Grundrechtsjudikatur, ÖJZ 2001, 41; *Schmid*, Artikel 10 EMRK – eine Zauberformel? MR 2001, 19; *Dittrich/Öhlinger*, Passive Informationsfreiheit und Medienbeobachtung, ÖJZ 2002, 361.

Ein Engel schwebt auf das Dach des Verfassungsgerichtshofs.

Die Regelungen des Immaterialgüterrechts und die Ausübung der Immaterialgüterrechte sind eingebettet in die von der Verfassung vorgegebene Grundrechtsordnung: Über die Ähnlichkeit und über die Unterschiede des „Geistigen Eigentums" zum „körperlichen Eigentum" haben wir schon kurz gesprochen (Seite 93). Art 5 StGG bestimmt: „Das *Eigentum* ist unverletzlich" (vgl auch Art 1 1. ZP-EMRK). Die herrschende Meinung bezieht in dieses Grundrecht auf Schutz des Eigentums grundsätzlich auch das Geistige Eigentum ein.[36] Art 10 EMRK sichert die *Kommunikationsfreiheit*. Auch hier gibt es starke Bezüge zum Immaterialgüterrecht, etwa bei der Beurteilung des Spannungsverhältnisses zwischen Urheberrechtsschutz einerseits und der ungehinderten Medienbeobachtung (durch Kopieren von Artikeln, Aufzeichnen von Sendungen und sonstige Dokumentationen für andere) zur Gewährleistung der „passiven Informationsfreiheit" andererseits.[37] Bei behaupteten grundrechtswidrigen Eingriffen im Zusammenhang mit Immaterialgüterrechten wird zumeist auch der *Gleichheitssatz* (Art 7 Abs 1 B-VG iVm Art 2 StGG) herangezogen. Es ist hier nicht der Platz, um detailliert auf Grundrechtsfragen einzugehen. Ich will mich daher auf ein paar Beispiele beschränken, die lediglich zeigen, wie schwierig es etwa in einem Markenlöschungs- oder Patentrechtsverfahren ist, ein unliebsames Erkenntnis auf diesem Weg beim VfGH erfolgreich zu bekämpfen.

---

[36]) Zum Markenrecht: VfGH 30. 11. 1999, B 889/97 – Tabasco VI – ÖBl 2000, 90 = PBl 2000, 144; zum Urheberrecht vgl *Dittrich/Öhlinger*, UFITA 1997, 5 (46), *Tretter*, ÖSGRUM 6 (1988) 53; allgemein: *Aicher*, Verfassungsrechtlicher Eigentumsschutz und Immaterialgüterrechte, FS Schönherr (1986) 3.

[37]) Dazu eingehend *Dittrich/Öhlinger*, UFITA 1997, 5.

Beispiele:

▸ Das Zeichen „Tabasco" hat eine Reihe höchstgerichtlicher Entscheidungen ausgelöst. Nachdem der OPM[38] die Löschung dieser Wortmarke angeordnet hatte, wurde der VfGH gemäß Art 144 B-VG angerufen. Dieser ging zwar davon aus, dass vermögenswerte Markenrechte zum verfassungsrechtlich geschützten Eigentum zählen. Der angefochtene Bescheid greife aber nur dann in das verfassungsrechtlich gewährleistete Recht auf Unverletzlichkeit des Eigentums ein, wenn er unter Heranziehung einer verfassungswidrigen Rechtsgrundlage oder gesetzlos erging, wobei eine denkunmögliche Anwendung des Gesetzes ebenfalls als Gesetzlosigkeit anzusehen sei. Der VfGH verneinte hier einen Grundrechtseingriff. Auch eine Verletzung des verfassungsrechtlich gewährleisteten Rechts auf ein faires Verfahren hat der VfGH nicht angenommen.[39]

▸ Der OPM hatte in einem *Markenlöschungsverfahren* die Verwechslungsgefahr zwischen der älteren Marke der Antragstellerin FANTA und der jüngeren Marke FANTASY verneint.[40] Dagegen hat die Antragstellerin nach Art 144 Abs 1 B-VG Beschwerde an den VfGH erhoben. Dieser ließ jedoch die Frage, ob die Abweisung eines Antrags auf Löschung einer Marke überhaupt in das *Eigentumsrecht* der Beschwerdeführerin eingreifen könne, dahingestellt, weil hier eine Grundrechtsverletzung bloß dann in Betracht käme, wenn der belangten Behörde eine – der Gesetzlosigkeit gleichkommende – denkunmögliche Anwendung des Gesetzes zur Last fiele. Dies sei jedoch keineswegs der Fall. Die angefochtene Entscheidung zeige keinen wie immer gearteten Verstoß gegen die Gesetze des logischen Denkens. Ob die bekämpfte Rechtsauffassung, die sich auf Judikatur und Fachliteratur zu stützen vermag, (einfachgesetzlich) richtig ist, habe der VfGH im Verfahren nach Art 144 B-VG nicht zu untersuchen.[41]

▸ Nicht besser erging es der Beschwerdeführerin gegen die Entscheidung des OPM vom 10. 6. 1992.[42] Der OPM hatte einen *Löschungsantrag wegen Nichtgebrauchs einer Marke* abgewiesen, weil er den festgestellten Markengebrauch auf Geschäftspapieren und Etiketten als ausreichend beurteilte. Dem Vorhalt, dies verstoße gegen den Gleichheitssatz, konnte der VfGH nicht folgen. Ein solcher Verstoß könne nur dann vorliegen, wenn der angefochtene Bescheid auf einer dem Gleichheitsgebot widersprechenden Rechtsgrundlage beruhe, wenn die Behörde den angewendeten Rechtsvorschriften fälschlicherweise einen gleichheitswidrigen Inhalt unterstellte oder wenn sie bei der Bescheiderlassung Willkür übte. Ein willkürliches Verhalten der Behörde, das bereits in die Verfassungssphäre eingreift, wäre insbesondere in „einer gehäuften Verkennung der Rechtslage zu erblicken, aber auch im Unterlassen jeglicher Ermittlungstätigkeit in einem entscheidenden Punkt oder eines ordnungsgemäßen Ermittlungsverfahrens überhaupt, namentlich in Verbindung mit einem Ignorieren des Parteivorbringens und einem leichtfertigen Abgehen vom Inhalt der Akten oder mit der Außerachtlassung des konkreten Sachverhalts". Von all dem könne hier nicht

---

[38]) OPM 13. 11. 1996, Om 4/96 – Tabasco V – PBl 1997, 130 = ÖBl 1997, 232 = wbl 1997, 219.
[39]) VfGH 30. 11. 1999, B 889/97 – Tabasco VII – ÖBl 2000, 90 = PBl 2000, 144.
[40]) OPM 13. 1. 1993, Om 15/92 – FANTASY – PBl 1993, 215 = ÖBl 1993, 207.
[41]) VfSlg 13607.
[42]) OPM 10. 6. 1992, Om 2/92 – Vanillia – PBl 1993, 37 = ÖBl 1993, 13.

die Rede sein. Auch den behaupteten Eingriff ins Eigentumsrecht verneinte der VfGH mit den gleichen Argumenten wie im oben geschilderten Fall.[43]

▸ Der OPM hatte in einem Nichtigerklärungsverfahren 1990 zwei *Patente* für nichtig erklärt. Auch hier verwies der VfGH darauf, dass eine Verletzung des Rechts auf Unversehrtheit des Eigentums nur dann vorliegen könne, wenn der Bescheid unter Heranziehung einer verfassungswidrigen Rechtsgrundlage oder gesetzlos (bzw in denkunmöglicher Gesetzesanwendung) ergangen sei. Bei der gegebenen Sachlage konnte er die Frage, ob die Nichtigerklärung eines bereits erteilten Patentes überhaupt einen Eigentumseingriff darstellt, auf sich beruhen lassen. Der Gleichheitssatz konnte der ausländischen Beschwerdeführerin hier schon deshalb nicht helfen, weil sich darauf nur Österreicher berufen können.[44]

▸ Der OPM hatte die Löschung mehrer EGGER-*Biermarken* verfügt, weil er einen irreführenden Hinweis auf den Ort „Egg" annahm.[45] Der VfGH verneinte einen Verstoß gegen den *Gleichheitssatz*. Auch die Beschwerdeeinrede, die Behörde habe in anderen Fällen anders entschieden, änderte daran nichts. Selbst wenn in anderen Rechtssachen gesetzwidrig verfahren worden sein sollte, könnte ein solches Vorgehen der Beschwerdeführerin kein Recht auf gleiches behördliches Fehlverhalten einräumen. Der VfGH habe auch nicht zu untersuchen, ob der dem angefochtenen Bescheid zu Grunde gelegte Sachverhalt den Tatsachen entspricht und die von der belangten Behörde gewählte Auslegung des MSchG richtig ist. Obwohl er zwar davon ausging, dass der angefochtene Bescheid in das Eigentumsrecht der Beschwerdeführerin – wozu auch vermögenswerte Markenrechte zählen – eingriff, musste er daher einen Grundrechtsverstoß verneinen.[46]

▸ Hingegen wurde einer Beschwerde gegen einen Bescheid der Schiedsstelle (das ist eine Kollegialbehörde im Sinne des Art 133 Z 4 B-VG, die über bestimmte urheberrechtliche Ansprüche entscheidet; Seite 1280) Folge gegeben, weil sich zwischen der letzten Verhandlung und der Beschlussfassung die personelle Zusammensetzung geändert hatte. Dies wurde als Verletzung des verfassungsgesetzlich gewährleisteten Rechts auf ein *Verfahren vor dem gesetzlichen Richter* beurteilt.[47]

▸ In einem anderen Verfahren war zu klären, ob die Schiedsstelle über Ansprüche auf „angemessene Vergütung" im Sinne des § 59a UrhG (Vergütung für die Kabelweiterleitung) entscheiden durfte. Der VfGH ging davon aus, dass diese Ansprüche *„civil rights"* im Sinne des Art 6 Abs 1 MRK sind. Da aber die Schiedsstelle die Voraussetzungen einer „unparteiischen Instanz" erfüllte, hatte die Beschwerde keinen Erfolg.[48]

Gelegentlich richteten sich VfGH-Beschwerden auch (unmittelbar) gegen immaterialgüterrechtliche Regelungen.

---

[43]) VfSlg 13418.
[44]) VfGH 29. 9. 1992, B 441/91 – Stahlprofil – VfSlg 13159 = ZfVB 1994/318. Vgl auch VfGH 27. 2. 1989, B 1609/88, PBl 1989, 174 = ÖBl 1989, 161 = VfSlg 11960; VfGH 24. 9. 1987, B 334/87, PBl 1988, 31 = ÖBl 1988, 37 = VfSlg 11418.
[45]) OPM 11. 11. 1987, Om 1-4/85 – Egger – PBl 1988, 36 = ÖBl 1988, 38.
[46]) VfSlg 11949 = PBl 1990, 37 = ÖBl 1990, 54.
[47]) VfSlg 11336; ebenso VfSlg 11338 und VfSlg 11108.
[48]) VfSlg 9887.

Beispiel:

> ▸ Der Individualantrag gegen § 45 Abs 1 UrhG (Freie Werknutzung für den Kirchen-, Schul- und Unterrichtsgebrauch) scheiterte freilich an den formalen Voraussetzungen für einen solchen Antrag nach Art 140 Abs 1 B-VG.[49]

5. INTERNATIONALES RECHT

Bevor wir mit den einzelnen Themen beginnen, gestatten Sie mir bitte noch einen kurzen Rundblick auf das internationale Umfeld, in das unser nationales Wettbewerbs- und Immaterialgüterrecht eingebettet ist:

5.1. Territorialitätsprinzip

Bei Sachverhalten mit internationalem Bezug stellt sich zunächst die Frage, welche nationale Rechtsordnung anzuwenden ist. (Will also zB ein österreichisches Unternehmen A seinen österreichischen Konkurrenten B vor einem österreichisches Gericht deshalb klagen, weil dieser Konkurrent in Frankreich auf einer Messe Maschinen angeboten hat, die eine für A europaweit patentrechtlich geschützte Konstruktion aufweisen, so wird sich der Richter zunächst fragen müssen, ob er österreichisches oder französisches Patentrecht anzuwenden hat. Wenn ein österreichisches Unternehmen X seine Markenbezeichnung im gesamten deutschsprachigen Raum schützen will, wird es sich fragen müssen, ob eine Markenanmeldung in Österreich genügt, oder ob zusätzlich Markenanmeldungen in der Schweiz und in Deutschland erforderlich sind.) § 34 Abs 1 IPRG sagt dazu: *„Das Entstehen, der Inhalt und das Erlöschen von Immaterialgüterrechten sind nach dem Recht des Staates zu beurteilen, in dem eine Benützungs- oder Verletzungshandlung gesetzt wird."* Es kommt somit darauf an, wo zB: ein technisches Verfahren angewendet, eine mit einem Kennzeichen versehene Ware in Verkehr gesetzt oder ein Werk verbreitet wird (im ersten Einleitungsbeispiel wird also französisches Patentrecht anzuwenden sein).

Immaterialgüterrechte müssen für jeden Staat gesondert erworben werden. So begründet zB ein österreichisches Patent Schutzrechte nur in Österreich. (Im zweiten Einleitungsbeispiel wird der Unternehmer X Marken in Österreich, der Schweiz und Deutschland erwerben müssen.)

Es liegt auf der Hand, dass das Territorialitätsprinzip nicht unbeträchtliche Nachteile hat: Ein Unternehmer, der seine Leistungen schützen oder sich gegen Wettbewerbsverstöße der Konkurrenz wehren will, muss alle betroffenen nationalen

---

[49]) VfSlg 1189.

Rechtsordnungen kennen bzw sich in den betreffenden Ländern beraten lassen. Dabei sind die Schutzmöglichkeiten und Schutzvoraussetzungen in den einzelnen Ländern so unterschiedlich ausgestaltet, dass international ein kaum durchsichtiger Dschungel einschlägiger Normen entstanden ist. Es ist daher seit langem das Anliegen mehrerer Institutionen und internationaler Verträge, eine internationale Angleichung des Schutzniveaus und eine Vereinheitlichung der Rechtsvorschriften zu erreichen. Die wichtigsten internationalen Abkommen werden im Folgenden angesprochen. (Auch bei den folgenden Abschnitten sowie im Textsammlungsteil wird auf die jeweiligen internationalen Abkommen hingewiesen.)

Bei Beantragung einer *einstweiligen Verfügung* (EV), die auf der Anwendung ausländischen Rechts beruht, empfiehlt es sich, die Rechtslage im betreffenden Land zu bescheinigen. Erbringt der Kläger die notwendige Bescheinigung nicht, so hat das Gericht das fremde Recht von Amts wegen zu ermitteln, sofern dies ohne weitwendige Nachforschungen und innerhalb eines dem Zweck des Sicherungsverfahrens angemessenen und damit kurzen Zeitraums möglich ist. Gelingt es dem Gericht nicht, das fremde Recht zu ermitteln, so ist gemäß § 4 Abs 2 IPRG österreichisches Recht anzuwenden. Dies birgt freilich für den Antragsteller die erhebliche Gefahr in sich, dass die EV zwar nach österreichischem Recht begründet erlassen wird, dann aber nach Prüfung der ausländischen Rechtslage im Hauptverfahren als nicht gerechtfertigt festgestellt und der Antragsteller zum Schadenersatz nach § 394 EO verpflichtet wird.[50]

5.2. Weltorganisation für geistiges Eigentum – WIPO

Literaturhinweise: *Schäfers*, Normsetzung zum geistigen Eigentum in internationalen Organisationen: WIPO und WTO – ein Vergleich, GRUR Int 1996, 763; *Renck*, WIPO Arbitration and Mediation Center – Eine Analyse der Spruchpraxis der ersten sechs Monate, MMR 2000, 586; *Wichard*, Übersicht über aktuelle Aktivitäten der Welthandelsorganisation für geistiges Eigentum (WIPO) im Markenrecht, MarkenR 2000, 402; *Wichard*, Übersicht über aktuelle Aktivitäten der Welthandelsorganisation für geistiges Eigentum (WIPO) im Markenrecht, MarkenR 2001, 201; *Wichard*, Übersicht über aktuelle Aktivitäten der Welthandelsorganisation für geistiges Eigentum (WIPO) im Markenrecht, MarkenR 2002, 13.

Sie ist 1967 in Stockholm durch ein internationales Übereinkommen geschaffen worden (World Intellectual Property Organization – WIPO; Organisation Mondiale de la Propriété Intellectuelle – OMPI). Sie hat ihren *Sitz in Genf*. Österreich gehört ihr seit 1973 an.

Zweck der WIPO ist die weltweite Förderung des geistigen Eigentums (darunter sind nicht nur Immaterialgüterrechte, sondern auch wissenschaftliche Entdeckungen und der Schutz gegen unlauteren Wettbewerb zu verstehen) sowie eine wirksame Verwaltung und Koordinierung der durch die PVÜ und die RBÜ (Berner Übereinkunft) geschaffenen Verbände und der damit zusammenhängenden Son-

---

[50]) Zum Ganzen: OGH 18. 5. 1999 – Sachers Kaffee Wien – ÖBl 1999, 278.

derabkommen. Dazu gehört vor allem die Aufrechterhaltung von Einrichtungen der internationalen Registrierung von Marken und Mustern. Bis ein internationaler Vertrag zu Stande kommt und in einer maßgeblichen Anzahl von Mitgliedstaaten ratifiziert wird, vergeht oft (zu) viel Zeit. Die WIPO trägt daher in jüngerer Zeit auch durch *Empfehlungen* zur internationalen Rechtsentwicklung bei. So hat die Generalversammlung der Pariser Verbandsübereinkunft gemeinsam mit der Generalversammlung der WIPO im September 1999 eine Empfehlung für die Behandlung berühmter Marken („Well-Known Marks"), im September/Oktober 2000 eine Empfehlung betreffend Markenlizenzen und im September/Oktober 2001 eine Empfehlung für Bestimmungen über den Markenschutz und andere IP-Rechte zum Schutz von Zeichen im Internet beschlossen.[51]

1994 hat die WIPO das *„WIPO Arbitration and Mediation Center"* eingerichtet, das als Forum für internationale wirtschaftsrechtliche Streitfälle, insbesondere im IP-Bereich, angerufen werden kann.[52] Dieses Schiedsgericht hat in den letzten Jahren vor allem für Verfahren über Domain-Namen Bedeutung erlangt. So wurden bis Ende 2002 bereits über 20.000 domain name cases abgehandelt.

5.3. Pariser Verbandsübereinkunft („PVÜ")

Literaturhinweise: *Kassler*, Die Anwendung der Begünstigungen des Pariser Unionsvertrages auf den Inländer, JBl 1950, 153; *Schönherr*, Die bevorstehende Revision des Pariser Unionsvertrages, ÖBl 1957, 17; *Hohenecker/Friedl*, Wettbewerbsrecht (1959) 5; *Ballreich*, Enthält das GATT den Weg aus dem Dilemma der steckengebliebenen PVÜ-Revision? GRUR Int 1987, 747; *Hanreich*, Wettbewerbsrecht, in *Wenger*, Wirtschaftsrecht II (1990) 85; *Fitz/Gamerith*, Wettbewerbsrecht[2] (1997) 14; *Briem*, Internationales und Europäisches Wettbewerbsrecht und Kennzeichenrecht (1995) 5; *Knopp*, Internationale Zusammenarbeit im gewerblichen Rechtsschutz: Triumph einer Idee, GRUR Int 1997, 583; *Koppensteiner*, Österreichisches und europäisches Wettbewerbsrecht[3] (1997) 41; *Hauser/Thomasser*, Wettbewerbs- und Immaterialgüterrecht (1998) 28;

5.3.1. Geschichte

Ein internationales Abkommen über den gewerblichen Rechtsschutz wurde erstmals auf einem internationalen Patentkongress anlässlich der Wiener Weltausstellung 1873 erörtert. Zehn Jahre später wurde die Pariser Verbandsübereinkunft zum Schutz des gewerblichen Eigentums (1883; „PVÜ"), der weitaus bedeutendste internationale Vertrag auf diesem Gebiet, in Paris unterzeichnet. In der Folge wurde die PVÜ mehrmals revidiert (dh inhaltlich ergänzt und geändert), zuletzt in Stockholm 1967. Österreich ist der PVÜ erst mit 1. 1. 1909 beigetreten und hat alle späteren Fassungen einschließlich der Stockholmer (BGBl 1973/399) ratifiziert.

---

[51]) Die Texte sind auf der WIPO-Website abrufbar: http://www. wipo.int.
[52]) Nähere Informationen finden Sie unter http://arbiter.wipo.int.

5.3.2. Gegenstand und Rechtsnatur

Die PVÜ dient dem „Schutz des gewerblichen Eigentums" im weitesten Sinn und umfasst daher neben dem Patent-, dem Kennzeichen- und dem Musterrecht auch „die Unterdrückung des unlauteren Wettbewerbs".

Sie ist ein mehrseitiger *völkerrechtlicher Vertrag*. Die über 160 Staaten[53], die Vertragspartner der PVÜ sind, bilden einen *Verband* zum Schutz des gewerblichen Eigentums (Art 1 Abs 1 PVÜ).

5.3.3. Grundsatz der Inländerbehandlung

Dieser Grundsatz (*Assimilationsprinzip*) bestimmt: Die (Staats-)Angehörigen eines Verbandslandes werden beim Schutz des gewerblichen Eigentums in allen übrigen Verbandsländern wie eigene Staatsangehörige behandelt, auch wenn sie im Schutzland weder Wohnsitz noch Niederlassung haben (Art 2 Abs 1, 2 PVÜ). Ihnen gleichgestellt sind Personen, die im Hoheitsgebiet eines Verbandslandes ihren Wohnsitz oder tatsächliche gewerbliche oder Handelsniederlassung haben (Art 3 PVÜ).

5.3.4. Mindestschutzprinzip

Die PVÜ enthält *Mindestrechte*, die von Verbandsangehörigen auch dann beansprucht werden können, wenn sie nach dem betreffenden nationalen Recht (noch) nicht bestehen sollten; zB Unionspriorität, Recht auf Erfindernennung, Beschränkung der Sanktionen bei der Nichtausübung von Patenten und Nichtgebrauch von Marken, „Telle-quelle"-Prinzip (Seite 332).

5.3.5. Unionspriorität

Wer in einem der Verbandsländer ein gewerbliches Schutzrecht „vorschriftsmäßig" angemeldet oder hinterlegt hat, genießt für diese *„Erstanmeldung"* während einer bestimmten Frist („Prioritätsfrist") ein Prioritätsrecht (Art 4 A Abs 1 PVÜ). Wenn daher er oder sein Rechtsnachfolger innerhalb dieser Frist ein entsprechendes Schutzrecht (unter Umständen entspricht dem Patent ein Gebrauchsmuster und umgekehrt) in anderen Verbandsländern anmeldet, haben solche *„Nachanmeldungen"* die gleiche Priorität wie die Erstanmeldung. So kann etwa eine inzwischen eingereichte andere Anmeldung, Veröffentlichung oder Benützung durch Dritte der Nachanmeldung nicht schaden. Die *Prioritätsfrist* beträgt für Patente und Gebrauchsmuster zwölf Monate, für gewerbliche Muster und für Marken sechs Monate vom Zeitpunkt der Hinterlegung der ersten Anmeldung an; der Tag der Hinterlegung wird nicht in die Frist eingerechnet (vgl näher Art 4 PVÜ). Die Unionspriorität muss binnen *zwei Monaten* nach der Nachanmeldung ausdrücklich beansprucht werden (*Prioritätserklärung*; § 24 MSchG; § 20 MuSchG; § 95 PatG;

---

[53]) Aktueller Stand: www.wipo.int/treaties.

§ 17 GMG), zweckmäßigerweise aber gleichzeitig mit der Nachanmeldung. Zu den Besonderheiten der „*Telle-quelle*"-*Klausel* vgl Seite 332 und 631.

5.3.6. Sonderabkommen

Art 19 PVÜ wahrt den Verbandsländern das Recht, „einzeln untereinander" Sonderabkommen zum Schutz des gewerblichen Eigentums zu treffen, sofern diese der PVÜ nicht zuwiderlaufen. Österreich gehört dem *Madrider Markenabkommen,* dem *Abkommen von Nizza über die Internationale Klassifikation von Waren und Dienstleistungen für die Eintragung von Marken* (seit 1969), dem *Straßburger Abkommen über die internationale Patentklassifikation* (seit 1975), dem *Vertrag über die internationale Zusammenarbeit auf dem Gebiet des Patentwesens* (seit 1979), dem *Budapester Vertrag über die internationale Anerkennung der Hinterlegung von Mikroorganismen für die Zwecke von Patentverfahren* (seit 1984) und dem *Abkommen von Locarno* zur Errichtung einer Internationalen Klassifikation für gewerbliche Muster und Modelle (seit 1990) an.

5.4. World Trade Organization (WTO) – TRIPS

Literaturhinweise: *Faupel*, GATT und geistiges Eigentum, GRUR Int 1990, 255; *Drexl*, Nach „GATT und WIPO": Das TRIPS-Abkommen und seine Anwendung in der Europäischen Gemeinschaft, GRUR Int 1994, 777; *Kur*, TRIPs und das Markenrecht, GRURInt 1994, 987; *Fikentscher*, Wettbewerbsrecht im TRIPS-Agreement der Welthandelsorganisation, GRUR Int 1995, 529; *Geller*, Geistiges Eigentum auf dem Weltmarkt: Welche Bedeutung hat die Streitbeilegung nach dem TRIPS? GRUR Int 1995, 935; *Oppermann*, Die Europäische Gemeinschaft und Union in der Welthandelsorganisation (WTO), RIW 1995, 919; *Pacón*, Was bringt TRIPS den Entwicklungsländern? GRUR Int 1995, 875; *Ullrich*, Technologieschutz nach TRIPS: Prinzipien und Probleme, GRUR Int 1995, 623; *Heath*, Bedeutet TRIPS wirklich eine Schlechterstellung von Entwicklungsländern? GRUR Int 1996, 1169; *Schäfers*, Normsetzung zum geistigen Eigentum in internationalen Organisationen: WIPO und WTO – ein Vergleich, GRUR Int 1996, 763; *Albert*, Die Neuordnung des Markenrechts: Bericht über das 10. Ringberg-Symposium des Max-Planck-Instituts, GRUR Int 1997, 449; *Koppensteiner*, Österreichisches und europäisches Wettbewerbsrecht[3] (1997) 41; *Krieger*, Durchsetzung gewerblicher Schutzrechte in Deutschland und die TRIPS-Standards, GRUR Int 1997, 421; *Loos*; Durchsetzung von Rechten des geistigen Eigentums: Verfahren und Sanktionen, ÖBl 1997, 267; *Bierwagen*, Außenwirtschaftsrecht der Europäischen Gemeinschaften, insbesondere gegen unlauteren Handel gerichtete Schutzmaßnahmen und Rechtsschutz, ZfV 1998, 710; *Glantschnig*, Die Effizienz der Streitbeilegungssysteme der WTO am Beispiel des Geistigen Eigentums, ecolex 1998, 714; *Hauser/Thomasser*, Wettbewerbs- und Immaterialgüterrecht (1998) 28; *Senti*, WTO System und Funktionsweise der Welthandelsordnung (2000); *Novak*, „Indirect-direct effect II" des TRIPS-Abkommens, ELR 2001/9, 284; *Ehring*, Schutz von Marken und Handelsnamen nach dem TRIPS-Übereinkommen der Welthandelsorganisation, MarkenR 2003, 57.

Am 15. 12. 1993 wurde – nach siebenjährigen Verhandlungen, an denen 124 Staaten teilgenommen haben – die GATT-Uruguay-Runde abgeschlossen. Eines der wichtigsten Ergebnisse war die Gründung einer Organisation mit eigener Rechtspersönlichkeit (*World Trade Organization – WTO*), auf die künftig alle Funktionen der Vertragsparteien nach dem Allgemeinen Zoll- und Handelsabkommen (*GATT*) übergehen sollen. Der Aufgabenbereich der WTO umfasst auch – und das ist hier das eigentlich Interessante – den Bereich des (neuen) „Abkommens über handels-

bezogene Aspekte der Rechte des geistigen Eigentums" (= „Agreement on Trade-Related Aspects of Intellectual Property Rights" = *TRIPS-Abk*).
Ziel ist die weltweite Verstärkung und Harmonisierung des Schutzes des geistigen Eigentums. Besonderes Gewicht wurde auf eine Verbesserung der Rechtsdurchsetzungsverfahren gelegt. Das TRIPS-Abk umfasst die Bereiche Urheberrecht und Leistungsschutzrechte, Marken, Herkunftsangaben und Ursprungsbezeichnungen, Patente, gewerbliche Muster, Topographien integrierter Schaltkreise, Know-How sowie die Bekämpfung wettbewerbswidriger Praktiken in vertraglichen Lizenzen. Das TRIPS-Abk sieht die Grundsätze der Inländerbehandlung (Art 3 TRIPS-Abk) und der Meistbegünstigung (Art 4 TRIPS-Abk) vor.

5.5. Europäische Union – EU

Auch innerhalb der Europäischen Union ist die Rechtsvereinheitlichung im Bereich des „geistigen Eigentums" selbstverständlich ein besonderes Anliegen. Im Markenrecht wurde sowohl eine Richtlinie zur Vereinheitlichung der nationalen Markenschutzgesetze als auch eine Verordnung zur Schaffung einer zentral verwalteten, für alle Mitgliedstaaten geschützten „Europamarke" (richtig: „Gemeinschaftsmarke") in Kraft gesetzt. Für den Bereich des Geschmacksmusterrechts wurden ebenfalls eine Harmonisierungsrichtlinie und eine Verordnung für ein „Gemeinschaftsgeschmacksmuster" erlassen. Im Patentbereich wird noch an einem (einheitlichen) „europäischen Patent" gearbeitet (nicht zu verwechseln mit dem „europäischen Patent", das aufgrund des EPÜ erlangt werden kann, vgl Seite 1017); diese Regelungen sind allerdings noch nicht in Kraft getreten. Für den Schutz der Topographien von Halbleitererzeugnissen besteht eine Richtlinie. Auch auf diese Regelungen werden wir in den folgenden Abschnitten noch kurz zurückkommen. Im Urheberrecht wurden bereits sieben (Teil-)Harmonisierungsrichtlinien erlassen. Derzeit laufen die Vorarbeiten für eine übergreifende, alle Schutzrechte erfassende *„Richtlinie zum Schutz des geistigen Eigentums"*, die den Sanktionenbereich vereinheitlichen soll.[54]

Die *Gerichte* haben sich bei der *Auslegung einer nationalen Vorschrift*, die der Umsetzung einer EG-Richtlinie dient, soweit wie möglich an Wortlaut und Zweck der Richtlinie zu orientieren und Rechtsbegriffe, die in der Richtlinie und im innerstaatlichen Recht übereinstimmen, entsprechend den gemeinschaftsrechtlichen Begriffen auszulegen.[55] Gegebenenfalls ist die Auslegung des Gemeinschaftsrechts in einem *Vorabentscheidungsverfahren*[56] zu klären. Ist die richtige Anwendung des

---

[54]) Vorschlag der Kommission für eine Richtlinie des Europäischen Parlaments und des Rates über die Maßnahmen und Verfahren zum Schutz der Rechte an geistigem Eigentum, KOM (2003) 46 endg; vgl dazu *Harte-Bavendamm*, MarkenR 2002, 382.
[55]) OGH 23. 9. 1997, 4 Ob 202/97b – XTC – ÖBl 1998, 48 = ecolex 1998, 147 (*Schanda*) = wbl 1997, 529 mwN, zur Auslegung des § 1 MSchG in der Fassung vor der Markenrechts-Nov 1999; 27. 6. 1995, 4 Ob 1043/95 – Pizza-Vorab – ÖBl 1996, 133 = wbl 1996, 32.
[56]) Dazu etwa: *Fucik*, Neuerungen durch den EWR/die EU Auswirkungen auf das Zivilrecht, RZ 3/1995, 50; *Gamerith*, Das Vorabentscheidungsverfahren nach Art 177 EGV in Wettbewerbssachen, ÖBl 1995, 51; *Hakenberger*,

Gemeinschaftsrechts derart offenkundig, dass keinerlei Raum für einen vernünftigen Zweifel bleibt, so besteht keine Notwendigkeit, eine Vorabentscheidung des EuGH einzuholen. Ob der EuGH anzurufen ist, hat allein das Gericht von Amts wegen zu entscheiden. Die Parteien können ein entsprechendes Ersuchen nur anregen; ein auf Einleitung eines Vorabentscheidungsverfahrens gerichteter Parteienantrag ist zurückzuweisen.[57] Art 234 EGV sieht folgende *Aufgabenverteilung* vor: Die Aufgabe des EuGH ist darauf beschränkt, dem nationalen Gericht die Auslegungskriterien anzugeben, die es zur Entscheidung des bei ihm anhängigen Rechtsstreits benötigt. Sache des nationalen Gerichts ist es, diese Vorschriften, wie sie vom EuGH ausgelegt worden sind, auf den anhängigen Fall anzuwenden.[58]

Ein nationales Gericht, gegen dessen Entscheidungen Rechtsmittel beim obersten Gericht eingelegt werden können, unterliegt nicht der Vorlagepflicht.[59]

Grundsätzlich ist auch im *Provisorialverfahren* die Einleitung eines Vorabentscheidungsverfahrens möglich.[60] Stellt sich in einem weiteren Verfahren dieselbe Vorfrage, so stellt der OGH – solange über die erste Vorlageprüfung noch nicht entschieden ist – einen weiteren (gleichlautenden, gegebenenfalls ergänzend begründeten) Vorabentscheidungsantrag.[61] Ist die von einem Gericht gestellte Vorabentscheidungsfrage bereits in einem anderen Verfahren vom EuGH beantwortet worden, so ist das Vorabentscheidungsersuchen nicht aufrechtzuerhalten.[62]

Zu den vorlagepflichtigen Gerichten im Sinne des Art 234 EGV gehört auch der OPM (Seite 879).

Die Verletzung der Vorlagepflicht ist eine Verletzung des verfassungsrechtlich gewährleisteten Rechts auf ein Verfahren vor dem gesetzlichen Richter.[63]

Das Vorabentscheidungsverfahren vor dem Europäischen Gerichtshof: Hinweise für die Praxis in Österreich, Journal für Rechtspolitik 1995, 195; *Kohlegger*, Einwirkungen des „Vorabentscheidungsverfahrens" auf das österreichische Zivilverfahren, ÖJZ 1995, 761 und 811; *Schoibl*, Zum Umfang der Vorlagepflicht nationaler Gerichte an den Europäischen Gerichtshof nach Art 177 EG-V, wbl 1996, 10; *Gamerith*, Das nationale Privatrecht in der Europäischen Union – Harmonisierung durch Schaffung von Gemeinschaftsprivatrecht, ÖJZ 1997, 165; *Koppensteiner*, Österreichisches und europäisches Wettbewerbsrecht³ (1997) 41; *Schima*, Das Vorabentscheidungsverfahren vor dem EuGH (1997); *Schärf*, Beweisverfahren vor dem EUG und EuGH, ÖJZ 1997, 659; *Schilling*, Zum Wesen der Kompetenz des EuGH, ZfRV 1997, 96; *Stix-Hackl*, Auslegungsmethoden des Gerichtshofs der Europäischen Gemeinschaft, JBl 1997, 575; *Hauser/Thomasser*, Wettbewerbs- und Immaterialgüterrecht (1998) 28; *Kohlegger*, Aktuelle Entwicklungen im Vorabentscheidungsverfahren, ZfRV 1998, 89; *Niedermühlbichler*, Verfahren vor dem EuG und EuGH (1998); *Pollak*, Bindungswirkung von Auslegungsurteilen des Europäischen Gerichtshofes (EuGH) im Vorabentscheidungsverfahren nach Art 177 EGV, RZ 1998, 190; *Reichelt* (Hrg), Vorabentscheidungsverfahren vor dem EuGH (1998); *Thiele*, Vorlage durch innerstaatliche Gerichte, RZ 1999, 132.

[57]) OGH 27. 6. 1995, 4 Ob 1043/95 – Pizza-Vorab – ÖBl 1996, 133 = wbl 1996, 32.
[58]) EuGH 12. 3. 2003, Rs C-40/01 – Minimax; EuGH 22. 6. 1999, Rs C-342/97 – Lloyd/Loint's – ÖBl 1999, 305 = ecolex 1999, 638 (*Schanda*) = wbl 1999, 454 = MarkenR 1999, 236 = GRUR Int 1999, 734 = ABl OAMI 1999, 1568.
[59]) EuGH 4. 6. 2002, Rs C-99/00 – Vorlagepflicht – MarkenR 2002, 239.
[60]) OGH 28. 9. 1999, 4 Ob 206/99v – Blausiegel – ÖBl 2001, 77 = ecolex 2000, 134 (*Schanda*) = MarkenR 2000, 59.
[61]) OGH 7. 10. 1997, 4 Ob 262/97a – Ralph Lauren – ÖBl 1998, 47. Zu Unterbrechung des Verfahrens, um eine Vorabentscheidung in einem anderen Verfahren abzuwarten: OGH 9. 4. 2002, 4 Ob 70/02a – deutscher Heilpraktiker – ÖBl 2003, 154.
[62]) OGH 12. 8. 1998, 4 Ob 215/98s – Original W-Jeans II – ÖBl 1998, 347.
[63]) VfGH 30. 11. 1999, B 889/97 – Tabasco VI – ÖBl 2000, 90 = PBl 2000, 144.

**Soviel zu den Grundstrukturen.
Es geht weiter mit:**

- **Markenrecht**
- **Musterrecht**
- **Patentrecht**
- **Urheberrecht**

update: www.geistigeseigentum.at

MARKENRECHT

Marke = IP

Die Marke ist ein Signal an den Verbraucher. Sie (ver-)führt ihn zur Ware oder Leistung. In der Fülle nahezu identer, miteinander konkurrierender Produkte ist sie das eindeutige Erkennungszeichen, das unterscheidbar macht. Sie ist aber noch mehr. Aufgeladen mit einem ganz bestimmten Markenimage verleiht sie der Ware oder Dienstleistung einen Mehrwert. Sie vermittelt als Icon wichtige Informationen über das Produkt und dessen Image (Jugendlichkeit, Sicherheit, besondere Qualität, internationales Flair, Bodenständigkeit, Tradition oder Zukunftsorientierung). Ein bekanntes Kennzeichen hat nicht nur ideellen, sondern auch großen materiellen Wert. Es bedarf daher der Absicherung gegen Markenpiraten, die Produktfälschungen auf den Markt bringen. Es bedarf aber auch des Schutzes vor Rufausbeutung und Schädigung des Markenimages, etwa durch Übertragung der bekannten Marke auf ein branchenfremdes Produkt.

Beim Thema Markenschutz geht es um den Schutz eines immateriellen Guts, um den Schutz von Intellectual Property. Nicht der physisch vorhandene, mit einer bestimmten Marke gekennzeichnete Gegenstand soll vor Zerstörung, Diebstahl, Verunstaltung geschützt werden. Dies wäre Sache des Eigentumsrechts oder des Strafrechts. Es geht um das immaterielle Kennzeichen als solches, das zu schützen ist.

Viele Unternehmen können sich heute nicht mehr mit einem rein regionalen Einzugsbereich zufrieden geben. Sie bieten international oder global an und sei es auch nur über ihre Website. Das Thema internationaler Markenschutz hat daher ebenso an Bedeutung gewonnen wie das Thema Vermeidung von Kollisionen in Drittstaaten. Wie sichert man eine Marke im Ausland ab? Wie vermeidet man Kollisionen mit (vielleicht gar nicht bekannten) Marken in irgendeinem anderen Land?

Ich begrüße Sie sehr herzlich in der Abteilung „Markenrecht"!

Die Marke zählt

Als VW vor einiger Zeit den renommierten Produzenten von Luxusautos, Rolls-Royce erwarb, schien die Welt in Ordnung. VW wollte ganz offensichtlich seine vielen Marken nach oben, auch in Richtung seiner Mitbewerber Mercedes und BMW, abrunden. Dazu würde ein „Rolls-Royce" sehr gut passen, obwohl es bei diesem Auto sicher nicht um die Stückzahlen geht, die VW sonst gewohnt ist.

Zumindest in der veröffentlichten Meinung war jedoch dann die Überraschung groß, als sich herausstellte, dass VW zwar das Unternehmen Rolls-Royce, also die Produktionsstätte erworben hatte, nicht aber die Rechte an der Marke „Rolls-Royce" für den Kfz-Bereich. Durch diesen Fall wurde mehr als offenkundig, dass es nicht notwendigerweise und in Wirklichkeit immer seltener einen unmittelbaren Zusammenhang zwischen der Produktion eines Produktes und der Marke und damit auch dem Wert des Produktes gibt. Autos können in vielen Produktionsstätten hergestellt werden, die Marke Rolls-Royce gibt es aber nur einmal.

Wenn wir versuchen, uns ein koffeinhaltiges Erfrischungsgetränk mit einem wesentlichen Anteil an Zucker vorzustellen, ist der Börsenwert dieses Unternehmens wahrscheinlich einer, der in überschaubarer Größenordnung bleibt, wenn es sich bei diesem „braunen Zuckerwasser" nicht um ein Produkt handelt, auf dem „Coca-Cola" steht.

Ähnlich ist es wohl bei vielen anderen Produkten. Blaue Baumwollhosen mit Metallnieten zu produzieren, ist einer Unzahl von Herstellern möglich; einen zugkräftigen Namen draufzuschreiben, nur dem Inhaber der Marke. Der Konsument ist offenbar bereit, für Produkte, die ein hohes Markenimage haben, einen anderen, sprich höheren Preis zu bezahlen als für Produkte, die nur dem „Produktnutzen" (Beinkleidung, Fortbewegungsmittel mit Verbrennungsmotor oder Erfrischungsgetränk) entsprechen. Das amerikanische Unternehmen „Interbrand" hat versucht, die Börsenkapitalisierung eines Unternehmens dem „Markenwert" gegenüber zu stellen, und kommt in einer am 22. Juni 1999 veröffentlichten Studie zu dem Schluss, dass rund 60 % der 84 Milliarden Dollar betragenden Börsenkapitalisierung von Coca-Cola dem „Markenwert" zukommen. Damit werden Investitionen in die Marke und der Schutz der Marke zu einem erheblich wertbestimmenderen Bestandteil der Unternehmenspolitik als zum Beispiel Investitionen in Maschinen und Anlagen.

„Markenmanagement" ist also für Unternehmen der Markenartikelindustrie ein Teil der Geschäftspolitik, der häufig wichtiger ist als der Finanzbereich oder Personalfragen. Es sind auch „Marken" vorstellbar, die im Eigentum von Unternehmen stehen, die über keine Produktionsanlagen verfügen, sondern Produkte unter diesem wichtigen Markennamen, der den eigentlichen Wert des Unternehmens darstellt, von anderen Produzenten im Lohnauftrag produzieren lassen. Das Idealziel jedes Herstellers von Markenartikeln ist es, die Marke zum Synonym für die Produktgattung werden zu lassen. „Tixo", „Uhu" sind dafür ebenso Beispiele wie im englischen Sprachraum „Hoover" für Staubsauger, „Fridge" für Kühlschrank. Auch „please xerox this for me" wird von jedem verstanden, selbst wenn die Kopie dann auf dem Kopierer eines anderen Herstellers gemacht wird.

Oft ist das „Markenimage" völlig losgelöst von der tatsächlichen oder vermeintlichen Produktqualität. Kaum jemand wird sich eine Rolex deshalb kaufen, weil er von einer Rolex-Uhr eine ganz außergewöhnliche, über allen anderen Uhren liegende Präzision in der Zeitmessung erwartet. Rolex produziert unzweifelhaft Uhren von höchster Qualität, entscheidend für den Kauf ist dies aber nicht. Es ist viel eher das Image.

Und da das „Image" so wichtig ist, versuchen Marken „erkennbar" zu sein, indem eben eine besondere Flaschenform oder Verpackung gewählt wird, die auch bei Verfremdung quasi automatisch wiedererkannt wird, indem der Stern auf der Kühlerhaube fixiert wird, oder die „Marke" ein prominenter, sichtbar getragener Bestandteil des Designer-Schals ist. Die Marke vermittelt also „Sicherheit", gibt dem Käufer ein „Image" und schafft damit einen Produktnutzen, der in vielen Fällen vom rein materiellen Wert oder der reinen Bedürfnisbefriedigung getrennt bewertet werden muss.

◂ **Dr. Thomas OLIVA** ist Geschäftsführer des Österreichischen Verbandes der Markenartikelindustrie

Markenrecht

1. EINLEITUNG

Überblick:

- Ein kodifiziertes Markenrecht ist in Österreich bereits Mitte des *19. Jahrhunderts* entstanden.
- Das geltende Markenrecht ist primär im *Markenschutzgesetz 1970* (zuletzt 1999 umfassend novelliert) verankert.
- Zur Rechtsvereinheitlichung des Markenrechts in der Europäischen Union wurde im Dezember 1988 eine *Richtlinie* erlassen, die Österreich ins nationale Markenrecht umgesetzt hat.
- Für den internationalen Markenschutz steht das *Madrider Abkommen* (sowie nunmehr das Protokoll zum MMA) zur Verfügung.
- Seit 1999 können in Alicante aufgrund einer europäischen Verordnung *Gemeinschaftsmarken* mit Wirkung für die gesamte EU erworben werden.

1.1. Begriff „Markenrecht"

Was ist die Marke? Das Wort, das Bild, das Produkt, das Feeling?

Literaturhinweise: *Thaler*, Immaterialgüterrechte und gewerblicher Rechtsschutz, FS 75 Jahre Österreichisches Patentamt (1974) 246; *Schönherr*, Zur Begriffsbildung im Immaterialgüterrecht, FS Troller (1976) 57; *Schönherr*, Gewerblicher Rechtsschutz und Urheberrecht (1982) 1; *Götting*, Die Entwicklung des Markenrechts vom Persönlichkeits- zum Immaterialgüterrecht, FS Beier (1996) 233.

Das Produkt BACARDI besteht aus weit mehr als aus einem alkoholischen Getränk in einer Flasche, gekennzeichnet mit einer Wortmarke. Die über viele Jahre konsequent betreute Werbelinie, die Sujets von Lebensfreude, Unbeschwertheit, Ferienstimmung spiegeln sich in diesem Wort wieder. Dazu das Bild der Fledermaus als Erkennungszeichen, die Aufmachung der Flasche mit dem charakteristischen weißen Label, das Einbetten des Produkts in emotionell ansprechende Bilder, sei es auf Plakaten oder in Werbefilmen, das gesamte Markenumfeld haben diesen Namen geprägt und mit Inhalten aufgeladen. Die Frage nach dem Schutz einer solchen Marke ist aus rechtlicher Sicht vielschichtig zu beantworten. Spricht man mit Marketingleuten, so meinen diese mit Marke zumeist das gesamte Produkt mit all seinen (werblichen) Eigenschaften. Aus rechtlicher Sicht geht es hingegen zunächst nur um das Markenwort oder Markenbild allein. Unabhängig davon kann man sich fragen, ob nicht die Aufmachung und Ausstattung des Produkts für sich genommen (also ohne die Wortmarke) geschützt ist. Es ist also eine zergliedernde Betrachtungsweise erforderlich. Wir fokussieren im Folgenden zunächst auf die Marke als solche.

1.1.1. Markenrecht im objektiven Sinn

Nach österreichischem Verständnis (vgl § 1 MSchG) bezeichnet man als Marken „alle Zeichen", die sich graphisch darstellen lassen, soweit sie geeignet sind, Waren oder Dienstleistungen eines Unternehmens von denjenigen anderer Unternehmen zu unterscheiden (vgl zu dieser Definition im Einzelnen Seite 279). Als „Markenrecht im *objektiven Sinn*" sind jene Normen zu verstehen, die das Markenwesen (insbesondere den Schutz von Marken) regeln. Primär sind dies die Normen des MSchG. Das Markenrecht wird zum „*Wettbewerbsrecht im engeren Sinn*" gezählt (Seite 102).

Das Markenrecht im objektiven Sinn dient dem Schutz eines „geistigen Guts", eines Immaterialguts. Es gehört zum Bereich des „*Immaterialgüterrechts*" (Seite 93).

In *Deutschland* wurden bis 1995 die Kennzeichen zur Unterscheidung von Waren nicht „Marken" sondern „Warenzeichen" genannt. Das entsprechende Gesetz hieß „Warenzeichengesetz" (dWZG). Seine Regelungen waren auf „Dienstleistungsmarken" entsprechend anzuwenden (§ 1 Abs 2 dWZG). Das 1994 zur Angleichung an die europäische MarkenRL neu geschaffene, mit 1. 1. 1995 in Kraft getretene „Gesetz über den Schutz von Marken und sonstigen Kennzeichen (Markengesetz – MarkenG)" geht nunmehr von einem einheitlichen Markenbegriff aus. Das altmodische Wort „Warenzeichen" wird wohl bald aus dem (deutschen und österreichischen) Sprachgebrauch verschwinden und dem gebräuchlicheren Oberbegriff „Marke" weichen.

1.1.2. Markenrecht im subjektiven Sinn

Vom „Markenrecht im objektiven Sinn" sind die dem Einzelnen aufgrund dieser Regelungen zustehenden Befugnisse zu unterscheiden.[1] Diese können als „Markenrecht im *subjektiven Sinn*" bezeichnet werden. In diesem Sinn spricht auch das MSchG an manchen Stellen von „Markenrecht". So bestimmt etwa § 2 Abs 1 MSchG, dass „der Erwerb des Markenrechtes" die Eintragung der Marke in das Markenregister erfordert.

---

[1]) Vgl allgemein zur Abgrenzung des „Rechts im objektiven Sinn" vom „Recht im subjektiven Sinn": *Koziol/Welser*, Bürgerliches Recht[12] I (2002) 1ff.

Der Markeninhaber kann gegen den Verletzer seines (subjektiven) Markenrechts mit Ansprüchen auf Unterlassung, Beseitigung, Zahlung etc vorgehen (im Einzelnen Seite 520). Das „Markenrecht im objektiven Sinn" gewährt somit dem Markeninhaber als „Markenrecht im subjektiven Sinn" vor allem ein Ausschließungsrecht. § 11 Abs 1 MSchG (Übertragung der Marke) definiert das Markenrecht (im subjektiven Sinn) als übertragbares *Vermögensrecht*.

1.2. Schutzzweck des Markenrechts

1.2.1. Bedeutung und Funktion der Marke

Literaturhinweise: *Mertens de Wilmars*, Die Funktionen des Warenzeichens und die Gemeinschaftsrechtsprechung, GRUR Int 1976, 93; *Krenn*, Verbraucherschutz im Markenrecht, ÖJZ 1977, 225; *Beier*, Die Funktionen der Marke, in *Beier*, Markenrechtliche Abhandlungen (1986) 225; *Kaltner*, Die Verbraucherfunktion – eine neue EG-Markenfunktion? EWS 1995, 12; *Repenn*, Die Marke als selbständiges Wirtschaftsgut, ÖBl 1995, 99.

Die Magie der Marke: Eine aufsehenerregende Werbekampagne des Markenartikelverbands hat dem Mythos „Marke" neue Nahrung gegeben. Unter dem Slogan „Achten Sie auf die Marke" wurden prominente Markenartikel ins Bild gerückt und zugleich verfremdet. Der Markenname wurde in eine Frage umgedichtet („Was ist nicht 08/15 ?"). Die graphische Gestaltung blieb gleich. Erst in der Antwort auf die Frage findet sich kleingedruckt der eigentliche Markenname („Die Marke 4711 empfiehlt: Achten Sie auf die Marke."). Dennoch war für jeden auf den ersten Blick erkennbar, um welchen Markenartikel es sich handelt. Damit hat sich die Kampagne dem Phänomen Marke auf eine besonders originelle und eindrucksvolle Weise genähert: Durch ein bloßes Zitat des Markenumfelds (des charakteristischen Produktdesigns) wurde uns bewusst gemacht, welch hohen Bekanntheitsgrad und welch starke suggestive Wirkung der betreffende Markenname hat: so bekannt, dass er nicht einmal mehr ausdrücklich genannt werden muss. Dieses Phänomen fasziniert auch den Juristen. Es bestätigt eindrucksvoll, dass all die nationalen, europäischen und internationalen Bemühungen um einen starken, effizienten und leicht zu verwaltenden Markenschutz nicht wie so manches legistische Vorhaben an der Praxis vorbei, sondern ins Zentrum unternehmerischer Tätigkeit wirken. Aber nicht nur der berühmte Markenname braucht einen effizienten Schutz. Auch der Newcomer, das erst neu einzuführende Produkt, der neu geschaffene Markenname muss vorsorglich abgesichert werden, um später keine unliebsamen Überraschungen zu erleben. Welches Produkt, sei es nun Ware oder Dienstleistung, lässt sich heute noch namenlos verkaufen? Sogar die Politik hat Markenzeichen als wirksame Kommunikationsinstrumente erkannt

Diese Werbekampagne für Markenartikel ohne Nennung des Markennamens war für mich eine der genialsten Kampagnen der letzten Jahre.

und in ihr Repertoire aufgenommen. Die Faszination und die wirtschaftliche Bedeutung der Marke als Signal an den Verbraucher, das ihn zur Ware oder Leistung hinführt, sind ungebrochen, ja aktueller denn je. Die wirtschaftlich überragende Bedeutung der Marke muss eigentlich kaum mehr betont werden. Für einen Großteil des Waren- und Leistungsangebots ist die Bindung an ein Markenzeichen eine Selbstverständlichkeit geworden. Produktaufmachung und Werbung transportieren die wesentlichen Informationen des Anbieters, oft schon komprimiert durch die bloße Wiedergabe einer Marke. Hinter Kürzeln wie IBM, BMW, Chanel, McDonald´s oder OMO steht für die angesprochenen Verkehrskreise ein umfassendes, durch langen Gebrauch und intensive Werbung geschaffenes Wissen über Herkunft und Beschaffenheit der damit gekennzeichneten Produkte. Ein bekanntes Kennzeichen hat nicht nur ideellen, sondern auch enormen materiellen Wert; schwierig ist freilich die exakte Feststellung dieses Wertes.[2] Das vom Wirtschaftsmagazin „Business Week" im Sommer 2002 veröffentlichte Ranking der wertvollsten Marken weist als Spitzenreiter weiterhin „Coca-Cola" als wertvollste Marke mit einen Markenwert von 69,6 Milliarden US-Dollar aus, gefolgt von „Microsoft", bewertet mit 64,1 Mia $, und „IBM" mit 51,2 Mia $.

Die Marke (oder das Firmenschlagwort) ist – so kann man es komprimiert ausdrücken – ein *Signal*, das es dem Abnehmer ermöglicht, sich in der Fülle verschiedener Waren und Leistungen zurechtzufinden und ohne nähere Prüfung diejenige zu wählen, mit der er bisher gute Erfahrungen gemacht hat oder (etwa aufgrund der Werbung) zu machen hofft.[3] Der Marke werden daher mehrere *Funktionen* zugeschrieben:[4]

1.2.2. Herkunftsfunktion

Die Marke soll die eigenen Waren oder Dienstleistungen ihres Inhabers von gleichen und gleichartigen anderer *unterscheiden*, um durch den eindeutigen Hinweis auf den Markenträger dem Abnehmer in der Fülle des Waren- und Dienstleistungsangebotes eine Orientierungshilfe zu geben; sie hat also Herkunftsfunktion. Diese Funktion erfüllt die Marke auch dann, wenn dem Abnehmer die Herkunftsquelle (oder gar die Firma des Unternehmensinhabers)

Was leitet uns auf der Suche nach dem richtigen Produkt?

---

[2]) Vgl dazu *Repenn*, ÖBl 1995, 99. Zum unersetzlichen Wert der Marke für das Unternehmen vgl auch *Springinsfeld*, FS 100 Jahre PA (1999) 88.
[3]) Allgemein etwa OGH 19. 12. 2000, 4 Ob 257/00y – Die Blauen von D – ÖBl 2001, 124 = ÖBl-LS 01/39 und 54; OGH 25. 2. 1997, 4 Ob 28/97i – MANZ-Rot – ÖBl 1997, 176 = ecolex 1997, 370 = MR 1997, 107 = GRUR Int 1998, 331.
[4]) Dazu bereits ausführlich *Adler*, Österreichisches Markenrecht (1909) 35ff mwN.

nicht genau bekannt ist. Es genügt die Vorstellung, dass es eine bestimmte Herkunftsquelle für die mit einer bestimmten Marke gekennzeichneten Produkte gibt. Begegnet der Abnehmer einem Produkt mit der ihm von einem anderen Produkt bereits bekannten Marke, so wird er annehmen, dass beide Produkte dieselbe Herkunft (denselben Hersteller oder Händler) haben.

DKNY, CHANEL, TIFFANY unverwechselbar!

Um dieser Funktion entsprechen zu können, muss eine gute Marke einprägsam sein und sich möglichst von bereits bekannten Zeichen abheben. Der meist längere Firmenname eines Unternehmers (samt Sitzangabe) wäre zwar zur genauen Definition der Herkunft eines Produkts gut geeignet; als Marke, die sich die Abnehmer auch bei nur flüchtiger Betrachtung mit durchschnittlicher Aufmerksamkeit einprägen sollen, wird er zumeist wenig taugen. (Auch hier gibt es freilich Ausnahmen, bei denen die Wortmarke mit dem Namen des Inhabers oder zumindest mit dem Firmenschlagwort übereinstimmt; vgl dazu Seite 260).

Die Rechtsprechung hat an die Herkunftsfunktion anknüpfend den „spezifischen Schutzgegenstand des Markenrechts" definiert. Er besteht darin, dem Verbraucher oder Endabnehmer die *Ursprungsidentität* der mit der Marke versehenen Ware zu garantieren, indem ihm ermöglicht wird, diese Ware (oder Dienstleistung) ohne Verwechslungsgefahr von Waren anderer Herkunft zu unterscheiden.[5] Der Verbraucher soll sicher sein können, dass an einer ihm angebotenen, mit der Marke versehenen Ware nicht auf einer früheren Vermarktungsstufe durch einen Dritten ohne Zustimmung des Markeninhabers Eingriffe vorgenommen wurden, die den Originalzustand der Ware beeinträchtigen.[6] Aus der Sicht der Unternehmen: Diese müssen in der Lage sein, die Kunden durch die Qualität ihrer Waren oder Dienstleistungen an sich zu binden, was Kennzeichen voraussetzt, mit denen sich diese

---

[5]) OGH 18. 2. 2003, 4 Ob 10/03d – More II – ÖBl-LS 2003/57-59; EuGH 12. 11. 2002, Rs C-206/01 – Arsenal – wbl 2003, 75 = MarkenR 2002, 394 = ABl HABM 2003, 392 = GRUR 2003, 55 = GRUR Int 2003, 229; EuGH 18. 6. 2002, Rs C-299/99 – Rasierapparat – ÖBl 2003, 55 (*Gamerith*) = ÖBl-LS 2002/177 = EWS 2002, 375 = MarkenR 2002, 231 = GRUR 2002, 804 = GRUR Int 2002, 842 = ABl HABM 2002, 2034; EuGH 4. 10. 2001, Rs C-517/99, Rz 22 – Bravo – ÖBl 2002, 105 = ÖBl-LS 02/28 = ecolex 2002, 35 (*Schanda*) = MarkenR 2001, 403 = GRUR Int 2002, 145 = WRP 2001, 1272 = ELR 2001, 248; EuGH 29. 9. 1998, Rs C-39/97 – Canon – ÖBl 1999, 105 = ecolex 1999, 41 (*Schanda*) = wbl 1998, 533 = Slg 1998 I-5507 = MarkenR 1999, 22 = GRUR Int 1998, 875 = GRUR 1998, 922 = ABl HABM 1998, 1406.

[6]) OGH 15. 2. 2000, 4 Ob 33/00g – Schuberverpackung II – ÖBl 2000, 272 = ZfRV 2000/62 = GRUR Int 2000, 788 („PROSCAR-CO-RENITEC II").

identifizieren lassen.[7] Die Hauptfunktion des Markenschutzes wird also in der Gewährleistung der Herkunftsfunktion gesehen.[8]

1.2.3. Garantie- (Vertrauens-)funktion

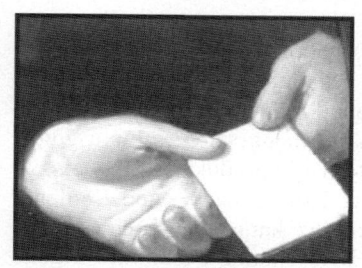

Wieviel Vertrauen haben Sie in markenlose Ware?

Man könnte noch einen Schritt weiter gehen: Mit gut eingeführten Marken verbindet der Abnehmer die Vorstellung einer bestimmten Güte oder Beschaffenheit, insoweit kommt der Marke eine gewisse „Garantiefunktion" zu. Aus dieser Wirkung der Marke ergibt sich für den Unternehmer eine Bindung seines Abnehmerkreises an ihn. Er wird bemüht sein, die Vertrauensfunktion nicht dadurch zu schwächen, dass er die Abnehmererwartung – etwa durch eine deutliche Qualitätsverschlechterung – enttäuscht. Der EuGH geht davon aus, dass die Marke Gewähr dafür bieten müsse, dass alle Waren oder Dienstleistungen, die mit ihr versehen sind, unter der Kontrolle eines einzigen Unternehmens hergestellt oder erbracht würden, das für seine Qualität verantwortlich gemacht werden könne. Damit wird die Herkunftsfunktion der Marke als Garantie der Produktidentität im Sinne einer kontrollierten und vom Markeninhaber verantworteten Ursprungsidentität verstanden.[9]

Andererseits folgt aber aus dieser Markenfunktion keine unmittelbare rechtliche Verpflichtung, einen Qualitätsstandard beizubehalten. Diese Markenfunktion ist in rechtlicher Hinsicht also kein Wesensmerkmal der Marke.

---

[7]) EuGH 4. 10. 2001, Rs C-517/99, Rz 21 – Bravo – ÖBl 2002, 105 = ÖBl-LS 02/28 = ecolex 2002, 35 (*Schanda*) = MarkenR 2001, 403 = GRUR Int 2002, 145 = WRP 2001, 1272 = ELR 2001, 248.

[8]) 10. Erwägungsgrund MarkenRL; EuGH 18. 6. 2002, Rs C-299/99 – Rasierapparat – ÖBl 2003, 55 (*Gamerith*) = ÖBl-LS 2002/177 = EWS 2002, 375 = MarkenR 2002, 231 = GRUR 2002, 804 = GRUR Int 2002, 842 = ABl HABM 2002, 2034; EuGH 4. 10. 2001, Rs C-517/99, Rz 24 – Bravo – ÖBl 2002, 105 = ÖBl-LS 02/28 = ecolex 2002, 35 (*Schanda*) = MarkenR 2001, 403 = GRUR Int 2002, 145 = WRP 2001, 1272 = ELR 2001, 248.

[9]) OGH 4. 2. 1999, 4 Ob 305/98a – Red Puma – ÖBl 1999, 191 = ecolex 1999, 479 (*Schanda*) = wbl 1999, 330.

1.2.4. Suggestiv- oder Werbefunktion

Am Beispiel der Pfefferoni: Die Kraft des neuen Namens für ein altes Produkt.

Oft ist es gerade die bekannte Marke, die für ein (neues) Produkt wirbt und die Aufmerksamkeit der Abnehmer auf ein bestimmtes Erzeugnis (eine bestimmte Dienstleistung) lenkt. Der Konsument ist bereits voll informiert, wenn das neue Produkt nur die bekannte Marke trägt. Er ist in der Lage, das neue Produkt zu positionieren. Er weiß, in welches Segment (seien es Luxusgüter, Qualitätsprodukte, Billigprodukte etc) es einzureihen ist, und er kann danach seine Kaufentscheidung treffen. Es kann aber auch ein bekanntes altes Produkt sein, dem durch eine neue Bezeichnung bestimmte Eigenschaften zugeschrieben werden. Die Marke verkörpert diese Eigenschaften als Kurzbeschreibung perfekt in sich und eignet sich daher vorzüglich als Werbemittel.

Die Marke ist dadurch auch besonders gefährdet. Die Idee, eine zugkräftige fremde Marke für die eigenen Produkte werben zu lassen, ist nahe liegend. Bei Warengleichartigkeit wird der klassische Markenschutz greifen und dem Markeninhaber entsprechende Abwehrsanktionen geben. Schwieriger ist es, wenn eine bekannte Marke gerade nicht für gleichartige Produkte, sondern für branchenfremde Artikel eingesetzt wird. Hier versagte bisher das auf Waren- und Dienstleistungsgleichartigkeit zugeschnittene Markensystem. Über das Lauterkeitsrecht und nunmehr auch über eine Ausdehnung des Markenschutzes können aber auch diese Fälle erfasst werden. Eine berühmte Musikgruppe kann sich ebenso gegen den Imagetransfer durch Verwendung ihres Namens als Marke für Würste oder als Geschäftsbezeichnung für ein Kaffeehaus zur Wehr setzen, wie ein bekanntes Herrenmodeunternehmen gegen die missbräuchliche Verwendung seiner Marke für einen Energydrink vorgehen kann. Die Suggestiv- oder Werbefunktion hat also heute auch rechtlich Anerkennung gefunden.

Die Suggestiv- oder Werbefunktion hat noch einen anderen Aspekt: Der Markeninhaber wird daran interessiert sein, die Werbekraft seiner Marke zu erhöhen. Dies führt unter Umständen bei entsprechend hoher Verkehrsgeltung der Marke sogar zu einer Erweiterung des Schutzbereichs. Der Markeninhaber kann dadurch auch gegen Mitbewerber vorgehen, deren Zeichen zunächst nicht in den unmittelbaren Ähnlichkeitsbereich fallen. Diese Wirkung kann aber „kippen": Gelegentlich wird eine Marke zur Bezeichnung eines bestimmten Produkts so gebräuchlich, dass sie bereits als Gattungsbegriff verstanden wird. Damit hat sie zwar eine hohe Bekanntheit erlangt, aber die entscheidende Unterscheidungsfunktion verloren. Ein markantes Beispiel dazu aus jüngster Zeit ist die Marke „Walkman", die ihren Schutz dadurch verloren hat, dass sie bereits zur allgemein bekannten Gattungsbezeichnung für tragbare Kassettenrekorder geworden ist.

1.2.5. Markendesign, eine Aufgabe für Juristen?

Von der heiklen Balance zwischen den Wünschen von Marketing und Vertrieb einerseits und dem juristisch Verantwortbaren anderseits.

Markenkreation und Markendesign erfordern eine faszinierende Teamarbeit zwischen Werbefachleuten und Juristen. Es gilt einerseits, nach Marketinggesichtspunkten einen zugkräftigen Markennamen bzw ein Logo zu schaffen, andererseits aber im Vorfeld zu klären, welche rechtlichen Kollisionen drohen. Dazu können beim Patentamt Recherchen nach gleichartigen älteren Marken durchgeführt werden. Diese Computerauskünfte sind dann entsprechend zu würdigen. Diese Recherchen können durch weitere Nachforschungen in Firmenbüchern, durch Webrecherchen, Recherchen in ausländischen Markenregistern, in Telefonverzeichnissen etc ergänzt werden, um festzustellen, ob der Markenname allenfalls bereits als Firmenschlagwort, Produktbezeichnung, Domain-Name etc für jemand anderen geschützt ist. Ein Restrisiko wird immer bleiben. In Österreich sind nämlich auch nicht registrierte Zeichen, wenn sie Verkehrsgeltung erlangt haben, geschützt (Seite 685). Derartige Zeichen kennt am ehesten der Auftraggeber aufgrund seiner Marktkenntnisse selbst, aus Registern sind sie nicht zu ersehen. Dazu kommt, dass die Register zumeist nicht völlig aktuell sind.

Die zweite zentrale Frage ist, ob die aus vielen Ideen selektierten Vorschläge überhaupt registrierfähig sind. Hier ist zu prüfen, ob absolute oder relative Registrierungshindernisse bestehen, insbesondere, ob das Zeichen lediglich eine beschreibende Angabe ist, ob es zur Irreführung geeignet ist, ob ihm Freizeichen-Charakter zukommt etc. Letztlich sind Detailfragen wie etwa die genaue Formulierung des Waren- und Dienstleistungsverzeichnisses, die Frage, ob und unter welchen Voraussetzungen eine Farbregistrierung, eine dreidimensionale Marke oder eine Wort-Bild-Kombination ratsam ist, zu klären. Es ist strategisch abzuwägen, ob ein nationaler, internationaler oder gemeinschaftsweiter Markenschutz erforderlich und in Relation zu den damit verbundenen Kosten sinnvoll ist. Es sind die Nahtbereiche zwischen den Schutzrechten abzuklären. So kann etwa eine Bildmarke auch urheberrechtlich geschützt sein, eine dreidimensionale Marke käme vielleicht auch für den Musterschutz in Betracht oder die Verwendung eines Namens könnte in den zivilrechtlichen Namensschutz eingreifen. Für mich ist dieser Dialog, der kreative juristische Prozess, in dem jene Vorschläge herausgekeltert werden, die letztlich als registrierfähig in die engste Wahl kommen, jedes Mal aufs Neue faszinierend.

1.2.6. Markenstatistik

Im Patentblatt wird jährlich eine statistische Übersicht über den Geschäftsumfang und die Geschäftstätigkeit des Patentamts in Markenangelegenheiten publiziert:[10] 2002 wurden beim PA 8.353 nationale Markenanmeldungen (davon 7.272 von Anmeldern mit Sitz in Österreich) und 960 Anträge auf internationale Registrierung eingebracht. Zum Stichtag 31. 12. 2002 gab es in Österreich 102.545 geschützte (registrierte) nationale Marken und weitere 245.402 internationale Marken mit Schutzbereich Österreich.

1.3. Auskunftsstellen

Wohin kann man sich wenden, um nähere Informationen zu erhalten?

- Zunächst sind selbstverständlich die im Folgenden noch zu besprechenden, mit dem Vollzug des Markenrechts betrauten Institutionen, insbesondere das Österreichische Patentamt, eine wichtige und hilfreiche Anlaufstelle für Auskünfte (Seite 348).
- In Markenangelegenheiten beraten weiters die Rechtsanwälte, Patentanwälte und Notare.
- *Markenartikelverband*, Am Heumarkt 12, A-1030 Wien, T: +43 1 7133288; F: +43 1 7138328.

1.4. Rechtsquellen

1.4.1. Nationales Markenrecht

Gesetzliche Regelungen zum „Schutz von Marken und anderen Warenbezeichnungen" fallen gemäß Art 10 Abs 1 Z 8 Bundes-Verfassungsgesetz (B-VG) in die Kompetenz des Bundes. Das Markenrecht ist im Wesentlichen im *Markenschutzgesetz 1970* – MSchG geregelt. Ergänzend verweist das MSchG mehrfach (§§ 21, 28, 35, 39, 41, 42, 55, 60b, 68g, 68i und 72 MSchG) auf Bestimmungen des *PatG*.[11]

Einzelheiten des (patentamtlichen) Verfahrens in Markenangelegenheiten regeln diverse *Verordnungen*: Die Patent-, Gebrauchsmuster-, Marken- und Musterverordnung – PGMMV, die Patentamtsverordnung – PAV, die Teilrechtsfähigkeitsverordnung – TRFV und die Publikationenverordnung – PublV.[12]

Ergänzend greifen selbstverständlich auch der zivilrechtliche Namensschutz (§ 43 ABGB, Seite 642), der firmenrechtliche Schutz (Seite 656), der Titelschutz (Seite 677) und der wettbewerbsrechtliche Ausstattungsschutz (Seite 685).

---

[10]) Zuletzt PBl 2003 H 4 für die Jahre 1945 bis 2002.
[11]) Dies sind „dynamische Verweisungen": Soweit im MSchG auf Bestimmungen anderer Bundesgesetze verwiesen wird, sind diese, sofern nichts anderes bestimmt wird, in ihrer jeweils geltenden Fassung anzuwenden (§ 79 MSchG).
[12]) Die frühere Verwaltungsstellenverordnung (VwStV) wurde mit 1. 2. 2000 aufgehoben und durch eine Bekanntmachung des Präsidenten des PA ersetzt.

1.4.2. Gemeinschaftsrecht

Innerhalb der Europäischen Union sind die Rechtsgrundlagen durch die *MarkenRL* weitgehend vereinheitlicht (Seite 240). Diese Harmonisierungsvorgaben werden im Folgenden jeweils bei den entsprechenden Regelungen des nationalen Rechts angesprochen werden. Eine weitere wichtige Quelle der Harmonisierung ist die Rechtsprechung des EuGH (bzw des EuG). Dieser wird daher ebenfalls in der folgenden Darstellung entsprechender Raum gewidmet.

Das Gemeinschaftsrecht hat neben die nationalen Markenrechtssysteme das Gemeinschaftsmarkenrecht gestellt. Dieses ist teilweise mit dem nationalen Markenrecht verzahnt. Es wird in einem gesonderten Abschnitt dargestellt (Seite 566).

1.4.3. Internationales Markenrecht

International hat vor allem das System der internationalen Markenanmeldung nach dem *Madrider Abkommen (MMA)* Bedeutung erlangt (Seite 238). Es wurde nunmehr durch das *Protokoll zum MMA* ergänzt. Der internationalen Marke ist im Folgenden ein eigener Abschnitt gewidmet (Seite 622). Eine internationale Vereinheitlichung der Klassifikation (in den Waren- und Dienstleistungsverzeichnissen, die bei der Markenanmeldung erforderlich sind) wurde durch das *Abkommen von Nizza* (vgl Seite 244) erreicht. Es gibt eine einheitliche Klassifikation für Marken vor. Das Warenverzeichnis für eine Marke ist daher nach den in diesem Abkommen vorgesehenen Klassen und Unterklassen geordnet anzugeben. Für die Bildklassifikation ist jüngst das *Wiener Abkommen* in Kraft getreten (Seite 247). Zur *Pariser Verbandsübereinkunft* (PVÜ) vgl Seite 244. Gewisse (freilich nur punktuelle und zum Teil vage formulierte) Leitlinien für eine internationale Stärkung des Markenschutzes enthält auch das *TRIPS-Abkommen* (Anhang 1C zum WTO-Abkommen, Seite 247).[13]

1.4.4. Produktpiraterie

Ein Sonderthema, das nicht nur Marken, sondern auch andere Immaterialgüter betrifft, ist der Schutz vor Piraterie durch die Zollbehörden. Dazu wurde in der Gemeinschaft die *ProduktpiraterieVO 1994* erlassen. Österreich hat dazu ergänzend das *Produktpirateriegesetz (PPG)* erlassen (dieses Thema wurde oben bereits in einem eigenen Abschnitt behandelt; vgl Seite 168).

1.4.5. Andere Immaterialgüterrechte

Der Markenschutz läuft parallel zu anderen Schutzrechten und ist von ihnen unabhängig. So ist es etwa durchaus denkbar, dass ein Design zugleich als *Geschmacksmuster* und als dreidimensionale Marke geschützt ist, sofern die jeweiligen Schutzvoraussetzungen erfüllt sind (Seite 693).[14] Auch ein paralleler *urheberrechtlicher*

---

[13]) Zur Frage der unmittelbaren Anwendbarkeit des Art 50 Abs 6 TRIPS-Abk: EuGH 13. 9. 2001, Rs C-89/99 – TRIPS und Markenrecht – MarkenR 2002, 16 = GRUR Int 2002, 41.

[14]) Vgl dazu *Schönherr/Thaler*, Entscheidungen zum Markenrecht (1985) E 25 ff zu § 1.

Schutz ist denkbar (zB für ein entsprechend graphisch gestaltetes Logo; Seite 1109). Eine Wort-Bild-Marke könnte zugleich als Werk der bildenden Künste und damit als urheberrechtlich geschützt beurteilt werden (vgl das Beispiel „Zimmermann", Seite 1110).[15] Insbesondere bei der Markenkreation sollte dies berücksichtigt und für einen entsprechenden Rechteerwerb vom Grafiker gesorgt werden.

1.4.6. Lauterkeitsrecht

Vorgaben der PVÜ

Ergänzend greifen *lauterkeitsrechtliche Regelungen* (vgl zB Seite 440). Dies ist schon in der Pariser Verbandsübereinkunft (PVÜ) vorgezeichnet. Dort heißt es zum Schutz gegen unlauteren Wettbewerb: Die Verbandsländer sind gehalten, den Verbandsangehörigen einen wirksamen Schutz gegen unlauteren Wettbewerb zu sichern (Art 10bis Abs 1 PVÜ). Unlauterer Wettbewerb ist jede Wettbewerbshandlung, die den anständigen Gepflogenheiten in Gewerbe oder Handel zuwiderläuft (Art 10bis Abs 2 PVÜ). Insbesondere sind zu untersagen (Art 10bis Abs 3 PVÜ):

- Alle Handlungen, die geeignet sind, auf irgendeine Weise eine *Verwechslung* mit der Niederlassung, den Erzeugnissen oder der gewerblichen oder kaufmännischen Tätigkeit eines Wettbewerbers hervorzurufen (Z 1);
- die falschen Behauptungen im geschäftlichen Verkehr, die geeignet sind, den Ruf der Niederlassung, der Erzeugnisse oder der gewerblichen oder kaufmännischen Tätigkeit eines Wettbewerbers *herabzusetzen* (Z 2);
- Angaben oder Behauptungen, deren Verwendung im geschäftlichen Verkehr geeignet ist, das Publikum über die Beschaffenheit, die Art der Herstellung, die wesentlichen Eigenschaften, die Brauchbarkeit oder die Menge der Waren *irrezuführen* (Z 3).

Vorgaben der MarkenRL

Die *MarkenRL* schließt nicht aus, dass auf die Marken *andere Rechtsvorschriften* der Mitgliedstaaten als die des Markenrechts (also zB Vorschriften gegen den unlauteren Wettbewerb, über die zivilrechtliche Haftung oder den Verbraucherschutz) Anwendung finden (Erwägungsgrund 6). Dies trifft auch auf die Rechtslage in Österreich zu. Das MSchG regelt bislang nicht, ob die Marke auch nach anderen Regelungen geschützt sein kann.[16] Man wird weiterhin davon ausgehen können, dass konkurrierend auch andere Tatbestände zum Schutze der betreffenden Kennzeichen anwendbar sind.

---

[15]) Dazu *Hirsch-Ballin*, Zum Urheberrecht an Marken, FS 50 Jahre PA (1949) 53; *Peter*, Zum Urheberrecht an Marken, ÖJZ 1950, 81; *E v Gamm*, ALAI-Congress 2001: Das Verhältnis von Urheber- zu Markenrecht, MarkenR 2001, 392.

[16]) Art 14 Abs 2 GMV und § 2 dMarkenG stellen diesen Grundsatz ausdrücklich klar.

UWG

„Coca-Cola" als zugkräftiger Geschäftsname.

Grundlage für den lauterkeitsrechtlichen Schutz ist das *Gesetz gegen unlauteren* Wettbewerb (UWG): Das *nicht als Marke eingetragene Zeichen* kann gemäß § 9 Abs 3 UWG als „sonstige Einrichtung" geschützt sein. Voraussetzung dafür ist freilich Verkehrsgeltung (Seite 686). Sind auch die in § 9 Abs 3 UWG normierten Schutzvoraussetzungen zu verneinen, so kann die Benützung einer fremden Aufmachung – „in besonders gelagerten Fällen" – *sittenwidrig* im Sinne des § 1 UWG sein. Danach kann derjenige in Anspruch genommen werden, der im geschäftlichen Verkehr zu Zwecken des Wettbewerbs gegen die guten Sitten verstößt. Ein Zeichenschutz nach § 1 UWG setzt allerdings – so der OGH[17] – voraus, dass die nachgeahmte Produktbezeichnung einen hohen Grad von Eigenart aufweist. Weiters muss durch den tatsächlichen Gebrauch eine wettbewerbsrechtliche Stellung gewonnen sein, mit der zwar das Ziel der Verkehrsgeltung noch nicht erreicht zu sein braucht, aber doch die Entwicklung zur Verkehrsgeltung angebahnt sein muss. Die Kennzeichnung muss in den beteiligten Verkehrskreisen in gewissem Umfang bekannt geworden und ihrer Natur nach geeignet sein, über die Benutzung als betriebliches Herkunftszeichen zu wirken. Allerdings kommt der wettbewerbsrechtliche Schutz – so der OGH weiter – nur in Betracht, wenn im Einzelfall zusätzliche (subjektive) Umstände hinzutreten, die die Annäherung an die fremde Kennzeichnung als eine unlautere Werbemaßnahme erscheinen lassen. Dies sei dann der Fall, wenn – abgesehen von den erforderlichen objektiven Voraussetzungen – die Anlehnung an eine solche Kennzeichnung ohne hinreichenden Grund in der verwerflichen Absicht vorgenommen wurde, Verwechslungen herbeizuführen oder den Ruf des anderen wettbewerbshindernd zu beeinträchtigen oder auszunutzen.

Das Nachahmen fremder *Werbemaßnahmen* – zu welchen beispielsweise auch ein griffiger Titel für Tonträger zählen kann – verstößt nur unter besonderen Umständen gegen § 1 UWG. Es kommt dabei vor allem darauf an, ob die Nachahmung der Werbung eines Konkurrenten die Gefahr einer Irreführung des Verkehrs mit sich bringen kann, was vor allem dann zutreffen wird, wenn eine bestimmte Form der Werbung besonders durchschlagskräftig ist; die nachgeahmte Werbung muss eigenartig sein und im Verkehr einen solchen Grad von Bekanntheit erlangt haben, dass man von einem Erinnerungsbild, von einem geistigen Fortleben der Werbung im Gedächtnis des Publikums sprechen kann. Ein wettbewerbsrechtlicher Schutz wird aber dann verneint, wenn ein aus gängigen Wörtern und Wendungen beste-

---

[17]) OGH 22. 3. 2001, 4 Ob 55/01v – Studioline – ÖBl 2002, 87 = ÖBl-LS 01/126 = RdW 2001/672; zur älteren Rsp: OGH 6. 4. 1993, 4 Ob 114, 115/92 – Schilcher-Traubencocktail – ÖBl 1993, 95 = wbl 1993, 338.

hender Satz – oder eine entsprechende Wortfolge –, der keinerlei wettbewerbliche Eigenart aufweist, übernommen wird.[18]

Beispiele:

- OGH 13. 2. 2001: In der markenrechtlichen Auseinandersetzung „T-One" gegen „one" (Seite 425) wurde von der Klägerin auch § 1 UWG angesprochen – erfolglos: Mangels Verwechslungsgefahr ging der Vorwurf des Behinderungswettbewerbs ins Leere.[19]
- OGH 22. 3. 2001: Ein wettbewerbsrechtlicher Schutz für die Bezeichnung von Badewannen mit weiblichen Vornamen ohne besondere Kennzeichnungskraft wurde abgelehnt, zumal die kreative Leistung des Unternehmers bei der Schaffung dieser Kennzeichen gering war und der Kläger auch nicht mehr als bloß einen gewissen Bekanntheitsgrad bei den beteiligten Verkehrskreisen nachweisen konnte.[20]

Die Judikatur zur *Sittenwidrigkeit des Kennzeichengebrauchs* nach § 1 UWG hat sich im Übrigen vor allem anhand von Fällen entwickelt, in denen es um den Schutz eines bekannten Kennzeichens, das für andere Waren oder Dienstleistungen verwendet wird, ging. Wir kommen dazu noch eingehend im Zusammenhang mit der „bekannten Marke" (Seite 440).

Domain-Grabbing

Mit dem Internet ist auch eine neue Fallgruppe für den Kennzeichenmissbrauch entstanden: „Domain-Grabbing".

Besondere Bedeutung hat § 1 UWG im Zusammenhang mit *Domain-Name-Konflikten* erlangt.[21] Als „*Domain-Grabbing*" („*Cyber-Squatting*", „*Domain-Blockade*", „*Domain-Vermarktung*"[22], nicht zu verwechseln mit dem „*Banner Grabbing*"[23]) wird der gezielte Erwerb eines Domain-Namens durch einen Gewerbetreibenden in der Absicht verstanden, die bereits mit erheblichem Aufwand betriebenen Bemühungen eines Konkurrenten zu sabotieren, die entsprechende Bezeichnung als geschäftliche Kennzeichnung

---

[18]) OGH 6. 12. 1994, 4 Ob 135/94 – Hit auf Hit – ÖBl 1995, 281 = wbl 1995, 254.
[19]) OGH 13. 2. 2001, 4 Ob 325/00y – T-One – ÖBl-LS 01/86 = ÖBl 2001, 159 (*Brandstätter/Görg*) = ecolex 2001, 547 (*Schanda*) = GRUR Int 2003, 1031 = MarkenR 2001, 333.
[20]) OGH 22. 3. 2001, 4 Ob 55/01v – Studioline – ÖBl 2002, 87 = ÖBl-LS 01/126 = RdW 2001/672.
[21]) Vgl dazu die Literaturhinweise Seite 151.
[22]) Zur Terminologie: OGH 29. 1. 2002, 4 Ob 246/01g – graz2003.at – ÖBl 2002, 280 (*Gamerith*) = wbl 2002, 331 (*Thiele*) = RdW 2002/394 = ÖBl-LS 2002/140 und 176 = ecolex 2002, 524 (*Fallenböck*) = MR 2002, 342 = MMR 2002, 452 (*Schanda*) und OGH 12. 6. 2001, 4 Ob 139/01x – täglichalles.at – MR 2001, 245 (*Korn*) = ecolex 2001, 923 (*Schanda*) = wbl 2001, 540 = RdW 2001/751.
[23]) Dazu *Thiele*, Banner Grabbing als neue Werbemethode im Internet, RdW 2002, 331.

für die eigene Tätigkeit im Verkehr durchzusetzen bzw die solcherart erlangte Position auf Kosten des anderen zu vermarkten.[24] Ein Verstoß gegen § 1 UWG setzt voraus, dass der Verletzer bei Reservierung und Nutzung der Domain in Behinderungsabsicht gehandelt hat.[25] Die Bereitschaft einer Partei, nur gegen Bezahlung die von ihr erworbene Domain auf eine andere Partei zu übertragen, begründet für sich allein noch nicht den Vorwurf des sittenwidrigen Behinderungswettbewerbs.[26] Das subjektive Tatbestandselement der Vermarktungs- oder Behinderungsabsicht muss bereits im Zeitpunkt der Registrierung (oder des Rechtsübergangs im Fall einer Übertragung der Domain) vorliegen; diese Absicht muss das überwiegende, wenn auch nicht das einzige Motiv zum Rechtserwerb sein. Bei Registrierung eines fremden Kennzeichens als Domain in Vermarktungs- oder Behinderungsabsicht wird ein „Ad-hoc"-Wettbewerbsverhältnis angenommen. Dies gilt auch für Privatpersonen, die mit derartigen Handlungen die private Sphäre verlassen und als Teilnehmer im Wettbewerb agieren.

Diese Umschreibung wettbewerbswidrigen Verhaltens geht auch von subjektiven Tatbestandselementen aus. Es erhebt sich daher die Frage nach der Beweislast. Grundsätzlich müsste der Kläger das seinen Anspruch begründende Tatsachenvorbringen erstatten und unter Beweis stellen. Die Rechtsprechung ist allerdings geneigt, in bestimmten Fällen eine *Beweislastumkehr* anzunehmen (zB bei der Alleinstellungswerbung[27]). Bei Fällen des Domain-Grabbing lässt es der OGH genügen, wenn der Kläger einen Sachverhalt beweist (bescheinigt), aus dem kein nachvollziehbares Eigeninteresse des Beklagten am Domainerwerb erkennbar ist. Dies sei etwa dann der Fall, wenn die gewählte Domain gleichlautend mit dem Kennzeichen eines Dritten ist, hingegen mit dem eigenen Namen oder der eigenen Tätigkeit des Beklagten in keinem Zusammenhang steht.[28]

Mit der wettbewerbswidrigen Blockierung einer Internetadresse wird ein Dauerzustand im Sinne des § 20 Abs 2 UWG herbeigeführt. (Solange ein gesetzwidriger Zustand fortbesteht, bleibt der Anspruch auf seine Beseitigung und auf Unterlassung der Gesetzesverletzung gewahrt; es tritt also keine *Verjährung* ein.)[29]

---

[24]) OGH 19. 12. 2000, 4 Ob 256/00a – steuerprofi.at – ÖBl-LS 2001/66 = wbl 2001, 237 (*Thiele*); OGH 27. 4. 1999, 4 Ob 105/99s – jusline II – ÖBl 1999, 225 = MR 1999, 235 (*Schanda*) = wbl 1999, 525 = RdW 1999, 657 = GRUR Int 2000, 373 = MMR 1999, 662; OGH 24. 2. 1998, 4 Ob 36/98t – jusline – ÖBl 1998, 241 = SZ 71/35 = MR 1998, 208 (*Haller*) = ecolex 1998, 565 (*Schanda*) = RdW 1998, 400 = GRUR Int 1999, 358 mwN.

[25]) OGH 13. 3. 2002, 4 Ob 56/02t – amade.at – ecolex 2002, 598 (*Schanda*) = ÖBl-LS 2002/157; OGH 13. 11. 2001, 4 Ob 255/01f – galtuer.at – ÖBl 2002, 134 (*Warbek*) = ÖBl-LS 2002/37, 38, 66 = ecolex 2002, 363 (*Schanda*) = GRUR Int 2003, 260; OGH 12. 6. 2001, 4 Ob 139/01x – täglichalles.at – MR 2001, 245 (*Korn*) = ecolex 2001, 923 (*Schanda*) = wbl 2001, 540 = RdW 2001/751; OGH 30. 1. 2001, 4 Ob 5/01s – Vergabe von Subadressen – wbl 2001, 493 (*Thiele*) = ÖBl-LS 01/82.

[26]) OGH 19. 12. 2000, 4 Ob 256/00a – steuerprofi.at – ÖBl-LS 2001/66 = wbl 2001, 237 (*Thiele*).

[27]) OGH 7. 11. 1972, 4 Ob 348/72 – Stahlrohrgerüste – ÖBl 1973, 53.

[28]) OGH 12. 6. 2001, 4 Ob 139/01x – täglichalles.at – MR 2001, 245 (*Korn*) = ecolex 2001, 923 (*Schanda*) = wbl 2001, 540 = RdW 2001/751.

[29]) OGH 17. 8. 2000, 4 Ob 158/00i – gewinn.at – MR 2000, 322 = wbl 2000, 579 = EvBl 2001/20 = ecolex 2001, 128 (*Schanda*) = RdW 2001/32 = ÖJZ-LSK 2001/8 = GRUR Int 2001, 468 = MMR 2001, 307 (*Schanda*).

Beispiele:

- OGH 27. 4. 1999: Im Rechtsstreit um die Domain „*jusline.com*" konnte die Klägerin im Hauptverfahren beweisen, dass der Beklagte „aus dem einzigen Motiv" gehandelt hatte, „für den Marktzugang der Klägerin ein Hindernis zu errichten, um aus dessen späterer Beseitigung einen finanziellen Vorteil zu ziehen". Obwohl dieses Zeichen als markenrechtlich nicht geschützt beurteilt wurde, bejahte der OGH daher den Klagsanspruch auf Beseitigung wegen eines Verstoßes gegen § 1 UWG.[30]
- OGH 13. 9. 1999: Am 10. 8. 1998 um 10.02 Uhr ging die Meldung über die APA erstmals an die breitere Öffentlichkeit: In Kürze würde ein neues Nachrichtenmagazin unter dem Titel „FORMAT" erscheinen. Um 14.57 Uhr beantragte der (konkurrierende) Medieninhaber von „Trend" und „Profil" die Delegation der Domain „www.format.at" und verwendete sie in der Folge, um für diese beiden Zeitschriften zu werben. Dass dieser Domainerwerb in Behinderungsabsicht erfolgt war, konnte nicht wirklich bestritten werden. Der Verstoß gegen § 1 UWG war evident.[31]
- OGH 30. 1. 2001: Die Beklagte ist im Telekommunikations-EDV-Bereich tätig und bietet Zugänge zum Internet an. Sie hat eine Domain „*www.bernhart.at*" registriert, die zu einer Homepage mit Leistungen der Beklagten führt. Sie konnte aber weiters bescheinigen, dass bei ihr Herr M. Bernhart angestellt ist, der ihr den Auftrag erteilt hatte, für ihn diese Domain registrieren zu lassen, um ihm und seiner Mutter die E-Mail-Adressen michael@bernhart.at und gabriela@bernhart.at einrichten zu können und diese auch tatsächlich zu benutzen. Der OGH konnte daher davon ausgehen, dass auf Seiten der Beklagten sachlich gerechtfertigte Gründe für den Erwerb dieser Domain vorlagen. Eine Absicht der Beklagten, die Klägerin von der Benutzung dieser Kennzeichnung im Internet auszuschließen oder an ihrem Ruf zu schmarotzen, sei hingegen nicht bescheinigt. Der Sicherungsantrag wurde abgewiesen.[32]
- OGH 13. 2. 2001: Die Tatsache des bewussten und gewollten Zusammenwirkens zweier Beklagten bei der Anmeldung einer Domain genügt ebenso wenig wie das nachträgliche (nach der Aufforderung durch den Kläger erfolgte) Übertragen der Domain vom Erstbeklagten auf den Zweitbeklagten (mit Sitz im Ausland), um anzunehmen, dass die Anmeldung allein in Behinderungsabsicht erfolgt ist.[33]
- OGH 12. 6. 2001: Im Verlag der Klägerin erschien die Tageszeitung „*täglich Alles*". Mitte 2000 hatte dieses Printmedium täglich über 600.000 Leser. In Vorbereitung der ersten Internet-Ausgabe wollte die Klägerin die Domain „taeglichalles.at" anmelden, musste aber feststellen, dass diese bereits seit 3. 11. 1999 für

---

[30]) OGH 27. 4. 1999, 4 Ob 105/99s – jusline II – ÖBl 1999, 225 = MR 1999, 235 (*Schanda*) = wbl 1999, 525 = RdW 1999, 657 = GRUR Int 2000, 373 = MMR 1999, 662.
[31]) OGH 13. 9. 1999, 4 Ob 180/99w – Format – ÖBl 2000, 72 = ecolex 2000, 132 (*Schanda*) = MR 1999, 351 = wbl 2000, 47. Zur Fassung des Begehrens ist hier übrigens interessant, dass der OGH die Formulierungen „im geschäftlichen Verkehr" und „zu Zwecken des Wettbewerbs" für nicht erforderlich hielt.
[32]) OGH 30. 1. 2001, 4 Ob 5/01s – Vergabe von Subadressen – wbl 2001, 493 (*Thiele*) = ÖBl-LS 01/82.
[33]) OGH 13. 2. 2001, 4 Ob 316/00z – immobilienring.at – ÖBl 2002, 81 = wbl 2001, 335 (*Thiele*) = ecolex 2001, 461 (*Schanda*) = ÖBl-LS 01/90 und 91. Zur Unschädlichkeit der bloßen – aus unbedenklichen Gründen erfolgenden – Übertragung vgl auch OGH 19. 12. 2000, 4 Ob 256/00a – steuerprofi.at – ÖBl-LS 2001/66 = wbl 2001, 237 (*Thiele*).

den in Wien wohnhaften Mario M. registriert war. Am 13. 1. 2000 forderte ihn die Klägerin zur Unterlassung auf. Mit Wirkung vom 26. 1. 2000 übertrug er jedoch die Domain auf die Beklagte, eine in Slowenien wohnhafte Hausfrau. Unter der Domain erschien kein Inhalt, sondern lediglich eine Error-Meldung. Inzwischen war die Tageszeitung „täglich Alles" nur mehr im Internet, freilich unter der weniger nahe liegenden Adresse „www.taeglich-alles.at" abrufbar. Die auf § 1 UWG gestützte Unterlassungsklage war letztlich nicht erfolgreich. Der OGH ging zwar davon aus, dass der Verdacht des wettbewerbswidrigen Domain-Grabbing hinreichend bescheinigt sei. Hinsichtlich der begehrten Unterlassung (Verwendung der Domain zur Kennzeichnung einer Homepage) fehle es aber an der Bescheinigung der Voraussetzungen für die Annahme einer Begehungs- oder Wiederholungsgefahr.[34]

- OGH 29. 1. 2002: Der Streit um die Domain „www.graz2003.at" wurde letztlich namensrechtlich gelöst (Seite 648). Dennoch findet sich dort eine gute Zusammenfassung der Judikaturgrundsätze zum sittenwidrigen Domainerwerb.[35]

Auch die so genannte „kleine Generalklausel" des § 2 UWG zum Schutz vor Irreführung hat im Zusammenhang mit dem Kennzeichengebrauch Relevanz: Die Verwendung einer eingetragenen Marke im geschäftlichen Verkehr kann beispielsweise irreführend und daher wettbewerbswidrig nach § 2 UWG sein (vgl das Beispiel „Art Deco" Seite 344).[36]

1.4.7. Checklist: Rechtsquellen

Gesetze

- **MSchG:** Markenschutzgesetz 1970 (MSchG), BGBl 1970/260 (Wiederverlautbarung des MarkenschutzG 1953), BGBl 1977/350 (MSchG-Nov 1977), BGBl 1981/526 (PatentG- und MSchG-Nov 1981), BGBl 1984/126 (Patent- und Markengebühren-Nov 1984), BGBl 1987/653 (Patent- und Markengebühren-Nov 1987), BGBl 1992/418 (Patent- und Markengebühren-Nov 1992), BGBl 1992/773 (MSchG-Nov 1992; In-Kraft-Treten: BGBl 1993/917), BGBl 1993/ 109 (Anpassung an das SortenschutzG), BGBl 1993/917 (In-Kraft-Treten der MSchG-Nov 1992 gleichzeitig mit dem EWRA), BGBl I 1999/111 (Markenrechts-Nov 1999), BGBl I 1999/191 (Erstes BundesrechtsbereinigungsG – 1.BRBG) und BGBl I 2001/143 (Euro-UmstellungsG Patent-, Marken- und Musterrecht – EUG-PMM).

---

[34]) OGH 12. 6. 2001, 4 Ob 139/01x – täglichalles.at – MR 2001, 245 (Korn) = ecolex 2001, 923 (Schanda) = wbl 2001, 540 = RdW 2001/751.
[35]) OGH 29. 1. 2002, 4 Ob 246/01g – graz2003.at – ÖBl 2002, 280 (Gamerith) = wbl 2002, 331 (Thiele) = RdW 2002/394 = ÖBl-LS 2002/140 und 176 = ecolex 2002, 524 (Fallenböck) = MR 2002, 342 = MMR 2002, 452 (Schanda).
[36]) Etwa OGH 15. 10. 2002, 4 Ob 177/02m – Wiener Werkstätten II – ecolex 2003, 182 (G. Schönherr). Zum Verhältnis § 2 UWG zu § 9 UWG vgl OGH 20. 10. 1981, 4 Ob 390/81 – Bunte Krone – ÖBl 1982, 98; OGH 7. 7. 1981, 4 Ob 362/81 – Bosch-Kundendienst – ÖBl 1982, 101. Zur Abgrenzung gegenüber § 2 UWG vgl OGH 11. 1. 1994, 4 Ob 161/93 – Eurostock – ÖBl 1994, 124 = ÖBA 1994, 556 = ecolex 1994, 332 = RdW 1994, 176. Zum Vorwurf eines irreführenden Domain-Namens: OGH 13. 11. 2001, 4 Ob 255/01f – galtuer.at – ÖBl 2002, 134 (Warbek) = ÖBl-LS 2002/37, 38, 66 = ecolex 2002, 363 (Schanda) = GRUR Int 2003, 260. Zur gemeinschaftsrechtlichen Beurteilung: EuGH 26. 11. 1996, Rs C-313/94 – Graffione – wbl 1997, 17.

▶ **PPG:** BG, mit dem ergänzende Regelungen im Verkehr mit Waren, die ein Recht am geistigen Eigentum verletzen, erlassen werden (ProduktpiraterieG), BGBl I 2001/65.
▶ **GZV:** V über Güte-, Prüf-, Gewähr- und ähnliche Zeichen (Gütezeichenverordnung) RGBl I 1942 S 273.[37]

Verordnungen

▶ **PGMMV:** Verordnung des BMwA betreffend die Durchführung des PatentG 1970, des PatV-EG, des SchZG 1996, des GMG, des HlSchG, des MSchG 1970 und des MuSchG 1990 (Patent-, Gebrauchsmuster-, Marken- und Musterverordnung – PGMMV) BGBl 1994/226 idF BGBl II 1997/238, BGBl II 2001/477 und BGBl II 2002/459.
▶ **PAV:** Verordnung des Präsidenten des Patentamtes v 8. 11. 1990 über Eingaben an das Patentamt sowie über das Verfahren in Patent-, Schutzzertifikats-, Gebrauchsmuster-, Halbleiterschutz-, Marken- und Musterangelegenheiten (Patentamtsverordnung – PAV) PBl 1990, 161 idF PBl 1992, 73, PBl 1994, 66, PBl 1997, 122, PBl 1998, 213, PBl 1999, 154 und PBl 2001, 148.
▶ **TRFV:** Verordnung des Präsidenten des Patentamtes, mit der die im Rahmen der Teilrechtsfähigkeit des Patentamtes zu erbringenden Service- und Informationsleistungen festgesetzt werden (Teilrechtsfähigkeitsverordnung – TRFV) PBl 1996, 222.
▶ **PublV:** Verordnung des BMwA über die Herausgabe amtlicher Publikationen des Patentamtes BGBl II 1997/237.[38]

Gemeinschaftsrecht

▶ **ProduktpiraterieVO:** Verordnung (EG) Nr 3295/94 des Rates vom 22. 12. 1994 über Maßnahmen, welche das Verbringen von Waren, die bestimmte Rechte am geistigen Eigentum verletzen, in die Gemeinschaft sowie ihre Ausfuhr und Wiederausfuhr aus der Gemeinschaft betreffen, ABl 1994 L 341 S 8 idF ABl 1999 L 027 S 1 (DVO: ABl 1995 L 133 S 2 idF ABl 1999 L 308 S 16).
▶ **MarkenRL:** Erste Richtlinie des Rates vom 21. 12. 1988 zur Angleichung der Rechtsvorschriften der Mitgliedstaaten über die Marken (89/104/ EWG) ABl 1989 L 040 S 1 mit Berichtigung ABl 1989 L 159 S 60 idF Abkommen über den Europäischen Wirtschaftsraum – Anhang XVII – Geistiges Eigentum – Verzeichnis nach Artikel 65 Absatz 2, ABl 1994 L 001 S 482.
▶ **GMV:** Verordnung (EG) Nr 40/94 des Rates vom 20. 12. 1993 über die Gemeinschaftsmarke ABl 1994 L 011 S 1 idF Verordnung (EG) Nr 3288/94 ABl 1994 L 349 S 83.
▶ **UmsV:** Verordnung (EG) Nr 3288/94 des Rates vom 22. 12. 1994 zur Änderung der Verordnung (EG) Nr 40/94 über die Gemeinschaftsmarke zur Umsetzung

---

[37]) Die Gütezeichenverordnung steht nunmehr gemäß § 2 R-ÜG im Range eines Bundesgesetzes. Sie wird am 31. 12. 2009 außer Kraft treten (BGBl I 1999/191).
[38]) Die Verordnung des Präsidenten des Patentamtes v 10. 2. 1997, Zl. 1359/ Präs.97, betreffend die Einrichtung von Verwaltungsstellen (Verwaltungsstellenverordnung – VwStV; PBl 1997, 17) wurde mit Bekanntmachung des Präsidenten des PA vom 10. 1. 2000 aufgehoben. Die Kompetenzen der Verwaltungsstellendirektion sowie der einzelnen Verwaltungsstellen sind jetzt durch eine Bekanntmachung des Präsidenten geregelt (PBl 2002, 107).

der im Rahmen der Uruguay-Runde geschlossenen Übereinkünfte ABl 1994 L 349 S 83.
- **GMDV:** Verordnung (EG) Nr 2868/95 der Kommission vom 13. 12. 1995 zur Durchführung der Verordnung (EG) Nr 40/94 des Rates über die Gemeinschaftsmarke ABl 1995 L 303 S 1.
- **GMGebV:** Verordnung (EG) Nr 2869/95 der Kommission vom 13. 12. 1995 über die an das Harmonisierungsamt für den Binnenmarkt (Marken, Muster und Modelle) zu entrichtenden Gebühren ABl 1995 L 303 S 33.
- **VerfO:** Verordnung (EG) Nr 216/96 der Kommission vom 5. 2. 1996 über die Verfahrensordnung vor den Beschwerdekammern des Harmonisierungsamts für den Binnenmarkt (Marken, Muster und Modelle) ABl 1996 L 028 S 11.
- **VO 2081:** Verordnung (EWG) Nr 2081/92 des Rates vom 14. 7. 1992 zum Schutz von geographischen Angaben und Ursprungsbezeichnungen für Agrarerzeugnisse und Lebensmittel ABl 1992 L 208 S 1 idF Beitrittsakte 1994, ABl 1997 L 83 S 3, ABl 1997 L 156 S 10, ABl 2000 L 324 S 26 und ABl 2003 L 99 S 1.
- **VO 2037:** Verordnung (EWG) Nr 2037/93 der Kommission vom 27. 7. 1993 mit Durchführungsbestimmungen zur Verordnung (EWG) Nr 2081/92 zum Schutz von geographischen Angaben und Ursprungsbezeichnungen für Agrarerzeugnisse und Lebensmittel ABl 1993 L 185 S 5 idF der Berichtigung ABl 1994 L 015 S 20 und ABl 1997 L 196 S 39 sowie ABl 1998 L 224 S 1.
- **VO 1107:** Verordnung (EG) Nr 1107/96 der Kommission vom 12. 6. 1996 zur Eintragung geographischer Angaben und Ursprungsbezeichnungen gemäß dem Verfahren nach Artikel 17 der Verordnung (EWG) Nr 2081/92 des Rates ABl 1996 L 148 S 1 idF ABl 1996 L 290 S 18 und ABl 1996 L 299 S 31, mit zahlreichen Änderungen und Ergänzungen des Anhangs.
- **VO 2400:** Verordnung (EG) Nr 2400/96 der Kommission vom 17. 12. 1996 zur Eintragung bestimmter Bezeichnungen in das Verzeichnis der geschützten Ursprungsbezeichnungen und der geschützten geographischen Angaben für Agrarerzeugnisse und Lebensmittel gemäß Verordnung (EWG) Nr 2081/92 des Rates ABl 1996 L 327 S 11, mit zahlreichen Änderungen und Ergänzungen des Anhangs.

Internationales Recht

- **PVÜ:** Pariser Verbandsübereinkunft zum Schutz des gewerblichen Eigentums, zuletzt revidiert in Stockholm am 14. 7. 1967 (Pariser Unionsvertrag, Stockholmer Fassung) BGBl 1973/399 idF BGBl 1984/384.
- **MMA:** Madrider Abkommen über die internationale Registrierung von Marken, zuletzt revidiert in Stockholm am 14. 7. 1967 (Stockholmer Fassung) BGBl 1973/400 idF BGBl 1984/123.
- **AusfO:** Gemeinsame Ausführungsordnung zum Madrider Abkommen über die internationale Registrierung von Marken und zum Protokoll zu diesem Abkommen BGBl III 1997/109 idF BGBl III 1998/31, BGBl III 2000/208 und BGBl III 2002/270.
- **Prot:** Protokoll zum Madrider Abkommen über die internationale Registrierung von Marken, angenommen in Madrid am 27. Juni 1989 BGBl III 1999/32.

- **NizzKlass:** Abkommen von Nizza über die internationale Klassifikation von Waren und Dienstleistungen für Fabrik- oder Handelsmarken v 15. 6. 1957 BGBl 1969/388 idF BGBl 1971/378 und BGBl 1975/119.
  Abkommen von Nizza über die Internationale Klassifikation von Waren und Dienstleistungen für die Eintragung von Marken v 15. 6. 1957, revidiert in Stockholm am 14. 7. 1967 (Stockholmer Fassung) BGBl 1973/401 idF BGBl 1984/124.
  Abkommen von Nizza über die Internationale Klassifikation von Waren und Dienstleistungen für die Eintragung von Marken v 15. 6. 1957, revidiert in Stockholm am 14. 7. 1967 und in Genf am 13. 5. 1977 (Genfer Fassung) BGBl 1982/340 idF BGBl 1984/124.
- **Wiener-Abk:** Wiener Übereinkommen über die Errichtung einer internationalen Klassifikation der Bildbestandteile von Marken BGBl III 1999/178.
- **TRIPS-Abk:** Abkommen zur Errichtung der Welthandelsorganisation (WTO-Abkommen) samt Schlussakte, Anhängen, Beschlüssen und Erklärungen der Minister sowie österreichischen Konzessionslisten betreffend landwirtschaftliche und nichtlandwirtschaftliche Produkte und österreichische Verpflichtungslisten betreffend Dienstleistungen BGBl 1995/1 idF BGBl 1995/379 (insbesondere TRIPS: Abkommen über handelsbezogene Aspekte der Rechte des geistigen Eigentums, Anhang 1C des WTO-Abkommens).

1.4.8. Weitere Entwicklung

Für die weitere Entwicklung in Österreich wäre als nächster Schritt eine *Neukodifikation* des derzeit eher unübersichtlichen MSchG anzustreben. Entsprechend der Zielsetzung einer umfassenden Kodifikation sollte ein *neues MSchG* nicht nur den Schutz eingetragener Marken, sondern auch den Schutz nicht eingetragener (durch Benutzung erworbener) Marken sowie sonstiger Kennzeichen (insbesondere den derzeit auf das UWG und UrhG aufgeteilten Titelschutz, vgl Seite 640) regeln. Die Auslegung der neuen Regelungen wird vor allem vom EuGH bestimmt werden. Für den noch nicht hamonisierten Sanktionenbereich ist eine weitere Harmonisierungsrichtlinie zu erwarten.

1.5. Literatur
1.5.1. Österreichische Literatur
Gesetzesausgaben, systematische Darstellungen und Überblicksartikel

- *Abel*, System des Österreichischen Markenrechts (1908).
- *Adler*, Österreichisches Markenrecht (1909).
- *Hohenecker/Friedl*, Wettbewerbsrecht (1959) 149 ff.
- *Straberger/Gantner*, Markenrecht und Musterschutz (1977) – Textausgabe mit Erläuterungen.
- *Sonn/Prettenhofer/Koch*, Warenzeichenrecht[2] (1972) – Gesetzesausgabe mit Entscheidungen, Ergänzungsband 1978.
- *Friedl/Schönherr/Thaler*, Patent- und Markenrecht (1979) – Gesetzesausgabe mit Erläuterungen.
- *Rinner*, Österreichisches Handelsrecht[2] II – Gewerblicher Rechtsschutz (1982) 72 ff.
- *Schönherr*, Gewerblicher Rechtsschutz und Urheberrecht, Grundriß – Allgemeiner Teil (1982, Nachtrag 1983, 1984).
- *Schönherr/Thaler*, Entscheidungen zum Markenrecht (1985) – systematische Zusammenfassung der gesamten einschlägigen Spruchpraxis.
- *Koppensteiner*, Wettbewerbsrecht[2] Bd II – Unlauterer Wettbewerb (1987) 133 ff.
- *Hämmerle/Wünsch*, Handelsrecht[4] Bd I (1990) 273 ff.
- *Holeschofsky*, Trademark Law, in *Rüster*, World Intellectual Property Guidebook (1991).
- *Rafeiner* (Hrsg), Patente, Marken, Muster, Märkte – Der gewerbliche Rechtsschutz international (1993) – Sammelband.
- *Wiltschek*, UWG[6] (1994) – Leitsätze zu § 9 UWG.
- *Hauser/Thomasser*, Wettbewerbs- und Immaterialgüterrecht (1998) – Lehrbuch mit systematischer Darstellung des Markenrechts.
- *Schanda*; Markenschutzgesetz idF der Markenrechts-Nov 1999 (1999) – Praxiskommentar.
- *Kucsko*, MSA MSchG (1999) – Textausgabe mit EB.
- *Haybäck*, Grundzüge des Marken- und Immaterialgüterrechts (2001) – Skriptum.
- *Krejci*, Handelsrecht[2] (2001).
- *P. Bydlinski*, Grundzüge des Privatrechts[5] (2002) Rz 1268ff – Überblick.
- *Eilmansberger*, in *Holoubek/Potacs*, Öffentliches Wirtschaftsrecht Bd I (2002) 190 ff – systematische Übersicht.

Zeitschriften

- Österreichische Blätter für gewerblichen Rechtsschutz und Urheberrecht („ÖBl") – erscheinen zweimonatlich mit umfassendem Rechtsprechungsteil.
- Österreichisches Patentblatt („PBl") – erscheint monatlich und bringt vor allem die Rechtsprechung der NA, BA und des OPM; abrufbar als pdf auf der Website des PA (www.patent.bmwa.gv.at).

Kucsko, Geistiges Eigentum (2003)

- ecolex – Fachzeitschrift für Wirtschaftsrecht – erscheint monatlich (mit einem eigenen Abschnitt über „Wettbewerbs- und Immaterialgüterrecht"); auch auf CD-ROM erhältlich.
- Medien und Recht („MR") – erscheint zweimonatlich (Schwerpunkte: Medien-, Urheber- und Wettbewerbsrecht).
- Recht der Wirtschaft („RdW") – erscheint monatlich.
- Wirtschaftsrechtliche Blätter („wbl") – erscheinen zweimonatlich.
- Werbeforschung & Praxis – erscheint zweimonatlich und wird gemeinsam von der österreichischen und der deutschen Werbewissenschaftlichen Gesellschaft herausgegeben; enthält primär werbewissenschaftliche, gelegentlich aber auch juristische Beiträge.

Jüngere Einzelabhandlungen

Ein Zeichen macht unterscheidbar – auch Bäume.

Kucsko, Parallelimporte von Konzernmarkenwaren und die Freihandelsabkommen Österreichs und der Schweiz mit der EWG, GRUR Int 1980, 138; *St. Frotz*, Zum Verhältnis von § 9 Abs 3 UWG zu § 2 UWG, ÖBl 1982, 89; *Gräser*, Der „Gebrauchszwang" im Markenrecht, ÖBl 1982, 109; *Hodik*, Der Grad der Verkehrsgeltung und seine Feststellung, ÖBl 1983, 1; *Nowakowski,* Die berühmte Marke in Österreich, GRUR Int 1984, 274; *Enzinger*, Täuschungseignung von Firmenzusätzen, die den Anschein einer Beziehung zu öffentlichen Einrichtungen erwecken, NZ 1985, 181; *Beier*, Marken- und Firmenrechte im Verhältnis von Mutter- und Tochtergesellschaft, GedS Schönherr (1986) 25; *Hauer*, Die Bedeutung des Freihaltebedürfnisses für die Schutzfähigkeit der Marke, GedS Schönherr (1986) 39; *Thaler*, Verkehrsgeltungsnachweis: Wann? Wofür? GedS Schönherr (1986) 63; *Wolff*, Der rechtliche Schutz von Computersoftware (1. Teil), EDV & Recht 1986, 10; *Gräser*, Zur Schutzfähigkeit körperlicher Marken, ÖBl 1987, 145; *Gräser*, Erste Erfahrungen mit dem Gebrauchszwang im Markenrecht, wbl 1989, 137; *Karsch*, Entwicklungen im europäischen Markenrecht, Economy-Fachmagazin 1990/11, 28; *Knittel/Kucsko*, ecolex-Checklist – Markenanmeldung, ecolex 1990, 93; *Krejci*, Konzern- und Holdingmarken, ecolex 1990, 229; *Kucsko*, Markenrecht und Unternehmensveräußerung, ecolex 1990, 160; *Hock*, Beseitigungsanspruch gegen registrierte Marken, ecolex 1991, 37; *Kletečka*, Unberechtigte Verwendung eines Werktitels, ecolex 1991, 525; *Madl*, Pfandrecht an Marken, ecolex 1991, 329; *Fries*, Unzulässige Firmawortlaute und ihre Beseitigung, ecolex 1992, 167; *Liebscher*, Das Immaterialgüterrecht nach dem EWR-Abkommen, ÖBl 1992, 193; *Preglau*, Markenrechtsreform, ecolex 1992, 860; *Gladt*, Zum Rechtsschutz für berühmte und bekannte Marken, ÖBl 1993, 49; *Klingler*, Freier Warenverkehr – geographische Herkunftsbezeichnungen, Economy-Fachmagazin 1993, 185; *Liebscher*, Die berühmte Marke im UWG, wbl 1993, 9; *Marterer*, Auswirkungen der Markenschutzgesetz-Novelle 1992 auf den Ausschließungsgrund des Freizeichens, ÖBl 1993, 60; *Mayer*, Entwicklung und Inhalt des Gemeinschaftsmarkenrechts und dessen Auswirkungen auf Österreich, in *Rafeiner*, Patente, Marken, Muster, Märkte (1993) 41; *Enzinger*, Grenzenloses Firmenrecht – Auswirkungen des EU-Beitritts, ÖBl 1994, 99; *Jahn*, Die körperliche Marke, Werbeforschung & Praxis 1994, 180; *Kaltner*, Judikaturwende zum Schutz des ausländischen Handelsnamens, ecolex 1994, 822; *Karsch*, Gewerblicher Rechtsschutz in Österreich und im Europarecht, ecolex 1994, 175; *Koppensteiner*, Markenrechtsentwicklung und Parallelimport, ÖBl 1994, 195; *Kucsko*, Europamarke: die „Patentlösung"? ecolex 1994, 377; *Mayer*, ecolex-Checklist, Internationale Marke oder Gemeinschaftsmarke? ecolex 1994, 692; *Mayer*, Die Marke nach europäischem Recht – die Gemeinschaftsmarke, ÖBl 1994, 203; *Mayer*, „Madrid oder Alicante", ecolex 1994, 687; *Preglau*, Markenregistrierung – mit oder ohne Widerspruch, ÖBl 1994, 247; *Schanda*, Die Wirkung der Markenlizenz gegenüber Dritten, GRUR Int 1994, 275; *Steger*, EuGH: „Aus" für die Theorie vom gemeinsamen Ursprung der Marke, ecolex 1994, 820; *Gamerith*, Das Vorabentscheidungsverfahren nach Art 177 EGV in Wettbewerbssachen, ÖBl

1995, 51; *Kaltner*, Die Verbraucherfunktion – eine neue EG-Markenfunktion? EWS 1995, 12; *Repenn*, Die Marke als selbständiges Wirtschaftsgut, ÖBl 1995, 99; *Schanda*, Markenlizenz und Irreführung, ecolex 1995, 904; *Urlesberger*, Neues vom Europarecht, wbl 1995, 62; *Gamerith*, Sind die Rechtsgemeinschaften an Immaterialgüterrechten Gesamthandgemeinschaften? ÖBl 1996, 63; *Kucsko*, Das Gemeinschaftsmarkenrecht – ein Anstoß zur Gesamtreform des österreichischen Markenrechts? JBl 1996, 510; *Mayer*, Erste Erfahrungen mit Gemeinschaftsmarkenanmeldungen, ecolex 1996, 682; *Pöchhacker*, Die Bedeutung der ersten Markenrichtlinie für das österreichische Markenrecht, in *Koppensteiner*, Österreichisches und europäisches Wirtschaftsprivatrecht, Teil 2: Geistiges Eigentum (1996); *Röttinger*, Neue Vorschläge der Europäischen Kommission zur Gemeinschaftsmarke und zum MMA, ecolex 1996, 767; *Schanda*, Parallelimport und Herkunftsfunktion der Marke, ÖBl 1996, 167; *Urlesberger*, vom Europarecht, wbl 1996, 104; *Warbek*, Produkt-Piraten als Delikts-Kavaliere? Österreich und die Plagiate, ecolex 1996, 762; *Zourek*, Aktueller Stand des gewerblichen Rechtsschutzes in der Europäischen Union, ÖBl 1996, 268; *Enzinger*, Die Eingriffskondiktion als Rechtsbehelf im gewerblichen Rechtsschutz, GRUR Int 1997, 96; *Gaster*, Funktionen des Binnenmarkts und Paralleleinfuhren aus Drittländern: Ein Plädoyer gegen die internationale (globale) Erschöpfung von Immaterialgüterrechten, wbl 1997, 47; *Loos*, Durchsetzung von Rechten am geistigen Eigentums: Verfahren und Sanktionen, ÖBl 1997, 267; *Mayer-Schönberger/Hauer*, Kennzeichenrecht & Internet Domain Namen, ecolex 1997, 947; *Rahmatian*, Die Agentenmarke, ÖBl 1997, 279; *Schanda*, Merchandising – Leistungsschutz statt Markenschutz, ecolex 1997, 264; *Schanda*, Internet Domain Names and Rights in Distinctive Marks: A German and Austrian Perspective, C.T.L.R. 1997, 221; *Schärf*, Der Schutz des Rot-Kreuz-Zeichens in Österreich, RdM 1997, 148; *Stickler*, Der Stellenwert des geistigen Eigentums im Binnenmarkt, ÖBl 1997, 147; *Enzinger*, Teilrechtsfähigkeit und Verkehrsschutz – Überlegungen zur Teilprivatisierung des Patentamtes, ÖBl 1998, 137; *Gamerith*, Turbulenzen im europäischen Markenrecht, RdW 1998, 598; *Glantschnig*, Die Effizienz des Streitbeilegungssystems der WTO am Beispiel des geistigen Eigentums, ecolex 1998, 714; *Höhne*, Namensfunktion von Internet Domain Namens, ecolex 1998, 924; *Hornbanger*, EuGH stoppt Parallelimporte aus Drittländern – zum EuGH-Urteil Rs C-355/96 – Silhouette, ecolex 1998, 811; *Kapferer/Pahl*, Kennzeichenschutz für Internet-Adressen („domains"), ÖBl 1998, 275; *Kohlegger*, Aktuelle Entwicklungen im Vorabentscheidungsverfahren, ZfRV 1998, 89; *Liebmann*, Lizenzverträge in der EU, ÖBl 1998, 167; *Orou*, Der Erschöpfungsgrundsatz wurde „europareif" – Anmerkungen zum „Silhouette"-Urteil des EuGH, ÖBl 1998, 284; *Schanda*, Die Schlussanträge gegen internationale Erschöpfung des Markenrechts, ecolex 1998, 409; *Schanda*, Character- und Personality-Merchandising in Österreich – Ein Überblick, ÖBl 1998, 323; *Urlesberger*, Europarecht: Das Neueste auf einen Blick, wbl 1998, 524; *Walter*, „JUSLINE" – „domain-grabbing" im Internet, MR 1998, 106; *Wohlgemuth*, Schutz von geographischen Angaben und Ursprungsbezeichnungen, ecolex 1998, 642; *Asperger/Stangl*, Markenrechts-Novelle 1999, ecolex 1999, 780; *Asperger/Stangl*, „Verkehrsgeltungsnachweis", ecolex 1999, 783; *Brandl/Fallenböck*, Zu den namens- und markenrechlichen Aspekten der Domain-Namen im Internet, wbl 1999, 481; *Brandl/Fallenböck*, Der Schutz von Internet Domain Namen nach UWG, RdW 1999, 186; *Daum*, Abschöpfung der Bereicherung und Einstweilige Verfügung im Privatanklageverfahren wegen Produktpiraterie, MR 1999, 84; *Fallenböck*, Zur kollisionsrechtlichen Anknüpfung von Immaterialgüterrechtsverträgen nach dem Europäischen Vertragsrechtsübereinkommen (EVÜ), ZfRV 1999, 98; *Gamerith*, Der Funktionswandel der Marke unter dem Einfluß des Rechts der Europäischen Gemeinschaft, FS 100 Jahre PA (1999) 133; *Gamerith*, Der Oberste Patent- und Markensenat, eine Höchstinstanz in Konkurrenz zum OGH? ÖBl 1999, 111; *Gruber*, Kfz-Werkstätte und Markenschutz – EuGH Rs C-63/97 „BMW", wbl 1999, 539; *Ivan-Dietrich*, Markenschutz in Österreich – Markenschutzgesetznovelle 1999, FS 100 Jahre PA (1999) 149; *Kilches*, Internet-Streitigkeiten: Domain-Grabbing, RdW 1999, 638; *Kucsko*, Globalisierung und Markenrecht, FS 100 Jahre PA (1999) 52; *Lattenmayer*, Erschöpfung von Markenrechten, ecolex 1999, 100; *Meyenburg*, „Feta" – Eine Scheibe weißen Käses, MarkenR 1999, 339; *Meyenburg*, Über die Herkunft von alpinem Bergkäse, Gorgonzola, Tiroler Schinkenspeck und „schlichten" Pils, MarkenR 1999, 227; *Petsch*, Internationale Anerkennung und Schutz der berühmten und bekannten Marken, MarkenR 1999, 261; *Preglau/Neuffer*, Die Kollisionsprüfung im Widerspruchsverfahren vor dem Harmonisierungsamt für den Binnenmarkt, MarkenR 1999, 41; *Rahmatian*, Infringement of Trade Marks in the United Kindom and in Austria, E.I.P.R. 1999, 354; *Rüffler*, Niederlassungsfreiheit, Keck und die Bestimmung der Verwechslungsgefahr bei Kollision unternehmerischer Kennzeichen, wbl 1999, 297; *Schanda*, Replik auf Höhne, Namensfunktion von Internet Domain Names? ecolex 1999, 181; *Schanda*, „Gorgonzola" gegen „Cambozola", ecolex 1999, 334; *Schanda*, „Gorgonzola" gegen „Cambozola", MarkenR 1999, 149; *Schanda*, Markenrechtsnovelle in Österreich, MarkenR 1999, 255; *Schwarz*, Vereinbarungen über gewerbliche Schutzrechte in Dienstverträgen, ecolex 1999, 556; *Singer*, EuGH: Die Eintragung der Bezeichnung „Feta" als geschützte Ursprungsbezeichnung wird für nichtig erklärt, Ernährung/Nutrition 1999, 266; *Sonn*, Schutzsysteme im Markenbereich – ihre Vor- und Nachteile in betriebswirtschaftlicher und gesamtwirtschaftlicher Sicht, FS 100 Jahre PA (1999) 70; *Gruber*, Freiwerden einer registrierten Marke, JBl 2000, 545; *Höhne*, Zum Stand der Domain-Judikatur des OGH, MR 2000, 356; *Jahn*, Die Entwicklung des österreichischen Markenrechts, transfer 2000, 18; *Lattenmayer*, Superdominanz – Verlust der Geltendmachung des Immaterialgüterrechts bei exzessiven Preisen? MR 2000, 236; *Pöchhacker/Annacker*, Österreich, in *Harte-Bavendamm* (Hrsg), Handbuch der Markenpiraterie in Europa (2000) 319; *Stockinger/Kranebitter*, Kriterien für den rechtmäßigen Gebrauch von Internet-Domain-Bezeichnungen, MR 2000, 3; *Thiele*, Checkliste Internet Domains – Vertragsgestaltung, ecolex 2000, 218; *Thiele*, Verträge über Internet Domains, ecolex 2000, 210; *Thiele/Fischer*, Domain Grabbing im englischen und österreichischen Recht, wbl 2000, 351; *Thiele/Rohlfing*, Gattungsbezeichnungen als Domain-Namen, MMR 2000, 591; *Wiedenbauer*, Markenrecht bei Unternehmensveräußerung, ecolex 2000, 404; *Essl*, Die Registrierbarkeit von Geruchsmarken, ÖBl 2001, 51; *Fallenböck/Stockinger*, Update Domainrecht: „Typosquatting", Domains im Kollisionsrecht, MR 2001, 403; *Gamerith*, Erste Entscheidung des EuGH zur Eintragung einer Gemeinschaftsmarke! ÖBl 2001, 241; *Gamerith*, Parallelimport und Markenpiraterie, FS Koppensteiner (2001) 365; *Hochedlinger*, Die Telefonnummer als Gegenstand des Marken- und Wettbewerbsrechts, ÖBl 2001, 200; *Kilches*, Exekution auf Internet-Domains, RdW 2001, 390; *Kucsko*, Der Schutz der olympischen Symbole, FS Koppensteiner (2001) 463; *Oberkofler*, (Ver-)Pfändung von Internet-Domains – Neue Entwicklungen im Domain-Recht, MR 2001, 185; *Plöckinger/Gassner*, Strafrechtliche Überlegungen zum Domain-Grabbing, MR 2001, 180; *Plöckinger/Gassner*, Zur Beweislastverteilung bei Parallelimporten, ÖBl 2001, 99; *Riehle*, Funktion der Marke und europäisches Markenrecht, FS Koppensteiner (2001) 479; *Schanda*, Kritisches zur Aktivlegitimation des Markenlizenznehmers, ÖBl 2001, 151; *Schramböck*, Rechtliche Fragen bei Domain-Namen-Konflikten, transfer 2001, 2; *Silberbauer*, Unlauterer Wettbewerb im Internet, ecolex 2001, 345; *Stomper*, Gattungsbezeichnungen als Domain-Namen, ecolex 2001, 351; *Stomper*, Verantwortung der Domain-Vergabestelle für Kennzeichenverletzungen, RdW 2001, 136; *Thiele*, „„.EU" – Neues Domain-Grundgesetz für Europa? RdW 2001, 140; *Thiele*, Recht und billig – Das Internet-Domain-Schiedsgericht der WIPO, RdW 2001, 3; *Thiele*, Meta-Tags und das österreichische Wettbewerbsrecht, ÖJZ 2001, 168; *Zankl*, OGH erlaubt meta-tags im Internet, AnwBl 2001, 316; *Zöchbauer*, Zur Gestattung der Namensverwendung, MR 2001, 353; *Anderl*, Zum Umfang der Haftung der Domain-Vergabestelle, ecolex 2002, 189; *Anderl*, Kritische Gedanken zur Judikatur über die Haftung der Domain-Vergabestellen, AnwBl 2002, 138; *Anderl*, Streitschlichtungsverfahren für die TLD.at – Stein der Weisen? AnwBl 2002, 385; *Barbist/Gruber/Oberkofler/Stomper* (Hrsg), Praxishandbuch Internetrecht (2002); *Baudenbacher*, Ist die Rechtsprechung des EFTA-Gerichtshofs für Österreich relevant? FS Barfuß (2002) 9; *Fallenböck*, „shell.de" – Zum Recht der Gleichnamigen bei Internet Domains, RdW 2002, 525; *Fallenböck/Kaufmann/Lausegger*, Ortsnamen und geografische Bezeichnungen als Internet-Domain-Namen, ÖBl 2002, 164; *Hofinger*, Ein Elementenschutz ist dem Markenrecht fremd, ÖBl 2002, 122; *Hauer*, Der Begriff „Unterscheidungskraft" im Markenschutzgesetz (MSchG) nach Umsetzung der EG-Marken-RL, FS Barfuß (2002) 51; *Höller*, @ – Möglicher Bestandteil einer Firma? RdW 2002, 142; *Keinert*, Prioritätsanrechnung bei Kennzeichenrechten, insbesondere im Konzern, ÖJZ 2002, 750; *Kilches*, Verwendung von Gattungsbegriffen als Domain-Namen nicht wettbewerbswidrig! RdW 2002, 11; *Korn*, Tragbare Kassettenspieler, Walky oder doch Walkman? MR 2002, 314; *Kucsko*, Das Gütezeichen, FS Barfuß (2002) 151; *Plöckinger*, Der Erschöpfungsgrundsatz im Marken- und Urheberrecht; *Stomper*, Kollision Domain – Namensrecht, RdW 2002, 140; *Stomper*, Markenrechtliche Aspekte bei Meta-Tags, MR 2002, 340; *Thiele*, Shell gegen Shell – eine neue Dimension des Domainrechts? MR 2002, 198; *Urlesberger*, Warenverkehrsfreiheit und Markenrecht, ÖSGRUM 26 (2002); *Aigner*, Zweifelsfragen bei der steuerlichen Behandlung von Markenrechten, ÖStZ 2003, 321; *Anderl*, Die Domain-Streitschlichtung für .at, MMR 2003, 374; *Gamerith*, Der gewerbliche Rechtsschutz bleibt eine dynamische Materie, ÖBl

update: www.geistigeseigentum.at

2003, 113; *Graschitz*, Kennzeichenmäßiger Gebrauch durch Domainregistrierung, ecolex 2003, 30; *Hauer*, Funktionsgerechte Markenbenutzung und rechtserhaltender Gebrauch, ÖBl 2003, 119; *Hiti*, Zur Drittwirkung von Marken- und Patentlizenzen, ÖBl 2003, 4; *Jahn/Häussle*, Aktuelle Entscheidungspraxis zum Internet im Bereich des gewerblichen Rechtsschutzes (I), GesRZ 2003, 66 und 144; *Karl*, Die Verletzung von Serien- und Wort-Bild-Marken durch Domain-Namen, ÖJZ 2003, 128; *Nauta*, Sittenwidriger Markenrechtserwerb, ecolex 2003, 250; *Nauta*, Die Rechtsstellung des Lizenznehmers, ÖJZ 2003, 404; *Schmidt*, Keine Rechnungslegung bei Namensverletzungen? ÖBl 2003, 74; *Thiele*, Internet-Domains und Kennzeichenrecht, in *Gruber/Mader*, Privatrechtsfragen des e-commerce (2003) 87; *Thiele*, Domain Sharing – der Königsweg im flachen Adressraum? RdW 2003, 249; *Wiltschek/Reitböck*, Wettbewerbs- und Markenrecht in Österreich, wrp 2003, 785; *Wolfsgruber*, Internationale Domain-Verwaltung und Registrierung einer Domain unter „at", in *Gruber/Mader*, Privatrechtsfragen des e-commerce (2003) 71.

1.5.2. Deutsche Literatur

Das deutsche Markenrecht ist mit dem österreichischen Markenrecht im materiellen Teil nahe verwandt, zumal Österreich und Deutschland die MarkenRL umgesetzt und ihre nationalen markenrechtlichen Regelungen auf europäischem Standard weitgehend harmonisiert haben. Im formellen Teil weichen die nationalen Rechtsordnungen aber weiterhin beträchtlich von einander ab. Beispielsweise kennt das deutsche Recht ein dem österreichischen Markenrecht fremdes Widerspruchsverfahren. Die deutsche Literatur kann daher nur eingeschränkt für den österreichischen Rechtsbereich herangezogen werden. Vor allem für den materiellen Teil des Markenrechts gibt sie aber doch Anregungen zur Problemlösung. Daher seien die wichtigsten Gesamtausgaben zitiert:

- *Kuhnen/Wacker*, German Trade Mark Act and Regulation of January 1, 1995 (1995) – Textausgabe.
- *Mühlendahl*, Deutsches Markenrecht (1995) – Text und Materialien.
- *Aufenanger/Barth*, Markengesetz / The German Trade Mark Act[2] (1996) – zweisprachige Textausgabe.
- *Marx*, Deutsches und europäisches Markenrecht (1997) – Handbuch.
- *Ingerl/Rohnke*, Markengesetz (1998) – Kommentar.
- *Schricker/Bastian/Albert* (Hrsg), Die Neuordnung des Markenrechts in Europa (1998) – Textsammlung.
- *Berlit*, Das neue Markenrecht[4] (2000) – systematische Darstellung und Texte.
- *Harte-Bavendamm* (Hrsg), Handbuch der Markenpiraterie in Europa (2000).
- *Fezer*, Markenrecht[3] (2001) – Kommentar.
- *Starck*, Markengesetze (2001) – Textausgabe.
- *Hubmann/Götting*, Gewerblicher Rechtsschutz[7] (2002) – Kurzlehrbuch.
- *Richter/Stoppel*, Die Ähnlichkeit von Waren und Dienstleistungen[12] (2002) – Sammlung der Spruchpraxis.
- *Ströbele/Hacker*, Markengesetz[7] (2003) – Kommentar.

Zeitschriften

- Gewerblicher Rechtsschutz und Urheberrecht („GRUR") – erscheint monatlich; auch auf CD-ROM bzw DVD erhältlich.
- Gewerblicher Rechtsschutz und Urheberrecht, Internationaler Teil („GRUR Int") – erscheint monatlich; auch auf CD-ROM bzw DVD erhältlich.
- Gewerblicher Rechtsschutz und Urheberrecht, Rechtsprechungs-Report („GRUR-RR") – erscheint monatlich; auch auf CD-ROM bzw DVD erhältlich.
- MarkenR – Zeitschrift für deutsches, europäisches und internationales Markenrecht – erscheint zehnmal jährlich.
- Wettbewerb in Recht und Praxis („WRP") – erscheint monatlich.
- International Review of Industrial Property and Copyright Law („IIC") – erscheint achtmal jährlich; auch auf CD-ROM bzw DVD erhältlich.

online

- www.online-recht.de – Diese website enthält vor allem eine interessante Entscheidungssammlung zum Online-Recht.
- www.jura.uni-sb.de – guter Ausgangspunkt für weitere Webreisen.
- www.markenplatz.de – Hier werden nicht nur Marken zum Kauf angeboten, es finden sich auch aktuelle Hinweise auf markenrechtliche Verfahren.

Jüngere Einzelabhandlungen

Eisenführ, Begriff und Schutzfähigkeit von Marke und Ausstattung, FS DVgRU II (1991) 765; *v Gamm*, Markenbenutzung und Benutzungszwang, FS DVgRU II (1991) 801; *Knaak*, Der Schutz von Name, Firma und Geschäftsbezeichnungen, FS DVgRU II (1991) 971; *Kraft*, Die Entwicklung des Warenzeichenrechts als Teil des allgemeinen Wettbewerbsrechts, FS DVgRU II (1991) 729; *Loewenheim*, Warenzeichen, freier Warenverkehr, Kartellrecht, FS DVgRU II (1991) 1051; *Ströbele*, Verwechslungsgefahr und Schutzumfang, FS DVgRU II (1991) 821; *Tilmann*, Kennzeichenrechtliche Aspekte des Rechtsschutzes geographischer Herkunftsangaben, FS DVgRU II (1991) 1007; *Bürglen*, Die Verfremdung bekannter Marken zu Scherzartikeln, FS Gaedertz (1992) 71; *Deutsch*, Der Schutz von Marken und Firmen außerhalb des Wettbewerbsbereichs, FS Gaedertz (1992) 99; *Fezer*, Das Markenrecht im Aufwind des Europäischen Binnenmarkts – Überlegungen zum Markenschutz in Europa nach dem Urteil des Europäischen Gerichtshofs vom 17. Oktober 1990 – „HAG II", FS Gaedertz (1992) 153; *Kicker*, Wettbewerbsrechtlicher Titelschutz – grenzenlos? FS Gaedertz (1992) 273; *Klaka/Krüger*, Zur Problematik örtlich begrenzter Kennzeichenrechte, FS Gaedertz (1992) 299; *Krieger*, Zur Aktivlegitimation im Warenzeichenrecht, FS Gaedertz (1992) 331; *Mailänder*, Gemeinschaftsrechtliche Erschöpfungslehre und freier Warenverkehr, FS Gaedertz (1992) 369; *v Gamm*, Zur Warenzeichenrechtsreform, WRP 1993, 793; *Repenn/Spitz*, Die Pfändung und Verwertung von Warenzeichen, WRP 1993, 737; *Sack*, Sonderschutz bekannter Marken de lege ferenda, BB 1993, 869; *Baeumer*, Das Deutsche Patentamt und die internationale Markenregistrierung, FS DPA (1994) 17; *Eisenführ*, Schutzfähigkeit und Schutzumfang nach dem neuen Markenrecht, FS DPA (1994) 69; *Fezer*, Rechtserhaltende Benutzung von Zweitmarken, FS DPA (1994) 87; *v Gamm*, Schwerpunkte des neuen Markenrechts – Referat anläßlich der GRUR-Jahrestagung am 3. 6. 1994, GRUR 1994, 775; *Harte-Bavendamm/Scheller*, Die Auswirkungen der Markenrechtsrichtlinie auf die Lehre von der internationalen Erschöpfung, WRP 1994, 571; *Kunz-Hallstein*, Die Funktion der Marke nach europäischem und künftigem deutschen Markenrecht, FS DPA (1994) 147; *Kur*, Formalschutz dreidimensionaler Marken – neue Aufgaben für die Markenabteilung des Deutschen Patentamts, FS DPA (1994) 175; *Meister*, Die Marke zwischen den Gesetzen, GRUR 1994, 167; *Rößler*, Die Ausnutzung der Wertschätzung bekannter Marken im neuen Markenrecht, GRUR 1994, 559; *Sack*, Die Erschöpfung von Markenrechten nach Europäischem Recht, RIW 1994, 897; *Schultz*, Wohin geht das berühmte Kennzeichen? GRUR 1994, 85; *Winkler*, Das Widerspruchsverfahren nach dem neuen Markenrecht, GRUR 1994, 569; *Kaltner*, Schwerpunkte des neuen deutschen Markengesetzes, wbl 1995, 54; *Kliems*, Relativer Ähnlichkeitsbegriff bei Waren/Dienstleistungen im neuen Markenrecht? GRUR 1995, 198; *Knaak*, Der Schutz geographischer Herkunftsangaben im neuen Markengesetz, GRUR 1995, 103; *Kunz-Hallstein*, Beurteilung der Verwechslungsgefahr im Markenrecht (Q 127), GRUR Int 1995, 227; *Sack*, Sonderschutz bekannter Marken, GRUR 1995, 81; *Sack*, Export und Transit im Markenrecht, RIW 1995, 177; *Bühler*, Die freie Markenlizenzierung (1996); *Fezer*, Die Markenfähigkeit nach § 3 MarkenG, FS Piper (1996) 525; *v Gamm*, Rufausnutzung und Beeinträchtigung bekannter Marken und geschäftlicher Bezeichnungen, FS Piper (1996) 537; *Gloy*, Geographische Herkunftsangaben, wettbewerbsrechtliche Relevanz und klarstellende Zusätze, FS Piper (1996) 543; *Jordan*, Zum Rechtsmißbrauchseinwand im Markenrecht, FS Piper (1996) 563; *Knaak*, Zur Einbeziehung des Schutzes der Unternehmenskennzeichen in das neue Markenrecht, FS Beier (1996) 243; *Kroher*, Importe von Originalware nach neuem Markenrecht, FS Beier (1996) 253; *Kur*, Kennzeichenkonflikte im Internet – „Kinderkrankheiten" oder ernstzunehmendes Problem? FS Beier (1996) 265; *Lehmann*, Der Schutz der geschäftlichen Bezeichnungen im neuen Markengesetz, FS Beier (1996) 279; *Linstow*, Unternehmensname und Markenrecht, ÖBl 1996, 16; *Mansani*, Der Schutz des Markeninhabers aufgrund der neueren Gemeinschaftsrechtsprechung, FS Beier (1996) 289; *Osterloh*, Die zeichenrechtliche Verwechslungsgefahr als Rechtsfrage in der höchstgerichtlichen Rechtsprechung, FS Piper (1996) 595; *Pagenberg*, Berühmte und bekannte Marken in Europa – Die Bestimmung der Verkehrsbekanntheit vor den nationalen und internationalen Instanzen, FS Beier (1996) 317; *Pickrahn*, Die Bekämpfung von Parallelimporten nach dem neuen Markengesetz, GRUR 1996, 383; *Piper*, Der Schutz der bekannten Marken, GRUR 1996, 429; *Sack*, Der Benutzungszwang im internationalen Markenrecht, FS Piper (1996) 603; *Starck*, Zur mittelbaren Verletzung von Kennzeichenrechten, FS Piper (1996) 627; *Wittenzellner*, Schutzfähigkeit von Farben als Marken nach dem neuen Markengesetz, FS Beier (1996) 333; *Zahrnt*, Titelschutz für Software-Produkte – ein Irrtum?! BB 1996, 1570; *Bettinger*, Kennzeichenrecht im Cyberspace: Der Kampf um die Domain-Namen, GRUR Int 1997, 402; *Esslinger/Wenning*, Die Prägung des Gesamteindrucks einer Marke – Tatfrage oder Rechtsfrage, WRP 1997, 1019; *Ingerl*, Allgemeiner Namensschutz für geistige Produkte, WRP 1997, 1127; *Litten*, „Inverkehrbringen" und „Erschöpfung" im neuen Markenrecht, WRP 1997, 678; *Nordemann*, Mona Lisa als Marke, WRP 1997, 389; *Omsels*, Die Kennzeichenrechte im Internet, GRUR 1997, 328; *Pfeifer*, Negativer Imagetransfer bei Markenvereinbarungen – „Tic Tac Toe", WRP 1997, 685; *Raßmann*, Verwechslungsgefahr und Schutzumfang im neuen Markenrecht – ein völliger Neubeginn? GRUR 1997, 580; *Sack*, Zeichenrechtliche Grenzen des Umpackens fremder Waren, GRUR 1997, 1; *Sambuc*, Das Freihaltebedürfnis an beschreibenden Angaben und der Ware selbst nach dem Markengesetz, GRUR 1997, 403; *Schöne/Wüllrich*, Das Prioritätsprinzip im Markenrecht am Beispiel der Kollision von älterer Marke und jüngerer geschäftlicher Bezeichnung, WRP 1997, 514; *v Schultz*, Die Farbmarke: ein Sündenfall? GRUR 1997, 714; *Stratmann*, Internet domain names oder der Schutz von Namen, Firmenbezeichnungen und Marken gegen die Benutzung durch Dritte als Internet-Adresse, BB 1997, 689; *Ubber*, Rechtsschutz bei Mißbrauch von Internet-Domains, WRP 1997, 497; *Fezer*, Grundprinzipien und Entwicklungslinien im europäischen und internationalen Markenrecht, WRP 1998, 1; *Bugdahl*, Marken machen Märkte (1998). Eine Anleitung zur erfolgreichen Markenpraxis; *Ingerl*, Die Neuregelung der Agentenmarke im Markengesetz, GRUR 1998, 1; *Repenn*, Handbuch der Markenbewertung und -Verwertung (1998); *Ruijsenaars*, Merchandising von Sportemblemen und Universitätslogos – Ein markenrechtliches Lösungsmodell für Europa? GRUR Int 1998, 110; *Sack*, Probleme des Markenschutzes im Ähnlichkeitsbereich, WRP 1998, 1127; *Sack*, Zur Vereinbarkeit von vertraglichen und gesetzlichen Nichtangriffspflichten im gewerblichen Rechtsschutz mit Art. 85 und Art. 30, 36 EG-Vertrag, FS Fikentscher (1998) 740; *Schäfer*, Seniorität und Priorität, GRUR 1998, 350; *Völker*, Markenschutz für Farben und Farbkombinationen, GRUR 1998, 93; *Berger*, Aspekte der Bewertung von Marken im Unternehmensvermögen, MarkenR 1999, 271; *Deutsch*, Können Titel von Einzelwerken als Marken eingetragen werden? MarkenR 1999, 113; *Fuchs-Wissemann*, Tendenzen in der neueren markenrechtlichen Rechtsprechung des Bundespatentgerichts, MarkenR 1999, 182, 222; *Johannes*, Gelb/Schwarz – Die monopolisierten kaiserlich-habsburgischen Nationalfarben, MarkenR 1999, 377; *Krings*, Der Schutz von Buchstabenkennzeichen, WRP 1999, 50; *v Linstow*, Ist die Offensivmarke ein absolutes Schutzhindernis? – Fragen zu § 50 Absatz 1 Nr. 4 MarkenG, MarkenR 1999, 81; *Menke*, Die Verwendung fremder Kennzeichen in Meta-Tags: Ein Fall für das Kennzeichen- und /oder das Wettbewerbsrecht? WRP 1999, 982; *Nägele*, Die Benutzung fremder Marken im Rahmen von Werbevergleichen, MarkenR 1999, 177; *Sack*, Die Erschöpfung von gewerblichen Schutzrechten und Urheberrechten nach deutschem Recht, WRP 1999, 1088; *Sack*, Markenrechtlicher Schutz von Vertriebsbindungen, WRP 1999, 467; *Sack*, Die Erschöpfung von gewerblichen Schutzrechten und Urheberrechten nach europäischem Recht, GRUR 1999, 193; *Teplitzky*, Kombinationen beschreibender Buchstaben als Marken für Kraftfahrzeuge und deren Bestandteile, WRP 1999, 461; *Thewes*, Dimensionsgleichheit als Voraussetzung der markenrechtlichen Verletzungstatbestände? – Der Fall „Wunderbaum", MarkenR 1999, 145; *Viefhues*, Geruchsmarken als neue Markenform, MarkenR 1999, 249; *Albrecht*, Markenrechtliche Beurteilung des Freihaltungsbedürfnisses und linguistische Erkenntnisse, MarkenR 2000, 308; *Allmendinger*, Probleme bei der Umsetzung namens- und markenrechtlicher Unterlassungsverpflichtungen im Internet, GRUR 2000, 966; *Baudenbacher*, Erschöpfung der Immaterialgüterrechte in der EFTA und die Rechtslage in der EU, GRUR Int 2000, 584; *Beußel*, Die Grenzbeschlagnahme von Parallelimporten, GRUR 2000, 188; *V. Bugdahl/B. Bugdahl/B. Bugdahl*, Beabsichtigter Hör- oder Schreibfehler – Markennamen nach dem Prinzip Paronomasie, MarkenR 2000, 398; *Deutsch*, Allgemeiner Kennzeichenschutz für geistige Produkte – eine Erwiderung –, GRUR 2000, 126; *Eichmann*, Schutzvoraussetzungen und Schutzwirkungen von Abbildungsmarken, GRUR Int 2000, 483; *Gaster*, Die Erschöpfungsproblematik aus der Sicht des Gemeinschaftsrechts, GRUR Int 2000, 571; *Goldmann*, Der Schutz des Unternehmenskennzeichens (2000); *Helmreich/Stellmann*, Kennzeichenrechtlicher Schutz für Gebäudenamen: Marke oder Geschäftsbezeichnung? MarkenR 2000, 202; *Hucko*, Ausblicke zum Markenrecht aus Berliner Sicht, MarkenR 2000, 381; *Joller*, Zur Verletzung von Markenrechten durch Domainnames – eine Standortbestimmung, MarkenR 2000, 341; *Jonas/Schmitz*, Neue Möglichkeiten für den Kennzeichenmißbrauch? Zur Einordnung von sogenannten Vanity-Rufnummern, GRUR 2000, 183; *Kaeuffer*, Die Marke in Euro und Cent, MarkenR 2000, 396; *Landfermann*, Die aktuelle Entscheidungspraxis des Deutschen Patent- und Markenamtes, MarkenR 2000, 385; *Lückenbach*, Der Benutzungszwang im Markenrecht aufgrund der Neuregelung durch das Markengesetz – gesetzgeberische Ziele und deren Umsetzung durch die Rechtsprechung, GRUR 2000, 7; *Mountstephens*, Der markenrechtliche Schutz technisch bedingter Warenformen und naturgetreuer Warenabbildungen nach der Ersten Markenrichtlinie 89/104/EWG, GRUR Int 2000, 393; *Mountstephens*, Bedürfen nach europäischem Recht Warengestaltungen zur Erlangung eines markenrechtlichen Schutzes der Verkehrsdurchsetzung? GRUR Int 2000, 694; *Remmertz*, Schutz von bekannten Marken bei Produktähnlichkeit, MarkenR 2000, 242; *Sack*, Der Erschöpfungsgrundsatz im deutschen Immaterialgüterrecht, GRUR Int 2000, 610; *Scherer*, Normative Bestimmung von Verwechslungs- und Irreführungsgefahr im Markenrecht, GRUR 2000, 273; *Schmidt-Bogatzky*, Zeichenrechtliche Fragen im Internet, GRUR 2000, 959; *Schneider*, LLOYD/LOINT´S: Europarechtliche Kriterien der markenrechtlichen Verwechslungsgefahr, sic! 2000, 37; *Seffer*, Werberecht und die Bekannte Marke, transfer 2000, 10; *Starck*, Markenrechtliche Verwechslungsgefahr, MarkenR 2000, 233; *Starck*, Markenschutz – Bemerkungen zum Schutz gegen Rufausnutzung und Rufbeeinträchtigung, MarkenR 2000, 73; *Treudler*, Die unredliche Markenanmeldung, MarkenR 2000, 193; *Albrecht*, Fremdsprachige Wörter im Markenrecht, GRUR 2001, 470; *Baronikians*, Buchstabenkombinationen als Unternehmenskennzeichen, GRUR 2001, 795; *v Bechtolsheim/Gantenberg*, Die konturlose Farbmarke, GRUR 2001, 705; *Boeckh*, Markenschutz an Namen und Bildnissen realer Personen, GRUR 2001, 29; *Bugdahl*, Markenstrategien – Versuch einer Strukturierung, MarkenR 2001, 441; *Emmert*, Markenlizenzen an verwechselbaren Zeichen? MarkenR 2001, 344; *Erdmann*, Schwerpunkte der markenrechtlichen Rechtsprechung des Bundesgerichtshofs, GRUR 2001, 609; *Ernst*, Internetadressen – Der Stand der Rechtsprechung, MMR 2001, 368; *Ernst-Moll*, New Life im Markenrecht? Yes, Logo! Bravo? MarkenR 2001, 271; *Fezer*, Zum Anwendungsbereich des Werktitelrechts, GRUR 2001, 369; *Grabrucker*, Neue Markenformen, MarkenR 2001, 95; *Harte-Bavendamm*, Developments of Trade Mark Law in Germany, MarkenR 2001, 282; *Harte-Bavendamm*, Nachahmungsschutz bei Werbeslogans – Eine Tour d´horizon, MarkenR 2001, 381 und 431; *Helm*, Zur ergänzenden Anwendung wettbewerbsrechtlicher Bestimmungen auf markenrechtliche Tatbestände, GRUR 2001, 291; *Hoffmann*, Kritische Tendenzen in der deutschen „Domain-Name"-Rechtsprechung – Erfolgt die juristische Behandlung von Internet-Domains stets sachgerecht? MarkenR 2001, 387; *Johannes*, Auch die Auslegung der Begriffe der Warengleichartigkeit oder -ähnlichkeit gehört nach Luxemburg – Anmerkungen zu „Evian/Revian", MarkenR 2001, 348; *Kern*, Verkehrsdurchsetzung für den Anmelder – ein Erfordernis des Verfahrens nach § 8 III MarkenG? GRUR 2001, 792; *Kliems*, Reduzierter Schutz für Unternehmenskennzeichen in kollidierenden Marken? GRUR 2001, 635; *Kliems*, Die Einrede mangelnder Benutzung im MarkenG, MarkenR 2001, 185; *Knaak*, Die Durchsetzung der Rechte aus der Gemeinschaftsmarke, GRUR 2001, 21; *Kunz-Hallstein*, Zur „Benutzungslast" im Markenrecht, GRUR 2001, 643; *Meyer*, Neue Begriffe in Neuen Medien – Eine Herausforderung für das Markenrecht, GRUR 2001, 204; *Riehle*, Funktion der Marke und europäisches Markenrecht – Versuch einer dualen Deutung, MarkenR 2001, 337; *Rohnke*, Hilfe für das Bundespatentgericht vom EuGH? – Anmerkungen zu zwei Vorabentscheidungsersuchen des Bundespatentgerichts –, MarkenR 2001, 12; *Rohnke*, Die Bindungs des Verletzungsgerichts an die eingetragene Marke, GRUR 2001, 696; *Sack*, Die Verletzung abstrakter Farbmarken, WRP 2001, 1022; *Sack*, Der Begriff des Werkes – ein Kennzeichnungsträger ohne Kontur? GRUR 2001, 1095; *Sieckmann*, Die Eintragungspraxis und -möglichkeiten von nicht-traditionellen Marken innerhalb und außerhalb der EU, MarkenR 2001, 236; *Starck*, Zur aktuellen Rechtsprechung des Bundesgerichtshofes im Markenrecht, MarkenR 2001, 89; *Ströbele*, Absolute Eintragungshindernisse im Markenrecht, GRUR 2001, 658; *Ströbele*, Probleme der markenrechtlichen Verwechslungsgefahr, MarkenR 2001, 106; *Trube*, Zum Vernichtungsanspruch nach § 18 MarkenG bei „nicht-erschöpfter" Ware, MarkenR 2001, 225; *Weberndörfer*, Die maßgebliche Bedeutung des gerechtfertigten Schutzumfangs der älteren Marke für die Ausfüllung des Abgrenzungskriteriums „Verwechslungsgefahr", MarkenR 2001, 436; *Welzel*, Zwangsvollstreckung in Internet-Domains, MMR 2001, 131; *Albrecht*, Farbe und Markenrecht? WRP 2002, 876; *Bender*, Die Gemeinschaftsmarke, MarkenR 2002, 37; *Böhmann*, Ein Kessel Buntes – Anmerkungen zur Schutzfähigkeit von Farbmarken, GRUR 2002, 658; *Caldarola*, Probleme beim Benutzungszwang von abstrakten Farbmarken, GRUR 2002, 937; *Ernst*, Verträge rund um die Domain, MMR 2002, 714; *Fezer*, Kennzeichenschutz und Wettbewerbsschutz geographischer Herkunftsangaben, FS Helm (2002); *Grabrucker*, Giacomelli Sport und die Folge – Retail-Services als neue Dimension der Dienstleistungsmarken und ihre Bedeutung für Hersteller und Handelsmarken, MarkenR 2002, 361; *Gramm*, Der „Gesamteindruck" von Wort-Bild-Zeichen im Spiegel der Recht-sprechung, FS Helm (2002); *Hildebrandt*, Zum Begriff der grafischen Darstellbarkeit des Art. 2 Markenrechtsrichtlinie, MarkenR 2002, 1; *Hoffmann*, Agentenmarke vs. lokale, inländische Geschäftsherrnmarke, MarkenR 2002, 112; *Ingerl*, Rechtsverletzende und rechtserhaltende Benutzung im Markenrecht, WRP 2002, 861; *Ingerl*, BPatG und BGH – Bundesgerichte im markenrechtlichen Dialog, MarkenR 2002, 368; *Jordan*, Markenanmeldung zu Spekulationszwecken, FS Helm (2002); *Krüger*, Zur gemeinschaftsrechtlichen Bedeutung des markenrechtlichen Freihaltebedürfnisses, MarkenR 2002, 145; *Milbradt*, Generische Domain-Namen, MarkenR 2002, 33; *Römhild*, Zum „Umpacken" bei Parallelimporten, MarkenR 2002, 105 und 185; *Schabenberger*, Sind Werktitel isoliert übertragbar? FS Helm (2002); *Schmidt-Bogatzky*, Die Verwendung von Gattungsbegriffen als Internetdomains, GRUR 2002, 941; *Schönberger*, Der Schutz des Namens von Gerichten gegen die Verwendung als oder in Domain-Namen, GRUR 2002, 478; *Schreibauer/Mulch*, Die im Jahr 2001 veröffentlichte Rechtsprechung zum Internetrecht – Zeichen-, Urheber-, Wettbewerbsrecht und Verantwortlichkeit, WRP 2002, 886; *Schulz*, Grenzlinien zwischen Markenrecht und wettbewerblichem Leistungsschutz, FS Helm (2002); *Seibt*, Das europäische Verbraucherleitbild – ein Abschied von der Verwechslungsgefahr als Rechtsfrage? GRUR 2002, 465; *Sieckmann*, Zum Begriff der grafischen Darstellbarkeit von Marken, MarkenR 2002, 149; *Steinbeck*, Der EuGH muss Farbe bekennen, MarkenR 2002, 273; *Ströll*, Fantasielosigkeit wird bestraft – Die Genzen der Monopolisierbarkeit von generischen Marken, MarkenR 2002, 313; *Verbruggen*, Baby-Dry – The origin function „revisited", GRUR Int 2002, 213; *Voges*, Das Markenrecht des Kraftfahrzeugherstellers als Instrument zur Stärkung selektiver Vertriebssysteme, MarkenR 2002, 73; *Bock*, Die elektronische Anmeldung von Marken, MarkenR 2003, 98; *Ehring*, Schutz von Marken und Handelsnamen nach dem TRIPS-Übereinkommen der Welthandelsorganisation, MarkenR 2003, 57; *Fezer*, Entwicklungslinien und Prinzipien des Markenrechts in Europa, GRUR 2003, 457; *Frommeyer*, Rechtserhaltende Benutzung bei abweichender Markenform (2003); *Grabrucker*, Zur Praxis der Eintragung einer Dienstleistungsmarke für den Einzelhandel – ein internationaler Überblick, GRUR Int 2003, 989; *Grabrucker*, Zur Markenusurpation der älteren durch die jüngere Marke: Ein Fortsetzungsroman, FS Eisenführ (2003) 3; *Heinrich*, Der kennzeichenrechtliche Schutz von Internet Domains, MarkenR 2003, 89; *Hoffmann*, Agentenmarke – die „Zweite", MarkenR 2003, 131; *Kur*, Ist „Vogeler" überholt? – Zur Verwertung von Namensmarken in der Insolvenz, FS Eisenführ (2003) 17; *Schaeffer*, Der Einfluss der EuGH-Entscheidung „Philips/Remington" (C-299/99) auf die Markenfähigkeit (§ 3 Abs. 2 Ziffer 2

MarkenG), FS Eisenführ (2003) 29; *Teplitzky*, Die markenrechtliche Verwechslungsgefahr in der Rechtsprechung des BGH und des EuGH, wrp 2003, 415; *Ulferts-Römmermann*, Die abstrakte oder konturlose Farbmarke – Beispiele für die radikale Öffnung des Markenschutzes für neue Markenformen oder Beispiel für überschießende Schutzansprüche? FS Eisenführ (2003) 39; *Völker*, Das Ende der Farbmarke? MarkenR 2003, 49; *Vormann*, Markenrechtlicher Schutz vor Parallelimporten, MarkenR 2003, 129; *Winkler*, Das deutsche Freihaltebedürfnis – Europa-tauglich? FS Eisenführ (2003) 65.

1.6. Entwicklung des Markenrechts

1.6.1. Die Anfänge

Auf der Suche nach den Fundamenten.

Literaturhinweise: *Michelsen*, Die Hausmarke (1853); *Stubenrauch*, Das österreichische Marken- und Musterschutzgesetz: mit Rücksicht auf die Bedürfnisse des Handels- und Gewerbestandes (1859); *Homayer*, Die Haus- und Hofmarken (1870); *Brunstein*, Studien im österreichischen Markenrecht (1895) 1ff; *Osterrieth*, Lehrbuch des gewerblichen Rechtsschutzes (1908); *Abel*, System des österreichischen Markenrechtes (1908) 4; *Adler*, Österreichisches Markenrecht (1909) 3ff; *Jellinek*, Zur Geschichte des Zeichenwesens in der innerösterreichischen Eisenverarbeitung, ÖBl 1936, 7; *Zulehner*, Österreichische Privativa, Privilegien, Patente, FS 50 Jahre PA (1949) 111; *Hohenecker/Friedl*, Wettbewerbsrecht (1959) 151; *Rinner*, Österreichisches Handelsrecht[2] II – Gewerblicher Rechtsschutz (1982) 72; *Holeschofsky*, Bemerkungen zum MSchG 1858, ÖBl 1977, 114; *Holeschofsky*, Trademark Law, in *Rüster*, World Intellectual Property Guidebook (1991) AUS 6-6; *Weidinger*, Der gewerbliche Rechtsschutz in Österreich – eine historische Betrachtung, in *Rafeiner*, Patente, Marken, Muster, Märkte (1993) 115; *Götting*, Die Entwicklung des Markenrechts vom Persönlichkeits- zum Immaterialgüterrecht, FS Beier (1996) 233; *Jahn*, Die Entwicklung des österreichischen Markenrechts, transfer 2000, 18; *Fezer*, Entwicklungslinien und Prinzipien des Markenrechts in Europa, GRUR 2003, 457.

Historische Rückblicke sind oftmals jene Kapitel, die der Leser getrost überblättern kann. Spannend wird es – vor allem für den Praktiker – erst mit der Erörterung des geltenden Rechts. Wozu also ein historischer Rückblick, wenn die rasante wirtschaftliche und technische Entwicklung („Domainname-Grabbing", „Kennzeichenmissbrauch im Internet", „Merchandising", „Globalisierung des Markenschutzes" usw) unter den Nägeln brennt? So sehr mich diese Themen in ihren Bann gezogen haben, so war das Studium der historischen Wurzeln kaum weniger faszinierend, insbesondere deshalb, weil die zum Markenschutz vor mehr als 100 Jahren angestellten ökonomischen und rechtlichen Erwägungen, auch solcher zum Konsumentenschutz, von ungebrochener Aktualität sind. Vieles wird erst verständlich, wenn man drei Schritte zurückgeht und aus der Distanz einen erweiterten Überblick schafft. Vieles aus der Geschichte des Markenrechts hat die Zeit überdauert und ist als Beitrag zur Diskussion aktueller Themen der Markennutzung im Cyberspace von hohem Gewinn. Ich will daher dem kurzen Rückblick jene Würdigung des Markenrechts voranstellen, die *Stubenrauch* 1859, kurz nach In-Kraft-Treten des ersten österreichischen Markenschutzgesetzes publiziert hat:[39] *"Es ist eine althergebrachte und vielfach verbreitete Sitte der Gewerbetreibenden, ihre Erzeugnisse, – der Kaufleute, ihre Waaren, entweder mit ihrem Namen, ihrer Firma, oder mit anderen willkührlich gewählten Zeichen (Marken) zu versehen, um sie dadurch als von ihnen herrührend kennbar zu machen. Derlei Bezeichnungen erlangen nach und nach eine hohe, mit der Güte des Erzeugnisses im Verhältnis stehende Bedeutung, sie sind gleichsam der Empfehlungsbrief, bei dessen Vorhandensein das Publicum vertrauensvoll, ohne weitere Prüfung die Waare kauft, weil es sich von der soliden Beschaffenheit derselben überzeugt hält; sie sind einer alten Firma vergleichbar, deren Wechsel eines ausgedehnten Vertrauens, einer allgemeinen Circulationsfähigkeit genießen. Begreiflicherweise muss daher dem Gewerbetreibenden sehr viel daran gelegen sein, dass nicht ein Anderer seinen Namen, das bisher von ihm verwendete Zeichen sich anmaaße und dadurch nicht nur die Vortheile seines mühsam erworbenen Credites schmälere, sondern diesen vielleicht gar noch durch eine schlechte Beschaffenheit der mit der fremden Marke bezeichneten Waaren untergrabe. Ebenso liegt es im Interesse des Publicums, nicht durch den Missbrauch solcher gewerblicher Zeichen irregeleitet zu werden".* Dem ist eigentlich auch heute nichts hinzuzufügen.

Das Bedürfnis, eigene Gegenstände zu markieren und sie so von fremden zu unterscheiden, reicht weit zurück. Mit so genannten *„Haus- und Hofmarken"*[40] wurde im Mittelalter zunächst das Eigentum bezeichnet („Eigentumszeichen"). Sie hatten aber auch schon die Funktion von „Erzeugerzeichen". Insbesondere die „Rad- und Hammerwerke" verwendeten solche Zeichen, um die von ihnen erzeugten Schmiedewaren zu kennzeichnen. So entwickelten sich die *„Meisterzeichen"*, mit denen ein Meister seine Erzeugnisse bezeichnete. Neben solchen Individualzeichen entstanden auch *„Stadt- und Zunftzeichen"* mit einer gewissen Garantiefunktion (Hinweis auf die Prüfung der Ware durch die Stadt oder Zunft).[41]

Geschützt wurden diese Zeichen zunächst nur durch individuelle (an eine Zunft oder einen Meister verliehene) *Privilegien* des Landesherrn. Die Nachahmung solcher Zeichen war bei Strafe verboten. Andererseits entwickelte sich im 18. Jahrhundert nach und nach zur Qualitätskontrolle auch ein *„Markenzwang"*, also die Verpflichtung, die Erzeugnisse mit entsprechenden Herkunftszeichen zu versehen.[42] Aus dem Markenzwang folgend war es nahe liegend, dem Meister auch nur die Verwendung eines einzigen Zeichens zu gestatten.[43] Nur so war eine schnelle und eindeutige Identifikation des Herstellers gewährleistet. Um diese Funktion der Marke noch zu ergänzen, wurde teilweise auch vorgeschrieben, dass zusätzlich zur

---

[39]) *Stubenrauch*, Das österreichische Marken- und Musterschutzgesetz: mit Rücksicht auf die Bedürfnisse des Handels- und Gewerbestandes (1859) 1.
[40]) Vgl dazu *Adler*, Österreichisches Markenrecht 3ff mwN; *Honecker/Friedl*, Wettbewerbsrecht 151.
[41]) *Hubmann/Götting*, Gewerblicher Rechtsschutz[6] 14.
[42]) Darüber berichtet im Detail *Adler*, Österreichisches Markenrecht 6ff.
[43]) Verliehen wurde dieses Zeichen zunächst von der betreffenden Zunft (*Brunstein*, Studien im österreichischen Markenrecht 2).

Marke der Name des Erzeugers und der Erzeugungsort anzuführen waren. Fremde Waren mit der eigenen Marke zu bezeichnen, wurde als strafbare Fälschung qualifiziert.[44] Zunächst stand also stets das Erzeugerzeichen (die Marke, die derjenige anbringt, der das Produkt erzeugt hat) im Vordergrund. *„Handelsmarken"* (Marken für bloße Handelsware) kamen erst später auf und wurden allenfalls dem zwingend erforderlichen Herstellerzeichen beigefügt. Die Vorläufer heutiger Markenregister waren die Zeichenbücher, in denen die Meisterzeichen aufgelistet waren. Erst im 18. Jahrhundert kamen amtliche Evidenzen der Zeichen auf. Auf diese Weise wurden die Identifikation und die Kontrolle des Erzeugers noch einfacher.

Als älteste Urkunde, die für *Österreich* das Bestehen von Markenrechten dokumentiert, wird eine Passauer Chronik aus 1349 zitiert.[45] Damals wurde einer Schmiedezunft das berühmte Wolfszeichen verliehen. Zum Markenzwang heißt es beispielsweise in der Becken- und Brot-Ordnung vom 17. 3. 1719: *„Damit man wissen möge, welcher Becke in Städten und Märkten, auch auf dem Lande, wider Satzung, Gewicht und Weiße, auch Güte des Brodes sich vergriffen habe, sollen Unsere, sowohl geist- als auch weltliche Obrigkeiten von ihren unterhabenden Becken und Müllern, das Zeichen oder Tupf, ohne welchen kein Brod zu dulden ist, abfordern, um auf den Läugnis-Fall, dass sie das nicht just befundene Brod gebacken, sie darmit in Ermanglung anderer Probe, convincieren zu können."*[46]

> *Als man 1. 3. 4 und 9 gezählt*
> *Hat man Passau gar wohl gewählt*
> *Herzog Albrecht umb diese Zeit*
> *Die Klingenschmiede hat befreit.*
> *Begabt mit dem Wolfszeichen:*
> *Seitdem Niemand solch Wehre scharff*
> *In Österreich sonst machen darff.*
> *Mit Zeichen - desgleichen.*

Inhalt einer Chronik aus der Mitte des 14. Jhdts als ältestes Dokument österreichischen Markenrechts

Aus diesen Anfängen des Markenrechts blieb *bis heute* die vornehmliche Funktion der Marke als Unterscheidungszeichen erhalten. Sogar der Markenzwang ist noch vorgesehen (§ 9 MSchG; vgl Seite 473), wenngleich kaum mehr von praktischer Bedeutung. Lediglich in gewissen Sonderbereichen bestehen – außerhalb des hier zu erörternden Markenrechts – Kennzeichnungsvorschriften, die es ermöglichen sollen, die Herkunft der Ware zur Qualitätskontrolle festzustellen: So müssen etwa gemäß § 5 PunzierungsG 2000[47] im Inland erzeugte oder zum Verkauf angebotene Edelmetallgegenstände grundsätzlich eine registrierte inländische Verantwortlichkeitspunze tragen. Diese *Verantwortlichkeitspunze* muss deutlich sichtbar und leicht erkennbar auf dem Hauptkörper des Edelmetallgegenstandes angebracht sein. Die Verantwortlichkeitspunze hat einen oder mehrere Buchstaben, ein anderes Zeichen oder eine Kombination von Buchstaben und Zeichen zu enthalten. Die dem Markenzwang zu Grunde liegende Qualitätsfunktion (also der Wunsch, dass

---

[44]) Dazu eingehend *Adler*, Österreichisches Markenrecht 18f.
[45]) *Adler*, Österreichisches Markenrecht 5, unter Berufung auf *Beck*, Die Geschichte des Eisens II 394.
[46]) Zitiert nach *Adler*, Österreichisches Markenrecht 15.
[47]) BGBl I 2001/24.

der Erzeuger sich deklariert und für die Qualität seines Produkts einsteht), ist freilich moderner denn je. Die Konsumenten wollen eine umfassende Deklaration der Produkteigenschaften und ihrer Herkunft. Etwa in der politischen Diskussion um die Kennzeichnung gentechnisch erzeugter Produkte zeigt sich dies sehr deutlich.

1.6.2. Markenschutzgesetz 1858

Literaturhinweise: *Stubenrauch*, Das österreichische Marken- und Musterschutzgesetz: mit Rücksicht auf die Bedürfnisse des Handels- und Gewerbestandes (1859); *Brunstein*, Studien im österreichischen Markenrecht (1895) 5ff; *Abel*, Österreichisches Markenrecht (1908) 4; *Adler*, Österreichisches Markenrecht (1909) 31ff; *Hohenecker/Friedl*, Wettbewerbsrecht (1959) 152; *Schönherr*, Änderungen im österreichischen Markenrecht, GRUR Int 1969, 187; *Holeschofsky*, Bemerkungen zum MSchG 1858, ÖBl 1977, 114; *Holeschofsky*, Trademark Law, in *Rüster*, World Intellectual Property Guidebook (1991) AUS 6-6.

Das erste MarkenschutzG für Österreich war das „Kaiserliche Patent vom 7. 12. 1858, womit ein Gesetz zum Schutze der gewerblichen Marken und anderen Bezeichnungen erlassen wurde".[48] Ziel der Kodifikation war es, *„sowohl die Gewerbetreibenden als das consumirende Publikum gegen die Nachtheile zu schützen, welche ihnen aus dem Mißbrauche von gewerblichen Marken und anderen Bezeichnungen erwachsen"*. Dieses Gesetz war sehr fortschrittlich. Es ließ den alten Markenzwang hinter sich und ging von der Freiheit der Markenwahl und des Markengebrauchs aus. Wesentliche Regelungen dieser Kodifikation blieben bis heute erhalten:

- An der Spitze des Gesetzes stand bereits eine Legaldefinition der Marke, die auch heute noch den Kern der Legaldefinition bildet: „Unter Marken werden in diesem Gesetze die besonderen Zeichen verstanden, welche dazu dienen, die zum Handels-Verkehr bestimmten Erzeugnisse und Waaren eines Gewerbetreibenden von jenen anderer Gewerbetreibenden zu unterscheiden" (§ 1).
- Das subjektive Markenrecht setzte die Registrierung der Marke voraus (damals noch dezentral bei den Handels- und Gewerbekammern).
- Die Marke wurde nur in Hinsicht auf eine bestimmte „Gattung von Waaren" geschützt (Vorläufer des „Warenverzeichnisses").
- Das Markenrecht war an das „Gewerbs-Unternehmen" gekoppelt. Das Gesetz drückt dies plastisch aus: „Das Markenrecht klebt an dem Gewerbs-Unternehmen, für welches die

1858 unter Kaiser Franz Josef

---

[48]) RGBl 230. Ergänzt wurde es durch die Gewerbe-Novelle vom 15. 3. 1883, RGBl 39.

Marke bestimmt ist, erlischt mit demselben und wechselt mit ihm den Besitzer."
Heute ist diese Bindung stark gelockert (ein letzter Rest dieser Bindung findet sich in § 10 Abs 1, 2. Satz MSchG).
- Mit dem „Tag und der Stunde der Einreichung der Marke" wurde die *Priorität* gegenüber anderen begründet.
- Interessant ist auch die heute noch in der Rechtsprechung zu findende Linie, dass man bei Beurteilung der *Verwechslungsgefahr* von einem Betrachter mit durchschnittlicher Aufmerksamkeit ausgehen muss: *„Eine Nachmachung ist dann vorhanden, wenn die bezüglichen Marken ohne mehr als gewöhnliche Aufmerksamkeit nicht zu unterscheiden sind."*
- Der Markeninhaber erhielt entsprechende *Rechtsbehelfe*, um gegen Verletzer vorzugehen (Unterlassungs-, Beseitigungs- und Schadenersatzanspruch).

1.6.3. MarkenschutzG 1890

Literaturhinweise: *Schuloff*, Das neue österreichische Gesetz über den Markenschutz, JBl 1890, 183, 195, 207, 231; *Schima*, Einige Beobachtungen über die Entwicklung des Markenschutzwesens in Österreich, JBl 1893, 373, 385, 397, 409, 421, 433, 448; *Brunstein*, Studien im österreichischen Markenrecht (1895) 9ff; *Schima*, Ueber die neueste Entwickelung des Markenschutzwesens in Oesterreich (1893); *Feigl*, Das Markenschutzgesetz (1894); *Brunstein*, Die österreichischen Sensen- und Sichelzeichen im Deutschen Reiche, ÖZGR 1899, 96; *Adler*, Markenschutz und unlauterer Wettbewerb, PBl 1904, 144; *Abel*, System des österreichischen Markenrechts (1908) 4; *Adler*, Österreichisches Markenrecht (1909) 33; *Abel*, Die Fortbildung der markenrechtlichen Gesetzgebung in Österreich, GZ 1913, 393; *Adler*, Der Zerfall Österreichs und der gewerbliche Rechtsschutz, GRUR 1919, 234; *Hohenecker/Friedl*, Wettbewerbsrecht (1959) 152; *Schönherr*, Änderungen im österreichischen Markenrecht, GRUR Int 1969, 187; *Holeschofsky*, Trademark Law, in *Rüster*, World Intellectual Property Guidebook (1991) AUS 6-6; *Weidinger*, Der gewerbliche Rechtsschutz in Österreich – eine historische Betrachtung, in *Rafeiner*, Patente, Marken, Muster, Märkte (1993) 115.

Es folgte das MarkenschutzG 1890[49]. Inhaltlich schließt es im Wesentlichen an die Regelungen von 1858 an. Neu waren insbesondere die jeweils um zehn Jahre zu verlängernde *Schutzdauer* und das *„Zentralmarkenregister"* beim Handelsministerium. Die Sanktionen wurden durch die Zuweisung der Strafverfolgung an die Gerichte effizienter gestaltet. Diese Maßnahmen haben den Markenschutz offenbar für die Wirtschaft deutlich attraktiver gemacht. Die Markenstatistik für Registrierungen schnellte von 1889 auf 1890 um 88 %, 1890 um weitere 21 % und 1892 mit 2.524 Registrierungen nochmals um 29 % hinauf.[50]

Dieses Gesetz wurde bereits 1895 novelliert.[51] Anlass für diese Novelle war die Notwendigkeit der Anerkennung von *Wortmarken*. Aufgrund zwischenstaatlicher Übereinkommen mussten in Österreich nämlich die im deutschen Reich (und zuvor schon die in Schweden, Norwegen, den USA, Großbritannien und Frankreich) geschützten Wortmarken anerkannt werden. Andererseits konnten aber Österreicher in diesen Ländern keine Wortmarken erlangen, weil Voraussetzung eines solchen

---

[49]) RGBl 19. Materialien: StP AH VIII. Sess 8384ff; RV 541 BlgAH 10. Sess; Bericht des Ausschusses zur RV, 793 BlgAH 10. Sess.
[50]) Dazu im Detail *Brunstein*, Studien im österreichischen Markenrecht (1895) 5ff. Auch *Feigl* (Das Markenschutzgesetz [1894] III) betont bereits vier Jahre nach In-Kraft-Treten, dass sich dieses Gesetz „schon bestens bewährt" habe.
[51]) RGBl 108. Materialien: 1164 BlgAH 11. Sess 5; Bericht des Privilegienausschusses 1199 BlgAH 11. Sess.

Markenerwerbs ein bestehender Markenschutz im Heimatstaat war. Um diese Ungleichbehandlung der Inländer gegenüber den ausländischen Markeninhabern zu vermeiden, wollte man nunmehr – so schnell wie möglich – diese Markenart auch in Österreich zulassen.

Die Novelle 1913[52] war für die weitere Entwicklung weniger bedeutsam. Anlass für die Novelle war die Ratifikation der Washingtoner Fassung der PVÜ, welcher Österreich mit Wirkung vom 1. 1. 1909 beigetreten war (Seite 244). Das absolute Verbot, bloß aus Zahlen und Buchstaben bestehende Zeichen zu registrieren, wurde beseitigt.[53]

1.6.4. MarkenschutzG 1928 und 1935

Literaturhinweise: *Zimbler*, Der Entwurf eines Bundesgesetzes über die Abänderung und Ergänzung von Bestimmungen auf dem Gebiete des gewerblichen Rechtsschutzes, JBl 1927, 355, 371; *Abel*, Die Beschlüsse der Münchener Tagung für gewerblichen Rechtsschutz und die Rechtsannäherung zwischen dem deutschen Reiche und Oesterreich, GRUR 1927, 790; *Hamburger*, Markenschutzrecht, AnwZ 1931, 145; *Bing*, Reform des Markenrechtes, AnwZ 1931, 185; *Zimbler*, Der Entwurf einer Markenschutznovelle 1932, JBl 1932, 151; *Zimbler*, Die drei neuesten Gesetze auf dem Gebiete des gewerblichen Rechtsschutzes, JBl 1934, 466; *Weinmann*, Die Markenschutznovelle 1934, AnwZ 1934, 410; *Abel*, Änderungen im österreichischen Warenzeichen- und Wettbewerbsrecht, MuW 1935, 2; *Zeiner*, Die Wandlung des Begriffes der Marke und die Frage der Neufassung des österreichischen Markenschutzgesetzes, FS 60 Jahre Österreichisches Patentamt (1959) 186; *Hohenecker/Friedl*, Wettbewerbsrecht (1959) 153; *Schönherr*, Änderungen im österreichischen Markenrecht, GRUR Int 1969, 187; *Holeschofsky*, Trademark Law, in *Rüster*, World Intellectual Property Guidebook (1991) AUS 6-6.

1928 kam es im Gefolge der Haager Revision der PVÜ zu durchgreifenden Textänderungen[54] und zu einer neuen Verlautbarung des MarkenschutzG[55]. Eine bis heute markante Neuerung folgte dann durch das BG vom 4. 4. 1930[56] über den Schutz von *„Verbandsmarken"* (vgl Seite 540; §§ 62 ff MSchG). Die Markenschutznovelle 1934[57] brachte (ua) die Übertragung des Zentralmarkenregisters an das Patentamt und eine Prüfung der bei der Kammer für Handel, Gewerbe und Industrie vollzogenen Registrierungen durch das Patentamt. (Dies waren wichtige Schritte auf dem Weg zur heutigen Zentralisierung des Markenwesens beim Patentamt, eine Entwicklung, die im Musterrecht erst durch die Novelle 2003 abgeschlossen wurde; vgl Seite 710). Diese Veränderungen mündeten in eine neuerliche Wiederverlautbarung als MarkenschutzG 1935.[58]

1.6.5. Verordnung 1940 und Markenschutz-ÜberleitungsG 1947

Literaturhinweise: *Kassler*, Grundgedanken der Überleitungsgesetze auf dem Gebiete des gewerblichen Rechtsschutzes, JBl 1947, 106; *Reitstötter*, Gewerblicher Rechtsschutz in der Republik Österreich,

---

[52]) RGBl 65. Materialien: 1817 BlgAH 21. Sess (= PBl 1913,119).
[53]) Dazu näher *Schönherr*, GRUR Int 1969, 187.
[54]) G über die Abänderung und Ergänzung von Bestimmungen auf dem Gebiete des gewerblichen Rechtsschutzes RGBl 116. Materialien: 137 BlgNR 3. GP (= PBl 1928, 111).
[55]) BGBl 117.
[56]) BGBl 1930/109. Materialien: 436 BlgNR 3. GP (= PBl 1930,58).
[57]) BGBl 1934/330. Materialien: PBl 1934, 158.
[58]) BGBl 1935/130.

GRUR 1948, 11; *Hohenecker/Friedl*, Wettbewerbsrecht (1959) 153; *Schönherr*, Änderungen im österreichischen Markenrecht, GRUR Int 1969, 187 (189); *Holeschofsky*, Trademark Law, in *Rüster*, World Intellectual Property Guidebook (1991) AUS 6-6.

Zunächst wurden nach einer „Kundmachung des Reichsstatthalters in Österreich" vom 28. 4. 1938[59] in Österreich keine Anmeldungen von Marken mehr angenommen; zuständig war nunmehr das „Reichspatentamt" in Berlin. 1940 wurde dann in Österreich das deutsche WarenzeichenG 1936 eingeführt.[60]

Das BG vom 9. 5. 1947 über die Wiederherstellung des österreichischen Markenrechts (Markenschutz-ÜberleitungsG – Marken-ÜG)[61] hat das MarkenschutzG 1935 wieder in Kraft gesetzt. Die Wiederherstellung des österreichischen Markenrechts wurde auch für gewisse Anpassungen genutzt, insbesondere: Zentralisierung des Markenschutzwesens beim Patentamt; Umwandlung des Hinterlegungsverfahrens in ein Anmeldeverfahren; Gesetzmäßigkeitsprüfung vor der Registrierung; Übergang zur Warenklasseneinteilung.

1.6.6. MarkenschutzG 1953

Literaturhinweise: *Risch*, Die markenrechtlichen Bestimmungen der gewerblichen Rechtsschutznovelle 1951, ÖJZ 1952, 288; *Hohenecker/Friedl*, Wettbewerbsrecht (1959) 154; *Schönherr*, Änderungen im österreichischen Markenrecht, GRUR Int 1969, 187; *Holeschofsky*, Trademark Law, in *Rüster*, World Intellectual Property Guidebook (1991) AUS 6-6.

Durch die Novellen 1951[62] und 1952[63] ergaben sich weitere Änderungen (insbesondere Einführung der Ähnlichkeitsprüfung schon vor der Registrierung), die zur Wiederverlautbarung als MarkenschutzG 1953[64] führten.

1.6.7. MarkenschutzG 1970

Literaturhinweise: *Schönherr*, Besonderheiten des österreichischen Markenrechts, GRUR Int 1961, 175; *Schönherr*, Änderungen im österreichischen Markenrecht, GRUR Int 1969, 187; *Sonn*, Österreichische Markenschutzgesetz-Novellen 1969, Mitteilungen der deutschen Patentanwälte 1969, 181; *N.N.*, Die bevorstehende Novellierung des MarkenschutzG, ÖBl 1975, 1; *Schönherr*, Zur Begriffsbildung im Immaterialgüterrecht, FS Troller (1976) 75; *Sonn*, Die Novellen 1977 zum österreichischen Patentgesetz und zum österreichischen Markenschutzgesetz, Mitteilungen der deutschen Patentanwälte 1977, 201; *Schönherr*, Die jüngsten Änderungen des österreichischen Patent- und Markenrechts, GRUR Int 1977, 359; *Holeschofsky*, Trademark Law, in *Rüster*, World Intellectual Property Guidebook (1991) AUS 6-6; *Preglau*, Markenrechtsreform, ecolex 1992, 860; *Jakadofsky*, Österreichisches Patentamt und gewerblicher Rechtsschutz – neueste legistische Maßnahmen, in *Rafeiner*, Patente, Marken, Muster, Märkte (1993) 86.

---

[59]) GBlÖ 1938/113.
[60]) V über das Warenzeichenrecht aus Anlaß der Wiedervereinigung der Ostmark mit dem Deutschen Reich, RGBl 1940/16.
[61]) BGBl 1947/125. Materialien: 336 BlgNR 5. GP (= PBl 1947, 44).
[62]) BG v 25. 7. 1951 über die Änderung und Ergänzung gesetzlicher Vorschriften auf dem Gebiet des gewerblichen Rechtsschutzes BGBl 1951/210. Materialien: 363 BlgNR 6. GP (= PBl 1951, 103).
[63]) II. Strafgesetznovelle 1952, BGBl 1952/160.
[64]) BGBl 1953/38.

Auf eine kleinere Änderung im Marken-ÜG 1958[65] folgte 1959[66] eine Novelle zum MSchG, die im Wesentlichen Gebührenerhöhungen brachte. Die Novelle 1962[67] hat nach Aufhebung des damaligen § 22f Abs 4 MSchG durch den VfGH (aus formalen Gründen)[68] eine zum Teil inhaltsgleiche Regelung (Ausschluss eines weiteren Rechtszugs gegen Entscheidungen der Beschwerdeabteilung) eingefügt. Der Ausschluss auch der VwGH-Beschwerde gegen Entscheidungen der Beschwerdeabteilung (BA) wurde jedoch aus Zeitgründen nicht in diese Novelle aufgenommen.[69] Bis heute ist in Markensachen (nicht aber in Patentsachen, vgl Seite 874) die VwGH-Beschwerde gegen Entscheidungen der BA möglich.

1963 brachte eine Strafgesetznovelle[70] eine Anpassung der Wertgrenzen.

Auch die Novelle 1965[71] wurde wieder durch ein VfGH-Erkenntnis[72] ausgelöst: Der bisherige Rechtszug von der Nichtigkeitsabteilung des Patentamts als Verwaltungsbehörde an den Patentgerichtshof als Gericht stand in Widerspruch zu Art 94 B-VG (Trennung der Justiz von der Verwaltung in allen Instanzen). An Stelle des Patentgerichtshofs wurde nunmehr der Oberste Patent- und Markensenat (OPM, vgl Seite 352) eingerichtet.

1967 wurden die Gebühren erhöht[73] und das PatentanwaltsG[74] erlassen. Die Novelle 1969[75] hat im Gefolge der Lissaboner Fassung der PVÜ eine bedeutsame Neuerung gebracht: Der Markenschutz wurde auch auf *Dienstleistungsmarken* ausgedehnt. Ähnlich wie schon bei der Novelle 1895 war hier der Wunsch entscheidend, eine Inländerdiskriminierung zu vermeiden. Schließlich wurde das MSchG als MarkenschutzG 1970 wiederverlautbart.[76]

Bedeutsam war die folgende *MSchG-Nov 1977*[77]. Sie hat vor allem zwei wesentliche Neuerungen eingeführt: den „aufgeschobenen Gebrauchszwang" für Marken (vgl Seite 501) und die „freie Übertragbarkeit" (Seite 466).

Hingegen haben die PatG- und MSchG-Nov 1981[78], die Patent- und Markengebühren-Nov 1984[79], 1987[80] und 1992[81] im Wesentlichen lediglich Gebührenänderun-

---

[65]) BGBl 1958/30.
[66]) BGBl 1959/51. Materialien: 599 BlgNR 8. GP (= PBl 1959, 64).
[67]) BGBl 1962/209. Materialien: 724 BlgNR 9. GP.
[68]) VfGH 29. 3. 1962, G 6/61.
[69]) EB zur RV 1962 (724 BlgNR 9. GP).
[70]) BGBl 1963/175.
[71]) BGBl 1965/226. Materialien: 782 BlgNR 10. GP.
[72]) VfGH 15.10.1964, G 18/64 Slg 4837 = PBl 1964,197; vgl *Schönherr*, Grundriß RN 629.1 ff.
[73]) BGBl 1967/75.
[74]) BGBl 1967/214.
[75]) BGBl 1969/79. Materialien: 887 BlgNR 11. GP (= PBl 1969, 89).
[76]) BGBl 1970/260.
[77]) BGBl 1977/350. Materialien: 489 BlgNR 14. GP (= PBl 1977 nach 114).
[78]) BGBl 1981/526. Materialien: RV 809 BlgNR 15. GP; Bericht HA 864 BlgNR 15. GP.
[79]) BGBl 1984/126. Materialien: Bericht HA 205 BlgNR 16. GP; Einspruch BR 219 BlgNR 16. GP; Bericht HA 230 BlgNR 16. GP.
[80]) BGBl 1987/653. Materialien: RV 305 BlgNR 17. GP; Bericht HA 365 BlgNR 17. GP.
[81]) BGBl 1992/418. Materialien: RV 491 BlgNR 18. GP (= PBl 1992, 174); Bericht HA 566 BlgNR 18. GP.

gen (und mit der Nov 1992 eine EWR-konforme Anpassung der Vertreterregelung, vgl Seite 349) gebracht.

Durchgreifende Veränderungen bewirkte jedoch die *MSchG-Nov 1992*[82]. Anlass für diese Novelle war die durch das EWR-Abkommen notwendig gewordene Anpassung an die europäische *Markenrichtlinie*[83] (Seite 240). Im Einzelnen wurden folgende markante Neuerungen aufgenommen:

- Ausdehnung des Registrierungshindernisses der Deskriptivität auch auf Bild- und Wort-Bild-Marken (§ 4 Abs 1 Z 2 MSchG; Seite 304);
- Festschreiben des Erschöpfungsgrundsatzes im EWR-Bereich (§ 10a MSchG; Seite 452);
- Verwirkung des Antragsrechts auf Löschung innerhalb einer Frist von 5 Jahren ab Kenntnis von der Benützung der jüngeren Marke (§ 30 Abs 2 MSchG; Seite 534);
- Einfügung neuer Löschungstatbestände (§§ 33b und 33c MSchG; Seite 512 und 515).

Die kleine *Novelle 1993*[84] hat nur eine geringfügige Ergänzung gebracht (§ 4 Abs 1 Z 5 MSchG: Registrierungshindernis für Zeichen, die nach dem SortenschutzG als Sortenbezeichnung für gleichartige Waren registriert sind; Seite 278).

1.6.8. Markenrechts-Novellen 1999 und 2001

Brüssel – Wien – Brüssel – Wien, Anpassung in zwei Etappen.

Literaturhinweise: Pöchhacker, Die Bedeutung der ersten Markenrichtlinie für das österreichische Markenrecht, in *Koppensteiner*, Österreichisches und europäisches Wirtschaftsprivatrecht, Teil 2: Geistiges Eigentum (1996) 1; *Kucsko*, Das Gemeinschaftsmarkenrecht – ein Anstoß zur Gesamtreform des österreichischen Markenrechts? JBl 1996, 510; *Ivan-Dietrich*, Markenschutz in Österreich – Markenschutzgesetznovelle 1999, FS 100 Jahre PA (1999) 149; *Schanda*, Markenrechtsnovelle in Österreich, MarkenR 1999, 255.

Das geltende MarkenschutzG 1970[85] wurde bereits mit der MSchG-Nov 1992 an die Vorgaben der europäischen *Markenrichtlinie* angepasst. Anlass dafür war der aufgrund des Wirksamwerdens des EWR notwendige Anpassungsbedarf. Allerdings musste man sich damals dem großen Zeitdruck für

---

[82]) BGBl 1992/773; sie ist gleichzeitig mit dem Abkommen über den EWR in Kraft getreten (BGBl 1993/917); Materialen: RV 669 BlgNR 18. GP (= PBl 1993, 17); Bericht HA 795 BlgNR 18.GP.

[83]) Erste Richtlinie des Rates vom 21. Dezember 1988 zur Angleichung der Rechtsvorschriften der Mitgliedstaaten über die Marken (89/104/EWG) ABl 1989 L 040 S 1 mit Berichtigung ABl 1989 L 159 S 60 idF der Entscheidung des Rates vom 19. Dezember 1991 über die Verschiebung des Zeitpunktes, bis zu dem die Mitglieder dieser Richtlinie spätestens nachkommen müssen (92/10/EWG) ABl 1992 L 006 S 35 und Abkommen über den Europäischen Wirtschaftsraum – Anhang XVII – Geistiges Eigentum – Verzeichnis nach Artikel 65 Absatz 2, ABl 1994 L 001 S 482, im Folgenden abgekürzt als MarkenRL zitiert.

[84]) BG, mit dem das PflanzenzuchtG, das MarkenschutzG 1970, das PatentanwaltsG und das GebührenG 1957 geändert werden BGBl 1993/109.

[85]) BGBl 1970/260.

die Umsetzung dieser Richtlinie fügen. Dementsprechend sollte den Regelungen der Richtlinie „zunächst unter weitestmöglicher Beibehaltung des geltenden Markenrechts nur im absolut notwendigen Umfang Rechnung" getragen werden.[86] Diese Anpassung wurde daher ausdrücklich und zutreffend als „kleine Markenrechtsreform" bezeichnet. Die Regelungen des *Gemeinschaftsmarkenrechts*[87] (Seite 566) waren damals noch nicht in Kraft. Sie blieben daher auch in der MSchG-Nov 1992 bewusst unberücksichtigt.

Inzwischen hat sich das *europäische Umfeld* im Bereich des Markenrechts weiter markant geändert: Zur Markenrichtlinie liegen inzwischen erste Entscheidungen und vor allem ein umfangreiches Schrifttum vor, die eine tiefere Analyse und Bewertung der Regelungsvorgaben gestatten. In Detailbereichen wurde auch Kritik an der Umsetzung der Markenrichtlinie durch die MSchG-Nov 1992 geübt. Insoweit bestand also zumindest ein Bedarf an der Klarstellung einzelner Bestimmungen.

Mit 1. 1. 1996 sind die Regelungen des *Gemeinschaftsmarkenrechts* wirksam geworden (Seite 568). Die Anzahl der Gemeinschaftsmarkenanmeldungen (im ersten Jahr rund 40.000) ist weit über die optimistischen Prognosen hinausgegangen. Die Gemeinschaftsmarkenverordnung brachte einen neuen nationalen Anpassungsbedarf für das österreichische Markenrecht (insbesondere Gleichstellung der Gemeinschaftsmarke mit anderen älteren Rechten; Regelungen für das Umwandlungsverfahren; Schaffung von Gemeinschaftsmarkengerichten; Vorschriften für die Einhebung einer nationalen Gebühr). Diese Anpassungsmaßnahmen wären schon bis 15. 3. 1997 durchzuführen gewesen (Art 91 Abs 2 und Art 143 Abs 2 GMV). Österreich war also insoweit bereits säumig.

Durch den Beitritt Österreichs zur Europäischen Gemeinschaft ist auch die EG-*Verordnung* zum Schutz von *geographischen Angaben* und Ursprungsbezeichnungen für Agrarerzeugnisse und Lebensmittel (Seite 552) für Österreich wirksam geworden. Dadurch ist ein Anpassungsbedarf im nationalen Markenrecht entstanden (insbesondere hinsichtlich verfahrensrechtlicher Bestimmungen im Zusammenhang mit dem „normalen Verfahren" nach Art 5 dieser Verordnung).

Bei der erforderlichen Anpassung des Markenrechts waren weiters die Vorgaben des *TRIPS-Abkommens* über handelsbezogene Aspekte der Rechte des geistigen Eigentums (Seite 247) zu berücksichtigen.

Auch die jüngste Entwicklung im Rahmen der WIPO machte eine Novellierung erforderlich: Das *Madrider Abkommen* über die internationale Registrierung von Marken (Seite 622) wurde nunmehr durch ein *Protokoll* ergänzt. Die Novelle 1999 sollte die erforderlichen Anpassungen bringen.

---

[86]) EB zur RV MSchG-Nov 1992, 669 BlgNR 18. GP 5.
[87]) Verordnung (EG) Nr 40/94 des Rates vom 20. Dezember 1993 über die Gemeinschaftsmarke ABl 1994 L 011 S 1 idF Verordnung (EG) Nr 3288/94 des Rates vom 22. Dezember 1994 zur Änderung der Verordnung (EG) Nr 40/94 über die Gemeinschaftsmarke zur Umsetzung der im Rahmen der Uruguay-Runde geschlossenen Übereinkünfte ABl 1994 L 349 S 83 – Gemeinschaftsmarkenverordnung, abgekürzt „GMV".

Schließlich kann nicht unberücksichtigt bleiben, dass im Nachbarland Deutschland, einem der wichtigsten Handelspartner Österreichs, mit dem *Markenrechtsreformgesetz*[88] eine grundlegend neu geschaffene, den aktuellen internationalen Vorgaben folgende Kodifikation des Kennzeichenrechts in Kraft getreten ist. Der durch die MarkenRL entstandene zwingende Reformbedarf wurde – nach langer und intensiver Diskussion – zu einer tiefgreifenden Neugestaltung und Modernisierung genutzt. Die wirtschaftlichen Vorgaben an einen effizienten Kennzeichenschutz sind in diesem Nachbarland mit den in Österreich bestehenden Anforderungen an den immaterialgüterrechtlichen Schutz durchaus vergleichbar. Es muss daher nahe liegen, sich mit diesem Regelungswerk nicht nur intensiv auseinanderzusetzen, sondern auch Regelungsbereiche, die sich in der Diskussion als zweckmäßig erwiesen haben, in einer österreichischen Markenrechtsreform zu berücksichtigen. Im Hinblick auf diesen, aus mehrfacher Ursache entstandenen Reformbedarf erschien daher eine weitere Teilnovelle, eine weitere „kleine Markenrechtsrefom", nicht mehr zielführend. Die europäischen Vorgaben im Bereich des Markenrechts sind nunmehr so ausgereift, dass eine *umfassende Neukodifikation* des österreichischen Kennzeichenrechts in Angriff genommen werden könnte.

Die *Markenrechts-Nov 1999*[89] hat jedoch nicht zu einer solchen Neukodifikation geführt. Sie hat aber eine sehr umfassende, erfreuliche Reform des Markenschutzrechts gebracht, insbesondere:[90]

- Neufassung der Markendefinition und der Registrierungshindernisse (§§ 1 und 4 MSchG; Seite 279);
- Entfall des Erfordernisses eines markenfähigen Unternehmens (§ 3 MSchG aF; Seite 336);
- Neufassung des Ausschließungsrechts (§ 10 MSchG; Seite 390);
- Einfügen eines Löschungsgrundes bei bösgläubigem Markenerwerb (§ 34 MSchG);
- Herauslösen der Sanktionsregelungen aus dem UWG (§§ 51 ff MSchG; Seite 520);
- Anpassung an die Regelungen zum Schutz geographischer Angaben und Ursprungsbezeichnungen (§§ 68 ff MSchG);
- Herstellung der „Links" zur Gemeinschaftsmarkenverordnung (§§ 69 ff MSchG; Seite 570);
- Einpassen des Protokolls zum MMA (§ 70 MSchG; Seite 625).

Schließlich war noch kurz vor Weihnachten 2001 die Anpassung an den Euro erforderlich. Mit dem *Euro-Umstellungsgesetz* Patent-, Marken- und Musterrecht – EUG-PMM[91] wurde diese vollzogen.

---

[88]) (Deutsches) BGBl I 1994, 3082ff; vgl zur jüngeren deutschen Literatur Seite 221.
[89]) BGBl I 1999/111, Materialien EB 1643 BlgNR 20. GP, im Folgenden kurz EB 1999, zitiert nach *Kucsko*, MSA MSchG (1999). Zum In-Kraft-Treten vgl § 81 MSchG, zu den Übergangsbestimmungen vgl § 73 ff MSchG.
[90]) Vgl dazu: *Asperger/Stangl*, ecolex 1999, 780.
[91]) BGBl I 2001/143.

1.7. Systematik
1.7.1. Systematik des MSchG
Das MSchG ist in *dreizehn Abschnitte* gegliedert:

- Zunächst enthält es *„Allgemeine Bestimmungen"* (§§ 1 bis 15), insbesondere über die Definition der Marke, die Schutzvoraussetzungen, den kennzeichenmäßigen Gebrauch und die Ähnlichkeit.
- Im zweiten Abschnitt werden *„Registrierung, Umschreibung und Löschung"* geregelt (§§ 16 bis 50). In diesem Abschnitt finden sich – über den eigentlichen Titel hinausgehend – auch Regelungen über *„Behörden und Verfahren"*.
- Der dritte und vierte Abschnitt sind den *„Kennzeichenverletzungen"* gewidmet (§§ 51 bis 60c).
- Der fünfte Abschnitt enthält eine *„Vertreter"*-Regelung (§§ 61 und 61a MSchG).
- Sonderregelungen für *„Verbandsmarken"* enthält der sechste Abschnitt (§§ 62 bis 67 MSchG).
- Der siebente Abschnitt regelt *„Geographische Angaben und Ursprungsbezeichnungen"* (§ 68 bis 68j MSchG).
- Im achten Abschnitt sind nunmehr die speziellen Regelungen für *„Gemeinschaftsmarken"* versammelt (§ 69 bis 69d MSchG).
- Im neunten Abschnitt sind die speziellen Regelungen für *„Marken nach dem Protokoll zum Madrider Markenabkommen"* enthalten (§ 70 MSchG).
- Der zehnte Abschnitt bringt das Verbot der *„Winkelschreiberei"* (§ 71 MSchG), der elfte Abschnitt regelt die *„Gebühren"* (§ 72 MSchG), der zwölfte Abschnitt enthält *„Übergangsbestimmungen"* (§§ 73 bis 77 MSchG) und der letzte Abschnitt enthält schließlich die *„Schlussbestimmungen"* (§§ 78 bis 81 MSchG).

1.7.2. Systematik dieses Abschnitts

In den folgenden Kapiteln (ab Seite 254) wird zunächst ein Überblick über das österreichische Markenrecht auf der Grundlage des MSchG 1970 gegeben. Die Gliederung des Stoffes orientiert sich dabei weitgehend an der Gliederung des Gesetzes: Schutzgegenstand / Markeninhaber / Institutionen / Registrierung / Wirkung / Schutzdauer / Sanktionen (nach der gleichen Gliederung werden wir dann auch das Muster-, Patent- und Urheberrecht durchforsten). Die wesentlichsten Regelungen der „Verbandsmarke", der „Geographischen Angaben und Ursprungsbezeichnungen", der „Gemeinschaftsmarke", der „Internationalen Marke" und des Bereichs „Name, Firma, Geschäftsbezeichnung, Titel, Ausstattung" werden in gesonderten Kapiteln (ab Seite 640) erörtert. Zunächst zum nationalen Markenrecht, beginnend mit dem Schutzgegenstand.

1.8. Internationales Markenrecht
1.8.1. Globalisierung und Territorialitätsprinzip

Nicht jede Branche benötigt einen globalisierten Markenschutz, aber die meisten.

Literaturhinweise: *Baudenbacher/Caspers*, Markenrecht als Wirtschaftsrecht, ÖBl 1996, 215; *Bettinger/Thum*, Territoriales Markenrecht im Global Village, GRUR Int 1999, 659; *Holeweg*, Europäischer und internationaler gewerblicher Rechtsschutz und Urheberrecht – Tabellarischer Überblick und aktuelle Entwicklungen, GRUR Int 2001, 141.

Das Markenrecht ist vom *Territorialitätsprinzip* beherrscht. Jedes Land regelt grundsätzlich sein Markenrecht autonom und eigenständig. Historisch haben sich daher in den einzelnen Ländern zum Teil stark unterschiedliche Markenrechtssysteme gebildet. Schon bald hat man aber erkannt, dass wegen der engen Verflechtung der Märkte eine gewisse internationale Harmonisierung unerlässlich ist. Dazu gibt es eine Reihe internationaler Abkommen, die mehr oder weniger dem Harmonisierungsziel dienen. Teilweise beschränken sie sich auch nur darauf, „interfaces" zwischen verschiedenen Markenrechtssystemen zu schaffen. So kann sich beispielsweise derjenige, der in einem Mitgliedstaat der PVÜ eine Marke erworben hat, unter gewissen Voraussetzungen in jedem anderen Mitgliedstaat für seine dort später vorgenommene Markenanmeldung auf die günstigere Priorität der Erstanmeldung berufen (Seite 380). Am weitesten ist der Harmonisierungsgedanke innerhalb der EU gediehen. Hier wurden die nationalen Markenrechtsordnungen in erheblichem Umfang vereinheitlicht. Zusätzlich wurde ein die ganze EU umfassendes neues Markenrechtssystem („Gemeinschaftsmarke") ins Leben gerufen (Seite 566). Selbstverständlich darf der Bedarf nach internationalem Schutz auch nicht überbewertet werden. Es wird geschätzt, dass etwa 80% aller Warenzeichen nur im Heimatland des betreffenden Unternehmens registriert sind und auch nur dort benutzt werden.[92]

1.8.2. Madrider Markenabkommen

Das Madrider Abkommen über die internationale Registrierung von Marken (1891) ist nach wie vor von zentraler Bedeutung für den internationalen Markenschutz: Wer den Schutz seiner Marke in mehreren Ländern wünscht, kann selbstverständlich entsprechend den jeweils geltenden nationalen Regelungen in den betreffenden Ländern Marken registrieren lassen. Der Nachteil dieser Vorgangsweise liegt freilich darin, dass der Anmelder – entsprechend dem Territorialitätsprinzip – in den einzelnen Ländern unterschiedliche Markenrechtsordnungen vorfinden wird. Dazu kommt ein beträchtlicher Verwaltungsaufwand, den diese dezentralen Anmeldungen erfordern. Das Madrider Abkommen gewährt demgegen-

---

[92]) *Karsch*, ecolex 1994, 175 (176).

über die Möglichkeit, durch eine einzige „internationale Anmeldung" den Markenschutz in allen benannten Mitgliedstaaten der Madrider Union zu erlangen. Anstelle der zahlreichen nationalen Anmeldungen genügt also eine einzige „internationale Anmeldung". Freilich erwirbt der Anmelder kein einheitliches Markenrecht für mehrere Länder, sondern lediglich ein „Bündel nationaler Marken". Ein weiterer Vorteil liegt in beträchtlichen Gebührenersparnissen, wenn man diesen Weg anstelle zahlreicher nationaler Anmeldungen wählt. Entsprechend der Bedeutung des MMA ist diesem Thema ein eigener Abschnitt über die „internationale Marke" gewidmet (Seite 622). Dort wird auch das 1999 in Kraft getretene *Protokoll zum MMA* erörtert.

1.8.3. EWR-Abkommen

Anhang XVII „Geistiges Eigentum"[93] des EWRA (am 1. 1. 1994 in Kraft getreten)[94] listet ua die *MarkenRL*[95] auf. Es war daher erforderlich, das österreichische Markenrecht an diese Harmonisierungsrichtlinie anzupassen. Dazu wurde das MSchG 1992 novelliert.[96] Die GemeinschaftsmarkenVO ist erst später in Kraft getreten. Sie war daher anlässlich des Wirksamwerdens des EWR noch nicht zu berücksichtigen. Weitere Regelungen enthält das Protokoll 28 „über geistiges Eigentum". Es ordnet in Art 2 insbesondere eine Erschöpfung der Rechte entsprechend der bisherigen EuGH-Rsp an (vgl dazu näher Seite 452). Nach Art 5 EWRA hat Österreich auch die Verpflichtung übernommen, den dort aufgelisteten multilateralen Übereinkommen auf dem „Gebiet des gewerblichen, geistigen und kommerziellen Eigentums" beizutreten (Art 5 EWRA). Für den Bereich des Markenrechts sind dies die PVÜ (Seite 244), das Nizzaer Abkommen (Seite 244) und das *Protokoll zum MMA* (Seite 238). Der Beitritt zu diesen Abkommen sollte vor dem 1. 1. 1995 erfolgen.[97] Das war hinsichtlich der PVÜ und des Nizzaer Abkommens unproblematisch, weil diese ohnehin bereits für Österreich wirksam waren. Das Protokoll zum MMA hatte Österreich hingegen noch nicht ratifiziert. Damals war weiters die EWG-AntipiraterieVO[98] in Kraft. Sie hatte vorgesehen, dass die Zollbehörden auf Antrag des Markeninhabers Waren für 10 Tage blockieren können. Während dieser Zeit sollte es dem Zeicheninhaber möglich sein, entsprechende gerichtliche Maßnahmen (etwa einstweilige Verfügung oder Beschlagnahme) zu veranlassen. Diese Verordnung wurde allerdings nicht in den EWR-relevanten Acquis

---

[93]) 389 L 0104 (ABl 1994 L 1/482).
[94]) Vgl BGBl 1993/917.
[95]) Erste Richtlinie des Rates vom 21. 12 1988 zur Angleichung der Rechtsvorschriften der Mitgliedstaaten über die Marken (89/104/EWG).
[96]) BGBl 1992/773; gleichzeitig mit dem Abkommen über den EWR am 1. 1. 1994 in Kraft getreten (BGBl 1993/917 Z 8).
[97]) Finnland, Norwegen, Irland und Island hatten sich hingegen für den Beitritt zum Protokoll zum MMA verlängerte Übergangsfristen ausbedungen (Art 5 Abs 2 EWRA).
[98]) EWG-VO Nr 3842/86, ABl 1986 L 357 S 1 (Durchführungsvorschriften: EWG-VO Nr 3077/87 v 14. 10. 1987, ABl 1987 L 291 S 19).

aufgenommen.[99] Inzwischen ist sie durch die weiter gehende *ProduktpiraterieVO 1994* abgelöst worden (dazu Seite 168).

1.8.4. Europäische Union

Literaturhinweise: *Heydt*, Zum Entwurf einer Richtlinie zur Angleichung des Markenrechts der Migliedstaaten der EuropäischenWirtschaftsgemeinschaft, GRUR Int 1980, 71; *Ebenroth/Parche*, Markenaufspaltung und nationale Markenrechte im Spannungsverhältnis zum Grundsatz des freien Warenverkehrs, GRUR Int 1989, 738; *Karsch*, Entwicklungen im europäischen Markenrecht, Economy-Fachmagazin 1990/11, 28; *Ubertazzi*, Angleichung des nationalen Markenrechts in der EWG: Italien, GRUR Int 1992, 101; *Verkade*, Angleichung des nationalen Markenrechts in der EWG: Benelux-Staaten, GRUR Int 1992, 92; *Ebenroth/Bohne*, Gewerbliche Schutzrechte und Art. 86 EG-Vertrag nach der Magill-Entscheidung, EWS 1995, 397; *Albert*, Die Neuordnung des Markenrechts: Bericht über das 10. Ringberg-Symposium des Max-Planck-Instituts, GRUR Int 1997, 449; *Stickler*, Der Stellenwert des geistigen Eigentums im Binnenmarkt, ÖBl 1997, 147; *Fezer*, Grundprinzipien und Entwicklungslinien im europäischen und internationalen Markenrecht, WRP 1998, 1; *Grauel*, Markenrechtliche Aspekte des europäischen Tabakwerbeverbots, MarkenR 1999, 379; *Drijber*, Die neueste europäische Rechtsprechung zum Markenrecht, MarkenR 2001, 1; *Ingerl*, Die markenrechtliche Rechtsprechung des Europäischen Gerichtshofs – Weichenstellungen für die Entwicklung des europäischen Markenrechts, GRUR Int 2001, 581; *Johannes*, Welche Zeichen können Marken nach der Richtlinie 89/104 in den einzelnen Mitgliedstaaten der EU sein? MarkenR 2001, 46; *Harte-Bavendamm*, Die Arbeiten an einer Richtlinie zur Durchsetzung der Rechte des geistigen Eigentums, MarkenR 2002, 382; *Hoeren*, Highnoon im europäischen Immaterialgüterrecht, MMR 2003/299; vgl auch die Literaturhinweise zur Erschöpfung, Seite 452 und zur Gemeinschaftsmarke, Seite 566.

Im Bereich des Immaterialgüterrechts ist man seit langem um eine europäische Harmonisierung bemüht. Das Gemeinschaftsrecht hat gerade für das Markenrecht bislang die weitreichendsten Ergebnisse gebracht:

Markenrichtlinie

Alle spielen dasselbe Lied.

Zunächst wurden die nationalen Markenrechtsordnungen weitgehend harmonisiert (vgl die bereits oben – im Zusammenhang mit dem EWRA – zitierte *MarkenRL*). Diese Harmonisierungsinitiative ist zunächst von der Erwägung ausgegangen, dass das gegenwärtig in den Mitgliedstaaten geltende Markenrecht Unterschiede aufweise, durch die der *freie Warenverkehr* und der *freie Dienstleistungsverkehr* behindert und die Wettbewerbsbedingungen im Gemeinsamen Markt verfälscht werden können. Zur Errichtung und zum Funktionieren des Binnenmarktes sei folglich eine Angleichung der Rechtsvorschriften der Mitgliedstaaten erforderlich (Erwägungsgrund 1).

Man hielt es aber zunächst *nicht* für notwendig, die Markenrechtsordnungen der Mitgliedstaaten *vollständig anzugleichen*. Es sei ausreichend, wenn sich die Angleichung auf diejenigen innerstaatlichen Rechtsvorschriften beschränkt, die sich

---

[99]) Vgl *Karsch*, ecolex 1994, 175 (178).

am unmittelbarsten auf das Funktionieren des Binnenmarktes auswirken (Erwägungsgrund 3). Die MarkenRL belässt daher den Mitgliedstaaten auch das Recht, die *durch Benutzung erworbenen Marken* weiterhin zu schützen; es soll lediglich das Verhältnis dieser Marken zu den durch Eintragung erworbenen Marken geregelt werden (vgl Erwägungsgrund 4). Demnach sollte also das gewohnte zweigleisige System (Schutz für registrierte Marken einerseits, aber auch Schutz für nicht registrierte Marken aufgrund ihres Gebrauchs im Geschäftsverkehr andererseits), erhalten bleiben. Den Mitgliedstaaten sollte es auch weiterhin freistehen, *Verfahrensbestimmungen* für die Eintragung, den Verfall oder die Ungültigkeit der durch Eintragung erworbenen Marken zu erlassen. Es sollte ihnen beispielsweise zustehen, das Verfahren für die Eintragung und die Ungültigerklärung festzulegen, zu bestimmen, ob ältere Rechte im Eintragungsverfahren oder im Verfahren zur Ungültigerklärung (Löschung) oder in beiden Verfahren geltend gemacht werden müssen, und – wenn ältere Rechte im Eintragungsverfahren geltend gemacht werden dürfen – ein Widerspruchsverfahren[100] oder eine Prüfung von Amts wegen oder beides vorzusehen. Die Mitgliedstaaten sollten weiterhin festlegen können, welche Rechtswirkung dem Verfall oder der Ungültigerklärung einer Marke zukommt (Erwägungsgrund 5).

Die Verwirklichung der mit der Angleichung verfolgten Ziele setzt voraus, dass für den *Erwerb und* die *Aufrechterhaltung* einer eingetragenen Marke in allen Mitgliedstaaten grundsätzlich gleiche Bedingungen gelten. Zu diesem Zweck sollte eine Beispielliste der Zeichen erstellt werden, die geeignet sind, Waren oder Dienstleistungen eines Unternehmens von denjenigen anderer Unternehmen zu unterscheiden, und die somit eine Marke darstellen können. Die *Eintragungshindernisse* und *Ungültigkeitsgründe* betreffend die Marke selbst, wie fehlende Unterscheidungskraft, oder betreffend Kollisionen der Marke mit älteren Rechten, sind – so Erwägungsgrund 7 weiter – erschöpfend anzuführen, selbst wenn einige dieser Gründe für die Mitgliedstaaten fakultativ angeführt sind, und es diesen folglich freisteht, die betreffenden Gründe in ihren Rechtsvorschriften beizubehalten oder dort aufzunehmen. Die Mitgliedstaaten können in ihrem Recht Eintragungshindernisse oder Ungültigkeitsgründe beibehalten oder einführen, die an die Bedingungen des Erwerbs oder der Aufrechterhaltung der Marke gebunden sind, für die keine Angleichungsbestimmungen bestehen, und die sich beispielsweise auf die *Markeninhaberschaft*, auf die *Verlängerung* der Marke, auf die Vorschriften über die *Gebühren* oder auf die Nichteinhaltung von *Verfahrensvorschriften* beziehen (Erwägungsgrund 7).

Ein zentrales Thema bei der Harmonisierung war auch der *Gebrauchszwang*: Um die Gesamtzahl der in der Gemeinschaft eingetragenen und geschützten Marken und damit die Anzahl der zwischen ihnen möglichen Konflikte zu verringern, muss

---

[100]) Die Mitglieder können die Möglichkeit, gegen die Eintragung einer Marke Widerspruch einzulegen, vorsehen (Art 15 Abs 5 TRIPS-Abk).

verlangt werden, dass eingetragene Marken tatsächlich benutzt werden, um nicht zu verfallen. Außerdem muss vorgesehen werden, dass wegen des Bestehens einer älteren Marke, die nicht benutzt worden ist, eine Marke nicht für ungültig erklärt werden kann, wobei es den Mitgliedstaaten unbenommen bleibt, den gleichen Grundsatz hinsichtlich der Eintragung einer Marke anzuwenden oder vorzusehen, dass eine Marke in einem Verletzungsverfahren nicht wirksam geltend gemacht werden kann, wenn im Wege der Einwendung Nachweise erbracht werden, dass die Marke für verfallen erklärt werden könnte. In allen diesen Fällen sind die jeweiligen Verfahrensvorschriften von den Mitgliedstaaten festzulegen (Erwägungsgrund 8; Seite 501).

Zur Erleichterung des freien Waren- und Dienstleistungsverkehrs ist es – so sagt Erwägungsgrund 9 – von wesentlicher Bedeutung, zu erreichen, dass die eingetragenen Marken in Zukunft im Recht aller Mitgliedstaaten *einheitlichen Schutz* genießen. Hiervon bleibt jedoch die Möglichkeit der Mitgliedstaaten unberührt, bekannten Marken einen weitergehenden Schutz zu gewähren (Seite 440).

Schließlich war auch das Verhältnis dieser Harmonisierung zur *Pariser Verbandsübereinkunft* (PVÜ; Seite 244) zu berücksichtigen: Da alle Mitgliedstaaten der Gemeinschaft durch die PVÜ gebunden sind, ist es erforderlich, dass sich die Vorschriften der MarkenRL mit denen der PVÜ in vollständiger Übereinstimmung befinden. Die Verpflichtungen der Mitgliedstaaten, die sich aus dieser Übereinkunft ergeben, werden durch die MarkenRL nicht berührt; gegebenenfalls findet Art 234 Abs 2 EGV (Art 307 EG) Anwendung (Erwägungsgrund 12).

Art 1 der MarkenRL gibt ihr einen weiten Anwendungsbereich. Sie „findet auf Individual-, Kollektiv-, Garantie- und Gewährleistungsmarken für Waren oder Dienstleistungen Anwendung, die in einem Mitgliedstaat oder beim Benelux-Markenamt eingetragen oder angemeldet oder mit Wirkung für einen Mitgliedstaat international registriert worden sind". Österreich hat die Vorgaben dieser Richtlinie mit der MSchG-Nov 1992 umgesetzt. Allerdings war diese Umsetzung unzureichend, sie wurde daher mit der Markenrechts-Nov 1999 nachgebessert (Seite 234). Im Folgenden wird bei der Erörterung des österreichischen Markenrechts jeweils auch auf die Vorgaben durch die MarkenRL Bezug genommen.

Gemeinschaftsmarkenrecht
Literaturhinweise: vgl die Hinweise Seite 566.

Mit der *GemeinschaftsmarkenVO* wurde zusätzlich ein neben die nationalen Markenrechtssysteme tretendes, eigenständiges, europäisches Markenrechtssystem geschaffen. Durch eine einzige Markenanmeldung beim „Harmonisierungsamt für den Binnenmarkt" in Alicante kann ein einheitlich wirkendes Markenrecht für den gesamten Bereich der EU erworben werden. Der Markeninhaber erhält also nicht bloß – wie nach dem MMA – ein „Bündel nationaler Marken". Der „Gemeinschaftsmarke" ist ein eigenes Kapitel gewidmet (Seite 566), sodass sich an dieser Stelle eine weiter reichende Erörterung erübrigt.

Richtlinienentwurf zum Schutz geistigen Eigentums

Von sehr erheblicher Bedeutung könnte die derzeit in Vorbereitung befindliche „*Richtlinie zum Schutz der Rechte am geistigen Eigentum*" werden. Sie soll den Sanktionenbereich (nicht nur im Markenrecht) vereinheitlichen (insbesondere Unterlassungsansprüche auch im einstweiligen Verfügungsverfahren, Rückruf der verletzenden Ware, Schadenersatz in Höhe der doppelten Lizenzgebühr, Gewinnherausgabe, Auskunftserteilung, Beschlagnahme etc).[101]

Produktpiraterieverordnung

Diese Verordnung wurde schon mehrfach kurz angesprochen. Ihr Ziel ist es, Pirateriewaren vom Binnenmarkt fernzuhalten. Zu den Details vgl Seite 168.

Ursprungsbezeichnungen

Es geht um den Schutz von Warenbezeichnungen, die einen unmittelbaren oder mittelbaren Hinweis auf die geographische Herkunft der Ware geben (zB: „Wachauer Marille", „Marchfeldspargel", „Steirisches Kürbiskernöl"). Solchen Bezeichnungen, deren Ruf und Bekanntheitsgrad über lange Zeit aufgebaut wurden, kommt für die betreffenden Erzeuger große wirtschaftliche Bedeutung zu.[102] Dementsprechend groß ist daher auch das Bedürfnis nach einem wirksamen Schutz dieser Bezeichnungen. Es soll verhindert werden, dass Waren, die nicht aus dem betreffenden Gebiet stammen, (in irreführender Weise) mit einem solchen Herkunftshinweis versehen werden. Das für derartige Bezeichnungen zur Verfügung stehende europäische Schutzsystem wird ebenfalls in einem gesonderten Abschnitt behandelt (Seite 552).

---

[101]) Vorschlag der Kommission für eine Richtlinie des Europäischen Parlaments und des Rates über die Maßnahmen und Verfahren zum Schutz der Rechte an geistigem Eigentum, KOM (2003) 46 endg; vgl dazu *Harte-Bavendamm*, MarkenR 2002, 382; *Hoeren*, MMR 2003/299.

[102]) Vgl dazu *Gloy*, Geographische Herkunftsangaben, wettbewerbsrechtliche Relevanz und klarstellende Zusätze, FS Piper (1996) 543.

1.8.5. Abkommen von Nizza

Können Sie sich erklären, weshalb internationale IP-Abkommen zumeist den Namen einer herrlichen Stadt tragen?

Eine gewisse internationale Vereinheitlichung wurde durch das Abkommen von Nizza erreicht. Es wurde bereits 1957 begründet und 1967 in Stockholm sowie 1977 in Genf revidiert und 1979 geändert. Ihm gehörten zum Stichtag 15. 7. 2002 bereits 69 Staaten an.[103] Dieses Abkommen ist auch für Österreich wirksam. Es gibt eine einheitliche Klassifikation für das Waren- und Dienstleistungsverzeichnis bei Marken vor. Die Klassifikation besteht aus 34 Warenklassen und 11 Dienstleistungsklassen, denen dann die konkreten Waren und Dienstleistungen zuzuordnen sind. Das Warenverzeichnis für eine österreichische Marke ist bei der Anmeldung nach den in diesem Abkommen vorgesehenen Klassen und Unterklassen geordnet anzugeben (§ 16 Abs 3 MSchG iVm § 11 PAV; Seite 358). Dieses Abkommen bindet die Mitglieder des Verbandes jedoch nicht hinsichtlich des Schutzumfanges der Marken (Art 2 Abs 1 Abk v Nizza).

1.8.6. Pariser Verbandsübereinkunft

Literaturhinweise: *Duchesne*, Um die Benediktinerflasche. Körperliche Zeichen – telle-quelle-Klausel, MuW 1933, 385; *Sonn*, Beschränkung der Zurückweisungsgründe für eine Marke gemäß Art. 6 des Pariser Unionsvertrages, ÖBl 1952, 14; *Kiss-Horvath*, Pariser Unionsvertrag, RL Pat (1956); *Sonn*, Soll in den Pariser Unionsvertrag eine Definition der Marke aufgenommen werden? ÖBl 1958, 3; *Willenpart*, Die Lissabonner Fassung des Pariser Unionsvertrages zum Schutze des gewerblichen Eigentums, ÖJZ 1959, 180; *Prettenhofer*, Zur Frage des Schutzes der „berühmten Marken", FS 60 Jahre PA (1959) 113; *Schönherr*, Fragen des internationalen Kennzeichenrechts aus österreichischer Sicht, GesRZ 1978, 58.

Die Pariser Verbandsübereinkunft (PVÜ) ist ein auch für den Markenschutz relevantes internationales Abkommen, dem zum Stichtag 7. 8. 2002 164 Staaten angehören.[104] Die für das Markenrecht wesentlichen Regelungen werden im Folgenden jeweils bei den betreffenden Bestimmungen des nationalen Markenrechts erörtert. Besonders wichtig sind der Grundsatz der Inländerbehandlung (Art 2; Seite 342), die Regelung des Art 4 über die Unionspriorität (Seite 380), Art 5c über den Gebrauchszwang (Seite 501), Art 6 über Schutzvoraussetzungen (Seite 266), Art 6bis über den Schutz der notorisch bekannten Marken (Seite 440), Art 6ter über das Verbot der Eintragung und des Gebrauchs von Hoheitszeichen (Seite 268), Art 6^{quater} über die Übertragung von Marken (Seite 466), Art $6^{quinqies}$ über das „Telle quelle"-Prinzip (Seite 332), Art 6^{sexies} über den Schutz von Dienstleistungsmarken (Seite 260), Art $6^{septies}$ über die „Agentenmarke" (Seite 495), Art 7 über das Regist-

---

[103]) Übersicht über die Mitgliedstaaten: PBl 2002/3, 53. Aktueller Stand: www.wipo.int/treaties.
[104]) BGBl 1973/399 idF BGBl 1984/384; Übersicht über die Mitgliedstaaten PBl 2002/3, 43; zum aktuellen Stand: http://www.wipo.int/treaties.

rierungshindernis der Produktbeschaffenheit (Seite 304), Art 7bis über Verbandsmarken (Seite 540), Art 8 und 9 über den Schutz des Handelsnamens (Seite 640) und Art 10, 10bis und 10ter über Herkunftsangaben und den auch in Markenangelegenheiten relevanten Schutz gegen unlauteren Wettbewerb (Seite 209).

1.8.7. Markenrechtsvertrag

Literaturhinweise: *Kunze,* Der Markenrechtsvertrag, WRP 1996, 982; *Bastian,* Der neue Trademark Law Treaty, Beier-FS (1996) 213; *Albert,* Die Neuordnung des Markenrechts: Bericht über das 10. Ringberg-Symposium des Max-Planck-Instituts, GRUR Int 1997, 449.

Unter der Schirmherrschaft der „Weltorganisation für geistiges Eigentum" (WIPO, Seite 188) wurde am 27. 10. 1994 in einer diplomatischen Konferenz in Genf der „Markenrechtsvertrag" (= „Trademark Law Treaty"; abgekürzt „TLT") zusammen mit einer Ausführungsordnung verabschiedet.[105] Er ist inzwischen mit der erforderlichen Ratifikation durch zumindest fünf Staaten am 1. 8. 1996 in Kraft getreten.[106] Österreich hat ihn zwar unterfertigt[107], aber bislang noch nicht ratifiziert. Er ist daher *für Österreich noch nicht wirksam.* Die EG-Kommission hat eine Empfehlung für einen Beschluss des Rates „betreffend die Ermächtigung der Kommission zur Unterzeichnung dieses Vertrags" ausgesprochen.[108] Hingegen hält man eine Ratifikation des Vertrags für verfrüht, weil zuvor sicherzustellen wäre, dass die Regelungen über die Gemeinschaftsmarke (Seite 566) mit dem TLT vereinbar sind. Politisch wird aber offenbar die baldige Ratifikation angestrebt.

Das Verwaltungsgebäude der WIPO in Genf ist auch aus architektonischer Sicht einen Besuch wert, vor allem bei strahlender Sonne!

Als man mit den Arbeiten an diesem internationalen Vertrag begann, hatte man das Ziel einer umfassenden Harmonisierung, und zwar auch der materiellrechtlichen Regelungen des Markenrechts, vor Augen. Dieses Ziel erwies sich bald als zu ehrgeizig. Dennoch ist es in relativ kurzer Zeit gelungen, diesen Vertrag – wenn auch mit einem deutlich eingeschränkten Regelungsumfang – zustande zu bringen. Der TLT bezweckt nunmehr lediglich eine Harmonisierung gewisser *Verfahrensvorschriften.* Die Regelungen des nationalen Anmelde- und Eintragungsverfahrens sollen vereinheitlicht werden. (Der Titel „Trademark Law Treaty" verspricht also

---

[105]) WIPO-Dokument TLT/DC/53.
[106]) Ratifiziert haben zunächst: Republik Moldau, Ukraine, Demokratische Sozialistische Republik Sri Lanka, Tschechische Republik sowie das Vereinigte Königreich von Großbritannien und Nordirland (Notifikation TLT Nr 7; ABl HABM 1996, 1260). Liste der Signatarstaaten: PBl 1996, 70; Mitgliederstand zum 7. 8. 2002: 29 (PBl 2002/3, 62; aktueller Stand: http://www.wipo.int/treaties).
[107]) Bericht PBl 1994, 217.
[108]) KOM (95) 92 endg.

genau genommen mehr als der Inhalt hält.)[109] Alle Mitglieder der WIPO können, auch wenn sie nicht Mitglied der PVÜ (Seite 244) sind, Vertragsparteien des TLT werden. Allerdings verpflichtet Art 15 TLT zur Anwendung der Bestimmungen der PVÜ. Auf diesem „Umweg" wird den markenrechtlichen Regelungen der PVÜ Geltung auch für Nicht-PVÜ-Staaten verschafft.[110]

Der TLT ist nur auf Marken anwendbar, die aus sichtbaren Zeichen bestehen, wobei Hologrammmarken ausdrücklich ausgenommen sind (Art 2 Abs 1 TLT). Ausdrücklich einbezogen sind neben den Warenmarken auch die Dienstleistungsmarken. Nicht erfasst werden hingegen die Kollektiv-, Gewährleistungs- und Garantiemarken. Der TLT sieht für das Anmeldeverfahren wesentliche Vereinfachungen vor. Harmonisiert und vereinheitlicht werden insbesondere Form und Inhalt der Anmeldungen (Art 3 TLT)[111], die Regelungen über eine Vertretung (Art 4 TLT), die Zuerkennung des Anmeldetags (Art 5 TLT), die Teilung von Anmeldungen und Eintragungen (Art 7 TLT), die Formerfordernisse für Unterschriften (notarielle Beglaubigungen und Legalisierungen sollen abgeschafft werden; Art 8 TLT), die Anwendung der Nizzaer Klassifikation (Art 9 TLT), Änderungen der Anmeldung oder Registrierung (Art 10 bis 12 TLT) sowie die Schutzdauer (10 Jahre; Art 13 TLT). Auch für international durchaus kontroverse Themen konnte eine Lösung gefunden werden; zB: Bisher konnte eine Marke in Japan jeweils nur für eine einzige (Waren-/Dienstleistungs-)Klasse angemeldet werden. Art 3 Abs 5 TLT sieht demgegenüber vor, dass eine Anmeldung auch für Waren und Dienstleistungen verschiedener Klassen nach dem Abkommen von Nizza (Seite 244) zulässig ist (Österreich entspricht diesem Erfordernis übrigens bereits, vgl Seite 358).[112] Konsequent soll eine solche Anmeldung dann auch nur zu einer einzigen Eintragung führen (Art 6 TLT). Die Ausführungsordnung zum TLT enthält bereits konkrete Vorschläge für internationale Formblätter. Die künftige Bedeutung dieses Harmonisierungsvertrags könnte dadurch geschwächt werden, dass diverse Übergangsvorschriften vorgesehen sind. Für die (internationalen) Markenanmelder wird der TLT letztlich nur dann etwas bringen, wenn ihm viele und wirtschaftlich bedeutende Staaten beigetreten sind und von den (befristeten) Vorbehaltsmöglichkeiten[113] möglichst nicht Gebrauch gemacht wird.

---

[109]) Im Detail betrachtet enthält der TLT freilich auch punktuelle materiellrechtliche Regelungen. So bestimmt etwa Art 9 Abs 2, dass Waren oder Dienstleistungen nicht bloß deshalb als ähnlich angesehen werden können, weil sie in derselben Klasse nach dem Nizzaer Abkommen eingetragen wurden. Nach Art 16 TLT verpflichten sich die Vertragsparteien, Dienstleistungsmarken einzutragen.

[110]) Eingehend zur Abgrenzung des TLT gegenüber PVÜ, MMA und TRIPS-Abk: *Bastian*, Beier-FS (1996) 213 (218).

[111]) ZB kann ein Vertragsstaat nicht mehr verlangen, dass der Antragsteller einen Handelsregisterauszug vorlegt, eine bestimmte kommerzielle Tätigkeit angibt oder nachweist, dass die Marke in einem anderen Land eingetragen wurde.

[112]) Auch Japan ist dem TLT bereits beigetreten. Durch die erforderliche Anpassung des japanischen Markenrechts sollte es Japan ermöglicht werden, dem MMA beizutreten (dazu: *Kunze*, WRP 1996, 982 [989]).

[113]) Die Vorbehalte verlieren gemäß Art 22 Abs 8 TLT jedenfalls am 28. 10. 2004 ihre Wirkung.

1.8.8. Wiener Abkommen über die Klassifikation von Bildbestandteilen

Gelegentlich werden auch in Wien IP-Abkommen geschlossen.

Dieses Abkommen stammt aus 1973 und ist am 9. 8. 1985 in Kraft getreten. Es ist dem Nizzaer Abkommen ähnlich und errichtet eine Klassifikation für Marken, die aus Bildbestandteilen bestehen oder Bildbestandteile enthalten. Die Bildbestandteile können aufgrund dieses Abkommens jeweils in 29 Kategorien (144 Abschnitte und 1.596 Unterabschnitte) eingeordnet werden. Sinn dieser Klassifikation ist, die Recherche nach entgegenstehenden älteren Zeichen zu erleichtern.

Die Klassifikation bindet die Mitgliedsländer jedoch nicht hinsichtlich des Schutzumfangs der Marken. Zum 15. 7. 2002 waren erst 19 Staaten Mitglied.[114] Die Mitgliedsländer des Wiener Abkommens bilden einen besonderen Verband im Rahmen der PVÜ (Seite 244). Österreich ist diesem Abkommen inzwischen auch beigetreten; es ist für Österreich mit 27. 10. 1999 in Kraft getreten.[115] In den 70er Jahren lag der Grund für das Fernbleiben Österreichs wohl noch darin, dass man nicht über die für die Administration dieses Abkommens erforderlichen Einrichtungen (insbesondere über eine entsprechende EDV-Verwaltung) verfügte.

1.8.9. TRIPS-Abkommen

Literaturhinweise: siehe Seite 191.

Der Eingang zur WTO in Genf, seit der Uruguay-Runde ein wichtiger Player im IP-Bereich.

Die GATT-Uruguay-Runde hat durch das *Agreement on Trade-Related Aspects of Intellectual Property Rights (TRIPS)* das geistige Eigentum in die Regelungen des WTO-Abkommens einbezogen. Das TRIPS-Abk enthält auch spezielle markenrechtliche Regelungen.[116] Diese betreffen allerdings nur gewisse Einzelaspekte des Markenschutzes und bieten noch keinen ausreichenden Rahmen für eine umfassende internationale Rechtsvereinheitlichung. Zunächst ordnet Art 2 TRIPS-Abk generell die weitgehende Unterwerfung unter die PVÜ (Seite 244) an. Dies blieb für Österreich ohne unmittelbare Auswirkungen, zumal hier die Stockholmer Fassung der PVÜ ohnehin bereits verbindlich ist.[117] Die markenrechtlichen Sondernormen des TRIPS-Abk werden im Folgenden jeweils bei der entsprechenden Bestimmung

---

[114]) Übersicht PBl 2002/3, 59; aktueller Stand: http://www.wipo.int/treaties.
[115]) BGBl III 1999/178.
[116]) *Pacón*, Was bringt TRIPS den Entwicklungsländern? GRUR Int 1995, 875 (882); *Kur*, TRIPs und das Markenrecht, GRUR Int 1994, 987.
[117]) Zum Verhältnis des TRIPS-Abk zum TLT (Seite 245): *Kur*, GRUR Int 1994, 987 (990).

des nationalen Markenrechts erörtert: Art 15 Abs 1 über den Gegenstand des Markenschutzes (Seite 254), Art 15 Abs 2 über Registrierungshindernisse (Seite 266), Art 15 Abs 3 über die Benutzung als Eintragungsvoraussetzung (Seite 501), Art 15 Abs 4 über das Eintragungshindernis der Produktbeschaffenheit (Seite 304), Art 15 Abs 5 über die Veröffentlichung der Marke und über die Möglichkeit der Löschung (Seite 476), Art 16 über die Rechte aus der Marke (Seite 390), Art 17 über Ausnahmen vom Markenschutz (Seite 450), Art 18 über die Schutzdauer (Seite 475), Art 19 über den Benutzungszwang (Seite 501), Art 20 über die Belastung der Benutzung der Marke mit besonderen Erfordernissen und Art 21 über Lizenzen und Übertragungen (Seite 466). Ein gesonderter Abschnitt (Art 22 ff) ist den „geographischen Angaben" gewidmet (Seite 552).[118] Schließlich werden sich auch die Regelungen der Art 41 ff über die „Durchsetzung der Rechte an geistigem Eigentum" maßgeblich auf den internationalen Schutz von Marken auswirken.[119]

1.8.10. Madrider Abkommen über irreführende Herkunftsangaben

Das Madrider Abkommen über die Unterdrückung falscher oder irreführender Herkunftsangaben auf Waren (nicht zu verwechseln mit dem Madrider Abkommen über die internationale Registrierung von Marken, dazu oben Seite 238) stammt aus 1891. Es wird ebenfalls von der WIPO in Genf verwaltet. 33 Staaten gehörten ihm zum Stichtag 15. 7. 2002 an.[120] Es sieht vor, dass alle Erzeugnisse, auf denen in falscher oder irreführender Weise ein Mitgliedstaat oder ein darin gelegener Ort unmittelbar oder mittelbar als Land oder Ort des Ursprungs angegeben ist, entweder bei der Einfuhr beschlagnahmt oder solche Einfuhren untersagt oder durch andere Zwangsmaßnahmen unterbunden werden.[121] Österreich gehört diesem Abkommen nicht an. Irreführende Herkunftsangaben können jedoch nach § 2 UWG (Irreführungsverbot) verfolgt werden.[122] (Vgl im Übrigen zu den für Österreich geltenden Regelungen zum Schutz von Ursprungsbezeichnungen Seite 552).

1.8.11. Lissabonner Abkommen

Das Lissabonner Abkommen über den Schutz von Ursprungsbezeichnungen und ihre internationale Registrierung wurde 1958 unter der Schirmherrschaft der WIPO (Seite 188) geschlossen. Zum Stichtag 15. 7. 2002 gehörten ihm 20 Staaten an.[123] Dieses Abkommen bezweckt den Schutz von Ursprungsbezeichnungen (= geographische Benennung eines Landes, einer Gegend oder eines Ortes, die zur Kennzeichnung eines Erzeugnisses dient, das dort seinen Ursprung hat, und das seine

---

[118]) Dazu ausführlich *Knaak*, Der Schutz geographischer Angaben nach dem TRIPS-Abkommen, GRUR Int 1995, 642.
[119]) Zur Frage der unmittelbaren Anwendbarkeit des Art 50 Abs 6 TRIPS-Abk: EuGH 13. 9. 2001, Rs C-89/99 – TRIPS und Markenrecht – MarkenR 2002, 16 = GRUR Int 2002, 41.
[120]) Aktueller Stand: http://www. wipo.int/treaties.
[121]) Zum Ganzen: WIPO, Allgemeine Informationen (1996) 24; *Knaak*, Der Schutz geographischer Angaben nach dem TRIPS-Abkommen, GRUR Int 1995, 642 (643).
[122]) Vgl *Karsch*, ecolex 1994, 175 (178).
[123]) Aktueller Stand: http://www. wipo.int/treaties.

Güte oder Eigenschaften ausschließlich den natürlichen und menschlichen Einflüssen verdankt). Die Registrierung solcher Ursprungsbezeichnungen erfolgt auf Ersuchen der Regierung des betreffenden Staates durch das Internationale Büro der WIPO. Die anderen Vertragsstaaten können innerhalb eines Jahres erklären, dass sie den Schutz der betreffenden Bezeichnung nicht gewähren können. Österreich ist diesem Abkommen bislang nicht beigetreten (vgl zu den für Österreich geltenden Regelungen zum Schutz von Ursprungsbezeichnungen Seite 552).

1.8.12. Vertrag von Nairobi

Dem 1981 geschlossenen Vertrag von Nairobi über den Schutz des Olympischen Symbols gehörten zum 25. 7. 2002 41 Staaten an.[124] Die Mitgliedstaaten haben sich verpflichtet, das Olympische Symbol (= fünf ineinander verschlungene Ringe) davor zu schützen, dass es ohne Genehmigung des Internationalen Olympischen Komitees für kommerzielle Zwecke verwendet wird.[125] Österreich ist nicht Mitglied dieses Abkommens. In Österreich besteht allerdings ein besonderes Gesetz „zum Schutz der olympischen Embleme und Bezeichnungen".[126] Es sieht ein Ausschließungsrecht auf den Gebrauch dieser Zeichen vor. Als Sanktionen sind Verwaltungsstrafen normiert (parallel kommt ein Schutz nach § 1 UWG wegen sittenwidrigen Normverstoßes in Betracht).

1.8.13. Zwischenstaatliche Herkunftsabkommen

Österreich hat mit einigen Staaten bilaterale Abkommen zum Schutz von Herkunftsbezeichnungen geschlossen[127]: Österreichisch-italienisches Herkunftsabkommen[128], österreichisch-griechisches Herkunftsabkommen[129], österreichisch-französisches Herkunftsabkommen[130], österreichisch-spanisches Herkunftsabkommen[131], österreichisch-tschechoslowakisches Herkunftsabkommen[132], Abkommen zwischen Österreich und der EWG über die Kontrolle und den gegenseitigen Schutz von Qualitätsweinen sowie von Retsina-Wein[133] (vgl im Übrigen zu den für Österreich geltenden Regelungen zum Schutz von Ursprungsbezeichnungen Seite 552).

---

[124]) Aktueller Stand: http://www.wipo.int/treaties.
[125]) Zum Ganzen: WIPO, Allgemeine Informationen (1996) 25.
[126]) BGBl 1992/15. Dazu *Kucsko*, Der Schutz der olympischen Symbole, FS Koppensteiner (2001) 463.
[127]) Vgl dazu und insbesondere zur Vereinbarkeit mit Art 30 EWGV: *Karsch*, ecolex 1994, 175 (178); *Wiltschek* UWG[6] Anm 3 zu § 6.
[128]) BGBl 1954/235, Zusatzprotokoll BGBl 1972/348.
[129]) BGBl 1972/378, Durchführungsübereinkommen BGBl 1972/379.
[130]) BGBl 1976/196, Durchführungsübereinkommen BGBl 1976/240.
[131]) BGBl 1977/593, Durchführungsübereinkommen BGBl 1977/594.
[132]) BGBl 1981/75, Durchführungsübereinkommen BGBl 1981/76.
[133]) BGBl 1989/145; Briefwechsel über die Abgabe österreichischen Qualitätsweins mit Alkoholgehalt über 15% vol in der EWG, BGBl 1982/92.

1.8.14. Internationales Privatrecht

Für die Frage, welches nationale Recht ein österreichisches Gericht bei einem internationalen markenrechtlichen Sachverhalt anzuwenden hat, gelten die allgemeinen Regelungen des § 34 Abs 1 IPRG[134]: Danach sind das Entstehen, der Inhalt und das Erlöschen von Immaterialgüterrechten nach dem Recht des Staates zu beurteilen, in dem eine Benützungs- oder Verletzungshandlung gesetzt wird.[135] Ob eine Markenrechtsverletzung vorliegt, ist nach dem Recht des Schutzlandes (also bei einer österreichischen Marke nach österreichischem Markenrecht) zu beurteilen.[136] Für Verträge über Markenrechte gilt die allgemeine Vertragsanknüpfung (Art 4 Abs 2 und 5 EVÜ). Sonderregelungen gelten für Arbeitsverhältnisse (§ 34 Abs 2 IPRG).

Beispiel:

▶ OGH 25. 4. 1995: Die Beklagte mit Sitz in Deutschland warb für die Dichtungsmasse „Wirobit" in der deutschen Zeitschrift „DDH Das Dachdeckerhandwerk" (herausgegeben vom Zentralverband des deutschen Dachdeckerhandwerks). Die Gesamtauflage dieser Zeitschrift beträgt 12.000, davon gelangten 480 Exemplare nach Österreich (was der Beklagten jedoch vorher nicht bekannt war). Der OGH ging davon aus, dass die Werbung eines ausländischen Unternehmens in einer im Ausland erscheinenden Fachzeitschrift, die auch im Inland verbreitet wird, mangels entgegenstehender ausdrücklicher oder schlüssiger Hinweise von den inländischen Verkehrskreisen dahin verstanden wird, dass sie nur an die Verkehrskreise jenes Landes gerichtet ist, in dem das betreffende Medium erscheint und auch das werbende Unternehmen etabliert und bekannt geworden ist. In einer solchen Werbung sei daher kein Kennzeichengebrauch im gesamten (übrigen) Erscheinungsgebiet dieser Zeitschrift zu sehen. Gleiches gelte auch für ausländische Tageszeitungen und ausländische Rundfunksendungen.[137]

---

[134] Bundesgesetz über das internationale Privatrecht, BGBl 1978/304 idF BGBl I 1998/119, I 1999/18 und I 2000/135.
[135] Vgl dazu *Schwimann*, Internationales Privatrecht³ (2001) 145 mwN; OGH 14. 1. 1986, 4 Ob 398/85 – Noverox/Ferrox – ÖBl 1986, 92 = GRUR Int 1987, 50; OGH 14. 1. 1986, 4 Ob 408/85 – Hotel Sacher – ÖBl 1986, 73.
[136] OGH 24. 4. 2001, 4 Ob 81/01t – CICLON – ÖBl-LS 01/138, 139, 140 = ÖBl 2001, 269 = GRUR Int 2002, 265; OGH 25. 4. 1995, 4 Ob 3/95 – Wirobit – ÖBl 1995, 230 = ZfRV 1995/41 = GRUR Int 1996, 1234; OGH 28. 6. 1983, 4 Ob 345/82 – Attco – ÖBl 1983, 162 = SZ 56/107 = GRUR Int 1984, 453.
[137] OGH 25. 4. 1995, 4 Ob 3/95 – Wirobit – ÖBl 1995, 230 = ZfRV 1995/41 = GRUR Int 1996, 1234.

details | markenrecht | einleitung 251

UNIVERSAL LANGUAGE

Kucsko, Geistiges Eigentum (2003)

Wie entsteht Corporate Design?

Martin Dunkl hat auch das MANZ-Logo mit den Kreissegmenten gestaltet. Sie symbolisieren die Systematisierung der MANZ-Publikationen.

Das bekannteste Element eines CD-Programmes ist das Logo (die Marke, der Firmenschriftzug, das Signet oder das Firmenzeichen). Es ist aber nur die Spitze eines Eisbergs. Darunter befindet sich ein umfangreicher Katalog von so genannten CD-Elementen. Dieser CD-Katalog wird in mehrere Unterkapitel eingeteilt, die wichtigsten sind:

- Basisdesign (Logo, Firmenfarben, Hausschriften, Stilelemente)
- Drucksorten (Brief, Kuvert, Visitenkarte etc),
- Organisations- und Informationsmittel (Formulare, Fax etc),
- Kommunikationsmittel (Prospekt, Kundenzeitung, Presseinfo etc).

Darüber hinaus werden auch die Arbeitskleidung, der Fuhrpark, die Arbeitsstätten, kurz, alles was wir von einem Unternehmen visuell wahrnehmen können, gestaltet.

Entwickelt wird das CD-Programm von einem externen CD-Berater (ein besonders qualifizierter Grafikdesigner). Seitens des Unternehmens wird eine CD-Arbeitsgruppe etabliert, in der, neben der Geschäftsleitung und der Marketingleitung, einzelne, besonders engagierte Mitarbeiter anderer Ebenen mitarbeiten können. CD entsteht in vielen Einzelschritten. Ein solcher CD-Prozess läuft in drei Phasen ab:

- **Research:** Das Unternehmensleitbild wird analysiert und auf gestaltungsrelevante Aussagen geprüft. Eine Bestandsaufnahme umfasst interne Abläufe, Leistungsmerkmale, Kunden- und Konkurrenzsituation, sowie eine genaue Katalogisierung der relevanten CD-Elemente.
- **Creation:** Nach einem Prioritätenplan werden die einzelnen CD-Elemente entwickelt, verbessert und genehmigt. Zum Abschluss werden sämtliche Gestaltungsregeln und Mustervorlagen im so genannten CD-Manual festgehalten.
- **Service:** Durch Coaching werden die betroffenen Mitarbeiter in der richtigen Anwendung des CD-Programms geschult. In regelmäßigen Sitzungen wird der Erfolg der CD-Maßnahmen überprüft und gegebenenfalls werden Verbesserungsmaßnahmen veranlasst.

Bis zum Erreichen der 2. Phase, der Creation, rechnet man, je nach Unternehmensgröße, bei einem Kleinbetrieb mit zwei bis drei Monaten und bei Großunternehmen nicht unter einem Jahr. Die Servicephase endet eigentlich nie, denn das regelmäßige Nachjustieren und Aktualisieren eines CD-Programms vermeidet umständliche Redesignmaßnahmen. Daher tritt die CD-Arbeitsgruppe auch nach dem Vorliegen des CD-Manuals noch ein- bis zweimal jährlich zusammen.

CD ist ein wichtiger Bestandteil der Unternehmensidentität, nämlich der, welcher zuerst wahrgenommen wird. CD funktioniert dann, wenn es im Rahmen eines professionellen Prozesses entwickelt und anschließend konsequent gelebt und angewendet wird.

- **Mag. Martin DUNKL** (www.dunkl.com) ist seit 1980 selbständig als Grafikdesigner tätig. Er ist Autor des Fachbuchs „Corporate Design Praxis" (2000).

2. SCHUTZGEGENSTAND „MARKE"

Überblick:

▶ „*Marken*" können alle Zeichen sein, „die sich graphisch darstellen lassen" und „geeignet sind, Waren oder Dienstleistungen eines Unternehmens von denjenigen anderer Unternehmen zu unterscheiden".
▶ Als Marke registrierbar sind solche Zeichen nur dann, wenn kein *Registrierungshindernis* besteht.
▶ *Absolute* Registrierungshindernisse können nicht beseitigt werden (Hoheitszeichen, definitionswidrige Zeichen, bestimmte dreidimensionale Zeichen, ordnungs- oder sittenwidrige Zeichen, irreführende Zeichen, gewisse Wein- und Spirituosenmarken).
▶ *Relative* Registrierungshindernisse können beseitigt werden (fehlende Unterscheidungskraft, beschreibende Zeichen, Gattungsbezeichnungen, Auszeichung als Bestandteil).

Literaturhinweise: *Wechsler*, Zur Frage der Schutzfähigkeit von aus Zahlen oder Buchstaben bestehenden Marken, ÖZGR 1911, 23; *Abel*, Filmtitel als Marke, GH 1928, 125; *Zahrl*, Die körperliche Marke, JBl 1930, 141; *Haschek*, Die Wortmarke, RWK 1932, 73; *Gallia*, Firma und Marke, ÖBl 1933, 83; *Zimbler*, Körperliche Marke – dreieckige Lebertranflasche, ÖBl 1933, 61; *Sonn*, Von den Kennzeichen im Waren- und Dienstleistungsverkehr, FS 50 Jahre PA (1949) 90; *Zeiner*, Die Wandlung des Begriffes der Marke und die Frage der Neufassung des österreichischen Markenschutzgesetzes, FS 60 Jahre Österreichisches Patentamt (1959) 186; *Willenpart*, Zur Frage der Registrierbarkeit bestimmter Schimarken, ÖBl 1960, 81; *Troller*, Markenrecht an der Wegkreuzung, ÖBl 1966, 25; *Karsch*, Fabrik- und Handelsmarken, FS 75 Jahre PA (1974) 168; *Handl*, Filmtitelschutz in Österreich, FS Roeber (1982) 131; *Hodik*, Der Grad der Verkehrsgeltung und seine Feststellung, ÖBl 1983, 1; *Kucsko*, Der Titelschutz im Urheber-, Wettbewerbs- und Markenrecht, MR 4/83 Archiv 1; *Hauer*, Die Bedeutung des Freihaltebedürfnisses für die Schutzfähigkeit der Marke, GedS Schönherr (1986) 39; *Kletečka*, Unberechtigte Verwendung eines Werktitels, ecolex 1991, 525; *Jahn*, Die körperliche Marke, Werbeforschung & Praxis 1994, 180; *Repenn*, Ermittlung des Verkehrswertes von Marken – System Repenn, Mitt der dt Patentanwälte 1994, 13; *Repenn*, Die Marke als selbständiges Wirtschaftsgut, ÖBl 1995, 99; *Baudenbacher/Caspers*, Markenrecht als Wirtschaftsrecht, ÖBl 1996, 215 (226); *Fezer*, Die Markenfähigkeit nach § 3 MarkenG, FS Piper (1996) 525; *Wittenzellner*, Schutzfähigkeit von Farben als Marken nach dem neuen Markengesetz, FS Beier (1996) 333; *Fezer*, Kennzeichenschutz an Namen fiktiver Figuren, WRP 1997, 887; *Nordemann*, Mona Lisa als Marke, WRP 1997, 389; *Sambuc*, Das Freihaltebedürfnis an beschreibenden Angaben und der Ware selbst nach dem Markengesetz, GRUR 1997, 403; *v. Schultz*, Die Farbmarke: ein Sündenfall? GRUR 1997, 714; *Völker/Weidert*, Domain-Namen im Internet, WRP 1997, 652; *Bugdhal*, Marken machen Märkte. Eine Anleitung zur erfolgreichen Markenpraxis (1998); *Deichsel*, Markentechnische Beobachtungen zum Markenschutz, GRUR 1998, 336; *Harte-Bavendamm*, Einleitende Anmerkungen zum Aufsatz „Markentechnische Beobachtungen zum Markenschutz" von Prof. Dr. Alexander Deichsel, GRUR 1998, 335; *Kiethe/Groeschke*, Der Designschutz dreidimensionaler Marken nach dem Markengesetz, WRP 1998, 541; *Völker*, Markenschutz für Farben und Farbkombinationen, GRUR 1998, 93; *V. Bugdahl/B. Bugdahl/B. Bugdahl*, Was ist das Obstliche am Obst und das Apflige am Apfel? Markennamen und Prototypensemantik, MarkenR 1999, 341; *V. Bugdahl/B. Bugdahl/B. Bugdahl*, Rhythmus und Verdoppelungen bei Markennamen, MarkenR 1999, 51; *Fezer*, Farbmarkenschutz, MarkenR 1999, 73; *Gamerith*, Der Funktionswandel der Marke unter dem Einfluß des Rechts der Europäischen Gemeinschaft, FS 100 Jahre PA (1999) 133; *Hackbarth*, Freihaltebedürfnis und Verkehrsdurchsetzung in der Rechtsprechung des EuGH, MarkenR 1999, 329; *Jaeger*, Die Firma bzw. firmenvergleichbare Bestandteile in der Mehrwort- oder Kombinationsmarke, MarkenR

1999, 217; *Krings*, Der Schutz von Buchstabenkennzeichen, WRP 1999, 50; *Sonn*, Schutzsysteme im Markenbereich – ihre Vor- und Nachteile in betriebswirtschaftlicher und gesamtwirtschaftlicher Sicht, FS 100 Jahre PA (1999) 70; *Springinsfeld*, Marke – Kunde – Marketing, FS 100 Jahre PA (1999) 88; *Teplitzky*, Kombinationen beschreibender Buchstaben als Marken für Kraftfahrzeuge und deren Bestandteile, WRP 1999, 461; *Viefhues*, Geruchsmarken als neue Markenform, MarkenR 1999, 249; *Bugdahl/Piratzky*, Markennamen in der Poesie oder Markenpoesie, MarkenR 2000, 246; *Kur*, Was macht ein Zeichen zur Marke? MarkenR 2000, 1; *V. Bugdahl*, Ein hohes Kleinod ist der gute Name, MarkenR 2001, 147; *V. Bugdahl*, Ursprünge – woher die Markennamen stammen, MarkenR 2001, 289; *Essl*, Die Registrierbarkeit von Geruchsmarken, ÖBl 2001, 51; *Gamerith*, Erste Entscheidung des EuGH zur Eintragung einer Gemeinschaftsmarke! ÖBl 2001, 241; *Hochedlinger/Wolfmair*, Duftmarken als neue Markenform? ecolex 2001, 288; *Hochedlinger*, Die Telefonnummer als Gegenstand des Marken- und Wettbewerbsrechts, ÖBl 2001, 200; *Johannes*, Welche Zeichen können Marken nach der Richtlinie 89/104 in den einzelnen Mitgliedstaaten der EU sein? MarkenR 2001, 46; *Riehle*, Funktion der Marke und europäisches Markenrecht, FS Koppensteiner (2001) 479; *Sack*, Die Verletzung abstrakter Farbmarken, WRP 2001, 1022; *Albrecht*, Farbe und Markenrecht? WRP 2002, 876; *Böhmann*, Ein Kessel Buntes – Anmerkungen zur Schutzfähigkeit von Farbmarken, GRUR 2002, 658; *Glöckner*, Technisch bedingte Zeichen und EG-Markenrecht, ELR 2002, 332; *Hauer*, Der Begriff „Unterscheidungskraft" im Markenschutzgesetz (MSchG) nach Umsetzung der EG-Marken-RL, FS Barfuß (2002) 51; *Hildebrandt*, Zum Begriff der grafischen Darstellbarkeit des Art. 2 Markenrichtlinie, MarkenR 2002, 1; *Hofinger*, Ein Elementenschutz ist dem Markenrecht fremd, ÖBl 2002, 122; *Korn*, Tragbare Kassettenspieler, Walky oder doch Walkman? MR 2002, 314; *Kucsko*, Das Gütezeichen, FS Barfuß (2002) 151; *Sieckmann*, Zum Begriff der grafischen Darstellbarkeit von Marken, MarkenR 2002, 149; *Völker*, Schutzvoraussetzungen neuer Markenformen in der Praxis des Gemeinschaftsrechts, FS Helm (2002) 253; *Fezer*, Entwicklungslinien und Prinzipien des Markenrechts in Europa, GRUR 2003, 457; *Glöckner*, Formmarken und EG-Markenrecht, ELR 2003, 246; *Grabrucker*, Zur Praxis der Eintragung einer Dienstleistungsmarke für den Einzelhandel – ein internationaler Überblick, GRUR Int 2003, 989; *Völker*, Das Ende der Farbmarke? MarkenR 2003, 49.

Kann eine Duftmarke eine Marke sein?

In diesem Kapitel geht es darum, welche Zeichen überhaupt für den Markenschutz in Betracht kommen. Es geht um folgende Fragen: Welche Kriterien muss ein Kennzeichen erfüllen, damit es als Marke registrierbar ist? Welche Registrierungshindernisse können der Schutzgewährung entgegenstehen? Kann man solche Registrierungshindernisse beseitigen? Um ein, mir in der Praxis häufig begegnendes, Missverständnis gleich vorweg aufzuklären: Dass ein Kennzeichen wegen des Vorliegens eines Registrierungshindernisses nicht als Marke registriert werden kann, bedeutet noch nicht zwingend, dass dieses Kennzeichen nicht im Geschäftsverkehr verwendet werden darf. Ist ein Zeichen beispielsweise rein beschreibend, so kann es nicht als Marke registriert werden. Wenn es nicht irreführend ist, kann es aber sehr wohl als Kennzeichen verwendet werden. Unter Umständen erlangt es sogar nachträglich die Registrierbarkeit, dann nämlich, wenn es Verkehrsgeltung erwirbt.

2.1. Definition der Marke

2.1.1. Legaldefinition

Vorgaben des TRIPS-Abk: Das TRIPS-Abk enthält eine allgemeine Markendefinition, die auch bei der europäischen Harmonisierung zu berücksichtigen ist: Alle Zeichen und jede Kombination von Zeichen, die geeignet sind, die Waren oder Dienstleistungen eines Unternehmens von denen anderer Unternehmen zu unterscheiden, können eine Marke darstellen; solche Zeichen, insbesondere Wörter einschließlich Personennamen, Buchstaben, Zahlen, Abbildungen und Farbkombinationen, ebenso wie alle Kombinationen von solchen Zeichen, sind als Marken eintragungsfähig; die Mitglieder dürfen die visuelle Wahrnehmbarkeit als Eintragungsvoraussetzung festlegen (Art 15 Abs 1 TRIPS-Abk).

Vorgaben des Gemeinschaftsrechts: Art 2 MarkenRL gibt in der Art einer Legaldefinition die „Markenformen" vor: „Marken können alle Zeichen sein, die sich graphisch darstellen lassen, insbesondere Wörter einschließlich Personennamen, Abbildungen, Buchstaben, Zahlen und die Form oder Aufmachung der Ware, soweit solche Zeichen geeignet sind, Waren oder Dienstleistungen eines Unternehmens von denjenigen anderer Unternehmen zu unterscheiden". Im Unterschied zu anderen Rechten des „geistigen und gewerblichen Eigentums" ist Gegenstand des durch die Marke gewährten rechtlichen Schutzes grundsätzlich nicht das Ergebnis einer schöpferischen oder wirtschaftlichen Leistung des Rechtsinhabers, sondern allein das von ihm „besetzte" Zeichen.[1]

Das Kaiserliche Patent 1858 definierte die Marke bereits ganz ähnlich: "Unter Marken werden in diesem Gesetze die besonderen Zeichen verstanden, welche dazu dienen, die zum Handels-Verkehr bestimmten Erzeugnisse und Waaren eines Gewerbetreibenden von jenen anderer Gewerbetreibenden zu unterscheiden (Sinnbilder Chiffren, Vignetten u.dgl.)".

Österreichische Regelung: Das *MSchG* enthält dieser Vorgabe entsprechend eine wortgleiche allgemeine Definition der Marke in § 1 MSchG. Es definiert damit „*Marken im weiteren Sinn*" (vgl dazu Seite 269). Aber nicht für jedes Zeichen, das diese Definition erfüllt, kann Markenschutz erlangt werden. Es dürfen gegen das Zeichen keine Registrierungshindernisse bestehen (§ 4 MSchG; Seite 266). Ein Zeichen, das auch diese Prüfung besteht, kann man als „*registrierbare Marken*" bezeichnen. § 1 MSchG lautet:

> „*Marken können alle Zeichen sein, die sich graphisch darstellen lassen, insbesondere Wörter einschließlich Personennamen, Abbildungen, Buchstaben, Zahlen und die Form oder Aufmachung der Ware, soweit solche Zeichen geeignet sind, Waren oder Dienstleistungen eines Unternehmens von denjenigen anderer Unternehmen zu unterscheiden.*"

---

[1]) EuG 2. 7. 2002, Rs T-323/00 – SAT.2 – wbl 2002, 468 = GRUR Int 2002, 858.

Diese Markendefinition stammt erst aus der Markenrechts-Nov 1999.[2] Der Markenbegriff wurde nunmehr an Art 2 der MarkenRL und Art 4 GMV (Seite 575) angepasst.[3]

Für die Kennzeichen, die ihren Formalschutz durch Eintragung in das Markenregister erlangt haben, wird der Begriff „*eingetragene Marken*" verwendet.[4] Dies dient zur Abgrenzung von sonstigen als Warenbezeichnungen verwendeten Kennzeichen, die ihren Schutz unabhängig von einer Registrierung durch einen entsprechenden Gebrauch im Inland erlangen. Wir befassen uns in diesem Abschnitt mit dem Schutz der eingetragenen Marke. Unter welchen Voraussetzungen ein Kennzeichen auch ohne formelle Markenregistrierung geschützt ist, werden wir gesondert untersuchen (vgl Seite 685).

2.1.2. Zeichentypen

In der Legaldefinition findet sich – in Anlehnung an die MarkenRL – eine beispielsweise Aufzählung eintragbarer *Zeichentypen*:

- **Wörter** einschließlich Personennamen (Dies spricht die klassische Wortmarke an. Die Klarstellung, dass auch Personennamen als Marke in Betracht kommen, ist vor allem für das Merchandising interessant: Häferln, T-Shirts, Kappen, Aufkleber usw, versehen mit dem Namen des bewunderten Stars, sind begehrte Objekte der jeweiligen Fangemeinde. Entsprechend groß ist das wirtschaftliche Interesse, diesen Namen im Zusammenhang mit diesen Waren auch markenrechtlich abzusichern.)
- **Abbildungen** (Damit sind die Bildmarken angesprochen.)
- **Buchstaben** (Auch Wortmarken bestehen aus Buchstaben. Hier sind jedoch solche Marken gemeint, die aus Kombinationen von Einzelbuchstaben gebildet werden und nicht als einheitliches Wort auszusprechen sind; zB „IBM".)
- **Zahlen** (Hiermit sind die aus Zahlenkombinationen gebildeten Zeichen gemeint; zB „4711")
- **Form** der Ware (Dies spricht die „dreidimensionale Marke" an, die auch als „Formmarke" bezeichnet wird.)
- **Aufmachung** der Ware (Auch das Warendesign kann als Kennzeichen dienen.)

Diese Markendefinition bestimmt also nicht abschließend, welche Arten von Zeichen als Marken zuzulassen sind. Klassisch ist die Einteilung der Marken nach *Wortmarken, Bildmarken und Wort-Bild-Marken*. Dazu kommen noch weitere spezielle Markentypen, die sich im allgemeinen Sprachgebrauch eingebürgert haben:

---

[2]) BGBl I 1999/111.
[3]) EB 1643 BlgNR 20. GP, im Folgenden kurz EB 1999, zitiert nach *Kucsko*, MSA MSchG (1999) Anm 1 zu § 1.
[4]) Vgl zur Unterscheidung der „registrierten Marke" von „nichtregistrierten Warenzeichen" etwa *Hohenecker/Friedl*, Wettbewerbsrecht, 47; *Koppensteiner*, Wettbewerbsrecht[3] § 29 Rn 12 und 25.

- **Wortmarken** bestehen aus einer im Zusammenhang aussprechbaren Buchstabenkombination; sie ist in Österreich erst seit 1895 zulässig (zB: „METRO").
- **Bildmarken:** Dieser Markentypus ist historisch älter. Bildmarken bestehen ausschließlich aus einer graphischen Darstellung, die nicht als Wort wirkt (zB: Muschel als Zeichen für „SHELL").

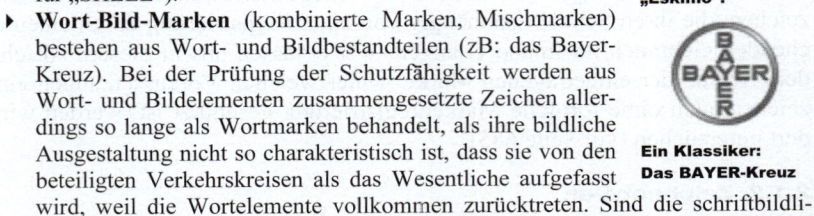

  Bei uns heißt diese Wort-Bild-Eismarke „Eskimo".
- **Wort-Bild-Marken** (kombinierte Marken, Mischmarken) bestehen aus Wort- und Bildbestandteilen (zB: das Bayer-Kreuz). Bei der Prüfung der Schutzfähigkeit werden aus Wort- und Bildelementen zusammengesetzte Zeichen allerdings so lange als Wortmarken behandelt, als ihre bildliche Ausgestaltung nicht so charakteristisch ist, dass sie von den beteiligten Verkehrskreisen als das Wesentliche aufgefasst wird, weil die Wortelemente vollkommen zurücktreten. Sind die schriftbildlichen Eigenarten im Verhältnis zum Gesamteindruck derart geringfügig, dass von einer einprägsamen bildlichen Komponente nicht gesprochen werden kann, so tritt die gegenständliche Marke dem Konsumenten nicht als Wort-Bild-Marke, sondern als Wortmarke vor Augen.[5]

  Ein Klassiker: Das BAYER-Kreuz
- **Mehrteilige Marken** (Sammelmarken) bestehen aus mehreren Einzelteilen, die allerdings als Einheit zu betrachten sind (zB: Hals- und Bauchetikette einer Flasche).
- **Mehrwortmarken** bestehen aus mehreren Worten, die als Einheit erkannt werden, etwa ein Werbespruch oder Slogan (zB „Mehr für Ihr Geld").
- **Einwortmarken** bestehen demgegenüber nur aus einem einzigen Wort.
- **Buchstabenmarken** bestehen aus Buchstaben, die keine aussprechbare Einheit bilden (zB: „OMV", „IBM").
- **Ziffern- (Zahlen-)Marken** bestehen lediglich aus einzelnen Ziffern oder Zahlen (zB „012").
- **Buchstaben- und Ziffernzeichen**, sowie Kombinationen dieser Zeichenformen (zB: „K2r").
- **Komplexe Marke:** Damit bezeichnet das EuG[6] eine aus mehreren Elementen (zB Wort- und Bildelementen) zusammengesetzte Marke.

  Eine „komplexe Marke"
- **Zweidimensionale** Marken in Abgrenzung zu den
- **Dreidimensionalen** Marken („körperliche Marken" oder „Formmarken" genannt). Formmarken können entweder selbständige Figuren sein (zB das berühmte „Michelin-Männchen") oder die Gestaltung der Warenverpackung (zB eine Flasche, ein Karton, ein sonstiges Gebinde) oder die Form der Ware selbst (zB die Form von Konfekt).
- **Klangmarken (Hörmarke):** Obwohl nicht ausdrücklich im Text erwähnt, eröffnet die neue Definition – so die EB 1999[7] – die Möglichkeit, „entsprechend

---

[5]) VwGH 27. 1. 1999, Zl 97/04/0027 – BROADCAST MASTER – PBl 1999, 182 = ÖBl-LS 00/18. Dieser Leitsatz stammt allerdings aus der Zeit vor der Markenrechts-Nov 1999. Heute wird man davon ausgehen müssen, dass auch bei Bildelementen bereits ein geringes Maß an Unterscheidungskraft genügt.

[6]) EuG 5. 12. 2002, T-91/01 – BioID – ABl HABM 2003, 464 = GRUR Int 2003, 548.

[7]) Zitiert nach *Kucsko*, MSA MSchG (1999) Anm 5 zu § 1.

dem internationalen Trend", auch Klangmarken zum Schutz zuzulassen. Vgl dazu auch § 16 Abs 2 MSchG.

- **Hologrammmarken:** Als graphisch darstellbar sind auch Hologramme anzusehen.[8]
- **Geruchs- oder Duftmarken:** Nach den EB 1999[9] sollen Geruchs- oder Duftmarken weiterhin vom Markenschutz ausgeschlossen bleiben. Der EuGH[10] schließt sie nicht generell aus, zeigt aber auf, dass ihre Registrierung am Kriterium der graphischen Darstellbarkeit scheitern könnte (Seite 262).
- **Farbmarken:** Damit sind solche Marken gemeint, die lediglich aus einer oder mehreren konturlosen Farben bestehen (zB die Farbe Lila für Milka-Produkte).[11]
- **Positionsmarken:** Die Positionsmarke ist dadurch chrakterisiert, dass der Markenschutz für die Position eines Elements auf einem Produkt in Anspruch genommen wird. So melden insbesondere Textilunternehmen Positionsmarken für die Stelle (auf der Hose, einem T-Shirt oder einem Hemd) an, wo das Etikett angebracht wird. Das Produkt selbst wird nur in seinen Umrissen angedeutet.

  Positionsmarke für die berühmten ADIDAS-Streifen.

- **Bewegungsmarken:** Damit werden Marken bezeichnet, die durch eine Veränderung des Erscheinungsbildes bei Bewegung chrakterisiert sind.[12] Zur Anmeldung wird eine entsprechende verbale Beschreibung des Bildes oder eine Folge von Abbildungen der jeweiligen Bewegungsstadien notwendig sein.
- **Berührungsmarken:** Die ertastbare Oberfläche könnte – zumindest theoretisch – ebenfalls geeignet sein, Herkunftsvorstellungen auszulösen und als Marke zu wirken.
- **Serienzeichen:** Das sind Zeichen, die den gleichen Wort- oder Bildstamm aufweisen, der im Geschäftsverkehr auf den Geschäftsbetrieb des prioritätsälteren Zeichens erkennbar hinweist. Der Wortstamm muss auch im Rahmen eines Gesamtzeichens als Stammzeichen des Unternehmens für alle seine Waren und Dienstleistungen erkennbar sein. Die Abwandlungen hingegen müssen als Kennzeichen einzelner Warenarten oder Dienstleistungen wirken (beispielsweise die zahlreichen McDonald's-Marken im Nahrungs- und Genussmittelbereich mit dem Stammzeichen „Mc" bzw „Mäc": „Fischmäc", „McChicken", „BigMäc").[13] Der zusätzliche Zeichenbestandteil muss also warenbeschreibend oder völlig farblos sein oder eine typische Abwandlungsform darstellen.[14]

---

[8]) EB 1999, zitiert nach *Kucsko*, MSA MSchG (1999) Anm 6 zu § 1.
[9]) Zitiert nach *Kucsko*, MSA MSchG (1999) Anm 7 zu § 1.
[10]) EuGH 12. 12. 2002, Rs C-273/00 – Geruchsmarke – ÖBl 2003, 106 (*Gamerith*) = wbl 2003, 71= WRP 2003, 249 = MarkenR 2003, 26 = ABl HABM 2003, 728 = ELR 2003/ 126 (*Schenk*) = GRUR 2003, 145 = GRUR Int 2003, 449.
[11]) Vgl dazu noch NA (23. 11. 1983, Nm 57/82, PBl 1984, 100 = ÖBl 1984, 66), wonach eine einzelne Farbe als solche absolut schutzunfähig ist. Anders: EuGH 6. 5. 2003, Rs C-104/01 – Libertel – wbl 2003, 268 = GRUR 2003, 604 = WRP 2003, 735 = MarkenR 2003, 227 = GRUR Int 2003, 638 = GRUR Int 2003, 638 (dazu *Buhrow*, ELR 2003, 217); EuG 9. 10. 2002, Rs T-173/00 – Orange HKS7 – wbl 2002, 568 = MarkenR 2002, 412 = ABl HABM 2002, 2506 = GRUR Int 2003, 168.
[12]) Diese Bezeichnung wurde – soweit ersichtlich – von *Völker*, FS Helm (2002) 253 eingeführt.
[13]) NA 29. 1. 1998, Nm 113/97 – Mc Hair – PBl 1999, 142 = ÖBl 2000, 16; vgl auch OPM 23. 3. 1994, Om 10/93 – Orient Express – PBl 1994, 190 = ÖBl 1994, 89.
[14]) NA 2. 9. 1997, Nm 114/96 – WONDERBRA – PBl 1998, 174.

Kucsko, Geistiges Eigentum (2003)

- **Stamm-Marken:** Dieser Begriff wird insbesondere im Zusammenhang mit „brand extension" verwendet. Damit meint man die Ausweitung einer bekannten Marke auf zusätzliche Produkte. In der Regel wird dazu die „Stamm-Marke" mit ergänzenden Zusätzen versehen.[15]
- **Individual- oder Unternehmensmarken:** Diese Bezeichnung folgt der Einteilung der Marken nach dem Markeninhaber in Abgrenzung zu
- **Verbandsmarken:** Verbände mit Rechtspersönlichkeit (Vereine, Erwerbs- und Wirtschaftsgenossenschaften, Kapitalgesellschaften) sowie juristische Personen des öffentlichen Rechts (etwa Handelskammern oder Gemeinden) können Marken erwerben, die in den Unternehmen ihrer Mitglieder zur Kennzeichnung von deren Waren oder Dienstleistungen dienen (zB: „Fleurop" vgl dazu Seite 540).
- **Warenmarken** dienen der Kennzeichnung von Waren. Der gelegentlich im Sprachgebrauch zu findende Unterschied zwischen Fabriksmarken (für selbst hergestellte Waren) und Handelsmarken (für Handelswaren) ist ohne juristische Bedeutung.
- **Dienstleistungsmarken** kennzeichnen bestimmte Tätigkeiten; es gibt sie in Österreich erst seit 1969.[16]
- **Firmen- oder Hausmarken** werden für alle von ihrem Inhaber hergestellten oder vertriebenen Waren verwendet (zB: „Meinl", „BIC").
- **Corporate Brand** heißt nunmehr das Schlagwort für jene Kennzeichen, die zugleich Name des Unternehmens und Dachmarke für dessen Produkte sind. Sie kommunizieren nach innen und außen (zu den derzeitigen und künftigen Mitarbeitern, Kunden, Investoren und Geschäftspartnern) das Selbstverständnis und die Werte eines Unternehmens. *Richard Branson* hat mit „Virgin" eine Corporate Brand geschaffen, die unterschiedlichste Produkte (vom CD-Geschäft bis zur Fluglinie) unter eine einzige Marke mit homogenem Image stellt, ähnlich „Walt Disney" für Themenparks, Filme, Printmedien. Eine Corporate Brand kann aber auch für ein spezielles Produkt und das weltweit einzulösende Versprechen gleicher Beschaffenheit und Qualität stehen (zB „McDonald´s" oder „Starbucks").[17]
- **Sondermarken (Produkt-, Spezial- oder Zweitmarken)** sind hingegen für einzelne Produkte bestimmt, vor allem für pharmazeutische Präparate und kosmetische Artikel.
- **Defensiv- und Vorratsmarken:** Während Defensivmarken nur deshalb angemeldet werden, um zu verhindern, dass andere dem (tatsächlich benützten) Hauptzeichen ähnliche Zeichen benützen, werden Vorratsmarken mit der Absicht angemeldet, sie später selbst zu benützen.
- **Begleitende Marken** dienen an sich der Kennzeichnung eines Rohstoffs und begleiten diesen auf den verschiedenen Verarbeitungsstufen, indem sie auch beim Zwischen- oder Endprodukt verwendet werden (zB: „DIOLEN", „PERLON").

---

[15]) Dazu etwa: *Strebinger*, Buntstifte, Gitarren und „Coca Cola Gola" – Wie Kinder Markenausweitungen beurteilen, transfer 2002, 26.
[16]) Die Verbandsländer verpflichten sich, die Dienstleistungsmarken zu schützen. Sie sind nicht gehalten, die Eintragung dieser Marken vorzusehen (Art 6^{sexies} PVÜ).
[17]) Zum wirtschaftlichen Potential dieser Markenstrategie vgl etwa *Frigge/Houben*, Mit der Corporate Brand zukunftsfähiger werden, Harvard Business manager 2002/1, 28.

update: www.geistigeseigentum.at

Diese Einteilungen haben sich im Sprachgebrauch über Jahrzehnte eingebürgert. Sie treffen im Einzelfall auch kumulativ für ein Zeichen zu. Ein Zeichen kann sowohl eine Dienstleistungs- als auch eine Warenmarke sein. So bezeichnet die Marke Shell sowohl bestimmte Produkte (Motoröle, KFZ-Treibstoffe), als auch bestimmte Dienstleistungen (Autopflege an der Tankstelle). Eine Bildmarke kann auch das Kriterium einer bloßen Vorratsmarke erfüllen, wenn sie zunächst nicht gebraucht wird.

Art 1 der MarkenRL spricht noch weitere Markenarten an; die MarkenRL soll „auf Individual-, Kollektiv-, Garantie- und Gewährleistungsmarken" Anwendung finden. Damit ist zunächst die bereits oben erwähnte Unterscheidung nach dem Markeninhaber angesprochen (einerseits die „Individualmarke" und andererseits die „Kollektivmarke", die bei uns traditionell „Verbandsmarke" heißt). Die MarkenRL nennt aber auch zwei Markenarten, die im österreichischen MSchG nicht speziell geregelt sind; die MarkenRL definiert diese Markenarten nicht, sie enthält dazu aber gewisse, nicht zur Einführung einer solchen Markentype zwingende Vorgaben (Art 4 Abs 4 lit e, Art 10 Abs 3 und Art 15):

- **Garantiemarken**
- **Gewährleistungsmarken**
  Als Garantie- oder Gewährleistungsmarken werden solche Marken bezeichnet, deren Verwendung das Vorliegen bestimmter Produkteigenschaften als Qualitätsmerkmale voraussetzt und deren Einhaltung von einem Dritten (zB einem Verband), der die Erlaubnis zur Verwendung dieser Marke vergibt, kontrolliert wird.[18]

Außerhalb des MSchG gibt es jedoch Regelungen über einen besonderen Zeichentyp, der den Garantie- und Gewährleistungsmarken nahe kommt:

- **Gütezeichen:** Nach der in Deutschland seit etwa 1950 als unwirksam angesehenen, in Österreich aber gemäß § 2 R-ÜG im Range eines Bundesgesetzes geltenden GütezeichenV[19] bedarf die Verwendung von „Zeichen, die nach den Satzungen und sonstigen Vorschriften oder Vereinbarungen von Verbänden, Organisationen und anderen Stellen dazu bestimmt sind, die Erzeugnisse oder Leistungen einer Mehrheit von Gewerbetreibenden nach ihrer Beschaffenheit zu kennzeichnen (Güte-, Prüf-, Gewähr- und ähnliche Zeichen)" der Genehmigung des zuständigen Bundesministers.[20] Seit 1992 bestimmt Art 5 Abs 4 des AkkreditierungsG (AkkG)[21], dass diese GütezeichenV auf die von akkreditierten Zertifizierungsstellen vergebenen Zeichen (§ 7 Z 9 AkkG), die die Konformität mit Rechtsvorschriften, Normen und anderen normativen Dokumenten bescheinigen, nach Ablauf eines Jahres ab In-Kraft-Treten dieses Bundesgesetzes nicht mehr

---

[18]) *Fezer* Markenrecht³ Rz 46 zu § 3.
[19]) RGBl I 1942 S. 273. Die Gütezeichenverordnung steht nunmehr gemäß § 2 R-ÜG im Range eines Bundesgesetzes. Sie wird am 31. 12. 2009 außer Kraft treten (BGBl I 1999/191).
[20]) BMVIT statt BMWA (Abschnitt K, Z 14 Anlage zu § 2 BMG iVm Art VII BMG). Vgl dazu *Kucsko*, Das Gütezeichen, FS Barfuß (2002) 151; *Nicklisch*, Das Gütezeichen (1969) und den Besprechungsaufsatz von *Barfuß*, Das Gütezeichen, ÖBl 1969, 128.
[21]) BGBl 1992/468, nunmehr idF BGBl I 2002/85.

anzuwenden sei. Seither gibt es zu den Gütezeichen, die nach der GütezeichenV genehmigungspflichtig sind, auch noch Gütezeichen, die von einer akkreditierten Zertifizierungsstelle vergeben werden und daher keiner Genehmigung nach der GütezeichenV bedürfen.[22] Schließlich regelt das BG zur Schaffung eines Gütezeichens für Holz und Holzprodukte aus nachhaltiger Nutzung[23] noch ein spezielles Gütezeichen für Holz und Holzprodukte. Ob Gütezeichen als Marke registrierbar sind, ist fraglich. Sie drücken zumeist nichts anderes als eine bestimmte Eigenschaft des Produkts aus. Demnach wird im Regelfall das Registrierungshindernis des § 4 Abs 1 Z 4 MSchG entgegenstehen (vgl allerdings die spezielle Ausnahme für Verbandsmarken in § 62 Abs 1 MSchG; Seite 543).[24]

▶ **Prüfzeichen:** Diese werden im erläuternden Klammerausdruck in § 1 GZV lediglich erwähnt (vgl dazu bereits oben bei den Gütezeichen), aber nicht definiert. Das MSchG spricht sie in § 4 Abs 1 Z 1 lit b bei den Registrierungshindernissen an (vgl auch § 6 Abs 2 MSchG; Seite 269).

▶ **Gewährzeichen:** Auch diese werden im erläuternden Klammerausdruck in § 1 GZV lediglich erwähnt und in § 4 Abs 1 Z 1 lit b MSchG bei den Registrierungshindernissen angesprochen, aber im MSchG nicht näher geregelt (vgl auch § 6 Abs 2 MSchG; Seite 269).

2.1.3. Graphische Darstellbarkeit

Die Marke muss visuell darstellbar sein.

Vorgaben des TRIPS-Abk: Art 15 Abs 1 TRIPS-Abk lässt sogar eine noch engere Umgrenzung des Begriffs der eingetragenen Marke zu, als ihn derzeit die MarkenRL vorgibt: *„Die Mitglieder dürfen die visuelle Wahrnehmbarkeit als Eintragungsvoraussetzung festlegen."* Praktisch relevant könnte dies etwa für Geruchszeichen oder Hörzeichen werden.[25]

Vorgaben des Gemeinschaftsrechts: Die Markendefinition der MarkenRL verlangt die *graphische Darstellbarkeit* des betreffenden Zeichens. Diese Einschränkung des Schutzes auf jene Kennzeichen, die sich *„graphisch darstellen lassen"*, wird jedenfalls für den Bereich der eingetragenen Marke als zwingend angesehen.[26] Hingegen wird eine Ausdehnung des Schutzes auf Zei-

---

[22]) *Kucsko*, FS Barfuß (2002) 151 (152).
[23]) BGBl 1992/309 idF BGBl I 2002/59.
[24]) *Kucsko*, FS Barfuß (2002) 151 (155). Zur Gemeinschaftsrechtswidrigkeit des deutschen Gütezeichens „Markenqualität aus deutschen Landen": EuGH 5. 11. 2002, C-325/00 – Markenqualität – ZLR 2002, 708.
[25]) Zum dazu bereits anhängigen Vorabentscheidungsverfahren vgl bereits oben Seite 259 (Schlussanträge des Generalanwalts v 6. 11. 2001, Rs C-273/00). *Hildebrandt*, MarkenR 2002, 1.
[26]) Vgl etwa EB zu § 3 dMarkenG; § 3 dMarkenG enthält zwar eine weite Definition, diese wird aber durch das absolute Eintragungshindernis in § 8 Abs 1 dMarkenG begrenzt.

chen, die nicht graphisch darstellbar sind, als zulässig beurteilt, soweit es um durch Benutzung erworbene Marken geht (dazu Seite 685).[27]

Österreichische Regelung: Im Zentrum der österreichischen Markendefinition steht zunächst das Erfordernis der *graphischen Darstellbarkeit* des betreffenden Zeichens. Dieses Kriterium wurde wortident aus der MarkenRL übernommen.

Diese Regelung wirft insbesondere bei *Farbmarken* (Seite 259) interessante Fragen auf: Sind diese „graphisch darstellbar" und, wenn ja, wie? In Österreich ist die Registerfähigkeit abstrakter Farbmarken noch nicht höchstgerichtlich geklärt. Der BGH hat diese grundsätzlich bejaht.[28] Jüngst hat sich der EuGH zur Frage der Eintragungsfähigkeit abstrakter Farbmarken in einem Vorabentscheidungsverfahren geäußert: Eine Farbe als solche, ohne räumliche Begrenzung, kann für bestimmte Waren oder Dienstleistungen Unterscheidungskraft im Sinne von Art 3 Abs 1 lit b und Abs 3 MarkenRL haben, sofern sie Gegenstand einer grafischen Darstellung sein kann, die *klar, eindeutig, in sich abgeschlossen, leicht zugänglich, verständlich, dauerhaft und objektiv* ist. Die bloße Wiedergabe der betreffenden Farbe auf Papier erfüllt diese Voraussetzung nicht, wohl aber die Bezeichnung der Farbe nach einem international anerkannten Kennzeichnungscode.[29] Bei der Beurteilung der Unterscheidungskraft einer bestimmten Farbe als Marke ist das *Allgemeininteresse* zu berücksichtigen, das daran besteht, dass die Verfügbarkeit der Farben für die anderen Wirtschaftsteilnehmer, die Waren oder Dienstleistungen der von der Anmeldung erfassten Art anbieten, nicht ungerechtfertigt beschränkt wird. Einer Farbe als solcher kann Unterscheidungskraft im Sinne von Art 3 Abs 1 lit b und Abs 3 der MarkenRL zukommen, sofern die Marke in der Wahrnehmung des maßgeblichen Publikums *geeignet* ist, die Ware oder Dienstleistung, für die die Eintragung beantragt wird, als von einem bestimmten Unternehmen stammend zu kennzeichnen und diese Ware oder diese Dienstleistung von denjenigen anderer Unternehmen zu *unterscheiden*. Der Umstand, dass die Eintragung der Farbe als solcher für eine *Vielzahl von Waren oder Dienstleistungen* oder aber für eine spezifische Ware oder Dienstleistung oder eine spezifische Gruppe von Waren oder Dienstleistungen beantragt wird, ist zusammen mit den anderen Umständen des Einzelfalls von Bedeutung, um sowohl die Unterscheidungskraft der Farbe, deren Eintragung beantragt wird, als auch die Frage zu beurteilen, ob ihre Eintragung dem *Allgemeininteresse* zuwiderläuft, das daran besteht, dass die Verfügbarkeit der Farben für die anderen Wirtschaftsteilnehmer, die Waren oder Dienstleistungen der von der Anmeldung erfassten Art anbieten, nicht ungerechtfertigt beschränkt wird. Die für die Eintragung von Marken zuständige Behörde hat zur Beurteilung, ob eine

---

[27]) Vgl *Pöchhacker*, Die Bedeutung der ersten Markenrichtlinie für das österreichische Markenrecht, in *Koppensteiner*, Österreichisches und europäisches Wirtschaftsprivatrecht, Teil 2: Geistiges Eigentum (1996) 71 mwN; § 3 dMarkenG.

[28]) BGH 10. 12. 1998, I ZB 20/96 – Farbmarke gelb/schwarz – GRUR 1999, 491 = ELR 1999, 105.

[29]) Man wird diesen vom EuGH zur Vorlagenfrage einer Neuanmeldung sehr apodiktisch geäußerten Satz im Hinblick auf Altmarken (manche schon aus der Zeit vor der Harmonisierung) schon aus Gründen des Vertrauensschutzes relativieren müssen. Auch bei färbigen Bildmarken wird das Erfordernis des Farbcodes zu weit reichen.

Marke Unterscheidungskraft im Sinne von Art 3 Abs 1 lit b und Abs 3 der MarkenRL hat, eine konkrete Prüfung vorzunehmen, bei der alle Umstände des Einzelfalls, zu denen auch die Benutzung der Marke gehört, zu berücksichtigen sind.[30] Weitere noch offene Fragen ergeben sich dann bei der Beurteilung des Schutzumfangs. Meines Erachtens wird man hier im engen Ähnlichkeitsbereich des Farbtons bleiben müssen. Die Farbgattung als solche zu schützen (blau in allen möglichen Farbtönen), würde das Freihaltebedürfnis der Allgemeinheit zu stark einschränken. Offen ist auch die Frage nach dem zureichenden Gebrauch gemäß § 33a MSchG (Seite 501). Da die Marke „abstrakt" angemeldet wird, müsste ihr Gebrauch durch Einfärben der Produkte ebenso wie durch markante Kennzeichnung des Produktes mit graphischen Elementen (zB Streifen) im betreffenden Farbton genügen.

So wie es derzeit aussieht, scheitert die Geruchsmarke am Kriterium der graphischen Darstellbarkeit.

Auch für die Beurteilung der Frage, ob die in der MarkenRL nicht ausdrücklich angesprochenen *„Geruchsmarken"* zulässig sind, ist das Kriterium der graphischen Darstellbarkeit der Angelpunkt. In einem Vorabentscheidungsverfahren hat der EuGH erkannt, dass ein Zeichen, das als solches nicht visuell wahrnehmbar ist, eine Marke sein kann, sofern es insbesondere mit Hilfe von Figuren, Linien oder Schriftzeichen graphisch dargestellt werden kann und die *Darstellung „klar, eindeutig, in sich abgeschlossen, leicht zugänglich, verständlich, dauerhaft und objektiv ist"*.[31]

Dieser Kriterien folgert er daraus, dass die Marke durch Eintragung in ein Register zugänglich gemacht werden muss. Dazu muss die Behörde die Ausgestaltung des Zeichens klar erkennen können. Gleiches gilt für die Wirtschaftsteilnehmer, die nach Marken im Register recherchieren. Schließlich ist auch zu berücksichtigen, dass die Schutzdauer nicht limitiert ist und die Darstellung daher dauerhaft sein muss. Der EuGH hat im Ergebnis die Markenfähigkeit für Geruchsmarken nicht grundsätzlich verneint. Er hat aber ausgesprochen, dass eine chemische *Formel* nicht verständlich genug, eine *Beschreibung*, nicht klar, eindeutig und objektiv genug und eine *Geruchsprobe* keine graphische Darstellung

---

[30]) EuGH 6. 5. 2003, Rs C-104/01 – Libertel – wbl 2003, 268 = GRUR 2003, 604 = WRP 2003, 735 = MarkenR 2003, 227 = GRUR Int 2003, 638 (dazu *Buhrow*, ELR 2003, 217); BPatG 22. 1. 2002, 33 W – Blau/Gelb– ELR 2002, 284 (*Zurkinden*). Zum Vorlagebeschluss des BundesPatG: *Steinbeck*, Der EuGH muss Farbe bekennen, MarkenR 2002, 273. Vgl auch 3. BK 3. 7. 2002, R 194/2000-3 – Pantone 348 – ABl HABM 2003, 62 zum Schutz der Farbe eines Autovermieters.

[31]) EuGH 12. 12. 2002, Rs C-273/00 – Geruchsmarke – ÖBl 2003, 106 (*Gamerith*) = wbl 2003, 71= WRP 2003, 249 = MarkenR 2003, 26 = ABl HABM 2003, 728 = ELR 2003/ 126 (*Schenk*) = GRUR 2003, 145 = GRUR Int 2003, 449 (Schlussanträge des Generalanwalts v 6. 11. 2001, Rs C-273/00). Zur bloß verbalen Beschreibung einer Duftmarke: 3. BK 5. 12. 2001, R 711/1999-3 – Der Duft von Himbeeren – ABl HABM 2002, 1676. Besonders intensiv diskutiert wurde eine Entscheidung aus der Anfangszeit der Gemeinschaftsmarke. Das Amt beurteilte die (bloß) verbal beschriebene *Geruchsmarke* „der Geruch von frisch geschnittenem Gras" als Marke für Tennisbälle schützbar (2. BK 11. 2. 1999, R 156/1998-2 – The smell of fresh cut grass – ABl HABM 1999, 1238 = MarkenR 1999, 142; dazu *Essl*, ÖBl 2001, 51).

sei. Ob es also einen Weg gibt, eine Geruchsmarke ausreichend graphisch darzustellen, ist weiterhin offen.

Zur *Klangmarke* ist derzeit ebnfalls ein Vorabentscheidungsverfahren anhängig.[32]

2.1.4. Waren oder Dienstleistungen

Gibt es irgendeine Ware oder Dienstleistung, die nicht mit einer Marke versehen werden könnte?

Diese Formulierung ist weit gefasst. Sie enthält – anders als § 1 MuSchG – keine Einschränkung auf „gewerbliche Erzeugnisse". Die Nizzaer Klassifikation gibt Anhaltspunkte dafür, was alles in Betracht kommt (vgl dazu Seite 358). In der Praxis bereitet dies kaum Schwierigkeiten. Mir ist keine (körperliche oder unkörperliche) Ware oder Dienstleistung begegnet, die nicht als Objekt der Kennzeichnung hätte angemeldet werden können. Gelegentlich, vor allem bei neuen Produkten, empfiehlt es sich, die Klassifikation und die Benennung vorab mit dem Referenten im Patentamt abzustimmen.

2.1.5. Unterscheidungskraft

Vorgaben der PVÜ: Die PVÜ lässt die Verweigerung der Eintragung zu, wenn die Marken jeder Unterscheidungskraft entbehren (Art 6^{quinquies} Teil B Z 2 PVÜ).

Vorgaben des TRIPS-Abk: International gibt Art 15 Abs 1 TRIPS-Abk (zu diesem Abkommen vgl Seite 247) eine ähnliche Definition wie § 1 MSchG vor: *„Alle Zeichen und jede Kombination von Zeichen, die geeignet sind, die Waren oder Dienstleistungen eines Unternehmens von denen anderer Unternehmen zu unterscheiden, können eine Marke darstellen."* Österreich hatte daher keine Veranlassung gesehen, anlässlich des Wirksamwerdens dieses Abkommens, seine Markendefinition zu ändern.

Vorgaben des Gemeinschaftsrechts: Auch Art 2 MarkenRL lässt Zeichen nur insoweit zum Markenschutz zu, „soweit solche Zeichen geeignet sind, Waren oder Dienstleistungen eines Unternehmens von denjenigen anderer Unternehmen zu *unterscheiden*".

Österreichische Regelung: Die österreichische Markendefinition in § 1 MSchG ist dem gefolgt (Seite 256). Dieses Markenverständnis stellt die *Unterscheidungskraft* des Zeichens ins Zentrum der Definition.[33] Fehlt diese Eigenschaft, so liegt

---

[32]) Schlussanträge des GA 3. 4. 2003, Rs C-283/01.
[33]) EB 1999, zitiert nach *Kucsko*, MSA MSchG (1999) Anm 4 zu § 1: „Obwohl der bisherige § 3, wonach eine Marke nur insoweit erworben werden konnte, als die im Waren- und Dienstleistungsverzeichnis enthaltenen Waren und Dienstleistungen aus dem Unternehmen des Anmelders oder Erwerbers hervorgehen konnten, entfällt, ist nach der vorliegenden Definition der Marke davon auszugehen, daß die Eignung von Zeichen, die herkunftshinweisende Funktion einer Marke zu erfüllen, für ihre Registrierbarkeit von maßgeblicher Bedeutung bleibt."

keine „Marke" vor. Findet sich beispielsweise auf einer Spielzeugpackung die Aufschrift „neu", so signalisiert dies lediglich, dass dieses Produkt offenbar erst vor kurzem erstmals am Markt erschienen und daher „neu" ist. Trägt ein anderes Kinderspielzeug (eines anderen Herstellers und auch in anderer Aufmachung) ebenfalls die Aufschrift „neu", so wird der Konsument lediglich annehmen, dass auch dieses Produkt neu ist. Er wird aber wegen der Verwendung dieses Wortes auf beiden Packungen noch nicht annehmen, dass diese beiden Spielzeuge vom selben Hersteller stammen. Er wird eben das Wort „neu" gar nicht als Marke erkennen. Diesem Wort fehlt somit die Unterscheidungskraft. Es ist nicht geeignet, die Waren eines Unternehmers von jenen anderer Unternehmer zu unterscheiden. Wir werden auf den Begriff der Unterscheidungskraft sogleich nochmals bei den „relativen" Registrierungshindernissen zurückkommen (Seite 279). Schon jetzt ist aber anzumerken, dass die fehlende Unterscheidungskraft eines Zeichens unter Umständen dadurch geheilt werden kann, dass das Zeichen Verkehrsgeltung erlangt hat (Seite 299).

2.2. Schutzvoraussetzungen

Um Markenschutz zu erlangen muss ein Kennzeichen weitere Schutzvoraussetzungen erfüllen.

Vorgaben der PVÜ: Die PVÜ sagt zu den Schutzvoraussetzungen wenig. Die Bedingungen für die Hinterlegung und Eintragung von Fabriks- oder Handelsmarken werden in jedem Land durch die innerstaatlichen Rechtsvorschriften bestimmt (Art 6 Abs 1 PVÜ). Jedoch darf eine durch einen Angehörigen eines Verbandslandes in irgendeinem Verbandsland hinterlegte Marke nicht deshalb zurückgewiesen oder für ungültig erklärt werden, weil sie im Ursprungsland nicht hinterlegt, eingetragen oder erneuert worden ist (Art 6 Abs 2 PVÜ). Eine in einem Verbandsland vorschriftsmäßig eingetragene Marke wird von den in anderen Verbandsländern einschließlich des Ursprungslandes eingetragenen Marken als unabhängig angesehen (Art 6 Abs 3 PVÜ). Zur „telle quelle-Klausel" des Art $6^{quinquies}$ PVÜ kommen wir in einem gesonderten Kapitel (Seite 332). Sie enthält wichtige Vorgaben für zulässige Schutzverweigerungsgründe.

Vorgaben des TRIPS-Abk: Art 15 Abs 2 TRIPS-Abk gibt einen entsprechenden Freiraum für die Normierung von Registrierungshindernissen: Art 15 Abs 1 TRIPS-Abk (Seite 256) ist nicht so zu verstehen, dass er ein Mitglied daran hindert, die Eintragung einer Marke aus anderen Gründen zu verweigern, vorausgesetzt, dass diese nicht im Widerspruch zur PVÜ stehen. Im Übrigen bestimmt Art 15 Abs 3 TRIPS-Abk, dass die Mitglieder die Eintragungsfähigkeit von der Benutzung abhängig machen können. Die tatsächliche Benutzung einer Marke darf jedoch keine Voraussetzung für die Einreichung eines Antrags auf Eintragung sein. Ein Antrag darf nicht allein aus dem Grund abgelehnt werden, weil die beabsichtigte Benutzung nicht vor dem Ablauf einer Frist von drei Jahren, gerechnet vom

Tag der Antragstellung an, stattgefunden hat. Auch die Art der Waren oder Dienstleistungen, auf denen die Marke angebracht werden soll, darf keinesfalls ein Hindernis für die Eintragung der Marke bilden (Art 15 Abs 4 TRIPS-Abk).

Vorgaben des Gemeinschaftsrechts: Art 3 MarkenRL enthält eine konkrete Liste der Registrierungshindernisse. Manche davon sind von den Mitgliedstaaten zwingend umzusetzen, andere sind lediglich fakultativ vorgesehen. Ich werde im Folgenden jeweils auf diese Vorgaben verweisen.

Österreichische Regelung: Marken im weiteren Sinn (Zeichen, die sich graphisch darstellen lassen und die geeignet sind, Waren oder Dienstleistungen eines Unternehmens von denjenigen anderer Unternehmen zu unterscheiden, Seite 256) können nur dann als Marke registriert werden, wenn kein Registrierungshindernis vorliegt (§ 4 MSchG). Es müssen also zusätzliche Kriterien erfüllt sein. § 4 MSchG fasst seit der Markenrechts-Nov 1999[34] die in den bisherigen §§ 1 und 4 MSchG statuierten Eintragungshindernisse entsprechend den Bestimmungen des Art 3 MarkenRL bzw des Art 7 GMV (Seite 577) zusammen[35]. Allerdings war § 4 MSchG aF auch schon davor (seit dem Wirksamwerden des Beitritts Österreichs zum EWR) richtlinienkonform auszulegen.[36]

Manche Registrierungshindernisse des § 4 MSchG sind so genannte „*absolute Registrierungshindernisse*". Diese können nicht beseitigt werden:

- Hoheitszeichen
- Definitionswidrige Zeichen
- Bestimmte dreidimensionale Zeichen
- Ordnungs- oder sittenwidrige Zeichen
- Irreführende Zeichen
- Gewisse Wein- und Spirituosenmarken

Demgegenüber bezeichnet man als „*relative Registrierungshindernisse*" solche, die unter Umständen beseitigt werden können:

- Fehlende Unterscheidungskraft
- Beschreibende Zeichen
- Gattungsbezeichnungen
- Auszeichnung als Bestandteil

---

[34]) Zur Anwendung der neuen Bestimmungen auf ältere Sachverhalte: OGH 18. 1. 2000, 4 Ob 325/99v – MANPOWER – ÖBl 2000, 175 = ecolex 2000, 515 (*Schanda*) = RdW 2000/313.

[35]) EB 1999, zitiert nach *Kucsko*, MSA MSchG (1999) Anm 1 zu § 4. Eine spezielle Ermächtigung für eine Übergangsbestimmung enthält Art 3 Abs 4 MarkenRL: Jeder Mitgliedstaat kann vorsehen, dass abweichend von den Art 3 Abs 1, 2 und 3 die Eintragungshindernisse oder Ungültigkeitsgründe, die in diesem Staat vor dem Zeitpunkt gegolten haben, zu dem die zur Durchführung dieser Richtlinie erforderlichen Bestimmungen in Kraft treten, auf Marken Anwendung finden, die vor diesem Zeitpunkt angemeldet worden sind. Eine entsprechende Regelung fehlt im Österreichischen MSchG, vgl OGH 24. 11. 1998, 4 Ob 266/98s – Tabasco VI – ÖBl 1999, 124 = ecolex 1999, 337 (*Schanda*) = RdW 1999, 78.

[36]) OPM 22. 9. 1999, Om 3/99 – WEISSE, BLAUE, BUNTE SEITEN – PBl 2000, 14 = ÖBl-LS 00/20.

Nach ständiger Rechtsprechung[37] ist die Marke schon dann nicht registerfähig, wenn auch *nur eines der Registrierungshindernisse* vorliegt. Die Eintragungshindernisse sind voneinander unabhängig und müssen getrennt geprüft werden.[38] Betrifft das Registrierungshindernis nur *einen Teil des Waren- und Dienstleistungsverzeichnisses* (zB wenn die Marke nur hinsichtlich bestimmter Waren oder Dienstleistungen irreführend ist), so darf dies nicht zur gänzlichen Abweisung des Registrierungsantrags führen. Es ist vielmehr die Registrierung lediglich hinsichtlich der betreffenden Waren oder Dienstleistungen zu verweigern.[39] Die Prüfung der angemeldeten Marke erfolgt unabhängig von bereits früher registrierten Marken (dass also das gleiche Markenwort schon früher registriert wurde, präjudiziert das Patentamt nicht).[40]

2.2.1. Hoheitszeichen

Das Vorarlberger Wappen ist nicht nur landesgesetzlich abgesichert, sondern auch von der Registrierung als Marke ausgeschlossen.

Literaturhinweise: *Komorzynski*, Die Berechtigung zur Führung der Bezeichnung „k.k. privilegiert" und des kaiserlichen Adlers, JBl 1902, 253; *Veltzé*, Dürfen Landeswappen zur Ausschmückung von Waren verwendet werden? JBl 1953, 230; *Prettenhofer*, Ausländische Herkunftszeichen, ÖJZ 1951, 269; *Barger*, Zur Kennzeichenschutzfähigkeit von Ortsangaben, ÖBl 1976, 32; *Krenn*, Verbraucherschutz im Markenrecht, ÖJZ 1977, 225.

Auch das Zeichen der Interpol steht nicht als Marke zur Verfügung.

Gemäß Art 3 Abs 1 lit h *MarkenRL* sind Marken, die mangels Genehmigung durch die zuständigen Stellen gemäß Art 6ter PVÜ zurückzuweisen sind, von der Registrierung auszuschließen. Gemäß Art 6ter Abs 1a PVÜ sind die Verbandsländer übereingekommen, die Eintragung der Wappen, Flaggen und anderen staatlichen Hoheitszeichen der Verbandsländer, der von ihnen eingeführten amtlichen Prüf- und Gewährzeichen und -stempel sowie jeder Nachahmung im heraldischen Sinn als Fabrik- oder Handelsmarken oder als Bestandteile solcher zurückzuweisen oder für ungültig zu erklären sowie den Gebrauch dieser Zeichen durch geeignete Maßnahmen zu verbieten, sofern die zuständigen Stellen den Gebrauch nicht erlaubt haben. Zum Verzeichnis der staatlichen Hoheitszeichen und amtlichen Prüf- und Gewährzeichen sowie zur „Notifikation" vgl Art 6ter Abs 3 und 4 PVÜ.

---

[37]) EuGH 19. 9. 2002, Rs C-104/00 – COMPANYLINE – ABl HABM 2002, 2468 = EWS 2002, 483 = MarkenR 2002, 391 = GRUR Int 2003, 56 = GRUR 2003, 58 = GRUR 2003, 58; EuG 20. 3. 2002, Rs T-355/00 – TELE AID – wbl 2002, 271 = WRP 2002, 516 = GRUR Int 2002, 747 = ABl HABM 2002, 2212; EuG 27. 2. 2002, Rs T-106/00 – STREAMSERVE – wbl 2002, 218 = MarkenR 2002, 92 = ABl HABM 2002, 1090 = GRUR Int 2002, 596, mwN; EuG 12. 1. 2000, Rs T-19/99 – Companyline – ÖBl-LS 00/133 = GRUR Int 2000, 429 = MarkenR 2000, 70.
[38]) EuGH 8. 4. 2003, Rs C-53/01 bis C-55/01 – Linde/Winward/Rado – ÖBl-LS 2003/100 = MarkenR 2003, 187 = GRUR 2003, 514 = GRUR Int 2003, 632 = ABl HABM 2003, 1502.
[39]) BA 28. 7. 1988, Bm 3/88 – LEMON SPARKLING – PBl 1989, 182 = ÖBl 1989, 162.
[40]) BA 4. 12. 1986, Bm 5/86 – MEZIEN-MÖBELSHOP – PBl 1988, 187 = ÖBl 1988, 154.

Nach § 4 Abs 1 Z 1 MSchG sind von der Registrierung jene Zeichen ausgeschlossen, die ausschließlich bestehen aus

- Staatswappen, aus Staatsfahnen oder anderen staatlichen Hoheitszeichen oder aus Wappen inländischer Gebietskörperschaften (§ 4 Abs 1 lit a MSchG),
- amtlichen Prüfungs- oder Gewährzeichen, die im Inland oder nach Maßgabe einer im Bundesgesetzblatt zu verlautbarenden Kundmachung (§ 6 Abs 2 MSchG) in einem ausländischen Staat für dieselben Waren oder Dienstleistungen, für die die Marke bestimmt ist, oder für ähnliche[41] Waren oder Dienstleistungen eingeführt sind (§ 4 Abs 2 lit b MSchG),[42]
- Zeichen internationaler Organisationen, denen ein Mitgliedsland des Pariser Verbandes zum Schutz des gewerblichen Eigentums (PVÜ, Seite 189) als Mitglied angehört,[43] sofern die Zeichen im BGBl kundgemacht worden sind – für die Kundmachung gilt § 6 Abs 2 letzter Satz (§ 4 Abs 2 lit c MSchG).

Dieses Registrierungshindernis wirkt *absolut*. Es gilt auch für Darstellungen, die der amtlichen Ausführungsform der Auszeichnung oder des Zeichens *ähnlich* sind (§ 7 MSchG). Befugt geführte Auszeichnungen und Zeichen, die bloß einen Bestandteil von Marken bilden, sind gegebenenfalls zur Registrierung zuzulassen. Insoweit besteht also nur ein relatives Registrierungshindernis (vgl Seite 267). Nicht ausgeschlossen sind hingegen *Phantasiewappen*.[44]

Beispiel:

- OPM 25. 10. 2000: Die Antragsgegnerin hatte eine (im Original farbige) Wort-Bild-Marke für „Burbon-Whisky" eingetragen.[45] Sie wurde gemäß § 33 MSchG (vgl Seite 498) iVm § 4 Abs 1 Z 1 lit a und § 7 MSchG[46] mit der Begründung auf Löschung in Anspruch genommen, dass diese Marke Ähnlichkeit mit amerikanischen Hoheitszeichen habe. Der OPM ging allerdings davon aus, dass es für die Ähnlichkeit mit einem Hoheitszeichen noch nicht ausreiche, wenn ein Tier abgebildet ist, dessen Abbildung häufig für Wappen verwendet wird. Charakteristisch für Hoheitszeichen seien vielmehr die kreisrunde Form („Siegelcharakter") und ein Textteil, der auf ein staatliches Gemeinwesen hinweist. Dem Löschungsantrag wurde daher aus diesem Grund

---

[41]) Die bisherige Bestimmung des § 4 Abs 1 Z 1 lit b MSchG wird insofern abgeändert, als anstelle von „gleichartigen" Waren und Dienstleistungen nunmehr von „ähnlichen" Waren und Dienstleistungen gesprochen wird (EB 1999, zitiert nach *Kucsko*, MSA MSchG [1999] Anm 2 zu § 4).

[42]) Das Verbot der amtlichen Prüf- und Gewährzeichen und -stempel findet nur dann Anwendung, wenn die Marken mit diesen Zeichen für gleiche oder gleichartige Waren bestimmt sind (Art 6ter Abs 2 PVÜ).

[43]) Die Bestimmungen unter Art 6ter Abs 1a PVÜ sind ebenso auf die Wappen, Flaggen und anderen Kennzeichen, Siegel oder Bezeichnungen der internationalen zwischenstaatlichen Organisationen anzuwenden, denen ein oder mehrere Verbandsländer angehören; ausgenommen sind die Wappen, Flaggen und anderen Kennzeichen, Siegel oder Bezeichnungen, die bereits Gegenstand von in Kraft befindlichen internationalen Abkommen sind, die ihren Schutz gewährleisten (Art 6ter Abs 1b PVÜ).

[44]) Vgl dazu *Schönherr/Thaler*, Entscheidungen zum Markenrecht (1985) E 28 ff zu § 7.

[45]) OPM 25. 10. 2000, Om 2/00 – OLD BOURBON STREET – PBl 2001, 200 = ÖBl-LS 2002/55.

[46]) In der Fassung vor der Markenrechts-Nov 1999; der Fall wäre aber auch nach der heutigen Rechtslage gleich zu entscheiden gewesen.

nicht Folge gegeben (zur Beurteilung der Irreführungseignung dieser Marke siehe Seite 276).

2.2.2. Definitionswidrige Zeichen

§ 4 Abs 1 Z 2 MSchG bekräftigt etwas, was sich eigentlich schon aus der allgemeinen Markendefinition ergibt: Er schließt jene Zeichen von der Registrierung aus, die *„nicht als Marke gemäß § 1 eintragungsfähig sind"*. Die Materialien[47] unterstreichen dies: „Als nicht eintragungsfähig nach Z 2 werden solche Zeichen anzusehen sein, die sich nicht unter § 1 subsumieren, also insbesondere nicht graphisch darstellen lassen."

Dieses Registrierungshindernis ist zwingend durch Art 3 Abs 1 lit a MarkenRL vorgegeben. Der EuGH geht davon aus, dass diese Vorschrift im Wesentlichen Zeichen von der Eintragung ausschließen soll, die allgemein nicht markenfähig sind, also sich nicht graphisch darstellen lassen und/oder nicht geeignet sind, die Waren oder Dienstleistungen eines Unternehmens von denjenigen anderer Unternehmen zu unterscheiden.[48] Es gibt daher keine Kategorie von Marken, die nicht aufgrund des Art 3 Abs 1 lit b bis d und Abs 3 MarkenRL, wohl aber aufgrund des Art 3 Abs 1 lit a MarkenRL von der Eintragung ausgeschlossen sind, weil sie nicht geeignet sind, die Waren des Inhabers der Marke von denen anderer Unternehmen zu unterscheiden.[49]

Auch dieses Registrierungshindernis ist *absolut* und kann daher nicht beseitigt werden.

2.2.3. Bestimmte dreidimensionale Zeichen

Dreidimensionale (körperliche) Marken („Formmarken") sind grundsätzlich registerfähig. Die Form der Ware, für die das Zeichen eingetragen wurde, muss keine willkürliche Ergänzung, wie zB eine Verzierung ohne funktionelle Bedeutung, aufweisen, um im Sinne des Art 2 MarkenRL zur Unterscheidung dieser Ware geeignet zu sein.[50] Die Rechtsprechung hat allerdings schon bisher als Voraussetzung für den Markenschutz körperlicher Gebilde verlangt, dass sie für die Ware unterscheidende und nicht nur technisch-funktionelle Bedeutung haben. Körperliche

Diese Flaschenform erkennt man auch ohne Markennamen.

---

[47]) EB 1999, zitiert nach *Kucsko*, MSA MSchG (1999) Anm 3 zu § 4.
[48]) EuGH 18. 6. 2002, Rs C-299/99 – Rasierapparat – ÖBl 2003, 55 (*Gamerith*) = ÖBl-LS 2002/177 = EWS 2002, 375 = MarkenR 2002, 231 = GRUR 2002, 804 = GRUR Int 2002, 842 = ABl HABM 2002, 2034.
[49]) EuGH 18. 6. 2002, Rs C-299/99 – Rasierapparat – ÖBl 2003, 55 (*Gamerith*) = ÖBl-LS 2002/177 = EWS 2002, 375 = MarkenR 2002, 231 = GRUR 2002, 804 = GRUR Int 2002, 842 = ABl HABM 2002, 2034.
[50]) EuGH 18. 6. 2002, Rs C-299/99 – Rasierapparat – ÖBl 2003, 55 (*Gamerith*) = ÖBl-LS 2002/177 = EWS 2002, 375 = MarkenR 2002, 231 = GRUR 2002, 804 = GRUR Int 2002, 842 = ABl HABM 2002, 2034.

Gebilde seien daher schutzfähig, wenn sie die Ware nicht in irgendeiner Hinsicht erst gebrauchsfähig machen oder sonst geeignet sind, ihren Gebrauchs- oder Verkehrswert zu erhöhen. Die Form der Ware sei nicht schutzfähig, wenn ihr ausschließlich oder doch überwiegend technisch-funktionelle Bedeutung zukomme.[51] Mit der Markenrechts-Nov 1999 wurde dazu eine spezielle Regelung eingefügt. § 4 Abs 1 Z 6 MSchG definiert eine spezielle Ausnahme für bestimmte dreidimensionale Zeichen vom Markenschutz. Konnte der Ausschluss solcher Marken bisher eigentlich nur aus der fehlenden Unterscheidungskraft begründet werden, so besteht nunmehr ein besonderes Registrierungshindernis. Während allerdings das Fehlen der Unterscheidungskraft (durch Erbringen des Verkehrsgeltungsnachweises) heilbar war, ist das nunmehrige Registrierungshindernis ein *absolutes*. Es kann nicht geheilt werden. Die Materialien[52] heben dies ausdrücklich als Änderung der Rechtslage hervor: „Zu betonen ist allerdings, daß im Gegensatz zur bisherigen Rechtslage, unter § 4 Abs. 1 Z 6 zu subsumierende körperliche Zeichen selbst bei Vorliegen der Verkehrsgeltung nicht mehr als Marke registriert werden können." Der EuGH hat dies jüngst in einem Vorabentscheidungsverfahren, in dem es um die Form eines Philips-Rasierapparats ging, ebenfalls bekräftigt: Es ist darauf hinzuweisen, dass eine Form, die nach Art 3 Abs 1 lit e MarkenRL von der Eintragung ausgeschlossen ist, in keinem Fall gemäß Art 3 Abs 3 MarkenRL eingetragen werden kann.[53]

Demnach sind jetzt von der Registrierung solche Zeichen absolut ausgeschlossen, die ausschließlich aus der Form bestehen, die:

▸ durch die Art der Ware selbst bedingt ist,
▸ zur Herstellung einer technischen Wirkung erforderlich ist oder
▸ der Ware einen wesentlichen Wert verleiht.

Diese Regelung entspricht fast wortident Art 3 Abs 1 lit e der MarkenRL sowie Art 7 Abs 1 lit e GMV (Seite 577). Art 3 Abs 1 lit e MarkenRL ist – so der EuGH[54] – im Lichte des Allgemeininteresses auszulegen. Die Ratio dieses Eintragungshindernisses besteht darin, zu verhindern, dass der Schutz des Markenrechts seinem Inhaber ein Monopol für technische Lösungen oder Gebrauchseigenschaften einer Ware einräumt, die der Benutzer auch bei den Waren der Mitbewerber suchen kann. Es soll vermieden werden, dass der durch das Markenrecht gewährte Schutz über den Schutz der Zeichen hinausgeht, anhand deren sich eine Ware oder Dienstleistung von den von Mitbewerbern angebotenen Waren oder Dienstleistungen unterscheiden lassen, und zu einem Hindernis für die Mitbewerber wird, Waren mit

---

[51]) OGH 4. 2. 1999, 4 Ob 330/98b – Magic Joy – ÖBl 1999, 194 = ecolex 1999, 558 (*Schanda*) = wbl 1999, 328.
[52]) EB 1999, zitiert nach *Kucsko*, MSA MSchG (1999) Anm 13 zu § 4.
[53]) EuGH 18. 6. 2002, Rs C-299/99 – Rasierapparat – ÖBl 2003, 55 (*Gamerith*) = ÖBl-LS 2002/177 = EWS 2002, 375 = MarkenR 2002, 231 = GRUR 2002, 804 = GRUR Int 2002, 842 = ABl HABM 2002, 2034.
[54]) EuGH 8. 4. 2003, Rs C-53/01 bis C-55/01 – Linde/Winward/Rado – ÖBl-LS 2003/100 = MarkenR 2003, 187 = GRUR 2003, 514 = GRUR Int 2003, 632 = ABl HABM 2003, 1502; EuGH 18. 6. 2002, Rs C-299/99 – Rasierapparat – ÖBl 2003, 55 (*Gamerith*) = ÖBl-LS 2002/177 = EWS 2002, 375 = MarkenR 2002, 231 = GRUR 2002, 804 = GRUR Int 2002, 842 = ABl HABM 2002, 2034.

diesen technischen Lösungen oder diesen Gebrauchseigenschaften im Wettbewerb mit dem Markeninhaber frei anzubieten. Art 3 Abs 1 lit e, zweiter Gedankenstrich MarkenRL sei dahin auszulegen, dass ein Zeichen, das ausschließlich aus der Form der Ware besteht, nicht eintragungsfähig ist, wenn nachgewiesen wird, dass die wesentlichen funktionellen Merkmale dieser Form nur der technischen Wirkung zuzuschreiben sind. Ferner könne durch den Nachweis, dass es andere Formen gibt, mit denen sich die gleiche technische Wirkung erzielen lässt, nicht das Eintragungshindernis oder der Grund für die Ungültigerklärung nach dieser Vorschrift ausgeräumt werden.[55] Das Registrierungshindernis greift immer dann, wenn auch nur eines der Kriterien des Art 3 Abs 1 lit e MarkenRL erfüllt ist. Dieses Registrierungshindernis wird vorrangig geprüft. Sind insoweit allfällige Bedenken gegen die Registrierung ausgeräumt, so muss weiters geprüft werden, ob das dreidimensionale Zeichen aufgrund eines oder mehrerer der in Art 3 Abs 1 li b bis d MarkenRL genannten Eintragungshindernisse von der Registrierung ausgeschlossen ist.[56]

Beispiel:

▸ OGH 4. 2. 1999: Die Klägerin war Inhaberin einer Marke, die in der Anordnung zweier speziell gefärbter, nicht mischbarer, voneinander entlang einer horizontalen Ebene getrennter Flüssigkeiten in einem durchsichtigen Behälter bestand. Die Schützbarkeit dieser Marke war noch vor In-Kraft-Treten der Markenrechts-Nov 1999 zu prüfen. Sie wurde verneint. Diese Gestaltung eines Zweiphasenproduktes sei ein wesensbestimmendes und kein willkürlich gewähltes Merkmal. Das von der Beklagten vertriebene Zweiphasenprodukt „Magic Joy" durfte daher weiter in Verkehr gebracht werden.[57]

Zum Schutz des Designs dreidimensionaler Gebilde vgl auch den Abschnitt über Musterschutz (Seite 693)[58] sowie die Rechtsprechung zur sittenwidrigen Nachahmung gemäß § 1 UWG.

---

[55]) EuGH 18. 6. 2002, Rs C-299/99 – Rasierapparat – ÖBl 2003, 55 (*Gamerith*) = ÖBl-LS 2002/177 = EWS 2002, 375 = MarkenR 2002, 231 = GRUR 2002, 804 = GRUR Int 2002, 842 = ABl HABM 2002, 2034.

[56]) EuGH 8. 4. 2003, Rs C-53/01 bis C-55/01 – Linde/Winward/Rado – ÖBl-LS 2003/100 = MarkenR 2003, 187 = GRUR 2003, 514 = GRUR Int 2003, 632 = ABl HABM 2003, 1502.

[57]) OGH 4. 2. 1999, 4 Ob 330/98b – Magic Joy – ÖBl 1999, 194 = ecolex 1999, 558 (*Schanda*) = wbl 1999, 328. Nach stRSp ist die jeweilige technische Form weder markenrechtlich noch wettbewerbsrechtlich schützbar, vgl dazu weiters beispielsweise die Ausgestaltung eines Steigbügels für Schachtringe und Fertigteilschächte (OGH 29.11.1988, 4 Ob 102/88); die Ausstattung eines Schuhs mit Klettverschluss, an dessen Schnalle eine Bezeichnung mit leicht nach rechts abfallendem Schriftbild angebracht ist (OGH 15.12.1987, 4 Ob 343/86 – Easy Rider – ÖBl 1988, 41); die besondere Gestaltung eines Verschlusses („Auf-und-Zu-Verschluss") für ein Geschirrspülmittel (OGH 10.3.1987, 4 Ob 315/87 – Komfortverschluss – ÖBl 1987, 63); die besondere körperliche Form eines Profilsteins (Pflasterstein) in der Form eines „I" bzw eines doppelten „T", an dessen schmalen Mittelteil beiderseits je ein symmetrisch dazu angeordneter Kopf anschließt (OGH 18.12.1979, 4 Ob 400/79 – Profilstein – ÖBl 1980, 38); Schaumzuckerware in zylindrischer Form mit abgerundetem Kopf („Schwedenbomben"), da diese Form der Ware funktionsbedingt ist (OGH 11.5.1976, 4 Ob 314/76 – Schwedenbomben – ÖBl 1976, 154); die Ausführung eines Heiß- und Kaltluftventilatorengeräts (OGH 14.7.1954, 3 Ob 278, ÖBl 1954, 54).

[58]) Der kennzeichenrechtliche Schutz dreidimensionaler Gebilde ist vom musterrechtlichen Schutz getrennt zu beurteilen; vgl dazu etwa OGH 10. 3. 1987, 4 Ob 315/87 – Komfortverschluss – ÖBl 1987, 63 = wbl 1987, 162 = GRUR Int 1988, 520.

2.2.4. Ordnungs- oder sittenwidrige Zeichen

Aus verständlichen Gründen kann ich Ihnen kein Bild eines ordnungswidrigen Schildes zeigen.

§ 4 Abs 1 Z 7 MSchG schließt Zeichen, die gegen die öffentliche Ordnung oder gegen die guten Sitten verstoßen, von der Eintragung aus. Diese Regelung entspricht Art 3 Abs 1 lit f MarkenRL bzw Art 7 Abs 1 lit f GMV (Seite 577): *„Von der Registrierung ausgeschlossen sind Zeichen, die gegen die öffentliche Ordnung oder gegen die guten Sitten verstoßen."* Unter „öffentliche Ordnung" sind nur die tragenden Grundsätze der Rechtsordnung zu verstehen; nicht aber beispielsweise Kennzeichnungsvorschriften in Herkunftsabkommen.[59] In der Praxis kommt diesem Registrierungshindernis keine große Bedeutung zu. Es wird nur selten angewendet.

Dieses Registrierungshindernis wirkt *absolut*; es kann also nicht beseitigt werden.

Beispiele:

- OPM 25. 1. 1989: Da gerade Spirituosen (insbesondere zur Förderung des gesundheitlichen Wohlbefindens) häufig in religiösen Orden hergestellt werden, ist bei Kennzeichnung von Kräuterweinen mit dem *Bild jener Heiligen*, nach deren Rezeptur sie auch heute noch hergestellt werden, selbst bei Anlegung eines strengen Maßstabs, eine Verletzung religiöser Gefühle nicht zu befürchten.[60]
- NA 9. 2. 1989: „ERNTEDANK" wurde für „Mehle und Getreidepräparate für Nahrungszwecke" nicht als ärgerniserregend beurteilt.[61]
- 4. BK 21. 2. 2001: Ist die Anmelderin aus öffentlich-rechtlichen Gründen (mangels Genehmigung) gehindert, die Dienstleistungen, für die sie die Marke anmeldet hat (hier: Dienstleistungen eines Buchmachers, Dienstleistungen im Zusammenhang mit Wetten aller Art), in einem Teil der Gemeinschaft (hier: Deutschland) anzubieten, so begründet dies noch nicht einen Verstoß der Marke gegen die *öffentliche Ordnung oder die guten Sitten*.[62]

2.2.5. Irreführende Zeichen

Auch dieses Registrierungshindernis ist nicht neu.[63] Es wurde aber durch die Markenrechts-Nov 1999 präziser an die Vorgaben des Art 3 Abs 1 lit g MarkenRL und Art 7 Abs 1 lit g GMV (Seite 578) angepasst: *„Von der Registrierung ausgeschlos-*

---

[59] NA 7. 6. 1991, Nm 33/90 – RÖMERQUELLE DER CHAMPAGNER UNTER DEN MINERALWÄSSERN – PBl 1992, 149 = GRUR Int 1992, 788 = ÖBl 1992, 103.
[60] OPM 25. 1. 1989, Om 3/87 – Hl. Hildegard v. Bingen – PBl 1989, 180 = ÖBl 1989, 161.
[61] NA 9. 2. 1989, Nm 129/87 – ERNTEDANK – PBl 1990, 49 = ÖBl 1990, 54.
[62] 4. BK 21. 2. 2001, R 338/2000-4 – Intertops – GRUR 2002/897 = ABl HABM 2002, 1972.
[63] Zur Verfassungsmäßigkeit dieser Bestimmung: VfGH 27. 2. 1989, B 197/88-5, VfSlg 11949 = PBl 1990, 37 = ÖBl 1990, 54.

sen sind Marken, die geeignet sind, das Publikum zum Beispiel über die Art, die Beschaffenheit oder die geographische Herkunft[64] der Ware oder Dienstleistung zu täuschen." Im Gegensatz zur Regelung im zweiten Teil des bisherigen § 4 Abs 1 Z 4 MSchG aF kommt es jetzt lediglich auf die subjektive Täuschungskomponente an, wohingegen das Tatbestandsmerkmal der objektiven Unrichtigkeit einer Angabe nicht mehr erforderlich ist. Tatsächlich können auch *wahre*, sachlich an sich richtige Angaben zur Irreführung geeignet sein.[65] Darüber hinaus wurde mit dieser Textierung auch Art 22 Abs 4 TRIPS-Abk, einer Spezialbestimmung für geographische Angaben als Marke beziehungsweise als Markenbestandteil, entsprochen.[66]

Ob ein Zeichen Angaben enthält, die den tatsächlichen Verhältnissen nicht entsprechen und zur Täuschung des Publikums geeignet sind, ist allein danach zu beurteilen, wie die *angesprochenen Verkehrskreise* die in der Marke enthaltene Angabe auffassen.[67] Es kommt auch nicht darauf an, ob der Anmelder *gutgläubig* ist.[68] Eine relevante Täuschung setzt aber immer voraus, dass der durch den Inhalt der Marke hervorgerufene unrichtige Eindruck den *Kaufentschluss* überhaupt beeinflussen kann.[69] Der lauterkeitsrechtliche (zu § 2 UWG entwickelte) Grundsatz, dass bei *Mehrdeutigkeit* einer Ankündigung der Werbende immer die für ihn ungünstigste Auslegung gegen sich gelten lassen muss, gilt auch hier; für den Ausschluss einer Marke wegen Täuschungseignung reicht es daher aus, dass sie nach einer einzigen von mehreren möglichen Bedeutungen als Marke nicht schützbar ist.[70] Das Registrierungshindernis der Täuschungsfähigkeit liegt schon dann vor, wenn auch nur *einzelne Bestandteile* einer kombinierten Marke zu Irrtümern über den Gehalt der unter dieser Marke vertriebenen Waren Anlass geben können.[71] Entscheidend ist die Auffassung der Verkehrskreise zum *Prioritätszeitpunkt*.[72]

Der Gebrauch eines *fremdsprachigen* Wortes in einer Marke oder als Marke ist nicht schlechthin zur Täuschung geeignet. Es ist vielmehr im Einzelfall zu untersuchen, ob der Verkehr durch die Verwendung des betreffenden Markenwortes über die wahre Herkunft der Ware irregeführt wird. Eine solche Täuschung ist insbesondere dann leicht möglich, wenn Waren der betreffenden Art gerade in diesem

---

[64]) Die Verbandsländer verpflichten sich, den unbefugten Gebrauch der Staatswappen der anderen Verbandsländer im Handel zu verbieten, wenn dieser Gebrauch zur Irreführung über den Ursprung der Erzeugnisse geeignet ist (Art 6ter Abs 9 PVÜ).
[65]) OPM 25. 10. 2000, Om 2/00 – OLD BOURBON STREET – PBl 2001, 200 = ÖBl-LS 2002/55; EB 1999, zitiert nach *Kucsko*, MSA MSchG (1999) Anm 9 zu § 4.
[66]) EB 1999, zitiert nach *Kucsko*, MSA MSchG (1999) Anm 9 zu § 4.
[67]) OPM 22. 9. 1999, Om 2/99 – ROTHMANS ROYALS – PBl 2000, 85 = ÖBl-LS 00/81.
[68]) OGH 13. 7. 1993, 4 Ob 80/93 – Karadeniz – ÖBl 1993, 203 = wbl 1994, 65 = Ernährung 1995, 177.
[69]) OPM 22. 9. 1999, Om 2/99 – ROTHMANS ROYALS – PBl 2000, 85 = ÖBl-LS 00/81.
[70]) OGH 13. 2. 2001, 4 Ob 316/00z – immobilienring.at – ÖBl 2002, 81 = wbl 2001, 335 (*Thiele*) = ecolex 2001, 461 (*Schanda*) = ÖBl-LS 01/90 und 91.
[71]) OGH 13. 7. 1993, 4 Ob 80/93 – Karadeniz – ÖBl 1993, 203 = wbl 1994, 65 = Ernährung 1995, 177; OPM 11. 11. 1987, Om 1-4/85 – Egger – PBl 1988, 36 = ÖBl 1988, 38.
[72]) OPM 13. 9. 1989, Om 6/89 – Thermoski – PBl 1990, 111 = ÖBl 1990, 99.

Land in weltberühmter, allgemein bekannter Qualität hergestellt und exportiert werden.[73]

Bauwerke, historische Denkmäler udgl sind nicht generell vom Markenschutz ausgeschlossen, sondern nur dann, wenn sie im Verhältnis zu den bezeichneten Waren eindeutig eine Angabe über deren Herkunft vermitteln. Ist diese Angabe unzutreffend (weil die Waren nicht von dort herstammen), so ist die Marke irreführend und daher nicht registrierbar. Ist die Angabe zutreffend, so ist sie beschreibend und es kann das Registrierungshindernis des § 4 Abs 1 Z 4 MSchG verwirklicht sein.[74]

Die Frage der Irreführungseignung wird von der Rechtsprechung als *Rechtsfrage* und nicht als Tatfrage beurteilt.[75] Dies wird allerdings nur so weit gelten, als die allgemeine Lebenserfahrung des Richters oder sein Fachwissen zur Beurteilung dieser Frage ausreichen, andernfalls ist eine Beweisaufnahme zur Ermittlung der Verkehrsauffassung erforderlich.[76]

Beispiele irreführender Zeichen:
- BA 13. 10. 1982: „SCHLOSS TIROL" ist für einen Wein, der aus Tirol, nicht aber aus dem Gebiet um das Schloss Tirol stammt, irreführend.[77]
- BA 26. 1. 1984: „YORK" ist als Marke für Textilien eines Unternehmens mit Sitz in Deutschland irreführend.[78]
- NA 5. 3. 1986: „CARBONIC" ist für Sportgeräte entweder beschreibend oder irreführend.[79]
- NA 17. 12. 1986: „SCANDINAMIC" ist für Waren, die nicht aus Skandinavien stammen, irreführend.[80]
- OPM 11. 11. 1987: „Egg" liegt im Bregenzerwald. Die Bezeichnung „EGGER BIER" ist daher für ein in Niederösterreich gebrautes Bier irreführend. Da half auch die Berufung darauf nichts, dass diese Marke aus dem Familiennamen des ursprünglichen Markeninhabers gebildet worden sei.[81]
- OGH 13. 7. 1993: „KARADENIZ" bedeutet „Schwarzes Meer". Gemeinsam mit der Abbildung eines gerade in der Türkei gebräuchlichen Samowars (Abbildung rechts) ist diese Wort-Bild-Marke daher für Tee aus Ceylon irreführend. Daran ändert auch der Zusatz „HAKIKI CEYLON CAYI" nichts.[82]

---

[73]) BA 16. 10. 1997, Bm 2 und 3/97 – ANGELO LITRICO – PBl 1998, 195.
[74]) OPM 13. 10. 1982, Om 4/82 – Schloss Tirol – PBl 1983, 89 = ÖBl 1983, 70.
[75]) OGH 27. 6. 1995, 4 Ob 1043/95 – Pizza-Vorab – ÖBl 1996, 133 = wbl 1996, 32 (und zwar auch unter Berücksichtigung der IrreführungsRL).
[76]) OGH 13. 11. 1984, 4 Ob 371/84 – C&A – RdW 1985, 108 = ernährung 1985, 802 = GRUR Int 1986, 132.
[77]) OPM 13. 10. 1982, Om 4/82 – Schloss Tirol – PBl 1983, 89 = ÖBl 1983, 70.
[78]) BA 26. 1. 1984, Bm 8/83 – YORK – PBl 1986, 145: Diese Irreführung kann von der Beschwerdeinstanz nicht mehr durch eine (in erster Instanz nicht von der Anmelderin beantragte) Einschränkung des Warenverzeichnisses (zB auf „alle diese Waren aus York") beseitigt werden.
[79]) NA 5. 3. 1986, Nm 51/85 – Carbonic – PBl 1986, 183 = ÖBl 1986, 152.
[80]) NA 17. 12. 1986, Nm 2/86 – Scandinamic – PBl 1988, 188 = ÖBl 1988, 154.
[81]) OPM 11. 11. 1987, Om 1-4/85 – Egger – PBl 1988, 36 = ÖBl 1988, 38.
[82]) OGH 13. 7. 1993, 4 Ob 80/93 – Karadeniz – ÖBl 1993, 203 = wbl 1994, 65 = Ernährung 1995, 177.

- OPM 27. 4. 1994: Was denken Wiener, wenn sie in der U-Bahnpassage vor diesem CITY-TV-Schild stehen? Sie erwarten sich keine (Werbe-) Videos, sondern gestalteten Rundfunk, und werden daher durch ein derartiges Zeichen irregeführt.[83]

  City-TV
  WIENER STADTFERNSEHEN

- OGH 18. 5. 1999: Die Beifügung der Ortsangabe „Wien" im Zeichen „SACHERS" für einen Kaffe, der tatsächlich nicht in Wien, sondern in Oeynhausen (südlich von Wien) hergestellt wird, ist irreführend.[84]
- OPM 25. 10. 2000: Die auf Seite 269 abgebildete Wort-Bild-Marke „BOURBON STREET" wurde auch unter dem Aspekt der Irreführungseignung gemäß § 33 MSchG (vgl Seite 498) iVm § 4 Abs 1 Z 4 MSchG[85] geprüft.[86] Die Marke war für „Burbon-Whisky" eingetragen. Dies ist allerdings nicht eine andere Bezeichnung für „Bourbon Whisky", sondern eine Phantasiebezeichnung. Ob es sich dabei um eine bewusste oder um eine (auf einen Schreibfehler zurückgehende) unbewusste Schöpfung handelt, sei – so der OPM formal argumentierend, aber meines Erachtens im Hinblick auf den formalen Charakter eines Registerrechts zutreffend – ohne Bedeutung, weil es im Löschungsverfahren allein darauf ankomme, für welche Waren die Marke registriert ist, und ob die Marke zur Täuschung geeignet ist, wenn sie für diese Waren verwendet wird. Er bejahte daher hier die Irreführungseignung, weil die Marke den Anschein erwecke, für eine aus den USA stammende Ware registriert zu sein, während sie in Wahrheit für einen Whisky registriert ist, den es jedenfalls in den USA nicht gibt.
- OGH 13. 2. 2001: Die von einer OHG angemeldete Marke „IMMOBILIENRING" erweckt den irreführenden Eindruck einer Unternehmensvereinigung im Bereich der Immobilienwirtschaft und ist daher nicht eintragungsfähig.[87]

Beispiele nicht irreführender Zeichen (-bestandteile):
- BA 22. 3. 1984: „ALASKA BOY" ist als Marke eines deutschen Unternehmens für alkoholfreie Getränke nicht irreführend.[88]
- NA 5. 9. 1984: „JEAN PASCAL" ist als Marke eines österreichischen Unternehmens für Uhren nicht täuschend, weil dieser Name nicht von vornherein auf Frankreich hinweist.[89]

---

[83]) OPM 27. 4. 1994, Om 1/94 – Stadtfernsehen II – ÖBl 1994, 179 = PBl 1995, 18; OGH 7. 4. 1992, 4 Ob 21/92 – Stadtfernsehen – ÖBl 1992, 163 = wbl 1992, 308 = ecolex 1992, 487 = RdW 1992, 274.
[84]) OGH 18. 5. 1999, 4 Ob 108/99g – Sachers Kaffee Wien – ÖBl 1999, 278.
[85]) In der Fassung vor der Markenrechts-Nov 1999; der Fall wäre aber auch nach der heutigen Rechtslage gleich zu entscheiden gewesen.
[86]) OPM 25. 10. 2000, Om 2/00 – OLD BOURBON STREET – PBl 2001, 200 = ÖBl-LS 2002/55.
[87]) OGH 13. 2. 2001, 4 Ob 316/00z – immobilienring.at – ÖBl 2002, 81 = wbl 2001, 335 (*Thiele*) = ecolex 2001, 461 (*Schanda*) = ÖBl-LS 01/90 und 91.
[88]) BA 22. 3. 1984, Bm 5/82 – Alaska Boy – PBl 1984, 117 = ÖBl 1984, 90.
[89]) NA 5. 9. 1984, Nm 7/83 – Jean Pascal – PBl 1986, 147 = ÖBl 1986, 119.

- OPM 27. 1. 1988: „RENO" hat als Marke für Schuhe ausschließlich oder doch überwiegend den Charakter einer Phantasiebezeichnung. Die geographische Bedeutung (Reno = Stadt in Nevada/USA) tritt demgegenüber ganz in den Hintergrund. Die Registerfähigkeit wurde daher bejaht.[90]
- OPM 13. 9. 1989: „THERMOSKI" ist für Skier nicht täuschend (und auch nicht beschreibend).[91]
- OPM 10. 5. 1994: „EAU DE VIENNE" (bzw „Wiener Wasser") ist für Parfümeriewaren nicht täuschend (und auch nicht beschreibend).[92]
- BA 16. 10. 1997: Die aus einem italienischen Namen gebildete Marke „ANGELO LITRICO" wurde im Zusammenhang mit Leder- und Textilwaren nicht als irreführend beurteilt. Eine Einschränkung des Warenverzeichnisses auf „alle vorgenannten Waren mit italienischer Herkunft" wurde nicht für notwendig erachtet. Der Konsument sei sich in Anbetracht der engen wirtschaftlichen Verflechtung nicht nur der Länder der Europäischen Gemeinschaft, sondern des gesamten internationalen Marktes und durch die Internationalisierung des Handels bewusst, dass Textilien und Lederwaren in sehr großem Umfang außerhalb von Europa produziert und nach Europa importiert werden.[93]
- OPM 8. 6. 1998: Der Wortbestandteil „Mc.Clean" in einer Wort-Bild-Marke (Abbildung Seite 418) ist für ein Reinigungsmittel nicht täuschungsfähig. Reinigungsmittel sind keine für *englischsprachige* Länder typischen Produkte. Die der englischen Sprache entnommenen Bestandteile der Marke weisen daher auch nicht auf die Herkunft der Waren aus einem englischsprachigen Land hin.[94]
- OPM 22. 9. 1999: Die Zigarettenmarke „KARELIA Royal" wurde als nicht irreführend beurteilt. Es kann zwar eine Täuschung des Publikums auch durch eine unzutreffende *Herkunftsangabe* begründet werden. Es kommt aber immer darauf an, ob das Zeichen vom Verkehr auch als Ortsangabe aufgefasst wird. „Karelia" ist keine deutsche geographische Bezeichnung. Es gibt lediglich ein „Karlien" (Gebiet, das teils in Finnland, teils in einem zur russischen Föderation gehörenden Teilstaat liegt). Jene Verkehrskreise, denen diese Umstände nicht bekannt sind, werden den Markenbestandteil „Karelia" überhaupt nicht als Ortsangabe auffassen. Die anderen werden nicht unbedingt eine Verbindung zwischen „Karelia" und „Karelien" herstellen. Jene, die dies doch tun, würden nicht getäuscht werden, weil Karelien nicht als Tabakanbauland bekannt ist, und

Bei diesem Zeichen ging es darum, ob der Hinweis „...geprüfte Qualität aus aller Welt" irreführend ist. Dies wurde letztlich verneint. Der Slogan werde als reklamehafte Übertreibung erkannt. Niemand werde ernstlich annehmen, dass die angebotenen Erzeugnisse buchstäblich „aus allen Winkeln dieses Planeten stammen" (BA 28. 10. 1986, Bm 3/86, PBl 1988, 186 = ÖBl 1988, 154).

---

[90]) OPM 27. 1. 1988, Om 13/86 – RENO – PBl 1989, 56 = ÖBl 1989, 73.
[91]) OPM 13. 9. 1989, Om 6/89 – Thermoski – PBl 1990, 111 = ÖBl 1990, 99.
[92]) OPM 10. 5. 1994, Om 2/94 – EAU DE VIENNE – PBl 1995, 30 = ÖBl 1995, 159.
[93]) BA 16. 10. 1997, Bm 2 und 3/97 – ANGELO LITRICO – PBl 1998, 195.
[94]) OPM 8. 6. 1998, Om 6/97 – Clin – PBl 1999, 15.

überdies die etwa doch angenommene Herkunft der Ware aus diesem Gebiet keinen für den Kaufentschluss wesentlichen Umstand betrifft.[95]

Das Registrierungshindernis für irreführende Zeichen wirkt *absolut* und kann daher nicht beseitigt werden. Der Anmelder kann bei einer Beanstandung allenfalls versuchen, den Bedenken des Prüfers durch eine entsprechende Einschränkung des Waren- und Dienstleistungsverzeichnisses Rechnung zu tragen, sodass die Marke für die verbleibenden Waren- und Dienstleistungen nicht irreführend ist.

2.2.6. Gewisse Wein- und Spirituosenmarken

Letztlich hat die Markenrechts-Nov 1999 ein neues *absolutes* Registrierungshindernis gebracht.[96] § 4 Abs 1 Z 9 MSchG sieht für geographische Angaben, die zur Kennzeichnung von Weinen bzw Spirituosen dienen und auch zur Kennzeichnung dieser Waren bestimmt sind, eine Sonderbestimmung im Sinne des Art 23 Abs 2 TRIPS-Abk vor, die im Gegensatz zu § 4 Abs 1 Z 8 MSchG lediglich auf das Vorliegen einer objektiv unrichtigen Bezeichnung abstellt: *„Von der Registrierung ausgeschlossen sind Zeichen, die eine geographische Angabe enthalten oder aus ihr bestehen, durch die Weine gekennzeichnet werden und die für Weine bestimmt sind, die diesen Ursprung nicht haben, oder durch die Spirituosen gekennzeichnet werden und die für Spirituosen bestimmt sind, die diesen Ursprung nicht haben."*[97]

Wein- und Spirituosenmarken sind offenbar besonders heikel.

2.2.7. Sortenbezeichnungen

Bis zur Markenrechts-Nov 1999 war in § 4 Abs 1 Z 5 MSchG ein weiteres *absolutes* Registrierungshindernis für Zeichen vorgesehen, die nach dem SortenschutzG (Seite 812) als Sortenbezeichnung für gleichartige Waren registriert sind. Diese Regelung hatte seit ihrer Einführung 1993 keine Bedeutung erlangt. Sie würde weiters „zur Erhaltung der für die Prüfung erforderlichen Voraussetzungen einen zu-

---

[95]) OPM 22. 9. 1999, Om 2/99 – ROTHMANS ROYALS – PBl 2000, 85 = ÖBl-LS 00/81. Vgl auch den ähnlichen Fall VwGH 3. 12. 1985, Zl 85/04/0051 – TASMANIAN – ZfVB 1986/1699.

[96]) § 73 MSchG enthält dazu eine besondere Übergangsbestimmung: Auf vor dem 1. 1. 1996 gutgläubig angemeldete Marken ist die Bestimmung des § 4 Abs 1 Z 9 MSchG weder in der Gesetzmäßigkeitsprüfung (§ 20 MSchG) noch im Löschungsverfahren gemäß § 33 MSchG anzuwenden. Der Grund für diese Übergangsregelung liegt darin, dass § 4 Abs 1 Z 9 MSchG auf der für Österreich ab dem 1. 1. 1996 verpflichtenden Bestimmung des Art 23 Abs 2 TRIPS-Abk beruht, die jedoch gemäß Art 24 Abs 5 TRIPS-Abk nicht auf Marken anzuwenden ist, die gutgläubig vor diesem Datum angemeldet wurden (EB 1999, zitiert nach *Kucsko*, MSA MSchG [1999] Anm 1 zu § 73).

[97]) Zum Schutz der Bezeichnung „Champagner" vgl NA 7. 6. 1991, Nm 33/90 – RÖMERQUELLE DER CHAMPAGNER UNTER DEN MINERALWÄSSERN – PBl 1992, 149 = GRUR Int 1992, 788 = ÖBl 1992, 103.

nehmenden organisatorischen Aufwand erfordern".[98] Insbesondere § 4 Abs 1 Z 4 MSchG über beschreibende Angaben, § 4 Abs 1 Z 5 MSchG über Gattungsbezeichnungen sowie § 4 Abs 1 Z 8 MSchG über täuschende Angaben sollten gemeinsam mit den Bestimmungen betreffend die Löschung von Marken zur Wahrung der Rechte an registrierten Sortenbezeichnungen ausreichen. Darüber hinaus enthält auch die GMV keine dem bisherigen § 4 Abs 1 Z 5 MSchG entsprechende spezielle Ausschlussbestimmung. Deshalb entschloss sich der Gesetzgeber, dieses Registrierungshindernis aufzuheben.[99]

2.2.8. Fehlende Unterscheidungskraft

Literaturhinweise: *Wassermann*, Zeichen, die sich im Verkehr durchgesetzt haben, JBl 1929, 11; *Zimbler*, Ist der Begriff der „Verkehrsgeltung" nach dem Markenschutzgesetz verschieden von jenem des Gesetzes gegen den unlauteren Wettbewerb? JBl 1934, 342; *Prettenhofer*, Ausstattungsschutz und Eintragung im Markenregister, ÖJZ 1952, 265; *Prettenhofer*, Die Meinungsforschung als Beweis, ÖJZ 1954, 556; *N.N.*, Bundeskammergutachten als Verkehrsgeltungsnachweis im Markenverfahren, ÖBl 1957, 22; *Fasching*, Die Beweisführung zum Nachweis der Verkehrsgeltung, ÖBl 1959, 41; *Thaler*, Verkehrsgeltungsnachweis: Wann? Wofür? GedS Schönherr (1986) 63; *Gómez Segade*, Unterscheidungskraft und „Secondary Meaning" im Kennzeichenrecht, GRUR Int 1995, 944; *Matscher*, Der Beweis durch Demoskopie im österreichischen Zivilprozeß, ÖBl 1970, 90; *Asperger/Stangl*, „Verkehrsgeltungsnachweis", ecolex 1999, 783.

ROAD WORK AHEAD:
Das materielle Markenrecht ist weitgehend von der Spruchpraxis geprägt. Durch die Anpassung an einen europäischen Standard finden derzeit starke Veränderungen statt. Beim Zitieren von Entscheidungen, die zwei, drei oder mehr Jahre alt sind, ist daher Vorsicht geboten.

Das Registrierungshindernis der mangelnden *Unterscheidungskraft* (*Kennzeichnungskraft*) ist nicht neu. Es betrifft die Grundfunktion der Marke, bestimmte Waren und Dienstleistungen von anderen zu unterscheiden. Wenn ein Zeichen diese Funktion nicht erfüllen kann, so ist es als Marke untauglich und daher nicht registrierbar. Dennoch war dieses Registrierungshindernis eines der Kernthemen bei der Markenrechts-Nov 1999. Die österreichische Praxis war nämlich bei der Beurteilung der Unterscheidungskraft eher streng. Demgegenüber entwickelte sich aufgrund der MarkenRL bzw der GMV ein großzügigerer europäischer Standard (nach Art 3 Abs 1 lit b MarkenRL sind nämlich nur solche Zeichen von der Registrierung auszuschließen, die *keine* Unterscheidungskraft haben). Um hier ein Signal zu geben, dass die österreichische Spruchpraxis anzupassen sein wird, wurde dieses Registrierungshindernis von der Markenrechts-Nov 1999 in § 4 Abs 1 Z 3 MSchG neu und wörtlich der MarkenRL entsprechend formuliert:

---

[98]) EB 1999, zitiert nach *Kucsko*, MSA MSchG (1999) Anm 11 zu § 4.
[99]) EB 1999, zitiert nach *Kucsko*, MSA MSchG (1999) Anm 11 zu § 4.

"Von der Registrierung ausgeschlossen sind Zeichen, die keine Unterscheidungskraft haben".

Eine analoge Regelung für die Gemeinschaftsmarke enthält Art 7 Abs 1 lit b GMV (Seite 577).

Die *Materialien*[100] kommentieren diese Neuerung eingehend: Entsprechend Art 6^{quinquies} Teil B Z 2 PVÜ, Art 3 Abs 1 lit b MarkenRL bzw Art 7 Abs 1 lit b GMV sind Zeichen, die keine Unterscheidungskraft haben, nicht zur Registrierung zuzulassen. „Dies bedeutet im Umkehrschluss jedoch, dass schon eine geringe Unterscheidungskraft ausreicht, die Registrierbarkeit eines Zeichens zu begründen. Kann eine unmittelbar beschreibende Bedeutung verneint werden, ist sohin zu prüfen, ob die beteiligten Verkehrskreise das Zeichen als individuelles Unternehmensmerkmal und Kennzeichen auffassen. Keine Unterscheidungskraft können beispielsweise Zeichen haben, die in werbeüblicher Form und graphischer Ausgestaltung lediglich beschreibende Hinweise wiedergeben oder bloß anpreisende *Werbeslogans* oder *Werbeschlagwörter* darstellen."

Dass *Buchstaben* und *Zahlen* im § 1 MSchG – abweichend von der bisherigen Judikatur[101] – nunmehr ausdrücklich als grundsätzlich registrierfähige Zeichen anerkannt sind (Seite 256), sofern sie die sonstigen Voraussetzungen erfüllen, bedeutet – so die Materialien zur Markenrechts-Nov 1999[102] – insofern eine „Änderung der Praxis, als derartige Zeichen im Regelfall nicht mehr lediglich bei Nachweis ihrer Verkehrsgeltung als Marke registriert werden, sondern dass das Erfordernis dieser Nachweisführung nur mehr dort zum Tragen kommen soll, wo anhand der zu kennzeichnenden Waren und Dienstleistungen sowie der besonderen Umstände des Einzelfalles und im Hinblick auf bestehende Verkehrsgewohnheiten keine Unterscheidungskraft beziehungsweise ein Freihaltebedürfnis anzunehmen ist". Die Berücksichtigung eines zukünftigen *Freihaltebedürfnisses* erscheint – so die Materialien weiter – hierbei nur bei Vorliegen konkreter Anhaltspunkte für die künftige Entwicklung sinnvoll und geboten.[103] Die bloß abstrakte Eignung von Zahlen, beispielsweise als Mengenbezeichnung zu dienen, reichte als Registrierungshindernis ebensowenig aus wie das abstrakte Interesse der Allgemeinheit an der freien Verwendung von Zahlen. Auch hinsichtlich der Registrierbarkeit von Buchstaben beziehungsweise nicht aussprechbaren oder nicht zusammenhängend lesbaren Buchstabenkombinationen lassen sich keine allgemeingültigen Regelungen mehr aufstellen. Insbesondere könne aus der bloßen Anzahl der Buchstaben keine Aussage über ihre Schutzwürdigkeit im Einzelfall abgeleitet werden. Jedoch könne selbst

---

[100]) EB 1999, zitiert nach *Kucsko*, MSA MSchG (1999) Anm 4 zu § 4.
[101]) Vgl etwa noch OGH 5. 12. 1995, 4 Ob 84/95 – DIY – ÖBl 1996, 280 = ecolex 1996, 380; 14. 6. 1994, 4 Ob 61/94 – ALFA – ÖBl 1995, 71 = wbl 1994, 384 = ecolex 1994, 824; 10. 9. 1991, 4 Ob 77/91 – CTC – MR 1992, 37 = wbl 1992, 30.
[102]) EB 1999, zitiert nach *Kucsko*, MSA MSchG (1999) Anm 3 zu § 1.
[103]) Vgl zu einem solchen Fall VwGH 28. 3. 2001, Zl 2001/04/0027 – Eurozeichen – PBl 2001, 141 = ÖBl-LS 01/174.

der Umstand, dass ein Fehlen der Unterscheidungskraft lediglich für einen geringeren Teil der beteiligten Verkehrskreise anzunehmen ist, den Ausschluss der Bezeichnung vom Markenschutz rechtfertigen, wenn es sich bei diesem geringeren Teil angesichts der Waren und Dienstleistungen um einen für das Verhältnis der Verkehrsteile zueinander maßgeblichen und sohin rechtlich relevanten Teil handle. Diese Ausführungen in den Materialien zur Markenrechts-Nov 1999 legen nahe, dass der Gesetzgeber massiv in die bisherige Spruchpraxis eingreifen wollte. Der noch kurz vor In-Kraft-Treten der Markenrechts-Nov 1999 judizierte Leitsatz[104], die Marke müsse „etwas Besonderes, Individuelles an sich haben, das sie sich schon ihrer Art nach dazu eignet, ihren Trägern von anderen Personen (bzw dessen Waren von fremden Waren) zu unterscheiden", wurde zu Recht als zu engherzig kritisiert. Das materielle Markenrecht ist insoweit „in Umbau" begriffen, und es bleibt abzuwarten, bis sich eine entsprechend geänderte Spruchpraxis etabliert hat.

In der *Judikatur* haben sich bereits gewisse allgemeine Grundsätze zur Beurteilung dieses Registrierungshindernisses nach den Vorgaben der MarkenRL (bzw der GMV) herausgebildet:

- Die *Unterscheidungskraft* besagt, dass die Marke geeignet ist, die Ware (Dienstleistung), für die die Eintragung beantragt wird, als von einem bestimmten Unternehmen stammend zu *kennzeichnen* und diese Ware (Dienstleistung) somit von denjenigen anderer Unternehmen zu unterscheiden.[105]
- Eine Marke hat *Unterscheidungskraft*, wenn sie es ermöglicht, die Waren oder Dienstleistungen, für die ihre Eintragung beantragt worden ist, nach ihrer *Herkunft* zu unterscheiden.[106]
- Das Registrierungshindernis fehlender Unterscheidungskraft verfolgt das im Allgemeininteresse liegende *Ziel*, dass von ihm erfasste Zeichen von allen frei verwendet werden können.[107]
- Die Marke muss aber den angesprochenen Verkehrskreisen nicht unbedingt die *Identifizierung des Herstellers* der Ware oder des Erbringers der Dienstleistung dadurch ermöglichen, dass ihnen genaue Angaben zu deren Identität vermittelt werden.[108]
- Nicht unterscheidungskräftige Zeichen werden als ungeeignet angesehen, die wesentliche Funktion der Marke zu erfüllen, die darin besteht, die *gewerbliche Herkunft* der Ware oder Dienstleistung zu identifizieren, um es dem Verbraucher, der die mit der Marke gekennzeichnete Ware oder Dienstleistung erwirbt,

---

[104]) OGH 13. 4. 1999, 4 Ob 17/99z – LA LINIA/LA LINEA – ÖBl 1999, 283 = ecolex 1999, 705 (*Schanda*).
[105]) EuGH 18. 6. 2002, Rs C-299/99 – Rasierapparat – ÖBl 2003, 55 (*Gamerith*) = ÖBl-LS 2002/177 = EWS 2002, 375 = MarkenR 2002, 231 = GRUR 2002, 804 = GRUR Int 2002, 842 = ABl HABM 2002, 2034; EuGH 4. 5. 1999, Rs C-108/97 – Chiemsee – ÖBl 1999, 255 = ecolex 1999, 838 (*Schanda*) = wbl 1999, 310 = Slg 1999 I-2779 = MarkenR 1999, 189 = WRP 1999, 629 = GRUR Int 1999, 727.
[106]) EuG 7. 2. 2002, Rs T-88/00 – Stabtaschenlampen – MarkenR 2002, 56 = GRUR Int 2002, 288 und 531 = ABl HABM 2002, 1322.
[107]) EuG 9. 10. 2002, Rs T-360/00 – UltraPlus – wbl 2002, 568 = ABl HABM 2002, 2534 = MarkenR 2003, 112 = GRUR Int 2003, 234; EuG 2. 7. 2002, Rs T-323/00 – SAT.2 – wbl 2002, 468 = GRUR Int 2002, 858.
[108]) EuG 7. 2. 2002, Rs T-88/00 – Stabtaschenlampen – MarkenR 2002, 56 = GRUR Int 2002, 288 und 531 = ABl HABM 2002, 1322; EuG 19. 9. 2001, Rs T-30/00 – Waschmitteltablette – MarkenR 2001, 481 = GRUR Int 2002, 75.

so zu ermöglichen, bei einem weiteren Erwerb seine Entscheidung davon abhängig zu machen, ob er gute oder schlechte Erfahrungen gemacht hat (Dieser Leitsatz findet sich wortgleich auch zum Registrierungshindernis der beschreibenden Angabe; Seite 304).[109]

▸ Die Eintragungshindernisse der fehlenden Unterscheidungskraft sowie des *beschreibenden Charakters* können einander überschneiden; dennoch haben sie aber jeweils ihren eigenen Anwendungsbereich.[110]

▸ Die *Kennzeichnungskraft* einer Marke kann *größer oder geringer* sein. Dies hat im Zusammenhang mit der Beurteilung der Verwechslungsgefahr zwischen zwei Zeichen erhebliche Bedeutung (Seite 395). Um die Kennzeichnungskraft einer Marke zu bestimmen und zu beurteilen, ob sie eine erhöhte Kennzeichnungskraft besitzt, ist zu prüfen, ob die Marke geeignet ist, die Waren oder Dienstleistungen, für die sie eingetragen worden ist, als von einem bestimmten Unternehmen stammend zu kennzeichnen und damit diese Waren oder Dienstleistungen von denen anderer Unternehmen zu unterscheiden.[111]

▸ Die Unterscheidungskraft eines Zeichens ist in Bezug auf die *Waren und Dienstleistungen* zu prüfen, für die die Eintragung beantragt worden ist.[112]

▸ Das Fehlen der Unterscheidungskraft lässt sich nicht mit der bloßen Feststellung begründen, dass es an einem *Phantasieüberschuss* (bzw an einem „Minimum an Phantasie") fehle.[113]

▸ Es genügt ein *Minimum* an Unterscheidungskraft, um dieses Registrierungshindernis entfallen zu lassen.[114]

---

[109]) EuG 27. 2. 2002, Rs T-34/00 – EUROCOOL – wbl 2002, 218 = MarkenR 2002, 88 = ABl HABM 2002, 1042 = GRUR Int 2002, 591; EuG 27. 2. 2002, Rs T-79/00 – LITE – wbl 2002, 217 = ABl HABM 2002, 1068 = GRUR Int 2002, 604.

[110]) EuG 27. 2. 2002, Rs T-34/00 – EUROCOOL – wbl 2002, 218 = MarkenR 2002, 88 = ABl HABM 2002, 1042 = GRUR Int 2002, 591; EuG 27. 2. 2002, Rs T-79/00 – LITE – wbl 2002, 217 = ABl HABM 2002, 1068 = GRUR Int 2002, 604.

[111]) EuGH 22. 6. 1999, Rs C-342/97 – Lloyd/Loint´s – ÖBl 1999, 305 = ecolex 1999, 638 (*Schanda*) = wbl 1999, 454 = MarkenR 1999, 236 = GRUR Int 1999, 734 = ABl HABM 1999, 1568; EuGH 4. 5. 1999, Rs C-108/97 – Chiemsee – ÖBl 1999, 255 = ecolex 1999, 838 (*Schanda*) = wbl 1999, 310 = Slg 1999 I-2779 = MarkenR 1999, 189 = WRP 1999, 629 = GRUR Int 1999, 727.

[112]) EuGH 8. 4. 2003, Rs C-53/01 bis C-55/01 – Linde/Winward/Rado – ÖBl-LS 2003/100 = MarkenR 2003, 187 = GRUR 2003, 514 = GRUR Int 2003, 632 = ABl HABM 2003, 1502; EuG 20. 11. 2002, T-79/01 und T-86/01 – KIT PRO – ABl HABM 2003, 446 = GRUR Int 2003, 545; EuG 2. 7. 2002, Rs T-323/00 – SAT.2 – wbl 2002, 468 = GRUR Int 2002, 858; EuG 27. 2. 2002, Rs T-34/00 – EUROCOOL – wbl 2002, 218 = MarkenR 2002, 88 = ABl HABM 2002, 1042 = GRUR Int 2002, 591; EuG 27. 2. 2002, Rs T-79/00 – LITE – wbl 2002, 217 = ABl HABM 2002, 1068 = GRUR Int 2002, 604; EuG 27. 2. 2002, Rs T-106/00 – STREAMSERVE – wbl 2002, 218 = MarkenR 2002, 92 = ABl HABM 2002, 1090 = GRUR Int 2002, 596; EuG 7. 2. 2002, Rs T-88/00 – Stabtaschenlampen – MarkenR 2002, 56 = GRUR Int 2002, 288 und 531 = ABl HABM 2002, 1322; EuG 12. 1. 2000, Rs T-19/99 – Companyline – ÖBl-LS 00/133 = GRUR Int 2000, 429 = MarkenR 2000, 70; EuGH 4. 10. 2001, Rs C-517/99, Rz 29 – Bravo – ÖBl 2002, 105 = ÖBl-LS 02/28 = ecolex 2002, 35 (*Schanda*) = MarkenR 2001, 403 = GRUR Int 2002, 145 = WRP 2001, 1272; EuG 3. 10. 2001, Rs T-140/00 – New Born Baby; EuG 19. 9. 2001, Rs T-30/00 – Waschmitteltablette – MarkenR 2001, 481 = GRUR Int 2002, 75.

[113]) EuG 27. 2. 2002, Rs T-34/00 – EUROCOOL – wbl 2002, 218 = MarkenR 2002, 88 = ABl HABM 2002, 1042 = GRUR Int 2002, 591; EuG 27. 2. 2002, Rs T-79/00 – LITE – wbl 2002, 217 = ABl HABM 2002, 1068 = GRUR Int 2002, 604; EuG 11. 12. 2001, Rs T-138/00 – Das Prinzip – wbl 2002, 75 = MarkenR 2002, 52 = ABl HABM 2002, 730 = GRUR Int 2002, 590; EuG 3. 10. 2001, Rs T-140/00 – New Born Baby; EuG 5. 4. 2001, Rs T-87/00 – Easybank – wbl 2001, 268 = MarkenR 2001, 181 = GRUR Int 2001, 480 = ABl HABM 2001, 2122.

[114]) EuG 27. 2. 2002, Rs T-34/00 – EUROCOOL – wbl 2002, 218 = MarkenR 2002, 88 = ABl HABM 2002, 1042 = GRUR Int 2002, 591; EuG 27. 2. 2002, Rs T-79/00 – LITE – wbl 2002, 217 = ABl HABM 2002, 1068 = GRUR Int 2002, 604; EuG 19. 9. 2001, Rs T-30/00 – Waschmitteltablette – MarkenR 2001, 481 = GRUR Int 2002, 75.

- Es ist im Rahmen einer *Prognose* und unabhängig von jeder *tatsächlichen Benutzung* des Zeichens zu ermitteln, ob die angemeldete Marke es den angesprochenen Verkehrskreisen ermöglicht, die betreffenden Waren oder Dienstleistungen von denen anderer Unternehmen zu unterscheiden, wenn sie beim Erwerb solcher Waren oder Dienstleistungen ihre Wahl treffen müssen.[115]
- Eine Marke entsteht nämlich *nicht notwendig aus einer Kreation* und beruht nicht auf einem Element der *Originalität* oder des *Vorstellungsvermögens*, sondern auf ihrer Eignung, die fraglichen Waren oder Dienstleistungen auf dem Markt von gleichartigen Waren oder Dienstleistungen der Mitbewerber zu unterscheiden.[116]
- Einer Marke liegt auch *nicht notwendig ein schöpferischer Akt* zugrunde, und sie beruht auch nicht auf einem Element der Originalität oder *Phantasie*.[117]
- *Zusammengesetzte Marken* sind in ihrer *Gesammtheit zu beurteilen*.[118] Dass ein Zeichen aus *Bestandteilen* gebildet sein mag, die auf bestimmte Merkmale der angemeldeten Dienstleistungen hinzuweisen geeignet sind, und dass diese Bestandteile *sprachüblich* miteinander *kombiniert* sind, genügt noch nicht, um das Vorliegen dieses Registrierungshindernisses zu begründen, es sei denn, es wird aufgezeigt, dass das Zeichen in seiner *Gesamtheit* es den angesprochenen Verkehrskreisen nicht ermöglicht, die Dienstleistungen des Anmelders von denen seiner Mitbewerber zu unterscheiden.[119]
- Für die Beurteilung sind die „*beteiligten Verkehrskreise*" im Hinblick auf das Waren- und Dienstleistungsverzeichnis relevant.[120] Es kommt auf das Verständnis der angesprochenen Verkehrskreise an, die aus den Verbrauchern dieser Waren und Dienstleistungen bestehen.[121]
- Mit welcher *Firma* die Anmelderin im Firmenbuch eingetragen ist, ist für die Beurteilung der Unterscheidungskraft einer mit dem Firmenschlagwort übereinstimmende Wortmarke unerheblich.[122]
- Bei der Beurteilung ist nicht zwischen *verschiedenen Kategorien von Marken* zu unterscheiden. Bei *dreidimensionalen Marken* sind daher keine strengeren Kriterien anzulegen als gegenüber anderen Markenkategorien.[123] Es sind aber den-

---

[115]) EuG 7. 2. 2002, Rs T-88/00 – Stabtaschenlampen – MarkenR 2002, 56 = GRUR Int 2002, 288 und 531 = ABl HABM 2002, 1322; EuG 19. 9. 2001, Rs T-30/00 – Waschmitteltablette – MarkenR 2001, 481 = GRUR Int 2002, 75.
[116]) EuG 27. 2. 2002, Rs T-34/00 – EUROCOOL – wbl 2002, 218 = MarkenR 2002, 88 = ABl HABM 2002, 1042 = GRUR Int 2002, 591.
[117]) EuG 27. 2. 2002, Rs T-79/00 – LITE – wbl 2002, 217 = ABl HABM 2002, 1068 = GRUR Int 2002, 604.
[118]) EuG 20. 11. 2002, T-79/01 und T-86/01 – KIT PRO – ABl HABM 2003, 446 = GRUR Int 2003, 545; EuG 2. 7. 2002, Rs T-323/00 – SAT.2 – wbl 2002, 468 = GRUR Int 2002, 858.
[119]) EuG 27. 2. 2002, Rs T-34/00 – EUROCOOL – wbl 2002, 218 = MarkenR 2002, 88 = ABl HABM 2002, 1042 = GRUR Int 2002, 591.
[120]) Vgl EuGH 8. 4. 2003, Rs C-53/01 bis C-55/01 – Linde/Winward/Rado – ÖBl-LS 2003/100 = MarkenR 2003, 187 = GRUR 2003, 514 = GRUR Int 2003, 632 = ABl HABM 2003, 1502; VwGH 28. 3. 2001, Zl 2001/04/0027 – Eurozeichen – PBl 2001, 141 = ÖBl-LS 01/174; EuG 20. 11. 2002, T-79/01 und T-86/01 – KIT PRO – ABl HABM 2003, 446 = GRUR Int 2003, 545.
[121]) EuG 27. 2. 2002, Rs T-34/00 – EUROCOOL – wbl 2002, 218 = MarkenR 2002, 88 = ABl HABM 2002, 1042 = GRUR Int 2002, 591; EuG 27. 2. 2002, Rs T-79/00 – LITE – wbl 2002, 217 = ABl HABM 2002, 1068 = GRUR Int 2002, 604; EuG 7. 2. 2002, Rs T-88/00 – Stabtaschenlampen – MarkenR 2002, 56 = GRUR Int 2002, 288 und 531 = ABl HABM 2002, 1322.
[122]) BA 29. 8. 1994, Bm 7/94 – COMPUTER COMPANY – PBl 1995, 225 = ÖBl 1996, 19.
[123]) EuGH 8. 4. 2003, Rs C-53/01 bis C-55/01 – Linde/Winward/Rado – ÖBl-LS 2003/100 = MarkenR 2003, 187 = GRUR 2003, 514 = GRUR Int 2003, 632 = ABl HABM 2003, 1502.

noch alle einschlägigen Umstände des Einzelfalles zu berücksichtigen. Dazu gehört, dass nicht ausgeschlossen werden kann, dass die Natur der Marke, deren Eintragung beantragt wird, die Wahrnehmung der Marke durch die angesprochenen Verkehrskreise beeinflusst.[124]

▸ Die *Bedeutung einer Wortmarke* ist im Hinblick auf die in der Markenanmeldung bezeichneten Waren und Dienstleistungen zu untersuchen.[125]

▸ Auch für *Bildmarken*, die in der *Wiedergabe der Ware selbst* bestehen, sind keine anderen als für die übrigen Markenkategorien geltenden Kriterien heranzuziehen. Es ist jedoch auch zu berücksichtigen, dass bei einer Bildmarke, die in der naturgetreuen Wiedergabe der Ware selbst besteht, die Wahrnehmung durch die angesprochenen Verkehrskreise nicht notwendig die gleiche ist, wie bei einer Wortmarke oder einer Bild- oder dreidimensionalen Marke, die nicht die Ware naturgetreu wiedergibt. Während nämlich diese Marken von den angesprochenen Verkehrskreisen gewöhnlich unmittelbar als herkunftskennzeichnende Zeichen wahrgenommen werden, gilt dies nicht notwendig für den Fall, dass das Zeichen mit dem äußeren Erscheinungsbild der Ware selbst übereinstimmt. Die Beurteilung der Unterscheidungskraft bei dreidimensionalen Marken, die in der Darreichungsform der Ware selbst bestehen, und bei Bildmarken, die in der naturgetreuen Wiedergabe derselben Ware bestehen, kann daher nicht zu einem unterschiedlichen Ergebnis führen.[126]

▸ An *Slogans* sind keine strengeren Maßstäbe anzulegen als an sonstige Zeichenarten.[127]

▸ Auch einer naturgetreuen graphischen oder fotografischen *Darstellung der Ware selbst* kann die Unterscheidungskraft nicht von vornherein abgesprochen werden.[128]

Die folgenden Beispiele stammen teilweise aus der Spruchpraxis (des VwGH, des OPM sowie der BA) zum Eintragungsverfahren, teilweise aus der zivilgerichtlichen Rechtsprechung (des OGH) in Eingriffsfällen und auch aus Löschungsverfahren (OPM, NA). Es sollten an sich die gleichen Grundsätze gelten, sodass wechselseitig auf die Spruchpraxis verwiesen werden kann. Die Gerichte gehen davon aus, dass sie *nicht* an die Beurteilung durch die Markenbehörde *gebunden* sind. Sie haben selbständig zu beurteilen, ob ein Zeichen schutzfähig ist und können dies verneinen, auch wenn die Marke vom Patentamt als schützbar beurteilt und eingetragen wurde. Dem Wunsch nach einer möglichst homogenen Spruchpraxis steht dies nicht entgegen. Seit Kurzem entwickelt sich auch bereits eine Judikatur des EuG sowie des EuGH in Markensachen. Dieser europäischen Rechtsprechung kommt selbstverständlich zur Harmonisierung besondere Bedeutung zu. Sie wird auch von nationalen Institutionen zu beachten sein. Da die rechtlichen Grundlagen im Markenrecht in diesem Bereich bereits harmonisiert sind, finden Sie im Folgenden

---

[124]) EuG 7. 2. 2002, Rs T-88/00 – Stabtaschenlampen – MarkenR 2002, 56 = GRUR Int 2002, 288 und 531 = ABl HABM 2002, 1282.
[125]) EuG 20. 11. 2002, T-79/01 und T-86/01 – KIT PRO – ABl HABM 2003, 446 = GRUR Int 2003, 545.
[126]) EuG 19. 9. 2001, Rs T-30/00 – Waschmitteltablette – MarkenR 2001, 481 = GRUR Int 2002, 75.
[127]) EuG 11. 12. 2001, Rs T-138/00 – Das Prinzip – wbl 2002, 75 = MarkenR 2002, 52 = ABl HABM 2002, 730 = GRUR Int 2002, 590.
[128]) EuG 19. 9. 2001, Rs T-30/00 – Waschmitteltablette – MarkenR 2001, 481 = GRUR Int 2002, 75.

nicht bloß Judikatur zum MSchG, sondern auch zu den entsprechenden Bestimmungen der GMV. Nur teilweise (nämlich insbesondere, soweit in Fachzeitschriften veröffentlicht) berücksichtigt habe ich die bereits extrem umfangreiche Rechtsprechung der Beschwerdekammern des HABM. Dazu erlaube ich mir, auch auf die Volltext-Entscheidungssammlung auf der Website des HABM zu verweisen. Die folgenden Beispiele sind chronologisch geordnet, beginnend mit der jüngsten Entscheidung. Je weiter man zurückgeht, umso vorsichtiger muss man in der Auswertung sein, zumal die Spruchpraxis zu den Schutzvoraussetzungen derzeit – wie gesagt – im Wandel ist. Aber gerade deshalb ist es mir ein Anliegen, auch diese Entwicklung durch das Aufarbeiten der älteren Judikatur aufzuzeigen (die folgende Dokumentation reicht bis 1985 zurück; ältere Judikatur finden Sie bei *Schönherr/Thaler*, Entscheidungen zum Markenrecht [1985]).

Beispiele unterscheidungskräftiger Zeichen:[129]

- BA 7. 9. 1983: „ALWAYS" ist für Hygieneprodukte unterscheidungskräftig.[130]
- BA 27. 3. 1984: „FORM" ist für „Rasierapparate und Zahnbürsten" zulässig.[131]
- OGH 4. 2. 1986: „TIERE MIT HERZ" ist für Spielzeugtiere unterscheidungskräftig.[132]
- BA 6. 4. 1989: „POLY" ist für „Mittel zur Haarpflege" unterscheidungskräftig.[133]
- BA 23. 3. 1990: Die graphische Gestaltung der Wort-Bild-Marke „drei-b" (Abbildung rechts) wurde als unterscheidungskräftig (unabhängig vom Wortanteil der Marke) beurteilt.[134]
- BA 9. 2. 1993: „ET•CETERA" ist für Reisekoffer unterscheidungskräftig.[135]
- OPM 22. 9. 1993: „MOZART" ist für Getränke kennzeichnungskräftig.[136]
- OGH 14. 12. 1993: „TÜV" ist als Marke für die Prüfung technischer Vorrichtungen unterscheidungskräftig.[137]
- NA 11. 12. 1995: „POPS" ist als Marke für Frühstückskost unterscheidungskräftig und geeignet, als Stammwort für Serienmarken zu dienen.[138]
- NA 11. 3. 1997: Die Wortmarke „ANTON BRUCKNER" ist für Back- und Konditorwaren unterscheidungskräftig.[139] Mit dieser Entscheidung wurde bereits vor der Markenrechts-Nov 1999 anerkannt, dass grundsätzlich auch *Personennamen* als Marke geschützt werden können. Nunmehr steht dies ausdrücklich in

---

[129]) Die folgende Judikaturübersicht über die letzten 20 Jahre ist chronologisch geordnet. Sie soll einen Einblick in die Judikaturentwicklung geben. Je älter die Entscheidungen sind, desto vorsichtiger muss man sein. Tendenziell wird man heute von einer schutzfreundlicheren Beurteilung ausgehen können; zu der noch älteren RSpr vgl *Schönherr/Thaler*, Entscheidungen zum Markenrecht (1985) E 423 ff zu § 1.
[130]) BA 7. 9. 1983, Bm 3/83 – Always – PBl 1984, 34 = ÖBl 1984, 44.
[131]) BA 27. 3. 1984, Bm 26/81 – Form – PBl 1984, 118 = ÖBl 1984, 90.
[132]) OGH 4. 2. 1986, 4 Ob 302/86 – Tiere mit Herz – ÖBl 1986, 77.
[133]) BA 6. 4. 1989, Bm 5/88 – POLY – PBl 1990, 195 = ÖBl 1990, 250.
[134]) BA 23. 3. 1990, Bm 16/89 – drei-be – PBl 1991, 109 = ÖBl 1991, 12.
[135]) BA 9. 2. 1993, Bm 12/92 – ET•CETERA – PBl 1994, 14 = ÖBl 1994, 150.
[136]) OPM 22. 9. 1993, Om 3/93 – MOZART – PBl 1994, 168 = ÖBl 1994, 278.
[137]) OGH 14. 12. 1993, 4 Ob 157/93 – TÜV I – ÖBl 1994, 85 = ecolex 1994, 183 = RdW 1994, 245
[138]) NA 11. 12. 1995, Nm 20/92 – POPS – PBl 1996, 237.
[139]) NA 11. 3. 1997, Nm 100/96, PBl 1998, 64.

der Markendefinition des § 1 MSchG. Auch Namen berühmter Persönlichkeiten können als Marken geschützt werden, wenn die Namen nicht in einer sachlichen Beziehung zu den beanspruchten Waren oder Dienstleistungen stehen (davon unabhängig ist freilich die Frage, ob dann eine solche Marke in Kollision zu älteren Namensrechten der betreffenden Person gerät). Deshalb wurde „Anton Bruckner" für Back- und Konditorwaren, nicht aber für Waren wie Schallplatten als schützbar beurteilt. Diese Marke wurde auch nicht als beschreibend oder irreführend qualifiziert (Seite 321).

- OGH 22. 4. 1997: Die Wort-Bild-Marke „EP" (Abbildung rechts) ist im Hinblick auf die graphische Gestaltung unterscheidungskräftig.[140]
- OGH 23. 9. 1997: Die Beklagte vertreibt einen Energie-Drink unter der Bezeichnung „XTC (eks) (ti:) (si:) Guarana pure energy drink". Der OGH beurteilte die Buchstabenkombination „XTC" als eine nicht regelmäßig verwendete, einprägsame und damit originelle Zusammenstellung von Buchstaben, die unterscheidungskräftig ist.[141]
- 2. BK 11. 2. 1998: Der Slogan „BEAUTY ISN'T ABOUT LOOKING YOUNG BUT LOOKING GOOD" wurde für Seifen als ausreichend unterscheidungskräftig beurteilt.[142]
- 2. BK 4. 3. 1999: Obwohl das Wort „KALI" mit dem griechischen Wort „ΚΑΛΗ" (= gut) verwandt ist, wurde die erforderliche Unterscheidungskraft als Marke für Parfum bejaht.[143]
- 1. BK 28. 4. 1999: Die Buchstabenfolge „PARA" kommt in vielen medizinischen Begriffen vor. Sie hat jedoch in Alleinstellung keine ersichtliche medizinische Bedeutung. Dieses Wort wurde daher als Marke für „Binden und Bänder zu gesundheitlichen Zwecken" zugelassen.[144]
- 1. BK 30. 4. 1999: Das aus 16 quadratisch angeordneten *Quadraten* (Abbildung rechts) bestehende Bildzeichen wurde für Möbel als unterscheidungskräftig qualifiziert.[145]
- 2. BK 4. 5. 1999: Der Slogan „FRÜHER AN SPÄTER DENKEN" wurde als für „Vermögensberatung und Finanzdienstleistungen" unterscheidungskräftig und nicht beschreibend beurteilt. Allenfalls ist dies „ein verschlüsselter Hinweis auf diese Dienstleistungen", er werde aber nicht in beschreibendem Sinn aufgefasst.[146]
- 3. BK 7. 6. 1999: Obwohl man in der Bildmarke (Abbildung rechts) eine streng stilisierte perspektivische Darstellung einer Straße sehen könnte, wurde dieses Bildzeichen als ausreichend unterscheidungskräftig für den „Verleih von Kraftfahrzeugen" angesehen.[147]

---

[140]) OGH 22. 4. 1997, 4 Ob 74/97d – Elektro Positiv – ÖBl 1997, 291.
[141]) OGH 23. 9. 1997, 4 Ob 202/97b – XTC – ÖBl 1998, 48 = ecolex 1998, 147 (*Schanda*) = wbl 1997, 529.
[142]) 2. BK 11. 2. 1998, R 73/1998-2 – BEAUTY – MarkenR 1999, 173.
[143]) 2. BK 4. 3. 1999, R 147/1998-2 – KALI – MarkenR 1999, 247.
[144]) 1. BK 28. 4. 1999, R 204/1998-1 – PARA – ABl HABM 2000, 324.
[145]) 1. BK 30. 4. 1999, R 182/1998-1 – SECHZEHN QUADRATE – ABl HABM 1999, 1448.
[146]) 2. BK 4. 5. 1999, R 153/1998-2 – FRÜHER AN SPÄTER DENKEN – ABl HABM 2000, 334.
[147]) 3. BK 7. 6. 1999, R 37/1999-3 – DREIECKE – MarkenR 1999, 321.

- OGH 22. 6. 1999: Die Buchstabenfolge „ASP" (aus den Worten „Arbeits-Sicherheits-Produkte" gebildet) ist für Arbeitsschuhe und -kleidung unterscheidungskräftig, es besteht kein konkretes Freihaltebedürfnis.[148]
- 3. BK 27. 7. 1999: Das Wort „BASIC" ist im Zusammenhang mit „Heizungsanlagen" so schillernd, dass es das erforderliche Minimum an Fantasieüberschuss aufweist, um Schutz zu erlangen.[149]
- 1. BK 20. 12. 1999: Die Wortmarke „combiTab" hat für „Öffnungs- und Verschlusselemente zum Gebrauch mit Flüssigkeit enthaltenden Behältern" nur einen äußerst geringen Fantasieüberschuss, doch kann ihr nicht jegliche Unterscheidungskraft abgesprochen werden.[150]
- 3. BK 29. 5. 2000: „CONCENTRÉ COULEUR" hat zwar eine Wortbedeutung („konzentriert", „Farbe"), weist aber eine recht ungewöhnliche Syntax auf. Dem Zeichen fehlt daher für „Mittel zur Körper- und Schönheitspflege" nicht jegliche Unterscheidungskraft.[151]
- OGH 22. 3. 2001: Die in einer Wort-Bild-Marke enthaltene Bezeichnung „HAARMONIE" ist für Friseurleistungen unterscheidungskräftig.[152]
- OPM 7. 4. 2001: Das Wort-Zeichen „GUT SCHWARZENEGG" ist für Obst, Blumen, die Dressur von Tieren, die Gewährung von Unterkunft etc ebenfalls unterscheidungskräftig.[153]
- 2. BK 4. 4. 2001: Die Abbildung rechts unten zeigt als Marke für *Webstoffe* zwei in Kettrichtung nebeneinander herlaufende, in Tuchbindung versetzt zueinander angeordnete orange Fäden, die den Eindruck eines mäanderförmigen Bandes ergeben. Dies wurde als ausreichend unterscheidungskräftig beurteilt.[154]
- 2. BK 10. 7. 2001: Im Allgemeinen kommt Wortmarken, die nur aus *einem Buchstaben* bestehen, von Haus aus keine Unterscheidungskraft zu. Die grafische Gestaltung des Buchstabens „J" (Abbildung rechts) weist jedoch in ihrer Gesamtheit hinreichende Unterscheidungskraft auf, um als Herkunftshinweis (für Segelboote) zu dienen.[155]
- EuGH 20. 9. 2001: Die Eintragung einer Wortverbindung als Gemeinschaftsmarke scheidet bereits dann aus, wenn sie nur in einer innerhalb der Gemeinschaft im Verkehr verwendeten Sprachen ausschließlich beschreibend ist. Um

---

[148]) OGH 22. 6. 1999, 4 Ob 145/99y – ASP – ÖBl 1999, 286 = ecolex 1999, 839 (*Schanda*). Anders noch zur Kombination von drei nicht als Wort lesbaren Buchstaben: OGH 5. 12. 1995, 4 Ob 84/95 – DIY – ÖBl 1996, 280 = ecolex 1996, 380; NA 4. 11. 1986, Nm 85/85 – AUSTRIAN AIRCRAFT CORPORATION AAC – PBl 1988, 178 = ÖBl 1988, 153; zu einer Vier-Buchstaben-Kombination: BA 20. 12. 1994, Bm 16/94 – TCBY – PBl 1995, 164 = ÖBl 1995, 267; zu einer Zwei-Buchstaben-Kombination: OPM 25. 10. 1989, Om 4/89 – BP – PBl 1990, 137 = ÖBl 1990, 151; zum einzelnen Buchstaben „Ω": OPM 10. 6. 1987, Om 7/85 – Omega – PBl 1987, 223 = ÖBl 1987, 123.
[149]) 3. BK 27. 7. 1999, R 129/1999-3 – BASIC – MarkenR 1999, 414.
[150]) 1. BK 20. 12. 1999, R 38/1999-1 – combiTab – MarkenR 2000, 294.
[151]) 3. BK 29. 5. 2000, R 855/1999-3 – CONCENTRÉ COULEUR – ABl HABM 2001, 496.
[152]) OGH 22. 3. 2001, 4 Ob 40/01p – HAARMONIE – ÖBl-LS 01/89.
[153]) OPM 7. 4. 2001, Om 7/00 – Gut Schwarzenegg – PBl 2001, 166 mwN – ÖBl-LS 01/173.
[154]) 2. BK 4. 4. 2001, R 421/1999-2 – Mäander – ABl HABM 2002, 766. Vgl auch 2. BK 1. 8. 2002, R 174/2001-2 Webkante – GRUR 2002, 976 = MarkenR 2002, 454.
[155]) 2. BK 10. 7. 2001, R 480/1999-2 – J – ABl HABM 2002, 2094.

beurteilen zu können, ob „*Baby-dry*" Unterscheidungskraft hat, ist daher vom Verständnis dieser Angabe bei englischsprachigen Verbrauchern im Zusammenhang mit Windeln für Babies und Kleinkinder auszugehen. Obwohl diese Wortverbindung auf die Funktion hinweist, ist sie als Gemeinschaftsmarke schützbar. Auch wenn jedes der beiden Wörter im üblichen Sprachgebrauch zur Bezeichnung der Funktion von Babywindeln verwendet werden kann, ist die Wortverbindung kein bekannter Ausdruck der englischen Sprache, um diese Waren und ihre wesentlichen Eigenschaften zu bezeichnen. Baby-dry ist vielmehr das „Ergebnis einer lexikalischen Erfindung", die der so gebildeten Marke die Erfüllung einer Unterscheidungsfunktion ermöglicht.[156]

- EuG 3. 10. 2001: Im Verfahren um die Wortmarkenanmeldung „NEW BORN BABY" (für „Puppen zu Spielzwecken und Zubehör für diese Puppen in Form von Spielzeug") ging das EuG davon aus, dass die Beschwerdekammer nicht dargetan habe, dass die angesprochenen Verkehrskreise dieses Zeichen „sofort und ohne Nachdenken" als Beschreibung einer Eigenschaft oder eines anderen Merkmals der Puppe zu Spielzeugzwecken auffassen würden. Diese Wortfolge bezeichne auch weder die Beschaffenheit, noch die Bestimmung, noch irgendein anderes Merkmal des Zubehörs für Puppen in Form von Spielzeug. Die Entscheidung der BK wurde daher aufgehoben.[157]

- EuG 27. 2. 2002: Die Wortmarke „EUROCOOL" wurde für die „Lagerung und Einlagerung von Waren, insbesondere gekühlten und tiefgekühlten Waren" angemeldet. Sie richtet sich offenbar primär an Fachkreise des Lebensmittel- und Gastronomiesektors. Dies sind „spezialisierte, gut informierte, aufmerksame und verständige Verkehrskreise". Da es sich um ein englisches Markenwort handelt, sind die englischsprachigen Verbraucher dieser Verkehrskreise relevant. „EUROCOOL" ist aus den beschreibenden Worten „EURO" (= Europa) und „COOL" (= etwas Angenehmes und Erfrischendes) zusammengesetzt. Dennoch prägt sich diese Wortzusammensetzung der Erinnerung der angesprochenen Verkehrskreise leicht und unmittelbar ein. Sie ist daher in ihrer Gesamtheit ihrem Wesen nach dazu geeignet, von den angesprochenen Verkehrskreisen als unterscheidungskräftiges Zeichen wahrgenommen zu werden.[158]

- OGH 13. 3. 2002: In der für Wein registrierten Marke „OPUS ONE" wurde schon der Markenbestandteil „OPUS" als ausreichend unterscheidungskräftig beurteilt.[159]

- 1. BK 7. 5. 2002: Die Positionsmarke der charakteristischen ADIDAS-Streifen auf Sportschuhen (Abbildung rechts, von der 1. BK als Bildmarke beurteilt) ist unter-

---

[156]) EuGH 20. 9. 2001, Rs C-383/99 P, Rz 41 bis 44 – Baby-dry – ÖBl 2002, 43 = ÖBl-LS 02/27 = ecolex 2001, 924 (*Schanda*) = wbl 2001, 522 = MarkenR 2001, 400 = GRUR Int 2002, 47 = ABl HABM 2003, 1296. Das EuG hatte „Baby-dry" noch als rein beschreibend beurteilt (8. 7. 1999, Rs T-163/98 – Baby-dry – wbl 1999, 458 = GRUR Int 1999, 1060 = MarkenR 1999, 315 = ABl HABM 1999, 1486; 1. BK 31. 7. 1998, R 35/1998-1, ABl HABM 1999, 1432).

[157]) EuG 3. 10. 2001, Rs T-140/00 – New Born Baby.

[158]) EuG 27. 2. 2002, Rs T-34/00 – EUROCOOL – wbl 2002, 218 = MarkenR 2002, 88 = ABl HABM 2002, 1042 = GRUR Int 2002, 591.

[159]) OGH 13. 3. 2002, 4 Ob 18/02d – OPUS ONE – ecolex 2002, 444 (*Schanda*).

scheidungskräftig.[160]
- EuG 2. 7. 2002: Das Wortzeichen „SAT.2" ist für „Dienstleistungen einer Informationsbank, Verwertung von Rechten an Filmen, technische Beratung auf dem Gebiet des interaktiven Fernsehens", nicht aber für „Verbreitung von Hörfunk- und Fernsehsendungen", unterscheidungskräftig.[161]
- 3. BK 3. 7. 2002: Der Werbespruch „MEHR FÜR IHR GELD" wurde für „Marketing" (nicht aber für „Waschmittel") als unterscheidungskräftig beurteilt, weil er keine konkret verständliche Aussage enthalte.[162]
- OPM 10. 7. 2002: „MEGA" ist für „Uhren" eine relative Phantasiebezeichnung und bedeutet „groß" bzw im „Sprachschatz der deutschen Jugendkultur" auch „einzigartig" oder „alles andere übertreffend". In Kombination mit der Ziffer „5" kommt dem Zeichen ausreichende Unterscheidungskraft zu.[163]
- EuG 9. 10. 2002: Der bloße *Farbton* „Orange", entsprechend dem Standardfarbton HKS7, wurde für Dienstleistungen der „technischen und betriebswirtschaftlichen Beratung auf dem Gebiet des Pflanzenbaus" (nicht aber für „Saatgut" und „Aufbereitungsanlagen") als unterscheidungskräftig beurteilt.[164]
- EuG 9. 10. 2002: Das Wort „ULTRA PLUS" ist für „feuerfestes Geschirr" eine unübliche Wortverbindung und daher unterscheidungskräftig (und auch nicht rein beschreibend).[165]
- EuG 6. 3. 2003: Der Zeichnung des Jeep-Kühlergrills (Abbildung rechts) kommt als Bildmarke für Fahrzeuge ausreichende Unterscheidungskraft zu (ein Verkehrsgeltungsnachweis wurde nicht erbracht).[166]

Beispiele nicht unterscheidungskräftiger Zeichen: [167]
- BA 3. 5. 1983: „JET TOURS" ist für „transports et entrepôts" nicht unterscheidungskräftig;[168]
- BA 1. 2. 1984: ebenso „NUEVO" für Sportartikel.[169]
- BA 24. 9. 1985: „BEAUTY FARM" wurde für Seifen und Parfumeriewaren als nicht unterscheidungskräftig beurteilt.[170]

---

[160]) 1. BK 7. 5. 2002, R 938/2000-1 – Sportschuh – Markenrecht 2002, 430 = ABl HABM 2003, 266.
[161]) EuG 2. 7. 2002, Rs T-323/00 – SAT.2 – wbl 2002, 468 = GRUR Int 2002, 858.
[162]) 3. BK 3. 7. 2002, R 239/2002-3 – Mehr für Ihr Geld – GRUR 2002, 976.
[163]) OPM 10. 7. 2002, Om 2/02 – MEGA 3 – PBl 2003, 88.
[164]) EuG 9. 10. 2002, Rs T-173/00 – Orange HKS7 – wbl 2002, 568 = MarkenR 2002, 412 = ABl HABM 2002, 2506 = GRUR Int 2003, 168. Zur mangelnden Unterscheidungskraft der Farbkombination *Grün* und *Grau* für Gartengeräte: EuG 25. 9. 2002, Rs T-316/00 – Viking – wbl 2002, 568 = ABl HABM 2002, 2490 = GRUR Int 2003, 59.
[165]) EuG 9. 10. 2002, Rs T-360/00 – UltraPlus – wbl 2002, 568 = ABl HABM 2002, 2534 = MarkenR 2003, 112= GRUR Int 2003, 234.
[166]) EuG 6. 3. 2003, Rs T-128/01 – Kühlergrill – MarkenR 2003, 162 = GRUR 2003, 462 = ABl HABM 2003, 1614 (2. BK 21. 3. 2001, R 309/1999-2, ABl HABM 2002, 1374).
[167]) Die folgende Judikaturübersicht über die letzten 20 Jahre ist chronologisch geordnet. Sie soll einen Einblick in die Judikaturentwicklung geben. Je älter die Entscheidungen sind, desto vorsichtiger muss man sein. Tendenziell wird man heute von einer schutzfreundlicheren Beurteilung ausgehen können; zu der noch älteren RSpr vgl *Schönherr/Thaler*, Entscheidungen zum Markenrecht (1985) E 423 ff zu § 1.
[168]) BA 3. 5. 1983, Bm 4/81 – Jet Tours – PBl 1983, 189 = ÖBl 1984, 4.
[169]) BA 1. 2. 1984, Bm 1/80 – Nuevo – PBl 1984, 115 = ÖBl 1984, 90.
[170]) BA 24. 9. 1985, Bm 7/85 – BEAUTY FARM – PBl 1986, 126.

- BA 9. 12. 1985: Die graphische Ausgestaltung des Schriftzuges „H-filter" (Abbildung rechts) wurde für Luftfilter ebenfalls als nicht schutzfähig beurteilt (dass der bloße Wortanteil nicht unterscheidungskräftig sei, war unstrittig).[171]
- BA 4. 12. 1986: „MEZIEN – MÖBELSHOP" ist für „Möbel" nicht unterscheidungskräftig.[172]
- BA 6. 4. 1987: Zurückhaltend ist die Praxis bei einfachen geometrischen Formen (Punkte, Striche). Aber auch dem ungewöhnlichen Bildzeichen (Abbildung rechts) wurde für Bekleidung der Schutz mangels Unterscheidungskraft verwehrt.[173]
- BA 4. 9. 1989: Der Titel „LEBEN MIT TRADITION" ist als Marke für eine Druckschrift nicht ausreichend unterscheidungskräftig.[174]
- OGH 21. 11. 1989: Allerweltsnamen, wie Müller, Maier, Huber oder Hofmann sind als Marken nicht unterscheidungskräftig;[175]
- BA 23. 3. 1990: ebenso „GOOD NEWS" für Uhren und Bekleidung,[176]
- BA 8. 7. 1991: „TAX FREE FOR TOURISTS – Austria Tax-free Shopping" als Marke für „Dienstleistungen im Zusammenhang mit der Erfassung, Geltendmachung und Refundierung von USt-Rückvergütungen",[177]
- BA 7. 5. 1992: „AMERICAN WAY" für „Vermögens- und Gebäudeverwaltung,[178]
- BA 17. 2. 1994: „NICE PRICE" für Schallplatten,[179]
- OGH 12. 7. 1994: „KAUFHOF" für Schuhe,[180]
- BA 29. 8. 1994: „COMPUTER COMPANY" für die Produkte eines Unternehmens aus der Computerbranche,[181] oder
- BA 20. 12. 1994: „THE COUNTRY´S BEST YOGHURT" für Joghurt.[182]
- BA 7. 4. 1995: Wer kennt nicht das „KFZ-Pickerl" (Abbildung rechts oben)? Das diesem Pickerl nachempfundene Zeichen eines Installateurs (Abbildung rechts unten) wurde mangels Unterscheidungskraft als nicht registerfähig qualifiziert.[183]

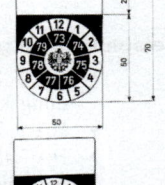

---

[171]) BA 9. 12. 1985, Bm 8/85 – H-filter – PBl 1986, 168 = ÖBl 1986, 119.
[172]) BA 4. 12. 1986, Bm 5/86 – MEZIEN – MÖBELSHOP – PBl 1988, 187 = ÖBl 1988, 154.
[173]) BA 6. 4. 1987, Bm 8/86, PBl 1990, 110.
[174]) BA 4. 9. 1989, Bm 10/88 – LEBEN MIT TRADITION – PBl 1991, 33 = ÖBl 1991, 12.
[175]) OGH 21. 11. 1989, 4 Ob 139/89 – Hofmann – ecolex 1990, 160.
[176]) BA 23. 3. 1990, Bm 15/89 – GOOD NEWS – PBl 1991, 107 = ÖBl 1991, 12.
[177]) BA 8. 7. 1991, Bm 1/91 – TAX FREE – PBl 1992, 47 = ÖBl 1992, 12.
[178]) BA 7. 5. 1992, Bm 8/89 – American Way – PBl 1993, 26 = ÖBl 1993, 12.
[179]) BA 17. 2. 1994, Bm 2/94 – NICE PRICE – PBl 1994, 212 = ÖBl 1995, 12.
[180]) OGH 12. 7. 1994, 4 Ob 79/94 – Kaufhof III – ÖBl 1995, 124 = wbl 1994, 317.
[181]) BA 29. 8. 1994, Bm 7/94 – COMPUTER COMPANY – PBl 1995, 225 = ÖBl 1996, 19.
[182]) BA 20. 12. 1994, Bm 16/94 – TCBY – PBl 1995, 164 = ÖB 1995, 267.
[183]) BA 7. 4. 1995, Bm 15/94, PBl 1996, 37 = ÖBl 1996, 118.

- VwGH 21. 6. 1995: Als nicht unterscheidungskräftig für Bonbons wurde die Bärliform (Abbildung rechts) beurteilt.[184]
- BA 6. 12. 1995: „FLAT SAT" wurde als Marke für „Satellitenempfangsanlagen und deren Bestandteile" als nicht unterscheidungskräftig beurteilt.[185]
- NA 21. 11. 1996: Den Worten „BIO", „NATURKRAFT" und „BIOKRAFT" kommt in Wort-Bild-Marken für Präparate zur Gesundheitspflege und alkoholfreie Getränke keine Unterscheidungskraft zu.[186]
- OGH 7. 7. 1997: Die Bezeichnung „FUSSBALL STICKERALBUM" ist für ein Album, in das Abziehbilder der Logos von Fußballvereinen eingeklebt werden können, nicht kennzeichnend.[187]
- OPM 8. 7. 1998: In der für „Milch, Butter, Käse" registrierten Wort-Bild-Marke (Abbildung rechts) ist das Wort „PRESIDENT" der prägende, unterscheidungskräftige Markenbestandteil.[188]
- 3. BK 18. 12. 1998: Grundsätzlich kommt auch für eine *abstrakte Farbmarke* (= eine konturlose Farbe ohne jedwede Formgebung) der Markenschutz in Betracht. Allerdings besteht bei Farben an sich ein erhebliches Freihaltebedürfnis. Einer Farbe an sich fehlt im Regelfall die erforderliche Kennzeichnungskraft.[189]
- VwGH 27. 1. 1999: *Geometrische Formen* und einfache Unterstreichungen wie auch Umrahmungen geben für sich allein noch nicht die Grundlage für die Annahme eines charakteristischen bildlichen Bestandteils einer Marke (hier: Fettdruck der untereinander stehenden Wortbestandteile mit einer dreieckigen Umrahmung).[190]
- 2. BK 11. 11. 1999: Der Form einer Hosentasche (Abbildung rechts) fehlt die Unterscheidungskraft als Marke für Bekleidungsstücke. Die Käufer dieser Waren sind zwar markenbewusst und vermögen die auf die Herkunft hinweisenden Kennzeichen verschiedener Bekleidungshersteller schon aufgrund relativ geringer Unterschiede zu unterscheiden. Diese Fähigkeit erwirbt der Konsument jedoch nur durch den Umgang mit der Ware, sowohl im Geschäft als auch in der Werbung. Ein Schutz käme daher nur bei Verkehrsgeltung in Betracht.[191]

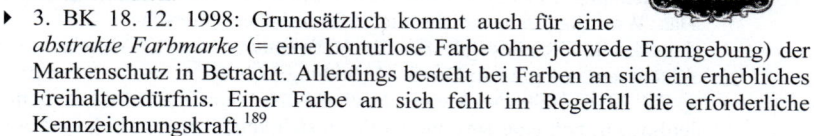

---

[184]) VwGH 21. 6. 1995, Zl 93/04/0046, PBl 1996, 181. Zur Bonbonverpackung (so genannte „Wickler") als Marke: 2. BK 18. 10. 2002, R 256/2001-2, GrUR 2003, 533.
[185]) BA 6. 12. 1995, Bm 23/94 – Flat Sat – PBl 1996, 227.
[186]) NA 21. 11. 1996, Nm 76/95 – BIO-NATURKRAFT – PBl 1998, 22.
[187]) OGH 7. 7. 1997, 4 Ob 167/97f – Fussballverein-Logos – ÖBl 1998, 182 = ecolex 1997, 951 (*Schanda*).
[188]) OPM 8. 7. 1998, Om 4/97 – PRESIDENT – PBl 1998, 217.
[189]) 3. BK 18. 12. 1998, R 122/98-3 – LIGHT GREEN – MarkenR 1999, 108. *Sack*, Die Verletzung abstrakter Farbmarken, WRP 2001, 1022.
[190]) VwGH 27. 1. 1999, Zl 97/04/0027 – BROADCAST MASTER – PBl 1999, 182 = ÖBl-LS 00/18. Dieser Leitsatz stammt allerdings aus der Zeit vor der Markenrechts-Nov 1999. Heute wird man davon ausgehen müssen, dass auch bei Bildelementen bereits ein geringes Maß an Unterscheidungskraft genügt.
[191]) 2. BK 11. 11. 1999, R 88/1998-2 – Hosentasche – ABl HABM 2000, 892 = GRUR Int 2000, 365 = MarkenR 2000, 110.

- 2. BK 2. 12. 1999: Die Zahl „90" hat in Zusammenhang mit Lacken per se keine Unterscheidungskraft.[192]
- EuG 12. 1. 2000: „COMPANYLINE" ist für „Versicherungs- und Finanzwesen" nicht unterscheidungskräftig.[193]
- 2. BK 29. 2. 2000: ARAL meldete die *weiß-blaue Farbkombination* zum Schutz für Motorentreibstoffe an. Eine Registrierung kam nur bei Erbringung des Verkehrsgeltungsnachweises in Betracht. Eine Erbringung dieses Nachweises nur für Deutschland wäre unzureichend, weil das Registrierungshindernis per se nicht nur in Deutschland bestehe.[194]
- 3. BK 8. 3. 2000: „SIMPLY SODA" war als Marke für Mineralwässer zu simpel. Dieses Zeichen entbehrt jeder Unterscheidungskraft.[195]
- EuG 30. 3. 2000: „OPTIONS" ist für „insurance, warranty, financing" nicht unterscheidungskräftig.[196]
- 1. BK 15. 5. 2000: „*eform*" wird im Geschäftsverkehr zur Bezeichnung eines „elektronischen Formulars" verwendet. Das Wort hat daher nicht die erforderliche Unterscheidungskraft. Gleiches gilt für die Verwendung von Kursivschrift sowie von schwarzem und grauem Druck (Abbildung rechts).[197]

    eform

- 1. BK 22. 6. 2000: Auch eine einzelne *Farbe* kann Markenschutz genießen. Allerdings besitzt eine einzelne Farbe an sich keine Unterscheidungskraft. Gleichwohl kann sie dann eine Marke sein, wenn sie im Hinblick auf die beanspruchten Waren oder Dienstleistungen (Briefmarken, Unternehmensberatung, Telekommunikation, Transportwesen) ungewöhnlich ist. Der Farbton GELB RAL 1032 wurde als weder an sich noch im Hinblick auf die angemeldeten Waren oder Dienstleistungen als ungewöhnlich beurteilt. Ein Verkehrsgeltungsnachweis scheiterte daran, dass der Anmelder trotz mehrerer Fristverlängerungen durch den Prüfer das Beweismaterial erst der Beschwerdekammer vorlegte.[198]
- EuG 26. 10. 2000: „INVESTORWORLD" ist für „Versicherungs- und Finanzwesen" nicht unterscheidungskräftig. Dass das Wort grammatikalisch nicht korrekt gebildet ist und daher in der englischen Sprache nicht existiert, änderte an der Beurteilung nichts.[199]

---

[192]) 2. BK 2. 12. 1999, R 197/1999-2 – 90 – GRUR Int 2000, 554.
[193]) EuG 12. 1. 2000, Rs T-19/99 – Companyline – ÖBl-LS 00/133 = GRUR Int 2000, 429 = MarkenR 2000, 70. Die dagegen erhobene Klage an den EuGH blieb erfolglos (EuGH 19. 9. 2002, Rs C-104/00 – COMPANYLINE – ABl HABM 2002, 2468 = EWS 2002, 483 = MarkenR 2002, 391 = GRUR Int 2003, 56 = GRUR 2003, 58).
[194]) 2. BK 29. 2. 2000, R 343/1999-2 – ARAL BLAU WEISS – GRUR Int 2001, 69. Vgl dazu das Parallelverfahren, in dem es nur um die Farbe Blau ging: 2. BK 29. 2. 2000, R 342/1999-2 – ARAL BLAU – ABl HABM 2000, 1606. Zur Farbkombination Schwarz-Grün-Schwarz vgl 1. BK 25. 1. 2000, R 136/1999-1, ABl HABM 2000, 1110 = GRUR Int 2000, 556.
[195]) 3. BK 8. 3. 2000, R 201/1999-3 – SIMPLY SODA – ABl HABM 2000, 932.
[196]) EuG 30. 3. 2000, Rs T-91/99 – Options – wbl 2000, 275.
[197]) 1. BK 15. 5. 2000, R 111/1999-1 – eform – ABl HABM 2000, 1652.
[198]) 1. BK 22. 6. 2000, R 379/1999-1 – Gelb – ABl HABM 2001, 44.
[199]) EuG 26. 10. 2000, Rs T-360/99 – Investorworld – wbl 2001, 26 = MarkenR 2000, 445 = GRUR Int 2001, 239 = ABl HABM 2001, 1192.

- EuG 26. 10. 2000: „TRUSTEDLINK" bedeutet „zuverlässige Verbindung" und ist daher für „Software für die Kommunikation mittels elektronischer Formulare und per E-Mail" sowie „Netzwerk- und Internet-Tools" nicht unterscheidungskräftig.[200]
- 1. BK 30. 11. 2000: Auch bei der Abbildung (rechts, oben) einer auf einer *Glasoberfläche* angebrachten Struktur wurde die Unterscheidungskraft verneint.[201]
- 1. BK 30. 11. 2000: Rechts sehen Sie die Abbildung eines *Ventils*, das zB an Spritzpistolen befestigt wird. Nach Meinung der 1. Beschwerdekammer fehlt diesem Zeichen jede Unterscheidungskraft; dem Ventil fehlte jegliches „wie auch immer geartetes ästhetisches oder ornamentales Merkmal".[202]
- EuG 5. 12. 2000: Das Wort „ELECTRONICA" ist nahezu ident mit dem spanischen (und portugiesischen) Wort „electrónica". Der fehlende Akzent genügte nicht, um die Unterscheidungskraft dieses Zeichens als Gemeinschaftsmarke für „Kataloge" sowie die „Veranstaltung von Fachtagungen für Bauelemente und Baugruppen der Elektronik" zu begründen.[203]
- 1. BK 31. 1. 2001: Das im Portugiesischen gebräuchliche lobende Wort „OPTIMA" (= sehr gut) ist nicht unterscheidungskräftig. Eine Einschränkung des Warenverzeichnisses auf Waren, die nicht zum Verkauf in Portugal bestimmt sind, kommt nicht in Betracht, weil eine auf einen Teil der Europäischen Union beschränkte Eintragung nicht möglich ist.[204]
- 3. BK 12. 3. 2001: Die Wortfolge „MEMBER OF THE SOCIETY OF FINANCIAL ADVISERS" ist für „Versicherungswesen, Finanzdienstleistungen" nicht ausreichend unterscheidungskräftig und daher als Gemeinschaftskollektivmarke (ohne entsprechenden Verkehrsgeltungsnachweis) nicht registrierbar.[205]
- VwGH 28. 3. 2001: Seit der Tagung des Europäischen Rates im Dezember 1996 ist das *Euro-Zeichen* (Abbildung rechts) als Symbol der – damals noch nicht in Verwendung stehenden – Währung „Euro" ua bei Zentralbanken gebräuchlich. Am 13. 8. 1998 meldete jemand dieses Zeichen mit einem goldfarbigen, dreidimensionalen graphischen Effekt als Marke ua für „Finanzwesen, Geldgeschäfte" an. Damals war das Euro-Zeichen in der österreichischen Bevölkerung bereits allgemein bekannt. Da die Beschwerdeabteilung dieses Zeichen als nicht unterscheidungskräftig und daher als nicht registrierbar beurteilte, ging der Anmelder bis zum VwGH. Die-

---

[200]) EuG 26. 10. 2000, Rs T-345/99 – Trustedlink – wbl 2001, 25 = MarkenR 2000, 447 = GRUR Int 2001, 241 = ABl HABM 2001, 448 (3. BK 17. 9. 1999, R 163/1998-3, ABl HABM 2001, 302).
[201]) 1. BK 30. 11. 2000, R 137/2000-1 – Glasoberfläche – ABl HABM 2001, 1262. Das EuG hat das Fehlen der Unterscheidungskraft bestätigt (EuG 9. 10. 2002, Rs T-36/01 – Glasoberfläche II – wbl 2002, 569 = ABl HABM 2002, 2558) = GRUR Int 2003, 61.
[202]) 1. BK 30. 11. 2000, R 564/1999-1 – Ventil – ABl HABM 2001, 1786.
[203]) EuG 5. 12. 2000, Rs T-32/00 – electronica – MarkenR 2001, 36 = GRUR Int 2001, 338 = ABl HABM 2001, 608.
[204]) 1. BK 31. 1. 2001, R 563/1999-1 – OPTIMA – ABl HABM 2001, 1976.
[205]) 3. BK 12. 3. 2001, R 865/1999-3 – MEMBER OF THE SOCIETY OF FINANCIAL ADVISERS – ABl HABM 2002, 58.

ser bekräftigte diese Beurteilung als nicht rechtswidrig. Dabei berücksichtigte er auch das künftige Freihaltebedürfnis an diesem Währungssymbol.[206]
- 2. BK 23. 5. 2001: BLACK & DECKER meldete die Abbildung eines transportablen Elektrowerkzeugs (Abbildung rechts) als Marke für derartige Produkte an. Die BA entschied, dass diese Abbildung keinerlei Gestaltungsmerkmale aufweise, durch die sich das Werkzeug von anderen, gewöhnlich hergestellten Produkten auf dem Gebiet der Elektrowerkzeuge unterscheiden würde. Das Erscheinungsbild weise keinerlei originelle oder fantasievolle Elemente auf. Es fehle daher die erforderliche Unterscheidungskraft.[207]
- 3. BK 7. 8. 2001: Die bloße Kombination von gewöhnlichen, nicht unterscheidungskräftigen Elementen besitzt keine Unterscheidungskraft. „ALOESORB" (für pharmazeutische Präparate) setzt sich aus „ALOE" (= Hinweis auf die Aloe-Pflanze) und „SORB" (von „absorbieren") zusammen und ist daher nicht unterscheidungskräftig.[208]
- 4. BK 3. 9. 2001: Die als Gemeinschaftsmarke angemeldete Buchstabenkombination „PMI" wurde für Druckereierzeugnisse als nicht ausreichend unterscheidungskräftig beurteilt, weil dies im Italienischen lediglich die Abkürzung für „piccole e medie imprese" (= Klein- und Mittelbetriebe) ist.[209]
- EuG 19. 9. 2001: Henkel hat als Bildmarke die perspektivische Wiedergabe einer rechteckigen *Tablette* mit leicht abgerundeten Ecken, die zwei Schichten aufweist, deren Farben – Weiß (unterer Teil) und Rot (oberer Teil) – ebenfalls beansprucht werden, in Alicante als Gemeinschaftsmarke für „Wasch- und Geschirrspülmittel in Tablettenform" angemeldet. Diese Produkte sind weit verbreitete Konsumgüter. Bei der Beurteilung ist daher auf die mutmaßliche Erwartung eines durchschnittlich informierten, aufmerksamen und verständigen Durchschnittsverbrauchers abzustellen. Die Unterscheidungskraft wurde für diese Bildmarke vom EuG verneint.[210]
- 3. BK 5. 12. 2001: Die Geruchsmarke „*Der Duft von Himbeeren*" (für Dieselkraftstoff) scheiterte nicht an der (bloß) verbalen Beschreibung, sondern daran, dass dieser Duft bei Diesel nicht eine Herkunftsvorstellung auslöst.[211]
- EuG 27. 2. 2002: Eine Wortmarke für Lebensmittel und Verpflegungsdienstleistungen richtet sich nicht an spezialisierte Verbraucher. Als angesprochene Verkehrskreise sind daher die „durchschnittlich informierten, aufmerksamen und verständigen Durchschnittsverbraucher" anzusehen. Beim Markenwort „LITE" ist dieser Kreis auf die englischsprachigen Verbraucher einzuschränken. Da „li-

---

[206]) Vgl VwGH 28. 3. 2001, Zl 2001/04/0027 – Eurozeichen – PBl 2001, 141 = ÖBl-LS 01/174. Der Anmelder blieb auch im zweiten Rechtsgang (mit dem Versuch eines Verkehrsgeltungsnachweises) erfolglos: VwGH 29. 5. 2002, Zl 2002/04/0051 – Eurozeichen II.
[207]) 2. BK 23. 5. 2001, R 354/1999-2 – Elektrowerkzeug – ABl HABM 2002, 508.
[208]) 3. BK 7. 8. 2001, R 1232/2000-3 – ALOESORB – ABl HABM 2002, 1236.
[209]) 4. BK 3. 9. 2001, R 751/2000-4 – PMI – ABl HABM 2002, 532.
[210]) EuG 19. 9. 2001, Rs T-30/00 – Waschmitteltablette – MarkenR 2001, 481 = GRUR Int 2002, 75. Vgl auch die Parallelentscheidungen zu Waschmitteltabletten: EuG 19. 9. 2001, Rs T-118/00; EuG 19. 9. 2001, Rs T-129/00; EuG 19. 9. 2001, Rs T-337/99; EuG 19. 9. 2001, Rs T-336/99; EuG 19. 9. 2001, Rs T-335/99. Vgl auch 1. BK 14. 9. 2000, R 436/1999-1 – TABS – ABl HABM 2001, 710. Weiters zu Tabletten: EuG 5. 3. 2003, Rs T-194/01 – eiförmige Tablette – wbl 2003, 226 = ABl HABM 2003, 1542.
[211]) 3. BK 5. 12. 2001, R 711/1999-3 – Der Duft von Himbeeren – ABl HABM 2002, 1676.

te" eine aus dem englischen Wort „light" entstandene Gattungsbezeichnung ist, die als gängiger Ausdruck im Lebensmittel- und Verpflegungssektor gebraucht wird, um eine bestimmte Beschaffenheit der Lebensmittel zu kennzeichnen (kalorienarm, weil zucker- oder fettreduziert), fehlt die erforderliche Unterscheidungskraft für diesen Waren- und Dienstleistungsbereich.[212]

- 1. BK 4. 3. 2002: Für Waschmittel wurde eine dreidimensionale Marke mit dem Aussehen einer *Kugel* (Beschreibung: „Bestehend aus einer transparenten Kugel, die eine grüne Flüssigkeit enthält"; Abbildung rechts) angemeldet. Die Beschwerdekammer verneinte die Unterscheidungskraft.[213] 
- 1. BK 30. 5 2002: „TOP" bedeutet, dass das Produkt (hier: Nahrungsmittel) von höchster Qualität ist, und ist daher nicht unterscheidungskräftig.[214]
- 3. BK 3. 7. 2002: *Werbeslogans* können als Marken geschützt werden, wenn sie den allgemeinen Anforderungen entsprechen. Der Slogan „MEHR FÜR IHR GELD" wurde aber für „Waschmittel" als so nahe liegend beschreibend (man bekommt mehr Qualität und Quantität für sein Geld) beurteilt, dass die Unterscheidungskraft verneint wurde. Hingegen wurde für die Dienstleistungen „Marketing und Marktforschung" die Unterscheidungskraft bejaht.[215]
- EuG 20. 11. 2002: Die Marken „KIT PRO" und „KIT SUPER PRO" sind für „Teile für die Reparatur von Trommelbremsen bei Landfahrzeugen" weder in ihren Teilen („Kit" = ein Set; „Pro" und „Super" sind Bestandteile anpreisender Art) noch insgesamt unterscheidungskräftig.[216]
- EuG 5. 12. 2002: Der Slogan „REAL PEOPLE, REAL SOLUTIONS" wird als solcher oder in ähnlichen Varianten in der Telemarketing-Branche gewöhnlich verwendet und kann daher nicht als unterscheidungskräftige Marke dienen.[217]
- EuG 12. 12. 2002: Die Abbildung eines *Seifenstücks* (rechts) wurde als nicht schutzwürdig beurteilt. Die Einbuchtung auf der Längsseite dient offenbar nur dazu, das Produkt besser zu greifen. Die beanspruchte Gestalt besteht daher – so die BK – aus einer Form, die zur Erzielung eines technischen Ergebnisses erforderlich ist (Art 7 Abs 1 lit e Z ii GMV). Das EuG bestätigte diese Entscheidung wegen fehlender Unterscheidungskraft des Zeichens.[218] 
- EuG 3. 7. 2003: Das Wort-Bild-Zeichen „BEST BUY" wird allgemein als Slogan im Sinne von „bestes Preis-Leistungs-Verhältnis" verstanden. Die Form sieht wie ein übliches Schildchen aus. Die Unterscheidungskraft als Zeichen für „Dienstleistungen der Beratung in Fragen der Geschäftsführung wurde daher verneint. Daran konnte auch das ®-Zeichen nichts ändern.[219]

---

[212]) EuG 27. 2. 2002, Rs T-79/00 – LITE – wbl 2002, 217 = ABl HABM 2002, 1068 = GRUR Int 2002, 604.
[213]) 1. BK 4. 3. 2002, R 134/2001-1 – Kugel – ABl HABM 2002, 2182.
[214]) 1. BK 30. 5 2002, R 314/1999-1 – TOP – ABl HABM 2003, 282.
[215]) 3. BK 3. 7. 2002, R 239/2002-3 – Mehr für Ihr Geld – MarkenR 2002, 443.
[216]) EuG 20. 11. 2002, T-79/01 und T-86/01 – KIT PRO – ABl HABM 2003, 446 = GRUR Int 2003, 545.
[217]) EuG 5. 12. 2002, T-130/01 – REAL PEOPLE – ABl HABM 2003, 492 = GRUR Int 2003, 356.
[218]) EuG 12. 12. 2002, T-63/01 – SEIFE – WRP 2003, 254 = GRUR Int 2003, 459 (3. BK 15. 3. 1999, R 74/1998-3, ABl HABM 2001, 950) = MarkenR 2003, 77 = ABl HABM 2003, 814.

▸ EuG 9 7. 2003: STIHL gestaltet seine Motorsägen so, dass die oberen Teile orange und die unteren Teile grau gefärbt sind. Diese beiden Farben wurden daher als zwei untereinander angeordnete Farbflächen (jeweils mit dem Pantone Code) zum Schutz angemeldet. Das EuG verneinte die Unterscheidungskraft.[220]

Beispiele dreidimensionaler Zeichen:

▸ Aus der älteren Rechtsprechung (vor der Markenrechts-Nov 1999) gibt es eine Reihe von Entscheidungen, die sich mit der Schützbarkeit *dreidimensionaler Marken* zu befassen hatten. Das Aussehen einer *Eistüte* (Abbildung rechts) wurde ebenso als nicht unterscheidungskräftig beurteilt, wie jenes einer *Flasche* und eines *Behälters*.[221] Durchwegs wurde die Unterscheidungskraft verneint.

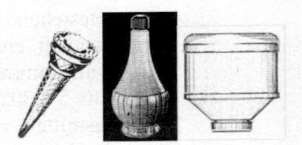

▸ 3. BK 28. 10. 1999: Grundsätzlich sind auch *dreidimensionale Marken* schützbar. Dabei ist auf die konkrete Gestaltungsvielfalt des betreffenden Warengebiets abzustellen, da bestimmte gebräuchliche oder nahegelegte Gestaltungen oder deren beliebige Kombination für den formgestalterischen Gebrauch der Wettbewerber vom Markenschutz freizuhalten sind. Da zum einen die Monopolisierung des Produkts durch den markenrechtlichen Formenschutz die Gefahr einer Behinderung der Produktgestaltung auf dem Warenmarkt birgt, zum anderen die Wesensverschiedenheit von Markenrecht und Gebrauchsmuster- bzw Geschmacksmusterrecht zu beachten ist, ist bei der Prüfung der Unterscheidungskraft ein eher strenger Maßstab anzulegen (im vorliegenden Fall ging es um einen „*Strahlregler*").[222]

▸ 2. BK 17. 11. 1999: Der besonderen Form einer *Flasche* mit einer Einschnürung in der Mitte und einem nach oben kleiner werdenden Perlenmuster (Abbildung rechts) wurde hinreichende Unterscheidungskraft zuerkannt.[223]

▸ 1. BK 14. 4. 2000: Die *Vara*-Schleife (Abbildung rechts) würde an sich nur als schmückendes Emblem von Schuhen wahrgenommen werden. Ferragamo konnte jedoch den Verkehrsgeltungsnachweis erbringen, zumal dieses Zeichen seit mehr als 20 Jahren in Europa benutzt und beworben wird.[224]

---

[219]) EuG 3. 7. 2003, T-122/01 – BEST BUY.
[220]) EuG 9 7. 2003, T-234/01 – orange/grau.
[221]) Eistüte: NA 17. 6. 1986, Nm 23/83 – Speiseeistüte – PBl 1987, 25 = ÖBl 1987, 16; OPM 13. 11. 1985, Om 6/85 – Tüte – PBl 1986, 104; Behälter: OPM 11. 2. 1987, Om 4/83 PBl 1987, 99; BA 6. 8. 1992, Bm 5/91, PBl 1993, 159 (zum Thema „Flasche" vgl auch OPM 31. 8. 1988, Om 1/87, PBl 1989, 11; NA 22. 7. 1987, Nm 74/86, PBl 1988, 49 = ÖBl 1988, 38; OGH 10. 3. 1987, 4 Ob 315/87 – Komfortverschluß – ÖBl 1987, 63 = wbl 1987, 162 = GRUR Int 1988, 520).
[222]) 3. BK 28. 10. 1999, R 104/1999-3 – Strahlregler – GRUR Int 2000, 363.
[223]) 2. BK 17. 11. 1999, R 205/1998-2 – BRUNNENEINHEITSFLASCHE – GRUR Int 2000, 549; ebenso die „GRANINI-Flasche": 1. BK 4. 8. 1999, R 139/1999-1 – GRANINI-Flasche – GRUR Int 2000, 359.
[224]) 1. BK 14. 4. 2000, R 254/1999-1 – *Vara*-Schleife – ABl HABM 2000, 1188.

- 1. BK 14. 4. 2000: Die dreidimensionale Marke in der Form einer runden Unterlage für *Minipizzen* mit einem Fünfeck in der Mitte (Abbildung rechts) wurde als nicht ausreichend unterscheidungskräftig qualifiziert. Jedes einschlägige Unternehmen müsse zur Benutzung dieser Verpackungsart berechtigt bleiben.[225] 
- 3. BK 3. 5. 2000: Eine dreidimensionale Marke in der Form einer *Schnalle* (Abbildung rechts) für „Edelmetalle" sowie daraus hergestellte Waren wurde als unterscheidungskräftig zugelassen.[226] 
- 3. BK 5. 7. 2000: Der rechts abgebildeten *Plastikflasche* in den Farben weiß und pink (für Waschmittel) wurde weder hinsichtlich einzelner Merkmale noch hinsichtlich der Gesamtheit der Merkmale die erforderliche Unterscheidungskraft zugebilligt. Der Durchschnittsverbraucher würde darin nur eine übliche Verpackungsform aber keine Marke erkennen.[227] 
- 1. BK 22. 9. 2000: Die nach außen gewölbte *Waffelform* (Abbildung rechts) weist einen ausreichenden Fantasieüberschuss auf und ist daher unterscheidungskräftig.[228] 
- 3. BK 18. 10. 2000: Der dreidimensionalen Marke in der Form von Feuerzeugen (Abbildung rechts) wurde die Unterscheidungskraft abgesprochen. Der durchschnittlich informierte, aufmerksame und verständige Durchschnittsverbraucher werde darin ohne zusätzliche individualisierende Elemente (Etikett) lediglich das angebotene spezielle Produkt erkennen und nicht einen betrieblichen Herkunftshinweis auf ein spezielles Unternehmen. Nichts an diesem Gegenstand gehe über die „nackte" Form eines länglichen Einwegfeuerzeugs hinaus.[229] 
- 3. BK 14. 11. 2000: Auch ein *Beutel* mit Kordelzug, der mit Waschtabletten gefüllt und dann in die Waschmaschine gegeben wird (Abbildung rechts) wurde mangels Unterscheidungskraft nicht als dreidimensionale Marke registriert.[230]
- VwGH 13. 12. 2000: Die Gestaltung einer Flasche mit „Zwiebelform" im oberen Teil, einem zylindrischen Unterteil und einer als Griffmulde gedeuteten Rille in der Mitte wurde – auch unter Berücksichtigung

---

[225]) 1. BK 14. 4. 2000, R 217/1999-1 – Pizzaform – ABl HABM 2001, 318.
[226]) 3. BK 3. 5. 2000, R 272/1999-3 – Schnalle – ABl HABM 2000, 1624.
[227]) 3. BK 5. 7. 2000, R 607/1999-3 – Waschmittelflasche – ABl HABM 2001, 104.
[228]) 1. BK 22. 9. 2000, R 565/1999-1 – Waffel – MarkenR 2000, 454 = GRUR 2001, 443.
[229]) 3. BK 18. 10. 2000, R 466/1999-3 – Tokai – ABl HABM 2002, 1894.
[230]) 3. BK 14. 11. 2000, R 820/1999-3 – Netzbeutel – ABl HABM 2001, 1654.

der jüngeren Spruchpraxis des HABM – als nicht unterscheidungskräftig beurteilt.[231]

- 1. BK 20. 12. 2000: Die rechts abgebildete dreidimensionale Marke wurde nicht registriert. Sie zeigt eine *Verpackung* für „Zubehör für Brillengestelle" und ist von „extremer Einfachheit". Sie besitze daher keine Merkmale, die bei vernünftiger Betrachtungsweise als – im gewöhnlichen Sinne dieser Begriffe – von Haus aus unterscheidungskräftig wirken. Der Versuch eines Verkehrsgeltungsnachweises scheiterte daran, dass die vertriebenen Produkte nicht bloß in der schlichten Form der Marke aufgemacht, sondern insbesondere durch das Farbschema (weiß und dunkelblau mit 12 gelben Sternen) geprägt waren. Es falle daher schwer anzuerkennen, dass die Botschaft, die Form allein weise auf die geschäftliche Herkunft der Ware hin, beim Verbraucher ankommt.[232] 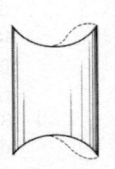
- 1. BK 13. 2. 2001: Der von oben gesehen an einen geschliffenen Edelstein erinnernde *Glasbehälter* (Abbildung rechts), dessen Form nicht durch die Art der Ware bedingt ist und der nicht ausschließlich dazu dient, das Einräumen und das Greifen des Behälters zu erleichtern (die nach Innen gewölbten Seiten führen vielmehr dazu, dass tote Winkel entstehen und daher beim Einräumen in ein Regal Platz verloren geht), wurde als dreidimensionale Marke zugelassen.[233] 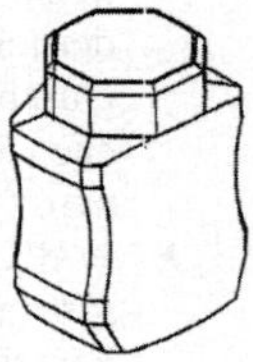
- 2. BK 21. 3. 2001: Eine *Flasche* in Form einer Säule oder eines eleganten Pfeilers (Abbildung rechts) wurde als dreidimensionale Marke für alkoholische Getränke als hinreichend unterscheidungskräftig beurteilt.[234]
- 3. BK 28. 3. 2001: Die Gestaltung eines *Zahnbürstenkopfes* (Abbildung rechts) wurde als dreidimensionale Marke für „Zahnstocher", mangels hinreichender Unterscheidungskraft, nicht aber für „Zahnbürsten" zugelassen.[235]
- 2. BK 31. 10. 2001: Die dreidimensionale Marke (Abbildung rechts) für Messerschmiedwaren wurde wegen des Punkt-Musters am Messergriff als schützbar beurteilt. Das Muster habe keine Funktion und sei völlig willkürlich gewählt. „Trotz seiner Einfachheit wirkt es elegant und dient als Blickfang". Die Unterscheidungskraft wurde daher bejaht.[236]

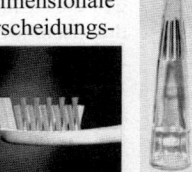

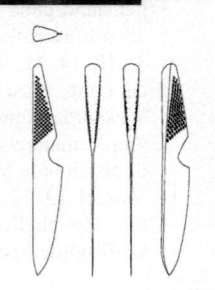

---

[231]) VwGH 13. 12. 2000, Zl 2000/04/0169 – Flasche mit Griffmulde – PBl 2001, 69 = ÖBl-LS 01/88 = ZfV 2002/509.
[232]) 1. BK 20. 12. 2000, R 381/2000-1 – Verpackung – ABl HABM 2001, 1520.
[233]) 1. BK 13. 2. 2001, R 739/1999-1 – Glasbehälter – ABl HABM 2002, 42.
[234]) 2. BK 21. 3. 2001, R 537/1999-2 – Flasche – ABl HABM 2002, 490.
[235]) 3. BK 28. 3. 2001, R 406/2000-3 – Zahnbürstenkopf – ABl HABM 2002, 248.
[236]) 2. BK 31. 10. 2001, R 1091/2000-2 – Messer – ABl HABM 2002, 2106.

- EuG 7. 2. 2002: Die dreidimensionalen Gemeinschaftsmarken für die MAG Lite-Taschenlampen (Abbildungen rechts) wurden als nicht unterscheidungskräftig beurteilt. Taschenlampen sind Güter des allgemeinen Gebrauchs. Angesprochene Verkehrskreise sind daher alle Verbraucher. Die zylindrische Form sei eine der gewöhnlichen Formen von Taschenlampen.[237]
- 1. BK 3. 6. 2002: Bei der besonderen Form des Druckknopfes (Abbildung rechts) am oberen Ende eines Schreibgeräts wird der Verbraucher in erster Linie an dessen Funktion denken und dies nicht als Marke auffassen. Es fehlt die erforderliche Unterscheidungskraft.[238]
- 4. BK 12. 7. 2002: Der bloße Umstand, dass eine Flaschenform nicht ausschließlich technisch bedingt ist, genügt noch nicht, um die Unterscheidungskraft anzunehmen. Die Form einer Mineralwasserflasche mit diagonalen Rillen und horizontalen Wellen sowie einem Rhombenmotiv wurde als nicht unterscheidungskräftig beurteilt (Abbildung rechts).
- EuG 30. 4. 2003: Die dreidimensionale Form einer klassischen braunen Zigarre wurde für „Schokolade" als ebenso wenig unterscheidungskräftig beurteilt, wie die dreidimensionale Form eines Goldbarrens.[239]

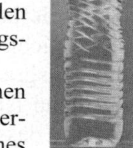

Dieses Registrierungshindernis der fehlenden Unterscheidungskraft ist *relativ*. Es kann beseitigt werden. Nach § 4 Abs 2 MSchG kann der Anmelder die Registrierbarkeit des Zeichens durch die Erbringung des Nachweises erreichen, dass das Zeichen durch Benutzung spätestens vor dem Anmelde- bzw Prioritätstag innerhalb der beteiligten Verkehrskreise *Verkehrsgeltung* in Österreich erlangt hat: *„Die Registrierung wird jedoch"* ... *„zugelassen, wenn das Zeichen innerhalb der beteiligten Verkehrskreise vor der Anmeldung infolge seiner Benutzung Unterscheidungskraft im Inland erworben hat"*.

Die Textierung des § 4 Abs 2 MSchG orientiert sich eng am Wortlaut des Art 3 Abs 3 MarkenRL.[240] Danach wird eine Marke nicht gemäß Art 3 Abs 1 lit b von der Eintragung ausgeschlossen, „wenn sie vor der Anmeldung infolge ihrer Benutzung Unterscheidungskraft erworben hat". Der verwendete Begriff der „erworbenen Unterscheidungskraft" ist im Sinne des bisher verwendeten Terminus *„Ver-*

---

[237]) EuG 7. 2. 2002, Rs T-88/00 – Stabtaschenlampen – MarkenR 2002, 56 = GRUR Int 2002, 288 und 531 = ABl HABM 2002, 1322.
[238]) 1. BK 3. 6. 2002, R 23/2000-1 – Druckknopf – ABl HABM 2003, 886.
[239]) EuG 30. 4. 2003, Rs T-324/01 und T-110/02 – Zigarre und Goldbarren.
[240]) Ähnlich Art 15 Abs 1 TRIPS-Abk: Sind Zeichen nicht von sich aus geeignet, die betreffenden Waren und Dienstleistungen zu unterscheiden, können die Mitglieder ihre Eintragungsfähigkeit von ihrer durch Benutzung erworbenen Unterscheidungskraft abhängig machen.

kehrsgeltung" zu verstehen.[241] Bei der Feststellung, ob eine Marke infolge ihrer Benutzung Unterscheidungskraft erworben hat, sind in einer *Gesamtschau* die Gesichtspunkte zu prüfen, die zeigen können, dass die Marke die Eignung erlangt hat, die betreffende Ware als von einem bestimmten Unternehmen stammend zu kennzeichnen und diese Ware somit von denjenigen anderer Unternehmen zu unterscheiden.[242]

Art 3 Abs 3 MarkenRL lässt den Mitgliedstaaten einen noch weitergehenden Gestaltungsspielraum offen: „Die Mitgliedstaaten können darüber hinaus vorsehen, dass die vorliegende Bestimmung auch dann gilt, wenn die Unterscheidungskraft *erst nach der Anmeldung oder Eintragung* erworben wurde." Österreich hat keine entsprechende Regelung vorgesehen. Die Verkehrsgeltung muss daher bereits vor der Anmeldung erlangt worden sein.[243]

Man unterscheidet zwischen Bekanntheitsgrad, Kennzeichnungsgrad und Zuordnungsgrad: Der *Bekanntheitsgrad* eines Zeichens sagt lediglich darüber etwas aus, inwieweit die beteiligten Verkehrskreise das Zeichen überhaupt kennen. Das sagt aber noch nichts über die Verkehrsgeltung des Zeichens.[244] Aus dem festgestellten Bekanntheitsgrad kann noch nicht auf die Verkehrsgeltung geschlossen werden. Entscheidend ist vielmehr der Kennzeichnungsgrad, mangels eines ausreichenden Ergebnisses desselben der Zuordnungsgrad.[245]

Entscheidend ist also in erster Linie der *Kennzeichnungsgrad*. Er gibt an, wie weit das Zeichen innerhalb der beteiligten Verkehrskreise als Hinweis auf ein bestimmtes Unternehmen bzw eine bestimmte Ware oder Leistung angesehen wird.[246] Das Unternehmen muss dabei nicht bekannt sein, es genügt, wenn an die Waren oder Dienstleistungen des Zeichenträgers, nicht aber an diesen selbst, gedacht wird.[247]

Der *Zuordnungsgrad* – also die Angabe, wie weit das Unternehmen, mit dem das Zeichen in Zusammenhang gebracht wird, namentlich bekannt ist – ist keine notwendige Voraussetzung für die Verkehrsgeltung; nach ihm muss nur dann gefragt

---

[241]) EB 1999, zitiert nach *Kucsko*, MSA MSchG (1999) Anm 12 und 15 zu § 4. Die Unterscheidung zwischen der Verkehrsgeltung nach § 1 Abs 2 MSchGaF und jener nach § 4 Abs 2 MSchGaF sind entfallen. Vgl OGH 24. 10. 2000, 4 Ob 137/00a – MANPOWER II – ÖBl 2002, 25 = ecolex 2001, 127 (*Schanda*).

[242]) EuGH 4. 5. 1999, Rs C-108/97 – Chiemsee – ÖBl 1999, 255 = ecolex 1999, 838 (*Schanda*) = wbl 1999, 310 = Slg 1999 I-2779 = MarkenR 1999, 189 = WRP 1999, 629 = GRUR Int 1999, 727 (insbesondere zum Verkehrsgeltungsnachweis bei geographischen Angaben).

[243]) Vgl auch EuG 12. 12. 2002 (Rs T-247/01 – ECOPY – MarkenR 2003, 82 = GRUR Int 2003, 646) zu Art 7 Abs 3 GMVO.

[244]) OGH 19. 12. 2000, 4 Ob 256/00a – steuerprofi.at – ÖBl-LS 2001/66 = wbl 2001, 237 (*Thiele*); OGH 25. 4. 1995, 4 Ob 1031/95 – Österreichischer Juristenkalender – MR 1995, 188 = ecolex 1995, 731; OGH 16. 6. 1992, 4 Ob 26/92 – Profi – ÖBl 1992, 221 = ecolex 1992, 642.

[245]) OGH 11. 2. 1997, 4 Ob 2383/96m – Stanford boss – ÖBl 1997, 227; OGH 25. 4. 1995, 4 Ob 1031/95 – Österreichischer Juristenkalender – MR 1995, 188 = ecolex 1995, 731.

[246]) OGH 19. 12. 2000, 4 Ob 256/00a – steuerprofi.at – ÖBl-LS 2001/66 = wbl 2001, 237 (*Thiele*); OGH25. 4. 1995, 4 Ob 1031/95 – Österreichischer Juristenkalender – MR 1995, 188 = ecolex 1995, 731; OGH 16. 6. 1992, 4 Ob 26/92 – Profi – ÖBl 1992, 221 = ecolex 1992, 642.

[247]) OGH 1. 9. 1992, 4 Ob 61/92 – Pickfein – ÖBl 1993, 92 = wbl 1993, 60 = MR 1992, 257 = RdW 1993, 77 = ecolex 1993, 35; OGH 16. 6. 1992, 4 Ob 26/92 – Profi – ÖBl 1992, 221 = ecolex 1992, 642.

werden, wenn die Frage nach dem entscheidenden Kennzeichnungsgrad zu keinem eindeutigen Ergebnis geführt hat.[248]

Ab welchem *Grad* der Zuordnung Verkehrsgeltung anzunehmen ist, lässt sich nicht allgemein beantworten. Dies hängt vielmehr davon ab, wie unterscheidungskräftig das Zeichen an sich ist und in welchem Umfang ein Freihaltebedürfnis besteht. Je höher das Freihaltebedürfnis und je geringer die Kennzeichnungskraft ist, desto höher muss die Verkehrsgeltung sein, um einen Schutz zu rechtfertigen.[249]

Für den Verkehrsgeltungsnachweis sind entsprechende *Beweise* beizubringen.[250] Es ist Sache des Anmelders, die konkreten Entstehungstatsachen der Verkehrsgeltung (Angaben über Umfang, Dauer und Art der Benützung des Zeichens etc) vorzubringen und entsprechend zu beweisen.[251] Hiezu kommen alle Beweismittel in Betracht (Gutachten[252], Meinungsumfragen[253], Bestätigungen von Händlern[254], Belege über Werbemaßnahmen, Bestellscheine[255] etc).[256] Primär ist der Verkehrsgeltungsnachweis durch Kammergutachten oder Sachverständigenbeweis, allenfalls auch durch demoskopische Gutachten zu erbringen. Der Beweis durch Zeugen- oder Parteienvernehmung darf nicht von vornherein abgelehnt werden. Werbematerial des Markenanmelders kann hingegen in aller Regel die Verkehrsgeltung des Zeichens höchstens „anbahnen" (indizieren), aber nicht beweisen.[257] Bei der Parteienvernehmung als Beweismittel ist man deshalb zurückhaltend, weil aus der persönlichen Meinung des Anmelders keine Schlüsse auf die relevante Auffassung der betroffenen Verkehrskreise gezogen werden können.[258] Letztlich ist aber die Beurteilung, ob eine bestimmte Bezeichnung die erforderliche Verkehrsgeltung erlangt hat, keine reine Beweisfrage, sondern eine –

---

[248]) OGH 1. 9. 1992, 4 Ob 61/92 – Pickfein – ÖBl 1993, 92 = wbl 1993, 60 = MR 1992, 257 = RdW 1993, 77 = ecolex 1993, 35; OGH 16. 6. 1992, 4 Ob 26/92 – Profi – ÖBl 1992, 221 = ecolex 1992, 642.

[249]) OGH 12. 1. 1993, 4 Ob 10/93 – for you – ÖBl 1993, 89 = ecolex 1993, 397 = wbl 1993, 196; OGH 1. 9. 1992, 4 Ob 61/92 – Pickfein – ÖBl 1993, 92 = wbl 1993, 60 = MR 1992, 257 = RdW 1993, 77 = ecolex 1993, 35; zum Ausstattungsschutz für eine Farbe: OGH 25. 2. 1997, 4 Ob 28/97i – MANZ-Rot – ÖBl 1997, 176 = ecolex 1997, 370 = MR 1997, 107 = GRUR Int 1998, 331; *G.I.*, Manz-Rot geschützt! RdW 1997, 257.

[250]) Vgl dazu: *Asperger/Stangl*, ecolex 1999, 783.

[251]) BA 29. 8. 1994, Bm 7/94 – COMPUTER COMPANY – PBl 1995, 225 = ÖBl 1996, 19.

[252]) Zum Gutachten der Wirtschaftskammer: OGH 22. 3. 2001, 4 Ob 55/01v – Studioline – ÖBl 2002, 87 = ÖBl-LS 01/126 = RdW 2001/672.

[253]) Das Gemeinschaftsrecht verbietet nicht, eine Verbraucherbefragung durchzuführen: EuGH 4. 5. 1999, Rs C-108/97 – Chiemsee – ÖBl 1999, 255 = ecolex 1999, 838 (*Schanda*) = wbl 1999, 310 = Slg 1999 I-2779 = MarkenR 1999, 189 = WRP 1999, 629 = GRUR Int 1999, 727.

[254]) Zur Skepsis gegenüber formulamäßig gleichlautenden Bestätigungen: BA 29. 8. 1994, Bm 7/94 – COMPUTER COMPANY – PBl 1995, 225 = ÖBl 1996, 19; OGH 30. 5. 1990, 4 Ob 76/90 – EXPO-Technik – ÖBl 1991, 32 = ecolex 1990, 696 (*Kucsko*) = PBl 1991, 172.

[255]) Diese sind im Allgemeinen als Verkehrsgeltungsnachweis nur wenig aussagekräftig: OPM 23. 2. 1983, Om 3/82 – Atemfrei – ÖBl 1984, 118 (*Schmidt/Barger*) = PBl 1983, 139.

[256]) NA 21. 11. 1996, Nm 76/95 – BIO-NATURKRAFT – PBl 1998, 22.

[257]) OGH 6. 12. 1994, 4 Ob 135/94 – Hit auf Hit – ÖBl 1995, 281 = wbl 1995, 254. Zur beispielsweise geringen Wirkung der Werbung mit *Displaytassen* und *Flugblättern* für Inhalatoren vgl OPM 22. 5. 1985, Om 11/84 – Atemfrei – PBl 1987, 19 = ÖBl 1987, 16. Unzureichend sind auch Werbemaßnahmen für Bücher, die maximal 7.100 Kunden erreicht haben: NA 2. 8. 1984, Nm 53/83 – Österreich 2000 – PBl 1985, 107. Vgl auch OPM 10. 3. 1982, Om 10/81 – DIE KÜCHE – PBl 1983, 11 = ÖBl 1983, 7.

[258]) BA 29. 8. 1994, Bm 7/94 – COMPUTER COMPANY – PBl 1995, 225 = ÖBl 1996, 19.

langt hat, keine reine Beweisfrage, sondern eine – aufgrund der hiefür in Betracht kommenden Tatsachenfeststellungen zu beurteilende – *Rechtsfrage*.[259]

Die Anforderungen an den Umfang der Verkehrsgeltung richten sich danach, wer im Hinblick auf die Eigenart der beanspruchten Waren und Dienstleistungen den *beteiligten Verkehrskreisen* angehört.[260] Die Verkehrsgeltung muss nicht in allen beteiligten Kreisen (Großhändler, Einzelhändler *und* Verbraucher) bestehen; es genügt, wenn auch nur ein nicht unbeträchtlicher Teil einer der im konkreten Fall angesprochenen Gruppen in der Bezeichnung einen Hinweis auf ein bestimmtes Unternehmen sieht.[261]

Nach Ansicht des OGH[262] kann die Frage, ob einem Zeichen Identifizierungsfunktion und damit Kennzeichnungsfähigkeit zukommt, nur beurteilt werden, wenn geprüft wird, ob das Zeichen mit einer bestimmten Ware oder Dienstleistung und damit mit einer bestimmten Person in Beziehung gebracht wird. Nach der geltenden Fassung des MSchG brauche zwar kein Bezug zu einem bestimmten Unternehmen hergestellt werden (weil auch Nicht-Unternehmer nunmehr Marken erwerben können; Seite 340), nach wie vor könne aber nur derjenige das Markenrecht erwerben, zu dessen Gunsten die Verkehrsgeltung erreicht worden ist. Es müsse daher – wenn auch über eine bestimmte Ware oder Dienstleistung – ein Bezug zu einer bestimmten Person hergestellt sein.[263] Der Verkehrsgeltungsnachweis muss für das *gesamte Bundesgebiet* erbracht werden.[264]

Über eine besondere Konstellation hatte der EuGH in einem *Vorabentscheidungsverfahren* abzusprechen: Es ging im Anlassverfahren um den von Philips 1966 entwickelten neuen elektrischen Rasierapparat mit drei rotierenden Köpfen. 1995 begann der Konkurrent Remington damit, den Rasierapparat DT55 mit drei ein gleichseitiges Dreieck bildenden rotierenden Köpfen, einer ähnlichen Formgebung wie der von Philips verwendeten, herzustellen und in UK in Verkehr zu bringen. Dabei war unter anderem die Frage zu klären, ob Philips zumindest theoretisch Verkehrsgeltung erlangt haben konnte. Dazu der EuGH: War ein Marktteilnehmer einziger Lieferant bestimmter Waren auf dem Markt, so kann die ausgedehnte Benutzung eines Zeichens, das aus der *Form dieser Waren* besteht, ausreichen, um das Zeichen unterscheidungskräftig im Sinne von Art 3 Abs 3 MarkenRL zu ma-

---

[259]) OGH 1. 9. 1992, 4 Ob 61/92 – Pickfein – ÖBl 1993, 92 = wbl 1993, 60 = MR 1992, 257 = RdW 1993, 77 = ecolex 1993, 35; OGH 16. 6. 1992, 4 Ob 26/92 – Profi – ÖBl 1992, 221 = ecolex 1992, 642; OGH 4. 4. 1989, 4 Ob 22/89 – JOLLY KINDERFEST – ÖBl 1989, 162.

[260]) BA 29. 8. 1994, Bm 7/94 – COMPUTER COMPANY – PBl 1995, 225 = ÖBl 1996, 19.

[261]) OGH 12. 1. 1993, 4 Ob 10/93 – for you – ÖBl 1993, 89 = ecolex 1993, 397 = wbl 1993, 196; OGH 26. 6. 1990, 4 Ob 56/90 – Weide-NAC – ecolex 1990, 696.

[262]) 18. 1. 2000, 4 Ob 325/99v – MANPOWER – ÖBl 2000, 175 = ecolex 2000, 515 (*Schanda*) = RdW 2000/313, unter Berufung auf die deutsche hM.

[263]) Zur Frage der Zurechnung der Verkehrsgeltung bei Gebrauch des Zeichens durch einen Lizenznehmer vgl OGH 24. 10. 2000, 4 Ob 137/00a – MANPOWER II – ÖBl 2002, 25 = ecolex 2001, 127 (*Schanda*) und OGH 18. 1. 2000, 4 Ob 325/99v – MANPOWER – ÖBl 2000, 175 = ecolex 2000, 515 (*Schanda*). Zur „geteilten Verkehrsgeltung" vgl NA 23. 5. 1984, Nm 9/82 – Herkules – PBl 1985, 80.

[264]) BA 7. 4. 1995, Bm 15/94, PBl 1996, 37 = ÖBl 1996, 118; BA 29. 8. 1994, Bm 7/94 – COMPUTER COMPANY – PBl 1995, 225 = ÖBl 1996, 19.

chen, wenn infolge dieser Benutzung ein wesentlicher Teil der betroffenen Verkehrskreise die Form mit diesem Marktteilnehmer und mit keinem anderen Unternehmen in Verbindung bringt oder annimmt, dass Waren mit dieser Form von diesem Marktteilnehmer stammen. Es sei jedoch Sache des nationalen Gerichts, zu prüfen, ob die Umstände, unter denen diese Voraussetzung erfüllt ist, durch konkrete und verlässliche Informationen belegt sind, ob berücksichtigt ist, wie ein durchschnittlich informierter, aufmerksamer und verständiger Durchschnittsverbraucher die in Rede stehende Kategorie von Waren oder Dienstleistungen wahrnimmt, und ob es auf der Benutzung der Marke als Marke beruht, dass die betroffenen Verkehrskreise die Ware als von einem bestimmten Unternehmen stammend erkennen.[265] Die bloße Gewöhnung der Verbraucher an eine gwisse Aufmachung (zB eiförmige Waschmitteltablette) kann nicht mit einer durch Benutzung erlangten Unterscheidungskraft gleichgesetzt werden.[266]

Nicht unproblematisch ist folgende Konstellation, die in der Praxis gelegentlich auftritt: Eine bereits verwendete Marke wird anstandslos eingetragen, ohne dass ein Verkehrsgeltungsnachweis erforderlich wäre. Erst viele Jahre später kommt es zu einem Löschungsverfahren, wegen (angeblich) fehlender Unterscheidungskraft. Nun wäre es für den Markeninhaber natürlich hilfreich, wenn er auf einen Verkehrsgeltungsnachweis im Anmeldezeitpunkt verweisen könnte. Kann also der Anmelder einer Marke auch dann (vorsorglich) verlangen, dass die Marke unter Hinweis auf die bestehende Verkehrsgeltung eingetragen wird, wenn das Patentamt einen Verkehrsgeltungsnachweis gar nicht für erforderlich hält? Jahre später, wenn die Werbeunterlagen aus der Zeit der Anmeldung bereits vernichtet und rückbezogene Erklärungen schwer zu bekommen sind, fehlen sonst gelegentlich die erforderlichen Beweisunterlagen, die im Anmeldezeitpunkt noch leicht verfügbar waren. Die Rechtsprechung verneint diese Frage.[267] Der Anmelder kann die Erbringung des Verkehrsgeltungsnachweises also dem Amt nicht „aufdrängen". In Zweifelsfällen empfiehlt es sich daher, die entsprechende Dokumentation zum Stichtag der Anmeldung im eigenen Archiv zu verwahren, um sie gegebenenfalls zur Verfügung zu haben, falls später (im Löschungsverfahren oder als Einwand im Eingriffsverfahren) die Kennzeichnungskraft bestritten und ein nachträglicher Verkehrsgeltungsnachweis erforderlich wird.

---

[265]) EuGH 18. 6. 2002, Rs C-299/99 – Rasierapparat – ÖBl 2003, 55 (*Gamerith*) = ÖBl-LS 2002/177 = EWS 2002, 375 = MarkenR 2002, 231 = GRUR 2002, 804 = GRUR Int 2002, 842 = ABl HABM 2002, 2034. Dazu: *Mountstephens*, Der markenrechtliche Schutz technisch bedingter Warenformen und naturgetreuer Warenabbildungen nach der Ersten Markenrichtlinie 89/104/EWG, GRUR Int 2000, 393.
[266]) EuG 5. 3. 2003, Rs T-194/01 – eiförmige Tablette – wbl 2003, 226 = ABl HABM 2003, 1542.
[267]) BA 6. 4. 1989, Bm 5/88 – POLY – PBl 1990, 195 = ÖBl 1990, 250.

2.2.9. Beschreibende Zeichen

Damit ist alles gesagt ...

Das *relative* Registrierungshindernis für Zeichen, die ausschließlich aus beschreibenden Angaben bestehen, war ebenfalls bereits im MSchG enthalten und wurde durch die Markenrechts-Nov 1999 nur sprachlich besser an Art 3 Abs 1 lit c MarkenRL bzw Art 7 Abs 1 lit c GMV (Seite 577) angepasst. Nach § 4 Abs 1 Z 4 MSchG sind Zeichen von der Registrierung ausgeschlossen, die „*ausschließlich aus Zeichen oder Angaben bestehen, welche im Verkehr zur Bezeichnung der Art, der Beschaffenheit, der Menge, der Bestimmung, des Wertes, der geographischen Herkunft oder der Zeit der Herstellung der Ware oder der Erbringung der Dienstleistung oder zur Bezeichnung sonstiger Merkmale der Ware oder Dienstleistung dienen können*".

Auch hier haben sich in der *Judikatur* allgemeine Beurteilungskriterien herausgebildet:

> *Zweck* dieses Eintragungshindernisses ist es, zu verhindern, dass die in dieser Bestimmung genannten Zeichen oder Angaben aufgrund ihrer Eintragung als Marke einem einzigen Unternehmen vorbehalten werden; die Bestimmung verfolgt damit das im allgemeinen Interesse liegende Ziel, dass solche Zeichen oder Angaben von jedermann *frei verwendet* werden können.[268] Dies trifft ebenso auf die Beurteilung dreidimensionaler, aus der Form der Ware bestehender Marken zu.[269]

> Derartige Zeichen werden als ungeeignet angesehen, die wesentliche Funktion der Marke zu erfüllen, die darin besteht, die *gewerbliche Herkunft* der Ware oder Dienstleistung zu identifizieren, um es dem Verbraucher, der die mit der Marke gekennzeichnete Ware oder Dienstleistung erwirbt, so zu ermöglichen, bei einem weiteren Erwerb seine Entscheidung davon abhängig zu machen, ob er gute oder schlechte Erfahrungen gemacht hat (Dieser Leitsatz findet sich wortgleich

---

[268]) EuGH 8. 4. 2003, Rs C-53/01 bis C-55/01 – Linde/Winward/Rado – ÖBl-LS 2003/100 = MarkenR 2003, 187 = GRUR 2003, 514 = GRUR Int 2003, 632 = ABl HABM 2003, 1502; EuG 20. 3. 2002, Rs T-355/00 – TELE AID – wbl 2002, 271 = WRP 2002, 516 = GRUR Int 2002, 747 = ABl HABM 2002, 2212; EuG 20. 3. 2002, Rs T-358/00 – TRUCKCARD – wbl 2002, 271 = ABl HABM 2002, 2242; EuG 27. 2. 2002, Rs T-219/00 – ELLOS – wbl 2002, 218 = MarkenR 2002, 98 = ABl HABM 2002, 1014 = GRUR Int 2002, 600; EuG 27. 2. 2002, Rs T-106/00 – STREAMSERVE – wbl 2002, 218 = MarkenR 2002, 92 = ABl HABM 2002, 1090 = GRUR Int 2002, 596. In der Baby-dry-Entscheidung (EuGH 20. 9. 2001, Rs C-383/99 P – Baby-dry – ÖBl 2002, 43 = ÖBl-LS 02/27 = ecolex 2001, 924 (*Schanda*) = wbl 2001, 522 = MarkenR 2001, 400 = GRUR Int 2002, 47 = ABl HABM 2003, 1296) legt der EuGH hingegen das Gewicht nicht auf das Argument „Freihaltebedürfnis", sondern auf die bei beschreibenden Angaben fehlende Grundfunktion der Unterscheidungskraft.

[269]) EuGH 8. 4. 2003, Rs C-53/01 bis C-55/01 – Linde/Winward/Rado – ÖBl-LS 2003/100 = MarkenR 2003, 187 = GRUR 2003, 514 = GRUR Int 2003, 632 = ABl HABM 2003, 1502.

auch zum Registrierungshindernis der fehlenden Unterscheidungskraft; Seite 281).[270]
▸ Die Eintragungshindernisse des beschreibenden Charakters sowie der fehlenden *Unterscheidungskraft* können einander überschneiden; dennoch haben sie aber jeweils ihren eigenen Anwendungsbereich; da diese zwei Registrierungshindernisse in zwei gesonderten Vorschriften geregelt sind, können sie nicht zur Gleichsetzung auf das Fehlen der Unterscheidungskraft reduziert werden.[271]
▸ Unter dieses Registrierungshindernis fallen diejenigen Zeichen und Angaben, die *im normalen Sprachgebrauch* nach dem Verständnis der angesprochenen Verkehrskreise die angemeldeten Waren oder Dienstleistungen entweder *unmittelbar* oder durch Hinweis auf eines ihrer *wesentlichen Merkmale* bezeichnen können.[272]
▸ Dem Registrierungshindernis unterliegen nur solche Zeichen, deren Begriffsinhalt von den beteiligten Verkehrskreisen *zwanglos*, ohne komplizierte Schlussfolgerungen[273] und *ohne besondere Denkarbeit*[274] erschlossen werden kann. Das Vorliegen dieses Registrierungshindernisses wäre nur dann zu bejahen, wenn der ausschließlich beschreibende Charakter des Zeichenworts für die angesprochenen Verkehrskreise allgemein, zwanglos und *ohne besondere Gedankenoperation* erkennbar ist.[275]
▸ Bei der Prüfung der markenrechtlichen Schutzfähigkeit eines Zeichens ist zu berücksichtigen, dass die Abnehmer erfahrungsgemäß Kennzeichen so aufnehmen, wie sie ihnen im Verkehr begegnen, *ohne* dass eine *analysierende*, möglichen Bestandteilen und deren Begriffsbedeutung nachgehende *Betrachtungsweise* Platz greift.[276]
▸ Bei *bloßen Andeutungen* einer bestimmten Beschaffenheit des zu kennzeichnenden Gegenstandes, ohne die damit bezeichnete Ware oder Dienstleistung konkret und umfassend zu beschreiben, liegt noch keine beschreibende Angabe vor.[277] Solange eine solche Andeutung der Beschaffenheit nur in phantasiehafter Weise

---

[270]) EuG 27. 2. 2002, Rs T-219/00 – ELLOS – wbl 2002, 218 = MarkenR 2002, 98 = ABl HABM 2002, 1014 = GRUR Int 2002, 600.
[271]) EuG 27. 2. 2002, Rs T-34/00 – EUROCOOL – wbl 2002, 218 = MarkenR 2002, 88 = ABl HABM 2002, 1042 = GRUR Int 2002, 591.
[272]) EuG 20. 3. 2002, Rs T-355/00 – TELE AID – wbl 2002, 271 = WRP 2002, 516 = GRUR Int 2002, 747 = ABl HABM 2002, 2212; EuG 20. 3. 2002, Rs T-358/00 – TRUCKCARD – wbl 2002, 271 = ABl HABM 2002, 2242.
[273]) OGH 18. 2. 2003, 4 Ob 38/03x – Music-Channel.cc; OGH 19. 11. 2002, 4 Ob 255/02g – Mobile Office; OGH 28. 5. 2002, 4 Ob 119/02g – air ... – ÖBl-LS 2002/169; OPM 22. 5. 2002, Om 16/01 – LONG EVITY PROGRAMM – PBl 2002, 137 = ÖBl-LS 2002/196; OPM 28. 11. 2001, Om 7/01 – DERMACURE – PBl 2002, 97 = ÖBl-LS 2002/168; OGH 13. 11. 2001, 4 Ob 237/01h – drivecompany – ÖBl 2002, 84 = ÖBl-LS 2002/56 und 57 = ecolex 2002, 364 (*Schanda*) = wbl 2002, 182; OGH 13. 9. 2000, 4 Ob 206/00y – E-MED – ecolex 2001, 127.
[274]) OGH 18. 2. 2003, 4 Ob 10/03d – More II – ÖBl-LS 2003/57-59; OGH 12. 4. 2000, 4 Ob 91/00m – Autofit – ÖBl-LS 00/80 = ecolex 2000, 588 (*Schanda*).
[275]) OPM 23. 5. 2001, Om 1/01 – R LANEROSSI – PBl 2002, 85 = ÖBl-LS 2002/133; OPM 22. 9. 1999, Om 3/99 – WEISSE, BLAUE, BUNTE SEITEN – PBl 2000, 14 = ÖBl-LS 00/20; OGH 29. 9. 1998, 4 Ob 239/98w – „GEO" – wbl 1999, 41; 11. 2. 1997, 4 Ob 2383/96m – Stanford boss – ÖBl 1997, 227.
[276]) BA 18. 8. 2000, Bm 19/99 – MUSEUM – ecolex 2001, 460 (*Braunböck*).
[277]) OGH 18. 2. 2003, 4 Ob 10/03d – More II – ÖBl-LS 2003/57-59; OGH 18. 2. 2003, 4 Ob 38/03x – Music-Channel.cc; OGH 28. 5. 2002, 4 Ob 119/02g – air ... – ÖBl-LS 2002/169; OPM 22. 5. 2002, Om 16/01 – LONG EVITY PROGRAMM – PBl 2002, 137 = ÖBl-LS 2002/196; OPM 28. 11. 2001, Om 7/01 – DERMACURE – PBl 2002, 97 = ÖBl-LS 2002/168; OGH 13. 11. 2001, 4 Ob 237/01h – drivecompany – ÖBl 2002, 84 = ÖBl-LS 2002/56 und 57 = ecolex 2002, 364 (*Schanda*) = wbl 2002, 182.

auf bestimmte Eigenschaften hinweist, ohne sie in sprach- oder verkehrsüblicher Form unmittelbar zu bezeichnen, greift das Registrierungshindernis nicht.[278]

▸ „Soweit eine beschreibende Angabe *zu vage und unbestimmt* ist, um ihr für die beanspruchten Waren oder Dienstleistungen einen beschreibenden Charakter zu verleihen, steht der Eintragung regelmäßig kein Eintragungshindernis entgegen. Das gilt insbesondere dann, wenn das Zeichen als solches oder in seinen Bestandteilen mit Bezug auf die betreffenden Waren oder Dienstleistungen ganz *ungewöhnlich* und *unüblich* ist oder *mehrere Bedeutungen* aufweist und daher beim angesprochenen Durchschnittsverbraucher unmittelbar ersichtlich mehrdeutige und/oder widersprüchliche Vorstellungen und verschiedene Interpretationen hervorrufen kann.[279]

▸ Stellt ein Zeichen nur einen *Zusammenhang* mit einem allgemeinen Begriff her, ohne etwas Bestimmtes über Herstellung oder Beschaffenheit der Ware auszusagen, dann liegt keine bloß beschreibende Angabe vor.[280]

▸ Zur Schutzversagung reicht es nicht, dass nur auf eine beschreibende Angabe *angespielt* oder ein der Ware oder Dienstleistung zu Werbezwecken zugeschriebenes *Image* angedeutet wird, wenn dies nicht über den erlaubten Bereich der Suggestion oder Anspielung hinausgeht.[281]

▸ Eine Marke ist nur dann nach diesem Registrierungshindernis von der Registrierung ausgeschlossen, wenn sie nicht noch *weitere Zeichen oder Angaben* enthält und wenn weiters die in ihr enthaltenen ausschließlich beschreibenden Zeichen oder Angaben nicht in einer Weise wiedergegeben oder angeordnet sind, die das *Gesamtzeichen* von der üblichen Art und Weise, die fraglichen Waren oder Dienstleistungen oder ihre wesentlichen Merkmale zu bezeichnen, unterscheidet.[282] Eine *zusammengesetzte Wortmarke* ist nach der Bedeutung zu beurteilen, die sich aus allen ihren Betsandteilen – nicht nur aus einem – ergibt.[283]

▸ Bei einer Wortmarke muss ein etwaiger beschreibender Charakter nicht nur *gesondert für jedes Wort*, sondern auch für das durch die Worte gebildete *Ganze* festgestellt werden. Jede erkennbare Abweichung in der Formulierung einer angemeldeten *Wortverbindung* von der Ausdrucksweise, die im üblichen Sprachgebrauch der betroffenen Verbraucherkreise für die Bezeichnung der Ware oder der Dienstleistung oder ihrer wesentlichen Merkmale verwendet wird, ist geeignet, einer Wortverbindung die für die Eintragung als Marke erforderliche Unterscheidungskraft zu verleihen.[284]

---

[278]) OGH 13. 4. 1999, 4 Ob 17/99z – LA LINIA/LA LINEA – ÖBl 1999, 283 = ecolex 1999, 705 (*Schanda*).
[279]) OPM 22. 5. 2002, Om 16/01 – LONG EVITY PROGRAMM – PBl 2002, 137 = ÖBl-LS 2002/196; OPM 28. 11. 2001, Om 7/01 – DERMACURE – PBl 2002, 97 = ÖBl-LS 2002/168 mwN. Vgl auch EuG 9. 10. 2002, Rs T-360/00 – UltraPlus – wbl 2002, 568 = ABl HABM 2002, 2534 = MarkenR 2003, 112= GRUR Int 2003, 234.
[280]) OGH 29. 9. 1998, 4 Ob 239/98w – GEO – wbl 1999, 41; OGH 26. 2. 1996, 4 Ob 7/96 – LEUMIN/LEIMIN – ÖBl 1996, 246 = SZ 69/318 = RdW 1996, 583.
[281]) OGH 29. 9. 1998, 4 Ob 239/98w – GEO – wbl 1999, 41; OGH 26. 2. 1996, 4 Ob 7/96 – LEUMIN/LEIMIN – ÖBl 1996, 246 = SZ 69/318 = RdW 1996, 583.
[282]) EuGH 20. 9. 2001, Rs C-383/99 P, Rz 40 – Baby-dry – ÖBl 2002, 43 = ÖBl-LS 02/27 = ecolex 2001, 924 (*Schanda*) = wbl 2001, 522 = MarkenR 2001, 400 = GRUR Int 2002, 47 = ABl HABM 2003, 1296.
[283]) EuG 2. 7. 2002, Rs T-323/00 – SAT.2 – wbl 2002, 468 = GRUR Int 2002, 858.
[284]) OGH 19. 11. 2002, 4 Ob 255/02g – Mobile Office; OPM 22. 5. 2002, Om 16/01 – LONG EVITY PROGRAMM – PBl 2002, 137 = ÖBl-LS 2002/196; EuGH 20. 9. 2001, Rs C-383/99 P, Rz 41 – Baby-dry – ÖBl 2002, 43 = ÖBl-LS 02/27 = ecolex 2001, 924 (*Schanda*) = wbl 2001, 522 = MarkenR 2001, 400 = GRUR Int 2002, 47 = ABl HABM 2003, 1296.

- Auch wenn jedes der Wörter einer *Wortverbindung* im üblichen Sprachgebrauch zur Bezeichnung der Funktion der damit zu bezeichnenden Waren verwendet werden kann, die Wortverbindung aber kein bekannter Ausdruck der betreffenden Sprache ist, um diese Waren und ihre wesentlichen Eigenschaften zu bezeichnen, so besteht das Registrierungshindernis nicht. Eine derartige Wortverbindung ist vielmehr als „Ergebnis einer *lexikalischen Erfindung*"[285] geeignet, die Unterscheidungsfunktion zu erfüllen.[286]
- Ist der zu prüfende Begriff einer *Fremdsprache* entnommen, so hängt die Beurteilung davon ab, ob die Kenntnis dieser Fremdsprache im Inland im Prioritätszeitpunkt so weit verbreitet war, dass der inländische Verkehr (also jene Verkehrskreise, für die die betreffenden Waren oder Dienstleistungen bestimmt sind) einen, die Identifizierungsfunktion ausschließenden, Sinngehalt erkennen konnte.[287] Versteht der inländische Verkehr die fremdsprachige Angabe nicht, so wird diese wie eine Phantasieangabe behandelt.[288]
- Im Interesse des *Export- und Importhandels*, insbesondere des inländischen Absatzes ausländischer Waren, kann auch ein Freihaltebedürfnis an solchen fremdsprachigen Angaben bestehen, die zwar im Ausland als beschreibend gelten, im Inland aber unbekannt sind und hier für Phantasieangaben gehalten werden, würde es doch sonst den Export- und Importkaufleuten unmöglich gemacht, die von ihnen aus- und eingeführten Waren in der Sprache des Ursprungs- oder des Bestimmungslandes zu bezeichnen.[289]
- Es kommt allein auf die Möglichkeit an, dass ein Wort zur Beschreibung einer Eigenschaft der Ware oder Dienstleistung verwendet werden kann, nicht aber darauf, dass das gegenwärtig schon geschieht. Es kommt also nicht auf ein konkretes, aktuelles oder ernsthaftes *Freihaltebedürfnis* an, sondern nur darauf, ob der Gebrauch des Wortes zur Beschreibung der betreffenden Warengruppe künftig verwendet werden kann, ob also vernünftigerweise zu erwarten ist, dass mit einer solchen Bezeichnung nach Auffassung der angesprochenen Verkehrskreise Eigenschaften dieser Warengruppe bezeichnet werden können.[290]
- Die Anwendung dieses Registrierungshindernisses setzt *nicht* voraus, dass ein *konkretes, aktuelles und ernsthaftes Freihaltebedürfnis* besteht.[291]

---

[285]) Dieser Terminus ist wenig glücklich: Das Wort „Baby-dry" wurde ja gerade nicht von einem oder für ein Lexikon erfunden.
[286]) OPM 28. 11. 2001, Om 7/01 – DERMACURE – PBl 2002, 97 = ÖBl-LS 2002/168; OGH 27. 11. 2001, 4 Ob 230/01d – internetfactory – ÖBl 2002, 138 = ÖBl-LS 2002/54 = ecolex 2002, 364 (*Schanda*) = wbl 2002, 183; EuGH 20. 9. 2001, Rs C-383/99 P, Rz 41 bis 44 – Baby-dry – ÖBl 2002, 43 = ÖBl-LS 02/27 = ecolex 2001, 924 (*Schanda*) = wbl 2001, 522 = MarkenR 2001, 400 = GRUR Int 2002, 47 = ABl HABM 2003, 1296.
[287]) OGH 18. 2. 2003, 4 Ob 10/03d – More II – ÖBl-LS 2003/57-59; OGH 18. 1. 2000, 4 Ob 325/99v – MANPOWER – ÖBl 2000, 175 = ecolex 2000, 515 (*Schanda*) = RdW 2000/313; zu fremdsprachigen Markenworten vgl auch VwGH 27. 1. 1999, Zl 97/04/0027 – BROADCAST MASTER – PBl 1999, 182 = ÖBl-LS 00/18; OGH 13. 7. 1993, 4 Ob 80/93 – Karadeniz – ÖBl 1993, 203 = wbl 1994, 65 = Ernährung 1995, 177; OGH 13. 11. 1984, 4 Ob 378/84 – Pisang – ÖBl 1985, 41 = GRUR Int 1985, 768. Zu Worten aus toten Fremdsprachen: *Schönherr/Thaler*, Entscheidungen zum Markenrecht (1985) E 254 ff zu § 4.
[288]) OPM 28. 11. 2001, Om 7/01 – DERMACURE – PBl 2002, 97 = ÖBl-LS 2002/168.
[289]) OGH 13. 7. 1993, 4 Ob 80/93 – Karadeniz – ÖBl 1993, 203 = wbl 1994, 65 = Ernährung 1995, 177. Zur geographischen Angabe „Tabasco": OPM 27. 5. 1987, Om 1/83 – Tabasco – PBl 1988, 114 = ÖBl 1988, 67.
[290]) OPM 22. 9. 1999, Om 3/99 – WEISSE, BLAUE, BUNTE SEITEN – PBl 2000, 14 = ÖBl-LS 00/20.
[291]) EuG 20. 3. 2002, Rs T-355/00 – TELE AID – wbl 2002, 271 = WRP 2002, 516 = GRUR Int 2002, 747 = ABl HABM 2002, 2212; 20. 3. 2002, Rs T-358/00 – TRUCKCARD – wbl 2002, 271 = ABl HABM 2002, 2242; 27. 2.

- Es kommt auf die Auffassung der *Abnehmer* an.[292] Die Beurteilung ist nach dem Verständnis der angesprochenen *Verkehrskreise*, die aus den Verbrauchern dieser Waren oder Dienstleistungen bestehen, zu beurteilen.[293] Es genügt ein nicht unerheblicher Teil der Verkehrskreise.[294] Bei seltenen Waren oder hochspezialisierten Dienstleistungen kann es sein, dass die beteiligten Verkehrskreise nur aus bestimmten *Fachkreisen* gebildet werden.[295]
- Deshalb braucht eine Beschaffenheitsangabe kein Wort der *Umgangssprache* zu sein.[296]
- Nicht relevant ist hingegen, wie der *Anmelder* das Zeichen verstanden wissen will.[297]
- Bei Waren und Dienstleistungen, die für den allgemeinen Verbrauch bestimmt sind (zB Bekleidung), ist hinsichtlich der relevanten Verkehrskreise auf einen durchschnittlich informierten, aufmerksamen und verständigen *Durchschnittsverbraucher* abzustellen.[298]
- Von der Registrierung ausgeschlossen sind auch solche Zeichen, die einer beschreibenden Angabe *verwechselbar ähnlich* sind.[299]
- Ein Zeichen fällt schon dann unter das Registrierungshindernis, wenn zumindest eine seiner potenziellen Bedeutungen ein Merkmal der betroffenen Waren oder Dienstleistungen bezeichnet.[300] Bei Zeichen mit *mehrfacher Bedeutung* genügt es also, wenn es auch nur in einer einzigen Bedeutung beschreibend ist.[301]
- Auch ein von einem Hersteller oder Händler *neu geprägtes Wort*, das in sprachüblicher Weise gebildet ist und im allgemeinen Verkehr ohne weiteres als Hinweis auf die Beschaffenheit der Ware verstanden wird, ist nicht eintragungsfähig.[302]
- Ob ein bestimmtes Zeichen beschreibend ist, muss in Bezug auf das *Objekt* geprüft werden, für welches es verwendet wird.[303] Das Eintragungshindernis ist in

---

[ ] 2002, Rs T-106/00 – STREAMSERVE – wbl 2002, 218 = MarkenR 2002, 92 = ABl HABM 2002, 1090 = GRUR Int 2002, 596.
[292]) VwGH 27. 1. 1999, Zl 97/04/0027 – BROADCAST MASTER – PBl 1999, 182 = ÖBl-LS 00/18; VwGH 20. 1. 1998, Zl 97/04/0168 – Quality Inn – PBl 1998, 165 = ÖBl 1998, 334; NA 21. 11. 1996, Nm 76/95 – BIO-NATURKRAFT – PBl 1998, 22.
[293]) EuG 20. 3. 2002, Rs T-355/00 – TELE AID – wbl 2002, 271 = WRP 2002, 516 = GRUR Int 2002, 747 = ABl HABM 2002, 2212; EuG 20. 3. 2002, Rs T-358/00 – TRUCKCARD – wbl 2002, 271 = ABl HABM 2002, 2242; EuG 27. 2. 2002, Rs T-219/00 – ELLOS – wbl 2002, 218 = MarkenR 2002, 98 = ABl HABM 2002, 1014 = GRUR Int 2002, 600.
[294]) *Schönherr/Thaler*, Entscheidungen zum Markenrecht (1985) E 296 zu § 4.
[295]) OGH 18. 2. 2003, 4 Ob 38/03x – Music-Channel.cc.
[296]) VwGH 27. 1. 1999, Zl 97/04/0027 – BROADCAST MASTER – PBl 1999, 182 = ÖBl-LS 00/18; VwGH 20. 1. 1998, Zl 97/04/0168 – Quality Inn – PBl 1998, 165 = ÖBl 1998, 334; NA 21. 11. 1996, Nm 76/95 – BIO-NATURKRAFT – PBl 1998, 22.
[297]) *Schönherr/Thaler*, Entscheidungen zum Markenrecht (1985) E 169 zu § 4.
[298]) EuG 27. 2. 2002, Rs T-219/00 – ELLOS – wbl 2002, 218 = MarkenR 2002, 98 = ABl HABM 2002, 1014 = GRUR Int 2002, 600.
[299]) *Schönherr/Thaler*, Entscheidungen zum Markenrecht (1985) E 185, 193 ff zu § 4.
[300]) EuG 20. 3. 2002, Rs T-358/00 – TRUCKCARD – wbl 2002, 271 = ABl HABM 2002, 2242.
[301]) StRsp, vgl dazu *Schönherr/Thaler*, Entscheidungen zum Markenrecht (1985) E 161 ff zu § 4.
[302]) VwGH 27. 1. 1999, Zl 97/04/0027 – BROADCAST MASTER – PBl 1999, 182 = ÖBl-LS 00/18; VwGH 20. 1. 1998, Zl 97/04/0168 – Quality Inn – PBl 1998, 165 = ÖBl 1998, 334; NA 21. 11. 1996, Nm 76/95 – BIO-NATURKRAFT – PBl 1998, 22.
[303]) OGH 13. 4. 1999, 4 Ob 17/99z – LA LINIA/LA LINEA – ÖBl 1999, 283 = ecolex 1999, 705 (*Schanda*); OGH 11. 2. 1997, 4 Ob 2383/96m – Stanford boss – ÖBl 1997, 227.

Bezug auf die Waren und Dienstleistungen zu prüfen, für die die Eintragung beantragt worden ist.[304]
- Es sind nur diejenigen *Merkmale der beanspruchten Waren oder Dienstleistungen* zu berücksichtigen, von denen angenommen werden kann, dass die maßgeblichen Verkehrskreise sie bei ihrer Entscheidung berücksichtigen.[305]
- Die zu prüfenden Waren- oder Dienstleistungsarten sind einander nicht untergeordnet. Jede Ware oder Dienstleistung bzw jede Waren- oder Dienstleistungsart ist jeweils *selbständig zu würdigen.*[306]
- Hat ein Markenwort zwar eine *klare Bedeutung*, steht diese aber *in keinerlei* – auch nur andeutungsweisen – *Beziehung zu den Waren* des Warenverzeichnisses, so kommt diesem Zeichen von Haus aus eine erhebliche Unterscheidungskraft zu. Verbraucher werden sich nämlich leichter an ein Zeichen mit einer ganz bestimmten Bedeutung erinnern als an ein Zeichen, das in abstrakter oder komplexer Weise dargestellt ist.[307]
- Entscheidend ist die Auffassung der Verkehrskreise zum *Prioritätszeitpunkt.*[308]
- Zu *geographischen Angaben* finden sich detaillierte Auslegungshinweise in der Chiemsee-Entscheidung des EuGH: Danach ist nicht nur die Eintragung solcher geographischer Bezeichnungen als Marken verboten, die Orte bezeichnen, die von den beteiligten Verkehrskreisen aktuell mit der betreffenden Warengruppe in Verbindung gebracht werden, sondern auch solcher, die *zukünftig* von den betroffenen Unternehmen als Herkunftsangabe für die betreffende Warengruppe verwendet werden können.[309]
- Ob ein Zeichen rein beschreibend ist, richtet sich nach den Umständen des *Einzelfalles*, denen – vom Fall grober Fehlbeurteilung abgesehen – *keine* über diesen *hinausgehende Bedeutung* zukommt.[310]

In der Praxis ist diese Beurteilung eine herausfordernde *Gratwanderung*: Einerseits soll die Marke möglichst eine gewisse Assoziation zum Produkt und dessen Eigenschaften nahelegen. Dadurch kann der Konsument sie leichter zuordnen und mit der Marke auch sogleich einen bestimmten (positiven) Qualitätshinweis auf das umworbene Produkt verbinden. Andererseits darf das gewählte Markenwort auch nicht bloß rein beschreibend sein, wenn man beabsichtigt, es als Marke eintragen zu lassen. Jenen Worten, die fantasievoll eine bestimmte Eigenschaft des Produkts

---

[304]) OGH 18. 2. 2003, 4 Ob 10/03d – More II – ÖBl-LS 2003/57-59; EuG 20. 3. 2002, Rs T-355/00 – TELE AID – wbl 2002, 271 = WRP 2002, 516 = GRUR Int 2002, 747 = ABl HABM 2002, 2212; EuG 20. 3. 2002, Rs T-358/00 – TRUCKCARD – wbl 2002, 271 = ABl HABM 2002, 2242; EuG 27. 2. 2002, Rs T-219/00 – ELLOS – wbl 2002, 218 = MarkenR 2002, 98 = ABl HABM 2002, 1014 = GRUR Int 2002, 600; EuG 3. 10. 2001, Rs T-140/00 – New Born Baby.
[305]) EuG 2. 7. 2002, Rs T-323/00 – SAT.2 – wbl 2002, 468 = GRUR Int 2002, 858.
[306]) EuG 27. 2. 2002, Rs T-219/00 – ELLOS – wbl 2002, 218 = MarkenR 2002, 98 = ABl HABM 2002, 1014 = GRUR Int 2002, 600.
[307]) 3. BK 19. 3. 2002, R 525/2001-3 – DIESEL – ABl HABM 2002, 1744.
[308]) OPM 13. 9. 1989, Om 6/89 – Thermoski – PBl 1990, 111 = ÖBl 1990, 99.
[309]) Vgl im Detail EuGH 4. 5. 1999, Rs C-108/97 – Chiemsee – ÖBl 1999, 255 = ecolex 1999, 838 (*Schanda*) = wbl 1999, 310 = Slg 1999 I-2779 = MarkenR 1999, 189 = WRP 1999, 629 = GRUR Int 1999, 727; vgl jüngst auch OGH 9. 4. 2002, 4 Ob 51/02g – Sportwelt Amadé – ÖBl-LS 2002/167 = ecolex 2002, 598 (*Schanda*).
[310]) OGH 18. 2. 2003, 4 Ob 10/03d – More II – ÖBl-LS 2003/57-59; OGH 18. 2. 2003, 4 Ob 38/03x – Music-Channel.cc.

andeuten, kommt daher besonderer Wert zu. Gelegentlich wird für Marken, die lediglich gewisse Andeutungen und Erwartungen wecken, ohne jedoch die Grenze zur Warenbeschreibung zu überschreiten, der plastische Begriff „*sprechende Marken*" verwendet.[311]

Häufig finden sich *Wort-Bild-Marken*, bei denen ein nicht unterscheidungskräftiger, *beschreibender Wortbestandteil* mit einem unterscheidungskräftigen Bildteil kombiniert wird. Dies führt dazu, dass dieses Wort-Bild-Zeichen insgesamt als unterscheidungskräftig zu beurteilen und daher zu registrieren ist. In der Praxis begegnet man dann immer wieder dem Missverständnis, dass auf diesem (Um-) Weg ein an sich nicht registerfähiges Wortzeichen geschützt werden könne. Dies ist selbstverständlich unzutreffend: Sind in einer kombinierten Marke auch Bestandteile enthalten, die für sich allein mangels Kennzeichnungskraft nicht registrierbar wären und für die auch keine Verkehrsgeltung erlangt worden ist, dann bildet der alleinige Gebrauch dieser Bestandteile durch einen Dritten keinen Eingriff in die geschützte Marke.[312]

Ebenso wie oben (Seite 281) beim Registrierungshindernis der fehlenden Unterscheidungskraft stammen die folgenden Beispiele aus der Spruchpraxis zum Eintragungsverfahren, aus der zivilgerichtlichen Rechtsprechung in Eingriffsfällen und auch aus Löschungsverfahren. Auch die Judikatur des EuG sowie des EuGH ist hier berücksichtigt.

Beispiele beschreibender Zeichen: [313]

- BA 18. 6. 1980: „AVRIL" (= April) ist für Spiele beschreibend.[314]
- BA 26. 8. 1980: „WHO´S WHO IN EUROPEAN ART" ist für Druckschriften beschreibend.[315]
- OGH 13. 1. 1981: „RUSTIKAL" ist für Holzlasuren beschreibend,[316]
- OPM 23. 2. 1983: „ATEMFREI" für Gesundheitspflegemittel.[317]
- NA 26. 5. 1983: „AKRON" (= Stadt in Ohio mit bedeutenden Industrieunternehmen) für Lüftungsanlagen, Baumaterialien und Möbel.[318]
- BA 15. 6. 1983: „ASCOT" ist auch in Österreich als Veranstaltungsort für sportliche und gesellschaftliche Ereignisse bekannt und daher als Marke für Sportartikel beschreibend.[319]
- NA 23. 11. 1983: „FRUTY" ist für Fruchtsäfte beschreibend,[320]

---

[311]) NA 11. 12. 1995, Nm 20/92 – POPS – PBl 1996, 237.
[312]) OGH 11. 7. 1995, 4 Ob 59/95 – New Yorker – ÖBl 1996, 141 = ecolex 1995, 817 = wbl 1995, 511.
[313]) Die folgende Judikaturübersicht über die letzten 20 Jahre ist chronologisch geordnet. Sie soll einen Einblick in die Judikaturentwicklung geben. Je älter die Entscheidungen sind, desto vorsichtiger muss man sein. Tendenziell wird man heute von einer schutzfreundlicheren Beurteilung ausgehen können; zu der noch älteren RSpr vgl *Schönherr/Thaler*, Entscheidungen zum Markenrecht (1985) zu § 4.
[314]) BA 18. 6. 1980, Bm 27/79 – Avril – PBl 1986, 137.
[315]) BA 26. 8. 1980, Bm 4/80 – Who´s who – PBl 1981, 23.
[316]) OGH 13. 1. 1981, 4 Ob 375/80 – Rustikal – ÖBl 1981, 106 = SZ 54/1.
[317]) OPM 23. 2. 1983, Om 3/82 – Atemfrei – ÖBl 1984, 118 (*Schmidt/Barger*) = PBl 1983, 139.
[318]) NA 26. 5. 1983, Bm 15/81 – Akron – PBl 1985, 135.
[319]) BA 15. 6. 1983, Bm 14/81 – Ascot – PBl 1987, 101 = ÖBl 1987, 67.
[320]) NA 23. 11. 1983, Nm 48/82 – FRUTY – PBl 1985, 104.

- BA 1. 2. 1984: „KOMPACTKERN" für Schultaschen,[321]
- BA 24. 2. 1984: „LONGBRONZE" für Sonnenschutzmittel.[322]
- BA 20. 3. 1984: „BIJAMA" ist für „Vêtements de nuit" beschreibend, obwohl die Schreibweise nicht ganz korrekt ist.[323]
- BA 27. 9. 1984: „INTERNATIONAL GAME TECHNOLOGY" ist für „münzbetätigte elektronische und mechanische Spiel- und Unterhaltungsmaschinen" beschreibend,[324]
- BA 7. 11. 1984: „KATZENSCHMAUS" für ein Katzenfutter.[325]
- OGH 13. 11. 1984: „PISANG" bedeutet in der malaiischen Sprache „Banane" und ist daher für ein alkoholisches Getränk beschreibend.[326]
- NA 5. 3. 1985: Im Zeichen „SPORT-COLA" ist das Wort „Cola" für colahältige Getränke beschreibend (das Wort „Sport" wurde für diese Waren hingegen nicht als beschreibend beurteilt).[327]
- OPM 10. 7. 1985: „BETONPLAST" ist beschreibend für „chemische Zusatzmittel für Beton- und Zementmörtel",[328]
- OPM 26. 2. 1986: „KATENBROT" für Vollkornbrot, weil es zumindest in Teilen Deutschlands ein ganz bestimmtes rustikales Brot bezeichnet.[329]
- NA 24. 4. 1987: „MEN" ist als Bestimmungsangabe für Mittel zur Körper- und Schönheitspflege nicht schützbar,[330]
- NA 26. 5. 1987: „CHEMICAL" für Skier; dieses Wort habe eine so allgemeine Bedeutung, dass es praktisch für keine Ware schutzfähig sei.[331]
- BA 24. 2. 1988: „FÜR DIE ZWISCHENDURCHWÄSCHE" ist für Waschmittel beschreibend. Eine Zuordnung von 55,9 % der Hausfrauen genügte aber für den Verkehrsgeltungsnachweis.[332]
- BA 23. 1. 1989: „WINE COOLER" ist als Marke für „Weine" beschreibend (allenfalls irreführend).[333]
- OGH 30. 5. 1990: „EXPO-Technik" ist für Dienstleistungen, die Spezialunternehmen für Erzeuger und Händler erbringen, die an Ausstellungen teilnehmen und daher entsprechend eingerichtete Kojen benötigen, beschreibend.[334]
- VwGH 19. 6. 1990: „BIO ENERGIE" ist für „Schmiermittel und Brennstoffe" beschreibend.[335]
- OPM 29. 8. 1990: „RADIO TIROL" ist für „Hörrundfunk- und Fernsehsendungen" beschreibend,[336]

---

[321]) BA 1. 2. 1984, Bm 9/80 – Kompactkern – PBl 1987, 12.
[322]) BA 24. 2. 1984, Bm 6/81 – Longbronze – PBl 1984, 164 = ÖBl 1984, 149.
[323]) BA 20.3. 1984, Bm 4/82 – Bijama – PBl 1984, 151 = ÖBl 1984, 120.
[324]) BA 27. 9. 1984, Bm 10/84 – International Game Technology – PBl 1985, 162.
[325]) BA 7. 11. 1984, Bm 11/83 – Katzenschmaus – PBl 1985, 200.
[326]) OGH 13. 11. 1984, 4 Ob 378/84 – Pisang – ÖBl 1985, 41 = GRUR Int 1985, 768.
[327]) NA 5. 3. 1985, Nm 56/83 – Sport-Cola – PBl 1986, 196 = ÖBl 1987, 16.
[328]) OPM 10. 7. 1985, Om 10/84 – Betonplast – PBl 1985, 190 = ÖBl 1985, 153. Anders: „Multibeton" für „chemische Zusatzmittel für Beton-Estrichmassen: OPM 11. 7. 1984, Om 1/84 – Multibeton – PBl 1986, 12.
[329]) OPM 26. 2. 1986, Om 14/85 – Katenbrot – PBl 1986, 125.
[330]) NA 24. 4. 1987, Nm 107/85 – MEN – PBl 1988, 10 = ÖBl 1988, 6.
[331]) NA 26. 5. 1987, Nm 57/86 – Chemical – PBl 1988, 117 = ÖBl 1988, 67.
[332]) BA 24. 2. 1988, Bm 9 und 10/87 – Zwischendurchwäsche – PBl 1988, 201 = ÖBl 1989, 11; OPM 14. 9. 1983, Om 2/83, PBl 1986, 76; vgl aber auch: OPM 11. 3. 1981, Om 10/80, PBl 1981, 142 = ÖBl 1981, 149.
[333]) BA 23. 1. 1989, Bm 11/88 – WINE COOLER – PBl 1990, 125.
[334]) OGH 30. 5. 1990, 4 Ob 76/90 – EXPO-Technik – ÖBl 1991, 32 = ecolex 1990, 696 (*Kucsko*) = PBl 1991, 172.
[335]) VwGH 19. 6. 1990, Zl 89/04/0258 – BIO ENERGIE – PBl 1991, 23 = wbl 1991, 205 = ÖBl 1991, 13.

- BA 11. 10. 1990: „BOOSTER" für „Polyolefinzusatz".[337]
- OGH 15. 1. 1991: „ULTRA" bedeutet „äußerst, in besonders extremer Weise, in hohem Maße" und ist daher beschreibend.[338]
- BA 6. 5. 1991: „EUROSEARCH" ist beschreibend für „technische und rechtliche Recherchen auf dem Gebiete des Schutzes des geistigen Eigentums".[339]
- OGH 28. 5. 1991: Die Worte „DISCO-QUEEN" in der Wortmarke „Springer Disco-Queen" sind für „Unterhaltung von Gästen durch Veranstaltung von Miss-Wahlen, insbesondere in Diskotheken" beschreibend und daher nur bei Verkehrsgeltung geschützt.[340]
- VwGH 25. 6. 1991: „FLUGBÖRSE" ist beschreibend für „Dienstleistungen von Reisebüros",[341]
- OGH 5. 11. 1991: „GAUDI-STADL" für „Tonträger und Unterhaltung".[342]
- OGH 28. 4. 1992: „RESCH & FRISCH" für „Brot und feine Backwaren",[343]
- OPM 10. 6. 1992: „CAMPER" für „Ober- und Unterbekleidung".[344]
- OGH 16. 6. 1992: Als für Farben und Lacke beschreibend wurden die Worte „PROFI", „Farbprofi" und „Bauprofi" beurteilt (Profi habe hier die Bedeutung, dass diese Erzeugnisse von einem „Profi" hergestellt werden oder für eine „professionelle" Verarbeitung bestimmt sind).[345]
- OPM 23. 9. 1992: Auch das graphisch gestaltete Zeichen „CATS MILK" (Abbildung rechts) wurde nicht als Wort-Bild-Marke, sondern bloß als Wortmarke qualifiziert. Da es für „Milch enthaltende Futtermittel für Katzen" rein beschreibend sei, wurde der Schutz verweigert.[346] Ich halte diese Judikatur für überholt. Heute wird für derartige graphische Gestaltungen sogar der Urheberrechtsschutz bejaht (vgl zum Beispiel den Schriftzug „Zimmermann" Seite 1110).
- OPM 11. 11. 1992: Der OPM beurteilte die graphisch gestaltete Marke „CANDY & COMPANY" (Abbildung rechts) nicht als Wort-Bild-Marke, sondern als reine Wortmarke. Die bildhafte Ausgestaltung sei hier nicht so charakteristisch, dass sie von den beteiligten Verkehrskreisen als das Wesentliche aufgefasst werde. Die Wortkombination selbst beurteilte er als für Süßwaren beschreibend.[347] Der

---

[336]) OPM 29. 8. 1990, Om 11/89 – RADIO TIROL – PBl 1991, 138 = ÖBl 1991, 57.
[337]) BA 11. 10. 1990, Bm 2/90 – Booster – PBl 1991, 121 = ÖBl 1991, 58.
[338]) OGH 15. 1. 1991, 4 Ob 170/90 – ultra – ecolex 1991, 331.
[339]) BA 6. 5. 1991, Bm 3/90 – Eurosearch – PBl 1991, 180 = ÖBl 1991, 156.
[340]) OGH 28. 5. 1991, 4 Ob 35/91 – Disco-Queen – ÖBl 1991, 98 = wbl 1991, 330 = ecolex 1991, 787 = PBl 1992, 12.
[341]) VwGH 25. 6. 1991, Zl 91/04/0026 – Flugbörse – PBl 1992, 122 = wbl 1992, 30 = RZ 1992, 121 = ÖBl 1992, 12 = Slg 13.459 (A).
[342]) OGH 5. 11. 1991, 4 Ob 119/91 – Gaudi-Stadl – ÖBl 1991, 254 = wbl 1992, 101 = ecolex 1992, 251.
[343]) OGH 28. 4. 1992, 4 Ob 29/92 – Resch & Frisch – ÖBl 1992, 218 = ecolex 1993, 33.
[344]) OPM 10. 6. 1992, Om 5/91 – Camper – PBl 1993, 100.
[345]) OGH 16. 6. 1992, 4 Ob 26/92 – Profi – ÖBl 1992, 221 = ecolex 1992, 642.
[346]) OPM 23. 9. 1992, Om 6/92 – Cats Milk – PBl 1993, 131 = ÖBl 1993, 12.
[347]) OPM 11. 11. 1992, Om 3/92 – Candy & Company – PBl 1993, 175 = ÖBl 1993, 155.

OGH hatte übrigens nur einen Tag davor die Wortverbindung „Candy & Company" als schutzfähig beurteilt.[348]
- OGH 12. 1. 1993: „FOR YOU" ist für Kosmetika beschreibend,[349]
- OGH 6. 4. 1993: „SCHILCHER TRAUBENCOCKTAIL" für alkoholische Getränke, hergestellt unter Verwendung von Schilchertrauben,[350]
- OPM 23. 6. 1993: „INNVIERTLER LANDBIER" für Bier,[351]
- OGH 11. 1. 1994: „EUROSTOCK" für Investmentgeschäfte,[352]
- OPM 9. 3. 1994: „EILTRANS" für Transport- und Lagerwesen,[353]
- VwGH 28. 6. 1994: „ROTE LISTE" für Druckereierzeugnisse.[354]
- BA 20. 12. 1994: „GOLDEN TOWN" bzw „GOLDENE STADT" ist als mittelbarer Herkunftshinweis auf die Stadt Prag beschreibend.[355]
- BA 21. 12. 1994: „POTTENBRUNNER" (Pottenbrunn ist ein Ort in Niederösterreich) ist für Mineralwasser und Bier beschreibend. Für den Ausschluss von der Registrierung genügt es, dass die beteiligten Verkehrskreise das Zeichen als Herkunftsangabe auffassen können, ob die Ware tatsächlich dort hergestellt wird, ist belanglos.[356]
- OGH 13. 6. 1995: „MISS AUSTRIA" ist für die Veranstaltung von Schönheitskonkurrenzen beschreibend und daher nur mit Verkehrsgeltungsnachweis schützbar.[357]
- OGH 11. 7. 1995: „THE NEW YORKER" wird im Zusammenhang mit Bekleidungsstücken (Boxershorts) als beschreibende Angabe über die Herkunft der Ware verstanden.[358]
- OPM 10. 12. 1997: „SAN" weist ähnlich wie „SANA" auf eine heilende Wirkung hin und ist daher für Heilmittel eine Beschaffenheitsangabe ohne Kennzeichnungskraft.[359]
- OGH 24. 2. 1998: „JUSLINE" wurde als beschreibend für Internet-Dienste im Rechtsbereich beurteilt.[360] Das war 1998, lange vor „Baby-Dry". Ob man „jusline" heute noch ebenso entscheiden würde, ist fraglich.
- VwGH 27. 1. 1999: „BROADCAST MASTER" ist für Bild- und Tonaufzeichnungsmedien beschreibend.[361]

---

[348]) OGH 10. 11. 1992, 4 Ob 93/92 – Candy & Company – ÖBl 1993, 15 = ecolex 1993, 252 = wbl 1993, 128. Vgl auch: OPM 13. 5. 1992, Om 3/91 – Candy & Company – PBl 1993, 50 = ÖBl 1993, 12.
[349]) OGH 12. 1. 1993, 4 Ob 10/93 – for you – ÖBl 1993, 89 = ecolex 1993, 397 = wbl 1993, 196.
[350]) OGH 6. 4. 1993, 4 Ob 114, 115/92 – Schilcher-Traubencocktail – ÖBl 1993, 95 = wbl 1993, 338.
[351]) OPM 23. 6. 1993, Om 4/93 – Innviertler Landbier – PBl 1994, 141 = ÖBl 1994, 213.
[352]) OGH 11. 1. 1994, 4 Ob 161/93 – Eurostock – ÖBl 1994, 124 = ÖBA 1994, 556 = ecolex 1994, 332 = RdW 1994, 176.
[353]) OPM 9. 3. 1994, Om 13/93 – EILTRANS – PBl 1995, 10 = ÖBl 1995, 64.
[354]) VwGH 28. 6. 1994, Zl 93/04/0036 – Rote Liste – PBl 1995, 127.
[355]) BA 20. 12. 1994, Bm 27 und 28/93 – GOLDEN TOWN – PBl 1995, 256 = ÖBl 1996, 77.
[356]) BA 21. 12. 1994, Bm 3/93 – Pottenbrunner – PBl 1995, 246 = ÖBl 1996, 19.
[357]) OGH 13. 6. 1995, 4 Ob 42/95 – Miss Fitness Austria – ÖBl 1996, 93 = wbl 1995, 469.
[358]) OGH 11. 7. 1995, 4 Ob 59/95 – New Yorker – ÖBl 1996, 141 = ecolex 1995, 817 = wbl 1995, 511.
[359]) OPM 10. 12. 1997, Om 12/96 – DILSANA – PBl 1998, 147.
[360]) OGH 24. 2. 1998, 4 Ob 36/98t – jusline – ÖBl 1998, 241 = SZ 71/35 = MR 1998, 208 (*Haller*) = ecolex 1998, 565 (*Schanda*) = RdW 1998, 400 = GRUR Int 1998, 358.
[361]) VwGH 27. 1. 1999, Zl 97/04/0027 – BROADCAST MASTER – PBl 1999, 182 = ÖBl-LS 00/18. Unter Berücksichtigung der „Baby-Dry"-Entscheidung des EuGH müsste hier nunmehr wohl auch die Schutzfähigkeit bejaht werden.

- 1. BK 31. 5. 1999: „TOPTOOLS" besteht aus zwei gängigen englischen Begriffen in sprachüblicher Kombination. Dieses Wort ist daher für Computersoftware ein bloß beschreibendes Zeichen.[362]
- 3. BK 21. 7. 1999: „CLINICWARE" liefert jenen Verkehrskreisen, die sich mit Krankenhausverwaltung befassen, bereits auf den ersten Blick eine eindeutige und unzweifelhaft klare Bestimmungsangabe. Dieses Wort ist daher für „Software für Krankenhäuser" nicht registrierbar.[363]
- 3. BK 22. 7. 1999: „BETTER PACK" ist für „tape dispensers for adhesive tape" beschreibend.[364]
- OPM 22. 9. 1999: Die Wortmarken „BLAUE SEITEN", „WEISSE SEITEN" und „BUNTE SEITEN" wurden für Klasse 16 („Papier und Druckereierzeugnisse") als rein beschreibend beurteilt und daher (teilweise) gelöscht.[365]
- 3. BK 11. 10. 1999: „APPEL" ist das zum niederländischen Grundwortschatz gehörende Wort für Apfel und daher für Fruchtkonserven und Obst nicht unterscheidungskräftig.[366]
- 3. BK 15. 10. 1999: „INVESTORWORLD" (für Versicherungs-, Finanz- und Immobilienwesen) ist im englischen Sprachraum eine klare, unzweideutige und auf den ersten Blick erkennbare Angabe über die Art und Bestimmung dieser Dienstleistungen. Ihr fehlt daher die erforderliche, zumindest geringe Unterscheidungskraft.[367]
- 1. BK 9. 12. 1999: „*easyTel*" ist zwar eine verbale Neuschöpfung, aber nicht sprachunüblich gebildet und für Telefone und Telefaxgeräte eine bloße Beschaffenheitsangabe.[368]
- 2. BK 17. 12. 1999: „ELECTRONICA" ist für die „Veranstaltung von Fachmessen für Bauelemente und Baugruppen der Elektronik" beschreibend und entbehrt daher der erforderlichen Unterscheidungskraft.[369]
- VwGH 22. 12. 1999: Jemand wollte „EURO" als Marke für Druckereierzeugnisse und Finanzwesen schützen lassen. Keine schlechte Idee, wenn man von jedem Euro eine Lizenzgebühr bekäme. Da es sich hierbei aber offensichtlich um eine Beschaffenheitsangabe handelt, hätte der Anmelder allerdings einen Verkehrsgeltungsnachweis erbringen müssen.[370]
- 1. BK 12. 1. 2000: „TOPCUT" ist für Zangen rein beschreibend und daher auch nicht unterscheidungskräftig.[371]
- 3. BK 19. 1. 2000: „ENVIRO-WASH" (für „Maschinen und Geräte zum Waschen und Reinigen") wird als beschreibender Hinweis auf die Umweltfreundlichkeit des Produkts verstanden und ist daher nicht registerfähig.[372]

---

[362]) 1. BK 31. 5. 1999, R 207/1998-1 – TOPTOOLS – ABl HABM 1999, 1252.
[363]) 3. BK 21. 7. 1999, R 87/1999-3 – CLINICWARE – MarkenR 1999, 364.
[364]) 3. BK 22. 7. 1999, R 83/1998-3 – BETTER PACK – MarkenR 1999, 411.
[365]) OPM 22. 9. 1999, Om 3/99 – WEISSE, BLAUE, BUNTE SEITEN – PBl 2000, 14 = ÖBl-LS 00/20 (mit Ablehnung eines Vorabentscheidungsverfahrens, weil es hier nur um eine Einzelfallbeurteilung ging und an der richtigen Anwendung des Gemeinschaftsrechts kein Raum für „einen vernünftigen Zweifel" bestand).
[366]) 3. BK 11. 10. 1999, R 298/1999-3 – APPEL – MarkenR 2000, 35.
[367]) 3. BK 15. 10. 1999, R 204/1999-3 – INVESTORWORLD – ABl HABM 2001, 986.
[368]) 1. BK 9. 12. 1999, R 338/1999-1 – easyTel – NJWE 2000, 123.
[369]) 2. BK 17. 12. 1999, R 177/1998-2 – electronica – ABl HABM 2001, 482.
[370]) VwGH 22. 12. 1999, Zl 99/04/0180 – EURO – PBl 2000, 172.
[371]) 1. BK 12. 1. 2000, R 118/1999-1 – TOPCUT – ABl HABM 2000, 1098.
[372]) 3. BK 19. 1. 2000, R 461/1999-3 – ENVIRO-WASH – ABl HABM 2000, 904.

- 2. BK 18. 2. 2000: „SAFEGUARD" ist für pharmazeutische Waren unmittelbar beschreibend.[373]
- 1. BK 28. 2. 2000: „THE SPINE SPECIALIST" deutet lediglich auf die Herkunft der Ware aus einem Unternehmen hin, das bei der Behandlung des menschlichen Rückgrats besondere Fähigkeiten für sich in Anspruch nimmt. Dieses Zeichen wurde daher für „medizinische und chirurgische Apparate und Instrumente" als nicht unterscheidungskräftig beurteilt.[374]
- 2. BK 22. 3. 2000: „PRIMA" ist ein positiv wertender Begriff. Für Gepäck und Bekleidungsstücke ist er beschreibend und daher ohne Verkehrsgeltung nicht schützbar.[375]
- 3. BK 12. 4. 2000: „PLAIN PAPER OPTIMIZED PRINTING TECHNOLOGY" ist ein Zeichen, das nur aus fünf in der englischen Alltagssprache geläufigen Wörtern besteht, die die Beschaffenheit der Ware bezeichnen (beim Drucken auf Normalpapier werde eine hohe Qualität erzielt). Dieses Zeichen ist daher rein beschreibend und nicht unterscheidungskräftig.[376]
- 2. BK 17. 7. 2000: „OBERON" ist eine bestimmte *Programmiersprache*. Es konnte zwar nicht festgestellt werden, dass dies ein Gattungsbegriff ist. Als rein beschreibende Angabe hatte dieses Wort jedoch zur Kennzeichnung von „Computerprogrammen" keine Unterscheidungskraft. Daran konnte auch der Vorschlag der Beschwerdeführerin, „Erzeugnisse, die in OBERON-Programmiersprache geschrieben sind oder damit in Zusammenhang stehen", von der Spezifikation auszuschließen, nichts ändern. Auch die Tatsache, dass die Marke der Beschwerdeführin im Vereinigten Königreich, den Benelux-Staaten und Spanien eingetragen war, habe nur indirekte Bedeutung und verpflichte den Prüfer bzw die Kammer keinesfalls, eine Marke zuzulassen, die ihrer Auffassung nach keine Unterscheidungskraft besitzt.[377]
- 1. BK 5. 9. 2000: „Smart" bedeutet „intelligent" und ein „Album" ist ein „Platz zur Aufbewahrung von Fotografien". Der Begriff „SMART ALBUM" wurde daher für „ein Gerät zur Aufzeichnung und Archivierung digitaler, mit Digitalkameras aufgenommener Bilder auf Aufnahmeträgern" als beschreibend und damit als nicht schützbar beurteilt.[378]
- 1. BK 14. 9. 2000: Der Ausdruck „QUESTO E CALCIO" ist für einen Italiener – so die 1. Beschwerdekammer – völlig eindeutig. Er wird ihn sofort als „Das ist Fußball" verstehen. Eine Registrierung als Marke für „Computer und Videospiele" wurde daher wegen des beschreibenden Charakters des Zeichens abgelehnt.[379]
- 2. BK 21. 9. 2000: „PERSUASION" ist für „Forschung und Beratung bei der Bewertung und Messung von Verbraucherreaktionen auf Werbung sowie der Wirksamkeit von Werbung" rein beschreibend.[380]

---

[373]) 2. BK 18. 2. 2000, R 378/1999-2 – SAFEGUARD – ABl HABM 2000, 918.
[374]) 1. BK 28. 2. 2000, R 383/1999-1 – THE SPINE SPECIALIST – ABl HABM 2000, 1130.
[375]) 2. BK 22. 3. 2000, R 83/1999-2 – PRIMA – ABl HABM 2000, 1346.
[376]) 3. BK 12. 4. 2000, R 465/1999-3 – Plain Paper Optimized Printing Technology – ABl HABM 2000, 1362.
[377]) 2. BK 17. 7. 2000, R 4/1999-2 – OBERON – ABl HABM 2000, 1810.
[378]) 1. BK 5. 9. 2000, R 872/1999-1 – SMART ALBUM – ABl HABM 2001, 506.
[379]) 1. BK 14. 9. 2000, R 255/00-1 – QUESTO E CALCIO – ABl HABM 2001, 524.
[380]) 2. BK 21. 9. 2000, R 225/1999-2 – PERSUASION – ABl HABM 2001, 738.

- 2. BK 21. 9. 2000: Grundsätzlich sind auch Slogans schützbar. „PAIN RELIEF WITHOUT PILLS" ist allerdings für pharmazeutische Präparate rein beschreibend.[381]
- NA 25. 9. 2000: „POP UP" wird als Gattungsbezeichnung für etwas „das von allein hervortritt" aufgefasst und ist daher für „Klebstoffe für Papier- und Schreibwaren" nicht registerfähig.[382]
- OGH 24. 10. 2000: Das Zeichen „MANPOWER" ist für Dienstleistungen der Personalbereitstellung beschreibend.[383]
- 2. BK 25. 10. 2000: „NATURA" (= spanisch „Natur") und „VIGOR" (= spanisch „Kraft/Stärke") sind rein beschreibend.[384]
- 3. BK 29. 11. 2000: „MULTIPHASE" ist für „Metalllegierung" als gebräuchliche Bezeichnung in der Metallurgie und Werkstoffkunde beschreibend und nicht unterscheidungskräftig (der Verkehrsgeltungsnachweis ist im vorliegenden Fall auch nicht gelungen).[385]
- 2. BK 15. 12. 2000: „td" ist eine gängige Abkürzung für „Turbodiesel". Das Zeichen „tds" wurde daher für Kraftfahrzeuge als beschreibend beurteilt (das „s" nach „td" könne auf Eigenschaften wie „sicher" oder „schnell" hinweisen).[386]
- OGH 19. 12. 2000: „STEUERPROFI" ist für ein EDV-Programm beschreibend.[387]
- OGH 16. 1. 2001: „DERMANET" ist für ein Kommunikations- und Verwaltungssystem für Hautärzte beschreibend („Derma" = Haut, „net" weist auf eine Domaingruppe hin).[388]
- 3. BK 31. 1. 2001: „MEGAPOSTER" ist zwar eine bislang lexikalisch nicht nachweisbare Begriffszusammenstellung, ihr Sinngehalt erschließt sich aber jedenfalls dem der deutschen, englischen, französischen und spanischen Sprache mächtigen Publikum des Binnenmarkts auf den ersten Blick. Dieses Wort ist daher für „Vermarktung von Riesenpostern im Bereich der Außenwerbung" eine nicht unterscheidungskräftige, beschreibende Angabe.[389] Hingegen wurde „MEGATOURS" wegen des ungenauen und verschwommenen Begriffsinhalts als Marke für die Dienstleistungen eines Reisebüros als schützbar angesehen.[390]
- EuG 31. 1. 2001: Die Gemeinschaftsmarke „GIROFORM" wurde für „Papier und Karton" nicht registriert, weil sie lediglich aus den zumindest in englischsprachigen Ländern allgemein üblichen Begriffen „giro" und „form" besteht. Die beiden Worte bezeichnen, zusammen verwendet, in Finanzkreisen ein Formular für Zahlungen im bargeldlosen Zahlungsverkehr. Auch, dass das Zeichen aus einem einzigen Wort mit großem Anfangsbuchstaben besteht, während der Begriff „giro form" aus zwei Wörtern besteht und im Englischen normalerweise

---

[381]) 2. BK 21. 9. 2000, R 330/1999-2 – PAIN RELIEF WITHOUT PILLS – ABl HABM 2001, 540.
[382]) NA 25. 9. 2000, C000312736/1 – POP UP – ABl HABM 2001, 1586.
[383]) OGH 24. 10. 2000, 4 Ob 137/00a – MANPOWER II – ÖBl 2002, 25 = ecolex 2001, 127 (*Schanda*); OGH 18. 1. 2000, 4 Ob 325/99v – MANPOWER – ÖBl 2000, 175 = ecolex 2000, 515 (*Schanda*) = RdW 2000/313.
[384]) 2. BK 25. 10. 2000, R 168/1999-2 – NATURA-VIGOR – ABl HABM 2001, 1238.
[385]) 3. BK 29. 11. 2000, R 45/2000-3 – MULTIPHASE – ABl HABM 2001, 1670.
[386]) 2. BK 15. 12. 2000, R 294/1999-2 – tds – ABl HABM 2001, 1834.
[387]) OGH 19. 12. 2000, 4 Ob 256/00a – steuerprofi.at – ÖBl-LS 2001/66 = wbl 2001, 237 (*Thiele*).
[388]) OGH 16. 1. 2001, 4 Ob 332/00b – Dermanet – ÖBl-LS 01/95.
[389]) 3. BK 31. 1. 2001, R 304/1999-3 – MEGAPOSTER – ABl HABM 2002, 222.
[390]) 3. BK 1. 2. 2000, R 295/1999-3 – MEGATOURS – MarkenR 2000, 296.

in Kleinbuchstaben geschrieben wird, konnte nicht die erforderliche Unterscheidungskraft begründen.[391]
- EuG 31. 1. 2001: „CINE COMEDY" ist für die „Ausstrahlung von Film-, Fernseh- und Rundfunkprogrammen" sowie die „Produktion, Vorführung und Vermietung von Filmen", nicht aber für die „Vermittlung und Vergabe von Zugangsberechtigungen für Benutzer zu unterschiedlichen Kommunikationsnetzen" sowie die „Produktion von Fernseh- und Rundfunkwerbesendungen" beschreibend.[392] Ebenso wurde das als Gemeinschaftsmarke angemeldete Zeichen „CINE ACTION" beurteilt.[393]
- 3. BK 21. 2. 2001: Auch eine aus zwei Buchstaben gebildete Marke ist auf ihren beschreibenden Charakter hin zu prüfen. Die Abkürzung „HD" bedeutet „High Definition" (= hohe Auflösung) und ist daher für „vorsensibilisierte Druckplatten" rein beschreibend.[394]
- 1. BK 26. 2. 2001: Die Wortmarke „TOTAL RISK PROFILING" ist für „Versicherungs- und Finanzwesen sowie Geldgeschäfte und Immobilienwesen" rein beschreibend und nicht unterscheidungskräftig.[395]
- 2. BK 13. 3. 2001: Das Zeichen „TRI-CLAMP" wird im Zusammenhang mit Schellen als Hinweis auf eine bestimmte Eigenschaft der Schellen in Bezug auf das Wort „drei" verstanden. Es ist daher nicht registrierbar.[396]
- 3. BK 3. 4. 2001: „MINERAL SIZER" weist auf ein Gerät zur Bestimmung der Größe von Mineralen hin und ist daher für „Maschinen, Motoren, Getriebe" etc rein beschreibend.[397]
- 1. BK 4. 4. 2001: Die Wortmarke „INTERNATIONAL STAR REGISTRY" wurde als rein beschreibend für ein Verzeichnis von Sternennamen beurteilt. Da die von der Anmelderin für Sterne vergebenen Namen in astronomischen Fachkreisen nicht benutzt und auch nicht von Organisationen wie der International Astronomic Union (die allgemein als für die Namensvergabe für Himmelskörper zuständig erachtet wird) anerkannt werden, wurde diese Marke auch als täuschend qualifiziert.[398]
- EuG 7. 6. 2001: „*EuroHealth*" ist für Dienstleistungen der Krankenversicherung zumindest im englischsprachigen Bereich der Gemeinschaft[399] (meines Erachtens wohl auch in Österreich, zumal die Wortbestandteile „Euro" für „europäisch" und „Health" für „Gesundheit" breiten Bevölkerungskreisen geläufig sein werden) beschreibend; anders für „Finanzdienstleistungen".[400]
- EuG 14. 6. 2001: Die Worte „UNIVERSALTELEFONBUCH" und „UNIVERSALKOMMUNIKATIONSVERZEICHNIS" sind für „Druckereierzeugnisse, Nachschlagwerke, Branchenverzeichnisse, Dienstleistungen eines Verlags, insbesondere die Herausgabe von Texten, Büchern, Zeitschriften, Zeitungen" sowie

---

[391]) EuG 31. 1. 2001, Rs T-331/99 – Giroform – MarkenR 2001, 175.
[392]) EuG 31. 1. 2001, Rs T-136/99 – CINE COMEDY.
[393]) EuG 31. 1. 2001, Rs T-135/99 – CINE ACTION.
[394]) 3. BK 21. 2. 2001, R 345/2000-3 – HD – ABl HABM 2001, 2014.
[395]) 1. BK 26. 2. 2001, R 256/2000-1 – TOTAL RISK PROFILING – ABl HABM 2001, 1876.
[396]) 2. BK 13. 3. 2001, R 24/2000-2 – TRI-CLAMP – ABl HABM 2001, 2270.
[397]) 3. BK 3. 4. 2001, R 350/2000-3 – MINERAL SIZER – ABl HABM 2002, 1162.
[398]) 1. BK 4. 4. 2001, R 468/1999-1 – INTERNATIONAL STAR REGISTRY – ABl HABM 2002, 1184.
[399]) Das genügt bei einer Gemeinschaftsmarke (Art 7 Abs 2 GMV).
[400]) EuG 7. 6. 2001, Rs T-359/99 – EuroHealth – MarkenR 2001, 320 = GRUR Int 2001, 970.

Dienstleistungen eines Redakteurs beschreibend und daher nicht als Gemeinschaftsmarke registrierbar.[401]
- 2. BK 27. 7. 2001: „Euro" ist eine bekannte Abkürzung für „Europa" oder „europäisch" und „Clip" bezeichnet ein Gerät, das mehrere Gegenstände zusammenhält. Deshalb wurde „EUROCLIP" (für Klammern) als nicht unterscheidungskräftig beurteilt.[402]
- 3. BK 19. 9. 2001: Die Wortmarke „OLDENBURGER" verweist auf die Stadt Oldenburg (Hauptstadt des gleichnamigen Verwaltungsbezirks in Niedersachsen). Diese Region ist für seine Milch und Fleisch verarbeitende Industrie bekannt. Diese Marke wird daher zwanglos als beschreibende geographische Bezeichnung erkannt werden.[403]
- OPM 28. 11. 2001: „LEVANTE" ist für den „Betrieb von Restaurants mit Spezialitäten aus dem Mittelmeerraum" beschreibend.[404]
- EuG 27. 2. 2002: „STREAMSERVE" ist für Computer und Software (nicht aber für „Handbücher" und „Veröffentlichungen") beschreibend. Dieses Wort weist auf eine Technik für die Übertragung digitaler Daten hin, durch die diese von einem Server aus in gleichmäßigem und ununterbrochenem Fluss verarbeitet werden können. Dabei ging das Gericht von Verkehrskreisen aus Englisch sprechenden Durchschnittsverbrauchern, Internetbenutzern und Personen aus, die sich „für die audiovisuellen Aspekte des Internets" interessieren.[405]
- EuG 27. 2. 2002: „ELLOS" ist in der spanischen Sprache die dritte Person Plural des Personalpronomens und wird häufig als Kollektivbezeichnung für alle Personen männlichen Geschlechts verwendet. Es ist daher nicht als Gemeinschaftsmarke für „Bekleidungsstücke, Schuhwaren und Kopfbedeckungen" schützbar. (Die angesprochenen Verkehrskreise werden unmittelbar und ohne weiteres Nachdenken einen konkreten und unmittelbaren Zusammenhang zwischen diesem Zeichen und diesen Waren für eine männliche Kundschaft herstellen.)[406]
- EuG 20. 3. 2002: Auch die Gemeinschaftswortmarke „TELE AID", angemeldet (ua) für Kraftfahrzeuge und Pannenhilfe wurde als beschreibend beurteilt (nicht hingegen hinsichtlich des „Betrieb eines Kommunikationsnetzes"). Dieses Zeichen weise keine Abweichung von den lexikalischen Regeln der englischen Sprache auf und sei vielmehr in Übereinstimmung mit diesen gebildet. Übersetzt bedeute das Markenwort „Hilfe aus der Ferne".[407]
- EuG 20. 3. 2002: Die Mercedes Benz AG hat die Gemeinschaftswortmarke „TRUCKCARD" für zahlreiche Waren („mit Programmen und/oder Daten, nämlich Fahrzeugdaten und/oder Kundendaten und/oder Reparaturdaten und/oder Servicedaten und/oder Wartungsdaten und/oder Fahrzeug-Diagnosedaten

---

[401]) EuG 14. 6. 2001, Rs T-357/99 und T-358/99 – Universaltelefonbuch – MarkenR 2001, 324 = GRUR Int 2001, 973.
[402]) 2. BK 27. 7. 2001, R 736/1999-2 – EUROCLIP – ABl HABM 2002, 2298.
[403]) 3. BK 19. 9. 2001, R 826/2000-3 – OLDENBURGER – ABl HABM 2002, 1282.
[404]) OPM 28. 11. 2001, Om 13/01 – LEVANTE – PBl 2002, 122 = ÖBl-LS 2002/173.
[405]) EuG 27. 2. 2002, Rs T-106/00 – STREAMSERVE – wbl 2002, 218 = MarkenR 2002, 92 = ABl HABM 2002, 1090 = GRUR Int 2002, 596.
[406]) EuG 27. 2. 2002, Rs T-219/00 – ELLOS – wbl 2002, 218 = MarkenR 2002, 98 = ABl HABM 2002, 1014 = GRUR Int 2002, 600.
[407]) EuG 20. 3. 2002, Rs T-355/00 – TELE AID – wbl 2002, 271 = WRP 2002, 516 = GRUR Int 2002, 747 = ABl HABM 2002, 2212 (3. BK 12. 9. 2000, R 142/2000-3 – TELE AID – MarkenR 2001, 85).

und/oder Vertragsdaten und/oder Sicherheitscodierung versehene maschinenlesbare Datenträger", KFZ-Leasing, technische Kundendienstleistungen usw) angemeldet. Das EuG ging davon aus, dass diese Marke daher allgemeine Durchschnittskunden anspräche, also Verbraucher, die durchschnittlich informiert, aufmerksam und verständig sind. Da die Wortgruppe der Marke aus Wörtern der englischen Sprache besteht, seien die englischsprachigen Verbraucherkreise relevant. Der beschreibende Charakter dieses Zeichens für die oben genannten Waren und Dienstleistungen wurde bejaht (nicht hingegen für Datenverarbeitungsgeräte, Auskunftsdienste etc, hinsichtlich derer die Marke übrigens auch als unterscheidungskräftig beurteilt wurde).[408]

- EuG 5. 6. 2002: Die rechts abgebildete Bildmarke wurde als die „gewöhnliche und übliche Verpackung" von Süßigkeiten („KISS DEVICE WITH PLUME") und damit als für diese Waren nicht schützbar beurteilt.[409]
- EuG 2. 7. 2002: Das Wortzeichen „SAT.1" ist für „Verbreitung von Hörfunk- und Fernsehsendungen", nicht aber für „Dienstleistungen einer Informationsbank, Verwertung von Rechten an Filmen, technische Beratung auf dem Gebiet des interaktiven Fernsehens", beschreibend.[410]
- 4. BK 2. 7. 2002: „WAPAppliance" wurde als Marke für Computerhardware als beschreibend abgelehnt („WAP" bedeutet „Wireless Application Protocol").[411]
- 2. BK 18. 9. 2002: „ENERGY PLUS" ist für „Nahrungsmittel aus Kräutern in Form von Gelkapseln; Vitamine" beschreibend.[412]
- OGH 19. 11. 2002: „MOBILE OFFICE" ist im Zusammenhang mit dem Angebot von Mobilfunkunternehmen beschreibend.[413]
- EuG 5. 12. 2002: Die (rechts abgebildete) Wort-Bild-Marke „*BioID*" für „Computersoftware") wird als Kurzform von „biometric identification" verstanden werden. Sie ist daher „nicht lediglich eine sprechende Marke", sondern beschreibend. Die graphischen Elemente (der die Abkürzung andeutende Punkt sowie das Registered-Zeichen) sind so minimaler Natur, dass der angemeldeten Marke durch sie keine Unterscheidungskraft verliehen wird.[414]
- OGH 18. 2. 2003: Die Marke „*Music-Channel.cc*" ist rein beschreibend („Channel" ist im Internet-Bereich ein gängiger Begriff für den Zugang zu bestimmten Informationen).[415]

---

[408]) EuG 20. 3. 2002, Rs T-358/00 – TRUCKCARD – wbl 2002, 271 = ABl HABM 2002, 2242; analog wurde im Parallelverfahren zur Gemeinschaftsmarkenanmeldung „CARCARD" entschieden (EuG 20. 3. 2002, Rs T-356/00 – CARCARD – wbl 2002, 271 = ABl HABM 2002, 1552 = GRUR Int 2002, 751 = WRP 2002, 510; 3. BK 12. 9. 2000, R 477/1999-3 – CARCARD – ABl HABM 2001, 650 = MarkenR 2001, 82).
[409]) EuG 5. 6. 2002, Rs T-198/00 – KISS – ABl HABM 2002, 1814.
[410]) EuG 2. 7. 2002, Rs T-323/00 – SAT.2 – wbl 2002, 468 = GRUR Int 2002, 858.
[411]) 4. BK 2. 7. 2002; R 1176/2000-4 – WAPAppliance – ABl HABM 2003, 46.
[412]) 2. BK 18. 9. 2002, R 387/1999-2 – ENERGY PLUS – ABl HABM 2003, 88.
[413]) OGH 19. 11. 2002, 4 Ob 255/02g – Mobile Office.
[414]) EuG 5. 12. 2002, T-91/01 – BioID – ABl HABM 2003, 464 = GRUR Int 2003, 548 (2. BK 20. 2. 2001, R 538/1999-2, ABl HABM 2001, 2236).
[415]) OGH 18. 2. 2003, 4 Ob 38/03x – Music-Channel.cc.

Beispiele nicht beschreibender Zeichen: [416]

- OGH 4. 11. 1980: „MISS BROADWAY" wird für Kosmetika nicht als Herkunftsangabe sondern als Phantasiebezeichnung aufgefasst und ist daher nicht beschreibend.[417]
- NA 27. 4. 1983: „CERAWOOL" ist für feuerfeste Fasern weder beschreibend noch irreführend.[418]
- OPM 24. 9. 1986: „ALMRAUSCH" (= volkstümliche Bezeichnung für Rhododendron ferrugineum) ist als Marke für alkoholfreie Getränke weder rein beschreibend noch irreführend.[419]
- NA 25. 3. 1987: „ATTENDS" (= behandeln, pflegen) ist für Inkontinenz-Hosen ausreichend phantasievoll.[420]
- BA 2. 7. 1987: „MEDIA-MARKT" enthält für elektrische Küchenmaschinen, Fernseh- und Radioapparate, Videogeräte etc bloß eine Andeutung und ist daher nicht beschreibend.[421]
- BA 12. 10. 1988: „MULTIPLEX" ist als Marke für „Nickel-Kadmium-Batterien" schützbar.[422]
- OPM 13. 9. 1989: „THERMOSKI" ist für Skier nicht beschreibend (und auch nicht täuschend).[423]
- OPM 12. 12. 1990: „TOP-CAT" für „Katzenstreu";[424]
- OLG Wien 9. 1. 1992: „SAN MARCO" für „Kaffee".[425]
- OPM 29. 4. 1992: „HUNDEGLÜCK" UND „KATZENGLÜCK" ist für „Nährmittel und Aufzuchts-Präparate" nicht beschreibend,[426]
- OPM 10. 3. 1993: „LOCK" für Klebstoffe.[427]
- OGH 23. 3. 1993: „CHARLY" ist als Marke für Spirituosen nicht beschreibend,[428]
- OGH 6. 4. 1993: „SMASH" für Tennis-Shorts.[429]
- OPM 10. 5. 1994: „EAU DE VIENNE" (bzw „Wiener Wasser") ist für Parfümeriewaren nicht beschreibend (und auch nicht täuschend).[430]
- OGH 17. 1. 1995: „MOOSALM" ist zwar der Name einer Alm nahe Trofaiach, jedoch als Ortsangabe weitgehend unbekannt und daher als Phantasiebezeich-

---

[416]) Die folgende Judikaturübersicht über die letzten 20 Jahre ist chronologisch geordnet. Sie soll einen Einblick in die Judikaturentwicklung geben. Je älter die Entscheidungen sind, desto vorsichtiger muss man sein. Tendenziell wird man heute von einer schutzfreundlicheren Beurteilung ausgehen können; zu der noch älteren RSp vgl *Schönherr/Thaler*, Entscheidungen zum Markenrecht (1985) zu § 4.
[417]) OGH 4. 11. 1980, 4 Ob 369/80 – Miss Broadway – ÖBl 1981, 69 = GRUR Int 1982, 203.
[418]) NA 27. 4. 1983 – Cerawool – PBl 1984, 45 = ÖBl 1984, 44.
[419]) OPM 24. 9. 1986, Om 8/86 – Almrausch – PBl 1987, 127 = ÖBl 1987, 94.
[420]) NA 25. 3. 1987, Nm 110/85 – ATTENDS – PBl 1987, 250 = ÖBl 1987, 152.
[421]) BA 2. 7. 1987, Bm 1/87 – Media-Markt – PBl 1988, 140 = ÖBl 1988, 98.
[422]) BA 12. 10. 1988, Bm 6/88 – Multiplex – PBl 1989, 191 = ÖBl 1989, 162.
[423]) OPM 13. 9. 1989, Om 6/89 – Thermoski – PBl 1990, 111 = ÖBl 1990, 99.
[424]) OPM 12. 12. 1990, Om 5/90 – top-cat – PBl 1991, 168 = ÖBl 1991, 157.
[425]) OLG Wien 9. 1. 1992, 3 R 161/91 – San Marco – ÖBl 1992, 125 = PBl 1993, 30.
[426]) OPM 29. 4. 1992, Om 16 und 17/90 – Hundeglück – PBl 1993, 25 = ÖBl 1993, 12.
[427]) OPM 10. 3. 1993, Om 19/92 – LOCK – PBl 1994, 37 = ÖBl 1994, 150.
[428]) OGH 23. 3. 1993, 4 Ob 37/93 – Charly – ecolex 1993, 538 = wbl 1993, 301.
[429]) OGH 6. 4. 1993, 4 Ob 26/93 – SMASH – ÖBl 1993, 99 = ecolex 1993, 538.
[430]) OPM 10. 5. 1994, Om 2/94 – EAU DE VIENNE – PBl 1995, 30 = ÖBl 1995, 159.

nung iwS als Marke für „Erziehung und Unterhaltung" (Musikdarbietungen) schutzfähig.[431]
- BA 4. 12. 1995: Die „WALLSTREET" ist zwar als Börsen- und Finanzzentrum weltberühmt, nicht aber speziell im Zusammenhang mit Tabakwaren. Dieser Begriff ist daher für „Tabakfabrikate" nicht beschreibend. Der bloße Umstand, dass ein Wort auch die geographische Bezeichnung eines Ortes ist, reicht nicht aus, dem Wort die Eignung als Marke abzusprechen. Es ist vielmehr erforderlich, dass nach den Verhältnissen des Handelsverkehrs mit der betreffenden Ware das Wort als Provenienzangabe aufgefasst werden kann.[432]
- OGH 26. 2. 1996: „LEUMIN" ist für Farben keine beschreibende Angabe.[433]
- NA 11. 3. 1997: Die Wortmarke „ANTON BRUCKNER" ist für Back- und Konditorwaren nicht beschreibend.[434]
- OGH 13. 5. 1997: „BOSS" ist für Bekleidung ein Phantasiewort im weiteren Sinn und daher nicht rein beschreibend.[435]
- VwGH 20. 1. 1998: „QUALITY INN" ist als Marke für „Hotels, Motels und Restaurants" registrierbar.[436]
- OGH 29. 9. 1998: „GEO" ist als Marke für Reisefilme eine Phantasiebezeichnung im weiteren Sinn.[437]
- OGH 13. 4. 1999: „LA LINIA" ist für Betonpflastersteine nicht beschreibend.[438]
- VwGH 15. 9. 1999: Begehrt wurde die Eintragung der Wortmarke „TCP" (unter anderem für Computer und Betriebssystemsoftware). „TCP" wird auch als Abkürzung für „Transmission Controll Protocoll" verwendet. Es sei zwar – so der VwGH – nicht denkunmöglich, diese Buchstabenkombination als Hinweis auf eine Produkt-, Serien- oder Typennummer, eine Beschaffenheitsangabe des Produktes oder eine technische Leistungsangabe zu verstehen; nahe liegend – geschweige denn zwangsläufig – sei ein solches Verständnis nach der maßgebenden Betrachtungsweise der inländischen Verkehrskreise aber gewiss nicht. Nahe liegender sei es vielmehr, diese Buchstabenkombination als eine das Produkt kennzeichnende Phantasiebezeichnung aufzufassen.[439]

Erstaunlich: Diese Bildmarke ist für Fugenmassen und Klebstoffe schon 1986 als unterscheidungskräftig beurteilt worden (BA 22. 1. 1986, Bm 3/85, PBl 1989, 13 = ÖBl 1989, 11).

- 2. BK 22. 9. 1998: „OILGEAR" ist eine ungewöhnliche Wortkombination. Es wird zwar ein Konnex zu Maschinen und Öl hergestellt, die Marke wurde aber dennoch für „hydraulische Pumpen" nicht als beschreibend qualifiziert.[440]

---

[431]) OGH 17. 1. 1995, 4 Ob 8/95 – Moosalm – ÖBl 1995, 228 = MR 1995, 111 = ecolex 1995, 351 und 899 = RdW 1995, 300 = wbl 1995, 253.
[432]) BA 4. 12. 1995, Bm 30/94 – Wallstreet – PBl 1996, 196.
[433]) OGH 26. 2. 1996, 4 Ob 7/96 – LEUMIN/LEIMIN – ÖBl 1996, 246 = SZ 69/38 = RdW 1996, 583.
[434]) NA 11. 3. 1997, Nm 100/96 – Anton Bruckner – PBl 1998, 64; auch die Irreführungseignung dieser Marke wurde verneint.
[435]) OGH 13. 5. 1997, 4 Ob 105/97p – BOSS Energydrink – ÖBl 1997, 225 = ecolex 1997, 681 = wbl 1997, 352 = GRUR Int 1998, 898; OGH11. 2. 1997, 4 Ob 2383/96m – Stanford boss – ÖBl 1997, 227.
[436]) VwGH 20. 1. 1998, Zl 97/04/0168 – Quality Inn – PBl 1998, 165 = ÖBl 1998, 334 (BA 26. 6. 1997, Bm 2/95 – Quality Inn – PBl 1998, 162).
[437]) OGH 29. 9. 1998, 4 Ob 239/98w – „GEO" – wbl 1999, 41.
[438]) OGH 13. 4. 1999, 4 Ob 17/99z – LA LINIA/LA LINEA – ÖBl 1999, 283 = ecolex 1999, 705 (*Schanda*).
[439]) VwGH 15. 9. 1999, Zl 99/04/0038 – TCP – PBl 1999, 185 = ÖBl-LS 00/19.

- 1. BK 29. 10. 1998: „ENVIRO-CHEM" ist für „Oxidation Catalysts" weder beschreibend, noch ohne Unterscheidungskraft.[441]
- 2. BK 30. 11. 1999: „TENSIONTECH" ist für „Anlagen für die Verpackungsindustrie" nicht hinreichend genau beschreibend und daher schützbar.[442]
- 3. BK 5. 4. 2000: Die „bislang nicht nachweisbare neue und spezifische Wortzusammenstellung" „HOLLYWOOD PARTNERS" ist für „Filmverleih" und „Betrieb von Kinos" keine „auf den ersten Blick ersichtliche", unmittelbar beschreibende und ausreichend präzise Angabe und daher zur Beschreibung ungeeignet. Ihr fehlt auch nicht jegliche Unterscheidungskraft.[443]
- OGH 12. 4. 2000: „AUTOFIT" ist eine eigenartige sprachliche Neuschöpfung, die den beschreibenden Charakter ihrer Bestandteile in den Hintergrund treten lässt.[444]
- BA 18. 8. 2000: Der Begriff „MUSEUM" ist in Bezug auf Uhren zu unbestimmt, um darin eine Beschaffenheits- oder Bestimmungsangabe zu erblicken. Im Hinblick auf den fehlenden eindeutigen Sinngehalt weist diese Marke einen hinreichend schutzfähigen „Überschuss" auf, der sie geeignet erscheinen lässt, vom angesprochenen Publikum als Herkunftshinweis auf ein Unternehmen angesehen zu werden.[445]
- 1. BK 13. 9. 2000: „COMPONENT USER´S CONFERENCE" wurde für „Seminare" als schützbar beurteilt.[446]
- OGH 13. 9. 2000: „E-MED" deutet zwar als Abkürzung auf „elektrisch" oder „elektronisch" in Verbindung mit Medizin hin, hat aber als relatives Phantasiezeichen ausreichende Unterscheidungskraft.[447]
- 2. BK 21. 9. 2000: „PROBANK" ist für „Sicherheitsberatung für Banken" nicht ausschließlich beschreibend.[448]
- OPM 25. 10. 2000: Die bereits oben (Seite 269 und 276) besprochene Wort-Bild-Marke „BOURBON STREET"[449] wurde im Löschungsverfahren nach § 33 MSchG (vgl Seite 498) auch auf ihre beschreibende Wirkung gemäß § 4 Abs 1 Z 2 MSchG[450] geprüft. Im Hinblick auf den Bildteil, der den Gesamteindruck entscheidend prägt, ist der OPM aber zum Ergebnis gelangt, dass dieses Zeichen nicht „ausschließlich" beschreibend ist.
- EuG 31. 1. 2001: „DOUBLEMINT" wurde für „Zahnputzmittel einschließlich Kaugummi, Kaffee, Tee, Brot, Gebäck" usw als Gemeinschaftsmarke angemeldet und als nicht ausschließlich beschreibend beurteilt, zumal es verschiedene Bedeutungen hat (doppelt so viel Minze wie normal oder mit dem Geschmack von zwei Sorten Minze).[451] Dieses Kennzeichen kann beim Durchschnitts-

---

[440]) 2. BK 22. 9. 1998, R 36/1998-2 – OILGEAR – MarkenR 1999, 69.
[441]) 1. BK 29. 10. 1998, R 87/1998-1 – ENVIRO-CHEM – MarkenR 1999, 70.
[442]) 2. BK 30. 11. 1999, R 112/1998-2 – TENSIONTECH – GRUR Int 2000, 553.
[443]) 3. BK 5. 4. 2000, R 551/1999-3 – HOLLYWOOD PARTNERS – GRUR Int 2001, 71.
[444]) OGH 12. 4. 2000, 4 Ob 91/00m – Autofit – ÖBl-LS 00/80 = ecolex 2000, 588 (*Schanda*).
[445]) BA 18. 8. 2000, Bm 19/99 – MUSEUM – ecolex 2001, 460 (*Braunböck*).
[446]) 1. BK 13. 9. 2000, R 208/1999-1 – COMPONENT USER´S CONFERENCE – MarkenR 2000, 458.
[447]) OGH 13. 9. 2000, 4 Ob 206/00y – E-MED – ecolex 2001, 127.
[448]) 2. BK 21. 9. 2000, R 248/1999-2 – ProBank – MarkenR 2000, 456.
[449]) OPM 25. 10. 2000, Om 2/00 – OLD BOURBON STREET – PBl 2001, 200 = ÖBl-LS 2002/55.
[450]) In der Fassung vor der Markenrechts-Nov 1999; der Fall wäre aber auch nach der heutigen Rechtslage gleich zu entscheiden gewesen.
[451]) EuG 31. 1. 2001, Rs T-193/99 – Doublemint – MarkenR 2001, 79 = GRUR Int 2002, 71.

verbraucher unmittelbar ersichtlich mehrdeutige und/oder widersprüchliche Vorstellungen und verschiedene Interpretationen hervorrufen.[452]

▸ EuG 31. 1. 2001: Das als Gemeinschaftsmarke angemeldete Wort „VITALITE" ist – selbst wenn es im Französischen wie das Wort „vitalité" zu lesen ist –zur Bezeichnung von Babykost und kohlesäurehaltigem Mineralwasser nicht rein beschreibend. Hingegen wurde es für die ebenfalls angemeldeten medizinischen, Ernährungs- oder spezifischen Diätzwecken dienende Waren als beschreibend beurteilt (Hinweis auf die Steigerung der Vitalität).[453]

▸ EuG 5. 4. 2001: Die Gemeinschaftsmarke „EASYBANK" wurde für Dienstleistungen einer Direktbank als unterscheidungskräftig und nicht rein beschreibend beurteilt.[454]

▸ OPM 7. 4. 2001: Das Zeichen „GUT SCHWARZENEGG" ist als Bezeichnung eines land- und forstwirtschaftlichen Guts keine geographische Herkunftsangabe und daher nicht beschreibend.[455]

▸ OGH 14. 5. 2001: Die Wortmarke „DIE ROTEN SEITEN" ist für die Klasse 35 (Werbung) nicht schon deshalb rein beschreibend, weil Werbung auch unter Verwendung von rotem Papier erfolgen kann.[456]

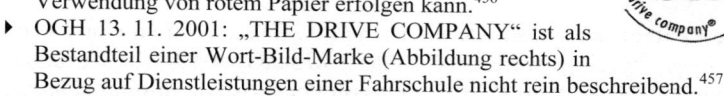

▸ OGH 13. 11. 2001: „THE DRIVE COMPANY" ist als Bestandteil einer Wort-Bild-Marke (Abbildung rechts) in Bezug auf Dienstleistungen einer Fahrschule nicht rein beschreibend.[457]

▸ OPM 28. 11. 2001: „DERMACURE" weckt zwar gewisse Assoziationen („DERMA" = Haut; „Cure" kann im Sinne von Kur, Heilverfahren verstanden werden), dennoch ist diese Wortverbindung als „lexikalische Erfindung" neuartig und sprachunüblich und daher nicht eindeutig und ohne weiteres Nachdenken als beschreibend für „Mittel zur Köper- und Schönheitpflege, Schwämme, Kämme, Bürsten, Betrieb eines Frisiersalons" etc zu beurteilen.[458]

▸ EuG 11. 12. 2001: „DAS PRINZIP DER BEQUEMLICHKEIT" wurde in seiner Gesamtheit für Gabeln, Löffeln, Landfahrzeuge und Wohnmöbel als nicht ausschließlich beschreibend beurteilt.[459]

▸ 1. BK 20. 2. 2002: Die Marke „*DoorTec*" (für Beschläge aus Metall für Türen und Fenster) wurde als schützbar beurteilt, obwohl das englische Wort „door" auf Türen und die Abkürzung „Tec" auf Technologie anspielt.[460]

▸ EuG 27. 2. 2002: „ELLOS" ist in der spanischen Sprache die dritte Person Plural des Personalpronomens und wird häufig als Kollektivbezeichnung für alle Personen männlichen Geschlechts verwendet. Es ist dennoch für „Kundenservice

---

[452]) OGH 13. 11. 2001, 4 Ob 237/01h – drivecompany – ÖBl 2002, 84 = ÖBl-LS 2002/56 und 57 = ecolex 2002, 364 (*Schanda*) = wbl 2002, 182.
[453]) EuG 31. 1. 2001, Rs T-24/00 – VITALITE – MarkenR 2001, 178.
[454]) EuG 5. 4. 2001, Rs T-87/00 – Easybank – wbl 2001, 268 = MarkenR 2001, 181 = GRUR Int 2001, 480 = ABl HABM 2001, 2122.
[455]) OPM 7. 4. 2001, Om 7/00 – Gut Schwarzenegg – PBl 2001, 166 mwN = ÖBl-LS 01/173.
[456]) OGH 14. 5. 2001, 4 Ob 101/01h – Die roten Seiten – ÖBl-LS 01/175.
[457]) OGH 13. 11. 2001, 4 Ob 237/01h – drivecompany – ÖBl 2002, 84 = ÖBl-LS 2002/56 und 57 = ecolex 2002, 364 (*Schanda*) = wbl 2002, 182.
[458]) OPM 28. 11. 2001, Om 7/01 – DERMACURE – PBl 2002, 97 = ÖBl-LS 2002/168.
[459]) EuG 11. 12. 2001, Rs T-138/00 – Das Prinzip – wbl 2002, 75 = MarkenR 2002, 52 = ABl HABM 2002, 730 = GRUR Int 2002, 590 (BK 23. 3. 2000, R 392/1999-3, ABl HABM 2000, 1162).
[460]) 1. BK 20. 2. 2002, R 447/2000-1 – DoorTec – GRUR 2002, 976.

im Bereich Versandhandel" schützbar (anders für Bekleidung, siehe oben, Seite 318), weil daraus nicht unmittelbar und ohne weiteres Nachdenken eine Beschreibung dieser Dienstleistungen oder eines ihrer Merkmale, insbesondere ihrer Bestimmung, zu entnehmen ist.[461]

- OGH 9. 4. 2002: „CORNETTO" bedeutet zwar auf Italienisch „kleines Horn". Da Italienisch aber in Österreich nur eine geringe Verbreitung hat, wird dieses Wort nicht als beschreibender Hinweis für eine Eistüte beurteilt werden.[462]
- OPM 22. 5. 2002: „SENZA PIOMBO" (= „ohne Blei") ist für Textilien nicht beschreibend.[463]
- OPM 22. 5. 2002: „LONG EVITY PROGRAMM" ist für „kurärztliche Betreuung und Dienstleistung eines Kurbetriebs" nicht rein beschreibend, zumal weiten Bevölkerungskreisen die Bedeutung des Wortes „longevity" als „Langlebigkeit" unbekannt ist.[464]
- OGH 24. 9. 2002: „CASTELLO" ist für Boden- und Pflasterbausteine nicht beschreibend.[465]
- OGH 24. 9. 2002: „VIENNA DELIGHTS" ist keine Bezeichnung des üblichen Sprachgebrauchs und daher für Schokoladewaren nicht beschreibend.[466]

Auch dieses Registrierungshindernis ist *relativ*. Es kann durch einen *Verkehrsgeltungsnachweis* beseitigt werden (§ 4 Abs 2 MSchG; Art 3 Abs 3 MarkenRL; vgl oben Seite 299). Die ältere RSp[467] ging von der Existenz *absolut schutzunfähiger Bezeichnungen* aus, die auch bei Verkehrsgeltung nicht schützbar seien. Meines Erachtens ist dies ein Widerspruch in sich selbst. Wenn ein Zeichen hinreichende Verkehrsgeltung erlangt hat, verliert es seine Eigenschaft als Gattungsbezeichnung und ist daher schützbar; selbstverständlich ist dazu aber eine entsprechend hohe Verkehrsgeltung nötig.

Zur Frage der *Bindung* der Gerichte an die Beurteilung des Patentamtes bei der Registrierung vgl Seite 535. Die Registrierung der Marke schafft allerdings zumindest den *Prima-facie-Beweis* dafür, dass im Zeitpunkt der Registrierung die dafür notwendigen Voraussetzungen vorlagen. Für eine allenfalls notwendige Verkehrsgeltung gilt dies aber nur insoweit, als die Registrierung einer Marke nur dann einen Prima-facie-Beweis für die Verkehrsgeltung begründet, wenn ein solcher Nachweis tatsächlich Grundlage der Eintragung war.[468]

---

[461]) EuG 27. 2. 2002, Rs T-219/00 – ELLOS – wbl 2002, 218 = MarkenR 2002, 98 = ABl HABM 2002, 1014 = GRUR Int 2002, 600.
[462]) OGH 9. 4. 2002, 4 Ob 66/02p – Cornetto – ÖBl-LS 2002, 132.
[463]) OPM 22. 5. 2002, Om 17/01 – SENZA PIOMBO – PBl 2002, 139 = ÖBl-LS 2002/197.
[464]) OPM 22. 5. 2002, Om 16/01 – LONG EVITY PROGRAMM – PBl 2002, 137 = ÖBl-LS 2002/196.
[465]) OGH 24. 9. 2002, 4 Ob 197/02b – CASTELLO – ÖBl-LS 2003/9.
[466]) OGH 24. 9. 2002, 4 Ob 216/02x – Vienna Delights – ÖBl-LS 2003/10.
[467]) Etwa: OGH 11. 7. 1989, 4 Ob 77/89 – AGRO – ÖBl 1990, 24 = wbl 1989, 343; OGH 11. 7. 1989, 4 Ob 84/89 – Propangas – ÖBl 1990, 117 = MR 1990, 32.
[468]) OGH 18. 1. 2000, 4 Ob 325/99v – MANPOWER – ÖBl 2000, 175 = ecolex 2000, 515 (*Schanda*) = RdW 2000/313; OGH 28. 9. 1998, 4 Ob 128/98x, ZfRV 1999/14; OGH 11. 7. 1995, 4 Ob 59/95 – New Yorker – ÖBl 1996, 141 = ecolex 1995, 817 = wbl 1995, 511; OGH 12. 7. 1994, 4 Ob 79/94 – Kaufhof III – ÖBl 1995, 124 = wbl 1994, 317.

2.2.10. Gattungsbezeichnungen

Gattungsbezeichnungen sind aussagekräftig, aber schwer zu schützen.

Das Registrierungshindernis der Gattungsbezeichnung bestand zwar ebenfalls schon vor der Markenrechts-Nov 1999, es war aber bisher nicht heilbar. Nunmehr wurde dies – in Anpassung an Art 3 Abs 1 lit d MarkenRL – behoben. Die Vorgabe des Art 3 Abs 1 lit d MarkenRL lautet: Von der Eintragung ausgeschlossen sind *„Marken, die ausschließlich aus Zeichen oder Angaben bestehen, die im allgemeinen Sprachgebrauch oder in den redlichen und ständigen Verkehrsgepflogenheiten üblich sind"*. Es fehlt in dieser Formulierung eine Bezugnahme auf die Waren und Dienstleistungen, zu deren Kennzeichnung die Marke dienen soll. Dies hat zunächst die Auslegungsfrage aufgeworfen, ob vielleicht jedes Wort des allgemeinen Sprachgebrauchs generell ausgeschlossen ist.

§ 4 Abs 1 Z 5 MSchG ist präziser gefasst. Er schließt solche Zeichen von der Registrierung aus, die *„ausschließlich aus Zeichen oder Angaben bestehen, die im allgemeinen Sprachgebrauch oder in den redlichen und ständigen Verkehrsgepflogenheiten zur Bezeichnung der Ware oder Dienstleistung üblich sind"*. Zur Klarstellung wurde also – abweichend von der Textierung des Art 3 Abs 1 lit d MarkenRL – eine Bezugnahme auf die Waren oder Dienstleistungen aufgenommen, da Bezeichnungen, die für bestimmte Waren oder Dienstleistungen Gattungsbezeichnungen oder sonst üblich gewordene Bezeichnungen darstellen, für andere Waren oder Dienstleistungen durchaus als Marke geeignet sein können.[469]

Auch hier zunächst ein Überblick über gewisse allgemeine Grundsätze zur Beurteilung dieses Registrierungshindernisses nach der jüngeren *Judikatur*:

- Dieses Registrierungshindernis ist im Lichte der Hauptfunktion der Marke (*Herkunftsfunktion*; Seite 201) zu sehen.[470]
- Die Registrierungshindernisse der *beschreibenden Angabe* und der *Gattungsbezeichnung* überschneiden einander. Für die Anwendung dieses Registrierungshindernisses ist es ohne Bedeutung, ob die betreffenden Zeichen oder Angaben die Eigenschaften oder Merkmale der betreffenden Waren oder Dienstleistungen beschreiben.[471]

---

[469]) EB 1999, zitiert nach *Kucsko*, MSA MSchG (1999) Anm 6 zu § 4. Auf dieser Linie liegt inzwischen auch die Auslegung durch den EuGH: EuGH 4. 10. 2001, Rs C-517/99 – Bravo – ÖBl 2002, 105 = ÖBl-LS 02/28 = ecolex 2002, 35 (*Schanda*) = MarkenR 2001, 403 = GRUR Int 2002, 145 = WRP 2001, 1272.

[470]) EuGH 4. 10. 2001, Rs C-517/99, Rz 25 – Bravo – ÖBl 2002, 105 = ÖBl-LS 02/28 = ecolex 2002, 35 (*Schanda*) = MarkenR 2001, 403 = GRUR Int 2002, 145 = WRP 2001, 1272.

[471]) EuGH 4. 10. 2001, Rs C-517/99, Rz 35 und 41 – Bravo – ÖBl 2002, 105 = ÖBl-LS 02/28 = ecolex 2002, 35 (*Schanda*) = MarkenR 2001, 403 = GRUR Int 2002, 145 = WRP 2001, 1272.

▸ Art 3 Abs 1 lit b MarkenRL ist so auszulegen, dass er der Eintragung einer Marke nur dann entgegensteht, wenn die Zeichen oder Angaben, aus denen die Marke besteht, im allgemeinen Sprachgebrauch oder in den redlichen und ständigen Verkehrsgepflogenheiten zur Bezeichnung der *Ware oder Dienstleistung*, für die diese Marke angemeldet worden ist, üblich geworden sind. Das Vorliegen dieses Registrierungshindernisses ist also stets in Bezug auf jene Waren und Dienstleistungen zu prüfen, für die das Zeichen als Marke registriert werden soll. Nur für jene Gattungen von Waren und Dienstleistungen, zu deren Bezeichnung es im Geschäftsverkehr allgemein verwendet wird, ist es nicht schützbar.[472]
▸ Auch *Werbeschlagworte, Qualitätshinweise oder Aufforderungen zum Kauf* sind nicht generell ausgeschlossen. Es obliegt vielmehr im Einzelfall der Feststellung, ob dies bereits Gattungsbezeichnungen sind.[473]
▸ Handelt es sich um *hochspezialisierte Produkte* bzw um derartige Dienstleistungen, an denen nur ein bestimmter Abnehmerkreis interessiert ist, so kommt es nur auf die Auffassung dieses fachlich gebildeten Personenkreises an, mag die Bezeichnung auch sonst für eine Phantasiebezeichnung gehalten werden.[474] Es ist nicht erforderlich, dass jedermann oder auch nur der überwiegende Teil des Publikums das Zeichen kennen muss. Es ist jeweils auf die betreffenden Verkehrskreise abzustellen. Handelt es sich etwa um seltene Waren oder hochspezialisierte Dienstleistungen, an denen nur ein sehr kleiner Abnehmerkreis interessiert ist, so kommt es nur auf die Auffassung dieses kleinen und fachlich gebildeten Personenkreises an.[475]
▸ Im Interesse des Export- und Importhandels, insbesondere des inländischen Absatzes ausländischer Ware, berücksichtigt die Rechtsprechung[476] zutreffend auch *fremdsprachige Angaben*, die als Bezeichnung einer bestimmten Gattung ausländischer Waren im Ausland allgemein gebräuchlich sind, während die Bezeichnung im Inland – soweit die Ware hier bekannt ist – für eine Phantasiebezeichnung gehalten wird. Eine Monopolisierung eines solchen Wortes zugunsten eines einzelnen Importeurs würde es allen anderen Importeuren verwehren, das Erzeugnis unter seiner, im Ursprungsland gebräuchlichen, typischen Bezeichnung auf den Markt zu bringen.
▸ Es ist auch möglich, dass sich eine Gattungsbezeichnung wieder in ein schützbares Zeichen *rückbildet*.[477]

---

[472]) OGH 14. 5. 2001, 4 Ob 101/01h – Die roten Seiten – ÖBl-LS 01/175; EuGH 4. 10. 2001, Rs C-517/99, Rz 31 – Bravo – ÖBl 2002, 105 = ÖBl-LS 02/28 = ecolex 2002, 35 (*Schanda*) = MarkenR 2001, 403 = GRUR Int 2002, 145 = WRP 2001, 1272; OGH 13. 5. 1997, 4 Ob 105/97p – BOSS Energydrink – ÖBl 1997, 225 = ecolex 1997, 681 = wbl 1997, 352 = GRUR Int 1998, 898.
[473]) EuGH 4. 10. 2001, Rs C-517/99, Rz 40 – Bravo – ÖBl 2002, 105 = ÖBl-LS 02/28 = ecolex 2002, 35 (*Schanda*) = MarkenR 2001, 403 = GRUR Int 2002, 145 = WRP 2001, 1272.
[474]) OGH 27. 2. 1996, 4 Ob 12/96 – TÜV III – ÖBl 1998, 294; OGH 12. 7. 1994, 4 Ob 70/94 – TÜV II – ÖBl 1995, 34.
[475]) OGH 24. 11. 1998, 4 Ob 266/98s – Tabasco VI – ÖBl 1999, 124 = ecolex 1999, 337 (*Schanda*) = RdW 1999, 78; OPM 13. 11. 1996, Om 4/96 – Tabasco V – PBl 1997, 130 = ÖBl 1997, 232 = wbl 1997, 219.
[476]) OGH 24. 11. 1998, 4 Ob 266/98s – Tabasco VI – ÖBl 1999, 124 = ecolex 1999, 337 (*Schanda*) = RdW 1999, 78; OPM 13. 11. 1996, Om 4/96 – Tabasco V – PBl 1997, 130 = ÖBl 1997, 232 = wbl 1997, 219; OGH 7. 11. 1989, 4 Ob 138/89 – Kombucha – ÖBl 1990, 165 = wbl 1990, 217 = ecolex 1990, 99 = PBl 1990, 198; 13. 11. 1984, 4 Ob 378/84 – Pisang – ÖBl 1985, 41 = GRUR Int 1985, 768.
[477]) Vgl dazu *Schönherr/Thaler*, Entscheidungen zum Markenrecht (1985) E 1494 f zu § 4.

- Das Registrierungshindernis erfasst auch Zeichen, die mit einer Gattungsangabe *verwechselbar ähnlich* sind.[478]
- Ob ein Zeichen eine Gattungsbezeichnung ist, ist eine *Rechtsfrage*, wenn zur Beurteilung die allgemeine Lebenserfahrung des Richters oder dessen Fachwissen ausreicht.[479] Ist dies nicht der Fall, so liegt eine *Tatfrage* vor.[480]

Beispiele:

- NA 18. 10. 1984: „PAGER" (das sind die „Piepserl" genannten Personenrufgeräte) ist als Gattungsbezeichnung für „Funkgeräte" nicht registerfähig.[481]
- OGH 7. 11. 1989: „KOMBUCHA" ist eine Gattungsbezeichnung für eine Substanz aus bestimmten Bakterienstämmen, aus denen ein apfelweinähnliches Getränk bereitet wird.[482]
- OPM 8. 9. 1993: „TRANSZENDENTALE MEDITATION" ist als Gattungsbezeichnung für „Dienstleistungen, die auf die Entwicklung der geistigen Fähigkeiten von Menschen gerichtet sind," nicht registrierbar.[483]
- OGH 7. 7. 1997: Der Bezeichnung „FUSSBALL STICKERALBUM" für ein Album, in das Abziehbilder der Logos von Fußballvereinen eingeklebt werden können, fehlt nicht bloß die Kennzeichnungskraft. Sie ist auch als Gattungsbezeichnung freizuhalten.[484]
- OGH 24. 11. 1998: „TABASCO" ist eine Gattungsbezeichnung für zwei ähnliche Gewürzpflanzen („Tabasco-Pfeffer" und „Tabasco-Piment"). Der Markenschutz wurde daher verweigert.[485]
- 1. BK 19. 12. 2000: „PROTEOMICS" ist als Gattungsbezeichnung für großangelegte Studien zu Proteinstrukturen üblich geworden und daher nicht als Marke für Diagnoseapparate schützbar.[486]
- NA 11. 12. 2001: „DLC" ist die international übliche Abkürzung (Gattungsbezeichnung) für „diamond like carbon". Dieser Begriff wurde daher als Wortmarke für „Rasierapparate und Rasierklingen, Handwerkzeuge und –instrumente") abgelehnt.[487]
- EuG 5. 3. 2003: „BSS" ist der bei Augenärzten (als hier maßgeblicher Verkehrskreis) bekannte Gattungsbegriff für „Balanced Salt Solution". Eine Registrierung als Marke für „sterile Lösungen für die Augenchirurgie" war daher nicht möglich.[488]

---

[478]) Vgl dazu *Schönherr/Thaler*, Entscheidungen zum Markenrecht (1985) E 1497 ff zu § 4.
[479]) OGH 28. 5. 2002, 4 Ob 119/02g – air … – ÖBl-LS 2002/169; OGH 30. 5. 1990, 4 Ob 76/90 – EXPO-Technik – ÖBl 1991, 32 = ecolex 1990, 696 (*Kucsko*) = PBl 1991, 172.
[480]) OGH 18. 2. 2003, 4 Ob 38/03x – Music-Channel.cc.
[481]) NA 18. 10. 1984, Nm 58/83 – Pager – PBl 1986, 194 = ÖBl 1987, 16.
[482]) OGH 7. 11. 1989, 4 Ob 138/89 – Kombucha – ÖBl 1990, 165 = wbl 1990, 217 = ecolex 1990, 99 = PBl 1990, 198.
[483]) OPM 8. 9. 1993, Om 5/93 – Transzendentale Meditation – PBl 1994, 150 = ÖBl 1994, 213.
[484]) OGH 7. 7. 1997, 4 Ob 167/97f – Fussballverein-Logos – ÖBl 1998, 182 = ecolex 1997, 951 (*Schanda*).
[485]) OGH 24. 11. 1998, 4 Ob 266/98s – Tabasco VI – ÖBl 1999, 124 = ecolex 1999, 337 (*Schanda*) = RdW 1999, 78; OPM 13. 11. 1996, Om 4/96 – Tabasco V – PBl 1997, 130 = ÖBl 1997, 232 = wbl 1997, 219.
[486]) 1. BK 19. 12. 2000, 397/2000-1 – PROTEOMICS – ABl HABM 2001, 1504.
[487]) NA 11. 12. 2001, 85C 000703579/1 – DLC – ABl HABM 2002, 966.
[488]) EuG 5. 3. 2003, Rs T-237/01 – BSS – wbl 2003, 226 = ABl HABM 2003, 1584.

Ebenso wie bei den Registrierungshindernissen der mangelnden Unterscheidungskraft sowie der bloß beschreibenden Funktion des Zeichens wird die Registrierung nunmehr gemäß § 4 Abs 2 MSchG (Art 3 Abs 3 MarkenRL; vgl oben Seite 299) zuzulassen sein, wenn das Zeichen innerhalb der beteiligten Verkehrskreise vor der Anmeldung infolge seiner Benutzung Unterscheidungskraft im Inland erworben hat.[489] Das Registrierungshindernis entfällt somit bei „Entstehen einer Verkehrsauffassung zugunsten der Individualzeicheneigenschaft der Bezeichnung".[490] Es kann also ein *Verkehrsgeltungsnachweis* erbracht werden.[491]

Daraus ergibt sich, dass eine Gattungsbezeichnung, auch wenn sie nicht als Marke schützbar ist, selbstverständlich grundsätzlich im Geschäftsverkehr *verwendet* werden darf. Wie sonst sollte jemand dafür Verkehrsgeltung erlangen können? Der Gebrauch unterliegt aber den allgemeinen lauterkeitsrechtlichen Regelungen. Insbesondere kann man gegen den *irreführenden* Gebrauch einer Gattungsbezeichnung nach § 2 UWG vorgehen. Im Zusammenhang mit *Domain-Namen* läuft aber auch eine Diskussion zur Frage, ob die Verwendung einer Gattungsbezeichnung als Domain allenfalls aus der Sicht des § 1 UWG zu beanstanden ist. Anders als beim sonstigen Gebrauch im Geschäftsverkehr tritt durch die Registrierung einer Gattungsbezeichnung als Domain-Name eine Sperre für Dritte ein, die denselben Begriff nicht mehr unter derselben Top-Level-Domain (Seite 157) verwenden können.

Beispiel:

> BGH 17. 5. 2001: Der BGH hatte folgenden Fall zu entscheiden:[492] Beklagt war ein Verband, dem 25 deutsche MITWOHNZENTRALEN angehören. Unter dem Domain Namen „mitwohnzentrale.de" wurde eine Website betrieben, auf der die Mitglieder nach Städten geordnet mit Telefon- und Faxnummern sowie E-Mail-Adressen angegeben waren. Kläger war ein Konkurrenzverband, der 40 Mitwohnzentralen vertritt. Es ging um die Frage, ob der Gattungsbegriff „Mitwohnzentrale" von der Beklagten als Internet-Adresse verwendet werden darf. Der BGH hat allein aus dem Argument, dass diese Adresse zu einer „Kanalisierung der Kundenströme" führe (wer eine Mitwohnzentrale sucht, wird vielleicht gleich durch Eingabe der Adresse www.mitwohnzentrale.de probieren, etwas zu finden, und so jedenfalls zur Beklagten geleitet werden), keine Wettbewerbswidrigkeit angenommen. Es liege keine unsachliche Beeinflussung der Internet-User vor. Wer sich statt über eine Suchmaschine durch Direkteingabe des Gattungs-

---

[489]) Bis zur Markenrechts-Nov 1999 war der Verkehrsgeltungsnachweis bei Gattungsbezeichnungen nicht möglich. Diese Richtlinienwidrigkeit war auch im Auslegungsweg nicht zu beseitigen. Die unmittelbare Anwendbarkeit der insoweit nicht umgesetzten MarkenRL wurde ebenfalls verneint: OGH 24. 11. 1998, 4 Ob 266/98s – Tabasco VI – ÖBl 1999, 124 = ecolex 1999, 337 (*Schanda*) = RdW 1999, 78; OPM 13. 11. 1996, Om 4/96 – Tabasco V – PBl 1997, 130 = ÖBl 1997, 232 = wbl 1997, 219.

[490]) EB 1999, zitiert nach *Kucsko*, MSA MSchG (1999) Anm 13 zu § 4.

[491]) Zu den Besonderheiten der Fragestellung, wenn es darum geht, festzustellen, ob eine Wortfolge überhaupt als Herkunftszeichen aufgefasst wird: BA 24. 2. 1988, Bm 9 und 10/87 – Für die Zwischendurchwäsche – PBl 1988, 201 = ÖBl 1989, 11.

[492]) BGH 17. 5. 2001, I ZR 216/99 – Mitwohnzentrale – MR 2001, 148; dazu *Burgstaller*, MR 2001, 254, *Essl*, ecolex 2001, 545, *Kilches*, RdW 2002, 11, *Schmidt-Bogatzky*, GRUR 2002, 941.

begriffs als Internet-Adresse auf die Suche macht, sei sich im Allgemeinen der Nachteile dieser Suchmethode (Zufälligkeit des Ergebnisses) bewusst. Da die Internetadresse der Beklagten – anders als eine Marke – nicht zu einem Ausschließungsrecht führe, sei auch kein Freihaltebedürfnis (ähnlich dem Registrierungshindernis für Gattungsbezeichnungen im Markenrecht) anzunehmen. Der BGH hat also grundsätzlich die Registrierung von *Gattungsbezeichnungen als Domain-Namen* nicht beanstandet. Er hat aber auch festgehalten, dass unter gewissen Voraussetzungen (zB Registrierung mehrerer Domains in verschiedenen Schreibweisen bzw unter verschiedenen Top-Level-Domains) ein sittenwidriger Blockierungseffekt eintreten könnte. Außerdem könnte die Verwendung einer Gattungsbezeichnung unter Umständen irreführend sein (etwa weil durch den Inhalt der Homepage der Eindruck entsteht, dass der Verband der einzige oder der maßgebliche Verband von Mitwohnzentralen sei).

2.2.11. Auszeichnung als Bestandteil

Nicht bewilligungspflichtige Auszeichnung.

Zeichen, die ausschließlich aus bestimmten Hoheitszeichen udgl bestehen, sind absolut von der Registrierung ausgeschlossen (Seite 267). Wenn eine Marke hingegen solche Hoheitszeichen nur als Bestandteil enthalten soll, liegt ein heilbares Registrierungshindernis gemäß § 5 MSchG vor: *„Marken, die eine Auszeichnung oder eines der im § 4 Abs. 1 Z. 1 MSchG erwähnten Zeichen als Bestandteile enthalten, dürfen, sofern die Benützung gesetzlichen Beschränkungen unterliegt, nur registriert werden, nachdem das Recht zur Benützung der Auszeichnung oder des Zeichens nachgewiesen worden ist."* Diese Regelung gilt auch für Darstellungen, die der amtlichen Ausführungsform der Auszeichnung oder des Zeichens *ähnlich* sind (§ 7 MSchG).

Beispiel:

▸ BA 29. 5. 1985: FIAT hatte die IR-Marke „Uno-55" (als Wort-Bild-Marke für Kraftfahrzeuge) angemeldet. Die Rechtsabteilung forderte die Anmelderin daher gemäß § 5 MSchG auf, das Recht zur Verwendung des Zeichens der internationalen Organisation UNO, das einen Bestandteil der Marke bilde, nachzuweisen. Da der Nachweis nicht erbracht wurde, wurde der Schutz in Österreich verweigert. Die Beschwerde gegen diese Entscheidung wurde abgewiesen.[493]

2.3. Weitere Schutzvoraussetzungen

Es bestehen nur die in §§ 4 und 5 MSchG aufgelisteten Registrierungshindernisse. Diese Aufzählung ist *taxativ*. Aus anderen Gründen kann die Registrierung somit nicht verweigert werden. Insbesondere ist das Bestehen einer *prioritätsälteren* i-

---

[493]) BA 29. 5. 1985, Bm 23/84 – Uno – PBl 1986, 29 = ÖBl 1986, 7.

denten oder gleichen *Marke* (oder eines sonstigen älteren kollidierenden Kennzeichens) kein Registrierungshindernis. Freilich besteht für den Anmelder das Risiko, dass gegen die neu angemeldete Marke unverzüglich nach deren Registrierung vom Inhaber des kollidierenden prioritätsälteren Kennzeichenrechts ein Löschungsantrag gestellt wird (Seite 483). Auch die *Neuheit* der Marke ist selbstverständlich keine Schutzvoraussetzung.[494] Ganz im Gegenteil: Gelegentlich ist sogar die intensive, zur Verkehrsgeltung führende Nutzung des Zeichens vor der Anmeldung Voraussetzung für die Registrierung.

Die *MarkenRL* gibt den Mitgliedstaaten für die Festlegung der Registrierungsvoraussetzungen einen relativ weiten Spielraum vor.[495] Nach Art 3 Abs 2 MarkenRL kann (nicht „muss") jeder Mitgliedstaat etwa auch vorsehen, dass eine Marke von der Eintragung ausgeschlossen ist, wenn und soweit

> ▸ die Benutzung dieser Marke *nach anderen Rechtsvorschriften* als des Markenrechts des jeweiligen Mitgliedstaats oder der Gemeinschaft untersagt werden kann (Dieses Registrierungshindernis ist in Österreich nicht speziell umgesetzt worden. Man wird die Löschung aber gegebenenfalls über den Beseitigungsanspruch zivilrechtlich durchsetzen können; vgl Seite 529);
> ▸ die Marke ein *Zeichen mit hoher Symbolkraft* enthält, insbesondere ein religiöses Symbol (Auch dieses Registrierungshindernis wurde nicht übernommen. Man wird aber gegebenenfalls Missbräuchen weitgehend mit § 4 Abs 1 Z 7 MSchG begegnen können);
> ▸ die Marke nicht unter Art 6ter PVÜ fallende Abzeichen, Embleme oder Wappen enthält, denen ein öffentliches Interesse zukommt, es sei denn, dass die zuständigen Stellen nach den Rechtsvorschriften des Mitgliedstaats ihrer Eintragung zugestimmt haben;
> ▸ der Antragsteller die Eintragung der Marke *bösgläubig* beantragt hat. (Dies hat Österreich zwar nicht als Registrierungshindernis, seit der Markenrechts-Nov 1999 aber als Löschungsgrund vorgesehen; Seite 516).

Art 4 MarkenRL sieht weitere Eintragungshindernisse vor, die ein Mitgliedstaat im nationalen Recht verankern könnte. Sie betreffen die *Kollision* der angemeldeten Marke mit älteren Rechten:

> ▸ wenn sie mit einer *älteren Marke*[496] identisch ist und die Waren oder Dienstleistungen, für die die Marke angemeldet oder eingetragen worden ist, mit den Wa-

---

[494]) Vgl dazu *Schönherr/Thaler*, Entscheidungen zum Markenrecht (1985) E 264 ff zu § 1.
[495]) Die PVÜ schließt folgendes Kriterium als Registrierungshindernis aus: Die Beschaffenheit des Erzeugnisses, auf dem die Fabriks- oder Handelsmarke angebracht werden soll, darf keinesfalls die Eintragung der Marke hindern (Art 7 PVÜ).
[496]) Art 4 Abs 2 MarkenRL enthält eine detaillierte Auflistung jener Marken, die hier und in Art 4 Abs 1 lit b MarkenRL als „ältere Marken" gemeint sind: Marken mit einem früheren Anmeldetag als dem Tag der Anmeldung der Marke, gegebenenfalls mit der für diese Marken in Anspruch genommenen Priorität, und die den folgenden Kategorien angehören: Gemeinschaftsmarken; in dem Mitgliedstaat oder, soweit Belgien, Luxemburg und die Niederlande betroffen sind, beim Benelux-Markenamt eingetragene Marken; mit Wirkung für den Mitgliedstaat international registrierte Marken; Gemeinschaftsmarken, für die wirksam der Zeitrang gemäß der GMV aufgrund einer (nationalen/Benelux/internationalen) Marke in Anspruch genommen wird, auch wenn letztere Marke Gegenstand eines Verzichts gewesen oder verfallen ist; Anmeldungen solcher Marken vorbehaltlich ihrer Eintra-

ren oder Dienstleistungen identisch sind, für die die ältere Marke Schutz genießt; (Art 4 Abs 1 lit a MarkenRL);
- wenn wegen ihrer Identität oder Ähnlichkeit mit der *älteren Marke* und der Identität oder Ähnlichkeit der durch die beiden Marken erfassten Waren oder Dienstleistungen für das Publikum die Gefahr von Verwechslungen besteht, die die Gefahr einschließt, dass die Marke mit der älteren Marke gedanklich in Verbindung gebracht wird (Art 4 Abs 1 lit b MarkenRL);
- wenn sie mit einer *älteren Gemeinschaftsmarke* identisch ist oder dieser ähnlich ist und für Waren oder Dienstleistungen eingetragen werden soll oder eingetragen worden ist, die nicht denen ähnlich sind, für die die ältere Gemeinschaftsmarke eingetragen ist, falls diese ältere Gemeinschaftsmarke in der Gemeinschaft bekannt ist und die Benutzung der jüngeren Marke die Unterscheidungskraft oder die Wertschätzung der älteren Gemeinschaftsmarke ohne rechtfertigenden Grund in unlauterer Weise ausnutzen oder beeinträchtigen würde (Art 4 Abs 3 MarkenRL);
- wenn und soweit sie mit einer älteren *nationalen Marke* identisch ist oder dieser ähnlich ist und für Waren oder Dienstleistungen eingetragen werden soll oder eingetragen worden ist, die nicht denen ähnlich sind, für die die ältere Marke eingetragen ist, falls diese ältere Marke in dem Mitgliedstaat bekannt ist und die Benutzung der jüngeren Marke die Unterscheidungskraft oder die Wertschätzung der älteren Marke ohne rechtfertigenden Grund in unlauterer Weise ausnutzen oder beeinträchtigen würde (Art 4 Abs 4 lit a MarkenRL);
- wenn und soweit Rechte an einer *nicht eingetragenen* Marke oder einem sonstigen im geschäftlichen Verkehr benutzten Kennzeichenrecht vor dem Tag der Anmeldung der jüngeren Marke oder gegebenenfalls vor dem Tag der für die Anmeldung der jüngeren Marke in Anspruch genommenen Priorität erworben worden sind und diese nicht eingetragene Marke oder dieses sonstige Kennzeichenrecht dem Inhaber das Recht verleiht, die Benutzung einer jüngeren Marke zu untersagen (Art 4 Abs 4 lit b MarkenRL);
- wenn und soweit die Benutzung der Marke aufgrund eines *sonstigen, älteren Rechts* untersagt werden kann, insbesondere aufgrund eines Namensrechts, Rechts an der eigenen Abbildung, Urheberrechts, gewerblichen Schutzrechts (Art 4 Abs 4 lit c MarkenRL);[497]
- wenn und soweit die Marke mit einer *älteren Kollektivmarke* identisch ist oder dieser ähnlich ist, die ein Recht verliehen hat, das längstens drei Jahre vor der Anmeldung erloschen ist (Art 4 Abs 4 lit d MarkenRL);
- wenn und soweit die Marke mit einer älteren *Garantie- oder Gewährleistungsmarke* identisch ist oder dieser ähnlich ist, die ein Recht verliehen hat, das in einem vom Mitgliedstaat festzulegenden Zeitraum vor der Anmeldung erloschen ist (Art 4 Abs 4 lit e MarkenRL);
- wenn und soweit die Marke mit einer *älteren Marke* identisch ist oder dieser ähnlich ist, die für identische oder ähnliche Waren oder Dienstleistungen eingetragen war und ein Recht verliehen hat, das innerhalb eines Zeitraums von

---

gung; Marken, die am Tag der Anmeldung der Marke, gegebenenfalls am Tag der für die Anmeldung der Marke in Anspruch genommenen Priorität, in dem Mitgliedstaat im Sinne des Art 6bis PVÜ notorisch bekannt sind.

[497]) Keine Geltendmachung des Urheberrechts im Löschungsverfahren: OPM 14. 9. 1988, Om 16/86 – Aktion Kinderhilfe – PBl 1989, 95 = ÖBl 1989, 73.

höchstens zwei Jahren vor der Anmeldung wegen Nichtverlängerung erloschen ist, es sei denn, dass der Inhaber der älteren Marke der Eintragung der jüngeren Marke zugestimmt hat oder seine Marke nicht benutzt hat (Art 4 Abs 4 lit f MarkenRL);
- wenn und soweit die *Marke* mit einer Marke verwechselt werden kann, die zum Zeitpunkt der Einreichung der Anmeldung im Ausland benutzt wurde und weiterhin dort benutzt wird, wenn der Anmelder die Anmeldung bösgläubig eingereicht hat (Art 4 Abs 4 lit g MarkenRL).

Die Mitgliedstaaten können zulassen, dass in „geeigneten Umständen" die Eintragung nicht versagt oder die Marke nicht für ungültig erklärt wird, wenn der Inhaber der älteren Marke oder des älteren Rechts der Eintragung der jüngeren Marke *zustimmt* (Art 4 Abs 5 MarkenRL). Art 4 Abs 6 MarkenRL enthält eine entsprechende Übergangsregelung. *Österreich hat von diesen Optionen nicht Gebrauch gemacht und diese Registrierungshindernisse nicht eingeführt. Allerdings bestehen zum Teil entsprechende Löschungstatbestände* (Seite 476).

2.4. telle quelle-Klausel

Die *PVÜ* sieht besondere Regelungen für die Beurteilung von Marken vor, die im Ursprungsland bereits akzeptiert wurden: Jede im Ursprungsland vorschriftsmäßig eingetragene Fabrik- oder Handelsmarke soll grundsätzlich so, wie sie ist, in den anderen Verbandsländern zur Hinterlegung zugelassen und geschützt werden („*telle quelle-Klausel*"); diese Länder können vor der endgültigen Eintragung die Vorlage einer von der zuständigen Behörde ausgestellten Bescheinigung über die Eintragung im Ursprungsland verlangen. Eine Beglaubigung dieser Bescheinigung ist nicht erforderlich (Art $6^{quinquies}$ A Abs 1 PVÜ). Als Ursprungsland wird das Verbandsland angesehen, in dem der Hinterleger eine tatsächliche und nicht nur zum Schein bestehende gewerbliche oder Handelsniederlassung hat, und, wenn er eine solche Niederlassung innerhalb des Verbandes nicht hat, das Verbandsland, in dem er seinen Wohnsitz hat, und, wenn er keinen Wohnsitz innerhalb des Verbandes hat, das Land seiner Staatsangehörigkeit, sofern er Angehöriger eines Verbandslandes ist (Art $6^{quinquies}$ A Abs 2 PVÜ).

Die Registrierung im Ursprungsland zwingt aber nicht in allen Fällen zur Registrierung in allen anderen Verbandsländern. Es werden gewisse *Ausnahmen* zugelassen. Die Eintragung von Fabrik- oder Handelsmarken, darf nur in folgenden Fällen verweigert oder für ungültig erklärt werden (Art $6^{quinquies}$ B PVÜ):
- wenn die Marken geeignet sind, Rechte zu verletzen, die von Dritten in dem Land erworben sind, in dem der Schutz beansprucht wird;
- wenn die Marken jeder Unterscheidungskraft entbehren;
- wenn die Marken ausschließlich aus Zeichen oder Angaben zusammengesetzt sind, die im Verkehr zur Bezeichnung der Art, der Beschaffenheit, der Menge, der Bestimmung, des Wertes, des Ursprungsortes der Erzeugnisse oder der Zeit der Erzeugung dienen können;

- wenn die Marken ausschließlich aus Zeichen oder Angaben zusammengesetzt sind, die im allgemeinen Sprachgebrauch oder in den redlichen und ständigen Verkehrsgepflogenheiten des Landes, in dem der Schutz beansprucht wird, üblich sind;
- wenn die Marken gegen die guten Sitten oder die öffentliche Ordnung verstoßen. (Es besteht Einverständnis darüber, dass eine Marke nicht schon deshalb als gegen die öffentliche Ordnung verstoßend angesehen werden kann, weil sie einer Vorschrift des Markenrechts nicht entspricht, es sei denn, dass diese Bestimmung selbst die öffentliche Ordnung betrifft. Die Anwendung des Art 10bis PVÜ über den Schutz gegen unlauteren Wettbewerb bleibt jedoch vorbehalten.);
- insbesondere wenn sie geeignet sind, das Publikum zu täuschen.

Bei der Würdigung der Schutzfähigkeit der Marke sind alle Tatumstände zu berücksichtigen, insbesondere die Dauer des Gebrauchs der Marke (Art $6^{quinquies}$ C Abs 1 PVÜ). In den anderen Verbandsländern dürfen Fabrik- oder Handelsmarken nicht allein deshalb zurückgewiesen werden, weil sie von den im Ursprungsland geschützten Marken nur in Bestandteilen abweichen, die gegenüber der im Ursprungsland eingetragenen Form die Unterscheidungskraft der Marken nicht beeinflussen und ihre Identität nicht berühren (Art $6^{quinquies}$ C Abs 2 PVÜ). Niemand kann sich auf die Bestimmungen dieses Artikels berufen, wenn die Marke, für die er den Schutz beansprucht, im Ursprungsland nicht eingetragen ist (Art $6^{quinquies}$ D PVÜ). Jedoch bringt die Erneuerung der Eintragung einer Marke im Ursprungsland keinesfalls die Verpflichtung mit sich, die Eintragung auch in den anderen Verbandsländern zu erneuern, in denen die Marke eingetragen worden ist (Art $6^{quinquies}$ E PVÜ). Das Prioritätsvorrecht bleibt bei den innerhalb der Frist des Artikels 4 vorgenommenen Markenhinterlegungen gewahrt, selbst wenn die Marke im Ursprungsland erst nach Ablauf dieser Frist eingetragen wird (Art $6^{quinquies}$ F PVÜ).

Imagetransfer

Sie kennen das Phänomen? Plötzlich taucht ein neues Produkt unter einem bekannten Namen auf und schon wissen Sie sehr viel über das neue Produkt, seine Herkunft, seine Eigenschaften, seine besonderen Qualitäten. Durch die Übertragung des Kennzeichens auf das neue Produkt hat ein Imagetransfer stattgefunden.

Kennzeichen eines Imagetransfers ist entweder die Übertragung von Imagebestandteilen von einem Produkt auf ein anderes mit Hilfe des gemeinsamen Markennamens oder die Übertragung von Facetten eines Landes oder einer Region auf Produkte und Marken.

Als Vorteile einer Imagetransfer-Strategie werden Kosteneinsparungen beim Werbeaufwand, die Reduzierung der Markenvielfalt und eine wechselseitige Nutzung von Ausstrahlungseffekten zwischen Markenerweiterung und Stamm-Produkt erwartet. Ein Hauptfehler besteht oft darin, dass die Kompetenz der Marke, ihre Glaubwürdigkeit, überstrapaziert wird.

Als hilfreich bei der Suche nach möglichen Partnerproduktgruppen hat sich die Messung der Ähnlichkeit von Marken und Produktgruppen anhand von Wort- und Bildreizen erwiesen.

Eine hohe Stimmigkeit der Erlebniswelten zwischen der Ausgangs-Marke und der neuen Produktgruppe in den wichtigen Dimensionen ist Voraussetzung für einen erfolgreichen Imagetransfer.

Wenn Sie mehr über dieses Phänomen wissen wollen:

- *Mayerhofer*, Imagetransfer – Die Nutzung von Erlebniswelten für die Positionierung von Ländern, Produktgruppen und Marken, Band 13 der Schriftreihe Empirische Marketingforschung, Wien 1995
- *Schweiger/Schrattenecker*, Werbung – Eine Einführung[5] (2001, Gustav Fischer Verlag Stuttgart – Jena)

o.Univ.-Prof. Dkfm. Dr. Günther SCHWEIGER lehrt Werbewissenschaft und Marktforschung an der Wirtschaftsuniversität Wien. Er ist wissenschaftlicher Leiter des Universitätslehrganges für Werbung und Verkauf, Präsident der Österreichischen Werbewissenschaftlichen Gesellschaft und Präsident des Marketing Klub Österreich. Seine Arbeits- und Forschungsschwerpunkte: Werbe- und Marktforschung, Imageforschung, Mediaplanung und Medienselektion, Exportwerbung, Markenforschung.

statement

3. MARKENINHABER

Überblick:

▶ Der Markeninhaber muss seit der Markenrechts-Nov 1999 kein „*markenfähiges Unternehmen*" mehr haben. Grundsätzlich kann jederman Marken erwerben.
▶ Zu unterscheiden ist zwischen *Individualmarken* und *Verbandsmarken*, für die ein strengeres Regime gilt.

Literaturhinweise: *Hohenecker/Friedl*, Wettbewerbsrecht (1959) 184 und 218; *Koppensteiner*, Konzernmarken und Konzernbegriff, GRUR 1972, 394; *Prettenhofer*, Markenrechtliche Probleme von Konzernmarken, FS 75 Jahre PA (1974) 182; *Beier*, Rechtsprobleme des internationalen Markengebrauchs durch verbundende Unternehmen, AWD 1974, 1; *Straberger/Gantner*, Markenrecht und Musterschutz (1977) 20; *Holeschofsky*, Das Alleinrecht zum Gebrauch einer Marke, ÖBl 1977, 2; *Beier*, Benutzung und Geschäftsbetrieb: Zur Markenrechtsfähigkeit von Holdinggesellschaften, GRUR 1980, 352; *Krejci*, Konzern- und Holdingmarken, ecolex 1990, 229; *Hämmerle/Wünsch*, Handelsrecht I^4 (1990) 283; *Füllkrug*, Spekulationsmarken, GRUR 1994, 679; *Koppensteiner*, Markenrechtsentwicklung und Parallelimport, ÖBl 1994, 195; *Gamerith*, Sind die Rechtsgemeinschaften an Immaterialgüterrechten Gesamthandgemeinschaften? ÖBl 1996, 63; *Pöchhacker*, Die Bedeutung der ersten Markenrichtlinie für das österreichische Markenrecht, in *Koppensteiner*, Österreichisches und europäisches Wirtschaftsprivatrecht, Teil 2: Geistiges Eigentum (1996) 9; *Schwarz*, Vereinbarungen über gewerbliche Schutzrechte in Dienstverträgen, ecolex 1999, 556.

3.1. Individualmarke

Als „Individualmarke" bezeichnet man die einer einzelnen Rechtsperson gehörende Marke zur Unterscheidung von jenen Marken, die einem Verband gehören. Das ist an sich unproblematisch. Selbstverständlich gibt (und gab es auch früher schon) Individualmarken. Lange Zeit wurde in Österreich aber verlangt, dass der Inhaber einer solchen Marke über ein „markenfähiges Unternehmen" verfügt.

3.1.1. Markenfähiges Unternehmen

Vorgaben der PVÜ: Die PVÜ fordert nicht das Bestehen eines „markenfähigen Unternehmens". Im Gegenteil: Im Zusammenhang mit internationalen Marken darf ein solches Registrierungserfordernis aufgrund des Art 6^{quinquies} Teil B PVÜ nicht angewendet werden. Bei den nach dem Madrider Abkommen angemeldeten *IR-Marken* (Seite 622) ist Art 6^{quinquies} PVÜ zwingend zu berücksichtigen (Seite 626). Das Fehlen eines markenfähigen Unternehmens scheint dort nicht als Grund für die Schutzverweigerung in einem anderen Verbandsland auf. Da die Aufzählung der Zurückweisungsgründe in Art 6^{quinquies} PVÜ taxativ ist,[1] konnte der Mangel eines markenfähigen Unternehmens schon bisher nicht als Schutzverweigerungsgrund

---

[1]) VwGH 19. 6. 1933, A 476/33, PBl 1933, 158.

geltend gemacht werden.² Insoweit waren also bis zur Markenrechts-Nov 1999 die Inhaber nationaler österreichischer Marken schlechter gestellt.

Vorgaben des TRIPS-Abk: Auch hier findet sich kein derartiges Erfordernis.

Vorgaben des Gemeinschaftsrechts: Die *Marken-Richtlinie* (Seite 240) enthält keine speziellen Regelungen über das Erfordernis eines „markenfähigen Unternehmens". Lediglich im 7. Erwägungsgrund heißt es: *„Die Mitgliedstaaten können in ihrem Recht Eintragungshindernisse oder Ungültigkeitsgründe beibehalten oder einführen, die an die Bedingungen des Erwerbs oder der Aufrechterhaltung der Marke gebunden sind, für die keine Angleichungsbestimmungen bestehen und die sich beispielsweise auf die Markeninhaberschaft ... beziehen."* Das Gemeinschaftsmarkenrecht kennt das Erfordernis eines markenfähigen Unternehmens ebenfalls nicht (Seite 582).

Österreichische Regelung bis zur Nov 1999

Bislang galt als Grundsatz, dass nur derjenige ein Markenrecht erwerben konnte, der über ein Unternehmen verfügte, aus dem die mit der Marke zu kennzeichnenden Waren oder Dienstleistungen hervorgehen konnten. Um die Frage, ob dieses Prinzip aufgegeben werden sollte, wurde bei der Erarbeitung der Markenrechts-Nov 1999 lange gerungen. Wie war die Ausgangslage? § 3 MSchG bestimmte für nationale Marken: *„Das Markenrecht kann nur insoweit erworben werden, als die im Waren- und Dienstleistungsverzeichnis enthaltenen Waren und Dienstleistungen aus dem Unternehmen des Anmelders oder des Erwerbers hervorgehen können; es erlischt, soweit diese Voraussetzung wegfällt."*

Wer nur Gemüse verkaufte, konnte auch nur für Gemüse eine Marke erwerben.

Der Markeninhaber musste also ein geeignetes *Unternehmen* besitzen. Als Unternehmen wird jede selbständig und gewerbsmäßig ausgeübte Tätigkeit definiert, die geeignet und bestimmt ist, für den Handelsverkehr bestimmte Waren selbst herzustellen oder mit ihnen zu handeln³ bzw die betreffenden Dienstleistungen zu erbringen.⁴ Auf das Bestehen einer Gewinnerzielungsabsicht und auf die (gewerberechtliche) Befugnis zu der betreffenden Tätigkeit kam es hier nicht an.⁵ Das Nichtvorliegen der erforderlichen *Gewerbeberechtigung* konnte jedoch ein gewis-

---

[2]) OGH 27. 9. 1977, 4 Ob 386/77 – Paradies – ÖBl 1978, 26; OGH 11. 5. 1976, 4 Ob 369, 370/75 – Smile – ÖBl 1976, 124 = EvBl 1977/17.
[3]) *Hohenecker/Friedl*, Wettbewerbsrecht 184 mwN; OPM 28. 10. 1992, Om 11/92 – Farben Profi – PBl 1993, 164 = ÖBl 1993, 65.
[4]) Zu den Kriterien für den Bestand eines Unternehmens (Betriebseinrichtung, Werkstätten-, Büro-, Lagerräume, Mitarbeiter, Umsatzerzielung, effektive Steuerleistung etc) vgl NA 5. 4. 1979, Nm 36/72 – Scriptor – PBl 1982, 33.
[5]) OPM 28. 10. 1992, Om 11/92 – Farben Profi – PBl 1993, 164 = ÖBl 1993, 65.

ses Indiz dafür sein, dass kein entsprechendes Unternehmen besteht.[6] Das bloße Weiterbestehen der Gewerbeberechtigung, obwohl der Betrieb schon eingestellt wurde, genügte nicht, um vom Fortbestand des Unternehmens auszugehen.[7] Es genügte allerdings, dass die Waren oder Dienstleistungen aus dem Unternehmen hervorgehen „*können*"[8], insoweit waren also auch „Vorratsmarken" zulässig (zum „Gebrauchszwang" vgl Seite 501).[9] War das Unternehmen untergegangen, so lebte die Marke bei einer späteren Wiederaufnahme des Geschäftsbetriebs nicht wieder auf.[10]

Diese Regelung wurde zwar erst durch die MSchG-Nov 1977 (Seite 233) ausdrücklich in das MSchG aufgenommen. Der Grundsatz war jedoch auch schon vorher anerkannt.[11] Er galt ebenso für den originären und derivativen Erwerb der Marke wie für deren Fortbestand.[12] Die Materialien zur MSchG-Nov 1977 betonten dies im Hinblick darauf, dass durch diese Novelle die freie Übertragbarkeit von Marken eingeführt wurde; es sollte aber andererseits durch das Erfordernis eines markenfähigen Unternehmens „ein unerwünschter '*Handel*' mit Marken verhindert" werden.

Das Unternehmen konnte ein *Erzeugungs- oder Handelsunternehmen* sein.[13] Als zulässig wurde es angesehen, ein Zeichen schon dann als Marke anzumelden, wenn sich das markenberechtigte Unternehmen erst *in Gründung* befand, sofern es in der Folge tatsächlich zur Gründung kam.[14]

Beispiele:

- OPM 13. 5. 1981: Der Verein „HOCH- UND DEUTSCHMEISTER", Orchester zur Förderung österreichischer traditionsgebundener Marschmusik und zur Pflege internationaler Künstlerbeziehungen in Wien, konnte Inhaber einer Marke für „musikalische Darbietungen" sein.[15]

---

[6]) So zutreffend für den Fall einer konzessionspflichtigen Tätigkeit: NA 10. 3. 1993, Nm 27/92, PBl 1994, 125.
[7]) OPM 22. 6. 1983, Om 5/82 – Comet – PBl 1987, 123 = ÖBl 1987, 94 zu § 32 MSchG. Hingegen führte die bloße Konkurseröffnung noch nicht zum Erlöschen: NA 31. 8. 1995, Nm 93/93, PBl 1996, 166.
[8]) Dazu OPM 22. 5. 2002, Om 17/01 – SENZA PIOMBO – PBl 2002, 139 = ÖBl-LS 2002/197; zum Beispiel eines land- und forstwirtschaftlichen Betriebes: OPM 7. 4. 2001, Om 7/00 – Gut Schwarzenegg – PBl 2001, 166 mwN = ÖBl-LS 01/173 mwN.
[9]) OPM 11. 1. 1978, Om 1/77, PBl 1978, 123.
[10]) *Hohenecker/Friedl*, Wettbewerbsrecht 218.
[11]) Vgl etwa *Hohenecker/Friedl*, Wettbewerbsrecht 184 mwN.
[12]) EB zur MSchG-Nov 1977, 489 BlgNR 14. GP, 9. Nach zutreffender Ansicht sollte jedoch eine bloß vorübergehende Einstellung des Betriebs ohne Einfluss auf den Bestand der Marke sein, vgl *Hohenecker/Friedl*, Wettbewerbsrecht 185 und 218; vgl zur Abgrenzung zwischen schädlicher und unschädlicher Unterbrechung des Geschäftsbetriebs: OPM 22. 6. 1983, Om 5/82 – Comet – PBl 1987, 123 = ÖBl 1987, 94 zu § 32 MSchG, zum derivativen Erwerb: OGH 25. 4. 1995, 4 Ob 3/95 – Wirobit – ÖBl 1995, 230 = ZfRV 1995/41 = GRUR Int 1996, 1234.
[13]) Zur „Händlermarke" und insbesondere zum Erfordernis, dass die Bezeichnung nicht bloß betriebsintern verwendet wird: OPM 28. 10. 1992, Om 11/92 – Farben Profi – PBl 1993, 164 = ÖBl 1993, 65 mwN.
[14]) EB zur MSchG-Nov 1977, 489 BlgNR 14. GP, 9; OPM 28. 10. 1992, Om 11/92 – Farben Profi – PBl 1993, 164 = ÖBl 1993, 65 mwN zur älteren Rsp.
[15]) OPM 13. 5. 1981, Om 14/80 – Hoch- und Deutschmeister – GRUR Int 1982, 394.

▶ NA 10. 10. 1984: Wer Druckwerke im Selbstverlag veröffentlicht, konnte eine Marke (ua) für „Lehr- und Unterrichtsmittel (ausgenommen Apparate), insbesondere in Form von Büchern und Zeitschriften" erwerben.[16]
▶ NA 3. 6. 1987: Ein markenfähiges Unternehmen wurde auch schon für denjenigen bejaht, der die wirtschaftliche Verwertung seines Patentes durch Lizenzvergabe oder Übertragung versuchte.[17]
▶ OGH 14. 12. 1993: Auch der „Technische Überwachungsverein Wien" konnte für die von ihm erbrachten Dienstleistungen eine Marke registrieren lassen.[18]
▶ OGH 14. 12. 1993: Ebenso der Alleingesellschafter und Alleingeschäftsführer einer GmbH.[19]
▶ OPM 28. 11. 2001: Auch eine fachärztliche Praxis ist ein Unternehmen. Daher konnte ein Facharzt für Dermatologie eine Marke für „Mittel zur Körper- und Schönheitspflege erwerben.[20]

Problematisch waren insbesondere Marken von *Holdinggesellschaften*, zumal diesen in der Regel ein eigener einschlägiger Geschäftsbetrieb fehlt.[21] In der Praxis bestand aber seit langem ein erhebliches und gewichtiges Interesse an der Zulassung von „Holdingmarken". Wer als *Treuhänder* für einen anderen eine Marke erwerben wollte, musste nach hM[22] konsequenterweise auch selbst über ein „markenfähiges Unternehmen" verfügen.

Da die MarkenRL keine Vorgaben zu diesem Thema vorsieht, wurde eine Anpassung des MSchG anlässlich der MSchG-Nov 1992 nicht für erforderlich gehalten.[23] Die Judikatur[24] ging davon aus, dass die MarkenRL ein Abgehen vom Erfordernis eines Geschäftsbetriebes nicht ausdrücklich verlange und dass daher eine richtlinienkonforme Auslegung im Sinne des Entfallens eines solchen Erfordernisses mangels eines entsprechenden Auslegungsspielraums nicht möglich sei. Und so dauerte es weitere sieben Jahre, bis das altertümliche – nur aus der früher sehr engen Bindung der Marke an das Unternehmen („Die Marke klebt am Unternehmen") erklärbare – Erfordernis eines markenfähigen Unternehmens aufgegeben wurde.

---

[16] NA 10. 10. 1984, Nm 31/83 – academe – PBl 1986, 170.
[17] NA 3. 6. 1987, Nm 42/86 – Radial – PBl 1988, 149 = ÖBl 1988, 98.
[18] OGH 14. 12. 1993, 4 Ob 157/93 – TÜV I – ÖBl 1994, 85 = ecolex 1994, 183 = RdW 1994, 245.
[19] OPM 13. 5. 1998, Om 11/96, PBl 1999, 34 = ÖBl 1999, 176.
[20] OPM 28. 11. 2001, Om 7/01 – DERMACURE – PBl 2002, 97 = ÖBl-LS 2002/168.
[21] Ablehnend *Prettenhofer*, FS 75 Jahre PA, 182; für die Zulässigkeit argumentiert *Krejci*, ecolex 1990, 229; vgl zur „Konzernmarke" eingehend: *Koppensteiner*, GRUR 1972, 394.
[22] NA 23. 1. 1976, Nm 61/74 – Neue Freie Presse – PBl 1976, 153.
[23] *Pöchhacker* (Die Bedeutung der ersten Markenrichtlinie für das österreichische Markenrecht, in *Koppensteiner*, Österreichisches und europäisches Wirtschaftsprivatrecht, Teil 2: Geistiges Eigentum [1996] 109ff mwN) vertritt die Meinung, das Erfordernis eines markenfähigen Unternehmens sei nicht richtlinienkonform; aA *Koppensteiner*, Wettbewerbsrecht[3] § 38 RN 21.
[24] OGH 23. 9. 1997, 4 Ob 202/97b – XTC – ÖBl 1998, 48 = ecolex 1998, 147 (*Schanda*) = wbl 1997, 529; OGH 7. 7. 1997, 4 Ob 167/97f – Fußballverein-Logos – ÖBl 1998, 182 = ecolex 1997, 951 (*Schanda*); OGH 17. 9. 1996, 4 Ob 2206/96g – Football Association – ÖBl 1997, 83 = EvBl 1997/48 = ecolex 1997, 107 (*Kucsko*) = GRUR Int 1998, 170.

Österreichische Regelung seit der Markenrechts-Nov 1999

Auch ohne Unternehmen kann man jetzt Marken erwerben.

Dieses Erfordernis wurde analog zur Praxis vieler anderer Mitgliedstaaten der Europäischen Union nicht mehr beibehalten.[25] § 3 MSchG wurde ersatzlos aufgehoben.[26] Damit wird einerseits das schon bisher in § 11 Abs 1 MSchG festgelegte Prinzip der freien Übertragbarkeit von Marken (eingeführt durch die MSchG-Nov 1977; Seite 233) weiterentwickelt. Andererseits sollte damit auch eine Gleichstellung mit dem Gemeinschaftsmarkensystem vorgenommen werden, das die Anmeldung bzw den Erwerb einer Gemeinschaftsmarke ebenfalls nicht vom Bestand eines markenfähigen Unternehmens auf Seiten des Anmelders oder Erwerbers eines Markenrechts abhängig macht. Für die Streichung des bisherigen § 3 MSchG sprach darüber hinaus auch der Umstand, dass er im Zusammenhang mit internationalen Marken aufgrund des Art $6^{quinquies}$ Teil B PVÜ schon bisher nicht angewendet werden konnte. Prinzipiell ist sohin künftig ein freier Markenerwerb und Markenhandel möglich.[27] Damit wurde nunmehr auch das Merchandising abgesichert, bei dem der Markeninhaber (ein Fußballverein, eine Filmproduktionsfirma etc) durch Lizenzvergabe ein wertvolles Kennzeichen auch in Bereichen verwerten kann, in denen er selbst nicht als Unternehmer tätig ist.

Der Gesetzgeber hat aber andererseits durchaus auch die Sorge berücksichtigt, dass durch diese Änderung noch mehr Marken angemeldet werden könnten, die vielleicht gar nicht benötigt werden, andere aber blockiert seien. Die Materialien[28] verweisen daher auch besonders darauf, dass der *Benutzungszwang* nach § 33a MSchG nicht nur bestehen bleibt, sondern sogar noch verschärft wurde (vgl Seite 501).

Als wesentliches Argument für die Beibehaltung des Erfordernisses eines markenfähigen Unternehmens wurde bisher der Schutz vor „Markenpiraten" angeführt. Es sollte verhindert werden, dass Personen, die ersichtlich weder die Voraussetzungen noch die Absicht für einen künftigen eigenen Markengebrauch haben, Marken erwerben können. Insbesondere dann, wenn im Ausland eine Marke Bekanntheit erlangt hat und für „Insider" abzusehen ist, dass die Originalerzeugnisse des ausländischen Markeninhabers auch auf den österreichischen Markt kommen könnten, wären „Markenpiraten" verleitet, hier ein nationales Markenrecht zu erwerben, das den Marktzutritt des ausländischen Unternehmens erschweren oder verhindern

---

[25]) Auch § 7 dMarkenG sieht von dem Erfordernis eines Geschäftsbetriebs ab.
[26]) Zur Übergangsvorschrift für anhängige Verfahren vgl § 75 MSchG und den Anwendungsfall OPM 7. 4. 2001, Om 7/00 – Gut Schwarzenegg – PBl 2001, 166 mwN = ÖBl-LS 01/173.
[27]) So insgesamt die EB 1999, zitiert nach *Kucsko*, MSA MSchG (1999) Anm 1 und 2 zu § 3.
[28]) EB 1999, zitiert nach *Kucsko*, MSA MSchG (1999) Anm 2 zu § 3.

könnte.²⁹ Der ausländische Markenartikelhersteller wäre dann gezwungen, in Österreich eine andere Markenbezeichnung zu wählen oder dem österreichischen Markeninhaber die Marke abzukaufen. Dem ist jedoch entgegenzuhalten, dass Missbrauchsfälle auch durch das Erfordernis eines markenfähigen Unternehmens nicht hinreichend ausgeschlossen werden können. Vielfach wird gerade derjenige über entsprechende Insiderinformationen verfügen, der selbst in der betreffenden Branche tätig ist. Gerade dieser wird aber auch über ein markenfähiges Unternehmen verfügen. Im Übrigen kann Missbrauchsfällen auch durch eine Ausdehnung der Möglichkeiten, die Löschung von sittenwidrig erworbenen Marken zu erwirken, Rechnung getragen werden. Die Markenrechts-Nov 1999 hat daher von der Option des Art 3 Abs 2 lit d MarkenRL insofern Gebrauch gemacht, als eine bösgläubige Markenanmeldung zwar nicht als Registrierungshindernis, aber doch als Löschungsgrund im zweiseitigen Löschungsverfahren geltend gemacht werden kann (Seite 516). Es wird sich daher nunmehr verstärkt die Frage stellen, ob und in welchen Fällen man von einer rechtsmissbräuchlichen Geltendmachung des Ausschließungsrechts ausgehen muss (insbesondere bei so genannten „Spekulationsmarken", die gezielt von jemandem erworben werden, der selbst gar kein Unternehmen und keine Gebrauchsabsicht hat, außer, dass er hofft, sie bei Gelegenheit teuer verkaufen zu können). Ein geradezu klassischer Anlassfall war die offenbar nur zu Spekulationszwecken angemeldete Marke „Classe E", die Mercedes um viel Geld angeboten wurde. Der BGH bejahte hier einen Rechtsmissbrauch.³⁰

3.1.2. Rechtspersönlichkeit des Markeninhabers

Der Markeninhaber muss rechtsfähig sein (zB natürliche Person, GmbH, AG, OHG, Verein³¹).³² Daher kann eine Gesellschaft bürgerlichen Rechts als solche nicht Markeninhaber sein. Hingegen können ihre Gesellschafter, die einen gemeinsamen Geschäftsbetrieb haben, als Einzelpersonen gemeinsam die Marke innehaben.³³

Jedes Rechtssubjekt kann Markeninhaber sein.

---

²⁹) Vgl allgemein zur „Spekulationsmarke" als Begründung für § 3 MSchG 1970: *Koppensteiner*, Wettbewerbsrecht³ § 38 RN 27.
³⁰) BGH 23. 11. 2000, WRP 2001, 160 = wbl 2001, 20.
³¹) Zum Verein als Markeninhaber: OPM 28. 10. 1992 – Farben Profi – PBl 1993, 164 = ÖBl 1993, 65; OGH 14. 12. 1993, 4 Ob 157/93 – TÜV I – ÖBl 1994, 85 = ecolex 1994, 183 = RdW 1994, 245.
³²) Durch die Eröffnung eines Insolvenzverfahrens geht die Markenrechtsfähigkeit nicht verloren (OPM 25. 9. 2002, Om 10/02, PBl 2003, 20 = ÖBl-LS 2003/65, 68).
³³) Vgl dazu *Hämmerle/Wünsch* I⁴, 283; OGH 13. 6. 1995, 4 Ob 40/95 – DETOMASO – ÖBl 1996, 91 = ecolex 1995, 817; OGH 7. 3. 1995, 4 Ob 21/95 – Die Mooskirchner – ÖBl 1996, 32 = ecolex 1995, 567 = RdW 1995, 385 = wbl 1995, 297; OGH 26. 5. 1992, 4 Ob 52/92 – Tiroler Spatzen – ÖBl 1992, 102 = wbl 1992, 339 = RdW 1992, 342 = ecolex 1992, 862 = PBl 1993, 30 (Hier wird zutreffend darauf verwiesen, dass eine GesBR nicht Markeninhaber sein kann. Unzutreffend war aber nach der damaligen Rechtslage die weitere Folgerung, ein einzelner Gesellschafter einer GesBR könne wirksam Markenschutz erwerben. Gegen diese Folgerung steht nämlich,

Übrigens: Das MSchG spricht stets von „dem" Markeninhaber (zB § 11 Abs 3 oder § 17 Abs 4 MSchG). § 78 MSchG stellt allerdings klar: Die im MSchG verwendeten personenbezogenen Bezeichnungen beziehen sich auf Frauen und Männer in gleicher Weise.

3.1.3. Nationalität des Markeninhabers

Vorgaben der PVÜ: International gibt zunächst die *Pariser Verbandsübereinkunft* zum Schutz des gewerblichen Eigentums (PVÜ; Seite 244) eine wichtige Vorgabe für die Gleichstellung von Ausländern. Sie umfasst unter dem Begriff „Schutz des gewerblichen Eigentums" unter anderem auch die „Fabrik- oder Handelsmarken", die „Dienstleistungsmarken", den „Handelsnamen" und die „Herkunftsangaben oder Ursprungsbezeichnungen" (Art 1 Abs 2 PVÜ). Art 2 PVÜ normiert den Grundsatz der „*Inländerbehandlung*" für Angehörige der Verbandsländer: Die Angehörigen eines jeden der Verbandsländer genießen in allen übrigen Ländern des Verbandes in Bezug auf den Schutz des gewerblichen Eigentums die Vorteile, welche die betreffenden Gesetze den eigenen Staatsangehörigen gegenwärtig gewähren oder in Zukunft gewähren werden, und zwar unbeschadet der durch diese Übereinkunft besonders vorgesehenen Rechte. Dem gemäß haben sie den gleichen Schutz wie diese und die gleichen Rechtsbehelfe gegen jeden Eingriff in ihre Rechte, vorbehaltlich der Erfüllung der Bedingungen und Förmlichkeiten, die den eigenen Staatsangehörigen auferlegt werden (Art 2 Abs 1 PVÜ). Jedoch darf der Genuss irgendeines Rechts des gewerblichen Eigentums für die Verbandsangehörigen keinesfalls von der Bedingung abhängig gemacht werden, dass sie einen Wohnsitz oder eine Niederlassung in dem Land haben, in dem der Schutz beansprucht wird (Art 2 Abs 2 PVÜ). Ausdrücklich vorbehalten bleiben die Rechtsvorschriften jedes der Verbandsländer über das gerichtliche und das Verwaltungsverfahren und die Zuständigkeit sowie über die Wahl des Wohnsitzes oder die Bestellung eines Vertreters, die etwa nach den Gesetzen über das gewerbliche Eigentum erforderlich sind. Den Angehörigen der Verbandsländer sind die Angehörigen der dem Verband nicht angehörenden Länder gleichgestellt, die im Hoheitsgebiet eines Verbandslandes ihren Wohnsitz oder tatsächliche und nicht nur zum Schein bestehende gewerbliche oder Handelsniederlassungen haben (Art 3 PVÜ).

Österreichische Regelung: In Österreich gilt nunmehr (seit der Markenrechts-Nov 1999) generell der Grundsatz, dass auch *ausländische Anmelder* nationale Marken erwerben können. Aufgrund internationaler Abkommen war bereits bisher fast jedermann zur Anmeldung einer Marke in Österreich berechtigt. Darüber hinaus war für Angehörige aus Staaten, die von den internationalen Abkommen nicht erfasst waren, bislang eine Anmeldung nur möglich, wenn das Bestehen *materieller Ge-*

---

dass der einzelne Gesellschafter selbst über kein Unternehmen verfügt. Dieses steht vielmehr allen Gesellschaftern gemeinsam zu. Sie konnten demnach nach der damaligen Rechtslage auch nur gemeinsam Markeninhaber sein.); OPM 14. 9. 1988, Om 16/86 – Aktion Kinderhilfe – PBl 1989, 95 = ÖBl 1989, 73.

genseitigkeit nachgewiesen und durch Kundmachung im BGBl festgestellt wurde.[34] Hinsichtlich des Kreises der zum Erwerb von eingetragenen Marken zuzulassenden Ausländer ist die Markenrechts-Nov 1999 erfreulicherweise dem Beispiel des reformierten deutschen Markenrechts gefolgt, dessen Erwägungen zum Entfall der Gegenseitigkeitsprüfung auch für Österreich uneingeschränkt gelten können. Die Markenrechts-Nov 1999 hat das Erfordernis des Nachweises der Gegenseitigkeit beseitigt. Diese Neuregelung war schon deshalb gerechtfertigt, weil ohnehin bereits aufgrund der PVÜ, des TRIPS-Abk bzw bilateraler Verträge eine nahezu globale Vernetzung mit Gegenseitigkeitsanerkennung bestand. In § 7 dMarkenG wurde das Erfordernis der Gegenseitigkeit aus gerade diesen Erwägungen nicht mehr aufgenommen. Aus „verwaltungsökonomischen Gründen" verzichtete man daher mit der Markenrechts-Nov 1999 auf die mitunter sehr aufwendige Feststellung der materiellen Gegenseitigkeit hinsichtlich der wenigen bisher nicht erfassten Staaten. Der bisherige § 60 MSchG und damit auch die Grundlage für die bisherigen Gegenseitigkeitskundmachungen wurden aufgehoben.[35]

Anders als bei IR-Marken (Seite 622) war es schon bisher nicht erforderlich, dass das betreffende Unternehmen über eine entsprechende Marke im Ursprungsland verfügt (also kein Grundsatz der *„Akzessorietät"*; Seite 627).[36]

3.2. Verbandsmarke

Für die *„Verbandsmarke"* ist charakteristisch, dass der Verband als Markeninhaber nicht selbst über ein einschlägiges Unternehmen verfügt und auch gar nicht beabsichtigt, die Marke selbst zu verwenden. Er will diese Marke nur erwerben, um sie seinen Mitgliedern, die entsprechende Unternehmen haben, zur Benutzung zur Verfügung zu stellen. Daraus ergeben sich gewisse Besonderheiten im Anmeldeverfahren, bei der Übertragbarkeit, bei den Löschungstatbeständen etc. Das Recht der Verbandsmarken wird daher in einem gesonderten Kapitel dargestellt (Seite 540).

3.3. Nennung als Markeninhaber

Anders als das Geschmacksmusterrecht (Seite 748), das Patentrecht (Seite 860) und das Urheberrecht (Seite 1198) sieht das Markenrecht keine Regelung zum

---

[34]) EB 1999, zitiert nach *Kucsko*, MSA MSchG (1999) Anm 1 vor § 60.
[35]) Mit dem Außerkrafttreten des § 60 MSchG sind gemäß Art II Markenrechts-Nov 1999 die Gegenseitigkeitskundmachungen gegenüber Malaya BGBl 1956/79, dem Iran BGBl 1958/259, Korea BGBl 1960/183, Thailand BGBl 1960/203, Peru BGBl 1961/122, Bahama-Inseln BGBl 1961/149, Kenya BGBl 1961/151, Venezuela BGBl 1961/230, den Philippinen BGBl 1962/277, Jamaika, BGBl 1964/62, Indien BGBl 1964/230, Chile BGBl 1964/238, Panama BGBl 1965/16, Hongkong BGBl 1970/271, Singapur BGBl 1971/50, Kolumbien BGBl 1975/542, Bermuda BGBl 1978/568, Afghanistan BGBl 1979/15, den Cayman-Inseln BGBl 1981/74, Taiwan BGBl 1982/476, Bahrain BGBl 1983/301, Saudi-Arabien BGBl 1988/58, Liberia BGBl 1991/455 und den Vereinigten Arabischen Emiraten BGBl 1995/108 außer Kraft getreten.
[36]) Zur stufenweisen Abschaffung des Akzessoritätsprinzips bei Marken ausländischer Unternehmen: *Friedl/Schönherr/Thaler*, Patent- und Markenrecht, Anm 1 zu § 60 MSchG.

Schutz der ideellen Interessen des *Schöpfers* einer Marke vor. Er hat daher *keinen Anspruch* darauf, im *Markenregister* genannt zu werden. Auch ein gesetzlicher Anspruch auf *Nennung auf dem Erzeugnis* selbst (zB in Form einer Signatur etc) ist nicht vorgesehen.

Der *Markeninhaber* ist zwar im Markenregister eingetragen, er muss aber bei der Markenverwendung nicht genannt werden. Ein *Schutzvermerk* ist nicht erforderlich. Art 5 D PVÜ schreibt diesen Grundsatz zwingend vor: „Für die Anerkennung des Rechts ist die Anbringung eines Zeichens oder Vermerks über ... die Eintragung der Fabrik- oder Handelsmarke ... auf dem Erzeugnis nicht erforderlich". Trotzdem ist es insbesondere bei international bedeutenden Marken üblich geworden, einen solchen Hinweis anzubringen, um den angesprochenen Verkehrskreisen bewusst zu machen, dass das betreffende Zeichen eine registrierte Marke ist. Andernfalls läuft der Markeninhaber nämlich Gefahr, dass die Marke in ihrer Unterscheidungskraft geschwächt und zur bloßen Gattungsbezeichnung wird (zum entsprechenden Löschungstatbestand vgl Seite 512). Bei diesen Hinweisen werden häufig die Abkürzungen ® (für „registered") oder ™ (für „Trademark") verwendet.

Übrigens ist in diesem Zusammenhang auch das Zusammenspiel mit den lauterkeitsrechtlichen Regelungen interessant. Die Verwendung des ®-Zeichens kann nämlich durchaus *irreführend* und daher wettbewerbswidrig nach § 2 UWG sein:

Beispiele:

▸ OGH 11. 1. 1994: Im Fall „Art Déco" war das ®-Zeichen bei einer Wort-Bild-Marke ausgerechnet beim Wortteil „Art Déco" angebracht. Dies ist bekanntlich die Bezeichnung einer Stilrichtung der 20er und 30er Jahre, also sicher nicht als Markenwort monopolisierbar. Das einzig unterscheidungskräftige an dieser Marke war daher die bildliche Gestaltung im Art Déco-Stil. Das ®-Zeichen wurde daher vom OGH hier als irreführender Hinweis auf einen angeblichen Markenschutz für das bloß beschreibende Wort Art Déco beurteilt. Richtigerweise hätte der Beklagte das ®-Zeichen beim Bildbestandteil anbringen müssen. Übrigens hatte der Fall noch eine besondere Facette: Der Beklagte konnte sich nämlich darauf berufen, dass die Marke in dieser Form (also samt ®-Zeichen) als Marke registriert war. Das Patentamt hat Markenanmeldungen auch auf Irreführungseignung zu prüfen. Im vorliegenden Fall wurde offenbar kein Registrierungshindernis der Irreführungseignung angenommen und daher die Marke in dieser Form registriert. Kann man dem Markeninhaber daher untersagen, die Marke in genau der registrierten Form zu verwenden? Die Antwort des OGH war einfach. Es besteht keine Bindung des Zivilgerichts an die Beurteilung des

Patentamts im Eintragungsverfahren. Die Irreführungseignung einer registrierten Marke ist daher selbständig zu prüfen und im vorliegenden Fall eben zu bejahen.[37]

- OGH 8. 3. 1994, gegenteilig wurde in diesem Fall entschieden: Der Beklagte hatte zwei Wort-Bild-Marken registriert. Beide enthielten das Wort CRYSTAL. In einem Werbeinserat verwendete er nicht eine der beiden Marken in unveränderter Form, sondern nur das Markenwort CRYSTAL in der charakteristischen graphischen Gestaltung. Dazu setzte er das ®-Zeichen. Er wurde von einem Mitbewerber wegen Irreführung in Anspruch genommen. Das ® deute an, dass das damit markierte Zeichen in dieser Form als Marke geschützt sei. Dies treffe hier nicht zu. Der OGH beurteilte diese objektiv bestehende Unrichtigkeit wettbewerbsrechtlich als relevante Irreführung. Entscheidend dafür war die Feststellung des Höchstgerichts, dass an den beiden registrierten Marken gerade das Wort „Crystal" unterscheidungskräftig und daher geschützt sei (hingegen wurden die anderen Markenteile „GLIDE" und „Ski Service" im gegebenen Zusammenhang als rein beschreibend und daher nicht geschützt beurteilt). Das Anbringen des ®-Zeichens beim bloßen Wort „CRYSTAL" war daher nicht zu beanstanden.[38]

---

[37]) OGH 11. 1. 1994, 4 Ob 158/93 – ART-DECO – ÖBl 1994, 77. Zur Zulässigkeit der Kennzeichnung mit dem ®-Zeichen, wenn die Marke in einem anderen Mitgliedstaat eingetragen ist: EuGH 13. 12. 1990, Rs C-238/89 – Pall/Dahlhausen – GRUR Int 1991, 215.

[38]) OGH 8. 3. 1994, 4 Ob 12/94 – CRYSTAL – ÖBl 1994, 115 = PBl 1995, 130.

Der Wert der Marke

Marken sind heute enorme immaterielle Vermögenswerte der Unternehmen. Immer häufiger werden über Lizenzverträge bereits etablierte Marken in neue Produktbereiche transferiert. Die Ansprüche an eine professionelle Markenführung sind höher denn je, denn nur starke Marken werden gegen Angriffe der Handelsmarken und der Billigmarken aus den Schwellenländern bestehen. Zeit also für eine valide monetäre Bewertung von Marken und ein regelmäßiges Markenmonitoring als Steuerungsinstrument im Wettbewerb.

Warum und zu welchem Zweck werden Marken bewertet?

Die Bewertungsmotive können grundsätzlich in zwei Bereiche geteilt werden, nämlich in Motive des Marketing und in Beweggründe der Geschäftsführung.

Markenwertmessung für das Marketing

Bestimmung von Markenerfolgsfaktoren: Auf welchen Stützen basiert der bisherige Erfolg der Marke? Woraus besteht aus Sicht des Konsumenten der Kern der Marke? Auf welche Weise wird die Marke erfolgreich vom Wettbewerb differenziert? So oder ähnlich lauten wichtige Fragestellungen zur Bestimmung von Markenerfolgsfaktoren.

Markenwertmessung für die Unternehmensführung

Für die Unternehmensführung ist eine monetäre Bewertung der Marke hauptsächlich in Zusammenhang mit dem Kauf oder Verkauf von Marken bzw markenführenden Unternehmen interessant. Zusätzlich dient diese Bewertung auch als Basis für Markenlizenzierungen oder Schadenersatzforderungen.

Kauf und Verkauf von Marken bzw markenführenden Unternehmen

Die bei Unternehmensverkäufen erzielten Preise überstiegen häufig in der Vergangenheit das in der Bilanz ausgewiesene Nettovermögen bei weitem. Der von Philip Morris im Jahre 1988 für Kraft bezahlte Kaufpreis von DM 22,4 Mrd betrug das Vierfache des Nettovermögens von Kraft (*Sander*). Für die Übernahme von Jakobs-Suchard, ebenfalls durch Philip Morris, von BOSS durch Leyton House, von adidas durch Bernard Tapié oder von Rover durch BMW gilt Ähnliches.

Bilanzierung von Marken

Markenrechte dürfen in Deutschland und Österreich nur dann bilanziell erfasst werden, wenn sie entgeltlich von Dritten erworben wurden, und zwar genau zu diesem Preis (zuzüglich der Transaktionskosten). Anschließend sind sie nach Handelsrecht ehestmöglich auf Null abzuschreiben. Selbstgeschaffene Marken dürfen überhaupt nicht bilanziert werden. Im Zuge der internationalen Harmonisierung von Rechnungslegungsvorschriften wird hier jedoch aufgrund der Dominanz der angelsächsischen Länder in den meinungsführenden Gremien wahrscheinlich schon bald eine Änderung dahingehend eintreten, dass Markenwerte als bilanzierungsfähig erachtet werden.

Lizenzierung von Marken

Für die Festlegung von Lizenzgebühren bei Markenlizenzierungen (zB im Zusammenhang mit Markenerweiterungen [Brand Extensions] wie Coca-Cola-Bekleidung oder Adidas-Parfum) ist die Ermittlung des Markenwertes notwendig. Kann man die Zahlungsbereitschaft des Kunden in einem Gegenwert für das physische Produkt und einen Aufpreis zerlegen, den der Konsument für die Marke zu zahlen bereit ist, so lässt sich die Aufteilung der Einnahmen zwischen Lizenzgeber und -nehmer auf eine objektive Basis stellen.

Festlegung von Schadenersatzforderungen bei Markenmissbrauch

Bei missbräuchlicher Nutzung geschützter Marken (zB durch Markenpiraterie) kann der geschädigte Markeninhaber auf Schadenersatz klagen. Auch hier bietet die Berechnung des auf die Marke zurückzuführenden Gewinns des Markenpiraten bzw des durch die Markenschädigung eingetretenen Markenwertverlusts des Markeninhabers einen Ansatzpunkt zur Schadensbemessung.

Die monetäre Bewertung von Marken

Wenngleich der tatsächliche Verkaufswert einer Marke sich aus Verhandlungen zwischen Anbietern und Nachfragern ergeben wird, kann man mit Hilfe neuester Erkenntnisse aus der Kaufverhaltensforschung eine objektive, wissenschaftlich fundierte Grundlage dafür liefern. Gleiches gilt für Markenbilanzierungen, Lizenzierungen und Schadenersatzforderungen. Wie ist die Vorgangsweise bei der Ermittlung des Verkaufswertes einer Marke?

Markenwert als Summe der diskontierten Markengewinne

Um den Wert einer Marke im Hinblick auf den Verkauf bzw Kauf der Markenrechte festzustellen, ist zu bestimmen, welche Gewinne in Zukunft voraussichtlich durch die Marke erwirtschaftet werden. Der Markenwert ergibt sich also als die Summe der diskontierten Gewinne, *die auf die Marke zurückzuführen sind.*

Die Ermittlung dieser diskontierten Markengewinne und vor allem die Trennung der auf die Marke zurückzuführenden Gewinne von jenen Gewinnen, die auf das physische Produkt selbst zurückzuführen sind, ist seit vielen Jahren ein Forschungsschwerpunkt des *Institutes für Werbewissenschaft und Marktforschung* an der *Wirtschaftsuniversität Wien.*

Mehr dazu finden Sie in der Fachzeitschrift „transfer – Werbeforschung und Praxis", die viermal jährlich erscheint. Diese Publikation erhalten Sie auf Anfrage bei der WWG, Augasse 2-6, 1090 Wien, T: (01) 313 36/4617 DW, F: (01) 317 66 99, E: wwg@wu-wien.ac.at.

▸ o.Univ.-Prof. Dkfm. Dr. Günther SCHWEIGER (Seite 334)

4. INSTITUTIONEN

Überblick:

> Für Markenangelegenheiten (insbesondere Registrierungen und Löschungsverfahren) ist grundsätzlich das *Patentamt* zuständig.

> Als zweite Instanz entscheidet über Rechtsmittel gegen Entscheidungen der Nichtigkeitsabteilung im Löschungsverfahren der *Oberste Patent- und Markensenat*.

> Für Verletzungsverfahren sind die *Landesgerichte* zuständig.

Das Markenwesen ist in Gesetzgebung und Vollziehung *Bundessache* (Art 10 Abs 1 Z 8 B-VG). Gemäß Art 102 Abs 2 B-VG können Angelegenheiten des Markenschutzes unmittelbar von Bundesbehörden versehen werden. Zur Vollziehung sind berufen:

4.1. Patentamt (PA)

Literaturhinweise: vgl Seite 863.

Vorgaben der PVÜ: Jedes der Verbandsländer verpflichtet sich, ein besonderes Amt für gewerbliches Eigentum und eine Zentralhinterlegungsstelle einzurichten, um die Fabrik- oder Handelsmarken der Öffentlichkeit zur Kenntnis zu bringen (Art 12 Abs 1 PVÜ).

Österreichische Regelung: Grundsätzlich ist in Markenangelegenheiten das Österreichische Patentamt zuständig (§ 35 MSchG). Die §§ 58 bis 61 PatG (Sitz und Zusammensetzung des PA; Einrichtungen des PA) sind sinngemäß anzuwenden (§ 35 Abs 2 MSchG; Seite 863).

Die *verfahrensrechtlichen Regelungen* (§§ 35 ff MSchG) entsprechen weitgehend den patentrechtlichen Bestimmungen (Seite 868). Zum *Ausschluss* von Mitgliedern des PA und des OPM vgl § 41 Abs 1 MSchG iVm § 76 Abs 1 PatG. Zum Recht auf *Akteneinsicht*, Auskunft, amtliche Bestätigungen und (beglaubigte) Kopien vgl § 50 MSchG. Im Übrigen verweist das MSchG durchwegs lediglich auf die *sinngemäß anzuwendenden Bestimmungen des PatG* (§ 42 Abs 1 MSchG): Auf das Verfahren sind die §§ 52 bis 56 PatG (über Fristen), § 57b PatG (über Service- und Informationsleistungen des PA), § 58a PatG (Teilrechtsfähigkeit des PA), § 58b PatG (Gebarung), § 64 PatG (Entscheidungen des PA), §§ 66 bis 73 PatG (Zusammensetzung der Senate, Amtskleid, Geschäftsgang, Beschwerden)[1], § 79 PatG (Patentblatt), §§ 82 bis 86 PatG (Ordnungs- und Mutwillensstrafen; Zustellung), §§ 112 bis 126 PatG (Nichtigerklärungsverfahren), § 127 Abs 1, 2, 4 und 5 PatG sowie § 128 erster Satz PatG (Wiederaufnahme des Verfahrens), §§ 129 bis 133

---

[1] Zur Beurteilung von „Anbringen" nach dem Inhalt und nicht nach der „zufälligen verbalen Form": VwGH 22. 3. 2000, Zl 99/04/0203 – Princess-Madaillons – ZfVB 2001/1359.

Abs 2 PatG, §§ 134, 135 PatG (Wiedereinsetzung)[2], § 137 bis 145 PatG (Vollstreckung; Berufung; Verfahren vor dem OPM), § 165 PatG (Auskunftsanspruch), § 169 PatG (Gebühreneinzahlung) sowie § 172a Abs 1 PatG (Änderung des Gebührenausmaßes) sinngemäß anzuwenden; die im § 132 Abs 1 lit b PatG vorgesehene Verfahrensgebühr entspricht der Anmeldegebühr (§ 42 Abs 1 MSchG).

Vertreterregelung: Wer als Vertreter vor dem Patentamt oder vor dem OPM einschreitet, muss seinen Wohnsitz im Inland haben; für Rechtsanwälte, Patentanwälte und Notare gelten allerdings die berufsrechtlichen Vorschriften. Der Vertreter hat seine Bevollmächtigung durch eine *schriftliche Vollmacht* darzutun, die in Urschrift oder in ordnungsgemäß beglaubigter Abschrift vorzulegen ist. Sind mehrere Personen bevollmächtigt, so ist auch jeder Einzelne allein zur Vertretung befugt (§ 61 Abs 1 MSchG). Schreitet ein Rechtsanwalt, Patentanwalt oder Notar ein, so ersetzt die *Berufung auf* die ihm erteilte *Bevollmächtigung* deren urkundlichen Nachweis (§ 61 Abs 2 MSchG). Schreitet ein Vertreter *ohne Vollmacht* ein oder, im Fall des § 61 Abs 2 MSchG, ohne sich auf die ihm erteilte Bevollmächtigung zu berufen, so ist die von ihm vorgenommene Verfahrenshandlung nur unter der Bedingung wirksam, dass er innerhalb der ihm gesetzten angemessenen Frist eine ordnungsgemäße Vollmacht vorlegt oder sich auf die ihm erteilte Bevollmächtigung beruft (§ 61 Abs 3 MSchG). Wer *im Inland weder Wohnsitz noch Niederlassung* hat, kann Rechte aus dem MSchG vor dem Patentamt nur geltend machen, wenn er einen Vertreter hat, der die Erfordernisse des § 61 Abs 1 MSchG erfüllt. Vor der BA und vor der NA sowie vor dem OPM kann er diese Rechte nur geltend machen, wenn er durch einen Rechtsanwalt, Patentanwalt oder Notar vertreten ist. Sofern sich Wohnsitz oder Niederlassung im EWR befinden, genügt jedoch für die Geltendmachung von Rechten aus dem MSchG die Bestellung eines im Inland wohnhaften Zustellungsbevollmächtigten. Für die Inanspruchnahme von Service- und Informationsleistungen des PA ist weder die Bestellung eines Vertreters noch eines Zustellungsbevollmächtigten erforderlich (§ 61 Abs 4 MSchG; vgl § 21 Abs 4 PatG). Die einem Rechtsanwalt, Patentanwalt oder Notar zur Vertretung vor dem PA erteilte Bevollmächtigung ermächtigt ihn kraft Gesetzes, alle Rechte aus dem MSchG vor dem PA und vor dem OPM geltend zu machen, insbesondere Marken anzumelden, Anmeldungen zurückzuziehen, auf Markenrechte zu verzichten, von der Nichtigkeitsabteilung (NA) zu behandelnde Anträge sowie Rechtsmittel einzubringen und zurückzuziehen, ferner Vergleiche zu schließen, Zustellungen aller Art sowie amtliche Gebühren und die vom Gegner zu erstattenden Verfahrens- und Vertretungskosten anzunehmen sowie einen Stellvertreter zu bestellen (§ 61 Abs 5 MSchG). Die Bevollmächtigung gemäß § 61 Abs 5 MSchG kann auf

---

[2]) Zur Behauptungs- und Bescheinigungslast des Wiedereinsetzungswerbers: OPM 11. 10. 2000, Om 4, 5/00 – MANPOWER ARBEIT NACH MASS – PBl 2000, 187 = ÖBl-LS 01/60; zur Wiedereinsetzung bei minderem Grad des Versehens: OPM 25. 9. 2002, Om 12/02 – PRESIDENT – PBl 2003, 74; OPM 24. 11. 1993, Om 8/93, PBl 1994, 171; OPM 28. 11. 1988, Om 4/88 – Sprint – PBl 1990, 155 = ÖBl 1990, 198. Die Bewilligung der Wiedereinsetzung ist im Österreichischen Markenanzeiger zu verlautbaren, wenn dadurch das Markenrecht wiederhergestellt wird (§ 42 Abs 2 MSchG).

ein bestimmtes Schutzrecht und auf die Vertretung in einem bestimmten Verfahren beschränkt werden. Sie wird jedoch weder durch den Tod des Vollmachtgebers noch durch eine Veränderung in seiner Handlungsfähigkeit aufgehoben (§ 61 Abs 6 MSchG). Soll ein Vertreter, der nicht Rechtsanwalt, Patentanwalt oder Notar ist, auch ermächtigt sein, auf eine Marke ganz oder zum Teil zu verzichten, so muss er hiezu ausdrücklich bevollmächtigt sein (§ 61 Abs 7 MSchG). Eine spezielle Regelung zum Verbot der *Winkelschreiberei* in Markenangelegenheiten enthält § 71 MSchG.

Die *Gebühren* für vom PA angefertigte Kopien aus Akten und die Bestätigung ihrer Übereinstimmung mit dem Original betragen für jede kopierte Seite 2,-- EUR, für die Bestätigung der Übereinstimmung durch die Partei angefertigter Kopien mit dem Original für jede kopierte Seite 4,-- EUR, für vom Patentamt angefertigte und bestätigte Auszüge aus dem Markenregister für jede Marke 4,-- EUR, für eine Bestätigung über die Registrierung einer Marke 4,-- EUR (§ 20 Abs 1 Z 2, 3, 10 und 11 PGMMV). Eine *Verordnungsermächtigung* für *Druckkostenbeiträge* sowie *besondere Gebühren* für amtliche Ausfertigungen, Veröffentlichungen, Bestätigungen und Beglaubigungen sowie für Registerauszüge findet sich in § 72 MSchG (bis zur Markenrechts-Nov 1999 war diese Verordnungsermächtigung in § 70 MSchG geregelt; vgl dazu die Bestimmungen der PGMMV).

4.1.1. Rechtsabteilung (RA)

Der *„Rechtsabteilung"* (RA)[3] obliegt die Beschlussfassung in allen Angelegenheiten des Markenschutzes sowie des Schutzes der geographischen Angaben und Ursprungsbezeichnungen (Seite 552), soweit sie nicht dem Präsidenten, der Beschwerdeabteilung oder der Nichtigkeitsabteilung vorbehalten sind (§ 35 Abs 1 MSchG). Demnach ist die RA insbesondere im *Anmeldeverfahren* (Registrierung und Veröffentlichung von Marken, Zurückweisung von Anmeldungen etc) sowie in *nichtstreitigen Markenangelegenheiten* (zB Übertragung von Marken) zuständig. Sie entscheidet durch ein einzelnes rechtskundiges Mitglied.

Zur Entlastung werden gewisse Agenden von *„ermächtigten Bediensteten"* besorgt (vgl § 35 Abs 3 MSchG), gegen deren Beschlüsse binnen einem Monat eine begründete Vorstellung an das zuständige Mitglied der RA erhoben werden kann (§ 35 Abs 4 MSchG). Im Einzelnen sind diese Angelegenheiten durch Verordnung des Präsidenten des PA zu bezeichnen (vgl die §§ 19 bis 26 PAV).

4.1.2. Beschwerdeabteilung (BA)

Gegen Beschlüsse der RA kann eine Beschwerde an die *Beschwerdeabteilung* (BA) erhoben werden (§ 36 MSchG). Die Beschwerde ist binnen *zwei Monaten* nach der Zustellung des Beschlusses beim PA einzubringen und spätestens inner-

---

[3] „Rechtsabteilung B" und „Rechtsabteilung C", vgl PBl 2003, 5.

halb eines Monats nach Ablauf dieser Frist zu begründen (§ 42 Abs 1 MSchG iVm § 71 Abs 1 PatG; Seite 872).

Die BA entscheidet durch *drei Mitglieder*, von denen eines den Vorsitz führt; der Vorsitzende und ein weiteres Mitglied müssen rechtskundig sein (§ 38 Abs 1 MSchG). Vorbereitende Verfügungen des Referenten und Zwischenentscheidungen können nicht durch ein abgesondertes Rechtsmittel angefochten werden, doch kann ihre Abänderung bei der betreffenden Abteilung beantragt werden (§ 38 Abs 2 MSchG).[4] Die BA geht bei ihrer Entscheidung grundsätzlich von der Sach- und Rechtslage bei Fassung des erstinstanzlichen Beschlusses aus und kann auch aus anderen Gründen als den in der Beschwerde vorgebrachten Gründen entscheiden; die BA hat daher auch einer unzutreffend begründeten Beschwerde Folge zu geben, wenn dies aus anderen Gründen berechtigt ist.[5] Eine Zurückverweisung an die erste Instanz kommt nur bei entscheidungswesentlichen Verfahrensmängeln in Betracht.[6]

Für die Beschwerde ist eine *Gebühr* von 65,-- EUR für jede angemeldete oder registrierte Marke, deretwegen Beschwerde erhoben wird, zu zahlen (§ 40 Abs 1 MSchG). Die Beschwerdegebühr ist zurückzuerstatten, wenn die Beschwerde im Wesentlichen Erfolg hat und das Verfahren ohne Gegenpartei durchgeführt worden ist (§ 40 Abs 2 MSchG).

Gegen die Entscheidung der BA ist kein ordentliches Rechtsmittel zulässig (§ 36 MSchG). Offen steht aber die Beschwerde an den VwGH oder VfGH.

4.1.3. Nichtigkeitsabteilung (NA)

Die *Nichtigkeitsabteilung* (NA) ist für streitige Markenverfahren zuständig (§ 37 MSchG):

- Anträge auf *Löschung* einer registrierten Marke (§§ 30 bis 34 und § 66 MSchG; Seite 476),
- Anträge auf *Übertragung* (§ 30a MSchG; Seite 498),
- Anträge auf nachträgliche Feststellung der *Ungültigkeit* einer Marke (§ 69a MSchG; Seite 595).

Die NA entscheidet durch *drei Mitglieder*, von denen eines den Vorsitz führt; der Vorsitzende und ein weiteres Mitglied müssen rechtskundig sein (§ 38 Abs 1 MSchG). Vorbereitende Verfügungen des Referenten und Zwischenentscheidungen können nicht durch ein abgesondertes Rechtsmittel angefochten werden, doch kann ihre Abänderung bei der betreffenden Abteilung beantragt werden (§ 38 Abs 2 MSchG). Die NA ist kein Gericht; für sie gilt daher auch nicht der Grundsatz der festen Geschäftsverteilung (Art 87 Abs 3 B-VG). Es genügt, wenn in einer Instanz ein Gericht entscheidet; vorgelagerte Verwaltungsverfahren sind zulässig.

---

[4]) Vgl dazu NA 17. 3. 1980, Nm 91/76 – Bellaflora – ÖBl 1981, 7 (*Schönherr*).
[5]) BA 28. 7. 1988, Bm 3/88 – LEMON SPARKLING – PBl 1989, 182 = ÖBl 1989, 162.
[6]) BA 24. 2. 1988, Bm 9 und 10/87 – Zwischendurchwäsche – PBl 1988, 201 = ÖBl 1989, 11.

Da die Entscheidungen der NA der Überprüfung durch den OPM unterliegen, und dieser als „Gericht" im Sinne des Art 6 Abs 1 EMRK zu beurteilen ist, war diese Konstruktion nicht zu beanstanden.[7]

Für jeden vor der NA zu verhandelnden Antrag ist eine *Gebühr* von 210,-- EUR für jede Marke, auf die sich der Antrag bezieht, zu zahlen (§ 40 Abs 1 MSchG). Die Gebühr für die vor der NA zu verhandelnden Anträge ist zur Hälfte zurückzuerstatten, wenn der vor der NA zu verhandelnde Antrag zurückgewiesen oder das Verfahren eingestellt wird, ohne dass es zur mündlichen Verhandlung gekommen ist (§ 40 Abs 2 MSchG). Von der NA geht der Instanzenzug an den OPM.

4.2. Oberster Patent- und Markensenat (OPM)[8]

Gegen die Endentscheidungen der NA steht die Berufung an den Obersten Patent- und Markensenat (OPM) als oberste Instanz offen; § 74 PatG findet Anwendung (§ 39 Abs 1 MSchG). Der OPM tagt zwar im Justizpalast, A-1016 Wien, Schmerlingplatz 10–11, die Kanzlei wird jedoch im PA geführt. Der OPM verhandelt und entscheidet unter dem Vorsitz des Präsidenten (bzw Vizepräsidenten) in aus *fünf Mitgliedern* bestehenden Senaten, die aus dem Vorsitzenden, drei rechtskundigen Mitgliedern (§ 74 Abs 3 PatG) und einem fachtechnischen Mitglied (§ 74 Abs 4 PatG) bestehen (§ 39 Abs 2 MSchG). Die Senate sind vom Vorsitzenden derart zusammenzusetzen, dass ihnen ein rechtskundiger Beamter der Verwendungsgruppe A und mindestens ein Richter angehören. Der rechtskundige Beamte ist Referent, der Vorsitzende kann nötigenfalls weitere Senatsmitglieder zu Mitreferenten bestellen; § 75 Abs 2 PatG ist anzuwenden (§ 39 Abs 2 MSchG).

Die *Berufung* ist binnen zwei Monaten nach Zustellung der Entscheidung beim PA schriftlich einzubringen. Sie muss einen begründeten Berufungsantrag enthalten (§ 42 Abs 1 MSchG iVm § 138 Abs 3 PatG; Seite 949). Das Fehlen eines begründeten Berufungsantrags ist kein verbesserungsfähiger Formalmangel.[9]

Für die Berufung ist eine *Gebühr* von 319,-- EUR für jede Marke, auf die sich der Antrag (die Berufung) bezieht, zu zahlen (§ 40 Abs 1 MSchG). Die Gebühr für die Berufung ist zur Hälfte zurückzuerstatten, wenn die Berufung zurückgewiesen oder das Verfahren eingestellt wird, ohne dass es zur mündlichen Verhandlung gekommen ist (§ 40 Abs 2 MSchG).

Gegen Entscheidungen des OPM ist die Beschwerde an den VwGH ausgeschlossen (§ 39 Abs 1 MSchG iVm § 74 Abs 9 PatG; Seite 881); die Entscheidung kann aber beim VfGH gemäß Art 144 Abs 1 B-VG angefochten werden.[10]

---

[7]) OPM 13. 5. 1998, Om 11/96, PBl 1999, 34 = ÖBl 1999, 176.
[8]) Siehe dazu *Zimbler*, Das Berufungsverfahren in Patent- und Markenstreitsachen, JBl 1936, 248; *Sabaditsch*, Oberster Patent- und Markensenat und Verfassungsgerichtshof, PBl 1974, 124; *Gamerith*, Der Oberste Patent- und Markensenat, eine Höchstinstanz in Konkurrenz zum OGH? ÖBl 1999, 111.
[9]) OPM 25. 10. 1998, Om 4/98 – SECRET PLEASURE – PBl 1999, 159 = ÖBl 2000, 16.
[10]) VfGH 26. 2. 2001, B 1177/00, PBl 2001, 131 (Anfechtung einer Kostenentscheidung) = ÖBl 2003, 153.

4.3. Gerichte

Ihnen obliegt die Entscheidung im Verletzungsverfahren (Seite 520). Die Zuständigkeit für das erstinstanzliche Verfahren ist – anders als im Muster-, Patent-, Gebrauchsmuster- und Halbleiterschutzrecht – nicht für ganz Österreich bei zwei Gerichten konzentriert; eine Regelung, die wegen der Schwierigkeit dieser Materie und der dadurch notwendigen Spezialkenntnisse zu begrüßen wäre. Für Klagen und einstweilige Verfügungen sind ohne Rücksicht auf den Streitwert die Handelsgerichte zuständig (§ 68j Abs 1 MSchG; vgl auch § 51 Abs 2 Z 9 JN). Die Gerichtsbarkeit in Strafsachen nach dem MSchG obliegt dem Einzelrichter des Gerichtshofs erster Instanz (§ 68j Abs 2 MSchG).

Da sich in der Praxis, insbesondere im Zusammenhang mit Streitigkeiten zwischen Inhabern internationaler Marken, die Notwendigkeit einer § 83c JN ergänzenden Regelung betreffend einen inländischen Gerichtsstand ergeben hat, wurde mit der Markenrechts-Nov 1999 nach dem bewährten Vorbild des § 21 Abs 5 PatG eine spezielle Zuständigkeitsnorm eingefügt:[11] Gemäß § 61a MSchG gilt ergänzend zu § 83c JN der Ort, an dem

- der *Vertreter* seinen inländischen Wohnsitz oder seine inländische Niederlassung hat, oder
- der *Zustellungsbevollmächtigte* seinen inländischen Wohnsitz hat, oder
- in Ermangelung eines Vertreters mit inländischem Wohnsitz oder inländischer Niederlassung oder eines Zustellungsbevollmächtigten mit inländischem Wohnsitz der Ort, an dem das *Patentamt* seinen Sitz hat,

für die die Marke betreffenden Angelegenheiten als Wohnsitz oder Niederlassung eines Markeninhabers, der im Inland weder Wohnsitz noch Niederlassung hat.

Neue Zuständigkeitsfragen haben sich im Zusammenhang mit dem Markengebrauch im *Internet* ergeben. Nach § 27a JN besteht *inländische Gerichtsbarkeit,* wenn für eine bürgerliche Rechtssache die Voraussetzungen für die örtliche Zuständigkeit eines Gerichts gegeben sind. In der BOSS-Zigaretten I-Entscheidung hatte der OGH bereits das EuGVÜ anzuwenden: Hat der Beklagte seinen Sitz in einem Vertragsstaat des EuGVÜ, so ist die Zuständigkeit nach diesem Übereinkommen zu beurteilen. Nach Art 5 Z 3 EuGVÜ kann eine Person, die ihren Wohnsitz im Hoheitsgebiet eines Vertragsstaats hat, in einem anderen Vertragsstaat geklagt werden, wenn eine unerlaubte Handlung oder eine Handlung, die einer unerlaubten Handlung gleichgestellt ist, oder wenn Ansprüche aus einer solchen Handlung den Gegenstand des Verfahrens bilden. Dazu gehören auch Ansprüche aus der Verletzung von Immaterialgüterrechten. Örtlich zuständig ist dann das „Gericht

---

[11]) EB 1999, zitiert nach *Kucsko*, MSA MSchG (1999) Anm 1 zu § 61a. Zum Gerichtsstand für Ansprüche eines Ausländers aus einer in Österreich geschützten Marke wegen einer durch einen Ausländer im Ausland begangenen Eingriffshandlung, die sich auf den österreichischen Markt auswirkt: OGH 9. 5. 1989, 4 Ob 20, 1001/89 – BOSS – SZ 62/84; zur grenzüberschreitenden Titelrechtsverletzung: OGH 23. 5. 1989, 4 Ob 31/89 – Kopfsalat – ÖBl 1990, 40 = SZ 62/93 = MR 1989, 135 (*Walter*) = wbl 1989, 315 = GRUR Int 1990, 239; zur Zuständigkeit nach dem Ort des Verkaufes von aus dem Ausland importierten Gegenständen: OGH 16. 6. 1987, 4 Ob 301/87 – Monza – ÖBl 1988, 106.

des Ortes, an dem das schädigende Ereignis eingetreten ist". Dies wird so interpretiert, dass sowohl der Ort, an dem der Schaden eingetreten ist, als auch der Ort des ursächlichen Geschehens umfasst sind.[12] Nunmehr ist diese Zuständigkeit auf Art 5 Abs 3 EuGVVO[13] zu stützen, der durch die Formulierung „an dem das schädigende Ereignis eingetreten ist *oder einzutreten droht*" klargestellt hat, dass auch vorbeugende Unterlassungsklagen und Klagen im einstweiligen Rechtsschutz von dieser Vorschrift erfaßt sind.

Beispiel:

> OGH 29. 5. 2001: Die Klägerin genießt in Österreich Markenschutz für das Zeichen BOSS. Die Beklagte hat ihren Sitz in Deutschland. Sie betreibt eine Website und wirbt dort in deutscher Sprache für BOSS-Zigaretten als Sloweniens erfolgreichste Marke. Es findet sich kein Hinweis darauf, dass diese Zigaretten in Österreich nicht erhältlich sind. Für die in der Grenzregion ansässigen Österreicher liegt es daher nahe, sich durch dieses Angebot ebenfalls angesprochen zu fühlen. Art und Präsentation des Angebots lassen daher darauf schließen, dass es auch auf den österreichischen Markt ausgerichtet ist. Demnach bejahte der OGH die Zuständigkeit eines österreichischen Gerichts nach Art 5 Z 3 EuGVÜ. Er ließ aber die Frage offen, ob das auch dann gelten würde, wenn auf der Website ausdrücklich der Disclaimer angebracht wird, dass Werbung und Angebot nicht für Österreich bestimmt sind.[14]

4.4. Bundesministerien

Im Wesentlichen ist das Bundesministerium für Verkehr, Innovation und Technologie (BMVIT) zuständig („Angelegenheiten des gewerblichen Rechtsschutzes, insbesondere des Patent- und Gebrauchsmusterwesens, einschließlich der Angelegenheiten der Patentanwälte und ihrer beruflichen Vertretung und des Schutzes von Mustern, Marken und anderen Warenbezeichnungen", Abschnitt K, Z 14 Anlage zu § 2 BMG iVm Art VII BMG; vgl auch die nach der jeweiligen Fassung des BundesministerienG entsprechend angepasst zu lesende Vollzugsklausel in § 80 MSchG).

---

[12] OGH 29. 5. 2001, 4 Ob 110/01g – BOSS-Zigaretten I – ÖBl 2002, 145 = EvBl 2001/194 = ecolex 2001, 849 (*G. Schönherr*) = MR 2001, 320 = RdW 2001/752 = GRUR Int 2002, 344. Zur Anknüpfung für Schadenersatzansprüche eines Verbrauchers bei Angeboten im Internet: OGH 15. 5. 2001, 7 Nd 507/01.

[13] VO (EG) 44/2001, ABl 2001 L 12 S 1; vgl *Micklitz/Rott*, Vergemeinschaftung des EuGVÜ in der Verordnung (EG) Nr. 44/2001, EuZW 2001, 325.

[14] OGH 29. 5. 2001, 4 Ob 110/01g – BOSS-Zigaretten I – ÖBl 2002, 145 = EvBl 2001/194 = ecolex 2001, 849 (*G. Schönherr*) = MR 2001, 320 = RdW 2001/752 = GRUR Int 2002, 344; vgl auch die Folgeentscheidung OGH 15. 10. 2002, 4 Ob 174/02w – BOSS-Zigaretten IV – ÖBl 2003, 31 (*Fallenböck*) = ÖBl-LS 2003/11-13 = MR 2002, 396 (*Korn, Pöchhacker*) = ecolex 2003, 40 (*G. Schönherr*) = ÖJZ-LSK 2003/22, 23 = ÖJZ 2003, 143 = RdW 2003/66; hier war Österreich nicht als Vertriebsland aufgelistet, die Zigaretten waren aber in österreichischen Dutyfreeshops erhältlich.

5. REGISTRIERUNG

Überblick:

- Markenanmeldungen sind *schriftlich* mit einem Waren- und Dienstleistungsverzeichnis vorzunehmen.
- Für die *Priorität* ist grundsätzlich der Tag der ordnungsgemäßen Anmeldung entscheidend. Gemäß Art 4 PVÜ kann unter Umständen auch eine bessere ausländische Priorität (ausdrücklich) in Anspruch genommen werden.
- Marken werden – nach einer Prüfung durch das Patentamt – in das *Markenregister* eingetragen.

5.1. Anmeldestelle

Markenanmeldungen sind beim PA in Wien einzubringen: Österreichisches Patentamt (Dresdner Straße 87-105, 1200 Wien; Tel: +43 1 – 534 24 0). Dieses führt das Markenregister (§ 16 Abs 1 MSchG). Eingaben können durch Überreichung bei der *Einlaufstelle*, im *Postweg*, durch Einwurf in den *Einlaufkasten* sowie mittels *Telegramm*, *Fernschreiben* oder Telefax eingebracht werden (§ 1 PAV). Eine *Online*-Markenanmeldung bzw eine Anmeldung per *E-Mail* ist beim PA noch nicht vorgesehen.[1] Zum *Eingangsvermerk* vgl § 2 PAV; zur Aktenanlage § 3 PAV.

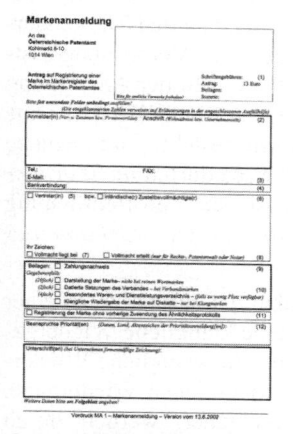

Seit 15.3.2001 gibt es ein neues nationales Anmeldeformular für Marken (verbindlich seit 1.05.2002).

5.2. Formerfordernisse

5.2.1. Schriftlichkeit

Die Anmeldung muss *schriftlich* erfolgen (§ 16 Abs 2 MSchG). Es empfiehlt sich, die Original-Vordrucke des PA zu verwenden (§ 1a PAV). Diese Formulare (samt Merkblättern) sind bei der Einlaufstelle des PA gratis erhältlich. Sie können auch von der Website des PA (www.patent.bmwa.gv.at) heruntergeladen werden.

Parteien[2] in Verfahren vor dem PA müssen ihre vollständige *Anschrift* und die ihrer allfälligen Vertreter bekanntgeben; die Angabe eines Postfaches genügt nur, wenn keine andere Anschrift vorhanden ist (§ 1 PGMMV). Detailliert geregelt ist die *Vertretung* in Markenangelegenheiten; vgl dazu § 61 MSchG. Ein Einzelkaufmann kann unter seiner

---

[1]) Vgl dazu *Bock*, Die elektronische Anmeldung von Marken, MarkenR 2003, 98.
[2]) Zu der anlässlich einer Markenumschreibung relevant gewordenen Frage, ob die Bezeichnung „M.'sche Weingüter" eine im Firmenbuch eingetragene Firma oder nur die Etablissementbezeichnung einer natürlichen Person sein kann, vgl BA 6. 3. 1996, Bm 25 und 26/94, PBl 1997, 31.

Firma oder unter seinem bürgerlichen Namen ins Markenregister eingetragen werden.³

Statistisch gesehen überwog bisher die Vertretung durch Patentanwälte: Von den 161.193 Markenanmeldungen in den Jahren 1965 bis 1999 wurden 78.012 durch Patentanwälte, 28.698 durch Rechtsanwälte, 3.498 durch andere Vertreter und 50.985 ohne Vertreter eingereicht. In jüngerer Zeit steigt die Anzahl der Anmeldungen durch Rechtsanwälte im Vergleich zu Patentanwälten (2002: 1.599 durch Patentanwälte und 1.955 durch Rechtsanwälte).⁴

5.2.2. Markenabbildung

„SYLVAN FLAKES for all home washing"" – eine schöne alte Marke

Zahlen-, Buchstaben- oder Wortmarken: Sofern die angemeldete Marke bloß aus Zahlen, Buchstaben oder Worten ohne bildmäßige Ausgestaltung besteht und hiefür keine bestimmte Schriftform beansprucht wird, ist keine spezielle Darstellung der Marke erforderlich (§ 16 Abs 2 MSchG e contrario).

Bildmarken: Andernfalls ist eine Darstellung der Marke zu überreichen (§ 16 Abs 2 MSchG). Das gilt also etwa schon dann, wenn die Marke in Groß- und Kleinschreibung oder in kursiven Lettern registriert werden soll. Die Zahl der vorzulegenden Markendarstellungen, ihre Beschaffenheit und Abmessungen werden durch Verordnung festgesetzt (§ 16 Abs 2 MSchG). Dazu bestimmt § 10 Abs 1 PAV: Mit der Anmeldung einer Marke, die nicht bloß aus Zahlen, aus Buchstaben oder aus Wörtern ohne bildmäßige Ausgestaltung und ohne bestimmte Schriftform besteht, sind *zwanzig gleiche Markendarstellungen auf Papier* zu überreichen. Diese dürfen *nicht größer als 8 x 8 cm* und müssen so reproduktionsfähig sein, dass sie zur Veröffentlichung der Marke im Österreichischen Markenanzeiger dienen können. Die *Rückseite des Papiers muss leer sein.*

Klangmarken: Sofern es sich um eine Klangmarke handelt, ist zusätzlich zu einer Darstellung der Marke in Notenschrift oder Sonagramm eine klangliche Wiedergabe der Marke auf einem Datenträger zu überreichen; die für die klangliche Wiedergabe zu verwendenden Datenträger und Einzelheiten der klanglichen Wiedergabe, wie Formatierung, Abtastfrequenz, Auflösung und Spieldauer, werden durch Verordnung festgesetzt (§ 16 Abs 2 MSchG). Dazu bestimmt § 10 Abs 2 PAV:

Bei der Anmeldung einer Klangmarke hat die Markendarstellung in Form einer gängigen *Notenschrift* oder als *Sonagramm* (zeitabhängiges Frequenz-Amplitudenspektrum) zu erfolgen und im Übrigen den Vorschriften des § 10 Abs 1 PAV zu

---

³) NA 31. 8. 1995, Nm 93/93, PBl 1996, 166.
⁴) PBl 2003 H 4 für die Jahre 1945 bis 2002.

entsprechen. Die *Notenschrift* ist lesbar in einer üblichen Notation auszuführen. Wenn die Klangmarke einen Text enthält, ist dieser in einer für die Notenschrift üblichen Weise lesbar anzubringen. In einem *Sonagramm* sind die jeweiligen Amplituden von sinusförmigen Schallschwingungen mit ihren Frequenzen zeitabhängig in einem Koordinatensystem wiederzugeben. Auf der horizontalen Achse ist die Zeit und auf der vertikalen Achse die Frequenz der Klangmarke aufzutragen. Die in Dezibel (dB) zu messende Höhe der Amplitude der jeweiligen Schallschwingung bestimmt den Schwärzungsgrad im Sonagramm. Die Amplitude ist so wiederzugeben, dass dem maximalen Schalldruckpegel der Klangmarke ein Schwärzungsgrad von 100 Prozent, und einem Schalldruckpegel von -10dB ein Schwärzungsgrad von 0 Prozent entspricht. Die Darstellung der Werte erfolgt linear. Sonagramme sind im Querformat darzustellen. Auf dem Sonagramm oder zusätzlich zu diesem sind die drei verwendeten Maßstäbe, nämlich die dargestellte Zeiteinheit pro mm, das Frequenzintervall pro mm und der durch den Schwärzungsgrad dargestellte Dynamikbereich sowie gegebenenfalls der Text der Klangmarke in lesbarer Form anzugeben. Wenn bei der Anmeldung der Klangmarke ein solches Sonagramm überreicht wird, ist zusätzlich eine Markendarstellung im Ausmaß von 29,7 cm Höhe und 21 cm Breite in Form eines Sonagramms zu überreichen. Bei dieser Darstellung hat auf der horizontalen Achse einem Zeitintervall von 20 ms eine Länge von einem Millimeter oder einem Zeitintervall von einer Sekunde eine Länge von 5 cm zu entsprechen. Auf der vertikalen Achse wird einem Frequenzintervall von 100 Hz eine Länge von einem Millimeter zugeordnet. Die Amplitude ist in einer Abstufung von 16 Grauwerten so wiederzugeben, dass einem Schalldruckpegel von 140dB ein Schwärzungsgrad von 100 Prozent, einem Schalldruckpegel von –10dB ein Schwärzungsgrad von 0 Prozent entspricht.

Ungeachtet der Speicherkapazität des *Datenträgers* hat die *klangliche Wiedergabe* der Marke der Markendarstellung im Sinne des § 10 Abs 2 und 3 PAV zu entsprechen (§ 10a Abs 1 PAV). Für jede Klangmarke ist nur ein Datenträger vorzulegen. Jeder Datenträger hat nur eine Klangmarke zu enthalten. Auf der Außenseite des Datenträgers sind der Dateiname, unter dem die Klangmarke auf dem Datenträger zu finden ist, der Name und die Anschrift des Anmelders, gegebenenfalls der Name und die Anschrift des Vertreters, zu vermerken (§ 10a Abs 2 PAV). Die Aufnahme der Klangmarke kann in Mono oder Stereo erfolgen; als Datenträger ist eine 3,5 Zoll Diskette im MS-DOS-Format mit einer Speicherkapazität von 1,44 Megabyte zu verwenden, wobei die Abtastfrequenz mindestens 22,05 kHz, die Auflösung mindestens acht Bit betragen muss. Die die Klangmarke wiedergebende Datei muss im WAVE-Format (*.WAV) auf der Diskette abgespeichert sein, andere Komprimierungsverfahren dürfen nicht zur Anwendungen kommen (§ 10a Abs 3 PAV). Die Vorlage der akustischen Wiedergabe ist zur Prioritätsbegründung nicht erforderlich; der entsprechende Datenträger muss allerdings spätestens bis zum Beginn der Gesetzmäßigkeitsprüfung vorgelegt werden, da vom klanglichen Eindruck die Frage der Schutzfähigkeit im Einzelfall abhängen, und der klanglichen

Wiedergabe überwiegende Bedeutung vor allem im Zusammenhang mit der Beurteilung der verwechslungsfähigen Ähnlichkeit zweier Klangmarken zukommen wird.⁵

5.2.3. Waren- und Dienstleistungsverzeichnis

Die Speisekarte.

In der Anmeldung ist gemäß § 16 Abs 3 MSchG anzugeben, für welche Waren und Dienstleistungen die Marke bestimmt ist (*Waren- und Dienstleistungsverzeichnis*); die näheren Erfordernisse des Waren- und Dienstleistungsverzeichnisses und die Anzahl der vorzulegenden Stücke werden durch Verordnung bestimmt. Dazu ordnet § 11 PAV an: Es sind Begriffe zu verwenden, die die Beurteilung des Schutzumfanges der Marke ermöglichen; sie sind vorzugsweise der Liste der Waren und Dienstleistungen des Abkommens von Nizza zu entnehmen. Die Waren und Dienstleistungen sind in einem Verzeichnis (Waren- und Dienstleistungsverzeichnis) anzuführen, das nach der Klasseneinteilung des erwähnten Abkommens geordnet ist; die bloße Angabe der *Nummern* der Klassen, für deren Waren oder Dienstleistungen die Marke registriert werden soll, genügt nicht (§ 11 Abs 1 PAV). Waren- und Dienstleistungsverzeichnisse geringen Umfangs sind auf dasselbe Blatt wie die Markenanmeldung zu schreiben. Andernfalls ist dieser Teil der Anmeldung als gesondertes Verzeichnis in vierfacher Ausfertigung in einzeiliger Maschinschrift bis 15 cm Zeilenlänge und einseitig beschrieben anzuschließen (§ 11 Abs 2 PAV). Im Waren- und Dienstleistungsverzeichnis sind den Waren oder Dienstleistungen derselben Klasse die Buchstaben „Kl." und die Nummer der Klasse ohne Klammern voranzustellen. Mit jeder Klasse ist in einer neuen Zeile zu beginnen; sind die zu einer Klasse gehörenden Waren oder Dienstleistungen nicht in einer einzigen Zeile unterzubringen, dann sind die folgenden Zeilen entsprechend einzurücken (§ 11 Abs 3 PAV).

**Klasseneinteilung der Waren und Dienstleistungen
nach dem Abkommen von Nizza mit erläuternden Anmerkungen:⁶**

▸ **Allgemeine Hinweise**
Die in der Klasseneinteilung angeführten Waren- und Dienstleistungsbegriffe stellen allgemein gebräuchliche Angaben dar, die sich auf die Sachgebiete beziehen, denen die Waren oder Dienstleistungen im Allgemeinen zugeordnet werden. Die alphabetische Liste sollte demnach herangezogen werden, um die genaue Klassifizierung jeder einzelnen Ware oder Dienstleistung sicherzustellen.

---

⁵) EB 1999, zitiert nach *Kucsko*, MSA MSchG (1999) Anm 2 zu § 16.
⁶) Klassifikation von Nizza (8. Auflage), publiziert unter http://www.patent.bmwa.gv.at bzw http://www.dpma.de.

▸ **Waren**
1) Falls eine Ware mithilfe der Klasseneinteilung, der erläuternden Anmerkungen oder der alphabetischen Liste nicht klassifiziert werden kann, gelten die Kriterien der nachfolgenden Hinweise:
  a) *Fertigwaren* werden grundsätzlich nach ihrer Funktion oder Bestimmung klassifiziert; wenn dieses Kriterium in der Klasseneinteilung nicht vorgesehen ist, werden Fertigwaren in Analogie zu anderen vergleichbaren in der alphabetischen Liste genannten Fertigwaren klassifiziert. Falls keine entsprechende Position gefunden werden kann, sind andere untergeordnete Kriterien heranzuziehen, wie z.b. das Material, aus dem die Waren hergestellt sind, oder ihre Wirkungsweise.
  b) Die kombinierten Fertigprodukte mit *Mehrzweckfunktion* (wie z.B. Radiowecker) können in die Klassen eingeordnet werden, die ihren einzelnen Funktionen oder Bestimmungen entsprechen. Wenn diese Kriterien in der Klasseneinteilung nicht vorgesehen sind, sind die anderen Kriterien gemäß Absatz a) anzuwenden.
  c) *Rohstoffe*, unbearbeitet oder teilweise bearbeitet, werden grundsätzlich nach dem Material, aus dem sie bestehen, klassifiziert.
  d) Waren, die dazu bestimmt sind, *Teile* eines anderen Erzeugnisses zu werden, werden grundsätzlich nur dann in dieselbe Klasse wie dieses Erzeugnis eingeordnet, wenn sie üblicherweise für keinen anderen Zweck verwendet werden können. In allen anderen Fällen sind die unter a) genannten Grundsätze anzuwenden.
  e) So weit Waren, unabhängig davon, ob es sich um Fertigwaren handelt oder nicht, nach dem *Material*, aus dem sie hergestellt sind, klassifiziert werden und aus verschiedenen Materialien bestehen, werden sie grundsätzlich nach dem Material klassifiziert, das überwiegt.
  f) *Behältnisse*, die den Waren angepasst sind, für deren Aufnahme sie bestimmt sind, werden grundsätzlich in dieselbe Klasse wie die betreffenden Waren eingeordnet.
▸ **Dienstleistungen**
2) Falls eine Dienstleistung mithilfe der Klasseneinteilung, den erläuternden Anmerkungen und der alphabetischen Liste nicht klassifiziert werden kann, gelten die Kriterien der nachfolgenden Hinweise:
  a) Dienstleistungen werden grundsätzlich nach den *Dienstleistungsbereichen* klassifiziert, die in der Klasseneinteilung und den erläuternden Anmerkungen enthalten sind, oder hilfsweise in Analogie zu anderen vergleichbaren Dienstleistungen, die in der Alphabetischen Liste aufgeführt sind.
  b) Dienstleistungen im Bereich der *Vermietung* werden grundsätzlich den gleichen Klassen zugeordnet, wie die mithilfe der vermieteten Gegenstände erbrachten Dienstleistungen (z.B. Vermietung von Telefonen, Kl. 38).
  c) Dienstleistungen zur *Beratung* oder Information werden grundsätzlich den gleichen Klassen zugeordnet wie die Dienstleistungen, auf die sich die Beratung oder Information bezieht, z.B. Transportberatung (Kl. 39), Unternehmensberatung (Kl. 35), Finanzberatung (Kl. 36), Schönheitsbe-

ratung (Kl. 44). Das Erteilen von Auskünften bzw. die Weitergabe von Informationen auf elektronischem Wege (z.B. Telefon, Computer) berührt nicht die Klassifikation dieser Dienstleistung.

Waren

▶ **Klasse 1**

Chemische Erzeugnisse für gewerbliche, wissenschaftliche, fotografische, land-, garten- und forstwirtschaftliche Zwecke;
Kunstharze im Rohzustand, Kunststoffe im Rohzustand;
Düngemittel;
Feuerlöschmittel;
Mittel zum Härten und Löten von Metallen;
chemische Erzeugnisse zum Frischhalten und Haltbarmachen von Lebensmitteln;
Gerbmittel;
Klebstoffe für gewerbliche Zwecke.

Erläuternde Anmerkung

Klasse 1 enthält im Wesentlichen chemische Erzeugnisse für gewerbliche, wissenschaftliche und landwirtschaftliche Zwecke, einschließlich solcher, die zur Herstellung von Erzeugnissen dienen, die in andere Klassen fallen.

Diese Klasse enthält insbesondere:
Kompost, Mulch (als Düngemittel);
Salz zum Konservieren, nicht für Lebensmittel.

Diese Klasse enthält insbesondere nicht:
Naturharze im Rohzustand (Kl. 2);
chemische Erzeugnisse für die medizinische Wissenschaft (Kl. 5);
Fungizide, Herbizide und Mittel zur Vertilgung von schädlichen Tieren (Kl. 5);
Klebstoffe für Papier- und Schreibwaren oder für Haushaltszwecke (Kl. 16);
Salz zum Frischhalten und Haltbarmachen von Lebensmitteln (Kl. 30);
Mulch (Humusabdeckung) (Kl. 31).

▶ **Klasse 2**

Farben, Firnisse, Lacke;
Rostschutzmittel, Holzkonservierungsmittel;
Färbemittel;
Beizen;
Naturharze im Rohzustand;
Blattmetalle und Metalle in Pulverform für Maler, Dekorateure, Drucker und Künstler.

Erläuternde Anmerkung

Klasse 2 enthält im Wesentlichen Farbanstrichmittel, Färbemittel und Korrosionsschutzmittel.

Diese Klasse enthält insbesondere:
Farben, Firnisse und Lacke für gewerbliche Zwecke, Handwerk und Künste;
Färbemittel für Kleidungsstücke;
Farben für Lebensmittel und Getränke.

Diese Klasse enthält insbesondere nicht:
Kunstharze im Rohzustand (Kl. 1);

Farben für die Wäsche (Kl. 3);
Färbemittel für die Schönheitspflege (Kl. 3);
Farbkästen (Schulbedarf) (Kl. 16);
Isolierfarbanstrichmittel und Isolierlacke (Kl. 17).

▶ **Klasse 3**
Wasch- und Bleichmittel;
Putz-, Polier-, Fettentfernungs- und Schleifmittel;
Seifen;
Parfümeriewaren, ätherische Öle, Mittel zur Körper- und Schönheitspflege, Haarwässer;
Zahnputzmittel.
Erläuternde Anmerkung
Klasse 3 enthält im Wesentlichen Putzmittel und Mittel für die Körper- und Schönheitspflege.
Diese Klasse enthält insbesondere:
Desodorierungsmittel für den persönlichen Gebrauch (Parfümeriewaren);
Präparate für die Gesundheitspflege, so weit es sich um Mittel zur Körper- und Schönheitspflege handelt.
Diese Klasse enthält insbesondere nicht:
chemische Mittel zum Reinigen von Schornsteinen (Kl. 1);
Fettentfernungsmittel zur Verwendung bei Herstellungsverfahren (Kl. 1);
Desodorierungsmittel, außer für den persönlichen Gebrauch (Kl. 5);
Handschleifsteine oder -scheiben (Kl. 8).

▶ **Klasse 4**
Technische Öle und Fette;
Schmiermittel;
Staubabsorbierungs-, Staubbenetzungs- und Staubbindemittel;
Brennstoffe (einschließlich Motorentreibstoffe) und Leuchtstoffe;
Kerzen und Dochte für Beleuchtungszwecke.
Erläuternde Anmerkung
Klasse 4 enthält im Wesentlichen technische Öle und Fette, Brennstoffe und Leuchtstoffe.
Diese Klasse enthält insbesondere nicht:
bestimmte technische Spezialöle und -fette (siehe alphabetische Warenliste).

▶ **Klasse 5**
Pharmazeutische und veterinärmedizinische Erzeugnisse;
Sanitärprodukte für medizinische Zwecke;
diätetische Erzeugnisse für medizinische Zwecke, Babykost;
Pflaster, Verbandmaterial;
Zahnfüllmittel und Abdruckmassen für zahnärztliche Zwecke;
Desinfektionsmittel;
Mittel zur Vertilgung von schädlichen Tieren;
Fungizide, Herbizide.
Erläuternde Anmerkung
Klasse 5 enthält im Wesentlichen pharmazeutische Erzeugnisse und andere Erzeugnisse für medizinische Zwecke.
Diese Klasse enthält insbesondere:

Sanitärprodukte für den persönlichen Gebrauch, ausgenommen Kosmetikartikel;
Desodorierungsmittel, außer für den persönlichen Gebrauch;
tabakfreie Zigaretten für medizinische Zwecke.
Diese Klasse enthält insbesondere nicht:
Präparate für die Gesundheitspflege als Mittel zur Körper- und Schönheitspflege (Kl. 3);
Desodorierungsmittel für den persönlichen Gebrauch (Parfümeriewaren) (Kl. 3);
Orthopädische Bandagen (Kl. 10).

▶ **Klasse 6**
Unedle Metalle und deren Legierungen;
Baumaterialien aus Metall;
transportable Bauten aus Metall;
Schienenbaumaterial aus Metall;
Kabel und Drähte aus Metall (nicht für elektrische Zwecke);
Schlosserwaren und Kleineisenwaren;
Metallrohre;
Geldschränke;
Waren aus Metall, so weit sie nicht in anderen Klassen enthalten sind;
Erze.
Erläuternde Anmerkung
Klasse 6 enthält im Wesentlichen rohe und teilweise bearbeitete unedle Metalle sowie hieraus hergestellte einfache Erzeugnisse.
Diese Klasse enthält insbesondere nicht:
Bauxit (Kl. 1);
Quecksilber, Antimon, Alkalimetalle und Erdalkalimetalle (Kl. 1);
Blattmetalle und Metalle in Pulverform für Maler, Dekorateure, Drucker und Künstler (Kl. 2).

▶ **Klasse 7**
Maschinen und Werkzeugmaschinen;
Motoren (ausgenommen Motoren für Landfahrzeuge);
Kupplungen und Vorrichtungen zur Kraftübertragung (ausgenommen solche für Landfahrzeuge);
Nicht handbetätigte landwirtschaftliche Geräte;
Brutapparate für Eier.
Erläuternde Anmerkung
Klasse 7 enthält im Wesentlichen Maschinen, Werkzeugmaschinen und Motoren.
Diese Klasse enthält insbesondere:
Teile von Motoren (aller Art);
elektrische Reinigungsmaschinen und -geräte.
Diese Klasse enthält insbesondere nicht:
bestimmte Spezialmaschinen und spezielle Werkzeugmaschinen (siehe alphabetische Warenliste);
handbetätigte Werkzeuge und Geräte (Kl. 8);
Motoren für Landfahrzeuge (Kl. 12).

► **Klasse 8**
Handbetätigte Werkzeuge und Geräte;
Messerschmiedewaren, Gabeln und Löffel;
Hieb- und Stichwaffen;
Rasierapparate.
Erläuternde Anmerkung
Klasse 8 enthält im Wesentlichen handbetätigte Werkzeuge und Geräte, die in verschiedenen Berufen als Werkzeuge verwendet werden.
Diese Klasse enthält insbesondere:
Messerschmiedewaren, Gabeln und Löffel aus Edelmetallen;
elektrische Rasierapparate, Haarschneide- und Schermaschinen (Handinstrumente) und Nagelschneidegeräte.
Diese Klasse enthält insbesondere nicht:
bestimmte Spezialinstrumente (siehe alphabetische Warenliste);
von einem Motor angetriebene Werkzeugmaschinen und Geräte (Kl. 7);
chirurgische Messer (Kl. 10);
Papiermesser (Kl. 16);
Fechtwaffen (Kl. 28).

► **Klasse 9**
Wissenschaftliche, Schifffahrts-, Vermessungs-, fotografische, Film-, optische, Wäge-, Mess-, Signal-, Kontroll-, Rettungs- und Unterrichtsapparate und -instrumente;
Apparate und Instrumente zum Leiten, Schalten, Umwandeln, Speichern, Regeln und Kontrollieren von Elektrizität;
Geräte zur Aufzeichnung, Übertragung und Wiedergabe von Ton und Bild;
Magnetaufzeichnungsträger, Schallplatten;
Verkaufsautomaten und Mechaniken für geldbetätigte Apparate;
Registrierkassen, Rechenmaschinen, Datenverarbeitungsgeräte und Computer;
Feuerlöschgeräte.
Erläuternde Anmerkung
Diese Klasse enthält insbesondere:
Apparate und Instrumente für die wissenschaftliche Forschung in Laboratorien;
Apparate und Instrumente für die Steuerung von Schiffen, wie Apparate und Instrumente zum Messen und zur Übermittlung von Befehlen;
Folgende elektrische Apparate und Instrumente:
    (a) bestimmte elektrothermische Werkzeuge und Apparate, wie elektrische Lötkolben, elektrische Bügeleisen, die, wenn sie nicht elektrisch wären, in Kl. 8 eingeordnet würden;
    (b) Apparate und Geräte, die, wenn sie nicht elektrisch wären, in verschiedene Klassen eingeordnet würden, wie: elektrisch beheizte Bekleidungsstücke, Zigarettenanzünder für Kraftfahrzeuge;
Winkelmesser (Messinstrumente);
Lochkarten-Büromaschinen;
Unterhaltungsgeräte, die nur mit einem Fernsehempfänger zu verwenden sind;

Computerprogramme und Software, ungeachtet des Aufzeichnungs- oder Ausstrahlungsmediums, d.h. Software, die auf einem magnetischen Medium aufgezeichnet ist oder von einem externen Computernetzwerk heruntergeladen werden kann.
Diese Klasse enthält insbesondere nicht:
Folgende elektrische Apparate und Instrumente:
  (a) elektromechanische Apparate für die Küche (Mahl- und Mischapparate für Nahrungsmittel, Fruchtpressen, elektrische Kaffeemühlen usw.) und bestimmte andere, von einem elektrischen Motor angetriebene Apparate und Instrumente, die in die Kl. 7 fallen;
  (b) elektrische Rasierapparate, Haarschneide- und Schermaschinen (Handinstrumente) und Nagelschneidegeräte (Kl. 8);
  (c) elektrische Zahnbürsten und Kämme (Kl. 21);
  (d) elektrische Geräte für die Raumheizung oder für das Erhitzen von Flüssigkeiten, elektrische Koch- und Lüftungsgeräte usw. (Kl. 11);
Uhren und andere Zeitmessinstrumente (Kl. 14);
Kontrolluhren (Kl. 14).

▸ **Klasse 10**
Chirurgische, ärztliche, zahn- und tierärztliche Instrumente und Apparate, künstliche Gliedmaßen, Augen und Zähne;
orthopädische Artikel;
chirurgisches Nahtmaterial.
Erläuternde Anmerkung
Klasse 10 enthält im Wesentlichen medizinische Apparate, Instrumente und Artikel.
Diese Klasse enthält insbesondere:
Spezialmobiliar für medizinische Zwecke;
bestimmte Hygieneartikel aus Gummi (siehe alphabetische Warenliste);
orthopädische Bandagen.

▸ **Klasse 11**
Beleuchtungs-, Heizungs-, Dampferzeugungs-, Koch-, Kühl-, Trocken-, Lüftungs- und Wasserleitungsgeräte sowie sanitäre Anlagen.
Erläuternde Anmerkung
Diese Klasse enthält insbesondere:
Klimageräte;
elektrische oder nicht elektrische Wärmflaschen und Bettwärmer;
elektrische Heizkissen und Heizdecken, nicht für medizinische Zwecke;
elektrische Wasserkessel;
elektrische Kochgeräte.
Diese Klasse enthält insbesondere nicht:
Dampferzeugungsgeräte (Maschinenteile) (Kl. 7);
elektrisch beheizte Bekleidungsstücke (Kl. 9).

▸ **Klasse 12**
Fahrzeuge;
Apparate zur Beförderung auf dem Lande, in der Luft oder auf dem Wasser.
Erläuternde Anmerkung
Diese Klasse enthält insbesondere:

Motoren für Landfahrzeuge;
Kupplungen und Vorrichtungen zur Kraftübertragung für Landfahrzeuge;
Luftkissenfahrzeuge.
Diese Klasse enthält insbesondere nicht:
bestimmte Fahrzeugteile (siehe alphabetische Warenliste);
Schienenbaumaterial aus Metall (Kl. 6);
Motoren, Kupplungen und Vorrichtungen zur Kraftübertragung, ausgenommen solche für Landfahrzeuge (Kl. 7);
Motorenteile aller Art (Kl. 7).

▶ **Klasse 13**
Schusswaffen;
Munition und Geschosse;
Sprengstoffe;
Feuerwerkskörper.
Erläuternde Anmerkung
Klasse 13 enthält im Wesentlichen Schusswaffen und pyrotechnische Erzeugnisse.
Diese Klasse enthält insbesondere nicht:
Streichhölzer (Kl. 34).

▶ **Klasse 14**
Edelmetalle und deren Legierungen sowie daraus hergestellte oder damit plattierte Waren, so weit sie nicht in anderen Klassen enthalten sind;
Juwelierwaren, Schmuckwaren, Edelsteine;
Uhren und Zeitmessinstrumente.
Erläuternde Anmerkung
Klasse 14 enthält im Wesentlichen Edelmetalle und daraus hergestellte Gegenstände sowie, allgemein, Juwelierwaren, Schmuckwaren und Uhren.
Diese Klasse enthält insbesondere:
echte und unechte Schmuckwaren;
Manschettenknöpfe, Krawattennadeln.
Diese Klasse enthält insbesondere nicht:
bestimmte Erzeugnisse aus Edelmetallen (die entsprechend ihrer Funktion oder Bestimmung klassifiziert sind), z.B.:
    Blattmetalle oder Metalle in Pulverform für Maler, Dekorateure, Drucker und Künstler (Kl. 2);
    Goldamalgame für Zahnärzte (Kl. 5);
    Messerschmiedewaren, Gabeln und Löffel (Kl. 8);
    elektrische Kontakte (Kl. 9);
    Schreibfedern aus Gold (Kl. 16);
Kunstgegenstände, so weit sie nicht aus Edelmetallen bestehen (diese werden entsprechend dem Material, aus dem sie bestehen, klassifiziert).

▶ **Klasse 15**
Musikinstrumente.
Erläuternde Anmerkung
Diese Klasse enthält insbesondere:
Mechanische Klaviere und deren Zubehör;
Spieldosen;

elektrische und elektronische Musikinstrumente.
Diese Klasse enthält insbesondere nicht:
Apparate für die Tonaufzeichnung, -übertragung, -verstärkung und -wiedergabe (Kl. 9).

▶ **Klasse 16**
Papier, Pappe (Karton) und Waren aus diesen Materialien, so weit sie nicht in anderen Klassen enthalten sind;
Druckereierzeugnisse;
Buchbinderartikel;
Fotografien;
Schreibwaren;
Klebstoffe für Papier- und Schreibwaren oder für Haushaltszwecke;
Künstlerbedarfsartikel;
Pinsel;
Schreibmaschinen und Büroartikel (ausgenommen Möbel);
Lehr- und Unterrichtsmittel (ausgenommen Apparate);
Verpackungsmaterial aus Kunststoff, so weit es nicht in anderen Klassen enthalten ist;
Drucklettern;
Druckstöcke.
Erläuternde Anmerkung
Klasse 16 enthält im Wesentlichen Papier, Papierwaren und Büroartikel.
Diese Klasse enthält insbesondere:
Papiermesser;
Vervielfältigungsgeräte;
Folien, Taschen und Beutel aus Kunststoff für Verpackungszwecke.
Diese Klasse enthält insbesondere nicht:
bestimmte Papier- oder Pappwaren (siehe alphabetische Warenliste);
Farben (Kl. 2);
Handwerkzeuge für Künstler (z.B. Spachtel, Bildhauermeißel) (Kl. 8).

▶ **Klasse 17**
Kautschuk, Guttapercha, Gummi, Asbest, Glimmer und Waren daraus, so weit sie nicht in anderen Klassen enthalten sind;
Waren aus Kunststoffen (Halbfabrikate);
Dichtungs-, Packungs- und Isoliermaterial;
Schläuche (nicht aus Metall).
Erläuternde Anmerkung
Klasse 17 enthält im Wesentlichen Material zur Isolierung von Elektrizität, Wärme oder Schall und teilweise bearbeitete Kunststoffe in Form von Folien, Platten oder Stangen.
Diese Klasse enthält insbesondere:
Gummi für die Runderneuerung von Reifen;
Polstermaterial aus Kautschuk oder Kunststoff;
Schwimmsperren gegen Umweltverschmutzung.

▶ **Klasse 18**
Leder und Lederimitationen sowie Waren daraus, so weit sie nicht in anderen Klassen enthalten sind;

Häute und Felle;
Reise- und Handkoffer;
Regenschirme, Sonnenschirme und Spazierstöcke;
Peitschen, Pferdegeschirre und Sattlerwaren.
Erläuternde Anmerkung
Klasse 18 enthält im Wesentlichen Leder, Lederimitationen, Reisebedarfsartikel, so weit sie nicht in anderen Klassen enthalten sind, sowie Sattlerwaren.
Diese Klasse enthält insbesondere nicht:
Bekleidungsstücke (siehe alphabetische Warenliste).

▸ **Klasse 19**
Baumaterialien (nicht aus Metall);
Rohre (nicht aus Metall) für Bauzwecke;
Asphalt, Pech und Bitumen;
transportable Bauten (nicht aus Metall);
Denkmäler (nicht aus Metall).
Erläuternde Anmerkung
Klasse 19 enthält im Wesentlichen Baumaterialien (nicht aus Metall).
Diese Klasse enthält insbesondere:
teilweise bearbeitetes Holz (z.B. Balken, Bretter, Platten);
Sperrholz;
Bauglas (z.B. Fliesen, Dachplatten aus Glas);
Glasgranulat für die Straßenmarkierung;
Briefkästen aus Mauerwerk.
Diese Klasse enthält insbesondere nicht:
Mittel zum Haltbar- oder Wasserdichtmachen für Zement (Kl. 1);
Feuerschutzmittel (Kl. 1);
Schusterpech (Kl. 3).

▸ **Klasse 20**
Möbel, Spiegel, Rahmen;
Waren, so weit sie nicht in anderen Klassen enthalten sind, aus Holz, Kork, Rohr, Binsen, Weide, Horn, Knochen, Elfenbein, Fischbein, Schildpatt, Bernstein, Perlmutter, Meerschaum und deren Ersatzstoffen oder aus Kunststoffen.
Erläuternde Anmerkung
Klasse 20 enthält im Wesentlichen Möbel und Möbelteile sowie Kunststofferzeugnisse, so weit sie nicht in anderen Klassen enthalten sind.
Diese Klasse enthält insbesondere:
Metallmöbel und Campingmöbel;
Bettzeug (z.B. Matratzen, auch Auflagematratzen, Kopfkissen);
Spiegel für die Innenausstattung und Toilettespiegel;
Kennzeichenschilder für Fahrzeuge (nicht aus Metall);
Briefkästen, nicht aus Metall oder Mauerwerk.
Diese Klasse enthält insbesondere nicht:
Bestimmte Spezialspiegel, die nach ihrer Funktion oder Bestimmung klassifiziert werden (siehe alphabetische Warenliste);
Spezialmobiliar für Laboratorien (Kl. 9);
Spezialmobiliar für den ärztlichen Gebrauch (Kl. 10);

Bettwäsche (Kl. 24);
Daunendecken (Federbetten) (Kl. 24).

▸ **Klasse 21**
Geräte und Behälter für Haushalt und Küche (nicht aus Edelmetall oder plattiert);
Kämme und Schwämme;
Bürsten (mit Ausnahme von Pinseln);
Bürstenmachermaterial;
Putzzeug;
Stahlspäne;
rohes oder teilweise bearbeitetes Glas (mit Ausnahme von Bauglas);
Glaswaren, Porzellan und Steingut, so weit sie nicht in anderen Klassen enthalten sind.
Erläuternde Anmerkung
Klasse 21 enthält im Wesentlichen kleine, handbetätigte Haus- und Küchengeräte sowie Geräte für die Körper- und Schönheitspflege, Glas- und Porzellanwaren.
Diese Klasse enthält insbesondere:
Geräte und Behälter für Haushalt und Küche, z.B. Kochgeschirr, Eimer, Becken aus Blech, Aluminium, Kunststoff oder aus anderen Materialien, handbetätigte kleine Geräte zum Hacken, Mahlen, Pressen usw.;
Kerzenauslöscher, nicht aus Edelmetall;
elektrische Kämme;
elektrische Zahnbürsten;
Untersetzer für Schüsseln und Karaffen (Geschirr).
Diese Klasse enthält insbesondere nicht:
bestimmte Waren aus Glas, Porzellan und Steingut (siehe alphabetische Warenliste);
Putzmittel, Seifen usw. (Kl. 3);
elektrisch angetriebene kleine Geräte zum Hacken, Mahlen, Pressen usw. (Kl. 7);
Rasiermesser und Rasierapparate, Haarschneidemaschinen, Instrumente aus Metall für die Hand- und Fußpflege (Kl. 8);
elektrische Kochgeräte (Kl. 11);
Toilettespiegel (Kl. 20).

▸ **Klasse 22**
Seile, Bindfaden, Netze, Zelte, Planen, Segel, Säcke (so weit sie nicht in anderen Klassen enthalten sind);
Polsterfüllstoffe (außer aus Kautschuk oder Kunststoffen);
rohe Gespinstfasern.
Erläuternde Anmerkung
Klasse 22 enthält im Wesentlichen Seilerwaren und Waren der Segelmacherei, Polsterfüllstoffe und rohe Gespinstfasern.
Diese Klasse enthält insbesondere:
Seile und Bindfaden aus natürlichen und künstlichen Textilfasern, aus Papier oder aus Kunststoff.
Diese Klasse enthält insbesondere nicht:

bestimmte Spezialnetze und -taschen (siehe alphabetische Warenliste);
Saiten für Musikinstrumente (Kl. 15);
Schleier für Bekleidungszwecke (Kl. 25).
▸ **Klasse 23**
Garne und Fäden für textile Zwecke.
▸ **Klasse 24**
Webstoffe und Textilwaren, so weit sie nicht in anderen Klassen enthalten sind; Bett- und Tischdecken.
Erläuternde Anmerkung
Klasse 24 enthält im Wesentlichen Webstoffe und Decken.
Diese Klasse enthält insbesondere:
Bettwäsche aus Papier.
Diese Klasse enthält insbesondere nicht:
bestimmte Spezialwebstoffe (siehe alphabetische Warenliste);
Heizdecken für medizinische Zwecke (Kl. 10) und nicht für medizinische Zwecke (Kl. 11);
Tischwäsche aus Papier (Kl. 16);
Pferdedecken (Kl. 18).
▸ **Klasse 25**
Bekleidungsstücke, Schuhwaren, Kopfbedeckungen.
Erläuternde Anmerkung
Diese Klasse enthält insbesondere nicht:
bestimmte Spezialbekleidungsstücke und Spezialschuhe (siehe alphabetische Warenliste).
▸ **Klasse 26**
Spitzen und Stickereien, Bänder und Schnürbänder;
Knöpfe, Haken und Ösen, Nadeln;
künstliche Blumen.
Erläuternde Anmerkung
Klasse 26 enthält im Wesentlichen Kurzwaren und Posamenten.
Diese Klasse enthält insbesondere:
Reißverschlüsse.
Diese Klasse enthält insbesondere nicht:
bestimmte Spezialhaken (siehe alphabetische Warenliste);
bestimmte Spezialnadeln (siehe alphabetische Warenliste);
Textilgarne (Kl. 23).
▸ **Klasse 27**
Teppiche, Fußmatten, Matten, Linoleum und andere Bodenbeläge;
Tapeten (ausgenommen aus textilem Material).
Erläuternde Anmerkung
Klasse 27 enthält im Wesentlichen Beläge und Verkleidungen für bereits fertige Fußböden und Wände (für Einrichtungszwecke).
▸ **Klasse 28**
Spiele, Spielzeug;
Turn- und Sportartikel, so weit sie nicht in anderen Klassen enthalten sind;
Christbaumschmuck.

Erläuternde Anmerkung
Diese Klasse enthält insbesondere:
Angelgeräte;
Geräte für verschiedene Sportarten und Spiele.
Diese Klasse enthält insbesondere nicht:
Christbaumkerzen (Kl. 4);
Taucherausrüstungen (Kl. 9);
Unterhaltungsgeräte, die nur mit einem Fernsehempfänger zu verwenden sind (Kl. 9);
elektrische Christbaumbeleuchtungen (Ketten) (Kl. 11);
Fischereinetze (Kl. 22);
Gymnastik- und Sportbekleidung (Kl. 25);
Zucker- und Schokoladewaren als Christbaumschmuck (Kl. 30).

▸ **Klasse 29**
Fleisch, Fisch, Geflügel und Wild;
Fleischextrakte;
konserviertes, getrocknetes und gekochtes Obst und Gemüse;
Gallerten (Gelees), Konfitüren, Kompotte;
Eier, Milch und Milchprodukte;
Speiseöle und -fette.

Erläuternde Anmerkung
Klasse 29 enthält im Wesentlichen Nahrungsmittel tierischer Herkunft sowie Gemüse und andere essbare, für den Verzehr oder die Konservierung zubereitete Gartenbauprodukte.
Diese Klasse enthält insbesondere:
Milchgetränke mit überwiegendem Milchanteil.
Diese Klasse enthält insbesondere nicht:
bestimmte Nahrungsmittel pflanzlicher Herkunft (siehe alphabetische Warenliste);
Babykost (Kl. 5);
diätetische Erzeugnisse für medizinische Zwecke (Kl. 5);
Salatsoßen (Kl. 30);
Bruteier (Kl. 31);
Tiernahrungsmittel (Kl. 31);
lebende Tiere (Kl. 31).

▸ **Klasse 30**
Kaffee, Tee, Kakao, Zucker, Reis, Tapioca, Sago, Kaffeeersatzmittel;
Mehle und Getreidepräparate, Brot, feine Backwaren und Konditorwaren, Speiseis;
Honig, Melassesirup;
Hefe, Backpulver;
Salz, Senf;
Essig, Soßen (Würzmittel);
Gewürze;
Kühleis.

Erläuternde Anmerkung
Klasse 30 enthält im Wesentlichen für den Verzehr oder die Konservierung zubereitete Nahrungsmittel pflanzlicher Herkunft sowie Zusätze für die Geschmacksverbesserung von Nahrungsmitteln.
Diese Klasse enthält insbesondere:
Kaffee-, Kakao- oder Schokoladegetränke;
für die menschliche Ernährung zubereitetes Getreide (z.B. Haferflocken oder andere Getreideflocken).
Diese Klasse enthält insbesondere nicht:
bestimmte Nahrungsmittel pflanzlicher Herkunft (siehe alphabetische Warenliste);
Salz zum Konservieren, nicht für Lebensmittel (Kl. 1);
medizinische Tees und diätetische Erzeugnisse für medizinische Zwecke (Kl. 5);
Babykost (Kl. 5);
rohes Getreide (Kl. 31);
Tiernahrungsmittel (Kl. 31).

▶ **Klasse 31**
Land-, garten- und forstwirtschaftliche Erzeugnisse sowie Samenkörner, so weit sie nicht in anderen Klassen enthalten sind;
lebende Tiere;
frisches Obst und Gemüse;
Sämereien, lebende Pflanzen und natürliche Blumen;
Futtermittel;
Malz.
Erläuternde Anmerkung
Klasse 31 enthält im Wesentlichen die nicht für den Verzehr zubereiteten Bodenprodukte, lebende Tiere und Pflanzen sowie Tiernahrungsmittel.
Diese Klasse enthält insbesondere:
rohes Holz;
rohes Getreide;
Bruteier;
Weich- und Schalentiere (lebend).
Diese Klasse enthält insbesondere nicht:
Kulturen von Mikroorganismen und Blutegel für medizinische Zwecke (Kl. 5);
halbverarbeitetes Holz (Kl. 19);
künstliche Köder für den Fischfang (Kl. 28);
Reis (Kl. 30);
Tabak (Kl. 34).

▶ **Klasse 32**
Biere;
Mineralwässer und kohlensäurehaltige Wässer und andere alkoholfreie Getränke;
Fruchtgetränke und Fruchtsäfte;
Sirupe und andere Präparate für die Zubereitung von Getränken.

Erläuternde Anmerkung
Klasse 32 enthält im Wesentlichen alkoholfreie Getränke sowie Biere.
Diese Klasse enthält insbesondere:
entalkoholisierte Getränke.
Diese Klasse enthält insbesondere nicht:
Getränke für medizinische Zwecke (Kl. 5);
Milchgetränke mit überwiegendem Milchanteil (Kl. 29);
Kakao-, Kaffee- oder Schokoladegetränke (Kl. 30).
▸ **Klasse 33**
Alkoholische Getränke (ausgenommen Biere).
Erläuternde Anmerkung
Diese Klasse enthält insbesondere nicht:
medizinische Getränke (Kl. 5);
entalkoholisierte Getränke (Kl. 32).
▸ **Klasse 34**
Tabak;
Raucherartikel;
Streichhölzer.
Erläuternde Anmerkung
Diese Klasse enthält insbesondere:
Tabakersatzstoffe (nicht für medizinische Zwecke).
Diese Klasse enthält insbesondere nicht:
tabakfreie Zigaretten für medizinische Zwecke (Kl. 5);
bestimmte Raucherartikel aus Edelmetall (Kl. 14) (siehe alphabetische Warenliste).

Dienstleistungen
▸ **Klasse 35**
Werbung;
Geschäftsführung;
Unternehmensverwaltung;
Büroarbeiten.
Erläuternde Anmerkung
Klasse 35 umfasst im Wesentlichen Dienstleistungen, die von Personen oder Organisationen erbracht werden, deren Haupttätigkeit
(1) die Hilfe beim Betrieb oder der Leitung eines Handelsunternehmens, oder
(2) die Hilfe bei der Durchführung von Geschäften oder Handelsverrichtungen eines Industrie- oder Handelsunternehmens ist, sowie Dienstleistungen von Werbeunternehmen, die sich in Bezug auf alle Arten von Waren oder Dienstleistungen hauptsächlich mit Mitteilungen an die Öffentlichkeit und mit Erklärungen und Anzeigen durch alle Mittel der Verbreitung befassen.
Diese Klasse enthält insbesondere:
Das Zusammenstellen verschiedener Waren (ausgenommen deren Transport) für Dritte, um den Verbrauchern Ansicht und Erwerb dieser Waren zu erleichtern;

Dienstleistungen, die sich auf das Registrieren, Abschreiben, Abfassen, Zusammenstellen oder das systematische Ordnen von schriftlichen Mitteilungen und Aufzeichnungen beziehen, ebenso wie auf die Auswertung oder Zusammenstellung von mathematischen oder statistischen Daten;
Dienstleistungen von Werbeagenturen sowie Dienstleistungen, wie die Verteilung von Prospekten (direkt oder durch die Post) oder das Verteilen von Warenmustern (Warenproben). Diese Klasse kann die Werbung für andere Dienstleistungen, wie z.B. die Werbung für Bankdarlehen oder die Rundfunkwerbung, umfassen.
Diese Klasse enthält insbesondere nicht:
Tätigkeiten eines Unternehmens, dessen Hauptaufgabe der Verkauf von Waren ist, d.h. eines so genannten Handelsunternehmens;
Dienstleistungen, wie Schätzungen und Gutachten von Ingenieuren, die in keinem direkten Zusammenhang mit dem Betrieb oder der Leitung der Geschäfte eines Handels- oder Industrieunternehmens stehen (siehe alphabetische Dienstleistungsliste).

▸ **Klasse 36**
Versicherungswesen;
Finanzwesen;
Geldgeschäfte;
Immobilienwesen.
Erläuternde Anmerkung
Klasse 36 umfasst im Wesentlichen die in Finanz- und Geldangelegenheiten geleisteten Dienste und die im Zusammenhang mit Versicherungsverträgen aller Art geleisteten Dienste.
Diese Klasse enthält insbesondere:
Dienstleistungen im Zusammenhang mit Finanz- und Geldangelegenheiten, nämlich:
    (a) Dienstleistungen sämtlicher Bankinstitute oder damit zusammenhängender Institutionen, wie Wechselstuben oder Verrechnungsstellen (Clearing);
    (b) Dienstleistungen anderer Kreditinstitute als Banken, wie Kreditgenossenschaften, Finanzgesellschaften, Geldverleiher usw.;
    (c) Dienstleistungen der Investmentgesellschaften, der Holdinggesellschaften;
    (d) Dienstleistungen der Wertpapiermakler und der Gütermakler;
    (e) durch Treuhänder im Zusammenhang mit Geldangelegenheiten besorgte Dienstleistungen;
    (f) Dienstleistungen im Zusammenhang mit der Ausgabe von Reiseschecks und Kreditbriefen;
Dienstleistungen von Liegenschaftsverwaltern in Bezug auf die Vermietung oder Schätzung oder von Kapitalgebern;
Dienstleistungen im Zusammenhang mit Versicherungen, wie Dienstleistungen von Agenten oder Maklern, die sich mit Versicherungen und mit den an die Versicherten zu leistenden Diensten beschäftigen, sowie Dienstleistungen in Bezug auf den Abschluss von Versicherungen.

▶ **Klasse 37**
Bauwesen;
Reparaturwesen;
Installationsarbeiten.

Erläuternde Anmerkung
Klasse 37 umfasst im Wesentlichen Dienstleistungen, die von Unternehmern oder Subunternehmern im Bauwesen oder bei der Errichtung ortsfester Bauten erbracht werden, sowie Dienstleistungen, die von Personen oder Organisationen erbracht werden, die sich mit der Wiederinstandsetzung oder der Erhaltung von Gegenständen befassen, ohne deren physikalische oder chemische Eigenschaften zu ändern.

Diese Klasse enthält insbesondere:
Dienstleistungen, die sich auf die Errichtung von Bauten, Straßen, Brücken, Dämmen oder Leitungen beziehen, sowie Dienstleistungen von Unternehmern, die auf dem Gebiet des Bauwesens spezialisiert sind, wie Maler, Klempner (Spengler), Heizungsinstallateure oder Dachdecker;
mit Dienstleistungen im Bauwesen in Verbindung stehende Dienstleistungen, wie Bauprojektprüfungen;
Schiffsbau;
Dienstleistungen betreffend die Vermietung von Bauwerkzeugen oder Baumaterial;
Dienstleistungen im Reparaturwesen, nämlich Dienstleistungen, die sich damit befassen, Gegenstände beliebiger Art nach Abnutzung, Beschädigung, Zerfall oder teilweiser Zerstörung wieder in einen guten Zustand zu versetzen (Wiederherstellung des ursprünglichen Zustandes eines mangelhaft gewordenen Baues oder Gegenstandes);
verschiedene Reparaturdienste, z.B. auf den Gebieten der Elektrizität, des Mobiliars, der Instrumente und Werkzeuge usw.;
Dienstleistungen in Bezug auf die Erhaltung eines Gegenstandes in seinem ursprünglichen Zustand, ohne irgendeine seiner Eigenschaften zu ändern (hinsichtlich des Unterschieds zwischen dieser Klasse und der Klasse 40 siehe die erläuternde Anmerkung zu Klasse 40).

Diese Klasse enthält insbesondere nicht:
Dienstleistungen in Bezug auf die Einlagerung von Waren, wie Bekleidungsstücke oder Fahrzeuge (Kl. 39);
Dienstleistungen im Zusammenhang mit dem Färben von Webstoffen oder Bekleidungsstücken (Kl. 40).

▶ **Klasse 38**
Telekommunikation.

Erläuternde Anmerkung
Klasse 38 umfasst im Wesentlichen Dienstleistungen, die es zumindest einer Person ermöglichen, mit einer anderen durch ein sinnesmäßig wahrnehmbares Mittel in Verbindung zu treten. Solche Dienstleistungen umfassen diejenigen,
(1) welche es einer Person gestatten, mit einer anderen zu sprechen,
(2) welche Botschaften von einer Person an eine andere übermitteln und

(3) welche akustische oder visuelle Übermittlungen von einer Person an eine andere gestatten (Rundfunk und Fernsehen).
Diese Klasse enthält insbesondere:
Dienstleistungen, die im Wesentlichen in der Verbreitung von Rundfunk- oder Fernsehprogrammen bestehen.
Diese Klasse enthält insbesondere nicht:
Rundfunkwerbung (Kl. 35).

▸ **Klasse 39**
Transportwesen;
Verpackung und Lagerung von Waren;
Veranstaltung von Reisen.
Erläuternde Anmerkung
Klasse 39 umfasst im Wesentlichen Dienstleistungen, die dadurch erbracht werden, dass Personen oder Waren von einem Ort an einen anderen transportiert werden (per Schiene oder Straße, zu Wasser oder in der Luft sowie Pipeline-Transporte) und Dienstleistungen, die notwendigerweise mit diesen Transporten in Beziehung stehen, sowie Dienstleistungen, die sich auf das Einlagern von Waren in einem Lagerhaus oder einem anderen Gebäude im Hinblick auf deren Erhaltung oder Aufbewahrung beziehen.
Diese Klasse enthält insbesondere:
Dienstleistungen von Gesellschaften, die vom Transportunternehmer benutzte Stationen, Brücken, Eisenbahn-Fährschiffe usw. betreiben;
Dienstleistungen im Zusammenhang mit der Vermietung von Transportfahrzeugen;
Dienstleistungen im Zusammenhang mit dem Schleppen und Löschen von Schiffen, dem Betrieb von Häfen und Docks und der Bergung von Schiffen und ihrer Ladung aus Seenot;
Dienstleistungen im Zusammenhang mit dem Betrieb von Flugplätzen;
Dienstleistungen im Zusammenhang mit dem Verpacken von Waren vor dem Versand;
Dienstleistungen, die im Erteilen von Auskünften durch Makler oder Reisebüros über Reisen oder die Beförderung von Waren bezüglich der Tarife, Fahrpläne und Beförderungsarten bestehen;
Dienstleistungen in Bezug auf die Kontrolle von Fahrzeugen oder Waren vor dem Transport.
Diese Klasse enthält insbesondere nicht:
Dienstleistungen in Bezug auf die Werbung der Transportunternehmen, wie das Verteilen von Prospekten oder die Rundfunkwerbung (Kl. 35);
Dienstleistungen in Bezug auf die Ausgabe von Reiseschecks oder von Kreditbriefen durch Makler oder Reisebüros (Kl. 36);
Dienstleistungen in Bezug auf Versicherungen (kommerzielle Versicherungen, Feuer- oder Lebensversicherungen) während der Beförderung von Personen oder Waren (Kl. 36);
Dienstleistungen in Bezug auf die Wartung und Reparatur von Fahrzeugen sowie Dienstleistungen in Bezug auf die Pflege (den Unterhalt) oder die Reparatur von Gegenständen, die mit der Beförderung von Waren oder Personen im Zusammenhang stehen (Kl. 37);

Dienstleistungen in Bezug auf die Reservierung von Hotelzimmern durch Reisebüros oder Makler (Kl. 43).

▶ **Klasse 40**
Materialbearbeitung.
Erläuternde Anmerkung
Klasse 40 umfasst im Wesentlichen nicht in anderen Klassen aufgeführte Dienstleistungen, die in der mechanischen oder chemischen Verarbeitung oder Umwandlung anorganischer oder organischer Stoffe oder von Gegenständen bestehen.
Für die Zwecke der Klassifizierung wird ein Zeichen nur in den Fällen als Dienstleistungsmarke angesehen, in denen Bearbeitung oder Umwandlung auf Rechnung einer anderen Person erfolgt. Als Marke einer Ware wird ein Zeichen in all den Fällen angesehen, in denen der Stoff oder Gegenstand durch denjenigen auf den Markt gebracht wird, der ihn verarbeitet oder umgewandelt hat.
Diese Klasse enthält insbesondere:
Dienstleistungen in Bezug auf die Umwandlung eines Gegenstandes oder Stoffes sowie jedes Verfahren, das eine Änderung seiner Grundeigenschaften zur Folge hat (z.B. das Färben eines Kleidungsstückes); die Dienstleistung der Pflege (des Unterhalts) wird, obwohl sie normalerweise in Kl. 37 enthalten ist, demzufolge in die Kl. 40 eingeordnet, wenn sie eine solche Änderung einschließt (z.B. Verchromen von Stoßstangen eines Automobils);
Dienstleistungen in Bezug auf die Materialbearbeitung bei der Herstellung eines Stoffes oder Gegenstandes, ausgenommen Bauwerke; z.B. Dienstleistungen in Bezug auf das Zuschneiden, Zurichten, Polieren durch Abschleifen oder Überziehen mit Metall.
Diese Klasse enthält insbesondere nicht:
Dienstleistungen im Reparaturwesen (Kl. 37).

▶ **Klasse 41**
Erziehung;
Ausbildung;
Unterhaltung;
sportliche und kulturelle Aktivitäten.
Erläuternde Anmerkung
Klasse 41 umfasst im Wesentlichen Dienstleistungen von Personen oder Einrichtungen, die auf die Entwicklung der geistigen Fähigkeiten von Menschen oder Tieren gerichtet sind, sowie Dienstleistungen, die der Unterhaltung dienen oder die Aufmerksamkeit in Anspruch nehmen sollen.
Diese Klasse enthält insbesondere:
alle Formen der Erziehung von Personen oder der Dressur von Tieren;
Dienstleistungen, deren Hauptzweck die Zerstreuung, Belustigung oder Entspannung von Personen ist;
öffentliche Präsentation von Werken der bildenden Kunst oder der Literatur für kulturelle oder erzieherische Zwecke.

▶ **Klasse 42**
Wissenschaftliche und technologische Dienstleistungen und Forschungsarbeiten und diesbezügliche Designerdienstleistungen;
industrielle Analyse- und Forschungsdienstleistungen;
Entwurf und Entwicklung von Computerhardware und -software;
Rechtsberatung und -vertretung.
Erläuternde Anmerkung
Klasse 42 enthält im Wesentlichen einzeln oder gemeinsam erbrachte Dienstleistungen, die sich auf theoretische und praktische Aspekte komplexer Gebiete beziehen;
derartige Dienstleistungen werden erbracht durch Angehörige von Berufen wie Chemiker, Physiker, Ingenieure, Informatiker, Juristen usw.
Diese Klasse enthält insbesondere:
Dienstleistungen von Ingenieuren, die sich mit Bewertungen, Schätzungen, Untersuchungen und Gutachten im Bereich der Wissenschaft und der Technologie befassen;
wissenschaftliche Forschungen zu medizinischen Zwecken.
Diese Klasse enthält insbesondere nicht:
Nachforschungen und Bewertungen in Geschäftsangelegenheiten (Kl. 35);
Textverarbeitung und Dateienverwaltung mittels Computer (Kl. 35);
Finanzielle und fiskalische Schätzungen (Kl. 36);
Bergbauarbeiten und Erdölförderung (Kl. 37);
Installation und Reparatur von Computern (Hardware) (Kl. 37);
Dienstleistungen die erbracht werden durch Angehörige von Berufen wie Ärzte, Tierärzte, Psychoanalytiker (Kl. 44);
medizinische Versorgung (Kl. 44);
Dienstleistungen von Landschaftsgärtnern (Kl. 44).

▶ **Klasse 43**
Verpflegung und Beherbergung von Gästen
Erläuternde Anmerkung
Die Klasse 43 enthält im Wesentlichen Dienstleistungen, die erbracht werden von Personen oder Unternehmen, deren Zweck es ist, Speisen oder Getränke für den Verzehr zuzubereiten, sowie Dienstleistungen bestehend in der Gewährung von Unterkunft oder von Unterkunft und Verpflegung durch Hotels, Pensionen oder andere Unternehmen, die die Möglichkeit der Beherbergung von Gästen zur Verfügung stellen.
Diese Klasse enthält insbesondere:
Reservierung von Unterkunft für Reisende, die insbesondere durch Reisebüros oder Reisemakler vermittelt wird;
Betrieb von Tierpflegeheimen.
Diese Klasse enthält insbesondere nicht:
Vermietung von Immobilien wie Häuser, Wohnungen usw., die für eine dauerhafte Nutzung bestimmt sind (Kl. 36);
Organisation von Reisen durch Reisebüros (Kl. 39);
Konservierung von Lebensmitteln und Getränken (Kl. 40);
Betrieb von Diskotheken (Kl. 41);
Betrieb von Internaten (Kl. 41);

Dienstleistungen von Pflege- und Erholungsheimen (Kl. 44).
▶ **Klasse 44**
Medizinische und veterinärmedizinische Dienstleistungen;
Gesundheits- und Schönheitspflege für Menschen und Tiere;
Dienstleistungen im Bereich der Land-, Garten- oder Forstwirtschaft.
Erläuternde Anmerkung
Die Klasse 44 enthält im Wesentlichen die medizinische Betreuung, Gesundheits- und Schönheitspflege für Menschen und Tiere, erbracht durch Personen oder Unternehmen;
sie enthält ebenfalls Dienstleistungen im Bereich der Landwirtschaft, des Gartenbaus und der Forstwirtschaft.
Diese Klasse enthält insbesondere:
Medizinische Analysen im Zusammenhang mit der Behandlung von Personen (wie Röntgenaufnahmen und Blutproben);
künstliche Besamung;
pharmazeutische Beratung;
Aufzucht von Tieren;
Dienstleistungen im Zusammenhang mit dem Pflanzenbau wie Gartenarbeit;
Dienstleistungen im Zusammenhang mit der Floristik wie Blumenbinden sowie die Dienstleistungen von Landschaftsgärtnern.
Diese Klasse enthält insbesondere nicht:
Schädlingsbekämpfung (ausgenommen für landwirtschaftliche, gartenwirtschaftliche und forstwirtschaftliche Zwecke) (Kl. 37);
Installation und Reparatur von Bewässerungsanlagen (Kl. 37);
Krankentransporte (Kl. 39);
Schlachten von Tieren und Ausstopfen und Präparieren von Tieren (Kl. 40);
Fällen und Zuschneiden von Holz (Kl. 40);
Tierdressur (Kl. 41);
Dienstleistungen von Fitnessclubs (Kl. 41);
wissenschaftliche Forschungen für medizinische Zwecke (Kl. 42);
Betrieb von Tierpflegeheimen (Kl. 43);
Dienstleistungen von Altersheimen (Kl. 43).
▶ **Klasse 45**
Persönliche und soziale Dienstleistungen betreffend individuelle Bedürfnisse;
Sicherheitsdienste zum Schutz von Sachwerten oder Personen.
Diese Klasse enthält insbesondere:
Nachforschungen und Überwachungen bezüglich der Sicherheit von Personen und Dingen;
Dienstleistungen zu Gunsten von Personen, im Zusammenhang mit gesellschaftlichen Anlässen wie Begleitdienste, Ehevermittlung, Bestattungen.
Diese Klasse enthält insbesondere nicht:
Gewerbsmäßige direkte Hilfe bei der Abwicklung von Geschäften und der Leitung von Handelsgesellschaften (Kl. 35);
Dienstleistungen in Verbindung mit Finanz-, Geld- oder Versicherungsgeschäften (Kl. 36);
Reisebegleitung (Kl. 39);
Sicherheitstransporte (Kl. 39).

Dienstleistungen im Bereich der Erziehung und der Ausbildung von Personen in allen Formen (Kl. 41);
Darbietungen von Sängern und Tänzern (Kl. 41);
Rechtsberatung und -vertretung (Kl. 42);
Dienstleistungen von Dritten, die die medizinische Betreuung, die Gesundheits- und Schönheitspflege von Menschen und Tieren sicherstellen (Kl. 44); bestimmte Vermietungsdienstleistungen (siehe alphabetische Liste der Dienstleistungen sowie allgemeine Hinweise (b) bezüglich der Klassifizierung der Dienstleistungen).

Das Waren- und Dienstleistungsverzeichnis kann nachträglich durch Streichen von Waren oder Dienstleistungen *eingeschränkt* werden.[7]

5.2.4. Gebühren

Bei der Anmeldung sind folgende Gebühren zu entrichten (§ 18 MSchG; vgl dazu § 4 PGMMV über *Zahlungen an das PA*):

- Die *Anmeldegebühr* beträgt 69,-- EUR, darin ist bereits ein Entgelt für die Recherche (§ 21 MSchG) in Höhe von 29,-- EUR enthalten.
- Die *Klassengebühr* in Höhe von 15,-- EUR, sofern das Verzeichnis der Waren und Dienstleistungen nicht mehr als drei Klassen umfasst; für jede weitere Klasse erhöht sie sich um je 21,-- EUR.

Ohne Geld, keine Marke.

- Vor der Registrierung einer Marke sind nach Aufforderung weiters eine *Schutzdauergebühr* von 145,-- EUR und
- ein *Druckkostenbeitrag* für die Veröffentlichung zu zahlen. Schutzdauergebühr und Druckkostenbeitrag sind zurückzuerstatten, wenn die Anmeldung nicht zur Registrierung führt (§ 18 Abs 3 MSchG). Die Veröffentlichungsgebühr für die Registrierung beträgt 25,-- EUR.
- Schließlich sind gewisse Gebühren nach dem GebührenG für Markenanmeldungen, sonstige Eingaben, Beilagen, Registerauszüge, Amtsbestätigungen, Duplikate, amtliche Ausfertigungen und Zeugnisse vorgesehen. Dazu gibt das PA eine *„Übersicht über die Schriftengebühren gemäß Gebührengesetz (früher Stempelgebühren) gültig ab 1.1.2002"* heraus, die auch auf der Website des PA abrufbar ist.

5.3. Priorität

Der Priorität eines Kennzeichens kommt entscheidende Bedeutung zu. Das Kennzeichen mit der besseren Priorität hat Vorrang.[8] Die Bestimmung der Priorität ist

---

[7]) Vgl dazu *Schönherr/Thaler*, Entscheidungen zum Markenrecht (1985) E 10 zu § 17; zur Einschränkung bei der IR-Marke: E 12 zu § 20.
[8]) *Schönherr/Thaler*, Entscheidungen zum Markenrecht (1985) E 1 zu § 23.

bei den einzelnen Kennzeichenrechten (Name, Firma, Marke etc) unterschiedlich geregelt. Für die Marke ist zunächst die Anmeldung entscheidend:

5.3.1. Anmeldepriorität

Mit dem *Tag* der ordnungsgemäßen Anmeldung einer Marke erlangt der Anmelder das Prioritätsrecht (§ 23 Abs 1 MSchG). Der Tag ist somit die kleinste Zeiteinheit bei der Festsetzung der Priorität.

5.3.2. Auslandspriorität

Die wertvolle Auslandspriorität einer Marke kann man zollfrei mitnehmen.

Vorgaben der PVÜ: Vor der Markenrechts-Nov 1999 wurden ausschließlich Prioritätsrechte nach *Art 4 PVÜ* (Seite 244) berücksichtigt: Wer in einem der Verbandsländer die Anmeldung für eine Fabrik- oder Handelsmarke vorschriftsmäßig hinterlegt hat, oder sein Rechtsnachfolger genießt für die Hinterlegung in den anderen Ländern während der unten bestimmten Fristen ein Prioritätsrecht (Art 4 A Abs 1 PVÜ). Als prioritätsbegründend wird jede Hinterlegung anerkannt, der nach den innerstaatlichen Rechtsvorschriften jedes Verbandslandes oder nach den zwischen Verbandsländern abgeschlossenen zwei- oder mehrseitigen Verträgen die Bedeutung einer vorschriftsmäßigen nationalen Hinterlegung zukommt (Art 4 A Abs 2 PVÜ). Unter vorschriftsmäßiger nationaler Hinterlegung ist jede Hinterlegung zu verstehen, die zur Festlegung des Zeitpunkts ausreicht, an dem die Anmeldung in dem betreffenden Land hinterlegt worden ist, wobei das spätere Schicksal der Anmeldung ohne Bedeutung ist (Art 4 A Abs 3 PVÜ). Art 4 B PVÜ erläutert die Ratio dieser Regelung: Die spätere, jedoch vor Ablauf dieser Prioritätsfrist in einem der anderen Verbandsländer bewirkte Hinterlegung kann nicht durch inzwischen eingetretene Tatsachen, insbesondere durch eine andere Hinterlegung oder durch den Gebrauch der Marke unwirksam gemacht werden; „diese Tatsachen können kein Recht Dritter und kein persönliches Besitzrecht begründen". Andererseits wird in Art 4 B PVÜ klargestellt: „Die Rechte, die von Dritten vor dem Tag der ersten, prioritätsbegründenden Anmeldung erworben worden sind, bleiben nach Maßgabe der innerstaatlichen Rechtsvorschriften eines jeden Verbandslandes gewahrt".

Vorgaben des TRIPS-Abk: Das TRIPS-Abk verweist auf die PVÜ (vgl Art 2 Z 1 TRIPS-Abk; gemäß Art 62 Z 3 TRIPS-Abk findet Art 4 PVÜ sinngemäß auf Dienstleistungsmarken Anwendung).

Österreichische Regelung: In der Praxis ist die Möglichkeit, eine *ausländische Priorität* in Anspruch zu nehmen, sehr bedeutsam. Der Anmelder kann sich unter gewissen Voraussetzungen darauf berufen, dass er dieselbe Marke bereits in einem anderen Land angemeldet hat, und bei der Nachanmeldung in Österreich den früheren Prioritätszeitpunkt dieser ausländischen Anmeldung beanspruchen: Die aufgrund zwischenstaatlicher Vereinbarungen eingeräumten Prioritätsrechte sowie Prioritätsrechte gemäß § 24 Abs 2 MSchG (dazu gleich unten) sind *ausdrücklich in Anspruch zu nehmen* (§ 24 Abs 1 MSchG).

Diese weit gefasste Regelung wurde erst durch die *Markenrechts-Nov 1999* eingefügt. Nunmehr wird allgemein auf Prioritätsrechte verwiesen, die aufgrund „*zwischenstaatlicher Vereinbarungen*" einzuräumen sind. Als derartige „zwischenstaatliche Vereinbarung" ist neben der PVÜ auch das TRIPS-Abk anzusehen.[9] Dem Anmelder steht gemäß § 24 Abs 2 MSchG innerhalb einer Frist von *sechs Monaten*[10] nach dem Anmeldetag einer früheren Markenanmeldung, die bei einer Anmeldestelle eingereicht wurde, die nicht vom Geltungsbereich einer zwischenstaatlichen Vereinbarung über die Anerkennung der Priorität erfasst ist, für eine dieselbe Marke betreffende spätere Anmeldung im Inland das Recht der Priorität der früheren Markenanmeldung zu, wenn eine entsprechende *Gegenseitigkeit* mit dieser Anmeldestelle durch eine vom zuständigen Bundesminister im BGBl zu verlautbarende Kundmachung festgestellt ist. Die Voraussetzungen und die Wirkungen dieses Prioritätsrechts entsprechen denen des Art 4 PVÜ.

Prioritätserklärung: Bei dieser Prioritätsbeanspruchung sind der Tag der Anmeldung, deren Priorität in Anspruch genommen wird, und das Land, in dem diese Anmeldung bewirkt worden ist, anzugeben (Prioritätserklärung).[11] Ferner ist das Aktenzeichen dieser Anmeldung anzuführen (§ 24 Abs 1 MSchG).[12] Die Prioritätserklärung ist *binnen zwei Monaten* nach dem Einlangen der Anmeldung beim Patentamt abzugeben.[13] Innerhalb dieser Frist kann die Berichtigung der Prioritätserklärung beantragt werden. Der Antrag unterliegt einer *Gebühr* im Ausmaß der Hälfte der bei der Anmeldung zu entrichtenden Gebühren (§ 24 Abs 3 MSchG). Hängt die Erlangung oder Aufrechterhaltung des Schutzrechts davon ab, ob die Priorität zu Recht beansprucht wurde, so ist das Prioritätsrecht nachzuweisen.

---

[9]) EB 1999, zitiert nach *Kucsko*, MSA MSchG (1999) Anm 1 zu § 24.
[10]) Die durch die PVÜ vorgegebene Prioritätsfrist beträgt für „die gewerblichen Muster oder Modelle und für die Fabrik- oder Handelsmarken" ebenfalls sechs Monate (Art 4 C Abs 1 PVÜ). Diese Frist läuft vom Zeitpunkt der Hinterlegung der ersten Anmeldung an; der Tag der Hinterlegung wird nicht in die Frist eingerechnet (Art 4 C Abs 2 PVÜ). Ist der letzte Tag der Frist in dem Land, in dem der Schutz beansprucht wird, ein gesetzlicher Feiertag oder ein Tag, an dem das Amt zur Entgegennahme von Anmeldungen nicht geöffnet ist, so erstreckt sich die Frist auf den nächstfolgenden Werktag (Art 4 C Abs 3 PVÜ). Als erste Anmeldung, von deren Hinterlegungszeitpunkt an die Prioritätsfrist läuft, wird auch eine jüngere Anmeldung angesehen, die denselben Gegenstand betrifft wie eine erste ältere im Sinn des Art 4 C Abs 2 PVÜ in demselben Verbandsland eingereichte Anmeldung, sofern diese ältere Anmeldung bis zum Zeitpunkt der Hinterlegung der jüngeren Anmeldung zurückgezogen, fallengelassen oder zurückgewiesen worden ist, und zwar bevor sie öffentlich ausgelegt worden ist und ohne dass Rechte bestehen geblieben sind; ebensowenig darf diese ältere Anmeldung schon Grundlage für die Inanspruchnahme des Prioritätsrechts gewesen sein. Die ältere Anmeldung kann in diesem Fall nicht mehr als Grundlage für die Inanspruchnahme des Prioritätsrechts dienen (Art 4 C Abs 4 PVÜ).
[11]) Wer die Priorität einer früheren Hinterlegung in Anspruch nehmen will, muss eine Erklärung über den Zeitpunkt und das Land dieser Hinterlegung abgeben (Art 4 D Abs 1 erster Satz PVÜ).
[12]) Wer die Priorität einer früheren Anmeldung in Anspruch nimmt, ist verpflichtet, das Aktenzeichen dieser Anmeldung anzugeben (Art 4 D Abs 5 PVÜ).
[13]) Jedes Land bestimmt, bis wann die Erklärung spätestens abgegeben werden muss (Art 4 D Abs 1 zweiter Satz PVÜ).

Prioritätsbelege: Mit Verordnung ist zu bestimmen, welche Belege für diesen Nachweis (Prioritätsbelege) erforderlich und wann sie vorzulegen sind (§ 24 Abs 4 MSchG). Nähere Ausführungsbestimmungen dazu enthält die PGMMV: Die zum Nachweis des rechtzeitig beanspruchten Prioritätsrechts gemäß § 24 MSchG dienenden Belege sind innerhalb einer festzusetzenden angemessenen Frist vorzulegen. Die Frist darf nicht vor Ablauf von drei Monaten nach dem Tag der Anmeldung im Inland enden. Sie ist aus rücksichtswürdigen Gründen zu verlängern (§ 2 PGMMV). Als *Prioritätsbeleg* ist eine Abschrift der Anmeldung, deren Priorität in Anspruch genommen wird, mit einer Bestätigung der zuständigen Behörde des Staates, in dem diese Anmeldung erfolgt ist, über den Zeitpunkt ihrer Hinterlegung und über die Übereinstimmung der Abschrift mit der Anmeldung vorzulegen (§ 3 Abs 1 PGMMV). Eine *Beglaubigung* der vorzulegenden Urkunden ist nicht erforderlich (§ 3 Abs 2 PGMMV). Als Prioritätsbeleg kann auch eine amtliche Urkunde über die Registrierung der Marke vorgelegt werden (§ 19 PGMMV).[14] Erfolgt die inländische Anmeldung nicht durch denselben Anmelder, der die Anmeldung, deren Priorität in Anspruch genommen wird, vorgenommen hat, so ist die *Rechtsnachfolge* nachzuweisen (§ 3 Abs 3 PGMMV). Sind die vorgelegten Urkunden nicht in deutscher, englischer oder französischer Sprache abgefasst, so ist auch eine beglaubigte *Übersetzung* in eine dieser Sprachen anzuschließen; das Patentamt ist jedoch befugt, eine beglaubigte Übersetzung in die deutsche Sprache zu verlangen, sofern dies sachlich gerechtfertigt ist (§ 3 Abs 4 PGMMV).

Fristversäumnis: Wird die Prioritätserklärung nicht rechtzeitig abgegeben, werden die Prioritätsbelege nicht rechtzeitig vorgelegt oder wird das Aktenzeichen der Anmeldung, deren Priorität in Anspruch genommen wird, nach amtlicher Aufforderung nicht fristgerecht bekanntgegeben, so bestimmt sich die Priorität nach dem Tag der Anmeldung im Inland (§ 24 Abs 5 MSchG).[15]

Gebühren für Prioritätsbelege: Für Prioritätsbelege dürfen nur vom PA angefertigte Kopien verwendet werden (§ 20 Abs 2 PGMMV). Die Gebühren für Prioritätsbelege betragen für jede kopierte Seite 1,-- EUR (§ 20 Abs 1 Z 1 PGMMV).

5.3.3. Ausstellungspriorität

Vorgaben der PVÜ: Schließlich sind noch Besonderheiten für die „*Ausstellungspriorität*" vorgesehen. Diese Regelung ist durch die PVÜ vorgegeben: Die Ver-

---

[14]) Die Verbandsländer können von demjenigen, der eine Prioritätserklärung abgibt, verlangen, dass er die frühere Anmeldung in Abschrift vorlegt; die Abschrift, die von der Behörde, die diese Anmeldung empfangen hat, als übereinstimmend bescheinigt ist, ist von jeder Beglaubigung befreit und kann auf alle Fälle zu beliebiger Zeit innerhalb einer Frist von drei Monaten nach der Hinterlegung der späteren Anmeldung gebührenfrei eingereicht werden. Es kann verlangt werden, dass ihr eine von dieser Behörde ausgestellte Bescheinigung über den Zeitpunkt der Hinterlegung und eine Übersetzung beigefügt werden (Art 4 D Abs 3 PVÜ). Art 4 D Abs 4 erster Satz PVÜ: „Andere Förmlichkeiten für die Prioritätserklärung dürfen bei der Hinterlegung der Anmeldung nicht verlangt werden." Art 4 D Abs 5 PVÜ: „Später können weitere Nachweise verlangt werden."

[15]) Art 4 D Abs 4 zweiter Satz PVÜ: „Jedes Verbandsland bestimmt die Folgen der Nichtbeachtung der in diesem Artikel vorgesehenen Förmlichkeiten; jedoch dürfen diese Folgen über den Verlust des Prioritätsrechts nicht hinausgehen."

bandsländer werden nach Maßgabe ihrer innerstaatlichen Rechtsvorschriften den Fabrik- oder Handelsmarken für Erzeugnisse, die in einem Verbandsland auf den amtlichen oder amtlich anerkannten internationalen Ausstellungen zur Schau gestellt werden, einen zeitweiligen Schutz gewähren (Art 11 Abs 1 PVÜ). Dieser zeitweilige Schutz verlängert die Fristen des Art 4 PVÜ nicht. Wird später das Prioritätsrecht beansprucht, so kann die Behörde eines jeden Landes die Frist mit dem Zeitpunkt beginnen lassen, zu dem das Erzeugnis in die Ausstellung eingebracht worden ist (Art 11 Abs 2 PVÜ). Jedes Land kann zum Nachweis der Übereinstimmung des ausgestellten Gegenstandes und des Zeitpunkts der Einbringung die ihm notwendig erscheinenden Belege verlangen (Art 11 Abs 3 PVÜ).

Österreichische Regelung: Der Anmelder kann sich unter gewissen Voraussetzungen (§ 25 ff MSchG) auf die Priorität des Tages der Einbringung der mit der Marke gekennzeichneten Waren in den Ausstellungsraum berufen. In der Praxis kommt dies eher selten vor.

5.4. Amtliche Prüfung

Das PA (RA) muss die Markenanmeldung auf *Gesetzmäßigkeit* prüfen (§ 20 Abs 1 MSchG). Geprüft wird, ob ein Registrierungshindernis vorliegt, ob die Anmeldungseingabe, die Markenabbildung und das Waren- und Dienstleistungsverzeichnis den Vorschriften entsprechen, ob ordnungsgemäße Vollmachten vorliegen sowie, ob die bei der Anmeldung zu zahlenden Gebühren entrichtet wurden und die Entrichtung ordnungsgemäß nachgewiesen wurde. Für die Beurteilung der Marke kommt es nur auf die angemeldete Form der Marke an, nicht darauf, wie sie vom Anmelder im Geschäftsverkehr tatsächlich verwendet wird[16]; die *tatsächliche Verwendung* hat nur indirekt bei der Erbringung des Verkehrsgeltungsnachweises Bedeutung. Die *Registrierung anderer Marken* hat bei der Beurteilung der Schützbarkeit keine präjudizielle Wirkung.[17] Die Beurteilung ist nach der Rechtslage im *Prioritätszeitpunkt* vorzunehmen.[18] Für die Gesetzmäßigkeitsprüfung gilt die *Offizialmaxime*; Erhebungen sind daher auch von Amts wegen durchzuführen.[19]

Bestehen gegen die Registrierung Bedenken, so ist der Anmelder zur *Äußerung* aufzufordern (§ 20 Abs 2 MSchG).[20] Bestehen Bedenken gegen die Zulässigkeit der Registrierung gemäß § 4 Abs 1 Z 3, 4 oder 5 MSchG, so ist auf Antrag des Anmelders vor der Abweisung mit *Beschluss* festzustellen, dass das angemeldete Zeichen nur unter den Voraussetzungen des § 4 Abs 2 MSchG registrierbar ist; ein solcher Beschluss kann mit *Beschwerde* angefochten werden (§ 20 Abs 3 MSchG). Dieser *Feststellungsbescheid* darf nicht an die Voraussetzung geknüpft werden,

---

[16]) Vgl dazu *Schönherr/Thaler*, Entscheidungen zum Markenrecht (1985) E 209 ff zu § 1 und E 9 zu § 20.
[17]) Vgl dazu *Schönherr/Thaler*, Entscheidungen zum Markenrecht (1985) E 194 ff zu § 1.
[18]) *Schönherr/Thaler*, Entscheidungen zum Markenrecht (1985) E 20 ff zu § 4.
[19]) *Schönherr/Thaler*, Entscheidungen zum Markenrecht (1985) E 20 und 22 zu § 20.
[20]) Die Frist zur Mängelbehebung ist keine Fallfrist: *Schönherr/Thaler*, Entscheidungen zum Markenrecht (1985) E 24 zu § 20.

dass der Schutzrechtswerber nachweist, in der Lage zu sein, einen Verkehrsgeltungsnachweis zu erbringen.[21]

Wird nach rechtzeitiger Äußerung oder nach Ablauf der Frist die *Unzulässigkeit* der Registrierung festgestellt, so ist die Markenanmeldung mit Beschluss abzuweisen (§ 20 Abs 2, zweiter Satz MSchG). Die Abweisung kann auch bloß einen *Teil* des Waren- und Dienstleistungsverzeichnisses erfassen (vgl Art 13 MarkenRL).[22] Abweisende (bzw zurückweisende) Beschlüsse der RA können mit *Beschwerde* an die BA (Seite 350) angefochten werden (§ 36 MSchG). Trifft die BA – etwa aus der Fachliteratur – Feststellungen, so ist der Partei das Beweisergebnis vorab zur Kenntnis zu bringen und ihr Gelegenheit zur Stellungnahme zu geben.[23] Für das Beschwerdeverfahren besteht ein Neuerungsverbot.[24] Die Schutzverweigerung wirkt nur für den Einzelfall und steht einer neuerlichen Anmeldung der Marke nicht im Wege.[25]

Jede angemeldete Marke ist weiters darauf zu prüfen, ob sie prioritätsälteren Marken, die für Waren oder Dienstleistungen derselben Klasse registriert sind, gleich oder möglicherweise ähnlich ist (*Ähnlichkeitsrecherche*). Gleiche oder möglicherweise ähnliche Marken sind dem Anmelder mit dem Hinweis mitzuteilen, dass das angemeldete Zeichen im Fall der Zulässigkeit registriert werden wird, sofern die Anmeldung nicht innerhalb der vom Patentamt gesetzten Frist zurückgenommen wird (§ 21 Abs 1 MSchG). Diese Mitteilung oder ihr Unterbleiben ist für die Beurteilung des Schutzbereiches der betroffenen Zeichen ohne Belang.[26] Sie bedarf weder einer Unterschrift noch einer Beglaubigung der Behörde (§ 21 Abs 2 MSchG).

Ähnlichkeitsrecherchen können auch *außerhalb des Registrierungsverfahrens* veranlasst werden, sei es einmalig oder laufend (für jedes halbe Jahr, für jedes Jahr oder alle zwei Jahre). Laufende Mitteilungen werden jeweils im Jänner, halbjährlich auch im Juli versendet (§ 22 MSchG).

Österreich kennt – anders als etwa Deutschland – *kein Widerspruchsverfahren*. Der Inhaber eines älteren Rechts kann daher nur die Registrierung abwarten und danach einen Löschungsantrag stellen.[27]

5.5. Wirkungen der Anmeldung

Mit der Markenanmeldung sind mehrere Rechtsfolgen verknüpft: Formell wird das *Anmeldeverfahren* eingeleitet; materiell entstehen das übertragbare *Recht aus der Anmeldung* sowie das *Prioritätsrecht* (vgl § 23 Abs 1 MSchG).

---

[21]) BA 5. 5. 1982, Bm 32/79 – Ball – PBl 1987, 37 = ÖBl 1987, 40.
[22]) *Schönherr/Thaler*, Entscheidungen zum Markenrecht (1985) E 35 zu § 20.
[23]) VwGH 15. 9. 1999, Zl 99/04/0038 – TCP – PBl 1999, 185 = ÖBl-LS 00/19.
[24]) Zum Umfang des Neuerungsverbots im Zusammenhang mit einem Verkehrsgeltungsnachweis vgl BA 29. 8. 1994, Bm 7/94 – COMPUTER COMPANY – PBl 1995, 225 = ÖBl 1996, 19.
[25]) *Schönherr/Thaler*, Entscheidungen zum Markenrecht (1985) E 30 zu § 20.
[26]) Vgl auch BA 4. 9. 1989, Bm 10/88 – LEBEN MIT TRADITION – PBl 1991, 33 = ÖBl 1991, 12.
[27]) Mit guten Argumenten für die Einführung eines Widerspruchverfahrens: *Sonn*, FS 100 Jahre PA (1999) 70.

5.6. Veröffentlichung und Registrierung

Besteht kein Registrierungshindernis, so ist die Marke nach der Prüfung auf Ähnlichkeit (§ 21 MSchG) und nach der Einzahlung der vorgeschriebenen Gebühren sowie des Druckkostenbeitrages zu registrieren (§ 20 Abs 2, letzter Satz MSchG). Weiters ist die Publikation im *„Markenanzeiger"* anzuordnen. Der Markeninhaber erhält eine amtliche Bestätigung (*„Markenurkunde"*; § 17 Abs 4 MSchG).

5.6.1. Markenregister

Literaturhinweise: *Steffek*, Gilt das Datenschutzgesetz auch für die automationsunterstützte Führung des Patent- und des Markenregisters? ÖBl 1981, 3.

In das beim PA geführte, jedermann zur Einsicht offenstehende *Markenregister* sind die wesentlichen Daten der Marke einzutragen (§ 16 Abs 1 und § 17 Abs 1 MSchG):

- Die Marke (Marken, die bloß aus Zahlen, Buchstaben oder Worten ohne bildmäßige Ausgestaltung bestehen und für die keine bestimmte Schriftform beansprucht wurde, sind in Großbuchstaben oder arabischen Ziffern einzutragen; § 17 Abs 3 MSchG);
- die Registernummer;
- der Tag der Anmeldung und gegebenenfalls die beanspruchte Priorität[28];
- der Inhaber der Marke und gegebenenfalls dessen Vertreter;
- die Waren und Dienstleistungen, für welche die Marke bestimmt ist, geordnet nach der Internationalen Klasseneinteilung (Abkommen von Nizza; Seite 244);
- der Beginn der Schutzdauer;
- gegebenenfalls der Hinweis, dass die Marke aufgrund eines Verkehrsgeltungsnachweises registriert worden ist;[29]
- gegebenenfalls der Hinweis darauf, dass die Marke aus einer Gemeinschaftsmarke (bzw Gemeinschaftsmarkenanmeldung) oder aus einer nach dem Madrider Protokoll registrierten internationalen Marke umgewandelt wurde (Seite 633);
- Streitanmerkungen (§ 28 Abs 2 MSchG).

Auf Verlangen sind jedermann beglaubigte *Abschriften* auszustellen (§ 17 Abs 6 MSchG). Zur *Änderung* des Registerstandes vgl § 28 MSchG (Seite 467).

---

[28]) Vgl Art 4 D Abs 2 PVÜ.
[29]) Vgl dazu VwGH 12. 12. 1989, Zl 89/04/0092, VwSlg 13.080 (A).

5.6.2. Markenanzeiger

Vorgaben der PVÜ: Jedes der Verbandsländer der PVÜ ist verpflichtet, ein „besonderes Amt" einzurichten (Seite 348), um die Fabrik- oder Handelsmarken der Öffentlichkeit zur Kenntnis zu bringen (Art 12 Abs 1 PVÜ). Dieses Amt wird ein regelmäßig erscheinendes amtliches Blatt herausgeben. Es wird regelmäßig die Abbildungen der eingetragenen Marken veröffentlichen (Art 12 Abs 2 PVÜ).

Vorgaben des TRIPS-Abk: Auch das TRIPS-Abk schreibt die Publikation vor. Die Mitglieder veröffentlichen alle Marken entweder vor ihrer Eintragung oder unverzüglich nach ihrer Eintragung (Art 15 Abs 5 TRIPS-Abk).

Österreichische Regelung: Die Marke ist nach ihrer Registrierung im *Österreichischen Markenanzeiger* zu veröffentlichen (§ 17 Abs 5 iVm § 42 Abs 2 MSchG). Die Öffentlichkeit soll so die Möglichkeit erhalten, sich über bestehende Schutzrechte zu informieren. Diese Maßnahme zur Erhöhung der Publizität ergänzt die Publizität des Markenregisters. Die Gebühr für die Veröffentlichung einer Marke im Österreichischen Markenanzeiger beträgt 25,-- EUR (§ 21 PGMMV).

Der Österreichische Markenanzeiger erscheint am 20. jedes Monats (§ 1 Abs 2 PublV). Darin haben Veröffentlichungen betreffend Markenrechte, die aufgrund des MSchG erworben werden, zu erfolgen, sofern dies gesetzlich vorgeschrieben ist oder im öffentlichen Interesse liegt (§ 4 PublV). Der Preis für den Markenanzeiger ist „nach Maßgabe der Gestehungskosten" vom Präsidenten des PA festzusetzen (§ 6 PublV).

5.6.3. Markenurkunde

Das Anmeldeverfahren wird nicht mit einem förmlichen Beschluss abgeschlossen. Der Markeninhaber erhält aber eine amtliche Bestätigung über die Registereintragung (§ 17 Abs 4 MSchG).

5.6.4. Registereinsicht

Das Markenregister und die über seinen Inhalt anzulegenden Kataloge stehen jedermann zur *Einsicht* offen. Von den Eintragungen ist auf Verlangen eine beglaubigte Abschrift auszustellen (§ 17 Abs 6 MSchG). Zu den Gebühren vgl Seite 350.

5.7. Erweiterung des Waren- und Dienstleistungsverzeichnisses

Das Waren- und Dienstleistungsverzeichnis einer angemeldeten oder eingetragenen Marke kann nachträglich *erweitert* werden. Für eine solche Erweiterung gelten die Vorschriften über die Anmeldung von Marken sinngemäß (§ 23 Abs 2 MSchG). Ein Antrag auf Warenerweiterung ist genauso wie die eigentliche Markenanmeldung auf Gesetzmäßigkeit zu prüfen. Der Markeninhaber erlangt durch die Warenerweiterung eine Marke mit mehreren Prioritäten anstelle von zwei Marken. Er hat daher den Vorteil, dass Schutzdauer- und Erneuerungsgebühren nicht noch einmal entrichtet werden müssen. Anmelde- und Klassengebühren sind jedoch wie bei einer Neuanmeldung zu zahlen.[30]

Die *Marke selbst* kann hingegen nachträglich *nicht geändert* werden (anders im Gemeinschaftsmarkenrecht, wo eine ausdrückliche Regelung für gewisse, geringfügige Änderungen vorgesehen ist; Seite 604).[31] Eine *Einschränkung* des Waren- und Dienstleistungsverzeichnisses ist möglich.[32]

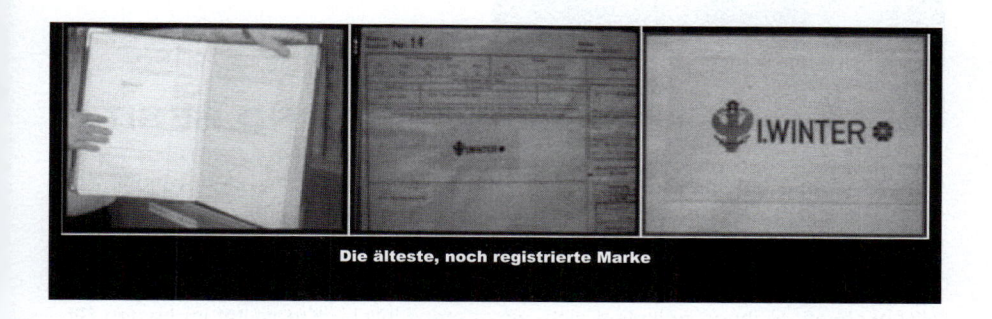

Die älteste, noch registrierte Marke

---

[30]) BA 9. 1. 1995, Bm 24/94, PBl 1995, 250.
[31]) Die BA (28. 7. 1988, Bm 3/88 – LEMON SPARKLING – PBl 1989, 182 = ÖBl 1989, 162) hat eine Änderung der Marke „KALTE ENTE LEMON SPARKLING" durch Streichen der Worte „LEMON SPARKLING" als unzulässig beurteilt. Allerdings ging die BA in dieser Entscheidung davon aus, dass „ganz geringfügige, unwesentliche Änderungen" zulässig wären. Eine gesetzliche Grundlage dafür ist aber nicht ersichtlich. Vgl dazu *Schönherr/Thaler*, Entscheidungen zum Markenrecht (1985) E 5 und 9 zu § 23.
[32]) Vgl dazu *Barger*, Über die Einschränkung des Warenverzeichnisses von Marken, ÖBl 1978, 1.

GEIST UND BESITZ

Der Geist weht bekanntlich, wo er will. Und Gedanken sind frei. Innovationen auf dem Gebiet des Geistes machen sich, anders als technische Innovationen, nicht in einem Gerät bemerkbar, das seinen Sinn erfüllt, wenn es funktioniert, sondern in Vorgaben, die sich erst einlösen, wenn wir uns mental und emotional auf sie einlassen. Hegel sprach einmal von den Objektivationen des Geistes: Kunst, Religion und Wissenschaft. In ihnen artikuliert sich, wozu menschliche Kreativität im besten Sinne fähig ist, sie stellen die eigentliche Entfaltung des Menschseins dar. Wohl haben und benötigen die Erscheinungsformen des Geistes eine materielle Basis – Zeichen, Farben, Töne –, wohl lassen sie sich nach ihrer materiellen Seite in mannigfacher Weise reproduzieren und auf den Markt werfen – als Buch, als Schallplatte, als Bild, als Datei –, aber ihr eigentliche Gehalt erschließt sich erst, wenn man sie verstehend und mit allen Sinnen nachvollzieht. Der bloße Besitz eines Kunstwerkes oder eines philosophischen Buches ist kein Garant für diese geistig-emotionale Form der Aneignung, und gerade die größten Kenner und Liebhaber der Kunst wissen, dass sie zum Beispiel nie einen Tizian oder Vermeer zu Hause hängen haben werden. Aber wenn Sie im Kunsthistorischen Museum fasziniert, vielleicht sogar ergriffen vor dem Gemälde stehen, spüren sie, dass es in diesem Moment auch ihr Bild ist, das sie dennoch nicht berühren dürfen.

Der Begriff des geistigen Eigentums ist so widersprüchlich. Dass die Errungenschaften des Geistes allen Menschen zugute kommen sollten, dass die Ergebnisse wissenschaftlicher Forschung öffentlich zugänglich gemacht werden, dass Kunstwerke in einem öffentlichen Raum ausgestellt werden, auch dann, wenn Sie im Privatbesitz sind, gehört zu jenen Übereinkünften, die den zivilisatorischen Fortschritt der aufgeklärten Gesellschaften begründeten. Erst die Absage an alle Formen des geheimen, okkulten, esoterischen, also privaten Wissens ermöglichte jenen wissenschaftlichen und kulturellen Beschleunigungseffekt, dem wir unsere Technik und unsere liberale Lebensform verdanken. Andererseits war und ist es nicht einzusehen, warum in einer eigentumsorientierten Gesellschaft gerade die Träger origineller Gedanken oder ästhetisch innovativer Strategien immer schon enteignet werden sollen. Während jeder Erfinder eines technischen Verfahrens ein Patent anmelden kann, das zumindest auch die Möglichkeit einer materiellen Abfindung inkludiert, zirkulieren Theorien, Gedanken, Formulierungen unabgegolten im Diskursraum, die Honorare für umfangreiche Abhandlungen gleichen dem, was Werbetexter für eine Zeile kassieren, und man ist mittlerweile schon froh, wenn das alte wissenschaftliche Ethos der korrekten Quellenangabe eingehalten wird.

Gegenwärtig erleben wir eine Beschleunigung dieser widersprüchlichen Entwicklung. Durch die Ökonomisierung des Wissenschafts- und Kunstbetriebs gewinnt der reine Verwertungsgedanke einen immer größeren Stellenwert. Diplomarbeiten und Dissertation, die unter Umständen patentierbares Wissen enthalten könnten, werden gesperrt oder von möglichen Nutzern aufgekauft, damit allerdings oft auf Jahre dem wissenschaftlichen Diskurs entzogen. Auch Geisteswissenschaftler und Künstler, aus oben genannten Gründen strategisch im Marktgeschehen ohnehin benachteiligt, versuchen, die Ergebnisse ihrer Arbeit wenigstens mehrfach zu verwerten. Andererseits entsteht durch die neuen Kommunikationstechnologien ein virtueller Raum, der seiner ganzen Struktur nach den Eigentumsbegriff in Frage stellt, da im "Netz" der Nachweis von Autorschaft, Quellen, an bestimmtes lokales Recht gebundene Auflagen der Verbreitung etc obsolet zu werden scheint. Etwas einfach "ins Netz zu stellen" und damit einer Weltöffentlichkeit zugänglich zu machen, war und ist für viele Künstler und Wissenschaftler gerade dann attraktiv, wenn sie bislang mit regressiven Vertriebsformen ihre Schwierigkeiten hatten. Damit beschneiden sie sich aber ihrer ohnehin schmalen ökonomischen Basis.

Die Rechnung kann nicht aufgehen. Wenn alles ökonomisiert wird, kann sich der Geist davon nicht dispensieren, ohne seine Existenz zu gefährden. Wenn er sich allerdings dem Diktat der Ökonomie unterwirft, hört er auf, Geist zu sein.

▸ Univ.-Prof. Mag. Dr. **KONRAD PAUL LIESSMANN**, lehrt Philosophie an der Universität Wien.

6. WIRKUNG DES MARKENSCHUTZES

Überblick:

- Der Markeninhaber hat ein absolut wirkendes *Ausschließungsrecht*.
- Für *bekannte* Marken besteht ein erweiterter Schutz (auch jenseits der Waren- und Dienstleistungsähnlichkeit).
- Das Markenrecht ist *übertragbar* und lizenzierbar.
- Die *Verpfändung* von Marken ist zulässig.

6.1. Ausschließungsrecht

Das Markenrecht gewährt vor allem ein starkes Ausschließungsrecht.

Literaturhinweise: *Zimbler*, Zur Frage der Anbringung der Firma des Händlers an der von ihm zum Verkaufe gebrachten Ware, JBl 1927, 49; *Wahle*, Nichtbenützte Marken nach österreichischem Recht, FS 50 Jahre PA (1949) 96; *Prettenhofer*, Zur Frage des Schutzes der „berühmten Marken", FS 60 Jahre PA (1959) 113; *Schönherr*, Die Legitimation des Markenlizenznehmers zur Verfolgung von Markeneingriffen, ÖBl 1963, 1; *Kiss-Horvath*, Gedanken zu einer Novellierung der Bestimmungen betreffend Patent- und Markeneingriffe, ÖBl 1965, 133; *Barger*, Der Verwechslungsbereich berühmter Marken, ÖBl 1972, 112; *Barfuß*, Die Beurteilung von Markeneingriffen und Patenteingriffen nach dem neuen Strafrecht, FS 75 Jahre PA (1974) 100; *Schönherr*, Fragen des internationalen Kennzeichenrechts aus österreichischer Sicht, GesRZ 1978, 58; *Jordan*, Zum Rechtsmißbrauchseinwand im Markenrecht, FS Piper (1996) 563; *Starck*, Zur mittelbaren Verletzung von Kennzeichenrechten, FS Piper (1996) 627; *Kur*, Die Verwechslungsgefahr im europäischen Markenrecht, MarkenR 1999, 2; *Starck*, Markenrechtliche Verwechslungsgefahr, MarkenR 2000, 233; *Hofinger*, Ein Elementenschutz ist dem Markenrecht fremd, ÖBl 2002, 122; *Buhrow*, Wann sind Marken identisch? ELR 2003, 165.

Im Folgenden geht es um die absolute (also die gegen jeden gerichtete) Wirkung des Markenrechts. Was kann der Markeninhaber Dritten verbieten? Unter welchen Voraussetzungen kann er gegen „Markenpiraten" vorgehen? Welche Markennutzungen muss er hinnehmen? Die zur Verfügung stehenden Sanktionen werden wir dann ab Seite 520 erörtern. Das Markenrecht ist ein *Ausschließungsrecht*:

Vorgaben des TRIPS-Abk: Die Rechte aus der Marke sind hier zumindest im Kernbereich vorgezeichnet. Dem Inhaber einer eingetragenen Marke steht das *ausschließliche Recht* zu, Dritten zu verbieten, ohne seine Zustimmung im geschäftlichen Verkehr gleiche oder ähnliche Zeichen für Waren oder Dienstleistungen, die gleiche oder ähnlich denen sind, für die die Marke eingetragen ist, zu benutzen, wenn diese Benutzung die Gefahr von Verwechslungen nach sich ziehen würde. Bei der Benutzung gleicher Zeichen für gleiche Waren oder Dienstleistungen wird die Verwechslungsgefahr vermutet. Die vorstehend beschriebenen Rechte verletzen bestehende ältere Rechte nicht, noch beeinträchtigen sie die Möglichkeit der

Mitglieder, Rechte aufgrund der Benutzung vorzusehen (Art 16 Abs 1 TRIPS-Abk).

Vorgaben des Gemeinschaftsrechts: Der Schutzumfang ist durch Art 5 und 6 MarkenRL (analog: Art 9 und 12 GMV) vorgegeben. Zunächst bestimmt Art 5 Abs 1 MarkenRL: Die eingetragene Marke gewährt ihrem Inhaber ein *ausschließliches Recht*. Dieses Recht gestattet es dem Inhaber, Dritten zu verbieten, ohne seine Zustimmung im geschäftlichen Verkehr

- **Fallgruppe 1:** ein mit der Marke identisches Zeichen für Waren oder Dienstleistungen zu benutzen, die mit denjenigen identisch sind, für die sie eingetragen ist;
- **Fallgruppe 2:** ein Zeichen zu benutzen, wenn wegen der Identität oder der Ähnlichkeit des Zeichens mit der Marke und der Identität oder Ähnlichkeit der durch die Marke und das Zeichen erfassten Waren oder Dienstleistungen für das Publikum die Gefahr von Verwechslungen besteht, die die Gefahr einschließt, dass das Zeichen mit der Marke gedanklich in Verbindung gebracht wird.[1]

Österreichische Regelung: Dem entsprechend gewährt die eingetragene Marke ihrem Inhaber vorbehaltlich der Wahrung älterer Rechte[2] gemäß § 10 Abs 1 MSchG das ausschließliche Recht, Dritten zu verbieten, ohne seine Zustimmung im geschäftlichen Verkehr

- **Fallgruppe 1:** ein mit der Marke gleiches Zeichen für Waren oder Dienstleistungen zu benutzen (§ 10a MSchG), die mit denjenigen gleich sind, für die die Marke eingetragen ist (§ 10 Abs 1 Z 1 MSchG; Art 5 Abs 1 lit a MarkenRL);
- **Fallgruppe 2:** ein mit der Marke gleiches oder ähnliches Zeichen für gleiche oder ähnliche Waren oder Dienstleistungen zu benutzen (§ 10a MSchG), wenn dadurch für das Publikum die Gefahr von Verwechslungen besteht, die die Gefahr einschließt, dass das Zeichen mit der Marke gedanklich in Verbindung gebracht wird (§ 10 Abs 1 Z 2 MSchG; Art 5 Abs 1 lit b MarkenRL).

6.2. Schutz bei Zeichen- und Warenidentität

§ 10 Abs 1 Z 1 MSchG regelt den ersten Kollisionsfall: Eingriffszeichen und registrierte Marken sind „gleich" (ebenso die betreffenden Waren oder Dienstleistungen).

6.2.1. Begriffliche Identität von „gleichartig" und „identisch"

Art 5 Abs 1 lit a MarkenRL spricht von *„identischen"* Zeichen bzw „identischen" Waren und Dienstleistungen. Das MSchG ist demgegenüber bei der „gewohnten Diktion" von *„gleiche"* Zeichen bzw „gleiche" Waren und Dienstleistungen

---

[1]) Zur Verwendung einer fremden Marke als bloßer Beschaffenheitshinweis vgl Seite 450: EuGH 14. 5. 2002, Rs C-2/00 – SPIRIT SUN – ÖBl 2003, 155 = MarkenR 2002, 189 = EWS 2002, 339 = ABl HABM 2002, 1768 = ABl HABM 2002, 1768 = GRUR Int 2002, 841.

[2]) Zum Vorrang einer prioritätsälteren, nicht registrierten, kraft Verkehrsgeltung geschützten Marke: OGH 16. 6. 1992, 4 Ob 26/92 – Profi – ÖBl 1992, 221 = ecolex 1992, 642; OGH 30. 3. 1982, 4 Ob 309/82 – Egger-Bier – ÖBl 1982, 128 (*Schönherr*) = SZ 55/43 = GRUR Int 1983, 38; OGH 3. 11. 1981, 4 Ob 388/81 – AIRJET – ÖBl 1982, 20 = GRUR Int 1983, 181; OGH 5. 5. 1981, 4 Ob 341/81 – Hexenblut – ÖBl 1982, 19.

geblieben. Darauf weisen die Materialien[3] besonders hin und merken an, dass daraus kein Bedeutungsunterschied abgeleitet werden könne, „zumal der Sinngehalt der beiden Worte nach dem allgemeinen Sprachverständnis (vgl Duden) ident beziehungsweise gleich" sei. Ich persönlich würde doch einen Unterschied darin sehen, ob zwei Zeichen einander bloß gleichen oder ob sie sogar ident sind. Wie auch immer, es ist schade, dass der Gesetzgeber nicht einfach die klare Terminologie der MarkenRL übernommen hat. Wir werden uns daran gewöhnen, hier „gleich" im Sinne von „ident" zu lesen.

§ 10 Abs 1 Z 1 MSchG greift nur dann, wenn die beiden Zeichen einander insgesamt, und *nicht bloß in Teilen* gleichen.[4] Ein Zeichen ist dann mit der Marke identisch, wenn es ohne Änderung oder Hinzufügung alle Elemente wiedergibt, die die Marke bilden, oder wenn es als Ganzes betrachtet Unterschiede gegenüber der Marke aufweist, die so geringfügig sind, dass sie einem Durchschnittsverbraucher entgehen können.[5]

6.2.2. Verwechslungsgefahr ist nicht zu prüfen

Zweck des durch die eingetragene Marke gewährten Schutzes ist es, insbesondere die Herkunftsfunktion der Marke zu gewährleisten; dieser Schutz ist absolut im Falle der Identität zwischen der Marke und dem Zeichen und zwischen den Waren oder Dienstleistungen (Erwägungsgrund 10 MarkenRL). § 10 Abs 1 Z 1 MSchG enthält dem entsprechend – anders als bei der 2. Fallgruppe – die Verwechslungsgefahr nicht als anspruchsbegründendes Tatbestandsmerkmal. Sie ist daher auch *nicht zu prüfen.*[6] Bei Vorhandensein gleicher Zeichen, die für gleiche Waren und Dienstleistungen verwendet werden, wird vielmehr von vornherein Verwechslungsgefahr anzunehmen sein (vgl auch Art 16 Abs 1 TRIPS-Abk).[7] Der gewährte Schutz ist ein absoluter.[8]

Im Falle von *Parallelimporten* wird in diesem Zusammenhang zu beachten sein, dass es sich bei den parallel importierten Waren um Originalware handelt, die selbstverständlich nicht mit sich selbst verwechselbar sein kann.[9] Dieser Hinweis in den Materialien bleibt kryptisch. Ist nun der Parallelimport von Originalwaren als Markenverletzung zu verfolgen? Man wird § 10 Abs 1 Z 1 MSchG zusammen mit § 10b MSchG lesen und dies unter den Voraussetzungen des § 10b MSchG (Seite 455) bejahen müssen. Die vor der Markenrechts-Nov 1999 entstandene Ju-

---

[3]) EB 1999, zitiert nach *Kucsko*, MSA MSchG (1999) Anm 2 zu § 10.
[4]) OGH 13. 3. 2002, 4 Ob 18/02d – OPUS ONE – ecolex 2002, 444 (*Schanda*).
[5]) EuGH 20. 3. 2003, Rs C-291/00 – Arthur/ARTHUR & FÉLICE – GRUR 2003, 422 = GRUR Int 2003, 533 = ABl HABM 2003, 1348. Dazu *Buhrow*, ELR 2003, 165.
[6]) OGH 16. 10. 2001, 4 Ob 54/01x – BOSS-Zigaretten II – ÖBl 2002, 147 = ÖBl-LS 2002/60 und 61 = ecolex 2002, 106 (*G. Schönherr*) = wbl 2002, 139 = RdW 2002/284 = EvBl 2002/52 = ÖJZ-LSK 2002/45 = WRP 2002, 844 = GRUR Int 2002, 934.
[7]) EB 1999, zitiert nach *Kucsko*, MSA MSchG (1999) Anm 3 zu § 10.
[8]) EuGH 20. 3. 2003, Rs C-291/00 – Arthur/ARTHUR & FÉLICE – GRUR 2003, 422 = GRUR Int 2003, 533 = ABl HABM 2003, 1348.
[9]) EB 1999, zitiert nach *Kucsko*, MSA MSchG (1999) Anm 3 zu § 10.

dikatur[10], die den Unterlassungsanspruch aus der absolut geschützten Rechtsposition des Markeninhabers ableiten musste, ist also überholt. Damit hat sich allerdings nur die Begründung, nicht aber das Ergebnis geändert.

6.3. Schutz bei Verwechslungsgefahr

6.3.1. Ein „bewegliches System"

Die Verwechslungsgefahr ist in einem (sehr) beweglichen System zu beurteilen.

Literaturhinweise: *Neumann-Ettenreich*, Der Schutz der Marke gegenüber gleichartigen Warengattungen, GZ 1918, 33; *Weinmann*, Geltung des Warenzeichens für Waren aller Art? GRUR 1931, 119; *Bing*, Die Warengleichartigkeit im österreichischen Markenrecht, ÖBl 1935, 23; *Thaler*, Nichtschutzfähige Markenbestandteile und ihr Einfluß auf die Verwechslungsgefahr, ÖBl 1953, 25, 37; *Beier*, Gedanken zur Verwechslungsgefahr und ihrer Feststellung im Prozeß, GRUR 1974, 514; *Barger*, Über die Einschränkung des Warenverzeichnisses von Marken, ÖBl 1978, 1; *Ströbele*, Verwechslungsgefahr und Schutzumfang, FS Gewerblicher Rechtsschutz und Urheberrecht in Deutschland, Bd II (1991) 821.

Bis zur Nov 1999 schützte das MSchG Marken im Bereich der Waren- bzw Dienstleistungs*gleichartigkeit*. Die MarkenRL und die GMV gehen hingegen bei der Beurteilung der Verwechslungsgefahr von Marken vom Begriff der „Ähnlichkeit" der von Marken erfassten Waren und Dienstleistungen aus. Die Nov 1999 hat nunmehr diesen Begriff ins MSchG übernommen. Die Materialien kommentieren dies so:[11] Dieser neue Begriff solle eine *flexiblere Beurteilung* der Verwechslungsgefahr ermöglichen und sei im Sinne der Erwägungsgründe zur MarkenRL zu verstehen. Danach sei es „unbedingt erforderlich, den Begriff der Ähnlichkeit im Hinblick auf die Verwechslungsgefahr auszulegen" (Erwägungsgrund 10), das heißt – so die EB 1999 weiter –, bei der Prüfung der Verwechslungsgefahr ist die Waren- und Dienstleistungsähnlichkeit in eine Wechselbeziehung zum Ähnlichkeitsgrad der einander gegenüberstehenden Zeichen und zur Kennzeichnungskraft der älteren Marke zu stellen. Die Waren- und Dienstleistungsähnlichkeit könne demnach umso geringer sein, je näher sich die Zeichen stehen und je stärker die Kennzeichnungskraft der schutzbegehrenden Marke einzustufen ist. (Dies gelte selbstverständlich auch für den umgekehrten Fall). Je ähnlicher und/oder je be-

---

[10]) OGH 20. 10. 1998, 4 Ob 216/98p – Ralph Lauren II – ÖBl 1999, 87 = EvBl 1999/58 = SZ 71/168 = ZfRV 2000, 153; OGH 28. 9. 1998, 4 Ob 223/98t – Silhouette III – ÖBl 1999, 39 = SZ 71/159 = EvBl 1999/40 = ecolex 1998, 926 (*Schanda*) = wbl 1998, 551 = MR 1998, 291 = RdW 1999, 145 = GRUR Int 1999, 275 = WRP 1998, 1185. Davor ging der OGH allerdings davon aus, dass eine Rechtsgrundlage für den Unterlassungsanspruch fehle: OGH 7. 10. 1997, 4 Ob 262/97a – Ralph Lauren – ÖBl 1998, 47 = RdW 1998, 135 (vgl dazu auch den zweiten Teil der Vorabentscheidung EuGH 16. 7. 1998, Rs C-355/96 – Silhouette II – ÖBl 1998, 296 = ecolex 1998, 718 [*Schanda*] = MR 1998, 205 = wbl 1998, 354 = GRUR Int 1998, 695 = GRUR 1998, 919 = WRP 1998, 851 = EuZW 1998, 563 [*Renck*] = ABl HABM 1998, 1010).

[11]) EB 1999, zitiert nach *Kucsko*, MSA MSchG (1999) Anm 4 zu § 10.

kannter die Marken sind, desto eher wird auch bei größerer Branchenverschiedenheit die Verwechslungsgefahr zu bejahen sein.[12]

6.3.2. Verwechslungsgefahr

Literaturhinweise: *Lederer*, Die rechtliche Natur der Ähnlichkeitsprüfung im Markeneingriffsprozeß, JBl 1909, 373, 387; *Thaler*, Nichtschutzfähige Markenbestandteile und ihr Einfluß auf die Verwechslungsgefahr, ÖBl 1953, 25, 37; *Schönherr*, Zur Frage der Verwechslungsgefahr, ÖBl 1968, 77; *Barger*, Der Verwechslungsbereich berühmter Marken, ÖBl 1972, 112; *Fezer*, Markenfunktionale Wechselwirkung zwischen Markenbekanntheit und Produktähnlichkeit, WRP 1998, 1123; *Fuchs-Wissemann*, Verwechslung von Mehrwortzeichen, Abspaltung und mittelbare Verwechslungsgefahr in gedanklicher Verbindung, GRUR 1998, 522; *Schneider*, LLOYD / LOINT´S: Europarechtliche Kriterien der markenrechtlichen Verwechslungsgefahr, sic! 2000, 37.

Der Begriff der Verwechslungsgefahr ist ein *europarechtlicher Begriff*.[13] Für sie gilt daher gemeinschaftsweit ein einheitlicher Maßstab.[14] Die Verwechslungsgefahr stellt die spezifische Voraussetzung für den Schutz dar; ob sie vorliegt, hängt von einer Vielzahl von Umständen ab, insbesondere dem Bekanntheitsgrad der Marke im Markt, der gedanklichen Verbindung, die das benutzte oder eingetragene Zeichen zu ihr hervorrufen kann, sowie dem Grad der Ähnlichkeit zwischen der Marke und dem Zeichen und zwischen den damit gekennzeichneten Waren oder Dienstleistungen. Bestimmungen über die Art und Weise der Feststellung der Verwechslungsgefahr, insbesondere über die Beweislast, sind Sache nationaler Verfahrensregeln, die von der MarkenRL nicht berührt werden (Erwägungsgrund 10).

In der höchstgerichtlichen *Judikatur* haben sich allgemeine Grundsätze zur Beurteilung der Verwechslungsgefahr nach einem gemeinschaftsweit einheitlichen Maßstab herausgebildet:

> ▸ Die Verwechslungsgefahr ist unter Berücksichtigung aller *Umstände des Einzelfalls umfassend* zu beurteilen.[15]

---

[12]) OGH 4. 2. 1999, 4 Ob 305/98a – Red Puma – ÖBl 1999, 191 = ecolex 1999, 479 (*Schanda*) = wbl 1999, 330; ähnlich OGH 17. 3. 1998, 4 Ob 65/98g – Shark – ÖBl 1998, 244.

[13]) OPM 22. 9. 1999, Om 2/99 – ROTHMANS ROYALS – PBl 2000, 85 = ÖBl-LS 00/81.

[14]) OPM 12. 12. 2001, Om 10/01 – ChocoPie – PBl 2002, 102 = ÖBl-LS 2002/171; OGH 13. 2. 2001, 4 Ob 325/00y – T-One – ÖBl-LS 01/86 = ÖBl 2001, 159 (*Brandstätter/Görg*) = ecolex 2001, 547 (*Schanda*) = GRUR Int 2003, 1031 = MarkenR 2001, 333; OGH 29. 9. 1998, 4 Ob 235/98g – AMC/ATC – ÖBl 1999, 82 = wbl 1999, 131 = ZfRV 1999/18 = GRUR Int 1999, 794.

[15]) EuG 9. 4. 2003, Rs T-224/01 – NU-TRIDE – MarkenR 2003, 200; OGH 28. 5. 2002, 4 Ob 123/02w – Werbepräsent/Wertpräsent – ÖBl-LS 2002/170; OPM 12. 12. 2001, Om 11/01 – APROZIDE – PBl 2002, 124 = ÖBl-LS 2002/172; OPM 12. 12. 2001, Om 10/01 – ChocoPie – PBl 2002, 102 = ÖBl-LS 2002/171; OGH 12. 9. 2001, 4 Ob 169/01h – Best Energy – ÖBl-LS 2002/90 = wbl 2002, 89 (*Thiele*) = ecolex 2002, 266 (*Schanda*) = MMR 2002, 303; OGH 29. 5. 2001, 4 Ob 119/01f – gelbe Prüfplakette – ÖBl-LS 01/137; OPM 23. 5. 2001, Om 1/01 – R LANEROSSI – PBl 2002, 85 = ÖBl-LS 2002/133; OGH 14. 5. 2001, 4 Ob 101/01h – Die roten Seiten – ÖBl-LS 01/175; OGH 3. 4. 2001, 4 Ob 76/01g – adidas/adilia – ÖBl-LS 01/128; OGH 13. 2. 2001, 4 Ob 325/00y – T-One – ÖBl-LS 01/86 = ÖBl 2001, 159 (*Brandstätter/Görg*) = ecolex 2001, 547 (*Schanda*) = GRUR Int 2003, 1031 = MarkenR 2001, 333; OGH 29. 11. 2000, Om 6/00 – TREBON – PBl 2001, 158 = ÖBl-LS 01/176; EuGH 22. 6. 2000, Rs C-425/98 – Marca Mode/Adidas – Adidasstreifen – ÖBl 2000, 282 = wbl 2000, 366 = GRUR Int 2000, 899 = EuZW 2000, 504 = ABl HABM 2000, 1290 = EWS 2000, 353 = MarkenR 2000, 255; EuGH 22. 6. 1999, Rs C-342/97 – Lloyd/Loint´s – ÖBl 1999, 305 = ecolex 1999, 638 (*Schanda*) = wbl 1999, 454 = MarkenR 1999, 236 = GRUR Int 1999, 734 = ABl HABM 1999, 1568; OGH 29. 9. 1998, 4 Ob 235/98g – AMC/ATC –

▶ Umfassende Beurteilung bedeutet, dass auf die *Wechselwirkungen* zwischen den in Betracht kommenden Faktoren Bedacht zu nehmen ist: Ein geringerer Grad der *Gleichartigkeit der erfassten Waren oder Dienstleistungen* kann durch einen höheren Grad der *Ähnlichkeit der Marken* ausgeglichen werden und umgekehrt.[16] Die Beurteilung der Verwechslungsgefahr hängt daher insbesondere vom Bekanntheitsgrad der Marke auf dem Markt und dem Grad der Ähnlichkeit zwischen der Marke und dem Zeichen und dem Grad der Gleichartigkeit zwischen den damit gekennzeichneten Waren oder Dienstleistungen ab.[17] So kann zB trotz eines eher geringen Grads der Ähnlichkeit zwischen den gekennzeichneten Waren oder Dienstleistungen eine Verwechslungsgefahr festgestellt werden, wenn die Ähnlichkeit zwischen den Marken groß und die Unterscheidungskraft der älteren Marke, insbesondere ihr Bekanntheitsgrad, hoch ist.[18] Ein geringerer Grad der Ähnlichkeit der Marken kann durch einen höheren Grad der Ähnlichkeit der Waren und/oder eine besondere Bekanntheit der älteren Marke im Markt ausgeglichen werden.[19] Die frühere Rechtsprechung, dass die Warengleichartigkeit unabhängig von der Verwechslungsgefahr zu prüfen ist, ist daher überholt.[20]

▶ Die *besondere Unterscheidungskraft* der älteren Marke kann die Verwechslungsgefahr erhöhen.[21] Die Verwechslungsgefahr ist umso größer, je höher die *Kennzeichnungskraft* der älteren Marke ist.[22] Die Kennzeichnungskraft bestimmt damit den Schutzbereich der Marke.[23] Marken, die insbesondere wegen ihrer Bekanntheit eine hohe Unterscheidungskraft besitzen, genießen einen umfassenderen Schutz als Marken mit geringer Unterscheidungskraft.[24]

ÖBl 1999, 82 = wbl 1999, 131 = ZfRV 1999/18 = GRUR Int 1999, 794; EuGH 29. 9. 1998, Rs C-39/97 – Canon – ÖBl 1999, 105 = ecolex 1999, 41 (*Schanda*) = wbl 1998, 533 = Slg 1998 I-5507 = MarkenR 1999, 22 = GRUR Int 1999, 875 = GRUR 1998, 922 = ABl HABM 1998, 1406; EuGH 11. 11. 1997, Rs C-251/95 – Sabèl/Puma – ÖBl 1998, 106 = wbl 1998, 34 = Slg 1997 I-6191; OGH 27. 7. 1993, 4 Ob 62, 63/93 – Loctite – ÖBl 1993, 156 = ecolex 1993, 825 = wbl 1994, 29.

[16]) EuG 9. 4. 2003, Rs T-224/01 – NU-TRIDE – MarkenR 2003, 200; EuGH 11. 11. 1997, Rs C-251/95 – Sabèl/Puma – ÖBl 1998, 106 = wbl 1998, 34 = Slg 1997 I-6191.

[17]) OPM 12. 12. 2001, Om 10/01 – ChocoPie – PBl 2002, 102 = ÖBl-LS 2002/171; OGH 3. 4. 2001, 4 Ob 76/01g – adidas/adilia – ÖBl-LS 01/128; OGH 13. 2. 2001, 4 Ob 325/00y – T-One – ÖBl-LS 01/86 = ÖBl 2001, 159 (*Brandstätter/Görg*) = ecolex 2001, 547 (*Schanda*) = GRUR Int 2003, 1031 = MarkenR 2001, 333; EuGH 22. 6. 1999, Rs C-342/97 – Lloyd/Loint's – ÖBl 1999, 305 = ecolex 1999, 638 (*Schanda*) = wbl 1999, 454 = MarkenR 1999, 236 = GRUR Int 1999, 734 = ABl HABM 1999, 1568; EuGH 29. 9. 1998, Rs C-39/97 – Canon – ÖBl 1999, 105 = ecolex 1999, 41 (*Schanda*) = wbl 1998, 533 = Slg 1998 I-5507 = MarkenR 1999, 22 = GRUR Int 1999, 875 = GRUR 1998, 922 = ABl HABM 1998, 1406.

[18]) EuGH 22. 6. 2000, Rs C-425/98 – Marca Mode/Adidas – Adidasstreifen – ÖBl 2000, 282 = wbl 2000, 366 = GRUR Int 2000, 899 = EuZW 2000, 504 = ABl HABM 2000, 1290 = EWS 2000, 353= MarkenR 2000, 255.

[19]) OPM 12. 12. 2001, Om 11/01 – APROZIDE – PBl 2002, 124 = ÖBl-LS 2002/172.

[20]) OPM 12. 12. 2001, Om 10/01 – ChocoPie – PBl 2002, 102 = ÖBl-LS 2002/171.

[21]) EuGH 22. 6. 2000, Rs C-425/98 – Marca Mode/Adidas – Adidasstreifen – ÖBl 2000, 282 = wbl 2000, 366 = GRUR Int 2000, 899 = EuZW 2000, 504 = ABl HABM 2000, 1290 = EWS 2000, 353 = MarkenR 2000, 255.

[22]) OPM 12. 12. 2001, Om 10/01 – ChocoPie – PBl 2002, 102 = ÖBl-LS 2002/171; OGH 12. 9. 2001, 4 Ob 169/01h – Best Energy – ÖBl-LS 2002/90 = wbl 2002, 89 (*Thiele*) = ecolex 2002, 266 (*Schanda*) = MMR 2002, 303; OPM 22. 9. 1999, Om 2/99 – ROTHMANS ROYALS – PBl 2000, 85 = ÖBl-LS 00/81 mwN; EuGH 22. 6. 1999, Rs C-342/97 – Lloyd/Loint's – ÖBl 1999, 305 = ecolex 1999, 638 (*Schanda*) = wbl 1999, 454 = MarkenR 1999, 236 = GRUR Int 1999, 734 = ABl HABM 1999, 1568.

[23]) OPM 12. 12. 2001, Om 10/01 – ChocoPie – PBl 2002, 102 = ÖBl-LS 2002/171; OGH 3. 4. 2001, 4 Ob 76/01g – adidas/adilia – ÖBl-LS 01/128; OGH 13. 2. 2001, 4 Ob 325/00y – T-One – ÖBl-LS 01/86 = ÖBl 2001, 159 (*Brandstätter/Görg*) = ecolex 2001, 547 (*Schanda*) = GRUR Int 2003, 1031 = MarkenR 2001, 333.

[24]) EuGH 22. 6. 2000, Rs C-425/98 – Marca Mode/Adidas – Adidasstreifen – ÖBl 2000, 282 = wbl 2000, 366 = GRUR Int 2000, 899 = EuZW 2000, 504 = ABl HABM 2000, 1290 = EWS 2000, 353 = MarkenR 2000, 255;

▶ *„Schwache"* Kennzeichen mit wenig Kennzeichnungskraft besitzen nur einen sehr engen Schutzbereich; schon geringe Abweichungen beseitigen daher häufig die Verwechslungsgefahr.[25] Die geringe Kennzeichnungskraft kann auch darauf beruhen, dass es nur ein Phantasiewort im weiteren Sinn ist. Eine nachträgliche Schwächung kann sich daraus ergeben, dass ähnliche Drittmarken im Verkehr auftreten, seien es deskriptive Marken, deren Benützung der Markeninhaber nicht verhindern kann, oder Konkurrenzmarken.[26] Auch Kennzeichen mit geringer Kennzeichnungskraft (schwache Kennzeichen) genießen Schutz; die unveränderte, buchstabengetreue Übernahme ist auch bei einem solchen Zeichen in jedem Fall unzulässig.[27] Ein an sich begrenzter Schutzbereich eines „schwachen" Zeichens" kann durch Verkehrsgeltung verstärkt werden.[28]

▶ Allerdings können auch *schwache Markenbestandteile* im Einzelfall, wenn auch nicht allein, so doch *in Verbindung mit anderen Bestandteilen*, den *Gesamteindruck* der Marke beeinflussen oder sogar bestimmen. Eine *zergliedernde Betrachtung* der einzelnen Bestandteile ist nicht statthaft.[29]

▶ Um die *Kennzeichnungskraft* einer Marke zu *bestimmen*, ist zu prüfen, ob die Marke geeignet ist, die Waren oder Dienstleistungen, für die sie eingetragen ist, als von einem bestimmten Unternehmen stammend zu kennzeichnen und damit diese Waren oder Dienstleistungen von denen anderer Unternehmen zu unterscheiden. Dabei sind insbesondere die Eigenschaften zu berücksichtigen, welche die Marke von Haus aus besitzt. Dazu gehören das Vorliegen beschreibender Elemente, der von der Marke gehaltene Marktanteil, die Intensität, die geographische Verbreitung und die Dauer der Benützung der Marke, der Werbeaufwand des Unternehmens für die Marke, der Teil der beteiligten Verkehrskreise, der die Waren als von einem bestimmten Unternehmen stammend erkennt, sowie die Erklärungen von Industrie- und Handelskammern oder von anderen Berufsverbänden.[30] Demnach kann nicht allgemein, beispielsweise durch bestimm-

---

EuGH 22. 6. 1999, Rs C-342/97 – Lloyd/Loint´s – ÖBl 1999, 305 = ecolex 1999, 638 (*Schanda*) = wbl 1999, 454 = MarkenR 1999, 236 = GRUR Int 1999, 734 = ABl HABM 1999, 1568; EuGH 29. 9. 1998, Rs C-39/97 – Canon – ÖBl 1999, 105 = ecolex 1999, 41 (*Schanda*) = wbl 1998, 533 = Slg 1998 I-5507 = MarkenR 1999, 22 = GRUR Int 1998, 875 = GRUR 1998, 922 = ABl HABM 1998. 1406.

[25]) OPM 12. 12. 2001, – TECTOROCK – PBl 2002, 87 = ÖBl-LS 2002/134; OGH 12. 9. 2001, 4 Ob 169/01h – Best Energy – ÖBl-LS 2002/90 = wbl 2002, 89 (*Thiele*) = ecolex 2002, 266 (*Schanda*) = MMR 2002, 303; OGH 9. 11. 1999, 4 Ob 301/99i – Aroma-Wickel – ÖBl-LS 00/17; OPM 22. 9. 1999, Om 2/99 – ROTHMANS ROYALS – PBl 2000, 85 = ÖBl-LS 00/81; OGH 13. 4. 1999, 4 Ob 17/99z – LA LINIA/LA LINEA – ÖBl 1999, 283 = ecolex 1999, 705 (*Schanda*); OPM 8. 7. 1998, Om 6/97 – Clin – PBl 1999, 15; OPM 10. 12. 1997, Om 12/96 – DILSANA – PBl 1998, 147.

[26]) OPM 12. 12. 2001, Om 9/01 – TECTOROCK – PBl 2002, 87 = ÖBl-LS 2002/134; OPM 22. 9. 1999, Om 2/99 – ROTHMANS ROYALS – PBl 2000, 85 = ÖBl-LS 00/81.

[27]) OGH 12. 9. 2001, 4 Ob 169/01h – Best Energy – ÖBl-LS 2002/90 = wbl 2002, 89 (*Thiele*) = ecolex 2002, 266 (*Schanda*) = MMR 2002, 303. Vgl auch OGH 24. 9. 2002, 4 Ob 216/02x – Vienna Delights – ÖBl-LS 2003/10.

[28]) OGH 4. 4. 1989, 4 Ob 22/89 – JOLLY KINDERFEST – ÖBl 1989, 162.

[29]) OPM 30. 10. 2002, Om 4/02 – Kathreiner – PBl 2003, 8 = ÖBl-LS 2003/27; OPM 10. 7. 2002, Om 3/02 – SPITZ – PBl 2002, 180 = ÖBl-LS 2003/25, 26; OPM 8. 7. 1998, Om 6/97 – Clin – PBl 1999, 15.

[30]) EuGH 18. 6. 2002, Rs C-299/99 – Rasierapparat – ÖBl 2003, 55 (*Gamerith*) = ÖBl-LS 2002/177 = EWS 2002, 375 = MarkenR 2002, 231 = GRUR 2002, 804 = GRUR Int 2002, 842 = ABl HABM 2002, 2034; OPM 12. 12. 2001, Om 10/01 – ChocoPie – PBl 2002, 102 = ÖBl-LS 2002/171; OGH 13. 2. 2001, 4 Ob 325/00y – T-One – ÖBl-LS 01/86 = ÖBl 2001, 159 (*Brandstätter/Görg*) = ecolex 2001, 547 (*Schanda*) = GRUR Int 2003, 1031 = MarkenR 2001, 333; EuGH 22. 6. 1999, Rs C-342/97 – Lloyd/Loint´s – ÖBl 1999, 305 = ecolex 1999, 638 (*Schanda*) = wbl 1999, 454 = MarkenR 1999, 236 = GRUR Int 1999, 734 = ABl HABM 1999, 1568; EuGH 4. 5. 1999, Rs C-108/97 – Chiemsee – ÖBl 1999, 255 = ecolex 1999, 838 (*Schanda*) = wbl 1999, 310 = Slg 1999 I-2779 = MarkenR 1999, 189 = WRP 1999, 629 = GRUR Int 1999, 727.

te Prozentsätze in Bezug auf den Bekanntheitsgrad der Marke bei den beteiligten Verkehrskreisen, angegeben werden, wann eine Marke eine hohe Kennzeichnungskraft besitzt.[31]
- Es ist auf den *Gesamteindruck*[32] abzustellen, den die Marken in Bild, Klang oder in der Bedeutung hervorrufen.[33] Erst danach sind allenfalls die Details der zu vergleichenden Marken auf Ähnlichkeit zu prüfen.[34] Es ist daher nicht auszuschließen, dass allein die klangliche Ähnlichkeit der Marken eine Verwechslungsgefahr hervorrufen kann.[35]
- Insbesondere sind die *unterscheidenden* und *dominierenden Elemente* zu berücksichtigen.[36]
- Wenn auch *Wortmarken* nicht in ihre einzelnen *Silben* zerlegt oder nur partiell verglichen werden dürfen, so haben doch bei einer mehrsilbigen Wortmarke die einzelnen Markenbestandteile auf den Gesamteindruck einen verschieden starken Einfluss.[37]
- Auch ein einzelner *Markenbestandteil* genießt gegen die unbefugte Verwendung Schutz, sofern er für sich allein unterscheidungskräftig und durch seine Verwendung die Gefahr von Verwechslungen zu besorgen ist.[38] Andererseits bildet der alleinige Gebrauch eines Markenbestandteils, der für sich allein mangels Kenn-

---

[31]) EuGH 22. 6. 1999, Rs C-342/97 – Lloyd/Loint´s – ÖBl 1999, 305 = ecolex 1999, 638 (*Schanda*) = wbl 1999, 454 = MarkenR 1999, 236 = GRUR Int 1999, 734 = ABl HABM 1999, 1568.
[32]) OGH 21. 1. 2003, 4 Ob 273/02d – Kleiner Feigling – ÖBl-LS 2003/62, 63 = ÖBl 2003, 182 = ecolex 2003, 349 (*Engin-Deniz*) = RdW 2003/311 = wbl 2003, 351; OPM 10. 7. 2002, Om 2/02 – MEGA 3 – PBl 2003, 88; OGH 28. 5. 2002, 4 Ob 123/02w – Werbepräsent/Wertpräsent – ÖBl-LS 2002/170; OPM 12. 12. 2001, Om 10/01 – ChocoPie – PBl 2002, 102 = ÖBl-LS 2002/171; OPM 22. 9. 1999, Om 2/99 – ROTHMANS ROYALS – PBl 2000, 85 = ÖBl-LS 00/81; NA 21. 11. 1996, Nm 76/95 – BIO-NATURKRAFT – PBl 1998, 22; OGH 14. 5. 1996, 4 Ob 2095/96h – Bacardi/Baccara – ÖBl 1996, 279.
[33]) OPM 23. 5. 2001, Om 1/01 – R LANEROSSI – PBl 2002, 85 = ÖBl-LS 2002/133; OGH 29. 5. 2001, 4 Ob 119/01f – gelbe Prüfplakette – ÖBl-LS 01/137; OGH 14. 5. 2001, 4 Ob 101/01h – Die roten Seiten – ÖBl-LS 01/175; OGH 13. 2. 2001, 4 Ob 325/00y – T-One – ÖBl-LS 01/86 = ÖBl 2001, 159 (*Brandstätter/Görg*) = ecolex 2001, 547 (*Schanda*) = GRUR Int 2003, 1031 = MarkenR 2001, 333; EuGH 22. 6. 1999, Rs C-342/97 – Lloyd/Loint´s – ÖBl 1999, 305 = ecolex 1999, 638 (*Schanda*) = wbl 1999, 454 = MarkenR 1999, 236 = GRUR Int 1999, 734 = ABl HABM 1999, 1568; OGH 29. 9. 1998, 4 Ob 235/98g – AMC/ATC – ÖBl 1999, 82 = wbl 1999, 131 = ZfRV 1999/18 = GRUR Int 1999, 794; EuGH 11. 11. 1997, Rs C-251/95 – Sabèl/Puma – ÖBl 1998, 106 = wbl 1998, 34 = Slg 1997 I-6191.
[34]) OPM 10. 12. 1997, Om 12/96 – DILSANA – PBl 1998, 147.
[35]) EuGH 22. 6. 1999, Rs C-342/97 – Lloyd/Loint´s – ÖBl 1999, 305 = ecolex 1999, 638 (*Schanda*) = wbl 1999, 454 = MarkenR 1999, 236 = GRUR Int 1999, 734 = ABl HABM 1999, 1568.
[36]) OGH 21. 1. 2003, 4 Ob 273/02d – Kleiner Feigling – ÖBl-LS 2003/62, 63 = ÖBl 2003, 182 = ecolex 2003, 349 (*Engin-Deniz*) = RdW 2003/311 = wbl 2003, 351; OPM 30. 10. 2002, Om 4/02 – Kathreiner – PBl 2003, 8 = ÖBl-LS 2003/27; OPM 10. 7. 2002, Om 3/02 – SPITZ – PBl 2002, 180 = ÖBl-LS 2003/25, 26; OGH 29. 5. 2001, 4 Ob 119/01f – gelbe Prüfplakette – ÖBl-LS 01/137; OPM 23. 5. 2001, Om 1/01 – R LANEROSSI – PBl 2002, 85 = ÖBl-LS 2002/133; OGH 14. 5. 2001, 4 Ob 101/01h – Die roten Seiten – ÖBl-LS 01/175; OGH 13. 2. 2001, 4 Ob 325/00y – T-One – ÖBl-LS 01/86 = ÖBl 2001, 159 (*Brandstätter/Görg*) = ecolex 2001, 547 (*Schanda*) = MarkenR 2001, 333; OPM 29. 11. 2000, Om 6/00 – TREBON – PBl 2001, 158 = ÖBl-LS 01/176; EuGH 22. 6. 1999, Rs C-342/97 – Lloyd/Loint´s – ÖBl 1999, 305 = ecolex 1999, 638 (*Schanda*) = wbl 1999, 454 = MarkenR 1999, 236 = GRUR Int 1999, 734 = ABl HABM 1999, 1568; OGH 29. 9. 1998, 4 Ob 235/98g – AMC/ATC – ÖBl 1999, 82 = wbl 1999, 131 = ZfRV 1999/18 = GRUR Int 1999, 794; EuGH 11. 11. 1997, Rs C-251/95 – Sabèl/Puma – ÖBl 1998, 106 = wbl 1998, 34 = Slg 1997 I-6191.
[37]) OPM 10. 12. 1997, Om 12/96 – DILSANA – PBl 1998, 147.
[38]) OGH 13. 11. 2001, 4 Ob 237/01h – drivecompany – ÖBl 2002, 84 = ÖBl-LS 2002/56 und 57 = ecolex 2002, 364 (*Schanda*) = wbl 2002, 182; OGH 13. 7. 1993, 4 Ob 80/93 – Karadeniz – ÖBl 1993, 203 = wbl 1994, 65 = Ernährung 1995, 177; OGH 28. 4. 1992, 4 Ob 29/92 – Resch & Frisch – ÖBl 1992, 218 = ecolex 1993, 33.

zeichnungskraft nicht registrierbar wäre und für den auch keine Verkehrsgeltung erlangt worden ist, keinen Eingriff ins Markenrecht.[39]
▶ Bei *Wort-Bild-Marken* ist für den Gesamteindruck regelmäßig der *Wortteil* maßgebend, weil sich der Geschäftsverkehr meist an diesem Kennwort, soweit es unterscheidungskräftig ist, zu orientieren pflegt[40] und vor allem Wörter im Gedächtnis behält.[41] Anderes gilt dann, wenn der Wortbestandteil weder unterscheidungskräftig/prägend, noch im Vergleich zum Bildbestandteil auffälliger ist.[42] Es kommt allerdings auf die Schutzfähigkeit des Wortbestandteils allein nicht an. Auch wenn der Wortbestandteil keine Unterscheidungskraft genießt, kann er als Bestandteil der Wort-Bild-Marke Schutz erlangen, allerdings nur unter der Voraussetzung, dass auch die bildliche Gestaltung (ganz oder in ihren charakteristischen Elementen) übernommen wird.[43]
▶ Marken, die *nur in einem nicht schützbaren Bestandteil übereinstimmen*, sind grundsätzlich nicht verwechselbar.[44]
▶ Zu berücksichtigen ist der Umstand, dass der Durchschnittsverbraucher eine Marke normalerweise *als Ganzes* wahrnimmt und nicht auf die verschiedenen Einzelheiten achtet.[45]
▶ Es ist auf einen durchschnittlich informierten, aufmerksamen und verständigen *Durchschnittsverbraucher* der betreffenden Waren- oder Dienstleistungsart abzustellen.[46]
▶ Dabei ist zu berücksichtigen, dass die beiden Marken regelmäßig *nicht gleichzeitig wahrgenommen* werden.[47] Da der Verbraucher nur selten die Möglichkeit

---

[39]) OGH 13. 7. 1993, 4 Ob 80/93 – Karadeniz – ÖBl 1993, 203 = wbl 1994, 65 = Ernährung 1995, 177.
[40]) OPM 22. 9. 1999, Om 2/99 – ROTHMANS ROYALS – PBl 2000, 85 = ÖBl-LS 00/81; NA 21. 11. 1996, Nm 76/95 – BIO-NATURKRAFT – PBl 1998, 22; OPM 23. 2. 1983, Om 9/82 – Kid Power – PBl 1983, 186 = ÖBl 1984, 4.
[41]) VwGH 27. 1. 1999, Zl 97/04/0027 – BROADCAST MASTER – PBl 1999, 182 = ÖBl-LS 00/18; OPM 28. 10. 1998, Om 8/95 – ROYAL – PBl 1999, 157; OPM 23. 3. 1994, Om 10/93 – Orient Express – PBl 1994, 190 = ÖBl 1994, 89; OGH 10. 5. 1988, 4 Ob 339/86 – Preishammer – ÖBl 1988, 154 = JBl 1988, 726 = PBl 1989, 135.
[42]) OGH 21. 1. 2003, 4 Ob 185/02p – Rothmans – ÖBl-LS 2003/61, 67 = ÖBl 2003, 186.
[43]) OGH 22. 4. 1997, 4 Ob 74/97d – Elektro Positiv – ÖBl 1997, 291.
[44]) NA 21. 11. 1996, Nm 76/95 – BIO-NATURKRAFT – PBl 1998, 22.
[45]) OGH 21. 1. 2003, 4 Ob 273/02d – Kleiner Feigling – ÖBl-LS 2003/62, 63 = ÖBl 2003, 182 = ecolex 2003, 349 (*Engin-Deniz*) = RdW 2003/311 = wbl 2003, 351; OPM 10. 7. 2002, Om 2/02 – MEGA 3 – PBl 2003, 88; OPM 10. 7. 2002, Om 3/02 – SPITZ – PBl 2002, 180 = ÖBl-LS 2003/25, 26; OPM 12. 12. 2001, Om 10/01 – ChocoPie – PBl 2002, 102 = ÖBl-LS 2002/171; OGH 29. 5. 2001, 4 Ob 119/01f – gelbe Prüfplakette – ÖBl-LS 01/137; OGH 14. 5. 2001, 4 Ob 101/01h – Die roten Seiten – ÖBl-LS 01/175; OGH 13. 2. 2001, 4 Ob 325/00y – T-One – ÖBl-LS 01/86 = ÖBl 2001, 159 (*Brandstätter/Görg*) = ecolex 2001, 547 (*Schanda*) = MarkenR 2001, 333; OPM 29. 11. 2000, Om 6/00 – TREBON – PBl 2001, 158 = ÖBl-LS 01/176; EuGH 22. 6. 1999, Rs C-342/97 – Lloyd/Loint´s – ÖBl 1999, 305 = ecolex 1999, 638 (*Schanda*) = wbl 1999, 454 = MarkenR 1999, 236 = GRUR Int 1999, 734 = ABl HABM 1999, 1568; OGH 29. 9. 1998, 4 Ob 235/98g – AMC/ATC – ÖBl 1999, 82 = wbl 1999, 131 = ZfRV 1999/18 = GRUR Int 1999, 794; EuGH 11. 11. 1997, Rs C-251/95 – Sabèl/Puma – ÖBl 1998, 106 = wbl 1998, 34 = Slg 1997 I-6191.
[46]) OGH 21. 1. 2003, 4 Ob 273/02d – Kleiner Feigling – ÖBl-LS 2003/62, 63 = ÖBl 2003, 182 = ecolex 2003, 349 (*Engin-Deniz*) = RdW 2003/311 = wbl 2003, 351; OPM 23. 5. 2001, Om 1/01 – R LANEROSSI – PBl 2002, 85 = ÖBl-LS 2002/133; OGH 13. 2. 2001, 4 Ob 325/00y – T-One – ÖBl-LS 01/86 = ÖBl 2001, 159 (*Brandstätter/Görg*) = ecolex 2001, 547 (*Schanda*) = MarkenR 2001, 333; OPM 22. 9. 1999, Om 2/99 – ROTHMANS ROYALS – PBl 2000, 85 = ÖBl-LS 00/81; EuGH 22. 6. 1999, Rs C-342/97 – Lloyd/Loint´s – ÖBl 1999, 305 = ecolex 1999, 638 (*Schanda*) = wbl 1999, 454 = MarkenR 1999, 236 = GRUR Int 1999, 734 = ABl HABM 1999, 1568.
[47]) OPM 30. 10. 2002, Om 4/02 – Kathreiner – PBl 2003 = ÖBl-LS 2003/27, 8; OPM 10. 7. 2002, Om 3/02 – SPITZ – PBl 2002, 180 = ÖBl-LS 2003/25, 26; OPM 10. 7. 2002, Om 2/02 – MEGA 3 – PBl 2003, 88; OPM 12. 12. 2001, Om 10/01 – ChocoPie – PBl 2002, 102 = ÖBl-LS 2002/171; OGH 13. 2. 2001, 4 Ob 325/00y – T-One –

hat, die verschiedenen Marken unmittelbar miteinander zu vergleichen, muss er sich auf das unvollkommene Bild verlassen, das er von ihnen im *Gedächtnis* hat.[48]

▸ Der Durchschnittsinteressent wird fast immer nur einzelne charakteristische und daher *auffällige Bestandteile* der Marke im Gedächtnis behalten. Hierbei dürfen an die *Kritikfähigkeit* des Durchschnittsinteressenten keine allzu großen Anforderungen gestellt werden.[49]

▸ Weiters ist zu berücksichtigen, dass der *Grad der Aufmerksamkeit* von der Art der Ware oder Dienstleistung abhängt.[50]

▸ An die *Aufmerksamkeit* und *Urteilsfähigkeit* des Publikums in der Eile des Geschäftsverkehrs können regelmäßig nur geringe Anforderungen gestellt werden.[51]

▸ Bei *medizinischen und pharmazeutischen Produkten* wird von den beteiligten Verkehrskreisen ganz allgemein eine gesteigerte Aufmerksamkeit vorausgesetzt, zumal die Gefahr einer unter Umständen Schaden bringenden Verwechslung zu größerer Vorsicht zwingt.[52]

▸ Die Ähnlichkeit zweier Zeichen kann auf Übereinstimmungen im *Klang*, *Bild* oder *Sinn* beruhen, wobei im Allgemeinen die Zeichenähnlichkeit schon dann anzunehmen ist, wenn sie nur nach einem dieser Gesichtspunkte besteht.[53] Die bloße Ähnlichkeit zweier Markenworte im *Klang* kann also bereits die Verwechslungsgefahr begründen.[54]

▸ Akustische oder schriftbildliche Ähnlichkeit der zu vergleichenden Markenwörter reicht aber immer nur dann zur Begründung der Verwechslungsgefahr aus, wenn es sich um Markenworte ohne jeden Sinngehalt, also um so genannte *„absolute Phantasiebezeichnungen"* handelt. Ist dagegen zumindest eines der beiden gegenüberstehenden oder zu vergleichenden Markenwörter – ohne unmittelbare Beziehung zu den Waren, für die es geschützt ist – der sprachliche Ausdruck für eine allgemein geläufige Vorstellung, die zwanglose Verkörperung eines be-

---

ÖBl-LS 01/86 = ÖBl 2001, 159 (*Brandstätter/Görg*) = ecolex 2001, 547 (*Schanda*) = MarkenR 2001, 333; OPM 22. 9. 1999, Om 2/99 – ROTHMANS ROYALS – PBl 2000, 85 = ÖBl-LS 00/81; OGH 14. 5. 1996, 4 Ob 2095/96h – Bacardi/Baccara – ÖBl 1996, 279; EuGH 22. 6. 1999, Rs C-342/97 – Lloyd/Loint's – ÖBl 1999, 305 = ecolex 1999, 638 (*Schanda*) = wbl 1999, 454 = MarkenR 1999, 236 = GRUR Int 1999, 734 = ABl HABM 1999, 1568.

[48]) OPM 23. 5. 2001, Om 1/01 – R LANEROSSI – PBl 2002, 85 = ÖBl-LS 2002/133; OPM 29. 11. 2000, Om 6/00 – TREBON – PBl 2001, 158 = ÖBl-LS 01/176.

[49]) OPM 10. 12. 1997, Om 6/96 – CONDOR – PBl 1998, 206.

[50]) OPM 12. 12. 2001, Om 10/01 – ChocoPie – PBl 2002, 102 = ÖBl-LS 2002/171; OPM 23. 5. 2001, Om 1/01 – R LANEROSSI – PBl 2002, 85 = ÖBl-LS 2002/133; OGH 13. 2. 2001, 4 Ob 325/00y – T-One – ÖBl-LS 01/86 = ÖBl 2001, 159 (*Brandstätter/Görg*) = ecolex 2001, 547 (*Schanda*) = MarkenR 2001, 333; OPM 29. 11. 2000, Om 6/00 – TREBON – PBl 2001, 158 = ÖBl-LS 01/176; EuGH 22. 6. 1999, Rs C-342/97 – Lloyd/Loint's – ÖBl 1999, 305 = ecolex 1999, 638 (*Schanda*) = wbl 1999, 454 = MarkenR 1999, 236 = GRUR Int 1999, 734 = ABl HABM 1999, 1568.

[51]) OGH 22. 4. 1997, 4 Ob 74/97d – Elektro Positiv – ÖBl 1997, 291.

[52]) OPM 10. 12. 1997, Om 12/96 – DILSANA – PBl 1998, 147.

[53]) OPM 23. 5. 2001, Om 1/01 – R LANEROSSI – PBl 2002, 85 = ÖBl-LS 2002/133; OPM 29. 11. 2000, Om 6/00 – TREBON – PBl 2001, 158 = ÖBl-LS 01/176; OPM 22. 9. 1999, Om 2/99 – ROTHMANS ROYALS – PBl 2000, 85 = ÖBl-LS 00/81; OPM 8. 6. 1998, Om 6/97 – Clin – PBl 1999, 15; OGH 14. 5. 1996, 4 Ob 2095/96h – Bacardi/Baccara – ÖBl 1996, 279; OGH 26. 2. 1996, 4 Ob 7/96 – LEUMIN/LEIMIN – ÖBl 1996, 246 = SZ 69/38 = RdW 1996, 583; OPM 22. 9. 1993, Om 3/93 – MOZART – PBl 1994, 168 = ÖBl 1994, 278.

[54]) EuGH 22. 6. 1999, Rs C-342/97 – Lloyd/Loint's – ÖBl 1999, 305 = ecolex 1999, 638 (*Schanda*) = wbl 1999, 454 = MarkenR 1999, 236 = GRUR Int 1999, 734 = ABl HABM 1999, 1568.

stimmten Begriffs, also eine so genannte „*relative Phantasiebezeichnung*", dann ist bei der Prüfung der Verwechslungsgefahr im Besonderen auf den *Wortsinn* Bedacht zu nehmen. Durch den ausgeprägten *Sinngehalt* auch nur einer zu vergleichenden Marke wird die Gefahr einer Verwechslung nach dem rein akustischen oder optischen Eindruck verringert oder sogar gänzlich ausgeschlossen.[55] Die Ähnlichkeit dem Wortbild oder dem Wortklang nach reicht für die Gefahr einer Verwechslung nur bei Wortgebilden ohne jeden Sinngehalt, also bei absoluten Phantasiebezeichnungen aus.[56] Die Verwechslungsgefahr ist regelmäßig nicht nur dann zu verneinen, wenn beide zu vergleichenden Worte einen klaren Wortsinn haben und diese Begriffsinhalte von einander abweichen, sondern auch dann, wenn nur eines der Zeichen einen solchen Wortsinn hat, das andere aber nicht.[57]

> Bei *vollständiger Übernahme* eines Zeichens ist die Verwechslungsgefahr in der Regel zu bejahen, sofern nicht die ältere Marke innerhalb des jüngeren Zeichens nur eine untergeordnete Rolle spielt und gegenüber Zeichenbestandteilen, die den Gesamteindruck des jüngeren Zeichens prägen, gänzlich in den Hintergrund tritt.[58]

> Die *Vielzahl registrierter Marken*, die das zu beurteilende Markenwort enthalten, kann zu einer Schwächung der Kennzeichnungskraft führen.[59]

> Wird die Marke *noch nicht verwendet*, so ist die verwechselbare Ähnlichkeit der Zeichen „*abstrakt*", dh nach dem aus dem Markenregister ersichtlichen Schutzumfang der eingetragen Marke zu beurteilen.[60]

> Entscheidend ist nur, ob es zu Verwechslungen kommen kann, nicht aber, ob es im Einzelfall bereits *zu Verwechslungen gekommen* ist.[61]

> Verwechslungsgefahr im Sinne des Art 4 Abs 1 lit b MarkenRL liegt dann vor, wenn die Öffentlichkeit glauben könnte, dass die betreffenden Waren oder Dienstleistungen aus demselben Unternehmen oder gegebenenfalls aus wirtschaftlich miteinander verbundenen Unternehmen stammen. („*Verwechslungsgefahr im engeren Sinn*" und „*Verwechslungsgefahr im weiteren Sinn*").[62] Es

---

[55]) Vgl etwa OGH 28. 5. 2002, 4 Ob 123/02w – Werbepräsent/Wertpräsent – ÖBl-LS 2002/170; OGH 14. 5. 1996, 4 Ob 2095/96h – Bacardi/Baccara – ÖBl 1996, 279 mwN; ähnlich OGH 26. 2. 1996, 4 Ob 7/96 – LEUMIN/LEIMIN – ÖBl 1996, 246 = SZ 69/38 = RdW 1996, 583.
[56]) OPM 10. 12. 1997, Om 6/96 – CONDOR – PBl 1998, 206.
[57]) OGH 24. 5. 1989 – Herholz – JUS-EXTRA 1989/257.
[58]) OPM 10. 4. 2002, Om 15/01 – JACK & JONES – PBl 2002, 135 = ÖBl-LS 2002/195; OPM 23. 5. 2001, Om 1/01 – R LANEROSSI – PBl 2002, 85 = ÖBl-LS 2002/133; OPM 22. 9. 1999, Om 2/99 – ROTHMANS ROYALS – PBl 2000, 85 = ÖBl-LS 00/81; OGH 4. 2. 1999, 4 Ob 305/98a – Red Puma – ÖBl 1999, 191 = ecolex 1999, 479 (*Schanda*) = wbl 1999, 330; OGH 11. 2. 1997, 4 Ob 2383/96m – Stanford boss – ÖBl 1997, 227; OPM 23. 3. 1994, Om 10/93 – Orient Express – PBl 1994, 190 = ÖBl 1994, 89; OGH 29. 9. 1986, 4 Ob 379/86 – Sportland – ÖBl 1987, 102 = MR 1986, 26 (*Korn*).
[59]) OPM 28. 10. 1998, Om 8/95 – ROYAL – PBl 1999, 157.
[60]) OGH 13. 2. 2001, 4 Ob 325/00y – T-One – ÖBl-LS 01/86 = ÖBl 2001, 159 (*Brandstätter/Görg*) = ecolex 2001, 547 (*Schanda*) = MarkenR 2001, 333; OPM 10. 12. 1997, Om 6/96 – CONDOR – PBl 1998, 206.
[61]) Vgl dazu Schönherr/Thaler, Entscheidungen zum Markenrecht (1985) E 17 ff, 112 ff zu § 14.
[62]) OPM 22. 9. 1999, Om 2/99 – ROTHMANS ROYALS – PBl 2000, 85 = ÖBl-LS 00/81; EuGH 22. 6. 1999, Rs C-342/97 – Lloyd/Loint´s – ÖBl 1999, 305 = ecolex 1999, 638 (*Schanda*) = wbl 1999, 454 = MarkenR 1999, 236 = GRUR Int 1999, 734 = ABl HABM 1999, 1568; EuGH 29. 9. 1998, Rs C-39/97 – Canon – ÖBl 1999, 105 = ecolex 1999, 41 (*Schanda*) = wbl 1998, 533 = Slg 1998 I-5507 = MarkenR 1999, 22 = GRUR Int 1998, 875 = GRUR 1998, 922 = ABl HABM 1998, 1406.

genügt also die mögliche Annahme, dass zwischen den Unternehmen besondere Beziehungen wirtschaftlicher oder organisatorischer Art bestehen.[63]
▶ Die Verwechslungsgefahr kann auch dann bestehen, wenn für das Publikum die betreffenden Waren oder Dienstleistungen *an unterschiedlichen Orten* hergestellt oder erbracht werden.[64]
▶ Wird eine Marke als bloße Abwandlung einer anderen gesehen, sodass der Eindruck entsteht, die damit gekennzeichneten Waren oder Dienstleistungen stammen aus demselben Unternehmen, so spricht man von „*mittelbarer Verwechslungsgefahr*".[65]
▶ Silben, die sich nur an einen Sachhinweis anlehnen (zB „SANA" bei pharmazeutischen Produkten), sind nicht geeignet, als *Stammbestandteil* eines *Serienzeichens* (Seite 259) mittelbare Verwechslungsgefahr mit anderen Zeichen zu begründen.[66]
▶ Dem österreichischen Markenrecht ist ein „*Motivschutz*" fremd. Durch die Markenregistrierung kann also nicht das Bildmotiv als solches (zB das Motiv eines Herzens, einer Kirche etc) monopolisiert werden. Entscheidend ist vielmehr, ob ein konkretes Bildzeichen (zB eine bestimmte graphische Gestaltung der Herzform oder einer Kirche) mit einem anderen Bildzeichen verwechselbar ähnlich ist.[67]
▶ Der *Aufmerksamkeitsgrad* hängt auch von der jeweiligen Situation, insbesondere von der Bedeutung der beworbenen Ware oder Dienstleistung für den angesprochenen Verbraucher ab und wird beispielsweise dort eher gering sein, wo es um den Erwerb *geringwertiger Gegenstände des täglichen Bedarfs* geht.[68] Bei *Massenartikeln*, bei denen keine besondere Aufmerksamkeit der Käufer vorausgesetzt werden darf, ist die Verwechslungsgefahr größer.[69]
▶ Bei Waren von nicht unerheblichem *Preis* und einer nicht nur kurzen *Lebensdauer* wird der an einem Erwerb interessierte, durchschnittlich informierte und verständige Verbraucher eine entsprechende Ankündigung in der Regel nicht nur flüchtig betrachten, sondern sich ihr mit normaler Aufmerksamkeit zuwenden; er wird einer Kaufentscheidung erfahrungsgemäß erst dann näher treten, wenn er sich weiter informiert hat („*Maßstab der situationsadäquaten Aufmerksamkeit*").[70]
▶ Ein deutlicher *Preisunterschied* vermag die Verwechslungsgefahr nicht zu beseitigen.[71]
▶ Die mangelnde Kennzeichnungskraft eines Kennzeichens oder eines Kennzeichenbestandteils ist eine *Rechtsfrage*, die allerdings, wenn der entscheidenden

---

[63]) OGH 4. 2. 1999, 4 Ob 305/98a – Red Puma – ÖBl 1999, 191 = ecolex 1999, 479 (*Schanda*) = wbl 1999, 330.
[64]) EuGH 29. 9. 1998, Rs C-39/97 – Canon – ÖBl 1999, 105 = ecolex 1999, 41 (*Schanda*) = wbl 1998, 533 = Slg 1998 I-5507 = MarkenR 1999, 22 = GRUR Int 1998, 875 = GRUR 1998, 922 = ABl HABM 1998, 1406.
[65]) StRsp; vgl *Schönherr/Thaler*, Entscheidungen zum Markenrecht (1985) E 67 zu § 14.
[66]) OPM 10. 12. 1997, Om 12/96 – DILSANA – PBl 1998, 147.
[67]) OGH 24. 11. 1992, 4 Ob 1070/92 – Stephansdom – ecolex 1993, 253; OGH 16. 6. 1992, 4 Ob 64/92 – Österreich-Auto – ÖBl 1992, 224 = wbl 1992, 376; OPM 25. 1. 1989, Om 3/87 – Hl. Hildegard v. Bingen – PBl 1989, 180 = ÖBl 1989, 161; OGH 29. 9. 1987, 4 Ob 414/85, wbl 1987, 339; NA 5. 7. 1984, Nm 2/83 – Crystal Star – PBl 1985, 28.
[68]) OPM 12. 12. 2001, Om 10/01 – ChocoPie – PBl 2002, 102 = ÖBl-LS 2002/171.
[69]) OPM 22. 2. 1989, Om 7/87 – SCHLOSSPERLE – PBl 1989, 133 = ÖBl 1989, 99.
[70]) OPM 12. 12. 2001, Om 10/01 – ChocoPie – PBl 2002, 102 = ÖBl-LS 2002/171.
[71]) *Schönherr/Thaler*, Entscheidungen zum Markenrecht (1985) E 83 zu § 14.

Behörde die erforderliche Erfahrung im Einzelfall fehlt, ausnahmsweise aufgrund entsprechender Tatsachenfeststellungen (zB durch eine Verbraucherbefragung) beurteilt werden muss. Bei der Beurteilung können notorische Tatsachen, wie die häufige Verwendung des Kennzeichens (bzw des Kennzeichenbestandteils) in anderen Marken, eine Rolle spielen.[72]

- Im Löschungsverfahren nach § 30 MSchG (Seite 498) ist die Verwechslungsgefahr „*abstrakt*", das heißt anhand des aus dem Markenregister ersichtlichen Schutzumfanges der Marke zu beurteilen. Es kommt auf den Gesamteindruck jener Abnehmerkreise an, die nach dem *Warenverzeichnis* angesprochen sind.[73] Die Marken sind einander also so gegenüberzustellen, wie sie registriert sind, auch wenn sie tatsächlich in anderer Form verwendet werden.
- Im Eingriffsverfahren ist hingegen zu berücksichtigen, wie die Beklagte die Marke *verwendet*. Hier können verschiedene Nebenumstände eine Rolle spielen (Farbe der Ware, Art der Anbringung der Marke, Farbe der Marke etc).[74]
- **§ 528 Abs 1 ZPO:** Die Frage, ob die graphische Gestaltung zweier Wort-Bild-Zeichen nach dem maßgeblichen Gesamteindruck bei flüchtiger Betrachtung *Verwechslungsgefahr ieS oder iwS* auszulösen vermag, hängt so sehr von den Umständen des konkreten Einzelfalles ab, dass ihre Beantwortung in der Regel keine brauchbaren Anhaltspunkte für die Beurteilung ähnlicher Fälle erwarten lässt.[75] Ob nach den konkreten Umständen des Falles Verwechslungsgefahr besteht, hat keine über den Einzelfall hinausgehende Bedeutung und ist daher keine erhebliche Rechtsfrage im Sinne des § 528 Abs 1 ZPO.[76] Geht es nur darum zu beurteilen, ob zwei graphische Darstellungen des Wiener Stephansdoms trotz geringfügiger Unterschiede Verwechslungsgefahr auslösen, so ist ein Revisionsrekurs nach § 528 Abs 1 ZPO zurückzuweisen.[77]
- *Vorentscheidungen* zur Verwechselbarkeit eines bestimmten Zeichens haben keine präjudizielle Wirkung.[78]
- Ob im Einzelfall zwei Marken verwechselbar ähnlich sind, ist keine im *Vorabentscheidungsverfahren* zu klärende Frage.[79]

---

[72]) OPM 22. 9. 1999, Om 2/99 – ROTHMANS ROYALS – PBl 2000, 85 = ÖBl-LS 00/81; OGH 13. 11. 1984, 4 Ob 371/84 – C&A – RdW 1985, 108 = ernährung 1985, 802 = GRUR Int 1986, 132.
[73]) OPM 28. 1. 1998, Om 2/97 – SANASUN – PBl 1998, 208.
[74]) Vgl dazu *Schönherr/Thaler*, Entscheidungen zum Markenrecht (1985) E 45 ff zu § 14.
[75]) OGH 29. 5. 2001, 4 Ob 119/01f – gelbe Prüfplakette – ÖBl-LS 01/137; OGH 24. 10. 2000, 4 Ob 265/00z – hot′ts/hotpell – ÖBl-LS 01/69; OGH 24. 11. 1992, 4 Ob 1070/92 – Stephansdom – ecolex 1993, 253.
[76]) OGH 3. 4. 2001, 4 Ob 76/01g – adidas/adilia – ÖBl-LS01/128; OGH 14. 5. 1996, 4 Ob 2095/96h – Bacardi/Baccara – ÖBl 1996, 279; OGH 27. 6. 1995, 4 Ob 1043/95 – Pizza-Vorab – ÖBl 1996, 133 = wbl 1996, 32.
[77]) OGH 24. 11. 1992, 4 Ob 1070/92 – Stephansdom – ecolex 1993, 253.
[78]) *Schönherr/Thaler*, Entscheidungen zum Markenrecht (1985) E 21 ff zu § 14.
[79]) EuGH 22. 6. 1999, Rs C-342/97 – Lloyd/Loint′s – ÖBl 1999, 305 = ecolex 1999, 638 (*Schanda*) = wbl 1999, 454 = MarkenR 1999, 236 = GRUR Int 1999, 734 = ABl HABM 1999, 1568; OGH 29. 9. 1998, 4 Ob 235/98g – AMC/ATC – ÖBl 1999, 82 = wbl 1999, 131 = ZfRV 1999/18 = GRUR Int 1999, 794.

Woran erinnert Sie das?

Die folgenden *Beispiele* stammen einerseits aus der Rechtsprechung zu zivilgerichtlichen Kollisionsfällen (insbesondere also aus der Geltendmachung eines Unterlassungsanspruchs gegen die Verwendung eines tatsächlich oder vermeintlich verwechslungsfähig ähnlichen, prioritätsjüngeren Zeichens; Seite 520). Hier entscheidet der OGH als letzte Instanz (Seite 353). Die Beispiele stammen aber auch aus Löschungsverfahren, in denen der OPM (Seite 352) in der Regel die letzte Instanz ist. Inhaltlich gelten die gleichen Beurteilungskriterien. (Nunmehr gewährt § 30 Abs 1 MSchG dem Markeninhaber eine Möglichkeit, die Löschung von Marken, deren Benützung die Rechte aus der Marke im Sinne des § 10 Abs 1 MSchG verletzen würde, zu begehren.[80]) Ich habe daher auch oben bei der Darstellung der allgemeinen Grundsätze zur Beurteilung der Verwechslungsgefahr nicht nur die Rechtsprechung des EuGH, sondern auch jene des OGH und des OPM zitiert. Teilweise stimmen die Leitsätze (im Hinblick auf die erforderliche Rechtssicherheit bei der Beurteilung erfreulicherweise) wortgleich überein. Schließlich habe ich auch Widerspruchsentscheidungen der Beschwerdekamern des HABM zur Gemeinschaftsmarke einbezogen (vgl dazu auch Seite 586).

Beispiele verwechselbar ähnlicher Wortmarken:

- OGH 3. 11. 1981: „*sol-air Jet*" ist verwechselbar ähnlich mit „AIRJET" (für Abflussreiniger), weil das ältere Markenwort zur Gänze übernommen wurde.[81]
- OGH 6. 9. 1983: Gestützt auf die Wortmarke „PAG" (für Postkarten, Billets, Geschenkpapier) konnte die Klägerin erfolgreich gegen den Firmenwortlaut „PAG Etikettier-Systeme GmbH" vorgehen.[82]
- OGH 29. 11. 1983: „UNITON" ist mit der älteren, Verkehrsgeltung genießenden Marke „UNI" verwechselbar.[83]
- NA 1. 12. 1983: „GERIAFUSIN" ist verwechselbar ähnlich mit „GELOFUSIN.[84]
- OPM 10. 10. 1984: „SANVITA" (für Milch und Milchprodukte) ist mit „VITA" (für Margarine) verwechselbar.[85]
- OPM 12. 12. 1984: „PRINZESS-FRITES" (für tiefgefrorene Pommes frites) ist verwechselbar ähnlich mit „PRINCESS" (für tiefgefrorenes Geflügel).[86]

---

[80]) OPM 22. 9. 1999, Om 2/99 – ROTHMANS ROYALS – PBl 2000, 85 = ÖBl-LS 00/81.
[81]) OGH 3. 11. 1981, 4 Ob 388/81 – AIRJET – ÖBl 1982, 20 = GRUR Int 1983, 181.
[82]) OGH 6. 9. 1983, 4 Ob 351/82 – PAG – ÖBl 1984, 46.
[83]) OGH 29. 11. 1983, 4 Ob 405/83 – UNI/Uniton – ÖBl 1984, 104.
[84]) NA 1. 12. 1983, Nm 24/82 – Geriafusin – PBl 1984, 165 = ÖBl 1984, 149.
[85]) OPM 10. 10. 1984, Om 3/84 – SANVITA – PBl 1986, 36 = ÖBl 1986, 41.
[86]) OPM 12. 12. 1984, Om 4/84 – PRINZESS – PBl 1985, 134 = ÖBl 1985, 92.

- OGH 14. 5. 1985: „SUNJET" (für Sportbekleidung) ist verwechselbar ähnlich mit „SUNSET". Der gebräuchliche Bestandteil „Sun" prägt zwar die Marken nicht maßgeblich und die Markenbestandteile „jet" und „set" treten dadurch nicht in den Hintergrund. Wortklang und Wortbild weisen allerdings keine markanten Unterschiede auf.[87]
- NA 4. 7. 1985: „CORDIPIN" ist mit „CORODYN" (für pharmazeutische Produkte) verwechselbar.[88]
- NA 12. 9. 1985: „MOZART-LIQUEUR-PRALINE" ist mit „MOZART-DRAGEE" verwechselbar ähnlich, weil der Eindruck einer Serienmarke entsteht.[89]
- OPM 11. 6. 1986: Die Spielzeugmarke „CABBAGE-HEAD DOLL ICE-CREAM DOLL" ist wegen des prägenden Wortes „Cabbage" verwechselbar ähnlich mit der Spielzeugmarke „CABBAGE PATCH KIDS".[90]
- OGH 29. 9. 1986: Die Wortmarke „SPORTLAND" (für Turn- und Sportartikel, ausgenommen Bekleidung) ist verwechselbar ähnlich mit der Geschäftsbezeichnung „SPORTLAND HUSAR BADEN" (für ein Sportartikelgeschäft).[91]
- OPM 12. 11. 1986: „GLACOLAN" für Pharmazeutika ist verwechselbar ähnlich mit „GLAXO". Es besteht der Eindruck von Serienmarken und damit mittelbare Verwechslungsgefahr.[92]
- NA 17. 3. 1987: Die Wortmarke „ALFINA" (für die Dienstleistungen Auktionen, Bankwesen und Lagerwesen) ist verwechselbar ähnlich mit dem älteren Firmenschlagwort „ALLFIN".[93]
- OPM 13. 5. 1987: Die Verkehrsbekanntheit der Uhren-Marke „IWC International Watch" in Österreich ist amtsbekannt. Die jüngere Marke „IWA INTER-WATCH AUSTRIA" ist mit „INTERNATIONAL WATCH" verwechselbar ähnlich.[94]
- OGH 16. 6. 1987: „HEIZÖL LEICHT AVANTI 2000" ist mit der älteren Marke „HEIZÖL LEICHT SCHWECHAT 2000" verwechselbar ähnlich.[95]
- NA 2. 12. 1987: „NIEVINA" und „NIVEA" sind verwechselbar ähnlich.[96]
- OPM 13. 9. 1989: „PLAYBOY" und „PLAYMEN" sind wegen des übereinstimmenden Sinngehalts verwechselbar ähnlich.[97]
- OPM 10. 1. 1990: „ALM-ÖHI" ist verwechselbar ähnlich mit „ALM" (beides sind Getränkemarken).[98]
- OPM 27. 6. 1990: „LADY-BOSS" ist mit der Bekleidungsmarke „BOSS" verwechselbar ähnlich.[99]

---

[87]) OGH 14. 5. 1985, 4 Ob 332/85 – Sunset/Sunjet – ÖBl 1986, 72.
[88]) NA 4. 7. 1985, Nm 92/84 – Cordipin – PBl 1986, 78 = ÖBl 1986, 42.
[89]) NA 12. 9. 1985, Nm 97/84 – Mozart-Dragee – PBl 1986, 185 = ÖBl 1996, 152.
[90]) OPM 11. 6. 1986, Om 4/86 – Cabbage – PBl 1986, 182 = ÖBl 1986, 152.
[91]) OGH 29. 9. 1986, 4 Ob 379/86 – Sportland – ÖBl 1987, 102 = MR 1986, 26 (*Korn*).
[92]) OPM 12. 11. 1986, Om 12/86 – GLACOLAN – PBl 1987, 249 = ÖBl 1987, 152.
[93]) NA 17. 3. 1987, Nm 34/86 – ALFINA – PBl 1987, 239 = ÖBl 1987, 152.
[94]) OPM 13. 5. 1987, Om 7/84 – INTERNATIONAL WATCH – PBl 1988, 56 = ÖBl 1988, 38.
[95]) OGH 16. 6. 1987, 4 Ob 400/86 – Heizöl Leicht – wbl 1987, 246.
[96]) NA 2. 12. 1987, Nm 47/86 – NIVEA – PBl 1988, 165 = ÖBl 1988, 126.
[97]) OPM 13. 9. 1989, Om 6/88 – PLAYBOY – PBl 1990, 157 = ÖBl 1990, 198.
[98]) OPM 10. 1. 1990, Om 7/89 – ALM-ÖHI – PBl 1990, 146 = ÖBl 1990, 151.
[99]) OPM 27. 6. 1990, Om 3/90 – LADY-BOSS – PBl 1991, 119 = 1991, 58.

- OPM 10. 10. 1990: „INNVIERTLER LANDBIER" ist verwechselbar ähnlich mit „LANDBIER".[100]
- OPM 11. 12. 1991: „W LINEA WALLY'S" wurde als verwechselbar ähnlich mit der älteren Marke „BALLY" beurteilt.[101]
- OPM 11. 11. 1992: „ERGOSPACE" (für Möbel) ist verwechselbar ähnlich mit „ETHOSPACE" (Ähnlichkeit in Wortklang und Wortbild sowie im Wortteil SPACE).[102]
- OGH 23. 3. 1993: „CHARLY'S BAR" für halbfertige alkoholische und alkoholfreie Getränke zur Herstellung von Longdrinks ist verwechselbar ähnlich mit dem älteren Zeichen „CHARLY" als Marke für Weinbrände, Liköre etc.[103]
- OGH 14. 6. 1994: Die KFZ-Marke „ALFA" genießt so hohe Verkehrsgeltung, dass bei Verwendung des Hinweises für ein koreanisches KFZ, dieses habe einen „Alpha"-Motor, zumindest Verwechslungsgefahr im weiteren Sinne besteht. Es kann der unzutreffende Eindruck entstehen, dieses koreanische KFZ sei mit einem italienischen „Alfa"-Motor ausgestattet.[104]
- OGH 17. 1. 1995: „MOOSALM" ist mit „DIE MOOSALMS MIT INGRID" (als Name einer Musikgruppe) verwechselbar ähnlich.[105]
- NA 11. 12. 1995: Zwischen „POPS" als Marke für Frühstückskost und „GOLDY POPS" für Nährmittel besteht Verwechslungsgefahr im Sinne einer Serienmarke.[106]
- NA 19. 12. 1995: Die beiden für Milch und Milchprodukte eingetragenen Wortmarken „WIESENGLÜCK" und „WIESENGOLD" sind insbesondere wegen der starken Übereinstimmung im Wortsinn verwechselbar ähnlich.[107]
- NA 24. 9. 1996: Die Wortmarke „SELEN ACE" (für pharmazeutische und veterinärmedizinische Präparate, die Selen enthalten) ist verwechselbar ähnlich mit „SELENASE".[108]
- OGH 11. 2. 1997: Die Bezeichnung „STANFORD BOSS" für Herrensocken ist mit der älteren Marke „BOSS" verwechselbar ähnlich.[109]
- NA 2. 9. 1997: „WONDERBRA" als Marke für Bekleidungsstücke ist mit „WONDERBODY" (ebenfalls für Bekleidungsstücke) verwechselbar ähnlich. Es entsteht der Eindruck eines Serienzeichens.[110]
- OGH 29. 9. 1998: „GEO" ist im jüngeren Zeichen „GEOS" zur Gänze enthalten und spielt darin auch keine nur untergeordnete Rolle. Die Verwechslungsgefahr wurde daher bejaht.[111]
- OGH 13. 4. 1999: Zwischen der für Betonpflastersteine geschützten Marke „LA LINIA" und den von der Beklagten ebenfalls für Betonpflastersteine verwen-

---

[100]) OPM 10. 10. 1990, Om 2/90 – Innviertler Landbier – PBl 1991, 179 = ÖBl 1991, 157.
[101]) OPM 11. 12. 1991, Om 4/91 – W LINEA WALLY'S – PBl 1992, 206 = ÖBl 1992, 264.
[102]) OPM 11. 11. 1992, Om 14/92 – ERGOSPACE – PBl 1993, 206 = ÖBl 1993, 206.
[103]) OGH 23. 3. 1993, 4 Ob 37/93 – Charly – ecolex 1993, 538 = wbl 1993, 301.
[104]) OGH 14. 6. 1994, 4 Ob 61/94 – ALFA – ÖBl 1995, 71 = wbl 1994, 384 = ecolex 1994, 824.
[105]) OGH 17. 1. 1995, 4 Ob 8/95 – Moosalm – ÖBl 1995, 228 = MR 1995, 111 = ecolex 1995, 351 und 899 = RdW 1995, 300 = wbl 1995, 253.
[106]) NA 11. 12. 1995, Nm 20/92 – POPS – PBl 1996, 237.
[107]) NA 19. 12. 1995, Nm 23/94 – Wiesenglück – PBl 1997, 27.
[108]) NA 24. 9. 1996, Nm 109/93 – SELEN ACE – PBl 1997, 108.
[109]) OGH 11. 2. 1997, 4 Ob 2383/96m – Stanford boss – ÖBl 1997, 227.
[110]) NA 2. 9. 1997, Nm 114/96 – WONDERBRA – PBl 1998, 174.
[111]) OGH 29. 9. 1998, 4 Ob 239/98w – „GEO" – wbl 1999, 41.

deten Zeichen „LA LINEA URANO", „LA LINEA STRADA" und „LA LINEA PIAZZA" besteht unmittelbare Verwechslungsgefahr.[112]

- OGH 18. 5. 1999: „SACHER" (als Teil der Wortmarke „Hotel SACHER Wien") ist ein starkes Zeichen. Bloß geringe Abweichungen (hier ein „s" am Schluss: „SACHERS") genügen daher nicht, um die Verwechslungsgefahr auszuschließen.[113]
- WA 20. 7. 1999: Die ältere (österreichische) Marke „SECRET PLEASURES" ist mit der Gemeinschaftsmarkenanmeldung (für Kosmetika) „PRIVATE PLEASURES" verwechselbar ähnlich, der Widerspruch war erfolgreich.[114]
- WA 1. 2. 2000: Gegen die Marke „SKETCH" (für Spiele) wurde aus den Marken „ETCH A SKETCH" und „STRETCH A SKETCH" Widerspruch erhoben. Ihm wurde Folge geben.[115]
- WA 13. 4. 2000: Die geographische Aussage und die Bedeutung der Gemeinschaftsmarkenanmeldung „ARKTIKA" und der Widerspruchsmarke „ARCTIC" sind identisch. Dies verstärkt die Ähnlichkeit zwischen den Zeichen im Klang und im Bild. Der Widerspruch war daher erfolgreich.[116]
- WA 28. 4. 2000: „INTERPRINT KUNGENS KURVA AB" als älteres, in Schweden geschütztes Zeichen konnte der Gemeinschaftsmarkenanmeldung „INTERPRINT" erfolgreich entgegengehalten werden. Die beiden Zeichen enthalten dasselbe prägende Element.[117]
- WA 23. 5. 2000: Der ältere portugiesische Handelsname „CESAE" (für „Berufsbildung in den Bereichen der Informationstechnik") hat im Widerspruchsverfahren die Wortmarke „CESA" zu Fall gebracht.[118]
- WA 31. 5. 2000: Das Wort „BLANCHET" wurde als Marke für „alkoholische Getränke, insbesondere Weine", angemeldet. Die spanische Widerspruchsmarke „BLANCHER" war für Schaumweine eingetragen. Die Waren wurden als ähnlich beurteilt. Die Verwechslungsgefahr wurde bejaht.[119]
- WA 23. 6. 2000: Angemeldet wurde die Wortmarke „THE AMBER NECTAR" (für Bier). Widerspruch wurde aus den für Bier registrierten spanischen Wortmarken „AMBAR" und „AMBAR-GREEN" erhoben. Als für die Beurteilung maßgebliches Gebiet wurde daher Spanien angenommen. Die Verwechslungsgefahr wurde bejaht und die Gemeinschaftsmarkenanmeldung wurde zurückgewiesen.[120]
- 2. BK 27. 9. 2000: „LINDEBOOM" ist eine mit königlicher Anerkennung ausgezeichnete niederländische Biermarke (der Gebrauchsnachweis fiel daher nicht schwer), die im Widerspruchsverfahren gegen die – ebenfalls für Biere angemeldete – Gemeinschaftsmarke „LINDENER" Erfolg hatte. Die Verwechslungsgefahr wurde bejaht.[121]

---

[112]) OGH 13. 4. 1999, 4 Ob 17/99z – LA LINIA/LA LINEA – ÖBl 1999, 283 = ecolex 1999, 705 (*Schanda*).
[113]) OGH 18. 5. 1999, 4Ob 108/99g – Sachers Kaffee Wien – ÖBl 1999, 278.
[114]) WA 20. 7. 1999, 495/1999 – PRIVATE PLEASURES – ABl HABM 2000, 952.
[115]) WA 1. 2. 2000, 136/2000 – SKETCH – ABl HABM 2000, 816.
[116]) WA 13. 4. 2000, 709/2000 – ARKTIKA – ABl HABM 2000, 1218.
[117]) WA 28. 4. 2000, 920/2000 – INTERPRINT – ABl HABM 2000, 1420.
[118]) WA 23. 5. 2000, 1045/2000 – CESA – ABl HABM 2000, 1458.
[119]) WA 31. 5. 2000, 1126/2000 – BLANCHET – ABl HABM 2000, 1486.
[120]) WA 23. 6. 2000, 1331/2000 – THE AMBER NECTAR – ABl HABM 2000, 1718.
[121]) 2. BK 27. 9. 2000, R 380/1999-2 – LINDENER – ABl HABM 2001, 1036.

- OPM 29. 11. 2000: Die Antragstellerin ist Inhaberin der IR-Marke TRIABON und konnte die Löschung der jüngeren, für Insektizide registrierten Marke TREBON durchsetzen. Die Verwechslungsgefahr im Wortbild und Wortklang wurde bejaht.[122]
- 3. BK 23. 1. 2001: „POP SWATCH" (für Uhren) ist mit der älteren spanischen Wortmarke „POLWATCH" (für Armbanduhren) verwechselbar ähnlich.[123]
- 3. BK 12. 2. 2001: Die Zeichen „MYSTERY" und „MIXERY" (für Getränke) sind verwechselbar ähnlich, weil zahlreiche mündliche Bestellungen in einer geräuschintensiven Atmosphäre stattfinden werden und die geringen klanglichen Unterschiede wenig auffallen.[124] Das EuG hat diese Entscheidung bestätigt.[125]
- OGH 3. 4. 2001: *„adidas"* und *„adilia"* (für Sportschuhe) sind verwechselbar ähnlich,[126]
- 2. BK 31. 7. 2001: Zwischen der Widerspruchsmarke „AIR MARIN" (für „Veranstaltung und Vermittlung von Reisen") und der Anmeldung „AIR MARITIME" wurde Verwechslungsgefahr wegen der schriftbildlichen Ähnlichkeit und der stark ähnlichen Bedeutung angenommen.[127]
- OPM 12. 12. 2001: Anknüpfend an eine entsprechende Entscheidung des deutschen Bundespatentgerichts wurde die Verwechslungsgefahr zwischen „APROZIDE" einerseits und den älteren Marken „ACCUPRO" und „ACCUZIDE" andererseits im Hinblick auf die „spezielle Konstellation" angenommen. Es handelte sich um Marken für pharmazeutische Produkte, sodass nach der Art der Markengestaltung der Eindruck eines dritten Arzneimittels mit einem neuen zusätzlichen Wirkstoff als Folgepräparat desselben Herstellers – und damit eine „gedankliche Verbindung" – entstehen könne.[128]
- 1. BK 23. 1. 2002: Aus der italienischen Marke „TOSTI" (für „Schaumweine") wurde Widerspruch gegen die Gemeinschaftsmarkenanmeldung „TORTI" (für „nicht schäumende rote Tafelweine") erhoben. Er war erfolgreich, die Verwechslungsgefahr wurde bejaht.[129]
- 1. BK 4. 2. 2002: „ASPIRIN" ist „eine der berühmtesten Marken der Welt" mit „äußerst hoher Kennzeichnungskraft" und einem entsprechend umfassenden Schutz. Diese Marke ist daher im Widerspruchsverfahren gegen die Anmeldung „ASPIR-WILLOW" (für „pharmazeutische und veterinärmedizinische Erzeugnisse") durchgedrungen.[130]
- 1. BK 8. 2. 2002: „BIBA" ist der Titel einer bekannten französichen Zeitschrift (durchschnittliche monatliche Auflage in den Jahren 1994 und 1995: 265.000 bis 269.000). Der auf Art 8 Abs 5 GMV (Schutz der bekannten Marke jenseits der Warenähnlichkeit) gestützte Widerspruch gegen die Wortmarke „BIBA" für „Waschmittel" hatte daher Erfolg.[131]

---

[122]) OPM 29. 11. 2000, Om 6/00 – TREBON – PBl 2001, 158 = ÖBl-LS 01/176.
[123]) 3. BK 23. 1. 2001, R 687/1999-3 – POP SWATCH – ABl HABM 2001, 1854.
[124]) 3. BK 12. 2. 2001, R 251/2000-3 – MYSTERY – ABl HABM 2002, 10.
[125]) EuG 15. 1. 2003, T-99/01 – MYSTERY.
[126]) OGH 3. 4. 2001, 4 Ob 76/01g – adidas/adilia – ÖBl-LS 01/128.
[127]) 2. BK 31. 7. 2001, R 789/1999-2 – air marin – ABl HABM 2000, 1642.
[128]) OPM 12. 12. 2001, Om 11/01 – APROZIDE – PBl 2002, 124 = ÖBl-LS 2002/172.
[129]) 1. BK 23. 1. 2002, R 566/2001-3 – TOSTI – ABl HABM 2002, 2128.
[130]) 1. BK 4. 2. 2002, R 7/2001-3 – ASPIRIN – ABl HABM 2002, 1708.
[131]) 1. BK 8. 2. 2002, R 472/2001-1 – BIBA – ABl HABM 2002, 1940.

- OGH 13. 3. 2002: „OPUS ONE" (als Marke eines kalifornischen Spitzenweins) ist mit „OPUS DORA" (für einen burgenländischen Rotwein) verwechselbar ähnlich.[132]
- OGH 13. 3. 2002: ebenso „*kunstNET*" und „*kunstnetz.at*".[133]
- OGH 24. 9. 2002: „CASTELLO" (für Boden- und Pflasterbausteine) ist verwechselbar ähnlich (im Sinne mittelbarer Verwechslungsgefahr) mit „VIA CASTELLO".[134]
- OPM 30. 10. 2002: Die Wort-Bild-Marke „*Kathreiner Musikanten*" (Abbildung rechts) hat der OPM im Ähnlichkeitsvergleich wegen der nur schach ausgebildeten grafischen Gestaltung als Wortmarke behandelt. Er ist weiters davon ausgegangen, dass dem Wort „Kathreiner" für Musikdarbietungen Unterscheidungskraft zukommt. Aus dieser Marke konnte daher erfolgreich ein Löschungsanspruch gegen die jüngere Wortmarke „DIE KATHREINER" (ebenfalls für Musikdarbietungen) geltend gemacht werden.[135]
- OGH 21. 1. 2003: „Kleiner Frechdachs" ist verwecheslbar ähnlich mit der für Spirituosen geschützten Wortmarke „KLEINER FEIGLING".[136]
- EuG 3. 7. 2003: Die jüngere Gemeinschaftsmarkenanmeldung „BUDMEN" für Papierwaren wurde als mit der älteren Marke „BUD" verwechselbar ähnlich beurteilt.[137]

Beispiele nicht verwechselbar ähnlicher Wortmarken:

- NA 5. 9. 1984 : „JEAN PASCAL" ist mit „JEAN PATOU" nicht verwechselbar. Es widerspricht den Erfahrungen des täglichen Lebens, dass Personen mit gleichem Vornamen verwechselt werden. Familiennamen wurden eingeführt, um ein sicheres Auseinanderhalten von Personen mit demselben Vornamen zu gewährleisten.[138]
- NA 23. 10. 1984: „QUEENSBURGER" ist nicht verwechselbar mit „BURGER KING".[139]
- NA 6. 11. 1984: „BETONOL" (für Farben) ist mit der prioritätsälteren Marke „ONOL" nicht verwechselbar, obwohl das ältere Markenwort hier zur Gänze ins jüngere übernommen wurde.[140]
- OPM 11. 9. 1985: „PUMMERIN" (für österreichischen Sekt) ist nicht verwechselbar ähnlich mit „POMMERY" (für Champagner), zumal solche Getränke besonders markenbewusst und kritisch gekauft werden.[141]

---

[132]) OGH 13. 3. 2002, 4 Ob 18/02d – OPUS ONE – ecolex 2002, 444 (*Schanda*).
[133]) OGH 13. 3. 2002, 4 Ob 39/02t – kunstNET – ÖBl-LS 2002/125 = ecolex 2002, 597 (*Schanda*).
[134]) OGH 24. 9. 2002, 4 Ob 197/02b – CASTELLO – ÖBl-LS 2003/9.
[135]) OPM 30. 10. 2002, Om 4/02 – Kathreiner – PBl 2003, 8 = ÖBl-LS 2003/27.
[136]) OGH 21. 1. 2003, 4 Ob 273/02d – Kleiner Feigling – ÖBl-LS 2003/62, 63 = ÖBl 2003, 182 = ecolex 2003, 349 (*Engin-Deniz*). = RdW 2003/311 = wbl 2003, 351.
[137]) EuG 3. 7. 2003, T-129/01 – BUDMEN.
[138]) NA 5. 9. 1984, Nm 7/83 – Jean Pascal – PBl 1986, 147 = ÖBl 1986, 119.
[139]) NA 23. 10. 1984, Nm 67/83 – Queensburger – PBl 1985, 164.
[140]) NA 6. 11. 1984, Nm 2/84 – Betonol – PBl 1985, 176.
[141]) OPM 11. 9. 1985, Om 3/83 – Pummerin – PBl 1986, 28 = ÖBl 1986, 9.

- OGH 26. 11. 1985: „ALM RAUSCH" ist mit der „ALMDUDLER-LIMONADE" nicht verwechselbar ähnlich.[142]
- OGH 14. 1. 1986: „FERROX" (für Rostumwandlungsemulsionen) und „NOVEROX" sind nicht verwechselbar ähnlich,[143]
- NA 14. 5. 1986: ebenso „PROTUS MOUSSINE" mit „MOUSON".[144]
- OPM 29. 10. 1986: „BALLY" (für Kleidung) ist nicht verwechselbar ähnlich mit „BALL TOPS JEANS".[145]
- NA 17. 12. 1986: „SCANDINAMIC" ist für Arzneimittel wegen der unterschiedlichen Schlusssilbe nicht verwechselbar ähnlich mit „SCANDICAIN".[146]
- OPM 13. 5. 1987: „I.V.-GLOMAN" (für pharmazeutische Erzeugnisse) ist nicht verwechselbar ähnlich mit GLOBUMAN BERNA" (für Impfstoffe). Die angesprochenen speziellen Verkehrskreise werden „I.V." als Hinweis auf „intravenös" verstehen. Das Wort „GLOMAN" ist als Phantasiebezeichnung anzusehen, „GLOBUMAN" wird hingegen mit „Globulin" in Verbindung gebracht werden. Schließlich unterscheiden sich die Zeichen noch durch das Wort „BERNA".[147]
- OPM 8. 7. 1987: „RICE KRISPIES" (für Backwaren) ist mit „KRISPETTEN" nicht verwechselbar ähnlich. Die in beiden Markenworten enthaltenen Beschaffenheitshinweise machen diese Zeichenbestandteile zu schwachen Zeichen.[148]
- NA 16. 9. 1987: „VISO-SECUR" (für Glas) ist mit „SECURIT" bzw „SEKURIT" nicht verwechselbar ähnlich.[149]
- OGH 30. 11. 1987: „CARSONICS" und „CARSOUND" (für Autoradio-Ersatzteile) sind nicht verwechselbar ähnlich.[150]
- OGH 15. 12. 1987: „EASY RIDER" ist mit „EASY-WALKER" als Zeichen für Sport- und Freizeitschuhe nicht verwechselbar.[151]
- NA 26. 1. 1988: „TETAGAM" (für pharmazeutische Produkte) ist nicht verwechselbar ähnlich mit „TETAGLOMAN" (der Ansicht der zuständigen Gesundheitsbehörde kommt keine Präjudizialität zu).[152]
- OPM 27. 1. 1988: „RENO" (für Schuhe) ist nicht verwechselbar ähnlich mit „FREMO".[153]
- OPM 27. 4. 1988: „TAFFETA" ist mit „TAFT" (für kosmetische Produkte) weder nach Wortklang noch nach Wortbild und auch nicht nach dem Wortsinn verwechselbar ähnlich.[154]
- OPM 22. 2. 1989: „SCHLOSSHERR" und „SCHLOSSPERLE" (beides Marken für Bier) sind nicht verwechselbar ähnlich.[155]

---

[142]) OGH 26. 11. 1985, 4 Ob 378/85 – Almdudler/Alm Rausch – ÖBl 1986, 129.
[143]) OGH 14. 1. 1986, 4 Ob 398/85 – Noverox/Ferrox – ÖBl 1986, 92 = GRUR Int 1987, 50.
[144]) NA 14. 5. 1986, Nm 31/85 – Mouson – PBl 1989, 168 = ÖBl 1989, 138.
[145]) OPM 29. 10. 1986, Om 1/86 – BALLY – PBl 1987, 24 = ÖBl 1987, 16.
[146]) NA 17. 12. 1986, Nm 2/86 – Scandinamic – PBl 1988, 188 = ÖBl 1988, 154.
[147]) OPM 13. 5. 1987, Om 8/85 – GLOMAN – PBl 1987, 217 = ÖBl 1987, 94.
[148]) OPM 8. 7. 1987, Om 10/86 – Krispetten – PBl 1987, 228 = ÖBl 1987, 123.
[149]) NA 16. 9. 1987, Nm 38 und 39/86 – SEKURIT – PBl 1989, 157 = ÖBl 1989, 138.
[150]) OGH 30. 11. 1987, 4 Ob 395/87 – Carsonics/Carsound – ÖBl 1989, 52 = MR 1988, 59.
[151]) OGH 15. 12. 1987, 4 Ob 343/86 – Easy Rider – ÖBl 1988, 41 = MR 1988, 23 = wbl 1988, 122.
[152]) NA 26. 1. 1988, Nm 12/87 – TETAGAM – PBl 1990, 9 = ÖBl 1990, 7.
[153]) OPM 27. 1. 1988, Om 13/86 – RENO – PBl 1989, 56 = ÖBl 1989, 73.
[154]) OPM 27. 4. 1988, Om 14/86 – TAFFETA – PBl 1989, 22 = ÖBl 1989, 22.
[155]) OPM 22. 2. 1989, Om 7/87 – SCHLOSSPERLE – PBl 1989, 133 = ÖBl 1989, 99.

- OGH 18. 4. 1989: Die unverständliche Phantasiebezeichnung „HERHOLZ" ist mit „WERTHOLZ" wegen des klaren Begriffsinhalts dieses Zeichens nicht verwechselbar ähnlich.[156]
- OPM 21. 6. 1989: „SUPERSAN" (für Kupferrohre) ist mit SANCO" und SOSANCO" nicht verwechselbar ähnlich (die Übereinstimmung im schwachen Bestandteil „SAN" genügt im Hinblick auf den Gesamteindruck nicht).[157]
- NA 22. 2. 1990: „BRAMYC" ist nicht verwechselbar mit „BROMUK".[158]
- OPM 27. 6. 1990: „DUOMATIC" für Skier ist nicht verwechselbar ähnlich mit „TRIMATIC" (ebenfalls für Skier).[159]
- OGH 23. 10. 1990: Die für Kraftfahrzeuge mit Allradantrieb verwendeten Wortzeichen „QUATTRO" und „QUADRA" sind nicht verwechselbar ähnlich. Dem Kauf eines KFZ geht nämlich regelmäßig ein kritischer Vergleich der in Frage kommenden Fabrikate und Typen voran, sodass wegen der dabei aufgewendeten Aufmerksamkeit auch kleinere Unterschiede der Kennzeichen der Hersteller auffallen und die Gefahr von Verwechslungen beseitigen können.[160]
- OPM 12. 12. 1990: „SCHICK CONFORT PLUS" (eine Wortmarke für Rasierapparate) ist nicht verwechselbar ähnlich mit „CONTOUR PLUS" (ebenfalls eine Wortmarke für Rasierapparate).[161]
- NA 14. 5. 1991 „COLIMBA" ist nicht verwechselbar mit „CARIMBO".[162]
- OGH 9. 3. 1993: „COMPASS" als Marke für Verlagserzeugnisse ist wegen des klar abweichenden Wortsinns mit dem Firmenschlagwort „COPRESS" (für einen Verlag) nicht verwechselbar ähnlich.[163]
- OPM 12. 1. 1994: Keine Verwechslungsgefahr besteht zwischen „IMMUNINE" und „IMUKIN", beides Marken für pharmazeutische Produkte.[164]
- OGH 8. 3. 1994: Zwischen der Wortmarke „RITTER" für Dentalerzeugnisse und dem Wortzeichen „KNIGHT" besteht keine Verwechslungsgefahr.[165]
- OGH 13. 6. 1995: Die mit Verkehrsgeltungsnachweis geschützte Wortmarke „MISS AUSTRIA" hat als „schwaches Zeichen" nur einen eingeschränkten Schutzbereich und ist daher mit der Bezeichnung „MISS FITNESS" nicht verwechselbar ähnlich.[166]

---

[156]) OGH 18. 4. 1989 – Herholz – JUS-EXTRA 1989/257.
[157]) OPM 21. 6. 1989, Om 3/89 – SUPERSAN – PBl 1990, 88 = ÖBl 1990, 99.
[158]) NA 22. 2. 1990, Nm 128/88 – BRAMYC – PBl 1991, 60 = ÖBl 1991, 13.
[159]) OPM 27. 6. 1990, Om 6 und 7/90 – DUOMATIC – PBl 1991, 126 = ÖBl 1991, 58.
[160]) OGH 23. 10. 1990, 4 Ob 61/90 – quattro/Quadra – ÖBl 1991, 93 = wbl 1991, 66 = GRUR Int 1991, 387. Vgl zur Schützbarkeit der Bezeichnung „quadra" auch OPM 10. 10. 1990, Om 13/90 – quadra – PBl 1991, 127 = ÖBl 1991, 58; zur Beurteilung aus der Sicht der Warenverkehrsfreiheit: EuGH 30. 11. 1993, Rs C-317/91 – Deutsche Renault/Audi – GRUR Int 1994, 168.
[161]) OPM 12. 12. 1990, Om 8/90 – SCHICK CONFORT PLUS – PBl 1991, 169 = ÖBl 1991, 157.
[162]) NA 14. 5. 1991, Nm 129/89 – COLIMBA – PBl 1992, 37 = ÖBl 191, 200.
[163]) OGH 9. 3. 1993, 4 Ob 7/93 – Compass – ÖBl 1993, 96 = ecolex 1993, 464.
[164]) OPM 12. 1. 1994, Om 9/93 – IMMUNINE – PBl 1994, 182 = ÖBl 1994, 279.
[165]) OGH 8. 3. 1994, 4 Ob 13/94 – Ritter/Knight – ÖBl 1994, 227 = ecolex 1994, 552 = RdW 1994, 280 = ZfRV 1994, 208.
[166]) OGH 13. 6. 1995, 4 Ob 42/95 – Miss Fitness Austria – ÖBl 1996, 93 = wbl 1995, 469; auch zwischen „Miss Austria" und „Miss Österreich" wurde die Verwechslungsgefahr verneint: OGH 10. 9. 1985, 4 Ob 365/85 – Miss Austria – ÖBl 1986, 7 = GRUR Int 1986, 566.

- OPM 10. 12. 1997: „DILSANA" ist mit „ISANA" als Marke für pharmazeutische Produkte nicht verwechselbar ähnlich. Die Zeichen stimmen nur im nichtunterscheidungskräftigen Bestandteil „SANA" überein.[167]
- OPM 10. 12. 1997: Das Wort „CONDOR" bezeichnet eine Vogelart. Es ist als Wortmarke für Uhren nicht verwechselbar ähnlich mit dem ebenfalls für Uhren registrierten Markenwort „CONCORD" (= eine Stadt in den USA und die bekannte Bezeichnung eines Überschallflugzeugs). Es besteht eine klare Unterscheidbarkeit nach dem Wortsinn.[168]
- WA 20. 7. 1999: „PELE" wird im Zusammenhang mit dem Fußballsport (hier: Bekleidungsstücke für den Fußballsport) beim Publikum mit dem Spitznamen des internationalen Fußballstars Edson Orantes do Nascimento gebracht. Durch diesen starken Wortsinn scheidet eine Verwechslung mit „PELLET" aus.[169]
- 1. BK 15. 5. 2000: Gegen die Gemeinschaftsmarkenanmeldung „ACAMOL" für ein Schmerzmittel wurde aus der älteren deutschen Marke „AGAROL" (für ein Abführmittel) erfolglos Widerspruch erhoben, zumal Verwechslungen als unwahrscheinlich angenommen wurden.[170]
- 1. BK 19. 7. 2000: Zwischen der Widerspruchsmarke „HERVALIA" (für Parfümeriewaren) und der Gemeinschaftsmarke „HERBAPURA" besteht keine Verwechslungsgefahr, zumal die übereinstimmenden Teile („Herva" und „Herba") nur geringe Unterscheidungskraft genießen.[171]
- 2. BK 2. 8. 2000: Selbst ein Durchschnittsverbraucher wird beim Kauf eines pharmazeutischen Erzeugnisses oder *Arzneimittels* der Bezeichnung stärkere Aufmerksamkeit schenken, als dies beim Kauf eines anderen Produktes der Fall sein wird. Bei Ärzten ist eine ganz besondere Sorgfalt zu erwarten. Die Wortmarke „BONOLAT" (für Arzneimittel) ist daher mit „PONALAR" nicht verwechselbar ähnlich. Der Widerspruch wurde zurückgewiesen.[172]
- WA 29. 11. 2000: Die älteren Marken „DIETSOURCE", „ISOSOURCE", „FIBRESOURCE"; „CITROSOURCE", „SANDOSOURCE", „RESOURCE" sind gegen die Gemeinschaftsmarkenanmeldung „LIFESOURCE" (für „diätetische Erzeugnisse, pharmazeutische Substanzen") nicht durchgedrungen. Nach einer Gesamtabwägung der bildlichen, klanglichen und begrifflichen Ähnlichkeiten wurde keine Verwechslungsgefahr angenommen. Dabei war auch von Bedeutung, dass für die älteren Marken nicht der Charakter einer Markenserie mit dem Stammelement „SOURCE" nachgewiesen werden konnte.[173]
- WA 13. 12. 2000: Die als Gemeinschaftsmarke für „radioaktiv markierte Antikörpersubstanzen" angemeldete Marke „RACER" ist mit der in Spanien (für gleiche Waren) eingetragenen Marke „LACER" nicht verwechselbar ähnlich. Dabei wurde insbesondere auch berücksichtigt, dass das hier angesprochene Publikum hoch spezialisiert ist und über ein hohes Maß an Wissen verfügt.[174]

---

[167]) OPM 10. 12. 1997, Om 12/96 – DILSANA – PBl 1998, 147.
[168]) OPM 10. 12. 1997, Om 6/96 – CONDOR – PBl 1998, 206.
[169]) WA 20. 7. 1999, 490/1999 – PELE – ABl HABM 2000, 166.
[170]) 1. BK 15. 5. 2000, R 501/1999-1 – ACAMOL – ABl HABM 2000, 1404.
[171]) 1. BK 19. 7. 2000, R 362/1999-1 – HERBAPURA – ABl HABM 2000, 1832.
[172]) 2. BK 2. 8. 2000, R 303/1999-2 – PONALAR/BONOLAT – MarkenR 2000, 451.
[173]) WA 29. 11. 2000, 2844/2000 – LIFESOURCE – ABl HABM 2001, 1076.
[174]) WA 13. 12. 2000, 3027/2000 – RACER – ABl HABM 2001, 1102.

- WA 15. 12. 2000: Zwischen der als Gemeinschaftsmarke angemeldeten Marke „CARIBBEAN TWIST" und der (ebenfalls für alkoholische Getränke) in Spanien eingetragenen Marke „CARIBBEAN CLUB" wurde die Verwechslungsgefahr verneint.[175]
- WA 19. 12. 2000: Am 16. April 1996 wurde von Chanel das Parfüm „ALLURE" mit einer großen Werbekampagne eingeführt. Mit 10 Mio FF Werbeetat war dies die größte Werbekampagne in der Unternehmensgeschichte. Im Widerspruchsverfahren legte Chanel offenbar eine eindrucksvolle Dokumentation vor. Beim Durchlesen dieser Dokumente gewinnt man – so die Widerspruchsabteilung – den Eindruck, dass im April 1996 in Frankreich „kaum ein Weg an ALLURE als Parfum des Jahrzehnts vorbeiführte". Dennoch blieb der Widerspruch gegen die am 31. Mai 1996 angemeldete Wortmarke „BELLURE" erfolglos. Die Verwechslungsgefahr wurde verneint.[176]
- 2. BK 7. 3. 2001: Zwischen der älteren spanischen Wortmarke „ROCKLETS" (für bestimmte Lebensmittel) und der Gemeinschaftsmarkenanmeldung „LOCKETS" (ebenfalls für bestimmte Lebensmittel) wurde jegliche Verwechslungsgefahr verneint. Dabei wurde auch berücksichtigt, dass diese beiden Zeichen in Spanien bereits nebeneinander existieren.[178]
- 1. BK 29. 6. 2001: „PetSTAR" (für Tierfuttermittel) ist verwechselbar ähnlich mit „STAR" (ebenfalls für Tierfuttermittel).[179]
- OPM 12. 12. 2001: Die Marken der Antragstellerin „TECTOROCK" (für Mineralwolleplatten) und „ECO-ROCK" sind mit der Marke „GLASCOROCK" der Antragsgegnerin nicht verwechselbar ähnlich. „Rock" bedeutet „Fels, Stein" und hat daher für diverse Baustoffe einen gewissen beschreibenden Charakter. Die nur geringe Kennzeichnungskraft dieses Markenbestandteils schließt es aus, dass er als Stammzeichen einer Serie verstanden werden könnte.[180]
- 3. BK 24. 4. 2002: Die nationale deutsche Wortmarke „A.zwei" (für Software) ist nach den Gegebenheiten in Deutschland zu beurteilen. Es wurde keine relevante Verwechslungsgefahr zur Gemeinschaftsmarkenanmeldung „A2A" festgestellt.[181]
- OGH 28. 5. 2002: Das Zeichen „WERBEPRÄSENT" ist eine übliche Bezeichnung für ein Werbegeschenk und daher aufgrund des ausgeprägten Sinngehalts nicht verwechselbar ähnlich mit „Wertpräsent".[182]

McDonald's konnte aus den Kennzeichenrechten an der Silbe „Mc", die als Serienzeichen in verschiedenen Kombinationen („McCHICKEN", „McMUFFIN" etc) verwendet wird, erfolgreich gegen „Mc CHINESE" vorgehen.[177]

---

[175]) WA 15. 12. 2000, 3078/2000 – CARIBBEAN TWIST – ABl HABM 2001, 794.
[176]) WA 19. 12. 2000, 3120/2000 – BELLURE – ABl HABM 2001, 1326.
[177]) OPM 10. 2. 1993, Om 18/92 – Mc – PBl 1994, 27 = ÖBl 1994, 150.
[178]) 2. BK 7. 3. 2001, R 115/1999-2 – LOCKETS – ABl HABM 2001, 2030.
[179]) 1. BK 29. 6. 2001, R 233/2000-1 – PetSTAR – ABl HABM 2002, 888.
[180]) OPM 12. 12. 2001, Om 9/01 – TECTOROCK – PBl 2002, 87 = ÖBl-LS 2002/134.
[181]) 3. BK 24. 4. 2002, R 1099/2000-3 – A2A – MarkenR 2002, 424 = ABl HABM 2003, 1388.
[182]) OGH 28. 5. 2002, 4 Ob 123/02w – Werbepräsent/Wertpräsent – ÖBl-LS 2002/170.

- ▸ 1. BK 12. 6. 2002: Zwischen „VITAFRUIT" und „VITAFIT" (für „Fruchtsäfte") ist wegen der deutlichen Unterschiede im Klang sowie im Sinn der Marken die Verwechslungsgefahr auszuschließen.[183]
- ▸ OPM 10. 7. 2002: „RITZ" und „SPITZ" (für Backwaren) sind nicht verwechselbar, weil zumindest die Marke „SPITZ" einen klaren Wortsinn hat.[184]
- ▸ OPM 11. 12. 2002: „LEXIS und „*lex* net" sind nicht verwechselbar, weil „Lex" im Zusammenhang mit Recht beschreibend ist und „net" als Hinweis auf das Internet eine eigenständige Bedeutung hat.[185]
- ▸ EuG 9. 4. 2003: Aus der deutschen Wortmarke „TUFFTRIDE" wurde gegen die als Gemeinschaftsmarke angemeldete Wortmarke „NU-TRIDE" erfolglos Widerspruch erhoben. Die Marken sind für hochspezialisierte Produkte zur Metallbehandlung bestimmt. Die Nachsilbe „Tride" ist für das Verfahren der Nitrierung beschreibend und daher nicht oder nur in sehr geringem Maß unterscheidungskräftig. Bei den Vorsilben wurde jede Verwechslungsgefahr verneint.[186]

Beispiele für Verwechslungsgefahr zwischen Wortmarke und Wort-Bild-Zeichen:

- ▸ OPM 23. 2. 1983: Die Wortmarke „KID POWER" ist mit der Wort-Bild-Marke „POWER" verwechselbar ähnlich.[187]
- ▸ NA 23. 7. 1987: Die Wort-Bild-Marke „SPEED" (für Sportbekleidung; Abbildung rechts) ist verwechselbar ähnlich mit der Wortmarke „PEEDO".[188]
- ▸ NA 1. 3. 1988: Zwischen der Wort-Bild-Marke JOBIS (Abbildung rechts; geschützt für Bekleidung) und der Wortmarke „JOBBIES" (für Latzhosen) besteht Verwechslungsgefahr.[189]
- ▸ OPM 13. 1. 1993: Die Wortmarke „RAFFAEL GREY" ist mit der Wort-Bild-Marke „RAPHAËL" verwechselbar ähnlich (beide waren für Parfumerie eingetragen).[190]
- ▸ OPM 24. 3. 1993: Die Wort-Bild-Marke „SM-DIALOG" (Abbildung rechts) ist mit der Wortmarke „DIALOG" verwechselbar ähnlich. Ein aus Wort- und Bildelementen zusammengesetztes Zeichen ist so lange als reine Wortmarke zu behandeln, als seine bildhafte Ausgestaltung nicht so charakteristisch ist, dass sie von den beteiligten Verkehrskreisen als das Wesentliche aufgefasst wird, weil die Wortelemente vollkommen in den Hintergrund treten.[191]
- ▸ OPM 22. 9. 1993: Die Wortmarke „MOZART" ist mit der Wort-Bild-Marke „Ein Abend mit/An evening with/ Mo-

---

[183]) 1. BK 12. 6. 2002, R 855/2000-1 – VITAFRUIT – MarkenR 2002, 436.
[184]) OPM 10. 7. 2002, Om 3/02 – SPITZ – PBl 2002, 180 = ÖBl-LS 2003/25, 26.
[185]) OPM 11. 12. 2002, Om 11/02 – LEXIS – PBl 2003, 76.
[186]) EuG 9. 4. 2003, Rs T-224/01 – NU-TRIDE – MarkenR 2003, 200.
[187]) OPM 23. 2. 1983, Om 9/82 – Kid Power – PBl 1983, 186 = ÖBl 1984, 4.
[188]) NA 23. 7. 1987, Nm 85/86 – Speed – PBl 1988, 127 = ÖBl 1988, 98.
[189]) NA 1. 3. 1988, Nm 66/87 – JOBIS – PBl 1990, 23 = ÖBl 1990, 7.
[190]) OPM 13. 1. 1993, Om 17/92 – RAFFAEL GREY – PBl 1993, 218 = ÖBl 1993, 207.
[191]) OPM 24. 3. 1993, Om 13/92 – SM-DIALOG – PBl 1994, 39 = ÖBl 1994, 150.

zart" (Abbildung oben, der Markenwortlaut findet sich rechts über der Tastatur) verwechselbar ähnlich.[192]
▸ OPM 23. 3. 1994: Die Wortmarke „VENICE SIMPLON - ORIENT EXPRESS" ist mit der (ebenfalls für Parfüm geschützten, älteren) Wort-Bild-Marke „ORIENT EXPRESS" (Abbildung rechts) verwechselbar ähnlich.[193]
▸ OGH 26. 2. 1996: Mit der Klagsmarke „LEUMIN" war der Kläger gegen „Tiger LEIMIN" (Abbildungen rechts) erfolgreich.[194]
▸ OPM 28. 1. 1998: Zwischen der Wortmarke „SANOSAN" für Mittel zur Körper- und Schönheitspflege und der für die gleichen Waren registrierten Wort-Bild-Marke „SANASUN" (Abbildung rechts) besteht Verwechslungsgefahr.[195]
▸ WA 10. 2. 1998: Aus der Benelux-Wortmarke „BEAUTY FREE" wurde gegen die Wort-Bild-Marke „BEAUTY FREE SHOP" (für Seifen) Widerspruch erhoben. Die Zeichen wurden als „im Hörvergleich" ähnlich beurteilt. Das Wort „Shop" sei kein prägender Markenbestandteil. Die Verwendung der besonderen Schrifttypen konnte die Verwechslungsgefahr nicht ausschließen. Der Widerspruch war erfolgreich.[196]
▸ WA 28. 5. 1999: Die ältere Wort-Bild-Marke „transhair" (Abbildung rechts) war im Widerspruchsverfahren gegen die Neuanmeldung „TRANSHAIR MEDICAL HAIR CLINICS" (im Bereich „Dienstleistungen eines Pflegeheims") erfolgreich. Die Verwechslungsgefahr wurde wegen des dominierenden Worts „TRANSHAIR" bejaht.[197]
▸ WA 20. 7. 1999: Angemeldet wurde die Wortmarke „REBEL" für Bekleidungsstücke. Widerspruch wurde aus der Wort-Bild-Marke „Rebels´" (Abbildung rechts), die sich vor allem durch das markante Bild unterscheidet, erhoben. Phonetisch und begrifflich besteht jedoch eine gewisse Ähnlichkeit. Die Verwechslungsgefahr wurde daher bejaht.[198]
▸ WA 25. 1. 2000: Das Comité International Olympique besitzt die IR-Marke „OLYMPIC" und konnte aus dieser Marke erfolgreich gegen die Anmeldung einer Wort-

---

[192]) OPM 22. 9. 1993, Om 3/93 – MOZART – PBl 1994, 168 = ÖBl 1994, 278.
[193]) OPM 23. 3. 1994, Om 10/93 – Orient Express – PBl 1994, 190 = ÖBl 1994, 89.
[194]) OGH 26. 2. 1996, 4 Ob 7/96 – LEUMIN/LEIMIN – ÖBl 1996, 246 = SZ 69/38 = RdW 1996, 583.
[195]) OPM 28. 1. 1998, Om 2/97 – SANASUN – PBl 1998, 208.
[196]) WA 10. 2. 1998, 7/1998 – BEAUTY FREE SHOP – ABl HABM 1998, 658.
[197]) WA 28. 5. 1999, 305/1999 – TRANSHAIR – ABl HABM 1999, 1268.
[198]) WA 20. 7. 1999, 479/1999 – Rebel – ABl HABM 1999, 1548.

Bild-Marke mit dem Bestandteil „OLYMPIC" (Abbildung rechts) nach Art 8 Abs 5 GMV vorgehen.[199]

- WA 9. 2. 2000: Für die Anmelderin besonders ärgerlich verlief folgender Fall: Zunächst wollte sie die Wortmarke „TELEBINGO" für Spiele anmelden. Dies wurde mangels Unterscheidungskraft abgelehnt. Die dagegen erhobene Beschwerde blieb erfolglos. Die Anmelderin reichte daher zwischenzeitig auch eine Wort-Bild-Marke (Abbildung rechts) ein. Gegen diese Anmeldung wurde nun Widerspruch aus der in Portugal für jemand anderen registrierten Wortmarke „TELEBINGO" erhoben. Die Hoffnung der Anmelderin, diesen Widerspruch damit abwehren zu können, dass eben nach Meinung des HABM das bloße Wort (ohne unterscheidungskräftigen Bildanteil) ohnehin nicht schützbar sei, erfüllte sich nicht. Die WA kam zum Ergebnis, dass diese Wertung nicht einfach auf eine portugiesische Marke übertragen werden könne. Aus der Eintragung in Portugal folge, „dass die zuständigen Behörden in Portugal die Auffassung vertraten, dass das Zeichen hinreichend unterscheidungskräftig sei, um als Marke eingetragen zu werden". Und weiter: „In dieser Sache kann das Amt nicht intervenieren". Dem Widerspruch wurde konsequent Folge gegeben.[200]
- 3. BK 13. 4. 2000: Zwischen der älteren Wort-Bild-Marke „MOTOR JEANS" (rechte Abbildung) und der Gemeinschaftsmarkenanmeldung „MOTO" (für Jeans bzw Bekleidungsartikel) besteht Verwechslungsgefahr.[201]
- NA 16. 10. 2000: Die Wort-Bild-Marke *„Senso di Donna"* für Schuhwaren (Abbildung rechts) ist im Nichtigerklärungsverfahren der älteren Marke „SENSO" unterlegen.[202]
- 2. BK 31. 10. 2000: Gegen die Gemeinschaftsmarkenanmeldung „MATRATZEN markt CONCORD" (Abbildung rechts) war der Widerspruch aus der spanischen Marke „MATRATZEN" (die in Spanien offenbar im Zusammenhang mit Betten nicht als „Matratze" verstanden wird) erfolgreich. Daran vermochten auch die bildlichen Elemente nichts zu ändern.[203]
- OGH 14. 5. 2001: Zwischen der für „Werbung" geschützten Wortmarke „DIE ROTEN SEITEN" und einem Kennzeichen mit demselben Wortlaut aber mit einem vorangestellten graphischen Symbol (weißes Quadrat mit darin befindlichem rotem Damenschuh) besteht Verwechslungsgefahr. Obwohl dies ein

---

[199]) WA 25. 1. 2000, 81/2000 – OLYMPIC – ABl HABM 2000, 778. *Kucsko*, Der Schutz der olympischen Symbole, FS Koppensteiner (2001) 463.
[200]) WA 9. 2. 2000, 189/2000 – TELEBINGO – ABl HABM 2000, 968.
[201]) 3. BK 13. 4. 2000, R 260/1999-3 – MOTO – ABl HABM 2000, 1378.
[202]) NA 16. 10. 2000, C000616979/1 – Senso di Donna – ABl HABM 2001, 368.
[203]) 2. BK 31. 10. 2000, R 728 und 729/1999-2 – MATRATZEN – ABl HABM 2001, 1636. Die dagegen erhobene Klage blieb auch aus dem Aspekt der Warenverkehrsfreiheit ohne Erfolg (EuG 23. 10. 2002, Rs T-6/01– MATRATZEN – MarkenR 2002, 417 = ABl HABM 2003, 760 = GRUR Int 2003, 243 [dazu *Schenk*, ELR 2002, 431]).

schwaches Wortzeichen ist, besteht Schutz gegen die unveränderte, buchstabengetreue Übernahme.[204]

- 1. BK 3. 10. 2001: Aus der spanischen Wortmarke „COLEX DATA" konnte erfolgreich Widerspruch gegen die Wort-Bild-Markenanmeldung „COLEX" (Abbildung rechts) erhoben werden. Im „Computerbereich" sei das Wort „Data" allgemein gebräuchlich, „lex" spiele auf das lateinische Wort für „Gesetz" an, „colex" sei aber ein kennzeichnungskräftiges Element der Marke. Interessant an diesem Fall war auch, dass die Anmelderin den Einwand erhob, die Marken würden in Spanien bereits koexistieren. Die BK sieht dies als durchaus überzeugendes Argument an. Die *Koexistenz* könne bei Vorliegen bestimmter Umstände ein Indiz dafür sein, dass zwischen zwei für dasselbe Gebiet eingetragenen Marken keine Verwechslungsgefahr bestehe.[205]
- OGH 13. 11. 2001: In der Wort-Bild-Marke „Fahrschule STIPEK" (Abbildung Seite 323) genießt der unterscheidungskräftige Markenbestandteil „THE DRIVE COMPANY" selbständig Schutz. Die Markeninhaberin konnte dem beklagten Inhaber einer Fahrschule daher verbieten, unter der Bezeichnung „DRIVECOMPANY" aufzutreten.[206]
- OPM 12. 12. 2001: Die Wortmarke „CHOCAPIC" (für Getreide und Getreidepräparate) wurde mit der Wort-Bild-Marke „ChocoPie" (Abbildung rechts) als verwechselbar ähnlich beurteilt. Dabei ging der OPM davon aus, dass die graphische Gestaltung nur schwach ausgeprägt und die Marke daher als Wortmarke zu behandeln sei. Schon die Ähnlichkeit im Wortbild genügte hier zur Bejahung der Kollision.[207]
- 4. BK 15. 1. 2002: Die ältere Wort-Bild-Marke „J&B" (Abbildung rechts) wurde von der BK – im Gegensatz zur Entscheidung der WA – als mit der jüngeren Gemeinschafts-Wortmarke „J.G.B.8" (beide im Bereich Spirituosen) verwechslungsfähig ähnlich beurteilt.[208]
- 3. BK 20. 2. 2002: Die Wortmarke „JU.ST" wurde für Bekleidung angemeldet. Dem dagegen aus der Gemeinschafts-Bildmarke „JUST" (Abbildung rechts) erhobenen Widerspruch wurde Folge gegeben. Insbesondere die optische und klangliche Ähnlichkeit wurde bejaht.[209]

---

[204]) OGH 14. 5. 2001, 4 Ob 101/01h – Die roten Seiten – ÖBl-LS 01/175.
[205]) 1. BK 3. 10. 2001, R 661/1999-1 – COLEX DATA – ABl HABM 2002, 1460.
[206]) OGH 13. 11. 2001, 4 Ob 237/01h – drivecompany – ÖBl 2002, 84 = ÖBl-LS 2002/56 und 57 = ecolex 2002, 364 (*Schanda*) = wbl 2002, 182. Kritisch zu dieser Entscheidung hinsichtlich der Frage der Verwechslungsgefahr unter Berücksichtigung des Gesamteindrucks der beiden Marken: *Hofinger*, ÖBl 2002, 122.
[207]) OPM 12. 12. 2001, Om 10/01 – ChocoPie – PBl 2002, 102 = ÖBl-LS 2002/171.
[208]) 4. BK 15. 1. 2002, R 512/2000-4 – J.G.B.8 – ABl HABM 2002, 2310.
[209]) 3. BK 20. 2. 2002, R 794/2001-3 – JUST –ABl HABM 2002, 2150.

- 3. BK 19. 3. 2002: Aus der Wortmarke „DIESEL" wurde erfolgreich Widerspruch gegen die Bildmarke „DIESELIT" (Abbildung rechts) erhoben. „Diesel" sei für Bügeleisen/Bügeltische eine starke Marke mit erweitertem Schutzbereich.[210]
- OPM 10. 4. 2002: Die Wort-Bild-Marke „JONES" ist mit der Wortmarke „JACK & JONES" (beide für Bekleidungsstücke eingetragen) verwechselbar ähnlich, zumal das ältere Markenwort im jüngeren zur Gänze enthalten ist.[211]
- EuG 23. 10. 2002: Der Widerspruch aus dem Sigel ILS (Abbildung rechts) ist gegen die jüngere Anmeldung „ELS" (für „englischen Sprachunterricht") durchgedrungen. In Deutsch, der Sprache der angesprochenen Verkehrskreise, werden die Vokalphoneme „E" und „I" ähnlich ausgesprochen.[212]

Beispiele für fehlende Verwechslungsgefahr zwischen Wortmarke und Wort-Bild-Zeichen:

- NA 19. 2. 1986: Das in einer Wort-Bild-Marke enthaltene Wort „TIMODA" ist nicht verwechselbar ähnlich mit „TIMOR".[213]
- NA 27. 1. 1987: Zwischen der Wortmarke „ULTIMA REVLON" und der Wort-Bild-Marke „GRUPPA L'ULTIMA" (Abbildung rechts) besteht keine Verwechslungsgefahr.[214]
- OPM 23. 3. 1988: Die für Farben und Pinsel eingetragene Wort-Bild-Marke SEFRA (Abbildung rechts) ist mit der Wortmarke „SETTA" nicht verwechselbar ähnlich.[215]
- NA 16. 10. 1990: Das Firmenschlagwort „KONSUM" ist mit der Wort-Bild-Marke „KONSUMEX" (Abbildung rechts) nicht verwechselbar ähnlich.[216]
- OPM 25. 9. 1991: In der rechts abgebildeten Wort-Bild-Marke für Champagner (dominiert das Monogramm „LR"). Aus dieser Marke, die auch das Wort „CRISTAL" enthält, konnte daher nicht die Löschung der Marke „Kristall aus dem Hause P… Wien Gerasdorf" durchgesetzt werden.[217]
- NA 2. 4. 1992: Die Wort-Bild-Marke „JET TOURS" (Abbildung rechts) wurde als nicht verwechselbar ähnlich mit der Wortmarke „NIKI JET TOURS" beurteilt.[218]

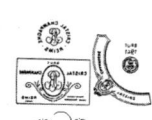

---

[210]) 3. BK 19. 3. 2002, R 525/2001-3 – DIESEL – ABl HABM 2002, 1744.
[211]) OPM 10. 4. 2002, Om 15/01 – JACK & JONES – PBl 2002, 135 = ÖBl-LS 2002/195.
[212]) EuG 23. 10. 2002, Rs T-388/00 – ELS – ABl HABM 2003, 188 = GRUR Int 2003, 237 (dazu *Schenk*, ELR 2002, 431).
[213]) NA 19. 2. 1986, Nm 125/84 – TIMODA – PBl 1988, 200 = ÖBl 1989, 12.
[214]) NA 27. 1. 1987, Nm 4/86 – GRUPPA L'ULTIMA – PBl 1987, 208 = ÖBl 1987, 95.
[215]) OPM 23. 3. 1988, Om 9/87 – SEFRA – PBl 1989, 145 = ÖBl 1989, 99.
[216]) NA 16. 10. 1990, Nm 89/89 – Konsumex – PBl 1991, 166 = ÖBl 1991, 157.
[217]) OPM 25. 9. 1991, Om 14/90 – LR – PBl 1992, 170 = ÖBl 1992, 103.
[218]) NA 2. 4. 1992, Nm 26/90 – Jet tours – PBl 1992, 221 = ÖBl 1992, 264.

Kucsko, Geistiges Eigentum (2003)

- OGH 28. 4. 1992: Der Kläger erzeugt Backwaren und hat die Wort-Bild-Marke „*Resch & Frisch*" (Abbildung rechts oben) für „Brot und feine Backwaren" registriert. Er konnte gegen die Verwendung der bloß beschreibenden Worte auf dem Verpackungsmaterial für einen Kornspitz (Abbildung rechts unten) nicht durchdringen.[219]
- OPM 28. 10. 1992: Der Inhaber der Wortmarke „WELLA" konnte gegen das Wort-Bild-Zeichen „*natur well*" (Abbildung rechts) nicht erfolgreich vorgehen. Die Verwechslungsgefahr wurde verneint.[220]
- OPM 13. 1. 1993: Der Inhaber der Wortmarke „FANTA" konnte nicht gegen das Wort-Bild-Zeichen „*fantasy*" (Abbildung rechts) durchdringen.[221]
- NA 28. 2. 1995: Die Wortmarke „KRONLAND" (eingetragen für Würste) ist mit dem jüngeren Wort-Bild-Zeichen „Land Kron" (Abbildung rechts) nicht verwechselbar ähnlich.[222]
- NA 8. 10. 1996: Zwischen der mit Verkehrsgeltungsnachweis für Filterzigaretten eingetragenen Wortmarke „MILDE" und der Wort-Bild-Marke „MILD 110'S" (Abbildung rechts) wurde keine Verwechslungsgefahr angenommen. Gerade bei Zigaretten bestehe ein besonderes Sorten- und Markenbewusstsein, und der Großteil der Raucher bleibe über Jahre hinweg einer bestimmten Sorte treu. Zigaretten werden nach den Erfahrungen des täglichen Lebens nicht beiläufig, das heißt ohne besondere Beachtung der Sorte bzw Marke, sondern sogar mit großer Aufmerksamkeit gekauft.[223]
- NA 29. 1. 1998: McDonald's, Inhaber zahlreicher Wort- und Wort-Bild-Marken mit der Buchstabengruppe „Mc", „MC" oder „Mäc", war gegen die Wort-Bild-Marke „Mc Hair" (Abbildung rechts) nicht erfolgreich. Die Verwechslungsgefahr wurde verneint.[224]
- OPM 8. 7. 1998: Die Wortmarke „CLIN" für Reinigungsmittel ist mit der Wort-Bild-Marke „Mc.Clean" (Abbildung rechts, wobei die 6 Streifen in kräftigen Farben – grün, gelb, orange, rot, lila und blau – gehalten waren) nicht verwechselbar ähnlich, zumal das Wort „CLIN" nur wenig kennzeichnungskräftig ist.[225]

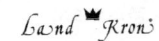

---

[219]) OGH 28. 4. 1992, 4 Ob 29/92 – Resch & Frisch – ÖBl 1992, 218 = ecolex 1993, 33.
[220]) OPM 28. 10. 1992, Om 9/92 – WELLA – PBl 1993, 144.
[221]) OPM 13. 1. 1993, Om 15/92 – FANTASY – PBl 1993, 215 = ÖBl 1993, 207.
[222]) NA 28. 2. 1995, Nm 52/89 – LAND KRON – PBl 1996, 47 = ÖBl 1996, 177.
[223]) NA 8. 10. 1996, Nm 141/94 – MILD 100'S – PBl 1997, 227.
[224]) NA 29. 1. 1998, Nm 113/97 – Mc Hair – PBl 1999, 142 = ÖBl 2000, 16.
[225]) OPM 8. 7. 1998, Om 6/97 – Clin – PBl 1999, 15.

- OPM 28. 10. 1998: Die Inhaberin der (ua) für Wein registrierten Wort-Bild-Marke „ROYAL" (Abbildung rechts) konnte gegen die für alkoholische Getränke eingetragene Wortmarke „ARC ROYAL" nicht durchdringen. Dass ein Zeichen aus Worten, das andere aus bildlichen Darstellungen besteht, schließe für sich allein die Ähnlichkeit nicht aus. Die Form der Buchstaben vermag im vorliegenden Fall aber bei einer flüchtigen Betrachtung die Aufmerksamkeit nicht so an sich zu ziehen, dass sie im Gedächtnis bliebe. Der Wortbestandteil „Royal" sei ein schwaches Kennzeichen, sodass schon geringe Abweichungen genügen, um die Verwechslungsgefahr zu beseitigen (hier: Beifügung des stark kennzeichnenden Wortes „Arc" = französisch „Bogen").[226]
- WA 8. 10. 1999: Die wie eine Handschrift gestaltete Wort-Bild-Marke „Arthur" (Abbildung rechts) wurde der Anmeldung „ARTHUR ET FELICIE" entgegengehalten. Die Verwechslungsgefahr wurde von der WA verneint.[227] Die 3. BK hat diese Entscheidung jedoch aufgehoben.[228]
- WA 31. 8. 2000: Aus der Wort-Bild-Marke „Jaffa SUN RISE" (mit gelber Schrift auf einem schwarzen Hintergrund; Abbildung rechts) konnte nicht erfolgreich Widerspruch gegen die Gemeinschaftsmarkenanmeldung „SUNRISE" erhoben werden. Entscheidend für die hinreichende Unterscheidbarkeit war das optisch dominierende Wort „Jaffa". Interessant ist, dass die WA dabei in der Begründung auch darauf hinweist, die dominierende Wirkung des Elements „Jaffa" werde in den älteren Marken durch ihren häufigen Gebrauch noch zusätzlich verstärkt. Es wurde hier also nicht allein auf den Registerstand abgestellt.[229]
- BK 4. 7. 2001: Zwischen der älteren Wort-Bild-Marke „ALPHA" (Abbildung rechts) sowie der Wortmarke „ALPHACAL" einerseits und der Gemeinschaftsmarkenanmeldung „ALPHA STAR" (für Tonerde-Bauxit-Minerale) andererseits besteht keine Verwechslungsgefahr. Der Widerspruch wurde daher zurückgewiesen.[230]
- 2. BK 22. 10. 2001: Die Wort-Bild-Marke „Chipita" (Abbildung rechts) unterscheidet sich durch die Bildelemente und die Schreibweise ausreichend von der älteren deutschen Wortmarke „CHIO PITTA". Dem Widerspruch wurde nicht stattgegeben.[231]
- HG Wien 10. 12. 2001: Ferrero ist (in erster Instanz) mit der für Schokoladeprodukte geschützten Wort-Bild-Marke „KINDER" (Abbildung rechts; schwarzes „K" und in Rot „inder") nicht gegen die Domain „kinder.at"

---

[226]) OPM 28. 10. 1998, Om 8/95 – ROYAL – PBl 1999, 157.
[227]) WA 8. 10. 1999, 905/1999 – ARTHUR – ABl HABM 2001, 142.
[228]) 3. BK 19. 6. 2002, R 1/2000-3 – ARTHUR – ABl HABM 2003, 910.
[229]) WA 31. 8. 2000, 1968/2000 – SUNRISE – ABl HABM 2001, 208.
[230]) 4. BK 4. 7. 2001, R 195/2000-4 – ALPHA STAR – ABl HABM 2002, 352.
[231]) 2. BK 22. 10. 2001, R 1022/2000-2 – Chipita – ABl HABM 2002, 1924.

durchgedrungen (Auf dieser Website wurden keine Produkte angeboten; sie wurde vielmehr für eine Non-Profit-Community für Kinder eingerichtet). Begründet wurde dies damit, dass in dieser Wort-Bild-Marke nur die graphische Ausgestaltung unterscheidungskräftig sei. Die Übernahme des Wortes in die Domain sei daher keine Markenrechtsverletzung.[232] Die außerordentliche Revision an den OGH blieb letztlich erfolglos. Da der Inhalt der Website das Leistungsangebot der Klägerin nicht berührt, wurde bereits die Verwechslungsgefahr als Voraussetzung für den markenrechtlichen Schutz verneint.[233]

- 3. BK 6. 3. 2002: Der Widerspruch aus der Wort-Bild-Marke „Deutsche Hyp" (Abbildung rechts) gegen die Wortmarkenanmeldung „HYP" hatte keinen Erfolg. Die Verwechslungsgefahr wurde verneint.[234]

- 3. BK 18. 3. 2002: Aus der deutschen Wort-Bild-Marke „Krüger All Day" (Abbildung rechts; eingetragen für „Mittel zur Körper- und Schönheitspflege) wurde Widerspruch gegen die für die gleichen Waren angemeldete Wortmarke „ALL-DAY AQUA" erhoben. Die Verwechslungsgefahr wurde im Hinblick auf die Schwäche des Zeichens „ALL DAY", das nachweislich bei derartigen Produkten häufig verwendet wird, nach dem Gesamteindruck der beiden Zeichen verneint.[235]

- 4. BK 16. 4. 2002: Die Wortmarke „SYSNET" deutet auf den Anwendungsbereich der Informations- und Telekommunikationstechnologie hin und konnte daher gegen die Gemeinschaftsmarkenanmeldung „T SystemNet" (Abbildung rechts) der Deutschen Telekom AG, bei der das „T" der prägende Markenteil ist, nicht erfolgreich sein.[236]

- 3. BK 17. 7. 2002: Zwischen *„Fruchtsäften"* und *„Sekt"* besteht eine so große *„Warenferne"*, dass die Verwechslungsgefahr zwischen den klanglich ähnlichen Zeichen „LINDENHOF" und „Linderhof" (als Teil einer Wort-Bild-Marke) verneint wurde.[237]

- EuG 23. 10. 2002: Aus der farbigen spanischen Wort-Bild-Marke *„Miss Fifties"* (Abbildung rechts) wurde gegen die Gemeinschafts-Wortmarke „FIFTIES" (für „Bekleidungsstücke") Widerspruch erhoben. Aus einer umfassenden Beurteilung und „bildlichen Gesamtwürdigung" der „recht komplexen Beschaffenheit" der Widerspruchsmarke wurde die bildliche Ähnlichkeit verneint. Angesichts der klanglichen und semantischen Ähnlichkeit der Zeichen und der Identität der durch sie erfassten Wa-

---

[232]) HG Wien 10. 12. 2001, 38 Cg 90/00t – Kinder/KINDER.AT – WRP 2002, 349 = MarkenR 2002, 211 (*Karl*).
[233]) OGH 16. 7. 2002, 4 Ob 156/02y – kinder.at – ecolex 2002, 755 (*Schanda*) = ÖBl-LS 2002/184, 193 = MR 2002, 347.
[234]) 3. BK 6. 3. 2002, R 763/2001-3 – HYP – GRUR 2002, 817.
[235]) 3. BK 18. 3. 2002, R 814/2001-3 – ALL-DAY AQUA – ABl HABM 2002, 1988.
[236]) 4. BK 16. 4. 2002, R 569/2000-4 – T SystemNet – MarkenR 2002, 422.
[237]) 3. BK 17. 7. 2002, R 36/2001-3 – LINDENHOF – MarkenR 2002, 448.

- EuG 12. 12. 2002: Es ging um Milchprodukte, also um Waren für „Durchschnittsverbraucher". Die prioritätsältere Wortmarke „SAINT-HUBERT 41" wurde der jüngeren, als Gemeinschaftsmarke angemeldeten Wort-Bild-Marke „HUBERT" (Abbildung rechts) entgegengehalten. Das EuG verneinte eine Ähnlichkeit in „bildlicher Hinsicht" und ebenso die klangliche Ähnlichkeit. Schließlich bestehe auch keine begriffliche Ähnlichkeit, weil hier das Bild eines „Kochs" der Vorstellung eines Heiligen gegenüberstehe.[239]
- EuG 9. 7. 2003: Der Wortmarke „GIORGIO BEVERLY HILLS" (für Parfümerieprodukte) wurden im Widerspruchsverfahren die spanischen Wort-Bild-Marken „J GIORGI", „MISS GIORI" und „GIORGI LINE" entgegengehalten. Im Parfümeriebereich würden echte oder erfundene italienische Namen häufig verwendet werden, sodass die Verbraucher nicht jedes Mal, wenn ihnen in einer Marke ein solcher Name neben anderen Wort- oder Bildbestandteilen begegnet, annehmen werden, dass alle Produkte, für die dieser Name verwendet wird, dieselbe Herkunbft haben. Der Widerspruch hatte daher keinen Erfolg.[240]

Beispiele für Verwechslungsgefahr zwischen Wort-Bild-Marke und Wort-Bild-Marke:

- NA 25. 5. 1987: Die beiden Wort-Bild-Marken „SPRINT" (Abbildungen rechts) wurden wegen des übereinstimmenden dominanten Wortbestandteils als verwechselbar ähnlich beurteilt.[241]
- OPM 8. 7. 1992: Die Wort-Bild-Marke „MISSONI" (linke Abbildung) ist verwechselbar ähnlich mit der jüngeren Wort-Bild-Marke „Kräutler MISSONI" (rechte Abbildung).[242]

---

[238]) EuG 23. 10. 2002, Rs T-104/01 – FIFTIES – ABl HABM 2003, 228 = GRUR Int 2003, 247 (dazu *Schenk*, ELR 2002, 431).
[239]) EuG 12. 12. 2002, Rs T-110/01 – HUBERT – GRUR Int 2003, 552.
[240]) EuG 9. 7. 2003, T-162/01 – GIORGIO BEVERLY HILLS; vgl auch die Parallelentscheidung EuG 9. 7. 2003, T-156/01 – GIORGIO AIRE.
[241]) NA 25. 5. 1987, Nm 81/85 – Sprint – PBl 1988, 47 = ÖBl 1988, 38.
[242]) OPM 8. 7. 1992, Om 5/92 – MISSONI – PBl 1993, 102 = ÖBl 1993, 13.

- OGH 22. 4. 1997: Zwischen der Wort-Bild-Marke EP (Abbildung rechts oben) und dem Wort-Bild-Zeichen EP (Abbildung rechts unten) besteht zumindest Verwechslungsgefahr im weiteren Sinn.[243]
- OGH 29. 9. 1998: Die Wort-Bild-Marke AMC (linke Abbildung) ist der Wort-Bild-Marke „ATC" (rechte Abbildung), die ebenfalls für Edelstahl-Kochtöpfe verwendet wird, verwechselbar ähnlich. Beide Marken werden durch eine stilisierte Weltkugel mit eingezeichneten Meridianen und einer in deren Mitte positionierten Abkürzung aus drei Großbuchstaben, die mit Ausnahme des mittleren identisch sind, geprägt.[244]
- WA 17. 4. 2000: „MUSTANG" (linke Abbildung) ist eine in Deutschland sehr bekannte Textilmarke. Sie ist gegen die Marke „MUSTANG SURVIVAL" (rechte Abbildung) durchgedrungen soweit die Warengleichartigkeit zu bejahen war.[245]
- WA 15. 6. 2000: Die Campbell's SOUP-Marke (linke Abbildung) konnte im Widerspruchsverfahren nicht gegen die Wort-Bild-Marke „Campbell Catering" (für Catering; rechte Abbildung) durchdringen. Dieser Familienname ist im Vereinigten Königreich und Irland nicht ungewöhnlich. Es wurde zwar die Ähnlichkeit der Marken bejaht, nicht aber die Warenähnlichkeit.[246]
- 3. BK 23. 1. 2001: Zwischen den beiden Wort-Bildzeichen „CAMOMILLA" (rechte Abbildungen) besteht Verwechslungsgefahr, weil das prägende Wort „CAMOMILLA" ident ist, während die Bildelemente nicht besonders originell oder kennzeichnungskräftig sind.[247]
- OPM 23. 5. 2001: In der Wort-Bild-Marke „R LANEROSSI" (linke Abbildung, in Rot), eingetragen für Bekleidungsstücke, ist der Wortbestandteil „ROSSI" mit dem herausgehobenen Buchstaben „R" prägend. Damit stimmt sie mit der Marke der Antragsgegnerin „R ROSSI" (rechte Abbildung) so stark überein, dass die Verwechslungsgefahr zu bejahen ist.[248]

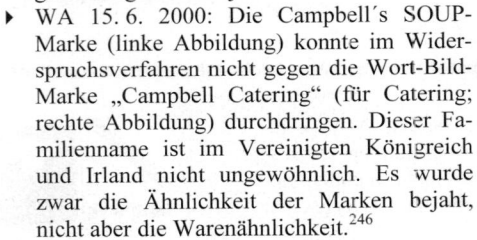

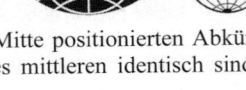

---

[243]) OGH 22. 4. 1997, 4 Ob 74/97d – Elektro Positiv – ÖBl 1997, 291.
[244]) OGH 29. 9. 1998, 4 Ob 235/98g – AMC/ATC – ÖBl 1999, 82 = wbl 1999, 131 = ZfRV 1999/18 = GRUR Int 1999, 794.
[245]) WA 17. 4. 2000, 736/2000 – MUSTANG – ABl HABM 2000. 1238.
[246]) WA 15. 6. 2000, 1243/2000 – Campbell – ABl HABM 2001, 156.
[247]) 3. BK 23. 1. 2001, R 158/2000-3 – CAMOMILLA – ABl HABM 2001, 1948.
[248]) OPM 23. 5. 2001, Om 1/01 – R LANEROSSI – PBl 2002, 85 = ÖBl-LS 2002/133.

▶ 2. BK 3. 6. 2002: Gestützt auf die ältere Gemeinschaftsmarke „T" (linke Abbildung) mit den „digits" wurde Widerspruch gegen die ebenfalls mit „digits" gebildete „iti" Markenanmeldung (rechte Abbildung) erhoben. Ihm wurde nicht Folge gegeben. Eine besondere Kennzeichnungskraft für die zur Corporate Identity der Widersprechenden gehörenden „digits" konnte nicht nachgewiesen werden.[249]

Beispiele für fehlende Verwechslungsgefahr zwischen Wort-Bild-Marke und Wort-Bild-Marke:

▶ OPM 31. 5. 1995: Gestützt auf die Wort-Bild-Marke „7 up" (linke Abbildung), sowie die Wortmarke „SEVEN UP", konnte die Löschung der Wort-Bild-Marke „FRESH-UP" (rechte Abbildung) nicht durchgesetzt werden.[250]

▶ NA 21. 11. 1996: Die Wort-Bild-Marke „BIO-NATURKRAFT" (linke Abbildung) ist mit der Wort-Bild-Marke „BIOKRAFT" (rechte Abbildung) nicht verwechselbar ähnlich, weil diese Zeichen lediglich im nicht unterscheidungskräftigen Wortanteil (Seite 291) übereinstimmen.[251]

▶ OGH 17. 3. 1998: Die Klägerin mit Sitz in Bangkok ist Inhaberin der österreichischen Wort-Bild-Marke „WHITE SHARK" (linke Abbildung) für einen Energy-Drink. Die Beklagte vertreibt Speiseeis unter der Marke „RED SHARK" (Schrift in Rot; rechte Abbildung) mit dem Untertitel „ENERGY ON ICE – MIT GUARANA". Der OGH hat die Verwechslungsgefahr verneint. Angesichts der völlig unterschiedlichen Gestaltung eines Haies bei den beiden Produkten sowie des äußerst bekannten Firmenlogos „Eskimo" bei der Beklagten, könne man nicht den Eindruck einer Unternehmensidentität oder -verknüpfung gewinnen.[252]

---

[249]) 2. BK 3. 6. 2002, R 965/2000-2 – T – MarkenR 2002, 433.
[250]) OPM 31. 5. 1995, Om 3/95 – FRESH-UP – PBl 1996, 149.
[251]) NA 21. 11. 1996, Nm 76/95 – BIO-NATURKRAFT – PBl 1998, 22.
[252]) OGH 17. 3. 1998, 4 Ob 65/98g – Shark – ÖBl 1998, 244.

- OGH 4. 2. 1999: Die Klägerin erzeugt Sportartikel (Sportschuhe, Sportbekleidung) unter den registrierten PUMA-Marken (linke Abbildung). Die Beklagte vertreibt einen „RED-PUMA"-Energydrink (rechte Abbildung; Puma-Bild und Schriftzug in roter Farbe). Der OGH verneinte die Verwechslungsgefahr.[253]
- WA 15. 6. 1999: Zwei Wort-Bild-Marken, die beide auf einen „Rio" verweisen, standen einander gegenüber: „RIO BLANCO" als angemeldete Gemeinschaftsmarke (Abbildung rechts oben) und „Rio Bravo" als deutsche Widerspruchmarke (Abbildungen rechts Mitte und unten). Es wurde festgestellt, dass „Rio" im Deutschen allgemein verstanden, jedoch als Fremdwort wahrgenommen wird. Vor allem die optischen Unterschiede der zu vergleichenden Marken wurden hervorgehoben. Die Verwechslungsgefahr wurde letztlich verneint.[254]
- OPM 22. 9. 1999: Die Antragstellerin ist Inhaberin der Wortmarke „ROTHMANS ROYAL" sowie einer Wort-Bild-Marke (linke Abbildung) für Tabak. Die Antragsgegnerin hatte mit schlechterer Priorität ebenfalls eine Wort-Bild-Marke mit dem Wort „ROYAL" für Tabak registriert (rechte Abbildung). „Royal" wurde ebenso wie die heraldischen Motive als schwaches Kennzeichen beurteilt. Es dominieren die starken Markenbestandteile „Rothmans" bzw „Karelia". Im Löschungsverfahren nach § 30 MSchG (Seite 498) wurde daher die Verwechslungsgefahr verneint.[255]
- WA 6. 12. 1999: Die Wort-Bild-Marke „Charm" (linke Abbildung) wurde für „land-, garten- und forstwirtschaftliche Erzeugnisse sowie Samenkörner, soweit sie nicht in anderen Klassen enthalten sind; lebende Tiere; frisches Obst und Gemüse; Sämereien, lebende Pflanzen und natürliche Blumen; Futtermittel, Malz" angemeldet. Die WA verneinte bei der für „Bonbons" registrierten spanischen Wort-Bild-Marke „CHARMS" (rechte Abbildung) die Warenähnlichkeit und stellte auch nicht die Bekanntheit der Widerspruchsmarke fest. Der Widerspruch wurde daher zurückgewiesen.[256]

---

[253]) OGH 4. 2. 1999, 4 Ob 305/98a – Red Puma – ÖBl 1999, 191 = ecolex 1999, 479 (*Schanda*) = wbl 1999, 330.
[254]) WA 15. 6. 1999, 367/1999 – RIO BLANCO – ABl HABM 1999, 1182.
[255]) OPM 22. 9. 1999, Om 2/99 – ROTHMANS ROYALS – PBl 2000, 85 = ÖBl-LS 00/81.
[256]) WA 6. 12. 1999, B 36519 – Charm – ABl HABM 2000, 754.

▶ 3. BK 4. 7. 2000: Die Wörter „Comfort" oder „Confort" und „Hotel" haben im Spanischen im Zusammenhang mit Hotel-, Beherbergungs- und Restaurantdienstleistungen nur sehr geringe Unterscheidungskraft. Deshalb waren die anderen Bestandteile der beiden einander gegenüberstehenden Bildmarken zu berücksichtigen (angemeldete Marke: Abbildung links; Widerspruchsmarke: Abbildung rechts). Da die prägenden Bildbestandteile hier völlig unterschiedlich sind, wurde keine Verwechslungsgefahr angenommen.[257]

▶ 1. BK 18. 12. 2000: Die italienische Wort-Bild-Marke „ADVANTAGE" (linke Abbildung) ist im Widerspruchsverfahren gegen die Gemeinschaftsmarkenanmeldung „ADVANTA" (rechte Abbildung) wegen der deutlichen Unterschiede der bildlichen Gestaltung nicht durchgedrungen.[258]

▶ OGH 13. 2. 2001: Die Klägerin, ein deutsches Telekomunternehmen, ist Inhaberin der Wortmarke „T-ONE" und einer gleichlautenden Wort-Bild-Marke (Abbildung rechts oben; in den Farben rosa und grau). Die Beklagte ist Inhaberin der prioritätsjüngeren Wort-Bild-Marke „ONE" (Abbildung rechts unten; das „o" ist blau, die Buchstaben „n" und „e" sind schwarz). Sie hatte in der Zeit von Oktober 1998 bis zum erstinstanzlichen Urteil 1999 100,000.000,-- ATS für Markenplatzierung in Werbung investiert und daher einiges zu verlieren. Die auf Unterlassung der Verwendung dieser Marke gerichtete Klage blieb jedoch in allen drei Instanzen erfolglos.[259] Das „T" weise auf Telekom hin, „one" habe nur sehr geringe Kennzeichnungs- und Unterscheidungskraft, soweit nicht überhaupt ein Freihaltebedürfnis zu bejahen sei, weil es auch im Bereich der Telekommunikationsleistungen üblich sei, durch die Zahl „1" die in Anspruch genommene Marktposition herauszustreichen. Die sehr geringe Kennzeichnungskraft schließe aus, dass „one" als Stammzeichen einer Zeichenserie verstanden werden könnte. Besonders interessant ist auch, dass sich der OGH hier mit der Frage auseinandergesetzt hat, welche Auswirkungen es hat, dass die Klagsmarke nicht, die Beklagtenmarke hingegen intensiv genutzt wurde. Die Aufwendungen der Beklagten für Markenplatzierung und Werbung hätten eine Erhöhung der Kennzeichnungskraft des Zahlworts „one" jedenfalls nicht für die Klägerin gebracht. Er stellte deutliche Unterschiede im Wortbild fest. Der weitgehenden Übereinstimmung in der Bedeutung der Markenworte, maß er kein besonderes Gewicht zu, weil die Aussage „eins" hier in erster Linie als Qualitätsbehauptung und nicht als Herkunftshinweis verstanden werde. Schließlich beurteilte er auch den Klang der Marken als ähnlich. Dennoch verhindere aber das vorangestellte „T"

---

[257]) 3. BK 4. 7. 2000, R 235/1999-3 – Confortel – ABl HABM 2001, 84.
[258]) 1. BK 18. 12. 2000, R 38/2000-1 – ADVANTA – ABl HABM 2001, 1306.
[259]) OGH 13. 2. 2001, 4 Ob 325/00y – T-One – ÖBl-LS 01/86 = ÖBl 2001, 159 (*Brandstätter/Görg*) = ecolex 2001, 547 (*Schanda*) = MarkenR 2001, 333.

als Hinweis auf die deutsche Telekom, dass aus der Übereinstimmung der Markenbestandteile „one" auf die Identität der beiden Unternehmen oder auf wirtschaftliche Beziehungen zwischen den Unternehmen geschlossen werde. Schließlich hat er auch aus der Gleichartigkeit der Dienstleistungen nicht eine Verwechslungsgefahr gefolgert, zumal bei der Anmeldung eines Handys der Frage, um welchen Anbieter es sich handelt, regelmäßig besondere Aufmerksamkeit gewidmet werde. Die nur sehr geringe Kennzeichnungskraft des Markenbestandteils „One" und die besondere Situation auf dem Mobilfunksektor würden es demnach ausschließen, dass ein durchschnittlich informierter, aufmerksamer und verständiger Durchschnittsverbraucher annehmen könnte, ein Mobilfunknetz „T-One" werde von demselben Unternehmen betrieben wie das Mobilfunknetz „one", oder dass er glauben könnte, beide Netze würden von miteinander wirtschaftlich verbundenen Unternehmen betrieben. Konsequent – und meines Erachtens zutreffend – verneinte der OGH hier die Verwechslungsgefahr.

▸ 1. BK 10. 5. 2001: Zwischen der älteren spanischen Marke „BEVERLY HILLS POLO CLUB", die einen galoppierenden Polospieler zeigt, der seinen Schläger zum Schlag auf den Ball erhoben hat (linke Abbildung), und der Gemeinschaftsmarkenanmeldung „CHANTILLY POLO CLUB", die zwei Seite an Seite stehende Polospieler darstellt, die beide versuchen, denselben Ball zu treffen (rechte Abbildung), wurde die Verwechslungsgefahr verneint. Die Zeichen seien visuell, klanglich und begrifflich verschieden. „BEVERLY HILLS" lasse an die Vereinigten Staaten, Filmstars und Berühmtheiten des Show Business denken, während „CHANTILLY" eher an Frankreich mit seiner süßen, gekühlten Schlagsahne oder an ein Schloss erinnern würde.[260]

▸ WA 16. 5. 2001: Die ältere Marke „PIZZA DEL ARTE" (linke Abbildung) konnte im Widerspruchsverfahren mangels Verwechslungsgefahr nicht gegen die Gemeinschaftsmarkenanmeldung „VELARTE" (rechte Abbildung) durchdringen.[261]

▸ WA 15. 11. 2001: Kabel 1 hat das Bildzeichen der *Ziffer 1* mit einer orangenen Spirale vor schwarzem Hintergrund (obere Abbildung) angemeldet. Der dagegen vom Bayerischen Rundfunk und anderen Anstalten erhobene Widerspruch aus einer älteren deutschen Marke mit einer weißen Ziffer 1 vor einem von unten nach oben dunkler werdenden Blauton (untere Abbildung) hatte keinen Erfolg. Der Gesamteindruck der Zeichen wurde als völlig unterschiedlich beurteilt. Die abstrakte Darstellung einer einstelligen Ziffer sei im Generellen am unteren Bereich der möglichen Kennzeichnungskraft einzuordnen

---

[260]) 1. BK 10. 5. 2001, R 714/2000-1 – CHANTILLY POLO CLUB – ABl HABM 2001, 2056.
[261]) WA 16. 5. 2001, 1196/2001 – VELARTE – ABl HABM 2001, 2078 (mit eingehenden Ausführungen zum Gebrauchsnachweis).

(noch unterhalb der Kennzeichnungskraft von Ein-Buchstaben-Marken). Im vorliegenden Fall wurde zwar eine Erhöhung der Kennzeichnungskraft durch die nachgewiesene intensive Nutzung der älteren Marke angenommen. Diese Schutzumfangserweiterung genügte jedoch nicht, um eine Verwechslungsgefahr anzunehmen.[262]

▸ OPM 10. 7. 2002: Zwischen der Marke „OMEGA" (linke Abbildung) und der Marke „MEGA „5" besteht keine Verwechslungsgefahr.[263]

Beispiel für Kollision zwischen Bildmarke und Bildmarke:

▸ WA 12. 12. 2000: Die Gemeinschaftsmarkenanmeldung eines stilisierten *Hirschkopfs* in Schwarz und Gold vor einem weißen Hintergrund in einem goldenen zahnradähnlichen Kreis (linke Abbildung) wurde im Widerspruchsverfahren durch das Jägermeister-Bildzeichen in Schwarz vor weißem Hintergrund (rechte Abbildung) zu Fall gebracht.[264]

▸ 1. BK 2. 10. 2001: Gestützt auf ihr älteres, nicht eingetragenes Zeichen (Abbildung rechts, oben) konnte die englische Widerspruchswerberin gegen die Bildmarkenanmeldung (Abbildung rechts, unten) durchdringen. Dass die Widersprechende dem „da Vinci"-Zeichen, auch das Firmenschlagwort „Real-time consultants" beigefügt hatte, ging nicht zu ihren Lasten.[265]

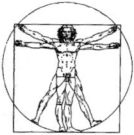

Beispiele für Kollision zwischen Bildmarke und Wortzeichen:

▸ OGH 4. 2. 1986: Zwischen der Wortmarke der Klägerin „TIERE MIT HERZ", die (ua) für Plüschteddybären verwendet wird einerseits und einem roten Herzen auf der Brust der Teddybären der Beklagten andererseits, besteht Verwechslungsgefahr.[266]

▸ OGH 8. 3. 1994: Auch zwischen der reinen Bildmarke eines Ritters (Abbildung rechts) für Dentalerzeugnisse und dem Wortzeichen „RITTER" wurde die Verwechslungsgefahr bejaht.[267]

---

[262] WA 15. 11. 2001, 2697/2001 – 1 – ABl HABM 2002, 550.
[263] OPM 10. 7. 2002, Om 2/02 – MEGA 3 – PBl 2003, 88.
[264] WA 12. 12. 2000, 3006/2000 – Jägermeister – ABl HABM 2001, 764.
[265] 1. BK 2. 10. 2001, R 906/2000-1 – „da Vinci"-Zeichen – ABl HABM 2002, 1426 (mit eingehenden Ausführungen zum englischen *„law of passing off"*).
[266] OGH 4. 2. 1986, 4 Ob 302/86 – Tiere mit Herz – ÖBl 1986, 77.
[267] OGH 8. 3. 1994, 4 Ob 13/94 – Ritter/Knight – ÖBl 1994, 227 = ecolex 1994, 552 = RdW 1994, 280.

- OPM 18. 1. 1998: Die Bildmarke eines Krokodils (Abbildung rechts) ist der Wortmarke „CROCODILE" verwechselbar ähnlich. Wenn sich bei den betroffenen Verkehrskreisen ein Begriff aufgrund eines eigenartigen Bildes – wie hier eines Krokodils – eingeprägt hat, so werden sie häufig nicht mehr an das Bild denken, wenn sie denselben Begriff durch nahe liegende Worte wiedergegeben sehen. Es kann dann zu so genannten *„Überkreuzverwechslungen"* kommen, wenn das Wort der ungezwungene, natürliche Ausdruck für die in der Bildmarke enthaltene Darstellung ist.[268] 
- OPM 10. 7. 2002: Die Bildmarke eines Krokodils (Abbildung oben) wurde in der Folge auch mit der Wort-Bild-Marke „CROCODILE Eyeware by CCM" (Abbildung rechts) als verwechselbar ähnlich beurteilt. Der Bildanteil unterstreiche den Sinngehalt des Wortes „Crocodile" bloß.[269]

Beispiele für Kollision zwischen Bildmarke und Wort-Bildzeichen:

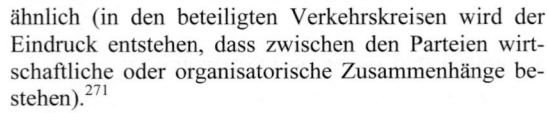

- OGH 16. 6. 1992: Das rechts abgebildete Inserat mit dem Bild eines Autos in Form eines Kartenbilds Österreichs verletzt die daneben abgebildete Bildmarke (kein bloßer Motivschutz).[270]
- OPM 8. 7. 1998: Das als Verbandsmarke (ua) für Bankgeschäfte geschützte Giebelkreuz-Zeichen (linke Abbildung) ist mit der ebenfalls für Bankgeschäfte geschützten Wort-Bild-Marke „RBB" (rechte Abbildung) zumindest im weiteren Sinn verwechselbar ähnlich (in den beteiligten Verkehrskreisen wird der Eindruck entstehen, dass zwischen den Parteien wirtschaftliche oder organisatorische Zusammenhänge bestehen).[271] 
- OGH 24. 4. 2001: Zwischen der Wort-Bild-Marke „RED BULL" im charakteristischen Design der Dosen (Farbkombination Blau-Silber mit diagonaler Begrenzung, Beschriftung in Rot, Mittelpunkt in goldener Farbe; Abbildung rechts) und einer Dosenaufmachung in der gleichen Gestaltung, aber mit dem Namen „CICLON" wurde Verwechslungsgefahr im weiteren

---

[268] OPM 18. 1. 1998, Om 9/96 – Crocodile – PBl 1999, 26. Zum Begriff der „Überkreuzverwechslung" vgl auch NA 22. 9. 1995, Nm 41/92 – Kronenwäsche – PBl 1996, 171 = ÖBl 1996, 230; OGH 4. 2. 1986, 4 Ob 302/86 – Tiere mit Herz – ÖBl 1986, 77.
[269] OPM 10. 7. 2002, Om 6/02 – Crocodile II – PBl 2003, 18 = ÖBl-LS 2003/66.
[270] OGH 16. 6. 1992, 4 Ob 64/92 – Österreich-Auto – ÖBl 1992, 224 = wbl 1992, 376. Zum Motivschutz vgl auch OGH 26. 11. 1985, 4 Ob 378/85 – Almdudler/Alm Rausch – ÖBl 1986, 129.
[271] OPM 8. 7. 1998, Om 5/97 – Giebelkreuz – PBl 1999, 27 = ÖBl 1999, 122.

Sinn angenommen.²⁷²

Beispiel für fehlende Verwechslungsgefahr zwischen Bildmarke und Wort-Bildzeichen:

▸ NA 22. 9. 1995: Die Firma Palmers konnte gestützt auf die Bildmarke einer Krone (Abbildung rechts) nicht gegen das Wort-Bild-Zeichen „KRONENWÄSCHE" (Abbildung rechts) durchdringen. Ein bloßer *Motivschutz* wurde verneint.²⁷³

6.3.3. Gedankliches In-Verbindung-Bringen

Der letzte Halbsatz des § 10 Abs 1 Z 2 MSchG übernimmt aus Art 5 Abs 1 lit b MarkenRL die Formulierung *„gedanklich in Verbindung gebracht"*.²⁷⁴ Der EuGH²⁷⁵ interpretiert dies so, dass die rein assoziative gedankliche Verbindung, die der Verkehr über die Übereinstimmung des Sinngehalts zweier Marken zwischen diesen herstellen könnte, für sich genommen noch keine Gefahr von Verwechslungen begründe, die die Gefahr einschließt, dass die Marke mit der älteren Marke gedanklich in Verbindung gebracht wird. Der Begriff der Gefahr einer „gedanklichen Verbindung" stellt keine Alternative zum Begriff der Verwechslungsgefahr dar, sondern soll dessen Umfang genauer bestimmen. Aus dem Bestehen einer Gefahr der gedanklichen Verbindung ergibt sich nicht die Vermutung einer Verwechslungsgefahr.²⁷⁶ Die Gefahr, dass das Zeichen mit der Marke gedanklich in Verbindung gebracht wird, genügt nicht.²⁷⁷

---

²⁷²) OGH 24. 4. 2001, 4 Ob 81/01t – CICLON – ÖBl-LS 01/138, 139, 140 = ÖBl 2001, 269 = GRUR Int 2002, 265.
²⁷³) NA 22. 9. 1995, Nm 41/92 – Kronenwäsche – PBl 1996, 171 = ÖBl 1996, 230.
²⁷⁴) *Mansani*, Die Gefahr einer gedanklichen Verbindung zwischen Zeichen im Markenrecht der Gemeinschaft, GRUR Int 1998, 830.
²⁷⁵) EuGH 11. 11. 1997, Rs C-251/95 – Sabèl/Puma – ÖBl 1998, 106 = wbl 1998, 34 = Slg 1997 I-6191.
²⁷⁶) EuGH 22. 6. 2000, Rs C-425/98 – Marca Mode/Adidas – Adidasstreifen – ÖBl 2000, 282 = wbl 2000, 366 = GRUR Int 2000, 899 = EuZW 2000, 504 = ABl HABM 2000, 1290 = EWS 2000, 353 = MarkenR 2000, 255; EuGH 22. 6. 1999, Rs C-342/97 – Lloyd/Loint's – ÖBl 1999, 305 = ecolex 1999, 638 (*Schanda*) = wbl 1999, 454 = MarkenR 1999, 236 = GRUR Int 1999, 734 = ABl HABM 1999, 1568; EB 1999, zitiert nach *Kucsko*, MSA MSchG (1999) Anm 5 zu § 10.
²⁷⁷) EuGH 22. 6. 2000, Rs C-425/98 – Marca Mode/Adidas – Adidasstreifen – ÖBl 2000, 282 = wbl 2000, 366 = GRUR Int 2000, 899 = EuZW 2000, 504 = ABl HABM 2000, 1290 = EWS 2000, 353 = MarkenR 2000, 255; OPM 22. 9. 1999, Om 2/99 – ROTHMANS ROYALS – PBl 2000, 85 = ÖBl-LS 00/81.

6.3.4. Waren- oder Dienstleistungsähnlichkeit

Sind verschiedene Gewürze einander ähnlich?

Die Frage unter welchen Voraussetzungen zwei Warengattungen oder zwei Arten von Dienstleistungen „ähnlich" sind, spielt einerseits bei der Entscheidung von Eingriffsfällen vor den Zivil- und Strafgerichten (Seite 353), andererseits im Löschungsverfahren vor der Nichtigkeitsabteilung (Seite 351) eine Rolle. Auch hier sollten die gleichen Maßstäbe angewandt werden.

Zur Beurteilung haben sich in der *Rechtsprechung* folgende allgemeine Grundsätze herausgebildet:

- Ob Waren gleichartig (nunmehr: „ähnlich") sind oder verschiedenen Branchen angehören, richtet sich nach der *Verkehrsauffassung*.[278]
- Bei Beurteilung der Ähnlichkeit sind *alle erheblichen Faktoren* zu berücksichtigen, die das Verhältnis zwischen den Waren oder Dienstleistungen kennzeichnen. Dazu gehören insbesondere deren Art, Verwendungszweck und Nutzung sowie ihre Eigenart als miteinander konkurrierende oder einander ergänzende Waren oder Dienstleistungen.[279]
- Die herrschende Meinung nimmt dann Warengleichartigkeit (nunmehr: „Warenähnlichkeit") an, wenn der regelmäßige *Geschäftsverkehr* die Waren als *zusammengehörig* betrachtet und daher der Meinung sein kann, dass beide Waren aus demselben *Geschäftsbetrieb* stammen.[280]
- Dies wird insbesondere dann angenommen, wenn nach den im betreffenden Geschäftszweig herrschenden Verhältnissen die *Vereinigung der Erzeugung* und des *Vertriebs* in einem Unternehmen nahe liegt,[281]
- wenn weiters die Waren eine verwandte *Zweckbestimmung* haben[282] und
- wenn der *Abnehmerkreis* weitgehend derselbe ist.[283]
- Waren nicht völlig gegensätzlicher Natur werden dann als gleichartig behandelt, wenn sie nach ihrer *Herkunft*, ihrer stofflichen *Beschaffenheit* und *Zusammensetzung*, ihrem *Verwendungszweck*, ihrer regelmäßigen *Fabrikations-* und *Verkaufsstätte* oder ihrem *Abnehmerkreis* einander so nahe stehen, dass bei den beteiligten Verkehrskreisen die Meinung entstehen kann, sie stammten aus dem-

---

[278]) OGH 4. 2. 1999, 4 Ob 305/98a – Red Puma – ÖBl 1999, 191 = ecolex 1999, 479 (*Schanda*) = wbl 1999, 330; OGH 17. 3. 1998, 4 Ob 65/98g – Shark – ÖBl 1998, 244.
[279]) OGH 4. 2. 1999, 4 Ob 305/98a – Red Puma – ÖBl 1999, 191 = ecolex 1999, 479 (*Schanda*) = wbl 1999, 330; EuGH 29. 9. 1998, Rs C-39/97 – Canon – ÖBl 1999, 105 = ecolex 1999, 41 (*Schanda*) = wbl 1998, 533 = Slg 1998 I-5507 = MarkenR 1999, 22 = GRUR Int 1998, 875 = GRUR 1998, 922 = ABl HABM 1998, 1406.
[280]) OPM 29. 11. 2000, Om 6/00 – TREBON – PBl 2001, 158 = ÖBl-LS 01/176; NA 11. 12. 1995, Nm 20/92 – POPS – PBl 1996, 237.
[281]) OPM 29. 11. 2000, Om 6/00 – TREBON – PBl 2001, 158 = ÖBl-LS 01/176; NA 11. 12. 1995, Nm 20/92 – POPS – PBl 1996, 237.
[282]) OPM 29. 11. 2000, Om 6/00 – TREBON – PBl 2001, 158 = ÖBl-LS 01/176.
[283]) OPM 29. 11. 2000, Om 6/00 – TREBON – PBl 2001, 158 = ÖBl-LS 01/176.

selben Geschäftsbetrieb.[284] Diese Voraussetzungen müssen *nicht kumulativ* vorliegen.[285]
- Die nahe Verwandtschaft von Waren nach ihrer *Zweckbestimmung* ist für die Gleichartigkeit wesentlicher als die Verschiedenheit der *stofflichen Zusammensetzung*.[286]
- Dabei hat die Einteilung in *Warenklassen* keine Bedeutung.[287]
- Die bloße *Verwendung* einer geschützten Ware *zur Herstellung anderer Waren* reicht im Allgemeinen nicht aus, um Warengleichartigkeit anzunehmen. Anderes gilt dann, wenn die Mitverwendung des Produkts nach der Verkehrsauffassung die Qualität des Enderzeugnisses entscheidend mitprägt, sodass beide Waren vom Standpunkt des Abnehmers aus enge wirtschaftliche Berührungspunkte haben. Je weniger gewichtig die Verwendung bestimmter Waren für die Herstellung anderer Waren ist, umso geringer ist die Gleichartigkeit.[288]
- Im *Zweifel* wird die Warengleichartigkeit bejaht.[289]
- Im Löschungsverfahren nach § 30 MSchG (Seite 498) ist die Warengleichartigkeit ausschließlich aufgrund der *Warenverzeichnisse* nach dem Registerstand der streitverfangenen Marken und nicht nach deren tatsächlicher Verwendung zu beurteilen.[290]
- Bei der Gleichartigkeit zwischen *Waren und Dienstleistungen* kommt es darauf an, dass für die Verkehrsbeteiligten der Schluss nahe liegt, die Dienste werden von demselben Unternehmen geleistet, was insbesondere dann der Fall sein wird, wenn zwischen Ware und Dienstleistung eine unmittelbare wirtschaftliche Beziehung besteht.[291]
- Das Wort *„insbesondere"* (zB „Bücher, insbesondere Wirtschaftspublikationen") schränkt das Waren- und Dienstleistungsverzeichnis nicht ein. Es ist lediglich eine an sich überflüssige Erläuterung.[292]
- Das Wort *„nämlich"* schränkt hingegen den vorangehenden Gattungsbegriff auf die folgenden Waren und Dienstleistungen ein.[293]
- *Durchgreifende Waren- und Branchenverschiedenheit* schließt eine Verwechslungsgefahr und damit einen Markeneingriff aus.[294]

---

[284]) OPM 29. 11. 2000, Om 6/00 – TREBON – PBl 2001, 158 = ÖBl-LS 01/176; ähnlich OGH 4. 2. 1999, 4 Ob 305/98a – Red Puma – ÖBl 1999, 191 = ecolex 1999, 479 (*Schanda*) = wbl 1999, 330; NA 11. 12. 1995, Nm 20/92 – POPS – PBl 1996, 237.
[285]) OPM 12. 12. 2001, Om 10/01 – ChocoPie – PBl 2002, 102 = ÖBl-LS 2002/171; OGH 17. 3. 1998, 4 Ob 65/98g – Shark – ÖBl 1998, 244; OPM 13. 5. 1987, Om 7/84 – INTERNATIONAL WATCH – PBl 1988, 56 = ÖBl 1988, 38.
[286]) OPM 12. 12. 2001, Om 10/01 – ChocoPie – PBl 2002, 102 = ÖBl-LS 2002/171.
[287]) OPM 29. 11. 2000, Om 6/00 – TREBON – PBl 2001, 158 = ÖBl-LS 01/176; NA 24. 9. 1996, Nm 109/93 – SELEN ACE – PBl 1997, 108.
[288]) OPM 8. 11. 1989, Om 9/89 – Tabasco – PBl 1991, 26 = ÖBl 1991, 13.
[289]) OPM 12. 12. 2001, Om 10/01 – ChocoPie – PBl 2002, 102 = ÖBl-LS 2002/171; OPM 29. 11. 2000, Om 6/00 – TREBON – PBl 2001, 158 = ÖBl-LS 01/176; NA 11. 12. 1995, Nm 20/92 – POPS – PBl 1996, 237.
[290]) OPM 28. 1. 1998, Om 2/97 – SANASUN – PBl 1998, 208; NA 1. 3. 1988, Nm 66/87 – JOBIS – PBl 1990, 23 = ÖBl 1990, 7.
[291]) OPM 11. 7. 1984, Om 2/84 – Schottglas – PBl 1984, 204 = ÖBl 1985, 4.
[292]) NA 2. 8. 1984, Nm 53/83 – Österreich 2000 – PBl 1985, 107.
[293]) *Schönherr/Thaler*, Entscheidungen zum Markenrecht (1985) E 72 zu § 10.
[294]) OGH 30. 1. 2001, 4 Ob 327/00t – cyta.at – ÖBl 2001, 225 (*Kurz*) = MR 2001, 194 (*Pilz*) = ecolex 2001, 546 (*Schanda*) = wbl 2001, 337 (*Thiele*) = MarkenR 2001, 253 = RdW 2001/428 = ÖBl-LS 01/136.

▶ Bei Prüfung der Verwechslungsgefahr zwischen einer registrierten Marke und einer Domain ist der *Inhalt der Website* maßgebend.[295]

▶ Die Beurteilung der Warengleichartigkeit ist eine *Rechtsfrage* und kann daher nicht *außer Streit gestellt* werden.[296]

Beispiele von Ähnlichkeit (früher: „Gleichartigkeit"):

▶ NA 8. 6. 1983: Die Dienstleistungen „*Unterhaltung und Musikdarbietung*" sind gleichartig mit „bespielten Tonträgern".[297]

▶ NA 24. 5. 1984: „*Articles de sport de tout genre*" sind gleichartig mit „Sportbekleidungsstücken".[298]

▶ NA 6. 7. 1984: „*Echtes Leder*" ist gleichartig mit „Kunstleder".[299]

▶ OPM 10. 10. 1984: „*Milch und Milchprodukte*" sind gleichartig mit „Margarine, Speisefetten, Speiseölen".[300]

▶ OPM 12. 12. 1984: „Tiefgefrorene *Pommes frites*" sind gleichartig mit „tiefgefrorenem Geflügel".[301]

▶ NA 14. 10. 1986: „*Alarmanlagen*, Installation, Wartung und Reparatur von Alarmanlagen" sind gleichartig mit „Alarmgeräten".[302]

▶ OPM 25. 2. 1987: „*Fassadenfarben* für den Anstrich von Bauten in Gebinden von mindestens 15 kg" ist gleichartig mit „Künstlerfarben".[303]

▶ NA 25. 5. 1987: „*Technische Öle und Fette, Schmiermittel, Brennstoffe*" sind gleichartig mit „KFZ-Service im Rahmen von Tankstellenbetrieben".[304]

▶ OPM 8. 11. 1989: Die „*Gewürzsauce*" „TABASCO" ist mit Fleischwaren, Fisch- und Gemüsekonserven, Käse, Teigwaren, Spirituosen, Konditorwaren etc gleichartig, weil nach der Vorstellung des Publikums bei Bezeichnung dieser Lebensmittel mit „TABASCO" der Eindruck entstehen kann, diese Gewürzsauce sei darin enthalten (auf Wein, Mineralwasser, Zuckerwaren, Speiseeis trifft dies hingegen nicht zu).[305]

▶ NA 14. 5. 1991: „*Weine, Spirituosen und Liköre*" sind gleichartig mit „alkoholfreien Getränken", aber ungleichartig mit „Mineralwässern".[306]

▶ NA 30. 10. 1991: „*Gewürzmischungen*" sind gleichartig mit „Backmitteln", aber nicht gleichartig mit „Brot und Backwaren".[307]

---

[295]) OGH 16. 7. 2002, 4 Ob 156/02y – kinder.at – ecolex 2002, 755 (*Schanda*) = ÖBl-LS 2002/184, 193 = MR 2002, 347; OGH 30. 1. 2001, 4 Ob 327/00t – cyta.at – ÖBl 2001, 225 (*Kurz*) = MR 2001, 194 (*Pilz*) = ecolex 2001, 546 (*Schanda*) = wbl 2001, 337 (*Thiele*) = MarkenR 2001, 253 = RdW 2001/428 = ÖBl-LS 01/13. Auch für die Beurteilung der Irreführungseignung einer Domain nach § 2 UWG ist der Inhalt der Website (aufklärender Hinweis auf der Startseite) maßgebend: OGH 13. 11. 2001, 4 Ob 260/01s – info@obertauern.at – ecolex 2002, 269 (*Schanda*) = ÖBl-LS 2002/35.

[296]) NA 14. 5. 1986, Nm 31/85 – Mouson – PBl 1989, 168 = ÖBl 1989, 138.

[297]) NA 8. 6. 1983, Nm 76/80, PBl 1984, 37 = ÖBl 1984, 44; OGH 16. 12. 1980, 4 Ob 397/80 – Kasermandln – ÖBl 1981, 78 = GRUR Int 1981, 466.

[298]) NA 24. 5. 1984, Nm 71/80 – Atomic – PBl 1985, 9.

[299]) NA 6. 7. 1984, Nm 29/82 – Country Life – PBl 1985, 137.

[300]) OPM 10. 10. 1984, Om 3/84 – SANVITA – PBl 1986, 36 = ÖBl 1986, 41.

[301]) OPM 12. 12. 1984, Om 4/84 – PRINZESS – PBl 1985, 134 = ÖBl 1985, 92.

[302]) NA 14. 10. 1986, Nm 14/85 – WÖRL-ALARM – PBl 1989, 120 = ÖBl 1989, 99.

[303]) OPM 25. 2. 1987, Om 7/86 – Primacryl – PBl 1987, 158 = ÖBl 1987, 94.

[304]) NA 25. 5. 1987, Nm 81/85 – Sprint – PBl 1988, 47 = ÖBl 1988, 38.

[305]) OPM 8. 11. 1989, Om 9/89 – Tabasco – PBl 1991, 26 = ÖBl 1991, 13.

[306]) NA 14. 5. 1991, Nm 129/89 – COLIMBA – PBl 1992, 37 = ÖBl 191, 200.

[307]) NA 30. 10. 1991, Nm 96/89 – WINZER – PBl 1992, 160 = ÖBl 1992, 103.

- OPM 11. 11. 1992: „*Möbel*" sind gleichartig mit „*Bildschirm- und Druckertischen*".[308]
- OPM 22. 9. 1993: „*Spirituosen*" sind gleichartig mit den Dienstleistungen „Lieferung von Getränken zum sofortigen Gebrauch sowie Verpflegung von Gästen in Restaurants, soweit damit die Abgabe von alkoholischen Getränken (ausgenommen Biere) verbunden ist".[309]
- OPM 24. 11. 1993: „*Traubenzucker*" ist gleichartig mit „gekochten und gefrorenen Nahrungsmitteln, Kaffee, Tee, Reis, Tapioka, Schokolade.[310]
- NA 11. 12. 1995: Es besteht die Tendenz, mehr oder weniger generell Lebensmittel als gleichartig zu beurteilen: Zwischen „zuckerübergossenem, geröstetem (gepufftem) *Getreide* für Frühstückskost" einerseits und „Mehle, Honig, unbearbeitetem Getreide" sowie „biologischen und diätetischen Nährmitteln für medizinische Zwecke" andererseits besteht Warengleichartigkeit; nicht hingegen gegenüber „frischem Obst und Gemüse".[311]
- NA 24. 9. 1996: „*Pharmazeutische* und veterinärmedizinische *Erzeugnisse*, insbesondere für die Behandlung von Selenmangel" sind ähnlich (gleichartig) mit „Hefeprodukten, die Selen enthalten", aber ungleichartig mit „Getränken, die Selen enthalten" sowie mit „Präparaten für die Zubereitung solcher Getränke".[312]
- OPM 29. 11. 2000: „*Düngemittel*" einerseits und Insektizide andererseits sind gleichartig (sie dienen verwandten Zwecken und werden über dieselben Vertriebsschienen verkauft).[313]
- 3. BK 12. 2. 2001: „*Alkoholfreie Getränke* mit Ausnahme alkoholfreien Biers" und „*Biere*" sind ähnlich, weil der Unterschied zwischen Bieren mit oder ohne Alkohol zusehends verschwimmt.[314]
- 4. BK 5. 9. 2001: Zwischen Waren, die im Wesentlichen für *Babys* und Kinder bestimmt sind und einander ergänzen, besteht Warenähnlichkeit.[315]
- OPM 12. 12. 2001: „*Getreide und Getreidepräparate, die Kakao oder Schokolade enthalten und/oder damit aromatisiert sind*", sind als Bedarfsartikel des täglichen Lebens, die vorwiegend zum Frühstück oder als Snack zwischendurch konsumiert werden, mit „*Kakao, Reis, Mehle und Getreidepräparaten, Brot, feinen Backwaren und Konditorwaren, Schokolade, Waffeln und Pudding*" ähnlich.[316]
- EuG 12. 12. 2002: „*Speisefette*" einerseits und „*Essig, Saucen*" andererseits sind ähnlich.[317]

---

[308]) OPM 11. 11. 1992, Om 14/92 – ERGOSPACE – PBl 1993, 206 = ÖBl 1993, 206.
[309]) OPM 22. 9. 1993, Om 3/93 – MOZART – PBl 1994, 168 = ÖBl 1994, 278.
[310]) OPM 24. 11. 1993, Om 7/93 – DIXI – PBl 1994, 153 = ÖBl 1994, 213.
[311]) NA 11. 12. 1995, Nm 20/92 – POPS – PBl 1996, 237.
[312]) NA 24. 9. 1996, Nm 109/93 – SELEN ACE – PBl 1997, 108.
[313]) OPM 29. 11. 2000, Om 6/00 – TREBON – PBl 2001, 158 = ÖBl-LS 01/176.
[314]) 3. BK 12. 2. 2001, R 251/2000-3 – MYSTERY – ABl HABM 2002, 10.
[315]) 4. BK 5. 9. 2001, R 674/2000-4 – MAMAS & PAPAS – ABl HABM 2002, 1252.
[316]) OPM 12. 12. 2001, Om 10/01 – ChocoPie – PBl 2002, 102 = ÖBl-LS 2002/171.
[317]) EuG 12. 12. 2002, Rs T-110/01 – HUBERT – GRUR Int 2003, 552.

Beispiele fehlender Ähnlichkeit (früher: „Gleichartigkeit"):

- NA 24. 5. 1984: *„Articles de sport de tout genre"* sind nicht gleichartig mit „Bekleidungsstücken, ausgenommen Sportbekleidungsstücken".[318]
- OPM 11. 7. 1984: *„Glaskeramik, Platten aus Glas und Artikel aus Glas"* sind mit „Kunststeinen" nicht gleichartig.[319]
- NA 29. 8. 1984: *„Ton- und Bildträger"* sind nicht gleichartig mit „Druckschriften, Zeitungen, Zeitschriften, Büchern".[320]
- NA 20. 12. 1984: *„Préparations pour glaces"* ist nicht gleichartig mit „pâtisserie, biscuiterie, confiserie".[321]
- OPM 11. 9. 1985: *„Obst- und Gemüsekonserven* sowie getrocknete Früchte" sind mit Back- und Konditorwaren nicht gleichartig.[322]
- NA 9. 9. 1992: *„Gemüsesalate* in Konserven" sind nicht gleichartig mit „Fisch- und Fleischwaren; Mehl, Gerste, Grieß, Teigwaren".[323]
- OGH 28. 3. 1995: Die Klägerin hatte (mit Verkehrsgeltungsnachweis) die Wortmarke *„Gutscheinmünzen"* für Edelmetalle, Papier etc geschützt. Sie verwendete diese Bezeichnung für grüne Plastikmünzen mit Gutscheinfunktion. Als sie gegen blaue „Gutscheinmünzen" eines Mitbewerbers vorgehen wollte, wurde ihr entgegengehalten, dass die im Rahmen dieser Vertriebsform verwendeten Plastikmünzen bloße Legitimationszeichen aber keine Waren seien, sodass sie auch nicht vom Schutzumfang der Marke umfasst seien.[324]
- NA 19. 4. 1995: Zahlreiche Beispiele zur Beurteilung der Warengleichartigkeit im Zusammenhang mit Produkten, die für *„Haustiere"* bestimmt sind, finden sich in der PEDIGREE-Entscheidung. So wurden etwa „Mittel zur Pflege von Haustieren, insbesondere Seifen und Shampoos" nach den „Erfahrungen des täglichen Lebens" als ungleichartig zu Eau de Cologne, Zahnputzmitteln und Deodorants beurteilt.[325]
- NA 29. 1. 1998: Zwischen *„Körper- und Haarpflegemitteln"* und -geräten einerseits und Nahrungsmitteln und Getränken andererseits besteht grundlegende Warenverschiedenheit. Die Dienstleistungen eines Frisiersalons sind vom Betrieb eines Restaurants völlig verschieden.[326]
- OGH 17. 3. 1998: Zwischen einem *„Energy-Drink"* und „Speiseeis" besteht keine Warengleichartigkeit. Bei einem alkoholfreien Getränk stehe – so der OGH – in erster Linie sein Charakter als Durstlöscher im Vordergrund, während ein Speiseeis demgegenüber als „Näscherei" vorwiegend der Befriedigung eines „süßen Hungers" diene. Dieser verschiedene Verwendungszweck werde auch in der unterschiedlichen Form der Nahrungsaufnahme beider Produkte (Trinken aus Glas, Flasche oder Dose gegenüber Schlecken vom Stiel) deutlich.[327]

---

[318] NA 24. 5. 1984, Nm 71/80 – Atomic – PBl 1985, 9.
[319] OPM 11. 7. 1984, Om 2/84 – Schottglas – PBl 1984, 204 = ÖBl 1985, 4.
[320] NA 29. 8. 1984, Nm 8/83 – Profil – PBl 1985, 110 = ÖBl 1985, 67.
[321] NA 20. 12. 1984, Nm 62/82 – noumix – PBl 1985, 144 = ÖBl 1985, 134.
[322] OPM 11. 9. 1985, Om 9/85 – DEL MONTE – PBl 1987, 77 = ÖBl 1987, 41.
[323] NA 9. 9. 1992, Nm 16/91 – Ponte – PBl 1993, 129 = ÖBl 1993, 12 (hier auch zur Bedeutung der Klasseneinteilung).
[324] OGH 28. 3. 1995, 4 Ob 17/95 – Gutscheinmünzen – ÖBl 1995, 174 = SZ 68/25 = wbl 1995, 252 = RdW 1995, 385.
[325] NA 19. 4. 1995, Nm 122/91 – PEDIGREE – PBl 1996, 211.
[326] NA 29. 1. 1998, Nm 113/97 – Mc Hair – PBl 1999, 142 = ÖBl 2000, 16.
[327] OGH 17. 3. 1998, 4 Ob 65/98g – Shark – ÖBl 1998, 244.

- OGH 4. 2. 1999: Keine Warengleichartigkeit besteht zwischen „*Uhren und Kosmetika*" einerseits und einem Energydrink andererseits.[328]
- OGH 13. 9. 1999: Unbedruckte „*Papierwaren*" sind nicht gleichartig mit Zeitschriften.[329]
- OGH 17. 8. 2000: Auch der Verlag der Zeitschrift „Gewinn" scheiterte mit markenrechtlichen Ansprüchen gegen die Domain „gewinn.at", weil diese für eine Website verwendet wurde, die Gewinnspiele anbietet und der OGH daher die Verwechslungsgefahr verneinte.[330]
- OGH 30. 1. 2001: Die Klagsmarke „CYTA" war für „*Werbung, Geschäftsführung, Unternehmensverwaltung, Büroarbeiten*" registriert. Die Beklagte informierte auf ihrer Website unter der Domain „cyta.at" über Leistungen auf dem Gebiet der EDV-Beratung und des Softwaremanagements. Der OGH nahm daher durchgreifende Waren- und Branchenverschiedenheit an; das Klagebegehren wurde abgewiesen.[331]
- 1. BK 29. 6. 2001: Zwischen „*Tierkosmetika*" und Tierfuttermitteln besteht keine Warenähnlichkeit.[332]
- 4. BK 14. 9. 2001: Zwischen „*Milchprodukten, Mehl und Getreidepräparaten*", also Produkten für Menschen, und Tierfutter wurde die Warenähnlichkeit verneint.[333]
- 4. BK 19. 9. 2001: „*Autolampen*" sind nicht ähnlich mit „Heizungs-, Dampferzeugungs-, Koch-, Kühl-, Trocken-, Lüftungs- und Wasserleitungsgeräten sowie sanitären Anlagen". Der Widerspruch hatte daher keinen Erfolg.[334]
- 3. BK 17. 7. 2002: Zwischen „*Fruchtsäften*" und „*Sekt*" besteht „*Warenferne*".[335]

6.4. Eingriffshandlungen

Literaturhinweise: *Sack*, Export und Transit im Markenrecht, RIW 1995, 177; *Kothoff*, Fremde Kennzeichen in Metatags: Marken und Wettbewerbsrecht, K&R 1999, 157; *Menke*, Die Verwendung fremder Kennzeichen in Meta-Tags: Ein Fall für das Kennzeichen- und/oder das Wettbewerbsrecht? WRP 1999, 982; *Kur*, Metatags – pauschale Verurteilung oder differenzierende Betrachtung? CR 2000, 488; *Seidelberger*, Wettbewerbsrecht und Internet, RdW 2000, 518; *Verkade/Bruining*, Zur Frage der markenmäßigen Benutzung im Benelux- und im Europäischen Markenrecht, MarkenR 2000, 41; *Stomper*, Markenrechtliche Aspekte bei Meta-Tags, MR 2002, 340; *Graschitz*, Kennzeichenmäßiger Gebrauch durch Domainregistrierung, ecolex 2003, 30.

---

[328]) OGH 4. 2. 1999, 4 Ob 305/98a – Red Puma – ÖBl 1999, 191 = ecolex 1999, 479 (*Schanda*) = wbl 1999, 330.
[329]) OGH 13. 9. 1999, 4 Ob 180/99w – Format – ÖBl 2000, 72 = ecolex 2000, 132 (*Schanda*) = MR 1999, 351 = wbl 2000, 47.
[330]) OGH 17. 8. 2000, 4 Ob 158/00i – gewinn.at – MR 2000, 322 = wbl 2000, 579 = EvBl 2001/20 = ecolex 2001, 128 (*Schanda*) = RdW 2001/32 = ÖJZ-LSK 2001/8 = GRUR Int 2001, 468 = MMR 2001, 307 (*Schanda*). Hinsichtlich der Frage ob sittenwidriges Domain-Grabbing vorlag, wurde die Entscheidung der Vorinstanz aufgehoben und die Sache zurückverwiesen.
[331]) OGH 30. 1. 2001, 4 Ob 327/00t – cyta.at – ÖBl 2001, 225 (*Kurz*) = MR 2001, 194 (*Pilz*) = ecolex 2001, 546 (*Schanda*) = wbl 2001, 337 (*Thiele*) = MarkenR 2001, 253 = RdW 2001/428 = ÖBl-LS 01/136.
[332]) 1. BK 29. 6. 2001, R 233/2000-1 – PetSTAR – ABl HABM 2002, 888.
[333]) 4. BK 14. 9. 2001, R 232/2000-4 – ORLANDO – ABl HABM 2002, 1266.
[334]) 4. BK 19. 9. 2001, R 565/2000-4 – NOR – ABl HABM 2002, 914.
[335]) 3. BK 17. 7. 2002, R 36/2001-3 – LINDENHOF – MarkenR 2002, 448.

6.4.1. Benutzung

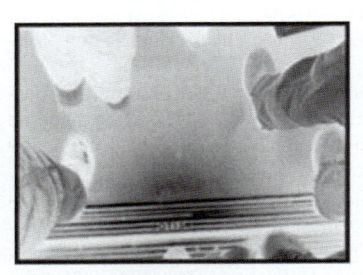

"Eingriffshandlung" ist nicht wörtlich zu verstehen.

Definition: Als Benutzung eines Zeichens zur Kennzeichnung einer Ware oder Dienstleistung wird insbesondere angesehen (§ 10a MSchG; Art 5 Abs 3 MarkenRL[336]):

- das Zeichen auf Waren, auf deren Aufmachung oder auf Gegenständen, an denen die Dienstleistung ausgeführt wird oder ausgeführt werden soll, *anzubringen*,[337]
- unter dem Zeichen Waren *anzubieten* (darunter ist jede Handlung zu verstehen, die anregen soll, die Ware zur Begründung eigener Verfügungsgewalt oder zur Benutzung zu erwerben[338]),
- unter dem Zeichen Waren *in den Verkehr* zu bringen,[339]
- unter dem Zeichen Waren zum Anbieten oder zum Inverkehrbringen zu besitzen,
- unter dem Zeichen *Dienstleistungen* anzubieten,
- unter dem Zeichen Dienstleistungen zu erbringen,
- Waren unter dem Zeichen *einzuführen*,
- Waren unter dem Zeichen *auszuführen*,[340]
- das Zeichen in den Geschäftspapieren, in Ankündigungen oder in der *Werbung* zu benutzen.[341]

Markengebrauch im Internet (Metatags): Die Materialien zur Markenrechts-Nov 1999 weisen bereits vorsorglich darauf hin[342], dass mit der Texierung „unter dem Zeichen Waren oder Dienstleistungen anzubieten" auch die Fälle des Anbietens in elektronischen Medien umfasst seien. Dass der *Gebrauch von Marken im Internet* durchaus ein Markeneingriff sein kann, ist in dieser allgemeinen Form unstrittig.[343] Das Internet hat freilich mit den *Metatags* (Seite 159) eine noch speziel-

---

[336]) Eine spezielle Übergangsregelung enthält Art 5 Abs 4 MarkenRL.
[337]) ZB der Name (zugleich die Marke) eines Fußballvereins auf einem Schal: EuGH 12. 11. 2002, Rs C-206/01 – Arsenal – wbl 2003, 75 = MarkenR 2002, 394 = ABl HABM 2003, 392 = GRUR 2003, 55 = GRUR Int 2003, 229.
[338]) OGH 24. 4. 2001, 4 Ob 81/01t – CICLON – ÖBl-LS 01/138, 139, 140 = ÖBl 2001, 269 = GRUR Int 2002, 265.
[339]) Das bloße Befüllen von markenverletzenden Gebinden in Österreich, die sogleich exportiert werden, ist kein Inverkehrbringen in Österreich, vgl OGH 24. 4. 2001, 4 Ob 81/01t – CICLON – ÖBl-LS 01/138, 139, 140 = ÖBl 2001, 269 = GRUR Int 2002, 265.
[340]) Vgl zB den Fall OGH 24. 4. 2001, 4 Ob 81/01t – CICLON – ÖBl-LS 01/138, 139, 140 = ÖBl 2001, 269 = GRUR Int 2002, 265. Zur „Durchfuhr": OGH 16. 10. 2001, 4 Ob 54/01x – BOSS-Zigaretten II – ÖBl 2002, 147 = ÖBl-LS 2002/60 und 61 = ecolex 2002, 106 (*G. Schönherr*) = wbl 2002, 139 = RdW 2002/284 = EvBl 2002/52 = ÖJZ-LSK 2002/45 = WRP 2002, 844 = GRUR Int 2002, 934.
[341]) OGH 13. 9. 1988, 4 Ob 48/88 – Camel – SZ 61/193 = MR 1988, 194 = GRUR Int 1989, 326 (Glosse: RdW 1989, 54). Zum kennzeichenmäßigen Gebrauch nach dem alten § 13 MSchG: OGH 16. 9. 1986, 4 Ob 338/86 – Playboy – ÖBl 1987, 40; kennzeichenmäßiger Gebrauch der Marke als Firma: OGH 5. 5. 1981, 4 Ob 339/81 – EURO-TV-PRODUCTION – SZ 54/68.
[342]) EB 1999, zitiert nach *Kucsko*, MSA MSchG (1999) Anm 3 zu § 10a.
[343]) Von Interesse für die internationale Rechtsfortbildung ist auch die von der Generalversammlung der Pariser Verbandsübereinkunft gemeinsam mit der Generalversammlung der WIPO im September/Oktober 2001 beschlossene *Empfehlung* für Bestimmungen über den Markenschutz und anderer IP-Rechte zum Schutz von Zeichen im Internet; der Text ist auf der WIPO-Website abrufbar: http://www.wipo.int.

lere Frage zum kennzeichenmäßigen Markengebrauch in einem elektronischen Medium aufgeworfen. Metatags sind bei bestimmungsgemäßer Nutzung einer Website nicht erkennbar. *Kothoff*[344] verneint daher bei Metatags das Vorliegen einer markenmäßigen Benutzung unter Hinweis darauf, dass diese „mit menschlichen Sinnen nicht wahrnehmbar sei". Ich teile diese Meinung nicht. Erstens ist der Gebrauch des Markennamens im Quelltext „nachlesbar" und daher mit den Sinnen wahrzunehmen. Zweitens reagiert die Maschine hier auf die Eingabe der Marke (in die Suchmaschine) und liefert ein (angeblich) zur Marke passendes Ergebnis. Damit wird die Marke ihrer Funktion entsprechend verwendet. Sie führt den Interessenten wie ein Signal (Seite 201) zur Ware oder Leistung. Darauf, ob dies durch Sichtverbindung zur Marke oder unter Benutzung eines Geräts geschieht, kann es nicht ankommen. Der OGH hatte sich mit einem derartigen Fall bereits zu befassen.[345] Er hat dabei diese Problematik eingehender erörtert, letztlich aber die Frage offen gelassen, ob die Verwendung einer Marke als Metatag ein markenmäßiger Gebrauch ist, weil in dem entschiedenen Fall die Marke auch im Text verwendet wurde und ein berechtigtes Interesse des Websiteinhabers an der Verwendung der fremden Marke bestand (Information der potentiellen Kunden darüber, welche Erfindungen der Beklagte gemacht hat und dass er auch Erfinder von technischen Vorrichtungen ist, die nunmehr andere Unternehmen nutzen). Demnach sei die Markenverwendung jedenfalls schon nach § 10 Abs 3 Z 2 und 3 MSchG (Seite 450) zulässig.

Ein- und Ausfuhr: Mit der Markenrechts-Nov 1999 hat der Gesetzgeber – richtlinienkonform – einen Zustand korrigiert, der durch die Baygon-Entscheidung entstanden war.[346] Der OGH war nach der früheren Rechtslage davon ausgegangen, dass keine Markenverletzung nach § 9 Abs 3 UWG im Inland vorliege, wenn das hier mit einer fremden Marke versehene Erzeugnis nicht in Österreich angeboten, sondern in ein anderes Land exportiert und erst dort vermarktet wird. Dieser Fall wäre heute im Sinne des Markeninhabers zu entscheiden.

Bloßer Besitz: Unter den Begriff der „Benutzung" fällt nunmehr auch der bloße Besitz von mit einer Marke gekennzeichneten Waren, sofern dieser Besitz als Vorbereitung für ein späteres Inverkehrbringen bzw Anbieten der Waren dient.[347]

Beispiele:
- OGH 12. 7. 1988: Die bloße *Anmeldung einer Marke* (bzw die nach der Registrierung erfolgende Veröffentlichung) ist noch keine Benutzungshandlung.[348]
- OGH 19. 12. 1989: Das Aufdrucken des als Marke registrierten Kennzeichens „P.S.K." auf Erlagscheinen ist ein kennzeichenmäßiger Gebrauch.[349]

---

[344]) K&R 1999, 157 (160).
[345]) OGH 19. 12. 2000, 4 Ob 308/00y – Numtec-Interstahl – ÖBl-LS 01/48, 49 = RdW 2001/237 = ÖBl 2001, 126 = MR 2001, 118 = ecolex 2001, 462 (*Schanda*) = MMR 2001, 516 (*Schanda*) = GRUR Int 2001, 796.
[346]) OGH 29. 9. 1986, 4 Ob 363/86 – Baygon – ÖBl 1987, 41 = GRUR Int 1987, 712 (*Knaak*).
[347]) EB 1999, zitiert nach *Kucsko*, MSA MSchG (1999) Anm 5 zu § 10a.
[348]) OGH 12. 7. 1988, 4 Ob 47/88 – Österreich-Bild – MR 1988, 207; OGH 31. 5. 1988, 4 Ob 28/88 – BIOREN – ÖBl 1989, 56 = MR 1988, 205 = GRUR Int 1990, 74.

- OGH 27. 2. 1990: Wenn sich ein Verein kritisch mit einzelnen Raiffeisenorganisationen auseinander setzt und dabei bloß den Namen des „Ideenträgers" Raiffeisen erwähnt, so ist dies kein kennzeichenmäßiger Gebrauch (anders wenn er sich selbst als „Raiffeisen neu" bezeichnet).[350]
- OGH 10. 11. 1992: Das bloße Bestehen der *Firmenbucheintragung* (ohne Geschäftstätigkeit der betreffenden Gesellschaft) wurde (nach der Rechtslage vor der Markenrechts-Nov 1999) nicht als Benutzungshandlung beurteilt.[351]
- OGH 10. 11. 1992: Auf Veranlassung des Klägers, Inhaber der Marke „Mexikaner – Die Würzige zum Heißessen", ging ein Testkäufer in die Fleischhauerei des Beklagten und bestellte „MEXIKANER". Er erhielt daraufhin Würste, die so ähnlich aussehen wie die „Mexikaner"-Würste des Klägers. Als er eine Rechnung verlangte, schrieb die Verkäuferin „Husaren"-Würste auf. Auf seine Frage, warum sie nicht „Mexikaner" schrieb, meinte sie, dass bei ihnen die „Mexikaner"-Würste „Husaren"-Würste hießen und sie die Bezeichnung „Mexikaner" nicht auf die Rechnung schreiben dürfe. Der OGH verneinte einen kennzeichenmäßigen Markengebrauch.[352]
- OGH 8. 11. 1994: Der Vertrieb von *reparierten Vorabstreiferblättern*, die nicht als neu, sondern als aufgearbeitet in den Verkehr gebracht wurden, war nicht als kennzeichenmäßiger Gebrauch zu beurteilen. Durch den Farbunterschied und Schleifspuren war deutlich zu erkennen, dass einem gebrauchten Vorabstreifblatt ein neues Stück Polyurethan aufgegossen wurde. Darin lag kein kennzeichenmäßiger Gebrauch des auf dem Originalteil noch (unverändert) eingeprägten Markenzeichens.[353]
- OGH 5. 12. 1995: Die Klägerin ist Inhaberin der Wortmarke „Spanische Reitschule". Die Beklagte vertreibt als Souvenir Porzellanpferde mit der Aufschrift „Span. Reitschule Wien". Der OGH beurteilte dies nicht als kennzeichenmäßigen Gebrauch, sondern nur als Hinweis darauf, dass ein Pferd der Spanischen Reitschule dargestellt wird.[354]
- OGH 30. 1. 2001: Die bloße *Registrierung einer Domain* ist regelmäßig noch keine Benutzung eines Zeichens im Sinne des § 10a MSchG.[355]
- OGH 24. 4. 2001: Zur *Internationalen Anknüpfung*: Wird bei einem *Internetauftritt* eine Ware gezeigt, so ist dies auch als Anbieten und Bewerben in Österreich zu beurteilen. Der Inlandsbezug wird dadurch hergestellt, dass die Website von einem inländischen Internetzugang angewählt werden kann.[356]

---

[349]) OGH 19. 12. 1989, 4 Ob 150/89 – PSK-Erlagscheine – MR 1990, 102
[350]) OGH 27. 2. 1990, 4 Ob 28/90 – Raiffeisen neu – RdW 1990, 313.
[351]) OGH 10. 11. 1992, 4 Ob 95/92 – Pharma Service – ÖBl 1993, 18 = wbl 1993, 128 = ecolex 1993, 178.
[352]) OGH 10. 11. 1992, 4 Ob 124/92 – Mexikaner – ÖBl 1993, 23 = ecolex 1993, 253 (*Kucsko*) = wbl 1993, 96; zur wettbewerbsrechtlichen Beurteilung des „Unterschiebens fremder Ware" vgl OGH 7. 11. 1989, 4 Ob 107/89 – Wildlederhosen – ecolex 1990, 362.
[353]) OGH 8. 11. 1994, 4 Ob 133/94 – Förderband-Abstreifersysteme – ÖBl 1995, 170 = SZ 67/191 = wbl 1995, 124 = RdW 1995, 301 = GRUR Int 1995, 810.
[354]) OGH 5. 12. 1995, 4 Ob 82/95 – Spanische Reitschule – ÖBl 1996, 139 (*Ciresa*) = ecolex 1996, 463.
[355]) OGH 30. 1. 2001, 4 Ob 327/00t – cyta.at – ÖBl 2001, 225 (*Kurz*) = MR 2001, 194 (*Pilz*) = ecolex 2001, 546 (*Schanda*) = wbl 2001, 337 (*Thiele*) = MarkenR 2001, 253 = RdW 2001/428 = ÖBl-LS 01/136. AA *Fallenböck/Kaufmann/Lausegger*, ÖBl 2002, 164, *Graschitz*, ecolex 2003, 38; jüngst hat der OGH diese Frage offen gelassen (OGH 20. 8. 2002, 4 Ob 101/02k – inet.at – ÖBl-LS 2003/54-56 = ÖBl 2003, 180 = wbl 2003, 45 = ÖJZ 2002, 843 = ÖJZ-LSK 2002/223 = RdW 2003/21 = ecolex 2003, 40), dann aber wieder bekräftigt: OGH 21. 1. 2003, 4 Ob 257/02a – amtskalender.at – RdW 2003/308 = ecolex 2003, 535 (*Schanda*).
[356]) OGH 24. 4. 2001, 4 Ob 81/01t – CICLON – ÖBl-LS 01/138, 139, 140 = ÖBl 2001, 269 = GRUR Int 2002, 265.

- OGH 24. 4. 2001: Kann im Internet eine *Website* aufgesucht werden, auf der die Ware mit dem nachgeahmten Kennzeichen abgebildet ist, so ist dies als Anbieten im Sinne des § 10a Z 2 MSchG zu beurteilen.[357] Das kann auch dann der Fall sein, wenn es sich um eine in den USA registrierte .com-Domain handelt: Unter einer solchen Domain wurde der Energy-Drink CICLON in einer Aufmachung angeboten, die eine österreichische Wort-Bild-Marke von „RED BULL" verletzt.
- OGH 20. 8. 2002: Wird eine Domain Kunden als E-Mail-Adresse (hier: „i-net.at") zur Verfügung gestellt, so ist dies ein kennzeichenmäßiger Gebrauch der Second-Level-Domain.[358]
- OGH 21. 1. 2003: Die Benützung einer fremden Marke im Rahmen einer *vergleichenden Werbung* kann – je nach dem Verständnis der angesprochenen Verkehrskreise – ein kennzeichenmäßiger Gebrauch sein. Hier: Die Klägerin hatte die Wortmarken *„Kleiner Feigling"* (für Spirituosen), die Beklagte verwendete für ihre Spirituose den Slogan „Sein Feigling, trink kleiner Frechdachs".[359]

6.4.2. Geschäftlicher Verkehr

Vorgaben des Gemeinschaftsrechts: Art 5 Abs 1 MarkenRL formuliert bereits das Tatbestandsmerkmal „im geschäftlichen Verkehr".

Österreichische Regelung: § 10a MSchG folgt inhaltlich Art 5 Abs 3 MarkenRL (Art 9 Abs 2 GMV, Seite 609). Die darin genannten Benutzungshandlungen begründen in Zusammenschau mit § 10 MSchG nur dann eine Markenverletzung, wenn sie im geschäftlichen Verkehr gesetzt werden.[360] Bis Vorgaben durch die Judikatur des EuGH vorliegen, wird man sich an der national zu § 1 UWG entwickelten Judikatur zum Begriff des „geschäftlichen Verkehrs" orientieren können.

---

[357]) Vgl dazu zB OGH 24. 4. 2001, 4 Ob 81/01t – CICLON – ÖBl-LS 01/138, 139, 140 = ÖBl 2001, 269 = GRUR Int 2002, 265; OGH 29. 5. 2001, 4 Ob 110/01g – BOSS-Zigaretten I – ÖBl 2002, 145 = EvBl 2001/194 = ecolex 2001, 849 (*G. Schönherr*) = MR 2001, 320 = RdW 2001/752 = GRUR Int 2002, 344.

[358]) OGH 20. 8. 2002, 4 Ob 101/02k – ine.at – ÖBl-LS 2003/54-56 = ÖBl 2003, 180 = wbl 2003, 45 = ÖJZ 2002, 843 = ÖJZ-LSK 2002/223 = RdW 2003/21 = ecolex 2003, 40.

[359]) OGH 21. 1. 2003, 4 Ob 273/02d – Kleiner Feigling – ÖBl-LS 2003/62, 63 = ÖBl 2003, 182 = ecolex 2003, 349 (*Engin-Deniz*) = RdW 2003/311 = wbl 2003, 351.

[360]) EB 1999, zitiert nach *Kucsko*, MSA MSchG (1999) Anm 1 zu § 10a.

6.5. Erweiterter Schutz für bekannte Marken

Anlassfall: Rolls Royce-Emblemen auf Diskothek.

Literaturhinweise: *Hunna*, Zur Frage der notorisch bekannten Marken, ÖBl 1952, 9; *Prettenhofer*, Zur Frage des Schutzes der „berühmten Marken", FS 60 Jahre PA (1959) 113; *Barger*, Der Verwechslungsbereich berühmter Marken, ÖBl 1972, 112; *Nowakowski*, Die berühmte Marke in Österreich, GRUR Int 1984, 274; *Kraft*, Notwendigkeit und Chancen eines verstärkten Schutzes bekannter Marken im neuen WZG, GRUR 1991, 339; *Ernst-Moll*, Die berühmte und die bekannte Marke, GRUR 1993, 8; *Gladt*, Zum Rechtsschutz für berühmte und bekannte Marken, ÖBl 1993, 49; *Liebscher*, Die berühmte Marke im UWG, wbl 1993, 9; *Sack*, Sonderschutz bekannter Marken de lege ferenda, BB 1993, 869; *Kur*, Die notorisch bekannte Marke im Sinne von Art 6bis PVÜ und die „bekannte Marke" im Sinne der Markenrechtsrichtlinie, GRUR 1994, 330; *Rößler*, Die Ausnutzung der Wertschätzung bekannter Marken im neuen Markenrecht, GRUR 1994, 559; *Schultz*, Wohin geht das berühmte Kennzeichen? GRUR 1994, 85; *Sack*, Sonderschutz bekannter Marken, GRUR 1995, 81; *Baeumer*, Die berühmte Marke in neuen Gewändern, FS Beier (1996) 227; *Bahr*, Modernisierung des Markenrechts in Deutschland, ÖBl 1996, 12; *Boës/Deutsch*, Die „Bekanntheit" nach dem neuen Markenrecht und ihre Ermittlung durch Meinungsumfragen, GRUR 1996, 168; *v Gamm*, Rufausnutzung und Beeinträchtigung bekannter Marken und geschäftlicher Bezeichnungen, FS Piper (1996) 537; *Pagenberg*, Berühmte und bekannte Marken in Europa – Die Bestimmung der Verkehrsbekanntheit vor den nationalen und europäischen Instanzen, FS Beier (1996) 317; *Piper*, Der Schutz der bekannten Marken, GRUR 1996, 429; *Petsch*, Internationale Anerkennung und Schutz der berühmten und bekannten Marken, MarkenR 1999, 261; *Locher*, WIPO/PVÜ: Gemeinsame Empfehlung zum Schutz notorischer und berühmter Marken, sic! 2000, 41; *Remmertz*, Schutz von bekannten Marken bei Produktähnlichkeit, MarkenR 2000, 242; *Seffer*, Werberecht und die Bekannte Marke, transfer 2000, 10; *Glöckner*, Schutz bekannter Marken gegen Rufausbeutung nach Europäischem Markenrecht, ELR 2003, 161.

Ist eine Marke „bekannt", so hat dies Auswirkungen auf ihren Schutzbereich *innerhalb der Beurteilung der Verwechslungsgefahr*. Soweit es um den Schutz einer „bekannten Marke" gegen verwechslungsfähigen Gebrauch eines fremden Kennzeichens geht, sind wir bereits oben (Seite 440) auf die Feststellung gestoßen, dass einer „bekannten Marke" ein „umfassenderer Schutz zukomme: Marken, die insbesondere wegen ihrer Bekanntheit eine hohe Unterscheidungskraft besitzen, genießen einen umfassenderen Schutz als Marken mit geringer Unterscheidungskraft.[361]

Dazu kommt nun ein wettbewerbsrechtlicher Ansatz: Muss man nicht gerade die bekannte Marke auch jenseits der Waren- und Dienstleistungsähnlichkeit, *unabhängig von der Verwechslungsgefahr*, vor Rufausbeutung und Verwässerung schützen? Eine bekannte Marke verleitet nur allzu leicht „Trittbrettfahrer" dazu, sie

---

[361]) EuGH 22. 6. 2000, Rs C-425/98 – Marca Mode/Adidas – Adidasstreifen – ÖBl 2000, 282 = wbl 2000, 366 = GRUR Int 2000, 899 = EuZW 2000, 504 = ABl HABM 2000, 1290 = EWS 2000, 353 = MarkenR 2000, 255; EuGH 22. 6. 1999, Rs C-342/97 – Lloyd/Loint´s – ÖBl 1999, 305 = ecolex 1999, 638 (*Schanda*) = wbl 1999, 454 = MarkenR 1999, 236 = GRUR Int 1999, 734 = ABl HABM 1999, 1568; EuGH 29. 9. 1998, Rs C-39/97 – Canon – ÖBl 1999, 105 = ecolex 1999, 41 (*Schanda*) = wbl 1998, 533 = Slg 1998 I-5507 = MarkenR 1999, 22 = GRUR Int 1998, 875 = GRUR 1998, 922 = ABl HABM 1998, 1406.

für ihre Produkte auszunützen. Der klassische Markenschutz ist dann regelmäßig unzureichend. Bedarf es also eines zusätzlichen Schutzinstruments für die „bekannte Marke"?

6.5.1. Vorgeschichte

Der Schutzbereich der Marke war traditionell auf die Waren- und Dienstleistungen des Waren- und Dienstleistungsverzeichnisses beschränkt. Wird die Marke zur Kennzeichnung anderer (nicht gleicher oder ähnlicher) Waren- und Dienstleistungen verwendet, wäre demnach das Markenrecht nicht verletzt. Diese Situation wurde schon seit längerem insbesondere bei bekannten Marken als unbefriedigend empfunden. Vor der Markenrechts-Nov 1999 konnte man allerdings auch bei extensiver Auslegung des MSchG kennzeichenrechtlich nicht Abhilfe schaffen. 1995 stand dann der erste Fall zur Entscheidung an, in dem der Kläger, Inhaber der berühmten Luxus-Marke *Rolls Royce*, versuchte, sich dagegen zu wehren, dass ein Hotelbesitzer eine Diskothek unter diesem Kennzeichen betrieb. Markenrechtlich war die Situation klar: Die Rolls Royce-Marken waren für Kraftfahrzeuge und deren Zubehör, aber nicht für den Betrieb einer Diskothek oder ähnliche Veranstaltungen, geschützt. Der Kläger berief sich jedoch auf § 1 UWG und machte eine sittenwidrige Ausbeutung des Rufes der berühmten Marke geltend. Der Fall schien ideal geeignet, um eine Grundsatzentscheidung herbeizuführen. Der OGH[362] ließ die gestellte Rechtsfrage jedoch unbeantwortet, weil er den Unterlassungsanspruch wegen fehlender Wiederholungsgefahr abwies. Die Diskothek war nämlich schon zwei Jahre vor Klagseinbringung geschlossen worden, lediglich die Schilder hingen noch eine Zeit lang. Wir (IP-Rechtler) waren damals sehr enttäuscht, wieder keine klare Leitlinie für derartige Fälle zu haben.

Anlassfall: „Schürzenjäger" als Name einer Wurst.

Es folgte allerdings bald eine „second chance". Es häuften sich die Fälle, in denen der Kläger den sittenwidrigen Gebrauch seines Kennzeichens geltend machte. Besonders plakativ war der *Schürzenjäger-Fall*: Ein Vertreter eines Wurstwarenerzeugers erschien beim Managementunternehmen der bekannten österreichischen Musikgruppe „Zillertaler Schürzenjäger" und schlug vor, bei deren Großkonzerten eine spezielle Schürzenjäger-Wurst anzubieten. Der Manager winkte ab, der Wurstproduzent produzierte dennoch. Diesmal war die Klage erfolgreich. Trotz durchgreifender Warenverschiedenheit wurde ein sittenwidriges Schmarot-

---

[362]) OGH 24. 4. 1995, 4 Ob 22/95 – Rolls-Royce – ÖBl 1996, 35 = wbl 1995, 428 = ÖJZ-LSK 1995/167.

zen an fremder Leistung[363] und damit ein Verstoß gegen § 1 UWG angenommen. Der Gebrauch der für Schallträger und Musikdarbietungen geschützten Marke (und Unternehmensbezeichnung) „Schürzenjäger" für Würste konnte untersagt werden.[364] Der Bekanntheitsgrad und die Attraktivität des Zeichens (Werbesymbols) „Schürzenjäger" beruhten – so der OGH – auf besonderen Leistungen der Gruppe im Bereich der Musikunterhaltung, die nicht ohne Mühen und Kosten denkbar sind, und führten dazu, dass es, auf Verkaufsartikeln angebracht, deren Absatz fördert. Im vorliegenden Fall bestehe jedenfalls ein Ad-hoc-Wettbewerbsverhältnis. In diese Fallgruppe reihen sich weitere Entscheidungen, in denen der OGH einen lauterkeitsrechtlichen Schutz für berühmte Kennzeichen gewährte. So konnte sich der Hersteller der Bekleidungsmarke BOSS gegen die Verwendung dieses Kennzeichens für einen Energy-Drink wehren,[365] und die englische Fußballmannschaft konnte verhindern, dass ihr Emblem (Abbildung rechts) weiterhin auf fremden T-Shirts angebracht wird.[366]

Allgemein haben sich folgende *Leitsätze* entwickelt: Sittenwidrig im Sinne des § 1 UWG handelt, wer den guten Ruf eines bekannten und attraktiven Kennzeichens, dessen Popularität vom Verletzten mit erheblichen Kosten und Mühen geschaffen worden ist, dadurch schmarotzerisch ausbeutet, dass er es unter besonderen Umständen für eigene geschäftliche Zwecke ausnutzt, indem er etwa das Zeichen als Werbevorspann für eigene Waren verwendet oder indem auf diese Weise die Verwendung für die eigene Leistung des Verletzten beeinträchtigt wird. Entscheidend

Anlassfall: Football Association

ist dabei, dass das vom Beklagten verwendete Zeichen zugunsten des Klägers einen überragenden Ruf im Verkehr besitzt, der auch wirtschaftlich verwertbar ist und vom Beklagten für die eigenen Dienstleistungen werbewirksam genutzt wird. Das Kennzeichen muss also in den beteiligten Verkehrskreisen einen hohen Bekanntheitsgrad und ein ebensolches Ansehen erworben haben, dessen Ausnutzung durch Anlehnung lohnend erscheint. Der Verkehr muss mit dem Kennzeichen für die betreffenden Waren Gütevorstellungen verbinden, die den guten Ruf begründen. Dieser beruht auf der Eigenart des Zeichens, der Art der vertriebenen Waren, ihrer Qualität und ihrem Ansehen, einem damit verbundenen Prestigewert und der wirtschaftlichen Verwertbarkeit des Rufs (etwa durch Lizenzvergabe).[367] Ein wett-

---

[363]) Zur Frage, ob eine gemeinsam erbrachte Leistung als „fremdes Arbeitsergebnis" zu beurteilen ist, vgl OGH 10. 7. 2001, 4 Ob 90/01s – Castello – ÖBl-LS 01/161.
[364]) OGH 29. 10. 1996, 4 Ob 2200/96z – Schürzenjäger – ÖBl 1997, 72 = MR 1997, 52 = wbl 1997, 130. Zur älteren abweichenden Judikatur: OGH 8. 5. 1984, 4 Ob 326/84 – John Player – ÖBl 1984, 133 = GRUR Int 1985, 132.
[365]) OGH 13. 5. 1997, 4 Ob 105/97p – BOSS Energydrink – ÖBl 1997, 225 = ecolex 1997, 681 = wbl 997, 352 = GRUR Int 1998, 898.
[366]) OGH 17. 9. 1996, 4 Ob 2206/96g – Football Association – ÖBl 1997, 83 = EvBl 1997/48 = ecolex 1997, 107 (*Kucsko*) = GRUR Int 1998, 170.
[367]) OGH 16. 7. 2002, 4 Ob 156/02y – kinder.at – ecolex 2002, 755 (*Schanda*) = ÖBl-LS 2002/184, 193 = MR 2002, 347; OGH 12. 9. 2001, 4 Ob 166/01t – VOGUE – ÖBl 2003, 28 = ÖBl-LS 2002/58 = ecolex 2002, 32 (*Schanda*) = GRUR Int 2002, 944 mwN.

bewerbsrechtlicher Schutz bekannter Marken gegen Rufausbeutung setzt voraus, dass sich der Verletzer an Ruf und Ansehen einer fremden Ware (Leistung) anhängt und diese für den Absatz seiner (ungleichartigen und nicht konkurrierenden) Ware auszunutzen versucht. Die Assoziationskraft eines Zeichens wird genützt, wenn ein gleiches oder ähnliches Zeichen in einer Weise verwendet wird, die eine gedankliche Verbindung schafft. Eine solche Verbindung wird nicht schon dadurch hergestellt, dass Zeichen in einzelnen Bestandteilen übereinstimmen. Maßgebend ist der Gesamteindruck.[368] Auf dieser Grundlage wurde der Vorwurf sittenwidriger Rufausbeutung beispielsweise im Fall „Red Puma" (vgl dazu bereits oben Seite 424) verneint.

Die „Rolling Stones" hingegen konnten sich in einem Rechtsstreit, der durch die Medien ging, auf § 1 UWG gestützt, erfolgreich gegen einen Wiener Beisl-Besitzer durchsetzen, der sein Lokal „schmarotzerisch" mit „Rolling Stone" betitelt hatte.[369]

Der „GEBERIT"-Fall[370] hat jüngst eine weitere Variante des sittenwidrigen Kennzeichengebrauchs geklärt. GEBERIT ist eine bekannte Marke für Sanitärprodukte. Unter anderem werden Unterputz-Spülkästen vertrieben, nach deren Einbau man eben nur noch die Betätigungsplatte für die Spülung mit der Aufschrift „GEBERIT TWIN" sieht. Der Beklagte bewarb ein Fremdprodukt mit dem Hinweis, dass es auch mit einer „GEBERIT TWIN"-Betätigungsplatte versehen werden könne. Der OGH beurteilte dies als sittenwidrige Rufausbeutung, die auch geeignet sei, eine *Zuordnungsverwirrung* zu bewirken, zumal der Benützer nach dem Einbau annehmen muss, das Wasserrauschen käme aus einem GEBERIT-Spülkasten, was aber in Wahrheit nicht zutrifft.

Gestatten Sie mir schließlich einen Sprung zurück, zu einer Entscheidung, die aus 1989 stammt, also lange vor der Entwicklung der oben geschilderten Judikaturkette:[371] Eine Optikerkette veranstaltete ein Gewinnspiel und kündigte auf der Titelseite einer Postwurfsendung unter der Überschrift „Gewinnen Sie die Goldene CARTIER-Brille im Wert von 60.000,-- S oder einen von 1.000 Sofortgewinnen!" ein Rubbelspiel an. Dazu waren Goldmünzen, eine Goldkette, eine Cartier-Brille und eine Cartier-Uhr abgebildet. Im bloßen Ankündigen einer Markenware als Preis eines Gewinnspiels war selbstverständlich keine Markenrechtsverletzung zu ersehen. Dies könnte man auch heute nicht anders beurteilen. Der OGH verneinte hier aber auch (sehr einzelfallbezogen und in eingehender Beurteilung aller Details, wie etwa die Größe der abgebildeten Markenzeichen) ein sittenwidriges Schmarotzen am guten Ruf dieser Marke, ohne dies freilich generell auszuschließen. Diese Entscheidung passt gut in die Reihe der jüngeren Judikatur und sollte daher nicht in Vergessenheit geraten. Ein Freibrief für das Vorspannen berühmter Markenartikel in die eigene Werbung ist diese Entscheidung sicher nicht.

---

[368]) OGH 4. 2. 1999, 4 Ob 305/98a – Red Puma – ÖBl 1999, 191 = ecolex 1999, 479 (*Schanda*) = wbl 1999, 330.
[369]) OGH 21. 3. 2000, 4 Ob 76/00f – Rolling Stone – ecolex 2000, 659 (*Schanda*).
[370]) OGH 12. 2. 2002, 4 Ob 282/01a – Geberit – wbl 2002, 334 = ÖBl-LS 2002/88 = ÖBl 2002, 221 (*Schumacher*).
[371]) OGH 13. 6. 1989, 4 Ob 72/89 – Cartier II – ÖBl 1990, 71.

6.5.2. Gesetzliche Regelung

Vorgaben der PVÜ zu notorisch bekannten Marken: Die Verbandsländer verpflichten sich, von Amts wegen, wenn dies die Rechtsvorschriften des Landes zulassen, oder auf Antrag des Beteiligten, die Eintragung einer Fabrik- oder Handelsmarke zurückzuweisen oder für ungültig zu erklären und den Gebrauch der Marke zu untersagen, wenn sie eine verwechslungsfähige Abbildung, Nachahmung oder Übersetzung einer anderen Marke darstellt, von der – nach Ansicht der zuständigen Behörde des Landes der Eintragung oder des Gebrauchs – notorisch feststeht, dass sie bereits einer zu den Vergünstigungen dieser Übereinkunft zugelassenen Person gehört und für gleiche oder gleichartige Erzeugnisse benutzt wird. Das gleiche gilt, wenn der wesentliche Bestandteil der Marke die Abbildung einer solchen notorisch bekannten Marke oder eine mit ihr verwechslungsfähige Nachahmung darstellt (Art 6bis Abs 1 PVÜ). Für den Antrag auf Löschung einer solchen Marke ist eine Frist von mindestens fünf Jahren vom Tag der Eintragung an zu gewähren. Den Verbandsländern steht es frei, eine Frist zu bestimmen, innerhalb welcher der Anspruch auf Untersagung des Gebrauchs geltend zu machen ist (Art 6bis Abs 2 PVÜ). Gegenüber bösgläubig erwirkten Eintragungen oder bösgläubig vorgenommenen Benutzungshandlungen ist der Antrag auf Löschung dieser Marken oder auf Untersagung ihres Gebrauchs an keine Frist gebunden (Art 6bis Abs 3 PVÜ).

Von Interesse für die internationale Rechtsfortbildung ist auch die von der Generalversammlung der Pariser Union gemeinsam mit der Generalversammlung der WIPO im September 1999 beschlossene *Empfehlung* für die Behandlung berühmter Marken („Well-Known Marks").[372]

Vorgaben des TRIPS-Abk: Art 6bis PVÜ findet sinngemäß auf Dienstleistungen Anwendung; bei der Feststellung, ob eine Marke notorisch bekannt ist, berücksichtigen die Mitglieder die Bekanntheit der Marke im einschlägigen Teil der Öffentlichkeit, einschließlich der Bekanntheit der Marke im betreffenden Mitgliedstaat, die aufgrund der Werbung für die Marke erreicht wurde (Art 16 Abs 2 TRIPS-Abk). Art 6bis PVÜ findet sinngemäß auf Waren oder Dienstleistungen Anwendung, die denen nicht ähnlich sind, für die die Marke eingetragen ist, wenn die Benutzung der betreffenden Marke im Zusammenhang mit diesen Waren oder Dienstleistungen auf eine Verbindung zwischen diesen Waren oder Dienstleistungen und dem Inhaber der eingetragenen Marke hinweisen würde und wenn den Interessen des Inhabers der eingetragenen Marke durch solche Benutzung wahrscheinlich Schaden zugefügt würde (Art 16 Abs 3 TRIPS-Abk).

Vorgaben des Gemeinschaftsrechts: Die Ausdehnung des Markenschutzes jenseits der Grenzen der Waren- und Dienstleistungsähnlichkeit als Privileg für bekannte Marken wurde in Österreich erst mit der Markenrechts-Nov 1999 eingefügt. Art 5 Abs 2 *MarkenRL* schreibt dies nicht zwingend vor, sondern räumt den Mit-

---

[372]) GRUR Int 1999, 1078; der Text ist auf der WIPO-Website abrufbar: http://www.wipo.int.

gliedstaaten lediglich die Freiheit ein, einen solchen erweiterten Schutz zu normieren: Die Mitgliedstaaten können bestimmen, dass es dem Inhaber gestattet ist, Dritten zu verbieten, ohne seine Zustimmung im geschäftlichen Verkehr ein mit der Marke identisches oder ihr ähnliches Zeichen für Waren oder Dienstleistungen zu benutzen, die nicht denen ähnlich sind, für die die Marke eingetragen ist, wenn diese in dem betreffenden Mitgliedstaat bekannt ist und die Benutzung des Zeichens die Unterscheidungskraft oder die Wertschätzung der Marke ohne rechtfertigenden Grund in unlauterer Weise ausnutzt oder beeinträchtigt.

Dazu hat sich eine interessante Auslegungsfrage ergeben: Nach seinem Wortlaut nimmt Art 5 Abs 2 MarkenRL nur auf den Fall Bezug, dass die betreffenden Waren oder Dienstleistungen nicht ähnlich sind. Ist daraus (e contrario) zu folgern, dass bei Benutzung der bekannten Marke (ohne Verwechslungsgefahr) *für identische oder ähnliche Waren oder Dienstleistungen* dieser besondere Schutz nicht greift. Oder muss man der bekannten Marke diesen besonderen Schutz des Art 5 Abs 2 MarkenRL gegen Beeinträchtigungen der Unterscheidungskraft oder der Wertschätzung der betroffenen Marken erst recht dann gewähren, wenn sogar Identität oder Ähnlichkeit der Waren oder Dienstleistungen besteht? In einem Vorabentscheidungsverfahren hat der EuGH dazu ausgesprochen, dass Art 5 Abs 2 MarkenRL (und ebenso Art 4 Abs 4 lit a MarkenRL) dahin auszulegen sei, dass er den Mitgliedstaaten die Befugnis gibt, einen besonderen Schutz einer bekannten eingetragenen Marke vorzusehen, wenn die jüngere Marke oder das jüngere Zeichen mit der eingetragenen Marke identisch oder ihr ähnlich ist und für Waren oder Dienstleistungen benutzt werden soll oder benutzt wird, die mit den Waren oder Dienstleistungen, die von der eingetragenen Marke erfasst werden, identisch oder ihnen ähnlich sind.[373] Diese Auslegung wird selbstverständlich auch bei Interpretation der nationalen Umsetzungsbestimmungen zu berücksichtigen sein.

Österreichische Regelung: Die *Markenrechts-Nov 1999* hat nunmehr den Schutz der bekannten Marke im MSchG verankert: Der Inhaber einer eingetragenen Marke kann Dritten gemäß § 10 Abs 2 MSchG auch verbieten, ohne seine Zustimmung im geschäftlichen Verkehr ein mit der Marke gleiches oder ihr ähnliches Zeichen für Waren oder Dienstleistungen zu benutzen (§ 10a MSchG[374]), die *nicht denen ähnlich* sind, für die die Marke eingetragen ist, wenn diese im Inland *bekannt* ist und die Benutzung des Zeichens die Unterscheidungskraft oder die Wertschätzung der Marke ohne rechtfertigenden Grund in unlauterer Weise ausnutzt oder beeinträchtigt. Es sind somit vier Fallgruppen zu unterscheiden: Ausnutzung der Unterscheidungskraft („*Aufmerksamkeitsausbeutung*"), Ausnutzung der Wertschätzung („*Rufausbeutung*"), Beeinträchtigung der Unterscheidungskraft („*Verwässerung*")

---

[373] EuGH 9. 1. 2003, Rs C-292/00 – Davidoff ./. Gofkid – ÖBl-LS 2003/85 = ÖBl 2003, 198 (*Gamerith*) = wbl 2003, 128 = MarkenR 2003, 61 = WRP 2003, 370 = GRUR 2003, 240 = GRUR Int 2003, 253. Dazu *Glöckner*, ELR 2003, 161.

[374] Das gilt bereits bei bloßer Durchfuhr: OGH 16. 10. 2001, 4 Ob 54/01x – BOSS-Zigaretten II – ÖBl 2002, 147 = ÖBl-LS 2002/60 und 61 = ecolex 2002, 106 (*G. Schönherr*) = wbl 2002, 139 = RdW 2002/284 = EvBl 2002/52 = ÖJZ-LSK 2002/45 = WRP 2002, 844 = GRUR Int 2002, 934.

und Beeinträchtigung der Wertschätzung („*Rufschädigung*"). Damit geht der nunmehrige markenrechtliche Schutz, der auch ohne das Erfordernis der Verwechslungsgefahr greift, über den bisher von der Rechtsprechung gewährten wettbewerbsrechtlichen Schutz hinaus, zumal er nicht nur Fälle der Rufausbeutung abdeckt.

Beispiel:
> OGH 17. 12. 2001: § 10 Abs 2 MSchG greift zum Schutz der bekannten Bekleidungsmarke „BOSS" gegen die Verwendung für Zigaretten.[375] Gegen die Betreiberin eines Dutyfreeshops am Flughafen konnte die Markeninhaberin allerdings nicht durchdringen: Die Beklagte hatte die BOSS-Zigaretten von einem Lieferanten gekauft, der selbst einen BOSS-Shop betreibt. Bis zum Erhalt der Klage hatte sie weder Kenntnis solcher Tatsachen, aus denen sie auf eine Verletzung von Markenrechten der Klägerin hätte schließen müssen, noch musste sie Zweifel haben, die eine Prüfpflicht hätten auslösen können. Nach Erhalt der Klage hat sie den weiteren Vertrieb eingestellt und die restliche Ware zollamtlich vernichten lassen. In diesem Fall verneinte der OGH die Unlauterkeit der Markenbenützung.[376]

Zur Beurteilung ist der (erste) *Kollisionszeitpunkt* entscheidend: Die Bekanntheit der älteren Marke muss spätestens am Tag der Anmeldung der jüngeren Marke, gegebenenfalls am prioritäts- oder zeitrangbegründenden Tag, oder im Entstehungszeitpunkt des jüngeren sonstigen Kennzeichenrechts vorgelegen sein (§ 10 Abs 2, letzter Satz MSchG). Auch der Löschungstatbestand des § 30 Abs 2 MSchG setzt voraus, dass die Bekanntheit der Marke des Antragstellers bereits im Anmeldezeitpunkt der belangten Marke vorliegt. Der OGH hat diesen Prioritätsgrundsatz verallgemeinert und wendet ihn auch bei auf § 1 UWG gestützten Ansprüchen an.[377] Ein älteres Recht kann also durch ein jüngeres, das erst später die erforderliche Bekanntheit erlangt hat, nicht „überholt" und vernichtet werden.

Beispiel:
> OGH 12. 9. 2001: Der Schutz für den bekannten Zeitschriftentitel VOGUE konnte nicht gegen die Verwendung als Bezeichnung für Körperpflegeprodukte durchgesetzt werden. Es konnte nämlich nicht festgestellt werden, dass dieses Zeichen schon 1981, also in jenem Zeitpunkt als die Beklagte dieses Zeichen erstmals am Markt verwendet hat, in Österreich eine besondere Werbewirkung und Ausstrahlung entfaltet hätte.[378]

---

[375]) OGH 16. 10. 2001, 4 Ob 54/01x – BOSS-Zigaretten II – ÖBl 2002, 147 = ÖBl-LS 2002/60 und 61 = ecolex 2002, 106 (*G. Schönherr*) = wbl 2002, 139 = RdW 2002/284 = EvBl 2002/52 = ÖJZ-LSK 2002/45 = WRP 2002, 844 = GRUR Int 2002, 934; vgl auch OGH 15. 10. 2002, 4 Ob 174/02w – BOSS-Zigaretten IV – ÖBl 2003, 31 (*Fallenböck*) = ÖBl-LS 2003/11-13 = MR 2002, 396 (*Korn, Pöchhacker*) = ecolex 2003, 40 (*G. Schönherr*) = ÖJZ-LSK 2003/22, 23 = ÖJZ 2003, 143 = RdW 2003/66.

[376]) OGH 17. 12. 2001, 4 Ob 234/01t – BOSS-Zigaretten III – ecolex 2002, 267 (*G. Schönherr*).

[377]) OGH 12. 9. 2001, 4 Ob 166/01t – VOGUE – ÖBl 2003, 28 = ÖBl-LS 2002/58 = ecolex 2002, 32 (*Schanda*) = GRUR Int 2002, 944 mwN.

[378]) OGH 12. 9. 2001, 4 Ob 166/01t – VOGUE – ÖBl 2003, 28 = ÖBl-LS 2002/58 = ecolex 2002, 32 (*Schanda*) = GRUR Int 2002, 944.

In der Markenrechts-Nov 1999 gibt es zu § 10 Abs 2 MSchG keine spezielle *Übergangsregelung*. Der (zu § 10 Abs 2 MSchG korrespondierende) Löschungstatbestand des § 30 Abs 2 MSchG wird daher zutreffend auch auf Marken angewendet, die vor dieser Novelle registriert wurden. Wer vor dem In-Kraft-Treten dieser Novelle eine Marke für sich eintragen ließ, durch deren Benutzung er die Wertschätzung einer bekannten Marke ohne rechtfertigenden Grund in unlauterer Weise ausnützte, konnte – so der OPM[379] – nicht darauf vertrauen, diese Marke auch verwenden zu dürfen. Der Inhaber einer solchen Marke wird daher nicht in seinem berechtigten Vertrauen auf die Rechtsordnung enttäuscht, wenn das Löschungserkenntnis auf den Prioritätszeitpunkt zurückwirkt. Damit wurde nur eine Rechtsposition beseitigt, deren Ausnützung sittenwidriges Handeln im Sinne des § 1 UWG begründet und deren Beseitigung daher klarstellend wirkt.

Offen ist derzeit noch die Frage, ob die neue Rechtslage den Rechtsschutz bekannter Kennzeichen nunmehr im MSchG abschließend regelt oder ob daneben auch Raum für einen ergänzenden wettbewerbsrechtlichen Leistungsschutz solcher Zeichen bleibt.[380] Zur Rechtslage vor der Markenrechts-Nov 1999 ging der OGH davon aus, dass der wettbewerbsrechtliche Schutz neben dem markenrechtlichen Schutz der bekannten Marke nach Art 5 Abs 2 MarkenRL besteht.[381] Dort wo zusätzliche Umstände zur Begründung der Sittenwidrigkeit hinzutreten, wird dies jedenfalls auch nach der heutigen Rechtslage zu bejahen sein. Die zu § 1 UWG entwickelte Judikatur wird aber auch dort weiter Bestand haben, wo es um den Schutz anderer Kennzeichen als registrierter Marken geht (beispielsweise um Titel oder Firmenschlagworte), zumal dort eine sondergesetzliche Regelung fehlt.

6.5.3. Begriff „bekannte Marke"

Weder Art 5 Abs 2 MarkenRL noch Art 16 TRIPS-Abk *definieren*, welche Anforderungen an eine Marke zu stellen sind, um sie als „bekannte Marke" beurteilen zu können. Die Begriffe „bekannt" („*mark with a reputation*") bzw „notorisch bekannt" („*well known*") liegen noch weitgehend im Dunkel. Die Auslegung des Begriffs „bekannte Marke" sowie die allfällige Festlegung praktikabler Bestimmungskriterien wurden daher auch vom Gesetzgeber der Markenrechts-Nov 1999[382] „im Hinblick auf das Erfordernis einer gemeinschaftsrechtskonformen Interpretation in letzter Konsequenz demnach dem EuGH vorbehalten". Allgemein wird in den Materialien lediglich darauf hingewiesen, „dass bei Beurteilung der Bekanntheit sowohl *quantitative* als auch *qualitative* Aspekte eine Rolle spielen

---

[379]) OPM 22. 12. 1999, Om 4/99 – BOSS! – PBl 2001, 208 = ÖBl-LS 2002/59. Der OGH wendet § 10 Abs 2 und § 30 Abs 2 MSchG auch auf Verfahren über vor dem In-Kraft-Treten der Markenrechts-Nov 1999 am 23. 7. 1999 eingebrachte Klagen an: OGH 12. 9. 2001, 4 Ob 166/01t – VOGUE – ÖBl 2003, 28 = ÖBl-LS 2002/58 = ecolex 2002, 32 (*Schanda*) = GRUR Int 2002, 944.
[380]) OGH 12. 9. 2001, 4 Ob 166/01t – VOGUE – ÖBl 2003, 28 = ÖBl-LS 2002/58 = ecolex 2002, 32 (*Schanda*) = GRUR Int 2002, 944.
[381]) OGH 9. 3. 1999, 4 Ob 35/99x – BOSS Energydrink II – ecolex 1999, 480 (*Schanda*).
[382]) EB 1999, zitiert nach *Kucsko*, MSA MSchG (1999) Anm 7 zu § 10.

werden". Aufgrund der denkbaren vielschichtigen Konstellationen scheide aus quantitativer Sicht die Festlegung eines bestimmten, für alle Fälle geltenden Bekanntheitsgrades, etwa in Form eines festen Prozentsatzes der maßgeblichen Verkehrskreise aus, zumal diese je nach Produktbereich unterschiedlich sein werden. In qualitativer Hinsicht werde es darauf ankommen, ob die Marke überhaupt einen „Ruf" („reputation"/„renommée") hat, den auszubeuten und kommerziell anderweitig zu verwerten sich lohnt oder der beeinträchtigt werden könnte. Andernfalls komme die zwar quantitativ bekannte Marke aus qualitativer Sicht für diesen Sonderschutz von bekannten Marken nicht in Betracht. In der bisherigen Literatur werde auch die Auffassung vertreten, dass das Wort „Ruf" nicht moralisch wertend zu verstehen sei. Es sei kein „guter, einwandfreier Ruf" zu verlangen, sondern allenfalls auf die Wertschätzung durch die in Frage kommenden Verkehrskreise abzustellen. Zu beachten sei jedenfalls, dass sich der Begriff der Bekanntheit mit dem Begriff der *Verkehrsgeltung* im Sinne des MSchG nicht deckt. Verkehrsgeltung bilde in manchen Fällen die Grundlage für die Entstehung des Markenschutzes, erfülle aber nicht ohne weiteres auch die weiterreichenden Erfordernisse, um eine Marke als „bekannt" qualifizieren zu können. Der EuGH[383] hat zur Beurteilung der Bekanntheit bereits Vorgaben gemacht: Die erforderliche Bekanntheit ist dann erreicht, wenn die ältere Marke einem bedeutenden Teil des Publikums bekannt ist, das von den durch diese Marke erfassten Waren oder Dienstleistungen betroffen ist. In territorialer Hinsicht verlangt Art 5 Abs 2 MarkenRL, dass die Marke „in dem betreffenden Mitgliedstaat" bekannt ist. Dies erfordert nicht, dass sich die Bekanntheit auf das „gesamte" Gebiet des Mitgliedstaats erstreckt. Es genügt, dass sie in einem wesentlichen Teil davon vorliegt. Weiter ausgelotet ist die Kernfrage, ab wann eine Marke eine „bekannte Marke" ist, allerdings nicht. Die Tatsache, dass eine Marke in mehreren Ländern eingetragen ist, genügt dafür allein jedenfalls noch nicht.[384]

Beispiel:

▸ OPM 22. 12. 1999: Die für hochwertige Herrenbekleidung registrierte Marke „BOSS" ist – so wurde im Verfahren festgestellt – mehr als 85 % der Verwender und Käufer derartiger Waren bekannt. Dies genügte, um ihr als „bekannte Marke" Schutz gegen die Verwendung als Kennzeichen eines Energy-Drinks („BOSS!") zu gewähren und die Löschung dieser Marke gemäß § 30 Abs 2 MSchG durchzusetzen.[385]

Wollte man eine Rangfolge für das Maß der Bekanntheit machen, so müsste man so reihen:

▸ Marken mit (einfacher) Verkehrsgeltung
▸ „bekannte Marken"

---

[383]) EuGH 14. 9. 1999, Rs C-375/97 – Chevy – ÖBl 2000, 42 = wbl 1999, 504 = GRUR Int 2000, 73 = EWS 1999, 427 = WRP 1999, 1130 = MarkenR 1999, 388 = ABl HABM 1999, 1468.
[384]) EuG 9. 4. 2003, Rs T-224/01 – NU-TRIDE – MarkenR 2003, 200.
[385]) OPM 22. 12. 1999, Om 4/99 – BOSS! – PBl 2001, 208 = ÖBl-LS 2002/59.

- „notorisch bekannte Marken"
- „berühmte Marken"

Feste %-Sätze für die Einreihung gibt es nicht. Vertretbar erscheint nach dem Kennzeichnungsgrad folgende Skala der Verkehrsgeltung: beachtliche Verkehrsgeltung: ab 25 %, starke Verkehrsgeltung: 35–50 %, überragende Verkehrsgeltung (Verkehrsdurchsetzung): ab 50 %, berühmte Marke: ab 60 %.

6.6. Sonstige Regelungen

Die Abs 1 bis 4 des Art 5 MarkenRL berühren nicht die in einem Mitgliedstaat geltenden Bestimmungen über den Schutz gegenüber der Verwendung eines Zeichens zu anderen Zwecken als der Unterscheidung von Waren oder Dienstleistungen, wenn die Benutzung dieses Zeichens die Unterscheidungskraft oder die Wertschätzung der Marke ohne rechtfertigenden Grund in unlauterer Weise ausnutzt oder beeinträchtigt (Art 5 Abs 5 MarkenRL). Ein verstärkter Schutz der Unterscheidungskraft oder der Wertschätzung der Marke gegenüber bestimmten Formen der Benutzung eines Zeichens zu anderen Zwecken als der Unterscheidung von Waren oder Dienstleistungen fällt daher nicht unter diese HarmonisierungsRL. Die Mitgliedstaaten können also nach ihrem Belieben und unter den von ihnen jeweils festgelegten Voraussetzungen eine Marke gegenüber der Verwendung eines Zeichens zu anderen Zwecken als der Unterscheidung von Waren und Dienstleistungen schützen, wenn die Benutzung dieses Zeichens die Unterscheidungskraft oder Wertschätzung der Marke ohne rechtfertigenden Grund in unlauterer Weise ausnutzt oder beeinträchtigt.[386] In Österreich sind damit § 1 UWG und die Judikatur zur Rufausbeutung angesprochen.[387]

---

[386] EuGH 21. 11. 2002, Rs C-23/01 – Robelco – ÖBl-LS 2003/84 = ÖBl 2003, 201 = MarkenR 2003, 23 = ELR 2003, 24 = ABl HABM 2003, 424 = GRUR 2003, 143 = GRUR Int 2003, 446.

[387] Zum *Joint Advertising* mit *Markenallianzen* und insbesondere zur Werbung unter Einbindung von Fremdmarken ohne Zustimmung des betreffenden Markeninhabers aus werbetechnischer Sicht: *Gierl/Thalhofer*, Werben mit unfreiwilliger Unterstützung durch renommierte Marken, transfer 2002, 20.

6.7. Grenzen des Schutzes
6.7.1. Namen, Beschaffenheits- und Bestimmungsangaben

Vorgaben des TRIPS-Abk: Die Mitglieder können begrenzte Ausnahmen von den Rechten aus der Marke vorsehen, wie etwa einen fairen Gebrauch beschreibender Angaben, wenn mit diesen Ausnahmen die berechtigten Interessen des Inhabers der Marke und Dritter berücksichtigt werden (Art 17 TRIPS-Abk).

Österreichische Regelung: Die eingetragene Marke gewährt ihrem Inhaber gemäß § 10 Abs 3 MSchG nicht das Recht, einem Dritten zu verbieten,

- seinen *Namen* oder seine *Anschrift*,
- Angaben über die *Art*, die *Beschaffenheit*, die Menge, die Bestimmung, den Wert, die geographische Herkunft oder die Zeit der Herstellung der Ware oder der Erbringung der Dienstleistung oder über andere Merkmale der Ware oder Dienstleistung,[389]
- die Marke, falls dies notwendig ist, als Hinweis auf die *Bestimmung* einer Ware, insbesondere als Zubehör oder Ersatzteil,[390] oder einer Dienstleistung

im geschäftlichen Verkehr zu benutzen, sofern dies den anständigen Gepflogenheiten in Gewerbe oder Handel entspricht.[391] Diese Ausnahmeregelung stimmt wörtlich mit Art 6 Abs 1 MarkenRL überein. Innerhalb der Grenzen des Art 6 MarkenRL ist auch die Werbung mit KFZ-Marken zum Hinweis auf die Spezialisierung der Werkstätte für die Instandhaltung und Wartung der betreffenden KFZ zulässig, sofern die Marke nicht in einer Weise verwendet wird, die den Eindruck erwecken kann, dass eine Handelsbeziehung zwischen der Werkstätte und dem Markeninhaber besteht, insbesondere, dass dieses Unternehmen dem Vertriebsnetz des Markeninhabers angehört oder dass zwischen den beiden Unternehmen eine besondere Beziehung bestehe.[392] Unabhängig davon könnte ein solcher Eindruck selbstverständlich auch irreführend nach § 2 UWG sein.

Dieser Gebrauch der Marke „Mercedes" wurde nicht als bloße Bestimmungsangabe, sondern als markenverletzende Unternehmensbezeichnung beurteilt.[388]

---

[388]) OGH 29.9.1992, 4 Ob 66, 67/92 – MERCEDES-Teyrowsky – ÖBl 1992, 273 = MR 1992, 252 = wbl 1993, 61 = ecolex 1993, 99. Anders ist ein bloßer Spezialisierungshinweis zu beurteilen: OGH 23. 4. 1985, 4 Ob 391/84 – Ford-Spezialwerkstätte – ÖBl 1985, 158 = MR 1985, A16 = PBl 1986, 38.

[389]) Zum wortidenten Art 6 Abs 1 lit b MarkenRL ist ein Vorabentscheidungsersuchen anhängig, ob diese Bestimmung auch bei „markenmäßigem Gebrauch" anwendbar ist (BGH 7. 2. 2002, I ZR 258/98 – GERRI/KERRY Spring – EWS 2002, 494.

[390]) Zur Frage der Zulässigkeit der Verwendung fremder OEM (Original Equipment Manufacturer) Artikelnummern zur Bezeichnung von Ersatzteilen unter dem Aspekt vergleichender Werbung vgl EuGH 25. 10. 2001, Rs C-112/99 – OEM-Nummern – ÖBl 2002, 153 = ÖBl-LS 02/26 = GRUR Int 2002, 50. Vgl auch OGH 17. 12. 2002, 4 Ob 262/02m, ÖBl-LS 2003/64.

[391]) Zur früheren Rechtslage: *Hauser/Holeschofsky/John/Pronay*, Zur Bedeutung des § 8 MSchG 1970, ÖBl 1976, 29. Zur Parallelbestimmung in Deutschland: *Fezer*, Anwendungsbereich des § 23 MarkenG, WRP 1996, 973.

[392]) EuGH 23. 2. 1999, Rs C-63/97 – BMW – ÖBl 1999, 250 = ecolex 1999, 337 (*Schanda*) = GRUR Int 1999, 438 = MarkenR 1999, 84 = EWS 1999, 144.

Beispiel:

▸ EuGH 12. 11. 2002: Der renommierte Fußballklub „Arsenal FC" ist Inhaber der Wortmarke *„Arsenal"* (auch für Schals). Der Beklagte bot in seinem Geschäft Fußball-Souvenirs, darunter (nicht mit Zustimmung des Vereins hergestellte) Schals mit der Aufschrift „Arsenal" an. Dazu brachte er ein Plakat mit folgendem Hinweis an: „Die Aufschrift und die Logos auf den angebotenen Waren dienen ausschließlich zu Dekorationszwecken und implizieren keinerlei Zugehörigkeit zu oder Geschäftsbeziehung mit den Herstellern oder Vertriebshändlern irgendeines anderen Produktes. Original Arsenal-Waren sind nur die mit den E-tiketten ‚Original-Arsenal-Ware' gekennzeichneten Waren". Der EuGH nahm hier dennoch keine bloß „beschreibenden Zwecke" sondern eine Markenrechtsverletzung an. Auch der Einwand, dass die Marke „nur als Ausdruck der Unterstützung, der Treue oder der Zugehörigkeit gegenüber dem Markeninhaber" aufgefasst werde, konnte daran nichts ändern.[393]

▸ EuGH 14. 5. 2002: Der EuGH hatte jüngst in einem Vorabentscheidungsverfahren aus folgendem Anlassfall zu entscheiden: Der Inhaber der deutschen Marke „SPIRIT SUN" (für „Diamanten zur Weiterverarbeitung als Schmuckwaren") vertreibt unter diesem Zeichen Erzeugnisse, die sich durch einen besonderen Schliff auszeichnen. Der Beklagte bot in einem Verkaufsgespräch seine eigenen Steine an und verwendete dabei die Bezeichnung „Spirit Sun", um die Beschaffenheit (Art des Schliffs) der von ihm zum Verkauf angebotenen Edelsteine zu kennzeichnen (Steine „im Schliff Spirit Sun"). Er hat diese Bezeichnung also nicht so verwendet, dass sie als Hinweis auf die Herkunft der Steine aus dem Betrieb des Markeninhabers verstanden werden sollte. Der EuGH beantwortete die Frage des vorlegenden Gerichts so: „Art 5 Abs 1 MarkenRL ist dahin auszulegen, dass sich der Inhaber einer Marke nicht auf sein Ausschließungsrecht berufen kann, wenn ein Dritter im Rahmen eines Verkaufsgesprächs die Herkunft der Ware aus seiner eigenen Produktion offenbart und er das betreffende Zeichen ausschließlich zur Kennzeichnung der besonderen Eigenschaften der von ihm angebotenen Ware verwendet, sodass ausgeschlossen ist, dass die benutzte Marke im Verkehr als betriebliches Herkunftszeichen aufgefasst wird."[394] Meines Erachtens hätte man diesen Fall auch dem Art 6 Abs 1 MarkenRL (in Österreich: § 10 Abs 3 MSchG) unterstellen können. Offen bleibt, ob die Bezugnahme auf die besondere Schliffbezeichnung des Markeninhabers – jedenfalls bei Beurteilung nach österreichischem Lauterkeitsrecht – nicht doch sittenwidrig nach § 1 UWG wäre.

6.7.2. Örtliche Kennzeichen

Vorgaben des Gemeinschaftsrechts: Ist in einem Mitgliedstaat nach dessen Rechtsvorschriften ein älteres Recht von örtlicher Bedeutung anerkannt, so gewährt die Marke ihrem Inhaber nicht das Recht, einem Dritten die Benutzung die-

---

[393]) EuGH 12. 11. 2002, Rs C-206/01 – Arsenal – wbl 2003, 75 = MarkenR 2002, 394 = ABl HABM 2003, 392 = GRUR 2003, 55 = GRUR Int 2003, 229.

[394]) EuGH 14. 5. 2002, Rs C-2/00 – SPIRIT SUN – ÖBl 2003, 155 = MarkenR 2002, 189 = EWS 2002, 339 = ABl HABM 2002, 1768 = GRUR Int 2002, 841. Dazu: *Buhrow*, Erfordernis des markenmäßigen Gebrauchs bestätigt, ELR 2002, 182.

ses Rechts im geschäftlichen Verkehr in dem Gebiet, in dem es anerkannt ist, zu verbieten (Art 6 Abs 2 MarkenRL).

Österreichische Regelung: Die Rechtslage in Österreich entspricht dieser Vorgabe. Nach § 9 UWG wird dem nicht registrierten Zeichen ein örtlich beschränkter Schutz gewährt.[395]

6.8. Erschöpfung

Mit dem befugten Inverkehrbringen der Markenware in der EU erschöpft sich das Ausschließungsrecht.

Literaturhinweise: *Stölzle*, Der Parallelimport, GesRZ 1973, 106; *Schönherr*, Immaterialgüterrechte und Europarecht, GesRZ 1975, 48; *Ullrich*, Staatsgrenzen und Warenzeichen, GRUR Int 1975, 291; *Kucsko*, Parallelimporte von Konzernmarkenwaren und die Freihandelsabkommen Österreichs und der Schweiz mit der EWG, GRUR Int 1980, 138; *Ullrich*, Gemeinschaftsrechtliche Erschöpfung von Immaterialgüterrechten und europäischer Konzernverbund, GRUR Int 1983, 370; *Ullrich*, Die wettbewerbspolitische Behandlung gewerblicher Schutzrechte in der EWG, GRUR Int 1984, 89; *Joliet*, Markenrecht und freier Warenverkehr: Abkehr von Hag I, GRUR Int 1991, 177; *Loewenheim*, Warenzeichen, freier Warenverkehr, Kartellrecht, FS DVgRU II (1991) 1051; *Oliver*, Wie wichtig ist das Urteil „Hag II"? EuZW 1991, 274; *Ebenroth*, Gewerblicher Rechtsschutz und europäische Warenverkehrsfreiheit (1992); *Mailänder*, Gemeinschaftsrechtliche Erschöpfungslehre und freier Warenverkehr, FS Gaedertz (1992) 369; *Ebenroth/Hübschle*, Gewerbliche Schutzrechte und Marktaufteilung im Binnenmarkt der Europäischen Union (1994); *Harte-Bavendamm/Scheller*, Die Auswirkungen der Markenrechtsrichtlinie auf die Lehre von der internationalen Erschöpfung, WRP 1994, 571; *Klaka*, Erschöpfung und Verwirkung im Licht des Markenrechtsreformgesetzes, GRUR 1994, 321; *Koppensteiner*, Markenrechtsentwicklung und Parallelimport, ÖBl 1994, 195; *Lüder*, Die Rolle des nationalen Markenrechts in einem europäischen Binnenmarkt, EuZW 1994, 112; *Sack*, Die Erschöpfung von Markenrechten nach Europäischem Recht, RIW 1994, 897; *Steger*, EuGH: „Aus" für die Theorie vom gemeinsamen Ursprung der Marke, ecolex 1994, 820; *Sack*, Export und Transit im Markenrecht, RIW 1995, 177; *Kroher*, Importe von Originalware nach neuem Markenrecht, FS Beier (1996) 253; *Mansani*, Der Schutz des Markeninhabers aufgrund der neueren Gemeinschaftsrechtsprechung, FS Beier (1996) 289; *Pickrahn*, Die Bekämpfung von Parallelimporten nach dem neuen Markengesetz, GRUR 1996, 383; *Schanda*, Parallelimport und Herkunftsfunktion der Marke, ÖBl 1996, 167; *Gaster*, Funktionen des Binnenmarkts und Paralleleinfuhren aus Drittländern: Ein Plädoyer gegen die internationale (globale) Erschöpfung von Immaterialgüterrechten, wbl 1997, 47; *Litten*, „Inverkehrbringen" und „Erschöpfung" im neuen Markenrecht, WRP 1997, 678; *Sack*, Zeichenrechtliche Grenzen des Umpackens fremder Waren, GRUR 1997, 1; *Stickler*, Der Stellenwert des geistigen Eigentums im Binnenmarkt, ÖBl 1997, 147; *Wichard*, Weltweite oder europaweite Erschöpfung von Markenrechten? GRUR 1997, 711; *Albert/Heath*, Markenrecht und Paralleleinfuhr, GRUR 1998, 642; *Fragstein*, Europaweite Erschöpfung von Markenrechten, EWS 1998, 405; *Hornbanger*, EuGH stoppt Parallelimporte aus Drittländern – zum EuGH-Urteil Rs C-355/96 – Silhouette, ecolex 1998, 811; *Joller*, Zur territorialen Reichweite des Erschöpfungsgrundsatzes im Markenrecht, GRUR Int 1998, 751; *Kunz-Hallstein*, Internationale Erschöpfung von Markenrechten – auch im Gebrauchtwarenhandel? FS Fikentscher (1998) 931; *Liebmann*, Lizenzverträge in der EU, ÖBl 1998, 167;

---

[395]) Dazu eingehender *Pöchhacker*, Die Bedeutung der ersten Markenrichtlinie für das österreichische Markenrecht, in *Koppensteiner*, Österreichisches und europäisches Wirtschaftsprivatrecht, Teil 2: Geistiges Eigentum (1996) 176 mwN.

Müller, Zur markenrechtlichen Zulässigkeit von Parallelimporten, sic! 1998, 505; *Schanda*, Die Schlussanträge gegen internationale Erschöpfung des Markenrechts, ecolex 1998, 409; *Schubert*, „Merck II", „Warner Brothers" und die Renaissance möglicher Grenzen des gemeinschaftsrechtlichen Erschöpfungsgrundsatzes, EWS 1998, 119; *Sosnitza*, Territoriale Grenzen markenrechtlicher Erschöpfung und Europarecht, WRP 1998, 951; *Orou*, Der Erschöpfungsgrundsatz wurde „europareif" – Anmerkung zum „Silhouette"-Urteil des EuGH, ÖBl 1998, 284; *Gruber*, Kfz-Werkstätte und Markenschutz – EuGH Rs C-63/97 „BMW", wbl 1999, 539; *Heinemann*, Weiter Zustimmungsbegriff als Hintertür für die internationale Erschöpfung des Markenrechts? ELR 1999, 344; *Lattenmayer*, Erschöpfung von Markenrechten, ecolex 1999, 100; *Sack*, Die Erschöpfung von gewerblichen Schutzrechten und Urheberrechten nach deutschem Recht, WRP 1999, 1088; *Sack*, Markenrechtlicher Schutz von Vertriebsbindungen, WRP 1999, 467; *Sack*, Die Erschöpfung von gewerblichen Schutzrechten und Urheberrechten nach europäischem Recht, GRUR 1999, 193; *Baudenbacher*, Erschöpfung der Immaterialgüterrechte in der EFTA und die Rechtslage in der EU, GRUR Int 2000, 584; *Gaster*, Die Erschöpfungsproblematik aus der Sicht des Gemeinschaftsrechts, GRUR Int 2000, 571; *Grauel*, Zur Erschöpfung des Markenrechts/Arbeitsdokument der EU-Kommission, MarkenR 2000, 89; *Hassemer*, Erschöpfung der gewerblichen Schutzrechte und des Urheberrechts aus rechtsvergleichender Sicht (Diskussionsbericht), GRUR Int 2000, 624; *Kunz-Hallstein*, COOL WATER und die Erschöpfung, MarkenR 2000, 113; *Lattenmayer*, Superdominanz – Verlust der Geltendmachung des Immaterialgüterrechts bei exzessiven Preisen? MR 2000, 236; *Sack*, Der Erschöpfungsgrundsatz im deutschen Immaterialgüterrecht, GRUR Int 2000, 610; *Urlesberger*, Der zweigleisige Vertrieb von Markenware in der Europäischen Union, wbl 2000, 6; *Baudenbacher*, Internationale Erschöpfung des Markenrechts und der Begriff der Zustimmung, ELR 2001, 382; *Gamerith*, Parallelimport und Markenpiraterie, FS Koppensteiner (2001) 365; *Mayer-Schönberger/Galla/Fallenböck*, Das Recht der Domain Namen (2001); *Plöckinger/Gassner*, Zur Beweislastverteilung bei Parallelimporten, ÖBl 2001, 99; *Baudenbacher*, Ist die Rechtsprechung des EFTA-Gerichtshofs für Österreich relevant? FS Barfuß (2002) 9; *Buhrow*, Verbrauchermisstrauen macht Umpacken erforderlich, ELR 2002, 233; *Plöckinger*, Der Erschöpfungsgrundsatz im Marken- und Urheberrecht; *Römhild*, Zum „Umpacken" bei Parallelimporten, MarkenR 2002, 185; *Urlesberger*, Warenverkehrsfreiheit und Markenrecht, ÖSGRUM 26 (2002); *Vormann*, Markenrechtlicher Schutz vor Parallelimporten, MarkenR 2003, 129.

6.8.1. Grundsatz

Das Ausschließungsrecht ermöglicht es dem Markeninhaber, gegen Markenrechtsverletzungen durch Dritte vorzugehen. Er kann dazu insbesondere den (Weiter-)Vertrieb markenverletzender Waren unterbinden. Sind aber die Produkte Originalwaren, die von ihm selbst (oder mit seiner Zustimmung durch einen Lizenznehmer) in Verkehr gebracht worden sind, so ist sein Markenrecht „*erschöpft*". Er kann den weiteren Vertrieb dieses von ihm in Verkehr gesetzten Originalprodukts nicht mehr unter Berufung auf sein Markenrecht unterbinden. Dieses Konzept erscheint nach der Unterscheidungsfunktion der Marke selbstverständlich. Etwas schwieriger wird die Beurteilung freilich, wenn der Inhaber einer österreichischen Marke die Ware im Ausland in Verkehr gebracht hat und nicht er selbst, sondern ein anderer sie dann nach Österreich importiert. Kann der Markeninhaber in solchen Fällen sein Ausschließungsrecht gegen diesen, von ihm vielleicht weder erwünschten noch erlaubten Parallelimport geltend machen und den Import untersagen? Ist also der Erschöpfungsgrundsatz international auszudehnen? Der Unterlassungsanspruch des Markeninhabers gegen den Parallelimport von Originalwaren ergibt sich zunächst aus § 10 Abs 1 Z 1 MSchG.[396] Dieser Anspruch wird allerdings durch § 10b Abs 1 MSchG (dazu sogleich unten) eingeschränkt.

Vorgaben des Gemeinschaftsrechts:[397] Art 7 Abs 1 MarkenRL gibt für die Gemeinschaft den Erschöpfungsgrundsatz vor: *Die Marke gewährt ihrem Inhaber nicht das Recht, einem Dritten zu verbieten, die Marke für Waren zu benutzen, die unter dieser Marke von ihm oder mit seiner Zustimmung in einem Vertragsstaat in den Verkehr gebracht worden sind.* Begründet wird dies aus der Hauptfunktion der Marke, dem Verbraucher die Identität des Warenursprungs zu garantieren (Herkunftsfunktion; Seite 201). Wenn die Ware auf dem Markt eines anderen Mitgliedstaates vom Markeninhaber selbst oder mit seiner Zustimmung rechtmäßig in Verkehr gebracht worden ist, so sei vom Vorrang der Warenverkehrsfreiheit und von einer Erschöpfung des nationalen Markenrechts auszugehen. Weiters folge aus der markenrechtlich geschützten Qualitätsfunktion der Marke, dass eine Erschöpfung von Markenrechten immer nur dann gerechtfertigt sei, wenn der Markeninhaber auch die Möglichkeit der Qualitätskontrolle über die mit seiner Marke gekennzeichnete Ware habe. Entscheidend sei dabei die Möglichkeit einer Qualitätskontrolle und nicht deren tatsächliche Ausübung. Bei einer freiwilligen *Markenaufspaltung* auf wirtschaftlich und rechtlich selbständige Unternehmen hat der ursprüngliche Markeninhaber nicht mehr die Möglichkeit der Qualitätskontrolle und kann daher Parallelimporte in sein Territorium abwehren.[398]

Vorlageanträge aus Österreich[399] gaben dem EuGH Anlass, zur Frage Stellung zu nehmen, ob die Erschöpfung nur gemeinschaftsweit oder *weltweit* eintreten soll. Der EuGH interpretiert Art 7 Abs 1 MarkenRL so, dass die Erschöpfung der Rechte aus der Marke nur eintreten soll, wenn die Waren in der Gemeinschaft (seit dem In-Kraft-Treten des EWR-Abkommens: im EWR) in den Verkehr gebracht worden sind. Art 7 Abs 1 MarkenRL belasse den Mitgliedstaaten nicht die Befugnis, in ihrem nationalen Recht die Erschöpfung für in Drittländern in den Verkehr gebrachte Waren vorzusehen.[400] Anders hat übrigens der EFTA-Gerichtshof entschieden: Art 7 Abs 1 MarkenRL sei im EWR-Zusammenhang dahin auszulegen, dass er den EFTA-Staaten freistellt, ob sie den Grundsatz der internationalen Erschöpfung des

---

[396]) OGH 15. 2. 2000, 4 Ob 29/00v – BOSS-Brillen – ÖBl 2000, 178 = SZ 73/26 = EvBl 2000/123 = ecolex 2000, 370 (*Schanda*) = RdW 2000/314 = GRUR Int 2000, 785.

[397]) Das TRIPS-Abk ist insoweit neutral: Zum Zwecke der Streitbeilegung aus diesem Abkommen darf vorbehaltlich der Bestimmungen der Art 3 und 4 nichts in diesem Abkommen dazu verwendet werden, um die Frage der Erschöpfung von Rechten des geistigen Eigentums zu behandeln (Art 6).

[398]) OGH 28. 9. 1999, 4 Ob 206/99v – Blausiegel – ÖBl 2000, 77 = ecolex 2000, 134 (*Schanda*) = MarkenR 2000, 59 mwN zur EuGH-Rsp und auch zur kartellrechtlichen Beurteilung; etwa EuGH 20. 3. 1997, Rs C-352/95 – Phytheron/Jean Bourdon – EWS 1997, 171 = EuZW 1997, 310. Zur Abwehr bei Marken mit gleichem Ursprung: EuGH 17. 10. 1990, Rs C-10/89 – HAG II – GRUR Int 1990, 960. *Ebenroth/Parche*, GRUR Int 1989, 738.

[399]) OGH 15. 10. 1996, 4 Ob 2252/96x – Silhouette – ÖBl 1996, 302 = EvBl 1997/5 = EvBl 1997/40 = MR 1997, 43 (*Müller*) = ecolex 1997, 34 (*Kucsko*) = wbl 1997, 79 = GRUR Int 1997, 548; im Wesentlichen gleichlautend OGH 10. 6. 1997, 4 Ob 168/97b – Original W-Jeans – ÖBl 1997, 220 = wbl 1997, 396.

[400]) EuGH 1. 7. 1999, Rs C-173/98 – Sebago – ÖBl 1999, 308 = ecolex 1999, 706 (*Schanda*) = wbl 1999, 456 = MarkenR 1999, 240 = GRUR Int 1999, 870; EuGH 16. 7. 1998, Rs C-355/96 – Silhouette II – ÖBl 1998, 296 = ecolex 1998, 718 (*Schanda*) = MR 1998, 205 = wbl 1998, 354 = GRUR Int 1998, 695 = GRUR 1998, 919 = WRP 1998, 851 = EuZW 1998, 563 (*Renck*) = ABl HABM 1998, 1010.

Markenrechts auf Waren aus einem dem EWR nicht angehörenden Drittstaat anwenden wollen.[401]

Österreichische Regelung: In Österreich ist die höchstgerichtliche Rechtsprechung zunächst (lange vor Wirksamwerden des EWR) davon ausgegangen, dass Parallelimporte unzulässig seien.[402] Mit der Agfa-Entscheidung[403] eines verstärkten Senats des OGH änderte sich das Bild und man ging künftig vom Grundsatz weltweiter Erschöpfung aus. Diese Judikatur hat sich in der Folge verfestigt.[404] Der OGH ging davon aus, dass die inländische, nur mit dem Vertrieb betraute Tochtergesellschaft eines ausländischen Unternehmens auch unter Berufung auf ein eigenes österreichisches Markenrecht nicht den Parallelimport von Originalwaren ihrer Muttergesellschaft (die von dieser selbst im Ausland unter einer gleichlautenden Marke in Verkehr gesetzt und von einem Dritten nach Österreich eingeführt wurden) verhindern kann. Gleiches sollte auch dann gelten, wenn der inländische Markeninhaber gemeinsam mit einem ausländischen Unternehmen diejenigen Waren herstellt, die von beiden Unternehmen mit der gleichen Marke versehen, in verschiedenen Ländern vertrieben werden, beide Unternehmen also eine „*markenrechtliche Einheit*" bilden.[405] Diese Judikatur ist heute im Hinblick auf die Silhouette-Entscheidung des EuGH insoweit überholt, als es um Parallelimporte aus Drittländern geht.

STOP für Originalware an der Grenze?

Die heute geltende Regelung des MSchG ist insoweit weiter gefasst als die Vorgabe der MarkenRL, als sie den ganzen EWR umfasst: *Die Marke gewährt ihrem Inhaber nicht das Recht, einem Dritten zu verbieten, die Marke für Waren zu benutzen, die unter dieser Marke von ihrem Inhaber oder mit seiner Zustimmung im EWR in den Verkehr gebracht worden sind* (§ 10b Abs 1 MSchG).[406] Hat also der Markeninhaber die Originalware selbst in Österreich oder einem anderen EWR-Land in Verkehr gebracht (oder diesem Inverkehrbringen – durch eine Tochterge-

---

[401]) EFTA-GH 3. 12. 1997, Rs E-2/97, ABl C 20/17 v 22. 1. 1998.
[402]) OGH 29. 3. 1960, 4 Ob 348/59 – Seeburg – ÖBl 1960, 74; OGH 4. 9. 1957, 3 Ob 356/57 – Brunswick – ÖBl 1957, 87 = SZ 30/44.
[403]) OGH 30. 11. 1970, 4 Ob 333/70 – Agfa – ÖBl 1971, 21 = SZ 43/219 = EvBl 1971/110 = JBl 1971, 476 = GRUR Int 1971, 90.
[404]) OGH 19. 2. 1974, 4 Ob 301/74 – Lanvin – ÖBl 1974, 84 = SZ 47/15 = GesRZ 1974, 132; OGH 8. 11. 1983, 4 Ob 389/83 – Bichlhof – ÖBl 1984, 24 = GRUR Int 1984, 369.
[405]) OGH 22. 10. 1991, 4 Ob 99/91 – Spinnrad – ÖBl 1991, 257 = ecolex 1992, 101 = MR 1992, 38 = wbl 1992, 100 = RdW 1992, 80 = GRUR Int 1992, 467. Anders der Fall OGH 7. 10. 1997, 4 Ob 218/97f – Spinnrad II – ÖBl 1998, 291 = ecolex 1998, 147 (*Schanda*), in dem die Waren nicht gemeinsam erzeugt wurden und die Klägerin auch nicht mehr Alleinvertriebsberechtigte der deutschen Markeninhaberin war, sodass keine „markenrechtliche Einheit" angenommen werden konnte.
[406]) Bis zur Markenrechts-Nov 1999 trug der heutige § 10b MSchG die Bezeichnung § 10a MSchG.

sellschaft oder einen Vertriebspartner[407] – zugestimmt), so kann er deren Weitervertrieb bzw den Parallelimport nach Österreich nicht mehr gestützt auf den Unterlassungsanspruch nach § 10 Abs 1 Z 1 MSchG unterbinden. Der inländische Markeninhaber, der die Marke nur treuhändig für den ausländischen Hersteller hält, muss sich das Inverkehrbringen durch den Hersteller zurechnen lassen.[408]

§ 10b Abs 1 MSchG wird im Sinne einer *bloß EWR-weiten* Erschöpfung ausgelegt. Der Markeninhaber kann daher einem Dritten verbieten, die Marke für Waren zu benutzen, die unter dieser Marke – von wem immer – außerhalb des EWR in Verkehr gebracht worden sind. Wer demnach in Österreich außerhalb des EWR in den Verkehr gebrachte Markenware ohne Zustimmung des Markeninhabers weiterveräußert, verstößt gegen § 10b Abs 1 MSchG und verletzt damit die Kennzeichenrechte des Markeninhabers.[409]

Eine *Zustimmung* im Sinne des Art 7 Abs 1 MarkenRL liegt nur dann vor, wenn sie sich auf *jedes Exemplar* der Ware erstreckt, für das die Erschöpfung geltend gemacht wird.[410]

Eine in der Praxis ganz entscheidende Frage ist, wer hier die *Beweislast* trägt: Muss der Parallelimporteur behaupten und beweisen, dass die parallelimportierte Ware vom Markeninhaber oder mit dessen Zustimmung im EWR in Verkehr gebracht worden ist, oder muss der Markeninhaber das Gegenteil behaupten und beweisen? Der OGH hat zu dieser Frage zunächst festgestellt, dass sie noch nicht vom EuGH geklärt sei. Dennoch hat er kein Vorabentscheidungsverfahren eingeleitet, weil die MarkenRL dieses Thema nicht regelt. Der OGH[411] hat vielmehr im Februar 2000[412] selbst im Sinne der allgemeinen Beweislastregeln entschieden. Danach trägt jede Partei die Beweislast für das Vorliegen aller tatsächlichen Voraussetzungen der ihr günstigen Rechtsnorm. Der ein Recht Behauptende hat demnach die rechtsbegründenden, der Gegner die rechtshindernden, rechtsvernichtenden oder rechtsverneinenden Tatsachen zu beweisen. Das Fehlen der Zustimmung des Markeninhabers sei ein negatives Tatbestandsmerkmal, für das den aus dem Markenrecht Klagenden die Behauptungs- und Beweislast treffe.

Inzwischen liegt allerdings die Vorabentscheidung des EuGH in drei verbundenen Verfahren vor, bei denen es um Parallelimporte von Davidoff- und Levi's-

---

[407]) OGH 28. 9. 1999, 4 Ob 206/99v – Blausiegel – ÖBl 2000, 77 = ecolex 2000, 134 (*Schanda*) = MarkenR 2000, 59.
[408]) OGH 27. 11. 2001, 4 Ob 265/01a – land and sky – ÖBl-LS 2002/91-93 = ÖBl 2002, 188 (*Burgstaller*) = ecolex 2002, 365 = wbl 2002, 139.
[409]) OGH 20. 10. 1998, 4 Ob 247/98x – SILVER REED – ÖBl 1999, 122; OGH 20. 10. 1998, 4 Ob 216/98p – Ralph Lauren II – ÖBl 1999, 87 = EvBl 1999/58 = SZ 71/168 = ZfRV 2000, 153; OGH 29. 9. 1998, 4 Ob 215/98s, ZfRV 1999/15.
[410]) EuGH 1. 7. 1999, Rs C-173/98 – Sebago – ÖBl 1999, 308 = ecolex 1999, 706 (*Schanda*) = wbl 1999, 456 = MarkenR 1999, 240 = GRUR Int 1999, 870.
[411]) OGH 15. 2. 2000, 4 Ob 29/00v – BOSS-Brillen – ÖBl 2000, 178 = SZ 73/26 = EvBl 2000/123 = ecolex 2000, 370 (*Schanda*) = RdW 2000/314 = GRUR Int 2000, 785.
[412]) Und dann nochmals: OGH 27. 11. 2001, 4 Ob 265/01a – land and sky – ÖBl-LS 2002/91-93 = ÖBl 2002, 188 (*Burgstaller*) = ecolex 2002, 365 = wbl 2002, 139.

Produkten aus Drittstaaten ging.[413] Der EuGH geht davon aus, dass der *Begriff der Zustimmung* in Art 7 Abs 1 MarkenRL in der Gemeinschaftsrechtsordnung *einheitlich auszulegen* sei. Diese Zustimmung komme einem Verzicht des Markeninhabers auf sein ausschließliches Recht gleich (der EuGH spricht in diesem Zusammenhang vom „Recht zur Kontrolle des ersten Inverkehrbringens im EWR"). Die Zustimmung des Markeninhabers zu einem Vertrieb im EWR von mit der betreffenden Marke versehenen Waren, die zuvor vom Markeninhaber oder mit seiner Zustimmung außerhalb des EWR in Verkehr gebracht worden sind, könne *ausdrücklich* oder *konkludent* sein, wenn sie sich aus Anhaltspunkten und Umständen vor, bei oder nach dem Inverkehrbringen außerhalb des EWR ergibt, die nach der Beurteilung des nationalen Gerichts mit Bestimmtheit einen Verzicht des Inhabers auf sein Recht erkennen lassen, sich einem Inverkehrbringen im EWR zu widersetzen. Es obliege dem Wirtschaftsteilnehmer, der sich auf das Vorliegen einer Zustimmung beruft, den Beweis dafür zu erbringen, und nicht dem Markeninhaber, die fehlende Zustimmung nachzuweisen. Der EuGH erlegt also dem Beklagten, der den Einwand der Zustimmung bringt, die *Beweislast* auf. Aus dem bloßen *Schweigen* des Markeninhabers könne nicht auf eine Zustimmung gefolgert werden. Konkret antwortete der EuGH im Vorlageverfahren, eine konkludente Zustimmung könne sich nicht daraus ergeben,

- dass der Markeninhaber nicht alle nachfolgenden Erwerber der außerhalb des EWR in den Verkehr gebrachten Waren über seinen Widerspruch gegen einen Vertrieb unterrichtet hat;
- dass auf den Waren nicht angegeben ist, dass das Inverkehrbringen im EWR verboten ist;
- dass der Markeninhaber das Eigentum an den mit der Marke versehenen Waren ohne vertragliche Beschränkung übertragen hat, und dass nach dem auf den Vertrag anwendbaren Recht das übertragene Eigentum mangels solcher Beschränkungen ein Recht auf uneingeschränkten Weiterverkauf oder zumindest ein Recht auf weiteren Vertrieb der Waren im EWR umfasst.

Schließlich antwortete der EuGH noch, dass es im Hinblick auf die Erschöpfung des ausschließlichen Rechts des Markeninhabers unerheblich sei,

- dass der Wirtschaftsteilnehmer, der die mit der Marke versehenen Waren einführt, keine Kenntnis davon hat, dass sich der Inhaber ihrem Inverkehrbringen im EWR oder ihrem Vertrieb auf diesem Markt durch andere Wirtschaftsteilnehmer als autorisierte Einzelhändler widersetzt, oder
- dass die autorisierten Einzelhändler und Großhändler ihren eigenen Abnehmern keine vertraglichen Beschränkungen auferlegt haben, die einen solchen Widerspruch wiedergeben, obwohl sie darüber vom Markeninhaber unterrichtet worden sind.

---

[413]) EuGH 20. 11. 2001, Rs C-414, 415, 416/99 – Davidoff/Levi Strauss – ecolex 2002, 107 (*Reitböck*) = ÖBl-LS 2002/77 = wbl 2002, 71 = GRUR Int 2001, 480 und 2002, 147 (*Ohly*) = WRP 2002, 65 = MarkenR 2001, 448 und 2002, 16 = GRUR 2002, 156.

Damit ist der EuGH sehr konsequent auf dem von den Markeninhabern begrüßten Kurs der Unterbindung von (nicht autorisierten) Parallelimporten aus Drittstaaten geblieben.[414] Die autonome österreichische Judikatur zur Beweislast wird entsprechend anzupassen sein. Eine weitere Frage ist freilich noch offen: Bezieht sich diese Beweislastregel nur auf die Frage des Vorliegens der Zustimmung, wenn zumindest feststeht, wo der Ort des ersten Inverkehrbringens – außerhalb des EWR – liegt (so war der Sachverhalt im Davidoff/Levi Strauss-Fall), oder ist sie auch dann anzuwenden, wenn lediglich feststeht, dass es Originalware ist, aber unklar ist, an welchem Ort diese Waren in Verkehr gebracht worden sind? Dazu hat der EuGH in einem weiteren Vorabentscheidungsverfahren Stellung genommen:[415] Eine Beweisregel, nach der die Voraussetzungen der Erschöpfung des Rechts aus der Marke grundsätzlich von dem vom Markeninhaber belangten Dritten, der sich auf die Erschöpfung beruft, zu beweisen sind, da diese eine Einwendung darstellt, ist mit dem Gemeinschaftsrecht, insbesondere mit den Art 5 und 7 MarkenRL vereinbar. Die Erfordernisse des namentlich in den Art 28 EG und 30 EG verankerten Schutzes des freien Warenverkehrs können jedoch eine *Modifizierung* dieser Beweisregel gebieten. So obliegt dem Markeninhaber insbesondere dann, wenn er seine Waren im EWR über ein ausschließliches Vertriebssystem in den Verkehr bringt, der Nachweis, dass die Waren ursprünglich von ihm selbst oder mit seiner Zustimmung außerhalb des EWR in den Verkehr gebracht wurden, wenn der Dritte nachweisen kann, dass eine tatsächliche Gefahr der Abschottung der nationalen Märkte besteht, falls er den genannten Beweis zu erbringen hat. Gelingt dem Markeninhaber dieser Nachweis, obliegt es wiederum dem Dritten, nachzuweisen, dass der Markeninhaber dem weiteren Vertrieb der Waren im EWR zugestimmt hat.

6.8.2. Ausnahmen

Der Erschöpfungsgrundsatz findet keine Anwendung, wenn berechtigte Gründe es rechtfertigen, dass der Inhaber sich dem weiteren Vertrieb der Waren widersetzt, insbesondere wenn der Zustand der Waren nach ihrem Inverkehrbringen verändert oder verschlechtert ist (§ 10b Abs 2 MSchG; wortgleich Art 7 Abs 2 MarkenRL; Art 30 EGV[416]). Diese Ausnahme ist naturgemäß nur dann von Bedeutung, wenn die Marke kennzeichenmäßig gebraucht wird.[417]

---

[414]) Zur weiteren rechts- und wirtschaftspolitischen Diskussion dieses Themas auf Gemeinschaftsebene vgl die Stellungnahme des Wirtschafts- und Sozialausschusses zum Thema „Die Erschöpfung der Rechte aus der Gemeinschaftsmarke" (ABl 2001 C 123 S 28ff).

[415]) EuGH 8. 4. 2003, Rs C-244/00 – van Doren – wbl 2003, 221 = MarkenR 2003, 193 = GRUR 2003, 512 = GRUR Int 2003, 643 (dazu *Naumann*, ELR 2003, 211).

[416]) OGH 15. 2. 2000, 4 Ob 33/00g – Schuberverpackung II – ÖBl 2000, 272 = ZfRV 2000/62 = GRUR Int 2000, 788 („PROSCAR-CO-RENITEC II") mwN: Art 30 EGV und Art 7 Abs 2 MarkenRL haben den Zweck, die grundlegenden Belange des Markenschutzes mit denen des freien Warenverkehrs im Gemeinsamen Markt in Einklang zu bringen und sind daher gleich auszulegen.

[417]) OGH 8. 11. 1994, 4 Ob 133/94 – Förderband-Abstreifersysteme – ÖBl 1995, 170 = SZ 67/191 = wbl 1995, 124 = RdW 1995, 301 = ZfRV 1995/18 = GRUR Int 1995, 810.

Die Rechtsprechung dazu hat sich insbesondere an Fällen zum *Parallelimport von Arzneimitteln* entwickelt: Eine Veränderung der Packungsaufmachung eines Medikaments beeinträchtigt die Herkunftsfunktion der Marke und darf daher nur vorgenommen werden, wenn (neben sonstigen Voraussetzungen) das *Umpacken*[418] erforderlich ist, um die Ware im Einfuhrmitgliedstaat vertreiben zu können (das Kriterium der Erforderlichkeit ist vom nationalen Gericht zu beurteilen).[419] Es kommt nicht darauf an, ob der Parallelimporteur die Originalware durch Packungsaufkleber verändert, ob er die Ware neu etikettiert oder in eine neue Außenverpackung umpackt und dabei gleichzeitig die Marke neu anbringt, oder ob die Original-Marke durch ein Sichtfenster zu sehen ist. Maßgebend ist, dass in all diesen Fällen das Erscheinungsbild der Ware verändert wird. Es ist daher zu prüfen, ob sich der Markeninhaber aus berechtigten Gründen dem weiteren Vertrieb der von ihm innerhalb des EWR in Verkehr gebrachten Ware widersetzt, und ob der spezifische Schutzgegenstand des Markenrechts (Seite 202) die damit verbundene Einschränkung des innergemeinschaftlichen Handels rechtfertigt. Dazu hat der EuGH jüngst in zwei Vorabentscheidungsverfahren Folgendes festgestellt: Art 7 Abs 2 MarkenRL ist dahin auszulegen, dass sich der Inhaber einer Marke auf seine Rechte aus der Marke berufen kann, um einen Parallelimporteur am Umpacken von Arzneimitteln zu hindern, es sei denn, die Ausübung dieser Rechte trägt zur künstlichen Abschottung der Märkte zwischen den Mitgliedstaaten bei. Ein Umpacken ist objektiv erforderlich, wenn sonst aufgrund des starken Widerstands eines nicht unerheblichen Teils der Verbraucher gegen mit Etiketten überklebte Arzneimittelverpackungen von einem Hindernis für den tatsächlichen Zugang zum betreffenden Markt oder zu einem beträchtlichen Teil dieses Marktes auszugehen ist. Der Parallelimporteur muss jedenfalls die Voraussetzung der vorherigen Unterrichtung beachten, sonst kann sich der Markeninhaber der Vermarktung des umgepackten Arzneimittels widersetzen. Es ist Sache des Parallelimporteurs selbst, den Markeninhaber vom beabsichtigten Umpacken zu unterrichten. Im Streitfall ist es Sache des nationalen Gerichts, unter Berücksichtigung aller relevanten Umstände zu prüfen, ob der Markeninhaber über eine angemessene Frist zur Reaktion auf das Umpacken verfügte.[420] Eine Alternative zum Umpacken ist das *Rebranding* (dabei wird die ursprüngliche Marke bei der parallelimportierten Ware durch eine andere Marke ersetzt).[421] Eine weitere Variante ist die „*Neuetikettierung*", bei der die Ori-

---

[418]) Zu den zahlreichen älteren EuGH-Verfahren zum Thema „Umpacken" vgl die Schlussanträge des GA *Jacobs* 7. 3. 2002, Rs C-433/00 – Aventis ./. Kohlpharma (EuGH 19. 9. 2002 – ELR 2002, 428 [*Naumann*] = GRUR Int 2003, 166).

[419]) OGH 30. 1. 2001, 4 Ob 270/00k – PROSCAR – ÖBl 2002, 77 = GRUR Int 2002, 167 = ÖBl-LS 01/92 und 93 = ZfRV 2002, 32.

[420]) EuGH 23. 4. 2002, Rs C-143/00 – Boehringer ./. Swingward – wbl 2002, 268 = ABl HABM 2002, 1492 = GRUR Int 2002, 739 = MarkenR 2002, 155 = EuZW 2002, 407 = GRUR 2002, 879; EuGH 23. 4. 2002, Rs C-443/99 – Merck ./. Paranova – wbl 2002, 266 = ecolex 2002, 753 (*Reinisch* und *Schanda*) = ABl HABM 2002, 1534 = GRUR Int 2002, 745 = MarkenR 2002, 162 = EWS 2002, 341.

[421]) Vgl dazu EuGH 12. 10. 1999, Rs C-379/97 – Pharmacia & Upjohn SA/Paranova A/S – ÖBl 2000, 139 = wbl 2000, 19 = GRUR Int 2000, 159 = EuZW 2000, 181 (*Novak*) = MarkenR 1999, 391.

ginaletiketten entfernt und danach wieder montiert werden, beispielsweise, um darunter liegende Identifikationsnummern zu entfernen.[422]

Beispiele:

- OGH 26. 1. 1999: Ob die beanstandete Packung aufgrund ihrer konkreten Ausgestaltung geeignet ist, unrichtige betriebliche Herkunftsvorstellungen auszulösen, hat keine über den Einzelfall hinausgehende Bedeutung und ist daher *nicht erheblich* im Sinne des § 528 Abs 1 ZPO.[423] Eine Überprüfung durch den OGH käme allerdings dann in Betracht, wenn eine so krasse Fehlbeurteilung durch die Vorinstanzen vorliegt, dass dies im Interesse der Rechtspflege wahrgenommen werden muss.
- OGH 27. 4. 1999: Zunächst war der Vertrieb des aus Spanien stammenden Arzneimittels PROSCAR in neuen Außenverpackungen verboten worden, die den Eindruck erweckten, die Originalpackung stecke in einem Überkarton (siehe die Abbildung rechts).[424]
- OGH 15. 2. 2000: Ebenso wurde der Vertrieb mit vollflächigen Aufklebern, die den Eindruck erwecken, die teilweise sichtbare Originalpackung stecke in einem Überkarton („Schuberverpackung"), untersagt.[425]
- OGH 19. 12. 2000: Auch das Aufkleben vollflächiger Etiketten mit ausgespartem Markennamen beeinträchtigt die Herkunftsgarantie und ist nicht zulässig.[426]
- OGH 30. 1. 2001: Das auffällige Anbringen des Firmenschlagworts und -logos des Parallelimporteurs auf der Vorderseite einer Original-Medikamentenpackung (ohne besonderen Hinweis auf den Parallelimport) beeinträchtigt die Herkunftsfunktion der Marke und ist nicht notwendig, um den Vertrieb des Medikaments in Österreich zu ermöglichen.[427]

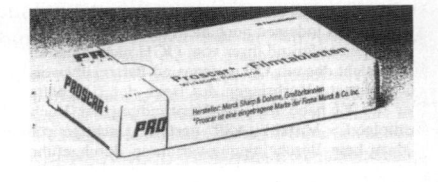

Gelegentlich stört den Markeninhaber der Auftritt eines Händlers, der zwar Originalware hat, aber *nicht zum üblichen Vertriebskanal* gehört und die hochkarätige Werbelinie des Originalprodukts beeinträchtigt. Darf ein solcher „Außenseiter" die Marke in der Werbung „unautorisiert" benutzen? Der EuGH hatte Gelegenheit, dazu in einer Entscheidung um Dior-Produkte Stellung zu nehmen: Art 5 und 7 Mar-

---

[422]) Dazu EuGH 11. 11. 1997, Rs C-349/95 – Ballantine – wbl 1998, 30.
[423]) OGH 26. 1. 1999, 4 Ob 338/98d.
[424]) OGH 27. 4. 1999, 4 Ob 63/99i – Schuberverpackung – ÖBl 1999, 289 = wbl 1999, 572 = GRUR Int 2000, 369 („PROSCAR-CO-RENITEC").
[425]) OGH 15. 2. 2000, 4 Ob 33/00g – Schuberverpackung II – ÖBl 2000, 272 = ZfRV 2000/62 = GRUR Int 2000, 788 („PROSCAR-CO-RENITEC II").
[426]) OGH 19. 12. 2000, 4 Ob 253/00k – Schuberverpackung III – ÖBl 2002, 73 = ÖBl-LS 01/94 = ZfRV 2001, 235.
[427]) OGH 30. 1. 2001, 4 Ob 270/00k – PROSCAR – ÖBl 2002, 77 = GRUR Int 2002, 167 = ÖBl-LS 01/92 und 93 = ZfRV 2002, 32.

kenRL werden vom EuGH[428] dahin ausgelegt, dass ein *Wiederverkäufer* nicht nur das Recht hat, mit einer Marke versehene Waren, die vom Markeninhaber oder mit seiner Zustimmung in der Gemeinschaft in den Verkehr gebracht worden sind, weiterzuverkaufen, sondern auch das Recht, die Marke zu benutzen, um in der Öffentlichkeit für diese Waren zu *werben*. Der Inhaber einer Marke könne einen Wiederverkäufer, der gewöhnlich Artikel gleicher Art, aber nicht unbedingt gleicher Qualität wie die mit der Marke versehenen Waren vertreibt, nicht gemäß Art 7 Abs 2 MarkenRL daran hindern, diese Marke im Rahmen der in seiner Branche üblichen Werbeformen zu benutzen, um der Öffentlichkeit den weiteren Vertrieb dieser Waren anzukündigen, sofern nicht erwiesen ist, dass diese Benutzung der Marke ihren Ruf im konkreten Fall erheblich schädigt. Die Schädigung des Rufs der Marke könne für einen Markeninhaber daher grundsätzlich ein berechtigter Grund im Sinne des Art 7 Abs 2 MarkenRL sein, sich der Benutzung der Marke zu Zwecken der Werbung für den Wiederverkauf der Ware zu widersetzen, die von ihm oder mit seiner Zustimmung in der Gemeinschaft in den Verkehr gebracht worden ist. Insbesondere bei Waren mit Prestigecharakter dürfe der Wiederverkäufer nicht in unlauterer Weise dem berechtigten Interesse des Markeninhabers zuwiderhandeln. Er müsse also darauf bedacht sein, mit seiner Werbung die Wertschätzung der Marke nicht dadurch zu beeinträchtigen, dass er den Luxus- und Prestigecharakter der betreffenden Waren beeinträchtige.

Ähnliche Überlegungen sind auch in den *„KFZ-Fällen"* anzuwenden. Hier geht es zumeist darum, dass eine spezialisierte KFZ-Werkstatt oder ein Händler das Markenzeichen der betreffenden KFZ verwendet. Der EuGH[429] hat dazu festgestellt, dass der Inhaber der BMW-Marken deren Benutzung zu dem Zweck, die Öffentlichkeit darauf hinzuweisen, dass er Fachmann für den *Verkauf* von BMW-Gebrauchtfahrzeugen oder darauf spezialisiert sei, nicht verbieten könne, soweit die Werbung Fahrzeuge betrifft, die unter dieser Marke von deren Inhaber oder mit seiner Zustimmung in der Gemeinschaft in den Verkehr gebracht worden sind, und soweit die Art und Weise, in der die Marke in der Werbung benutzt wird, keinen hinreichenden Grund im Sinne des Art 7 Abs 2 MarkenRL darstellt, der es rechtfertigt, dass sich der Inhaber dem widersetzt. Ein solcher Grund könnte dann vorliegen, wenn die Marke in der Werbung des Wiederverkäufers in einer Weise benutzt wird, die den Eindruck erwecken kann, dass eine Handelsbeziehung zwischen dem Wiederverkäufer und dem Markeninhaber besteht, insbesondere, dass das Unternehmen des Wiederverkäufers dem Vertriebsnetz des Markeninhabers angehört, oder dass zwischen den beiden Unternehmen eine besondere Beziehung bestehe. Gleiche Erwägungen gelten für die Werbung für *Instandhaltungs- und Wartungsarbeiten* (dazu bereits oben bei Art 6 MarkenRL; Seite 453).

---

[428]) EuGH 4. 11. 1997, Rs C-337/95 – Parfums Christian Dior – ecolex 1998, 228 (*Schanda*) = wbl 1998, 26 = Slg 1997, I-6013. Dazu *Kur*, Händlerwerbung für Markenartikel aus urheberrechtlicher Sicht – Präsentationsrecht als neue Schutzschranke? GRUR Int 1999, 24.

[429]) EuGH 23. 2. 1999, Rs C-63/97 – BMW – ÖBl 1999, 250 = ecolex 1999, 337 (*Schanda*) = GRUR Int 1999, 438 = MarkenR 1999, 84 = EWS 1999, 144. *Gruber*, wbl 1999, 539; *Verkade/Bruining*, MarkenR 2000, 41.

6.9. Einwand sittenwidrigen Markenerwerbs

Zu § 9 UWG (also vor der Markenrechts-Nov 1999) hat der OGH in ständiger Rechtsprechung judiziert, dass ein sittenwidriger Markenrechtserwerb dazu führte, dass dem Markeninhaber kein Untersagungsrecht zustehe, weil er sich in einem solchen Fall der Marke nicht „befugterweise" im Sinne des § 9 UWG bediene. Meines Erachtens kann diese Rechtsprechungslinie auch nach der Ablöse des § 9 UWG durch § 51 MSchG (Seite 521) beibehalten werden, zumal sich am Charakter des Markenrechts als absoluten Rechts nichts geändert hat. Hat der Markeninhaber schon durch den Erwerb der Marke gegen die guten Sitten verstoßen, so kann er nicht seine formale Rechtsstellung gegenüber einem Vorbenützer des Zeichens ausnutzen.[430]

Sittenwidrig ist der Markenerwerb nicht nur dann, wenn die Voraussetzungen des § 30a MSchG (Seite 495) gegeben sind. Die Registrierung einer Marke kann vor allem auch dann gegen die guten Sitten im Sinne des § 1 UWG verstoßen, wenn damit der Zweck verfolgt wird, einen Mitbewerber in sittenwidriger Weise zu *behindern*.[431] Sittenwidrig ist es in der Regel auch, wenn der *Alleinvertriebsberechtigte* das Warenzeichen seines Vertragspartners ohne dessen Zustimmung als Marke registrieren lässt.[432] Begründet wird dies damit, dass der Alleinvertriebsberechtigte verpflichtet ist, die geschäftlichen Interessen seines Vertragspartners zu wahren. Eine Verpflichtung des Anmeldenden zur Wahrung der wirtschaftlichen Interessen des Vorbenützers wird aber nicht nur bei einer Vertriebsvereinbarung, sondern auch in Fällen bloßer Kontaktaufnahme zu Zwecken eines allfälligen späteren Vertragsabschlusses angenommen, ebenso bei Verhandlungen über einen späteren Vertragsabschluss oder bei besonderen, zur Rücksichtnahme verpflichtenden Beziehungen.[433]

Der *Vorbenützer eines Zeichens*, mag er auch keinen schützenswerten Besitzstand an dem Zeichen erlangt haben, ist nach der jüngeren Rechtsprechung nicht nur dann gegen die Verwendung eines gleichen oder verwechslungsfähig ähnlichen Zeichens durch einen Dritten geschützt, wenn er sich auf einen sondergesetzlich gewährten Unterlassungsanspruch (etwa nach § 9 UWG oder § 51 MSchG) berufen kann. Unter der Voraussetzung, dass auf Seiten des Dritten, der einen formalen Zeichenschutz erworben hat, besondere sittenwidrige Umstände vorliegen, die die Erwirkung der Markeneintragung als sittenwidrig erscheinen lassen, steht dem Beklagten, gegen den aufgrund des Markenrechts vorgegangen wird, die auf § 1

---

[430]) OGH 3. 5. 2000, 4 Ob 109/00h – Pycnogenol – ÖBl-LS 00/94 = ÖBl 2001, 91; OGH 20. 10. 1998, 4 Ob 247/98x – SILVER REED – ÖBl 1999, 122; OGH 14. 12. 1982, 4 Ob 402/82 – Jedermanns Salzburger Journal – ÖBl 1983, 83; OGH 20. 4. 1982, 4 Ob 325/82 – Purocel – ÖBl 1983, 50 = GRUR Int 1983, 879; OGH 22. 11. 1977, 4 Ob 398/77 – Thermo-Schutz-Roll – ÖBl 1978, 67 = GRUR Int 1978, 474. Vgl auch *Nauta*, ecolex 2003, 250
[431]) OGH 13. 11. 2001, 4 Ob 244/01p – Alpentrio Tirol II – ÖBl 2002, 302; OGH 24. 2. 1998, 4 Ob 11/98s – Nintendo – ÖBl 1998, 229 = SZ 71/33. *Kiethe/Groeschke*, Die sittenwidrige Markenanmeldung und die Rechtsschutzmöglichkeiten des § 1 UWG, WRP 1997, 269.
[432]) OGH 7. 10. 1997, 4 Ob 218/97f – Spinnrad II – ÖBl 1998, 291 = ecolex 1998, 147 (*Schanda*).
[433]) OGH 14. 1. 1997, 4 Ob 2339/96s – Health Mate – ÖBl 1997, 289 = wbl 1997, 263 = RdW 1997, 456. Vgl auch OGH 22. 3. 2001, 4 Ob 35/01b – „Richter" -Marken – ÖBl-LS 01/110.

UWG gestützte Einrede des sittenwidrigen Rechtserwerbs offen. Wettbewerbswidrig handelt ein Markenanmelder auch dann, wenn er die Sperrwirkung des Markenrechts zweckfremd als Mittel des Wettbewerbs einsetzt.[434]
Dieser Einwand des sittenwidrigen Markenrechtserwerbs steht zwar an sich einem Dritten nicht offen.[435] Der OGH hat aber in einem Parallelimportfall auch demjenigen den Einwand zugestanden, der Originalware des ausländischen Markeninhabers bezieht.[436] Dieser Importeur leite seine Rechtsstellung von der des ausländischen Markeninhabers ab und könne daher als Beklagter gegen den klagenden inländischen Markeninhaber (der die Marke angeblich sittenwidrig erworben hat) die Einwendungen erheben, die dem ausländischen Kennzeicheninhaber zustehen. Ebenso wurde der Einwand auch dem österreichischen Handelsvertreter der ausländischen Markenrechtsberechtigten zugestanden, da dieser seine Rechtsstellung von der Markenrechtsberechtigten ableite und daher auch jene Einwendungen erheben könne, die dieser zustehen.[437]

Die *Beweis-(Bescheinigungs-)Last* für das behauptete sittenwidrige Vorgehen des Klägers beim Markenrechtserwerb trifft den Beklagten.[438] Wird ein sittenwidriger Markenrechtserwerb festgestellt, so dringt der *Unterlassungsanspruch* nicht durch. Es besteht aber kein zivilrechtlicher, im ordentlichen Rechtsweg geltend zu machender *Übertragungsanspruch* (dieser wäre nach § 30a MSchG vor dem Patentamt geltend zu machen).[439]

Beispiele:

▶ OGH 7. 3. 1995: Der klagende Markeninhaber war im Zeitpunkt der Markenanmeldung noch Mitglied der Musikgruppe „Die Mooskirchner". Er durfte daher den zum Gesellschaftsvermögen gehörenden Namen der Gruppe ohne Zustimmung der übrigen Mitglieder nicht für sich als Marke registrieren lassen. Der Verstoß gegen seine Pflicht als Gesellschafter, nur gemeinsam mit den übrigen Gesellschaftern über Gesellschaftsvermögen zu verfügen, wurde als Verstoß gegen § 1 UWG beurteilt. Er konnte daher den übrigen Bandmitgliedern nicht ge-

---

[434]) OGH 10. 7. 2001, 4 Ob 128/01d – Silberpfeil – wbl 2002, 40 = ecolex 2002, 32 (*Schanda*) = ÖBl-LS 02/01 = ÖBl 2002, 235; OGH 9. 11. 1999, 4 Ob 199/99i – Adolf-Loos-Architekturpreis – ÖBl 2000, 71. In dieser Entscheidung wird auch anschaulich die Entwicklung der Judikatur referiert: OGH 13. 7. 1999, 4 Ob 310/98m – Pinkplus – ÖBl 2000, 25 = SZ 72/117 = EvBl 2000/4 = wbl 1999, 570 = RdW 1999, 718 = ÖJZ-LSK 1999/264 und 265; OGH 21. 4. 1998, 4 Ob 52/98w – Thai-Classic – EvBl 1998/157 = ÖJZ-LSK 1998/185 = ecolex 1998, 646 (*Schanda*); OGH 24. 2. 1998, 4 Ob 11/98s – Nintendo – ÖBl 1998, 229 = SZ 71/33; OGH 14. 1. 1997, 4 Ob 2339/96s – Health Mate – ÖBl 1997, 289 = wbl 1997, 263 = RdW 1997, 456.
[435]) OGH 7. 10. 1997, 4 Ob 218/97f – Spinnrad II – ÖBl 1998, 291 = ecolex 1998, 147 (*Schanda*).
[436]) OGH 20. 10. 1998, 4 Ob 247/98x – SILVER REED – ÖBl 1999, 122.
[437]) OGH 7. 10. 1997, 4 Ob 218/97f – Spinnrad II – ÖBl 1998, 291 = ecolex 1998, 147 (*Schanda*). Zum Klagerecht der Konzernmuttergesellschaft vgl: OGH 13. 7. 1999, 4 Ob 310/98m – Pinkplus – ÖBl 2000, 25 = SZ 72/117 = EvBl 2000/4 = wbl 1999, 570 = RdW 1999, 718 = ÖJZ-LSK 1999/264, 265.
[438]) OGH 20. 10. 1998, 4 Ob 247/98x – SILVER REED – ÖBl 1999, 122.
[439]) OGH 13. 6. 1995, 4 Ob 40/95 – DETOMASO – ÖBl 1996, 91 = ecolex 1995, 817.

stützt auf seine Marke „Die Mooskirchner" die Verwendung dieses Namens untersagen.[440]

▸ OGH 24. 2. 1998: Nintendo, ein weltberühmter japanischer Produzent von Videospielen, hat in Österreich seit 1984 die Wortmarke „NINTENDO" registriert. 1996 hat Nintendo ein neues Spiel unter der Bezeichnung „NINTENDO[64]" herausgebracht. Die dazu gehörende Wort-Bild-Marke hatte man schon 1995 in Japan schützen lassen. Der Beklagte vertreibt parallelimportierte Videospiele und ließ das fast idente Wort-Bild-Zeichen „NINTENDO[64]" für sich in Österreich als Marke schützen. Gestützt auf diese Marke schrieb er nun just anlässlich der Markteinführung dieses Spiels in Österreich den Handel an: *„Sehr geehrte Damen und Herren! Ich darf Sie darüber informieren, daß mir das Markenrecht an der Wort-Bild-Marke 'Nintendo[64]' für die Klasse 9 (Fernsehspiel mit austauschbaren Kassetten) zusteht"* ... *„Ich mache Sie deshalb darauf aufmerksam, daß eine Verwendung dieser Marke, insbesondere der Handel mit Spielen unter dieser Bezeichnung meiner Zustimmung als alleiniger Markeninhaber bedarf. Ich muss Sie deshalb auffordern, sich zum Zwecke des Abschlusses einer entsprechenden Vereinbarung mit mir in Verbindung zu setzen."*[441] Ein lange dauerndes Löschungsverfahren zu führen, um den Händlern belegen zu können, dass diese Aufforderung in Wahrheit unbegründet und rechtswidrig ist, hätte Nintendo kaum etwas gebracht. Bis dahin wäre das Produkt schon unaktuell gewesen. Nintendo beantragte stattdessen eine einstweilige Verfügung, die dem Beklagten derartige auf eine unbefugt erworbene Marke gestützte Aufforderungen untersagte. Der OGH bejahte einen sittenwidrigen Behinderungswettbewerb und bestätigte die Unterlassungsverfügung der Unterinstanzen.[442]

▸ OGH 9. 11. 1999: Im Frühling 1992 wurde mit großer Publizität in Fachzeitschriften, Tageszeitungen und einer eigenen Druckschrift der „*Adolf-Loos-Architekturpreis 1992*" ausgelobt. Im Oktober 1992 meldete der Kläger in Kenntnis dieser Ausschreibung die Wortmarke „Adolf Loss" für Wettbewerbe und Preisvergaben an (ohne sie selbst zu benützen). Der OGH nahm einen sittenwidrigen Markenerwerb an und gewährte dem Kläger keinen Unterlassungsanspruch.[443]

▸ OGH 10. 7. 2001: Der Beklagte hat im Sommer 1999 mit der Entwicklung von Heizungswärmepumpen begonnen; seit Jänner 2000 verkauft er sie unter der schon davor geplanten Bezeichnung „Silberpfeil". Im März nahm er an einer Messe teil, stellte seine Pumpen aus und verteilte Prospekte. Dort besuchte ihn der Geschäftsführer der späteren Klägerin. Zwei Tage später meldete die O GmbH (deren Alleingesellschafterin die Klägerin ist) die Wortmarke „Silberpfeil" für Wärmepumpen an. Die Klägerin erhielt eine ausschließliche Lizenz,

---

[440]) OGH 7. 3. 1995, 4 Ob 21/95 – Die Mooskirchner – ÖBl 1996, 32 = ecolex 1995, 567 = RdW 1995, 385 = wbl 1995, 297. Zum Namen einer Musikgruppe vgl auch: OPM 31. 10. 2001, Om 5/01 – Alpentrio Tirol I – PBl 2002, 73 = ÖBl-LS 2002/138 und 139.
[441]) OGH 24. 2. 1998, 4 Ob 11/98s – Nintendo – ÖBl 1998, 229 = SZ 71/33.
[442]) OGH 24. 2. 1998, 4 Ob 11/98s – Nintendo – ÖBl 1998, 229 = SZ 71/33.
[443]) OGH 9. 11. 1999, 4 Ob 199/99i – Adolf-Loos-Architekturpreis – ÖBl 2000, 71.

klagte und verlor den Prozess, weil der Beklagte erfolgreich einen sittenwidrigen Markenrechtserwerb einwenden konnte.[444]

6.10. Benützungsverbot für bestimmte Kennzeichen

Gemäß § 6 Abs 1 MSchG ist es untersagt, im geschäftlichen Verkehr zur Kennzeichnung von Waren oder Dienstleistungen oder als Bestandteil von Waren- oder Dienstleistungskennzeichnungen unbefugt das *Staatswappen*, die *Staatsfahne*, ein anderes staatliches *Hoheitszeichen* oder das *Wappen* einer inländischen Gebietskörperschaft oder ohne Zustimmung der Berechtigten die im § 4 Abs 1 Z 1 lit c MSchG genannten Zeichen zu benutzen. Ebenfalls untersagt ist die Benutzung eines *Prüfungs- oder Gewährzeichens* ohne Zustimmung der das Prüfungs- oder Gewährzeichen verleihenden Behörde zur Kennzeichnung oder als Bestandteil der Kennzeichnung solcher Waren oder Dienstleistungen, für die das Zeichen eingeführt ist, oder ähnlicher Waren oder Dienstleistungen. Auf *ausländische* staatliche Hoheitszeichen und amtliche Prüfungs- oder Gewährzeichen ist § 6 Abs 1 MSchG nur anzuwenden, wenn eine zwischenstaatliche Vereinbarung oder Gegenseitigkeit besteht und wenn das ausländische Zeichen im BGBl kundgemacht worden ist. Wird in die Kundmachung keine Darstellung der amtlichen Ausführungsform des Zeichens aufgenommen, so ist zu verlautbaren, wo eine solche Darstellung öffentlich zugänglich ist (§ 6 Abs 2 MSchG).

Als *Sanktion* ist eine Verwaltungsstrafe vorgesehen (§ 6 Abs 3 MSchG).

§ 4 Abs 1 Z 1 MSchG und die §§ 5 und 6 MSchG gelten gemäß § 7 MSchG auch für Darstellungen, die der amtlichen Ausführungsform der Auszeichnung oder des Zeichens *ähnlich* sind. Befugt geführte Auszeichnungen und Zeichen der im § 4 Abs 1 Z 1 MSchG bezeichneten Art können jedoch auch dann, wenn sie anderen derartigen Auszeichnungen oder Zeichen ähnlich sind, Bestandteile von Marken bilden (§ 5 MSchG) und zur Kennzeichnung von Waren oder Dienstleistungen benutzt werden (§ 6 MSchG).

6.11. Hinweis auf Markenschutz

Erweckt die Wiedergabe einer eingetragenen Marke in einem Wörterbuch, Lexikon oder ähnlichem Nachschlagewerk den Eindruck, als sei sie eine Gattungsbezeichnung der Waren oder Dienstleistungen, für die sie eingetragen ist, so hat der Verleger des Werks auf Verlangen des Inhabers der Marke sicherzustellen, dass der Wiedergabe der Marke spätestens bei einer Neuauflage des Werks der Hinweis beigefügt wird, dass es sich um eine eingetragene Marke handelt (§ 13 Abs 1 MSchG; vgl Art 10 GMV). Dies gilt gemäß § 13 Abs 2 MSchG auch für Nachschlagewerke, die elektronisch gespeichert sind und der Öffentlichkeit über elek-

---

[444]) OGH 10. 7. 2001, 4 Ob 128/01d – Silberpfeil – wbl 2002, 40 = ecolex 2002, 32 (*Schanda*) = ÖBl-LS 02/01 = ÖBl 2002, 235.

tronische Netze zugänglich gemacht werden. Als Neuauflage gilt in diesem Fall jede wesentliche inhaltliche Änderung[445] des Nachschlagewerks.

Durch diese Regelung soll es dem Markeninhaber ermöglicht werden, eine gattungsmäßige Verwendung der Marke hintanzuhalten, die andernfalls im Hinblick auf die Bestimmung des § 33b MSchG (Seite 512) zur Nichtigerklärung der Marke führen und mit den sonstigen markenrechtlichen Verteidigungsmöglichkeiten, mangels kennzeichenmäßiger Benutzung der Marke im Nachschlagewerk, nicht verhindert werden könnte.[446]

6.12. Übertragung der Rechte

6.12.1. Freie Übertragbarkeit

Literaturhinweise: *Bing*, Die Garantiefunktion und die Übertragung von Marken, JBl 1929, 228; *Schönherr*, Die „Leerübertragung" einer Marke, ÖBl 1964, 1; *Kiss-Horvath*, Zur Frage des öffentlich-rechtlichen Charakters des Patent- und des Markenrechtes, ÖBl 1967, 121 (Erwiderung *Hermann*, ÖBl 1968, 1; Replik *Kiss-Horvath*, ÖBl 1968, 121); *Torggler*, Abgrenzungsvereinbarungen und Markenübertragung, ÖBl 1970, 137; *Sonn*, Markenübertragung und Übergang des Geschäftsbetriebs nach österreichischem Recht, GRUR Int 1973, 623; *Schönherr*, Markenübertragung ohne Unternehmen, FS 75 Jahre PA (1974) 217; *Klaka*, Die Markenteilung, GRUR 1995, 713; *Peifer*, Negativer Imagetransfer bei Markenvereinbarungen − „Tic Tac Toe", WRP 1997, 685; *Schwarz*, Vereinbarungen über gewerbliche Schutzrechte in Dienstverträgen, ecolex 1999, 556; *Bachl*, Markenrechtsübertragung im Konzern aus ertragssteuerlicher Sicht, ecolex 2000, 406; *Wiedenbauer*, Markenrecht bei Unternehmensveräußerung, ecolex 2000, 404; *Aigner*, Zweifelsfragen bei der steuerlichen Behandlung von Markenrechten, ÖStZ 2003, 321.

Vorgaben der PVÜ: Art 6^{quater} PVÜ verlangt nicht zwingend die Unabhängigkeit der Marke vom Unternehmen. Er sieht lediglich vor: Ist nach den Rechtsvorschriften eines Verbandslandes die Übertragung einer Marke nur rechtsgültig, wenn gleichzeitig das Unternehmen oder der Geschäftsbetrieb, zu dem die Marke gehört, mit übergeht, so genügt es zur Rechtsgültigkeit der Übertragung, dass der in diesem Land befindliche Teil des Unternehmens oder Geschäftsbetriebes mit dem ausschließlichen Recht, die mit der übertragenen Marke versehenen Erzeugnisse dort herzustellen oder zu verkaufen, auf den Erwerber übergeht (Art 6^{quater} Abs 1 PVÜ).

Vorgaben des TRIPS-Abk: Art 21 TRIPS-Abk enthält Bestimmungen zur rechtsgeschäftlichen Übertragung. Die Mitglieder sind befugt, die Bedingungen für die Übertragung von Marken festzulegen, wobei davon ausgegangen wird, dass der Eigentümer einer eingetragenen Marke berechtigt ist, seine Marke mit oder ohne den Geschäftsbetrieb, zu dem die Marke gehört, zu übertragen.

Österreichische Regelung: In Österreich ist die Marke frei übertragbar: Die Marke kann, unabhängig von einem Eigentumswechsel am Unternehmen, für alle oder

---

[445] EB 1999, zitiert nach *Kucsko*, MSA MSchG (1999) Anm 5 zu § 13: Als Neuauflage ist in diesem Fall jede wesentliche inhaltliche, insbesondere jede die Konzeption des Nachschlagewerks betreffende Änderung anzusehen.

[446] EB 1999, zitiert nach *Kucsko*, MSA MSchG (1999) Anm 2 zu § 13. Zur Parallelregelung in Deutschland: *Ingerl*, Der Schutz eingetragener Marken vor Wiedergabe als Gattungsbezeichnung in Nachschlagewerken, WRP 1997, 817.

einen Teil der Waren oder Dienstleistungen, für die sie eingetragen ist, übertragen werden (§ 11 Abs 1, erster Satz MSchG). Die Vertretungsmacht des Prokuristen umfasst auch die Leerübertragung der Marke.[447]

6.12.2. Markenübergang bei Unternehmensveräußerung

Gehört das Markenrecht zu einem Unternehmen, so geht das Markenrecht samt allfälligen Lizenzrechten daran im Falle eines Eigentumswechsels am gesamten Unternehmen auf den neuen Eigentümer über, soweit nichts anderes vereinbart worden ist (§ 11 Abs 1, zweiter Satz MSchG).[448] Dieser Übergang erfolgt kraft Gesetzes, sodass es keiner besonderen Handlungen bedarf.[449] Bei einer bloßen *Verpachtung* verbleiben die Markenrechte beim Verpächter.[450]

6.12.3. Schutz vor Täuschung

Vorgaben der PVÜ: Nach der PVÜ sind die Verbandsländer nicht verpflichtet, die Übertragung einer Marke als rechtsgültig anzusehen, deren Gebrauch durch den Erwerber tatsächlich geeignet wäre, das Publikum irrezuführen, insbesondere was die Herkunft, die Beschaffenheit oder die wesentlichen Eigenschaften der Erzeugnisse betrifft, für welche die Marke verwendet wird (Art 6^{quater} Abs 2 PVÜ).

Österreichische Regelung: Bis zur Markenrechts-Nov 1999 war vorgesehen, dass bei einer bloß teilweisen Übertragung eines Markenrechts zwischen dem verbleibenden und dem übertragenen Teil der von der Marke erfassten Waren oder Dienstleistungen keine Gleichartigkeit vorliegen durfte. Dieses Kriterium, das ebenfalls dem Schutz vor Irreführung dienen sollte, ist entfallen. Nunmehr wurde ein allgemeineres Kriterium vorgesehen (vgl Art 17 Abs 4 GMV): *Ergibt sich aus dem Antrag auf Umschreibung oder den dazu vorgelegten Unterlagen in offensichtlicher Weise, dass die Marke aufgrund des Rechtsüberganges geeignet ist, das Publikum insbesondere über die Art, die Beschaffenheit oder die geographische Herkunft der Waren oder Dienstleistungen zu täuschen, so ist der Antrag auf Umschreibung gemäß § 11 Abs 2 MSchG abzuweisen, es sei denn, der Erwerber stimmt einer Einschränkung des Waren- und Dienstleistungsverzeichnisses zur Beseitigung der Täuschungsgefahr zu.*

6.12.4. Wirkung der Umschreibung

Die Umschreibung der Marke erfolgt auf schriftlichen Antrag eines Beteiligten und Vorlage einer Urkunde (§ 28 Abs 1, erster Satz MSchG). Wenn die Urkunde keine öffentliche ist, muss sie mit der ordnungsgemäß beglaubigten Unterschrift des über sein Recht Verfügenden versehen sein (§ 28 Abs 1, zweiter Satz MSchG).

---

[447]) OGH 23. 4. 1985, 4 Ob 319, 320/85 – Ballograf-BIC – ÖBl 1986, 119. Zur Umdeutung einer nach § 11 MSchG aF ungültigen Leerübertragung: OGH 8. 5. 1984, 4 Ob 321, 322/83 – Guhl II – ÖBl 1984, 90 = GRUR Int 1985, 129.
[448]) Zum Markenübergang im Zuge eines Konkursverfahrens vgl NA 31. 8. 1995, Nm 93/93, PBl 1996, 166.
[449]) OPM 12. 4. 1989, Om 7/88 – Hazienda – PBl 1989, 167 = ÖBl 1989, 138.
[450]) *Schönherr/Thaler*, Entscheidungen zum Markenrecht (1985) E 2 zu § 11.

Im Übrigen gelten § 43 Abs 3, 4 und 7 (Rangordnung; Prüfung durch das PA) und § 45 Abs 2 PatG (Wirkung der Streitanmerkung) sinngemäß (§ 28 Abs 3 MSchG). Solange die Marke nicht umgeschrieben ist, kann das Markenrecht vor dem Patentamt nicht geltend gemacht werden und können alle Verständigungen, welche die Marke betreffen, mit Wirkung gegen den Erwerber dem als Markeninhaber Eingetragenen zugestellt werden (§ 11 Abs 3 MSchG). Diese Regelung schließt zwar aus, dass ein nicht im Markenregister eingetragener Markeninhaber hinsichtlich seiner Marke vor dem Patentamt aktiv wird, sie schließt aber nicht aus, dass ein nicht im Markenregister als Markeninhaber Eingetragener hinsichtlich dieser Marke belangt wird; die Passivlegitimation in einem Löschungsverfahren ist also gegeben.[451] Im Übrigen hat aber die Eintragung des Markenerwerbs ins Markenregister nur deklarativen Charakter. Der Tag des Übergangs der betreffenden Marke ist jener des Vertragsabschlusses und nicht der Tag der Eintragung der Übertragung ins Markenregister.[452] Derjenige, der das Markenrecht zwar erworben hat, aber noch nicht im Register eingetragen ist, kann vor Gericht gegen Dritte bereits einschreiten.[453]

Wird die Marke des Antragsgegners während des laufenden Löschungsverfahrens auf einen anderen Inhaber *umgeschrieben*, so ist dies der Veräußerung der in Streit verfangenen Sache gleichzuhalten und § 234 ZPO analog anzuwenden; die Passivlegitimation des Antragsgegners ist daher trotz Umschreibung der Marke zu bejahen.[454]

Die *Gebühr* entspricht der Anmeldegebühr (vgl Seite 379; § 28 Abs 4 MSchG). Die Umschreibung der Marke ist im Österreichischen Markenanzeiger zu *veröffentlichen* (§ 28 Abs 6 iVm § 42 Abs 2 MSchG).

6.13. Lizenzen

Literaturhinweise: *Schönherr*, Die Legitimation des Markenlizenznehmers zur Verfolgung von Markeneingriffen, ÖBl 1963, 1; *Wirner*, Die Markenlizenz in Österreich, in: Die Warenzeichenlizenz, FS Ulmer (1963) 217; *Stölzle*, Lizenzverträge und Kartellrecht, ÖBl 1973, 25; *Schönherr*, Immaterialgüterrechte und Europarecht, GesRZ 1975, 48; *Schanda*, Markenlizenz und Irreführung, ecolex 1995, 904; *Schanda*, Die Wirkung der Markenlizenz gegenüber Dritten, GRUR Int 1994, 275; *Kolarz-Lakenbacher/Reichlin-Meldegg*, Sponsoring (1995); *Pfeifer*, Negativer Imagetransfer bei Markenvereinbarungen – „Tic Tac Toe", WRP 1997, 685; *Schanda*, Merchandising – Leistungsschutz statt Markenschutz, ecolex 1997, 264; *Liebmann*, Lizenzverträge in der EU, ÖBl 1998, 167; *Sack*, Zur Vereinbarkeit von vertraglichen und gesetzlichen Nichtangriffspflichten im gewerblichen Rechtsschutz mit Art. 85 und Art. 30, 36 EG-Vertrag, FS Fikentscher (1998) 740; *Schanda*, Character- und Personality-

---

[451]) OPM 12. 4. 1989, Om 7/88 – Hazienda – PBl 1989, 167 = ÖBl 1989, 138. Zur Auswirkung der Markenübertragung (ohne Umschreibung im Register) auf ein anhängiges Löschungsverfahren vgl die Entscheidungsanmerkung von *Seist*, ÖBl 1997, 293 (297).

[452]) NA 31. 8. 1995, Nm 93/93, PBl 1996, 166 = ÖBl 1996, 230.

[453]) OGH 25. 4. 1995, 4 Ob 3/95 – Wirobit – ÖBl 1995, 230 = ZfRV 1995/41 = GRUR Int 1996, 1234. Gegenüber dem Übertrager könne der Erwerber – so die Wirobit-Entscheidung – hingegen bis zur Registrierung nur aus der Vereinbarung Unterlassungsansprüche ableiten. Überzeugend ist diese Differenzierung meines Erachtens nicht, wenn man von der Wirksamkeit der Markenübertragung vor der Umschreibung im Register ausgeht.

[454]) OPM 31. 10. 2001, Om 5/01 – Alpentirol Tirol I – PBl 2002, 73 = ÖBl-LS 2002/138 und 139.

Merchandising in Österreich – Ein Überblick, ÖBl 1998, 323; *Liebscher*, Lizenzverträge (2001); *Schanda*, Kritisches zur Aktivlegitimation des Markenlizenznehmers, ÖBl 2001, 151; *Hiti*, Zur Drittwirkung von Marken- und Patentlizenzen, ÖBl 2003, 4.

Vorgaben des TRIPS-Abk: Die Mitglieder sind befugt, die Bedingungen für die Vergabe von Lizenzen festzulegen, wobei davon ausgegangen wird, dass Zwangslizenzen auf Marken nicht zulässig sind (Art 21 TRIPS-Abk).

6.13.1. Freie Lizenzierbarkeit

Die Marke kann für alle oder einen Teil der Waren oder Dienstleistungen, für die sie eingetragen ist, und für das gesamte Bundesgebiet oder einen Teil davon Gegenstand von ausschließlichen oder nicht ausschließlichen Lizenzen sein (§ 14 Abs 1 MSchG; Art 8 Abs 1 MarkenRL).[455] Der Lizenzvertrag begründet ein *Dauerschuldverhältnis*, das aus wichtigem Grund vorzeitig gelöst werden kann.[456] Üblicherweise enthalten Lizenzverträge auch Regelungen darüber, ob der Lizenznehmer nach Ende des Lizenzvertrags ein *Aufbrauchrecht* hat. Selbstverständlich ist dies nicht.[457]

Weder das MSchG noch die MarkenRL erwähnen jedoch die *Klagebefugnis* des Lizenznehmers (anders Art 22 Abs 3 GMV, Seite 612).[458] Diese Frage wurde inzwischen von der jüngeren Rechtsprechung geklärt:

Der Markeninhaber kann entweder dem Lizenznehmer lediglich den Gebrauch gestatten. Diese *Gebrauchsüberlassung* enthält dann aber weder eine dingliche Rechtsübertragung noch die Einräumung einer echten Nutzungsbefugnis. Diese Vereinbarung hat lediglich schuldrechtliche Wirkungen. Sie bedeutet den Verzicht des Markeninhabers auf die Geltendmachung von Unterlassungsansprüchen gegen den Gestattungsempfänger, der sich gegen dennoch erhobene Ansprüche auf den Vertrag berufen kann. In diesem Fall kommt dem Lizenznehmer grundsätzlich keine Klagslegitimation zu.[459] Wird ihm aber vom Markeninhaber zusätzlich auch die *Ermächtigung*, gegen Markeneingriffe Dritter mit Klage vorzugehen, eingeräumt,

---

[455]) Von Interesse für die internationale Rechtsfortbildung ist die von der Generalversammlung der Pariser Union gemeinsam mit der Generalversammlung der WIPO im September/Oktober 2000 beschlossene *Empfehlung* betreffend Markenlizenzen; der Text ist auf der WIPO-Website abrufbar: http://www. wipo.int.

[456]) *Schönherr/Thaler*, Entscheidungen zum Markenrecht (1985) E 24 zu § 11. Zur kartellrechtlichen Beurteilung: *Liebmann*, ÖBl 1998, 167.

[457]) Vgl dazu *Schönherr/Thaler*, Entscheidungen zum Markenrecht (1985) E 27 zu § 11.

[458]) OGH 15. 2. 2000, 4 Ob 29/00v – BOSS-Brillen – ÖBl 2000, 178 = SZ 73/26 = EvBl 2000/123 = ecolex 2000, 370 (*Schanda*) = RdW 2000/314 = GRUR Int 2000, 785.

[459]) Zum Ganzen: OGH 17. 8. 2000, 4 Ob 178/00f – BOSS-Brillen II – ÖBl 2001, 89 = wbl 2001, 47 = ecolex 2000, 885 (*G. Schönherr*). Zu der älteren, undifferenzierten Gewährung der Klagslegitimation an den Lizenznehmer vgl OGH 20. 10. 1998, 4 Ob 216/98p – Ralph Lauren II – ÖBl 1999, 87 = EvBl 1999/58 = SZ 71/168 = ZfRV 2000, 153. Zur Frage, ob sich der Lizenznehmer auf die Priorität des Gestattenden berufen kann: OGH 18. 10. 1994, 4 Ob 115/94 – Slender You – ÖBl 1995, 159 = SZ 67/174. Zur älteren Rsp: OGH 10. 3. 1987, 4 Ob 315/87 – Komfortverschluss – ÖBl 1987, 63 = wbl 1987, 162 = GRUR Int 1988, 520. Vgl auch *Hiti*, ÖBl 2003, 4.

so bejaht der OGH die Klagslegitimation eines „einfachen" Markenlizenzinhabers.[460]

Der Lizenzgeber kann dem Lizenznehmer aber auch ein *absolutes Recht* einräumen, das die Befugnis zur Abwehr von Markenverletzungen umfasst („quasidingliches Benützungsrecht des Lizenznehmers"). Wird dem Lizenznehmer ein ausschließliches Gebrauchsrecht mit Wirkung gegen Dritte übertragen, so kann er gegen Markenverletzungen vorgehen, ohne die Zustimmung des Markeninhabers zu benötigen. Daran ändert auch eine Klausel nichts, wonach sich der Lizenzgeber vorbehält, die Marke unter bestimmten Voraussetzungen nach vorheriger Verständigung des Lizenznehmers auch selbst zu gebrauchen, solange diese Voraussetzungen nicht eingetreten sind. Die Klagsbefugnis des Lizenznehmers schließt jedoch die des Markeninhabers nicht aus. Der Markeninhaber bleibt befugt, selbst Markenverletzungen zu verfolgen.[461]

Soweit die Vertragspartner für bestimmte Fragen im Lizenzvertrag nicht durch eine entsprechende Regelung vorgesorgt haben, so ist der Vertrag nach der Übung des redlichen Verkehrs ergänzend *auszulegen*. Mittel der ergänzenden Vertragsauslegung sind der hypothetische Parteiwille, die Verkehrssitte und der Grundsatz von Treu und Glauben, wobei in erster Linie zu prüfen ist, was redliche und vernünftige Parteien vereinbart hätten, wäre ihnen die Vertragslücke bewusst gewesen.[462] Die Einräumung einer Lizenz gewährt im Allgemeinen nicht auch das Recht, das betreffende Zeichen selbst als Marke anzumelden.[463] Eine treuwidrige Registrierung ohne Einverständnis des Lizenzgebers wird diesen vielmehr zur Löschung gemäß §§ 30a und 34 MSchG berechtigen. Der Bruch eines Lizenzvertrags durch den Lizenznehmer kann vom Lizenzgeber unter Umständen auch als Verstoß gegen die guten Sitten im Sinne des § 1 UWG verfolgt werden.[464]

Beispiele:

▸ OGH 22. 11. 1994: Die Schweizer Institut Virion AG hatte als Gründungsgesellschafterin der deutschen Klägerin gestattet, „Virion" in ihre Firma aufzunehmen („Namensspende"). Zwischen diesen Unternehmen bestand ein „Zusammenarbeits-, Produktionsteilungs- und Lieferungsvertrag", aufgrund dessen die Klägerin berechtigt war, die Virion-Erzeugnisse in Österreich allein zu vertreiben. Im Vertrag fehlte aber eine ausdrückliche Regelung zum Kennzeichengebrauch, insbesondere nach dem Ende der Vertragszeit. Im Wege der ergänzenden Ver-

---

[460]) OGH 15. 10. 2002, 4 Ob 209/02t – BRÜHL – ÖBl 2003, 87 (*Hiti*) = ÖBl-LS 2003/7, 8 = ecolex 2003, 257 () = RdW 2003/214 = wbl 2003, 95 = ÖJZ-LSK 2003/16 = ÖJZ 2003, 141 = MarkenR 2003, 166. Vgl auch *Schanda*, ÖBl 2001, 151 und *Hiti*, ÖBl 2003, 4.
[461]) Zum Ganzen: OGH 10. 7. 2001, 4 Ob 128/01d – Silberpfeil – wbl 2002, 40 = ecolex 2002, 32 (*Schanda*) = ÖBl-LS 02/01 = ÖBl 2002, 235; OGH 17. 8. 2000, 4 Ob 178/00f – BOSS-Brillen II – ÖBl 2001, 89 = wbl 2001, 47 = ecolex 2000, 885 (*G. Schönherr*).
[462]) OGH 17. 3. 1998, 4 Ob 61/98v – H INTERNATIONAL – ÖBl 1999, 90; OGH 22. 11. 1994, 4 Ob 118/94 – Virion – ÖBl 1995, 224 = GRUR Int 1996, 259. Zum Aspekt der Irreführung einer Namensüberlassung: OGH 12. 5. 1992, 4 Ob 7/92 – Gulliver's Reisen – ÖBl 1992, 157 = wbl 1992, 406 = RdW 1992, 371 = GesRz 1993, 168.
[463]) Vgl dazu *Schönherr/Thaler*, Entscheidungen zum Markenrecht (1985) E 7 zu § 11 und E 51 ff zu § 29.
[464]) OGH 25. 9. 2001, 4 Ob 144/01g – St. Barbara-Brot – ÖBl 2002, 15 (*Thiele*) = ÖBl-LS 02/03.

tragsauslegung gelangte der OGH zu dem Ergebnis, dass die Institut Virion AG der Klägerin nur für die Vertragsdauer das Recht zum alleinigen Vertrieb der Erzeugnisse mit diesem Kennzeichen eingeräumt habe, die Klägerin aber ab Vertragsbeendigung dem Zeichengebrauch der Institut Virion AG im ehemaligen vertraglichen Liefergebiet nicht entgegentreten werde. Die Gebrauchsüberlassung an dem Kennzeichen müsse bei Fehlen gegenteiliger Anhaltspunkte eng ausgelegt werden. Sie könne in der Regel nicht so verstanden werden, dass der Gestattende für immer auch zum eigenen Nachteil auf das eigene Recht verzichtet. Mangels gegenteiliger Absprache sei anzunehmen, dass der Gestattungsempfänger darauf verzichtet, nach dem Ende des Vertrages, dessentwegen die „Namensspende" gemacht wurde, dem Gestattenden unter Berufung auf seine angebliche territoriale Priorität den Gebrauch des eigenen Namens untersagen zu lassen. Beklagt war freilich nicht direkt die Institut Virion AG, sondern das nunmehr mit der Lieferung für Österreich betraute Unternehmen. Dieses konnte sich aber auf den früheren Vertrag (mit der vom OGH getroffenen ergänzenden Vertragsauslegung) als Vertrag zugunsten Dritter berufen. Die Klage wurde abgewiesen.[465]

- OGH 17. 3. 1998: Die Beklagte war aufgrund eines Lizenzvertrages mit der Klägerin berechtigt, die von der Klägerin entwickelten „H-Methoden" zu nutzen. Sämtliche Unterlagen, Geschäfts- und Methodenkennzeichen sollten aber Eigentum der Klägerin bleiben und bei Vertragsauflösung zurückzustellen sein. Die Rechte der Beklagten an der von der Klägerin entwickelten Methode sollten demnach, wie für einen Lizenzvertrag typisch, mit der Vertragsauflösung enden. Der Vertrag enthielt keine Bestimmung, die der Beklagten das Recht einräumte, für die Bezeichnung „H INTERNATIONAL" Markenrechte zu erwerben. Konsequent fehlte auch eine Regelung des Schicksals allfälliger Markenrechte der Beklagten bei Vertragsauflösung. Tatsächlich hatte die Beklagte eine solche Marke angemeldet. Im Wege der ergänzenden Vertragsauslegung ist der OGH zum Ergebnis gelangt, dass die Beklagte verpflichtet ist, diese Marke bei Vertragsende an die Klägerin zu übertragen.[466]
- OGH 25. 9. 2001: Zwischen der Klägerin und der Beklagten bestand ein Lizenzvertrag, der die Beklagte berechtigte, ein Roggenschrotbrot nach dem patentrechtlich geschützten Rezept der Klägerin herzustellen und unter deren Eigennamen als *„Barbara Rütting-Brot"* gegen Lizenzzahlung zu vertreiben. Die Beklagte leistete keine Lizenzzahlungen sondern vertrieb das Brot unter der Bezeichnung „St. Barbara-Brot". Der OGH nahm hier nicht nur eine Vertragsverletzung sondern auch einen Verstoß gegen § 1 UWG wegen eines wettbewerbswidrigen Vertragsbruchs an.[467]

6.13.2. Registereintragung

Die Eintragung und Löschung von Lizenzrechten erfolgen auf schriftlichen Antrag eines Beteiligten und Vorlage einer Urkunde. Wenn die Urkunde keine öffentliche ist, muss sie mit der ordnungsgemäß beglaubigten Unterschrift des über sein Recht

---

[465]) OGH 22. 11. 1994, 4 Ob 118/94 – Virion – ÖBl 1995, 224 = GRUR Int 1996, 259; Gegenstand des Vertrags war hier nicht eine Marke, sondern allgemein Kennzeichenrechte.
[466]) OGH 17. 3. 1998, 4 Ob 61/98v – H INTERNATIONAL – ÖBl 1999, 90.
[467]) OGH 25. 9. 2001, 4 Ob 144/01g – St. Barbara-Brot – ÖBl 2002, 15 (*Thiele*) = ÖBl-LS 02/03.

Verfügenden versehen sein (§ 28 Abs 1 MSchG). Die *Gebühr* entspricht der Anmeldegebühr (§ 28 Abs 4 MSchG; Seite 379).

Im Übrigen gelten § 43 Abs 3, 4 und 7 (Rangordnung; Prüfung durch das PA) und § 45 Abs 2 PatG (Wirkung der Streitanmerkung) sinngemäß (§ 28 Abs 3 MSchG).

6.13.3. Lizenzvertragsverletzungen

Der Inhaber einer Marke kann gemäß § 14 Abs 2 MSchG (Art 8 MarkenRL) die Rechte aus der Marke gegen einen Lizenznehmer geltend machen, der hinsichtlich

- der *Dauer* der Lizenz,
- der von der Registrierung erfassten *Form*, in der die Marke verwendet werden darf,
- der *Art der Waren* oder Dienstleistungen, für die die Lizenz erteilt wurde,
- des *Gebietes*, in dem die Marke verwendet werden darf, oder
- der *Qualität* der vom Lizenznehmer hergestellten Waren oder erbrachten Dienstleistungen

gegen eine Bestimmung des Lizenzvertrages verstößt. Demnach kann der Markeninhaber seine Ansprüche gegen einen vertragsverletzenden Lizenznehmer nicht nur wie bisher aus dem Lizenzvertrag, sondern nunmehr auch aufgrund der gesetzlichen Bestimmungen über Markenrechtsverletzungen geltend machen.[468]

6.13.4. Franchisevertrag und Sponsoring

Der *Franchisevertrag* begründet ein Dauerschuldverhältnis.[469] Er wird als „gemischter Vertrag" beurteilt, der Elemente eines Bestand- und Lizenzvertrages enthält, andererseits aber auch im Hinblick auf eine Exklusivitätsbindung Ähnlichkeiten mit einem Händlervertrag aufweist. Als Dauerschuldverhältnis kann er aus wichtigen Gründen, die es dem Franchisegeber bei Abwägung der beiderseitigen Interessen unzumutbar machen, die vereinbarte Kündigungsfrist einzuhalten, jederzeit gelöst werden.[470]

Vom Franchising abzugrenzen ist das *Sponsoring*.[471] In der Vereinbarung zwischen dem Sponsor und dem Geförderten können auch Elemente eines Lizenzvertrags enthalten sein, zumal der Geförderte regelmäßig auch das Recht und die Pflicht übernimmt, das Zeichen des Sponsors in Werbemitteln (zB Plakaten), auf Ausstattungselementen (zB Kleidung der Sportler) anzubringen.[472]

---

[468]) EB 1999, zitiert nach *Kucsko*, MSA MSchG (1999) Anm 3 zu § 14.
[469]) Zum Franchising: *Grohmann*, Die Praxis des Franchising² (1999); *Mohr*, Der Franchisevertrag (1999); *Liebscher/Petsche*, Franchising in Österreich (2002).
[470]) OGH 5. 5. 1987, 4 Ob 321/87 – Stefanel – ÖBl 1987, 152 = SZ 60/77 (insbesondere auch zur IPR-Frage).
[471]) *Kolarz-Lakenbacher/Reichlin-Meldegg*, Sponsoring (1995).
[472]) Zum wettbewerbsrechtlichen Schutz der Sponsorenwerbung vgl OGH 18. 9. 1990, 4 Ob 88/90 – Gerhard Berger – ÖBl 1991, 13 = MR 19991, 73.

6.14. Pfandrecht

Die Eintragung und Löschung von Pfandrechten erfolgen auf schriftlichen Antrag eines Beteiligten und Vorlage einer Urkunde. Wenn die Urkunde keine öffentliche ist, muss sie mit der ordnungsgemäß beglaubigten Unterschrift des über sein Recht Verfügenden versehen sein. Die *Gebühr* entspricht der Anmeldegebühr (vgl Seite 379; § 28 Abs 4 MSchG). Die Eintragung und Löschung von Pfandrechten erfolgt auch auf gerichtliches Ersuchen (§ 28 Abs 1 MSchG).[473] Das Markenrecht kann auch Gegenstand eines *Exekutionsverfahrens* sein; die Art der Verwertung bestimmt das Exekutionsgericht.[474]

Im Übrigen gelten § 43 Abs 3, 4 und 7 (Rangordnung; Prüfung durch das PA) und § 45 Abs 2 PatG (Wirkung der Streitanmerkung) sinngemäß (§ 28 Abs 3 MSchG).

6.15. Markenzwang

Der zuständige Bundesminister[475] kann, wenn dies zur leichteren Feststellung der Herkunft von Waren einer bestimmten Gattung wegen ihrer Beschaffenheit, insbesondere Gefährlichkeit, oder aus volkswirtschaftlichen Gründen geboten ist, anordnen, dass derartige Waren nur in Verkehr gesetzt werden dürfen, wenn sie mit einer eingetragenen Marke in einer durch die Verordnung zu bezeichnenden Weise versehen sind (§ 9 MSchG).

Bis in die 90er Jahre bestand dazu noch die SensenzwangsV.[476] Mit V des BMfwA über die Deregulierung auf dem Gebiet des Kennzeichnungsrechts[477] wurde diese Kennzeichnungsvorschrift aufgehoben. Vgl zum Markenzwang auch Seite 227.

---

[473]) Diese sind nicht als Antrag im Sinne des § 28 Abs 1 und 4 MSchG zu qualifizieren und unterliegen daher nicht der in § 28 Abs 4 MSchG enthaltenen Gebührenregelung (EB 1999, zitiert nach *Kucsko*, MSA MSchG [1999] Anm 2 zu § 28). Vgl auch BA 24. 10. 1991, Bm 9 bis 12/89, PBl 1992, 77 = ÖBl 1992, 12. Vgl auch *Madl*, Pfandrecht an Marken, ecolex 1991, 329;
[474]) Vgl dazu OPM 25. 10. 2000, Om 3/00, PBl 2000, 188 = ÖBl-LS 01/57.
[475]) Derzeit BMVIT statt BMWA (Abschnitt K, Z 14 Anlage zu § 2 BMG iVm Art VII BMG).
[476]) V des HM betreffend die obligatorische Führung von Marken auf Sensen, Sicheln und Strohmessern, RGBl 1895/120. *Brunstein*, ÖZGR 1899, 96.
[477]) BGBl 1994/825.

NIKE

7. SCHUTZDAUER

Überblick:

▶ Die erste Schutzperiode beträgt *10 Jahre*.
▶ Zur Verlängerung genügt die Zahlung der *Erneuerungsgebühr*.
▶ Die Schutzdauer kann beliebig oft um jeweils *weitere 10 Jahre* verlängert werden.
▶ In einem kontradiktorischen *Nichtigkeitsverfahren* kann die Löschung, gestützt auf ein älteres Kennzeichenrecht oder aus von jedermann wahrnehmbaren Gründen (zB Nichtgebrauch, Irreführungseignung), durchgesetzt werden.

7.1. Erste Schutzperiode

Literaturhinweise: *Hermann*, Zur Fortsetzung von Markenlöschungsverfahren nach § 67 PatG, ÖBl 1963, 21; *Friedl/Schönherr/Thaler*, Patent- und Markenrecht (1979) 342; *Schönherr*, Gewerblicher Rechtsschutz und Urheberrecht (1982) RN 335.1.

Vorgaben des TRIPS-Abk: Die Laufzeit der ursprünglichen Eintragung einer Marke beträgt mindestens sieben Jahre (Art 18 TRIPS-Abk).

Österreichische Regelung: Der Erwerb des Markenrechts erfordert gemäß § 2 Abs 1 MSchG die Eintragung der Marke in das Markenregister. Das Markenrecht *entsteht* gemäß § 19 Abs 1 MSchG mit dem Tag der Eintragung in das Markenregister (Registrierung; vgl § 17 MSchG). Das Untersagungsrecht aus der Marke entsteht erst mit dem Registrierungstag.[1] Das Markenrecht endet *zehn Jahre* nach dem Ende des Monats, in dem die Marke registriert worden ist. Von dem Zeitpunkt des Entstehens des Markenrechts ist der *Prioritätszeitpunkt* (Seite 379) zu unterscheiden. Er regelt das Verhältnis zu anderen Kennzeichenrechten (mit besserer oder schlechterer Priorität).

7.2. Erneuerung

Literaturhinweise: *Mitterlechner*, Über den Charakter der Registrierungserneuerung der Schutzmarken, JBl 1894, 325.

Vorgaben durch das TRIPS-Abk: Die Laufzeit jeder Verlängerung der Eintragung einer Marke beträgt mindestens sieben Jahre; die Eintragung einer Marke kann unbegrenzt verlängert werden (Art 18 TRIPS-Abk).

Österreichische Regelung: Durch rechtzeitige Zahlung einer Erneuerungsgebühr[2] kann die Schutzdauer *immer wieder um je zehn Jahre* verlängert werden.[3] Die neue Schutzdauer ist – ohne Rücksicht auf den Tag der Erneuerung – vom Ende der

---

[1]) Vgl dazu *Schönherr/Thaler*, Entscheidungen zum Markenrecht (1985) E 4 zu § 19.
[2]) Seit der MSchG-Nov 1969 (Seite 345) ist also kein schriftlicher Erneuerungsantrag mehr erforderlich, es genügt die Entrichtung der Gebühr.
[3]) Die Marke muss dabei selbstverständlich unverändert bleiben; eine veränderte Marke wäre neu anzumelden (vgl *Hohenecker/Friedl*, Wettbewerbsrecht 217).

unmittelbar vorangegangenen Schutzdauer an zu berechnen (§ 19 Abs 1 MSchG). Die Einzahlung kann frühestens ein Jahr vor dem Ende der Schutzdauer und spätestens sechs Monate nach deren Ende[4] erfolgen (§ 19 Abs 3 MSchG). Bei jeder Zahlung nach dem Ende der Schutzdauer ist ein Zuschlag von 20 % zur Erneuerungsgebühr zu zahlen (§ 19 Abs 3 MSchG). Die Gebühren sind auf das Postscheckkonto des PA einzuzahlen (vgl näher Seite 379; § 4 Abs 1 PGMMV). Die *Erneuerungsgebühr* beträgt 363,-- EUR (§ 19 Abs 2 MSchG). Grundsätzlich ist jede Gebühr gesondert einzuzahlen oder zu überweisen, es sei denn, es handelt sich um Erneuerungsgebühren für mehrere Marken. In diesem Fall sind jedoch die in einer einzigen Zahlung zusammengefassten Gebühren nach Art, Höhe und Bestimmung der einzelnen Gebühren aufzugliedern (§ 4 Abs 3 PGMMV).[5] Vgl im Übrigen zu den Einzahlungsmodalitäten Seite 379.

Der Markenschutz ist also – anders als der Patent-, Muster- und Urheberrechtsschutz – nicht zeitlich befristet. Dennoch sieht § 19 MSchG einen Mechanismus vor, der den Markeninhaber dazu zwingt, periodisch eine Leistung zur Verlängerung der Schutzdauer zu erbringen. (Es wäre daher zB nicht möglich, schon bei der Anmeldung die Erneuerungsgebühren für die nächsten 50 Jahre einzuzahlen). Der Grund für diese Regelung liegt darin, dass man das Markenregister „nach und nach jener Marken entledigen" wollte, „auf deren Schutzberechtigung die ursprünglichen Anmelder derselben, sei es wegen seitheriger Geschäftszurücklegung, sei es aus anderen Gründen, keinen Wert mehr legen".[6]

7.3. Ende des Schutzes

Literaturhinweise: *Abel*, Vorbenützerrecht im Markenrecht, ÖBl 1933, 23; *Zimbler*, Das Berufungsverfahren in Patent- und Markenstreitsachen, JBl 1936, 248; *Zimbler*, Ausländische Firma und inländische Marke, JBl 1937, 29; *Wahle*, Nichtbenützte Marken nach österreichischem Recht, FS 50 Jahre Österreichisches PA (1949) 96; *Hunna*, Zur Frage der notorisch bekannten Marken, ÖBl 1952, 9; *Zrust*, § 22 des Markenschutzgesetzes reformbedürftig, ÖBl 1955, 25; *Hunna*, Der Schutz des Handelsnamens nach Art. 8 PVÜ und § 10 MSchG, FS 60 Jahre PA (1959) 91; *Schönherr*, Vorbenützerrechte gegenüber der eingetragenen Marke, FS 60 Jahre PA (1959) 123; *Sonn*, Markenrecht und Markenbenutzung, FS 60 Jahre Österreichisches PA (1959) 142; *Kraßer*, Schutz des ausländischen Handelsnamens, GRUR Int 1963, 266; *Bauer*, Die Agentenmarke (Art. 6[septies] PVÜ), GRUR Int 1971, 496; Die bevorstehende Novellierung des MarkenschutzG, ÖBl 1975, 1; *Gräser*, Die Bedeutung von Registrierung und Gebrauch für das Markenrecht (Diss Wien 1976); *Straberger/Gantner*, Markenrecht und Musterschutz (1977) 169; *Schönherr*, Zur Kollision von Marken und Handelsnamen, ÖBl 1978, 137; *Schönherr*, Fragen des internationalen Kennzeichenrechts aus österreichischer Sicht, GesRZ 1978, 58; *Friedl/Schönherr/Thaler*, Patent- und Markenrecht (1979) 517; *Gräser*, Der „Gebrauchszwang" im Markenrecht, ÖBl 1982, 109; *Rinner*, Österreichisches Handelsrecht II² (1982) 74; *Schönherr*, Gewerblicher Rechtsschutz und Urheberrecht (1982) Rz 905.2, 943.1; *Schönherr*, Nichtigkeit eines Schutzrechts als Vorfrage, ÖBl 1982, 33; *Gräser*, Erste Erfahrungen mit dem Gebrauchszwang im Markenrecht, wbl 1989, 137; *Hämmerle/Wünsch*, Handelsrecht I⁴ (1990) 274; *Karsch*, Entwicklungen im

---

[4]) Diese Nachfrist ist in Art 5bis Abs 1 PVÜ verankert. Für die Zahlung der zur Aufrechterhaltung der gewerblichen Schutzrechte vorgesehenen Gebühren wird eine Nachfrist von mindestens sechs Monaten gewährt, und zwar gegen Entrichtung einer Zuschlagsgebühr, sofern die innerstaatlichen Rechtsvorschriften eine solche auferlegen.
[5]) Zur *Zurückzahlung* der Gebühr: BA 26. 1. 1982, Bm 7/81, PBl 1982, 85 = ÖBl 1982, 64.
[6]) EB 1890; 541 BlgAH 10. Sess 11.

europäischen Markenrecht, Economy-Fachmagazin 1990/11, 28; *Liebscher*, Das Immaterialgüterrecht nach dem EWR-Abkommen, ÖBl 1992, 193; *Preglau*, Markenrechtsreform, ecolex 1992, 860; *Marterer*, Auswirkungen der Markenschutzgesetz-Novelle 1992 auf den Ausschließungsgrund des Freizeichens, ÖBl 1993, 60; *Kucsko, Dr. Schnell´s* Bedeutung für das Kennzeichenrecht, ÖBl 1994, 97; *Sack*, Der Benutzungszwang im internationalen Markenrecht, FS Piper (1996) 603; *Rahmatian*, Die Agentenmarke, ÖBl 1997, 279; *St. Korn*, Tragbare Kassettenspieler, Walky oder doch Walkman? MR 2002, 314; *Hauer*, Funktionsgerechte Markenbenutzung und rechtserhaltender Gebrauch, ÖBl 2003, 119; *Nauta*, Sittenwidriger Markenrechtserwerb, ecolex 2003, 250.

7.3.1. Löschungstatbestände

Vorgaben des TRIPS-Abk: Die Mitglieder sehen eine angemessene Gelegenheit für Anträge auf Löschung der Eintragung vor (Art 15 Abs 5 TRIPS-Abk).

Österreichische Regelung: Die Marke ist gemäß § 29 Abs 1 MSchG zu löschen:

- auf Antrag des Inhabers (*Verzicht* auf die Marke);
  Es steht dem Markeninhaber jederzeit frei, auf sein Markenrecht zu verzichten. Dies führt zum Erlöschen des Markenrechts (§ 29 Abs 1 Z 1 MSchG). Der Verzicht muss durch eine Erklärung gegenüber dem PA abgegeben werden. Er ist endgültig und unwiderruflich.[7] Die Verzichtserklärung ist auch während eines laufenden Löschungsverfahrens (in der mündlichen Verhandlung) möglich.[8] Auch ein *Teilverzicht* durch Einschränkung des Waren- und Dienstleistungsverzeichnisses ist zulässig.[9] Die Verzichtserklärung wirkt *ex nunc*.[10] Eine in der mündlichen Verhandlung über einen Löschungsantrag abgegebene Verzichtserklärung wird mit dem Tag der Verzichtserklärung wirksam.[11]
- wenn die Registrierung nicht rechtzeitig erneuert worden ist (*Ende der Schutzdauer*; Seite 475);
- wenn das Markenrecht *aus anderen Gründen erloschen* ist;
  Hier war bisher vor allem das Erlöschen des Markenrechts durch Untergang des markenfähigen Unternehmens (Seite 337) zu berücksichtigen. Dieser Löschungsgrund war von Amts wegen wahrzunehmen.[12] Bei einer späteren Wiederaufnahme des Geschäftsbetriebs lebte das Markenrecht nach hM[13] nicht wieder auf. Mit Entfall des § 3 MSchG durch die Markenrechts-Nov 1999 ist dieser Löschungsgrund jedoch entfallen (Seite 340);
- aufgrund einer rechtskräftigen Entscheidung, mit der einem bei der NA (Seite 351) gestellten *Löschungsantrag* stattgegeben wurde (dazu Seite 478).

Eine eingetragene österreichische Marke kann jederzeit mit einem Löschungsantrag angefochten werden. Eine IR-Marke (Seite 622) kann nicht als solche, sondern nur in ihrem „österreichischen Teil" angefochten werden. Daher spricht man bei

---

[7]) BA 13. 10. 1958, Bm 8/57, PBl 1959, 81. Zum Verzicht bei einer IR-Marke: OPM 29. 3. 2000, Om 5/99 – FINALE – PBl 2000, 113 = ÖBl-LS 00/101
[8]) BMHV 22. 2. 1932, Z. 161.816-GR/2/31, PBl 1932, 160.
[9]) VwGH 20. 10. 1976, Zl 247/76 – KAVAL – PBl 1977, 20.
[10]) NA 13. 10. 1950, Nm 12-49, PBl 1951, 15.
[11]) BMH 22. 2. 1932, Z. 161.816-GR/2/31, PBl 1932, 160.
[12]) BMH 11. 3. 1932, Bm 5-32, PBl 1932, 92.
[13]) *Hohenecker/Friedl*, Wettbewerbsrecht 218 mwN.

IR-Marken nicht von „Löschung", sondern von der „Unwirksamerklärung" (oder „Ungültigerklärung") für Österreich.

Als Löschungstatbestände, die Dritte zur Anfechtung einer Marke berechtigen, sieht das MSchG vor:[14]

- Kollision mit älterer Marke (§ 30 MSchG; Seite 483);
- Kollision mit älterem nicht registrierten Zeichen (§ 31 MSchG; Seite 489);
- Kollision mit älterem Handelsnamen (§ 32 MSchG; Seite 492);
- Agentenmarke (§ 30a MSchG; Seite 495);
- von Amts wegen wahrzunehmende Gründe (§ 33 MSchG; Seite 498);
- Nichtgebrauch (§ 33a MSchG; Seite 501);
- Entwicklung zum Freizeichen (§ 33b MSchG; Seite 512);
- Irreführungseignung (§ 33c MSchG; Seite 515);
- Bösgläubigkeit (§ 34 MSchG; Seite 516).

Im Folgenden wird zuerst das Löschungsverfahren erörtert. Daran schließen sich die einzelnen Tatbestände für ein streitiges Markenlöschungsverfahren an (Seite 483).

7.3.2. Löschungsverfahren

Arena für die Auseinandersetzung kann das Gericht oder das Patentamt sein.

Zuständigkeit: Zuständig ist die Nichtigkeitsabteilung (§ 37 MSchG). Vor dem Zivilgericht kann im Wege eines Beseitigungsanspruchs auf Einwilligung des Beklagten in die – dann von der NA vorzunehmende – Markenlöschung geklagt werden; das Gericht kann aber nicht die Löschung der Marke anordnen.[15]

Löschungsantrag: Das zweiseitige Löschungsverfahren wird mit dem Einlangen des Löschungsantrags beim PA anhängig.[16] Stellt die NA fest, dass die Antragsgegnerin gar nicht Markeninhaber ist und daher die *Passivlegitimation* fehlt, so weist sie den Löschungsantrag ohne Einleitung eines Verfahrens zurück.[17] Wird erst in der mündlichen Verhandlung der Antrag gestellt, die angegriffene Marke (auch) aus

---

[14]) Die Löschungsgründe sind im MSchG taxativ aufgezählt. Wird die Löschung aus einem anderen Grund begehrt – etwa aus einer vertraglichen Verpflichtung des Markeninhabers – so ist dafür das ordentliche Gericht zuständig (VwGH 14. 11. 1928, Zl A 345/28 – Sajodin/Esjodin – PBl 1929, 28).

[15]) OGH 13. 11. 2001, 4 Ob 263/01g – Löwen-Zähne – ÖBl 2002, 140 = ÖBl-LS 2002/63 = EvBl 2002/77 = ÖJZ-LSK 2002/92.

[16]) OPM 11. 9. 1985, Om 11/82 – JOBA – ÖBl 1986, 41 = PBl 1986, 151. Zur Wirksamkeit eines vertraglichen Verzichts der Anfechtung einer Marke: *Schönherr/Thaler*, Entscheidungen zum Markenrecht (1985) E 44 ff zu § 29. Zur Übertragung der Marke während des Verfahrens: *Schönherr/Thaler*, Entscheidungen zum Markenrecht (1985) E 32 ff zu § 42.

[17]) NA 24. 3. 1982, Nm 6/82, PBl 1982, 115 = ÖBl 1982, 92; vgl aber: OPM 12. 11. 1980, Om 13/80 – Quintus – ÖBl 1981, 152.

einem anderen Grund zu löschen, so kann diese Antragserweiterung in sinngemäßer Anwendung des § 235 Abs 3 ZPO abgewiesen werden, wenn sich der Antragsgegner gegen die Antragserweiterung ausspricht und aus dieser eine erhebliche Erschwerung bzw Verzögerung des Verfahrens zu besorgen wäre.[18] Der verfahrensrechtliche Grundsatz des „*ne bis in idem*" gilt auch im Markenlöschungsverfahren.[19]

Gegenschrift: Dem Antragsgegner wird die Möglichkeit eingeräumt, binnen zwei Monaten mit einer Gegenschrift zu erwidern. Weitere Schriftsätze werden im erstinstanzlichen Verfahren in der Regel nicht zugelassen.[20] Zu Einwendungen des Belangten gegen die Marke des Antragstellers vgl Seite 485.

Säumnisfolgen: Bringt der belangte Markeninhaber innerhalb der ihm gesetzten Frist keine Gegenschrift ein, so hat die NA ohne weiteres Verfahren antragsgemäß die gänzliche oder teilweise Löschung oder Übertragung der Marke zu verfügen oder die gänzliche oder teilweise Ungültigkeit der Marke nachträglich festzustellen.[21] Eine materiellrechtliche Prüfung, ob die Voraussetzungen für die beantragte Löschung vorliegen, hat in einem solchen Fall zu unterbleiben.[22]

Löschung/Übertragung: Wenn in einem Verfahren sowohl die Löschung als auch die Übertragung einer Marke beantragt wird, so hat die NA, sofern sich aus dem Antrag nichts Gegenteiliges ergibt, die Übertragung zu verfügen (§ 42 Abs 3 MSchG). Damit wird – so die EB[23] – klargestellt, dass die NA – einen entsprechenden Antrag gemäß § 30a MSchG vorausgesetzt – auch die Übertragung einer Marke (§ 30a MSchG) ohne weiteres Verfahren zu verfügen hat, sofern der belangte Markeninhaber innerhalb der ihm gesetzten Frist keine Gegenschrift einbringt. Ebenfalls ohne weiteres Verfahren könne von der NA unter der vorgenannten Bedingung auch die Ungültigkeit einer Marke gemäß § 69a MSchG nachträglich festgestellt werden. Wenn in einem Verfahren sowohl die Löschung (gemäß §§ 30 ff MSchG, ausgenommen § 30a MSchG) als auch die Übertragung einer Marke (gemäß § 30a MSchG) beantragt wird und aus dem Antrag selbst keine Präferenz zugunsten der Löschung der angefochtenen Marke hervorgeht, so habe die NA bei Vorliegen der entsprechenden Voraussetzungen auf Übertragung der Marke im beantragten Ausmaß und somit auf deren Rechtserhaltung zu erkennen, selbst wenn die Marke aufgrund eines gleichfalls geltend gemachten Löschungsgrundes für nichtig erklärt werden könnte.

---

[18]) NA 24. 9. 1996, Nm 109/93 – SELEN ACE – PBl 1997, 108.
[19]) NA 7. 8. 1980, Nm 60/79 – Atomic – PBl 1981, 32 = ÖBl 1981, 40.
[20]) Vgl NA (23. 11. 1983, Nm 57/82, PBl 1984, 100 (dazu kritisch *Schönherr*, ÖBl 1984, 120).
[21]) Zum fristwahrenden Fristerstreckungsantrag durch einen noch nicht im Markenregister eingetragenen Markeninhaber (als streitgenössischer Nebenintervenient): OPM 12. 12. 1990, Om 18/90 – Wolf-Senf – PBl 1991, 154 = ÖBl 1991, 157. Zur Unterbrechung des Verfahrens bis zur Entscheidung über einen Wiedereinsetzungsantrag: OPM 11. 11. 1987, Om 6/87, PBl 1988, 58 = ÖBl 1988, 38.
[22]) OPM 13. 4. 1988, Om 3/88 – QUICK – PBl 1988, 177 = ÖBl 1988, 154.
[23]) EB 1999, zitiert nach *Kucsko*, MSA MSchG (1999) Anm 3 und 4 zu § 42.

Teillöschung: Liegt ein Grund für die Zurückweisung einer Marke von der Eintragung oder für ihre Verfalls- oder Ungültigerklärung nur für einen Teil der Waren oder Dienstleistungen vor, für die die Marke angemeldet oder eingetragen ist, so wird sie nur für diese Waren oder Dienstleistungen zurückgewiesen, für verfallen oder für ungültig erklärt (Art 13 MarkenRL). Hingegen kann die NA nicht die Löschung *einzelner Markenbestandteile* verfügen.[24] Zur *Umschreibung* der Marke während eines laufenden Löschungsverfahrens vgl Seite 468.

Kostenersatz: Der obsiegende Antragsteller hat Anspruch auf Kostenersatz (§ 42 Abs 1 MSchG iVm § 122 Abs 1 PatG).[25] Dies gilt auch, wenn die Marke wegen Versäumens der Frist für die Gegenschrift gemäß § 42 Abs 3 MSchG zu löschen ist; auf die Motive für den Kostenersatzantrag kommt es nicht an.[26] Der Kostenzuspruch setzt allerdings voraus, dass der Antrag zugestellt wurde und es daher zu einem zweiseitigen Verfahren gekommen ist.[27] Der Löschungsantrag ist in der Regel auf der Basis eines Streitwerts von 500.000,-- ATS (jetzt: 36.000,-- EUR) zu honorieren.[28] Wird parallel die Löschung mehrerer Marken desselben Markeninhabers beantragt, so sind dafür zur zweckentsprechenden Rechtsverfolgung nicht gesonderte Löschungsanträge erforderlich; dem obsiegenden Antragsteller gebühren daher jeweils nur die Kosten eines einschlägigen Schriftsatzes (Antrag, Berufung etc) auf der Grundlage der zusammenzurechnenden Streitwerte.[29] Ein Löschungsantrag nach § 33a MSchG (Seite 501), der nur einen kurzen Löschungs- und Kostenersatzantrag und eine Begründung im Umfang von sieben Zeilen enthält, die sich im Wesentlichen auf die Wiedergabe der gesetzlichen Voraussetzungen dieses Löschungsgrundes beschränken, ohne jede Individualisierung des Sachverhalts und ohne Beweisanträge, entspricht einer einfachen Klage und ist daher nicht nach TP 3A RATG, sondern nur nach TP 2 RATG zu honorieren.[30] Der Aufwand für eine persönliche Erhebung des Registerstands vor Einbringen des Löschungsantrags wird nicht ersetzt, da ein schriftliches Ersuchen an das PA um Übermittlung eines Registerauszugs genügen würde. Dieses Schreiben fällt unter TP 5 RATG und damit unter den Einheitssatz für den Löschungsantrag; die Gebühren für den Registerauszug können hingegen verzeichnet werden.[31]

---

[24]) Schönherr/Thaler, Entscheidungen zum Markenrecht (1985) E 61 zu § 29.
[25]) Die Belege sind dem Kostenverzeichnis anzuschließen, sofern sich die Berechtigung des jeweiligen Anspruchs nicht aus dem Akt ergibt: OPM 11. 11. 1992, Om 10/92, PBl 1993, 205 = ÖBl 1993, 207.
[26]) OPM 13. 4. 1988, Om 1/88 – ISORAST – PBl 1989, 94 = ÖBl 1989, 74. Zur Kostenersatzpflicht des Antragstellers bei sofortiger Anerkennung des Löschungsanspruchs gemäß § 45 ZPO: OPM 12. 10. 1988, Om 5/88 – FALLSTAFF – PBl 1989, 45 = ÖBl 1989, 74; OPM 13. 1. 1993, Om 16/92 – Wiener Bildtelegraf – PBl 1993, 178.
[27]) NA 13. 10. 1982, Nm 5/81, PBl 1983, 142 = ÖBl 1983, 127.
[28]) Vgl etwa NA 21. 11. 1996, Nm 76/95 – BIO-NATURKRAFT – PBl 1998, 22; hier wurde ein erhöhter Streitwert von ATS 700.000,-- als nicht ausreichend begründet beurteilt.
[29]) OPM 11. 11. 1987, Om 1-4/85 – Egger – PBl 1988, 36 = ÖBl 1988, 38.
[30]) OPM 28. 10. 1998, Om 5/98, PBl 1999, 161.
[31]) OPM 11. 6. 1997, Om 1/97, PBl 1997, 205 = ÖBl 1998, 9. Die Erhebung des Registerstandes durch einen geschulten Mitarbeiter ist nach TP 7/1 RATG zu honorieren: OPM 11. 11. 1992, Om 10/92, PBl 1993, 205 = ÖBl 1993, 207.

Rücknahme des Löschungsantrags: Grundsätzlich steht es dem Antragsteller frei, das Verfahren zu beenden. Nimmt der Antragsteller seinen Löschungsantrag zurück, so hat er dem Antragsgegner die Kosten zu ersetzen (§ 42 Abs 1 MSchG iVm § 122 Abs 2 PatG). Der Kostenersatz erfasst die zur zweckentsprechenden Rechtsverfolgung oder Rechtsverteidigung notwendigen Kosten (§ 41 Abs 1 ZPO). Wird die Gegenschrift eingebracht, bevor dem Antragsgegner die inzwischen erfolgte Rücknahme des Löschungsantrags zur Kenntnis gelangt ist, so sind dennoch die Kosten der Gegenschrift zu ersetzen.[32] Der auf Seiten des Antragstellers beigetretene *Nebenintervenient*[33] kann das Verfahren ohne Einwilligung der Hauptpartei nicht fortsetzen, wenn diese den Löschungsantrag zurückzieht.[34] Eine bedingte Rücknahme („falls erforderlich") ist allerdings nicht zulässig.[35]

Einstellung des Löschungsverfahrens: Die NA hat das Verfahren mit Beschluss einzustellen, wenn die Marke während des Verfahrens vor der NA erlischt, sofern der Antragsteller nicht unter Glaubhaftmachung eines rechtlichen Interesses[36] auf der Durchführung beharrt (vgl § 117 PatG iVm § 42 Abs 1 MSchG).[37] Bei einem Verzicht des Markeninhabers auf die Marke hat grundsätzlich der Antragsteller Anspruch auf Kostenersatz, der Antragsgegner hingegen nur dann, wenn er durch sein Verhalten zur Antragstellung nicht Anlass gegeben hat[38] und die Marke während der Frist für die Erstattung der Gegenschrift erloschen ist.[39] Dies gilt umso mehr für den Fall, dass der Antragsgegner nicht erst während der Frist für die Gegenschrift sondern bereits vor der Verfahrenseinleitung auf die Marke verzichtet

---

[32]) OPM 28. 6. 2000, Om 7/99, PBl 2000, 175.
[33]) § 42 MSchG iVm § 114a PatG; zu den Voraussetzungen der Nebenintervention im Markenlöschungsverfahren: NA 9. 9. 1980, Nm 18/78, PBl 1982, 12 = ÖBl 1982, 12.
[34]) NA 25. 3. 1994, Nm 100/88, PBl 1994, 205 = ÖBl 1994, 279.
[35]) OPM 12. 11. 1980, Om 13/80 – Quintus – ÖBl 1981, 152.
[36]) Der bloße Hinweis auf das Allgemeininteresse an der Berichtigung einer unrichtigen Registrierung genügt dazu nicht: OPM 22. 5. 1985, Om 11/84 – Atemfrei – PBl 1987, 19 = ÖBl 1987, 16. Zur Problematik, dass bei Verzicht das Schutzrecht ex nunc erlischt, während ein Löschungsantrag auf eine Beseitigung ex tunc gerichtet wäre, sodass unter Umständen ein Interesse an der Fortsetzung des Löschungsverfahrens besteht, vgl *Schönherr/Thaler*, Entscheidungen zum Markenrecht (1985) E 36 und 37 zu § 29 sowie E 63 zu § 30.
[37]) OPM 29. 3. 2000, Om 6/99 – ASINTO – PBl 2000, 126 = ÖBl-LS 00/132; auch wenn die Marke durch Verzichtserklärung während der Frist für die Gegenschrift erlischt, ist das Verfahren mit Beschluss einzustellen: OPM 10. 12. 1986, Om 15/86 – Hofmann – PBl 1988, 139 = ÖBl 1988, 98. Zum rechtlichen Interesse auf Fortsetzung des Verfahrens: OPM 12. 12. 2001, Om 8/01 – SOLAROLI – PBl 2002, 156 = ÖBl-LS 2003/14.
[38]) Ihn trifft aber insoweit *keine förmliche Beweislast*, zumal ein solcher Negativbeweis kaum zu erbringen wäre; die bloße Existenz des Markenrechts gibt noch keinen Anlass zur Antragstellung (OPM 12. 12. 2001, Om 12/01 – POLY CLEAN & CLEAR – PBl 2002, 126 = ÖBl-LS 2002/175; OPM 23. 3. 1983, Om 13/82 – PEZ – PBl 1983, 124 = ÖBl 1983, 127). Es empfiehlt sich also in der Praxis die vorangehende *Aufforderung* zur freiwilligen Löschung.
[39]) OPM 29. 3. 2000, Om 6/99 – ASINTO – PBl 2000, 126 = ÖBl-LS 00/132. Die Gegenschrift ist die erste Möglichkeit im Sinne des § 42 ZPO, das gegnerische Löschungsbegehren anzuerkennen; das vorausgehende Verlangen auf Markenübertragung kann nicht als Androhung eines Löschungsantrags nach § 33a MSchG gedeutet werden: OPM 13. 1. 1993, Om 16/92 – Wiener Bildtelegraf – PBl 1993, 178 = ÖBl 1993, 155. § 117 Satz 2 PatG greift auch dann, wenn der Markeninhaber nach Einlangen, aber vor Zustellung des Löschungsantrags den Verzicht erklärt hat: OPM 11. 9. 1985, Om 11/82 – JOBA – ÖBl 1986, 41 = PBl 1986, 151; vgl auch NA 24. 1. 1983, Nm 47/82, PBl 1984, 80 = ÖBl 1984, 5 (*Schönherr*). Langt der Verzicht bei einer IR erst nach dem Ende der Frist für die Gegenschrift bei der WIPO ein, so besteht kein Anspruch des Markeninhabers auf Kostenersatz (OPM 29. 3. 2000, Om 5/99 – FINALE – PBl 2000, 113 = ÖBl-LS 00/101).

und keinen Anlass zur Antragstellung gegeben hat.[40] Für den Anspruch des Antragstellers auf Kostenersatz ist nicht zu prüfen, ob der Antrag Erfolg gehabt hätte.[41] Der Antragsteller hat auch dann Anspruch auf Kostenersatz, wenn er ihn im Löschungsantrag beantragt und ein Kostenverzeichnis vorgelegt hat, dann aber die Marke während der Frist zur Erstattung der Gegenschrift erloschen ist und sich die Antragsgegnerin zur Kostenfrage gemäß § 117 PatG iVm § 42 Abs 1 MSchG nicht geäußert hat.[42] Beantragt der Antragsgegner selbst die Löschung und bringt er eine Gegenschrift mit Hinweis auf die selbst beantragte Löschung und darauf, dass er keinen Anlass zum Löschungsantrag gegeben habe, ein, so ist dieser Schriftsatz nach TP 2 auf der Streitwertbasis 500.000,-- ATS (jetzt: 36.000,-- EUR) zu honorieren.[43] Wird dem Antragsteller von der NA aufgetragen, bekanntzugeben, ob er nach Löschung der Marke durch den Antragsgegner auf die Durchführung eines weiteren Verfahrens verzichtet, so ist der Schriftsatz des Antragstellers nach TP 3A zu honorieren.[44] Bei Einstellung des Löschungsverfahrens ohne mündliche Verhandlung kann nicht ein doppelter Einheitssatz (in analoger Anwendung des § 23 Abs 6 RATG) begehrt werden.[45]

Rechtsmittel: Gegen die Entscheidung der NA steht (auch bloß hinsichtlich der Kostenentscheidung[46]) die *Berufung* an den OPM offen (§ 39 Abs 1 MSchG), die Frist beträgt zwei Monate (§ 42 Abs 1 MSchG iVm § 138 Abs 3 PatG). Berufungen, die keinen begründeten *Berufungsantrag* enthalten, sind zurückzuweisen (§ 42 Abs 1 MSchG iVm §139 Abs 3 PatG). Hingegen ist eine Berufung, die zwar einen begründeten Berufungsantrag enthält, aber formale Mängel aufweist, zur Verbesserung zurückzustellen (§ 139 Abs 2 PatG). Das Fehlen eines begründeten Berufungsantrags wird daher als nicht verbesserungsfähiger Inhaltsmangel beurteilt.[47] Im Berufungsverfahren sind nur zwei Schriftsätze zulässig, die Berufung und die *Berufungsbeantwortung*.[48] Es besteht ein *Neuerungsverbot* (§ 42 Abs 1 MSchG iVm § 140 Abs 2 PatG).[49] Der OPM selbst hat keine neuen Beweise aufzunehmen (§ 42 Abs 1 MSchG iVm § 140 Abs 2 PatG).[50] Er entscheidet aufgrund der im

---

[40]) OPM 30. 10. 2002, Om 9/02 – FENIZOLAN – PBl 2002, 184 = ÖBl-LS 2003/29.
[41]) OPM 8. 7. 1998, Om 5/97 – Giebelkreuz – PBl 1999, 27 = ÖBl 1999, 122.
[42]) OPM 10. 6. 1987, Om 2/87 – NATURAN – PBl 1987, 227 = ÖBl 1987, 124.
[43]) OPM 29. 3. 2000, Om 6/99 – ASINTO – PBl 2000, 126 = ÖBl-LS 00/132; OPM 10. 12. 1997, Om 5/97, PBl 1998, 36.
[44]) OPM 8. 4. 1992, Om 1/92, PBl 1993, 209 = ÖBl 1992, 265.
[45]) OPM 29. 3. 2000, Om 6/99 – ASINTO – PBl 2000, 126 = ÖBl-LS 00/132.
[46]) Vgl zB OPM 11. 6. 1997, Om 1/97, PBl 1997, 205 = ÖBl 1998, 9.
[47]) OPM 23. 5. 2001, Om 2/01 – Claire Fisher – PBl 2002, 35 = ÖBl-LS 2002/94 und 95; anderes gilt bei einer unklaren Rechtsmittelbelehrung.
[48]) NA 23. 11. 1983, Nm 57/82, PBl 1984, 100 mwN. Rechtsmittel gegen Zurückweisungsbeschlüsse, die zulässig (§ 113 PatG iVm § 42 Abs 1 MSchG) ohne Beteiligung der Gegenpartei gefasst wurden, sind einseitig (OPM 25. 9. 2002, Om 10/02, PBl 2003, 20 = ÖBl-LS 2003/65, 68).
[49]) OPM 13. 11. 1996, Om 7/96 – BAD + MAD – PBl 1997, 152; OPM 23. 3. 1994, Om 10/93 – Orient Express – PBl 1994, 190 = ÖBl 1994, 89 (zur Geltendmachung der Löschung nach Schluss der Verhandlung vor der NA) OPM 15. 5. 1992, Om 3/91 – candy & company – PBl 1993, 50 = ÖBl 1993, 12.
[50]) OPM 11. 7. 2001, Om 4/01 – Holztherm – PBl 2002, 9 = ÖBl-LS 2002/65. Zur Aufhebung, um die in erster Instanz nur unsubstantiierte Behauptung der Verkehrsgeltung entsprechend ergänzen zu lassen: OPM 9. 3. 1994, Om 13/93 – EILTRANS – PBl 1995, 10 = ÖBl 1995, 64.

Verfahren vor der Nichtigkeitsabteilung vorgelegten Tatsachen und Beweise; wird ein Löschungsantrag gegen die Marke des Antragstellers erst nach Schluss des Verfahrens erster Instanz gestellt, so ist das Verfahren vor dem OPM daher nicht zu unterbrechen.[51] Eine Überprüfung der Beweiswürdigung ist nicht möglich, soweit es sich um Beweismittel handelt, deren Glaubwürdigkeit weitgehend auf dem unmittelbaren Eindruck beruht, den die erste Instanz von den vernommenen Personen gewonnen hat.[52] Richtet sich die Berufung nur gegen die Entscheidung über den Kostenersatz, so hat der OPM ohne Vorverfahren und ohne mündliche Verhandlung mit Beschluss zu entscheiden (§ 42 Abs 1 MSchG iVm § 142 Abs 1 Z 6 PatG).[53] Für die Bemessung der *Kosten für die Berufung* sowie für die Berufungsbeantwortung ist TP 3C RATG anzuwenden.[54] Der zivilprozessuale Grundsatz, dass nicht nur das Gericht, an das die Sache mit einem *Aufhebungsbeschluss* zurückverwiesen wurde, sondern auch das aufhebende Gericht an seine im Aufhebungsbeschluss geäußerte Rechtsansicht gebunden ist, gilt nicht nur für den OGH im Zivilverfahren, sondern auch für den OPM im Rechtsmittelverfahren.[55]

Publizität: Die Löschung ist in das Markenregister einzutragen und im Markenanzeiger zu publizieren (§ 29 Abs 2 iVm § 42 Abs 2 MSchG, Seite 385).[56] Zur Streitanmerkung vgl § 28 Abs 2 MSchG (zur Gebühr für die Streitanmerkung: § 28 Abs 4 MSchG).

7.4. Löschung wegen Kollision mit älterer Marke

7.4.1. Grundlagen

Der *Grundgedanke* dieses Löschungstatbestands liegt im *Vorrang des älteren Rechts*. Wer für ein Zeichen die bessere Priorität beanspruchen kann, soll einen Löschungsanspruch gegen jüngere gleiche oder ähnliche Marken haben. In der Praxis wird dieser Löschungstatbestand häufig in Anspruch genommen. Zumeist werden diese Löschungsverfahren parallel mit einem zivilgerichtlichen Verfahren geführt, weil der Inhaber der prioritätsjüngeren ähnlichen Marke diese in der Regel auch schon im Geschäftsverkehr verwendet und der Inhaber der älteren Marke nicht nur an der Löschung

Das Ältere hat Vorrang vor dem Jüngeren.

---

[51]) OPM 12. 12. 1984, Om 4/84 – PRINZESS – PBl 1985, 134 = ÖBl 1985, 92.
[52]) OPM 22. 5. 2002, Om 17/01 – SENZA PIOMBO – PBl 2002, 139 = ÖBl-LS 2002/197; OPM 31. 10. 2001, Om 5/01 – Alpentrio Tirol I – PBl 2002, 73 = ÖBl-LS 2002/138 und 139.
[53]) OPM 8. 7. 1998, Om 5/97 – Giebelkreuz – PBl 1999, 27 = ÖBl 1999, 122.
[54]) OPM 10. 12. 1997, Om 2/96, PBl 1998, 201.
[55]) OPM 13. 11. 1996, Om 4/96 – Tabasco V – PBl 1997, 130 = ÖBl 1997, 232 = wbl 1997, 219.
[56]) Die früher bestehende zweijährige *Registersperre* für gelöschte Marken wurde schon 1928 beseitigt (vgl dazu eingehender *Friedl/Schönherr/Thaler*, Patent- und Markenrecht, Anm 6 zu § 29 MSchG).

der jüngeren Marke, sondern auch an einem Unterlassungstitel interessiert ist (zu den zivilgerichtlichen Ansprüchen vgl Seite 520).

Bereits die *MSchGNov 1895*[57] (Seite 230) hat daher einen Löschungstatbestand formuliert, aufgrund dessen die Löschung einer Marke beantragt werden konnte, wenn „dieselbe einer für die gleiche Warengattung früher registrierten[58], noch zu Recht bestehenden Marke derart ähnlich" war, „daß die Unterschiede von dem gewöhnlichen Käufer der betreffenden Ware nur durch Anwendung besonderer Aufmerksamkeit wahrgenommen werden könnten" (§ 3 Abs 1). Das *MSchG 1928*[59] (Seite 231) hat diesen Löschungstatbestand dann – mit einem veränderten Ähnlichkeitsbegriff – in § 21 Abs 2 übernommen.

Die *Marken-Richtlinie* (Seite 240) kennt diesen Tatbestand ebenfalls (Art 4 Abs 1). Überdies sieht sie in Art 9 eine „Verwirkung durch Duldung" vor. Insoweit war § 30 MSchG daher mit der *MSchG-Nov 1992*[60] (Seite 234) anzupassen. Diese Anpassung wurde dann mit der *Markenrechts-Nov 1999* (Seite 234) nachgebessert.[61]

7.4.2. Tatbestand

Der Inhaber einer früher angemeldeten (also die bessere Priorität genießenden; Seite 379), noch zu Recht bestehenden Marke[62] kann gemäß § 30 Abs 1 MSchG die Löschung einer Marke begehren, sofern entweder

- die beiden Marken und die Waren oder Dienstleistungen, für die die Marken eingetragen sind, gleich sind (*Waren- bzw Dienstleistungsgleichartigkeit*, vgl Seite 430),[63] oder
- die beiden Marken und die Waren oder Dienstleistungen, für die die Marken eingetragen sind, gleich oder ähnlich sind und dadurch für das Publikum die Gefahr von Verwechslungen besteht, die die Gefahr einschließt, dass die Marke mit der älteren Marke gedanklich in Verbindung gebracht würde.

Antragslegitimiert ist nur der im Register eingetragene Markeninhaber, nicht hingegen ein bloßer Lizenznehmer (auch nicht, wenn er vom Markeninhaber zum

---

[57]) RGBl 1895/108.
[58]) Damals war der Registrierungstag auch gleichzeitig der Prioritätstag; heute erfolgt die Registrierung erst nach dem prioritätsbegründenden Anmeldetag (vgl *Friedl/Schönherr/Thaler*, Patent- und Markenrecht, Anm 2 zu § 30 MSchG).
[59]) BGBl 1928/117.
[60]) BGBl 1992/773.
[61]) Die Markenrechts-Nov 1999 enthält dazu keine eigene Übergangsbestimmung. Die Neufassung ist daher auch auf Fälle anzuwenden, die bei In-Kraft-Treten bereits anhängig waren: OPM 10. 7. 2002, Om 3/02 – SPITZ – PBl 2002, 180 = ÖBl-LS 2003/25, 26; OPM 12. 12. 2001, Om 10/01 – ChocoPie – PBl 2002, 102 = ÖBl-LS 2002/171; OPM 22. 9. 1999, Om 2/99 – ROTHMANS ROYALS – PBl 2000, 85 = ÖBl-LS 00/81.
[62]) Also keine „Popularklage".
[63]) EB 1999, zitiert nach *Kucsko*, MSA MSchG (1999) Anm 2 zu § 30: Entsprechend Art 4 Abs 1 MarkenRL wird in Z 2 das Vorhandensein von Verwechslungsgefahr als anspruchsbegründendes Tatbestandsmerkmal gesondert angeführt, während bei Z 1 (gleiche Zeichen für gleiche Waren und Dienstleistungen) dieses Tatbestandsmerkmal durch die anderen Tatbestandsmerkmale indiziert und daher nicht explizit genannt wird und sohin auch nicht gesondert zu prüfen sein wird.

Antrag ermächtigt wurde).[64] Die Marke muss im Zeitpunkt des Verhandlungsschlusses aufrecht bestehen.[65]

Ein aufwendiges *Beweisverfahren* ist hier in der Regel nicht erforderlich, weil die beiden einander gegenüberstehenden Marken nach dem Registerstand zu beurteilen sind[66] und das Patentamt daher die erforderlichen Feststellungen aus den eigenen Akten (bzw aus dem Register) treffen kann. Auf weitere Kriterien, wie etwa das Bestehen eines Wettbewerbsverhältnisses zwischen den Streitteilen oder die tatsächliche Verwendung der Marke durch den Antragsteller, kommt es hier nicht an.[67] Nicht die tatsächlich verwendeten Markenetiketten, sondern die registrierten Marken sind zu beurteilen.[68] Die Bekanntheit der Marke ist grundsätzlich nicht zu prüfen (zum erweiterten Schutz der bekannten Marke vgl Seite 440).[69] Auch hinsichtlich der Warengleichartigkeit kommt es nur darauf an, wofür die Marke eingetragen ist und nicht darauf, wofür sie tatsächlich verwendet wird.[70]

Nach stRsp[71] sind im Löschungsverfahren nach § 30 MSchG *Einwendungen* des Antragsgegners gegen die Marke des Antragstellers unbeachtlich.[72] Der Antragsgegner ist vielmehr darauf verwiesen, seinerseits einen Löschungsantrag (gleichsam als „Widerklage") einzubringen. Dem Einwand, dass die Marke des Antragstellers etwa wegen Täuschungsfähigkeit (Seite 273) nicht hätte registriert werden dürfen oder, dass die Marke nachträglich – zB wegen Nichtgebrauchs (§ 33a MSchG) – löschungsreif wurde oder, dass der Antragsgegner seinerseits ältere Rechte wegen des Vorgebrauchs eines nicht registrierten Zeichens mit Verkehrsgeltung habe (vgl § 31 MSchG; Seite 489), wäre daher allenfalls durch *Unterbrechung* des Verfahrens bis zum rechtskräftigen Abschluss des vom Antragsgegner nunmehr seinerseits einzuleitenden Löschungsverfahrens Rechnung zu tragen.[73] Der Wortlaut des § 30 MSchG verlangt diese Vorgangsweise freilich nicht zwingend. Antragslegitimiert ist nur derjenige, der Inhaber einer noch „zu Recht bestehenden" Marke ist. Ob dies zutrifft, könnte durchaus auch aufgrund

---

[64]) OPM 23. 10. 1974 Om 1/74 – Königswein – PBl 1975, 71.
[65]) Vgl *Hohenecker/Friedl*, Wettbewerbsrecht 210.
[66]) NA 21. 11. 1996, Nm 76/95 – BIO-NATURKRAFT – PBl 1998, 22; NA 24. 9. 1996, Nm 109/93 – SELEN ACE – PBl 1997, 108.
[67]) PGH 10. 11. 1938, Bma 14-37, PBl 1939, 52; NA 20. 9. 1955 , Nm 38/54 – Mirlana – PBl 1956, 187.
[68]) OPM 25. 1. 1978, Om 7/77 – Südleiten – PBl 1978, 106.
[69]) Vgl NA 2. 12. 1987, Nm 47/86 – NIVEA – PBl 1988, 165 = ÖBl 1988, 126.
[70]) NA 6. 12. 1961, Nm 21/61 – Rosenkavalier – PBl 1962, 105.
[71]) NA 11. 12. 1995, Nm 20/92 – POPS – PBl 1996, 237; OPM 10. 10. 1990, Om 2/90 – Innviertler Landbier – PBl 1991, 179 = ÖBl 1991, 157 mwN; OPM 14. 5. 1986, Om 13/85 – JUMBO – PBl 1987, 21 = ÖBl 1987, 16; ebenso *Hohenecker/Friedl*, Wettbewerbsrecht 210; kritisch *Schönherr*, ÖBl 1982, 33. Vgl dazu auch *Schönherr/Thaler*, Entscheidungen zum Markenrecht (1985) E 39 ff zu § 30. Abweichend jedoch OPM 27. 5. 1970, Om 3/69 – Treviralon – PBl 1970, 136 (dazu kritisch *Engin-Deniz*, ÖBl 1970, 120).
[72]) Vgl allerdings Art 11 MarkenRL: Eine Marke kann wegen des Bestehens einer kollidierenden älteren Marke nicht für ungültig erklärt werden, wenn die ältere Marke nicht den Benutzungsbedingungen des Art 10 Abs 1, 2 und 3 MarkenRL oder gegebenenfalls des Art 10 Abs 4 MarkenRL entspricht.
[73]) Wird der Antrag des Beklagten auf Löschung der Marke des Antragstellers jedoch erst nach Abschluss des Verfahrens erster Instanz eingebracht, so kann nicht mehr die Unterbrechung des bereits beim OPM anhängigen Verfahrens beantragt werden (OPM 12. 12. 1984 PBl 1985, 134; OPM 27. 5. 1970, Om 3/69 – Treviralon – PBl 1970, 136, insoweit zustimmend *Engin-Deniz*, ÖBl 1970, 120).

von Einwendungen als Vorfrage im Löschungsverfahren nach § 30 MSchG geprüft werden. *Schönherr*[74] hat diese Vorfragenprüfung jedenfalls im Hinblick auf von Amts wegen wahrzunehmende Gründe (§ 33 MSchG) angeregt. War die Eintragung der jüngeren, verwechselbar ähnlichen Marke zunächst durch entsprechende Beziehungen zum Inhaber der älteren Marke gerechtfertigt (hier: Mitgliedschaft der Antragsgegnerin im Verband, der Inhaber der älteren, verwechselbar ähnlichen Verbandsmarke ist) und haben sich später diese Verhältnisse grundlegend geändert (hier: Ausscheiden aus dem Verband), so entsteht das Recht auf Löschung ab dem Zeitpunkt, in dem die Ähnlichkeit der jüngeren Marke nicht mehr durch die Beziehungen zum Antragsteller gerechtfertigt ist. Das Löschungserkenntnis muss dann auf diesen Zeitpunkt zurückwirken.[75]

Zur Beurteilung der *Verwechslungsgefahr* vgl bereits oben bei den Wirkungen der Marke (Seite 393). Es bestehen hier keine grundsätzlich anderen Kriterien. § 30 Abs 1 Z 2 MSchG führt das Vorhandensein von Verwechslungsgefahr als anspruchsbegründendes Merkmal gesondert an, während es bei § 30 Abs 1 Z 1 MSchG durch die anderen Tatbestandsmerkmale indiziert ist und daher – entsprechend Art 16 Abs 1 TRIPS-Abk („Bei der Benützung gleicher Zeichen für gleiche Waren oder Dienstleistungen wird die Verwechslungsgefahr vermutet.") – nicht ausdrücklich genannt wird.[76]

7.4.3. Erweiterter Schutz bekannter Marken

Vorgaben der PVÜ und des TRIPS-Abk: Vgl dazu bereits oben, Seite 444.

Österreichische Regelung: Der Inhaber einer früher angemeldeten, noch zu Recht bestehenden Marke, die im Inland bekannt ist, kann die Löschung einer Marke auch begehren, sofern die beiden Marken gleich oder ähnlich, aber für nicht ähnliche Waren oder Dienstleistungen eingetragen sind, und die Benutzung der jüngeren Marke die Unterscheidungskraft oder die Wertschätzung der bekannten Marke ohne rechtfertigenden

Der bekannten Marke kommt auch im Löschungsverfahren eine stärkere Position zu.

Grund in unlauterer Weise ausnutzen oder beeinträchtigen würde. Die Bekanntheit der älteren Marke muss spätestens am Tag der Anmeldung der jüngeren Marke, gegebenenfalls am prioritäts- oder zeitrangbegründenden Tag, vorgelegen sein (§ 30 Abs 2 MSchG; vgl Art 4 Abs 4 lit a MarkenRL; Art 8 Abs 5 iVm Art 52 Abs 1 GMV). Vgl zum erweiterten Schutz der bekannten Marke bereits oben Sei-

---

[74]) ÖBl 1982, 33 (35); dazu ausdrücklich abl: OPM 10. 10. 1990, Om 2/90 – Innviertler Landbier – PBl 1991, 179 = ÖBl 1991, 157 mwN.
[75]) OPM 8. 7. 1998, Om 5/97 – Giebelkreuz – PBl 1999, 27 = ÖBl 1999, 122.
[76]) OPM 22. 9. 1999, Om 2/99 – ROTHMANS ROYALS – PBl 2000, 85 = ÖBl-LS 00/81.

te 440 (bei den Wirkungen); dort auch zur Frage, ob die Neuregelung durch die Markenrechts-Nov 1999 auf Marken anzuwenden ist, die bereits vor deren In-Kraft-Treten registriert wurden.

Wird ein Löschungsantrag gemäß § 30 Abs 2 MSchG auf eine ältere *Gemeinschaftsmarke* gestützt, so ist anstelle der Bekanntheit im Inland die Bekanntheit in der Europäischen Gemeinschaft nachzuweisen (§ 30 Abs 4 MSchG).

7.4.4. Verwirkung

Früher war die stRsp davon ausgegangen, dass das Antragsrecht des Inhabers einer prioritätsälteren Marke nicht der Verjährung oder Verwirkung unterliegt.[77]

Vorgaben des Gemeinschaftsrechts: Die *MarkenRL* sieht dies anders: Aus Gründen der Rechtssicherheit und ohne in die Interessen der Inhaber älterer Marken in unangemessener Weise einzugreifen, muss vorgesehen werden, dass diese nicht mehr die Ungültigerklärung einer jüngeren Marke beantragen oder sich deren Benutzung widersetzen können, wenn sie deren Benutzung während einer längeren Zeit geduldet haben, es sei denn, dass die Anmeldung der jüngeren Marke bösgläubig vorgenommen worden ist (Erwägungsgrund 11). Hat in einem Mitgliedstaat der Inhaber einer älteren Marke im Sinne von Art 4 Abs 2 MarkenRL (Seite 330) die Benutzung einer jüngeren eingetragenen Marke in diesem Mitgliedstaat während eines Zeitraums von fünf aufeinanderfolgenden Jahren in Kenntnis dieser Benutzung geduldet, so kann er für die Waren oder Dienstleistungen, für die die jüngere Marke benutzt worden ist, aufgrund der älteren Marke weder die Ungültigerklärung der jüngeren Marke verlangen noch sich ihrer Benutzung widersetzen, es sei denn, dass die Anmeldung der jüngeren Marke bösgläubig vorgenommen worden ist (Art 9 Abs 1 MarkenRL). Die Mitgliedstaaten können vorsehen, dass dies auch für den Inhaber einer in Art 4 Abs 4 lit a MarkenRL genannten älteren Marke oder eines sonstigen in Art 4 Abs 4 lit b oder c MarkenRL genannten älteren Rechts (Seite 331) gilt (Art 9 Abs 2 MarkenRL). In diesen Fällen kann der Inhaber der jüngeren eingetragenen Marke sich der Benutzung des älteren Rechts nicht widersetzen, obwohl dieses Recht gegenüber der jüngeren Marke nicht mehr geltend gemacht werden kann (Art 9 Abs 3 MarkenRL).

Österreichische Regelung: Dieser Vorgabe entsprechend wurde mit der *MSchG-Nov 1992* eine Befristung eingefügt. Diese wurde durch die *Markenrechts-Nov 1999* noch präzisiert: Der Löschungsantrag ist abzuweisen, wenn der Antragsteller die Benutzung der jüngeren eingetragenen Marke während eines Zeitraumes von fünf aufeinanderfolgenden Jahren in Kenntnis dieser Benutzung geduldet hat (§ 30 Abs 3 MSchG). Die Verwirkungsfrist beginnt frühestens mit der Registrierung der jüngeren Marke, sofern sie bereits zu diesem Zeitpunkt tatsächlich in Benutzung genommen wurde und der Antragsteller davon Kenntnis hatte; dass die jüngere

---

[77]) *Preglau*, ecolex 1992, 860; BMH 15. 10. 1929, Z. 161.024-GR/2, PBl 1930, 35; NA 22. 10. 1937, Nm 5-37, PBl 1939, 52.

Marke allenfalls bereits vor ihrer Registrierung als unregistriertes Zeichen im geschäftlichen Verkehr benutzt wurde, hat auf den Beginn der Verwirkungsfrist nach der gegenständlichen Regelung keinen Einfluss.[78]

Dies gilt nur für die Waren oder Dienstleistungen, für die die jüngere Marke benutzt worden ist, und auch nur dann, wenn die Anmeldung der jüngeren Marke nicht bösgläubig vorgenommen worden ist (§ 30 Abs 3 MSchG; vgl Art 9 Abs 1 und 2 MarkenRL; Art 53 GMV).

Die wichtige Frage der *Beweislast* wird in den Materialien[79] kommentiert: Sie liegt grundsätzlich beim Belangten, der sich mit dem Hinweis auf die Verwirkung des Ausschlussrechts des Antragstellers gegen die Löschung seiner jüngeren Marke zur Wehr setzt. Hierbei genügt der Beweis, dass die jüngere Marke in einer Art und Weise benutzt wurde, die auf Seiten des Antragstellers eine Kenntnis dieser Benutzung nahelegt. Dem Antragsteller hingegen bleibt es unbenommen, den Gegenbeweis zu erbringen, dass er von der Benutzung keine Kenntnis hatte. Die allfällige Bösgläubigkeit der Anmeldung der jüngeren Marke müsste hingegen wiederum vom Antragsteller belegt werden.

Die *Benutzung* der prioritätsjüngeren Marke ist zwar nunmehr für die Anfechtungsfrist bedeutsam. Man wird aber weiterhin davon ausgehen müssen, dass auch eine (noch) nicht benützte Marke mit einem Löschungsantrag nach § 30 MSchG angegriffen werden kann, zumal der Markengebrauch nicht Tatbestandsmerkmal dieses Löschungsgrundes ist.

Nach Ablauf dieser Verwirkungsfrist kann der Inhaber der prioritätsälteren Marke also keinen auf § 30 MSchG gestützten Löschungsantrag mehr gegen die betreffende prioritätsjüngere Marke stellen (zur Verwirkung seines Unterlassungsanspruchs vgl Seite 534).[80] Andererseits kann sich der Inhaber der insoweit „unanfechtbar" gewordenen prioritätsjüngeren Marke der Benützung der älteren Marke durch deren Inhaber nicht widersetzen (§ 58 Abs 2 MSchG; Art 9 Abs 3 MarkenRL). Im Übrigen bleiben die Rechte des Markeninhabers aber unberührt. Er kann aus seiner Marke Löschungsansprüche gegen Dritte ableiten und gegen diese wegen Verletzungen seines Markenrechts vorgehen.[81]

Im Zusammenhang mit der Registrierung von *Domain Namen* hat der OGH im Übrigen jüngst wieder bekräftigt, dass das österreichische Recht keine Verwirkung von Rechten kenne. Die bloße Nichtausübung durch längere Zeit führt daher grundsätzlich nicht zum Rechtsverlust.[82]

---

[78]) EB 1999, zitiert nach *Kucsko*, MSA MSchG (1999) Anm 6 zu § 30.
[79]) EB 1999, zitiert nach *Kucsko*, MSA MSchG (1999) Anm 7 zu § 30.
[80]) EB zur MSchG-Nov 1992, 669 BlgNR 18. GP 6; *Preglau*, ecolex 1992, 860.
[81]) EB zur MSchG-Nov 1992, 669 BlgNR 18. GP 6; *Preglau*, ecolex 1992, 860.
[82]) OGH 30. 1. 2001, 4 Ob 5/01s – Vergabe von Subadressen – wbl 2001, 493 (*Thiele*) = ÖBl-LS 01/82.

Beispiel:

▶ OGH 30. 1. 2001: Die Beklagte hatte ihre Domain seit vier Monaten angemeldet und nicht benützt. Der OGH verneinte einen Rechtsverlust wegen Verwirkung.[83]

7.4.5. Wirkung der Löschung

Das Löschungserkenntnis wirkt auf den Beginn der Schutzdauer (§ 19 Abs 1 MSchG; Seite 475)[84] zurück (§ 30 Abs 5 MSchG).

7.5. Löschung wegen Kollision mit älterem nicht registrierten Zeichen

7.5.1. Grundlagen

Vorgaben der PVÜ: Dieser Löschungstatbestand ist auch in *Art 6bis PVÜ* (Seite 244) verankert. Dort ist vorgesehen, dass der Löschungsantrag grundsätzlich (Ausnahme: bösgläubig erwirkte Eintragungen) innerhalb einer fünfjährigen Frist ab Eintragung zu stellen ist.

Vorgaben des Gemeinschaftsrechts: Die *MarkenRL* (Seite 240) stellt es frei, einen solchen Löschungstatbestand zu normieren (Art 4 Abs 4 lit b). Gegebenenfalls kann dafür auch eine Verwirkungsfrist vorgesehen werden (Art 9 Abs 2 MarkenRL).

Österreichische Regelung: Auch bei diesem Löschungstatbestand liegt der *Grundgedanke* in der Anerkennung älterer Rechte: Nicht selten verabsäumt ein Unternehmer, das an sich registrierbare Zeichen, unter dem er seine Waren in Verkehr bringt oder seine Leistungen erbringt, als Marke anzumelden (sei es aus Rechtsunkundigkeit, sei es, weil er wichtigere Dinge zu besorgen hat als diese Formalitäten, oder sei es auch nur, weil er die Kosten scheut). Es kommt aber auch vor, dass zwar zunächst eine Marke erworben wird, diese aber später – zB weil die Frist für die Erneuerungsgebühr versäumt wird – verloren geht.[85] Es erscheint unbillig, in diesen Fällen keinen Schutz gegenüber demjenigen vorzusehen, der sich dieses nicht registrierte, unter Umständen sogar sehr bekannte Zeichen aneignet, als Marke registrieren lässt und dann womöglich auch noch gegen den Vorbenützer dieses Zeichens vorgeht.[86]

Die *MSchGNov 1895*[87] (Seite 230) hat daher einen entsprechenden Löschungstatbestand (§ 4) geschaffen: Derjenige, der „*nachweist, dass das von ihm für die gleiche Warengattung geführte, nicht registrirte Warenzeichen bereits zur Zeit der*

---

[83]) OGH 30. 1. 2001, 4 Ob 5/01s – Vergabe von Subadressen – wbl 2001, 493 (*Thiele*) = ÖBl-LS 01/82.
[84]) Bei Löschungsanträgen nach § 30 Abs 2 MSchG unter Umständen sogar auf einen Zeitpunkt vor In-Kraft-Treten der Markenrechts-Nov 1999: OPM 22. 12. 1999, Om 4/99 – BOSS – PBl 2001, 208 = ÖBl-LS 2002/59.
[85]) Zu diesen Motiven vgl EB zur MSchGNov 1895 (1164 BlgAH 11. Sess 8). Als weiteres Motiv wird die Vermeidung einer Täuschung des „consumirenden Publicums" über „die Provenienz" der Ware genannt.
[86]) Der Vorbenützer kann diesen Einwand des älteren Rechts auch im Eingriffsverfahren nach § 9 Abs 3 UWG gegen den Markeninhaber geltend machen; § 31 Abs 1 MSchG ist hier sinngemäß anzuwenden (OGH 16. 6. 1992, 4 Ob 26/92 – Profi – ÖBl 1992, 221).
[87]) RGBl 1895/108.

Registrirung der angefochtenen, mit seinem nicht registrirten Warenzeichen gleichen oder verwechslungsfähigen Marke in den betheiligten Verkehrskreisen als Kennzeichen der Ware seines Unternehmens gegolten hat", war antragslegitimiert. In der Folge wurde diese Regelung mehrfach, allerdings nicht in ihrem Kern modifiziert.[88]

7.5.2. Tatbestand

Antragslegitimiert nach § 31 Abs 1 MSchG ist, wer nachweist,

- dass das von ihm[89] für dieselben oder für ähnliche Waren oder Dienstleistungen geführte (*Waren- bzw Dienstleistungsähnlichkeit*; Seite 430)
- *nicht registrierte* Zeichen[90]
- bereits zur Zeit der Anmeldung der angefochtenen Marke (*Prioritätszeitpunkt*; Seite 379),
- die seinem nicht registrierten Zeichen *gleich oder ähnlich* ist,
- innerhalb beteiligter Verkehrskreise als Kennzeichen der Waren oder Dienstleistungen seines Unternehmens gegolten hat (*Verkehrsgeltung*; Seite 299),
- es sei denn, die Marke wurde vom Markeninhaber mindestens ebenso lange unregistriert geführt, wie vom Unternehmen[91] des Antragstellers (hier entscheidet also ausnahmsweise die Priorität des bloßen Gebrauchs).

Bei Zusammentreffen mehrerer Schutzrechte entscheidet die Priorität. Dort, wo einer Marke der *Vorgebrauch* des Zeichens zur Kennzeichnung von Waren oder Dienstleistungen entgegengehalten wird, muss die *Verkehrsgeltung* hinzukommen.[92] Die stRsp[93] verlangt weiters einen „*aktuellen* zeichenrechtlichen *Besitzstand*" des Antragstellers. Der Schutz des nicht registrierten Zeichens setzt also die Aufrechterhaltung der Verkehrsgeltung voraus, während es zur Aufrechterhaltung der registrierten Marke genügt, wenn sie innerhalb der letzten fünf Jahre „ernsthaft" benutzt wurde (§ 33a MSchG).[94] Für den Nachweis der Verkehrsgeltung reicht die bloße Parteienvernehmung nicht aus.[95]

Beispiele:

- NA 27. 5. 1986: Dieser Fall endete mit einer Abweisung.[96] Eine Tanzkapelle trat als GesBR jahrelang unter der Bezeichnung „*Surfriders*" auf und erlangte dadurch für dieses Zeichen Verkehrsgeltung. Beim Auseinanderbrechen dieser

---

[88]) Vgl *Friedl/Schönherr/Thaler*, Patent- und Markenrecht, Anm 1 zu § 31 MSchG.
[89]) Dieser Löschungsanspruch kann also nur vom Inhaber des betreffenden Unternehmens geltend gemacht werden: *Schönherr/Thaler*, Entscheidungen zum Markenrecht (1985) E 23 zu § 31.
[90]) Vorausgesetzt wird, dass dieses Zeichen als Marke registrierbar wäre (OPM 8. 10. 1980, Om 13/79 – Perlitex – PBl 1981, 21); *Hohenecker/Friedl*, Wettbewerbsrecht 201.
[91]) In § 31 MSchG heißt es hier unpräzise „vom Unternehmen".
[92]) OGH 13. 4. 1999, 4 Ob 17/99z – LA LINIA/LA LINEA – ÖBl 1999, 283 = ecolex 1999, 705 (*Schanda*).
[93]) OGH 16. 6. 1959, 4 Ob 332 – Maschinenwelt – ÖBl 1960, 30; NA 19. 10. 1989, Nm 32/88 – Downtown – PBl 1991, 11 = ÖBl 1991, 13.
[94]) *Schönherr*, ÖBl 1981, 154.
[95]) OPM 7. 4. 2001, Om 7/00 – Gut Schwarzenegg – PBl 2001, 166 mwN = ÖBl-LS 01/173. Zur bloß örtlichen Verkehrsgeltung: NA 23. 3. 1981, Nm 45/79, PBl 1981, 160 = ÖBl 1981, 154.
[96]) NA 27. 5. 1986, Nm 77-80/85 – Surfriders – PBl 1989, 58 = ÖBl 1989, 73. Zur Konstellation mit „geteilter Verkehrsgeltung" vgl auch: NA 23. 5. 1984, Nm 9/82 – Herkules – PBl 1985, 80.

GesBR meldete einer der Gesellschafter den Namen dieser Tanzkapelle für sich als Marke an. Dem Löschungsantrag der übrigen Musiker, die unter dieser Bezeichnung weiter gemeinsam auftreten wollten, wurde deshalb nicht Folge gegeben, weil die Verkehrsbekanntheit hier auch dem Markeninhaber als ehemaliges Mitglied zuzurechnen war und er sich daher darauf berufen konnte, dass er die Marke ebenso lange unregistriert geführt habe wie die Antragsteller.

▸ NA 19. 10. 1989: Der Antragsteller konnte nachweisen, dass er den Titel „Downtown" 1983 und 1984 für eine Zeitschrift verwendet hat. Es erschienen eine Probenummer und drei reguläre Nummern mit einer Auflage von 5.000 Stück. Mehrere Zeitungsartikel, zwei Ö3-Sendungen und ein ORF-Filmbeitrag berichteten darüber. Die NA hielt es zwar für möglich, dass damals Verkehrsgeltung bestand, nicht hingegen, dass diese noch bis zum 5. 8. 1987 (Prioritätstag der angefochtenen Marke „Downtown") fortgewirkt hat. Der Löschungsantrag wurde daher abgewiesen.[97]

▸ OPM 7. 4. 2001: Nicht durchgedrungen ist auch ein Antragsteller, der sich darauf berufen hat, die Bezeichnung „GUT SCHWARZENEGG" seit 31 Jahren im Geschäftsverkehr zu verwenden. Allerdings ergab sich aus den vorgelegten Urkunden (Rechnungen) kein Anhaltspunkt dafür, dass Erzeugnisse oder Dienstleistungen des land- und forstwirtschaftlichen Betriebs unter diesem Zeichen vertrieben wurden. Vielmehr wurde der Besitz des Antragstellers von Behörden und auch von ihm selbst als „GUT SCHWARZENEGG" bezeichnet. Da darin kein Zeichengebrauch liegt, der geeignet wäre, das Zeichen zu einem Kennzeichen der Waren oder Dienstleistungen eines bestimmten Unternehmens zur Unterscheidung gegenüber den Waren oder Dienstleistungen anderer Unternehmen zu machen – wie dies der Schutz eines nicht registrierten Zeichens voraussetzt[98] –, war der Löschungsantrag nach § 31 MSchG abzuweisen.[99] Übrigens: Allenfalls wäre noch der Löschungstatbestand des § 32 MSchG in Betracht gekommen (Seite 492). Da sich die Antragstellerin jedoch in erster Instanz nicht auf diesen Löschungsgrund berufen hatte, war auf ihr diesbezügliches Vorbringen in der Berufung vom OPM nicht mehr einzugehen.

7.5.3. Verwirkung

Der Antrag ist abzuweisen, wenn der Antragsteller die Benutzung der eingetragenen Marke während eines Zeitraumes von *fünf aufeinanderfolgenden Jahren* in Kenntnis dieser Benutzung geduldet hat (§ 31 Abs 2, erster Satz MSchG; Erwägungsgrund 11 MarkenRL sowie Art 9 MarkenRL). Diese Verwirkungsfrist beginnt – so die EB[100] – frühestens mit der Registrierung der angefochtenen Marke. Eine Benutzung eines mit der eingetragenen Marke identen Zeichens vor dessen Registrierung als Marke ist in die Berechnung der Verwirkungsfrist nicht einzubeziehen. Zur Beweislast siehe Seite 488.

---

[97]) NA 19. 10. 1989, Nm 32/88 – Downtown – PBl 1991, 11 = ÖBl 1991, 13.
[98]) OGH 18. 10. 1977, 4 Ob 366/77 – Weinzierl – ÖBl 1978, 40.
[99]) OPM 7. 4. 2001, Om 7/00 – Gut Schwarzenegg – PBl 2001, 166 mwN = ÖBl-LS 01/173.
[100]) EB 1999, zitiert nach *Kucsko*, MSA MSchG (1999) Anm 4 zu § 31.

Dies gilt nur für die Waren und Dienstleistungen, für die die eingetragene Marke benutzt worden ist, und auch nur dann, wenn die Anmeldung der eingetragenen Marke nicht bösgläubig vorgenommen worden ist (§ 31 Abs 2, zweiter Satz MSchG; Art 9 MarkenRL; zu den Folgen der Verwirkung vgl oben Seite 488).

7.5.4. Wirkung der Löschung

Das Löschungserkenntnis wirkt auf den Beginn der Schutzdauer (§ 19 Abs 1 MSchG; Seite 475) zurück (§ 31 Abs 3 MSchG).

7.6. Löschung wegen Kollision mit älterem Handelsnamen

7.6.1. Grundlagen

Auch bei diesem Löschungstatbestand liegt der *Grundgedanke* in der Anerkennung älterer Kennzeichenrechte.

7.6.2. Tatbestand

Ein Unternehmer kann gemäß § 32 Abs 1 MSchG die Löschung einer Marke begehren,

- wenn sein *Name*, seine *Firma*[101] oder die *besondere Bezeichnung* seines Unternehmens oder eine diesen Bezeichnungen ähnliche Bezeichnung
- *ohne* seine *Zustimmung*
- als Marke oder als Bestandteil einer Marke *registriert* worden ist (§ 12 MSchG)
- und wenn die Benutzung der Marke geeignet wäre, im geschäftlichen Verkehr die Gefahr von *Verwechslungen* mit einem der vorerwähnten Unternehmenskennzeichen des Antragstellers hervorzurufen.

Dieser Löschungstatbestand ist aber nur dann erfüllt, wenn sich der Antragsgegner (Markeninhaber) nicht seinerseits auf ein prioritätsälteres Namensrecht berufen kann.[102]

Nur derjenige, der über ein „*Unternehmen*" (organisierte Erwerbsgelegenheit) verfügt, ist zur Antragstellung legitimiert.[103] Auf diesen Löschungstatbestand können sich auch *ausländische Unternehmen* berufen, deren Firma nach Art 8 PVÜ in Österreich Schutz genießt. Der Schutz im österreichischen Firmenbuch nicht eingetragener ausländischer Handelsnamen entspricht dem Schutz, den das österreichische Recht den nicht eingetragenen Handelsnamen gewährt. Seit der Entscheidung „Dr. Schnell"[104] verlangt der OPM als Schutzvoraussetzung keine Verkehrsbekanntheit mehr. Es genügt, dass der ausländische Handelsname im Inland in einer

---

[101]) Oder Firmenschlagwort: *Schönherr/Thaler*, Entscheidungen zum Markenrecht (1985) E 42 zu § 32.
[102]) OPM 7. 4. 2001, Om 7/00 – Gut Schwarzenegg – PBl 2001, 166 mwN – ÖBl-LS 01/173.
[103]) OPM 22. 6. 1983, Om 5/82 – Comet – PBl 1987, 123 = ÖBl 1987, 94.
[104]) OPM 25. 11. 1992, Om 12/92 – Dr Schnell – ÖBl 1994, 134 = PBl 1993, 190 = GRUR Int 1994, 859; *Kaltner*, ecolex 1994, 822. Zur älteren abweichenden Judikatur: OGH 8. 5. 1984, 4 Ob 326/84 – John Player – ÖBl 1984, 133 = GRUR Int 1985, 132; NA 26. 4. 1984, Nm 68/82 – Disper – PBl 1985, 35 = ÖBl 1989, 39.

Weise in Gebrauch genommen wurde, die auf den Beginn einer dauernden wirtschaftlichen Betätigung im Inland schließen lässt.[105] Voraussetzung ist allerdings, dass die Firma oder der Firmenbestandteil unterscheidungskräftig ist. Eine mangels Kennzeichnungskraft nicht schützbare Firma kann erst bei Verkehrsgeltung Schutz erlangen.[106] Voraussetzung für einen Löschungsanspruch nach § 32 MSchG ist weiters, dass der Löschungsgrund schon im Zeitpunkt der Anmeldung der Marke gegeben war.[107] Die Priorität eines Firmenschlagworts ergibt sich aus der Firmenbucheintragung.[108] Die Warengleichartigkeit ist an Hand des eingetragenen Unternehmensgegenstandes im Vergleich zum Waren- und Dienstleistungsverzeichnis der Marke zu prüfen.[109] Bei Kollision mit einer unterscheidungskräftigen Etablissementbezeichnung muss nicht deren Verkehrsgeltung nachgewiesen werden.[110]

Beispiele:

- OPM 11. 12. 1991: Der Antragsgegner hatte vom Antragsteller einen Weinausschankbetrieb mit der Bezeichnung *„Weinschenke zum 38er"* gepachtet und in der Folge diesen Namen als Marke angemeldet. Der Verpächter brachte einen Löschungsantrag gemäß § 32 MSchG ein. Der OPM hob die Entscheidung der NA auf, weil noch zu klären war, ob der Verpächter tatsächlich das Unternehmen bereits vor der Markenanmeldung unter diesem Namen geführt hat, denn nur dann stünde ihm ein Löschungsanspruch zu. Der bloße Hinweis im Vertrag könnte nämlich auch so verstanden werden, dass der Pächter den Betrieb eben unter diesem Namen führen wollte. In diesem Fall hätte der Pächter eigene Rechte an dieser Bezeichnung erworben und der Löschungsantrag wäre abzuweisen.[111]
- NA 21. 11. 1996: Da der Firmenbestandteil „BIO NATURKRAFT" nicht unterscheidungskräftig ist, wäre für den Schutz ein Verkehrsgeltungsnachweis erforderlich. Bloß behauptete, aber nicht durch entsprechende Unterlagen belegte Umsätze und Werbemaßnahmen sowie ein Briefpapier genügten dazu nicht.[112]
- OPM 15. 1. 1997: Inserate eines deutschen Unternehmens in der „Süddeutschen Zeitung", die in einer Auflage von rund 6500 Exemplaren in Österreich vertrieben wird, genügten zur Schutzgewährung ebenso wenig wie der Hinweis auf den Einkaufstourismus der Österreicher nach München, wo die Antragstellerin Geschäfte unter der hier zu beurteilenden Bezeichnung *„ProMarkt"* betreibt. Schutzvoraussetzung wäre, dass das Zeichen *im Inland* in Gebrauch genommen wurde.[113]

---

[105]) OPM 11. 7. 2001, Om 4/01 – Holztherm – PBl 2002, 9 = ÖBl-LS 2002/62; OPM 15. 1. 1997, Om 7/95 – ProMarkt – PBl 1997, 216 = ÖBl 1997, 293 (*Seist*) = GRUR Int 1998, 813; NA 21. 11. 1996, Nm 76/95 – BIO-NATURKRAFT – PBl 1998, 22.
[106]) NA 21. 11. 1996, Nm 76/95 – BIO-NATURKRAFT – PBl 1998, 22.
[107]) OPM 11. 12. 1991, Om 2/91 – Weinschenke zum 38er – PBl 1992, 187 = ÖBl 1992, 199.
[108]) NA 17. 3. 1987, Nm 34/86 – ALFINA – PBl 1987, 239 = ÖBl 1987, 152.
[109]) NA 17. 3. 1987, Nm 34/86 – ALFINA – PBl 1987, 239 = ÖBl 1987, 152. Anders (mE unzutreffend) noch OPM 11. 7. 1984, Om 2/84 – Schottglas – PBl 1984, 204 = ÖBl 1985, 4.
[110]) OGH 29. 4. 1980, 4 Ob 317/80 – Tabasco – ÖBl 1981, 24 = SZ 53/69.
[111]) OPM 11. 12. 1991, Om 2/91 – Weinschenke zum 38er – PBl 1992, 187 = ÖBl 1992, 199.
[112]) NA 21. 11. 1996, Nm 76/95 – BIO-NATURKRAFT – PBl 1998, 22.
[113]) OPM 15. 1. 1997, Om 7/95 – ProMarkt – PBl 1997, 216 = ÖBl 1997, 293 (*Seist*) = GRUR Int 1998, 813.

▸ OPM 11. 7. 2001: Die Antragstellerin ist in Tschechien unter der Firma „Holztherm spol.s.r.o." eingetragen und verkauft jedenfalls seit 2. 9. 1991 Holzbriketts nach Österreich. Die Antragsgegnerin ist Inhaberin der am 12. 12. 1991 angemeldeten Wortmarke „*Holztherm*" für Holzbriketts. Der OPM ging davon aus, dass bei Kollisionen zwischen einem Firmenschlagwort und einer Marke Verwechslungsgefahr vor allem bei Gleichheit oder Ähnlichkeit der vertriebenen Waren und Dienstleistungen (im Sinne einer Branchenähnlichkeit) hervorgerufen werde. Dies war hier zu bejahen, die Marke wurde gelöscht.[114]

7.6.3. Verwirkung

Bis zur Markenrechts-Nov 1999 war eine Befristung für den Löschungsantrag nach § 32 MSchG nicht vorgesehen; die Verwirkung wurde abgelehnt.[115] Nunmehr[116] ist der Antrag abzuweisen, wenn der Antragsteller die Benutzung der eingetragenen Marke während eines Zeitraumes von *fünf aufeinanderfolgenden Jahren* in Kenntnis dieser Benutzung geduldet hat (§ 32 Abs 2, erster Satz MSchG; Art 9 MarkenRL). Dies gilt nur für die Waren und Dienstleistungen, für die die eingetragene Marke benutzt worden ist, und auch nur dann, wenn die Anmeldung der eingetragenen Marke nicht bösgläubig vorgenommen worden ist (§ 32 Abs 2, zweiter Satz MSchG). Zur Frage der *Beweislastverteilung* vgl Seite 488.

7.6.4. Wirkung der Löschung

Das Löschungserkenntnis wirkt auf den Beginn der Schutzdauer (§ 19 Abs 1 MSchG) zurück (§ 32 Abs 3 MSchG).

---

[114]) OPM 11. 7. 2001, Om 4/01 – Holztherm – PBl 2002, 9 = ÖBl-LS 2002/62.
[115]) PGH 5. 7. 1961, M 8/59 – Guerlain – PBl 1962, 78.
[116]) EB 1999, zitiert nach *Kucsko*, MSA MSchG (1999) Anm 2 zu § 32: Abs 2 wird in Entsprechung zu § 30 Abs 3 MSchG sowie § 31 Abs 2 MSchG neu eingeführt, um eine Gleichstellung zwischen den Kennzeichenrechten, auf deren Basis eine Marke gelöscht werden kann, herbeizuführen bzw eine Schlechterstellung von Markeninhabern in punkto Verwirkung zu vermeiden. § 74 MSchG enthält dazu eine spezielle Übergangsvorschrift: Der Lauf der im § 32 Abs 2 MSchG genannten Fünfjahresfrist beginnt hinsichtlich der im Zeitpunkt des In-Kraft-Tretens der Markenrechts-Nov 1999 bestehenden Ansprüche gegen den Inhaber einer vor dem In-Kraft-Treten dieser Novelle registrierten Marke mit dem In-Kraft-Treten der Novelle. § 32 MSchG war bislang eine Verwirkungsregelung fremd (anders § 31 Abs 2 MSchG): Sohin hatten Antragsberechtigte an sich unbeschränkt Zeit zur Verfolgung der von dieser Bestimmung abgedeckten Sachverhalte. Damit ihre Ansprüche nach In-Kraft-Treten der Markenrechts-Nov 1999 nicht unter Umständen mit einem Schlag und ohne angemessene Übergangszeit als verwirkt anzusehen sind, wurde im § 74 statuiert, dass die Fünfjahresfrist des § 32 Abs 2 MSchG auch hinsichtlich der zum Zeitpunkt des In-Kraft-Tretens dieses Bundesgesetzes bereits bestehenden Ansprüche erst mit diesem Zeitpunkt zu laufen beginnt (EB 1999, zitiert nach *Kucsko*, MSA MSchG [1999] Anm 1 zu § 74).

7.7. Löschung einer Agentenmarke
7.7.1. Grundlagen

Die Agentenmarke.

Dieser Löschungstatbestand soll einem besonderen *Missbrauchsfall* begegnen: Ein inländischer Vertragshändler oder Handelsvertreter lässt sich heimlich eine Marke seines ausländischen Vertragspartners registrieren, die dieser in Österreich anzumelden unterlassen hat. Bei oder nach Beendigung des Vertragsverhältnisses versucht dann der ehemalige inländische Vertreter seinen früheren Vertragspartner oder dessen neuen inländischen Vertreter dadurch unter Druck zu setzen, dass er ihnen die Verwendung „seiner" Marke verbietet.

Vorgaben der PVÜ: Den Anstoß für diesen Löschungstatbestand hat der mit der Lissaboner Fassung neu eingefügte *Art 6^{septies} PVÜ* gegeben. Dieser sieht Rechtsbehelfe (einen in Österreich nicht möglichen Widerspruch gegen die Eintragung oder einen Löschungsanspruch) vor, falls „der Agent oder der Vertreter dessen, der in einem der Verbandsländer Inhaber einer Marke ist, ohne dessen Zustimmung die Eintragung dieser Marke auf seinen eigenen Namen in einem oder mehreren dieser Länder" beantragt und seine Handlungsweise „nicht rechtfertigen" kann.

Vorgaben des Gemeinschaftsrechts: Die *MarkenRL* (Seite 240) kennt diesen Tatbestand in dieser Form nicht. Sie stellt es jedoch den Mitgliedstaaten frei vorzusehen, dass eine Marke von der Eintragung ausgeschlossen ist oder der nachträglichen Ungültigerklärung unterliegt, wenn und soweit „der Antragsteller die Eintragung der Marke *bösgläubig* beantragt hat" (Art 3 Abs 2 lit d). Die Markenrechts-Nov 1999 hat diesen Regelungsvorschlag der MarkenRL übernommen und damit eine Lücke geschlossen (Seite 234).[117]

Österreichische Regelung: Mit der *MSchG-Nov 1969* wurde die Regelung der PVÜ in das nationale Markenrecht umgesetzt und dazu der Löschungstatbestand des § 30a MSchG (damals: § 22 Abs 2 MSchG) geschaffen.

Da es „als unbefriedigend" empfunden wurde, dass der „ungetreue Agent" nur auf Löschung in Anspruch genommen werden kann, wurde mit der *MSchG-Nov 1977* (Seite 233) dem Antragsteller auch die Möglichkeit eingeräumt, die *Übertragung* der Marke des Agenten auf sich zu beantragen. Auch dies ist bereits in Art 6^{septies} Abs 1 PVÜ – fakultativ – vorgezeichnet. Nicht Gebrauch gemacht wurde hingegen von der in Art 6^{septies} Abs 3 PVÜ vorgegebenen Möglichkeit, eine angemessene Frist zur Geltendmachung dieser Rechte vorzuschreiben.

---

[117]) Zu diesem Reformanliegen: *Kucsko*, ÖBl 1994, 97; *Liebscher* (ÖBl 1992, 193) bezweifelte überhaupt, dass das Beibehalten des § 30a MSchG richtlinienkonform gewesen wäre.

Zu diesem Löschungstatbestand korrespondiert die stRsp, dass derjenige, der eine Marke sittenwidrig erworben hat, aus ihr gegen den Vorbenützer nicht mit einem zivilrechtlichen Unterlassungsanspruch vorgehen kann (Seite 462). Der aus einer solchen „Agentenmarke" angegriffene (ehemalige) Geschäftsherr wird daher einerseits als Beklagter im Prozess den Einwand erheben, dass der klagende Markeninhaber die Marke sittenwidrig erworben habe, andererseits beim PA einen Übertragungs- bzw Löschungsantrag gemäß § 30a MSchG einbringen und die Unterbrechung des Zivilprozesses bis zur rechtskräftigen Entscheidung durch das PA beantragen.

7.7.2. Tatbestand

Gemäß § 30a Abs 1 MSchG kann derjenige,

- der im *Ausland* durch Registrierung oder Benutzung[118] Rechte an einem *Zeichen*[119] erworben hat,[120] begehren,
- dass eine *gleiche oder ähnliche* (Seite 393),
- für dieselben oder ähnliche Waren oder Dienstleistungen (*Waren- bzw Dienstleistungsähnlichkeit*; Seite 430) später angemeldete Marke gelöscht wird,
- wenn deren Inhaber zur *Wahrung der geschäftlichen Interessen* des Antragstellers (gesetzlich oder vertraglich)[121] verpflichtet ist oder war und
- die Marke ohne dessen Zustimmung und *ohne* tauglichen *Rechtfertigungsgrund* registrieren ließ[122].

§ 30a MSchG wird in stRsp weit ausgelegt: Diese Regelung richtet sich gegen sittenwidriges Vorgehen beim Markenerwerb durch Missbrauch eines Vertrauensverhältnisses. Sie ist nicht auf den Markenerwerb durch einen „Agenten" („Handelsvertreter"), insbesondere nicht auf das Vorliegen eines Alleinvertriebsvertrages zwischen dem Markenerwerber und dem Vorbenützer der Marke beschränkt. Wer zur Wahrung der geschäftlichen Interessen eines anderen, der ein bestimmtes Zeichen schon gebraucht hat, verpflichtet ist, darf ein Markenrecht an dieser oder einer ähnlichen Bezeichnung für gleiche oder gleichartige Waren ohne Zustimmung des bisherigen Benützers nur bei Vorliegen besonderer Gründe erwerben. § 30a MSchG erfordert somit, dass zwischen Antragsteller und Antragsgegner ein besonderes Vertrauensverhältnis besteht, das diesen zur Wahrung der geschäftli-

---

[118]) OGH 3. 5. 2000, 4 Ob 109/00h – Pycnogenol – ÖBl 2001, 91.
[119]) Damit sind nur Waren- und Dienstleistungsbezeichnungen gemeint: Der Schutz der Firma ist nicht durch § 30a MSchG sondern allenfalls durch § 32 MSchG gewährleistet. Wird die Firma hingegen als Warenbezeichnung verwendet („*markenmäßiger Gebrauch*"), so ist § 30a MSchG anwendbar; vgl OPM 25. 11. 1992, Om 12/92 – Dr Schnell – ÖBl 1994, 134 = PBl 1993, 190 = GRUR Int 1994, 859.
[120]) Ob jemand Inhaber eines Zeichenrechts ist, ist nach den Vorschriften des betreffenden Staats zu prüfen (EB zur MSchG-Nov 1969, 887 BlgNR 11. GP, 15). Gemeint sind hier nur Waren- und Dienstleistungsbezeichnungen, nicht aber Unternehmensbezeichnungen (insbesondere eine Firma) als solche. Wird eine Unternehmensbezeichnung allerdings markenmäßig verwendet, so kann § 30a MSchG greifen; zum Ganzen OPM 25. 11. 1992, Om 12/92 – Dr Schnell – ÖBl 1994, 134 = PBl 1993, 190 = GRUR Int 1994, 859.
[121]) EB zur MSchG-Nov 1969 (887 BlgNR 11. GP, 15).
[122]) Entscheidend ist der Sachverhalt bis zum Prioritätstag der Marke (OPM 25. 11. 1992, Om 12/92 – Dr Schnell – ÖBl 1994, 134 = PBl 1993, 190 = GRUR Int 1994, 859). Beispiele für Rechtfertigungsgründe sind bei OGH 3. 5. 2000, 4 Ob 109/00h – Pycnogenol – ÖBl 2001, 91 zitiert.

chen Interessen des Antragstellers verpflichtet.[123] Es genügt unter Umständen schon ein Verstoß gegen vorvertragliche Aufklärungs-, Schutz- und Sorgfaltspflichten.[124] Eine Agentenmarke wird nur dann angenommen, wenn der Vertrag zwischen dem Markeninhaber und seinem Vertreter auch eine Ermächtigung zur Benutzung der Marke umfasst oder sich diese zumindest aus der Vertreterbeziehung ergibt. Eine ausreichende Ermächtigung liegt in der Verpflichtung des Agenten/Vertreters, Maßnahmen der Absatzförderung, wie Marketing und Produktwerbung, auf dem inländischen Markt für die ausländischen Waren durchzuführen. Das Schutzhindernis haftet der Agentenmarke als solcher an und kann nicht etwa durch Übertragung auf der Pflichtenbindung nicht unterliegende Personen „geheilt" werden.[125]

Beispiele:
- OPM 11. 1. 1989: Die „Champ" Sportdienst GmbH vertreibt in der BRD Nahrungsmittel und Getränke für den Bereich des Sports unter der Bezeichnung *„Champ"* (und kann dafür Ausstattungsschutz nach § 25 dWZG beanspruchen). Ihr österreichischer Alleinvertriebspartner für „Champ"-Produkte meldet hier ohne ihre Zustimmung eine Wort-Bild-Marke „Champ" für „Aufbaunahrung für Sportler" an. Die „Champ" GmbH kann daher gestützt auf § 30a MSchG die Übertragung der österreichischen Marke auf sich durchsetzen.[126]
- OPM 25. 11. 1992: Die in der BRD im Handelsregister eingetragene „Dr Schnell Chemie GmbH & Co KG" vertreibt unter dem Firmenschlagwort „DR SCHNELL" in Deutschland ein Waschmittel und erlangt so an dieser Warenbezeichnung Ausstattungsschutz nach § 25 dWZG. Sie beginnt in der Folge eine Geschäftsbeziehung mit einem österreichischen Waschmittelerzeuger zum Bezug von in Österreich herzustellendem Waschmittel. Auf Anregung des Herstellers sollte auf den Packungen die Firmenbezeichnung der Dr Schnell Chemie GmbH & Co KG angebracht werden. Ohne Wissen dieser Gesellschaft meldet der Hersteller nunmehr die Marke „DR SCHNELL'S" in Österreich an. Die Dr Schnell Chemie GmbH & Co KG kann dagegen mit einem Löschungsantrag vorgehen.[127]
- OPM 13. 11. 1996: Der Geschäftsführer der Antragstellerin, Andreas A., hatte die Wort-Bild-Marke „BAD + MAD" für Bekleidungsstücke entworfen und in Deutschland registrieren lassen. Die Antragsgegnerin wurde beauftragt, für die Antragstellerin zu produzieren. Die ersten Auslieferungen erfolgten im März und April 1993. Sie waren von minderer Qualität und die Geschäftsbeziehung wurde daher wieder beendet. Am 29. 10. 1993 meldete die Antragsgegnerin die österreichische Wortmarke „BAD + MAD", ebenfalls für Be-

---

[123]) OPM 15. 1. 1997, Om 7/95 – ProMarkt – PBl 1997, 216 = ÖBl 1997, 293 (*Seist*) = GRUR Int 1998, 813; NA 26. 4. 1984, Nm 68/82 – Disper – PBl 1985, 35 = ÖBl 1989, 39.
[124]) Zum Ganzen: OPM 25. 11. 1992, Om 12/92 – Dr Schnell – ÖBl 1994, 134 = PBl 1993, 190 = GRUR Int 1994, 859. Ein bloßes Käufer/Verkäufer-Verhältnis genügt noch nicht: NA 14. 10 1986, Nm 14/85 – WÖRL-ALARM – PBl 1989, 120 = ÖBl 1989, 99.
[125]) OGH 3. 5. 2000, 4 Ob 109/00h – Pycnogenol – ÖBl 2001, 91 mwN.
[126]) OPM 11. 1. 1989, Om 5/87 – Champ – PBl 1989, 154 = ÖBl 1989, 138.
[127]) Vgl OPM 25. 11. 1992, Om 12/92 – Dr Schnell – ÖBl 1994, 134 = PBl 1993, 190 = GRUR Int 1994, 859.

kleidung, an. Der OPM bejahte hier den Bruch des durch den Produktionsauftrag begründeten Vertrauensverhältnisses und bestätigte die Löschungsverfügung der NA.[128]

- OPM 15. 1. 1997: Der OPM hat im Fall „*ProMarkt*" offengelassen, ob ein *Lizenzvertrag* ausreicht, um ein entsprechendes Vertrauensverhältnis anzunehmen (meines Erachtens wird dies im Allgemeinen zu bejahen sein). Die Antragstellerin konnte nämlich lediglich einen mündlichen Lizenzvertrag ihrer Rechtsvorgängerin mit der Rechtsvorgängerin der Antragsgegnerin und auch dies nur für bestimmte Regionen in Deutschland behaupten. Dies war jedenfalls keine ausreichende Grundlage für Ansprüche nach § 30a MSchG.[129]

- OPM 10. 7. 2002: Die Antragstellerin hatte aus der Konkursmasse der S-GmbH die deutsche Marke „Mc Sun" (für den „Betrieb eines Bräunungsstudios") erworben. Die Antragsgegnerin war Vertriebspartner der S-GmbH gewesen und hatte mit deren Zustimmung eine österreichische Marke „Mc Sun Sonnenstudio" angemeldet. Die vorgelegte Übertragungserklärung für die deutsche „Mc Sun"-Marke reichte allerdings nicht als Nachweis dafür, dass die Antragstellerin auch den seinerzeitigen Vertriebsvertrag übernommen hatte. Der Antrag nach § 30a MSchG wurde daher schon aus diesem Grund abgewiesen.[130]

Eine Befristung für den Löschungsantrag nach § 32 MSchG ist nicht vorgesehen; die Verwirkung wird abgelehnt.[131]

7.7.3. Wirkung der Löschung

Das Löschungserkenntnis wirkt auf den Beginn der Schutzdauer (§ 19 Abs 1 MSchG) zurück (§ 30a Abs 2 MSchG).

7.7.4. Übertragung der Agentenmarke

Anstelle der Löschung kann der Antragsteller begehren, dass ihm die Marke übertragen wird (§ 30a Abs 3 MSchG). Dieser Anspruch kann nur vor dem Patentamt geltend gemacht werden. Ein im ordentlichen Rechtsweg geltend zu machender Anspruch auf Abgabe einer „Übertragungserklärung" besteht nicht.[132]

7.8. Von Amts wegen wahrzunehmende Löschungsgründe

7.8.1. Grundlagen

Dieser Löschungstatbestand hat folgende *Ratio*: Hätte eine Marke von Anfang an nicht registriert werden dürfen, so wäre es nicht gerechtfertigt, die registrierte

---

[128]) OPM 13. 11. 1996, Om 7/96 – BAD + MAD – PBl 1997, 152.
[129]) OPM 15. 1. 1997, Om 7/95 – ProMarkt – PBl 1997, 216 = ÖBl 1997, 293 (*Seist*) = GRUR Int 1998, 813.
[130]) OPM 10. 7. 2002, Om 1/02 – Mc Sun – PBl 2002, 166 = ÖBl-LS 2003/28.
[131]) PGH 5. 7. 1961, M 8/59 – Guerlain – PBl 1962, 78.
[132]) OGH 13. 6. 1995, 4 Ob 40/95 – DETOMASO – ÖBl 1996, 91 = ecolex 1995, 817.

Marke aufrechtzuerhalten. Da die Beseitigung derartiger Marken im Interesse der Öffentlichkeit liegt, wurde ein als Popularklage ausgestalteter allgemeiner Löschungstatbestand geschaffen.

Vorgaben des Gemeinschaftsrechts: Auch die *MarkenRL* sichert die Eintragungshindernisse durch einen Löschungstatbestand ab (Art 3 Abs 1).

Österreichische Regelung: In der Rsp war dieser Löschungsgrund bereits unbestritten anerkannt, als er mit der *MSchG-Nov 1934*[133] (Seite 231) in das MSchG eingefügt wurde.

7.8.2. Tatbestand

Aus einem von Amts wegen wahrzunehmenden Grund kann die Löschung einer Marke von jedermann (*„Popularklage"*) begehrt werden (§ 33 Abs 1 MSchG).

Welche *Gründe* „von Amts wegen" wahrzunehmen sind, listet § 33 MSchG nicht auf. § 75 MSchG enthält allerdings in der Fassung der Markenrechts-Nov 1999 eine spezielle Übergangsvorschrift, die zur Konkretisierung des Löschungstatbestands beiträgt: Auf vor dem In-Kraft-Treten der Markenrechts-Nov 1999 eingereichte Anträge auf Löschung einer Marke gemäß § 33 MSchG in Verbindung mit den §§ 1, 3, 4, 7, 60 oder 66 MSchG sind diese Bestimmungen in der vor dem In-Kraft-Treten der Markenrechts-Nov 1999 geltenden Fassung weiter anzuwenden[134]; wird nach dem In-Kraft-Treten der Markenrechts-Nov 1999 ein Antrag auf Löschung einer vorher registrierten Marke gemäß § 33 MSchG eingereicht, so kann dieser Antrag nicht mehr auf § 33 MSchG in Verbindung mit den §§ 1, 3, 4, 7, 60 oder 66 MSchG in der vor dem In-Kraft-Treten der Markenrechts-Nov 1999 geltenden Fassung, sondern nur auf § 33 MSchG in Verbindung mit den §§ 4, 7 oder 66 MSchG in der nach dem In-Kraft-Treten der Markenrechts-Nov 1999 geltenden Fassung gestützt werden.[135] Diese Aufzählung der Tatbestände ist jedoch nicht taxativ. Die EB 1999[136] merken dazu an: Da § 5 MSchG, der ebenfalls in Verbindung mit § 33 MSchG herangezogen werden könnte, durch die Markenrechts-Nov 1999 keine Änderung erfährt, bleibt er von dieser Bestimmung unberührt.

In der Praxis werden Löschungsanträge nach § 33 MSchG zumeist darauf gestützt, dass die Marke „nicht hätte registriert werden dürfen" (vgl § 33 Abs 2 MSchG),

---

[133]) BGBl 1934/330.
[134]) Vgl dazu die Anwendungsfälle OPM 28. 11. 2001, Om 7/01 – DERMACURE – PBl 2002, 97 = ÖBl-LS 2002/168; OPM 7. 4. 2001, Om 7/00 – Gut Schwarzenegg – PBl 2001, 166 mwN = ÖBl-LS 01/173; OPM 22. 9. 1999, Om 3/99 – WEISSE, BLAUE, BUNTE SEITEN – PBl 2000, 14 = ÖBl-LS 00/20.
[135]) Im Zusammenwirken mit dem Entfall der bisherigen §§ 3 und 60 bedeutet dies in weiterer Folge, dass alle vor dem In-Kraft-Treten der Novelle möglicherweise entgegen diesen Bestimmungen registrierten Marken, hinsichtlich welcher ein entsprechender Löschungsantrag gemäß § 33 in Verbindung mit § 3 oder mit § 60 nicht vor dem In-Kraft-Treten der Novelle beim Österreichischen Patentamt, Nichtigkeitsabteilung, eingereicht wird, rückwirkend aus diesem Grunde unanfechtbar werden (EB 1999, zitiert nach *Kucsko*, MSA MSchG [1999] Anm 1 zu § 75); zur Frage der Beurteilung nach der Rechtslage zur Zeit der Eintragung vgl VfGH 30. 11. 1999, B 889/97 – Tabasco VII – ÖBl 2000, 90 = PBl 2000, 144.
[136]) Zitiert nach *Kucsko*, MSA MSchG (1999) Anm 1 zu § 75.

dass also im Eintragungsverfahren ein *Eintragungshindernis* nicht oder nicht gebührend beachtet worden ist. Daher ist bei der Entscheidung über einen solchen Löschungsantrag auf die Verhältnisse im Prioritätszeitpunkt der Marke abzustellen (zur nachträglichen Entwicklung zum Freizeichen oder zur nachträglichen Irreführungseignung vgl Seite 512, 515).[137] Schwierigkeiten können sich vor allem dann ergeben, wenn ein auf den Prioritätstag rückbezogener Verkehrsgeltungsnachweis erforderlich wird und die dafür notwendigen Belege nicht mehr verfügbar sind (Seite 303).[138] Wurde bereits im Anmeldeverfahren ein Verkehrsgeltungsnachweis erbracht, so ist der Markeninhaber dennoch nicht gehindert, im Löschungsverfahren (wenn bezweifelt wird, dass der damalige Verkehrsgeltungsnachweis ausreichend war) die Beweismittel zu ergänzen.[139] Der Antragsteller gegen eine mit Verkehrsgeltungsnachweis eingetragene Marke muss beweisen, dass im Prioritätszeitpunkt keine Verkehrsgeltung bestand. Er kann diesen Beweis auch dadurch erbringen, dass er sich bloß auf die im Registrierungsverfahren vorgelegten Beweismittel stützt und behauptet, bei richtiger rechtlicher Beurteilung hätten diese nicht ausgereicht.[140]

Im Löschungsverfahren kommt es allein darauf an, für welche Waren (Leistungen) die Marke registriert ist. Der OPM berücksichtigt daher nicht, ob es sich bei der Formulierung des Warenverzeichnisses um eine bewusste oder um eine (auf einen Schreibfehler zurückgehende) unbewusste „Schöpfung" handelt.[141]

Beispiel:

> OPM 25. 10. 2000: Wenn im Warenverzeichnis der tatsächlich nicht existierende Begriff „Burbon-Whisky" statt des bekannten Begriffs „Bourbon-Whisky" steht, so ist irrelevant, ob dies Absicht oder ein Schreibfehler ist (vgl zu den Auswirkungen auf die Beurteilung der Irreführungseignung der Marke Seite 276).[142]

Eine *Befristung* für den Löschungsantrag nach § 33 MSchG ist nicht vorgesehen; die *Verwirkung* wird abgelehnt.[143] Ob bei einem Anerkenntnis des Löschungsbegehrens jedenfalls auf Löschung zu erkennen ist, ist strittig.[144]

---

[137]) Vgl *Schönherr/Thaler*, Entscheidungen zum Markenrecht (1985) E 20 zu § 33.
[138]) Zur Beweislastverteilung hinsichtlich der Verkehrsgeltung im Prioritätszeitpunkt: OPM 29. 8. 1990, Om 11/89 – RADIO TIROL – PBl 1991, 138 = ÖBl 1991, 57; OPM 10. 6. 1987, Om 7/85 – Omega – PBl 1987, 223 = ÖBl 1987, 123; OPM 23. 2. 1983, Om 3/82 – Atemfrei – ÖBl 1984, 118 (*Schmidt/Barger*) = PBl 1983, 139.
[139]) Vgl dazu BA 6. 4. 1989, Bm 5/88 – POLY – PBl 1990, 195 = ÖBl 1990, 250.
[140]) NA 23. 11. 1983, Nm 57/82, PBl 1984, 100; OPM 23. 2. 1983, Om 3/82 – Atemfrei – ÖBl 1984, 118 (*Schmidt/Barger*) = PBl 1983, 139.
[141]) OPM 25. 10. 2000, Om 2/00 – OLD BOURBON STREET – PBl 2001, 200 = ÖBl-LS 2002/55.
[142]) OPM 25. 10. 2000, Om 2/00 – OLD BOURBON STREET – PBl 2001, 200 = ÖBl-LS 2002/55.
[143]) PGH 5. 7. 1961, M 8/59 – Guerlain – PBl 1962, 78.
[144]) *Schönherr/Thaler*, Entscheidungen zum Markenrecht (1985) E 49 und 50 zu § 33.

7.8.3. Wirkung der Löschung

Wird die Marke deshalb gelöscht, weil sie nicht hätte registriert werden dürfen, wirkt das Löschungserkenntnis auf den Beginn der Schutzdauer (§ 19 Abs 1 MSchG) zurück (§ 33 Abs 2 MSchG). Daraus folgert der OPM, dass die Löschungsfähigkeit nach der Rechtslage zum Zeitpunkt der Eintragung zu beurteilen ist.[145]

7.9. Löschung wegen Nichtgebrauchs
7.9.1. Grundlagen

Bei nicht ausreichender Nutzung ist die Marke angreifbar.

Vorgaben der PVÜ: Die *PVÜ* enthält keine Verpflichtung der Mitgliedstaaten, einen Gebrauchszwang einzuführen. Soweit ein solcher aber in einem Land vorgegeben wird, muss er sich innerhalb gewisser Rahmenbedingungen halten: Ist in einem Land der Gebrauch der eingetragenen Marke vorgeschrieben, so darf die Eintragung erst nach Ablauf einer angemessenen Frist und nur dann für ungültig erklärt werden, wenn der Beteiligte seine Untätigkeit nicht rechtfertigt (Art 5 C Abs 1 PVÜ). Wird eine Fabrik- oder Handelsmarke vom Inhaber in einer Form gebraucht, die von der Eintragung in einem der Verbandsländer nur in Bestandteilen abweicht, ohne dass dadurch die Unterscheidungskraft der Marke beeinflusst wird, so soll dieser Gebrauch die Ungültigkeit der Eintragung nicht nach sich ziehen und den der Marke gewährten Schutz nicht schmälern (Art 5 C Abs 2 PVÜ). Der gleichzeitige Gebrauch derselben Marke auf gleichen oder gleichartigen Erzeugnissen durch gewerbliche oder Handelsniederlassungen, die nach den Bestimmungen des Gesetzes des Landes, in dem der Schutz beansprucht wird, als Mitinhaber der Marke angesehen werden, steht der Eintragung der Marke nicht entgegen und schmälert nicht den der genannten Marke in einem Verbandsland gewährten Schutz, sofern dieser Gebrauch nicht eine Irreführung des Publikums zur Folge hat und dem öffentlichen Interesse nicht zuwiderläuft (Art 5 C Abs 3 PVÜ).

Vorgaben des TRIPS-Abk: Wenn die Benutzung für die Aufrechterhaltung einer Eintragung vorausgesetzt wird, darf die Eintragung erst nach einem ununterbrochenen Zeitraum der Nichtbenutzung von drei Jahren gelöscht werden, sofern der Inhaber der Marke nicht stichhaltige, auf das Vorhandensein von Hindernissen für eine solche Benutzung gestützte Gründe glaubhaft macht. Umstände, die unabhängig vom Willen des Inhabers der Marke eintreten und die ein Hindernis für die Benutzung der Marke bilden, wie zum Beispiel Einfuhrbeschränkungen oder sons-

---

[145]) OPM 13. 11. 1996, Om 4/96 – Tabasco V – PBl 1997, 130 = ÖBl 1997, 232 = wbl 1997, 219.

tige staatliche Auflagen für durch die Marke geschützte Waren oder Dienstleistungen, werden als stichhaltige Gründe für die Nichtbenutzung anerkannt (Art 19 Abs 1 TRIPS-Abk). Wenn sie der Kontrolle durch ihren Inhaber unterliegt, wird die Benutzung der Marke durch einen Dritten als Benutzung der Marke zum Zwecke der Aufrechterhaltung der Eintragung anerkannt (Art 19 Abs 2 TRIPS-Abk). *Sonstige Erfordernisse* (Art 20 TRIPS-Abk): Die Benutzung einer Marke im geschäftlichen Verkehr darf nicht ungerechtfertigt durch besondere Erfordernisse belastet werden, zum Beispiel Benutzung mit einer anderen Marke, Benutzung in einer besonderen Form oder Benutzung auf eine Art und Weise, die ihrer Fähigkeit abträglich ist, die Waren oder Dienstleistungen eines Unternehmens von denen anderer Unternehmen zu unterscheiden. Dies schließt eine Verpflichtung nicht aus, die Marke, welche das die Waren oder Dienstleistungen herstellende Unternehmen kennzeichnet, gemeinsam aber ohne Verbindung mit der Marke zu benutzen, welche die konkreten Waren oder Dienstleistungen dieses Unternehmens unterscheidet.

Vorgaben des Gemeinschaftsrechts: Auch das *Gemeinschaftsrecht* kennt den Gebrauchszwang: Für die Gemeinschaftsmarke ist er in Art 15 GMV vorgesehen (Seite 610). Die MarkenRL (Seite 240) enthält entsprechende Regelungen in Art 10 bis 12.[146] Art 10 Abs 1 MarkenRL bestimmt: Hat der Inhaber der Marke diese für die Waren oder Dienstleistungen, für die sie eingetragen ist, innerhalb von fünf Jahren nach dem Tag des Abschlusses des Eintragungsverfahrens nicht ernsthaft in dem betreffenden Mitgliedstaat benutzt, oder wurde eine solche Benutzung während eines ununterbrochenen Zeitraums von fünf Jahren ausgesetzt, so unterliegt die Marke den in dieser Richtlinie vorgesehenen Sanktionen, es sei denn, dass berechtigte Gründe für die Nichtbenutzung vorliegen. Und weiter Art 12 Abs 1 MarkenRL: Eine Marke wird für verfallen erklärt, wenn sie innerhalb eines ununterbrochenen Zeitraums von fünf Jahren in dem betreffenden Mitgliedstaat für die Waren oder Dienstleistungen, für die sie eingetragen ist, nicht ernsthaft benutzt worden ist und keine berechtigten Gründe für die Nichtbenutzung vorliegen; der Verfall einer Marke kann jedoch nicht geltend gemacht werden, wenn nach Ende dieses Zeitraums und vor Stellung des Antrags auf Verfallserklärung die Benutzung der Marke ernsthaft begonnen oder wieder aufgenommen worden ist; wird die Benutzung jedoch innerhalb eines nicht vor Ablauf des ununterbrochenen Zeitraums von fünf Jahren der Nichtbenutzung beginnenden Zeitraums von drei Monaten vor Stellung des Antrags auf Verfallserklärung begonnen oder wieder aufgenommen, so bleibt sie unberücksichtigt, sofern die Vorbereitungen für die erstmalige oder die erneute Benutzung erst stattgefunden haben, nachdem der Inhaber Kenntnis davon erhalten hatte, dass der Antrag auf Verfallserklärung gestellt werden könnte. Mit der Auslegung des zentralen Begriffs der *„ernsthaften Benutzung"*

---

[146]) Zur Übergangsregelung: Art 10 Abs 4 MarkenRL.

hatte sich der EuGH bereits in einem Vorabentscheidungsverfahren zu befassen (dazu im Folgenden).[147]

Österreichische Regelung: Um eine „*Verstopfung*" des Markenregisters mit tatsächlich nicht benützten Marken zu verhindern, wurde mit der MSchG-Nov 1977 (Seite 233) auch in Österreich der (aufgeschobene) „*Gebrauchszwang*"[148] eingeführt. Verwirklicht wurde dies durch Einfügen eines neuen Löschungstatbestands (§ 33a MSchG).[149] Dieser Löschungsgrund sollte aber – wie die stRsp[150] zutreffend betont – nach dem Willen des Gesetzgebers keineswegs besonders rigoros im Sinne einer möglichst weitgehenden Löschung nicht benützter Marken angewendet werden; im Zweifel sei daher einer Auslegung der Vorzug zu geben, die an den Gebrauch der Marke keine zu hohen Anforderungen stellt.[151]

Davor war kein „Gebrauchszwang" normiert. Es herrschte also in Österreich ein reines „*Registerprinzip*", das heißt, Voraussetzung für Erwerb und Erhaltung des Markenschutzes war nur die Eintragung in das Markenregister.[152] Im Gegensatz dazu sind die Länder mit „*Gebrauchsprinzip*" davon ausgegangen, dass für Erwerb und Aufrechterhaltung des Markenschutzes der tatsächliche Gebrauch des Zeichens erforderlich ist.[153] Mit der MSchG-Nov 1977 wurde das Registerprinzip nicht aufgegeben, sondern durch den so genannten „aufgeschobenen Gebrauchszwang" lediglich abgeschwächt.

Zur Anpassung wurde durch die *MSchG-Nov 1992* (Seite 234) die Frist in § 33a Abs 3 MSchG (Seite 505) von zwei auf drei Monate verlängert. Die früher in § 34 Abs 2 MSchG enthaltene Regelung über die Rückwirkung des Löschungserkenntnisses wurde in einen neuen Abs 6 zu § 33a MSchG übernommen. Weitere inhaltliche Anpassungen an die MarkenRL wurden nicht für erforderlich gehalten.

Tatsächlich war diese Umsetzung der MarkenRL jedoch unzureichend. Mit der *Markenrechts-Nov 1999* musste daher „nachgebessert" werden. Dies führte in Details zu strengeren Regelungen für den Gebrauchszwang.[154]

---

[147]) EuGH 11. 3. 2003, Rs C-40/01 – Minimax – ÖBl-LS 2003/101 = EuZW 2003, 311 = GRUR 2003, 425 = MarkenR 2003, 223 = ABl HABM 2003, 1320.

[148]) Richtiger wäre es, hier von einer „Obliegenheit" zu sprechen; der Ausdruck „Gebrauch*zwang*" hat sich aber bereits durchgesetzt; vgl: EB 489 BlgNR 14. GP, 8.

[149]) Der Nichtgebrauch kann daher nur durch einen Löschungsantrag, nicht aber einredeweise geltend gemacht werden; EB 489 BlgNR 14. GP, 14.

[150]) OGH 12. 4. 2000, 4 Ob 91/00m – Autofit – ÖBl-LS 00/80 und 83 = ecolex 2000, 588 (*Schanda*); OPM 13. 11. 1996, Om 5/96 – SUPRAL – PBl 1997, 150; OPM 24. 3. 1993, Om 21/92 – NICO – PBl 1994, 138 = ecolex 1993, 463 = ÖBl 1994, 212; OPM 10. 6. 1992, Om 2/92 – Vanillia – PBl 1993, 37 = ÖBl 1993, 13; OPM 8. 7. 1998, Om 4/97 – President – PBl 1998, 217; ebenso *Hämmerle/Wünsch* I⁴, 277.

[151]) So bereits *Gräser*, ÖBl 1982, 109 (110).

[152]) Trotzdem hat die Rsp gelegentlich der nicht benützten Marke den Schutz verweigert; abl *Wahle*, FS 50 Jahre PA, 96.

[153]) Dazu sowie zu den Vor- und Nachteilen dieser Systeme: EB 489 BlgNR 14. GP, 7; *Gräser*, ÖBl 1982, 109 (111).

[154]) § 76 MSchG enthält dazu eine spezielle Übergangsvorschrift: Auf Anträge nach § 33a MSchG ist für die Beurteilung der bis zum 1. Jänner 1994 erfolgten Benutzung einer Marke § 33a MSchG in der vor dem In-Kraft-Treten der Markenrechts-Nov 1999 geltenden Fassung weiter anzuwenden. Auch für alle im Zeitpunkt des In-Kraft-Tretens der Markenrechts-Nov 1999 anhängigen Löschungsverfahren soll also zwar grundsätzlich die neue Rechtslage maßgeblich sein, dies allerdings mit der Maßgabe, dass Benutzungshandlungen, die vor dem 1. Jänner

Dieser *Gebrauchszwang* ist nicht absolut (sofortiger Verlust des Markenschutzes bei Nichtgebrauch). Er wird dadurch *gemildert*, dass

- neuen Marken eine gewisse „Schonfrist" zugebilligt wird,
- eine Wiederaufnahme des Gebrauchs die Anfechtbarkeit heilt und
- der Nichtgebrauch nicht von Amts wegen, sondern nur aufgrund eines (Löschungs-)Antrags sanktioniert wird.

7.9.2. Tatbestand

Den Löschungsantrag gemäß § 33a Abs 1 MSchG kann jedermann (also jede natürliche oder juristische Person schlechthin[155]; so genannte *„Popularklage"*) stellen. Im Löschungsverfahren ist daher auch nicht zu prüfen, ob gegen den Löschungswerber selbst, falls er die zu löschende Marke später benützen oder eintragen lassen sollte, erfolgreich Unterlassungs- oder Löschungsansprüche erhoben werden könnten.[156] Der Antragsteller kann die Löschung einer

- seit mindestens *fünf Jahren* im Inland *registrierten* oder gemäß § 2 Abs 2 MSchG in Österreich Schutz genießenden *Marke* begehren

  (Der Löschungstatbestand ist auch auf den „österreichischen Teil" von IR-Marken, Seite 622, anzuwenden.[157]),
- soweit *diese Marke*[158]

  (Der Benutzung der Marke steht die Benutzung der Marke in einer Form, die von der Eintragung nur in Bestandteilen abweicht, ohne dass dadurch die Unterscheidungskraft der Marke beeinflusst wird, gleich; § 33a Abs 4 MSchG, Art 10 Abs 2 lit a MarkenRL. Entscheidend für die Beurteilung, ob das Abweichen in Bestandteilen die Unterscheidungskraft beeinflusst, ist deren Bedeutung für den Gesamteindruck; die bisherige Regelung, wonach dem Gebrauch der Marke der Gebrauch eines ihr ähnlichen Zeichens gleichsteht, wird sohin durch die restriktivere Texterung der MarkenRL ersetzt.[159])
- für die *Waren oder Dienstleistungen*, für die sie eingetragen ist

---

1994 (das ist das Datum des In-Kraft-Tretens der MarkenRL für Österreich) entsprechend der bisherigen Texterung des § 33a MSchG als rechtserhaltend anzusehen gewesen wären, auch nach In-Kraft-Treten des neuen § 33a als relevant und damit rechtserhaltend anzuerkennen sind; daraus folgt, dass die bis zum 31. 12. 1998 eingebrachten Löschungsanträge gemäß § 33a MSchG aufgrund von nach der alten Rechtslage ausreichenden Benutzungshandlungen abgewehrt werden könnten (EB 1999, zitiert nach *Kucsko*, MSA MSchG [1999] Anm 1 zu § 76); vgl auch OPM 10. 7. 2002, Om 3/02 – SPITZ – PBl 2002, 180 = ÖBl-LS 2003/25, 26; OPM 22. 5. 2002, Om 17/01 – SENZA PIOMBO – PBl 2002, 139 = ÖBl-LS 2002/197 und OPM 22. 9. 1999, Om 1/99 – Hugo Boss – PBl 2000, 40 = ÖBl-LS 00/48.

[155]) NA 25. 5. 1984, Nm 41/82 – Austrobil – PBl 1986, 161 = ÖBl 1986, 121; der Nachweis eines Löschungsinteresses ist nicht erforderlich, *Hämmerle/Wünsch* I⁴, 277; NA 19. 11. 1996, Nm 46 und 47/92 – DREHER – PBl 1997, 213; NA 2. 5. 1984, Nm 39/82, PBl 1984, 210 = ÖBl 1985, 4.

[156]) OPM 22. 9. 1999, Om 1/99 – Hugo Boss – PBl 2000, 40 = ÖBl-LS 00/48.

[157]) ZB OPM 26. 6. 1991, Om 9/90 – Primaryl – PBl 1992, 134 = ÖBl 1992, 12. Abs 1 ist nunmehr in der Fassung der Markenrechts-Nov 1999 formuliert, dazu die EB 1999, zitiert nach *Kucsko*, MSA MSchG (1999) Anm 1 zu § 33a: Durch die Formulierung des Abs 1 wird klargestellt, dass lediglich eine im Inland registrierte (nationale) Marke beziehungsweise eine internationale Marke (§ 2 Abs 2) mit Schutz in Österreich im Inland benützt werden muss. Wann eine Gemeinschaftsmarke im Bereich der Europäischen Union als in rechtserhaltendem Umfang benutzt anzusehen ist, richtet sich nach dem Gemeinschaftsrecht.

[158]) Zu den Besonderheiten bei abstrakten Farbmarken vgl *Caldarola*, GRUR 2002, 937.

[159]) EB 1999, zitiert nach *Kucsko*, MSA MSchG (1999) Anm 6 zu § 33a.

(Art 5 lit C PVÜ sagt zu der Frage, ob der Gebrauch für gleichartige Waren oder Dienstleistungen genügt, nichts. Die MarkenRL ist enger gefasst. Seit der Markenrechts-Nov 1999 ist – in Anpassung an die MarkenRL – lediglich die Benutzung der Marke für die Waren und Dienstleistungen, für die sie eingetragen ist, rechtserhaltend[160]; vgl Art 12 Abs 1 MarkenRL),

- innerhalb der *letzten fünf Jahre* vor dem Tag der Antragstellung
  (Auch die MarkenRL sieht eine fünfjährige Frist vor. Art 5 lit c PVÜ spricht nur von einer „angemessenen Frist". Da lediglich ein Gebrauch „innerhalb" dieser Frist verlangt wird, verlangt die stRsp nicht einen Gebrauch während der gesamten Frist; es genügt unter Umständen auch schon ein relativ kurzzeitiger Gebrauch.[161])

- im *Inland*
  (Es muss kein Gebrauch in ganz Österreich nachgewiesen werden; eine gewisse Bekanntheit in einer Region genügt.[162] Anders als in der MarkenRL ist der Gebrauch der Marke für Exportwaren nicht ausdrücklich geregelt.[163])

- weder *vom Markeninhaber* noch mit dessen Zustimmung von einem Dritten
  (Gedacht war hier insbesondere an den Gebrauch durch einen Markenlizenznehmer[164]; Art 10 Abs 3 MarkenRL: Die Benutzung der Marke mit Zustimmung des Inhabers oder durch eine zur Benutzung einer Kollektivmarke, Garantiemarke oder Gewährleistungsmarke befugte Person gilt als Benutzung durch den Inhaber.)

- *ernsthaft*
  (Dieses Wort stammt aus der Markenrechts-Nov 1999. Zunächst hieß es hier „*in angemessenem Umfang*". Nach den damaligen EB[165] seien hier die wirtschaftliche Potenz des Markeninhabers, die Besonderheiten der Branche und des inländischen Marktes, die Art der Ware und die lokalen Verhältnisse zu berücksichtigen. Der Markeninhaber müsse dartun, dass die Marke in nicht unerheblichem Ausmaß zwischen ihm und den Käufern seiner Waren gebraucht wurde.[166] Anfangsschwierigkeiten eines ausländischen Unternehmens beim Fußfassen am österreichischen Markt seien zu berücksichtigen.[167] Der angemessene Gebrauch wurde zutreffend auch im Sinne eines „ernsthaften" Gebrauchs zum Unterschied vom bloßen „Scheingebrauch" definiert.[168] Bei der Beurteilung seien die wirtschaftliche Potenz des Markeninhabers, die Besonderheiten der Branche und des inländischen Marktes, die Art der Ware sowie die lokalen Verhältnisse von Fall

---

[160]) EB 1999, zitiert nach *Kucsko*, MSA MSchG (1999) Anm 2 zu § 33a.
[161]) OPM 22. 5. 2002, Om 17/01 – SENZA PIOMBO – PBl 2002, 139 = ÖBl-LS 2002/197; OPM 12. 12. 1990, Om 18/90 – Wolf-Senf – PBl 1991, 154 = ÖBl 1991, 157.
[162]) OPM 24. 3. 1993, Om 21/92 – NICO – PBl 1994, 138 = ecolex 1993, 463 = ÖBl 1994, 212.
[163]) Dazu eingehender *Gräser*, ÖBl 1982, 109 (115).
[164]) EB 489 BlgNR 14. GP, 14.
[165]) EB 489 BlgNR 14. GP, 14; dem folgt auch die stRsp, etwa OPM 31. 3. 1993, Om 1/93 – Landliebe – PBl 1994, 69 = ÖBl 1994, 150.
[166]) OPM 31. 3. 1993, Om 1/93 – Landliebe – PBl 1994, 69 = ÖBl 1994, 150.
[167]) NA 20. 12. 1984, Nm 62/82 – noumix – PBl 1985, 144 = ÖBl 1985, 134; NA 8. 11. 1988, Nm 45/86 – Biotheke – PBl 1990, 25 = ÖBl 1990, 7.
[168]) NA 2. 3. 1984, Nm 76/82 – JPS – PBl 1984, 191 = ÖBl 1984, 149; *Gräser*, ÖBl 1982, 109 (116).

zu Fall zu beurteilen.[169] Mit der Markenrechts-Nov 1999 wurde die Formulierung an Art 12 Abs 1 MarkenRL angepasst. Dabei wurde insbesondere die Textierung „in angemessenem Umfang gebraucht" durch den Richtlinienwortlaut „ernsthaft benutzt" ersetzt. Zwar erscheinen beide Varianten inhaltlich weitgehend ident, da die Rechtsprechung bereits bisher lediglich einen ernsthaften, also nicht nur zur bloßen Rechtserhaltung getätigten Scheingebrauch als angemessenen Gebrauch qualifiziert hat, jedoch soll eine Interpretation dieser Gesetzesstelle im Rahmen der künftigen Rechtsprechung des EuGH in diesem Zusammenhang nicht durch einen terminologischen Unterschied behindert werden.[170] Diese Interpretation hat der EuGH jüngst in einem Vorabentscheidungsverfahren vorgenommen: Art 12 Abs 1 MarkenRL ist dahin auszulegen, dass eine Marke ernsthaft benutzt wird, wenn sie entsprechend ihrer Hauptfunktion – die Ursprungsidentität der Waren oder Dienstleistungen, für die sie eingetragen wurde, zu garantieren – benutzt wird, um für diese Waren und Dienstleistungen einen Absatzmarkt zu erschließen oder zu sichern, unter Ausschluss symbolischer Verwendungen, die allein der Wahrung der durch die Marke verliehenen Rechte dienen. Die Frage, ob die Benutzung der Marke ernsthaft ist, ist anhand sämtlicher Umstände zu prüfen, die belegen können, dass die Marke tatsächlich geschäftlich verwertet wird; dazu gehören insbesondere Verwendungen, die im betreffenden Wirtschaftszweig als gerechtfertigt angesehen werden, um Marktanteile für die durch die Marke geschützten Waren oder Dienstleistungen zu behalten oder zu gewinnen, die Art dieser Waren oder Dienstleistungen, die Merkmale des Marktes sowie der Umfang und die Häufigkeit der Benutzung der Marke. Dass die Benutzung der Marke nicht Waren betrifft, die auf dem Markt neu angeboten werden, sondern bereits vertriebene Waren, nimmt ihr nicht den Charakter der Ernsthaftigkeit, wenn dieselbe Marke von ihrem Inhaber für Einzelteile, die zur Zusammensetzung oder Struktur dieser Waren gehören, oder für Waren oder Dienstleistungen, die in unmittelbarem Zusammenhang mit bereits vertriebenen Waren stehen und die Bedürfnisse der Abnehmer dieser Waren befriedigen sollen, tatsächlich benutzt wird.[171])

▸ *kennzeichenmäßig*

(Seite 436)

▸ *benutzt* (§ 10a MSchG) wurde.

(Welche Arten der Benutzung der Marke grundsätzlich in Frage kommen, wird durch den Verweis auf § 10a MSchG definiert. Da die dortige Z 3 auch das Anbringen der Marke auf Waren oder deren Aufmachung im Inland ausschließlich zum Zwecke des Exports umfasst, wird der entsprechenden Bestimmung des Art 10 Abs 2 lit b MarkenRL entsprochen.[172] Bei einer *Dienstleistungsmarke* besteht die rechtlich relevante Benutzungshandlung in der Herstellung einer gedanklichen Beziehung, durch die die Dienstleistung nach der Auffassung der be-

---

[169]) OGH 12. 4. 2000, 4 Ob 91/00m – Autofit – ÖBl-LS 00/83 = ecolex 2000, 588 (*Schanda*); NA 16. 3. 1987, Nm 44/86 – Yoglace – PBl 1988, 126 = ÖBl 1988, 98.
[170]) EB 1999, zitiert nach *Kucsko*, MSA MSchG (1999) Anm 3 zu § 33a. Zur Dienstleistungsmarke vgl OPM 11. 12. 2002, Om 13/02 – MANPOWER – PBl 2003, 99.
[171]) EuGH 11. 3. 2003, Rs C-40/01 – Minimax – ÖBl-LS 2003/101 = EuZW 2003, 311 = GRUR 2003, 425 = MarkenR 2003, 223 = ABl HABM 2003, 1320.
[172]) EB 1999, zitiert nach *Kucsko*, MSA MSchG (1999) Anm 4 zu § 33a.

teiligten Verkehrskreise als aus einem bestimmten Unternehmen stammend gekennzeichnet wird; diese gedankliche Beziehung wird dadurch hergestellt, dass die Dienstleistung dem Kunden gegenüber erkennbar unter der Marke erbracht wird.[173])

Während der 5-Jahres-Frist des § 33a MSchG genießt die Marke den vollen zivilrechtlichen Markenschutz, auch wenn sie noch nicht verwendet wird.[174] Ein Schutzerfordernis des *„Benutzungswillens"* lässt sich aus dem Gesetz nicht begründen. Das Markenrecht entsteht mit der Registrierung. Die Sanktionen des Nichtgebrauchs setzen erst nach 5 Jahren ein. Bis dahin muss es dem Markeninhaber unbenommen bleiben, zu entscheiden, ob er die Marke verwendet oder nicht. Ein subjektives Abstellen auf einen – in der Praxis ohnehin kaum nachweisbaren oder widerlegbaren – Benutzungswillen ist dem MSchG fremd.

Werden auf einem Produkt mehrere Kennzeichen angebracht, so muss man sich fragen, ob diese *„Mehrfachkennzeichnung"* als gleichzeitiger Gebrauch aller Marken dienen kann. Dies wird zutreffend für alle jene Marken bejaht, die in der Aufmachung nicht völlig in den Hintergrund gedrängt werden.[175]

Beispiele:

- NA 5. 6. 1986: Ungenügend sind *Werbeeinschaltungen* für Körper- und Schönheitspflegeartikel in zwei italienischen Zeitschriften, von denen innerhalb von zwei Jahren in Österreich rund 7.000 Exemplare über den Zeitschriftenhandel verkauft wurden, wenn die betreffenden Produkte nicht einmal ansatzweise auf den österreichischen Markt gekommen sind.[176]
- OPM 24. 4. 1991: Ausreichend ist die Verwendung der Marke in diversen zusammengesetzten Marken und Bezeichnungen (*„Serienzeichen"),* bei denen diese Marke eindeutig das die Herkunft aus einem bestimmten Unternehmen kennzeichnende Element bildet (hier: ausreichender Gebrauch der Marke „Alpo" in den Serienzeichen „Alpo Chrom", „Alpocryl", „Alpoflex", „Alpo Gutta" etc).[177]
- OPM 11. 3. 1992: Bereits vor der Markenrechts-Nov 1999 wurde die Verwendung des Zeichens LA BAMBA als nicht ausreichend zur Schutzerhaltung für die Marke LU MUMBA beurteilt, zumal diese Zeichen nicht verwechselbar ähnlich seien.[178] Nunmehr ist klargestellt, dass nur der Gebrauch der registrierten Marke markenerhaltend ist und nur geringe Abweichungen unschädlich sind (§ 33a Abs 1 und 4 MSchG).

---

[173]) OPM 11. 12. 2002, Om 13/02 – MANPOWER – PBl 2003, 99.
[174]) So auch OGH 13. 2. 2001, 4 Ob 325/00y – T-One – ÖBl-LS 01/86 = ÖBl 2001, 159 (kritisch *Brandstätter/Görg*) = ecolex 2001, 547 (*Schanda*) = GRUR Int 2003, 1031 = GRUR Int 2003, 1031 = MarkenR 2001, 333.
[175]) OPM 10. 7. 2002, Om 3/02 – SPITZ – PBl 2002, 180 = ÖBl-LS 2003/25, 26.
[176]) NA 5. 6. 1986, Nm 39/84 – Sensiderm – PBl 1987, 13 = ÖBl 1987, 16; anders war die massive Werbung in Zeitschriften zu beurteilen, die in Deutschland und Österreich in großer Auflage vertrieben werden: NA 3. 3. 1998, Nm 28/94, PBl 1999, 83.
[177]) OPM 24. 4. 1991, Om 1/91 – Alpo – PBl 1991, 193 = ÖBl 1991, 201.
[178]) OPM 11.3.1992, Om 6/91 – Lu Mumba – PBl 1992, 188 = ÖBl 1992, 199.

- OPM 10. 6. 1992: Es genügt der angemessene Gebrauch gegenüber *Zwischenhändlern*. Ob diese dann die Marke gegenüber ihren Abnehmern verwenden, ist unerheblich.[179]
- OPM 24. 3. 1993: Die Verwendung der Marke auf *Geschäftspapieren* (Briefpapier, Briefumschläge, Rechnungsformulare), auf dem Geschäftsschild, auf Verkaufssäcken und in Werbeinseraten kann genügen; es ist nicht erforderlich, dass die Marke direkt auf den betreffenden Waren angebracht ist.[180]
- OPM 24. 3. 1993: Führt ein solcher Gebrauch zu einer gewissen Bekanntheit in einem *räumlichen Teilmarkt* (hier: im Raum St. Pölten), so genügt dies; es kommt nicht darauf an, welchen Bekanntheitsgrad die Marke in ganz Österreich hat.[181]
- OPM 31. 3. 1993: Bloße *Vorbereitungsmaßnahmen*, wie die Bestellung von Etiketten (hier: 3 Mio Stück Etiketten für Milchflaschen) oder marketingmäßige Überlegungen, genügen nicht, weil die Marke dadurch gegenüber den Kunden noch nicht in Erscheinung tritt (es liegt noch kein kennzeichenmäßiger Gebrauch vor).[182]
- OPM 31. 3. 1993: Ebenfalls unzureichend ist die bloße *Probelieferung* der mit der Marke gekennzeichneten Ware (hier: je vier Flaschenkisten mit insgesamt 48 Milchflaschen an zwei Geschäfte), auch wenn sie in der Absicht vorgenommen wird, später umfangreichere Lieferungen vorzunehmen.[183]
- OPM 31. 3. 1993, zur *Fristberechnung*: Wurde ein Löschungsantrag am 18. 12. 1989 eingebracht, so ist der für die Beurteilung des Gebrauchs maßgebliche Zeitraum jener vom 18. 12. 1984 bis 17. 12. 1989. Hat die Antragstellerin die Antragsgegnerin bereits am 23. 11. 1989 auf den Nichtgebrauch hingewiesen, so ist ein danach aufgenommener Gebrauch unbeachtlich (vgl unten Seite 511).[184]
- OPM 31. 5. 1995: Der mit Löschungsantrag angegriffene Inhaber der Marke „JOHANN STRAUSS" hatte mit dem Inhaber einer prioritätsälteren Marke „JOHANN STRAUSS" einen Lizenzvertrag geschlossen. Er konnte sich aber den Markengebrauch durch diesen Lizenzgeber nicht als markenerhaltend für

Diese Packungsaufmachung der 7up-Dosen genügte nicht als markenerhaltender Gebrauch für die Wortmarke UP (OPM 31.5.1995, Om 1/95, PBl 1995, 258).

---

[179]) OPM 10. 6. 1992, Om 2/92 – Vanilla – PBl 1993, 37 = ÖBl 1993, 13.
[180]) OPM 24. 3. 1993, Om 21/92 – NICO – PBl 1994, 138 = ecolex 1993, 463 = ÖBl 1994, 212; unzureichend hingegen eine Aufschrift in sehr kleiner Schrift auf Samentüten: NA 8. 4. 1986, Nm 69/82 – Floraprint – PBl 1986, 172 = ÖBl 1986, 121.
[181]) OPM 24. 3. 1993, Om 21/92 – NICO – PBl 1994, 138 = ecolex 1993, 463 = ÖBl 1994, 212.
[182]) OPM 31. 3. 1993, Om 1/93 – Landliebe – PBl 1994, 69 = ÖBl 1994, 150; ähnlich zu bloßen Vorbereitungsmaßnahmen (Bestellung und Auslieferung von Etiketten): OPM 31. 5. 1995, Om 2/95 – JOHANN STRAUSS – PBl 1996, 40 = ÖBl 1996, 117.
[183]) OPM 31. 3. 1993, Om 1/93 – Landliebe – PBl 1994, 69 = ÖBl 1994, 150; vgl zu einem „gerade noch angemessenen" Probegebrauch: OPM 27. 9. 1989, Om 5/89 – Fiblaferon – PBl 1990, 181 = ÖBl 1990, 250.
[184]) OPM 31. 3. 1993, Om 1/93 – Landliebe – PBl 1994, 69 = ÖBl 1994, 150. Es kommt für die Fristberechnung auf den Tag der Antragstellung und nicht auf jenen der Zustellung des Antrags an: NA 3. 3. 1998, Nm 28/94, PBl 1999, 83.

seine prioritätsjüngere Marke zurechnen lassen, zumal der Lizenzgeber eben nur seine eigene (prioritätsältere) Marke verwendete.[185]
- NA 26. 8. 1996: Die Marke „BALLY" wird vor allem für Schuhe verwendet. Es ging um die Löschung dieser Marke hinsichtlich der Produkte für die Schönheitspflege. Immerhin konnte die Markeninhaberin nachweisen, dass sie diese Produkte unter der Marke in Schuhgeschäften mit einem Umsatz in drei Jahren (1989 bis 1992) von ca ATS 294.000,-- verwendet hatte. Die NA meinte, dass der Gebrauch zwar „kein überwältigendes Ausmaß" angenommen habe, dennoch aber über den Scheingebrauch hinausgehe und daher genüge. Auch ein während der Fünf-Jahres-Frist nur relativ kurzzeitiger Zeichengebrauch sei ausreichend, wenn ein ernsthafter Gebrauchswille vorlag. Erst mit Beendigung des Gebrauchs beginnt eine *neue Frist* nach § 33a MSchG, die aber wiederum fünf Jahre beträgt.[186]
- OPM 13. 11. 1996: Ob der Gebrauch ausreichend war, ist nicht nach einzelnen *Urkunden*, sondern aus der Würdigung der Urkunden insgesamt zu beurteilen. Hier ging es um Preislisten in Verbindung mit einer Bestätigung des *Lizenznehmers* über den Bezug von Spezialbackmitteln zur Weiterlieferung an Bäckerkunden. Dabei war von Bedeutung, dass schon geringe Mengen dieses Backmittels „SUPRAL" genügen, um eine große Anzahl von Semmeln herzustellen. Der Markengebrauch durch den Lizenznehmer wurde der Markeninhaberin als ausreichend zugerechnet.[187]
- NA 19. 11. 1996: Vom Markeninhaber nicht veranlasste *Parallelimporte* sind nicht geeignet, den ausreichenden Markengebrauch zu belegen. Auch die Tatsache, dass Österreicher die betreffende Marke von ihren *Italienurlauben* kennen müssten, genügt nicht.[188]
- OPM 12. 2. 1997: Die Antragsgegnerin war Inhaberin der Wortmarke „ATOMIC MONOCOQUE" (für Skier etc). Sie verwendete allerdings nur das Zeichen „ATOMIC". Der OPM[189] orientierte sich in der Beurteilung an Art 10 Abs 2 lit a MarkenRL, wonach die Benutzung der Marke in einer Form genügt, die von der Eintragung nur in Bestandteilen abweicht, ohne dass dadurch die Unterscheidungskraft der Marke beeinflusst wird.[190] „MONOCOQUE" sei eine bekannte beschreibende Angabe (für „in Schalenbauweise hergestellt") und könne daher auch als Bestandteil einer Kombinationsmarke keinen Einfluss auf deren Kennzeichnungskraft haben. Der Gebrauch des Markenbestandteils „ATOMIC" genügte daher, um die Marke zu erhalten.
- OPM 12. 12. 2001: Registriert war die Marke „BUD" für Bier. Das von der Markeninhaberin in Verkehr gebrachte Bier trug die Kennzeichen „BUDWEISER BUDBRÄU" und „BUDWEISER BUDVAR". Die Markeninhaberin konnte die Verwendung der Abkürzung „BUD" für ihr Produkt auf Lieferscheinen, Ladelisten und Aufklebern belegen. Der OPM ging jedoch davon aus, dass dies kein „*funktionsgerechter*" Gebrauch des Zeichens „BUD" war,

---

[185]) OPM 31. 5. 1995, Om 2/95 – JOHANN STRAUSS – PBl 1996, 40 = ÖBl 1996, 117.
[186]) NA 26. 8. 1996, Nm 60 und 61/94 – BALLY – PBl 1997, 38.
[187]) OPM 13. 11. 1996, Om 5/96 – SUPRAL – PBl 1997, 150.
[188]) NA 19. 11. 1996, Nm 46 und 47/92 – DREHER – PBl 1997, 213.
[189]) OPM 12. 2. 1997, Om 10/96 – ATOMIC – PBl 1998, 34.
[190]) Konsequent wurde der vor der Markenrechts-Nov 1999 geltende § 33a Abs 4 MSchG daher als richtlinienwidrig beurteilt.

zumal es eben im Beurteilungszeitraum kein Markenprodukt „BUD" gegeben hat. Blieb die Frage, ob die Verwendung der Produktbezeichnungen „BUDWEISER BUDBRÄU" und „BUDWEISER BUDVAR" markenerhaltend wirkte. Obwohl dieser Fall noch nach der Rechtslage vor der Markenrechts-Nov 1999 zu beurteilen war, sodass auch der Gebrauch eines nur ähnlichen Zeichens genügt hätte, verneinte der OPM auch dies, zumal er vom Fehlen einer Verwechslungsgefahr zwischen den Zeichen ausging. Dem Löschungsbegehren wurde Folge gegeben.[191]

▸ OPM 10. 7. 2002: Unterliegt ein Lieferant so sehr dem Diktat einer der führenden inländischen Lebensmittel-Einzelhandelsketten, dass er keine vernünftige Möglichkeit hat, bei der Gestaltung der Verpackung oder Etiketten seine eigene Markenstrategie zu verfolgen, so kann dies eine berücksichtigungswürdige tatsächliche Unmöglichkeit des Markengebrauchs begründen.[192]

Die *Beweislast* für die angemessene Benutzung liegt beim Markeninhaber (§ 33a Abs 5 MSchG).[193]

Liegen die Löschungsvoraussetzungen nur hinsichtlich eines Teils des Waren- und Dienstleistungsverzeichnisses vor, so ist eine *Teillöschung* zulässig (vgl Art 13 MarkenRL).[194]

Die Beurteilung der Frage, ob die Umstände den Gebrauch im Einzelfall als angemessen erscheinen lassen, hat regelmäßig keine über den konkreten Einzelfall hinausgehende Bedeutung und ist daher *keine erhebliche Rechtsfrage* im Sinne des § 528 Abs 1 ZPO.[195]

7.9.3. Rechtfertigungsgründe

Der Löschungsanspruch besteht nicht, wenn der Markeninhaber den Nichtgebrauch *rechtfertigen* kann (§ 33a Abs 1, letzter Halbsatz MSchG). Der Gesetzgeber ist davon ausgegangen, dass eine Aufzählung der Rechtfertigungsgründe nicht möglich ist. Es werde aber nicht nur eine allfällige tatsächliche oder rechtliche Unmöglichkeit des Gebrauchs zu berücksichtigen sein, sondern auch – vor dem Hintergrund des Zwecks der Einführung des Gebrauchszwanges, nämlich das derzeit durch nicht gebrauchte Marken verstopfte Markenregister freizubekommen – in jedem Einzelfall abzuwägen sein, ob der Markeninhaber ein schutzwürdiges Interesse an der Aufrechterhaltung des Markenschutzes hat.[196]

---

[191]) OPM 12. 12. 2001, Om 14/01 – BUDWEISER – PBl 2002, 128 = ÖBl-LS 2002/174. Dazu *Hauer*, ÖBl 2003, 119.
[192]) OPM 10. 7. 2002, Om 3/02 – SPITZ – PBl 2002, 180 = ÖBl-LS 2003/25, 26.
[193]) Zum Ausmaß der Obliegenheit zur Offenlegung: *Gräser*, ÖBl 1982, 109 (117).
[194]) ZB NA 9. 9. 1992, Nm 16/91 – Ponte – PBl 1993, 129 = ÖBl 1993, 12.
[195]) OGH 12. 4. 2000, 4 Ob 91/00m – Autofit – ÖBl-LS 00/80 und 83 = ecolex 2000, 588 (*Schanda*).
[196]) EB 489 BlgNR 14. GP, 13. Zum Einwand der Aufrechterhaltung einer Qualitätsnorm: NA 3. 7. 1984, Nm 43/82 – Bonaparte – PBl 1985, 201 = ÖBl 1986, 9.

Beispiel:

> ▶ OPM 12. 11. 1986: Macht ein Unternehmen von seiner wirtschaftlichen Macht Gebrauch, die es seiner ihm eingeräumten Monopolstellung (hier: Tabakmonopol) verdankt, indem es praktisch die Bedingungen diktiert, unter denen ein ausländisches Tabakunternehmen seine Tabakwaren in Österreich vertreiben kann, und ist dieses Unternehmen dadurch gehindert, seine Marke auch in Österreich für den ansonsten im Ausland ausgeübten Textilvertrieb zu gebrauchen, so ist dies ein ausreichender Rechtfertigungsgrund für den Nichtgebrauch der Marke für Textilien.[197]

§ 33a Abs 2 MSchG normiert einen *Sonderfall* als Rechtfertigungsgrund: Soweit Marken infolge gesetzlicher Beschränkungen des Verkehrs mit den Waren oder Dienstleistungen, für die sie eingetragen sind, nicht benutzt wurden, unterliegen sie der Löschung nur dann nicht, wenn wegen der ernsthaften Benutzung des Zeichens im Ausland oder aufgrund anderer berücksichtigungswürdiger Umstände ein schutzwürdiges Interesse am Markenschutz in Österreich anzuerkennen ist. Gedacht war hier an jene Bereiche, in denen Monopolrechte des Bundes dem Gebrauch einer Marke entgegenstehen.[198] Die nunmehrige Fassung stammt aus der Markenrechts-Nov 1999. Weitere Rechtfertigungsgründe bestehen nicht.[199]

7.9.4. Nachträgliche Ingebrauchnahme

Der Nichtgebrauch einer Marke führt nicht automatisch zu deren Untergang. Er begründet allenfalls deren Anfechtbarkeit. Grundsätzlich kann diese Anfechtbarkeit durch die nachträgliche (Wieder-)Aufnahme des Gebrauchs geheilt werden. Um aber andererseits das Unterlaufen eines Löschungsantrags durch die nachträgliche Ingebrauchnahme zu unterbinden, bestimmt § 33a Abs 3 MSchG, dass sich der Markeninhaber auf einen Markengebrauch, der erst aufgenommen wurde, nachdem

> ▶ sich der Markeninhaber oder ein Lizenznehmer gegenüber dem Antragsteller *auf das Markenrecht berufen* hatte (etwa durch eine „Verwarnung") oder
> ▶ der Antragsteller den Markeninhaber oder einen Lizenznehmer *auf die Nichtbenutzung hingewiesen* hatte,

nicht berufen kann, sofern der Löschungsantrag innerhalb von drei Monaten, nachdem es erstmals zu einer der erwähnten Handlungen gekommen war, überreicht wurde.

---

[197]) OPM 12. 11. 1986, Om 9/86 – Kim – PBl 1987, 79 = ÖBl 1987, 41 = GRUR Int 1987, 607; OGH 27. 11. 1984, 4 Ob 396/84 – Kim – ÖBl 1985, 67 = RdW 1985, 310 = GRUR Int 1986, 135.
[198]) EB 489 BlgNR 14. GP 14.
[199]) Vgl etwa OPM 22. 9. 1999, Om 1/99 – Hugo Boss – PBl 2000, 40 = ÖBl-LS 00/48.

7.9.5. Wirkung der Löschung

Das Löschungserkenntnis *wirkt* fünf Jahre, gerechnet vom Tag der Antragstellung an, *zurück*, jedoch höchstens bis zum Ablauf des fünften Jahres der Schutzdauer (§ 33a Abs 6 MSchG).[200]

Zu den Verfahrenskosten: Ein Patent- oder Rechtsanwalt, der nicht in seiner Eigenschaft als Parteienvertreter, sondern als „jedermann" auftritt, erhält nur den Ersatz der Barauslagen, aber keinen darüber hinausgehenden *Kostenersatz* zugesprochen.[201]

7.10. Löschung wegen Entwicklung zum Freizeichen

7.10.1. Grundlagen

Fön war einmal ein Markenname für Haartrockner

Zeichen, die ihre *Unterscheidungskraft* dadurch *verloren* haben, dass sie allgemein zur Bezeichnung bestimmter Waren oder Dienstleistungen verwendet werden (so genannte „*Freizeichen*")[202], können nicht als Marke registriert werden (Seite 325). Wurde ein Zeichen registriert, obwohl es zur Zeit der Anmeldung bereits ein „Freizeichen" war, so greift der Löschungstatbestand des § 33 MSchG. Denkbar wäre aber, dass ein Zeichen zunächst registerfähig ist und sich erst nach der Registrierung als Marke zum Freizeichen entwickelt. Die ältere Rechtsprechung hatte jedoch eine Löschung wegen nachträglicher Entwicklung zum Freizeichen abgelehnt.[203]

Vorgaben des Gemeinschaftsrechts: Die *Marken-Richtlinie* (Seite 240) sieht demgegenüber in Art 12 Abs 2 lit a einen entsprechenden Löschungstatbestand vor.

Österreichische Regelung: Der Löschungstatbestand der MarkenRL wurde mit der MSchG-Nov 1992 (Seite 234) als neu eingefügter § 33b Abs 1 MSchG wörtlich in das MSchG übernommen.[204] Dieser neue Löschungstatbestand stellt auf die *nachträgliche Entwicklung* zum Freizeichen ab. Bestand die Freizeicheneigen-

---

[200]) Daher kann ein rechtliches Interesse auf Fortsetzung des Verfahrens im Sinne des § 117 PatG iVm § 42 Abs 1 MSchG bestehen: OPM 12. 12. 2001, Om 8/01 – SOLAROLL – PBl 2002, 156 = ÖBl-LS 2003/14.

[201]) OPM 11.3.1992, Om 6/91 – Lu Mumba – PBl 1992, 188 = ÖBl 1992, 199 (*Schmidt*, „Populismus" verpönt! ÖBl 1993, 7). NA 25. 5. 1984, Nm 41/82 – Austrobil – PBl 1986, 161 = ÖBl 1986, 121; NA2. 5. 1984, Nm 39/82, PBl 1984, 210 = ÖBl 1985, 4.

[202]) Zur Definition: *Materer*, ÖBl 1993, 60.

[203]) Dazu OGH 18. 5. 1999, 4 Ob 121/99v – Sony Walkman – ÖBl 1999, 237 = EvBl 1999/184 = ecolex 1999, 784 (*Schanda*) = MR 2000, 43 (*Pöchhacker*) = wbl 1999, 427 = RdW 1999, 790 = MarkenR 2000, 56 mit ausführlichen Hinweisen zur älteren Literatur und Rechtsprechung: 30. 5. 1990, 4 Ob 76/90 – EXPO-Technik – ÖBl 1991, 32 mwN; *Preglau*, ecolex 1992, 860; *St. Korn*, MR 2002, 314.

[204]) Vgl dazu *Materer*, ÖBl 1993, 60.

schaft schon davor, so greift der Löschungstatbestand des § 33 MSchG (Seite 498), weil ein absolutes Registrierungshindernis nicht beachtet wurde.

7.10.2. Tatbestand

Gemäß § 33b Abs 1 MSchG (entsprechend Art 12 Abs 2 lit a MarkenRL) kann jedermann (also jede natürliche oder juristische Person schlechthin[205]; so genannte „Popularklage") die Löschung einer Marke begehren, wenn sie

- *nach* dem Zeitpunkt ihrer *Eintragung* (Seite 385)
- infolge des *Verhaltens* oder der *Untätigkeit* ihres Inhabers (Den Markeninhaber trifft also nunmehr eine Obliegenheit, die Entwicklung seiner Marke zum Freizeichen zu verhindern, insbesondere durch entsprechende Hinweise, dass es sich um eine geschützte Marke handelt, vgl Seite 344, und auch durch ein Vorgehen gegen Markenverletzer.[206])
- im *geschäftlichen Verkehr* (vgl Seite 439)
- zur *gebräuchlichen Bezeichnung* („Freizeichen") einer Ware oder einer Dienstleistung, für die sie eingetragen ist (Waren- und Dienstleistungsverzeichnis, Seite 358), geworden ist.

Mit der „Sony Walkman"-Entscheidung[207] hat sich der OGH nunmehr in einem Eingriffsverfahren, bei dem die Vorfrage der Rechtsbeständigkeit der klägerischen Marke zu prüfen war, ausdrücklich von der bisherigen österreichischen Rechtsprechung abgewendet und der deutschen Literatur und Rechtsprechung angeschlossen. Maßgebend sei demnach für die Schutzfähigkeit einer Marke nicht allein, ob im Zeitpunkt ihrer Eintragung im Markenregister das Eintragungshindernis des § 4 Abs 1 Z 3 MSchG bestanden hat, sondern auch, ob nach der tatsächlichen Verkehrsauffassung im Zeitpunkt der behaupteten Markenrechtsverletzung[208] das Zeichen nicht mehr als Hinweis auf die Herkunft der Ware oder Dienstleistung aus einem bestimmten Unternehmen angesehen wird. Dabei sei vor allem auf die Auffassung der Hersteller und Händler gleicher oder ähnlicher Produkte abzustellen. Wenn es dem Markeninhaber gelinge, etwa durch regelmäßige Verteidigung seiner Marke gegen Rechtsverletzungen, bei einem nennenswerten Teil der in Betracht kommenden Verkehrskreise das Bewusstsein wachzuhalten, es liege ein auf ein bestimmtes Unternehmen hinweisendes Zeichen und keine allgemeine Gattungsbezeichnung vor, so sei ein Rechtsverlust ausgeschlossen. Anschließend an die Ent-

---

[205]) Vgl *Preglau*, ecolex 1992, 860; allgemein: NA 25. 5. 1984, Nm 41/82 – Austrobil – PBl 1986, 161 = ÖBl 1986, 121; der Nachweis eines Löschungsinteresses ist nicht erforderlich, *Hämmerle/Wünsch* I⁴, 277.
[206]) Zu den Grenzen zumutbarer Bemühungen des Markeninhabers: *Preglau*, ecolex 1992, 860.
[207]) OGH 18. 5. 1999, 4 Ob 121/99v – Sony Walkman – ÖBl 1999, 237 = EvBl 1999/184 = ecolex 1999, 784 (*Schanda*) = MR 2000, 43 (*Pöchhacker*) = wbl 1999, 427 = RdW 1999, 790 = MarkenR 2000, 56. Dazu *Gruber*, JBl 2000, 545;
[208]) Der OGH wendet also den als Löschungstatbestand in § 33b MSchG normierten Grundsatz des Rechtsverlustes durch nachträgliche Freizeichenentwicklung auch auf das Eingriffsverfahren an. Den Gedanken, dass sich selbst eine (zu Recht) eingetragene Marke zum Freizeichen entwickeln kann, hat der OGH übrigens bereits in der Entscheidung „Fussballverein-Logos" (OGH 7. 7. 1997, 4 Ob 167/97f, ÖBl 1998, 182 = ecolex 1997, 951 [*Schanda*]) angesprochen.

scheidung des EuGH „Bravo"[209] bekräftigte der OGH im zweiten Rechtsgang[210], dass es sowohl auf die Verkehrsauffassung der Letztverbraucher, als auch auf jene der Hersteller und Händler ankomme.

Beispiel:

▸ OGH 18. 5. 1999: Für Sony ist die Wortmarke „SONY WALKMAN" seit 1981 geschützt. Der beklagte Händler bot in seinem Katalog nicht von Sony stammende Produkte unter der Bezeichnung „Walkman-Set mit Boxen" an. Das Erstgericht hatte festgestellt, dass sich das Wort „Walkman" bei Letztverbrauchern bereits allgemein als Bezeichnung für tragbare Kassettenrekorder mit Kopfhörern eingebürgert hat. Der OGH hob die Entscheidung dennoch zunächst zur Verfahrensergänzung auf. Es fehlten Feststellungen darüber, welche Auffassung Hersteller und Händler gleicher Produkte mit dem Zeichenteil verbinden. Sollten auch diese Verkehrskreise dieses Wort als Gattungsbezeichnung verstehen und verwenden, so könnte die Markeninhaberin mit ihren Ansprüchen nur noch unter der weiteren Voraussetzung durchdringen, dass ihr der Beweis gelänge, die Entwicklung ihrer Marke zum Freizeichen sei nicht infolge ihres Verhaltens oder ihrer Untätigkeit eingetreten.[211] Ein Verschulden des Markeninhabers an dieser Entwicklung sei dabei nicht erforderlich. Es genüge die objektive Zurechenbarkeit (etwa, wenn der Markeninhaber selbst die Marke austauschbar mit der Produktbezeichnung substantivisch einsetzt oder wenn er untätig bleibt, obwohl er bei angemessener Marktbeobachtung die Entwicklung seiner Marke zur Gattungsbezeichnung hätte erkennen können und er es trotz dieser Kenntnis unterlassen hat, entsprechende Maßnahmen zu ergreifen, um dieser Entwicklung entgegenzuwirken).[212]

Das Verfahren ging dann nochmals zum OGH. Die Klage von Sony wurde letztlich abgewiesen.[213] Der OGH ging bei seinen Erwägungen davon aus, dass der hier hauptsächlich betroffene Markt durch die beiden Personenkreise Elektrohändler und Verbraucher gebildet werde. Es sei daher das tatsächliche Verständnis des Zeichens „Walkman" der Händler ebenso wie jenes der Verbraucher zu berücksichtigen. Aus den Feststellungen des Erstgerichts hatte sich jedoch ergeben, dass die Händler zwar wissen, dass dies eine registrierte Marke von Sony ist, dennoch werde dieses Zeichen im Handel immer wieder ganz allgemein als Gattungsbegriff für tragbare Kassettenspieler mit Kopfhörern verwendet und davon nur im Einzelfall nach Abmahnung durch die Klägerin abgesehen. Entscheidende Ursache für diese Entwicklung sei, dass den Marktteilnehmern kein annähernd gleichwertiger Alternativbegriff zur Verfügung stehe.

---

[209]) EuGH 4. 10. 2001, Rs C-517/99 – Bravo – ÖBl 2002, 105 = ÖBl-LS 02/28 = ecolex 2002, 35 (*Schanda*) = MarkenR 2001, 403 = GRUR Int 2002, 145 = WRP 2001, 1272.

[210]) OGH 29. 1. 2002, 4 Ob 269/01i – Sony Walkman II – ÖBl-LS 2002/135-137 = ÖBl 2002, 185 = wbl 2002, 283 = MR 2002, 169 = ecolex 2002, 525 (*Schanda*) = WRP 2002, 841 = GRUR Int 2003, 358.

[211]) AA *Pöchhacker*, Entscheidungsanmerkung MR 2000, 43, der die Entwicklung zum Freizeichen jedenfalls berücksichtigen will. Der Wortlaut des § 33b Abs 1 MSchG spricht freilich gegen diese Auslegung.

[212]) OGH 18. 5. 1999, 4 Ob 121/99v – Sony Walkman – ÖBl 1999, 237 = EvBl 1999/184 = ecolex 1999, 784 (*Schanda*) = MR 2000, 43 (*Pöchhacker*) = wbl 1999, 427 = RdW 1999, 790 = MarkenR 2000, 56. Der OGH lehnte die Einleitung eines Vorabentscheidungsverfahrens ab; vgl dazu die kritische Anmerkung von *Pöchhacker*.

[213]) OGH 29. 1. 2002, 4 Ob 269/01i – Sony Walkman II – ÖBl-LS 2002/135-137 = ÖBl 2002, 185 = wbl 2002, 283 = MR 2002, 169 = ecolex 2002, 525 (*Schanda*) = WRP 2002, 841 = GRUR Int 2003, 358.

Die Marke der Klägerin sei die einzige gebräuchliche Bezeichnung für diese Waren und wirke daher insoweit wie ein Monopol. Bei gegenteiliger Auffassung wäre eine zielführende Kommunikation auf dem betroffenen Markt ohne Rechtsverletzung nicht mehr möglich. Gerade das sollte aber durch die Anerkennung von Freihaltebedürfnissen vermieden werden. Dieser Funktionsverlust sei der Klägerin gemäß § 33b MSchG zurechenbar, weil sie zwar gegen Markenverletzungen einzelner Händler vorgegangen sei, aber nichts unternommen habe, damit sich in den beteiligten Verkehrskreisen ein (ungeschütztes) anderes Zeichen als Gattungsbegriff an Stelle ihrer Marke durchsetzt. Sie habe auch nicht darauf hingewirkt, dass diese Marke in Nachschlagwerken nicht als Gattungsbegriff verwendet wird, und müsse den Verlust ihres Markenrechts daher hinnehmen.

Auch bei diesem Löschungstatbestand wird eine bloße *Einschränkung* des Warenverzeichnisses in Betracht kommen, wenn die Freizeichenentwicklung nicht alle Waren und Dienstleistungen, für die die Marke eingetragen ist, erfasst.[214]

Eine *Befristung* für den Löschungsantrag nach § 33b MSchG ist nicht vorgesehen; die Verwirkung wird abgelehnt.[215]

7.10.3. Wirkung der Löschung

Das Löschungserkenntnis wirkt auf den Zeitpunkt zurück, für den die abgeschlossene Entwicklung der Marke zur gebräuchlichen Bezeichnung (Freizeichen) nachgewiesen wurde (§ 33b Abs 2 MSchG).

7.11. Löschung wegen Irreführungseignung

7.11.1. Grundlagen

Vorgaben des Gemeinschaftsrechts: Gemäß Art 12 Abs 2 lit b MarkenRL wird eine Marke für verfallen erklärt, „wenn sie nach dem Zeitpunkt ihrer Eintragung infolge ihrer Benutzung durch den Inhaber oder mit seiner Zustimmung für Waren oder Dienstleistungen, für die sie eingetragen ist, geeignet ist, das Publikum insbesondere über die Art, die Beschaffenheit oder die geographische Herkunft dieser Waren oder Dienstleistungen irrezuführen".[216]

Österreichische Regelung: Auch dieser Löschungstatbestand wurde erst mit der MSchG-Nov 1992 entsprechend der MarkenRL (Art 12 Abs 2 lit b) in das MSchG eingefügt. Er greift dann, wenn eine Marke *nach* ihrer Registrierung zur Irreführung geeignet wird. War sie dies schon davor, so greift § 33 MSchG (Seite 498). Vor der MSchG-Nov 1992 konnte ein irreführender Markengebrauch im Wesentlichen nur über § 2 UWG bekämpft werden, auf den Bestand des Markenrechts hatte dies jedoch keinen Einfluss.[217]

---

[214]) Vgl allgemein: OPM 25. 1. 1989, Om 3/87 – Hl. Hildegard v. Bingen – PBl 1989, 180 = ÖBl 1989, 161.
[215]) PGH 5. 7. 1961, M 8/59 – Guerlain – PBl 1962, 78.
[216]) Dazu EuGH 26. 11. 1996, Rs C-313/94 – Graffione – wbl 1997, 17.
[217]) *Preglau*, ecolex 1992, 860.

7.11.2. Tatbestand

Gemäß § 33c Abs 1 MSchG kann jedermann (also jede natürliche oder juristische Person schlechthin[218]; so genannte „Popularklage") die Löschung einer Marke begehren, wenn sie

- *nach* dem Zeitpunkt ihrer *Eintragung* (Seite 385)
- infolge ihrer *Benutzung* durch den Inhaber oder mit seiner Zustimmung
- für Waren oder Dienstleistungen, für die sie eingetragen ist (Waren- und Dienstleistungsverzeichnis, Seite 358),
- geeignet ist, das Publikum insbesondere über die Art, die Beschaffenheit oder die geographische Herkunft dieser Waren oder Dienstleistungen *irrezuführen*.

Auch bei diesem Löschungstatbestand wird eine bloße Einschränkung des Warenverzeichnisses in Betracht kommen, wenn die Irreführungseignung nicht alle Waren und Dienstleistungen, für die die Marke eingetragen ist, erfasst.[219]

Eine *Befristung* für den Löschungsantrag nach § 33c MSchG ist nicht vorgesehen; die Verwirkung wird grundsätzlich abgelehnt.[220]

7.11.3. Wirkung der Löschung

Das Löschungserkenntnis wirkt auf den Zeitpunkt zurück, für den die irreführende Benutzung der Marke nachgewiesen wurde (§ 33c Abs 2 MSchG).

7.12. Löschung wegen bösgläubiger Anmeldung

7.12.1. Grundlagen

Vorgaben des Gemeinschaftsrechts: Gemäß Art 3 Abs 2 lit d MarkenRL kann jeder Mitgliedstaat vorsehen, dass eine Marke von der Eintragung ausgeschlossen ist oder im Falle der Eintragung der Ungültigerklärung unterliegt, wenn und soweit der Antragsteller die Eintragung der Marke bösgläubig beantragt hat.

Österreichische Regelung: Dieser Löschungstatbestand wurde (erst) mit der Markenrechts-Nov 1999 entsprechend der fakultativ in der MarkenRL vorgesehenen Regelung (Art 3 Abs 2 lit d) in das MSchG eingefügt. Dieser neue Löschungstatbestand ist als Korrektiv zum Entfall des bisherigen § 3 MSchG (Erfordernis eines „markenfähigen Unternehmens") gedacht.[221] Diese Neuregelung ist sehr zu begrüßen. Schon bisher war die Rechtsprechung bemüht, durch eine großzügige Interpretation des Löschungstatbestands für „Agentenmarken" auch Fälle evident sittenwidrigen Markenerwerbs zu erfassen. Nun steht dafür ein generalklauselartiger Sondertatbestand zur Verfügung, der über den § 30a MSchG hinausreicht.

---

[218]) Vgl *Preglau*, ecolex 1992, 860; allgemein: NA 25. 5. 1984, Nm 41/82 – Austrobil – PBl 1986, 161 = ÖBl 1986, 121; der Nachweis eines Löschungsinteresses ist nicht erforderlich, *Hämmerle/Wünsch* I⁴, 277.
[219]) Vgl allgemein OPM 25. 1. 1989, Om 3/87 – Hl. Hildegard v. Bingen – PBl 1989, 180 = ÖBl 1989, 161.
[220]) PGH 5. 7. 1961, M 8/59 – Guerlain – PBl 1962, 78.
[221]) EB 1999, zitiert nach *Kucsko*, MSA MSchG (1999) Anm 1 zu § 34.

7.12.2. Tatbestand

Gemäß § 34 Abs 1 MSchG kann jedermann (also jede natürliche oder juristische Person schlechthin[222]; so genannte „Popularklage") die Löschung einer Marke begehren, wenn

- der *Anmelder*
- bei der *Anmeldung*
  (Ein späteres bösgläubiges Verhalten des Anmelders bzw des Markeninhabers ist nach dieser Bestimmung nicht verfolgbar.[223])
- *bösgläubig* war
  (Die Materialien[224] kommentieren diesen neuen Tatbestand so: Der Begriff der „Bösgläubigkeit" wurde nicht in Fortsetzung der aus anderen zivil- oder strafrechtlichen Bestimmungen gewohnten nationalen Rechtsterminologie gewählt, sondern aus der MarkenRL übernommen, in welcher sich allerdings keine genaue Definition dieses Begriffes findet. Er bedarf jedenfalls einer auf die im vorliegenden Gesetz geregelten Fälle bezogenen Auslegung und Anwendung. Derselbe Begriff findet sich auch noch in verschiedenen anderen Stellen dieses Bundesgesetzes, insbesondere im Zusammenhang mit der Verwirkung, und hat dort denselben Inhalt. Dem Begriff der Bösgläubigkeit wird eine Art Auffangfunktion für jene Fälle zuzumessen sein, die als rechtsmissbräuchlicher oder sittenwidriger Markenerwerb zu qualifizieren sind. In der deutschen Literatur wurden hierzu beispielsweise die Fälle der „Sperr- und Hinterhaltsmarken" genannt. Im Zusammenhang mit dem Entfall des bisherigen § 3 ist jedenfalls anzumerken, dass ein Anmelder, der über keinen Gewerbebetrieb verfügt, nicht automatisch bösgläubig im Sinne des § 34 MSchG ist, sondern dass für den Erfolg eines auf diese Gesetzesstelle gestützten Löschungsantrags die zur Anmeldung führenden Motive von ausschlaggebender Bedeutung sein werden.)[225]

Eine *Befristung* für den Löschungsantrag nach § 34 MSchG ist nicht vorgesehen; die Verwirkung wird grundsätzlich abgelehnt.[226]

7.12.3. Wirkung der Löschung

Das Löschungserkenntnis wirkt auf den Beginn der Schutzdauer (§ 19 Abs 1 MSchG) zurück (§ 34 Abs 2 MSchG).

---

[222]) Vgl *Preglau*, ecolex 1992, 860; allgemein: NA 25. 5. 1984, Nm 41/82 – Austrobil – PBl 1986, 161 = ÖBl 1986, 121; der Nachweis eines Löschungsinteresses ist nicht erforderlich, *Hämmerle/Wünsch* I⁴, 277.
[223]) EB 1999, zitiert nach *Kucsko*, MSA MSchG (1999) Anm 2 zu § 34.
[224]) EB 1999, zitiert nach *Kucsko*, MSA MSchG (1999) Anm 3 zu § 34.
[225]) Am Rande geht der OGH in der Entscheidung „Adolf-Loos-Architekturpreis" auf § 34 MSchG ein (9. 11. 1999, 4 Ob 199/99i, ÖBl 2000, 71). Vgl auch *Nauta*, ecolex 2003, 250.
[226]) PGH 5. 7. 1961, M 8/59 – Guerlain – PBl 1962, 78.

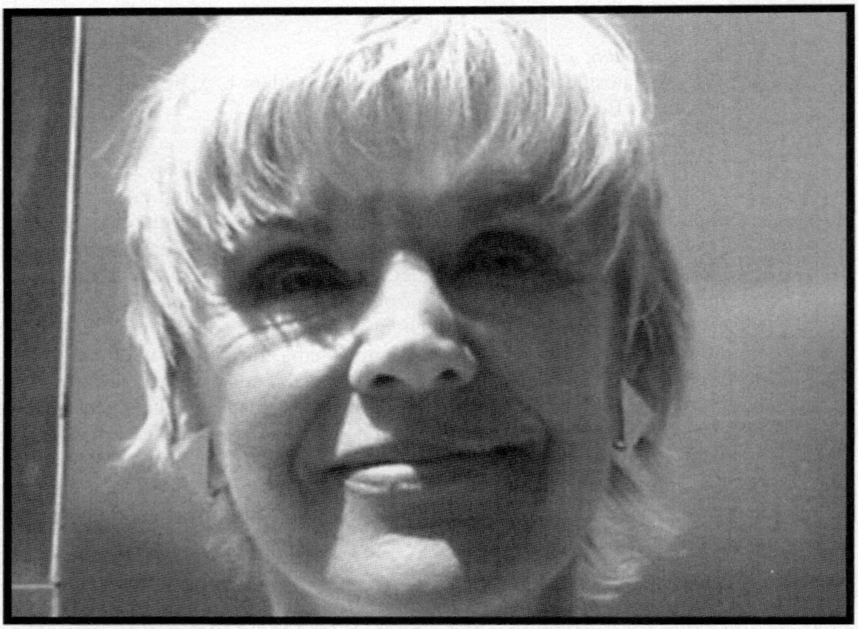

Die Zukunft gehört den Marken

Bekanntlich stehen wir heute nicht vor dem Problem, wie wir uns Informationen verschaffen, sondern wie wir uns in der Fülle der Informationen zurechtfinden und wie wir aus dieser Fülle die für uns relevanten Informationen herausfinden.

Dies betrifft auch die Mehrzahl unserer Märkte: die meisten Produktfelder sind übersetzt und laufend kommen neue Produkte, Sorten, Varianten hinzu. Konsumenten sind nicht mehr in der Lage, Information nach Information und Produkt nach Produkt zu prüfen; sie müssen ihre Aufmerksamkeit auf eine nächst höhere Ebene verlagern und nach gebündelter und sinnvoller Information suchen. Genau diese Funktion erfüllen Marken: Marken repräsentieren ein solches komplexes Informationsbündel, sie bieten eine Sicherheit der Orientierung, sie bauen Erwartungshaltungen auf und stabilisieren sie, sie erleichtern und legitimieren Wahlen. Der Prozess der Markenbildung wird daher in vielen Objektbereichen zu beobachten sein: bei Produkten, Dienstleistungen, touristischen Angeboten, Hotels, Gegenden, Medien, Sendungen, Unternehmen, Politikern, Menschen.

Eine gut konstruierte Marke bietet nicht nur Sicherheit der Orientierung, man weiß was man von ihr zu erwarten hat; sie versammelt auch Anhänger um sich, die Affinitäten zu bestimmten Marken ausbilden; sie ermöglicht die diffizilen Funktionen, die Produkte in unserer Gesellschaft haben: auszudrücken, wer ich bin und wer ich nicht bin, Beziehungen zu anderen Menschen zu schaffen, Gelegenheiten zu markieren, kulturelle Ideale sichtbar zu machen: Heimat, Mutterliebe, Lebensfreude, Jugendlichkeit etc.

Marken erzielen dies, indem sie ein bloßes Produkt mit Zeichenwelten so aufladen, dass es eine Bedeutung erhält, die weit über seine funktionale Leistung hinausgeht.

Durch den Einsatz dieser Zeichensysteme gelingt es, bei Marken einen Unterschied herbeizuführen, eine individuelle Gestalt anzunehmen, ein Wertfeld zu besetzen, eine Botschaft und Bedeutung zu vermitteln.

◄ **Dr. Helene KARMASIN** (Institut für Motivforschung, Anastasius-Grün-Gasse 32, 1180 Wien) ist Autorin des Standardwerks Produkte als Botschaften, Ueberreuter, 2. Auflage, Wien 1998

8. SANKTIONEN

Überblick:

- Gegen Markenrechtsverletzungen bestehen *zivilrechtliche und strafrechtliche Sanktionen* ähnlich wie bei Patentverletzungen.
- *Zivilrechtlich* stehen dem Markeninhaber insbesondere Ansprüche auf Unterlassung (auch im Wege einer einstweiligen Verfügung), Beseitigung, Rechnungslegung, Zahlung und Urteilsveröffentlichung zu.
- Vorsätzliche Markenrechtsverletzungen sind als *Privatanklagedelikt* gerichtlich strafbar.

Internationale Abkommen verpflichten uns, geeignete Sanktionen vorzusehen.

Vorgaben der PVÜ: Um alle in den Art 9, 10 und 10bis PVÜ bezeichneten Handlungen wirksam zu unterdrücken, verpflichten sich die Verbandsländer, den Angehörigen der anderen Verbandsländer geeignete Rechtsbehelfe zu sichern (Art 10ter Abs 1 PVÜ). Sie verpflichten sich außerdem, Maßnahmen zu treffen, um den Verbänden und Vereinigungen, welche die beteiligten Gewerbetreibenden, Erzeuger oder Händler vertreten und deren Bestehen den Gesetzen ihres Landes nicht zuwiderläuft, das Auftreten vor Gericht oder vor den Verwaltungsbehörden zum Zweck der Unterdrückung der in den Art 9, 10 und 10bis PVÜ bezeichneten Handlungen in dem Maß zu ermöglichen, wie es das Gesetz des Landes, in dem der Schutz beansprucht wird, den Verbänden und Vereinigungen dieses Landes gestattet (Art 10ter Abs 2 PVÜ).

Vorgaben des TRIPS-Abk: Vgl dazu den Abschnitt über die „Durchsetzung der Rechte am geistigen Eigentum (Art 41 ff TRIPS-Abk).

8.1. Zivilrechtlicher Schutz

Literaturhinweise: *Adler*, Der zivilrechtliche Schutz des Markenrechtes, PrJVJS 1908, 79; *Ehrenzweig*, Das Verfahren über Ansprüche wegen Behinderung der Ausübung gewerblicher Schutzrechte, JBl 1950, 569; *Friedl*, Zur Beurteilung der Schutzfähigkeit registrierter Marken durch den Zivilrichter, ÖBl 1960, 41; *Schönherr*, Die Verfolgung von Patent- und Markeneingriffen nach österreichischem Recht, GRUR Int 1961, 219; *Sperl*, Verfassungsrechtliche Bedenken gegen § 29a MSchG und §§ 107, 108 PatG, ÖBl 1962, 1; *Bydlinski*, Der Ersatz ideellen Schadens als sachliches und methodisches Problem, JBl 1965, 173, 237; *Kiss-Horvath*, Gedanken zu einer Novellierung der Bestimmungen betreffend Patent- und Markeneingriffe, ÖBl 1965, 133; *Jelinek*, Das „Klagerecht" auf Unterlassung, ÖBl 1974, 125; *Schuster-Bonnott*, Die Gefahr des Zuwiderhandelns gegen Unterlassungsverpflichtungen (Wiederholungsgefahr), JBl 1974, 169; *Schuster-Bonnott*, Der privatrechtliche Anspruch auf Unterlassung, JBl 1976, 281; *Torggler*, Probleme des Schadenersatzes im Immaterialgüter- und Wettbewerbsrecht, ÖBl 1976, 57; *John*, Die unberechtigte Schutzrechtsverwarnung im deutschen und österreichischen Recht,

GRUR Int 1979, 236; *Schönherr*, Die Unterlassungsklage gegen Vertretungsorgane juristischer Personen bei Wettbewerbsverstößen oder Verletzungen von Immaterialgüterrechten, ÖBl 1979, 33; *Schönherr*, Nichtigkeit eines Schutzrechts als Vorfrage, ÖBl 1982, 33; *Koziol*, Österreichisches Haftpflichtrecht II[2] (1984) 243; *Seeber*, Der Umfang der österreichischen inländischen Gerichtsbarkeit für Klagen im gewerblichen Rechtsschutz und Urheberrecht, ZfRV 1983, 270; *Ostheim*, Marginalien zum Ersatz entgangenen Gewinns im bürgerlichen Recht, Handelsrecht, gewerblichen Rechtsschutz und Urheberrecht, GedS Schönherr (1986) 367; *Schuster-Bonnott*, Die Wiederholungsgefahr bei Unterlassungsverpflichtungen und der seinerzeitige Motivenbericht zum Entwurf des BGB, JBl 1986, 487; *Bertel*, Die Strafbarkeit unwahrer eidesstattlicher Erklärungen, RdW 1991, 8; *Swoboda*, Die Veröffentlichungspflicht des Medienunternehmers, RdW 1992, 263; *Enzinger*, Die Eingriffskondiktion als Rechtsbehelf im gewerblichen Rechtsschutz, GRUR Int 1997, 96; *Loos*, Durchsetzung von Rechten des geistigen Eigentums: Verfahren und Sanktionen, ÖBl 1997, 267; *Sack*, Zur Vereinbarkeit von vertraglichen und gesetzlichen Nichtangriffspflichten im gewerblichen Rechtsschutz mit Art. 85 und Art. 30, 36 EG-Vertrag, FS Fikentscher (1998) 740; *Gamerith*, Parallelimport und Markenpiraterie, FS Koppensteiner (2001) 365; *Klicka*, Zum Umfang der Unterlassungsexekution nach § 355 EO – Aktuelle Abgrenzungsfragen zwischen Handlungs- und Unterlassungsexekution bei Beseitigungsansprüchen, wbl 2003, 260.

Die Markenrechts-Nov 1999 hat die Zweigleisigkeiten von MSchG und UWG im Sanktionenbereich beseitigt und nunmehr im MSchG (III. Abschnitt: Zivilrechtliche Ansprüche bei Markenrechtsverletzungen)[1] einen Sanktionenkatalog verankert.

8.1.1. Unterlassungsanspruch

Wer in einer der ihm aus einer Marke zustehenden Befugnisse (vgl insbesondere §§ 10 und 10a MSchG; Seite 390) verletzt wird oder eine solche Verletzung zu besorgen hat, kann gemäß § 51 MSchG auf Unterlassung klagen.[2]

Voraussetzung des Unterlassungsanspruchs ist das Bestehen der *Wiederholungsgefahr*. Das Gesetz normiert dieses Tatbestandsmerkmal ebenso wenig ausdrücklich, wie eine nähere Definition der „Wiederholungsgefahr". Die Beurteilung, wann sie anzunehmen ist bzw unter welchen Voraussetzungen von einem Wegfall der Wiederholungsgefahr auszugehen ist, wurde der Rechtsprechung überlassen. Dazu hat sich insbesondere im Wettbewerbsrecht eine umfangreiche, in ihren Leitlinien verfestigte Spruchpraxis entwickelt. Diese Grundsätze werden auch bei der Beurteilung markenrechtlicher Unterlassungsansprüche angewendet: Die Wiederholungsgefahr wird dann verneint, wenn der Verletzer besondere Umstände dartun kann, die eine Wiederholung seiner gesetzwidrigen Handlung als ausgeschlossen oder doch zumindest äußerst unwahrscheinlich erscheinen lassen. Bei der Annahme der Wiederholungsgefahr dürfe keineswegs engherzig vorgegangen werden; begeht nämlich jemand eine wettbewerbswidrige Handlung, so spricht die Vermu-

---

[1] § 77 Abs 1 MSchG enthält dazu eine spezielle Übergangsvorschrift: Auf vor dem In-Kraft-Treten der Markenrechts-Nov 1999 eingebrachte Klagen sind die Bestimmungen des III. Abschnittes in der vor dem In-Kraft-Treten der Markenrechts-Nov 1999 geltenden Fassung weiter anzuwenden; vgl zB OGH 13. 2. 2001, 4 Ob 325/00y – T-One – ÖBl-LS 01/86 = ÖBl 2001, 159 (*Brandstätter/Görg*) = ecolex 2001, 547 (*Schanda*) = GRUR Int 2003, 1031 = MarkenR 2001, 333; vgl allgemein: OGH 18. 1. 2000, 4 Ob 325/99v – MANPOWER – ÖBl 2000, 175 = ecolex 2000, 515 (*Schanda*) = RdW 2000/313.

[2] Zur Frage der Beweislast und zur Umkehr der Beweislast bei sittenwidrigem Domain-Grabbing vgl OGH 12. 6. 2001, 4 Ob 139/01x – täglichalles.at – MR 2001, 245 (*Korn*) = ecolex 2001, 923 (*Schanda*) = wbl 2001, 540 = RdW 2001/751.

tung bis zum Beweis des Gegenteils immer dafür, dass er zur Begehung weiterer derartiger Eingriffe geneigt ist. Wiederholungsgefahr liegt demnach immer dann vor, wenn eine Wiederholung ernstlich zu besorgen ist. Die bloße Behauptung des Beklagten, von künftigen Störungen Abstand nehmen zu wollen, schließt daher für sich allein die Wiederholungsgefahr regelmäßig noch nicht aus. Der Beklagte muss vielmehr ein Verhalten an den Tag legen, das wichtige Rückschlüsse auf seine Willensrichtung zulässt, oder es muss ein Sachverhalt eintreten, der eine Wiederholung praktisch ausschließt. Entscheidend sind daher immer die Umstände des konkreten Falles.[3] Dabei kann insbesondere das Verhalten des Beklagten vor und während des Rechtsstreits wesentliche Anhaltspunkte für seine Willensrichtung bieten: Vertritt der Beklagte im Prozess weiterhin die Auffassung, zur beanstandeten Handlung berechtigt gewesen zu sein und verteidigt er seinen Wettbewerbsverstoß, so gibt er im Allgemeinen schon durch dieses Verhalten zu erkennen, dass es ihm um die Vermeidung weiterer Eingriffe dieser Art ernstlich nicht zu tun ist.[4] Dass der Beklagte trotz Berufung auf den Wegfall der Wiederholungsgefahr daran festhält, durch die beanstandete Handlung keinen Gesetzesverstoß begangen zu haben, weckt in der Regel nur dann keine Bedenken an seiner Sinnesänderung, wenn er einen den ganzen Unterlassungsanspruch umfassenden, an keinerlei Bedingungen geknüpften *Vergleich* anbietet und nach den Umständen keine Bedenken gegen die Ernstlichkeit seines Willens bestehen, von gleichartigen Handlungen künftig Abstand zu nehmen.[5] Begehrt der Kläger berechtigterweise auch die Ermächtigung zur Urteilsveröffentlichung, so muss das Vergleichsangebot auch die Veröffentlichung des Vergleiches auf Kosten des Beklagten in angemessenem Umfang umfassen.[6] Der Kläger erhält durch einen solchen Vergleich alles das, was er durch ein seinem Unterlassungsbegehren stattgebendes Urteil hätte erlangen können, nämlich einen Titel, welcher ihn bei jeder weiteren Zuwiderhandlung des Beklagten zur Exekutionsführung nach § 355 EO berechtigt.[7] Schließt der Kläger (obwohl er auch Anspruch auf Urteilsveröffentlichung hätte) einen Unterlassungsvergleich, so kann das Gericht keine Veröffentlichungsermächtigung mehr zuspre-

---

[3]) Zum Ganzen: OGH 25. 4. 1995, 4 Ob 22/95 – Rolls-Royce – ÖBl 1996, 35 = wbl 1995, 428 = ÖJZ-LSK 1995/167. Keine Wiederholungsgefahr bei bloß versehentlichem Verteilen eines markenverletzenden Prospekts: OGH 31. 5. 1988, 4 Ob 28/88 – BIOREN – ÖBl 1989, 56 = MR 1988, 205 = GRUR Int 1990, 74; zum Wegfall der Wiederholungsgefahr bei irrtümlichem Gesetzesverstoß: OGH 30. 11. 1987, 4 Ob 395/87 – Carsonics/Carsound – ÖBl 1989, 52 = MR 1988, 59.

[4]) OGH 4. 2. 1999, 4 Ob 348/98z – Ford-KG – ÖBl 1999, 295; OGH 22. 4. 1997, 4 Ob 96/97i – Ramtha – ÖBl 1998, 53 = ecolex 1997, 681 (*Schanda*).

[5]) OGH 4. 2. 1999, 4 Ob 348/98z – Ford-KG – ÖBl 1999, 295; OGH 22. 4. 1997, 4 Ob 96/97i – Ramtha – ÖBl 1998, 53 = ecolex 1997, 681 (*Schanda*); unzureichend ist ein Vergleichsangebot unter der Bedingung, dass das Erstgericht den Verstoß bejaht: OGH 29.9.1992, 4 Ob 66, 67/92 – MERCEDES-Teyrowsky – ÖBl 1992, 273 = MR 1992, 252 = wbl 1993, 61 = ecolex 1993, 99. Zur strafbewehrten Unterlassungserklärung: OGH 28. 5. 2002, 4 Ob 82/02s – MD-Recorder – ÖBl-LS 2002/161. Zur Veräußerung oder Schließung des Unternehmens: OGH 2. 7. 2002, 4 Ob 145/02f – Extradienst – ÖBl-LS 2002/162.

[6]) OGH 22. 4. 1997, 4 Ob 96/97i – Ramtha – ÖBl 1998, 53 = ecolex 1997, 681 (*Schanda*). Vgl zu dieser Judikatur auch OGH 30. 11. 1987, 4 Ob 395/87 – Carsonics/Carsound – ÖBl 1989, 52 = MR 1988, 59.

[7]) OGH 4. 2. 1999, 4 Ob 348/98z – Ford-KG – ÖBl 1999, 295; dort auch zur Beurteilung eines vollstreckbaren Notariatsaktes über die Unterlassungsverpflichtung.

chen (diese ist nur zur Urteilsveröffentlichung, nicht aber zur Vergleichsveröffentlichung vorgesehen); der Anspruch auf angemessenes Entgelt bleibt hingegen erhalten.[8] Hat der Verletzer sein Geschäft oder seinen Geschäftszweig, in dessen Rahmen er den Wettbewerbsverstoß begangen hat, von sich aus eingestellt und den beanstandeten Zustand beseitigt, wird wohl im Allgemeinen die Wiederholungsgefahr wegfallen, wenn nicht ernstliche Anzeichen dafür bestehen, dass eine entsprechende Tätigkeit – wenn auch in anderer Form – wieder aufgenommen wird.[9]

Beispiele:

- OGH 10. 11. 1992: Hat die Beklagte schon lange vor dem Prozess anerkannt, dass sie im Hinblick auf die Ähnlichkeit ihrer Firma mit jener der Klägerin nicht berechtigt ist, ihre Firma zu gebrauchen und in der Folge ihre Firma auch tatsächlich nicht mehr im geschäftlichen Verkehr verwendet (sondern ist sie unter einem anderen Namen aufgetreten), so spricht dies für den Wegfall der Wiederholungsgefahr.[10]

- OGH 25. 4. 1995: Im bereits zitierten (Seite 440) Rolls-Royce-Fall ging es um den Vorwurf der missbräuchlichen Verwendung dieser bekannten Automarke für eine Diskothek. Tatsächlich hatte der beklagte Hotelier die Disco aber bereits ein ¾ Jahr nach der Eröffnung (2 Jahre vor der Klagseinbringung!) geschlossen, vor Klagseinbringung das Leuchtschild und während des Prozesses das zunächst noch verbliebene Zeichen am Gehsteig beseitigt. Der OGH verneinte das Bestehen der Wiederholungsgefahr.[11]

- OGH 13. 3. 2002: Da eine *Website* inhaltlich jederzeit verändert werden kann, ist im Fall einer erwiesenen Wettbewerbsverletzung durch den Inhalt einer Website mit der Entfernung des verbotenen Inhalts die Wiederholungsgefahr nicht vollständig beseitigt, könnte doch der frühere gesetzwidrige Zustand vom Störer jederzeit leicht wieder hergestellt werden.[12]

Eine *vorbeugende Unterlassungsklage* ist nur dann gerechtfertigt, wenn ein Zuwiderhandeln unmittelbar drohend bevorsteht.[13] An die Stelle der Wiederholungsgefahr tritt also die *Begehungsgefahr*. Auch bloße Vorbereitungshandlungen können einen Unterlassungsanspruch rechtfertigen, wenn aufgrund bestimmter Tatsachen die konkrete Besorgnis einer unmittelbar bevorstehenden Rechtsverletzung begründet ist. Ob diese Voraussetzungen vorliegen, ist nach den objektiven Gegebenheiten bei Schluss der Verhandlung erster Instanz zu beurteilen; auf die subjektive Sicht des betroffenen Mitbewerbers kommt es nicht an.[14]

---

[8]) OGH 16. 10. 2001, 4 Ob 243/01s – Sissy-Weißwein – MR 2002, 109 = ecolex 2002, 267 (*Schanda*) = ÖBl 2002, 237.
[9]) OGH 25. 4. 1995, 4 Ob 22/95 – Rolls-Royce – ÖBl 1996, 35 = wbl 1995, 428 = ÖJZ-LSK 1995/167.
[10]) OGH 10. 11. 1992, 4 Ob 95/92 – Pharma Service – ÖBl 1993, 18 = wbl 1993, 128 = ecolex 1993, 178.
[11]) OGH 24. 4. 1995, 4 Ob 22/95 – Rolls-Royce – ÖBl 1996, 35 = wbl 1995, 428 = ÖJZ-LSK 1995/167.
[12]) OGH 13. 3. 2002, 4 Ob 39/02t – kunstNET – ÖBl-LS 2002/125 = ecolex 2002, 597 (*Schanda*).
[13]) OGH 12. 6. 2001, 4 Ob 139/01x – täglichalles.at – MR 2001, 245 (*Korn*) = ecolex 2001, 923 (*Schanda*) = wbl 2001, 540 = RdW 2001/751; OGH 24. 4. 2001, 4 Ob 81/01t – CICLON – ÖBl-LS 01/138, 139, 140 = ÖBl 2001, 269 = GRUR Int 2002, 265; OGH 3. 5. 2000, 4 Ob 109/00h – Pycnogenol – ÖBl-LS 00/94 = ÖBl 2001, 91; OGH 26. 1. 1999, 4 Ob 309/98i – ERINASOLUM – ÖBl 1999, 229.
[14]) OGH 31. 5. 1988, 4 Ob 28/88 – BIOREN – ÖBl 1989, 56 = MR 1988, 205 = GRUR Int 1990, 74.

Die Gefahr künftiger Rechtsverletzungen (als Erstbegehungsgefahr bzw als Wiederholungsgefahr) ist eine materiell-rechtliche Voraussetzung des Unterlassungsanspruchs; sie muss daher im Zeitpunkt des Schlusses der Verhandlung erster Instanz gegeben sein.[15]

Das *Unterlassungsgebot* hat sich am konkreten Wettbewerbsverstoß zu orientieren, wenn es auch Umgehungen durch den Verpflichteten nicht allzu leicht ermöglichen soll.[16] Bei Schaffung eines Unterlassungstitels kann daher die tatsächlich verübte Handlung bei ihrer Beschreibung (unter Erfassung des Kerns der Verletzungshandlung) allgemeiner gefasst und ihr so ein breiterer Rahmen gegeben werden, damit unter den Schutzumfang des Unterlassungsanspruchs nicht nur völlig gleichartige Handlungen, sondern auch alle anderen fallen, die diesen Kern unberührt lassen.

Beispiele:

- OGH 12. 7. 1988: Die bloße Tatsache, dass eine Marke angemeldet wurde (mit nachfolgender Registrierung und Veröffentlichung) rechtfertigt ebenso wenig eine vorbeugende Unterlassungsklage wie die Mitteilung des Beklagten, dass er von dieser Marke „ohnehin *noch* keinen Gebrauch gemacht" habe.[17]
- OGH 3. 5. 2000: Festgestellt wurde, dass der Beklagte Tabletten zur Nahrungsergänzung unter der geschützten Marke vertreibt. Demnach war ein Unterlassungsgebot, das sich auf sämtliche Waren der Kl 3 und 5 (Mittel zur Köperpflege, Seifen, Haarlotionen, Babykost etc) bezog, zu weit gefasst.[18]
- OGH 13. 11. 2001: Der Beklagten kann die Verwendung eines selbständig unterscheidungskräftigen Markenbestandteils, allenfalls auch die Verwendung diesem ähnlicher Zeichen, nicht aber ganz allgemein verboten werden, zur Irreführung geeignete Angaben über geschäftliche Verhältnisse zu machen.[19]
- OGH 15. 10. 2002: Das Unterlassungsbegehren, der Beklagten das Bewerben und/oder Anbieten von Zigaretten unter der Marke der Klägerin BOSS „im Internet" zu verbieten, hat der OGH eingeschränkt „soweit sich Werbung und/oder Angebot auf den österreichischen Markt beziehen".[20]

Aktivlegitimation: Diese liegt grundsätzlich beim Markeninhaber. Zur Aktivlegitimation des Lizenznehmers vgl bereits oben Seite 469.

Passivlegitimation: Grundsätzlich ist zunächst der Markenverletzer (also derjenige, der selbst das tatbestandsmäßige Verhalten setzt) passiv klagslegitimiert. Der Unterlassungsanspruch richtet sich aber nicht nur gegen den unmittelbaren Täter (*Störer*), sondern auch gegen *Mittäter*, *Anstifter* und *Gehilfen* des eigentlichen Störers.

---

[15]) OGH 13. 11. 2001, 4 Ob 244/01p – Alpentrio Tirol II – ÖBl 2002, 302 = ÖBl-LS 2002/48-50.
[16]) OGH 13. 11. 2001, 4 Ob 237/01h – drivecompany – ÖBl 2002, 84 = ÖBl-LS 2002/56 und 57 = ecolex 2002, 364 (*Schanda*) = wbl 2002, 182; OGH 3. 5. 2000, 4 Ob 109/00h – Pycnogenol – ÖBl-LS 00/94 = ÖBl 2001, 91.
[17]) OGH 12. 7. 1988, 4 Ob 47/88 – Österreich-Bild – MR 1988, 207.
[18]) OGH 3. 5. 2000, 4 Ob 109/00h – Pycnogenol – ÖBl-LS 00/94 = ÖBl 2001, 91.
[19]) OGH 13. 11. 2001, 4 Ob 237/01h – drivecompany – ÖBl 2002, 84 = ÖBl-LS 2002/56 und 57 = ecolex 2002, 364 (*Schanda*) = wbl 2002, 182.
[20]) OGH 15. 10. 2002, 4 Ob 174/02w – BOSS-Zigaretten IV – ÖBl 2003, 31 (*Fallenböck*) = ÖBl-LS 2003/11-13 = MR 2002, 396 (*Korn, Pöchhacker*) = ecolex 2003, 40 (*G. Schönherr*) = ÖJZ-LSK 2003/22, 23 = ÖJZ 2003, 143 = RdW 2003/66.

Für wettbewerbswidriges Verhalten eines anderen hat jeder einzustehen, der den Wettbewerbsverstoß durch eigenes Verhalten gefördert oder überhaupt erst ermöglicht hat.[21] Als Mittäter haftet jeder, der tatbestandsmäßig handelt. Wer einen Tatbeitrag leistet, haftet nur dann, wenn er den Täter bewusst fördert. Dies setzt voraus, dass der Gehilfe die Tatumstände kennt, die die Rechtswidrigkeit seines Verhaltens begründen. Dem ist das vorwerfbare Nichtkennen gleichzuhalten. In der Person des Gehilfen müssen nicht nur die objektiven Tatbestandsmerkmale, sondern auch allfällige subjektive Tatbestandsmerkmale verwirklicht sein. Auch ein selbständiger Unternehmer, der es übernommen hat, für einen Auftraggeber bestimmte Leistungen zu erbringen, kann Gehilfe sein.[22] Der *Inhaber eines Unternehmens* kann auf Unterlassung geklagt werden, wenn eine Markenverletzung im Betrieb seines Unternehmens von einem Bediensteten oder Beauftragten begangen wird oder droht (§ 54 Abs 1 MSchG).

Beispiele:

- OGH 10. 5. 1988: Der *Franchisenehmer* haftet auch dann, wenn er nach den Bestimmungen des Franchisevertrags verpflichtet war, an allen vom „Lenkungsausschuss" durchgeführten Werbe- und Verkaufsförderungsmaßnahmen teilzunehmen und er sich daher der Eingriffshandlung möglicherweise gar nicht entziehen konnte, ohne die im Vertrag vorgesehenen Sanktionen befürchten zu müssen.[23]
- OGH 17. 8. 2000: Ein *persönlich haftender Gesellschafter einer OHG* hat für einen Wettbewerbsverstoß der Gesellschaft nicht einzustehen, wenn er gar keine Einflussmöglichkeit auf die Geschäftsführung hatte.[24]
- OGH 24. 4. 2001: Die Beklagte erhielt als Abfüller vom ausländischen Auftraggeber bedruckte Dosen, die sie in Österreich befüllte. Der Auftraggeber holte sie wieder ab und exportierte sie. Das Design der Dosen verletzte ein österreichisches Markenrecht von RED BULL. Der Export wurde als Verletzungshandlung beurteilt (§ 10a Z 3 MSchG). Die Beklagte musste als Mittäter dafür einstehen.[25]

Einstweilige Verfügung. In der Praxis ist die vorläufige Sicherung des Unterlassungsanspruchs durch eine einstweilige Verfügung (EV) besonders wichtig. Ihr Vorteil für den Markeninhaber besteht darin, dass er den Verletzer möglichst schnell (im Extremfall innerhalb eines Tages) durch ein gerichtliches Gebot an weiteren (oder unmittelbar bevorstehenden) Markenverletzungen hindern kann.

---

[21]) Dazu eingehend OGH 26. 1. 1999, 4 Ob 309/98i – ERINASOLUM – ÖBl 1999, 229, insbesondere zur wettbewerbsrechtlichen Gehilfenhaftung beim „Outsourcing" sowie zur allenfalls bestehenden Verpflichtung des selbständigen Unternehmers, die Person seines Auftraggebers bekannt zu geben und die mitwirkende Tätigkeit sofort einzustellen; OGH 17. 8. 2000, 4 Ob 158/00i – gewinn.at – MR 2000, 322 = wbl 2000, 579 = EvBl 2001/20 = ecolex 2001, 128 (*Schanda*) = RdW 2001/32 = ÖJZ-LSK 2001/8 = GRUR Int 2001, 468 = MMR 2001, 307 (*Schanda*); OGH 5. 5. 1987, 4 Ob 390/86 – Heilkräuter aus dem Garten Gottes („Apotheke Gottes I") – ÖBl 1988, 78 = MR 1988, 91 (*Walter*).
[22]) OGH 24. 4. 2001, 4 Ob 81/01t – CICLON – ÖBl-LS 01/138, 139, 140 = ÖBl 2001, 269 = GRUR Int 2002, 265.
[23]) OGH 10. 5. 1988, 4 Ob 339/86 – Preishammer – ÖBl 1988, 154 = JBl 1988, 726 = PBl 1989, 135.
[24]) OGH 17. 8. 2000, 4 Ob 158/00i – gewinn.at – MR 2000, 322 = wbl 2000, 579 = EvBl 2001/20 = ecolex 2001, 128 (*Schanda*) = RdW 2001/32 = ÖJZ-LSK 2001/8 = GRUR Int 2001, 468 = MMR 2001, 307 (*Schanda*).
[25]) OGH 24. 4. 2001, 4 Ob 81/01t – CICLON – ÖBl-LS 01/138, 139, 140 = ÖBl 2001, 269 = GRUR Int 2002, 265.

Verstößt der Antragsgegner gegen die EV, so kann der Antragsteller die Einhaltung der EV durch massive Beugestrafen erzwingen. Ein weiterer Vorteil für beide Parteien) liegt darin, dass das EV-Verfahren summarisch gestaltet ist und daher relativ schnell (allenfalls bis zum OGH) geklärt werden kann, ob der geltend gemachte Anspruch zu Recht besteht. In vielen Fällen erübrigt sich danach sogar das langwierige Hauptverfahren, weil der wesentliche Sachverhalt und die Rechtsfrage bereits im Provisorialverfahren geklärt wurden, sodass eine vergleichsweise Bereinigung des Hauptverfahrens für beide Parteien sinnvoll ist. Der wesentliche Nachteil für den Antragsteller liegt jedoch im verschuldensunabhängigen Schadenersatzrisiko, falls die EV nicht gerechtfertigt werden kann (vgl § 394 EO).

Auch das *TRIPS-Abk* enthält Vorgaben für einstweilige Verfügungen.[26]

Das MSchG sieht für EV-Anträge – gegenüber der allgemeinen Regelung – gewisse Abweichungen vor: Zur Sicherung der Ansprüche auf Unterlassung und Beseitigung können einstweilige Verfügungen erlassen werden, auch wenn die im § 381 EO bezeichneten Voraussetzungen (Bescheinigung der *Anspruchsgefährdung*) nicht zutreffen (§ 56, erster Satz MSchG). Jedoch kann eine EV, die auf eine *seit mehr als fünf Jahren eingetragene Marke* gestützt wird, nur erlassen werden, wenn glaubhaft gemacht ist, dass der Löschungsgrund nach § 33a nicht vorliegt (§ 56, letzter Satz MSchG). Dies ist auch für Gemeinschaftsmarken von Bedeutung, wobei die rechtserhaltende Benutzung im Sinne des Art 15 GMV zu beurteilen ist, das heißt, entscheidend ist in diesem Fall ausschließlich die Benutzung in der Gemeinschaft.[27] Zur Glaubhaftmachung ist – so jedenfalls die Judikatur[28] vor der Markenrechts-Nov 1999 – der Kläger nicht gehalten, genaue Zahlen über Umfang, Intensität, Dauer und örtliche Streuung des Gebrauchs der Marke und deren Relation zu ihrer Größe und zu jener des gesamten Marktes und zur Art der Ware aufzustellen.

Über einen Antrag auf Erlassung einer EV wird in der Regel[29] nur aufgrund der von der gefährdeten Partei beigebrachten Bescheinigungsmittel entschieden, ohne ihrem Gegner das rechtliche Gehör zu gewähren; diesem steht dafür der *Widerspruch* nach § 397 Abs 1 EO zu.[30] Holt das Gericht eine *Äußerung* des Gegners ein, so ist es nicht verpflichtet, der gefährdeten Partei die Äußerung des Gegners zu einer *Gegenäußerung* zuzustellen.[31] Die Verpflichtung zur Einholung einer Gegenäußerung wäre mit dem Zweck des Provisorialverfahrens, möglichst rasch einst-

---

[26]) Zur Frage der unmittelbaren Anwendbarkeit des Art 50 Abs 6 TRIPS-Abk: EuGH 14. 12. 2000, Rs C-300/98 und C-392/98 – Dior/Tuk – wbl 2001, 122 = WRP 2001, 124 = MarkenR 2001, 20 = GRUR Int 2001, 327 = GRUR 2001, 235 = EWS 2001, 187 = ABl HABM 2001, 416; EuGH 13. 9. 2001, Rs C-89/99 – TRIPS und Markenrecht – MarkenR 2002, 16 = GRUR Int 2002, 41; zu Art 50 TRIPS-Abk vgl auch EuGH 16. 6. 1998, Rs C-53/96 – Hermès.
[27]) EB 1999, zitiert nach *Kucsko*, MSA MSchG (1999) Anm 2 zu § 56.
[28]) OGH 26. 2. 1996, 4 Ob 7/96 – LEUMIN/LEIMIN – ÖBl 1996, 246 = SZ 69/38 = RdW 1996, 583.
[29]) Meine persönliche Praxiserfahrung insbesondere beim HG Wien ist demgegenüber, dass nur in Ausnahmefällen ohne Einholung einer Äußerung der gefährdeten Partei entschieden wird. Ich halte diese Praxis zur raschen und fairen Klärung des Streitfalls für sinnvoll.
[30]) StRsp, etwa OGH 7. 10. 1997, 4 Ob 218/97f – Spinnrad II – ÖBl 1998, 291 = ecolex 1998, 147 (*Schanda*).
[31]) Es bleibt dem Antragsteller aber unbenommen, Akteneinsicht zu nehmen.

weiligen Rechtsschutz zu gewähren, unvereinbar.[32] Es bleibt dem Gericht allerdings unbenommen, allfällige weitere, nicht aufgetragene Schriftsätze (sowie die vorgelegten weiteren Bescheinigungsmittel) in der Entscheidung zu berücksichtigen, oder derartige Schriftsätze zurückzuweisen.[33] Weist das Gericht weitere Äußerungsschriftsätze nicht zurück und berücksichtigt es die mit diesen Schriftsätzen vorgelegten Bescheinigungsmittel, so darf das Rekursgericht sich bei der Beurteilung nicht mehr bloß auf den Sicherungsantrag und die Äußerung beschränken.[34]

Ein *unbestimmter Sicherungsantrag* ist abzuweisen; das Gericht darf den Sicherungsantrag nicht von sich aus spezifizieren, wenn nicht klargestellt ist, welche Verstöße vom Sicherungsantrag erfasst werden sollen.[35] Die fehlende Bescheinigung kann nicht durch eine Sicherheitsleistung ersetzt werden.[36]

Die einstweilige Verfügung hat immer nur eine *vorläufige Regelung* zum Gegenstand. Sie darf keine Sachlage schaffen, die nicht mehr rückgängig gemacht werden kann. Andernfalls wäre es unmöglich, den früheren Zustand wieder herzustellen, wenn das Urteil im Hauptprozess die EV nicht rechtfertigt.[37]

Beispiele:
- OGH 13. 9. 1999: Im Domainrechtsstreit um den Zeitschriftentitel „Format" (Seite 657) wurde der EV-Antrag auf Löschung der Reservierung und Delegierung der Domain „format.at" abgewiesen, weil er einen unumkehrbaren Zustand geschaffen hätte.[38]
- OGH 30. 4. 1996: Der Kläger hatte gegen den Beklagten wegen Markenverletzung ein Strafverfahren eingeleitet, in Zuge dessen 44 markenverletzende Hosen gerichtlich sichergestellt wurden. Danach ordnete das Strafgericht an, diese Hosen dem Beklagten wieder auszufolgen. Der Kläger beantragte daraufhin zur Sicherung seines Unterlassungs- und Beseitigungsanspruchs eine auf Unterlassung lautende einstweilige Verfügung gegen den Beklagten (samt Drittverbot gegen die Republik Österreich). Der OGH bestätigte diese EV. Derjenige, der gefälschte Markenwaren vertrieben hat, müsse auf Antrag des Verletzten die noch vorhandenen, mit der Marke versehenen Warenvorräte beseitigen. Die für den Beseitigungsanspruch erforderliche fortdauernde Störung werde – im Zusammenhalt mit der zurückliegenden Markenrechtsverletzung – schon durch das Vorhandensein der Eingriffsgegenstände im Betrieb des Beklagten, wo sie regelmä-

---

[32]) OGH 7. 10. 1997, 4 Ob 218/97f – Spinnrad II – ÖBl 1998, 291 = ecolex 1998, 147 (*Schanda*) unter Hinweis darauf, dass Art 6 EMRK auf das Provisorialverfahren nicht anzuwenden ist.
[33]) OGH 12. 6. 2001, 4 Ob 126/01k – Das blaue Rohr – ÖBl 2002, 20 = ÖBl-LS 01/160, 171 und 188 = RdW 2001/673 = ecolex 2001, 848 (*Reitböck*).
[34]) OGH 12. 6. 2001, 4 Ob 126/01k – Das blaue Rohr – ÖBl 2002, 20 = ÖBl-LS 01/160, 171 und 188 = RdW 2001/673 = ecolex 2001, 848 (*Reitböck*).
[35]) OGH 7. 7. 1997, 4 Ob 167/97f – Fussballverein-Logos – ÖBl 1998, 182 = ecolex 1997, 951 (*Schanda*). Hier hat der OGH das Unterlassungsgebot durch Verweis auf die vorgelegten Vereinslogos spezifizieren können.
[36]) OGH 18. 11. 1975, 4 Ob 347/75 – Handelsregister Österreich – ÖBl 1976, 105.
[37]) OGH 13. 9. 2000, 4 Ob 166/00s – fpo.at – ecolex 2001, 128 (*Schanda*) = MR 2000, 31 (*Pilz*) = wbl 2001, 91 (*Thiele*) = SZ 73/139 = SZ 73/139 = GRUR Int 2001, 790; OGH 13. 9. 1999, 4 Ob 180/99w – Format – ÖBl 2000, 72 = ecolex 2000, 132 (*Schanda*) = MR 1999, 351 = wbl 2000, 47.
[38]) OGH 13. 9. 1999, 4 Ob 180/99w – Format – ÖBl 2000, 72 = ecolex 2000, 132 (*Schanda*) = MR 1999, 351 = wbl 2000, 47.

ßig zu keiner anderen Verwendung als dem Verkauf bestimmt sein können, bewirkt.[39]
- OGH 13. 9. 2000: Mit Antrag auf einstweilige Verfügung konnte nicht die *Löschung* der gegnerischen Domain durchgesetzt werden, weil dies einen unumkehrbaren Zustand schaffen würde.[40]

Auch im *Sicherungsverfahren* ist der OGH Rechts- und nicht Tatsacheninstanz.[41] Ob aber die Voraussetzungen für die Zulässigkeit eines Anscheinsbeweises vorliegen, ist eine Rechtsfrage.[42] Der OGH kann zwar nicht mehr prüfen, ob der Inhalt von Urkunden *glaubwürdig* ist, wohl aber die *Auslegung* von in ihrem Wortlaut unstrittigen Urkunden.[43] Wird die *Revisionsrekursbeantwortung* nach Ablauf der 14tägigen Rechtsmittelfrist (§ 402 Abs 3 EO) zur Post gegeben, so ist die Frist versäumt. Eine Wiedereinsetzung in den vorigen Stand ist im Exekutionsverfahren ausgeschlossen (§ 58 Abs 2 EO); diese Bestimmung ist auch im Provisorialverfahren anzuwenden (§ 402 Abs 3 EO).[44]

Exekutive Durchsetzung gegenüber Printmedien: Wenn eine geschäftliche Kundgebung oder Mitteilung, in Ansehung deren ein Exekutionstitel auf Unterlassung im Sinne des § 51 MSchG vorliegt, in einem nicht der Verfügung des Verpflichteten unterliegenden Druckwerk erscheint, kann auf Antrag des betreibenden Gläubigers von dem zur Bewilligung der Exekution zuständigen Gericht an den Inhaber des mit dem Verlag oder der Verbreitung des Druckwerks befassten Unternehmens (Herausgeber oder Eigentümer der Zeitung) das Gebot (§ 355 EO) erlassen werden, das fernere Erscheinen der Kundgebung oder Mitteilung in den nach Zustellung des Gebots erscheinenden Nummern, Ausgaben oder Auflagen des Druckwerks oder, wenn das Druckwerk nur diese Kundgebung oder Mitteilung enthält, seine fernere Verbreitung einzustellen (§ 59 Abs 1 MSchG). Diese Maßregel kann auch als einstweilige Verfügung im Sinne des § 382 EO nach Maßgabe der Bestimmungen der EO auf Antrag einer gefährdeten Partei angeordnet werden. § 56 erster Satz ist anzuwenden (§ 59 Abs 1 MSchG). Auf den dem Antragsteller wegen Zuwiderhandlungen gegen das Gebot (§ 355 EO) zustehenden Schadenersatzanspruch ist § 53 Abs 2 Z 1 und Abs 4 MSchG sinngemäß anzuwenden (§ 59 Abs 3 MSchG).

---

[39] OGH 30. 4. 1996, 4 Ob 2055/96a – „L"-Hosen – ÖBl 1996, 282 = wbl 1996, 374.
[40] OGH 13. 9. 2000, 4 Ob 166/00s – fpo.at – ecolex 2001, 128 (*Schanda*) = MR 2000, 31 (*Pilz*) = wbl 2001, 91 (*Thiele*) = SZ 73/139 = GRUR Int 2001, 790; dazu *Burgstaller*, MR 2002, 49. Im Hauptverfahren war der Beseitigungsanspruch dann durchsetzbar: OGH 12. 9. 2001, 4 Ob 176/01p – fpo.at II – ÖBl-LS 2002/64 = ÖBl 2002, 242 = EvBl 2002/22 = MR 2001, 326 (*Rami*) = ecolex 2002, 35 (*Schanda*) = ÖJZ-LSK 2002/19.
[41] OGH 28. 9. 1999, 4 Ob 206/99v – Blausiegel – ÖBl 2000, 77 = ecolex 2000, 134 (*Schanda*) = MarkenR 2000, 59; OGH 30. 1. 2001, 4 Ob 5/01s – Vergabe von Subadressen – wbl 2001, 493 (*Thiele*) = ÖBl-LS 01/82.
[42] OGH 28. 9. 1999, 4 Ob 206/99v – Blausiegel – ÖBl 2000, 77 = ecolex 2000, 134 (*Schanda*) = MarkenR 2000, 59, auch eingehend zum Begriff des Anscheinsbeweises.
[43] OGH 30. 1. 2001, 4 Ob 5/01s – Vergabe von Subadressen – wbl 2001, 493 (*Thiele*) = ÖBl-LS 01/82.
[44] OGH 8. 11. 1994, 4 Ob 133/94 – Förderband-Abstreifersysteme – ÖBl 1995, 170 = SZ 67/191 = wbl 1995, 124 = RdW 1995, 301 = ZfRV 1995/18 = GRUR Int 1995, 810.

8.1.2. Beseitigungsanspruch

Der Markeninhaber hat Anspruch darauf, dass die Plagiate am Müll landen.

Der Markenverletzer ist zur Beseitigung des dem Gesetz widerstreitenden Zustandes verpflichtet (§ 52 Abs 1 MSchG). Der Beseitigungsanspruch dient der Abwehr schon erfolgter, aber noch fortdauernder Störungen.[45] Er muss nicht gleichzeitig mit einem Unterlassungsanspruch erhoben werden.[46]

Der Verletzte kann insbesondere verlangen, dass auf Kosten des Verletzers die markenverletzenden Gegenstände sowie etwa vorhandene Vorräte von nachgemachten Marken (*Eingriffsgegenstände*) vernichtet und die ausschließlich oder vorzugsweise zur Herstellung markenverletzender Gegenstände dienlichen Werkzeuge, Vorrichtungen und anderen Hilfsmittel (*Eingriffsmittel*) für diesen Zweck unbrauchbar gemacht werden, soweit dadurch nicht in dingliche Rechte Dritter eingegriffen wird (§ 52 Abs 2 MSchG). In dingliche Rechte Dritter kann hierbei nur eingegriffen werden, sofern dem Berechtigten auch gegen diesen Dritten unmittelbar ein Recht zur Beseitigung des dem Gesetz widerstreitenden Zustandes aufgrund einer von diesem zu verantwortenden Markenverletzung zustünde.[47] Zu den in § 52 Abs 2 MSchG angeführten Eingriffsgegenständen zählen markenverletzende Gegenstände, wie etwa in markenverletzender Weise gekennzeichnete Waren, markenverletzende Geschäftspapiere oder Werbemittel usw, sowie die Vorräte von nachgemachten Marken, also von noch nicht an Waren angebrachten Markenreproduktionen, wie zB Etikettenvorräte oder Markenapplikationen; Eingriffsmittel sind ausschließlich oder vorzugsweise zur Herstellung markenverletzender Gegenstände dienliche Werkzeuge, Vorrichtungen und andere Hilfsmittel, wie zB Druckplatten, Schablonen oder Stickereimaschinen.[48]

Beispiele:

- OGH 13. 11. 2001: Der Beseitigungsanspruch kann auch auf Einwilligung des Beklagten in die – dann von der NA vorzunehmende – *Markenlöschung* gerichtet werden.[49]
- OGH 13. 3. 2002: Bei Verletzung von Kennzeichenrechten durch die *Domain* einer Website steht dem Verletzten auch ein Anspruch auf Beseitigung des stö-

---

[45]) OGH 20. 10. 1998, 4 Ob 216/98p – Ralph Lauren II – ÖBl 1999, 87 = EvBl 1999/58 = SZ 71/168 = ZfRV 2000, 153.
[46]) OGH 13. 11. 2001, 4 Ob 263/01g – Löwen-Zähne – ÖBl 2002, 140 = ÖBl-LS 2002/63 = EvBl 2002/77 = ÖJZ-LSK 2002/92.
[47]) EB 1999, zitiert nach *Kucsko*, MSA MSchG (1999) Anm 1 zu § 52.
[48]) EB 1999, zitiert nach *Kucsko*, MSA MSchG (1999) Anm 2 zu § 52.
[49]) OGH 13. 11. 2001, 4 Ob 263/01g – Löwen-Zähne – ÖBl 2002, 140 = ÖBl-LS 2002/63 = EvBl 2002/77 = ÖJZ-LSK 2002/92. *Hock*, Beseitigungsanspruch gegen registrierte Marken, ecolex 1991, 37. Vgl auch OGH 18. 5. 1993, 4 Ob 16/93 – Österzola – ecolex 1993, 758 (*Kucsko*) = ZfRV 1993/84.

renden Zustands durch Abgabe einer Löschungs- bzw Verzichtserklärung gegenüber der Registrierungsstelle zu.[50]

Enthalten diese Eingriffsgegenstände oder Eingriffsmittel Teile, deren unveränderter Bestand und deren Benutzung durch den Beklagten das Ausschließungsrecht des Klägers nicht verletzen, so hat das Gericht diese Teile in dem die Vernichtung oder Unbrauchbarmachung aussprechenden Urteil zu bezeichnen. Bei der Vollstreckung sind diese Teile, soweit es möglich ist, von der Vernichtung oder Unbrauchbarmachung auszunehmen, wenn der Verpflichtete die damit verbundenen Kosten im Voraus bezahlt (§ 52 Abs 3 MSchG). Zeigt sich im Exekutionsverfahren, dass die Unbrauchbarmachung von Eingriffsmitteln größere Kosten als ihre Vernichtung erfordern würde, und werden diese vom Verpflichteten nicht im Voraus bezahlt, so hat das Exekutionsgericht nach Einvernahme der Parteien die Vernichtung dieser Eingriffsmittel anzuordnen (§ 52 Abs 4 MSchG). Kann der gesetzwidrige Zustand auf eine andere, mit keiner oder mit einer geringeren Wertvernichtung verbundene Art, beseitigt werden, so kann der Verletzte nur Maßnahmen dieser Art begehren. Das bloße Entfernen der Marke von der Ware genügt allerdings nur, wenn eine andere Vorgehensweise zu unverhältnismäßigen Härten für den Verletzer führen würde (§ 52 Abs 5 MSchG).[51] Statt der Vernichtung der Eingriffsgegenstände oder der Unbrauchbarmachung von Eingriffsmitteln kann der Verletzte verlangen, dass ihm die Eingriffsgegenstände oder Eingriffsmittel von ihrem Eigentümer gegen eine angemessene, die Herstellungskosten nicht übersteigende Entschädigung überlassen werden (§ 52 Abs 6 MSchG).

Von Interesse ist bei der Exekution auch die *Abgrenzung zwischen Unterlassung und Beseitigung*: Ist die Nichtbeseitigung mit der Fortsetzung der Verletzungshandlung gleichlautend, dann liegt ein Zuwiderhandeln gegen ein bloß auf Unterlassung lautendes Gebot auch dann vor, wenn der Verpflichtete einen den Vorschriften des Gesetzes widerstreitenden Zustand nicht beseitigt. Aufgrund eines nur auf Unterlassung lautenden Exekutionstitels kann daher Zwangsvollstreckung nach § 355 EO geführt werden, wenn der Verpflichtete bereits vor der Schaffung des Exekutionstitels vorhandene Störquellen nicht beseitigt, sondern sie belässt.[52]

Der *Inhaber eines Unternehmens* ist zur Beseitigung verpflichtet, wenn er Eigentümer der Eingriffsgegenstände oder Eingriffsmittel ist (§ 54 Abs 1 MSchG).

8.1.3. Zahlungsansprüche

Der durch unbefugte Benutzung einer Marke Verletzte hat gegen den Verletzer

- Anspruch auf ein *angemessenes Entgelt* (§ 53 Abs 1 MSchG). Bei der Bemessung des Anspruchs orientiert man sich üblicherweise an der im Geschäftsver-

---

[50]) OGH 13. 3. 2002, 4 Ob 39/02t – kunstNET – ÖBl-LS 2002/125 = ecolex 2002, 597 (*Schanda*).
[51]) Vgl dazu: OGH 27. 11. 2001, 4 Ob 265/01a – land and sky – ÖBl-LS 2002/91-93 = ÖBl 2002, 188 (*Burgstaller*) = ecolex 2002, 365 = wbl 2002, 139.
[52]) OGH 30. 4. 1996, 4 Ob 2055/96a – „L"-Hosen – ÖBl 1996, 282 = wbl 1996, 374.

kehr gebräuchlichen Höhe von *Lizenzentgelten*.[53] Wird die einen Anspruch auf angemessenes Entgelt begründende Markenverletzung im Betrieb eines Unternehmens von einem Bediensteten oder Beauftragten begangen, so trifft die Pflicht zur Zahlung des Entgelts nur den Inhaber des Unternehmens, es sei denn, dass dieser von der Markenverletzung weder wusste noch daraus einen Vorteil erlangt hat (§ 54 Abs 2 MSchG).

▸ Bei schuldhafter Markenverletzung kann der Verletzte anstelle des angemessenen Entgelts *Schadenersatz* zu verlangen (einschließlich des ihm entgangenen Gewinnes; der Verletzte hat auch Anspruch auf eine angemessene Entschädigung für die in keinem Vermögensschaden bestehenden Nachteile, die er durch die schuldhafte Markenverletzung erlitten hat, soweit dies in den besonderen Umständen des Falles begründet ist; § 53 Abs 4 MSchG). Unabhängig vom Nachweis eines Schadens kann der Verletzte *das Doppelte* des ihm nach § 53 Abs 1 MSchG gebührenden Entgelts begehren, sofern die Markenverletzung auf grober Fahrlässigkeit oder Vorsatz beruht (§ 53 Abs 3 MSchG; ähnlich § 87 Abs 3 UrhG).[54]

▸ Schließlich kann der Verletzte (alternativ) die *Herausgabe des Gewinnes*, den der Verletzer durch die Markenverletzung erzielt hat, verlangen (§ 53 Abs 2 MSchG). Der Verletzte kann also bei schuldhafter Verletzung des Markenrechts entweder Schadenersatz einschließlich des ihm entgangenen Gewinns oder aber den Gewinn verlangen, den der Verletzer durch die Markenverletzung erzielt hat.[55]

Soweit derselbe Anspruch in Geld gegen *mehrere Personen* besteht, haften sie zur ungeteilten Hand (§ 53 Abs 5 MSchG).

Wird eine Markenverletzung im Betrieb eines Unternehmens von einem Bediensteten oder Beauftragten schuldhaft begangen, so haftet, unbeschadet der Haftung dieser Personen, der *Inhaber des Unternehmens* nach § 53 Abs 2 bis 4 MSchG, wenn ihm die Markenverletzung bekannt war oder bekannt sein musste (§ 54 Abs 3 MSchG). § 54 Abs 3 MSchG setzt also sowohl für den Haftungseintritt auf Seiten des Bediensteten oder Beauftragten, als auch für jenen auf Seiten des Inhabers des Unternehmens, jeweils Verschulden voraus.[56] Wird die Markenverletzung im Betrieb eines Unternehmens von einem Bediensteten oder Beauftragten *nicht* schuldhaft begangen, so haftet – wie bereits oben zitiert – gemäß § 54 Abs 2 MSchG *ausschließlich* der Inhaber des Unternehmens, allerdings auch er nur dann, wenn er von der Markenverletzung wusste oder daraus einen Vorteil erlangt hat.

---

[53]) EB 1999, zitiert nach *Kucsko*, MSA MSchG (1999) Anm 2 zu § 53; OGH 16. 10. 2001, 4 Ob 243/01s – Sissy-Weißwein – MR 2002, 109 = ecolex 2002, 267 (*Schanda*) = ÖBl 2002, 237.

[54]) Zur Schadenersatzpflicht des Importeurs wegen Verletzung seiner Prüfpflicht, ob das markenrechtlich geschützte ÖVE-Zeichen berechtigt angebracht wurde: OGH 7. 12. 1988, 8 Ob 676/88, wbl 1989, 129 = RdW 1989, 269.

[55]) EB 1999, zitiert nach *Kucsko*, MSA MSchG (1999) Anm 3 zu § 53.

[56]) EB 1999, zitiert nach *Kucsko*, MSA MSchG (1999) Anm 3 zu § 54.

8.1.4. Rechnungslegungsanspruch

Gemäß § 55 MSchG iVm § 151 PatG hat der Verletzte einen Anspruch auf Rechnungslegung.[57] Wird die einen Anspruch auf angemessenes Entgelt begründende Markenverletzung im Betrieb eines Unternehmens von einem Bediensteten oder Beauftragten begangen, so trifft die Pflicht zur Rechnungslegung (§ 55 MSchG) nur den *Inhaber des Unternehmens*, es sei denn, dass dieser von der Markenverletzung weder wusste noch daraus einen Vorteil erlangt hat (§ 54 Abs 2 MSchG).

Die Rechnungslegungs- und Zahlungsansprüche werden als *Stufenklage* (Art XLII EGZPO) geltend gemacht. Das Gericht führt das Verfahren über den Rechnungslegungsanspruch getrennt vom Verfahren über den Leistungsanspruch. Zunächst wird mit Teilurteil über den Rechnungslegungsanspruch erkannt.

Die Zahlungsansprüche bringen nur dann etwas, wenn der Verletzte einen Überblick über den Umfang der Verletzungen hat.

Erst nach dessen Rechtskraft hat der Kläger aufgrund der Ergebnisse der – erforderlichenfalls gemäß § 354 EO zu erzwingenden – Rechnungslegung sein Leistungsbegehren durch zahlenmäßige Angabe des Klagsbetrags zu ergänzen. Erst dann hat das Gericht das Verfahren über den Leistungsanspruch fortzuführen und mit Endurteil abzuschließen.[58] Der Umfang der Rechnungslegung darf nicht allzu sehr eingeschränkt werden; es müssen daher die betreffenden Geschäfte mit Angabe der Vertragspartner und der Leistungen individualisiert und die dazu gehörigen Belege bezeichnet sein.[59]

---

[57]) Zum wettbewerbsrechtlichen Rechnungslegungsanspruch bei sittenwidriger Nachahmung fremder Arbeitsergebnisse zur Vorbereitung des Bereicherungsanspruchs vgl etwa OGH 26. 1. 1999, 4 Ob 309/98i – ERINASOLUM – ÖBl 1999, 229. Zur Fassung des Rechnungslegungsbegehrens vgl OGH 15. 10. 2002, 4 Ob 174/02w – BOSS-Zigaretten IV – ÖBl 2003, 31 (*Fallenböck*) = ÖBl-LS 2003/11-13 = MR 2002, 396 (*Korn, Pöchhacker*) = ecolex 2003, 40 (*G. Schönherr*) = ÖJZ-LSK 2003/22, 23 = ÖJZ 2003, 143 = RdW 2003/66. Vgl auch OGH 17. 2. 1981, 4 Ob 307/81 – Hammerbohrer – ÖBl 1981, 80 = SZ 54/18.

[58]) OGH 6. 9. 1983, 4 Ob 351/82 – PAG – ÖBl 1984, 46.

[59]) OGH 19. 12. 2001, 3 Ob 237/01a, JUS-EXTRA 2002/208, 26.

8.1.5. Urteilsveröffentlichung

Eine Vergleichsveröffentlichung kann vereinbart, aber nicht mit Urteil angeordnet werden.

Dieser Anspruch ist in § 55 MSchG nur durch einen Verweis auf § 149 PatG verankert (vgl Seite 955). Die Urteilsveröffentlichung soll eine durch den Wettbewerbsverstoß hervorgerufene unrichtige Meinung richtig stellen und verhindern, dass diese Meinung weiter um sich greift. Sie dient der Aufklärung des Publikums über einen bestimmten Gesetzesverstoß, der auch in Zukunft noch nachteilige Wirkungen besorgen lässt. Sie soll demnach den entstandenen Schaden gutmachen und den Verletzten vor weiteren Nachteilen bewahren, nicht aber eine Bestrafung des Verletzers sein.[60] Der Kläger hat in erster Instanz schlüssig darzulegen, worin sein Interesse an der begehrten Publikationsbefugnis besteht. Er hat die besonderen Umstände zu beweisen, die das Veröffentlichungsinteresse rechtfertigen.[61] Ein solches Veröffentlichungsinteresse kann sich auch daraus ergeben, dass die Rechtsverletzung zwar noch nicht erfolgt ist, die Öffentlichkeit aber (etwa durch Medienberichte) davon erfahren hat, dass sie unmittelbar bevorstehe.[62] Bei der vom Gericht vorzunehmenden Interessenabwägung ist den Interessen dessen, dem das Recht auf Urteilsveröffentlichung zugesprochen wird, und dem Interesse der beteiligten Verkehrskreise an der Aufklärung ausgewogen Rechnung zu tragen. Für die Beurteilung, ob die Veröffentlichung notwendig ist, ist der Zeitpunkt des Schlusses der Verhandlung erster Instanz maßgebend.[63] Ein Veröffentlichungsanspruch wird nicht dadurch beseitigt, dass das ein fremdes Kennzeichenrecht verletzendes Kennzeichen nicht mehr verwendet wird oder dadurch, dass Zeitschriften über das anhängige Verfahren berichten.[64] Der Kläger muss das Medium, in dem veröffentlicht werden soll, nicht bezeichnen. In diesem Fall ist es vom Gericht nach pflichtgemäßem Ermessen zu bestimmen. Benennt der Kläger Medien, so darf das Gericht nur ein vom Antrag umfasstes Medium bestimmen. § 25 Abs 7 UWG (Verpflichtung des Medieninhabers zur Veröffentlichung) ist analog anzuwenden.[65]

---

[60]) OGH 13. 11. 2001, 4 Ob 244/01p – Alpentrio Tirol II – ÖBl 2002, 302; OGH 3. 5. 2000, 4 Ob 109/00h – Pycnogenol – ÖBl-LS 00/94 = ÖBl 2001, 91; ähnlich OGH 26. 1. 1999, 4 Ob 309/98i – ERINASOLUM – ÖBl 1999, 229; OGH 30. 11. 1987, 4 Ob 395/87 – Carsonics/Carsound – ÖBl 1989, 52 = MR 1988, 59.
[61]) OGH 3. 5. 2000, 4 Ob 109/00h – Pycnogenol – ÖBl-LS 00/94 = ÖBl 2001, 91.
[62]) OGH 13. 11. 2001, 4 Ob 244/01p – Alpentrio Tirol II – ÖBl 2002, 302.
[63]) OGH 26. 1. 1999, 4 Ob 309/98i – ERINASOLUM – ÖBl 1999, 229.
[64]) OGH 22. 4. 1997, 4 Ob 96/97i – Ramtha – ÖBl 1998, 53 = ecolex 1997, 681 (*Schanda*).
[65]) OGH 15. 10. 2002, 4 Ob 174/02w – BOSS-Zigaretten IV – ÖBl 2003, 31 (*Fallenböck*) = ÖBl-LS 2003/11-13 = MR 2002, 396 (*Korn, Pöchhacker*) = ecolex 2003, 40 (*G. Schönherr*) = ÖJZ-LSK 2003/22, 23 = ÖJZ 2003, 143 = RdW 2003/66.

Beispiele:

- OGH 9. 3. 1993: Hat der Kläger die Veröffentlichungsermächtigung nur für die „NEUE KRONEN ZEITUNG" und den „KURIER" begehrt, so darf das Gericht nicht die Veröffentlichung im „STANDARD" zusprechen.[66]
- OGH 3. 5. 2000: Hat der Beklagte die markenverletzenden Tabletten österreichweit über Apotheken vertrieben, so ist die Veröffentlichung in einem Apotheker-Fachblatt ausreichend.[67]
- OGH 13. 11. 2001: Die *Kostenentscheidung* ist nicht mit zu veröffentlichen.[68]
- OGH 15. 10. 2002: Bei einer Rechtsverletzung durch Angebote im *Internet* kann die Urteilsveröffentlichung in Form eines Pop-up-Fensters vorgesehen werden.[69]

8.1.6. Verwirkung

Vorgaben des Gemeinschaftsrechts: Ebenso wie bei den Löschungstatbeständen (Seite 487) verlangt die MarkenRL (Erwägungsgrund 11) „aus Gründen der Rechtssicherheit und ohne in die Interessen der Inhaber älterer Marken in unangemessener Weise einzugreifen", dass diese sich nicht mehr der Benutzung eines jüngeren Zeichens widersetzen können, wenn sie dessen Benutzung während einer längeren Zeit geduldet haben, es sei denn, dass die Anmeldung der jüngeren Marke bösgläubig vorgenommen worden ist. Dementsprechend wurde mit der Markenrechts-Nov 1999 auch für die zivilrechtlichen Ansprüche eine *Verwirkungsfrist* normiert:

Hat der Inhaber einer älteren registrierten Marke die Benutzung eines jüngeren Kennzeichens (einer jüngeren Marke oder eines anderen jüngeren Kennzeichens, zB eines unregistriert geführten Zeichens, einer Etablissementbezeichnung, eines Handelsnamens usw)[70] im Inland während eines Zeitraumes von fünf aufeinanderfolgenden Jahren in Kenntnis[71] dieser Benutzung geduldet, so kann er sich hinsichtlich der Waren oder Dienstleistungen, für die dieses jüngere Kennzeichen benutzt worden ist, nicht aufgrund seines älteren Rechts der Benutzung widersetzen, es sei denn, dass der Benutzer des jüngeren Kennzeichens bei Aufnahme der Benutzung bösgläubig war oder, sofern es sich bei dem jüngeren Kennzeichen um eine registrierte Marke handelt, deren Anmeldung bösgläubig vorgenommen wurde

---

[66]) OGH 9. 3. 1993, 4 Ob 7/93 – Compass – ÖBl-LS 00/94 = ÖBl 1993, 96 = ecolex 1993, 464.
[67]) OGH 3. 5. 2000, 4 Ob 109/00h – Pycnogenol – ÖBl 2001, 91.
[68]) StRsp OGH 13. 11. 2001, 4 Ob 244/01p – Alpentrio Tirol II – ÖBl 2002, 302.
[69]) OGH 15. 10. 2002, 4 Ob 174/02w – BOSS-Zigaretten IV – ÖBl 2003, 31 (*Fallenböck*) = ÖBl-LS 2003/11-13 = MR 2002, 396 (*Korn, Pöchhacker*) = ecolex 2003, 40 (*G. Schönherr*) = ÖJZ-LSK 2003/22, 23 = ÖJZ 2003, 143 = RdW 2003/66.
[70]) EB 1999, zitiert nach *Kucsko*, MSA MSchG (1999) Anm 2 zu § 58.
[71]) Sofern es sich bei dem eingreifenden Zeichen um eine registrierte Marke handelt, beginnt die Verwirkung frühestens mit der Registrierung der jüngeren Marke, sofern sie bereits zu diesem Zeitpunkt tatsächlich in Benutzung genommen wurde und der Antragsteller davon Kenntnis hatte. Dass die jüngere Marke allenfalls bereits vor ihrer Registrierung als unregistriertes Zeichen im geschäftlichen Verkehr benutzt wurde, hat auf den Beginn der Verwirkungsfrist nach der gegenständlichen Regelung keinen Einfluss (EB 1999, zitiert nach *Kucsko*, MSA MSchG [1999] Anm 3 zu § 58).

(§ 58 Abs 1 MSchG; vgl Art 9 MarkenRL und Art 53 GMV).[72] In diesem Fall kann sich der Inhaber der jüngeren Marke oder der Benutzer des jüngeren Kennzeichens der Benutzung der älteren registrierten Marke nicht widersetzen, obwohl diese ihm gegenüber nicht mehr geltend gemacht werden kann (§ 58 Abs 2 MSchG). Die Frage der *Beweislast* kommentieren die Materialien[73] zur Markenrechts-Nov 1999, mit der dieser Verwirkungstatbestand eingefügt wurde, so: Die Beweislast für die Verwirkung liegt grundsätzlich beim Beklagten, der sich mit dem Hinweis auf die Verwirkung des Ausschlussrechts des Klägers gegen dessen Klage zur Wehr setzt. Hierbei genügt der Beweis, dass das jüngere Kennzeichen in einer Art und Weise benutzt wurde, die auf Seiten des Klägers eine Kenntnis dieser Benutzung nahe legt. Dem Kläger bleibt es jedoch unbenommen, den Gegenbeweis zu erbringen, dass er von der Benutzung keine Kenntnis hatte. Die allfällige Bösgläubigkeit der Anmeldung der jüngeren Marke bzw der Aufnahme der Benutzung müsste hingegen wiederum vom Kläger belegt werden.

8.1.7. Vorfragenentscheidung

Die *Gerichte* gehen davon aus, dass sie an die Beurteilung durch die Markenbehörde *nicht gebunden* sind. Die Gerichte seien bei der Beurteilung der Rechtsfrage völlig frei.[74] Sie haben selbständig zu beurteilen, ob ein Zeichen schutzfähig ist, und können dies verneinen, auch wenn die Marke vom Patentamt als schützbar beurteilt und eingetragen wurde.[75] Die Berechtigung zur Verwendung einer Marke folgt nicht schon aus ihrer Registrierung (zum Prima-Facie-Beweis für die Verkehrsgeltung vgl Seite 299).[76] Die Gerichte können auch selbständig beurteilen, ob sich der Markeninhaber zu Recht auf die zu seinen Gunsten registrierte Marke beruft.[77] Umso weniger besteht eine Bindung an die Rechtsauffassung anderer (für Markenregistrierungen in anderen Mitgliedstaaten zuständiger) Behörden (wie beispielsweise das Deutsche Patentamt).[78] Das Gericht ist nicht verpflichtet, das Verfahren bis zur Entscheidung des Patentamts in einem anhängigen Löschungsverfahren zu *unterbrechen*.[79] Anfechtbar sind gemäß § 192 Abs 2 ZPO Beschlüsse,

---

[72]) § 77 Abs 2 MSchG enthält dazu eine spezielle Übergangsvorschrift: Der Lauf der im § 58 MSchG genannten Fünf-Jahres-Frist beginnt hinsichtlich der im Zeitpunkt des In-Kraft-Tretens der Markenrechts-Nov 1999 bestehenden Ansprüche gegen den Inhaber einer vor dem In-Kraft-Treten der Markenrechts-Nov 1999 registrierten Marke oder den Benutzer eines Kennzeichens, dessen Benutzung vor diesem Zeitpunkt aufgenommen wurde, mit dem In-Kraft-Treten dieses Bundesgesetzes. Eine allfällig bereits eingetretene Verjährung bleibt von dieser Regelung unberührt.
[73]) EB 1999, zitiert nach *Kucsko*, MSA MSchG (1999) Anm 6 zu § 58.
[74]) OGH 4. 2. 1999, 4 Ob 330/98b – Magic Joy – ÖBl 1999, 194 = ecolex 1999, 558 (*Schanda*) = wbl 1999, 328; OGH 11. 7. 1995, 4 Ob 59/95 – New Yorker – ÖBl 1996, 141 = ecolex 1995, 817 = wbl 1995, 511.
[75]) OGH 24. 10. 2000, 4 Ob 137/00a – MANPOWER II – ÖBl 2002, 25 = ecolex 2001, 127 (*Schanda*); OGH 18. 1. 2000, 4 Ob 325/99v – MANPOWER – ÖBl 2000, 175 = ecolex 2000, 515 (*Schanda*) = RdW 2000/313; OGH 24. 11. 1998, 4 Ob 266/98s – Tabasco VI – ÖBl 1999, 124 = ecolex 1999, 337 (*Schanda*) = RdW 1999, 78.
[76]) OGH 23. 3. 1999, 4 Ob 76/99a – Tramontana – ÖBl 1999, 285 = ecolex 1999, 559 (*Schanda*).
[77]) OGH 20. 10. 1998, 4 Ob 247/98x – SILVER REED – ÖBl 1999, 122.
[78]) OGH 29. 9. 1998, 4 Ob 235/98g – AMC/ATC – ÖBl 1999, 82 = wbl 1999, 131 = ZfRV 1999/18 = GRUR Int 1999, 794.
[79]) OGH 29. 1. 2002, 4 Ob 21/02w – MANPOWER III – ÖBl 2003, 36 = ÖBl-LS 2002/96, 106 und 107.

die eine Unterbrechung anordnen. Die Verweigerung der Unterbrechung ist nur dann anfechtbar, wenn die Unterbrechung (wie etwa in § 156 Abs 3 PatG) zwingend vorgesehen ist, also nicht in markenrechtlichen Verfahren.[80]

Ergibt sich allerdings im Lauf eines gerichtlichen Verfahrens, dass die Entscheidung von der *Vorfrage* abhängt, ob das Markenrecht, dessen Verletzung behauptet wird, nach Maßgabe der Bestimmungen des MSchG besteht, *und* hat das Gericht das Verfahren bis zur rechtskräftigen Entscheidung der Vorfrage durch das PA, bei dem die Vorfrage schon vor Beginn oder während des gerichtlichen Verfahrens anhängig gemacht worden ist, *unterbrochen*, so ist diese Entscheidung dem Urteil zugrunde zu legen (§ 57 MSchG; Erwägungsgrund 8 MarkenRL).

Unbeschadet der Anwendung des Art 12 MarkenRL in den Fällen, in denen eine Widerklage auf Erklärung des Verfalls erhoben wird, können die Mitgliedstaaten vorsehen, dass eine Marke in einem Verletzungsverfahren nicht wirksam geltend gemacht werden kann, wenn im Wege der Einwendung Nachweise erbracht werden, dass die Marke gemäß Art 12 Abs 1 MarkenRL für verfallen erklärt werden könnte (Art 11 Abs 3 MarkenRL).

8.1.8. Sonstige spezielle Regelungen

Im Übrigen gelten gemäß § 55 MSchG § 119 Abs 2 PatG (Ausschluss der *Öffentlichkeit*) und § 154 PatG (*Verjährung*; Seite 957) sinngemäß.

8.2. Strafrechtlicher Schutz

Literaturhinweise: *Schiemer*, Die Zuerkennung der Geldbuße nach § 27, Abs. 3, des Markenschutzgesetzes, B.G.Bl. Nr. 206/1947, im Anschlußverfahren, FS 50 Jahre PA (1949) 86; *Barfuß*, Die Beurteilung von Markeneingriffen und Patenteingriffen nach dem neuen Strafrecht, FS 75 Jahre PA (1974) 100; *Seiler*, Die Bedeutung der Vorfragen für den Strafrichter, JBl 1981, 561; *Zitta*, Zur unbeeideten falschen Zeugenaussage des Privatanklägers im Privatanklageverfahren, ÖJZ 1991, 158; *Schmieger*, Aussagenotstand und Privatanklage, ÖJZ 1993, 807; *Loos*, Durchsetzung von Rechten des geistigen Eigentums: Verfahren und Sanktionen, ÖBl 1997, 267; *Sitta*, Überspitzter Formalismus: Keine Wiedereinsetzung bei Säumnis des Privatbeteiligten? ÖJZ 1997, 23; *Michel*, Spezielle Fragen des Grundsatzes der Unmittelbarkeit im Strafprozeß, RZ 1999, 134; *Gamerith*, Parallelimport und Markenpiraterie, FS Koppensteiner (2001) 365.

Strafrechtliche Sanktionen reichen bereits weit in die Geschichte des Markenrechts zurück. Das erste österreichische Gesetz von 1858 war bereits mit Strafsanktionen bewehrt (Seite 229). Damals war die Strafverfolgung aber an die Verwaltungsbehörden verwiesen. Erst die Verschärfung der Sanktionen und die Zuweisung der Rechtsverfolgung an die Strafgerichte mit dem MarkenschutzG 1890 haben den Markenschutz wirklich effizient und attraktiv gemacht. *Feigl*, damals k.k. Landesgerichtsrath, beschreibt das in der Einleitung zu seinem Kommentar[81] 1894 sehr plastisch: *„....durch die Ueberweisung des Eingriffsverfahrens an die ordentlichen Gerichte und die hiedurch bedingte Anwendung der Bestimmungen der Strafpro-*

---

[80]) OGH 27. 2. 1996, 4 Ob 8/96 – Schi- und Wanderstöcke – ecolex 1996, 613.
[81]) *Feigl*, Das Markenschutzgesetz (1894).

ceßordnung auf dasselbe, wurde eine ausreichendere und beschleunigte Erhebung des Thatbestandes ermöglicht; hiezu kam noch: die Mündlichkeit und Oeffentlichkeit des Verfahrens, die verschärften Strafbestimmungen und die Zulässigkeit der Entscheidung über die Ersatzansprüche im Strafrechtswege; alle diese Faktoren zusammen haben schon in der kurzen Zeit der Wirksamkeit des Gesetzes einen erfreulichen Umschwung in der Auffassung, welche der Bedeutung und Tragweite der durch die Markeneingriffe hervorgerufenen Rechtsverletzungen in den betheiligten Kreisen bis dahin zu Theil wurde, wahrnehmen lassen". Diese mehr als 100 Jahre alte Beurteilung ist ungebrochen aktuell. Nur durch die Kombination zivil- und strafrechtlicher Sanktionen und deren Exekution vor (spezialisierten) Gerichten ist ein effizienter Markenschutz gewährleistet.

Während die oben erörterten, im MSchG geregelten zivilrechtlichen Ansprüche nur eingetragene Marken betreffen, erfassen die Bestimmungen des MSchG über „strafbare Kennzeichenverletzungen" (IV. Abschnitt; neu geregelt durch die Markenrechts-Nov 1999[82]) auch andere Kennzeichenrechte. Im Folgenden zu den Strafsanktionen bei Markenrechtsverletzungen:

8.2.1. Gerichtliche Strafbarkeit

Wer im geschäftlichen Verkehr eine Marke verletzt (vgl §§ 10 und 10a MSchG sowie Art 9 und 12 GMV), ist vom Gericht mit Geldstrafe bis zu 360 Tagessätzen zu bestrafen (§ 60 Abs 1, erster Satz MSchG). Wer die Tat *gewerbsmäßig* begeht, ist mit Freiheitsstrafe bis zu zwei Jahren zu bestrafen (§ 60 Abs 1, zweiter Satz MSchG; vgl den gleichen Strafrahmen in § 91 Abs 2a UrhG).

Der *Inhaber oder Leiter eines Unternehmens* ist zu bestrafen, wenn er eine im Betrieb des Unternehmens von einem Bediensteten oder Beauftragten begangene Verletzung nach § 60 Abs 1 MSchG nicht verhindert (§ 60 Abs 3 MSchG; vgl § 159 Abs 2 PatG). Ist der Inhaber des Unternehmens nach § 60 Abs 3 MSchG eine Gesellschaft, eine Genossenschaft, ein Verein oder ein anderes, nicht zu den physischen Personen gehöriges Rechtssubjekt, so ist § 60 Abs 3 MSchG auf die Organe anzuwenden, wenn sie sich einer solchen Unterlassung schuldig gemacht haben. Für die über die Organe verhängten Geldstrafen haftet der Inhaber des Unternehmens zur ungeteilten Hand mit dem Verurteilten (§ 60 Abs 4 MSchG).

Die in § 60 Abs 1 MSchG bezeichnete Strafbestimmung ist auf *Bedienstete oder Beauftragte* nicht anzuwenden, die die Handlung im Auftrag ihres Dienstgebers oder Auftraggebers vorgenommen haben, sofern ihnen wegen ihrer wirtschaftlichen Abhängigkeit nicht zugemutet werden konnte, die Vornahme dieser Handlung abzulehnen (§ 60 Abs 5 MSchG).

---

[82]) Die Neuregelung der Strafbestimmungen bedarf im Hinblick auf § 1 StGB keiner gesonderten Übergangsregelung (EB 1999, zitiert nach *Kucsko*, MSA MSchG [1999] Anm 2 zu § 77).

Das im § 60 bezeichnete Vergehen wird nur auf Verlangen des Verletzten verfolgt (§ 60a Abs 1 MSchG; *Privatanklagedelikt*).[83] Das Strafverfahren obliegt dem Einzelrichter des Gerichtshofes erster Instanz (§ 60a Abs 2 MSchG). Für die Geltendmachung der Ansprüche nach § 53 MSchG gelten die Bestimmungen des XXI. Hauptstückes der StPO; gegen den Ausspruch über den Entschädigungsanspruch steht beiden Teilen die Berufung zu (§ 60a Abs 3 MSchG). Für das Strafverfahren bei Markenverletzungen gelten § 52 MSchG (Beseitigung) sowie § 119 Abs 2 PatG (Ausschluss der Öffentlichkeit), § 149 PatG (Urteilsveröffentlichung[84]) und § 57 MSchG (Vorfragen) sinngemäß (§ 60b MSchG).

8.2.2. Verwaltungsstrafe

Wer den Vorschriften einer aufgrund des § 9 MSchG erlassenen Verordnung (Seite 473) zuwiderhandelt, wird von der Bezirksverwaltungsbehörde mit Geld bis zu 72,-- EUR oder mit Arrest bis zu einem Monat bestraft (§ 60c, erster Satz MSchG). Bei erschwerenden Umständen können diese Strafen auch nebeneinander verhängt werden (§ 60c, zweiter Satz MSchG). Im Fall der Verurteilung ist stets auf den Verfall der betreffenden Waren zu erkennen (§ 60c, dritter Satz MSchG).

Auch das Verbot nach § 6 Abs 1 MSchG (Benützungsverbot für bestimmte Kennzeichen; Seite 465) ist durch eine Verwaltungsstrafe sanktioniert (§ 6 Abs 3 MSchG).

8.3. Auskunftspflicht

In die Auflistung der aus dem PatG ins MSchG übernommenen Bestimmungen wurde mit der Markenrechts-Nov 1999 in § 42 Abs 1 MSchG auch die Zitierung des § 165 PatG aufgenommen. Danach hat derjenige, der Gegenstände in einer Weise bezeichnet, die geeignet ist, den Eindruck zu erwecken, dass die verwendete Bezeichnung Markenschutz genießt, auf Verlangen Auskunft darüber zu geben, auf welches Schutzrecht sich die Bezeichnung stützt. Dies wird insbesondere dann von Bedeutung sein, wenn einer Bezeichnung der Zusatz ® beigefügt ist und die Berechtigung zur Führung dieses Symbols fraglich erscheint.[85] Die unzutreffende *Markenschutzanmaßung* ist unter Umständen gemäß § 2 UWG zu verfolgen (Seite 344).

---

[83]) Die fortgesetzte Markenverletzung ist ein Dauerdelikt; die sechswöchige Frist beginnt daher erst mit der letzten strafbaren Handlung; vgl *Schönherr/Thaler*, Entscheidungen zum Markenrecht (1985) E 10 ff zu § 53.
[84]) Zur Geltendmachung der Kosten (allerdings nach alter Rechtslage): OGH 23. 5. 1989, 4 Ob 69/89 – Veröffentlichungskosten – ÖBl 1991, 201 (*Gassauer-Fleissner/Deskovic*) = SZ 62/94 = wbl 1989, 279.
[85]) EB 1999, zitiert nach *Kucsko*, MSA MSchG (1999) Anm 1 zu § 42, unter Verweis auf EuGH 13. 12. 1990 – Pall Corp./Dahlhausen u. Co – GRUR Int 1991, 215.

8.5. Domain Name Dispute Resolution Service

Die WIPO (Seite 188) ist in Domain-Name-Streitigkeiten als Schiedsgericht tätig („WIPO Arbitration and Mediation Center"). Detailinformationen und auch die Spruchpraxis finden Sie unter: http://arbiter.wipo.int/center/index.html.

Beispiel:

▶ WIPO AMC 21. 9. 2000: RED BULL konnte vor dem WIPO Schiedsgericht gestützt auf seine Markenrechte und die hohe Bekanntheit dieses Energydrinks gegen einen Mathematikstudenten aus Regensburg, der die Domain „redbull.org" registriert aber nicht genutzt hatte, die Herausgabe (Übertragung) dieser Domain durchsetzen.[86]

Die zivil- und strafrechtlichen Sanktionen im Markenrecht sind stark und abschreckend.

---

[86]) WIPO Arbitration and Mediation Center 21. 9. 2000, D 2000-0766 – redbull.org – ecolex 2001, 294 (*Schramböck*).

9. VERBANDSMARKE

Überblick:

▸ Für die *„Verbandsmarke"* ist charakteristisch, dass der Verband als Markeninhaber nicht selbst über ein einschlägiges Unternehmen verfügt, sondern die Marke zur Benutzung seinen Mitgliedern, die entsprechende Unternehmen haben, zur Verfügung stellt.

▸ Bei der Verbandsmarke (insbesondere wenn sie zugleich ein „Gütezeichen" ist) ist die *Garantiefunktion* der Marke stärker betont.

▸ Daraus ergibt sich die Notwendigkeit gewisser *Sonderregelungen* (etwa eines besonderen Löschungstatbestands bei irreführender Verwendung).

▸ Die Verbandsmarke ist auch international in den wichtigen *Abkommen* (PVÜ, MMA) sowie in der Marken-Richtlinie und im Gemeinschaftsmarkenrecht verankert.

Literaturhinweise: *Zimbler*, Entwurf eines Bundesgesetzes über den Schutz von Verbandsmarken, JBl 1929, 386; *Adler*, Das österreichische Gesetz über den Schutz von Verbandsmarken, GRUR 1930, 708; *Zimbler*, Der Entwurf eines Bundesgesetzes über den Schutz von Verbandsmarken, JBl 1930, 119; *Hohenecker/Friedl*, Wettbewerbsrecht (1959) 186; *Barfuß*, Das Gütezeichen, ÖBl 1969, 128; *Prettenhofer*, Markenrechtliche Probleme von Konzernmarken, FS 75 Jahre PA (1974) 182; *Krenn*, Verbraucherschutz im Markenrecht, ÖJZ 1977, 225; *Straberger/Gantner*, Markenrecht und Musterschutz (1977) 119; *Friedl/Schönherr/Thaler*, Patent- und Markenrecht (1979) 407; *Rinner*, Österreichisches Handelsrecht II[2] (1982) 76; *Schönherr*, Gewerblicher Rechtsschutz und Urheberrecht (1982) RN 927.1; *Hämmerle/Wünsch*, Handelsrecht I[4] (1990) 279; *Helm*, Die Unterscheidungsfunktion der Kollektivmarke nach neuem Markenrecht, WRP 1999, 41; *Kucsko*, Das Gütezeichen, FS Barfuß (2002) 151.

9.1. Einleitung
9.1.1. Begriff „Verbandsmarke"

Die Verbandsmarke deutet auf eine Gruppe.

Das *Wesen* der „Verbandsmarken" (in Deutschland so wie in der Schweiz und in der MarkenRL „Kollektivmarken" genannt) besteht in Folgendem: Verbandsmarken sind für *Vereinigungen* geschützt, die sie nicht zur Bezeichnung der Waren eines von ihnen selbst betriebenen Unternehmens gebrauchen, sondern ihren *Mitgliedern* zur Bezeichnung der von diesen erzeugten oder vertriebenen Waren überlassen. Ihr Zweck ist daher nicht, wie bei der Individualmarke (Seite 260), die Herkunft der Ware aus einem bestimmten Unternehmen zu kennzeichnen und so der Unterscheidung der Waren eines Unternehmens von den gleichartigen Waren eines anderen Unternehmens zu dienen, sondern auf *bestimmte Umstände, auf die im geschäftlichen Verkehr bei der Anschaffung der Ware Wert gelegt wird* (auf eine bestimmte Beschaffenheit oder Art der Herstellung der Ware oder auf ihre örtliche Herkunft oder sonstige Eigenschaften oder Besonderheiten der Ware), hinzuweisen.[1] Dabei soll das *Ansehen des Verbands*, für den die Marke registriert ist, eine Gewähr hinsichtlich dieser Eigenschaften oder Besonderheiten der Ware bieten – so jedenfalls die Absicht des Gesetzgebers bei der Einführung der „Verbandsmarke".[2]

Die *Herkunftsfunktion* verweist bei der Verbandsmarke auf eine Gruppe von selbständigen (nicht konzernmäßig verbundenen) Unternehmen. Bei der Verbandsmarke (insbesondere bei so genannten „Gütezeichen"; Seite 261) ist die *Garantiefunktion* der Marke (Seite 203) besonders betont.[3] Deshalb ist die Verbandsmarke nur eingeschränkt übertragbar (Seite 546). Weiters ist ein besonderer Löschungstatbestand für Fälle des missbräuchlichen (insbesondere irreführenden) Markengebrauchs vorgesehen (Seite 547). Dadurch, dass die Verbandsmarke von mehreren Unternehmen mit gleichartiger Zielrichtung verwendet wird, kommt es in der Regel auch zu einer Stärkung der *Werbefunktion* des gemeinsam beworbenen Zeichens.

9.1.2. Rechtsquellen

Schon vor Einführung der Sonderbestimmungen für „Verbandsmarken" bestand in der Wirtschaft ein Bedürfnis dafür, den Markengebrauch durch mehrere Unternehmen eines Verbands zu ermöglichen. Dazu meldete ein Mitglied des Verbands (oder – sofern er ein entsprechendes Unternehmen hatte – der Verband selbst) die (Individual-)Marke als Treuhänder an und gestattete dann den übrigen Mitgliedern die Benutzung der Marke.[4]

Vorgaben der PVÜ: Den Anstoß zur gesetzlichen Regelung der Verbandsmarken hat die *PVÜ* (Seite 244) gegeben: Auf der Washingtoner Konferenz 1911 wurde in die PVÜ eine Bestimmung zum Schutz solcher Marken eingefügt. In der derzeitigen (Stockholmer) Fassung verpflichtet Art 7bis PVÜ die Mitglieder, Verbandsmarken, die Verbänden gehören, deren Bestehen dem Gesetz des Ursprungslands nicht zuwiderläuft, auch dann zur Hinterlegung zuzulassen und zu schützen, wenn diese Verbände eine gewerbliche oder Handelsniederlassung nicht besitzen. Die besonderen Schutzbedingungen für Verbandsmarken werden jedem Land freigestellt, insbesondere kann der Schutz verweigert werden, wenn diese Marke gegen das „öffentliche Interesse" verstößt (Art 7bis Abs 2 PVÜ). Allerdings darf der Schutz dieser Marken einem Verband, dessen Bestehen dem Gesetz des Ursprungslands nicht zuwiderläuft, nicht deshalb verweigert werden, weil er in dem

---

[1] Vgl etwa BA 17. 5. 1982, Bm 20/81 – G.P.H.-Güteschutzgemeinschaft – PBl 1983, 153.

[2] Zum Ganzen: EB 436 BlgNR 3. GP, abgedruckt PBl 1930, 58; zur Abgrenzung von der „Konzernmarke": *Prettenhofer*, FS 75 Jahre PA (1974) 182; zur Abgrenzung Individual-/Verbandsmarke: BA 24. 9. 1979, Bm 8/78 – Gumpoldskirchner Weine – PBl 1980, 30; zu kartellrechtlichen Erwägungen: OGH 29. 3. 1977, 4 Ob 321/77 – Austria Ski Pool – ÖBl 1977, 170 (*Schönherr*) = SZ 50/47.

[3] Dies geht freilich nicht so weit, dass zwingende Qualitätsnormen für die Markensatzung verlangt werden, vgl dazu *Barfuß*, ÖBl 1969, 128.

[4] EB 436 BlgNR 3. GP; Das VerbandsmarkenG 1930 hat daher eine Überleitungsmöglichkeit für solche Individualmarken vorgesehen (§ 7).

Land, in dem der Schutz angestrebt wird, keine Niederlassung hat oder seine Gründung den Rechtsvorschriften dieses Landes nicht entspricht (Art 7bis Abs 3 PVÜ).[5] Die allgemeinen Regelungen der PVÜ für Marken gelten grundsätzlich auch für Verbandsmarken (insbesondere Prioritätsrecht, Seite 379; „telle-quelle"-Prinzip, Seite 332).

Die Frage, ob der Verband nach dem Zweck, den er verfolgt, zur Hinterlegung zuzulassen ist und ob die Satzung ordnungsgemäß ist, wird nach österreichischem Markenrecht zu beurteilen sein. Auch bei einer international registrierten Verbandsmarke (Seite 626) kann daher die Vorlage der Satzung verlangt und unter Umständen der Schutz verweigert werden. Hingegen wird die Rechtspersönlichkeit eines ausländischen Verbands nach dem Recht des Sitzstaats zu beurteilen sein.[6]

Vorgaben des Gemeinschaftsrechts: Die *MarkenRL* (Seite 240) spricht ebenfalls die Kollektivmarken an. Art 1 der MarkenRL nennt als Markenart im Gegensatz zur „Individualmarke" die „Kollektivmarke" (bei uns ist die Bezeichnung „Verbandsmarke" gebräuchlicher). Auch das *Gemeinschaftsmarkenrecht* kennt eine „Gemeinschaftskollektivmarke" (Seite 583).

Österreichische Regelung: In Österreich wurde die übernommene Verpflichtung zunächst durch das *BG vom 4. 4. 1930 über den Schutz von Verbandsmarken*[7] umgesetzt. Dieses hat sich weitgehend an den reichsdeutschen Bestimmungen orientiert. Im Zuge der Wiederverlautbarung des MSchG *1953*[8] wurden diese Regelungen in das MSchG eingebaut (§§ 33 bis 39). Die *MSchG-Nov 1969*[9] hat den Anwendungsbereich der Verbandsmarke auf Dienstleistungsmarken ausgedehnt. Anläßlich der Wiederverlautbarung als MSchG *1970*[10] wurden die Bestimmungen über Verbandsmarken in die §§ 63 bis 68 MSchG übernommen. Die *MSchG-Nov 1992*[11], die der Anpassung an die MarkenRL gewidmet war, hat nur eine nebensächliche Korrektur (Aktualisierung des Verweises auf das UWG in § 62 Abs 3 MSchG) gebracht. Schließlich wurden die Regelungen über die Verbandsmarke durch die *Markenrechts-Nov 1999*[12] teilweise neu gefasst.

Auf Verbandsmarken sind gemäß § 62 Abs 3 MSchG die Vorschriften des MSchG entsprechend anzuwenden, soweit nicht in § 62 Abs 4 und §§ 63 bis 67 MSchG etwas anderes bestimmt ist. Um Zweifel zu vermeiden, wurde ausdrücklich bestimmt, dass insbesondere auch die in § 4 Abs 2 und § 31 MSchG sowie in § 9 Abs 3 UWG zugunsten nicht registrierter Zeichen vorgesehenen Rechtswirkungen eintreten, wenn ein Zeichen in den beteiligten Verkehrskreisen als Kennzeichen

---

[5]) Hingegen ist die Schutzverweigerung zulässig, wenn etwa die Satzung die Überlassung der Benutzung der Verbandsmarke an Nichtmitglieder vorsieht, BA 26. 5. 1978, Bm 13-16/76, PBl 1978, 166.
[6]) EB 436 BlgNR 3. GP.
[7]) BGBl 1930/109; EB 436 BlgNR 3. GP, abgedruckt PBl 1930, 58.
[8]) BGBl 1953/38.
[9]) BGBl 1969/79.
[10]) BGBl 1970/260.
[11]) BGBl 1992/773.
[12]) BGBl I 1999/111.

der Waren oder Dienstleistungen der Mitglieder eines Verbands gilt (Schutz der *nicht registrierten Verbandsmarke*).

Das *Madrider Markenabkommen* (MMA) schließt auch Verbandsmarken ein. Diese können daher als „internationale Marken" registriert werden (Seite 626).

Von den markenrechtlichen Regelungen unabhängige Sonderregelungen gelten für so genannte „*Gütezeichen*"[13]: V über Güte-, Prüf-, Gewähr- und ähnliche Zeichen (Gütezeichenverordnung)[14] idF Art V Abs 4 AkkreditierungsG[15].

9.2. Schutzgegenstand

Verbände mit Rechtspersönlichkeit können Marken anmelden, die zur Kennzeichnung der Waren oder Dienstleistungen ihrer Mitglieder dienen sollen und zur Unterscheidung dieser Waren oder Dienstleistungen von denen anderer Unternehmen geeignet sind (§ 62 Abs 1 MSchG; *Verbandsmarken*). Als Verbandsmarken kommen Waren- und Dienstleistungsmarken in Betracht. Wie bei Individualmarken sind Wort-, Bild- und Wort-Bild-Marken zulässig.

Beispiele:

- Verbandsmarke der Österreichischen Arbeitsgemeinschaft zur Förderung der Qualität (Reg Nr 149019)

- Verbandsmarke der Bundesinnung der Tischler (Reg Nr 149337)

- Verbandsmarke des Österreichischen Apothekerverbands Interessenvertretung der selbständigen Apotheker (Reg Nr 118714)

- Verbandsmarke des Österreichischen Raiffeisenverbands (Reg Nr 89651)

Abweichend von § 62 Abs 1 und § 4 Abs 1 Z 4 MSchG können Verbandsmarken ausschließlich aus Zeichen oder Angaben bestehen, die im Verkehr zur Bezeichnung der *geographischen Herkunft* der Waren oder Dienstleistungen dienen können. Eine solche Marke berechtigt ihren Inhaber oder ein gemäß der Satzung allenfalls selbständig klagslegitimiertes Mitglied des Verbandes nicht dazu, einem Dritten die Benutzung dieser Zeichen oder Angaben im geschäftlichen Verkehr zu untersagen, sofern diese Benutzung den anständigen Gepflogenheiten in Gewerbe oder Handel entspricht; insbesondere kann eine solche Marke einem Dritten, der zur Benutzung einer geographischen Bezeichnung berechtigt ist, nicht entgegen-

---

[13]) Zur Geltung der GütezeichenV 1942 vgl *Barfuß*, ÖBl 1969, 128.
[14]) dRGBl 1942/I/273. Diese tritt gemäß § 4 Abs 2 iVm Anh Erstes Bundesbereinigungsgesetz (1. BRBG; BGBl 191/1999) spätestens mit 31. 12. 2009 außer Kraft, sofern sie nicht bereits früher aufgehoben wird.
[15]) BGBl 1992/468.

gehalten werden (§ 62 Abs 4 MSchG; diese Regelung wurde durch die Markenrechts-Nov 1999 entsprechend der durch Art 15 Abs 2 erster Satz MarkenRL eröffneten Option und entsprechend den Regelungen der Art 64 ff GMV eingefügt). Die EB[16] begründen dies so: Das ansonsten bei geographischen Bezeichnungen zu berücksichtigende Freihaltebedürfnis steht bei dieser Form der Registrierung der Schutzfähigkeit solcher Angaben nicht entgegen. Eine derartige Marke stellt nämlich insofern kein Monopolrecht zum Ausschluss jeglicher Verbandsfremder von der Benutzung des geschützten Zeichens im geschäftlichen Verkehr dar, als dessen Benutzung durch einen Dritten möglich ist, sofern sie nicht den anständigen Gepflogenheiten in Gewerbe oder Handel widerspricht. Haben zB die durch eine geographische Angabe gekennzeichneten Waren oder Dienstleistungen besondere Eigenschaften oder eine besondere Qualität, so darf die Bezeichnung für die entsprechenden Waren oder Dienstleistungen im geschäftlichen Verkehr wohl nur benutzt werden, wenn die Produkte und Dienstleistungen diese Eigenschaften und Qualitäten aufweisen. Ebenso wird die Verwendung einer geographischen Angabe, die einen besonderen Ruf genießt, für Waren oder Dienstleistungen anderer Herkunft selbst bei Nichtvorliegen einer Irreführungseignung als den anständigen Gepflogenheiten zuwiderlaufend angesehen werden müssen, wenn durch diese Verwendung der Ruf der geographischen Angabe in unlauterer Weise ausgenützt oder beeinträchtigt würde.

9.3. Markeninhaber

Die wesentliche Besonderheit der Verbandsmarke liegt in der Definition des (Verbands-) Markeninhabers: Gemäß § 62 Abs 1 MSchG können *Verbände* mit Rechtspersönlichkeit (insbesondere Vereine[17], aber auch eine GmbH oder landwirtschaftliche Genossenschaften) Verbandsmarken anmelden.[18]

Die *juristischen Personen des öffentlichen Rechts* stehen solchen Verbänden gleich (§ 62 Abs 2 MSchG). Man wollte damit insbesondere den Gebietskörperschaften (Bund, Land, Bezirk, Gemeinde) die Möglichkeit eröffnen, Verbandsmarken für die in einem bestimmten Gebiet gewonnenen oder erzeugten, einen besonderen Ruf genießenden Waren zu schützen.

Derselbe Verband kann auch Inhaber *mehrerer Verbandsmarken* sein.[19] Andererseits sind die Mitglieder – soweit die Satzung nichts anderes vorsieht – nicht ge-

---

[16]) EB 1999, zitiert nach *Kucsko*, MSA MSchG (1999) Anm 1 zu § 62.
[17]) EB 436 BlgNR 3. GP.
[18]) Die Verbandsländer der PVÜ sind verpflichtet, Verbandsmarken, die Verbänden gehören, deren Bestehen dem Gesetz des Ursprungslandes nicht zuwiderläuft, auch dann zur Hinterlegung zuzulassen und zu schützen, wenn diese Verbände eine gewerbliche oder Handelsniederlassung nicht besitzen (Art 7bis Abs 1 PVÜ).
[19]) EB 436 BlgNR 3. GP.

hindert, zusätzlich noch eigene Individualmarken zu verwenden. Die *Umwandlung einer Individualmarke* in eine Verbandsmarke ist nicht vorgesehen.[20]

Anlässlich der Einführung der Verbandsmarke 1930 wurde auch erwogen[21], nur solche Verbände zuzulassen, die tatsächlich Gewähr für eine „einwandfreie Verwendung" dieser Marke bieten. Dies hätte freilich eine entsprechende *Überprüfung der Verbände* und der Produkte der Mitglieder erfordert. Man entschloss sich daher, von einer solchen Überprüfung abzusehen. Allerdings bietet der besondere Löschungstatbestand bei missbräuchlicher Verwendung (Seite 547) eine gewisse Abhilfe.

9.4. Behörden

Für das Markenverfahren sind grundsätzlich dieselben Behörden und Gerichte zuständig wie für Individualmarken (Seite 348).

Für die Genehmigung eines *Gütezeichens* (Seite 261) ist der BMWA zuständig.[22]

9.5. Anmeldeverfahren

Auch hier gelten grundsätzlich die allgemeinen Regelungen (Seite 355). Besonderheiten bestehen nur insofern, als gemäß § 63 Abs 1 MSchG der Anmeldung der Verbandsmarke eine *Satzung* (dies kann die Satzung des Verbands oder eine gesonderte „Markensatzung" sein)[23] beigefügt sein muss[24], die Auskunft gibt über

- *Namen,*
- *Sitz,*
- *Zweck* und
- *Vertretung* des Verbandes,
- über den Kreis der zur Benutzung der Verbandsmarke *Berechtigten,*
- die *Bedingungen* der Benutzung,
- die *Entziehung* des Benutzungsrechts bei Missbrauch der Verbandsmarke und
- über die *Rechte* und *Pflichten* der Beteiligten im Falle der Verletzung der Verbandsmarke[25].
- Bei Verbandsmarken nach § 62 Abs 4 MSchG muss die Satzung darüber hinaus vorsehen, dass jede Person, deren Waren oder Dienstleistungen aus dem betreffenden *geographischen Gebiet* stammen und den in der Markensatzung enthaltenen Bedingungen für die Benutzung der Verbandsmarke entsprechen, Mitglied des Verbandes werden kann (§ 63 Abs 1 MSchG; dies entspricht dem Grundsatz, dass eine derartige *„geographische Verbandsmarke"* kein Monopolrecht

---

[20]) *Schönherr/Thaler*, Entscheidungen zum Markenrecht (1985) E 3 zu § 62.
[21]) EB 436 BlgNR 3. GP.
[22]) Vgl dazu eingehend *Barfuß*, ÖBl 1969, 128; *Kucsko*, Das Gütezeichen, FS Barfuß (2002) 151.
[23]) *Zimbler*, JBl 1929, 386 (387).
[24]) Auch bei einer IR-Verbandsmarke kann das PA die Vorlage der Satzung verlangen und diese überprüfen: BA 26. 5. 1978, Bm 13-16/76, PBl 1978, 166.
[25]) Zur Satzungsgestaltung etwa: OGH 29. 3. 1977, 4 Ob 321/77 – Austria Ski Pool – ÖBl 1977, 170 (*Schönherr*) = SZ 50/47; VwGH 26. 6. 1933, Zl A 45/33, PBl 1933, 140 (krit *Zimbler*).

gegenüber anderen Personen, die zur Führung des Zeichens oder der Angabe aufgrund der Gepflogenheiten im geschäftlichen Verkehr berechtigt wären, darstellen kann[26]).

Spätere *Änderungen* sind dem PA mitzuteilen. Sie werden anderen gegenüber erst mit dem auf diese Mitteilung folgenden Tag wirksam. Die Satzung und ihre Änderungen sind in zwei Stücken vorzulegen. Die *Einsicht* in die Satzung steht jedermann frei (§ 63 Abs 1 MSchG).

Die *Anmeldegebühr* beträgt für Verbandsmarken das Vierfache der in § 18 Abs 1 MSchG festgesetzten Anmeldegebühr (vgl Seite 379) somit 276,-- EUR, die Schutzdauergebühr und die Erneuerungsgebühr das Zehnfache der in § 18 Abs 2 MSchG festgesetzten Schutzdauergebühr (vgl Seite 379; § 63 Abs 2 MSchG) somit je 1.450,-- EUR.

Bei der *Registrierung* von Verbandsmarken hat das PA gemäß § 64 MSchG in das *Markenregister* und in die der Partei auszufolgende *Bestätigung* die in § 17 Abs 1 MSchG (Seite 385) vorgeschriebenen Angaben mit folgender Ergänzung und Änderung aufzunehmen:

> ▸ unter der Registernummer das Wort „*Verbandsmarke*";
> ▸ einen Hinweis auf die *Satzung* und ihr Datum.

Für Verbandsmarken ist kein gesondertes Register vorgesehen. Sie werden daher in das für Individualmarken eingerichtete, allgemeine Markenregister eingetragen. Es liegt aber beim PA ein „*Verbandsmarkenbuch*" auf, das die registrierten Verbandsmarken auflistet.

9.6. Wirkung der Verbandsmarke

Die Verbandsmarke begründet – ebenso wie die Individualmarke (Seite 260) – ein *Ausschließungsrecht*, das dem Verband als Markeninhaber zusteht.

Verbandsmarken können nur auf Verbände im Sinne des § 62 Abs 1 oder 2 MSchG *übertragen* werden. Dem Umschreibungsantrag muss die Satzung des neuen Inhabers beigefügt sein; § 63 Abs 1 MSchG ist sinngemäß anzuwenden (§ 65 Abs 1 MSchG). Die Übertragung von Verbandsmarken wurde durch die Markenrechts-Nov 1999 neu geregelt. Die EB[27] begründen dies damit, dass die Nichtübertragbarkeit von Verbandsmarken von der Wirtschaft als nicht mehr zeitgemäß und den praktischen Bedürfnissen widersprechend empfunden werde (zB bei Verschmelzung zweier Verbände mit gleicher Zielsetzung sollten die Verbandsmarken auf den übernehmenden Verband übertragen werden können, ohne dass die alten Prioritätsrechte verloren gehen). Dem auch bei der Übertragung von Verbandsmarken zu beachtenden § 11 Abs 2 MSchG (Täuschungsgefahr) werde bei geographischen

---

[26]) EB 1999, zitiert nach *Kucsko*, MSA MSchG (1999) Anm 1 zu § 63.
[27]) EB 1999, zitiert nach *Kucsko*, MSA MSchG (1999) Anm 1 zu § 65.

Verbandsmarken besondere Bedeutung zukommen.[28] Aus der neuen Möglichkeit der Übertragbarkeit von Verbandsmarken ergäbe sich nunmehr auch die Möglichkeit der Verpfändung und Lizenzierung von Verbandsmarken. Diesbezüglich sei § 28 MSchG anzuwenden. Anzumerken sei, dass eine Verbandsmarke künftig zwar an jede beliebige Person verpfändet und innerhalb der Grenzen des § 66 Z 2 MSchG auch lizenziert werden könne, im Falle der Verwertung des Pfandrechts der Erwerber der Verbandsmarke aber wiederum ein Verband im Sinne des § 65 Abs 1 MSchG sein müsse, andernfalls gemäß § 66 Z 1 MSchG von jedermann die Löschung der Verbandsmarke bewirkt werden könnte.[29] Die *Umschreibungsgebühr* für Verbandsmarken beträgt das Vierfache der in § 18 Abs 1 MSchG festgesetzten Anmeldegebühr (Seite 379).

9.7. Schutzdauer

Hinsichtlich der *Schutzdauer* gelten die gleichen Regelungen wie für Individualmarken (Seite 475).

Vorgaben des Gemeinschaftsrechts: Unbeschadet des Art 4 MarkenRL (Seite 330) können die Mitgliedstaaten, nach deren Rechtsvorschriften die Eintragung von Kollektivmarken zulässig ist, vorsehen, dass diese Marken aus weiteren als den in Art 3 (Seite 267) und Art 12 genannten Gründen von der Eintragung ausgeschlossen oder für verfallen oder ungültig erklärt werden, soweit es die Funktion dieser Marken erfordert (Art 15 MarkenRL).

Österreichische Regelung: § 66 MSchG sieht für Verbandsmarken einen besonderen, *zusätzlichen Löschungstatbestand* vor: Unbeschadet der sonst für die Löschung von Marken geltenden Vorschriften (§ 62 Abs 3 MSchG) ist eine Verbandsmarke zu löschen,

- wenn der *Verband* als Inhaber der Verbandsmarke *nicht mehr besteht* (Eine Verbandsmarke ist demnach unter anderem auf Antrag auch dann zu löschen, wenn der Verband, der Inhaber der Marke war, nicht mehr besteht oder eine Person Rechtsnachfolger des markeninhabenden Verbandes ist, die nicht berechtigt ist, Inhaber einer Verbandsmarke zu sein; sofern die Voraussetzungen für die Anmeldung einer Verbandsmarke gemäß § 62 Abs 1 oder 2 MSchG von vornherein nicht vorgelegen sind, ist für eine Löschung § 33 MSchG in Verbindung mit § 62 Abs 1 oder 2 MSchG heranzuziehen[30]);
- wenn der Verband gestattet oder duldet, dass die Verbandsmarke in einer den allgemeinen Verbandszwecken oder der Satzung widersprechenden Weise benutzt wird. Als eine solche *missbräuchliche Benutzung* ist es insbesondere anzu-

---

[28]) EB 1999, zitiert nach *Kucsko*, MSA MSchG (1999) Anm 2 zu § 65.
[29]) EB 1999, zitiert nach *Kucsko*, MSA MSchG (1999) Anm 3 zu § 65.
[30]) EB 1999, zitiert nach *Kucsko*, MSA MSchG (1999) Anm 2 zu § 66.

sehen, wenn die Benutzung der Verbandsmarke zu einer Irreführung des geschäftlichen Verkehrs geeignet ist (vgl auch § 2 UWG; Seite 344)[31].

Beispiel:

▸ Gebraucht ein Verbandsmitglied die Verbandsmarke für Waren, die nicht die Eigenschaften aufweisen, die nach der Satzung die Voraussetzung für die Benutzung der Verbandsmarke bilden, so muss der Verband diesen Missbrauch abstellen, sonst setzt er die Verbandsmarke der Gefahr der Löschung aus.[32]

9.8. Sanktionen

Da das ausschließliche Recht an der Verbandsmarke dem Verband zusteht, ist dieser auch befugt, Markeneingriffe zu verfolgen. Es gelten hier die gleichen Sanktionen wie bei einer Verletzung der Rechte aus einer Individualmarke (Seite 520).[33]

Der durch eine Markenrechtsverletzung eintretende Schaden wird in der Regel nicht den Verband selbst, sondern die Mitgliedsunternehmen, die das Zeichen benützen, treffen. Da diese aber nicht die Markeninhaber sind, bedurfte es einer Sonderbestimmung für den Schadenersatzanspruch („Drittschadensliquidation"): Der Anspruch des Verbands auf Entschädigung wegen unbefugter Benutzung der Verbandsmarke umfasst gemäß § 67 MSchG auch den einem Mitglied erwachsenen Schaden. Inwieweit den Verband gegenüber seinen Mitgliedern eine Verpflichtung zur Geltendmachung des Schadenersatzanspruchs und zur Verteilung eingetriebener Schadenersatzbeträge trifft, wäre – als interne Angelegenheit – in der Zeichensatzung des Verbands zu regeln.

---

[31]) Unabhängig vom Vorgehen des betreffenden Verbands werden auch sonstige Verbände im Sinne des § 14 UWG und Mitbewerber insbesondere nach § 2 UWG klagslegitimiert sein; vgl dazu auch EB 436 BlgNR 3. GP. Parallel zur Möglichkeit der Lizenzierbarkeit von Verbandsmarken wurde in Z 2 der Tatbestand des Überlassens der Verbandsmarke an Personen, die nicht Mitglieder des Verbandes sind, gestrichen (EB 1999, zitiert nach *Kucsko*, MSA MSchG [1999] Anm 3 zu § 65).

[32]) EB 436 BlgNR 3. GP.

[33]) Zur Aktivlegitimation des einzelnen Mitglieds: OGH 29. 3. 1977, 4 Ob 321/77 – Austria Ski Pool – ÖBl 1977, 170 (zustimmend *Schönherr*) = SZ 50/47.

details | markenrecht | verbandsmarke 549

Kultobjekt: grasgrün, rund und unverwechselbar: Marke „Steyr".

Kucsko, Geistiges Eigentum (2003)

Das demoskopische Rechtsgutachten als strategisches Instrument

Seit Jahrzehnten haben sich demoskopische Rechtsgutachten im Wettbewerbs- und Markenrecht etabliert. Sie basieren vorwiegend auf Repräsentativ-Untersuchungen zur Irreführungs- und Verwechslungsgefahr von Bezeichnungen, Produkt-Namen, Packungsgestaltungen oder Werbeaussagen. Außerdem dienen sie dem Nachweis der Verkehrsgeltung.

Weniger bekannt sind weitere Einsatzmöglichkeiten wie zB im Bereich des Kartellrechts, wo im Zusammenhang mit dem „relevanten Markt" durch Umfragen bei den einschlägigen Verkehrskreisen Einblick in die tägliche Praxis bei Unternehmen und Endverbrauchern gewonnen werden kann: Wie erfolgt die Vertragsgestaltung von Seiten (potentiell) marktbeherrschender Unternehmen gegenüber ihren Kunden tatsächlich? Werden Abnehmerkreise oder einzelne Abnehmer bestimmten Zwängen, Beschränkungen oder Verpflichtungen unterworfen, die sie akzeptieren müssen, wenn sie im Geschäft bleiben wollen? Wo liegen die Grenzen des wirtschaftlich Hinzunehmenden? Bestehen für Endverbraucher Substitutionsmöglichkeiten, wenn es an ihrer Einkaufsstätte bestimmte Produkte nicht (mehr) gibt? Kaufen sie ggf. woanders ein oder steigen sie auf andere Produkte um? Was wird als Ersatzprodukt akzeptiert?

Derartige Gutachten, die stets auf Primär-Erhebungen beruhen, sind in hervorragender Weise geeignet, Behauptungen über bestimmte rechtsrelevante Meinungen, Assoziationen oder Geschäftspraktiken demoskopisch abzusichern oder zu widerlegen. Sie werden zum einen außergerichtlich herangezogen, um Ansprüche an die Gegenseite zu festigen oder um deren Forderungen abzuwehren. Sie kommen aber auch im Rahmen gerichtlicher Auseinandersetzungen zum Einsatz, wenn Richter „aus eigener Sachkunde" nicht entscheiden können (Gerichtsgutachten) oder um einer vermeintlich sachfremden Entscheidung des Gerichts oder des Patentamts vorzubeugen (Privatgutachten).

Rechtsgutachten werden auch dann eingeholt, wenn Anwälte oder Unternehmen sich über die Verkehrsauffassung unsicher sind. Sie verschaffen den Beteiligten Rechtssicherheit über die tatsächlichen Verhältnisse und tragen entweder dazu bei, im Falle negativer Ergebnisse (kostenintensive) Rechtsstreitigkeiten zu vermeiden oder sie zeigen – bei Auseinandersetzungen in bereits fortgeschrittenem Stadium – den Anwälten deutliche Grenzen, bis wohin im Rahmen der Vergleichsverhandlungen „gepokert" werden kann.

Einige Unternehmen holen derartige demoskopische Gutachten, strategisch vorausschauend, bereits dann ein, wenn die Einführung eines neuen Produktes erst noch bevorsteht und es um dessen konkrete Benennung, um die Verpackungsgestaltung oder um Werbeaussagen dazu geht: Fasst der einschlägige Verkehrskreis die neue Bezeichnung mit „No. 1" als (verbotene) Alleinstellungsbehauptung auf oder lediglich als (erlaubte) Berühmung einer Spitzenstellung? Wie ändern sich die Assoziationen bei einem variierten Produktnamen oder bei veränderter Packungsgestaltung? Wie wird eine bestimmte Werbeaussage verstanden? Investitionen in derartige Vorab-Untersuchungen unter *rechtlichen*, nicht Marketing-Aspekten machen sich trotz der damit verbundenen Kosten für die Unternehmen regelmäßig bezahlt, können dadurch doch enorm teure, mit hohem Werbeaufwand verbundene Produkt-Einführungen vermieden werden, wenn sich eine rechtliche Angreifbarkeit herausstellt.

Voraussetzung für die Validität und Reliabilität solcher Ergebnisse ist, dass das Gutachten durch einen ausgewiesenen Sachverständigen erstellt wird, der mit Hilfe eines einschlägigen demoskopischen Instituts und dessen geschulten Interviewerstabes (oder im Rahmen kleinerer komplexer Befragungen in eigener Regie) die rechtsrelevanten Fragestellungen in demoskopisch brauchbare umsetzt und die Befragungen den methodischen Anforderungen genügend durchführen lässt.

◄ **Frau Dr. iur. Almut Pflüger** arbeitet seit 1986 auf dem Gebiet der Rechtsforschung, seit 1989 in München bei der NFO Infratest Rechtsforschung, deren Leitung sie im Jahr 2000 übernahm. Der Forschungsbereich erstellt zum einen demoskopische Rechtsgutachten auf dem Gebiet des Wettbewerbs-, Marken- und Kartellrechts und betreibt zum anderen Rechtstatsachenforschung mit ministeriellen Aufträgen zur Kostenabschätzung neuer/zu ändernder Gesetze oder zur Evaluation von Gesetzen. 2003 wurde sie in Österreich als gerichtlich zertifizierte Sachverständige für das Fachgebiet Meinungsforschung, insb Rechtsforschung, allgemein beeidet
Kontakt: almut.pflueger@rechtsforschung.at

10. GEOGRAPHISCHE ANGABEN UND URSPRUNGSBEZEICHNUNGEN

Überblick:

▸ Die VO 2081 hat ein spezielles System zum gemeinschaftsweiten Schutz von geographischen Angaben und Ursprungsbezeichnungen für *Agrarerzeugnisse und Lebensmittel* geschaffen.
▸ Die *Anmeldung* erfolgt über den betreffenden Mitgliedstaat (in Österreich ist das Patentamt zuständig).
▸ Das *Verzeichnis* geschützter Bezeichnungen führt die Kommission der Europäischen Gemeinschaften.
▸ Das MSchG normiert die *Sanktionen* für Verletzungen.

10.1. Einleitung

Erzeuger sollen in ihrem Bemühen um qualitätsorientierte Produkte unterstützt und regionale Besonderheiten herausgestellt werden.

Literaturhinweise: *Tilmann*, Kennzeichenrechtliche Aspekte des Rechtsschutzes geographischer Herkunftsangaben, FS DVgRU II (1991) 1007; *Beier/Knaak*, Der Schutz geographischer Herkunftsangaben in der Europäischen Gemeinschaft, GRUR Int 1992, 411; *Beier/Knaak*, Der Schutz der geographischen Herkunftsangaben in der Europäischen Gemeinschaft - Die neueste Entwicklung, GRUR Int 1993, 602; *Klingler*, Freier Warenverkehr – geographische Herkunftsbezeichnungen, Economy-Fachmagazin 1993, 185; *Tilmann*, Grundlage und Reichweite des Schutzes geographischer Herkunftsangaben nach der VO/EWG 2081/92, GRUR Int 1993, 610; *Goebel*, Schutz geographischer Herkunftsangaben nach dem neuen Markenrecht, GRUR 1995, 98; *Knaak*, Der Schutz geographischer Angaben nach dem TRIPS-Abkommen, GRUR Int 1995, 642; *Knaak*, Der Schutz geographischer Herkunftsangaben im neuen Markengesetz, GRUR 1995, 103; *Meyer*, Verordnung (EWG) Nr. 2081/92 zum Schutz von geographischen Angaben und Ursprungsbezeichnungen, WRP 1995, 783; *Gloy*, Geographische Herkunftsangaben, wettbewerbsrechtliche Relevanz und klarstellende Zusätze, FS Piper (1996) 543; *Gorny*, Markenrecht und geographische Herkunftsangaben bei Lebensmitteln, GRUR 1996, 447; *Honig*, Ortsnamen in Warenbezeichnungen, WRP 1996, 399; *Tilmann*, Ausschließlicher Schutz für geographische Herkunftsbezeichnungen nach der EG-VO 2081/92? GRUR 1996, 959; *Danwitz*, Ende des Schutzes der geographischen Herkunftsangabe? – Verfassungsrechtliche Perspektiven, GRUR 1997, 81; *Meyer*, Anmeldung von Herkunftsangaben nach der VO (EWG) Nr. 2081/92 des Rates – Ein Leitfaden, GRUR 1997, 91; *Wohlgemuth*, Schutz von geographischen Angaben und Ursprungsbezeichnungen, ecolex 1998, 642; *Meyenburg*, „Feta" – Eine Scheibe weißen Käses, MarkenR 1999, 339; *Meyenburg*, Über die Herkunft von alpinem Bergkäse, Gorgonzola, Tiroler Schinkenspeck und „schlichtem" Pils, MarkenR 1999, 227; *Ullmann*, Der Schutz der Angabe zur geographischen Herkunft – wohin? GRUR 1999, 666; *Buhrow*, Geographische Herkunftsangaben zwischen Gemeinschaftsrecht und nationalem Recht, ELR 2000, 442; *Knaak*, Die Rechtsprechung des Europäischen Gerichtshofs zum Schutz geographischer Angaben und Ursprungsbezeichnungen nach der EG-Verordnung Nr. 2081/92, GRUR Int 2000, 401; *Sosnitza*, Subjektives Recht und Ausschließlichkeit – Zugleich ein Beitrag zur dogmatischen Einordnung der geographischen Herkunftsangaben, MarkenR 2000, 77; *Dickertmann*, Die geographische Herkunftsangabe zwischen Gewerblichem Rechtsschutz und Wettbewerbsrecht (2001); *Obergfell*, „Qualitätsneutrale" geographische Herkunftsangaben als Schutzdomäne des nationalen Rechts – Zur Entscheidung des EuGH vom 7. 11. 2000 – Rs. C-312/98 (Warsteiner), GRUR 2001, 313; *Flury*, „Feta" als geschützte Ursprungsbezeichnung – eine Leidensgeschichte, ELR 2002, 436; *Loschelder/Loschelder*, Geographische Angaben und Ursprungsbezeichnungen[2] (2002); *Flury*, „Prosciutto di Parma" und „Grana Padano" – Gibt es im Ursprungsbezeichnungsrecht keine Erschöpfung? ELR 2003, 238; *Meyer/Klaus*, Kommt Parmesan-Käse aus Parma und Umgebung? GRUR 2003, 553.

10.1.1. Ziele der VO 2081

Am 24. 7. 1993 ist die Verordnung (EWG) Nr 2081/92 des Rates vom 14. 7. 1992 zum *Schutz von geographischen Angaben und Ursprungsbezeichnungen* für Agrarerzeugnisse und Lebensmittel (im Folgenden „VO 2081" genannt)[1] in Kraft getreten. Mit dem Beitritt zur EU wurde sie auch für Österreich wirksam. Absicht und Aufgabe der VO 2081 ist es, für Agrarerzeugnisse und Lebensmittel, die infolge ihrer Herkunft aus einem begrenzten Gebiet bestimmte Produkteigenschaften oder ihren guten Ruf ableiten, zusätzliche *Kennzeichnungsmöglichkeiten* zu eröffnen. Die Erzeuger sollen in ihrem Bemühen um qualitätsorientierte Produkte unterstützt und regionale Besonderheiten wirkungsvoll herausgestellt werden. Gleichzeitig sollen die Konsumenten umfassend über die Herkunft von Agrarerzeugnissen und Lebensmitteln informiert und ihnen solcherart die Entscheidung für ein bestimmtes Produkt erleichtert werden.[2] Die im Folgenden kurz darzustellenden Regelungen der VO 2081 schaffen also ein spezielles Schutzinstrument für bestimmte geographischen Angaben und Ursprungsbezeichnungen. Unabhängig davon bietet das Markenrecht aber selbstverständlich ganz allgemein die Möglichkeit, Bezeichnungen, die nicht bereits nach der VO 2081 geschützt sind und die allgemeinen Schutzvoraussetzungen des MSchG erfüllen, als Marken zu schützen. Dazu ist für Verbandsmarken, die aus geographischen Angaben bestehen, eine Sonderregelung eingefügt worden (§ 62 Abs 4 MSchG; Seite 544).

10.1.2. Rechtsquellen

Die *VO 2081* ist unmittelbar anwendbar und gibt das System vor. Die VO 2037/93 enthält Durchführungsbestimmungen; die VO 1107/96 sowie die VO 2400/96, jeweils mit zahlreichen Änderungen und Ergänzungen des Anhangs, listen geschützte Bezeichnungen auf, beispielsweise die „Wachauer Marille", das „Steirische Kürbiskernöl", den „Tiroler Graukäse" und den „Marchfeldspargel" für Österreich.

Dazu enthält das *MSchG* gewisse Ausführungsbestimmungen und ordnet im Übrigen an: Sofern im 7. Abschnitt (§§ 68 bis 68j MSchG) nichts anderes bestimmt ist,

---

[1]) ABl 1992 L 208 S 1; zur Kompetenzgrundlage: *Tilmann*, GRUR Int 1993, 610. Zu den Bemühungen um eine Verlängerung der Übergangsfrist vgl die Stellungnahme des Wirtschafts- und Sozialausschusses, ABl 1997 C 30 S 39. Zum Verhältnis der VO 2081 zur Anwendung einer nationalen Regelung gegen irreführende Verwendung geographischer Herkunftsangaben: EuGH 7. 11. 2000, Rs C-312/98 – Warsteiner – ecolex 2001, 293 = wbl 2001, 30 = MarkenR 2000, 409 = GRUR Int 2001, 51; dazu *Buhrow*, ELR 2000, 442. Zum Verhältnis der VO 2081 zu einer nationalen Regelung, die die Voraussetzungen für die Verwendung der Bezeichnung „montagne" für Agrarerzeugnisse festlegt: EuGH 7. 5. 1997, Rs C-321-324/94 – Pistre ua – wbl 1997, 336 = GRUR Int 1997,

[2]) EB 1999, zitiert nach *Kucsko*, MSA MSchG (1999) Anm 9 Vor § 1.

finden die übrigen Vorschriften des MSchG auf die Verfahren gemäß diesem Abschnitt sinngemäß Anwendung (§ 68 Abs 6 MSchG).

Der VO 2081 sind bereits spezielle Sonderregelungen für bestimmte Produktgruppen vorangegangen (Weine, Mineralwässer und Spirituosen). Weitere Einzelregelungen finden sich in der EG-RL 79/112 vom 18. 12. 1978 zur Angleichung der Rechtsvorschriften der Mitgliedstaaten über die Etikettierung und Aufmachung von Lebensmitteln sowie die Werbung hierfür.[3] Dazu kommen die von der WIPO in Genf verwalteten internationalen Abkommen (Madrider Abkommen über die Unterdrückung falscher oder irreführender Herkunftsangaben auf Waren, Seite 248; Lissabonner Abkommen über den Schutz von Ursprungsbezeichnungen und ihre internationale Registrierung, Seite 248), Bestimmungen im TRIPS-Abk (Art 22 bis 24; allgemein zum TRIPS-Abk: Seite 191) in Verbindung mit § 8 UWG, Regelungsansätze in der PVÜ (Art 10; allgemein zur PVÜ: Seite 244), bilaterale Verträge[4] und die allgemeinen Regelungen zum Irreführungsverbot (§ 2 UWG schützt auch vor irreführenden Herkunftsangaben; § 4 Abs 1 Z 4, 5 und 9 MSchG sieht entsprechende Registrierungshindernisse vor, Seite 273) sowie allenfalls zum Schutz vor anlehnender Bezugnahme (§ 1 UWG). Insgesamt bietet sich also derzeit noch ein im Detail kompliziertes und inhomogenes Regelungsgeflecht.

10.2. Schutzgegenstand

Die VO 2081 erfasst gewisse Agrarerzeugnisse und Lebensmittel.

Die VO 2081 erfasst nicht alle gewerblichen Erzeugnisse, sondern nur bestimmte Produktgruppen (*Agrarerzeugnisse und Lebensmittel*). Diese VO geht von der Annahme aus, dass die Verbraucher in jüngerer Zeit für ihre Ernährung die Qualität der Quantität vorziehen. Dabei sei insbesondere eine steigende Nachfrage nach Erzeugnissen mit bestimmbarer geographischer Herkunft festzustellen.[5] Ein gewisses Vorbild zur Regelung dieses Bereichs waren die in manchen Mitgliedstaaten bestehenden „kontrollierten Ursprungsbezeichnungen" (insbesondere in Frankreich: *„indication de provenance"* und *„apellation d'origin"*). Diese haben den Erzeugern eine höheres Einkommen als Gegenleistung für ihre Qualitätsanstrengungen sowie den

---

[3]) ABl 1979 L 33 S 1.
[4]) Zum tschechoslowakisch-österreichischen Herkunftsabkommen vom 11. 6. 1976 vgl OGH 1. 2. 2000, 4 Ob 13/00s – American Bud – ÖBl 2000, 222 = GRUR Int 2000, 791. Zum „Abkommen zwischen der österreichischen Bundesregierung und der italienischen Regierung über geographische Herkunftsbezeichnungen und Benennungen bestimmter Erzeugnisse" vgl den Vorabentscheidungsantrag des HG Wien 18. 7. 1996, 10 Cg 142/94a – Cambozola – ÖBl 1997, 305. Vgl weiters EuGH 4. 3. 1999, Rs C-87/97 – Gorgonzola/Cambozola – wbl 1999, 157 = GRUR Int 1999, 377 und 443 = MarkenR 1999, 129 = ZLR 1999, 305 (*Hauer*) = RIW 1999, 530 = WRP 1999, 486 = EWS 1999, 149; OGH 10. 7. 2001, 4 Ob 25/01g – Cambozola II – ÖBl 2002, 305 = ÖBl-LS 01/177 und 178 = RdW 2002/17 = GRUR Int 2002, 445.
[5]) VO 2081, Erwägungsgrund 3.

Verbrauchern eine gewisse Garantie für Herstellungsmethode und Herkunft gegeben.[6] Die VO 2081 strebt eine Harmonisierung dieses Bereichs an, lässt aber die spezielleren Regelungen (für Wein und Spirituosen) ausdrücklich unangetastet. Sie bezieht auch nur jene Agrarerzeugnisse und Lebensmittel ein, bei denen ein Zusammenhang zwischen deren Eigenschaften und ihrer geographischen Herkunft besteht.[7] Dabei wird zwischen „Ursprungsbezeichnungen" und „geographischen Angaben" unterschieden: *„Ursprungsbezeichnung"* ist der Name einer Gegend, eines bestimmten Ortes oder eines Landes, der zur Bezeichnung eines Agrarerzeugnisses oder eines Lebensmittels dient, das aus dieser Gegend (diesem Ort bzw diesem Land) stammt und *das seine Güte oder Eigenschaften überwiegend oder ausschließlich den geographischen Verhältnissen einschließlich der natürlichen und menschlichen Einflüsse verdankt* und das in dem begrenzten geographischen Gebiet erzeugt, verarbeitet und hergestellt wurde (Art 2 Abs 2 lit a VO 2081). *„Geographische Angaben"* unterscheiden sich von Ursprungsbezeichnungen dadurch, dass sich *eine bestimmte Qualität, das Ansehen oder eine andere Eigenschaft aus diesem geographischen Ursprung ergeben muss* (Art 2 Abs 2 lit b VO 2081).[8] Ausgenommen sind Bezeichnungen, die bereits zur *Gattungsbezeichnung* geworden sind (Art 3 Abs 1 VO 2081; zB: „Camembert", „Brie", „Emmentaler").[9]

10.3. Berechtigter

Allen Herstellern des betreffenden Gebiets steht die geschützte Bezeichnung offen.

Die Bezeichnung darf von allen *Herstellern* in dem betreffenden geographischen Gebiet verwendet werden, die gemäß der Spezifikation erzeugen.[10] Durch die Eintragung auf Initiative eines einzigen Erzeugers kann also nicht verhindert werden, dass andere Erzeuger des begrenzten Gebiets, deren Erzeugnis dem eingetragenen *„Lastenheft"* entspricht, die geschützte Bezeichnung ebenfalls verwenden.[11] Eine Sonderregelung zur Verzahnung mit den markenrechtlichen Bestimmungen enthält Art 14 VO 2081.[12]

---

[6]) Vgl in diesem Sinn VO 2081, Erwägungsgrund 6.
[7]) Erwägungsgrund 9.
[8]) Zur Unterscheidung zwischen „einfachen" und „qualifizierten" Herkunftsangaben vgl EuGH 10. 11. 1992 – Turrón de Alicante – GRUR Int 1993, 76; *Gloy*, in FS Piper (1996) 543 (551); *Meyer*, WRP 1995, 783.
[9]) Zur Beurteilung: EuGH 16. 3. 1999, Rs C-289/96, Rs C-294/96 und C-299/96 – Feta – wbl 1999, 267 = ZLR 1999, 319 (*Gloy*) = WRP 1999, 490 = GRUR Int 1999, 532 = RIW 1999, 532.
[10]) Vgl PBl 1995, 175.
[11]) Erwägungsgrund 6 der VO Nr 1107/96 v 12. 6. 1996, ABl 1996 L 148 S 1.
[12]) Vgl dazu *Gloy*, FS Piper (1996) 543 (549); *Gorny*, GRUR 1996, 447; *Honig*, WRP 1996, 399; *Knaak*, GRUR 1995, 103; *Goebel*, GRUR 1995, 98.; *Meyer*, WRP 1995, 783. OGH 10. 7. 2001, 4 Ob 25/01g – Cambozola II –

10.4. Institutionen

10.4.1. Österreichisches Patentamt

Anträge auf Eintragung von geographischen Angaben und Ursprungsbezeichnungen sind an jenen Mitgliedstaat zu richten, in dessen Hoheitsgebiet sich das betreffende geographische Gebiet befindet. Für Österreich ist dazu das Österreichische Patentamt zuständig. Im PA ist zur Beschlussfassung und zu den sonstigen Erledigungen in allen Angelegenheiten des Schutzes der geographischen Angaben und Ursprungsbezeichnungen nach dem VII. Abschnitt des MSchG, soweit sie nicht dem Präsidenten, der Beschwerdeabteilung oder der Nichtigkeitsabteilung vorbehalten sind, das nach der Geschäftsverteilung zuständige Mitglied der mit diesen Angelegenheiten betrauten *Rechtsabteilung* berufen (§ 35 Abs 1 MSchG). Die Änderungen im § 35 Abs 1 MSchG durch die Markenrechts-Nov 1999 begründen die generelle Zuständigkeit des Österreichischen Patentamtes für die im VII. Abschnitt geregelten Verfahren nach der VO 2081.[13]

10.4.2. Kommission

Die Kommission der Europäischen Gemeinschaften führt das *Verzeichnis* zur Eintragung geschützter geographischer Angaben und Ursprungsbezeichnungen.

10.4.3. Gerichte

Die Rechtsdurchsetzung obliegt den nationalen Gerichten. Für Klagen und einstweilige Verfügungen sind in Österreich ohne Rücksicht auf den Streitwert die *Handelsgerichte* zuständig (§ 68j Abs 1 MSchG). Die Gerichtsbarkeit in Strafsachen obliegt dem Einzelrichter des *Gerichtshofes erster Instanz* (§ 68j Abs 2 MSchG).

10.5. Registrierung

10.5.1. Anmeldestellen

Gemäß Art 5 Abs 4 VO 2081 sind Anträge auf Eintragung von geographischen Angaben und Ursprungsbezeichnungen an jenen Mitgliedstaat zu richten, in dessen Hoheitsgebiet sich das betreffende geographische Gebiet befindet. In Ausführung dieser Vorgabe wurde durch die Markenrechts-Nov 1999 folgende Zuständigkeitsregelung geschaffen: Anträge auf Eintragung einer geographischen Angabe oder Ursprungsbezeichnung in das von der Kommission der Europäischen Gemeinschaften geführte Verzeichnis der geschützten Ursprungsbezeichnungen und der geschützten geographischen Angaben sowie Beilagen hierzu sind beim *Patentamt* in dreifacher Ausfertigung einzureichen (§ 68 Abs 1 MSchG). Die Berechtigung

---

ÖBl 2002, 305 = ÖBl-LS 01/177 und 178 = RdW 2002/17 = GRUR Int 2002, 445 zur „Markeneintragung im guten Glauben".

[13]) EB 1999, zitiert nach *Kucsko*, MSA MSchG (1999) Anm 1 zu § 35.

zur Antragstellung und die Mindesterfordernisse des Antrags ergeben sich aus dem Gemeinschaftsrecht.[14]

10.5.2. Formerfordernisse

Der Antrag muss vor allem eine detaillierte „*Spezifikation*" enthalten (Beschreibung der Produkteigenschaften und des Herstellungsverfahrens; so genanntes „*Lastenheft*"). Durch Verordnung des Präsidenten des PA können Form und Inhalt des Antrags näher geregelt werden. Bei der Erlassung dieser Verordnung ist auf möglichste Zweckmäßigkeit und Einfachheit sowie auf die Erfordernisse der Veröffentlichung des Antrags Bedacht zu nehmen (§ 68 Abs 3 MSchG).

Für den Antrag ist eine *Gebühr* in Höhe von 581,-- EUR zu zahlen (§ 68 Abs 2 MSchG).

10.5.3. Prüfung

Dem Mitgliedstaat obliegt eine Prüfung dieser Anträge. Für eine Übergangsfrist bis zum 3. 7. 1995 konnte Österreich das *vereinfachte Verfahren* gemäß Art 17 VO 2081 nutzen und im Inland bereits geschützte Bezeichnungen an die EU-Kommission weiterleiten.[15] Das BMwA hat für Österreich 101 solche Anträge übermittelt[16] (insgesamt gab es in der EU rund 1.400 Anträge im vereinfachten Verfahren[17]). Für das „*normale Verfahren*" (Art 5 VO 2081) wurden für Österreich spezielle Durchführungsvorschriften mit der Markenrechts-Nov 1999 ins MSchG eingefügt:[18]

Entspricht der Antrag nicht den vorgeschriebenen Anforderungen, so ist der Antragsteller aufzufordern, die *Mängel* innerhalb einer bestimmten, auf Antrag verlängerbaren Frist zu beheben. Nicht verbesserte Anträge sind mit Beschluss zurückzuweisen (§ 68 Abs 4 MSchG). Der Zurückweisungsbeschluss ist mit Beschwerde an die BA anfechtbar (§ 36 MSchG iVm § 68 Abs 6 und §§ 35, 36, 38, 40, 41 Abs 1, 2, 4 und 5, §§ 42, 61, 71 und 72 MSchG).[19]

Von der im § 68 Abs 2 MSchG festgesetzten *Gebühr* ist die Hälfte *zurückzuerstatten*, wenn der Antrag gemäß § 68 Abs 4 zurückgewiesen oder vor der Weiterleitung an die Kommission der Europäischen Gemeinschaften zurückgezogen worden ist (§ 68 Abs 5 MSchG).

Stellungnahmen: In Verfahren nach diesem Abschnitt kann das PA Stellungnahmen insbesondere von Bundesministerien, Gebietskörperschaften sowie von Verbänden, Organisationen und Institutionen der Wirtschaft einholen (§ 68d MSchG).

---

[14]) EB 1999, zitiert nach *Kucsko*, MSA MSchG (1999) Anm 1 zu § 68.
[15]) Zu diesem Verfahren: EuGH 6. 12. 2001, Rs C-269/99 – Spreewälder Gurken – EuZW 2002, 311 = GRUR Int 2002, 523.
[16]) Liste: PBl 1995, 175.
[17]) GRUR Int 1995, 914.
[18]) Zur Umsetzung in Deutschland: *Gorny*, GRUR 1996, 447; *Knaak*, GRUR 1995, 103; *Goebel*, GRUR 1995, 98.
[19]) EB 1999, zitiert nach *Kucsko*, MSA MSchG (1999) Anm 4 zu § 68.

Im Prüfungs- aber auch im Einspruchsverfahren bezüglich geographischer Angaben und Ursprungsbezeichnungen wird in besonders starkem Ausmaß auf die tatsächlichen wirtschaftlichen Verhältnisse und anerkannten Handelsbräuche bezüglich der Erzeugungsmethoden beziehungsweise Praktiken der Inverkehrsetzung eines Produktes abzustellen sein. Da das PA in der Regel keinen direkten Zugang zu den entsprechenden Informationen hat, wird im § 68d MSchG vorgesehen, dass es zu seiner Unterstützung die Stellungnahmen der zuständigen Fachressorts, aber vor allem auch der einschlägigen Interessensvertretungen einholen kann.[20]

Akteneinsicht: Wenn ein berechtigtes Interesse glaubhaft gemacht wird, so hat das PA in Verfahren nach den §§ 68 bis 68c MSchG Akteneinsicht zu gewähren sowie die Anfertigung von Abschriften zu gestatten. § 50 Abs 2 bis 5 MSchG ist sinngemäß anzuwenden (§ 68e MSchG). Vor Eintragung einer geographischen Angabe oder Ursprungsbezeichnung in das von der Kommission geführte Verzeichnis steht Dritten ein Recht zur Einsichtnahme in die bezughabenden Antragsunterlagen sowie zur Anfertigung von Abschriften nur bei Glaubhaftmachung eines berechtigten (rechtlichen und/oder wirtschaftlichen) Interesses zu. Im Übrigen wird auf die Bestimmungen des § 50 Abs 2 bis 5 MSchG verwiesen, welche für sinngemäß anwendbar erklärt werden. In Zusammenschau mit § 50 Abs 4 MSchG wird demnach der Wortlaut der zu schützenden Bezeichnung sowie die Angabe, auf welches konkrete Produkt sich der Antrag bezieht, jedermann bekannt zu geben sein. Auskünfte und amtliche Bestätigungen darüber, wann, von wem, gegebenenfalls durch welchen Vertreter eine Bezeichnung angemeldet wurde beziehungsweise ob der Antrag noch in Behandlung steht, werden gleichfalls jedermann zu erteilen sein.[21]

10.5.4. Veröffentlichung

Ergibt die Prüfung, dass der Antrag die Anforderungen des Gemeinschaftsrechts betreffend die gemeinschaftsweite Unterschutzstellung geographischer Angaben oder Ursprungsbezeichnungen erfüllt, so sind der Name und die Anschrift des Antragstellers, die geographische Angabe oder Ursprungsbezeichnung, die Art des zu kennzeichnenden Agrarerzeugnisses oder Lebensmittels, bei Anträgen gemäß § 68c MSchG die Benennung des von der Änderung erfassten Teils der Spezifikation, sowie ein Hinweis auf die Möglichkeit zur Abgabe einer Stellungnahme gemäß § 68a Abs 2 MSchG im *Patentblatt* zu veröffentlichen. Andernfalls ist der Antrag mit Beschluss abzuweisen (§ 68a Abs 1 MSchG).

10.5.5. Stellungnahme

Innerhalb von drei Monaten ab dem Tag der Veröffentlichung kann von jedermann eine schriftliche *Stellungnahme* zum Antrag beim PA eingebracht werden, die in das amtliche Prüfungsverfahren miteinzubeziehen ist. Hierdurch erwirbt der Einschreiter weder Parteistellung noch Anspruch auf Kostenersatz. Ebensowenig ist

---

[20]) EB 1999, zitiert nach *Kucsko*, MSA MSchG (1999) Anm 1 zu § 68d.
[21]) EB 1999, zitiert nach *Kucsko*, MSA MSchG (1999) Anm 1 zu § 68e.

der Einschreiter vom Ergebnis des Prüfungsverfahrens in Kenntnis zu setzen. Verspätet eingebrachte Stellungnahmen bleiben unberücksichtigt (§ 68a Abs 2 MSchG). Diese Möglichkeit der Stellungnahme besteht unabhängig vom eigentlichen Einspruchsverfahren nach Art 7 VO 2081. Sie wird insbesondere für die Inhaber von entgegenstehenden Markenrechten von Interesse sein, da gemäß Art 14 Abs 3 VO 2081 eine Ursprungsbezeichnung oder geographische Angabe dann nicht einzutragen sein wird, wenn in Anbetracht des Ansehens, das eine Marke genießt, ihres Bekanntheitsgrades und der Dauer ihrer Verwendung die Eintragung geeignet wäre, die Verbraucher über die wirkliche Identität des Erzeugnisses irrezuführen.[22]

Da gemäß Art 14 Abs 2 VO 2081 Markenrechte, die zum Zeitpunkt des Antrags auf Eintragung einer an sich entgegenstehenden Ursprungsbezeichnung oder geographischen Angabe bereits im guten Glauben registriert worden sind, ungeachtet der Eintragung der geographischen Angabe oder Ursprungsbezeichnung, weiter verwendet werden können, sofern sie nicht einem der im Art 3 Abs 1 lit c und g und Art 12 Abs 2 lit b MarkenRL genannten Gründe für die Ungültigkeit oder den Verfall unterliegen (die genannten Bestimmungen entsprechen § 4 Abs 1 Z 4 und Z 8 sowie § 33c Abs 1 MSchG), ist keine amtswegige Prüfung der gemäß § 68 eingebrachten Anträge hinsichtlich des Vorliegens entgegenstehender Markenrechte vorgesehen.[23]

Die durch die VO 2081 den Markeninhabern eingeräumten Rechte müssen von diesen selbst – entweder gemäß § 68a Abs 2 MSchG oder im offiziellen Einspruchsverfahren – wahrgenommen und begründet werden.[24]

Allgemein gilt, dass mit einem Vorbringen gemäß § 68a Abs 2 MSchG keine inhaltlichen Beschränkungen des Einschreitenden in einem allfällig späteren Einspruchsverfahren verbunden sind. Der Stellungnehmende erwirbt durch sein Vorbringen keinen Anspruch auf Kostenersatz und wird selbst auch nicht kostenersatzpflichtig. Ein Kostenersatz ist im Übrigen auch im ordentlichen Einspruchsverfahren nach Art 7 VO 2081 nicht vorgesehen.[25]

10.5.6. Weiterleitung oder Abweisung

Langen keine Stellungnahmen ein oder ergibt auch die aufgrund der eingelangten Stellungnahmen fortgesetzte Prüfung, dass der Antrag die Anforderungen des Gemeinschaftsrechts betreffend die gemeinschaftsweite Unterschutzstellung geographischer Angaben oder Ursprungsbezeichnungen erfüllt, so ist der Antragsteller hiervon in Kenntnis zu setzen und der Antrag mit allen entscheidungsrelevanten Aktenteilen an die Kommission der Europäischen Gemeinschaften weiterzuleiten.

---

[22]) EB 1999, zitiert nach *Kucsko*, MSA MSchG (1999) Anm 4 zu § 68a.
[23]) EB 1999, zitiert nach *Kucsko*, MSA MSchG (1999) Anm 3 zu § 68a.
[24]) EB 1999, zitiert nach *Kucsko*, MSA MSchG (1999) Anm 3 zu § 68a.
[25]) EB 1999, zitiert nach *Kucsko*, MSA MSchG (1999) Anm 4 zu § 68a.

Andernfalls ist der Antrag mit Beschluss abzuweisen (§ 68a Abs 3 MSchG). Der Antragsteller wird hiervon in Form einer bloßen Mitteilung in Kenntnis gesetzt.[26] Wird allerdings festgestellt, dass der Antrag nicht den Anforderungen des im gegenständlichen Zusammenhang primär anzuwendenden Gemeinschaftsrechts entspricht, so wird er gemäß § 68a Abs 3 MSchG von der RA mit begründetem Beschluss *abgewiesen*, wogegen das Rechtsmittel der *Beschwerde* an die BA (§ 36 MSchG) offensteht.[27]

10.5.7. Eintragung und Veröffentlichung

Letztlich führt das Antragsverfahren dazu, dass die Kommission[28] (sofern sie die Schutzwürdigkeit bejaht und kein Einspruch eines anderen Mitgliedstaats vorliegt) die Bezeichnung in das bei ihr geführte *„Verzeichnis der geschützten Ursprungsbezeichnungen und der geschützten geographischen Angaben"* einträgt (Art 6 Abs 3 VO 2081).[29] Im Einzelnen:

Dem Prüfungsverfahren auf nationaler Ebene folgt eine förmliche Prüfung durch die Kommission der Europäischen Gemeinschaften. Gelangt diese zu der Ansicht, dass der Antrag die gemeinschaftsrechtlichen Anforderungen erfüllt, so *veröffentlicht* sie die Bezeichnung und bestimmte Kenndaten des Antrags sowie – falls erforderlich – die Erwägungsgründe ihres Befunds im Amtsblatt der Europäischen Gemeinschaften (Art 6 Abs 2 VO 2081).[30] Ab diesem Zeitpunkt läuft die sechsmonatige Einspruchsfrist gemäß Art 7 Abs 1 VO 2081.[31]

Ein *Einspruchsrecht* steht den Mitgliedstaaten selbst (Art 7 Abs 1 VO 2081) und auch den in ihren berechtigten Interessen betroffenen Personen (Art 7 Abs 3 VO 2081) zu. Ein Einspruch kann nur auf die im Art 7 Abs 4 VO 2081 genannten Gründe gestützt werden.[32] Wird ein Einspruch damit begründet, dass ein gleichlautend bezeichnetes Erzeugnis besteht, das sich zum Zeitpunkt der Veröffentlichung nach Art 6 Abs 2 VO 2081 rechtmäßig in Verkehr befindet, so ist nach Auffassung

---

[26]) EB 1999, zitiert nach *Kucsko*, MSA MSchG (1999) Anm 5 zu § 68a.
[27]) EB 1999, zitiert nach *Kucsko*, MSA MSchG (1999) Anm 6 zu § 68a.
[28]) Zur Unterstützung wurde ein „wissenschaftlicher Ausschuss" eingesetzt (Beschluss der Kommission v 21.12.1992, ABl HABM 1996, 380).
[29]) Zu den bereits erfolgreichen Eintragungen vgl etwa: EG-VO Nr 1107/96 v 12. 6. 1996, ABl 1996 L 148 S 1 (für Österreich enthält sie nur die „Wachauer Marille"), berichtigt ABl 1996 L 299 S 31 und ergänzend EG-VO Nr 1263/96 v 1. 7. 1996, ABl 1996 L 163 S 19 (berichtigt ABl 1996 L 291 S 42; für Österreich nennt sie den „Tiroler Graukäse"); GRUR Int 1996, 965. Vgl zu dieser VO auch: EuGH 16. 3. 1999, Rs C-289/96, Rs C-294/96 und C-299/96 – Feta – wbl 1999, 267 = ZLR 1999, 319 = WRP 1999, 490 = GRUR Int 1999, 532 = RIW 1999, 532. Zu den gemeinschaftsrechtlichen Konsequenzen der Nichtbeachtung einer Verpflichtung zur Aufhebung des Schutzes: EuGH 6. 3. 2003, Rs C-6/02 –Savoie – GRUR Int 2003, 543.
[30]) Da zu erwarten ist, dass das Amtsblatt der Europäischen Gemeinschaften in den interessierten innerstaatlichen Kreisen nicht regelmäßig Verbreitung findet, ist geplant, als Serviceleistung des PA und außerhalb einer gesetzlichen Verpflichtung, auch im *Patentblatt* einen Hinweis auf die von der Kommission gemäß Art 6 Abs 2 VO 2081 veröffentlichten und zur Eintragung anstehenden Bezeichnungen samt Angabe der Fundstelle im Amtsblatt zu publizieren (EB 1999, zitiert nach *Kucsko*, MSA MSchG [1999] Anm 8 zu § 68a).
[31]) EB 1999, zitiert nach *Kucsko*, MSA MSchG (1999) Anm 7 zu § 68a.
[32]) EB 1999, zitiert nach *Kucsko*, MSA MSchG (1999) Anm 9 zu § 68a. Vgl zum Einspruch auch EuG 30. 1. 2001, Rs T-215/00 – Canard à foie gras du Sud-Ouest.

der Kommission der Gemeinschaftseinführer in gleichem Maße als in seinem berechtigten Interesse betroffen anzusehen wie die Hersteller von Gemeinschaftserzeugnissen. Als in ihrem berechtigten Interesse betroffen sind darüber hinaus jedenfalls auch die Inhaber allfällig entgegenstehender in einem Mitgliedstaat eingetragener Marken anzusehen.[33] Einsprüche gegen die beabsichtigte Eintragung einer geographischen Angabe oder Ursprungsbezeichnung nach Art 7 Abs 3 VO 2081 sind innerhalb von *drei Monaten* ab der diesbezüglichen Veröffentlichung im Amtsblatt gemäß Art 6 Abs 2 VO 2081 beim PA zu erheben und innerhalb dieser Frist zu begründen. Der begründete Einspruch sowie allfällige Beilagen müssen spätestens am letzten Tag der Frist in dreifacher Ausfertigung im PA eingelangt sein (§ 68b Abs 1 MSchG). Im Einspruch sind die Umstände, aus denen sich das *berechtigte Interesse* des Einsprechenden ergibt, anzugeben (§ 68b Abs 2 MSchG). Verspätete oder nicht fristgerecht begründete Einsprüche sowie solche, die keine Ausführungen gemäß § 68b Abs 2 MSchG enthalten, gelten als nicht erhoben. Dies ist dem Einsprechenden formfrei mitzuteilen. Diese Mitteilung oder ihr Unterbleiben ist für den Eintritt der Rechtswirkung ohne Belang (§ 68b Abs 3 MSchG). Eine Wiedereinsetzung in den vorigen Stand wegen Versäumung der Frist zur Vornahme der in § 68b Abs 1 und 2 MSchG vorgesehenen Handlungen findet nicht statt (§ 68b Abs 4 MSchG). Zuständige Behörde für Verfahren nach Art 7 Abs 5 VO 2081 (Versuch zwischen dem Antragsteller und dem Einsprecher eine einvernehmliche Lösung herbeizuführen) ist das PA (§ 68b Abs 5 MSchG).

Die vollständig begründeten Einsprüche sind vom Patentamt innerhalb von sechs Monaten ab dem zuvor genannten Datum an die Kommission der Europäischen Gemeinschaften *weiterzuleiten*.[34]

Erachtet die Kommission den Einspruch für zulässig, so fordert sie die betroffenen Mitgliedstaaten auf, innerhalb von drei Monaten zu einer *einvernehmlichen Regelung* zu gelangen. Gelingt dies nicht, so muss die Kommission nach dem Verfahren des Regelungsausschusses (Art 15 VO 2081) entscheiden. Gegen die getroffene Entscheidung steht allenfalls der Rechtszug an den EuGH offen (Art 173 Abs 2 EGV).[35]

Anträge auf *Änderung der Spezifikation* sind beim PA einzureichen (§ 68c MSchG; § 68 Abs 3, 4 und 6 §§ 68a und 68b MSchG sind sinngemäß anzuwenden). Gemäß Art 9 der VO 2081 kann der betroffene Mitgliedstaat insbesondere zur Berücksichtigung des Stands von Wissenschaft und Technik oder im Hinblick auf eine neue Abgrenzung des geographischen Gebiets eine Änderung der in Art 4 VO 2081 vorgesehenen Spezifikation für eine eingetragene geographische Angabe oder Ursprungsbezeichnung beantragen. Die VO 2081 enthält keine weitere ausdrückliche Bestimmung darüber, wer zur Stellung eines Antrags auf Änderung der Spezifikation berechtigt ist. Jedoch ist davon auszugehen, dass jedenfalls diejenigen, auf

---

[33]) EB 1999, zitiert nach *Kucsko*, MSA MSchG (1999) Anm 10 zu § 68a.
[34]) EB 1999, zitiert nach *Kucsko*, MSA MSchG (1999) Anm 2 zu § 68b.
[35]) EB 1999, zitiert nach *Kucsko*, MSA MSchG (1999) Anm 4 zu § 68b.

deren Antrag die Eintragung zurückgeht, auch in Bezug auf Änderungen der zugehörigen Spezifikation antragsberechtigt sind.[36] Nach § 68c MSchG sollen für Anträge auf Änderung der Spezifikation dieselben Zuständigkeits- und Verfahrensregeln gelten wie für Eintragungsanträge. Eine Gebühr soll für Anträge auf Änderung einer Spezifikation jedoch nicht erhoben werden, da erwartet wird, dass diese nach ihrer Zahl und dem zu erwartenden Bearbeitungsaufwand keine erhebliche Mehrbelastung des PA mit sich bringen und die entstehenden Kosten bereits mit der zusammen mit dem Eintragungsantrag zu entrichtenden Gebühr abgedeckt werden können.[37]

10.6. Wirkung der Registrierung

10.6.1. Ausschließungsrecht

Der Schutz greift auch dann, wenn Irreführungen ausgeschlossen werden.

Ist die Bezeichnung registriert, so dürfen die berechtigten Erzeuger auf diese Tatsache in der Werbung selbstverständlich besonders hinweisen. Andererseits bestimmt die VO 2081, dass die Angaben „g.U." und „g.g.A." oder die entsprechenden traditionellen einzelstaatlichen Angaben nur für Agrarerzeugnisse und Lebensmittel verwendet werden dürfen, die der VO 2081 entsprechen (Art 8). Der Schutz eingetragener Bezeichnungen ist weit gefasst (vgl Art 13 VO 2081), er umfasst auch jede widerrechtliche Aneignung, Nachahmung oder Anspielung, *selbst wenn der wahre Ursprung des Erzeugnisses angegeben ist* oder wenn die geschützte Bezeichnung in Übersetzung oder zusammen mit Ausdrücken wie „*Art*", „*Typ*", „*Verfahren*", „*Fasson*", „*Nachahmung*" oder dergleichen verwendet wird.[38]

10.6.2. Lizenzen

Im Hinblick auf die fehlende Lizenzierbarkeit von nach der Verordnung geschützten geographischen Angaben und Ursprungsbezeichnungen sowie im Hinblick auf ihre grundsätzlich als Kollektivrecht ausgestaltete Rechtsnatur bleibt für die Übernahme der Bestimmungen des § 53 Abs 1 und 3 MSchG kein Raum.[39]

---

[36]) EB 1999, zitiert nach *Kucsko*, MSA MSchG (1999) Anm 10 zu § 68c.
[37]) EB 1999, zitiert nach *Kucsko*, MSA MSchG (1999) Anm 2 zu § 68c.
[38]) Zur materiellen Prüfung der Eintragungsvoraussetzungen: EuGH 6. 12. 2001, Rs C-269/99 – Spreewälder Gurken – EuZW 2002, 311 = GRUR Int 2002, 523. Zur Frage, wie weit die Monopolisierung durch die Spezifikation gehen darf (zB auch einschließlich des Reibens und Verpackens von Parmaschinken) vgl EuGH 20. 5. 2003, Rs C-469/00 – Grana padano – GRUR 2003, 609 – wbl 2003, 332 und EuGH 20. 5. 2003, Rs C-108/01 – Prosciutto di Parma – GRUR 2003, 616. Zur Ausnahmeregelung des Art 13 Abs 2 VO 2081: EuGH 25. 6. 2002, Rs C-66/00 – Parmesan – wbl 2002, 412 = MarkenR 2002, 227 = EWS 2002, 380 = ABl HABM 2002, 1792 = GRUR Int 2002, 849 = ZLR 2002, 600 (*Hauer*).
[39]) EB 1999, zitiert nach *Kucsko*, MSA MSchG (1999) Anm 2 zu § 68f.

10.7. Schutzdauer
Eine Befristung des Schutzes ist nicht vorgesehen.

10.8. Sanktionen
Die Verordnung selbst sieht keine Sanktionen vor. Sie wurden daher mit der Markenrechts-Nov 1999 in das MSchG eingefügt:[40]

10.8.1. Zivilrechtlicher Schutz
Eingriff: Als Eingriff werden jene Handlungen normiert, die gegen Art 8 oder 13 VO 2081 verstoßen (§ 68f Abs 1 MSchG).

Unterlassung und Beseitigung: Wer im geschäftlichen Verkehr Eingriffe vornimmt kann von zur Verwendung der geschützten geographischen Angabe oder Ursprungsbezeichnung Berechtigten oder von Vereinigungen zur Förderung wirtschaftlicher Interessen von Unternehmern, soweit diese Vereinigungen Interessen vertreten, die durch die Handlung berührt werden, von der Bundesarbeitskammer, der Bundeskammer der gewerblichen Wirtschaft, der Präsidentenkonferenz der Landwirtschaftskammern Österreichs oder vom Österreichischen Gewerkschaftsbund auf Unterlassung und, soweit ihm die Verfügung darüber zusteht, auch auf Beseitigung des den genannten Bestimmungen widerstreitenden Zustandes in Anspruch genommen werden. § 52 Abs 2 bis 6 MSchG ist sinngemäß anzuwenden (§ 68f Abs 1 MSchG).

Zur Sicherung der Ansprüche auf Unterlassung und Beseitigung können *einstweilige Verfügungen* erlassen werden, auch wenn die im § 381 EO bezeichneten Voraussetzungen nicht zutreffen (also ohne Bescheinigung der Anspruchsgefährdung; § 68g Abs 1 MSchG).

Zahlungsansprüche: Wird ein Eingriff schuldhaft vorgenommen, so stehen dem zur Verwendung der geschützten geographischen Angabe oder Ursprungsbezeichnung Berechtigten Ansprüche in Geld in sinngemäßer Anwendung des § 53 Abs 2, 4 und 5 MSchG zu (§ 68f Abs 2 MSchG).

Haftung des Unternehmensinhabers: Der Inhaber eines Unternehmens kann gemäß § 68f Abs 3 MSchG auf Unterlassung geklagt werden, wenn eine der im § 68f Abs 1 MSchG genannten Handlungen im Betrieb seines Unternehmens von einem Bediensteten oder Beauftragten begangen wird oder droht. Er ist zur Beseitigung nach § 68f Abs 1 MSchG verpflichtet, wenn er Eigentümer der Eingriffsgegenstände oder Eingriffsmittel ist (§ 68f Abs 3 MSchG). Hat ein Bediensteter oder

---

[40]) Da der Schutz geographischer Angaben in Österreich bislang wenig entwickelt war und es kaum verwertbare Judikatur beziehungsweise auf österreichische Verhältnisse abgestellte Literatur zu diesem Thema gibt, erscheint es zweifelhaft, ob sämtliche nach Art 13 VO 2081 unzulässigen Verwendungen geschützter geographischer Angaben oder geschützter Ursprungsbezeichnungen zumindest auf interpretativem Wege mit den zur Verfügung stehenden Rechtsbehelfen des UWG erfasst und wirksam bekämpft werden könnten. Außerdem enthält das UWG keine anwendbaren strafrechtlichen Bestimmungen (EB 1999, zitiert nach *Kucsko*, MSA MSchG [1999] Anm 3 zu § 68e).

Beauftragter im Betrieb eines Unternehmens eine der im § 68f Abs 1 MSchG genannten Handlungen schuldhaft vorgenommen, so kann der Inhaber des Unternehmens, unbeschadet einer allfälligen Haftung dieser Personen, auf Schadenersatz unter sinngemäßer Anwendung des § 53 Abs 2 und 4 MSchG und auf Rechnungslegung in Anspruch genommen werden, wenn ihm die Rechtsverletzung bekannt war oder bekannt sein musste (§ 68f Abs 4 MSchG).

Weitere Regelungen: Im Übrigen sind § 119 Abs 2 PatG (Ausschluss der Öffentlichkeit), § 149 PatG (Urteilsveröffentlichung), § 151 PatG (Rechnungslegung) und § 154 PatG (Verjährung) sinngemäß anzuwenden (§ 68g Abs 2 MSchG).

10.8.2. Strafrechtlicher Schutz

Die im § 68h MSchG bezeichneten Vergehen werden nur auf Verlangen eines zur Verwendung der geschützten geographischen Angabe oder Ursprungsbezeichnung Berechtigten verfolgt (*„Privatanklagedelikt"*; § 68i Abs 1 MSchG). Vom Gericht mit Geldstrafe bis zu 360 Tagessätzen ist zu bestrafen (§ 68h Abs 1 MSchG), wer im geschäftlichen Verkehr ohne Rechtfertigung durch das Vorliegen einer gemeinschaftsrechtlich anerkannten Ausnahmebestimmung für die Führung einer geschützten geographischen Angabe oder Ursprungsbezeichnung eine solche Angabe oder Bezeichnung

- zur Kennzeichnung anderer, als in der ihr zugehörigen Spezifikation genannter, jedoch mit diesen vergleichbarer Erzeugnisse verwendet oder
- sich widerrechtlich aneignet, nachahmt oder auf die geschützte Bezeichnung anspielt, selbst wenn der wahre Ursprung des Erzeugnisses angegeben ist oder wenn die geschützte Bezeichnung in Übersetzung oder zusammen mit Ausdrücken wie „Art", „Typ", „Verfahren", „Fasson", „Nachahmung" oder dergleichen verwendet wird oder
- in einer Weise verwendet, wodurch das Ansehen dieser geschützten Bezeichnung ausgenützt wird oder
- in sonstiger irreführender Art und Weise im Zusammenhang mit dem Vertrieb von Waren oder Dienstleistungen oder zur Kennzeichnung seines Unternehmens benutzt.

Die Straftatbestände wurden in Anlehnung an Art 13 VO 2081 formuliert. Das Abgehen von der genauen Diktion des Art 13 liegt darin begründet, dass diese als Textierung strafrechtlicher Tatbestände zu unscharf erscheint. Mangels einer aus der VO 2081 ableitbaren Verpflichtung Österreichs zur strafrechtlichen Verfolgung von Rechtsverletzungen nach Art 13 wurde auch bewusst in Kauf genommen, nach der Umformulierung nicht sämtliche allenfalls nach Art 13 erfassbare Tatbilder nach § 68h MSchG auch strafrechtlich verfolgen zu können. Die Normierung der Strafbarkeit von Verstößen gegen Art 8 VO 2081 (unbefugte Verwendung der Angaben „g.U.", „g.g.A" oder der entsprechenden traditionellen einzelstaatlichen Angaben) ist entbehrlich und wäre darüber hinaus mit der Ausgestaltung der strafrechtlichen Ansprüche als Privatanklagedelikte (vgl § 68i Abs 1 MSchG) unvereinbar.[41]

Wer die Tat *gewerbsmäßig* begeht, ist mit Freiheitsstrafe bis zu zwei Jahren zu bestrafen (§ 68h Abs 1, zweiter Satz MSchG).

In gleicher Weise wird bestraft, wer gemäß § 68h Abs 1 MSchG gekennzeichnete Waren feilhält, in Verkehr bringt oder zu den genannten Zwecken einführt, ausführt oder besitzt (§ 68h Abs 2 MSchG).

Der *Inhaber oder Leiter eines Unternehmens* ist zu bestrafen, wenn er eine im Betrieb des Unternehmens von einem Bediensteten oder Beauftragten begangene Verletzung nach § 68h Abs 1 oder 2 MSchG nicht verhindert (§ 68h Abs 3 MSchG). Ist der Inhaber des Unternehmens nach § 68h Abs 3 MSchG eine Gesellschaft, eine Genossenschaft, ein Verein oder ein anderes, nicht zu den physischen Personen gehöriges Rechtssubjekt, so ist § 68h Abs 3 MSchG auf die Organe anzuwenden, wenn sie sich einer solchen Unterlassung schuldig gemacht haben. Für die über die Organe verhängten Geldstrafen haftet der Inhaber des Unternehmens zur ungeteilten Hand mit dem Verurteilten (§ 68h Abs 4 MSchG).

Die in § 68h Abs 1 und 2 MSchG bezeichneten Strafbestimmungen sind auf *Bedienstete oder Beauftragte* nicht anzuwenden, die die Handlung im Auftrag ihres Dienstgebers oder Auftraggebers vorgenommen haben, sofern ihnen wegen ihrer wirtschaftlichen Abhängigkeit nicht zugemutet werden konnte, die Vornahme dieser Handlung abzulehnen (§ 68h Abs 5 MSchG).

Für die Geltendmachung der Ansprüche nach § 68f Abs 2 MSchG gelten die Bestimmungen des XXI. Hauptstückes der StPO. Gegen den Ausspruch über den Entschädigungsanspruch steht beiden Teilen die Berufung zu (§ 68i Abs 2 MSchG).

Die Bestimmungen über die Beseitigung gemäß § 68f Abs 1 MSchG sowie § 119 Abs 2 PatG (Ausschluss der Öffentlichkeit) und § 149 PatG (Urteilsveröffentlichung) gelten im Strafverfahren sinngemäß (§ 68i Abs 3 MSchG).

---

[41]) EB 1999, zitiert nach *Kucsko*, MSA MSchG (1999) Anm 1 zu § 68h.

11. GEMEINSCHAFTSMARKE

Überblick:

> Die „*Gemeinschaftsmarke*" bietet ein eigenständiges, einheitliches, neben die nationalen Marken tretendes Schutzrecht für den ganzen EU-Bereich.
> Sie wird vom „*Harmonisierungsamt*" in Alicante verwaltet.
> Die Schutzdauer beträgt *10 Jahre* und kann beliebig oft verlängert werden.
> *Rechtsverletzungen* sind vor den nationalen Instanzen nach nationalem Markenrecht zu verfolgen.

Die GMV gilt gemeinschaftsweit, wir sollten daher eigentlich die Literatur aller Mitgliedstaaten verarbeiten.

Literaturhinweise: *Heydt*, Der Benutzungszwang im Vorentwurf eines Abkommens über ein europäisches Markenrecht, GRUR Int 1973, 450; *Schwartz*, Zur Politik der Europäischen Kommission im Hinblick auf eine Europa-Marke, GRUR Int 1975, 71; *Beier*, Das europäische Markenrecht und sein Verhältnis zum nationalen Marken- und Wettbewerbsrecht, GRUR Int 1976, 1; *Beier*, Ziele und Leitgedanken des europäischen Markenrechts, GRUR Int 1976, 363; *v Mühlendahl*, Koexistenz und Einheitlichkeit im europäischen Markenrecht, GRUR Int 1976, 27; *Heydt*, Der Benutzungszwang in der Denkschrift der EG-Kommission zur Schaffung einer EWG-Marke, GRUR Int 1977, 47; *Heydt*, Benutzung und Benutzungszwang im europäischen Gemeinschaftsmarkenrecht, GRUR Int 1978, 2 und 61; *Mak*, Die Amtsrecherche bei der EWG-Marke, GRUR Int 1978, 121; *v Mühlendahl*, Der Angriff auf die Gültigkeit der Gemeinschaftsmarke im Verletzungsprozeß, GRUR Int 1978, 317; *Puchberger*, Zur Amtsrecherche bei der EWG-Marke, GRUR Int 1978, 407; *Heydt*, Nationale Markenrechte und sonstige Rechte in dem Entwurf einer Verordnung über die Gemeinschaftsmarke der EG-Kommission, GRUR Int 1979, 123; *Krieger*, Europäisches Markenrecht im Werden, GRUR Int 1979, 279; *Tilmann*, Grundfragen des EWG-Markenrechts, GRUR Int 1979, 20; *Beier*, Entwicklung und Grundzüge des europäischen Markenrechts, EuR 1982/1, 30; *Beier*, Gewerblicher Rechtsschutz und freier Warenverkehr im europäischen Binnenmarkt und im Verkehr mit Drittstaaten, GRUR Int 1989, 603; *v Mühlendahl*, Das künftige Markenrecht der Europäischen Gemeinschaft, GRUR Int 1989, 353; *Karsch*, Entwicklungen im europäischen Markenrecht, Economy-Fachmagazin 1990/11, 28; *Kunz-Hallstein*, Perspektiven der Angleichung des nationalen Markenrechts in der EWG, GRUR Int 1992, 81; *Bastian/Knaak*, Der Markenverletzungsprozeß in Ländern der Europäischen Gemeinschaft – Ergebnisse einer rechtstatsächlich-rechtsvergleichenden Untersuchung, GRUR Int 1993, 515; *Hackbarth*, Grundfragen des Benutzungszwangs im Gemeinschaftsmarkenrecht (1993); *Marterer*, Auswirkungen der Markenschutzgesetz-Novelle 1992 auf den Ausschließungsgrund des Freizeichens, ÖBl 1993, 60; *Mayer*, Entwicklung und Inhalt des Gemeinschaftsmarkenrechts und dessen Auswirkungen auf Österreich, in *Rafeiner*, Patente, Marken, Muster, Märkte (1993) 41; *Karsch*, Gewerblicher Rechtsschutz in Österreich und im Europarecht, ecolex 1994, 175; *Kucsko*, Europamarke: die „Patentlösung"? ecolex 1994, 377; *Kur*, TRIPs und das Markenrecht, GRUR Int 1994, 987; *Kretschmer*, Ministerrat verabschiedet EG-Markenrecht, GRUR 1994, 95; *Mayer*, „Madrid oder Alicante" – Wege der Internationalisierung des Markenrechts, ecolex 1994, 687; *Mayer*, Die Marke nach europäischem Recht – die Gemeinschaftsmarke, ÖBl 1994, 203; *Mayer*, Internationale Marke oder Gemeinschaftsmarke? ecolex 1994, 692; *v Mühlendahl*, Das neue Markenrecht der Europäischen Union, FS DPA 100 Jahre Marken-Amt (1994) 215; *Preglau*, Markenregistrierung – mit oder ohne Widerspruch, ÖBl 1994, 247; *Briem*, Internationales und europäisches Wettbewerbsrecht und Kennzeichenrecht (1995) 155 ff; *v Mühlendahl*, Die Heilung einer wegen mangelnder Benutzung löschungsreif gewordenen Markeneintragung im europäischen und im deutschen Markenrecht, in FS Vieregge (1995) 641; *Ubertazzi*, Bemerkungen zum Benutzungszwang der Gemeinschaftsmarke, GRUR Int 1995, 474; *Urlesberger*, Neues vom Europarecht, wbl 1995, 62; *Aufenanger/Barth*, Markengesetz/The German Trade Mark Act[2] – Einführung in das deutsche Recht und die Gemeinschaftsmarke (1996); *Baudenbacher/Caspers*, Markenrecht als Wirtschaftsrecht, ÖBl 1996, 215; *Ingerl*, Die Gemeinschaftsmarke (1996); *Jung*, Gemeinschaftsmarke und Rechtsschutz, FS Everling Bd II (1996) 611; *Klaka/Schulz*, Die europäische Gemeinschaftsmarke (1996); *Kohler*, Kollisionsrechtliche Anmerkungen zur Verordnung über die Gemeinschaftsmarke, FS Everling Bd I (1996) 651; *Kucsko*, Die Gemeinschaftsmarke (1996); *Lindner/Schrell*, Die Gemeinschaftsmarke im Überblick, EWS 1996, 7; *Mayer*, Erste Erfahrungen mit Gemeinschaftsmarkenanmeldungen, ecolex 1996, 682; *v Mühlendahl*, Rechtsmittel gegen Entscheidungen des Harmonisierungsamts für den Binnenmarkt (Marken, Muster und Modelle), FS Beier (1996) 303; *v Mühlendahl*, Die Sprachenregelung des Harmonisierungsamtes für den Binnenmarkt (Marken, Muster und Modelle), FS Piper (1996) 575; *Over*, Die neue Gemeinschaftsmarke – anmelden oder abwarten? WRP 1996, 274; *Pagenberg/Munzinger*, Leitfaden Gemeinschaftsmarke (1996); *Pagenberg*, Berühmte und bekannte Marken in Europa – Die Bestimmung der Verkehrsbekanntheit vor den nationalen und europäischen Instanzen, FS Beier (1996) 317; *Röttinger*, Neue Vorschläge der Europäischen Kommission zur Gemeinschaftsmarke und zum MMA, ecolex 1996, 767; *Urlesberger*, Neues vom Europarecht, wbl 1996, 104; *Zourek*, Aktueller Stand des gewerblichen Rechtsschutzes in der Europäischen Union, ÖBl 1996, 268; *Albert*, Die Neuordnung des Markenrechts: Bericht über das 10. Ringberg-Symposium des Max-Planck-Instituts, GRUR Int 1997, 449; *Bumiller*, Durchsetzung der Gemeinschaftsmarke in der Europäischen Union (1997); *Knaak*, Die Rechtsdurchsetzung der Gemeinschaftsmarke und der älteren nationalen Rechte, GRUR Int 1997, 864; *Koppensteiner*, Österreichisches und europäisches Wettbewerbsrecht[3] (1997) § 36 Rn 27ff und §§ 46 bis 49; *Meister*, Seniorität oder die sogenannte Beanspruchung des Zeitranges einer identischen nationalen Marke, WRP 1997, 1022; *Meister*, Marke und Recht (1997); *Berlit*, Markenrechtliche und europarechtliche Grenzen des Markenschutzes, GRUR 1998, 423; *Harte-Bavendamm/v Bomhard*, Abgrenzungsvereinbarungen und Gemeinschaftsmarke, GRUR 1998, 530; *Mansani*, Die Gefahr einer gedanklichen Verbindung zwischen Zeichen im Markenrecht der Gemeinschaft, GRUR Int 1998, 830; *v Mühlendahl/Ohlgart/Bomhard*, Die Gemeinschaftsmarke (1998); *Rungg/Mair*, Verfahrensrechtliche Aspekte der Nichtigkeitsklage vor dem Gericht 1. Instanz der EG, ecolex 1998, 745; *Sack*, Probleme des Markenschutzes im Ähnlichkeitsbereich, WRP 1998, 1127; *Schäfer*, Seniorität und Priorität, GRUR 1998, 350; *Asperger/Stangl*, Markenrechts-Novelle 1999, ecolex 1999, 780; *Bender*; Neue Markenformen in Alicante, MarkenR 1999, 117; *Bender*, Die Beschwerdekammern des Harmonisierungsamtes für den Binnenmarkt im Gemeinschaftsmarkensystem – Ihre Einrichtung, ihre Stellung im euopäischen Rechtssystem und ihre verfassungsrechtlichen Grundprinzipien, MarkenR 1999, 11; *Fezer*, Olfaktorische, gustatorische und haptische Marken, WRP 1999, 575; *Ivan-Dietrich*, Markenschutz in Österreich – Markenschutzgesetznovelle 1999, FS 100 Jahre PA (1999) 149; *Klüpfel*, „Baby-Dry", MarkenR 1999, 334; *Petsch*, Internationale Anerkennung und Schutz der berühmten und bekannten Marken, MarkenR 1999, 261; *Preglau/Neuffer*, Die Kollisionsprüfung im Widerspruchsverfahren vor dem Harmonisierungsamt für den Binnenmarkt, MarkenR 1999, 41; *Viefhues*, Geruchsmarken als neue Markenform, MarkenR 1999, 249; *Völker/Schuster*, Gemeinschaftsmarken und absolute Eintragungshindernisse, MarkenR 1999, 369 und MarkenR 2000, 10; *Bender*, Die absoluten Schutzversagungsgründe für die Gemeinschaftsmarke, MarkenR 2000, 118; *Kapnopoulou*, Die Problematik der verspäteten Zahlung der Widerspruchsgebühr in der Entscheidungspraxis des Harmonisierungsamts für den Binnenmarkt, MarkenR 2000, 160; *Klüpfel*, Die Nichtigkeitsklage vor dem Europäischen Gericht erster Instanz gegen Entscheidungen des Harmonisierungsamts für den Binnenmarkt, MarkenR 2000, 237; *Kronenberger*, Registration under Community trademark and lack of distinctive character, ELR 2000, 178; *v Mühlendahl*, Marken und Markenrecht in globalen Märkten, MarkenR 2000, 382; *Ott*, Gemeinschaftsmarke vor dem EuG: Erste Erfahrungen, ELR 2000, 72; *Drijber*, Die neueste europäische Rechtsprechung zum Markenrecht, MarkenR 2001, 1; *Essl*, Die Registrierbarkeit von Geruchsmarken, ÖBl 2001, 51; *Gamerith*, Erste Entscheidung des EuGH zur Eintragung einer Gemeinschaftsmarke! ÖBl 2001, 241; *Griss*, Absolute

Eintragungshindernisse – Allgemeine Kriterien, MarkenR 2001, 425; *Holeweg*, Europäischer und internationaler gewerblicher Rechtsschutz und Urheberrecht – Tabellarischer Überblick und aktuelle Entwicklungen, GRUR Int 2001, 141; *Hochedlinger/Wolfmair*, Duftmarken als neue Markenform? ecolex 2001, 288; *Ingerl*, Die markenrechtliche Rechtsprechung des Europäischen Gerichtshofs – Weichenstellungen für die Entwicklung des europäischen Markenrechts, GRUR Int 2001, 581; *Kapff*, Gemeinschaftsmarke – Wann ist eine Marke vage und unbestimmt? ELR 2001, 70; *Knaak*, Grundzüge des Gemeinschaftsmarkenrechts und Unterschiede zum nationalen Markenrecht, GRUR Int 2001, 665; *Knaak*, Die Durchsetzung der Rechte aus der Gemeinschaftsmarke, GRUR 2001, 21; *Kur*, Die Schnittstellen zwischen Marken- und Wettbewerbsrecht bei nationalen und bei Gemeinschaftsmarken, MarkenR 2001, 137; *Mühlendahl*, Europäisches Markenrecht: Rechtsmittel gegen die Entscheidungen des Harmonisierungsamtes, GRUR 2001, 667; *Novak*, Rechtsprechung der Europäischen Gerichtshöfe zum Markenrecht, EuZW 2001, 613; *Novak*, Rechtsprechung des EuG zum Europäischen Markenrecht, ELR 2001, 273; *Novak*, Gedanken zum Verwechslungs- und Verwässerungsschutz im europäischen Markenrecht, EuZW 2001, 46; *Tilmann*, Gemeinschaftsmarke und Internationales Privatrecht, GRUR Int 2001, 673; *Bomhard*, Die Entscheidungspraxis des Gerichts erster Instanz in Markensachen und ihre Umsetzung durch das Harmonisierungsamt, MarkenR 2002, 374; *Bender*, Die Gemeinschaftsmarke, MarkenR 2002, 37; *Grabrucker*, Giacomelli Sport und die Folge – Retail-Services als neue Dimension der Dienstleistungsmarken und ihre Bedeutung für Hersteller und Handelsmarken, MarkenR 2002, 361; *Knaak*, Die absoluten Eintragungshindernisse im Europäischen Markenrecht, sic! 2002, 200; *Krüger*, Zur gemeinschaftsrechtlichen Bedeutung des markenrechtlichen Freihaltebedürfnisses, MarkenR 2002, 145; *Meister*, Verfahren zur Löschung von Gemeinschaftsmarken vor dem Harmonisierungsamt, wrp 2003, 297; *Völker*, Schutzvoraussetzungen neuer Markenformen in der Praxis des Gemeinschaftsrechts, FS Helm (2002) 253; *Bender*, Die Gemeinschaftsmarke in Rechtsprechung und Praxis, MarkenR 2003, 209; *Kaempf*, Das Merkmal der Unterscheidungskraft bei zusammengesetzten Marken im Recht der Gemeinschaftsmarke, ELR 2003, 58; *Rohnke*, Gemeinschaftsmarke oder nationale Marken? GRUR Int 2003, 979.

11.1. Einleitung

11.1.1. Das Konzept der „Gemeinschaftsmarke"

Nach einem jahrelangen Tauziehen um die Frage des Sitzes für das künftige EG-Markenamt sowie um die Amtssprachen[1] wurde am 20. 12. 1993 die Verordnung über die Gemeinschaftsmarke erlassen.[2] Sie ist am 15. 3. 1994 in Kraft getreten. Mit 1. 1. 1996 hat das Markenamt, genauer: „*Harmonisierungsamt für den Binnenmarkt (Marken, Muster und Modelle)*" seine Tätigkeit aufgenommen. Es hat seinen Sitz in Alicante (Spanien). Wozu das Ganze?

Als Sitz für das HABM wurde ein schöner sonniger Ort im Süden gewählt: Alicante.

Die Schaffung des Gemeinschaftsmarkensystems war ein Meilenstein in der Harmonisierung des Immaterialgüterrechts in der Europäischen Gemeinschaft. Parallel zur weitgehenden Harmonisierung des nationalen Markenrechts durch die Vorgaben der MarkenRL wurde *ein neues Schutz-*

---

[1]) Vgl zur Vorgeschichte etwa *v Mühlendahl*, FS DPA 100 Jahre Marken-Amt (1994) 215ff; *ders*, GRUR Int 1989, 353; zum letztlich erlangten politischen Kompromiss: *Kretschmer*, GRUR 1994, 95.
[2]) Kompetenzgrundlage: Art 235 EGV.

recht geschaffen, das *zentral verwaltet* wird und *mit einer einzigen Anmeldung alle Mitgliedstaaten* der Europäischen Union erfasst. Dieses neue System hat nicht nur den europaweiten Markenschutz erheblich erleichtert, sondern auch einen massiven Harmonisierungsschub im Markenrecht und nicht zuletzt ein gesteigertes Bewusstsein der Unternehmer für den Wert und die Bedeutung des Markenschutzes bewirkt. Die ersten Jahre nach der Einführung der Gemeinschaftsmarke haben überraschenderweise gezeigt, dass die nationalen Schutzsysteme keineswegs verkümmern, sondern eher steigende Anmeldezahlen verzeichnen. Insgesamt ist also der Bestand an registrierten Schutzrechten in Europa gewachsen. Meines Erachtens sollte dieser Zustand mehrerer paralleler Markenrechtssysteme in Europa (nationale Marken, Benelux-Marken, internationale Registrierungen und Gemeinschaftsmarken) nur eine Übergangsphase sein. Wünschenswert wäre ein einziges Schutzrechtssystem, das es dem Anmelder ermöglicht, zu entscheiden, ob er Schutz in allen Staaten der Gemeinschaft oder nur in einzelnen wünscht. Mittelfristig sollten die nationalen Schutzrechtssysteme (einschließlich der Rechte an nicht registrierten Zeichen) in dieses Gemeinschaftssystem übergeleitet werden. Dass dies ein Titanenwerk ist, dessen Fertigstellung ich wohl kaum mehr werde kommentieren können, liegt leider auf der Hand.

Die Gemeinschaftsmarke bietet gegenüber bloß nationalen Anmeldungen beachtliche Vorteile: Aus finanzieller Sicht ist die Gemeinschaftsmarkenanmeldung wesentlich billiger als Markenanmeldungen in allen 15 Mitgliedstaaten. Wenn der Anmelder bereits Inhaber einer identischen älteren nationalen Marke für die gleichen Waren und Dienstleistungen ist, kann er deren Zeitrang (Seniorität) für die Gemeinschaftsmarke in Anspruch nehmen. Er verfügt dann weiterhin über seine älteren Rechte, auch wenn er das nationale Schutzrecht aufgibt. Auch hinsichtlich des nunmehr gemeinschaftsweit geltenden Gebrauchszwangs bietet die Gemeinschaftsmarke Vorteile: Die tatsächliche und ernsthafte Benutzung in nur einem Mitgliedstaat reicht aus, um die Gemeinschaftsmarke in allen Ländern der Europäischen Union aufrecht zu erhalten. Es ist zu erwarten, dass anlässlich der bevorstehenden Erweiterung der Europäischen Union der Schutzbereich der Gemeinschaftsmarke auch auf diese Staaten ausgedehnt werden wird. Unabhängig davon werden aber derzeit auch bereits gewisse Änderungen der GMV diskutiert, um die Erfahrungen der ersten Jahre für Verbesserungen des Systems zu nutzen.[3]

11.1.2. Statistik

Die Akzeptanz des neuen Gemeinschaftsmarkenrechts ist groß: Im ersten Halbjahr 1996 wurden bereits 30.000 Marken angemeldet und damit alle Erwartungen weit übertroffen.[4] 1996 bis 2001 wurden 249.454 Gemeinschaftsmarken angemeldet (davon stammen 3.682 Anmeldungen aus Österreich) und 132.218 Marken regist-

---

[3]) Vorschlag der Kommission vom 27. 12. 2002 für eine Verordnung des Rates zur Änderung der Verordnung (EG) Nr. 40/94 über die Gemeinschaftsmarke, KOM (2002) 767endg.
[4]) *Mayer*, ecolex 1996, 682.

riert.⁵ Es war beeindruckend, wie das neu geschaffene Harmonisierungsamt diesen Ansturm bewältigt hat. Dort ist man jedenfalls dienstleistungsfreundlich orientiert. In Pkt 2.1. PrüfRL heißt es: „Zwar müssen nach der Verordnung verliehene Rechte im Einklang mit den Vorschriften der Verordnung stehen, jedoch ist es nicht Aufgabe der Prüfer, die Anmelder zu behindern, sondern vielmehr ihnen behilflich zu sein".

11.1.3. Rechtsquellen

Das Recht der Gemeinschaftsmarke ist in der aufgrund des Art 235 EGV erlassenen *GemeinschaftsmarkenVO* (Seite 214) kodifiziert; im Folgenden als *„GMV"* zitiert.⁶ Die *UmsetzungsVO* („*UmsV*"; Seite 214) hat die erforderliche Anpassung an das TRIPS-Abkommen gebracht. In Kürze ist eine Ergänzung der GMV zu erwarten, die entsprechende Regelungen zur Verkoppelung des Gemeinschaftsmarkensystems mit dem System der internationalen Registrierung nach dem Protokoll zum MMA bringen sollen (vgl Seite 624).⁷ Durch die Verbindung dieser Systeme würde es den Anmeldern ermöglicht werden, mit einer einzigen Anmeldung den europäischen Schutz durch die Gemeinschaftsmarke und durch eine darauf aufbauende internationale Anmeldung den internationalen Schutz für die dem Protokoll zum MMA angehörenden Drittstaaten zu erlangen. Andererseits könnten Inhaber einer internationalen Registrierung nach dem Protokoll den Schutz für ihre Marken auch im Rahmen des Gemeinschaftsmarkensystems beantragen. Diese beiden Schutzrechtssysteme könnten einander also gut ergänzen. Nähere Durchführungsbestimmungen zur GMV enthält die – nach Art 140, 141 GMV erlassene – Verordnung der Kommission vom 13. 12. 1995 (im Folgenden als *„GMDV"* zitiert⁸; Seite 215).⁹ Die Gebühren regelt die Verordnung der Kommission vom 13. 12. 1995 über die an das Harmonisierungsamt für den Binnenmarkt (Marken, Muster und Modelle) zu entrichtenden Gebühren (im Folgenden „*GMGebV*"¹⁰; Seite 215). Das Verfahren vor den Beschwerdekammern ist in einer gesonderten Verordnung („*VerfO*"¹¹; Seite 215) geregelt. Gemäß Art 119 Abs 2 lit a GMV ist der Präsident des Harmonisierungsamts ermächtigt, interne *Verwaltungsvorschriften* zu erlassen (etwa: der Beschluss „über die Entrichtung von Gebühren per Kreditkarte in den Räumen des Amtes", „über den Erlass eines Kodex für gute Ver-

---

⁵) Statistiken der Gemeinschaftsmarke, vgl die Website des HABM: http://oami.eu.int.
⁶) Diese Abkürzung folgt der Mitteilung ABl HABM 2002, 1626. GMV und MarkenRL stimmen in weiten Bereichen wortgleich überein; zum Verhältnis dieser Regelungswerke zueinander eingehender *Koppensteiner*, Wettbewerbsrecht³ § 46 RN 3ff.
⁷) Dazu liegt ein Vorschlag der Kommission für eine Änderung der GMV vor, um den Beitritt der EG zum Protokoll zu ermöglichen (KOM [97] 489 endg, ABl HABM 1998, 150); dazu *Röttinger*, ecolex 1996, 767 (768); *Zourek*, ÖBl 1996, 268 (273).
⁸) Diese Abkürzung folgt der Empfehlung in ABl HABM 2002, 1626. Zum Vorrang der GMV vor der GMDV: 2. BK 15. 12. 2000, R 714/1999-2 – SAINCO – ABl HABM 2001, 1686.
⁹) Die GMDV ist im Lichte der GMV auszulegen (3. BK 1. 2. 2002, R 862/2000-3 – GOLDEN LIGHTS – ABl HABM 2002, 2334).
¹⁰) Diese Abkürzung folgt der Empfehlung in ABl HABM 2002, 1626.
¹¹) Für diese Abkürzung liegt noch keine Empfehlung des HABM vor.

waltungspraxis", "über Eintragungen in das Gemeinschaftsmarkenregister" usw).[12] Dazu kommen noch zahlreiche "*Mitteilungen* des Präsidenten" (etwa "über Fristverlängerungen" oder "über die deutsche Rechtschreibung").[13] Allgemeine Hinweise zum Verfahren enthalten die "*Richtlinien für die Verfahren vor dem Harmonisierungsamt*", die allerdings keinen Normcharakter haben, sondern lediglich die bestehenden Regelungen erläutern sollen.[14]

Die *Wirkung* der Gemeinschaftsmarke bestimmt sich ausschließlich nach der GMV. Im Übrigen unterliegt aber die *Verletzung* einer Gemeinschaftsmarke dem für die Verletzung nationaler Marken geltenden Recht (Art 14 Abs 1 und Art 97ff GMV; vgl Seite 520).[15] Die GMV ist also keine Gesamtkodifikation. Sie ist insbesondere im Sanktionenbereich offen und verweist auf die nationalen Rechtsordnungen. Wesentliche Ansprüche (etwa auf Beseitigung, Rechnungslegung und Zahlung sowie strafrechtliche Sanktionen) ergeben sich nur aus den nationalen Vorschriften, die gegebenenfalls entsprechend anzupassen sind. Gleiches gilt im prozessualen Bereich. Hier finden sich einerseits autonome Regelungen der GMV (Art 91ff). Andererseits wird auf das *Brüsseler Übereinkommen* über die gerichtliche Zuständigkeit und Vollstreckung gerichtlicher Entscheidungen in Zivil- und Handelssachen (EuGVÜ)[16] verwiesen (Art 90 GMV) und das jeweilige *nationale Verfahrensrecht* einbezogen (Art 97 GMV). Das Recht, Klagen, die eine Gemeinschaftsmarke betreffen, auf innerstaatliche (materiellrechtliche) Rechtsvorschriften (insbesondere über unlauteren Wettbewerb) zu stützen, bleibt unberührt (Art 14 Abs 2 GMV); vgl auch Art 106 und 107 GMV. Für diese Nahtstellen zu den nationalen Rechtsordnungen wurde der Begriff "*interfaces*" gebräuchlich.

Auch für *Österreich* waren gewisse Ergänzungen des österreichischen Markenrechts erforderlich, die erst[17] mit der Markenrechts-Nov 1999 vorgenommen wurden (Gleichstellung der Gemeinschaftsmarke mit anderen älteren Rechten, § 2 Abs 3 MSchG; Anmeldung beim PA, § 69 MSchG; Seniorität, § 69a MSchG; Umwandlungsverfahren, §§ 69b und 69c MSchG; Schaffung von Gemeinschaftsmarkengerichten, § 69d MSchG; offen ist die Frage der Einhebung einer nationalen Gebühr).[18]

---

[12]) Die Beschlüsse des Präsidenten sind auf der Website des HABM publiziert.
[13]) Die Mitteilungen des Präsidenten sind auf der Website des HABM publiziert.
[14]) Publiziert auf der Website des HABM. Vgl auch die Ergänzung ABl HABM 2003, 1054.
[15]) Zu den kollisionsrechtlichen Fragen: *Kohler*, FS Everling (1996) 651.
[16]) Das EuGVÜ wurde durch die am 1. 3. 2002 in Kraft getretene Verordnung (EG) Nr 44/2001 des Rates vom 22. 12. 2000 über die gerichtliche Zuständigkeit und die Anerkennung und Vollstreckung von Entscheidungen in Zivil- und Handelssachen (ABl 2001 L 12 S 1) ersetzt. Gemäß Art 68 Abs 2 VO Nr 44/2001 gelten soweit die Verordnung die Bestimmungen des Brüsseler Übereinkommen ersetzt, Verweise auf dieses Übereinkommen als Verweise auf VO Nr 44/2001.
[17]) Diese Umsetzungsmaßnahmen wären bis 15. 3. 1997 durchzuführen gewesen (Art 91 Abs 2 und Art 143 Abs 2 GMV).
[18]) Vgl dazu *v Mühlendahl*, FS DPA 100 Jahre Marken-Amt (1994) 230 und 232.

Für die Klassifizierung ist das *Nizzaer Klassifikationsabkommen* maßgebend (Seite 244). Schließlich ist die GMV mit der *Pariser Verbandsübereinkunft* (PVÜ; Seite 244) und dem *TRIPS-Abkommen* verknüpft (vgl Seite 247).

11.1.4. Gliederung der GMV

- Titel I Allgemeine Bestimmungen
  (Art 1 bis 3: Gemeinschaftsmarke, Amt, Rechtsfähigkeit)
- Titel II Materielles Markenrecht
  1. Abschnitt: Begriff und Erwerb der Gemeinschaftsmarke (Art 4 bis 8: Markenformen, Inhaber von Gemeinschaftsmarken, Erwerb der Gemeinschaftsmarke, absolute Eintragungshindernisse, relative Eintragungshindernisse)
  2. Abschnitt: Wirkungen der Gemeinschaftsmarke (Art 9 bis 14: Recht aus der Gemeinschaftsmarke, Wiedergabe der Gemeinschaftsmarke in Wörterbüchern, Untersagung der Benutzung der Gemeinschaftsmarke, die für einen Agenten oder Vertreter eingetragen ist, Beschränkung der Wirkungen der Gemeinschaftsmarke, Erschöpfung des Rechts aus der Gemeinschaftsmarke, Anwendung des einzelstaatlichen Rechts bei Verletzung)
  3. Abschnitt: Benutzung der Gemeinschaftsmarke (Art 15)
  4. Abschnitt: Die Gemeinschaftsmarke als Gegenstand des Vermögens (Art 16 bis 24: Gleichstellung der Gemeinschaftsmarke mit der nationalen Marke, Rechtsübergang, Übertragung einer Agentenmarke, Dingliche Rechte, Zwangsvollstreckung, Konkursverfahren oder konkursähnliches Verfahren, Lizenz, Wirkung gegenüber Dritten, Die Anmeldung der Gemeinschaftsmarke als Gegenstand des Vermögens)
- Titel III Die Anmeldung der Gemeinschaftsmarke
  1. Abschnitt: Einreichung und Erfordernisse der Anmeldung (Art 25 bis 28: Einreichung der Anmeldung, Erfordernisse der Anmeldung, Anmeldetag, Klassifizierung)
  2. Abschnitt: Priorität (Art 29 bis 32: Prioritätsrecht, Inanspruchnahme der Priorität, Wirkung des Prioritätsrechts, Wirkung einer nationalen Hinterlegung der Anmeldung)
  3. Abschnitt: Ausstellungspriorität (Art 33)
  4. Abschnitt: Inanspruchnahme des Zeitrangs einer nationalen Marke bzw nach Eintragung der Gemeinschaftsmarke (Art 34 und 35)
- Titel IV Eintragungsverfahren
  1. Abschnitt: Prüfung der Anmeldung (Art 36 bis 38: Prüfung der Anmeldungserfordernisse, der Voraussetzungen der Inhaberschaft sowie auf absolute Eintragungshindernisse)
  2. Abschnitt: Recherche (Art 39)
  3. Abschnitt: Veröffentlichung der Anmeldung (Art 40)
  4. Abschnitt: Bemerkungen Dritter und Widerspruch (Art 41 bis 43)
  5. Abschnitt: Zurücknahme, Einschränkung und Änderung der Anmeldung (Art 44)
  6. Abschnitt: Eintragung (Art 45)
- Titel V Dauer, Verlängerung und Änderung der Gemeinschaftsmarke
  (Art 46 bis 48: Dauer der Eintragung, Verlängerung, Änderung)
- Titel VI Verzicht, Verfall und Nichtigkeit
  1. Abschnitt: Verzicht (Art 49)
  2. Abschnitt: Verfallsgründe (Art 50)
  3. Abschnitt: Nichtigkeitsgründe (Art 51 bis 53: absolute Nichtigkeitsgründe, relative Nichtigkeitsgründe, Verwirkung durch Duldung)
  4. Abschnitt: Wirkungen des Verfalls und der Nichtigkeit (Art 54)
  5. Abschnitt: Verfahren zur Erklärung des Verfalls oder der Nichtigkeit vor dem Amt (Art 55 und 56: Antrag auf Verfall oder Nichtigkeit, Prüfung des Antrags)

▶ Titel VII Beschwerdeverfahren
(Art 57 bis 63: Beschwerdefähige Entscheidungen, Beschwerdeberechtigte und Verfahrensbeteiligte, Frist und Form, Abhilfe, Prüfung der Beschwerde, Entscheidung über die Beschwerde, Klage beim Gerichtshof)
▶ Titel VIII Gemeinschaftskollektivmarken
(Art 64 bis 72: Gemeinschaftskollektivmarken, Markensatzung, Zurückweisung der Anmeldung, Bemerkungen Dritter, Benutzung der Marke, Änderung der Markensatzung, Erhebung der Verletzungsklage, Verfallsgründe, Nichtigkeitsgründe)
▶ Titel IX Verfahrensvorschriften
1. Abschnitt: Allgemeine Vorschriften (Art 73 bis 80: Begründung der Entscheidungen, Ermittlung des Sachverhalts von Amts wegen, mündliche Verhandlung, Beweisaufnahme, Zustellung, Wiedereinsetzung in den vorigen Stand, Heranziehung allgemeiner Grundsätze, Beendigung von Zahlungsverpflichtungen)
2. Abschnitt: Kosten (Art 81 und 82)
3. Abschnitt: Unterrichtung der Öffentlichkeit und der Behörden der Mitgliedstaaten (Art 83 bis 87: Register für Gemeinschaftsmarken, Akteneinsicht, regelmäßig erscheinende Veröffentlichungen, Amtshilfe, Austausch von Veröffentlichungen)
4. Abschnitt: Vertretung (Art 88 und 89)
▶ Titel X Zuständigkeit und Verfahren für Klagen
1. Abschnitt: Anwendung des Gerichtsstands- und Vollstreckungsübereinkommens (Art 90)
2. Abschnitt: Streitigkeiten über die Verletzung und Rechtsgültigkeit der Gemeinschaftsmarken (Art 91 bis 101: Gemeinschaftsmarkengerichte, Zuständigkeit für Verletzung und Rechtsgültigkeit, Internationale Zuständigkeit, Reichweite der Zuständigkeit, Vermutung der Rechtsgültigkeit, Einreden, Widerklage, anwendbares Recht, Sanktionen, Einstweilige Maßnahmen einschließlich Sicherungsmaßnahmen, besondere Vorschriften über im Zusammenhang stehende Verfahren, Zuständigkeit der Gemeinschaftsmarkengerichte zweiter Instanz, weitere Rechtsmittel
3. Abschnitt: Sonstige Streitigkeiten über Gemeinschaftsmarken (Art 102 und 103: Ergänzende Vorschriften über die Zuständigkeit der nationalen Gerichte, die keine Gemeinschaftsmarkengerichte sind, Bindung des nationalen Gerichts)
4. Abschnitt: Übergangsbestimmung (Art 104)
▶ Titel XI Auswirkungen auf das Recht der Mitgliedstaaten
1. Abschnitt: Zivilrechtliche Klagen aufgrund mehrerer Marken (Art l05)
2. Abschnitt: Anwendung des einzelstaatlichen Rechts zum Zweck der Untersagung der Benutzung von Gemeinschaftsmarken (Art 106 und 107: Untersagung der Benutzung von Gemeinschaftsmarken, ältere Rechte von örtlicher Bedeutung)
3. Abschnitt: Umwandlung in eine Anmeldung für eine nationale Marke (Art 108 bis 110: Antrag auf Einleitung des nationalen Verfahrens, Einreichung, Veröffentlichung und Übermittlung des Umwandlungsantrags, Formvorschriften für die Umwandlung)
▶ Titel XII Das Amt
1. Abschnitt: Allgemeine Bestimmungen (Art 111 bis 118: Rechtsstellung, Personal, Vorrechte und Immunitäten, Haftung, Sprachen, Veröffentlichung, Eintragung, Rechtsaufsicht)
2. Abschnitt: Leitung des Amtes (Art 119 und 120: Befugnisse des Präsidenten, Ernennung hoher Beamter)
3. Abschnitt: Verwaltungsrat (Art 121 bis 124: Errichtung und Befugnisse, Zusammensetzung, Vorsitz, Tagungen)
4. Abschnitt: Durchführung der Verfahren (Art 125 bis 132: Zuständigkeit, Prüfer, Widerspruchsabteilungen, Marken- und Musterverwaltungs- und Rechtsabteilung, Nichtigkeitsabteilungen, Beschwerdekammern, Unabhängigkeit der Mitglieder der Beschwerdekammern, Ausschließung und Ablehnung)

5. Abschnitt: Haushalt und Finanzkontrolle (Art 133 bis 139: Haushaltsausschuss, Haushalt, Feststellung des Haushaltsplans, Finanzkontrolle, Rechnungsprüfung, Finanzvorschriften, Gebührenordnung)
▸ Titel XIII Schlussbestimmungen
(Art 140 bis 143: Gemeinschaftliche Durchführungsvorschriften, Einsetzung eines Ausschusses und Verfahren für die Annahme der Durchführungsvorschriften, Vereinbarkeit mit anderen Bestimmungen des Gemeinschaftsrechts, In-Kraft-Treten)

11.2. Schutzgegenstand „Gemeinschaftsmarke"

11.2.1. Definition der Gemeinschaftsmarke

Die *„Gemeinschaftsmarke"* ist vor allem dadurch charakterisiert, dass sie ein eigenständiges, einheitliches Markenrecht für den ganzen EU-Bereich bringt (*Grundsatz der Eigenständigkeit und Einheitlichkeit*). Dadurch sollen – zur „harmonischen Entwicklung des Wirtschaftslebens innerhalb der Gemeinschaft" und zur „beständigen und ausgewogenen Wirtschaftsausweitung" – die Hindernisse für den freien Waren- und Dienstleistungsverkehr beseitigt und sichergestellt werden, dass die Unternehmen ihre Waren und Dienstleistungen mit den betreffenden Marken in der gesamten Gemeinschaft ohne Rücksicht auf Grenzen kennzeichnen können: [19] In einem einzigen Anmeldeverfahren kann eine Gemeinschaftsmarke erworben werden, die im gesamten Gebiet der Gemeinschaft wirksam ist.[20] Damit tritt die Gemeinschaftsmarke in Konkurrenz zur Anmeldung mehrerer nationaler Marken und zur Anmeldung einer internationalen Marke nach dem MMA.[21]

Dazu bestimmt Art 1 Abs 2 V 40/94 programmatisch, dass die Gemeinschaftsmarke grundsätzlich einheitliche Wirkung für die gesamte Gemeinschaft hat: „Sie kann nur für dieses gesamte Gebiet eingetragen oder übertragen werden oder Gegenstand eines Verzichts oder einer Entscheidung über den Verfall der Rechte des Inhabers oder die Nichtigkeit sein, und ihre Benutzung kann nur für die gesamte Gemeinschaft untersagt werden." So faszinierend dieser Grundsatz der Einheitlichkeit der Gemeinschaftsmarke ist, so birgt er doch auch eine problematische Seite in sich: Der Anmelder einer Gemeinschaftsmarke muss nämlich damit rechnen, dass der Inhaber eines prioritätsälteren Rechts in irgendeinem der Mitgliedstaaten, an dessen Markt der Anmelder vielleicht gar nicht interessiert ist, diese Marke erfolgreich angreift und zur Gänze zu Fall bringt (vgl Seite 580). Eine Prognose dazu ist für den Anmelder – wegen des Fehlens entsprechender gemeinschaftsweiter Recherchemöglichkeiten – kaum möglich. Es bleibt dann nur noch die Umwandlung in nationale Anmeldungen (Seite 606).

---

[19]) Erwägung der Gemeinschaftsmarken-Verordnung 40/94.
[20]) Auf die Gefahren eines nicht lückenlos das gesamte Gebiet der EU abdeckenden Markenschutzes weist zutreffend *Urlesberger* (wbl 1996, 104) anhand konkreter Beispiele hin.
[21]) Vgl dazu die Gegenüberstellung der Unterschiede bzw der Vor- und Nachteile bei *Mayer*, ecolex 1994, 687 und 692; grundsätzlich zu den Zielen des Gemeinschaftsmarkenrechts: *Mayer*, ÖBl 1994, 203; zur Einbettung des Gemeinschaftsmarkenrechts in die bisherigen nationalen und internationalen Markenschutzsysteme: *Kucsko*, Gemeinschaftsmarke (1996) 11 ff.

Die Unternehmer sollen freilich nicht gezwungen werden, ihre Marken künftig nur noch als Gemeinschaftsmarken anzumelden. Das System der Gemeinschaftsmarke soll vielmehr neben die (vereinheitlichten) Markenrechte der Mitgliedstaaten treten, sodass auch die Möglichkeit bestehen bleibt, eine Marke nur in einem oder in einzelnen Ländern anzumelden (*Grundsatz der Koexistenz*). Berücksichtigt man das bereits vereinheitlichte Benelux-Markensystem, so bestehen in der EU bei 15 Mitgliedstaaten nunmehr, einschließlich des Gemeinschaftsmarkenrechts, 14 Markenrechtssysteme. Auch das System der internationalen Markenanmeldung nach dem Madrider Markenabkommen (vgl Seite 622) soll weiter parallel bestehen bleiben.[22] Die dazu erforderliche Verknüpfung der beiden Schutzsysteme soll durch das Madrider Protokoll zum MMA gewährleistet werden (Gemeinschaftsmarkenanmeldung oder -eintragung als Grundlage einer internationalen Anmeldung; Erstreckung einer IR-Marke auf die EG).[23] Zum *Grundsatz der freien Zugänglichkeit (= Grundsatz der Akzessibilität)* vgl Seite 583.

§ 2 Abs 3 MSchG bestimmt die *Gleichstellung* der Gemeinschaftsmarke mit den nationalen Marken: Markenrechte, die aufgrund der GMV erworben werden, sind aufgrund des MSchG erworbenen Markenrechten gleichzuhalten, sofern aus gemeinschaftsrechtlichen Bestimmungen betreffend das Markenwesen nichts Gegenteiliges hervorgeht. Diese Regelung dient insbesondere der zivilrechtlichen Durchsetzbarkeit von Rechten aus der Gemeinschaftsmarke sowie der strafrechtlichen Verfolgbarkeit von Gemeinschaftsmarkenverletzungen.[24]

11.2.2. Markenformen

Als *Gemeinschaftsmarken* werden die entsprechend den Regeln der GMV eingetragenen Marken für Waren und Dienstleistungen bezeichnet (Art 1 Abs 1 GMV). In Betracht kommen alle Zeichen, „die sich graphisch darstellen lassen" (Art 4 GMV), also insbesondere Wörter (auch Personennamen), Abbildungen, Buchstaben, Zahlen und die Form[25] oder Aufmachung der Ware. Als Gemeinschaftsmarke kommen allerdings nur solche Zeichen in Frage, die „geeignet sind, Waren oder Dienstleistungen eines Unternehmens von denjenigen anderer Unternehmen zu unterscheiden" (Art 4 GMV; wie in Österreich ist also die *Unterscheidungskraft* ein Definitionsmerkmal, vgl § 1 MSchG).[26] Diese Gleichstellung findet jedoch dort ihre Grenzen, wo sich aus gemeinschaftsrechtlichen Bestimmungen betreffend das Markenwesen Gegenteiliges ergibt. So ist insbesondere bei der Beurteilung der

---

[22]) Zu den Argumenten für die drei Alternativen internationalen Markenschutzes („nationale Anmeldungen" / „internationale Anmeldung" nach dem MMA / „Gemeinschaftsmarke") vgl *Koppensteiner*, Wettbewerbsrecht³ § 46 RN 16ff.
[23]) Vgl *Röttinger*, ecolex 1996, 767 (768).
[24]) EB 1999, zitiert nach *Kucsko*, MSA MSchG (1999) Anm 1 zu § 2.
[25]) Der Ausdruck „Form" umfasst auch eine dreidimensionale Form der Ware sowie bei verpackten Waren auch die Verpackung (gemeinsame Auffassung des Rates und der Kommission, ABl HABM 1996, 612 [Pkt 4 und 5]).
[26]) Zur Diskussion, ob die „klassische" Herkunftsfunktion auch für die Gemeinschaftsmarke tragend ist, oder ob sich die rechtlich anerkannten Markenfunktionen – wie die hM annimmt – gewandelt haben, vgl eingehend *Koppensteiner*, Wettbewerbsrecht³ § 46 RN 8.

Benutzung, der Verkehrsgeltung und der Bekanntheit einer Gemeinschaftsmarke nicht auf die Verhältnisse im Inland, sondern auf jene in der Gemeinschaft abzustellen. Auch erfolgt die Nichtigerklärung einer Gemeinschaftsmarke nicht durch die NA, sondern in der Regel (abgesehen von Widerklagen gemäß Art 96 GMV) durch die Nichtigkeitsabteilungen des Harmonisierungsamtes. Darüber hinaus ist § 61a MSchG in Verfahren im Zusammenhang mit Gemeinschaftsmarken (vgl Art 93 GMV) nicht anzuwenden.[27]

Es können somit *Wort-, Bild- und Wort-Bild-Marken* als Gemeinschaftsmarken angemeldet werden.[28] Die Praxis des Harmonisierungsamts war bei der Schutzzulassung von Anfang an großzügiger als die österreichische Praxis.[29] Wie nach österreichischem Recht sind *Waren- und Dienstleistungsmarken* gleichermaßen registerfähig; ebenso *dreidimensionale Zeichen*. Theoretisch könnten auch *akustische Zeichen* graphisch (Sonagramm) dargestellt werden.[30] Konsequent wird daher angenommen, dass derartige – in Österreich auch erst seit kurzem registrierbare – Zeichen grundsätzlich als Gemeinschaftsmarke geschützt werden können (vgl Art 2 MarkenRL).[31]

11.2.3. Schutzvoraussetzungen

Die GMV unterscheidet zwischen absoluten und relativen Eintragungshindernissen. Die „*absoluten Eintragungshindernisse*" werden gemäß Art 38 GMV von Amts wegen geprüft, während „*relative Eintragungshindernisse*" nur aufgrund des Widerspruchs eines Berechtigten berücksichtigt werden. Insoweit weicht die Terminologie von der in Österreich üblichen Abgrenzung der Eintragungshindernisse ab. Hier werden solche Registrierungshindernisse als „absolut" bezeichnet, die eine Registrierung unter allen Umständen ausschließen, während „relative Registrierungshindernisse" unter gewissen Voraussetzungen beseitigt werden können (zB durch Erbringen eines Verkehrsgeltungsnachweises, vgl Seite 299). Zum *Beurteilungszeitpunkt* geht die ständige Rechtsprechung davon aus, dass die Marke zum Zeitpunkt der Anmeldung eintragsfähig sein muss.[32] Ein Zeichen ist bereits dann von der Registrierung ausgeschlossen, wenn auch nur eines der Registrierungshindernisse vorliegt.[33]

---

[27]) Zum Ganzen: EB 1999, zitiert nach *Kucsko*, MSA MSchG (1999) Anm 2 zu § 2.
[28]) Nach übereinstimmender Auffassung des Rates und der Kommission ist auch die Eintragung einer Farbzusammenstellung oder einer einzigen Farbe als Gemeinschaftsmarke nicht ausgeschlossen, ABl HABM 1996, 612 (Pkt 4).
[29]) Allgemein wird zur Frage der Eintragbarkeit von Marken in Alicante eine großzügige Haltung erwartet, vgl etwa *Urlesberger*, wbl 1996, 104.
[30]) Vgl die übereinstimmende Erklärung des Rates und der Kommission, dass Art 4 GMV die Möglichkeit der Eintragung von „Tonzeichen" nicht ausschließt, ABl HABM 1996, 612 (Pkt 4). Zur fehlenden Normqualität von „gemeinsamen Erklärungen": 2. BK 17. 12. 1999, R 46/1998-2 – GIACOMELLI SPORT – ABl HABM 2000, 730.
[31]) *Mayer*, in *Rafeiner*, Patente, Marken, Muster, Märkte, 41 (45); Pkt 8.2. PrüfRL.
[32]) 2. BK 15. 12. 2000, R 294/1999-2 – tds – ABl HABM 2001, 1834.
[33]) EuGH 19. 9. 2002, Rs C-104/00 – COMPANYLINE – ABl HABM 2002, 2468 = EWS 2002, 483 = MarkenR 2002, 391 = GRUR Int 2003, 56 = GRUR 2003, 58.

Absolute Eintragungshindernisse

Von der Eintragung sind ausgeschlossen (Art 7 GMV):

- Zeichen, die nicht unter Art 4 GMV (allgemeine Definition der Markenformen, vgl oben Pkt II.A.) fallen (Art 7 Abs 1 lit a GMV).
- Marken, die keine *Unterscheidungskraft* haben (Art 7 Abs 1 lit b GMV; vgl § 1 MSchG, Seite 279). Nach Pkt 8.3. PrüfRL hat eine Marke keine Unterscheidungskraft, die aus einem oder zwei Buchstaben oder Ziffern besteht, sofern diese nicht in ungewöhnlicher Form wiedergegeben sind oder sofern nicht besondere Umstände vorliegen. Aus dieser vorsichtigen Formulierung kann man wohl folgern, dass ab drei Zeichen die Unterscheidungskraft in der Regel zu bejahen sein wird.
- Marken, die ausschließlich aus Zeichen oder Angaben bestehen, welche im Verkehr zur Bezeichnung der Art (zB: „light" für nikotinarme Zigaretten), der Beschaffenheit (zB: „premium"), der Menge (zB: Zahlen, die in Worten oder Ziffern häufig zur Beschreibung der Menge dienen), der Bestimmung (zB: „Küche" oder „Bad" für Putzmittel), des Wertes (zB: „am billigsten"), der geographischen Herkunft oder der Zeit der Herstellung der Ware (zB: „täglich frisch" bei Gemüse) oder der Erbringung der Dienstleistung (zB: „24-Stunden-Banking") oder zur Bezeichnung sonstiger Merkmale der Ware oder Dienstleistung (zB: „bleifrei" bei Benzin) dienen können (Art 7 Abs 1 lit c GMV; entspricht im Wesentlichen § 4 Abs 1 Z 4 MSchG über den Ausschluss *beschreibender Zeichen*, Seite 304).[34] Besteht eine Marke aus mehreren Bestandteilen, die für sich gesehen nicht unterscheidungskräftig sind, so kann sie doch im Gesamteindruck Unterscheidungskraft haben (Pkt 8.4.2. PrüfRL).
- Marken, die ausschließlich aus Zeichen oder Angaben zur Bezeichnung der Ware oder Dienstleistung bestehen, die im allgemeinen Sprachgebrauch oder in den redlichen und ständigen Verkehrsgepflogenheiten üblich geworden sind (Art 7 Abs 1 lit d GMV; vgl § 4 Abs 1 Z 5 MSchG über das Registrierungshindernis für *Freizeichen*, Seite 325).[35] Pkt 8.5. PrüfRL betont hier das Wort „ausschließlich"; zB: „Netz" oder „Netzwerk" für Computer, der Buchstabe „P" für Parkplatzdienste, die Abbildung von Weintrauben für Wein. Auch hier wird der Prüfer immer die jeweilige Branche berücksichtigen müssen.
- aus der Form, die durch die Art der Ware selbst bedingt ist, oder
- aus der Form der Ware, die zur Erreichung einer technischen Wirkung erforderlich ist (das führt aber zB nicht dazu, dass die Form eines Elektrosteckers jedenfalls ausgeschlossen ist, zumal die Kontaktstifte zwar für das Funktionieren des Steckers notwendig sind, aber die Gesamtform des Steckers nicht durch dieses technische Erfordernis bestimmt ist)[36], oder
- aus der Form, die der Ware einen wesentlichen Wert verleiht (Art 7 Abs 1 lit e GMV).
- Marken, die gegen die öffentliche Ordnung oder gegen die guten Sitten verstoßen (Art 7 Abs 1 lit f GMV; vgl § 4 Abs 1 Z 7 MSchG, Seite 273), zB: beleidigende oder blasphemische Wörter oder Abbildungen (etwa Schimpfwörter

---

[34]) Die hier zitierten Beispiele stammen aus Pkt 8.4.1. PrüfRL.
[35]) Dazu *Marterer*, ÖBl 1993, 60.
[36]) Pkt 8.6. PrüfRL.

oder rassisitische Abbildungen) sind unzulässig, hingegen verstoßen „geschmacklose" Marken noch nicht gegen dieses Registrierungshindernis (Pkt 8.7. PrüfRL).[37] Dieses Registrierungshindernis bezieht sich nur auf Eigenschaften, die die angemeldete Marke selbst besitzt, nicht aber auf ein Verhalten des Anmelders.[38]

- Marken, die geeignet sind, das Publikum zB über die Art, die Beschaffenheit oder die geographische Herkunft der Ware oder Dienstleistung zu täuschen (Art 7 Abs 1 lit g GMV; vgl § 4 Abs 1 Z 8 MSchG, Seite 273). Gerade bei diesem Registrierungshindernis genügt es unter Umständen, das Waren oder Dienstleistungsverzeichnis entsprechend einzuschränken (vgl Pkt 8.8. PrüfRL).
- Marken, die mangels Genehmigung durch die zuständigen Stellen gemäß Art 6ter PVÜ (Verbot der Eintragung und des Gebrauchs von Hoheitszeichen, amtlichen Prüf- und Gewährzeichen und von Kennzeichen zwischenstaatlicher Organisationen) zurückzuweisen sind (Art 7 Abs 1 lit h GMV; vgl § 4 Abs 1 Z 1 MSchG, Seite 268).
- Marken, die nicht unter Art 6ter PVÜ fallende Abzeichen, Embleme und Wappen, die von besonderem öffentlichem Interesse sind, enthalten, es sei denn, dass die zuständigen Stellen ihrer Eintragung zugestimmt haben (Art 7 Abs 1 lit i GMV).
- Marken, die eine falsche geographische Angabe für Weine und Spirituosen enthalten oder aus ihr bestehen (und zwar unabhängig davon, ob eine Irreführung des Publikums möglich ist, vgl Art 23 Z 2 TRIPS-Abk; Art 7 Abs 1 lit j GMV).

Diese Einschränkungen greifen gemäß Art 7 Abs 2 GMV auch dann, wenn die Eintragungshindernisse „nur in einem *Teil der Gemeinschaft*" vorliegen.[39] Offen ist freilich, welche territoriale Ausdehnung hier gemeint ist (eine Region, ein Mitgliedstaat, ein Teilgebiet eines Mitgliedstaates etc).[40] Gemäß Pkt 2.3. PrüfRL wird betont, dass die Prüfer die in der Marke verwendeten Wörter sowie die Angaben der Waren oder Dienstleistungen unter Bezugnahme auf die Gemeinschaft insgesamt prüfen müssen. Wenn zB eine Marke in einer in englischer Sprache eingereichten Anmeldung aus einem Wort besteht, das im Französischen die Bezeichnung der Waren oder Dienstleistungen darstellt, müsse der Prüfer die Anmeldung beanstanden. Wird das absolute Eintragungshindernis des Art 7 Abs 1 lit c GMV (beschreibende Angabe) geltend gemacht, weil das Wort in *Spanien* (also in einem Teil der Gemeinschaft) beschreibende Bedeutung habe, so sind die relevanten angesprochenen Verkehrskreise, nach deren Verständnis das Hindernis zu beurteilen ist, die spanischsprachigen Verbraucher.[41] Die Eintragungshindernisse sind,

---

[37]) Hier wird eine europarechtliche Begriffsbestimmung erforderlich sein (vgl dazu *Koppensteiner*, Wettbewerbsrecht³ § 47 RN 5). Dies ergibt sich auch bereits aus der eigenständigen Wertung in den Beispielen der PrüfRL. Vgl auch 4. BK 21. 2. 2001, R 338/2000-4 – Intertops – GRUR 2002/897 = ABl HABM 2002, 1972.

[38]) EuG 9. 4. 2003, Rs T-224/01 – NU-TRIDE.

[39]) „A sign must possess a distinctive character throughout the Community" (EuG 30. 3. 2000, Rs T-91/99 – Options – wbl 2000, 275).

[40]) *Koppensteiner* (Wettbewerbsrecht³ § 47 RN 3) schlägt mit guten Argumenten vor, dass dieser „Teil der Gemeinschaft" jedenfalls nicht kleiner als das Gebiet eines Mitgliedstaats sein sollte.

[41]) EuG 27. 2. 2002, Rs T-219/00 – ELLOS – wbl 2002, 218 = MarkenR 2002, 98 = ABl HABM 2002, 1014 = GRUR Int 2002, 600.

auch wenn sie einander überschneiden, getrennt zu prüfen (zB: Das Wort „Bier" ist in Bezug auf Bier nicht unterscheidungskräftig und besteht aus einer Angabe, die zur Bezeichnung der Warenart dient; Pkt 6. PrüfRL).

Die Eintragungshindernisse des Art 7 Abs 1 lit b, c und d GMV greifen gemäß Art 7 Abs 3 GMV jedoch dann nicht, wenn die Marke für die Waren oder Dienstleistungen, für die die Eintragung beantragt wird, „infolge ihrer Benutzung Unterscheidungskraft erlangt hat" (es wird also hier – ähnlich wie nach § 1 Abs 2 und § 4 Abs 2 MSchG – eine allfällige *Verkehrsgeltung* berücksichtigt, vgl Seite 299). Aus dem Nachweis müssen Ort, Zeit, Umfang und Art der Benutzung hervorgehen. Als Nachweis gelten etwa Verpackungen, Etiketten, Preislisten, Kataloge, Rechnungen, Fotografien, Werbematerial, eidesstattliche schriftliche Erklärungen sowie demoskopische Gutachten (Pkt 8.12.1. PrüfRL). Bezieht sich der Mangel der Unterscheidungskraft nur auf einen Teil der Gemeinschaft, so muss der Nachweis auch nur für diesen Teil erbracht werden. Der Grad, in dem der Marke die Unterscheidungskraft ersichtlich fehlt, muss gegen den vorgelegten Nachweis abgewogen werden (Pkt 8.12.2. PrüfRL). Wegen des Grundsatzes der Einheitlichkeit der Gemeinschaftsmarke genügt eine lediglich in einem nationalen Markt (zB Deutschland) bestehende Verkehrsdurchsetzung nicht, um die in den anderen Teilen des Binnenmarktes bestehenden Eintragungshindernisse (zB mangelnde Unterscheidungskraft der dreidimensionalen Form eines Feuerzeugs) zu überwinden.[42] In diesem Fall müsste der Verkehrsgeltungsnachweis für alle betroffenen Länder erbracht werden. Diese Verkehrsgeltung muss bereits vor der Anmeldung erlangt worden sein.[43]

Ist eine Marke bereits in zahlreichen oder allen Mitgliedstaaten der Gemeinschaft eingetragen, so soll dies für den Prüfer als Hinweis gelten, dass absolute Eintragungshindernisse aller Wahrscheinlichkeit nach nicht bestehen (Pkt 8.1.4. PrüfRL). Dennoch ist davon auszugehen, dass das Gemeinschaftsmarkenrecht ein autonomes System geschaffen hat, dessen Anwendung von jedem nationalen System unabhängig ist. Nationale Registrierungen haben daher keine bindende Wirkung. Jeder Einzelfall ist im Übrigen nach den ihm eigenen Umständen und Merkmalen zu prüfen.[44] Das HABM und die Gemeinschaftsrichter sind nicht an Entscheidungen aus einem Mitgliedstaat („oder gar eines Drittlands") gebunden, die die Eintragungsfähigkeit desselben Zeichens als nationale Marke bejaht haben. Dies trifft auch dann zu, wenn eine solche Entscheidung auf der Grundlage von entsprechend der MarkenRL harmonisierten nationalen Rechtsvorschriften oder in einem Land

---

[42]) 3. BK 18. 10. 2000, R 466/1999-3 – Tokai – ABl HABM 2002, 1894.
[43]) EuG 12. 12. 2002, Rs T-247/01 – ECOPY – MarkenR 2003, 82 = GRUR Int 2003, 646.
[44]) EuG 27. 2. 2002, Rs T-219/00 – ELLOS – wbl 2002, 218 = MarkenR 2002, 98 = ABl HABM 2002, 1014 = GRUR Int 2002, 600; 19. 9. 2001, Rs T-30/00 – Geschirrspülmitteltablette – MarkenR 2001, 481 = GRUR Int 2002, 75.

erlassen wurde, das zu dem *Sprachraum* gehört, in dem das Wortzeichen seinen Ursprung hat.[45]

Relative Eintragungshindernisse

Das Gemeinschaftsmarkenrecht kennt – anders als das MSchG – ein Widerspruchsverfahren (Art 42, 43 GMV; Seite 598).[46] Gewisse potentielle Eintragungshindernisse werden auf Widerspruch des Berechtigten berücksichtigt:

Ältere Markenrechte: Gemäß Art 8 GMV ist die angemeldete Marke auf Widerspruch des Inhabers einer *älteren Marke* von der Eintragung ausgeschlossen,

> wenn sie mit der älteren Marke *identisch* ist und die Waren oder Dienstleistungen, für die die Marke angemeldet worden ist, mit den Waren oder Dienstleistungen identisch sind, für die die ältere Marke Schutz genießt (Art 8 Abs 1 lit a GMV);

> wenn wegen ihrer Identität oder *Ähnlichkeit* mit der älteren Marke und der Identität oder Ähnlichkeit der durch die beiden Marken erfassten Waren oder Dienstleistungen für das Publikum die *Gefahr von Verwechslungen* in dem Gebiet besteht, in dem die ältere Marke Schutz genießt; dabei schließt die Gefahr von Verwechslungen die Gefahr ein, dass die Marke mit der älteren Marke gedanklich in Verbindung gebracht wird (Art 8 Abs 1 lit b GMV).[47] Durch das zuletzt genannte Kriterium wird die Verwechslungsgefahr über die „unmittelbare Verwechslungsgefahr" (= die beiden Marken selbst werden miteinander verwechselt) auch auf die „mittelbare Verwechslungsgefahr" (= die Marken selbst werden zwar auseinandergehalten, aber demselben Unternehmen zugeschrieben) ausgedehnt. Nach dem weiten Wortlaut dieser Regelung müsste darüber hinaus auch die „Verwechslungsgefahr im weiteren Sinn" (= in solchen Fällen ist zwar erkennbar, dass es sich um Kennzeichen verschiedener Unternehmen handelt; infolge der Ähnlichkeit der Zeichen entsteht aber der Eindruck besonderer wirtschaftlicher oder organisatorischer Beziehungen zwischen den Unternehmen) zu berücksichtigen sein. Dies würde auch der nationalen österreichischen Spruchpraxis entsprechen.

Auf Widerspruch des Inhabers einer älteren Marke ist die Gemeinschaftsmarke auch dann von der Eintragung ausgeschlossen, wenn sie mit der älteren Marke identisch oder dieser ähnlich ist und für Waren oder Dienstleistungen eingetragen werden soll, die *nicht* denen ähnlich sind, für die die ältere Marke eingetragen ist,

---

[45] EuG 27. 2. 2002, Rs T-106/00 – STREAMSERVE – wbl 2002, 218 = MarkenR 2002, 92 = ABl HABM 2002, 1090 = GRUR Int 2002, 596 (vgl in dieser Entscheidung insbesondere zur Frage der Diskriminierung durch divergente Entscheidungen der Beschwerdekammern). EuG 16. 2. 2000, Rs T-122/99 – Seifenstück – wbl 2000, 171 = GRUR Int 2002, 73 = MarkenR 2000, 107 = ABl HABM 2001, 1170. Vgl auch EuGH 19. 9. 2002, Rs C-104/00 – COMPANYLINE – ABl HABM 2002, 2468 = EWS 2002, 483 = MarkenR 2002, 391 = GRUR Int 2003, 56 = GRUR 2003, 58.

[46] Dazu eingehender *v Mühlendahl*, GRUR Int 1976, 27; *Heydt*, GRUR Int 1979, 123; *Preglau*, Markenregistrierung – mit oder ohne Widerspruch, ÖBl 1994, 247.

[47] Nach Feststellung des Rates und der Kommission stellt der Begriff „Gefahr einer gedanklichen Verbindung" ein insbesondere in der Rsp der Beneluxländer entwickeltes Konzept dar; ABl HABM 1996, 612 (Pkt 6).

wenn es sich im Falle einer älteren Gemeinschaftsmarke um eine in der Gemeinschaft *bekannte Marke*[48] und im Falle einer älteren nationalen Marke um eine in dem betreffenden Mitgliedstaat bekannte Marke handelt und die Benutzung der angemeldeten Marke die Unterscheidungskraft oder die *Wertschätzung* der älteren Marke ohne rechtfertigenden Grund *in unlauterer Weise ausnutzen* oder beeinträchtigen würde (Art 8 Abs 5 GMV).[49]

Dieses relative Eintragungshindernis ist im Hinblick auf eine mögliche Neuorientierung des Schutzzwecks des Markenrechts von besonderem Interesse: In Art 8 Abs 1 lit a GMV wird die Verwechslungsgefahr nicht ausdrücklich als Tatbestandsmerkmal formuliert, es genügt der Nachweis der Identität (diese bewirkt zwingend die Verwechslungsgefahr). In lit b ist zwar die Verwechslungsgefahr als Tatbestandsmerkmal genannt, sie liegt aber schon dann vor, wenn die jüngere Marke mit der älteren bloß „gedanklich in Verbindung" gebracht werden könnte. Abs 5 formuliert ausdrücklich einen besonderen Schutz vor unlauterer Rufausbeutung. Es werden hier also traditionell wettbewerbsrechtliche Aspekte (vgl § 1 UWG)[50] unmittelbar in die kennzeichenrechtlichen Regelungen eingeflochten.

Umfassend wurden die *„älteren Marken"* definiert (Art 8 Abs 2 GMV):

- Marken mit einem früheren Anmeldetag als dem Tag der Anmeldung der Gemeinschaftsmarke, gegebenenfalls mit der für diese Marken in Anspruch genommenen Priorität, die den nachstehenden Kategorien angehören:
- *Gemeinschaftsmarken*;
- in einem *Mitgliedstaat* oder, soweit Belgien, Luxemburg und die Niederlande betroffen sind, beim *BENELUX-Markenamt* eingetragene Marken (also auch nationale österreichische Marken);
- mit Wirkung für einen Mitgliedstaat *international registrierte Marken* (also auch mit Wirkung für Österreich nach dem MMA international registrierte Marken);
- *Anmeldungen* solcher Marken, vorbehaltlich ihrer Eintragung;
- Marken, die am Tag der Anmeldung der Gemeinschaftsmarke, gegebenenfalls am Tag der für die Anmeldung der Gemeinschaftsmarke in Anspruch genommenen Priorität, in einem Mitgliedstaat im Sinne des Art 6bis PVÜ („notorisch bekannte Marken") *notorisch bekannt* sind.

Agentenmarke: Auf Widerspruch des Markeninhabers ist auch eine Marke von der Registrierung ausgeschlossen, die der *Agent oder Vertreter* des Markeninhabers ohne dessen Zustimmung auf seinen eigenen Namen anmeldet, es sei denn, dass der Agent oder Vertreter seine Handlungsweise rechtfertigt (Art 8 Abs 3 GMV; vgl § 30a MSchG, Art 6[septies] PVÜ, vgl Seite 495).[51]

---

[48]) Noch offen ist, wann eine solche „Bekanntheit" zu bejahen sein wird (vgl etwa *Koppensteiner*, Wettbewerbsrecht³ § 47 RN 13 mwN).
[49]) Bejaht wurde dies beispielsweise im Fall: WA 24. 2. 2000, B 49074 – SEMCO – ABl HABM 2000, 1674.
[50]) Vgl etwa OGH 7. 7. 1997, 4 Ob 167/97f – Fussballverein-Logos – ÖBl 1998, 182 = ecolex 1997, 951 (*Schanda*); 17. 9. 1996, 4 Ob 2206/96g – Football Association – ÖBl 1997, 83 = EvBl 1997/48 = ecolex 1997, 107 (*Kucsko*) = GRUR Int 1998, 170.
[51]) Vgl dazu zB: WA 31. 1. 2001, 244/2001 – Gordon and Smith – ABl HABM 2001, 1372; WA 29. 1. 2001, 110/2001 – Daawat – ABl HABM 2001, 1350.

Ältere nicht eingetragene Zeichen: Auch der Inhaber einer *nicht eingetragenen Marke* oder eines sonstigen im geschäftlichen Verkehr benutzten Kennzeichenrechts von *mehr als lediglich örtlicher Bedeutung*[52] hat ein Widerspruchsrecht, wenn und soweit nach dem für den Schutz des Kennzeichens maßgeblichen Recht des Mitgliedstaats[53]

- Rechte an diesem Kennzeichen vor dem Tag der Anmeldung der Gemeinschaftsmarke (bzw der in Anspruch genommenen Priorität) erworben worden sind,
- dieses Kennzeichen seinem Inhaber das Recht verleiht, die Benutzung einer jüngeren Marke zu untersagen (Art 8 Abs 4 GMV).

11.3. Markeninhaber

Die GMV kennt sowohl *Individualmarken* als auch *Verbandsmarken* (so genannte „Gemeinschaftskollektivmarken"; Art 64 bis 72 GMV):

11.3.1. Individualmarken

Der Markeninhaber muss (anders als vor der Markenrechts-Nov 1999 nach § 3 MSchG, Seite 336) *nicht* über ein *markenfähiges Unternehmen* verfügen.[54] Inhaber von Gemeinschaftsmarken können alle natürlichen oder juristischen Personen, einschließlich der Körperschaften des öffentlichen Rechts sein (Art 5 GMV)[55], sofern sie zu einer der folgenden Gruppen gehören:

- Angehörige der Mitgliedstaaten;
- Angehörige anderer Vertragsstaaten der PVÜ oder des WTO-Abk (vgl Art 3 TRIPS-Abk; diese Anknüpfung ist für in Europa tätige Unternehmen mit Sitz außerhalb der EU, insbesondere Unternehmen aus den USA und Japan, von großer wirtschaftlicher Bedeutung, zumal ihnen durch diese Anknüpfung der zentrale Erwerb von Markenrechten für den ganzen EU-Raum eröffnet wird);

---

[52]) Vgl dazu 1. BK 12. 3. 2002, R 548/2000-1 – NEWGAMES – ABl HABM 2002, 2406 (im Zusammenhang mit einem älteren italienischen Firmennamen); WA 7. 11. 2001, 2638/2001 – BUDWEISER – ABl HABM 2002, 396 (im Zusammenhang mit einer Ursprungsbezeichnung; vgl auch WA 9. 7. 2001, B 8005 – BUDWEISER – ABl HABM 2001, 2334); 1. BK 28. 6. 2001, R 503/2000-1 – SVENSSON – ABl HABM 2002, 520 (zu einem vom spanischen Markenamt eingetragenen Handelsnamen); 29. 1. 2001, 110/2001 – Daawat – ABl HABM 2001, 1350 (zu einer nicht eingetragenen Marke in Belgien); *Koppensteiner*, (Wettbewerbsrecht[3] § 47 RN 14).

[53]) Vgl WA 26. 9. 2000, 2149/2000 – MOMENTUM – ABl HABM 2001, 334 (Widerspruch aus einem englischen Zeichen).

[54]) *Mayer*, in *Rafeiner*, Patente, Marken, Muster, Märkte, 41 (45). Demgegenüber schlägt *Koppensteiner* (Wettbewerbsrecht[3] § 47 RN 2) vor, dass die Anmeldung gemäß Art 7 Abs 1 lit a GMV zurückzuweisen sei, wenn beim Anmelder „offensichtlich" kein Unternehmen vorhanden ist. Ich teile diese aus der Gemeinschaftsmarkendefinition des Art 4 GMV abgeleitete Folgerung nicht. Diese Definition verlangt nur die „Eignung" des Zeichens, die Waren oder Dienstleistungen eines Unternehmens von denjenigen eines anderen zu unterscheiden. Sie verlangt aber weder nach dem Wortsinn noch nach dem Telos, dass ein solches Unternehmen bereits besteht, und dass die Marke dieser Funktion daher bereits tatsächlich dient. Auch der Nicht-Unternehmensinhaber könnte so eine Marke (etwa weil er sie auf Vorrat halten oder weil er sie einem anderen zum Erwerb anbieten will) mE anmelden und würde lediglich der Beschränkung durch den Gebrauchszwang (Art 15 GMV) unterliegen.

[55]) Zur Rechtsfähigkeit von Gesellschaften und anderen juristischen Einheiten vgl Art 3 VO 40/94; danach würden auch die Personengesellschaften des Handelsrechts sowie Erwerbsgesellschaften in Betracht kommen. Allgemein zur Berechtigung: Pkt 3.4. PrüfRL. Zur IPR-rechtlichen Frage vgl *Koppensteiner*, (Wettbewerbsrecht[3] § 46 RN 9), der vorschlägt, an den Satzungssitz der Gesellschaft anzuknüpfen.

▶ Angehörige anderer Staaten, sofern sie ihren Wohnsitz, Sitz oder wirkliche Handelsniederlassung in der Gemeinschaft oder in einem PVÜ-Verbandsland haben;
▶ Angehörige sonstiger Staaten, sofern Gegenseitigkeit besteht[56] (vgl im Einzelnen Art 5 Abs 1 bis 3 GMV; zur Veröffentlichung der Gegenseitigkeit vgl Regel 101 GMDV).

Insgesamt wurde also der Zugang zur Gemeinschaftsmarke offen und frei gestaltet (*„Grundsatz der Akzessibilität"*).

11.3.2. Gemeinschaftskollektivmarken

Dies sind solche Gemeinschaftsmarken, die bei der Anmeldung als solche bezeichnet werden und dazu dienen können, Waren und Dienstleistungen der Mitglieder des Verbands, der Markeninhaber ist, von denen anderer Unternehmen zu unterscheiden (Art 64 Abs 1 GMV).[57]

Abweichend von Art 7 Abs 1 lit c GMV (Seite 577) können Gemeinschaftskollektivmarken aus Zeichen oder Angaben bestehen, die im Verkehr zur *Bezeichnung der geographischen Herkunft* der Waren oder der Dienstleistungen dienen können. Die Gemeinschaftskollektivmarke gewährt ihrem Inhaber aber nicht das Recht, einem Dritten zu verbieten, solche Zeichen oder Angaben im geschäftlichen Verkehr zu benutzen, sofern die Benutzung den anständigen Gepflogenheiten in Gewerbe oder Handel entspricht; insbesondere kann eine solche Marke einem Dritten, der zur Benutzung einer geographischen Bezeichnung berechtigt ist, nicht entgegengehalten werden (Art 64 Abs 2 GMV).

In der *Markensatzung* sind die zur Benutzung der Marke befugten Personen, die Voraussetzungen für die Mitgliedschaft im Verband und gegebenenfalls die Bedingungen für die Benutzung der Marke, einschließlich allfälliger Sanktionen, anzugeben (Details über den Satzungsinhalt enthält auch Regel 43 GMDV). Der Beitritt zum Verband muss in den Fällen nach Art 64 Abs 2 GMV grundsätzlich offenstehen (Art 65 Abs 2 GMV). Zur Änderung der Markensatzung vgl Art 69 GMV (zur Satzung eines österreichischen Markenverbands vgl § 63 MSchG, Seite 545).

Außer aus den in Art 36 und 38 GMV genannten Gründen (Seite 576) für die *Zurückweisung* der Anmeldung der Gemeinschaftsmarke ist die Anmeldung für eine Gemeinschaftskollektivmarke auch zurückzuweisen, wenn den Vorschriften der Art 64 (Definition der Gemeinschaftsmarke) oder Art 65 (Markensatzung) GMV nicht entsprochen wurde oder die Satzung gegen die öffentliche Ordnung oder die guten Sitten verstößt. Die Anmeldung einer Gemeinschaftskollektivmarke ist außerdem zurückzuweisen, wenn die Gefahr besteht, dass das Publikum über den

---

[56]) Die Gegenseitigkeit wurde zB bereits für Taiwan festgestellt (Mitteilung der Kommission, ABl 1996 C 335 S 3 = ABl HABM 1996, 1716).
[57]) Zu Details: Pkt 11 PrüfRL. Der Rat und die Kommission sind der Auffassung, dass, sofern der Verband, der Inhaber der Gemeinschaftskollektivmarke ist, aus verschiedenen Mitgliedsverbänden besteht, die Marke nicht nur von diesen Mitgliedsverbänden, sondern auch von deren Mitgliedern benutzt werden kann; ABl HABM 1996, 612 (Pkt 17).

Charakter oder die Bedeutung der Marke irregeführt wird, insbesondere wenn diese Marke den Eindruck erwecken kann, als wäre sie etwas anderes als eine Kollektivmarke.[58] Die Anmeldung wird nicht zurückgewiesen, wenn der Anmelder aufgrund einer Änderung der Markensatzung die Erfordernisse erfüllt (Art 66 GMV).

Außer in den Fällen des Art 41 GMV (Seite 598) können die dort genannten Personen und Verbände auch schriftliche *Bemerkungen* mit der Begründung einreichen, dass die Anmeldung der Gemeinschaftskollektivmarke gemäß Art 66 GMV zurückzuweisen ist (Art 67 GMV).

Die *Benutzung* der Gemeinschaftskollektivmarke durch eine hierzu befugte Person genügt den Vorschriften der GMV, sofern die übrigen Bedingungen, denen die Benutzung der Gemeinschaftsmarke zu entsprechen hat, erfüllt sind (Art 68 GMV; Seite 616).

Zur *Verletzungsklage*: Die Vorschriften des Art 22 Abs 3 und 4 GMV über die Rechte der Lizenznehmer (Seite 612) gelten für jede zur Benutzung einer Gemeinschaftskollektivmarke befugte Person. Der Inhaber der Gemeinschaftskollektivmarke kann im Namen der zur Benutzung der Marke befugten Personen Ersatz des Schadens verlangen, der diesen Personen aus der unberechtigten Benutzung der Marke entstanden ist (Art 70 GMV).

Außer aus den in Art 50 GMV genannten Verfallsgründen (Seite 616) kann die Gemeinschaftskollektivmarke gemäß Art 71 GMV auf Antrag oder Widerklage für *verfallen* erklärt werden, wenn

- ihr Inhaber keine angemessenen Maßnahmen ergreift, um eine Benutzung der Marke zu verhindern, die *gegen* die *Benutzungsbedingungen* der Satzung verstößt (vgl § 66 Z 2 MSchG, Seite 547),
- die Art der Benutzung der Marke durch ihren Inhaber bewirkt hat, dass die Gefahr besteht, dass das Publikum im Sinne des Art 66 Abs 2 GMV *irregeführt* wird (vgl § 66 Z 2 MSchG, Seite 547),
- entgegen Art 69 Abs 2 GMV im Register auf eine *Änderung der Satzung* hingewiesen worden ist, es sei denn, dass der Markeninhaber aufgrund einer erneuten Satzungsänderung den Erfordernissen des Art 69 Abs 2 GMV genügt.

Außer aus den in Art 51 und 52 GMV genannten Nichtigkeitsgründen (Seite 614) wird die Gemeinschaftskollektivmarke auf Antrag oder Widerklage für *nichtig* erklärt, wenn sie entgegen Art 66 GMV eingetragen worden ist, es sei denn, dass der Markeninhaber den Mangel durch eine Satzungsänderung behebt (Art 72 GMV).

---

[58]) Der Rat und die Kommission sind der Auffassung, dass eine Kollektivmarke, die nur von den Mitgliedern des Verbands, der Inhaber der Marke ist, benutzt werden darf, im Sinne des Art 66 Abs 2 GMV irreführend ist, wenn sie den Eindruck erweckt, dass sie von jeder Person benutzt werden darf, die bestimmte objektive Kriterien erfüllt; ABl HABM 1996, 612 (Pkt 18).

11.4. Institutionen

11.4.1. Harmonisierungsamt

Das „Harmonisierungsamt für den Binnenmarkt (Marken, Muster und Modelle)" ist eine Einrichtung der Gemeinschaft und besitzt Rechtspersönlichkeit (vgl Art 111 GMV). Es hat seinen *Sitz* in Alicante (Avenida de Europa 4, E-03080 Alicante, Tel: +34-965-139-100, Fax: +34-965-139-173; Postanschrift: Harmonisierungsamt für den Binnenmarkt – Annahmestelle, Apartado de Correos 77, E-03080 Alicante, Spanien; W: http://oami.eu.int). Offiziell wird es mit „*HABM*" abgekürzt (bzw „OAMI" für: „Oficina de Armonización del Mercado Interior [Marcas, Dibujos y Modelos]" bzw „OHIM" für: „Office for Harmonization in the Internal Market [Trade Marks and Designs]" bzw „OHMI" für „Office de l'harmonisation dans le marché intérieur [marques, dessins et modèles]" oder „UAMI" für: „Ufficio per l'Armonizzazione nel Mercato Interno [Marchi, Disegni e Modelli]").[59]

Eher kompliziert ist die – lange diskutierte – *Sprachenregelung* für das Harmonisierungsamt (Art 115 GMV):[60] Anmeldungen von Gemeinschaftsmarken sind in einer der *Amtssprachen der Europäischen Gemeinschaft* (Art 115 Abs 1 GMV) einzureichen (Österreicher können also auf Deutsch anmelden). Im Übrigen sind die *Sprachen des Amtes* (Art 115 Abs 2 GMV) Deutsch, Englisch, Französisch, Italienisch und Spanisch. Der Anmelder hat eine zweite Sprache, die eine Sprache des Amtes ist, anzugeben, mit deren Benutzung als möglicher Verfahrenssprache er in Widerspruchs-, Verfalls- und Nichtigkeitsverfahren einverstanden ist.[61] Ist die Anmeldung in einer Sprache, die nicht eine Sprache des Amtes ist, eingereicht worden, so sorgt das Amt dafür, dass die Anmeldung in die vom Anmelder angegebene zweite Sprache übersetzt wird. Ist der Anmelder der Gemeinschaftsmarke in einem Verfahren vor dem Amt der einzige Beteiligte, so ist Verfahrenssprache die Sprache, in der die Anmeldung der Gemeinschaftsmarke eingereicht worden ist. Ist die Anmeldung in einer Sprache, die nicht eine Sprache des Amtes ist, eingereicht worden, so kann das Amt für schriftliche Mitteilungen[62] an den Anmelder auch die zweite Sprache wählen, die dieser in der Anmeldung angegeben hat. Widersprüche und Anträge auf Erklärung des Verfalls oder der Nichtigkeit sind in einer der Sprachen des Amtes (unter Umständen mit Übersetzung) einzureichen.[63] Die Veröffentlichungen und Eintragungen werden in allen Amtssprachen der Gemeinschaft vorgenommen (vgl Art 116 GMV; vgl zur Sprachenregelung weiters Regeln 95 bis 99 GMDV). Gerade dieser politische Kompromiss, so viele Spra-

---

[59]) Vgl etwa ABl HABM 1995/4.
[60]) Details bei *v Mühlendahl*, FS Piper (1996) 575. Zur Sprache von Entscheidungen: 2. BK 18. 9. 2002, R 387/1999-2 – ENERGY PLUS – ABl HABM 2003, 88.
[61]) Diese Regelung ist nicht diskriminierend: EuG 12. 7. 2001, Rs T-120/99 – Kik – MarkenR 2001, 326 = GRUR Int 2001, 978.
[62]) Dazu 1. BK 30. 5 2002, R 314/1999-1 – TOP – ABl HABM 2003, 282.
[63]) Zur „Heilung" des Verfahrensmangels falscher Sprachwahl bei rügeloser Hinnahme durch die Parteien: 3. BK 20. 2. 2002, R 794/2001-3 – JUST –ABl HABM 2002, 2150.

chen zuzulassen, wird zu einem großen Übersetzungsaufwand und dadurch zu hohen Kosten und unter Umständen zu einer Verlangsamung der Verfahren führen (zur Zuständigkeit der Übersetzungszentrale der Union vgl Art 117 GMV[64]). All dies könnte längerfristig den Erfolg der Gemeinschaftsmarke schmälern, zumal die Wirtschaft nur einen unkompliziert und kostengünstig zu erlangenden Schutz in Anspruch nehmen wird.

Die Leitung des Harmonisierungsamts obliegt dem *Präsidenten* (Art 119 GMV).[65] Wesentlicher Einfluss kommt dem beim Harmonisierungsamt eingerichteten *Verwaltungsrat* zu (vgl Art 121 GMV). Zum *Haushaltsausschuss* vgl Art 39 Abs 4 und Art 133 GMV.[66]

Für Entscheidungen im Zusammenhang mit den in der GMV vorgeschriebenen Verfahren sind *zuständig* (Art 125 bis 132 GMV; zur Geschäftsverteilung vgl Regel 100 GMDV):

- die Prüfer;
- die Widerspruchsabteilungen;
- die Marken- und Musterverwaltungs- und Rechtsabteilung;[67]
- die Nichtigkeitsabteilungen;
- die Beschwerdekammern.

Das *Verfahren* ist in Art 73 bis 89 GMV geregelt (insbesondere Verpflichtung zur Entscheidungsbegründung, Sachverhaltsermittlung von Amts wegen, mündliche Verhandlung, Beweisaufnahme[68], Zustellung, Wiedereinsetzung in den vorigen Stand[69], subsidiäre Heranziehung allgemein anerkannter Verfahrensgrundsätze, Kosten[70], Register für Gemeinschaftsmarken, Akteneinsicht, Amtshilfe, Vertretung). Die *Gewährung des rechtlichen Gehörs* ist ein fundamentaler Grundsatz des Gemeinschaftsrechts.[71] Das rechtliche Gehör ist beispielsweise verletzt, wenn der Prüfer die Entscheidung nur auf ein bestimmtes absolutes Registrierungshindernis

---

[64]) Dazu ABl HABM 1996, 612 (Pkt 25).
[65]) Zur Vertretungsregelung für den Präsidenten: Beschluss Nr. CA-96-3 des Verwaltungsrats, ABl HABM 1996, 1078. Gegen Beschlüsse des Präsidenten ist die Klage nach Art 173 EGV an den EuGH nicht zulässig: EuGH 8. 6. 1998, Rs T-148/97.
[66]) Zum Einfluss der Kommission: *Zourek*, ÖBl 1996, 268 (272).
[67]) Die Markenverwaltungs- und Rechtsabteilung, die durch Art 128 GMV eingerichtet wurde, wurde nunmehr durch Art 104 Abs 1 GGV umbenannt in Marken- und Musterverwaltungs- und Rechtsabteilung.
[68]) Zum Ermessen bei der Zurückweisung von Beweismitteln: 2. BK 15. 12. 2000, R 714/1999-2 – SAINCO – ABl HABM 2001, 1686.
[69]) Dazu im Zusammenhang mit der Versäumnis der Einzahlung der Anmeldegebühr: EuG 14. 3. 2001, Rs T-146/00 – DAKOTA – MarkenR 2001, 316; EuG 20. 6. 2001, Rs T-146/00 – Dakota II – GRUR Int 2001, 975. Zur Wiedereinsetzung bei einem inhaltlich nicht ordnungsgemäß abgefassten Widerspruch: WA 22. 6. 2000, 1323/2000 – VENUS – ABl HABM 2000, 1700. Zur Wiedereinsetzung in die Frist zur Äußerung zu einem Widerspruch sowie zur Berechnung der Frist für den Wiedereinsetzungsantrag: WA 30. 11. 2001, 2872/2001 – DREAM ARENA – ABl HABM 2002, 846. Keine Wiedereinsetzung bei fehlender Sorgfalt eines berufsmäßigen Vertreters: 3. BK 19. 6. 2002, R 410/2000-3 – ROMANA SAMBUCA – ABl HABM 2003, 322; 3. BK 1. 2. 2002, R 862/2000-3 – GOLDEN LIGHTS – ABl HABM 2002, 2334 (im Zusammenhang mit dem unterlassenen Beifügen einer Beilage zu einem Fax); 4. BK 15. 11. 2001, R 60/2001-4 – ITWEBCAST – ABl HABM 2002, 2116.
[70]) Zur Verpflichtung der WA, bei Beendigung des Widerspruchsverfahrens über die Kosten zu entscheiden: 3. BK 1. 2. 2002, R 862/2000-3 – GOLDEN LIGHTS – ABl HABM 2002, 2334.
[71]) 3. BK 4. 7. 2000, R 482/1999-3 – XXL – ABl HABM 2000, 1770.

stützt, die Beschwerdeabteilung sich dann aber auch auf ein anderes absolutes Registrierungshindernis beruft, ohne dem Anmelder Gelegenheit zu geben, sich dazu zu äußern.[72] Vgl auch Regeln 52 bis 83 und 88 bis 94 GMDV; zu den Gebühren vgl die GMGebV. Zusätzlich sind die „*Richtlinien für die Verfahren vor dem Harmonisierungsamt für den Binnenmarkt (Marken, Muster und Modelle)*" zu beachten.[73] Weitere Details regeln Beschlüsse und Mitteilungen des Präsidenten.

Die Entscheidungen der Prüfer, der Widerspruchsabteilungen, der Marken- und Musterverwaltungs- und Rechtsabteilung und der Nichtigkeitsabteilungen sind mit *Beschwerde* an die Beschwerdekammer anfechtbar: Art 57 bis 62 GMV; Regeln 48 bis 51 GMDV; Art 2 Z 18 GMGebV.[74] Die Beschwerdekammer kann alle absoluten Eintragungshindernisse prüfen und ist insoweit nicht an die Entscheidung des Prüfers gebunden; sie muss allerdings das rechtliche Gehör des Antragstellers wahren.[75] Wenn sich der Beschwerdeführer erstmals vor der Beschwerdekammer auf eine Verkehrsdurchsetzung gemäß Art 7 Abs 3 GMV beruft, so hat die BK entweder nach Festsetzung einer angemessenen Frist zur Einreichung von Nachweisen in der Sache selbst zu entscheiden oder die Sache an den Prüfer zurückzuverweisen.[76]

11.4.2. Gerichtshof

Die Entscheidungen der Beschwerdekammern, durch die über eine Beschwerde entschieden wird, sind mit Klage beim EuG anfechtbar (Art 63 GMV). Zur Einsetzung des Gerichts erster Instanz vgl Beschluss ABl 1988 L 319 S 1 (berichtigt ABl 1989 L 241 S 4) idF ABl 1993 L 144 S 21, ABl 1994 L 66 S 29 und der Beitrittsakte; kodifizierte Verfahrensordnung: ABl 2001 C 34 S 39.[77]

Die Klage ist zulässig wegen Unzuständigkeit, Verletzung wesentlicher Formvorschriften, Verletzung des EGV, der GMV oder einer bei ihrer Durchführung anzuwendenden Rechtsnorm oder wegen Ermessensmissbrauchs.[78] Der Gerichtshof kann die angefochtene Entscheidung aufheben oder abändern. Die Klage ist inner-

---

[72]) EuG 27. 2. 2002, Rs T-34/00 – EUROCOOL – wbl 2002, 218 = MarkenR 2002, 88 = ABl HABM 2002, 1042 = GRUR Int 2002, 591; EuG 27. 2. 2002, Rs T-79/00 – LITE – wbl 2002, 217 = ABl HABM 2002, 1068 = GRUR Int 2002, 604.

[73]) Abrufbar unter http://oami.eu.int/de/mark/marque/direc.htm.

[74]) Zu den Rechtsmitteln gegen Entscheidungen des Harmonisierungsamts: *v Mühlendahl*, FS Beier (1996) 303. Zum Neuerungsverbot: 3. BK 20. 2. 2002, R 794/2001-3 – JUST – ABl HABM 2002, 2150; 3. BK 6. 2. 2002, R 316/2001-3 – Création Jean-Vier – ABl HABM 2002, 2356.

[75]) EuG 16. 2. 2000, Rs T-122/99 – Seifenstück – wbl 2000, 171 = GRUR Int 2000, 73 = MarkenR 2000, 107 = ABl HABM 2001, 1170. Vgl auch: EuG 12. 3. 2003, T-174/01 – SILK COCOON.

[76]) 4. BK 3. 9. 2001, R 751/2000-4 – PMI – ABl HABM 2002, 532. Allgemein zur Bindung an den Entscheidungsgegenstand, über den die Vorinstanz entschieden hat, zur Erhebung neuer Einreden sowie zum Vorbringen neuer Tatsachen und Beweismittel: 3. BK 31. 10. 2001, R 1031/2000-3 – Süßwarenverpackung – ABl HABM 2002, 946; 23. 1. 2001, R 687/1999-3 – POP SWATCH – ABl HABM 2001, 1854.

[77]) *v Mühlendahl*, FS DPA 100 Jahre Marken-Amt (1994) 226; *v Mühlendahl*, FS Beier (1996) 303; zum Instanzenzug: *Mayer*, ÖBl 1994, 203; allgemein *Jung*, FS Everling Bd II (1996) 61. Erster Anlassfall: EuGH 20. 9. 2001, Rs C-383/99 P – Baby-dry – ÖBl 2002, 43 = ÖBl-LS 02/27 – ecolex 2001, 924 (*Schanda*) = wbl 2001, 522 = MarkenR 2001, 400 = GRUR Int 2002, 47 = ABl HABM 2003, 1296.

[78]) Zur Notwendigkeit der Vertretung durch einen Rechtsanwalt, der nicht zugleich Organ der Klägerin ist: EuG 8. 12. 1999, Rs T-79/99 – Eu-Lex.

halb von zwei Monaten nach Zustellung der Entscheidung der Beschwerdekammer beim Gerichtshof einzulegen. Der Gerichtshof kann allerdings dem Amt keine Anordnungen erteilen (zB dem Amt auftragen, eine bestimmte Marke einzutragen, eine Anmeldung entsprechend dem Antrag des Anmelders in bestimmter Weise zu berichtigen oder das Eintragungsverfahren fortzusetzen).[79] Zulässig ist der Antrag auf Zurückverweisung der Sache an den Prüfer. Diese Maßnahme kann das Gericht aufgrund seiner Änderungsbefugnis nach Art 63 Abs 3 GMV treffen.[80] Das wegen einer Entscheidung einer Beschwerdekammer beklagte HABM kann keinen Antrag auf Abänderung der angefochtenen Entscheidung stellen.[81] Es ist nicht Aufgabe des EuG, die tatsächlichen Umstände im Licht erstmals vor ihm vorgelegter Beweismittel zu überprüfen (neue Beweisanbote und Beweismittel werden daher nicht berücksichtigt).[82]

Gemäß Art 87 § 2 der VerfahrensO des EuG ist die unterliegende Partei auf Antrag zur Tragung der *Kosten* zu verurteilen. Gemäß Art 136 § 2 der VerfahrensO des EuG gelten die notwendigen Aufwendungen der Parteien im Verfahren vor der Beschwerdekammer als erstattungsfähige Kosten. Unterliegt das HABM im Klagsverfahren, so werden ihm daher die Kosten auferlegt.[83] Gemäß Art 87 § 3 der VerfahrensO kann das Gericht beschließen, dass jede Partei ihre eigenen Kosten trägt, wenn jede Partei teils obsiegt, teils unterliegt. Wird die angefochtene Entscheidung der Beschwerdekammer teilweise aufgehoben, so sind jeder Partei ihre eigenen Kosten aufzuerlegen.[84]

Gegen die Entscheidung des EuG besteht nur eine eingeschränkte Anfechtungsmöglichkeit an den *EuGH*. Die Tatsachenwürdigung stellt, vorbehaltlich einer Entstellung des dem Gericht unterbreiteten Sachvortrags, keine Rechtsfrage dar, die als solche der Kontrolle des EuGH im Rechtsmittelverfahren unterläge. Neue, erstmals mit dem Rechtsmittel zum EuGH vorgebrachte Angriffsmittel sind unzulässig.[85]

---

[79]) EuG 27. 2. 2002, Rs T-219/00 – ELLOS – wbl 2002, 218 = MarkenR 2002, 98 = ABl HABM 2002, 1014 = GRUR Int 2002, 600; EuG 27. 2. 2002, Rs T-34/00 – EUROCOOL – wbl 2002, 218 = MarkenR 2002, 88 = ABl HABM 2002, 1042 = GRUR Int 2002, 591; 15. 11. 2001, Rs T-128/99 – TELEYE – wbl 2002, 29 = MarkenR 2001, 487 = ABl HABM 2002, 434 = GRUR Int 2002, 528.
[80]) EuG 27. 2. 2002, Rs T-106/00 – STREAMSERVE – wbl 2002, 218 = MarkenR 2002, 92 = ABl HABM 2002, 1090 = GRUR Int 2002, 596.
[81]) EuG 12. 12. 2002, Rs T-110/01 – HUBERT – GRUR Int 2003, 552.
[82]) EuG 6. 3. 2003, Rs T-128/01 – Kühlergrill – MarkenR 2003, 162 = GRUR 2003, 462 = ABl HABM 2003, 1614.
[83]) EuG 27. 2. 2002, Rs T-34/00 – EUROCOOL – wbl 2002, 218 = MarkenR 2002, 88 = ABl HABM 2002, 1042 = GRUR Int 2002, 591.
[84]) EuG 27. 2. 2002, Rs T-219/00 – ELLOS – wbl 2002, 218 = MarkenR 2002, 98 = ABl HABM 2002, 1014 = GRUR Int 2002, 600; zu einem Fall mit 2/3 Kostenersatz: EuG 27. 2. 2002, Rs T-106/00 – STREAMSERVE – wbl 2002, 218 = MarkenR 2002, 92 = ABl HABM 2002, 1090 = GRUR Int 2002, 596.
[85]) EuGH 19. 9. 2002, Rs C-104/00 – COMPANYLINE – ABl HABM 2002, 2468 = EWS 2002, 483 = MarkenR 2002, 391 = GRUR Int 2003, 56.

11.4.3. Gemeinschaftsmarkengerichte

Die Mitgliedstaaten müssen gemäß Art 91 GMV für ihr Gebiet eine möglichst geringe Anzahl nationaler Gerichte erster und zweiter Instanz ("Gemeinschaftsmarkengerichte") benennen.[86] Diese sind gemäß Art 92 GMV ausschließlich zuständig für

- alle Klagen wegen *Verletzung* und – falls das nationale Recht dies zulässt – wegen drohender Verletzung einer Gemeinschaftsmarke (in Österreich: "vorbeugende Unterlassungsklage"),
- Klagen auf *Feststellung* der Nichtverletzung, falls das nationale Recht diese zulässt (in Österreich: "negative Feststellungsklage"),
- Klagen wegen Handlungen im Sinne des Art 9 Abs 3 Satz 2 GMV (*Entschädigung* für Handlungen, die nach Veröffentlichung der Anmeldung der Gemeinschaftsmarke vorgenommen werden und die nach Veröffentlichung der Eintragung aufgrund der Gemeinschaftsmarke verboten wären),
- die in Art 96 GMV genannten Widerklagen auf Erklärung des *Verfalls* oder der *Nichtigkeit* der Gemeinschaftsmarke.

Art 93 bis 105 GMV enthalten weitere Verfahrensvorschriften für die Gemeinschaftsmarkengerichte (internationale Zuständigkeit, Vermutung der Rechtsgültigkeit der Gemeinschaftsmarke, Einreden, Widerklage, anwendbares Recht, Sanktionen, Sicherungsmaßnahmen, Rechtsmittelverfahren, subsidiäre Zuständigkeit nationaler Gerichte, Verfahren bei gleichzeitigen oder aufeinanderfolgenden Klagen aus Gemeinschaftsmarken und aus nationalen Marken).[87]

Die GMV verlangt lediglich, dass zwei Instanzen bestehen. Ein weiterer Rechtszug (etwa an den OGH als dritte Instanz) wird nicht ausgeschlossen. Die GMV schreibt auch nicht vor, dass neue Spruchkörper als Gemeinschaftsmarkengerichte einzurichten sind. Es können also auch bestehende Institutionen (Gerichte) mit dieser Aufgabe betraut werden. Auch der Zuständigkeitsbereich ist nicht abschließend geregelt. Eine nationale Zuständigkeitserweiterung erscheint zulässig.[88]

Für *Österreich* wurden die Gemeinschaftsmarkengerichte erst mit der Markenrechts-Nov 1999 benannt: Gemeinschaftsmarkengericht erster Instanz im Sinne des Art 91 Abs 1 GMV ist – abweichend von der allgemeinen Regelung des § 51 Abs 2 Z 9 JN – ohne Rücksicht auf den Streitwert – das Handelsgericht Wien.[89] In Rechtssachen, in denen das Gemeinschaftsmarkengericht für Klagen zuständig ist, kommt diesem auch die ausschließliche Zuständigkeit für einstweilige Verfügungen zu (§ 69d Abs 1 MSchG). Als Gemeinschaftsmarkengericht zweiter Instanz ist

---

[86]) Der Rat und die Kommission sind der Auffassung, dass die Aufgaben, die den Gemeinschaftsmarkengerichten durch die GMV zugewiesen werden, nur Klagen wegen Verletzung und wegen Rechtsgültigkeit von Gemeinschaftsmarken sowie die in Art 99 GMV genannten einstweiligen Maßnahmen und Sicherungsmaßnahmen betreffen; ABl HABM 1996, 612 (Pkt 22).
[87]) Zu Art 105 GMV vgl auch ABl HABM 1996, 612 (Pkt 23).
[88]) *Koppensteiner*, Wettbewerbsrecht³ § 49 RN 31.
[89]) Ob dies ein Zwangsgerichtsstand ist, hat der OGH noch offen gelassen: OGH 29. 1. 2002, 4 Ob 21/02w – MANPOWER III – ÖBl 2003, 36 = ÖBl-LS 2002/96, 106 und 107.

demnach das Oberlandesgericht Wien zuständig. In dritter Instanz entscheidet der OGH (und nicht der EuGH).[90] Die Gerichtsbarkeit in Strafsachen betreffend Gemeinschaftsmarken steht – abweichend von § 60a MSchG – dem Landesgericht für Strafsachen Wien zu (§ 69d Abs 2 MSchG).

11.4.4. Österreichisches Patentamt

Das Österreichische Patentamt (Dresdner Straße 87-105, 1200 Wien, Tel: 534 24 - 0) ist insbesondere dazu berufen, Gemeinschaftsmarkenanmeldungen entgegenzunehmen (Art 25 Abs 1 GMV iVm § 69 MSchG) und nationale Recherchen durchzuführen (Art 39 GMV).

Über Anträge auf nachträgliche Feststellung der Ungültigkeit einer Marke (§ 69a MSchG; Seite 596) entscheidet die Nichtigkeitsabteilung (§ 37 MSchG; Seite 351).

11.5. Registrierung

11.5.1. Anmeldestellen

Die Gemeinschaftsmarke wird durch *Eintragung* erworben (*Registerprinzip*; Art 6 GMV).[91] Die *Anmeldung* der Gemeinschaftsmarke kann nach Wahl des Anmelders eingereicht werden:

- beim *Harmonisierungsamt* oder
- bei der Zentralbehörde für den gewerblichen Rechtsschutz eines Mitgliedstaats oder beim BENELUX-Markenamt (Art 25 Abs 1 GMV; seit der Markenrechts-Nov 1999 ist nunmehr ausdrücklich angeordnet, dass Anmeldungen für Gemeinschaftsmarken gemäß Art 25 Abs 1b GMV beim *Patentamt* – als der „Zentralbehörde für den gewerblichen Rechtsschutz der Republik Österreich" – eingereicht werden können; § 69 erster Satz MSchG).

Die Zentralbehörde (in Österreich das Österreichische Patentamt) und das Benelux-Markenamt haben dann alle erforderlichen Maßnahmen zu treffen, damit die Anmeldung binnen zwei Wochen nach Einreichung an das Harmonisierungsamt weitergeleitet wird (Art 25 Abs 2 GMV). Das Patentamt vermerkt auf der Anmeldung den Tag des Einlangens und leitet die Unterlagen ungeprüft innerhalb der im Art 25 Abs 2 GMV vorgesehenen Frist von zwei Wochen an das Harmonisierungsamt weiter (§ 69 zweiter Satz MSchG). Anmeldungen, die beim Amt nach Ablauf einer Frist von einem Monat nach ihrer Einreichung eingehen, gelten als zurückgenommen (Art 25 Abs 3 GMV). Das Österreichische Patentamt hat erklärt, die Anmeldungen zunächst gebührenfrei entgegenzunehmen und weiterzuleiten.[92]

Der Anmelder erhält vom Harmonisierungsamt bzw von der Zentralbehörde eine *Empfangsbescheinigung* (Regel 5 GMDV).

---

[90]) OGH 21. 1. 2003, 4 Ob 185/02p – Rothmans – ÖBl-LS 2003/61, 67 = ÖBl 2003, 186.
[91]) Also kein Gemeinschaftsmarkenerwerb durch Verkehrsgeltung (vgl *Koppensteiner*, Wettbewerbsrecht³ § 36 RN 31).
[92]) Vgl dazu die Mitteilung PBl 1995, 261.

Gemeinschaftsmarkenanmeldungen können seit 1. April 1996 eingereicht werden (Art 121 Abs 3 und Art 143 Abs 3 GMV).[93] Anmeldungen, die in den letzten drei Monaten vor diesem Tag (also ab 1. 1. 1996) eingereicht wurden, gelten als an diesem Tag (also am 1. 4. 1996) eingereicht (Art 143 Abs 4 GMV; Art 2 GMDV).

11.5.2. Formerfordernisse

Die Anmeldung der Gemeinschaftsmarke muss enthalten (Art 26 Abs 1 GMV; Regel 1 GMDV):

- einen *Antrag* auf Eintragung einer Gemeinschaftsmarke;
- Angaben, die es erlauben, die *Identität des Anmelders* festzustellen (Regel 1 Abs 1 lit b GMDV)[94] – bei Folgeanmeldungen genügen ID-Nummer und Name;[95]
- ein *Verzeichnis der Waren oder Dienstleistungen*, für die die Eintragung begehrt wird;[96]
- eine Wiedergabe der *Marke* (vgl dazu Regel 3 GMDV);[97]
- Name und Adresse eines allfälligen *Vertreters* (Regel 1 Abs 1 lit e GMDV; Art 88, 89 GMV)[98];
- Inanspruchnahme von *Priorität* und Zeitrang gemäß Art 30, 33, 34 GMV (Regel 1 Abs 1 lit f bis h GMDV; vgl dazu auch Regeln 6 bis 8 GMDV);
- gegebenenfalls einen Antrag auf Eintragung als *Gemeinschaftskollektivmarke* (Regel 1 Abs 1 lit i GMDV; Art 64 GMV);
- Benennung der *Sprachen* (Regel 1 Abs 1 lit j GMDV; Art 115 Abs 3 GMV);
- *Unterschrift* (Regel 1 Abs 1 lit k GMDV);
- allenfalls eine Erklärung, dass an bestimmten nicht unterscheidungskräftigen Markenbestandteilen kein ausschließliches Recht beansprucht wird (Art 38 Abs 2 GMV; Regel 1 Abs 3 GMDV); so genannter „*Disclaimer*" (Besteht eine Marke aus einer Kombination von Bestandteilen, von denen jeder für sich genommen eindeutig nicht unterscheidungskräftig ist, so ist kein Disclaimer zu den einzelnen Bestandteilen notwendig; zB für die Marke einer Zeitschrift „Alicanter lokale und internationale Nachrichten"; Pkt 8.13.1. PrüfRL, dort auch zur Frage, inwieweit der Prüfer zu einem Disclaimer anleiten muss).

Die Waren und Dienstleistungen, für die Gemeinschaftsmarken angemeldet werden, sind nach der *Klassifizierung* entsprechend dem Nizzaer Klassifikationsab-

---

[93]) Beschluss Nr. CA-95-19 des Verwaltungsrats, ABl HABM 1995, 12.
[94]) Details: Pkt 3.5. PrüfRL.
[95]) *Mayer*, ecolex 1996, 682.
[96]) Nach Auffassung des Rates und der Kommission ist die Tätigkeit des Wareneinzelhandels als solche keine Dienstleistung, für die eine Gemeinschaftsmarke eingetragen werden kann, ABl HABM 1996, 612 (Pkt 2). Zur Abgrenzung typisch unselbständiger Tätigkeitsfelder eines Herstellers („Entwicklung, Lizenzierung, Vertrieb und Vermarktung" von pharmzeutischen Produkten) von selbständigen Dienstleistungen: 3. BK 26. 6. 2002, R 6/2002-3 – BioGeneriX – MarkenR 2002, 441; vgl auch *Grabrucker*, MarkenR 2002, 361.
[97]) Das Blatt mit der Wiedergabe der Marke gemäß Regel 3 Abs 2 GMDV ist in einem Exemplar einzureichen (Beschluss des Präsidenten Nr EX-95-1 v 22. 12. 1995, ABl HABM 1995, 490); dazu *Mayer*, ecolex 1996, 682. Weitere Details: Pkt 3.7. PrüfRL. Die bloß verbale Beschreibung einer aus zwei Farben bestehenden Marke genügt nicht: 2. BK 29. 6. 1999, R 208/1998-2 – YELLOW/GREY – MarkenR 1999, 326; 3. BK 12. 2. 1998, R 7/1997 – ORANGE – ABl HABM 1998, 640 = MarkenR 1999, 38.
[98]) Details: Pkt 3.6. PrüfRL.

kommen (Seite 358) zu klassifizieren (Art 28 GMV; Regel 1 Abs 1 lit c und Regel 2 GMDV).[99] Für die Beurteilung entscheidend ist stets die Angabe der Ware oder Dienstleistung und nicht die Klassenangabe; deshalb werden Angaben wie „Alle Waren in Klasse X" als unzulässig angesehen.[100]

Das Harmonisierungsamt stellt – insbesondere für die Anmeldung – gratis *Formblätter* (auch in deutscher Sprache) zur Verfügung (Regel 83 GMDV). Es empfiehlt sich, diese zu verwenden, zumal sie wie eine Checklist die notwendigen Daten abfragen.[101] Die Übermittlung der Anmeldung per *Fax* oder *Diskette* ist zulässig.[102] Seit 12. 11. 2002 ist auch die „*elektronische Anmeldung*" von Gemeinschaftsmarken möglich.[103]

Für die Anmeldung der Gemeinschaftsmarke sind als *Anmeldegebühren* die *Grundgebühr* und gegebenenfalls eine oder mehrere *Klassengebühren* zu entrichten (Art 26 Abs 2 GMV; Regel 4 GMDV). Die Grundgebühr für die Anmeldung beträgt 975,-- EUR (für eine Gemeinschaftskollektivmarke 1.675,-- EUR), die Klassengebühr ab der 4. Klasse 200,-- EUR je Klasse (bei der Gemeinschaftskollektivmarke 400,-- EUR je Klasse). Vgl zu den Gebühren im Einzelnen die GMGebV.[104] Diese Gebühren liegen jedenfalls deutlich unter der Summe der Gebühren, die bei Einzelanmeldungen für die 15 Mitgliedstaaten zu zahlen wären.[105]

11.5.3. Priorität

Der *Anmeldetag* einer Gemeinschaftsmarke ist der Tag, an dem die die Angaben nach Art 26 Abs 1 GMV (Seite 591) enthaltenden Unterlagen vom Anmelder beim Harmonisierungsamt oder, wenn die Anmeldung bei der Zentralbehörde für den gewerblichen Rechtsschutz eines Mitgliedstaats (in Österreich: Österreichisches Patentamt) oder beim BENELUX-Markenamt eingereicht worden ist, bei der Zentralbehörde beziehungsweise beim BENELUX-Markenamt eingereicht worden sind, *sofern* binnen eines Monats nach Einreichung der genannten Unterlagen die Anmeldegebühr gezahlt wird (Art 27 GMV).[106]

---

[99]) Zur Funktion der Klassifikation: 3. BK 26. 6. 2002, R 6/2002-3 – BioGeneriX – MarkenR 2002, 441.
[100]) *Mayer*, ecolex 1996, 682. Weitere Details: Pkt 4. PrüfRL.
[101]) Vgl dazu die Mitteilung Nr. 1/96 des Präsidenten v 16. 1. 1996 über das Anmeldeformular (ABl HABM 1996, 6); *Mayer*, ecolex 1996, 682.
[102]) Zu den bei diesen Übermittlungsarten zu beachtenden Besonderheiten: *Mayer*, ecolex 1996, 682.
[103]) Vgl Beschluss Nr. EX-02-2 des Präsidenten des Amtes v 7. 11. 2002 über die elektronische Anmeldung von Gemeinschaftsmarken, ABl HABM 2003, 14.
[104]) Zu den verschiedenen Möglichkeiten der Gebühreneinzahlung (insbesondere Scheck, Banküberweisung, Abbuchung vom laufenden Konto) vgl *Mayer*, ecolex 1996, 682 sowie den Beschluss des Präsidenten Nr. EX-96-1 v 11. 1. 1996 über die Eröffnung von laufenden Konten bei dem Amt (ABl HABM 1996, 48; geändert durch Beschluss des Präsidenten Nr. EX-96-7 v 30. 7. 1996, ABl HABM 1996, 1454) und die Mitteilung Nr. 5/96 v 8. 8. 1996 „über laufende Konten", ABl HABM 1996, 1460.
[105]) *Urlesberger*, wbl 1996, 104.
[106]) Details zur Feststellung des Anmeldetags sowie zu Fragen der Priorität enthalten Pkt 3.3. und Pkt 5. PrüfRL.

Beispiel:

▶ 4. BK 21. 2. 2002: Die Anmelderin hatte fristgerecht die Anmeldegebühr von 975,-- EUR angewiesen. Beim HABM langten innerhalb der Monatsfrist aber nur 962,98 EUR ein, weil die Anmelderin bei der Überweisung „Entgeltteilung" angegeben hatte. Damit war die Frist des Art 27 GMV versäumt. Nach Aufforderung überwies sie den Rest von 12,02 EUR, erhielt aber nicht mehr den Anmeldetag als prioritätsbegründend zugewiesen. Die BA wendete schließlich – im Hinblick auf die Geringfügigkeit des Fehlbetrages – doch noch die Nachsichtsbestimmung des Art 9 Abs 2 GMGebV an.[107]

Auch für Gemeinschaftsmarken gilt der Grundsatz der *Unionspriorität* nach Art 4 PVÜ (vgl auch § 24 MSchG, Seite 380): Jedermann, der in einem oder mit Wirkung für einen Vertragsstaat der PVÜ oder des WTO-Abk eine Marke vorschriftsmäßig angemeldet hat, genießt hinsichtlich der Anmeldung derselben Marke als Gemeinschaftsmarke für die Waren oder Dienstleistungen, die mit denen identisch sind, für welche die Marke angemeldet ist, oder die von diesen Waren oder Dienstleistungen umfasst werden, während einer Frist von *sechs Monaten* nach Einreichung der ersten Anmeldung ein Prioritätsrecht (Art 29 Abs 1 GMV). Dasselbe Recht kommt dem Rechtsnachfolger des Anmelders zu. Als prioritätsbegründend wird jede Anmeldung anerkannt, der nach dem innerstaatlichen Recht des Staates, in dem sie eingereicht worden ist, oder nach zwei- oder mehrseitigen Verträgen die Bedeutung einer vorschriftsmäßigen nationalen Anmeldung zukommt. Unter vorschriftsmäßiger nationaler Anmeldung ist jede Anmeldung zu verstehen, die zur Festlegung des Tages ausreicht, an dem sie eingereicht worden ist, wobei das spätere Schicksal der Anmeldung ohne Bedeutung ist (Art 29 Abs 2 und 3 GMV). Das Prioritätsrecht gewährt dem Anmelder somit eine zeitlich begrenzte Immunität gegen Anmeldungen derselben Marke, die Dritte während der Prioritätsfrist einreichen könnten.[108]

Beispiel:

▶ 2. BK 23. 5. 2001: Die Anmelderin hatte für das Zeichen „>en." (Abbildung rechts oben) die ältere Priorität ihrer US-Anmeldung „>en" (Abbildung rechts unten) beansprucht. Die 2. BK hat dies zugelassen, weil die Abweichungen "mininal" sind und „praktisch kaum oder keine Bedeutung" haben, sodass dieses Zeichen als „*dieselbe* Marke" im Sinne des Art 29 Abs 1 GMV zu beurteilen sei.[109]

>en.

>en

Als die erste Anmeldung, von deren Einreichung an die Prioritätsfrist läuft, wird auch eine jüngere Anmeldung angesehen, die dieselbe Marke und dieselben Waren oder Dienstleistungen betrifft wie eine erste ältere in demselben oder für denselben

---

[107]) 4. BK 21. 2. 2002, R 943/2000-4 – Rosso Bianco – ABl HABM 2002, 1960.
[108]) EuG 15. 11. 2001, Rs T-128/99 – TELEYE – wbl 2002, 29 = MarkenR 2001, 487 = ABl HABM 2002, 434 = GRUR Int 2002, 528.
[109]) 2. BK 23. 5. 2001, R 288/2000-2 – >en. – ABl HABM 2002, 1392.

Staat eingereichte Anmeldung, sofern diese ältere Anmeldung bis zur Einreichung der jüngeren Anmeldung zurückgenommen, fallengelassen oder zurückgewiesen worden ist, und zwar bevor sie öffentlich ausgelegt worden ist und ohne dass Rechte bestehen geblieben sind; ebensowenig darf diese ältere Anmeldung schon Grundlage für die Inanspruchnahme des Prioritätsrechts gewesen sein. Die ältere Anmeldung kann in diesem Fall nicht mehr als Grundlage für die Inanspruchnahme des Prioritätsrechts dienen (Art 29 Abs 4 GMV).

Ist die erste Anmeldung in einem nicht zu den Vertragsstaaten der PVÜ oder des WTO-Abk gehörenden Staat eingereicht worden, so finden die Vorschriften des Art 29 Abs 1 bis 4 GMV nur insoweit Anwendung, als dieser Staat gemäß einer veröffentlichten Feststellung aufgrund einer ersten Anmeldung beim Harmonisierungsamt ein Prioritätsrecht gewährt, und zwar unter Voraussetzungen und mit Wirkungen, die denen der GMV vergleichbar sind (Art 29 Abs 5 GMV).

Zur *Prioritätserklärung* vgl Art 30 GMV, Regel 1 Abs 1 lit f und Regel 6 GMDV sowie die Mitteilung Nr 3/96 des Präsidenten v 22. 3. 1996 „über die bei der Beanspruchung einer Priorität oder eines Zeitrangs vorzulegenden Nachweise" [110] und den Beschluss des Präsidenten Nr EX-96-3 v 5. 3. 1995[111].

Das Prioritätsrecht hat die *Wirkung*, dass für die Bestimmung des Vorrangs von Rechten der Prioritätstag als Tag der Anmeldung der Gemeinschaftsmarke gilt (Art 31 GMV). Die Anmeldung der Gemeinschaftsmarke, deren Anmeldetag feststeht, hat in den Mitgliedstaaten die Wirkung einer vorschriftsmäßigen nationalen Hinterlegung, gegebenenfalls mit der für die Anmeldung der Gemeinschaftsmarke in Anspruch genommenen Priorität (Art 32 GMV).

Bei gewissen amtlichen oder amtlich anerkannten Ausstellungen kann die *Ausstellungspriorität* in Anspruch genommen werden (Art 33 GMV; Regel 1 Abs 1 lit g und Regel 7 GMDV).

Schließlich sind besondere Möglichkeiten der *Inanspruchnahme des Zeitrangs einer älteren nationalen Marke* vorgesehen („seniority"): Der Inhaber einer in einem Mitgliedstaat, einschließlich des Benelux-Gebiets, oder einer mit Wirkung für einen Mitgliedstaat international registrierten älteren Marke, der eine identische Marke zur Eintragung als Gemeinschaftsmarke für Waren oder Dienstleistungen anmeldet, die mit denen identisch sind, für welche die ältere Marke eingetragen ist, oder die von diesen Waren oder Dienstleistungen umfasst werden, kann gemäß Art 34 GMV für die Gemeinschaftsmarke den Zeitrang der älteren Marke in Bezug auf den Mitgliedstaat, in dem oder für den sie eingetragen ist, in Anspruch nehmen (vgl Regel 1 Abs 1 lit h und Regel 8 GMDV). Der Zeitrang hat nach der GMV die alleinige Wirkung, dass dem Inhaber der Gemeinschaftsmarke, falls er auf die ältere Marke verzichtet oder sie erlöschen lässt, weiter dieselben Rechte zugestanden werden, die er gehabt hätte, wenn die ältere Marke weiterhin eingetragen ge-

---

[110]) ABl HABM 1996, 594; *Mayer*, ecolex 1996, 682.
[111]) ABl HABM 1996, 394.

wesen wäre (Art 34 Abs 2 GMV).[112] Durch diese Regelung soll der mit der Aufrechterhaltung nationaler Marken verbundene Verwaltungs- und Gebührenaufwand entbehrlich und dadurch ein Anreiz für die Gemeinschaftsmarke gegeben werden.[113]

Der für die Gemeinschaftsmarke in Anspruch genommene Zeitrang erlischt, wenn die ältere Marke, deren Zeitrang in Anspruch genommen worden ist, für verfallen oder für nichtig erklärt wird oder wenn auf sie vor der Eintragung der Gemeinschaftsmarke verzichtet worden ist (Art 34 Abs 3 GMV).

Der Inhaber einer Gemeinschaftsmarke, der Inhaber einer in einem Mitgliedstaat, einschließlich des Benelux-Gebiets, oder einer mit Wirkung für einen Mitgliedstaat international registrierten identischen älteren Marke für identische Waren oder Dienstleistungen ist, kann den Zeitrang der älteren Marke in Bezug auf den Mitgliedstaat, in dem oder für den sie eingetragen ist, in Anspruch nehmen (Art 35 Abs 1 GMV). Art 34 Abs 2 und 3 GMV sind entsprechend anzuwenden. Vgl dazu auch Regel 28 GMDV.

Die Markenrechts-Nov 1999 hat für Österreich die nationalen *Durchführungsbestimmungen* geschaffen: Wurde für eine angemeldete oder eingetragene Gemeinschaftsmarke gemäß Art 34 oder 35 GMV der Zeitrang einer in das Markenregister des Patentamtes eingetragenen Marke oder einer Marke, die aufgrund internationaler Registrierung in Österreich Schutz genießt, in Anspruch genommen und ist diese, den Zeitrang begründende Marke wegen Verzichts des Inhabers oder wegen nicht rechtzeitiger Erneuerung gelöscht worden, so kann, gestützt auf die Löschungstatbestände der §§ 30 bis 34 MSchG und des § 66 MSchG, die Ungültigkeit der Marke nachträglich festgestellt werden (§ 69a Abs 1 MSchG). Derartige Anträge sind gegen den eingetragenen Gemeinschaftsmarkeninhaber zu richten (§ 69a Abs 2 MSchG).[114] Wird die nachträgliche Feststellung der Ungültigkeit einer Marke im Zusammenhang mit § 33a MSchG beantragt, so ist statt auf den im § 33a Abs 1 und 6 MSchG genannten Tag der Antragstellung auf den Wirksamkeitszeitpunkt der Löschung der den Zeitrang begründenden Marke wegen Verzichts des Inhabers oder wegen nicht rechtzeitiger Erneuerung abzustellen (§ 69a

---

[112]) Dazu *Mayer*, ecolex 1996, 682. Nach dem Vorschlag der Kommission für eine Änderung der GMV, um den Beitritt der EG zum Protokoll zu ermöglichen (KOM [96] 372 endg, ABl 1996 C 300 S 11; Art 146 GMV nF) soll auch die Inanspruchnahme des besseren Zeitrangs aus der früheren Schutzausdehnung einer IR-Marke möglich werden (zB: österreichische Basismarke, darauf aufbauend IR-Marke mit Schutzausdehnung für Frankreich, danach Gemeinschaftsmarkenanmeldung mit Inanspruchnahme des Zeitrangs der Schutzausdehnung für Frankreich).

[113]) *Ingerl*, Die Gemeinschaftsmarke (1996) 47. Zu Details vgl auch Pkt 6. PrüfRL.

[114]) Diese Feststellung war notwendig, um klarzustellen, dass in Fällen, in welchen der Gemeinschaftsmarkeninhaber nicht mit dem zuletzt im nationalen Markenregister oder im internationalen Register des Internationalen Büros in Genf eingetragen gewesenen Inhaber der zeitrangbegründenden Marke ident ist, ausschließlich dem Gemeinschaftsmarkeninhaber Passivlegitimation zukommt. Der Antragsteller hat beispielsweise durch Vorlage eines aktuellen Auszuges aus dem Gemeinschaftsmarkenregister darzulegen, dass der Belangte tatsächlich Gemeinschaftsmarkeninhaber ist (EB 1999, zitiert nach *Kucsko*, MSA MSchG [1999] Anm 4 zu § 69a).

Abs 3 MSchG).[115] § 69a MSchG ist – so die EB[116] – eine begleitende Maßnahme zu Art 34 und 35 GMV. Gemäß Art 14 MarkenRL muss im Fall einer derartigen Zeitrangbeanspruchung die Ungültigkeit oder der Verfall der den Zeitrang begründenden Marke, selbst wenn die Marke bereits Gegenstand eines Verzichts gewesen oder erloschen ist, nachträglich festgestellt werden können. Dieser Bestimmung wurde durch § 69a Abs 1 MSchG entsprochen. Hinsichtlich der Textierung ist – so die EB[117] weiter – zu bemerken, dass im Gegensatz zum Wortlaut der MarkenRL, in der das Begriffspaar „Ungültigkeit" und „Verfall" verwendet wird, im § 69a MSchG einheitlich der Begriff der „nachträglichen Feststellung der Ungültigkeit einer Marke" Verwendung findet. Dies liege darin begründet, dass einerseits auch im Bereich der nationalen beziehungsweise internationalen Marken nicht zwischen Gründen für die Löschung (Unwirksamerklärung) und solchen für einen Verfall unterschieden wird, andererseits die vorgenommene Wortwahl aber doch sofort erkennen lassen soll, ob sich das Verfahren gegen eine noch aufrecht eingetragene oder aus dem Bestand der aufrechten Marken bereits gelöschte Marke richtet. Ist ein Antrag auf Nichtigerklärung (Unwirksamerklärung) einer zeitrangbegründenden Marke innerhalb der zur Zahlung der Erneuerungsgebühr offen stehenden Nachfrist (§ 19 Abs 3 MSchG, Art 7 Abs 5 MMA bzw Art 7 Abs 4 Madrider Protokoll) bei der NA eingebracht worden und diese Marke wegen Nichtzahlung der Erneuerungsgebühr erloschen, so sei eine Fortsetzung des Verfahrens mit einem zu ändernden Antragsbegehren auf nachträgliche Feststellung der Ungültigkeit der Marke aufgrund des § 117 PatG iVm § 42 Abs 1 MSchG möglich, da aufgrund des Wirksamwerdens des Zeitranges von einem ausreichenden rechtlichen Interesse auszugehen sein werde. Diese Änderung des Antragsbegehrens stelle keine zustimmungspflichtige Klagsänderung dar.

---

[115]) Im § 69a Abs 3 MSchG wird – abweichend von der allgemeinen Regelung des § 33a MSchG – festgelegt, dass bei Anträgen auf nachträgliche Feststellung der Ungültigkeit einer Marke gemäß § 69a MSchG iVm § 33a MSchG die Benutzung der Marke innerhalb der letzten fünf Jahre vor dem Wirksamkeitszeitpunkt der Löschung wegen Verzichts des Inhabers oder wegen nicht rechtzeitiger Erneuerung maßgeblich ist und nicht auf den Tag der Antragstellung abzustellen ist. Ohne diese Sonderregelung müsste entgegen der Intention der GMV, wonach eine Gemeinschaftsmarke zur Rechtserhaltung zwar in der Gemeinschaft, aber nicht zwangsweise in jedem Mitgliedstaat der Gemeinschaft verwendet werden muss (Art 15 Abs 1 GMV), eine Gemeinschaftsmarke, für welche der Zeitrang einer nationalen oder internationalen Marke beansprucht und gemäß Art 34 Abs 2 GMV auch wirksam geworden ist, jedenfalls weiterhin immer auch in dem entsprechenden Mitgliedstaat benutzt werden, wollte man die Feststellung der nachträglichen Ungültigkeit der den Zeitrang begründenden Marke ausschließen. Daher ist auch vorgesehen, dass die nachträgliche Feststellung der Ungültigkeit der Marke auch fünf Jahre, gerechnet vom Wirksamkeitszeitpunkt der Löschung wegen Verzichts des Inhabers oder wegen nicht rechtzeitiger Erneuerung, jedoch höchstens bis zum Ablauf des fünften Jahres der Schutzdauer der nationalen beziehungsweise internationalen Marke zurückwirkt. Anders wird es sich verhalten, wenn ein Löschungsantrag gemäß § 33a MSchG nach Erlöschen der Marke während des Verfahrens vor der NA über Antrag des Antragstellers gemäß § 117 PatG iVm § 42 Abs 1 MSchG als Verfahren nach § 69a MSchG in Verbindung mit § 33a MSchG fortgesetzt wird (das Fortbestehen des Zeitranges der angefochtenen, aber nunmehr erloschenen Marke wird als ausreichendes rechtliches Interesse gemäß § 117 PatG anzusehen sein). In einem solchen Fall wird davon auszugehen sein, dass die Antragsvoraussetzungen des § 33a Abs 1 MSchG – wie es diese Bestimmung vorsieht – im Antragszeitpunkt vorgelegen sein müssen. Ebenso wird in einem derartigen Fall dem Erkenntnis eine Rückwirkung, wie sie in § 33a Abs 6 MSchG vorgesehen ist, zukommen (EB 1999, zitiert nach *Kucsko*, MSA MSchG [1999] Anm 7 zu § 69a).

[116]) EB 1999, zitiert nach *Kucsko*, MSA MSchG (1999) Anm 1 zu § 69a.

[117]) EB 1999, zitiert nach *Kucsko*, MSA MSchG (1999) Anm 1 bis 3 zu § 69a.

11.5.4. Prüfung

Das Harmonisierungsamt prüft gemäß Art 36 bis 38 GMV (Regeln 9 bis 11 GMDV), ob

- ▸ die *allgemeinen Anmeldungserfordernisse* erfüllt sind (Art 36 GMV: ob die Gemeinschaftsmarke den Erfordernissen für die Zuerkennung eines Anmeldetages nach Art 27 GMV genügt; ob die Anmeldung der Gemeinschaftsmarke den in der GMDV vorgesehenen Erfordernissen genügt; ob gegebenenfalls die Klassengebühren innerhalb der vorgeschriebenen Frist entrichtet worden sind);
- ▸ der Anmelder nach Art 5 GMV (Seite 582) *Inhaber* einer Gemeinschaftsmarke sein kann;
- ▸ ein *absolutes Eintragungshindernis* (Seite 576) vorliegt.

Vor einer Zurückweisung der Anmeldung erhält der Anmelder jeweils Gelegenheit zur *Stellungnahme* (bzw Verbesserung; Art 36 Abs 2, Art 37 Abs 2, Art 38 Abs 3 GMV; Regeln 9 bis 11 GMDV).[118] Allgemein ist der Grundsatz anerkannt, dass die Mitarbeiter der Prüfungsabteilung verpflichtet sind, mit den Antragstellern nach *Treu und Glauben* zusammenzuarbeiten, mit ihnen in Dialog zu treten und angemessene Anfragen so schnell und präzise wie möglich zu beantworten. Eine Nichtbeachtung dieser Pflicht kann das berechtigte Interesse eines Anmelders verletzen. Dessen Schutz ist ein allgemein anerkannter Rechtsgrundsatz des Gemeinschaftsrechts.[119] Sind etwa die Angaben im Waren- und Dienstleistungsverzeichnis unklar, so muss der Prüfer den Anmelder auffordern, sie – im Rahmen der ursprünglichen Angaben – klarer zu fassen und dabei eindeutig aufzeigen, welche Bedenken er im Einzelnen hat.[120]

In der Folge erstellt das Harmonisierungsamt einen *Gemeinschaftsrecherchenbericht*, in dem diejenigen ermittelten älteren Gemeinschaftsmarken oder Anmeldungen von Gemeinschaftsmarken aufgeführt werden, die gemäß Art 8 GMV gegen die Eintragung der angemeldeten Gemeinschaftsmarke geltend gemacht werden können. Die nationalen Zentralbehörden für den gewerblichen Rechtsschutz werden verständigt und können ebenfalls Recherchen durchführen. (Dafür wird an die betreffende Behörde ein Betrag gezahlt, Art 39 Abs 4 GMV.[121] In Österreich fehlen dazu noch die erforderlichen nationalen Ausführungsbestimmungen.) Das Harmonisierungsamt führt also selbst – mangels entsprechender zentral abrufbarer Register – keine Recherchen nach älteren Rechten in den einzelnen Mitgliedstaaten durch. Die Recherchenberichte werden dann an den Anmelder weitergeleitet. Es bleibt ihm überlassen, ob er die Anmeldung wegen älterer Rechte zurücknimmt oder weiterverfolgt.[122]

---

[118]) Zur Mängelbehebung vgl *Mayer*, ecolex 1996, 682. Die zweimonatige Stellungnahmefrist ist verlängerbar: Pkt 8.1.5. PrüfRL.
[119]) 1. BK 30. 4. 1999, R 143/1998-1 – Visiônace – ABl HABM 2000, 144.
[120]) 3. BK 26. 6. 2002, R 6/2002-3 – BioGeneriX – MarkenR 2002, 441.
[121]) Laut Beschluss Nr. CB-95-11 des Haushaltsausschusses: 25,-- EUR (ABl HABM 1995, 14).
[122]) Diese Recherchenregelung war ein Kompromiss zwischen dem in einzelnen Staaten bestehenden Modell einer vollen, amtswegigen Prüfung auf Bestehen älterer Rechte und einem Verfahren ohne jede Recherche und ohne

11.5.5. Veröffentlichung der Anmeldung

Sind die Erfordernisse für die Anmeldung der Gemeinschaftsmarke erfüllt und ist die Frist nach Art 39 Abs 6 GMV (1 Monat ab Übermittlung des Gemeinschaftsrecherchenberichts an den Anmelder) abgelaufen, wird die Anmeldung im „*Blatt für Gemeinschaftsmarken*" (Seite 606) veröffentlicht, soweit sie nicht gemäß Art 37 und 38 GMV zurückgewiesen wird.[123] Wird die Anmeldung nach ihrer Veröffentlichung gemäß Art 37 und 38 GMV zurückgewiesen, so wird die Entscheidung über die Zurückweisung veröffentlicht, sobald sie unanfechtbar geworden ist (Art 40 GMV; vgl auch Regel 12 GMDV). Das HABM beabsichtigt, zusätzlich auch eine monatlich erscheinende CD-ROM zu veröffentlichen, die die Daten über eingereichte Gemeinschaftsmarkenanmeldungen enthält.[124]

11.5.6. Bemerkungen Dritter und Widerspruch

Bei der Veröffentlichung der Anmeldung einer Gemeinschaftsmarke unterrichtet das Harmonisierungsamt die Inhaber älterer Gemeinschaftsmarken oder Anmeldungen von Gemeinschaftsmarken, die in dem Gemeinschaftsrecherchenbericht genannt sind, von der Veröffentlichung (Art 39 Abs 6 GMV). Auf diese Weise werden diese Inhaber älterer (Gemeinschafts-)Markenrechte daher in der Lage sein, rechtzeitig gegen die jüngere Gemeinschaftsmarkenanmeldung vorzugehen. Ein ähnliches Verständigungssystem für die Inhaber sonstiger älterer Rechte, insbesondere älterer national registrierter Marken, ist nicht vorgesehen; das wäre allenfalls Sache der nationalen Behörden, denen dies freisteht.[125]

Das Gemeinschaftsmarkenrecht bietet für das Anmeldeverfahren zwei zur rascheren Klärung der Beständigkeit einer Marke sinnvolle, im österreichischen Markenrecht nicht bestehende Rechtsbehelfe:

Bemerkungen Dritter

Natürliche oder juristische Personen sowie die Verbände der Hersteller, Erzeuger, Dienstleistungsunternehmer, Händler und Verbraucher können gemäß Art 41 GMV beim Harmonisierungsamt nach der Veröffentlichung der Anmeldung der Gemeinschaftsmarke schriftliche Bemerkungen mit der Begründung einreichen, dass die Marke von Amts wegen und insbesondere wegen eines *absoluten Eintragungshindernisses* (Art 7 GMV; Seite 577) von der Eintragung auszuschließen sei. Sie erlangen dadurch aber nicht Parteistellung. Diese Bemerkungen werden dem Anmelder mitgeteilt, der dazu Stellung nehmen kann.[126] Da derjenige, der Bemer-

---

Widerspruchsmöglichkeit; eingehender *Mak,* GRUR Int 1978, 121; *Puchberger,* GRUR Int 1978, 407; *v Mühlendahl,* GRUR Int 1989, 353 (356); *Karsch,* Economy-Fachmagazin 1990/11, 28. Zur Durchführung der Recherche: Pkt 7. PrüfRL.
[123]) Zu Details: Pkt 9. PrüfRL.
[124]) Näheres: ABl HABM 1996, 1401.
[125]) ABl HABM 1996, 612 (Pkt 14).
[126]) Näheres: Pkt 10. PrüfRL. Vgl beispielsweise: 3. BK 19. 9. 2001, R 826/2000-3 – OLDENBURGER – ABl HABM 2002, 1282.

kungen anbringt, am Verfahren nicht beteiligt ist, steht ihm auch kein Beschwerderecht zu.[127]

Widerspruch

Innerhalb von drei Monaten nach Veröffentlichung der Anmeldung der Gemeinschaftsmarke kann gegen die Eintragung der Gemeinschaftsmarke Widerspruch wegen eines *relativen Eintragungshindernisses* (Art 8 GMV; Seite 580) erhoben werden (Art 42 GMV).[128] Die absoluten Eintragungshindernisse sind hingegen nicht im Rahmen eines Widerspruchsverfahrens zu prüfen.[129]

Widerspruchsverfahren sind nicht das einzige und letzte Mittel für den Inhaber eines älteren Rechts, um Schutz gegen eine jüngere Gemeinschaftsmarke zu erlangen. Bei einem Scheitern des Widerspruchs kann der Widersprechende immer noch ein Nichtigkeitsverfahren vor der Nichtigkeitsabteilung einleiten bzw in einem Verletzungsverfahren vor einem einzelstaatlichen Gericht Löschungswiderklage erheben. Die Widerspruchsentscheidung entfaltet also keinerlei Bindungswirkung für vom Inhaber eines älteren Rechts eingeleitete Verfahren, und zwar auch dann nicht, wenn der Widerspruch aus dem einen oder anderen Grund erfolglos blieb. Der *Zweck eines Widerspruchsverfahrens* vor der Widerspruchsabteilung besteht nicht in einer endgültigen Klärung des Rechtsstreits, vielmehr soll es Dritten ein schnelles, zügiges und kostengünstiges Verfahren zur Verhinderung der Eintragung einer Gemeinschaftsmarke ermöglichen.[130]

Widerspruchsberechtigt sind: In den Fällen des Art 8 Abs 1 und 5 GMV die Inhaber der in Art 8 Abs 2 GMV genannten älteren Marken (Seite 581) sowie Lizenznehmer, die von den Inhabern dieser Marken hierzu ausdrücklich ermächtigt worden sind; in den Fällen des Art 8 Abs 3 GMV die Inhaber der dort genannten Marken (Seite 582); in den Fällen des Art 8 Abs 4 GMV die Inhaber der dort genannten älteren Marken oder Kennzeichenrechte (Seite 582) sowie Personen, die nach dem anzuwendenden nationalen Recht berechtigt sind, diese Rechte geltend zu machen. der Widerspruch kann zusammen mit dem älteren Recht übertragen werden.[131]

Der Widerspruch ist *schriftlich* einzureichen und zu *begründen*[132] (zum Inhalt der Widerspruchsschrift vgl Regel 15 bis 17 GMDV). Zu beachten ist, dass der Widerspruch in einer *Verfahrenssprache* (bzw in einer entsprechenden Übersetzung)

---

[127]) EuG 9. 4. 2003, Rs T-224/01 – NU-TRIDE.
[128]) Dazu eingehender *Heydt*, GRUR Int 1979, 123; *Preglau*, Markenregistrierung – mit oder ohne Widerspruch, ÖBl 1994, 247. Nach dem Vorschlag der Kommission für eine Änderung der GMV, um dem Beitritt der EG zum Protokoll zu ermöglichen (KOM [96] 372 endg, ABl 1996 C 300 S 11) sollen gewisse Sonderregelungen für den Widerspruch gegen internationale Registrierungen, in denen die EG benannt ist, gelten; insbesondere soll die Widerspruchsfrist hier neun Monate betragen (Art 151 GMV idF des Vorschlags). Zum Widerspruch trotz bestehender *Abgrenzungsvereinbarung*: 2. BK 30. 7. 2002, R 590/1999-2 – COMPAIR – ABl HABM 2003, 338.
[129]) EuG 9. 4. 2003, Rs T-224/01 – NU-TRIDE.
[130]) WA 7. 11. 2001, 2638/2001 – BUDWEISER – ABl HABM 2002, 396.
[131]) 2. BK 9. 9. 2002, R 425/2000-2 – SEPHORA – ABl HABM 2003, 1260.
[132]) Zur Begründungspflicht: 3. BK 29. 4. 1999, R 200/1998-3 – EDITORIAL PLANETA – ABl HABM 1999, 1526.

einzureichen ist.[133] Es obliegt dem Widersprechenden, geeignete *Nachweise* hinsichtlich des einzelstaatlichen Rechts und des Entstehens sowie des Schutzumfangs des geltend gemachten älteren Rechts zu erbringen.[134] Als Nachweis ist beispielsweise die Eintragungsurkunde vorzulegen.[135] Wird dazu lediglich ein Dokument vorgelegt, aus dem die ausstellende Behörde nicht zu ersehen ist, so genügt dies nicht.[136] Auch ein Ausdruck aus der Datenbank des Spanischen Patentamts, dem das Waren- und Dienstleistungsverzeichnis nicht zu entnehmen war, wurde als unzureichend beurteilt.[137] Gegebenfalls sind die Dokumente in die Verfahrenssprache zu übersetzen.[138] Die nach Regel 16 Abs 3 GMDV festzulegende Frist zur Einreichung des Nachweises älterer Marken ist eine Ausschlussfrist.[139] Das HABM hat für den Widerspruch *Formulare* veröffentlicht.[140] Er gilt erst als erhoben, wenn die *Widerspruchsgebühr* entrichtet worden ist (vgl Art 2 Z 5 GMGebV: 350,-- EUR). Eine Rückerstattung der Gebühr bei Rücknahme des Widerspruchs ist nicht vorgesehen.[141]

Der Inhaber der älteren Marke muss unter Umständen einen entsprechenden *Gebrauchsnachweis* erbringen (vgl Art 43 Abs 2 und 3 GMV).[142] Die Frage, ob die vom Widersprechenden nachgewiesene Benutzung ernsthaft ist, ist eine Rechtsfrage, die unter die alleinige Zuständigkeit und Entscheidungsbefugnis des Amtes fällt.[143] Da ein Benutzungsnachweis nur auf Verlangen des Anmelders zu erbringen ist, kann ihn das Amt nicht mehr als unzureichend zurückweisen, wenn sich der Anmelder mit den eingereichten Beweismitteln zufrieden gegeben hat; nur soweit

---

[133]) WA 17. 12. 1997, 6/1997 – PROFIL – ABl HABM 1998, 652. Zum Fehlen der Übersetzung von Urkunden: EuG 13. 6. 2002, Rs T-232/00 – Chef – wbl 2002, 411 = MarkenR 2002, 304 – ABl HABM 2002, 1834. Unzureichend ist eine Übersetzung bloß des Warenverzeichnisses: 4. BK 28. 8. 2002, R 370/2000-4 – PANTA – ABl HABM 2003, 1004.

[134]) WA 7. 11. 2001, 2638/2001 – BUDWEISER – ABl HABM 2002, 396; 28. 4. 2000, 920/2000 – INTERPRINT – ABl HABM 2000, 1420.

[135]) WA 26. 1. 2001, 157/2001 – INFOMAT – ABl HABM 2001, 138.

[136]) 2. BK 20. 2. 2001, R 830/1999-2 – HARDI – ABl HABM 2001, 1990.

[137]) WA 23. 6. 2000, 1331/2000 – THE AMBER NECTAR – ABl HABM 2000, 1718.

[138]) 4. BK 15. 2. 2001, R 47/2000-4 – CRIS – ABl HABM 2001, 1706; ein bloßes Glossar an Stelle einer Übersetzung genügt nicht: WA 26. 1. 2001, 157/2001 – INFOMAT – ABl HABM 2001, 138; die Übersetzung muss vollständig sein: 1. BK 11. 1. 2001, R 296/1999-1 – SPORTS EXPERTS – ABl HABM 2001, 1548; eine deutsche Meinungsumfrage bedarf bei Verfahrenssprache Englisch der Übersetzung, auch wenn die Zahlen in beiden Sprachen lesbar sind: WA 12. 12. 2000, 3006/2000 – Jägermeister – ABl HABM 2001, 764. Es bestehen allerdings keine besonderen Anforderungen an die Form der Übersetzung: 2. BK 7. 12. 2000, R 746/1999-2 – UNIPRESS – ABl HABM 2001, 1284.

[139]) 4. BK 6. 6. 2001, R 409/2000-4 – AQUAPEL – ABl HABM 2002, 84; 1. BK 11. 1. 2001, R 296/1999-1 – SPORTS EXPERTS – ABl HABM 2001, 1548. Zum Erfordernis des Einlangens bis zum Fristende: 3. BK 25. 4. 2001, R 283/1999-3 – HOLLYWOOD – ABl HABM 2002, 280.

[140]) ABl HABM 1997, 785.

[141]) 1. BK 24. 7. 2001, R 796/1999-1 – W 8 ONE – ABl HABM 2002, 814.

[142]) Zum Nachweis durch eine vom Widersprechenden selbst unterfertigte Eidesstattliche Erklärung: 4. BK 27. 8. 2002, R 644/2000-4 – MARCA – ABl HABM 2003, 374; 3. BK 11. 7. 2001, R 53/2000-3 – CONDOR – ABl HABM 2002, 780. An sich ist eine EE zulässig: 1. BK 6. 4. 2001, R 129/2000-1 – VISION – ABl HABM 2001, 2304. Zum Verweis auf Unterlagen, die bereits in einem anderen Sache vorgelegt wurden: EuG 23. 10. 2002, Rs T-388/00 – ELS – ABl HABM 2003, 188= GRUR Int 2003, 237. Eine Frist für den Nichtbenutzungseinwand ist nicht vorgesehen: 3. BK 4. 10. 2000, R 641/1999-3 – SIDI – ABl HABM 2001, 1056; vgl jedoch: BK 29. 6. 2001, R 233/2000-1 – PetSTAR – ABl HABM 2002, 888.

[143]) WA 16. 5. 2001, 1196/2001 – VELARTE – ABl HABM 2001, 2078.

zwischen den Parteien strittig ist, ob die eingereichten Beweismittel ausreichen, muss das Amt über diese Frage entscheiden.[144] Es sind Angaben betreffend den Ort, die Zeit, den Umfang und die Art der Benutzung zu machen. Diese Angaben müssen kumulativ vorliegen und einzeln nachgewiesen werden.[145] Beweismittel, die erst im Beschwerdeverfahren vorgelegt werden, obwohl bereits die Widerspruchsabteilung eine Frist zur Vorlage aufgegeben hatte, werden nicht mehr berücksichtigt.[146] Der Widersprechende muss nicht beweisen, dass die Marke während des Fünfjahreszeitraums ständig oder während eines wesentlichen Teils dieses Zeitraums benutzt wurde. Es reicht aus, wenn die Benutzung erst unmittelbar am Ende dieses Zeitraums begann, vorausgesetzt, die Benutzung war ernsthaft.[147] „Ernsthafte" Benutzung ist hier als „wirklicher Gebrauch der älteren Marke auf dem Markt, um die Aufmerksamkeit potentieller Kunden auf die unter diesem Zeichen angebotenen Waren und Dienstleistungen zu richten" zu verstehen; Art 43 Abs 3 GMV verlangt also „keinen sehr extensiven Benutzungsnachweis", wie er etwa für Art 7 Abs 3 GMV erforderlich ist.[148] Eine ernsthafte Benutzung bildet einen Gegensatz zu einer nur geringfügigen Benutzung, die nicht für die Annahme genügt, dass eine Marke auf einem bestimmten Markt wirklich und tatsächlich benützt wurde. Selbst wenn der Inhaber die Absicht hat, seine Marke wirklich zu benutzen, liegt dennoch keine ernsthafte Benutzung der Marke vor, solange diese objektiv nicht *tatsächlich, stetig und mit stabilem Erscheinungsbild des* Zeichens benutzt wird und die Verbraucher sie deshalb auch nicht als Hinweis auf die Herkunft der fraglichen Waren oder Dienstleistungen wahrnehmen können.[149] 100 Rechnungen aus den Jahren 1993 bis 1998 über Bierverkäufe unter der betreffenden Marke im Wert von mehr als 300.000,-- EUR samt Etiketten wurden beispielsweise als ausreichend beurteilt.[150] Auch Kopien der auf zwei Produkten benutzten Marke, Werbung, eine Umsatzaufstellung sowie eine eidesstattliche Erklärung des Geschäftsführers genügten.[151] Nicht erforderlich ist der Nachweis der *Benutzungsabsicht* wie ihn das englische Markenrecht kennt.[152]

Die *Mitteilung* gemäß Regel 16 Abs 1 GMDV, mit der die Eröffnung des Widerspruchsverfahrens bekannt gegeben wird, ist keine Endentscheidung und daher nicht selbständig beschwerdefähig; sie kann nur zusammen mit der Endentscheidung angefochten werden.[153] Das Widerspruchsverfahren ist *kontradiktorisch*. Es

---

[144]) 2. BK 13. 3. 2001, R 68/2000-2 – NOVEX PHARMA – ABl HABM 2001, 2258.
[145]) WA 31. 8. 2000, 1968/2000 – SUNRISE – ABl HABM 2001, 208 (hier auch zu Nachweisen durch den Gebrauch auf einer Website und durch den Abschluss von Lizenzverträgen).
[146]) 1. BK 4. 12. 2000, R 116/2000-1 – HIWATT – ABl HABM 2001, 1282.
[147]) 1. BK 19. 7. 2000, R 362/1999-1 – HERBAPURA – ABl HABM 2000, 1832.
[148]) 3. BK 11. 7. 2001, R 759/2000-3 – GRAFENWÄLDER – ABl HABM 2002, 1404. Zur Interpretation dieses Begriffs nach den verschiedenen Sprachfassungen: EuG 12. 3. 2003, T-174/01 – SILK COCOON.
[149]) EuG 12. 12. 2002, T-39/01 – HIWATT – WRP 2003, 258 = ABl HABM 2003, 790 = GRUR Int 2003, 456.
[150]) WA 23. 6. 2000, 1331/2000 – THE AMBER NECTAR – ABl HABM 2000, 1718.
[151]) 3. BK 11. 7. 2001, R 759/2000-3 – GRAFENWÄLDER – ABl HABM 2002, 1404.
[152]) NA 28. 3. 2000, C000053447/1 – TRILLIUM – ABl HABM 2001, 1574.
[153]) 2. BK 27. 7. 2000, R 53/1999-2 – AUTOLEARNING INSIDE – ABl HABM 2001, 124.

gilt daher der Grundsatz, dass nicht bestrittene Tatsachen als *zugestanden* gelten.[154] Das Amt ist nicht befugt, den Sachverhalt von sich aus zu ermitteln oder weitere Gründe in seine Entscheidung einzubeziehen, die vom Widersprechenden nicht geltend gemacht worden sind; dies hindert aber nicht, dass die Widerspruchsabteilung die Verwechslungsgefahr im Sinne des Art 8 Abs 1 lit b GMV beurteilt, obwohl sich der Widersprechende nur auf die Identität der Zeichen im Sinne des Art 8 Abs 1 lit a GMV berufen hat, zumal es sich hier nicht um zwei verschiedene Eintragungshindernisse handelt.[155] Für das *Inter-partes*-Verfahren[156] wird verlangt, dass die Fristen strikt eingehalten werden; eine gewisse „Flexibilität" ist daher nicht möglich. Nach Art 71 Abs 1 GMDV setzt eine Fristverlängerung jedenfalls voraus, dass dies von der Partei vor Ablauf der ursprünglichen Frist beantragt wird.[157]

Ergibt die Prüfung, dass die Marke für alle oder einen Teil der Waren oder Dienstleistungen, für die die Gemeinschaftsmarke beantragt worden ist, von der Eintragung ausgeschlossen ist, so wird die Anmeldung für diese Waren oder Dienstleistungen *zurückgewiesen*. Ist die Marke von der Eintragung nicht ausgeschlossen, so wird der Widerspruch zurückgewiesen.[158] Die Entscheidung über die Zurückweisung der Anmeldung wird *veröffentlicht*, sobald sie unanfechtbar geworden ist (Art 43 Abs 5 und 6 GMV). Zum Verfahren über den Widerspruch vgl auch Regeln 18 bis 22 GMDV.[159] Der Anmelder kann sich im Widerspruchsverfahren nicht damit verteidigen, dass er eine eigene ältere Marke als die Widerspruchsmarke habe. Der Anmelder müsste in diesem Fall die Marke des Widersprechenden vor der zuständigen nationalen Behörde angreifen und die Aussetzung des Widerspruchsverfahrens beantragen.[160]

Beispiele:[161]

> ▶ WA 16. 3. 2000: Interessant ist die Widerspruchsentscheidung gegen die Anmeldung „*Café EinStein*". Die Problematik um den Schutz des Namens einer berühmten, verstorbenen Persönlichkeit stellt sich in der Praxis relativ oft. Die Widersprechende machte hier umfassende Rechte am Namen ALBERT EINSTEIN geltend, so auch die „Rechte des geistigen Eigentums des verstorbenen Albert Einstein, einschließlich des Rechts, seinen Namen und seine Abbildung in Be-

---

[154]) 2. BK 13. 3. 2001, R 67/2000-2 – FLEXY – ABl HABM 2001, 2286; 2. BK 15. 12. 2000, R 222/1999-2 – ENANTYUM – ABl HABM 2001, 1464.
[155]) 2. BK 5. 12. 2000, R 165/1998-2 – ENIGMA – ABl HABM 2001, 1802.
[156]) So wird das Verfahren mit mehreren Beteiligten bezeichnet, im Unterschied zum *Ex-parte*-Verfahren mit nur einer Partei.
[157]) 1. BK 11. 7. 2000, R 562/1999-1 – NIDEK – ABl HABM 2000, 1786. Zu den Konsequenzen für Neuerungen im Beschwerdeverfahren: 1. BK 8. 2. 2002, R 472/2001-1 – BIBA – ABl HABM 2002, 1940.
[158]) Zur Möglichkeit einer vom Amt angeregten Einigung: Art 43 Abs 4 GMV und ABl HABM 1996, 612 (Pkt 15).
[159]) Zur Kostenverteilung bei Rücknahme eines Widerspruchs: 4. BK 19. 9. 2001, R 439/1999-4 – HOYA – ABl HABM 2002, 836.
[160]) 3. BK 4. 10. 2000, R 641/1999-3 – SIDI – ABl HABM 2001, 1056. Ähnlich bei einem behaupteten älteren Recht gegen die Widerspruchs-Gemeinschaftsmarke: WA 31. 5. 2000, 1130/2000 – GERSON – ABl HABM 2000, 1258.
[161]) Weitere Rsp-Beispiele zur Verwechslungsgefahr (auch aus Widerspruchsverfahren vor dem HABM) finden Sie ab Seite 403.

zug auf alle Waren und Dienstleistungen zu benutzen". Der Widerspruch ist nicht durchgedrungen.[162]

▸ 1. BK 5. 6. 2000: Der Widersprechenden gelang der Nachweis, dass das Wort „DUPLO" in Deutschland von 94,4 % der Befragten mit Schokoladenprodukten in Verbindung gebracht wird und 75,5 % der Befragten dachten, dass das Wort sich auf ein bestimmtes Unternehmen bezieht. Die Kammer beurteilte daher das Zeichen als *bekannte Marke*. Dennoch wurde der Widerspruch gegen die Anmeldung „Duplo" für Büroartikel zurückgewiesen, weil es der Widersprechenden nicht gelungen war, zu zeigen, dass der Wert ihrer Marke in irgendeiner Weise verringert wird, wenn die angemeldete Marke in Verbindung mit den beanspruchten Waren verwendet wird; eine Verwässerung erscheine als unwahrscheinlich.[163]

▸ 1. BK 12. 9. 2000: Für Duschgels und Seifen wurde die Wortmarke „GOLDSHIELD" angemeldet. Die Widerspruchsmarke „SHIELD" bestand allerdings schon seit sechs Jahren im Vereinigten Königreich neben der Marke „GOLDSHIELD" (wobei das nationale UK-Markenamt relative Eintragungshindernisse von Amts wegen prüft). Die Beschwerdekammer hat dem besonderes Gewicht beigemessen: Die Kohärenz des aus der GMV und der MarkenRL bestehenden Systems von Rechtsvorschriften über Marken könnte gefährdet werden, wenn das Amt feststellte, dass in einem bestimmten Gebiet Verwechslungsgefahr besteht, obwohl die in diesem Gebiet zuständigen nationalen Behörden bezüglich derselben Marken zu einem gegenteiligen Schluss gekommen sind. Die Verwechslungsgefahr wurde verneint.[164]

▸ WA 2. 10. 2000: 1998 kam in Deutschland der Disney-Film *„Mulan"* auf den Markt. Gestützt auf den in Deutschland bestehenden (Film-)Titelschutz hat Disney gegen die bereits 1996 angemeldete Gemeinschaftsmarke „FA MULAN" Widerspruch erhoben. Der Widerspruch wurde zurückgewiesen, weil der Nachweis eines prioritätsälteren Kennzeichenrechts (Art 8 Abs 4 GMV) nicht erbracht wurde.[165]

▸ 3. BK 25. 4. 2001: Die Widersprechende konnte die Wertschätzung ihrer Kaugummi-Marke „HOLLYWOOD" in Frankreich sowie das mit ihr verbundene Image von Gesundheit, Dynamik und Jugend nachweisen. Weiters konnte sie nachweisen, dass die Eintragung einer identen Marke „HOLLYWOOD" für die (ungleichartigen) Waren Zigaretten und Tabakwaren (nicht aber für „Zündgeräte und Streichhölzer") zu einer unlauteren Beeinträchtigung der Wertschätzung der Widerspruchsmarke führen würde. Dem Widerspruch wurde daher gemäß Art 8 Abs 5 GMV Folge gegeben.[166]

---

[162]) WA 16. 3. 2000, 506/2000 – Café EinStein – ABl HABM 2000, 988.
[163]) 1. BK 5. 6. 2000, R 802/1999-1 – Duplo – ABl HABM 2001, 18.
[164]) 1. BK 12. 9. 2000, R 415/1999-1 – GOLDSHIELD – ABl HABM 2001, 672.
[165]) WA 2. 10. 2000, 2304/2000 – FA MULAN – ABl HABM 2001, 560. Die dagegen erhobene Beschwerde wurde zurückgewiesen: 2. BK 7. 8. 2002, R 1129/2000-2, ABl HABM 2003, 950; vgl zu dieser Auseinandersetzung auch: 2. BK 7. 8. 2002, R 607/2001-2, ABl HABM 2003, 970.
[166]) 3. BK 25. 4. 2001, R 283/1999-3 – HOLLYWOOD – ABl HABM 2002, 280 (WA 25. 3. 1999, 105/1999, ABl HABM 1999, 1162).

▸ WA 18. 6. 2001:
Der auf die ältere
NF-Marke (linke
Abbildung) gestützte Widerspruch gegen die Gemeinschaftsmarkenanmeldung „mf" (Abbildung Mitte) war nicht erfolgreich, da die Verwechslungsgefahr zu verneinen war. Diese Entscheidung ist übrigens auch deshalb interessant, weil es um die Frage ging, ob die Benutzung des NF-Zeichens in königsblauer Farbe (rechte Abbildung) als Benutzung der schwarz/weiß angemeldeten Widerspruchsmarke (linke Abbildung) genügte. Die WA bejahte dies, weil die prägenden Bestandteile (stilisierte Buchstaben „NF", ovale Form und Kombination dieser beiden Merkmale) in beiden Marken übereinstimmten.[167]

11.5.7. Zurücknahme, Einschränkung und Änderung der Anmeldung

Der Anmelder kann seine Anmeldung jederzeit *zurücknehmen* oder das in der Anmeldung enthaltene Verzeichnis der Waren und Dienstleistungen *einschränken* (Art 44 GMV; vgl Regel 13 GMDV). Die Zurücknahme oder Einschränkung ist ausdrücklich und unbedingt zu erklären.[168]

Im Übrigen kann die Anmeldung der Gemeinschaftsmarke auf Antrag des Anmelders nur geändert werden, um Name und Adresse des Anmelders, sprachliche Fehler, Schreibfehler oder offensichtliche Unrichtigkeiten[169] zu berichtigen, soweit durch eine solche Berichtigung der wesentliche Inhalt der Marke nicht berührt oder das Verzeichnis der Waren oder Dienstleistungen nicht erweitert wird. Betreffen die Änderungen die Wiedergabe der Marke oder das Verzeichnis der Waren oder Dienstleistungen und werden sie nach Veröffentlichung der Anmeldung vorgenommen, so wird die Anmeldung in der geänderten Fassung veröffentlicht. Änderungen oder Berichtigungen einer Marke werden in der Praxis nur in außergewöhnlichen und begrenzten Fällen zugelassen.[170]

Beispiele:
▸ 3. BK 17. 11. 1999: Der Wechsel von der zwei- zur dreidimensionalen Form ist jedenfalls eine unstatthaft wesentliche und substanzielle Veränderung der Anmeldung.[171]
▸ 2. BK 14. 2. 2000: Die von der Anmelderin gewünschte Änderung der Anmeldung „RANIER" auf „RAINIER" wurde mit der Begründung abgelehnt, dass diese Änderung den wesentlichen Inhalt der Marke berühren würde.[172]

---

[167]) WA 18. 6. 2001, 1392/2001 – NF – ABl HABM 2002, 100.
[168]) EuG 27. 2. 2002, Rs T-219/00 – ELLOS – wbl 2002, 218 = MarkenR 2002, 98 = ABl HABM 2002, 1014 = GRUR Int 2002, 600. Vgl auch EuG 5. 3. 2003, Rs T-194/01 – eiförmige Tablette – wbl 2003, 226.
[169]) Damit sind Unrichtigkeiten zu verstehen, die ganz eindeutig berichtigt werden müssen, da ein anderer als der berichtigte Text nicht beabsichtigt gewesen sein kann; ABl HABM 1996, 612 (Pkt 16).
[170]) 2. BK 14. 2. 2000, R 196/1998-2 – RAINIER – ABl HABM 2000, 1324.
[171]) 3. BK 17. 11. 1999, R 301/1999-3 – Bremstrommel – GRUR Int 2000, 551 = MarkenR 2000, 292.
[172]) 2. BK 14. 2. 2000, R 196/1998-2 – RAINIER – ABl HABM 2000, 1324.

- 2. BK 2. 8. 2001: Die Änderung von „VALENTINE CLAVEROL" auf „VALENTI CLAVEROL" wurde nicht zugelassen.[173]
- EuG 15. 11. 2001: Die Anmelderin meldete das Markenwort TELEYE an und beantragte gemäß Art 29 GMV zugleich die Priorität der in den USA angemeldeten Marke TELEEYE. Als sie die Divergenz bemerkte, beantragte sie die Berichtigung der Anmeldung auf TELEEYE. Dies wurde als nicht missbräuchliche Berichtigung, die keine wesentliche Änderung der Marke mit sich bringt, beurteilt.[174]
- 1. BK 7. 5. 2002: Die Änderung von „Telekommunikations"-Dienstleistungen in „Verbreitung von Multimediadateien mit qualitativen Informationen über die Investmentbranche, über Investmentberater, Investmentfonds, Programme zur Investition in Grundeigentum und damit zusammenhängende Investmentangelegenheiten mittels Computernetz" wurde als zulässige Einschränkung des Verzeichnisses beurteilt.[175]

11.5.8. Eintragung und Veröffentlichung

Die Gemeinschaftsmarke konkurriert mit vielen nationalen Kennzeichenrechten. Das Risiko eines (erfolgreichen) Widerspruchs ist in der Praxis groß.

Entspricht die Anmeldung den Vorschriften und wurde nicht fristgerecht Widerspruch erhoben (oder wurde dieser rechtskräftig zurückgewiesen), so wird die Marke als Gemeinschaftsmarke eingetragen, sofern die *Eintragungsgebühr* fristgerecht entrichtet worden ist. Die Grundgebühr für die Eintragung (in drei Klassen) beträgt 1.100,-- EUR (und für die Gemeinschaftskollektivmarke 2.200,-- EUR), die Klassengebühr ab der 4. Klasse 200,-- EUR je Klasse (für die Gemeinschaftskollektivmarke 400,-- EUR je Klasse); vgl Art 2 GMGebV. Wird die Gebühr nicht fristgerecht entrichtet, so gilt die Anmeldung als zurückgenommen (Art 45 GMV). Die Eintragung wird publiziert (Regel 23 Abs 5 GMDV). Der Markeninhaber erhält eine *Eintragungsurkunde* (Regel 24 GMDV).

Für die Eintragungen führt das Harmonisierungsamt ein jedermann zur Einsicht offenstehendes *Register für Gemeinschaftsmarken* (Art 83 GMV; Regel 84 GMDV)[176]; zur *Akteneinsicht* vgl Art 84 GMV. Als Publikationsorgan wird das *Blatt für Gemeinschaftsmarken* herausgegeben[177], zusätzlich erscheint ein *Amts-*

---

[173]) 2. BK 2. 8. 2001, R 447/1999-2 – VALENTINE CLAVEROL – ABl HABM 2002, 1662.
[174]) EuG 15. 11. 2001, Rs T-128/99 – TELEYE – wbl 2002, 29 = MarkenR 2001, 487 = ABl HABM 2002, 434 = GRUR Int 2002, 528.
[175]) 1. BK 7. 5. 2002, R 517/2001-1 – SOUNDEQUITY – ABl HABM 2002, 32.
[176]) Zu den Wirkungen der Eintragungen vgl *Koppensteiner*, Wettbewerbsrecht³ § 48 RN 18ff.
[177]) Der Preis dieser Publikation ist durch Beschluss des Präsidenten, ABl HABM 1997/1, 6, bestimmt worden.

blatt (Art 85 GMV; Regeln 85 und 86 GMDV). Zur *Sprache* der Veröffentlichungen und Eintragungen vgl Art 116 GMV. Zur *Änderung der Eintragung* vgl Art 48 GMV und Regeln 25 bis 27 GMDV; zur Gebühr: Art 2 Z 25 GMGebV. Zur *Amtshilfe* vgl Art 86 GMV.[178]

11.5.9. Umwandlung in nationale Markenanmeldung

Der Anmelder oder Inhaber einer Gemeinschaftsmarke kann gemäß Art 108 GMV beantragen, dass seine Anmeldung oder seine Gemeinschaftsmarke in eine Anmeldung für eine nationale Marke umgewandelt wird,

- soweit die Anmeldung der Gemeinschaftsmarke zurückgewiesen wird oder zurückgenommen worden ist oder als zurückgenommen gilt;
- soweit die Gemeinschaftsmarke ihre Wirkung verliert.[179]

Die Umwandlung findet nicht statt,

- wenn die Gemeinschaftsmarke wegen Nichtbenutzung für verfallen erklärt worden ist, es sei denn, dass in dem Mitgliedstaat, für den die Umwandlung beantragt wird, die Gemeinschaftsmarke benutzt worden ist und dies als eine ernsthafte Benutzung im Sinne der Rechtsvorschriften dieses Mitgliedstaats gilt;
- wenn Schutz in einem Mitgliedstaat begehrt wird, in dem gemäß der Entscheidung des Harmonisierungsamtes oder des einzelstaatlichen Gerichts der Anmeldung oder der Gemeinschaftsmarke ein Eintragungshindernis oder ein Verfalls- oder Nichtigkeitsgrund entgegensteht.

Die durch „Umwandlung" entstehende nationale Markenanmeldung nimmt die *Priorität* der Gemeinschaftsmarke mit (Art 108 Abs 3 GMV). Zum *Verfahren* vgl Art 109 bis 110 GMV und Regeln 44 bis 47 GMDV; Gebühr: Art 2 Z 20 GMGebV.[180]

Mit der Markenrechts-Nov 1999 wurde die Nahtstelle dieser Umwandlungsregelung zum nationalen Markenrecht hergestellt: Das PA entscheidet über die Zulässigkeit (Art 108 Abs 2 GMV) eines gemäß Art 109 Abs 3 GMV übermittelten Antrags auf Umwandlung einer angemeldeten oder eingetragenen Gemeinschaftsmarke (§ 69b Abs 1 MSchG). Der Antragsteller hat gemäß § 69b Abs 1 MSchG nach Aufforderung durch das Patentamt innerhalb einer auf Antrag verlängerbaren Frist von zwei Monaten

---

[178]) Sowie ABl HABM 1996, 612 (Pkt 19 und 20).
[179]) Der Rat und die Kommission sind der Auffassung, dass sich der Ausdruck „die Gemeinschaftsmarke verliert ihre Wirkung" auf folgende Fälle erstreckt: Nichtverlängerung der Eintragung der Gemeinschaftsmarke (Art 47), Verzicht auf die Gemeinschaftsmarke (Art 49), Verfall der Rechte des Inhabers der Gemeinschaftsmarke und Erklärung der Nichtigkeit der Gemeinschaftsmarke (Art 54); ABl HABM 1996, 612 (Pkt 24).
[180]) Nach dem Vorschlag der Kommission für eine Änderung der GMV, um den Beitritt der EG zum Madrider Protokoll zu ermöglichen (KOM [96] 372 endg, ABl 1996 C 300 S 11) soll nicht nur die Umwandlung in nationale Marken, sondern auch in eine internationale Registrierung mit Schutzausdehnung auf einen Mitgliedstaat, der Vertragspartner des Protokolls oder des MMA ist, möglich werden (Art 154 GMV nF). Für eine Umwandlung gemäß Art 9^{quinquies} des Madrider Protokolls sollen entsprechende Regelungen gelten (Art 156 GMV nF).

- eine *Gebühr* in Höhe der Anmelde- und Klassengebühren (§ 18 Abs 1, § 63 Abs 2 MSchG) zu zahlen,
- die geforderten *Darstellungen der Marke*, bei Klangmarken überdies eine klangliche Wiedergabe der Marke auf einem Datenträger, gemäß § 16 Abs 2 MSchG vorzulegen,
- eine deutschsprachige *Übersetzung* des Umwandlungsantrags und der ihm beigefügten Unterlagen vorzulegen, wenn der Umwandlungsantrag oder die ihm beigefügten Unterlagen nicht bereits in deutscher Sprache übermittelt wurden, und,
- sofern er nicht gemäß § 61 MSchG durch einen befugten *Vertreter* vertreten ist oder einen Zustellungsbevollmächtigten namhaft gemacht hat, eine Anschrift gemäß Art 110 Abs 3c GMV bekannt zu geben.

Ergibt die Prüfung, dass gegen die Zulässigkeit der Umwandlung Bedenken bestehen, so ist der Antragsteller aufzufordern, sich binnen einer vom PA bestimmten Frist zu äußern. Wird nach rechtzeitiger Äußerung oder nach Ablauf der Frist die Unzulässigkeit der Umwandlung festgestellt oder wurde der Aufforderung gemäß § 69b Abs 2 MSchG nicht entsprochen, so ist der Umwandlungsantrag mit Beschluss zurückzuweisen (§ 69b Abs 3 MSchG).

Der Antrag ist wie eine nationale Markenanmeldung zu behandeln und – sofern der Umwandlungsantrag nicht auf einer bereits registrierten Gemeinschaftsmarke beruht, der ja bereits vor ihrer Umwandlung Schutz in Österreich zugekommen ist – auf Gesetzmäßigkeit (§ 20 MSchG) zu prüfen (§ 69c MSchG).[181] Erfolgt die *Markenregistrierung* aufgrund eines Umwandlungsantrags, so ist ein Hinweis darauf ins Register aufzunehmen (§ 17 Abs 2 MSchG). Als *Tag der Anmeldung* im Sinne des § 17 Abs 1 Z 3 MSchG (Seite 385) gilt der Anmeldetag der Gemeinschaftsmarke im Sinne des Art 27 GMV. Gegebenenfalls ist auch der gemäß Art 34 oder 35 GMV zustehende Zeitrang im Register einzutragen (§ 17 Abs 2 Z 1 MSchG).

---

[181]) Eine Ähnlichkeitsprüfung findet jedoch in jedem Fall statt (EB 1999, zitiert nach *Kucsko*, MSA MSchG [1999] Anm 1 zu § 69c).

Der Duft von Erdbeeren als Marke – Warum nicht?

update: www.geistigeseigentum.at

11.6. Wirkung der Gemeinschaftsmarke
11.6.1. Ausschließungsrecht

Die GMV stimmmt auch in den Wirkungen im Wesentlichen mit den harmonisierten nationalen Rechten überein.

Die Erwägungsgründe zur GMV betonen die *Herkunftsfunktion* der Marke. Die Gemeinschaftsmarke gewährt ihrem Inhaber ein ausschließliches Recht (Art 9 GMV). Er kann Dritten *verbieten*, ohne seine Zustimmung im geschäftlichen Verkehr

- ein mit der Gemeinschaftsmarke *identisches Zeichen* für Waren oder Dienstleistungen zu benutzen, die mit denjenigen identisch sind, für die sie eingetragen ist;
- ein Zeichen zu benutzen, wenn wegen der Identität oder *Ähnlichkeit* des Zeichens mit der Gemeinschaftsmarke und der Identität oder Ähnlichkeit der durch die Gemeinschaftsmarke und das Zeichen erfassten Waren oder Dienstleistungen für das Publikum die *Gefahr von Verwechslungen* besteht (sei es auch nur, dass das Zeichen gedanklich mit der Marke in Verbindung gebracht wird, vgl oben Seite 429);
- ein mit der Gemeinschaftsmarke identisches oder ihr ähnliches Zeichen für Waren oder Dienstleistungen zu benutzen, die *nicht* denen *ähnlich* sind, für die die Gemeinschaftsmarke eingetragen ist, wenn diese in der Gemeinschaft *bekannt* ist und die Benutzung des Zeichens die Unterscheidungskraft oder die *Wertschätzung* der Gemeinschaftsmarke ohne rechtfertigenden Grund *in unlauterer Weise* ausnutzt oder beeinträchtigt.

Sind diese Voraussetzungen erfüllt, so kann insbesondere verboten werden:

- das Zeichen auf Waren oder deren Aufmachung anzubringen;
- unter dem Zeichen Waren anzubieten, in den Verkehr zu bringen oder zu den genannten Zwecken zu besitzen oder unter dem Zeichen Dienstleistungen anzubieten oder zu erbringen;
- Waren unter dem Zeichen einzuführen oder auszuführen;
- das Zeichen in den Geschäftspapieren und in der Werbung zu benutzen.[182]

Das Recht aus der Gemeinschaftsmarke kann Dritten *erst nach der Veröffentlichung der Eintragung* entgegengehalten werden (Art 9 Abs 3 GMV). Allerdings kann unter Umständen bereits für Eingriffshandlungen, die nach der Veröffentlichung der Markenanmeldung (und noch vor deren Registrierung) vorgenommen werden, eine *angemessene Entschädigung* verlangt werden.

Eine Sonderregelung, mit der einem Agenten oder Vertreter die Benutzung der von ihm eingetragenen *Agentenmarke* untersagt werden kann, enthält Art 11 GMV.

---

[182]) Dazu haben der Rat und die Kommission festgestellt, dass dies nicht die Benutzung einer Gemeinschaftsmarke in der vergleichenden Werbung betrifft; ABl HABM 1996, 612 (Pkt 7).

Art 12 GMV sieht *Beschränkungen der Wirkungen* vor: Die Gemeinschaftsmarke gewährt ihrem Inhaber nicht das Recht, einem Dritten zu verbieten

- seinen Namen[183] oder seine Anschrift,
- Angaben über die Art, die Beschaffenheit, die Menge, die Bestimmung, den Wert, die geographische Herkunft oder die Zeit der Herstellung der Ware oder der Erbringung der Dienstleistung oder über andere Merkmale der Ware oder Dienstleistung,
- die Marke, falls dies notwendig ist, als Hinweis auf die Bestimmung einer Ware, insbesondere als Zubehör oder Ersatzteil, oder einer Dienstleistung

im geschäftlichen Verkehr zu benutzen, sofern die Benutzung den *anständigen Gepflogenheiten* in Gewerbe oder Handel entspricht. Auch diese Bestimmung ist also wieder eher wettbewerbsrechtlich ausgebildet (vgl auch oben Seite 450).

Die stets im Zentrum gemeinschaftsrechtlicher Beurteilung kennzeichenrechtlicher Ansprüche stehende Sorge, die Ausübung des Ausschließungsrechts könnte den freien Warenverkehr innerhalb der Gemeinschaft beeinträchtigen, hat auch im Rahmen der GMV (Art 13) zu einer ausdrücklichen Regelung der *Erschöpfung des Markenrechts* geführt: Der Inhaber der Gemeinschaftsmarke kann einem Dritten die Benutzung der Marke für Waren, die in der Gemeinschaft unter der Marke von ihm oder mit seiner Zustimmung in Verkehr gebracht worden sind, nicht untersagen, sofern nicht berechtigte Gründe dies rechtfertigen (insbesondere wenn der Zustand der Ware nach ihrem Inverkehrbringen verändert oder verschlechtert wurde). Zur Frage der internationalen Erschöpfung des Rechts aus der Gemeinschaftsmarke vgl Seite 452.[184]

11.6.2. Hinweis auf Markenschutz

Gelegentlich werden registrierte Marken in Wörterbüchern oder ähnlichen Nachschlagewerken wiedergegeben. Wird dabei der Eindruck einer Gattungsbezeichnung erweckt, so kann für eine Neuauflage ein Hinweis verlangt werden, dass es sich um eine eingetragene Marke handelt (Art 10 GMV; § 13 MSchG).

11.6.3. Räumlicher Schutzbereich

Die Wirkungen der Gemeinschaftsmarke erstrecken sich auf das (gesamte) Gemeinschaftsgebiet (Art 1 Abs 2 GMV).

11.6.4. Benutzung der Gemeinschaftsmarke

Auch für Gemeinschaftsmarken ist ein *Gebrauchszwang* vorgesehen:[185] Hat der Inhaber die Gemeinschaftsmarke für die Waren oder Dienstleistungen, für die sie

---

[183]) Der Rat und die Kommission sind der Auffassung, dass die Befugnis eines Dritten, seinen Namen zu benutzen, nur für natürliche Personen gilt; ABl HABM 1996, 612 (Pkt 5).

[184]) Die hM geht – mE zutreffend – davon aus, dass das Recht aus der Gemeinschaftsmarke durch ein Inverkehrbringen in einem Nicht-EU-Staat nicht erschöpft wird (*Koppensteiner*, Wettbewerbsrecht³ § 36 RN 33 und § 46 RN 7 mwN).

[185]) Eingehender *Heydt*, GRUR Int 1977, 47; *Heydt*, GRUR Int 1978, 2 und 61.

eingetragen ist, innerhalb von *fünf Jahren*, gerechnet von der Eintragung an, nicht ernsthaft in der Gemeinschaft (nach hM[186] genügt die ernsthafte Benutzung in einem einzigen Mitgliedstaat) benutzt, oder hat er eine solche Benutzung während eines ununterbrochenen Zeitraums von fünf Jahren ausgesetzt, so unterliegt die Gemeinschaftsmarke den in der GMV vorgesehenen Sanktionen, es sei denn, dass *berechtigte Gründe* für die Nichtbenutzung vorliegen (Art 15 GMV; vgl auch § 33a MSchG, Seite 501).

Als *Benutzung* gilt auch die Benutzung der Gemeinschaftsmarke in einer Form, die von der Eintragung nur in Bestandteilen abweicht, ohne dass dadurch die Unterscheidungskraft der Marke beeinflusst wird, sowie das Anbringen der Gemeinschaftsmarke auf Waren oder deren Aufmachung in der Gemeinschaft ausschließlich für den Export. Die Benutzung der Gemeinschaftsmarke mit Zustimmung des Inhabers (etwa durch einen Lizenznehmer) gilt als Benutzung durch den Inhaber.

Beispiele:

- 1. BK 22. 9. 2000: Die Benutzung des Zeichens „OMEGA" wurde nicht als eine Art der Benutzung der Marke „OMEGA-Farmaceutica" beurteilt, die deren Unterscheidungskraft nicht beeinflussen würde.[187]
- 1. BK 22. 9. 2000: Die Benutzung des Zeichens „OMEGA" in Kleinbuchstaben genügt für die Marke in Großbuchstaben.[188]
- 4. BK 26. 9. 2001: Ein Halbjahresumsatz der Markeninhaberin von 12.500,-- DM für eine Futterbeigabe wurde im Vergleich zum Jahresumsatz der Widersprechenden von 2,8 Mio DM als unzureichend beurteilt.[189]

Als *Sanktion* bei fehlender Benutzung ist die Löschung der Gemeinschaftsmarke gemäß Art 50 Abs 1 lit a GMV (Verfall) auf Antrag oder auf Widerklage im Verletzungsverfahren vorgesehen.

11.6.5. Übertragung der Rechte

Die Gemeinschaftsmarke kann, unabhängig von der Übertragung des Unternehmens, für alle oder einen Teil der Waren oder Dienstleistungen, für die sie eingetragen ist, Gegenstand eines Rechtsübergangs sein (Art 17 Abs 1 GMV; vgl § 11 Abs 1 MSchG).

Die *Übertragung des gesamten Unternehmens* erfasst grundsätzlich (abweichende Vereinbarung ist möglich) auch die Gemeinschaftsmarke (Art 17 Abs 2 GMV). Art 17 Abs 3 GMV sieht allgemein die *Schriftform* als Wirksamkeitsvoraussetzung für die Übertragung vor.[190] Der Rechtsnachfolger kann seine Rechte aus der Ge-

---

[186]) *v Mühlendahl*, FS DPA 100 Jahre Marken-Amt (1994) 215 (224); *Koppensteiner*, Wettbewerbsrecht[3] § 47 RN 9; vgl auch die übereinstimmende Auffassung von Rat und Kommission ABl HABM 1996, 612 (Pkt 10).
[187]) 1. BK 22. 9. 2000, R 386/1999-1 – OMEGA – ABl HABM 2001, 1004.
[188]) 1. BK 22. 9. 2000, R 386/1999-1 – OMEGA – ABl HABM 2001, 1004.
[189]) 4. BK 26. 9. 2001, R 578/2000-4 – HIPOVITON – ABl HABM 2002, 930.
[190]) Zu der sich daran anknüpfenden Frage, welche (nationale) Rechtsordnung anzuwenden ist vgl *Koppensteiner*, Wettbewerbsrecht[3] § 46 RN 12, § 48 RN 6ff.

meinschaftsmarke erst nach Eintragung der Übertragung in das *Register* geltend machen (Art 17 Abs 6 GMV; vgl auch Art 23 GMV). Zum Antrag auf Eintragung eines Rechtsübergangs vgl Regel 31 und 32 GMDV;[191] zur Gebühr: Art 2 Z 21 GMGebV. Besteht durch die Übertragung offensichtlich die Gefahr von *Irreführungen*, so kann die Eintragung verwehrt werden (Art 17 Abs 4 GMV). Für *Agentenmarken* besteht eine spezielle Übertragungsregelung (Art 18 GMV): Ist eine Gemeinschaftsmarke für den Agenten oder Vertreter dessen, der Inhaber der Marke ist, ohne Zustimmung des Markeninhabers eingetragen worden, so ist der Markeninhaber berechtigt, die Übertragung der Eintragung zu seinen Gunsten zu verlangen, es sei denn, dass der Agent oder Vertreter seine Handlungsweise rechtfertigt. Diese Regelungen gelten entsprechend für die Rechte aus der *Anmeldung* (Art 24 GMV).

11.6.6. Lizenzen

Die Gemeinschaftsmarke kann für alle oder einen Teil der Waren oder Dienstleistungen, für die sie eingetragen ist, und für das gesamte Gebiet oder einen Teil der Gemeinschaft Gegenstand von (ausschließlichen oder nicht ausschließlichen) Lizenzen sein (Art 22 Abs 1 GMV). Es besteht kein Schriftformerfordernis. Die Lizenzerteilung kann in das Register eingetragen werden. Zum Antrag auf Eintragung vgl Regel 33 und 34 GMDV; zur Gebühr: Art 2 Z 23 GMGebV. Zur *Wirkung* gegenüber Dritten: Art 23 GMV.[192]

11.6.7. Pfandrecht

Die Gemeinschaftsmarke kann unabhängig vom Unternehmen verpfändet werden oder Gegenstand eines sonstigen dinglichen Rechts sein (Art 19 Abs 1 GMV; zur Registrierung: Art 19 Abs 2 und Art 23 GMV).

Die Gemeinschaftsmarke kann auch Gegenstand von Maßnahmen der *Zwangsvollstreckung* sein; diese richten sich nach dem nationalen Recht des betreffenden Mitgliedstaats (Art 20 und 23 GMV).[193] Bis zum In-Kraft-Treten gemeinsamer Vorschriften für die Mitgliedstaaten auf diesem Gebiet wird eine Gemeinschaftsmarke von einem *Konkursverfahren* oder einem konkursähnlichen Verfahren nur in dem Mitgliedstaat erfasst, in dem nach seinen Rechtsvorschriften oder nach den

---

[191]) Zu den Anforderungen an den Beweis des Rechtsübergangs: 2. BK 21. 6. 2002 – MISS INTERCONTINENTAL – MarkenR 2002, 438.

[192]) Zu Art 23 Abs 1 GMV sind Rat und die Kommission der Auffassung, dass diese Bestimmung nicht in dem Sinne auszulegen ist, dass Art 15 Abs 3 GMV auf den Fall der Benutzung einer Gemeinschaftsmarke durch einen Lizenznehmer nur dann angewendet werden kann, wenn die Lizenz eingetragen ist; ABl HABM 1996, 612 (Pkt 13). Nähere Ausführungen zur Wirkung des Lizenzvertrags enthält *Koppensteiner* (Wettbewerbsrecht[3] § 48 RN 16f).

[193]) Zu Art 20 GMV sind Rat und Kommission der Auffassung, dass, soweit die nach Art 16 maßgebende Rechtsordnung eines Mitgliedstaats Regelungen über die Schranken von Maßnahmen der Zwangsvollstreckung in Vermögensgegenstände des Schuldners, wie zB bei Eingriffen in sein Persönlichkeitsrecht, enthält, diese Regelungen auch in den Fällen des Art 20 Anwendung finden; ABl HABM 1996, 612 (Pkt 11).

geltenden einschlägigen Übereinkünften das Verfahren zuerst eröffnet wird (Art 21 GMV).[194] Zur Eintragung vgl Regel 33 GMDV; zur Gebühr: Art 2 Z 23 GMGebV.

11.7. Schutzdauer

11.7.1. Schutzfrist

Die erste Schutzperiode beträgt *zehn Jahre* ab dem Tag der Anmeldung (Art 46 GMV). Die Eintragung kann jeweils um weitere *zehn Jahre* verlängert werden (Art 46 GMV).

Nachricht vom Schutzfristende: Das Amt unterrichtet den Inhaber der Gemeinschaftsmarke und die im Register eingetragenen Inhaber von Rechten an der Gemeinschaftsmarke rechtzeitig vor dem Ablauf der Eintragung; es haftet jedoch nicht für unterbliebene Unterrichtung. Der Antrag auf Verlängerung ist innerhalb eines Zeitraums von sechs Monaten vor Ablauf des letzten Tages des Monats, in dem die Schutzdauer endet, einzureichen. Innerhalb dieses Zeitraums sind auch die Gebühren zu entrichten (vgl Art 2 Z 12 bis 16 GMGebV). Der Antrag und die Gebühren können noch innerhalb einer Nachfrist von sechs Monaten eingereicht oder gezahlt werden, sofern innerhalb dieser Nachfrist eine Zuschlagsgebühr entrichtet wird (Art 47 GMV). Vgl dazu näher die Regeln 29 und 30 GMDV.

Änderungsverbot: Die Gemeinschaftsmarke darf weder während der Dauer der Eintragung noch bei ihrer Verlängerung im Register geändert werden (von diesem Grundsatz gibt es gewisse Ausnahmen für die Änderung des – in der Marke enthaltenen – Namens und der Adresse des Markeninhabers; Art 48 GMV).

11.7.2. Ende des Schutzes

Der Schutz der Gemeinschaftsmarke endet durch:
- *Zeitablauf* (Ende der Schutzdauer, s oben);
- *Verzicht* (Art 49 GMV): Auf die Gemeinschaftsmarke kann für alle oder einen Teil der Waren oder Dienstleistungen, für die sie eingetragen ist, verzichtet werden. Der Verzicht ist vom Markeninhaber dem Amt *schriftlich* zu erklären (vgl Regel 36 GMDV). Er wird erst wirksam, wenn er eingetragen ist. Ist im Register eine Person als Inhaber eines Rechts eingetragen, so wird der Verzicht nur mit Zustimmung dieser Person eingetragen. Ist eine Lizenz im Register eingetragen, so wird der Verzicht erst eingetragen, wenn der Markeninhaber glaubhaft macht, dass er den Lizenznehmer von seiner Verzichtsabsicht unterrichtet hat; die Eintragung wird nach Ablauf der in der GMDV vorgeschriebenen Frist vorgenommen;
- *Nichtigerklärung* (s unten);
- *Verfall* (Seite 616).

---

[194]) Vgl dazu die übereinstimmende Auffassung von Rat und Kommission, ABl HABM 1996, 612 (Pkt 12).

11.7.3. Nichtigerklärung

Absolute Nichtigkeitsgründe

Die Gemeinschaftsmarke kann gemäß Art 51 Abs 1 GMV auf *Antrag* beim Harmonisierungsamt (vgl Regel 37 GMDV) oder auf *Widerklage* im Verletzungsverfahren (Seite 618) für nichtig erklärt werden,

- wenn sie den Vorschriften des Art 5 GMV über den Inhaber von Gemeinschaftsmarken (Seite 582) oder des Art 7 GMV (Vorliegen eines „absoluten Registrierungshindernisses"; vgl Seite 577) zuwider eingetragen worden ist oder
- wenn der Anmelder bei der Anmeldung der Marke bösgläubig war.[195]

Ist die Gemeinschaftsmarke entgegen Art 7 Abs 1 lit b, c oder d GMV eingetragen worden, kann sie nicht für nichtig erklärt werden, wenn sie durch Benutzung im Verkehr Unterscheidungskraft für die Waren oder Dienstleistungen, für die sie eingetragen ist, erlangt hat (Art 51 Abs 2 GMV). Bei Nichtigkeitsverfahren, die auf absolute Nichtigkeitsgründe gestützt werden, ist das Amt nicht verpflichtet, nur Argumente und Beweise zu berücksichtigen, die von den Beteiligten vorgebracht werden; das Amt ermittelt den Sachverhalt vielmehr von Amts wegen.[196]

Liegt ein Nichtigkeitsgrund nur für einen Teil der Waren oder Dienstleistungen vor, für die die Gemeinschaftsmarke eingetragen ist, so kann sie nur für diese Waren oder Dienstleistungen für nichtig erklärt werden (Art 51 Abs 3 GMV).

Relative Nichtigkeitsgründe

Die Gemeinschaftsmarke wird gemäß Art 52 GMV auf *Antrag* beim Harmonisierungsamt (vgl Regel 37 GMDV) oder auf *Widerklage* im Verletzungsverfahren (Seite 618) für nichtig erklärt,

- wenn eine in Art 8 Abs 2 GMV genannte ältere Marke (Seite 581) besteht und die Voraussetzungen des Art 8 Abs 1 oder Abs 5 GMV (Seite 580) erfüllt sind;
- wenn eine in Art 8 Abs 3 GMV genannte Marke („Agentenmarke"; Seite 582) besteht und die Voraussetzungen dieses Absatzes erfüllt sind;
- wenn ein in Art 8 Abs 4 GMV genanntes älteres (nicht eingetragenes) Kennzeichenrecht (Seite 582) besteht und die Voraussetzungen dieses Absatzes erfüllt sind;[197]
- wenn ihre Benutzung aufgrund der nationalen Rechtsvorschriften über den Schutz eines sonstigen älteren Rechts und insbesondere eines Namensrechts, des Rechts an der eigenen Abbildung, des Urheberrechts oder des gewerblichen Schutzrechts nach dem für dessen Schutz maßgebenden nationalen Recht untersagt werden kann.

---

[195]) Gerade dieser generalklauselartige Löschungstatbestand bedarf der Ausfüllung durch die Spruchpraxis. *Koppensteiner* (Wettbewerbsrecht³ § 47 RN 20) bezeichnet ihn als „rätselhaft". Vgl dazu etwa den Fall NA 25. 10. 2000„ C 000479899/1 – BE NATURAL – ABl HABM 2001, 392, in dem die Bösgläubigkeit bejaht wurde; die Bösgläubigkeit verneinend: NA 16. 10. 2000, C000616979/1 – Senso di Donna – ABl HABM 2001, 368; NA 28. 3. 2000, C000053447/1 – TRILLIUM – ABl HABM 2001, 1574.

[196]) 1. BK 19. 12. 2000, 397/2000-1 – PROTEOMICS – ABl HABM 2001, 1504.

[197]) Zum Handelsnamen als älteres Recht: WA 15. 6. 2000, 1255/2000 – HELSINN – ABl HABM 2000, 1518.

Die Gemeinschaftsmarke kann allerdings dann nicht für nichtig erklärt werden, wenn der Inhaber eines der oben genannten Rechte der Eintragung der Gemeinschaftsmarke vor der Stellung des Antrags auf Nichtigerklärung oder der Erhebung der Widerklage ausdrücklich zustimmt (Art 52 Abs 3 GMV). Hat der Inhaber eines dieser Rechte bereits einen Antrag auf Nichtigerklärung der Gemeinschaftsmarke gestellt oder im Verletzungsverfahren Widerklage erhoben, so darf er nicht aufgrund eines anderen dieser Rechte, das er zur Unterstützung seines ersten Begehrens hätte geltend machen können, einen neuen Antrag auf Nichtigerklärung stellen oder Widerklage erheben (es besteht hier also eine Eventualmaxime).

Art 51 Abs 3 GMV über die *Teil-Nichtigerklärung* ist entsprechend anzuwenden.

Art 53 GMV sieht eine *Verwirkung durch Duldung* vor: Hat der Inhaber einer Gemeinschaftsmarke die Benutzung einer jüngeren Gemeinschaftsmarke in der Gemeinschaft während eines Zeitraums von *fünf* aufeinanderfolgenden *Jahren* in Kenntnis dieser Benutzung geduldet, so kann er für die Waren oder Dienstleistungen, für die die jüngere Marke benutzt worden ist, aufgrund dieser älteren Marke weder die Nichtigerklärung dieser jüngeren Marke verlangen noch sich ihrer Benutzung widersetzen, es sei denn, dass die Anmeldung der jüngeren Gemeinschaftsmarke *bösgläubig* vorgenommen worden ist. Hat der Inhaber einer in Art 8 Abs 2 GMV genannten älteren nationalen Marke (Seite 581) oder eines in Art 8 Abs 4 GMV genannten sonstigen älteren Kennzeichenrechts (Seite 582) die Benutzung einer jüngeren Gemeinschaftsmarke in dem Mitgliedstaat, in dem diese ältere Marke oder dieses sonstige ältere Kennzeichenrecht geschützt ist, während eines Zeitraums von fünf aufeinanderfolgenden Jahren in Kenntnis dieser Benutzung geduldet, so kann er für die Waren oder Dienstleistungen, für die die jüngere Gemeinschaftsmarke benutzt worden ist, aufgrund dieser älteren Marke oder dieses sonstigen älteren Kennzeichenrechts weder die Nichtigerklärung der Gemeinschaftsmarke verlangen noch sich ihrer Benutzung widersetzen, es sei denn, dass die Anmeldung der jüngeren Gemeinschaftsmarke bösgläubig vorgenommen worden ist. In diesen, in Art 53 Abs 1 und 2 GMV genannten Fällen kann der Inhaber der jüngeren Gemeinschaftsmarke sich der Benutzung des älteren Rechts nicht widersetzen, obwohl dieses Recht gegenüber der jüngeren Gemeinschaftsmarke nicht mehr geltend gemacht werden kann.[198]

Zur *Wirkung* der Nichtigkeit vgl Art 54 GMV.

Das *Verfahren* zur Erklärung des Verfalls oder der Nichtigkeit ist in Art 55 und 56 GMV geregelt (Aktivlegitimation, Rechtskraftwirkung einer nationalen Entscheidung, Prüfung des Antrags, Schriftsatzwechsel, Benutzungsnachweis für ältere

---

[198] Zu den möglichen Gründen für die Ausnahme und daher Privilegierung bekannter Marken (Art 8 Abs 5 GMV) vgl *Koppensteiner*, Wettbewerbsrecht[3] § 47 RN 23.

eigene Marke, Entscheidung). Vgl auch Regeln 38 bis 41 GMDV; zur Gebühr: Art 2 Z 17 GMGebV (700,-- EUR); zu den Kosten: Art 81, 82 GMV.[199]

Beispiel:

▸ NA 2. 7. 2001: Die Gemeinschafts-Wortmarke „THE CHALLENGER AGENCY" (geschützt für Dienstleistungen einer Werbeagentur) wurde wegen Kollision mit der älteren, ebenfalls für die Dienstleistungen einer Werbeagentur registrierten spanischen Wort-Bild-Marke „CHALLENGE" (Abbildung oben rechts) nichtig erklärt.[200]

11.7.4. Verfall

Die Gemeinschaftsmarke wird auf *Antrag* beim Harmonisierungsamt (vgl Regel 37 GMDV) oder auf *Widerklage* im Verletzungsverfahren (s unten) für verfallen erklärt (Art 50 GMV):

▸ Bei *Nichtgebrauch*: Wenn die Marke innerhalb eines ununterbrochenen Zeitraums von *fünf Jahren* in der Gemeinschaft für die Waren oder Dienstleistungen, für die sie eingetragen ist, nicht ernsthaft benutzt worden ist und keine berechtigten Gründe für die Nichtbenutzung vorliegen.
Der Verfall kann jedoch nicht geltend gemacht werden, wenn nach Ende dieses Zeitraums und vor Antragstellung oder vor Erhebung der Widerklage die Benutzung der Marke ernsthaft begonnen oder wieder aufgenommen worden ist. Wird die Benutzung jedoch innerhalb eines nicht vor Ablauf des ununterbrochenen Zeitraums von fünf Jahren der Nichtbenutzung beginnenden Zeitraums von drei Monaten vor Antragstellung oder vor Erhebung der Widerklage begonnen oder wieder aufgenommen, so bleibt sie unberücksichtigt, sofern die Vorbereitungen für die erstmalige oder die erneute Benutzung erst stattgefunden haben, nachdem der Inhaber Kenntnis davon erhalten hat, dass der Antrag gestellt oder die Widerklage erhoben werden könnte. Kein Verfallsgrund ist hingegen die fehlende *Benutzungsabsicht* wie sie das englische Markenrecht kennt.[201]

▸ Bei *Entwicklung zum Freizeichen*: Wenn die Marke infolge des Verhaltens oder der Untätigkeit ihres Inhabers im geschäftlichen Verkehr zur gebräuchlichen Bezeichnung einer Ware oder einer Dienstleistung, für die sie eingetragen ist, geworden ist;[202]

▸ Bei *Täuschungseignung*: Wenn die Marke infolge ihrer Benutzung durch den Inhaber oder mit seiner Zustimmung für Waren oder Dienstleistungen, für die sie eingetragen ist, geeignet ist, das Publikum insbesondere über die Art, die Beschaffenheit oder die geographische Herkunft dieser Waren oder Dienstleistungen irrezuführen;

---

[199]) Zur Kostenverteilung bei Rücknahme eines Widerspruchs: 4. BK 19. 9. 2001, R 439/1999-4 – HOYA – ABl HABM 2002, 836.
[200]) NA 2. 7. 2001, 106 C 000533182/1 – THE CHALLENGER AGENCY – ABl HABM 2002, 152 (mit ausführlicher Erörterung auch der Kollision mit einem spanischen Firmennamen).
[201]) NA 28. 3. 2000, C000053447/1 – TRILLIUM – ABl HABM 2001, 1574.
[202]) Vgl dazu *Marterer*, ÖBl 1993, 60.

▶ wenn der Inhaber der Marke nicht mehr die in Art 5 GMV genannten Voraussetzungen (Seite 582) erfüllt.

Liegt ein Verfallsgrund nur für einen *Teil* der Waren oder Dienstleistungen vor, für die die Gemeinschaftsmarke eingetragen ist, so wird sie nur für diese Waren oder Dienstleistungen für verfallen erklärt.

Zur *Wirkung* des Verfalls vgl Art 54 GMV.

11.8. Sanktionen

Die Rechtsdurchsetzung bei Verletzung der Rechte aus einer Gemeinschaftsmarke obliegt den nationalen Instanzen. Dazu sind „Gemeinschaftsmarkengerichte" bestimmt worden (Seite 589). Die GMV verweist zu den materiellrechtlichen und prozessualen Regelungen im Wesentlichen auf das nationale Recht (vgl Art 14 Abs 1 und Art 90 ff GMV).[203] Hier fehlt noch – abgesehen vom TRIPS-Abkommen – eine durchgreifende Harmonisierung der Rechtsvorschriften.[204] Die Sanktionen bei Verletzung der Rechte an der Gemeinschaftsmarke sind in der GMV nicht abschließend kodifiziert: Aus Art 9 iVm Art 98 Abs 1 GMV ergibt sich jedenfalls ein *Unterlassungsanspruch* (vgl oben Seite 609). Art 14 Abs 1 und 2 iVm Art 98 GMV verweist im Übrigen auf die jeweiligen nationalen Sanktionsnormen[205] (nach österreichischem Recht bestehen also insbesondere Ansprüche auf *Rechnungslegung,* Zahlung eines *angemessenen Entgelts, Herausgabe der Bereicherung, Schadenersatz, Beseitigung* und *Urteilsveröffentlichung;* vgl §§ 51 ff MSchG, Seite 520). Einen besonderen Schadenersatztatbestand enthält noch Art 9 Abs 3 GMV: Grundsätzlich kann das Recht aus der Gemeinschaftsmarke Dritten erst nach der Veröffentlichung der Eintragung der Marke entgegengehalten werden. Für Handlungen, die nach Veröffentlichung der Anmeldung einer Gemeinschaftsmarke vorgenommen werden und die nach Veröffentlichung der Eintragung aufgrund der Gemeinschaftsmarke verboten wären, besteht jedoch ein Anspruch auf eine angemessene Entschädigung. Zu *einstweiligen Verfügungen* vgl Art 99 GMV.

---

[203]) Zum Einwand der mangelnden Schutzfähigkeit der Gemeinschaftsmarke: *v Mühlendahl,* GRUR Int 1978, 317. Zu Art 14 Abs 2 GMV haben der Rat und die Kommmission erklärt: „Der Rat und die Kommission sind der Auffassung, dass die Bezugnahme auf innerstaatliche Rechtsvorschriften, insbesondere über die zivilrechtliche Haftung und den unlauteren Wettbewerb, so auszulegen ist, dass 'passing-off' eingeschlossen ist. 'Passing-off' ist ein in Ländern des Common law, wie beispielsweise im Vereinigten Königreich, gebräuchlicher Begriff. Er wird verwendet, wenn jemand Waren oder Dienstleistungen in einer Weise anbietet, die geeignet ist, die Geschäftsinteressen oder den Ruf einer anderen Person zu beeinträchtigen, beispielsweise dadurch, dass die Öffentlichkeit zu der Annahme veranlasst wird, dass es sich um Waren oder Dienstleistungen handelt, die mit dieser Person oder einer anderen Person in Verbindung stehen. Um in einer Klage wegen 'passing-off' zu obsiegen, muss der Kläger nachweisen, dass die Art und Weise, in der der Beklagte seine Waren oder Dienstleistungen anbietet, eine Verwechslungsgefahr beinhaltet und dass er durch diese Verwechslungsgefahr voraussichtlich geschädigt wird; er braucht jedoch nicht nachzuweisen, dass der Beklagte beabsichtigte, die Öffentlichkeit zu täuschen oder irrezuführen" (ABl HABM 1996, 612 [Pkt 9]). Zu Art 20 und 21 GMV vgl ABl HABM 1996, 612 (Pkt 21 und 22).

[204]) Vgl dazu *Bastian/Knaak,* GRUR Int 1993, 515.

[205]) Der Verweis auf die nationale Rechtsordnung umfasst auch deren IPR; *Koppensteiner* (Wettbewerbsrecht³ § 48 RN 5).

Im Verletzungsverfahren kann der Bestand der Marke durch eine *Widerklage* angegriffen werden. Diese ist auf Nichtigerklärung oder Verfall der Gemeinschaftsmarke gerichtet (Art 96 GMV). Zuständig ist das (nationale) Gemeinschaftsmarkengericht. Da in der Praxis dem Vorwurf einer Markenrechtsverletzung häufig der Einwand, die Klagsmarke sei eigentlich löschungsreif, entgegengehalten wird, ist damit zu rechnen, dass das Institut der Widerklage beträchtliche Bedeutung erlangen wird. Zur *Unterbrechung* des Verfahrens wegen eines Löschungsverfahrens vor dem HABM vgl Art 100 GMV.[206]

---

[206]) Dazu OGH 20. 8. 2002, 4 Ob 140/02w – Manpower IV – ÖJZ 2002, 842 = ÖJZ-LSK 2002/224, 225; OGH 29. 1. 2002, 4 Ob 21/02w – MANPOWER III – ÖBl 2003, 36 = ÖBl-LS 2002/96, 106 und 107 = RdW 2003/73.

details | markenrecht | gemeinschaftsmarke 619

Das HABM verfügt über eine hervorragende Website – ein Besuch lohnt sich.

620 statement

© Bene Büromöbel KG

UND WO WAREN SIE?

Man kann Akten in Holzkisten aufbewahren und auf dem Fensterbrett schreiben. Man kann einen Schrank mit zwei Türen bauen oder einen Holztisch mit vier Beinen zimmern. Diese Lösungen werden – mehr oder weniger – ihre Funktionen erfüllen. Weshalb also Zeit, Geld und Mühe für Design aufwenden? Bene tut dies, in einer langjährigen Tradition – und: mit großem Erfolg.

Denn Bene ist überzeugt von der beispielgebenden Kraft vorbildlicher Gestaltungs- und Einrichtungslösungen. Dem Faktor Design misst Bene daher in seiner Marketing Politik strategischen Stellenwert bei. In den Bauten und Geschäftsstellen, bei den Messepräsentationen, in den Verkaufsunterlagen und vor allem in den Einrichtungen der Kunden macht Bene diese Haltung erleb- und nachvollziehbar.

Dass diese Designhaltung auch im Bene Werbeauftritt klar zum Ausdruck kommen muss, ist die logische Folge unseres ganzheitlichen Marketing-Ansatzes. Nur wenn wir in allen unseren Aussagen bei unseren Zielgruppen ein Bild der Bene Welt erzeugen, das Designorientierung und Bewegung am Puls der Zeit vermittelt, tragen wir auch unserem Leitbild Rechnung: Bene versteht sich als Netzwerk für innovative Arbeitswelten. Unsere Aktivitäten in den Bereichen Consulting, Architektur, Design, Handel, Produktion, Logistik und Service bilden einen einzigartigen Wissenspool. Wir tragen zum Erfolg unserer Kunden bei, indem wir deren Identität – Werte, Visionen und Kultur – räumlich erlebbar gestalten. Design ist bei Bene damit ein entscheidender Wettbewerbsfaktor, der sich in jedem Fall bezahlt macht.

Um auch andere österreichischen Unternehmen zu motivieren, in der zunehmend globalen und virtuellen Welt Design als Wettbewerbsfaktor zu positionieren und als Katalysator für ihre Vorwärtsstrategien einzusetzen, habe ich den Vorsitz in der österreichischen Designstiftung übernommen.

Sollte mich mein Nachfolger einmal fragen „Und wo waren Sie?", würde meine Antwort lauten:

„In allen interessanten Märkten Europas, von Österreich und Deutschland über Großbritannien, Zentral- und Osteuropa bis in die Schweiz und die Niederlande". Denn derzeit arbeiten für uns europaweit 1210 Mitarbeiter, die motiviert und engagiert für Bene im Einsatz sind. Va bene.

◀ **Thomas BENE** ist Geschäftsführer der Bene Gruppe, verantwortlich für die Bereiche Marketing und Vertrieb international.

12. INTERNATIONALE MARKE

Überblick:
- Die „*Internationale Marke*" (= „IR-Marke") ist im Madrider Markenabkommen (MMA) geregelt.
- Die IR-Marke wird vom „*Internationalen Büro*" (WIPO, Genf) verwaltet.
- Sie ist ein „*Bündel nationaler Marken*": Aufgrund einer nationalen Marke („Ursprungsmarke") kann durch eine einzige „internationale Anmeldung" Markenschutz in einzelnen oder allen anderen Mitgliedstaaten des MMA erworben werden.
- Die Schutzdauer beträgt *20 Jahre* und ist beliebig oft verlängerbar.
- Um den Kreis der Mitgliedsländer erweitern zu können, bietet das „Madrider Protokoll zum MMA" ein zusätzliches System der internationalen Registrierung.

Literaturhinweise: *Zimbler*, Soll Österreich dem Madrider Abkommen betreffend die Unterdrückung falscher Herkunftsangaben auf Waren beitreten? JBl 1931, 452; *Kassler*, Die Umgestaltung des Madrider Abkommens betreffend die internationale Registrierung von Fabriks- oder Handelsmarken, ÖJZ 1952, 152 = JBl 1952, 84; *Sonn*, Behandlung internationaler Marken in Spanien, ÖBl 1956, 61; *Hohenecker/Friedl*, Wettbewerbsrecht (1959) 240; *Hamburger*, Die Übertragung international registrierter Marken auf zu deren Hinterlegung nicht zugelassene Personen, GRUR Ausl 1961, 224; *Hamburger*, Kritische Betrachtungen zum Madrider Markenabkommen, GRUR Ausl 1966, 379; *Ronsdorff*, Die Nizzaer Fassung des Madrider Markenabkommens aus der Sicht des Praktikers, ÖBl 1970, 14; *Barger*, Ist Art 5 MMA in Österreich anwendbar? ÖBl 1972, 56; *Dudeschek*, Probleme des Madrider Markenabkommens und der Markenprüfung, FS 75 Jahre PA (1974) 118; *Braendli*, Zwischenstaatliche Organisationen des geistigen Eigentums, ÖBl 1975, 53; *Dudeschek*, Die neue Ausführungsordnung zum Madrider Markenabkommen, ÖBl 1975, 31; *Barger*, Zur Anerkennung der Schutzwirkung verspätet erneuerter IR-Marken in Österreich, GRUR Int 1976, 164; *Straberger/Gantner*, Markenrecht und Musterschutz (1977) 169; *Friedl/Schönherr/Thaler*, Patent- und Markenrecht (1979) 517; *Rinner*, Österreichisches Handelsrecht II[2] (1982) 74; *Schönherr*, Gewerblicher Rechtsschutz und Urheberrecht (1982) RN 905.2, 943.1; *Krieger/v Mühlendahl*, Die Madrider Diplomatische Konferenz zum Abschluß eines Protokolls zum Madrider Abkommen über die internationale Registrierung von Marken, GRUR Int 1989, 734; *Karsch*, Entwicklungen im europäischen Markenrecht, Economy-Fachmagazin 1990/11, 28; *Kretschmer*, WIPO: Ausführungsordnung zum Madrider Protokoll, GRUR 1990, 431; *Kretschmer*, WIPO: Ausführungsordnung zum Madrider Protokoll, GRUR 1991, 194; *Kretschmer*; WIPO: Ausführungsordnung zum Madrider Protokoll, GRUR 1992, 836; *Liebscher*, Das Immaterialgüterrecht nach dem EWR-Abkommen, ÖBl 1992, 193; *Mayer-Dolliner*, Das internationale Netzwerk des gewerblichen Rechtsschutzes – die internationalen Verträge, in *Rafeiner*, Patente, Marken, Muster, Märkte (1993) 50; *Baeumer*, Das Deutsche Patentamt und die internationale Markenregistrierung, FS DPA 100 Jahre Marken-Amt (1994) 17; *Mayer*, „Madrid oder Alicante" – Wege der Internationalisierung des Markenrechts, ecolex 1994, 687; *Bock*, Ausgewählte Aspekte des Protokolls zum Madrider Markenabkommen und der Gemeinsamen Ausführungsordnung, GRUR Int 1996, 991; *Kunze*, Die internationale Registrierung von Marken unter der gemeinsamen Ausführungsordnung zum Madrider Markenabkommen und zum Protokoll, Mitt d deut PA 1996, 190; *Röttinger*, Neue Vorschläge der Europäischen Kommission zur Gemeinschaftsmarke und zum MMA, ecolex 1996, 767; *Zourek*, Aktueller Stand des gewerblichen Rechtsschutzes in der Europäischen Union, ÖBl 1996, 268; *Albert*, Die Neuordnung des Markenrechts: Bericht über das 10. Ringberg-Symposium des Max-Planck-Instituts vom 16. bis 21. September, GRUR Int 1997, 449; *Kunze*, Neues zum Madrider System über die internationale Registrierung von Marken – Änderungen der Ausführungsordnung zum 1. 4. 2002, FS Helm (2002).

12.1. Einleitung

12.1.1. Begriff „Internationale Marke"

Der Erwerb von Markenrechten in anderen Ländern erfordert an sich die Anmeldung der Marke bei jeder einzelnen nationalen Markenbehörde. Dieses Verfahren wird durch das Madrider Markenabkommen (MMA) weitgehend vereinfacht: An die Stelle der Anmeldung und Eintragung in jedem einzelnen Land des Madrider Verbands (mit Ausnahme des Ursprungslands) tritt die einzige Eintragung in das vom Internationalen Büro in Genf geführte Internationale Markenregister. Es ist also nur die Hinterlegung und Gebührenzahlung bei einem einzigen Amt und auch nur in einer Sprache (Französisch) erforderlich. Dadurch wird das Verfahren wesentlich vereinfacht und verbilligt. Die einheitliche Schutzdauer erleichtert in den Ländern, für die die internationale Registrierung gilt, die Evidenthaltung und die Erneuerung der Marken. Die so genannte „*Internationale Marke*" (übliche Abkürzung: „IR-Marke") ist in den beteiligten Ländern ebenso geschützt, als wäre sie dort unmittelbar hinterlegt worden.[1] Die internationale Marke ist aber nur ein „*Bündel nationaler Marken*", deren Inhalt und Schutzbereich sich in jedem der beteiligten Länder nach dessen nationalem Recht bestimmt. Durch das MMA wurde also lediglich der Registrierungsvorgang vereinfacht und vereinheitlicht, nicht aber ein einheitliches Markenrecht für das Gebiet mehrerer Staaten geschaffen, wie etwa durch die Markenunion der Benelux-Staaten oder durch das Gemeinschaftsmarkenrecht (Seite 566).

Die Marke ist der Wegweiser zum Produkt, der international verstanden wird.

12.1.2. Statistik

Ende 1980 waren 247.000 internationale Registrierungen (einschließlich Erneuerungen) in Kraft; Ende 1995 waren es 310.265, wobei sich die Registrierungen durchschnittlich auf 10 Länder erstreckten.[2] 1999 wurden 20.072 Registrierungen vorgenommen, 2000 waren es 22.968 und im Jahr 2001 waren es 23.985. Seit Beginn des Schutzsystems bis 2001 waren es insgesamt bereits über 700.000 Registrierungen.[3]

12.1.3. Rechtsquellen

Nach Art 19 PVÜ (Seite 191) haben die Verbandsländer das Recht, „einzeln untereinander" Sonderabkommen zum Schutz des gewerblichen Eigentums zu treffen, sofern diese der PVÜ nicht zuwiderlaufen. Eines dieser Sonderabkommen ist das

---

[1]) Vgl *Schönherr/Thaler*, Entscheidungen zum Markenrecht (1985) E 1 zu Art 4 MMA.
[2]) WIPO, Allgemeine Informationen (1996) 35.
[3]) Aktuelle Statistiken finden Sie auf der Website der WIPO: http://www.wipo.int.

Madrider Abkommen über die internationale Registrierung von Marken (MMA) v 14. 4. 1891, revidiert in Brüssel am 14. 12. 1900, in Washington am 2. 6. 1911, in Den Haag am 6. 11. 1925, in London am 2. 6. 1934, in Nizza am 15. 6. 1957 und zuletzt in *Stockholm* am 14. 7. 1967, geändert am 28. 9. 1979. Österreich gehört dem MMA in der Brüsseler Fassung seit 1. 1. 1909 an und hat alle folgenden Fassungen ratifiziert (die Nizzaer Fassung[4] ist für Österreich am 8. 2. 1970 in Kraft getreten, die Stockholmer Fassung am 18.8.1973[5]).

Das System des MMA hat in der Praxis große Bedeutung erlangt. Unbefriedigend blieb jedoch, dass wichtige (auch europäische) Staaten nicht beigetreten waren (insbesondere Dänemark, die skandinavischen Staaten, Großbritannien, Irland, Island, Griechenland, Türkei, USA, Japan, Australien, Kanada). Dies war eines der Motive dafür, das MMA künftig flexibler zu gestalten, um weitere Staaten zum Beitritt zu bewegen. Dazu wurde im Juni 1989 in Madrid eine Diplomatische Konferenz zum MMA abgehalten, bei der ein *Protokoll zum MMA* verabschiedet wurde.[6] Ein weiteres Anliegen dieses Protokolls ist es, die erforderlichen Querverbindungen zur Gemeinschaftsmarke (vgl Seite 566) herzustellen. Es soll auch der Europäischen Gemeinschaft ermöglicht werden, beizutreten.[7] Durch die Verbindung („link") des Systems der internationalen Registrierung nach den Regelungen des Protokolls mit dem Gemeinschaftsmarkensystem würde es den Unternehmen ermöglicht werden, mit einer einzigen Anmeldung den europäischen Schutz durch die Gemeinschaftsmarke und durch eine darauf aufbauende internationale Anmeldung den internationalen Schutz für die dem Protokoll angehörenden Drittstaaten zu erlangen. Andererseits könnten Inhaber einer internationalen Registrierung nach dem Protokoll den Schutz für ihre Marken auch im Rahmen des Gemeinschaftsmarkensystems beantragen. Diese beiden Schutzrechtssysteme könnten einander also gut ergänzen. Das Protokoll ist am 1. 12. 1995 in Kraft getreten und seit 1. 4. 1996 (übrigens der gleiche Stichtag wie für das Gemeinschaftsmarkenrecht) wirksam.[8] Österreich hat die Verpflichtung übernommen, diesem Protokoll bis zum 1. 1. 1995 beizutreten (Art 5 Protokoll 28 des EWRA).[9] Dies ist inzwischen ge-

---

[4]) BGBl 1970/45.
[5]) BGBl 1973/400 idF BGBl 1984/123; *Friedl/Schönherr/Thaler*, Patent- und Markenrecht (1979) 517 (Anm 3).
[6]) Deutscher Text: WIPO Veröffentlichung Nr 204 (G); Englischer Text abgedruckt in GRUR Int 1989, 775. Vgl dazu *Krieger/v Mühlendahl*, GRUR Int 1989, 734; *Bodewig*, GRUR Int 1989, 713; *Karsch*, Economy-Fachmagazin 1990/11, 28 (31); *Baeumer*, FS DPA 100 Jahre Marken-Amt (1994) 17; *Mayer*, ecolex 1994, 687.
[7]) Dazu erging ein „Vorschlag der Kommission für eine Entscheidung des Rates über die Genehmigung des Beitritts der EG zum Protokoll zum MMA" angenommen am 27. 6. 1989 (KOM [96] 367 endg, ABl 1996 C 293, S 11) sowie ein Vorschlag der Kommission für eine Änderung der GMV (KOM [96] 372 endg, ABl 1996 C 300 S 11), um den Beitritt der EG zum Protokoll zu ermöglichen; dazu *Röttinger*, ecolex 1996, 768; *Zourek*, ÖBl 1996, 268 (272).
[8]) Zu diesem Stichtag gehörten dem Protokoll an: China, Dänemark, Deutschland, Finnland, Kuba, Norwegen, Schweden, Spanien, Vereinigtes Königreich (WIPO, Allgemeine Informationen [1996] 36).
[9]) Es wird erwartet, dass alle Mitgliedstaaten der EU sowie Norwegen, Island und Liechtenstein, der Verpflichtung aus dem EWR-Vertrag folgend, am System des Protokolls teilnehmen werden. Ähnliche Verpflichtungen enthalten die Abkommen der EG mit den mitttel- und osteuropäischen Ländern sowie anderen Drittstaaten; vgl *Röttinger*, ecolex 1996, 767.

schehen.[10] Insgesamt umfasst der „Madrider Verband"[11] derzeit *70 Mitglieder*.[12] Mit dem Madrider Protokoll soll neben das Verfahren nach MMA ein zweites, paralleles Verfahren gestellt werden. Eine „Safeguard Clause" (Vorrangsgarantie für das MMA) stellt aber sicher, dass für jene Vertragsstaaten des Protokolls, die zugleich Mitglieder des MMA sind, die Bestimmungen des Protokolls nicht anzuwenden sind.[13] In der folgenden Darstellung des MMA in der derzeit geltenden Fassung wird bereits auf die wichtigsten Abweichungen durch das Protokoll hingewiesen.

Der Originaltext des MMA ist französisch; allerdings wurde gemäß Art 17 Abs 1 lit b MMA eine deutsche Fassung hergestellt.[14]

Nähere Durchführungsbestimmungen enthält die von der Versammlung am 18. 1. 1996 angenommene und am 1. 4. 1996 in Kraft getretene *Ausführungsordnung* (im Folgenden als „AusfO-MMA" zitiert).[15] Das *Madrider Protokoll* hat eine entsprechende Anpassung der Ausführungsordnung erfordert. Sie verzahnt die beiden Verträge (MMA und Madrider Protokoll).[16] Die AusfO-MMA zeigt eine Schwachstelle der an sich zu begrüßenden Reform: Es sind nunmehr drei Verfahrensarten (Verfahren nur nach dem MMA, Verfahren nur nach den Regeln des Protokolls oder kombinierte Verfahren)[17] zu beachten. Dazu kommen in der Praxis der internationalen Markenanmeldung noch die Regeln für die Gemeinschaftsmarke. Insgesamt ist also für den internationalen Markenschutz ein sehr komplexes Geflecht von Regelungen entstanden.

Im Übrigen ist das *MSchG* anzuwenden: Für Markenrechte, die für das Gebiet von Österreich aufgrund zwischenstaatlicher Vereinbarungen erworben werden, gilt dieses Bundesgesetz sinngemäß. Solche Marken sind außerdem auf Gesetzmäßigkeit (§ 20) zu prüfen (§ 2 Abs 2 MSchG).

---

[10]) BGBl III 1999/32.
[11]) Dies ist ein *Sonderverband* im Rahmen der PVÜ (Seite 244). Er setzt sich aus den Vertragsparteien des MMA und des Madrider Protokolls zusammen.
[12]) Übersicht über die Mitgliedstaaten: PBl 2002/3, 49. Aktueller Stand: www.wipo.int/treaties; zur Geltung für die Nachfolgestaaten der ehemaligen UdSSR, Jugoslawiens und der CSFR, vgl *Mayer-Dolliner*, in *Rafeiner*, Patente, Marken, Muster, Märkte (1993) 59.
[13]) *Baeumer*, FS DPA 100 Jahre Marken-Amt (1994) 26.
[14]) Vgl dazu *Friedl/Schönherr/Thaler*, Patent- und Markenrecht (1979) 517 (Anm 4).
[15]) Gemeinsame Ausführungsordnung zum Madrider Abkommen über die internationale Registrierung von Marken und zum Protokoll zu diesem Abkommen BGBl III 1997/109 idF BGBl III 1998/31, BGBl III 2000/208 und BGBl III 2002/270.
[16]) So plastisch *Bock*, GRUR Int 1996, 991 (992); vgl auch *Kretschmer/Much-Heckhaus*, WIPO: Ausführungsordnung zum Madrider Protokoll, GRUR 1990, 431, GRUR 1991, 194 und GRUR 1992, 836; *Baeumer*, FS DPA 100 Jahre Marken-Amt (1994) 30.
[17]) *Mayer*, ecolex 1994, 687.

12.2. Schutzgegenstand „Internationale Marke"

12.2.1. Definition der IR-Marke

Da das MMA nicht auf eine Vereinheitlichung des materiellen Gehalts der markenrechtlichen Regelungen der Mitgliedstaaten gerichtet ist, enthält es insoweit keine Bestimmungen. Welche Zeichen als Marken registriert werden können, ergibt sich somit jeweils aus den nationalen markenrechtlichen Regelungen.

12.2.2. Markenformen

Aus Regel 9 Abs 4 AusfO-MMA ist zu ersehen, dass grundsätzlich auch farbige Markenabbildungen, dreidimensionale Marken, („marque tridimensionelle", „three-dimensional mark"), Hörzeichen („marque sonore", „sound mark"), Kollektivmarken („marque collective", „collective mark"), Gütemarken („marque des certification", „certification mark"), Garantiemarken („marque de garantie", „guarantee mark") und Dienstleistungsmarken registriert werden.

12.2.3. Schutzvoraussetzungen

Zur Anwendung der allgemeinen Schutzvoraussetzungen auf IR-Marken vgl Seite 332.

12.3. Markeninhaber

Die Internationale Anmeldung steht jenen Personen offen, die

- Angehörige eines Verbandsstaates sind (Art 1 Abs 2 MMA; „Nationalitätsprinzip") sowie
- sonstigen Personen, die in einem Verbandsstaat des MMA Wohnsitz oder wirkliche Niederlassung (im Sinne des Art 3 PVÜ) haben (Art 2 MMA, „Territorialitätsprinzip").

Beispiele:

- Ein österreichischer Staatsbürger, der seinen Wohnsitz und seine Niederlassung in den USA hat, kann eine IR-Marke anmelden;
- ebenso ein Amerikaner, der eine Niederlassung in Frankreich hat.

Markeninhaber können natürliche und juristische Personen sein. Das MMA kennt sowohl *Individualmarken* als auch *Kollektivmarken* („marque collective", „collective mark", Regel 9 Abs 4 AusfO-MMA). Grundsätzlich können auch mehrere natürliche oder juristische Personen Inhaber ein und derselben IR-Marke sein (Regel 8 AusfO-MMA).

12.4. Institutionen

12.4.1. Internationales Büro

Die internationale Registrierung und die sonstigen nach dem MMA zu besorgenden Verwaltungsaufgaben obliegen dem *Internationalen Büro für geistiges Eigentum – Sekretariat der Weltorganisation für geistiges Eigentum (WIPO)* in Genf (Art 11 MMA): 34, chemin des Colombettes, 1211 Genève 20, Suisse, Tel (4122) 730 96 05.

Die *Arbeitssprache* des Internationalen Büros ist Französisch (Regel 6 Abs 1 lit a AusfO-MMA für internationale Gesuche, für die ausschließlich das Abkommen maßgeblich ist; internationale Gesuche, für die ausschließlich das Protokoll oder sowohl das Abkommen als auch das Protokoll maßgebend sind, sind je nach Vorschrift der Ursprungsbehörden in Englisch oder Französisch abzufassen, Regel 6 Abs 1 lit b AusfO-MMA).

12.4.2. Österreichisches Patentamt (PA)

Das System des MMA ist durch ein Zusammenwirken des Internationalen Büros in Genf mit den nationalen Patentämtern der Mitgliedstaaten gekennzeichnet: Die internationale Registrierung setzt die vorherige Eintragung der gleichen Marke im Ursprungsland voraus (siehe sogleich unten). Eine IR-Marke kann nur über die Markenbehörde des Ursprungslands angemeldet werden. Ist also Österreich das Ursprungsland, so ist die IR-Marke über das *Österreichische Patentamt* (PA) anzumelden. Eine wichtige Bedeutung kommt den nationalen Markenbehörden – und damit, soweit es um den Schutz der IR-Marke in Österreich geht, dem Österreichischen Patentamt – auch bei der Schutzverweigerung zu (Seite 630).

12.4.3. Gerichte

Für Eingriffsverfahren in Österreich sind dieselben Zivil- und Strafgerichte zuständig wie bei nationalen Marken (vgl Seite 520).

12.5. Registrierung

12.5.1. Ursprungsmarke

Die internationale Registrierung einer Marke setzt die *vorherige Eintragung der gleichen Marke* (so genannte „Ursprungsmarke", „Basismarke", „Heimatmarke") im *Ursprungsland* voraus (Art 1 Abs 2 MMA). Als Ursprungsland gilt jenes Mitgliedsland des MMA-Verbands, in dem der Hinterleger eine tatsächliche, und nicht nur zum Schein bestehende gewerbliche oder Handelsniederlassung hat; wenn er eine solche Niederlassung in einem Land dieses Verbands nicht hat, das Verbandsland, in dem er seinen Wohnsitz hat; wenn er auch keinen Wohnsitz in einem Verbandsland hat, das Land seiner Staatsangehörigkeit, sofern er Angehöriger eines Lands des Verbands ist (Art 1 Abs 3 MMA; vgl auch Art $6^{quinquies}$ A Abs 2 PVÜ).

Dass das MMA nicht bloß die Anmeldung, sondern bereits die *Registrierung* der Ursprungsmarke verlangt, war ein Haupthindernis für den Beitritt von Großbritannien und USA, zumal diese eine volle amtswegige Prüfung durchführen.[18] Durch dieses, länger als 6 Monate dauernde Prüfungsverfahren wäre es dann regelmäßig nicht mehr möglich gewesen, für die IR-Marke die Unionspriorität (Seite 380) in Anspruch zu nehmen. Das *Madrider Protokoll* sieht daher vor, dass schon die *Anmeldung* der Ursprungsmarke genügt.[19]

12.5.2. Anmeldestelle

Der Antrag auf Registrierung einer IR-Marke ist bei der Behörde des Ursprungslands der Marke (Seite 627) einzubringen (Art 1 Abs 2 MMA; Regel 9 Abs 1 AusfO-MMA). Ist das Ursprungsland Österreich, so ist daher die Anmeldestelle für die IR-Marke das *Österreichische Patentamt* in Wien (PA; Seite 348).

12.5.3. Formerfordernisse

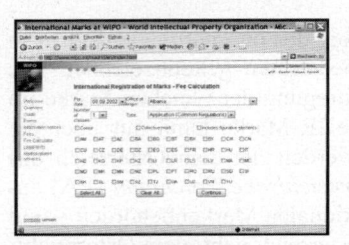

Mit dem „Fee Calculator"
stellt die WIPO ein praktisches Instrument zur Berechnung der individuellen Gebühren zur Verfügung. Sie finden ihn unter:
www.wipo.int.

Allgemein ist für Mitteilungen an das Internationale Büro müssen den Verwaltungsvorschriften entsprechen (Regel 2 AusfO-MMA). Für das Gesuch um internationale Registrierung sind *Formulare* vorgesehen (Art 3 Abs 1 MMA iVm Regel 9 Abs 2 lit a AusfO-MMA). Diese Formulare sowie ein „Merkblatt zur internationalen Markenregistrierung" sind beim PA gratis erhältlich.

Die *Waren und Dienstleistungen*, für die die IR-Marke angemeldet wird, sind geordnet nach Klassen der internationalen Klassifikation (Abkommen von Nizza; Seite 358) in französischer Sprache anzugeben (Art 3 Abs 2 MMA). Eine nachträgliche *Erweiterung* des Waren- und Dienstleistungsverzeichnisses ist nur durch Neueintragung möglich (Art 9 Abs 5 MMA; anders: § 23 Abs 2 MSchG). Die nachträgliche *Einschränkung* ist hingegen zulässig (Art 9 Abs 3 MMA; Regel 25 Abs 1 lit a/ii AusfO-MMA).

Der Schutz ist ausdrücklich für bestimmte *Länder* des Verbands („pays interessés") zu beantragen (Art 3bis MMA; zur nachträglichen Schutzausdehnung – „extension territoriale" – auf andere Länder: Art 3ter MMA, Regel 24 AusfO-MMA[20]; so genannte „Benennung", „Subsequent Designation").

---

[18]) Zu diesem Problemkreis bereits *Hamburger*, GRUR Ausl 1966, 379, mit dem Vorschlag, statt auf die Registrierung besser auf die Anmeldung abzustellen.
[19]) *Baeumer*, FS DPA 100 Jahre Marken-Amt (1994) 26.
[20]) Sofern nicht noch die Unionsprioritätsfrist offen ist, hat die Marke für solche ergänzend genannten Länder nur die (schlechtere) Priorität der späteren Eintragung (Art 3ter Abs 2 MMA); zur Gebühr für die territoriale Ausdehnung vgl Pkt 5. des Gebührenverzeichnisses der AusfO-MMA.

Zum Vermerk der *Priorität nach Art 4 PVÜ* vgl Regel 9 Abs 4 lit a/iv sowie Regel 14 Abs 2 lit i AusfO-MMA.

Die Gebühren[21] für die internationale Registrierung bestehen im Wesentlichen aus der *Grundgebühr*, einer *Zusatzgebühr* und einer *Ergänzungsgebühr*. Zusätzlich sind noch weitere Gebühren für Sonderfälle vorgesehen (für farbige Veröffentlichung, Korrektur der Klassifikation etc). Diese Gebühren sind in der Regel direkt an das Internationale Büro in Genf zu zahlen (vgl aber Regel 34 Abs 1 lit a AusfO-MMA). Ein Teil der Gebühren ist für die Mitgliedstaaten bestimmt, für die der Schutz in Anspruch genommen wird. Wenn der internationale Registrierungsdienst seine zweijährliche Schlussrechnung mit Gewinn abschließt, so wird der Reinertrag an die Mitgliedstaaten verteilt.[22] Das *Madrider Protokoll* brachte auch bei den Gebühren eine Veränderung, die es den Mitgliedstaaten ermöglicht, „individuelle Gebühren" einzuheben (diese dürfen jedoch nicht die nationalen Gebühren übersteigen).[23] Zusätzlich ist daher seit der Markenrechts-Nov 1999 an das PA eine *„Inlandsgebühr"* von 87,-- EUR zu zahlen; wird die internationale Registrierung sowohl nach dem Madrider Abkommen über die internationale Registrierung von Marken als auch nach dem Protokoll zum Madrider Abkommen über die internationale Registrierung von Marken beantragt, so ist jedenfalls nur eine Inlandsgebühr zu zahlen (§ 18 Abs 4 MSchG). Zur Berechnung der Gebühren ist der *„Fee Calculator"* auf der Website der WIPO hilfreich.

12.5.4. Priorität

Registrierungsdatum

Seit der Nizzaer Fassung des MMA erhält die Registrierung das Datum, an dem das Gesuch um internationale Eintragung bei der nationalen Behörde eingegangen ist, sofern das Internationale Büro innerhalb von zwei Monaten nach diesem Datum im Besitz dieses Gesuchs ist; ist das Gesuch nicht innerhalb dieser Frist eingegangen, so trägt es das Internationale Büro mit dem Datum ein, an dem es bei ihm eingegangen ist (Art 3 Abs 4 MMA; nähere Bestimmungen: Regel 15 AusfO-MMA).[24]

---

[21] Vgl im Einzelnen das Gebührenverzeichnis der AusfO-MMA.
[22] WIPO, Allgemeine Informationen (1996) 35: So wurden den Mitgliedstaaten 1994 mehr als 23 Mio sfr an Gebühren und rund 2,2 Mio sfr an Reinertrag für 1992/93 gutgeschrieben.
[23] *Baeumer*, FS DPA 100 Jahre Marken-Amt (1994) 27; der Vorschlag der Kommission für eine Entscheidung des Rates über die Genehmigung des Beitritts der EG zum Protokoll zum MMA, angenommen am 27. 6. 1989 (KOM [96] 367 endg, ABl 1996 C 293, S 11) sieht eine solche „individuelle" Gebühr vor, die in der Höhe zunächst den Gebühren bei direkter Anmeldung (ohne den „Umweg" über die internationale Registrierung) entsprechen soll.
[24] Zur Amtshaftung bei Fristversäumnis: OGH 25. 7. 2000, 4 Ob 1 Ob 95/00b – Internationale Markenanmeldung – ÖBl 2001, 129 = ÖJZ-LSK 2000/250 = RdW 2001/33.

Unionspriorität

Auch für IR-Marken kann die Priorität gemäß Art 4 PVÜ (Seite 380) in Anspruch genommen werden. Besonderer Förmlichkeiten (Nachweise) bedarf es nicht (Art 4 Abs 2 MMA).[25]

12.5.5. Prüfung

Prüfung durch die nationale Markenbehörde

Die Behörde des Ursprungslands (bei Anmeldung in Österreich: das Patentamt) bescheinigt gemäß Art 3 Abs 1 MMA, dass die Angaben in dem Gesuch denen des nationalen Registers entsprechen, und gibt die Daten und Nummern der Hinterlegung und der Eintragung der Marke im Ursprungsland sowie das Datum des Gesuchs um internationale Registrierung an. Danach übermittelt sie das Gesuch dem Internationalen Büro.

Gemäß Art 5bis MMA ist auch eine *Bestätigung* der nationalen Behörde für die Rechtmäßigkeit des Gebrauchs bestimmter Markenbestandteile (Wappen, Bildnisse, Titel, Namen etc) vorgesehen.

Ähnlichkeitsrecherche: International registrierte Marken (§ 2 Abs 2 MSchG), für die Schutz in Österreich beansprucht wird, sind, sofern die hiefür erforderlichen technischen und organisatorischen Voraussetzungen gegeben sind, innerhalb der für die Mitteilung der Schutzverweigerung offen stehenden Frist auf Ähnlichkeit zu prüfen; § 21 MSchG (Seite 379) ist sinngemäß anzuwenden (§ 21a MSchG).

Prüfung durch das Internationale Büro

Das Internationale Büro überprüft das Gesuch in formeller Hinsicht auf seine Übereinstimmung mit dem MMA und der AusfO-MMA, insbesondere auch die Klassifizierung und die Gebührenzahlung (Art 3 Abs 2 MMA; Regel 11–13 AusfO-MMA). In materieller Hinsicht (insbesondere Vorliegen von Registrierungshindernissen) prüft das Internationale Büro nicht.

Vor einer Zurückweisung ist die Möglichkeit der *Mängelbehebung* innerhalb der zu gewährenden Nachfrist vorgesehen. Gegen die Anordnungen des Internationalen Büros gibt es nach hM[26] kein Rechtsmittel.

12.5.6. Registrierung und Veröffentlichung

Liegt dem Internationalen Büro ein dem MMA und der AusfO-MMA entsprechendes Gesuch vor, so registriert es die Marke im *internationalen Register* (Art 3 Abs 4 MMA; Regel 14 AusfO-MMA). Zur Eintragung von Änderungen vgl Regel 25 AusfO-MMA.

---

[25]) Probleme für den Anmelder können sich daraus ergeben, dass für die IR-Marke die *Registrierung* der Basismarke erforderlich ist. Diese ist in Ländern mit Prüfung unter Umständen nicht innerhalb der Frist des Art 4 PVÜ abgeschlossen.

[26]) *Busse/Starck*, Warenzeichengesetz[6] (1990) Anm 4 zu Art 3.

Das Internationale Büro zeigt diese Eintragung unverzüglich den beteiligten Behörden an und veranlasst die Veröffentlichung in der monatlich erscheinenden Publikation „*WIPO Gazette of International Marks*" (Art 3 Abs 4 MMA; Regel 32 AusfO-MMA). Dort werden auch Veränderungen (insbesondere Erneuerungen, Berichtigungen, Löschungen, endgültige Schutzverweigerungen) publiziert. Eine weitere nationale Veröffentlichung oder Registrierung aller Daten im Ursprungsland ist im MMA nicht vorgesehen. Das PA führt jedoch ein zur Einsicht offenstehendes *Register für IR-Marken* (vgl Pkt 5 Bekanntmachung 21. 6. 2002[27]). In der Praxis hilfreich ist die Recherche mit der bei der WIPO erhältlichen *ROMARIN-CD-ROM* („Read-Only-Memory of Madrid Active Registry INformation"). *Online* wird eine Recherchenmöglichkeit unter „http://ipdl.wipo.int" angeboten.

Jede beteiligte Behörde erhält vom Internationalen Büro eine Anzahl von Stücken der Veröffentlichung der IR-Marke (Art 3 Abs 5 MMA); so genannter „*Markenbogen*".

Gegen eine entsprechende Gebühr (Pkt 8. Gebührenverzeichnis der AusfO-MMA) übermittelt das Internationale Büro *Auszüge* aus dem internationalen Register (Art 5ter MMA).

12.5.7. Schutzverweigerung

Die Behörden der interessierten Länder (also bei Benennung Österreichs als Schutzland: die Rechtsabteilung des Patentamts[28]) können der IR-Marke im Rahmen ihres innerstaatlichen Rechts den Schutz verweigern. Sie sind dabei allerdings auf die Versagungsgründe beschränkt, die einer „Telle-quelle"-Marke (Art $6^{quinquies}$ PVÜ; Seite 332) entgegengehalten werden können (Art 5 MMA; § 2 Abs 2 MSchG).[29] Der *Heimatschutz* der Marke ist nicht zu prüfen. Die Prüfung erfolgt unabhängig von der Beurteilung im Heimatland.[30] Die Beschwerdeabteilung kann auch die bloße Einschränkung des Warenverzeichnisses verlangen, dann gilt dies als Schutzverweigerung hinsichtlich aller ausgeschlossenen Waren.[31]

Der *vorläufige Schutzverweigerungsbescheid* („avis de refus provisoire") ist unter Angabe aller Gründe (Eventualmaxime)[32] dem Internationalen Büro spätestens innerhalb eines Jahres seit dem Datum der Registrierung der IR-Marke – oder der nachträglichen Schutzausdehnung (Art 3ter MMA) – mitzuteilen (Art 5 Abs 2 MMA; Regeln 16 und 17 AusfO-MMA). Das Internationale Büro übermittelt die

---

[27]) Bekanntmachung des Präsidenten des PA vom 21. 6. 2002, PBl 2002, 107.
[28]) BA 16. 10. 1997, Bm 2 und 3/97 – ANGELO LITRICO – PBl 1998, 195.
[29]) OPM 12. 12. 2001, Om 9/01 – TECTOROCK – PBl 2002, 87 = ÖBl-LS 2002/134; VwGH 18. 4. 1988, Zl 87/04/0247 – affaires – GRUR Int 1990, 156; OPM 27. 1. 1988, Om 13/86 – RENO – PBl 1989, 56 = ÖBl 1989, 73: Die Aufzählung in Art $6^{quinquies}$ PVÜ ist erschöpfend.
[30]) *Schönherr/Thaler*, Entscheidungen zum Markenrecht (1985) E 1 zu Art 5 MMA.
[31]) BA 16. 10. 1997, Bm 2 und 3/97 – ANGELO LITRICO – PBl 1998, 195.
[32]) Es können keine weiteren Gründe „nachgeschoben" werden, BGH 14. 5. 1992, I ZB 12/90 – Römigberg – WRP 1993, 9. Zur Sprache: BA 24. 9. 1985, Bm 7/85 – BEAUTY FARM – PBl 1986, 126.

Schutzverweigerungserklärung unverzüglich der Behörde des Ursprungslands und dem Inhaber der Marke (oder seinem ausgewiesenen Vertreter). Dieser hat die gleichen Rechtsmittel, wie wenn er die Marke in dem Land, in dem der Schutz verweigert wird, unmittelbar hinterlegt hätte (Art 5 Abs 3 MMA; Regel 17 Abs 4 AusfO-MMA). Der Anmelder kann eine Äußerung abgeben; ihm wird so das Parteiengehör gewährt. Der vorläufige Schutzverweigerungsbescheid des PA entspricht einem Vorbescheid. Er ist als verwaltungsbehördlicher Verbesserungsauftrag zu beurteilen.[33] Lassen sich die Bedenken der Rechtsabteilung des PA nicht zerstreuen (vgl § 20 Abs 2 MSchG), so ergeht eine *endgültige Schutzverweigerung* („avis de refus définitif"). Diese ist zu begründen.[34] Die Schutzverweigerung ist dem Internationalen Büro durch das PA in französischer Sprache mitzuteilen, der ihr zugrunde liegende Ausspruch über die Schutzverweigerung muss jedoch in deutscher Sprache erfolgen.[35] Er kann mit Beschwerde an die Beschwerdeabteilung angefochten werden (§ 36 MSchG; vgl Seite 350). Dagegen steht die VwGH-Beschwerde offen.[36]

Die einjährige Frist wurde von manchen Ländern als zu kurz kritisiert. Durch das *Madrider Protokoll* wird die Möglichkeit eröffnet, eine 18-monatige Frist (mit Sonderregelung für Widerspruchsverfahren) in Anspruch zu nehmen.[37]

Kann die Schutzverweigerung nicht erfolgreich bekämpft werden, so werden die Wirkungen der internationalen Registrierung für das betreffende Land rückwirkend beseitigt.

12.6. Wirkung der IR-Marke

12.6.1. Schutz nach nationalem Recht

Die IR-Marke ist in jedem der beteiligten Vertragsländer ebenso geschützt, wie wenn sie dort unmittelbar hinterlegt worden wäre (Art 4 Abs 1 MMA). Inhalt und Umfang des Schutzes richten sich nach dem nationalen Recht des jeweiligen Verbandsstaats, in Österreich daher nach dem MSchG (zur *„Doppeleintragung"* vgl Art 4bis MMA[38]; § 2 Abs 2 MSchG).

12.6.2. Verhältnis zur Ursprungsmarke

Der Bestand der Ursprungsmarke ist nicht nur Voraussetzung für die Eintragung der IR-Marke, sondern während der ersten *fünf Jahre* auch für deren Weiterbestehen (Art 6 MMA; Grundsatz der *„Akzessorietät"*): Erlischt nämlich innerhalb von fünf Jahren vom Zeitpunkt der internationalen Registrierung an die Ursprungsmarke, so verliert auch die IR-Marke den Schutz für alle beteiligten Länder. Die Frist

---

[33] BA 16. 10. 1997, Bm 2 und 3/97 – ANGELO LITRICO – PBl 1998, 195.
[34] BA 16. 10. 1997, Bm 2 und 3/97 – ANGELO LITRICO – PBl 1998, 195.
[35] VwGH 10. 6. 1983 – Foen-Salon – ÖBl 1984, 117 mit Anm *Sonn*.
[36] VwGH 18. 4. 1988, Zl 87/04/0247 – affaires – GRUR Int 1990, 156.
[37] *Baeumer*, FS DPA 100 Jahre Marken-Amt (1994) 27.
[38] Vgl dazu *Schönherr/Thaler*, Entscheidungen zum Markenrecht (1985) E 1 und 2 zu Art 4bis MMA.

ist gewahrt, wenn innerhalb der 5-Jahres-Frist Klage erhoben wird und die Klage Erfolg hat. Durch einen erfolgreichen, fristgerechten Angriff auf die Basismarke kann also die IR-Marke in allen beteiligten Ländern auf einfache Weise zu Fall gebracht werden (so genannte „attaque centrale"). Erst nach Ablauf der 5-Jahres-Frist wird die IR-Marke von der Ursprungsmarke unabhängig.

Das *Madrider Protokoll* schränkt die Konsequenzen der „attaque centrale" ein: Der Inhaber der angegriffenen IR-Marke erhält die Möglichkeit, in den Ländern, auf die der Schutz der IR-Marke erstreckt werden sollte, nationale Anmeldungen einzureichen, die dann die Priorität der untergegangenen IR-Marke erhalten (so genannte „Transformation").[39]

Mit der Markenrechts-Nov 1999 wurde die Nahtstelle dieser Umwandlungsregelung zum nationalen Markenrecht hergestellt: Erfolgt die Markenregistrierung aufgrund eines Umwandlungsantrags, so ist ein Hinweis darauf ins Register aufzunehmen (§ 17 Abs 2 MSchG). Beruht die Markenregistrierung auf einem Umwandlungsantrag gemäß Art 9^{quinquies} des Madrider Protokolls, so gilt als Tag der Anmeldung im Sinne des § 17 Abs 1 Z 3 MSchG (Seite 385) das Datum der internationalen Registrierung im Sinne des Art 3 Abs 4 oder das Datum der Eintragung der territorialen Ausdehnung im Sinne des Art 3ter Abs 2 Madrider Protokoll. Gegebenenfalls ist auch der der Marke gemäß Art 4bis Madrider Protokoll zukommende Zeitrang im Register einzutragen (§ 17 Abs 2 Z 2 MSchG). Im MMA ist keine Möglichkeit der Umwandlung vorgesehen, sodass sich die Aufnahme entsprechender Bestimmungen im vorliegenden Zusammenhang erübrigt.[40]

Ein Antrag auf Umwandlung einer internationalen Registrierung ist als solcher zu bezeichnen und hat die Nummer der internationalen Registrierung zu enthalten (§ 70 Abs 1, erster Satz MSchG). Darüber hinaus sind innerhalb einer über Antrag verlängerbaren Frist von zwei Monaten

- eine Bescheinigung des Internationalen Büros der Weltorganisation für geistiges Eigentum im Original oder in beglaubigter Kopie, aus der sich die Marke und die Waren oder Dienstleistungen ergeben, auf die sich der Schutz der internationalen Registrierung bis zum Zeitpunkt der Löschung im internationalen Register auf das Gebiet der Republik Österreich erstreckt hatte, und
- eine deutschsprachige Übersetzung aller Unterlagen, sofern sie nicht in deutscher Sprache abgefasst sind,

vorzulegen. Entspricht der Antrag nicht den genannten Voraussetzungen, ist er mit Beschluss zurückzuweisen (§ 70 Abs 1 MSchG).

Der Antrag ist wie eine nationale Markenanmeldung zu behandeln und mit Ausnahme des im § 70 Abs 3 MSchG geregelten Falles auf Gesetzmäßigkeit (§ 20 MSchG) zu prüfen (§ 70 Abs 2 MSchG). Betrifft der Antrag eine internationale Registrierung, bei der zum Zeitpunkt der Löschung die Frist zur Schutzverweige-

---

[39]) *Baeumer*, FS DPA 100 Jahre Marken-Amt (1994) 29.
[40]) EB 1999, zitiert nach *Kucsko*, MSA MSchG (1999) Anm 4 zu § 17

rung gemäß Art 5 Abs 2 Madrider Protokoll bereits ungenützt verstrichen ist, so ist die Marke nicht auf Gesetzmäßigkeit (§ 20 MSchG) zu prüfen (§ 70 Abs 3 MSchG). Die Gebühren sind wie für eine nationale Markenanmeldung zu entrichten, gegebenenfalls sind die erforderlichen Markenbilder vorzulegen und es ist allenfalls ein Vertreter zu bestellen bzw ein Zustellungsbevollmächtigter mit inländischem Wohnsitz namhaft zu machen. Die Ähnlichkeitsprüfung gemäß § 21 MSchG ist durchzuführen.[41]

12.6.3. Übertragung der Rechte

Eine IR-Marke kann wirksam nur auf solche Personen übertragen werden, die ihrerseits eine IR-Marke erwerben könnten (Art 9bis Abs 2 MMA). *Teilübertragungen* sowohl für einzelne der beteiligten Länder (Art 9ter Abs 2 MMA) als auch für Teile des Waren- und Dienstleistungsverzeichnisses sind möglich: In diesem Fall können es allerdings die einzelnen Vertragsländer ablehnen, die Gültigkeit der Übertragung anzuerkennen, wenn die Waren oder Dienstleistungen des übertragenen Teils denjenigen, für welche die Marke zu Gunsten des Übertragenden eingetragen bleibt, gleich oder gleichartig sind (Art 9ter Abs 1 MMA). Über die Rechtsgültigkeit der Übertragung einer IR-Marke entscheidet das nationale Recht.[42]

12.6.4. Lizenzen

Die *Lizenzerteilung* ist – wie bei nationalen Marken (vgl Seite 469) – möglich.[43] Das MMA enthält dazu keine Regelungen, insbesondere ist die Eintragung von Lizenzen in das internationale Register nicht vorgesehen (anders § 28 Abs 1 MSchG).

12.7. Schutzdauer
12.7.1. Erste Schutzperiode

Die Schutzdauer für eine IR-Marke beträgt zunächst 20 Jahre (Art 6 Abs 1 MMA). Bei der Erstanmeldung sind die Gebühren in zwei Raten für je zehn Jahre zu entrichten (Regel 10 Abs 1 AusfO-MMA). Die Laufzeit ist nach hM[44] vom Registrierungsdatum (vgl Art 3 MMA) an zu berechnen.

Das *Madrider Protokoll* sieht nur noch eine 10-jährige Schutzdauer vor.

---

[41]) EB 1999, zitiert nach *Kucsko*, MSA MSchG (1999) Anm 2 zu § 70
[42]) Zum Klagerecht des Erwerbers vor der Umschreibung: OGH 25. 4. 1995, 4 Ob 3/95 – Wirobit – ÖBl 1995, 230 = ZfRV 1995/41 = GRUR Int 1996, 1234.
[43]) Zur Klagslegitimation aus Lizenz an IR-Marke vgl etwa OGH 14. 4. 1970, 4 Ob 315/70 – BOBBIE – ÖBl 1970, 126; OGH 5. 12. 1972, 4 Ob 352/72 – Venyl – ÖBl 1973, 90. Zur Klagslegitimation vgl auch oben Seite 469.
[44]) *Busse/Starck*, Warenzeichengesetz[6] Anm 1 zu Art 6.

12.7.2. Erneuerung

Die Registrierung kann immer wieder für weitere 20 Jahre, gerechnet vom Ablauf des vorhergehenden Zeitabschnitts an, *durch einfache Zahlung* der Gebühr erneuert werden (Art 7 MMA). Diese Zahlung erfolgt grundsätzlich direkt an das Internationale Büro (vgl im Detail: Regel 34 AusfO-MMA). Sechs Monate vor Ablauf der Schutzfrist *erinnert* das Internationale Büro den Markeninhaber und seinen Vertreter durch eine „offiziöse" Mitteilung an den Ablauf der Schutzfrist (Art 7 Abs 4 MMA; Regel 29 AusfO-MMA). Die Erneuerungsgebühren entsprechen den Gebühren bei Ersteintragung (Pkt 6. Gebührenverzeichnis der AusfO-MMA). Sie müssen spätestens an dem Datum, an dem die Erneuerung der internationalen Registrierung fällig ist, gezahlt werden (Regel 30 Abs 1 AusfO-MMA). Art 7 Abs 5 MMA sieht eine Nachfrist von sechs Monaten vor (in diesem Fall ist allerdings eine „Zuschlagsgebühr" zu entrichten).

Diese „Erneuerung" ist keine Begründung eines neuen Rechts, sondern eine *Verlängerung* der Schutzdauer.[45] Deshalb muss die Marke auch unverändert bleiben (Art 7 Abs 2 MMA; eine Einschränkung des Verzeichnisses der Schutzländer oder des Warenverzeichnisses ist jedoch möglich). Vor dem Wirksamwerden der Nizzaer Fassung konnte eine IR-Marke nur durch Neueintragung erneuert werden. Sie erhielt eine neue Nummer. Die Priorität einer früheren IR-Marke ergab sich nur aus dem Hinweis auf internationale Vorregistrierungen.

Die Erneuerung wird in das internationale Register eingetragen und in „Les Marques Internationales" *veröffentlicht* (Regel 31 und 32 AusfO-MMA).

12.7.3. Ende des Schutzes

Der Schutz der IR-Marke endet durch:

> *Zeitablauf* (Ende der Schutzdauer; Seite 476).
> *Verzicht* (Art 8bis MMA): Der Inhaber der IR-Marke kann jederzeit durch eine an die Behörde seines Landes (für Österreich: PA) gerichtete Erklärung auf den Schutz in einem oder in mehreren Vertragsländern verzichten (unzulässig ist nach hM[46] der Verzicht auf einen Teil der Marke). Der Verzicht wird dann über das Internationale Büro den betreffenden Ländern mitgeteilt.[47] Auf die Ursprungsmarke, die vom Schutz der IR-Marke nicht umfasst ist, erstreckt sich dieser Verzicht nicht; hierfür gelten die jeweiligen nationalen Vorschriften. Auch die nachträgliche Einschränkung des Waren- und Dienstleistungsverzeichnisses ist zulässig (Art 9 Abs 3 MMA).[48] Form und Inhalt des Gesuchs um Eintragung einer Änderung bestimmen sich nach Regel 25 AusfO-MMA.

---

[45]) HM, *Busse/Starck*, Warenzeichengesetz⁶ (1990) Anm 1 zu Art 7; *Baumbach/Hefermehl*, Warenzeichenrecht¹² (1985) Anm 1 zu Art 7.
[46]) *Busse/Starck*, Warenzeichengesetz⁶ (1990) Anm 1 zu Art 8bis.
[47]) *Schönherr/Thaler*, Entscheidungen zum Markenrecht (1985) E 1 zu Art 8bis MMA. Zum Wirksamwerden mit dem Einlangen: OPM 29. 3. 2000, Om 5/99 – FINALE – PBl 2000, 113 = ÖBl-LS 00/101.
[48]) Da die Erklärung gegenüber der Behörde des Ursprungslandes abzugeben ist, kann in einem Löschungsverfahren vor dem PA die Einschränkung des Warenverzeichnisses einer IR-Marke nicht wirksam erklärt werden (vgl NA 26. 11. 1959, Nm 56/58, PBl 1960, 134).

- *Wegfall der Ursprungsmarke* während der Abhängigkeit (Art 6 Abs 3 MMA, Seite 632; zur Mitteilungspflicht des nationalen PA: Art 9 MMA).
- *Unwirksamerklärung:* In den einzelnen Ländern kann die IR-Marke nach den jeweiligen nationalen Vorschriften unter Beachtung des Telle-quelle-Prinzips (Seite 332) durch Dritte angefochten werden (Seite 477).

Löschungen werden in „Les Marques Internationales" veröffentlicht (Regel 32 AusfO-MMA).

12.7.4. Nichtigerklärung

Dafür gelten die jeweiligen nationalen Regelungen unter Beachtung des telle-quelle-Prinzips (Seite 332). Form und Inhalt der Mitteilung über die Ungültigerklärung sind in Regel 19 AusfO-MMA näher bestimmt.

12.8. Sanktionen

Die Ansprüche bei Rechtsverletzungen sowie das Verletzungsverfahren richten sich bei IR-Marken nach den jeweiligen nationalen Vorschriften (vgl Seite 520). Trotz der *Harmonisierungsbemühungen* innerhalb der EU (vgl Seite 240) ist man derzeit von einer Vereinheitlichung der nationalen Regelungen zur Durchsetzung der Markenrechte noch weit entfernt. Die MarkenRL enthält dazu keine Vorgaben. Die materiellrechtlichen Ansprüche bei Verletzungen des jeweiligen „nationalen Teils" einer IR-Marke sowie die nationalen Verfahrensregeln für den Markenverletzungsprozess bleiben also bis auf weiteres uneinheitlich.[49]

Die Gerichte haben im Verletzungsverfahren die Schützbarkeit des „österreichischen Teils" einer IR-Marke selbständig zu beurteilen, sind dabei aber an die Voraussetzungen des Art $6^{quinquies}$ PVÜ gebunden. Umstände, die eine amtswegige Schutzverweigerung durch die österreichischen Markenbehörden nicht rechtfertigen könnten, dürfen auch vom Gericht im Eingriffsverfahren nicht zum Nachteil des klagenden Markeninhabers berücksichtigt werden.[50]

Beispiel:

- OGH 11. 5. 1976: Der Kläger machte einen Unterlassungsanspruch aus einer IR-Marke, die auch für Österreich Schutz genießt, geltend. Dabei war von den österreichischen Gerichten zu prüfen, ob der Schutz in Österreich tatsächlich besteht. Der Einwand aber, dass dieser „österreichische Teil" der IR-Marke deshalb nicht geschützt sei, weil ein markenfähiges Unternehmen (§ 3 MSchG) fehle, konnte nicht durchdringen, zumal die Basismarke in Frankreich nach wie vor aufrecht war und die Gerichte daher von einer „vorschriftsmäßigen Eintragung" im Sinne des Art $6^{quinquies}$ PVÜ auszugehen hatten. Das Fehlen eines markenberechtigten Unternehmens begründete auch keinen Verstoß gegen die „öffentliche

---

[49]) *Bastian/Knaak,* Der Markenverletzungsprozeß in Ländern der Europäischen Gemeinschaft – Ergebnisse einer rechtstatsächlich-rechtsvergleichenden Untersuchung, GRUR Int 1993, 515.
[50]) Vgl dazu Seite 631; OGH 11. 5. 1976, 4 Ob 369, 370/75 – Smile – ÖBl 1976, 124 = EvBl 1977/17.

Ordnung" im Sinne des Art 6^{quinqies} PVÜ. Es war daher vom vollen markenrechtlichen Schutz dieser IR-Marke für Österreich auszugehen.[51]

Ein Instrument, drei Ebenen: Nationaler / gemeinschaftsweiter / internationaler Markenschutz.

---

[51]) OGH 11. 5. 1976, 4 Ob 369, 370/75 – Smile – ÖBl 1976, 124 = EvBl 1977/17.

Die Aufgabe der Vollendung des europäischen Binnenmarkts im Bereich der Immaterialgüterrechte

Art 14 des EG-Vertrages sieht einen Raum ohne Binnengrenzen vor, in dem ua auch mit Immaterialgüterrechten „behaftete" Waren und Dienstleistungen nach einheitlichen Regeln frei zirkulieren können. Der Gemeinschaftsgesetzgeber ist daher in Wahrnehmung dieses Binnenmarktmandats aufgefordert, im Wege der Rechtsangleichung und -vereinheitlichung bestehende Handelsschranken und Wettbewerbsverzerrungen fortschreitend zu beseitigen.

Aufgrund unterschiedlicher rechtlicher Traditionen und politischer Interessenlagen der EG-Mitgliedstaaten ist dies eine äußerst schwierige Aufgabe. Mit dem EU-Beitritt einzelner mittel- und osteuropäischer Staaten sowie Maltas und Zyperns wird dieses Unterfangen nicht leichter werden, wenngleich diese Länder schon seit längerem aufgrund bilateraler Vereinbarungen zur Herstellung eines dem Gemeinschafts-Acquis „ähnlichen" Standards verpflichtet waren.

Die urheber- und leistungsschutzrechtlichen Bestimmungen der Mitgliedstaaten wurden in den letzten zehn Jahren durch eine Anzahl vertikaler Richtlinien harmonisiert. Die Palette dieser Gemeinschaftsgesetzgebung betrifft Werkskategorien wie Computerprogramme und Datenbanken, aber etwa auch spezifische Probleme wie die Schutzdauer oder Satellitenrundfunk und Kabelweitersendung. Demgegenüber sieht die Vermietrechtsrichtlinie eher einen horizontalen Ansatz vor, indem sie für verschiedene Leistungsschutzrechte einheitliche Bestimmungen vorschreibt. Dieser „Approach" wird auch mit der Richtlinie über Urheberrecht und Leistungsschutzrechte in der Informationsgesellschaft verfolgt. Eine solche Vorgehensweise hat den Vorteil, dass im Umfeld der Informationsgesellschaft ein Flickenteppich punktueller Regelungen vermieden wird. Der Nachteil besteht darin, dass wegen der Erfassung einer Vielzahl unterschiedlicher Fallgestaltungen, die nicht alle Internet-spezifisch sind, bei der Regelungsdichte sowie dem Harmonisierungsgrad Abstriche gemacht werden mussten. Die vorgenannten Richtlinienbestimmungen wurden mit qualifizierter Mehrheit im Mitentscheidungsverfahren unter maßgeblicher Beteiligung des Europäischen Parlaments erlassen. Bei Harmonisierungsmassnahmen im Bereich des gewerblichen Rechtsschutzes ist dies nicht anders.

Daneben gibt es hier aber auch Regelungen, die vom Rat nach blosser Konsultation des Parlaments einstimmig verabschiedet werden müssen. Diesbezüglich geht es um die Schaffung gemeinschaftsweit einheitlicher Schutztitel durch unmittelbar in allen Mitgliedstaaten geltende Verordnungen, etwa bei der Gemeinschaftsmarke, dem gemeinschaftlichen Sortenschutz, oder künftig beim Gemeinschaftspatent. Derartige registrierungsbedürftige Schutzrechte mit einheitlicher und autonomer Wirkung haben nicht nur eine Binnenmarktdimension. Vielmehr bringt das insoweit vorgesehene zentralisierte Registrierungsverfahren erhebliche Kostenvorteile mit sich. Ferner soll durch die Möglichkeit der Anrufung einer gemeinschaftlichen Gerichtsbarkeit für mehr Rechtssicherheit und -einheitlichkeit gesorgt werden.

Der Gemeinschaftsgesetzgeber hat im übrigen den rechtlichen Schutz von (nationalen) Warenzeichen, Mustern und Modellen sowie von biotechnologischen Erfindungen durch Richtlinien angeglichen. Weitere Vorhaben sind derzeit in Vorbereitung, so auch im Bereich der Rechtsdurchsetzung und der Produkt- und Dienstleistungspiraterie.

Angesichts der Komplexität der Materie, der Vielschichtigkeit der Probleme, unterschiedlicher Interessenlagen der Mitgliedstaaten sowie eines zeitweise unerträglichen Lobbyismus interessierter Kreise wurde schon erstaunlich viel erreicht. Gleichwohl werden noch erhebliche Anstrengungen aller am gemeinschaftlichen Rechtsetzungsprozess Beteiligter erforderlich sein, um auf dem Gebiet der Immaterialgüterrechte dem Gebot des Art 14 EGV in vollem Umfang nachzukommen.

◂ **Dr. Jens Gaster** ist nach langjähriger Tätigkeit im Urheberrechtsreferat der Generaldirektion Binnenmarkt der Europäischen Kommission in Brüssel im dortigen Referat „Gewerblicher Rechtsschutz" derzeit mit Fragen der Modernisierung des Europäischen Patentsystems befasst. Darüber hinaus ist er Lehrbeauftragter an den Universitäten Münster und Strasbourg.

13. NAME, FIRMA, GESCHÄFTSBEZEICHNUNG, TITEL, AUSSTATTUNG

Überblick:

- Die Marke konkurriert mit anderen Zeichen nach dem *Prioritätsprinzip*.
- Der *Name* kennzeichnet eine physische oder juristische Person.
- Die *Firma* ist der Handelsname des Vollkaufmanns.
- Die *Geschäftsbezeichnung* kennzeichnet ein Unternehmen.
- Der *Titel* kennzeichnet ein bestimmtes Werk.
- Als *Ausstattung* bezeichnet man jedes sinnlich wahrnehmbare Zeichen, das im Geschäftsverkehr als Hinweis auf ein bestimmtes Unternehmen anerkannt ist.

Literaturhinweise: *Abel*, Filmtitel als Marke, GH 1928, 125; *Seiller*, Der Schutz des Titels nach österreichischem Recht und seine Fortbildung, UFITA Bd 1 (1928) 182; *Gallia*, Firma und Marke, ÖBl 1933, 83; *Bettelheim*, Wettbewerbsrechtliche Gedanken im neuen Urheberrechtsgesetze, JBl 1937, 94; *Friedl*; Der gesetzliche Schutz von Werbemaßnahmen und Werbemitteln nach österreichischem Recht, ÖBl 1965, 55; *Handl*, Filmtitelschutz in Österreich, FS Roeber (1982) 131; *Rinner*, Österreichisches Handelsrecht II[2] (1982) 80; *Kucsko*, Der Titelschutz im Urheber-, Wettbewerbs- und Markenrecht, MR 1983/4 Archiv 1; *Enzinger*, Täuschungseignung von Firmenzusätzen, die den Anschein einer Beziehung zu öffentlichen Einrichtungen erwecken, NZ 1985, 181; *Beier*, Marken- und Firmenrechte im Verhältnis von Mutter- und Tochtergesellschaft, in *Beier*, Markenrechtliche Abhandlungen (1986) 403 = GedS Schönherr (1986) 25; *Ochs*, Die Titelschutzanzeige Voraussetzungen des vorgezogenen Titelschutzes, WRP 1987, 651; *Hämmerle/Wünsch*, Handelsrecht I[4] (1990) 283; *Kletečka*, Unberechtigte Verwendung eines Werktitels, ecolex 1991, 525; *Kletecka*, Unberechtigte Verwendung eines Werktitels, ecolex 1991, 525; *Fries*, Unzulässige Firmawortlaute und ihre Beseitigung, ecolex 1992, 167; *Enzinger*, Grenzenloses Firmenrecht – Auswirkungen des EU-Beitritts, ÖBl 1994, 99; *Kaltner*, Judikaturwende zum Schutz des ausländischen Handelsnamens, ecolex 1994, 822; *Betten*, Titelschutz von Computerprogrammen, GRUR 1995, 5; *Schricker*, Der Schutz des Werktitels im neuen Kennzeichenrecht, FS Vieregge (1995) 775; *Rupprecht*, Achtung Falle! Titelschutz für Softwaremarken, WRP 1996, 385; *Zahrnt*, Titelschutz für Software-Produkte – ein Irrtum?! BB 1996, 1570; *Deutsch*, Der Werktitel als Gegenstand des Rechtsverkehrs, WRP 1998, 14; *Fezer*, Zum Anwendungsbereich des Werktitelrechts, GRUR 2001, 369; *Krejci*, Handelsrecht[2] (2001) 63; *Zöchbauer*, Zur Gestattung der Namensverwendung, MR 2001, 353; *Fallenböck*, „shell.de" – Zum Recht der Gleichnamigen bei Internet Domains, RdW 2002, 525; *Höller*, @ – Möglicher Bestandteil einer Firma? RdW 2002, 142; *Krejci/Schmidt*, Vom HGB zum Unternehmergesetz (2002) 25; *Roth/Fitz*, Eckdaten einer österreichischen HGB-Reform, JBl 2002, 409; *Thiele*, Shell gegen Shell – eine neue Dimension des Domainrechts? MR 2002, 198; *Verweijen*, Ist die Kleinschreibung von Firmenwortlauten zulässig? NZ 2002, 321; *Schmidt*, Keine Rechnungslegung bei Namensverletzungen? ÖBl 2003, 74.

Die Marke konkurriert – wie bereits oben bei den Löschungstatbeständen dargestellt – mit anderen Kennzeichenrechten (Ausstattung, Name, Firma, nicht registrierte Marken, Titel). Diese Immaterialgüterrechte sind nicht im MSchG kodifiziert. Die einschlägigen Regelungen finden sich verstreut im ABGB, HGB, UWG und UrhG. Bei einer künftigen Reform des Kennzeichenrechts wäre eine Zusammenführung dieser Bestimmungen im MSchG sinnvoll. Das oben bereits behandelte „Markenrecht" ist also nur ein Teilbereich des so genannten „*Kennzeichenrechts*". Kennzeichen sollen Personen, Unternehmen, Waren oder Leistungen individualisieren und diese von anderen Personen, Unternehmen, Waren oder Leistungen unterscheiden. Danach lassen sich folgende Kennzeichen unterscheiden:

▸ *Marke*: Sie dient dazu, Waren oder Dienstleistungen eines Unternehmens von identischen oder ähnlichen Waren oder Dienstleistungen eines anderen Unternehmens zu unterscheiden (dazu Seite 199).
▸ *Name*: Er kennzeichnet eine physische oder juristische Person; dabei ist zwischen dem bürgerlichen Namen und dem Namen, den ein Unternehmer im geschäftlichen Verkehr verwendet, zu unterscheiden (dazu Seite 642).
▸ *Firma*: Das ist der Handelsname des Vollkaufmanns (dazu Seite 656).
▸ *Geschäftsbezeichnung*: Die besondere Bezeichnung eines Unternehmens (Geschäftsbezeichnung, Etablissementbezeichnung) kennzeichnet ein Unternehmen oder einen Betrieb; somit nicht, wie Name und Firma, ein Rechtssubjekt, sondern ein Rechtsobjekt; zB: Gasthaus „Zur Linde" (Seite 672).

Als Oberbegriff für den Namen, den ein Unternehmer im geschäftlichen Verkehr verwendet, die Firma sowie die Geschäftsbezeichnung kann der Ausdruck „*Handelsname*" dienen.

▸ *Titel*: Er kennzeichnet ein bestimmtes urheberrechtlich geschütztes Werk (zB: „wired" für eine Zeitschrift), aber auch Druckwerke, die keine Werke im Sinne des UrhG (und daher auch nicht urheberrechtlich geschützt) sind (Seite 677).
▸ *Ausstattung*: Darunter fällt jedes sinnlich wahrnehmbare Zeichen, das im Geschäftsverkehr als Hinweis auf ein bestimmtes Unternehmen anerkannt ist; zB: die Farbkombination Blau-Weiß für ARAL (dazu Seite 685).

Wenn Waren oder Leistungen durch einen Handelsnamen gekennzeichnet sind, deutet dies auf die Herkunft aus einem bestimmten Unternehmen hin. Der Handelsname ist also ein Herkunftszeichen. Auch Marke und Ausstattung haben eine solche Herkunftsfunktion, wenn sie auf ein bestimmtes Unternehmen hinweisen. Das ist bei den so genannten Firmenmarken der Fall (zB: „Mercedes"). Andere Marken hingegen individualisieren nur ein bestimmtes Produkt (zB: „VITA"). Das gleiche Kennzeichen kann zugleich Name, Firma (Firmenschlagwort) und Marke sein (zB: „Philips"). Eine Marke kann sich zum Firmenschlagwort entwickeln (zB: „Shell"), eine Geschäftsbezeichnung zum Firmennamen (zB: „Zauber-Klingl"). Ein Zeitschriftentitel kann als Marke eingetragen werden oder Firmenschlagwort sein (zB: „NEWS"). In solchen Fällen bestehen an demselben Wort mehrere Kennzeichenrechte. Beim Zusammentreffen dieser Schutzrechte entscheidet immer der Zeitvorrang, die *Priorität* („*Prioritätsgrundsatz*").[1] Das gilt auch bei der Kollision zwischen Namensrecht, Firmenrecht und dem Recht an der besonderen Bezeichnung eines Unternehmens einerseits und dem Markenrecht andererseits.[2]

---

[1]) StRsp OGH 17. 12. 2002, 4 Ob 221/02g – INVESCO – ecolex 2003, 350 (*Schanda*); OGH 20. 8. 2002, 4 Ob 101/02k – inet.at – ÖBl-LS 2003/54-56 = ÖBl 2003, 180 = wbl 2003, 45 = ÖJZ 2002, 843 = ÖJZ-LSK 2002/223 = RdW 2003/21 = ecolex 2003, 40.
[2]) OGH 20. 4. 1993, 4 Ob 35/93 – COS – ÖBl 1993, 245 = ecolex 1993, 538 = RdW 1993, 366 = GRUR Int 1994, 535.

13.1. Name
13.1.1. Schutzgegenstand

Château d´If: Hier kann man die Zelle des Grafen von Monte Cristo besichtigen, eine (Namens-)Erfindung von Dumas – Namensschutz oder Titelschutz?

Der Name kennzeichnet eine physische oder juristische Person. Er kann entweder der bürgerliche Name oder der Namen, den ein Unternehmer im geschäftlichen Verkehr verwendet, sein. Das in § 43 ABGB geregelte Namensrecht ist daher – so die herrschende Meinung[3] – zunächst *Persönlichkeitsrecht* im Sinne des § 16 ABGB. Für den bürgerlichen Namen trifft dies zweifellos zu. Man erhält ihn ohne eigenes Zutun mit Geburt und Namensgebung. Er ist das unmittelbarste Identifikationsmittel der Person und kann nicht wie eine Marke lizenziert und übertragen werden. Das Namensrecht liegt als Persönlichkeitsrecht an der Grenze des Kernthemas dieses Buchs. Ich werde daher die öffentlich-rechtlichen Fragen des Namenserwerbs nicht vertiefen. Rechtlich geschützt wird der Name als Kennzeichen einer bestimmten Person. Es wird nicht der Name an sich geschützt, sondern die damit identifizierte Persönlichkeit.[4] Der Namensschutz nach § 43 ABGB schützt aber nicht nur den bürgerlichen Namen, den Vor- und Familiennamen. Er schützt auch den Handelsnamen (Firma, Firmenschlagwort).[5] Hier wechseln wir bereits über die Grenze des Persönlichkeitsrechts ins Immaterialgüterrecht, denn der Handelsname ist übertragbar und daher ein selbständiges Rechtsgut. Da der Schutzbereich des § 43 ABGB über den bürgerlichen Namen auch die Firma und die Etablissementbezeichnung einschließt, ist die folgende systematische Grenzziehung unscharf, denn ich werde die Firma und die Geschäftsbezeichnung aus systematischen Gründen getrennt behandeln (Seite 656 und 672). Grundsätzlich sind zur Beurteilung der Schutz(un)fähigkeit von Unternehmenskennzeichen dieselben Kriterien wie für die Eintragungsfähigkeit der Marke heranzuziehen.[6] Dass der betreffende Name (auch) eine *geographische Bezeichnung* ist, ändert am Schutz nichts. Der Namensschutz kann nicht durch eine gerade passende „Auflösung" des Namens in seine (fremd-)sprachlichen Wurzeln unterlaufen werden.[7]

---

[3]) *Aicher*, in *Rummel*³ § 43 Rz 1 mwN.
[4]) OGH 24. 2. 1998, 4 Ob 368/97i – Hörmann – ÖBl 1998, 298 = wbl 1998, 273 mwN.
[5]) Nicht aber eine Produktbezeichnung, OGH 19. 12. 2000, 4 Ob 256/00a – steuerprofi.at – ÖBl-LS 2001/66 = wbl 2001, 237 (*Thiele*). Dem so genannten „*Hofnamen*" kommt kein erweiterter Schutz zu: OGH 12. 7. 1988, 4 Ob 70/88 – Schlossalm – RdW 1988, 424. Geschützt ist auch der Name einer politischen Partei, OGH 13. 7.1999, 4 Ob 140/99p – sattler.at – ÖBl 2000, 39 = ecolex 1999, 703 (*Schanda*) = MR 1999, 237 (*Höhne*) = RdW 1999, 710 = GRUR Int 2000, 376 = MMR 1999, 659 (*Höhne*).
[6]) OGH 24. 11. 1998, 4 Ob 266/98s – Tabasco VI – ÖBl 1999, 124 = ecolex 1999, 337 (*Schanda*) = RdW 1999, 78, zur Rechtslage vor der Markenrechts-Nov 1999; für Gattungsbezeichnungen: OGH 21. 4. 1998, 4 Ob 29/98p – Garanta – ecolex 1998, 929.
[7]) OGH 23. 3. 1999, 4 Ob 76/99a – Tramontana – ÖBl 1999, 285 = ecolex 1999, 559 (*Schanda*).

Auch Zeichen mit geringer Kennzeichnungskraft („*schwache Zeichen*") sind geschützt. Es genügen zwar schon geringe Abweichungen, um eine Verwechslungsgefahr auszuschließen. Die unveränderte, buchstabengetreue Übernahme ist aber auch bei einem solchen Zeichen in jedem Fall unzulässig.[8] Im Folgenden zunächst ein paar Judikaturbeispiele aus dem Bereich der Unternehmensnamen:

Beispiele:

- OGH 19. 12. 1994: Die Bezeichnung „*Skischule*" ist auch in Verbindung mit einer Ortsbezeichnung nicht unterscheidungskräftig.[9]
- OGH 13. 6. 1995: Der Name „DETOMASO" ist für eine (als GesBR betriebene) Jazzband unterscheidungskräftig und mit Aufnahme des kennzeichenmäßigen Gebrauchs geschützt.[10]
- OGH 24. 11. 1998: „*Tabasco*" (eine Gattungsbezeichnung für ein Gewürz) ist auch als nicht protokolliertes Unternehmenskennzeichen (ebenso wie als Marke) nicht schützbar.[11]
- OGH 23. 5. 2000: Der Name „*Hofbauer*" mag zwar ein *Allerweltsname* sein. Im Zusammenhang mit Schokoladewaren hat er aber überragende *Verkehrsgeltung*. Er ist ein starkes Zeichen, sodass geringe Abweichungen keineswegs ausreichen, um die Verwechslungsgefahr auszuschließen. Eine Firmenänderung eines Namensträgers, dessen Namen für ein fremdes Produkt bereits Verkehrsgeltung genießt, durch Aufnahme dieses Namens in die Firma ist als bewusste Annäherung unzulässig.[12]
- OPM 31. 10. 2001: Der Name „ALPENTRIO TIROL" ist für eine Musikgruppe nicht rein beschreibend.[13]

13.1.2. Kennzeicheninhaber

Namensträger können *natürliche und juristische Personen*, politische Parteien, Personenhandelsgesellschaften, Vereine, aber auch eine *GesBR* (genau genommen: sämtliche Gesellschafter der GesBR) sein. So kann auch eine Rechtsanwaltsgemeinschaft einen eigenen Namen führen. Die speziellen standesrechtlichen Regelungen geben dazu den Rahmen vor.[14] Relativ häufig sind in der Judi-

---

[8]) Zu § 9 UWG: OGH 12. 9. 2001, 4 Ob 169/01h – Best Energy – ÖBl-LS 2002/90 = wbl 2002, 89 (*Thiele*) = ecolex 2002, 266 (*Schanda*) = MMR 2002, 303; OGH 16. 1. 2001 – merlin – ÖBl-LS 01/75.
[9]) OGH 19. 12. 1994, 4 Ob 120/94 – Klasse statt Masse – ÖBl 1995, 219 = ecolex 1995, 350 = wbl 1995, 254.
[10]) OGH 13. 6. 1995, 4 Ob 40/95 – DETOMASO – ÖBl 1996, 91 = ecolex 1995, 817.
[11]) OGH 24. 11. 1998, 4 Ob 266/98s – Tabasco VI – ÖBl 1999, 124 = ecolex 1999, 337 (*Schanda*) = RdW 1999, 78, zur Rechtslage vor der Markenrechts-Nov 1999, also noch ohne Zulassung des Verkehrsgeltungsnachweises (Seite 325). Zur Beurteilung von „Tabasco" in seiner geographischen Bedeutung: OPM 27. 5. 1987, Om 1/83 – Tabasco – PBl 1988, 114 = ÖBl 1988, 67.
[12]) OGH 23. 5. 2000, 4 Ob 139/00w – Hofbauer – ARD 2001, 10.
[13]) OPM 31. 10. 2001, Om 5/01 – Alpentrio Tirol I – PBl 2002, 73 = ÖBl-LS 2002/138 und 139.
[14]) Das LAW-Logo eine Linzer Anwaltskanzlei wurde als unzulässig beurteilt, weil es nicht dem Zunamen der Gesellschafter entnommen war (OGH 20. 10. 1998, 4 Ob 189/98t – LAW II – ÖBl 1999, 91 = RdW 1999, 76).

katur übrigens Streitfälle um den Namen einer – in der Rechtsform der GesBR betriebenen – Musikgruppe. Ist der Name der Band unterscheidungskräftig, so ist er bereits mit der Aufnahme des kennzeichenmäßigen Gebrauchs geschützt.[15]

Die PVÜ zeichnet den Schutz *für ausländische Handelsnamen* vor: Der Handelsname wird in allen Verbandsländern, ohne Verpflichtung zur Hinterlegung oder Eintragung, geschützt, gleichgültig ob er einen Bestandteil einer Fabrik- oder Handelsmarke bildet oder nicht (Art 8 PVÜ). Damit ist zwar vorgeschrieben, dass der Handelsname zu schützen ist, es bleibt jedoch offen, auf welche Weise.[16] Die Firma eines Unternehmens, das seinen Sitz in einem anderen Staat der PVÜ hat, genießt in Österreich Schutz nach Art 8 PVÜ. Dabei geht der OGH davon aus, dass der ausländische, im Inland nicht registrierte Namensträger den Schutz im Inland jedenfalls dann begehren könne, wenn dieser Handelsname in Österreich Verkehrsbekanntheit durch entsprechende Geschäftstätigkeit im Inland oder auch dadurch erlangt hat, dass der ausländische Name sonst in den beteiligten Verkehr eingedrungen ist und in den beteiligten Verkehrskreisen eine gewisse Anerkennung erlangt hat.[17] Demgegenüber verlangt der OPM als Schutzvoraussetzung keine Verkehrsbekanntheit mehr. Es genügt, dass der ausländische Handelsname im Inland in einer Weise in Gebrauch genommen wurde, die auf den Beginn einer dauernden wirtschaftlichen Betätigung im Inland schließen lässt.[18] Voraussetzung ist allerdings, dass die Firma oder der Firmenbestandteil unterscheidungskräftig ist. Eine mangels Kennzeichnungskraft nicht schützbare Firma kann erst bei Verkehrsgeltung Schutz erlangen.[19] Diese Beurteilung sollte auch für den Zivilrechtsweg übernommen werden.

13.1.3. Entstehung

Das Namensrecht entsteht beim bürgerlichen Namen mit Geburt und Namensgebung, beim Handelsnamen mit der Ingebrauchnahme. Deshalb entsteht bei Lizenzierung einer Marke zum „namensmäßigen Gebrauch" (also nicht zum „markenmäßigen Gebrauch") durch den Gebrauch des Namens ein originäres Kennzeichenrecht.[20] Fehlt die ursprüngliche Unterscheidungskraft, so entsteht der Schutz allerdings erst durch qualifizierten Gebrauch, also durch Erlangen der *Verkehrsgeltung*.

---

[15]) OPM 31. 10. 2001, Om 5/01 – Alpentrio Tirol I – PBl 2002, 73 = ÖBl-LS 2002/138 und 139 mwN und auch zur Frage des Fortbestehens des Rechts an der Bezeichnung bei Beendigung der GesBR und Fortbestand des Unternehmens.

[16]) OGH 18. 5. 1999, 4 Ob 108/99g – Sachers Kaffee Wien – ÖBl 1999, 278, dort insbesondere auch zum Unterlassungsanspruch gegen eine Verwendung in anderen Mitgliedstaaten der PVÜ.

[17]) OGH 20. 4. 1993, 4 Ob 35/93 – COS – ÖBl 1993, 245 = ecolex 1993, 538 = RdW 1993, 366 = GRUR Int 1994, 535.

[18]) OPM 11. 7. 2001, Om 4/01 – Holztherm – PBl 2002, 9 = ÖBl-LS 2002/62 und 68; OPM 15. 1. 1997, Om 7/95 – ProMarkt – PBl 1997, 216 = ÖBl 1997, 293 (*Seist*) = GRUR Int 1998, 813; NA 21. 11. 1996, Nm 76/95 – BIO-NATURKRAFT – PBl 1998, 22.

[19]) NA 21. 11. 1996, Nm 76/95 – BIO-NATURKRAFT – PBl 1998, 22.

[20]) OGH 15. 2. 2000, 4 Ob 29/00v – BOSS-Brillen – ÖBl 2000, 178 = ÖBl-LS 00/46 und 47 = SZ 73/26 = EvBl 2000/123 = ecolex 2000, 370 (*Schanda*) = RdW 2000/314 = GRUR Int 2000, 785.

13.1.4. Wirkung

„Fondation Maeght", ein bürgerlicher Name wird als Museumsname weltberühmt und unsterblich.

§ 43 ABGB bestimmt: *„Wird jemandem das Recht zur Führung seines Namens bestritten oder wird er durch unbefugten Gebrauch seines Namens (Decknamens) beeinträchtigt, so kann er auf Unterlassung und bei Verschulden auf Schadenersatz klagen."* Es wird also sowohl ein Schutz gegen *„Namensbestreitung"*, als auch ein Schutz gegen *„Namensanmaßung"* gewährt. Der wichtigste Fall der Beeinträchtigung durch eine „Namensanmaßung" wird die Gefahr von *Verwechslungen* sein. Das Namensrecht wird aber zB auch in folgenden Fällen beeinträchtigt: Künstler werden als Mitwirkende an einer öffentlichen Veranstaltung angekündigt, obwohl sie dies nicht bindend zugesagt haben, der Name eines Nichtmitglieds wird in das Verzeichnis der Vereinsmitglieder aufgenommen (Beeinträchtigung ideeller Interessen), die Lebensgefährtin des verheirateten X nennt sich Frau X (Verletzung des Namensrechts der angetrauten Gattin von Herrn X). § 43 ABGB räumt dem Namensträger also das Recht ein, seinen Namen zu führen und jeden anderen vom Gebrauch auszuschließen. Der darauf gestützte Unterlassungsanspruch setzt eine *Beeinträchtigung schutzwürdiger Interessen* des Namensträgers durch unbefugten Gebrauch seines Namens durch einen Dritten voraus. Hierbei genügt es, dass der Namensträger zu Unrecht mit bestimmten Handlungen des anderen in Zusammenhang gebracht wird oder der Anschein ideeller oder wirtschaftlicher Beziehungen zwischen dem verletzten Namensträger und dem Dritten erweckt wird.[21] Anspruchsberechtigt ist der in seinem Namensrecht Verletzte.[22]

Das Namensrecht nach § 43 ABGB gewährt unter Umständen auch Schutz gegen eine unbefugte, die Interessen des Namensträgers beeinträchtigende Verwendung des Namens als Teil einer *Internet-Domain*. Bei der Beurteilung ist auf den Inhalt der betreffenden Website abzustellen.[23]

---

[21]) OGH 21. 12. 1999, 4 Ob 320/99h – ortig.at – ÖBl 2000, 134 (*Kurz*) = SZ 72/207 = MR 2000, 8 = wbl 2000, 142 = RdW 2000, 341 = ÖJZ-LSK 2000/107 = ecolex 2000, 215 (*Schanda*) = GRUR Int 2000, 1051; OGH 24. 2. 1998, 4 Ob 368/97i – Hörmann – ÖBl 1998, 298 = wbl 1998, 273 mwN.

[22]) OGH 19. 12. 1994, 4 Ob 120/94 – Klasse statt Masse – ÖBl 1995, 219 = ecolex 1995, 350 = wbl 1995, 254.

[23]) OGH 13. 3. 2002, 4 Ob 39/02t – kunstNET – ÖBl-LS 2002/125 = ecolex 2002, 597 (*Schanda*); OGH 24. 9.2001, 4 Ob 209/01s – bundesheer.at II – ÖBl 2002, 142 (*Kurz*) = ÖBl-LS 2002/65 = ecolex 2002, 191 (*Schanda*) = MR 2001, 411 = wbl 2002, 91 = RdW 2002/127 = GRUR Int 2003, 182 = MMR 2002, 301; OGH 29. 5. 2001, 4 Ob 123/01v – dullinger.at – ÖBl 2002, 182 (*Kurz*) = MR 2001, 330 (*Thiele*) = ecolex 2001, 758 (*Schanda*) = ÖBl-LS 01/170 = MMR 2002, 38 (*Schanda*); OGH 14. 5. 2001, 4 Ob 106/01v – adnet.at – ecolex 2001, 757 (*Schanda*) = MR 2001, 408 = MMR 2002, 40 (*Schanda*). Auch für die Beurteilung der Irreführungseignung einer Domain nach § 2 UWG ist der Inhalt der Website (aufklärender Hinweis auf der Startseite) maßgebend: OGH 13. 11. 2001, 4 Ob 260/01s – info@obertauern.at – ecolex 2002, 269 (*Schanda*) = ÖBl-LS 2002/35.

Beispiele:

- OGH 13. 7.1999: Nicht durchgedrungen ist bei der Interessenabwägung der klagende Rechtsanwalt namens *„Sattler"* gegen die „Bundesinnung der Lederwarenerzeuger, Taschner und Sattler", die Inhaber der Domain „sattler.at" war. Derjenige, der sich einen Domain-Namen zugelegt hat, der im inneren Zusammenhang mit dem eigenen Namen oder Leistungsangebot steht, könne sich – so der OGH – in der Regel auf ein berechtigtes Interesse an der Benutzung dieser Domain berufen. Im Übrigen bestehe hier völlige Branchenverschiedenheit.[24]
- OGH 21. 12. 1999: In diesem Fall berief sich der Kläger auf seinen Familiennamen *„Ortig"*. Der Beklagte hatte die Domain „ortig.at" gewählt und begründete dies im Verfahren damit, dass dies die Phantasiebezeichnung eines Dachverbandes von Internet-Anbietern sei, den er zu gründen beabsichtige. So konnte er auch die Namensfindung erklären: „**O**rganisation **R**egionaler **T**echnologie- und **I**nformations-**G**esellschaften". Dies überzeugte nicht. Der klagende Namensinhaber obsiegte in diesem Fall.[25]
- OGH 13. 9. 2000: Der Bund hat den Inhaber der Domain *„bundesheer.at"* geklagt und eine einstweilige Verfügung beantragt. Der Sicherungsantrag wurde vom OGH mangels Gefährdung abgewiesen.[26] Das Hauptverfahren ging wieder bis zum OGH. Der Beklagte wurde in allen Instanzen zur Unterlassung verurteilt. Dem Beklagten half nicht, dass er schon auf der Startseite seiner Website klargestellt hatte, dass sich der Besucher nicht auf der offiziellen Website des Bundesheers befindet: „www.bundesheer.at. Die freie und unabhängige Plattform zum Thema Neutralität und Bundesheer: Diese Seite wird NICHT vom Bundesministerium für Landesverteidigung betrieben und hat keinen offiziellen Charakter. Die offizielle Internet-Präsenz finden Sie unter: www.bmlv.gv.at". Der OGH stellte zwar fest, dass durch die Verwendung der Domain „bundesheer.at" weder die Informationspflicht der Klägerin noch das Interesse der Internetnutzer, offizielle Informationen über das österreichische Bundesheer zu erhalten, in einer ins Gewicht fallenden Weise verletzt seien. Insoweit sei daher eine Verletzung berechtigter Interessen zu verneinen. Der OGH stellte jedoch fest, dass diese Domain die Aufmerksamkeit auf das vom Beklagten eingerichtete Diskussionsforum richtete (ein nicht unwesentlicher Teil der User wird annehmen, mit dieser Domain zur offiziellen Homepage in Angelegenheiten des österreichischen Bundesheers zu gelangen; dieser Irrtum wird zwar schon auf der Startseite aufgeklärt, gleichzeitig erlangt der User aber Kenntnis vom Diskussionsforum des Beklagten). „In einem gewissen Sinn" liege darin eine „Ausbeutung" des für die Klägerin geschützten Namens „Bundesheer", weil der Beklagte dadurch „einen Vorteil erlangt, der ihm nicht zukommt". Dem Namensträger müsse ein berechtigtes Interesse daran zuerkannt werden, dass sein Name nicht

---

[24]) OGH 13. 7.1999, 4 Ob 140/99p – sattler.at – ÖBl 2000, 39 = ecolex 1999, 703 (*Schanda*) = MR 1999, 237 (*Höhne*) = RdW 1999, 710 = GRUR Int 2000, 376 = MMR 1999, 659 (*Höhne*).

[25]) OGH 21. 12. 1999, 4 Ob 320/99h – ortig.at – ÖBl 2000, 134 (*Kurz*) = SZ 72/207 = MR 2000, 8 = wbl 2000, 142 = RdW 2000, 341 = ÖJZ-LSK 2000/107 = ecolex 2000, 215 (*Schanda*) = GRUR Int 2000, 1051.

[26]) OGH 13. 9. 2000, 4 Ob 198/00x – bundesheer.at – ecolex 2001, 129 (*Schanda*) = MR 2000, 325 = wbl 2001, 43 = MMR 2001, 305 (*Schanda*) = GRUR Int 2001, 470.

gebraucht wird, um die Aufmerksamkeit auf Aktivitäten zu lenken, mit denen er nichts zu tun hat.[27]

▶ OGH 22. 3. 2001: Auch die Republik Österreich ist aus ihrem Namensrecht gegen eine Domain vorgegangen, und zwar aus dem Namen ihrer Institution „*Rechnungshof*". Sie war damit erfolgreich gegen den Inhaber der Domain „rechnungshof.com". Auf dessen Website hieß es „Rechnungshof – *Insider* Hier lesen und hören Sie demnächst alle Insider-Informationen des Österreichischen Rechnungshofes – von einer Person, die vieles weiß und alles sagt, außer ihren Namen". Dies wurde als rechtswidriger Namensgebrauch beurteilt, obwohl die Top-Level-Domain („.com") im Ausland registriert war.[28]

▶ OGH 14. 5. 2001: Die Gemeinde „*Adnet*" konnte hingegen mit ihrem Namensrecht nicht gegen die Domain „adnet.at" durchdringen, weil auf der Homepage der Beklagten der Hinweis, dass es sich nicht um die offizielle Homepage der Klägerin handelt, aufschien und diese Homepage auch über einen Link aufgerufen werden konnte. Die Gefährdung, als Voraussetzung einer einstweiligen Verfügung auf Unterlassung, wurde daher verneint.[29]

▶ OGH 29. 5. 2001: Die klagende Dullinger GmbH ist ein führendes und bekanntes Unternehmen (ua) für Kalkprodukte. Der Beklagte hat im Auftrag eines Herrn Dullinger treuhändig die Domain „*dullinger.at*" angemeldet, um für diesen einen Internetauftritt vorzubereiten. Er wurde auf Unterlassung sowie auf Übertragung dieser Domain geklagt. Der OGH verneinte die Verwechslungsgefahr zwischen dem Firmennamen und der Domain, weil dies nach dem *Inhalt* der Website zu beurteilen sei, hier aber noch gar keine Website eingerichtet war. Es stand noch nicht einmal die Branche des Unternehmens fest. Konsequent nahm er auch keine „Verwässerung" des Kennzeichens der Klägerin an. Die Klage wurde abgewiesen.[30]

▶ OGH 12. 9. 2001: Die Klägerin tritt als österreichische politische Partei im Internet unter „*www.fpoe.at*" auf. Inhaber der Domain „fpo.at" war hingegen ein Amerikaner. Auf dieser Website, die im Wesentlichen mit jener der Klägerin ident war, fanden sich „links" zu rechtsradikalen Organisationen. Der OGH bekräftigte, dass Domains, die einen Namen enthalten oder namensmäßig anmuten, unter den Schutz des § 43 ABGB fallen. Den Gebrauch der Kurzbezeichnung der Klägerin zur Kennzeichnung der Website „fpo.at" beurteilte der OGH als schwerwiegende Verletzung von Persönlichkeitsrechten der Klägerin durch unbefugten Namensgebrauch. Dies sei auch für juristische Laien ohne weitere Aufklärungen offenkundig. Der OGH bejahte daher die Haftung der beklagten *Domain-Vergabestelle*, die sich trotz entsprechender Aufforderung der in ihren Namensrechten Verletzten und in Kenntnis der auch für einen juristischen Laien

---

[27]) OGH 24. 9.2001, 4 Ob 209/01s – bundesheer.at II – ÖBl 2002, 142 (*Kurz*) = ÖBl-LS 2002/65 = ecolex 2002, 191 (*Schanda*) = MR 2001, 411 = wbl 2002, 91 = RdW 2002/127 = GRUR Int 2003, 182 = MMR 2002, 301.

[28]) OGH 22. 3. 2001, 4 Ob 39/01s – Rechnungshof – ÖBl 2001, 237 (*Kurz*) = EvBl 2001/155 = MR 2001, 256 = wbl 2001, 495 (*Thiele*) = ecolex 2001, 688 (*Schanda*) = RdW 2001/559 = ÖJZ-LSK 2001/197 = ÖBl-LS 01/152 und 155.

[29]) OGH 14. 5. 2001, 4 Ob 106/01v – adnet.at – ecolex 2001, 757 (*Schanda*) = MR 2001, 408 = MMR 2002, 40 (*Schanda*).

[30]) OGH 29. 5. 2001, 4 Ob 123/01v – dullinger.at – ÖBl 2002, 182 (*Kurz*) = MR 2001, 330 (*Thiele*) = ecolex 2001, 758 (*Schanda*) = ÖBl-LS 01/170 = MMR 2002, 38 (*Schanda*). Zum Recht der Gleichnamigen: *Fallenböck*, RdW 2002, 525.

ohne weitere Nachforschungen offenkundigen Rechtsverletzung weigerte, die Domain zu sperren oder sonst Maßnahmen zur Verhinderung der Fortsetzung der Rechtsverletzung zu ergreifen. Die Vergabestelle hafte als mittelbar Beteiligte. Sie könne auch vor oder neben dem unmittelbaren Störer und nicht nur dann in Anspruch genommen werden, wenn die Rechtsdurchsetzung gegen den Inhaber der Domain unmöglich oder unzumutbar schwierig sein sollte.[31]

▸ OGH 13. 11. 2001: Bei Verwendung des Ortsnamens „*Galtür*" in Alleinstellung („www.galtuer.at") ist regelmäßig die Gemeinde, nicht aber der Tourismusverband gemeint. Der hier klagende Tourismusverband konnte sich gegen die von einem Hotelier in Galtür registrierte Website mit umfassenden Informationen über Galtür nicht durchsetzen.[32]

▸ OGH 29. 1. 2002: Graz ist 2003 Kulturhauptstadt Europas. Der Beklagte ließ für sich die Domain „*www.graz2003.at*" registrieren, ging aber davon aus, dass die Stadt Graz zu gegebener Zeit durchaus an dieser Domain interessiert sein könnte. Statt der erhofften Kooperation, kam es zu einem Verfahren wegen Verletzung des Namensrechts der Stadt Graz. Der OGH entschied, dass in diesem Zusammenhang das Wort „Graz" nicht bloß als beschreibender Hinweis, sondern als Name gebraucht wird und bejahte eine Verletzung des Namensrechts.[33] Zum gegenteiligen Ergebnis ist der OGH bei der Domain „*www.graz2003.com*" gelangt, weil auf der betreffenden Website der deutliche, nicht zu übersehende Hinweis angebracht war, dass sich der Benutzer nicht auf der Website der Klägerin befinde.[34]

▸ OGH 5. 11. 2002: Die Kurzbezeichnung „AMS" (für das österreichische Arbeitsmarktservice) ist – so die Feststellung der Erstinstanz – ein berühmtes Kennzeichen. Dennoch konnte es den Schutz des § 10 Abs 2 MSchG gegen die Domain „ams.at" nicht durchsetzen, weil die beklagte Betreiberin der Website („AMS Auto- und Motorenservice GmbH") auf den Gebrauch ihres prioritätsälteren Firmenschlagworts verweisen konnte. Der OGH musste sich daher mit der Frage befassen, ob und unter welchen Voraussetzungen ein befugter Namensgebrauch rechtswidrig sein kann. Er bejaht dies, wenn das damit verfolgte Interesse wesentlich geringer zu bewerten ist, als das Interesse eines Gleichnamigen,

---

[31]) OGH 12. 9. 2001, 4 Ob 176/01p – fpo.at II – ÖBl-LS 2002/64 = ÖBl 2002, 242 = EvBl 2002/22 = MR 2001, 326 (*Rami*) = ecolex 2002, 35 (*Schanda*) = ÖJZ-LSK 2002/19; OGH 13. 9. 2000, 4 Ob 166/00s – fpo.at – ecolex 2001, 128 (*Schanda*) = MR 2000, 31 (*Pilz*) = wbl 2001, 91 (*Thiele*) = SZ 73/139 = GRUR Int 2001, 790. Dazu: *Anderl*, Zum Umfang der Haftung der Domain-Vergabestelle, ecolex 2002, 189. Zum Namensschutz für Domains bereits OGH 21. 12. 1999, 4 Ob 320/99h – ortig.at – ÖBl 2000, 134 (*Kurz*) = SZ 72/207 = MR 2000, 8 = wbl 2000, 142 = RdW 2000, 341 = ÖJZ-LSK 2000/107 = ecolex 2000, 215 (*Schanda*) = GRUR Int 2000, 1051.

[32]) OGH 13. 11. 2001, 4 Ob 255/01f – galtuer.at – ÖBl 2002, 134 (*Warbek*) = ÖBl-LS 2002/37, 38, 66 = ecolex 2002, 363 (*Schanda*) = GRUR Int 2003, 260; auch eine sittenwidrige Behinderung sowie eine Irreführung nach § 2 UWG wurden verneint.

[33]) OGH 29. 1. 2002, 4 Ob 246/01g – graz2003.at – ÖBl 2002, 280 (*Gamerith*) = wbl 2002, 331 (*Thiele*) = RdW 2002/394 = ÖBl-LS 2002/140 = ecolex 2002, 524 (*Fallenböck*) = MR 2002, 342 = MMR 2002, 452 (*Schanda*). In dieser Entscheidung setzt sich der OGH auch mit der im Zusammenhang mit Domainkonflikten diskutierten Abgrenzung zwischen „*Namensbestreitung*" und „*Namensanmaßung*" auseinander, ohne sie jedoch abschließend zu beantworten. In der Folgeentscheidung (OGH 22. 4. 2002, 4 Ob 41/02m – graz2003.com – ÖBl 2002, 276 [*Gamerith*] = MR 2002, 345 = RdW 2002/638 = ecolex 2002, 821 [*Fallenböck*]) verneinte der OGH eine Namensbestreitung durch das bloße Bockieren der Domain. Vgl Allgemein zu Ortsnamen als Domain-Namen: *Fallenböck/Kaufmann/Lausegger*, ÖBl 2002, 164.

[34]) OGH 22. 4. 2002, 4 Ob 41/02m – graz2003.com – ÖBl 2002, 276 (*Gamerith*) = MR 2002, 345 = RdW 2002/638 = ecolex 2002, 821 (*Fallenböck*).

den Namen uneingeschränkt zu verwenden. Im vorliegenden Fall stellte er kein derart überwiegendes Interesse des AMS fest. Es blieb bei der Klagsabweisung.[35]

▸ OGH 25. 3. 2003: Der Streit ging um die Domain „rtl.at". Der klagende Sender RTL besitzt überragende Bekanntheit. Der beklagte Domaininhaber (ein Werbefachmann, Journalist und Buchautor) berief sich darauf, dass er die Domain aus einer Abkürzung seiner beiden Vornamen und seines Familiennamens gebildet habe. In der Interessenabwägung konnte sich dennoch der Kläger durchsetzen. Dem Beklagten wäre die Verwendung beispielsweise des vollen Namens zumutbar. Auf die Priorität seines Namensrechts komme es daher nicht an. Ebenso wenig komme es auf den Inhalt der Website an, weil der Namensträger schon durch die bloße Domainregistrierung im Gebrauch des eigenen Namens eingeschränkt oder beeinträchtigt werde.[36]

„Vorprogrammiert" ist der Konflikt, wenn zwei *Gleichnamige* unter ihrem Namen im Geschäftsverkehr in der gleichen Branche auftreten. Zum Zeichenkonflikt Gleichnamiger besteht daher eine reiche Judikatur: Grundsätzlich ist jeder berechtigt, seinen eigenen Namen auch im Geschäftsverkehr zu verwenden.[37] Allerdings ergibt sich aus § 9 UWG insoweit eine Einschränkung, als der Name nur in einer solchen Weise gebraucht werden darf, dass Verwechslungen mit dem Namen oder der Firma, deren sich ein anderer befugterweise bedient, nach Möglichkeit vermieden werden.[38] Auch bei lauterem Gebrauch des eigenen Namens ist daher alles Zumutbare vorzukehren, um durch Benützung vorhandener Ausweichmöglichkeiten (wie Beifügen von Vornamen, Verwendung unterscheidender Zusätze udgl) die Gefahr von Verwechslungen mit einer fremden prioritätsälteren Bezeichnung nach Möglichkeit auszuschließen.[39] Unlauterer Namensgebrauch ist ausnahmslos unzulässig und schließt jede Berufung auf das Recht zur Führung des eigenen Namens aus.[40] Über die Art und Weise, was zu tun ist, um Verwechslungen zu vermeiden, gibt es keine allgemein gültigen Regeln. Selbst wenn alles Erforderliche und Zumutbare getan wurde, wird häufig ein unvermeidbarer Rest von Verwechslungsgefahr bleiben. Dieser liegt in der Natur der Sache und ist hinzunehmen.[41]

---

[35]) OGH 5. 11. 2002, 4 Ob 207/02y – ams.at – ÖBl-LS 2003/30, 31 = ÖBl 2003, 140 = ecolex 2003, 182 (*Schanda*) = wbl 2003, 145.

[36]) OGH 25. 3. 2003, 4 Ob 42/03k – rtl.at – ÖBl-LS 2003/96.

[37]) OGH 24. 4. 2001, 4 Ob 91/01p – R-GlasLine 2000 – ÖBl-LS 01/123; OGH 24. 2. 1998, 4 Ob 368/97i – Hörmann – ÖBl 1998, 298 = wbl 1998, 273 mwN. Anders ist der Gebrauch konkurrierender Wahlnamen zu beurteilen. Hier entscheidet die Priorität (vgl OGH 21. 12. 1999, 4 Ob 320/99h – ortig.at – ÖBl 2000, 134 (*Kurz*) = SZ 72/207 = MR 2000, 8 = wbl 2000, 142 = RdW 2000, 341 = ÖJZ-LSK 2000/107 = ecolex 2000, 215 (*Schanda*) = GRUR Int 2000, 1051).

[38]) OGH 24. 2. 1998, 4 Ob 368/97i – Hörmann – ÖBl 1998, 298 = wbl 1998, 273 mwN; OGH 11. 2. 1997, 4 Ob 31/97f – DANZER – ÖBl 1998, 43.

[39]) OGH 24. 4. 2001, 4 Ob 91/01p – R-GlasLine 2000 – ÖBl-LS 01/123.

[40]) OGH 24. 2. 1998, 4 Ob 368/97i – Hörmann – ÖBl 1998, 298 = wbl 1998, 273 mwN.

[41]) OGH 15. 10. 2002, 4 Ob 209/02t – BRÜHL – ÖBl 2003, 87 (*Hiti*) = ÖBl-LS 2003/7, 8 = ecolex 2003, 257 () = RdW 2003/214 = wbl 2003, 95 = ÖJZ-LSK 2003/16 = ÖJZ 2003, 141 = MarkenR 2003, 166; OGH 11. 2. 1997, 4 Ob 31/97f – DANZER – ÖBl 1998, 43. Zur älteren Judikatur zum Thema „Gleichnamige" vgl OGH 1. 9. 1992, 4 Ob 43/92 – Harald A. Schmidt – ÖBl 1992, 216 = EvBl 1993/41 = ecolex 1993, 35; NA 25. 2. 1992 – Gucci – GRUR Int 1993, 500; OPM 26. 6. 1991, Om 12/90 – JEAN RODIN – PBl 1991, 194 = ÖBl 1991, 201; OGH

Beispiele:

- OGH 25. 4. 1995: In der Auseinandersetzung zwischen „S.P.A. Bruno M..." und „Sandro M... e C.S.A.S." wurde der OGH mit ao Revisionsrekurs befasst. Er bestätigte hier die Unterinstanzen, die meinten, dass die Beklagte mit der Aufnahme des Vornamens *„Sandro"* alles Erforderliche und Zumutbare getan habe, um Verwechslungen mit der Marke der Klägerin zu vermeiden. Ob hier unter den besonderen Umständen eine weitergehende Unterscheidung erforderlich sein könnte, habe keine über den Einzelfall hinausgehende Bedeutung.[42]
- OGH 11. 2. 1997: Kläger (linke Abbildung) und Beklagte (rechte Abbildung) heißen beide *„Danzer"* und betreiben Möbelgeschäfte in derselben Stadt. Die Beklagte, die ihr Geschäft mit schlechterer Priorität eröffnet hatte, wurde zur Unterlassung verpflichtet, weil sie durch die blickfangartige Verwendung des Namens Danzer und den nur klein und im rechten Winkel dazugesetzten Vornamen nicht alles Erforderliche und Zumutbare getan hatte, um die Gefahr von Verwechslungen möglichst gering zu halten.[43]
- OGH 24. 2. 1998: Die Beklagte vertreibt Tore, Türen und Zargen. Sie benützt den in ihrem Firmenwortlaut enthaltenen Namensbestandteil *„Hörmann"* in einem Hörfunkspot unter Zuhilfenahme akustischer Untermalung in einer Weise, die eine Assoziation zu dem bekannten Fußballspieler gleichen Namens auslöst und wirtschaftliche Beziehungen zu ihm suggeriert. Man hört den Ausruf „Tor" und die Geräusche eines Fußballstadions: *„Do leg'st di nieder, a Hörmann-Tor, Hörmann-Tore für den Häuslbauer und den Bauherrn im gewerblichen Bereich ... Hörmann Ihr Partner für Tore"*. Der OGH bejaht den Unterlassungsanspruch des klagenden Fußballers.[44]
- OGH 24. 4. 2001: Beide Streitteile handeln in Lienz mit Glaswaren. Die Klägerin tritt unter „R... Glas und Kunsthandwerk Gesellschaft mbH" auf, die Beklagte benutzt die Geschäftsbezeichnungen „R... Glas Line 2000" und „R... Glasline". Der OGH bestätigte die Auffassung der Unterinstanzen, dass die hier gegebenen Unterschiede eine Verwechslungsgefahr nicht ausschließen.[45]

§ 12 MSchG sichert den Namen zusätzlich ab: *„Niemand darf ohne Zustimmung des Berechtigten den Namen, die Firma oder die besondere Bezeichnung des Un-*

---

22. 5. 1984, 4 Ob 331/84 – Schuster-Werbung – ÖBl 1985, 10 = NZ 1985, 150; OGH 14. 12. 1982, 4 Ob 385/82 – Bayer – ÖBl 1983, 80 = GRUR Int 1984, 246 (*Nowakowski*); OGH 30. 3. 1982, 4 Ob 309/82 – Egger-Bier – ÖBl 1982, 128 (*Schönherr*) = SZ 55/43 = GRUR Int 1983, 308; OGH 22. 3. 1977, 4 Ob 318/77 – Koreska – ÖBl 1977, 124; OGH 6. 4. 1976, 4 Ob 317/76 – Palmers/Falmers – ÖBl 1976, 164; OGH 30. 10. 1973, 4 Ob 333/73 – Kallinger – ÖBl 1974, 63; OLG Wien 20. 7. 1966, 2 R 160/66 – Heller – ÖBl 1966, 142; OGH 9. 3. 1965, 4 Ob 313/65 – Pischinger – ÖBl 1965, 121; OGH 4. 10. 1960, 4 Ob 352/59 – Guerlain – ÖBl 1961, 115; OGH 11. 11. 1958, 4 Ob 322 – Kleemann – ÖBl 1959, 31; OGH 26. 2. 1958, 3 Ob 26 – Steinberger – ÖBl 1958, 87; OGH 10. 11. 1954, 3 Ob 732, ÖBl 1955, 9; OGH 11. 7. 1951, 1 Ob 489/51 – Pischinger – ÖBl 1952, 6.

[42]) OGH 25. 4. 1995, 4 Ob 1032/95.
[43]) OGH 11. 2. 1997, 4 Ob 31/97f – DANZER – ÖBl 1998, 43.
[44]) OGH 24. 2. 1998, 4 Ob 368/97i – Hörmann – ÖBl 1998, 298 = wbl 1998, 273 mwN.
[45]) OGH 24. 4. 2001, 4 Ob 91/01p – R-GlasLine 2000 – ÖBl-LS 01/123. Hinter dem in der Entscheidungsveröffentlichung anonymisierten Firmenschlagwort „R..." verbirgt sich ein Familienname, den der OGH nicht bloß als schwaches Zeichen im Sinne eines Allerweltsnamens beurteilt hat.

ternehmens eines anderen zur Kennzeichnung von Waren oder Dienstleistungen benutzen". Die Anmeldung des Namens eines Mitbewerbers als Marke wurde daher als rechtswidrig beurteilt.[46] § 12 MSchG schützt auch den Namen juristischer Personen sowie das *Firmenschlagwort* und wird analog auch auf *Personenbildnisse* angewendet.[47]

Die herrschende Meinung[48] unterscheidet zwischen dem Namensrecht einerseits und der bloßen „*Namensnennung*" andererseits. Während das Namensrecht durch Bestreitung, Namensanmaßung oder Namensgebrauch verletzt wird, also das Recht zur Identifikation mit dem Namen einer Person durch Dritte in Anspruch genommen wird, geht es bei der Namensnennung nicht um die Kennzeichnungsfunktion des Namens, sondern darum, dass der Namensträger selbst mit seinem Namen bezeichnet und über ihn etwas ausgesagt wird. Durch eine Namensnennung wird nicht das Namensrecht, sondern das allgemeine Persönlichkeitsrecht des § 16 ABGB berührt. Das aus dem allgemeinen Persönlichkeitsrecht abgeleitete Recht auf *Namensanonymität* untersagt es Dritten, den Namen in einem solchen Zusammenhang zu erwähnen, zu dem der Namensträger keinen sachlichen Anlass gegeben hat. Bei der Namensnennung in Medien sind das in der Namensanonymität konkretisierte Persönlichkeitsrecht und der Schutz der Privatsphäre gegen das Informationsinteresse abzuwägen. Diese Interessenabwägung muss, sofern die Namensnennung nicht gesetzlich verboten ist, immer dann zugunsten des Informationsbedürfnisses der Öffentlichkeit ausschlagen, wenn der Namensträger sachlichen Anlass zur Nennung seines Namens gegeben hat.

Das „Café Van Gogh" in Arles, ein Fall bloßer Namensnennung?

Beispiele:

▸ OGH 22. 10. 1986: Im Fall „*Krevag*" wurde vom OGH aufgrund einer Interessenabwägung keine Namensanonymität gewährt: Es bestehe ein anzuerkennendes Interesse der Öffentlichkeit, in einer Lokalzeitung zu erfahren, dass jemand, dem ein als leitender Angestellter eines Bankunternehmens begangenes schweres Vermögensdelikt vorgeworfen wird, nunmehr als Sachbearbeiter in dem höchst sensiblen Geschäftszweig der Darlehens- und Realitätenvermittlung sowie der Vermögensberatung tätig ist.[49]

---

[46]) OGH 23. 3. 1999, 4 Ob 76/99a – Tramontana – ÖBl 1999, 285 = ecolex 1999, 559 (*Schanda*).
[47]) Vgl dazu *Schönherr/Thaler*, Entscheidungen zum Markenrecht (1985) E 2, 5 und 18 zu § 12.
[48]) Auch zum Folgenden: OGH 17. 12. 1997, 7 Ob 329/97a – Tiroler Rechtsanwälteverzeichnis – EvBl 1998/92 mwN; OGH 22. 10. 1986, 1 Ob 36/86 – KREVAG – ÖBl 1987, 26 = SZ 59/182 = RdW 1987, 48 = MR 1986, 15 (dazu *Berka*, Unschuldvermutung und Recht auf Anonymität, MR 1987, 6). Zur Namensverwendung in der Werbung: OLG Wien 13. 3. 1985, 4 R 9, 10/85 – Fröhlich – MR 1986, 19. Zum Hinweis auf einen ehemaligen Kanzleikollegen am Briefpapier: OGH 11. 9. 1984, 4 Ob 358/84 – Rechtsanwalts-Kanzleipapier – ÖBl 1985, 14 = EvBl 1985/38.
[49]) OGH 22. 10. 1986, 1 Ob 36/86 – KREVAG – ÖBl 1987, 26 = SZ 59/182 = RdW 1987, 48 = MR 1986, 15.

▶ OGH 17. 12. 1997: Die „T Tageszeitung" hat gemeinsam mit der Tiroler Rechtsanwaltskammer ein Verzeichnis der Tiroler Anwälte publiziert. Der Kläger ist Anwalt in Tirol und hat vorab ausdrücklich erklärt, dass er in diesem Verzeichnis nicht aufscheinen will. Er wurde aber dennoch mit den aus der amtlichen Liste der Rechtsanwälte entnommenen Daten in das Verzeichnis aufgenommen. Aufgrund einer Interessenabwägung hat der OGH den Unterlassungsanspruch des Klägers verneint. Es überwiege das Interesse des Verlags, der Rechtsanwaltskammer und der Öffentlichkeit.[50]

Ergänzend kann allenfalls noch ein wettbewerbsrechtlicher Schutz nach § 1 UWG eingreifen (dazu bereits oben bei der bekannten Marke, Seite 440).

Die rechtswirksame *Gestattung* des Namensgebrauchs durch den (die) Berechtigten schließt die Unbefugtheit des Namensgebrauchs gegenüber dem Gestattenden aus. Da das Namensrecht höchstpersönlich ist, wird die Gestattung der Namensverwendung nicht als Veräußerung des Namensrechts beurteilt. Sie ist nur als Verzicht auf die Geltendmachung von Unterlassungs- (oder Schadenersatz-) Ansprüchen zu deuten. Der Gestattungsvertrag wirkt nicht nur zwischen den Vertragspartnern, sondern auch „dinglich" gegen Dritte in dem Sinn, dass diese auch kraft ihres eigenen Namens- (Firmen- oder Marken-)rechts den Gebrauch nicht untersagen können. Der Vertrag bindet auch den (Gesamt-)Rechtsnachfolger des Gestattenden. Eine Aufkündigung (Auflösung) des den Erben des Gestattenden bindenden Dauerschuldverhältnisses ist nur aus wichtigen Gründen möglich.[51]

Beispiel:

▶ OGH 24. 11. 1992: Die „*Gulliver's Reisen Reisebüro Gesellschaft mbH*" gründete gemeinsam mit einem zweiten Gesellschafter die „Gulliver's Reisen Reisebüro & Wiletel Gesellschaft mbH". Da diese Firma schon im Gesellschaftsvertrag festgelegt wurde, hat der OGH die Gestattung des Kennzeichengebrauchs („Gulliver's Reisen") als gegeben angenommen.[52]

▶ OGH 15. 6. 2000: Der Ururenkel des Feldmarschalls Radetzky, der selbst noch diesen Namen trägt, wollte dem Beklagten Leopold W. verbieten, seinen Weinbaubetrieb „RADETZKY-Weingut" zu nennen. Dieser konnte jedoch erfolgreich darauf verweisen, dass schon die Eltern des Klägers seinem Großvater (und dessen Rechtsnachfolgern) die Namensverwendung gegen Zahlung gestattet hatten.[53]

---

[50]) OGH 17. 12. 1997, 7 Ob 329/97a – Tiroler Rechtsanwälteverzeichnis – EvBl 1998/92.
[51]) Zum Ganzen: OGH 15. 6. 2000, 4 Ob 85/00d – Radetzky – MR 2000, 368 = JBl 2001, 54 = ecolex 2000, 808 (*Schanda*); zur älteren Rsp: OGH 24. 11. 1992, 4 Ob 96/92 – Gulliver's Reisen – ÖBl 1993, 21 = ecolex 1993, 99. Zum Widerruf eines unbefristeten Gestattungsvertrags und zum Aspekt der Irreführung durch die Gestattung: OGH 12. 5. 1992, 4 Ob 7/92 – Gulliver's Reisen – ÖBl 1992, 157 = wbl 1992, 406 = RdW 1992, 371 = GesRZ 1993, 168.
[52]) OGH 24. 11. 1992, 4 Ob 96/92 – Gulliver's Reisen – ÖBl 1993, 21 = ecolex 1993, 99 (dort auch zur Kollision bei aufeinanderfolgender Gründung zweier Tochtergesellschaften mit gleichem Firmenkern).
[53]) OGH 15. 6. 2000, 4 Ob 85/00d – Radetzky – MR 2000, 368 = JBl 2001, 54 = ecolex 2000, 808 (*Schanda*).

Zur *Übertragung* des Namensrechts: „Die Firma kann nicht ohne das Handelsgeschäft" (also das Unternehmen), „für welches sie geführt wird, veräußert werden" (§ 23 HGB). Das gilt analog auch für andere Handelsnamen. Obwohl das Recht am bürgerlichen Namen ein Persönlichkeitsrecht und daher unveräußerlich ist, kann der Name dann, wenn er im geschäftlichen Verkehr mit einem Unternehmen oder Betrieb verbunden ist, mit Zustimmung des Namensträgers zusammen mit dem Betrieb oder Unternehmen veräußert werden; dann führt er als Handelsname ein Eigenleben.

13.1.5. Schutzdauer

Der Namensschutz endet beim bürgerlichen Namen mit dem Tod.[54] Bei der juristischen Person endet der Namensschutz mit dem Ende der Rechtspersönlichkeit oder mit der dauernden Einstellung des Unternehmens. Mit der Auflösung einer GesBR und der Beendigung ihres Unternehmens erlischt daher ebenso wie durch die Beendigung einer juristischen Person das Recht der Gesellschafter bzw. der Gesellschaft an dem Namen.[55]

13.1.6. Sanktionen

Zivilrechtliche Ansprüche

Der in seinem Namensrecht nach § 43 ABGB Verletzte hat nicht nur Anspruch auf *Unterlassung* und *Schadenersatz*, sondern nach herrschender Meinung[56] auch auf *Beseitigung*. Wird durch die unbefugte Namensverwendung der geldwerte Bekanntheitsgrad einer Persönlichkeit, wie eines bekannten Sportlers, ausgenützt, so steht dem Betroffenen ein *Verwendungsanspruch* nach § 1041 ABGB zu.[57] Zur Vorbereitung der Zahlungsansprüche steht auch ein *Rechnungslegungsanspruch* zu.[58] Bei Anträgen auf einstweilige Verfügung ist zu beachten, dass hier – anders als etwa im Markenrecht (§ 56 MSchG; Seite 526) – eine Gefahrenbescheinigung (§ 381 Z 2 EO) Voraussetzung für die Erlassung der Sicherungsmaßnahme ist.

Beispiele:

▸ OGH 21. 12. 1999: In der Entscheidung „ortig.at" (Seite 646) wurde die Gefahr eines unwiederbringlichen Schadens damit begründet, dass der Kläger Gefahr

---

[54]) *Aicher*, in *Rummel*³ § 43 Rz 5, dort auch zum Thema „*postmortaler Namensschutz*".
[55]) OGH 7. 3. 1995, 4 Ob 21/95 – Die Mooskirchner – ÖBl 1996, 32 = ecolex 1995, 567 = RdW 1995, 385 = wbl 1995, 297; OGH 17. 1. 1995, 4 Ob 8/95 – Moosalm – ÖBl 1995, 228 = MR 1995, 111 = ecolex 1995, 351 und 899 = RdW 1995, 300 = wbl 1995, 253.
[56]) Vgl OGH 12. 9. 2001, 4 Ob 176/01p – fpo.at II – ÖBl-LS 2002/64 = ÖBl 2002, 242 = EvBl 2002/22 = MR 2001, 326 (*Rami*) = ecolex 2002, 35 (*Schanda*) = ÖJZ-LSK 2002/19; OGH 20. 10. 1998, 4 Ob 216/98p – Ralph Lauren II – ÖBl 1999, 87 = EvBl 1999/58 = SZ 71/168 = ZfRV 2000, 153 mwN.
[57]) OGH 24. 2. 1998, 4 Ob 368/97i – Hörmann – ÖBl 1998, 298 = wbl 1998, 273. Eingeklagt und zugesprochen wurden ATS 60.000,--.
[58]) OGH 12. 10. 1982, 4 Ob 408/81 – Barbara Rütting – ÖBl 1983, 8 = SZ 55/145; dazu *Schmidt*, ÖBl 2003, 74.

laufe, „mangels rascher Auffindbarkeit im Internet einen Ausfall an möglichen weiteren Kunden zu erleiden".[59]
- OGH 13. 9. 2000: Im Fall „bundesheer.at" (Seite 646) wurde hingegen keine hinreichende Gefährdung angenommen.[60]
- OGH 22. 3. 2001: Der aus dem Text der Website „www.rechnungshof.com" (Seite 647) zu befürchtende Imageschaden für den Rechnungshof genügt zur Gefahrenbescheinigung nach § 381 Z 2 EO.[61]
- 12. 9. 2001: Im Fall „fpo.at II"[62] wurde die beklagte Domain-Vergabestelle schuldig erkannt, „binnen 14 Tagen die Domain „fpo.at" zu beseitigen".

Gerichtliche Strafbarkeit

Wer in einer Weise, die geeignet ist, Verwechslungen im geschäftlichen Verkehr hervorzurufen, einen *Namen*, eine *Firma* oder die besondere *Bezeichnung eines Unternehmens* oder ein diesen Bezeichnungen ähnliches Zeichen zur Kennzeichnung von Waren oder Dienstleistungen gemäß §10a MSchG unbefugt benutzt, ist vom Gericht mit Geldstrafe bis zu 360 Tagessätzen zu bestrafen (§ 60 Abs 2 MSchG). Wer die Tat *gewerbsmäßig* begeht, ist mit Freiheitsstrafe bis zu zwei Jahren zu bestrafen (§ 60 Abs 1, zweiter Satz iVm § 60 Abs 2 MSchG).

Der *Inhaber oder Leiter eines Unternehmens* ist zu bestrafen, wenn er eine im Betrieb des Unternehmens von einem Bediensteten oder Beauftragten begangene Verletzung nach § 60 Abs 2 MSchG nicht verhindert (§ 60 Abs 3 MSchG; vgl § 159 Abs 2 PatG). Ist der Inhaber des Unternehmens nach § 60 Abs 3 MSchG eine Gesellschaft, eine Genossenschaft, ein Verein oder ein anderes, nicht zu den physischen Personen gehöriges Rechtssubjekt, so ist § 60 Abs 3 MSchG auf die Organe anzuwenden, wenn sie sich einer solchen Unterlassung schuldig gemacht haben. Für die über die Organe verhängten Geldstrafen haftet der Inhaber des Unternehmens zur ungeteilten Hand mit dem Verurteilten (§ 60 Abs 4 MSchG).

Die in § 60 Abs 2 MSchG bezeichnete Strafbestimmung ist auf *Bedienstete oder Beauftragte* nicht anzuwenden, die die Handlung im Auftrag ihres Dienstgebers oder Auftraggebers vorgenommen haben, sofern ihnen wegen ihrer wirtschaftlichen Abhängigkeit nicht zugemutet werden konnte, die Vornahme dieser Handlung abzulehnen (§ 60 Abs 5 MSchG).

Das im § 60 Abs 2 MSchG bezeichnete Vergehen wird nur auf Verlangen des Verletzten verfolgt (§ 60a Abs 1 MSchG; *Privatanklagedelikt*). Das Strafverfahren obliegt dem Einzelrichter des Gerichtshofes erster Instanz (§ 60a Abs 2 MSchG).

---

[59]) OGH 21. 12. 1999, 4 Ob 320/99h – ortig.at – ÖBl 2000, 134 (*Kurz*) = SZ 72/207 = MR 2000, 8 = wbl 2000, 142 = RdW 2000, 341 = ÖJZ-LSK 2000/107 = ecolex 2000, 215 (*Schanda*) = GRUR Int 2000, 1051.

[60]) OGH 13. 9. 2000, 4 Ob 198/00x – bundesheer.at – ecolex 2001, 129 (*Schanda*) = MR 2000, 325 = wbl 2001, 43 = MMR 2001, 305 (*Schanda*) = GRUR Int 2001, 470.

[61]) Vgl etwa OGH 22. 3. 2001, 4 Ob 39/01s – Rechnungshof – ÖBl 2001, 237 (*Kurz*) = EvBl 2001/155 = MR 2001, 256 = wbl 2001, 495 (*Thiele*) = ecolex 2001, 688 (*Schanda*) = RdW 2001/559 = ÖJZ-LSK 2001/197 = ÖBl-LS 01/152 und 155.

[62]) OGH 12. 9. 2001, 4 Ob 176/01p – fpo.at II – ÖBl-LS 2002/64 = ÖBl 2002, 242 = EvBl 2002/22 = MR 2001, 326 (*Rami*) = ecolex 2002, 35 (*Schanda*) = ÖJZ-LSK 2002/19.

Für das Strafverfahren bei Kennzeichenverletzungen gelten § 52 MSchG (Beseitigung) sowie § 119 Abs 2 PatG (Ausschluss der Öffentlichkeit) und § 149 PatG (Urteilsveröffentlichung) sinngemäß (§ 60b MSchG).

In Aix-en-Provence, Geburtsstadt von Paul Cézanne, ist dessen Name allgegenwärtig, auch als Straßen- und Garagenname, und so denkt man manchmal an das „postmortale Namensrecht".

13.2. Firma
13.2.1. Schutzgegenstand

Die Firma eines (Voll-)Kaufmanns ist der Name, unter dem er im Handel seine Geschäfte betreibt und die Unterschrift abgibt (§ 17 Abs 1 iVm § 4 HGB).[63] Nach § 9 Abs 1 UWG genießt nicht nur der volle Firmenwortlaut Schutz, sondern auch ein Firmenbestandteil (Firmenkurzbezeichnung, Firmenschlagwort), der – für sich allein oder in Verbindung mit Zusätzen – geeignet ist, auf ein bestimmtes Unternehmen hinzuweisen und es von anderen zu unterscheiden. Voraussetzung für den Schutz ist daher die *Unterscheidungskraft* des Zeichens; eine Bezeichnung muss etwas Besonderes, Individuelles haben, um zur Kennzeichnung eines bestimmten Unternehmens dienen zu können. Fehlt diese Unterscheidungskraft, dann kann es trotzdem den Schutz nach § 9 UWG erlangen, wenn und soweit es *Verkehrsgeltung* besitzt.[64] Dass ein Unternehmen die Befugnis zum Führen des Staatswappens verliehen bekommen hat, spricht zwar für die Bekanntheit des Unternehmens, sagt aber etwa über die Verkehrsgeltung der Kurzbezeichnung dieses Unternehmens nichts aus.[65] An den Nachweis der Verkehrsgeltung eines Firmenschlagworts mit fehlender Unterscheidungskraft als Hinweis auf ein bestimmtes Unternehmen werden strenge Anforderungen gestellt.[66]

Auch die Firma ist nur geschützt, wenn sie unterscheidungskräftig ist, oder Verkehrsgeltung hat.

Beispiele:

- OGH 12. 4. 1988: *Geographischen Bezeichnungen* fehlt in der Regel die zur Kennzeichnung eines Unternehmens nötige Unterscheidungskraft. Sie sind daher nur bei Verkehrsgeltung schützbar, wobei an den Nachweis ein strenger Maßstab angelegt wird. Da also das Wort „Oberösterreich" im Firmenwortlaut *„Oberösterreichisches Landesreisebüro"* allein nicht hinreichend unterscheidungskräftig ist, konnte gestützt auf diese Firma kein Unterlassungsanspruch gegen die Unternehmensbezeichnung „Oberösterreichische Raiffeisen-Reisen" gestützt werden.[67]
- OGH 7. 2. 1989: Der Firmenzusatz *„Autohaus"* ist nicht unterscheidungskräftig.[68]

---

[63]) Zur Firmenbildung: *Krejci*, Handelsrecht² (2001) 68. Zur Reform des Firmenrechts: *Krejci/Schmidt*, Vom HGB zum Unternehmergesetz (2002) 26.
[64]) OGH 22. 11. 1994, 4 Ob 110/94 – Telecom – ÖBl 1995, 126 = wbl 1995, 168 = PBl 1995, 166 und 251.
[65]) OGH 11. 7. 1989, 4 Ob 77/89 – AGRO – ÖBl 1990, 24 = wbl 1989, 343.
[66]) OGH 13. 2. 2001, 4 Ob 316/00z – immobilienring.at – ÖBl 2002, 81 = wbl 2001, 335 (*Thiele*) = ecolex 2001, 461 (*Schanda*) = ÖBl-LS 01/90 und 91; dort auch zur Frage, ob eine österreichweite Verkehrsgeltung erforderlich ist.
[67]) OGH 12. 4. 1988, 4 Ob 19/88 – Oberösterreichisches Landesreisebüro – wbl 1988, 366.
[68]) OGH 7. 2. 1989, 4 Ob 1/89 – FREY – wbl 1989, 217.

▸ OGH 11. 7. 1989: Der Firmenbestandteil „AGRO" ist im Zusammenhang mit Ackerbau und Landwirtschaft eine beschreibende Angabe und daher nur mit Verkehrsgeltung geschützt.[69]
▸ OGH 12. 9. 1989: Der Firmenbestandteil „*Imperial*" in der Firma „Imperial Hotels Austria AG" ist hinreichend kennzeichnungskräftig.[70]
▸ OGH 30. 1. 1990: Der beschreibende Firmenbestandteil „*Holiday-Reisen*" eines Reisebüros ist nur bei Verkehrsgeltung geschützt.[71]
▸ OGH 18. 9. 1990: Dem Firmenschlagwort „*Haus & Grund*" kommt – wenn überhaupt – nur schwache Kennzeichnungskraft zu.[72]
▸ OGH 10. 3. 1992: Das Firmenschlagwort „*Nemsa*" ist das arabische Wort für „Österreich" und hat daher keine Kennzeichnungskraft.[73]
▸ OGH 10. 11. 1992: Das aus dem Firmenbestandteil „Computersoftwaresysteme" gebildete Firmenschlagwort „*Coss*" ist unterscheidungskräftig.[74]
▸ OGH 12. 1. 1993: „INVEST-REAL" ist für eine Realitätenvermittlungs GmbH (schwach) unterscheidungskräftig.[75]
▸ OGH 29. 6. 1993: „TELESHOP" ist für ein Geschäft für „Tele-Kommunikationsgeräte" beschreibend und daher nicht unterscheidungskräftig.[76]
▸ OGH 21. 9. 1993: „*Atlantis*" ist als Firmenschlagwort für eine Tauchschule unterscheidungskräftig.[77]
▸ OGH 8. 3. 1994: „*Moto*" ist als Firmenschlagwort für ein Unternehmen, das sich mit dem Motorradhandel befasst, nicht unterscheidungskräftig.[78]
▸ OGH 22. 11. 1994: Der Firmenwortlaut „Austria-Telecommunication Gesellschaft mbH" ist ebenso wie die Kurzbezeichnung „*Austria-Telecom*" nicht unterscheidungskräftig.[79]
▸ OGH 19. 12. 1994: Das dem Unternehmensgegenstand (environment, technology) entnommene Firmenschlagwort „ENTEC" ist für ein Unternehmen, das sich mit der Entwicklung und Realisierung von Verfahren auf dem Gebiet der Umwelttechnik befasst, unterscheidungskräftig. Ob „ENTEC" *im Ausland* häufig als Firmenbestandteil verwendet wird, ist für die Entscheidung unerheblich, zumal es darauf ankommt, wie die beteiligten inländischen Verkehrskreise die Bezeichnung verstehen.[80]
▸ NA 29. 1. 1998: Der Firmenbestandteil „*McDonald's*" hat Unterscheidungskraft und ist daher aufgrund der Geschäftstätigkeit dieses amerikanischen Unternehmens in Österreich hier auch geschützt.[81]
▸ OGH 13. 9. 1999: „*Format*" ist als Firmenschlagwort für ein Unternehmen, das Druckschriften vertreibt, unterscheidungskräftig.[82]

---

[69]) OGH 11. 7. 1989, 4 Ob 77/89 – AGRO – ÖBl 1990, 24 = wbl 1989, 343.
[70]) OGH 12. 9. 1989, 4 Ob 95/89 – Imperial – ÖBl 1990, 29.
[71]) OGH 30. 1. 1990, 4 Ob 148/89 – Holiday-Reisen – MR 1990, 194 = ecolex 1990, 427.
[72]) OGH 18. 9. 1990, 4 Ob 125/90 – Haus & Grund – ÖBl 1991, 96 = ecolex 1991, 40.
[73]) OGH 10. 3. 1992, 4 Ob 12/92 – NEMSA – ÖBl 1992, 54 = ecolex 1992, 641.
[74]) OGH 10. 11. 1992, 4 Ob 80/92 – Coss – ecolex 1993, 254 = wbl 1993, 164.
[75]) OGH 12. 1. 1993, 4 Ob 86/92 – INVEST-REAL – ecolex 1993, 397 = wbl 1993, 196.
[76]) OGH 29. 6. 1993, 4 Ob 74/93 – TELESHOP – wbl 1993, 408.
[77]) OGH 21. 9. 1993, 4 Ob 85/93 – Atlantis – ÖBl 1993, 249 = ecolex 1994, 182 = wbl 1994, 134.
[78]) OGH 8. 3. 1994, 4 Ob 17/94 – MOTO – ÖBl 1995, 32 = ecolex 1994, 551 = wbl 1994, 345.
[79]) OGH 22. 11. 1994, 4 Ob 110/94 – Telecom – ÖBl 1995, 126 = wbl 1995, 168 = PBl 1995, 166 und 251.
[80]) OGH 19. 12. 1994, 4 Ob 142/94 – ENTEC – ÖBl 1995, 172 = ecolex 1995, 271 = wbl 1995, 168.
[81]) NA 29. 1. 1998, Nm 113/97 – Mc Hair – PBl 1999, 142 = ÖBl 2000, 16.

- OGH 14. 3. 2000: Das Firmenschlagwort „ALUTOP" ist für Bearbeitung und Vertrieb von Aluminium nicht rein beschreibend und daher geschützt.[83]
- OGH 13. 2. 2001: Der Firmenbestandteil *Immobilienring* hat für sich allein in der mit zwei nicht alltäglichen Namen gebildeten Firma einer OHG keine Unterscheidungskraft.[84]
- OPM 11. 7. 2001: Das Firmenschlagwort „*Holztherm*" in der tschechischen Firma „Holztherm spol.s.r.o." ist für ein Unternehmen, das Holzbriketts verkauft, unterscheidungskräftig.[85]
- OGH 12. 9. 2001: „*Best Energy*" ist für ein Energieunternehmen beschreibend und daher als Firmenschlagwort nur mit Verkehrsgeltung geschützt.[86]
- OGH 16. 10. 2001: „*onlaw*" ist als Firmenschlagwort für einen elektronischen Verlag für Rechtsinformationen originell und stark kennzeichnungskräftig.[87]
- OGH 27. 11. 2001: Die Wortverbindung „*internet.factory*" hat in einer Firma in Bezug auf Dienstleistungen in der EDV-Branche nicht rein beschreibenden Charakter. Ihr kommt als relativer Phantasiebezeichnung Unterscheidungskraft zu.[88]
- OGH 20. 8. 2002: „ALPHA" ist ein im Geschäftsverkehr häufig verwendetes Zeichen und hat daher als Firmenschlagwort nur schwache Kennzeichnungskraft. Dem entsprechend können schon geringfügige Abweichungen die Verwechslungsgefahr ausschließen.[89]
- OGH 10. 10. 2002: Der Firmenbestandteil „SPHINX" ist für ein IT-Unternehmen ein besonders unterscheidungskräftiges Fantasiewort.[90]

Also wo jetzt?

Die Firma ist das wesentliche Identifizierungsmittel für Kaufleute. Es ist daher nicht verwunderlich, dass dem *Irreführungsschutz* hier besondere Bedeutung zukommt (vgl zu diesem Schutzausschließungsgrund im Markenrecht, Seite 273). Nach § 18 Abs 2 HGB dürfen Firmenzusätze nicht geeignet sein, eine Täuschung über die Art oder den Umfang des Geschäfts oder die Verhältnisse des Geschäftsinhabers herbeizuführen (Grundsatz der „*Firmenwahrheit*"). Prüfungsmaßstab ist dabei die Gefahr der Irreführung eines nicht unbeträchtlichen Teils der

---

[82]) OGH 13. 9. 1999, 4 Ob 180/99w – Format – ÖBl 2000, 72 = ecolex 2000, 132 (*Schanda*) = MR 1999, 351 = wbl 2000, 47.
[83]) OGH 14. 3. 2000, 4 Ob 21/00t – Alutop – ecolex 2000, 659 (*Schanda*).
[84]) OGH 13. 2. 2001, 4 Ob 316/00z – immobilienring.at – ÖBl 2002, 81 = wbl 2001, 335 (*Thiele*) = ecolex 2001, 461 (*Schanda*) = ÖBl-LS 01/90 und 91.
[85]) OPM 11. 7. 2001, Om 4/01 – Holztherm – PBl 2002, 9 = ÖBl-LS 2002/62 und 68.
[86]) OGH 12. 9. 2001, 4 Ob 169/01h – Best Energy – ÖBl-LS 2002/90 = wbl 2002, 89 (*Thiele*) = ecolex 2002, 266 (*Schanda*) = MMR 2002, 303.
[87]) OGH 16. 10. 2001, 4 Ob 226/01s – onlaw – ÖBl-LS 2002/51 und 52 = ecolex 2002, 192 (*Schanda*) = wbl 2002, 44 = RdW 2002/128 = MR 2002, 51 (*Hebenstreit*).
[88]) OGH 27. 11. 2001, 4 Ob 230/01d – internetfactory – ÖBl 2002, 138 = ÖBl-LS 2002/54 = ecolex 2002, 364 (*Schanda*) = wbl 2002, 183.
[89]) OGH 20. 8. 2002, 4 Ob 171/02d – Alpha – ÖBl-LS 2002/194 = ecolex 2002, 895 (*Gamerith*).
[90]) OGH 10. 10. 2002, 6 Ob 233/02m – Sphinx – ecolex 2003, 178 = RdW 2003/113 = wbl 2003, 185.

durch die Firma angesprochenen Verkehrskreise.[91] Die Zulässigkeit der in der Firma aufgenommenen *geographischen Bezeichnungen* setzt nicht nur voraus, dass der Rechtsträger im angeführten Gebiet tätig wird; er muss darüber hinaus eine besondere Bedeutung für den jeweiligen Wirtschaftszweig innerhalb des angeführten Raumes haben.[92] Das Täuschungsverbot des § 18 Abs 2 HGB gilt auch für *Gesellschaftsfirmen*, und zwar nicht nur in Bezug auf Zusätze, sondern auch für den Firmenkern.[93] Auch die durch Aufnahme des Namens eines Gesellschafters gebildete Firma ist auf Irreführung zu prüfen.[94] § 18 Abs 2 HGB wendet sich auch gegen Verwechslungsgefahr im weiteren Sinn. Der Firmenwortlaut darf daher auch nicht den unrichtigen Anschein einer wirtschaftlichen oder rechtlichen Zusammengehörigkeit oder Verflechtung mehrerer Unternehmen erwecken.[95] Einem Mitbewerber, der sich durch die Neueintragung einer gegen das Täuschungsverbot des § 18 Abs 2 HGB verstoßenden Firma verletzt erachtet, steht kein Rekurs gegen den Eintragungsbeschluss zu.[96] Auch dem Gesellschafter einer juristischen Person, die durch eine Registereintragung in ihrem Firmenrecht verletzt ist, steht kein Rekursrecht zu.[97] Ergänzend greift aber bei Firmennamen das Irreführungsverbot des § 2 UWG, das auch ein Mitbewerber geltend machen kann.[98]

Beispiele:
- OGH 5. 6. 1984: Als zulässig wurde die Bezeichnung „*Consulting Engineer*" für ein technisches Büro für Maschinenbau beurteilt, obwohl der Geschäftsführer nicht die Befugnis zur Führung des Titels „Ingenieurkonsulent" hatte.[99]
- OGH 11. 7. 1985: Der OGH verneinte die Irreführungseignung des Firmenwortlauts „*Hilger Analytical Gesellschaft mbH*", die von der britischen „Hilger Analytical Ltd" gemeinsam mit einem Wiener Rechtsanwalt gegründet wurde. Zum englischen Ausdruck „Analytical" meinte er: „Wer sich nichts Konkretes vorstellen kann, mag sich mangelhaft unterrichtet fühlen, kann sich aber nicht als getäuscht erachten", dass hier konkrete tatsachenwidrige Vorstellungen geweckt würden, sei nicht zu erwarten.[100]

---

[91]) OGH 16. 5. 2001, 6 Ob 67/01y – Sparkasse Niederösterreich – EvBl 2001/185 = RdW 2001/675 = ÖBA 2002, 398. Zum Firmenzusatz „& Partner" in einer Rechtsanwalts-KEG: OGH 11. 3. 1993, 6 Ob 5/93, SZ 66/32 = ecolex 1993, 525 = EvBl 1993/128 = AnwBl 1993, 334 = NZ 1993, 260.

[92]) OGH 16. 5. 2001, 6 Ob 67/01y – Sparkasse Niederösterreich – EvBl 2001/185 = RdW 2001/675 = ÖBA 2002, 398.

[93]) OGH 22. 6. 1995, 6 Ob 25/95, NZ 1996, 278 = RdW 1996, 12 mwN. Zur Beurteilung der firmenrechtlichen Vorschriften als Schutzgesetz im Sinne des § 1311 ABGB sowie zu den sich daraus ergebenden Haftungsfolgen: OGH 20. 12. 1995, 7 Ob 532/95, wbl 1996, 123 = ecolex 1996, 248 = SZ 68/242.

[94]) OGH 20. 3. 1986, 6 Ob 3/86 – Leasing GmbH – ÖBl 1987, 21.

[95]) OLG Wien 29. 12. 1989, 6 R 118/89, NZ 1991, 202. Zur Unterscheidung zwischen Verwechslungsgefahr im engeren und im weiteren Sinn im Bereich des Firmenrechts: OGH 12. 9. 1989, 4 Ob 95/89 – Imperial – ÖBl 1990, 29. Zur Täuschungseignung örtlicher Hinweise: OGH 6. 10. 1988, 6 Ob 20/88, wbl 1989, 61.

[96]) OGH 8. 5. 1996, 6 Ob 2040/96k, GesRZ 1996, 182 = EvBl 1997/12 = JBl 1997, 187 (*Burgstaller*) = wbl 1996, 410 = RdW 1997, 76.

[97]) OGH 15. 12. 1982, 6 Ob 13/82, GesRZ 1983, 36.

[98]) OGH 19. 12. 1989, 4 Ob 135/89 – S Real-Service – ÖBl 1990, 162 = ecolex 1990, 234. Vgl auch OGH 25. 9. 2001, 4 Ob 203/01h – Funkhaus Oberösterreich – ÖBl 2002, 132 = ÖBl-LS 2002/45 = wbl 2002, 136.

[99]) OGH 5. 6. 1984, 4 Ob 336/84 – Consulting Engineer – ÖBl 1984, 158. Vgl auch OPM 28. 3. 1984, Om 5/83, PBl 1984, 179 = ÖBl 1984, 149.

[100]) OGH 11. 7. 1985, 6 Ob 22/85 – Hilger Analytical – ÖBl 1986, 69.

- OGH 12. 12. 1985: Für ein Unternehmen, das auf dem Gebiet der Erzeugung und des Handels mit Fruchtsäften keine Spitzenstellung einnimmt, ist das Firmenschlagwort „FRUCHTRIESE" irreführend (§ 18 Abs 2 HGB).[101]
- OGH 19. 12. 1989: Die gegen das Firmenschlagwort „S Real Service" (mit dem typischen Sparkassen-S; Abbildung rechts) nach § 2 UWG erhobene Unterlassungsklage blieb erfolglos, weil dieses Unternehmen tatsächlich in organisatorischem und wirtschaftlichem Zusammenhang mit österreichischen Sparkassen stand und daher dem Sparkassensektor zuzurechnen war.[102]

  Das ṡ Real Service

- OLG Wien 10. 2. 1995: Der Firmenzusatz „International" vermittelt – isoliert betrachtet – die Vorstellung eines nach Größe und Marktstellung international bedeutenden Unternehmens. Im speziellen Fall der Firma „HRDI Human Resources Development International A-KEG" weist er allerdings nicht auf eine besondere wirtschaftliche Macht hin, sondern nur darauf, dass diese Gesellschaft sich mit einer Tätigkeit befasse, die der Entwicklung von Fähigkeiten von – aus zahlreichen verschiedenen Ländern stammenden – Menschen dient. Die Eintragung wurde daher bewilligt.[103]
- OGH 22. 6. 1995: Der Firmenwortlaut „Gebrüder K Kommandit-Erwerbsgesellschaft" ist nicht irreführend, wenn an der Gesellschaft zumindest zwei persönlich haftende Gesellschafter beteiligt sind, die Brüder sind. Dass es noch weitere persönlich haftende Gesellschafter gibt, stört nicht.[104]
- OLG Wien 7. 9. 1995: Der Titel „Universitätsdozent" ist als personenbezogener Firmenzusatz im Sinne des § 18 Abs 2 HGB zulässig.[105]
- OGH 24. 4. 1997: Nach Ausscheiden der „Sparkasse K" als Gesellschafterin war die „Immorent-Sparkasse K GrundverwertungsGmbH" verpflichtet, den Zusatz „Sparkasse K" aus ihrer Firma zu entfernen, um den irreführenden Eindruck des Bestehens einer Berechtigung zu Bankgeschäften zu vermeiden.[106]
- OLG Wien 17. 7. 1997: Führt ein Einzelkaufmann die Firma einer Personengesellschaft weiter, so muss er einen entsprechenden Nachfolgezusatz hinzufügen oder den Gesellschaftszusatz entfernen. Das Entfernen des Gesellschaftszusatzes allein genügt allerdings nicht, wenn die Firma dennoch die Namen mehrerer Gesellschafter enthält und daher weiterhin unzutreffend auf eine OHG geschlossen werden kann.[107]
- OLG Wien 31. 7. 1997: Die Firma „Architekten A + Partner Ziviltechniker Kommanditerwerbsgesellschaft" wurde als irreführend beurteilt, weil ihr nur ein einziger persönlich haftender Gesellschafter (Architekt mit ausgeübter Befugnis) angehörte.[108]
- OGH 5. 10. 2000: Als irreführend wurde die Firma „INSTITUT FÜR WIRTSCHAFTSRECHT, o. Univ. Prof. Dr. NN Gesellschaft mit beschränkter

---

[101]) OGH 12. 12. 1985, 6 Ob 35/85 – FRUCHTRIESE – ÖBl 1986, 126.
[102]) OGH 19. 12. 1989, 4 Ob 135/89 – S Real-Service – ÖBl 1990, 162 = ecolex 1990, 234.
[103]) OLG Wien 10. 2. 1995, 6 R 43/95, NZ 1996, 125.
[104]) OGH 22. 6. 1995, 6 Ob 25/95, NZ 1996, 278 = RdW 1996, 12.
[105]) OLG Wien 7. 9. 1995, 6 R 133/95, Der österreichische Rechtspfleger 1997/1, 33.
[106]) OGH 24. 4. 1997, 6 Ob 2237/96f – Immorent-Sparkasse – ÖBl 1998, 203 = GesRZ 1997, 252 = ÖBA 1998, 118.
[107]) OLG Wien 17. 7. 1997, 28 R 61/97i, Der österreichische Rechtspfleger 1998/1, 22.
[108]) OLG Wien 31. 7. 1997, 28 R 47/97f, NZ 1998, 345.

Haftung" beurteilt. Wenn ein rein privatwirtschaftliches Unternehmen den Firmenzusatz „Institut" wählt und in einem Bereich tätig ist, in dem auch öffentliche Unternehmen oder solche unter öffentlicher Aufsicht tätig sind, besteht die Gefahr, dass der Institutsbegriff den falschen „amtlichen Eindruck" erweckt, das Unternehmen sei ein öffentliches.[109]

- OGH 23. 11. 2000: Bei einem Wechsel der Rechtsform von der KG zur OHG muss die Firmenbeständigkeit hinter dem Grundsatz der Firmenwahrheit zurücktreten. Der Rechtsformzusatz „KG" darf daher nicht beibehalten werden.[110]
- OGH 16. 5. 2001: Die Firma *„Sparkasse Niederösterreich AG"* wurde für ein Kreditinstitut, dessen Bilanzsumme gemessen an den aggregierten Bilanzsummen aller Sparkassen und Sparkassen Aktiengesellschaften in NÖ (nur) 16, 79 % (gegenüber 8,79 % der nächstgrößten Sparkasse) betrug, als irreführend beurteilt. Dabei wurde auch berücksichtigt, dass sich ein Drittel der Zweigstellen in und um St. Pölten, die restlichen im südwestlichen Teil von NÖ, befunden haben.[111]
- OGH 21. 6. 2001: § 94 BWG enthält ergänzende firmenrechtliche Regelungen für *Kreditunternehmen*. Die Firma „Raiffeisen OeKB Beteiligungsgesellschaft mbH" schließt den Anschein aus, dass das unter dieser Firma betriebene Unternehmen Bankgeschäfte betreibt.[112]

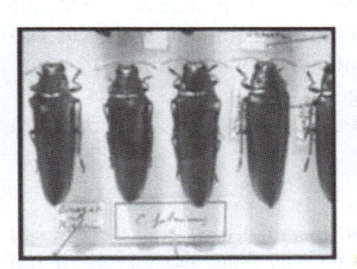

Ziemlich schwer, sich zu orientieren, wenn alle gleich aussehen...

Um identifizieren zu können, muss sich eine Firma von den bereits bestehenden anderen unterscheiden, zumindest, wenn sie im gleichen Einzugsbereich liegen. Gemäß § 30 HGB muss sich daher jede *neue Firma* von allen an demselben Ort[113] oder in derselben Gemeinde bereits bestehenden und in das Firmenbuch eingetragenen Firmen *deutlich unterscheiden* (Grundsatz der *„Firmenausschließlichkeit"*).[114] Die Unterscheidbarkeit muss erheblich genug sein, um nicht nur

---

[109]) OGH 5. 10. 2000, 6 Ob 204/00v, EvBl 2001/29 = wbl 2001, 136.
[110]) OGH 23. 11. 2000, 6 Ob 222/00s, EvBl 2001/94 (mit ausführlicher Darstellung der einschlägigen Literatur).
[111]) OGH 16. 5. 2001, 6 Ob 67/01y – Sparkasse Niederösterreich – EvBl 2001/185 = RdW 2001/675 = ÖBA 2002, 398. Zur Frage der Beurteilung firmenrechtlicher Regelungen als Schutzgesetz: OGH 15. 12. 1993, 3 Ob 556/92, ecolex 1994, 162.
[112]) OGH 21. 6. 2001, 6 Ob 271/00x – OeKB – EvBl 2001/204 = ÖJZ-LSK 2001/264 = ecolex 2002, 260 = ÖBA 2002/261 = NZ 2002, 342. Auf § 94 BWG gestützt wurde auch die Bezeichnung „banko.max" untersagt (OGH 28. 5. 2002, 4 Ob 69/02d – banko.max II – ecolex 2002, 676 [*Schanda*] = ÖJZ-LSK 2002/180 = wbl 2002, 424 = ÖJZ 2002, 646 = ÖBA 2003, 230).
[113]) Dies können auch mehrere, in verschiedenen Gerichtssprengeln gelegene Gemeinden (hier: Wien und Mödling) sein: OLG Wien 19. 11. 1980, 5 R 131/80 – Consulent – NZ 1982, 173.
[114]) Zur Firmenausschließlichkeit bei Sitzverlegung: OGH 31. 5. 1990, 6 Ob 10/90, ecolex 1990, 619. Zu den Besonderheiten bei der GmbH&Co KG mit sitzgleicher Komplementärgesellschaft: OGH 5. 3. 1987, 6 Ob 9/87 – Hotel-Management- und -Marketing-Beratungsgesellschaft – ÖBl 1987, 161 = wbl 1987, 125. Das Registergericht hat keine markenrechtlichen Ansprüche einzubeziehen: OGH Graz 6. 2. 1987, 1 R 21/87, EvBl 1987/167 (zum GmbH&Co KG-Firmenzusatz: OGH 15. 1. 1987, 6 Ob 10/86 – HEA-Werk – ÖBl 1987, 162). Zur Haftung bei nicht hinreichender Aufklärung über die Identität: OGH 19. 6. 1986, 8 Ob 511/86, NZ 1987, 214. Es genügt, wenn die kollidierende frühere Firma spätestens gleichzeitig mit der Eintragung der jüngeren geändert wird: OLG Graz 1. 12. 1981, 3 R 167/81 – STOBA – NZ 1982, 73.

bei aufmerksamer Vergleichung der Firmen, sondern auch im gewöhnlichen Verkehr Verwechslungen vorzubeugen. Beurteilungsmaßstab ist die Verkehrsauffassung, wobei es bei Beurteilung der Verwechslungsgefahr darauf ankommt, wie die Firma im allgemeinen Geschäftsleben gebraucht zu werden pflegt. Dabei werden Firmenzusätze, die den Betriebsgegenstand ausdrücken, im mündlichen und telefonischen Verkehr regelmäßig unterdrückt. Haben die beiden Unternehmen den gleichen Unternehmensgegenstand, so sind an die Unterscheidbarkeit besonders strenge Anforderungen zu stellen. Bei Sachfirmen ist auch deshalb ein strengerer Maßstab anzulegen, weil eine unbegrenzte Zahl von Bezeichnungen zur Verfügung steht.[115] Auch Firmen von Unternehmen, über deren Vermögen der Konkurs eröffnet wurde, fallen unter § 30 HGB, zumal die Fortführung oder ein Zwangsausgleich möglich wäre.[116] Ein Firmenträger, der sich durch eine Neueintragung wegen eines Verstoßes gegen die Firmenausschließlichkeit gemäß § 30 Abs 1 HGB verletzt erachtet, kann Rekurs[117] gegen den Eintragungsbeschluss oder eine Unterlassungsklage erheben. Beschränkt er sich auf die bloße Anregung einer amtswegigen Löschung (§ 10 Abs 2 FBG), so „kann er nur hoffen, dass das Gericht aus Rücksichten auf öffentliche Interessen die als ihn subjektiv belastend empfundene Eintragung löschen wird".[118] Er hat auch keine Rechtsmittelbefugnis.[119] Solange ein wettbewerbswidriger oder sonst rechtswidriger Firmengebrauch nicht zur Löschung der unbefugt gebrauchten Firma im Firmenbuch geführt hat, übt diese gegenüber „neuen" Eintragungen eine Sperrwirkung nach § 30 Abs 1 HGB aus.[120] Ältere, mit der Firma kollidierende Marken sind in diesem Verfahren nicht zu berücksichtigen.[121]

Beispiele:

- OGH 12. 11. 1980: Die Firma „*Vinothek ´St. Pierre´ Weinhandel Gesellschaft mbH*" unterscheidet sich nicht genügend deutlich im Sinne des § 30 HGB von der älteren, ebenfalls mit Sitz in Wien registrierten Firma „Vinothek ´St. Stephan´ Weinhandel Gesellschaft mbH".[122]
- OLG Wien 29. 12. 1980: Die Firma „GAMMA-Beteiligungsgesellschaft mbH" unterscheidet sich nicht genügend deutlich im Sinne des § 30 HGB von der älteren, ebenfalls mit Sitz in Wien registrierten Firma „GAMMA Immobilienmakler Gesellschaft mbH". Die Verwechslungsfähigkeit ist danach zu beurteilen, wie Firmen im alltäglichen Geschäftsleben verwendet werden. Im mündlichen und

---

[115]) OLG Wien 24. 6. 1994, 6 R 47, 48/94 – ELDEC – NZ 1995, 18. Zu den Kriterien der Verwechslungsfähigkeit eingehend: OLG Wien 1. 7. 2002, 28 R 63/02v – IT-Distribution – NZ 2003, 155.
[116]) OLG Linz 1. 6. 1988, 6 R 79/88 – Energietechnik – NZ 1989, 132.
[117]) Zur Rekursfrist und deren Versäumung vgl OLG Wien 19. 5. 1994, 6 R 126/93, NZ 1994, 284; OGH 3. 2. 1994, 6 Ob 2/94, wbl 1994, 278; OLG Wien 8. 9. 1992, 6 R 107/92, NZ 1993, 110; bloße Kenntnisnahme ist kein Zustellvorgang: OGH 6. 9. 1988, 6 Ob 18/88, NZ 1990, 39.
[118]) OGH 20. 10. 1994, 6 Ob 25, 26/94, ecolex 1995, 101 = wbl 1995, 123 = RdW 1995, 141.
[119]) OGH 21. 10. 1993, 6 Ob 1014/93, GesRZ 1994, 305.
[120]) OGH 6. 9. 1988, 6 Ob 18/88, NZ 1990, 39.
[121]) OLG Wien 19. 6. 1980, 5 R 52/80 – Meisterback – NZ 1980, 151.
[122]) OGH 12. 11. 1980, 6 Ob 10/80, NZ 1981, 123.

telefonischen Verkehr werden Firmenzusätze, die den Betriebsgegenstand angeben, in der Regel weggelassen.[123]
- OLG Wien 22. 7. 1981: Die Firma „*Publicitas Werbeagentur Gesellschaft mbH*" unterscheidet sich nicht genügend deutlich im Sinne des § 30 HGB von der älteren, ebenfalls mit Sitz in Wien registrierten Firma „publicity Werbegesellschaft mbH".[124]
- OLG Wien 28. 9. 1981: Die Firma „*Exxent Handelsgesellschaft mbH*" unterscheidet sich nicht genügend deutlich im Sinne des § 30 HGB von der älteren, ebenfalls mit Sitz in Wien registrierten Firma „Exxon Handelsgesellschaft mbH".[125]
- OLG Linz 7. 8. 1987: „*Rofena Herstellung und Vertrieb von Fenstern und Türen Gesellschaft mbH*" ist mit der Firma „Rofena Holztechnik Gesellschaft mbH" gemäß § 30 Abs 1 HGB verwechslungsfähig ähnlich.[126]
- OGH 14. 1. 1988: Maßgebend für die Beurteilung nach § 30 Abs 1 HGB ist, wo sich der Sitz des Unternehmens tatsächlich befindet, nicht aber eine allenfalls nicht mehr den Tatsachen entsprechende Handelsregistereintragung.[127]
- OGH 16. 3. 1989: „UNICOM Computer-Handel Gesellschaft mbH" ist mit der Firma „UNICOM Handelsgesellschaft mbH" gemäß § 30 Abs 1 HGB verwechslungsfähig ähnlich.[128]
- OLG Wien 29. 12. 1989: „*Immoco Leasinggesellschaft mbH*" ist mit der im selben Ort sitzenden „Immocon Sigma Leasinggesellschaft" verwechslungsfähig ähnlich im Sinne des § 30 HGB.[129]
- OLG Wien 29. 12. 1989: „TTL Tapeten-Teppichbodenland Gesellschaft mbH" ist mit den Firmen „Teppichland Einkaufsgesellschaft mbH" und „Teppichland & Fliesencity Vertriebsgesellschaft mbH & Co Kommanditgesellschaft" verwechslungsfähig ähnlich.[130]
- OLG Wien 26. 9. 1990: § 30 HGB ist nicht anzuwenden, wenn die eine Gesellschaft ihren Sitz in Wien und die andere in Vösendorf hat.[131]
- OLG Wien 27. 9. 1990: § 30 HGB ist nur auf Firmen in demselben Ort oder in derselben Gemeinde anzuwenden, nicht also dann, wenn eine Gesellschaft ihren Sitz in Trausdorf und die andere in Wien hat.[132]
- OLG Wien 22. 10. 1990: Wien und Schwechat werden im Sinne des § 30 HGB als ein Ort aufgefasst. Die mit Sitz in Wien eingetragene Firma „TC + Rechnersysteme Gesellschaft mbH" steht daher der Eintragung einer „T.C. + E. Export- und Import Gesellschaft mbH" mit Sitz in Schwechat entgegen.[133]
- OLG Wien 11. 12. 1991: Die Firma „VVG Versicherungsmakler Gesellschaft mbH" unterscheidet sich nicht hinreichend deutlich im Sinne des § 30 HGB von

---

[123]) OLG Wien 29. 12. 1980, 5 R 100/80, NZ 1981, 137.
[124]) OLG Wien 22. 7. 1981, 5 R 80/81, NZ 1982, 9.
[125]) OLG Wien 28. 9. 1981, 5 R 135/81, NZ 1982, 172.
[126]) OLG Linz 7. 8. 1987, 4 R 196/87 – Rofena – NZ 1988, 232.
[127]) OGH 14. 1. 1988, 6 Ob 21/87, NZ 1989, 103.
[128]) OGH 16. 3. 1989, 6 Ob 2/89 – UNICOM – NZ 1990, 69.
[129]) OLG Wien 29. 12. 1989, 6 R 113/89, NZ 1990, 304.
[130]) OLG Wien 29. 12. 1989, 6 R 118/89, NZ 1991, 202.
[131]) OLG Wien 26. 9. 1990, 6 R 80/90, NZ 1992, 74.
[132]) OLG Wien 27. 9. 1990, 6 R 69/90, NZ 1991, 38.
[133]) OLG Wien 22. 10. 1990, 6 R 105/90, NZ 1992, 75.

der älteren, ebenfalls mit Sitz in Wien registrierten Firma „VVG, Vermögensplanungs- und Versicherungsberatungsgesellschaft mbH".[134]
- OLG Wien 31. 1. 1992: Auch zwischen der prioritätsälteren Firma „ALB Liegenschaftsverwertungs- und Baugesellschaft mbH" und der Firma „ALB Bau Gesellschaft mbH" besteht keine ausreichende Unterscheidbarkeit im Sinne des § 30 HGB.[135]
- OLG Wien 4. 5. 1992: Die Firma „ICI Handelsgesellschaft mbH" unterscheidet sich nicht hinreichend deutlich im Sinne des § 30 HGB von der älteren, ebenfalls mit Sitz in Wien registrierten Firma „ICI Österreich Gesellschaft mbH".[136]
- OLG Wien 24. 6. 1994: Die Firmen „Elteg Projektierung und Erzeugung von elektronischen Geräten GmbH" und „ELTEG Hoch- und Mittelfrequenzgeneratoren GesmbH" sind von der Firma „Eldec Entwicklung und Erzeugung von elektronischen Geräten GmbH" nicht deutlich genug unterscheidbar im Sinne des § 30 HGB.[137]
- OGH 10. 11. 1994: Diejenigen juristischen Personen, die aufgrund der Anordnung in Sondergesetzen einzutragen sind (hier: die „*Landeskrankenanstalten-Betriebsgesellschaft*" als Anstalt öffentlichen Rechts), werden mit ihrem im Gesetz festgelegten Namen ohne weitere Prüfung im Sinne der §§ 18 Abs 2 und 30 HGB registriert.[138]
- OLG Wien 28. 9. 1995: Die Firma „*Donauconsult K-GmbH*" unterscheidet sich nicht hinreichend deutlich (im Sinne des § 30 Abs 1 HGB) von der älteren Firma „Donau-Consult Z-GmbH" und war daher zu löschen.[139]
- OLG Graz 28. 4. 1998: Ein Firmentausch, bei dem zwei Gesellschaften ihre Firma tauschen, ohne dass ein Unternehmenserwerb stattfindet, widerspricht § 30 HGB.[140]
- OGH 25. 3. 1999: Der Kläger war zunächst Alleingesellschafter einer GmbH. 1995 übertrug er seinen Geschäftsanteil und schied damit aus der GmbH aus. Diese behielt aber die bisherige Namensfima bei. Eine Vereinbarung darüber, ob die Firma unverändert bleiben darf, wurde nicht geschlossen. Der Kläger versuchte daraufhin, gestützt auf § 43 ABGB (und § 37 HGB), der GmbH die weitere Verwendung seines Namens in der Firma zu untersagen. Der OGH lehnte eine analoge Anwendung des § 24 Abs 2 HGB auf das Ausscheiden eines Gesellschafters aus einer GmbH ab. Scheidet ein namensgebender Gesellschafter aus der GmbH aus, so dürfe diese ihre Firma ohne ausdrückliche Einwilligung des ausscheidenden Gesellschafters beibehalten, es sei denn, der ausscheidende Gesellschafter hätte die Verwendung seines Namens nur für die Dauer seiner Gesellschaftereigenschaft gestattet.[141]

§ 22 Abs 1 HGB normiert das Recht des Erwerbers eines Handelsgeschäfts (Unternehmens), die bisherige Firma mit oder ohne Beifügung eines das Nachfolge-

---

[134]) OLG Wien 11. 12. 1991, 6 R 97/91, NZ 1992, 139.
[135]) OLG Wien 31. 1. 1992, 6 R 139/91, NZ 1992, 235.
[136]) OLG Wien 4. 5. 1992, 6 R 42/92, NZ 1992, 301.
[137]) OLG Wien 24. 6. 1994, 6 R 47, 48/94 – ELDEC – NZ 1995, 18; dort auch zum Amtslöschungsverfahren.
[138]) OGH 10. 11. 1994, 6 Ob 30/94, GesRZ 1995, 58 = RdW 1995, 141 = wbl 1995, 205.
[139]) OLG Wien 28. 9. 1995, 6 R 149/95, NZ 1997, 62.
[140]) OLG Graz 28. 4. 1998, 4 R 91/98d, Der österreichische Rechtspfleger 1999/1, 25.
[141]) OGH 25. 3. 1999, 6 Ob 17/99i, SZ 72/58.

verhältnis andeutenden Zusatzes fortzuführen, wenn der Veräußerer in die Firmenfortführung ausdrücklich einwilligt.[142] Damit wird der Grundsatz der Firmenwahrheit zu Gunsten der *Firmenkontinuität* durchbrochen, um den Firmenwert zu erhalten. Dieses *Recht zur Firmenfortführung* hat ebenso eine Personengesellschaft und zwar auch als GmbH & Co KG. Dieses Recht, die Firma auch ohne Nachfolgezusatz fortzuführen, findet ihre Grenze nur im Täuschungsverbot nach § 18 Abs 2 HGB. Kapitalgesellschaften müssen gemäß § 4 Abs 2 AktG bzw § 5 Abs 2 GmbHG der übernommenen Firma den Zusatz „Aktiengesellschaft" bzw „GmbH" beifügen. Bei der GmbH & Co KG wird in analoger Anwendung des § 5 Abs 2 GmbHG verlangt, dass der übernommenen Firma der Zusatz „GmbH & Co KG" beigefügt wird, um offenzulegen, dass einziger Komplementär eine GmbH ist.[143] Wird eine Personengesellschaft zum Zweck der Fortführung eines erworbenen Unternehmens gegründet, so muss bei der Firmenbildung § 19 HGB nicht eingehalten werden.[144]

13.2.2. Kennzeicheninhaber

Umgangssprachlich wird der Begriff „Firma" häufig mit dem Unternehmen oder dem Unternehmer gleichgesetzt. Sie ist aber nur der Name des Unternehmers. Kennzeicheninhaber ist die betreffende physische oder juristische Person.

13.2.3. Entstehung

Was für eine Firma.

Das (materielle) Recht an der Firma entsteht beim Vollkaufmann nach § 1 Abs 2 HGB bereits mit der Aufnahme des kennzeichenmäßigen Gebrauchs. Alle anderen Kaufleute, insbesondere auch Kapitalgesellschaften und Genossenschaften, können den Schutz hingegen erst mit der Eintragung ins Firmenbuch erwerben.

Firmenbezeichnungen und ihre Bestandteile sind bereits mit der Ingebrauchnahme nach § 9 UWG geschützt, wenn sie für sich oder im Zusammenhang mit Zusätzen, die bei ihrem Gebrauch verwendet werden, die Eigenschaft haben, auf ein bestimmtes Unternehmen hinzuweisen.[145]

Führt ein inländisches Konzernunternehmen die früher von einem anderen Konzernmitglied im Inland ausgeübte Tätigkeit unter demselben Kennzeichen fort, so kann sich die inländische Konzerngesellschaft auf jene Priorität stützen, die die andere Konzerngesellschaft durch den Gebrauch des Kennzeichens im Inland er-

---

[142]) Zur Zustimmung des Gemeinschuldners bei Erwerb eines Unternehmens aus dem Konkurs: OGH 24. 4. 2001, 4 Ob 84/01h. Zur Gestattung der Namensführung durch den Massewalter: OGH 16. 1. 2002, 4 Ob 311/01i – P-Kunstblumen – ÖBl 2002, 240. Zu den weiteren Fällen der Firmenfortführung: *Krejci*, Handelsrecht² (2001) 77.
[143]) OGH 13. 2. 1997, 6 Ob 2288/96f, SZ 70/29.
[144]) OGH 13. 2. 1997, 6 Ob 2288/96f, SZ 70/29; dort auch zur Mitwirkungspflicht des bisherigen Firmeninhabers.
[145]) OGH 21. 9. 1993, 4 Ob 85/93 – Atlantis – ÖBl 1993, 249 = ecolex 1994, 182 = wbl 1994, 134.

reicht hat. Die Kennzeichenbenutzung stellt sich nämlich in diesem Fall nicht als eigenständige Kennzeichnung, sondern als Fortsetzung oder Ersetzung der Benützung „anstelle" des Rechtsinhabers dar („*Prioritätsanrechnung*").[146] Dabei werden wegen des *Grundsatzes der Gleichwertigkeit der Kennzeichenrechte* bei der Prioritätsfeststellung die unmittelbar aufeinanderfolgenden Zeiträume der Nutzung als Marke („produktbezogen") und als Firma („unternehmensbezogen") zusammengerechnet.[147]

13.2.4. Wirkung

Die Firma ist auch als *Name* geschützt; vgl dazu bereits oben, Seite 642. *Wettbewerbsrechtlich* gewährt § 9 UWG der Firma Schutz gegen den verwechslungsfähigen Gebrauch durch einen anderen im geschäftlichen Verkehr. Bei *durchgreifender Branchenverschiedenheit* wird die Verwechslungsgefahr allgemein verneint, weil in diesen Fällen ein Zusammenstoßen der vertriebenen Waren (Dienstleistungen) auf demselben Absatzgebiet nicht zu besorgen ist. Es besteht in diesen Fällen nicht die Gefahr, dass die beteiligten Verkehrskreise durch den Gebrauch der einander gegenüberstehenden Bezeichnungen zu der Auffassung gelangen könnten, die Waren (Dienstleistungen) stammten aus demselben Unternehmen oder aus solchen Unternehmen, die durch Zusammenhänge wirtschaftlicher oder organisatorischer Art besonders verbunden sind.[148] Andererseits wird bei Bestehen eines fast *identischen Unternehmensgegenstandes* an die Beurteilung der Unterscheidbarkeit ein besonders strenger Maßstab angelegt.[149]

Beispiele:

> OGH 14. 4. 1983: Da die Firma einer Kapitalgesellschaft zur Konkursmasse gehört, ist die Abwehr eines Firmenmissbrauchs vom Masseverwalter vorzunehmen.[150]

> OGH 29. 10. 1985: Die „*Gfg – Betriebsberatungsgesellschaft mbH*" konnte erfolgreich gegen die „GfB – Betriebsberatungs-GmbH" vorgehen.[151]

> OGH 5. 5. 1987: „HOGAT" (Firmenschlagwort in „HOGAT Großkücheneinrichtungen Planung und Vertrieb GmbH") kollidiert mit dem älteren Zeichen

---

[146]) OGH 17. 12. 2002, 4 Ob 221/02g – INVESCO – ecolex 2003, 350 (*Schanda*); OGH 20. 4. 1993, 4 Ob 35/93 – COS – ÖBl 1993, 245 = ecolex 1993, 538 = RdW 1993, 366 = GRUR Int 1994, 535.

[147]) OGH 17. 12. 2002, 4 Ob 221/02g – INVESCO – ecolex 2003, 350 (*Schanda*), in dieser Entscheidung folgt der OGH auch der deutschen Lehre und Rsp, nach der es rechtsmissbräuchlich ist, aus einem Kennzeichen vorzugehen, das an sich dem besseren Recht eines Dritten weichen müsste, sofern der Beklagte aufgrund schuldrechtlicher Gestattung zur Benützung des älteren Kennzeichens berechtigt ist und das Recht des Dritten ein Verbietungsrecht gegen das Zeichen des Klägers gewährt.

[148]) Dazu im Detail (insbesondere auch zum Argument der *Diversifikation* von Unternehmen): OGH 28. 4. 1992, 4 Ob 51/92 – INA – ÖBl 1992, 152 = RdW 1992, 342; zur Bedeutung von *Randsortimenten*: OGH 10. 3. 1992, 4 Ob 8/92 – AVL – ÖBl 1992, 147 = ecolex 1992, 785. Anders bei „*Branchennähe*": OGH 10. 10. 2002, 6 Ob 233/02m – Sphinx – ecolex 2003, 178 = RdW 2003/113 = wbl 2003, 185.

[149]) OGH 14. 1. 1988, 6 Ob 21/87, NZ 1989, 103; OLG Linz 7. 8. 1987, 4 R 196/87 – Rofena – NZ 1988, 232.

[150]) OGH 14. 4. 1983, 6 Ob 4/83 – Alpen-Merkur – SZ 56/65.

[151]) OGH 29. 10. 1985, 4 Ob 372/85 – GfB-Betriebsberatung – ÖBl 1986, 127 = PBl 1987, 39.

"HOGAST" (Firmenschlagwort in "HOGAST Einkaufsgenossenschaft für das Hotel- und Gastgewerbe reg Gen mbH").[152]

- OGH 10. 1. 1989: Wegen durchgreifender Branchenverschiedenheit konnte das Herrenbekleidungsunternehmen mit dem Firmenschlagwort "DON GIL" nicht gegen einen Friseur, der sein Geschäft unter demselben Zeichen betrieb, durchdringen.[153]
- OGH 11. 7. 1989: Zwischen dem (aufgrund seiner Verkehrsgeltung geschützten) Firmenschlagwort "AGRO" (bzw "AGRO-Wels") und "AGROLINZ" besteht mittelbare Verwechslungsgefahr; das bloße Hinzufügen des Sitzes eines Unternehmens zu einer fremden Unternehmensbezeichnung genügt nicht.[154]
- OGH 12. 9. 1989: Zwischen einer Hotel-Betriebsgesellschaft und einem Timesharing-Unternehmen für Appartements besteht keine durchgreifende Branchenverschiedenheit.[155]
- OGH 11. 9. 1990: Die für Foto-Studios verwendeten Firmenschlagwörter "WEST" und "WEST SIDE" sind nicht verwechselbar ähnlich.[156]
- OGH 18. 9. 1990: Die Firma *"HAUS & GRUND"* Immobilienverwaltungsgesellschaft mbH ist mit der Geschäftsbezeichnung "H. Schmidt Immobilien, Zweigstelle Haus & Grund" nicht verwechselbar ähnlich.[157]
- OGH 10. 3. 1992: Die "AVL Gesellschaft für Verbrennungskraftmaschinen und Meßtechnik mbH, Prof. DDr. h. c. Hans List" konnte die Verwendung des Zeichens "AVL" (Abbildung rechts) bzw der Bezeichnung "AVL-Institut" durch ein Unternehmen, das sich mit der Weiterbildung von Managern in den Bereichen Stressbewältigung etc befasst, wegen durchgreifender Branchenverschiedenheit nicht untersagen.[158]
- OGH 10. 11. 1992: Das Firmenschlagwort "Coss" ist verwechselbar ähnlich mit dem Firmenschlagwort "SCoS".[159]
- OGH 12. 1. 1993: Zwischen "INVEST-REAL" und "BAU-INVEST-REAL" besteht zumindest Verwechslungsgefahr iwS.[160]
- OGH 27. 7. 1993: *"Loctite Europa Gesellschaft mbH"* und "Lock Europa Gesellschaft mbH" sind verwechselbar ähnlich.[161]
- OGH 19. 12. 1994: Die Inhaberin der prioritätsälteren Firma mit dem Firmenschlagwort "ENTEC" konnte einem prioritätsjüngeren (nicht durchgreifend branchenverschiedenen) Unternehmen die blickfangartige (graphisch durch die Hervorhebung des Buchstabens "T" ähnlich gestaltete; Klägerin: linke Abbil-

---

[152]) OGH 5. 5. 1987, 4 Ob 401/86 – HOGAT/HOGAST – ÖBl 1988, 23 = wbl 1988, 248.
[153]) OGH 10. 1. 1989, 4 Ob 120/88 – DON GIL – wbl 1989, 149.
[154]) OGH 11. 7. 1989, 4 Ob 77/89 – AGRO – ÖBl 1989, 24 = wbl 1989, 343.
[155]) OGH 12. 9. 1989, 4 Ob 95/89 – Imperial – ÖBl 1990, 29.
[156]) OGH 11. 9. 1990, 4 Ob 142/90 – WEST SIDE – ÖBl 1991, 247.
[157]) OGH 18. 9. 1990, 4 Ob 125/90 – Haus & Grund – ÖBl 1991, 96 = ecolex 1991, 40.
[158]) OGH 10. 3. 1992, 4 Ob 8/92 – AVL – ÖBl 1992, 147 = ecolex 1992, 785.
[159]) OGH 10. 11. 1992, 4 Ob 80/92 – Coss – ecolex 1993, 254 = wbl 1993, 164.
[160]) OGH 12. 1. 1993, 4 Ob 86/92 – INVEST-REAL – ecolex 1993, 397 = wbl 1993, 196.
[161]) OGH 27. 7. 1993, 4 Ob 62, 63/93 – Loctite – ÖBl 1993, 156 = ecolex 1993, 825 = wbl 1994, 29.

dung; Beklagte: rechte Abbildung) Hervorhebung dieses Firmenschlagwortes untersagen.[162]
- OGH 25. 6. 1996: Die Firmenkurzbezeichnung „CA" der Creditanstalt-Bankverein genießt Verkehrsgeltung. Gestützt auf dieses Kennzeichen konnte die Verwendung des Firmen- und Unternehmenskennzeichens „CA-Ferntouristik" untersagt werden. Im Hinblick auf die bekannte Tendenz größerer Unternehmen, insbesondere der Banken, zur „Diversifikation" wurde Verwechslungsgefahr (im weiteren Sinn) angenommen, obwohl die Klägerin zu dieser Zeit selbst kein Tochterunternehmen in der Reisebürobranche hatte.[163]

Auch zwischen einer Firma und einem *Domain Namen* kann es zu Kollisionen kommen. Es gelten hier allerdings keine grundlegend anderen Regeln: „*Zur Vermeidung einer unerträglichen Diskrepanz zwischen dem virtuellen und dem nichtvirtuellen Geschäftsverkehr sind die im allgemeinen Kennzeichenrecht entwickelten Grundsätze zur Verwechslungsgefahr auch bei der Beurteilung von Kollisionsfällen unter Beteiligung einer Domain oder zwischen Domains heranzuziehen.*"[164] Demnach kann der aus einem Kennzeichenrecht Berechtigte nicht bloß bei identer Übernahme des Kennzeichens in eine fremde Domain, sondern auch dann vorgehen, wenn der Eingreifer einen so geringen Abstand hält, dass Verwechslungsgefahr besteht.

Beispiele:
- OGH 13. 9. 1999: Im Fall der Zeitschrift „*Format*" (Seite 567) wurde auch eine Firmenrechtsverletzung angenommen (der beklagte Konkurrenzverlag hatte die Domain „format.at" registrieren lassen und genutzt, die Klägerin stützte sich auf das Firmenschlagwort „Format").[165]
- OGH 14. 3. 2000: Gestützt auf das unterscheidungskräftige Firmenschlagwort „ALUTOP" war ein Vorgehen gegen die Domain „alutop.at" möglich.[166]
- OGH 3. 4. 2001: Aus dem prioritätsälteren Firmenschlagwort „*ProSolution*" konnte gemäß § 9 Abs 1 UWG eine einstweilige Verfügung gegen die Domain „pro-solution.at" erwirkt werden. Das bloße Einfügen eines Bindestrichs und die Kleinschreibung konnten – bei bestehender Waren- und Dienstleistungsidentität (beide Streitteile handeln mit Soft- und Hardware) – die Verwechslungsgefahr nicht beseitigen.[167]

---

[162]) OGH 19. 12. 1994, 4 Ob 142/94 – ENTEC – ÖBl 1995, 172 = ecolex 1995, 271 = wbl 1995, 168.
[163]) OGH 25. 6. 1996, 4 Ob 2138/96g – CA-Ferntouristik – ecolex 1996, 870 (*Wiltschek*).
[164]) OGH 3. 4. 2001, 4 Ob 73/01s – pro-solution.at – ÖBl 2001, 263 = EvBl 2001/176 = MR 2001, 258 = wbl 2001, 449 = ecolex 2001, 757 (*Schanda*) = RdW 2001/610 = ÖJZ-LSK 2001/231 = ÖBl-LS 01/127 = MMR 2002, 44 (*Schanda*).
[165]) OGH 13. 9. 1999, 4 Ob 180/99w – Format – ÖBl 2000, 72 = ecolex 2000, 132 (*Schanda*) = MR 1999, 351 = wbl 2000, 47.
[166]) OGH 14. 3. 2000, 4 Ob 21/00t – Alutop – ecolex 2000, 659 (*Schanda*).
[167]) OGH 3. 4. 2001, 4 Ob 73/01s – pro-solution.at – ÖBl 2001, 263 = EvBl 2001/176 = MR 2001, 258 = wbl 2001, 449 = ecolex 2001, 757 (*Schanda*) = RdW 2001/610 = ÖJZ-LSK 2001/231 = ÖBl-LS 01/127 = MMR 2002, 44 (*Schanda*).

- OGH 12. 9. 2001: Das Firmenschlagwort „*Best Energy*" ist mit den Domains „best-electric.at" und „bestelectric.at" nicht verwechselbar ähnlich.[168]
- OGH 16. 10. 2001: Zwischen dem Firmenschlagwort „*onlaw*" eines Verlags (Domain: www.onlaw.at) und der Domain „www.onlaw.co.at" für ein Unternehmen mit nahezu identem Unternehmensgegenstand wurde die Verwechslungsgefahr bejaht; der Zusatz „co" genügte nicht zur Unterscheidung.[169]
- OGH 27. 11. 2001: Der Domain-Name „*internetfactory.at*" ist mit dem älteren Firmenschlagwort „the.internet.factory" verwechselbar ähnlich.[170]

Wie sind *Kennzeichenkollisionen* zwischen der ausländischen, nunmehr im Inland verwendeten Firma und einer prioritätsälteren inländischen Firma zu lösen? Dazu haben die „TÜV"-Fälle[171] Richtlinien gegeben: Einem ausländischen Unternehmer kann nicht zugemutet werden, wegen der Gefahr von Verwechslungen mit einem – im Inland prioritätsälteren – Unternehmen seine Firma zu ändern. Er muss aber alles Erforderliche und Zumutbare tun, um die durch die Gleichheit seiner Firma mit der prioritätsälteren Firma eines inländischen Unternehmens hervorgerufene Verwechslungsgefahr möglichst einzudämmen; er wird zumindest auf seine Herkunft aus einem anderen Staat hinweisen müssen. Bei der Beurteilung der Frage, ob die inländische *Tochtergesellschaft* die Firma ihrer ausländischen Muttergesellschaft (ganz oder teilweise) führen darf, wenn dadurch die Gefahr von Verwechslungen mit der prioritätsälteren Firma eines inländischen Unternehmens begründet wird, sind jene Grundsätze anzuwenden, die bestimmen, inwieweit ein ausländisches Unternehmen berechtigt ist, unter seiner Firma in Österreich tätig zu werden.

Beispiel:
- OGH 27. 2. 1996: Die österreichische Tochtergesellschaft des bayrischen TÜV darf sich nicht „TÜV Bayern Austria" nennen, weil das den unzutreffenden Eindruck eines Gemeinschaftsunternehmens des bayrischen und des österreichischen TÜV erweckt. Sie muss daher auf den Zusatz „Austria" verzichten.[172]

Ergänzend kann allenfalls ein wettbewerbsrechtlicher Schutz nach § 1 UWG eingreifen (dazu bereits oben bei der bekannten Marke, Seite 440).

Zum Sonderschutz der Firma nach § 12 MSchG vgl bereits oben, Seite 651.

Ein Firmenname kann gemäß § 23 HGB nur in Verbindung mit einer im zeitlichen und wirtschaftlichen Zusammenhang stehenden Übertragung des zugehörigen

---

[168]) OGH 12. 9. 2001, 4 Ob 169/01h – Best Energy – ÖBl-LS 2002/90 = wbl 2002, 89 (*Thiele*) = ecolex 2002, 266 (*Schanda*) = MMR 2002, 303.
[169]) OGH 16. 10. 2001, 4 Ob 226/01s – onlaw – ÖBl 2002, 91 = ÖBl-LS 2002/51 und 52 = ecolex 2002, 192 (*Schanda*) = wbl 2002, 44 = RdW 2002/128 = MR 2002, 51 (*Hebenstreit*).
[170]) OGH 27. 11. 2001, 4 Ob 230/01d – internetfactory – ÖBl 2002, 138 = ÖBl-LS 2002/54 = ecolex 2002, 364 (*Schanda*) = wbl 2002, 183.
[171]) OGH 27. 2. 1996, 4 Ob 12/96 – TÜV III – ÖBl 1998, 294; OGH 12. 7. 1994, 4 Ob 70/94 – TÜV II – ÖBl 1995, 34; OGH 14. 12. 1993, 4 Ob 157/93 – TÜV I – ÖBl 1994, 85 = ecolex 1994, 183 = RdW 1994, 245; dort auch zur Frage der Priorität der Firma der österreichischen Tochtergesellschaft.
[172]) OGH 27. 2. 1996, 4 Ob 12/96 – TÜV III – ÖBl 1998, 294.

Geschäftsbetriebes *übertragen* werden.[173] Es gibt also keine „*Leerübertragung*" der Firma.[174]

13.2.5. Schutzdauer

Der Firmenschutz endet mit der endgültigen Aufgabe des befugten kennzeichenmäßigen Gebrauchs.[175]

13.2.6. Sanktionen

§ 9 UWG gewährt insbesondere Ansprüche auf *Unterlassung*, und zwar auch im Wege einer *einstweiligen Verfügung* (EV; § 24 UWG). Gerade bei Firmenrechtsverletzung ist aber in der Praxis wesentlich, dass die EV nach ständiger Rechtsprechung immer nur eine *vorläufige Regelung* zum Gegenstand haben darf (Seite 525).[176] Dem Beklagten kann daher nicht mit EV verboten werden, seine protokollierte Firma im Geschäftsverkehr zu verwenden.[177] Mit Sicherungsantrag kann aber die *blickfangartige Hervorhebung* des Firmenschlagworts untersagt werden. Ein Wort oder ein anderer Teil eines Zeichens oder einer Ankündigung ist blickfangartig hervorgehoben, wenn die Gefahr besteht, dass sich das Publikum mit den übrigen Teilen des Zeichens oder der Ankündigung, in denen der Blickfang näher umschrieben oder richtiggestellt wird, gar nicht mehr befasst.[178] Auch die isolierte Verwendung eines Firmenbestandteils kann mit EV untersagt werden.[179] Im Hauptverfahren ist eine angemessene Frist für die Unterlassung des Firmengebrauchs (etwa 3 Monate) zu bestimmen[180], um der Beklagten ausreichend Zeit zur notwendig werdenden Firmenänderung zu geben.[181] Weiters sind Verletzungen des Ausschließungsrechts nach § 9 UWG mit Ansprüchen auf *Beseitigung* (§ 15 UWG), *Rechnungslegung* (§ 9 Abs 4 UWG iVm § 151 PatG), *Zahlung* (zum Schadenersatz vgl § 9 Abs 2 iVm §§ 16 und 17 UWG; zum Anspruch auf angemessenes Entgelt und Herausgabe des Gewinns: § 9 Abs 4 UWG iVm § 150 Abs 1 und 2

---

[173]) OGH 20. 4. 1993, 4 Ob 35/93 – COS – ÖBl 1993, 245 = ecolex 1993, 538 = RdW 1993, 366 = GRUR Int 1994, 535 (dort auch zur Aufspaltung des Firmennamens und zur Frage der Zurechnung der Priorität der Firma der Muttergesellschaft an die Tochtergesellschaft); OGH 24. 11. 1992, 4 Ob 96/92 – Gulliver's Reisen – ÖBl 1993, 21 = ecolex 1993, 99. Allgemein zur Prioritätsanrechnung bei Kennzeichenrechten: *Keinert*, ÖJZ 2002, 750.
[174]) *Krejci*, Handelsrecht² (2001) 64.
[175]) *Schönherr*, Grundriß RN 336.2.
[176]) OGH 13. 9. 1999, 4 Ob 180/99w – Format – ÖBl 2000, 72 = ecolex 2000, 132 (*Schanda*) = MR 1999, 351 = wbl 2000, 47.
[177]) OGH 20 8. 2002, 4 Ob 178/02h – Expotrade – ÖBl-LS 2002/198; OGH 9. 3. 1999, 4 Ob 339/98a; OGH 12. 8. 1998, 4 Ob 196/98x; OGH 28. 6. 1994, 4 Ob 66/94, GesRZ 1994, 306; OGH 19. 6. 1973, 4 Ob 321/73 – Wiener Emailmanufaktur – ÖBl 1974, 35; OGH 8. 12. 1998, 4 Ob 196/98x; OGH 3. 9. 1999, 4 Ob 339/98a; anders bei der Bezeichnung einer GesBR: OGH – Österreichischer Fernschulrat – ÖBl 1977, 23.
[178]) OGH 19. 12. 1994, 4 Ob 142/94 – ENTEC – ÖBl 1995, 172 = ecolex 1995, 271 = wbl 1995, 168; vgl auch OGH 12. 7. 1994, 4 Ob 70/94 – TÜV II – ÖBl 1995, 34.
[179]) OGH 28. 6. 1994, 4 Ob 66/94, GesRZ 1994, 306; OGH 11. 1. 1972, 4 Ob 368/71 – Metro II – ÖBl 1972, 68.
[180]) OGH 7. 2. 1989, 4 Ob 1/89 – FREY – wbl 1989, 217; OGH 10. 11. 1992, 4 Ob 80/92 – Coss – ecolex 1993, 254 = wbl 1993, 164.
[181]) Zum Argument, dass das auf Entfernung des kollidierenden Firmenbestandteils gerichtete Begehren schon deshalb abzuweisen ist, weil Verwechslungen auch durch einen Zusatz ausgeschlossen werden können: OGH 28. 4. 1992, 4 Ob 51/92 – INA – ÖBl 1992, 152 = RdW 1992, 342.

lit b PatG) und *Urteilsveröffentlichung* (§ 25 UWG)[182] sanktioniert. Ergänzend zu den Sanktionenregelungen nach UWG gilt gemäß § 9 Abs 4 UWG auch noch § 152 Abs 2 PatG über die *Unternehmerhaftung*. ==§ 1489 ABGB gilt für alle Ansprüche in Geld und den Anspruch auf Rechnungslegung==; die Verjährung aller dieser Ansprüche wird auch durch die Klage auf Rechnungslegung unterbrochen (§ 9 Abs 4 UWG). § 58 MSchG (Verwirkung durch *Duldung*; vgl Seite 534) gilt entsprechend (§ 9 Abs 5 UWG).

Der *handelsrechtliche Firmenschutz* sieht Unterlassungsansprüche (§ 37 HGB), Schadenersatzansprüche, Zwangsstrafen und die Löschung von unzulässigen Firmen vor.[183]

Zu den *strafrechtlichen Sanktionen* (§ 60 Abs 2 MSchG) vgl bereits oben Seite 654.

---

[182]) Wird die Firma wegen einer Kennzeichenkollision geändert, so bleibt dennoch der Anspruch auf Urteilsveröffentlichung bestehen; OGH 27. 7. 1993, 4 Ob 62, 63/93 – Loctite – ÖBl 1993, 156 = ecolex 1993, 825 = wbl 1994, 29; OGH 10. 11. 1992, 4 Ob 80/92 – Coss – ecolex 1993, 254 = wbl 1993, 164.

[183]) Vgl näher *Krejci*, Handelsrecht² (2001) 79.

13.3. Geschäftsbezeichnung
13.3.1. Schutzgegenstand

„**Café de Flore**" intellectuelle IP-Brutstätte seit den Tagen als Jean-Paul Sartre hier einkehrte.

Die Geschäftsbezeichnung ist ein Wort- oder Bildzeichen, das bestimmt und geeignet ist, ein Unternehmen oder einen Betrieb von anderen zu unterscheiden (zB: „Steffl" für ein Kaufhaus, „Raimund-Theater", Hotel „Zur Post"). Die besondere Bezeichnung eines Unternehmens (Etablissementbezeichnung, Geschäftsbezeichnung) kennzeichnet ein Unternehmen oder einen Betrieb. Auch Unternehmens- oder Etablissementbezeichnungen (sowie Bestandteile einer Etablissementbezeichnung[184]) sind wegen der ihnen innewohnenden Namensfunktion schutzfähige Kennzeichen im Sinne des § 9 Abs 1 UWG, wenn sie *Unterscheidungskraft (Kennzeichnungskraft) besitzen*, also etwas Besonderes, Individuelles an sich haben, das sie schon ihrer Art nach dazu geeignet macht, ihren Träger von anderen Personen oder Unternehmen zu unterscheiden. Wenn einer Etablissementbezeichnung die Unterscheidungskraft fehlt, muss nachgewiesen werden, dass sie innerhalb beteiligter Verkehrskreise als Kennzeichen des Unternehmens angesehen wird. Die *Verkehrsgeltung* ersetzt dann ausnahmsweise die fehlende Kennzeichnungskraft.[185] Für die besondere Bezeichnung eines Unternehmens gelten die gleichen Grundsätze wie für Marken; reine Gattungsbezeichnungen (sofern sie nicht in einem ungebräuchlichen Sinn verwendet werden) sind daher ebenso wie beschreibende Angaben (ohne Verkehrsgeltung) nicht schützbar.[186]

Unternehmenskennzeichen haben *Unterscheidungs-, Herkunfts-, Garantie- und Werbefunktion* und können daher einen entsprechenden materiellen Wert haben. Zweck des § 9 UWG ist es, befugten Verwendern derartiger unternehmensbezogener Kennzeichen die Ausschließlichkeit des Zeichengebrauchs zu sichern und sie gegen Ausbeutung und Behinderung zu schützen.[187] Art 28 und 35 EGV stehen einer nationalen Vorschrift, die wegen einer Verwechslungsgefahr die Verwen-

---

[184]) OGH 10. 3. 1992, 4 Ob 12/92 – NEMSA – ÖBl 1992, 54 = ecolex 1992, 641. Zur Bezeichnung eines Teilunternehmens: OGH 30. 5. 1990, 4 Ob 76/90 – EXPO-Technik – ÖBl 1991, 32 = ecolex 1990, 696 (*Kucsko*) = PBl 1991, 172.
[185]) OGH 30. 1. 2001, 4 Ob 14/01i – Dorf Alm – ÖBl 2002, 300 = ÖBl-LS 01/124, 125 = RdW 2001/450 = ecolex 2001, 546 (*Schanda*).
[186]) OGH 7. 11. 1995, 4 Ob 77/95 – Plus – ÖBl 1996, 143 (*Koppensteiner*) und 229; OGH 19. 12. 1994, 4 Ob 120/94 – Klasse statt Masse – ÖBl 1995, 219 = ecolex 1995, 350 = wbl 1995, 254.
[187]) OGH 22. 4. 1997, 4 Ob 96/97i – Ramtha – ÖBl 1998, 53 = ecolex 1997, 681 (*Schanda*).

dung einer Geschäftsbezeichnung als besondere Unternehmensbezeichnung verbietet, nicht entgegen.[188]

Auch *Domain-Namen* werden als Unternehmenskennzeichen im Sinne des § 9 UWG beurteilt.[189]

Beispiele:

> OGH 7. 11. 1995: „*Plus*" ist als Unternehmensbezeichnung für einen Verbrauchermarkt unterscheidungskräftig.[190]
>
> OGH 22. 4. 1997: Die Klägerin ist seit Jahren mit einer „spirituellen Wesenheit", die sie „Ramtha" nennt, tätig. Durch „Channeling" tritt sie mit Ramtha in parapsychologischen Kontakt. Auch die Beklagte ist ein Medium und nimmt für sich in Anspruch, dass Ramtha durch sie spricht. Da „Ramtha" weder allgemein gebräuchlich ist, noch eine allgemein bekannte Gottheit benennt, hat der OGH ein Freihaltebedürfnis verneint und der Klägerin Schutz für diese Bezeichnung, die ihr Unternehmen als Medium und ihre Leistungen von anderen unterscheidet, gewährt.[191]
>
> OGH 27. 5. 1997: „*Breiteck-Pfiff*" ist als Bezeichnung für einen Gastgewerbebetrieb im Schmittenhöhe-Skigebiet beschreibend („Breiteck" ist der Name eines bestimmten Teils dieses Skigebiets, „Pfiff" ist in dieser Region die umgangssprachliche Bezeichnung für ein Café, Restaurant oder Pub) und daher nur mit Verkehrsgeltung geschützt.[192]
>
> OGH 30. 1. 2001: „*Dorf Alm*" ist – so der OGH – für einen Restaurantbetrieb eine durchaus eigenartige sprachliche Neubildung, der Individualität und Einprägsamkeit nicht abgesprochen werden können. Wie kam es zu diesem Verfahren? Die Klägerin betreibt seit neun Jahren im Ortsteil Obergurgl (in der Unterfraktion Untergurgl) der Gemeinde Sölden einen Restaurantbetrieb unter der Bezeichnung „Dorf Alm". Die Beklagte kündigte an, 11 km entfernt ein Lokal in rustikalem Alm-Stil unter demselben Namen (mit anderem Layout) zu eröffnen. Dies hat interessante Fragen im Zusammenhang mit der territorialen Reichweite des Schutzes einer Etablissementbezeichnung aufgeworfen. Dazu kommen wir sogleich noch (Seite 675). Zunächst war aber zu klären, ob die Klägerin einen Verkehrsgeltungsnachweis erbringen müsste. Der OGH hat dies wegen der festgestellten Unterscheidungskraft des Zeichens „Dorf Alm" verneint.[193]
>
> OLG Wien 28. 6. 2001: Der Medieninhaber der Anzeigenzeitschrift „*Bazar*" wollte gestützt auf dieses Unternehmenskennzeichen gegen die Domain „www.cybasar.at" vorgehen. Ausgehend von der Feststellung, Internetnutzer seien es gewohnt, dass bereits geringfügige Abweichungen bei der Schreibweise einer Internet-Domain zum Online-Angebot eines anderen Unternehmens führen

---

[188]) EuGH 11. 5. 1999, Rs C-255/97 – Plus II – ÖBl 1999, 261 = ecolex 1999, 638 (*Schanda*) = wbl 1999, 308 = MarkenR 1999, 234 = GRUR Int 1999, 732.
[189]) OGH 24. 2. 1998, 4 Ob 36/98t – jusline – ÖBl 1998, 241 = SZ 71/35 = MR 1998, 208 (*Haller*) = ecolex 1998, 565 (*Schanda*) = RdW 1998, 400 = GRUR Int 1999, 358.
[190]) OGH 7. 11. 1995, 4 Ob 77/95 – Plus – ÖBl 1996, 143 (*Koppensteiner*) und 229.
[191]) OGH 22. 4. 1997, 4 Ob 96/97i – Ramtha – ÖBl 1998, 53 = ecolex 1997, 681 (*Schanda*).
[192]) OGH 27. 5. 1997, 4 Ob 159/97d – Breiteck-Pfiff – ecolex 1997, 952.
[193]) OGH 30. 1. 2001, 4 Ob 14/01i – Dorf Alm – ÖBl 2002, 300 = ÖBl-LS 01/124, 125 = RdW 2001/450 = ecolex 2001, 546 (*Schanda*).

können, verneinte das OLG Wien die Verwechslungsgefahr und damit den Unterlassungsanspruch.¹⁹⁴

Der Schutz nach § 9 UWG setzt keine völlige Warengleichartigkeit voraus. Die von den Parteien vertriebenen Waren (oder Dienstleistungen) dürfen aber auch nicht so weit voneinander entfernt sein, dass die Gefahr von Verwechslungen ausgeschlossen ist. Bei *„durchgreifender Warenverschiedenheit"* wird die Gefahr von Verwechslungen im Allgemeinen zu verneinen sein, weil in diesen Fällen ein Zusammentreffen der Waren auf demselben Absatzgebiet nicht zu besorgen ist und keine Gefahr besteht, dass die beteiligten Verkehrskreise durch den Gebrauch der einander gegenüberstehenden Bezeichnungen zu der Auffassung kommen könnten, die Waren stammten aus demselben Unternehmen oder aus solchen Unternehmen, die durch Zusammenhänge wirtschaftlicher oder organisatorischer Art besonders verflochten sind.¹⁹⁵ Für die Beurteilung der Branchengleichheit oder Branchennähe kommt es in erster Linie auf das tatsächliche Tätigkeitsgebiet der die gleichen oder ähnlichen Zeichen tragenden Unternehmen an, wobei insbesondere die typischen Arbeitsgebiete von Bedeutung sind; weniger charakteristische Randsortimente spielen eine untergeordnete Rolle in der Beurteilung.¹⁹⁶

Beispiel:
> OGH 29. 10. 1996: Die Klägerin hatte als Haupttätigkeit die Verwertung aller mit der Tätigkeit der Musikgruppe *„Schürzenjäger"* verbundenen Rechte. Eine Branchennähe zum Unternehmen des Beklagten, der Fleisch- und Wurstprodukte erzeugt und vertreibt, war daher zu verneinen.¹⁹⁷

13.3.2. Kennzeicheninhaber

Träger des Geschäftsnamens kann in der Regel nur ein *Unternehmer* sein.

13.3.3. Entstehung

Der Schutz der Geschäftsbezeichnung entsteht ohne Förmlichkeiten durch den befugten kennzeichenmäßigen *Gebrauch* im inländischen Verkehr, sofern dieses Zeichen an sich unterscheidungskräftig ist.¹⁹⁸ Fehlt die ursprüngliche Unterscheidungskraft, so entsteht der Schutz erst durch qualifizierten Gebrauch, also durch Erlangen der *Verkehrsgeltung*.¹⁹⁹

13.3.4. Wirkung

§ 9 UWG bietet der Etablissementbezeichnung nur Schutz gegen einen zur *Verwechslung* geeigneten Gebrauch des Kennzeichens. Verwechslungsgefahr besteht

---

¹⁹⁴) OLG Wien 28. 6. 2001, 15 R 86/01d – Cybasar – MR 2001, 410.
¹⁹⁵) OGH 29. 10. 1996, 4 Ob 2200/96z – Schürzenjäger – ÖBl 1997, 72 = MR 1997, 52 = wbl 1997, 130.
¹⁹⁶) OGH 29. 10. 1996, 4 Ob 2200/96z – Schürzenjäger – ÖBl 1997, 72 = MR 1997, 52 = wbl 1997, 130.
¹⁹⁷) OGH 29. 10. 1996, 4 Ob 2200/96z – Schürzenjäger – ÖBl 1997, 72 = MR 1997, 52 = wbl 1997, 130.
¹⁹⁸) OGH 17. 12. 2002, 4 Ob 221/02g – INVESCO – ecolex 2003, 350 (*Schanda*).
¹⁹⁹) StRsp OGH 20. 8. 2002, 4 Ob 101/02k – inet.at – ÖBl-LS 2003/54-56 = ÖBl 2003, 180 = wbl 2003, 45 = ÖJZ 2002, 843 = ÖJZ-LSK 2002/223 = RdW 2003/21 = ecolex 2003, 40.

dann, wenn durch den Gebrauch des Zeichens ein Irrtum über dessen Verknüpfung mit einem bestimmten Unternehmen entstehen kann.[200]

Räumlicher Schutzbereich: Der Kennzeicheninhaber (§ 9 UWG) hat grundsätzlich nur für jenes Gebiet ein Ausschließungsrecht, auf das der Zeichengebrauch ausstrahlt. Jenseits dieses Gebiets wird auch die Kategorie der Unterscheidungskraft gegenstandslos, weil Verwechslungsgefahr schon begrifflich dort ausgeschlossen ist, wo niemand das Kennzeichen kennt. Der Schutz von Etablissementbezeichnungen, die sich häufig von Ort zu Ort wiederholen, ist sehr klein. Nur ausnahmsweise kann die Bezeichnung eines Gaststättenunternehmens unbegrenzt geschützt sein, wenn das Unternehmen etwa darauf angelegt ist, nach Art eines Filialbetriebes Gaststätten unter derselben Bezeichnung an verschiedenen Orten zu betreiben.[201] Je stärker die Kennzeichnungskraft einer Etablissementbezeichnung ist, umso größer ist ihr Schutzbereich. Ist der Schutzbereich regional begrenzt, so kommt es in dem betreffenden Bereich auf die Priorität an.[202]

Beispiel:

▸ OGH 30. 1. 2001: Im Fall der beiden voneinander nur 11 km entfernten „*Dorf Alm*"-Gaststättenunternehmen (vgl bereits oben Seite 673) war entscheidend, dass Sölden und Untergurgl nur wenige Kilometer voneinander entfernt in einem engen Talschluss liegen. Trotz getrennter Schigebiete und Fremdenverkehrsverbände sind diese Bereiche „angesichts der zunehmenden Mobilität von Einheimischen und Urlaubern" als einheitliches Wirtschaftsgebiet zu beurteilen. Dabei fiel entscheidend ins Gewicht, dass beide Etablissements an derselben Durchzugsstraße liegen.[203] Die Gefahr von Verwechslungen war daher hier zu bejahen.

Gestattet der Kennzeicheninhaber einem anderen den Gebrauch des Kennzeichens, dann hat dies nur schuldrechtliche Wirkung (Verzicht auf die Geltendmachung von Unterlassungsansprüchen gegenüber dem Vertragspartner); der Begünstigte erwirbt dadurch kein abgeleitetes, sondern – durch Annahme und Gebrauch – ein originäres Kennzeichenrecht mit entsprechend jüngerer Priorität. Stellt sich jedoch die Kennzeichenbenützung durch den obligatorisch Berechtigten ihrem Wesen nach nicht als eigenständige Kennzeichnung, sondern als Fortsetzung oder Ersetzung der Benützung „anstelle" des Rechtsinhabers dar, so entspricht es dem Sinn des Priori-

---

[200]) OGH 30. 1. 2001, 4 Ob 14/01i – Dorf Alm – ÖBl 2002, 300 = ÖBl-LS 01/124, 125 = RdW 2001/450 = ecolex 2001, 546 (*Schanda*).
[201]) OGH 30. 1. 2001, 4 Ob 14/01i – Dorf Alm – ÖBl 2002, 300 = ÖBl-LS 01/124, 125 = RdW 2001/450 = ecolex 2001, 546 (*Schanda*).
[202]) OGH 18. 10. 1994, 4 Ob 115/94 – Slender You – ÖBl 1995, 159 = SZ 67/174. Zum räumlichen Schutzbereich vgl auch die Entscheidungsanmerkung von *Koppensteiner* zu OGH 7. 11. 1995, 4 Ob 77/95 – Plus – ÖBl 1996, 143 und 229.
[203]) OGH 30. 1. 2001, 4 Ob 14/01i – Dorf Alm – ÖBl 2002, 300 = ÖBl-LS 01/124, 125 = RdW 2001/450 = ecolex 2001, 546 (*Schanda*).

tätsgedankens beim Kennzeichenschutz, hiefür auch die ursprüngliche Priorität gelten zu lassen.[204]

§ 43 ABGB schützt nicht nur den Namen, sondern auch die Firma (sozusagen als „Decknamen" des Vollkaufmanns), das (unterscheidungskräftige) Firmenschlagwort sowie *Geschäftsbezeichnungen* mit Namensfunktion.

Ergänzend kann allenfalls ein wettbewerbsrechtlicher Schutz nach § 1 UWG eingreifen (dazu bereits oben bei der bekannten Marke, Seite 440).

13.3.5. Schutzdauer

Der Schutz der Geschäftsbezeichnung endet mit der endgültigen Aufgabe des befugten kennzeichenmäßigen Gebrauchs.[205]

13.3.6. Sanktionen

Die Geschäftsbezeichnung genießt *zivilrechtlichen* Schutz gemäß § 9 UWG, dazu bereits oben Seite 674:

Zu den *strafrechtlichen Sanktionen* (§ 60 Abs 2 MSchG) vgl Seite 654.

„NESSUN DORMA", eine verheißungsvolle Geschäftsbezeichnung für ein verkehrsgünstig gelegenes Quartier.

---

[204]) OGH 7. 11. 1995, 4 Ob 77/95 – Plus – ÖBl 1996, 143 (*Koppensteiner*) und 229.
[205]) *Schönherr*, Grundriß RN 336.2.

13.4. Titel
13.4.1. Schutzgegenstand

Bücher werden über ihren Titel individualisiert.

Der Titelschutz eines Geisteswerkes dient der *Individualisierung* des mit ihm gekennzeichneten Objekts. An ihn knüpft sich auch der Ruf, den das Werk genießt. Er kann bestimmte Vorstellungen über die Qualität oder den Inhalt des gekennzeichneten Werkes sowie das Interesse der Kunden an dem Werk wecken.[206] Der Titelschutz ist in Österreich nicht im MSchG geregelt, sondern systemwidrig auf das UrhG und das UWG aufgeteilt: Gemäß § 80 Abs 1 UrhG darf „*im geschäftlichen Verkehr weder der Titel oder die sonstige Bezeichnung eines Werkes der Literatur oder Kunst noch die äußere Ausstattung von Werkstücken für ein anderes Werk auf eine Weise verwendet werden, die geeignet ist, Verwechslungen hervorzurufen*". Dies gilt auch für „*Werke der Literatur und der Kunst, die den urheberrechtlichen Schutz dieses Gesetzes nicht genießen*" (§ 80 Abs 2 UrhG). Der im UrhG vorgesehene Titelschutz regelt also nur die Titel solcher Produkte, die als „eigentümliche geistige Schöpfung" im Sinne des § 1 UrhG geschützt sein könnten (Seite 1104), selbst wenn der Schutz tatsächlich (etwa wegen des Ablaufs der Schutzfrist) nicht (mehr) besteht. Der Titelschutz nach § 80 Abs 1 UrhG greift auch nur dann, wenn der geschützte Titel für ein anderes Werk im Sinne des UrhG verwendet wird; dies hat der OGH bei einer Internetadresse, die nicht als Werk anzusehen ist, verneint.[207] Auch der Titel eines Sammelwerks (Seite 1240) kann geschützt sein.[208]

Im Übrigen ist der Titelschutz in § 9 Abs 1 UWG verankert: „*Wer im geschäftlichen Verkehr*" ... „*die besondere Bezeichnung*" ... „*eines Druckwerkes, für das § 80 UrhG nicht gilt,*" ... „*in einer Weise benützt, die geeignet ist, Verwechslungen mit dem Namen, der Firma oder der besonderen Bezeichnung hervorzurufen, deren sich ein anderer befugterweise bedient, kann von diesem auf Unterlassung in Anspruch genommen werden*".

In beiden Fällen setzt der Titelschutz die *Unterscheidungskraft* des verletzten Zeichens voraus.[209] Die Bezeichnung des Druckwerkes muss etwas Besonderes, Indi-

---

[206]) OGH 23. 5. 1989, 4 Ob 31/89 – Kopfsalat – ÖBl 1990, 40 = SZ 62/93 = MR 1989, 135 (*Walter*) = wbl 1989, 315 = GRUR Int 1990, 239.
[207]) OGH 19. 12. 2000, 4 Ob 256/00a – steuerprofi.at – ÖBl-LS 2001/66 = wbl 2001, 237 (*Thiele*). Wenn die mit der Domain verknüpfte Website Werkcharakter hat, könnte mE auch eine Domain durchaus einen fremden Werktitel im Sinne des § 80 Abs 1 UrhG verletzen.
[208]) OGH 6. 12. 1994, 4 Ob 135/94 – Hit auf Hit – ÖBl 1995, 281 = wbl 1995, 254.
[209]) OGH 13. 9. 1999, 4 Ob 115/99m – Wirtschaftswoche – ÖBl 2000, 125 (*Kucsko*) = ecolex 2000, 133 (*Schanda*) = wbl 2000, 47 = MR 1999, 354; OGH 25. 11. 1997, 4 Ob 330/97a – GO – ÖBl 1998, 246 = MR 1998, 87; OGH 12. 11. 1997, 4 Ob 282/97t – St. Pölten konkret – MR 1998, 86 = wbl 1998, 142.

viduelles an sich haben und darf sich nicht auf die bloße Angabe des Inhalts oder des Gebietes, auf das sie sich bezieht, beschränken.[210] Fehlt einem Zeichen die erforderliche Unterscheidungskraft, so kann es dennoch den Schutz durch *Verkehrsgeltung* erlangen. Meines Erachtens ist kein Grund zu ersehen, die Frage der Unterscheidungskraft beim Titelschutz anders zu beurteilen als bei der Marke (vgl oben Seite 299). Wie bei der Marke sind für die Beurteilung die „beteiligten Verkehrskreise" im Hinblick auf das konkrete Produkt relevant. *Schanda*[211] schlägt vor, die Schutzvoraussetzungen für Titelschutz und Markenschutz unterschiedlich zu beurteilen und etwa an den Titelschutz für periodische Druckschriften geringere Anforderungen als an den Markenschutz zu stellen. Da es aber ohnehin immer auf das konkrete Produkt ankommt, ist diese Differenzierung nicht notwendig. Wird ein Titel als für eine periodisch erscheinende Zeitschrift unterscheidungskräftig beurteilt, so besteht kein überzeugendes Argument, ihm den (zusätzlichen) Markenschutz zu verwehren.

Stehen einander zwei Werke gegenüber, so können die Titelschutzansprüche nur aus § 80 UrhG (nicht aber aus § 9 UWG) begründet werden.[212] Der Titel eines Werkes der Literatur im Sinne des § 80 UrhG genießt aber ergänzend auch den Schutz nach § 9 UWG, soweit er nicht schon durch § 80 UrhG geschützt ist (also auch gegenüber einer jüngeren Firma, Etablissementbezeichnung, Marke oder einem sonstigen Geschäftsabzeichen).[213] Inhaber des Titelrechts ist in der Regel der Verleger.[214]

Beispiele:

- OLG Wien 15. 6. 1982: Die Textzeile *„Der Papa wird´s schon richten"* ist als Liedtitel schutzfähig.[215]
- OGH 23. 11. 1982: *„Örtliches Telefonbuch"* ist als Gattungsbezeichnung nicht schützbar.[216]
- OGH 23. 5. 1989: *„KOPFSALAT"* ist für eine satirische Karikaturensammlung unterscheidungskräftig.[217]
- OGH 27. 6. 1989: *„Maria TREBEN´S Heilerfolge"* ist für ein Buch über Heilkräuter unterscheidungskräftig.[218]
- OGH 26. 9. 1989: Der Titel *„TAKE OFF"* ist für ein Urlaubsmagazin eines Flugreiseveranstalters unterscheidungskräftig.[219]

---

[210]) OGH 25. 11. 1997, 4 Ob 330/97a – GO – ÖBl 1998, 246 = MR 1998, 87; OGH 12. 11. 1997, 4 Ob 282/97t – St. Pölten konkret – MR 1998, 86 = wbl 1998, 142.
[211]) Entscheidungsanmerkung, ecolex 2000, 133.
[212]) OGH 27. 6. 1989, 4 Ob 37/89 – Apotheke Gottes IV – MR 1989, 173 (*Walter*).
[213]) OGH 26. 9. 1989, 4 Ob 113/89 – Take off – ÖBl 1990, 138 = MR 1989, 223 = EvBl 1990/24 = ecolex 1990, 39.
[214]) Insbesondere auch zur Abgrenzung gegenüber dem Herausgeber: OGH 8. 3. 1994, 4 Ob 165/93 – Das österreichische Recht – ÖBl 1994, 182 (*Dittrich*) = MR 1994, 117 (*Walter*) = EvBl 1994/103 = GRUR Int 1995, 255.
[215]) OLG Wien, 15. 6. 1982, 3 R 95/86 – Der Papa wird´s schon richten – MR 1987, 13.
[216]) OGH 23. 11. 1982, 4 Ob 383, 384/82 – Örtliches Telefonbuch – ÖBl 1983, 48.
[217]) OGH 23. 5. 1989, 4 Ob 31/89 – Kopfsalat – ÖBl 1990, 40 = SZ 62/93 = MR 1989, 135 (*Walter*) = wbl 1989, 315 = GRUR Int 1990, 239.
[218]) OGH 27. 6. 1989, 4 Ob 37/89 – Apotheke Gottes IV – MR 1989, 173 (*Walter*); OGH 14. 6. 1988, 4 Ob 33/88 – Apotheke Gottes III – MR 1988, 122 (*Walter*) = SZ 61/145; in diesen Entscheidungen ging es auch um den Ausstattungsschutz des Covers mit Heilkräutern in Pastellfarben.

- OGH 3. 12. 1991: Der Titel „*Fernsehwoche*" ist für eine Fernseh-(Wochen-)Programmzeitschrift rein beschreibend.[220]
- OGH 6. 12. 1994: Die Klägerin erzeugt Tonträgerkoppelungen unter dem Titel „*Hit auf Hit*", konnte diesen Titel aber nicht gestützt auf § 80 UrhG gegen einen Mitbewerber durchsetzen, weil sie im Verfahren weder behauptete noch bescheinigte, dass diese Tonträgerkoppelungen Sammelwerke sind.[221]
- OGH 31. 1. 1995: Der Titel „PRO" ist für eine Zeitschrift unterscheidungskräftig.[222]
- OGH 25. 4. 1995: Der Titel „*Österreichischer Juristenkalender*" ist für ein Druckwerk beschreibend und daher nur mit Verkehrsgeltung geschützt.[223]
- OGH 22. 4. 1997: Der Titelschutz nach § 80 UrhG konnte in dem bereits referierten Fall „*Ramtha*" (Seite 673) nicht geklärt werden, weil die Feststellungen der Unterinstanzen keine Beurteilung des Werkcharakters der von der Klägerin anlässlich spiritistischer Sitzungen hervorgebrachten geistigen Schöpfungen zuließen.[224] Wer den Titelschutzanspruch auf diese Regelung stützt, muss also auch vortragen und beweisen, welchen Inhalt die damit bezeichneten Produkte haben, damit deren Werkcharakter geprüft werden kann.
- OLG Wien 25. 4. 1997: Der Titel „*Rundblick*" für eine Gratiszeitung ist unterscheidungskräftig.[225]
- OGH 12. 11. 1997: Der Zeitschriftentitel „*St. Pölten konkret*" ist unterscheidungskräftig.[226]
- OGH 13. 9. 1999: Der Titel „*Wirtschaftswoche*" enthält beschreibende Angaben über die Beschaffenheit und den Inhalt der damit bezeichneten Zeitschrift (Wochenzeitschrift über Fragen der Wirtschaft). Dennoch kann ihm als „relative Fantasiebezeichnung" eine gewisse Originalität und damit Unterscheidungskraft nicht abgesprochen werden. Er ist daher auch ohne Verkehrsgeltungsnachweis geschützt.[227]
- OGH 19. 12. 2000: Der Titel eines EDV-Programms könnte gemäß § 80 Abs 1 UrhG geschützt sein. Beim Titel „*steuerprofi*" war dies allerdings wegen fehlender Unterscheidungskraft zu verneinen.[228]
- OGH 18. 2. 2003: Der oben (Seite 319) bereits im Zusammenhang mit dem Markenschutz zitierte Begriff „*Music-Channel*" ist beschreibend und daher auch als Titel nicht geschützt.[229]

Insbesondere für Periodika (oder auch zur Absicherung eines Titels zur Verwendung auf Merchandisingprodukten) ist es sinnvoll, parallel auch einen Kennzei-

---

[219]) OGH 26. 9. 1989, 4 Ob 113/89 – Take off – ÖBl 1990, 138 = MR 1989, 223 = EvBl 1990/24 = ecolex 1990, 39.
[220]) OGH 3. 12. 1991, 4 Ob 1/92 – Fernsehwoche – ÖBl 1992, 160 = wbl 1992, 170.
[221]) OGH 6. 12. 1994, 4 Ob 135/94 – Hit auf Hit – ÖBl 1995, 281 = wbl 1995, 254. Auch gestützt auf § 9 Abs 3 UWG konnte der Anspruch (mangels Verkehrsgeltungsnachweis) nicht durchgesetzt werden.
[222]) OGH 31. 1. 1995, 4 Ob 13/95 – PRO – SZ 68/27 = ecolex 1995, 568 = wbl 1995, 298 = RdW 1996, 63.
[223]) OGH 25. 4. 1995, 4 Ob 1031/95 – Österreichischer Juristenkalender – MR 1995, 188 = ecolex 1995, 731.
[224]) OGH 22. 4. 1997, 4 Ob 96/97i – Ramtha – ÖBl 1998, 53 = ecolex 1997, 681 (*Schanda*).
[225]) OLG Wien 25. 4. 1997, 3 R 370/96i – Rundblick – MR 1997, 220.
[226]) OGH 12. 11. 1997, 4 Ob 282/97t – St. Pölten konkret – MR 1998, 86 = wbl 1998, 142
[227]) OGH 13. 9. 1999, 4 Ob 115/99m – Wirtschaftswoche – ÖBl 2000, 125 (*Kucsko*) = ecolex 2000, 133 (*Schanda*) = wbl 2000, 47 = MR 1999, 354.
[228]) OGH 19. 12. 2000, 4 Ob 256/00a – steuerprofi.at – ÖBl-LS 2001/66 = wbl 2001, 237 (*Thiele*).
[229]) OGH 18. 2. 2003, 4 Ob 38/03x – Music-Channel.cc.

chenschutz durch *Markenregistrierung* zu erwerben. Ergänzend kann allenfalls ein *wettbewerbsrechtlicher Schutz* nach § 1 UWG eingreifen (dazu bereits oben Seite 440).[230] Schließlich könnte der Titel als solcher ein Werk der Literatur und als solches *urheberrechtlich* geschützt sein. Voraussetzung dafür ist, dass der Titel eine „eigentümliche geistige Schöpfung" im Sinne des § 1 Abs 1 UrhG ist (Seite 1104).

13.4.2. Kennzeicheninhaber

Berechtigter und Inhaber des Titelrechts ist regelmäßig der Inhaber des Rechts an dem mit dem Titel bezeichneten Werk.[231] Zum Schutz für Ausländer vgl § 100 UrhG.

Beispiele:

> HG Wien 21. 9. 1984: Der Verleger eines Heimatliedes ist gemäß § 84 Abs 2 UrhG berechtigt, Titelschutzansprüche geltend zu machen.[232]

13.4.3. Entstehung

Irgendwelche Förmlichkeiten (Registrierung) müssen nicht erfüllt werden. Ist der Titel unterscheidungskräftig, so entsteht der Schutz mit der Ingebrauchnahme. Es kommt dann nicht darauf an, ob der Titel bereits Verkehrsgeltung oder auch nur Verkehrsbekanntheit erlangt hat.[233] Fehlt die Unterscheidungskraft, so entsteht der Titelschutz erst mit Erlangen der Verkehrsgeltung.

Durch eine „Titelschutzanzeige" kann der Titel schon vor dem Erscheinen des Buches geschützt sein.

Es ist üblich geworden, dass vor dem Erscheinen eines Werkes bereits eine „*Titelschutzanzeige*" publiziert wird. Mit ihr kündigt der Verlag an, dass er demnächst ein Buch unter einem bestimmten Titel herausbringen wird und daher Schutz für diesen Titel beansprucht. Erscheint dann das betreffende Werk tatsächlich innerhalb angemessener Frist, so gilt der Zeitpunkt der Titelschutzanzeige bereits als schutzbegründender kennzeichenmäßiger Gebrauch. Dadurch kann sich der Verlag einerseits die bessere Priorität der Ankündigung sichern, andererseits haben Inhaber älterer Rechte Gelegenheit, sich zu äußern, sodass unter Umständen eine Titelkollision noch rechtzeitig vor dem Erscheinen erkannt und behoben werden kann. Für Titelschutzanzeigen sollte man sich in

---

[230]) Für einen Zeitschriftentitel: OGH 12. 9. 2001, 4 Ob 166/01t – VOGUE – ÖBl 2003, 28 = ÖBl-LS 2002/58 = ecolex 2002, 32 (*Schanda*) = GRUR Int 2002, 944. Zum Irreführungsschutz (§ 2 UWG): OGH 21. 1. 2003, 4 Ob 304/02p – more.
[231]) OGH 27. 6. 1989, 4 Ob 37/89 – Apotheke Gottes IV – MR 1989, 173 (*Walter*).
[232]) HG Wien 21. 9. 1984, 39 Cg 267/84 – Wohl ist die Welt ... – MR 1985/1, A 13 (*Walter*).
[233]) OGH 25. 11. 1997, 4 Ob 330/97a – GO – ÖBl 1998, 246 = MR 1998, 87.

Österreich an den Hauptverband des Österreichischen Buchhandels (Seite 110) wenden.

Beispiel:

▸ OGH 13. 9. 1999: Ein deutscher Verlag kann für den Titel seiner deutschen Zeitschrift in Österreich Titelschutz beanspruchen, wenn dieses Druckwerk in nennenswerter Anzahl (einige tausend Exemplare) in Österreich auf den Markt kommt.[234]

13.4.4. Wirkung

Bei Zeitungen reichen schon geringfügige Titelunterschiede, um Verwechslungen zu vermeiden.

Der Titel ist vor verwechslungsfähigem Gebrauch geschützt. Bei der Prüfung der *Verwechslungsgefahr* kommt es allein auf die Titel der zu vergleichenden Druckschriften, nicht dagegen auf deren Inhalt oder Charakter an, weil diese dem Publikum meist unbekannt sein werden, wenn es den Titeln begegnet.[235] Verwechslungsgefahr ist dann anzunehmen, wenn durch den Gebrauch der Bezeichnung die Annahme einer Herkunft der Waren oder Dienstleistungen aus demselben Unternehmen („*Verwechslungsgefahr im engeren Sinn*") oder aus solchen Unternehmen, die untereinander in besonderen Beziehungen wirtschaftlicher oder organisatorischer Art stehen („*Verwechslungsgefahr im weiteren Sinn*") hervorgerufen werden könnte.[236] Bei Titel von *Tageszeitungen und Zeitschriften* schließen schon geringfügige Abweichungen die Gefahr von Verwechslungen aus, weil auf dem Zeitungsmarkt ähnliche Zeichen jahrzehntelang nebeneinander bestehen und sich das Publikum deshalb daran gewöhnt hat, auf Unterschiede in der Titelfassung genau zu achten.[237] Soweit Vergleichsmöglichkeiten fehlen, weil Zeitschriften nicht öffentlich angeboten, sondern kostenlos verteilt und verschickt werden, werden geringfügige Unterschiede nicht für ausreichend erachtet, um die Verwechslungsgefahr auszuschließen.[238] Die Verwechslungsgefahr wird bei übereinstimmenden Titeln im Allgemeinen nur dann ausgeschlossen sein, wenn sich die Werke an verschiedene

---

[234] OGH 13. 9. 1999, 4 Ob 115/99m – Wirtschaftswoche – ÖBl 2000, 125 (*Kucsko*) = ecolex 2000, 133 (*Schanda*) = wbl 2000, 47 = MR 1999, 354.

[235] OGH 25. 11. 1997, 4 Ob 330/97a – GO – ÖBl 1998, 246 = MR 1998, 87; OGH 23. 5. 1989, 4 Ob 31/89 – Kopfsalat – ÖBl 1990, 40 = SZ 62/93 = MR 1989, 135 (*Walter*) = wbl 1989, 315 = GRUR Int 1990, 239 (hier auch zum möglichen Ausschluss der Verwechslungsgefahr bei durchgreifend unterschiedlichen Publikumskreisen).

[236] OGH 16. 7. 2002, 4 Ob 124/02t – Format Money – MR 2002, 325; OGH 25. 11. 1997, 4 Ob 330/97a – GO – ÖBl 1998, 246 = MR 1998, 87.

[237] OGH 25. 11. 1997, 4 Ob 330/97a – GO – ÖBl 1998, 246 = MR 1998, 87; OGH 12. 11. 1997, 4 Ob 282/97t – St. Pölten konkret – MR 1998, 86 = wbl 1998, 142; OGH 31. 1. 1995, 4 Ob 13/95 – PRO – SZ 68/27 = ecolex 1995, 568 = wbl 1995, 298 = RdW 1996, 63.

[238] OGH 12. 11. 1997, 4 Ob 282/97t – St. Pölten konkret – MR 1998, 86 = wbl 1998, 142 unter Hinweis auf eine ältere Vorentscheidung. Gerade das Beispiel „St. Pölten konkret" zeigt, dass der Leitsatz in dieser weiten Form problematisch ist. Es ist nicht ersichtlich, weshalb kostenlos an denselben Empfängerkreis versandte Zeitschriften anders zu beurteilen sind als verkaufte Exemplare.

Publikumskreise wenden und ganz verschiedene Gegenstände behandeln.[239] Die geringen Anforderungen, die an die Schutzfähigkeit solcher Titel gestellt werden, begründen einen sehr engen Schutzbereich.[240] Es kommt nicht darauf an, ob schon Verwechslungen vorgekommen sind. Die Beurteilung der Verwechslungsgefahr ist im Übrigen eine *Rechtsfrage*.[241]

Beispiele:

- OGH 20. 10. 1981: „Bunte Krone" ist nicht verwechselbar ähnlich mit „BUNTE"; bei Zeitungs- und Zeitschriftentiteln können schon geringfügige Abweichungen genügen.[242]
- OGH 25. 6. 1985: Auch zwischen den Zeitschriftentiteln *„Festspiel Illustrierte"* und „Festspiele Salzburg" wurde die Verwechslungsgefahr verneint. Bei Zeitungs- und Zeitschriftentiteln können – insbesondere dann, wenn sie sich aus sprachüblichen Gattungsbezeichnungen zusammensetzen – schon kleine Abweichungen die Gefahr von Verwechslungen ausschließen, weil gerade bei solchen Titeln nur beschränkte Ausweichmöglichkeiten bestehen und sich das Publikum selbst bei akustischem Gleichklang oder bei Verkehrsgeltung eines Kurztitels daran gewöhnt hat, auch kleine Unterschiede genau zu beachten. Der Verwendung einer ähnlichen Schriftgröße und Schrifttype sowie einer ähnlichen Aufmachung der Titelseiten komme hier – so der OGH weiter – ebensowenig ausschlaggebende Bedeutung zu wie dem im Wesentlichen gleichen Format, Inhalt und Leserkreis der beiden Druckerzeugnisse.[243]
- OLG Wien 23. 2. 1989: Die Zeitschriftentitel „Fernseh- und Radiowoche" bzw „Fernsehwoche" einerseits und der Titel *„Die ganze Woche"* andererseits sind nicht verwechslungsfähig.[244]
- OGH 27. 6. 1989: *„Maria TREBEN'S Heilerfolge"* und *„Maria TREBEN – Heilerfolge zum Buch Heilkräuter aus dem Garten Gottes"* sind verwechslungsfähig ähnlich (Eindruck der Fortsetzung des älteren Werks).[245]
- OGH 31. 1. 1995: Zwei Zeitschriften mit demselben Titel „PRO": Eine trug den Hinweis „Das Magazin für 40.000 Studierende in G", die andere den Hinweis „alles für Menschen über 50", die eine wurde kostenlos, die andere entgeltlich abgegeben, auch die Gestaltung der Zeitschriften (Umfang, Papier und Druck) war unterschiedlich. Der OGH nahm dennoch eine Verwechslungsgefahr im weiteren Sinn an.[246]
- OGH 13. 6. 1995: Das Mitglied einer (als GesBR betriebenen) Jazzband hatte den Namen „DETOMASO" zunächst als Titel für eine von ihm geschaffene Komposition verwendet und dadurch Titelschutz nach § 80 UrhG erlangt. Da er dann aber der Verwendung dieses Zeichens als Name der Jazzband zustimmte,

---

[239]) OGH 16. 7. 2002, 4 Ob 124/02t – Format Money – MR 2002, 325.
[240]) OGH 25. 11. 1997, 4 Ob 330/97a – GO – ÖBl 1998, 246 = MR 1998, 87.
[241]) OGH 25. 11. 1997, 4 Ob 330/97a – GO – ÖBl 1998, 246 = MR 1998, 87.
[242]) OGH 20. 10. 1981, 4 Ob 390/81 – Bunte Krone – ÖBl 1982, 98.
[243]) OGH 25. 6. 1985, 4 Ob 341/85 – Festspiel Illustrierte – ÖBl 1986, 71 = MR 1985/5, A 18.
[244]) OLG Wien 23. 2. 1989, 1 R 16/89 – Fernseh- und Radiowoche – MR 1989, 102 (*Korn*).
[245]) OGH 27. 6. 1989, 4 Ob 37/89 – Apotheke Gottes IV – MR 1989, 173 (*Walter*).
[246]) OGH 31. 1. 1995, 4 Ob 13/95 – PRO – SZ 68/27 = ecolex 1995, 568 = wbl 1995, 298 = RdW 1996, 63.

wurde das Unternehmen Träger der Namens- und Kennzeichenrechte, die den Gesellschaftern gemeinsam zustehen.[247]

▶ OGH 12. 11. 1997: Wegen des unterschiedlichen Sinngehalts sind die Titel zweier unentgeltlich an Haushalte in St. Pölten verteilter Zeitschriften „St. Pölten konkret" und „St. Pölten korrekt" nicht verwechselbar ähnlich.[248]

▶ OGH 25. 11. 1997: Trotz unterschiedlicher Untertitel und unterschiedlicher graphischer Gestaltung zweier Zeitschriften mit dem Titel „GO", die sich überwiegend an junge Leute richten (einerseits an Fahrschüler [linke Abbildung] und andererseits an Mitglieder eines Clubs [rechte Abbildung]) wurde die Verwechslungsgefahr bejaht.[249]

▶ OGH 22. 3. 2001: Gestützt auf den gemäß § 80 UrhG geschützten Zeitungstitel „Krone" („Neue Kronen Zeitung") konnte der Domain-Name „www.diekrone.at" für eine parodistische Website untersagt werden.[250]

▶ OGH 16. 7. 2002: Der Titel „Format Money" (Abbildung rechts oben) für eine Rubrik in einem Nachrichtenmagazin kollidiert mit dem älteren (auch als Marke geschützten) Titel des selbständigen, wöchentlich erscheinenden Wirtschaftsmagazins „Focus Money" (Abbildung rechts unten), zumal sich beide Medien an denselben Publikumskreis wenden und einander überschneidende Inhalte haben.[251]

13.4.5. Schutzdauer

Der Titelschutz endet mit der endgültigen Aufgabe des befugten kennzeichenmäßigen Gebrauchs.[252]

Beispiel:

▶ OGH 13. 9. 1999: Das Erscheinen der österreichischen Zeitschrift „WirtschaftsWoche" war schon seit 1 ½ Jahren eingestellt, der Titelinhaber bereits in Liquidation. Dennoch ging der OGH vom Fortbestand des Titelschutzes aus, als ein anderer Verlag noch dazu unter ausdrücklicher Bezugnahme auf die frühere „Wirtschaftswoche" sein neues Produkt unter demselben Titel bewarb; er lasse „... die vor einem Jahr eingestellte 'WirtschaftsWoche' wieder auferstehen".[253]

---

[247]) OGH 13. 6. 1995, 4 Ob 40/95 – DETOMASO – ÖBl 1996, 91 = ecolex 1995, 817.
[248]) OGH 12. 11. 1997, 4 Ob 282/97t – St. Pölten konkret – MR 1998, 86 = wbl 1998, 142.
[249]) OGH 25. 11. 1997, 4 Ob 330/97a – GO – ÖBl 1998, 246 = MR 1998, 87.
[250]) OGH 22. 3. 2001, 4 Ob 32/01m – dieKrone.at – MR 2001, 197; das Unterlassungsgebot wurde zusätzlich auch aus dem Namensschutz der Firma und aus Markenrechtsverletzungen begründet.
[251]) OGH 16. 7. 2002, 4 Ob 124/02t – Format Money – MR 2002, 325.
[252]) *Schönherr*, Grundriß RN 336.2.
[253]) OGH 13. 9. 1999, 4 Ob 115/99m – Wirtschaftswoche – ÖBl 2000, 125 (*Kucsko*) = ecolex 2000, 133 (*Schanda*) = wbl 2000, 47 = MR 1999, 354.

13.4.6. Sanktionen

Der Titel genießt *zivilrechtlichen* Schutz gemäß § 9 UWG; vgl dazu Seite 674. Der Titelschutz nach § 80 UrhG ist mit Ansprüchen auf *Unterlassung* (§ 81 UrhG) und *Beseitigung* (§ 82 UrhG) sanktioniert. Gemäß § 84 Abs 2 UrhG können Unterlassungs- und Beseitigungsansprüche von einer Vereinigung zur Förderung wirtschaftlicher Interessen von Unternehmen, wenn diese Interessen durch die Tat berührt werden sowie von jedem Unternehmer geltend gemacht werden, der sich damit befasst, Stücke des Werkes, dessen Titel, Bezeichnung oder Ausstattung für ein anderes Werk verwendet wird, in Verkehr zu bringen oder es öffentlich vorzutragen, aufzuführen oder vorzuführen, und dessen Interessen durch die Tat beeinträchtigt werden; bei urheberrechtlich geschützten Werken ist dazu stets auch der Urheber berechtigt. Weiters bestehen Ansprüche auf *Urteilsveröffentlichung* (§ 85 UrhG) und *Schadenersatz* (§ 87 UrhG).

Die verschiedenen Kennzeichen sind innerhalb ihres Schutzbereichs gleich stark. Es entscheidet die Priorität.

13.5. Ausstattung

Was wäre Konfekt ohne exquisite Ausstattung?

Die Ausstattung hat die gleiche *Funktion* wie die Marke. Sie dient dazu, Waren oder Dienstleistungen eines Unternehmens von gleichartigen Waren oder Dienstleistungen eines anderen Unternehmens zu unterscheiden. Jedes Zeichen, das als Marke eingetragen werden kann, kann auch Ausstattungsschutz genießen. Darüber hinaus umfasst der Ausstattungsschutz jedes sinnlich wahrnehmbare Kennzeichen (zB eine bestimmte Art der Verpackung, eine charakteristische Färbung der Geschäftswagen oder der Kleidung der Angestellten, eine charakteristische Tonfolge, eine Farbkombination, ein Slogan oder Werbespruch), das im Geschäftsverkehr als Hinweis auf ein bestimmtes Unternehmen anerkannt ist.[254] Sogar die besonders gestaltete Ware selbst könnte Ausstattungsschutz genießen, sofern die Ausstattungsmerkmale nicht das Wesen der Ware selbst ausmachen, also willkürlich gewählt werden können (ein daneben oder zuvor etwa bestehender Patent-, Muster- oder Markenschutz ist darauf ohne Einfluss).

Verankert ist der Ausstattungsschutz primär in § 9 Abs 3 UWG.[255] Der besonderen Bezeichnung eines Unternehmens stehen nach dieser Regelung „Geschäftsabzeichen und sonstige zur Unterscheidung des Unternehmens von anderen Unternehmen bestimmte Einrichtungen, insbesondere auch *Ausstattungen* von Waren, ihrer Verpackung oder Umhüllung und von Geschäftspapieren, gleich, die innerhalb beteiligter Verkehrskreise als Kennzeichen des Unternehmens gelten". Zu den „Geschäftsabzeichen und sonstigen zur Unterscheidung des Unternehmens von anderen Unternehmen bestimmten Einrichtungen" gehören alle Hilfsmittel des Geschäftsbetriebes, die wegen ihrer besonderen äußeren Gestaltung im Verkehr als individueller Hinweis auf ein bestimmtes Unternehmen anerkannt sind, also neben den in der Legaldefinition angeführten Beispielen („Ausstattungen von Waren, ihrer Verpackung oder Umhüllung und von Geschäftspapieren") etwa auch ein eigenartiges Geschäftsabzeichen, eine besondere Ausstattung von Schaufenstern, Geschäftsfahrzeugen udgl, die charakteristische Verwendung bestimmter Farben oder Farbkombinationen, aber auch *nicht registrierte Warenzeichen* oder ein nicht namensmäßig gebrauchtes Firmenschlagwort, also alles, was auf einen Zusam-

---

[254]) Zur Abgrenzung zwischen Unternehmens- und Warenbezeichnung in diesem Zusammenhang vgl *Koppensteiner*, Wettbewerbsrecht³ § 29 RN 25.

[255]) Auf die durch Benutzung erworbenen Marken ist die MarkenRL nicht anzuwenden: EuGH 12. 12. 2002, Rs C-273/00 – Geruchsmarke – ÖBl 2003, 106 (*Gamerith*) = wbl 2003, 71 = WRP 2003, 249 = MarkenR 2003, 26 = ABl HABM 2003, 728 = ELR 2003/ 126 (*Schenk*) = GRUR 2003, 145 = GRUR Int 2003, 449.

menhang mit einem bestimmten Unternehmen hinweist.[256] Die bestimmte Form einer Ware kann die Funktion als „Unternehmenskennzeichen" im Sinne des § 9 Abs 3 UWG allerdings dann nicht erfüllen, wenn ihr ausschließlich oder doch überwiegend rein technisch-funktionelle Bedeutung zukommt.[257]

Diese Kennzeichen sind Individualisierungsmittel, die ihrem Inhaber dazu dienen, sein Unternehmen, seine Waren oder Dienstleistungen von anderen Unternehmen und deren Angebot abzuheben.[258] Im Gegensatz zu den in § 9 Abs 1 UWG aufgezählten Kennzeichen und der registrierten Marke genießen die Geschäftsabzeichen nach § 9 Abs 3 UWG immer nur dann Schutz, wenn sie innerhalb beteiligter Verkehrskreise als Kennzeichen des Unternehmens gelten. Es ist also ein *Verkehrsgeltungsnachweis* zu erbringen.[259] Der Schutz einer mit Verkehrsgeltung nach § 9 Abs 3 UWG geschützten Bezeichnung ist *örtlich* auf jenes Gebiet *beschränkt*, in welchem das Zeichen als Kennzeichen des Betreffenden angesehen wird.[260] Es genügt die Verkehrsgeltung in einer der relevanten Gruppen der Verkehrskreise (Großhändler, Einzelhändler, Verbraucher).[261] Zur Verkehrsgeltung vgl im Übrigen bereits oben Seite 299.

Die *Ratio* dieses Ausstattungsschutzes wird in den Materialien zum Stammgesetz (UWG 1920)[262] deutlich: „... *Diese Machenschaften bieten nicht nur die Möglichkeit, ohne Aufwand von Mühe die Erfolge redlichen Schaffens anderer für den eigenen geschäftlichen Vorteil auszubeuten, sie schädigen auch den Unternehmer, gegen den sie sich richten, uzw nicht bloß dadurch, dass sie ihm Kunden entziehen und so seinen Absatz schmälern, sondern häufig auch dadurch, dass minderwertige Waren oder Leistungen anderer als aus seinem Geschäftsbetrieb herrührend ausgegeben werden und hierdurch sein geschäftliches Ansehen untergraben wird.*"

Eine spezielle Regelung zum Ausstattungsschutz von Werken im Sinne des UrhG findet sich in § 80 UrhG: *„Im geschäftlichen Verkehr darf"* ... *„die äußere Ausstattung von Werkstücken für ein anderes Werk"* nicht *„auf eine Weise verwendet werden, die geeignet ist, Verwechslungen hervorzurufen"*. Geht es um den Schutz der Ausstattung ein und desselben Werkes, das bei verschiedenen Verlegern erschienen ist, und verwahrt sich der eine Verleger gegen die mögliche Verwechslung, so ist § 9 Abs 3 UWG (und nicht § 80 UrhG) anzuwenden.[263]

---

[256]) OGH 22. 3. 2001, 4 Ob 55/01v – Studioline – ÖBl 2002, 87 = ÖBl-LS 01/126 = RdW 2001/672; OGH 15. 12. 1987, 4 Ob 343/86 – Easy Rider – ÖBl 1988, 41 = MR 1988, 23 = wbl 1988, 122.

[257]) OGH 15. 12. 1987, 4 Ob 343/86 – Easy Rider – ÖBl 1988, 41 = MR 1988, 23 = wbl 1988, 122 (in diesem Fall kann auch – so der OGH – eine allfällige Verkehrsgeltung keinen Zeichenschutz begründen). OGH 10. 3. 1987, 4 Ob 315/87 – Komfortverschluss – ÖBl 1987, 63 = wbl 1987, 162 = GRUR Int 1988, 520.

[258]) OGH 25. 2. 1997, 4 Ob 28/97i – MANZ-Rot – ÖBl 1997, 176 = ecolex 1997, 370 = MR 1997, 107 = GRUR Int 1998, 331; *G.I.*, Manz-Rot geschützt! RdW 1997, 257.

[259]) OGH 22. 3. 2001, 4 Ob 55/01v – Studioline – ÖBl 2002, 87 = ÖBl-LS 01/126 = RdW 2001/672; OGH 6. 12. 1994, 4 Ob 135/94 – Hit auf Hit – ÖBl 1995, 281 = wbl 1995, 254.

[260]) OGH 5. 11. 1991, 4 Ob 119/91 – Gaudi-Stadl – ÖBl 1991, 254 = wbl 1992, 101 = ecolex 1992, 251.

[261]) OGH 2. 4. 1985, 4 Ob 313/85 – Cartier – ÖBl 1986, 25 = GRUR Int 1986, 482.

[262]) RV UWG 913 BlgNR 1. GP.

[263]) OGH 5. 5. 1987, 4 Ob 390/86 – Heilkräuter aus dem Garten Gottes („Apotheke Gottes I") – ÖBl 1988, 78 = MR 1988, 91 (*Walter*).

Bei Fehlen eines Tatbestandsmerkmals des § 9 UWG kann auf die Generalklausel des § 1 UWG zurückgegriffen werden, wenn die Zeichenverletzung eine sittenwidrige Handlung zu Zwecken des Wettbewerbes ist (vgl dazu bereits bei der Marke, Seite 440). Allerdings sei – so der OGH[264] sehr zutreffend – für die Bejahung eines Verstoßes gegen die guten Sitten in Fällen, in denen die Verkehrsgeltung als Voraussetzung des kennzeichenrechtlichen Schutzes fehlt, Zurückhaltung geboten. Der ergänzende wettbewerbsrechtliche Schutz kommt also nur dann in Betracht, wenn im Einzelfall zusätzliche Umstände hinzutreten, die die Annäherung an die fremde Kennzeichnung als eine unlautere Werbemaßnahme erscheinen lassen. Dies sei dann der Fall, wenn die Kennzeichnung in den beteiligten Verkehrskreisen in gewissem Umfang bekannt geworden ist und ihrer Natur nach geeignet ist, über die Benutzung als betriebliches Herkunftszeichen zu wirken, und überdies die Anlehnung an eine solche Kennzeichnung ohne hinreichenden Grund in der verwerflichen Absicht vorgenommen wurde, Verwechslungen herbeizuführen oder den Ruf des anderen wettbewerbshindernd zu beeinträchtigen oder auszunutzen.

Beispiele:
- OGH 13. 12. 1983: „*Das Große Aroma*" als Slogan für eine bestimmte Kaffeesorte genießt kraft Verkehrsgeltung (knapp 41 % aller mehr als 14-jährigen Österreicher, die entweder selbst Kaffee trinken oder beruflich mit diesem Genussmittel zu tun haben, ordneten den Slogan der Klägerin zu) Schutz.[265]
- OGH 2. 4. 1985: Wenn bei einem Gestaltungsmerkmal nur ein geringes Freihaltebedürfnis besteht, so reicht eine positive Zuordnung durch 42,1 % der befragten Erzeuger und Händler zur Bejahung der Verkehrsgeltung. Hier ging es um *Cartier-Schmuckstücke*, die dadurch gekennzeichnet sind, dass sie aus mehreren parallel laufenden Ringen aus Gelbgold, Weißgold und Rotgold mit dem bekannten „C" bestehen.[266]
- OGH 29. 9. 1986: Für den Slogan „*Glanz ohne Kratzer*" (für ein flüssiges Scheuermittel) genügte ein Zuordnungsgrad von 57 % zur Bejahung der Verkehrsgeltung nach § 9 Abs 3 UWG.[267]
- OLG Wien 9. 7. 1987: Den LEGO-Bausteinen wurde mit einem festgestellten Verkehrsdurchsetzungsgrad von 91 % Ausstattungsschutz gewährt.[268]
- OGH 4. 4. 1989: Es genügte für den Verkehrsgeltungsnachweis, dass 72 % der befragten Kinder zwischen 8 und 14 Jahren auf die Frage, mit welchem Erzeuger von Buntstiften das Wort „KINDERFEST" in Zusammenhang gebracht wird, spontan mit der Marke der Klägerin „JOLLY" antworteten.[269]

---

[264]) OGH 19. 12. 2000, 4 Ob 257/00y – Die Blauen von D – ÖBl 2001, 124 = ÖBl-LS 01/39 und 54.
[265]) OGH 13. 12. 1983, 4 Ob 400/83 – Das Große Aroma – ÖBl 1984, 106.
[266]) OGH 2. 4. 1985, 4 Ob 313/85 – Cartier – ÖBl 1986, 25 = GRUR Int 1986, 482.
[267]) OGH 29. 9. 1986, 4 Ob 370/86 – Glanz ohne Kratzer – ÖBl 1987, 24 = SZ 59/157 = MR 1986, 24 = wbl 1987, 42 = GRUR Int 1987, 877.
[268]) OLG Wien 9. 7. 1987, 1 R 137/87 – LEGO – GRUR Int 1990, 535 (*Vida*).
[269]) OGH 4. 4. 1989, 4 Ob 22/89 – JOLLY KINDERFEST – ÖBl 1989, 162.

- OGH 7. 5. 1991: Ein Zuordnungsgrad von 50 % der Schuhhändler genügte hingegen nicht als Verkehrsgeltung für die beschreibende Angabe „*New Line*" (für Schuhe).[270]
- OGH 1. 9. 1992: Seit 1962 vertreibt die Klägerin unter der Hausmarke „*Pickfein*", die zugleich ihr Firmenschlagwort ist, Essig. Sie hat am österreichischen Säureessigmarkt einen Marktanteil von 80 %. Unter den im Lebensmittelhandel Tätigen ordneten 81 % (unter „Pickfein-Kennern" 94 %) das Wort „Pickfein" dem Produkt Essig zu. Die Beklagte kam mit Ketchup, Senf und Mayonnaise unter dem nicht registrierten Zeichen „pikfein" heraus. Der OGH ging davon aus, dass es genüge, wenn auch nur ein nicht unbeträchtlicher Teil einer der im konkreten Fall angesprochenen Gruppen (Großhändler, Einzelhändler, Verbraucher) in der Bezeichnung einen Hinweis auf ein bestimmtes Unternehmen sieht. Der festgestellte sehr hohe Kennzeichnungsgrad genüge. Die beteiligten Verkehrskreise müssen dabei den Namen des Zeichenträgers nicht kennen. Die beantragte einstweilige Verfügung wurde daher erlassen.[271]
- OGH 6. 4. 1993: Für den Erwerb des Schutzes am nicht registrierten Warenzeichen „SMASH" für Tennis-Shorts reichte es zur Erbringung des erforderlichen Verkehrsgeltungsnachweises nicht aus, dass die Beklagte Tennis-Herren-Shorts unter dieser Bezeichnung in ihrem Preiskatalog geführt und diesen Katalog auf den großen Textilfachmessen in Salzburg und München an die Großabnehmer verteilt und in der Folge an 2000 Fachgeschäfte verschickt hatte, wobei dann auch zahlreiche Kunden bestellten.[272]

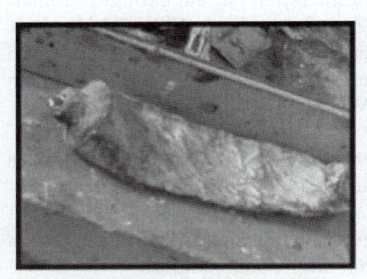

Bei entsprechend hoher Verkehrsgeltung kann auch eine Farbe als Kennzeichen geschützt sein.

Dieser Ausstattungsschutz kann – wie bereits erwähnt – auch einer *Farbe* in ihrer konkreten Erscheinungsform zukommen, in der sie für eine bestimmte Ware verwendet wird, um diese von gleichartigen Waren anderer zu unterscheiden.[273] Schutzvoraussetzung ist allerdings eine entsprechend hohe Verkehrsgeltung. Die Farbe muss innerhalb beteiligter Verkehrskreise als eindeutiger Hinweis auf ein bestimmtes Unternehmen oder dessen Waren oder Dienstleistungen angesehen werden. Da Farben und Farbverbindungen zu den wichtigsten und gebräuchlichsten Werbemitteln gehören, nimmt die Rechtsprechung ein bedeutendes Freihaltebedürfnis des Geschäftsverkehrs an. Je unüblicher allerdings ein Farbton ist, desto geringer wird das Freihaltebedürfnis und desto größer die Kennzeichnungskraft angesehen. Freihaltebedürfnis, Kennzeichnungskraft und Verkehrsgeltung stehen in Wechselbeziehung zueinander: Je größer das Freihaltebedürfnis und je geringer die Kennzeichnungskraft, desto höher muss die Verkehrsgeltung sein, um einen Schutz zu rechtfertigen. Besteht die

---

[270]) OGH 7. 5. 1991, 4 Ob 40/91 – New Line – ÖBl 1991, 251 = wbl 1991, 298 = ecolex 1991, 548 = RdW 1991, 292.
[271]) OGH 1. 9. 1992, 4 Ob 61/92 – Pickfein – ÖBl 1993, 92 = wbl 1993, 60 = MR 1992, 257 = ecolex 1993, 35.
[272]) OGH 6. 4. 1993, 4 Ob 26/93 – SMASH – ÖBl 1993,99 = ecolex 1993, 538.
[273]) *Beier*, Ausstattungsschutz für Farben, GRUR 1980, 600.

erforderliche Verkehrsgeltung, so umfasst der Ausstattungsschutz nicht nur identische, sondern auch ähnliche Farbtöne.[274]

Beispiele:

- OGH 7. 7. 1981: Die besondere farbliche Gestaltung der Fassade des *Bosch-Kundendienstes* käme grundsätzlich für den Ausstattungsschutz in Betracht. Im konkreten Verfahren wurde der Schutz allerdings wegen des Fehlens eines Verkehrsgeltungsnachweises verneint.[275]
- OGH 14. 6. 1988: Die Ausstattung eines *Buches* (weißglänzender Einbanddeckel mit in Pastellfarben gemalten Wiesenblumen und einer Aufschrift in einem roten Streifen) kann bei entsprechender Verkehrsgeltung nach § 9 Abs 3 UWG geschützt sein.[276]
- OGH 12. 4. 1994: Dass bei Farben das Freihaltebedürfnis sehr groß und die Kennzeichnungskraft sehr gering ist, gilt nicht im gleichen Maß für alle Farben und Farbtöne. Je unüblicher ein Farbton, desto geringer ist das Freihaltebedürfnis, desto größer ist auch die Kennzeichnungskraft. Deshalb wurde für einen bestimmten Grünton bei einer Verkehrsgeltung von 57 % der Ausstattungsschutz im Zusammenhang mit *Steuergeräten* bejaht.[277]
- OGH 25. 2. 1997: Ein rotes *Buch* zu einem juristischen Thema: Von welchem Verlag wird es wohl stammen? Der OGH hat bei einem festgestellten Zuordnungsgrad von 90 % des von MANZ verwendeten roten Farbtons die erforderliche Verkehrsgeltung als gegeben angenommen und Schutz für diese Farbe in ihrer konkreten Erscheinungsform für juristische Fachbücher gewährt.[278] Die Abweichungen in der Beschriftung der Frontseite des Buches fielen ebenso wenig ins Gewicht wie die Hinweise auf den Verlag der Beklagten, zumal zumindest Verwechslungsgefahr im weiteren Sinn (Seite 400) anzunehmen war.
- OGH 19. 12. 2000: Die von der Klägerin in Österreich vertriebenen *Dämmplatten* sind – wie die übrigen seit Jahrzehnten weltweit vertriebenen Schaumstoffe des Herstellers dieser Dämmplatten – hellblau eingefärbt. Sie tragen das Logo der Klägerin. Auch die Wärmedämmstoffe anderer Hersteller weisen eine einheitliche Färbung auf (bei BASF beispielsweise hellgrün). Der beklagte Baustoffhändler vertreibt gleichartige Wärmedämmplatten eines anderen (noch wenig bekannten, jüngeren) Produzenten in der Farbe „Helltürkis (zwischen Hellgrün und Hellblau liegend)". Diese tragen ein anderes Logo. Der OGH hat hier die Frage offen gelassen, ob ein Zuordnungsgrad der Farbe „*Hellblau*" zur Klägerin von 52 % (bei Dachdeckern) bzw 76 % (bei Baustoffhändlern) für die hier erforderliche Verkehrsgeltung ausreicht, weil er bereits einen Verstoß gegen § 1

---

[274]) OGH 19. 12. 2000, 4 Ob 257/00y – Die Blauen von D – ÖBl 2001, 124 = ÖBl-LS 01/39 und 54.
[275]) OGH 7. 7. 1981, 4 Ob 362/81 – Bosch-Kundendienst – ÖBl 1982, 101.
[276]) OGH 14. 6. 1988, 4 Ob 33/88 – Apotheke Gottes III – MR 1988, 122 (*Walter*) = SZ 61/145.
[277]) OGH 12. 4. 1994, 4 Ob 37/94 – Zeitrelais – ÖBl 1994, 223 = wbl 1994, 385 = ecolex 1994, 481 = RdW 1994, 280.
[278]) OGH 25. 2. 1997, 4 Ob 28/97i – MANZ-Rot – ÖBl 1997, 176 = ecolex 1997, 370 = MR 1997, 107 = GRUR Int 1998, 331; *G.I.*, Manz-Rot geschützt! RdW 1997, 257. In dieser Entscheidung wird auch die Vorjudikatur zum Farbenschutz (Schlagworte: Orangenpapier, Milka, ARAL, Kelly-Chips, Bosch-Kundendienst, Zeitrelais) aufgearbeitet.

UWG bejahte. Der Beklagte hafte als Händler, weil er von der sittenwidrigen Nachahmung Kenntnis erlangt hat.[279]

▸ OGH 12. 6. 2001: Ein Zuordnungsgrad von 65% der angesprochenen Verkehrskreise wurde als nicht ausreichend für den Schutz der Farbe *Blau* für *Wasserrohre* beurteilt.[280]

13.5.2. Kennzeicheninhaber

Träger einer Ausstattung kann (wie beim Handelsnamen) grundsätzlich nur ein *Unternehmer* sein (seit dem Wegfall des § 3 MSchG [Seite 340] ist dies zwar nicht mehr aus einer Analogie zu dieser Regelung, wohl aber daraus zu begründen, dass der Schutz erst mit Erlangung der Verkehrsgeltung entsteht, was eine entsprechende unternehmerische Betätigung erfordert). Eine Ausnahme bilden die „Verbands-Ausstattungsrechte" (ähnlich den Verbandsmarken; dazu Seite 540).

13.5.3. Entstehung

Der Ausstattungsschutz entsteht durch qualifizierten Gebrauch, also durch Erlangen der Verkehrsgeltung. Eine Registrierung ist nicht erforderlich. Anders als beim registrierten Schutzrecht Marke ist der Beginn des Schutzes bei der Ausstattung daher nicht exakt feststellbar.

13.5.4. Wirkung

§ 9 Abs 3 UWG stellt die Ausstattung den in § 9 Abs 1 UWG umschriebenen Rechten gleich. *„Wer im geschäftlichen Verkehr"* ... eine Ausstattung ... *„in einer Weise benützt, die geeignet ist, Verwechslungen mit"* ... der Ausstattung ... *„hervorzurufen, deren sich ein anderer befugterweise bedient, kann von diesem auf Unterlassung in Anspruch genommen werden"*. Wird die Ausstattung im geschäftlichen Verkehr[281] als Kennzeichen bestimmter Waren oder Leistungen verwendet, dann wird wegen der mit der Marke übereinstimmenden Funktion der Schutz der Ausstattung auf gleichartige Waren oder Dienstleistungen zu beschränken sein (zB die lila Verpackung der MILKA-Schokolade). Weist die Ausstattung hingegen auf das ganze Unternehmen hin, dann wird die Verwechslungsgefahr wie beim Handelsnamen, also ohne strenge Bindung an die Gleichartigkeit der Waren oder Dienstleistungen zu beurteilen sein.

---

[279]) OGH 19. 12. 2000, 4 Ob 257/00y – Die Blauen von D – ÖBl 2001, 124 = ÖBl-LS 01/39 und 54.
[280]) OGH 12. 6. 2001, 4 Ob 126/01k – Das blaue Rohr – ÖBl 2002, 20 = ÖBl-LS 01/160, 171 und 188 = RdW 2001/673 = ecolex 2001, 848 (*Reitböck*). Die Frage eines Verstoßes gegen § 1 UWG hat der OGH hier zwar angeschnitten, aber nicht abschließend beurteilt.
[281]) Ein Wettbewerbsverhältnis ist hier (im Gegensatz etwa zu § 1 UWG) nicht erforderlich (*Fitz/Gamerith*, Wettbewerbsrecht³ 24).

Beispiel:
> „JOLLY KINDERFEST" und „JES KINDERFEST" (beides für Buntstifte) sind verwechselbar ähnlich.[282]

Das Ausstattungsrecht ist *übertragbar*. Für die Ausstattung gilt, wenn sie ein Unternehmen oder einen Betrieb kennzeichnet, das Gleiche wie für den Handelsnamen, wenn sie bloß Produkte oder Leistungen kennzeichnet, im Prinzip das Gleiche wie für die Marke.

§ 58 MSchG (*Verwirkung* durch Duldung; vgl Seite 534) ist sinngemäß anzuwenden (§ 9 Abs 5 UWG; Art 9 Abs 2 MarkenRL).[283]

13.5.5. Schutzdauer

Der Austattungsschutz ist nicht befristet. Er endet mit dem Verlust der Verkehrsgeltung.[284]

13.5.6. Sanktionen

Die Ausstattungen genießen *zivilrechtlichen* Schutz gemäß § 9 UWG; vgl dazu Seite 674.

Es besteht jedoch kein *strafrechtlicher* Schutz.

---

[282]) OGH 4. 4. 1989, 4 Ob 22/89 – JOLLY KINDERFEST – ÖBl 1989, 162.
[283]) Übergangsbestimmung: § 42 Abs 2 UWG.
[284]) *Schönherr*, Grundriß RN 336.1.

692 details | markenrecht | name firma geschäftsbez titel ausstattung

Auch die Auslagengestaltung kann Ausstattungsschutz genießen.

update: www.geistigeseigentum.at

MUSTERRECHT

Design = IP

Beim Thema Designschutz geht es um den Schutz eines immateriellen Guts, um den Schutz von Intellectual Property. Nicht der physisch vorhandene Gegenstand soll vor Zerstörung, Diebstahl, Verunstaltung geschützt werden. Dies wäre Sache des Eigentumsrechts oder des Strafrechts. Es geht um die dahinter stehende geistige Gestaltung, die im konkreten Aussehen eines Gegenstands ihren Ausdruck gefunden hat. Dieses immaterielle Gut kann man stehlen, ohne den konkreten Gegenstand mitnehmen zu müssen. Man kann den Gegenstand (zB ein Haute-Couture-Modell bei einer Modeschau) fotografieren, in einer Handskizze schnell nachzeichnen oder sich vielleicht auch nur im Gedächtnis einprägen und so "nach Hause" mitnehmen und dort Plagiate herstellen, die bloß ähnlich, vielleicht aber sogar nahezu ident mit dem Vorbild übereinstimmen. Man kann ein Original erwerben und dann den eigenen Produkten ein ähnliches, an das Vorbild deutlich angelehntes Aussehen geben. Wie schützt man den Schöpfer vor diesem geistigen "Diebstahl"?

Andererseits muss aber eine gewisse Nachahmungsfreiheit gesichert sein. Wir kennen das Auftreten von Modeströmungen. Es entstehen neue Stilrichtungen, Stilelemente, die unverzichtbar sind, um dem Zeitgeschmack zu entsprechen. Dadurch treten bei den Produkten gewisse Ähnlichkeiten, die vielleicht hinzunehmen sind, auf, ohne dass der Vorwurf des Diebstahls Geistigen Eigentums gerechtfertigt wäre.

Es ist daher eine für Juristen überaus reizvolle Aufgabe, ein ausgewogenes Schutzrechtssystem zu entwickeln. Die Arbeiten zur Neuordnung dieses Rechtsgebiets sind bei weitem nicht abgeschlossen. Im Gegenteil: Jüngst sind eine europäische Harmonisierungsrichtlinie und eine Verordnung für ein Gemeinschaftsgeschmacksmuster in Kraft getreten, die nunmehr in die Praxis umzusetzen sein werden.

Kreativität als Wirtschaftsfaktor

Kreativität ist jenes Charakteristikum, durch das sich Europa und seine Produkte seit Jahrhunderten vom Rest der Welt abheben – Kreativität sowohl im Entstehungsprozess als auch in der Anwendung, für die dieser Prozess in Gang gesetzt wurde. Design ist ein grundlegender und untrennbarer Bestandteil des europäischen Erfolgskurses, von Europas Wirtschaft, Industrie, Kommunikation und Kultur im Allgemeinen.

Der europäische Designer kann mit seinem breiten, vielseitigen, kulturellen Hintergrund genau die Kreativität anbieten, die Problemlösungen in den Bereichen Kommunikation und Informationstechnologie herbeiführt. Dadurch entsteht – sowohl für Software- als auch für Hardware-Produkte – ein Wertzuwachs. Von ihrer Funktion her sind diese Produkte und Waren Werkzeug und somit ein „verlängerter Arm" des Menschen.

Gutes Design, das Funktionalität und Rationalismus in sich vereint, wird den Wert von Produkten und Dienstleistungen, die unsere Wirtschaft erzeugt und anbietet, erhöhen. In diesem Sinne hat *Edith Cresson* anlässlich der Preisverleihung des Europäischen Designpreises 1997 festgestellt: *„Design ist kein Luxus. Design ist ein elementarer Bestandteil des Produktes und trägt ganz entscheidend zu seinem Erfolg bei, indem es Menschen zum Kauf motiviert und die Benützung eines Produktes angenehm macht. Es beeinflusst entscheidend den Erfolg von Innovationen, die auf den Markt kommen."*

Bei Design geht es nicht nur um Neuheit und Äußeres. Es geht darum, neue Produktwerte zu schaffen und darum, wie Dinge verwendet, produziert und der Gesellschaft gegenüber kommuniziert werden.

Der professionelle Designer spielt eine wichtige Rolle als Vermittler von hochentwickelter Benutzertechnologie und ihren Werkzeugen, nicht nur im engeren Sinn, sondern auch in Bereichen, die normalerweise nicht mit Design in Zusammenhang gebracht werden.

Design ist eine große und erfolgreiche Dienstleistungsindustrie. Der Designer muss die unterschiedlichsten Aspekte berücksichtigen, wie etwa:

- gesellschaftliche und soziale Aspekte, zB demographische Veränderungen, soziale Strukturen und Werteverschiebungen bei den Konsumenten und Benützern,
- aber auch Gewohnheiten, Produktdifferenzierung, Sicherheit und Benutzerfreundlichkeit,
- Umweltaspekte,
- Technik und Forschung,
- Informationstechnologie, Software-Interfaces und
- Logistik und Verteilungssysteme.

All das gehört, wie wir wissen, zu einem erfolgreichen Produktionsprozess. Der Designer fungiert dabei als Begleiter von der Idee bis zur Umsetzung.

Es ist wichtig zu erkennen, dass Design der entscheidende Motor für Innovation ist. Es ist ein grundlegender Bestandteil in der Produktentwicklung und Produktion und ein ausgleichendes Moment in der Wechselbeziehung zu gesellschafts- und umweltpolitischen Fragen. Design als Instrument für Innnovation und Technologieintensivierung muss unserer Lebensform Wert, Qualität und Sinnhaftigkeit verleihen und formt daher die Welt, in der wir leben. *Stefano Marzano* von Philips: *„Die Zukunft wird von jenen gemacht, die heute die Verantwortung für sie übernehmen."*

◂ **Mag. Severin FILEK** ist Geschäftsführer von Design Austria und Präsident des Bureau of European Designers Associations.

Musterrecht

1. EINLEITUNG

Überblick

- Der „*Designschutz*" ist primär im Geschmacksmusterrecht verankert.
- Dieses wurde durch das *MusterschutzG 1990* grundlegend neu geregelt.
- Zur Rechtsvereinheitlichung in der Europäischen Union wurde im Oktober 1998 eine Richtlinie über den rechtlichen Schutz von Mustern und Modellen (*MusterRL*) erlassen.
- Sie hat für das österreichische Musterrecht tiefgreifende Neuerungen erfordert, die mit der *Novelle 2003* umgesetzt wurden.

1.1. Begriff „Musterrecht"

Diesem Designstück bin ich nicht auf der Strasse sondern bei einer Modeschau begegnet.

Literaturhinweise: *Thaler*, Immaterialgüterrechte und gewerblicher Rechtsschutz, FS 75 Jahre Österr Patentamt (1974) 246; *Schönherr*, Zur Begriffsbildung im Immaterialgüterrecht, FS Troller (1975) 57; *Schönherr*, Gewerblicher Rechtsschutz und Urheberrecht (1982) 1.

Dieser Abschnitt ist dem „Designschutz" gewidmet, also dem generellen Thema: Wie schütze ich ein neues Produkt-Design? „Designschutz" ist kein exakter juristischer Terminus. Der Begriff des „Designs" ist dem Juristen eher fremd. Es gibt kein Gesetz zum „Schutz des Designs".

Es gibt ein Musterschutzgesetz und es gibt in der juristischen Literatur traditionell den Begriff des „Geschmacksmusterrechts". Diese Begriffe sind hingegen dem Designer eher fremd. Gestatten Sie mir daher zunächst eine kurze Standortbestimmung zur Entflechtung dieser Begriffsverwirrung:

1.1.1. Geschmacksmusterrecht im objektiven Sinn

Als „Geschmacksmusterrecht im objektiven Sinn" kann man jene Regelungen bezeichnen, die schon kraft Gesetzes grundsätzlich für jedermann gelten und dem Schutz des Designs dienen.

In Deutschland wird seit langem zwischen dem so genannten *„Geschmacksmusterschutz"* (Schutz der ästhetisch wahrnehmbaren Farb- und Formgestaltung neuer Erzeugnisse) und dem *„Gebrauchsmusterschutz"* (Schutz neuer, dem Gebrauchszweck dienender technischer Gestaltungen) unterschieden.[1] Diese beiden Materien sind in gesonderten Gesetzen geregelt. Der Oberbegriff „Musterrecht" würde daher im Sinne dieser Terminologie beide Bereiche erfassen.

Im österreichischen juristischen Sprachgebrauch wurde der Begriff „Musterrecht" (präziser sollte es „Musterschutzrecht" heißen) bislang primär zur Bezeichnung jener Normen verwendet, die speziell dem „Designschutz", also dem *Schutz des Aussehens von Erzeugnissen*, dienen. Diese Regelungen sind traditionell in einem eigenen Gesetz kodifiziert. Früher war dies das MusterschutzG 1970 (MustG). Dieses wurde durch das *MusterschutzG 1990 – MuSchG* abgelöst.[2] Das österreichische „Musterrecht" ist also im Sinne der Unterscheidung in Deutschland eher ein „Geschmacksmusterrecht". Erst seit kurzer Zeit gibt es auch in Österreich einen dem deutschen „Gebrauchsmusterrecht" vergleichbaren Sonderschutz für „kleine" Erfindungen (Seite 966). Er ist im Gebrauchsmustergesetz geregelt. Heute wird man daher auch in Österreich terminologisch zwischen „Geschmacksmusterrecht" und „Gebrauchsmusterrecht" unterscheiden müssen.[3]

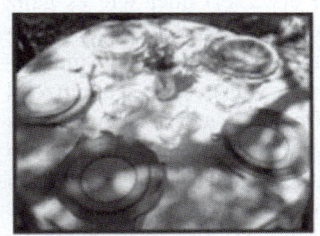

„Design sells"!

Dem *„Designschutz"* dienen (direkt oder indirekt) auch *andere Normen*.[4] So kann die Nachahmung des Aussehens eines Konkurrenzprodukts sittenwidrig gemäß § 1 UWG (Gesetz gegen den unlauteren Wettbewerb) sein. Im Rahmen dieser Generalklausel wurde eine eigene Fallgruppe für den Bereich der „sklavischen Nachahmung", des „sittenwidrigen Schmarotzens an fremder Leistung" bzw der „vermeidbaren Herkunftstäuschung" entwickelt (vgl Seite 440). Die äußere Form eines Produkts könnte aber

---

[1]) *Gerstenberg/Buddeberg*, Geschmacksmustergesetz³ (1996) 67. Während das deutsche GebrMG patentrechtlich orientiert ist, ist das GeschmMG in Deutschland eher dem Urheberrecht verwandt. Das europäische Geschmacksmusterrecht geht hingegen von einem eigenständigen musterrechtlichen Ansatz („design approach") aus (vgl Seite 788); dazu *Dietz*, Der „design approach" als Entlastung des Urheberrechts, FS Beier (1996) 355.

[2]) So zitieren auch die EB zum MuSchG (*Knittel/Kucsko*, MuSchG Anm 2 Vor § 1) „das geltende Musterrecht" im Sinne der im MustG 1970 verankerten Regelungen.

[3]) Die folgende Darstellung orientiert sich noch weitgehend an der unverändert gebliebenen Terminologie des MuSchG, das den Begriff „Geschmacksmuster" nicht kennt.

[4]) Sind die jeweiligen Schutzvoraussetzungen erfüllt, so kommt ein paralleler Schutz nach muster-, patent-, kennzeichen- und urheberrechtlichen Regelungen in Betracht (*Knittel/Kucsko*, MuSchG Anm 4 Vor § 1; *Blum*, ÖBl 1981, 113; zur Parallelität von Muster- und Urheberrechtsschutz OGH 12. 8. 1996, 4 Ob 2161/96i – Buchstützen – ÖBl 1997, 38 = MR 1997, 33 (*Walter*) = GRUR Int 1997, 1030 (*Schanda*); OGH 16. 6. 1992, 4 Ob 53/92 – City-Gemeinschaft-Klagenfurt – ÖBl 1992, 181 = MR 1992, 201 = ecolex 1992, 712 (*Kucsko*) mwN; OGH 7. 4. 1992, 4 Ob 36/92 – Bundesheer-Formblatt – ÖBl 1992, 81 = MR 1992, 199 (*Walter*) = SZ 65/51 = EvBl 1993/36 = wbl 1992, 340 = GRUR Int 1993, 565). Zu den Vorteilen des Musterschutzes nach dem MuSchG gegenüber dem wettbewerbsrechtlichen Schutz vgl *Kucsko*, ecolex 1991, 402. Zu den Besonderheiten der RBÜ bei der Schutzgewährung für ausländische Geschmacksmuster vgl Art 2 Abs 7 RBÜ sowie OGH 3. 4. 1990, 4 Ob 12/90 – Piccadilly – MR 1991, 150 (*Walter*) und *Kahlenberg*, Ein europäisches Geschmacksmusterrecht (1997) 67.

auch markenrechtlichen Schutz (Seite 296) oder Ausstattungsschutz (Seite 685) genießen. Das Aussehen eines Erzeugnisses könnte allerdings auch urheberrechtlich als Werk der bildenden Künste (§ 3 UrhG) geschützt sein (Seite 1117). Schließlich könnten die technischen Merkmale patentgeschützt sein (Seite 805). Alle diese Bereiche des Designschutzes werden aber traditionell nicht mit dem Oberbegriff „Geschmacksmusterrecht" erfasst. Der juristisch unscharfe Begriff „Designschutz" reicht also weiter als der auf die Regelungen des MuSchG beschränkte Begriff „Geschmacksmusterrecht". Dies ist nicht zuletzt deshalb von Bedeutung, weil die juristische Begriffsbestimmung für geschützte „Geschmacksmuster" enger ist als jene, die in der Werbewissenschaft für das „Design" verwendet wird. Dort geht man davon aus, dass unter „Design" stets „die gesamte, sinnlich wahrnehmbare Gestaltung eines Produkts" (einschließlich der Verpackung) zu verstehen ist.[5] Demnach sind alle Eigenschaften des Produkts, die auf die Sinne des Menschen einwirken, einzubeziehen. Dem kann man nur zustimmen. Für die Einschätzung eines Produkts und seiner Eigenschaften ist es oft von wesentlicher Bedeutung, wie es sich anfühlt (zB bei Stoffen), welches Gewicht es hat (zB bei Schmuckstücken), welchen Geruch es verströmt (zB bei Lederwaren), welche Gebrauchsgeräusche es macht (denken Sie bitte an das „satte" Geräusch, das man beim Schließen der Wagentüre einer Luxuslimousine erwartet) oder wie es ganz einfach „in der Hand liegt" (zB ein Handdiktiergerät, ein Handy oder ein Rasierapparat). Nicht alle dieser Eigenschaften lassen sich über das Geschmacksmusterrecht schützen und monopolisieren. Allenfalls greifen – wie gesagt – ergänzend andere Schutznormen ein. Oder anders ausgedrückt: Ebenso wie der Designer aus einer Fülle von Gestaltungsmöglichkeiten jene auswählt, die einem Produkt ein unverwechselbares Design und damit seinen „Auftritt" verschaffen sollen, muss der Jurist aus den rechtlichen Schutz- und Gestaltungsmöglichkeiten jene auswählen und allenfalls auch kombinieren, die einen optimalen Designschutz ermöglichen.

Musterschiedsvertrag: Ein wirksamer Musterschutz, der auf bloßer Vereinbarung beruht.

Apropos besondere rechtliche Schutzmechanismen: Zu erwähnen ist schließlich noch der *Musterschiedsvertrag 1946*. Er hat für die Vorarlberger Stickereibetriebe ein spezielles, durchgebildetes Geschmacksmusterschutzsystem (mit einer eigenen „Registrierungs- und Verwaltungsstelle" im Stickereizentrum Lustenau) etabliert. Es beruht auf einer *vertraglichen* Grundlage und ist daher vom *gesetzlichen* Geschmacksmusterschutz nach dem MuSchG zu unterscheiden; insbesondere kann durch die Musterhinterlegung nach diesem Vertrag kein

---

[5]) Dazu *Schweiger/Schrattenecker*, Werbung[5] (2001) 12.

absolutes Musterrecht (kein gegen jeden Dritten wirkendes Verbotsrecht) begründet werden.[6] Dennoch ist es mit scharfen Sanktionen ausgestattet und wirkt in der Praxis – wie es scheint – durchaus effizient. Der Schutz ist auch kostengünstig: pro Muster und 5-Jahresperiode wird der Betrag von 0,40 EUR verrechnet. Nähere Informationen erhält man bei der Registrierungs- und Verwaltungsstelle, A-6890 Lustenau, Stickereizentrum, Tel: 05577/83270.

Diese Parallelität verschiedener rechtlicher Schutzsysteme für das Design ist auch nach der europäischen *Musterrichtlinie* (vgl Seite 714) zulässig: „Diese Richtlinie schließt nicht aus, dass auf die Muster Rechtsvorschriften der Mitgliedstaaten und der Gemeinschaft Anwendung finden, die einen anderen Schutz als den durch die Eintragung oder Bekanntmachung des Musters erworbenen Schutz gewähren, wie die Vorschriften über nicht eingetragene Rechte an Mustern, Marken, Patenten und Gebrauchsmustern, unlauteren Wettbewerb oder zivilrechtliche Haftung." Solange das Urheberrecht nicht harmonisiert ist, sei es wichtig, den Grundsatz der Kumulation des Schutzes nach dem einschlägigen Recht für den Schutz eingetragener Muster und nach dem Urheberrecht festzulegen, während es den Mitgliedstaaten freigestellt bleiben soll, den Umfang des urheberrechtlichen Schutzes und die Voraussetzungen festzulegen, unter denen dieser Schutz gewährt wird (Erwägungsgründe 7 und 8, Art 16 und 17 MusterRL).

1.1.2. Geschmacksmusterrecht im subjektiven Sinn

Die oben (Seite 696) dargestellte Definition des „Geschmacksmusterrechts" erfasst das „Geschmacksmusterrecht im *objektiven Sinn*" zur Bezeichnung der im MuSchG versammelten generellen Normen. Das Geschmacksmusterrecht im objektiven Sinn dient dem Schutz eines „geistigen Guts", eines Immaterialguts. Es gehört zum Bereich des *„Immaterialgüterrechts"* (Seite 93).

Vom Geschmacksmusterrecht im objektiven Sinn sind die Befugnisse zu unterscheiden, die dem Einzelnen aufgrund dieser Regelungen zustehen.[7] Diese können als „Geschmacksmusterrecht im *subjektiven Sinn*" bezeichnet werden. In diesem Sinn spricht auch das MuSchG an manchen Stellen von „Musterrecht". So regelt insbesondere § 34 MuSchG die Ansprüche desjenigen, der „in seinem Musterrecht verletzt worden ist". Er kann gegen den Verletzer seines (subjektiven) Musterrechts mit Ansprüchen auf Unterlassung, Beseitigung, Zahlung etc vorgehen (im Einzelnen Seite 779). Das „Geschmacksmusterrecht im objektiven Sinn" gewährt somit dem Musterinhaber als „Geschmacksmusterrecht im subjektiven Sinn" vor

---

[6]) Vgl dazu OGH 27. 6. 1989, 4 Ob 80/89 – Stickereimuster – ÖBl 1990, 53 = EvBl 1989/167 = PBl 1990, 39.
[7]) Vgl allgemein zur Abgrenzung des „Rechts im objektiven Sinn" vom „Recht im subjektiven Sinn": *Koziol/Welser*, Bürgerliches Recht[12] I (2002) 1ff.

allem ein Ausschließungsrecht. § 10 Abs 1 MuSchG definiert das „Musterrecht" (im subjektiven Sinn) weiters als übertragbares *Vermögensrecht*.

1.2. Schutzzweck des Musterschutzrechts

„Design sells"! In der Tat ist das Design eines Produkts in manchen Bereichen bereits zum schlagenden Verkaufsargument geworden. Nicht die Funktion, sondern das Design steht an erster Stelle.

Die Entwicklung eines erfolgreichen Designs ist zumeist mit beträchtlichem Aufwand verbunden. Dem Design kommt daher auch ein entsprechender wirtschaftlicher Wert zu. Bei gleicher Funktion des Gegenstands kann gerade das ansprechende Äußere den Kaufentschluss maßgeblich zugunsten des Produkts mit dem besseren Design beeinflussen. Unter Umständen ist es gerade das Design eines Gegenstands, das seine (tatsächlichen oder vermeintlichen) Qualitäten ausdrückt. Gelegentlich ist das attraktive Design sogar das einzige Verkaufsargument für einen Gegenstand, der lediglich einen gewissen Lebensstil vermitteln soll. Das Design ist so zu einem wichtigen *Instrument der Absatzförderung* geworden.[8]

Selbst ein Truck, oder vielleicht sogar gerade dieser, braucht ein besonderes Design!

Der Bogen der gestalteten Produkte ist sehr weit gespannt: von der einfachen Schere bis zur Sportwagenkarosserie, vom Tapetenmuster bis zum eleganten Seidentuch oder der Gestaltung eines hochtechnisierten ärztlichen Behandlungsinstruments. Kaum ein Produktbereich kann sich heute dem Bedarf nach rein äußerlich ansprechender Formgebung entziehen. Dabei wird auch deutlich, dass sich die Gewichte offenbar insoweit verschoben haben, als an der Wiege des Geschmacksmusterschutzes (Seite 708) primär der Wunsch nach Schutz für zweidimensionale (Textil-)Muster stand. Heute dürfte das Schwergewicht bei der Gestaltung dreidimensionaler Objekte („Modelle") liegen.

Der Verlockung für Konkurrenten, diesen Wert eines fremden Musters ohne eigenen Entwicklungsaufwand durch die Übernahme des Designs zu nutzen, steht das Interesse des Schöpfers des Designs gegenüber, es möglichst lang allein verwenden zu können oder durch Dritte mit seiner Zustimmung nutzen zu lassen.[9] Das

---

[8]) Dazu und zum Begriff „Industrial Design" – mit einem eigenständigen Definitionsvorschlag – *Orou*, Der Schutz des Industrial Design im deutschsprachigen Raum (1997) 27; zur Einbindung in die umfassende Marktkommunikation: *Schweiger/Schrattenecker*, Werbung⁵ (2001). Zum Produktdesign als Teil des Corporate Design mit zahlreichen prominenten Bildbeispielen etwa: *Leu*, Corporate Design Corporate Identity (1994); *Olins*, Corporate Identity weltweit (1995); *Zee*, german design standards (1998). Einen sehr guten Eindruck von der lebendigen Designszene in Österreich gibt die Publikationsreihe „designaustria" (DA); kritisch zur Situation in Österreich: *Feltl*, Designbewußtsein ist unterentwickelt, industrie 1997/51, 12; zum aktuellen Stand weiters: *Freund*, classA. Österreichische Produktkultur heute (1998); DESIGN NOW.AUSTRIA (Ausstellungskatalog 1998).

[9]) Allgemein zur Problematik der Produkt-Piraterie aus österreichischer Sicht: *Warbek*, ecolex 1996, 762.

MuSchG trägt diesem Interesse Rechnung und gewährt dem Musterinhaber ein stark ausgebildetes Schutzrecht gegen die unbefugte Nutzung durch Dritte. Andererseits wird aber durch eine zeitliche Befristung des Schutzes dem Interesse der Allgemeinheit an der freien Nutzung Rechnung getragen.

Sosehr das Musterschutzsystem vom Registerprinzip beherrscht und formalisiert ist, so muss man sich dennoch von dem Gedanken lösen, dass der Jurist in der Lage ist, gleichsam mechanisch und daher mit hoher Treffsicherheit zu sagen, ob eine bestimmte, einem geschützten Muster ähnliche Gestaltung als Eingriff in das Musterrecht erfolgreich verfolgt werden kann oder nicht. Er ist dazu nur annäherungsweise in der Lage. Das gesetzliche Schutzinstrumentarium bleibt ein recht rohes Werkzeug mit unbestimmten Rechtsbegriffen. Die letztlich entscheidende Feinabstimmung nimmt das Gericht bei der Entscheidung des konkreten Einzelfalls vor. Die Erwartungshaltung, die gegenüber diesem Rechtsinstitut besteht, bedarf daher gelegentlich einer gewissen Korrektur. Es ist kein perfektes Vehikel, aber das beste derzeit verfügbare.

Primär ist das Geschmacksmusterrecht auf den Schutz der *materiellen Interessen* des Musterschöpfers (bzw Musterinhabers) ausgerichtet. Es gewährt ihm Abwehransprüche gegen Dritte und die Möglichkeit, anderen die Nutzung im Lizenzweg zu gestatten oder die Rechte sogar insgesamt zu veräußern. Eher dem Schutz *ideeller Interessen* dient hingegen der Anspruch auf Nennung als Schöpfer des Musters (§ 8 MuSchG, Seite 748). Insgesamt ist der Schutz ideeller Interessen aber schwächer ausgebildet als im Urheberrecht.

Ein paar *statistische Daten*, die einen recht guten Eindruck von der Akzeptanz des Musterschutzsystems in Österreich geben: 1990 wurden – noch nach dem MustG 1970 – 6.814 Muster hinterlegt, davon 2.448 von ausländischen Hinterlegern.[10] 1991 wurden – nach dem MuSchG 1990 – 3.668 Muster angemeldet.[11] 1992 stieg die Anzahl der Anmeldungen bereits auf 4.257 Muster[12]; 1994 waren es 4.864, 1995 4.596, 1996 4.824, 1997 4.947, 1998 5.363, 1999 4.941, 2000 5.092, 2001 4.766 und 2002 4.411; aufrecht registriert waren Ende 2002 insgesamt bereits 30.949 Muster.[13] Letztlich noch einige für die Praxis wichtige Anlaufstellen:

1.3. Auskunftsstellen

Wohin kann man sich wenden, um nähere Informationen zu erhalten? Um diese oft gestellte Frage zu beantworten, habe ich Ihnen ein paar wichtige Adressen zusammengestellt.

---

[10]) PBl 1991/4.
[11]) PBl 1992/4.
[12]) PBl 1993/4.
[13]) PBl 1997/4; PBl 1998/4; PBl 1999/4; PBl 2001/4; PBl 2002/4; PBl 2003/4.

Checklist: Auskunftsstellen

- *Design Austria*, DA, Berufsverband der Grafik-Designer, Illustratoren und Produkt-Designer (A-1070 Wien, Kandlg. 16; Tel: [01]-524 49 49-0; Fax: [01]-524 49 49-4; E-Mail: info@designaustria.at; online: www.designaustria.at).
- *International Council of Societies of Industrial Design*, ICSID (FIN-00120 Helsinki, Yrjönkatu 11 E; Tel [+3589]-60-76 11; Fax: [+3589]-60-78 75).
- *International Council of Graphic Design Associations*, ICOGRADA (London W11 4UG, Postbox 398; Tel [+44171]-603 84 94; Fax: [+44171]-371 60 40).
- *Bureau of European Designers' Associations*, BEDA (NL-2509 EC DenHaag, Postbox 91526; Tel [+31]-6-546 237 81; Fax: [+31]-7-383 14 66; E-Mail: beda@bart.nl).
- *WIFI-Österreich* (A-1045 Wien, Wiedner Hauptstr. 63; Tel: [01]-501 05-3740; Fax: [01]-501 05-241; E-Mail: infocenter@wifiwien.at; online: www.wifiwien.at).
- Beratend tätig sind im Übrigen insbesondere auch die im Folgenden noch zu besprechenden, mit dem Vollzug des Geschmacksmusterrechts betrauten österreichischen Institutionen, insbesondere das Patentamt, und die früher auch als Anmeldestellen tätigen Wirtschaftskammern (Seite 750).

1.4. Rechtsquellen

Gesetzliche Regelungen zum „Schutz von Mustern" fallen gemäß Art 10 Abs 1 Z 8 Bundes-Verfassungsgesetz (B-VG) in die Kompetenz des Bundes. Das Geschmacksmusterrecht ist im Wesentlichen im *Musterschutzgesetz 1990 – MuSchG* geregelt. Einzelheiten des (patentamtlichen) Verfahrens in Musterangelegenheiten regeln diverse *Verordnungen*: Die Musteranmeldestellenverordnung – MAStV[14], die Patent-, Gebrauchsmuster-, Marken- und Musterverordnung – PGMMV, die Patentamtsverordnung – PAV, die Teilrechtsfähigkeitsverordnung – TRFV und die Publikationenverordnung – PublV.[15]

Innerhalb der Europäischen Union wurde eine *Richtlinie über den rechtlichen Schutz von Mustern und Modellen* (MusterRL) erlassen. Sie sieht zumindest für die Kernbereiche des Designschutzes einheitliche Regelungen vor, die innerhalb von drei Jahren in den einzelnen Mitgliedstaaten ins nationale Recht umzusetzen waren. Diese Frist endete am 28. 10. 2001 (Art 19 Abs 1 MusterRL). Wenn die Angleichung durchgeführt wurde, werden die materiellen Regelungen des Geschmacksmusterrechts innerhalb der Gemeinschaft weitgehend harmonisiert sein.[16] Die Verfahrensregelungen bleiben hingegen noch uneinheitlich. Von einer

---

[14]) Die MAStV ist mit Inkrafttreten der MuSchG-Nov 2003 außer Kraft getreten und nur noch auf davor angemeldete Muster anzuwenden (§ 46 Abs 6 MuSchG nF).

[15]) Die frühere *Verwaltungsstellenverordnung* (VwStV) wurde mit 1. 2. 2000 aufgehoben und durch eine Bekanntmachung des Präsidenten des PA ersetzt.

[16]) Erwägungsgrund 5: Es ist nicht notwendig, die Gesetze der Mitgliedstaaten zum Schutz von Mustern vollständig anzugleichen. Es ist ausreichend, wenn sich die Angleichung auf diejenigen innerstaatlichen Rechtsvorschriften beschränkt, die sich am unmittelbarsten auf das Funktionieren des Binnenmarkts auswirken. Bestimmungen über Sanktionen und Rechtsbehelfe sowie Vollzugsbestimmungen sollten Sache des innerstaatlichen Rechts bleiben. Die Ziele dieser beschränkten Annäherung lassen sich nicht ausreichend verwirklichen, wenn die Mitgliedstaaten für sich allein handeln.

Die Verfahrensregelungen bleiben hingegen noch uneinheitlich. Von einer generellen – oder gar weltweiten – Vereinheitlichung aller Rechtsgrundlagen des Designschutzes sind wir also noch weit entfernt. Eine gewisse internationale Vereinheitlichung wurde aber durch das *Abkommen von Locarno* (vgl Seite 718) erreicht. Es gibt eine einheitliche Klassifikation für Muster vor. Das Warenverzeichnis für ein Muster ist daher nach den in diesem Abkommen vorgesehenen Klassen und Unterklassen geordnet anzugeben. Gewisse (freilich nur punktuelle und zum Teil vage formulierte) Leitlinien für eine internationale Stärkung des Geschmacksmusterschutzes enthält das *TRIPS-Abkommen* (Anhang 1C zum WTO-Abkommen, Seite 719). Einzelaspekte regelt die *Pariser Verbandsübereinkunft* (PVÜ), vgl Seite 718. Zur *ProduktpiraterieVO 1994* und zum *Produktpirateriegesetz (PPG)* vgl Seite 168. Neu sind auch die Regelungen der *GGV* über das (registrierte und nicht registrierte) *Gemeinschaftsgeschmacksmuster*.

Checklist: Rechtsquellen

Gesetze

- **MuSchG**: Musterschutzgesetz 1990 (MuSchG) BGBl 1990/497 (BG 7. 6. 1990 über den Schutz von Mustern [Musterschutzgesetz 1990] – MuSchG) idF BGBl 1992/772 (Änderungen des PatAnwG und des MuSchG 1990), BGBl I 2001/143 (Euro-UmstellungsG Patent-, Marken- und Musterrecht – EUG-PMM) und BGBl I 2003/81 (MuSchG-Nov 2003).
- **PPG:** BG, mit dem ergänzende Regelungen im Verkehr mit Waren, die ein Recht am geistigen Eigentum verletzen, erlassen werden (ProduktpiraterieG), BGBl I 2001/65.

Verordnungen

- **MAStV:** Verordnung des BMwA über die Errichtung von Musteranmeldestellen (Musteranmeldestellenverordnung – MAStV) BGBl 1990/715.[17]
- **PGMMV:** Verordnung des BMwA betreffend die Durchführung des PatentG 1970, des PatV-EG, des SchZG 1996, des GMG, des HlSchG, des MSchG 1970 und des MuSchG 1990 (Patent-, Gebrauchsmuster-, Marken- und Musterverordnung – PGMMV) BGBl 1994/226 idF BGBl II 1997/238, BGBl II 2001/477 und BGBl II 2002/459.
- **PAV:** Verordnung des Präsidenten des Patentamtes v 8. 11. 1990 über Eingaben an das Patentamt sowie über das Verfahren in Patent-, Schutzzertifikats-, Gebrauchsmuster-, Halbleiterschutz-, Marken- und Musterangelegenheiten (Patentamtsverordnung – PAV) PBl 1990, 161 idF PBl 1992, 73, PBl 1994, 66, PBl 1997, 122, PBl 1998, 213, PBl 1999, 154 und PBl 2001, 148.
- **TRFV:** Verordnung des Präsidenten des Patentamtes, mit der die im Rahmen der Teilrechtsfähigkeit des Patentamtes zu erbringenden Service- und Informati-

---

[17]) Die MAStV ist mit Inkrafttreten der MuSchG-Nov 2003 außer Kraft getreten und nur noch auf davor angemeldete Muster anzuwenden (§ 46 Abs 6 MuSchG idF MuSchG-Nov 2003).

onsleistungen festgesetzt werden (Teilrechtsfähigkeitsverordnung – TRFV) PBl 1996, 222.
▸ **PublV:** Verordnung des BMwA über die Herausgabe amtlicher Publikationen des Patentamtes BGBl II 1997/237.[18]

Gemeinschaftsrecht

▸ **ProduktpiraterieVO:** Verordnung (EG) Nr 3295/94 des Rates vom 22. 12. 1994 über Maßnahmen, welche das Verbringen von Waren, die bestimmte Rechte am geistigen Eigentum verletzen, in die Gemeinschaft sowie ihre Ausfuhr und Wiederausfuhr aus der Gemeinschaft betreffen, ABl 1994 L 341 S 8 idF ABl 1999 L 027 S 1 (DVO: ABl 1995 L 133 S 2 idF ABl 1999 L 308 S 16).
▸ **MusterRL:** Richtlinie 98/71/EG des Europäischen Parlaments und des Rates v 13. 10. 1998 über den rechtlichen Schutz von Mustern und Modellen, ABl 1998 L 289 S 28.
▸ **GGV:** Verordnung (EG) Nr 6/2002 des Rates vom 12. Dezember 2001 über das Gemeinschaftsgeschmacksmuster ABl 2002 L 3 S 1 idF Berichtigung ABl 2002 L 179 S 31.
▸ **GGDV:** Verordnung (EG) Nr 2245/2002 der Kommission vom 21. 10. 2002 zur Durchführung der Verordnung (EG) Nr 6/2002 des Rates über die Gemeinschaftsgeschmacksmuster ABl 2002 L 341 S 28.
▸ **GGGebV:** Verordnung (EG) Nr 2246/2002 der Kommission vom 16. 12. 2002 über die an das Harmonisierungsamt für den Binnenmarkt (Marken, Muster und Modelle) zu entrichtenden Gebühren für die Eintragung von Gemeinschaftsgeschmacksmustern ABl 2002 L 341 S 54.

Internationales Recht

▸ **PVÜ:** Pariser Verbandsübereinkunft zum Schutz des gewerblichen Eigentums, zuletzt revidiert in Stockholm am 14.7.1967 (Pariser Unionsvertrag, Stockholmer Fassung) BGBl 1973/399 idF BGBl 1984/384.
▸ **AbkLoc:** Abkommen von Locarno zur Errichtung einer Internationalen Klassifikation für gewerbliche Muster und Modelle BGBl 1990/496.
▸ **TRIPS-Abk:** Abkommen zur Errichtung der Welthandelsorganisation (WTO-Abkommen) samt Schlussakte, Anhängen, Beschlüssen und Erklärungen der Minister sowie österreichischen Konzessionslisten betreffend landwirtschaftliche und nichtlandwirtschaftliche Produkte und österreichische Verpflichtungslisten betreffend Dienstleistungen BGBl 1995/1 idF BGBl 1995/379 (insbesondere TRIPS: Abkommen über handelsbezogene Aspekte der Rechte des geistigen Eigentums, Anhang 1C des WTO-Abkommens)

---

[18]) Die Verordnung des Präsidenten des Patentamtes v 10. 2. 1997, Zl. 1359/ Präs.97, betreffend die Einrichtung von Verwaltungsstellen (*Verwaltungsstellenverordnung* – VwStV; PBl 1997, 17) wurde mit Bekanntmachung des Präsidenten des PA vom 10. 1. 2000 aufgehoben. Die Kompetenzen der Verwaltungsstellendirektion sowie der einzelnen Verwaltungsstellen sind jetzt durch eine Bekanntmachung des Präsidenten geregelt (PBl 2002, 107).

1.5. Literatur
1.5.1. Österreichische Literatur
Gesetzesausgaben, systematische Darstellungen und Überblicksartikel

- *Kucsko*, Das neue Musterschutzgesetz, ÖBl 1986, 33.
- *Feil*, Musterschutzgesetz (1990) – Gesetzesausgabe mit Anmerkungen.
- *Kucsko*, Neues Musterschutzrecht, ecolex 1990, 424.
- *F. Prunbauer*, Musterschutzgesetz 1990, MR 1990, 166.
- *Knittel/Kucsko*, Musterschutzgesetz, Manz-Sonderausgabe 47e (1991) mit Nachtrag 1993 – Gesetzesausgabe mit Anmerkungen.
- *Kucsko*, Protection of Designs, in *Rüster*, World Intellectual Property Guidebook (1991) Chapter 7.
- *Kucsko/Knittel*, Das neue österreichische Musterschutzrecht, GRUR Int 1991, 625.
- *Puchberger/Jakadofsky*, Musterrecht (1991) – Gesetzesausgabe mit Anmerkungen und englischer Übersetzung.
- *Rafeiner/Jakadofsky/Knittel/Kucsko*, La nouvelle loi autrichienne sur la protection des dessins et modèles, La Propriété Industrielle 1991, 510.
- *Rafeiner/Jakadofsky/Knittel/Kucsko*, The New Austrian Design Law, Industrial Property 1991, 479.
- *Knittel* in *Heinl/Loebenstein/Verosta*, Das österreichische Recht VIII/c/31 (Loseblattausgabe, Stand 1993) – Gesetzestext mit kurzer Einführung und Anmerkungen.
- *Loibl/Pruckner*, Musterschutzgesetz (1993) – Gesetzesausgabe mit Anmerkungen.
- *Rafeiner* (Hrsg), Patente, Marken, Muster, Märkte – Der gewerbliche Rechtsschutz international (1993) – Sammelband.
- *Orou*, Der Schutz des Industrial Design im deutschsprachigen Raum (1997) – Ein Rechtsvergleich zwischen Österreich, Deutschland und der Schweiz unter Berücksichtigung internationaler Abkommen und der europäischen Rechtssetzung.
- *Hauser/Thomasser*, Wettbewerbs- und Immaterialgüterrecht (1998) – Lehrbuch mit systematischer Darstellung des Musterrechts.
- *Haybäck*, Grundzüge des Marken- und Immaterialgüterrechts (2001) – Skriptum.
- *P. Bydlinski*, Grundzüge des Privatrechts[5] (2002) Rz 1281ff.
- *W. Doralt* (Hrsg), Wirtschaftsgesetze – Kodex des österreichischen Rechts[13] (2002) – Textausgabe.
- *Eilmansberger*, in *Holoubek/Potacs*, Öffentliches Wirtschaftsrecht Bd I (2002) 233 ff – systematische Übersicht.

Dank der Übergangsfrist der MuSchG-Nov 2003 noch aktuell.

Zeitschriften

- Österreichische Blätter für gewerblichen Rechtsschutz und Urheberrecht („ÖBl") – erscheinen zweimonatlich mit umfassendem Rechtsprechungsteil.

- Österreichisches Patentblatt („PBl") – erscheint monatlich und bringt vor allem die Rechtsprechung der NA, BA und des OPM; abrufbar als pdf auf der Website des PA (www.patent.bmwa.gv.at).
- ecolex – Fachzeitschrift für Wirtschaftsrecht – erscheint monatlich (mit einem eigenen Abschnitt über „Wettbewerbs- und Immaterialgüterrecht"); auch auf CD-ROM erhältlich.

Jüngere Einzelabhandlungen

Kucsko, Musterschutz und/oder Schutz nach § 1 UWG, ecolex 1991, 402; *Wiltschek*, „Muster angemeldet", ecolex 1991, 401; *Gassauer-Fleissner*, Musterschutz für Teile, ecolex 1993, 323; *Kucsko*, Stand und Zukunft des österreichischen Musterrechts, in *Rafeiner*, Patente, Marken, Muster, Märkte (1993) 94; *Kucsko*, KFZ-Ersatzteile als Stolperstein für ein Gemeinschaftsmuster? ecolex 1993, 325; *Lang*, Zum Musterschutz für „Teile", ecolex 1993, 754; *Holzer*, Aktuelle Situation und Entwicklung des gewerblichen Rechtsschutzes in Österreich, in *Rafeiner*, Patente, Marken, Muster, Märkte (1993) 80 (84); *Jakadofsky*, Österreichisches Patentamt und gewerblicher Rechtsschutz – neueste legistische Maßnahmen, in *Rafeiner*, Patente, Marken, Muster, Märkte (1993) 86 (90); *Graf*, Der Neuheitsbegriff im Musterschutzgesetz, ecolex 1995, 32; *Holzer*, Zum Neuheitsbegriff des österr MusterschutzG, ÖBl 1995, 193; *Kur*, Die bevorstehende Neuregelung des Geschmacksmusterrechts in der EU und ihre voraussichtlichen Auswirkungen auf Österreich, ÖBl 1995, 3; *Gamerith*, Sind die Rechtsgemeinschaften an Immaterialgüterrechten Gesamthandgemeinschaften? ÖBl 1996, 63; *Röttinger*, Aktuelles aus der EU – Designschutz von Autoersatzteilen, MR 1996, 7; *Urlesberger*, Neues vom Europarecht, wbl 1996, 152; *Warbek*, Produkt-Piraten als Delikts-Kavaliere? Österreich und die Plagiate, ecolex 1996, 762; *Zourek*, Aktueller Stand des gewerblichen Rechtsschutzes in der Europäischen Union, ÖBl 1996, 268; *Enzinger*, Die Eingriffskondiktion als Rechtsbehelf im gewerblichen Rechtsschutz, GRUR 1997, 96; *Glantschnig*, Zur Effizienz des Streitbeilegungssystem der WTO am Beispiel des geistigen Eigentums, ecolex 1998, 714; *Stickler*, Der Stellenwert des geistigen Eigentums im Binnenmarkt, ÖBl 1997, 147; *Urlesberger*, Europarecht: Das Neueste auf einen Blick, wbl 1997, 195; *Enzinger*, Teilrechtsfähigkeit und Verkehrsschutz – Überlegungen zur Teilprivatisierung des Patentamtes, ÖBl 1998, 137; *Höpperger*, Das Haager Abkommen über die internationale Hinterlegung gewerblicher Muster und Modelle – einfacher und kostengünstiger internationaler Musterschutz, ÖBl 1998, 127; *Liebmann*, Lizenzverträge in der EU, ÖBl 1998, 167; *Fallenböck*, Zur kollisionsrechtlichen Anknüpfung von Immaterialgüterrechtsverträgen nach dem Europäischen Vertragsrechtsübereinkommen (EVÜ), ZfRV 1999, 98; *Gamerith*, Der Oberste Patent- und Markensenat, eine Höchstinstanz in Konkurrenz zum OGH? ÖBl 1999, 111; *Lang*, Gegenwart und Zukunft des österreichischen Musterrechtes, FS 100 Jahre PA (1999) 178; *Orou*, Musterschutz: Status quo und künftige Änderungen, ecolex 1999, 270; *Schwarz*, Vereinbarungen über gewerbliche Schutzrechte in Dienstverträgen, ecolex 1999, 556; *Sonn*, Europäisierung des Design-Schutzes, ÖBl 2002, 1; *Stagl*, Europäischer Design-Schutz, ecolex 2002, 521; *Urlesberger*, Europarecht: Das Neueste auf einem Blick, wbl 2002, 66; *Nauta*, Die Rechtsstellung des Lizenznehmers, ÖJZ 2003, 404; *Sonn/Pramberger*, Judikatur zum Musterschutzgesetz November 1971 – September 2002, ÖBl 2003, 68.

1.5.2. Deutsche Literatur

Das deutsche Geschmacksmusterrecht unterscheidet sich vom österreichischen so beträchtlich, dass deutsche Literatur nur eingeschränkt für den österreichischen Rechtsbereich herangezogen werden kann. Vor allem für den materiellen Teil des Geschmacksmusterrechts gibt die deutsche Literatur aber doch gewisse Anregungen zur Problemlösung.

- *Furler*, Geschmacksmustergesetz[4] (1985) – Kommentar.
- *Kuhnen/Wacker*, Geschmacksmustergesetz 1987 (1987) – Textausgabe mit Einleitung und englischer Übersetzung.

- *Eck*, Neue Wege zum Schutz der Formgebung (1993).
- *Gerstenberg/Buddeberg*, Geschmacksmustergesetz³ (1996) – Kommentar.
- *Eichmann/v Falckenstein*, Geschmacksmustergesetz² (1997) – Kommentar.
- *Kahlenberg*, Ein europäisches Geschmacksmusterrecht – Baustein im System des europäischen gewerblichen Rechtsschutzes (1997) – Systematische Darstellung mit rechtsvergleichendem Überblick über die Rechtslage in den Mitgliedstaaten der Gemeinschaft.
- *Nirk/Kurtze*, Geschmacksmustergesetz² (1997) – Kommentar.
- Patent- und Musterrecht⁵ (2002) – Beck-Texte im dtv.
- *Hubmann/Götting*, Gewerblicher Rechtsschutz⁷ (2002) 230.
- *Bulling/Langöhrig/Hellwig*, Gemeinschaftsgeschmacksmuster (2003).

Zeitschriften

- Gewerblicher Rechtsschutz und Urheberrecht („GRUR") – erscheint monatlich; auch auf CD-ROM bzw DVD erhältlich.
- Gewerblicher Rechtsschutz und Urheberrecht, Internationaler Teil („GRUR Int") – erscheint monatlich; auch auf CD-ROM bzw DVD erhältlich.
- Gewerblicher Rechtsschutz und Urheberrecht, Rechtsprechungs-Report („GRUR-RR") – erscheint monatlich; auch auf CD-ROM bzw DVD erhältlich.
- Wettbewerb in Recht und Praxis („WRP") – erscheint monatlich.
- International Review of Industrial Property and Copyright Law („IIC") – erscheint achtmal jährlich; auch auf CD-ROM bzw DVD erhältlich.

Jüngere Einzelabhandlungen

Kur, TRIPS und der Designschutz, GRUR Int 1995, 185; *Pataky*, TRIPS und Designschutz, GRUR Int 1995, 653; *Eichmann*, Das europäische Geschmacksmusterrecht auf Abwegen? GRUR Int 1996, 859; *Kur*, Gedanken zur Systemkonformität einer Sonderregelung für must-match-Ersatzteile im künftigen europäischen Geschmacksmusterrecht, GRUR Int 1996, 876; *Eichmann*, Kein Geschmacksmusterschutz für must-match-Teile? GRUR Int 1997, 595; *Honig*, Werbung und Produktgestaltung, WRP 1997, 807; *Riehle*, Kapituliert Europa vor der Ersatzteilfrage? „Free-for-all" und das künftige europäische Musterrecht, EWS 1997, 361; *Ruijsenaars*, Zur Schutzfähigkeit von Kombinationsmustern, GRUR Int 1997, 687; *Anschütz/Nägele*, Die Rechtsposition des Modellherstellers gegenüber dem Hersteller des Vorbildes in Deutschland, WRP 1998, 937; *Auteri*, Die Zukunft des Designschutzes in Europa aus der Sicht des italienischen Rechts, GRUR Int 1998, 360; *Cornish*, Die Zukunft des Designschutzes in Europa aus der Sicht des britischen Rechts, GRUR Int 1998, 368; *Eichmann*, Schutz von industriellem Design: Stand der europäischen Rechtsentwicklung, Mitteilungen der deutschen Patentanwälte 1998, 252; *Kur*, Die Zukunft des Designschutzes in Europa – Musterrecht, Urheberrecht, Wettbewerbsrecht, GRUR Int 1998, 353; *Kur*, Europäische Geschmacksmusterrichtlinie verabschiedet, GRUR Int 1998, 977; *Levin*, Die Zukunft des Designschutzes in Europa aus der Sicht der nordischen Staaten, GRUR Int 1998, 371; *Ruijsenaars*, Die Zukunft des Designschutzes in Europa aus der Sicht des französischen und des Benelux-Rechts, GRUR Int 1998, 378; *Pagenkopf*, Ein Streifzug durch Geschichte, Gegenwart und Zukunft des Geschmacksmusterschutzes, GRUR 1999, 875; *v Falckenstein*, Markenrecht versus Geschmacksmusterrecht – Zur ausreichenden Offenbarung dreidimensionaler Marken, GRUR 1999, 881; *Riehle*, Das europäische Musterrecht und die „Ersatzteilfrage", EWS 1999, 7; *Schickedanz*, Zur Offenbarung des Geschmacksmusters, GRUR 1999, 291; *Anders*, Aus der Rechtsprechung des Bundespatentgerichts im Jahre 1999, GRUR 2000, 257; *Otero-Lastres*, Gedanken zur Richtlinie 98/71/EG über den Rechtsschutz von Mustern und Modellen, GRUR Int 2000, 408; *v Falckenstein*, 40 Jahre Mitgestaltung des Geschmacksmusterrechts durch das Bundespatentgericht, GRUR 2001, 672; *Kellerer*, Aus der Rechtsprechung des Bundespatentgerichts im Jahre 2000, GRUR 2001, 276; *Haberl*, Das Gemeinschaftsgeschmacksmuster, WRP 2002, 905; *Klawitter*, Schutz nicht eingetragener Geschmacksmuster nach der EU-Gemeinschaftsgeschmacksmusterverordnung, EWS 2002, 357; *Kur*, Die Auswirkungen des neuen

Geschmacksmusterrechts auf die Praxis, GRUR 2002, 661; *Würfel,* EG-Geschmacksmusterverordnung, ELR 2002, 184; *Rother,* Die prozessuale Durchsetzung des nicht eingetragenen Gemeinschaftsgeschmacksmusters, FS Eisenführ (2003) 85; *Schennen,* Das Gemeinschaftsgeschmacksmuster – Neuland für Alicante, FS Eisenführ (2003) 99.

1.6. Entwicklung des Geschmacksmusterrechts

1.6.1. Bis zum MuSchG 1990

Literaturhinweise: *Brunstein,* Der Oesterreichische Musterschutz und seine Reform (1901); *Adler,* Der Entwurf eines österreichischen Musterschutzgesetzes, ZHR 74 (1913) 349; *Radler,* Das österreichische Musterschutzgesetz (1928, Nachhang 1938); *Saxl,* Das Musterschutzgesetz in der neuesten Rechtsprechung, Österreichs Wirtschaft 1936; *Christian,* Musterschutz in Österreich, FS 60 Jahre Österr Patentamt (1959) 47 mwN; *Peter,* Geschmacksmuster und Werk der angewandten Kunst, FS 60 Jahre Österr Patentamt (1959) 106; *Schönherr,* Die geplante Änderung des Patent-, Marken- und Musterrechts, ÖBl 1966, 125; *Hermann,* Die Judikatur zum MusterschutzG, ÖBl 1971, 117; *Straberger/Gantner,* Markenrecht und Musterrecht

Die Anfänge des Designschutzes liegen im Bereich der Textilindustrie.

(1977); *Blum,* Parallelen des Urheberrechtsschutzes zum Musterschutz, ÖBl 1981, 113; *Rinner,* Österreichisches Handelsrecht[2] II (1982) 86; *Schönherr,* Gewerblicher Rechtsschutz und Urheberrecht, Grundriß – Allgemeiner Teil (1982, Nachträge 1983, 1984); *Kucsko,* Wettbewerbs-, Marken-, Muster- und Patentrecht[3] (1987) 91; *Lang,* Gegenwart und Zukunft des österreichischen Musterrechtes, FS 100 Jahre PA (1999) 178.

Die ersten geschmacksmusterrechtlichen Regelungen entstanden in Frankreich (zum Schutz der Seidenindustrie in Lyon, 16. Jahrhundert) und England („Designing and printing of Linens, Cottons, Calicoes and Muslins Act" 1787).[19] Es war also vor allem die Textilindustrie, die den Anstoß für Regelungen zum Schutz der (zweidimensionalen) Muster vor unbefugter Nachahmung gab.

Die Wurzeln des österreichischen Geschmacksmusterrechts liegen im ersten Drittel des 19. Jahrhunderts, als man insbesondere in der Textilindustrie begann, eigene Muster zu entwickeln. Mit der schulmäßigen Ausbildung und Anstellung eigener Zeichner wuchs auch der Wunsch nach einem entsprechenden Schutz, der schließlich durch ein Kaiserliches Patent von 1858[20] gewährt wurde.[21] Als „Muster und Modell" wurde „jedes auf die Form eines Industrie-Erzeugnisses bezügliche, zur Uebertragung auf ein solches geeignete

In Österreich stand am Beginn ein Kaiserliches Patent aus 1858.

---

[19]) Vgl *Eichmann/v Falckenstein,* GeschmacksmusterG[2] Allgem Rz 14; *Nirk/Kurtze,* GeschmacksmusterG[2] Einf Rz 12ff mwN.

[20]) Kaiserliches Patent v 7. December 1858, RGBl 237, über ein „Gesetz zum Schutze der Muster und Modelle für Industrie-Erzeugnisse".

[21]) Zur Entwicklung des Musterschutzrechts vgl *Christian,* FS 60 Jahre Österr Patentamt (1959) 47.

Vorbild verstanden". Das ausschließliche Benutzungsrecht wurde für drei Jahre ab Registrierung gewährt.

Seit der Wende zum 20. Jahrhundert bemühte man sich – zunächst mit wenig Erfolg – um eine tiefergreifende Reform des Geschmacksmusterrechts.[22] Auch das, der Jahreszahl nach jugendlich wirkende, *Musterschutzgesetz 1970 (MustG)*[23] ging aber noch im Wesentlichen auf das aus 1858 stammende Gesetz zurück.[24]

1.6.2. Das MuSchG 1990

Mit 1. 1. 1991 ist das *Musterschutzgesetz 1990 (MuSchG)* in Kraft getreten. Es hat das Musterrecht grundsätzlich neu geregelt und daher eine markante Zäsur in der österreichischen Entwicklung des Geschmacksmusterrechts gebracht. Entscheidende *Neuerungen* waren insbesondere

- die Neufassung des Musterbegriffs,
- die Verlängerung der Schutzdauer auf maximal 15 Jahre,
- die Zentralisierung des Musterwesens beim Patentamt (PA) und
- die Schaffung effizienter Ansprüche bei Rechtsverletzungen mit Zuständigkeit der Gerichte.

Das MuSchG orientiert sich insbesondere an den verfahrensrechtlichen Bestimmungen und hinsichtlich der Ansprüche bei Rechtsverletzungen an den patentrechtlichen Regelungen. Die Reform ist durchaus geglückt.[25] Sie hat zur Vereinheitlichung immaterialgüterrechtlicher Regelungen beigetragen und das Musterrecht an den Stand der Rechtsentwicklung, insbesondere im Patentrecht, herangeführt. Lediglich bei der Zentralisierung des Musterschutzes hat man bewusst einen Kompromiss schließen müssen und auch dezentrale Anmeldestellen vorgesehen (dazu Seite 750).

1.6.3. Novellen 1992 und 2001

Das BG, mit dem 1992 das PatentanwaltsG und das MusterschutzG 1990 geändert wurden,[26] brachte nur geringfügige Veränderungen (insbesondere eine EWR-konforme Vertreterregelung in § 32 MuSchG).

Im Dezember 1999 hat das BMwA den Entwurf einer *Patentrechts- und Gebührennovelle 2000*[27] zur Begutachtung ausgesandt. Er enthielt auch Änderungen des MuSchG. Die parlamentarische Behandlung wurde jedoch nicht weiter betrieben.[28]

---

[22]) Vgl etwa *Brunstein*, Musterschutz (1901); *Adler*, ZHR 74 (1913) 349; *Saxl*, Österreichs Wirtschaft 1936; *Christian*, FS 60 Jahre Österr Patentamt (1959) 47 mwN; *Schönherr*, ÖBl 1966, 125.
[23]) BGBl 1970/261.
[24]) Zum MustG 1970: *Kucsko*, Wettbewerbs-, Marken-, Muster- und Patentrecht[3] (1987) 91. Für die vor dem 1. 1. 1991 nach den Regelungen des MustG 1970 hinterlegten Muster blieb dieses Gesetz noch anwendbar (§ 46 Abs 4 MuSchG); VwGH 15. 9. 1992, Zl 92/04/0060, ecolex 1992, 862.
[25]) Zur notwendigen Weiterentwicklung im Hinblick auf die europäische Rechtsvereinheitlichung: *Kucsko* in *Rafeiner*, Patente, Marken, Muster, Märkte (1993) 94; *Lang*, FS 100 Jahre PA (1999) 178.
[26]) BGBl 1992/772.
[27]) GZ 1962-GR/99.

Schließlich wurde Ende 2001 mit dem Euro-Umstellungsgesetz Patent-, Marken- und Musterrecht – EUG-PMM[29] die Anpassung an den Euro vollzogen.

1.6.4. Musterschutzgesetz-Novelle 2003

Nach den ersten Erfahrungen mit dem neuen Gesetz wurden gewisse Detailfragen des Geschmacksmusterrechts (insbesondere zur Frage des Schutzes von Teilen eines Designs[30] und zum Neuheitsbegriff[31]) diskutiert. An einer umfassenderen Novelle zum MuSchG begann man allerdings nicht zu arbeiten, zumal man abwarten wollte, ob nicht ohnehin kurzfristig die schon lange erwartete HarmonisierungsRL käme. Diese Erwartung ist eingetreten. Im Oktober 1998 wurde eine *MusterRL* beschlossen, die das Geschmacksmusterrecht in weiten Bereichen vereinheitlicht. Österreich hatte – wie alle Mitgliedstaaten – drei Jahre Zeit, diese Richtlinie umzusetzen. Nunmehr wurde eine umfassende Reform des nationalen Geschmacksmusterrechts erforderlich.

Im Herbst 2002 wurde letztlich eine Regierungsvorlage für eine *Musterschutzgetz-Novelle 2002* zur Umsetzung der MusterRL eingebracht.[32] Diese Novelle wurde jedoch im Parlament wegen der vorzeitig beendeten Legislaturperiode nicht mehr beraten und beschlossen. In der nunmehrigen Legislaturperiode wurde der Entwurf unverändert eingebracht und im Juli 2003 im Parlament beschlossen.[33]

Sie hat im materiell-rechtlichen Teil eine weitgehende Neugestaltung des Musterrechts gebracht. Die alte Rechtslage wird jedoch während einer Übergangszeit für „alte Muster" noch jahrelang weiter anzuwenden sein. Ich werde daher im Folgenden bei jenen Abschnitten, in denen diese Novelle Änderungen gebracht hat, jeweils zunächst die „Rechtslage bis zur MuSchG-Nov 2003" und dann die „Rechtslage nach der MuSchG-Nov 2003" darstellen. §§-Zitate aus dem MuSchG in der Fassung der MuSchG-Nov 2003 sind jeweils durch den Hinweis „nF" (=„neue Fassung") gekennzeichnet, die für die Übergangszeit noch weiter geltende Regelung ist dann jeweils mit „aF" (= „alte Fassung") bezeichnet. Die MuSchG-Nov 2003 hat vor allem folgende Neuerungen gebracht:

- Neufassung des Musterbegriffs,
- Wechsel von der „absoluten Neuheit" zur „relativen Neuheit",
- Einführung einer Neuheitsschonfrist,
- die Verlängerung der Schutzdauer auf maximal 25 Jahre,
- Anpassungen bei den Regelungen über die Nichtigerklärung,

---

[28]) 106 BlgNR 21. GP (in der Sitzung vom 21. 6. 2000 des Wirtschaftsausschusses von der Tagesordnung abgesetzt). Die Materialien zur MSchG-Nov 2003 (65 BlgNR 22. GP) weisen ausdrücklich darauf hin, dass die dort vorgesehenen Änderungen (Anpassung gewisser Verfahrensbestimmungen an Neuerungen des PatG, Aufnahme der Gebühren in ein neu zu erlassendes PatentamtsgebührenG) noch offen sind.
[29]) BGBl I 2001/143.
[30]) Dazu *Lang*, ecolex 1993, 754; *Gassauer-Fleissner*, ecolex 1993, 323; *Knittel/Kucsko*, MuSchG Anm 21 zu § 1.
[31]) Vgl dazu *Graf*, ecolex 1995, 32; *Holzer*, ÖBl 1995, 193.
[32]) 1278 BlgNR 21. GP.
[33]) Die MuSchG-Nov 2003 (BGBl I 2003/81) wurde am 26. 8. 2003 kundgemacht und ist daher mit 27. 8. 2003 in Kraft getreten.

- Abschaffung der dezentralen Anmeldestellen bei den Wirtschaftskammern,
- Einfügung ergänzender Regelungen für Gemeinschaftsgeschmacksmuster.

1.7. Systematik

1.7.1. Systematik des MuSchG

Das MuSchG ist in *sieben Teile* gegliedert:

- Zunächst enthält es *„Allgemeine Bestimmungen"* (§§ 1 bis 10) insbesondere über den Gegenstand des Musterschutzes (Definition des Musters, Schutzvoraussetzungen), die Wirkungen des Musterschutzes, die Schutzdauer und den Rechtsinhaber.
- Im zweiten Teil werden *„Anmeldeverfahren und Musterregister"* geregelt (§§ 11 bis 22). Hier geht es vor allem um die Fragen: Wo und wie sind Muster anzumelden? Was hat das Patentamt zu prüfen? Welche Priorität kann der Anmelder beanspruchen? Wie ist das Musterregister aufgebaut?
- Der dritte Teil ist der *„Nichtigerklärung und Aberkennung"* von Mustern gewidmet (§§ 23 bis 25).
- *„Zuständigkeit und Verfahren"* regelt das vierte Kapitel (§§ 26 bis 33). In diesem Teil wird in großem Umfang auf Bestimmungen des PatG verwiesen, die auf das Verfahren in musterrechtlichen Angelegenheiten sinngemäß anzuwenden sind.
- Weitgehend durch Verweise auf das PatG sind im fünften Abschnitt die *„Musterrechtsverletzungen und Feststellungsanträge"* geregelt (§§ 34 bis 39).
- Der sechste Teil bestimmt die *„Gebühren"* (§§ 40 bis 44).
- Der letzte Teil enthält *„Schluß- und Übergangsbestimmungen"* (§§ 45 bis 47).

1.7.2. Systematik dieses Abschnitts

Im Folgenden machen wir noch einen kurzen Blick auf das internationale Geschmacksmusterrecht. Danach folgt dann ein Überblick über das nationale Geschmacksmusterrecht auf der Grundlage des MuSchG 1990. Die Gliederung des Stoffs orientiert sich dabei weitgehend an der Gliederung des Gesetzes. Daraus ergibt sich folgender Aufbau:

- Schutzgegenstand
- Schöpfer
- Institutionen
- Registrierung
- Wirkung des Musterschutzes
- Schutzdauer
- Sanktionen

1.8. Internationales Geschmacksmusterrecht

1.8.1. Globalisierung und Territorialitätsprinzip

Die globale Harmonisierung des Designschutzes ist unerlässlich geworden.

Die Globalisierung ist zum dominanten Schlagwort wirtschaftspolitischer Diskussion geworden. Kaum ein Unternehmen kann sich darauf beschränken, seine Produkte lediglich auf nationalen Märkten abzusetzen. Die Chancen ausländischer Märkte müssen genutzt werden. Neue Kommunikationstechnologien (wie etwa das Anbieten von Waren im Versandsystem über Internet oder Satellitenfernsehen) sowie leistungsfähigere und billigere Transportsysteme eröffnen neue (globale) Märkte. Der gleiche Designschutz, der für ein innovatives Produkt im Heimatmarkt benötigt wird, sollte auf einfach zu erlangende Weise auch in allen ausländischen Zielmärkten erreichbar sein – möglichst durch eine einzige zentrale Musteranmeldung. Von dieser Zielvorstellung sind wir noch sehr weit entfernt. Es dominiert das Territorialitätsprinzip: In jedem Land bestehen nationale Rechtsordnungen mit national unterschiedlichen Systemen für den Designschutz. Im Detail weichen diese oft sehr beträchtlich voneinander ab. Der exportierende Unternehmer ist realistischerweise gar nicht in der Lage, sich mit allen diesen Systemen zeitgerecht vertraut zu machen. Er muss sich daher auf einige wenige Märkte von zentralem Interesse beschränken und den Aufwand auf sich nehmen, dort jeweils gesondert einen entsprechenden Schutz zu erlangen. Sehr früh hat man daher in verschiedenen Gremien mit Arbeiten zur internationalen Rechtsvereinheitlichung begonnen. Dieser Prozess ist freilich schwerfällig und langwierig. Bisher ist eine solche Harmonisierung erst in Teilbereichen gelungen.

1.8.2. Haager Musterabkommen

Aufgrund des *Haager Musterabkommens*[34] kann für die beim Internationalen Büro für den Schutz des geistigen Eigentums in Genf (WIPO) hinterlegten Muster und Modelle Schutz in allen Vertragsstaaten dieses internationalen Abkommens beansprucht werden. Es genügt also eine einzige internationale Hinterlegung, um Musterschutz in mehreren Ländern zu erlangen. Der Anmelder erhält so ein *„Bündel nationaler Rechte"*.

Die Bedeutung dieses Abkommens ist nicht sehr groß, zumal ihm bislang (Stichtag: 15. 7. 2002) nur 30 Staaten angehören.[35] 2001 wurden 4.183 Muster registriert;

---

[34]) Haager Abkommen über die internationale Hinterlegung gewerblicher Muster und Modelle vom 6. 11. 1925, revidiert in London 1934 und im Haag 1960, ergänzt in Monaco 1961, Stockholm 1967, Genf 1975 und 1979; http://www.wipo.int.

[35]) Zum aktuellen Stand: http://www.wipo.int.

insgesamt waren zum Ende 2001 20.735 Registrierungen aufrecht.[36] Kritisiert wird an diesem Abkommen, dass es nicht zu einer Vereinheitlichung des Musterrechts in den Mitgliedsländern geführt hat.[37]

Österreich ist diesem Abkommen noch *nicht beigetreten*. Für Österreich kann daher nur aufgrund einer Musteranmeldung nach dem MuSchG Musterschutz erlangt werden.[38] Ausländer, die in Österreich Muster schützen lassen wollen, müssen diese nach den Regeln des MuSchG in Österreich zum Schutz anmelden. Die Wirkungen eines solchen Musters beschränken sich auf das Gebiet der Republik Österreich (*„Territorialitätsprinzip"*; Seite 187). Österreicher, die Muster im Ausland schützen lassen wollen, sind in der Regel auf nationale Anmeldungen in den betreffenden Ländern verwiesen. Eine für mehrere Staaten wirkende internationale Anmeldung nach den Regeln des Haager Musterabkommens setzt nämlich voraus, dass der Anmelder Angehöriger eines Vertragsstaates ist oder seinen Wohnsitz (bzw „eine tatsächliche und nicht nur zum Schein bestehende gewerbliche oder Handelsniederlassung") im Gebiet eines dieser Staaten hat (Art 3).

1.8.3. EWR-Abkommen

Zur Erfüllung des EWR-Abkommens (am 1. 1. 1994 in Kraft getreten)[39] wurden keine weiteren Anpassungen des österreichischen Geschmacksmusterrechts für erforderlich gehalten (die Vertreterregelung wurde bereits 1992 entsprechend gestaltet).

1.8.4. Europäische Union

Literaturhinweise: *Riehle*, Geschmacksmusterschutz für Kraftfahrzeugteile, FS Steindorff (1990) 911; *Kur*, Verbesserung des internationalen Schutzes der Muster und Modelle, GRUR Int 1992, 206; *Kroher*, EG-Geschmacksmusterschutz für Kraftfahrzeug-Ersatzteile, GRUR Int 1993, 457; *Kur*, EG-Geschmacksmusterschutz und Kfz-Ersatzteile – Eine Erwiderung, GRUR Int 1993, 71; *Riehle*, EG-Geschmacksmusterschutz und Kraftfahrzeug-Ersatzteile, GRUR Int 1993, 49; *Beier*, Der Musterschutz von Ersatzteilen in den Vorschlägen für ein Europäisches Musterrecht, GRUR Int 1994, 716; *Ebenroth/Hübschle*, Gewerbliche Schutzrechte und Marktaufteilung (1994); *Eichmann*, Das europäische Geschmacksmusterrecht auf Abwegen? GRUR Int 1996, 859; *Kur*, Gedanken zur Systemkonformität einer Sonderregelung für must-match-Ersatzteile im künftigen europäischen Geschmacksmusterrecht, GRUR Int 1996, 876; *Riehle*, Das künftige europäische Musterrecht und die „Ersatzteilfrage", EWS 1996, Beilage 1 zu Heft 7; *Röttinger*, Aktuelles aus der EU – Designschutz von Autoersatzteilen, MR 1996, 7; *Urlesberger*, Neues vom Europarecht, wbl 1996, 152; *Zourek*, Aktueller Stand des gewerbli-

---

[36]) Aktuelle Statistiken finden Sie auf der Website der WIPO: http://www.wipo.int.
[37]) Zu den Schwierigkeiten dieser Harmonisierungsbemühungen, vgl etwa *Kur*, Verbesserung des internationalen Schutzes der Muster und Modelle, GRUR Int 1992, 206; *Melzer*, Internationales Geschmacksmusterrecht am Scheideweg, GRUR Int 1991, 636; *Lang*, FS 100 Jahre PA (1999) 178 (190). Eine Revision des Abkommens soll nunmehr insbesondere auch Großbritannien, Japan und die USA einbinden, vgl den Bericht GRUR Int 1999, 807.
[38]) So konnten zB aus einem italienischen Geschmacksmuster keine Rechte in Österreich abgeleitet werden (OGH 3. 4. 1990, 4 Ob 12/90 – Piccadilly – MR 1991, 150 mit Anm *M. Walter*). Diese Entscheidung ist insbesondere auch im Hinblick auf die Grenzen der Gewährung urheberrechtlichen Schutzes gemäß Art 2 Abs 4 RBÜ von Interesse: Für Werke, die im Ursprungsland nur als Muster und Modelle geschützt werden, kann in einem anderen Verbandsland nur der besondere Schutz beansprucht werden, der in diesem Land den Mustern und Modellen gewährt wird. Zu den Argumenten für einen Beitritt: *Höpperger*, ÖBl 1998, 127.
[39]) Vgl BGBl 1993/917.

chen Rechtsschutzes in der Europäischen Union, ÖBl 1996, 268; *Eichmann*, Kein Geschmacksmusterschutz für must-match-Teile? GRUR Int 1997, 595; *Honig*, Werbung und Produktgestaltung, WRP 1997, 807; *Kahlenberg*, Ein europäisches Geschmacksmusterrecht – Baustein im System des europäischen gewerblichen Rechtsschutzes (1997); *Riehle*, Kapituliert Europa vor der Ersatzteilfrage? „Free-for-all" und das künftige europäische Musterrecht, EWS 1997, 361; *Ruijsenaars*, Zur Schutzfähigkeit von Kombinationsmustern, GRUR Int 1997, 687; *Eichmann*, Schutz von industriellem Design: Stand der europäischen Rechtsentwicklung, Mitteilungen der deutschen Patentanwälte 1998, 252; *Kur*, Die Zukunft des Designschutzes in Europa – Musterrecht, Urheberrecht, Wettbewerbsrecht, GRUR Int 1998, 353; *Kur*, Europäische Geschmacksmusterrichtlinie verabschiedet, GRUR Int 1998, 977; *Lang*, Gegenwart und Zukunft des österreichischen Musterrechtes, FS 100 Jahre PA (1999) 178; *Urlesberger*, Europarecht: Das Neueste auf einen Blick, wbl 1998, 524; *Orou*, Musterschutz: Status quo und künftige Änderungen, ecolex 1999, 270; *Riehle*, Das europäische Musterrecht und die „Ersatzteilfrage", EWS 1999, 7; *Otero-Lastres*, Gedanken zur Richtlinie 98/71/EG über den Rechtsschutz von Mustern und Modellen, GRUR Int 2000, 408; 2001, 276; *Haberl*, Das Gemeinschaftsgeschmacksmuster, WRP 2002, 905; *Harte-Bavendamm*, Die Arbeiten an einer Richtlinie zur Durchsetzung der Rechte des geistigen Eigentums, MarkenR 2002, 382; *Klawitter*, Schutz nicht eingetragener Geschmacksmuster nach der EU-Gemeinschaftsgeschmacksmusterverordnung, EWS 2002, 357; *Kur*, Die Auswirkungen des neuen Geschmacksmusterrechts auf die Praxis, GRUR 2002, 661; *Würfel*, EG-Geschmacksmusterverordnung, ELR 2002, 184; *Maier/Schlötelburg*, Leitfaden Gemeinschaftsgeschmacksmuster (2002); *Sonn*, Europäisierung des Design-Schutzes, ÖBl 2002, 1; *Stagl*, Europäischer Design-Schutz, ecolex 2002, 521; *Urlesberger*, Europarecht: Das Neueste auf einem Blick, wbl 2002, 66.

MusterRL und Gemeinschaftsgeschmacksmuster

Im Bereich der EU bestehen – ähnlich wie dies bereits im Bereich des Markenrechts durchgesetzt wurde – bereits seit langem Bestrebungen zu einer Vereinheitlichung des Musterrechts. Insbesondere ein Entwurf des *Max-Planck-Instituts* für ausländisches und internationales Patent-, Urheber- und Wettbewerbsrecht, München[40] zur Schaffung eines „Gemeinschaftsmusters" hat hier die Diskussion angeregt.[41] Zunächst ist ein *Grünbuch* über den rechtlichen Schutz gewerblicher Muster und Modelle erschienen.[42] Auf dieser Grundlage wurden von der Kommission ein „Vorschlag für eine *Verordnung* über das Gemeinschaftsgeschmacksmuster" und ein „Vorschlag für eine *Richtlinie* über den Rechtsschutz von Mustern" publiziert.[43] Demnach sollte es ein vom Harmonisierungsamt in Alicante (HABM) zu verwaltendes, supranationales *„Gemeinschaftsgeschmacksmuster"* geben.

---

[40]) Abgedruckt in GRUR Int 1990, 565ff.

[41]) Vgl dazu etwa *Zourek*, ÖBl 1996, 268 (271); *Kur*, ÖBl 1995, 3; *Eck*, Neue Wege zum Schutz der Formgebung (1993); *Kur*, Neue Entwicklungen im Musterrecht, GRUR Int 1992, 528; *Kur*, Verbesserung des internationalen Schutzes der Muster und Modelle, GRUR Int 1992, 206; *Melzer*, Internationales Geschmacksmusterrecht am Scheideweg, GRUR Int 1991, 636; Auf dem Wege zu einem europäischen Musterrecht, GRUR Int 1990, 559.

[42]) III/F/5131/91-DE (Juni 1991). Zum Vergleich des österreichischen Musterrechts mit dem Grünbuch: *Kucsko* in *Rafeiner*, Patente, Marken, Muster, Märkte (1993) 94.

[43]) ABl EG C 29 v 31. 1. 1994 S 20 = GRUR Int 1994, 492; ABl EG C 345 v 23. 12. 1993 S 14 = GRUR Int 1994, 511; KOM (93) 342 endg v 3. 12. 1993; KOM (93) 344 endg v 3. 12. 1993; dazu *Kretschmer*, EG-Geschmacksmusterrecht nimmt Gestalt an, GRUR 1993, 957. Geänderter Richtlinienvorschlag der Kommission: KOM (96) 66, ABl 1996 C 142 S 7. Zum gemeinsamen Standpunkt: *Urlesberger*, wbl 1997, 195. Aktueller Stand: Geänderter Vorschlag für eine Verordnung (EG) des Rates über das Gemeinschaftsgeschmacksmuster: KOM (2000) 660 endg, ABl 2001 C 120 E/12.

Diese Kodifikation ist im Dezember 2001 verabschiedet worden.[44] Die Bestimmungen der GGV über das „nicht registrierte Gemeinschaftsgeschmacksmuster" sind bereits seit 6. 3. 2002 in Kraft. Die Anmeldung von Gemeinschaftsgeschmacksmustern ist seit 1. April 2003 vorgesehen.[45] Bis dahin waren die entsprechenden administrativen Vorbereitungen im HABM zu treffen. Den Regelungen für das Gemeinschaftsgeschmacksmuster ist im Folgenden ein eigener Abschnitt gewidmet (Seite 783).

Europäische Harmonisierung, oder die hohe Kunst, alle gleich und glücklich zu machen.

Hingegen ist die Richtlinie, welche die nationalen Geschmacksmusterrechte weitgehend vereinheitlichen soll, bereits 1998 beschlossen worden („*MusterRL*").[46] Sie war von den Mitgliedstaaten – also auch von Österreich – innerhalb von drei Jahren ins nationale Recht umzusetzen.[47] Österreich wollte dieser Verpflichtung mit der MuSchG-Nov 2002 nachkommen, die verkürzte Legislaturperiode im Herbst 2002 hat dies jedoch nicht mehr zugelassen. Mit der MuSchG-Nov 2003 wurde die Umsetzung aber nunmehr vorgenommen. Die MusterRL beruft sich auf die Kompetenzbestimmung des Art 100a (neu: 95) EGV.[48] Sie beruht auf der Prämisse, dass die in den Rechtsordnungen der Mitgliedstaaten bestehenden markanten Unterschiede beim rechtlichen Schutz von Mustern sich unmittelbar auf die Errichtung und das Funktionieren des Binnenmarkts hinsichtlich jener Waren auswirken, bei denen Muster verwendet werden. Solche Unterschiede können zu einer Verzerrung des Wettbewerbs im Binnenmarkt führen. Daher sei „im Hinblick auf das reibungslose Funktionieren des Binnenmarkts die Angleichung der Gesetze der Mitgliedstaaten zum Schutz von Mustern notwendig" (Erwägungsgründe 2 und 3 MusterRL). Hingegen sieht man es nicht für notwendig an, die Gesetze der Mitgliedstaaten zum Schutz von Mustern vollständig anzugleichen. Es sei ausreichend, wenn sich die Angleichung auf diejenigen innerstaatlichen Rechtsvorschriften beschränkt, die sich am unmittelbarsten auf das Funktionieren des Binnenmarkts auswirken. Bestimmungen über Sanktionen und Rechtsbehelfe sowie Vollzugsbestimmungen sollten weiterhin Sache des innerstaatlichen Rechts bleiben. Die Ziele dieser beschränkten Annäherung lassen sich – so Erwägungsgrund 5 – nicht ausreichend verwirklichen, wenn die Mitglied-

---

[44]) ABl 2002 L 3 S 1 idF ABl 2002 L 179 S 31. Nach einem Gutachten des EuGH können neue Schutzrechte nur auf der Grundlage des Art 235 EGV geschaffen werden; vgl dazu *Eichmann*, Mitteilungen der deutschen Patentanwälte 1998, 252.
[45]) Beschluss des Verwaltungsrats v 18. 11. 2002, ABl HABM 2002, 2296.
[46]) ABl 1998 L 289 S 28.
[47]) Zum Erfordernis umfassender Anpassungsbestimmungen: *Kucsko* in *Rafeiner*, Patente, Marken, Muster, Märkte (1993) 94; *Kur*, ÖBl 1995, 3; *Lang*, FS 100 Jahre PA (1999) 178.
[48]) Zum Anwendungsbereich der MusterRL vgl Art 2; zur Revision nach drei Jahren: Art 18.

staaten für sich allein handeln. Für die Verwirklichung der Ziele des Binnenmarkts sei es erforderlich, dass die Bedingungen für die Erlangung eines eingetragenen Rechts an einem Muster in allen Mitgliedstaaten identisch sind. Die MusterRL sieht daher als Kernbestimmungen einheitliche Definitionen des Musterbegriffs und der Schutzerfordernisse (Neuheit und Eigenart) vor. Den Mitgliedstaaten wird es aber weiterhin freistehen, Verfahrensvorschriften für die Eintragung, die Verlängerung der Schutzfrist und die Nichtigerklärung von Rechten an Mustern sowie Bestimmungen über die Rechtswirkung der Nichtigkeit zu erlassen.

Grundsätzlich wurden die Bemühungen zur Rechtsvereinheitlichung und die konkreten Regelungsvorschläge von Anfang an positiv aufgenommen. Eine heftige Diskussion ist aber um die Frage des Musterschutzes für *Kfz-Ersatzteile* entstanden. Während die Automobilhersteller auch für Ersatzteile einen Musterschutz anstreben, sind die Teilehersteller um eine Freistellung bemüht.[49] Kommission und Europäisches Parlament wollten diesen Interessenkonflikt durch eine „Reparaturklausel" lösen (demnach dürfen für Reparaturzwecke Ersatzteile hergestellt werden, wenn eine Irreführung über die Herkunft vermieden und eine angemessene Vergütung gezahlt wird).[50] Der Ministerrat hat statt dieser Regelung eine „free-for-all"-Übergangsregelung vorgeschlagen.[51] Danach sollte es den Mitgliedstaaten freigestellt werden, wie sie den Schutz von Ersatzteilen regeln. Das Europäische Parlament hat daraufhin in 2. Lesung auf der „Reparaturklausel" beharrt.[52] Schließlich wurde die Richtlinie dann doch im Europäischen Parlament am 15. 9. 1998 und im Rat am 24. 9. 1998 ohne Reparaturklausel beschlossen. Diese vorläufige Lösung des Interessenkonflikts (durch Ausklammern des Problemkreises) wird in den Erwägungsgründen der Richtlinie umwunden kommentiert: „Für etliche Industriesektoren ist die rasche Annahme dieser Richtlinie dringend geworden. Derzeit lässt sich eine vollständige Angleichung der Rechtsvorschriften der Mitgliedstaaten über die Benutzung geschützter Muster zur Reparatur eines komplexen Erzeugnisses im Hinblick auf die Wiederherstellung von dessen ursprünglicher Erscheinungsform dann nicht durchführen, wenn das Erzeugnis, in das das Muster aufgenommen ist oder bei dem es benutzt wird, Bauelement[53] eines komplexen Erzeugnisses ist, von dessen Erscheinungsform das geschützte Muster abhängt. Der Umstand, dass die Rechtsvorschriften der Mitgliedstaaten über die Benutzung geschützter Muster für eine derartige Reparatur komplexer Erzeugnisse nicht vollständig angeglichen sind, sollte der Angleichung anderer einzelstaatlicher Vor-

---

[49]) Zu den Lösungsvorschlägen der Kommission: *Kahlenberg*, Ein europäisches Geschmacksmusterrecht (1997); *Riehle*, EWS 1997, 361; *Zourek*, ÖBl 1996, 268 (271); *Eichmann*, GRUR Int 1997, 595; *Kur*, GRUR Int 1996, 876; *Eichmann*, GRUR Int 1996, 859; *Röttinger*, MR 1996, 7 und *Urlesberger*, wbl 1996, 152; *Riehle*, EWS 1996 Beilage 1 zu Heft 7; zur vorangehenden Diskussion: *Beier*, GRUR Int 1994, 716; *Kroher*, GRUR Int 1993, 457; *Riehle*, GRUR Int 1993, 49; *Kur*, GRUR Int 1993, 71; *Riehle*, FS Steindorff 911.
[50]) Geänderter Vorschlag für eine Richtlinie des Europäischen Parlaments und des Rates über den Rechtsschutz von Mustern (96/C 142/05) v 14. 3. 1996 ABl 1996 C 142 S 7.
[51]) Gemeinsamer Standpunkt v 17. 6. 1997 ABl 1997 C 237 S 1; vgl dazu *Riehle*, EWS 1997, 361.
[52]) 22. 10. 1997 ABl 1997 C 339.
[53]) Vgl zu diesem neuen Begriff: *Eichmann*, Mitteilungen der deutschen Patentanwälte 1998, 252 (255).

schriften des Rechts zum Schutz von Mustern, die das Funktionieren des Binnenmarkts ganz unmittelbar berühren, nicht entgegenstehen. Daher sollten die Mitgliedstaaten in der Zwischenzeit gemäß dem Vertrag Bestimmungen beibehalten, die die Benutzung des Musters eines Bauelements zur Reparatur eines komplexen Erzeugnisses im Hinblick auf die Wiederherstellung von dessen ursprünglicher Erscheinungsform ermöglichen sollen; führen sie neue Bestimmungen über eine derartige Benutzung ein, so sollten diese lediglich die Liberalisierung des Handels mit solchen Bauelementen ermöglichen.[54] Mitgliedstaaten, in denen es zum Zeitpunkt des Inkrafttretens dieser Richtlinie keinen Musterschutz für Bauelemente gibt, sind nicht verpflichtet, eine Eintragung der Muster für solche Elemente einzuführen. Drei Jahre nach Ablauf der Umsetzungsfrist sollte die Kommission einen Bericht vorlegen, in dem die Auswirkungen dieser Richtlinie auf die Industrie der Gemeinschaft, die Verbraucher, den Wettbewerb und das Funktionieren des Binnenmarkts untersucht werden. In Bezug auf Bauelemente komplexer Erzeugnisse sollte in diesem Bericht insbesondere die Harmonisierung auf der Grundlage etwaiger Optionen, einschließlich eines Vergütungssystems und einer begrenzten Ausschließlichkeitsfrist, geprüft werden. Spätestens ein Jahr nach Vorlage ihres Berichts sollte die Kommission nach Anhörung der am stärksten betroffenen Parteien dem Europäischen Parlament und dem Rat die zur Vollendung des Binnenmarkts in Bezug auf Bauelemente von komplexen Erzeugnissen notwendigen Änderungen dieser Richtlinie sowie etwaige weitere von ihr für erforderlich gehaltene Änderungen vorschlagen (Erwägungsgrund 19 MusterRL). Bis zu einer Änderung der MusterRL sind die Mitgliedstaaten zwar berechtigt, ihre Regelungen „über die Benutzung des Musters eines Bauelements zur Reparatur eines komplexen Erzeugnisses im Hinblick auf die Wiederherstellung von dessen ursprünglicher Erscheinungsform" beizubehalten, sie dürfen diese aber nur so ändern, dass „dadurch die Liberalisierung des Handels mit solchen Bauelementen ermöglicht wird" (Art 14 MusterRL).[55]

Selbstverständlich gelten auch im Musterrecht die allgemeinen Grundsätze des Gemeinschaftsrechts (insbesondere Erschöpfung).[56] Nach Art 15 der MusterRL ist eine spezielle *Erschöpfungsregelung* einzuführen (Seite 767). Diese Richtlinie lässt auch die Anwendbarkeit der Wettbewerbsregeln der Art 85 und 86 EGV unberührt (Erwägungsgrund 18).[57]

Produktpiraterieverordnung

Die Gemeinschaft hat beträchtliche Anstrengungen unternommen, um die EU-Außengrenzen gegen das Eindringen von Piraterieware abzusichern. Die Verord-

---

[54]) So genannte „freeze plus"-Formel, vgl *Orou*, ecolex 1999, 270.
[55]) Österreich hat mit der MuSchG-Nov 2003 bewusst keine Reparaturklausel eingefügt, um die weitere europäische Entwicklung abzuwarten.
[56]) Dazu näher *Orou*, Der Schutz des Industrial Design 234; *Orou*, ecolex 1999, 270.
[57]) Allgemein zur Anwendung des EG-Rechts auf Geschmacksmuster: *Kahlenberg*, Ein europäisches Geschmacksmusterrecht 74.

nung (EG) Nr. 3295/94 des Rates vom 22. 12. 1994 über Maßnahmen, welche das Verbringen von Waren, die bestimmte Rechte aus geistigem Eigentum verletzen, in die Gemeinschaft sowie ihre Ausfuhr und Wiederausfuhr aus der Gemeinschaft betreffen („ProduktpiraterieVO")[58] schützt auch Geschmacksmuster.[59] Zu Einzelheiten vgl Seite 168.

Richtlinienentwurf zum Schutz geistigen Eigentums
Die derzeit in Vorbereitung befindliche *„Richtlinie zum Schutz der Rechte am geistigen Eigentum"* soll den Sanktionenbereich vereinheitlichen. Sie wird auch für das Geschmacksmusterrecht von erheblicher Bedeutung sein.[60]

1.8.5. Abkommen von Locarno
Eine gewisse internationale Vereinheitlichung wurde durch das Abkommen von Locarno erreicht; ihm gehörten zum 15. 7. 2002 40 Staaten an.[61] Dieses Abkommen ist auch für Österreich wirksam. Es gibt eine einheitliche Klassifikation für Muster vor. Diese besteht aus 32 Klassen und 223 Unterklassen. Das Warenverzeichnis für ein Muster ist nach den in diesem Abkommen vorgesehenen Klassen und Unterklassen geordnet anzugeben (§ 12 Abs 3 MuSchG; Seite 757). Dieses Abkommen bindet die Mitglieder des Verbands jedoch nicht hinsichtlich Art und Umfangs des für Muster gewährten Schutzes (Art 2 Abs 1).

1.8.6. Pariser Verbandsübereinkunft

Der Eiffelturm wurde zur Weltausstellung 1889 erbaut, sechs Jahre nach der Unterzeichnung der PVÜ.

Die Pariser Verbandsübereinkunft (PVÜ) ist ein auch für den Geschmacksmusterschutz relevantes internationales Abkommen, dem zum Stichtag 7. 8. 2002 164 Staaten angehören.[62] Zur Vereinheitlichung der Musterrechte der Mitgliedstaaten vermochte es jedoch kaum etwas beizutragen.

Das Abkommen enthält in Art 5^{quinquies} lediglich die Bestimmung, dass „die gewerblichen Muster und Modelle ... in allen Verbandsländern geschützt werden", ohne nähere Ausge-

---

[58]) ABl 1994 L 341 S 8 idF ABl 1999 L 27 S 1.
[59]) Dazu: *Ahrens*, Die europarechtlichen Möglichkeiten der Beschlagnahme von Produktpiratenwaren an der Grenze unter Berücksichtigung des TRIPS-Abkommens, RIW 1996, 727.
[60]) Vorschlag der Kommission für eine Richtlinie des Europäischen Parlaments und des Rates über die Maßnahmen und Verfahren zum Schutz der Rechte an geistigem Eigentum, KOM (2003) 46 endg; vgl dazu *Harte-Bavendamm*, MarkenR 2002, 382; *Hoeren*, MMR 2003/299.
[61]) Zum aktuellen Stand: http://www.wipo.int.
[62]) BGBl 1973/399 idF BGBl 1984/384; Übersicht über die Mitgliedstaaten PBl 2002/3, 43; zum aktuellen Stand: http://www. wipo.int/treaties.

staltung dieses Schutzes.[63] Art 5 B ordnet an, dass der Schutz „wegen unterlassener Ausübung oder wegen der Einfuhr von Gegenständen, die mit den geschützten übereinstimmen, in keiner Weise durch Verfall beeinträchtigt werden" darf (es besteht also kein Gebrauchszwang, Seite 726).[64] Art 11 enthält eine Regelung über den „zeitweiligen Schutz im Zusammenhang mit internationalen Ausstellungen" (vgl Seite 735). Dazu war im MustG 1970 eine besondere Prioritätsregelung vorgesehen (§§ 12–14). Das MuSchG hat diese Regelung nicht übernommen und lediglich bestimmt, dass die Schaustellung auf gewissen Ausstellungen nicht neuheitsschädlich ist (§ 2 Abs 2 Z 2 MuSchG; allgemeiner ist die Fassung in der MuSchG-Nov 2003).

Bedeutend sind Art 2 über den Grundsatz der Inländerbehandlung und die Regelung des Art 4 über das Prioritätsrecht (Seite 759). Die Regelungen der PVÜ haben dadurch weitere besondere Aktualität erlangt, dass Art 2 TRIPS-Abkommen einen Verweis auf die PVÜ enthält.

1.8.7. TRIPS-Abkommen

Die GATT-Uruguay-Runde hat durch das *Agreement on Trade-Related Aspects of Intellectual Property Rights (TRIPS)* das geistige Eigentum in die Regelungen des WTO-Abkommens einbezogen. Das TRIPS-Abk enthält auch spezielle (teilweise nur vage formulierte) Regelungen für „gewerbliche Muster" (Art 25, 26).[65] Diese betreffen allerdings nur gewisse Grundzüge des Geschmacksmusterschutzes und bieten noch keinen ausreichenden Rahmen für eine umfassende internationale Rechtsvereinheitlichung. Der Weg dorthin ist noch weit.

TRIPS ist ein Anfang, der Weg zur vollen Harmonisierung ist aber noch weit.

Gemäß Art 25 Abs 1 TRIPS-Abk sind die Mitglieder verpflichtet, den Schutz „*unabhängig geschaffener gewerblicher Muster*" vorzusehen, die „*neu* sind oder *Eigenart* haben". Der Begriff des „Musters" wird nicht definiert. Demnach müsste auch die bisherige österreichische Legaldefinition in § 1 Abs 1 MuSchG (Muster als „Vorbild für das *Aussehen* eines gewerblichen Erzeugnisses", also Einschränkung auf *sichtbare* Muster) TRIPS-konform sein. Das Kriterium „unabhängig geschaffen" deutet zunächst auf einen subjektiven Neuheitsbegriff hin (vgl Seite 733). Die weiteren Kriterien der Neuheit (und/oder) Eigenart werden im TRIPS-

---

[63]) Der Schutz muss also nicht in einem besonderen (Musterschutz-)Gesetz kodifiziert sein. Er kann auch im Urheber- oder Lauterkeitsrecht verankert sein; vgl *Kur*, TRIPs und der Designschutz, GRUR Int 1995, 185; *Kahlenberg*, Ein europäisches Geschmacksmusterrecht 67 mit dem Beispiel Griechenland.
[64]) Dazu *Orou*, Der Schutz des Industrial Design 225.
[65]) *Kur*, TRIPs und der Designschutz, GRUR Int 1995, 185; *Pataky*, TRIPS und Designschutz – Bemerkungen zum Beitrag von Annette Kur, GRUR Int 1995, 653; *Kucsko*, TRIPS und das MuSchG, ÖBl 1995, 145; *Kahlenberg*, Ein europäisches Geschmacksmusterrecht 69; *Lang*, FS 100 Jahre PA (1999) 178 (189).

Abk ebenfalls nicht näher definiert. Es wird den Mitgliedern lediglich die Regelung freigestellt, dass „Muster nicht neu sind oder keine Eigenart haben, wenn sie sich von bekannten Mustern oder Kombinationen bekannter Merkmale von Mustern nicht wesentlich unterscheiden". Das MuSchG enthält insoweit eine abweichende Regelung, als es nicht ausdrücklich auf das Merkmal der „wesentlichen" Abweichung vom bekannten Muster abstellte, sondern auf das Kriterium der verwechselbaren Ähnlichkeit sowie auf das Naheliegen der Übertragung (§ 2 MuSchG, Seite 733). *Kur*[66] interpretiert das Wort „wesentlich" hier als Klarstellung, dass auch ein hoher Schutzstandard mit Art 25 Abs 1 TRIPS-Abk vereinbar wäre, während im Übrigen die Frage, ob ein absoluter oder in irgendeiner Weise relativierter Neuheitsbegriff anzuwenden ist, offen bleibt. Insoweit ist also auch die bisherige österreichische Regelung TRIPS-konform (die MuSchG-Nov 2003 hat hier eine Neuformulierung gebracht).

Die Mitglieder können weiters vorsehen, dass sich der Schutz nicht auf Muster erstreckt, die im Wesentlichen „auf Grund *technischer* oder *funktioneller* Überlegungen" vorgegeben sind. Das MuSchG enthielt bisher keine ausdrückliche Regelung dieser Art (Seite 740; die MuSchG-Nov 2003 hat auch dies korrigiert). Dies war unschädlich, weil das TRIPS-Abk diesen Ausschlussgrund nicht zwingend vorsieht. Andererseits sieht das MuSchG aber gewisse Ausschlussgründe vor (das Muster darf nicht ärgerniserregend sein, nicht gegen die öffentliche Ordnung oder gegen das Doppelschutzverbot verstoßen), die das TRIPS-Abk nicht kennt. Der Verstoß gegen das Doppelschutzverbot ließe sich allenfalls noch einer weitherzigen Auslegung des Neuheitserfordernisses unterstellen. Bei den anderen Ausschlussgründen wird man hingegen mit *Kur*[67] das TRIPS-Abk insoweit im Sinne einer nicht abschließenden Regelung der Ausschlussgründe deuten müssen, wofür es durchaus überzeugende Argumente gibt.

Das TRIPS-Abk stellt es den Mitgliedern frei, den Schutz an angemessene Verfahren und Formalitäten (etwa – wie in Österreich – eine Registrierung) zu knüpfen. Verlangt wird lediglich, dass die Verfahren die Erteilung oder Eintragung innerhalb einer angemessenen Frist möglich machen (Art 62 Abs 1 und 2 TRIPS-Abk). Für *Textilmuster* sieht Art 25 Abs 2 TRIPS-Abk eine Sonderregelung vor: Die Mitglieder müssen sicherstellen, dass die Voraussetzungen für die Gewährung des Schutzes, insbesondere „hinsichtlich Kosten, Prüfung oder Bekanntmachung, die Möglichkeit, diesen Schutz zu begehren und zu erlangen, nicht unangemessen beeinträchtigen". Im Übrigen wird es den Mitgliedern freigestellt, „dieser Verpflichtung durch musterrechtliche oder urheberrechtliche Bestimmungen nachzukommen". Österreich kann zumindest ins Treffen führen, dass das Registrierungsverfahren generell modern und effizient gestaltet wurde und dass zudem die – für Textilmuster besonders nahe liegende – Möglichkeit der kostengünstigen Sammel-

---

[66]) GRUR Int 1995, 185 (189).
[67]) GRUR Int 1995, 185 (190).

anmeldung besteht (§ 13 MuSchG; § 17 PAV; Seite 757). Nachdenklich könnte freilich stimmen, dass wesentliche Teile der Stickerei-Industrie nach wie vor an dem Schutzrechtssystem des Vorarlberger „Musterschiedsvertrags 1946" festhalten, der ein durchgebildetes Geschmacksmusterschutzsystem auf vertraglicher Grundlage etabliert hat (Seite 698). Zusätzlich greift grundsätzlich auch der Urheberrechtsschutz, zumal Textilmuster als Werke des Kunstgewerbes zu den Werken der bildenden Künste im Sinne der §§ 1 und 3 UrhG gehören.

Zum *Inhalt* des Schutzes gibt Art 26 Abs 1 TRIPS-Abk dem Musterinhaber das Recht, Dritten zu verbieten, ohne seine Zustimmung „Gegenstände herzustellen, zu verkaufen oder einzuführen, die ein Muster tragen oder in die ein Muster aufgenommen wurde, das eine Nachahmung oder im Wesentlichen eine Nachahmung des geschützten Musters ist, wenn diese Handlungen zu gewerblichen Zwecken vorgenommen werden". § 4 MuSchG aF geht insoweit – zulässig (vgl Art 1 Abs 1 TRIPS-Abk) – weiter, als er keine „Nachahmung" (also keine Kenntnis des geschützten Musters) verlangt (Seite 766). Andererseits inkriminierte § 4 MuSchG aF – jedenfalls nach seinem (insofern mit § 22 PatG nicht übereinstimmenden) Wortlaut – nicht den bloßen Import (mit der MuSchG-Nov 2003 wurde nun auch dies klargestellt).

Art 26 Abs 2 TRIPS-Abk lässt „begrenzte *Ausnahmen*" vom Schutz zu, sofern sie „nicht unangemessen im Widerspruch zur normalen Verwertung geschützter gewerblicher Muster stehen und die berechtigten Interessen des Inhabers des geschützten Musters nicht unangemessen beeinträchtigen, wobei auch die berechtigten Interessen Dritter zu berücksichtigen sind". Solche Ausnahmen (wie etwa Zwangslizenzen) sieht das MuSchG nicht vor. Es besteht lediglich das „Vorbenützerrecht" (§ 5 MuSchG), das allenfalls an dieser Latte zu messen wäre.

Die *Schutzfrist* muss mindestens 10 Jahre betragen (Art 26 Abs 3 TRIPS-Abk). Die österreichische Schutzdauer betrug bisher – bei entsprechender Verlängerung – bis zu 15 Jahre (§ 6 MuSchG aF) und wurde daher dieser Vorgabe gerecht. Die MuSchG-Nov 2003 hat die Schutzdauer auf bis zu 25 Jahre angehoben.

1.8.8. Internationales Privatrecht

Für die Frage, welches nationale Recht ein österreichisches Gericht bei einem internationalen musterrechtlichen Sachverhalt anzuwenden hat, gelten die allgemeinen Regelungen des § 34 Abs 1 IPRG[68]: Danach sind das Entstehen, der Inhalt und das Erlöschen von Immaterialgüterrechten nach dem Recht des Staates zu beurteilen, in dem eine Benützungs- oder Verletzungshandlung gesetzt wird.[69] Für Verträge über Musterschutzrechte gilt die allgemeine Vertragsanknüpfung (Art 4 Abs 2 und 5 EVÜ).[70]

---

[68]) Bundesgesetz über das internationale Privatrecht, BGBl 1978/304 idF BGBl I 1998/119, I 1999/18 und I 2000/135.
[69]) Vgl dazu *Schwimann*, Internationales Privatrecht³ (2001) 145 mwN.
[70]) Sonderregelungen gelten für Arbeitsverhältnisse (§ 34 Abs 2 IPRG).

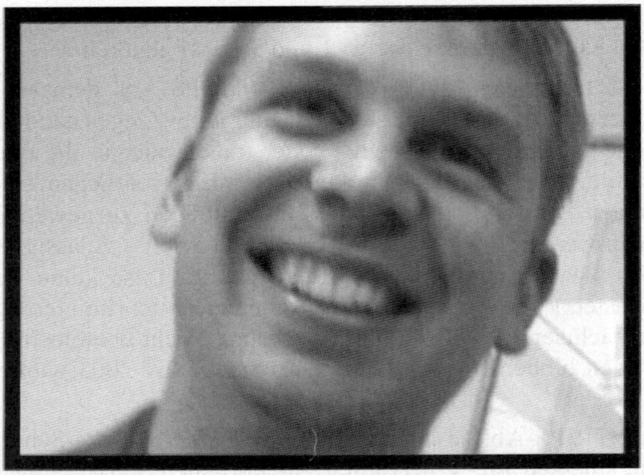

SCHUTZVERBAND – Hüter des fairen Wettbewerbs

Das Lauterkeitsrecht oder Wettbewerbsrecht im engeren Sinn erfüllt die wichtige Aufgabe, Spielregeln für den Wettbewerb der Unternehmer zu schaffen. Dabei geht es nicht darum, kreative Werbemaßnahmen zu verhindern. Es wird vielmehr die Grundlage dafür geschaffen, dass sich kein Unternehmer einen ungerechtfertigten Vorteil gegenüber den Mitbewerbern verschafft. Allen Unternehmern soll unabhängig von Ihrer Größe und Marktbedeutung Chancengleichheit garantiert werden. Die wettbewerbsrechtlichen Vorschriften stellen die äußersten Schranken dar, innerhalb derer sich der Wettbewerb abzuspielen hat.

Das Recht gegen den unlauteren Wettbewerb wird dabei von Generalklauseln mit unbestimmten Gesetzesbegriffen wie der Sittenwidrigkeit geprägt. Damit sind die Gerichte in der Lage, auf neue Entwicklungen ohne langwierige Gesetzesänderungen zu reagieren. Auch im Bereich des geistigen Eigentums erfüllt das Lauterkeitsrecht eine wichtige Funktion. So wird zB die Registrierung einer Marke als Verstoß gegen § 1 UWG angesehen, wenn damit der Zweck verfolgt wird, einen Mitbewerber in sittenwidriger Weise zu behindern. Weiters wird die Ausbeutung fremder Leistung in Form sittenwidriger Nachahmung durch Herkunftstäuschung ergänzend zum Sonderrechtsschutz vom Lauterkeitsrecht erfasst.

Wie für kaum ein anderes Rechtsgebiet gilt hier der Grundsatz „wo kein Kläger, da kein Richter". Der Schutzverband gegen unlauteren Wettbewerb nimmt als Verein seit fast 50 Jahren die Aufgabe wahr, sich im Interesse der Wirtschaft für einen fairen Wettbewerb einzusetzen. Eine seiner wichtigsten Aufgaben ist die Interventionstätigkeit bei Wettbewerbsverstößen. Dabei trägt er durch die Führung von Wettbewerbsprozessen bis zum OGH zur Rechtsfortbildung bei.

Der Schutzverband hat es sich aber auch zur Aufgabe gemacht, über die Neuerungen des Lauterkeitsrechtes zu informieren. So ist der öffentliche Teil seiner Mitgliederzeitschrift „Recht und Wettbewerb – RuW" auf der Website www.schutzverband.at abrufbar. Dort werden auch ein umfassender Überblick über das Recht gegen den unlauteren Wettbewerb und aktuelle wettbewerbsrechtliche Themen sowie ein kostenloser E-Mail-Newsletter geboten.

Ich bin mir sicher, dass die vorliegende Neuausgabe dieses Studienbuches zu einem Begleiter für alle Interessenten des Wettbewerbsrechtes wird. Denn wer kann sich heute schon dieser wichtigen und dazu noch äußerst spannenden Rechtsmaterie verschließen?

◄ **Mag. Hannes Seidelberger** ist Geschäftsführer des Schutzverbandes gegen unlauteren Wettbewerb, Schwarzenbergpl 14, 1040 Wien; e-mail: office@schutzverband.at

2. SCHUTZGEGENSTAND „MUSTER"

Überblick:

- Als *„Muster"* wird ganz allgemein das „Vorbild für das Aussehen eines gewerblichen Erzeugnisses" bezeichnet (mit der MuSchG-Nov 2003 kommt eine neue Musterdefinition).
- Für den Musterschutz kommen aber nur solche Muster in Betracht, die *neu* und *nicht ärgerniserregend* sind und die auch *nicht gegen die öffentliche Ordnung* oder das *Doppelschutzverbot* verstoßen (mit der MuSchG-Nov 2003 kommt das neue Kriterium der „Eigenart").

2.1. Definition des Musters

Die Neufassung der Musterdefinition zur Anpassung an die MusterRL ist eine der Kernbestimmungen der MuSchG-Nov 2003. Während einer Übergangszeit werden aber parallel dazu die alten Definitionsmerkmale weiter gelten. Ich werde im Folgenden daher jeweils zunächst die „Rechtslage bis zur MuSchG-Nov 2003" und danach die „Rechtslage nach der MuSchG-Nov 2003" darstellen (Zitate aus dem Text des MuSchG in der bisherigen Fassung sind mit „aF", Zitate aus der Neufassung mit „nF" gekennzeichnet):

2.1.1. Legaldefinition

Rechtslage bis zur MuSchG-Nov 2003

Wie das MustG 1970 gibt auch das MuSchG 1990 zunächst eine allgemeine Definition des Musters (§ 1 Abs 1 MuSchG aF).[1] Es definiert damit *„Muster im weiteren Sinn"*. Nicht für jedes Muster, das diese Definition erfüllt, kann Geschmacksmusterschutz erlangt werden. Dazu muss ein Muster noch zusätzliche Kriterien erfüllen (insbesondere Neuheit; vgl § 1 Abs 2 MuSchG aF). Ein Muster, das auch diese Kriterien erfüllt, kann man als *„registrierbares Muster"* bezeichnen (dazu im Einzelnen Seite 732). § 1 MuSchG aF lautet:

> *(1) Muster im Sinne dieses Bundesgesetzes ist das Vorbild für das Aussehen eines gewerblichen Erzeugnisses.*
> *(2) Für neue Muster, die weder ärgerniserregend sind noch gegen die öffentliche Ordnung oder das Doppelschutzverbot verstoßen, kann nach diesem Bundesgesetz Musterschutz erworben werden.*

---

[1] Das deutsche GeschmMG hat eine solche Definition bewusst vermieden und sie der Rechtsprechung überlassen. Anders das EG-Grünbuch für ein „Gemeinschaftsmuster". Danach sollten Muster, als „die zwei- oder dreidimensionale Erscheinungsform eines Erzeugnisses, die mit den menschlichen Sinnen für Form und/oder Farbe wahrgenommen werden kann und die nicht ausschließlich durch die technische Funktion des Erzeugnisses bedingt ist", definiert werden. Auch die GGV enthält eine nähere Definition. Ebenso die MusterRL.

Rechtslage nach der MuSchG-Nov 2003[2]

Die neue Definition in § 1 Abs 2 MuSchG nF lautet so:

> *„Muster im Sinne dieses Bundesgesetzes ist die Erscheinungsform eines ganzen Erzeugnisses oder eines Teils davon, die sich insbesondere aus den Merkmalen der Linien, Konturen, Farben, der Gestalt, Oberflächenstruktur und/oder der Werkstoffe des Erzeugnisses selbst und/oder seiner Verzierung ergibt."*

Diese Formulierung wäre eine wörtliche Umsetzung der Vorgabe des Art 1 lit a MusterRL.

2.1.2. Muster/Modell

Rechtslage bis zur MuSchG-Nov 2003

Das MustG 1970 unterschied noch *„Muster"* als zweidimensionale Gestaltungen (zB: Tapetenmuster, Stoffdesign) und *„Modelle"* als dreidimensionale Gebilde (zB: Teekanne, Koffer, Auto, Verpackungsschachtel). Schon bisher war aber gesetzlich angeordnet, dass die „Modelle" den „Mustern" gleichgestellt sind (§ 1 Abs 2 MustG). Das MuSchG enthält diese formale Unterscheidung nicht mehr. Unter „Mustern" sind sowohl zweidimensionale als auch dreidimensionale Gestaltungen[3] zu verstehen.

Rechtslage nach der MuSchG-Nov 2003

Die Novelle sieht dazu keine Veränderung vor. Das MuSchG spricht weiterhin die Modelle nicht ausdrücklich an, sondern geht davon aus, dass der weitere Begriff des „Musters" auch die „Modelle" einschließt. In Art 1 lit a *MusterRL* ist dies übrigens deutlich so vorgezeichnet.

2.1.3. Vorbild

Rechtslage bis zur MuSchG-Nov 2003

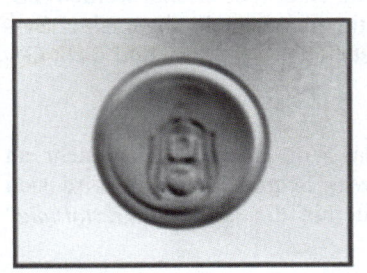

Das Vorbild für das Aussehen
einer Getränkedose.

Schutzgegenstand des MuSchG ist nicht das gewerbliche Erzeugnis selbst oder dessen physische Vorlage (Prototyp, Druckstock udgl), sondern die *geistige Gestaltung*, die als „Vorbild" für das Aussehen des Erzeugnisses dient.

Es genügt allerdings weder, dass das Muster lediglich „im Kopf" seines Schöpfers existiert, noch dass er es mündlich oder schriftlich beschreibt. Das „Vorbild" muss vielmehr bereits *für den Sehsinn wahrnehmbar festgelegt* sein,

---

[2]) *Übergangsbestimmung* zur MuSchG-Nov 2003: Auf Musteranmeldungen und registrierte Muster, deren Anmeldetag vor dem Inkrafttreten MuSchG-Nov 2003 liegt, ist § 1 in der vor dem Inkrafttreten der MuSchG-Nov 2003 geltenden Fassung weiter anzuwenden; die §§ 2a und 23 in der Fassung der MuSchG-Nov 2003 sind auf diese Musteranmeldungen und registrierten Muster nicht anzuwenden (§ 46a MuSchG nF; Art 11 MusterRL).

[3]) Für diese enthält lediglich § 40 Abs 1 Z 4 MuSchG eine Sonderregelung (Lagergebühr).

zumal zur Musteranmeldung eine Musterabbildung bzw ein Musterexemplar erforderlich ist (§ 12 Abs 2 MuSchG aF; § 12 Abs 1 MuSchG nF). Es muss also zumindest ein Entwurf, eine Zeichnung udgl existieren. Nicht erforderlich ist die Ausführung des Musters durch einen Prototyp des betreffenden Erzeugnisses oder durch Herstellungsformen (zB: Gussform, Druckstock udgl). In der Praxis liegt freilich zumeist bereits ein Prototyp oder ein Exemplar aus der ersten Produktionsserie des Erzeugnisses vor, zumal die Anfertigung eines solchen Exemplars in der Regel ohnehin im Verlauf der Designentwicklung erforderlich wird. Dieser Prototyp muss dann aber nicht zur Musteranmeldung eingereicht werden. Es genügt, Fotos vorzulegen (vgl im Einzelnen Seite 754).

Schon aus dem Wort „Vorbild" ergibt sich, dass es sich um eine – zumindest theoretisch[4] – *übertragbare* Vorlage handeln muss. Das MuSchG kennt jedoch *keinen Ausführungs- oder Gebrauchszwang*. Dieser würde im Widerspruch zu Art 5 B PVÜ stehen (vgl Seite 718). Auch so genannte „Vorrats- oder Defensivmuster" sind daher zulässig:[5] Als *„Vorratsmuster"* werden Muster bezeichnet, die der Anmelder nicht aktuell nutzen will. Im Hinblick auf einen allfälligen späteren Bedarf mag es aber sinnvoll sein, schon „auf Vorrat" ein Muster anzumelden; etwa auch deshalb, weil sonst die Gefahr einer neuheitsschädlichen Offenbarung bestehen bleibt. Andererseits beginnt freilich die Schutzfrist zu laufen, und steht, sobald das Muster schließlich benötigt wird – nicht mehr zur Gänze zur Verfügung. Als *„Defensivmuster"* bezeichnet man solche, die vor allem dazu dienen, die Konkurrenz von der Nutzung bestimmter Gestaltungen abzuhalten. Durch die Anmeldung solcher Muster, die dem eigentlich genutzten Muster verwandt sind, kann dessen Schutzbereich erweitert werden.

Eine allgemeine *Idee* (zB: Strümpfe zu besohlen, oder die Idee, dafür Schnittmuster zu verwenden) ist nicht schützbar.[6] Musterschutz könnte allenfalls für die konkret zu einem „Vorbild" gewordene Ausführung einer Idee erlangt werden (zB: für eine bestimmte Schnittvorlage). Auch ein bestimmter *Stil*, ein allgemeiner Systemgedanke, ein Motiv, eine Lehre oder ein Herstellungsverfahren, sind nicht Gegenstand des Musterschutzes.[7]

Rechtslage nach der MuSchG-Nov 2003[8]

Die neue Definition des „Musters" enthält zwar das Wort „Vorbild" nicht mehr, an der immaterialgüterrechtlichen Konstruktion dieses Schutzrechtrechts wird sich aber nichts ändern. Schutzgegenstand wird weiterhin die *„geistige Gestaltung"*

---

[4]) *Knittel/Kucsko*, MuSchG Anm 8 zu § 1 mwH.
[5]) Nach dem Kaiserlichen Patent v 1858 (S 708) gab es noch einen solchen Gebrauchszwang für Muster. Er wurde jedoch mit der Nov 1928 (BGBl 116) beseitigt.
[6]) BMHuW 24. 7. 1951, PBl 1951, 127; *Kucsko*, ÖBl 1986, 34; ebenso *F. Prunbauer*, MR 1990, 166.
[7]) *Knittel/Kucsko*, MuSchG Anm 9, 10 zu § 1.
[8]) Übergangsbestimmung zur MuSchG-Nov 2003: Auf Musteranmeldungen und registrierte Muster, deren Anmeldetag vor dem In-Kraft-Treten MuSchG-Nov 2003 liegt, ist § 1 in der vor dem In-Kraft-Treten der MuSchG-Nov 2003 geltenden Fassung weiter anzuwenden (§ 46a MuSchG nF).

sein. Wie bisher werden „*Vorrats- oder Defensivmuster*" nicht ausgeschlossen sein. Die bloße *Idee* wird weiterhin nicht als Schutzobjekt genügen.

2.1.4. Aussehen
Rechtslage bis zur MuSchG-Nov 2003
Nur der für den *Sehsinn* (nicht: Tast-, Geschmacks-, Geruchs- oder Gehörsinn) wahrnehmbare Eindruck des Vorbilds kann vom Geschmacksmusterschutz erfasst werden. (Die Musterdefinition knüpft an den Begriff „Aussehen" an.) Entscheidend ist der von verschiedenen Merkmalen (Form, graphische Gestaltung, Farbe, Material, Glanz, Reflexwirkung, Schillern der Oberfläche, Material etc) geprägte *Gesamteindruck*.[9] Geschützt ist nicht nur die graphische Linienführung. Auch konturenlose, fließende Gestaltungen können das Aussehen prägen und somit Schutz erlangen.

Entsprechend der bisherigen Praxis[10] wird man weiterhin annehmen müssen, dass nicht nur die äußere Ansicht, sondern jede *Ansicht* schützbar ist, die *bei bestimmungsgemäßem Gebrauch* des Erzeugnisses für das Auge wahrnehmbar ist (zB: das Innere eines Koffers, seine Einteilung etc, nicht aber die Topographie eines Mikrochips[11]). Schon an dieser Stelle ist aber anzumerken, dass die Anmeldung einer bloßen Teilansicht eines Gegenstands in der Praxis nicht akzeptiert wird. Es ist das Aussehen des Gesamterzeugnisses zu offenbaren (Seite 755).[12]

Rechtslage nach der MuSchG-Nov 2003[13]
Die neue, in § 1 Abs 2 MuSchG nF enthaltene Definition spricht nicht mehr speziell das „Aussehen" an. Unter den schützbaren Erscheinungsformen wird nunmehr ausdrücklich auch die *„Oberflächenstruktur"* genannt. Daraus könnte man folgern, dass künftig auch „Tastmuster" geschützt werden können.[14] *„Unsichtbare"* Teile sollen weiterhin nicht für den Schutz in Betracht kommen: Der Schutz sollte sich weder auf Bauelemente erstrecken, die während der bestimmungsgemäßen Verwendung eines Erzeugnisses nicht sichtbar sind, noch auf Merkmale eines Bauelements, die unsichtbar sind, wenn das Bauelement eingebaut ist, oder die selbst nicht die Voraussetzungen der Neuheit oder Eigenart erfüllen; Merkmale eines

---

[9]) EB abgedruckt bei *Knittel/Kucsko*, MuSchG Anm 12 zu § 1; ebenso zum MustG: VwGH 15. 9. 1992 ecolex 1992, 862 mit Anm *Kucsko*. Zu den musterprägenden Merkmalen vgl näher *Knittel/Kucsko*, MuSchG Anm 13 zu § 1. In der MusterRL (Art 1 lit a) werden als musterbildende Merkmale konkret Linien, Konturen, Farben, Gestalt, Oberflächenstruktur und/oder Werkstoffe des Erzeugnisses selbst und/oder seiner Verzierung angesprochen.
[10]) BMHuW 2. 10. 1958, PBl 1959, 132.
[11]) *Gräser/Kucsko*, HalbleiterschutzG (1988) 6; skeptisch zum Musterschutz für Topographien auch *Auer*, Der Schutz von Micro-Chips nach österreichischem Recht, EDV & Recht 1987/2, 20 (22).
[12]) Dazu BA 12. 11. 1996, BMu 1-13/96, PBl 1997, 140.
[13]) *Übergangsbestimmung* zur MuSchG-Nov 2003: Auf Musteranmeldungen und registrierte Muster, deren Anmeldetag vor dem In-Kraft-Treten MuSchG-Nov 2003 liegt, ist § 1 in der vor dem In-Kraft-Treten der MuSchG-Nov 2003 geltenden Fassung weiter anzuwenden (§ 46a MuSchG nF).
[14]) *Kahlenberg* (Ein europäisches Geschmacksmusterrecht, 117) geht davon aus, dass nicht nur visuelle, sondern auch „taktile Wirkungen" zu berücksichtigen sind. Auch *Kur*, (GRUR 2002, 661) interpretiert die MusterRL so, dass der Schutz grundsätzlich nicht auf visuell wahrnehmbare Gestaltungselemente beschränkt ist und daher die Möglichkeit eines Schutzes für Tastmuster eröffnet wurde; ähnlich *Stagl*, ecolex 2002, 521.

Musters, die aus diesen Gründen vom Schutz ausgenommen sind, sollten bei der Beurteilung, ob andere Merkmale des Musters die Schutzvoraussetzungen erfüllen, nicht herangezogen werden (Erwägungsgrund 12 MusterRL). Die neue Definition soll – so die EB – zum Ausdruck bringen, dass alle Merkmale der Erscheinungsform, die wahrgenommen werden können, musterrechtlich relevant sind, wobei einige besondere Elemente, aus denen das Muster bestehen kann, aufgezählt werden; die Aufzählung soll aber nicht erschöpfend sein.[15]

2.1.5. Gewerbliches Erzeugnis

Rechtslage bis zur MuSchG-Nov 2003

Dem Geschmacksmusterschutz ist nur das Vorbild für das Aussehen eines „gewerblichen Erzeugnisses" zugänglich. Im MustG 1970 hieß es noch – seit 1858 unverändert – „Industrie-Erzeugnis" (Seite 708). Für das MuSchG 1990 hat man bewusst einen weiteren Begriff gewählt, der – so die EB[16] – *auch* die Industrieerzeugnisse umfassen soll. Weiter konkretisiert wird dieser Begriff jedoch nicht.[17]

Gewisse Anhaltspunkte für die Auslegung des Begriffs „gewerbliches Erzeugnis" könnte die **Klasseneinteilung** aufgrund des Abkommens von Locarno (Seite 718) geben. Sie enthält zwar keinen verbindlichen, taxativen Katalog der „gewerblichen Erzeugnisse"; § 12 Abs 4 MuSchG aF verlangt jedoch, dass bei der Anmeldung die Erzeugnisse, für die das Muster bestimmt ist, geordnet nach dieser Einteilung angegeben werden (Warenverzeichnis, Seite 757). Tatsächlich ist dort eine weite Palette vorgesehen.

Checklist: Warenklassen

- Klasse 01: Nahrungsmittel;
- Klasse 02: Bekleidung und Kurzwaren;
- Klasse 03: Reiseartikel, Etuis, Schirme und persönliche Gebrauchsgegenstände, soweit sie nicht in anderen Klassen enthalten sind;
- Klasse 04: Bürstenwaren;
- Klasse 05: Nichtkonfektionierte Textilwaren, Folien (Bahnen) aus Kunst- oder Naturstoffen;
- Klasse 06: Wohnungsausstattungen;
- Klasse 07: Haushaltsartikel, soweit sie nicht in anderen Klassen enthalten sind;
- Klasse 08: Werkzeuge und Kleineisenwaren;
- Klasse 09: Verpackungen und Behälter für den Transport oder den Warenumschlag;
- Klasse 10: Uhren und andere Messinstrumente, Kontroll- und Anzeigegeräte;
- Klasse 11: Ziergegenstände;
- Klasse 12: Transport- und Hebevorrichtungen;
- Klasse 13: Apparate zur Erzeugung, Verteilung oder Umwandlung von elektrischer Energie;

---

[15]) EB MuSchG-Nov 2003, 65 BlgNR 22. GP zu § 1 MuSchG.
[16]) Abgedruckt bei *Knittel/Kucsko*, MuSchG Anm 16 zu § 1.
[17]) Er umfasst jedenfalls auch Zwischenprodukte (*Lang*, FS 100 Jahre PA [1999] 178 [179]).

- Klasse 14: Apparate zur Aufzeichnung, Übermittlung oder Verarbeitung von Informationen;
- Klasse 15: Maschinen, soweit sie nicht in anderen Klassen enthalten sind;
- Klasse 16: Photographische, kinematographische oder optische Artikel;
- Klasse 17: Musikinstrumente;
- Klasse 18: Druckerei- und Büromaschinen;
- Klasse 19: Papier- und Büroartikel, Künstler- und Lehrmittelbedarf;
- Klasse 20: Verkaufs- und Werbeausrüstungen, Schilder;
- Klasse 21: Spiele, Spielzeug, Zelte und Sportartikel;
- Klasse 22: Waffen, Feuerwerksartikel, Artikel für die Jagd, den Fischfang oder zur Schädlingsbekämpfung;
- Klasse 23: Einrichtungen zur Verteilung von Flüssigkeiten, sanitäre Anlagen, Heizungs-, Lüftungs- und Klimaanlagen, feste Brennstoffe;
- Klasse 24: Medizinische und Laborausrüstungen;
- Klasse 25: Bauten und Bauelemente;
- Klasse 26: Beleuchtungsapparate;
- Klasse 27: Tabakwaren und Raucherartikel;
- Klasse 28: Pharmazeutische oder kosmetische Erzeugnisse, Toilettenartikel und -ausrüstungen;
- Klasse 29: Vorrichtungen und Ausrüstungen gegen Feuer, zur Unfallverhütung oder Rettung;
- Klasse 30: Artikel für das Halten und Pflegen von Tieren;
- Klasse 31: Maschinen und Apparate für die Zubereitung von Nahrung oder Getränken, soweit sie nicht in anderen Klassen enthalten sind;
- Klasse 99: Verschiedenes.

Daran knüpft sich die Frage, ob tatsächlich Muster für alle hier genannten Waren angemeldet werden können. Bei vielen Positionen dieser Liste wird dies unproblematisch zu bejahen sein: Bekleidungsgegenstände, Haushaltsartikel, Werkzeuge udgl werden regelmäßig als bewegliche körperliche Gegenstände auch „gewerbliche Erzeugnisse" sein. Hingegen wird dies bei *landwirtschaftlichen Produkten* zu verneinen sein. Die Erläuterungen zum Entwurf eines MusterschutzG 1986 haben noch ausdrücklich darauf hingewiesen, dass der Entwurf „ebenso wie das geltende Musterschutzgesetz" keinen Schutz für landwirtschaftliche Produkte vorsehe.[18] Dieser Hinweis findet sich – ohne weitere Begründung – in den EB zum MuSchG 1990 nicht mehr. Der Gesetzgeber wollte allerdings ersichtlich nicht jedes „Erzeugnis" erfasst wissen, sondern nur „gewerbliche" Erzeugnisse. Dem Zusatz muss also – will man ihm nicht jeden Sinn nehmen – eine einschränkende Bedeutung zukommen. Es liegt nahe, sich bei der Auslegung dieses Begriffs an der gebräuchlichen Abgrenzung der Bereiche „Gewerbe" und „Land- und Forstwirtschaft" – wie sie etwa auch im BundesministerienG 1986 vorgezeichnet ist – zu orientieren. Muster für landwirtschaftliche Produkte (zB: neue Blumenzüchtungen oder Gemü-

---

[18]) *Kucsko*, ÖBl 1986, 33.

sesorten) wären demnach dem Musterschutz nicht zugänglich.[19] Anderes wird dann gelten müssen, wenn ein landwirtschaftliches Produkt weiter verarbeitet und gestaltet wird (zB: Butter wird in spezielle Formen gepresst, sodass sie ein besonderes Aussehen erhält) oder wenn die Leistung des Schöpfers in der Übertragung der natürlichen Gestaltung auf ein anderes Erzeugnis liegt (zB: Gestaltung eines Behälters in Form einer Frucht).[20] Folgt man dieser Auslegung, so ergibt sich, dass der Begriff „gewerbliches Erzeugnis" enger gefasst ist als die Warenliste nach dem Abkommen von Locarno. Die Klasse 01 – Nahrungsmittel (Seite 728) umfasst nämlich neben einer Unterklasse für Backwaren, Zuckerwaren etc, die zwanglos als „gewerbliche Erzeugnisse" zu beurteilen sind, auch eine Unterklasse für „Früchte und Gemüse". Diese würden nicht unter den Begriff „gewerbliches Erzeugnis" fallen. Dieses Ergebnis steht nicht im Widerspruch zum Abkommen von Locarno, zumal dieses die Mitglieder hinsichtlich der Schutzgewährung nicht bindet (Seite 718).

Ähnliche Abgrenzungsfragen werden sich bei der Beurteilung *unbeweglicher Sachen* (zB: Häuser, Brücken) ergeben. Die herrschende Meinung in Deutschland lässt hier den Musterschutz nicht zu.[21] Die Orientierung an der Klasseneinteilung (Klasse 25 – Bauten und Bauelemente, Unterklasse 25-03 – Häuser, Garagen und andere Bauten) legt dieses Ergebnis nicht zwingend nahe. Eine großzügige Beurteilung durch die österreichische Spruchpraxis wäre daher zu begrüßen. Zumindest für jene Gegenstände, die zunächst beweglich sind und dann erst eingebaut werden, sollte der Schutz zu gewähren sein.[22]

Gleiches gilt für Produkte, die keine feste *körperliche Konsistenz* haben (zB: eine marmoriert gestaltete Gesichtscreme).[23] Das MuSchG verlangt nicht zwingend eine feste Konsistenz des Gegenstands.

Weiterhin wird sich der Schutz auch auf (selbstständig verkehrsfähige) *Teile* eines Erzeugnisses (zB: Koffertragegriff) beziehen können.[24] Zur europäischen Diskussion der Sonderfrage „Musterschutz für Kfz-Ersatzteile" vgl Seite 716.

---

[19]) So auch *Knittel/Kucsko*, MuSchG Anm 17 zu § 1, unter Hinweis auf § 2 Abs 1 Z 1 GewO 1973; ebenso die hM in Deutschland, vgl etwa *Eichmann/v Falckenstein*, GeschmacksmusterG[2] Rz 8 zu § 1, die darauf verweisen, dass die gestalterische Tätigkeit „der durch das GeschmMG geschützten Art" fehle; aA *Hubmann/Götting*, Gewerblicher Rechtsschutz[6], 231, die auch Landwirtschaft und Urproduktion einbeziehen. Seit 1. 3. 1993 greift hier im Übrigen unter Umständen der spezielle Schutz nach dem SortenschutzG (BGBl 1993/108).

[20]) Eingehender *Knittel/Kucsko*, MuSchG Anm 7 zu § 1.

[21]) Etwa *Nirk/Kurtze*, GeschmacksmusterG[2] Rz 53 zu § 1; *Eichmann/v Falckenstein*, GeschmacksmusterG[2] Rz 18 zu § 1 mwN; aA *Hubmann/Götting*, Gewerblicher Rechtsschutz[6], 231, die auch Entwürfe für Bauwerke (zB Einfamilienhaus) als schützbar beurteilen.

[22]) *Orou* (Der Schutz des Industrial Design 42) nennt als Beispiel einen Fertigteilbalkon oder ein markant geschwungenes Schwimmbad.

[23]) Vgl dazu *Knittel/Kucsko*, MuSchG Anm 19 zu § 1. Gleicher Ansicht: *Orou*, Der Schutz des Industrial Design (1997) 42f.

[24]) Strittig ist der Musterschutz für unselbstständige Teile bzw Teilansichten, zB für die Ausbildung der zur Aufnahme eines Koffertragegriffs bestimmten Ösenhalterung (BMHuW 2. 4. 1958, PBl 1958, 159; vgl dazu abl VwGH 20. 12. 1994, Zl 94/04/0232 – Stickerei-Design – ecolex 1995, 271 (*Kucsko*) = PBl 1995, 144; BA 28. 4. 1994, BMu 1-4/92 – Leuchten – PBl 1995, 55; zu diesem Problemkreis weiters *Lang*, ecolex 1993, 754; *Gassau-*

Außerdem kann ein gewerbliches Erzeugnis nach der Verkehrsauffassung auch aus einer *Kombination* mehrerer Elemente zu einer als Gesamtheit schützbaren Einheit bestehen[25] (zB: Jacke und Hose eines Anzugs; Tasse und Untertasse für ein Service). Die Spruchpraxis bejaht die Registerfähigkeit solcher Kombinationen, wenn mehrere Gegenstände in einem so engen funktionellen Zusammenhang stehen, dass sie als einheitliches, gewerbliches Erzeugnis zu beurteilen sind. Ein solches „Set" kann in einer Einzelanmeldung vereinigt werden.[26] Aus dem Tatbestandsmerkmal „gewerblich" wird schließlich auch gefolgert, dass es möglich sein muss, das Erzeugnis *wiederholbar* in mehreren Exemplaren herzustellen.[27]

Rechtslage nach der MuSchG-Nov 2003[28]

Art 1 lit b *MusterRL* bestimmt als „Erzeugnis" jeden industriellen oder handwerklichen Gegenstand, einschließlich der Einzelteile, die zu einem komplexen Erzeugnis zusammengebaut werden sollen, Verpackung, Ausstattung, graphische Symbole und typographische Schriftbilder. Hingegen gilt ein Computerprogramm nicht als „Erzeugnis".[29] Als „komplexes Erzeugnis" wird ein Erzeugnis definiert, das aus mehreren Bauelementen besteht, die sich ersetzen lassen, sodass das Erzeugnis auseinander- und wieder zusammengebaut werden kann (Art 1 lit c Muster RL). Die Musterdefinition der Richtlinie erstreckt sich auf „die Erscheinungsform eines *ganzen* Erzeugnisses oder eines *Teils* davon" (Art 1 lit a MusterRL).

Die neue österreichische Definition ist dieser Vorgabe weitestgehend wortgleich gefolgt: Erzeugnis im Sinne der Musterdefinition des § 1 Abs 3 MuSchG nF ist *jeder industrielle oder handwerkliche Gegenstand, einschließlich – unter anderem – von Einzelteilen, die zu einem komplexen Erzeugnis zusammengebaut werden sollen, Verpackung, Ausstattung, graphischen Symbolen und typographischen Schriftbildern; ein Computerprogramm[30]*

Bananen als „Geschmacksmuster"?

---

er-*Fleissner*, ecolex 1993, 323; *Knittel/Kucsko*, MuSchG Anm 21 zu § 1; *Lang*, FS 100 Jahre PA (1999) 178 (179).
[25]) Vgl dazu *Knittel/Kucsko*, MuSchG Anm 22 zu § 1.
[26]) BA 25. 10. 1996, BMu 1/95, PBl 1997, 114; *Lang*, FS 100 Jahre PA (1999) 178 (180).
[27]) Vgl dazu *Knittel/Kucsko*, MuSchG Anm 18 zu § 1.
[28]) Übergangsbestimmung zur MuSchG-Nov 2003: Auf Musteranmeldungen und registrierte Muster, deren Anmeldetag vor dem In-Kraft-Treten MuSchG-Nov 2003 liegt, ist § 1 in der vor dem In-Kraft-Treten der MuSchG-Nov 2003 geltenden Fassung weiter anzuwenden (§ 46a MuSchG nF).
[29]) Zum Schutz von „Icons": *Kur*, GRUR 2002, 661.
[30]) Dies schließt aber nicht den Schutz bestimmter graphischer Muster aus, die beispielsweise auf Bildschirmdarstellungen verwendet werden, vorausgesetzt, die sonstigen Schutzvoraussetzungen sind erfüllt (EB MuSchG-Nov 2003, 65 BlgNR 22. GP zu § 1 MuSchG nF).

gilt jedoch nicht als Erzeugnis (§ 1 Abs 3 MuSchG nF). *Ein komplexes Erzeugnis im Sinne des § 1 Abs 3 MuSchG nF ist ein Erzeugnis aus mehreren Bauelementen, die sich ersetzen lassen, sodass das Erzeugnis auseinander- und wieder zusammengebaut werden kann* (§ 1 Abs 4 MuSchG nF). Die EB[31] erläutern dies so: „Erzeugnis bedeutet einen Gegenstand, bei dem ein Muster Verwendung finden kann. Auch hier ist die Aufzählung nicht erschöpfend. Die Regelung, dass auch Einzelteile, die zu einem komplexen Erzeugnis zusammengebaut werden sollen, als Erzeugnis anzusehen sind, entspricht der schon geltenden Rechtslage. Schon bisher wurden nicht nur Endprodukte, sondern auch *Zwischenprodukte* als dem Musterschutz zugänglich angesehen. Neu ist hingegen, dass auch *graphische Symbole* und *typographische Schriftbilder* unter den Begriff ‚Erzeugnis' eingereiht werden."

2.2. Schutzvoraussetzungen

Rechtslage bis zur MuSchG-Nov 2003

Nicht jedes Muster wird geschützt.

Ein Muster im weiteren Sinn („Vorbild für das Aussehen eines gewerblichen Erzeugnisses", Seite 724) kann nur dann musterrechtlich (durch Registrierung) geschützt werden, wenn es neu und nicht ärgerniserregend ist und wenn es nicht gegen die öffentliche Ordnung oder das Doppelschutzverbot verstößt (§ 1 Abs 2 MuSchG aF). Es müssen also zusätzliche Kriterien erfüllt sein. Dazu im Folgenden:

Rechtslage nach der MuSchG-Nov 2003[32]

Die *MusterRL* (Seite 714) sieht ähnliche Schutzvoraussetzungen vor: „Ein Muster wird durch ein Musterrecht geschützt, wenn es neu ist und Eigenart hat" (Art 3 Abs 2 MusterRL). An einem Muster, das gegen die öffentliche Ordnung oder gegen die guten Sitten verstößt, soll kein Recht bestehen (Art 8 MusterRL). Art 7 MusterRL schließt bestimmte technisch-funktionelle Erscheinungsformen vom Schutz aus. Art 11 Abs 1 lit d MusterRL enthält schließlich eine dem Doppelschutzverbot vergleichbare Regelung.

Dieses Konzept wurde durch die *MuSchG-Nov 2003* umgesetzt: Für Muster, die neu sind und Eigenart haben (§§ 2, 2a MuSchG nF) und weder gegen § 2b MuSchG nF (Ausschluss technisch-funktioneller Muster) noch die öffentliche Ordnung oder die guten Sitten verstoßen, kann Musterschutz erworben werden; Muster, die unter das Doppelschutzverbot (§ 3 MuSchG nF) fallen, werden nicht geschützt (§ 1 Abs 1 MuSchG nF). Es wird sich also an der Grundstruktur nichts

---

[31]) EB MuSchG-Nov 2003, 65 BlgNR 22. GP zu § 1 MuSchG.
[32]) *Übergangsbestimmung* zur MuSchG-Nov 2003: Auf Musteranmeldungen und registrierte Muster, deren Anmeldetag vor dem In-Krafttreten MuSchG-Nov 2003 liegt, ist § 1 in der vor dem In-Kraft-Treten der MuSchG-Nov 2003 geltenden Fassung weiter anzuwenden (§ 46a Abs 1 MuSchG nF).

Grundsätzliches ändern. Die Details der neu formulierten Schutzvoraussetzungen werden wir im Folgenden erörtern.

2.2.1. Neuheit

Rechtslage bis zur MuSchG-Nov 2003

Die Grundregel: Das Gesetz definiert nicht, wann ein Muster neu ist, sondern wann es *nicht* neu ist. Gemäß § 2 MuSchG aF gilt ein Muster nicht als neu, *„wenn es mit dem Aussehen eines Gegenstandes*[33]*, der der Öffentlichkeit vor dem Prioritätstag des Musters*[34] *zugänglich gewesen ist*[35]*, übereinstimmt oder diesem verwechselbar ähnlich ist*[36] *und es naheliegt, dieses Aussehen auf die im Warenverzeichnis des Musters enthaltenen Erzeugnisse zu übertragen".*

Der Gesetzeswortlaut lässt einige Auslegungsfragen offen, so insbesondere die Frage, was mit „Öffentlichkeit" gemeint ist (in territorialer Hinsicht: die inländische Öffentlichkeit oder die „Weltöffentlichkeit"?; in sachlicher Hinsicht: der Kreis der mit Design befassten Fachleute oder die als Käufer des Produkts in Betracht kommenden Verbraucher?). Gemeint ist hier meines Erachtens nicht die Öffentlichkeit in Österreich, sondern die „Weltöffentlichkeit" – so genannte *absolute objektive Neuheit.*[37]

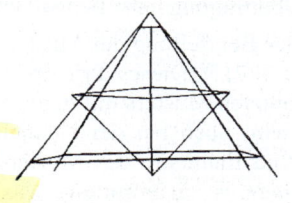

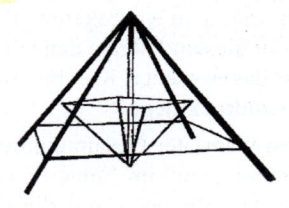

Die Nichtigkeitsabteilung (NA) hat sich in der – soweit ersichtlich ersten Entscheidung zu diesem Fragenkreis – zum Prinzip der absoluten objektiven Neuheit bekannt.[38] Zu beurteilen war das registrierte Muster einer „Energie-Doppelpyramide (Innenpyramide)" mit einer schwarzweißen Abbildung (Anmeldetag war der 30. 6. 1995; Abbildung rechts oben). Diesem Muster stand das am 25. 9. 1993 veröffentlichte deutsche Geschmacksmuster einer „Doppelpyramide – Kunstobjekt für Gartengestaltung" (Abbildung rechts unten) gegenüber. Die NA hat aufgrund dieser Vorver-

---

[33]) Gemeint sind alle sinnlich wahrnehmbaren Dinge schlechthin; vgl EB bei *Knittel/Kucsko*, MuSchG Anm 3 zu § 2.
[34]) Vgl §§ 19, 20 MuSchG; Seite 72.
[35]) ZB durch schriftliche oder mündliche Beschreibung, durch Benützung oder in sonstiger Weise; vgl EB bei *Knittel/Kucsko*, MuSchG Anm 6 zu § 2; vgl auch § 3 Abs 1 PatG.
[36]) Hier werden ähnliche Kriterien wie zu § 10 Abs 1 MSchG gelten, *Knittel/Kucsko*, MuSchG Anm 8 zu § 2; zum Ähnlichkeitsvergleich: NA 13. 8. 1992, NMu 1-6/91, PBl 1993, 148.
[37]) Dazu eingehend *Knittel/Kucsko*, MuSchG Anm 4 zu § 2; ebenso *Loibl/Pruckner*, MusterschutzG Anm 4 zu § 2; *Orou*, Der Schutz des Industrial Design im deutschsprachigen Raum (1997) 43; *Hauser/Thomasser*, Wettbewerbs- und Immaterialgüterrecht (1998) Rz 602; *Lang*, FS 100 Jahre PA (1999) 178 (182); aA *F. Prunbauer*, MR 1990, 167; *Graf*, ecolex 1995, 32; diese Frage letztlich offen lassend: OGH 12. 7. 1994, 4 Ob 59/94 – Andante – ÖBl 1995, 38 = ecolex 1994, 769 (*Kucsko*) = wbl 1995, 82 (*Herzig*) = SZ 67/122 = RdW 1994, 396. *Holzer*, ÖBl 1995, 193, sieht hier einen gewissen Ansatz in der Judikatur, den absoluten Neuheitsbegriff doch nicht uneingeschränkt anzuwenden.
[38]) NA 1. 9. 1997, NMu 3 und 4/96 – Doppelpyramide – PBl 1998, 150.

öffentlichung die Neuheit verneint. Übrigens war dies ein Fall, in dem die NA sogar die „offensichtliche" Übereinstimmung angenommen und ein amtswegig eingeleitetes Nichtigerklärungsverfahren durchgeführt hat (dazu Seite 774). Es komme nicht darauf an, dass das Aussehen des Mustergegenstands der Öffentlichkeit im Inland zugänglich war. Es genüge, dass der Gegenstand irgendwo auf der Welt der Öffentlichkeit zugänglich war. Die Veröffentlichung im deutschen Geschmacksmusterblatt war daher jedenfalls neuheitsschädlich. In diesem Fall wurde auch nicht bloß eine Ähnlichkeit, sondern sogar eine „hochgradige Verwechselbarkeit" angenommen.

Neu ist der mit dem MuSchG 1990 eingeführte Begriff der *„naheliegenden Übertragung"*. Man wird dies vom Horizont eines mit der Schaffung von Mustern befassten Fachmannes und nicht vom Horizont des Letztverbrauchers, für den das Muster bestimmt ist, beurteilen müssen. Man wird also fragen müssen, ob für ihn die Übertragung nahe liegend erscheint.[39]

Bei der Beurteilung des Musters kommt es zunächst auf dessen *Gesamteindruck* an (Seite 727).[40] Dieses Prinzip gilt nicht nur im Eingriffsfall beim Vergleich des geschützten Musters mit dem Eingriffsgegenstand (vgl Seite 764). Derselbe Grundsatz wird auch bei der Neuheitsprüfung gelten müssen. Es sind also nicht bloß einzelne Elemente des Musters mit vorbekannten Gegenständen zu vergleichen. Vielmehr ist zu ermitteln, was den Gesamteindruck des Musters prägt. Dies ist dann mit dem vorbekannten Gegenstand zu vergleichen. Besondere Bedeutung kommt diesem Prinzip dann zu, wenn die Neuheit eines Musters gerade in der noch nicht dagewesenen Kombination an sich bekannter Elemente zu einem neuen Gesamteindruck liegt.[41]

Selbst wenn der Gesamteindruck des Musters nicht neu ist, kann aber das Muster trotzdem „neu" im Sinne des § 2 MuSchG aF sein, wenn zumindest die *Übertragung* des Aussehens auf die Erzeugnisse des Warenverzeichnisses nicht nahe lag (§ 2 Abs 1, letzter Halbsatz MuSchG aF). Es kommt also bei der Neuheitsprüfung nicht bloß auf die Neuheit des Musters selbst an, sondern auch auf dessen Neuheit im Hinblick auf die Erzeugnisse, für die es bestimmt ist. Im zitierten Fall der Doppelpyramiden[42] (Seite 733) wurde auch das Naheliegen der Übertragung bejaht. Die Benennung der beiden Muster wich zwar geringfügig voneinander ab, beide Warenverzeichnisse deckten sich aber hinsichtlich „Doppelpyramide" völlig.

Ausnahmen von der Grundregel: Der Gesetzgeber hat zwei Ausnahmen vom Neuheitsprinzip vorgesehen. Eine an sich neuheitsschädliche Offenbarung bleibt

---

[39]) Eingehender *Knittel/Kucsko*, MuSchG Anm 9 und 10 zu § 2; *Loibl/Pruckner*, MusterschutzG Anm 13 zu § 2.
[40]) OGH 12. 7. 1994, 4 Ob 59/94 – Andante – ÖBl 1995, 38 = ecolex 1994, 769 (*Kucsko*) = wbl 1995, 82 (*Herzig*) = SZ 67/122 = RdW 1994, 396.
[41]) Zur Bedeutung von Elementen, die selbstständig betrachtet für den Musterschutz uninteressant sind, aber in ihrem Zusammenhang mit signifikanten Gestaltungselementen die Gesamtwirkung des Musters beeinflussen, vgl BA 12. 11. 1996, BMu 1-13/96, PBl 1997, 140.
[42]) NA 1. 9. 1997, NMu 3 und 4/96 – Doppelpyramide – PBl 1998, 150 (155).

gemäß § 2 Abs 2 MuSchG aF[43] dann außer Betracht, wenn sie nicht früher als 6 Monate vor dem Prioritätstag des Musters erfolgt ist und unmittelbar oder mittelbar zurückgeht

- auf einen offensichtlichen *Missbrauch* zum Nachteil des Anmelders oder seines Rechtsvorgängers oder
- darauf, dass der Anmelder oder sein Rechtsvorgänger das Muster auf amtlichen oder amtlich anerkannten *Ausstellungen* im Sinne des Übereinkommens über internationale Ausstellungen[44] zur Schau gestellt hat (§ 2 Abs 3 MuSchG aF verlangt dazu bereits in der Anmeldung entsprechende Angaben und eine Bestätigung der Ausstellungsleitung).

Eine weitere Ausnahme wurde erwogen, aber schließlich nicht in das MuSchG aufgenommen: Der Schöpfer eines Musters kann selbst die Neuheit seines Musters zerstören (zB: wenn er das Muster vor der Anmeldung öffentlich ausstellt, in Fachzeitschriften publiziert, nach dem Muster verfertigte Erzeugnisse – sei es auch nur zu Probezwecken – in Verkehr bringt etc). *F. Prunbauer*[45] plädierte daher zutreffend für eine „*Neuheitsschonfrist*". Eine solche Regelung enthält etwa das deutsche GeschmMG (§ 7a): Hat der Anmelder oder sein Rechtsvorgänger innerhalb von sechs Monaten vor dem für den Zeitrang der Anmeldung maßgeblichen Tag ein Erzeugnis der Öffentlichkeit zugänglich gemacht, so bleibt es bei der Beurteilung der Neuheit außer Betracht, wenn er dasselbe Erzeugnis unverändert als Muster oder Modell anmeldet. Eine derartige Milderung des Neuheitsgebots ist zu begrüßen: Musterschöpfern, die ihr Muster durch eine aus Unwissenheit vorgenommene Veröffentlichung verwirken, sollte geholfen werden. Gelegentlich wird es sinnvoll sein, zahlreiche Neuschöpfungen zunächst „auszutesten", bevor man sich für die Weiterverfolgung der Designentwicklung und für die Musteranmeldung entscheidet. Dies sollte ermöglicht werden.[46] Die MusterRL enthält eine entsprechende Regelung (dazu sogleich unten, Seite 737).

Prüfung der Neuheit: Das PA führt im Anmeldeverfahren keine Neuheitsprüfung durch (§ 16 Abs 1 MuSchG aF; anders im Patenterteilungsverfahren). Das Geschmacksmusterrecht ist also insoweit ein „*ungeprüftes Recht*". Der Grund dafür liegt darin, dass eine Neuheitsprüfung entsprechendes Recherchenmaterial erfordern würde. Eine solche Sammlung aufzubauen, erscheint aber im Hinblick auf den gewaltigen Umfang des in Betracht kommenden Materials als faktisch undurchführbar. Dementsprechend ist beim PA auch für Musteranmelder keine Recherchemöglichkeit zur Klärung der Frage vorgesehen, ob ein Muster neu ist. (Der Anmelder kann dort lediglich recherchieren, ob es bereits ähnliche registrierte

---

[43]) IdF BGBl 1992/772.
[44]) BGBl 1980/445.
[45]) MR 1990, 167.
[46]) Aus ähnlichen Erwägungen gewährt das neue GebrauchsmusterG bereits eine solche Neuheitsschonfrist (vgl § 3 Abs 3 GMG).

Muster gibt.) Ist das Muster nicht neu, so kann es allerdings unter Umständen nachträglich nichtig erklärt werden (§§ 23, 24 MuSchG aF[47]; Seite 774).

Rechtslage nach der MuSchG-Nov 2003[48]

Die Grundregel: Die MusterRL hat eine Neufassung des Neuheitsbegriffs erforderlich gemacht: *Ein Muster gilt als neu, wenn der Öffentlichkeit vor dem Tag der Anmeldung des Musters zur Registrierung oder, wenn eine Priorität in Anspruch genommen wird, vor dem Prioritätstag kein identisches Muster*[49] *zugänglich gemacht worden ist. Muster gelten als identisch, wenn sich ihre Merkmale nur in unwesentlichen Einzelheiten unterscheiden* (§ 2 Abs 1 MuSchG nF).[50] Diese Definition folgt im Wesentlichen wörtlich der Vorgabe des Art 4 MusterRL.

Art 6 Abs 1 MusterRL definiert den Begriff der *Öffentlichkeit*. Die MuSchG-Nov 2003 hat diese Vorgabe in § 2a Abs 1 MuSchG nF fast wörtlich übernommen: Im Sinne des § 2 MuSchG nF gilt ein Muster als der Öffentlichkeit zugänglich gemacht, wenn es nach der Registrierung oder auf sonstige Weise bekanntgemacht, ausgestellt, im Verkehr verwendet oder aus anderen Gründen offenbart wurde, es sei denn, dass dies den im Europäischen Wirtschaftsraum tätigen Fachkreisen des betreffenden Sektors im normalen Geschäftsverlauf nicht vor dem Tag der Anmeldung zur Registrierung oder, wenn eine Priorität in Anspruch genommen wird, vor dem Prioritätstag bekannt sein konnte. Ein Muster gilt jedoch nicht als der Öffentlichkeit zugänglich gemacht, wenn es lediglich einem Dritten unter der ausdrücklichen oder stillschweigenden Bedingung der Vertraulichkeit offenbart wurde (§ 2a Abs 1 MuSchG nF). Diese Formulierung weicht von Art 6 Abs 1 MusterRL nur in zwei Punkten ab: Statt „in der Gemeinschaft" heißt es „im Europäischen Wirtschaftsraum" und statt „am Prioritätstag" heißt es „vor dem Prioritätstag".[51] Es wird also – so betonen die EB[52] – anstelle der „absoluten objektiven Neuheit" das Kriterium der „relativen Neuheit" eingeführt. Zur Beurteilung der Neuheit und Eigenart sei es künftig nicht mehr allein ausschlaggebend, ob ein Muster der Öffentlichkeit irgendwo auf der Welt vor dem Prioritätstag bereits zugänglich war. Wenn es zwar irgendwo zugänglich war, den im EWR tätigen Fachkreisen des betreffenden Sektors im normalen Geschäftsverlauf aber nicht bekannt sein konnte,

---

[47]) Zur Übergangsbestimmung für § 23 MuSchG vgl § 46a Abs 2 MuSchG nF.

[48]) *Übergangsbestimmung* zur MuSchG-Nov 2003: Auf Musteranmeldungen und registrierte Muster, deren Anmeldetag vor dem In-Kraft-Treten MuSchG-Nov 2003 liegt, sind die §§ 1 und 2 in der vor dem In-Kraft-Treten der MuSchG-Nov 2003 geltenden Fassung weiter anzuwenden; die §§ 2a und 23 in der Fassung der MuSchG-Nov 2003 sind auf diese Musteranmeldungen und registrierten Muster nicht anzuwenden (§ 46a MuSchG nF; Art 11 MusterRL).

[49]) Der Begriff Neuheit wird somit enger gezogen als nach dem derzeitigen § 2 Abs 1 MuSchG aF. Nach der geltenden Rechtslage sind nicht nur identische Muster, sondern auch verwechselbar ähnliche Muster neuheitsschädlich (EB zu § 2 MuSchG nF).

[50]) *Kur* (GRUR 2002, 66) bezeichnet dies treffend als „fotografischen Neuheitsbegriff".

[51]) In der deutschen Version der MusterRL wurde bei der Übersetzung offensichtlich irrtümlich die Wortfolge „vor dem Prioritätstag" mit „am Prioritätstag" übersetzt. Dass sowohl bei der Beurteilung der Neuheit als auch der Eigenart nur auf Umstände Bedacht zu nehmen ist, die vor dem Anmeldetag oder, wenn eine Priorität in Anspruch genommen wird, vor dem Prioritätstag liegen, ergibt sich zweifelsfrei aus den Bestimmungen der Richtlinie in ihrem jeweiligen Zusammenhang (EB zu § 2 MuSchG nF).

[52]) EB zu § 2a MuSchG nF.

könne dennoch Musterschutz beansprucht werden. Der bisherige strenge Neuheitsbegriff werde dadurch – im Interesse der Schutzrechtswerber – abgeschwächt.

Das Muster, das bei einem Erzeugnis, das *Bauelement* eines komplexen Erzeugnisses ist, benutzt oder in dieses Erzeugnis eingefügt wird, gilt nur dann als neu und hat nur dann Eigenart, wenn das Bauelement, das in das komplexe Erzeugnis eingefügt ist, bei dessen bestimmungsgemäßer Verwendung *sichtbar* bleibt und soweit diese sichtbaren Merkmale des Bauelements selbst die Voraussetzungen der Neuheit und Eigenart erfüllen (§ 2 Abs 4 MuSchG nF; entspricht wortgleich Art 3 Abs 3 MusterRL).[53] „Bestimmungsgemäße Verwendung" im Sinne des § 2 Abs 4 MuSchG nF bedeutet die Verwendung durch den Endbenutzer, ausgenommen Maßnahmen der Instandhaltung, Wartung oder Reparatur (§ 2 Abs 5 MuSchG nF; entspricht wortgleich Art 3 Abs 4 MusterRL; vgl auch Erwägungsgrund 12).

Ausnahmen von der Grundregel: Die MusterRL sieht in Art 6 Abs 2 und 3 ebenfalls Regelungen für Ausnahmen vor, die mit der MSchG-Nov 2003 fast wörtlich umgesetzt wurden: Eine Offenbarung bleibt gemäß § 2a Abs 2 MuSchG nF bei der Anwendung des § 2 MuSchG nF unberücksichtigt, wenn das Muster der Öffentlichkeit nicht früher als *zwölf Monate* vor dem Tag der Anmeldung oder, wenn eine Priorität in Anspruch genommen wird, vor dem Prioritätstag zugänglich gemacht wird und zwar:

- *(Neuheitsschonfrist) durch den Schöpfer* oder seinen Rechtsnachfolger oder durch einen Dritten als Folge von Informationen oder Handlungen des Schöpfers oder seines Rechtsnachfolgers[54] oder
- als Folge einer *missbräuchlichen Handlung* gegen den Schöpfer oder seinen Rechtsnachfolger.

Eigenart: Die *MusterRL* sieht neben dem Neuheitserfordernis *zwingend* (Art 3 Abs 2 und 3) auch das Erfordernis der *„Eigenart"* vor (Art 5). Die MuSchG-Nov 2003 hat dieses Erfordernis in § 1 Abs 1 MuSchG nF verankert („Für Muster, die neu sind und Eigenart haben [§ 2, 2a]" ... „kann" ... „Musterschutz erworben werden"). Ein Muster hat Eigenart, wenn sich der *Gesamteindruck*, den es beim *informierten Benutzer*[55] hervorruft, von dem Gesamteindruck *unterscheidet,*[56] den

---

[53]) Die Materialien weisen zutreffend darauf hin, dass es keinem Bauelement grundsätzlich wesensimmanent ist, ob es bei bestimmungsgemäßer Verwendung des komplexen Erzeugnisses sichtbar ist, da es auf die Transparenz des komplexen Erzeugnisses ankommt. Das Kriterium Sichtbarkeit beim komplexen Erzeugnis ist anhand des registrierten Einzelteils nicht überprüfbar, sondern ergibt sich erst durch die Verwendung eines Erzeugnisses. Das Schwergewicht der Bedeutung dieser Regelung wird daher im Verletzungsverfahren liegen (EB zu § 2 MuSchG nF).

[54]) Damit werden gleichzeitig auch die gem Art 11 Abs 1 PVÜ den Verbandsländern auferlegten Mindestschutzerfordernisse für Muster gewährleistet, die auf amtlichen oder amtlich anerkannten internationalen Ausstellungen zur Schau gestellt wurden und schon bisher für die Schutzrechtswerber – lediglich mit einer kürzeren Frist – vorgesehen waren (EB zu § 2a MuSchG nF).

[55]) Wichtig ist der Klarstellung, dass für die Beurteilung des Gesamteindrucks auf den „informierten Benutzer" abzustellen ist. Der informierte Benutzer kann der Endverbraucher sein, ist es aber nicht zwangsläufig. Je nach Art des Musters wird ein gewisses Maß an Kenntnissen oder Designbewusstsein vorausgesetzt werden (EB zu § 2 MuSchG nF).

ein anderes Muster bei diesem Benutzer hervorruft, das der Öffentlichkeit vor dem Tag seiner Anmeldung zur Registrierung oder, wenn eine Priorität in Anspruch genommen wird, vor dem Prioritätstag zugänglich gemacht worden ist (§ 2 Abs 2 MuSchG nF; dies entspricht im Wesentlichen wörtlich Art 5 Abs 1 MusterRL). Bei der Beurteilung der Eigenart wird der *Grad der Gestaltungsfreiheit* des Schöpfers bei der Entwicklung des Musters berücksichtigt (§ 2 Abs 3 MuSchG nF; dies entspricht im Wesentlichen wörtlich Art 5 Abs 2 MusterRL).[57] Zu den „Bauelementen" vgl § 2 Abs 4 MuSchG nF (Seite 737).

Interessant für die Auslegung ist allerdings Erwägungsgrund 13 MusterRL: „Die Eigenart eines Musters sollte danach beurteilt werden, inwieweit sich der Gesamteindruck, den der Anblick des Musters beim informierten Benutzer hervorruft, *deutlich* von dem unterscheidet, den der vorbestehende Formschatz bei ihm hervorruft, und zwar unter Berücksichtigung der Art des Erzeugnisses, bei dem das Muster benutzt wird oder in das es aufgenommen wird, und insbesondere des jeweiligen Industriesektors und des Grades der Gestaltungsfreiheit des Entwerfers bei der Entwicklung des Musters."[58] Das Wort „deutlich" fehlt nämlich sowohl in Art 5 Abs 1 MusterRL als auch in § 2 Abs 2 MuSchG nF.

Prüfung der Neuheit und Eigenart: Auch nach der MuSchG-Nov 2003 wird die Neuheit im Eintragungsverfahren nicht geprüft. Gleiches gilt für das Kriterium der „Eigenart". § 16 Abs 1 MuSchG nF wurde daher entsprechend ergänzt.

2.2.2. Erregung von Ärgernis / Verstoß gegen die öffentliche Ordnung

Rechtslage bis zur MuSchG-Nov 2003

Für Muster, die ärgerniserregend sind oder gegen die öffentliche Ordnung verstoßen, kann kein Musterschutz erlangt werden (§ 1 Abs 2 MuSchG aF; vgl zu diesen Kriterien § 4 Abs 1 Z 7 MSchG bzw § 2 Z 1 PatG). Diese Kriterien werden schon im Anmeldeverfahren geprüft.[59]

Rechtslage nach der MuSchG-Nov 2003[60]

Nach Art 8 *MusterRL* besteht kein Recht an einem Muster, wenn es gegen die öffentliche Ordnung oder gegen die guten Sitten verstößt. Erwägungsgrund 16

---

[56]) Daraus ergibt sich, dass das in der MusterRL geforderte Kriterium der Eigenart schon bisher im österreichischen Gesetz, aber unter dem Begriff „Neuheit" verlangt wurde, sodass nicht von einem Sprung bei der Schutzschwelle gesprochen werden kann (EB zu § 2 MuSchG).

[57]) Dies entspricht an sich der schon bisher geltenden Rechtsauffassung, dass bei der Beurteilung des Gesamteindruckes zu berücksichtigen ist, in wie weit Designalternativen zur Verfügung stehen (EB zu § 2 MuSchG nF).

[58]) Aus Erwägungsgrund 13 ergibt sich, dass die Eigenart eines Musters danach beurteilt werden sollte, inwieweit sich der Gesamteindruck, den der Anblick beim informierten Benutzer hervorruft, deutlich von dem unterscheidet, den der vorbestehende Formschatz bei ihm hervorruft, und zwar unter Berücksichtigung der Art des Erzeugnisses, bei dem das Muster benutzt wird oder in das es aufgenommen wird und insbesondere des jeweiligen Industriesektors. Daraus ergibt sich, dass auch künftig die Beurteilung des Gesamteindruckes nicht abstrakt, sondern *erzeugnisbezogen* zu erfolgen hat (EB zu § 2 MuSchG nF).

[59]) *Knittel/Kucsko*, MuSchG Anm 3 zu § 16.

[60]) *Übergangsbestimmung* zur MuSchG-Nov 2003: Auf Musteranmeldungen und registrierte Muster, deren Anmeldetag vor dem In-Kraft-Treten MuSchG-Nov 2003 liegt, ist § 1 in der vor dem In-Kraft-Treten der MuSchG-Nov 2003 geltenden Fassung weiter anzuwenden (§ 46a MuSchG nF).

MusterRL stellt allerdings klar, dass dadurch keine Harmonisierung der nationalen Begriffe der öffentlichen Ordnung oder der guten Sitten bezweckt wird. Die MuSchG-Nov 2003 hat dieses Erfordernis in § 1 Abs 1 MuSchG nF aufgenommen. Unter „*öffentlicher Ordnung*" sind die tragenden Grundsätze der Rechtsordnung zu verstehen; *gegen die guten Sitten* verstößt ein Muster insbesondere dann, wenn es seinem Aussehen oder seiner Bestimmung nach geeignet ist, das Anstandsgefühl eines nicht unmaßgeblichen Teils der inländischen Bevölkerung zu verletzen.[61] Das PA prüft dieses Erfordernis (§ 16 Abs 1 MuSchG nF).

2.2.3. Kein Verstoß gegen das Doppelschutzverbot
Rechtslage bis zur MuSchG-Nov 2003

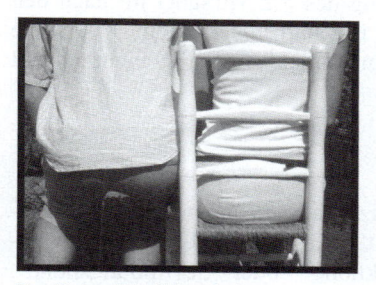

Es gilt das Prioritätsprinzip.

Es gilt der Grundsatz des „Vorrangs älterer Rechte" (*Prioritätsprinzip*): Ein Muster ist gemäß § 3 MuSchG aF dann vom Musterschutz ausgeschlossen, wenn es mit einem nach dessen Prioritätstag veröffentlichten, jedoch prioritätsälteren Muster übereinstimmt oder diesem verwechselbar ähnlich ist und es nahe liegt, das prioritätsältere Muster von den in seinem Warenverzeichnis enthaltenen Erzeugnissen auf die im Warenverzeichnis des prioritätsjüngeren Musters enthaltenen Erzeugnisse zu übertragen. Wurde das prioritätsältere Muster schon vor dem Prioritätstag des prioritätsjüngeren Musters veröffentlicht, so fehlt dem prioritätsjüngeren Muster die Neuheit im Sinne des § 2 MuSchG aF.

Verstöße gegen das Doppelschutzverbot werden im Anmeldeverfahren nicht geprüft (§ 16 Abs 1 MuSchG aF). Ein gegen das Doppelschutzverbot verstoßendes Muster könnte aber unter Umständen gemäß §§ 23, 24 MuSchG aF[62] nichtig erklärt werden (Seite 774).

Das MuSchG sieht gewisse Informationsmöglichkeiten zur Offenlegung von Verstößen gegen das Doppelschutzverbot vor (Musterregister, Veröffentlichung im Musteranzeiger und Akteneinsicht). Nicht unproblematisch ist in diesem Zusammenhang das Institut der Geheimmusteranmeldung (§ 14 MuSchG; Seite 758). Hier sichert sich der Anmelder die Priorität, zögert aber die Veröffentlichung des Musters hinaus. Dadurch bildet sein Muster, das nachfolgenden Anmeldern noch unbekannt ist, eine latente Gefahr für die prioritätsjüngeren Anmeldungen während einer relativ langen Dauer.[63]

---

[61]) EB MuSchG-Nov 2003, 65 BlgNR 22. GP zu § 1 MuSchG nF.
[62]) Zur Übergangsbestimmung für § 23 MuSchG vgl § 46a Abs 2 MuSchG nF.
[63]) Dazu näher *Orou*, Der Schutz des Industrial Design (1997) 46.

Rechtslage nach der MuSchG-Nov 2003[64]

Auch die MusterRL sieht ein solches Schutzhindernis vor. § 3 MuSchG wurde so an die Formulierung angepasst: *„Ein Muster ist vom Musterschutz ausgeschlossen, wenn es mit einem früheren Muster kollidiert, das der Öffentlichkeit nach dem Tag der Anmeldung oder, wenn eine Priorität in Anspruch genommen wird, nach dem Prioritätstag zugänglich gemacht wurde und das durch ein eingetragenes Gemeinschaftsgeschmacksmuster oder eine Anmeldung als Gemeinschaftsgeschmacksmuster oder ein nach diesem Bundesgesetz registriertes Muster oder die Anmeldung eines solchen Rechts von einem Tag an geschützt ist, der vor dem erwähnten Tag liegt"* (§ 3 MuSchG nF; dies entspricht im Wesentlichen wortgleich Art 11 Abs 1 lit d MusterRL). Die Beurteilung, ob ein älteres Recht (*„kollidierendes Muster"*) vorliegt, hat im Hinblick auf die Neuregelung des § 2 MuSchG nF nach den dort festgelegten Grundsätzen der Neuheit und Eigenart zu erfolgen.[65] Verstöße gegen das Doppelschutzverbot sollen weiterhin im Anmeldeverfahren nicht geprüft werden (§ 16 Abs 1 MuSchG nF).

2.2.4. Weitere Schutzvoraussetzungen
Rechtslage bis zur MuSchG-Nov 2003

Technisch-funktionelle Bedingtheit
ein Schutzausschließungsgrund?

Weitere Schutzvoraussetzungen, wie etwa „Eigentümlichkeit", „Eigenart", „Unterscheidungskraft", „Werkhöhe" oder „Erfindungshöhe", forderte das MuSchG bisher nicht. Auch auf den künstlerischen, wissenschaftlichen, ästhetischen, funktionellen oder wirtschaftlichen Wert des Musters kommt es nicht an. Ungeklärt war die Frage, ob auch (ausschließlich) technisch bedingte Gestaltungen musterschutzfähig sind. Gesetz und Materialien gaben bisher darüber keinen Aufschluss. Diese Frage könnte bejaht werden.[66]

Rechtslage nach der MuSchG-Nov 2003[67]

Technisch-funktionelle Merkmale: Für die durch ihre *technische Funktion* bedingten Muster sieht Art 7 MusterRL nunmehr zwingend eine Regelung vor, die umzusetzen war: Ein Recht an einem Muster besteht nicht an Erscheinungsmerkmalen eines Erzeugnisses, die *ausschließlich durch dessen technische Funktion*

---

[64] *Übergangsbestimmung* zur MuSchG-Nov 2003: Auf Musteranmeldungen und registrierte Muster, deren Anmeldetag vor dem In-Kraft-Treten MuSchG-Nov 2003 liegt, ist § 3 in der vor dem In-Kraft-Treten der MuSchG-Nov 2003 geltenden Fassung weiter anzuwenden (§ 46a MuSchG nF; Art 11 MusterRL).

[65] EB MuSchG-Nov 2003, 65 BlgNR 22. GP zu § 3 MuSchG nF.

[66] So *Kucsko/Knittel*, GRUR Int 1991, 625 (626); aA die hM in Deutschland, vgl etwa *Eichmann/v Falckenstein*, GeschmacksmusterG² Rz 13 zu § 1 mwN.

[67] *Übergangsbestimmung* zur MuSchG-Nov 2003: Auf Musteranmeldungen und registrierte Muster, deren Anmeldetag vor dem In-Kraft-Treten MuSchG-Nov 2003 liegt, sind §§ 1 bis 3 in der vor dem In-Kraft-Treten der MuSchG-Nov 2003 geltenden Fassung weiter anzuwenden (§ 46a MuSchG nF; Art 11 MusterRL).

bedingt sind (§ 2b Abs 1 MuSchG nF; entspricht im Wesentlichen wörtlich Art 7 Abs 1 MusterRL).[68]

Ein Recht an einem Muster besteht nicht an Erscheinungsmerkmalen eines Erzeugnisses, die zwangsläufig in ihrer genauen Form und ihren genauen Abmessungen nachgebildet werden müssen, damit das Erzeugnis, in das das Muster aufgenommen oder bei dem es verwendet wird, mit einem anderen Erzeugnis mechanisch zusammengebaut oder verbunden oder in diesem, an diesem oder um dieses herum angebracht werden kann, sodass beide Erzeugnisse ihre Funktion erfüllen (§ 2b Abs 2 MuSchG nF; entspricht im Wesentlichen wörtlich Art 7 Abs 2 MusterRL). Zweck dieser Regelung ist die *Interoperabilität* von Erzeugnissen unterschiedlicher Herkunft sicherzustellen und zu verhindern, dass Form und Abmessungen von Verbindungselementen monopolisiert werden.[69]

Ungeachtet des § 2b Abs 2 MuSchG nF soll nach der nunmehrigen Regelung unter den im § 2 MuSchG nF festgelegten Voraussetzungen ein Recht an einem Muster bestehen, das dem Zweck dient, den Zusammenbau oder die Verbindung einer Vielzahl von untereinander austauschbaren Teilen innerhalb eines modularen Systems zu ermöglichen (§ 2b Abs 3 MuSchG nF; entspricht im Wesentlichen wörtlich der so genannten „*Lego-Klausel*" des Art 7 Abs 3 MusterRL). Wenn der innovative Charakter eines Musters im Design eines solchen Verbindungselements besteht, wie zB bei Verbindungselementen von Spielzeugteilen, die für den Zusammenbau entworfen sind, kann dafür – sofern die sonstigen Schutzvoraussetzungen erfüllt sind – Musterschutz erworben werden.[70]

Die *Erwägungsgründe* erläutern diesen Schutzausschließungsgrund näher: Technologische Innovationen sollten nicht durch einen rechtlichen Schutz des Musters für ausschließlich technisch bedingte Merkmale behindert werden. Dies setzt jedoch nicht voraus, dass ein Muster einen ästhetischen Gehalt aufweisen sollte. Ebenso wenig sollte die Interoperabilität von Erzeugnissen unterschiedlichen Fabrikats dadurch behindert werden, dass sich der Schutz auf das Design mechanischer Verbindungselemente erstreckt. Merkmale eines Musters, die aus diesen Gründen vom Schutz ausgenommen sind, sollten bei der Beurteilung, ob andere Merkmale des Musters die Schutzvoraussetzungen erfüllen, nicht herangezogen werden (Erwägungsgrund 14 MusterRL). Abweichend hiervon können die mechanischen Verbindungselemente von Kombinationsteilen ein wichtiges Element der innovativen Merkmale von Kombinationsteilen bilden und einen wesentlichen Aktivposten für das Marketing darstellen, und sollten daher schutzfähig sein (Erwägungsgrund 15 MusterRL).

Verstöße gegen dieses Schutzhindernis sollen im Anmeldeverfahren *nicht geprüft* werden (§ 16 Abs 1 MuSchG nF).

---

[68]) Zum Unterschied dieses Schutzausschließungsgrunds im Musterrecht und im Markenrecht: *Kur*, GRUR 2002, 661.
[69]) EB zu § 2b MuSchG nF.
[70]) EB zu § 2b MuSchG nF.

Weitere fakultative Schutzvoraussetzungen: Die Mitgliedstaaten *können* nach Art 11 Abs 2 MusterRL weiters vorsehen, dass ein Muster von der Eintragung ausgeschlossen oder, wenn es eingetragen ist, für nichtig erklärt wird, wenn in einem späteren Muster ein *Zeichen mit Unterscheidungskraft* verwendet wird und das Gemeinschaftsrecht oder das einzelstaatliche Recht des betreffenden Mitgliedstaats, dem das Zeichen unterliegt, den Inhaber des Zeichens dazu berechtigt, diese Verwendung zu untersagen. Dieses Schutzhindernis muss in Österreich nicht zwingend ins MuSchG eingebaut werden; die MuSchG-Nov 2003 hat dies auch nicht getan.

Als weiteres fakultatives Schutzhindernis schlägt die MusterRL vor „wenn das Muster eine unerlaubte Benutzung eines Werks darstellt, das nach dem *Urheberrecht* des betreffenden Mitgliedstaats geschützt ist". Auch das wurde Österreich nicht umgesetzt.

Schließlich könnte nach der MusterRL ein Schutzhindernis vorgesehen werden, „wenn das Muster eine missbräuchliche Benutzung eines der in Art 6 b PVÜ aufgeführten Zeichen oder von *Abzeichen, Emblemen und Wappen* darstellt, die nicht in Art 6 b der genannten Übereinkunft erfasst sind und die für den betreffenden Mitgliedstaat von öffentlichem Interesse sind".

| details | musterrecht | schutzgegenstand | 743 |

„Die Eigenart eines Musters sollte danach beurteilt werden, inwieweit sich der Gesamteindruck, den der Anblick des Musters beim informierten Benutzer hervorruft, deutlich von dem unterscheidet, den der vorbestehende Formschatz bei ihm hervorruft, und zwar unter Berücksichtigung der Art des Erzeugnisses, bei dem das Muster benutzt wird oder in das es aufgenommen wird, und insbesondere des jeweiligen Industriesektors und des Grades der Gestaltungsfreiheit des Entwerfers bei der Entwicklung des Musters."

(Erwägungsgrund 13 MusterRL)

Nichts leichter, als das ;-).

Kucsko, Geistiges Eigentum (2003)

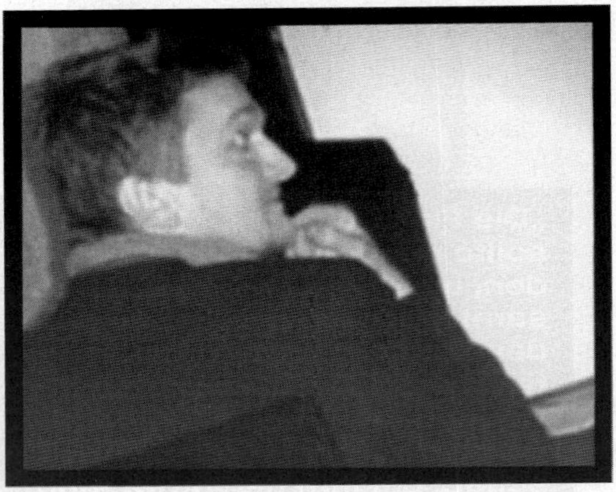

Aus ERROR-DESIGN lernen ...

Irrtümer, Fehlleistungen oder Pannen sind alltägliche Begleiter in unserem Leben. Wir schätzen Sie nicht, weil sie uns irritieren, an der Arbeit hindern und dadurch auch unsere Hilflosigkeit bloßlegen, trotzdem können wir ohne sie nicht leben.

Im Rahmen der Ausstellung ERROR-DESIGN – Irrtum im Objekt in der Kunsthalle in Krems beschäftigte ich mich in diesem Zusammenhang mit jenen Produkten, die Fehlfunktionen durch mangelhaftes Design beinhalten: banale Alltagswelt mit unüberwindlichen Verpackungssystemen, Gerätschaften aus der Küche, die sauberes Ausgießen oder Einfüllen durch mühsames "Handling" verhindern, problematische Bedienbarkeit von Elektro- oder Elektronikgeräten und vieles mehr. Und nicht nur im haptischen Umgang scheitern wir, sondern auch bei visuellen Systemen, die uns Dinge in unverständlichster und kompliziertester Form mitteilen wollen: im Straßenverkehr genauso wie bei einer Gebrauchsanweisung.

Negativerfahrung mit Produkten, bei der in sehr anschaulicher Form eine Definition, was Design ist oder besser was es nicht ist, erzielt wird. Für viele liegt der Begriff Design noch immer im Bereich exklusiver Konsumgüter, die man sich um teures Geld kauft, aber nicht unbedingt haben muss. Das ist aber nicht der Fall. Wir können der Gestaltung von Dingen nicht entgehen: Wir müssen uns den Fahrschein aus dem Automaten ziehen, wir müssen an der flachen Öffnungslasche einer Konservendose die Fingernägel malträtieren und wir können auch nicht vor unverständlichen Computerprogrammen davonlaufen. Design ist überall und nirgends. Design ist angenehm unsichtbar oder störend auffallend. Je nachdem.

Gutes Design baut auf Problemlösungen auf, bietet neuen Benutzungskomfort, akzeptiert auf der einen Seite allgemeinverständliche Konventionen und innoviert andererseits überflüssige oder schlecht benutzbare Teilbereiche eines Produkts. Ziel wird somit eine stringente Verbindung zwischen kommunikativer Form und bedienbarer Funktion. Design als eine Gratwanderung zwischen den vielfältigen Anforderungen der Technologie und Ökonomie einerseits und dem rationalen wie auch emotionalen Kommunikationsanspruch in der Benutzung eines Produkts andererseits. ERROR-DESIGN ist so gesehen ein evolutives Prinzip, weniger in linearer Bewegung zur makellosen Perfektion als vielmehr zyklisch kreisend um unsere Befindlichkeit als Mensch und Benützer.

◄ **Uli MARCHSTEINER** (www.marchsteiner.com) ist seit 1985 als Industriedesigner, Innenarchitekt und Ausstellungskurator in Barcelona tätig. Als Lehrbeauftragter unterrichtet er an verschiedenen Designschulen in Barcelona.

3. SCHÖPFER

Überblick:
- Der übertragbare Anspruch auf Geschmacksmusterschutz steht zunächst dem *Schöpfer* zu.
- Bei *Arbeitnehmer-/Auftragnehmermustern* hat in der Regel der Arbeit-/Auftraggeber diesen Anspruch.
- Der Schöpfer hat einen unverzichtbaren Anspruch auf *Nennung*.
- Mehrere Personen können gemeinsam *Musterinhaber* sein.

3.1. Schöpferprinzip

Gemäß § 7 Abs 1 MuSchG hat grundsätzlich der *Schöpfer* des Musters oder sein Rechtsnachfolger Anspruch auf Musterschutz. Das MuSchG ordnet das Recht auf das Muster also zunächst dem „Schöpfer" zu. Dieser kann allerdings sein Recht auf einen „Rechtsnachfolger" übertragen (Seite 768). Ähnlich wie im Patentrecht wird als „Schöpfer" derjenige zu beurteilen sein, der das Muster geschaffen hat. Das Recht auf Musterschutz wird also zunächst einer physischen Person zugeordnet. Ein originäres Recht einer juristischen Person kommt – anders als im Urheberrecht – etwa beim Arbeitnehmermuster in Betracht (§ 7 Abs 2 MuSchG, Seite 747). Die *MusterRL* enthält zu diesem Abschnitt keine Vorgaben. Anzumerken ist lediglich, dass der Urheber des Designs in der Richtlinie nicht „Schöpfer", sondern „Entwerfer" genannt wird (vgl zB Art 6 Abs 2 MusterRL).

Wurde das Muster von mehreren physischen Personen gemeinsam geschaffen, so steht ihnen als „*Mitschöpfern*" das Recht gemeinsam zu. Dazu genügt allerdings nicht die Tätigkeit eines „*Gehilfen*", der zB die ihm vom Schöpfer vorgegebenen Anweisungen zum Bau des Prototyps lediglich technisch umsetzt, die Reinzeichnung vornimmt oder durch seinen finanziellen Beitrag die Arbeit des Schöpfers ermöglicht. Der Mitschöpfer muss vielmehr einen qualifizierten Beitrag zu jenen Merkmalen leisten, die die Schutzwürdigkeit des Musters (insbesondere dessen Neuheit) begründen.[1]

Ohne Bedeutung ist die Frage der *Nationalität*[2] oder der Geschäftsfähigkeit des Schöpfers; ebenso die Frage, wo das Muster geschaffen wurde.[3]

Der Anspruch auf Musterschutz entsteht mit dem *Realakt der Schöpfung*. Da beim Muster eine körperliche Festlegung erforderlich ist (Seite 725), wird die Schaffung dieser Festlegung und nicht schon der Abschluss des gedanklichen Konzepts für die Schöpfung des Musters als Zeitpunkt für die Entstehung des Anspruchs auf

---

[1]) Vgl näher *Knittel/Kucsko*, MuSchG Anm 6 zu § 7.
[2]) Anders etwa das HlSchG (§ 5).
[3]) *Knittel/Kucsko*, MuSchG Anm 8 und 9 zu § 7.

Musterschutz zu fixieren sein.[4] Diesen Anspruch auf Musterschutz macht der Rechtsinhaber durch Anmeldung (§§ 11ff MuSchG; Seite 753) geltend. Gegen einen unbefugten Anmelder kann sich der wahre Berechtigte mit einem Aberkennungsanspruch gemäß § 25 MuSchG aF (Seite 777; nach der MuSchG-Nov 2003: mit einem Antrag auf Nichtigerklärung gemäß § 23 Abs 1 Z 4 MuSchG nF) zur Wehr setzen. Der Schöpfer hat außerdem einen unübertragbaren, unvererbbaren und unverzichtbaren Anspruch auf *Nennung als Schöpfer* (§ 8 MuSchG, Seite 748).

3.2. Doppelschöpfung

Es ist zumindest theoretisch möglich, dass zwei Schöpfer unabhängig voneinander das gleiche Muster kreieren. Jeder von beiden hat daher zunächst Anspruch auf Musterschutz, wobei dann die Priorität der Anmeldung entscheidend ist (§§ 19, 20 MuSchG; vgl auch zum „Doppelschutzverbot", Seite 739). Unter Umständen hat derjenige, dem ein anderer mit der Anmeldung zuvorgekommen ist, ein Vorbenützerrecht (§ 5 MuSchG, Seite 767).

3.3. Arbeitnehmer-/Auftragnehmermuster

Anders als etwa das UrhG[5] enthält das MuSchG eine ausdrückliche, generelle Sonderregelung für Muster, die im Rahmen eines Arbeits- oder Auftragsverhältnisses geschaffen wurden:

- Fällt das Muster eines Arbeitnehmers in das Arbeitsgebiet des Unternehmens, in dem er tätig ist, und hat die Tätigkeit, die zu dem Muster geführt hat, zu den dienstlichen Obliegenheiten des Arbeitnehmers gehört (*„Arbeitnehmermuster"*) oder
- ist das Muster außerhalb eines Arbeitsverhältnisses im Auftrag geschaffen worden (*„Auftragnehmermuster"*)[6],

so steht der Anspruch auf Musterschutz, wenn nichts anderes vereinbart worden ist, gemäß § 7 Abs 2 MuSchG dem Arbeitgeber bzw dem Auftraggeber oder seinem Rechtsnachfolger zu. Aus dieser Formulierung der Rechtszuweisung ergibt sich, dass der Arbeitgeber/Auftraggeber nicht bloß einen vom Arbeitnehmer/Auftragnehmer abgeleiteten Anspruch hat. Der Anspruch entsteht vielmehr *originär beim Arbeitgeber/Auftraggeber*.[7]

---

[4]) Ähnlich *Eichmann/v Falckenstein*, GeschmacksmusterG[2] Rz 4 zu § 1 mwN.
[5]) Dieses enthält erst seit der UrhGNov 1993 eine Sonderregelung speziell für Computerprogramme (§ 40b UrhG) und seit der UrhGNov 1997 für Datenbankwerke (§ 40f Abs 3 UrhG).
[6]) Zu den wirtschaftlichen Erwägungen, die für die Vergabe von Designaufträgen an externe Designer sprechen, vgl sehr anschaulich *Kahlenberg*, Ein europäisches Geschmacksmusterrecht, 23.
[7]) So ausdrücklich der EB zu § 3 Abs 2 HlSchG (abgedruckt bei *Gräser/Kucsko*, HlSchG Anm 5 zu § 3), der entsprechend formuliert ist; in Deutschland ist die Frage, ob der Rechtserwerb originär ist, strittig, vgl ausführlich *Nirk/Kurtze*, GeschmacksmusterG[2] Rz 16ff zu § 2. Anders ist die Rechtslage im Urheberrecht. Dort fehlt – sieht man von den Sonderbereichen „Computerprogramme" und „Datenbanken" ab – eine generelle gesetzliche Anordnung. Der Arbeitgeber kann daher nur derivative Rechte erwerben, vgl OGH 7. 4. 1992, 4 Ob 36/92 – Bun-

Probleme können insbesondere dann auftreten, wenn das Muster zugleich urheberrechtlich geschützt ist, zumal das UrhG bislang keine ausdrückliche Regelung des Arbeitnehmerurheberrechts im Bereich der Werke der bildenden Künste kennt. Es empfiehlt sich daher eine klarstellende, ausdrückliche Vertragsbestimmung.

Das MuSchG sieht *keine Vergütung* für Arbeitnehmer-/Auftragnehmermuster vor (anders im Patentrecht, § 8 PatG).[8]

Der Arbeitgeber/Auftraggeber kann den Anspruch auf Musterschutz durch Anmeldung (§§ 11ff MuSchG; Seite 753) geltend machen. Gegen einen unbefugten Anmelder (etwa auch gegen den nicht befugten Arbeitnehmer oder Auftragnehmer) kann er mit einem Aberkennungsanspruch gemäß § 25 MuSchG (Seite 777) vorgehen. Hingegen trifft den Arbeitgeber/Auftraggeber keine Verpflichtung zur Anmeldung oder Nutzung des Musters, zumal ein Gebrauchszwang dem Geschmacksmusterrecht generell fremd ist (Seite 726). Es ist auch keine Verpflichtung zur „Rückgabe" des Musters an den Schöpfer vorgesehen, falls es nicht verwertet wird.

Da der Anspruch auf *Nennung* als Schöpfer an der Qualifikation der Person als „Schöpfer" anknüpft und der Arbeitgeber/Auftraggeber durch § 7 Abs 2 MuSchG nicht zum „Schöpfer" wird, verbleibt dieser Anspruch beim Arbeitnehmer/Auftragnehmer, auch wenn der Arbeitgeber/Auftraggeber den Anspruch auf Musterschutz hat.

Zutreffend wird darauf verwiesen, dass für den Arbeitnehmer – aus dem Treueverhältnis folgend – die Verpflichtung zur *Meldung* entsprechender Schöpfungen besteht, um dem Arbeitgeber die Möglichkeit zu geben, das Muster anzumelden.[9] Gleiches wird für das Auftragsverhältnis gelten müssen.

3.4. Nennung als Schöpfer

Der Schöpfer eines Musters hat gemäß § 8 MuSchG Anspruch, im Musterregister, bei der Veröffentlichung des Musters im Österreichischen Musteranzeiger und in den vom PA auszustellenden Prioritätsbelegen als Schöpfer genannt zu werden. Dieser Anspruch ist nicht übertragbar, nicht vererbbar und unverzichtbar. Er sichert die ideellen Interessen des Musterschöpfers (Schutz der *„Schöpferehre"*). Dieses Recht ist durch einen *Antrag bei der Anmeldung* geltend zu machen (§ 8 Abs 3 MuSchG). Ein gesetzlicher Anspruch auf *Nennung auf dem Erzeugnis* selbst (zB: in Form einer Signatur, auf Werbeunterlagen etc) ist nicht vorgesehen. Insoweit wäre – wenn dies vom Schöpfer gewünscht wird – durch eine entsprechende Vereinbarung vorzusorgen.

---

desheer-Formblatt – ÖBl 1992, 81 = MR 1992, 199 (*Walter*) = SZ 65/51 = EvBl 1993/36 = wbl 1992, 340 = GRUR Int 1993, 565; OGH 18. 2. 1992, 4 Ob 127/91 – Wienerwald – ÖBl 1992, 184.

[8]) *Knittel/Kucsko*, MuSchG Anm 12 zu § 7; ebenso die Situation in Deutschland: vgl *Nirk/Kurtze*, GeschmacksmusterG[2] Rz 28 zu § 2; *Eichmann/v Falckenstein*, GeschmacksmusterG[2] Rz 10 zu § 2 mwN.

[9]) *Eichmann/v Falckenstein*, GeschmacksmusterG[2] Rz 8 zu § 2 mwN.

3.5. Verhältnis mehrerer Musterinhaber zueinander

Für das Rechtsverhältnis mehrerer Musterinhaber zueinander verweist das MuSchG (§ 9) auf das allgemeine Zivilrecht. Zusätzlich ist angeordnet, dass das Recht, Dritten die Benützung eines geschützten Musters zu gestatten (Lizenzvergabe) „im Zweifel" nur der Gesamtheit der Inhaber zusteht. Jeder einzelne Musterinhaber ist aber befugt, gegen Verletzer des Musterrechts vorzugehen (vgl dazu § 27 PatG).

4. INSTITUTIONEN

Überblick:

- Für Geschmacksmusterangelegenheiten (insbesondere Registrierungen) ist grundsätzlich das *Patentamt* zuständig.
- Als zweite Instanz entscheidet über Rechtsmittel gegen Entscheidungen der Nichtigkeitsabteilung der *Oberste Patent- und Markensenat*.
- Zusätzlich konnten Musteranmeldungen auch dezentral bei gewissen *Kammern der gewerblichen Wirtschaft* eingebracht werden.
- Für Verletzungsverfahren sind das *Handelsgericht Wien* bzw das *Landesgericht für Strafsachen Wien* ausschließlich zuständig.
- Zur Verwaltung des registrierten Gemeinschaftsgeschmacksmusters wird das *Harmonisierungsamt* in Alicante zuständig sein.

Das Musterwesen ist in Gesetzgebung und Vollziehung *Bundessache* (Art 10 Abs 1 Z 8 B-VG). Gemäß Art 102 Abs 2 B-VG können Angelegenheiten des Musterschutzes unmittelbar von Bundesbehörden versehen werden. Zur Vollziehung sind berufen:

4.1. Wirtschaftskammern

Ihnen oblagen bis zur MuSchG-Nov 2003 gewisse (sehr eingeschränkte) Aufgaben im Rahmen des Anmeldeverfahrens (Musteranmeldungen konnten wahlweise direkt beim PA oder bei bestimmten Kammern der gewerblichen Wirtschaft eingebracht werden). Dazu waren bei einigen Kammern der gewerblichen Wirtschaft besondere *„Anmeldestellen"* eingerichtet (§ 11 MuSchG, Seite 753). Die näheren Details der Organisation waren in der Musteranmeldestellenverordnung (MAStV) geregelt.

Diese Reminiszenz an die frühere dezentrale Regelung ist mit der MuSchG-Nov 2003 aus gutem Grund entfallen – auch im Marken-, Patent-, Gebrauchsmuster- und Halbleiterschutzrecht sind alle Anmeldungen direkt beim PA einzubringen. Die Praxis zeigt auch, dass diese dezentrale Struktur für die Partei durchaus problematisch werden konnten: Den Musteranmeldestellen der Kammern oblag nur die Entgegennahme von Musteranmeldungen (sowie von Eingaben, die Prioritätserklärungen und Prioritätsberichtigungen betreffen). Die BA[1] hat konsequent gefolgert, dass alle anderen Eingaben ausnahmslos unmittelbar an das PA zu richten sind und dass daher etwa die Vorlage einer dem Verbesserungsauftrag des PA folgenden Eingabe bei der Musteranmeldestelle zur Fristwahrung nicht ausreicht. Die MuSchG-Nov 2003 sieht daher die Auflösung dieser Anmeldestellen vor.

---

[1]) 5. 12. 1995 PBl 1996, 198 (dort auch zur Frage, welche Belehrungspflicht die Behörde trifft).

4.2. Patentamt (PA)

Grundsätzlich ist in Musterangelegenheiten das Österreichische Patentamt zuständig (§ 26 Abs 1 MuSchG). Die *verfahrensrechtlichen Regelungen* (§§ 26 ff MuSchG) entsprechen weitgehend den patentrechtlichen Bestimmungen. Teilweise verweist das MuSchG lediglich auf die sinngemäß anzuwendenden Bestimmungen des PatG (zB Fristen, Ausschließungsgründe, Zustellung, Wiederaufnahme des Verfahrens, Wiedereinsetzung in den vorigen Stand, Vollstreckung, Beschwerdeverfahren etc; Seite 880). Zu den *Verfahrensgebühren* vgl § 42 MuSchG.

4.2.1. Rechtsabteilung (RA)

Der „*Rechtsabteilung A*" (RA)[2] obliegt im Wesentlichen die Beschlussfassung im Anmeldeverfahren (Registrierung und Veröffentlichung von Mustern, Zurückweisung von Anmeldungen etc) sowie in nichtstreitigen Musterangelegenheiten (zB Übertragung von Mustern). Sie entscheidet durch ein einzelnes rechtskundiges Mitglied. Zur Entlastung werden gewisse Agenden von *Sachbearbeitern* besorgt (vgl § 27 MuSchG). Im Einzelnen sind diese Angelegenheiten durch Verordnung des Präsidenten des PA zu bezeichnen (vgl § 19 Z 7 PAV).

4.2.2. Beschwerdeabteilung (BA)

Gegen Beschlüsse der RA kann eine Beschwerde an die *Beschwerdeabteilung* (BA) erhoben werden (§ 28 MuSchG). Die Beschwerde ist binnen zwei Monaten nach der Zustellung des Beschlusses beim PA einzubringen und spätestens innerhalb eines Monats nach Ablauf dieser Frist zu begründen (§ 28 Abs 1 MuSchG). Die BA verhandelt und entscheidet in Senaten, bestehend aus einem rechtskundigen Vorsitzenden sowie einem rechtskundigen und einem fachtechnischen Mitglied (§ 28 Abs 3 MuSchG). Gegen die Entscheidung der BA ist kein ordentliches Rechtsmittel zulässig (§ 28 Abs 4 MuSchG). Offen steht aber die Beschwerde an VwGH oder VfGH.

4.2.3. Nichtigkeitsabteilung (NA)

Die *Nichtigkeitsabteilung* (NA) entscheidet – anders als in Patentsachen (§ 63 Abs 1 Z 2 PatG) – durch ein einzelnes rechtskundiges Mitglied (§ 29 Abs 1 MuSchG). Sie ist für streitige Musterverfahren zuständig (§ 29 Abs 1 MuSchG):

- Anträge auf Anerkennung eines Vorbenützerrechts (Seite 767),
- Nennung als Schöpfer (Seite 748),
- Nichtigerklärung (Seite 775),
- Aberkennung und Übertragung (Seite 777),
- Feststellung (Seite 780) sowie
- Nichtigerklärung von Amts wegen (nicht mehr nach der MuSchG-Nov 2003; Seite 774).

---

[2] PBl 2002, 3 und Geschäftsverteilung und Personaleinteilung des Österreichischen Patentamtes sowie Zusammensetzung der Abteilungen und eines Referates (Beilage zu PBl 2002/1), 17.

4.3. Oberster Patent- und Markensenat (OPM)

Zur Entscheidung über Berufungen gegen Endentscheidungen der NA ist der *Oberste Patent- und Markensenat* (OPM) zuständig (§ 30 MuSchG). Nähere Regelungen über die Einrichtung des OPM finden sich im Patentrecht, Seite 879. Die Berufung ist binnen zwei Monaten nach Zustellung der Entscheidung beim PA schriftlich einzubringen. Sie muss einen begründeten Berufungsantrag enthalten (§ 30 Abs 1 MuSchG). Der OPM entscheidet in Senaten, bestehend aus dem Vorsitzenden (Präsident oder Vizepräsident des OPM) sowie einem rechtskundigen und einem fachtechnischen Mitglied (§ 30 Abs 3 MuSchG).

4.4. Gerichte

Ihnen obliegt die Entscheidung im Verletzungsverfahren (Seite 779). Die Zuständigkeit für das erstinstanzliche Verfahren ist – wie im Patent-, Gebrauchsmuster- und Halbleiterschutzrecht – für ganz Österreich bei zwei Gerichten konzentriert; eine Regelung, die wegen der Schwierigkeit dieser Materie und der dadurch notwendigen Spezialkenntnisse zu begrüßen ist. Für Klagen und einstweilige Verfügungen nach dem MuSchG ist gemäß § 38 Abs 1 MuSchG ausschließlich das *Handelsgericht Wien* zuständig (vgl auch § 51 Abs 2 Z 9 JN):

Das „alte" Handelsgericht Wien

▸ Ansprüche wegen Musterrechtsverletzungen (Seite 779),
▸ Auskunftserteilung (Seite 780).

Die Gerichtsbarkeit in Strafsachen nach dem MuSchG obliegt ausschließlich dem *Landesgericht für Strafsachen Wien* (§ 38 Abs 2 MuSchG). Diese Zentralisierung der Gerichtsbarkeit auf zwei spezialisierte Gerichte macht durchaus Sinn. Durch entsprechende Fachabteilungen wird das in dieser Materie notwendige Spezialwissen gefördert. Man sollte dieses Modell eingeschränkter Zuständigkeiten auch für das Markenrecht erwägen. Zur *Publizität* der Entscheidungen über Muster ordnet § 36 MuSchG an, dass das Gericht erster Instanz dem PA von jedem Urteil, in dem die Gültigkeit oder Wirksamkeit eines Musterrechts beurteilt worden ist, eine mit der Bestätigung der Rechtskraft versehene Ausfertigung für die Musterakten übermitteln muss. Im Musterregister (Seite 761) ist auf ein solches Urteil hinzuweisen.

5. REGISTRIERUNG

Überblick:

▸ Musteranmeldungen sind *schriftlich* mit Musterabbildungen und einem Warenverzeichnis vorzunehmen (Anmeldeprinzip).
▸ Für die *Priorität* ist grundsätzlich der Tag der ordnungsgemäßen Anmeldung entscheidend. Gemäß Art 4 PVÜ kann unter Umständen auch eine bessere ausländische Priorität (ausdrücklich) in Anspruch genommen werden.
▸ Muster werden – nach einer eingeschränkten *Prüfung* durch das Patentamt – in das Musterregister eingetragen.

5.1. Anmeldestellen

Rechtslage bis zur MuSchG-Nov 2003

Musteranmeldungen konnten entweder beim PA in Wien oder bei einer Wirtschaftskammer, bei der eine Anmeldestelle eingerichtet ist,[1] eingebracht werden.

Checklist: Anmeldestellen

▸ Österreichisches Patentamt
(Dresdner Straße 87–105, 1200 Wien, Tel: 01 – 534 24 0)
▸ Wirtschaftsförderungsinstitut der Wirtschaftskammer Kärnten
(Bahnhofstraße 40–42, 9021 Klagenfurt, Tel: 0463 – 5868 971)
▸ Wirtschaftskammer Niederösterreich
(Herrengasse 10, 1014 Wien, Tel: 01 – 534 66 1258)
▸ Wirtschaftsförderungsinstitut der Wirtschaftskammer Salzburg
(Julius-Raab-Platz 2, 5027 Salzburg, Tel: 0662 – 8888 433)
▸ Wirtschaftskammer Steiermark
(Körblergasse 111–113, 8021 Graz, Tel: 0316 – 601 669)
▸ Wirtschaftsförderungsinstitut der Wirtschaftskammer Tirol
(Egger-Lienz-Straße 116, 6021 Innsbruck, Tel.: 0512 – 5350 1293)
▸ Wirtschaftskammer Vorarlberg
(Wichnergasse 9, 6800 Feldkirch, Tel: 05522 – 305 412)

Zweimal im Monat wurden die Anmeldungen (sowie Eingaben, die Prioritätserklärungen und Prioritätsberichtigungen betreffen; § 20 Abs 2 MuSchG aF)[2] von den Anmeldestellen der Kammern an das für die Formalprüfung allein zuständige PA weitergeleitet (§ 11 Abs 2 MuSchG).

---

[1]) § 1 MAStV.
[2]) Alle anderen Eingaben (Anträge auf Übertragung des Musters) waren direkt beim PA einzubringen; *Knittel/Kucsko*, MuSchG Anm 10 zu § 11.

Rechtslage nach der MuSchG-Nov 2003
Es sollte den Mitgliedstaaten weiterhin freistehen, Verfahrensvorschriften für die Eintragung zu erlassen (Erwägungsgrund 6 MusterRL). Die MuSchG-Nov 2003 hat eine Zentralisierung des Anmeldeverfahrens beim Patentamt gebracht: Muster sind demnach künftig nur beim Österreichischen Patentamt (Dresdner Straße 87–105, 1200 Wien, Tel: 01 – 534 24 140) schriftlich zum Schutz anzumelden. Als Anmeldetag gilt der Tag des Einlangens der Anmeldung beim Patentamt (§ 11 MuSchG).

5.2. Formerfordernisse
5.2.1. Schriftlichkeit
Die Anmeldung muss *schriftlich* erfolgen (§ 12 Abs 1 MuSchG aF, § 11 MuSchG nF; mit Anschrift, § 1 PGMMV).[3] Es empfiehlt sich, die Original-Vordrucke des PA zu verwenden (§ 1a PAV). Diese Formulare (samt Merkblättern) sind beim PA, auf der Website des PA[4] und bei den übrigen Anmeldestellen gratis erhältlich:[5]

- Anmeldeformular für Einzelanmeldungen
- Anmeldeformular für Sammelanmeldungen
- Beiblatt für Sammelanmeldungen
- Merkblatt für die Musteranmeldung
- Gebührenmerkblatt

Detailliert geregelt ist die *Vertretung* „in Angelegenheiten des Musterschutzes" (§ 32 MuSchG).[6] Insbesondere: Ein Vertreter vor dem PA oder OPM muss seinen Wohnsitz im Inland haben; für Rechtsanwälte, Patentanwälte und Notare gelten allerdings die berufsrechtlichen Vorschriften (§ 32 Abs 1 MuSchG). Der Vertreter benötigt eine schriftliche Vollmacht (bei einem Rechtsanwalt, Patentanwalt oder Notar ersetzt die Berufung auf die ihm erteilte Bevollmächtigung deren urkundlichen Nachweis; eine Bevollmächtigung zur Übertragung eines Musters bedarf jedoch jedenfalls einer schriftlichen, beglaubigten Vollmacht).[7] Wer im Inland weder Wohnsitz noch Niederlassung hat, kann Rechte vor dem PA nur geltend machen, wenn er einen Vertreter hat, der die Erfordernisse des § 32 Abs 1 MuSchG erfüllt (dies ist vor allem für *Musteranmeldungen* durch Anmelder mit Sitz im Ausland bedeutsam). Zur Vertretung vor der BA, der NA und dem OPM durch einen Rechtsanwalt, Patentanwalt oder Notar: § 32 Abs 4 MuSchG nF.

5.2.2. Offenbarung
Der Schutz von Mustern wird durch Eintragung für diejenigen Merkmale eines Musters eines ganzen Erzeugnisses oder eines Teils davon begründet, die in einer

---
[3]) Zu den Nachteilen der Übermittlung per Fax, vgl *Knittel/Kucsko*, MuSchG Anm 6 zu § 12.
[4]) www.patentamt.at.
[5]) Vgl Checklist - Musteranmeldung in ecolex 1993, 100 mwN.
[6]) Diese Regelung wurde EWR-konform formuliert, BGBl 1992/772.
[7]) Zum Umfang der Vollmacht vgl § 32 Abs 5 bis 7 MuSchG.

Anmeldung sichtbar wiedergegeben und der Öffentlichkeit durch Bekanntmachung oder Einsichtnahme zugänglich gemacht worden sind (Erwägungsgrund 11 MusterRL).

Das Geschmacksmuster ist bei der Anmeldung durch Vorlage einer *Musterabbildung* (Foto, Zeichnung) oder eines *Musterexemplars* (Originalgegenstand oder Modell) zu offenbaren (wird ein Musterexemplar vorgelegt, so ist jedenfalls für die Veröffentlichung und die Registrierung auch eine Abbildung vorzulegen, die für die Offenbarung jedoch außer Betracht zu bleiben hat; § 12 Abs 2 MuSchG; zu den Details: §§ 13, 14 PAV). Der Offenbarung des Musters kommt für den Musterschutz besondere Bedeutung zu, zumal sich nach ihr auch der Schutzumfang des Musters richtet: Die Musterabbildung (bzw das Musterexemplar) sind konstitutive Voraussetzungen für das Entstehen des Musterrechts und entscheiden letztlich über Gegenstand, Inhalt und Umfang des dem Musterinhaber zustehenden Ausschließungsrechts.[8] Legt der Anmelder kein Musterexemplar vor, so richtet sich die Offenbarung nur nach den Abbildungen. In diesen Fällen ist besonders darauf zu achten, dass die Abbildungen die entscheidenden Merkmale des Musters klar und deutlich wiedergeben. Dazu können auch mehrere Abbildungen (etwa Vorder-, Rück- und Seitenansicht) vorgelegt werden. Nur wenn eine oder mehrere *Gesamtansichten* des Gegenstands offenbart werden, können auch *Details* dieser Gesamtansichten in gesonderten Abbildungen aufgenommen werden (zu beachten ist aber, dass insgesamt nicht mehr als 10 Abbildungen vorgelegt werden dürfen).[9] Die Abbildung bloß einzelner Merkmale oder Bereiche eines Erzeugnisses wird nicht akzeptiert. Wird bei der Anmeldung ein Musterexemplar vorgelegt, so können Abbildungen noch nachgereicht werden; wird hingegen bei der Anmeldung kein Musterexemplar vorgelegt, so kann es nicht nachgereicht werden, zumal dies zu einer nachträglichen Erweiterung der Offenbarung führen würde.[10] Ist also kein Musterexemplar eingereicht worden und ist aus den vorgelegten Abbildungen keine Gesamtansicht eines selbstständigen verkehrsfähigen Erzeugnisses erkennbar, so liegt nach der Entscheidungspraxis des PA[11] keine ordnungsgemäße Offenbarung vor. Dieser Mangel ist unbehebbar, die Musteranmeldung wird abgewiesen.

Musterabbildungen sind zweifach vorzulegen. Es können bis zu 10 verschiedene Abbildungen überreicht werden. Blätter mit Zeichnungen dürfen nicht größer als 29,7 x 21 cm (Format A4) und Fotos nicht größer als 21 x 14,8 cm (Format A5) sein (§ 13 PAV). Dreidimensionale Muster sowie versiegelte Umschläge für Geheimmusteranmeldungen dürfen 50 x 40 x 40 cm nicht überschreiten (maximales Gewicht: 10 kg). Flächenmuster dürfen 50 x 100 x 2,5 cm oder 75 x 100 x 1,5 cm

---

[8]) BA 10. 7. 1997, BMu 2/94, PBl 1998, 187; BA 12. 11. 1996, BMu 1-13/96, PBl 1997, 140; BA 22. 7. 1994, BMu 1/93, PBl 1995, 21.
[9]) BA 12. 11. 1996, BMu 1-13/96, PBl 1997, 140; *Lang*, FS 100 Jahre PA (1999) 178 (181).
[10]) *Knittel/Kucsko*, MuSchG Anm 12 und 13 zu § 12; BA 10. 7. 1997, BMu 2/94, PBl 1998, 187.
[11]) BA 12. 11. 1996, BMu 1-13/96, PBl 1997, 140.

nicht überschreiten und müssen auf das Format 29,7 x 21 cm (Format A4) faltbar sein (§ 14 PAV).

Die Abbildungen müssen das Muster gemäß § 13 Abs 1 PAV möglichst *ohne Beiwerk* wiedergeben; die Spruchpraxis des PA ist hier durchaus streng. Ist auf den Abbildungen unzulässiges Beiwerk enthalten, so wird ein behebbarer Mangel der Anmeldung angenommen. Allerdings ist bei der Vorlage neuer Abbildungen ohne Beiwerk zu beachten, dass damit keine Überschreitung der ursprünglichen Offenbarung verbunden sein darf.[12] Nur dann, wenn durch das Beiwerk auch der Schutzrechtsgegenstand (sei es auch nur zum Teil) verdeckt wird, liegt ein unbehebbarer Mangel vor.[13] Wurde zusätzlich zu den Abbildungen auch ein Musterexemplar vorgelegt, so wird es möglich sein, allenfalls bessere Abbildungen (ohne das beanstandete Beiwerk) nachzureichen, da die vollständige Offenbarung des Designs bereits durch das Musterexemplar erfolgt ist.

Beispiele:

- Die Vermeidung von Beiwerk ist bei gewissen *Präsentationshilfen* unmöglich (transparente Dekorationspuppen für Kleidungsstücke; Stützen, die einen Gegenstand in Schräglage bringen udgl);
- wird hingegen ein Muster für die Ware „Sohle für Kinderschuh" angemeldet und dazu die Abbildung eines ganzen Kinderschuhs vorgelegt, so werden alle jene Schuhteile, die von der Sohle verschieden sind, als unzulässiges Beiwerk beurteilt.[14]
- Ebenso wurde in dem bereits oben zitierten Fall „Doppelpyramide"[15] der in der Musterabbildung sichtbare Tisch, auf dem die Stangenkonstruktion ruht, als Beiwerk beurteilt, das vom Musterschutz nicht umfasst ist. Begründet wurde dies damit, dass der Beschreibungstext („Gestänge-Pyramiden") diesen Teil nicht umfasst und diese Platte auch sonst in der Beschreibung nicht angeführt war. Demnach handelte es sich offenbar nur um eine Standunterlage und nicht um eine (zum Muster gehörende) Bodenplatte.

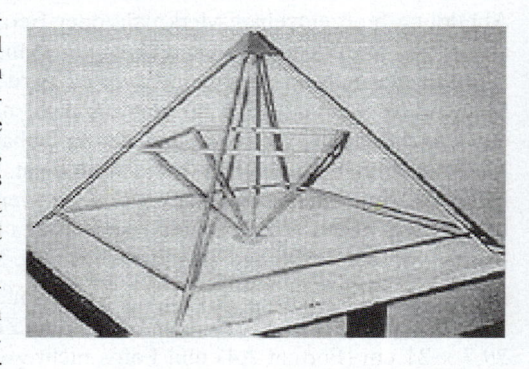

---

[12]) BA 12. 11. 1996, BMu 1-13/96, PBl 1997, 140. In dieser Entscheidung finden sich auch eingehende Ausführungen zum Mindestinhalt einer Bescheidbegründung.
[13]) Dazu eingehend am anschaulichen Beispiel von Abbildungen, bei denen bestimmte Gegenstände (Drahtkorb, Kleiderhaken etc) an Stangen angebracht waren, die jeweils mit dem Rand der Abbildung abrupt endeten: BA 12. 11. 1996, BMu 1-13/96, PBl 1997, 140.
[14]) BA 22. 7. 1994, BMu 1/93, PBl 1995, 21 (da trotz Aufforderung keine „beiwerksfreien Abbildungen" vorgelegt wurden, wurde diese Anmeldung abgewiesen).
[15]) NA 1. 9. 1997, NMu 3 und 4/96 – Doppelpyramide – PBl 1998, 150.

5.2.3. Beschreibung

Zur Erläuterung des Musters kann eine Beschreibung überreicht werden (§ 12 Abs 3 MuSchG; § 16 PAV). Diese ist zwar eine Interpretationshilfe, wird aber bei der Beurteilung des Schutzumfangs des Musters außer Betracht bleiben müssen.[16] In der Praxis unterliegen Anmelder insoweit gelegentlich dem Irrtum, dass sie in der Beschreibung zusätzliche Elemente (etwa das Material, aus dem das Produkt herzustellen ist) mit der Wirkung anführen können, dass auch diese Elemente vom Musterschutz umfasst wären. Dies ist nicht der Fall.

5.2.4. Warenverzeichnis

Die Erzeugnisse, für die das Muster bestimmt ist, sind gemäß § 12 Abs 4 MuSchG geordnet nach der Einteilung der Klassen und Unterklassen des Abkommens von Locarno zur Errichtung einer internationalen Klassifikation für gewerbliche Muster und Modelle anzugeben (*Warenverzeichnis*; § 15 PAV). Zu den Klassen dieses Abkommens vgl Seite 728; zur Konkretisierung genügt es grundsätzlich nicht, nur die Bezeichnung der Unterklasse aus der Klasseneinteilung des Abkommens von Locarno anzugeben. Die einzelnen Waren sind nach der Praxis des PA durch eine individuelle Warenangabe zu präzisieren.[17] Der richtigen Fassung des Warenverzeichnisses kommt vor allem im Hinblick darauf, dass dadurch der Schutzumfang bestimmt wird (vgl Seite 764), große Bedeutung zu.[18] Eine unpräzise Warenangabe in der Anmeldung wird als verbesserungsfähiger Mangel beurteilt.[19]

Beispiele:
- zu allgemein ist die Angabe „Schmuck- und Juwelierwaren",
- ausreichend konkret hingegen die Angabe „Brosche, Anhänger".[20]

5.2.5. Sammelanmeldung

Ein Muster kann unter besonderen Voraussetzungen auch aus mehreren Einzelgegenständen bestehen (so genanntes *„Kombinationsmuster"*, dazu bereits oben Seite 731). Stehen die einzelnen Erzeugnisse nicht in einem so engen funktionalen Zusammenhang, dass sie als einheitliches gewerbliches Erzeugnis zu beurteilen sind, so müssten sie einzeln angemeldet werden.[21] Hier hilft unter Umständen die Sonderregelung für *„Sammelmuster"*: Muster, die derselben Klasse angehören, können in einer Sammelanmeldung zusammengefasst werden. Diese darf nicht mehr als 50 Muster umfassen (§ 13 MuSchG; § 17 PAV). Die in einer Sammelanmeldung zusammengefassten Muster müssen entweder alle offen oder alle als Geheimmuster (siehe unten) überreicht werden (§ 17 Abs 3 PAV). Nach der Anmeldung sind die in der Sammelanmeldung zusammengefassten Muster wie Ein-

---

[16]) *Knittel/Kucsko*, MuSchG Anm 14 und 15 zu § 12; BA 22. 7. 1994, BMu 1/93, PBl 1995, 21.
[17]) BA 7. 12. 1994, BMu 1/94, PBl 1995, 153.
[18]) BA 12. 11. 1996, BMu 1-13/96, PBl 1997, 140; BA 7. 12. 1994, BMu 1/94, PBl 1995, 153.
[19]) BA 12. 11. 1996, BMu 1-13/96, PBl 1997, 140.
[20]) BA 7. 12. 1994, BMu 1/94, PBl 1995, 153.
[21]) BA 25. 10. 1996, BMu 1/95, PBl 1997, 114.

zelmusteranmeldungen zu behandeln. Die Sammelanmeldung bringt eine Gebührenersparnis (siehe unten).

5.2.6. Geheimmuster

Wie schon das MustG 1970 sieht auch das MuSchG das – nicht unumstritten[22] – Geheimmuster vor: Das Musterexemplar, die Abbildung sowie eine allfällige Beschreibung können in einem versiegelten (fest verschlossenen) Umschlag überreicht werden. Der Umschlag ist zu öffnen

- auf Antrag des Musteranmelders;
- auf Antrag eines Dritten, sofern dieser nachweist, dass sich der Musteranmelder ihm gegenüber auf das Muster berufen hat;
- von Amts wegen 18 Monate nach dem Prioritätstag des Musters (§ 14 MuSchG).

Mit der Musteranmeldung sichert sich der Anmelder eines Geheimmusters die Priorität des Anmeldetags (Seite 759). Den Musterschutz kann er aber erst mit Veröffentlichung des Musters in Anspruch nehmen. Solche Geheimmuster sind insbesondere bei Saisonartikeln zweckmäßig. Sie ermöglichen es dem Anmelder, sich durch die „geheime" Anmeldung die Priorität des Anmeldetags zu sichern, ohne dass er den von ihm gewählten Trend seiner Gestaltungen für die kommende Saison offenlegen muss. Bei Geheimmustern wird zur Anmeldegebühr ein 50 %-iger Zuschlag erhoben (siehe unten).

5.2.7. Gebühren

Checklist: Gebühren

Bei der Anmeldung sind folgende Gebühren zu entrichten (§ 40 MuSchG; vgl dazu § 4 PGMMV über *Zahlungen an das PA*, Seite 379):

- Die *Anmeldegebühr* beträgt 43,-- EUR für eine Einzelanmeldung (für eine Sammelanmeldung 54,-- EUR, zuzüglich 5,-- EUR für das elfte und für jedes weitere der darin zusammengefassten Muster; Zuschlag für eine Geheimmusteranmeldung beträgt 50 % der zu zahlenden Anmeldegebühr).
- Die nur für eine Einzelanmeldung zu zahlende *Klassengebühr* beträgt pro Klasse 10,-- EUR.
- Für dreidimensionale Muster ist eine *Lagergebühr* von 36,-- EUR pro Musterexemplar zu entrichten.
- Zusätzlich fällt eine *Veröffentlichungsgebühr* von derzeit 25,-- EUR pro Muster an (§ 21 PGMMV; bei Sammelanmeldungen für jedes der in der Anmeldung zusammengefassten Muster). Führt die Anmeldung nicht zur Veröffentlichung, so ist die *Veröffentlichungsgebühr* zurückzuerstatten (§ 40 Abs 2 MuSchG).
- Schließlich sind gewisse Gebühren nach dem GebührenG für Musteranmeldungen, sonstige Eingaben, Beilagen, Musterzertifikate, Registerauszüge, Amtsbestätigungen, Duplikate und amtliche Ausfertigungen vorgesehen. Dazu gibt das PA eine „*Übersicht über die Schriftengebühren gemäß Gebührengesetz*

---

[22]) Vgl etwa die kritischen Anmerkungen dazu von *Christian*, FS 60 Jahre Österr Patentamt, 52.

(früher Stempelgebühren) in Musterangelegenheiten" heraus, die auch auf der Website des PA abrufbar ist.

Die Patentrechts- und Gebührennovelle 2000[23] sollte die Gebührenregelungen in ein gesondertes PatentamtsgebührenG (PAG) auslagern (Seite 709).

5.3. Priorität

Als *Anmeldetag* gilt der Tag des Einlangens der Anmeldung bei der Anmeldestelle (§ 12 Abs 1 MuSchG). Mit dem Tag der ordnungsgemäßen[24] Anmeldung eines Musters erlangt der Anmelder das Prioritätsrecht (§ 19 MuSchG). Der Tag ist somit die kleinste Zeiteinheit bei der Festsetzung der Priorität.[25]

Eine *„Ausstellungspriorität"* (vgl §§ 12 bis 14 MustG 1970) ist im MuSchG nicht mehr vorgesehen. Der Anmelder kann sich aber unter gewissen Voraussetzungen (§ 2 Abs 2 MuSchG aF; Seite 735) zumindest darauf berufen, dass die Ausstellung keine neuheitsschädliche Offenbarung bewirkt hat. Eine entsprechende Angabe muss er bereits bei der Anmeldung machen (§ 2 Abs 3 MuSchG). Die MuSchG-Nov 2003 hat zwar eine Beseitigung dieser Sonderregelung gebracht. Andererseits wurde aber eine allgemeine Neuheitsschonfrist eingeführt (Seite 737).

In der Praxis sehr bedeutsam ist die Möglichkeit, eine ausländische Priorität in Anspruch zu nehmen: Durch eine Prioritätserklärung können die durch Art 4 PVÜ eingeräumten Prioritätsrechte beansprucht werden (vgl im Einzelnen § 20 MuSchG). Gemäß Art 4 PVÜ genießt derjenige, der in einem Verbandsland die Anmeldung für ein gewerbliches Muster vorschriftsmäßig hinterlegt hat, für die Hinterlegung in anderen Verbandsländern innerhalb von 6 Monaten ein Prioritätsrecht.[26] Wird also zB ein Muster in Deutschland angemeldet, so kann innerhalb von 6 Monaten bei einer Nachanmeldung in Österreich die bessere Priorität der deutschen Anmeldung beansprucht werden. Dieses Prioritätsrecht ist durch eine entsprechende *Prioritätserklärung* ausdrücklich in Anspruch zu nehmen. Diese ist innerhalb von zwei Monaten nach dem Einlangen der Anmeldung beim Patentamt oder bei der Anmeldestelle abzugeben, bei der die Anmeldung erfolgt ist. Unter Umständen ist auch ein entsprechender Nachweis des Prioritätsrechts durch *Prioritätsbelege* erforderlich (§ 20 Abs 3 MuSchG; §§ 2, 18 PGMMV).[27] Durch die Regelung des Art 4 PVÜ muss der Anmelder seine Anmeldung nicht gleichzeitig

---

[23]) GZ 1962-GR/99.
[24]) Die Anmeldung muss allerdings nicht mangelfrei sein. Es genügt, wenn eine so genannte „zivilistische" Anmeldung vorliegt (vgl näher *Knittel/Kucsko,* MuSchG Anm 2 zu § 19).
[25]) *Knittel/Kucsko,* MuSchG Anm 1 zu § 19.
[26]) Art 2 Abs 1 TRIPS-Abk verweist ebenfalls auf diese PVÜ-Regelung und erweitert damit ihren Anwendungsbereich.
[27]) Ist in Musterangelegenheiten der Nachweis des Prioritätsrechts erforderlich, so ist mit dem Prioritätsbeleg auch die mit der prioritätsbegründenden Anmeldung überreichte Nach- oder Abbildung des Musters sowie die mit dieser Anmeldung allenfalls überreichte Beschreibung vorzulegen, sofern er diese nicht bereits enthält. Die Übereinstimmung der Nach- oder Abbildung sowie gegebenenfalls der Beschreibung mit den bei der prioritätsbegründenden Anmeldung überreichten Unterlagen ist von der zuständigen Behörde zu bestätigen (§ 18 PGMMV).

in allen Verbandsländern einbringen. Er kann sich innerhalb von 6 Monaten ab der Erstanmeldung entscheiden, in welchen Verbandsländern der Schutz wirklich sinnvoll wäre. Werden *mehrere gewerbliche Schutzrechte* (Patente, Marken, Muster) in einer Eingabe angemeldet, so greift die Regelung des § 56 PatG (§ 26 Abs 2 MuSchG). Bereits mit der geplanten Patentrechts- und Gebührennovelle 2000[28] sollte eine Erweiterung der Prioritätsbegünstigung auch für solche Anmeldestellen kommen, die nicht vom Geltungsbereich einer zwischenstaatlichen Vereinbarung über die Anerkennung erfasst ist, wenn die Gegenseitigkeit entsprechend kundgemacht wurde. Die MuSchG-Nov 2003 hat dies nunmehr in § 20a MuSchG nF umgesetzt.

5.4. Amtliche Prüfung

Rechtslage bis zur MuSchG-Nov 2003

Das PA (RA) muss jede Musteranmeldung (auch wenn sie bei einer Kammer der gewerblichen Wirtschaft eingebracht wurde) auf Gesetzmäßigkeit prüfen: bei offen überreichten Mustern nach deren Einlangen, bei Geheimmustern, soweit dies nach deren Einlangen nicht möglich ist, nach dem Öffnen des Umschlags (§ 16 Abs 1 MuSchG aF). Geprüft wird insbesondere, ob überhaupt ein Muster (Seite 724) vorliegt, ob das Muster ärgerniserregend ist oder gegen die öffentliche Ordnung verstößt, ob die Anmeldungseingabe, die Musterabbildung, das Musterexemplar, das Warenverzeichnis und die Beschreibung den Vorschriften entsprechen, ob ordnungsgemäße Vollmachten vorliegen, sowie ob die bei der Anmeldung zu zahlenden Gebühren entrichtet wurden und die Entrichtung ordnungsgemäß nachgewiesen wurde.[29] Eine Prüfung auf Neuheit, hinsichtlich Doppelschutzes sowie darauf, ob der Anmelder Anspruch auf Musterschutz hat, wird hingegen nicht vorgenommen (§ 16 Abs 1 MuSchG). Auch die *MusterRL* geht offenbar nicht zwingend davon aus, dass die Nichtigkeitsgründe und Eintragungshindernisse bereits im Anmeldeverfahren geprüft werden müssen. Art 11 sieht vor, dass ein Muster, welches die allgemeine Definition (Art 1 lit a) oder die Schutzvoraussetzungen der Art 3 bis 8 (Neuheit, Eigenart, nicht bloß technische Funktion, kein Verstoß gegen die öffentliche Ordnung oder die guten Sitten) nicht erfüllt, entweder „von der Eintragung ausgeschlossen" ist *oder* „für nichtig erklärt" wird.

Bestehen gegen die Registrierung Bedenken, so ist der Anmelder zur *Äußerung* aufzufordern (§ 16 Abs 2 MuSchG).[30] Abweisende (bzw zurückweisende) Beschlüsse der RA können mit *Beschwerde* an die BA (Seite 751) angefochten werden (§ 28 MuSchG).

---

[28]) GZ 1962-GR/99.
[29]) *Knittel/Kucsko*, MuSchG Anm 3 zu § 16; BA 22. 7. 1994, BMu 1/93, PBl 1995, 21.
[30]) BA 22. 7. 1994, BMu 1/93, PBl 1995, 21.

Rechtslage nach der MuSchG-Nov 2003

Die MuSchG-Nov 2003 hat diese Regelung insoweit ergänzt, als auch die neuen Kriterien der „Eigenart" und der „technischen Bedingtheit" nicht zu prüfen sind (§ 16 Abs 1 MuSchG nF).

5.5. Wirkungen der Anmeldung

Mit der Musteranmeldung sind mehrere Rechtsfolgen verknüpft: Formell wird das *Anmeldeverfahren* eingeleitet; materiell entstehen das übertragbare *Recht aus der Anmeldung* (§ 10 Abs 1 MuSchG) sowie das *Prioritätsrecht* (§ 19 MuSchG).

5.6. Veröffentlichung und Registrierung

Bestehen gegen die Registrierung des Musters keine Bedenken, so sind dessen Veröffentlichung im *„Österreichischen Musteranzeiger"* (§§ 17, 33 MuSchG)[31] sowie die Registrierung im *„Musterregister"* (§ 18 MuSchG) zu verfügen (§ 16 Abs 3 MuSchG). Die MuSchG-Nov 2003 sieht nunmehr in § 17 MuSchG nF die ausdrückliche Anordnung vor, dass die Veröffentlichung am Tag der Registrierung vorzunehmen ist. Der Musterinhaber erhält eine amtliche Bestätigung („*Musterzertifikat*"; § 18 Abs 2 MuSchG).

5.6.1. Musteranzeiger

Mit der Schaffung des Musteranzeigers wollte man ein gewisses Gegengewicht zu der verlängerten Schutzfrist schaffen. Die Öffentlichkeit sollte so die Möglichkeit erhalten, sich über bestehende Schutzrechte zu informieren.[32] Diese Maßnahme zur Erhöhung der Publizität wird durch das Musterregister ergänzt. Der Musteranzeiger erscheint am 20. jedes Monats (§ 1 Abs 2 PublV).[33] Er enthält insbesondere Veröffentlichungen über (§ 33 MuSchG; § 5 PublV):

- das Muster nach Abschluss des Anmeldeverfahrens (§ 17 MuSchG, § 18 PAV),
- das Ende des Musterschutzes (Seite 773),
- Teilverzichte,[34]
- Änderungen der Firma und der Person des Musterinhabers (Übertragungen).

5.6.2. Musterregister

In das beim PA geführte, jedermann zur Einsicht offenstehende *Musterregister* sind die wesentlichen Daten des Musters einzutragen (§§ 18 und 21 MuSchG):

- Registernummer,
- Tag der Anmeldung (bzw der beanspruchten Priorität),

---

[31]) Vgl die PublV BGBl II 1997/237.
[32]) EB bei *Knittel/Kucsko*, MuSchG Anm 2 Vor § 1. *Christian*, FS 60 Jahre Österr Patentamt, 52, hatte dies bereits angeregt.
[33]) Der Preis für den Musteranzeiger ist „nach Maßgabe der Gestehungskosten" vom Präsidenten des PA festzusetzen (§ 6 PublV).
[34]) Vgl dazu BA 22. 7. 1994, BMu 1/93, PBl 1995, 21.

- Beginn der Schutzdauer,
- Abbildung des Musters,
- gegebenenfalls Hinweis auf ein Musterexemplar oder eine Beschreibung,
- Warenverzeichnis,
- Name und Wohnsitz (Sitz) des Musterinhabers und seines Vertreters,
- gegebenenfalls der als Schöpfer Genannte,
- Ende des Musterschutzes,
- Nichtigerklärung,
- Aberkennung,
- Übertragung von Musterrechten,[35]
- Pfandrechte und sonstige dingliche Rechte an Musterrechten,
- Lizenzrechte,
- Vorbenützerrechte,
- Wiedereinsetzungen in den vorigen Stand,
- Feststellungsentscheidungen und
- Streitanmerkungen etc.

Zur *Wirkung* der Eintragung vgl § 22 MuSchG (in der Regel wirkt die Eintragung nur deklarativ; konstitutiv wirken Eintragungen der Musterrechtsübertragung, von Pfandrechten und sonstigen dinglichen Rechten).[36] Auf Verlangen sind jedermann beglaubigte *Registerauszüge* auszustellen (§ 18 Abs 3 MuSchG; gemäß § 20 Abs 3 PGMMV mit Farbabbildungen).

5.6.3. Musterzertifikat

Das Anmeldeverfahren wird nicht mit einem förmlichen Beschluss abgeschlossen. Der Anmelder kann aber eine amtliche Bestätigung über die Registereintragung erlangen (*„Musterzertifikat"*, § 18 Abs 2 MuSchG; gemäß § 20 Abs 3 PGMMV mit Farbabbildungen). Um Verzögerungen zu vermeiden, empfiehlt es sich, die dafür zu entrichtende Gebühr (13,-- EUR) bereits bei der Anmeldung beizubringen.

5.6.4. Akteneinsicht

In *Akten*, die registrierte Muster betreffen, darf gemäß § 31 Abs 2 MuSchG nF jedermann *Einsicht* nehmen. Hingegen ist in Akten, die nicht registrierte Muster betreffen, nur mit Zustimmung des Anmelders Einsicht zu gewähren; der Zustimmung bedarf jedoch derjenige nicht, demgegenüber sich der Anmelder auf seine Musteranmeldung berufen hat (§ 31 Abs 3 MuSchG nF). Über gewisse Daten, die noch nicht veröffentlichte Muster betreffen (zB: von wem ein Muster angemeldet wurde; ob es ein Geheimmuster ist, welche Priorität beansprucht wird etc), sind allerdings jedermann Auskünfte und amtliche Bestätigungen zu erteilen (§ 31 Abs 5 MuSchG).

---

[35]) Unter den Begriff „*Übertragungen*" sind künftig (nach der MuSchG-Nov 2003) nicht nur rechtsgeschäftliche Übertragungen, sondern auch solche, die auf eine Entscheidung der Nichtigkeitsabteilung zurückgehen, zu verstehen (EB MuSchG-Nov 2003, 65 BlgNR 22. GP zu § 21 MuSchG nF).

[36]) Vgl dazu näher *Knittel/Kucsko*, MuSchG Anm 13 zu § 21 sowie Anm 1ff zu § 22.

werbung 763

Eine Vorlesung aus der Praxis
im Wahlfachkorb **Wirtschafts- und Unternehmensrecht**

GEISTIGES EIGENTUM

Besuchen Sie mich doch einmal in der Vorlesung!

WS 2003/04; jeden Donnerstag, 16.00 – 17.30 Uhr, Juridicum U18

Kucsko, Geistiges Eigentum (2003)

6. WIRKUNG DES MUSTERSCHUTZES

Überblick:

- Der Musterinhaber hat ein absolut wirkendes *Ausschließungsrecht*.
- Der gutgläubige Vorbenützer ist durch ein *Vorbenützerrecht* geschützt.
- Der Anspruch auf Musterschutz, das Recht aus der Anmeldung und das Musterrecht sind *übertragbar*.
- Der Anspruch auf *Nennung* als Schöpfer ist hingegen unübertragbar.
- *Lizenzerteilung* und *Verpfändung* sind zulässig.

Im Folgenden geht es um die absolute (also die gegenüber jedermann gerichtete) Wirkung des Musterschutzrechts. Was kann der Musterinhaber Dritten verbieten? Unter welchen Voraussetzungen kann er gegen „Designpiraten" vorgehen? Die zur Verfügung stehenden Sanktionen werden wir dann ab Seite 779 erörtern.

6.1. Ausschließungsrecht

Rechtslage bis zur MuSchG-Nov 2003

Das durch die Registrierung zu erlangende Musterschutzrecht ist ein Ausschließungsrecht. Dies entspricht bereits der Anordnung in Art 3 MusterRL, wonach die Mitgliedstaaten verpflichtet werden, Muster durch Eintragung zu schützen und den Inhabern von Mustern nach Maßgabe der MusterRL ausschließliche Rechte zu gewähren. Der Musterschutz berechtigt den Musterinhaber, andere davon auszuschließen, Erzeugnisse betriebsmäßig *herzustellen, in Verkehr zu bringen, feilzuhalten* oder zu *gebrauchen*, wenn sie mit seinem Muster übereinstimmen oder diesem verwechselbar ähnlich sind und es im Hinblick auf die im Warenverzeichnis enthaltenen Erzeugnisse nahe liegt, das Muster auf sie zu übertragen (§ 4 MuSchG aF).

Beim Ähnlichkeitsvergleich kommt es auf den *Gesamteindruck* an (Seite 727).[1] In der Praxis ist gerade der *Ähnlichkeitsvergleich* eine der wesentlichen Ursachen dafür, dass der Ausgang eines Prozesses wegen einer Musterrechtsverletzung nur schwer genauer zu prognostizieren ist. Der Gesetzgeber kann für diese Frage nur einen unbestimmten Gesetzesbegriff zur Verfügung stellen, der erst durch die Rechtsprechung auszufüllen ist. Die Entscheidungen sind notwendig Einzelfallentscheidungen, die auf die Besonderheiten des jeweiligen Falls Rücksicht nehmen und dem richterlichen Ermessen unterliegen. Wo nun die Grenze zwischen der verpönten Nachahmung (Musterrechtsverletzung) und dem legitimen Einholen

---

[1]) OGH 12. 7. 1994, 4 Ob 59/94 – Andante – ÖBl 1995, 38 = ecolex 1994, 769 (*Kucsko*) = wbl 1995, 82 (*Herzig*) = SZ 67/122 = RdW 1994, 396; OGH 22. 3. 2001, 4 Ob 58/01k – Türblatt – ÖBl 2002, 95 = ÖBl-LS 01/179. Zur Bedeutung von Elementen, die selbständig betrachtet für den Musterschutz uninteressant sind, aber in ihrem Zusammenhang mit signifikanten Gestaltungselementen die Gesamtwirkung des Musters beeinflussen, vgl BA 12. 11. 1996, BMu 1-13/96, PBl 1997, 140.

bloßer Anregungen zu eigenständigen Gestaltungen liegt, kann nicht generell-abstrakt umschrieben werden. Wer sowohl Rechtsinhaber (Designer, Produzenten) als auch die mit einem Plagiatsvorwurf konfrontierten Unternehmer beraten und vertreten hat, weiß zudem, wie subjektiv unterschiedlich die persönliche Einschätzung dieses Grenzverlaufs ist, je nachdem auf welcher Seite man steht.

Beispiele:

▶ Die musterrechtliche Ähnlichkeit wurde bei den rechts abgebildeten Lampendesigns wegen der Ähnlichkeit der charakteristischen Gestaltung der Metalldrahtfassung und der in der Mitte offenen Acrylglasscheibe bejaht:[2]

▶ Ebenso wurde die musterrechtliche Ähnlichkeit beim Muster für ein Türblatt bejaht. Bei der Ähnlichkeitsprüfung wurden dazu die Abbildungen des Türblatts der Beklagten den schematischen Musterdarstellungen gegenübergestellt. Dabei wurde festgestellt, dass der Gesamteindruck des Türblattmusters dadurch geprägt ist, dass an einen an das Türschloss angrenzenden und in Querstreifen unterteilten Längsstreifen, der in Höhe des Schlosses ausgebuchtet ist, ein diese Ausbuchtung aufnehmendes Kreissegment anschließt, das in vier Flächen unterteilt ist. Mit Ausnahme der Unterteilung des Längsstreifens in Querstreifen scheinen sämtliche Merkmale auch im Türblatt der Beklagten auf. Die verwechselbare Ähnlichkeit wurde daher bejaht.[3]

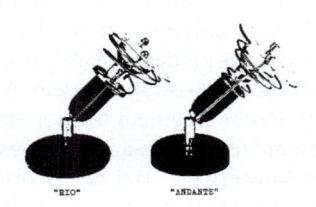

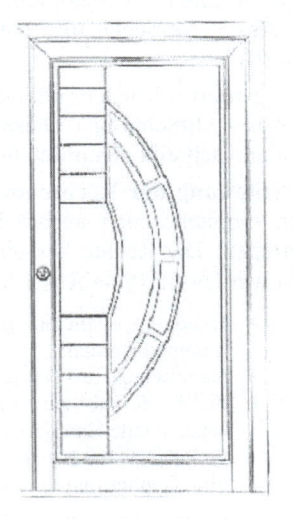

Die dem Rechtsinhaber vorbehaltenen *Benützungshandlungen* sind nach dem Vorbild des § 22 PatG formuliert (§ 4 MuSchG aF; Seite 764). Die *Übertragung* des Musters muss lediglich „nahe liegen". Hingegen ist es nicht erforderlich, dass das Muster tatsächlich „übertragen" wurde. Der Musterschutz gewährt dem Rechtsinhaber daher nicht bloß einen Nachahmungsschutz (wie etwa der wettbewerbsrechtliche Schutz).

---

[2]) OGH 12. 7. 1994, 4 Ob 59/94 – Andante – ÖBl 1995, 38 = ecolex 1994, 769 (*Kucsko*) = wbl 1995, 82 (*Herzig*) = SZ 67/122 = RdW 1994, 396.
[3]) OGH 22. 3. 2001, 4 Ob 58/01k – Türblatt – ÖBl 2002, 95 = ÖBl-LS 01/179.

Rechtslage nach der MuSchG-Nov 2003[4]

Die MusterRL (Seite 714) hat eine Anpassung des § 4 MuSchG erforderlich gemacht, die durch die MuSchG-Nov 2003 vorgenommen wurde: Die Registrierung eines Musters gewährt seinem Inhaber das ausschließliche Recht, es zu benutzen und Dritten zu verbieten, es ohne seine Zustimmung zu benutzen. Die erwähnte Benutzung schließt insbesondere die Herstellung, das Anbieten, das Inverkehrbringen, die Einfuhr, die Ausfuhr oder die Benutzung eines Erzeugnisses, in das das Muster aufgenommen oder bei dem es verwendet wird, oder den Besitz des Erzeugnisses zu den genannten Zwecken ein (§ 4 Abs 1 MuSchG nF; entspricht im Wesentlichen wortgleich dem Art 12 MusterRL). Der Umfang des Schutzes aus einem Recht an einem Muster erstreckt sich auf jedes Muster, das beim informierten Benutzer keinen anderen Gesamteindruck[5] hervorruft (§ 4 Abs 2 MuSchG nF; Art 9 MusterRL).[6] Bei der Beurteilung des Schutzumfangs wird der Grad der Gestaltungsfreiheit des Schöpfers bei der Entwicklung seines Musters berücksichtigt (§ 4 Abs 3 MuSchG nF; entspricht im Wesentlichen wortgleich dem Art 9 MusterRL).

Ein registriertes Muster entbindet nicht von der Einhaltung der Rechtsvorschriften (§ 4 Abs 4 MuSchG nF). Diese Klarstellung war durch die MusterRL nicht vorgegeben und schreibt eigentlich nur eine Selbstverständlichkeit fest.

Beschränkung der Rechte aus dem Muster: Mit der Umsetzung der MusterRL waren nunmehr auch ausdrückliche Beschränkungen des Ausschließungsrechts einzufügen: Die Rechte aus einem registrierten Muster können *nicht* geltend gemacht werden für (§ 4a Abs 1 MuSchG nF; Art 13 Abs 1 MusterRL):

- Handlungen, die im *privaten Bereich* zu nichtgewerblichen Zwecken vorgenommen werden;
- Handlungen zu *Versuchszwecken*;
- die Wiedergabe zum Zweck der *Zitierung* oder zum Zweck der Lehre, vorausgesetzt, solche Handlungen sind mit den Gepflogenheiten des redlichen Geschäftsverkehrs vereinbar, beeinträchtigen die normale Verwertung des Musters nicht über Gebühr und die Quelle wird angegeben.

Das Verbietungsrecht sollte sich also nur gegen denjenigen richten, der ein identes oder verwechslungsfähig ähnliches Muster „*betriebsmäßig*" verwendet, das heißt

---

[4]) *Übergangsbestimmung* zur MuSchG-Nov 2003: Sofern Handlungen vor dem Tag des In-Kraft-Tretens der MuSchG-Nov 2003 aufgrund des § 4 in der vor dem In-Kraft-Treten der MuSchG-Nov 2003 geltenden Fassung nicht verhindert werden konnten, können Rechte aus dem Muster gemäß § 4 in der Fassung der MuSchG-Nov 2003 nicht geltend gemacht werden, um eine Fortsetzung solcher Handlungen durch eine Person, die mit diesen Handlungen vor dem Tag des In-Kraft-Tretens der MuSchG-Nov 2003 begonnen hat, zu verhindern (§ 46a Abs 3 MuSchG nF; Art 12 Abs 2 MusterRL).

[5]) Nach Art 12 MusterRL ist es für die Prüfung des Schutzumfanges nicht maßgeblich, für welche Erzeugnisse ein früheres Muster tatsächlich benützt oder eingetragen worden ist. Ausgeschlossen wird hiedurch aber nicht, dass im Rahmen der Feststellung der Übereinstimmung des Gesamteindruckes auch der Verwendungszweck des Erzeugnisses eine Rolle spielen kann (EB MuSchG-Nov 2003, 65 BlgNR 22. GP zu § 4 MuSchG nF).

[6]) Die bisherige Regelung, dass sich das Verbietungsrecht auch gegen jene Erzeugnisse richtet, auf welche die Übertragung des Musters nahe liegt, ist in der MusterRL nicht vorgesehen und wurde daher nicht in den Entwurf übernommen (EB MuSchG-Nov 2003, 65 BlgNR 22. GP zu § 4 MuSchG nF).

im Rahmen einer nach einem einheitlichen Plan eingerichteten, wiederholbaren wirtschaftlichen Tätigkeit von gewisser Dauer, die, ohne notwendig auf den Erwerb gerichtet zu sein, nicht bloß der Befriedigung persönlicher Bedürfnisse dient.[7]
Die Rechte aus einem registrierten Muster können außerdem nicht geltend gemacht werden für (§ 4a Abs 2 MuSchG nF; Art 13 Abs 2 MusterRL; vgl auch Art 5ter PVÜ):

- Einrichtungen in *Schiffen* und Luftfahrzeugen, die in einem anderen Land zugelassen sind und vorübergehend in das Inland gelangen;
- die Einfuhr von *Ersatzteilen* und Zubehör für die Reparatur solcher Fahrzeuge im Inland;
- die Durchführung von *Reparaturen* an solchen Fahrzeugen.

Erschöpfung: Das MuSchG regelte bisher den *Erschöpfungsgrundsatz* nicht ausdrücklich.[8] Mit der Umsetzung der MusterRL war er jedoch nunmehr festzuschreiben. Dazu sieht die MuSchG-Nov 2003 vor: Die Rechte aus einem registrierten Muster erstrecken sich nicht auf Handlungen, die ein Erzeugnis betreffen, in das ein unter den Schutzumfang des Rechts an einem Muster fallendes Muster eingefügt oder bei dem es verwendet wird, wenn das Erzeugnis vom Rechtsinhaber oder mit seiner Zustimmung im EWR in den Verkehr gebracht worden ist (§ 5a MuSchG nF; Art 15 MusterRL).

6.2. Räumlicher Schutzbereich

Der Musterschutz wirkt nur im Inland und nicht gegen Nutzungshandlungen im Ausland (*Territorialitätsprinzip*; Seite 712).[9]

6.3. Vorbenützerrecht

Rechtslage bis zur MuSchG-Nov 2003

Ähnlich wie im Patentrecht (§ 23 PatG) besteht auch nach § 5 MuSchG ein Vorbenützerrecht für denjenigen, der gutgläubig ein mit dem geschützten Muster übereinstimmendes oder ihm verwechselbar ähnliches Muster bereits am Prioritätstag im Inland benützt oder die hiefür erforderlichen Veranstaltungen getroffen hat (*„Vorbenützer"*). Er darf das Muster für die von der Benützung erfassten Erzeugnisse für die Bedürfnisse seines eigenen Unternehmens in eigenen oder fremden Betriebsstätten weiterbenützen. Diese Befugnis kann nur gemeinsam mit dem Unternehmen vererbt oder veräußert werden (§ 5 Abs 3 MuSchG).

---

[7]) EB 1278 BlgNR 21. GP zu § 4a MuSchG nF.
[8]) Zur Zulässigkeit von Parallelimporten in der EU: *Ebenroth/Hübschle*, Gewerbliche Schutzrechte und Marktaufteilung (1994) 132.
[9]) *Schönherr*, Grundriß Rz 901.1 f.

Rechtslage nach der MuSchG-Nov 2003[10]
Die Wirkung des Musterschutzes soll künftig gegen den nicht eintreten, der gutgläubig ein unter den Schutzumfang eines registrierten Musters fallendes Muster bereits vor dem Prioritätstag im Inland benützt oder die hiefür erforderlichen „Veranstaltungen" (Vorkehrungen) getroffen hat (*Vorbenützer*; § 5 Abs 1 MuSchG nF; § 5 Abs 3 MuSchG soll unverändert bleiben).

6.4. Übertragung der Rechte

6.4.1. Anspruch auf Musterschutz

Der Anspruch des Schöpfers auf Musterschutz (Seite 746) ist übertragbar (§ 7 Abs 1 MuSchG). Dieses Prinzip ist für den Designer deshalb wichtig, weil er seinen Entwurf „verkaufen" und dem Erwerber zugleich das Recht übertragen kann, dieses Design zum Musterschutz anzumelden. Dabei ist allerdings zu bedenken, dass die Kreation in diesem Stadium noch besonders „verletzlich" ist, weil bis zum Prioritätstag der Anmeldung eine Veröffentlichung durch den Designer selbst neuheitsschädlich war. Deshalb ist in solchen Fällen eher zu empfehlen, die Musteranmeldung zuerst selbst vorzunehmen und dann erst die Rechte zu übertragen (die MuSchG-Nov 2003 sollte dieses Problem durch die Einführung der Neuheitsschonfrist entschärfen). Zu dieser Übertragung des Rechts aus der Anmeldung vgl im Folgenden.

6.4.2. Recht aus der Anmeldung / Musterrecht

Auch das Recht aus der Anmeldung eines Musters und – nach der Registrierung – das Musterrecht können für alle oder einzelne Erzeugnisse des Warenverzeichnisses zur Gänze oder nach ideellen Anteilen übertragen werden (§ 10 Abs 1 MuSchG). Es kann also auch zur *„Aufspaltung"* des Musters kommen, wobei die so entstehenden Teile dann ein gesondertes rechtliches Schicksal haben können. Das Musterrecht ist auch vererblich. Ein Heimfallsrecht gemäß § 760 ABGB besteht nicht (§ 10 Abs 2 MuSchG).

Zur Wirksamkeit der Musterrechtsübertragung ist die Eintragung ins Musterregister (Seite 761) erforderlich (§ 22 Abs 1 MuSchG). Auch ein Rechtsanwalt, Patentanwalt oder Notar muss seine Bevollmächtigung zur Übertragung eines Musters durch eine schriftliche, ordnungsgemäß beglaubigte Vollmacht nachweisen; ein bloßes Berufen auf die erteilte Bevollmächtigung genügt hier nicht (§ 32 Abs 2 MuSchG). Zur Form der Übertragungsurkunde selbst vgl § 22 Abs 2 MuSchG.

---

[10]) *Übergangsbestimmung* zur MuSchG-Nov 2003: Sofern Handlungen vor dem Tag des In-Kraft-Tretens der MuSchG-Nov 2003 aufgrund des § 5 in der vor dem In-Kraft-Treten der MuSchG-Nov 2003 geltenden Fassung nicht verhindert werden konnten, können Rechte aus dem Muster gemäß § 5 in der Fassung der MuSchG-Nov 2003 nicht geltend gemacht werden, um eine Fortsetzung solcher Handlungen durch eine Person, die mit diesen Handlungen vor dem Tag des In-Kraft-Tretens der MuSchG-Nov 2003 begonnen hat, zu verhindern (§ 46a Abs 3 MuSchG nF; Art 12 Abs 2 MusterRL).

6.4.3. Anspruch auf Nennung

Unübertragbar (unvererbbar und unverzichtbar) ist der Anspruch auf Nennung als Schöpfer (§ 8 Abs 2 MuSchG). Dies folgt aus der persönlichkeitsrechtlichen Wurzel dieses Anspruchs auf Nennung.

6.5. Lizenzen

Das MuSchG erwähnt mehrfach die Lizenzerteilung. Sie ist zulässig. Gegenüber Dritten werden die Lizenzrechte erst mit der Eintragung wirksam (§ 21 MuSchG; § 22 Abs 4 MuSchG iVm § 43 Abs 2 PatG). Der Rechtsinhaber (sei es der ursprüngliche Designer oder ein Erwerber des Designs) kann also das Design wirtschaftlich auch dadurch verwerten, dass er nicht selbst die entsprechenden Produkte produziert, sondern anderen in Form eines Lizenzvertrags Nutzungsrechte (zB das Recht, eine bestimmte Serie in einer bestimmten Stückzahl nach dem Muster herzustellen und in Verkehr zu bringen) einräumt, sich aber im Übrigen seine Rechte vorbehält (zB zur Übertragung des Musters auch auf andere Anwendungen, für die er einem anderen Lizenznehmer Nutzungsrechte einräumt).

Checklist: Lizenzvertrag

Im Folgenden werden einige wenige wesentliche Punkte aufgelistet, die in den Verhandlungen über einen Design-Lizenzvertrag jedenfalls anzusprechen wären:[11]

- **Name**/Firma, Adresse der Vertragspartner
- **Vertragsgegenstand** (Beschreibung des Designs, Abbildungen als Beilage)
- **Mitwirkungspflichten** des Auftraggebers
- **Vorgaben** für Funktion und Aussehen
- **Ablieferungstermin** und Abnahme
- **Umfang der gestatteten Nutzung** (zeitlich/räumlich/sachlich; exklusiv/nichtexklusiv; Nutzungspflicht?)
- **Sublizenzen** (Darf die Lizenz übertragen oder Sublizenz eingeräumt werden?)
- **Bearbeitungsrecht** (Darf der Lizenznehmer das Design weiter bearbeiten/auf andere Produkte übertragen?)
- **Nennung des Designers** (im Register, in Prospekten, auf den Produkten)
- **Entwurfsunterlagen, Prototypen** (Wem gehören sie?)
- **Anmeldung von Schutzrechten** (Wer ist für die Anmeldung als Geschmacksmuster zuständig? Wer trägt die Kosten?)
- **Verfolgung von Schutzrechtsverletzungen** (Zuständigkeit, Kostentragung?)
- **Entgelt** (Vorschuss; Lizenzgebühr als Pauschale oder fortlaufende Zahlung; Barauslagen; Fälligkeit)[12]
- **Rechnungslegungspflichten**
- **Konkurrenzausschluss**
- **Schlussklauseln** (Dauer/Kündigung; Rechtswahl; Gerichtsstand; Nebenabreden)

---

[11]) Anregungen zur Vertragsgestaltung finden Sie in der Broschüre Design – Der Umgang mit Designern (Schriftenreihe des WIFI 288 [1996]).
[12]) Vgl dazu etwa die von Design Austria (Seite 702) herausgegebenen Honorar-Richtlinien[2]; *Dunkl*, Corporate Design Praxis[2] (2000) 30.

6.6. Pfandrecht

Das Musterrecht kann auch Gegenstand eines Pfandrechts sein (vgl § 21 MuSchG). Der Rechtserwerb tritt erst mit Eintragung ins Musterregister ein (§ 22 Abs 1 MuSchG).

Untrennbar: Essen und Design.

Design der Gärten

"ELECTRONIC TOPIARY"

▶ musterrecht? ▶ im garten?

"Topiary" bezeichnet in England das Handwerk des Formschnitts an Pflanzen.
"Electronic Topiary" bedeutet die radikale Weiterentwicklung dieses Handwerks hin zur Automatisierung und überträgt so den Fertigungsprozess aus der Geschichte des Automobils – vom Handwerk über die Massenfertigung zur Automatisierung – in die Sprache des Gartens.
Diese Technologie schafft völlig neue Möglichkeiten intensiver gärtnerischer Gestaltung.

▶ musterrecht? ▶ im garten?

▲ **Mario TERZIC** geboren 1945 in Österreich; seit 1991 o.Univ.-Prof. an der Universität für angewandte Kunst, Wien (Meisterklasse für Landschaftsdesign).

7. SCHUTZDAUER

Überblick:

- Die erste Schutzperiode beträgt *5 Jahre*.
- Zur Verlängerung genügt die Zahlung der *Erneuerungsgebühr*.
- Die Schutzdauer beträgt maximal *15 Jahre* (nach der MuSchG-Nov 2003: *25 Jahre*).
- Ist ein Muster nicht neu oder ist es ärgerniserregend oder verstößt es gegen das Doppelschutzverbot oder gegen die öffentliche Ordnung, so kann es *nichtig* erklärt werden.
- Der wahre Berechtigte hat gegenüber dem unbefugten Anmelder einen *Aberkennungsanspruch*.

7.1. Erste Schutzperiode

Rechtslage bis zur MuSchG-Nov 2003

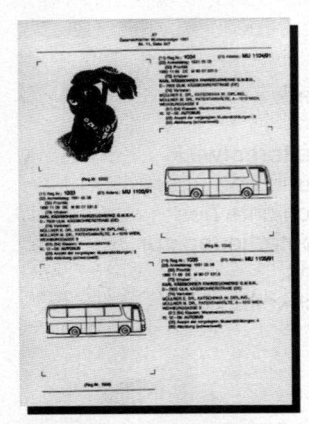

Bisher begann der Musterschutz mit der Veröffentlichung, nach der Novelle 2003 beginnt er mit der Registrierung. Am Ergebnis wird sich dadurch nichts ändern.

Der Musterschutz beginnt gemäß § 6 MuSchG aF mit dem Tag der Veröffentlichung (§ 17 MuSchG aF) des Musters und endet *fünf Jahre* nach dem Ende des Monats, in dem das Muster angemeldet worden ist. Da der Musterschutz erst mit der Veröffentlichung des Musters (Seite 761) beginnt, können Rechte aus einem „Geheimmuster" (Seite 758) erst geltend gemacht werden, wenn die Veröffentlichung dieses Musters durchgeführt wurde. Das ändert aber nichts daran, dass auch bei Geheimmustern die Schutzfrist bereits vom Ende des Monats an, in dem das Muster angemeldet wurde, zu berechnen ist. Dem Musterinhaber steht daher nur eine kürzere Zeitperiode zur Verfügung, in der er den Schutz des Musters geltend machen kann.

Rechtslage nach der MuSchG-Nov 2003

§ 6 MuSchG wurde in Hinblick auf Art 3 Abs 1 MusterRL so geändert, dass der Musterschutz mit dem Tag der *Registrierung* des Musters beginnt. Da aber schon bisher Registrierung und Veröffentlichung am selben Tag durchgeführt wurden, wird dies keine praktisch relevanten Auswirkungen haben.[1] Das Muster ist am Tag seiner Registrierung im Musteranzeiger (§ 33) zu veröffentlichen. Inhalt und Umfang der Veröffentlichung des Musters sind vom Präsidenten des PA mit Verordnung festzusetzen (§ 17 MuSchG nF).

---

[1]) EB MuSchG-Nov 2003, 65 BlgNR 22. GP zu § 6 MuSchG nF.

7.2. Erneuerung

Rechtslage bis zur MuSchG-Nov 2003

Durch rechtzeitige Zahlung einer Erneuerungsgebühr kann die Schutzdauer *zweimal um je fünf Jahre verlängert werden*.[2] Die neue Schutzdauer ist vom Ende der vorangegangenen Schutzdauer an zu berechnen (§ 6 MuSchG). Die Einzahlung kann frühestens ein Jahr vor dem Ende der Schutzdauer und spätestens sechs Monate nach deren Ende erfolgen (§ 41 Abs 1 Satz 2 MuSchG). Bei jeder Zahlung nach dem Ende der Schutzdauer ist ein Zuschlag von 20 % zur Erneuerungsgebühr zu zahlen (§ 41 Abs 1 Satz 3 MuSchG). Die *Erneuerungsgebühr* beträgt bei Einzelmustern für die erste Verlängerung 65,-- EUR, – und für die zweite 87,-- EUR, – (für Muster einer Sammelanmeldung für die erste Verlängerung 21,-- EUR, – und für die zweite 29,-- EUR, – pro Muster; § 41 MuSchG).

Rechtslage nach der MuSchG-Nov 2003

Mit der MuSchG-Nov 2003 wurde die Höchstdauer des Schutzes richtlinienkonform auf *25 Jahre* angehoben: Die Schutzdauer beträgt fünf Jahre beginnend mit dem Tag der Anmeldung. Der Rechtsinhaber kann die Schutzfrist durch rechtzeitige Zahlung einer Erneuerungsgebühr viermal um je fünf Jahre bis zu einer Gesamtlaufzeit von 25 Jahren ab dem Tag der Anmeldung verlängern lassen. Für die Zahlung der Erneuerungsgebühr gilt als Ende der Schutzdauer jeweils der letzte Tag des Monats, der durch seine Benennung dem Monat entspricht, in den der Anmeldetag fällt (§ 6 MuSchG nF; Art 10 MusterRL; es wurde den Mitgliedstaaten freigestellt, Verfahrensvorschriften für die Eintragung und die Verlängerung der Schutzfrist zu erlassen, vgl Erwägungsgrund 6 MusterRL). Die Erneuerungsgebühren bleiben gleich, wobei für die weiteren Verlängerungen die gleiche Gebühr wie für die zweite zu zahlen ist; auch § 41 Abs 1 Satz 2 und 3 MuSchG nF bringen keine wesentlichen Änderungen. Die Möglichkeit der Ausdehnung der Schutzdauer auf maximal 25 Jahre besteht auch für schon vor dem Inkrafttreten der MuSchG-Nov 2003 eingereichte Musteranmeldungen und registrierte Muster.[3]

7.3. Ende des Schutzes

7.3.1. Allgemeines

Der Musterschutz endet durch:

- *Zeitablauf* (Ende der Schutzdauer),
- *Verzicht* (dies ist grundsätzlich ein „Totalverzicht" auf das Schutzrecht; ein „Teilverzicht" wird nur insoweit zugelassen, als er sich auf einen Teil des Warenverzeichnisses oder auf einen ideellen Miteigentumsanteil bezieht)[4],
- *Nichtigerklärung* (siehe unten) oder

---

[2]) Eine Schutzfrist von insgesamt 15 Jahren hat bereits *Christian*, FS 60 Jahre Österr Patentamt, 51, mit Hinweis auf das Haager Musterabkommen empfohlen. Das deutsche GeschmMG sieht eine maximal 20-jährige Schutzdauer vor (§ 9 GeschmMG). Die MusterRL sieht einen bis zu 25-jährigen Schutz vor (Art 10 MusterRL).
[3]) EB MuSchG-Nov 2003, 65 BlgNR 22. GP zu § 6 MuSchG nF.
[4]) BA 22. 7. 1994, BMu 1/93, PBl 1995, 21. Zur Vollmacht für einen Verzicht vgl § 32 Abs 7 MuSchG.

Kucsko, Geistiges Eigentum (2003)

▸ *Aberkennung* (Seite 777).

Das Ende des Musterschutzes ist in das *Musterregister* einzutragen (§ 21 MuSchG, Seite 761) und im *Musteranzeiger* zu publizieren (§ 33 MuSchG, Seite 761).

7.3.2. Nichtigerklärung von Amts wegen

Rechtslage bis zur MuSchG-Nov 2003

Morgens in Paris.

Die NA hat ein Verfahren zur amtswegigen Nichtigerklärung eines Musterrechts einzuleiten, wenn sich ergibt, dass das Muster *„offensichtlich"* nicht neu ist (Seite 773) oder unter das Doppelschutzverbot (Seite 739) fällt (§ 23 MuSchG). Betrifft der Nichtigkeitsgrund nur einen Teil des Warenverzeichnisses, so ist das Musterrecht entsprechend einzuschränken.

Auf diesem Weg kann – so das Ziel, das der Gesetzgeber vor Augen hatte – jedermann Nichtigkeitsgründe aufgreifen und durch Anregung einer amtswegigen Nichtigerklärung auf einfachem und kostengünstigem Weg ein Musterrecht nichtig erklären lassen. Erforderlich ist freilich eine „offensichtliche" Nichtigkeit. Der „Anzeiger" erhält im Verfahren keine Parteistellung. Er kann daher weder die Einleitung eines solchen Verfahrens durchsetzen, noch hat er ein Rechtsmittel gegen die Einstellung eines solchen Verfahrens. Der Musterinhaber ist dem Verfahren beizuziehen. Er kann sich zum Nichtigkeitsvorwurf äußern und auch ein Rechtsmittel gegen die Entscheidung erheben, mit der sein Muster nichtig erklärt wird.[5] In der Praxis ist dieser Weg der Löschung bislang nicht sehr gebräuchlich.[6]

Die Nichtigerklärung wirkt „ex tunc" (auf den Tag der Anmeldung zurück).[7]

Rechtslage nach der MuSchG-Nov 2003[8]

Nach der MusterRL sollte es den Mitgliedstaaten weiterhin freistehen, Verfahrensvorschriften für die Nichtigerklärung von Rechten an Mustern sowie Bestimmungen über die Rechtswirkung der Nichtigkeit zu erlassen (Erwägungsgrund 6 MusterRL). Mit der MuSchG-Nov 2003 wurde das amtswegige Verfahren zur Nichtigerklärung ersatzlos gestrichen.

---

[5]) Vgl dazu die EB bei *Knittel/Kucsko*, MuSchG Anm 3 zu § 23.
[6]) Vgl allerdings die Entscheidung NA 1. 9. 1997, NMu 3 und 4/96 – Doppelpyramide – PBl 1998, 150.
[7]) Zur Wirkung der Nichtigerklärung wegen Verstoßes gegen das Doppelschutzverbot auf bereits bestellte Lizenzrechte vgl § 23 Abs 4 MuSchG iVm § 48 Abs 3 PatG.
[8]) *Übergangsbestimmung* zur MuSchG-Nov 2003: Für Verfahren zur amtswegigen Nichtigerklärung, die vor dem In-Kraft-Treten der MuSchG-Nov 2003 (vgl Seite 710) eingeleitet wurden, ist § 23 in der vor dem In-Kraft-Treten der MuSchG-Nov 2003 geltenden Fassung weiter anzuwenden (§ 46a Abs 2 MuSchG nF).

7.3.3. Nichtigerklärung auf Antrag

Rechtslage bis zur MuSchG-Nov 2003

Jedermann kann in einem zweiseitigen Verfahren die Nichtigerklärung eines Musters beantragen, wenn das Muster nicht neu ist, unter das Doppelschutzverbot fällt, ärgerniserregend ist oder gegen die öffentliche Ordnung verstößt (§ 24 MuSchG). Zuständig ist die NA des PA (§ 29 Abs 1 MuSchG). Die Verfahrensgebühr beträgt 188,-- EUR (§ 42 Abs 1 Z 2 MuSchG). Zum Verfahren vgl § 29 Abs 2 MuSchG, der auf die sinngemäß anzuwendenden Bestimmungen des PatG verweist. § 23 Abs 3 MuSchG (Einschränkung des Warenverzeichnisses) und § 23 Abs 4 MuSchG (Wirkung der Nichtigerklärung) gelten entsprechend. Da § 23 MuSchG nur „offensichtliche" Nichtigkeitsgründe betrifft, steht die erfolglose Anregung eines Verfahrens nach § 23 MuSchG (Seite 774) einem Antrag nach § 24 MuSchG nicht entgegen.

Rechtslage nach der MuSchG-Nov 2003[9]

Auch nach der *MusterRL* ist die Nichtigerklärung vorgesehen (Art 11). Die Sachgründe für die Nichtigkeit eingetragener Rechte an Mustern müssen aber erschöpfend aufgezählt werden (Erwägungsgrund 21 MusterRL).

Gemäß § 23 Abs 1 MuSchG nF kann das Musterrecht künftig auf Antrag nichtig erklärt werden, wenn

- das Muster kein Muster im Sinne des § 1 Abs 2 MuSchG nF ist (§ 23 Abs 1 Z 1 MuSchG nF) oder
- das Muster die Schutzvoraussetzungen des § 1 Abs 1 erster Satz MuSchG nF nicht erfüllt (§ 23 Abs 1 Z 2 MuSchG nF) oder
- das Muster unter das Doppelschutzverbot (§ 3 MuSchG nF) fällt (§ 23 Abs 1 Z 3 MuSchG nF; dieser Nichtigkeitsgrund kann nur vom Inhaber des kollidierenden Rechts geltend gemacht werden; § 23 Abs 2 MuSchG nF) oder
- der Inhaber des Musterrechts keinen Anspruch auf Musterschutz (§ 7 MuSchG) hat (§ 23 Abs 1 Z 4 MuSchG nF; dieser Nichtigkeitsgrund kann nur von der Person, die Anspruch auf das Recht an dem Muster hat, geltend gemacht werden; § 23 Abs 3 MuSchG nF).[10]

Trifft einer der Nichtigkeitsgründe nur auf einen *Teil* des Warenverzeichnisses zu, so ist dieses entsprechend einzuschränken (§ 23 Abs 4 MuSchG nF). Trifft einer der Nichtigkeitsgründe des § 23 Abs 1 Z 2 MuSchG nF (fehlende Schutzvoraussetzungen des § 1 Abs 1 erster Satz MuSchG nF) nur teilweise zu, kann das Muster teilweise nichtig erklärt werden, sofern es seine Identität behält.[11] Die teilweise

---

[9]) *Übergangsbestimmung* zur MuSchG-Nov 2003: Auf registrierte Muster, deren Anmeldetag vor dem In-Kraft-Treten der MuSchG-Nov 2003 liegt, sind die §§ 24 und 29 in der vor dem In-Kraft-Treten der MuSchG-Nov 2003 geltenden Fassung weiter anzuwenden; § 23 in der Fassung der MuSchG-Nov 2003 ist auf diese Muster nicht anzuwenden (§ 46a MuSchG nF; Art 11 MusterRL).

[10]) Alternative für den wahren Berechtigten: *Übertragungsanspruch* nach § 25 MuSchG nF (Seite 777).

[11]) Mit dieser Bestimmung soll verhindert werden, dass der Musterinhaber sein Musterrecht zur Gänze verliert, wenn nach einer Änderung in unwesentlichen Einzelheiten, die auf die Identität des Musters keinen Einfluss hat, der

Nichtigerklärung und Beibehaltung des Musterrechts kann von der Vorlage geänderter Unterlagen durch den Musterinhaber abhängig gemacht werden, die auch eine freiwillige Einschränkung (*Disclaimer*) umfassen können (§ 23 Abs 5 MuSchG nF; Art 11 Abs 7 MusterRL). Je nach Art der der Registrierung zugrunde liegenden Unterlagen kann es – so die EB[12] – erforderlich sein, dass vom Musterinhaber neue Abbildungen oder sogar ein neues Musterexemplar vorgelegt werden. Sofern es aufgrund der Umstände des Falles sachdienlich oder notwendig ist, kann die Änderung gegebenenfalls auch in verbaler Form (Disclaimer) ausgedrückt werden. Das geänderte Muster müsse auch nach der Änderung die übrigen Schutzvoraussetzungen (bezogen auf den Anmeldezeitpunkt) wie Neuheit etc erfüllen, deren Fehlen aber, sofern es im gegenständlichen Verfahren nicht geltend gemacht wird, nur allenfalls auf Antrag in einem weiteren Nichtigerklärungsverfahren geltend gemacht werden kann. Es sei Aufgabe der NA zu prüfen, ob aufgrund der Sachlage eine teilweise Nichtigerklärung und Beibehaltung des Musterrechts ausgesprochen werden kann, nicht aber eine materiellrechtliche Prüfung sämtlicher Schutzvoraussetzungen des geänderten Musters durchzuführen.

Die rechtskräftige Nichtigerklärung wirkt auf den Tag der Anmeldung des Musters zurück. Wird das Musterrecht gemäß § 23 Abs 1 Z 3 MuSchG nF (Verstoß gegen das Doppelschutzverbot) nichtig erklärt, so ist der zweite Satz des § 48 Abs 3 PatG („*Tabularersitzung*") sinngemäß anzuwenden (§ 23 Abs 6 MuSchG nF). Auch eine Entscheidung über die teilweise Nichtigerklärung und Beibehaltung des Musterrechts soll in das Musterregister eingetragen werden.[13]

Ein Recht an einem Muster soll auch noch nach seinem Erlöschen oder nach dem Verzicht darauf für nichtig erklärt werden können (§ 23 Abs 7 MuSchG nF; Art 11 Abs 9 MusterRL). Dies wird aber – so die EB[14] – nur dann beantragt werden können, wenn ein rechtliches Interesse an der Nichtigerklärung vorliegt, wie zB Benützungshandlungen, die vor dem Erlöschen des Musters gesetzt wurden und möglicherweise – im Hinblick auf noch nicht eingetretene Verjährung – Gegenstand einer Verletzungsklage des Musterinhabers bilden könnten.

Nach der MuSchG-Nov 2003 wird die NA auch § 115 Abs 2 PatG sinngemäß anzuwenden haben (§ 29 Abs 2 MuSchG nF). Bringt der Musterinhaber bei einem Antrag auf vollständige Nichtigerklärung des Musters (§ 23 MuSchG nF) innerhalb der ihm gemäß § 115 Abs 2 PatG eingeräumten Frist keine Gegenschrift ein, so hätte künftig die NA das Muster nichtig zu erklären (§ 29 Abs 3 MuSchG nF; vgl: § 42 Abs 3 MSchG und § 36 Abs 3 GMG). Die Nichtigerklärung soll eine ordnungsgemäße Zustellung des Antrags voraussetzen; versäumt der Antragsgegner

---

Nichtigkeitsgrund nicht mehr erfüllt wäre. Sind die Voraussetzungen für eine solche Änderung gegeben, besteht die Möglichkeit der Aufrechterhaltung des Musters. So kann insbesondere verhindert werden, dass ein Muster, das nur hinsichtlich eines für den Gesamteindruck unwesentlichen Erscheinungsmerkmals die Schutzvoraussetzungen nicht erfüllt, gänzlich vernichtet wird (EB MuSchG-Nov 2003, 65 BlgNR 22. GP zu § 23 MuSchG).

[12]) EB MuSchG-Nov 2003, 65 BlgNR 22. GP zu § 23 MuSchG nF.
[13]) EB MuSchG-Nov 2003, 65 BlgNR 22. GP zu § 23 MuSchG nF.
[14]) EB MuSchG-Nov 2003, 65 BlgNR 22. GP zu § 23 MuSchG nF.

aus Gründen, die eine Wiedereinsetzung rechtfertigen, die Frist zur Erstattung der Gegenschrift, so soll Wiedereinsetzung in den vorigen Stand beantragt werden können.[15]

7.3.4. Aberkennung

Rechtslage bis zur MuSchG-Nov 2003

Wer behauptet, anstelle des Musterinhabers oder dessen Rechtsvorgängers Anspruch auf Musterschutz für die im Warenverzeichnis enthaltenen Erzeugnisse zu haben (§ 7 MuSchG aF; Seite 746), kann begehren, dass das Musterrecht dem Musterinhaber aberkannt und dem Antragsteller übertragen wird (§ 25 Abs 1 MuSchG aF). Diese Regelung schützt den wahren Berechtigten gegenüber einem unbefugten Anmelder. Eine ähnliche Regelung enthält § 49 PatG. Die musterrechtliche Aberkennungsregelung ist aber insofern vereinfacht worden, als hier die Übertragung des Musters keines gesonderten Antrags vor der RA bedarf. Sofern der Aberkennungsgrund nur auf einen *Teil* des Warenverzeichnisses zutrifft, wird das Musterrecht nur teilweise aberkannt bzw übertragen. Der Anspruch *verjährt* gegenüber dem gutgläubigen Musterinhaber innerhalb dreier Jahre vom Tag seiner Eintragung in das Musterregister an.[16] Zuständig ist die NA (§ 29 Abs 1 MuSchG aF). Die Verfahrensgebühr beträgt 188,-- EUR (§ 42 Abs 1 Z 2 MuSchG).

Rechtslage nach der MuSchG-Nov 2003[17]

Die *MusterRL* normiert ebenfalls die Voraussetzungen für eine solche Aberkennung: Ein Muster wird gem Art 11 Abs 1 lit c von der Eintragung ausgeschlossen, oder das Recht an einem Muster wird, wenn das Muster eingetragen worden ist, für nichtig erklärt, „wenn der Anmelder oder der Inhaber des Rechts an einem Muster nach dem Recht des betreffenden Mitgliedstaats nicht dazu berechtigt ist". Dieser Aberkennungsgrund darf jedoch ausschließlich von der Person geltend gemacht werden, die nach dem Recht des betreffenden Mitgliedstaats Anspruch auf das Recht an einem Muster hat (Art 11 Abs 3 MusterRL).

Dem entsprechend wurde § 25 Abs 1 MuSchG mit der *MuSchG-Nov 2003* neu formuliert: Wer behauptet, Anspruch auf das Recht an dem Muster zu haben, kann anstelle der Nichtigerklärung gemäß § 23 Abs 1 Z 4 MuSchG nF begehren, dass das Musterrecht dem Musterinhaber aberkannt und dem Antragsteller übertragen wird. Der Musterinhaber kann bis zur Rechtskraft der Entscheidung nur mit Zustimmung des Antragstellers auf das Muster verzichten.

---

[15]) EB MuSchG-Nov 2003, 65 BlgNR 22. GP zu § 29 MuSchG nF.
[16]) Zur Wirkung auf bereits eingetragene Lizenzrechte vgl § 25 Abs 3 MuSchG iVm § 49 Abs 7 PatG.
[17]) *Übergangsbestimmung* zur MuSchG-Nov 2003: Auf registrierte Muster, deren Anmeldetag vor dem In-Kraft-Treten MuSchG-Nov 2003 liegt, sind die §§ 25 und 29 in der vor dem In-Kraft-Treten der MuSchG-Nov 2003 geltenden Fassung weiter anzuwenden (§ 46a MuSchG nF; Art 11 MusterRL).

7.3.5. Rechtsmittel

Gegen die Endentscheidung der NA steht die *Berufung* an den OPM offen (§ 30 MuSchG; Seite 752). Die Berufung ist binnen zwei Monaten nach Zustellung der Entscheidung beim PA schriftlich einzubringen. Sie muss einen begründeten Berufungsantrag enthalten. Ist die Berufung rechtzeitig, so hat sie aufschiebende Wirkung (§ 30 Abs 2 MuSchG).

Many bags look alike.

8. SANKTIONEN

Überblick:

- Bei Musterrechtsverletzungen bestehen zivilrechtliche und strafrechtliche *Sanktionen* wie bei Patentverletzungen.
- Musterschutzhinweise begründen eine *Auskunftspflicht*.
- Das Vorliegen eines Mustereingriffs kann auch durch *Feststellungsanträge* geklärt werden.

Wir haben uns oben (Seite 764) bereits mit der Frage auseinander gesetzt, welche Nutzungen des als Muster geschützten Designs dem Musterinhaber vorbehalten sind, welche Wirkungen also das ihm gesetzlich eingeräumte Ausschließungsrecht hat. Im Folgenden geht es nun um die Sanktionen, die der Musterinhaber gegen denjenigen geltend machen kann, der dieses Ausschließungsrecht verletzt.

Bestimmungen über Sanktionen und Rechtsbehelfe sowie Vollzugsbestimmungen sollten Sache des innerstaatlichen Rechts bleiben (Erwägungsgrund 6 MusterRL).

8.1. Zivilrechtlicher Schutz

Ein wesentliches Anliegen der Musterrechtsreform 1990 war die Stärkung des Sanktionensystems. Der Gesetzgeber ist hier den – zu begrüßenden – Weg der Vereinheitlichung gewerblicher Schutzrechte gegangen und hat im Wesentlichen die Sanktionen des Patentrechts unverändert für das Musterrecht übernommen. Wer in seinem Musterrecht (vgl § 4 MuSchG; Seite 764) verletzt worden ist, hat Anspruch auf:

- Unterlassung (auch vorbeugend bei „zu besorgender Verletzung"),
- Beseitigung,
- Urteilsveröffentlichung,
- angemessenes Entgelt,
- Schadenersatz,
- Herausgabe des Gewinns und
- Rechnungslegung. [1]

Dazu verweist § 34 MuSchG auf §§ 147–154 PatG.[2] *Zuständig* ist ausschließlich das Handelsgericht Wien (§ 38 Abs 1 MuSchG). Die *Vorfrage* der Gültigkeit oder Wirksamkeit des Musterrechts prüft das Gericht selbstständig (anders die Unterbrechungsregelung in § 156 Abs 3 PatG).[3]

---

[1] Die Patentrechts- und Gebührennovelle 2000 (GZ 1962-GR/99) sah zusätzlich einen Anspruch auf Auskunft über die Herkunfts- und Vertriebswege vor.
[2] Nach § 147 Abs 2 PatG können einstweilige Verfügungen auch ohne Gefahrenbescheinigung erlassen werden.
[3] OGH 12. 7. 1994, 4 Ob 59/94 – Andante – ÖBl 1995, 38 = ecolex 1994, 769 (*Kucsko*) = wbl 1995, 82 (*Herzig*) = SZ 67/122 = RdW 1994, 396.

8.2. Strafrechtlicher Schutz

Vorsätzliche Musterrechtsverletzungen sind gerichtlich mit Geldstrafen bis zu 360 Tagessätzen als Privatanklagedelikt zu bestrafen (§ 35 MuSchG mit Verweis auf §§ 148, 149 und 160 PatG). Eine besondere Haftungsbestimmung für Unternehmensinhaber und -leiter bzw für Organe enthält § 35 Abs 2 MuSchG. *Zuständig* ist ausschließlich das Landesgericht für Strafsachen Wien (§ 38 Abs 2 MuSchG).[4]

8.3. Auskunftspflicht

Hinweis ohne Auskunft.

Wer Erzeugnisse in einer Weise bezeichnet, die geeignet ist, den Eindruck zu erwecken, dass sie Geschmacksmusterschutz genießen, hat gemäß § 37 MuSchG auf Verlangen jedermann darüber Auskunft zu geben, auf welches Musterrecht sich die Bezeichnung stützt. Dieser Anspruch ist beim Handelsgericht Wien geltend zu machen.[5]

Das MuSchG enthält hingegen keine Regelung zu einer auf den Musterschutz hinweisenden *Kennzeichnung*. Für den Bereich des *Haager Musterabkommens* (Seite 712) ist als internationaler Schutzvermerk das Symbol des großen Buchstaben D in einem Kreis und in Verbindung mit der Angabe des Jahres der internationalen Hinterlegung sowie des Namens oder der üblichen Abkürzung des Namens des Hinterlegers oder der Nummer der internationalen Hinterlegung vorgesehen (Art 14). Die unzutreffende *Musteranmaßung* ist unter Umständen gemäß § 2 UWG zu verfolgen.[6]

8.4. Feststellungsantrag

8.4.1. Negativer Feststellungsantrag

Wer ein Erzeugnis betriebsmäßig herstellt, in Verkehr bringt, feilhält oder gebraucht oder solche Maßnahmen beabsichtigt, kann gemäß § 39 Abs 1 MuSchG gegen den Inhaber eines geschützten Musters oder einer ausschließlichen Lizenz bei der NA (§ 29 Abs 1 MuSchG) die Feststellung beantragen, dass das Erzeugnis weder ganz noch teilweise unter das Musterrecht fällt (vgl auch § 163 PatG).

Die *Verfahrensgebühr* beträgt 188,-- EUR (§ 42 Abs 1 Z 2 MuSchG). Die Verfahrenskosten sind vom Antragsteller zu tragen, wenn der Antragsgegner durch sein Verhalten zur Antragstellung nicht Anlass gegeben und den Anspruch innerhalb der ihm für die Gegenschrift gesetzten Frist anerkannt hat (§ 39 Abs 5 MuSchG).

---

[4]) Zur Vollstreckbarkeit eines französischen Urteils wegen einer Geschmacksmusterrechtsverletzung an Kfz-Ersatzteilen gegen ein italienisches Unternehmen in Italien (wo kein derartiger Schutz besteht): EuGH 11. 5. 2000, Rs C-38/98 – Orazio Formento – wbl 2000, 548 = GRUR Int 2000, 759 = ABl HABM 2000, 1040.

[5]) *Knittel/Kucsko*, MuSchG Anm 4 zu § 37; zum Inhalt der Auskunft: OGH 26. 1. 1993, 4 Ob 1/93 – Muster ges. gesch. – ecolex 1993, 326 = MR 1993, 113 = RdW 1993, 244.

[6]) Zum Hinweis „Muster angemeldet" vgl *Wiltschek*, ecolex 1991, 401.

Weist der Antragsgegner nach, dass ein zwischen denselben Parteien früher anhängig gemachtes Verletzungsverfahren, welches dasselbe Musterrecht und dasselbe Erzeugnis betrifft, noch anhängig oder rechtskräftig abgeschlossen ist, so ist der Feststellungsantrag zurückzuweisen (§ 39 Abs 3 MuSchG). Der Antrag kann sich nur auf ein einzelnes Musterrecht beziehen (§ 39 Abs 4 MuSchG), daher nicht auf alle Muster einer Sammelanmeldung gemeinsam.[7] Mit dem Antrag ist eine Abbildung des betreffenden Erzeugnisses (vierfach) zu überreichen (§ 39 Abs 4 MuSchG).

8.4.2. Positiver Feststellungsantrag

Der Inhaber eines geschützten Musters oder einer ausschließlichen Lizenz kann gegen jemanden, der ein Erzeugnis betriebsmäßig herstellt, in Verkehr bringt, feilhält oder gebraucht oder solche Maßnahmen beabsichtigt, bei der NA die Feststellung beantragen, dass das Erzeugnis ganz oder teilweise unter das Musterrecht fällt (§ 39 Abs 2 MuSchG).

Trash or Teasure?

---

[7]) *Knittel/Kucsko*, MuSchG Anm 10 zu § 39.

Thonet – eine Ikone des Möbeldesigns

Um 1830 begann Michael Thonet (1796 -1871) in seiner Tischlerwerkstätte in Boppard am Rhein einzelne Möbelbestandteile aus „gekrümmten und zusammengeleimten" Furnieren herzustellen, um damit Sitzmöbel in der Mode des Biedermeiers, aber in einer „leichteren Art" herzustellen.

Vom österreichischen Staatskanzler Fürst Metternich nach Wien empfohlen, begann Michael Thonet, unterstützt von seinen fünf Söhnen, in handwerklicher Fertigung, zuerst in Stabholz-, später in Schichtholztechnik, Sitzmöbel zu erzeugen.

Schon um 1850 waren die wesentlichen Stilmerkmale gefunden. Nach mancherlei Experimenten gelang es Thonet (um 1857), massive Rundholzstäbe aus Rotbuchenholz zu biegen. In einer arbeitsteiligen Produktion in der ersten Fabrik in Mähren (Koritschan) und nach der Entwicklung der notwendigen Maschinen konnte um 1858 der „Konsumsessel Nr. 14" zur Serienreife gebracht werden.

Bis zum Tode Michael Thonets im Jahr 1871 war eine breite Palette von Sitzmöbeln geschaffen, die in ihrer Preiswürdigkeit, Robustheit und einfachen Schönheit für Jahrzehnte zum Vorbild eines unübertroffenen Möbeldesigns wurden.

Michael Thonet war Handwerker, Fabrikant, Konstrukteur von Maschinen, Erbauer von Fabriken, erfolgreicher Kaufmann, er war damit vor allem Schöpfer einer breiten Palette einfacher Sitzmöbel, deren einfache Formgestaltung den Geist der Pioniere der „Modernen Architektur" um fast ein halbes Jahrhundert vorwegnahmen. Er war einer jener Männer des 19. Jahrhunderts, die den Weg der industriellen Revolution bestimmten und mit ihrer Leistung Möbel für die neue breite Klasse, den „Mann von der Straße" schufen.

Allein vom Sessel Nr. 14 wurden von der Hälfte des 19. Jahrhunderts bis um 1930 50 Millionen Stück erzeugt. Der „Wiener Stuhl" blieb weltweit ein Begriff bis in unsere Tage.

▲ **Prof. Karl MANG** arbeitet als Architekt, Schriftsteller und Ausstellungsgestalter in Wien. In zahlreichen Projekten und Publikationen hat er sich mit der Geschichte des österreichischen Designs befasst. Er ist (ua) Autor der Bücher „Die Geschichte des modernen Möbels", „Michael Thonet" und „Wiener Architektur in Zeichnungen 1870 – 1930".

9. GEMEINSCHAFTSGESCHMACKSMUSTER

Überblick:

- Das „*Gemeinschaftsgeschmacksmuster*" bietet ein eigenständiges, einheitliches, neben die nationalen Muster tretendes Schutzrecht für den ganzen EU-Bereich.
- Das eingetragene Gemeinschaftsgeschmacksmuster wird vom „*Harmonisierungsamt*" in Alicante verwaltet. Es bietet ein Ausschließungsrecht mit 25 Jahren Schutzdauer.
- Das *nicht eingetragene Gemeinschaftsgeschmacksmuster* ist speziell für Saisonartikel gedacht. Es bietet bloß einen Nachahmungsschutz. Die Schutzdauer beträgt 3 Jahre.
- Rechtsverletzungen sind vor den nationalen Instanzen (*Gemeinschaftsgeschmacksmustergerichte*) nach nationalen Rechtsvorschriften zu verfolgen.

Literaturhinweise: Siehe Seite 705.

9.1. Einleitung

9.1.1. Das Konzept des „Gemeinschaftsgeschmacksmusters"

Beinahe vollkommen.

Am 12. 12. 2001 wurde die Verordnung über das Gemeinschaftsgeschmacksmuster erlassen.[1] Sie ist am 6. 3. 2002 in Kraft getreten. Mit der Administration ist das „*Harmonisierungsamt für den Binnenmarkt (Marken, Muster und Modelle)*" betraut worden. Es hat seinen Sitz in Alicante (Spanien).

Die Schaffung des Gemeinschaftsgeschmacksmustersystems ist nach dem erfolgreichen Gemeinschaftsmarkensystem ein weiterer Meilenstein in der Harmonisierung des Immaterialgüterrechts in der Europäischen Gemeinschaft. Parallel zur weitgehenden Harmonisierung des nationalen Musterrechts durch die Vorgaben der MusterRL wurde *ein neues Schutzrecht* geschaffen, das *zentral verwaltet* wird und *mit einer einzigen Anmeldung alle Mitgliedstaaten* der Europäischen Union erfasst. Dieses neue System wird – ebenso wie im Markenrecht – nicht nur den europaweiten Musterschutz erheblich erleichtern, sondern auch einen massiven Harmonisierungsschub im Musterrecht und nicht zuletzt ein gesteigertes Bewusstsein der Unternehmer für den Wert und die Bedeutung des Musterschutzes bewirken. Nach den Erfahrungen bei der Einführung des Gemeinschaftsmarkensystems bereitet sich das HABM auf die Administration dieses weiteren Schutzrechts vor.

---

[1]) Kompetenzgrundlage: Art 308 EG.

Es bleibt – mit Spannung – abzuwarten, ob der Ansturm auf das Gemeinschaftsgeschmacksmuster ähnlich groß sein wird.

Wie im Markenrecht sollte meines Erachtens dieser Zustand mehrerer paralleler Schutzrechtssysteme in Europa (nationale Muster, Benelux-Muster, internationale Registrierungen und Gemeinschaftsgeschmacksmuster) nur eine Übergangsphase sein. Wünschenswert wäre ein einziges Schutzrechtssystem, das es dem Anmelder ermöglicht, zu entscheiden, ob er Schutz in allen Staaten der Gemeinschaft oder nur in einzelnen wünscht. Mittelfristig sollten die nationalen Schutzrechtssysteme (einschließlich der Rechte an nicht registrierten Mustern) in dieses Gemeinschaftssystem übergeleitet werden. Bedauerlich ist es, dass die GGV zusätzlich zum Registerrecht auch den Schutz des nicht eingetragenen Gemeinschaftsgeschmacksmusters gebracht hat. Nicht registrierte Rechte sind kaum zu recherchieren und daher der Rechtssicherheit abträglich. Tendenziell sollten daher die nicht eingetragenen Rechte am Design (Musterrechte, Ausstattungsschutz, lauterkeitsrechtlicher Schutz, urheberrechtlicher Schutz) in Registerrechte übergeführt werden.

Das Gemeinschaftsgeschmacksmuster bietet gegenüber bloß nationalen Anmeldungen beachtliche Vorteile: Aus finanzieller Sicht ist die Gemeinschaftsgeschmacksmusteranmeldung wesentlich billiger als Markenanmeldungen in allen 15 Mitgliedstaaten. Auch die Administration eines einzigen Schutzrechts ist wesentlich einfacher und kostensparender als die Verwaltung mehrerer, dezentral registrierter Schutzrechte. Es ist zu erwarten, dass anlässlich der bevorstehenden Erweiterung der Europäischen Union der Schutzbereich des Gemeinschaftsgeschmacksmusters auch auf diese Staaten ausgedehnt werden wird.

9.1.2. Rechtsquellen

Das Recht des Gemeinschaftsgeschmacksmusters ist in der aufgrund des Art 308 EG erlassenen *GemeinschaftsgeschmacksmusterVO* (Seite 704) kodifiziert; im Folgenden als *„GGV"* zitiert.[2] Nähere Durchführungsbestimmungen zur GGV enthält die – nach Art 107 GGV erlassene – *Durchführungsverordnung* („GGDV").[3] Die Gebühren sind in der *Gebührenordnung* („GGGebV" Art 107 Abs 2 GGV) geregelt. Das Verfahren vor den Beschwerdekammern ist in einer gesonderten Verordnung („*VerfO*"; Art 108 GGV) geregelt.

Die *Wirkung* des Gemeinschaftsgeschmacksmusters bestimmt sich ausschließlich nach der GGV. Die Sanktionen bei *Verletzung* eines Gemeinschaftsgeschmacksmusters sind nur in Grundzügen vorgezeichnet. Ergänzend greift das nationale Recht (Art 89 und Art 88 Abs 2 GGV; vgl Seite 779).[4] Die GGV ist also keine Gesamtkodifikation. Sie ist insbesondere im Sanktionenbereich offen und verweist auf die nationalen Rechtsordnungen. Wesentliche Ansprüche (etwa auf Rech-

---

[2]) Vgl Mitteilung Nr. 4/02 über vorgeschlagene Abkürzungen der Rechtsvorschriften, ABl HABM 2002, 1626.
[3]) Vgl dazu *Ineichen*, Die Durchführungsverordnung zur EG-Gemeinschaftsgeschmacksmusterverordnung, ELR 2003, 63.
[4]) Zu den kollisionsrechtlichen Fragen: *Kohler*, FS Everling (1996) 651.

nungslegung und Zahlung sowie strafrechtliche Sanktionen) ergeben sich nur aus den nationalen Vorschriften, die gegebenenfalls entsprechend anzupassen sind. Gleiches gilt im prozessualen Bereich. Hier finden sich einerseits autonome Regelungen der GGV (Art 90 ff). Andererseits wird auf das *Brüsseler Übereinkommen* über die gerichtliche Zuständigkeit und Vollstreckung gerichtlicher Entscheidungen in Zivil- und Handelssachen (EuGVÜ) verwiesen (Art 79 GGV) und das jeweilige *nationale Verfahrensrecht* einbezogen (Art 88 Abs 3 GGV). Das Recht, Klagen, die ein Gemeinschaftsgeschmacksmuster betreffen, auf innerstaatliche (materiellrechtliche) Rechtsvorschriften (insbesondere über unlauteren Wettbewerb) zu stützen, bleibt unberührt (Art 96 Abs 1 GGV).[5] Für diese Nahtstellen zu den nationalen Rechtsordnungen wurde der Begriff „*interfaces*" gebräuchlich.

Auch für *Österreich* waren gewisse Ergänzungen des österreichischen Musterrechts erforderlich, die mit der MuSchG-Nov 2003 vorgenommen wurden (Gleichstellung des Gemeinschaftsgeschmacksmusters mit nationalen Musterrechten, § 1 Abs 5 MuSchG nF; Schaffung von Gemeinschaftsgeschmacksmustergerichten, § 44b MuSchG nF).

Für die Klassifizierung ist das *Abkommen von Locarno* (vgl Seite 718) maßgebend. Schließlich ist die GGV mit der *Pariser Verbandsübereinkunft* (PVÜ; Seite 718) und dem *TRIPS-Abkommen* verknüpft (vgl Seite 719).

9.1.3. Gliederung der GGV

- Titel I Allgemeine Bestimmungen
  (Art 1 bis 2: Gemeinschaftsgeschmacksmuster, Amt)
- Titel II Materielles Gemeinschaftsgeschmacksmusterrecht
  1. Abschnitt: Schutzvoraussetzungen (Art 3 bis 9)
  2. Abschnitt: Umfang und Dauer des Schutzes (Art 10 bis 13)
  3. Abschnitt: Recht auf das Gemeinschaftsgeschmacksmuster (Art 14 bis 18)
  4. Abschnitt: Wirkung des Gemeinschaftsgeschmacksmusters (Art 19 bis 23)
  5. Abschnitt: Nichtigkeit (Art 24 bis 26)
- Titel III Das Gemeinschaftsgeschmacksmuster als Vermögensgegenstand
  (Art 27 bis 34: Gleichstellung mit dem Geschmacksmusterrecht der Mitgliedstaaten; Übergang der Rechte, dingliche Rechte, Zwangsvollstreckung, Insolvenzverfahren, Lizenz, Wirkung gegenüber Dritten, Anmeldung als Vermögensgegenstand)
- Titel IV Die Anmeldung eines Gemeinschaftsgeschmacksmusters
  1. Abschnitt: Einreichung der und Anforderungen an die Anmeldung (Art 35 bis 40)
  2. Abschnitt: Priorität (Art 41 bis 44)
- Titel V Eintragungsverfahren
  (Art 45 bis 50: Prüfung, Mängel, Eintragungshindernisse, Eintragung, Bekanntmachung)

---

[5]) Die GGV lässt Bestimmungen des Gemeinschaftsrechts und des Rechts der betreffenden Mitgliedstaaten über nicht eingetragene Muster, Marken oder sonstige Zeichen mit Unterscheidungskraft, Patente und Gebrauchsmuster, Schriftbilder, zivilrechtliche Haftung und unlauteren Wettbewerb unberührt (Art 96 Abs 1 GGV). Ein als Gemeinschaftsgeschmacksmuster geschütztes Muster ist ab dem Tag, an dem das Muster entstand oder in irgendeiner Form festgelegt wurde, auch nach dem Urheberrecht der Mitgliedstaaten schutzfähig. In welchem Umfang und unter welchen Bedingungen ein solcher Schutz gewährt wird, wird einschließlich des erforderlichen Grades der Eigenart vom jeweiligen Mitgliedstaat festgelegt (Art 96 Abs 2 GGV). Ein kumulativer Muster- und Urheberrechtsschutz ist daher nicht ausgeschlossen.

▸ Titel VI Verzicht auf das eingetragene Gemeinschaftsgeschmacksmuster und Nichtigkeit
(Art 51 bis 54: Verzicht, Nichtigerklärung)
▸ Titel VII Beschwerden
(Art 55 bis 61: Frist, Form, Prüfung, Entscheidung, Klage beim EuGH)
▸ Titel VIII Verfahren vor dem Amt
1. Abschnitt: Allgemeine Vorschriften (Art 62 bis 69)
2. Abschnitt: Kosten (Art 70 und 71)
3. Abschnitt: Unterrichtung der Öffentlichkeit und der Behörden der Mitgliedstaaten (Art 72 bis 76)
4. Abschnitt: Vertretung (Art 77 und 78)
▸ Titel IX Zuständigkeit und Verfahren für Klagen, die Gemeinschaftsgeschmacksmuster betreffen
1. Abschnitt: Zuständigkeit und Vollstreckung (Art 79)
2. Abschnitt: Streitigkeiten über die Verletzung und Rechtsgültigkeit der Gemeinschaftsgeschmacksmuster (Art 80 bis 92)
3. Abschnitt: Sonstige Streitigkeiten über Gemeinschaftsgeschmacksmuster (Art 93 und 94)
▸ Titel X Auswirkungen auf das Recht der Mitgliedstaaten
(Art 95 und 96: Parallele Klagen, Verhältnis zu anderen Schutzformen)
▸ Titel XI Ergänzende Bestimmungen zum Amt
1. Abschnitt: Allgemeine Bestimmungen (Art 97 bis 101)
2. Abschnitt: Verfahren (Art 102 bis 106)
▸ Titel XII Schlussbestimmungen
(Art 107 bis 111: Durchführungsverordnung, Verfahrensvorschriften für die Beschwerdekammern, Ausschuss, Übergangsbestimmungen, Inkrafttreten)

9.2. Schutzgegenstand „Gemeinschaftsgeschmacksmuster"

9.2.1. Definition des Gemeinschaftsgeschmacksmusters

Allgemeines

Die EU zeigt den Weg: Zentralisierte Schutzrechte mit harmonisierten Rechtsvorschriften.

Das „*Gemeinschaftsgeschmacksmuster*" ist vor allem dadurch charakterisiert, dass es ein eigenständiges, einheitliches Musterrecht für den ganzen EU-Bereich bringt (*Grundsatz der Eigenständigkeit und Einheitlichkeit*). Ein einheitliches System für die Erlangung eines Gemeinschaftsgeschmacksmusters, dem einheitlicher Schutz mit einheitlicher Wirkung für die gesamte Gemeinschaft verliehen wird, würde die im Vertrag festgelegten Ziele der Gemeinschaft fördern (Erwägungsgrund 1 GGV). In einem einzigen Anmeldeverfahren kann ein Gemeinschaftsgeschmacksmuster erworben werden, das im gesamten Gebiet der Gemeinschaft wirksam ist. Damit tritt das Gemeinschaftsgeschmacksmuster in Konkurrenz zur Anmeldung mehrerer nationaler Muster und zur internationalen Musteranmeldung nach dem Haager Abkommen.

Dazu bestimmt Art 1 Abs 3 GGV programmatisch, dass das Gemeinschaftsgeschmacksmuster grundsätzlich einheitliche Wirkung für die gesamte Gemeinschaft hat: „*Das Gemeinschaftsgeschmacksmuster ist einheitlich. Es hat dieselbe Wirkung in der gesamten Gemeinschaft. Es kann nur für dieses gesamte Gebiet eingetragen oder übertragen werden oder Gegenstand eines Verzichts oder einer Entscheidung über die Nichtigkeit sein, und seine Benutzung kann nur für die gesamte Gemeinschaft untersagt werden.*" So faszinierend dieser Grundsatz der Einheitlichkeit des Gemeinschaftsgeschmacksmusters ist, so birgt er doch auch eine problematische Seite in sich: Der Anmelder eines Gemeinschaftsgeschmacksmusters muss nämlich damit rechnen, dass bei einem Angriff auf das Muster (zB wegen mangelnder Neuheit) dieses zur Gänze zu Fall gebracht wird (vgl Seite 803). Eine Prognose dazu ist für den Anmelder – wegen des Fehlens entsprechender Recherchemöglichkeiten – kaum möglich. Die Situation ist also insoweit ähnlich wie bei der Gemeinschaftsmarke.

Die Unternehmer sollen freilich nicht gezwungen werden, ihre Muster künftig nur noch als Gemeinschaftsgeschmacksmuster anzumelden. Das System des Gemeinschaftsgeschmacksmusters soll vielmehr neben die (vereinheitlichten) Musterrechte der Mitgliedstaaten treten, sodass auch die Möglichkeit bestehen bleibt, ein Muster nur in einem oder in einzelnen Ländern anzumelden (*Grundsatz der Koexistenz*). Berücksichtigt man das bereits vereinheitlichte Benelux-Markensystem, so bestehen in der EU bei 15 Mitgliedstaaten nunmehr, einschließlich des Gemeinschaftsgeschmacksmusterrechts, 14 Musterrechtssysteme. Auch das System der internationalen Musteranmeldung nach dem Haager Musterabkommen (vgl Seite 712) soll weiter parallel bestehen bleiben.

§ 1 Abs 5 MuSchG nF hat die *Gleichstellung* des Gemeinschaftsgeschmacksmusters mit den nationalen Mustern gebracht: Musterrechte, die aufgrund der GGV erworben werden, sind den aufgrund des MuSchG erworbenen Musterrechten gleichzuhalten, sofern aus gemeinschaftsrechtlichen Bestimmungen betreffend das Musterwesen nichts Gegenteiliges hervorgeht. Diese Gleichstellung findet jedoch dort ihre Grenzen, wo sich aus gemeinschaftsrechtlichen Bestimmungen betreffend das Musterwesen Gegenteiliges ergibt, wie zB bei nicht eingetragenen Gemeinschaftsgeschmacksmustern, wo für das Vorliegen einer Verletzungshandlung die „Nachahmung eines geschützten Musters" Voraussetzung ist.[6]

---

[6] EB MuSchG-Nov 2003, 65 BlgNR 22. GP.

Definitionen in der GGV

Als „*Gemeinschaftsgeschmacksmuster*" wird ein den Voraussetzungen der GGV entsprechendes Geschmacksmuster definiert (Art 1 Abs 1 GGV). Wichtig ist die Unterscheidung zwischen dem

- „*nicht eingetragenen* Gemeinschaftsgeschmacksmuster" (das in der vorgesehenen Weise der Öffentlichkeit zugänglich gemacht wird) und dem
- „*eingetragenen* Gemeinschaftsgeschmacksmuster" (das in der vorgesehenen Weise eingetragen ist; Art 1 Abs 2 GGV).

Soweit die GGV für diese beiden Kategorien unterschiedliche Regelungen enthält, werde ich dies im Folgenden jeweils ansprechen.

Die Definition des „*Geschmacksmusters*" in Art 3 lit a GGV entspricht jener der geplanten Neufassung des § 1 Abs 2 MuSchG nF: „die Erscheinungsform eines Erzeugnisses oder eines Teils davon, die sich insbesondere aus den Merkmalen der Linien, Konturen, Farben, der Gestalt, Oberflächenstruktur und/oder der Werkstoffe des Erzeugnisses selbst und/oder seiner Verzierung ergibt".

Als „*Erzeugnis*" definierte Art 3 lit a GGV (entsprechend: § 1 Abs 3 MuSchG nF) „jeden industriellen oder handwerklichen Gegenstand, einschließlich – unter anderem – der Einzelteile, die zu einem komplexen Erzeugnis zusammengebaut werden sollen, Verpackung, Ausstattung, graphischen Symbolen und typographischen Schriftbildern", wobei auch hier „ein Computerprogramm" nicht als „Erzeugnis" gilt. Ein „komplexes Erzeugnis" ist „ein Erzeugnis aus mehreren Bauelementen, die sich ersetzen lassen, sodass das Erzeugnis auseinander- und wieder zusammengebaut werden kann"; auch dies entspricht der künftigen Fassung des MuSchG (§ 1 Abs 4 MuSchG nF).

9.2.2. Schutzvoraussetzungen

Allgemeines

Ein Geschmacksmuster wird durch ein Gemeinschaftsgeschmacksmuster geschützt, soweit es *neu* ist und *Eigenart* hat (Art 4 Abs 1 GGV). Schutzvoraussetzung ist weiters, dass das Muster nicht gegen die *öffentliche Ordnung* oder gegen die *guten Sitten* verstößt. Weiters schließt die GGV bestimmte *technisch-funktionelle Erscheinungsformen* vom Schutz aus und enthält auch eine dem *Doppelschutzverbot* vergleichbare Regelung. Insgesamt stimmt das Konzept also nahezu wortgleich mit dem auf der MusterRL beruhenden Schutzkonzept des MuSchG, wie es die MuSchG-Nov 2003 umgesetzt hat, überein.

Neuheit

Ein Geschmacksmuster gilt als neu (Art 5 Abs 1 GGV), wenn der Öffentlichkeit

- im Fall *nicht eingetragener Gemeinschaftsgeschmacksmuster* vor dem Tag, an dem das Geschmacksmuster, das geschützt werden soll, erstmals der Öffentlichkeit zugänglich gemacht wird,

▶ im Fall *eingetragener Gemeinschaftsgeschmacksmuster* vor dem Tag der Anmeldung zur Eintragung des Geschmacksmusters, das geschützt werden soll, oder, wenn eine Priorität in Anspruch genommen wird, vor dem Prioritätstag,

kein identisches Geschmacksmuster zugänglich gemacht worden ist. Geschmacksmuster gelten als identisch, wenn sich ihre Merkmale nur in unwesentlichen Einzelheiten unterscheiden (Art 5 Abs 2 GGV; vgl § 2 Abs 1 MuSchG nF).

Im Sinne der Art 5 GGV (Neuheit) und Art 6 GGV (Eigenart; dazu gleich im Folgenden) gilt ein Geschmacksmuster als der *Öffentlichkeit* zugänglich gemacht, wenn es nach der Eintragung oder auf andere Weise bekannt gemacht, oder wenn es ausgestellt, im Verkehr verwendet oder auf sonstige Weise offenbart wurde, und zwar vor dem in Art 5 Abs 1 lit a GGV und Art 6 Abs 1 lit a GGV bzw in Art 5 Abs 1 lit b GGV und Art 6 Abs 1 lit b GGV genannten Zeitpunkt, es sei denn, dass dies den in der Gemeinschaft tätigen Fachkreisen des betreffenden Wirtschaftszweigs im normalen Geschäftsverlauf nicht bekannt sein konnte. Ein Geschmacksmuster gilt jedoch nicht als der Öffentlichkeit zugänglich gemacht, wenn es lediglich einem Dritten unter der ausdrücklichen oder stillschweigenden Bedingung der Vertraulichkeit offenbart wurde (vgl § 2a MuSchG nF).

Ein Geschmacksmuster, das in einem Erzeugnis, das *Bauelement* eines komplexen Erzeugnisses ist, benutzt oder in dieses Erzeugnis eingefügt wird, gilt nur dann als neu und hat nur dann Eigenart wenn das Bauelement, das in das komplexe Erzeugnis eingefügt ist, bei dessen bestimmungsgemäßer Verwendung *sichtbar* bleibt, und soweit diese sichtbaren Merkmale des Bauelements selbst die Voraussetzungen der Neuheit und Eigenart erfüllen (Art 4 Abs 2 GGV; vgl § 2 Abs 4 MuSchG nF). „Bestimmungsgemäße Verwendung" bedeutet Verwendung durch den Endbenutzer, ausgenommen Instandhaltungs-, Wartungs- oder Reparaturarbeiten (Art 4 Abs 3 GGV; vgl § 2 Abs 5 MuSchG nF).

Eine Offenbarung bleibt bei der Anwendung der Art 5 GGV (Neuheit) und Art 6 GGV (Eigenart; dazu gleich im Folgenden) unberücksichtigt, wenn ein Geschmacksmuster, das als eingetragenes Gemeinschaftsgeschmacksmuster[7] geschützt werden soll, der Öffentlichkeit zugänglich gemacht worden ist:

▶ (*Neuheitsschonfrist*) *durch den Entwerfer* oder seinen Rechtsnachfolger oder durch einen Dritten als Folge von Informationen oder Handlungen des Entwerfers oder seines Rechtsnachfolgers, und während der *zwölf Monate* vor dem Anmeldetag oder, wenn eine Priorität in Anspruch genommen wird, vor dem Prioritätstag (Art 7 Abs 2 GGV).

▶ Dies gilt auch dann, wenn das Geschmacksmuster als Folge einer *missbräuchlichen Handlung* gegen den Entwerfer oder seinen Rechtsnachfolger der Öffentlichkeit zugänglich gemacht wurde (Art 7 Abs 3 GGV; vgl § 2a Abs 2 MuSchG nF).

---

[7]) Für „nicht eingetragene Gemeinschaftsgeschmacksmuster" gilt also die Neuheitsschonfrist nicht, zumal der Schutz mit der Veröffentlichung beginnt (Art 11 Abs 1 GGV). Ob dieses Ergebnis auch für den Missbrauchsfall angemessen ist, ist fraglich (dazu *Klawitter*, EWS 2002, 357).

Eigenart

Noch ist es ziemlich ungewiss, wohin uns dieses neue Tatbestandsmerkmal führen wird.

Ein Geschmacksmuster hat Eigenart, wenn sich der Gesamteindruck, den es beim informierten Benutzer hervorruft, von dem Gesamteindruck *unterscheidet*, den ein anderes Geschmacksmuster bei diesem Benutzer hervorruft, das der Öffentlichkeit zugänglich gemacht worden ist, und zwar (Art 6 Abs 1 GGV; vgl § 2 Abs 2 MuSchG nF):

▸ im Fall *nicht eingetragener Gemeinschaftsgeschmacksmuster* vor dem Tag, an dem das Geschmacksmuster, das geschützt werden soll, erstmals der Öffentlichkeit zugänglich gemacht wird,
▸ im Fall *eingetragener Gemeinschaftsgeschmacksmuster* vor dem Tag der Anmeldung zur Eintragung oder, wenn eine Priorität in Anspruch genommen wird, vor dem Prioritätstag.

Bei der Beurteilung der Eigenart wird der *Grad der Gestaltungsfreiheit* des Entwerfers bei der Entwicklung des Geschmacksmusters berücksichtigt (Art 6 Abs 2 GGV; vgl § 2 Abs 3 MuSchG nF).

Auch beim Gemeinschaftsgeschmacksmuster werden Neuheit und Eigenart im Eintragungsverfahren *nicht geprüft* (vgl allerdings die bedeutende Vermutungsregelung in Art 85 GGV).

Keine Erregung von Ärgernis und kein Verstoß gegen die öffentliche Ordnung

Ein Gemeinschaftsgeschmacksmuster besteht nicht an einem Geschmacksmuster, wenn dieses gegen die öffentliche Ordnung oder gegen die guten Sitten verstößt (Art 9 GGV; vgl § 1 Abs 1 MuSchG nF). Das HABM prüft dieses Erfordernis (Art 47 Abs 1 lit b GGV).

Kein Verstoß gegen das Doppelschutzverbot

Diese Schutzvoraussetzung findet sich unter den Nichtigkeitsgründen des Art 25 GGV (dazu Seite 803).

Technisch-funktionelle Merkmale

Ein Gemeinschaftsgeschmacksmuster besteht nicht an Erscheinungsmerkmalen eines Erzeugnisses, die ausschließlich durch dessen *technische Funktion* bedingt sind (Art 8 Abs 1 GGV; vgl § 2b Abs 1 MuSchG nF). Ein Gemeinschaftsgeschmacksmuster besteht nicht an Erscheinungsmerkmalen eines Erzeugnisses, die zwangsläufig in ihrer genauen Form und ihren genauen Abmessungen nachgebildet werden müssen, damit das Erzeugnis, in das das Geschmacksmuster aufgenommen oder bei dem es verwendet wird, mit einem anderen Erzeugnis mechanisch verbunden oder in diesem, an diesem oder um dieses herum angebracht werden kann, sodass beide Erzeugnisse ihre Funktion erfüllen können (Art 8 Abs 2 GGV; vgl § 2b Abs 2 MuSchG nF). Ungeachtet dessen besteht ein Gemeinschaftsgeschmacksmuster unter den in den Art 5 und 6 GGV festgelegten Voraussetzungen an einem Geschmacksmuster, das dem Zweck dient, den Zusammenbau oder die Verbindung einer Vielzahl von untereinander austauschbaren Erzeugnissen innerhalb eines modularen Systems zu ermöglichen (Art 8 Abs 3 GGV, vgl § 2b Abs 3 MuSchG nF).

Weitere Schutzvoraussetzungen

Weitere Schutzvoraussetzung (*Zeichen mit Unterscheidungskraft*, keine unerlaubte Benutzung eines *urheberrechtlich geschützten* Werks, von *Abzeichen, Emblemen und Wappen*) finden sich unter den Nichtigkeitsgründen des Art 25 GGV (dazu Seite 803).

9.3. Entwerfer

Auch insoweit entsprechen die Regelungen der GGV weitgehend jenen des MuSchG:

9.3.1. Schöpferprinzip

Das Recht auf das Gemeinschaftsgeschmacksmuster steht gemäß Art 14 Abs 1 GGV dem *Entwerfer* oder seinem *Rechtsnachfolger* zu (vgl § 7 Abs 1 MuSchG). Haben mehrere Personen ein Geschmacksmuster gemeinsam entwickelt, so steht ihnen das Recht auf das Gemeinschaftsgeschmacksmuster gemeinsam zu (Art 14 Abs 2 GGV). Zur Geltendmachung der Berechtigung auf das Gemeinschaftsgeschmacksmuster durch einen Anerkennungsanspruch vgl Art 15 GGV; zu den Wirkungen der Gerichtsentscheidung über den Anspruch auf ein eingetragenes Gemeinschaftsgeschmacksmuster vgl Art 16 GGV.

Vermutung zugunsten des eingetragenen Geschmacksmusterinhabers: In jedem Verfahren vor dem Amt sowie in allen anderen Verfahren gilt die Person als berechtigt, auf deren Namen das Gemeinschaftsgeschmacksmuster eingetragen wurde, oder vor der Eintragung die Person, in deren Namen die Anmeldung eingereicht wurde (Art 17 GGV).

9.3.2. Arbeitnehmer-/Auftragnehmermuster

Wird ein Geschmacksmuster jedoch von einem Arbeitnehmer in Ausübung seiner Aufgaben oder nach den Weisungen seines Arbeitgebers entworfen, so steht das Recht auf das Gemeinschaftsgeschmacksmuster dem Arbeitgeber zu, sofern vertraglich nichts anderes vereinbart wurde oder sofern die anwendbaren innerstaatlichen Rechtsvorschriften nichts anderes vorsehen (Art 14 Abs 3 GGV; § 7 Abs 2 MuSchG).

9.3.3. Nennung als Entwerfer

Der Entwerfer hat wie der Anmelder oder der Inhaber des eingetragenen Gemeinschaftsgeschmacksmusters das Recht, vor dem Amt und im Register als Entwerfer *genannt* zu werden (Schutz der „*Schöpferehre*"; vgl § 8 MuSchG). Ist das Geschmacksmuster das Ergebnis einer Gemeinschaftsarbeit, so kann die Nennung des Entwerferteams an die Stelle der Nennung der einzelnen Entwerfer treten (Art 18 GGV).

9.4. Institutionen

9.4.1. Harmonisierungsamt

Zur Administration der Gemeinschaftsmarken ist das „Harmonisierungsamt für den Binnenmarkt (Marken, Muster und Modelle)", abgekürzt „*HABM*", in Alicante (dazu eingehender Seite 585; Art 2 GGV) berufen. Soweit in der GGV nichts anderes bestimmt wird, gilt für das Amt Titel XII GMV.

Anmeldungen von Gemeinschaftsgeschmacksmustern sind in einer der *Amtssprachen der Europäischen Gemeinschaft* (Art 98 Abs 1 GGV; zur Sprachenregelung vgl auch Art 80 bis 84 GGDV) einzureichen (Österreicher können also auf Deutsch anmelden); vgl im Übrigen zur Verfahrenssprache Art 98 Abs 2 bis 5 und Art 99 GGV.

Zu den zusätzlichen Befugnissen des *Präsidenten* vgl Art 100 GGV, zu jenen des *Verwaltungsrats* vgl Art 101 GGV.

Für Entscheidungen im Zusammenhang mit den in der GGV vorgeschriebenen Verfahren sind *zuständig* (Art 102 bis 106 GGV):

- die Prüfer;
- die Marken- und Musterverwaltungs- und Rechtsabteilung;
- die Nichtigkeitsabteilungen;
- die Beschwerdekammern.

Das *Verfahren* ist in Art 62 bis 78 GGV geregelt (insbesondere Verpflichtung zur Entscheidungsbegründung, Sachverhaltsermittlung von Amts wegen, mündliche Verhandlung, Beweisaufnahme, Zustellung, Wiedereinsetzung in den vorigen Stand, subsidiäre Heranziehung allgemein anerkannter Verfahrensgrundsätze, Erlöschen von Zahlungsverpflichtungen, Kosten, Register für Gemeinschaftsgeschmacksmuster, regelmäßig erscheinende Veröffentlichungen, Akteneinsicht, Amtshilfe, Austausch von Veröffentlichungen und Vertretung). Vgl auch Art 38 bis 60, Art 65 bis 68, Art 72 bis 79 GGDV.

Die Entscheidungen der Prüfer, der Marken- und Musterverwaltungs- und Rechtsabteilung und der Nichtigkeitsabteilungen sind mit der *Beschwerde* anfechtbar: Art 55 bis 60 GGV (vgl auch Art 34 bis 37 GGDV).

9.4.2. Gerichtshof

Die Entscheidungen der Beschwerdekammern sind mit Klage beim EuGH (bzw beim „Gericht erster Instanz"; vgl Seite 587) anfechtbar (Art 61 Abs 1 GGV). Die Klage kann auf die Behauptung der Unzuständigkeit, der Verletzung wesentlicher Verfahrensvorschriften, der Verletzung des Vertrages, der GGV und einer bei ihrer Durchführung anzuwendenden Rechtsnorm oder auf Ermessensmissbrauch gestützt werden (Art 61 Abs 2 GGV). Der Gerichtshof kann die angefochtene Entscheidung aufheben oder abändern (Art 61 Abs 3 GGV). Das Klagerecht steht den an dem Verfahren vor der Beschwerdekammer Beteiligten zu, soweit sie durch die Entscheidung beschwert sind (Art 61 Abs 4 GGV). Die Klage ist innerhalb von *zwei Monaten* nach Zustellung der Entscheidung der Beschwerdekammer beim Gerichtshof zu erheben (Art 61 Abs 5 GGV). Das Amt hat die Maßnahmen zu ergreifen, die sich aus dem Urteil des Gerichtshofs ergeben (Art 61 Abs 6 GGV).

9.4.3. Gemeinschaftsgeschmacksmustergerichte

Die Mitgliedstaaten müssen gemäß Art 80 GGV für ihr Gebiet eine möglichst geringe Anzahl nationaler Gerichte erster und zweiter Instanz („Gemeinschaftsgeschmacksmustergerichte") benennen. Diese sind gemäß Art 81 GGV ausschließlich zuständig für

- Klagen wegen *Verletzung* und – falls das nationale Recht dies zulässt – wegen drohender Verletzung eines Gemeinschaftsgeschmacksmusters;
- Klagen auf *Feststellung* der Nichtverletzung von Gemeinschaftsgeschmacksmustern, falls das nationale Recht diese zulässt;
- für Klagen auf Erklärung der *Nichtigkeit* eines nicht eingetragenen Gemeinschaftsgeschmacksmusters;
- für *Widerklagen* auf Erklärung der Nichtigkeit eines Gemeinschaftsgeschmacksmusters, die im Zusammenhang mit Verletzungsklagen erhoben werden.

Art 81 bis 95 GGV enthalten weitere *Verfahrensvorschriften* für die Gemeinschaftsgeschmacksmustergerichte (internationale Zuständigkeit, Klage und Widerklage, Vermutung der Rechtsgültigkeit und Einreden, Entscheidungen über die Rechtsgültigkeit, anwendbares Recht, Sanktionen, Sicherungsmaßnahmen, Rechtsmittelverfahren, subsidiäre Zuständigkeit nationaler Gerichte, Bindung des nationalen Gerichts, parallele Klagen aus Gemeinschaftsgeschmacksmustern und aus nationalen Musterrechten).

Die GGV verlangt lediglich, dass zwei Instanzen bestehen. Ein weiterer Rechtszug (etwa an den OGH als dritte Instanz) wird nicht ausgeschlossen. Die GGV schreibt auch nicht vor, dass neue Spruchkörper als Gemeinschaftsgeschmacksmustergerichte einzurichten sind. Es können also auch bestehende Institutionen (Gerichte) mit dieser Aufgabe betraut werden. Auch der Zuständigkeitsbereich ist nicht abschließend geregelt. Eine nationale Zuständigkeitserweiterung erscheint zulässig.

Für *Österreich* wurde die Gemeinschaftsgeschmacksmustergerichte mit der MuSchG-Nov 2003 benannt: Gemeinschaftsgeschmacksmustergericht erster Instanz im Sinne des Art 80 Abs 1 GGV ist das *Handelsgericht Wien*. In Rechtssachen, in denen das Gemeinschaftsgeschmacksmustergericht für Klagen zuständig ist, kommt diesem auch die ausschließliche Zuständigkeit für einstweilige Verfügungen zu (§ 44b Abs 1 MuSchG nF). Die Gerichtsbarkeit in Strafsachen betreffend Gemeinschaftsgeschmacksmuster steht dem *Landesgericht für Strafsachen Wien* zu (§ 44b Abs 2 MuSchG nF).

9.4.4. Österreichisches Patentamt

Das Österreichische Patentamt (Dresdner Straße 87–105, 1200 Wien, Tel: 534 24-0) wurde mit der MuSchG-Nov 2003 dazu berufen, Gemeinschaftsgeschmacksmusteranmeldungen entgegenzunehmen (Art 35 Abs 1 lit a GGV in Verbindung mit § 44a MuSchG nF).

9.5. Registrierung

Die folgenden Ausführungen zur Registrierung von Gemeinschaftsgeschmacksmustern gelten selbstverständlich nur für *„eingetragene Gemeinschaftsgeschmacksmuster"*. Das „nicht eingetragene Gemeinschaftsgeschmacksmuster" entsteht definitionsgemäß bereits mit der erstmaligen Zugänglichmachung an die Öffentlichkeit, ohne dass es einer Registrierung bedürfte.

9.5.1. Anmeldestellen

Das Gemeinschaftsgeschmacksmuster wird durch *Eintragung* erworben (*Registerprinzip*; Art 1 Abs 2 lit b GGV; Art 69 GGDV). Die *Anmeldung* des Gemeinschaftsgeschmacksmusters kann nach Wahl des Anmelders eingereicht werden:

- beim *Harmonisierungsamt* oder
- bei der Zentralbehörde für den gewerblichen Rechtsschutz eines Mitgliedstaats oder beim Benelux-Markenamt (Art 35 Abs 1 GGV; seit der MuSchG-Nov 2003 ist angeordnet, dass Anmeldungen für Gemeinschaftsgeschmacksmuster gemäß Art 35 Abs 1 lit b GGV beim *Patentamt* – als der „Zentralbehörde für den gewerblichen Rechtsschutz der Republik Österreich" – eingereicht werden können; § 44a MuSchG nF).

Die Zentralbehörde (in Österreich das Österreichische Patentamt) und das Benelux-Markenamt haben dann alle erforderlichen Maßnahmen zu treffen, damit die Anmeldung binnen zwei Wochen nach Einreichung an das Harmonisierungsamt weitergeleitet wird (Art 35 Abs 2 GGV).

Dazu die Ausführungsbestimmung nach der MuSchG-Nov 2003: Das PA vermerkt auf der Anmeldung den Tag des Einlangens und leitet die Unterlagen ungeprüft innerhalb der im Art 35 Abs 2 GGV vorgesehenen Frist von zwei Wochen an das HABM weiter (§ 44a MuSchG nF).

Inkrafttreten: Anmeldungen von eingetragenen Gemeinschaftsgeschmacksmustern können von dem vom Verwaltungsrat auf Empfehlung des Präsidenten des HABM festgelegten Tag an beim Amt eingereicht werden (Art 111 Abs 2 GGV). Dazu hat der Verwaltungsrat den *1. April 2003* als Stichtag bestimmt. Anmeldungen von eingetragenen Gemeinschaftsgeschmacksmustern, die in den letzten drei Monaten vor diesem Stichtag (also ab 1. Jänner 2003) eingereicht werden, gelten als an diesem Tag eingereicht (Art 111 Abs 2 GGV).

9.5.2. Formerfordernisse

Allgemeines

Die Anmeldung des eingetragenen Gemeinschaftsgeschmacksmusters muss enthalten (Art 36 Abs 1 und 2 GGV; zu Details vgl Art 1 GGDV):

- einen *Antrag* auf Eintragung;
- Angaben, die auf die *Identität des Anmelders* schließen lassen;
- ein *Verzeichnis der Waren oder Dienstleistungen*, für die die Eintragung begehrt wird;[8]
- eine zur Reproduktion geeignete Wiedergabe des *Geschmacksmusters* (zu Details vgl Art 4 GGDV). Ist jedoch ein Muster Gegenstand der Anmeldung und enthält die Anmeldung den Antrag, die Bekanntmachung der Anmeldung gemäß Art 50 GGV aufzuschieben, kann die Wiedergabe des Musters durch eine Probe ersetzt werden (vgl Art 5 GGDV);
- die Angabe der *Erzeugnisse*, in die das Geschmacksmuster aufgenommen oder bei denen es verwendet werden soll.

Darüber hinaus kann die Anmeldung enthalten (Art 36 Abs 3 GGV):

- eine Beschreibung mit einer *Erläuterung* der Wiedergabe oder die Probe;
- einen Antrag auf *Aufschiebung der Bekanntmachung* der Eintragung gemäß Art 50 GGV;
- Angaben zu seinem *Vertreter*,[9] falls der Anmelder einen solchen benannt hat;
- die *Klassifikation* der Erzeugnisse, in die das Geschmacksmuster aufgenommen oder bei denen es verwendet werden soll nach Klassen (entsprechend dem Abkommen von Locarno, vgl Art 40 GGV; Art 3 GGDV);
- die *Nennung* des Entwerfers oder des Entwerferteams oder die Erklärung auf Verantwortung des Anmelders, dass der Entwerfer oder das Entwerferteam auf das Recht, genannt zu werden, verzichtet hat.

Die Angaben gemäß Art 36 Abs 2 und Abs 3 lit a und d GGV beeinträchtigen nicht den Schutzumfang des Geschmacksmusters als solchen. Für die Anmeldung sind eine *Eintragungsgebühr* (230,-- EUR, für das 2.–10. Muster zusätzlich jeweils 115,-- EUR, ab dem 11. Muster jeweils zusätzlich 50,-- EUR) und eine *Bekanntmachungsgebühr* (120,-- EUR, für das 2.–10. Muster zusätzlich jeweils 60,-- EUR,

---

[8]) Nach Auffassung des Rats und der Kommission ist die Tätigkeit des Wareneinzelhandels als solche keine Dienstleistung, für die eine Gemeinschaftsmarke eingetragen werden kann; ABl HABM 1996, 612 (Pkt 2).
[9]) Vgl Mitteilung Nr. 10/02 über die berufsmäßige Vertretung im Rahmen der GGV, ABl HABM 2002, 1636. Vgl auch Art 61 bis 64 GGDV.

ab dem 11. Muster jeweils zusätzlich 30,-- EUR) sowie allenfalls eine *Gebühr für die Aufschiebung der Bekanntmachung* (40,-- EUR, für das 2.–10. Muster zusätzlich jeweils 20,-- EUR, ab dem 11. Muster jeweils zusätzlich 10,-- EUR) zu entrichten (Art 36 Abs 4 GGV; Art 6 GGDV; GGGebV).

Sammelanmeldungen

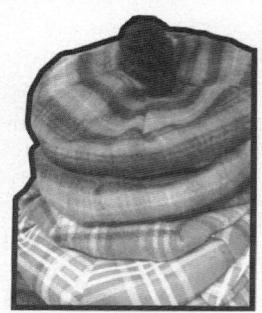

Die Sammelanmeldung hat sich auch in Österreich bewährt. Sie erleichtert die Administration und spart Gebühren.

Mehrere Geschmacksmuster können in einer Sammelanmeldung für eingetragene Gemeinschaftsgeschmacksmuster zusammengefasst werden. Außer im Falle von Verzierungen besteht diese Möglichkeit vorbehaltlich des Erfordernisses, dass alle Erzeugnisse, in die die Geschmacksmuster aufgenommen oder bei denen sie verwendet werden sollen, derselben Klasse der Internationalen Klassifikation angehören müssen (Art 37 Abs 1 GGV; zu Details vgl Art 2 GGDV). Für die Sammelanmeldung sind eine zusätzliche Eintragungsgebühr und eine zusätzliche Bekanntmachungsgebühr zu entrichten. Sofern die Sammelanmeldung einen Antrag auf Aufschiebung der Bekanntmachung enthält, tritt die zusätzliche Gebühr für die Aufschiebung der Bekanntmachung an die Stelle der zusätzlichen Bekanntmachungsgebühr (Art 37 Abs 1 GGV). Alle in der Sammelanmeldung oder der Sammeleintragung enthaltenen Geschmacksmuster können für die Zwecke der GGV unabhängig voneinander behandelt werden. Sie können insbesondere unabhängig von den anderen Geschmacksmustern geltend gemacht werden, Gegenstand einer Lizenz, eines dinglichen Rechts, einer Zwangsvollstreckung, Rechtsübertragung oder einer Aufschiebung der Bekanntmachung sein, sowie für nichtig erklärt werden. Die Aufteilung einer Sammelanmeldung oder einer Sammeleintragung in gesonderte Anmeldungen oder Eintragungen ist nur unter den in der GemDVO angeführten Bedingungen zulässig (Art 37 Abs 4 GGV).

9.5.3. Priorität

Der *Anmeldetag* eines eingetragenen Gemeinschaftsgeschmacksmusters ist der Tag, an dem die Unterlagen mit den Angaben nach Art 36 Abs 1 GGV beim Amt oder beim PA eingereicht worden sind (Art 38 Abs 1 GGV). Wird eine Anmeldung beim PA eingereicht und langt sie beim Amt später als zwei Monate ein, so gilt als Anmeldetag der Tag, an dem das Amt diese Unterlagen erhalten hat (vgl näher Art 38 Abs 2 GGV). Die Anmeldung eines eingetragenen Gemeinschaftsgeschmacksmusters, deren Anmeldetag feststeht, hat in den Mitgliedstaaten die Wirkung einer vorschriftsmäßigen nationalen Anmeldung mit der gegebenenfalls für diese Anmeldung in Anspruch genommenen Priorität (Art 39 GGV).

Auch für Gemeinschaftsgeschmacksmuster gilt der Grundsatz der *Unionspriorität* nach Art 4 PVÜ (vgl auch § 24 MSchG, Seite 380): Jedermann, der in einem oder mit Wirkung für einen Vertragsstaat der PVÜ oder des WTO-Übereinkommens ein Geschmacksmuster oder ein Gebrauchsmuster vorschriftsmäßig angemeldet hat, oder sein Rechtsnachfolger genießt hinsichtlich der Anmeldung als eingetragenes Gemeinschaftsgeschmacksmuster für dieses Muster oder Gebrauchsmuster ein Prioritätsrecht von *sechs Monaten* nach Einreichung der ersten Anmeldung (Art 41 Abs 1 GGV). Als prioritätsbegründend wird jede Anmeldung anerkannt, der nach dem innerstaatlichen Recht des Staates, in dem sie eingereicht worden ist, oder nach zwei- oder mehrseitigen Verträgen die Bedeutung einer vorschriftsmäßigen nationalen Anmeldung zukommt (Art 41 Abs 2 GGV; Art 8 GGDV). Unter „*vorschriftsmäßiger nationaler Anmeldung*" ist jede Anmeldung zu verstehen, die die Feststellung des Tags ihrer Einreichung erlaubt; das spätere Schicksal der Anmeldung ist ohne Bedeutung (Art 41 Abs 3 GGV). Zur Feststellung der Priorität wird als die erste Anmeldung, von deren Einreichung an die Prioritätsfrist läuft, auch eine jüngere Anmeldung angesehen, die dasselbe Geschmacksmuster betrifft wie eine ältere erste in demselben oder für denselben Staat eingereichte Anmeldung, sofern diese ältere Anmeldung vor der Einreichung der jüngeren Anmeldung zurückgenommen, fallen gelassen oder zurückgewiesen worden ist, ohne zur öffentlichen Einsichtnahme ausgelegt zu sein und ohne dass Rechte bestehen geblieben sind, und sofern sie nicht bereits als Grundlage für die Inanspruchnahme des Prioritätsrechts gedient hat. Die ältere Anmeldung kann in diesem Fall nicht mehr als Grundlage für die Inanspruchnahme des Prioritätsrechts dienen (Art 41 Abs 4 GGV). Ist die erste Anmeldung in einem nicht zu den Vertragsstaaten der PVÜ oder des WTO-Übereinkommens gehörenden Staat eingereicht worden, so ist Art 41 Abs 1 bis 4 GGV nur insoweit anzuwenden, als dieser Staat veröffentlichten Feststellungen zufolge aufgrund einer Anmeldung beim Amt unter Voraussetzungen und mit Wirkungen, die denen der GGV vergleichbar sind, ein Prioritätsrecht gewährt (Art 41 Abs 5 GGV).

Zur *Prioritätserklärung* vgl Art 42 GGV.

Das Prioritätsrecht hat die *Wirkung*, dass der Prioritätstag als Tag der Anmeldung des eingetragenen Gemeinschaftsgeschmacksmusters im Sinne der Art 5, 6, 7, 22, des Art 25 Abs 1 lit d GGV und des Art 50 Abs 1 GGV gilt (Art 43 GGV).

Bei gewissen amtlichen oder amtlich anerkannten Ausstellungen kann die *Ausstellungspriorität* in Anspruch genommen werden (Art 44 GGV; Art 9 GGDV).

9.5.4. Prüfung

Das Harmonisierungsamt prüft gemäß Art 45 bis 47 GGV, ob

- die Anmeldung den in Art 36 Abs 1 GGV angeführten Erfordernissen für die Zuerkennung eines Anmeldetags genügt;

- die Anmeldung den sonstigen in Art 36 Abs 2, 3, 4 und 5 GGV sowie im Falle einer Sammelanmeldung den in Art 37 Abs 1 und 2 GGV vorgesehenen Erfordernissen genügt;
- die Anmeldung den in der Durchführungsverordnung zu Art 36 und 37 GGV vorgesehenen Formerfordernissen genügt;
- die Erfordernisse nach Art 77 Abs 2 GGV erfüllt sind;
- die Erfordernisse für die Inanspruchnahme der Priorität erfüllt sind, wenn Priorität in Anspruch genommen wird (Art 10 und 11 GGDV).

Für *behebbare Mängel* schreibt Art 46 GGV ein *Verbesserungsverfahren* vor (zur Rücknahme oder Berichtigung der Anmeldung vgl Art 12 GGDV).

Kommt das Amt bei der Prüfung zu dem Schluss, dass das Geschmacksmuster der Begriffsbestimmung nach Art 3 lit a GGV nicht entspricht, oder gegen die öffentliche Ordnung oder die guten Sitten verstößt, so *weist* es die Anmeldung *zurück* (Art 47 Abs 1 GGV). Zuvor ist allerdings dem Anmelder Gelegenheit zu geben, die Anmeldung zurückzunehmen oder zu ändern oder eine *Stellungnahme* einzureichen (Art 47 Abs 2 GGV).

9.5.5. Eintragung und Veröffentlichung

Sind die Erfordernisse einer Anmeldung eines eingetragenen Gemeinschaftsgeschmacksmusters erfüllt und wurde die Anmeldung nicht gemäß Art 47 GGV zurückgewiesen, so trägt das Amt die Anmeldung im *Register für Gemeinschaftsgeschmacksmuster* als eingetragenes Gemeinschaftsgeschmacksmuster ein (Art 48 GGV; Art 13 und 69 GGDV). Die Eintragung erfolgt unter dem Datum des Anmeldetags gemäß Art 38 GGV. Zur *Akteneinsicht* vgl Art 74 GGV. Zur *Sprache* der Veröffentlichungen und Eintragungen vgl Art 99 GGV; Art 14 GGDV; zur Eintragungsurkunde Art 17 GGDV; zur Beibehaltung des Geschmacksmusters in geänderter Form Art 18 GGDV; zur *Änderung* des Namens oder der Anschrift des Inhabers oder seines Vertreters Art 19 GGDV; zur Fehlerberichtigung Art 20 GGDV. Zum „Blatt für Gemeinschaftsgeschmacksmuster" und zur Datenbank Art 70 GGDV

9.5.6. Aufgeschobene Bekanntmachung

Der Anmelder eines eingetragenen Gemeinschaftsgeschmacksmusters kann mit der Anmeldung beantragen, die Bekanntmachung des eingetragenen Gemeinschaftsgeschmacksmusters um *30 Monate* ab dem Anmeldetag oder, wenn Priorität in Anspruch genommen wird, ab dem Prioritätstag, aufzuschieben (Art 50 Abs 1 GGV; zu Details: Art 50 Abs 2 bis 6 GGV; Art 15 und 16 GGDV).

9.6. Wirkung des Gemeinschaftsgeschmacksmusters

9.6.1. Ausschließungsrecht/Nachahmungsschutz

Der Umfang des Schutzes aus dem Gemeinschaftsgeschmacksmuster erstreckt sich auf jedes Geschmacksmuster, das beim *informierten Benutzer* keinen anderen *Ge-*

samteindruck erweckt (Art 10 Abs 1 GGV). Bei der Beurteilung des Schutzumfangs wird der Grad der *Gestaltungsfreiheit* des Entwerfers bei der Entwicklung seines Geschmacksmusters berücksichtigt (Art 10 Abs 2 GGV).

Eingetragene Gemeinschaftsgeschmacksmuster

Das eingetragene Gemeinschaftsgeschmacksmuster gewährt seinem Inhaber das *ausschließliche Recht*, es zu benutzen und Dritten zu verbieten, es ohne seine Zustimmung zu benutzen. Die erwähnte Benutzung schließt insbesondere die *Herstellung*, das *Anbieten*, das *Inverkehrbringen*, die *Einfuhr*, die *Ausfuhr* oder die *Benutzung* eines Erzeugnisses, in das das Muster aufgenommen oder bei dem es verwendet wird, oder den Besitz des Erzeugnisses zu den genannten Zwecken ein (Art 19 Abs 1 GGV).

Nicht eingetragene Gemeinschaftsgeschmacksmuster

Das nicht eingetragene Gemeinschaftsgeschmacksmuster gewährt seinem Inhaber das Recht, die in Art 19 Abs 1 GGV genannten Handlungen zu verbieten, jedoch nur, wenn die angefochtene Benutzung das Ergebnis einer *Nachahmung* des geschützten Musters ist. Die angefochtene Benutzung wird *nicht* als Ergebnis einer Nachahmung des geschützten Geschmacksmusters betrachtet, wenn sie das Ergebnis eines *selbständigen Entwurfs* eines Entwerfers ist, von dem berechtigterweise angenommen werden kann, dass er das von dem Inhaber offenbarte Muster nicht kannte (Art 19 Abs 2 GGV).[10] Dies gilt auch für eingetragene Gemeinschaftsgeschmacksmuster, deren *Bekanntmachung aufgeschoben* ist, solange die entsprechenden Eintragungen im Register und die Akte der Öffentlichkeit nicht gemäß Art 50 Abs 4 GGV zugänglich gemacht worden sind (Art 19 Abs 3 GGV).

Beschränkung der Rechte aus dem Muster

Die Rechte aus dem Gemeinschaftsgeschmacksmuster können nicht geltend gemacht werden für (Art 20 Abs 1 GGV; vgl § 4a Abs 1 MuSchG nF):

- Handlungen, die im *privaten Bereich* zu nichtgewerblichen Zwecken vorgenommen werden (Art 20 Abs 1 lit a GGV),
- Handlungen zu *Versuchszwecken* (Art 20 Abs 1 lit b GGV),
- die Wiedergabe zum Zwecke der *Zitierung* oder für Lehrzwecke, sofern solche Handlungen mit den Gepflogenheiten des redlichen Geschäftsverkehrs vereinbar sind, die normale Verwertung des Geschmacksmusters nicht über Gebühr beeinträchtigen und die Quelle angegeben wird (Art 20 Abs 1 lit c GGV).

Die Rechte aus dem Gemeinschaftsgeschmacksmuster können ferner nicht geltend gemacht werden für (Art 20 Abs 2 GGV; vgl § 4a Abs 2 MuSchG nF):

- Einrichtungen in *Schiffen* und Luftfahrzeugen, die in einem Drittland zugelassen sind und vorübergehend in das Gebiet der Gemeinschaft gelangen;
- die Einfuhr von *Ersatzteilen* und Zubehör für die Reparatur solcher Fahrzeuge in der Gemeinschaft;

---

[10]) Zur Frage der Beweislastverteilung: *Klawitter*, EWS 2002, 357.

- die Durchführung von *Reparaturen* an solchen Fahrzeugen.

Erschöpfung

Die Rechte aus dem Gemeinschaftsgeschmacksmuster erstrecken sich nicht auf Handlungen, die ein Erzeugnis betreffen, in welches ein unter den Schutzumfang des Gemeinschaftsgeschmacksmusters fallendes Geschmacksmuster aufgenommen oder bei dem es verwendet wird, wenn das Erzeugnis vom Inhaber des Gemeinschaftsgeschmacksmusters oder mit dessen Zustimmung in der Gemeinschaft in den Verkehr gebracht worden ist (Art 21 GGV; vgl § 5a MuSchG nF).

9.6.2. Vorbenützerrecht

Ein Dritter, der glaubhaft machen kann, dass er vor dem Anmeldetag oder, wenn eine Priorität in Anspruch genommen wird, vor dem Prioritätstag, innerhalb der Gemeinschaft ein in den Schutzumfang eines eingetragenen Gemeinschaftsgeschmacksmusters fallendes Geschmacksmuster, das diesem nicht nachgeahmt wurde, gutgläubig in Benutzung genommen oder wirkliche und ernsthafte Anstalten dazu getroffen hat, hat ein *Vorbenutzungsrecht* (Art 22 Abs 1 GGV). Das Vorbenutzungsrecht berechtigt den Dritten, das Muster für die Zwecke, für die er es vor dem Anmelde- oder Prioritätstag des eingetragenen Gemeinschaftsgeschmacksmusters in Benutzung genommen hat, oder für die er wirkliche und ernsthafte Anstalten getroffen hat, zu verwerten (Art 22 Abs 2 GGV). Das Vorbenutzungsrecht erstreckt sich *nicht* auf das Recht, eine *Lizenz* zur Nutzung des Geschmacksmusters an andere Personen zu vergeben (Art 22 Abs 3 GGV). Das Vorbenutzungsrecht ist *nicht übertragbar*, es sei denn, bei dem Dritten handelt es sich um ein Unternehmen und die Übertragung erfolgt zusammen mit dem Unternehmensteil, in dessen Rahmen die Benutzung erfolgte oder die Anstalten getroffen wurden (Art 22 Abs 1 GGV; vgl § 5 MuSchG nF).

9.6.3. Verwendung durch die Regierung

Die Rechtsvorschriften eines Mitgliedstaats, aufgrund deren nationale Geschmacksmuster von der Regierung oder für die Regierung verwendet werden können, können auch auf Gemeinschaftsgeschmacksmuster angewandt werden, jedoch nur insoweit, als deren Verwendung für wesentliche Verteidigungs- oder Sicherheitserfordernisse notwendig ist (Art 23 GGV).

9.6.4. Übertragung der Rechte

Soweit in Art 28 bis 32 GGV nichts anderes bestimmt ist, wird das Gemeinschaftsgeschmacksmuster als Vermögensgegenstand in seiner Gesamtheit und für das gesamte Gebiet der Gemeinschaft wie ein nationales Geschmacksmusterrecht behandelt (Art 27 GGV, dort auch zur Regelung, welches nationale Recht anzuwenden ist). Zur Behandlung von *Anmeldungen* als Vermögensgegenstand: vgl Art 34 GGV: Die Anmeldung des eingetragenen Gemeinschaftsgeschmacksmusters als Vermögensgegenstand wird in ihrer Gesamtheit und für das gesamte Gebiet der

Gemeinschaft wie ein nationales Geschmacksmusterrecht des Mitgliedstaats behandelt, der sich nach Art 27 GGV bestimmt.

Der Rechtsübergang wird auf Antrag eines Beteiligten in das *Register* eingetragen und bekannt gemacht (Art 28 lit a GGV; Art 23 GGDV). Der Rechtsnachfolger kann seine Rechte aus dem Gemeinschaftsgeschmacksmuster erst nach Eintragung der Übertragung in das Register geltend machen (Art 28 lit b GGV). Zur Wirkung gegenüber Dritten vgl Art 33 GGV.

9.6.9. Lizenzen

Das Gemeinschaftsgeschmacksmuster kann für das gesamte *Gebiet* oder einen Teil der Gemeinschaft Gegenstand von Lizenzen sein. Eine Lizenz kann *ausschließlich* oder nicht ausschließlich sein (Art 32 Abs 1 GGV). Unbeschadet etwaiger vertraglicher *Ansprüche* kann der Rechtsinhaber gegenüber dem Lizenznehmer die Rechte aus dem Gemeinschaftsgeschmacksmuster geltend machen, wenn der Lizenznehmer hinsichtlich der Dauer der Lizenz, der Form der Nutzung des Geschmacksmusters, der Auswahl der Erzeugnisse, für die die Lizenz erteilt wurde, und der Qualität der vom Lizenznehmer hergestellten Erzeugnisse gegen eine Bestimmung seines Lizenzvertrags verstößt (Art 32 Abs 2 GGV). Unbeschadet der Bestimmungen des Lizenzvertrags kann der Lizenznehmer ein Verfahren wegen *Verletzung* eines Gemeinschaftsgeschmacksmusters nur mit Zustimmung des Rechtsinhabers anhängig machen. Jedoch kann der Inhaber einer ausschließlichen Lizenz ein solches Verfahren anhängig machen, wenn der Rechtsinhaber des Gemeinschaftsgeschmacksmusters nach Aufforderung innerhalb einer angemessenen Frist nicht selbst ein Verletzungsverfahren anhängig macht (Art 32 Abs 3 GGV). Jeder Lizenznehmer kann einer vom Rechtsinhaber des Gemeinschaftsgeschmacksmusters erhobenen Verletzungsklage beitreten, um den Ersatz seines eigenen Schadens geltend zu machen (Art 32 Abs 4 GGV). Die Erteilung oder der Übergang einer Lizenz an einem eingetragenen Gemeinschaftsgeschmacksmuster wird auf Antrag eines Beteiligten in das *Register* eingetragen und bekannt gemacht (Art 32 Abs 5 GGV; Art 24 GGDV). Zur Wirkung gegenüber Dritten vgl Art 33 GGV. Vgl im Übrigen Art 25 und 26 GGDV.

9.6.10. Pfandrecht

Das eingetragene Gemeinschaftsgeschmacksmuster kann *verpfändet* werden oder Gegenstand eines sonstigen *dinglichen Rechts* sein (Art 29 Abs 1 GGV). Diese Rechte werden auf Antrag eines Beteiligten in das Register eingetragen und bekannt gemacht (Art 29 Abs 2 GGV). Zur Wirkung gegenüber Dritten vgl Art 33 GGV.

Das eingetragene Gemeinschaftsgeschmacksmuster kann Gegenstand von Maßnahmen der *Zwangsvollstreckung* sein (vgl Art 30 GGV). Zur Wirkung gegenüber Dritten vgl Art 33 GGV. Zum Gemeinschaftsgeschmacksmuster im *Insolvenzverfahren* vgl Art 31 und Art 33 Abs 4 GGV.

9.7. Schutzdauer

9.7.1. Nicht eingetragene Gemeinschaftsgeschmacksmuster

Ein Geschmacksmuster, das die Voraussetzungen gemäß Art 3 bis 9 GGV erfüllt, wird als ein nicht eingetragenes Gemeinschaftsgeschmacksmuster für eine Frist von *drei Jahren* geschützt, beginnend mit dem Tag, an dem es der *Öffentlichkeit* innerhalb der Gemeinschaft erstmals *zugänglich* gemacht wurde (Art 11 Abs 1 GGV).

Ein Geschmacksmuster gilt als der *Öffentlichkeit* innerhalb der Gemeinschaft zugänglich gemacht, wenn es in solcher Weise bekannt gemacht, ausgestellt, im Verkehr verwendet oder auf sonstige Weise offenbart wurde, dass dies den in der Gemeinschaft tätigen Fachkreisen des betreffenden Wirtschaftszweigs im normalen Geschäftsverlauf bekannt sein konnte. Ein Geschmacksmuster gilt jedoch nicht als der Öffentlichkeit zugänglich gemacht, wenn es lediglich einem Dritten unter der ausdrücklichen oder stillschweigenden Bedingung der Vertraulichkeit offenbart wurde (Art 11 Abs 1 GGV).

9.7.2. Eingetragene Gemeinschaftsgeschmacksmuster

Nach Eintragung durch das Amt wird ein Geschmacksmuster, das die Voraussetzungen gemäß Art 3 bis 9 GGV erfüllt, für einen Zeitraum von *fünf Jahren*, beginnend mit dem Anmeldetag durch ein eingetragenes Gemeinschaftsgeschmacksmuster geschützt. Der Rechtsinhaber kann die Schutzdauer einmal oder mehrmals um einen Zeitraum von jeweils fünf Jahren bis zu einer Gesamtlaufzeit von *25 Jahren* ab dem Anmeldetag verlängern lassen (Art 12 GGV).

Verlängerung: Die Eintragung des eingetragenen Gemeinschaftsgeschmacksmusters wird auf Antrag des Rechtsinhabers oder einer von ihm hierzu ausdrücklich ermächtigten Person *verlängert*, sofern die *Verlängerungsgebühr* (90,-- EUR für die erste Verlängerung; 120,-- EUR für die zweite Verlängerung; 150,-- EUR für die dritte Verlängerung; 180,-- EUR für die vierte Verlängerung) entrichtet worden ist (Art 13 Abs 1 GGV, GGGebV).

Nachricht vom Schutzfristende: Das Amt *unterrichtet* den Inhaber des eingetragenen Gemeinschaftsgeschmacksmusters und die im Register eingetragenen Inhaber von Rechten an dem eingetragenen Gemeinschaftsgeschmacksmuster, die im Register eingetragen sind, rechtzeitig vor dem Ablauf der Eintragung. Das Unterbleiben dieser Unterrichtung hat keine Haftung des Amtes zur Folge (Art 13 Abs 2 GGV; Art 21 GGDV). Innerhalb eines Zeitraums von sechs Monaten vor Ablauf des letzten Tags des Monats, in dem die Schutzdauer endet, ist der Antrag auf Verlängerung einzureichen und die Verlängerungsgebühr zu entrichten (vgl Art 22 GGDV). Der Antrag und die Gebühr können noch innerhalb einer *Nachfrist* von sechs Monaten nach Ablauf des genannten Tages eingereicht bzw gezahlt werden, sofern innerhalb dieser Nachfrist eine *Zuschlaggebühr* entrichtet wird (Art 13

Abs 3 GGV). Die Verlängerung wird am Tage nach Ablauf der bestehenden Eintragung wirksam. Sie wird im Register eingetragen (Art 13 Abs 4 GGV).

9.7.3. Nichtigkeit

Ein *eingetragenes Gemeinschaftsgeschmacksmuster* wird auf Antrag beim Amt oder von einem Gemeinschaftsgeschmacksmustergericht auf Widerklage im Verletzungsverfahren für nichtig erklärt (Art 24 Abs 1 GGV). Es kann auch nach Erlöschen oder dem Verzicht darauf für nichtig erklärt werden (Art 24 Abs 2 GGV; zum Verzicht: Art 27 GGDV).

Ein *nicht eingetragenes Gemeinschaftsgeschmacksmuster* wird von einem Gemeinschaftsgeschmacksmustergericht auf Antrag bei diesem oder auf Widerklage im Verletzungsverfahren für nichtig erklärt (Art 24 Abs 3 GGV; Art 28 GGDV).

Nichtigkeitsgründe: Ein Gemeinschaftsgeschmacksmuster kann nur dann für nichtig erklärt werden (Art 25 GGV), wenn:

- kein *Geschmacksmuster* im Sinne des Art 3 lit a GGV vorliegt (Art 25 Abs 1 lit a GGV);
- es die *Voraussetzungen der Art 4 bis 9* nicht erfüllt (Art 25 Abs 1 lit b GGV);
- dem Inhaber des Rechts infolge einer *Gerichtsentscheidung* kein Recht an dem Gemeinschaftsgeschmacksmuster im Sinne von Art 14 GGV zusteht (Art 25 Abs 1 lit c GGV; diesen Nichtigkeitsgrund kann nur die Person geltend machen, der nach Art 14 GGV das Recht am Gemeinschaftsgeschmacksmuster zusteht, Art 25 Abs 2 GGV);
- das Gemeinschaftsgeschmacksmuster mit einem *älteren Geschmacksmuster* kollidiert, das der Öffentlichkeit nach dem Anmeldetag oder, wenn eine Priorität in Anspruch genommen wird, nach dem Prioritätstag des Gemeinschaftsgeschmacksmusters zugänglich gemacht wurde und das seit einem vor diesem Tag liegenden Zeitpunkt durch ein eingetragenes Gemeinschaftsgeschmacksmuster oder durch die Anmeldung eines solchen oder durch ein eingetragenes Geschmacksmusterrecht eines Mitgliedstaats oder durch die Anmeldung eines solchen geschützt ist (Art 25 Abs 1 lit d GGV; diesen Nichtigkeitsgrund kann nur der Anmelder oder Inhaber des älteren Rechts geltend machen, Art 25 Abs 3 GGV);
- in einem jüngeren Geschmacksmuster ein *Zeichen mit Unterscheidungskraft* verwendet wird und das Gemeinschaftsrecht oder das nationale Recht des Mitgliedstaats, dem das Zeichen unterliegt, den Rechtsinhaber dazu berechtigen, diese Verwendung zu untersagen (Art 25 Abs 1 lit e GGV; diesen Nichtigkeitsgrund kann nur der Anmelder oder Inhaber des älteren Rechts geltend machen, Art 25 Abs 3 GGV);
- das Geschmacksmuster eine unerlaubte Verwendung eines *Werks* darstellt, das nach dem *Urheberrecht* eines Mitgliedstaats geschützt ist (Art 25 Abs 1 lit f GGV; diesen Nichtigkeitsgrund kann nur der Anmelder oder Inhaber des älteren Rechts geltend machen, Art 25 Abs 3 GGV);
- das Geschmacksmuster eine missbräuchliche Verwendung eines der in Art 6b PVÜ genannten Gegenstände und Zeichen oder anderer als der in Art 6b aufge-

zählten Stempel, Kennzeichen und *Wappen*, die für einen Mitgliedstaat von besonderem öffentlichen Interesse sind, darstellt (Art 25 Abs 1 lit g; diesen Nichtigkeitsgrund kann nur die Person oder Einrichtung geltend machen, die von der Verwendung betroffen ist, Art 25 Abs 4 GGV).

Wenn ein eingetragenes Gemeinschaftsgeschmacksmuster gemäß Art 25 Abs 1 lit b, e, f oder g GGV für nichtig erklärt worden ist, kann es in einer *geänderten Form* beibehalten werden, sofern dann die Schutzvoraussetzungen erfüllt werden und das Geschmacksmuster seine Identität behält. „Beibehaltung in einer geänderten Form" bedeutet Eintragung in Verbindung mit einem teilweisen Verzicht des Inhabers des eingetragenen Gemeinschaftsgeschmacksmusters oder die Aufnahme einer Gerichtsentscheidung oder einer Entscheidung des Amts über die teilweise Nichtigkeit des eingetragenen Gemeinschaftsgeschmacksmusters in das Register (Art 25 Abs 6 GGV).

Zum *Antrag* auf Nichtigerklärung vgl Art 52 GGV und Art 28 GGDV (Gebühr: 350,-- EUR, GGGebV); zur *Prüfung des Antrags*, vgl Art 53 GGV; zur *Beteiligung des angeblichen Verletzers am Verfahren* vgl Art 54 GGV; zur *Wirkung* der Nichtigkeit vgl Art 26 GGV; zur *Sprachenregelung* im Nichtigkeitsverfahren Art 29 GGDV; zum weiteren *Verfahren* Art 30 bis 33 GGDV.

9.7.4. Verzicht

Der Verzicht auf das eingetragene Gemeinschaftsgeschmacksmuster ist vom Rechtsinhaber dem Amt *schriftlich* zu erklären. Er wird erst wirksam, wenn er im Register eingetragen ist (Art 51 Abs 1 GGV). Auf ein eingetragenes Gemeinschaftsgeschmacksmuster kann teilweise verzichtet werden, sofern die geänderte Form die Schutzvoraussetzungen erfüllt und die Identität des Musters gewahrt bleibt (Art 51 Abs 3 GGV). Zu weiteren Details des Verzichts vgl Art 26 GGV.

9.8. Sanktionen

Die Rechtsdurchsetzung bei Verletzung der Rechte aus einem Gemeinschaftsgeschmacksmuster obliegt den nationalen Instanzen. Dazu sind „Gemeinschaftsgeschmacksmustergerichte" bestimmt worden (Seite 793). Die GGV enthält einen gewissen Mindestkatalog von Sanktionen bei Verletzungsverfahren (vgl Art 89 GGV: *Unterlassungsanspruch*; *Beschlagnahme*; Anordnungen, durch die *andere*, den Umständen angemessene *Sanktionen* auferlegt werden, die in der Rechtsordnung des Mitgliedstaates vorgesehen sind, in dem die Verletzungshandlungen begangen worden sind oder drohen). Hier fehlt noch – abgesehen vom TRIPS-Abkommen – eine durchgreifende Harmonisierung der Rechtsvorschriften. Zu weiteren *prozessualen Vorschriften* vgl Art 90 ff GGV.

PATENTRECHT

Erfindung = IP

Das Patentrecht schafft – wie jedes Immaterialgüterrecht – ein Ausschließungsrecht an einer Schöpfung menschlichen Geistes. Wie lässt sich die dadurch bewirkte Monopolisierung der Auswertung einer patentierten Erfindung rechtfertigen? Wäre es nicht richtiger, die Erfindung nur als Folge des allgemeinen Fortschrittsstrebens zu behandeln? Jeder Forscher steht auf den Schultern seiner Vorgänger, baut auf deren Erkenntnissen auf und entwickelt so den Wissensstand zum allgemeinen Wohl weiter. Derjenige der eine kommerziell anwendbare Erfindung gemacht hat, hat dadurch ohnehin einen Zeitvorsprung, den er wirtschaftlich nutzen kann. Lässt sich also ein Patentschutz rechtfertigen?

Die Realität zeichnet ein anderes Bild: Einerseits erfordern Erfindungen zumeist einen sehr beträchtlichen Aufwand, beginnend mit der Finanzierung der erforderlichen Fachausbildung und der Forschungstätigkeit über die unter Umständen lange Durststrecke der Entwicklungsarbeit, bis zur ausgereiften Erfindung. Dazu kommt die Ungewissheit, ob aus einer Forschungs- und Entwicklungsarbeit überhaupt eine auswertbare Entwicklung folgt. Andererseits ist die Anwendung der Erfindung durch Konkurrenten zumeist relativ einfach und die Spanne für den Zeitvorsprung des Entwicklers daher nur gering. Er wird daher seine Erfindung nur dann der Öffentlichkeit zugänglich machen, wenn er zumindest für eine gewisse Zeitspanne rechtlichen Schutz in Anspruch nehmen kann.

Das Patentrecht ist aktueller denn je. Themen wie der Patentschutz für gentechnologische Entwicklungen und für „Business Methods" sind Gegenstand allgemeiner Diskussion. Die globale Harmonisierung des Patentrechts ist eine gewaltige Herausforderung, der wir uns heute stellen müssen.

Ich begrüße Sie sehr herzlich in der Abteilung „Patentrecht"!

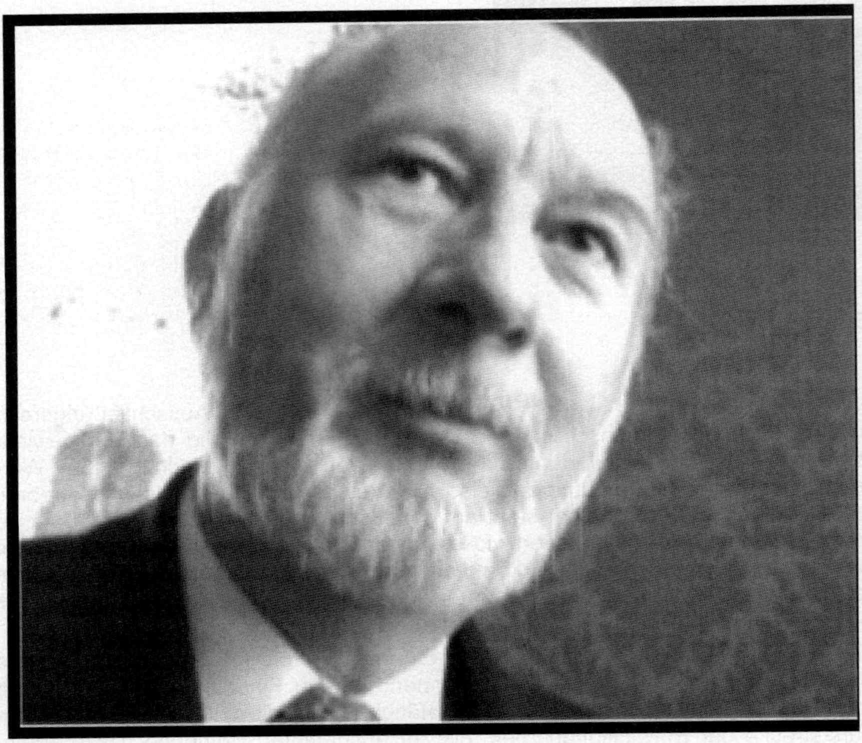

Von der "mechanischen Erfindung" zur "Informationserfindung"

Zwei der renommiertesten Zeitschriften der internationalen Medienszene haben anlässlich der Jahrtausendwende die Frage der größten Erfindung des soeben zu Ende gegangenen Jahrtausends behandelt. Beide kamen zur Ansicht, dass es der Buchdruck war. Bemerkenswert: Eine Form der Informationsvermittlung als bedeutendste Erfindung des Jahrtausends!

Die Wahl des Buchdrucks als größte Erfindung des zweiten Jahrtausends ist die Wahl eines Werkzeugs. Dies ist logisch, denn die technischen Entwicklungen der letzten tausend Jahre waren vor allem durch die Entwicklung der Werkzeuge im weitesten Sinn geprägt.

Zur Jahrtausendwende verliert das Buch zunehmend als dominantes Werkzeug auf dem Gebiet der Informationsvermittlung an Bedeutung. Es wird in vielen Bereichen durch elektronische Medien ersetzt, die den Weg zur Information unmittelbarer, umfassend und ungefiltert ermöglichen.

Dies hat weitreichende Auswirkungen auf die technische Entwicklung. Forscher werden künftig auf alle global vorhandenen Informationen rascher zugreifen und damit ihre Arbeit erleichtern können. Gerade im Patentbereich ist es bekannt, dass ein Großteil der Forschungsinvestitionen sinnlos eingesetzt wurde, weil bereits vorhandene Lösungen nicht bekannt waren. In der Informationsgesellschaft des dritten Jahrtausends wird, ja muss die globale Recherche nach dem Stand der Technik *vor* Beginn einer Entwicklungs- oder Forschungsarbeit eine Selbstverständlichkeit sein. Die neuen technischen Möglichkeiten werden diese Situation vereinfachen. Aus der Sicht des Patentwesens bedeutet dies, dass das dritte Jahrtausend ein sehr kreatives und vor allem ein sehr produktives Jahrtausend sein wird. Es wird nicht mehr von "mechanischen Erfindungen", sondern im Wesentlichen von "Informationserfindungen" geprägt sein.

Diese Entwicklung wird Auswirkungen auf den gesamten Schutzbereich "geistiges Eigentum" haben. Die Bedeutung des Schutzes wird zwangsläufig zunehmen. Dies wird eine Erweiterung und Neudefinition des Erfindungsbegriffes erfordern. Die Beschränkung auf im weitesten Sinn "mechanische Erfindungen" wird nicht haltbar sein. Es muss untersucht werden, ob und wie neue technische oder gesellschaftlich anwendbare Ideen, dh die Information an sich, dem Patentschutz zugänglich gemacht werden sollen bzw können.

◄ DI Dr. Otmar **RAFEINER**, Präsident des Österreichischen Patentamts iR.

Patentrecht

1. EINLEITUNG

Überblick

> Das österreichische Patentrecht hat seine Wurzeln im *Privilegienrecht*, beginnend im 16. Jahrhundert.
> Das geltende Patentrecht ist primär im *Patentgesetz 1970* (zuletzt 2001 novelliert) verankert.
> Zur Rechtsvereinheitlichung des nationalen Patentrechts hat vor allem das *Europäische Patentübereinkommen* (EPÜ) beigetragen.
> In der Europäischen Union wurde 1998 eine *Richtlinie* für biotechnologische Erfindungen erlassen, die Österreich allerdings noch nicht ins nationale Patentrecht umgesetzt hat.
> Für den *internationalen* Patentschutz stehen die europäische Patentanmeldung nach dem EPÜ und die PCT-Anmeldung zur Verfügung.

1.1. Begriff „Patentrecht"

Literaturhinweise: *Thaler*, Immaterialgüterrechte und gewerblicher Rechtsschutz, FS 75 Jahre PA (1974) 246; *Schönherr*, Zur Begriffsbildung im Immaterialgüterrecht, FS Troller (1975) 57; *Schönherr*, Gewerblicher Rechtsschutz und Urheberrecht (1982) 1ff.

1.1.1. Patentrecht im objektiven Sinn

Nach österreichischem Verständnis (vgl § 1 Abs 1 PatG) bezeichnet man als Patente Schutzrechte an Erfindungen, die neu sind, sich für den Fachmann nicht in nahe liegender Weise aus dem Stand der Technik ergeben und gewerblich anwendbar sind (vgl zu dieser Definition im Einzelnen Seite 838). Als „Patentrecht im *objektiven Sinn*" sind jene Normen zu verstehen, die das Patentwesen (insbesondere den Schutz von Erfindungen) regeln. Primär sind dies die Normen des PatG. Das Patentrecht im objektiven Sinn dient dem Schutz eines „geistigen Guts", eines Immaterialguts. Es gehört zum Bereich des *„Immaterialgüterrechts"* (Seite 93) bzw in der Terminologie dieses Buchs zum *„geistigen Eigentum"*. Nach der Terminologie der PVÜ (Art 1 Abs 2) werden die „Erfindungspatente"[1] zum *„gewerblichen Eigentum"* gezählt.

---

[1] Zu den Erfindungspatenten zählen die nach den Rechtsvorschriften der Verbandsländer zugelassenen verschiedenen Arten gewerblicher Patente, wie Einführungspatente, Verbesserungspatente, Zusatzpatente, Zusatzbescheinigungen usw (Art 1 Abs 4 PVÜ).

Dem Patentrecht verwandt sind die Regelungen des Gebrauchsmusterrechts, über den Schutz der Topographien von Halbleitererzeugnissen, über den Sortenschutz und die Schutzzertifikate für Arzneimittel.

1.1.2. Patentrecht im subjektiven Sinn

Vom „Patentrecht im objektiven Sinn" sind die dem einzelnen aufgrund dieser Regelungen zustehenden Befugnisse zu unterscheiden.[2] Diese können als „Patentrecht im *subjektiven Sinn*" bezeichnet werden.[3] In diesem Sinn spricht auch das PatG an manchen Stellen von „Patentrecht". So bestimmt etwa § 43 Abs 1 PatG, dass „das Patentrecht" mit der Eintragung in das Patentregister erworben wird.

Der Patentinhaber kann gegen den Verletzer seines (subjektiven) Patentrechts mit Ansprüchen auf Unterlassung, Beseitigung, Zahlung etc vorgehen (im Einzelnen Seite 953). Das „Patentrecht im objektiven Sinn" gewährt somit dem Patentinhaber als „Patentrecht im subjektiven Sinn" vor allem ein Ausschließungsrecht. § 33 Abs 2 PatG (Übertragung des Patentrechts) definiert das Patentrecht (im subjektiven Sinn) als übertragbares *Vermögensrecht*.

1.2. Schutzzweck des Patentrechts
1.2.1. Bedeutung und Funktion der Erfindung

Über die wirtschaftliche Rechtfertigung und die rechtspolitischen Ziele des Patentschutzes gibt es verschiedene Theorien:[4] Das französische PatentG v 7. 1. 1791 etwa erklärt – der *„Naturrechts- oder Eigentumstheorie"* folgend – „jede neue Entdeckung oder neue Erfindung" als „Eigentum des Erfinders". Danach ist die Übernahme einer fremden Idee geistiger Diebstahl. Als Begründung dient die Parallelität zum Eigentumsrecht. Die *„Belohnungstheorie"* erklärt es demgegenüber als Gebot sozialer Gerechtigkeit, den Erfinder als „Lehrer der Nation" für seine geistige Leistung, die der Allgemeinheit Nutzen bringt, zu belohnen, uzw durch ein zeitlich beschränktes Monopol an der Erfindung. Die *„Anspornungstheorie"* sieht im Patent ein Mittel zur Förderung des technischen und damit wirtschaftlichen Fortschritts. Das Patent soll den Anreiz zur erfinderischen Tätigkeit bilden (vgl *Lincolns* Worte über dem US-Patentamt: „The patent system added the fuel of interest to the fire of genius"). Die *„Offenbarungstheorie"* sieht schließlich das wesentliche Ziel des Patentschutzes darin, den Erfinder zu veranlassen, den Erfindungsgedanken möglichst bald der Öffentlichkeit zur Kenntnis zu bringen und dadurch der Fachwelt die Möglichkeit zu geben, darauf weiterzuaufbauen. Bietet die Rechtsordnung nämlich keinen adäquaten Schutz, so wird der Erfinder alles tun, um seine Erkenntnisse möglichst lange geheim zu halten. Bei der Patentan-

---

[2]) Vgl allgemein zur Abgrenzung des „Rechts im objektiven Sinn" vom „Recht im subjektiven Sinn": *Koziol/Welser*, Bürgerliches Recht[12] I (2002) 1ff.
[3]) Es ist aber kein „unbewegliches Gut": BA 27. 4. 1984, B 60/83, PBl 1985, 98 = ÖBl 1985, 67.
[4]) Vgl dazu näher: *Machlup*, Die wirtschaftlichen Grundlagen des Patentrechts, GRUR Int 1961, 373; *Baier*, Die herkömmlichen Patentrechtstheorien und die sozialistische Konzeption des Erfindungsrechts, GRUR Int 1970, 1.

meldung muss die Erfindung hingegen geoffenbart werden. So heißt es in § 87a Abs 1 PatG: Die Erfindung ist in der Patentanmeldung so deutlich und vollständig zu *offenbaren*, dass sie ein *Fachmann ausführen* kann.

Das Patent gewährt gegenüber der bloßen (schwer abzusichernden) Geheimhaltung einer Innovation gravierende Vorteile, von der leichteren Verwertung durch Lizenzgewährung oder Übertragung, über die Beweisbarkeit der Rechtsposition und die scharfen Sanktionen im Eingriffsfall, bis zur Prägung der Corporate Identy eines Unternehmens als innovativ und zukunftsorientiert.[5]

1.2.2. Patentstatistik

Innovation fasziniert.

Betrachtet man die internationalen Anmeldezahlen, so muss man klar konstatieren: „Das Patentsystem boomt".[6] Über die Ursachen kann man nur mutmaßen. Neue Technologien mögen dabei ebenso eine Rolle spielen wie die immer teurer werdende Forschungstätigkeit, die Globalisierung der Wirtschaft mit der Notwendigkeit der Absicherung in immer mehr Märkten und wie vielleicht auch die Erkenntnis, dass IP den Unternehmenswert maßgeblich mitbestimmt, umso mehr, wenn es durch ein registriertes Schutzrecht abgesichert ist.

Die jährlich im Patentblatt publizierte Übersicht über den Geschäftsumfang und die Geschäftstätigkeit des PA in Patentangelegenheiten[7] weist für 2002 2.182 nationale Patentanmeldungen aus. Zum Stichtag 31. 12. 2002 gab es in Östereich 11.505 aufrechte nationale Patente. Die Anzahl der nationalen Patente ist in den letzten Jahren leicht rückläufig (1997: 14.184, 1998: 13.621, 1999: 12.845, 2000: 12.132). Eine Ursache dafür liegt sicherlich in der Verlagerung der anmeldetätigkeit zum Europäischen Patentamt in München. Das Europäische Patentamt erhält über 150.000 Patentanmeldungen pro Jahr, davon 27,7 % aus den USA und 18 % aus Japan. Aus Österreich kamen 812 Anmeldungen (Deutschland: 21.308, Italien: 3.329 und Griechenland: 62). Interesant ist auch die Verteilung der technischen Gebiete: Führend ist die Datenverarbeitung mit 24,9 %, gefolgt von Biochemie und Gentechnik mit 18,6 %, Medizin mit 15,8 % und Nachrichtentechnik mit 14,1 %.

Das United States Patent and Trademark Office (USPTO) veröffentlicht jährlich ein Ranking jener Unternehmen, die im Vorjahr die meisten Patente erlangt haben.[8] Zum zehnten Mal heißt der Gewinner IBM, im Jahr 2002 mit 3.288 Patenten. Da-

---

[5]) Vgl dazu aus der Praxis innovativer Unternehmen: *Bardach*, FS 100 Jahre ÖPA (1999) 45; *List*, FS 100 Jahre ÖPA (1999) 56; *Plasser*, FS 100 Jahre ÖPA (1999) 65.
[6]) *Holzer*, ÖBl 2002, 257.
[7]) Zuletzt PBl 2003 H 4 für die Jahre 1945 bis 2002.
[8]) www.uspto.gov.

nach folgen Canon mit 1.893, Micron Technology mit 1.833 und dann NEC, Hitachi, Matsushita, Sony, General Electric, Hewlett-Packard und Mitsubishi.

1.3. Auskunftsstellen

Wohin kann man sich wenden, um nähere Informationen zu erhalten?

- Zunächst sind selbstverständlich die im Folgenden noch zu besprechenden, mit dem Vollzug des Patentrechts betrauten Institutionen, insbesondere das Österreichische Patentamt, wichtige und hilfreiche Anlaufstellen für Auskünfte (Seite 863).
- *Österreichische Patentanwaltskammer* (A-1070 Wien, Museumstr. 3; T: [01]-523 43 82; F: [01]- 523 43 82-15; E: info@oepak.at; W: www.patentanwalt.at)
- *Europäisches Patentamt* – Dienststelle Wien (A-1031 Wien, Rennweg 12; T: [01]-521 26-0; F: [01]-521 26-2492; W: www.europen-patent-office.org)
- *Innovationsagentur* (A-1020 Wien, Taborstr. 10; T: [01]-216 52 93-0; F: [01]-216 52 93-99; E: innov@innovation.co.at; W: http://www.innovation.co.at)
- *Bürges* (nunmehr AWS Austrian Wirtschaftsservice GmbH; A-1020 Wien, Taborstr. 10; T: [01]-214 75 74-0; F: [01]-214 75 74-45; E: buerges@buerges.com)
- *FFF Forschungsförderungsfonds für die gewerbliche Wirtschaft* (A-1015 Wien, Kärntnerstr. 21-23; T: [01]-512 45 84-0; F: [01]- 512 45 84-41; E: office@fff.co.at; W: www.fff.co.at)
- *BIT Büro für internationale Forschungs- und Technologiekooperation* (A-1220 Wien, Donau City Str. 1; T: [01]-581 16 16; F: [01]- 581 16 16-17; E: bit@bit.ac.at; W: www.bit.ac.at)

1.4. Rechtsquellen

1.4.1. Nationales Patentrecht

Das „Patentwesen" fällt gemäß Art 10 Abs 1 Z 8 B-VG in die Kompetenz des Bundes. Die wesentlichen Regelungen finden sich im *Patentgesetz 1970* – PatG sowie im *Patentverträge-Einführungsgesetz* – PatV-EG. Gewisse spezielle Regelungen für den Universitätsbereich enthält § 106 *UniversitätsG 2003*[9].

Einzelheiten des (patentamtlichen) Verfahrens in Patentangelegenheiten regeln diverse *Verordnungen*: Die Patent-, Gebrauchsmuster-, Marken- und Musterverordnung – PGMMV, die Patentamtsverordnung – PAV, die Teilrechtsfähigkeitsverordnung – TRFV und die Publikationenverordnung – PublV.[10]

1.4.2. Gemeinschaftsrecht

Durch das *Gemeinschaftspatentübereinkommen* (Seite 828) sollen einheitliche Regelungen im Bereich der EU geschaffen werden. Dieses Übereinkommen ist aber bislang noch nicht in Kraft getreten. Bereits in Kraft ist hingegen eine Ver-

---

[9]) BGBl I 2002/120.
[10]) Die frühere Verwaltungsstellenverordnung (VwStV) wurde mit 1. 2. 2000 aufgehoben und durch eine Bekanntmachung des Präsidenten des PA ersetzt.

ordnung für die Schaffung eines ergänzenden *Schutzzertifikats* (Seite 1007). Sie ist die Grundlage für entsprechende patentrechtliche Regelungen zur Verlängerung des Schutzes für *Arzneimittel*. Der Schutz für *Mikrochips* ist durch eine Richtlinie über den Rechtsschutz der Topographien von Halbleitererzeugnissen vorgezeichnet (Seite 988). Für Biotechnologische Erfindungen ist eine *HarmonisierungsRL* in Kraft, die von Östereich allerdings noch nicht umgesetzt wurde.

1.4.3. Internationales Patentrecht

Von besonderer Bedeutung ist das *Europäische Patentübereinkommen* (dazu Seite 1017). Eine gewisse Vereinheitlichung hat das *Straßburger Abkommen* über die internationale Patentklassifikation gebracht. Der (Washingtoner) Vertrag über die internationale Zusammenarbeit auf dem Gebiet des Patentwesens („*Patent Cooperation Treaty*" – PCT) ermöglicht eine „internationale Recherche". Bedeutung für einen Spezialbereich hat schließlich der *Budapester Vertrag* über die internationale Anerkennung der Hinterlegung von Mikroorganismen für die Zwecke von Patentverfahren. Die *Pariser Verbandsübereinkunft* zum Schutz des gewerblichen Eigentums (PVÜ; Seite 832) enthält gewisse allgemeine Regelungen (vgl etwa Seite 863). Leitlinien für eine internationale Stärkung des Markenschutzes enthält auch das *TRIPS-Abkommen* (Anhang 1C zum WTO-Abkommen, Seite 833).[11]

1.4.4. Produktpiraterie

Ein Sonderthema, das nicht nur Marken, sondern auch andere Immaterialgüter betrifft, ist der Schutz vor Piraterie durch die Zollbehörden. Dazu wurde in der Gemeinschaft die *ProduktpiraterieVO 1994* in Kraft gesetzt. Österreich hat dazu ergänzend das *Produktpirateriegesetz (PPG)* erlassen (dieses Thema wurde oben bereits in einem eigenen Abschnitt behandelt; vgl Seite 168).

1.4.5. Verwandte Immaterialgüterrechte

Der patentrechtliche Schutz wurde durch einen ähnlich gestalteten „*Gebrauchsmusterschutz*" ergänzt. Dem Patentschutz nachgebildet ist auch der durch das „*HalbleiterschutzG*" eingeführte Schutz für die Topographien mikroelektronischer Halbleitererzeugnisse. Spezielle ergänzende Regelungen enthält das *SchutzzertifikatsG* (Seite 1007) Diese Bereiche werden in eigenen Kapiteln dargestellt (Seite 1007).[12] Nicht näher behandelt wird der international durch das UPOV-Übereinkommen[13], das TRIPS-Abk (Art 27 Z 3 lit b) sowie durch die SortenSch-VO[14] vorgezeichnete Sortenschutz nach dem *SortenschutzG* 2001[15].

---

[11]) Zur Frage der unmittelbaren Anwendbarkeit des Art 50 Abs 6 TRIPS-Abk: EuGH 13. 9. 2001, Rs C-89/99 – TRIPS und Markenrecht – MarkenR 2002, 16 = GRUR Int 2002, 41.
[12]) Zur Abgrenzung des Patentschutzes gegenüber § 1 UWG: OGH 23. 3. 1993, 4 Ob 127/92, RdW 1993, 277.
[13]) Internationales Übereinkommen zum Schutz von Pflanzenzüchtungen v 2. 12. 1961, revidiert in Genf am 10. 11. 1972 und am 23. 10. 1978, BGBl 1994/603.
[14]) Verordnung (EG) Nr 2100/94 des Rates vom 27. Juli 1994 über den gemeinschaftlichen Sortenschutz, ABl 1994 L 227 S 1 idF der Verordnung (EG) Nr 2506/95 ABl 1995 L 258 S 3.

1.4.6. Checklist: Rechtsquellen

Gesetze

▶ **PatG:** Patentgesetz 1970, BGBl 1970/259 (Wiederverlautbarung des PatG 1950), BGBl 1971/137 (Druckfehlerberichtigung), BGBl 1973/167 (Aufhebung des § 163 PatG), BGBl 1973/560 (Aufhebung in § 146 Abs 2 PatG), BGBl 1973/581 (Änderung des PatG), BGBl 1977/349 (PatG-Nov 1977), BGBl 1981/526 (PatG- und MSchG-Nov 1981), BGBl 1982/201 (Zustellrechtsanpassungsg), BGBl 1984/126 (Patent- und Markengebühren-Nov 1984), BGBl 1984/234 (Patentrechts-Nov 1984), BGBl 1985/104 (Arbeits- und Sozialgerichtsg), BGBl 1986/382 (PatG-Nov 1986), BGBl 1987/653 (Patent- und Markengebühren-Nov 1987), BGBl 1992/418 (Patent- und Markengebühren-Nov 1992), BGBl 1992/771 (PatG-Nov 1992), BGBl 1994/212 (Änderung des PatG und des GebG), BGBl 1994/634 (Änderung des PatG), BGBl 1994/819 (Druckfehlerberichtigung zu BGBl 1994/ 212), BGBl 1996/181 (Änderung des PatG und des PatV-EG), BGBl I 1998/175 (Änderung des PatG, des PatV-EG und des GMG), BGBl I 1999/191 (Erstes BundesrechtsbereinigungsG – 1.BRBG) und BGBl I 2001/143 (Euro-UmstellungsG Patent-, Marken- und Musterrecht – EUG-PMM).
▶ **PatV-EG:** BG v 16. 12. 1978 über die Einführung des Europäischen Patentübereinkommens und des Vertrages über die internationale Zusammenarbeit auf dem Gebiet des Patentwesens (Patentverträge-Einführungsgesetz – PatV-EG) BGBl 1979/52, BGBl 1984/234 (Patentrechts-Nov 1984), BGBl 1992/418 (Patent- und Markengebühren-Nov 1992), BGBl 1996/181 (Änderung des PatG und des PatV-EG), BGBl I 1998/175 (Änderung des PatG, des PatV-EG und des GMG) und BGBl I 2001/143 (Euro-UmstellungsG Patent-, Marken- und Musterrecht – EUG-PMM).
▶ **PPG:** BG, mit dem ergänzende Regelungen im Verkehr mit Waren, die ein Recht am geistigen Eigentum verletzen, erlassen werden (ProduktpiraterieG), BGBl I 2001/65.

Verordnungen

▶ **PGMMV:** Verordnung des BMwA betreffend die Durchführung des PatentG 1970, des PatV-EG, des SchZG 1996, des GMG, des HlSchG, des MSchG 1970 und des MuSchG 1990 (Patent-, Gebrauchsmuster-, Marken- und Musterverordnung – PGMMV) BGBl 1994/226 idF BGBl II 1997/238, BGBl II 2001/477 und BGBl II 2002/459.
▶ **PAV:** Verordnung des Präsidenten des Patentamtes v 8. 11. 1990 über Eingaben an das Patentamt sowie über das Verfahren in Patent-, Schutzzertifikats-, Gebrauchsmuster-, Halbleiterschutz-, Marken- und Musterangelegenheiten (Patentamtsverordnung – PAV) PBl 1990, 161 idF PBl 1992, 73, PBl 1994, 66, PBl 1997, 122, PBl 1998, 213, PBl 1999, 154 und PBl 2001, 148.
▶ **TRFV:** Verordnung des Präsidenten des Patentamtes, mit der die im Rahmen der Teilrechtsfähigkeit des Patentamtes zu erbringenden Service- und Informati-

---

[15]) BGBl I 2002/110.

onsleistungen festgesetzt werden (Teilrechtsfähigkeitsverordnung – TRFV) PBl 1996, 222.
▸ **PublV:** Verordnung des BMwA über die Herausgabe amtlicher Publikationen des Patentamtes BGBl II 1997/237.[16]

Gemeinschaftsrecht

▸ **ProduktpiraterieVO:** Verordnung (EG) Nr 3295/94 des Rates vom 22. 12. 1994 über Maßnahmen, welche das Verbringen von Waren, die bestimmte Rechte am geistigen Eigentum verletzen, in die Gemeinschaft sowie ihre Ausfuhr und Wiederausfuhr aus der Gemeinschaft betreffen, ABl 1994 L 341 S 8 idF ABl 1999 L 027 S 1 (DVO: ABl 1995 L 133 S 2 idF ABl 1999 L 308 S 16).
▸ **BiotechnologieRL:** Richtlinie des Europäischen Parlaments und des Rates vom 6. Juli 1998 über den rechtlichen Schutz biotechnologischer Erfindungen (98/44/EWG) ABl 1998 L 213 S 13.[17]

Internationales Recht

▸ **PVÜ:** Pariser Verbandsübereinkunft zum Schutz des gewerblichen Eigentums, zuletzt revidiert in Stockholm am 14. 7. 1967 (Pariser Unionsvertrag, Stockholmer Fassung) BGBl 1973/399 idF BGBl 1984/384.
▸ **KlassA:** Straßburger Abkommen über die internationale Patentklassifikation v 24. 3. 1971 BGBl 1975/517 idF BGBl 1984/125.
▸ **BudV:** Budapester Vertrag über die internationale Anerkennung der Hinterlegung von Mikroorganismen für die Zwecke von Patentverfahren unterzeichnet in Budapest am 28. 4. 1977 BGBl 1984/104 idF BGBl 1984/315.
▸ **AusfO-BudV:** Ausführungsordnung zum Budapester Vertrag BGBl 1984/104 über die internationale Anerkennung der Hinterlegung von Mikroorganismen für die Zwecke von Patentverfahren idF BGBl 1984/121.
▸ **TRIPS-Abk:** Abkommen zur Errichtung der Welthandelsorganisation (WTO-Abkommen) samt Schlussakte, Anhängen, Beschlüssen und Erklärungen der Minister sowie österreichischen Konzessionslisten betreffend landwirtschaftliche sowie nichtlandwirtschaftliche Produkte und österreichische Verpflichtungslisten betreffend Dienstleistungen BGBl 1995/1 idF BGBl 1995/379 (insbesondere TRIPS: Abkommen über handelsbezogene Aspekte der Rechte des geistigen Eigentums, Anhang 1C des WTO-Abkommens).

1.4.7. Weitere Entwicklung

Für die weitere Entwicklung in Österreich wäre als nächster Schritt die schon lange anstehende Umsetzung der BiotechnologieRL erforderlich. Die dazu schon 2000 im Parlament eingebrachte Umsetzungsnovelle enthält im Übrigen auch weitere Bestimmungen zur Reform des Patentrechts (insbesondere zur „mittelbaren Patent-

---

[16]) Die Verordnung des Präsidenten des Patentamtes v 10. 2. 1997, Zl. 1359/ Präs.97, betreffend die Einrichtung von Verwaltungsstellen (Verwaltungsstellenverordnung – VwStV; PBl 1997, 17) wurde mit Bekanntmachung des Präsidenten des PA vom 10. 1. 2000 aufgehoben. Die Kompetenzen der Verwaltungsstellendirektion sowie der einzelnen Verwaltungsstellen sind jetzt durch eine Bekanntmachung des Präsidenten geregelt (PBl 2002, 107).
[17]) Vgl dazu auch Anhang XVII (Geistiges Eigentum) Nr. 9d des EWR-Abk (idF ABl 2003 L 94 S 82.

verletzung"). Hinsichtlich der Einbeziehung von Softwareerfindungen und Erfindungen von „Business Methods" sollte Österreich noch die weitere Entwicklung im Gemeinschaftsrecht abwarten.

1.5. Literatur
1.5.1. Österreichische Literatur
Gesetzesausgaben, systematische Darstellungen und Überblicksartikel
- *Friebel/Pulitzer*, Österreichisches Patentrecht. Das materielle Recht² (1971) – Kommentar.
- *Collin*, Die Diensterfindung (1976).
- *Epstein*, Patentrecht und Erfindungsschutz. Ein Leitfaden für Techniker und Naturwissenschaftler (1977).
- *Hermann/Schmidt*, Österreichisches Patentgesetz² (1978) – Kommentierte Gesetzesausgabe.
- *Friedl/Schönherr/Thaler*, Patent- und Markenrecht (1979) – Gesetzestext mit Erläuterungen. Dazu: *Schönherr*, Patentrecht (1984), Ergänzungsband mit Nachtrag 1987.
- *Schönherr/Thaler*, Entscheidungen zum Patentrecht (1980).
- *Schönherr*, Gewerblicher Rechtsschutz und Urheberrecht, Grundriß – Allgemeiner Teil (1982, Nachtrag 1983, 1984).
- *Collin*, Innovations-Handbuch unter besonderer Berücksichtigung der Diensterfindungen und des Vorschlagswesens (1985), insbesondere über Diensterfindungen und Vorschlagswesen.
- *Gräser*, Erfindungs- und Lizenzrecht (1987) – Einführung in das österreichische Patentrecht
- *Marterer*, Forschungs- und Diensterfindungsrecht (1991).
- *Collin*, Internationale Patentsysteme und Praxis (1992).
- *Kresbach*, Patentschutz in der Gentechnologie (1994).
- *Puchberger/Jakadofsky*, Patentrecht² (1996) – Textausgabe.
- *Mayr*, Vergütung für Erfindungen von Dienstnehmern (1997) – Kommentar.
- *Hauser/Thomasser*, Wettbewerbs- und Immaterialgüterrecht (1998) – Lehrbuch mit systematischer Darstellung des Patentrechts.
- *Flammer*, Biotechnologische Erfindungen im Patentrecht (1999) – Analyse der EU-Richtlinie.
- *Lang*, Patente, Patentanmeldungen und Erfindungen als Kreditsicherungsmittel (1999).
- *Sonn/Pawloy/Alge*, Patentwissen leicht gemacht² (2000) – praxisnaher Leitfaden.
- *Haybäck*, Grundzüge des Marken- und Immaterialgüterrechts (2001) – Skriptum.
- *Liebscher*, Lizenzverträge (2001).
- *Weiser*, Österreichisches Patentgesetz, Gebrauchsmustergesetz (2001) – Kommentar.
- *P. Bydlinski*, Grundzüge des Privatrechts⁵ (2002) Rz 1290ff – Überblick.

Kucsko, Geistiges Eigentum (2003)

▸ *Eilmansberger*, in *Holoubek/Potacs*, Öffentliches Wirtschaftsrecht Bd I (2002) 179 – systematische Übersicht.

Zeitschriften

▸ Österreichische Blätter für gewerblichen Rechtsschutz und Urheberrecht („ÖBl") – erscheinen zweimonatlich mit umfassendem Rechtsprechungsteil.

▸ Österreichisches Patentblatt („PBl") – erscheint monatlich; abrufbar als pdf auf der Website des PA (www.patent.bmwa.gv.at).

▸ ecolex – Fachzeitschrift für Wirtschaftsrecht – erscheint monatlich (mit einem eigenen Abschnitt über „Wettbewerbs- und Immaterialgüterrecht"); auch auf CD-ROM erhältlich.

Jüngere Einzelabhandlungen

Kurschel/Reich-Rohrwig, Patentlizenzverträge in Österreich, ecolex 1991, 185; *Marterer*, Forschungs- und Diensterfindungsrecht (1991); *Peham*, Der „Durchschnittsfachmann", ÖBl 1991, 152; *Reich-Rohrwig*, Patentverwertung in Gesellschaften, ecolex 1991, 159; *Reich-Rohrwig*, Vorzeitige Auflösung von Lizenzverträgen, ecolex 1991, 180; *Marterer*, Diensterfindungsrecht in Österreich, ecolex 1992, 425; *F. Prunbauer*, Parallelimport und Patentrecht, ecolex 1992, 248; *Burghardt*, Moderne Technik als Voraussetzung für ein effizientes Verwaltungssystem im gewerblichen Rechtsschutz, EDV-Service im Österreichischen Patentamt, in *Rafeiner*, Patente, Marken, Muster, Märkte (1993) 67; *Czuba*, Der internationale Patentvertrag und seine Auswirkungen auf die österreichische Wirtschaft, in *Rafeiner*, Patente, Marken, Muster, Märkte (1993) 73; *Detter*, Innovationsmanagement für klein- und mittelständische Unternehmungen, in *Rafeiner*, Patente, Marken, Muster, Märkte (1993) 163; *Fessler*, Informationspolitik im Bereich des gewerblichen Rechtsschutzes. Die Patentinformation – ein Element der Wirtschaftsförderung, in *Rafeiner*, Patente, Marken, Muster, Märkte (1993) 129; *Holzer*, Die aktuelle Situation und Entwicklung des gewerblichen Rechtsschutzes in Österreich, in *Rafeiner*, Patente, Marken, Muster, Märkte (1993) 80; *Jakadofsky*, Österreichisches Patentamt und gewerblicher Rechtsschutz – neue legistische Maßnahmen, in *Rafeiner*, Patente, Marken, Muster, Märkte (1993) 86; *Jörg*, Die Kraft der „Kleinen", in *Rafeiner*, Patente, Marken, Muster, Märkte (1993) 134; *List*, Innovation und Schutz – Tausend und mehr Patente, in *Rafeiner*, Patente, Marken, Muster, Märkte (1993) 179; *Netzer*, Kreativität im technischen Grenzbereich – die kuriosen Erfindungen, in *Rafeiner*, Patente, Marken, Muster, Märkte (1993) 138; *Teschemacher/Wolf*, Ist das Leben zu schützen? – Gentechnologie, eine neue Herausforderung auf dem Gebiet des Patentschutzes – ein Zwiegespräch, in *Rafeiner*, Patente, Marken, Muster, Märkte (1993) 106; *Theurer*, Marktführung durch Spitzentechnik und umfassenden Patentschutz, in *Rafeiner*, Patente, Marken, Muster, Märkte (1993) 183; *Weidinger*, Der gewerbliche Rechtsschutz in Österreich – eine historische Betrachtung, in *Rafeiner*, Patente, Marken, Muster, Märkte (1993) 115; *Widtmann*, Die Patentsituation österreichischer Betriebe unter dem Blickpunkt patentintensiver Branchen, in *Rafeiner*, Patente, Marken, Muster, Märkte (1993) 123; *Zemanek*, Das Mailüfterl – ein österreichischer Aufbruch ins Computerzeitalter, in *Rafeiner*, Patente, Marken, Muster, Märkte (1993) 142; *Knittel*, Verlängerungsmöglichkeit für Arzneimittelpatente, ecolex 1994, 548; *Knittel*, Zur aktuellen Patentgesetz-Novelle, ecolex 1994, 628; *Kresbach*, Patentschutz in der Gentechnologie (1994); *E. Hofinger*, Für eine Patentrechtsnovelle 1995, ÖBl 1995, 97; *Piso*, Eine Gesetzeslücke im SchZG, ÖBl 1995, 265; *Sonn*, Diskussionsstand zum Erfindungsrecht in der EU, ÖBl 1995, 49; *Wolfram*, Wie hoch ist die Rechts(un)sicherheit von pharmazeutischen Patenten in Österreich? ÖBl 1995, 260; *Baumann-Bratl*, Zur aktuellen Patentgesetz-Novelle, ecolex 1996, 378; *Böhm*, Diensterfindervergütungsbemessung, DRdA 1996, 200; *S. Hofinger*, Ökonomische Determinanten aktiver Patentpolitik – Eine empirische Untersuchung ausgewählter Unternehmen in Österreich, ÖBl 1996, 111; *N. Rafeiner*, Patentschutz von gentechnischen Erfindungen, in *Plöchl*, Ware Mensch (1996) 11; *Warbek*, Vorbenützerrecht an Erfindungen und gemeinschaftsrechtliche Warenverkehrsfreiheit, ÖBl 1996, 263; *Weinzinger*, Patentierung von Computer-Software, ecolex 1996, 867; *Gassauer-Fleissner*, Geheimhaltung, Offenbarung und Veröffentlichung von Daten in Informationsnetzwerken, ecolex 1997, 102; *Leuze*, Dienstfindungen von Beamten unter besonderer Berücksichtigung der Rechtsstellung der Universitätsprofessoren, ÖBl 1997, 3; *Mayr*, Der Eigentumserwerb an Diensterfindungen und sachenrechtliche bzw schuldrechtliche Konsequenzen des Erwerbs vom Nichtberechtigten, ÖJZ 1997, 691; *N. Rafeiner*, Vorschlag für eine Biotechnologie-Richtlinie – Der aktuelle Versuch, ecolex 1997, 268; *Sonn*, Das Patentrecht wird ausgemistet! ÖBl 1997, 1; *Stickler*, Der Stellenwert des geistigen Eigentums im Binnenmarkt, ÖBl 1997, 147; *Mayr*, Vergütung für Erfindungen von Dienstnehmern (1998); *Mayr*, Das Recht der Diensterfindungen in den Mitgliedstaaten der Europäischen Union, ecolex 1998, 781; *Mayr*, Rechtsfragen zum angestellten Erfinder gemäß PatG, RdW 1998, 753; *Hron*, Sortenschutz in Österreich und in der EU, ÖBl 1998, 145; *Pöch*, Gedanken zur Geschichte der Österreichischen Vereinigung für gewerblichen Rechtsschutz und Urheberrecht, ÖBl 1998, 160; *Wiltschek*, Grenzüberschreitende Entscheidungen in Patentverletzungsverfahren, ÖBl 1998, 132; *Bardach*, Kommerzielle Nutzung von Patenten, FS 100 Jahre ÖPA (1999) 45; *Bendzsel*, Influence of the system of invention protection in the Monarchy on the developement of the Hungarian industrial property protection, FS 100 Jahre ÖPA (1999) 7; *Fessler*, Die Globalisierung und ihre Auswirkungen auf die Schutzrechtssysteme – eine Hypothese, FS 100 Jahre ÖPA (1999) 113; *Flammer*, Die Biotechnologie-Richtlinie, FS 100 Jahre ÖPA (1999) 121; *Hudoba*, Common Roots of Slowakian and Austrian Industrial Property, FS 100 Jahre ÖPA (1999) 11; *Jakl*, Österreichisches Patentgesetz vom 11. Januar 1897, Nr. 30 RGBl. und sein Einfluß auf den Schutz von Erfindungen in der Tschechischen Republik, FS 100 Jahre ÖPA (1999) 13; *Knittel*, Erfindungsschutz in Österreich, FS 100 Jahre ÖPA (1999) 165; *Kopcic*, Gemeinsames historisches Erbe – Grundlage neuer Errungenschaften und Anstoß zur Zusammenarbeit des kroatischen und des österreichischen Amtes für Geistiges/Gewerbliches Eigentum, FS 100 Jahre ÖPA (1999) 19; *Kotarba*, Entwicklung der Gesetzgebung im Bereich des gewerblichen Rechtsschutzes in Polen, FS 100 Jahre ÖPA (1999) 25; *Lang*, Patente, Patentanmeldungen und Erfindungen als Kreditsicherungsmittel, ecolex 1999, 475; *List*, Einbeziehung von Patenten im Bereich der Forschung und Entwicklung, FS 100 Jahre ÖPA (1999) 56; *Negwer*, Das Amtsgebäude des Österreichischen Patentamtes 1899 – 1999, FS 100 Jahre ÖPA (1999) 193; *Pilz*, Die Aufgabenstellung der rechtskundigen und fachtechnischen Mitglieder des Österreichischen Patentamtes im Rahmen einer gerichtsähnlichen Verwaltungsstruktur, FS 100 Jahre ÖPA (1999) 199; *Plasser*, Innovation und Patentschutz als unternehmenspolitische Priorität, FS 100 Jahre ÖPA (1999) 65; *Pretnar*, 100 Jahre Österreichisches Patentamt aus slowenischer Perspektive, FS 100 Jahre ÖPA (1999) 35; *Weidinger*, Wirtschaftsgeschichtliche Entwicklung, FS 100 Jahre ÖPA (1999) 209; *Widtmann*, Die Bedeutung des gesetzlichen Schutzes der Erfindungen in Österreich für Unternehmen, FS 100 Jahre ÖPA (1999) 102; *Engin-Deniz*, Patentanmeldung und einstweiliger Patentschutz, ecolex 2000, 727; *Karner*, Der Dienstnehmer als Erfinder, ecolex 2000, 700; *Wolner/Gassauer-Fleissner*, Der Einwand der Nichtigkeit des Patents im Provisorialverfahren, ÖBl 2000, 207; *Heger/Sonn*, Die Patentanwaltsgesetznovelle 2001, ÖBl 2001, 195; *Holzer*, Der „technische Richter" in europäischen Patentstreitsachen, ÖBl 2001, 145; *Wolner*, Biotechnologie und Patentrechtsnovelle, ÖBl 2001, 147; *Weiser*, Die Patentierung von Computerprogrammen und Systemen (2001); *Flammer*, Biotechnologische Erfindungen im Patentrecht, in *Kopetzki/Mayer*, Biotechnologie und Recht (2002) 199; *Gassauer-Fleissner/Schultes*, Der Patentanwalt ist trotzdem zur zweckentsprechenden Rechtsverfolgung notwendig! ÖBl 2002, 265; *Holzer*, Das Patentsystem boomt, ÖBl 2002, 257; *Peham*, Nochmals: Die Patentanwaltsgesetznovelle 2001, ÖBl 2002, 10; *Schmidt*, Beweis und Gegenbeweis bei Verfahrenspatenten, ÖBl 2002, 267; *Herzig*, Die Aufhebung der EV gegen angemessene Sicherheit im Wettbewerbs- und Patentrecht, ÖBl 2003, 116; *Hiti*, Zur Drittwirkung von Marken- und Patentlizenzen, ÖBl 2003, 4; *Nauta*, Die Rechtsstellung des Lizenznehmers, ÖJZ 2003, 404; *Wiltschek*, Das Gemeinschaftspatent kommt! Kommt es wirklich? ÖBl 2003, 65.

1.5.2. Deutsche Literatur

Die Rechtslage ist im Patentrecht in Europa nicht durchgreifend vereinheitlicht. Vor allem für den materiellen Teil des Patentrechts kann die deutsche Literatur aber doch Anregungen zur Problemlösung bieten:

- *Benkard*, Patentgesetz^9 (1993).
- *Mes*, Patentgesetz / Gebrauchsmustergesetz (1997).

- *Busse*, Patentgesetz[5] (1999).
- *Singer/Stauder*, EPÜ-Kommentar[2] (2000).
- *Gall*, Europäische und internationale Patentanmeldung[2] (2000).
- *Bartenbach/Volz*, Arbeitnehmererfindungsrecht[2] (2001).
- *Schulte*, Patentgesetz mit EPÜ[6] (2001).
- *Bartenbach/Volz*, Gesetz über Arbeitnehmererfindungen (2002).
- *Benkard*, EPÜ (2002).
- *Brandi-Dohrn/Gruber/Muir*, Europäisches und Internationales Patentrecht[5] (2002).
- *Gall*, Die europäische Patentanmeldung und der PCT in Frage und Antwort[6] (2002).
- *Hubmann/Götting*, Gewerblicher Rechtsschutz[7] (2002).
- *Witte/Vollrath*, Praxis der Patent- und Gebrauchsmusteranmeldung[5] (2002).
- *Ann/Anders/Dreiss/Jestaedt/Stauder* (Hrsg), Materielles Patentrecht – FS König (2003)
- *Pagenberg/Geissler*, Lizenzverträge / License Agreements[5] (2003).

Zeitschriften

- Gewerblicher Rechtsschutz und Urheberrecht („GRUR") – erscheint monatlich; auch auf CD-ROM bzw DVD erhältlich.
- Gewerblicher Rechtsschutz und Urheberrecht, Internationaler Teil („GRUR Int") – erscheint monatlich; auch auf CD-ROM bzw DVD erhältlich.
- Gewerblicher Rechtsschutz und Urheberrecht, Rechtsprechungs-Report („GRUR-RR") – erscheint monatlich; auch auf CD-ROM bzw DVD erhältlich.
- Mitteilungen der Deutschen Patentanwälte („Mitt").
- Wettbewerb in Recht und Praxis („WRP") – erscheint monatlich.
- International Review of Industrial Property and Copyright Law („IIC") – erscheint achtmal jährlich; auch auf CD-ROM bzw DVD erhältlich.

Jüngere Einzelabhandlungen

Beier, Die tatsächlichen Patentkosten im europäischen und im nationalen Verfahren, GRUR Int 1995, 113; *Betten*, Patentschutz von Computerprogrammen, GRUR 1995, 775; *Bossung*, Rückführung des europäischen Patentrechts in die Europäische Union, GRUR Int 1995, 923; *Brandi-Dohrn*, Der zu weite Patentanspruch, GRUR Int 1995, 541; *Dihm*, Die Klarstellung von Patentansprüchen in Nichtigkeitsverfahren, GRUR 1995, 295; *Flad*, Änderungen des Patents im Einspruchs-, Einspruchsbeschwerde-, Nichtigkeits- und Beschränkungsverfahren, GRUR 1995, 178; *Flad*, Der auf widerrechtliche Entnahme gestützte Einspruch, GRUR 1995, 709; *Kempski*, Perspektiven deutscher Patentinformationspolitik, GRUR 1995, 181; *Lederer*, Die offenkundige Vorbenutzung nach neuem Recht, FS Vieregge 1995, 547; *Loth*, Methoden und Regeln zur Beurteilung der Neuheit im Patentrecht (Q 126), GRUR Int 1995, 220; *Niedlich*, Die Teilung im Einspruchsverfahren oder eine Kehrmaschine in der Einbahnstraße, GRUR 1995, 1; *Pakuscher*, Zur Zuständigkeit des Bundesgerichtshofs und des Bundespatentgerichts in Patentnichtigkeitsverfahren, GRUR 1995, 705; *Pitz*, Die Entwicklung der Nichtigkeitsklage vom patentamtlichen Verwaltungsverfahren zum zivilprozessualen Folgeverfahren gegen europäische Patente, GRUR 1995, 231; *Pösentrup/Keukenschrijver/Ströbele*, Aus der Rechtsprechung des Bundespatentgerichts im Jahre 1994, GRUR 1995, 365; *Reuschl/Egerer*, Zweierlei Recht bei der Beurteilung der Patentfähigkeit derselben chemischen Verbindung!? GRUR 1995, 711; *Schulze*, Ehrung für Ernst Benda, Gerda Krüger-Nieland, Gerd Pfeiffer, Horst Sendler, GRUR 1995, 566; *Sefzig*, Das Verwertungsrecht des einzelnen Miterfinders, GRUR 1995, 302; *Straus*, Zum relevanten Offenbarungsgehalt von Prioritätsanmeldungen nach Art. 4 H Pariser Verbandsübereinkunft, GRUR Int 1995, 103; *van Raden*, Die Informatische Taube – Überlegungen zur Patentfähigkeit informationsbezogener Erfindungen, GRUR

1995, 451; *van Raden/Wertenson*, Patentschutz für Dienstleistungen, GRUR 1995, 523; *v. Kempski*, Perspektiven deutscher Patentinformationspolitik, GRUR 1995, 181; *Thums*, Patentschutz für Heilverfahren? GRUR Int 1995, 277; *v. Falck*, Brauchen wir den Begriff eines patentrechtlichen Teilschutzes? FS Vieregge 1995, 217; *Gorny*, Zum Schutz neuartiger Lebensmittel (Novel Food), GRUR 1995, 721; *Beier*, Zur Zulässigkeit von Parallelimporten patentierter Erzeugnisse, GRUR Int 1996, 1; *Brinkhof*, Nichtigerklärung europäischer Patente, GRUR Int 1996, 1115; *Dehua*, 7. Symposium europäischer Patentrichter – Begrüßung und Einführung, GRUR Int 1996, 1087; *Geissler*, Struktur und Eigenschaften – Elektroden der Patentrechtsbatterie, FS Beier 1996, 37; *Gori*, Die Rechtsprechung der Beschwerdekammern des EPA 1992 bis 1994 – ein Überblick, GRUR Int 1996, 1125; *Gori*, 7. Symposium europäischer Patentrichter – Begrüßung und Einführung, GRUR Int 1996, 1082; *Hansen*, Zur Schutzfähigkeit von Enantiomeren, GRUR 1996, 943; *Häußer*, Neue Pflanzen im Spannungsfeld zwischen Patent- und Sortenschutz, GRUR Int 1996, 330; *Hieber*, Die Zulässigkeit von Versuchen an patentierten Erfindungen nach § 11 Nr. 2 PatG 1981, GRUR 1996, 439; *Jacob*, Die Neuheit von Verwendungsansprüchen, GRUR Int 1996, 1088; *Jestaedt*, Prozeßförderungs- und Mitwirkungspflichten im Patentnichtigkeitsverfahren, FS Henning Piper 1996, 695; *Karnell*, Gedanken zur Bemessung von Schadensersatzansprüchen bei Patentverletzungen, GRUR Int 1996, 335; *Kowal-Wolk/Schuster*, Patentverletzung im Reparatur-, Ersatzteil- und Altteilgeschäft – Eine Bestandsaufnahme, FS Beier 1996, 87; *Kraßer*, Der Anspruch der Europäischen Patentorganisation auf Beteiligung an den in den Vertragsstaaten für europäische Patente erhobenen Jahresgebühren, GRUR Int 1996, 851; *Krieger*, Nochmals: Die Aussetzung des Patentverletzungsprozesses, GRUR Int 1996, 941; *Kühnen*, Äquivalenzschutz und patentierte Verletzungsform, GRUR 1996, 729; *Lange*, Patentierungsverbot für Pflanzensorten, GRUR Int 1996, 586; *Loth*, Aspekte zur sogenannten abhängigen Erfindung bzw. zur erfinderischen Weiterentwicklung im Patentverletzungsprozeß – Zugleich Anmerkungen zur Entscheidung des Bundesgerichtshofs "Zerlegvorrichtung für Baumstämme", FS Beier 1996, 113; *Mankowska*, 7. Symposium europäischer Patentrichter – Begrüßung und Einführung, GRUR Int 1996, 1086; *Markovic*, Die Übernahme des europäischen Patentrechts in europäischen Ländern im Wandel, FS Beier 1996, 125; *Pagenberg*, Das Versuchsprivileg des § 11 Nr. 2 PatG. – Eine Erwiderung auf die Anmerkung Schultz-Süchting GRUR 1996, 116 ("Klinische Versuche"), GRUR 1996, 736; *Pedrazzini*, Zur patentrechtlichen Problematik von Versuchen, die ein fremdes Patentrecht benützen, GRUR Int 1996, 373; *Pösentrup/Keukenschrijver/Ströbele*, Aus der Rechtsprechung des Bundespatentgerichts im Jahre 1995, GRUR 1996, 303; *Reid*, Die Anforderungen an einen angemessenen und wirksamen Patentschutz in Europa aus der Sicht der Industrie, GRUR Int 1996, 1109; *Rogge*, Zur Aussetzung von Patentverletzungsprozessen, GRUR Int 1996, 386; *Rogge*, Die Nichtigerklärung europäischer Patente in Deutschland, GRUR Int 1996, 1111; *Rogge*, Gedanken zum Neuheitsbegriff nach geltendem Patentrecht, GRUR Int 1996, 931; *Straus*, Patentrechtliche Probleme der Gentherapie, GRUR 1996, 10; *Straus*, Bedeutung des TRIPS für das Patentrecht, GRUR Int 1996, 179; *Straus*, Die Aufrechterhaltung eines europäischen Patents in geändertem Umfang im Einspruchsverfahren und ihre Folgen, FS Beier 1996, 171.; *Taylor*, 7. Symposium europäischer Patentrichter – Begrüßung und Einführung, GRUR Int 1996, 1080; *Anders/Hacker*, Aus der Rechtsprechung des Bundespatentgerichts im Jahre 1996, GRUR 1997, 487; *Betten*, Patentierung von Computer-Software (Q 133), GRUR Int 1997, 118; *Brandi-Dohrn*, Durchsetzung von Rechten des geistigen Eigentums – Verletzung und Haftung bei Patenten (TRIPS und das deutsche Recht) (Q 134 A), GRUR Int 1997, 122; *Fritze*, Durchsetzung von Rechten des geistigen Eigentums – Verfahren und Sanktionen bei einer Verletzung von Patenten und Marken (TRIPS und das deutsche Recht) (Q 134 B) GRUR Int 1997, 143; *Hövelmann*, Widerruf ohne Widerrufsgrund? Zur Änderung des Patents im Einspruchsverfahren (auch unter Berücksichtigung des europäischen Einspruchsverfahrens) GRUR 1997, 109; *Hövelmann*, Kassation, Ermessen und Entscheidungskompetenzen – Nochmals zum Prüfungsumfang im deutschen Einspruchsbeschwerdeverfahren, zugleich eine Anmerkung zum Aufsatz von *Sieckmann* in GRUR 1997, 156 – GRUR 1997, 875; *Körber*, Patentierung von Computer-Software (Q133), GRUR Int 1997, 118; *Krieger*, Durchsetzung gewerblicher Schutzrechte in Deutschland und die TRIPS-Standards, GRUR Int 1997, 421; *Kröger/Bausch*, Produktpiraterie im Patentwesen, GRUR Int 1997, 321; *Schatz*, Zur Patentierbarkeit gentechnischer Erfindungen in der Praxis des Europäischen Patentamts, GRUR Int 1997, 588; *Siekmann*, Die Geltendmachung von weiteren Einspruchsgründen nach Ablauf der Einspruchsfrist vor dem Deutschen und dem Europäischen Patentamt, insbesondere in der Beschwerde, GRUR 1997, 156;

Tauchert, Zur Beurteilung des technischen Charakters von Patentanmeldungen aus dem Bereich der Datenverarbeitung unter Berücksichtigung der bisherigen Rechtsprechung, GRUR 1997, 149; *v. Rospatt/v. Rospatt/Stauder*, Grenzüberschreitender Rechtsschutz für europäische Patente, GRUR Int 1997, 859; *Vollrath*, Zum Umfang der neuheitsschädlichen Offenbarung einer zum Stand der Technik gehörenden Beschreibung, GRUR 1997, 721; *Anders*, Aus der Rechtsprechung des Bundespatentgerichts im Jahr 1997 – Teil I: Patentrecht und Gebrauchsmusterrecht, GRUR 1998, 604; *Bardehle*, Ein neuer Anlauf zur weltweiten Harmonisierung des Patentrechts, GRUR 1998, 182; *Beckmann*, Über die Differenzierung und Quantifizierung von Erfindungshöhe, Schutzrechtsverletzung und Rechtsfolgen im Patentrecht, GRUR 1998, 7; *Beier*, Ausschließlichkeit, gesetzliche Lizenzen und Zwangslizenzen im Patent- und Musterrecht, GRUR 1998, 185; *Brinkhof*, Kollision zwischen Artikel 123 (2) und (3) EPÜ, GRUR Int 1998, 204; *Brändle*, Kann und darf Auslegung und Ermittlung des Schutzbereichs eines europäischen Patents in verschiedenen Ländern zu unterschiedlichen Ergebnissen führen? GRUR 1998, 854; *Dörmer*, Streitbeilegung und neue Entwicklungen im Rahmen von TRIPS: eine Zwischenbilanz nach vier Jahren, GRUR Int 1998, 919; *Egerer/Reuschl*, Über die Möglichkeit eines Patentschutzes für Strukturteile erfinderischer chemischer Stoffe, GRUR 1998, 87; *Grabinski*, Kann und darf die Bestimmung des Schutzbereichs eines europäischen Patents in verschiedenen Ländern zu unterschiedlichen Ergebnissen führen? GRUR 1998, 857; *Gramm*, Der Stand der Technik und das Fachwissen, GRUR 1998, 240; *Hövelmann*, Das Patent nach Hilfsantrag – Eine – kostengünstige – Alternative zur Teilung der Anmeldung, GRUR 1998, 434; *Hübenett*, Neuerungen in der PCT-Ausführungsordnung: Bericht über die 24. Sitzung des PCT-Verbandes in Genf vom 16. September bis 1. Oktober 1997, GRUR Int 1998, 100; *Joos*, Veröffentlichungen im Prioritätsintervall – eine Erwiderung, GRUR Int 1998, 456; *Klaka/Nieder*, divide et extende? – Zur Teilung des Patents im Einspruchsverfahren, GRUR Int 1998, 251; *Krieger*, Wann endlich kommt das europäische Gemeinschaftspatent? – Zwei Brüder als Kämpfer für den Schutz des geistigen Eigentums in Deutschland, in Europa und in der Welt, GRUR 1998, 256; *Kunz-Hallstein*, Zur Frage der Parallelimporte im internationalen gewerblichen Rechtsschutz – Neuer Wein in alten Schläuchen? GRUR 1998, 268; *Lederer*, Zur Äquivalenz beim chemischen Stoffpatent, GRUR 1998, 272; *Meier*, Bewährtes deutsches Arbeitnehmererfinderrecht? GRUR 1998, 779; *Meier-Beck*, Probleme des Sachantrags im Patentverletzungsprozeß? GRUR 1998, 276; *Melullis*, Zur Patentfähigkeit von Programmen für Datenverarbeitungsanlagen, GRUR 1998, 843; *Mes*, Die mittelbare Patentverletzung, GRUR 1998, 281; *Moser*, Die Ausnahmen von der Patentierbarkeit nach Artikel 53 b) EPÜ, GRUR Int 1998, 209; *Nöthe*, Prioritätsverlust durch Ergänzung der Erfindung bei europäischer Nachanmeldung? GRUR Int 1998, 454; *Oser*, Patentierung von (Teil-)Gensequenzen unter besonderer Berücksichtigung der EST-Problematik, GRUR Int 1998, 648; *Reimann*, Einige Überlegungen zur Offenkundigkeit im Rahmen von §§ 17 ff UWG und von § 3 PatG, GRUR 1998, 298; *Rogge*, Patente auf genetische Informationen im Lichte der öffentlichen Ordnung und der guten Sitten, GRUR 1998, 303; *Rogge*, Der Neuheitsbegriff unter besonderer Berücksichtigung kollidierender Patentanmeldungen, GRUR Int 1998, 186; *Rogge*, Zur Kollision zwischen Artikel 123 (2) und (3) EPÜ, GRUR Int 1998, 208; *Ryberg*, Verfahrensrecht bei Patentstreitsachen, GRUR Int 1998, 234; *Schiuma*, Zum Schutzrecht des italienischen Patents im Vergleich mit der deutschen Rechtslage, GRUR Int 1998, 291; *Schiuma*, TRIPS und das Patentierungsverbot von Software „als solcher", GRUR Int 1998, 852; *Sedemund-Treiber*, 8. Symposium europäischer Patentrichter – Länderbericht Deutschland, GRUR Int 1998, 225; *Siekmann*, Der Verwendungsanspruch, GRUR 1998, 85; *Spangenberg*, Die Neuheit sogenannter „Auswahlerfindungen", GRUR Int 1998, 193; *Straus*, Völkerrechtliche Verträge und Gemeinschaftsrecht als Auslegungsfaktoren des Europäischen Patentübereinkommens, GRUR Int 1998, 1; *Straus*, Abhängigkeit bei Patenten auf genetische Information – ein Sonderfall? GRUR 1998, 314; *Thomsen*, Die Ausnahmen von der Patentierbarkeit nach Artikel 53 b) EPÜ und den entsprechenden Rechtsvorschriften der EPÜ-Vertragsstaaten, GRUR Int 1998, 212; *Tilmann*, Patentschutzsystem in Europa, GRUR 1998, 324; *Tönnies*, Ist die Identität der Erfindung Voraussetzung für die Wirkung des Prioritätsrechts? GRUR Int 1998, 451; *Tönnies*, Als was gilt das „gilt als"? – Zur Funktion der Fiktion im Patentgesetz, GRUR 1998, 345; *v. der Osten*, Zum Anspruch auf Herausgabe des Verletzergewinns im Patentrecht, GRUR 1998, 284; *v. Falck*, Überlegungen zum „Formstein"-Einwand, GRUR 1998, 218; *v. Hellfeld*, Zweckangaben in Sachansprüchen, GRUR 1998, 243; *van Raden*, Außergerichtliche Konfliktregelung im gewerblichen Rechtsschutz, GRUR 1998, 444; *Walter*, Die Auslegung staatsvertraglichen und harmonisierten Rechts: Gewicht und Bedeutung von Entscheidungen ausländischer Gerichte und der Beschwerdekammern des EPA, GRUR 1998, 866; *Wheeler,* Der „Konflikt" zwischen Artikel 123 (2) und (3) EPÜ, GRUR Int 1998, 199; *Albrecht,* Telefax in der Rechtsprechung des Bundespatentgerichts, GRUR 1999, 649; *Anders,* Aus der Rechtsprechung des Bundespatentgerichts im Jahre 1998 – Teil I: Patentrecht und Gebrauchsmusterrecht, GRUR 1999, 443; *Bachelin/Hansen,* Zur Zurückweisung vorgelegter Patentansprüche – Auslegung von Regel 86 (3) EPÜ, GRUR Int 1999, 307; *Böckstiegel/Krämer/Polley,* Kann der Betrieb von Satelliten im Weltraum patentrechtlich geschützt werden? GRUR 1999, 1; *Busche,* Das Vorbenutzungsrecht im Rahmen des deutschen und europäischen Patentrechts, GRUR 1999, 645; *Busche,* Die Patentierung biologischer Erfindungen nach Patentgesetz und EPÜ, GRUR Int 1999, 299; *Heermann,* Schadenersatz und Bereicherungsausgleich bei Patentrechtsverletzungen, GRUR 1999, 625; *Hövelmann,* Der Anmeldetag - jetzt geregelt - Zu den Mindesterfordernissen einer Patentanmeldung, GRUR 1999, 801; *Kockläuner,* Bewährtes deutsches Arbeitnehmererfinderrecht? GRUR 1999, 664; *König,* Die Rechtsnatur der Patenterteilung und ihre Bedeutung für die Auslegung von Patentansprüchen, GRUR 1999, 809; *Mager,* Zur Zulässigkeit von Parallelimporten patentgeschützter Waren, GRUR 1999, 637; *Meier-Beck,* Aktuelle Fragen des Patentverletzungsverfahrens, GRUR 1999, 379; *Pierer,* Patente – ein wichtiger Rohstoff für die globalen Wissensgesellschaft, GRUR 1999, 818; *Schäfers,* Anmerkungen zu einem gemeinschaftsrechtlichen Gemeinschaftspatent, GRUR 1999, 820; *Scharen,* Der Schutzbereich des Patents im Falle verschiedener Einwände des Beklagten eines Verletzungsprozesses, GRUR 1999, 285 ; *Spranger,* Ethische Aspekte bei der Patentierung menschlichen Erbguts nach der Richtlinie 98/44/EG, GRUR Int 1999, 219; *Stortnik,* Die Einsicht in die Akten von Patenten steht jedermann frei (§ 31 PatG) – Wann wird der Inhalt von Patentakten Stand der Technik? GRUR 1999, 533; *Tauchert,* Patentschutz für Computerprogramme – Sachstand und neue Entwicklungen, GRUR 1999, 829; *Tauchert,* Zur Patentierbarkeit von Programmen für Datenverarbeitungsanlagen – Anmerkungen zum Aufsatz von Dr. Klaus-J. *Melullis* in GRUR 1998, 843 - GRUR 1999, 965; *Anders,* Aus der Rechtsprechung des Bundespatentgerichts im Jahre 1999 – Teil I: Patentrecht, Gebrauchsmusterrecht und Geschmacksmusterrecht, GRUR 2000, 257; *Hansen,* Probleme der Ausführbarkeit bei Chemie-Erfindungen, GRUR 2000, 469; *Herdegen,* Die Patentierbarkeit von Stammzellenverfahren nach der Richtlinie 98/44/EG, GRUR Int 2000, 859; *Hübenett,* Neuerungen in der PCT-Ausführungsordnung: Bericht über die 28. Sitzung des PCT-Verbandes vom 13. bis 17. März 2000 in Genf, GRUR Int 2000, 745; *Kaes,* Die Merkmalsanalyse als Maßstab für die Eingriffsprüfung im Patentverletzungsprozeß, GRUR 2000, 637; *Koenig/Müller,* EG-rechtliche Privilegierung der Hersteller von Arzneimitteln für seltene Krankheiten (Orphan Medicinal Products) durch Einräumung von Alleinvertriebsrechten versus Patentrecht? GRUR Int 2000, 121; *Koenig/Müller,* EG-rechtliche Vorgaben zur Patentierbarkeit gentherapeutischer Verfahren unter Verwendung künstlicher Chromosomen nach der Richtlinie 98/44/EG, GRUR Int 2000, 295; *Leßmann,* Erschöpfung von Patentrechten bei Konzernvertrieb, GRUR 2000, 741; *Meier-Beck,* Aktuelle Fragen des Patentverletzungsverfahrens, GRUR 2000, 355; *Nack,* Sind jetzt computerimplementierte Geschäftsmethoden patentierfähig? – Analyse der Bundesgerichtshof-Entscheidung "Sprachanalyseeinrichtung", GRUR Int 2000, 853; *Nieder,* Zur Antrags- und Verbotsfassung bei mittelbarer Patentverletzung, GRUR 2000, 272; *Nieder,* Ausscheidung und Teilung im deutschen Patentrecht, GRUR 2000, 361; *Rings,* Patentbewertung - Methoden und Faktoren zur Wertermittlung technischer Schutzrechte, GRUR 2000, 839; *Schade,* Das Streitregelungsverfahren zum Gemeinschaftspatent nach dem Verordnungs-Vorschlag der Kommission, GRUR 2000, 827; *Schade,* Gerichtliche Regelung der Patentstreitsachen in Europa, GRUR 2000, 141; *Schickedanz,* Die Restitutionsklage nach rechtskräftigem Verletzungsurteil und darauffolgender Nichtigerklärung des verletzten Patents, GRUR 2000, 570; *Stortnik,* Gedanken zur Teilung des Patents, GRUR 2000, 111; *Tilmann/Dagg,* EU-Patentrechtsharmonisierung I: Schutzumfang, GRUR 2000, 459; *Tilmann/Dagg,* EU-Patentrechtsharmonisierung II: Forum-Shopping und Torpedo, GRUR 2000, 579; *Anders,* Wieviel technischen Charakter braucht eine computerimplementierte Geschäftsmethode, um auf erfinderischer Tätigkeit zu beruhen? GRUR 2001, 555; *Bacher/Nagel,* Fremdsprachige Urkunden im Patentnichtigkeitsverfahren vor dem BGH, GRUR 2001, 873; *Brändel,* Offene Fragen zum ergänzenden Schutzzertifikat, GRUR 2001, 875; *Brändle,* Der Weg zum Vergleich im Patentprozess, GRUR 2001, 880; *Brandner,* Zur Rechtsstellung eines angestellten Programmierers, GRUR 2001, 883; *Brinkhof,* Die Schlichtung von Patentstreitigkeiten in Europa, GRUR 2001, 600; *Dreiss/Keussen,* Zur Streitregelung beim Gemeinschaftspatent, GRUR 2001, 891; *Engel*, Über den Wortsinn von Patentansprüchen, GRUR 2001, 897; *Fähndrich/Tilmann*, Patentnutzende Bereitstellungshandlungen bei Versuchen, GRUR 2001, 901; *Feuerlein*, Patentrechtliche Patente der Biotechnologie, GRUR 2001, 561; *Grabrucker*, Aus der Rechtsprechung des Bundespatentgerichts im Jahre 2000, GRUR 2001, 373; *Gramm*, Von der „Drillmaschine" zum „Räumschild": Schutzbereich und Abhängigkeit im Spiegel der Rechtsprechung, GRUR 2001, 926; *Günzel*, Die Rechtsprechung der Beschwerdekammern des EPA zur Patentierung der zweiten medizinischen Indikation, GRUR 2001, 566; *Günzel*, „Materielle Zäsurwirkung der Patenterteilung gemäß dem Europäischen Patentübereinkommen" – Eine neue „Falle" für den Patentinhaber? GRUR 2001, 932; *Hövelmann*, Abhilfe und Rückzahlung der Beschwerdegebühr, GRUR 2001, 303; *Jestaedt*, Die erfinderische Tätigkeit in der neueren Rechtsprechung des Bundesgerichtshofs, GRUR 2001, 939; *Kellerer*, Aus der Rechtsprechung des Bundespatentgerichts im Jahre 2000, GRUR 2001, 276; *Keukenschrijver*, Änderungen der Patentansprüche erteilter Patente im Verfahren vor dem Bundespatentgericht und vor dem Bundesgerichtshof, GRUR 2001, 571; *Keukenschrijver*, Zur sachlichen Reichweite des Vorbenutzungsrechts, GRUR 2001, 944; *Kiesewetter-Köbinger*, Über die Patentprüfung von Programmen für Datenverarbeitungsanlagen, GRUR 2001, 185; *Kober*, Die Rolle des Europäischen Patentamts im Spannungsfeld globaler Wirtschaftsentwicklungen, GRUR Int 2001, 493; *Kolle/Stauder*, Die Symposia europäischer Patentrichter, GRUR 2001, 955; *König*, Patentfähige Datenverarbeitungsprogramme – ein Widerspruch in sich, GRUR 2001, 577; *Kraßer*, Erweiterung des patentrechtlichen Erfindungsbegriffs? GRUR 2001, 959; *Krieger*, Der Entschädigungsanspruch des § 33 I PatG, GRUR 2001, 965; *Meier-Beck*, Patentanspruch und Merkmalsgliederung, GRUR 2001, 967; *Melullis*, Zur Teilung von Patent und Anmeldung, GRUR 2001, 971; *Melullis*, Zum Verhältnis von Erfindung und technischem Verbesserungsvorschlag nach dem Arbeitnehmererfindergesetz, GRUR 2001, 684; *Mes*, Der Anspruch auf das Patent – ein Rechtsschutzanspruch? GRUR 2001, 584; *Mes*, Zum Doppelschutzverbot des Art. II § 8 IntPatÜG, GRUR 2001, 976; *Messerli*, Die Überprüfung von Entscheidungen der Beschwerdekammern des Europäischen Patentamts nach dem neuen Art. 112a EPÜ, GRUR 2001, 979; *Nirk*, Offene Fragen der Vorbenutzung, GRUR 2001, 984; *Osterloh*, Schutzrechtserweiterung durch Abstraktion in der Rechtsprechung des BGH, GRUR 2001, 989; *Rauch*, Legitimiert nach zweierlei Maß, GRUR 2001, 588; *Scharen*, Der Unterlassungsantrag bei drohender mittelbarer Patentverletzung, GRUR 2001, 955; *Schickedanz*, Die rückschauende Betrachtung bei der Beurteilung der erfinderischen Tätigkeit, GRUR 2001, 459; *Schölch*, Softwarepakete ohne Grenzen, GRUR 2001, 16; *Schrell*, Funktionsgebundener Stoffschutz für biotechnologische Erfindungen? GRUR 2001, 782; *Schulte*, Reformatio in peius und Anschlussbeschwerde vor dem EPA, GRUR 2001, 999; *Sedemund-Treiber*, Braucht ein europäisches Patentgericht den technischen Richter? GRUR 2001, 1004; *Sredl*, Das ergänzende Schutzzertifikat im deutschen Patentnichtigkeitsverfahren, GRUR 2001, 596; *Steinacker*, Aspekte der Haftung des Patentanwalts für Fehler bei der Beratung in Patentsachen, GRUR 2001, 1011; *Straus*, Produktpatente auf DNA-Sequenzen – Eine aktuelle Herausforderung des Patentrechts, GRUR 2001, 1016; *Teschemacher*, Verfügungsgrundsatz und Amtsermittlung in der Rechtsprechung der Großen Beschwerdekammer des Europäischen Patentamts, GRUR 2001, 1021; *v. Rospatt*, Die Bestimmung des Schutzbereichs von Patentansprüchen, die Maß- und Zahlenangaben enthalten, GRUR 2001, 991; *Walter*, Die objektive Rechtskraft des Urteils im Patentnichtigkeitsprozess, GRUR 2001, 1032; *Kretschmer*, Gerichtssystem für das Gemeinschaftspatent, GRUR 2002, 952; *Nieder*, Äquivalente Patentverletzung durch erfinderische Konkretisierung, GRUR 2002, 935; *Reimann/Köhler*, Der Schutzbereich europäischer Patente zwischen Angemessenheit und Rechtssicherheit, GRUR 2002, 931; *B. Bartenbach/K. Bartenbach*, Gemeinschaftsweite Wirkung eines nationalen Vorbenützungsrechts nach § 12 PatG? FS Eisenführ (2003) 115; *Dolder*, Erfindungshöhe (2003); *Grosch/Schilling*, Rechnungslegung und Schadensersatzfeststellung für die Zeit nach Schluss der mündlichen Verhandlung? FS Eisenführ (2003) 131; *Hoffmeister/Böhm*, Kehren neue Besen gut? – Der Vorschlag der Kommission für eine Verordnung des Rates über das Tätigwerden der Zollbehörden hinsichtlich Waren, bei denen der Verdacht besteht, dass sie bestimmte Rechte am geistigen Eigentum verletzen, und der hinsichtlich Waren, die bestimmte Rechte am geistigen Eigentum verletzen, zu treffenden Maßnahmen, FS Eisenführ (2003) 161; *Kather*, Das Beweismaß im nationalen Verfahren und im Verfahren vor dem EPA, FS Eisenführ (2003) 177; *Lins*, Die Rechtsprechung zur Teilpriorität – Konflikt zwischen Dogma und Praxis? FS Eisenführ (2003) 195.

1.6. Entwicklung des Patentrechts

1.6.1. Die Anfänge

Literaturhinweise: *Beck-Managetta*, Das österreichische Patentrecht (1893); *Adler*, Der Verzicht des Patentinhabers auf sein belastetes Patent, PBl 1901, 713; *Munk*, Das Oesterreichische Patentgesetz (1901); *Přibam*, Das erste österreichische Patentgesetz vom 16. Jänner 1810, PBl 1910, 58 und 107; *Jellinek*, Der Motivenbericht zum österreichischen Privilegien-Patent vom Jahr 1820, JBl 1932, 191; *Zulehner*, Österreichische Privativa, Privilegien, Patente, FS 50 Jahre PA (1949) 111; *Zulehner*, Zur Geschichte des Patentrechtes, FS 60 Jahre PA (1959) 193; *Thaler*, Brachellis Inaugurationsrede über das Patentrecht, ÖBl 1978, 89; *Weidinger*, Der gewerbliche Rechtsschutz in Österreich – eine historische Betrachtung, in *Rafeiner*, Patente, Marken, Muster, Märkte (1993) 115; *Bendzsel*, Influence of the System of invention protection in the Monarchy on the developement of the Hungarian industrial property protection, FS 100 Jahre PA (1999) 7; *Hudoba*, Common Roots of Slovakian an Austrian Industrial Property, FS 100 Jahre PA (1999) 11; *Kopčić*, Gemeinsames historisches Erbe – Grundlage neuer Errungenschaften und Anstoß zur Zusammenarbeit des kroatischen und des österreichischen Amtes für Geistiges/Gewerbliches Eigentum, FS 100 Jahre ÖPA (1999) 19; *Widtmann*, Die Bedeutung des gesetzlichen Schutzes der Erfindungen in Österreich für Unternehmen, FS 100 Jahre ÖPA (1999) 102.

Das Privilegienwesen stand am Beginn des Patentschutzes.

Auch das Patentrecht hat sich aus dem *Privilegienwesen* entwickelt. Als erstes Erfindungsprivilegium wird das von Kaiser Ferdinand I. 1560 verliehene Patent angesehen.[18] Es wurde für eine Erfindung erteilt, die Brennstoffersparnisse durch das Beimengen von Zusatzstoffen zum Gegenstand hatte. 1809 erteilte Josef I. ein Erfindungsprivilegium auf die Erzeugung von Speise- und Brennöl aus Weintraubenkernen. Die Erteilung solcher Privilegien stand im Ermessen des Monarchen, ebenso die Dauer (10 – 30 Jahre). Maßgebend war jeweils der Inhalt der Privilegiumsurkunde. Diese setzte auch die Geldstrafen für Verletzungen des Privilegiums fest. Sie gingen je zur Hälfte an den Verletzten und an den Staatsschatz. Ab 1795 wurde in die Privilegienurkunden die Bedingung aufgenommen, dass das Privilegium als nicht erteilt zu betrachten sei, wenn sich nachträglich herausstellte, dass die Erfindung schon früher im Inland ausgeübt wurde. Weiters sehen diese Privilegien bereits einen Ausführungszwang vor.

Mit dem *Hofkammerdekret vom 16. 1. 1810* wurden die bisherigen Verfahren für die Privilegienerteilung zusammengefasst. Nach diesem Gesetz bestand bereits ein Anmeldesystem, doch war die Anmeldung noch ein „Majestätsrecht". Die Regierung behielt sich vor, von den Bittstellern Auskünfte und Darstellungen zu fordern, aus welchen geschlossen werden konnte, dass die Erfindung wirklich neu sei und Schutz verdiene.[19] Nach dem *Kaiserlichen Patent vom 8. 12. 1820* war Voraussetzung für die Privilegierung die Neuheit im Inland; eine Vorprüfung war nicht vorgesehen; die Höchstdauer betrug 18 Jahre. Die Kaiserlichen Patente von 1832 und

---

[18] *Friebel/Pulitzer*, Österreichisches Patentrecht² (1972) 1.
[19] *Munk*, Das Oesterreichische Patentgesetz (1901) VII.

1852[20] übernahmen diese Bestimmungen im Wesentlichen. Die österreichische Regelung des Privilegienwesens war Jahrzehnte hindurch eine der fortschrittlichsten Europas und hat die süddeutschen Patentgesetze und auch das französische PatentG 1844 beeinflusst. Bereits seit 1920 war die Privilegienerteilung zwar kein willkürlicher Gnadenakt der Krone mehr. Einen Rechtsanspruch auf Erteilung gab es freilich nicht. Bis 1899 wurden rund 70.000 Privilegien erteilt, darunter für so wichtige Erfindungen wie die Schiffsschraube von Ressel (1826) und die Nähmaschine von Madersperger (1836).[21]

1.6.2. Patentgesetz 1897

Literaturhinweise: *Benies*, Das Publicitätsprincip und der österreichische Patentgesetzentwurf, JBl 1896, 481 und 494; *Bettelheim*, Recht des Erfinders in Österreich (1901); *Munk*, Das Oesterreichische Patentgesetz (1901); *Abel*, Die Rechtsgemeinschaft im Patentrechte, JBl 1903, 565, 577, 589, 601 und 613; *Adler*, Das Verhältnis der Aberkennungsklage zur gerichtlichen Klage, PBl 1904, 893 und 970; *Bettelheim*, Vorfragen im Eingriffsstreit, GrünhutZ 34 (1907) 1; *Kittner*, Das Zusatzpatent nach österreichischem Recht, ÖZGR 1907, 25; *Biel*, Über die Geschichte und den Umfang der gewerblichen Begünstigung nach § 17 des österreichischen Patentgesetzes, FS 50 Jahre PA (1949) 28; *Jakl*, Österreichisches Patentgesetz vom 11. Januar 1897, Nr. 30 RGBl. und sein Einfluß auf den Schutz von Erfindungen in der Tschechischen Republik, FS 100 Jahre ÖPA (1999) 13.

Bettelheim (1901)

„Das gewerbliche Erfinderrecht ... ist in dem Gesetze vom 11. Jänner 1897 ... einer hervorragenden, vollkommen auf der Höhe der Zeit stehenden legislatorischen Arbeit, behandelt", so begrüßte *Bettelheim* das neue Gesetz.[22] Das „Gesetz betreffend den Schutz von Erfindungen (Patentgesetz)" 1897[23] gibt bereits einen „Anspruch auf ein Patent" (§ 4). Es sieht die Errichtung des Patentamts (zunächst provisorisch in Untermiete in einem Privatgebäude[24]), die Einrichtung des Patentgerichtshofs und ein durchgebildetes Erteilungsverfahren mit Einspruchsmöglichkeit vor. Dieses in der Tat moderne Gesetz hat insbesondere die Gesetzgebung der Tschechischen Republik maßgeblich beeinflusst.[25]

Durch den Weltkrieg und seine Nachwirkungen waren viele Patentinhaber daran gehindert, ihre Patente überhaupt oder doch in entsprechender Weise zu nutzen.

---

[20]) Kaiserliches Patent, „wodurch an die Stelle des früheren Gesetzes vom 31. März 1932 über Privilegien zum Schutze neuer Entdeckungen, Erfindungen und Verbesserungen im Gebiete der Industrie ein neues Privilegien-Gesetz erlassen wird", RGBl 1852/184.
[21]) *Sonn/Pawloy/Alge*, Patentwissen² (2000) 20.
[22]) *Bettelheim*, Recht des Erfinders in Österreich (1901) 7.
[23]) RGBl 1897/30.
[24]) *Negwer*, FS 100 Jahre ÖPA (1999) 193.
[25]) *Jakl*, FS 100 Jahre ÖPA (1999) 13.

1921 wurde daher die Möglichkeit einer *Verlängerung der 15-jährigen Patentdauer* um maximal 6 Jahre normiert.[26] Ebenfalls nicht durch eine Novelle zum Stammgesetz, sondern durch ein gesondertes Gesetz wurde 1924 der Rechtsbehelf der „*Wiedereinsetzung* in den vorigen Stand auf dem Gebiete des gewerblichen Rechtsschutzes" geschaffen.[27] Die *Patentgesetznovelle 1925*[28] hat dann den Anspruch des Erfinders auf „Erfindernennung" sowie Regelungen über die „Erfindungen von Dienstnehmern" gebracht.

1.6.3. Patentgesetz 1925

Literaturhinweise: *Arlt*, Das österreichische Patentgesetz (1927); *Zimbler*, Der Entwurf eines Bundesgesetzes über die Abänderung und Ergänzung von Bestimmungen auf dem Gebiete des gewerblichen Rechtsschutzes, JBl 1927, 355, 371; *Abel*, Klageberechtigung im Patenteingriffsstreit. Begriff des Feilhaltens, ÖBl 1935, 10; *Abel*, Der Unterlassungsanspruch, ÖBl 1935, 19, 35; *Abel*, Zwischenbenützung im österreichischen Patentrecht, ÖBl 1954, 50 und 61; *Abel*, Die Behandlung der Angestelltenerfindung nach österreichischem Recht, JBl 1926, 85; *Baumann*, Zur Frage der zulässigen Änderung des Patentanspruches im Einspruchsverfahren, ÖBl 1933, 11; *Bing*, Unteransprüche im Erteilungsverfahren – Österreich, ÖBl 1933, 39; *Bing*, Einspruchsverfahren – Versagung in erster Instanz – Zurückziehung des Einspruches im Beschwerdeverfahren, ÖBl 1935, 11; *Bing/Ettenreich*, Anpassung der Beschreibung bei Änderungen der Ansprüche im Anmeldeverfahren: Wichtigkeit der Akteneinsicht, ÖBl 1935, 63; *Bing*, Die Zwangslizenz, ÖBl 1935, 66; *Bing*, Bemerkungen zum Bundesgesetz gegen den Missbrauch patentrechtlicher Befugnisse, RGBl. 1936, Nr. 82, ÖBl 1936, 5; *Bing*, Die „zufällige Maßnahme" bei Vorveröffentlichung und offenkundiger Vorbenutzung, ÖBl 1936, 60; *Zimbler*, Ueber das Bundesgesetz gegen den Missbrauch patentrechtlicher Befugnisse, BGBl. Nr. 82/1936, ÖBl 1936, 1; *Kassler*, Grundgedanken der Überleitungsgesetze auf dem Gebiete des gewerblichen Rechtsschutzes, JBl 1947, 106; *Reitstötter*, Gewerblicher Rechtsschutz in der Republik Österreich, GRUR 1948, 11; *Polaris*, Deutsche Patente in Österreich, JBl 1949, 441; *Ehrenzweig*, Das Verfahren über Ansprüche wegen Behinderung der Ausübung gewerblicher Schutzrechte, JBl 1950, 569.

1925 wurde das PatentG 1897 neu verlautbart.[29] Bei dieser Gelegenheit wurde auch die Terminologie modernisiert, aus dem „Patentwerber" wurde der „Anmelder" und aus dem „Patentbesitzer" wurde der „Patentinhaber". Es folgten die wichtige Novelle 1928[30] (Umsetzung der Neuerungen aus der Haager Revisionskonferenz der PVÜ) und 1936 das „Bundesgesetz gegen den Mißbrauch patentrechtlicher Befugnisse"[31].

Ab 1940 war das deutsche PatentG in Österreich wirksam. Erst durch das *Patentschutz-Überleitungsgesetz*" 1947[32] wurde das österreichische PatentG 1925 (in der Fassung der Novellen 1928, 1931 und 1936) wieder in Kraft gesetzt.

1.6.4. Patentgesetz 1950

Literaturhinweise: *Kassler*, Zum Patentschutz chemischer Stoffe, ÖBl 1952, 13; *Zulehner*, Informatives über Österreichs Patentwesen, ÖBl 1953, 13; *Atzwanger*, Neuheitsschädlichkeit ausgelegter Unter-

---

[26]) BGBl 1921/267.
[27]) BGBl 1924/56.
[28]) BGBl 1925/219.
[29]) BGBl 1925/366.
[30]) BGBl 1928/116.
[31]) BGBl 1936/82.
[32]) BGBl 1947/123.

lagen einer österreichischen Patentanmeldung nach Schweizer Recht, ÖBl 1957, 69; *Kerschagl*, Der gewerbliche Rechtsschutz im Lichte der modernen Monopoltheorie, FS 60 Jahre PA (1959) 102.

1950 wurde das PatentG neuerlich wiederverlautbart, als „*Patentgesetz 1950*".[33] Die *Novelle 1965*[34] ersetzte aus verfassungsrechtlichen Gründen den Patentgerichtshof durch den „Obersten Patent- und Markensenat" (Seite 879). Mit der *Novelle 1969*[35] wurde der Beitritt Österreichs zur Lissaboner Fassung der PVÜ vorbereitet. Bei dieser Gelegenheit wurden auch jene Regelungen des Patentschutz-ÜberleitungsG 1947, die sich bewährt hatten in das PatG eingebaut, die übrigen Bestimmungen des Patentschutz-ÜberleitungsG 1947 wurden aufgehoben.

1.6.5. Patentgesetz 1970

Literaturhinweise: *Büchel*, Die Chancen des Patentwesens im Hinblick auf die zunehmende Kurzlebigkeit technischer Neuerungen und die Bedeutung des Know How, FS 75 Jahre PA (1974) 113; *Kassler*, „Zwischenrechte" in Österreich nach dem Abkommen von Neuchâtel und dem Patentschutz-Überleitungsgesetz, FS 75 Jahre PA (1974) 66; *Collin*, Bemerkungen zur Patentgesetznovelle 1977, ÖBl 1977, 114; *Schönherr*, Die jüngsten Änderungen des österreichischen Patent- und Markenrechts, GRUR Int 1977, 359; *Jahn*, Zwei wesentliche Änderungen durch die Patentrechts-Novelle 1984, GesRZ 1984, 98; *Hofinger*, Für eine Patentrechtsnovelle 1995, ÖBl 1995, 97; *Knittel*, Zur aktuellen Patentgesetz-Novelle, ecolex 1994, 628; *Baumann-Bratl*, Zur aktuellen Patentgesetz-Novelle, ecolex 1996, 378; *Sonn*, Das Patentrecht wird ausgemistet! ÖBl 1997, 1.

Die Jahreszahl täuscht. Unser Patentgesetz „1970" ist eine Wiederverlautbarung.

Genau nach 20 Jahre wurde das PatG neuerlich wiederverlautbart, als „*Patentgesetz 1970*".[36] Mit der *Novelle 1973*[37] wurde die für die Praxis überaus wichtige Recherche zum Stand der Technik auch außerhalb des Anmeldeverfahrens eingeführt. Die bis dahin im Wesentlichen noch auf das PatentG 1897 zurückgehenden Bestimmungen über Patentverletzungen wurden *1977* novelliert und insbesondere um Regelungen über den vorbeugenden Unterlassungsanspruch, die Urteilsveröffentlichung und die Unternehmerhaftung ergänzt.[38] Die *Novelle 1981*[39] brachte im Wesentlichen Gebührenerhöhungen, *1982* folgte die Anpassung an das ZustellG[40]. Das Jahr *1984* brachte zunächst wieder eine Gebührenerhöhung.[41] Dann aber folgte auch eine durchgreifende Novellierung

---

[33]) BGBl 1950/128.
[34]) BGBl 1965/225.
[35]) BGBl 1969/78.
[36]) BGBl 1970/259.
[37]) BGBl 1973/581.
[38]) BGBl 1977/349.
[39]) BGBl 1981/526.
[40]) BGBl 1982/201.
[41]) BGBl 1984/126.

des PatG zur Anpassung an das Europäische Patentübereinkommen.[42] *1985* wurde eine Anpassung an das Arbeits- und SozialgerichtsG notwendig[43]. Mit der *Novelle 1986* wurden Mikroorganismen dem Patentschutz zugänglich gemacht.[44] *1987* und *1992* waren wieder die Gebühren anzuheben.[45] Die *Patentgesetz-Novelle 1992*[46] hat die Service-und Informationsleistungen des Patentamts ausgebaut und diesem dazu die Teilrechtsfähigkeit eingeräumt. Die *Novelle 1994*[47] hat die Verzahnung des Patentrechts mit dem neu geschaffenen Gebrauchsmusterrecht sichergestellt. Weiters wurde *1994* eine weitergehende Anpassung an die Vorgaben des EPÜ erforderlich.[48] *1996* war das PatG an die Vorgaben des TRIPS-Abk anzupassen (insbesondere die Wirkung und Laufzeit des Patents sowie die Regelung über Zwangslizenzen).[49] Die *Novelle 1998*[50] brachte weitere wesentliche Neuerungen: „innere Priorität" (vgl Seite 898) und „Abzweigung" (Seite 980). Schließlich erfolgte 2001 noch die Anpassung an den Euro.

Die geplante umfassende *Patentrechts- und Gebührennovelle 2000* ist hingegen im Parlament „stecken geblieben". Sie sollte vor allem der Umsetzung der BiotechnologieRL dienen.[51]

1.7. Systematik

1.7.1. Systematik des PatG

Das PatG ist in *sechs Teile* gegliedert:

- Allgemeine Bestimmungen (§§ 1–56)
- Patent-Behörden und Patent-Einrichtungen (§§ 57–86)
- Verfahren (§§ 87–146)
- Patentverletzungen und Auskunftspflicht (§§ 147–165)
- Gebühren (§§ 166–172a)
- Schlußbestimmungen (§§ 172b–174)

---

[42]) BGBl 1984/234. Vgl dazu: VfGH 26. 11. 1990, B 259/90, PBl 1991, 17. Zur Übergangsbestimmung des Art IV Abs 1 Patentrechts-Nov 1984 für chemische Erzeugnisse: BA 12. 12. 1989, B 12/88 – FSME-Virusantigenreaktive Substanz – PBl 1990, 31 = ÖBl 1990, 53.
[43]) BGBl 1985/104.
[44]) BGBl 1986/382.
[45]) BGBl 1987/653 und BGBl 1992/418.
[46]) BGBl 1992/771.
[47]) BGBl 1994/212.
[48]) BGBl 1994/634.
[49]) BGBl 1996/181. Dazu *Baumann-Bratl*, ecolex 1996, 378.
[50]) BGBl I 1998/175.
[51]) 106 BlgNR 21. GP.

1.8. Internationales Patentrecht

1.8.1. Globalisierung und Territorialitätsprinzip

Wie bei den anderen Schutzrechten besteht auch im Patentrecht ein gewisser Widerspruch zwischen der Globalisierung der Wirtschaft einerseits und dem nach wie vor gültigen Territorialitätsprinzip (vgl allgemein Seite 187). Die Harmonisierung erfolgt auch hier nur bruchstückhaft und schleppend.

1.8.2. Europäisches Patentübereinkommen (EPÜ)

Literaturhinweise: Seite 1020.

Das Europäische Patentamt in München – Näheres: Seite 1017

Aufgrund des (Münchener) Europäischen Patentübereinkommens (1973; EPÜ) kann durch eine einzige Anmeldung nach Prüfung durch das Europäische Patentamt in München in jedem der vom Anmelder benannten europäischen Vertragsstaaten ein („europäisches") Patent erworben werden. Die Anmeldung kann direkt beim Europäischen Patentamt oder auch beim Österreichischen Patentamt (auch in deutscher Sprache) eingereicht werden. Anders als beim PCT-Verfahren (Seite 1035) wird das Erteilungsverfahren nach dem EPÜ vom Europäischen Patentamt bis zur Erteilung oder Zurückweisung durchgeführt. Es wird also auch die Patenterteilung zentralisiert. Das „europäische Patent" ist ein *Bündel nationaler Patente*. Ein allfälliges Nichtigkeitsverfahren ist – nach den Nichtigkeitsgründen des EPÜ – von den nationalen Instanzen zu führen. Die Nahtstellen zum nationalen Patentrecht regelt das Patentverträge-EinführungG (PatV-EG). Das EPÜ hat die Entwicklung des österreichischen Patentrechts wesentlich beeinflusst und insbesondere zur Angleichung durch die PatRNov 1984 geführt. Auch der Schutzbereich nationaler Patente und „europäischer Patente" muss nach den gleichen Gesichtspunkten beurteilt werden (vgl § 22a PatG iVm dem Protokoll über die Auslegung des Art 69 EPÜ). Eine detaillierte Darstellung des EPÜ finden Sie in einem gesonderten Kapitel (Seiten 1017).

1.8.5. Europäische Union

GPÜ

Literaturhinweise: *Collin*, EFTA-Staaten und Gemeinschaftspatent, ÖBl 1991, 193; *Krieger*, Das Gemeinschaftspatent – ein essential des europäischen Binnenmarkts, FS Everling (1996) 701; *Willtschek*, Das Gemeinschaftspatent kommt! Kommt es wirklich? ÖBl 2003, 65.

Die Bemühungen um ein europäisches Patentrecht reichen weit zurück. Sie stehen in einer gewissen Konkurrenz zum erfolgreichen System des EPÜ (Seite 1017). Im August 2000 wurde ein Vorschlag der Kommission für eine Verordnung über das

Gemeinschaftspatent vorgelegt. Grundsätzlich sehen die Vorschläge vor, dass das Gemeinschaftspatent vom Europäischen Patentamt erteilt werden soll. Die Europäische Union müsste daher dem EPÜ beitreten. Auch die Abgrenzung der Tätigkeit des Europäischen Patentamts gegenüber den nationalen Patentämtern wäre neu zu definieren. Die Diskussion wird fortgeführt.[52] Es geht dabei insbesondere auch um die Fragen des Gerichtssystems und der Verfahrenssprache. Für das Gerichtssystem wird vorgeschlagen, den Patentgerichtshof in Luxemburg anzusiedeln und den EuGH als zweite Instanz zu berufen. Sehr kontrovers diskutiert wurde vor allem die Frage, wer in erster Instanz zuständig sein soll.[53] Die Lösung der „Sprachenfrage" hat wegen der erforderlichen Übersetzungen (zumindest der Patentansprüche und der Kurzdarstellungen) unmittelbare Auswirkungen auf die Kosten der Patentanmeldung.[54]

Produktpiraterieverordnung

Diese Verordnung wurde schon kurz angesprochen (Seite 812). Ihr Ziel ist es, Piraterieware vom Binnenmarkt fernzuhalten. Zu den Details vgl Seite 168.

BiotechnologieRL

Literaturhinweise: *Kresbach*, Patentschutz in der Gentechnologie (1994); *Rothley*, Warum das Europäische Parlament nchmals über den Schutz biotechnologischer Erfindungen nachdenken sollte, GRUR Int 1995, 481; *Sonn*, Diskussionsstand zum Erfindungsrecht in der EU, ÖBl 1995, 49; *N. Rafeiner*, Patentschutz von gentechnischen Erfindungen, in *Plöchl*, Ware Mensch (1996) 10; *N. Rafeiner*, Vorschlag für eine Biotechnologie-Richtlinie – Der aktuelle Versuch, ecolex 1997, 268; *Joller*, Die Biotechnologierichtlinie, ELR 1998, 459; *Flammer*, Biotechnologische Erfindungen im Patentrecht (1999); *Urlesberger*, Europarecht: Das Neueste auf einen Blick, wbl 2000, 553; *Wolner*, Biotechnologie und Patentrechtsnovelle, ÖBl 2001, 147; *Flammer*, Biotechnologische Erfindungen im Patentrecht, in *Kopetzki/Mayer*, Biotechnologie und Recht (2002) 199.

Die Biotechnologie hat auch die Patentrechtslandschaft verändert.

Die Richtlinie 98/44/EG des Europäischen Parlaments und des Rates vom 6. Juli 1998 über den rechtlichen Schutz biotechnologischer Erfindungen geht in den Erwägungsgründen von folgenden Prämissen aus: „Biotechnologie und Gentechnik spielen in den verschiedenen Industriezweigen eine immer wichtigere Rolle, und dem Schutz biotechnologischer Erfindungen kommt grundlegende Bedeutung für die industrielle Entwicklung der Gemeinschaft zu. Die erforderlichen Investitionen zur Forschung und Entwicklung sind insbesondere im Bereich der Gentechnik hoch und risikoreich und können nur bei angemessenem Rechtsschutz

---

[52]) GPÜ: Übereinkommen über das europäische Patent für den Gemeinsamen Markt (Gemeinschaftspatentübereinkommen) (76/76/EWG) ABl 1976 L 017 S 1 idF der Entschließung des Rates vom 15. Dezember 1975, ABl 1976 L 017 S 43 und der Berichtigung ABl 1976 L 129 S 30; AusfO-GPÜ: Ausführungsordnung zum Übereinkommen über das europäische Patent für den Gemeinsamen Markt, ABl 1989 L 401 S 28.
[53]) *Kretschmer*, GRUR 2002, 952.
[54]) Zum aktuellen Stand: *Urlesberger*, wcl 2003, 164.

rentabel sein. Ein wirksamer und harmonisierter Schutz in allen Mitgliedstaaten ist wesentliche Voraussetzung dafür, dass Investitionen auf dem Gebiet der Biotechnologie fortgeführt und gefördert werden." Dazu wählte die BiotechnologieRL nicht den Weg, einen Sonderschutz vorzuzeichnen, sondern die bestehenden Patentsysteme für den Rechtsschutz biotechnologischer Erfindungen anzupassen.

In der Diskussion über den Patentschutz für biotechnologische Erfindungen wurde gelegentlich übersehen, dass mit der Zulassung der Patentierung noch keineswegs entschieden ist, ob das betreffende Verfahren auch angewendet werden darf. Dies wäre Sache der jeweiligen nationalen Rechtsvorschriften zur Gentechnik. So betont auch Erwägungsgrund 14, dass ein Patent seinen Inhaber nicht berechtigt, die Erfindung anzuwenden, sondern ihm lediglich das Recht verleiht, Dritten deren Verwertung zu industriellen und gewerblichen Zwecken zu untersagen; deshalb könne das Patentrecht die nationalen, europäischen oder internationalen Rechtsvorschriften zur Festlegung von Beschränkungen oder Verboten oder zur Kontrolle der Forschung und der Anwendung oder Vermarktung ihrer Ergebnisse weder ersetzen noch überflüssig machen, insbesondere was die Erfordernisse der *Volksgesundheit*, der *Sicherheit*, des *Umweltschutzes*, des *Tierschutzes*, der Erhaltung der *genetischen Vielfalt* und die Beachtung bestimmter *ethischer Normen* betrifft. Das Patentrecht müsse – so Erwägungsgrund 16 weiter – unter Wahrung der Grundprinzipien ausgeübt werden, die die *Würde und die Unversehrtheit des Menschen* gewährleisten. Es sei wichtig, den Grundsatz zu bekräftigen, wonach der menschliche Körper in allen Phasen seiner Entstehung und Entwicklung, einschließlich der Keimzellen, sowie die bloße Entdeckung eines seiner Bestandteile oder seiner Produkte, einschließlich der Sequenz oder Teilsequenz eines menschlichen Gens, nicht patentierbar sind. Diese Prinzipien stehen im Einklang mit den im Patentrecht vorgesehenen Patentierbarkeitskriterien, wonach eine bloße Entdeckung nicht Gegenstand eines Patents sein kann. Mit Arzneimitteln, die aus isolierten Bestandteilen des menschlichen Körpers gewonnen und/oder auf andere Weise hergestellt werden, seien bereits entscheidende Fortschritte bei der Behandlung von Krankheiten erzielt worden. Diese Arzneimittel seien das Ergebnis technischer Verfahren zur Herstellung von Bestandteilen mit einem ähnlichen Aufbau wie die im menschlichen Körper vorhandenen natürlichen Bestandteile; es empfehle sich deshalb, mit Hilfe des Patentsystems die Forschung mit dem Ziel der Gewinnung und Isolierung solcher für die Arzneimittelherstellung wertvoller Bestandteile zu fördern (Erwägungsgrund 17).

Die BiotechnologieRL wäre bis 30. 7. 2000 umzusetzen gewesen (Art 15). Österreich hat diese Umsetzung, wie mehrere andere Mitgliedstaaten auch, noch nicht vorgenommen. Die dafür vorgesehene Novelle 2000 wurde nicht beschlossen.[55]

---

[55]) BG, mit dem das Patentgesetz 1970, das Patentverträge-Einführungsgesetz, das Gebrauchsmustergesetz, das Schutzzertifikatsgesetz 1996, das Halbleiterschutzgesetz, das Musterschutzgesetz 1990, das Markenschutzgesetz 1970 und das Sortenschutzgesetz geändert werden und ein Bundesgesetz über die im Bereich des Österreichi-

Die Kommission fordert mit Nachdruck die Umsetzung.[56] Auf wesentliche Vorgaben der BiotechnologieRL wird im Folgenden jeweils hingewiesen.

Richtlinienentwurf für Softwarepatente

Ausgehend von der Feststellung, dass die gegenwärtige Rechtslage für computerimplementierte Erfindungen „diffus" sei, arbeitet die Kommission derzeit an einer entsprechenden HarmonisierungsRL. Computer „als solche" können nach den Regeln des EPÜ und auch nach den Patentgesetzen der Mitgliedstaaten nicht patentiert werden. Dennoch seien vom Europäischen Patentamt und von den nationalen Patentämtern bereits Tausende Patente für computerimplementierte Erfindungen erteilt worden, allein vom EPÜ über 20.000.[57] Im Detail weicht die Praxis der Patentämter freilich stark voneinander ab. Die Kommission sieht daher die Notwendigkeit, eine Harmonisierung der Rechtslage in diesem Bereich voran zu treiben. Der Patentschutz soll nach dem bisherigen Konzept neben den bereits bestehenden Urheberrechtsschutz für Software treten (seite 1090).

Richtlinienentwurf zum Schutz geistigen Eigentums

Literaturhinweis: *Harte-Bavendamm*, Die Arbeiten an einer Richtlinie zur Durchsetzung der Rechte des geistigen Eigentums, MarkenR 2002, 382.

Ebenso wie für das Marken- und Musterrecht könnte auch für das Patentrecht die derzeit in Vorbereitung befindliche *„Richtlinie zum Schutz der Rechte am geistigen Eigentum"* bedeutsam werden. Sie soll den Sanktionenbereich vereinheitlichen.[58]

1.8.4. Patent Cooperation Treaty (PCT)

Literaturhinweise: Seite 1037.

Der (Washingtoner) Vertrag über die internationale Zusammenarbeit auf dem Gebiet des Patentwesens (1970; „Patent Cooperation Treaty" – PCT) hat wesentliche Erleichterungen gebracht: Aufgrund einer einzigen internationalen Anmeldung beim Patentamt eines Vertragsstaates kann ein Patent (bzw ein Gebrauchsmuster) in allen vom Anmelder bestimmten Vertragsstaaten erworben werden. Nach einer „internationalen Recherche" wird die Anmeldung von den Patentämtern der betreffenden Staaten nach nationalem Recht weiterbearbeitet. Auch dazu finden Sie ein gesondertes Kapitel am Ende des Abschnitts über Patentrecht (Seite 1035).

1.8.5. Straßburger Abkommen (IPC)

Eine gewisse internationale Vereinheitlichung wurde durch das 1971 geschlossene Straßburger Abkommen über die internationale Patentklassifikation („International

---

schen Patent-, Marken- und Musteramtes zu zahlenden Gebühren und Entgelte (Patentamtsgebührengesetz – PAG) erlassen wird (Patentrechts- und Gebührennovelle 2000), 106 BlgNR, 11. GP.

[56]) *Urlesberger*, wbl 2003, 69.
[57]) Vorschlag der Kommission füe eine RL des Europäischen Parlaments und des Rates über die Patentierbarkeit computerimplementierter Erfindungen v. 2. 2. 2002, KOM (2002) 92 endg. Dazu GRUR Int 2002, 289.
[58]) Vorschlag der Kommission für eine Richtlinie des Europäischen Parlaments und des Rates über die Maßnahmen und Verfahren zum Schutz der Rechte an geistigem Eigentum, KOM (2003) 46 endg; vgl dazu *Harte-Bavendamm*, MarkenR 2002, 382; *Hoeren*, MMR 2003/299.

Patent Classification – IPC") erreicht. Ihm gehörten zum Stichtag 15. 4. 2003 bereits 53 Staaten an.[59] Dieses Abkommen ist auch für Österreich wirksam.[60] Es teilt die Technik in 8 Hauptgebiete mit etwa 67.000 Untergruppen ein. Jeder Untergruppe ist ein Code aus Zahlen und Buchstaben zugeordnet, der auf den Patentdokumenten angebracht wird, um die einschlägigen Dokumente bei Recherchen zum Stand der Technik leichter auffinden zu können.

1.8.6. Pariser Verbandsübereinkunft

Literaturhinweise: siehe Seite 189.

Die Pariser Verbandsübereinkunft lässt die Umrisse einer internationalen Harmonisierung nur unscharf erkennen.

Die Pariser Verbandsübereinkunft (PVÜ) ist ein auch für den Patentschutz relevantes internationales Abkommen, dem zum Stichtag 15. 4. 2003 164 Staaten angehören.[61] Die für das Patentrecht wesentlichen Regelungen werden im Folgenden jeweils bei den betreffenden Bestimmungen des nationalen Patentrechts erörtert. Besonders wichtig sind der Grundsatz der Inländerbehandlung (Art 2; Seite 190), die Regelung des Art 4 über die Unionspriorität (Seite 898), Art 4bis PVÜ über die Unabhängigkeit der für dieselbe Erfindung in verschiedenen Ländern erlangten Patente, Art 4ter PVÜ über die Erfindernennung (Seite 860), Art 4^{quater} PVÜ über die Patentierbarkeit bei Bestehen innerstaatlicher Vertriebsbeschränkungen (Seite 842), Art 5 PVÜ über Zwangslizenzen (Seite 930), Art 5bis PVÜ über die Nachfrist für die Zahlung der Schutzgebühr (Seite 936), Art 5ter PVÜ über die freie Einfuhr von in Verkehrsmitteln eingebauten patentierten Gegenständen (Seite 928), Art 5^{quater} PVÜ über die Einfuhr von Erzeugnissen bei Schutz des Herstellungsverfahrens im Einfuhrland (Seite 923), Art 11 PVÜ mit Regelungen für internationale Ausstellungen (Seite 848), Art 12 PVÜ mit Vorgaben für das Patentamt und das Patentblatt (Seite 910).

1.8.7. Budapester Vertrag

Die Patentierung einer Erfindung setzt deren Offenlegung voraus. Dies geschieht normalerweise durch eine entsprechende Beschreibung. Bei einem Mikroorganismus ist diese Art der Offenbarung nicht möglich. Er muss bei einer speziellen Institution hinterlegt werden. Dazu wurde im Rahmen der „Weltorganisation für

---

[59]) Übersicht über die Mitgliedstaaten: PBl 2002/3, 53. Aktueller Stand: www.wipo.int/treaties.
[60]) BGBl 1975/517 idF BGBl 1984/125.
[61]) BGBl 1973/399 idF BGBl 1984/384; Übersicht über die Mitgliedstaaten PBl 2003/3, 43; zum aktuellen Stand: http://www. wipo.int/treaties.

geistiges Eigentum" (WIPO, Seite 188) der Budapester Vertrag über die internationale Anerkennung der Hinterlegung von Mikroorganismen für die Zwecke von Patentverfahren, unterzeichnet in Budapest am 28. 4. 1977,[62] geschaffen. Im gehörten zum Stichtag 15. 4. 2003 bereits 56 Staaten an.[63] Österreich hat diesen Vertrag ratifiziert.

1.8.8. PLT

Literaturhinweise: *Bühler,* Der neue Patentrechtsvertrag: Ergebnis der diplomatischen Konferenz vom 11. Mai bis zum 2. Juni 2000 in Genf, sic! 2000, 531.

Ähnlich wie der TLT (Seite 245) soll der unter der Schirmherrschaft der „Weltorganisation für geistiges Eigentum" (WIPO, Seite 188) entstandene Patentrechtsvertrag (Patent Law Treaty, PLT) gewisse Formalitäten im Zusammenhang mit der Anmeldung und der Aufrechterhaltung von Patenten vereinheitlichen. Er wurde am 2. 6. 2000 in Genf verabschiedet. Österreich hat ihn zwar unterfertigt, aber bislang noch nicht ratifiziert. Er ist daher *für Österreich noch nicht wirksam.* Er schafft weder ein einheitliches Patentverfahrensrecht, noch vereinheitlicht er das materielle Patentrecht.

1.8.9. TRIPS-Abkommen

Literaturhinweise: siehe Seite 191.

Die GATT-Uruguay-Runde hat durch das *Agreement on Trade-Related Aspects of Intellectual Property Rights (TRIPS)* das geistige Eigentum in die Regelungen des WTO-Abkommens einbezogen. Das TRIPS-Abk enthält auch spezielle patentrechtliche Regelungen.[64] Diese betreffen allerdings nur gewisse Einzelaspekte des Patentschutzes und bieten noch keinen ausreichenden Rahmen für eine umfassende internationale Rechtsvereinheitlichung. Zunächst ordnet Art 2 TRIPS-Abk generell die weitgehende Unterwerfung unter die PVÜ (Seite 832) an. Dies blieb für Österreich ohne unmittelbare Auswirkungen, zumal hier die Stockholmer Fassung der PVÜ ohnehin bereits verbindlich ist. Art 3 TRIPS-Abk schreibt den Grundsatz der Inländerbehandlung fest, Art 4 TRIPS-Abk den Grundsatz der Meistbegünstigung. Art 7 TRIPS-Abk gibt programmatisch die Zielsetzungen vor: Schutz und Durchsetzung von Rechten des geistigen Eigentums sollen zur *Förderung der technischen Innovation sowie zum Transfer und zur Verbreitung von Technologie* beitragen, zum gegenseitigen Vorteil für Erzeuger und Nutzer technischen Wissens und auf eine für das gesellschaftliche und wirtschaftliche Wohl zuträgliche Art und Weise und zum Ausgleich zwischen Rechten und Pflichten. Die patentrechtlichen Sondernormen des TRIPS-Abk werden im Folgenden jeweils bei der entsprechenden Bestimmung des nationalen Patentrechts erörtert: Art 27 über patentierbare Gegenstände (Seite 843), Art 28 über die Rechte aus dem Patent (Seite 920),

---

[62]) BGBl 1984/104 idF BGBl 1984/315.
[63]) Übersicht über die Mitgliedstaaten: PBl 2003/3, 60. Aktueller Stand: www.wipo.int/treaties.
[64]) *Pacón,* Was bringt TRIPS den Entwicklungsländern? GRUR Int 1995, 875 (882).

Art 29 über Bedingungen für Patentanmelder im Zusammenhang mit der Offenbarung (Seite 890), Art 30 über Ausnahmen von den Rechten aus dem Patent (Seite 920), Art 31 über sonstige Benutzung ohne Zustimmung des Rechtsinhabers (dies betrifft Zwangslizenzen; Seite 931), Art 32 über Widerruf/Verfall (Seite 938), Art 33 über die Schutzdauer (Seite 936), Art 34 über die Beweislast bei Verfahrenspatenten (Seite 914). Schließlich werden sich auch die Regelungen der Art 41 ff über die „Durchsetzung der Rechte an geistigem Eigentum" maßgeblich auf den internationalen Schutz von Patenten auswirken.[65]

1.8.10. Internationales Privatrecht

Für die Frage, welches nationale Recht ein österreichisches Gericht bei einem internationalen patentrechtlichen Sachverhalt anzuwenden hat, gelten die allgemeinen Regelungen des § 34 Abs 1 IPRG[66]: Danach sind das Entstehen, der Inhalt und das Erlöschen von Immaterialgüterrechten nach dem Recht des Staates zu beurteilen, in dem eine Benützungs- oder Verletzungshandlung gesetzt wird.[67]

---

[65]) Zur Frage der unmittelbaren Anwendbarkeit des Art 50 Abs 6 TRIPS-Abk: EuGH 13. 9. 2001, Rs C-89/99 – TRIPS und Markenrecht – MarkenR 2002, 16 = GRUR Int 2002, 41.
[66]) Bundesgesetz über das internationale Privatrecht, BGBl 1978/304 idF BGBl I 1998/119, I 1999/18 und I 2000/135.
[67]) Vgl dazu *Schwimann*, Internationales Privatrecht³ (2001) 145 mwN.

Loch Ness – ein Ort zwischen Fantasie, Erfindung und Wahrnehmung.

Kucsko, Geistiges Eigentum (2003)

statement

DOLLI

Die Gentechnik als noch junge Technologie wird das 3. Jahrtausend in großem Umfang bestimmen. Entwicklungen im Bereich der Gentechnik stellen gegenüber den technologischen Entwicklungen der letzten Jahrhunderte neue Anforderungen an das Patentsystem, für die die bisher existenten Patentgesetze keine adäquaten Lösungen bieten konnten. Bisher nicht problematisierte bzw sehr einfach abgehandelte Fragestellungen müssen unter dem Blickwinkel der Gentechnik neu hinterfragt und analysiert werden, Fragen der ethischen Dimension der Patentierung von Forschungsergebnissen, Fragen, die bisher im Patentschutz der klassischen Technik kaum wesentliche Probleme aufgeworfen haben. Ist der Mensch patentierbar? Darf menschliches Leben geklont werden? Wie steht es um die Landwirtschaft? Soll es genetische Keimbahntherapie geben?

Die einschneidenste Entwicklung aus rechtlicher Sicht ist in diesem Zusammenhang wohl die EU-Richtlinie über den rechtlichen Schutz biotechnologischer Erfindungen. Kaum ein anderes Harmonisierungsvorhaben der EU der letzten Jahre auf dem Gebiet des gewerblichen Rechtsschutzes, vielleicht sogar überhaupt, hat in der Öffentlichkeit ähnlich große Beachtung gefunden.

Unumstritten ist wohl, dass die Biotechnologie der Zweig der Forschung ist und in Zukunft sein wird, der das Bild von Innovation und Wissenschaft in der öffentlichen Meinung am entscheidendsten mitprägt und dessen Ergebnisse vor keinem Bereich des täglichen Lebens haltmachen. Medikamente, medizinische Behandlungsmethoden, Lebensmittel sind davon ebenso betroffen wie landwirtschaftliche Betriebe, Saatgutproduzenten und Konsumenten und viele Kreise mehr. In dieser Situation ist der Wunsch nach klaren Normen verständlich.

Das Patentrecht, als negatives Ausschlussrecht kann hier nur einen Teil dessen abdecken, was durch die Rechtsordnung zu leisten ist. Patentrecht ist ein wertneutrales Mittel zur Innovationsförderung; es entscheidet nicht, was „erlaubt" ist, was ethisch tolerierbar sein soll, es legt keine verpflichtende Laborpraxis fest und bewertet die Forschungsergebnisse nur nach den Gesichtspunkten der Neuheit, der gewerblichen Anwendbarkeit und der erfinderischen Höhe. Zwar hatte das Patentrecht schon immer quasi als „Notbremse" die Möglichkeit, aus Gründen eines Verstoßes gegen die öffentliche Ordnung oder die guten Sitten ein Patent zu versagen – aber reicht das im Zusammenhang mit Problembereichen wie Klonen oder genetischer Keimbahntherapie aus?

Diese Fragen können nicht mehr nur einzelstaatlich geregelt werden. Gerade aber in einer sich so dynamisch entwickelnden Branche wie der Gentechnik ist eine begleitende Kontrolle der Umsetzung der Richtlinie und ein Monitoring der möglichen Defizite der Regelungen, die sich erst in der Praxis zeigen werden, unumgänglich. Auch dafür trägt die Richtlinie Sorge und schafft einen außergewöhnlich detaillierten Berichts- und Kontrollmechanismus.

Es bleibt abzuwarten, wohin dieser Weg führt. Dolli war erst der Anfang.

◄ **Dr. Richard FLAMMER** ist Vorstand der Abteilung Externe Beziehungen im Österreichischen Patentamt und hat für Österreich maßgeblich gestaltend an den Verhandlungen über die Biotechnologie-RL teilgenommen.

2. SCHUTZGEGENSTAND „ERFINDUNG"

Überblick:

▸ „*Erfindungen*" sind grundsätzlich patentfähig, wenn sie neu und gewerblich anwendbar sind und die erforderliche Erfindungshöhe aufweisen.

▸ Bestimmte Erfindungen *nimmt* das PatG jedoch ausdrücklich von der Patentierbarkeit *aus* (insbesondere Verfahren zur chirurgischen oder therapeutischen Behandlung, Pflanzensorten oder Tierarten).

▸ Die *Neuheit* einer Erfindung wird nach dem *Stand der Technik* beurteilt, der bereits vor dem Prioritätstag der Öffentlichkeit zugänglich war.

▸ Die *Erfindungshöhe* erfordert, dass die Erfindung für einen Durchschnittsfachmann *nicht nahe liegend* war.

2.1. Definition der Erfindung

Literaturhinweise: *Schanze*, Ueber die Patentierbarkeit der Verfahren zur Herstellung von Zwischenstoffen, PBl 1902, 463, 510, 554 und 598; *Ephraim*, Über die Patentierung von Verfahren zur Herstellung von Zwischenstoffen, PBl 1903, 878; *Schanze*, Die patentrechtliche Totalität, PBl 1903, 227, 270 und 304; *Schanze*, Kombination, Aggregation und Variation in ihrer patentrechtlichen Bedeutung, PBl 1904, 405, 462, 562, 605, 656 und 703; *Kassler*, Zum Patentschutz chemischer Stoffe, ÖBl 1952, 13; *Fuchs/Rumler*, Der patentrechtliche Schutz von pflanzlichen Zuchtergebnissen (Pflanzenpatent), FS 60 Jahre PA (1959) 63; *Sonn*, Die vom Patentschutz ausgeschlossenen Erfindungen nach österreichischem Recht, GRUR Int 1960, 141; *Hermann*, Zum Patenthindernis des Monopolvorbehalts, ÖBl 1972, 30; *Troller*, Begriff der patentfähigen Erfindung und Auslegung des Patentanspruchs, GedS Schönherr (1986) 73; *Wolff*, Der rechtliche Schutz von Computersoftware (1. Teil), EDV & Recht 1986, 10; *Gall*, Patentschutz von Software, ÖBl 1987, 89; *Jonquères*, Die Patentierbarkeit von Computerprogrammen, PBl 1987, Anh XXI; *Marterer*, Die Patentierbarkeit von Mikroorganismen per se, PBl 1987, Anhang XLV; *Holzinger*, Die Idee der Patentierbarkeit von computerprogramm-bezogenen Erfindungen setzt sich durch, EDV & Recht 1988/3, 13; *Holzinger*, Zur Patentierbarkeit von Computerprogrammen, EDV & Recht 1989, 124; *Teschemacher/Wolf*, Ist das Leben zu schützen? – Gentechnologie, eine neue Herausforderung auf dem Gebiet des Patentschutzes – ein Zwiegespräch, in *Rafeiner*, Patente, Marken, Muster, Märkte (1993) 106; *Knittel*, Zur aktuellen Patentgesetz-Novelle, ecolex 1994, 628; *Kresbach*, Patentschutz in der Gentechnologie (1994); *Wolfram*, Wie hoch ist die Rechts(un)sicherheit von pharmazeutischen Patenten in Österreich? ÖBl 1995, 260; *N. Rafeiner*, Patentschutz von gentechnischen Erfindungen, in *Plöchl*, Ware Mensch (1996) 10; *Weinzinger*, Patentierung von Computer-Software, ecolex 1996, 867; *Flammer*, Biotechnologische Erfindungen im Patentrecht (1999); *Flammer*, Die Biotechnologie-Richtlinie, FS 100 Jahre ÖPA (1999) 121; *Wolner*, Biotechnologie und Patentrechtsnovelle, ÖBl 2001, 147; *Flammer*, Biotechnologische Erfindungen im Patentrecht, in *Kopetzki/Mayer*, Biotechnologie und Recht (2002) 199.

2.1.1. Legaldefinition

Der Begriff der „Erfindung" ist sowohl national als auch international nicht näher geregelt. Hingegen sind jene Voraussetzungen, unter denen eine Erfindung patentfähig ist definiert.

Vorgaben des TRIPS-Abk: Das TRIPS-Abk enthält konkrete Vorgaben für die Definition der (patentfähigen) Erfindung. Grundsätzlich werden Patente für alle

Erfindungen, ob sie *Erzeugnisse* oder *Verfahren* betreffen, auf allen *Gebieten der Technik* gewährt, vorausgesetzt sie sind *neu*, beruhen auf einer *erfinderischen Tätigkeit* und sind *gewerblich anwendbar*. Vorbehaltlich des Art 65 Abs 4, des Art 70 Abs 8, und des Art 27 Abs 3 TRIPS-Abk werden Patente gewährt und können Patentrechte ohne Diskriminierung hinsichtlich des Ortes der Erfindung, des Gebiets der Technik oder hinsichtlich des Umstandes, ob Waren eingeführt oder im Lande hergestellt werden, ausgeübt werden.

Vorgaben des Gemeinschaftsrechts: Für den Bereich der *Biotechnologie* sieht die – in Österreich noch nicht umgesetzte – BiotechnologieRL Folgendes vor (Art 3): Im Sinne dieser Richtlinie können Erfindungen, die neu sind, auf einer erfinderischen Tätigkeit beruhen und gewerblich anwendbar sind, auch dann patentiert werden, wenn sie ein Erzeugnis, das aus biologischem Material besteht oder dieses enthält, oder ein Verfahren, mit dem biologisches Material hergestellt, bearbeitet oder verwendet wird, zum Gegenstand haben. Biologisches Material, das mit Hilfe eines technischen Verfahrens aus seiner natürlichen Umgebung isoliert oder hergestellt wird, kann auch dann Gegenstand einer Erfindung sein, wenn es in der Natur schon vorhanden war.

Österreichische Regelung: § 1 Abs 1 PatG bestimmt: *„Für Erfindungen, die neu sind (§ 3), sich für den Fachmann nicht in naheliegender Weise aus dem Stand der Technik ergeben und gewerblich anwendbar sind, werden auf Antrag Patente erteilt."*

Zwischen Erfindung und Patent ist demnach zu unterscheiden: Jedes Patent setzt eine Erfindung voraus, doch führt nicht jede Erfindung zu einem Patent.

2.1.2. Ausnahmen

Wie in den meisten ausländischen Gesetzen, gibt es aber auch in Österreich keine Legaldefinition für den Begriff *„Erfindung"*. § 1 Abs 2 PatG nimmt jedoch gewisse Leistungen ausdrücklich vom Erfindungsbegriff aus (demonstrative Aufzählung):

- *Entdeckungen* sowie wissenschaftliche *Theorien* und mathematische Methoden;
- *ästhetische Formschöpfungen* (zB: ein neuer Baustil; hat die Form eines Gegenstands jedoch eine besondere technische Wirkung, so kann sie patentfähig sein, zB die Form eines Propellers);
- *Pläne*, Regeln und Verfahren für gedankliche Tätigkeiten, für *Spiele* oder für geschäftliche Tätigkeiten sowie *Programme* für Datenverarbeitungsanlagen (zB: Kurzschrift, Esperanto; psychologische Tests; Spielregeln);
- die *Wiedergabe von Informationen*.

§ 1 Abs 2 PatG steht jedoch der Patentierung der dort genannten Gegenstände oder Tätigkeiten nur entgegen, soweit für sie als solche Schutz begehrt wird (§ 1 Abs 3 PatG).

Abgrenzung zur *Entdeckung*: Unter Entdeckung versteht man die Enthüllung, die Erkenntnis von etwas bereits Vorhandenem (zB: neuer Erdteil, chemisches Element, Tiere, Pflanzen); aber auch eine wissenschaftliche Erkenntnis (zB: Auffinden eines Naturgesetzes). Eine Entdeckung ist zwar unter Umständen eine bedeutende geistige Leistung, sie verändert aber am Entdeckten nichts, fügt ihm nichts hinzu. Daher ist sie nicht patentierbar. Die Erfindung hingegen schafft Neues. Sie vermehrt den Bestand an geistigen und damit oft auch an materiellen Gütern. Von der Erkenntnis ist es manchmal nur ein kleiner Schritt zur Erfindung (zB von der Erkenntnis, dass sich eine Magnetnadel nach Norden ausrichtet, zum Kompass). Erst recht kann in der künstlichen Erzeugung von Entdecktem eine Erfindung liegen (zB Erzeugung von UV-Strahlen durch Quecksilberdampflampen).

Abgrenzung zur bloßen *Idee*: Eine bloße Idee ist noch keine Erfindung. Die Erfindung bedeutet die *Lösung* eines Problems, einer bestimmten *Aufgabe* (zB von der Aufgabenstellung mit einem Körper zu fliegen, der schwerer ist als Luft, zur Erfindung des Flugzeugs). Der Erfinder muss sich die Aufgabe allerdings *nicht bewusst* gestellt haben. Daher sind auch *Zufallserfindungen* patentierbar. Eine bloße Idee genügt nicht. So hat *Berthold Schwarz* bei alchemistischen Versuchen zufällig das Schießpulver erfunden. Auch die selbsthaftenden gelben Post-it beruhen auf einer Zufallserfindung, übrigens ebenso, wie die Teflonpfanne.[1]

2.1.3. Erfindungsbesitz

Auch bei Zufallserfindungen muss der Erfinder wissen, wie er zur Lösung gekommen ist; er muss die „*Regel zum technischen Handeln*" kennen, also den so genannten „Erfindungsbesitz" haben, sonst liegt keine Erfindung vor. Das Warum, also die der Erfindung zugrunde liegenden Naturgesetze, braucht er nicht zu kennen.

2.1.4. Wiederholbarkeit und Ausführbarkeit

Die Lösung des technischen Problems kann zwar dem Zufall zurechenbar sein, jeder Durchschnittsfachmann muss aber die Lösung des technischen Problems wiederholen können, sofern er die Regel zum technischen Handeln kennt. Die Erfindung muss unter den zur Zeit der Patenterteilung herrschenden technischen Verhältnissen ausführbar sein.

Beispiel:
> BA 2. 5. 1995: Für eine vermeintliche Erfindung, die naturwissenschaftlichen Prinzipien widerspricht, wie etwa ein Perpetuum mobile, kann kein Patent erteilt werden.[2]

2.1.5. Technik

Die Erfindung muss auf dem Gebiet der Technik liegen. Aufgabe der Technik ist es, auf Naturkräfte oder -stoffe einzuwirken, um sie menschlichen Bedürfnissen

---

[1]) Vgl dazu *Schneider*, Teflon, Post-it und Viagra – große Entdeckungen durch kleine Zufälle (2002).
[2]) BA 2. 5. 1995, B 10/1994 – Perpetuum mobile – PBl 1995, 244 = ÖBl 1996, 19.

nutzbar zu machen. Produkte des menschlichen Geistes, die nicht auf dem Gebiet der Technik liegen, sind nicht patentierbar (vgl auch die Aufzählung in § 1 Abs 2 PatG). Allerdings wird dieser Begriff in der Praxis weit ausgelegt. Er umfasst auch die Bereiche der Landwirtschaft, der Biologie, der Medizin und der Chemie.[3] Dieses Kriterium der *Technizität* steht auch im Zentrum der derzeit laufenden Debatte um den Patentschutz für Computerprogramme.[4]

Beispiel:

▸ BA 26. 4. 1988: Zum Patentschutz angemeldet wurde die Oberflächenmarkierung von Gipskartonplatten. Anspruch 1 hat als erfindungsgemäß hervorgehoben, dass die Markierung Längenmaßeinteilungen bildet, die entlang randparalleler, in regelmäßigen Abständen voneinander verlaufender Linien aufgetragen sind. Die BA kam zu dem Ergebnis, dass die zum Schutz beanspruchte spezielle Markierung dem Fachmann zunächst nur Anregungen vermittelt, wie eine weitere Bearbeitung der Bauplatte erfolgen könnte. Dies könne aber lediglich als *„Anweisung an den menschlichen Geist"* gewertet werden. Erst die nach Auswertung der Markierung vorgenommenen Schritte, wie zB das Zuschneiden der Platten, würden auf technischem Gebiete liegen. Diese seien jedoch nicht mehr Gegenstand der vorliegenden Patentansprüche. Da die angemeldeten Ansprüche keine *„Lehre zum technischen Handeln"* enthielten, wurde der Patentschutz versagt.[5]

2.1.6. Gewerbliche Anwendbarkeit

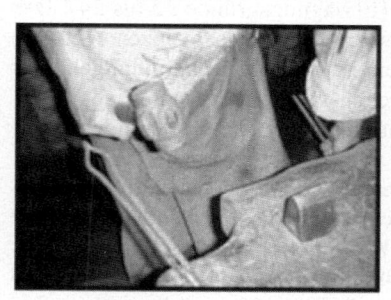

Die Erfindung muss die Entfaltung einer Tätigkeit zulassen, welche die äußeren „bildhaften" Merkmale berufsmäßiger Tätigkeit erfüllt (zB Erfindungen mit unsinnigen Problemstellungen oder Erfindungen, deren Ausführbarkeit zufallsbedingt ist, scheiden daher aus). In der Praxis bereitet dieses Erfordernis kaum Probleme, zumal es zumeist nicht schwer fällt, eine gewerbliche Anwendbarkeit zu begründen.[6] Auch Art 1 Abs 3 PVÜ geht von einer weiten Definition des Begriffs „gewerblich" aus: „Das gewerbliche Eigentum wird in der weitesten Bedeutung verstanden und bezieht sich nicht allein auf Gewerbe und Handel im eigentlichen Sinn des Wortes, sondern ebenso auf das Gebiet der Landwirtschaft und der Gewinnung der Bodenschätze und auf alle Fabrikate oder Naturerzeugnisse, zum Beispiel Wein, Getreide, Tabakblätter, Früchte, Vieh, Mineralien, Mineralwässer, Bier, Blumen, Mehl.

Etwas antiquiert mutet das Kriterium der gewerblichen Anwendbarkeit schon an.

---

[3]) *Sonn/Pawloy/Alge*, Patentwissen² (2000) 51.
[4]) Vgl dazu *Weiser*, Die Patentierung von Computerprogrammen und Systemen (2001).
[5]) BA 26. 4. 1988, B 38/1987 – Gipskartonplatte – PBl 1988, 164 = ÖBl 1988, 126.
[6]) *Sonn/Pawloy/Alge*, Patentwissen² (2000) 50.

Darauf, ob der Vertrieb des betreffenden Produkts gesetzlich (schon) *erlaubt* ist, kommt es nicht an: Die Erteilung eines Patents kann nicht deshalb verweigert und ein Patent kann nicht deshalb für ungültig erklärt werden, weil der Vertrieb des patentierten Erzeugnisses oder des Erzeugnisses, das das Ergebnis eines patentierten Verfahrens ist, Beschränkungen oder Begrenzungen durch die innerstaatlichen Rechtsvorschriften unterworfen ist (Art 4^{quater} PVÜ). Dies ist eine Bestimmung, die heute insbesondere im Zusammenhang mit der Patentierung von gentechnisch manipulierten Produkten einerseits und dem Bestehen von Vertriebsbeschränkungen andererseits relevant ist.

Zur *Abgrenzung* dieses Definitionsmerkmals vom Erfordernis der ausreichenden *Offenbarung* der Erfindung (Seite 890) wird Folgendes judiziert: Ist die Offenbarung der Erfindung unvollständig, so schließt dies auch die gewerbliche Anwendbarkeit aus. Allerdings ist die mangelnde gewerbliche Anwendbarkeit in diesem Fall nur eine Folge der unzureichenden Offenbarung und verwirklicht nicht das in § 1 Abs 1 PatG normierte selbständige Registrierungshindernis. Dieses kann erst dann gegeben sein, wenn die Erfindung vollständig geoffenbart wurde.[7] Zu den Besonderheiten bei der Beschlussfassung in der TA über dieses Patentierungshindernis vgl § 62 Abs 4 PatG (Seite 870).

Bedeutung hat dieses Merkmal in jüngerer Zeit wieder im Zusammenhang mit der Diskussion um den Patentschutz für *gentechnische Erfindungen* erlangt. Die BiotechnologieRL spricht es daher ausdrücklich an (Erwägungsgründe 22 bis 24): Die Diskussion über die Patentierbarkeit von Sequenzen oder Teilsequenzen von Genen werde kontrovers geführt. Die Erteilung eines Patents für Erfindungen, die solche Sequenzen oder Teilsequenzen zum Gegenstand haben, unterliege nach dieser Richtlinie denselben Patentierbarkeitskriterien der Neuheit, erfinderischen Tätigkeit und gewerblichen Anwendbarkeit wie alle anderen Bereiche der Technologie. Die gewerbliche Anwendbarkeit einer Sequenz oder Teilsequenz müsse in der eingereichten Patentanmeldung konkret beschrieben sein. Ein einfacher DNA-Abschnitt ohne Angabe einer Funktion enthalte keine Lehre zum technischen Handeln und stelle deshalb keine patentierbare Erfindung dar. Das Kriterium der gewerblichen Anwendbarkeit setze voraus, dass im Fall der Verwendung einer Sequenz oder Teilsequenz eines Gens zur Herstellung eines Proteins oder Teilproteins angegeben wird, welches Protein oder Teilprotein hergestellt wird und welche Funktion es hat.

---

[7]) BA 6. 12. 1988, B 30/85 – Spannungs-Frequenz-Umsetzer – PBl 1989, 152 = ÖBl 1989, 136.

2.2. Schutzvoraussetzungen

Nicht für jede Erfindung, die die allgemeine Definition erfüllt, kann Patentschutz erlangt werden. Dazu muss eine Erfindung noch zusätzliche Kriterien erfüllen. Sie darf nicht unter eine der Ausnahmen fallen und sie muss gewisse zusätzliche Merkmale (insbesondere Neuheit) aufweisen:

2.2.1. Ausnahmen von der Patentierbarkeit

Vorgaben des TRIPS-Abk: Die Mitglieder können Erfindungen von der Patentierbarkeit ausschließen, wenn das Verbot ihrer gewerblichen Verwertung innerhalb ihres Gebiets zum Schutz der öffentlichen Ordnung oder der guten Sitten einschließlich des Schutzes des Lebens oder der Gesundheit von Menschen, Tieren oder Pflanzen oder zur Vermeidung einer ernsten Beeinträchtigung der Umwelt notwendig ist, sofern ein solcher Ausschluss nicht nur deshalb vorgenommen wird, weil die Verwertung durch innerstaatliches Recht verboten ist (Art 27 Abs 2 TRIPS-Abk). Die Mitglieder können von der Patentierbarkeit auch ausschließen: a) diagnostische, therapeutische oder chirurgische Verfahren für die Behandlung von Menschen oder Tieren; b) Pflanzen und Tiere mit Ausnahme von Mikroorganismen, und im Wesentlichen biologische Verfahren für die Erzeugung von Pflanzen oder Tieren, mit Ausnahme von nichtbiologischen und mikrobiologischen Verfahren. Die Mitglieder sehen jedoch den Schutz von Pflanzensorten entweder durch Patente oder durch ein wirksames System eigener Art oder durch eine Verbindung beider vor. Diese Bestimmungen werden vier Jahre nach dem In-Kraft-Treten des WTO-Abkommens einer Überprüfung unterzogen (Art 27 Abs 3 TRIPS-Abk).

Vorgaben des Gemeinschaftsrechts: Die Erwägungsgründe 37, 39 bis 42 der *BiotechnologieRL* kommentieren dies näher: Der Grundsatz, wonach Erfindungen, deren gewerbliche Verwertung gegen die öffentliche Ordnung oder die guten Sitten verstoßen würde, von der Patentierbarkeit auszuschließen sind, ist auch in dieser Richtlinie hervorzuheben. Die öffentliche Ordnung und die guten Sitten entsprechen insbesondere den in den Mitgliedstaaten anerkannten ethischen oder moralischen Grundsätzen, deren Beachtung ganz besonders auf dem Gebiet der Biotechnologie wegen der potentiellen Tragweite der Erfindungen in diesem Bereich und deren inhärenter Beziehung zur lebenden Materie geboten ist. Diese ethischen oder moralischen Grundsätze ergänzen die übliche patentrechtliche Prüfung, unabhängig vom technischen Gebiet der Erfindung. Innerhalb der Gemeinschaft besteht Übereinstimmung darüber, dass die *Keimbahnintervention* am menschlichen Lebewesen und das *Klonen* von menschlichen Lebewesen gegen die öffentliche Ordnung und die guten Sitten verstoßen. Daher ist es wichtig, Verfahren zur Veränderung der genetischen Identität der Keimbahn des menschlichen Lebewesens und Verfahren zum Klonen von menschlichen Lebewesen unmissverständlich von der Patentierbarkeit auszuschließen. Als Verfahren zum Klonen von menschlichen Lebewesen ist jedes Verfahren, einschließlich der Verfahren zur Embryonenspaltung, anzusehen, das darauf abzielt, ein menschliches Lebewesen zu schaffen, das im Zellkern die gleiche Erbinformation wie ein anderes lebendes oder verstorbenes menschliches Lebewesen besitzt. Ferner ist auch die *Verwendung von menschlichen Embryonen zu industriellen oder kommerziellen Zwecken* von der Patentierbarkeit auszuschließen. Dies gilt jedoch auf keinen Fall für Erfindungen, die therapeutische oder diagnostische Zwecke verfolgen und auf den menschlichen Embryo zu dessen Nutzen angewandt werden. Konkret wird zur Umsetzung angeordnet: Erfindungen, deren gewerbliche Verwertung gegen die öffentliche Ordnung oder die guten Sitten verstoßen würde, sind von der Patentierbarkeit ausgenommen, dieser Verstoß kann nicht allein daraus hergeleitet werden, dass die Verwertung durch Rechts- oder Verwaltungsvorschriften verboten ist (Art 6 Abs 1 BiotechnologieRL). In diesem Sinne gelten unter anderem als nicht patentierbar: Verfahren zum Klonen von menschlichen Lebewesen; Verfahren zur Veränderung der genetischen Identität der Keimbahn des menschlichen Lebewesens; die Verwendung von menschlichen Embryonen zu industriellen oder kommerziellen Zwecken; Verfahren zur Veränderung der genetischen Identität von Tieren, die geeignet sind, Leiden dieser Tiere ohne wesentlichen medizinischen Nutzen für den Menschen oder das Tier zu verursachen, sowie die mit Hilfe solcher Verfahren erzeugten Tiere (Art 6 Abs 2 BiotechnologieRL).

Für den Bereich der *Biotechnologie* sieht die – in Österreich noch nicht umgesetzte – BiotechnologieRL ergänzend folgendes vor (Art 4): Nicht patentierbar sind Pflanzensorten und Tierrassen (Art 4 Abs 1 lit a BiotechnologieRL) und im Wesentlichen biologische Verfahren zur Züchtung von Pflanzen oder Tieren (Art 4 Abs 1 lit b BiotechnologieRL). Erfindungen, deren Gegenstand Pflanzen oder Tiere sind, können patentiert werden, wenn die Ausführungen der Erfindung technisch nicht auf eine bestimmte Pflanzensorte oder Tierrasse beschränkt ist. Art 4 Abs 1 lit b BiotechnologieRL berührt nicht die Patentierbarkeit von Erfindungen, die ein mikrobiologisches oder sonstiges technisches Verfahren oder ein durch diese Verfahren gewonnenes Erzeugnis zum Gegenstand haben. Der menschliche Körper in den einzelnen Phasen seiner Entstehung und Entwicklung sowie die bloße Entdeckung eines seiner Bestandteile, einschließlich der Sequenz oder Teilsequenz eines Gens, können keine patentierbaren Erfindungen darstellen (Art 5 Abs 1 BiotechnologieRL). Ein isolierter Bestandteil des menschlichen Körpers oder ein auf andere Weise durch ein technisches Verfahren gewonnener Bestandteil, einschließlich der Sequenz oder Teilsequenz eines Gens, kann eine patentierbare Erfindung sein, selbst wenn der Aufbau dieses Bestandteils mit dem Aufbau eines natürlichen Bestandteils identisch ist (Art 5 Abs 2 BiotechnologieRL). Die gewerbliche Anwendbarkeit einer Sequenz oder Teilsequenz eines Gens muss in der Patentanmeldung konkret beschrieben werden (Art 5 Abs 3 BiotechnologieRL).

Österreichische Regelung: § 2 PatG listet in diesem Sinne gewisse Ausnahmen von der Patentfähigkeit auf:

Erfindungen, deren Veröffentlichung oder Verwertung gegen die *öffentliche Ordnung oder die guten Sitten* verstoßen würde (zB: Einbruchswerkzeuge, Mittel zur Verfälschung von Lebensmitteln, ein offensichtliches Abzielen auf Irreführung); ein solcher Verstoß kann nicht allein daraus hergeleitet werden, dass die Verwertung der Erfindung durch Rechtsvorschriften verboten ist.

Verfahren zur chirurgischen oder therapeutischen Behandlung des menschlichen oder tierischen Körpers und Diagnostizierverfahren, die am menschlichen oder tierischen Körper vorgenommen werden (Dies gilt nicht für Erzeugnisse, insbesondere Stoffe oder Stoffgemische, zur Anwendung in einem dieser Verfahren);

Pflanzensorten[8] *oder Tierarten* (Tierrassen) sowie im Wesentlichen biologische Verfahren zur Züchtung von Pflanzen oder Tieren (diese Ausnahmen sind auf Mikroorganismen als solche sowie auf mikrobiologische Verfahren und auf die mit Hilfe dieser Verfahren gewonnenen Erzeugnisse nicht anzuwenden).

2.2.2. Neuheit

Literaturhinweise: *Bing*, Die „zufällige Maßnahme" bei Vorveröffentlichung und offenkundiger Vorbenutzung, ÖBl 1936, 60; *Zulehner*, Zur Frage, ob eine bekanntgemachte Patentanmeldung als eine Veröffentlichung zu werten sei, ÖBl 1954, 1; *Hermann*, Zur Neuheitsschädlichkeit ausgelegter Anmeldeunterlagen, ÖBl 1974, 134; *Barger*, Der Einwand des freien Standes der Technik, ÖBl 1983, 65; *Knittel*, Zur aktuellen Patentgesetz-Novelle, ecolex 1994, 628; *Gassauer-Fleissner*, Geheimhaltung, Offenbarung und Veröffentlichung von Daten in Informationsnetzwerken, ecolex 1997, 102.

Wo die neuheitsschädliche Veröffentlichung erfolgt ist, ist gleichgültig.

Eine Erfindung gilt als neu, wenn sie nicht zum „*Stand der Technik*" gehört (§ 3 PatG). Den „Stand der Technik" bildet alles, was der Öffentlichkeit vor dem Prioritätstag der Anmeldung durch schriftliche oder mündliche Beschreibung (*Vorveröffentlichung*), durch Benützung (*Vorbenützung*) oder in sonstiger Weise zugänglich gemacht worden ist (§ 3 Abs 1 PatG; „*absoluter Neuheitsbegriff*"). Eine Tatsache ist dann der Öffentlichkeit zugänglich, wenn ein im Wesentlichen unbeschränkter und unbestimmter Personenkreis die Möglichkeit hat, von dieser Tatsache Kenntnis zu erlangen.[9] Ob von dieser Möglichkeit tatsächlich jemand Gebrauch gemacht hat, darauf kommt es nicht an. Es ist ohne Belang, ob eine vorveröffentlichte Patent- oder Offenlegungsschrift im Inland bekannt geworden ist.[10] Auch eine Veröffentlichung in einem

---

[8]) Vgl dazu allerdings den Schutz nach dem SortenschutzG 2001 (Seite 812).
[9]) BA 19. 3. 2001, B 8/2000 – Gießpfanne – PBl 2001, 137. Zur Berücksichtigung von vor In-Kraft-Treten der Patentrechts-Nov 1984 bekannt gemachten Unterlagen: BA 11. 6. 1991, B 7/89 – Vorrichtung für Abstandhalterrahmen – PBl 1992, 156 = ÖBl 1992, 100.
[10]) BA 30. 1. 1997, B 12/96 – japanische Offenlegungsschrift – PBl 1997, 138 = ÖBl 1997, 286.

exotischen fernen Land kann neuheitsschädlich sein. Eine mündliche Offenbarung (zB in einem Vortrag) ist ebenso neuheitsschädlich wie eine schriftliche oder eine Publikation im Internet. Zur Beurteilung der Neuheit sind auch die nur in Zeichnungsfiguren eines Vorhalts (und nicht in der Beschreibung) enthaltene Merkmale zu berücksichtigen.[11] In einer Druckschrift ist nur das als neuheitsschädlich zu werten, was dieser Druckschrift klar und eindeutig zu entnehmen ist.[12] Es kommt auch nicht auf das Alter einer neuheitsschädlichen Patentschrift an (zB nach 50 Jahren wird auf ein altes Alternativverfahren zurückgegriffen, das wegen geänderter Umweltstandards plötzlich wieder interessant geworden ist).[13] Schließlich ist es auch irrelevant, ob der Erfinder die betreffende Veröffentlichung kannte. Sie ist auch dann neuheitsschädlich, wenn er im vollen Glauben, eine Neuschöpfung gemacht zu haben, war.

Beispiel:

- OPM 26. 5. 1983: Zur Begründung der Offenkundigkeit genügt es, dass ein einziger dem Patentanspruch entsprechender Gegenstand hergestellt wurde und die Möglichkeit besteht, dass er einem unbestimmten und unbegrenzten Personenkreis und damit auch Fachkundigen bekannt geworden ist.[14]
- BA 19. 3. 1991: Der Inhalt gemäß § 101 Abs 3 PatG ausgelegter Unterlagen einer Patentanmeldung gehört zum Stand der Technik.[15]
- BA 6. 7. 1993: Ist ein Merkmal zwar nicht im Text eines Vorhalts aber doch in einer Zeichnung geoffenbart, so ist auch dies neuheitsschädlich.[16]
- BA 19. 10. 1993: Ein Erzeugnis ist dann der Öffentlichkeit zugänglich gemacht, wenn es zB in Vorträgen oder Publikationen beschrieben, auf öffentlichem Gelände vorgeführt oder an ein Mitglied der Öffentlichkeit verkauft wird, wobei es auf die Zahl der Käufer bzw der verkauften Exemplare nicht ankommt.[17]
- BA 19. 3. 2001: Ein Anbot, das nur einem begrenzten Personenkreis, nämlich dem mit der Auftragsvergabe betrauten Angestellten eines Unternehmens, übermittelt wurde, gehört noch nicht zum Stand der Technik.[18]

Grundsätzlich stellt die Neuheitsprüfung auf den Prioritätstag ab, das wird in der Regel der Tag der Anmeldung sein (Seite 896). Wie löst man nun aber den Konflikt einer Anmeldung mit einer prioritätsälteren (zB einen Tag früher für die gleiche Erfindung eingereichten Anmeldung), die aber erst nach dem Anmeldetag der

---

[11]) BA 13. 10. 1992, B 20/90 – Polypropylenschnitzel – PBl 1993, 126 = ÖBl 1993, 12.
[12]) BA 7. 6. 1988, B 30/86 – Schaltungsanordnung – PBl 1989, 128 = ÖBl 1989, 98; vgl auch BA 12. 12. 1988, B 29/85 – Kreiselheuwerbungsmaschine – PBl 1990, 86 = ÖBl 1990, 99. Zur Bedeutung des *Impressums* auf einem Prospekt für die Datierung: OPM 25. 11. 1987, Op 5/87 – Ladewagen – PBl 1988, 110 = ÖBl 1988, 67. Zum Veröffentlichungszeitpunkt einer belgischen Patentschrift: BA 10. 10. 1985, B 39/84 – Drehfeldkokille – PBl 1986, 144 = ÖBl 1986, 116.
[13]) BA 9. 10. 1985, B 6/84 – Entkoffeinierungsverfahren – PBl 1986, 97 = ÖBl 1986, 59.
[14]) OPM 26. 5. 1983, Op 7/82 – Uhrarmband – PBl 1983, 145 = ÖBl 1983, 161.
[15]) BA 19. 3. 1991, B 25/88 – Skibindung mit drahtloser Übertragung – PBl 1992, 8 = ÖBl 1991, 197.
[16]) BA 6. 7. 1993, B 7/92 – Ski – PBl 1994, 135 = ÖBl 1994, 212.
[17]) BA 19. 10. 1993, B 22/92 – Isolierglaselemente – PBl 1994, 163 = ÖBl 1994, 278.
[18]) BA 19. 3. 2001, B 8/2000 – Gießpfanne – PBl 2001, 137; ähnlich zum Offert: BA 26. 4. 1991, B 3/89 – Karussellboden – PBl 1992, 130 = ÖBl 1992, 12.

jüngeren Anmeldung publiziert wird? Diese ältere Anmeldung wäre nicht neuheitsschädlich, weil sie ja am Prioritätstag der jüngeren Anmeldung noch nicht der Öffentlichkeit zugänglich gemacht war. Wem soll also in einem solchen (zugegebenermaßen wohl ohnehin nur selten vorkommenden) Fall das Patent zustehen? Die Antwort kann nur aus dem Prioritätsprinzip kommen: Wer als erster anmeldet (und sei der Unterschied auch nur ein Tag), soll das Recht haben. Das *ältere Recht* hat also Vorrang.[19] Das PatG hat dies im Zusammenhang mit dem Neuheitserfordernis geregelt. Der Inhalt der älteren Anmeldung wird in den Stand der Technik einbezogen (so genannter *„fiktiver Stand der* Technik"): Als Stand der Technik gilt gemäß § 3 Abs 2 PatG auch der Inhalt prioritätsälterer

- *Patentanmeldungen* aufgrund des PatG,
- *Gebrauchsmusteranmeldungen* aufgrund des GMG (Seite 966),
- *internationaler Anmeldungen* im Sinne des § 1 Z 6 PatV-EG, wenn die Voraussetzungen gemäß § 16 Abs 2 PatV-EG erfüllt sind, und
- *europäischer Patentanmeldungen* im Sinne des § 1 Z 4 PatV-EG, sofern die Voraussetzungen des Art 79 Abs 2 EPÜ, oder, wenn die europäische Patentanmeldung aus einer internationalen Anmeldung hervorgegangen ist, des Art 158 Abs 2 EPÜ erfüllt sind,

in der ursprünglich eingereichten Fassung, deren Inhalt erst am Prioritätstag der jüngeren Anmeldung oder danach amtlich veröffentlicht worden ist. Bei der Beurteilung der Frage, ob sich die Erfindung für den Fachmann nicht in nahe liegender Weise aus dem Stand der Technik ergibt (siehe im Folgenden zur „Erfindungshöhe"), werden solche prioritätsälteren Anmeldungen nicht in Betracht gezogen.

Die Patentierbarkeit von Stoffen oder Stoffgemischen, die zum Stand der Technik gehören, wird durch § 3 Abs 1 und 2 PatG nicht ausgeschlossen, sofern sie zur Anwendung in einem Verfahren nach § 2 Z 2 PatG (Verfahren zur chirurgischen oder therapeutischen Behandlung; Seite 843) bestimmt sind und ihre Anwendung in einem dieser Verfahren nicht zum Stand der Technik gehört (§ 3 Abs 3 PatG).

Auch der Erfinder selbst kann die Neuheit seiner Erfindung zerstören (zB: Veröffentlichung von Forschungsergebnissen in einer Fachzeitschrift). Auch ein Offenkundigwerden gegen seinen Willen zerstört die Neuheit. Es gibt keine „Neuheitsschonfrist" wie für Gebrauchsmuster (Seite 975).

§ 3 Abs 4 PatG sieht allerdings gewisse *Ausnahmen* für eine Offenbarung der Erfindung, die nicht früher als sechs Monate vor Einreichung der Anmeldung erfolgt ist und unmittelbar oder mittelbar zurückgeht:

- auf einen offensichtlichen *Missbrauch* zum Nachteil des Anmelders oder seines Rechtsvorgängers oder
- darauf, dass der Anmelder oder sein Rechtsvorgänger die Erfindung auf *amtlichen oder amtlich anerkannten Ausstellungen* im Sinne des Übereinkommens

---

[19]) Eine ähnliche Regelung besteht im Musterrecht durch das *Doppelschutzverbot* (Seite 739).

über internationale Ausstellungen, BGBl 1980/445, in der jeweils geltenden Fassung zur Schau gestellt hat (zu den Details § 3 Abs 5 PatG).[20]

2.2.3. Erfindungshöhe

Literaturhinweise: *Neutra*, „Naheliegend", ÖBl 1933, 55; *Baumann*, Ueberspannung des Erfinderschutzes? ÖBl 1935, 3 und 23; *Neutra*, Ueberspannung des Erfinderschutzes? Gegenbemerkungen, ÖBl 1935, 22; *Barger*, Vorschlag für eine objektive Beurteilung der Erfindungshöhe, GedS Schönherr (1986) 19; *Peham*, Der „Durchschnittsfachmann", ÖBl 1991, 152.

Auch ein das Geheimnis eines Zauberstabs ist patentfähig.

Nicht alles, was neu ist, verdient Patentschutz. Die neue Lehre (die erfindungsgemäße Lösung) darf für den Durchschnittsfachmann[21] – gemessen am Stand der Technik – nicht nahe liegen (vgl § 1 Abs 1 PatG): Was den Rahmen der natürlichen stetigen Weiterentwicklung nicht überschreitet, ist keine Erfindung. Patente mit außerordentlicher Erfindungshöhe, bahnbrechende Erfindungen, nennt man *Pionierpatente*.

Eine erfinderische Leistung kann auch in der für den Fachmann nicht nahe liegenden Übertragung bestimmter technischer Lösungen von einem technischen Fachgebiet auf ein anderes liegen (so genannte „*Übertragungserfindung*").[22] Eine schutzfähige Übertragungserfindung liegt nur dann vor, wenn durch die Übertragung ein neues Problem gelöst wird, nicht aber dann, wenn eine bekannte Maßnahme auf ein verwandtes Gebiet übertragen wird oder wenn die Übertragung den gleichen Zweck verfolgt und die gleiche Wirkung hat wie die schon bekannte Maßnahme.[23] Das bloße Zusammenfassen von Merkmalen aus verschiedenen Druckschriften führt in der Regel zu keiner erfinderischen Tätigkeit. Wenn aber – trotz zahlreicher Entgegenhaltungen – noch weitere Maßnahmen nötig sind, um zum Erfindungsgegenstand zu gelangen, dann kann der Bereich des Naheliegens überschritten sein.[24] Eine Übertragung liegt dann nicht nahe, wenn es sich um technisch fern liegende Gebiete handelt, wenn bei der Übertragung besondere Schwierigkeiten zu überwinden waren oder wenn sich ein spezifischer technischer Effekt ergibt.[25] Wird von einer bekannten Vorrichtung lediglich ein einziges Konstruktionsdetail geändert, so ist diese Maßnahme nur dann als

---

[20]) Vgl auch Art 11 PVÜ über den zeitweiligen Schutz im Zusammenhang mit internationalen Ausstellungen.
[21]) Zur Abgrenzung vom „*Überdurchschnittsfachmann*" einerseits und vom „*Unterdurchschnittsfachmann*" andererseits: BA 29. 3. 1990, B 17, 18, 21/88 – drahtloser Telefonapparat – PBl 1991, 19 = ÖBl 1991, 12 (mit *Anmerkung* von *Peham*, ÖBl 1991, 152).
[22]) Vgl dazu etwa: OPM 28. 2. 2001, Op 4, 5/00 – Rahmen mit Plattenelementen – PBl 2002, 32 = ÖBl-LS 2002/97; OPM 8. 10. 1997, Op 1/96 – Zweischalige Kaminkonstruktion – PBl 1998, 192 = ÖBl 1999, 11; OPM 9. 12. 1992, Op 7/92 – Frontmähwerk – PBl 1994, 160 = ÖBl 1994, 213.
[23]) OPM 26. 2. 1992, Op 1/91 – Kunststoff-Faß – PBl 1993, 172 = ÖBl 1993, 155.
[24]) BA 28. 11. 1996, B 14/95 – Biegemaschine – PBl 1998, 9 = ÖBl 1998, 178.
[25]) BA 20. 10. 1994, B 3/92 – Datengeber – PBl 1995, 254 = ÖBl 1996, 77.

nicht nahe liegend zu beurteilen, wenn aus ihr ein überraschender nicht vorhersehbarer Effekt resultiert.[26]

Eine patentfähige Erfindung kann auch dann vorliegen, wenn aus der Kombination an sich bekannter Maßnahmen ein besonderer Kombinationseffekt entsteht (so genannte „*Kombinationserfindung*").[27] Ist aber die Verbindung zweier bekannter (in Vorhalten beschriebener) Maßnahmen für den Fachmann nahe liegend und mit keinerlei Schwierigkeiten verbunden, sodass die gemeinsame Anwendung des Bekannten zwangsläufig und aufgrund des rein handwerklichen Könnens zu der im Patentanspruch formulierten Lösung führt, so liegt keine ausreichende erfinderische Tätigkeit vor.[28]

Ebenso wie in der Kombination an sich bekannter Elemente zu einer neuen Lösung kann die besondere erfinderische Leistung auch in der Auswahl gewisser Elemente aus einer größeren Gruppe bereits bekannter liegen. Eine erfinderische Auswahl ist dann anzunehmen, wenn ein Überraschungseffekt vorhanden ist (so genannte „*Auswahlerfindung*").[29]

Schließlich gibt es auch Fälle in denen die erfinderische Leistung weniger in der Lösung eines bekannten Problems, als vielmehr in der Formulierung einer neuen Aufgabenstellung liegt (so genannte „*Aufgabenerfindung*"). Auch eine solche Erfindung kann patentfähig sein.

Für die Frage, wie hoch die Messlatte für die Erfindungshöhe zu legen ist, ist es belanglos, welche Ausbildung ein Fachmann besitzt; entscheidend ist, ob eine Erfindung sich für den Fachmann in nahe liegender Weise aus dem bekannten Stand der Technik ergibt.[30] Als „*Fachmann*" gilt ein Sachverständiger, der über durchschnittliche Fähigkeiten zur Überwindung technischer Schwierigkeiten verfügt und den Stand der Technik kennt.[31] Der *Stand der Technik* ist unter Berücksichtigung aller der Öffentlichkeit zugänglichen Lehren, also in „mosaikartiger Zusammenschau" zu ermitteln.[32] Insbesondere die Möglichkeit billigerer und einfacherer Herstellungsweise einzelner Elemente ist als Begründung der Patentfähig-

---

[26] BA 30. 6. 1992, B 13/91 – Gleiter – PBl 1993, 200; BA 17. 12. 1981, B 16/81 – Nahrungsmittelgemisch – PBl 1984, 41 = ÖBl 1984, 41.
[27] BA 26. 11. 1996, B 7/95 – Streugerät – PBl 1997, 198 = ÖBl 1998, 9; OPM 9. 12. 1992, Op 7/92 – Frontmähwerk – PBl 1994, 160 = ÖBl 1994, 213; BA 16. 5. 1991, B 8/89 – Sicherheitsskibindung – PBl 1992, 75 = ÖBl 1992, 11. Zum bloßen Aufzählen bekannter Maßnahmen: BA 29. 5 1996, B 3/95 – Kreiselheuwerbungsmaschine – PBl 1997, 126 = ÖBl 1997, 220; BA 10. 6. 1980, B 57/79 – Sulfitzellstoff – PBl 1980, 146 = ÖBl 1980, 154. Zur Neuheitsschädlichkeit bei Kombinationserfindungen: NA 28. 3. 1995, N 16/92 – Fliehkraftsichter – PBl 2000, 130 = ÖBl-LS 00/114.
[28] BA 26. 11. 1986, B 45/85 – Winkelmesseinrichtung – PBl 1987, 207 = ÖBl 1987, 94.
[29] BA 25. 1. 1995, B 24/92 – Waschmittel – PBl 1995, 136 = ÖBl 1995, 266. Zur erfinderischen Auswahl aus mehreren bekannten Mischungen: BA 15. 6. 1989, B 6/87 – Lösungsmittelmischung für Aerosole – PBl 1990,121 = ÖBl 1990, 150.
[30] NA 11. 10. 1999, N 14/96 – Einschienen-Schrägaufzug – PBl 2001, 9 = ÖBl-LS 01/59.
[31] BA 14. 6. 1988, B 23/86, PBl 1989, 9 = ÖBl 1989, 11.
[32] OPM 10. 11. 1993, Op 4/93 – Feuerschutzabschluss – PBl 1994, 202 = ÖBl 1994, 279; BA 23. 9. 1991, B 2/91 – Entkeimung – PBl 1992, 146 = ÖBl 1992, 100. Zum Begriff der „*Fortschrittlichkeit*" der Erfindung: OPM 22. 5. 1985, Op 9/84 – Waffelblöcke – PBl 1986, 165 = ÖBl 1986, 116.

keit einer Erfindung anerkannt.[33] Es muss also kein „besseres Produkt" erzielt werden, es genügt schon eine entsprechende Vereinfachung des Verfahrens.[34] Es ist nicht erforderlich, dass die gestellte Aufgabe durch die Erfindung zur Gänze gelöst ist. Es genügt schon eine für vorkommende Fälle brauchbare Lösung.[35] Bei der Ermittlung des Standes der Technik darf *keine „ex post"-Beurteilung* erfolgen. Es darf also nicht die Kenntnis verwertet werden, die nur die Erfindung vermittelt.[36]

Beispiele:
- BA 31. 5. 1991: Es liegt nahe, die bei einer Verriegelungsvorrichtung für einflügelige Türen bekannten Merkmale auf zweiflügelige Türen zu übertragen.[37]
- BA 2. 7. 1998: Es ist aufgrund der Fließfähigkeit einer Füllung auf Nussbasis für jeden Fachmann nahe liegend, diese im warmen Zustand in die Hohlräume der Waffelschicht eines Schokoladeriegels einzubringen und danach abzukühlen.[38]
- BA 19. 2. 1999: Die Verwendung einer im Wesentlichen bekannten Vorrichtung auf eine neue, nicht bekannte Art, ist schützbar, wenn dadurch ein neuer, überraschender Effekt erzielt wird (zB ein neues Produkt oder die vorteilhaftere Herstellung eines bekannten Produkts).[39]
- BA 12. 3. 1999: Bei einer Schaltanordnung ist stets die Gesamtheit der Schaltkreise und Bauelemente, ihre gegenseitige Verknüpfung sowie ihr Zusammenwirken zu berücksichtigen. Dass die einzelnen Teile für sich jeweils bekannt sind, ist noch kein Indiz für die mangelnde Erfindungseigenschaft. Zu prüfen ist, ob die Merkmalkombination sich aus dem Stand der Technik in nahe liegender Weise ableiten lässt.[40]
- NA 11. 10. 1999: Zugkette und Zugseil sind in ihren Eigenschaften so unterschiedlich, dass ein Austausch nicht in jedem Fall als nahe liegend angesehen werden kann (hier ging es um Schrägaufzüge).[41]
- OPM 12. 7. 2000: Zu beurteilen war eine Abfalldeponie mit Unterteilungen, durch die verunreinigte, kontaminierte Sickerwässer von reinem Regenwasser „ebenso wie bei Kassettendeponien" getrennt abgeführt werden können. Damit war aber klargestellt, dass die beim Betrieb von Kassettendeponien üblichen und bekannten Maßnahmen lediglich auf die im Patent beschriebene Deponie übertragen wurden. Eine solche „glatte Übertragung von bekannten Maßnahmen", die „keine erfinderische Tätigkeit erfordert", genügt nicht. Der betreffende Patentanspruch wurde daher für nichtig erklärt.[42]
- BA 10. 4. 2002: Eine Kombination von Maßnahmen, die aus voneinander relativ weit entfernten Sachgebieten stammen (Pinsel als Handwerkzeug sowie Teller-

---

[33]) OPM 25. 11. 1992, Op 3/92 – Verriegelungseinrichtung – PBl 1993, 212 = ÖBl 1993, 203.
[34]) BA 14. 6. 1984, B 41/83, PBl 1984, 186 = ÖBl 1984, 147.
[35]) BA 22. 9. 1981, B 71/80 und B 4/81 – Kühlschranktür – PBl 1982, 94 = ÖBl 1982, 91.
[36]) OPM 25. 9. 2002, OP 1/02-4 – drehstoßmindernde Einrichtung – PBl 2003, 29 = ÖBl-LS 2003/69 (hier auch zum „*problem and solution approach*" sowie zum „*could-would-test*").
[37]) BA 31. 5. 1991, B 23/89 – Verriegelungsvorrichtung – PBl 1992, 182 = ÖBl 1992, 199.
[38]) BA 2. 7. 1998, B 13/97 – Schokoladeriegel – PBl 1999, 96 = ÖBl 1999, 275.
[39]) BA 19. 2. 1999, B 15/98 – thermoplastisches Material – PBl 2000, 158.
[40]) BA 12. 3. 1999, B 4, 5/96 – Wandler-Relais – PBl 2000, 108 = ÖBl-LS 00/97.
[41]) NA 11. 10. 1999, N 14/96 – Einschienen-Schrägaufzug – PBl 2001, 9 = ÖBl-LS 01/59.
[42]) OPM 12. 7. 2000, Op 3/99 – Abfalldeponie – PBl 2001, 197 = ÖBl-LS 2002/67.

besen für Straßenkehrmaschinen einerseits und Straßenkehrbesen andererseits), ist grundsätzlich nicht nahe liegend.[43]

**Eine geniale Kombinationserfindung:
Die Faschingskrapfentorte.**

---

[43]) BA 10. 4. 2002, B 5/2000 – Straßenkehrbesen – PBl 2002, 152 = ÖBl-LS 2003/15.

3. ERFINDER

Überblick:

- Der übertragbare *Anspruch auf Patentschutz* steht zunächst dem Erfinder zu.
- Für *Diensterfindungen* gibt es Sonderregelungen, die dem Arbeitgeber unter Umständen ein Aufgriffsrecht und dem Dienstnehmer eine besondere Vergütung sichern.
- Der Erfinder hat einen unverzichtbaren Anspruch auf *Nennung*.
- Mehrere Personen können gemeinsam *Patentinhaber* sein.

3.1. Schöpferprinzip

Literaturhinweise: *Abel*, Die Rechtsgemeinschaft im Patentrechte, JBl 1903, 565, 577, 589, 601 und 613; *Gamerith*, Sind Rechtsgemeinschaften an Immaterialgüterrechten Gesamthandgemeinschaften? ÖBl 1996, 63.

Das *Recht an der Erfindung* entsteht durch den Realakt des Findens der Regel zum technischen Handeln, also den Erwerb des Erfindungsbesitzes. Es steht daher zunächst dem Schöpfer der Erfindung, dem „*Erfinder*", zu. Urheber der Erfindung kann nur derjenige sein, auf den sämtliche wesentliche Merkmale der Erfindung zurückgehen,[1] also derjenige, dem die Lösung des der Erfindung zugrunde liegenden Problems gelungen ist.[2] Derjenige, der einem anderen bloß die Anregung zu einer Erfindung gegeben hat, ist noch kein „Erfinder".[3]

Das Recht an der Erfindung hat eine *persönlichkeitsrechtliche Seite* (§ 20 PatG): Der Erfinder hat das unübertragbare und unverzichtbare Recht, in den verschiedenen amtlichen Publikationen und Urkunden über das Patent und dessen Anmeldung, insbesondere auch im Patentregister, als Erfinder oder Miterfinder genannt zu werden – Schutz der Erfinderehre (Seite 860). Es hat aber auch eine *vermögensrechtliche Seite*. Die Vermögensrechte bestehen vor allem im Anspruch auf das Patent, in Abwehransprüchen gegen Dienstnehmer oder andere Personen, denen die Erfindung durch ein Vertrauensverhältnis zugänglich geworden ist (§§ 11, 12 UWG), in Ansprüchen gegen widerrechtliche Entnahme (Seite 939).

Den *Anspruch auf das Patent* (= auf Patenterteilung) hat nur der *Erfinder* oder sein Rechtsnachfolger; er wird durch die Patentanmeldung geltend gemacht.[4] Bis zum Beweis des Gegenteils wird der erste Anmelder als Erfinder angesehen (*Urhebervermutung*). Auf diese Weise wird das Patenterteilungsverfahren von der Prüfung der materiellen Berechtigung des Anmelders entlastet (vgl § 4 Abs 1 PatG).

---

[1] OPM 8. 6. 1983, Op 1/83 – Hauptkühlmittelpumpe – PBl 1983, 164 = ÖBl 1983, 161.
[2] OPM 30. 11. 1988, Op 5/88 – fließfähige Medien – PBl 1989, 138 = ÖBl 1989, 98.
[3] OPM 30. 11. 1988, Op 5/88 – fließfähige Medien – PBl 1989, 138 = ÖBl 1989, 98.
[4] Bei mehreren Erfindern steht der Anspruch allen gemeinsam zu (vgl OPM 28. 1. 1998, Op 6/95 – Elumarc – PBl 1999, 12 = ÖBl 1999, 122).

Der Taschen-Spieler.

Eh mans fühlt wird eins aus der Tasch gespielt.

Ein Gaff-Maul muß hier Schlößer fragen,
Zufall das schlaue Hocus-Spiel
Nur Augen keine Mäuler wil:
Und wil mans mit der Welt List wagen,
So braucht man soll der Wandel taugen,
verschloßnen Mund u: hundert Augen.

Anspruch auf das Patent hat zunächst der Mensch, der die verblüffende Erfindung gemacht hat und im Besitz des Geheimnisses der Erfindung ist.

Kucsko, Geistiges Eigentum (2003)

Zur Erteilung eines abhängigen *Zusatzpatents* vgl § 4 Abs 2 PatG (Seite 915): zur *Abhängigerklärung* vgl § 4 Abs 3 PatG (Seite 906).

Mit der Patenterteilung geht das Recht an der Erfindung in dem – zufolge seiner Sperrwirkung weit stärkeren – *Patentrecht* auf.

3.2. Doppelerfindung

Nicht selten kommt es vor, dass Personen unabhängig voneinander die gleiche Erfindung machen. Jeder Erfinder hat das Recht an seiner Erfindung und damit auch die Anwartschaft auf ein Patentrecht, den Anspruch auf das Patent. In Österreich wird das Patent nur dem Erstanmelder erteilt (*Anmelderprinzip* oder „*First to file Rule*", § 4 Abs 1 PatG). Allerdings hat der Doppelerfinder, dem ein anderer mit der Anmeldung zuvorgekommen ist, unter Umständen ein *Vorbenützerrecht* (Seite 926), und die Anwartschaft auf die Patenterteilung lebt wieder auf, wenn die frühere Anmeldung des anderen nicht zum Patent führt und nicht neuheitsschädlich war.

3.3. Nationalität des Erfinders

Gegen Angehörige eines ausländischen Staates, der Erfindungen österreichischer Bundesbürger keinen oder unvollständigen Schutz gewährt, kann durch Verordnung der Bundesregierung ein Vergeltungsrecht in Anwendung gebracht werden („*Vergeltungsrecht*", § 51 PatG). Derzeit gibt es keine derartige Verordnung.

3.4. Diensterfindung

Literaturhinweise: *Abel*, Die Behandlung der Angestelltenerfindung nach österreichischem Recht, JBl 1926, 85; *Zimbler*, Soll und kann dem „wissenschaftlichen" Entdecker ein Anspruch auf Entgelt zuerkannt werden? JBl 1931, 45; *Hunna*, Die Erfindungen von Dienstnehmern nach österreichischem Recht, ÖBl 1952, 17; *Sachs*, § 5c – Angestelltenerfindung, ÖBl 1933, 19; *Thaler*, Die Dienstnehmererfindung, ÖBl 1960, 21; *Machacek*, Arbeitnehmererfindungen – Verbesserungsvorschläge, ÖJZ 1963, 197; *Hamburger*, Dienstfindervergütungen im österreichischen Steuerrecht, ÖBl 1965, 109; *Büchel*, Die Vergütung von Dienstnehmererfindungen, ÖBl 1969, 77; *Collin*, Dienstnehmererfindung in Österreich, GRUR Int 1971, 287; *Geppert*, Diensterfindung und Verbesserungsvorschlag im österreichischen Recht, DRdA 1972, 147; *Schönherr*, Die Gesellschaftererfindung, FS Kastner (1972); *Torggler*, Zur Lohnsteuer von Dienstfindervergütungen, ÖBl 1974, 101; *Torggler*, Probleme des Schadenersatzes im Immaterialgüter- und Wettbewerbsrecht, ÖBl 1976, 57; *Nowotny*, Erfindungen von Universitätslehrern, ÖBl 1979, 1; *Barger*, Zur Vergütung von Diensterfindungen nach der Lizenzanalogie, ÖBl 1980, 145; *Bertl*, Die Diensterfindung und ihre Vergütung, SWK 1981/20, 31; *Collin*, Die Vergütung von Dienstfindungen, RdW 1984, 342; *Collin*, Zur Berechnung der Vergütung von Diensterfindungen, RdW 1985, 46; *Wolff*, Die Rechte an durch Arbeitnehmer entwickelter Computer-Software, EDV & Recht 1986, 6; *Müller*, Besteuerung von Prämien für Verbesserungsvorschläge und Vergütungen für Diensterfindungen, ÖStZ 1989, 198; *Marterer*, Forschungs- und Diensterfindungsrecht (1991); *Geist*, Immaterialgüterrechtliche Probleme der Drittmittelforschung an österreichischen Universitäten, in *Strasser*, Organisations-, europa- und immaterialgüterrechtliche Probleme der Universitäten (1992) 127; *Marterer*, Diensterfindungsrecht in Österreich, ecolex 1992, 425; *Böhm*, Dienstfindervergütungsbemessung, DRdA 1996, 200; *Leuze*, Dienstfindungen von Beamten unter besonderer Berücksichtigung der Rechtsstellung der Universitätsprofessoren, ÖBl 1997, 3; *Mayr*, Der Eigentumserwerb an Diensterfindungen und sachenrechtliche bzw schuldrechtliche Konsequenzen des Erwerbs vom Nichtberechtigten, ÖJZ 1997,

691; *Mayr,* Vergütung für Erfindungen von Dienstnehmern (1998); *Mayr,* Das Recht der Diensterfindungen in den Mitgliedstaaten der Europäischen Union, ecolex 1998, 781; *Mayr,* Rechtsfragen zum angestellten Erfinder gemäß PatG, RdW 1998, 753; *Karner,* Der Dienstnehmer als Erfinder, ecolex 2000, 700.

Werden vom Unternehmer Entwicklungsaufträge an unabhängige Auftragnehmer vergeben, so ist die Frage, wem welche Rechte an einer dabei allenfalls entstehenden patentfähigen Erfindung zustehen, nur aus dem Inhalt der (werk-)vertraglichen Beziehung zwischen Auftragnehmer und Auftraggeber zu beantworten. Es empfiehlt sich daher, für derartige Aufträge auch eine klare, tunlichst schriftliche Vereinbarung über diesen Aspekt zu treffen. Ist der Erfinder jedoch Dienstnehmer im eigenen Unternehmen und die Erfindung eine „Diensterfindung", so greifen spezielle patentrechtliche Regelungen zur Lösung des auf der Hand liegenden Konflikts: Das Patentrecht ordnet im Allgemeinen die Rechte an den Erfindungen der Person des Schöpfers, also dem Dienstnehmer, zu. Das Arbeitsrecht hingegen weist die Ergebnisse der Arbeitsleistung grundsätzlich dem Dienstgeber zu.

3.4.1. Begriff der „Diensterfindung"

Die Erfindung eines Dienstnehmers[5] ist eine *„Diensterfindung"* (§ 7 Abs 3 PatG; zum Unterschied zur *„freien Erfindung"*), wenn sie ihrem Gegenstand nach in das Arbeitsgebiet des Unternehmens fällt, in dem der Dienstnehmer tätig ist, und das Unternehmen an ihrem Zustandekommen nicht nur unwesentlich beteiligt war; dies ist der Fall, wenn die Tätigkeit, die zu der Erfindung führte, zu den *dienstlichen Obliegenheiten* des Dienstnehmers gehörte; oder der Dienstnehmer die *Anregung* zu der Erfindung durch seine Tätigkeit im Unternehmen erhielt; oder das Zustandekommen der Erfindung durch die Benützung der Erfahrungen oder der Hilfsmittel des Unternehmens *wesentlich erleichtert* wurde.

Der Begriff der Diensterfindung setzt eine *patentierbare Erfindung* voraus. Der Dienstgeber ist jedoch nicht verpflichtet, sie zum Patent anzumelden; er kann sie auch geheimhalten. Der Vergütungsanspruch des Dienstnehmers (Seite 857) wird dadurch nicht berührt. Für nicht patentierbare Verbesserungsvorschläge besteht kein Vergütungsanspruch.

3.4.2. Anspruch auf Patenterteilung

Dienstnehmer haben grundsätzlich auch für Erfindungen, die sie während des Dienstverhältnisses gemacht haben, *Anspruch auf Patenterteilung* (§ 6 Abs 1 PatG). Es besteht also ein *Vorrang des Erfinderprinzips* vor dem arbeitsrechtlichen Grundsatz, dass die Ergebnisse dienstlicher Tätigkeit dem Arbeitgeber zukommen. Dem Arbeitgeber stehen nur dann Ansprüche zu, wenn durch Vertrag etwas ande-

---

[5]) Als Dienstnehmer gelten Angestellte und Arbeiter jeder Art (§ 6 Abs 2 PatG). Zum Vorstandsmitglied einer AG: OGH 5. 2. 1985, 4 Ob 5/85 – Diensterfindungs-Vergütung – ÖBl 1985, 124 (*Collin*) = PBl 1985, 175 = SZ 58/20 = RdW 1985, 159 = GesRZ 1985, 142 = EvBl 1985/80 = RdA 1985, 417 = ArbSlg 10.406.

res vereinbart wurde (§ 7 Abs 1 PatG) oder ein öffentlich-rechtliches Dienstverhältnis besteht (§ 7 Abs 2 PatG).

Für den universitären Forschungsbereich enthält § 106 UniversitätsG 2002[6] nunmehr eine spezielle Regelung: Auf Diensterfindungen gemäß § 7 Abs 3 PatG, die an einer Universität im Rahmen eines öffentlich-rechtlichen oder privatrechtlichen Dienst- oder Ausbildungsverhältnisses zum Bund oder im Rahmen eines Arbeits- oder Ausbildungsverhältnisses zur Universität gemacht werden, ist das PatG mit der Maßgabe anzuwenden, dass die Universität als Dienstgeber gemäß § 7 Abs 2 PatG gilt (§ 106 Abs 2 UniversitätsG 2002). Jede Diensterfindung ist dem Rektorat unverzüglich zur Kenntnis zu bringen. Will die Universität die Diensterfindung zur Gänze oder ein Benützungsrecht daran für sich in Anspruch nehmen, hat das Rektorat dies der Erfinderin oder dem Erfinder innerhalb von drei Monaten mitzuteilen. Andernfalls steht dieses Recht der Erfinderin oder dem Erfinder zu (§ 106 Abs 1 UniversitätsG 2002).

3.4.3. Übergang der Diensterfindung

Übergang der Diensterfindung auf den Dienstgeber (§ 7 Abs 1 und 2 PatG): An Diensterfindungen eines in einem *öffentlich-rechtlichen Dienstverhältnis* stehenden Erfinders hat der Dienstgeber kraft Gesetzes (also ohne dass es einer Vereinbarung mit dem Dienstnehmer bedarf) ein Aufgriffsrecht; er kann sie zur Gänze in Anspruch nehmen, sich aber auch mit einem gegen Dritte wirkenden Benützungsrecht begnügen (§ 7 Abs 2 PatG). In diesen Fällen finden die Bestimmungen des (§ 7 Abs 3 PatG und der §§ 8 bis 17 und des § 19 PatG sinngemäß Anwendung.

Ist das *Dienstverhältnis privatrechtlich*, dann muss das Aufgriffsrecht durch *schriftlichen* Einzel- oder Kollektivvertrag begründet werden (§ 7 Abs 1 PatG). Eine bloße Geheimhaltungsvereinbarung genügt nicht.[7]

3.4.4. Mitteilungspflicht

Der Dienstnehmer hat jede Erfindung, die er macht, ausgenommen solche, die offenbar nicht unter das Aufgriffsrecht oder die Vereinbarung (§ 7 Abs 1 und 2 PatG) fallen, dem Dienstgeber unverzüglich mitzuteilen (§ 12 PatG). Versäumt der Dienstnehmer diese Mitteilung, so haftet er dem Dienstgeber, unbeschadet des diesem zustehenden Anspruchs auf die Erfindung, für den Ersatz des Schadens, der auch den entgangenen Gewinn umfasst (§ 12 Abs 2, erster Satz PatG).[8]

Ergänzend ist für den universitären Forschungsbereich angeordnet: Jede Diensterfindung ist dem Rektorat unverzüglich zur Kenntnis zu bringen. (§ 106 Abs 1, erster Satz UniversitätsG 2002).

---

[6]) BGBl I 2002/120.
[7]) BA 16. 12. 1993, B 19/92, PBl 1994, 188 = ÖBl 1994, 279.
[8]) Zur Auskunft über die im Besitz des Dienstnehmers befindlichen Kopien technischer Unterlagen des Dienstgebers: OGH 13. 5. 1992, 9 Ob A 93/92 – Textildruckmaschine – ÖBl 1992, 231 = 1992, 231 = RdW 1993, 16 = ecolex 1992, 721 = ZAS 1993, 181 (*Klicka*) = DRdA 1992, 468.

3.4.5. Inanspruchnahme der Diensterfindung

Nach der Erfindungsmitteilung hat der Dienstgeber vier Monate Zeit, um zu erklären, ob und inwieweit er die Diensterfindung in Anspruch nimmt. Mit dem Zugang der bejahenden Erklärung geht das Recht an der Erfindung auf den Dienstgeber über; er kann sie zum Patent anmelden. Nimmt der Dienstgeber die Erfindung nicht in Anspruch, so verbleibt sie dem Dienstnehmer (§ 12 Abs 2, zweiter Satz PatG).[9]

Für den universitären Forschungsbereich: Will die Universität die Diensterfindung zur Gänze oder ein Benützungsrecht daran für sich in Anspruch nehmen, hat das Rektorat dies der Erfinderin oder dem Erfinder innerhalb von drei Monaten mitzuteilen. Andernfalls steht dieses Recht der Erfinderin oder dem Erfinder zu (§ 106 Abs 1, zweiter und dritter Satz UniversitätsG 2002).

3.4.6. Geheimhaltungspflicht

Solange das Schicksal der Diensterfindung noch nicht feststeht, sind Dienstgeber und Dienstnehmer bei sonstiger Schadenersatzpflicht zur Geheimhaltung der Erfindung verpflichtet (§ 13 PatG). Zum Erlöschen dieser Pflicht vgl § 13 Abs 2 bis 4 PatG. Der Dienstgeber oder der Dienstnehmer, der die Geheimhaltungspflicht verletzt, ist zum Ersatz des Schadens, der auch den entgangenen Gewinn umfasst, an den anderen Teil verpflichtet (§ 13 Abs 6 PatG).

3.4.7. Diensterfindungsvergütung

Für jede Überlassung einer (patentfähigen) Diensterfindung[10] an den Dienstgeber sowie für die Einräumung eines Benützungsrechts gebührt dem Dienstnehmer „eine angemessene besondere Vergütung" (§§ 8 – 11 PatG). Eine Ausnahme besteht nur für ausdrücklich zur Erfindertätigkeit Angestellte unter gewissen weiteren Voraussetzungen (§ 8 PatG). Der Anspruch auf Vergütung wird mit der Inanspruchnahme der patentierbaren Diensterfindung erworben. Er wird jeweils mit der einzelnen Benützungshandlung fällig.[11] Die Vergütung kann als Pauschalbetrag oder in laufenden Zahlungen (mit einem Prozentsatz vom betreffenden Umsatz) vorgesehen werden.

Beispiel:

> OGH 23. 1. 2002: Die Einrechnung eines überhöhten Entgelts in die Erfindervergütung (§ 8 Abs 2 PatG) setzt zwingend voraus, dass der Arbeitnehmer *ausdrücklich* zur Erfindertätigkeit angestellt war. Die Betrauung mit der Weiterent-

---

[9]) Vgl dazu OGH 4. 3. 1980, 4 Ob 61/79 – Schraubverbindung – ÖBl 1981, 66 = RdA 1980, 404 = ArbSlg 9858.
[10]) Die Patenterteilung ist also nicht Anspruchsvoraussetzung (OGH 2. 9. 1998, 9 Ob A 92/98i – KEMRObus – ÖBl 1999, 42 = DRdA 1999/53 [*Mayr*]).
[11]) OGH 23. 1. 2002, 9 ObA 252/01a, infas 2002, 121 (hier auch zu zeitlichen Abgrezung des Rechnungslegungsbegehrens gegenüber dem Feststellungsbegehren); OGH 2. 9. 1998, 9 Ob A 92/98i – KEMRObus – ÖBl 1999, 42 = DRdA 1999/53 (*Mayr*), für die Zukunft kann daher das Gericht keinen Pauschalbetrag zusprechen. Zur Beurteilung nach IESG: OGH 25. 11. 1994, 8 Ob S 16/94, SZ 67/218 = INFAS 1995, 23.

wicklung und Adaptierung eines Reinigungs- und Desinfektionsgerätes genügt dazu noch nicht.[12]

Dem Dienstnehmer steht per analogiam der *Rechnungslegungsanspruch* gemäß § 151 PatG (Seite 956) zu.[13] Bei der *Bemessung* ist auf die Umstände des Falles Bedacht zu nehmen, wofür § 9 PatG Beispiele nennt: auf die wirtschaftliche Bedeutung der Erfindung für das Unternehmen, auf eine sonst etwa erfolgte Verwertung der Erfindung im Inland oder Ausland auf den Anteil, den Anregungen, Erfahrungen, Vorarbeiten oder Hilfsmittel des Unternehmens des Dienstgebers oder dienstliche Weisungen an dem Zustandekommen der Erfindung gehabt haben. Wenn sich nachträglich die für die Bemessung der Vergütung maßgebenden Verhältnisse ändern, kann jeder Teil eine *Änderung* beantragen (vgl näher § 10 PatG). Diese Regelung beruht auf dem Gedanken der „clausula rebus sic stantibus". Sie lässt keine rückwirkende Herabsetzung bereits fälliger Leistungen zu.[14]

Wenn das Ausmaß der Vergütung von der Benützung der Erfindung durch den Dienstgeber abhängig gemacht ist und dieser es unterlässt, die Erfindung in einem ihrer wirtschaftlichen Bedeutung für das Unternehmen angemessenen Umfang zu benützen, so ist die Vergütung so zu bemessen, als hätte der Dienstgeber die Erfindung in dem ihrer wirtschaftlichen Bedeutung für das Unternehmen angemessenen Umfang benützt (§ 11 Abs 1 PatG). In gleicher Weise ist die Vergütung zu bemessen, wenn der Dienstgeber die Erfindung auf einen Dritten übertragen oder in anderer Weise über sie verfügt hat, es sei denn, dass der Dienstnehmer einer solchen Übertragung oder Verfügung zugestimmt hat und der Dienstnehmer nicht beweist, dass diese Übertragung oder Verfügung nur zum Schein geschehen ist (§ 11 Abs 2 PatG). Der Dienstgeber wird von der in § 11 Abs 1 PatG festgesetzten Verbindlichkeit zur Leistung der Vergütung befreit, wenn er sich verpflichtet, einem vom Dienstnehmer zu bezeichnenden Dritten das Recht zur Benützung der Erfindung einzuräumen. Der Dritte, dem das Benützungsrecht eingeräumt wird, hat dem Dienstgeber für dessen unter Berücksichtigung der Vorschriften des § 9 lit c PatG zu ermittelnden Anteil an der Erfindung eine Vergütung zu leisten. In Ansehung dieser Vergütung kann gemäß § 10 PatG nachträglich Abänderung gefordert werden (§ 11 Abs 3 PatG). Der Anspruch nach § 11 Abs 1 und 2 PatG ist ausgeschlossen, wenn dem Dienstgeber unter billiger Berücksichtigung der Umstände des Falles eine Benützung der Erfindung überhaupt nicht oder nicht in einem größeren Umfang, als sie stattgefunden hat, zugemutet werden kann oder, falls eine Übertragung oder eine andere Verfügung unterblieben wäre, zugemutet werden könnte.

---

[12]) OGH 9. 4. 2002, 4 Ob 47/02v – Sprayback-Problem – ÖBl 2002, 245 (*Herzig*) = ÖBl-LS 2002/142 = ecolex 2002, 598 (*Schanda*) = EvBl 2002/146 = ÖJZ-LSK 2002/162 = GRUR Int 2003, 367.

[13]) OGH 2. 9. 1998, 9 Ob A 92/98i – KEMRObus – ÖBl 1999, 42 = DRdA 1999/53 (*Mayr*); OLG Wien 25. 5 1994, 31 Ra 48/94, ecolex 1994, 626 (*Wiltschek*); OGH 18. 2. 1986, 14 Ob 8/86 – Bohrmaschinen – ÖBl 1986, 59 = PBl 1986, 194 = SZ 59/34 = RdW 1986, 183 = ArbSlg 10.496; OGH 5. 2. 1985, 4 Ob 5/85 – Dienstserfindungs-Vergütung – ÖBl 1985, 124 (*Collin*) = PBl 1985, 175 = SZ 58/20 = RdW 1985, 159 = GesRZ 1985, 142 = EvBl 1985/80 = RdA 1985, 417 = ArbSlg 10.406.

[14]) OGH 26. 6. 1984, 4 Ob 77/84, ZAS 1985, 74 = RdW 1984, 318 = DRdA 1985, 49 = PBl 1985, 35.

Wenn jedoch der Dienstgeber aus der Erfindung Nutzen zieht, ohne sie auszuüben, so gebührt dem Dienstnehmer eine angemessene Vergütung (§ 11 Abs 4 PatG).

Wenn der Dienstgeber dem Dienstnehmer für eine Diensterfindung eine Vergütung geleistet hat und dann hervorkommt, dass nicht dieser Dienstnehmer, sondern ein anderer Dienstnehmer desselben Dienstgebers die Erfindung gemacht hat oder dass ein anderer Dienstnehmer desselben Dienstgebers an der Erfindung mitgewirkt hat, so kann der Dienstgeber dem Berechtigten gegenüber die dem Nichtberechtigten geleistete Vergütung ganz oder in dem dem Anteil des Berechtigten an der Erfindung entsprechenden Verhältnis aufrechnen, wenn er im guten Glauben geleistet hat und die Erfindung auch nach dem mit dem Berechtigten bestehenden Rechtsverhältnis dem Dienstgeber gehört (§ 14 PatG).

3.4.8. Nachträglicher Verzicht auf die Erfindung

Der Dienstgeber kann sich von der Vergütungspflicht dadurch befreien, dass er nachträglich auf sein Recht an der Erfindung verzichtet (vgl § 15 PatG).[15] Der Dienstnehmer kann in diesem Fall verlangen, dass die Rechte des Dienstgebers an der Erfindung auf ihn übertragen werden.

3.4.9. Verjährung

Ansprüche von Dienstgebern und Dienstnehmern im Zusammenhang mit Diensterfindungen verjähren in drei Jahren (§ 19 PatG).[16]

3.4.10. Unabdingbarkeit

Die Rechte des Dienstnehmers aus den §§ 6 – 16 PatG können durch Vereinbarung weder aufgehoben noch beschränkt werden (§ 17 PatG).[17] Die Rechte des Dienstgebers und des Dienstnehmers aus den §§ 6 – 15 PatG werden durch die Auflösung des Dienstverhältnisses nicht berührt (§ 16 PatG).

3.4.11. Zuständigkeit der Arbeits- und Sozialgerichte

Für Streitigkeiten über eine Diensterfindung zwischen Dienstgebern und Dienstnehmern oder zwischen Dienstnehmern untereinander sind die Arbeits- und Sozialgerichte zuständig, wenn das Dienstverhältnis auf einem privatrechtlichen Vertrag beruht (früher § 18 PatG; nunmehr § 50 Abs 1 Z 1 und 3 ASGG).[18]

---

[15] Vgl allerdings OGH 14. 9. 1994, 9 Ob A 136/94, SZ 67/148 = EvBl 1995/67 = PBl 1995, 175; OGH 18. 2. 1986, 14 Ob 8/86 – Bohrmaschinen – ÖBl 1986, 59 = PBl 1986, 194 = SZ 59/34 = RdW 1986, 183 = ArbSlg 10.496.

[16] Zum Beginn der Verjährungsfrist: OGH 18. 2. 1986, 14 Ob 8/86 – Bohrmaschinen – ÖBl 1986, 59 = PBl 1986, 194 = SZ 59/34 = RdW 1986, 183 = ArbSlg 10.496.

[17] Nicht anzuwenden auf Vereinbarungen nach Beendigung des Arbeitsverhältnisses: OGH 27. 11. 1984, 4 Ob 34/84 – Fackelgas-Rückgewinnungsanlage – ÖBl 1985, 36 = PBl 1985, 126 = SZ 57/188 = ArbSlg 10.428 = ZAS 1986, 89 = RdW 1985, 254 = DRdA 1985/29.

[18] Zur Abgrenzung gegenüber dem Dienstrechtsverfahren: OGH 16. 6. 1992, 4 Ob 65/92 – Übungsprogramm – ÖBl 1992, 281 = SZ 65/89 = MR 1992, 244 (*Walter*) = JBl 1993, 116.

3.5. Nennung als Erfinder

Das Recht auf Erfindernennung sichert primär ideelle Interessen des Erfinders. Er hat einen Anspruch darauf, dass offen gelegt wird, von wem die Erfindung stammt. Indirekt hat auch dies unter Umständen einen ökonomischen Hintergrund (Anerkennung in der Fachwelt, Reputation für weitere Projekte etc).

Vorgaben der PVÜ: Der Erfinder hat das Recht, als solcher im Patent genannt zu werden (Art 4ter PVÜ).

Österreichische Regelung: Der Erfinder hat gemäß § 20 Abs 1 und 2 PatG einen unübertragbaren, unverzichtbaren und unvererbbaren Anspruch auf Nennung als Erfinder.[19] Es besteht jedoch kein Anspruch auf Nennung als *Allein*erfinder".[20] Die Nennung geschieht *auf Antrag* durch Eintragung in das Patentregister, Anführung in der öffentlichen Bekanntmachung der Anmeldung (Aufgebot, § 101 PatG), in der Patenturkunde, in der Kundmachung über die Patenterteilung und in der Patentschrift (§ 109 PatG). Ist die Patenturkunde bereits ausgefertigt oder sind die bezeichneten Veröffentlichungen schon vollzogen, so ist eine besondere Bescheinigung über die Nennung als Erfinder auszufertigen oder eine besondere Kundmachung im Patentblatt zu veröffentlichen. Die Nennung als Erfinder ist auch in die vom PA auszustellenden Prioritätsbelege aufzunehmen (§ 20 Abs 3 PatG). Der Antrag kann sowohl vom Erfinder als auch vom Anmelder oder vom Patentinhaber gestellt werden. Sind zur Stellung des Antrags mehrere Personen berechtigt, so hat, wenn der Antrag nicht von allen Berechtigten gemeinsam gestellt wird, der Antragsteller die Zustimmung der übrigen Berechtigten nachzuweisen. Soll ein anderer als der bereits als Erfinder Genannte neben diesem oder an seiner Stelle als Erfinder genannt werden, so ist auch die Zustimmung des bisher als Erfinder Genannten nachzuweisen (§ 20 Abs 4 PatG).[21] Verweigert der Anmelder, der Patentinhaber oder der bereits als Erfinder Genannte die Zustimmung, so ist der Anspruch bei sonstigem Ausschluss innerhalb der folgenden Frist mit Antrag beim PA geltend zu machen: gegen den Anmelder oder den Patentinhaber vor Ablauf eines Jahres nach dem Tag der Kundmachung der Erteilung des Patents im Patentblatt (§ 109 PatG) oder, wenn der Erfinder das Patent auf einen anderen übertragen hat, gegen diesen vor Ablauf eines Jahres nach dem Tag des Einlangens des Übertragungsgesuches (§ 43 PatG) beim PA; gegen den bereits als Erfinder Genannten vor Ablauf eines Jahres nach der Kundmachung der bereits geschehenen Nennung (§ 20 Abs 3 PatG). Über den Antrag wird nach den Verfahrensvorschriften für den Anfechtungsstreit verhandelt. Die Erteilung des Patents wird durch die Anhängigkeit des Verfahrens über einen solchen Antrag nicht aufgeschoben (§ 20 Abs 5 und

---

[19] Die Rechtsfigur der Erfindernennung gehört zum öffentlichen Recht: VfGH 28. 11. 1984, VfSlg 10268 = ZfVB 1985/2015.
[20] OPM 9. 10. 1991, Op 9/89 – Alleinerfinder – PBl 1992, 214 = ÖBl 1992, 264.
[21] Zu dem speziellen Fall, dass bereits mehrere Personen als Miterfinder eingetragen sind und ein Antrag auf Nennung als Alleinerfinder gegen einen der eingetragenen Miterfinder geltend gemacht wird: OPM 22. 1. 1992, Op 3/90 – Warenbahn – PBl 1993, 46 = ÖBl 1993, 12.

6 PatG). Der Antragsteller hat im Allgemeinen einen entsprechenden Nachweis zu erbringen, dass die bestimmte, durch die Patentansprüche gekennzeichnete Konstruktion von ihm stammt.[22] Die Verweigerung der Zustimmung zur Erfindernennung durch den Antragsgegner ist nachzuweisen.[23]

Verfahren über Nennung als Erfinder (§ 20 Abs 5 und 6 PatG) sind gemäß § 45 Abs 1 PatG auf Antrag im Patentregister anzumerken (*Streitanmerkung*). Die Streitanmerkung hat die Wirkung, dass die Entscheidung auch gegen die Personen, welche erst nach dem Zeitpunkt des Einlangens des Gesuches um Streitanmerkung beim PA Eintragungen in das Patentregister erwirkt haben, ihre volle Wirksamkeit äußert (§ 45 Abs 1 PatG).

Ein gesetzlicher Anspruch auf *Nennung auf dem Erzeugnis* selbst (zB: in Form einer Signatur, auf Werbeunterlagen etc) ist nicht vorgesehen. Insoweit wäre – wenn dies vom Erfinder gewünscht wird – durch eine entsprechende Vereinbarung vorzusorgen.

Für *universitären* Forschungsbereich bestimmt § 106 Abs 1 UniversitätsG 2002[24] allgemein: Jede oder jeder Universitätsangehörige hat das Recht, eigene wissenschaftliche oder künstlerische Arbeiten selbstständig zu veröffentlichen. Bei der Veröffentlichung der Ergebnisse der Forschung oder der Entwicklung und Erschließung der Künste sind Universitätsangehörige, die einen eigenen wissenschaftlichen oder künstlerischen Beitrag zu dieser Arbeit geleistet haben, als Mitautorinnen oder Mitautoren zu nennen.

3.6. Verhältnis mehrerer Patentinhaber zueinander

Das von mehreren Personen angemeldete Patent wird ihnen ohne Bestimmung der Teile erteilt; ihr Rechtsverhältnis untereinander richtet sich nach bürgerlichem Recht.[25] Sie können darüber nur gemeinsam verfügen; doch ist jeder Einzelne befugt, Patentverletzungen gerichtlich zu verfolgen (§ 27 PatG).

---

[22]) OPM 14. 3. 1990, Op 1/89 – Verzweigungssystem – PBl 1991, 101 = ÖBl 1991, 12.
[23]) NA 12. 9. 1984, N 22/83 – Fleisch-Knochenmasse – PBl 1985, 160 = ÖBl 1985, 129.
[24]) BGBl I 2002/120.
[25]) Dazu eingehender: OLG Wien 6. 12. 1995, 6 R 553/95 – Belüftungssysteme – ÖBl 1996, 153; *Gamerith*, ÖBl 1996, 63.

**Sind Biotechnologie und Quantenphysik
die Wunderkammern des 21. Jahrhunderts?**

update: www.geistigeseigentum.at

4. INSTITUTIONEN

Überblick:

- Für Patentangelegenheiten (insbesondere Patenterteilungen) ist grundsätzlich das *Patentamt* (PA) zuständig.
- Als zweite Instanz gegen Entscheidungen der Technischen Abteilungen (TA) und der Rechtsabteilung (RA) entscheidet die *Beschwerdeabteilung*.
- Als Berufungsinstanz gegen Endentscheidungen der Nichtigkeitsabteilung (NA) entscheidet der *Oberste Patent- und Markensenat* (OPM).
- Für Verletzungsverfahren sind das *Handelsgericht Wien* bzw das *Landesgericht für Strafsachen Wien* ausschließlich zuständig.

Das Patentwesen ist in Gesetzgebung und Vollziehung *Bundessache* (Art 10 Abs 1 Z 8 B-VG). Gemäß Art 102 Abs 2 B-VG können Angelegenheiten des Patentschutzes unmittelbar von Bundesbehörden versehen werden. Zur Vollziehung sind berufen:

4.1. Patentamt (PA)

Literaturhinweise: *Neutra*, Unvorhergesehenes oder unabwendbares Ereignis, ÖBl 1935, 8; *Mager*, Zur Wiederaufnahme des Verfahrens nach dem Patentgesetze, JBl 1935, 29; *Zimbler*, Das Berufungsverfahren in Patent- und Markenstreitsachen, JBl 1936, 248; *Hellbling*, Behördliche Zuständigkeit und verwaltungsgerichtlicher Rechtsschutz auf patentrechtlichem Gebiet, FS 60 Jahre PA (1959) 83; *Weiler*, Behördenorganisation im Rechtsstaat. Studien zur Strukturanalyse des Patentamtes, FS 60 Jahre PA (1959) 168; *Hermann*, Die Behandlung von Lücken in der Regelung des Verfahrens vor der Anmeldeabteilung und vor der Beschwerdeabteilung des Österreichischen Patentamts, ÖBl 1969, 1; *Leberl*, 75 Jahre österreichisches Patentamt, FS 75 Jahre PA (1974) 61; *Hamburger*, 75 Jahre österreichische Patentanwaltschaft, FS 75 Jahre PA (1974) 139; *Matscher*, Zur Anwendung des HPÜ auf das Verfahren vor der Nichtigkeitsabteilung, ÖBl 1976, 145; *Holeschofsky*, Zur Rückziehung der Nichtigkeitsklage im Verfahren vor dem Obersten Patent- und Markensenat, ÖBl 1986, 113; *Marterer*, 90 Jahre Österreichisches Patentamt – 90 Jahre Patentrecht in Österreich, PBl 1989, 24; *Fichte*, Der Einfluß der Pateinformation auf die weitere Entwicklung des Österreichischen Patentamtes, PBl 1989, 26; *Gräser*, 90 Jahre Österreichisches Patentamt – Vergangenheit und Zukunft, ÖBl 1989, 129; *Burghardt*, Moderne Technik als Voraussetzung für ein effizientes Verwaltungssystem im gewerblichen Rechtsschutz, EDV-Service im Österreichischen Patentamt, in *Rafeiner*, Patente, Marken, Muster, Märkte (1993) 67; *Holzer*, Die aktuelle Situation und Entwicklung des gewerblichen Rechtsschutzes in Österreich, in *Rafeiner*, Patente, Marken, Muster, Märkte (1993) 80; *Jakadofsky*, Österreichisches Patentamt und gewerblicher Rechtsschutz – neueste legistische Maßnahmen, in *Rafeiner*, Patente, Marken, Muster, Märkte (1993) 86; *Enzinger*, Teilrechtsfähigkeit und Verkehrsschutz – Überlegungen zur Teilprivatisierung des Patentamtes ÖBl 1998, 137; *Negwer*, Das Amtsgebäude des Österreichischen Patentamtes 1899 – 1999, FS 100 Jahre ÖPA (1999) 193; *Pilz*, Die Aufgabenstellung der rechtskundigen und fachtechnischen Mitglieder des Österreichischen Patentamtes im Rahmen einer gerichtsähnlichen Verwaltungsstruktur, FS 100 Jahre ÖPA (1999) 199.

Vorgaben der PVÜ: Jedes der Verbandsländer verpflichtet sich, ein besonderes Amt für gewerbliches Eigentum und eine Zentralhinterlegungsstelle einzurichten, um die Erfindungspatente der Öffentlichkeit zur Kenntnis zu bringen (Art 12 Abs 1 PVÜ).

4.1.1. Sitz

Das Österreichische Patentamt (PA) ist eine Verwaltungsbehörde und hat seinen Sitz in Wien.

4.1.2. Teilrechtsfähigkeit

Das PA bildet hinsichtlich seiner Geschäftsgebarung nach außen hin ein selbständiges Amt (§ 58 Abs 1 PatG).

Dem PA kommt insofern Rechtspersönlichkeit (*Teilrechtsfähigkeit*) zu, als es berechtigt ist, durch folgende Service- und Informationsleistungen auf dem Gebiet des gewerblichen Rechtsschutzes Vermögen und Rechte zu erwerben (§ 58a Abs 1 PatG):

- schriftliche *Auskünfte* und Auskünfte mittels elektronischer Datenträger und Medien über Daten, die angemeldete und registrierte gewerbliche Schutzrechte betreffen,
- *statistische Auswertungen* von Daten im Bereich des gewerblichen Rechtsschutzes,
- Mitwirkung bei der Erstattung von *Recherchen* über den Stand der Technik und von Gutachten über die Patentierbarkeit von Erfindungen für Staaten oder internationale staatliche oder nichtstaatliche Organisationen, die mit Aufgaben auf dem Gebiet des gewerblichen Rechtsschutzes befasst sind, insbesondere Vermittlung, Vertrieb, Aufbereitung und Abwicklung,
- Mitwirkung bei der Erstattung von *Schutzrechtsrecherchen*, insbesondere Vermittlung, Vertrieb, Aufbereitung und Abwicklung,
- schriftliche Auskünfte und Auskünfte mittels elektronischer Datenträger und Medien im Rahmen von Markenanmeldeverfahren sowie aufgrund gesonderter Anträge darüber, ob ein bestimmtes Zeichen angemeldeten oder registrierten Marken gleich oder möglicherweise ähnlich ist („*Ähnlichkeitsrecherchen*"),
- *Übersetzungen* von Waren- und Dienstleistungsverzeichnissen für die internationale Registrierung von Marken,
- *Klassifizierung* von Bildbestandteilen von Marken für nationale oder internationale staatliche oder nichtstaatliche Organisationen, die mit Aufgaben auf dem Gebiet des gewerblichen Rechtsschutzes befasst sind,
- Vertrieb von *Informationsleistungen* und -diensten nationaler oder internationaler staatlicher oder nichtstaatlicher Organisationen, die mit Aufgaben auf dem Gebiet des gewerblichen Rechtsschutzes befasst sind,
- Herstellung, Verlag, Vertrieb und Vermittlung von *Druckwerken*, Software und bespielten Ton-, Bild- und Datenträgern sowie
- Ausstellungen, Seminare und ähnliche *Veranstaltungen*.

Nähere Bestimmungen dazu erlässt der Präsident mit *Verordnung* (§ 58a Abs 2 PatG; TRFV). Im Rahmen seiner Teilrechtsfähigkeit ist das PA auch befugt, die Buchführung und die sonstige Vermögens-, Personal- und Inventarverwaltung im Rahmen der Teilrechtsfähigkeit sowie Hilfstätigkeiten im Rahmen der PA-Verwaltung an Dritte, insbesondere auch an Verwaltungseinrichtungen des Bundes, gegen Ersatz der Aufwendungen aus dem Vermögen der Teilrechtsfähigkeit zu übertragen, Rechtsgeschäfte abzuschließen und mit Genehmigung des zuständigen Bundesministers die Mitgliedschaft bei Vereinen, anderen juristischen Personen oder zwischenstaatlichen Organisationen zu erwerben, wenn dies im Interesse der Förderung des gewerblichen Rechtsschutzes liegt (§ 58a Abs 3 PatG). Das PA ist berechtigt, von dem Vermögen und den Rechten, die im Rahmen seiner Teilrechtsfähigkeit erworben werden, zur Erfüllung seiner Aufgaben Gebrauch zu machen. Für Verbindlichkeiten, die durch die Tätigkeit des PA im Rahmen seiner Teilrechtsfähigkeit entstehen, trifft den Bund keine Haftung (§ 58a Abs 4 PatG). Zum Rechnungsabschluss und zur Kontrolle der Gebarung vgl § 58b Abs 1 und 2 PatG. Auf Dienstverträge, die das PA im Rahmen seiner Teilrechtsfähigkeit abschließt, ist das AngestelltenG anzuwenden (§ 58b Abs 3 PatG). Die Vorschriften über die Ausübung von Gewerben sind auf die Tätigkeit des Patentamtes im Rahmen des § 58a PatG nicht anzuwenden (§ 58b Abs 4 PatG).

4.1.3. Personal

Ständige Mitglieder

Das PA besteht aus dem Präsidenten, seinen Stellvertretern und aus der erforderlichen Zahl rechtskundiger und fachtechnischer Mitglieder sowie sonstiger Bediensteten (§ 58 Abs 2 PatG). Die Mitglieder sind teils ständige, teils nichtständige (§ 58 Abs 3 PatG). Der Präsident und seine Stellvertreter müssen die für ständige Mitglieder des PA vorgeschriebene Befähigung, und zwar mindestens einer von ihnen die Befähigung als rechtskundiges und einer als fachtechnisches Mitglied, besitzen (§ 58 Abs 4 PatG). Der Präsident, seine Stellvertreter und die ständigen Mitglieder sind besoldete Bundesbeamte (§ 58 Abs 5 PatG). Der Präsident, seine Stellvertreter und die Mitglieder des PA werden vom Bundespräsidenten ernannt (§ 58 Abs 6 PatG). Zu den speziellen Regelungen für *ermächtigte Bedienstete* vgl §§ 19 bis 26 PAV.

Nichtständige Mitglieder

Die nichtständigen rechtskundigen Mitglieder müssen die rechts- und staatswissenschaftlichen Studien vollendet und durch mindestens fünf Jahre eine Berufsstellung bekleidet haben, für die die Vollendung dieser Studien erforderlich ist. Überdies müssen sie eine wissenschaftliche oder praktische Tätigkeit auf dem Gebiet des gewerblichen Rechtsschutzes nachweisen können (§ 59 Abs 1 PatG). Die nichtständigen fachtechnischen Mitglieder müssen die Studien an einer Hochschule technischer Richtung oder die philosophischen Studien für mathematisch-naturwissenschaftliche Fächer vollendet und durch mindestens fünf Jahre eine Berufsstellung bekleidet haben, für die die Vollendung dieser Studien erforderlich ist. Überdies müssen sie über besondere Kenntnisse auf einem bestimmten Gebiet der Technik verfügen (§ 59 Abs 2 PatG). Zu nichtständigen Mitgliedern dürfen nur österreichische Staatsbürger von ehrenhaftem Vorleben ernannt werden, die nicht in ihrer Handlungsfähigkeit beschränkt sind. Sie führen für die Dauer ihres Amtes den Titel „Rat des Patentamtes" (§ 59 Abs 3 PatG). Die nichtständigen Mitglieder werden für fünf Jahre ernannt; ihre Wiederernennung ist zulässig. Die Ernennung hindert in keinem Fall das freiwillige Ausscheiden infolge des Übertritts in den dauernden Ruhestand (§ 59 Abs 4 PatG). Das Amt eines nichtständigen Mitglieds erlischt, wenn dieses die österreichische Staatsbürgerschaft verliert, wenn seine Handlungsfähigkeit beschränkt wird oder wenn es wegen einer mit Vorsatz begangenen strafbaren Handlung zu einer mehr als einjährigen Freiheitsstrafe oder wegen einer mit Bereicherungsvorsatz begangenen strafbaren Handlung rechtskräftig verurteilt wurde (§ 59 Abs 5 PatG). Nichtständige Mitglieder, die nicht in einem öffentlich-rechtlichen Dienstverhältnis stehen, haben vor der Ausübung ihres Amtes in die Hand des Präsidenten ein bestimmtes Gelöbnis zu leisten (§ 59 Abs 6 PatG). Die nichtständigen Mitglieder erhalten als Referenten (Mitreferenten) bzw Beisitzer die in § 59 Abs 7 PatG bestimmten Funktionsgebühren. Ein nichtständiges Mitglied ist nur dann zur Mitwirkung heranzuziehen, wenn im Einzelfall kein ständiges Mitglied für das in Frage kommende Fachgebiet zur Verfügung steht oder wenn die Heranziehung mit Rücksicht auf die Besonderheit des Falles, die Raschheit der Erledigung oder die Belastung der in Betracht kommenden ständigen Mitglieder geboten erscheint (§ 59 Abs 8 PatG).

4.1.4. Wirkungskreis des PA

Patentsachen

Das PA ist auch für Marken- und Musterangelegenheiten zuständig (dazu Seite 348); in diesem Abschnitt interessieren primär die Aufgaben des PA im Patentwesen. Dem PA obliegen gemäß § 57 Abs 1 PatG: die Erteilung, die Rücknahme, die Nichtigerklärung, die Aberkennung, die Abhängigerklärung von Patenten, die Entscheidung über die Nennung als Erfinder (§ 20 PatG), über das Bestehen des Vorbenützerrechts (§ 23 PatG), über Lizenzeinräumungen (§ 36 PatG), über Feststellungsanträge (§ 163 PatG) sowie Service- und Informationsleistungen auf dem Gebiet des gewerblichen Rechtsschutzes (§§ 57a, 57b PatG) und alle Eintragungen in das Patentregister.

Internationale Hilfeleistung

Im Interesse der internationalen Zusammenarbeit auf dem Gebiet des gewerblichen Rechtsschutzes kann vereinbart werden, dass das PA Staaten oder internationalen staatlichen oder nichtstaatlichen Organisationen, die mit Aufgaben auf dem genannten Gebiet befasst sind, unentgeltlich oder gegen angemessenen Kostenersatz *technische oder rechtliche Hilfe* leistet. Unentgeltlichkeit darf nur vereinbart werden, wenn die Hilfeleistung im öffentlichen Interesse liegt, zu Zwecken der Entwicklungshilfe erbracht wird oder bloß geringfügige Kosten verursacht (§ 57 Abs 2 PatG).

Service- und Informationsleistungen

Das PA hat auf Antrag schriftliche Gutachten über den Stand der Technik bezüglich eines konkreten technischen Problems (*Recherchen*) und darüber, ob eine nach den §§ 1 bis 3 PatG patentierbare Erfindung gegenüber dem vom Antragsteller bekannt gegebenen oder vom PA zu recherchierenden Stand der Technik vorliegt, zu erstatten (§ 57a PatG). Das PA hat seine Service- und Informationsleistungen auszubauen und hierbei insbesondere seine Dokumentation zum Zwecke ihrer leichteren Zugänglichkeit zu erschließen und der Öffentlichkeit eine verbesserte Information auf allen einschlägigen Gebieten zu gewähren (§ 57b Abs 1 PatG). Das Entgelt für Service- und Informationsleistungen, die das PA ständig anbietet, ist im Patentblatt zu veröffentlichen. Bei Service- und Informationsleistungen, die nicht ständig angeboten werden, ist das Entgelt im Einzelfall zu vereinbaren. Die Höhe des Entgelts hat sich am jeweils erforderlichen Arbeits- und Sachaufwand zu orientieren. In Fällen, in denen die Leistung überwiegend im öffentlichen Interesse liegt, kann ein geringeres Entgelt oder Unentgeltlichkeit vorgesehen werden (§ 57b Abs 2 PatG).

4.1.5. Präsident

Dem Präsidenten obliegt die Leitung des PA. Zu den Leitungsgeschäften gehören neben den dem Präsidenten im PatG übertragenen Aufgaben die nähere Regelung des Dienstbetriebes und die Dienstaufsicht über das Personal (§ 58 Abs 7 PatG). Der Präsident des PA ist auch Leiter des vom PA geführten Referats für den gewerblichen Rechtsschutz des BMVIT[1] (§ 58 Abs 8 PatG).

Gegen die Entscheidungen des Präsidenten, zu denen dieser nach dem PatG berufen ist, ist ein ordentliches *Rechtsmittel* nur zulässig, wenn es im PatG ausdrücklich vorgesehen ist. § 2 Abs 2 DienstrechtsverfahrensG wird hiedurch nicht berührt (§ 69 PatG).

4.1.6. Einrichtungen des Patentamtes

Abteilungen

Im PA bestehen (§ 60 Abs 1 PatG):

- Technische Abteilungen (TA),
- mindestens eine Rechtsabteilung (RA),
- mindestens eine Beschwerdeabteilung (BA),
- mindestens eine Nichtigkeitsabteilung (NA),
- mindestens eine Präsidialabteilung,
- eine Bibliothek,
- eine Buchhaltung.

Die Anzahl der oben angeführten Abteilungen ist vom Präsidenten nach den jeweiligen Erfordernissen festzusetzen (§ 60 Abs 2 PatG). Zur Bestimmung der Zusammensetzung der Abteilungen vgl § 61 Abs 2 PatG.

---

[1] Abschnitt K, Z 14 Anlage zu § 2 BMG iVm Art VII BMG.

Besetzung

In die TA sind ständige fachtechnische Mitglieder, in die RA ständige rechtskundige Mitglieder zu berufen. Zu Mitgliedern der BA und der NA sind rechtskundige und fachtechnische Mitglieder zu berufen. Die Mitglieder der TA und der RA können gleichzeitig auch in die BA und NA berufen werden (§ 61 Abs 3 PatG). Der Präsident hat aus den Mitgliedern jeder TA, RA und Präsidialabteilung zur Leitung und zur Überwachung des Geschäftsganges einen *Vorstand*[2] und aus den ständigen Mitgliedern der BA und NA die erforderliche Anzahl zu *Vorsitzenden* zu bestimmen sowie Verfügungen für deren Stellvertretung[3] zu treffen. Der Präsident und seine Stellvertreter gehören der BA und, soweit sie rechtskundig sind, auch der NA als Vorsitzende an (§ 61 Abs 4 PatG). Jeder TA ist zur Mitwirkung an ihren Kollegialbeschlüssen oder zur Erstattung von Äußerungen (§ 62 Abs 4 PatG) ein rechtskundiges Mitglied zuzuweisen. Dasselbe rechtskundige Mitglied kann auch mehreren TA zugewiesen werden (§ 61 Abs 5 PatG). Die *Geschäftsverteilung* in den TA und den RA wird vom Vorstand der jeweiligen Abteilung festgesetzt (§ 61 Abs 6 PatG). In der BA und in der NA sind die einzelnen Geschäftsfälle den Vorsitzenden vom Präsidenten zuzuweisen. Dabei ist auf die Belastung und bei den fachtechnischen Vorsitzenden auch auf das im Einzelfall in Betracht kommende Fachgebiet Bedacht zu nehmen (§ 61 Abs 7 PatG).

Entscheidungen des PA

Für Entscheidungen im Senat genügt die *einfache Stimmenmehrheit*. Bei Stimmengleichheit entscheidet die Stimme des Vorsitzenden (§ 64 Abs 1 PatG). Die Entscheidungen des Patentamtes sind mit *Gründen* zu versehen, schriftlich auszufertigen und allen Beteiligten von Amts wegen zuzustellen. Wird im einseitigen Verfahren vor der TA oder der RA einem Antrag vollinhaltlich stattgegeben, so kann die Begründung entfallen (§ 64 Abs 2 PatG). Die Genehmigung einer Erledigung erfolgt durch die Unterschrift des Genehmigenden. Davon kann jedoch abgesehen werden, wenn sichergestellt ist, dass derjenige, der die Genehmigung erteilt hat, auf andere Weise festgestellt werden kann (§ 64 Abs 3 PatG). Alle Erledigungen des PA haben unter der *Bezeichnung* „Österreichisches Patentamt" mit der Beifügung der jeweiligen Abteilung oder Verwaltungsstelle, der Bibliothek oder der Buchhaltung, in Präsidialangelegenheiten mit der Bezeichnung „Der Präsident" zu ergehen. Die schriftlichen Ausfertigungen sind mit *dem Datum* zu versehen und zu *unterschreiben*. Kollegialbeschlüsse sind vom Vorsitzenden zu unterschreiben. An die Stelle der Unterschrift kann die Beglaubigung der Kanzlei treten, dass die Ausfertigung mit der Erledigung des betreffenden Geschäftsstückes übereinstimmt und dass die Urschrift die Unterschrift aufweist. Das Nähere wird durch Verordnung geregelt (§ 64 Abs 4 PatG; vgl auch § 5 PGMMV über die Beglaubigung schriftlicher Ausfertigungen des PA). Bei schriftlichen Ausfertigungen, die automationsun-

---

[2] Die Mitglieder der TA und der RA haben Erledigungen von besonderer Tragweite oder grundsätzlicher Bedeutung vor Abfertigung ihrem Vorstand zur Einsicht vorzulegen (§ 6 PAV).
[3] Zur Stellung des Stellvertreters: BA 11. 12. 1990, B 12/90, PBl 1991, 165 = ÖBl 1991, 156.

terstützt erstellt werden, genügt die Beisetzung des Namens des Genehmigenden; eine Beglaubigung durch die Kanzlei ist nicht erforderlich (§ 64 Abs 5 PatG).

Die die Beschlussfassung der TA *vorbereitenden Verfügungen* sind vom Prüfer zu treffen. Sofern es sich nicht nur um die Behebung äußerer Mängel von Eingaben oder um die Berichtigung der überreichten Beschreibung handelt, ist über die Vernehmung von Parteien, Zeugen oder Sachverständigen stets ein *Protokoll* aufzunehmen (§ 65 Abs 1 PatG).

Die Beschlussfassung findet aufgrund eines schriftlich begründeten *Antrags* statt. In der Sitzung beschlossene Abänderungen sind im Entwurf des Antrags durchzuführen. Weicht der Beschluss wesentlich vom Antrag ab, so ist der Entwurf im Einvernehmen mit dem Mitglied, dessen Antrag zum Beschluss erhoben wurde, neu zu verfassen (§ 65 Abs 2 PatG).

Jedes Senatsmitglied kann bis zum Schluss der Sitzung seinen *Standpunkt ändern*. Hat hierdurch der gefasste Beschluss nicht mehr die Stimmenmehrheit, so ist neuerlich abzustimmen (§ 65 Abs 3 PatG).

Herrscht im Senat über den Spruch oder die Begründung des Beschlusses *keine Einhelligkeit*, so ist ein *Protokoll* aufzunehmen, in dem die Auffassungen der Senatsmitglieder und das Stimmenverhältnis ersichtlich zu machen sind. Andernfalls genügt ein *Abstimmungsvermerk*, der von allen Senatsmitgliedern zu unterfertigen ist (§ 65 Abs 4 PatG).

Zum *Amtskleid* der Mitglieder der BA und NA sowie der Parteienvertreter vgl § 67 PatG; nähere Details dazu sowie wann es zu tragen ist, finden sich in §§ 6 und 7 PGMMV.

Geschäftsgang

Der Geschäftsgang in den Abteilungen, der Bibliothek, der Buchhaltung und den Verwaltungsstellen ist unter Bedachtnahme auf einen geordneten und raschen Ablauf und unter Berücksichtigung der dem PA obliegenden Aufgaben durch Verordnung des Präsidenten des PA näher zu regeln (§ 68 PatG). Zu den Eingaben vgl Seite 875.

4.1.7. Technische Abteilungen (TA)

Die *Technischen Abteilungen* sind gemäß § 60 Abs 3 lit a PatG im Bereich des Patentrechts zuständig für

- das Verfahren zur *Erteilung* von Patenten,
- die Erstattung schriftlicher *Gutachten* (§§ 57a, 111a PatG).

Der Präsident hat das gesamte Gebiet der Technik in *Patentklassen* zu gliedern und diese erforderlichenfalls weiter zu unterteilen; er hat die einzelnen Patentklassen oder Unterteilungen den TA nach den jeweiligen Erfordernissen zuzuweisen (§ 61 Abs 1 PatG).

Mit den Beschlüssen und Verfügungen im Wirkungsbereich der TA ist das nach der Geschäftsverteilung zuständige fachtechnische Mitglied (Prüfer) betraut, soweit nicht in § 62 Abs 3 und 4 PatG etwas anderes bestimmt ist (§ 62 Abs 1 PatG). Über die vollständige oder teilweise Zurückweisung einer Anmeldung (§ 100 PatG), über die Patenterteilung nach Durchführung eines Einspruchsverfahrens (§ 104 PatG) und über die Verhängung einer Mutwillensstrafe (§ 83 PatG) hat die TA durch *drei Mitglieder*, unter denen sich zwei fachtechnische Mitglieder befinden müssen, zu entscheiden. Dem Senat haben der Vorstand der Abteilung und der Prüfer anzugehören. Der Vorstand führt den Vorsitz (§ 62 Abs 3 PatG). Das der TA zugewiesene rechtskundige Mitglied hat an der Beschlussfassung nach § 62 Abs 3 PatG als Stimmführer mitzuwirken, oder es hat der Prüfer, wenn ihm die Beschlussfassung allein zusteht (§ 62 Abs 1 PatG), vorher die Äußerung des rechtskundigen Mitglieds einzuholen, sofern über die Patentierbarkeit unter dem Gesichtspunkt der gewerblichen Anwendbarkeit[4] oder aufgrund des § 2 PatG zu entscheiden ist, ein Einspruch auf § 102 Abs 2 Z 5 oder 6 PatG gestützt wird, über Prioritätsrechte (§§ 93 bis 95 PatG) zu entscheiden ist, deren rechtliche Voraussetzungen zweifelhaft oder bestritten sind, Zeugen oder Sachverständige vernommen worden sind oder ein Augenschein durchgeführt worden ist, über eine Ordnungs- oder Mutwillensstrafe zu entscheiden ist (§ 62 Abs 4 PatG; vgl dazu auch § 5 PAV). Vertritt in einer Sitzung der TA in der Besetzung von drei fachtechnischen Mitgliedern die Mehrheit die Ansicht, dass auch über eine der im § 62 Abs 4 PatG zu behandelnden Fragen zu beschließen ist, so hat an der Beschlussfassung an Stelle eines fachtechnischen Mitglieds das der Anmeldeabteilung zugewiesene rechtskundige Mitglied mitzuwirken (§ 62 Abs 5 PatG). Soweit die Zusammensetzung des Senates nicht durch § 62 Abs 3 bis 5 PatG bestimmt wird, obliegt sie dem Vorstand der TA. Er hat dabei auf das im Einzelfall in Betracht kommende Fachgebiet Bedacht zu nehmen (§ 62 Abs 6 PatG).

Die Beschlüsse der TA können durch *Beschwerde* angefochten werden (§ 70 Abs 1 PatG). Gegen die einen Beschluss einer TA vorbereitenden Verfügungen des Referenten findet eine abgesonderte Beschwerde nicht statt (§ 70 Abs 4 PatG).

4.1.8. Rechtsabteilung (RA)

Die *Rechtsabteilung* (RA, derzeit „Rechtsabteilung A") ist gemäß § 60 Abs 3 lit a PatG) in Patentsachen zuständig für Verfahren,

- die sich auf die Übertragung des Rechts aus der Anmeldung,
- auf andere rechtliche Verfügungen über ein solches Recht,
- auf erteilte Patente oder
- auf Anträge auf Wiedereinsetzung in den vorigen Stand

---

[4]) Auch bei vorhersehbar erfolgloser Geltendmachung des Einspruchsgrundes der mangelnden gewerblichen Anwendbarkeit: BA 21. 6. 1985, B 63/84 – Montageplatte – PBl 1988, 8 = ÖBl 1988, 6.

beziehen, soweit nicht die Beschwerde- oder die Nichtigkeitsabteilung zuständig ist.

Zur Beschlussfassung sowie zu allen Verfügungen in Angelegenheiten des Patentschutzes, die in den Wirkungsbereich der RA fallen, ist dasjenige Mitglied zuständig, das der TA zugewiesen ist (§ 61 Abs 5 PatG), in deren Patentklassen oder Unterteilungen das betreffende Patent oder die betreffende Anmeldung gehört (§ 61 Abs 1 PatG); falls solche Angelegenheiten mehrere Patente (Patentanmeldungen) betreffen, ist dasjenige Mitglied zuständig, das gemäß § 61 Abs 6 PatG für das in der betreffenden Eingabe an erster Stelle genannte Patent oder für die an erster Stelle genannte Patentanmeldung zuständig ist (§ 62 Abs 2 PatG). Vor der Entscheidung von Angelegenheiten, die in den Wirkungsbereich der RA fallen (§ 60 Abs 3 lit a PatG) und in denen technische Fragen von Bedeutung sein können, hat das rechtskundige Mitglied die Äußerung des zuständigen fachtechnischen Mitglieds einzuholen (§ 62 Abs 7 PatG).

Die Beschlüsse der RA können durch *Beschwerde* angefochten werden (§ 70 Abs 1 PatG). Gegen die einen Beschluss einer RA vorbereitenden Verfügungen des Referenten findet eine abgesonderte Beschwerde nicht statt (§ 70 Abs 4 PatG).

4.1.9. Beschwerdeabteilung (BA)

Literaturhinweise: *Kiss-Horvath*, Die Grundlagen der Entscheidungen der Beschwerdeabteilung des Patentamtes mit besonderer Berücksichtigung des Patenterteilungsverfahrens, ÖBl 1976, 1; *Thaler*, Die Grundlagen der Entscheidungen der Beschwerdeabteilung des Patentamts, ÖBl 1976, 94; *Kiss-Horvath*, Die Grundlagen der Entscheidungen der Beschwerdeabteilung des Patentamtes mit besonderer Berücksichtigung des Patenterteilungsverfahrens, ÖBl 1979, 113.

Die *Beschwerdeabteilung* (BA) entscheidet in Patentsachen gemäß § 60 Abs 3 lit b PatG über Beschwerden (§§ 70, 108 PatG).

Vierersenat

Die BA beschließt ihre Endentscheidungen in folgender Besetzung mit Einschluss des Vorsitzenden: drei fachtechnische Mitglieder und ein rechtskundiges Mitglied.

Dreiersenat

Handelt es um Beschwerden gegen Beschlüsse eines rechtskundigen Mitglieds, so entscheidet die BA durch drei Mitglieder, von denen zwei rechtskundige Mitglieder sein müssen (§ 63 Abs 1 PatG).

Die Vorsitzenden der BA müssen rechtskundig sein, sofern über Beschwerden gegen Beschlüsse eines rechtskundigen Mitglieds entschieden werden soll (§ 63 Abs 2 PatG). Für Zwischenentscheidungen in der BA genügt die Anwesenheit von drei Mitgliedern (§ 63 Abs 3 PatG).

Die Senate der BA sind von den Vorsitzenden von Fall zu Fall zusammenzusetzen. Dabei ist auf die Belastung und bei den fachtechnischen Mitgliedern auch auf das im Einzelfall in Betracht kommende Fachgebiet Bedacht zu nehmen (§ 66 Abs 1 PatG).

Beschwerde

Die Beschwerde hat gemäß § 71 Abs 1 PatG einen *Beschwerdeantrag* zu enthalten. Fehlt dieser, so ist die Beschwerde ohne weiteres Verfahren zurückzuweisen.[5] Die Beschwerde ist binnen *zwei Monaten* nach der Zustellung des Beschlusses beim PA einzubringen und spätestens innerhalb eines Monates nach Ablauf dieser Frist zu begründen. Die bloße Aussage der Beschwerdeführerin, es werde unrichtige Beweiswürdigung geltend gemacht und auf die vollinhaltlich aufrecht erhaltenen Ausführungen im Einspruch hingewiesen, ist keine ausreichende Begründung; der Mangel der fehlenden Begründung ist unbehebbar.[6] Ist das Beschwerdeverfahren mit Gegenpartei durchzuführen, so ist der für das PA bestimmten *Ausfertigung* noch je eine Ausfertigung der Beschwerdeschrift und ihrer Beilagen für jede Gegenpartei anzuschließen (§ 71 Abs 2 PatG).

Verspätete Beschwerden sind von der TA bzw der RA zurückzuweisen.[7] *Unzulässige* Beschwerden sowie Beschwerden, die nicht rechtzeitig (§ 71 Abs 1 PatG) begründet wurden oder die den sonstigen gesetzlichen Anforderungen nicht entsprechen, sind von der BA ohne weiteres Verfahren zurückzuweisen; doch darf eine Beschwerde wegen Formgebrechen erst zurückgewiesen werden, nachdem der Beschwerdeführer ergebnislos zur *Behebung der Mängel* aufgefordert worden ist (§ 71 Abs 3 PatG).

Im Verfahren vor der BA ist das Vorbringen *neuer Tatsachen und Beweise* nur zur Stützung oder zur Widerlegung der in der ersten Instanz rechtzeitig vorgebrachten Tatsachen und Beweise zulässig;[8] eine Einschränkung oder Klarstellung des Schutzbegehrens ist dadurch nicht ausgeschlossen. Den Parteien ist Gelegenheit zu geben, zu den vorgebrachten neuen Tatsachen sowie zu dem Ergebnis eines allfälligen neuen Beweisverfahrens Stellung zu nehmen (§ 71 Abs 4 PatG). Fakten, welche die Beschwerdeführerin als Einsprechende schon in erster Instanz vorgetragen hat, dürfen von der BA auch dann berücksichtigt werden, wenn die Gegnerin darauf in erster Instanz nicht eingegangen ist.[9]

Bei Beschwerden gegen Beschlüsse der TA hat der Vorsitzende aus den Stimmführern, je nachdem, ob vorwiegend technische oder rechtliche Fragen für die Entscheidung von Bedeutung sind, ein ständiges fachtechnisches Mitglied oder, sofern er nicht selber rechtskundig ist, das rechtskundige Mitglied zum *Referenten* zu bestellen. Bei Beschwerden gegen Beschlüsse der RA hat der Vorsitzende ein ständiges rechtskundiges Mitglied zum Referenten zu bestellen (§ 72 Abs 1 PatG).

---

[5]) BA 10. 11. 1982, B 25/82, PBl 1983, 183 = ÖBl 1984, 4.
[6]) BA 25. 11. 1992, B 18/92, PBl 1993, 128 = ÖBl 1993, 12.
[7]) Zur Beurteilung eines „vorbereitenden Schriftsatzes" als weitere (verspätete) Beschwerdebegründung: BA 16. 5. 1995, B 1/94 – Alpinski – PBl 1996, 176 = ÖBl 1996, 274.
[8]) Vgl dazu etwa BA 28. 8. 2001, BGM 2/00, PBl 2002, 27; BA 20. 2. 2001, B 23 und 24/98 – Reibring II – PBl 2002, 68 = ÖBl-LS 2002/141; BA 29. 9. 1987, B 52/86 – Preßverbinder für Kabel – PBl 1989, 114 = ÖBl 1989, 98.
[9]) BA 18. 4. 2002, B 2/2000 – Pressen von Isolierglaselementen – PBl 2002, 161 = ÖBl-LS 2003/32; zum „Nachtragen" von Beweismitteln: BA 29. 5. 1980, B 39/79 – Magnetschloß – PBl 1980, 143 = ÖBl 1980, 153.

Der Referent hat eine Ausfertigung der Beschwerdeschrift samt Beilagen der Gegenpartei mit der Aufforderung *zuzustellen,* innerhalb einer mindestens einmonatigen Frist, deren Verlängerung er bei Vorliegen rücksichtswürdiger Gründe zu bewilligen hat, ihre *Beschwerdeeinrede* zu erstatten. Der Referent hat ferner die notwendigen Verfügungen für die Beschlussfassung oder für die mündliche Verhandlung, insbesondere wegen des etwa erforderlichen weiteren *Schriftenwechsels* und der Aufnahme der von den Parteien angebotenen *Beweise,* zu treffen (§ 72 Abs 2 PatG).

Nach Durchführung des Vorverfahrens hat der Referent die *Akten* mit einer schriftlichen Darlegung aller für die Entscheidung wesentlichen Tat- und Rechtsfragen und einer Stellungnahme zu diesen (*Referat*) dem Vorsitzenden vorzulegen. Dieser kann dem Referenten oder einem anderen Stimmführer die Ergänzung des Referats auftragen (§ 72 Abs 3 PatG).

Der Vorsitzende kann über die Beschwerde eine *mündliche Verhandlung* anberaumen. Auf Antrag des Beschwerdeführers oder der allenfalls am Verfahren beteiligten Gegenpartei ist eine mündliche Verhandlung anzuberaumen. Die Verhandlung ist öffentlich. § 119 Abs 2 PatG (Seite 943) ist anzuwenden (§ 73 Abs 1 PatG). Der Vorsitzende hat die Verhandlung zu eröffnen und sich von der Identität der Erschienenen zu überzeugen sowie ihre Parteistellung und die etwaige Vertretungsbefugnis zu prüfen. Er hat die Verhandlung ohne Zulassung von Abschweifungen oder Weitläufigkeiten so zu führen, dass den Parteien das Recht auf Gehör gewahrt wird (§ 73 Abs 2 PatG). Der Vorsitzende bestimmt die Reihenfolge, in der die Parteien zu hören, die Beweise aufzunehmen und die Ergebnisse früher aufgenommener Beweise oder Erhebungen vorzutragen und zu erörtern sind. Der Vorsitzende oder von diesem bestimmte Senatsmitglieder haben die Sache mit den Parteien sachlich und rechtlich zu erörtern (§ 73 Abs 3 PatG). Über die mündliche Verhandlung ist durch einen Schriftführer ein *Protokoll* aufzunehmen. Dieses hat Ort, Zeit und Gegenstand der Verhandlung, die Namen der Senatsmitglieder, des Schriftführers, der Parteien, ihrer Vertreter, der vernommenen Zeugen und der Sachverständigen sowie eine zusammenfassende Darstellung des Inhalts und Verlaufes der Verhandlung zu enthalten. Das Protokoll ist vom Vorsitzenden und vom Schriftführer zu unterfertigen (§ 73 Abs 4 PatG).

Die BA hat unter freier Würdigung des vorliegenden Tatsachen- und Beweismaterials in der Regel in der Sache selbst zu *entscheiden.* Sie ist berechtigt, sowohl im Spruch als auch in den Gründen ihre Anschauung an die Stelle jener der TA oder der RA zu setzen und demgemäß die angefochtene Entscheidung nach jeder Richtung abzuändern (§ 73 Abs 5 PatG). Sie darf daher insbesondere Mängel oder unrichtige Beurteilungen der Sachlage in der Begründung der Abweisung eines Hauptantrags feststellen.[10] Die BA kann einen angefochtenen Beschluss auch aus

---

[10]) BA 8. 6. 2001, B 5/99 – Urinalsiphon – PBl 2002, 80 = ÖBl-LS 2002/179.

anderen Gründen als jenen der erstinstanzlichen Entscheidung bestätigen.[11] Sie kann aber andererseits auch der Beschwerde aus anderen Gründen als den vorgebrachten stattgeben.[12]

Beratung und Abstimmung der BA erfolgen in nichtöffentlicher Sitzung. § 65 Abs 3 und 4 PatG ist sinngemäß anzuwenden. Einstellungen können schriftlich im Umlaufweg beschlossen werden, sofern nicht ein Mitglied widerspricht (§ 73 Abs 6 PatG).

Der Referent hat die *Entscheidung* aufgrund der gefassten Beschlüsse zu entwerfen. Ist er mit seiner Ansicht in der Minderheit geblieben, so hat er den *Entwurf* im Einvernehmen mit dem Mitglied, dessen Antrag zum Beschluss erhoben wurde, neu auszuarbeiten. Der Vorsitzende kann jedoch mit der Ausarbeitung des Entwurfs oder einzelner Teile desselben auch ein anderes Senatsmitglied betrauen (§ 73 Abs 7 PatG).

Gegen die Entscheidungen (Zwischen- und Endentscheidungen) der BA findet ein weiterer Rechtszug sowie eine *Beschwerde an den VwGH nicht* statt (§ 70 Abs 2 PatG).[13] Gegen die eine Entscheidung der BA vorbereitenden Verfügungen des Referenten findet eine abgesonderte Beschwerde, beziehungsweise Berufung nicht statt (§ 70 Abs 4 PatG). Doch kann die Abänderung der vorbereitenden Verfügungen des Referenten (§ 70 Abs 4 PatG) sowie der Zwischenentscheidungen der BA bei den betreffenden Abteilungen beantragt werden (§ 70 Abs 5 PatG).

4.1.10. Nichtigkeitsabteilung (NA)

Die Nichtigkeitsabteilung (NA) ist in Patentsachen gemäß § 60 Abs 3 lit c PatG für das Verfahren über

- Anträge auf *Rücknahme,*
- *Nichtigerklärung,*
- *Aberkennung,*
- *Abhängigerklärung* (§ 50 PatG) von Patenten,
- auf *Nennung* als Erfinder nach § 20 Abs 5 PatG,
- auf Anerkennung des *Vorbenützerrechts* (§ 23 PatG),
- über *Feststellungsanträge* und
- über die Anträge auf Erteilung von *Zwangslizenzen*

zuständig.

---

[11]) BA 18. 4. 2002, B 2/2000 – Pressen von Isolierglaselementen – PBl 2002, 161 = ÖBl-LS 2003/32.
[12]) BA 28. 11. 1991, B 9/91 – Martine – PBl 1992, 218 = ÖBl 1992, 264.
[13]) Gegen die Entscheidung der BA ist in Patentsachen keine VwGH-Beschwerde zulässig (Art 133 Z 3 B-VG), wohl aber in Marken- und Mustersachen. Dem Begriff des Patentwesens in Art 133 Z 3 B-VG kommt keine andere Bedeutung zu als im entsprechenden Kompetenztatbestand des Art 10 Abs 1 Z 8 B-VG: VwGH 9. 10. 1984, Zl 84/04/0145, PBl 1984, 197 = ÖBl 1985, 4; VwGH 18. 12.1981, Zl 81/04/0143, PBl 1983, 163 = ÖBl 1983, 161 = VwSlg 10.626 (A) = ZfVB 1983/266.

Fünfersenat

Die NA beschließt ihre Endentscheidungen in folgender Besetzung mit Einschluss des Vorsitzenden: zwei rechtskundige und drei fachtechnische Mitglieder (§ 63 Abs 1 PatG). Die Vorsitzenden der NA müssen rechtskundig sein (§ 63 Abs 2 PatG).

Dreiersenat

Für Zwischenentscheidungen in der NA genügt die Anwesenheit von drei Mitgliedern (§ 63 Abs 3 PatG).

Die Senate der NA sind von den Vorsitzenden von Fall zu Fall zusammenzusetzen. Dabei ist auf die Belastung und bei den fachtechnischen Mitgliedern auch auf das im Einzelfall in Betracht kommende Fachgebiet Bedacht zu nehmen (§ 66 Abs 1 PatG).

Gegen die Endentscheidungen der NA steht die *Berufung* an den OPM als oberste Instanz offen (§ 70 Abs 3 PatG). Gegen die eine Entscheidung der NA vorbereitenden Verfügungen des Referenten findet eine abgesonderte Berufung nicht statt (§ 70 Abs 4 PatG). Ebenso ist gegen Zwischenentscheidungen der NA eine abgesonderte Berufung nicht zulässig, doch kann die Abänderung der vorbereitenden Verfügungen des Referenten (§ 70 Abs 4 PatG) sowie der Zwischenentscheidungen der NA bei den betreffenden Abteilungen beantragt werden (§ 70 Abs 5 PatG).

4.1.11. Präsidialabteilung

Die Präsidialabteilung ist gemäß § 60 Abs 3 lit d PatG für die Bearbeitung der dem Präsidenten vorbehaltenen sowie aller nicht in die Zuständigkeit einer anderen Abteilung fallenden Angelegenheiten zuständig.

4.1.12. Verwaltungsstellen

Zur Durchführung der dem PA obliegenden Aufgaben sind gemäß § 60 Abs 4 PatG außerdem durch den Präsidenten die erforderlichen Verwaltungsstellen einzurichten. Der Präsident kann Verwaltungsstellen einer *Verwaltungsstellendirektion* unterstellen (§ 60 Abs 5 PatG).

4.1.13. Eingaben

Die Verordnungsermächtigung des § 68 PatG an den Präsidenten des PA zur Regelung des Geschäftsgangs umfasst auch die Anordnung, wie Eingaben unmittelbar beim PA eingebracht werden können und wann sie als beim PA eingelangt gelten; Auf eine auf Tag, Stunde und Minute genaue Kennzeichnung der Zeit des Einlangens der Eingabe ist Bedacht zu nehmen.

Eingaben können durch Überreichung bei der *Einlaufstelle*, im *Postweg*, durch Einwurf in den *Einlaufkasten* sowie mittels *Telegramm*, *Fernschreiben* oder Telefax eingebracht werden (§ 1 PAV). Eine *Online*-Markenanmeldung bzw eine Anmeldung per *E-Mail* ist beim PA noch nicht vorgesehen. Zu den amtlichen *Vordru-*

cken vgl § 1a PAV; zum *Eingangsvermerk* vgl § 2 PAV; zum Anlegen der *Akten* vgl § 3 PAV. Auf allen Eingaben hat der Einschreiter die Zahl der *Beilagen* zu vermerken (§ 4 PAV). In Eingaben, die sich auf eine bereits anhängige Angelegenheit beziehen, ist deren *Aktenzeichen* auf der ersten Seite oben anzugeben; betreffen Eingaben mehrere Anmeldungen oder Schutzrechte, ist für jede Anmeldung bzw jedes Schutzrecht eine *Kopie* der Eingabe vorzulegen (§ 4 PAV). Parteien in Verfahren vor dem PA haben ihre vollständige *Anschrift* und die ihrer allfälligen Vertreter bekannt zu geben; die Angabe eines Postfaches genügt nur, wenn keine andere Anschrift vorhanden ist (§ 1 PGMMV).

4.1.14. Zahlungen an das PA

Die *Art der Einzahlung* der im Wirkungsbereich des PA zu zahlenden Gebühren sowie des Zahlungsnachweises ist mit Verordnung festzulegen, in der insbesondere zu bestimmen ist, wann eine Zahlung als rechtzeitig gilt. Bei der Erlassung dieser Verordnung ist einerseits auf die den Einzahlern anstelle der Barzahlung zur Verfügung stehenden Zahlungsformen und anderseits auf eine einfache und kostensparende Kontrollmöglichkeit durch das Patentamt Bedacht zu nehmen (§ 169 PatG). Dazu bestimmt die PGMMV: Die im Wirkungsbereich des PA zu entrichtenden Gebühren sind auf das Postscheckkonto des PA einzuzahlen oder zu überweisen. Die Zahlung ist gemäß § 4 Abs 1 PGMMV rechtzeitig, wenn der Betrag innerhalb der festgesetzten Frist

- bei einem inländischen Postamt oder bei der Österreichischen Postsparkasse eingezahlt oder
- im Überweisungsverkehr dem Postscheckkonto des Patentamtes abzugsfrei gutgeschrieben wird.

Bei der Einzahlung oder Überweisung von Gebühren ist der Zweck der Zahlung sowie entweder das Aktenzeichen oder die Registernummer samt Art des Schutzrechts anzugeben. Ein weiterer Nachweis der Zahlung ist nicht erforderlich. Bei nationalen Anmeldungen wird das Aktenzeichen dem Anmelder unverzüglich nach Einlangen der Anmeldung zur Kenntnis gebracht (§ 4 Abs 2 PGMMV). Jede Gebühr ist gesondert einzuzahlen oder zu überweisen, es sei denn, es handelt sich um Jahresgebühren für mehrere Patente, Jahresgebühren oder Pauschalgebühren für mehrere Gebrauchsmuster, Erneuerungsgebühren für mehrere Marken oder Muster oder um Gebühren in einem dasselbe Schutzrecht betreffenden Verfahren. In diesen Fällen sind jedoch die in einer einzigen Zahlung zusammengefassten Gebühren nach Art, Höhe und Bestimmung der einzelnen Gebühren aufzugliedern (§ 4 Abs 3 PGMMV). Erfolgt keine ordnungsgemäße Zahlung gemäß § 4 Abs 2 PGMMV, so ist vom PA eine angemessene Frist zur Nachholung oder zum Nachweis dieser Zahlung einzuräumen. Dies gilt nicht für Jahres- und Erneuerungsgebühren (§ 4 Abs 4 PGMMV). Das PA hat jedem Schutzrechtsinhaber auf dessen Verlangen das Einlangen rechtzeitig gezahlter Jahresgebühren, Pauschalgebühren und Erneuerungsgebühren zu *bestätigen*; die hiezu vom PA ausgegebenen oder diesen entsprechende Formulare sind ausgefüllt vom Einzahler zu überreichen (§ 4 Abs 5 PGMMV).

4.1.15. Fristen

Dauer

Wenn die Dauer einer Frist nicht durch ein Gesetz oder eine Verordnung festgesetzt ist, so hat sie die Behörde gemäß § 52 Abs 1 PatG mit Rücksicht auf die Erfordernisse und die Beschaffenheit des einzelnen Falles festzusetzen, soweit nicht der Präsident des PA Bestimmungen über das Ausmaß von Fristen trifft (§ 99 Abs 6 zweiter Satz PatG).

Verlängerung

Die durch ein Gesetz oder eine Verordnung festgesetzten Fristen können, wenn nicht ausdrücklich anderes bestimmt ist, nicht verlängert werden. Die von der Behörde festgesetzten Fristen können verlängert werden (§ 52 Abs 2 PatG).

Beginn und Berechnung

Der Lauf einer Frist beginnt mit der durch das Gesetz oder die Verordnung bestimmten Ereignung, nach der sich der Anfang der Frist richten soll, oder, sofern bei der Festsetzung der Frist nicht anderes bestimmt wurde, mit der Zustellung des die Frist festsetzenden Beschlusses oder der sie festsetzenden Verfügung an die Partei, oder, wenn der Beschluss oder die Verfügung nicht zugestellt, sondern verkündet wurde, mit der Verkündung (§ 53 Abs 1 PatG). Bei der Berechnung einer Frist, die nach Tagen bestimmt ist, wird der Tag nicht mitgerechnet, in den die Ereignung, die Zustellung oder die Verkündung fällt, nach der sich der Anfang der Frist richten soll (§ 53 Abs 2 PatG). Nach Wochen, Monaten oder Jahren bestimmte Fristen enden mit dem Ablauf des Tages der letzten Woche oder des letzten Monats, der durch seine Benennung oder Zahl dem Tag entspricht, an dem die Frist begonnen hat. Fehlt dieser Tag im letzten Monat, so endet die Frist mit dem Ablauf des letzten Tages dieses Monats (§ 53 Abs 3 PatG). Der Beginn und der Lauf einer Frist wird durch Sonn- und Feiertage nicht behindert (§ 54 Abs 1 PatG). Fällt das Ende einer Frist auf einen Sonn- oder Feiertag oder auf einen Werktag, an dem die Einlaufstelle des PA geschlossen ist, so ist der nächste Werktag als letzter Tag der Frist anzusehen (§ 54 Abs 2 PatG). Die Tage des Postenlaufes werden bei Eingaben, die im Inland zur Post gegeben worden sind, in die Frist nicht eingerechnet. Dies gilt nicht in den Fällen, in denen der Tag des Einlangens der Eingabe beim PA maßgebend ist (§ 102 Abs 1 und § 129 Abs 3 PatG; § 54 Abs 3 PatG).

Fristen mehrerer Beteiligter

Laufen die Fristen, die mehreren an einer und derselben Angelegenheit beteiligten Personen zur Vornahme derselben Handlung zustehen, zu verschiedenen Zeiten ab, so kann die Handlung von jeder dieser Personen so lange vorgenommen werden, als noch einer von ihnen die Frist für diese Handlung offen steht (§ 55 PatG).

Mehrere Schutzrechte

Wenn eine Eingabe mehrere gewerbliche Schutzrechte (Patente, Marken, Muster) oder Anmeldungen solcher Rechte umfasst, so kann unter Festsetzung einer Frist die Überreichung gesonderter Eingaben für jedes oder einzelne dieser Rechte (Anmeldungen) angeordnet werden. Die rechtzeitig überreichten gesonderten Eingaben gelten als am Tag des Einlangens der ursprünglichen Eingabe überreicht. § 163 Abs 4 PatG bleibt unberührt (§ 56 PatG).

4.1.16. Ordnungs- und Mutwillensstrafen

Der Leiter einer Verhandlung, einer Vernehmung, eines Augenscheines oder einer Beweisaufnahme hat für die Aufrechterhaltung der Ordnung und für die Wahrung des Anstandes zu sorgen (§ 82 Abs 1 PatG). Personen, die die Amtshandlung stören oder durch ungeziemendes Benehmen den Anstand verletzen, sind zu ermahnen; bleibt die Ermahnung erfolglos, so kann ihnen nach vorausgegangener Androhung das Wort entzogen, ihre Entfernung verfügt und ihnen die Bestellung eines Bevollmächtigten aufgetragen werden oder gegen sie eine *Ordnungsstrafe* bis 72,-- EUR und, falls diese nicht einbringlich ist, Haft bis zu drei Tagen verhängt werden. Bei erschwerenden Umständen kann eine solche Haftstrafe statt oder neben der Geldstrafe verhängt werden (§ 82 Abs 2 PatG). Die gleichen Ordnungsstrafen können gegen Personen verhängt werden, die sich in schriftlichen Eingaben einer beleidigenden Schreibweise bedienen (§ 82 Abs 3 PatG). Maßnahmen nach § 82 Abs 2 PatG stehen dem Leiter der Amtshandlung zu. Im Verfahren vor der BA oder der NA oder vor dem OPM hat über die Entfernung einer an einer Verhandlung beteiligten Person oder die Verhängung einer Ordnungsstrafe während einer Verhandlung der Senat zu entscheiden. Ordnungsstrafen nach § 82 Abs 3 PatG sind in Verfahren, in denen die Entscheidung einem Senat zusteht, von diesem zu verhängen (§ 82 Abs 4 PatG). Ordnungsstrafen gegen öffentliche Organe, die in Ausübung ihres Amtes als Vertreter einschreiten und einem Disziplinarrecht nicht unterstehen, dürfen nicht in Haft umgewandelt werden. Gegen öffentliche Organe und gegen Bevollmächtigte, die zur berufsmäßigen Parteienvertretung befugt sind, ist, wenn sie einem Disziplinarrecht unterstehen, keine Ordnungsstrafe zu verhängen, sondern lediglich die Anzeige an die Disziplinarbehörde zu erstatten (§ 82 Abs 5 PatG). Die Verhängung einer Ordnungsstrafe schließt die strafgerichtliche Verfolgung wegen derselben Handlung nicht aus (§ 82 Abs 6 PatG).

Gegen Personen, die die Tätigkeit des PA oder des OPM offenbar mutwillig in Anspruch nehmen oder in der Absicht einer Verschleppung der Angelegenheit unrichtige Angaben machen, kann eine *Mutwillensstrafe* bis 72,-- EUR und im Falle der Uneinbringlichkeit Haft bis zu drei Tagen verhängt werden. In Verfahren, in denen die Entscheidung einem Senat zusteht, hat über Mutwillensstrafen der Senat zu entscheiden (§ 83 PatG). Vgl im Übrigen auch § 84 PatG.

4.1.17. Zustellung

Die Zustellung von Schriftstücken des PA und des OPM ist, soweit § 86 PatG nicht anderes bestimmt, nach dem *ZustellG* vorzunehmen (§ 85 PatG).

Wird ein Anbringen von mehreren Personen gemeinsam eingebracht, die nicht alle im Inland wohnen, so gilt im Zweifel die im Inland wohnende Person, die an erster Stelle genannt ist, als gemeinsamer *Zustellungsbevollmächtigter* (§ 86 PatG).

4.2. Oberster Patent- und Markensenat (OPM)

Literaturhinweise: *Zimbler*, Das Berufungsverfahren in Patent- und Markenstreitsachen, JBl 1936, 248; *Zimbler*, Zur geplanten Abänderung von Bestimmungen des Patentgesetzes über den Patentgerichtshof, JBl 1936, 120; *Kotyza*, Der österreichische Patentgerichtshof und seine Erkenntnisse, GRUR 1951, 93; *Korinek*, Zur Neugestaltung des Patentgerichtshofes, BuI 1965/967, 7; *Korinek*, Die Neugestaltung des Instanzenzuges in Patent- und Markensachen, ÖBl 1965, 1; *Sabaditsch*, Patentgerichtshof oder Oberster Patent- und Markensenat? ÖBl 1965, 53; *Hermann*, Der Rechtszug in Patent- und Markensachen und die Europäische Menschenrechtskonvention, ÖBl 1966, 1; *Korinek*, Zur Verfassungsmäßigkeit des Obersten Patent- und Markensenates, ÖBl 1966, 77; *Sabaditsch*, Der Patentgerichtshof in Wien (1899 – 1965), FS 75 Jahre PA (1974) 184; *Gamerith*, Der Oberste Patent- und Markensenat, eine Höchstinstanz in Konkurrenz zum OGH? ÖBl 1999, 111; *Gamerith*, Zur beabsichtigten Einführung einer Zulassungsbeschwerde (analog § 502 Abs 1 ZPO) im Patenterteilungsverfahren, FS Kohlegger (2001) 227.

Der OPM ist eine aus Richtern und Verwaltungsbeamten zusammengesetzte *weisungsunabhängige Kollegialbehörde* (Art 133 Z 4 B-VG), deren Bescheide nicht der Aufhebung oder Abänderung im Verwaltungsweg unterliegen.[14] Bei der Anwendung des Art 6 MRK gilt er als unabhängiges Gericht.

Der OPM ist als Gericht im Sinne des Art 234 Abs 3 EGV anzusehen und daher verpflichtet, eine entscheidungsrelevante Frage der Auslegung des Gemeinschaftsrechts dem EuGH zur Vorabentscheidung vorzulegen.[15]

4.2.1. Sitz

Als Berufungsinstanz gegen die Endentscheidungen der NA wird der Oberste Patent- und Markensenat (OPM) in Wien errichtet (§ 74 Abs 1 PatG). Die *Kanzleigeschäfte* werden vom PA geführt (§ 74 Abs 13 PatG).

4.2.2. Besetzung

Der OPM besteht aus dem Präsidenten, dem Vizepräsidenten, aus mindestens acht weiteren rechtskundigen und der erforderlichen Anzahl von fachtechnischen Mitgliedern als Räten. Diese führen für die Dauer ihres Amtes den Titel „Rat des Obersten Patent- und Markensenates" (§ 74 Abs 1 PatG).

---

[14]) Zur Anfechtung der Kostenentscheidung nach Art 144 Abs 1 B-VG: VfGH 26. 2. 2001, B 1177/00, ÖBl-LS 01/81 = ÖBl 2003, 153.
[15]) VfGH 30. 11. 1999, B 889/97 – Tabasco VIII – ÖBl 2000, 90 = PBl 2000, 144. *Sabaditsch*, Oberster Patent- und Markensenat und Verfassungsgerichtshof, PBl 1974, 124.

Der *Präsident* und der *Vizepräsident* müssen dem OGH als Präsident, als Vizepräsident oder als Senatsvorsitzender angehören oder angehört haben (§ 74 Abs 2 PatG). Die *rechtskundigen Mitglieder* müssen die rechts- und staatswissenschaftlichen Studien vollendet und durch mindestens zehn Jahre eine Berufsstellung bekleidet haben, für die die Vollendung dieser Studien erforderlich ist. Überdies müssen sie eine wissenschaftliche oder praktische Tätigkeit auf dem Gebiet des gewerblichen Rechtsschutzes aufweisen. Mindestens drei Mitglieder müssen Richter, mindestens drei Mitglieder rechtskundige Beamte der Verwendungsgruppe A des zuständigen Bundesministeriums oder ständige rechtskundige Mitglieder des PA sein (§ 74 Abs 3 PatG).[16] Die *fachtechnischen Mitglieder* müssen die Studien an einer Hochschule technischer Richtung oder die philosophischen Studien für mathematisch-naturwissenschaftliche Fächer vollendet haben sowie über besondere Kenntnisse auf einem bestimmten Gebiet der Technik verfügen und das 30. Lebensjahr vollendet haben (§ 74 Abs 4 PatG). Zu Mitgliedern dürfen nur österreichische Staatsbürger von ehrenhaftem Vorleben ernannt werden, die nicht in ihrer Handlungsfähigkeit beschränkt sind (§ 74 Abs 5 PatG). Die Mitglieder des OPM werden vom Bundespräsidenten auf die Dauer von *fünf Jahren* ernannt; ihre Wiederberufung ist zulässig. Die Ernennung hindert in keinem Fall das freiwillige Ausscheiden aus dieser Behörde infolge des Übertrittes in den dauernden Ruhestand (§ 74 Abs 6 PatG). Das Amt erlischt mit dem 31. Dezember des Jahres, in dem das Mitglied das 70. Lebensjahr vollendet hat (zu den weitern Gründen des Elöschens: § 74 Abs 7 PatG; zum Gelöbnis § 74 Abs 8 PatG). Die Mitglieder sind in Ausübung ihres Amtes *unabhängig* und an *keine Weisungen* gebunden. Bei allen mündlichen Verhandlungen haben die Mitglieder des Obersten Patent- und Markensenates ein *Amtskleid* zu tragen (§ 75 Abs 2 PatG). Zu den *Ausschließungsgründen*: § 76 PatG;[17] zum *Schriftführer* § 74 Abs 10 PatG; zu den *Funktionsgebühren* § 74 Abs 11 und 12 PatG.

4.2.3. Wirkungskreis des OPM

Der OPM entscheidet als zweite und letzte Instanz über Berufungen gegen die Entscheidungen der NA.

Der OPM verhandelt und entscheidet unter dem Vorsitz des Präsidenten oder, im Fall seiner Verhinderung, des Vizepräsidenten in aus *fünf Mitgliedern* bestehenden Senaten, die aus dem Vorsitzenden, zwei rechtskundigen und zwei fachtechnischen Mitgliedern bestehen. Die Senate sind vom Vorsitzenden derart zusammenzusetzen, dass ihnen ein rechtskundiger Beamter der Verwendungsgruppe A und mindestens ein Richter angehören. Der rechtskundige Beamte ist Referent; der Vorsit-

---

[16]) Keine verfassungsrechtlichen Bedenken gegen die Zusammensetzung des OPM: VfGH 20. 6. 1985, B 381/83, VfSlg 10476 = PBl 1985, 170 = ÖBl 1985, 153 = ZfVB 1986/921.
[17]) Zur Verletzung des Rechts auf ein Verfahren vor dem gesetzlichen Richter durch Entscheidung unter Mitwirkung eines ausgeschlossenen Mitglieds einer Kollegialbehörde: VfGH 28. 2. 1983, Zl B 29, 30/80, PBl 1983, 106 = ÖBl 1983, 104 = VfSlg 9639 = ZfVB 1983/2041.

zende kann nötigenfalls weitere Senatsmitglieder zu Mitreferenten bestellen (§ 75 Abs 1 PatG).

Zur berufsmäßigen *Vertretung* von Parteien vor dem PA und vor dem OPM sind nur Rechtsanwälte, Patentanwälte und Notare sowie die Finanzprokuratur befugt (§ 77 PatG; vgl allgemein zur Vertretung § 21 PatG). Zum *Verbot der Winkelschreiberei*: § 78 PatG.

Die Entscheidungen des OPM unterliegen *nicht* der Aufhebung oder Abänderung im *Verwaltungsweg* (§ 74 Abs 9 PatG).

4.3. Gerichte

Literaturhinweise: *Kaßler*, Über die Zuständigkeit der Zivilgerichte im Erfindungsschutz, ÖJZ 1948, 278; *Hellbling*, Behördliche Zuständigkeit und verwaltungsgerichtlicher Rechtsschutz auf patentrechtlichem Gebiet, FS 60 Jahre PA (1959) 83; *Schmidt*, Zur Gerichtsbesetzung in Patentsachen, ÖBl 1984, 89; *Holzer*, Der „technische Richter" in europäischen Patentstreitsachen, ÖBl 2001, 145.

Für Klagen und einstweilige Verfügungen wegen Patentverletzungen ist *ausschließlich das Handelsgericht Wien* zuständig; es entscheidet ohne Rücksicht auf den Streitwert stets ein Senat (§ 162 PatG; ein so genannter *„ausschließlicher Gerichtsstand"*). Im Übrigen bestimmt § 51 Abs 2 Z 9 JN, dass für „Streitigkeiten aus den Rechtsverhältnissen, die sich auf den Schutz und den Gebrauch von Erfindungen, Mustern, Modellen und Marken beziehen", ohne Rücksicht auf den Streitwert die Handelsgerichte zuständig sind, „insoweit hiefür nicht andere gesetzliche Vorschriften bstehen" (so genannte *„kausale Eigenzuständigkeit"*). Darunter fallen auch Streitigkeiten, die nicht unmittelbar auf das PatG gestützt sind, sondern einen Vertrag betreffen, dessen Gegenstand eine Erfindung ist.[18]

Die Gerichtsbarkeit in Strafsachen nach dem PatG steht dem *Landesgericht für Strafsachen Wien* zu (§ 162 Abs 2 PatG).

4.4. Bundesministerien

Im Wesentlichen ist das Bundesministerium für Verkehr, Innovation und Technologie (BMVIT) zuständig („Angelegenheiten des gewerblichen Rechtsschutzes, insbesondere des Patent- und Gebrauchsmusterwesens, einschließlich der Angelegenheiten der Patentanwälte und ihrer beruflichen Vertretung und des Schutzes von Mustern, Marken und anderen Warenbezeichnungen", Abschnitt K, Z 14 Anlage zu § 2 BMG iVm Art VII BMG; vgl auch die nach der jeweiligen Fassung des BundesministerienG entsprechend angepasst zu lesende Vollzugsklausel in § 173 PatG.

---

[18]) OGH 14. 11. 2000, 4 Ob 271/00g – Parabellum – ÖBl-LS 01/68 = ÖBl 2002, 42. Zur inländischen Gerichtsbarkeit bei Ansprüchen auf Übertragung der Rechte an einer österreichischen Patentanmeldung: OGH 29. 9. 1992, 4 Ob 24/92 – Abfallbeizen – ecolex 1993, 255 = ZfRV 1993/42 = MR 1993, 149 = PBl 1994, 149 = GRUR Int 1993, 876.

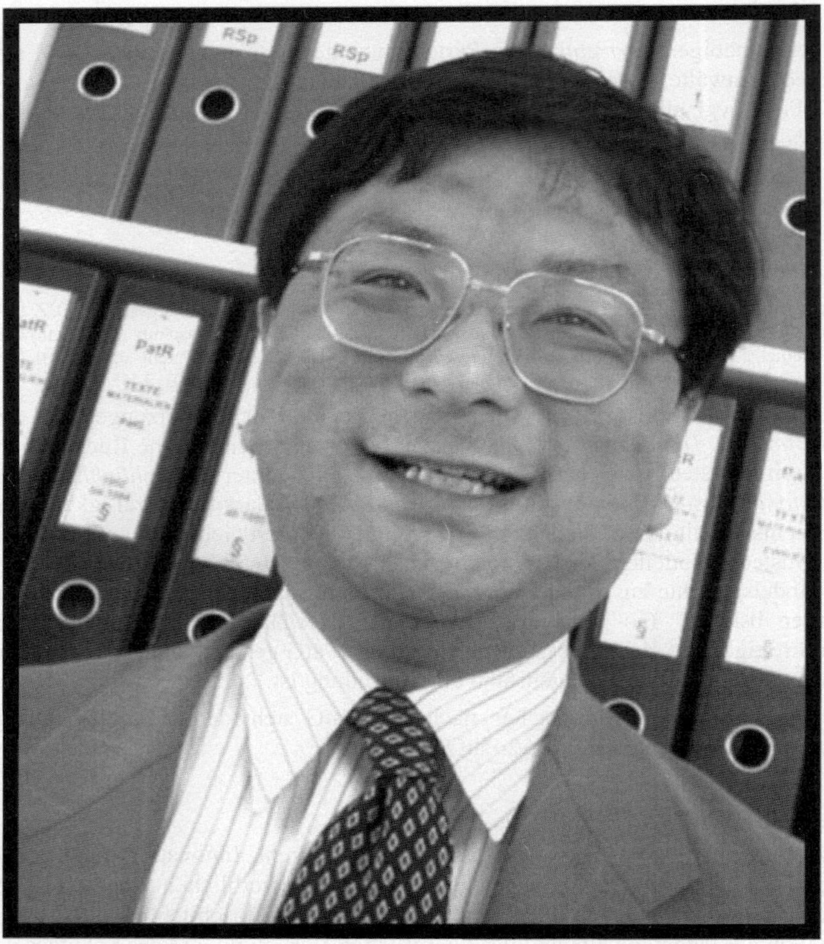
RSp
RSp
PatR
PatR

IP Boom in Japan

Now, we have IP (intellectual property) law boom in Japan. Such phenomenon is often combined with so-called "pro-patent" trend.

Intellectual property law used to have little importance in this country, but now it is one of the most important legal fields and such importance has been growing constantly. For example, while the Tokyo District Court (*Landgericht Tokio*) had only one Chamber for intellectual property cases until several years ago, now it has as many as three Chambers for IP cases. Many companies are very eager to seek intellectual property protection these days. The Japanese Government places the top priority on intellectual property and strengthens its infrastructure in the legal aspects as well as in the technological aspects. Accordingly, the value of intellectual property is emphasized significantly.

Much more lawyers, especially young and ambitious lawyers, are interested in IP matters and strongly want to practice IP law. The same is true to law students. More than two hundred undergraduate students take intellectual property law course each year these days at the University of Tokyo, though only about thirty students used to take it annually until recently. Also, intellectual property law is the most popular subject among the graduate law students in my University.

◄ **Tetsuya OBUCHI**, Professor of Law, The Faculty of Law & Graduate School of Law, The University of Tokyo, S.J.D. (Doctor of Juridical Science, Harvard University, 1988), former Judge of Tokyo High Court (Court of Appeal) (E-Mail: obuchi@j.u-tokyo.ac.jp)

5. PATENTERTEILUNG

Überblick:

- Patentanmeldungen sind schriftlich beim *Patentamt* (PA) vorzunehmen.
- Für die *Priorität* ist grundsätzlich der Tag der ordnungsgemäßen Anmeldung entscheidend. Gemäß Art 4 PVÜ kann unter Umständen auch eine bessere ausländische Priorität (ausdrücklich) in Anspruch genommen werden.
- Die Erfindung wird vom PA auf Neuheit und Patentwürdigkeit *geprüft*.
- Nach der Vorprüfung wird die Anmeldung öffentlich bekannt gemacht, sodass jedermann *Einspruch* erheben kann.
- Das erteilte Patent wird im *Patentregister* eingetragen.

5.1. Anmeldestelle

Die Patentanmeldung hat beim PA zu erfolgen (§ 87 Abs 1 PatG).

5.2. Anmeldung
5.2.1. Schriftlichkeit

Die Anmeldung einer Erfindung zum Patent ist beim PA schriftlich einzureichen entweder durch unmittelbare Überreichung oder durch die Post (§ 87 Abs 1 PatG). Durch Verordnung sind Form und Inhalt der Anmeldung näher zu regeln. Dabei ist auf möglichste Zweckmäßigkeit und Einfachheit sowie auf die Verständlichkeit der Patentschrift und auf die Erfordernisse ihrer Drucklegung und Veröffentlichung Bedacht zu nehmen (§ 92 PatG).

5.2.2. Vertreter

Literaturhinweise: *Sonn*, Zum Vertreterzwang für „Wohnsitzausländer", ÖBl 1973, 3; *Stölzle*, Caveant Consules ..., AnwBl 1974, 5.

Wer als Vertreter vor dem PA oder vor dem OPM einschreitet, muss seinen Wohnsitz oder seine Niederlassung im Inland haben; für Rechtsanwälte, Patentanwälte und Notare gelten allerdings die berufsrechtlichen Vorschriften. Der Vertreter hat seine Bevollmächtigung durch eine *schriftliche Vollmacht* darzutun, die in Urschrift oder in ordnungsgemäß beglaubigter Abschrift vorzulegen ist. Für jede Patentanmeldung ist eine gesonderte Vollmacht vorzulegen. Das Gleiche gilt, wenn ein Vertreter bezüglich eines bereits erteilten Patents bevollmächtigt wird. Sind mehrere Personen bevollmächtigt, so ist auch jeder Einzelne allein zur Vertretung befugt (§ 21 Abs 1 PatG; vgl auch § 90 PatG). Schreitet ein *Rechtsanwalt*, *Patentanwalt* oder *Notar* ein, so ersetzt die Berufung auf die ihm erteilte Bevollmächtigung deren urkundlichen Nachweis. Eine Bevollmächtigung zur Übertragung eines Patents ist jedoch in jedem Fall durch eine schriftliche Vollmacht darzutun, die ordnungsgemäß beglaubigt sein muss (§ 21 Abs 2 PatG; vgl auch § 90

PatG). Schreitet ein Vertreter ohne Vollmacht ein oder, im Fall des § 21 Abs 2 PatG, ohne sich auf die ihm erteilte Bevollmächtigung zu berufen, so ist die von ihm vorgenommene Verfahrenshandlung nur unter der Bedingung wirksam, dass er innerhalb der ihm gesetzten angemessenen Frist eine ordnungsgemäße Vollmacht vorlegt oder sich auf die ihm erteilte Bevollmächtigung beruft (§ 21 Abs 3 PatG). Wer im Inland weder Wohnsitz noch Niederlassung hat, kann Rechte aus diesem Bundesgesetz vor dem PA und vor dem OPM nur geltend machen, wenn er durch einen im § 77 PatG angeführten Parteienvertreter vertreten ist; dies gilt nicht für die Inanspruchnahme von Service- und Informationsleistungen des PA einschließlich Gutachten und Recherchen (§ 21 Abs 4 PatG). Der Ort, an dem der Vertreter seinen inländischen Wohnsitz oder seine inländische Niederlassung hat, und in Ermangelung eines Vertreters mit inländischem Wohnsitz oder inländischer Niederlassung der Ort, an dem das PA seinen Sitz hat, gilt für die das Patent betreffenden Angelegenheiten als Wohnsitz oder Niederlassung eines Patentinhabers, der im Inland weder Wohnsitz noch Niederlassung hat (§ 21 Abs 5 PatG). Die einem Rechtsanwalt, Patentanwalt oder Notar zur Vertretung vor dem PA erteilte Bevollmächtigung ermächtigt ihn kraft Gesetzes, alle Rechte aus dem PatG vor dem PA und vor dem OPM geltend zu machen, insbesondere Patente anzumelden, Anmeldungen einzuschränken oder zurückzuziehen, Einsprüche zu erheben, auf Patente zu verzichten, von der NA zu behandelnde Anträge sowie Rechtsmittel einzubringen und zurückzuziehen, ferner Vergleiche zu schließen, Zustellungen aller Art sowie amtliche Gebühren und die vom Gegner zu erstattenden Verfahrens- und Vertretungskosten anzunehmen sowie einen Stellvertreter zu bestellen (§ 21 Abs 6 PatG).[1] Die Bevollmächtigung gemäß § 21 Abs 6 PatG kann auf ein bestimmtes Schutzrecht und auf die Vertretung in einem bestimmten Verfahren beschränkt werden. Sie wird jedoch weder durch den Tod des Vollmachtgebers noch durch eine Veränderung in seiner Handlungsfähigkeit aufgehoben (§ 21 Abs 7 PatG). Soll ein Vertreter, der nicht Rechtsanwalt, Patentanwalt oder Notar ist, auch ermächtigt sein, auf ein erteiltes Patent ganz oder zum Teil zu verzichten, so muss er hiezu ausdrücklich bevollmächtigt sein (§ 21 Abs 8 PatG).

5.2.3. Inhalt der Anmeldung

Literaturhinweise: *Baumann*, Zur Frage der zulässigen Aenderungen des Patentanspruches im Einspruchsverfahren, ÖBl 1933, 11; *Bing*, Unteransprüche im Erteilungsverfahren – Österreich, ÖBl 1933, 39; *Wirth*, Nebenansprüche, Rechtsteleologie, Formulierungsfreiheit, ÖBl 1933, 53; *Bing/Ettenreich*, Anpassung der Beschreibung bei Abänderungen der Ansprüche im Anmeldeverfahren: Wichtigkeit der Akteneinsicht, ÖBl 1935, 63; *Frey-Ripper*, Einheitlichkeit von Erfindungen, die therapeutisch wirksame Stoffe betreffen, ÖBl 1935, 40; *Lant*, Vorführungen im patentamtlichen Verfahren, ÖBl 1935, 43; *Ettenreich*, Literaturzitate in der Patentbeschreibung, FS 50 Jahre PA (1949) 34; *Luszczak*, Zur Frage der Kennzeichnung von Verfahren durch mathematische Funktionen, FS 50 Jahre PA (1949) 70; *Schügerl*, Kombinationserfindung und Summensatz, ÖBl 1956, 49; *Koslin*, Vorschläge zur Rechtsangleichung in der Frage der Einheitlichkeit von Patentanmeldungen, ÖBl 1965, 25; *Collin*, Änderung von Patentansprüchen im Verfahren über einseitige Beschwerden, ÖBl 1966, 53; *Barger*, Zur Form des

---

[1]) Zum Mindestumfang der Vollmacht: BA 5. 12. 1984, B 25/84, PBl 1985, 98 = ÖBl 1985, 67.

Patentanspruches, FS 75 Jahre PA (1974) 105; *Pawloy,* Die Einheitlichkeit chemischer Erfindungen, FS 75 Jahre PA (1974) 175; *Schügerl,* Die Erfindungseigenschaft im neuen österreichischen Patentrecht: Probleme der Interpretation und Harmonisierung, ÖBl 1989, 33 und 65; *Feiereisen,* Die Offenbarungspflicht im US-Patentprüfungsverfahren, ÖBl 1992, 97.

Allgemeines
Die Anmeldung muss gemäß § 89 Abs 1 PatG Folgendes enthalten:

- den *Namen* und den Sitz bzw den Wohnort des Anmelders sowie gegebenenfalls seines *Vertreters*;[2]
- den *Antrag* auf Erteilung eines Patents;
- eine kurze, sachgemäße Bezeichnung der zu patentierenden Erfindung (*Titel*; zB „Verfahren zur Herstellung nahtloser Strümpfe");
  In den Titel der zu patentierenden Erfindung sind keine Marken oder Phantasiebezeichnungen aufzunehmen. Der Titel hat zu bezeichnen, welche Gegenstände nach den Patentansprüchen (Ansprüchen) unter Schutz gestellt werden sollen (§ 8 Abs 1 PGMMV). Unter diesem Titel wird die Erfindung nach der Vorprüfung bekannt gemacht (Seite 902), sodass Außenstehende schon am Titel erkennen können, ob die Erfindung für sie von Interesse ist (bzw ob sie allenfalls einen Einspruch dagegen erheben sollen).
- eine *Beschreibung* der Erfindung (in zwei Ausfertigungen; kann auch in englischer oder in französischer Sprache abgefasst sein; § 89 Abs 2 PatG);
  Erläuterungen der Erfindung sind nicht in die Anmeldungseingabe, sondern in die Beschreibung aufzunehmen (§ 8 Abs 2 PGMMV). Als *Deckblatt* für die Beschreibung ist ein hiezu vom PA ausgegebener oder ein diesem entsprechender Vordruck zu verwenden (§ 9 Abs 1 PGMMV). In der Beschreibung ist anzugeben (§ 9 Abs 2 PGMMV):
  - das *technische Gebiet,* auf das sich die Erfindung bezieht;
  - der *bisherige Stand der Technik,* soweit er für das Verständnis der Erfindung als nützlich anzusehen ist (es ist allerdings nicht Aufgabe des Erfinders, die Neuheit in der Anmeldung nachzuweisen);
  - die *Erfindung,* wie sie in den Patentansprüchen (Ansprüchen) gekennzeichnet ist;
  - falls *Zeichnungen* vorhanden sind, eine Aufzählung der in den Zeichnungen enthaltenen Figuren;
  - eine ausführliche *Beschreibung* des Erfindungsgegenstandes, falls Zeichnungen vorhanden sind, an Hand dieser, unter Verwendung der darin eingetragenen Bezugszeichen.
  Überflüssige und das Wesen der Erfindung nicht kennzeichnende Weitläufigkeiten sind zu vermeiden (§ 9 Abs 3 PGMMV).[3]
- Bei der Anmeldung eines *Zusatzpatents* ist die Nummer des *Stammpatents,* sofern dieses noch nicht erteilt ist, das Aktenzeichen der Stammanmeldung anzugeben (§ 8 Abs 3 PGMMV). Bei einer *gesonderten Anmeldung* ist das Aktenzeichen der ursprünglichen Anmeldung anzugeben (§ 8 Abs 4 PGMMV).

---

[2]) Ändert sich die Firma im Verlauf des Verfahrens, so ist ein entsprechender Nachweis (zB Firmenbuchauszug) vorzulegen: BA 23. 3. 1988, B 29/87 – Gasspülstein – PBl 1989, 141 = ÖBl 1989, 98.
[3]) Das bloße Zitieren einer Fundstelle ist aber ungenügend: BA 27. 2. 1990, B 16/89 – Kraftstoffadditiv – PBl 1991, 161 = ÖBl 1991, 156.

- einen oder mehrere *Patentansprüche* („*claims*", § 91 Abs 1 PatG; in zwei Ausfertigungen; kann auch in englischer oder in französischer Sprache abgefasst sein; § 89 Abs 2 PatG). Die Patentansprüche müssen genau und in unterscheidender Weise angeben, wofür Schutz begehrt wird. Sie müssen von der Beschreibung gestützt sein (§ 91 Abs 1 PatG). Der Gegenstand des Schutzbegehrens ist in den Patentansprüchen (Ansprüchen) durch die *technischen Merkmale der Erfindung* anzugeben, wobei Marken und Phantasiebezeichnungen nicht verwendet werden dürfen. Die Patentansprüche (Ansprüche) haben, wo es zweckdienlich ist, zu enthalten (§ 10 Abs 1 PGMMV):[4]
    - 1. die *technischen Merkmale*, die zur Festlegung des beanspruchten Gegenstandes der Erfindung notwendig sind, jedoch in Verbindung miteinander zum Stand der Technik gehören (*Oberbegriff*),[5]
    - 2. einen *kennzeichnenden Teil*[6], der durch die Worte, „dadurch gekennzeichnet" oder „gekennzeichnet durch" eingeleitet wird und die technischen Merkmale bezeichnet, für die in Verbindung mit den in Z 1 angegebenen Merkmalen Schutz begehrt wird.[7] Der kennzeichnende Teil gibt an, worin das Neue der Erfindung besteht.

Die *Anzahl der Patentansprüche* (Ansprüche) hat sich unter Berücksichtigung der Art der beanspruchten Erfindung in vertretbaren Grenzen zu halten. Die Patentansprüche (Ansprüche) sind fortlaufend mit arabischen Ziffern zu *nummerieren* (§ 10 Abs 2 PGMMV). Sind der Anmeldung Zeichnungen beigefügt, so sind die in den Patentansprüchen (Ansprüchen) genannten technischen Merkmale, wenn dies das Verständnis der Patentansprüche (Ansprüche) erleichtert, mit *Bezugszeichen* zu versehen, die mit den in den Zeichnungen verwendeten Bezugszeichen übereinstimmen müssen. Die Bezugszeichen in den Patentansprüchen (Ansprüchen) sind in Klammern zu setzen (§ 10 Abs 3 PGMMV).
Ein *nachträgliches Streichen von Merkmalen* in einem Patentanspruch ist unzulässig, wenn dadurch eine Verallgemeinerung erfolgt, welche durch die ursprüngliche Offenbarung nicht gedeckt ist.[8] Das Patenterteilungsverfahren ist ein Antragsverfahren. Es kann daher kein gegenüber dem Antrag erweiterter Patentanspruch gewährt werden.[9]
Je weniger kennzeichnende Merkmale ein Anspruch enthält, desto weiter geht der Schutz. In der Praxis wird daher zunächst eher eine weite Formulierung gewählt, um Spielraum für Einschränkungen zu haben. Wenn im Vorprüfungsverfahren Entgegenhaltungen zum Stand der Technik hervorkommen, kann dann der Anspruch durch die Aufnahme weiterer kennzeichnender Merkmale eingeschränkt werden. Man nennt dies „gegenüber dem Stand der Technik *abgrenzen*".

---

[4] Zur Bedeutung der Reihenfolge der kennzeichnenden Merkmale: BA 15. 5. 1990, B 24/88 – Eckumlenkung – PBl 1991, 56 = ÖBl 1991, 12.
[5] Der „*Oberbegriff*" wird auch als „*beschreibender Teil*" bezeichnet (OGH 22. 4. 1986, 4 Ob 319/86 – Schlüssel-Schloß-Kombination – ÖBl 1986, 147 = PBl 1987, 18).
[6] Zur Abgrenzung des „*klassifizierenden*" vom „*kennzeichnenden*" Teil sowie zur Auslegung: OPM 13. 4. 1988, Op 2/87 – gebrannte Bausteine – PBl 1989, 18 = ÖBl 1989, 39.
[7] Zur Problematik von zu weit gefassten Ansprüchen: BA 1. 12. 1988, B 54/87 – Skibindung mit Haltebügel – PBl 1989, 149 = ÖBl 1989, 137.
[8] OPM 27. 1. 1999, Op 3/95 – Papierbahn – PBl 2000, 97 = ÖBl-LS 00/100.
[9] BA 5. 10. 1981, B 27/80 – Bohrer mit Schneideeinsätzen – PBl 1982, 59 = ÖBl 1982, 36.

Für dieselbe Erfindung können in einer Anmeldung mehrere Ansprüche geltend gemacht werden. Es können mehrere *Anspruchskategorien* formuliert werden (zB ein Verfahren und eine Vorrichtung). Es können aber auch vom *Hauptanspruch* abhängige *Unteransprüche* formuliert werden. Die „*echten Unteransprüche*" bieten eine zweckmäßige Ausgestaltung des Hauptanspruchs und wären ohne diesen nicht patentierbar. Die „*unechten Unteransprüche*" haben einen eigenen Erfindungscharakter und könnten unter Umständen auch bei Wegfall des Hauptanspruchs bestehen blieben.

Können die den Gegenstand des Hauptanspruchs bildenden Maßnahmen die gestellte Aufgabe nicht allein, sondern nur in Verbindung mit den Merkmalen eines Unteranspruchs erfüllen, so sind diese Ansprüche zu einem neuen Hauptanspruch zu verbinden.[10] Ein in sich widersprüchlicher und unklarer Anspruch, der „einer Auslegung nach verschiedenen Richtungen Tür und Tor öffnet", ist nicht patentierbar.[11]

▸ die zum Verständnis der Erfindung nötigen *Zeichnungen* (in zwei Ausfertigungen; kann auch in englischer oder in französischer Sprache abgefasst sein; § 89 Abs 2 PatG);

Die Zeichnungen sind auf kräftigem, glattem und mattem weißen Papier in zweifacher Ausfertigung vorzulegen. Sie können aus Kopien bestehen (§ 14 Abs 1 PGMMV). Die Zeichnungen sind mit dunklen, möglichst schwarzen, dauerhaften Strichen, ohne Farben oder Farbtuschung auszuführen und müssen sich zur klaren photographischen Wiedergabe oder zur Wiedergabe ohne Zwischenstufen auf Druckplatten eignen (§ 14 Abs 2 PGMMV). Schnitte sind durch Schraffieren kenntlich zu machen (§ 14 Abs 3 PGMMV). Die Zeichnungen sind auf Blättern im Ausmaß von 29,7 cm Höhe und 21 cm Breite einseitig auszuführen. Ein ungefähr 2 cm breiter Rand ist freizulassen (§ 14 Abs 4 PGMMV). Mehrere Figuren sind klar voneinander zu trennen und fortlaufend zu nummerieren. Soweit es für das Verständnis der Beschreibung erforderlich ist, sind die verschiedenen Teile der Figuren mit fortlaufenden Bezugszeichen (Ziffern oder Buchstaben) zu versehen. Die gleichen Teile müssen in allen Figuren die gleichen Bezugszeichen erhalten und mit den Bezugszeichen in der Beschreibung übereinstimmen (§ 14 Abs 5 PGMMV). Die Zeichnungen müssen den Namen des Anmelders oder das Aktenzeichen enthalten. Sie sind ohne Falten oder Brüche einzureichen (§ 14 Abs 6 PGMMV).[12]

▸ eine *Zusammenfassung* (§ 91 Abs 2 PatG; in zwei Ausfertigungen; kann auch in englischer oder in französischer Sprache abgefasst sein; § 89 Abs 2 PatG). Die Zusammenfassung muss eine Kurzfassung der in der Anmeldung enthaltenen Offenbarung enthalten. Sie dient ausschließlich der technischen Information und kann nicht für andere Zwecke herangezogen werden, insbesondere nicht zur Bestimmung des Schutzbereiches (§ 91 Abs 2 PatG). Die als Kurzfassung der Offenbarung vorzulegende Zusammenfassung hat ein klares Verständnis des tech-

---

[10] BA 19. 5. 1987, B 46/86 – Gitterträger – PBl 1988, 146 = ÖBl 1988, 98.
[11] BA 19. 11. 1984, B 21/84 – Strahlensender – PBl 1986, 191 = ÖBl 1987, 16. Weit und unbestimmt ist zB das allgemeine Merkmal der „visuell deutlichen" Unterscheidbarkeit durch unterschiedliche Formgebung: BA 30. 10. 1984, B 1/84 – Bewehrungsmatte aus Stahlbeton – PBl 1986, 74 = ÖBl 1986, 41.
[12] Zur Bedeutung der Zeichnungen im Verhältnis zum Anspruch: BA 4. 12. 1980, B 4/80 – Rohrturbine – PBl 1981, 54, 79 = ÖBl 1981, 96.

nischen Problems und seiner Lösung zu ermöglichen. In der Zusammenfassung ist gegebenenfalls die chemische Formel anzugeben, die unter den in der Anmeldung enthaltenen Formeln die Erfindung am besten kennzeichnet (§ 12 Abs 1 PGMMV). Die Zusammenfassung ist auf einem *gesonderten Blatt* zu überreichen und als solche zu kennzeichnen. Sie hat aus nicht mehr als etwa 150 Worten zu bestehen (§ 12 Abs 2 PGMMV). Enthält die Anmeldung *Zeichnungen*, so hat der Anmelder für die Veröffentlichung in der Zusammenfassung diejenige Figur anzugeben, welche die Erfindung am besten kennzeichnet (§ 12 Abs 3 PGMMV).

▸ Wird für eine Patentanmeldung die *Stundung oder Erlassung einer Gebühr* angestrebt oder ist diese bereits bewilligt worden, so ist dies vom Anmelder auf der Anmeldungseingabe zu vermerken (§ 8 Abs 5 PGMMV).
▸ Die Teile der Anmeldung und die Beilagen zu dieser sind in der Anmeldungseingabe *einzeln* anzuführen (§ 8 Abs 6 PGMMV).
▸ Wird in der Anmeldungseingabe ein Antrag auf *Nennung als Erfinder* gestellt und ist der Anmelder nicht der Erfinder, so kann der Erfinder seine Zustimmung in der Anmeldungseingabe selbst oder in einer gesonderten Beilage erklären (§ 8 Abs 7 PGMMV).

Gemeinsame Formvorschriften für die Beschreibung, die Patentansprüche (Ansprüche) und die Zusammenfassung

Die Anmeldung muss in Maschinschrift sein.

Die Beschreibung und der Text der Zusammenfassung dürfen *keine Phantasiebezeichnungen* und keine Zeichnungen enthalten, ausgenommen graphisch dargestellte chemische und mathematische Formeln. Für *chemische Bezeichnungen* sind die üblichen Abkürzungen und Formeln zu verwenden (§ 13 Abs 1 PGMMV). Die Beschreibung, die Patentansprüche (Ansprüche) und die Zusammenfassung müssen in *Maschinschrift* abgefasst sein und haben möglichst frei von Radierungen, Änderungen und Überschreibungen zu sein. Wenn die Blätter auf beiden Seiten beschrieben sind, darf die Schrift nicht durchscheinen (§ 13 Abs 2 PGMMV). Für die Beschreibung, die Patentansprüche (Ansprüche) und die Zusammenfassung ist *Papier* im Ausmaß von 29,7 cm Höhe und 21 cm Breite zu verwenden. Die Seiten sind fortlaufend zu nummerieren. Ein mindestens 2 cm breiter Rand ist freizulassen. Zwischen den Zeilen ist genügend Raum zum Einfügen von Berichtigungen zu lassen (§ 13 Abs 3 PGMMV).

Übersetzung

Sind Teile der Anmeldung in englischer oder französischer Sprache abgefasst (§ 89 Abs 2 PatG), so ist binnen drei Monaten nach dem Anmeldetag eine Übersetzung ins Deutsche vorzulegen. Diese Übersetzung ist dem Vorprüfungsverfahren zugrunde zu legen; ihre Richtigkeit wird im Vorprüfungsverfahren nicht geprüft (§ 91a Abs 1 PatG). Wird eine Übersetzung nicht fristgerecht vorgelegt, so gilt die

Anmeldung als zurückgenommen (§ 91a Abs 2 PatG; vgl auch § 9 PAV). Sind Teile der Anmeldung in englischer oder in französischer Sprache abgefasst, so gelten die §§ 9, 10, 12 und 13 PGMMV für die vorzulegende Übersetzung ins Deutsche (§ 15 PGMMV).

Offenbarung

Vorgaben des TRIPS-Abk: Die Mitglieder machen dem Anmelder eines Patents zur Auflage, die Erfindung so *deutlich und vollständig zu offenbaren*, dass sie ein Fachmann ausführen kann, und sie können dem Anmelder zur Auflage machen, die nach dem Wissen des Erfinders beste Art der Ausführung der Erfindung am Anmeldetag oder, wenn Priorität in Anspruch genommen wird, am Prioritätstag der Anmeldung anzugeben (Art 29 Abs 1 TRIPS-Abk). Die Mitglieder können dem Anmelder eines Patents zur Auflage machen, Angaben über die entsprechenden ausländischen Anmeldungen und Erteilungen vorzulegen (Art 29 Abs 2 TRIPS-Abk).

Österreichische Regelung: Die Erfindung ist in der Patentanmeldung so deutlich und vollständig zu offenbaren, dass sie ein *Fachmann ausführen* kann (§ 87a Abs 1 PatG). Die Offenbarung einer Patentanmeldung wendet sich nicht an einen technischen Laien, sondern an Fachleute auf dem betreffenden Gebiet. Die Ansprüche müssen daher keine lückenlose Konstruktionsanweisung geben. So gehört es beispielsweise zum selbstverständlichen und verpflichtenden Können eines Fachmannes, für einen bestimmten Bauteil den geeigneten Werkstoff auszuwählen und zu dimensionieren.[13] Gibt der Anspruch dem Fachmann eine eindeutige und konkrete Lehre zum technischen Handeln, so kann nicht von einer unvollständigen Offenbarung gesprochen werden.[14] Eine allgemeine chemische Formel genügt für sich allein noch nicht als Offenbarung.[15]

Bezieht sich eine Erfindung auf einen *Mikroorganismus* als solchen, auf ein mikrobiologisches Verfahren oder ein mit Hilfe eines solchen Verfahrens gewonnenes Erzeugnis und ist der Mikroorganismus der Öffentlichkeit nicht zugänglich und kann in der Anmeldung auch nicht so beschrieben werden, dass danach ein Fachmann die Erfindung ausführen kann, so gilt die Erfindung nur dann als gemäß § 87a Abs 1 PatG geoffenbart, wenn eine Kultur des Mikroorganismus spätestens am Anmeldetag bei einer Hinterlegungsstelle im Sinne des Budapester Vertrages hinterlegt worden ist, die Anmeldung in ihrer ursprünglich eingereichten Fassung die dem Anmelder zur Verfügung stehenden maßgeblichen Angaben über die Merkmale des Mikroorganismus enthält und dem PA vor Fassung des Bekanntmachungsbeschlusses (§ 101 Abs 1 PatG) die Hinterlegungsstelle und das Aktenzeichen der Hinterlegung der Kultur bekanntgegeben worden ist (§ 87a Abs 2 PatG).

---

[13]) OPM 10. 10. 2001, Op 6/00 – Dichtungseinrichtung – PBl 2002, 111 = ÖBl-LS 2002, 181.
[14]) BA 22. 11. 1988, B 44/87 – Laufflächenbelag – PBl 1989, 165 = ÖBl 1989, 137.
[15]) BA 18. 6. 1985, B 3/84 – Carbanilsäureester – PBl 1985, 195 = ÖBl 1986, 5.

Art 13 und 14 der (in Österreich noch nicht umgesetzte) BiotechnologieRL enthalten konkrete Regelungen für die Hinterlegung von, den Zugang zu und die erneute Hinterlegung von *biologischem Material*.

Einheitlichkeit

Die Anmeldung darf nur eine einzige Erfindung oder eine Gruppe von Erfindungen enthalten, die untereinander in der Weise verbunden sind, dass sie eine einzige allgemeine erfinderische Idee verwirklichen (§ 88 PatG). Diese Regelung ist schon im Hinblick auf die innere Ordnung des PA erforderlich (Zuweisung der Patentklassen und der Prüfer an die einzelnen Technischen Abteilungen). Sie ermöglicht aber auch der Allgemeinheit bei Recherchen die Übersicht über die Erfindungen. Letztlich hat diese Regelung wohl auch wirtschaftliche Gründe, zumal für jede Anmeldung bzw jedes Patent gesondert Gebühren zu zahlen sind. Wird in einer Anmeldung eine Gruppe von Erfindungen beansprucht, so ist das Erfordernis der Einheitlichkeit der Erfindung nur erfüllt, wenn zwischen diesen Erfindungen ein technischer Zusammenhang besteht, der in einem oder mehreren gleichen oder entsprechenden besonderen technischen Merkmalen zum Ausdruck kommt.[16] Unter dem Begriff „besondere technische Merkmale" sind diejenigen technischen Merkmale zu verstehen, die einen Beitrag jeder beanspruchten Erfindung als Ganzes zum Stand der Technik bestimmen (§ 11 Abs 1 PGMMV). Die Entscheidung, ob die Erfindungen einer Gruppe untereinander in der Weise verbunden sind, dass sie eine einzige allgemeine erfinderische Idee verwirklichen, hat ohne Rücksicht darauf zu erfolgen, ob die Erfindungen in gesonderten Patentansprüchen (Ansprüchen) oder als Alternativen innerhalb eines einzigen Patentanspruchs (Anspruchs) beansprucht werden (§ 11 Abs 2 PGMMV). In einer Anmeldung können zwei oder mehr unabhängige Patentansprüche (Ansprüche) der gleichen Kategorie (Erzeugnis, Verfahren, Vorrichtung oder Verwendung) enthalten sein, sofern es mit Rücksicht auf den Gegenstand der Anmeldung nicht zweckmäßig ist, diesen in einem einzigen Anspruch wiederzugeben (§ 11 Abs 3 PGMMV). Die mangelnde Einheitlichkeit bildet keinen Einspruchsgrund.[17] Wird die Nichteinheitlichkeit festgestellt, so kann dem Anmelder nicht aufgetragen werden, einen bestimmten Anspruch auszuscheiden. Die Entscheidung darüber, welche Erfindung in der Anmeldung weiterverfolgt und welche allenfalls ausge-

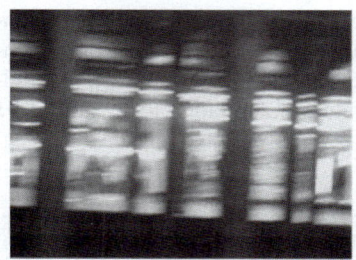

Eine Gruppe von Erfindungen darf nur dann gemeinsam angemeldet werden, wenn sie zu einer einzigen erfinderische Idee verbunden ist.

---

[16]) Vgl BA 3. 12. 1997, B 9/96, PBl 1998, 203 = ÖBl 1999, 12; BA 1. 10. 1997, B 15/96 – Speicherkanal – PBl 1999, 167 = ÖBl-LS 00/23. Mangelnde Einheitlichkeit, wenn die Gegenstände der einzelnen Teile der Anmeldung für sich selbständig als erfinderisch zu werten sind und ein zwingender Zusammenhang zwischen diesen einzelnen Gegenständen nicht erkennbar ist: BA 21. 9. 1988, B 53/86 – Sicherheitsschibindung mit zwei Backen – PBl 1989, 131 = ÖBl 1989, 99.

[17]) BA 6. 6. 1989, B 31/87 – Speisungsunterbrechung – PBl 1990, 105 = ÖBl 1990, 99.

schieden und gesondert angemeldet wird, obliegt dem Anmelder.[18] Vgl im Übrigen zur Teilung der Anmeldung Seite 896.

Änderungen

Bis zur Fassung des Bekanntmachungsbeschlusses (§ 101 Abs 1 PatG, Seite 902) dürfen die Beschreibung, die Patentansprüche, die Zeichnungen und die Zusammenfassung abgeändert werden. Soweit die Abänderungen das Wesen der Erfindung berühren, sind sie aus der Anmeldung auszuscheiden und, wenn der Anmelder den Schutz auch für sie erwirken will, gesondert anzumelden (§§ 92a und 91 Abs 3 PatG).[19]

Beispiel:

▶ BA 14 10. 1998: Der Antrag, in einer bereits veröffentlichten Patentschrift jeweils das Wort „und" zwischen drei verschiedenen Parametern durch das Wort „oder" zu ersetzen, wurde abgewiesen, weil dies durch die ursprüngliche Offenbarung nicht gedeckt gewesen wäre.[20]

5.2.4. Gebühren

Der Preis des Fortschritts.

Die Patentanmeldung unterliegt gemäß § 87 Abs 1 PatG der *Anmeldegebühr* (§ 166 Abs 1). Für die Anmeldung eines Patents ist eine Anmeldegebühr von 50,-- EUR zu zahlen (§ 166 Abs 1 PatG).

Überdies ist für jedes Patent nach Maßgabe der in Anspruch genommenen Dauer des Patentschutzes eine *Jahresgebühr* zu entrichten (§ 166 Abs 2 PatG). Die Jahresgebühr beträgt für das *erste Jahr* 65,-- EUR, zuzüglich 25,-- EUR für die sechste und für jede folgende Seite der zur Auslegung gelangenden Beschreibung und Patentansprüche sowie 25,-- EUR für das dritte und jedes folgende Blatt der angeschlossenen Zeichnungen,

▶ für das zweite Jahr 65,-- EUR,
▶ für das dritte Jahr 72,-- EUR,
▶ für das vierte Jahr 94,-- EUR,
▶ für das fünfte Jahr 101,-- EUR,
▶ für das sechste Jahr 138,-- EUR,
▶ für das siebente Jahr 174,-- EUR,
▶ für das achte Jahr 247,-- EUR,
▶ für das neunte Jahr 305,-- EUR,
▶ für das zehnte Jahr 370,-- EUR,

---

[18]) BA 20. 11. 1980, B 6/80 – Eckverbindungen – PBl 1981, 78 = ÖBl 1981, 96.
[19]) Zur Unzulässigkeit der Änderung durch Formulierung eines Verwendungsanspruchs: BA 15. 5. 1997, B 8/94 – Dämmsystem für Trennfugen – PBl 2000, 156 = ÖBl-LS 2001/24; zum Ersatz von Funktionsangaben durch Konstruktionsmerkmale: BA 21. 3. 1995, B 23/92 – Schaltfeld – PBl 1996, 35 = ÖBl 1996, 117.
[20]) BA 14 10. 1998, B 11/98, PBl 2000, 166 = ÖBl-LS 2001/25.

- für das elfte Jahr   465,-- EUR,
- für das zwölfte Jahr   523,-- EUR,
- für das dreizehnte Jahr   581,-- EUR,
- für das vierzehnte Jahr   850,-- EUR,
- für das fünfzehnte Jahr   1 068,-- EUR,
- für das sechzehnte Jahr   1 162,-- EUR,
- für das siebzehnte Jahr   1 453,-- EUR,
- für das achtzehnte Jahr   1 744,-- EUR,
- für das neunzehnte Jahr   1 744,-- EUR,
- für das zwanzigste Jahr   1 744,-- EUR.

Für *Zusatzpatente*, die nicht zu selbständigen Patenten erklärt werden (§ 28 PatG), ist die Jahresgebühr für die gesamte Geltungsdauer zu zahlen; sie beträgt 327,-- EUR zuzüglich 25,-- EUR für die sechste und jede folgende Seite der zur Auslegung gelangenden Beschreibung und Patentansprüche sowie 25,-- EUR für das dritte und für jedes folgende Blatt der angeschlossenen Zeichnungen (§ 166 Abs 4 PatG).

Die *Jahresgebühren* sind, vom Tag der Bekanntmachung der Anmeldung im Patentblatt (§ 101 PatG) an gerechnet, von Jahr zu Jahr im Vorhinein fällig. Wird das Patent jedoch erst nach Beginn des zweiten oder eines weiteren Jahres, vom Tag der Bekanntmachung der Anmeldung im Patentblatt an gerechnet, rechtskräftig erteilt, so sind die Jahresgebühren für diese Jahre mit dem Tag nach der Zustellung der Benachrichtigung des Patentinhabers von der Eintragung des Patents in das Patentregister fällig (§ 166 Abs 5 PatG). Die Jahresgebühr für das erste Jahr ist innerhalb von *vier Monaten* nach dem Tag der Bekanntmachung der Anmeldung im Patentblatt (§ 101 PatG) einzuzahlen; andernfalls gilt die Anmeldung als zurückgenommen (§ 166 Abs 6 PatG). Die Jahresgebühren für das zweite und die weiteren Jahre können *drei Monate* vor ihrer Fälligkeit entrichtet werden. Sie sind spätestens innerhalb von sechs Monaten nach der Fälligkeit zu entrichten. Bei jeder Zahlung nach dem Fälligkeitstag ist neben der Jahresgebühr ein Zuschlag von 30 vom Hundert der Jahresgebühr zu entrichten. Der Zuschlag entfällt bei der Zahlung von Jahresgebühren, die erst mit der Benachrichtigung von der Eintragung des Patents in das Patentregister fällig werden (§ 166 Abs 5; § 166 Abs 7 PatG). Die Jahresgebühren können von jeder an dem Patent interessierten Person eingezahlt werden (§ 166 Abs 8 PatG). Eine Rückzahlung der Anmeldegebühr findet nicht statt. Die erste Jahresgebühr wird zur Hälfte zurückerstattet, wenn die Anmeldung nach ihrer Bekanntmachung im Patentblatt (§ 101 PatG) zurückgenommen oder zurückgewiesen wird. Alle weiteren eingezahlten, noch nicht fällig gewordenen Jahresgebühren werden zurückerstattet, wenn auf das Patent verzichtet oder wenn es zurückgenommen oder nichtig erklärt wird (§ 166 Abs 9 PatG).

Die *Zahl der Seiten* der zur Auslegung gelangenden Beschreibung und Patentansprüche sowie die Zahl der Blätter der angeschlossenen Zeichnungen gemäß § 166 Abs 3 und 4 PatG ist nach folgenden Richtlinien zu berechnen:

- Als Seite werden bis zu 40 Zeilen gerechnet;
- Formelbilder sind nach der Fläche, die sie beanspruchen, als volle Zeilen zu rechnen;
- angefangene Seiten werden voll gerechnet;
- als Blatt wird eine Fläche im Höchstausmaß von 34 cm X 22 cm gerechnet.

Sonstige Verfahrensgebühren: Gemäß § 168 Abs 1 PatG betragen die Gebühren für:

- 1. den Einspruch (§ 102 PatG)   58,-- EUR,
- 2. die Beschwerde (§70 PatG) im
  Verfahren ohne Gegenpartei   65,-- EUR,
  mit Gegenpartei   188,-- EUR,
- 3. jeden vor der NA zu
  verhandelnden Antrag   210,-- EUR,
- 4. die Berufung (§ 138 PatG)   319,-- EUR,
- 5.a den Antrag auf Eintragung
  des Vorbenützerrechts (§ 23
  Abs 4 PatG), auf Übertragung
  unter Lebenden (§ 33 Abs 2
  und 3 PatG), auf Eintragung
  einer Lizenz oder einer Lizenz-
  übertragung (§§ 35 bis 37 PatG)
  oder auf eine der sonst im § 43
  PatG vorgesehenen Eintragungen
  in das Patentregister   58,-- EUR,
- 5.b den Antrag auf Eintragung einer
  Streitanmerkung (§ 45 PatG)   23,-- EUR,
- 5.c den Antrag auf Verlängerung der
  Frist für die Äußerung auf den
  Vorbescheid (§ 99 Abs 4 PatG)   12,-- EUR,
- 5.d den Antrag, die Bekanntmachung
  einer Patentanmeldung mehr als
  drei Monate auszusetzen (§ 101
  Abs 4 PatG), für je angefangene
  drei Monate des die ersten drei
  Monate übersteigenden Zeitraumes   58,-- EUR,
- 6.a den Antrag auf Durchführung
  einer Recherche gemäß § 57a
  Z 1 PatG   159,-- EUR,
- 6.b den Antrag auf Erstattung eines
  Gutachtens gemäß § 57a Z 2 PatG,
  wenn der Stand der Technik vom
  Antragsteller bekanntgegeben wird   159,-- EUR,
- 6.c den Antrag auf Erstattung eines
  Gutachtens gemäß § 57a Z 2 PatG,
  wenn der Stand der Technik vom
  PA zu recherchieren ist   239,-- EUR.

Von diesen Gebühren sind die unter § 168 Abs 1 Z 2 bis 5 PatG festgesetzten für *jede* Anmeldung und für *jedes* Patent zu zahlen, die Gegenstand der Beschwerde, der Berufung oder des Antrags sind (§ 168 Abs 2 PatG).

Die Beschwerdegebühr (§ 168 Abs 1 Z 2 PatG) ist zurückerstatten, wenn die Beschwerde im Wesentlichen Erfolg hat und das Verfahren ohne Gegenpartei durchgeführt worden ist. Für die Beschwerde des Anmelders gegen eine Entscheidung der TA ist auch dann nur eine Beschwerdegebühr in einfacher Höhe zu entrichten, wenn der Entscheidung zwei Einsprüche verschiedener Einsprecher zugrunde lagen.[21] Von den im § 168 Abs 1 unter Z 3 und 4 festgesetzten Gebühren ist die Hälfte *zurückzuerstatten*, wenn der vor der NA zu verhandelnde Antrag oder die Berufung zurückgewiesen oder das Verfahren eingestellt wird, ohne dass es zur mündlichen Verhandlung gekommen ist. Von den in § 168 Abs 1 PatG unter Z 5 festgesetzten Gebühren ist die Hälfte zurückzuerstatten, wenn der Antrag vor der Beschlussfassung zurückgezogen wird. Wenn im Falle des § 168 Abs 1 Z 5 lit d PatG die Aussetzung nicht für die volle beantragte Dauer bewilligt wird und auf die bewilligte Dauer eine niedrigere Gebühr als der eingezahlte Betrag entfällt, ist der Mehrbetrag zurückerstatten. Von der Gebühr gemäß § 168 Abs 1 Z 6 lit a und b PatG sind 116,-- EUR, von der Gebühr gemäß § 168 Abs 1 Z 6 lit c 196,-- EUR zurückzuzahlen, wenn der Antrag zurückgewiesen oder vor der Zustellung des Gutachtens zurückgezogen worden ist (§ 168 Abs 3 PatG).

Mit Verordnung können besondere Gebühren für amtliche Veröffentlichungen, Beglaubigungen, Registerauszüge, Patenturkunden, Prioritätsbelege und Amtszeugnisse festgesetzt werden. Bei der Festsetzung des einzelnen Gebührensatzes, der 23,-- EUR nicht übersteigen darf, ist der für die amtliche Tätigkeit erforderliche Arbeits- und Sachaufwand zu berücksichtigen. Soweit die Höhe der Gebühren von der Zahl der Seiten oder Blätter abhängt, ist § 166 Abs 10 PatG anzuwenden (§ 168 Abs 4 PatG).

Anträge auf amtliche Veröffentlichungen und Anträge, deren Bewilligung eine amtliche Veröffentlichung aufgrund des PatG zur Folge hat, sind zurückzuweisen, wenn die hierauf entfallenden Gebühren nicht rechtzeitig gezahlt werden (§ 168 Abs 5 PatG).

Zur *Art der Gebühreneinzahlung* vgl Seite 876.

Die aufgrund des PatG ausgefertigten Patenturkunden sind *stempelfrei*. Im Übrigen bleiben die Vorschriften über Stempel- und unmittelbare Gebühren unberührt (§ 170 PatG).

Gebührenbefreiung: Der Präsident des PA hat auf Antrag die Anmeldegebühr und die Jahresgebühren für das erste, zweite und dritte Jahr oder bloß einzelne dieser Gebühren bis zum Ablauf der Zahlungsfrist für die zweite, dritte oder vierte Jahresgebühr zu stunden, wenn der Antragsteller seine Mittellosigkeit nachweist oder

---

[21]) BA 9. 10. 1985, B 6/84 – Entkoffeinierungsverfahren – PBl 1986, 97 = ÖBl 1986, 59.

eine Anmeldung vorliegt, die offensichtlich die Gewinnung oder Einsparung von Energie zum Ziel hat. Die Erteilung eines Patents auf die Anmeldung darf in diesen Fällen nicht offenbar aussichtslos erscheinen. Die gestundeten Gebühren sind erlassen, wenn das Patent bis zum Ablauf des dritten Jahres der Schutzdauer erlischt. Bei Nichtzahlung der gestundeten Anmeldegebühr erlischt das Patent, je nach der bewilligten Stundungsdauer, mit dem Ablauf des ersten, zweiten oder dritten Jahres der Schutzdauer. Diese Bestimmungen sind auch auf die Anmeldegebühr und die Jahresgebühr für Zusatzpatente anzuwenden. Dabei beginnt der in Betracht kommende Zeitraum mit dem Tag der Bekanntmachung der Zusatzpatentanmeldung im PBl (§ 101 PatG; § 171 Abs 1 PatG). Der Präsident des PA hat die im § 168 Abs 1 Z 1 bis 4 und Z 5 lit c und d PatG vorgesehenen Gebühren zu erlassen, wenn der Antragsteller seine Mittellosigkeit nachweist und der Antrag oder das Rechtsmittel, für die die Gebühr zu zahlen wäre, nicht offenbar mutwillig oder aussichtslos erscheint (§ 171 Abs 2 und 3 PatG). Im Fall der Stundung einer Gebühr nach § 171 Abs 1 PatG gelten die im § 171 Abs 2 PatG angeführten Gebühren, die vom Anmelder im Verfahren über die Anmeldung zu entrichten wären, als erlassen (§ 171 Abs 4 PatG). Die gemäß § 171 Abs 1 PatG ausgesprochene Begünstigung geht nicht auf den Rechtsnachfolger des Begünstigten über. Bei einer Mehrheit von Patentanmeldern und bei Streitgenossen dürfen die Begünstigungen nur bewilligt werden, wenn die Voraussetzungen bei sämtlichen Beteiligten zutreffen (§ 171 Abs 5 PatG).[22]

5.2.5. Wirkungen der Anmeldung

Formell leitet sie das Patenterteilungsverfahren ein, *materiell* entstehen übertragbare Rechte (§ 33 PatG): der konkrete Anspruch auf Patenterteilung[23] – soweit kein Patenthindernis entgegensteht – und die Anmeldungspriorität (vgl Seite 897). Es gilt das *Anmeldeprinzip*: Derjenige, der die Erfindung als erster anmeldet, hat das bessere Recht (anders etwa das *„first to invent"*-Prinzip in den USA). Derjenige, der die Erfindung aber schon früher verwendet hat, erhält zumindest ein Vorbenützerrecht (Seite 926).

5.2.6. Teilung

Der Anmelder kann die Anmeldung bis zur Fassung des Bekanntmachungsbeschlusses (§ 101 Abs 1 PatG) oder des Zurückweisungsbeschlusses (§ 100 Abs 1 PatG) freiwillig teilen.[24] Wird der ausgeschiedene Teil nicht zugleich mit der Teilung gesondert angemeldet, so ist dem Anmelder hiefür eine Frist zu setzen, wenn er dies bei der Teilung beantragt hat (§ 92a Abs 1 PatG). Ist die Anmeldung uneinheitlich (§ 88 PatG) oder ist sie unzulässig abgeändert worden (§ 91 Abs 3), so ist

---

[22]) Zum Übergang bei einer Änderung des Gebührenausmaßes: § 172a PatG.
[23]) Dies ist kein im Zivilrecht begründeter Anspruch: VfGH 1. 10. 1981, Zl B 5/81, PBl 1981, 170 = VfSlg 9198 = ZfVB 1982/1504 = ÖJZ 1982, 417 = ÖBl 1982, 10.
[24]) Vgl dazu BA 8. 7. 1981, B 48/80, ÖBl 1984, 41 (*Hofinger* und *Barger*) = PBl 1984, 150.

der Anmelder mit Vorbescheid zur Teilung der Anmeldung aufzufordern und ihm eine Frist zur gesonderten Anmeldung des auszuscheidenden Teiles zu setzen (§ 92a Abs 2 PatG). Auf Antrag des Anmelders ist die Uneinheitlichkeit (§ 88 PatG) der Anmeldung mit Beschluss festzustellen. Mit diesem ist dem Anmelder eine mit Rechtskraft des Beschlusses beginnende Frist zur Teilung der Anmeldung und zur gesonderten Anmeldung des auszuscheidenden Teiles zu setzen (§ 92a Abs 3 PatG). Wird die Anmeldung ganz oder teilweise zurückgewiesen, weil sie unzulässig abgeändert (§ 91 Abs 3 PatG) und trotz Aufforderung nicht geteilt worden ist oder weil ein auf § 102 Abs 2 Z 3 PatG gestützter Einspruch Erfolg hat, so ist dem Anmelder mit diesem Beschluss eine mit dessen Rechtskraft beginnende Frist zur gesonderten Anmeldung der unzulässigen Abänderungen zu setzen (§ 92a Abs 4 PatG). Erfolgt die gesonderte Anmeldung zugleich mit der Teilung der ursprünglichen Anmeldung (§ 92a Abs 1 PatG) oder nach der Teilung innerhalb der zur gesonderten Anmeldung gesetzten Frist (§ 92a Abs 1 bis 4 PatG), so kommt ihr als Anmeldetag der Tag zu, an dem die ursprüngliche Anmeldung beim PA eingereicht bzw an dem die Abänderung dem PA im Verfahren über die ursprüngliche Anmeldung bekannt gegeben worden ist (§ 92a Abs 5 PatG).

5.2.7. Umwandlung

Der Anmelder kann bis zur Fassung des Bekanntmachungsbeschlusses (§ 101 Abs 1 PatG) oder des Zurückweisungsbeschlusses (§ 100 Abs 1 PatG) die Umwandlung der Anmeldung in eine *Gebrauchsmusteranmeldung* beantragen.[25] Dieser Gebrauchsmusteranmeldung kommt als Anmeldetag der Tag zu, an dem die Patentanmeldung beim PA eingereicht worden ist (§ 92b PatG).

5.3. Priorität

Literaturhinweise: *Popper*, Wann ist eine Auslandsmeldung so beschaffen, daß sie als erste Anmeldung die Unionsfrist in Lauf setzt? ÖBl 1933, 5; *Popper*, Unionsvertrag Art. 4 – Erstanmeldung und Nachanmeldung, ÖBl 1933, 20; *Bing*, „Première demande" – „régulièrement fait le dépôt" – Art. 4 UV, ÖBl 1937, 20; *Puchberger*, Die Formvorschriften des Pariser Unionsvertrages für die Anmeldung von Patenten, ÖBl 1952, 10; *Smolka*, Die Aufnahme verschiedenen Prioritäten entsprechender Teile des Anmeldungsgegenstandes in gesonderte Ansprüche einer österreichischen Patentanmeldung, ÖBl 1962, 81; *Beer*, Zeitpunkt der Anmeldung, FS 75 Jahre PA (1974) 108.

In der Konkurrenz der Rechte an einer Erfindung untereinander entscheidet die Priorität:

5.3.1. Anmeldepriorität

Als Tag der Anmeldung gilt der Tag des Einlangens der Anmeldung beim PA (§ 87 Abs 2 PatG). Mit dem Tag der ordnungsgemäßen Anmeldung eines Patents (§§ 87 bis 92 PatG) erlangt der Anmelder das *Recht der Priorität* für seine Erfin-

---

[25]) Vgl dazu BA 25. 7. 1995, B 2/93 – Hochspannungsseil – PBl 1996, 255 = ÖBl 1997, 61.

dung (§ 93 Abs 1 PatG); er hat gegenüber jeder später angemeldeten gleichen Erfindung den Vorrang (§ 93 Abs 2 PatG).

Weist die Anmeldung *Mängel* auf, so wirkt deren rechtzeitige Behebung (§ 99 PatG) auf den Tag der ersten Überreichung zurück, sofern die Behebung der Mängel das Wesen der Erfindung nicht berührt hat (§ 93 Abs 3 PatG).

5.3.2. Innere Priorität

Neu ist die Anerkennung der so genannten *„inneren Priorität"* (§ 93a PatG; PatG-Novelle 1998): Dem Anmelder steht innerhalb einer Frist von zwölf Monaten nach dem Anmeldetag einer beim PA eingereichten früheren Patent- oder Gebrauchsmusteranmeldung für eine dieselbe Erfindung betreffende spätere Patentanmeldung das Recht der Priorität der früheren Patent- oder Gebrauchsmusteranmeldung zu. Die Voraussetzungen und die Wirkungen dieses Prioritätsrechts entsprechen denen des Art 4 PVÜ.[26]

5.3.3. Auslandspriorität

Vorgaben der PVÜ: Wer in einem der Verbandsländer die Anmeldung für ein Erfindungspatent vorschriftsmäßig hinterlegt hat, oder sein Rechtsnachfolger genießt für die Hinterlegung in den anderen Ländern während der unten bestimmten Fristen ein Prioritätsrecht (Art 4 A Abs 1 PVÜ). Als prioritätsbegründend wird jede Hinterlegung anerkannt, der nach den innerstaatlichen Rechtsvorschriften jedes Verbandslandes oder nach den zwischen Verbandsländern abgeschlossenen zwei- oder mehrseitigen Verträgen die Bedeutung einer vorschriftsmäßigen nationalen Hinterlegung zukommt (Art 4 A Abs 2 PVÜ). Unter vorschriftsmäßiger nationaler Hinterlegung ist jede Hinterlegung zu verstehen, die zur Festlegung des Zeitpunkts ausreicht, an dem die Anmeldung in dem betreffenden Land hinterlegt worden ist, wobei das spätere Schicksal der Anmeldung ohne Bedeutung ist (Art 4 A Abs 3 PVÜ). Art 4 B PVÜ erläutert die Ratio dieser Regelung: Die spätere, jedoch vor Ablauf dieser Prioritätsfrist in einem der anderen Verbandsländer bewirkte Hinterlegung kann nicht durch inzwischen eingetretene Tatsachen, insbesondere durch eine andere Hinterlegung, durch die Veröffentlichung der Erfindung oder deren Ausübung, unwirksam gemacht werden; „diese Tatsachen können kein Recht Dritter und kein persönliches Besitzrecht begründen". Andererseits wird in Art 4 B PVÜ klargestellt: „Die Rechte, die von Dritten vor dem Tag der ersten, prioritätsbegründenden Anmeldung erworben worden sind, bleiben nach Maßgabe der innerstaatlichen Rechtsvorschriften eines jeden Verbandslandes gewahrt". Die Prioritätsfrist beträgt *zwölf Monate* (Art 4 C Abs 1 PVÜ). Die in den verschiedenen Verbandsländern von Verbandsangehörigen angemeldeten Patente sind unabhängig von den Patenten, die für dieselbe Erfindung in anderen Ländern erlangt worden sind, mögen diese Länder dem Verband angehören oder nicht (Art 4bis Abs 1

---

[26]) Zu Art 4 lit G Abs 2 PVÜ vgl VfGH 16. 3. 1984, Zl B 436/80, VfSlg 10.003 = PBl 1985, 141 = ÖBl 1985, 124 = ZfVB 1984/3171; BA 19. 12. 1983, B 22/83– Selbstentwicklerkamera – PBl 1984, 110 = ÖBl 1984, 90.

PVÜ). Diese Bestimmung ist ohne jede Einschränkung zu verstehen, insbesondere in dem Sinn, dass die während der Prioritätsfrist angemeldeten Patente sowohl hinsichtlich der Gründe der Nichtigkeit und des Verfalls als auch hinsichtlich der gesetzmäßigen Dauer unabhängig sind (Art 4bis Abs 2 PVÜ). Die mit Prioritätsvorrecht erlangten Patente genießen in den einzelnen Verbandsländern die gleiche Schutzdauer, wie wenn sie ohne das Prioritätsvorrecht angemeldet oder erteilt worden wären (Art 4bis Abs 5 PVÜ).

Österreichische Regelung: Das PatG hat diese Regelungsvorgabe der PVÜ erweitert. Dem Anmelder steht innerhalb einer Frist von zwölf Monaten nach dem Anmeldetag einer früheren Patent- oder Gebrauchsmusteranmeldung, die bei einer Anmeldestelle eingereicht wurde, die nicht vom Geltungsbereich einer zwischenstaatlichen Vereinbarung über die Anerkennung der Priorität erfasst ist, für eine dieselbe Erfindung betreffende spätere Patentanmeldung im Inland das Recht der Priorität der früheren Patent- oder Gebrauchsmusteranmeldung zu, wenn eine entsprechende Gegenseitigkeit mit dieser Anmeldestelle durch eine vom zuständigen Bundesminister im BGBl zu verlautbarende Kundmachung festgestellt ist. Die Voraussetzungen und die Wirkungen dieses Prioritätsrechts entsprechen denen des Art 4 PVÜ (§ 93b PatG).

Teilprioritäten: Gesonderte Prioritäten für einzelne Teile des Anmeldungsgegenstandes (Teilprioritäten) können nur aufgrund der §§ 93a oder 93b PatG oder von zwischenstaatlichen Vereinbarungen[27] beansprucht werden. Solche Teilprioritäten sind auch dann zulässig, wenn für die Priorität eines Merkmales des Anmeldungsgegenstandes der Tag des Einlangens der Anmeldung beim PA maßgebend bleibt. Für einen Patentanspruch können auch mehrere Prioritäten beansprucht werden (§ 94 Abs 1 PatG).[28] Die *Anmeldegebühr* ist in dem der Zahl aller beanspruchten Prioritäten der Anmeldung entsprechenden Vielfachen ihres Ausmaßes zu zahlen. Wird die volle Zahlung nicht innerhalb der hiefür gesetzten Frist ordnungsgemäß nachgewiesen (§ 169 PatG), so bestimmt sich die Priorität der Anmeldung nach dem Tag ihres Einlangens beim PA (§ 93 PatG), und der eingezahlte Teilbetrag ist, soweit er die einfache Anmeldegebühr übersteigt, zurückzuzahlen (§ 94 Abs 2 PatG).

Prioritätserklärung: Die aufgrund der §§ 93a oder 93b PatG oder von zwischenstaatlichen Vereinbarungen eingeräumten Prioritätsrechte sind *ausdrücklich in Anspruch zu nehmen*. Dabei sind der Tag der Anmeldung, deren Priorität in Anspruch genommen wird, und das Land, in dem diese Anmeldung bewirkt worden ist, anzugeben (*Prioritätserklärung*; vgl Art 4 D PVÜ). Ferner ist das Aktenzeichen dieser Anmeldung anzuführen (§ 95 Abs 1 PatG). Die Prioritätserklärung ist innerhalb von *zwei Monaten* nach dem Einlangen der Anmeldung beim PA abzugeben. Innerhalb dieser Frist kann die Berichtigung der Prioritätserklärung bean-

---

[27]) Vgl auch Art 4 G PVÜ.
[28]) Zu den Voraussetzungen der Zuerkennung einer Teilpriorität für einen unabhängigen Anspruch: BA 27. 4. 1998, B 13/95 – Bearbeitungsvorrichtung für Glastafeln – PBl 1999, 40 = ÖBl 1999, 176.

tragt werden. Der Antrag unterliegt einer *Gebühr* im Ausmaß der Hälfte der Anmeldegebühr (§ 166 Abs 1 PatG). Bei Teilprioritäten (§ 94 PatG) beträgt diese Gebühr das der Anzahl der zu berichtigenden Prioritäten entsprechende Vielfache (§ 95 Abs 2 PatG). Hängt die Erlangung oder Aufrechterhaltung des Schutzrechts davon ab, ob die Priorität zu Recht beansprucht wurde, so ist das Prioritätsrecht nachzuweisen.

Prioritätsbelege: Mit Verordnung ist zu bestimmen, welche Belege für diesen Nachweis (*Prioritätsbelege*) erforderlich und wann sie vorzulegen sind (§ 95 Abs 3 PatG). Nähere Ausführungsbestimmungen dazu enthält die PGMMV: Die zum Nachweis des rechtzeitig beanspruchten Prioritätsrechts gemäß § 95 PatG dienenden Belege sind innerhalb einer festzusetzenden angemessenen Frist vorzulegen. Die Frist darf nicht vor Ablauf von drei Monaten nach dem Tag der Anmeldung im Inland enden. Sie ist aus rücksichtswürdigen Gründen zu verlängern (§ 2 PGMMV). Als *Prioritätsbeleg* ist eine Abschrift der Anmeldung, deren Priorität in Anspruch genommen wird, mit einer Bestätigung der zuständigen Behörde des Staates, in dem diese Anmeldung erfolgt ist, über den Zeitpunkt ihrer Hinterlegung und über die Übereinstimmung der Abschrift mit der Anmeldung vorzulegen (§ 3 Abs 1 PGMMV). Eine *Beglaubigung* der vorzulegenden Urkunden ist nicht erforderlich (§ 3 Abs 2 PGMMV). Als Prioritätsbeleg kann auch eine amtliche Urkunde über die Registrierung der Marke vorgelegt werden (§ 19 PGMMV).[29] Erfolgt die inländische Anmeldung nicht durch denselben Anmelder, der die Anmeldung, deren Priorität in Anspruch genommen wird, vorgenommen hat, so ist die *Rechtsnachfolge* nachzuweisen (§ 3 Abs 3 PGMMV). Sind die vorgelegten Urkunden nicht in deutscher, englischer oder französischer Sprache abgefasst, so ist auch eine beglaubigte *Übersetzung* in eine dieser Sprachen anzuschließen; das PA ist jedoch befugt, eine beglaubigte Übersetzung in die deutsche Sprache zu verlangen, sofern dies sachlich gerechtfertigt ist (§ 3 Abs 4 PGMMV. Als Prioritätsbeleg kann an Stelle der Abschrift der Anmeldung auch ein Exemplar einer aufgrund der früheren Anmeldung ausgegebenen *amtlichen Publikation* vorgelegt werden, sofern die zuständige Behörde bestätigt, dass diese Publikation mit der Anmeldung, deren Priorität in Anspruch genommen wird, vollständig übereinstimmt (§ 16 Abs 1 PGMMV). Wird die Priorität der Anmeldung eines Gebrauchsmusters in Anspruch genommen, so ist mit dem Prioritätsbeleg auch eine mit der Anmeldung etwa überreichte Nach- oder Abbildung eines Modells vorzulegen. Die Übereinstimmung der Nach- oder Abbildung mit der mit der Anmeldung des Gebrauchsmusters vorgrlegten Nach- oder Abbildung sowie gegebenenfalls der Umstand, dass mit der

---

[29]) Die Verbandsländer können von demjenigen, der eine Prioritätserklärung abgibt, verlangen, dass er die frühere Anmeldung in Abschrift vorlegt; die Abschrift, die von der Behörde, die diese Anmeldung empfangen hat, als übereinstimmend bescheinigt ist, ist von jeder Beglaubigung befreit und kann auf alle Fälle zu beliebiger Zeit innerhalb einer Frist von drei Monaten nach der Hinterlegung der späteren Anmeldung gebührenfrei eingereicht werden. Es kann verlangt werden, dass ihr eine von dieser Behörde ausgestellte Bescheinigung über den Zeitpunkt der Hinterlegung und eine Übersetzung beigefügt werden (Art 4 D Abs 3 PVÜ). Art 4 D Abs 4 erster Satz PVÜ: „Andere Förmlichkeiten für die Prioritätserklärung dürfen bei der Hinterlegung der Anmeldung nicht verlangt werden." Art 4 D Abs 5 PVÜ: „Später können weitere Nachweise verlangt werden."

Anmeldung keine Beschreibung vorgelegt wurde, ist von der zuständigen Behörde zu bestätigen (§ 16 Abs 2 PGMMV).

Fristversäumnis: Wird die Prioritätserklärung nicht rechtzeitig abgegeben, werden die Prioritätsbelege nicht rechtzeitig vorgelegt oder wird das Aktenzeichen der Anmeldung, deren Priorität in Anspruch genommen wird, auf amtliche Aufforderung nicht fristgerecht bekannt gegeben, so bestimmt sich die Priorität nach dem Tag der Anmeldung im Inland (§ 95 Abs 4 PatG).

Gebühren für Prioritätsbelege: Für Prioritätsbelege dürfen nur vom PA angefertigte Kopien verwendet werden (§ 20 Abs 2 PGMMV). Die Gebühren für Prioritätsbelege betragen für jede kopierte Seite 1,-- EUR (§ 20 Abs 1 Z 1 PGMMV).

5.4. Vorprüfung

Literaturhinweise: *Lant*, Was kann vor dem Bekanntmachungsbeschluß als Verzicht auf ein Recht aus der Patentanmeldung angesehen werden? ÖBl 1933, 7; *Puchberger*, Gedanken über die Zukunft der österreichischen Vorprüfung von Patentanmeldungen, ÖBl 1967, 25; *Collin*, Das ältere Recht in Österreich, ÖBl 1968, 73; *Révy von Belvárd*, Gedanken zur Effektivierung des Patentschutzes in Österreich, ÖBl 1972, 84; *Pulitzer*, Gedanken zur Effektivierung des Patentschutzes in Österreich, ÖBl 1973, 1.

Die Anmeldung unterliegt einer Vorprüfung durch ein Mitglied der TA. Die finanzielle Ertragsfähigkeit der Erfindung ist dabei nicht zu beurteilen (§ 99 Abs 1 PatG). Die Anmeldung wird sowohl in *formeller* Hinsicht (Unterschrift, Gebühren etc) als auch in *materieller* Hinsicht (Neuheit, Erfindungshöhe etc) geprüft. Entspricht hierbei die Anmeldung nicht den vorgeschriebenen Anforderungen, so ist der Anmelder aufzufordern, die Mängel innerhalb einer bestimmten Frist zu beheben (§ 99 Abs 2 PatG). Ergibt die Vorprüfung, erforderlichenfalls nach der Vernehmung von Sachverständigen, dass eine nach den §§ 1 bis 3 PatG patentierbare Erfindung offenbar nicht vorliegt, so ist hievon der Anmelder nach allfälliger Vernehmung durch den Prüfer unter Angabe der Gründe (also insbesondere Hinweise auf neuheitsschädliche Druckschriften, so genannte „*Vorhalte*") mit der Aufforderung zu benachrichtigen, sich binnen einer bestimmten Frist zu äußern (§ 99 Abs 3 PatG). Die Frist (§ 99 Abs 2 und 3 PatG) kann auf Antrag verlängert werden. Gegen die Abweisung eines Antrags auf Fristverlängerung ist kein Rechtsmittel zulässig, doch kann die Äußerung auf den Vorbescheid noch innerhalb von zwei Wochen nach der Zustellung des abweisenden Beschlusses nachgeholt werden (§ 99 Abs 4 PatG). Wird innerhalb der Frist weder eine Äußerung auf den Vorbescheid (§ 99 Abs 2 und 3 PatG) noch ein Antrag auf Verlängerung der Frist überreicht, so gilt die Anmeldung als zurückgenommen. Diese Rechtsfolge tritt außer Kraft, wenn binnen vier Monaten nach Ablauf der Frist (§ 99 Abs 2 und 3 PatG) die Äußerung auf den Vorbescheid nachgeholt, eine Gebühr im Ausmaß der Anmeldegebühr (§ 166 Abs 1 PatG) gezahlt und die Zahlung dieser Gebühr ordnungsgemäß nachgewiesen wird (§ 169 PatG). Ist die rechtzeitige Zahlung nicht ordnungsgemäß nachgewiesen worden, so ist dem Anmelder hiefür eine einmonatige, nicht erstreckbare Frist zu setzen (§ 99 Abs 5 PatG). Der Präsident des PA kann Richtlinien über Grundsätze der Vorprüfung sowie über das dabei von den Mitgliedern der TA zu beachtende Verfahren aufstellen. Er kann dabei insbesondere das Ausmaß der amtlich festzusetzenden Fristen bestimmen. Dabei ist auf eine möglichst rationelle und genaue Vorprüfung sowie auf eine einheitliche Behandlung der Anmeldungen durch die TA Bedacht zu nehmen (§ 99 Abs 6 PatG).

5.5. Zurückweisung der Anmeldung

Ist durch die ursprüngliche oder die verbesserte Anmeldung den vorgeschriebenen Anforderungen nicht entsprochen worden oder ergibt sich, dass eine nach den §§ 1 bis 3 PatG patentfähige Erfindung offenbar nicht vorliegt (§ 99 PatG), so wird die Anmeldung *zurückgewiesen* (§ 100 Abs 1 PatG). Treffen diese Voraussetzungen nur *zum Teil* zu, so wird nur der entsprechende Teil der Anmeldung zurückgewiesen. Soll die Zurückweisung aus einem Grund erfolgen, der dem Anmelder nicht bereits anlässlich der Vorprüfung bekannt gegeben war, so ist ihm vorher Gelegenheit zu geben, sich auch über diesen Abweisungsgrund binnen einer bestimmten Frist zu äußern (§ 100 Abs 2 PatG).[30] Gegen die Zurückweisung kann der Anmelder *Beschwerde* erheben (§ 108 PatG; Seite 909).

5.6. Öffentliche Bekanntmachung und Auslegung

Literaturhinweise: *Schönherr*, Die Einsicht in Akten des Patentamtes, ÖBl 1968, 103; *Gall*, Patentklassifikationssysteme und ihr Einsatz im Österreichischen Patentamt, FS 75 Jahre PA (1974) 130; *E. Engin-Deniz*, Patentanmeldung und einstweiliger Patentschutz, ecolex 2000, 727.

Erachtet das PA die Anmeldung für gehörig erfolgt und die Erteilung eines Patents nicht für ausgeschlossen, so verfügt es die öffentliche Bekanntmachung der Anmeldung (*Aufgebot*).[31] Dadurch soll es den interessierten Kreisen ermöglicht werden, gegen die Patenterteilung Einspruch zu erheben. Die Bekanntmachung der Anmeldung geschieht in der Weise, dass der Name und der Wohnort des Anmelders und eine kurze sachgemäße Bezeichnung des Gegenstandes der Erfindung (*Titel*) sowie der *Tag* der Anmeldung durch das amtliche PBl veröffentlicht werden (§ 101 Abs 1 PatG). Nach der Fassung des Bekanntmachungsbeschlusses können im Allgemeinen keine neuen Merkmale aus der Beschreibung in die Ansprüche aufgenommen werden.[32] Andernfalls könnte es zu einer Verschiebung des Erfindungsgegenstan-

So schön war das österreichisch-ungarische Patentblatt.

---

[30]) Vgl dazu bei Nichtgewähren einer Fristverlängerung für die Äußerung und fortbestehenden Bedenken: BA 20. 1. 1982, B 7/81, PBl 1982, 100 = ÖBl 1982, 92.
[31]) Der Tag der Bekanntmachung der Patentanmeldung ist im Anmeldungsakt ersichtlich zu machen (§ 7 PAV).
[32]) BA 10. 4. 2002, B 5/2000 – Straßenkehrbesen – PBl 2002, 152 = ÖBl-LS 2003/15.

des kommen und Dritte hätten keine entsprechende Möglichkeit, zu den neu definierten Merkmalen Stellung zu nehmen. *Einschränkungen* (Teilverzicht) sind zulässig.[33]

Mit dem Tag der Ausgabe des Patentblattes (*Bekanntmachung*), der auf demselben ersichtlich zu machen ist, treten für den Gegenstand der Anmeldung zugunsten des Anmelders *einstweilen* die gesetzlichen *Wirkungen* des Patents ein (§ 22 PatG; § 101 Abs 2 PatG).[34] Erst von da an besteht die Möglichkeit, Rechte aus dem angemeldeten Patent zu verletzen.[35] Vgl zum einstweiligen Patentschutz auch § 158 Abs 1 PatG (Seite 959).

Die Anmeldung ist mit sämtlichen Beilagen durch *vier Monate*, vom Tag der Bekanntmachung an gerechnet, an allen Tagen, an denen das PA zur Entgegennahme von Patentanmeldungen geöffnet ist, zur allgemeinen Einsicht beim PA *auszulegen*. Das PA kann erforderlichenfalls die Auslegung auch an anderen Orten verfügen. Durch Verordnung ist zu bestimmen, wie die Einsichtnahme vor sich zu gehen hat; dabei ist unter Wahrung der Rechte des Anmelders auf eine zweckmäßige und geordnete Durchführung der Einsichtnahme hinzuwirken. Der Präsident hat unter Bedachtnahme auf die Interessen des Dienstes und der an der Einsichtnahme interessierten Öffentlichkeit für die Besucher der Auslegehalle eine Hausordnung zu erlassen und kann Personen, die trotz schriftlicher Verwarnung wiederholt gegen diese Hausordnung verstoßen, bis zu sechs Monaten von der Einsichtnahme ausschließen (§ 101 Abs 3 PatG).

Auf Antrag des Anmelders sind die Bekanntmachung und die Auslegung bis zum Ablauf von drei Monaten, vom Tag des Beschlusses über die Bekanntmachung an gerechnet, *auszusetzen*. Sie kann auf Antrag des Anmelders auch bis zum Ablauf eines Jahres, von dem bezeichneten Tag an gerechnet, ausgesetzt werden (§ 101 Abs 4 PatG). Eine längere Aussetzung ist nicht zulässig.[36] Für einen solchen Antrag gibt es in der Praxis unterschiedliche Gründe: Der Anmelder will etwa die Erfindung noch geheim halten, weil er sie weiterentwickelt und nicht andere durch die Bekanntmachung zu ähnlichen Entwicklungen anregen will. Oder der Anmelder will die wirtschaftliche Verwertung zunächst noch vorbereiten. Oder der An-

---

[33]) BA 12. 1. 1999, B 7 und 9/97 – Schubladen-Seitenwandprofil – PBl 2000, 47 = ÖBl-LS 00/49; BA 1. 12. 1987, B 63/86 – Schutzgas – PBl 1988, 124 = ÖBl 1988, 98; BA 27. 10. 1987, B 49/85 – Fliegendes Objekt – PBl 1988, 195 = ÖBl 1989, 11; zur bloßen Behebung von Unklarheiten oder Fehlern: BA 23. 1. 1990, B 11/88 – prothrombischer Komplex – PBl 1990, 189 = ÖBl 1990, 249; BA 19. 1. 1990, B 23/88 – Spulennabe – PBl 1990, 134 = ÖBl 1990, 150. Zur Umwandlung von im Oberbegriff als Zweckangaben angeführten Merkmalen in zwingende Merkmale: BA 17. 9. 1996, B 20/95 – Strahlungsheizstelle – PBl 1997, 223 = ÖBl 1998, 66; zur Umwandlung eines vorzugsweise deklarierten Merkmals zu einem zwingenden Merkmal als zulässige Einschränkung: BA 12. 5. 1987, B 41/85 – Gattersägeeingang – PBl 1988, 54 = ÖBl 1988, 37. Keine „Einschränkung" durch Neuaufnahme eines nicht bekannt gemachten Merkmals: BA 2. 2. 1989, B 38/85 – Stranggußkokillen – PBl 1989, 116 = ÖBl 1989, 98.

[34]) Zu Benützungshandlungen vor Beginn des einstweiligen Patentschutzes: OGH 25. 3. 1986, 4 Ob 312/86 – UNO-City II – ÖBl 1986, 116 = PBl 1987, 10; OGH 15. 5. 1985, 4 Ob 317, 318/85 – UNO-City I – ÖBl 1985, 129 = PBl 1986, 27 = SZ 58/86.

[35]) OGH 8. 11. 1983, 4 Ob 395/83 – Gebäude aus mehreren Kerntürmen – ÖBl 1984, 115 = PBl 1984, 203.

[36]) BA 21. 6. 1991, B 1/91, PBl 1992, 183 = ÖBl 1992, 199.

melder befürchtet, durch die Bekanntmachung die Neuheit in jenen Ländern zu verwirken, in denen er die Unionspriorität nicht nutzen kann.

Die Bekanntmachung und Auslegung einer Patentanmeldung hat frühestens mit dem 15. des dem Eintritt der Rechtskraft des Bekanntmachungsbeschlusses folgenden Kalendermonats zu erfolgen. Eine Aussetzung der Bekanntmachung und Auslegung der Anmeldung gemäß § 101 Abs 4 PatG darf nur bewilligt werden, wenn der Aussetzungsantrag spätestens am 7. des Monats, in dem die Anmeldung bekanntgemacht und ausgelegt werden soll, beim PA eingelangt ist (§ 17 Abs 1 PGMMV). Wurde die Aussetzung der Bekanntmachung und der Auslegung der Anmeldung gemäß § 101 Abs 4 PatG bewilligt, so erfolgt die Bekanntmachung und Auslegung am 15. des dem Ende der Aussetzung folgenden Kalendermonats (§ 17 Abs 2 PGMMV). Das PA hat über die ausgelegten Patentanmeldungen geeignete Vormerkungen zu führen, damit jede ausgelegte Anmeldung bei Angabe des Namens des Anmelders und der Klasse, in die die Anmeldung fällt, leicht und rasch ermittelt werden kann (§ 17 Abs 3 PGMMV).

5.7. Einspruch

Literaturhinweise: *Bing*, Einspruchsverfahren – verspätetes Material, ÖBl 1933, 2; *Gallia*, Unzulässiger Einspruch, ÖBl 1933, 13; *Lant*, Einspruchsverfahren. – Versagung in erster Instanz. – Patenterteilung wegen Zurückziehung des Einspruches, ÖBl 1933, 30; *Pollak*, Einspruchsverfahren – Rechtspersönlichkeit des Einsprechers – Fachgruppe eines Verbandes, ÖBl 1933, 22; *Theumer*, § 58/2 P. G. – „Bestimmte Tatsache", ÖBl 1933, 29; *Theumer*, Einspruchsverfahren – Kosten, ÖBl 1933, 76; *Bing*, „Einspruchsverfahren – Versagung in erster Instanz – Zurückziehung des Einspruches im Beschwerdeverfahren" ÖBl 1935, 11; *Knittel*, Fragen der Berechnung von Gebühren gemäß § 168 Abs 1 PatG im Fall mehrerer Einschreiter, ÖBl 1980, 3.

Unabhängig von der Möglichkeit, gegen das erteilte Patent mit einem Nichtigkeitsantrag vorzugehen (Seite 937), sieht das Patentrecht – anders als das Marken- und Musterrecht – bereits im Zuge des Anmeldeverfahrens eine Möglichkeit vor, das entstehende Schutzrecht anzugreifen: Innerhalb von *vier Monaten* seit dem Tag der Bekanntmachung kann gegen die Patenterteilung Einspruch erhoben werden (§ 102 PatG).[37] Das Einspruchsverfahren kann also nicht von amtswegen eröffnet werden. [38]Der Einspruch muss spätestens am letzten Tag der Frist im PA eingelangt sein (§ 102 Abs 1 PatG).[39] Es ist daher nicht zulässig, nach Ablauf der Einspruchsfrist einen Vorhalt gegen einen anderen auszutauschen (zB von einer Druckschrift eine

---

[37]) Hat der Anwalt zuvor einen der Miterfinder bei der Patentanmeldung vertreten, so ist die Vertretung eines anderen Klienten bei der Einspruchserhebung gegen dieses Patent eine standeswidrige materielle Doppelvertretung (OBDK 13. 11. 2000, 3 Bkd 4/00, AnwBl 2002, 482 [*Strigl*]).

[38]) BA 4. 6. 2002, B 12/2000 – Reibringe – PBl 2003, 60 = ÖBl-LS 2003/98.

[39]) Die Tatsachen, die der Anmeldung entgegenstehen, sind innerhalb der Einspruchsfrist vorzutragen (BA 21. 5. 1999, B 2/98 – Hohlprofilleisten – PBl 2001, 56 = ÖBl-LS 01/77). Im Beschwerdeverfahren steht neuen Entgegenhaltungen das Neuerungsverbot engegen: BA 13. 5. 1998, B 4 und 5/95 – Ozonbleiche – PBl 2000, 180 = ÖBl-LS 01/58. Zur amtswegigen Berücksichtigung verspätet vorgebrachter Entgegenhaltungen, um die Erteilung eines offensichtlich nichtigen Patentes zu verhindern: BA 2. 12. 1997, B 8/96 – Drehkippflügel – PBl 1999, 169 = ÖBl 2000, 58.

frühere Auflage vorzulegen).[40] Der Einspruch ist *schriftlich* in zweifacher Ausfertigung einzubringen. Er kann nur auf folgende durch bestimmte Tatsachen begründete Behauptungen gestützt werden (§ 102 Abs 2 PatG):[41]

- dass der Gegenstand der bekanntgemachten Anmeldung nach den §§ 1 bis 3 PatG nicht patentierbar ist (*Mangel der Patentfähigkeit*; § 102 Abs 2 Z 1 PatG),[42]
- dass die bekanntgemachte Anmeldung die Erfindung nicht so deutlich und vollständig *offenbart*, dass ein Fachmann sie ausführen kann (§ 102 Abs 2 Z 2 PatG);
- dass der Gegenstand der bekanntgemachten Anmeldung über den Inhalt der Anmeldung in ihrer ursprünglich eingereichten, den Anmeldetag begründenden Fassung *hinausgeht* (§ 102 Abs 2 Z 3 PatG);[43]
- dass der gemäß § 87a Abs 2 Z 1 PatG hinterlegte *Mikroorganismus* nicht ständig entweder bei der ursprünglichen Hinterlegungsstelle im Sinne des Budapester Vertrages oder bei einer anderen Hinterlegungsstelle, an die er nach diesem Vertrag weitergeleitet worden ist, zugänglich war, es sei denn, der Anmelder weist nach,
    - dass er den Mikroorganismus erneut hinterlegt hat und die Hinterlegung gemäß Art 4 dieses Vertrages zu behandeln ist, als wäre sie am Tag der ursprünglichen Hinterlegung erfolgt, oder
    - dass er an einer solchen erneuten Hinterlegung durch ein unvorhergesehenes oder unabwendbares Ereignis gehindert worden ist und sie binnen zwei Monaten nach dem Wegfall des Hindernisses nachgeholt hat (§ 102 Abs 2 Z 4 PatG);
- dass der Anmelder *keinen Anspruch* auf die Erteilung des Patents (§ 4 Abs 1, §§ 6 und 7 PatG) hat (§ 102 Abs 2 Z 5 PatG; zum Einspruch gemäß § 102 Abs2 Z 5 PatG ist nur berechtigt, wer Anspruch auf Erteilung des Patents hat, § 102 Abs 3 PatG; zB ein Dienstnehmer meldet eine Diensterfindung zu Unrecht auf seinen eigenen Namen an oder einer von mehreren Miterfindern meldet die Erfindung allein an);
- dass der wesentliche Inhalt der angefochtenen Anmeldung den Beschreibungen, Zeichnungen, Modellen, Gerätschaften oder Einrichtungen eines anderen oder einem von diesem angewendeten Verfahren ohne dessen Einwilligung entnommen worden ist (*rechtswidrige Entnahme*; § 102 Abs 2 Z 6 PatG; zum Einspruch gemäß § 102 Abs 2 Z 6 PatG ist nur der Beeinträchtigte berechtigt, § 102 Abs 3 PatG).[44]

---

[40]) BA 9. 12. 1982, B 47/81 – Langspleißverbindung – PBl 1984, 43 = ÖBl 1984, 43.
[41]) Zum Substantiierungserfordernis: BA 10. 9. 1991, B 6/91 – Zweischneiden-Wendeschneidplatten – PBl 1992, 184 = ÖBl 1992, 199; BA 4. 7. 1989, B 5/88 – Mikrocomputer-gesteuertes Sperrsystem – PBl 1990, 42 = ÖBl 1990, 53; BA 31. 1. 1989, B 56/86, PBl 1990, 149 = ÖBl 1990, 198; BA 12. 5. 1987, B 41/85 – Gattersägeeinhang – PBl 1988, 54 = ÖBl 1988, 37.
[42]) Die mangelnde Einheitlichkeit bildet keinen Einspruchsgrund: BA 6. 6. 1989, B 31/87 – Speisungsunterbrechung – PBl 1990, 105 = ÖBl 1990, 99.
[43]) Vgl dazu BA 15. 11. 1990, B 10/88 – Bindemittel – PBl 1991, 133 = ÖBl 1991, 57; BA 21. 9. 1988, B 53/86 – Sicherheitsschibindung mit zwei Backen – PBl 1989, 131 = ÖBl 1989, 99.
[44]) Zur Beweislast in diesem Fall: BA 26. 1. 1993, B 14/91 – Dunstabzugshaube – PBl 1994, 23 = ÖBl 1994, 150; BA 26. 6. 1980, B 81/78 – Anlaufmaische – PBl 1980, 154 = ÖBl 1980, 154.

Aus den ersten vier genannten Gründen kann jedermann Einspruch erheben (*absolute Einspruchsgründe*); Einspruch aus dem fünften Grund kann nur der wahre Berechtigte und aus dem zuletzt genannten Grund nur der beeinträchtigte Erfindungsbesitzer erheben (*relative Einspruchsgründe*).

Beispiel:

> BA 14. 10 1998: Nach § 102 Abs 2 PatG besteht eine *Substantiierungspflicht*. Beruft sich der Einspruch lediglich auf die Geltendmachung eines bestimmten Einspruchsgrundes (§ 102 Abs 2 Z 1 iVm §§ 1 und 3 PatG) unter Hinweis auf nur nummernmäßig zitierte, nicht vorgelegte Druckschriften, so ist dies unzureichend. Der bloße Hinweis „Eine nähere Begründung des Einspruchs wird samt Kopien der genannten Druckschriften nachgereicht" genügt nicht.[45]

Diese strenge *Substantiierungspflicht*, ist daraus erklärlich, dass der Gesetzgeber hier bewusst ein rasches und billiges Verfahren geschaffen hat, um Einwänden gegen die Patenterteilung schon im Zuge des Erteilungsverfahrens Rechnung zu tragen. In einem solchen Verfahren ist eine allzu tiefgehende Behandlung der aufgeworfenen Bedenken gegen die Registrierung nicht möglich. Dies sollte aber im Zweifel nicht zu Lasten des Patentanmelders gehen, dem im Falle des Unterliegens der endgültige Verlust des Schutzrechts droht, während der unterliegende Einsprecher noch die Möglichkeit behält, nach Patenterteilung einen Nichtigkeitsantrag zu stellen. Deshalb erlegt man dem Einsprecher eine entsprechend strenge Substantiierungspflicht für seine Einwände auf.[46]

Eine Ausfertigung des Einspruches ist dem Anmelder zur Erstattung seiner schriftlichen *Äußerung* innerhalb einer einmonatigen, aus rücksichtswürdigen Gründen verlängerbaren Frist zuzustellen (§ 102 Abs 4 PatG).

Innerhalb der Einspruchsfrist (§ 102 Abs 1 PatG) kann auch die *Abhängigerklärung* (§ 4 Abs 3 PatG) vom Inhaber des prioritätsälteren Patents oder des prioritätsälteren Gebrauchsmusters beantragt werden. Hinsichtlich dieses Antrags gelten die Bestimmungen über den Einspruch (§ 102 Abs 5 PatG).

Sobald die Äußerung erstattet oder die Frist zu ihrer Erstattung abgelaufen ist, trifft der mit der Angelegenheit betraute Referent wegen des etwa notwendigen weiteren Schriftwechsels, wegen Vernehmung der Beteiligten, Herbeischaffung der von den Parteien angebotenen Beweismittel, Aufnahme von Beweisen sowie überhaupt zum Zweck der möglichst verlässlichen Aufklärung des wahren Sachverhalts die entsprechenden Verfügungen (§ 103 Abs 1 PatG). Der Einsprecher ist *beweispflichtig*, sofern der maßgebliche Sachverhalt nicht außer Streit gestellt wird oder

---

[45]) BA 14. 10 1998, B 12/98 – Stahlkanten – PBl 1999, 99 = ÖBl 1999, 275. Das Zitieren der Vorhalte genügt, wenn diese innerhalb der zur Nachreichung eingeräumten Frist vorgelegt werden: BA 7. 4. 1988, B 50/86 – Äthanol – PBl 1989, 7 = ÖBl 1989, 11.

[46]) BA 8. 9. 1983, B 31/82 – Isolierglas mit Abstandshalter – PBl 1984, 142 = ÖBl 1984, 114.

offenkundig ist.⁴⁷ Für das Streitverfahren ist nicht die Literatur relevant, die ein Fachmann auf dem betreffenden Gebiet zum Zeitpunkt der vorliegenden Anmeldung vielleicht hätte kennen sollen, sondern nur jene, welche im Einspruch rechtzeitig und ausdrücklich als *Vorhalt* gegen den Anmeldungsgegenstand genannt und vorgelegt worden ist.⁴⁸ Das *GebührenanspruchsG* ist anzuwenden. Zeugen haben jedoch nur dann Anspruch auf Kostenersatz, wenn sie ihren Wohnsitz im Inland haben (§ 103 Abs 2 PatG). Nach Durchführung des Vorverfahrens hat das PA (TA) über die Erteilung des Patents unter freier Würdigung der vorgebrachten Beweise in nichtöffentlicher Sitzung Beschluss zu fassen (§ 104 PatG).⁴⁹ Die TA ist in ihrer Entscheidung nicht wortgenau an die Anträge gebunden.⁵⁰ Über den Ersatz der Verfahrens- und Vertretungskosten ist in sinngemäßer Anwendung des § 40, des § 41 Abs 1 und 3 sowie der §§ 42 bis 55 ZPO zu entscheiden (§ 105 PatG). Wurden auf Grund des Einspruchs die Hälfte aller Patentansprüche gestrichen und der erste Patentanspruch eingeschränkt, so kann von einem überwiegenden Obsiegen der Anmelderin nicht die Rede sein; vielmehr sind die Kosten des Einspruchsverfahrens gegeneinander aufzuheben.⁵¹ Für die Höhe des Kostenzuspruchs ist der Erfolg des Einspruchsantrags und nicht der Umfang des verbleibenden Schutzes entscheidend.⁵² Wird die Anmeldung im Einspruchsverfahren zurückgezogen, so hat der Einsprecher Anspruch auf Kostenersatz.⁵³ Gilt die Patentanmeldung während des Einspruchsverfahrens mangels Einzahlung der ersten Jahresgebühr als zurückgezogen, so ist das Einspruchverfahren mit Beschluss einzustellen.⁵⁴ Werden einzelne ausgelegt gewesene Ansprüche nicht angefochten, so bleibt der Schutz im Umfang dieser Ansprüche bestehen.⁵⁵

5.8. Abhängigerklärung

Literaturhinweise: *Kittner*, Das Zusatzpatent nach österreichischem Recht, ÖZGR 1907, 25; *Reik*, Die abhängige Erfindung im Patentrecht Österreichs, Deutschlands und der USA, FS 50 Jahre PA (1949) 74; *Barger*, Die Doppelpatentierung, ÖBl 1973, 121.

Eine *Doppelpatentierung*, bei der ein Patent für den gleichen Gegenstand im gleichen Umfang (also für idente Gegenstände) erteilt werden soll, ist unzulässig. Es darf aber demjenigen, der eine allgemeine Lehre zu einem Spezialfall gefunden hat, sowie demjenigen, der einen erfinderischen Spezialfall aus der allgemeinen

---

⁴⁷) BA 23. 12. 1995, B 3/94 – Anschlussschienensystem – PBl 1996, 191 = ÖBl 1996, 274; BA 16. 12. 1993, B 19/92, PBl 1994, 188 = ÖBl 1994, 279.
⁴⁸) BA 14. 4. 1988, B 25/86 – Anodenscheibe – PBl 1988, 172 = ÖBl 1988, 153; vgl auch BA 22. 3. 1984, B 6/83 – Skistiefel – PBl 1984, 112 = ÖBl 1984, 90.
⁴⁹) Zur Wahl der Behörde zwischen Hauptbegehren und Hilfsbegehren: BA 8. 1. 2002, B 18/98 – Brauchwasser – PBl 2002, 95 = ÖBl-LS 2002/178.
⁵⁰) BA 4. 6. 2002, B 12/2000 – Reibringe – PBl 2003, 60 = ÖBl-LS 2003/98.
⁵¹) BA 16. 5. 1991, B 8/89 – Sicherheitsskibindung – PBl 1992, 75 = ÖBl 1992, 11.
⁵²) TA 19. 8. 1981, A 3095/76, PBl 1982, 114 = ÖBl 1982, 92.
⁵³) BA 8. 10. 1987, B 2/87, ÖBl 1988, 37. Zur Verfahrensbeendigung bei Nichtzahlung der ersten Jahresgebühr: BA 16. 6. 1987, B 8/87, PBl 1987, 245 = ÖBl 1987, 152.
⁵⁴) BA 6. 5. 1997, B 11/96, PBl 1998, 134 = ÖBl 1998, 219 (auch zum Kostenersatzanspruch des Einsprechers).
⁵⁵) BA 1. 12. 1988, B 54/87 – Skibindung mit Haltebügel – PBl 1989, 149 = ÖBl 1989, 137.

Lehre gefunden hat, der Patentschutz nicht generell verweigert werden. Die Schutzrechte sind so voneinander abzugrenzen, dass frühere Rechte nicht geschmälert und klare Verhältnisse geschaffen werden. So ist bei einer jüngeren Anmeldung, die eine umfassende allgemeine Lehre beinhaltet, der ältere bereits patentierte Spezialfall durch eine entsprechende Formulierung herauszunehmen. Es ist aber denkbar, dass das Allgemeine der älteren Anmeldung das Besondere der jüngeren Anmeldung nicht vorwegnimmt, weil das Besondere mit seinen herausragenden Eigenschaften im Rahmen der allgemeinen Lehre nicht erkannt wurde oder in der älteren Anmeldung nicht ausdrücklich beschrieben (geoffenbart) ist. Die Patentierung des jüngeren Spezialfalles wäre daher ohne Verstoß gegen das Verbot der Doppelpatentierung möglich.[56]

Unter Umständen kann aber das jüngere Patent vom älteren *abhängig* sein: Wenn die gewerbliche Verwendung der zum Patent angemeldeten Erfindung die vollständige oder teilweise Benützung einer bereits patentierten Erfindung (bzw eines Gebrauchsmusters) voraussetzt, so ist das Patent auf Antrag des Inhabers des früheren Schutzrechts mit dem Beisatz zu erteilen, dass es vom früher erteilten abhängig ist (§ 4 Abs 3 PatG), sofern der Antrag innerhalb der Einspruchsfrist gestellt worden ist (§ 102 Abs 5 PatG). Die Abhängigkeit wird nur dann angenommen, wenn die Benutzung der jüngeren Erfindung ohne Benutzung der durch das ältere Patent geschützten Erfindung unmöglich ist. Es müssen also alle denkmöglichen Ausführungsbeispiele der jüngeren Erfindung unter den Gegenstand des älteren Patents fallen.[57]

Dieser Beisatz ist auch in die Kundmachung über die Erteilung des Patents und in die Patenturkunde aufzunehmen. Die Abhängigerklärung hat allerdings nur deklarative Wirkung.

5.9. Einspruchsbeschluss

Der Einspruchsbeschluss wird von einem Dreiersenat der TA in nicht-öffentlicher Sitzung gefasst: Entweder wird das Patent im bekanntgemachten Umfang erteilt oder die Anmeldung wird zurückgewiesen (§ 104 PatG). Im Fall der teilweisen Zurückweisung wird das Patent eingeschränkt erteilt.[58]

5.10. Patentanmeldung des Einsprechenden

Hat der Einspruch in den Fällen des § 102 Abs 2 Z 5 und 6 PatG („*relative Gründe*") die Zurückziehung oder Zurückweisung der Anmeldung zur Folge, so kann

---

[56]) Zum Ganzen: BA 5. 12. 1989, B 24/86 – Doppelpatentierung – PBl 1991, 31 = ÖBl 1991, 12; vgl auch BA 6. 12. 1988, B 30/85 – Spannungs-Frequenz-Umsetzer – PBl 1989, 152 = ÖBl 1989, 136; BA 23. 9. 1988, B 52/87 – Fließmittel – PBl 1989, 162 = ÖBl 1989, 136.

[57]) BA 4. 6. 2002, B 12/2000 – Reibringe – PBl 2003, 60 = ÖBl-LS 2003/98; BA 20. 2. 2001, B 23 und 24/98 – Reibring II –PBl 2002, 68 = ÖBl-LS 2002/141.

[58]) Zur eingeschränkten Fassung des Patentanspruchs: BA 18. 3. 1997, B 8/95 – Bindemittelflotte – PBl 1998, 19 = ÖBl 1998, 178.

die Partei, die Einspruch erhob, falls sie binnen einem Monat nach dem Eintritt der Rechtskraft des hierauf bezüglichen Beschlusses des PA die Erfindung ihrerseits anmeldet, verlangen, dass als Tag ihrer Anmeldung der Tag der zurückgezogenen oder zurückgewiesenen Anmeldung festgesetzt wird (§ 106 PatG).

5.11. Beschwerde

Literaturhinweise: *Collin*, Änderungen von Patentansprüchen im Verfahren über einseitige Beschwerden, ÖBl 1966, 53; *Kiss-Horvath*, Die Grundlagen der Entscheidungen der Beschwerdeabteilung des Patentamtes mit besonderer Berücksichtigung des Patenterteilungsverfahrens, ÖBl 1976, 1; *Thaler*, Die Grundlagen der Entscheidungen der Beschwerdeabteilung des Patentamts, ÖBl 1976, 94.

Gegen den Beschluss, durch den die Anmeldung ganz oder zum Teil zurückgewiesen wird (§§ 100 und 104 PatG), kann der Anmelder, gegen den Beschluss, durch den das Patent in vollem Umfang erteilt wird, der Einsprecher und gegen den Beschluss, durch den das Patent in beschränktem Umfang erteilt wird, sowohl der Anmelder als auch der Einsprecher Beschwerde erheben (§ 108 Abs 1 PatG). Im Übrigen gelten § 103 Abs 2 und die §§ 104 bis 106 PatG sinngemäß (§ 108 Abs 2 PatG). Vor der ersten Instanz versäumte Prozesshandlungen können jedoch vor der BA nicht nachgeholt werden.[59] Die BA kann auch nur solche Patentansprüche zur Grundlage ihrer Entscheidung machen, die bereits bei Fassung des angefochtenen Beschlusses vorgelegen waren.[60] *Verfahrensmängel* der ersten Instanz rechtfertigen keine Zurückverweisung, wenn den Parteien durch diese Mängel weder Rechtsnachteile erwachsen sind noch durch eine Zurückverweisung die Grundlage der Entscheidung der BA geändert werden würde.[61]

5.12. Patenterteilung

Der Lohn der Mühe.

Literaturhinweise: *Ripper*, Inwieweit sind Berichtigungen (Abänderungen) einer Patentschrift zulässig? ÖBl 1933,4; *Friebel*, 50 Jahre österreichisches Patentregister, FS 50 Jahre PA (1949) 41; *Thaler*, Zur Teilrechtskraft im Patenterteilungsverfahren, ÖBl 1977, 1; *Steffek*, Gilt das Datenschutzgesetz auch für die automationsunterstützte Führung des Patent- und des Markenregisters? ÖBl 1981, 3.

Ist gegen eine öffentlich bekannt gemachte Anmeldung (§ 101 PatG) ein Einspruch (§ 102 PatG) rechtzeitig nicht erhoben und die erste *Jahresgebühr* (§ 166 Abs 6 PatG) rechtzeitig eingezahlt worden, so gilt das Patent mit Ablauf der Einspruchsfrist (§ 102 Abs 1 PatG) als erteilt (*„automatische Patenterteilung"*, § 107 PatG).

Ist das Patent endgültig erteilt, so verfügt das PA

▸ die *Eintragung* der geschützten Erfindung in das Patentre-

---

[59]) BA 28. 8. 2001, BGM 2/00 – Einzahlungsbeleg – PBl 2002, 27 = ÖBl-LS 2002/70.
[60]) BA 21. 1. 1992, B 14/89 – Abstandhalterrahmen I – PBl 1992, 198 = ÖBl 1992, 264.
[61]) BA 9. 10. 1980, B 6/79 – Sonnenkind – PBl 1981, 5 = ÖBl 1981, 6.

gister,
- die *Kundmachung* der Erteilung im Patentblatt,
- die *Ausfertigung* der Patenturkunde für den Patentinhaber,
- die *Drucklegung* und Veröffentlichung der Patentschrift.

5.13. Patentregister

Beim PA ist ein Patentregister zu führen. Darin sind folgende Informationen einzutragen (§ 80 Abs 1 PatG):

- Nummer,
- Titel,
- Anmeldetag,
- gegebenenfalls die Priorität der erteilten Patente,
- Name und Wohnort der Patentinhaber,
- ihre Vertreter,
- Anfang,
- Erlöschen,
- Rücknahme,
- Nichtigerklärung und
- Aberkennung des Patents,
- Nennung als Erfinder,
- Selbständigerklärung eines Zusatzpatents,
- Abhängigerklärungen und
- Übertragungen des Patents,
- Lizenzeinräumungen,
- Pfandrechte und
- sonstige dingliche Rechte am Patent,
- das Benützungsrecht des Dienstgebers gemäß § 7 Abs 2 PatG,
- Vorbenützerrechte (§ 23 PatG),
- Wiedereinsetzungen in den vorigen Stand (§ 133 PatG),
- Feststellungsentscheidungen (§ 163 PatG),
- Streitanmerkungen und
- Hinweise gemäß § 156 Abs 2 PatG.

Die zu den bestehenden Patenten gehörigen *Beschreibungen*, Zeichnungen, Modelle und Probestücke sowie die den Registereintragungen zugrunde liegenden Gesuche und Urkunden werden vom PA aufbewahrt (§ 80 Abs 2 PatG). Die *Einsicht* in das Patentregister steht jedermann frei (§ 80 Abs 3 PatG). Auf Verlangen erteilt das PA *beglaubigte Ausfertigungen* über die Registereintragungen (§ 80 Abs 6 PatG).

5.14. Patentblatt

Vorgaben der PVÜ: Jedes der Verbandsländer der PVÜ ist verpflichtet, ein „besonderes Amt" einzurichten (Seite 863), um die Erfindungspatente der Öffentlichkeit zur Kenntnis zu bringen. (Art 12 Abs 1 PVÜ). Dieses Amt wird ein regelmäßig erscheinendes amtliches Blatt herausgeben. Es wird regelmäßig die Namen der Inhaber der erteilten Patente mit einer kurzen Bezeichnung der patentierten Erfindungen veröffentlichen (Art 12 Abs 2 PVÜ).

Österreichische Regelung: Vom PA ist ein periodisch erscheinendes amtliches Patentblatt (PBl) herauszugeben, in welchem die im PatG vorgesehenen Kundmachungen sowie die vom Präsidenten des PA zu erlassenden Verordnungen, soweit sie sich nicht ausschließlich an die Abteilungen, die Bibliothek, die Buchhaltung und die Verwaltungsstellen des PA richten, zu verlautbaren sind.[62] Diese Verordnungen treten, wenn nicht ausdrücklich etwas anderes bestimmt ist, am Tage nach der Ausgabe des PBl, das die Verlautbarung enthält, in Kraft (§ 79 Abs 1 PatG). Die Einrichtung und die Herausgabe dieses Blattes wird vom zuständigen Bundesminister im Verordnungsweg geregelt (§ 79 Abs 2 PatG). Das PBl erscheint in zwei Teilen am 15. jedes Monats (§ 1 Abs 2 PublV).

Im *PBl I. Teil* sind zu verlautbaren: Gesetze, Verordnungen und Kundmachungen auf dem Gebiet des gewerblichen Rechtsschutzcs, insbesondere die vom Präsidenten des Patentamtes zu erlassenden Verordnungen, mit Ausnahme von Verordnungen, die sich ausschließlich an die Abteilungen und Verwaltungsstellen des Patentamtes richten, Entscheidungen betreffend Patent-, Schutzzertifikats-, Gebrauchsmuster-, Halbleiterschutz-, Marken- und Musterrecht sowie verwandte Rechtsgebiete, Verhandlungsausschreibungen des OPM, statistische Übersichten sowie Berichte und Mitteilungen von allgemeinem Interesse, die Angelegenheiten des Patentamtes und des gewerblichen Rechtsschutzes betreffen (§ 2 Abs 1 PublV). Im *II. Teil* haben Veröffentlichungen betreffend Patentanmeldungen und Patente, europäische Patentanmeldungen und Patente im Sinne des § 1 Z 4 und 5 PatV-EG, internationale Anmeldungen im Sinne des § 1 Z 6 PatV-EG, wenn für sie Patentschutz begehrt wurde, Schutzzertifikatsanmeldungen und Schutzzertifikate sowie Halbleiterschutzrechte zu erfolgen, sofern dies gesetzlich vorgeschrieben ist oder im öffentlichen Interesse liegt (§ 2 Abs 2 PublV). Der Preis für das PBl ist „nach Maßgabe der Gestehungskosten" vom Präsidenten des PA festzusetzen (§ 6 PublV).

---

[62]) Abrufbar als pdf auf der Website des PA (www.patent.bmwa.gv.at)

5.15. Patentschriften

Im Patentamt lagern mehr als 40.000.000 Patentschriften.

Das PA veröffentlicht die Beschreibungen, Patentansprüche, Zeichnungen und Zusammenfassungen der erteilten Patente, soweit deren Einsicht jedermann freisteht, in selbständigen Druckschriften (*Patentschriften*). In der Patentschrift sind die Entgegenhaltungen anzugeben, die das PA für die Beurteilung der Patentierbarkeit der angemeldeten Erfindung in Betracht gezogen hat (§ 80 Abs 4 PatG). Das PatG enthält keine Regelungen über eine allfällige Korrektur der Patentschrift. Druckfehler und Auslassungen gegenüber den Unterlagen, aufgrund derer das Patent erteilt worden ist, werden jedoch in der Praxis vorgenommen.[63]

5.16. Versagung

Wird die Anmeldung nach der Bekanntmachung (§ 101 PatG) zurückgezogen oder wird das Patent versagt, so ist dies ebenfalls bekannt zu machen (§ 111 Abs 1 PatG; § 8 PAV). Mit der Bekanntmachung der Rückziehung oder Versagung des Patents gelten die Wirkungen des einstweiligen Schutzes (§ 101 Abs 2 PatG) als nicht eingetreten (§ 111 Abs 2 PatG).

5.17. Akteneinsicht

Die Akteneinsicht steht jedermann offen.

Die an einem Verfahren Beteiligten sind zur Einsicht in die das Verfahren betreffenden Akten berechtigt (§ 81 Abs 1 PatG). In Akten, die bekannt gemachte Patentanmeldungen (§ 101 PatG) und darauf erteilte Patente betreffen, darf jedermann Einsicht nehmen (§ 81 Abs 2 PatG). Dritten ist in Akten, die nicht bekannt gemachte Patentanmeldungen betreffen, nur mit Zustimmung des Anmelders Einsicht zu gewähren. Der Zustimmung bedarf derjenige nicht, demgegenüber sich der Anmelder auf seine Patentanmeldung berufen hat. Nach der Bekanntmachung einer gesonderten Anmeldung kann jedermann ohne Zustimmung des Anmelders in die Akten der früheren Anmeldung Einsicht nehmen (§ 81 Abs 3 PatG). In Akten, die Gutachten gemäß § 57a PatG betreffen, ist Dritten nur mit Zustimmung des Antragstellers Einsicht zu gewähren. Der Zustimmung bedarf derjenige nicht, dem gegenüber sich der Antragsteller auf

---

[63]) Dazu eingehend: BA 27. 4. 1999, B 27/98 – Wachsheilsalbe – PBl 2000, 36 = ÖBl-LS 00/50.

ein solches Gutachten berufen hat (§ 81 Abs 4 PatG). Das Recht auf Akteneinsicht umfasst auch das Recht, *Kopien* anzufertigen. Diese sind auf Antrag vom PA zu beglaubigen (§ 81 Abs 5 PatG). *Auskünfte* und amtliche *Bestätigungen* darüber, wann, unter welchem Titel, von wem und gegebenenfalls durch welchen Vertreter eine Anmeldung eingereicht wurde, welches Aktenzeichen sie trägt, welcher Patentklasse sie angehört, welche Priorität beansprucht wird, welches Aktenzeichen die prioritätsbegründende Anmeldung trägt, ob ein selbständiges Patent oder ein Zusatzpatent erwirkt werden soll, gegebenenfalls wer als Erfinder genannt ist, ob die Anmeldung noch in Behandlung steht sowie ob und an wen das Recht aus ihr übertragen wurde, sind jedermann zu erteilen (§ 81 Abs 6 PatG). Von der Einsichtnahme sind Beratungsprotokolle und nur den inneren Geschäftsgang betreffende Aktenteile *ausgenommen*. Auf Antrag können bei Vorliegen eines *Geschäfts- oder Betriebsgeheimnisses* oder eines sonstigen berücksichtigungswürdigen Grundes auch Aktenteile von der Einsicht ausgenommen werden, deren Offenlegung nicht zur Information der Öffentlichkeit erforderlich ist (§ 81 Abs 7 PatG).

5.18. Proben hinterlegter Mikroorganismen

Anspruch auf eine Probe eines gemäß § 87a Abs 2 Z 1 PatG hinterlegten Mikroorganismus hat vom Tag der Bekanntmachung der Anmeldung an (§ 101 Abs 1 PatG), wer sich dem Anmelder oder Patentinhaber verpflichtet, den hinterlegten oder einen von diesem abgeleiteten Mikroorganismus Dritten nicht zugänglich zu machen, bevor die Anmeldung zurückgenommen oder zurückgewiesen (§§ 100 und 104 PatG) worden ist oder als zurückgenommen gilt (§ 166 Abs 6 PatG) oder das Patent erloschen (§ 46 PatG), zurückgenommen worden (§ 47 PatG) oder nichtig erklärt worden (§ 48 PatG) ist (§ 81a PatG).

5.19. Patentarten

Das PatG unterscheidet zunächst zwei wichtige Kategorien, das Sachpatent und das Verfahrenspatent:

Das *Sachpatent* schützt einen *räumlich* fassbaren Gegenstand. Dieser kann sein: ein Arbeitsmittel (zB Maschine, Gebrauchsgegenstand), ein Stoff (ohne Rücksicht auf seinen Aggregatzustand; zB ein Lack, ein Gas, ein Medikament), eine bestimmte räumliche Anordnung von Körpern, vor allem elektrische Schaltungen.

Das *Verfahrenspatent* erfasst demgegenüber einen *zeitlichen* Ablauf von Vorgängen, durch die auf eine (auch unkörperliche) Sache eingewirkt wird. Das Verfahren kann sein: ein Herstellungsverfahren (dann ist das Ergebnis eine Sache, sei es auch eine unkörperliche, wie Energie), ein Anwendungs- oder Arbeitsverfahren (zB ein Mauertrockenlegungsverfahren). Beim Sachpatent ist die Sache als solche geschützt, ohne Rücksicht darauf, *wie* sie hergestellt wird. Ein Verfahrenspatent hingegen sperrt die Anwendung des gleichen Verfahrens durch einen Dritten; der Patentschutz erfasst aber *auch die* durch das Verfahren unmittelbar hergestellten

Erzeugnisse (§ 22 Abs 2 PatG). Wie bedeutsam diese patentrechtliche Konstruktion für die Wirtschaft ist, zeigt die Entwicklung der chemischen Patente in Deutschland:[64] Auf Wunsch der chemischen Industrie wurde für chemische Stoffe zunächst nur ein Patentschutz für das Herstellungsverfahren, nicht aber für den Stoff selbst zugelassen (so genanntes „*Stoffschutzverbot*"). Dies war der Anstoß zur Entwicklung der chemischen Industrie in der Schweiz. Dort konnten die deutschen Verfahrenspatente umgesetzt und die fertigen Produkte (ohne Patentverletzung) auf den deutschen Markt geliefert werden. Bis diese für die deutsche Industrie nachteiligen Auswirkungen erkannt und zunächst durch eine Entscheidung des Reichsgerichts und dann durch eine Gesetzesänderung behoben wurden, dauerte es Jahre und war die Entwicklung einer ganzen Branche bereits nachhaltig geformt.

Ein wesentliches Problem des Stoffschutzes lag weiters darin, dass aus dem fertigen Stoff nur schwer Rückschlüsse darauf gezogen werden können, nach welchem Verfahren er erzeugt wurde. Da der Stoff nur dann patentverletzend ist, wenn er *unmittelbar* nach dem geschützten Verfahren hergestellt wurde, ergeben sich für den klagenden Patentinhaber schwerwiegende Beweisprobleme. Dies wurde durch eine Sonderregelung zur *Beweislastverteilung* gelöst:

Vorgaben des TRIPS-Abk: Wenn der Gegenstand des Patents ein Verfahren zur Gewinnung eines Erzeugnisses ist, dann sind in einem zivilrechtlichen Verfahren wegen einer Verletzung der im Art 28 Abs 1 lit b TRIPS-Abk genannten Rechte des Inhabers die Justizbehörden befugt, dem Beklagten den Nachweis aufzuerlegen, dass sich das Verfahren für die Erlangung eines gleichen Erzeugnisses von dem patentierten Verfahren unterscheidet. Daher legen die Mitglieder, wenn zumindest einer der nachstehend angeführten Umstände gegeben ist, fest, dass ein gleiches Erzeugnis, das ohne die Zustimmung des Patentinhabers hergestellt wurde, mangels Beweises des Gegenteils als mittels des patentierten Verfahrens gewonnen gilt: a) wenn das mittels des patentierten Verfahrens gewonnene Erzeugnis neu ist; b) wenn mit erheblicher Wahrscheinlichkeit das gleiche Erzeugnis mittels des Verfahrens hergestellt wurde und es dem Inhaber des Patents bei Aufwendung angemessener Mühe nicht gelungen ist, das tatsächlich verwendete Verfahren festzustellen (Art 34 Abs 1 TRIPS-Abk). Die Mitglieder sind befugt, festzulegen, dass die in Art 34 Abs 1 TRIPS-Abk angegebene Beweislast dem angeblichen Verletzer auferlegt wird, wenn nur die in lit a genannte Bedingung erfüllt ist oder wenn nur die in lit b genannte Bedingung erfüllt ist (Art 34 Abs 2 TRIPS-Abk). Bei der Beibringung des Beweises des Gegenteils werden die berechtigten Interessen der Beklagten am Schutz ihrer Betriebs- und Geschäftsgeheimnisse berücksichtigt (Art 34 Abs 3 TRIPS-Abk).

Österreichische Regelung: Bei einem Patent für ein Verfahren zur Herstellung eines neuen Erzeugnisses gilt bis zum Beweis des Gegenteils jedes Erzeugnis von gleicher Beschaffenheit als nach dem patentierten Verfahren hergestellt (§ 155

---

[64]) Diese Darstellung folgt *Widtmann*, FS 100 Jahre ÖPA (1999) 102 (106).

PatG). Dies ist eine widerlegbare *Rechtsvermutung*. Wird bewiesen, dass das vom Beklagten vertriebene Erzeugnis die gleichen Eigenschaften hat, wie ein nach dem patentierten Verfahren hergestelltes Erzeugnis und beweist der Beklagte nicht, dass er sein Erzeugnis nach einem anderen Verfahren herstellt, so ist davon auszugehen, dass der Beklagte das Patent verletzt. Im Provisorialverfahren genügt jeweils die Bescheinigung. Um diese Rechtsvermutung zu widerlegen reicht es aber nicht aus, Zweifel zu erwecken. Es muss der Beweis (bzw im Provisorialverfahren die Bescheinigung) des Gegenteils erbracht werden.

Beispiel:

> ▶ OGH 9. 4. 2002: Im Verfahren über den Antrag auf Erlassung einer einstweiligen Verfügung wurde festgestellt, dass die Beklagte Injektionslösungen vertreibt, die „von gleicher Beschaffenheit" sind wie die nach dem patentierten Verfahren hergestellten Erzeugnisse der Klägerin. Es war daher zu vermuten, dass die Injektionslösungen der Beklagten nach dem patentierten Verfahren hergestellt sind. Die Beklagte hatte demgegenüber lediglich „berechtigte Zweifel am Eingriff in das Patent der Klägerin" vorgetragen, aber nicht bescheinigt, dass ihre Injektionslösungen nach einem anderen Verfahren hergestellt werden. Entsprechend der Vermutungsregelung war daher von einem Patenteingriff auszugehen und die einstweilige Verfügung zu erlassen.[65]

Das *Verwendungspatent* (eine Unterart des Verfahrenspatents) ist auf die Verwendung von (neuen oder bekannten) Sachen, Vorrichtungen oder Verfahren zu einem neuen Zweck gerichtet.

Wenn der Inhaber eines Patents oder einer Patentanmeldung die Verbesserung oder sonstige weitere Ausbildung der Erfindung zum Patent anmeldet, kann er entweder ein selbständiges oder ein vom Stammpatent abhängiges *Zusatzpatent* erwirken (§ 4 Abs 2 PatG); dies führt zu einer erheblichen Gebührenersparnis. Allerdings erlöschen Zusatzpatente in der Regel mit dem Stammpatent (§ 28 Abs 2 PatG).

5.20. Gutachten

Literaturhinweise: *Hofmann*, Die isolierte Recherche und das Österreichische Patentamt, FS 75 Jahre PA (1974) 154; *Fessler*, Informationspolitik im Bereich des gewerblichen Rechtsschutzes. Die Patentinformation – ein Element der Wirtschaftsförderung, in *Rafeiner*, Patente, Marken, Muster, Märkte (1993) 129.

Das PA hat auf Antrag schriftliche *Gutachten* zu erstatten: über den Stand der Technik (Seite 845) zu einem konkreten technischen Problem (Recherchen; § 57a Z 1 PatG) und darüber, ob eine nach den §§ 1–3 patentfähige Erfindung gegenüber dem vom Antragsteller bekanntgegebenen oder vom PA zu recherchierenden Stand der Technik vorliegt (§ 57a Z 2 PatG). Das soll der Industrie die Möglichkeit ge-

---

[65]) OGH 9. 4. 2002, 4 Ob 47/02v – Sprayback-Problem – ÖBl 2002, 245 (*Herzig*) = ÖBl-LS 2002/142 = ecolex 2002, 598 (*Schanda*) = EvBl 2002/146 = ÖJZ-LSK 2002/162 = GRUR Int 2003, 367; vgl dazu *Schmidt*, ÖBl 2002, 267.

ben, sich über die letzten technischen Entwicklungen zu informieren, um danach bei der Neueinrichtung oder Umstellung eines Unternehmenszweiges, bei Abschluss von Lizenz- oder Zusammenarbeitsverträgen disponieren zu können.

Ein Antrag auf Recherchen gemäß § 57a Z 1 PatG darf nur ein einziges konkretes technisches Problem zum Gegenstand haben. Im Antrag kann auch begehrt werden, dass die Recherche auf einen zurückliegenden Tag abgestellt wird. Dem Antrag sind eine genaue und deutliche Beschreibung und erforderlichenfalls eine gedrängte Zusammenfassung des konkreten technischen Problems und Zeichnungen anzuschließen (§ 111a Abs 1 PatG). Dem Antrag auf Erstattung eines Gutachtens gemäß § 57a Z 2 PatG sind die Beschreibung der Erfindung, Ansprüche und erforderlichenfalls Zeichnungen anzuschließen. § 91 Abs 1 PatG ist sinngemäß anzuwenden. Gibt der Antragsteller nicht an, von welchem Stand der Technik das Gutachten auszugehen hat, so ist dem Gutachten der Stand der Technik zugrunde zu legen, der dem PA am Tag des Einlangens des Antrags bekannt ist. Im Antrag kann auch begehrt werden, dass das Gutachten auf einen früheren Tag abgestellt wird (§ 111a Abs 2 PatG). Die Anträge auf Erstattung eines Gutachtens gemäß § 57a PatG samt Beilagen (§ 111a Abs 1 und 2 PatG) sind in zweifacher Ausfertigung schriftlich einzubringen. Die Beschreibung, die Ansprüche und die Zusammenfassung können auch in englischer oder in französischer Sprache abgefasst sein, doch ist das PA berechtigt, eine deutsche Übersetzung zu verlangen (§ 111a Abs 3 PatG). Zur Erledigung der Anträge ist das nach der Geschäftsverteilung zuständige fachtechnische Mitglied (§ 61 PatG) berufen. Der Erledigung ist eine Ausfertigung der vom Antragsteller beigebrachten Beilagen anzuheften (§ 111a Abs 4 PatG). Ist der Antrag oder eine Beilage mangelhaft, so ist der Antragsteller aufzufordern, den Mangel binnen einer bestimmten Frist zu beheben. Wird der Mangel nicht behoben, so ist der Antrag mit Beschluss zurückzuweisen. Der Beschluss kann mit Beschwerde angefochten werden (§ 111a Abs 5 PatG).

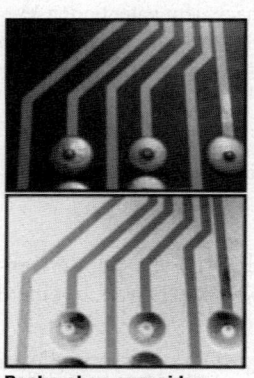

Recherchen vermeiden Doppelerfindungen

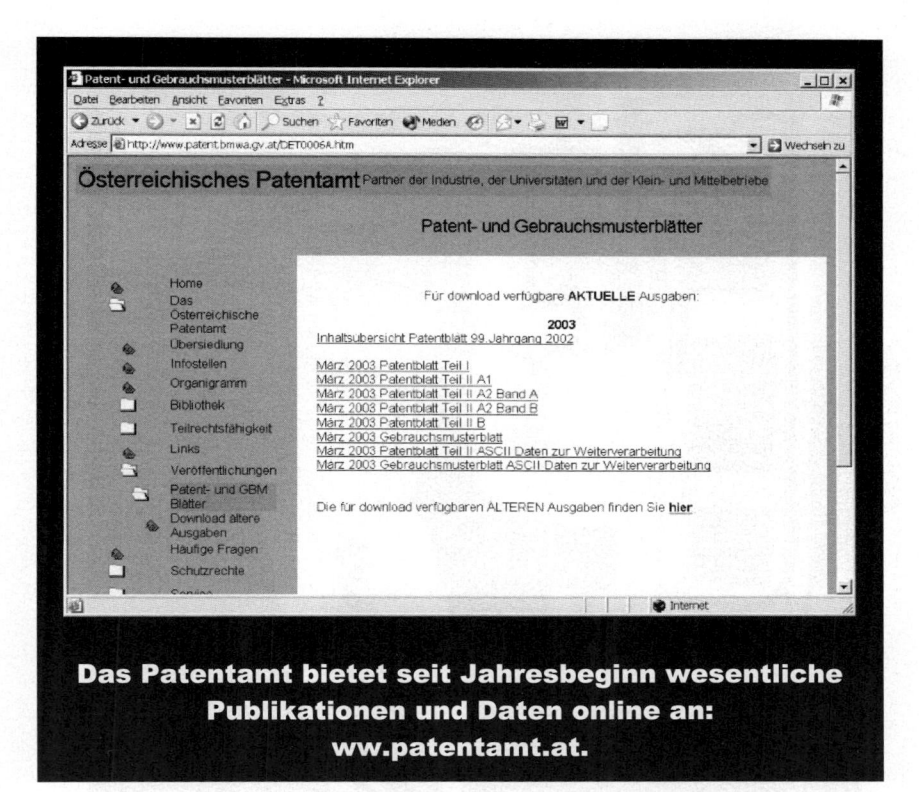

details | patentrecht | patenterteilung

Das Patentamt bietet seit Jahresbeginn wesentliche Publikationen und Daten online an:
ww.patentamt.at.

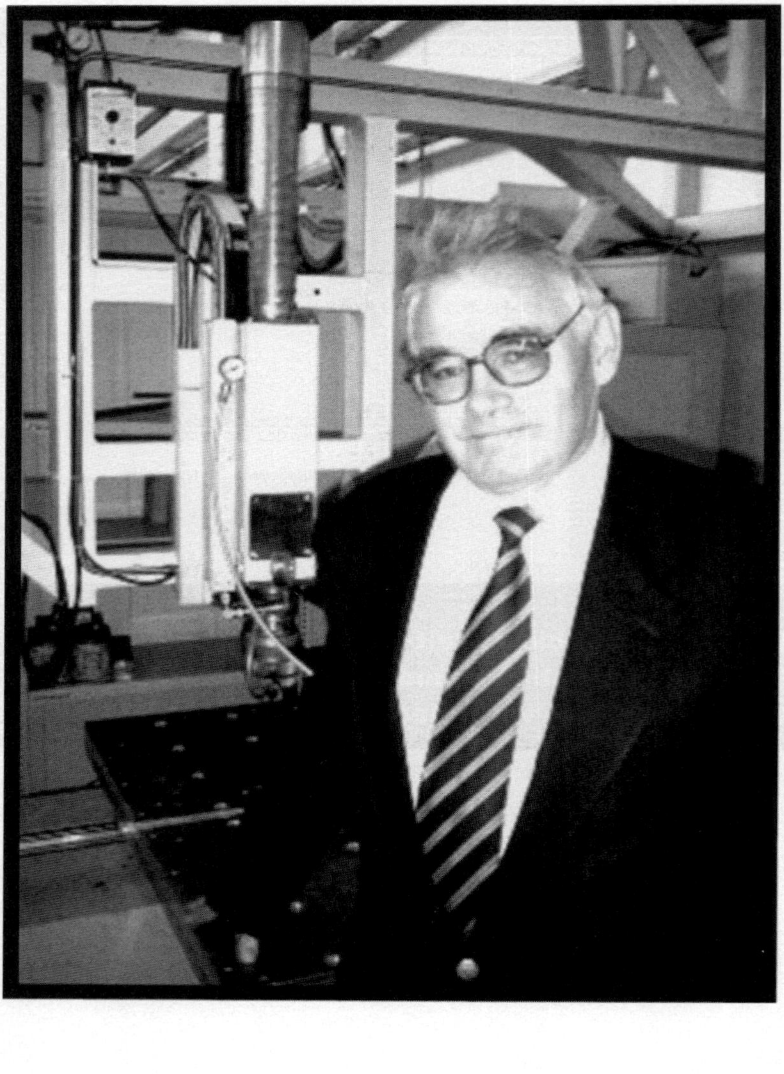

Allgemeinheit - Forscher - Finanziers

Erfolgreiche Forschungsarbeiten – sei es an Universitäten oder in der Industrie – münden stets in die Frage nach der geistigen Urheberschaft, der Erwirkung von patentrechtlichem Schutz und schließlich ihrer Nutzung auf ideelle Weise, etwa durch Publikationen. Zur Illustration dieses Themas eignet sich das Gebiet der Humanmedizin in besonderem Maße, ist es doch für jeden Einzelnen von Bedeutung und zeigt es gerade in jüngster Zeit faszinierende Fortschritte.

Da neue Erkenntnisse über den menschlichen Körper Grundlagen für Diagnose, Heilung und Rehabilitation sind, sollten sie wohl sinnvollerweise Allgemeingut der Menschheit werden.

Für den Erfinder einer *Operationsmethode* wird es wohl ideell und materiell von größter Bedeutung sein, seine Urheberschaft festgehalten zu wissen. Oft werden Operationen sogar nach Medizinern benannt (etwa die Magenoperation Billroth I), während eine Patenterteilung wahrscheinlich nur in Ausnahmefällen möglich ist. Ganz anders ist die Situation bei *Medikamenten*, bei denen die Finanzierung der Forschungsarbeiten vor allem durch große Pharmakonzerne erfolgt, die ihre Forschungs- und Entwicklungsausgaben durch wirtschaftliche Nutzung ihrer Erkenntnisse finanzieren müssen. *Medizintechnische Produkte* schließlich, wie etwa hochkomplexe Computertomographen zur 3D-Darstellung des Körperinneren, Endoskope zur Untersuchung und Behandlung von Hohlräumen und etwa Implantate zum Ersatz abgenutzter Knochenteile, müssen wie jede technische Produktentwicklungen dem patentrechtlichen Schutz jedenfalls zugänglich sein, um die Kosten der Entwicklung durch die Ergebnisse der wirtschaftlichen Nutzung finanzieren zu können.

Es zeigt sich also, dass selbst im Bereich der menschlichen Gesundheit der patentrechtliche Schutz der Forschungs- und Entwicklungsergebnisse schon deshalb unerlässlich ist, um die beim heutigen Stand der Wissenschaft sehr hohen Kosten finanzieren zu können und damit das Leben des Menschen zu verlängern und angenehmer zu gestalten. Es soll aber nicht vergessen werden, dass neben diesen aus wirtschaftlichen Gründen notwendigen Schutzrechten auch die **intellektuelle Urheberschaft an wissenschaftlichen Fortschritten** eine große Rolle spielt, nicht nur, weil ein erfolgreicher Operateur, dessen Name mit einer bestimmten Operation verknüpft ist, sich wohl nicht über zu wenige Patienten beklagen kann, sondern auch weil für den an einer Universität tätigen Wissenschafter die geistige Urheberschaft im Verein mit entsprechenden Publikationen die beste Möglichkeit darstellt, Forschungsgelder – sei es von öffentlicher oder von privater Seite – zu erhalten und in der akademischen Rangordnung höher zu steigen.

◂ o.Univ.-Prof. DI Dr. techn. Dieter SCHUÖCKER ist Vorstand des Instituts für „Spanlose Fertigung und Hochleistungslasertechnik" an der TU Wien.

6. WIRKUNG DES PATENTSCHUTZES

Überblick:

> Der Patentinhaber hat ein absolut wirkendes *Ausschließungsrecht*.
> Der gutgläubige Vorbenützer ist durch ein *Vorbenützerrecht* geschützt.
> Der Anspruch auf Patentschutz, das Recht aus der Anmeldung und das Patentrecht sind *übertragbar*.
> Der Anspruch auf *Nennung* als Erfinder ist hingegen *unübertragbar*.
> *Lizenzerteilung* und *Verpfändung* sind zulässig.

Im Folgenden geht es um die absolute (also die gegenüber jedermann gerichtete) Wirkung des Patentrechts. Was kann der Patentinhaber Dritten verbieten? Unter welchen Voraussetzungen kann er gegen Missbräuche seiner Erfindung vorgehen? Die zur Verfügung stehenden Sanktionen werden wir dann auf Seite 953 erörtern.

6.1. Ausschließungsrecht

Literaturhinweise: *Schanze*, Erstreckt sich der Patentschutz patentierter Erzeugnisse über deren Verarbeitung hinaus?, PBl 1901, 210; *Zimbler*, Liegt in der Benützung eines Patents ein Patenteingriff, wenn sie auf Grund einer ein ungültiges Rechtsgeschäft darstellenden Zustimmung des Patentinhabers erfolgt? JBl 1933, 408; *Abel*, Klageberechtigung im Patenteingriffsstreit. Begriff des Feilhaltens, ÖBl 1935, 10; *Hamburger*, Schutz gegen die Einfuhr von Erzeugnissen, deren Herstellungsverfahren im Einfuhrland patentiert ist, ÖBl 1958, 1; *Sonn/Hermann*, Die Beurteilung von Patentverletzungen nach österreichischem Recht, GRUR Int 1967, 10; *Torggler*, Zur umsatzsteuerlichen Behandlung der „geistigen" Ein- und Ausfuhr, ÖStZ 1976, 108; *Brunner*, Der Sachverständige im Patentverletzungs- und Nichtigkeitsprozeß (unter Berücksichtigung von Artikel 25 EPÜ), PBl 1987/6, Anh XXXIII; *Baumann-Bratl*, Zur aktuellen Patentgesetz-Novelle, ecolex 1996, 378.

Der Patentschutz gewährt dem Inhaber ein gegen jeden anderen wirkendes *Ausschließungsrecht*. Dessen inhaltliche Ausgestaltung ist international im TRIPS-Abk und gemeinschaftsrechtlich (für einen Teilbereich) durch die BiotechnologieRL vorgezeichnet.

Vorgaben des TRIPS-Abk: Ein Patent gewährt seinem Inhaber die folgenden ausschließlichen Rechte: a) wenn der *Gegenstand des Patents ein Erzeugnis* ist, Dritten zu verbieten, ohne die Zustimmung des Inhabers folgende Handlungen vorzunehmen: Herstellung, Benutzung, Anbieten zum Verkauf, Verkauf oder diesen Zwecken dienende Einfuhr dieses Erzeugnisses; b) wenn der *Gegenstand des Patents ein Verfahren* ist, Dritten zu verbieten, ohne die Zustimmung des Inhabers das Verfahren zu benutzen und folgende Handlungen vorzunehmen: Benutzung, Anbieten zum Verkauf, Verkauf oder Einfuhr zu diesen Zwecken zumindest des unmittelbar mit diesem Verfahren gewonnenen Erzeugnisses (Art 28 Abs 1 TRIPS-Abk). Die Mitglieder können begrenzte *Ausnahmen* von den ausschließlichen Rechten aus einem Patent vorsehen, sofern solche Ausnahmen nicht unangemessen im Widerspruch zur normalen Verwertung des Patents stehen und die berechtigten Interessen des Inhabers des Patents nicht unangemessen beeinträchtigen, wobei auch die berechtigten Interessen Dritter zu berücksichtigen sind (Art 30 TRIPS-Abk).

Vorgaben des Gemeinschaftsrechts: Die (in Österreich noch nicht umgesetzte) BiotechnologieRL verlangt gewisse harmonisierte Regelungen. Der Schutz eines Patents für biologisches Material, das aufgrund der Erfindung mit bestimmten Eigenschaften ausgestattet ist, umfasst jedes biologische Material, das aus diesem biologischen Material durch generative oder vegetative Vermehrung in gleicher oder abweichender Form gewonnen wird und mit denselben Eigenschaften ausgestattet ist (Art 8 Abs 1 BiotechnologieRL). Der Schutz eines Patents für ein Verfahren, das die Gewinnung eines aufgrund der Erfindung mit bestimmten Eigenschaften ausgestatteten biologischen Materials ermöglicht, umfasst das mit diesem Verfahren unmittelbar gewonnene biologische Material und jedes andere mit denselben Eigenschaften ausgestattete biologische Material, das durch generative oder vegetative Vermehrung in gleicher oder abweichender Form aus dem unmittelbar gewonnenen biologischen Material gewonnen wird (Art 8 Abs 2 BiotechnologieRL). Der Schutz, der durch ein Patent für ein Erzeugnis erteilt wird, das aus einer genetischen Information besteht oder sie enthält, erstreckt sich vorbehaltlich des Art 5 Abs 1 BiotechnologieRL auf jedes Material, in das dieses Erzeugnis Eingang findet und in dem die genetische Information enthalten ist und ihre Funktion erfüllt (Art 9 BiotechnologieRL). Der in den Art 8 und 9 BiotechnologieRL vorgesehene Schutz erstreckt sich nicht auf das biologische Material, das durch generative oder vegetative Vermehrung von biologischem Material gewonnen wird, das im Hoheitsgebiet eines Mitgliedstaats vom Patentinhaber oder mit dessen Zustimmung in Verkehr gebracht wurde, wenn die generative oder vegetative Vermehrung notwendigerweise das Ergebnis der Verwendung ist, für die das biologische Material in Verkehr gebracht wurde, vorausgesetzt, dass das so gewonnene Material anschließend nicht für andere generative oder vegetative Vermehrung verwendet wird (Art 10 BiotechnologieRL). Abweichend von den Art 8 und 9 BiotechnologieRL beinhaltet der Verkauf oder das sonstige Inverkehrbringen von pflanzlichem Vermehrungsmaterial durch den Patentinhaber oder mit dessen Zustimmung an einen Landwirt zum landwirtschaftlichen Anbau dessen Befugnis, sein Erntegut für die generative oder vegetative Vermehrung durch ihn selbst im eigenen Betrieb zu verwenden, wobei Ausmaß und Modalitäten dieser Ausnahmeregelung denjenigen des Art 14 der Verordnung (EG) Nr. 2100/94 entsprechen (Art 11 Abs 1 BiotechnologieRL). Abweichend von den Art 8 und 9 BiotechnologieRL beinhaltet der Verkauf oder das sonstige Inverkehrbringen von Zuchtvieh oder von tierischem Vermehrungsmaterial durch den Patentinhaber oder mit dessen Zustimmung an einen Landwirt dessen Befugnis, das geschützte Vieh zu landwirtschaftlichen Zwecken zu verwenden. Diese Befugnis erstreckt sich auch auf die Überlassung des Viehs oder anderen tierischen Vermehrungsmaterials zur Fortführung seiner landwirtschaftlichen Tätigkeit, jedoch nicht auf den Verkauf mit dem Ziel oder im Rahmen einer gewerblichen Viehzucht (Art 11 Abs 2 BiotechnologieRL). Das Ausmaß und die Modalitäten der in Absatz 2 vorgesehenen Ausnahmeregelung werden durch die nationalen Gesetze, Rechts- und Verwaltungsvorschriften und Verfahrensweisen geregelt (Art 11 Abs 3 BiotechnologieRL).

Österreichische Regelung: Das Ausschließungsrecht des Patentinhabers (§ 22 PatG) berechtigt diesen, andere davon *auszuschließen*, den Gegenstand der Erfindung betriebsmäßig *herzustellen* (= die gesamte Tätigkeit, durch die eine Sache geschaffen wird), *in Verkehr zu bringen* (= jede Tätigkeit, die es einem anderen ermöglicht, die unter das Patent fallende Sache zu gebrauchen), *feilzuhalten* (= eine Vorbereitungshandlung für das entgeltliche Inverkehrbringen, zB individuelle Angebote, Werbung in Prospekten oder Inseraten) oder zu *gebrauchen* (= die Verwendung der patentierten Sache oder des Verfahrens in einer ihrer technischen Eigenart entsprechenden Weise) oder zu den genannten Zwecken einzuführen[1] oder zu besitzen. Jede betriebsmäßige Anwendung der patentierten Erfindung in einer der „vier Benutzungsarten" ohne Zustimmung des Patentinhabers ist eine *Patentverletzung*. Ziel dieser Regelung ist es, den Patentinhaber in die Lage zu versetzen, die patentverletzenden Produkte in der gesamten Produktions- und Distributionskette vom Erzeuger, über den Händler bis hin zum Endkunden zu verfolgen. Wird also beispielsweise ein Produkt im (patentfreien) Ausland erzeugt oder kann der Patentinhaber die Identität des Erzeugers nicht feststellen, so kann er immer noch gegen den (im Inland patentverletzenden) Händler oder auch gegen denjenigen vorgehen, der den Eingriffsgegenstand patentverletzend betriebsmäßig benutzt. Andererseits grenzt diese Definition aber auch klar gegenüber zulässigen Nutzungen ab: Alles was nicht unter den Patentanspruch (Seite 887) fällt oder zum vorbekannten Stand der Technik gehört, verletzt das Patent nicht; Gleiches gilt für die bloß private Nutzung und für reine Lehr- und Versuchszwecke.

Patentverletzung im Schul-Labor?

Der Begriff der *Betriebsmäßigkeit* geht weiter als der der Gewerbsmäßigkeit: Auch ohne die Absicht, einen Ertrag oder sonstigen wirtschaftlichen Vorteil zu erzielen (vgl § 1 Abs 2 GewO), kann Betriebsmäßigkeit vorliegen, also etwa in der Schule, in einem Altersheim. Die Betriebsmäßigkeit fehlt bei der Verwendung im privaten Bereich oder für Zwecke des eigenen Studiums. „Betriebsmäßigkeit" wird allgemein dann angenommen, wenn die Benützung auf einer nach einem einheitlichen Plan eingerichteten, wiederholungsfähigen wirtschaftlichen Tätigkeit von gewisser Dauer beruht, die ohne notwendig auf Erwerb gerichtet zu sein, nicht bloß zur Befriedigung persönlicher

---

[1] Die durch den Patentinhaber bewirkte Einfuhr von Gegenständen, die in dem einen oder anderen Verbandsland hergestellt worden sind, in das Land, in dem das Patent erteilt worden ist, hat den Verfall des Patents nicht zur Folge (Art 5 A Abs 1 PVÜ). Vgl auch Art 5ter PVÜ über die freie Einfuhr von in Verkehrsmitteln eingebauten patentierten Gegenständen.

Bedürfnisse dient.[2] Auch derjenige, der einen Gegenstand nach eigenen Angaben durch Dritte bauen lässt, „stellt ihn her".[3]

Schutz für Verfahrenspatente: Ist das Patent für ein Verfahren erteilt, so erstreckt sich die Wirkung auch auf die durch dieses Verfahren unmittelbar hergestellten Erzeugnisse (§ 22 Abs 2 PatG); vgl auch Art 5^{quater} PVÜ: Wird ein Erzeugnis in ein Verbandsland eingeführt, in dem ein Patent zum Schutz eines Verfahrens zur Herstellung dieses Erzeugnisses besteht, so hat der Patentinhaber hinsichtlich des eingeführten Erzeugnisses alle Rechte, die ihm die Rechtsvorschriften des Einfuhrlandes auf Grund des Verfahrenspatents hinsichtlich der im Land selbst hergestellten Erzeugnisse gewähren.

Der *Schutzbereich* des Patents und der bekannt gemachten Anmeldung (§ 101 Abs 2 PatG) wird durch den Inhalt der *Patentansprüche* bestimmt.[4] Entscheidend für den Schutzumfang ist also nicht, was erfunden wurde, sondern nur, wofür der Schutz in Anspruch genommen und gewährt worden ist.[5] Der Formulierung der Patentansprüche im Anmeldeverfahren kommt daher für den Umfang des Patentschutzes ganz entscheidende Bedeutung zu. Um Umgehungsversuche möglichst auszuschließen, wird auch die „*unvollkommene Benützung*" einer Erfindung durch eine „*verschlechterte Ausführungsform*" als Patenteingriff gewertet, wenn der Benützer noch im Rahmen der im Patent gestellten Aufgabe handelt.[6]

Die Beschreibung und die Zeichnungen sind zur *Auslegung* der Patentansprüche heranzuziehen. Dabei ist das Protokoll über die Auslegung des Art 69 EPÜ sinngemäß anzuwenden (§ 22a PatG).[7] Unter dem Schutzbereich eines Patents soll also nicht nur der Schutzbereich zu verstehen sein, der sich aus dem genauen Wortlaut der Ansprüche ergibt und die Beschreibung und die Zeichnungen sollen nicht nur zur Behebung etwaiger Unklarheiten in den Patentansprüchen angewendet werden. Andererseits sollen die Patentansprüche auch nicht lediglich als Richtlinie dienen und der Schutzbereich sich auch auf das erstrecken, was sich dem Fachmann nach Prüfung der Beschreibung und der Zeichnungen als Schutzbegehren darstellt.

---

[2]) OGH 10. 9. 1985, 4 Ob 361/85, RZ 1986, 110; OGH 15. 5. 1985, 4 Ob 317, 318/85 – UNO-City I – ÖBl 1985, 129 = PBl 1986, 27 = SZ 58/86.

[3]) OGH 3. 4. 1984, 4 Ob 321/84 – Befestigungsvorrichtung für Fassadenelemente – ÖBl 1985, 38 = PBl 1985, 125 = SZ 57/68.

[4]) Vgl dazu etwa OPM 10. 2. 1993, Op 8/92 – Druckelement – PBl 1994, 35 = ÖBl 1994, 150. Zum so genannten „*Elementenschutz*" (= Schutz einzelner Merkmale eines Hauptanspruchs) vgl OPM 29. 1. 1992, Op 1/90 – Backenschienenbefestigung – PBl 1993, 34 = ÖBl 1993, 12. Zur Bedeutung von „*Wirkungsangaben*": BA 1. 12. 1987, B 63/86 – Schutzgas – PBl 1988, 124 = ÖBl 1988, 98.

[5]) OGH 22. 4. 1986, 4 Ob 319/86 – Schlüssel-Schloß-Kombination – ÖBl 1986, 147 = PBl 1987, 18 (hier auch zur Frage des Schutzes von *Teilen* einer geschützten Erfindung); OGH 3. 4. 1984, 4 Ob 321/84 – Befestigungsvorrichtung für Fassadenelemente – ÖBl 1985, 38 = PBl 1985, 125 = SZ 57/68; OGH 4. 3. 1980, 4 Ob 408/79 – Werkzeughalter für Bohrhämmer – ÖBl 1980, 121.

[6]) OPM 10. 7. 1985, Op 3/85 – Bodenbearbeitungsmaschine – PBl 1986, 33 = ÖBl 1986, 41; OGH 3. 4. 1984, 4 Ob 321/84 – Befestigungsvorrichtung für Fassadenelemente – ÖBl 1985, 38 = PBl 1985, 125 = SZ 57/68.

[7]) Zur Beurteilung von Patentanmeldungen vor der Patentrechts-Nov 1984: NA 2. 12. 1998, N 14/93 – Sohlschale – PBl 2000, 120 = ÖBl-LS 00/115. Zur Auslegung der Patentanmeldung als Willenserklärung: OGH 22. 4. 1986, 4 Ob 319/86 – Schlüssel-Schloß-Kombination – ÖBl 1986, 147 = PBl 1987, 18 und OGH 3. 4. 1984, 4 Ob 321/84 – Befestigungsvorrichtung für Fassadenelemente – ÖBl 1985, 38 = PBl 1985, 125 = SZ 57/68.

Vielmehr soll die Auslegung zwischen diesen extremen Auffassungen liegen und einen angemessenen Schutz mit ausreichender Rechtssicherheit für Dritte verbinden.[8] Bei der Auslegung ist zu berücksichtigen, dass sich eine Patentschrift an den Fachmann richtet.[9]

Beispiel:

▸ OPM 24. 6. 1998: Das Wort „etwa" umfasst bei üblicher Auslegung Abweichungen von 10 %.[10]

Der Schutz eines Patents umfasst aber nicht nur die im Patentanspruch ausdrücklich genannten Lösungsmittel, sondern auch *äquivalente* Mittel. Voraussetzung für das Vorliegen eines vom Schutzumfang umfassten Äquivalents ist, dass die angegriffene Ausführung im Rahmen des Erfindungsgedankens liegt. Eine äquivalente Benützung liegt dann vor, wenn der Fachmann im Prioritätszeitpunkt, ausgerüstet mit dem allgemeinen Fachwissen unter Berücksichtigung des Standes der Technik, ohne erfinderisches Bemühen die ausgetauschten Merkmale als den Patentansprüchen funktionsgleiche Lösungsmittel entnehmen kann. Nicht äquivalent wäre die Verwendung von gleich wirkenden Mitteln, die den geschützten Lösungsgedanken wesentlich verändern oder dem Grundgedanken der Erfindung widersprechen. Die Äquivalenz entfällt etwa dann, wenn die technische Problemstellung verschieden ist[11], oder wenn zwar das gleiche Teilproblem, jedoch mit wesentlich anderer Funktion innerhalb des Gesamtkomplexes in nicht nahe liegender Weise gelöst wird.[12] Bei der Beurteilung der Equivalenz muss eine Ex-post-Betrachtung vermieden werden.[13]

Beispiel:

▸ OPM 27. 9. 2000: Die zu beurteilende Aufgabenstellung des geschützten Patents bestand darin, mehrschichtige Dichtungsmatten (mit einer innen liegenden Schicht quellfähigen Tons) so zu gestalten, dass Träger- und Deckschicht auch nach dem Aufquellen des Tons fest verbunden bleiben. Dazu sollten die Schichten im so genannten „Nadelstuhl" „vernadelt" werden. Beim Feststellungsgegenstand war hingegen ein „Auflaminieren" der Fasern mit einer Schweißeinrichtung vorgesehen. Da im Prioritätszeitpunkt des Patents dem Durchschnittsfachmann bekannt war, dass bei Geotextilverbundstoffen eine Verbindung der ein-

---

[8]) OPM 28. 2. 2001, Op 4, 5/00 – Rahmen mit Plattenelementen – PBl 2002, 32 = ÖBl-LS 2002/97; vgl auch OPM 11. 10. 2000, Op 1/00 – Spritzgussverfahren – PBl 2001, 127 = ÖBl-LS 01/142. Zum Rückgriff auf Beschreibung und Zeichnungen: OPM 13. 3. 1998, Op 1/97 – Kipprost – PBl 1999, 22 = ÖBl 1999, 122; BA 22. 5. 1997, B 13/96 – Warmwasserspeicher – PBl 1998, 171 = ÖBl 1998, 334.
[9]) BA 13. 4. 1993, B 9/92 – Driftkompensation – PBl 1994, 133 = ÖBl 1994, 212.
[10]) OPM 24. 6. 1998, Op 5/96 – Skipass – PBl 1999, 171 = ÖBl-LS 00/21.
[11]) Zum Ganzen OPM 27. 9. 2000, Op 4/99 – wasserundurchlässige Dichtungsmatte – PBl 2001, 100 = ÖBl-LS 01/96 mwN; vgl auch NA 7. 9. 1999, N 16 und 17/97 – Magnetron – PBl 2001, 122 = ÖBl-LS 01/143; NA 10. 5. 1999, N 4/98 – Aciclovir-Creme – PBl 2001, 52 = ÖBl-LS 01/78; OPM 10. 12. 1997, Op 3/96, PBl 1998, 158 = ÖBl 1998, 334; OPM 10. 1. 1996, Op 2, 3/94 – Zerteilvorrichtung – PBl 1996, 224 = ÖBl 1997, 17; OGH 3. 4. 1984, 4 Ob 321/84 – Befestigungsvorrichtung für Fassadenelemente – ÖBl 1985, 38 = PBl 1985, 125 = SZ 57/68.
[12]) OPM 27. 6. 1984, Op 1/84 – Gattersägeneinhang – PBl 1985, 130 = ÖBl 1985, 92.
[13]) OPM 10. 9. 1986, Op 1/86 – Rahmenabschnitte – PBl 1987, 97 = ÖBl 1987, 63.

zelnen Schichten untereinander durch Vernadeln, Verschweißen, Vernähen und Verkleben erfolgen kann, wurde das Bestehen einer Äquivalenz angenommen.[14]

Das bloße Herstellen, Anbieten und Inverkehrbringen von Vorrichtungen und Hilfsmitteln zur Ausübung eines geschützten Verfahrens ist noch keine Anwendung des Verfahrens.[15] Die geplante (aber noch nicht verwirklichte) Patentrechts- und Gebührennovelle 2000 (Seite 827) sollte diese Schutzlücke schließen und auch die bloß „*mittelbare Patentverletzung*" sanktionieren: „*Das Patent hat ferner die Wirkung, dass es jedem Dritten verboten ist, ohne Zustimmung des Patentinhabers anderen als den zur Benützung der patentierten Erfindung berechtigten Personen Mittel, die sich auf ein wesentliches Element der Erfindung beziehen, zur Benützung der Erfindung anzubieten oder zu liefern, wenn der Dritte weiß oder es aufgrund der Umstände offensichtlich ist, dass diese Mittel dazu geeignet und bestimmt sind, für die Benützung der Erfindung verwendet zu werden*".

Das Ausschließungsrecht soll es dem Erfinder (bzw Patentinhaber) ermöglichen, seine Erfindung wirtschaftlich zu nutzen. Dies kann er entweder dadurch tun, dass er sie selbst anwendet und die so erzeugten Produkte dann veräußert, oder dadurch, dass er anderen Lizenzen zur Produktion und zum Vertrieb gibt (oder das Patent veräußert) und den Lizenzerlös (bzw den Kaufpreis) lukriert. Tut er dies, so hat er den wirtschaftlichen) Lohn für seine erfinderische Tätigkeit erhalten. Das Interesse an einem ungehinderten Wirtschaftsverkehr verlangt dann aber, dass das betreffende (vom Erfinder oder mit seiner Zustimmung von einem Dritten) produzierte und in Verkehr gebrachte Gut frei weiter genutzt werden kann. Der Patentinhaber kann daher den weiteren Vertrieb und den Gebrauch dieses Gegenstands nicht mehr gestützt auf sein Patentrecht untersagen. Das Patentrecht ist insoweit „*erschöpft*".

6.2. Räumlicher Schutzbereich

Literaturhinweise: *Schönherr*, Immaterialgüterrechte und Europarecht, GesRZ 1975, 48; *F. Prunbauer*, Parallelimporte und Patentrecht, ecolex 1992, 248.

Der Patentschutz wirkt nur im Hoheitsgebiet des Erteilungsstaates (*Territorialitätsprinzip*). Zur Besonderheit der in Fahrzeugen (Flugzeuge, Autos etc) eingebauten patentierten Gegenstände vgl § 26 PatG (Seite 928).

Aus der Warenverkehrsfreiheit ergibt sich eine internationale Wirkung des *Erschöpfungsgrundsatzes*:[16] Der Patentinhaber kann sich nicht auf sein Patentrecht berufen, um den Import geschützter Produkte aus einem anderen EU-Staat abzuwehren, wenn die betreffende Ware von ihm selbst oder mit seiner Zustimmung durch einen Dritten in diesem Mitgliedstaat in Verkehr gebracht worden ist. Dieser

---

[14]) OPM 27. 9. 2000, Op 4/99 – wasserundurchlässige Dichtungsmatte – PBl 2001, 100 = ÖBl-LS 01/96.
[15]) OGH 18. 5. 1993, 4 Ob 42/93 – Verfahren zur Herstellung eines Gebissmodells – ÖBl 1994, 33 = GRUR Int 1994, 324 = ZfRV 1993/85.
[16]) Das TRIPS-Abk ist insoweit neutral: Zum Zwecke der Streitbeilegung aus diesem Abkommen darf vorbehaltlich der Bestimmungen der Art 3 und 4 nichts in diesem Abkommen dazu verwendet werden, um die Frage der Erschöpfung von Rechten des geistigen Eigentums zu behandeln (Art 6).

Grundsatz der gemeinschaftsweiten Zulässigkeit von *Parallelimporten* gilt auch dann, wenn der Parallelimport aus einem Mitgliedstaat erfolgt, in dem es keinen Patentschutz für die betreffende Erfindung gibt.[17]

6.3. Vorbenützerrecht

Literaturhinweise: *Hamburger,* Vorbenützungsrecht an Erfindungspatenten, JBl 1927, 329; *Abel,* Zwischenbenützung im österreichischen Patentrecht, ÖBl 1954, 50 und 61; *Hamburger,* Können Weiterbenützungsrechte aus Benützungshandlungen Dritter im Intervall zwischen Anmeldung und Bekanntmachung entstehen? FS 60 Jahre PA (1959) 77; *Wassitzky/Weis,* Zur Frage des Patentschutzes von Arzneimitteln in Österreich, FS 60 Jahre PA (1959) 162; *Warbek,* Vorbenützerrecht an Erfindungen und gemeinschaftsrechtliche Warenverkehrsfreiheit, ÖBl 1996, 263.

Jemand (nennen wir ihn „A") macht eine Erfindung, er meldet diese aber weder zum Patent an noch macht er sie der Öffentlichkeit zugänglich. Er verwendet sie vielmehr als (geheimes) Know How in seinem Betrieb. Eines Tages macht ein anderer („B") die gleiche Erfindung und meldet diese zum Patent an. Ist die Neuheit durch die Vorbenützung zerstört? Nein, denn die Vorbenützung war ja geheim. B kann daher den Patentschutz erlangen. Kann nun der B dem A die weitere Verwendung der Erfindung untersagen? Nach der Konstruktion des Patentrechts als Ausschließungsrecht müsste man dies bejahen. Fair erscheint es aber nicht. Deshalb wurde die Sonderregelung eines *„Vorbenützerrechts"* geschaffen. Dieses soll es dem A ermöglichen, seine Erfindung – in gewissen Grenzen – weiter zu verwenden. Das Vorbenützerrecht unterliegt allerdings Einschränkungen. So deckt es den Vorbenützer insbesondere nur, wenn er im *Inland* genutzt hat. Es ist weiters auf seinen Betrieb beschränkt. Er muss die gutgläubige Vorbenützung nachweisen können.

Voraussetzungen

Vorbenützer ist, wer die Erfindung[18] bereits zur Zeit der Anmeldung in gutem Glauben im Inland in Benützung genommen, oder die hiezu erforderlichen Veranstaltungen getroffen hat (§ 23 Abs 1 PatG).[19] Es ist Sache des Antragstellers, nachzuweisen, dass er im Zeitpunkt der Anmeldung über bloße Versuche hinaus bereits die volle Kenntnis der Erfindung besessen hat.[20] Der Antragsteller muss konkrete Angaben über die Benützungshandlung nach Art, Zeit und Ort machen.[21] Eine *Unterbrechung* der Benützungshandlung bewirkt nur dann den Untergang des Vorbenützerrechts, wenn die Versuche endgültig aufgegeben wurden (etwa wegen Ergebnislosigkeit), nicht aber dann, wenn die Erfindung bereits fertig vorlag und sich nur die Erzeugung aus technischen oder anderen Gründen verzögert hat oder

---

[17]) EuGH 5. 12. 1996, Rs C-267 und 268/95 – Merck/Primecrown – Slg 1996 I 6285.
[18]) Das kann auch eine Diensterfindung sein: OPM 14. 10. 1981, Op 2/81 – Pumpe – PBl 1982, 83 = ÖBl 1982, 64.
[19]) Zum „*Zwischenbenützer*" vgl OGH 25. 3. 1986, 4 Ob 312/86 – UNO-City II – ÖBl 1986, 116 = PBl 1987, 10; OGH 10. 9. 1985, 4 Ob 361/85, RZ 1986, 110; OGH 15. 5. 1985, 4 Ob 317, 318/85 – UNO-City I – ÖBl 1985, 129 = PBl 1986, 27 = SZ 58/86.
[20]) NA 3. 5. 1984, N 15/82 – Fensterverglasung – PBl 1986, 134 = ÖBl 1986, 96.
[21]) OPM 26. 5. 1983, Op 7/82 – Uhrarmband – PBl 1983, 145 = ÖBl 1983, 161.

weil sich der Vorbenützer noch eine weitere Aufgabe (etwa die Verbesserung der Erfindung) gestellt hat.[22]

Inhalt

Der Vorbenützer kann die Erfindung weiterbenützen. Dieses Recht beschränkt sich jedoch auf den Teil des Erfindungsgedankens, den er vor dem Prioritätszeitpunkt tatsächlich benützt hat, auf die Bedürfnisse seines eigenen Betriebes, auf die gleiche Art der Nutzung; es ist an den Betrieb des Vorbenützers gebunden und kann daher nur zusammen mit diesem vererbt oder veräußert werden (§ 23 Abs 2 und 3 PatG). Der Vorbenützer kann verlangen, dass seine Befugnis vom Patentinhaber durch Ausstellung einer Urkunde anerkannt wird. Wird diese Anerkennung verweigert, so hat auf Antrag das PA über den erhobenen Anspruch in dem für den Anfechtungsprozess vorgesehenen Verfahren zu entscheiden (§ 23 Abs 4 PatG). Zur Rechtfertigung der Antragstellung genügen schon Meinungsverschiedenheiten über den Umfang der Vorbenützung.[23] Der Antrag nach § 23 Abs 4 PatG setzt voraus, dass der Vorbenützer zuvor vom Patentinhaber die urkundliche Anerkennung seines (vermeintlichen) Rechts verlangt hat. Dass er dem Patentinhaber nur Einblick in die Unterlagen gewähren, diese dem Patentinhaber aber nicht überlassen wollte, macht den Antrag nicht unzulässig. Eine Verpflichtung des (angeblichen) Vorbenützers, schon vor dem Verfahren dem Patentinhaber alle Beweise vorzulegen, besteht nicht.[24] Die anerkannte Befugnis ist auf Ansuchen des Berechtigten in das Patentregister einzutragen (§ 23 Abs 4, letzter Satz PatG). Wird der Vorbenützer wegen Patentverletzung geklagt, so kann er sein Vorbenützerrecht als Einrede geltend machen. Das Überschreiten der Grenzen des Vorbenützerrechts ist eine Patentverletzung.

In gewissen Fällen kann ein dem Vorbenützerrecht ähnliches *Zwischenbenützerrecht* entstehen: bei Wiederaufnahme des Verfahrens (§ 127 Abs 3 PatG; Seite 945), bei Rückgängigmachen einer versehentlichen Löschung im Patentregister (§ 128 PatG; Seite 946) und bei Bewilligung der Wiedereinsetzung in den vorigen Stand (§ 136 Abs 1 PatG; Seite 948).

Streitanmerkung

Verfahren über das Bestehen eines Vorbenützerrechts (§ 23 PatG) sind gemäß § 45 Abs 1 PatG auf Antrag im Patentregister anzumerken (*Streitanmerkung*). Die Streitanmerkung hat die Wirkung, dass die Entscheidung auch gegen die Personen, welche erst nach dem Zeitpunkt des Einlangens des Gesuches um Streitanmerkung beim PA Eintragungen in das Patentregister erwirkt haben, ihre volle Wirksamkeit äußert (§ 45 Abs 2 PatG).

---

[22]) NA 20. 1. 1994, N 1/89 – Synchronringe – PBl 1995, 171 = ÖBl 1996, 19 mwN.
[23]) NA 20. 1. 1994, N 1/89 – Synchronringe – PBl 1995, 171 = ÖBl 1996, 19 mwN.
[24]) OPM 2. 12. 1998, Op 4/95 – Reibring – PBl 1999, 49 = ÖBl 1999, 225.

6.4. Patente in Fahrzeugen

Neuartiger Tankdeckel.

Wird ein im Ausland ohne Patentverletzung hergestellter Gegenstand nach Österreich gebracht und besteht hier ein Patent, so stellt sich die nahe liegende Frage, ob der Patentinhaber dagegen vorgehen kann. Besonders spannend wird dies bei den Autos der Touristen. Dazu gibt es freilich eine Sonderregelung: Auf Fahrzeuge und auf Einrichtungen an Fahrzeugen, die nur vorübergehend aus Anlass ihrer Benützung im Verkehr in das Inland gelangen, erstreckt sich die Wirkung eines Patents nicht (§ 26 PatG; vgl auch Art 5ter PVÜ über die freie Einfuhr von in Verkehrsmitteln eingebauten patentierten Gegenständen).

6.5. Bindung an die Rechtsvorschriften

Ein Patent entbindet nicht von der Einhaltung der Rechtsvorschriften (§ 30 PatG). Der Anmelder oder sein Rechtsnachfolger kann jedoch die Erfindung vom Tag der Bekanntmachung der Anmeldung im Patentblatt an in dem aus der ausgelegten Anmeldung sich ergebenden Schutzumfang gewerbsmäßig ausüben, ohne an die Vorschriften für die Erlangung einer *Gewerbeberechtigung* gebunden zu sein (§ 31 Abs 1 PatG; anzuzeigen bei der Bezirksverwaltungsbehörde; Strafsanktion: Verwaltungsübertretung; § 32 PatG). Die Begünstigung umfasst das Herstellen, das Inverkehrbringen und das Feilhalten des Gegenstandes der Erfindung. Ist Gegenstand der Erfindung ein Verfahren, so erstreckt sich die Begünstigung auch auf dessen Gebrauch (§ 31 Abs 1 PatG). Zur Begünstigung bei einer Mehrheit von Anmeldern bzw Patentinhabern vgl § 31 Abs 2 bis 4 PatG. Zur Wirkung der Zurücknahme oder Zurückweisung der Anmeldung, der Nichtigerklärung oder Aberkennung des Patents sowie dessen Erlöschen oder Zurücknahme vgl § 31 Abs 5 PatG.

6.6. Übertragung der Rechte

Vorgaben des TRIPS-Abk: Patentinhaber sind berechtigt, das Patent rechtsgeschäftlich oder im Wege der Rechtsnachfolge zu übertragen und Lizenzverträge abzuschließen (Art 28 Abs 2 TRIPS-Abk).

Österreichische Regelung: Das Recht aus der Anmeldung eines Patents und das Patentrecht gehen auf die Erben über; ein Heimfallsrecht findet an diesen Rechten nicht statt (§ 33 Abs 1 PatG). Beide Rechte können zur Gänze oder nach ideellen Anteilen durch Rechtsgeschäft, richterlichen Ausspruch oder letztwillige Verfügung auf andere übertragen werden (§ 33 Abs 2 PatG). Wird das Recht aus der Anmeldung eines Patents übertragen, so wird im Falle der Erteilung das Patent dem Rechtsnachfolger des Anmelders erteilt; die Bestimmungen des § 43 Abs 5 bis 7 PatG (Eintragung in das Patentregister; Seite 910) finden entsprechende Anwendung (§ 33 Abs 3 PatG).[25] Zur *Übertragungsgebühr* vgl § 168 Abs 1 Z 5 lit a PatG (Seite 894). Übertragen mehrere Patentanmelder das Recht aus ihrer Anmeldung in einem Übertragungsantrag, so ist die Gebühr nur einmal zu entrichten.[26]

Wer ein Patent erwirbt, *übernimmt die darauf haftenden Lasten*, welche im Zeitpunkt der Überreichung des Eintragungsgesuches beim PA aus dem Patentregister ersichtlich oder zur Eintragung ordnungsmäßig angemeldet sind (§ 44 PatG).

Anspruch auf Nennung

Der Anspruch des Erfinders auf Nennung als Erfinder ist unübertragbar, unverzichtbar und unvererbbar (§ 20 PatG).

6.7. Freiwillige Lizenzen

Literaturhinweise: *Schwarz*, Lizenzrecht – Verfügungsverbot, ÖBl 1933, 33; *Schönherr*, Fallen Lizenzverträge unter das Kartellgesetz, ÖBl 1952, 19 und 26; *Schönherr*, Die Gesellschaftererfindung, FS Kastner (1972) 401; *Stölzle*, Lizenzverträge und Kartellrecht, ÖBl 1973, 25; *Schuhmacher*, „Inhalt des Patentrechts" und Kartellgesetz, ÖZW 1974, 41; *Schönherr*, Immaterialgüterrechte und Europarecht, GesRZ 1975, 48; *Torggler*, USt-Befreiung für ausländische Lizenzgeber, ÖBl 1975, 32; *Schönherr*, Praktische Fragen bei der Gestaltung internationaler Patentlizenz- und Know-how-Verträge, ÖZW 1981, 71; *Kurschel/Reich-Rohrwig*; Patentlizenzverträge in Österreich, ecolex 1991, 185; *Lechner*, Besteuerung ausländischer Lizenzgeber, ecolex 1991, 197; *Tumpel/Rief*, Patentverwertung und Ertragsbesteuerung, ecolex 1991, 199; *Liebmann*, Lizenzverträge in der EU, ÖBl 1998, 167; *Reich-Rohrwig*, Patentverwertung in Gesellschaften, ecolex 1991, 159; *Reich-Rohrwig*, Vorzeitige Auflösung von Lizenzverträgen, ecolex 1991, 180; *Zorn*, Steuerliche Begünstigungen für Einkünfte aus Patenten, Nova & Varia 1999, 4; *Hiti*, Zur Drittwirkung von Marken- und Patentlizenzen, ÖBl 2003, 4; *Nauta*, Die Rechtsstellung des Lizenznehmers, ÖJZ 2003, 404.

Der Patentinhaber kann die Benützung der Erfindung Dritten für das ganze Geltungsgebiet des Patents oder für einen Teil desselben mit oder ohne Ausschluss anderer überlassen (*Lizenz*; § 35 PatG).[27] Gelegentlich kommt es zu einer wechselseitigen Lizenzerteilung (so genannte „*cross licence*"), wenn die beiden Vertragspartner über Patente verfügen, die in einem Zusammenhang miteinander stehen, sodass es für beide vorteilhaft ist, das Patent des jeweils anderen zu nutzen und dem entsprechend einander Lizenzen einzuräumen. Zur Erzwingung einer Lizenz vgl Seite 930.

Lizenzvertrag: Weitergegeben wird nur das Nutzungsrecht, nicht aber das Patentrecht als solches. Der Lizenzvertrag ist ein *Vertrag sui generis*, dessen Kern der Verzicht auf die Ausübung eines Verbotsrechts ist; er begründet ein *Dauerschuld-*

---

[25]) Zur Prüfung der Übertragungserklärung: BA 9. 8. 1990, B 9 und 10/90 – Übertragungssperre – PBl 1991, 105 = ÖBl 1991, 12.
[26]) BA 23. 9. 1983, B 1/83, PBl 1985, 132 = ÖBl 1985, 92.
[27]) Zur lauterkeitsrechtlichen Klagslegitimation des Lizenzgebers gegen den vertragsbrüchigen Lizenznehmer: OGH 25. 9. 2001, 4 Ob 144/01g – St. Barbara-Brot – ÖBl 2002, 15 (*Thiele*) = ÖBl-LS 02/03.

verhältnis und hat gewisse Ähnlichkeit mit dem Bestandvertrag. Vom Lizenzvertrag abzugrenzen sind:

Know-how-Verträge: Gegenstand eines solchen Vertrags können auch nichtgeschützte Erfindungen, Erfahrungen auf gewerblichem Gebiet oder sonstige Betriebsgeheimnisse (Know-how) sein.

Franchise-Verträge: Durch einen Vertrag zwischen Franchise-Nehmer und Franchise-Geber wird eine dauernde kaufmännische Beziehung begründet, wobei der Franchise-Geber das Recht einräumt, Güter, Waren oder Dienstleistungen, die er herstellt, verarbeitet, vertreibt etc, zu verkaufen oder sonst zu verwerten. Der Franchise-Geber verpflichtet seinen Partner etwa, die Geschäftsräumlichkeiten in bestimmter Weise auszugestalten, bestimmte Produkte zu führen; der Franchise-Nehmer benützt die Marke des Partners, erhält Beratung und Schulung etc. Diese Verträge haben Elemente von Lizenz- und von Know-how-Verträgen (zB: „McDonald's"-Lokale).

Freiwillig erteilte Lizenzen können ohne Zustimmung des Patentinhabers unter Lebenden nur gemeinsam mit dem lizenzberechtigten Teil des Unternehmens oder des Geschäftsbetriebs *übertragen* werden und gehen von Todes wegen nur dann auf die Rechtsnachfolger über, wenn von diesen der lizenzberechtigte Teil des Unternehmens oder des Geschäftsbetriebs fortgeführt wird (§ 37 PatG).

6.8. Zwangslizenz

Literaturhinweise: *Bing*, Die Zwangslizenz, ÖBl 1935, 66; *Bing*, Bemerkungen zum Bundesgesetz gegen den Missbrauch patentrechtlicher Befugnisse, BGBl. 1936, Nr. 82, ÖBl 1936, 5; *Troller*, Der Benützungszwang im Patentrecht, ÖJZ 1960, 38; *Barger*, Gedanken zu § 36 Abs 2 PatG, ÖBl 1973, 49; *Schönherr*, Die Nichtausübung der patentierten Erfindung nach österreichischem Recht, GRUR Int 1973, 389; *Knittel*, Zur aktuellen Patentgesetz-Novelle, ecolex 1994, 628.

Das Patentrecht sichert zwar im Interesse der Allgemeinheit die Offenbarung der Erfindung, gewährt aber andererseits ein Ausschließungsrecht, das als Blockade der Nutzung einer Erfindung dienen und daher im Gegensatz zu den öffentlichen Interessen an der Anwendung der Erfindung stehen kann kann. Als „Notventil" wären daher Regelungen über die Enteignung des Patentinhabers oder Regelungen zur Nichtigerklärung eines Patents (wegen Nichtgebrauchs, ähnlich wie bei der Marke, Seite 501) oder über die Erteilung von Zwangslizenzen denkbar. In Österreich ist sowohl die Möglichkeit der Erteilung von Zwangslizenzen als auch – als letzte Konsequenz – die Rücknahme des Patents vorgesehen (Seite 934).

Vorgaben der PVÜ: Jedem der Verbandsländer steht es frei, gesetzliche Maßnahmen zu treffen, welche die Gewährung von Zwangslizenzen vorsehen, um Missbräuche zu verhüten, die sich aus der Ausübung des durch das Patent verliehenen ausschließlichen Rechts ergeben könnten, zum Beispiel infolge unterlassener Ausübung (Art 5 A Abs 2 PVÜ). Der Verfall des Patents kann nur dann vorgesehen werden, wenn die Gewährung von Zwangslizenzen zur Verhütung dieser Missbräuche nicht ausreichen würde. Vor Ablauf von zwei Jahren seit Gewährung der ersten Zwangslizenz kann kein Verfahren auf Verfall oder Zurücknahme eines Patents eingeleitet werden (Art 5 A Abs 3 PVÜ). Wegen unterlassener oder ungenügender Ausübung darf eine Zwangslizenz nicht vor Ablauf einer Frist von vier Jahren nach der Hinterlegung der Patentanmeldung oder von drei Jahren nach der Patenterteilung verlangt werden, wobei die Frist, die zuletzt abläuft, maßgebend ist; sie wird versagt, wenn der Patentinhaber seine Untätigkeit mit berechtigten Gründen entschuldigt. Eine solche Zwangslizenz ist nicht ausschließlich und kann, auch in der Form der Gewährung einer Unterlizenz, nur mit dem Teil des Unternehmens oder des Geschäftsbetriebs übertragen werden, der mit ihrer Auswertung befasst ist (Art 5 A Abs 4 PVÜ).

Vorgaben des TRIPS-Abk: Lässt das Recht eines Mitglieds die sonstige *Benutzung des Gegenstands eines Patents ohne die Zustimmung des Rechtsinhabers* zu, einschließlich der Benutzung durch die Regierung oder von der Regierung ermächtigte Dritte, sind folgende Bestimmungen zu beachten: a) die Gewährung zu einer solchen Benutzung wird auf Grund der *Umstände des Einzelfalls* geprüft; b) eine solche Benutzung darf nur gestattet werden, wenn vor einer solchen Benutzung derjenige, der die Nutzung plant, sich darum bemüht hat, die *Zustimmung* des Rechtsinhabers *zu angemessenen geschäftsüblichen Bedingungen* zu erhalten, und wenn diese Bemühungen innerhalb einer angemessenen Frist *erfolglos* geblieben sind. Von diesem Erfordernis kann von einem Mitglied abgesehen werden, wenn ein *nationaler Notstand* vorliegt oder sonstige Umstände von äußerster Dringlichkeit obwalten oder wenn es sich um eine öffentliche, nicht gewerbliche Benutzung handelt. Bei Vorliegen eines nationalen Notstands oder sonstiger Umstände von äußerster Dringlichkeit ist der Inhaber des Rechts trotzdem so bald als zumutbar zu verständigen. Wenn im Fall öffentlicher, nicht gewerblicher Benutzung die Regierung oder der Unternehmer, ohne eine Patentrecherche vorgenommen zu haben, weiß oder hätte wissen müssen, dass ein gültiges Patent von der oder für die Regierung benutzt wird oder werden wird, ist der Inhaber des Rechts unverzüglich in Kenntnis zu setzen; c) *Umfang und Dauer* einer solchen Benutzung sind auf den Zweck zu begrenzen, für den sie gestattet wurde, und im Falle der Halbleitertechnik kann sie nur für den öffentlichen, nicht gewerblichen Gebrauch oder um eine in einem Gerichts- oder Verwaltungsverfahren festgestellte wettbewerbswidrige Praxis abzustellen, vorgenommen werden; d) eine solche Benutzung ist *nicht ausschließlich*; e) eine solche Benutzung kann *nicht übertragen* werden, es sei denn zusammen mit dem Teil des Unternehmens oder des Geschäftsbetriebs, dem diese Benutzung zusteht; f) eine solche Benutzung wird vorwiegend für die *Versorgung des Binnenmarktes* des Mitglieds, das sie zulässt, gestattet; g) die Erlaubnis einer solchen Benutzung unterliegt vorbehaltlich eines angemessenen Schutzes der berechtigten Interessen der ermächtigten Personen der *Kündigung*, wenn und sofern die Umstände, die zu ihr geführt haben, zu bestehen aufhören und wahrscheinlich nicht wieder eintreten. Die zuständige Behörde ist befugt, auf begründeten Antrag, die Fortdauer dieser Umstände zu überprüfen; h) dem Inhaber des Rechts wird eine nach den Umständen des Falls *angemessene Vergütung* geleistet, wobei der wirtschaftliche Wert der Erlaubnis in Betracht gezogen wird; i) die Rechtsgültigkeit einer Entscheidung im Zusammenhang mit der Erlaubnis einer solchen Benutzung unterliegt der *Nachprüfung durch ein Gericht* oder einer sonstigen unabhängigen Nachprüfung durch eine gesonderte obere Behörde im betreffenden Mitglied; j) jede Entscheidung betreffend die in Bezug auf eine solche Benutzung vorgesehene Vergütung unterliegt der Nachprüfung durch ein Gericht oder einer sonstigen unabhängigen Nachprüfung durch eine eigene Oberbehörde im betreffenden Mitglied; k) Die Mitglieder sind nicht gehalten, die in den lit b und f festgelegten Bedingungen anzuwenden, wenn eine solche Benutzung gestattet ist, um eine in einem Gerichts- oder Verwaltungsverfahren festgestellte wettbewerbswidrige Praxis abzustellen. Die Notwendigkeit, eine wettbewerbswidrige Praxis abzustellen, kann in solchen Fällen bei der Festsetzung des Betrags der Vergütung berücksichtigt werden. Die zuständigen Behörden sind befugt, eine Aufhebung der Erlaubnis abzulehnen, wenn und sofern die Umstände, die zu der Erlaubnis geführt haben, wahrscheinlich wieder eintreten; l) ist eine solche Benutzung gestattet, um die *Verwertung eines Patents* („zweites Patent") *zu ermöglichen*, das nicht verwertet werden kann, ohne ein anderes Patent („erstes Patent") zu verletzen, kommen die folgenden zusätzlichen Bedingungen zur Anwendung: (i) die im zweiten Patent beanspruchte Erfindung stellt gegenüber der im ersten Patent beanspruchten Erfindung einen wichtigen technischen Fortschritt von erheblicher wirtschaftlicher Bedeutung dar; (ii) der Eigentümer des ersten Patents hat das Recht auf eine gegenseitige Lizenz zu angemessenen Bedingungen für die Benutzung der im zweiten Patent beanspruchten Erfindung; und (iii) die Benutzungserlaubnis in Bezug auf das erste Patent ist nicht übertragbar, es sei denn, zusammen mit der Übertragung des zweiten Patents (Art 31 TRIPS-Abk).

Vorgaben des Gemeinschaftsrechts: Art 12 BiotechnologieRL sieht spezielle Vorgaben für Zwangslizenzen wegen Abhängigkeit vor.

Österreichische Regelung: Für die „Heeresverwaltung" sowie die Monopolverwaltung galten Vorrechte, die allerdings durch die PatG-Novelle 1996 entfallen sind. Im öffentlichen Interesse kann aber weiterhin jedermann für seinen Betrieb eine Zwangslizenz begehren (§ 36 Abs 3 PatG). Diese ist die gegen den Willen des Patentinhabers durch Verwaltungsakt erteilte Erlaubnis zur Benützung einer patentierten Erfindung. Das Gesetz kennt drei Fälle (§ 36 PatG):

> wegen *Abhängigkeit* (§ 36 Abs 1 PatG): Kann eine patentierte Erfindung nicht verwertet werden, ohne eine mit besserem Zeitrang patentierte Erfindung (älteres Patent) zu verletzen, hat der Inhaber des jüngeren Patents Anspruch auf eine nicht ausschließliche Lizenz an dem älteren Patent, wenn die mit dem jüngeren Patent geschützte Erfindung gegenüber der mit dem älteren Patent geschützten Erfindung einen wichtigen technischen Fortschritt von erheblicher wirtschaftlicher Bedeutung darstellt. Macht er diesen Anspruch geltend, so hat auch der Inhaber des älteren Patents Anspruch auf eine Lizenz an dem abhängigen Patent.

- *mangels Ausübung* (§ 36 Abs 2 PatG): Wird eine patentierte Erfindung im Inland nicht in angemessenem Umfang ausgeübt, wobei die Ausübung auch durch Import erfolgen kann, und hat der Patentinhaber nicht alles zu einer solchen Ausübung Erforderliche unternommen, so hat jedermann für seinen Betrieb Anspruch auf eine nicht ausschließliche Lizenz an dem Patent, es sei denn, der Patentinhaber weist nach, dass die Ausübung der Erfindung im Inland wegen der der Ausübung entgegenstehenden Schwierigkeiten nicht oder nicht in größerem Umfang zumutbar ist, als dies geschehen ist. Die Einräumung einer Lizenz gemäß § 36 Abs 2 PatG kann erst vier Jahre nach der Anmeldung oder drei Jahre nach der Kundmachung der Erteilung des Patents, an dem die Lizenz begehrt wird, beantragt werden; maßgebend ist diejenige Frist, die zuletzt abläuft (§ 36 Abs 5 PatG).
- im *öffentlichen Interesse* (§ 36 Abs 3 PatG): Ist die Erteilung einer Lizenz an einer patentierten Erfindung im öffentlichen Interesse geboten, hat jedermann für seinen Betrieb Anspruch auf eine nicht ausschließliche Lizenz an der Erfindung. Der diesbezügliche Anspruch der Bundesverwaltung ist hingegen an keinen Betrieb gebunden. Vom Erfordernis der Einholung der Zustimmung des zur Einräumung einer Lizenz Berechtigten kann im Fall des Abs 3 bei Vorliegen eines nationalen Notstandes oder sonstiger Umstände von äußerster Dringlichkeit abgesehen werden. In diesem Fall ist durch Zwischenentscheidung eine vorläufige Bewilligung zur Benützung der Erfindung zu erteilen (§ 36 Abs 6 PatG).

Verweigert der zur Einräumung einer Lizenz gemäß § 36 Abs 1 bis 3 PatG Berechtigte deren Einräumung, obwohl sich der Lizenzwerber bemüht hat, die Zustimmung innerhalb einer angemessenen Frist zu angemessenen geschäftsüblichen Bedingungen zu erhalten, so entscheidet auf *Antrag* des Lizenzwerbers das PA in dem für die Anfechtung von Patenten vorgeschriebenen Verfahren. Im Fall der Lizenzeinräumung ist eine *angemessene Vergütung* zu bestimmen, wobei der wirtschaftliche Wert der Lizenz in Betracht zu ziehen ist. Die gegebenenfalls erforderliche Sicherstellung sowie die sonstigen Bedingungen der Benützung sind unter Berücksichtigung der Natur der Erfindung und der Umstände des Falles festzusetzen. Umfang und Dauer der Lizenz werden vorwiegend für die Versorgung des inländischen Marktes gestattet und sind auf den Zweck zu begrenzen, der sie erforderlich gemacht hat. Im Falle der Halbleitertechnik kann die Lizenz nur für den öffentlichen, nicht gewerblichen Gebrauch oder um eine in einem Gerichts- oder Verwaltungsverfahren festgestellte wettbewerbswidrige Praxis abzustellen, eingeräumt werden (§ 36 Abs 4 PatG).

Eine gemäß § 36 Abs 4 PatG eingeräumte Lizenz ist vorbehaltlich eines angemessenen Schutzes der berechtigten Interessen der ermächtigten Personen auf Antrag *aufzuheben*, wenn und sofern die Umstände, die zu ihr geführt haben, zu bestehen aufhören und wahrscheinlich nicht wieder eintreten. Das PA entscheidet über diesen Antrag in dem für die Anfechtung von Patenten vorgeschriebenen Verfahren (§ 36 Abs 7 PatG).

Zwangslizenzen gemäß § 36 Abs 2 und 3 PatG sowie am jüngeren Patent gemäß § 36 Abs 1 PatG können ohne Zustimmung des Patentinhabers unter Lebenden nur gemeinsam mit dem lizenzberechtigten Teil des Unternehmens oder des Geschäftsbetriebs *übertragen* werden und gehen von Todes wegen nur dann auf die Rechtsnachfolger über, wenn von diesen der lizenzberechtigte Teil des Unternehmens oder des Geschäftsbetriebs fortgeführt wird. Eine gemäß § 36 Abs 1 PatG am älteren Patent eingeräumte Lizenz ist nicht übertragbar, es sei denn zusammen mit der Übertragung des jüngeren Patents (§ 37 PatG).

Verfahren über die Einräumung von Zwangslizenzen sind gemäß § 45 Abs 1 PatG auf Antrag im Patentregister anzumerken (*Streitanmerkung*). Die Streitanmerkung hat die Wirkung, dass die Entscheidung auch gegen die Personen, welche erst nach dem Zeitpunkt des Einlangens des Gesuches um Streitanmerkung beim PA Eintragungen in das Patentregister erwirkt haben, ihre volle Wirksamkeit äußert (§ 45 Abs 2 PatG).

Genügt auch die Einräumung von Zwangslizenzen nicht, um die Ausübung der Erfindung im Inland in angemessenem Umfang zu sichern, so kann es zur *Rücknahme* des Patents kommen (§ 47 Abs 1 PatG).

6.9. Pfandrecht

Literaturhinweise: *Wechsler*, Vertragsmäßige und executive Pfandrechtserwerbung an Patentrechten, JBl 1894, 265 und 277; *Schiemer*, Die Pfändung des Patentrechtes und des Rechtes aus der Anmeldung eines Patentes, ÖJZ 1949, 266; *Lang*, Patente, Patentanmeldungen und Erfindungen als Kreditsicherungsmittel (1999); *Lang*, Patente, Patentanmeldungen und Erfindungen als Kreditsicherungsmittel, ecolex 1999, 475.

Das Patentrecht kann Gegenstand eines Pfandrechts sein (§ 34 PatG).[28] Vertragliche Pfandrechte hindern den Patentinhaber nicht an der Veräußerung; es kann aber zusätzlich ein Verfügungsverbot vereinbart werden.[29] Das (exekutive) Pfandrecht wird als dingliches Recht durch die Übertragung des gepfändeten Patentrechts nicht berührt. Der Pfandgläubiger hat daher im Übertragungsverfahren keine Parteistellung.[30]

Bei Gericht anhängige Streitverfahren über Pfandrechte oder sonstige dingliche Rechte an Patenten sind gemäß § 45 Abs 1 PatG auf Antrag im Patentregister anzumerken (*Streitanmerkung*). Die Streitanmerkung hat die Wirkung, dass die Entscheidung auch gegen die Personen, welche erst nach dem Zeitpunkt des Einlan-

---

[28]) Zu den Anforderungen an einen Verpfändungsvertrag: BA 9. 12. 1992, B 16/91 – Stuhlbeine – PBl 1993, 202 = ÖBl 1993, 203.
[29]) OGH 30. 4. 1996, 4 Ob 2083/96v – Vertriebsschutzvertrag – RdW 1996, 582 = ÖBA 1996, 811 = ZfRV 1996/59 (hier finden sich auch Ausführungen zur Sicherung des Verfügungsverbots durch einstweilige Verfügung).
[30]) VfGH 13. 10. 1986, B 699-707/85 – P Maschinenbau – VfSlg 11068 = PBl 1987, 17 = ÖBl 1987, 16 = ZfVB 1987/920.

gens des Gesuches um Streitanmerkung beim PA Eintragungen in das Patentregister erwirkt haben, ihre volle Wirksamkeit äußert (§ 45 Abs 2 PatG).[31]

6.10. Wirkung der Eintragung ins Patentregister

Das Patentrecht (§ 33 PatG), das Pfandrecht und sonstige dingliche Rechte an Patentrechten (zB Fruchtgenußrecht) werden mit der Eintragung in das Patentregister erworben und gegen Dritte wirksam (§ 43 Abs 1 PatG; so genanntes *„quasi-dingliches Benützungsrecht"*). Eintragungen können nur aufgrund inhaltlich und formell unbedenklicher Urkunden erfolgen.[32] Als „Dritte" sind nur jene Personen anzusehen, die ebenfalls (abgeleitete) Rechte aus dem Patent geltend machen, nicht aber bloße Patentverletzer.[33]

Wirkung gegenüber Dritten durch Eintragung ins Patentregister.

Lizenzrechte werden mit Abschluss des Vertrages erworben (§§ 861 ff ABGB).[34] Dritten gegenüber werden die Lizenzrechte erst mit der *Eintragung in das Patentregister* wirksam (§ 43 Abs 2 PatG; auf schriftlichen Antrag eines der Beteiligten oder auf gerichtliches Ersuchen, § 43 Abs 5 PatG; zur erforderlichen Urkunde: § 43 Abs 6 PatG[35]). Trotzdem kann der Inhaber einer ausschließlichen Lizenz, auch wenn diese nicht im Register eingetragen ist, Patentverletzungen im eigenen Namen verfolgen.[36]

Die *Rangordnung* der vorgenannten Rechte wird durch die Reihenfolge der an das PA gelangten Eingaben um Eintragung bestimmt, vorausgesetzt, dass die Eingabe zur Eintragung führt; gleichzeitig eingelangte Eingaben genießen die gleiche Rangordnung (§ 43 Abs 3 und 4 PatG).

---

[31]) Zur Streitanmerkung bei einer Streitigkeit über ein obligatorisches Pfandrecht: OGH 30. 4. 1996, 4 Ob 2083/96v – Vertriebsschutzvertrag – RdW 1996, 582 = ÖBA 1996, 811 = ZfRV 1996/59.
[32]) BA 17. 3. 1999, B 15/97, PBl 1999, 179 = ÖBl-LS 00/22. Zur Prüfung der vorzulegenden Urkunde: BA 9. 12. 1992, B 16/91 – Stuhlbeine – PBl 1993, 202 = ÖBl 1993, 203.
[33]) OGH 12. 2. 1991, 4 Ob 173/90 – Trennwand – ÖBl 1991, 153 = EvBl 1991/83 = RdW 1991, 263 = wbl 1991, 236 = SZ 64/10 = PBl 1991, 138 = GRUR Int 1992, 131.
[34]) Vgl dazu OGH 10. 11. 1998, 4 Ob 280/98z – Kanalreinigungsfahrzeug – ÖBl 1999, 208 und OGH 12. 2. 1991, 4 Ob 173/90 – Trennwand – ÖBl 1991, 153 = EvBl 1991/83 = RdW 1991, 263 = wbl 1991, 236 = SZ 64/10 = PBl 1991, 138 = GRUR Int 1992, 131.
[35]) Zur Prüfung der Übertragungserklärung und zur Wirkung einer nachträglich erklärten „Übertragungssperre": BA 9. 8. 1990, B 9 und 10/90 – Übertragungssperre – PBl 1991, 105 = ÖBl 1991, 12. Zur Wirksamkeit der von einem im Ausland bestellten Konkursverwalter unterfertigten Übertragungserklärung: BA 17. 11. 1989, B 43/87, PBl 1990, 193.
[36]) OGH 12. 2. 1991, 4 Ob 173/90 – Trennwand – ÖBl 1991, 153 = EvBl 1991/83 = RdW 1991, 263 = wbl 1991, 236 = SZ 64/10 = PBl 1991, 138 = GRUR Int 1992, 131.

7. SCHUTZDAUER

Überblick:

- Die Höchstdauer des Schutzes beträgt *20 Jahre*.
- Zur Aufrechterhaltung des Patentschutzes während der Schutzdauer ist die Zahlung der *Jahresgebühren* erforderlich.
- Ist ein Muster nicht neu oder ist es ärgerniserregend oder verstößt es gegen das Doppelschutzverbot oder gegen die öffentliche Ordnung, so kann es *nichtig* erklärt werden.
- Der wahre Berechtigte hat gegenüber dem unbefugten Anmelder einen *Aberkennungsanspruch*.

7.1. Höchstdauer

Literaturhinweise: *Hamburger*, Zur Auslegung des § 166 Abs 8 PatG, ÖBl 1974, 53; *Baumann-Bratl*, Zur aktuellen Patentgesetz-Novelle, ecolex 1996, 378.

Das Ende des Patents.

Vorgaben der PVÜ: Für die Zahlung der zur Aufrechterhaltung der gewerblichen Schutzrechte vorgesehenen Gebühren wird eine Nachfrist von mindestens sechs Monaten gewährt, und zwar gegen Entrichtung einer Zuschlagsgebühr, sofern die innerstaatlichen Rechtsvorschriften eine solche auferlegen (Art 5bis Abs 1 PVÜ). Den Verbandsländern steht es frei, die Wiederherstellung der mangels Zahlung von Gebühren verfallenen Patente vorzusehen (Art 5bis Abs 2 PVÜ).

Vorgaben des TRIPS-Abk: Die vorgesehene Schutzdauer endet nicht vor dem Ablauf einer Frist von zwanzig Jahren gerechnet vom Anmeldetag an (Art 33 TRIPS-Abk).

Österreichische Regelung: Das Patent erlischt bei rechtzeitiger Zahlung der Jahresgebühren (Seite 892) spätestens mit Erreichen der Höchstdauer (*20 Jahre* ab dem Anmeldetag; vgl § 28 PatG idF PatG-Novelle 1996 und § 46 Abs 1 Z 1 PatG).

Zusatzpatente erreichen ihr Ende mit dem Stammpatent. Ein Zusatzpatent kann jedoch als selbständiges Patent ausdrücklich aufrechterhalten werden, wenn das Stammpatent zurückgenommen, nichtig erklärt oder darauf verzichtet wird. Hinsichtlich der Dauer, des Fälligkeitstages und des Ausmaßes der Jahresgebühren tritt das selbständig gewordene Zusatzpatent an die Stelle des Stammpatents (§ 28 Abs 2 PatG).

7.2. Ende des Schutzes

7.2.1. Allgemeines

Literaturhinweise: *Adler*, Der Verzicht des Patentinhabers auf sein belastetes Patent, PBl 1901, 713; *Šuman*, Die Accrescenz im Patentrecht, PBl 1949, 556.

Das Patent erlischt (§ 46 PatG) durch:

- *Zeitablauf* (Ende der Schutzdauer; siehe oben; das Erlöschen wirkt mit dem auf die Erreichung der Höchstdauer folgenden Tag, § 46 Abs 3 PatG);
- wenn die fällige *Jahresgebühr nicht rechtzeitig* eingezahlt wurde (das Erlöschen wirkt mit dem auf den Ablauf des letzten Gültigkeitsjahres folgenden Tag, § 46 Abs 3 PatG);
- wenn der Patentinhaber auf das Patent *verzichtet* (betrifft der Verzicht nur einzelne Teile des Patents, so bleibt das Patent hinsichtlich der übrigen Teile, sofern dieselben noch den Gegenstand eines selbständigen Patents bilden können, aufrecht, § 46 Abs 2 PatG; das Erlöschen wirkt mit dem auf die Bekanntgabe des Verzichts an das PA folgenden Tag, § 46 Abs 3 PatG);
- *Rücknahme* (dazu unten);
- *Nichtigerklärung* (dazu unten);
- *Aberkennung* (dazu unten);
- durch *erblosen Tod* des Patentinhabers (§ 33 Abs 1 PatG).

7.2.2. Rücknahme

Das Patent kann ganz oder teilweise zurückgenommen werden, wenn die Einräumung von Zwangslizenzen (§ 36 Abs 2 PatG) nicht genügt hat, um die Ausübung der Erfindung im Inland in angemessenem Umfang zu sichern; die Rücknahme wird mit Rechtskraft der Entscheidung wirksam (§ 47 Abs 1 PatG). Die Rücknahme kann erst zwei Jahre nach rechtskräftiger Erteilung einer Zwangslizenz ausgesprochen werden. Sie ist ausgeschlossen, wenn der Patentinhaber dartut, dass ihm wegen der der Ausübung der Erfindung entgegenstehenden Schwierigkeiten billigerweise nicht zugemutet werden kann, die Erfindung im Inland überhaupt oder in einem größeren Umfang, als sie stattgefunden hat, auszuüben oder ausüben zu lassen (§ 47 Abs 2 PatG).

Verfahren wegen Rücknahme (§ 47) sind gemäß § 45 Abs 1 PatG auf Antrag im Patentregister anzumerken (*Streitanmerkung*). Die Streitanmerkung hat die Wirkung, dass die Entscheidung auch gegen die Personen, welche erst nach dem Zeitpunkt des Einlangens des Gesuches um Streitanmerkung beim PA Eintragungen in das Patentregister erwirkt haben, ihre volle Wirksamkeit äußert (§ 45 Abs 2 PatG).

7.2.3. Nichtigerklärung

Literaturhinweise: *Zimbler*, Beweisverfahren im Patentanfechtungsstreit – Protokollführung, ÖBl 1933, 38; *Schwarz*, Der Verzicht auf die Anfechtung von Patenten, ÖBl 1937, 4 und 17; *Holeschofsky*, Zur Rückziehung der Nichtigkeitsklage im Verfahren vor dem Obersten Patent- und Markensenat, ÖBl 1986, 113.

Vorgaben des TRIPS-Abk: Die Möglichkeit zur gerichtlichen Überprüfung einer Entscheidung, mit der ein Patent widerrufen oder für verfallen erklärt wird, wird vorgesehen (Art 32 TRIPS-Abk).

Österreichische Regelung: Das Patent wird nichtig erklärt (§ 48 Abs 1 PatG), wenn sich ergibt, dass

- der Gegenstand nach §§ 1–3 PatG *nicht patentierbar* war;[1]
- das Patent die Erfindung *nicht* so deutlich und vollständig *offenbart*, dass ein Fachmann sie ausführen kann;
- der hinterlegte *Mikroorganismus nicht zugänglich* war (vgl zu Details: § 48 Abs 1 Z 3 PatG).

Bei der Beurteilung des Patentgegenstandes ist ausschließlich vom erteilten *Patentanspruch* auszugehen, Teile des Vorprüfungsverfahrens sind nicht einzubeziehen.[2] Treffen die Nichtigkeitsgründe nur *teilweise* zu, so wird die Nichtigkeit durch entsprechende Beschränkung des Patents erklärt (§ 48 Abs 2 PatG).[3] Die rechtskräftige Nichtigerklärung wirkt in den ersten beiden oben genannten Fällen auf den Anmeldetag, im dritten Fall auf den Tag zurück, an dem die Hinterlegungsstelle erstmals festgestellt hat, dass sie nicht in der Lage ist, Proben des Mikroorganismus abzugeben. Wenn der Gegenstand des Patents nach § 3 Abs 2 PatG nicht patentierbar war, bleiben jedoch von dieser Rückwirkung die vom späteren Anmelder rechtmäßig bestellten und von Dritten redlich erworbenen Lizenzrechte, die seit einem Jahr im Patentregister eingetragen und durch keine rechtlich begründete Streitanmerkung betroffen sind (§ 45 PatG), unberührt, dies unbeschadet der hieraus gegen den späteren Anmelder entspringenden Ersatzansprüche (§ 48 Abs 3 PatG). Der Nichtigerklärungsantrag kann sich nur auf die jeweils noch aufrechten Teile des Schutzrechts beziehen.[4] Da ein *Verzicht* auf das Patent nur ex nunc wirkt, ist damit das Nichterklärungsverfahren noch nicht zwingend erledigt.[5] Die unrichtig eingetragene *Priorität* ist für sich genommen kein ausreichender Nichtigkeitsgrund. Sie ist allenfalls in der Vorfragenbeurteilung von Relevanz, um den Zeitpunkt festzustellen, bis zu dem Entgegenhaltungen neuheitsschädlich sind.[6]

Antragsberechtigt ist jedermann; vgl die absoluten Einspruchsgründe (Seite 904). Verfahren über die Nichtigerklärung sind gemäß § 45 Abs 1 PatG auf Antrag im Patentregister anzumerken (*Streitanmerkung*). Die Streitanmerkung hat die Wirkung, dass die Entscheidung auch gegen die Personen, welche erst nach dem Zeit-

---

[1] Zur verfassungsrechtlichen Beurteilung vgl etwa VfGH 29. 9. 1992, B 441/91 – Stahlprofil – VfSlg 13159 = ZfVB 1994/318.
[2] OPM 27. 9. 2000, Op 2/00 – Sattelzug – PBl 2001, 111 = ÖBl LS 01/141.
[3] Zur Frage der Neuformulierung der verbleibenden Ansprüche: OPM 23. 3. 1983, Op 8/82 – Anbügeleinrichtung – PBl 1983, 179 = ÖBl 1984, 4 ; OPM 27. 2. 1980, Op 6/78 – Pökelmaschine – PBl 1980, 123 = ÖBl 1980, 124.
[4] OPM 28. 11. 1990, Op 7, 11-13/89 – Stahlprofil – PBl 1991, 191 = ÖBl 1991, 197.
[5] OGH 5. 5. 1987, 4 Ob 403/86 – Bodenbearbeitungsmaschine – ÖBl 1988, 5 = PBl 1988, 56 = SZ 60/76.
[6] OPM 9. 7. 1980, Op 1/79, PBl 1980, 172 = ÖBl 1981, 5.

punkt des Einlangens des Gesuches um Streitanmerkung beim PA Eintragungen in das Patentregister erwirkt haben, ihre volle Wirksamkeit äußert (§ 45 Abs 2 PatG).[7]

7.2.4. Aberkennung

Literaturhinweise: *Adler*, Das Verhältnis der Aberkennungsklage zur gerichtlichen Klage, PBl 1904, 893 und 970; *Schwarz*, Aberkennungsantrag nach § 29 Pat. Ges. und Zivilklage auf Uebertragung des Patentes, ÖBl 1933, 76;

Der erste Anmelder hat keinen Anspruch auf Erteilung des Patents, wenn er nicht der Erfinder oder dessen Rechtsnachfolger ist oder wenn der wesentliche Inhalt seiner Anmeldung den Beschreibungen, Zeichnungen, Modellen, Gerätschaften oder Einrichtungen eines anderen oder einem von diesem angewendeten Verfahren ohne dessen Einwilligung entnommen ist und im ersten Falle vom Erfinder oder dessen Rechtsnachfolger, im letzteren vom Beeinträchtigten Einspruch erhoben wird (§ 5 Abs 1 PatG). Ist die Erfindung der Reihe nach von einem Erfindungsbesitzer dem anderen ohne Einwilligung entnommen worden, so geht im Falle des Widerstreites der frühere Erfindungsbesitzer dem späteren vor (§ 5 Abs 2 PatG).

Das Patent wird dem Patentinhaber aberkannt (§ 49 Abs 1 PatG), wenn der Antragsteller nachweist, dass

- der Patentinhaber *keinen Anspruch* auf die Patenterteilung (§ 4 Abs 1, §§ 6 und 7 PatG) hatte;
- der wesentliche Inhalt der Anmeldung den Beschreibungen, Zeichnungen, Modellen, Gerätschaften oder Einrichtungen eines anderen oder einem von diesem angewendeten Verfahren ohne dessen Einwilligung *entnommen* war.

Trifft eine dieser Voraussetzungen nur teilweise zu, so wird das Patent dem Patentinhaber nur teilweise aberkannt (§ 49 Abs 2 PatG). Antragsberechtigt ist im ersten Fall nur, wer den Anspruch auf die Patenterteilung hat, im zweiten Fall nur der Beeinträchtigte. Der Anspruch verjährt gegen den gutgläubigen Patentinhaber innerhalb dreier Jahre ab Registereintragung. Der obsiegende Antragsteller kann die Übertragung des Patents auf sich beantragen (vgl § 49 Abs 5 und 6 PatG); vgl die relativen Einspruchsgründe (Seite 906). Ist eine Erfindung durch das Zusammenwirken mehrerer Erfinder gemeinsam entstanden, so können nur sämtliche Erfinder gemeinsam den Antrag auf Aberkennung und Übertragung stellen.[8]

Verfahren über die Aberkennung (§ 49) sind gemäß § 45 Abs 1 PatG auf Antrag im Patentregister anzumerken (*Streitanmerkung*). Die Streitanmerkung hat die Wirkung, dass die Entscheidung auch gegen die Personen, welche erst nach dem Zeitpunkt des Einlangens des Gesuches um Streitanmerkung beim PA Eintragungen in das Patentregister erwirkt haben, ihre volle Wirksamkeit äußert (§ 45 Abs 2 PatG).

---

[7]) Zur Wirkung der Übertragung des angefochtenen Patents während laufenden Nichtigkeitsverfahrens: NA 19. 5. 1982, N 46/80 – Spritzgussform für Fittinge – PBl 1985, 118 = ÖBl 1985, 67.
[8]) OPM 28. 1. 1998, Op 6/95 – Elumarc – PBl 1999, 12 = ÖBl 1999, 122.

Die vom früheren Patentinhaber rechtmäßig bestellten, von dritten Personen redlich erworbenen und seit einem Jahr im Patentregister eingetragenen Lizenzrechte bleiben, sofern sie durch keine rechtlich begründete Streitanmerkung betroffen wurden (§ 45), unbeschadet der hieraus gegen den bisherigen Patentinhaber entspringenden Ersatzansprüche, im Fall einer solchen Patentübertragung auch gegenüber dem neuen Patentinhaber aufrecht (§ 49 Abs 7 PatG).

7.2.5. Anfechtungsverfahren

NA > ZPO

Das Anfechtungsverfahren wird in erster Instanz vor der NA geführt und ist dem Zivilprozess nachgebildet. Das Verfahren ist gemäß §§ 112 ff PatG weitgehend durch Verweisungen auf die ZPO geregelt.[9] Verfahren auf Nichtigerklärung von Patenten vor der NA bzw dem OPM sind nach ähnlichen Grundsätzen zu behandeln wie Zivilprozesse und daher bei Eröffnung des Konkurses über das Vermögen des Antragstellers zu unterbrechen (§ 7 KO).[10]

Antrag

Die Einleitung des Verfahrens wegen Rücknahme, Nichtigerklärung oder Aberkennung von Patenten erfolgt nur auf Antrag. Das PA ist jedoch berechtigt, das über einen Rücknahme- oder Nichtigkeitsantrag eingeleitete Verfahren im Falle der Rückziehung des Antrags von Amts wegen fortzusetzen (§ 112 Abs 1 PatG).

Sicherheitsleistung

Der Antragsteller, der seinen Wohnsitz nicht in einem Staat hat, in dem die Entscheidung, die dem Antragsteller den Kostenersatz aufträgt, vollstreckt würde, hat dem Belangten auf dessen Begehren für die Kosten des Verfahrens Sicherheit zu leisten. Dieses Begehren muss bei sonstigem Verlust des Anspruchs auf Sicherstellung binnen 14 Tagen nach der Zustellung des Antrags gestellt werden (§ 112 Abs 2 PatG). Die Höhe der Sicherstellung wird vom PA nach freiem Ermessen festgesetzt. Dem Antragsteller wird für die Leistung der Sicherstellung eine Frist bestimmt, in der sie zu leisten ist. Erfolgt die Sicherstellung nicht vor Ablauf der Frist, so gilt der Antrag als zurückgenommen (§ 112 Abs 3 PatG).

Sofortige Zurückweisung

Anträge auf Rücknahme, Nichtigerklärung oder Aberkennung eines Patents, die sich offenbar nicht auf einen gesetzlichen Grund stützen, sowie Eingaben, die kein bestimmtes Begehren enthalten oder zu deren Einbringung der Antragsteller nicht berechtigt ist (§§ 49 und 50 PatG), sind von der NA unter Angabe der Gründe ohne

---

[9]) Vgl OPM 12. 12. 2001, Op 1/01, PBl 2002, 94 = ÖBl-LS 2002/180.
[10]) OPM 11. 6. 1997, Op 7/95 – Kuppelklemme – PBl 1997, 227 = ÖBl 1998, 66.

weiteres Verfahren zurückzuweisen (§ 113 Abs 1 PatG).[11] Ebenso sind Anträge wegen Unzuständigkeit der NA, wegen entschiedener Sache oder wegen Streitanhängigkeit unter Angabe der Gründe ohne weiteres Verfahren zurückzuweisen (§ 113 Abs 2 PatG). Derartige Beschlüsse sind als Endentscheidungen anzusehen (§ 113 Abs 3 PatG).

Form und Inhalt des Antrags

Der Antrag hat eine gedrängte Darstellung des Streitfalls, ein bestimmtes Begehren und die Bezeichnung der geltend zu machenden Beweismittel zu enthalten (§ 114 Abs 1 PatG). Der Antrag samt Beilagen ist, sofern er nur gegen einen Patentinhaber gerichtet ist, in zweifacher Ausfertigung beim PA einzubringen (§ 114 Abs 2 PatG). Ist der Antrag gegen mehrere Patentinhaber gerichtet, so ist zusätzlich zu der für das PA bestimmten Ausfertigung für jeden der Belangten eine Ausfertigung des Antrags samt Abschriften der Beilagen beizubringen (§ 114 Abs 3 PatG).

Nebenintervention

Wer ein rechtliches Interesse daran hat, dass in einem vor der NA oder dem OPM zwischen anderen Personen anhängigen Verfahren die eine Person obsiege, kann dieser Partei im Verfahren beitreten (Nebenintervention). Der Nebenintervenient hat, auch wenn die Voraussetzungen des § 20 ZPO nicht vorliegen, die Stellung eines Streitgenossen (§ 14 ZPO; § 114a Abs 1 PatG). Im Übrigen gelten die §§ 18 bis 20 ZPO sinngemäß (§ 114a Abs 2 PatG).

Verfahren

Der Vorsitzende hat ein ständiges fachtechnisches und ein ständiges rechtskundiges Mitglied zu Referenten zu bestellen (§ 115 Abs 1 PatG). Der rechtskundige Referent hat, sofern der Antrag zur Einleitung des Verfahrens geeignet befunden wurde, eine Ausfertigung samt den Abschriften der Beilagen dem Belangten mit der Aufforderung zuzustellen, innerhalb einer mindestens einmonatigen Frist, deren Verlängerung der Referent bei Vorliegen rücksichtswürdiger Gründe zu bewilligen hat, seine Gegenschrift in zweifacher Ausfertigung schriftlich zu erstatten (§ 115 Abs 2 PatG).

Vorverfahren

Nach Erstattung der Gegenschrift oder nach fruchtlosem Verstreichen der hiefür eingeräumten Frist hat der rechtskundige Referent erforderlichenfalls ein Vorverfahren (§ 116 Abs 2 und 3 PatG) zur Vorbereitung der mündlichen Verhandlung durchzuführen. Die Referenten haben im Vorverfahren das Einvernehmen zu pflegen. Bei Meinungsverschiedenheiten entscheidet der Vorsitzende (§ 116 Abs 1 PatG). Im Vorverfahren ist der gesamte Prozessstoff für die mündliche Verhandlung so weit vorzubereiten, dass diese, wenn möglich, ohne Unterbrechung durchgeführt werden kann. Insbesondere ist, sofern sich dies nicht aus den Schriftsätzen ergibt, durch Anhörung der Parteien oder Einholung ihrer Äußerung festzustellen,

---

[11]) Rechtsmittel gegen derartige Zurückweisungsbeschlüsse sind einseitig (OPM 25. 9. 2002, Om 10/02, PBl 2003, 20 = ÖBl-LS 2003/68).

welche tatsächlichen Behauptungen nicht bestritten werden (§ 116 Abs 2 PatG). Im Vorverfahren haben auch Beweisaufnahmen, wie Vornahme eines Augenscheins, Vernehmung auswärtiger Zeugen und zeitraubende Untersuchungen durch Sachverständige zu erfolgen, wenn die Beweisaufnahme in der mündlichen Verhandlung diese erheblich erschweren oder verzögern oder unverhältnismäßig hohe Kosten verursachen würde oder wenn die sofortige Aufnahme der Beweise zur Beweissicherung notwendig ist (§ 116 Abs 3 PatG). Zu allen Beweisaufnahmen im Vorverfahren sind die Parteien zu laden. Ihr Ausbleiben steht der Beweisaufnahme nicht im Wege (§ 116 Abs 4 PatG). Für die Aufnahme von Beweisen im Vorverfahren gilt § 120 PatG. Beweis durch Vernehmung der Parteien ist im Vorverfahren nicht zulässig (§ 116 Abs 5 PatG). Der rechtskundige Referent hat im Vorverfahren alle in den §§ 180 bis 185 ZPO angeführten Befugnisse und Obliegenheiten eines Vorsitzenden (§ 116 Abs 6 PatG). Der Vorsitzende kann die Ergänzung des Vorverfahrens hinsichtlich einzelner bestimmt zu bezeichnender Sachverhalte anordnen (§ 116 Abs 7 PatG). Nach dem Einlangen der Gegenschrift oder nach fruchtlosem Verstreichen der hiefür eingeräumten Frist sowie gegebenenfalls nach der Durchführung des Vorverfahrens hat der Referent die Akten mit einer schriftlichen Darlegung des Sachverhalts sowie aller für die Entscheidung wesentlichen Tat- und Rechtsfragen und einer Stellungnahme zu diesen (Referat) dem Vorsitzenden vorzulegen. Der rechtskundige Referent hat über die rechtlichen Fragen und der fachtechnische Referent über die fachtechnischen Fragen zu referieren. Der Vorsitzende kann einem Referenten oder einem anderen Stimmführer die Ergänzung des Referats auftragen (§ 116 Abs 8 PatG).

Beendigung des Verfahrens ohne Verhandlung

Erlischt das Patent während des Verfahrens vor der NA, so ist das Verfahren mit Beschluss einzustellen, sofern der Antragsteller nicht unter Glaubhaftmachung eines rechtlichen Interesses auf der Durchführung beharrt. In den Fällen des § 46 Abs 1 Z 2 und 3 PatG hat grundsätzlich der Antragsteller Anspruch auf Kostenersatz, der Antragsgegner hingegen nur dann, wenn er durch sein Verhalten zur Antragstellung nicht Anlass gegeben hat[12] und das Patent während der Frist für die Erstattung der Gegenschrift erloschen ist. Im Einstellungsbeschluss ist auch über den Kostenersatz zu erkennen (§ 122 Abs 1 PatG). Dieser Beschluss ist als Endentscheidung anzusehen (§ 117 PatG).

Ausschreibung der mündlichen Verhandlung

Die mündliche Verhandlung ist vom Vorsitzenden auszuschreiben. Spätestens mit der Ausschreibung der Verhandlung ist dem Antragsteller die Gegenschrift zuzustellen (§ 118 Abs 1 PatG). Die Verhandlung kann aus wichtigen Gründen auf Antrag oder von Amts wegen durch den Vorsitzenden auf einen anderen Zeitpunkt verlegt werden (§ 118 Abs 2 PatG). Zur Verhandlung sind die Parteien oder ihre Vertreter sowie die bei der Verhandlung einzuvernehmenden Zeugen und Sachver-

---

[12]) Dazu etwa OPM 9. 3. 1994, Op 7/93 – Suspension – PBl 1995, 16 = ÖBl 1995, 110.

ständigen zu laden (§ 118 Abs 3 PatG). Das Ausbleiben der Parteien oder ihrer Vertreter steht der Verhandlung und Entscheidung nicht im Wege (§ 118 Abs 4 PatG). Wird eine Vertagung bei der mündlichen Verhandlung beantragt, so hat darüber der Senat zu entscheiden (§ 118 Abs 5 PatG).

Verhandlung

Die Verhandlung ist nach den sinngemäß anzuwendenden Vorschriften der §§ 171 bis 203 ZPO zu leiten und durchzuführen. § 73 Abs 3 letzter Satz PatG ist anzuwenden (§ 119 Abs 1 PatG). Die Öffentlichkeit der Verhandlung kann, außer in den in § 172 ZPO erwähnten Fällen, auf Antrag auch dann für einen Teil des Verfahrens oder für die ganze Verhandlung ausgeschlossen werden, wenn durch die Öffentlichkeit ein wichtiges Interesse des Bundes oder ein Betriebs- oder Geschäftsgeheimnis einer der Parteien oder eines Zeugen einer Gefährdung ausgesetzt würde (§ 119 Abs 2 PatG). Den Mitgliedern des PA und des OPM sowie den Beamten aus dem Stande der Verwendungsgruppe A des zuständigen Bundesministeriums bleibt trotz Ausschlusses der Öffentlichkeit der Zutritt gestattet (§ 119 Abs 3 PatG).

Beweis und Beweisaufnahme

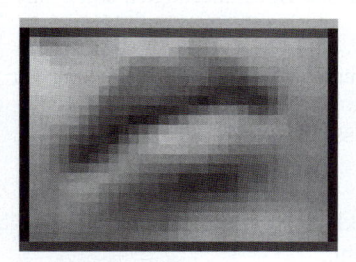

Es gilt der Grundsatz der Mündlichkeit.

Das Beweisverfahren ist, soweit durch das PatG nicht abweichende Bestimmungen getroffen werden, in sinngemäßer Anwendung der Vorschriften der §§ 266 bis 383 ZPO durchzuführen (§ 120 Abs 1 PatG). Es gilt daher das Gebot der Mündlichkeit des Zeugenbeweises.[13] Das von den Zeugen vor dem PA abgelegte Zeugnis sowie die von den Parteien vor dem PA eidlich abgegebene Aussage steht einem gerichtlichen Zeugnis gleich (§ 120 Abs 2 PatG). Die vorstehenden Grundsätze über das Beweisverfahren gelten sowohl für das Vorverfahren als auch für die Verhandlung (§ 120 Abs 3 PatG).[14] Das GebührenanspruchsG 1975 ist anzuwenden. Zeugen haben jedoch nur dann Anspruch auf Kostenersatz, wenn sie ihren Wohnsitz im Inland haben (§ 120 Abs 4 PatG). Die nach den §§ 313, 326, 333 und 354 ZPO zu verhängenden Ordnungs- und Mutwillensstrafen dürfen 72,-- EUR und im Fall der Uneinbringlichkeit Haft bis zu drei Tagen nicht übersteigen. Bei Beweisaufnahmen während einer mündlichen Verhandlung sind die Ordnungs- und Mutwillensstrafen vom Senat, im Vorverfahren vom Referenten (§ 116 Abs 1 PatG) zu verhängen. § 84 Abs 1 und 3 PatG findet Anwendung (§ 120 Abs 5 PatG). Die Entscheidung über den Nichtigkeitsantrag

---

[13]) OPM 9. 10. 1991, Op 8/89 – fließfähige Medien – PBl 1992, 167 = ÖBl 1992, 100.
[14]) Zur Würdigung der Vorlage neuer Patentansprüche als Teilverzicht oder Teilanerkenntnis: NA 8. 6. 1995, N 15/93 – Flachschlüssel – PBl 1996, 207 = ÖBl 1997, 17.

liegt nicht in der freien Dispositionsgewalt der Verfahrensparteien. Die NA muss daher den Sachverhalt auch bei Vorliegen eines Anerkenntnisses prüfen.[15]

Beratung und Abstimmung

Beratung und Abstimmung der NA erfolgen in nichtöffentlicher Sitzung. Einstellungen können schriftlich im Umlaufweg beschlossen werden, sofern nicht ein Mitglied widerspricht (§ 121 PatG).

Prozesskosten

Über den Ersatz der Verfahrens- und Vertretungskosten ist, vorbehaltlich des § 122 Abs 2 PatG und des § 117 PatG, in sinngemäßer Anwendung des § 40, des § 41 Abs 1 und 3 sowie der §§ 42 bis 55 ZPO zu entscheiden (§ 122 Abs 1 PatG). Wer einen Antrag zurücknimmt, hat dem Antragsgegner die Kosten zu ersetzen (§ 122 Abs 2 PatG).

Inhalt der Entscheidung

Die Ausfertigung der Entscheidung hat zu enthalten (§ 123 PatG):

- die Bezeichnung der Abteilung und die Namen der Mitglieder, die an der Entscheidung mitgewirkt haben;
- die Bezeichnung der Parteien, ihrer Vertreter und Bevollmächtigten sowie ihre Parteistellung;
- die Entscheidung;
- den Tatbestand der Entscheidung, bestehend in einer gedrängten Darstellung des aus der mündlichen Verhandlung sich ergebenden Sachverhalts unter Hervorhebung der in der Hauptsache von den Parteien gestellten Anträge;
- die Entscheidungsgründe;
- die Rechtsmittelbelehrung.

Werden die Ansprüche nur teilweise für nichtig erklärt, so kommt auch eine *Neuformulierung* der verbliebenen Ansprüche in Betracht.[16]

Verkündung der Entscheidung

Die Verkündung der Entscheidung mit den wesentlichen Entscheidungsgründen hat, wenn möglich, mündlich unmittelbar nach Schluss der mündlichen Verhandlung zu geschehen (§ 124 Abs 1 PatG). In allen Fällen ist aber den Parteien die Entscheidung samt den vollständigen Entscheidungsgründen in schriftlicher Ausfertigung baldigst zuzustellen (§ 124 Abs 2 PatG).

Protokollführung

Über alle Beweisaufnahmen im Vorverfahren und über die mündliche Verhandlung ist durch einen Schriftführer ein Protokoll aufzunehmen. Das Protokoll ist außer vom Schriftführer vom Vorsitzenden oder im Vorverfahren von den die Beweisaufnahme durchführenden Referenten zu unterfertigen (§ 125 Abs 1 PatG). Im Übrigen gilt für das Protokoll § 73 Abs 4 PatG (§ 125 Abs 2 PatG). Über die

---

[15]) NA 8. 6. 1995, N 15/93 – Flachschlüssel – PBl 1996, 207 = ÖBl 1997, 17.
[16]) OPM 11. 10. 2000, Op 3/00– Verfahren zur lokalen Wärmebehandlung – PBl 2001, 182 = ÖBl-LS 02/13; NA 30. 9. 1997, N 7/96 – flexibler Rohrverbund – PBl 2000, 92 = ÖBl-LS 00/99.

nichtöffentliche Sitzung (§ 121 PatG) ist ein abgesondertes Protokoll zu führen, aus dem das Ergebnis der Beratung und Abstimmung ersichtlich ist. Dieses Protokoll ist vom Vorsitzenden und vom Schriftführer zu unterfertigen (§ 125 Abs 2 PatG).

Rechtshilfe

Die Gerichte sind verpflichtet, dem PA und dem OPM Rechtshilfe zu leisten (§ 126 PatG).

Wiederaufnahme des Verfahrens

Wurde mit einer Entscheidung die gänzliche oder teilweise Rücknahme, Nichtigerklärung oder Aberkennung eines Patents erwirkt oder ein darauf abzielender Antrag ganz oder teilweise abgewiesen, so kann auf Antrag einer Partei das geschlossene Verfahren wieder aufgenommen werden (§ 127 Abs 1 PatG)[17],

- wenn eine Urkunde, auf welche die Entscheidung gegründet ist, fälschlich angefertigt oder verfälscht ist;
- wenn sich ein Zeuge oder ein Sachverständiger einer falschen Aussage oder der Gegner bei seiner Vernehmung eines falschen Eides schuldig gemacht hat und die Entscheidung auf diese Aussage gegründet ist;
- wenn die Entscheidung durch eine im Weg des gerichtlichen Strafverfahrens zu verfolgende Betrugshandlung des Vertreters der Partei, ihres Gegners oder dessen Vertreters erwirkt wurde;
- wenn ein Mitglied, das bei der Entscheidung oder bei einer der Entscheidung zugrunde liegenden früheren Entscheidung mitgewirkt hat, sich im Streit zum Nachteil der Partei einer nach dem Strafgesetz zu ahndenden Verletzung seiner Amtspflicht schuldig gemacht hat;
- wenn ein strafgerichtliches Erkenntnis, auf das die Entscheidung gegründet ist, durch ein anderes rechtskräftig gewordenes Urteil aufgehoben ist.

Die Wiederaufnahme kann jedoch nur innerhalb eines Jahres nach Rechtskraft der zu behebenden Entscheidung und unbeschadet der inzwischen erworbenen Rechte dritter Personen von den Streitteilen begehrt werden (§ 127 Abs 2 PatG). Insbesondere erwerben diejenigen, welche seither die Erfindung in Benützung genommen haben oder die hiezu erforderlichen Veranstaltungen getroffen haben, die einem *Vorbenützer* der Erfindung zustehende Befugnis (§ 23 PatG; § 127 Abs 3 PatG). Zur Entscheidung über das Wiederaufnahmebegehren ist jene Patentbehörde (NA oder OPM) berufen, welche die angefochtene Entscheidung gefällt hat. Wird dem Wiederaufnahmebegehren vom OPM stattgegeben, so hat dieser gleichzeitig zu bestimmen, ob das wiederaufgenommene Verfahren vor ihm oder vor der NA durchzuführen ist (§ 127 Abs 4 PatG). Keine den Vollzug der Entscheidung hemmende Wirkung: § 127 Abs 5 PatG.

---

[17]) Nicht anwendbar auf ein bereits beendetes Beschwerdeverfahren wegen eines zurückweisenden Beschlusses der TA: BA 31. 3. 1998, B 12/96, PBl 1999, 108 = ÖBl 1999, 275. Zur Abgrenzung neuer gegenüber bereits behandelter Vorhalte: OPM 25. 3. 1992, Op 2/91 – Abstandhalterrahmen II – PBl 1993, 185 = ÖBl 1993, 203.

Versehen des PA

Ist die Eintragung der Außerkraftsetzung eines Patents in das Patentregister durch das PA aus Versehen erfolgt, so hat das PA nach Feststellung des Versehens die Löschung dieser Eintragung zu verfügen und kundzumachen. Inzwischen im guten Glauben erworbene Rechte dritter Personen bleiben in einem solchen Fall wie im Fall der Wiederaufnahme gewahrt (§ 128 PatG).

Wiedereinsetzung in den vorigen Stand

2nd chance: § 129.

Wer[18] durch ein unvorhergesehenes oder unabwendbares Ereignis verhindert war, eine Frist einzuhalten, deren Versäumung nach einer den Erfindungsschutz betreffenden Vorschrift einen kraft dieser Vorschrift ohne weiteres eintretenden Rechtsnachteil zur Folge hat, hat einen Anspruch auf Wiedereinsetzung in den vorigen Stand. Eine Versäumung, die auf einem minderen Grade des Versehens beruht, hindert die Wiedereinsetzung nicht (§ 129 Abs 1 PatG).[19]

Eine Wiedereinsetzung in den vorigen Stand findet *nicht* statt (§ 129 Abs 2 PatG)

- wegen Versäumung der Frist für den Wiedereinsetzungsantrag (§ 131 Abs 1 PatG) und der Frist für das Rechtsmittel gegen die Entscheidung hinsichtlich eines solchen Antrags;
- wegen Versäumung der Frist für die Nachholung der Äußerung auf den Vorbescheid (§ 99 Abs 5 PatG), der Frist für den Einspruch (§ 102 Abs 1 PatG) und der Frist für die Beschwerde des Einsprechers (§ 71 Abs 1 PatG);
- wegen Versäumung einer Frist für die Geltendmachung eines Anspruchs vor den ordentlichen Gerichten.

In die Frist zur Abgabe einer Prioritätserklärung, zu deren Berichtigung oder zur Vorlage der Prioritätsbelege (§ 95 Abs 2 und 3 PatG) ist eine Wiedereinsetzung in den vorigen Stand nur zulässig, wenn der Antrag, unbeschadet der für die Antragstellung gemäß § 131 PatG geltenden Fristen, spätestens am Tag vor der Bekanntmachung (§ 101 PatG) im PA eingelangt ist. Mit der Bewilligung der Wiedereinsetzung tritt ein allenfalls bereits erlassener Bekanntmachungsbeschluss (§ 101 PatG) oder Zurückweisungsbeschluss (§ 100 PatG) außer Kraft (§ 129 Abs 3 PatG).

Über den Antrag entscheidet die Abteilung, bei der die versäumte Handlung vorzunehmen war. Wurde eine Handlung bei einer TA versäumt, so entscheidet über den Antrag das dieser Abteilung zugewiesene rechtskundige Mitglied (§ 130 Abs 1

---

[18]) Nur der Berechtigte – nicht jedermann – ist antragslegitimiert: BA 26. 1. 1983, B 11/81, PBl 1983, 137 = ÖBl 1983, 127; Zur Wiedereinsetzung bei Säumnis des Masseverwalters: BA 20. 12. 1988, B 6, 7/88, ÖBl 1991, 197.

[19]) Bei einer Änderung der Gesetzeslage wird eine gesteigerte Aufmerksamkeit verlangt: BA 3. 3. 1988, B 40/87 – Kessel-Rauchgase – PBl 1989, 175 = ÖBl 1989, 161. Zur Sorgfalt bei der Zahlung von Jahresgebühren: BA 14. 1. 1987, B 10/86, PBl 1987, 34 = ÖBl 1987, 39.

PatG). Im Wirkungsbereich der NA ist der Vorsitzende zur Entscheidung berufen. Gegen diese Entscheidung steht die Berufung an den OPM nach Maßgabe der für dieses Rechtsmittel geltenden Vorschriften offen. Im Übrigen finden im Wirkungsbereich des PA auf die Beschlussfassung und auf die Anfechtung der Beschlüsse die sonst geltenden Vorschriften Anwendung (§ 130 Abs 2 PatG).

Der Wiedereinsetzungsantrag ist binnen *zwei Monaten* nach dem Tag, an dem das Hindernis weggefallen ist, in jedem Fall jedoch spätestens binnen *zwölf Monaten* nach dem Tag, an dem die Frist abgelaufen ist, zu überreichen (§ 131 Abs 1 PatG).[20] Der Antragsteller hat die zur Begründung des Antrags dienenden Umstände anzuführen und, sofern sie nicht bei der Behörde offenkundig sind, glaubhaft zu machen. Zugleich mit dem Antrag ist die versäumte Handlung nachzuholen (§ 131 Abs 2 PatG). Wird dies versäumt, so ist dies ein unbehebbarer Mangel.[21] Für jeden an der Angelegenheit allenfalls beteiligten Gegner des Antragstellers ist eine Abschrift des Antrags und seiner Beilagen zu überreichen (§ 131 Abs 3 PatG).

Der Antrag unterliegt einer *Verfahrensgebühr* im folgenden Ausmaß (§ 132 Abs 1 PatG):

▸ Wenn eine Gebührenzahlung oder sonst eine Handlung, die außer der Stempelgebühr noch einer besonderen Gebühr unterliegt, versäumt wurde, im Ausmaß der Gebühr, deren Einzahlung versäumt wurde oder die bei der Vornahme der versäumten Handlung zu entrichten ist, samt der allfälligen Zuschlagsgebühr;

▸ in allen anderen Fällen im Ausmaß der bei der Anmeldung zu entrichtenden Gebühr.

Von der Verfahrensgebühr ist die Hälfte zurückzuerstatten, wenn der Antrag vor der Entscheidung zurückgezogen wird (§ 132 Abs 2 PatG). Die Verfahrensgebühr (§ 132 Abs 1 PatG) sowie die Gebühr, deren Zahlung nachzuholen ist (§ 131 Abs 2 zweiter Satz PatG) sind in dem zur Zeit der Einbringung des Wiedereinsetzungsantrags geltenden Ausmaß zu entrichten (§ 132 Abs 3 PatG). Soweit die Gebühr, deren Einzahlung versäumt wurde oder der die versäumte Handlung unterliegt (§ 132 Abs 1 lit a PatG), gestundet oder erlassen werden kann, kann auch die Verfahrensgebühr für den Wiedereinsetzungsantrag gestundet oder erlassen werden (§ 132 Abs 4 PatG).

Ist der Antrag oder die nachgeholte Handlung *mangelhaft*, so ist der Antragsteller vor der Entscheidung aufzufordern, binnen einer bestimmten Frist den Mangel zu beheben (§ 133 Abs 1 PatG). Wenn es sich um ein in ein öffentliches Register eingetragenes Schutzrecht handelt, so ist der Antrag und die Art seiner Erledigung in das Register einzutragen (§ 133 Abs 2 PatG). Die Bewilligung der Wiedereinsetzung ist im PBl zu verlautbaren, sofern durch die Bewilligung der Wiedereinset-

---

[20]) Zum Beginn der Frist wegen Versäumung der Frist zur Vorlage der Übersetzung einer europäischen Patentschrift: BA 28. 8. 1984, B 57/83, PBl 1984, 188 = ÖBl 1984, 149.
[21]) BA 17. 4. 1989, B 29/88, PBl 1990, 179 = ÖBl 1990, 250; BA 20. 2. 1984, B 2/83, PBl 1984, 148 = ÖBl 1984, 117.

zung ein Schutzrecht, über dessen Untergang eine amtliche Verlautbarung stattfindet, wiederhergestellt wird (§ 133 Abs 3 PatG).

Vor der Entscheidung ist dem allenfalls an der Angelegenheit beteiligten *Gegner des Antragstellers* Gelegenheit zu geben, sich binnen einer bestimmten Frist zu *äußern* (§ 131 Abs 3 PatG; § 134 Abs 1 PatG). Dem Antragsteller sind, ohne Rücksicht darauf, ob dem Antrag stattgegeben wird oder nicht, die dem Gegner verursachten Kosten des Verfahrens über den Antrag und der Vertretung in diesem Verfahren aufzuerlegen (§ 134 Abs 2 PatG).

Durch die *Bewilligung* der Wiedereinsetzung in den vorigen Stand treten die Rechtsfolgen der Versäumung der Frist außer Kraft. Die Behörde trifft zur Durchführung der Entscheidung die der Sachlage angemessenen Verfügungen (§ 135 PatG).

Ist ein Schutzrecht versagt worden, verfallen, erloschen oder sonst außer Kraft getreten und wird es durch die Bewilligung der Wiedereinsetzung wiederhergestellt, so tritt seine Wirkung gegen den nicht ein, der im Inland nach dem Untergang des Schutzrechts und vor dem Tag der amtlichen Verlautbarung der Bewilligung der Wiedereinsetzung (§ 133 Abs 3 PatG) oder im Fall des § 133 Abs 2 PatG spätestens am Tag der Eintragung des Antrags in das Register, in allen anderen Fällen spätestens am Tag des Einlangens des Antrags bei der zuständigen Behörde den Gegenstand in Benützung genommen oder die zu solcher Benützung erforderlichen Veranstaltungen getroffen hat (*Zwischenbenützer*). Dieser ist befugt, den Gegenstand für die Bedürfnisse seines eigenen Betriebes in eigenen oder fremden Werkstätten auszunützen. Diese Befugnis kann nur zusammen mit dem Betrieb vererbt oder veräußert werden. Überdies gelten die Vorschriften über den Vorbenützer (§ 136 Abs 1 PatG). Besteht hinsichtlich des wiederhergestellten Schutzrechts ein während seines früheren Bestehens abgeschlossener *Lizenzvertrag* und wird das Recht des Lizenznehmers durch einen Zwischenbenützer (§ 136 Abs 1 PatG) beeinträchtigt, so kann der Lizenznehmer eine den Umständen des Falles angemessene Minderung des bedungenen Entgelts verlangen oder, wenn für ihn wegen dieser Beeinträchtigung an der weiteren Erfüllung des Vertrages kein Interesse mehr besteht, den Vertrag auflösen (§ 136 Abs 2 PatG).

Vollstreckung

Rechtskräftige Aussprüche des PA sowie des OPM sind Exekutionstitel im Sinne des § 1 EO (§ 137 Abs 1 PatG). Das PA hat die zur Durchführung seiner rechtskräftigen Entscheidungen sowie der Entscheidungen des OPM notwendigen Eintragungen und Löschungen in den von ihm zu führenden Registern von Amts wegen zu vollziehen. Bei Kollegialentscheidungen des PA hat die erforderlichen Verfügungen der Vorsitzende, bei Entscheidungen des OPM der Vorsitzende der NA zu treffen. Das gleiche gilt für die Zurückerstattung der Gebühren gemäß § 168 Abs 3 PatG (§ 137 Abs 2 PatG).

Berufung

In die Instanz

Der Partei, die sich durch eine Endentscheidung der NA beschwert erachtet, steht die Berufung an den OPM offen. Die Berufung hat aufschiebende Wirkung (§ 138 Abs 1 PatG). Die Berufung setzt voraus, dass der Rechtsmittelwerber durch die angefochtene Entscheidung nicht alles erhalten hat, was er begehrt hat (*„formelle Beschwer"*).[22] Gegen die im Lauf des Vorverfahrens oder der Verhandlung getroffenen Entscheidungen und gefassten Beschlüsse der NA findet ein abgesondertes Rechtsmittel nicht statt. Sie können nur mit der Berufung an den OPM angefochten werden, sofern sie auf die Endentscheidung einen Einfluss geübt haben (§ 70 PatG; § 138 Abs 2 PatG). Die Berufung ist binnen *zwei Monaten* nach Zustellung der Entscheidung beim PA schriftlich einzubringen. Sie hat einen begründeten *Berufungsantrag* zu enthalten (§ 138 Abs 3 PatG). Das Fehlen eines Antrags ist nicht als bloßes Formgebrechen im Sinne des § 139 Abs 2 PatG verbesserungsfähig.[23] Der Berufungsantrag beschränkt den Verfahrensgegenstand. Die Berufungsbehörde muss sich daher in ihrer Entscheidung mit dem nicht angefochtenen Teil der unterinstanzlichen Entscheidung nicht mehr auseinandersetzen.[24] Die Berufungsschrift und deren Beilagen sind in zweifacher Ausfertigung zu überreichen. Ist die Berufung gegen mehrere Gegner gerichtet, so ist neben der für den OPM bestimmten Ausfertigung für jeden Gegner eine Ausfertigung samt einer Abschrift jeder Beilage zu überreichen (§ 138 Abs 4 PatG).

In allen in den Wirkungsbereich des PA fallenden, die Berufungen an den OPM betreffenden Angelegenheiten ist die NA zuständig. Sie fasst ihre Beschlüsse in nichtöffentlicher Sitzung. Diese Beschlüsse sind als Endentscheidungen anzusehen (§ 139 Abs 1 PatG). Weist eine rechtzeitig überreichte Berufung, die einen begründeten Berufungsantrag enthält, formale *Mängel* auf, so hat der rechtskundige Referent der NA dem Berufungswerber eine Frist zur Verbesserung zu setzen. Werden die Mängel innerhalb der Frist behoben, so gilt die Berufung als ordnungsgemäß eingebracht (§ 139 Abs 2 PatG). *Verspätet* überreichte Berufungen oder Berufungen, die *keinen begründeten Berufungsantrag* enthalten oder innerhalb der gemäß § 139 Abs 2 PatG festgesetzten Frist nicht verbessert werden, sind von der NA zurückzuweisen (§ 139 Abs 3 PatG). In allen anderen Fällen hat der rechtskundige Referent eine Ausfertigung der Berufungsschrift dem Berufungsgegner mit der Mitteilung zuzustellen, dass es ihm freisteht, innerhalb von *zwei Monaten* die *Berufungsbeantwortung* zu überreichen (§ 139 Abs 4 PatG). Nach rechtzeitigem

---

[22]) OPM 24. 6. 1992, Op 2/92 – Abstandshalterrahmen – PBl 1993, 189 = ÖBl 1993, 203.
[23]) OPM 12. 9. 1990, Op 14/89 – künstlicher Schnee – PBl 1991, 162 = ÖBl 1991, 156.
[24]) OPM 19. 3. 1984, Op 7/83 – Aufbewahrungskasten – PBl 1984, 154 = ÖBl 1984, 147.

Einlangen der Berufungsbeantwortung oder nach fruchtlosem Ablauf der zweimonatigen Frist sind die Akten vom rechtskundigen Referenten dem OPM vorzulegen (§ 139 Abs 5 PatG).[25] Weitere vorbereitende Schriftsätze sind unzulässig.[26]

Verfahren vor dem OPM

Soweit im Folgenden nichts anderes bestimmt ist, finden auf das Verfahren vor dem OPM die Bestimmungen der §§ 113 bis 127 und 129 bis 136 PatG sinngemäß Anwendung (§ 140 Abs 1 PatG). Der OPM hat *keine neuen Beweise* aufzunehmen (§ 140 Abs 2 PatG).[27] Er herrscht das *Neuerungsverbot*.[28] Stellt der OPM eine Verletzung von Verfahrensvorschriften seitens der NA fest, welche die Schöpfung einer gesetzmäßigen Entscheidung verhindert hat, oder hält er eine Ergänzung des Beweisverfahrens für erforderlich, so hat er die Angelegenheit an die NA zurückzuverweisen (§ 140 Abs 3 PatG).

Ist die Berufung mit formalen *Mängeln* behaftet, die nicht gemäß § 139 Abs 2 PatG beanstandet worden sind, so ist dem Berufungswerber vom Referenten eine *Frist* zur Verbesserung zu setzen (§ 141 PatG).

Der OPM hat *ohne Vorverfahren und ohne mündliche Verhandlung* mit Beschluss zu entscheiden (§ 142 Abs 1 PatG),

- wenn die formalen Mängel der Berufung innerhalb der gemäß § 141 PatG eingeräumten Frist nicht behoben worden sind;
- wenn der Berufungswerber zur Erhebung der Berufung nicht berechtigt ist;
- wenn die Berufung schon von der NA hätte zurückgewiesen werden sollen (§ 139 Abs 3 PatG);
- wenn sich die Berufung gegen Beschlüsse gemäß § 113 und § 139 Abs 3 PatG richtet;
- wenn sich die Berufung gegen eine Entscheidung über einen Antrag auf Wiedereinsetzung in den vorigen Stand (§ 130 Abs 2 PatG) richtet;
- wenn sich die Berufung nur gegen die Entscheidung über den Kostenersatz (§ 122 PatG) richtet;
- wenn sich die Berufung ausschließlich darauf stützt, dass durch die Verletzung von Verfahrensvorschriften die Schöpfung einer gesetzmäßigen Entscheidung verhindert wurde, oder wenn sich nach der Aktenlage die Zurückverweisung der Angelegenheit an die NA wegen Verletzung solcher Verfahrensvorschriften als nötig erweist.

Handelt es sich nicht um die endgültige Erledigung einer Berufung, so kann, wenn der Vorsitzende eine Sitzung wegen Einfachheit der Sache nicht für erforderlich hält, ein Beschluss auch ohne Sitzung auf schriftlichem Weg eingeholt werden.

---

[25]) Zur Zurückziehung der Berufungsbeantwortung: OPM 12. 11. 1980, Op 3/78 – Büstenhalter – PBl 1981, 105 = ÖBl 1981, 114.
[26]) OPM 27. 1. 1982, Op 3/81 – Wasserventil – PBl 1982, 107 = ÖBl 1982, 91.
[27]) Daher keine Überprüfung der Würdigung einer Zeugenaussage: OPM 11. 7. 2001, Om 4/01 – Holztherm – PBl 2002, 9 = ÖBl-LS 2002/62 und 68; OPM 2. 12. 1998, Op 4/95 – Reibring – PBl 1999, 49 = ÖBl 1999, 225; OPM 8. 6. 1983, Op 1/83 – Hauptkühlmittelpumpe – PBl 1983, 164 = ÖBl 1983, 161.
[28]) OPM 27. 1. 1982, Op 5/81 – Seilwinden an Traktoren – PBl 1982, 117 = ÖBl 1982, 118.

Äußert hierbei ein Mitglied des OPM eine vom Antrag des Referenten abweichende Meinung, so ist jedenfalls eine Sitzung abzuhalten (§ 142 Abs 2 PatG).

Verzichtet eine Partei auf die mündliche Verhandlung, besteht auch der Gegner innerhalb einer vom Referenten eingeräumten Frist nicht auf der Durchführung und hält auch der Vorsitzende diese nicht für erforderlich, so ist über die Angelegenheit *in nichtöffentlicher Sitzung* Beschluss zu fassen (§ 143 Abs 1 PatG). Die mündliche Verhandlung beginnt nach dem Aufruf der Sache mit der Verlesung des schriftlich aufgesetzten Vortrags des Referenten. Dieser Vortrag hat die Darstellung des wesentlichen Sachverhalts, dann des Inhalts der Berufung und der Berufungsbeantwortung, jedoch keine Äußerung einer Ansicht über die zu fällende Entscheidung zu enthalten (§ 143 Abs 2 PatG). Hierauf wird dem Berufungswerber, dann dem Berufungsgegner das Wort erteilt; dieser hat jedenfalls das Recht der letzten Äußerung (§ 143 Abs 3 PatG). Die Entscheidung ist nur von den Senatsmitgliedern zu fällen, welche an der ihr zugrunde liegenden mündlichen Verhandlung teilgenommen haben. Tritt vor der Fällung der Entscheidung eine Änderung in der Person eines Senatsmitglieds ein, so ist die mündliche Verhandlung vor dem geänderten Senat von neuem durchzuführen (§ 143 Abs 4 PatG).

Die Berufung kann bis zum Schluss der mündlichen Verhandlung *zurückgezogen* werden. Erfolgt die Zurückziehung vor der mündlichen Verhandlung, ist dem Gegner gegebenenfalls eine Frist für die Geltendmachung des Anspruchs auf Kostenersatz einzuräumen. Werden keine Kosten verzeichnet, so hat der Referent das Verfahren einzustellen. In allen anderen Fällen ist über die Einstellung und den eventuellen Kostenanspruch in nichtöffentlicher Sitzung Beschluss zu fassen (§ 144 PatG).

Der OPM entscheidet über Spruch und Entscheidungsgründe mit *absoluter Stimmenmehrheit*. Der Vorsitzende leitet die Beratung und die Abstimmung. Er hat sich an der Abstimmung wie jedes andere Senatsmitglied zu beteiligen. Nach der Darstellung des Sachverhalts durch den Referenten und den allfällig bestellten Mitreferenten sowie nach deren Antragstellung hat der Vorsitzende den Stimmführern in der Reihenfolge ihrer Meldung das Wort zu erteilen und nach Beendigung der Beratung die Abstimmung über die gestellten Anträge vorzunehmen. Der Vorsitzende bestimmt die Fragen und die Reihenfolge, in welcher über die Fragen abgestimmt wird. Die Teilnahme an der Abstimmung darf von einem Mitglied auch dann nicht verweigert werden, wenn es in einer Vorfrage in der Minderheit geblieben ist. Bis zum Schluss der Sitzung kann jeder Stimmführer von seiner abgegebenen Stimme zurücktreten (§ 145 Abs 1 PatG). Das Abstimmungsergebnis ist vom Schriftführer in einem *Protokoll* festzuhalten und von ihm sowie vom Vorsitzenden zu unterfertigen. Jedem Stimmführer steht es frei, die Gründe seiner nicht zum Beschluss erhobenen Ansicht schriftlich aufzuzeichnen und dem Protokoll über die Abstimmung beizulegen (§ 145 Abs 2 PatG). Der Referent hat die aufgrund der gefassten Beschlüsse hinausgehende Erledigung zu entwerfen. Ist der Referent mit seiner Ansicht in der Minderheit geblieben, kann der Vorsitzende mit der Ausarbeitung des Entwurfs oder von Teilen desselben auch andere Senatsmitglieder betrauen. Er hat die Übereinstimmung des Erledigungsentwurfs mit dem Beschluss zu überprüfen (§ 145 Abs 3 PatG).

Der OPM wendet zur *Kostenbemessung* den RAT und die AHR an. Die Höhe des Streitwerts kann im Berufungsverfahren wegen des Neuerungsverbotes nicht neu aufgerollt werden. Für nicht in den Akten dokumentierte vor- und außerprozessuale Handlungen (zB „Aktenstudium") kann nur dann ein Kostenersatz begehrt werden, wenn diese in erster Instanz bescheinigt wurden.[29]

7.2.5. Abhängigerklärung

Der Inhaber eines prioritätsälteren Patents oder eines prioritätsälteren Gebrauchsmusters kann gemäß § 50 PatG beim PA die Entscheidung beantragen, dass die gewerbliche Verwendung einer patentierten Erfindung die vollständige oder teilweise Benützung seiner Erfindung voraussetzt. Über einen solchen Antrag hat das PA in dem für den Anfechtungsprozess vorgesehenen Verfahren zu entscheiden.

Verfahren über die Abhängigerklärung (§ 50 PatG) sind gemäß § 45 Abs 1 PatG auf Antrag im Patentregister anzumerken (*Streitanmerkung*). Die Streitanmerkung hat die Wirkung, dass die Entscheidung auch gegen die Personen, welche erst nach dem Zeitpunkt des Einlangens des Gesuches um Streitanmerkung beim PA Eintragungen in das Patentregister erwirkt haben, ihre volle Wirksamkeit äußert (§ 45 Abs 2 PatG).

---

[29]) OPM 12. 10. 1988, Op 3/88 – Metoprolol II – PBl 1989, 127 = ÖBl 1989, 99; OPM 12. 10. 1988, Op 2/88 – Metoprolol I – ÖBl 1989, 137. Zur Kostenersatzpflicht des Nebenintervenienten: OGH 5. 5. 1987, 4 Ob 403/86 – Bodenbearbeitungsmaschine – ÖBl 1988, 5 = PBl 1988, 56 = SZ 60/76.

8. SANKTIONEN

Überblick:

▸ Bei Patentrechtsverletzungen bestehen zivilrechtliche und strafrechtliche *Sanktionen* ähnlich wie im Markenrecht.
▸ Patentschutzhinweise begründen eine *Auskunftspflicht*.
▸ Das Vorliegen eines Patenteingriffs kann auch durch *Feststellungsanträge* geklärt werden.

8.1. Zivilrechtlicher Schutz

Literaturhinweise: *Bettelheim*, Vorfragen im Eingriffsstreite, GrünhutZ 34 (1907) 1; *Zimbler*, Probleme der Unterlassungsklage und der zur Sicherung des Unterlassungsanspruches erwirkten einstweiligen Verfügung (Unter besonderer Berücksichtigung des Patentrechtes), JBl 1932, 377; *Schwarz*, Die Bindung der Gerichte an Vorentscheidungen des Patentamtes (§ 107 Pat.Ges.), ÖBl 1933, 77; *Zimbler*, Die Zurücknahme der Klage im Patentrechtsstreit, JBl 1934, 450; *Abel*, Der Unterlassungsanspruch, ÖBl 1935, 19, 35; *Gallia*, Verjährung von Schadenersatzklagen im österreichischen Patentrecht, ÖBl 1935,1; *Herz*, Rechtsbehelfe gegen Patentmißbrauch in Österreich und in den Vereinigten Staaten, FS 50 Jahre PA (1949) 48; *Schönherr*, Die Verfolgung von Patent- und Markeneingriffen nach österreichischem Recht, GRUR Int 1961, 219; *Kiss-Horvath*, Gedanken zu einer Novellierung der Bestimmungen betreffend Patent- und Markeneingriffe, ÖBl 1965, 133; *Torggler*, Zum Rechnungslegungsanspruch nach Patentverletzungen, ÖBl 1972, 81; *Hermann*, Die Formulierung von Unterlassungsgeboten im Patenteingriffsprozeß, FS 75 Jahre PA (1974) 147; *Jelinek*, Das „Klagerecht" auf Unterlassung, ÖBl 1974, 125; *Schuster-Bonnott*, Die Gefahr des Zuwiderhandelns gegen Unterlassungsverpflichtungen (Wiederholungsgefahr), JBl 1974, 169; *Sonn/Benn-Ibler*, Haftung für ungerechtfertigte Eingriffsklagen und Verwarnungen aus Patentrechten, FS 75 Jahre PA (1974) 232; *Schuster-Bonnott*, Der privatrechtliche Anspruch auf Unterlassung, JBl 1976, 281; *Schmidt*, Zum Kostenersatzanspruch des Patentanwaltes im Verletzungsstreit, ÖBl 1979, 57; *Schönherr*, Die Unterlassungsklage gegen die Vertretungsorgane juristischer Personen bei Wettbewerbsverstößen oder Verletzungen von Immaterialgüterrechten, ÖBl 1979, 33; *Schönherr*, Nichtigkeit eines Schutzrechts als Vorfrage, ÖBl 1982, 33; *Seber*, Der Umfang der österreichischen inländischen Gerichtsbarkeit für Klagen im gewerblichen Rechtsschutz und Urheberrecht, ZfRV 1983, 270; *Jahn*, Zwei wesentliche Änderungen durch die Patentrechts-Novelle 1984, GesRZ 1984, 98; *Koziol*, Österreichisches Haftpflichtrecht II^2 (1984) 241; *Jahn*, Warum Patenteingriffsprozesse in Österreich? GesRZ 1986, 195; *Ostheim*, Marginalien zum Ersatz entgangenen Gewinns im bürgerlichen Recht, Handelsrecht, gewerblichen Rechtsschutz und Urheberrecht, GedS Schönherr (1986) 367; *Schmidt*, Kostenersatzpflicht des Nebenintervenienten, ÖBl 1986, 90; *Schuster-Bonnott*, Die Wiederholungsgefahr bei Unterlassungsverpflichtungen und der seinerzeitige Motivenbericht zum Entwurf des BGB, JBl 1986, 487; *Loos*, Durchsetzung von Rechten des geistigen Eigentums: Verfahren und Sanktionen, ÖBl 1997, 267; *Wiltschek*, Grenzüberschreitende Entscheidungen in Patentverletzungsverfahren, ÖBl 1998, 132; *Wolner/Gassauer-Fleissner*, Der Einwand der Nichtigkeit des Patents im Provisorialverfahren, ÖBl 2000, 207; *Herzig*, Die Aufhebung der EV gegen angemessene Sicherheit im Wettbewerbs- und Patentrecht, ÖBl 2003, 116.

8.1.1. Unterlassung

Wer in einer der ihm aus einem Patent zustehenden Befugnisse verletzt worden ist[1] oder eine solche Verletzung zu besorgen hat, kann auf *Unterlassung* klagen (§ 147 Abs 1 PatG); dazu oben Seite 920.[2] Der Unterlassungsanspruch setzt *kein Verschulden* voraus. Es gilt die allgemeine *Beweislastverteilung*: Jede Partei muss die tatsächlichen Voraussetzungen der ihr günstigen Rechtsnorm beweisen.

Beispiel:

> ▶ OGH 10. 11. 1998: Der Patentinhaber muss im Eingriffsverfahren sein Patentrecht und eine Eingriffshandlung des Beklagten beweisen. Beruft sich der Beklagte demgegenüber auf eine ihm erteilte Lizenz, aus der er ein Recht zur Vornahme der Eingriffshandlung ableitet, so obliegt es ihm, dies zu beweisen. Gelingt ihm dies und behauptet der Patentinhaber, dass dieser Lizenzvertrag vor der Eingriffshandlung bereits durch eine Aufkündigung aus wichtigem Grund beendet war, so obliegt es nunmehr wieder dem klagenden Patentinhaber, diese Tatsache zu beweisen.[3]

Einstweilige Verfügungen können auch ohne Gefährdungsbescheinigung (§ 381 EO) erlassen werden. Sie können bei Vorliegen rücksichtswürdiger Gründe aufgehoben werden, wenn der Gegner angemessene Sicherheit leistet (§ 147 Abs 2 PatG).[4] Der Nichtigkeitseinwand ist auch im Provisorialverfahren grundsätzlich zulässig.[5] Zu den zu erstattenden *Verfahrenskosten* können unter Umständen auch noch die Kosten eines Patentanwalts für die Erstattung eines Gutachtens sowie für dessen Mitwirkung an Schriftsätzen kommen.[6] Zum „*einstweiligen Patentschutz*" (§ 158 PatG) vgl Seite 959.

8.1.2. Beseitigung

Der Patentverletzer ist zur *Beseitigung* des dem Gesetz widerstreitenden Zustands verpflichtet. Der Verletzte kann insbesondere verlangen, dass auf Kosten des Verletzers die patentverletzenden Gegenstände vernichtet und die ausschließlich oder

---

[1]) Zur Aktivlegitimation des ausschließlichen Lizenznehmers: OGH 12. 2. 1991, 4 Ob 173/90 – Trennwand – ÖBl 1991, 153 = EvBl 1991/83 = RdW 1991, 263 = wbl 1991, 236 = SZ 64/10 = PBl 1991, 138 = GRUR Int 1992, 131.

[2]) Zur Haftung bei (wegen fehlender Erfindungshöhe des Patents) unberechtigter Schutzrechtsverwarnung: OGH 21. 9. 1982, 4 Ob 396/81 – Riffelrohraggregate – ÖBl 1982, 150 = SZ 55/131. Zur lauterkeitsrechtlichen Klagslegitimation des Lizenzgebers gegen den vertragsbrüchigen Lizenznehmer: OGH 25. 9. 2001, 4 Ob 144/01g – St. Barbara-Brot – ÖBl 2002, 15 (*Thiele*) = ÖBl-LS 02/03.

[3]) OGH 10. 11. 1998, 4 Ob 280/98z – Kanalreinigungsfahrzeug – ÖBl 1999, 208.

[4]) Vgl dazu OLG Wien 15. 7. 1998, 3 R 50/98i – Dichtungsmatte – ÖBl 1999, 44; OGH 13. 7. 1982, 4 Ob 358/82 – Bohrer – ÖBl 1983, 69. Zur Aufhebung der EV wegen Ablaufens der Schutzdauer des Patents sowie zum weiteren Schicksal der Sicherheitsleistung: OGH 12. 7. 1988, 4 Ob 53/88 – künstlicher Schnee – JBl 1989, 57 = SZ 61/169. Zum Vorliegen einander widersprechender Sachverständigengutachten: OGH 20. 10. 1981, 4 Ob 395/81 – Beschichtungsanlagen für Abstandhalterrahmen – ÖBl 1982, 10 = RZ 1982/11. *Herzig*, ÖBl 2003, 116;

[5]) Vgl dazu OGH 22. 3. 1983, 4 Ob 317/83 – Werkzeughalter für Bohrhämmer II – ÖBl 1984, 43 = PBl 1984, 150; OGH 4. 3. 1980, 4 Ob 408/79 – Werkzeughalter für Bohrhämmer – ÖBl 1980, 121.

[6]) OLG Wien 2. 6. 1999, 15 R 77/99z – Aciclovir II – ecolex 1999, 639 (*Wiltschek*). Vgl dazu auch *Gassauer-Fleissner/Schultes*, ÖBl 2002, 265.

vorzugsweise zur Herstellung patentverletzender Gegenstände dienlichen Werkzeuge, Vorrichtungen und anderen Hilfsmittel für diesen Zweck unbrauchbar gemacht werden, soweit dadurch nicht in dingliche Rechte Dritter eingegriffen wird (§ 148 Abs 1 PatG).

Enthalten die in § 148 Abs 1 PatG bezeichneten Eingriffsgegenstände oder Eingriffsmittel Teile, deren unveränderter Bestand und deren Gebrauch durch den Beklagten das Ausschließungsrecht des Klägers nicht verletzen, so hat das Gericht diese Teile in dem die Vernichtung oder Unbrauchbarmachung aussprechenden Urteil zu bezeichnen. Bei der Vollstreckung sind diese Teile, soweit möglich, von der Vernichtung oder Unbrauchbarmachung auszunehmen, wenn der Verpflichtete die damit verbundenen Kosten im Voraus zahlt. Zeigt sich im Exekutionsverfahren, dass die Unbrauchbarmachung von Eingriffsmitteln größere Kosten als ihre Vernichtung erfordern würde, und werden diese vom Verpflichteten nicht im Voraus gezahlt, so hat das Exekutionsgericht nach Vernehmung der Parteien die Vernichtung jener Eingriffsmittel anzuordnen. Kann der patentverletzende Zustand auf eine andere Art beseitigt werden, die mit keiner oder einer geringeren Wertvernichtung verbunden ist, so kann der Verletzte nur Maßnahmen dieser Art begehren. Der Verletzte kann statt der Vernichtung von Eingriffsgegenständen oder der Unbrauchbarmachung von Eingriffsmitteln verlangen, dass ihm die Eingriffsgegenstände oder Eingriffsmittel von ihrem Eigentümer gegen eine angemessene, die Herstellungskosten nicht übersteigende Entschädigung überlassen werden (§ 148 Abs 2 PatG). Der Exekution auf Beseitigung ist erforderlichenfalls ein Sachverständiger zur Bezeichnung der der Exekution zu unterziehenden Gegenstände beizuziehen (§ 148 Abs 3 PatG).

8.1.3. Urteilsveröffentlichung

Wird auf Unterlassung oder Beseitigung geklagt, so hat das Gericht der obsiegenden Partei, wenn diese daran ein berechtigtes Interesse hat, auf Antrag die Befugnis zuzusprechen, das Urteil in einer nach § 409 Abs 2 ZPO zu bestimmenden Frist auf Kosten des Gegners zu veröffentlichen. Umfang und Art der Veröffentlichung sind im Urteil zu bestimmen (§ 149 Abs 1 PatG). Die Veröffentlichung umfasst den Urteilsspruch. Auf Antrag der obsiegenden Partei kann jedoch das Gericht einen vom Urteilsspruch nach Umfang oder Wortlaut *abweichenden* oder ihn *ergänzenden Inhalt* der Veröffentlichung bestimmen. Dieser Antrag ist spätestens *vier Wochen* nach Rechtskraft des Urteils zu stellen. Ist der Antrag erst nach Schluss der mündlichen Streitverhandlung gestellt worden, so hat hierüber das Gericht erster Instanz nach Rechts-

Die Urteilsveröffentlichung muss nicht per Inserat erfolgen.

kraft des Urteils mit Beschluss zu entscheiden (§ 149 Abs 2 PatG). Das Prozessgericht erster Instanz hat auf Antrag der obsiegenden Partei mit Beschluss die *Kosten* der Urteilsveröffentlichung festzusetzen und deren Ersatz dem Gegner aufzutragen (§ 149 Abs 3 PatG). § 25 Abs 7 UWG (Verpflichtung des Medieninhabers zur Veröffentlichung) ist analog anzuwenden.[7]

8.1.4. Ansprüche in Geld

Der durch unbefugte Verwendung eines Patents Verletzte hat gegen den Verletzer Anspruch auf ein *angemessenes Entgelt* (§ 150 Abs 1 PatG). Dieser Anspruch ist ein aus dem § 1041 ABGB erwachsener Vergütungsanspruch für die ungerechtfertigte Verwendung; die Höhe der Vergütung wird in der Regel einer angemessenen Lizenzgebühr entsprechen. Bei der Bemessung der Lizenzgebühr können die Grundsätze herangezogen werden, die für die Ermittlung einer angemessenen vertraglichen Lizenzgebühr entwickelt wurden. Die Vor- und Nachteile, die der Verletzer gegenüber einem Lizenznehmer hat, sind zu berücksichtigen. Mehrere an der Patentverletzung Beteiligte haften solidarisch.[8]

Bei schuldhafter Patentverletzung kann der Verletzte an Stelle des angemessenen Entgelts (§ 150 Abs 1 PatG) *Schadenersatz* einschließlich des ihm entgangenen Gewinns oder die *Herausgabe des Gewinns*, den der Verletzer durch die Patentverletzung erzielt hat, verlangen (§ 150 Abs 2 PatG).

Der Verletzte hat auch Anspruch auf eine angemessene Entschädigung für die in keinem Vermögensschaden (§ 150 Abs 2 PatG) bestehenden Nachteile, die er durch die schuldhafte Patentverletzung erlitten hat, soweit dies in den besonderen Umständen des Falles begründet ist (§ 150 Abs 3 PatG); also Ersatz des *ideellen Schadens*.

8.1.5. Rechnungslegung

Der Verletzer ist dem Verletzten zur Rechnungslegung und dazu verpflichtet, deren Richtigkeit durch einen Sachverständigen prüfen zu lassen. Wenn sich dabei ein höherer Betrag als aus der Rechnungslegung ergibt, sind die Kosten der Prüfung vom Verletzer zu tragen (§ 151 PatG). Üblicherweise wird das Rechnungslegungsbegehren in Form einer Stufenklage geltend gemacht. Zuerst ist dabei über die Rechnungslegung (mit Teilurteil) zu entscheiden, danach konkretisiert der Kläger sein Zahlungsbegehren.[9] Die urteilsmäßige Verpflichtung zur Rechnungslegung ist bereits mit der Vorlage einer ordnungsgemäß zusammengestellten, formell vollständigen Rechnung erfüllt.[10]

---

[7]) OGH 15. 10. 2002, 4 Ob 174/02w – BOSS-Zigaretten IV – ÖBl 2003, 31 (*Fallenböck*) = ÖBl-LS 2003/11-13 = MR 2002, 396 (*Korn, Pöchhacker*) = ecolex 2003, 40 (*G. Schönherr*) = ÖJZ-LSK 2003/22, 23 = ÖJZ 2003, 143 = RdW 2003/66.
[8]) OGH 23. 9. 1997, 4 Ob 246/97y – Wurzelendreduzierer – ÖBl 1998, 307 = RdW 1998, 268 mwN.
[9]) Zur Wahl des Klägers zwischen Herausgabe eines allfälligen Gewinns und einem angemessenen Entgelt nach Vorliegen der Rechnungslegung vgl OGH 7. 10. 1997, 4 Ob 288/97z – Stufenklage – MR 1998, 203 (*Walter*).
[10]) OGH 2. 9. 1998, 9 ObA 92/98i – KEMRObus – ÖBl 1999, 42 = DRdA 1999/53 (*Mayr*).

8.1.6. Unternehmerhaftung

Der Inhaber eines Unternehmens kann auf *Unterlassung* (§ 147 PatG) geklagt werden, wenn eine Patentverletzung im Betrieb seines Unternehmens von einem Bediensteten oder Beauftragten begangen worden ist oder droht. Er ist zur *Beseitigung* (§ 148 PatG) verpflichtet, wenn er Eigentümer der Eingriffsgegenstände oder Eingriffsmittel ist (§ 152 Abs 1 PatG). Wird die einen Anspruch auf *angemessenes Entgelt* begründende Patentverletzung im Betrieb eines Unternehmens von einem Bediensteten oder Beauftragten begangen, so trifft die Pflicht zur Zahlung des Entgelts (§ 150 Abs 1 PatG) und zur Rechnungslegung (§ 151 PatG) nur den Inhaber des Unternehmens, es sei denn, dass dieser von der Patentverletzung weder wusste noch daraus einen Vorteil erlangt hat (§ 152 Abs 2 PatG). Hat ein Bediensteter oder Beauftragter im Betrieb eines Unternehmens ein Patent verletzt, so haftet, unbeschadet einer allfälligen Schadenersatzpflicht dieser Personen, der Inhaber des Unternehmens nach § 150 Abs 2 und 3 PatG, wenn ihm die Patentverletzung bekannt war oder bekannt sein musste (§ 152 Abs 3 PatG).

Do not disturb!

8.1.7. Haftung mehrerer Verpflichteter

Soweit derselbe Anspruch in Geld (§ 150 PatG) gegen mehrere Personen besteht, haften sie zur ungeteilten Hand (§ 153 PatG).

8.1.8. Verjährung

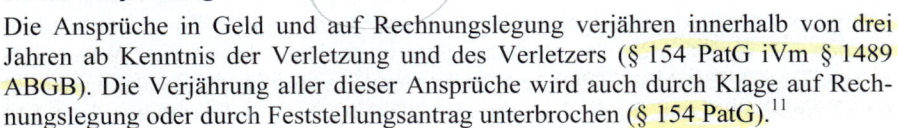

Die Ansprüche in Geld und auf Rechnungslegung verjähren innerhalb von drei Jahren ab Kenntnis der Verletzung und des Verletzers (§ 154 PatG iVm § 1489 ABGB). Die Verjährung aller dieser Ansprüche wird auch durch Klage auf Rechnungslegung oder durch Feststellungsantrag unterbrochen (§ 154 PatG).[11]

8.1.9. Zuständigkeit

Für Klagen und einstweilige Verfügungen wegen Patentverletzungen ist ausschließlich das Handelsgericht Wien zuständig; es entscheidet ohne Rücksicht auf den Streitwert stets ein Senat (§ 162 PatG).

---

[11]) Wird das Verfahren wegen eines präjudiziellen anderen Verfahrens unterbrochen und dieses nicht gehörig fortgesetzt, so gilt auch das unterbrochene Verfahren als nicht gehörig fortgesetzt: OGH 27. 9. 1988, 4 Ob 83/88, RZ 1992, 262. Vgl auch OGH 23. 4. 1985, 4 Ob 323/85 – Seilwinde – ÖBl 1986, 6 = PBl 1986, 103 = RdW 1986, 13.

8.1.10. Vorfragen

Die Gültigkeit oder Wirksamkeit eines Patents, auf das die Verletzungsklage gestützt wird, kann vorbehaltlich § 156 Abs 3 PatG vom Gericht als Vorfrage selbständig beurteilt werden (§ 156 Abs 1 PatG).[12] Das Gericht erster Instanz hat dem PA von jedem Urteil, in dem die Gültigkeit oder Wirksamkeit eines Patents beurteilt worden ist, eine mit der Bestätigung der Rechtskraft versehene Ausfertigung zum Anschluss an die Erteilungsakten zu übermitteln. Auf ein solches Urteil ist im Patentregister hinzuweisen (§ 156 Abs 2 PatG). Hängt ein Urteil davon ab, ob das Patent nichtig (§ 48 PatG) ist, so hat das Gericht das Verfahren zu unterbrechen, sofern die Nichtigkeit nicht offenbar zu verneinen ist. Die Nichtigkeit ist nur dann „offenbar zu verneinen", wenn die Haltlosigkeit des Nichtigkeitseinwands – in rechtlicher und/oder tatsächlicher Hinsicht – klar auf der Hand liegt, sodass dies auch vom Gericht ohne weiteres als Vorfrage selbständig beurteilt werden kann.[13] Das Gericht hat das Verfahren auch dann zu unterbrechen, wenn die Nichtigkeit des Patents offenbar zu bejahen ist.[14] Wenn der Beklagte nicht binnen *einem Monat* ab Zustellung des Unterbrechungsbeschlusses nachweist, dass er beim PA einen Nichtigkeitsantrag eingebracht hat, dass ein Nichtigerklärungsverfahren zwischen den Streitteilen bereits anhängig ist oder dass er sich einem solchen Verfahren als Nebenintervenient angeschlossen hat, hat das Gericht das Verfahren auf Antrag des Klägers fortzusetzen. In diesem Fall hat das Gericht ohne Rücksicht auf den Einwand der Nichtigkeit zu entscheiden. Eine hierüber vor dem Schluss der mündlichen Verhandlung ergehende Entscheidung der NA ist jedoch zu berücksichtigen (§ 156 Abs 3 PatG).[15] Ist das Gerichtsverfahren wegen eines beim PA anhängigen Verfahrens unterbrochen worden, so hat das Gericht nach Rechtskraft der Entscheidung über die Vorfrage das Verfahren auf Antrag einer Partei fortzusetzen und ihm die Vorfragenentscheidung zugrunde zu legen (§ 156 Abs 4 PatG). Ist die Gültigkeit oder Wirksamkeit eines Patents vom PA oder vom OPM anders beurteilt worden als vom Gericht im Verletzungsstreit, so kann darauf eine Wiederaufnahmsklage (§ 530 Abs 1 ZPO) gestützt werden;[16] es sind für die Zuständigkeit der § 532 Abs 2 ZPO und für die Unterbrechung des Rechtsmittelverfahrens der § 544 Abs 1 ZPO sinngemäß anzuwenden; die Klagefrist (§ 534 Abs 1 ZPO) ist von dem Tag an zu berechnen, an dem die Entscheidung über die Gültigkeit oder Wirksamkeit des Patents in Rechtskraft erwachsen ist (§ 156 Abs 5 PatG).

---

[12]) Zur Abgrenzung vom Feststellungsverfahren nach § 163 PatG: OGH 20. 8. 2002, 4 Ob 155/02a – Dichtungsmatte II – ÖBl 2003, 93 (*Kuchar/Wolner*) = EvBl 2002/215 = ÖJZ-LSK 2002/238-240 = ÖBl-LS 2003/16 = RdW 2003/81. Zur Entscheidung bei einem während des Verfahrens erfolgten Teilverzicht: OPM 26. 2. 1992, Op 3/91 – Grundplatte – PBl 1993, 141 = ÖBl 1993, 65.

[13]) OGH 26. 5. 1992, 4 Ob 34/92 – Frontmähwerk – ÖBl 1992, 100 = PBl 1993, 99.

[14]) OGH 5. 5. 1987, 4 Ob 403/86 – Bodenbearbeitungsmaschine – ÖBl 1988, 5 = PBl 1988, 56 = SZ 60/76.

[15]) § 156 Abs 3 PatG ist auf das strafrechtliche Vorverfahren nicht anzuwenden: OLG Wien 27. 3. 2000, 21 Bs 45, 62, 63/00, ecolex 2000, 732 (*Engin-Deniz*). Zur Voraussetzung des Nichtigkeitseinwands vgl OGH 29. 9. 1986, 4 Ob 368/86, ÖBl 1987, 39 = PBl 1987, 157.

[16]) Die abweichende Beurteilung der Eingriffsklage ist kein Wiederaufnahmsgrund: OGH 20. 8. 2002, 4 Ob 155/02a – Dichtungsmatte II – ÖBl 2003, 93 (*Kuchar/Wolner*) = EvBl 2002/215 = ÖJZ-LSK 2002/238-240 = ÖBl-LS 2003/16 = RdW 2003/81.

Wird der NA ein Unterbrechungsbeschluss (§ 156 PatG) vorgelegt, so gelten für das Verfahren ab der Vorlage folgende Besonderheiten (§ 157 PatG „*beschleunigtes Verfahren*"):[17]

- Das Verfahren ist *beschleunigt* zu behandeln.
- Demjenigen, der den Unterbrechungsbeschluss vorlegt, ist von der Einlaufstelle sofort auf einer Halbschrift zu *bestätigen*, dass er ein Verfahren vor der NA anhängig gemacht, sich einem anhängigen Verfahren als Nebenintervenient angeschlossen oder zu einem anhängigen Verfahren einen Unterbrechungsbeschluss vorgelegt hat.
- Die *Gegenschrift* (§ 115 Abs 2 PatG) ist innerhalb der unerstreckbaren Frist von einem Monat einzubringen.
- *Beweise* über Behauptungen, die nicht spätestens zwei Wochen vor der mündlichen Verhandlung dem PA vorgebracht und dem Gegner mitgeteilt worden sind, dürfen nur aufgenommen werden, wenn der Gegner nicht widerspricht.
- Die Fristen für die Berufung (§ 138 PatG) und die Berufungsbeantwortung betragen *einen Monat* und sind unerstreckbar.[18]

8.1.11. Einstweiliger Patentschutz

Die Einleitung eines Verletzungsverfahrens ist auch zulässig, wenn für die unbefugt benützte Erfindung zwar ein Patent noch nicht erteilt worden ist, aber nach § 101 PatG die Wirkungen eines erteilten Patents einstweilen eingetreten sind.[19] In diesem Fall beginnt der Lauf der im § 156 Abs 3 PatG erwähnten Frist nicht vor dem Tag, an dem der Beklagte vom Kläger eine Abschrift des Beschlusses erhalten hat, mit dem das Patent rechtskräftig erteilt worden ist. Im Fall der Patenterteilung nach § 107 PatG ist stattdessen eine Gleichschrift der ausgelegten Anmeldungsunterlagen (§ 101 Abs 3 PatG) zu übersenden (§ 158 Abs 1 PatG).

Einstweilige Verfügungen (§ 147 Abs 2 PatG) können nicht vor dem Eintritt der Rechtskraft der Patenterteilung erlassen werden (§ 158 Abs 2 PatG).

8.1.12. Zuständigkeit

Für Klagen und einstweilige Verfügungen nach dem PatG ist ausschließlich das Handelsgericht Wien zuständig. Ohne Rücksicht auf den Streitwert hat der Senat (§ 7 Abs 2 erster Satz, § 8 Abs 2 JN) zu entscheiden. Das gilt auch für einstweilige Verfügungen (§ 162 Abs 1 PatG).

---

[17]) Dazu OPM 13. 1. 1993, Op 5/92 – Einhandhobel – PBl 1994, 11 = ÖBl 1994, 150.
[18]) Bei Angabe der falschen (zweimonatigen) Rechtsmittelfrist in der Rechtsmittelbelehrung kommt eine analoge Anwendung des § 61 Abs 3 AVG nicht in Betracht: OPM 12. 12. 2001, Op 1/01, PBl 2002, 94 = ÖBl-LS 2002/180.
[19]) Zu Benützungshandlungen vor Beginn des einstweiligen Patentschutzes: OGH 25. 3. 1986, 4 Ob 312/86 – UNO-City II – ÖBl 1986, 116 = PBl 1987, 10.

8.2. Strafrechtlicher Schutz

Literaturhinweise: *Schwarz*, Die Verletzung des eigenen Patentes, ÖBl 1935, 61; *Barfuß*, Die Beurteilung von Markeneingriffen und Patenteingriffen nach dem neuen Strafrecht, FS 75 Jahre PA (1974) 100; *Seiler*, Die Bedeutung der Vorfragen für den Strafrichter, JBl 1981, 561.

8.2.1. Straftatbestand

Wer ein Patent vorsätzlich verletzt, ist vom Gericht mit Geldstrafe bis zu 360 Tagessätzen zu bestrafen (§ 159 Abs 1 PatG). Ebenso ist der *Inhaber oder Leiter eines Unternehmens* zu bestrafen, der eine im Betrieb des Unternehmens von einem Bediensteten oder Beauftragten begangene Patentverletzung nicht verhindert. Ist der Inhaber des Unternehmens eine juristische Person, so ist die Bestimmung auf die Organe des Unternehmens anzuwenden, die sich einer solchen Unterlassung schuldig gemacht haben. Für die über die Organe verhängten Geldstrafen haftet das Unternehmen zur ungeteilten Hand mit dem Verurteilten (§ 159 Abs 2 PatG). Die Verfolgung findet nur auf Verlangen des Verletzten statt (*Privatanklagedelikt*; § 159 Abs 3 PatG).

8.2.2. Privatrechtliche Ansprüche

Für die Geltendmachung der Ansprüche nach § 150 PatG gelten die Bestimmungen des XXI. Hauptstückes der StPO 1975. Gegen den Ausspruch über den Entschädigungsanspruch steht beiden Teilen die Berufung zu (§ 160 PatG).

8.2.3. Besonderheiten der Strafverfolgung

Für das Strafverfahren gelten die §§ 148, 149, 157 und 158 PatG sinngemäß, ebenso der § 156 PatG mit folgenden Abweichungen: Der Lauf der Monatsfrist des § 156 Abs 3 PatG beginnt mit der Zustellung einer Aufforderung des Strafgerichtes an den Beschuldigten, zu bescheinigen, dass er beim PA einen Nichtigkeitsantrag eingebracht hat, dass ein Nichtigerklärungsverfahren zwischen den Streitteilen bereits anhängig ist oder dass er sich einem solchen Verfahren als Nebenintervenient angeschlossen hat. Bringt der Beschuldigte den Nichtigkeitsantrag nicht rechtzeitig ein, so hat das Gericht, wenn es die Nichtigkeit des Patents für möglich hält, den Nichtigkeitsantrag von Amts wegen zu stellen. Parteien in diesem Verfahren sind das antragstellende Gericht, der Privatankläger und der Beschuldigte; die in diesem Verfahren erwachsenden Kosten sind Kosten des Strafverfahrens (§ 161 PatG).

8.2.4. Zuständigkeit

Die Gerichtsbarkeit in Strafsachen nach dem PatG steht dem Landesgericht für Strafsachen Wien zu (§ 162 Abs 2 PatG).

8.3. Auskunftspflicht

Für die Anerkennung des Rechts ist die Anbringung eines Zeichens oder Vermerks über das Patent auf dem Erzeugnis nicht erforderlich (Art 5 D PVÜ). Wer Gegenstände in einer Weise bezeichnet, die geeignet ist, den Eindruck zu erwecken, dass sie Patentschutz genießen, hat auf Verlangen *Auskunft* darüber zu geben, auf welches Schutzrecht sich die Bezeichnung stützt (§ 165 PatG). Die irreführende *„Patentanmaßung"* kann nach § 2 UWG bekämpft werden (Seite 344).

Beispiel:
- OGH 3. 12. 1991: Beim Hinweis *„Weltpatent"* erwartet sich das Publikum, dass der Patentschutz zumindest in allen für den Wettbewerb bedeutsamen Industrienationen besteht. Hat der Beklagte lediglich ein europäisches Patent für Österreich, Belgien, Schweiz, Deutschland, Frankreich, Großbritannien, Italien, Liechtenstein, Luxemburg, Niederlande und Schweden sowie ein nationales Patent für Spanien, aber keine Patente für außereuropäische Länder, so ist dieser Hinweis irreführend und daher wettbewerbswidrig.[20]
- OGH 12. 9. 2001: Wird ein *„europaweiter"* Patentschutz behauptet, so ist jedenfalls ein Patentschutz erforderlich, der im Wesentlichen die europäischen Industriestaaten umfasst.[21]

8.4. Feststellungsantrag

8.4.1. Negativer Feststellungsantrag

Wer einen Gegenstand betriebsmäßig herstellt, in Verkehr bringt, feilhält oder gebraucht, ein Verfahren betriebsmäßig anwendet oder solche Maßnahmen beabsichtigt, kann bei der NA gegen den Inhaber eines Patents oder den ausschließlichen Lizenznehmer die Feststellung beantragen, dass der Gegenstand oder das Verfahren weder ganz noch teilweise[22] unter das Patent fällt (*„negativer Feststellungsantrag"*; § 163 Abs 1 PatG). Zu beurteilen ist, ob ein Patenteingriff vorliegt, falls der Feststellungsgegenstand im Sinne des § 22 PatG (Seite 922) genutzt wird oder solche Maßnahmen beabsichtigt sind.[23] Maßgebend ist, ob der Feststellungsgegenstand und der Gegenstand des Patents in einem wesentlichen, also kennzeichnenden Merkmal übereinstimmen oder zumindest Äquivalenz besteht.[24] Es kommt ohne Rücksicht auf die sonst bestehenden Abweichungen nur darauf an, ob die wesentlichen Merkmale der Erfindung, wie sie in den Patentansprüchen zum Ausdruck kommen, beim Feststellungsgegenstand wiederkehren.[25] Liegt ein *Anerkenntnis* vor, so ist dem Feststellungsantrag – im Rahmen des § 163 Abs 1 PatG –

---

[20]) OGH 3. 12. 1991, 4 Ob 121/91 – Weltpatent – ÖBl 1992, 126 = ecolex 1992, 251 = wbl 1992, 133 = RdW 1992, 175 = MR 1992, 215 = GRUR Int 1992, 789.
[21]) OGH 12. 9. 2001, 4 Ob 183/01t – europaweit – ÖBl-LS 2002/39.
[22]) Vgl etwa OPM 10. 12. 1997, Op 3/96, PBl 1998, 158 = ÖBl 1998, 334.
[23]) OPM 27. 9. 2000, Op 4/99 – wasserundurchlässige Dichtungsmatte – PBl 2001, 101 = ÖBl-LS 01/96.
[24]) OGH 9. 11. 1999, 4 Ob 271/99b – Ethersynthese – ÖBl-LS 00/98; NA 7. 9. 1999, N 16 und 17/97 – Magnetron – PBl 2001, 122 = ÖBl-LS 01/143; NA 10. 5. 1999, N 4/98 – Aciclovir-Creme – PBl 2001, 52 = ÖBl-LS 01/78; OPM 27. 6. 1984, Op 1/84 – Gattersägeneinhang – PBl 1985, 130 = ÖBl 1985, 92.
[25]) OPM 9. 11. 1994, Op 1/94 – Kabelführungsrohre – PBl 1996, 11 = ÖBl 1996, 77.

ohne weiteres Verfahren stattzugeben.[26] Das Feststellungsinteresse wird durch das Erlöschen des Patents für die bis dahin allenfalls erfolgten Eingriffe nicht berührt. Das Verfahren ist daher fortzusetzen, auch wenn das Patent während des Verfahrens wegen Ablaufs der Höchstdauer erloschen ist.[27]

Beispiel:
> NA 6. 11. 2001: Da nach § 163 Abs 1 PatG nur festgestellt werden kann, ob ein Gegenstand oder ein Verfahren ganz oder teilweise unter ein Patent fällt, ist – trotz eines Anerkenntnisses – das Mehrbegehren (Feststellung, dass auch die unter Benutzung dieses Verfahrens hergestellten Produkte, insbesondere deren Import und Vertrieb, weder ganz noch teilweise unter das betreffende Patent fallen) abzuweisen.[28]

8.4.2. Positiver Feststellungsantrag

Umgekehrt kann der Patentinhaber bzw der ausschließliche Lizenznehmer gegen jemanden, der einen Gegenstand betriebsmäßig herstellt, in Verkehr bringt, feilhält oder gebraucht, ein Verfahren betriebsmäßig anwendet oder solche Maßnahmen beabsichtigt, die Feststellung beantragen, dass der Gegenstand oder das Verfahren ganz oder teilweise unter das Patent fällt („*positiver Feststellungsantrag*"; § 163 Abs 2 PatG). Der Feststellungswerber muss die maßgeblichen Tatsachen für die *Passivlegitimation* des Antragsgegners nachweisen.[29] Werden nacheinander von denselben Parteien wegen desselben Gegenstandes ein positiver und (mit vertauschten Parteienrollen) ein negativer Feststellungsantrag eingebracht, so ist der später zugestellte Antrag wegen *Streitanhängigkeit* zurückzuweisen.[30]

Anträge gemäß § 163 Abs 1 und 2 PatG sind zurückzuweisen, wenn der Antragsgegner nachweist, dass bei Gericht zwischen denselben Parteien eine vor Überreichung des Feststellungsantrags eingebrachte Verletzungsklage, die denselben Gegenstand oder dasselbe Verfahren betrifft, anhängig ist (§ 163 Abs 3 PatG).[31] Der Feststellungsantrag kann sich nur auf ein Patent samt dessen Zusatzpatenten beziehen. Dem Antrag sind eine genaue und deutliche Beschreibung des Gegenstandes oder Verfahrens und erforderlichenfalls Zeichnungen in vier Ausfertigungen anzuschließen. Eine Ausfertigung dieser Beschreibung, gegebenenfalls samt Zeichnungen, ist der Endentscheidung anzuheften (§ 163 Abs 4 PatG). Bei der Beurteilung des Schutzbereichs des Patents, das Gegenstand des Feststellungsverfahrens ist, hat das PA den Inhalt der Erteilungsakten und den von den Parteien nachgewiesenen Stand der Technik zu berücksichtigen (§ 163 Abs 5 PatG). Die Verfahrenskosten sind vom Antragsteller zu tragen, wenn der Antragsgegner durch sein Verhalten

---

[26]) NA 6. 11. 2001, N 9 und 10/99, PBl 2002, 134 = ÖBl-LS 2002/199.
[27]) OPM 29. 1. 1992, Op 1/90 – Backenschienenbefestigung – PBl 1993, 34 = ÖBl 1993, 12. Zur Unterbrechung des Feststellungsverfahrens wegen eines Nichtigkeitsverfahren: NA 5. 12. 1980, N 25/80 – Waschbeckenmischbatterie – PBl 1983, 152 = ÖBl 1983, 161.
[28]) NA 6. 11. 2001, N 9 und 10/99, PBl 2002, 134 = ÖBl-LS 2002/199.
[29]) NA 9. 11. 1983, N 20/81 – Schallschutzbauwerk – PBl 1984, 174 = ÖBl 1984, 149.
[30]) OPM 9. 4. 1986, Op 8, 9/85 – Bremsklotz-Schuh – PBl 1987, 7 = ÖBl 1987, 16.
[31]) Dazu NA 5. 3. 1980, N 10/79 – Teigstücke – PBl 1980, 156 = ÖBl 1980, 156.

zur Antragstellung nicht Anlass gegeben und den Anspruch innerhalb der ihm für die Gegenschrift gesetzten Frist anerkannt hat (§ 163 Abs 6 PatG).[32] Wer beispielsweise auf zwei Verwarnungsschreiben des Patentinhabers nicht reagiert, gibt zur Einbringung eines Feststellungsantrags Anlass.[33] Im Übrigen gelten für das Feststellungsverfahren die Bestimmungen des Anfechtungsverfahrens (§ 163 Abs 7 PatG).

---

[32] Dazu NA 22. 4. 1997, N 4/95 – Schiffchenstickmaschine – PBl 1997, 237.
[33] NA 18. 3. 1986, N 9/85, PBl 1987, 9 = ÖBl 1987, 16.

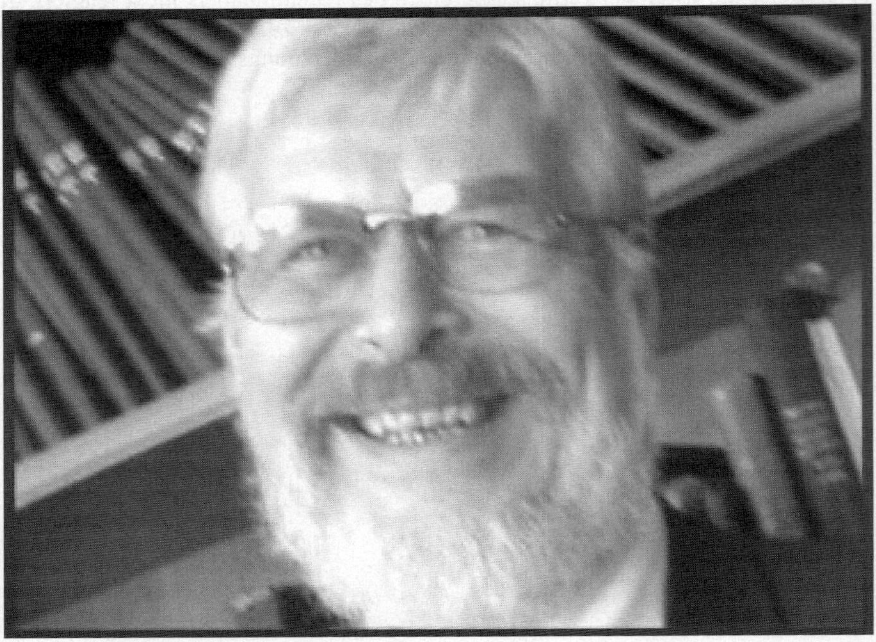

„ÖSTERREICHISCHE VEREINIGUNG FÜR GE-WERBLICHEN RECHTSSCHUTZ UND URHEBER-RECHT"

Die „Österreichische Vereinigung für gewerblichen Rechts-schutz und Urheberrecht" wurde 1958 als Antwort auf die Internationalisierung der Diskussion über den Wert und die Ausformung der Rechte am geistigen Eigentum gegründet. Ihre Aufgabe ist es, allen an diesem sich so rasant weiterentwickelnden Rechtsgebiet Interessierten eine Diskussionsplattform zu bieten und aktiv an der Rechtsfortbildung teilzuhaben.

Seit ihrer Gründung gibt sie die „Österreichischen Blätter für gewerblichen Rechts-schutz und Urheberrecht" (ÖBl) heraus und trägt mit dieser Fachzeitschrift maßgeblich zur Dokumentation und Weiterentwicklung des Wettbewerbs- und Immaterialgüterrechts bei.

Durch die weit gefächerte Brandbreite der von ihr repräsentierten Mitglieder aus allen Bereichen der Wirtschaft kommt ihren Stellungnahmen zu Gesetzesentwürfen erhebliches Gewicht zu.

Das beliebte jährliche ÖBl-Seminar (das 2004 bereits zum zehnten Mal veranstaltet werden wird), gibt den Interessierten einen umfassenden Überblick über die jüngste Rechtsentwicklung. Dazu kommen Einzelveranstaltungen zu Spezialthemen.

Wenn Sie also spezieller an diesem Themenbereich interessierte sind, sollten Sie eine Mitgliedschaft in dieser Expertenvereinigung erwägen.

◄ **DI Helmut Sonn** ist Patentanwalt in Wien und Präsident der Österreichischen Vereinigung für gewerblichen Rechtsschutz und Urheberrecht (oegrur@sonn.at).

9. GEBRAUCHSMUSTER

Überblick:

- Für „kleine Erfindungen" kann ein dem Patent ähnliches *Gebrauchsmuster* angemeldet werden.
- Das Registrierungsverfahren ist kürzer als bei Patenten, weil *keine Neuheitsprüfung* erfolgt.
- Die *Umwandlung* einer Patentanmeldung in eine Gebrauchsmusteranmeldung und umgekehrt ist ebenso möglich wie die Abzweigung einer Gebrauchsmusteranmeldung aus einer Patentanmeldung.
- Die *Schutzdauer* ist mit 10 Jahren kürzer als beim Patent.
- Die *Wirkungen* und Sanktionen sind ähnlich.
- Fehlt die Neuheit oder der „erfinderische Schritt" so kann das *Gebrauchsmuster nichtig* erklärt werden.
- Einen *internationalen Gebrauchsmusterschutz* gibt es noch nicht.

9.1. Einleitung

9.1.1. Begriff „Gebrauchsmuster"

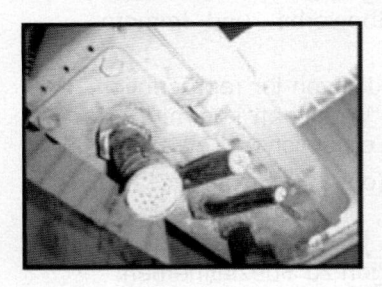

Als Gebrauchsmuster können Erfindungen geschützt werden, die zwar nicht die für eine Patenterteilung erforderliche Erfindungshöhe, aber doch zumindest einen „erfinderischen Schritt" bieten. Das Anmeldeverfahren ist – vor allem wegen des Verzichts auf eine Neuheitsprüfung – einfacher und kürzer als bei Patenten. Dementsprechend ist freilich auch die Rechtsbeständigkeit geringer (jedermann kann die Nichtigerklärung, insbesondere wegen fehlender Neuheit, beantragen). Die Schutzdauer für Gebrauchsmuster ist kürzer als bei Patenten. Gelegentlich wird das Gebrauchsmuster daher auch als „kleines Patent" oder als „Patent des kleinen Mannes" apostrophiert.[1]

Mit diesem Zuschnitt ist dieses – für Österreich relativ neue – Schutzrecht insbesondere für schnelllebige Wirtschaftsgüter gedacht, die zwar keine so hohe Erfindungsqualität haben, dass eine Patentanmeldung erfolgversprechend erscheint, die aber andererseits doch einen schnell zu erlangenden, effizient durchsetzbaren Schutz benötigen. Zielgruppe für dieses neue Instrument zum Schutz von Innovationen sollen vor allem die kleinere und mittlere Industrie, aber auch das Handwerk und das Gewerbe sein. Zunehmend wird das Gebrauchsmuster als Ergänzung zum

---

[1] Gegen diese Qualifikation unter Hinweis auf die Bedeutung des Gebrauchsmusters: *Puchberger/Jakadofsky*, Gebrauchsmusterrecht, 7.

Patent verwendet, zumal es schneller als ein Patent erlangt werden und daher die Zeit bis zur Patenterteilung überbrücken kann. Während noch die wegen der Neuheitsprüfung länger dauernde Patentanmeldung läuft, erlangt der Anmelder so inzwischen den schneller zu erteilenden Gebrauchsmusterschutz. Erlangt er später auch noch ein Patent, so kommt er in den Genuss der längeren Schutzfrist des Patents.[2]

Das Gebrauchsmuster wird ebenso wie das Patent als „*technisches Schutzrecht*" bezeichnet. Woher kommt aber der Name „Gebrauchsmuster"? Dies lässt sich nur historisch aus der Entwicklung des deutschen Patentrechts erklären: In Deutschland wurde erstmals 1891 ein Gebrauchsmusterschutz eingeführt. Anhand eines einzureichenden Modells wurde die Modellfähigkeit der Schöpfung geprüft (so genanntes „*Raumformerfordernis*"). Gedacht war hier an den Schutz für Arbeitsgerätschaften und Gebrauchsgegenstände.[3] Heute ist dies nur noch ein Teil möglicher Anwendungen. Auch technische Leistungen fernab eines „Gebrauchsgegenstandes" – wie etwa die „Programmlogik", die Programmen für Datenverarbeitungsanlagen zugrunde liegt – kommen für dieses Schutzrecht in Betracht. Terminologisch passt die altmodische Bezeichnung „Gebrauchsmusterrecht" also nicht mehr. International hat sich diese Bezeichnung allerdings so verwurzelt, dass kaum mit einer Anpassung zu rechnen ist (vgl zB Art 140 EPÜ über „nationale Gebrauchsmuster und Gebrauchszertifikate").

9.1.2. Rechtsquellen

Dieses Schutzrecht wurde 1990 mit dem *Gebrauchsmustergesetz* – GMG eingeführt (Bundeskompetenz gemäß Art 10 Abs 1 Z 8 B-VG). Auch hier sind die Einzelheiten des (patentamtlichen) Verfahrens in Gebrauchsmusterangelegenheiten in *Verordnungen* geregelt: die Patent-, Gebrauchsmuster-, Marken- und Musterverordnung – PGMMV, die Patentamtsverordnung – PAV, die Teilrechtsfähigkeitsverordnung – TRFV und die Publikationsverordnung – PublV. Gemeinschaftsrechtliche Regelungen liegen noch nicht vor. Internationale Regelungen finden sich nur ansatzweise im PCT (Seite 831), in der Pariser Verbandsübereinkunft (Seite 832) sowie im TRIPS-Abkommen (Seite 833).[4]

Checklist: Rechtsquellen

Gesetze

▸ **GMG**: Gebrauchsmustergesetz – GMG BGBl 1994/211 (Gesetz über den Schutz von Gebrauchsmustern) idF BGBl I 1998/175 (Änderung des PatG, des PatV-EG und des GMG) und BGBl I 2001/143 (Euro-UmstellungsG Patent-, Marken- und Musterrecht – EUG-PMM).

---

[2]) Zur Abwägung „Gebrauchsmuster, Patent oder beides?" vgl *Knittel*, ecolex 1994, 408.
[3]) *Busse*, Patentgesetz[5] Rz 2 zu Einl GebrMG.
[4]) Die frühere Verwaltungsstellenverordnung (VwStV) wurde mit 1. 2. 2000 aufgehoben und durch eine Bekanntmachung des Präsidenten des PA ersetzt.

Verordnungen

- **PGMMV:** Verordnung des BMwA betreffend die Durchführung des PatentG 1970, des PatV-EG, des SchZG 1996, des GMG, des HlSchG, des MSchG 1970 und des MuSchG 1990 (Patent-, Gebrauchsmuster-, Marken- und Musterverordnung – PGMMV) BGBl 1994/226 idF BGBl II 1997/238, BGBl II 2001/477 und BGBl II 2002/459.
- **PAV:** Verordnung des Präsidenten des Patentamtes v 8. 11. 1990 über Eingaben an das Patentamt sowie über das Verfahren in Patent-, Schutzzertifikats-, Gebrauchsmuster-, Halbleiterschutz-, Marken- und Musterangelegenheiten (Patentamtsverordnung – PAV) PBl 1990, 161 idF PBl 1992, 73, PBl 1994, 66, PBl 1997, 122, PBl 1998, 213, PBl 1999, 154 und PBl 2001, 148.
- **TRFV:** Verordnung des Präsidenten des Patentamtes, mit der die im Rahmen der Teilrechtsfähigkeit des Patentamtes zu erbringenden Service- und Informationsleistungen festgesetzt werden (Teilrechtsfähigkeitsverordnung – TRFV) PBl 1996, 222.
- **PublV:** Verordnung des BMwA über die Herausgabe amtlicher Publikationen des Patentamtes BGBl II 1997/237.[5]

Gemeinschaftsrecht

- *Noch keine HarmonisierungsRL in Kraft.*[6]

Internationales Recht

- **PCT:** Vertrag über die internationale Zusammenarbeit auf dem Gebiet des Patentwesens BGBl 1979/348 idF BGBl 1984/525 und BGBl III 2002/132.
- **PVÜ:** Pariser Verbandsübereinkunft zum Schutz des gewerblichen Eigentums, zuletzt revidiert in Stockholm am 14.7.1967 (Pariser Unionsvertrag, Stockholmer Fassung) BGBl 1973/399 idF BGBl 1984/384.
- **TRIPS-Abk:** Abkommen zur Errichtung der Welthandelsorganisation (WTO-Abkommen) samt Schlussakte, Anhängen, Beschlüssen und Erklärungen der Minister sowie österreichischen Konzessionslisten betreffend landwirtschaftliche und nichtlandwirtschaftliche Produkte und österreichische Verpflichtungslisten betreffend Dienstleistungen BGBl 1995/1 idF BGBl 1995/379 (insbesondere TRIPS: Abkommen über handelsbezogene Aspekte der Rechte des geistigen Eigentums, Anhang 1C des WTO-Abkommens).

9.1.3. Literatur

Gesetzesausgaben und Übersichtsdarstellungen

- *Puchberger/Jakadofsky*, Gebrauchsmusterrecht (1994) – Textausgabe mit Erläuterungen und englischer Übersetzung.

---

[5]) Die Verordnung des Präsidenten des Patentamtes v 10. 2. 1997, Zl. 1359/ Präs.97, betreffend die Einrichtung von Verwaltungsstellen (Verwaltungsstellenverordnung – VwStV; PBl 1997, 17) wurde mit Bekanntmachung des Präsidenten des PA vom 10. 1. 2000 aufgehoben. Die Kompetenzen der Verwaltungsstellendirektion sowie der einzelnen Verwaltungsstellen sind jetzt durch eine Bekanntmachung des Präsidenten geregelt (PBl 2002, 107).

[6]) Vgl den geänderten Vorschlag für eine Richtlinie des Europäischen Parlaments und des Rates über die Angleichung der Rechtsvorschriften betreffend den Schutz von Erfindungen durch Gebrauchsmuster KOM/99/0309 endg ABl 2000 C 248 E S 56.

- *Feil*, Gebrauchsmustergesetz (1994) – Textausgabe.
- *Brande* (Hrsg), Wirtschaftsgesetze – Kodex des österreichischen Rechts[10] (1997) – Textausgabe.
- *P. Bydlinski*, Grundzüge des Privatrechts[3] (1997) Rz 1310.
- *Zib* (Hrsg), Wirtschaftsrecht[3] – Manz Texte von A bis Z (1997) – Gesetzesausgabe mit Stichwortverzeichnis.
- *Sonn/Pawloy/Alge*, Patentwissen leicht gemacht (1997) – praxisnaher Leitfaden.
- *Hauser/Thomasser*, Wettbewerbs- und Immaterialgüterrecht (1998) – Lehrbuch mit systematischer Darstellung des Musterrechts.
- *Haybäck*, Grundzüge des Marken- und Immaterialgüterrechts (2001) – Skriptum.

Zeitschriften

- Österreichische Blätter für gewerblichen Rechtsschutz und Urheberrecht („ÖBl") – erscheinen zweimonatlich mit umfassendem Rechtsprechungsteil.
- Österreichisches Patentblatt („PBl") – erscheint monatlich; abrufbar als pdf auf der Website des PA (www.patent.bmwa.gv.at).
- ecolex – Fachzeitschrift für Wirtschaftsrecht – erscheint monatlich (mit einem eigenen Abschnitt über „Wettbewerbs- und Immaterialgüterrecht"); auch auf CD-ROM erhältlich.

Einzelabhandlungen

Holzer, Aktuelle Situation und Entwicklung des gewerblichen Rechtsschutzes in Österreich, in *Rafeiner*, Patente, Marken, Muster, Märkte (1993) 80; *Frieders/Straberger/Harrer-Hörzinger/Lemesch*, Stellungnahme des ÖRAK zum Entwurf, AnwBl 1993, 318; *Jakadofsky*, Österreichisches Patentamt und gewerblicher Rechtsschutz – neueste legistische Maßnahmen, in *Rafeiner*, Patente, Marken, Muster, Märkte (1993) 86; *Holzer*, Zum neuen österreichischen Gebrauchsmuster, ÖBl 1994, 49; *Knittel*, Das neue österreichische Gebrauchsmusterrecht, ÖBl 1994, 51; *Kucsko*, Neu: Gebrauchsmusterschutz, ecolex 1994, 400; *Collin*, Das österreichische Gebrauchsmuster, ÖBl 1995, 62; *Weinzinger/Sonn*, Das österreichische Gebrauchsmustergesetz, GRUR Int 1995, 745; *Knittel*, Erfindungsschutz in Österreich, FS 100 Jahre ÖPA (1999) 165; *Burgstaller*, Schutz der Programmlogik nach Gebrauchsmusterrecht in Österreich und die Entwicklung in der EU, MR 2000, 233.

9.1.4. Entwicklung des Gebrauchsmusterrechts

Literaturhinweise: *Brunstein*, Der Oesterreichische Musterschutz und seine Reform (1901); *Adler*, Der Entwurf eines österreichischen Musterschutzgesetzes, ZHR 74 (1913) 349; *Christian*, Musterschutz in Österreich, FS 60 Jahre PA (1959) 47 mwN; *Puchberger/Jakadofsky*, Gebrauchsmusterrecht, 3; *Weinzinger/Sonn*, Das österreichische Gebrauchsmustergesetz, GRUR Int 1995, 745.

Die Arbeiten an der Einführung eines Gebrauchsmusterschutzes in Österreich reichen bereits in das 19. Jahrhundert zurück. Gesetzesentwürfe aus 1894, 1900, 1913, 1922 und 1933 säumen den Weg letztlich erfolgloser Bemühungen; sie alle wurden nicht umgesetzt.[7] Bis auf zwei Ausnahmen waren dies jeweils gemeinsame Kodifikationsvorschläge für das Gebrauchsmusterrecht und das Geschmacksmusterrecht. Bedenkt man die grundsätzlichen Unterschiede zwischen dem Bemühen, einen Schutz für das ästhetisch wirkende Design zu finden, einerseits und dem Wunsch nach einem einfach zu erlangenden Schutz für erfinderische technische

---

[7]) Vgl dazu insbesondere *Christian*, FS 60 Jahre PA (1959) 47 (54ff).

Leistungen andererseits, so ist evident, dass die Versuche, beide Materien in einem einheitlichen Gesetz zu regeln, wenig erfolgreich sein konnten.

1938 wurde für Österreich das deutsche Gebrauchsmusterrecht wirksam.[8] Diese Regelungen wurden dann 1947 durch das Patentschutz-Überleitungsgesetz[9] wieder außer Kraft gesetzt (§ 2 Patent-ÜG). Für die in die Gebrauchsmusterrolle des Reichspatentamtes eingetragenen Gebrauchsmuster wurde eine Möglichkeit zur Umwandlung in ein Patent vorgesehen (§ 7 Patent-ÜG). Dies war vor allem deshalb erforderlich, weil es keine alten österreichischen gebrauchsmusterrechtlichen Regelungen gab, die wieder in Kraft treten konnten.

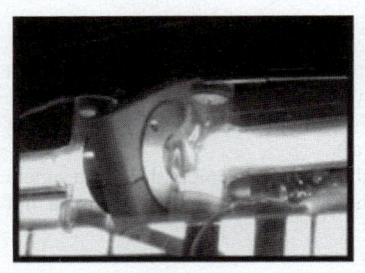

Weinzinger/Sonn[10] schildern plastisch den Zusammenhang zwischen den Anfang der 80er Jahre immer länger werdenden Patentanmeldeverfahren einerseits und dem steigenden Bedarf nach einem (zumindest zur Überbrückung bis zur Patenterteilung) einfach und schnell zu erlangenden Gebrauchsmusterschutz andererseits. Darin lag wohl die eigentliche Triebfeder für die Forderung der Wirtschaft, dieses lange schon erwogene Gesetzgebungsprojekt unverzüglich (nach Abschluss der, die legistischen Kapazitäten weitgehend bindenden, Arbeiten am Geschmacksmusterrecht; vgl Seite 693) in Angriff zu nehmen. Am 1. 4. 1994 ist schließlich ein eigenständig konzipiertes österreichisches GebrauchsmusterG in Kraft getreten.[11] Es ist – nach einem sorgfältigen Begutachtungsverfahren – allgemein auf große Zustimmung gestoßen.[12]

1998 folgte bereits eine Novelle, die durchaus wesentliche Neuerungen gebracht hat.[13] Vor allem wurde die so genannte „Abzweigung" einer Gebrauchsmusteranmeldung von einer Patentanmeldung ermöglicht (Seite 980). Weiters wurde auch für das Gebrauchsmuster eine Regelung über die „innere Priorität" geschaffen (Seite 989).

Im Dezember 1999 hat das BMwA den Entwurf einer Patentrechts- und Gebührennovelle 2000[14] zur Begutachtung ausgesandt. Er enthält auch Änderungen des GMG. Die parlamentarische Behandlung wurde jedoch bislang nicht weiter betrieben. Ich werde die wichtigsten Punkte im Folgenden kurz anmerken.

---

[8]) Verordnung des Reichsstatthalters in Österreich, wodurch die Verordnung über den gewerblichen Rechtsschutz im Lande Österreich vom 28. 4. 1938 bekannt gemacht wird, RGBl 1938/113.
[9]) BGBl 1947/123.
[10]) GRUR Int 1995, 745.
[11]) BGBl 1994/211 (EB: 1235 BlgNR 18. GP).
[12]) *Frieders/Straberger/Harrer-Hörzinger/Lemesch*, Stellungnahme des ÖRAK zum Entwurf, AnwBl 1993, 318; *Kucsko*, ecolex 1994, 400 (402); *Holzer*, ÖBl 1994, 49; *Weinzinger/Sonn*, GRUR Int 1995, 745 (752).
[13]) BGBl I 1998/175 (EB: 1274 BlgNR 20. GP).
[14]) GZ 1962-GR/99; Ende der Begutachtungsfrist 21. 2. 2000.

Wie sieht die *Statistik*[15] aus? 2002 wurden 983 Gebrauchsmuster angemeldet, davon 842 von Anmeldern mit Sitz in Österreich (übrigens führt Oberösterreich mit 181 Anmeldungen). Dazu kamen noch 102 Umwandlungen von Patentanmeldungen in Gebrauchsmusteranmeldungen – immerhin! Registriert wurden 2002 958 Gebrauchsmuster. 2001 waren es erst 790, 2000 751 und 1999 waren es 722; also: Tendenz leicht steigend.

9.1.5. Systematik des GMG

Das GMG ist in *neun Teile* gegliedert:

- Zunächst enthält es *„Allgemeine Bestimmungen"* (§§ 1 bis 12) insbesondere über den Gegenstand des Gebrauchsmusterschutzes (Schutzgegenstand, Schutzvoraussetzungen), die Wirkungen des Gebrauchsmusterschutzes, die Schutzdauer und den Rechteinhaber.
- Im zweiten Teil wird das *„Anmeldeverfahren"* geregelt (§§ 13 bis 27). Hier geht es vor allem um die Fragen: Wo und wie sind Gebrauchsmuster anzumelden? Was hat das Patentamt zu prüfen? Welche Priorität kann der Anmelder beanspruchen? Wie ist das Gebrauchsmusterregister aufgebaut?
- Der dritte Teil ist der *„Nichtigerklärung, Aberkennung und Abhängigkerklärung"* von Gebrauchsmustern gewidmet (§§ 28 bis 30).
- Das *„Gebrauchsmusterregister"* ist im vierten Teil (§ 31 und 32) näher ausgestaltet.
- *„Zuständigkeit und Verfahren"* regelt das fünfte Kapitel (§§ 33 bis 40). In diesem Teil wird in großem Umfang auf Bestimmungen des PatG verwiesen, die auf das Verfahren in gebrauchsmusterrechtlichen Angelegenheiten sinngemäß anzuwenden sind.
- Weitgehend durch Verweise auf das PatG sind im sechsten Abschnitt die *„Gebrauchsmusterrechtsverletzungen und Feststellungsanträge"* geregelt (§§ 41 bis 45).
- Der siebente Teil bestimmt die *„Gebühren"* (§§ 46 bis 50).
- Der achte Teil befasst sich mit *„Gebrauchsmusteranmeldungen aufgrund des Vertrages über die internationale Zusammenarbeit auf dem Gebiet des Patentwesens"* (§ 51).
- Der letzte Teil enthält *„Schlußbestimmungen"* (§§ 52 bis 54).

9.1.6. Internationales Gebrauchsmusterrecht

Wirksame Vorgaben zur Rechtsvereinheitlichung innerhalb der *Europäischen Union* gibt es in diesem Bereich bislang noch nicht. Einzelne europäische Länder (Deutschland, Frankreich, Italien, Dänemark) kennen jedoch bereits seit längerem einen Gebrauchsmusterschutz, der zumindest in den Grundzügen übereinstimmt. Die nationalen Unterschiede können zu einer Behinderung des freien Warenverkehrs in der EU führen. Bereits 1990 hat daher das *Max-Planck-Institut* für ausländisches und internationales Patent-, Urheber- und Wettbewerbsrecht (München)

---

[15]) PBl 2003 H 4.

einen Diskussionsentwurf zur Harmonisierung vorgelegt.[16] Es folgte ein *Grünbuch* der EG-Kommission[17]. Dieses schlägt ein ähnliches Konzept wie im Markenrecht vor: Einerseits sollten die nationalen Gebrauchsmusterordnungen durch eine HarmonisierungsRL vereinheitlicht werden, andererseits sollte ein einheitlich für die gesamte EU wirksames Gemeinschaftsgebrauchsmuster durch Verordnung geschaffen werden. Es wird seither intensiv an einer gemeinschaftsrechtlichen *Harmonisierungsrichtlinie* gearbeitet.[18]

Die *Pariser Verbandsübereinkunft* (PVÜ) ist ein auch für den Gebrauchsmusterschutz relevantes internationales Abkommen, dem zum Stichtag 15. 4. 2003 164 Staaten angehören.[19] Es reiht die Gebrauchsmuster unter den Schutz des gewerblichen Eigentums ein (Art 1 Abs 2 PVÜ). Zur Vereinheitlichung der Gebrauchsmusterrechte der Mitgliedstaaten vermochte es nur wenig beizutragen. Bedeutend sind vor allem Art 2 über den Grundsatz der Inländerbehandlung und die Regelung des Art 4 über das Prioritätsrecht (Seite 989). Die Regelungen der PVÜ haben dadurch weitere Aktualität erlangt, dass Art 2 *TRIPS-Abkommen* einen Verweis auf die PVÜ enthält.

Es gilt das *Territorialitätsprinzip*. Für die Frage, welches nationale Recht ein österreichisches Gericht bei einem internationalen gebrauchsmusterrechtlichen Sachverhalt anzuwenden hat, gelten die allgemeinen Regelungen des § 34 Abs 1 *IPRG*:[20] Danach sind das Entstehen, der Inhalt und das Erlöschen von Immaterialgüterrechten nach dem Recht des Staates zu beurteilen, in dem eine Benützungs- oder Verletzungshandlung gesetzt wird.

9.2. Schutzgegenstand „Gebrauchsmuster"
9.2.1. Definition

Das GMG enthält wie das PatG keine umfassende Definition des Erfindungsbegriffs. Als Gebrauchsmuster werden *Erfindungen* geschützt, die *neu* sind, auf einem *erfinderischen Schritt* beruhen und *gewerblich anwendbar* sind (§ 1 Abs 1 GMG).

9.2.2. Schutzvoraussetzungen
Erfindungsgegenstand

Der Gegenstand des Gebrauchsmusterschutzes

---

[16]) GRUR Int 1994, 426.
[17]) Grünbuch: Gebrauchsmusterschutz im Binnenmarkt, KOM (95) 370 endg v 19.7.1995; GRUR Int 1995, 616 und 741.
[18]) Geänderter Richtlinienvorschlag der Kommission v 25. 6. 1999 KOM (1999) 309 endg; *Kern*, Auf dem Wege zu einem europäischen Gebrauchsmusterrecht, GRUR Int 1994, 549; Bericht GRUR Int 1999, 807.
[19]) BGBl 1973/399 idF BGBl 1984/384; Übersicht über die Mitgliedstaaten PBl 2003/3, 43; zum aktuellen Stand: http://www. wipo.int/treaties.
[20]) Bundesgesetz über das internationale Privatrecht, BGBl 1978/304 idF BGBl I 1998/119, I 1999/18 und I 2000/135.

wurde gegenüber dem Patentschutz um eine für die Praxis interessante Sparte erweitert: Anders als im Patentrecht wird als Erfindung auch die *Programmlogik* angesehen, die Programmen für Datenverarbeitungsanlagen zugrunde liegt (§ 1 Abs 2 GMG).[21] Demnach kann die Lösungsidee, die durch die Programmlogik manifestiert wird, geschützt werden. Begründet wird dies damit, dass die zu einem Problem entwickelte Lösungsidee es ist, die den Wert des Programms bestimmt. Die Umsetzung einer Lösungsidee bzw Programmlogik kann in einer Vielzahl von Programmen erfolgen, abhängig von der verwendeten Programmiersprache und der Hardware.[22] Es wäre zu erwägen, für derartige Erfindungen auch den Patentschutz zuzulassen.[23]

Ebenso wie nach dem PatG werden insbesondere folgende Leistungen, die nur *"Anweisungen an den menschlichen Geist"* sind, keine *"Lehre zum technischen Handeln"*[24] vermitteln, sondern nur Denkanleitungen zum Gegenstand haben, etwas Wissenswertes mitteilen oder nur eine symbolische oder inhaltliche Bedeutung besitzen[25], nicht als schützbare Erfindungen angesehen (§ 1 Abs 3 GMG):

- Entdeckungen sowie wissenschaftliche Theorien und mathematische Methoden;
- ästhetische Formschöpfungen;
- Pläne, Regeln und Verfahren für gedankliche Tätigkeiten, für Spiele oder für geschäftliche Tätigkeiten sowie Programme für Datenverarbeitungsanlagen;
- die Wiedergabe von Informationen.

§ 1 Abs 3 GMG steht allerdings dem Schutz der dort genannten Gegenstände oder Tätigkeiten als Gebrauchsmuster nur insoweit entgegen, als für sie als solche Schutz begehrt wird (§ 1 Abs 4 GMG).

Grundsätzlich nicht geschützt werden weiters (§ 2 GMG) – ähnlich wie nach § 2 PatG:

- Erfindungen, deren Veröffentlichung oder Verwertung gegen die *öffentliche Ordnung oder die guten Sitten* verstoßen würde. Ein solcher Verstoß kann nicht allein daraus hergeleitet werden, dass die Verwertung der Erfindung durch Rechtsvorschriften verboten ist (vgl § 2 Z 1 PatG). Unter „öffentlicher Ordnung" sind nach Art 2 Straßburger Patentübereinkommen „die tragenden Grundsätze der Rechtsordnung" zu verstehen. Es kann also durchaus sein, dass ein Gebrauchsmuster trotz eines bestehenden Verwertungsverbots erteilt wird. Fällt dieses Verbot, so hat der Gebrauchsmusterinhaber dann den Nutzen aus dem Ausschließungsrecht.[26]
- Verfahren zur chirurgischen oder therapeutischen *Behandlung von Menschen* und Diagnostizierverfahren an Menschen; dies gilt nicht für Erzeugnisse, insbesondere Stoffe und Stoffgemische, zur Anwendung in einem dieser Verfahren

---

[21]) Vgl dazu NA 9. 9. 1999, NGM 3/97 – Programmlogik – PBl 2001, 151 = ÖBl-LS 01/180.
[22]) EB 1235 BlgNR 18. GP 15.
[23]) *Holzer*, ÖBl 1994, 49; *Weinzinger/Sonn*, GRUR Int 1995, 745 (748).
[24]) Zu diesem Begriff: OPM 10. 3. 1993, Op 10/92 – Skibindung – PBl 1994, 122 = ÖBl 1994, 212.
[25]) EB 1235 BlgNR 18. GP 15.
[26]) Vgl dazu EB 1235 BlgNR 18. GP 16.

(vgl § 2 Z 2 PatG; für Tierheil- und Tierdiagnostizierverfahren wurde allerdings keine Ausnahme vorgesehen);
- *Pflanzensorten* und *Tierarten* (Tierrassen) einschließlich Mikroorganismen sowie im Wesentlichen biologische Verfahren zu deren Züchtung.

Dass Mikroorganismen sowie im Wesentlichen biologische Verfahren zu deren Züchtung nicht als Gebrauchsmuster geschützt werden können, ist eine bewusste Einschränkung des Schutzes gegenüber dem Patentrecht. Die Materialien[27] kommentieren dies nicht näher. De lege ferenda sollte die Einbeziehung der Mikroorganismen erwogen werden.[28]

Neuheit

Der *Neuheitsbegriff* ist absolut gefasst[29] und entspricht grundsätzlich jenem des PatG: Eine Erfindung gilt als neu, wenn sie nicht zum *Stand der Technik* gehört. Den Stand der Technik bildet alles, was der Öffentlichkeit vor dem Prioritätstag der Anmeldung durch schriftliche oder mündliche Beschreibung, durch Benützung oder in sonstiger Weise zugänglich gemacht worden ist. Als Stand der Technik gilt auch der Inhalt prioritätsälterer

- Gebrauchsmusteranmeldungen aufgrund des GMG,
- Patentanmeldungen aufgrund des PatG,
- internationaler Anmeldungen im Sinne des § 1 Z 6 PatV-EG, wenn die Voraussetzungen gemäß § 16 Abs 2 PatV-EG erfüllt sind, und
- europäischer Patentanmeldungen im Sinne des § 1 Z 4 PatV-EG, sofern die Voraussetzungen des Art 79 Abs 2 EPÜ, oder, wenn die europäische Patentanmeldung aus einer internationalen Anmeldung hervorgegangen ist, des Art 158 Abs 2 EPÜ erfüllt sind,

in der ursprünglich eingereichten Fassung, deren Inhalt erst am Prioritätstag der jüngeren Anmeldung oder danach amtlich veröffentlicht worden ist. Bei der Beurteilung der Frage, ob sich die Erfindung für den Fachmann nicht in nahe liegender Weise aus dem Stand der Technik ergibt, werden solche prioritätsälteren Anmeldungen nicht in Betracht gezogen (§ 3 Abs 2 GMG). § 3 Abs 2 GMG wurde durch die Novelle 1998 eingefügt. Diese Berücksichtigung „älterer Rechte" folgt Art 54 Abs 3 EPÜ (ins PatG wurde diese Regelung bereits durch den mit der Novelle 1994[30] eingeführten „whole contents approach" übernommen).[31] Als neuheitsschädlich gilt somit bei Gebrauchsmustern auch der Inhalt anderer prioritätsälterer

---

[27]) EB 1235 BlgNR 18. GP 14.
[28]) *Weinzinger/Sonn*, GRUR Int 1995, 745 (752).
[29]) EB 1235 BlgNR 18. GP 16.
[30]) BGBl 1994/634.
[31]) Die davor geltende Lösung wird mit dem Begriff „prior claim approach" bezeichnet; vgl *Weinzinger/Sonn*, GRUR Int 1995, 745 (747).

Patent- oder Gebrauchsmusteranmeldungen, die am oder nach dem Prioritätstag veröffentlicht wurden.[32]

Die Schutzfähigkeit von Stoffen oder Stoffgemischen, die zum Stand der Technik gehören, wird durch § 3 Abs 1 GMG nicht ausgeschlossen, sofern sie zur Anwendung in einem Verfahren nach § 2 Z 2 GMG oder in einem derartigen Verfahren für Tiere bestimmt sind und ihre Anwendung in einem dieser Verfahren nicht zum Stand der Technik gehört (§ 3 Abs 3 GMG).

Das GMG räumt dem Anmelder jedoch für einen Sonderfall eine *Neuheitsschonfrist von sechs Monaten* ein, die im PatG nicht vorgesehen ist: Gemäß § 3 Abs 4 GMG bleibt eine Offenbarung der Erfindung außer Betracht, die nicht früher als sechs Monate vor dem Anmeldetag[33] erfolgt ist und unmittelbar oder mittelbar auf den Anmelder oder seinen Rechtsvorgänger oder auf einen offensichtlichen Missbrauch zum Nachteil des Anmelders oder seines Rechtsvorgängers zurückgeht. Diese Regelung über die Neuheitsschonfrist trägt der Tatsache Rechnung, dass der Anmelder unter Umständen rechtlich unerfahren ist und selbst durch eine voreilige Veröffentlichung seiner Erfindung (in einer Fachzeitschrift, durch Erörterung mit Fachleuten oder durch ihre Präsentation bei einer Ausstellung) die Neuheit zerstört.[34] Freilich birgt diese Neuheitsschonfrist auch eine Gefahr in sich: Vertraut nämlich der Erfinder auf die Neuheitsschonfrist und nimmt er eine Veröffentlichung vor der Gebrauchsmusteranmeldung vor, so zerstört er damit unter Umständen die für eine Auslandsanmeldung erforderliche Neuheit. Zu beachten ist auch, dass im Bereich des Patentrechts nach wie vor keine solche Neuheitsschonfrist besteht. Dadurch könnte der „Umstieg" von einer Gebrauchsmusteranmeldung zu einer Patentanmeldung behindert sein. Es wird daher erwogen, diese Regelung auch ins Patentrecht aufzunehmen.[35]

Erfinderischer Schritt

Für Gebrauchsmuster wird eine gewisse erfinderische Leistung gefordert (*„erfinderischer Schritt"*). Diese Erfindungsqualität muss jedoch bloß in geringerem Ausmaß, als dies für eine Patentierung erforderlich ist, gegeben sein.[36] Der Begriff „erfinderischer Schritt" ist wegen seiner Verwandtschaft mit dem patentrechtlichen Terminus „inventive step" in Art 56 EPÜ vielleicht nicht ideal,[37] aber zumindest auch für den Laien plastisch.

---

[32]) EB 1274 BlgNR 20. GP 12. Zur Neuheit eines Spielgeräts: NA 5. 12. 2000, NGM 3/96 – Spielgerät – PBl 2002, 20 = ÖBl-LS 2002/69.
[33]) Für eine Novellierung zur Fristenberechnung ab dem Prioritätstag plädieren *Weinzinger/Sonn*, GRUR Int 1995, 745 (752).
[34]) *Kucsko*, ecolex 1994, 400.
[35]) *Holzer*, in *Rafeiner*, Patente, Marken, Muster, Märkte (1993) 80 (84).
[36]) EB 1235 BlgNR 18. GP 14; OGH 30. 1. 1996, 4 Ob 6/96 – Wurfpfeilautomat – EvBl 1996/152 = ecolex 1996, 380.
[37]) *Weinzinger/Sonn*, GRUR Int 1995, 745 (748).

Beispiel:

▸ OPM 25. 9. 2002: Es ging um eine Fördereinrichtung an einem Ladewagen für landwirtschaftliche Massengüter (zB für Heu). Die Aufgabe bestand darin, eine gleichmäßige Dichteverteilung des zu fördernden Guts im Förderkanal zu erreichen. Die Lösung bestand in einer besonderen Anordnung der Zinken auf den Trägern sowie in der Anordnung und Länge der Träger. Diese Lösung wiesen auch die Entgegenhaltungen auf. Der Unterschied bestand nur in der Art der Steuerung (Kurvenbahnsteuerung bzw Lenkersteuerung), die jedoch für die Problemlösung nicht wesentlich ist. Neuheit und Erfindungseigenschaft wurden daher verneint.[38]

Gewerbliche Anwendbarkeit

Auch der Begriff der *„gewerblichen Anwendbarkeit"* ist bereits aus dem Patentrecht bekannt (Seite 841). Ihm kommt im Bereich des Gebrauchsmusterschutzes keine andere Bedeutung zu.[39] Es besteht kein *„Ausübungszwang"*: Der Schutz gewerblicher Muster und Modelle darf wegen unterlassener Ausübung oder wegen der Einfuhr von Gegenständen, die mit den geschützten übereinstimmen, in keiner Weise durch Verfall beeinträchtigt werden (Art 5 B PVÜ).

9.3. Erfinder

Es gilt das *Schöpferprinzip*: Anspruch auf Gebrauchsmusterschutz hat der Erfinder oder sein Rechtsnachfolger (§ 7 Abs 1 GMG). Das GMG ordnet das Recht auf das Muster also zunächst dem „Schöpfer" zu. Dieser kann allerdings sein Recht auf einen „Rechtsnachfolger" übertragen (Seite 984). Ähnlich wie im Patentrecht wird als „Schöpfer" derjenige zu beurteilen sein, der das Muster geschaffen hat. Das Recht auf Gebrauchsmusterschutz wird also zunächst einer physischen Person zugeordnet.

Die patentrechtlichen Sonderregelungen für *Diensterfindungen* (§§ 6 bis 17 und 19 PatG) sind sinngemäß anzuwenden (§ 7 Abs 2 GMG). Allerdings wird die Vergütung für bloß gebrauchsmusterfähige Erfindungen im Allgemeinen geringer sein als jene für eine patentfähige Erfindung.[40]

Nennung als Erfinder: Der Erfinder hat gemäß § 8 GMG Anspruch,

▸ bei der amtlichen Veröffentlichung,
▸ im Gebrauchsmusterregister,
▸ in der Gebrauchsmusterschrift,
▸ in der Gebrauchsmusterurkunde und
▸ in den vom Patentamt auszustellenden Prioritätsbelegen

---

[38]) OPM 25. 9. 2002, OGM 2/01 – Ladewagen – PBl 2003, 15 = ÖBl-LS 2003/70.
[39]) EB 1235 BlgNR 18. GP 14.
[40]) EB 1235 BlgNR 18. GP 17.

als Erfinder genannt zu werden. Dieser Anspruch kann weder übertragen noch vererbt werden. Ein Verzicht auf den Anspruch ist ohne rechtliche Wirkung. Der Nennungsanspruch sichert die ideellen Interessen des Erfinders (Schutz der „Erfinderehre"). Ein gesetzlicher Anspruch auf *Nennung auf dem Erzeugnis* selbst (zB: in Form einer Signatur, auf Erfindungsbeschreibungen etc) ist nicht vorgesehen.[41] Insoweit wäre – wenn dies vom Erfinder gewünscht wird – durch eine entsprechende Vereinbarung vorzusorgen. Verweigert der Anmelder, der Gebrauchsmusterinhaber oder der bereits als Erfinder Genannte die Zustimmung, so hat das PA[42] auf Antrag über den Anspruch auf Nennung als Erfinder zu entscheiden.

Das *Rechtsverhältnis mehrerer Gebrauchsmusterinhaber zueinander* bestimmt sich nach bürgerlichem Recht. Das Recht, Dritten die Benützung eines Gebrauchsmusters zu gestatten, steht im Zweifel nur der Gesamtheit der Gebrauchsmusterinhaber zu; jeder Einzelne ist aber befugt, gegen Verletzer des Schutzrechts gerichtlich vorzugehen (§ 9 GMG; vgl § 27 PatG).

9.4. Institutionen
9.4.1. Patentamt (PA) / OPM

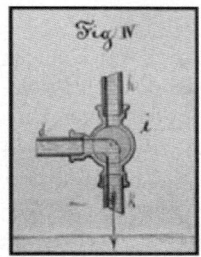

Zur Beschlussfassung und zu den sonstigen Erledigungen in Angelegenheiten des Gebrauchsmusterschutzes ist grundsätzlich das PA zuständig; konkret (§ 33 GMG; Art 11 PVÜ): die *Technische Abteilung – TA* (fachtechnische Mitglied – „Prüfer") für das Anmeldeverfahren, die Erstellung des Recherchenberichtes und die Kenntnisnahme eines Verzichts auf ein Gebrauchsmuster; die *Rechtsabteilung – RA* für das Verfahren in Angelegenheiten, die sich auf die Übertragung des Rechts aus der Gebrauchsmusteranmeldung, auf andere rechtliche Verfügungen über ein solches Recht, auf registrierte Gebrauchsmuster – mit Ausnahme der Erstellung des Recherchenberichts und der Kenntnisnahme eines Verzichts auf ein Gebrauchsmuster – oder auf Anträge auf Wiedereinsetzung in den vorigen Stand beziehen, soweit nicht die Beschwerde- oder die Nichtigkeitsabteilung zuständig ist; die *Beschwerdeabteilung – BA* für das Beschwerdeverfahren (§ 35 GMG; die Beschwerde an den VwGH ist ausgeschlossen; Art 133 Z 3 B-VG)[43]; die *Nichtigkeitsabteilung – NA* für das Verfahren über Anträge auf Nichtigerklärung, Aberkennung, Abhängigerklärung, auf Nennung als Erfinder, auf Anerkennung des Vorbenützerrechts und über Feststellungsanträge (§ 36 GMG); im Übrigen liegen gewisse Kompetenzen bei der *Präsidialabteilung*.

---

[41]) Für die Anerkennung des Rechts ist die Anbringung eines Zeichens oder Vermerks über das Gebrauchsmuster auf dem Erzeugnis nicht erforderlich (Art 5 D PVÜ).

[42]) Die Zuständigkeit der NA solltr mit der Patentrechts- und Gebührennovelle 2000 (GZ 1962-GR/99) klargestellt werden.

[43]) Mit der Patentrechts- und Gebührennovelle 2000 (GZ 1962-GR/99) sollte allerdings ein Rechtszug an den OPM eingeführt werden.

Gegen Endentscheidungen der NA steht die Berufung an den *Obersten Patent- und Markensenat – OPM* offen (§ 37 GMG).

Zur *Akteneinsicht* vgl § 38 GMG. Sie umfasst neben den Akten des Anmeldeverfahrens auch jene des Beschwerde-, Anfechtungs- und Berufungsverfahrens.[44] Zur *Vertreterregelung*, vgl § 39 GMG. Zu den *Verfahrensgebühren* vgl § 48 GMG.

9.4.2. Gerichte

Für Klagen und einstweilige Verfügungen ist gemäß § 44 GMG ausschließlich das *Handelsgericht Wien* in Senatsbesetzung zuständig. Die Gerichtsbarkeit in Strafsachen steht dem *Landesgericht für Strafsachen Wien* zu.

9.5. Registrierung

9.5.1. Anmeldestelle

Für die Anmeldung einer Erfindung zur Erlangung eines Gebrauchsmusters ist das Österreichische Patentamt zuständig (§ 13 Abs 1 GMG): Dresdner Straße 87–105, 1200 Wien, Tel: 01-534 24 0.

9.5.2. Anmeldung

Die Anmeldung muss *schriftlich* erfolgen.[45] Sie muss grundsätzlich auf Deutsch abgefasst sein. Da der Anmelder bei Inanspruchnahme einer ausländischen Priorität (insbesondere der Unionspriorität nach Art 4 PVÜ; vgl Seite 981) unter Umständen nicht rechtzeitig über eine deutsche Textfassung verfügt, ist für Texte in Englisch oder Französisch eine Erleichterung vorgesehen (vgl dazu § 14 Abs 4 GMG). Die Erfindung ist in der Anmeldung so deutlich und vollständig zu *offenbaren*, dass sie ein Fachmann ausführen kann. Unter einem „Fachmann" ist ein Sachverständiger zu verstehen, „der über durchschnittliche Fähigkeiten zur Überwindung technischer Schwierigkeiten verfügt und den Stand der Technik kennt".[46]

Wie im Patentrecht (§ 28 PatG, Seite 891; Art 82 EPÜ) gilt der *Grundsatz der Einheitlichkeit*: Die Anmeldung darf nur eine einzige Erfindung oder eine Gruppe von Erfindungen enthalten, die untereinander in der Weise verbunden sind, dass sie eine einzige allgemeine erfinderische Idee verwirklichen (§ 13 Abs 3 GMG). Wird bei der Prüfung der Anmeldung festgestellt, dass keine Einheitlichkeit besteht, so kann dies unter Umständen durch eine Einschränkung oder Teilung der Anmeldung behoben werden (§ 18 Abs 3, § 20 GMG; Art 4 G Abs 2 PVÜ).[47] Die Anmeldung muss Folgendes enthalten (§ 14 GMG; vgl zu den Details §§ 8ff PGMMV):

- den *Namen* und den Sitz bzw den Wohnsitz des Anmelders sowie gegebenenfalls seines Vertreters;

---

[44]) EB 1235 BlgNR 18. GP 25.
[45]) Checklist: *Knittel*, ecolex 1994, 408.
[46]) EB 1235 BlgNR 18. GP 18.
[47]) EB 1235 BlgNR 18. GP 19.

- den *Antrag* auf Registrierung eines Gebrauchsmusters;
- eine kurze, sachgemäße *Bezeichnung* der Erfindung (Titel);
- eine *Beschreibung* der Erfindung;
- einen oder mehrere *Ansprüche* (Die Ansprüche müssen genau und in unterscheidender Weise angeben, wofür Schutz begehrt wird. Sie müssen von der Beschreibung gestützt sein; vgl § 91 Abs 1 PatG)[48];
- die zum Verständnis der Erfindung nötigen *Zeichnungen*;
- eine *Zusammenfassung* (Die Zusammenfassung muss eine Kurzfassung der in der Anmeldung enthaltenen Offenbarung enthalten; sie dient ausschließlich der technischen Information und kann nicht für andere Zwecke herangezogen werden, insbesondere nicht zur Bestimmung des Schutzbereiches; vgl § 91 Abs 2 PatG).

Beispiel:

- NA 4. 12. 1997: Gegenstand des angefochtenen Gebrauchsmusters war gemäß dem Oberbegriff ein *„Schonbezug für Sitze von Autos"*. Die Aufgabe bestand darin, den stark beanspruchten mittleren Teil des Schonbezugs des Autositzes auswechselbar und abnehmbar zu gestalten, ohne den gesamten Schonbezug vom Sitz abnehmen zu müssen. Gemäß dem kennzeichnenden Teil des Anspruchs soll diese Aufgabe dadurch gelöst werden, dass auf einem flauschartigen Basisschonbezug ein gesonderter, *„durchgehender Mittelteil"* auf Grund eines durchgehend am Rand der Rückseite aufgenähten Klettverschlusses befestigt ist. Dies sei – so die NA – keine eindeutige Kennzeichnung, weil diese Formulierungen unterschiedliche Interpretationen offen lassen. Es sei nicht erkennbar, wo bzw wie der Mittelteil begrenzt sein soll.[49]

Mit der Novelle 1998 wurde die Möglichkeit der *Abzweigung* eingeführt (§ 15a GMG):[50] Der Anmelder oder Inhaber[51] eines mit Wirkung für die Republik Österreich angemeldeten oder erteilten Patents kann für dieselbe Erfindung während des gesamten Anmeldeverfahrens sowie bis zum Ablauf einer Frist

- von zwei Monaten, nachdem die Patentanmeldung als zurückgenommen gilt, oder
- von zwei Monaten nach Rechtskraft der Entscheidung, mit der die Patentanmeldung zurückgewiesen wurde, oder
- von zwei Monaten, nachdem das Patent gemäß § 107 PatG als erteilt gilt, oder
- von elf Monaten, nachdem die Entscheidung über die Erteilung des europäischen Patents wirksam geworden ist, wenn kein Einspruch eingelegt wurde, oder
- von zwei Monaten nach Rechtskraft der Entscheidung über einen rechtzeitig erhobenen Einspruch

---

[48]) Zur Abgrenzung des „Oberbegriffs" („beschreibender Teil") gegenüber dem „kennzeichnenden Teil": *Knittel*, ecolex 1994, 408; Formulierungsbeispiele für Ansprüche zum Schutz einer Programmlogik bei *Collin*, ÖBl 1995, 62.

[49]) NA 4. 12. 1997, NGM 2/96, PBl 2000, 161 und PBl 2001, 104.

[50]) Rechtspolitisch etwa von *Holzer* (ÖBl 1994, 49) vorgeschlagen, der noch den teureren Umweg einer Gebrauchsmusteranmeldung, verbunden mit einer darauf aufbauenden europäischen Patentanmeldung (für den parallelen Patentschutz in Österreich) skizziert.

[51]) Mit der Patentrechts- und Gebührennovelle 2000 (GZ 1962-GR/99) sollte klargestellt werden, dass auch der Rechtsnachfolger antragslegitimiert ist.

eine Gebrauchsmusteranmeldung einreichen und als Anmeldetag der Gebrauchsmusteranmeldung den Anmeldetag der Patentanmeldung in Anspruch nehmen (*Abzweigungserklärung*). Für die Patentanmeldung beanspruchte Prioritätsrechte bleiben für die Gebrauchsmusteranmeldung erhalten. Die Abzweigungsmöglichkeit besteht somit sowohl bei nationalen als auch bei europäischen und internationalen Patentanmeldungen, bei denen Österreich als Vertragsstaat benannt bzw direkt oder aufgrund einer Euro-PCT-Anmeldung bestimmt wird (vgl § 1 Z 4 und 6 PatV-EG). Anders als bei der Umwandlung einer Patentanmeldung in eine Gebrauchsmusteranmeldung (§ 92b PatG) tritt die abgezweigte Gebrauchsmusteranmeldung nicht an die Stelle der Patentanmeldung. Sie kann innerhalb der vorgesehenen Fristen auch noch nach Fassung des Bekanntmachungs- bzw Zurückweisungsbeschlusses sowie nach rechtskräftiger Erteilung oder nachdem die Anmeldung als zurückgenommen gilt eingereicht werden.[52]

Zu den Besonderheiten der Anmeldung aufgrund des *PCT* (Seite 1039) vgl § 51 GMG. Gemäß Art 44 PCT kann ein Anmelder nach den PCT-Regeln auch Gebrauchsmusterschutz beantragen, sofern der betreffende Staat ein solches Schutzrecht kennt. § 51 GMG ordnet daher die sinngemäße Anwendung jener Bestimmungen des PatV-EG an, die auf die Einleitung der nationalen Phase der internationalen Anmeldung anzuwenden sind.

Gebühren

Bei der Anmeldung ist eine *Anmeldegebühr* von 50,-- EUR zu zahlen (§ 46 GMG). Für die Veröffentlichung ist weiters eine *Veröffentlichungsgebühr* von 72,-- EUR zu zahlen. Für die beschleunigte Veröffentlichung und Registrierung eines Gebrauchsmusters (§ 27) ist eine *Zuschlagsgebühr* von 50,-- EUR zu entrichten.

Jahresgebühren (§ 47 GMG): Sie sind für das zweite und jedes weitere Jahr, gerechnet vom letzten Tag des Monats, in den der Anmeldetag fällt, zu zahlen (für das zweite Jahr 43,-- EUR, für das dritte Jahr 65,-- EUR usw, schließlich für das zehnte Jahr 218,-- EUR). Anstelle der jährlichen Zahlung der Jahresgebühren bis einschließlich jener für das fünfte Jahr kann eine Pauschalgebühr von 261,-- EUR gezahlt werden. Anstelle der jährlichen Zahlung der Jahresgebühren für das sechste bis zehnte Jahr kann eine Pauschalgebühr von 784,-- EUR gezahlt werden. Insgesamt sind also die Gebühren niedriger als im Patentrecht. Die geplante Patentrechts- und Gebührennovelle 2000[53] sollte die Gebührenregelungen in ein gesondertes PatentamtsgebührenG (PAG) auslagern.

---

[52]) EB 1274 BlgNR 20. GP 13.
[53]) GZ 1962-GR/99.

9.5.3. Priorität

Mit dem Tag der ordnungsgemäßen Anmeldung eines Gebrauchsmusters erlangt der Anmelder das *Prioritätsrecht* (§ 16 Abs 1 GMG; vgl §§ 93 ff PatG). „Ordnungsgemäß" ist eine solche Anmeldung, die von vornherein mängelfrei war oder deren Mängel fristgerecht behoben wurden. Sind die Mängel hingegen unbehebbar (zB fehlende Offenbarung), so tritt die Prioritätswirkung nicht ein.[54] Unter gewissen Voraussetzungen (§ 16 Abs 2 GMG) können auch *Teilprioritäten* beansprucht werden.

Nach § 16a GMG kann der Anmelder innerhalb einer Frist von *zwölf Monaten* nach dem Anmeldetag einer beim Patentamt eingereichten früheren Patent- oder Gebrauchsmusteranmeldung für eine dieselbe Erfindung betreffende spätere Gebrauchsmusteranmeldung das Recht der Priorität der früheren Patent- oder Gebrauchsmusteranmeldung beanspruchen (*innere Priorität*). Die Voraussetzungen und die Wirkungen dieses Prioritätsrechts entsprechen denen des Art 4 PVÜ. Auch dies ist eine Neuerung aus der Novelle 1998. Vgl dazu auch §§ 16b und 17 GMG, insbesondere zu der innerhalb von 12 Monaten wirkenden „*Unionspriorität*".[55]

9.5.4. Prüfung

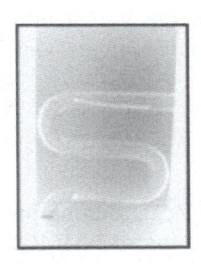

Das PA prüft lediglich die formalen Voraussetzungen, insbesondere ob die Unterlagen dem § 14 GMG entsprechen, oder ob Bedenken nach § 1 Abs 3 oder § 2 GMG bestehen („*Gesetzmäßigkeitsprüfung*"; § 18 GMG). Wird ein (behebbarer oder unbehebbarer)[56] Mangel festgestellt, so ist dem Anmelder Gelegenheit zur *Stellungnahme* zu geben.[57] Wird nach Ablauf der zweimonatigen Frist die Unzulässigkeit der Veröffentlichung und Registrierung festgestellt, so ist die Anmeldung zurückzuweisen (§ 18 Abs 2 GMG).

Die *Neuheit* wird hingegen nicht geprüft. Allerdings wird vom technischen Prüfer der Stand der Technik ermittelt und dem Anmelder mitgeteilt (§ 19 GMG; „*Recherchenbericht*"). Diese Mitteilung allenfalls „neuheitsschädlichen Materials"[58] gibt dem Anmelder die Möglichkeit, die Ansprüche, die den Schutzumfang festlegen, entsprechend zu fassen. Er kann dazu eine eingeschränkte Fassung der Ansprüche vorlegen. Sind die Entgegenhaltungen so gravierend, dass die fehlende Neuheit für den Anmelder evident wird und daher ein dennoch registriertes Gebrauchsmuster weitgehend wertlos wäre, so wird er die Anmeldung zurückziehen.

---

[54]) EB 1235 BlgNR 18. GP 19.
[55]) Zur Ausstellungspriorität: Art 11 PVÜ.
[56]) EB 1235 BlgNR 18. GP 19.
[57]) Zur Zustellung: BA 27. 8. 2002, BGM 1/2002, PBl 2003, 74.
[58]) *Knittel*, ÖBl 1994, 51 (54).

Stellt der Anmelder keinen Antrag auf beschleunigte Veröffentlichung und Registrierung (§ 27 GMG), so ist der Recherchenbericht dem Anmelder mit der Aufforderung zuzustellen, innerhalb einer Frist von zwei Monaten ab Zustellung des Berichtes die *Veröffentlichungsgebühr* (§ 46 Abs 2 GMG) zu zahlen und die Zahlung ordnungsgemäß nachzuweisen (§ 49 GMG). Die Frist ist auf begründeten Antrag einmal um zwei Monate zu verlängern (§ 19 Abs 3 GMG). Eine besondere Sanierungsfrist sieht § 19 Abs 5 GMG vor: Ist die rechtzeitige Zahlung der Veröffentlichungsgebühr nicht ordnungsgemäß nachgewiesen worden (es wurde nur ein unzureichender Beleg oder gar kein Beleg vorgelegt) oder sind die geänderten Ansprüche mangelhaft, so ist dem Anmelder zur Behebung der Mängel eine einmonatige Frist zu setzen. Werden die Mängel nicht innerhalb dieser Frist behoben, ist die Anmeldung zurückzuweisen. Unterbleibt diese Aufforderung, so bildet dies einen wesentlichen Verfahrensmangel.[59]

Das Patentamt prüft auch nicht den *erfinderischen Schritt*, die gewerbliche *Anwendbarkeit* und ob der Anmelder *Anspruch* auf Gebrauchsmusterschutz hat (§ 18 Abs 1 GMG). Als Ausgleich dafür kann gemäß § 28 GMG jedermann die Nichtigerklärung beantragen, wenn das Gebrauchsmuster nicht neu ist etc.

Das Anmeldeverfahren kann dadurch beschleunigt werden, dass der Anmelder die sofortige, von der Fertigstellung des Recherchenberichts unabhängige Veröffentlichung und Registrierung des Gebrauchsmusters beantragt (*„beschleunigtes Verfahren"*; § 27 GMG).[60]

Zur *Abhängigerklärung*: § 30 GMG.

9.5.5. Registrierung und Veröffentlichung

Das Anmeldeverfahren wird durch die Registrierung im „*Gebrauchsmusterregister*" (vgl §§ 31 und 32 GMG) und die Veröffentlichung im „*Gebrauchsmusterblatt*" (vgl § 40 GMG)[61] abgeschlossen (§ 22 GMG). Aus Gründen der Rechtssicherheit ist vorgesehen (§ 24 GMG), dass Registrierung und Veröffentlichung am selben Tag zu erfolgen haben. Das Patentamt gibt zu jedem registrierten Gebrauchsmuster eine der Detailinformation der Öffentlichkeit dienende *Gebrauchsmusterschrift* aus (§ 25 GMG). Der Gebrauchsmusterin-

---

[59]) BA 12. 11. 1996, BGM 2/96, PBl 1997, 37.
[60]) Im beschleunigten Verfahren kann der Gebrauchsmusterschutz erlangt werden, ohne den Recherchenbericht abzuwarten. Dadurch verzichtet der Anmelder allerdings auf die Möglichkeit, die darin enthaltenen Informationen bereits im Anmeldeverfahren zu berücksichtigen; *Knittel*, ÖBl 1994, 51 (55).
[61]) Der Österreichische Gebrauchsmusterblatt erscheint am 15. jedes Monats (§ 1 Abs 2 PublV). Darin haben Veröffentlichungen betreffend Gebrauchsmusterrechte sowie internationale Anmeldungen im Sinne des § 1 Z 6 PatV-EG, wenn für sie Gebrauchsmusterschutz begehrt wurde, zu erfolgen, sofern dies gesetzlich vorgeschrieben ist oder im öffentlichen Interesse liegt. (§ 3 PublV). Der Preis für das Gebrauchsmusterblatt ist „nach Maßgabe der Gestehungskosten" vom Präsidenten des PA festzusetzen (§ 6 PublV).

haber erhält gemäß § 26 GMG eine *Gebrauchsmusterurkunde*. Zur *Akteneinsicht* vgl § 38 GMG.

9.5.6. Umwandlung

Das Anmeldeverfahren wurde weiters dadurch flexibel gestaltet, dass die Umwandlung der Gebrauchsmusteranmeldung in eine Patentanmeldung beantragt werden kann (§ 21 GMG). Analog dazu ist auch der Wechsel von einer Patentanmeldung zur Gebrauchsmusteranmeldung möglich (§ 92b PatG).[62] Sieht also der Musteranmelder aufgrund des Recherchenberichts, dass sogar die Erteilung eines Patents aussichtsreich wäre, so hat er noch die Möglichkeit, das „größere" Schutzrecht in Anspruch zu nehmen. Dabei ist aber zu beachten, dass für Patentanmeldungen die Neuheitsschonfrist nicht gilt. Außerdem ist zu beachten, dass der schützbare Erfindungsgegenstand im Patentrecht nicht deckungsgleich ist mit jenem im Gebrauchsmusterrecht (insbesondere ist kein patentrechtlicher Schutz für die Programmlogik vorgesehen). Nach Stellung des formlosen Umwandlungsantrags ist das Vorprüfungsverfahren nach § 99 PatG einzuleiten.

9.6. Wirkung des Gebrauchsmusterschutzes

9.6.1. Ausschließungsrecht

Das GMG gewährt ein *Verbietungsrecht*, das jenem des Patentinhabers entspricht (§ 4 GMG). Das Gebrauchsmuster berechtigt den Inhaber, andere davon auszuschließen, den Gegenstand der Erfindung *betriebsmäßig herzustellen, in Verkehr zu bringen, feilzuhalten* oder zu *gebrauchen*; bei einem Verfahren erstreckt sich die Wirkung auch auf die durch dieses Verfahren unmittelbar hergestellten Gegenstände. Die Nutzung muss also im Rahmen einer nach einem einheitlichen Plan eingerichteten, wiederholbaren wirtschaftlichen Tätigkeit von gewisser Dauer erfolgen, die, ohne notwendig auf Erwerb gerichtet zu sein, nicht bloß der Befriedigung persönlicher Bedürfnisse dient.[63] Die Patentrechts- und Gebührennovelle 2000 sollte eine Ausdehnung der Wirkungen bringen: Auch Einfuhr und Besitz sollten Verletzungshandlungen werden, sofern sie dazu dienen, betriebsmäßig den Gegenstand herzustellen, in Verkehr zu bringen, feilzuhalten oder zu gebrauchen.[64] Ähnlich wie im Patentrecht (Seite 925) sollte auch im Gebrauchsmusterrecht der Begriff der „*mittelbaren Gebrauchsmusterverletzung*" eingeführt werden.

Der *Schutzbereich* des Gebrauchsmusters wird durch den Inhalt der geltenden Ansprüche bestimmt (§ 4 Abs 2 GMG). Die Beschreibung und die Zeichnungen sind zur Auslegung der Ansprüche heranzuziehen. Dabei ist das Protokoll über die Auslegung des Art 69 EPÜ sinngemäß anzuwenden. Unter dem Schutzbereich eines Gebrauchsmusters soll also nicht nur der Schutzbereich zu verstehen sein, der

---

[62]) Die Patentrechts- und Gebührennovelle 2000 (GZ 1962-GR/99) sollte die Rückumwandlung der in eine Gebrauchsmusteranmeldung umgewandelten Patentanmeldung ausschließen.
[63]) EB 1235 BlgNR 18. GP 16.
[64]) Entwurf GZ 1962-GR/99.

sich aus dem genauen Wortlaut der Ansprüche ergibt und die Beschreibung und die Zeichnungen sollen nicht nur zur Behebung etwaiger Unklarheiten in den Ansprüchen angewendet werden. Andererseits sollen die Ansprüche auch nicht lediglich als Richtlinie dienen und der Schutzbereich sich auch auf das erstrecken, was sich dem Fachmann nach Prüfung der Beschreibung und der Zeichnungen als Schutzbegehren darstellt. Vielmehr soll die Auslegung zwischen diesen extremen Auffassungen liegen und einen angemessenen Schutz mit ausreichender Rechtssicherheit für Dritte verbinden. Merkmale, die nur in der Beschreibung oder in den Zeichnungen, nicht jedoch in den Ansprüchen enthalten sind, sollen jedoch für den Schutzbereich bedeutungslos sein.[65]

Auf *Fahrzeuge* und auf Einrichtungen an Fahrzeugen, die nur vorübergehend aus Anlass ihrer Benützung im Verkehr in das Inland gelangen, erstreckt sich die Wirkung eines Gebrauchsmusters nicht (§ 4 Abs 3 GMG).

9.6.2. Vorbenützerrecht

Beschränkt wird das Schutzrecht durch ein *Vorbenützerrecht* (§ 5 GMG): Die Wirkung des Gebrauchsmusters tritt gegen denjenigen nicht ein, der die Erfindung bereits vor dem Prioritätstag gutgläubig im Inland benützt oder hiefür die erforderlichen Veranlassungen getroffen hat (*Vorbenützer*). Der Vorbenützer darf die Erfindung für die Bedürfnisse seines eigenen Unternehmens in eigenen oder fremden Betriebsstätten weiterbenützen. Diese Befugnis kann nur gemeinsam mit dem Unternehmen vererbt oder veräußert werden. Der Vorbenützer kann verlangen, dass seine Befugnis vom Gebrauchsmusterinhaber schriftlich anerkannt wird. Die anerkannte Befugnis ist auf Antrag des Vorbenützers in das Gebrauchsmusterregister einzutragen. Wird die Anerkennung verweigert, so hat darüber auf Antrag das PA zu entscheiden und gegebenenfalls die Eintragung der Befugnis in das Gebrauchsmusterregister zu verfügen. Dieses Vorbenützerrecht entsteht auch dann, wenn die Erfindung während der Neuheitsschonfrist (§ 3 Abs 4 GMG) der Öffentlichkeit zugänglich gemacht wurde. Es greift also sogar dann, wenn der Vorbenützer seine Kenntnisse von Offenbarungshandlungen des Anmelders ableitet, sofern er nicht bösgläubig ist (widerrechtliche Entnahme).

9.6.3. Übertragung

Das Recht aus der Anmeldung eines Gebrauchsmusters und das Gebrauchsmuster können zur Gänze oder nach ideellen Anteilen übertragen werden. Ein Heimfallsrecht (§ 760 ABGB) besteht nicht (§ 10 GMG). Die Übertragung eines materiellen Anteils, also zB von einzelnen Ansprüchen, ist ebenso wie im Patentrecht unzulässig.[66] Zur *konstitutiven Wirkung* der Registereintragung vgl § 32 GMG.

---

[65] Zum Ganzen: EB 1235 BlgNR 18. GP 17.
[66] EB 1235 BlgNR 18. GP 18.

9.6.4. Pfandrecht / Lizenzen

Das Gebrauchsmuster kann Gegenstand eines *Pfandrechts* sein (§ 11 GMG; Eintragung gemäß § 32 GMG). Selbstverständlich kann ein Gebrauchsmusterrecht auch Gegenstand einer *Lizenzvereinbarung* sein (vgl etwa § 28 Abs 3 GMG).[67] Da das Gebrauchsmusterrecht insbesondere ein hinsichtlich der Neuheit und des erfinderischen Schritts ungeprüftes Recht ist, wurde im GMG keine den §§ 31 und 32 PatG entsprechende Freistellung von der Gewerbeberechtigung (Seite 928) zuerkannt.[68]

9.7. Schutzdauer

Der Gebrauchsmusterschutz *beginnt* mit dem Tag der amtlichen Veröffentlichung des Gebrauchsmusters (§ 23 GMG) und endet spätestens *zehn Jahre* nach dem Ende des Monats, in dem das Gebrauchsmuster angemeldet worden ist (§ 6 GMG). Diese gegenüber dem Patent deutlich kürzere Schutzfrist dürfte in der Praxis nicht allzu stark ins Gewicht fallen, zumal im Allgemeinen nur etwa 35 % der österreichischen Patente eine Lebensdauer von mehr als 10 Jahren haben.[69]

Das Gebrauchsmuster *erlischt* gemäß § 12 Abs 1 GMG

- mit Erreichung seiner *Höchstdauer* (Das Erlöschen wirkt mit dem auf die Erreichung der Höchstdauer folgenden Tag);
- bei nicht rechtzeitiger Zahlung einer *Jahresgebühr* (Das Erlöschen wirkt mit dem auf den Ablauf des letzten Gültigkeitsjahres folgenden Tag);
- bei *Verzicht* des Gebrauchsmusterinhabers auf das Gebrauchsmuster. Betrifft der Verzicht nur einzelne Teile des Gebrauchsmusters (*Einschränkung*), so bleibt das Gebrauchsmuster hinsichtlich der übrigen Teile aufrecht. Eine Prüfung durch das Patentamt, ob die übrigen Teile noch den Bestimmungen dieses Gesetzes entsprechen und die Einschränkung zulässig ist, findet hiebei nicht statt. Dies wird erst in einem allfälligen Nichtigkeitsverfahren beurteilt. Daraus ergibt sich für den Gebrauchsmusterinhaber eine nicht unbeträchtliche weitere Unsicherheit. Das Erlöschen wirkt mit dem auf die Bekanntgabe des Verzichts an das PA folgenden Tag.

Jedermann kann gemäß § 28 GMG die *Nichtigerklärung* in einem zweiseitigen Verfahren beantragen, wenn das Gebrauchsmuster den §§ 1 bis 3 GMG nicht entspricht (keine Erfindung im Sinne dieses Gesetzes, fehlende Neuheit, kein erfinderischer Schritt, nicht gewerblich anwendbar oder vom Gebrauchsmusterschutz aus-

---

[67] Zur Zwangslizenz vgl Art 5 A PVÜ.
[68] EB 1235 BlgNR 18. GP 15.
[69] *Puchberger/Jakadofsky*, Gebrauchsmusterrecht (1994) 27.

drücklich ausgeschlossen)[70]; die Erfindung Gegenstand eines prioritätsälteren Gebrauchsmusters oder eines prioritätsälteren Patents ist (*„Vorrang des älteren Rechts"*[71]); die Erfindung nicht so deutlich und vollständig offenbart ist, dass sie ein Fachmann ausführen kann; der Gegenstand des Gebrauchsmusters über den Inhalt der Anmeldung in ihrer ursprünglich eingereichten, den Anmeldetag begründenden Fassung hinausgeht (*„unzulässige Erweiterung"*; sie liegt dann vor, wenn der Gegenstand des Gebrauchsmusters Angaben enthält, die ein Fachmann in der ursprünglichen Anmeldung nicht erkannt hätte[72]).

Der tatsächlich Berechtigte (*„Erfindungsbesitzer"*) kann sich gegenüber einem unbefugten Anmelder mit einem Antrag auf *Aberkennung* des Gebrauchsmusters und Übertragung auf sich zur Wehr setzen (§ 29 GMG).

Abhängigerklärung: Der Inhaber eines prioritätsälteren Gebrauchsmusters oder eines prioritätsälteren Patents kann gemäß § 30 GMG die Entscheidung beantragen, dass die gewerbliche Verwendung eines Gebrauchsmusters die vollständige oder teilweise Benützung seiner als Gebrauchsmuster oder Patent geschützten Erfindung voraussetzt.

Wie nach § 163 PatG ist sowohl ein „positiver" *Feststellungsantrag* (Feststellung, dass ein Gegenstand oder ein Verfahren ganz oder teilweise unter das Gebrauchsmuster fällt) als auch ein „negativer" Feststellungsantrag vorgesehen (§ 45 GMG).

9.8. Sanktionen

Die zivil- und strafrechtlichen Sanktionen entsprechen jenen im PatG. Der Verletzte hat also insbesondere *zivilrechtliche Ansprüche* auf Unterlassung, Beseitigung, Urteilsveröffentlichung, angemessenes Entgelt, Schadenersatz, Herausgabe des Gewinns und Rechnungslegung (§ 41 GMG; §§ 147 bis 157 und 164 PatG sind sinngemäß anzuwenden).[73] Im Verfahren über Gebrauchsmusterverletzungen kann daher die Gültigkeit oder Wirksamkeit dieses Schutzrechts, auf das die Eingriffsklage gestützt wird, vorbehaltlich des § 156 Abs 3 PatG selbständig beurteilt werden. § 156 Abs 3 PatG ordnet die *Unterbrechung* des Verfahrens an, wenn ein Urteil (also nicht ein Beschluss im Verfahren über eine einstweilige Verfügung) davon abhängt, ob das Gebrauchsmuster nichtig ist, sofern die Nichtigkeit nicht offenbar zu verneinen ist.[74] Im Provisorialverfahren ist die Rechtsbeständigkeit des Gebrauchsmusters widerlegbar zu vermuten.[75] Es ist daher Sache der gefährdenden

---

[70]) Zur Nichtigerklärung ohne mündliche Verhandlung: NA 31. 10. 2000, NGM 2/97 – Fördereinrichtung – PBl 2003, 82. Zur Einschränkung der Ansprüche des Gebrauchsmusters während des Nichtigkeitsverfahrens: OPM 22. 5. 2002, OGM 1/01 – Bodenkonstruktion – PBl 2003, 94.
[71]) „prior claim approach"; EB 1235 BlgNR 18. GP 22.
[72]) EB 1235 BlgNR 18. GP 23.
[73]) Die Patentrechts- und Gebührennovelle 2000 (GZ 1962-GR/99) sollte zusätzlich einen Anspruch auf Auskunft über die Herkunfts- und Vertriebswege bringen.
[74]) Zur Anfechtung der Ablehnung einer Unterbrechung: OGH 26. 5. 1998, 4 Ob 141/98h – Spritzgußpatent II – ÖBl 1998, 355; OGH 2. 4. 1998, 4 R 41/98y – Spritzgußpatent I – ÖBl 1998, 354.
[75]) OGH 30. 1. 1996, 4 Ob 6/96 – Wurfpfeilautomat – EvBl 1996/152 = ecolex 1996, 380.

Partei, durch ein entsprechendes Vorbringen und geeignete Bescheinigungsmittel das bloße „Scheinrecht" zu zerstören.[76]

Vorsätzliche Gebrauchsmusterverletzungen sind als *Privatanklagedelikt* gerichtlich strafbar (§ 42 GMG).

Nach § 43 GMG besteht eine *Auskunftspflicht*. Gegen eine unberechtigte Schutzrechtsanmaßung kann gegebenenfalls nach § 2 UWG vorgegangen werden. Zu den *Feststellungsanträgen* vgl § 45 GMG.

---

[76]) OGH 30. 1. 1996, 4 Ob 6/96 – Wurfpfeilautomat – EvBl 1996/152 = ecolex 1996, 380 mwH.

10. HALBLEITERSCHUTZ

Überblick:

▸ Für „Mikrochips" kann ein dem Patent ähnliches „*Halbleiterschutzrecht*" angemeldet werden.
▸ *Schutzvoraussetzung* ist hier nicht „Neuheit", sondern „Eigenart".
▸ Die „*Eigenart*" wird im Registrierungsverfahren nicht geprüft.
▸ Die *Schutzdauer* ist mit 10 Jahren kürzer als beim Patent.
▸ Die *Wirkungen* und Sanktionen sind ähnlich.
▸ Fehlt die Eigenart, so kann das Halbleiterschutzrecht *nichtig* erklärt werden.
▸ Einen *internationalen Halbleiterschutz* gibt es noch nicht.

10.1. Einleitung

10.1.1. Begriff „Halbleitererzeugnis"

Die Entwicklung von Halbleitererzeugnissen (Mikrochips) erfordert einen großen Kostenaufwand. Das Kopieren ist hingegen relativ billig. Die traditionellen Regelungen zum Schutz bestimmter Leistungen (insbesondere Urheber- und Wettbewerbsrecht) wurden als unzureichend beurteilt, um Missbräuche effizient zu bekämpfen. Dies war der Antrieb für die Schaffung eines neuen Schutzrechts, das speziell auf die Besonderheiten dieser technischen Objekte zugeschnitten sein sollte.

10.1.2. Rechtsquellen

Der Schutz von Topographien ist im *Halbleiterschutzgesetz – HlSchG* geregelt (Bundeskompetenz gemäß Art 10 Abs 1 Z 8 B-VG)[1]. Einzelheiten des (patentamtlichen) Verfahrens in Halbleiterschutzangelegenheiten regeln folgende *Verordnungen*: die Halbleiterschutzverordnung – HlSchV, die Patent-, Gebrauchsmuster-, Marken- und Musterverordnung – PGMMV, die Patentamtsverordnung – PAV, die Teilrechtsfähigkeitsverordnung – TRFV und die Publikationsverordnung – PublV.[2]

Das Halbleiterschutzrecht wurde in der Europäischen Union bereits durch die *Richtlinie über den Rechtsschutz der Topographien von Halbleitererzeugnissen* vereinheitlicht.

Zur Abgrenzung gegenüber dem *urheberrechtlichen Schutz* ist vorgesehen, dass der geschäftlichen Verwertung von Topographien Urheberrechte an Werken der Literatur nach § 2 Z 3 UrhG und verwandte Schutzrechte für Lichtbilder (§ 73

---

[1] Der Gesetzgeber ist davon ausgegangen, dass der Schutz von Topographien unter diesen Kompetenztatbestand fällt, weil dessen typische Elemente, nämlich Erteilung zeitlich begrenzter Schutzrechte für neue technische Problemlösungen, die das Ergebnis der eigenen geistigen Arbeit ihres Schöpfers sind, vorliegen; EB, abgedruckt bei *Gräser/Kucsko*, HlSchG 13.

[2] Die frühere Verwaltungsstellenverordnung (VwStV) wurde mit 1. 2. 2000 aufgehoben und durch eine Bekanntmachung des Präsidenten des PA ersetzt.

UrhG) nicht entgegenstehen (§ 25 HlSchG).[3] *Auer*[4] hatte anlässlich einer Analyse der rechtlichen Situation vor der Schaffung des HlSchG festgestellt, dass ein urheberrechtlicher Schutz durchaus in Betracht käme. Der Gesetzgeber wollte daher die – als „unbefriedigend" bezeichnete – Situation vermeiden, dass neben dem Sonderschutz nach dem HlSchG, das die Entstehung des Schutzrechts von einer Registrierung abhängig macht und dem Schutzumfang enge sachliche und zeitliche Grenzen setzt, weiterhin der formlos entstehende Urheberrechtsschutz, mit einer wesentlich längeren Schutzfrist in Anspruch genommen werden könnte.[5] Dieses Bestreben, Doppelgleisigkeiten zu vermeiden, wird grundsätzlich als zutreffend begrüßt.[6] Es wird vom Gesetzgeber freilich nicht konsequent verfolgt. So wurde etwa der von *Auer*[7] zutreffend als zumindest theoretisch denkbar bezeichnete Schutz nach patent-, muster- oder wettbewerbsrechtlichen Normen nicht ausgeschlossen.[8] Auch in anderen Bereichen geht der Gesetzgeber offenbar nach wie vor von der Möglichkeit paralleler Schutzrechte aus. Anlässlich der Neukodifikation des Geschmacksmusterrechts 1990 (MuSchG) sowie der Novelle 2003 hat er keinen Anlass gesehen, einen allfälligen parallelen wettbewerbs- und/oder urheberrechtlichen Schutz auszuschließen. De lege ferenda wären klare Abgrenzungsregelungen aber zumindest erwägenswert.[9] Zutreffend verweisen die Materialien zu dieser Regelung[10] auch darauf, dass der urheberrechtliche Schutz von Computerprogrammen durch diese Abgrenzung nicht beeinträchtigt wird: „Wer ein urheberrechtlich geschütztes Computerprogramm in einem Halbleitererzeugnis festlegen will, der benötigt daher nach Maßgabe des UrhG die Zustimmung des am Programm Berechtigten. Andererseits berechtigt das Urheberrecht am Programm allein noch nicht zur geschäftlichen Verwertung einer Topographie, in der das Programm verkörpert ist, sofern diese Topographie Halbleiterschutz genießt." Die HlSchRL hat es übrigens den Mitgliedstaaten überlassen, ob sie einen formlos entstehenden (insoweit urheberrechtlich orientierten) Schutz für Halbleitererzeugnisse vorsehen oder eine (patentrechtlich orientierte) Registrierung (bzw Hinterlegung) verlangen wollen (8. Erwägungsgrund).

---

[3]) Diese Bestimmung sollte allerdings – wegen Bedenken bezüglich der Konformität mit der HlSchRL – mit der Patentrechts- und Gebührennovelle 2000 (GZ 1962-GR/99) wieder entfallen.
[4]) EDV & Recht 1987/2, 20.
[5]) EB, abgedruckt bei *Gräser/Kucsko*, HlSchG Anm 1 zu § 25.
[6]) *Dittrich*, Die Weiterentwicklung des österreichischen Urheberrechtes, GRUR Int 1991, 774.
[7]) EDV & Recht 1987/2, 20.
[8]) Auch *Marterer*, ÖBl 1988, 1 weist darauf hin, dass der Schutz etwa nach UWG oder PatG nicht ausgeschlossen sein sollte.
[9]) Freilich werden dabei auch die konventionsrechtlichen Bindungen, denen Österreich unterliegt, sehr sorgfältig zu beachten sein.
[10]) EB, abgedruckt bei *Gräser/Kucsko*, HlSchG Anm 1 zu § 25.

Checklist: Rechtsquellen

Gesetze

- **HlSchG:** Halbleiterschutzgesetz (HlSchG) BGBl 1988/372 (BG v 23. 6. 1988 über den Schutz der Topographien von mikroelektronischen Halbleitererzeugnissen) idF BGBl 1996/428 (HlSchG-Nov 1996) und BGBl I 2001/143 (Euro-UmstellungsG Patent-, Marken- und Musterrecht – EUG-PMM).

Verordnungen

- **HLSchV:** Verordnung des BMwA v 12. 9. 1988 betreffend die Anmeldungen von Topographien mikroelektronischer Halbleitererzeugnisse und das Halbleiterschutzregister (Halbleiterschutz-Verordnung – HlSchV) BGBl 1988/528 idF BGBl 1996/439.
- **PGMMV:** Verordnung des BMwA betreffend die Durchführung des PatentG 1970, des PatV-EG, des SchZG 1996, des GMG, des HlSchG, des MSchG 1970 und des MuSchG 1990 (Patent-, Gebrauchsmuster-, Marken- und Musterverordnung – PGMMV) BGBl 1994/226 idF BGBl II 1997/238, BGBl II 2001/477 und BGBl II 2002/459.
- **PAV:** Verordnung des Präsidenten des Patentamtes v 8. 11. 1990 über Eingaben an das Patentamt sowie über das Verfahren in Patent-, Schutzzertifikats-, Gebrauchsmuster-, Halbleiterschutz-, Marken- und Musterangelegenheiten (Patentamtsverordnung – PAV) PBl 1990, 161 idF PBl 1992, 73, PBl 1994, 66, PBl 1997, 122, PBl 1998, 213, PBl 1999, 154 und PBl 2001, 148.
- **TRFV:** Verordnung des Präsidenten des Patentamtes, mit der die im Rahmen der Teilrechtsfähigkeit des Patentamtes zu erbringenden Service- und Informationsleistungen festgesetzt werden (Teilrechtsfähigkeitsverordnung – TRFV) PBl 1996, 222.
- **PublV:** Verordnung des BMwA über die Herausgabe amtlicher Publikationen des Patentamtes BGBl II 1997/237.[11]

Gemeinschaftsrecht

- **HlSchRL:** Richtlinie des Rates vom 16. Dezember 1986 über den Rechtsschutz der Topographien von Halbleitererzeugnissen (87/54/EWG) ABl 1987 L 024 S 36 idF Abkommen über den europäischen Wirtschaftsraum – Anhang XVII – Geistiges Eigentum – Verzeichnis nach Artikel 65 Absatz 2, ABl 1994 L 001 S 482.

Internationales Recht

- **TRIPS-Abk:** Abkommen zur Errichtung der Welthandelsorganisation (WTO-Abkommen) samt Schlußakte, Anhängen, Beschlüssen und Erklärungen der Minister sowie österreichischen Konzessionslisten betreffend landwirtschaftliche

---

[11]) Die Verordnung des Präsidenten des Patentamtes v 10. 2. 1997, Zl. 1359/Präs.97, betreffend die Einrichtung von Verwaltungsstellen (Verwaltungsstellenverordnung – VwStV; PBl 1997, 17) wurde mit Bekanntmachung des Präsidenten des PA vom 10. 1. 2000 aufgehoben. Die Kompetenzen der Verwaltungsstellendirektion sowie der einzelnen Verwaltungsstellen sind jetzt durch eine Bekanntmachung des Präsidenten geregelt (PBl 2002, 107).

und nichtlandwirtschaftliche Produkte und österreichische Verpflichtungslisten betreffend Dienstleistungen BGBl 1995/1 idF BGBl 1995/379 (insbesondere TRIPS: Abkommen über handelsbezogene Aspekte der Rechte des geistigen Eigentums, Anhang 1C des WTO-Abkommens).

10.1.3. Literatur

Gesetzesausgaben und Übersichtsdarstellungen

- *Hamburger*, Gedanken über den Schutz integrierter Schaltungen, ÖBl 1986, 89.
- *Röttinger*, Aktivitäten zum Halbleiterschutz in Österreich, IuR 1987, 445.
- *Röttinger*, Halbleiterschutz International, EDV & Recht 1987/4, 24.
- *Auer*, Der Schutz von Micro-Chips nach österreichischem Recht, EDV & Recht 1987/2, 20.
- *Marterer*, Halbleiterschutz in Österreich, ÖBl 1988, 1.
- *Holzinger*, Halbleiterschutz und Urheberrecht, EDV & Recht 1988/1, 12.
- *Gräser/Kucsko*, Halbleiterschutzgesetz (1988) – Textausgabe mit Anmerkungen.
- *Andréewitch*, Rechtsschutz für Mikrochips in Österreich, EDV & Recht 1989, 8.
- *Röttinger*, Semiconductor Chip Design Protection, in *Rüster*, World Intellectual Property Guidebook (1991).
- *Hauser/Thomasser*, Wettbewerbs- und Immaterialgüterrecht (1998) – Lehrbuch mit systematischer Darstellung des Musterrechts.
- *Haybäck*, Grundzüge des Marken- und Immaterialgüterrechts (2001) – Skriptum.

Zeitschriften

- Österreichische Blätter für gewerblichen Rechtsschutz und Urheberrecht („ÖBl") – erscheinen zweimonatlich mit umfassendem Rechtsprechungsteil.
- Österreichisches Patentblatt („PBl") – erscheint monatlich; abrufbar als pdf auf der Website des PA (www.patent.bmwa.gv.at).
- ecolex – Fachzeitschrift für Wirtschaftsrecht – erscheint monatlich (mit einem eigenen Abschnitt über „Wettbewerbs- und Immaterialgüterrecht"); auch auf CD-ROM erhältlich.

Einzelabhandlungen

Knittel, Erfindungsschutz in Österreich, FS 100 Jahre ÖPA (1999) 165; *Lang*, Die Halbleiterschutzgesetz-Novelle 1996, ecolex 1996, 375.

10.1.4. Entwicklung des Halbleiterschutzrechts

Das Halbleiterschutzrecht ist eine junge Materie. Die erste Kodifikation entstand in den *USA* (Semiconductor Chip Protection Act 1984). Es folgte Japan (Gesetz Nr. 43 von 1985).[12]

Die USA gewähren Ausländern Schutz, wenn materielle Gegenseitigkeit besteht.[13] Dies veranlasste die EG zu einer entsprechenden Richtlinie. Entsprechend dieser

---

[12]) Vgl näher *Dreier*, Die Entwicklung des Schutzes integrierter Halbleiterschaltkreise, GRUR Int 1987, 645; *Andréewitch*, EDV & Recht 1989, 8; *Holzinger*, EDV & Recht 1988/1, 12 mwN.

[13]) Durch die Schaffung eines Sonderschutzes wurde bekräftigt, dass diese Materie außerhalb des Bereiches der PVÜ bzw der RBÜ steht. (So auch die Meinung der WIPO, vgl *Marterer*, ÖBl 1988, 1). Dies hatte zur Konsequenz, dass auch der Grundsatz der Inländerbehandlung (Seite 190) hier nicht gilt.

Richtlinie erließ etwa die BRD ein Gesetz über den Schutz der Topographien von mikroelektronischen Halbleitererzeugnissen. Auch die Richtlinie der EG und das HalbleiterschutzG der BRD sehen Schutz für „Ausländer" nur bei materieller Gegenseitigkeit vor.

Österreich sah sich daher schon 1988 veranlasst, durch die Schaffung eines – am PatG orientierten – *HalbleiterschutzG* (HlSchG) diese Gegenseitigkeit herzustellen.[14] Ein Motiv für die rasche Schaffung dieses neuen Schutzrechts lag wohl auch in der Sorge begründet, die USA würden sonst wirtschaftlichen oder politischen Druck auf Österreich ausüben, hier entsprechende Vorsorge gegen das widerrechtliche Kopieren von Mikrochips zu treffen.[15] Das HlSchG orientiert sich weitgehend an der EG-Richtlinie und am deutschen HalbleiterschutzG.[16] Zahlreiche Regelungen wurden allerdings dem österreichischen PatG entnommen. Diese Tendenz der Vereinheitlichung der Regelungen des gewerblichen Rechtsschutzes ist sehr zu begrüßen. Dieser Weg wurde in der Folge (1990) auch bei der Schaffung des MuSchG fortgesetzt (Seite 709). Man hat sich also im Ergebnis bei der Ausgestaltung des Halbleiterschutzes nicht an urheberrechtlichen Regelungen orientiert, sondern eine Lösung im Rahmen des gewerblichen Rechtsschutzes gewählt.[17] Der Schutz sollte nicht – wie im Urheberrecht – formlos durch den Realakt der Schöpfung (Seite 1167) entstehen, sondern an eine Registrierung gebunden sein.[18] Das HlSchG hat somit einen *Schutz sui generis* kreiert, der jedoch patentrechtlich orientiert ist.

Die *HalbleiterschutzG-Novelle 1996*[19] wurde notwendig, weil sich Österreich aufgrund des EWR-Abkommens und durch den Beitritt zur Europäischen Union verpflichtet hatte, die HlSchRL umzusetzen. An sich war das HlSchG ohnehin bereits auf der Grundlage dieser HarmonisierungsRL konzipiert, gewisse Anpassungen waren aber noch vorzunehmen. Insbesondere die Bezugnahme auf die „Inländereigenschaft" und die Erschöpfung des Halbleiterschutzrechts bedurften der Neuregelung. Weiterer Reformbedarf ergab sich aus dem In-Kraft-Treten des TRIPS-Abk am 1. 1. 1995 (§ 7 HlSchG über den Vergütungsanspruch war anzupassen).

Im Dezember 1999 hat das BMwA den Entwurf einer *Patentrechts- und Gebührennovelle 2000*[20] zur Begutachtung ausgesandt. Er enthält auch Änderungen des

---

[14]) Vgl zum Ganzen auch *Gräser/Kucsko*, HlSchG 5ff.
[15]) Vgl *Auer*, EDV & Recht 1987/2, 20 (22).
[16]) Zum dHlSchG: *Dreier*, Die Entwicklung des Schutzes integrierter Halbleiterschaltkreise, GRUR Int 1987, 645; *Geissler*, Halbleiterschutzgesetz – Semiconductor Protection Act (1988); *Hoeren*, Das deutsche Halbleiterschutzgesetz vom 1. 11. 1987, BB 1988, 1904.
[17]) Für einen patentrechtlich orientierten Schutz bereits *Hamburger*, ÖBl 1986, 89.
[18]) Zur Abwägung zwischen Urheberrechtsschutz und Ausgestaltung als gewerbliches Schutzrecht vgl *Auer*, EDV & Recht 1987/2, 20 (23).
[19]) BGBl 1996/428; *Lang*, ecolex 1996, 375.
[20]) GZ 1962-GR/99; Ende der Begutachtungsfrist 21. 2. 2000.

HlSchG. Die parlamentarische Behandlung wurde jedoch bislang nicht weiter betrieben. Ich werde die wichtigsten Punkte im Folgenden kurz anmerken.

Ein Blick auf die *Statistik* zeigt, dass dieses Schutzrecht nur wenig praktische Bedeutung erlangt hat: Die Statistik 2002[21] weist das Halbleiterschutzrecht gar nicht aus.

10.1.5. Internationales Halbleiterschutzrecht

Innerhalb der EU wurde durch die *HlSchRL* eine weitgehende Rechtsvereinheitlichung erreicht.[22]

Das *TRIPS-Abkommen* enthält sowohl gewisse allgemeine Regelungen (Art 3 – Inländerbehandlung; Art 4 – Meistbegünstigung), als auch spezielle Bestimmungen über den Schutz der „Layout-Designs (Topographien) integrierter Schaltkreise" (Art 35 ff TRIPS-Abk).

Es gilt das *Territorialitätsprinzip*. Für die Frage, welches nationale Recht ein österreichisches Gericht bei einem internationalen halbleiterschutzrechtlichen Sachverhalt anzuwenden hat, gelten die allgemeinen Regelungen der § 34 Abs 1 und § 43 Abs 1 *IPRG*: Danach sind das Entstehen, der Inhalt und das Erlöschen von Immaterialgüterrechten nach dem Recht des Staates zu beurteilen, in dem eine Benützungs- oder Verletzungshandlung gesetzt wird. Verträge über Immaterialgüterrechte sind nach dem Recht des Staates zu beurteilen, für den das Immaterialgüterrecht übertragen oder eingeräumt wird. Bezieht sich der Vertrag auf mehrere Staaten, so ist das Recht des Staates maßgebend, in dem der Erwerber (Lizenznehmer) seinen gewöhnlichen Aufenthalt (seine Niederlassung) hat. Sonderregelungen gelten für Arbeitsverhältnisse (§ 34 Abs 2 und § 43 Abs 2 IPRG).

Wirksame Regelungen der WIPO bestehen derzeit nicht. Der „Vertrag über den Schutz des geistigen Eigentums im Hinblick auf integrierte Schaltkreise" („Treaty on Intellectual Property in Respect of Integrated Circuits" 1989 – *IPIC-Übereinkommen*) wurde bislang erst von Ägypten ratifiziert und ist daher noch nicht in Kraft getreten.[23] Zur indirekten Anwendung vgl Art 35 TRIPS-Abk.[24]

---

[21]) PBl 2003 Anhang H 4.
[22]) Dazu *Koch*, Die EG-Richtlinie über den Rechtsschutz von Halbleiterchips, EDV & Recht 1987/2, 16.
[23]) Dazu *Dreier*, Zweite Sitzung des Sachverständigenausschusses der WIPO zum Schutz von integrierten Schaltkreisen vom 23. – 27. Juni 1986 in Genf, GRUR Int 1986, 629; *Krieger/Dreier*, Die Washingtoner Diplomatische Konferenz zum Abschluß eines Vertrages über den Schutz des geistigen Eigentums im Hinblick auf integrierte Schaltkreise, GRUR Int 1989, 729; GRUR Int 1989, 772.
[24]) *Lang*, ecolex 1996, 375 (377).

10.2. Schutzgegenstand „Topographie"

10.2.1. Definition

Gemäß § 1 Abs 1 HlSchG kann für *„dreidimensionale Strukturen von mikroelektronischen Halbleitererzeugnissen (Topographien)"* ... *„auf Antrag Schutz nach diesem Bundesgesetz erworben werden, wenn und soweit sie Eigenart (§ 2) aufweisen"*. Eine nähere Definition der Begriffe „Halbleitererzeugnis" (auch *„Mikrochip"* genannt) und „Topographie" enthält das HlSchG wegen der kaum vorhersehbaren technischen Entwicklung nicht. Die Materialien[25] zitieren allerdings die Definitionen der HlSchRL. Danach ist unter einem *Halbleitererzeugnis* „die endgültige Form oder die Zwischenform eines Erzeugnisses,

- das aus einem Materialteil besteht, der eine Schicht aus halbleitendem Material enthält, und
- mit einer oder mehreren Schichten aus leitendem, isolierendem oder halbleitendem Material versehen ist, wobei die Schichten nach einem vorab festgelegten dreidimensionalen Muster angeordnet sind, und
- das ausschließlich oder neben anderen Funktionen eine elektronische Funktion übernehmen soll" (Art 1 Abs 1 HlSchRL)

zu verstehen. Als *Topographie* eines Halbleitererzeugnisses definiert Art 1 Abs 1 lit b HlSchRL „eine Reihe in Verbindung stehender Bilder, unabhängig von der Art ihrer Fixierung oder Kodierung,

- die ein festgelegtes dreidimensionales Muster der Schichten darstellen, aus denen ein Halbleitererzeugnis besteht, und
- wobei die Bilder so miteinander in Verbindung stehen, dass jedes Bild das Muster oder einen Teil des Musters einer Oberfläche des Halbleitererzeugnisses in einem beliebigen Fertigungsstadium aufweist".

Nicht nur die Topographie selbst ist geschützt, sondern auch ihre selbständig verwertbaren Teile (Zellen, „gate-arrays").[26]

10.2.2. Schutzvoraussetzungen

Abgrenzung

Der Schutz der Topographie gilt gemäß § 1 Abs 2 HlSchG nicht für die in der Topographie enthaltenen Konzepte, Verfahren, Systeme, Techniken oder gespeicherten Informationen, sondern nur für die Topographie als solche. Hält der Chip also ein Computerprogramm fest, so kann nach dem HlSchG nur der Schutz der Topographie, nicht aber auch der Schutz des Programms als solches erlangt werden. Wird das Programm nicht in der Form dieser Topographie übernommen, so greift der Schutz des HlSchG nicht. Für das Programm besteht allenfalls ein Schutz nach UrhG (Seite 1113), GMG (Seite 973) oder UWG.

---

[25]) EB, abgedruckt bei *Gräser/Kucsko*, HlSchG Anm 1 ff zu § 1.
[26]) EB zu § 6, abgedruckt bei *Gräser/Kucsko*, HlSchG Anm 3 zu § 6.

Eigenart

Eine Topographie weist gemäß § 2 Abs 1 HlSchG Eigenart auf, *„wenn sie das Ergebnis der eigenen geistigen Arbeit ihres Schöpfers und in der Halbleitertechnik nicht alltäglich ist"*. Dazu genügt es, dass die Anordnung an sich alltäglicher Teile in ihrer Gesamtheit Eigenart aufweist (§ 2 Abs 2 HlSchG). Zutreffend wird dafür plädiert, dass ein verhältnismäßig niedriger Maßstab an die Eigenart anzulegen ist.[27] Auch die Tatsache, dass Topographien mit Hilfe eines Computers entwickelt werden, sollte der „Eigenart" nicht entgegenstehen; auch der Computer ist nur ein Werkzeug für die geistige Arbeit des Schöpfers.[28] Anders als im Patent- und Musterschutzrecht (Seite 845, 733) wird jedoch *keine Neuheit* der Topographie verlangt.

10.3. Schöpfer

Es gilt das *Schöpferprinzip*: Das HlSchG ordnet das Recht an der Topographie zunächst der physischen Person zu, die sie geschaffen hat: Anspruch auf Halbleiterschutz hat grundsätzlich der *Schöpfer* der Topographie (§ 3 Abs 1 HlSchG). Dieser kann sein Recht übertragen (§ 3 Abs 4 HlSchG). Ähnlich wie im Patentrecht[29], wird als „Schöpfer" derjenige zu beurteilen sein, der die Topographie geschaffen hat. Das Recht auf Halbleiterschutz wird also zunächst einer physischen Person zugeordnet. Ein originäres Recht einer juristischen Person kommt – anders als im Urheberrecht[30] – etwa bei der Schöpfung im Rahmen eines Dienstverhältnisses in Betracht (§ 3 Abs 2 HlSchG, Seite 996).

Wurde die Topographie von mehreren physischen Personen gemeinsam geschaffen, so steht ihnen als *„Mitschöpfern"* das Recht gemeinsam zu. Dieses Prinzip ist im HlSchG nicht ausdrücklich verankert. Die Materialien sprechen jedoch die „Teamarbeit" an und gehen anscheinend davon aus, dass hier die gleiche Lösung gelten soll wie im Bereich anderer Immaterialgüterrechte (vgl etwa zum Geschmacksmusterschutz Seite 746).

Dazu genügt allerdings die Tätigkeit eines *„Gehilfen"*, der etwa nur technische Hilfsdienste leistet, nicht. Der Mitschöpfer muss vielmehr einen qualifizierten, kreativen Beitrag zu jenen Merkmalen leisten, die die Schutzwürdigkeit der Topographie (insbesondere deren Eigenart) begründen; § 2 Abs 1 HlSchG verlangt, dass die Topographie „das Ergebnis der *eigenen geistigen* Arbeit des Schöpfers" ist.

Der Anspruch auf Halbleiterschutz entsteht mit dem *Realakt* der Schöpfung. Da bei der Anmeldung der Topographie eine körperliche Festlegung erforderlich ist (Seite 1000), wird die Schaffung dieser Festlegung – und nicht schon der Abschluss des gedanklichen Konzepts – für die Schöpfung der Topographie als Zeitpunkt für die

---

[27]) *Geissler*, HalbleiterschutzG 26; *Andréewitch*, EDV & Recht 1989, 8 (10).
[28]) In diesem Sinn auch *Geissler*, HalbleiterschutzG 28; insoweit vielleicht missverständlich die EB, abgedruckt bei *Gräser/Kucsko*, HlSchG Anm 2 zu § 2.
[29]) Vgl EB zu § 4 PatG, abgedruckt bei *Friedl/Schönherr/Thaler*, Patent- und Markenrecht Anm 1 zu § 4 PatG.
[30]) OGH 7. 4. 1992 – Bundesheer-Formblatt – ÖBl 1992, 81; 18. 2. 1992 – Wienerwald – ÖBl 1992, 184.

Entstehung des Anspruchs auf Halbleiterschutz zu fixieren sein. Diesen Anspruch auf Halbleiterschutz macht der Rechtsinhaber durch Anmeldung (§ 9 HlSchG; Seite 1000) geltend. Gegen einen unbefugten Anmelder kann sich der wahre Berechtigte mit einem Aberkennungsanspruch gemäß § 14 HlSchG (Seite 1004) zur Wehr setzen.

Anders als etwa das UrhG enthält das HlSchG eine ausdrückliche Sonderregelung für Topographien, die im Rahmen eines *Dienst- oder Auftragsverhältnisses* geschaffen wurden: Ist die Topographie im Rahmen eines Dienstverhältnisses oder sonst im Auftrag eines anderen geschaffen worden, so steht der Anspruch auf Halbleiterschutz – wenn nichts anderes vereinbart wurde – gemäß § 3 Abs 2 HlSchG dem Dienstgeber oder dem Auftraggeber zu.

Aus dieser Formulierung der Rechtszuweisung ergibt sich, dass der Dienstgeber/Auftraggeber nicht bloß einen vom Dienstnehmer/Auftragnehmer abgeleiteten Anspruch hat. Der Anspruch entsteht vielmehr *originär* beim Dienstgeber/Auftraggeber.[31] Diese Sonderregelung ändert freilich nichts daran, dass bei der Schaffung der Topographie unter Umständen auch andere Schutzrechte (insbesondere Urheberrechtsschutz für darin festgehaltene Programme) entstehen. Der Rechtserwerb durch den Dienstgeber/Auftraggeber ist jeweils nach den betreffenden Regelungen zu beurteilen.[32]

Das HlSchG sieht *keine Vergütung* für die Dienstnehmer-/Auftragnehmer-Schöpfungen vor (diese Lösung entspricht jener im Geschmacksmusterrecht, Seite 748; anders im Patentrecht, Seite 857).[33]

Der Arbeitgeber/Auftraggeber kann den Anspruch auf Halbleiterschutz durch Anmeldung (§ 8 HlSchG; Seite 1000) geltend machen. Gegen einen unbefugten Anmelder (etwa auch gegen den nicht befugten Dienstnehmer oder Auftragnehmer) kann er mit einem Aberkennungsanspruch gemäß § 14 HlSchG (Seite 1004) vorgehen. Hingegen trifft den Arbeitgeber/Auftraggeber keine Verpflichtung zur Anmeldung oder Nutzung der Topographie, zumal ein *Gebrauchszwang* dem Halbleiterschutzrecht generell fremd ist. Es ist auch keine Verpflichtung zur „Rückgabe" der Schöpfung an den Schöpfer vorgesehen, falls sie nicht verwertet wird.

Ebenso wie im Geschmacksmusterrecht (Seite 748) wird für den Dienstnehmer – aus dem Treueverhältnis folgend – die Verpflichtung zur *Meldung* entsprechender Schöpfungen bestehen, um dem Dienstgeber die Möglichkeit zu geben, die Topographie anzumelden. Gleiches wird für das Auftragsverhältnis gelten müssen.

---

[31]) So ausdrücklich auch die EB zu § 3 Abs 2 HlSchG, abgedruckt bei *Gräser/Kucsko*, HlSchG, Anm 5 zu § 3. Anders ist die Rechtslage im Urheberrecht. Dort fehlt eine gesetzliche Anordnung; der Arbeitgeber kann daher nur derivative Rechte erwerben, vgl OGH 7. 4. 1992 – Bundesheer-Formblatt – ÖBl 1992, 81; 18. 2. 1992 – Wienerwald – ÖBl 1992, 184.

[32]) Vgl § 40b UrhG (UrhG-Nov 1993).

[33]) Dass kein Vergütungsanspruch besteht, deuten auch die EB, abgedruckt bei *Gräser/Kucsko*, HlSchG, Anm 5 zu § 3 an; ebenso die Situation in der BRD: vgl *Geissler*, HalbleiterschutzG, 32.

Staatsangehörigkeit: Der Anspruch auf Halbleiterschutz (§ 3 HlSchG) kann gemäß § 5 Abs 1 HlSchG[34] nur von

- *natürlichen Personen*, die Staatsangehörige eines Mitgliedstaates der Europäischen Union oder eines anderen Vertragsstaates des Abkommens über den Europäischen Wirtschaftsraum sind oder die ihren gewöhnlichen Aufenthaltsort in einem dieser Staaten haben, sowie
- *juristischen Personen*[35], die eine tatsächliche und nicht nur zum Schein bestehende gewerbliche Niederlassung oder Handelsniederlassung in einem dieser Staaten haben,

geltend gemacht werden. Andere können den Anspruch auf Halbleiterschutz nur geltend machen, wenn

- sie hiezu aufgrund eines völkerrechtlichen Vertrages oder aufgrund des Rechts der Europäischen Gemeinschaft berechtigt sind, oder
- der Staat, dessen Staatsangehörigkeit sie besitzen oder in dem sie ihren gewöhnlichen Aufenthaltsort oder eine tatsächliche und nicht nur zum Schein bestehende gewerbliche Niederlassung oder Handelsniederlassung haben, den gemäß § 5 Abs 1 HlSchG Berechtigten gleichen Schutz gewährt, und die Gegenseitigkeit durch eine vom BMwA im BGBl zu verlautbarende Kundmachung festgestellt worden ist.[36]

Subsidiärer Anspruch: Kann der Schöpfer (§ 3 Abs 1 HlSchG) oder Dienstgeber/Auftraggeber (§ 3 Abs 2 HlSchG) seinen Anspruch mangels Vorliegen der Voraussetzungen nach § 5 HlSchG nicht geltend machen, so steht der Anspruch, wenn die Topographie zuvor noch nicht oder nur vertraulich geschäftlich verwertet worden ist, demjenigen zu, der

- die Topographie zuerst in einem Mitgliedstaat der EU oder in einem anderen Vertragsstaat des EWR-Abk nicht nur vertraulich geschäftlich verwertet hat, und
- vom Anspruchsberechtigten die ausschließliche Zustimmung erhalten hat, die Topographie im gesamten Geltungsgebiet des EWR-Abk nicht nur vertraulich geschäftlich zu verwerten (§ 3 Abs 3 HlSchG).

Mit der Geltendmachung dieses Anspruchs durch Anmeldung erlischt der auf § 3 Abs 1 und 2 HlSchG gestützte Anspruch. Er lebt auch bei nachträglichem Entstehen der Gegenseitigkeit nicht mehr auf.[37]

Ein Anspruch auf *Nennung als Schöpfer* ist nicht vorgesehen (anders etwa § 20 PatG, vgl Seite 860 oder § 8 MuSchG, vgl Seite 748).

Erlöschen des Anspruchs: Der Anspruch auf Halbleiterschutz erlischt gemäß § 4 HlSchG 15 Jahre nach dem Tag der ersten Aufzeichnung, wenn die Topographie bis dahin weder

---

[34]) IdF HlSchG-Nov 1996; dazu *Lang*, ecolex 1996, 375.
[35]) Dazu zählen seit der HlSchG-Nov 1996 auch „Gesellschaften, die nach dem auf sie anwendbaren Recht Träger von Rechten und Pflichten sein können, ohne juristische Personen zu sein"; davor war dies eingeschränkt auf „Personengesellschaften des Handelsrechts".
[36]) Die Gegenseitigkeitskundmachung BGBl 1989/494 wurde durch Art II HlSchG-Nov 1996 aufgehoben.
[37]) EB, abgedruckt bei *Gräser/Kucsko*, HlSchG Anm 10 zu § 3.

▸ (an einem beliebigen Ort der Welt)[38] nicht bloß vertraulich geschäftlich verwertet worden ist noch
▸ beim Patentamt angemeldet worden ist.

Dadurch soll der Berechtigte veranlasst werden, innerhalb von 15 Jahren nach Fertigstellung der Topographie (bzw eines selbständig verwertbaren Teils) die 10-jährige Schutzdauer in Gang zu setzen. Macht er dies nicht, so geht die Schutzmöglichkeit verloren.

Für das *Rechtsverhältnis mehrerer Schutzrechtsinhaber zueinander* verweist das HlSchG (§ 12 Abs 4 iVm § 27 PatG) auf das allgemeine Zivilrecht. Zusätzlich ist angeordnet, dass das Recht, Dritten die Benützung einer geschützten Topographie zu gestatten (Lizenzvergabe), „im Zweifel" nur der Gesamtheit der Teilhaber zusteht. Jeder einzelne Schutzrechtsinhaber ist aber befugt, gegen Verletzer des Halbleiterschutzrechts gerichtlich vorzugehen (vgl dazu § 27 PatG; Seite 861).

10.4. Institutionen

10.4.1. Patentamt (PA) / OPM

Grundsätzlich ist in Halbleiterschutzangelegenheiten das *PA* zuständig (§ 16 HlSchG). Die *verfahrensrechtlichen Regelungen* (§§ 17ff HlSchG) entsprechen weitgehend den patentrechtlichen Regelungen. Teilweise verweist das HlSchG lediglich auf die sinngemäß anzuwendenden Bestimmungen des PatG (zB: Fristen, Ausschließungsgründe, Zustellung, Wiederaufnahme des Verfahrens, Wiedereinsetzung in den vorigen Stand, Vollstreckung, Beschwerdeverfahren etc). Zu den *Verfahrensgebühren* vgl § 17 HlSchG iVm § 168 PatG.

Zur Beschlussfassung über die Eintragung in das Halbleiterschutzregister (Seite 1001) ist das nach der Geschäftsverteilung[39] zuständige *fachtechnische* Mitglied (derzeit der Technischen Abteilung XV) berufen (§ 16 Abs 2 HlSchG; anders etwa im Geschmacksmusterrecht: Dort entscheidet ein rechtskundiges Mitglied, Seite 868). Diese Zuordnung wird damit begründet, dass die bei der Anmeldung vorzulegenden Unterlagen über die Topographie nur mit entsprechendem technischen Wissen beurteilt werden können.[40]

Zur Beschlussfassung in Angelegenheiten, die sich auf erteilte Halbleiterschutzrechte beziehen (Übertragung, Lizenzeinräumungen, Pfandrechtseintragungen etc), ist – soweit nicht die Gerichte, der OPM, die BA oder die NA zuständig sind – das nach der Geschäftsverteilung[41] zuständige *rechtskundige Mitglied* (derzeit der *Rechtsabteilung A*) berufen (§ 16 Abs 3 HlSchG).

Gegen Beschlüsse des fachtechnischen Mitglieds bzw des rechtskundigen Mitglieds kann eine Beschwerde an die *Beschwerdeabteilung* (BA) erhoben werden

---

[38]) EB, abgedruckt bei *Gräser/Kucsko*, HlSchG Anm 3 zu § 4.
[39]) Vgl die Geschäftsverteilung 2003, PBl 2003, 4.
[40]) EB, abgedruckt bei *Gräser/Kucsko*, HlSchG Anm 3 zu § 16.
[41]) Vgl die Geschäftsverteilung 2003, PBl 2003, 4.

(§ 17 HlSchG iVm §§ 70-73 PatG). Die Beschwerde ist binnen zwei Monaten nach der Zustellung des Beschlusses beim PA einzubringen und spätestens innerhalb eines Monats nach Ablauf dieser Frist zu begründen (§ 17 HlSchG iVm § 71 Abs 1 PatG). Die BA entscheidet durch drei Mitglieder, von denen eines den Vorsitz führt. Der Vorsitzende und ein weiteres Mitglied müssen rechtskundig sein (§ 16 Abs 4 HlSchG). Gegen die Entscheidung der BA ist kein weiteres Rechtsmittel und auch keine VwGH-Beschwerde zulässig (§ 17 HlSchG iVm § 70 Abs 2 PatG).[42]

Die *Nichtigkeitsabteilung* (NA) ist gemäß § 16 Abs 5 HlSchG iVm § 60 Abs 3 lit c PatG für streitige Verfahren zuständig (Nichtigerklärung, Aberkennung, Feststellung). Die NA entscheidet durch drei Mitglieder, von denen eines den Vorsitz führt. Der Vorsitzende und ein weiteres Mitglied müssen rechtskundig sein (§ 16 Abs 4 HlSchG).

Zur Entscheidung über die Berufung gegen Endentscheidungen der NA ist der *Oberste Patent- und Markensenat* (OPM) zuständig (§ 16 Abs 5 HlSchG iVm §§ 74, 75 PatG). Die Berufung ist binnen zwei Monaten nach Zustellung der Entscheidung beim PA schriftlich einzubringen. Sie muss einen begründeten Berufungsantrag enthalten (§ 17 HlSchG iVm § 138 Abs 1 und 3 PatG). Zur *Senatszusammensetzung* vgl § 16 Abs 5 HlSchG iVm § 75 PatG (Seite 881).

10.4.2. Gerichte

Ihnen obliegt die Entscheidung im Verletzungsverfahren (Seite 1005). Die Zuständigkeit für das erstinstanzliche Verfahren ist – wie im Patent- und Geschmacksmusterrecht – für ganz Österreich bei zwei Gerichten konzentriert; eine Regelung, die wegen der Schwierigkeit dieser Materie und der dadurch notwendigen Spezialkenntnisse zu begrüßen ist:

Für Klagen und einstweilige Verfügungen nach dem HlSchG ist gemäß § 23 Abs 1 HlSchG ausschließlich das *Handelsgericht Wien* zuständig: Ansprüche wegen Verletzungen des Halbleiterschutzrechts, Auskunfterteilung.

Ähnlich wie in Patentsachen wird die Entscheidung vielfach von Vorfragen über die Gültigkeit oder Wirksamkeit des Halbleiterschutzrechts abhängen. Das HlSchG verweist dazu auf die Verfahrensbestimmungen des PatG (vgl § 24 HlSchG sowie Seite 958). In den Fällen des § 13 Abs 1 Z 2 und 3 HlSchG (Seite 1004) ist das Verfahren jedoch nicht zu unterbrechen, weil diese Nichtigkeitsgründe keine spezifisch technischen Aspekte aufweisen und daher vom Gericht selbst beurteilt werden können.[43]

Die Gerichtsbarkeit in Strafsachen nach dem HlSchG obliegt ausschließlich dem *Landesgericht für Strafsachen Wien* (§ 23 Abs 2 HlSchG).

---

[42]) Mit der Patentrechts- und Gebührennovelle 2000 (GZ 1962-GR/99) sollte allerdings ein Rechtszug an den OPM eingeführt werden.

[43]) EB, abgedruckt bei *Gräser/Kucsko*, HlSchG Anm 3 zu § 24.

10.5. Registrierung

10.5.1. Anmeldestelle

Halbleiterschutzanmeldungen sind beim PA in Wien (Seite 863) einzubringen (§ 9 HlSchG).

10.5.2. Anmeldung

Die *Anmeldung* muss *schriftlich* erfolgen (§ 9 HlSchG). Für jede Topographie ist eine gesonderte Anmeldung erforderlich (zu den Details: § 9 HlSchG sowie die HlSchV). Es gelten die *Vertretungsregelungen* des PatG (§ 17 HlSchG iVm § 77 PatG).

Die Anmeldung muss (ua) *Unterlagen* zur Identifizierung oder Veranschaulichung der Topographie oder eine Kombination davon und gegebenenfalls zusätzlich das *Halbleitererzeugnis* selbst enthalten. An Unterlagen kommen in Betracht (§ 3 Abs 1 HlSchV):

- Zeichnungen oder Photographien von Layouts zur Herstellung des Halbleitererzeugnisses, oder
- Zeichnungen oder Photographien von Masken oder ihren Teilen zur Herstellung des Halbleitererzeugnisses, oder
- Zeichnungen oder Photographien von einzelnen Schichten des Halbleitererzeugnisses.

Zusätzlich können Datenträger, Ausdrucke oder erläuternde Beschreibungen eingereicht werden (§ 3 Abs 2 HlSchV). Durch eine derart umfassende Offenlegung könnten Dritte geradezu verleitet werden, fremde Topographien zu übernehmen bzw Betriebsgeheimnisse in Erfahrung zu bringen. Deshalb wurden die Interessen des Anmelders durch eine Einschränkung des Rechts auf Akteneinsicht abgesichert (Seite 1001).

Gebühren

Der Antrag auf Eintragung des Schutzes der Topographie in das Halbleiterschutzregister unterliegt einer Gebühr von 218,-- EUR (§ 9 Abs 3 HlSchG). Die geplante Patentrechts- und Gebührennovelle 2000[44] sollte die Gebührenregelungen in ein gesondertes PatentamtsgebührenG (PAG) auslagern.

10.5.3. Prüfung

Das Halbleiterschutzrecht ist ein im Wesentlichen ungeprüftes Recht. Geprüft wird nur in *formeller* Hinsicht, ob die Anmeldung § 9 HlSchG bzw der HlSchV entspricht. Hingegen wird nicht geprüft, ob die Topographie materiell den Schutzvoraussetzungen entspricht, insbesondere ob sie die erforderliche Eigenart aufweist (§ 10 Abs 1 HlSchG).

---

[44]) GZ 1962-GR/99.

10.5.4. Wirkungen der Anmeldung
Mit der Anmeldung sind mehrere Rechtsfolgen verknüpft:
- formell wird das *Anmeldeverfahren* eingeleitet;
- materiell entsteht bei Topographien, die zuvor nicht oder nur vertraulich geschäftlich verwertet worden sind, mit dem Tag der Anmeldung der *Schutz* der Topographie (§ 8 Abs 1 HlSchG).

10.5.5. Registrierung und Veröffentlichung
Entspricht die Anmeldung den gesetzlichen Anforderungen, so ist das *Halbleiterschutzrecht* ohne weitere Prüfung in das vom PA geführte Halbleiterschutzregister einzutragen (§ 10 HlSchG): Registernummer; Anmeldetag; gegebenenfalls Tag der ersten nicht nur vertraulichen geschäftlichen Verwertung; Name und Wohnort der Schutzrechtsinhaber und gegebenenfalls ihrer Vertreter.

In das Halbleiterschutzregister sind auch weitere wichtige Daten einzutragen (§ 10 Abs 2 HlSchG), insbesondere: Anfang, Erlöschen, Nichtigerklärung, Aberkennung, Übertragung des Schutzrechts, Lizenzeinräumungen, Pfandrechte und sonstige dingliche Rechte, Streitanmerkungen, etc. Auf Verlangen sind jedermann (mit gewissen Einschränkungen) *Registerauszüge* auszustellen (§ 5 Abs 3 HlSchV).

Die Eintragung in das Halbleiterschutzregister ist gemäß § 11 HlSchG im *Patentblatt* zu veröffentlichen.

Das Halbleiterschutzregister steht jedermann zur Einsicht offen (§ 10 Abs 3 HlSchG). Zur Akteneinsicht vgl § 18 HlSchG, der auch das Geheimhaltungsinteresse des Schutzrechtsinhabers berücksichtigt: Der Anmelder kann Unterlagen, die Betriebs- und Geschäftsgeheimnisse enthalten, bei der Anmeldung kennzeichnen und damit der allgemeinen Akteneinsicht entziehen. Diese Teile sind getrennt einzureichen und gesondert unter Verschluss aufzubewahren (§ 4 HlSchV). Unterlagen, die zur Identifizierung oder Veranschaulichung der Topographie erforderlich sind, dürfen nicht in ihrer Gesamtheit als Betriebs- oder Geschäftsgeheimnisse gekennzeichnet werden (§ 18 Abs 2 HlSchG). Die Einsicht in die geheimen Teile der Unterlagen ist nur aus besonderen Gründen zulässig (etwa für denjenigen, dem gegenüber sich der Schutzrechtsinhaber auf sein Schutzrecht beruft; § 18 Abs 3 HlSchG).

10.6. Wirkung des Halbleiterschutzes
10.6.1. Ausschließungsrecht
Das Halbleiterschutzrecht hat die Wirkung, dass der Schutzrechtsinhaber jedem Dritten verbieten kann, im geschäftlichen Verkehr:
- die Topographie oder deren selbständig verwertbare Teile nachzubilden oder Darstellungen zur Herstellung der Topographie anzufertigen;
- Darstellungen zur Herstellung der Topographie oder das die Topographie oder deren selbständig verwertbare Teile enthaltende Halbleitererzeugnis anzubieten,

in Verkehr zu bringen oder zu vertreiben oder zu den genannten Zwecken einzuführen (§ 6 Abs 1 HlSchG; vgl auch Art 36 TRIPS-Abk).

Die Wirkung des Schutzes der Topographie erstreckt sich demnach *nicht* auf den Erwerb, Besitz oder Gebrauch der geschützten Topographie.[45] Gemäß § 6 Abs 2 HlSchG erstreckt er sich weiters nicht auf

- Handlungen, die zu nichtgeschäftlichen Zwecken vorgenommen werden,
- die Nachbildung der Topographie zum Zwecke der Analyse, der Bewertung oder der Lehre oder
- die geschäftliche Verwertung einer Topographie, die aufgrund einer solchen Analyse oder Bewertung geschaffen wurde und selbst Eigenart (vgl Seite 995) aufweist. Damit ist das so genannte *„reverse engineering"* freigestellt: Entwickelt ein Dritter eine geschützte Topographie zurück und benutzt er die dabei gefundenen Kenntnisse, um eine eigene Topographie zu schaffen, so ist dies zulässig.[46] Es wird Sache des Beklagten sein, die Sachverhaltsvoraussetzungen für diese Ausnahmeregelung im Eingriffsprozess auch zu beweisen. Stimmen die Topographien überein, so wird der Verdacht, es sei nur kopiert worden, auf der Hand liegen. Deshalb wird demjenigen, der sich zur „Neuschöpfung" der Topographie aufgrund des „reverse engineering" entschließt, empfohlen, entsprechende Dokumentationen über den Entwicklungsprozess aufzubewahren.[47]

10.6.2. Räumlicher Schutzbereich

Der Gesetzgeber ging zunächst davon aus, dass auch für den Bereich des Halbleiterschutzrechts die Lehre von der *Erschöpfung* gewerblicher Schutzrechte (vgl Seite 925) gilt, und hat insoweit in der Stammfassung des HlSchG keine ausdrückliche Regelung vorgesehen.[48] Zur Klarstellung wurde der Erschöpfungsgrundsatz dann mit der HlSchG-Nov 1996 ausdrücklich festgeschrieben: Das ausschließliche Recht gemäß § 6 Abs 1 Z 2 HlSchG („Darstellungen zur Herstellung der Topographie oder das die Topographie oder deren selbständig verwertbare Teile enthaltende Halbleitererzeugnis anzubieten, in Verkehr zu bringen oder zu vertreiben oder zu den genannten Zwecken einzuführen") erstreckt sich nicht auf Handlungen, welche vorgenommen werden, wenn die Topographie oder das Halbleitererzeugnis bereits von dem zur Erteilung der Zustimmung für das Inverkehrbringen Berechtigten selbst oder mit seiner Zustimmung in einem Mitgliedstaat der EU oder in einem anderen Vertragsstaat des EWR-Abk in Verkehr gebracht worden ist (§ 6 Abs 3 HlSchG; Art 5 Abs 5 HlSchRL).[49]

Der Halbleiterschutz wirkt nur im Inland und nicht gegen Nutzungshandlungen im Ausland (*Territorialitätsprinzip*).[50]

---

[45]) *Marterer*, Halbleiterschutz in Österreich, ÖBl 1988, 1 (4).
[46]) EB, abgedruckt bei *Gräser/Kucsko*, HlSchG Anm 19 zu § 6; vgl näher zu dieser umstrittenen Ausnahmebestimmung etwa *Andréewitch*, EDV & Recht 1989, 8 (11); *Holzinger*, EDV & Recht 1988/1, 12 (16) mwH.
[47]) *Geissler*, HalbleiterschutzG, 56.
[48]) EB, abgedruckt bei *Gräser/Kucsko*, HlSchG Anm 1 zu § 7; *Marterer*, ÖBl 1988, 1 (4).
[49]) *Lang*, ecolex 1996, 375 (377).
[50]) *Schönherr*, Gewerblicher Rechtsschutz und Urheberrecht, Grundriß (1982) Rz 901.1 f.

10.6.3. Gutglaubensschutz

Eine Sonderregelung gilt zum Schutz *Gutgläubiger* (§ 7 HlSchG): Die Wirkung des Halbleiterschutzrechts tritt gegenüber demjenigen nicht ein, der ein Halbleitererzeugnis erwirbt, ohne zu wissen oder wissen zu müssen, dass es eine geschützte Topographie enthält. Sobald er weiß oder wissen muss, dass die Topographie durch ein Halbleiterschutzrecht geschützt ist, muss er dem Schutzrechtsinhaber auf dessen Verlangen für die weitere geschäftliche Verwertung des vorher erworbenen Halbleitererzeugnisses ein Entgelt bezahlen, das einer angemessenen Lizenzgebühr entspricht (vgl auch Art 37 Abs 1 TRIPS-Abk).[51] Zur Sicherung des Zahlungsanspruchs besteht auch ein entsprechender Rechnungslegungsanspruch.

10.6.4. Übertragung

Der Anspruch des Schöpfers auf Halbleiterschutz (Seite 995) ist *übertragbar* (§ 3 Abs 4 HlSchG). Auch das Halbleiterschutzrecht kann zur Gänze oder nach ideellen Anteilen übertragen werden. Es geht auf die Erben über, ein Heimfallsrecht besteht jedoch nicht (§ 12 Abs 1 HlSchG). Zur Wirksamkeit der Übertragung ist die Eintragung in das Halbleiterschutzregister erforderlich (§ 12 Abs 2 HlSchG).

10.6.5. Pfandrecht/Lizenzen

Auch die *Lizenzeinräumung* ist vorgesehen. Auf Antrag ist sie in das Halbleiterschutzregister einzutragen (§ 12 Abs 3 HlSchG). Mit der Eintragung wird sie auch Dritten gegenüber wirksam.

Das HlSchG enthält keine dem § 34 PatG entsprechende Regelung, wonach dieses Schutzrecht den Gegenstand eines *Pfandrechts* bilden kann. § 10 Abs 2 HlSchG listet jedoch Pfandrechte unter jenen rechtserheblichen Daten auf, die in das Halbleiterschutzregister einzutragen sind. Daraus ergibt sich, dass der Gesetzgeber offenbar die Pfandrechtsbegründung auch bei Halbleiterschutzrechten als (selbstverständlich) zulässig erachtet hat.

Eine Analogie zu den Regelungen für andere gewerbliche Schutzrechte legt auch hier die Annahme nahe, dass der Rechtserwerb erst mit *Eintragung* ins Halleiterschutzregister eintritt (vgl § 43 Abs 1 PatG, § 22 Abs 1 MuSchG).[52]

10.7. Schutzdauer

Der Schutz *entsteht* mit dem Tag der erstmaligen nicht nur vertraulichen geschäftlichen Verwertung der Topographie, sofern diese innerhalb von zwei Jahren beim PA angemeldet wird oder mit dem Tag der Anmeldung beim PA, wenn die Topographie zuvor noch nicht oder nur vertraulich geschäftlich verwertet

---

[51]) *Lang*, ecolex 1996, 375 (377).
[52]) Zur Eintragung von Pfandrechten: *Madl*, Pfandrecht an Marken, ecolex 1991, 329.

worden ist (§ 8 Abs 1 HlSchG). Der Schutz kann erst geltend gemacht werden, wenn das Halbleiterschutzrecht in das Halbleiterschutzregister eingetragen ist (§ 8 Abs 3 HlSchG).

Der Halbleiterschutz *endet* durch:

- *Zeitablauf*: Der Schutz endet spätestens mit Ablauf des zehnten Kalenderjahres nach dem Jahr des Schutzbeginns (§ 8 Abs 2 HlSchG; vgl auch Art 38 TRIPS-Abk),
- *Verzicht*,
- *Nichtigerklärung* oder
- *Aberkennung*.

Das Ende des Halbleiterschutzes ist in das *Halbleiterschutzregister* einzutragen (§ 10 Abs 2 HlSchG, Seite 1001) und im *Patentblatt* zu publizieren (§ 11 HlSchG, Seite 1001).

Jedermann kann gemäß § 13 HlSchG beantragen, ein bestimmt zu bezeichnendes Halbleiterschutzrecht für nichtig zu erklären, wenn

- die geschützte Topographie nicht schutzfähig (§§ 1 und 2 HlSchG, Seite 994) war,
- der Anspruch auf ein Halbleiterschutzrecht nach § 4 HlSchG erloschen war (Seite 997) oder die Frist zur Anmeldung (§ 8 Abs 1 HlSchG) ungenützt verstrichen war,
- die Berechtigung zur Geltendmachung des Anspruchs (§ 5 HlSchG, Seite 997) gefehlt hat oder nachträglich weggefallen ist oder
- die Unterlagen gemäß § 9 Abs 2 Z 2 (= Unterlagen zur Identifizierung oder Veranschaulichung der Topographie oder eine Kombination davon) dem gegebenenfalls hinterlegten Halbleitererzeugnis nicht entsprechen.

Zuständig ist die NA (§ 16 Abs 5 HlSchG iVm § 60 Abs 3 PatG). Die Entscheidung wirkt idR „*ex tunc*" auf den Beginn des Schutzes zurück (§ 13 Abs 2 HlSchG). Wird der Nichtigkeitsantrag jedoch darauf gestützt, dass die Berechtigung zur Geltendmachung des Anspruchs nachträglich weggefallen ist, so wirkt die rechtskräftige Nichtigerklärung auf den Zeitpunkt zurück, in dem das Musterschutzrecht anfechtbar geworden ist. Die Nichtigerklärung ist in das Halbleiterschutzregister einzutragen (§ 10 Abs 2 HlSchG).

Das Halbleiterschutzrecht ist dem Inhaber gemäß § 14 HlSchG *abzuerkennen*, wenn der Nachweis erbracht wird, dass ihm der Anspruch auf dessen Erteilung nicht zustand (§ 3 HlSchG, Seite 995). Der Anspruch auf Aberkennung steht dem zu, der Anspruch auf das Schutzrecht hat. Er verjährt gegen den gutgläubigen Schutzrechtsinhaber innerhalb dreier Jahre vom Zeitpunkt seiner Eintragung in das Halbleiterschutzregister an (§ 14 Abs 2 HlSchG). Der Antragsteller kann unter

Umständen auch die Übertragung des Halbleiterschutzrechts begehren (§ 14 Abs 3 HlSchG).[53] Zuständig ist die NA (§ 16 Abs 5 HlSchG iVm § 60 Abs 3 PatG). Gegen die Entscheidung der NA kann eine *Berufung* an den OPM erhoben werden (§ 17 HlSchG iVm § 138 Abs 1 und 3 PatG). Die Berufung ist binnen zwei Monaten nach Zustellung der Entscheidung beim PA schriftlich einzubringen (Seite 949).

10.8. Sanktionen

Wer in seinem Halbleiterschutzrecht verletzt worden ist (vgl Seite 1001), hat gemäß § 21 HlSchG *zivilrechtliche Ansprüche* auf: Unterlassung (auch vorbeugend bei „zu besorgender Verletzung"), Beseitigung, Urteilsveröffentlichung, angemessenes Entgelt, Schadenersatz, Herausgabe der Bereicherung, angemessene Entschädigung und Rechnungslegung.[54] Die §§ 147 bis 154 PatG sind entsprechend anzuwenden (vgl näher Seite 953 ff). *Zuständig* ist ausschließlich das Handelsgericht Wien (§ 23 Abs 1 HlSchG).

Wer ein Halbleiterschutzrecht vorsätzlich verletzt, ist mit Geldstrafe bis zu 360 Tagessätzen zu bestrafen (§ 22 HlSchG; *Privatanklagedelikt*). Zuständig ist das Landesgericht für Strafsachen Wien (§ 23 Abs 2 HlSchG). Eine besondere Haftungsbestimmung für Unternehmensinhaber und -leiter bzw für Organe enthält § 22 Abs 2 HlSchG.

Wer Gegenstände in einer Weise bezeichnet, die geeignet ist, den Eindruck zu erwecken, dass sie Halbleiterschutz genießen, hat auf Verlangen gemäß § 20 HlSchG *Auskunft* darüber zu geben, auf welches Schutzrecht sich die Bezeichnung stützt. Dieser Anspruch ist beim Handelsgericht Wien geltend zu machen.[55]

Eine Regelung, welche *Kennzeichnung* die unter Verwendung geschützter Topographien hergestellten Halbleitererzeugnisse tragen sollen, enthält das HlSchG nicht. Art 9 der HlSchRL sieht die Kennzeichnung mit einem „T" vor. Irreführende Kennzeichnungen können gemäß § 2 UWG verfolgt werden.

Negative Feststellung: Wer eine Topographie geschäftlich verwertet, insbesondere ein diese enthaltendes Halbleitererzeugnis anbietet, in Verkehr bringt, vertreibt oder zu diesen Zwecken einführt, oder wer solche Maßnahmen beabsichtigt, kann gegen den Inhaber eines Halbleiterschutzrechts oder den ausschließlichen Lizenznehmer die *Feststellung* beantragen, dass die Topographie oder das diese enthaltende Halbleitererzeugnis weder ganz noch teilweise unter das Halbleiterschutzrecht fällt (§ 15 Abs 1 HlSchG).

---

[53]) Die geplante Patentrechts- und Gebührennovelle 2000 (GZ 1962-GR/99) sollte hier eine Vereinfachung des Verfahrens bringen.
[54]) Die Patentrechts- und Gebührennovelle 2000 (GZ 1962-GR/99) hat zusätzlich einen Anspruch auf Auskunft über die Herkunfts- und Vertriebswege vorgesehen.
[55]) Zum entsprechenden Anspruch im Musterrecht: *Knittel/Kucsko*, MuSchG, Anm 4 zu § 37.

Zuständig ist die NA (§ 16 Abs 5 HlSchG iVm § 60 Abs 3 lit c PatG). Die Feststellungsentscheidung ist in das Halbleiterschutzregister einzutragen (§ 10 Abs 2 HlSchG).

Positive Feststellung: Der Inhaber eines Halbleiterschutzrechts oder der ausschließliche Lizenznehmer kann gegen jemanden, der eine Topographie geschäftlich verwertet, insbesondere ein diese enthaltendes Halbleitererzeugnis anbietet, in Verkehr bringt, vertreibt oder zu diesen Zwecken einführt oder solche Maßnahmen beabsichtigt, die Feststellung beantragen, dass die Topographie oder das diese enthaltende Halbleitererzeugnis weder ganz noch teilweise unter das Halbleiterschutzrecht fällt (§ 15 Abs 2 HlSchG).

Zuständig ist die NA (§ 16 Abs 5 HlSchG iVm § 60 Abs 3 lit c PatG). Die Feststellungsentscheidung ist in das Halbleiterschutzregister einzutragen (§ 10 Abs 2 HlSchG).

11. SCHUTZZERTIFIKATE

Überblick:

- Für *Arzneimittel* und *Pflanzenschutzmittel* ist in der EU aufgrund entsprechender Verordnungen ein spezieller Schutz vorgesehen.
- Dieser Schutz schließt an den Patentschutz an und verlängert ihn um maximal 5 Jahre.
- Nationale Durchführungsvorschriften enthält das *SchutzzertifikatsG*.
- Zuständig ist das Österreichische *Patentamt*.
- Inhaltlich sind in weiten Bereichen die Regelungen des *PatG* sinngemäß anzuwenden.

11.1. Einleitung

11.1.1. Begriff „Schutzzertifikat"

Patentanmeldeverfahren sind oft langwierig. Parallel dazu muss das patentwerbende Unternehmen aber unter Umständen auch ein spezielles Zulassungsverfahren für das betreffende Produkt absolvieren (insbesondere bei Arzneimitteln und Pflanzenschutzmitteln). Ist dann das zeitraubende Zulassungsverfahren endlich abgeschlossen und damit der Weg zum Inverkehrbringen des Produktes frei, so ist gelegentlich schon ein beträchtlicher Teil der patentrechtlichen Schutzdauer verstrichen. Dadurch verkürzt sich der zur Verfügung stehende Schutz beträchtlich. Um dem zu begegnen, wurden in der EU Regelungen über spezielle „ergänzende Schutzzertifikate" erlassen, die einen maximal fünfjährigen, an das Ende der Patentdauer anschließenden Schutz gewähren.[1] Dahinter stehen auch massive wirtschaftspolitische Interessen der Gemeinschaft. Dies sprechen die Erwägungsgründe der Verordnung über Schutzzertifikate für *Arzneimittel* deutlich aus: „Arzneimittel, vor allem solche, die das Ergebnis einer langen und kostenintensiven Forschungstätigkeit sind, werden in der Gemeinschaft und in Europa nur weiterentwickelt, wenn für sie eine günstige Regelung geschaffen wird, die einen ausreichenden Schutz zur Förderung solcher Forschung vorsieht. ... Die jetzige Situation bringt die Gefahr mit sich, dass die in den Mitgliedstaaten gelegenen Forschungszentren nach Ländern verlagert werden, die bereits jetzt einen grö-

---

[1] *Knittel*, FS 100 Jahre ÖPA (1999) 165 (174).

ßeren Schutz bieten".² Deshalb wurde ein spezielles Schutzsystem für Arzneimittel in der Gemeinschaft etabliert.³

Ähnliche Erwägungen lagen der Schaffung eines analogen Schutzsystems für *Pflanzenschutzmittel* zu Grunde. Auch hier wurde, ausgehend von der Bedeutung der Entwicklung von Pflanzenschutzmitteln für die Erzeugung von Nahrungsmitteln in „reichlichen Mengen", zu „erschwinglichen Preisen" und von „guter Qualität", das Bedürfnis nach einem ausreichend langen Patentschutz für die in langwieriger und kostenintensiver Forschungstätigkeit erzielten Ergebnisse bejaht. Um Wettbewerbsnachteile, insbesondere gegenüber der nordamerikanischen und japanischen Industrie, zu vermeiden, wurde eine entsprechende Schutzverlängerung durch ein Schutzzertifikat eingeführt.⁴

11.1.2. Rechtsquellen

Dieses neue gewerbliche Schutzrecht ist außerhalb des PatG im *Schutzzertifikatsgesetz 1996 – SchZG 1996* geregelt (Bundeskompetenz gemäß Art 10 Abs 1 Z 8 B-VG). Auch hier sind die Einzelheiten des (patentamtlichen) Verfahrens in Gebrauchsmusterangelegenheiten in *Verordnungen* geregelt: die Patent-, Gebrauchsmuster-, Marken- und Musterverordnung – PGMMV, die Patentamtsverordnung – PAV, die Teilrechtsfähigkeitsverordnung – TRFV und die Publikationsverordnung – PublV. Die Regelungen des SchZG knüpfen an zwei *gemeinschaftsrechtliche Verordnungen* über Schutzzertifikate für Arzneimittel und Pflanzenschutzmittel an.⁵

Checklist: Rechtsquellen

Gesetz

- **SchZG:** BG betreffend ergänzende Schutzzertifikate (Schutzzertifikatsgesetz 1996 – SchZG 1996) BGBl I 1997/11 idF BGBl I 2001/143 (Euro-UmstellungsG Patent-, Marken- und Musterrecht – EUG-PMM).
- **PPG:** BG, mit dem ergänzende Regelungen im Verkehr mit Waren, die ein Recht am geistigen Eigentum verletzen, erlassen werden (ProduktpiraterieG), BGBl I 2001/65.

Verordnungen

- **PGMMV:** Verordnung des BMwA betreffend die Durchführung des PatentG 1970, des PatV-EG, des SchZG 1996, des GMG, des HlSchG, des MSchG 1970

---

²) Die USA hatten bereits 1984 und Japan bereits 1986 eine Verlängerungsmöglichkeit für Arzneimittelpatente vorgesehen (*Knittel*, ecolex 1994, 548).
³) Zur Zulässigkeit, ein fremdes, patentiertes Arzneimittel bereits vor Ablauf der Schutzfrist zur Zulassung einzureichen, um es sogleich nach Ablauf der Schutzfrist vermarkten zu können: EuGH 9. 7. 1997, Rs C-316/95 – Generics BV/Smith Kline. Zur Beantragung eines Schutzzertifikats für ein Arzneimittel, das durch mehrere Grundpatente geschützt ist, durch nur einen der Grundpatentinhaber: EuGH 23. 1. 1997, Rs C-181/95 – Biogen/Smithkline Beecham – EuZW 1997, 170.
⁴) Vgl die Erwägungsgründe zur PSchM-VO.
⁵) Die Nichtigkeitsklage Spaniens gegen die SchZ-VO ist nicht durchgedrungen (EuGH 13. 7. 1995, Rs C-350/92).

und des MuSchG 1990 (Patent-, Gebrauchsmuster-, Marken- und Musterverordnung – PGMMV) BGBl 1994/226 idF BGBl II 1997/238, BGBl II 2001/477 und BGBl II 2002/459.
▶ **PAV:** Verordnung des Präsidenten des Patentamtes v 8. 11. 1990 über Eingaben an das Patentamt sowie über das Verfahren in Patent-, Schutzzertifikats-, Gebrauchsmuster-, Halbleiterschutz-, Marken- und Musterangelegenheiten (Patentamtsverordnung – PAV) PBl 1990, 161 idF PBl 1992, 73, PBl 1994, 66, PBl 1997, 122, PBl 1998, 213, PBl 1999, 154 und PBl 2001, 148.
▶ **TRFV:** Verordnung des Präsidenten des Patentamtes, mit der die im Rahmen der Teilrechtsfähigkeit des Patentamtes zu erbringenden Service- und Informationsleistungen festgesetzt werden (Teilrechtsfähigkeitsverordnung – TRFV) PBl 1996, 222.
▶ **PublV:** Verordnung des BMwA über die Herausgabe amtlicher Publikationen des Patentamtes BGBl II 1997/237.[6]

Gemeinschaftsrecht

▶ **ProduktpiraterieVO:** Verordnung (EG) Nr 3295/94 des Rates v 22. 12. 1994 über Maßnahmen, welche das Verbringen von Waren, die bestimmte Rechte am geistigen Eigentum verletzen, in die Gemeinschaft sowie ihre Ausfuhr und Wiederausfuhr aus der Gemeinschaft betreffen, ABl 1994 L 341 S 8 idF ABl 1999 L 027 S 1 (DVO: ABl 1995 L 133 S 2 idF ABl 1999 L 308 S 16).
▶ **SchZ-VO:** Verordnung (EWG) Nr 1768/92 des Rates v 18. 6. 1992 über die Schaffung eines ergänzenden Schutzzertifikats für Arzneimittel, ABl 1992 L 182 S 1 idF ABl 1994 C 241 S 233.
▶ **PSchM-VO:** Verordnung (EG) Nr 1610/96 des Europäischen Parlaments und des Rates v 23. 7. 1996 über die Schaffung eines ergänzenden Schutzzertifikats für Pflanzenschutzmittel ABl 1996 L 198 S 30.

Internationales Recht

▶ **EPÜ:** Übereinkommen über die Erteilung europäischer Patente (Europäisches Patentübereinkommen) BGBl 1979/350 idF BGBl 1979/351, BGBl 1995/591, BGBl III 1997/35 und 36, BGBl III 1997/103 und BGBl III 1999/63.
▶ **PVÜ:** Pariser Verbandsübereinkunft zum Schutz des gewerblichen Eigentums, zuletzt revidiert in Stockholm am 14. 7. 1967 (Pariser Unionsvertrag, Stockholmer Fassung) BGBl 1973/399 idF BGBl 1984/384.

11.1.3. Literatur
Übersichtsdarstellung

▶ *Knittel*, Verlängerungsmöglichkeit für Arzneimittelpatente, ecolex 1994, 548.

---

[6]) Die Verordnung des Präsidenten des Patentamtes v 10. 2. 1997, Zl. 1359/Präs.97, betreffend die Einrichtung von Verwaltungsstellen (Verwaltungsstellenverordnung – VwStV; PBl 1997, 17) wurde mit Bekanntmachung des Präsidenten des PA v 10. 1. 2000 aufgehoben. Die Kompetenzen der Verwaltungsstellendirektion sowie der einzelnen Verwaltungsstellen sind jetzt durch eine Bekanntmachung des Präsidenten geregelt (PBl 2002, 107).

Zeitschriften

> Österreichische Blätter für gewerblichen Rechtsschutz und Urheberrecht („ÖBl") – erscheinen zweimonatlich mit umfassendem Rechtsprechungsteil.
> Österreichisches Patentblatt („PBl") – erscheint monatlich; abrufbar als pdf auf der Website des PA (www.patent.bmwa.gv.at).
> ecolex – Fachzeitschrift für Wirtschaftsrecht – erscheint monatlich (mit einem eigenen Abschnitt über „Wettbewerbs- und Immaterialgüterrecht"); auch auf CD-ROM erhältlich.

Einzelabhandlungen

Holzer, Aktuelle Situation und Entwicklung des gewerblichen Rechtsschutzes in Österreich, in *Rafeiner,* Patente, Marken, Muster, Märkte (1993) 80 (82); *Jakadofsky,* Österreichisches Patentamt und gewerblicher Rechtsschutz – neueste legistische Maßnahmen, in *Rafeiner,* Patente, Marken, Muster, Märkte (1993) 86 (88); *Knittel,* Erfindungsschutz in Österreich, FS 100 Jahre ÖPA (1999) 165 (174).

11.1.4. Entwicklung des Schutzzertifikatsrechts

Art 63 EPÜ in der Fassung der Münchner Konferenz 1991 bestimmt die Laufzeit eines europäischen Patents zwar mit 20 Jahren, lässt aber eine Verlängerung des Schutzes in bestimmten Fällen zu, so etwa wenn der Gegenstand des Patents ein Erzeugnis oder ein Verfahren zur Herstellung oder eine Verwendung eines Erzeugnisses ist, das vor dem Inverkehrbringen in diesem Staat einem gesetzlich vorgeschriebenen behördlichen Genehmigungsverfahren unterliegt.

Die *SchZ-VO* hat 1993 für die Inhaber von Arzneimittelpatenten einen solchen, an die Patentdauer anschließenden Schutz in Form eines ergänzenden Schutzzertifikats geschaffen.[7] Dieses hat für die Mitgliedstaaten unmittelbar wirksame Regelungen über ein neues gewerbliches Schutzrecht gebracht, das auf den im Einzelfall bestehenden Patentschutz aufsetzt. Auf diese Weise konnte ein eigener Administrationsapparat vermieden, dennoch eine sehr weit reichende europäische Harmonisierung erreicht werden. In den einzelnen Mitgliedstaaten mussten nur noch die „Nahtstellen" zum nationalen Patentrecht hergestellt werden.

Für Österreich wurden diese Regelungen bereits aufgrund des EWR-Abkommens wirksam und erforderten flankierende gesetzliche Maßnahmen. Dazu wurde 1994 das *SchutzzertifikatsG*[8] erlassen.

Wie erwartet[9] ist in der Folge eine nahezu wortgleich formulierte weitere Verordnung über Schutzzertifikate für Pflanzenschutzmittel (*PSchM-VO*) in Kraft getreten. Vorbereitend dazu hat Österreich die durch gewisse geringfügige Anwendungsprobleme entstandene Notwendigkeit einer Novellierung des SchutzzertifikatsG zum Anlass genommen, dieses neu zu fassen als *SchutzzertifikatsG 1996*.[10]

---

[7]) Zur kompetenzrechtlichen Grundlage (Art 100a EWGV) vgl EuGH 13. 7. 1995 – Königreich Spanien ./. Rat der Europäischen Union – GRUR Int 1995, 906.
[8]) BGBl 1994/635.
[9]) *Knittel,* ecolex 1994, 548 (550).
[10]) BGBl I 1997/11.

Im Dezember 1999 hat das BMwA den Entwurf einer *Patentrechts- und Gebührennovelle 2000*[11] zur Begutachtung ausgesandt. Er enthält auch geringfügige Änderungen des SchZG. Bislang wurde dieser Entwurf allerdings nicht weiter parlamentarisch behandelt.

Es gilt das *Territorialitätsprinzip*. Für die Frage, welches nationale Recht ein österreichisches Gericht anzuwenden hat, gelten die allgemeinen Regelungen der § 34 Abs 1 und § 43 Abs 1 *IPRG*: Danach sind das Entstehen, der Inhalt und das Erlöschen von Immaterialgüterrechten nach dem Recht des Staates zu beurteilen, in dem eine Benützungs- oder Verletzungshandlung gesetzt wird.

11.2. Schutzgegenstand
11.2.1. Definition
Für jedes im Hoheitsgebiet eines Mitgliedstaates durch ein Patent[12] geschütztes Erzeugnis[13], das vor seinem Inverkehrbringen als Arzneimittel[14] bzw Pflanzenschutzmittel[15] Gegenstand eines verwaltungsrechtlichen Genehmigungsverfahrens nach der RL 65/65/EWG oder der RL 81/851/EWG bzw gemäß der RL 91/414/EWG (oder einer gleichwertigen einzelstaatlichen Rechtsvorschrift) ist bzw war, kann nach der VO ein *ergänzendes Schutzzertifikat* erteilt werden (Art 2 SchZ-VO; Art 2 PSchM-VO).

11.2.2. Schutzvoraussetzungen
Das Schutzzertifikat wird gemäß Art 3 SchZ-VO (bzw Art 3 PSchM-VO) erteilt, wenn in dem Mitgliedstaat, in dem die Anmeldung eingereicht wird, zum Zeitpunkt der Anmeldung

- das Erzeugnis durch ein in Kraft befindliches *Grundpatent*[16] geschützt ist;
- für das Erzeugnis als *Arzneimittel* bzw *Pflanzenschutzmittel* eine gültige Genehmigung für das Inverkehrbringen gemäß den entsprechenden gemeinschaftsrechtlichen RL erteilt wurde;
- für das Erzeugnis *nicht bereits ein Zertifikat* erteilt wurde;

---

[11]) GZ 1962-GR/99; Ende der Begutachtungsfrist 21. 2. 2000.
[12]) Das „Grundpatent" kann für Österreich ein österreichisches Patent oder ein für Österreich vom Europäischen Patentamt erteiltes Patent sein (*Knittel*, ecolex 1994, 548 [549]).
[13]) Das ist der Wirkstoff oder die Wirkstoffzusammensetzung eines Arzneimittels (Art 1 lit b SchZ-VO) bzw eines Pflanzenschutzmittels (Art 1 Z 8 PSchM-VO). Zur Auslegung des Begriffs „Erzeugnis" (im Zusammenhang mit Art 19 SchZ-VO vgl den Vorabentscheidungsantrag des OGH 12. 8. 1998, 4 Ob 104/98t – Aciclovir I – ÖBl 1998, 355 (*Alge*) = GRUR Int 1999, 464, über den wegen Klagsrücknahme nicht mehr zu entscheiden war (vgl *Wiltschek*, ecolex 1999, 639).
[14]) Das ist „ein Stoff oder eine Stoffzusammensetzung, der (die) als Mittel zur Heilung oder zur Verhütung menschlicher oder tierischer Krankheiten bezeichnet wird, sowie ein Stoff oder eine Stoffzusammensetzung, der (die) dazu bestimmt ist, im oder am menschlichen oder tierischen Körper zur Erstellung einer ärztlichen Diagnose oder zur Wiederherstellung, Besserung oder Beeinflussung der menschlichen oder tierischen Körperfunktionen angewandt zu werden" (Art 1 lit a SchZ-VO).
[15]) Definiert in Art 1 Z 1 PSchM-VO.
[16]) Also ein Patent, das ein Erzeugnis als solches, ein Verfahren zur Herstellung eines Erzeugnisses oder eine Verwendung eines Erzeugnisses schützt und das von seinem Inhaber für das Verfahren zur Erteilung eines Schutzzertifikats bestimmt ist (Art 1 lit c SchZ-VO).

- die Genehmigung die *erste Genehmigung* für das Inverkehrbringen dieses Erzeugnisses als Arzneimittel bzw Pflanzenschutzmittel ist.

Voraussetzung für die Erteilung des Zertifikats ist, dass der arzneimittelrechtlich genehmigte Wirkstoff oder die Wirkstoffkombination durch ein in Kraft befindliches Grundpatent geschützt ist. Sind Komponenten der beantragten Wirkstoffkombination von den Ansprüchen des Grundpatents nicht umfasst, so kann auf diese Kombination kein ergänzendes Schutzzertifikat erteilt werden.[17]

11.3. Berechtigter

Das Recht auf das Zertifikat steht dem Inhaber des *Grundpatents* oder seinem Rechtsnachfolger zu (Art 6 SchZ-VO; Art 6 PSchM-VO).

Die §§ 8 bis 11 und 14 bis 19 PatG über die *Diensterfindervergütung* sind entsprechend anzuwenden (§ 7 SchZG). Ebenso sind § 20 PatG über die *Erfindernennung*, § 21 PatG über die *Vertreterregelung*, § 27 PatG über das *Verhältnis mehrerer Patentinhaber zueinander* und § 51 PatG über das *Vergeltungsrecht* entsprechend anzuwenden (§ 7 SchZG).

11.4. Institutionen

11.4.1. Patentamt (PA)/OPM

Schutzzertifikate, die in Österreich geltende Patente ergänzen, werden vom *Österreichischen Patentamt* (PA) nach Maßgabe von Verordnungen der Europäischen Gemeinschaft über die Schaffung ergänzender Schutzzertifikate erteilt (§ 1 SchZG). Zur Beschlussfassung und zu den sonstigen Erledigungen in Angelegenheiten von ergänzenden Schutzzertifikaten ist, soweit nichts anderes bestimmt ist, das Österreichische Patentamt zuständig. Im PA richtet sich die Zuständigkeit nach der Geschäftsverteilung in Patentangelegenheiten, wobei die Zuständigkeit für das Verfahren zur Erteilung von ergänzenden Schutzzertifikaten jener für das Verfahren zur Erteilung von Patenten entspricht (§ 5 Abs 1 SchZG). Demnach sind die *Technischen Abteilungen* für die Erteilung von Schutzzertifikaten und die *Rechtsabteilung* für Angelegenheiten, die sich auf rechtliche Verfügungen betreffend Zertifikatsanmeldungen, auf erteilte Zertifikate oder auf Wiedereinsetzungsanträge beziehen, soweit nicht die BA oder NA zuständig ist, berufen.[18]

Für die Verfahren über Rücknahme, Nichtigerklärung, Aberkennung und Abhängigerklärung von Schutzzertifikaten, über Ansprüche auf Nennung als Erfinder, auf Anerkennung eines Vorbenützerrechts, über Feststellungsanträge und über die Erteilung von Zwangslizenzen entscheidet die *Nichtigkeitsabteilung* (NA).[19] Über die Nichtigerklärung eines Schutzzertifikats aufgrund des Erlöschens des Grundpa-

---

[17]) BA 30. 8. 2002, B 19/98 – Dreifachtherapieprodukt – PBl 2002, 176 = ÖBl-LS 2003/33.
[18]) EB 1635 BlgNR 18.GP.
[19]) EB 1635 BlgNR 18.GP.

tents vor Ende der gesetzlichen Höchstdauer oder der vollständigen Nichtigerklärung des Grundpatents entscheidet die NA auf Antrag oder von Amts wegen durch ein rechtskundiges Mitglied ohne Durchführung einer mündlichen Verhandlung (§ 5 Abs 2 SchZG). Für das Beschwerdeverfahren ist die *Beschwerdeabteilung* (BA) zuständig.

Die verfahrensbezogenen Regelungen der §§ 52 bis 57, 57b bis 61, 62 Abs 1, 2 und 7, §§ 63, 64, 66 bis 79, 80 Abs 2, §§ 81 bis 86, 90 und 92, 112 bis 146 PatG sind *entsprechend anzuwenden* (§ 7 SchZG; Art 17 und 18 SchZ-VO; Art 17 und 18 PSchM-VO).

11.4.2. Gerichte

Für Klagen und einstweilige Verfügungen ist gemäß § 162 PatG iVm § 7 SchZG ausschließlich das *Handelsgericht Wien* in Senatsbesetzung zuständig. Die Gerichtsbarkeit in Strafsachen steht dem *Landesgericht für Strafsachen Wien* zu.

11.5. Registrierung

11.5.1. Anmeldestelle

Gemäß Art 9 Abs 1 SchZ-VO (bzw Art 9 Abs 1 PSchM-VO) ist die Anmeldung bei der Behörde des Mitgliedstaats einzureichen, der das Grundpatent erteilt hat oder mit Wirkung für den das Grundpatent erteilt worden ist und in dem die Genehmigung für das Inverkehrbringen erlangt wurde. Die Anmeldung eines ergänzenden Schutzzertifikats hat demnach für Österreich beim *Österreichischen Patentamt* (Dresdner Straße 87–105, 1200 Wien, Tel: 01-534 24 0) zu erfolgen (§ 2 Abs 1 SchZG).

11.5.2. Frist

Die Anmeldung muss innerhalb von *sechs Monaten*, gerechnet ab dem Zeitpunkt, zu dem für das Erzeugnis als Arzneimittel bzw Pflanzenschutzmittel die Genehmigung für das Inverkehrbringen erteilt wurde, eingereicht werden (Art 7 Abs 1 SchZ-VO; Art 7 Abs 1 PSchM-VO). Ungeachtet dieser Regelung muss die Anmeldung dann, wenn die Genehmigung für das Inverkehrbringen vor der Erteilung des Grundpatents erfolgt, innerhalb von *sechs Monaten* nach dem Zeitpunkt der Erteilung des Patents eingereicht werden (Art 7 Abs 2 SchZ-VO; Art 7 Abs 2 PSchM-VO).

11.5.3. Anmeldung

Die Anmeldung hat *schriftlich* zu erfolgen (§ 2 Abs 1 SchZG). Zum *Inhalt* der Anmeldung vgl Art 8 Abs 1 SchZ-VO (bzw Art 8 Abs 1 PSchM-VO). Zur *Bekanntmachung* der Zertifikatsanmeldung vgl Art 9 Abs 2 SchZ-VO (bzw Art 9 Abs 2 PSchM-VO).

Gebühren

Für jede Anmeldung ist eine *Anmeldegebühr* von 218,-- EUR zu zahlen (§ 2 Abs 1 SchZG; Art 8 Abs 2 SchZ-VO; Art 8 Abs 2 PSchM-VO).

Für jedes ergänzende Schutzzertifikat sind nach Maßgabe der in Anspruch genommenen Dauer *Jahresgebühren* zu zahlen (§ 4 Abs 1 SchZG; Art 12 SchZ-VO; Art 12 PSchM-VO). Die Jahresgebühr ist steigend (für das erste Jahr 2.034,-- EUR, für das zweite 2.325,-- EUR, für das dritte 2.616,-- EUR, für das vierte 2.906,-- EUR und für das fünfte Jahr 3.197,-- EUR).

Die §§ 168, 169 und 172a PatG über die *Gebühren* sind entsprechend anzuwenden; die im § 132 Abs 1 lit b PatG vorgesehene Verfahrensgebühr entspricht der Anmeldegebühr gemäß § 2 Abs 1 SchZG (§ 7 SchZG). Die geplante *Patentrechts- und Gebührennovelle 2000*[20] sollte die Gebührenregelungen in ein gesondertes PatentamtsgebührenG (PAG) auslagern.

11.5.4. Erteilung

Wenn die Zertifikatsanmeldung und das betreffende Erzeugnis die Voraussetzungen erfüllen, so ist vom PA das Zertifikat zu erteilen, sonst ist ein Verfahren zur Mängelbehebung durchzuführen und – wenn die Mängel nicht beseitigt werden können – letztlich die Anmeldung zurückzuweisen (Art 10 Abs 1 bis 4 SchZ-VO; Art 10 Abs 1 bis 4 PSchM-VO). Gegen den Zurückweisungsbeschluss kann Beschwerde an die Beschwerdeabteilung erhoben werden.[21]

Die Erteilung eines ergänzenden Schutzzertifikats erfolgt *ohne Prüfung* darüber, ob für das Erzeugnis vom PA bereits ein Zertifikat erteilt wurde und ob die vorgelegte Genehmigung die erste Genehmigung für das Inverkehrbringen des Erzeugnisses in Österreich ist (§ 3 Abs 1 SchZG; Art 10 Abs 5 SchZ-VO; Art 10 Abs 5 PSchM-VO).

Beim Patentamt ist ein *Schutzzertifikatsregister* zu führen. Einzutragen sind (§ 6 SchZG):

- Registernummer,
- Name und Anschrift des Inhabers des Schutzzertifikats,
- gegebenenfalls Name und Anschrift seines Vertreters,
- Bezeichnung des Erzeugnisses,
- Nummer und Zeitpunkt der ersten Genehmigung für das Inverkehrbringen des Erzeugnisses in Österreich,
- gegebenenfalls die Nummer und der Zeitpunkt der ersten Genehmigung für das Inverkehrbringen des Erzeugnisses im EWR,
- Beginn und Ende der Laufzeit des Schutzzertifikats,
- Nummer und Titel des Grundpatents.

---

[20] GZ 1962-GR/99.
[21] *Knittel*, ecolex 1994, 548 (549).

Auch sonst sind die wesentlichen rechtlichen Informationen einzutragen (Erlöschen, Rücknahme, Nichtigerklärung, Aberkennung, Abhängigerklärungen und Übertragungen des Schutzzertifikats, Nennungen als Erfinder, Lizenzeinräumungen, Pfandrechte und sonstige dingliche Rechte am Schutzzertifikat, Vorbenützerrechte, Zwischenbenützerrechte, Wiedereinsetzungen in den vorigen Stand, Feststellungsentscheidungen, das Erlöschen, die Rücknahme, die Nichtigerklärung und die Aberkennung des Grundpatents usw). Das Schutzzertifikatsregister steht jedermann zur *Einsicht* offen. Auf Verlangen ist ein beglaubigter *Registerauszug* auszustellen. Die §§ 43 bis 45 PatG sind entsprechend anzuwenden (§ 7 SchZG).

Die Erteilung des Zertifikats bzw die Zurückweisung der Zertifikatsanmeldung sind *bekannt zu machen* (Art 11 SchZ-VO; Art 11 PSchM-VO). Dazu bestimmt § 8 SchZG allgemein, dass Hinweise betreffend ergänzende Schutzzertifikate, die aufgrund der Bestimmungen von Verordnungen der Europäischen Gemeinschaft über die Schaffung ergänzender Schutzzertifikate oder aufgrund des § 7 SchZG in Verbindung mit den dort angeführten Bestimmungen des PatG zu erfolgen haben, im *Patentblatt* zu veröffentlichen sind.

11.6. Wirkung des Schutzzertifikats

Der durch das Schutzzertifikat gewährte Schutz erstreckt sich in den Grenzen des durch das *Grundpatent* gewährten Schutzes allein auf das Erzeugnis, das von der *Genehmigung* für das Inverkehrbringen des entsprechenden Arzneimittels bzw Pflanzenschutzmittels erfasst wird, und zwar auf diejenigen Verwendungen des Erzeugnisses als Arzneimittel bzw Pflanzenschutzmittel, die vor Ablauf des Zertifikats genehmigt wurden (Art 4 SchZ-VO; Art 4 PSchM-VO). Im Übrigen gewährt das Zertifikat dieselben Rechte wie das Grundpatent und unterliegt denselben Beschränkungen und Verpflichtungen (Art 5 SchZ-VO; Art 5 PSchM-VO).

Lizenzen, Vorbenützerrechte sowie *Zwischenbenützerrechte* am Grundpatent gelten, soweit keine entgegenstehenden Vereinbarungen getroffen wurden oder Entscheidungen ergangen sind, auch für das ergänzende Schutzzertifikat (§ 3 Abs 2 SchZG). Im Übrigen sind die §§ 22 bis 26 PatG über die *Wirkung des Patents* entsprechend anzuwenden (§ 7 SchZG). Ebenso anzuwenden sind die §§ 30 bis 32 PatG über die *Bindung des Patentinhabers an die Rechtsvorschriften* und die §§ 33 bis 37 PatG über die *Übertragung, Pfandrechte und Lizenzen* (§ 7 SchZG).

11.7. Schutzdauer

Das Schutzzertifikat gilt ab Ablauf der gesetzlichen Laufzeit des Grundpatents für eine Dauer, die dem Zeitraum zwischen der Einreichung der Anmeldung für das Grundpatent und dem Zeitpunkt der ersten Genehmigung für das Inverkehrbringen in der Gemeinschaft entspricht, abzüglich eines Zeitraums von 5 Jahren. Ungeachtet dessen beträgt die Laufzeit des Schutzzertifikats aber *höchstens 5 Jahre* vom Zeitpunkt seines Wirksamwerdens an (Art 13 SchZ-VO; Art 13 PSchM-VO).

Das Schutzzertifikat *erlischt* gemäß Art 14 SchZ-VO (bzw Art 14 PSchM-VO)

- mit Erreichung seiner *Höchstdauer*;
- bei *Verzicht* des Inhabers des Zertifikats;
- bei nicht rechtzeitiger *Zahlung* der Jahresgebühr;
- wenn und solange das durch das Zertifikat geschützte Erzeugnis infolge *Widerrufs* der betreffenden Genehmigung nicht mehr in den Verkehr gebracht werden darf (Über das Erlöschen entscheidet das PA von Amts wegen oder auf Antrag).

Jedermann kann gemäß Art 15 SchZ-VO (Art 15 PSchM-VO) die *Nichtigerklärung* beantragen,

- wenn das Schutzzertifikat *entgegen dem Art 3 SchZ-VO bzw Art 3 PSchM-VO* (Seite 1011) erteilt wurde;
- wenn das Grundpatent vor Ablauf seiner gesetzlichen Laufzeit *erloschen* ist;
- wenn das Grundpatent für *nichtig* erklärt oder derartig *beschränkt* wird, dass das Erzeugnis, für welches das Zertifikat erteilt worden ist, nicht mehr von den Ansprüchen des Grundpatents erfasst wird, oder wenn nach Erlöschen des Grundpatents Nichtigkeitsgründe vorliegen, die die Nichtigerklärung oder Beschränkung gerechtfertigt hätten.

Zur *Bekanntmachung* des Erlöschens oder der Nichtigkeit vgl Art 16 SchZ-VO (Art 16 PSchM-VO). Die § 46 Abs 2 und 3 PatG zum *Erlöschen*, § 47 PatG über die *Rücknahme*, § 48 Abs 2 und 3 PatG zur *Nichtigerklärung* und §§ 49 und 50 PatG über die *Aberkennung* und *Abhängigerklärung* sind entsprechend anzuwenden (§ 7 SchZG).

11.8. Sanktionen

Die zivil- und strafrechtlichen Sanktionen entsprechen jenen im PatG. Die §§ 147 und 165 PatG über die zivil- und strafrechtlichen *Sanktionen* sind entsprechend anzuwenden (§ 7 SchZG).

12. EUROPÄISCHES PATENT

Überblick:

- Durch das „Europäische Patentübereinkommen" (EPÜ) wurden einheitliche materiellrechtliche Regelungen und ein *einheitliches europäisches Recherchen- und Patenterteilungsverfahren* geschaffen.
- Das *„Europäische Patentamt"* hat seinen Sitz in München.
- Mit einer einzigen *Anmeldung* kann Patentschutz in allen benannten Vertragsstaaten erlangt werden.
- Die Laufzeit des „europäischen Patents" beträgt *20 Jahre* ab Anmeldetag.
- Die *Rechtsdurchsetzung* erfolgt nach den jeweiligen nationalen patentrechtlichen Regelungen.
- Die *Nichtigerklärung* obliegt den nationalen Behörden (für Österreich der Nichtigkeitsabteilung des PA).

12.1. Einleitung

12.1.1. Begriff „Europäisches Patent"

Als „Europäisches Patent" werden die nach dem *EPÜ* vom *Europäischen Patentamt in München* erteilten Patente bezeichnet (Art 2 Abs 1 EPÜ). Das europäische Patent hat in jedem Vertragsstaat, für den es erteilt worden ist, dieselbe Wirkung und unterliegt denselben Vorschriften wie ein in diesem Staat erteiltes nationales Patent, soweit sich aus dem EPÜ nichts anderes ergibt (Art 2 Abs 2 EPÜ). Die Erteilung des europäischen Patents kann für einen, mehrere oder alle Vertragsstaaten beantragt werden (Art 3 EPÜ). Ziel des EPÜ ist es, die Zusammenarbeit zwischen den europäischen Staaten auf dem Gebiet des Schutzes der Erfindungen zu verstärken und dazu ein einheitliches Patenterteilungsverfahren sowie bestimmte einheitliche Vorschriften für die nach diesem Verfahren erteilten Patente zu erreichen. Durch dieses Übereinkommen wurde eine *Europäische Patentorganisation* (EPO) geschaffen. Dem EPÜ gehören derzeit 27 Vertragsstaaten an: Belgien, Bulgarien, Dänemark, Deutschland, Estland, Finnland, Frankreich, Griechenland, Irland, Italien, Liechtenstein, Luxemburg, Monaco, Niederlande, Österreich, Portugal, Rumänien, Schweden, Schweiz, Slowakei, Slowenien, Spanien, Tschechische Republik, Türkei, Ungarn, Vereinigtes Königreich und Zypern.[1]

---

[1]) http://www.european-patent-office.org/epo/members_d.htm.

Um den Anwendungsbereich auszudehnen, hat die EPO außerdem mit einzelnen Staaten, die (noch) nicht dem EPÜ angehören, *Erstreckungsabkommen* geschlossen. Durch Einzahlung einer Erstreckungsgebühr können die Wirkungen der europäischen Patentanmeldung auch auf diese Staaten erstreckt werden:[2] Albanien, Litauen, Lettland, ehemalige jugoslawische Republik Mazedonien.[3]

Das europäische Patentsystem ist überaus erfolgreich. Jährlich werden etwa 160.000 Anmeldungen eingereicht.[4]

12.1.2. Rechtsquellen

Das *EPÜ* ist ein Sonderabkommen im Sinne des Art 19 PVÜ.[5] Es gelten daher der Grundsatz der *Inländerbehandlung* (Seite 190) und die *PVÜ-Frist* (Seite 190). Das EPÜ ist ein eigenständiger völkerrechtlicher Vertrag und keine gemeinschaftsrechtliche Kodifikation. Organe der Europäischen Union, insbesondere der EuGH, haben daher in diesem Bereich keine Zuständigkeit.[6] Spezielle nationale Umsetzungsbestimmungen enthält das *PatV-EG*. Auf europäische Patentanmeldungen sowie auf europäische Patente und auf Verfahren, die diese Schutzrechte betreffen, sind im Übrigen ergänzend die Vorschriften des PatG sinngemäß anzuwenden (§ 24 PatV-EG).

Checklist: Rechtsquellen

Gesetze

▸ **PatG:** Patentgesetz 1970, BGBl 1970/259 (Wiederverlautbarung des PatG 1950), BGBl 1971/137 (Druckfehlerberichtigung), BGBl 1973/167 (Aufhebung des § 163 PatG), BGBl 1973/560 (Aufhebung in § 146 Abs 2 PatG), BGBl 1973/581 (Änderung des PatG), BGBl 1977/349 (PatG-Nov 1977), BGBl 1981/526 (PatG- und MSchG-Nov 1981), BGBl 1982/201 (ZustellrechtsanpassungsG), BGBl 1984/126 (Patent- und Markengebühren-Nov 1984), BGBl 1984/234 (Patentrechts-Nov 1984), BGBl 1985/104 (Arbeits- und SozialgerichtsG), BGBl 1986/382 (PatG-Nov 1986), BGBl 1987/653 (Patent- und Markengebühren-Nov 1987), BGBl 1992/418 (Patent- und Markengebühren-Nov 1992), BGBl 1992/771 (PatG-Nov 1992), BGBl 1994/212 (Änderung des PatG und des GebG), BGBl 1994/634 (Änderung des PatG), BGBl 1994/819 (Druckfehlerberichtigung zu BGBl 1994/ 212), BGBl 1996/181 (Änderung des PatG und des PatV-EG), BGBl I 1998/175 (Änderung des PatG, des PatV-EG und des GMG), BGBl I 1999/191 (Erstes BundesrechtsbereinigungsG – 1.BRBG) und BGBl I 2001/143 (Euro-UmstellungsG Patent-, Marken- und Musterrecht – EUG-PMM).

---

[2]) Vgl Der Weg zum Europäischen Patent, 7; http://www.european-patent-office.org/epo/members_d.htm.
[3]) Zur historischen Entwicklung des EPÜ vgl *Kolle/Strebel*, 3; *Busse*, Patentgesetz[5] Rz 5 zu Art I IntPatÜG.
[4]) *Holzer*, ÖBl 2002, 257.
[5]) Und ein regionaler Patentvertrag iS Art 45 Abs 1 PCT.
[6]) *Busse*, Patentgesetz[5] Rz 8 und 18 zu Art I IntPatÜG.

▶ **PatV-EG:** BG v 16. 12. 1978 über die Einführung des Europäischen Patentübereinkommens und des Vertrages über die internationale Zusammenarbeit auf dem Gebiet des Patentwesens (Patentverträge-Einführungsgesetz – PatV-EG) BGBl 1979/52, BGBl 1984/234 (Patentrechts-Nov 1984), BGBl 1992/418 (Patent- und Markengebühren-Nov 1992), BGBl 1996/181 (Änderung des PatG und des PatV-EG), BGBl I 1998/175 (Änderung des PatG, des PatV-EG und des GMG) und BGBl I 2001/143 (Euro-UmstellungsG Patent-, Marken- und Musterrecht – EUG-PMM).

Verordnungen

▶ **PGMMV:** Verordnung des BMwA betreffend die Durchführung des PatentG 1970, des PatV-EG, des SchZG 1996, des GMG, des HlSchG, des MSchG 1970 und des MuSchG 1990 (Patent-, Gebrauchsmuster-, Marken- und Musterverordnung – PGMMV) BGBl 1994/226 idF BGBl II 1997/238, BGBl II 2001/477 und BGBl II 2002/459.
▶ **PAV:** Verordnung des Präsidenten des Patentamtes v 8. 11. 1990 über Eingaben an das Patentamt sowie über das Verfahren in Patent-, Schutzzertifikats-, Gebrauchsmuster-, Halbleiterschutz-, Marken- und Musterangelegenheiten (Patentamtsverordnung – PAV) PBl 1990, 161 idF PBl 1992, 73, PBl 1994, 66, PBl 1997, 122, PBl 1998, 213, PBl 1999, 154 und PBl 2001, 148.
▶ **TRFV:** Verordnung des Präsidenten des Patentamtes, mit der die im Rahmen der Teilrechtsfähigkeit des Patentamtes zu erbringenden Service- und Informationsleistungen festgesetzt werden (Teilrechtsfähigkeitsverordnung – TRFV) PBl 1996, 222.
▶ **PublV:** Verordnung des BMwA über die Herausgabe amtlicher Publikationen des Patentamtes BGBl II 1997/237.[7]

Internationales Recht

▶ **EPÜ:** Übereinkommen über die Erteilung europäischer Patente (Europäisches Patentübereinkommen) BGBl 1979/350 idF BGBl 1979/351, BGBl 1995/591, BGBl III 1997/35 und 36, BGBl III 1997/103 und BGBl III 1999/63.
▶ **AusfO-EPÜ:** Ausführungsordnung zum Europäischen Patentübereinkommen BGBl 1979/350 idF BGBl 1979/352, BGBl 1980/410, BGBl 1981/213, BGBl 1981/478, BGBl 1986/245, BGBl 1988/59, BGBl 1988/549, BGBl 1991/486, BGBl 1991/607, BGBl 1992/549, BGBl 1994/483, BGBl 1995/603, BGBl 1996/689, BGBl III 1997/104, BGBl III 1999/64, BGBl III 1999/177, BGBl III 2000/34, BGBl III 2001/11, III 2001/243, BGBl III 2002/24, BGBl III 2002/42 und BGBl III 2002/179.
▶ **GebO:** Gebührenordnung v 20. 10. 1977, idF Beschluß des Verwaltungsrats der EPO v 10. 12. 1998, ABl des EPA 1999, 5 und 9 (konsolidierte Fassung: ABl des EPA 2002/1).

---

[7]) Die Verordnung des Präsidenten des Patentamtes v 10. 2. 1997, Zl. 1359/Präs.97, betreffend die Einrichtung von Verwaltungsstellen (Verwaltungsstellenverordnung – VwStV; PBl 1997, 17) wurde mit Bekanntmachung des Präsidenten des PA vom 10. 1. 2000 aufgehoben. Die Kompetenzen der Verwaltungsstellendirektion sowie der einzelnen Verwaltungsstellen sind jetzt durch eine Bekanntmachung des Präsidenten geregelt (PBl 2002, 107).

▶ **Protokoll über die Vorrechte** und Immunitäten der Europäischen Patentorganisation v 5. 10. 1973 (iVm Art 164 EPÜ).
▶ **Anerkennungsprotokoll:** Protokoll über die gerichtliche Zuständigkeit und die Anerkennung von Entscheidungen über den Anspruch auf Erteilung eines Europäischen Patents v 5. 10. 1973 (iVm Art 164 EPÜ).
▶ **Zentralisierungsprotokoll:** Protokoll über die Zentralisierung des europäischen Patentsystems und seine Einführung v 5. 10. 1973 (iVm Art 164 EPÜ).
▶ **KlassA:** Straßburger Abkommen über die internationale Patentklassifikation v 24. 3. 1971 BGBl 1975/517 idF BGBl 1984/125.

12.1.3. Literatur

Gesetzesausgaben und Übersichtsdarstellungen

▶ *Collin*, Europäisches Patentübereinkommen (1975) – systematische Darstellung.
▶ *Collin*, Internationale Patentsysteme in der Praxis (1992) – systematische Darstellung.
▶ *Hauser/Thomasser*, Wettbewerbs- und Immaterialgüterrecht (1998) Rz 660.
▶ *Kolle/Strebel*, Europäisches Patentübereinkommen[3] (1998) – Textausgabe mit Einführung.
▶ *Beier/Haertel/Schricker* (Hrsg) Europäisches Patentübereinkommen – Münchner Gemeinschaftskommentar – erscheint in Teillieferungen, (1984 ff).
▶ *Dybdahl*, Europäisches Patentrecht (2000) – Einführung.
▶ *Singer/Stauder*, Europäisches Patentübereinkommen[2] (2000) –Kommentar.
▶ *Sonn/Pawloy/Alge*, Patentwissen leicht gemacht[2] (2000) – praxisnaher Leitfaden.
▶ *Haybäck*, Grundzüge des Marken- und Immaterialgüterrechts (2001) – Skriptum.
▶ *Benkard*, Europäisches Patentübereinkommen (2002) – Kommentar.
▶ *Brandi-Dohrn/Gruber/Muir*, Europäisches und internationales Patentrecht – Einführung zum EPÜ und PCT[5] (2002).
▶ *Gall*, Die europäische Patentanmeldung und der PCT in Frage und Antwort[6] (2002).
▶ *Visser*, The Annotated European Patent Convention[10] (2003) – Loseblattausgabe.
▶ European Patents Handbook – Loseblattausgabe in 6 Bänden.

Zeitschriften

▶ Österreichische Blätter für gewerblichen Rechtsschutz und Urheberrecht („ÖBl") – erscheinen zweimonatlich mit umfassendem Rechtsprechungsteil.
▶ Österreichisches Patentblatt („PBl") – erscheint monatlich; abrufbar als pdf auf der Website des PA (www.patent.bmwa.gv.at).

Einzelabhandlungen

Mayer, Überlegungen zur Verfassungsmäßigkeit des Patentverträge-Einführungsgesetzes, des EPÜ und des PCT, ÖBl 1979, 89; *Mayer*, Kann wirklich „nichts passieren"? ÖBl 1980, 63; *Krasser*, Die Anpassung der nationalen Patentgesetze an das Europäische Patentrecht, ÖBl 1982, 1; *Leberl*, Die Rolle der nationalen Patentämter innerhalb des EPÜ, PBl 1982, 86; *Braendli*, Entwicklungsaspekte des euopäischen Patentsystems, in *Rafeiner*, Patente, Marken, Muster, Märkte (1993) 3; *Fichte*, Harmonisierung in den verschiedenen Bereichen des Patentwesens, in *Rafeiner*, Patente, Marken, Muster, Märkte (1993)

18; *Mayer-Dolliner*, Das internationale Netzwerk des gewerblichen Rechtsschutzes – die internationalen Verträge, in *Rafeiner*, Patente, Marken, Muster, Märkte (1993) 50; *Fessler*, Die Globalisierung und ihre Auswirkungen auf die Schutzrechtssysteme – eine Hypothese, FS 100 Jahre ÖPA (1999) 113; *Holzer*, Die Reform der Europäischen Patentorganisation, ÖBl 2000, 241; *Nack/Phélip*, Bericht über die Diplomatische Konferenz zur Revision des Europäischen Patentübereinkommens München 20. – 29. November 2000, GRUR Int 2001, 322; *Holzer*, Der „technische Richter" in europäischen Patentstreitsachen, ÖBl 2001, 145; *Holzer*, Die europäische Patentorganisation wächst, ÖBl 2002, 113; *Holzer*, Das Patentsystem boomt, ÖBl 2002, 257.

12.2. Schutzgegenstand „Erfindung"

12.2.1. Definition

Europäische Patente werden für Erfindungen erteilt, die neu sind, auf einer erfinderischen Tätigkeit beruhen und gewerblich anwendbar sind („*patentfähige Erfindungen*"; Art 52 EPÜ).

12.2.2. Schutzvoraussetzungen

Erfindungsgegenstand

Auch das EPÜ kennt keine allgemeine Definition der „Erfindung". Es bestimmt nur, was insbesondere nicht als Erfindungen angesehen wird (Art 52 Abs 2 EPÜ):

- *Entdeckungen* sowie wissenschaftliche Theorien und mathematische Methoden;
- *ästhetische Formschöpfungen*;
- Pläne, Regeln und Verfahren für gedankliche Tätigkeiten, für *Spiele* oder für geschäftliche Tätigkeiten sowie Programme für Datenverarbeitungsanlagen (dies schließt allerdings nicht die Patentierung programmgesteuerter Geräte aus);
- die *Wiedergabe von Informationen*.[8]

Art 52 Abs 2 EPÜ steht der Patentfähigkeit dieser Gegenstände oder Tätigkeiten nur insoweit entgegen, als sich die europäische Patentanmeldung oder das europäische Patent auf die genannten Gegenstände oder Tätigkeiten als solche bezieht (Art 52 Abs 3 EPÜ).Weiters:

- *Verfahren zur chirurgischen oder therapeutischen Behandlung des menschlichen oder tierischen Körpers und Diagnostizierverfahren*, die am menschlichen oder tierischen Körper vorgenommen werden, gelten nicht als gewerblich anwendbare Erfindungen. Dies gilt nicht für Erzeugnisse, insbesondere Stoffe oder Stoffgemische, zur Anwendung in einem der vorstehend genannten Verfahren (Arzneimittel und chirurgische Instrumente sind also beispielsweise patentfähig; Art 52 Abs 4 EPÜ).
- Europäische Patente werden auch nicht erteilt für Erfindungen, deren Veröffentlichung oder Verwertung gegen die *öffentliche Ordnung* oder die *guten Sitten* verstoßen würde; ein solcher Verstoß kann nicht allein aus der Tatsache hergeleitet werden, dass die Verwertung der Erfindung in allen oder einem Teil der Vertragsstaaten durch Gesetz oder Verwaltungsvorschrift verboten ist (Art 53 EPÜ);

---

[8]) Zur Abgrenzung eines Aufzeichnungsträgers mit darauf gespeicherten funktionellen Daten: EPA TechnBK 15. 3. 2000, T 1194/97, GRUR Int 2001, 167.

- *Pflanzensorten* oder *Tierarten* sowie für im Wesentlichen biologische Verfahren zur Züchtung von Pflanzen oder Tieren; diese Vorschrift ist auf mikrobiologische Verfahren und auf die mit Hilfe dieser Verfahren gewonnenen Erzeugnisse nicht anzuwenden (Art 53 EPÜ). Zum Schutz von Pflanzensorten vgl aber das Sortenschutzrecht (Seite 812).

Neuheit

Der *Neuheitsbegriff* (Art 54 EPÜ) ist absolut gefasst[9] und entspricht grundsätzlich jenem des PatG: Eine Erfindung gilt als neu, wenn sie nicht zum Stand der Technik gehört. Den Stand der Technik bildet alles, was vor dem Anmeldetag der europäischen Patentanmeldung der Öffentlichkeit durch schriftliche oder mündliche Beschreibung, durch Benutzung oder in sonstiger Weise zugänglich gemacht worden ist.

Als Stand der Technik gilt auch der Inhalt der europäischen Patentanmeldungen in der ursprünglich eingereichten Fassung („*ältere Rechte*"), deren Anmeldetag vor dem Anmelde- oder Prioritätstag der zu beurteilenden Anmeldung liegt und die erst an oder nach diesem Tag veröffentlicht worden sind (Art 54 Abs 3 EPÜ; diese Regelung ist nur insoweit anzuwenden, als ein für die spätere europäische Patentanmeldung benannter Vertragsstaat auch für die veröffentlichte frühere Anmeldung benannt worden ist).

Gehören *Stoffe* oder Stoffgemische zum Stand der Technik, so wird ihre Patentfähigkeit durch Art 54 Abs 1 bis 4 EPÜ nicht ausgeschlossen, sofern sie zur Anwendung in einem der in Art 52 Abs 4 EPÜ (Seite 1021) genannten Verfahren bestimmt sind und ihre Anwendung zu einem dieser Verfahren nicht zum Stand der Technik gehört (Art 54 Abs 5 EPÜ). Es kann also ein bekannter Stoff für seine erstmalige medizinische Anwendung (Patentanspruch: „Stoff X zur Verwendung als Arzneimittel") geschützt werden.[10]

Das EPÜ räumt dem Anmelder *keine Neuheitsschonfrist* ein. Eine Offenbarung der Erfindung bleibt lediglich dann außer Betracht, wenn sie nicht früher als sechs Monate vor Einreichung der europäischen Patentanmeldung erfolgt ist und unmittelbar oder mittelbar zurückgeht (Art 55 EPÜ) auf einen offensichtlichen *Missbrauch* zum Nachteil des Anmelders oder seines Rechtsvorgängers oder auf die Tatsache, dass der Anmelder oder sein Rechtsvorgänger die Erfindung auf amtlichen oder *amtlich anerkannten Ausstellungen* zur Schau gestellt hat.

Erfinderische Tätigkeit

Eine Erfindung gilt als auf einer erfinderischen Tätigkeit beruhend, wenn sie sich für den Fachmann nicht in nahe liegender Weise aus dem Stand der Technik ergibt (Art 56 EPÜ). Gehören zum Stand der Technik auch Unterlagen im Sinne des Art 54 Abs 3 EPÜ („ältere Rechte"), so werden diese bei der Beurteilung der erfinderischen Tätigkeit nicht in Betracht gezogen.

---

[9]) EB 1235 BlgNR 18. GP 16.
[10]) Vgl Der Weg zum Europäischen Patent, 8.

Gewerbliche Anwendbarkeit
Eine Erfindung gilt als gewerblich anwendbar, wenn ihr Gegenstand auf irgendeinem gewerblichen Gebiet einschließlich der Landwirtschaft hergestellt oder benutzt werden kann (Art 57 EPÜ).

12.3. Erfinder

Es gilt das *Schöpferprinzip*: Das Recht auf das europäische Patent steht dem *Erfinder* oder seinem Rechtsnachfolger zu (Art 60 Abs 1 EPÜ). Das EPÜ ordnet das Recht an der Erfindung also dem „Schöpfer" zu. Dieser kann allerdings sein Recht auf einen „Rechtsnachfolger" übertragen (Seite 1033). Das Recht auf Patentschutz wird somit zunächst einer physischen Person zugeordnet.

Zu den Rechtsmitteln bei Anmeldung europäischer Patente durch *Nichtberechtigte* vgl Art 61 EPÜ: Weiterverfolgung der europäischen Patentanmeldung an Stelle des Anmelders als eigene Anmeldung; Einreichen einer neuen europäischen Patentanmeldung für dieselbe Erfindung; Antrag auf Zurückweisung der europäischen Patentanmeldung.[11]

Jede natürliche oder juristische Person und jede einer juristischen Person nach dem für sie maßgebenden Recht gleichgestellte Gesellschaft kann die Erteilung eines europäischen Patents beantragen (Art 58 EPÜ). Auf die Staatsangehörigkeit, den Wohnsitz oder Sitz kommt es nicht an.[12] Die Anmeldung kann auch von gemeinsamen Anmeldern oder von mehreren Anmeldern, die verschiedene Vertragsstaaten benennen, eingereicht werden (Art 59 EPÜ).

Ist der Erfinder ein *Arbeitnehmer*, so bestimmt sich das Recht auf das europäische Patent nach dem Recht des Staats, in dem der Arbeitnehmer überwiegend beschäftigt ist; ist nicht festzustellen, in welchem Staat der Arbeitnehmer überwiegend beschäftigt ist, so ist das Recht des Staats anzuwenden, in dem der Arbeitgeber den Betrieb unterhält, dem der Arbeitnehmer angehört (Art 60 Abs 1 EPÜ). Haben *mehrere* eine Erfindung unabhängig voneinander gemacht, so steht das Recht auf das europäische Patent demjenigen zu, dessen europäische Patentanmeldung den früheren Anmeldetag hat; dies gilt jedoch nur, wenn diese frühere Anmeldung nach Art 93 EPÜ veröffentlicht worden ist, und nur mit Wirkung für die in der veröffentlichten früheren Anmeldung benannten Vertragsstaaten (Art 60 Abs 2 EPÜ).

Nennung als Erfinder: Der Erfinder hat gegenüber dem Anmelder oder Inhaber des europäischen Patents das Recht, vor dem Europäischen Patentamt als Erfinder genannt zu werden (Art 62 EPÜ).[13]

---

[11]) Vgl auch das Protokoll über die gerichtliche Zuständigkeit und die Anerkennung von Entscheidungen über den Anspruch auf Erteilung eines Europäischen Patents v 5. 10. 1973 (iVm Art 164 EPÜ). Zur Zuständigkeit: OGH 20. 10. 1992, 4 Ob 73/92 – Holzlamellen – PBl 1993, 154 = GRUR Int 1994, 65.
[12]) Der Weg zum Europäischen Patent, 11.
[13]) Zur Zuständigkeit für Ansprüche auf Erfindernennung: OGH 20. 10. 1992, 4 Ob 73/92 – Holzlamellen – PBl 1993, 154 = GRUR Int 1994, 65.

12.4. Institutionen

12.4.1. Europäische Patentorganisation (EPO)

Durch das EPÜ wurde die Europäische Patentorganisation (EPO) gegründet. Die Organe der Organisation sind (Art 4 EPÜ):

- das Europäische Patentamt und
- der Verwaltungsrat (vgl Art 26 ff EPÜ).

Die EPO hat die Aufgabe, die europäischen Patente zu erteilen. Diese Aufgabe wird vom Europäischen Patentamt durchgeführt, dessen Tätigkeit vom Verwaltungsrat überwacht wird. Die EPO hat ihren Sitz in München, besitzt Rechtspersönlichkeit und wird vom Präsidenten des Europäischen Patentamts vertreten (Art 5 und 6 EPÜ).[14]

12.4.2. Europäisches Patentamt (EPA)

Das Europäische Patentamt hat seinen Sitz in *München* (Erhardtstrasse 27, D-80331; Tel: [+49 89] 2399-0; Fax: [+49 89] 23 99-4465 online: www.european-patent-office.org) und eine *Zweigstelle in Den Haag* (Patentlaan 2, Postbus 58 18 NL-2280 HV Rijswijk; Tel: [+31 70] 3 40-2040; Fax: [+31 70] 3 40-3016; E-Mail: epoline@epo.org; Art 6 EPÜ), eine *Dienststelle Berlin* (Gitschiner Strasse 103, D-10969; Tel: [+49 30] 259 01-0; Fax: [+49 30] 259 01-840) und eine *Dienststelle Wien* (Rennweg 12 Postfach 90, A-1031 Vienna; Tel: [+43 1] 52126-0; Fax: [+43 1] 52126-5491; Art 7 EPÜ).

Der Präsident des Europäischen Patentamts wird vom Verwaltungsrat ernannt (Art 11 Abs 1 EPÜ). Die *Amtssprachen* des Europäischen Patentamts sind Deutsch, Englisch und Französisch. Europäische Patentanmeldungen sind grundsätzlich in einer dieser Sprachen einzureichen (vgl zu Details Art 14 EPÜ). Das EPA verfügt über eine sehr übersichtliche und hilfreiche *WebSite*. Insbesondere sind dort auch die wichtigsten *Formulare* abrufbar: http://www.european-patent-office.org/epo/formul/epc_d.htm.

Organe des Europäischen Patentamts sind (Art 15 EPÜ):

- eine *Eingangsstelle* (Art 16 EPÜ);
- *Recherchenabteilungen* (Art 17 EPÜ);
- *Prüfungsabteilungen* (Art 18 EPÜ; drei technisch vorgebildete Prüfer);
- *Einspruchsabteilungen* (Art 19 EPÜ; drei technisch vorgebildete Prüfer);
- eine *Rechtsabteilung* (Art 20 EPÜ; zuständig für Entscheidungen über Eintragungen und Löschungen von Angaben im europäischen Patentregister sowie für

---

[14]) Zu den Vorrechten und Immunitäten vgl Art 8 EPÜ und das Protokoll über die Vorrechte und Immunitäten der Europäischen Patentorganisation v 5. 10. 1973 (gemäß Art 164 Bestandteil des EPÜ).

Entscheidungen über Eintragungen und Löschungen in der Liste der zugelassenen Vertreter; Entscheidungen der Rechtsabteilung werden von einem rechtskundigen Mitglied getroffen);
- *Beschwerdekammern* (zuständig für die Prüfung von Beschwerden gegen Entscheidungen der Eingangsstelle, der Prüfungsabteilungen, der Einspruchsabteilungen und der Rechtsabteilung; zur Besetzung vgl Art 21 EPÜ);
- eine *Große Beschwerdekammer* (zuständig für Entscheidungen über Rechtsfragen, die ihr von den Beschwerdekammern oder vom Präsidenten des Europäischen Patentamts nach Art 112 EPÜ vorgelegt werden; Art 22 EPÜ. Sie beschließt in der Besetzung von fünf rechtskundigen Mitgliedern und zwei technisch vorgebildeten Mitgliedern).

Die Entscheidungen der Eingangsstelle, der Prüfungsabteilungen, der Einspruchsabteilungen und der Rechtsabteilung sind mit Beschwerde an die *Beschwerdekammer* anfechtbar (vgl Art 106 bis 111 EPÜ). Zur Sicherung einer einheitlichen Rechtsanwendung oder wenn sich eine Rechtsfrage von grundsätzlicher Bedeutung stellt, befasst die Beschwerdekammer, bei der ein Verfahren anhängig ist, von Amts wegen oder auf Antrag eines Beteiligten die *Große Beschwerdekammer* (Art 112 EPÜ), wenn sie hierzu eine Entscheidung für erforderlich hält. Auch der Präsident des Europäischen Patentamts kann der Großen Beschwerdekammer eine Rechtsfrage vorlegen, wenn zwei Beschwerdekammern über eine Frage voneinander abweichende Entscheidungen getroffen haben.

Zu den *allgemeinen Verfahrensvorschriften* (rechtliches Gehör, amtswegige Ermittlung, Einwendungen Dritter, mündliche Verhandlung, Beweisaufnahme, Einheit der europäischen Patentanmeldung oder des europäischen Patents, Zustellung, Fristen, Wiedereinsetzung in den vorigen Stand etc) vgl Art 113 bis 126 EPÜ.[15]

12.4.3. Österreichishes Patentamt (PA)

Ihm kommen auch für das europäische Patent wesentliche Funktionen, insbesondere als Anmeldestelle und durch die Zuständigkeit für Nichtigkeits- und Aberkennungsverfahren, zu. Gemäß § 14a PatV-EG ist es auch zur Amtshilfe gegenüber dem EPA verpflichtet. Die Zuständigkeit für Erledigungen bei europäischen Patentanmeldungen sowie bei europäischen Patenten richtet sich grundsätzlich nach den sinngemäß anzuwendenden Bestimmungen des PatG (§ 23 PatV-EG).

12.4.4. Gerichte

Für Klagen und einstweilige Verfügungen ist gemäß § 162 PatG iVm § 24 PatV-EG ausschließlich das *Handelsgericht Wien* in Senatsbesetzung zuständig. Die Gerichtsbarkeit in Strafsachen steht dem *Landesgericht für Strafsachen Wien* zu.[16]

---

[15]) Zur Zuständigkeit für Anträge auf Akteneinsicht: BA 6. 8. 1992, B 8/92, PBl 1993, 96.
[16]) Vgl auch das Protokoll über die gerichtliche Zuständigkeit und die Anerkennung von Entscheidungen über den Anspruch auf Erteilung eines Europäischen Patents v 5. 10. 1973 (iVm Art 164 EPÜ).

12.5. Registrierung

12.5.1. Anmeldestelle

Die europäische Patentanmeldung kann eingereicht werden (Art 75 Abs 1 EPÜ):

- beim *Europäischen Patentamt* in München oder seiner Zweigstelle in Den Haag oder
- bei der Zentralbehörde für den gewerblichen Rechtsschutz oder bei anderen zuständigen Behörden eines Vertragsstaats, wenn das Recht dieses Staats es gestattet. Eine in dieser Weise eingereichte Anmeldung hat dieselbe Wirkung, wie wenn sie an demselben Tag beim Europäischen Patentamt eingereicht worden wäre. Für Österreich ist demnach das *Österreichische Patentamt*[17] zuständig: Dresdner Straße 87-105, 1200 Wien, Tel: 01 – 534 24 0. Dieses hat die Anmeldung an das Europäische Patentamt weiterzuleiten (Art 77 EPÜ iVm § 2 PatV-EG).

Zu den Besonderheiten der „Europäischen Teilanmeldung" vgl Art 76 EPÜ.

12.5.2. Anmeldung

Die europäische Patentanmeldung muss enthalten (Art 78 EPÜ):

- einen *Antrag* auf Erteilung eines europäischen Patents (dazu ist ein vom EPA vorgeschriebenes Formblatt einzureichen[18]; Regel 26 AusfO-EPÜ);
- eine *Beschreibung* der Erfindung;[19]
- einen oder mehrere *Patentansprüche* (Die Patentansprüche müssen den Gegenstand angeben, für den Schutz begehrt wird. Sie müssen deutlich, knapp gefasst und von der Beschreibung gestützt sein; Art 84 EPÜ);
- die *Zeichnungen*, auf die sich die Beschreibung oder die Patentansprüche beziehen;
- eine *Zusammenfassung* (Die Zusammenfassung dient ausschließlich der technischen Information; sie kann nicht für andere Zwecke, insbesondere nicht für die Bestimmung des Umfangs des begehrten Schutzes und für die Anwendung des Art 54 Abs 3 EPÜ, herangezogen werden; Art 85 EPÜ);
- *Benennung des Vertragsstaats* oder der Vertragsstaaten, in denen für die Erfindung Schutz begehrt wird (Art 79 Abs 1 EPÜ);
- die *Erfindernennung* (Art 81 EPÜ).

Die europäische Patentanmeldung darf nur eine einzige Erfindung enthalten oder eine Gruppe von Erfindungen, die untereinander in der Weise verbunden sind, dass sie eine einzige allgemeine erfinderische Idee verwirklichen (Grundsatz der „*Einheitlichkeit der Erfindung*"; Art 82 EPÜ).

Offenbarung der Erfindung (Art 83 EPÜ): Die Erfindung ist in der europäischen Patentanmeldung so deutlich und vollständig zu offenbaren, dass ein Fachmann sie ausführen kann.

---

[17]) Nicht hingegen die Dienststelle Wien des EPA (Das Europäische Patenterteilungsverfahren, 7).
[18]) Dieses kann online heruntergeladen werden: http://www.european-patent-office.org/epo/formul/epc_d.htm.
[19]) Zur Wirkung eines *Disclaimers*: TBK 1. 3. 1995, T 597/92 – Umlagerungsreaktion – GRUR Int 1996, 814.

Zur *Vertretung* vgl Art 133 und 134 EPÜ. Das EPA bietet dazu eine spezielle Datenbank an: http://www.european-patent-office.org/reps/search.html.

Zur Anmeldung über den *PCT-Weg*: Art 150 bis 158 EPÜ und Regel 104 bis 104b AusfO-EPÜ. Es kann also auch über eine PCT-Anmeldung ein europäisches Patent für die EPÜ-Staaten beantragt werden.

Eine europäische Patentanmeldung, deren Anmeldetag feststeht, hat in den benannten Vertragsstaaten die Wirkung einer vorschriftsmäßigen nationalen Hinterlegung, gegebenenfalls mit der für die europäische Patentanmeldung in Anspruch genommenen Priorität (Art 66 EPÜ). Jeder Vertragsstaat kann vorsehen, dass die europäische Patentanmeldung nicht den Schutz nach Art 64 EPÜ gewährt. Der Schutz, der mit der Veröffentlichung der europäischen Patentanmeldung verbunden ist, darf jedoch nicht geringer sein als der Schutz, der sich aufgrund des Rechts des betreffenden Staats aus der zwingend vorgeschriebenen Veröffentlichung der ungeprüften nationalen Patentanmeldungen ergibt. Zumindest hat jeder Vertragsstaat vorzusehen, dass der Anmelder für die Zeit von der Veröffentlichung der europäischen Patentanmeldung an von demjenigen, der die Erfindung in diesem Vertragsstaat unter Voraussetzungen benutzt hat, die nach dem nationalen Recht im Fall der Verletzung eines nationalen Patents sein Verschulden begründen würden, eine den Umständen nach angemessene Entschädigung verlangen kann (Art 67 Abs 2 EPÜ).

Verfahrensablauf: Das Verfahren zur europäischen Patentanmeldung läuft im Wesentlichen in *zwei Abschnitten* ab: Zunächst erfolgen die Eingangsprüfung und die Formalprüfung, die Erstellung des Recherchenberichts und die Veröffentlichung der Anmeldung samt Recherchenbericht. Der zweite Verfahrensabschnitt beinhaltet dann erst die Sachprüfung. Wird ein Einspruch erhoben, so kann sich noch ein dritter Verfahrensabschnitt anschließen.

Gebühren

Für die europäische Patentanmeldung sind die *Anmeldegebühr* und die *Recherchengebühr* innerhalb eines Monats nach Einreichung der Anmeldung zu entrichten (Art 78 Abs 2 EPÜ). Weiters fallen gegebenenfalls *Anspruchsgebühren* und die *Benennungsgebühr* bzw die *Erstreckungsgebühr* an (Art 79 Abs 2 EPÜ). Erfahrungsgemäß kostet die Erlangung eines europäischen Patents (in einer Sprache; inklusive Gebühren und Vertreterkosten) etwa so viel wie die Erlangung von drei bis vier nationalen Patenten.[20] Zu den *Jahresgebühren* vgl Art 86 und 141 EPÜ und § 8 PatV-EG. Vgl dazu auch die Detailvorschriften der *GebO*.

12.5.3. Priorität

Der *Anmeldetag* einer europäischen Patentanmeldung ist der Tag, an dem die vom Anmelder eingereichten Unterlagen enthalten (Art 80 EPÜ):

- einen Hinweis, dass ein europäisches Patent beantragt wird;
- die Benennung mindestens eines Vertragsstaats;

---

[20]) Der Weg zum Europäischen Patent, 6.

- Angaben, die es erlauben, die Identität des Anmelders festzustellen;
- in einer der in Art 14 Abs 1 und 2 EPÜ vorgesehenen Sprachen eine Beschreibung und einen oder mehrere Patentansprüche, selbst wenn die Beschreibung und die Patentansprüche nicht den übrigen Vorschriften dieses Übereinkommens entsprechen.

Jedermann, der in einem oder mit Wirkung für einen Vertragsstaat der *PVÜ* eine Anmeldung für ein Patent, ein Gebrauchsmuster, ein Gebrauchszertifikat oder einen Erfinderschein vorschriftsmäßig eingereicht hat, oder sein Rechtsnachfolger genießt für die Anmeldung derselben Erfindung[21] zum europäischen Patent während einer Frist von *zwölf Monaten* nach der Einreichung der ersten Anmeldung ein Prioritätsrecht (Art 87 bis 89 EPÜ; für Nicht-PVÜ-Staaten vgl Art 87 Abs 5 EPÜ).

12.5.4. Eingangs- und Formalprüfung

Die Eingangsstelle führt zunächst die *„Eingangsprüfung"* durch. Dazu prüft sie, ob

- die europäische Patentanmeldung den Erfordernissen für die Zuerkennung eines Anmeldetags genügt;
- die Anmeldegebühr und die Recherchengebühr rechtzeitig entrichtet worden sind;
- im Fall des Art 14 Abs 3 EPÜ die Übersetzung der europäischen Patentanmeldung in der Verfahrenssprache rechtzeitig eingereicht worden ist.

Im Rahmen der *Formalprüfung* prüft die Eingangsstelle dann die Erfüllung der Formerfordernisse nach der Ausführungsordnung, die Entrichtung der Benennungsgebühren, das Vorliegen der Erfindernennung usw (Art 91 EPÜ).

12.5.5. Erstellung des europäischen Recherchenberichts

Steht der Anmeldetag einer europäischen Patentanmeldung fest und gilt die Anmeldung nicht als zurückgenommen, so erstellt die *Recherchenabteilung* den europäischen Recherchenbericht auf der Grundlage der Patentansprüche unter angemessener Berücksichtigung der Beschreibung und der vorhandenen Zeichnungen in der in der AusfO-EPÜ vorgeschriebenen Form. Der europäische Recherchenbericht wird unmittelbar nach seiner Erstellung dem Anmelder zusammen mit den Abschriften aller angeführten Schriftstücke übersandt (Art 92 EPÜ). Der Recherchenbericht enthält keine Begründung und keine Meinungsäußerung zur Patentierbarkeit der angemeldeten Erfindung.[22]

Um Kosten zu sparen, kann der Anmelder eines nationalen Patents auch zunächst nur einen Recherchenbericht durch das EPA beantragen und so abschätzen, wie seine Erfolgsaussichten für ein „europäisches Patent" wären. Dann kann er vielleicht besser entscheiden, ob er auf eine europäische Anmeldung verzichtet oder ob

---

[21]) Vgl dazu EPA GrBK 31. 5. 2001, G 2/98, GRUR Int 2002, 80.
[22]) Das Europäische Patenterteilungsverfahren, 9.

er diese – innerhalb der ihm ohnehin zur Verfügung stehenden Prioritätsfrist – beantragt.[23] Zur ergänzenden *österreichischen Recherche* vgl § 13 PatV-EG.

12.5.6. Veröffentlichung der Patentanmeldung

Die europäische Patentanmeldung wird unverzüglich nach Ablauf von achtzehn Monaten nach dem Anmeldetag oder, wenn eine Priorität in Anspruch genommen worden ist, nach dem Prioritätstag *veröffentlicht* (Art 93 EPÜ). Die Veröffentlichung enthält die Beschreibung, die Patentansprüche und gegebenenfalls die Zeichnungen jeweils in der ursprünglich eingereichten Fassung sowie als Anlage den europäischen Recherchenbericht und die Zusammenfassung, sofern diese vor Abschluss der technischen Vorbereitungen für die Veröffentlichung vorliegen. Die veröffentlichten europäischen Patentanmeldungen sind samt den Übersetzungen bis zur Erteilung eines europäischen Patents oder bis zum Untergang der europäischen Patentanmeldung vom Österreichischen Patentamt *auszulegen*; § 101 Abs 3 PatG gilt sinngemäß (§ 3 PatV-EG).

Rechte aus der europäischen Patentanmeldung nach Veröffentlichung: Die europäische Patentanmeldung gewährt dem Anmelder gemäß Art 67 EPÜ vom Tag ihrer Veröffentlichung an in den in der Veröffentlichung angegebenen benannten Vertragsstaaten einstweilen den Schutz nach Art 64 EPÜ. In Ausführung dieser Regelung bestimmt § 4 PatV-EG, dass die europäische Patentanmeldung dem Anmelder vom Tag ihrer Veröffentlichung gem Art 93 EPÜ an einstweilen gegen denjenigen einen Anspruch auf eine den Umständen angemessene Entschädigung gibt, der den Gegenstand der Anmeldung unbefugt benützt hat (§ 22 Abs 1 PatG); der europäischen Anmeldung wird der Schutz nach Art 64 EPÜ allerdings nicht gewährt. § 4 Abs 2 PatV-EG ordnet gegebenenfalls eine Übersetzung der Patentansprüche ins Deutsche und die Entrichtung der Veröffentlichungsgebühr an.

12.5.7. Sachprüfung

Das Europäische Patentamt (Prüfabteilung) prüft auf schriftlichen, fristgerecht einzubringenden Antrag, ob die europäische Patentanmeldung und die Erfindung, die sie zum Gegenstand hat, den Erfordernissen des EPÜ genügen, also insbesondere, ob die Erfindung patentierbar ist („*Sachprüfung*"). Dadurch wird dem Antragsteller die Möglichkeit gegeben, zunächst einmal selbst den Recherchenbericht zu würdigen und dann erst zu entscheiden, ob er überhaupt die weiteren Kosten in eine Patentanmeldung investieren und einen Prüfantrag stellen will. Der Antrag gilt erst als gestellt, wenn die Prüfungsgebühr entrichtet worden ist. Er kann nicht zurückgenommen werden (vgl Art 94 EPÜ). Ergibt die Prüfung, dass die europäische Patentanmeldung oder die Erfindung, die sie zum Gegenstand hat, den Erfordernissen des EPÜ nicht genügt, so fordert die Prüfungsabteilung den Anmelder nach

---

[23]) Vgl Der Weg zum Europäischen Patent, 6.

Maßgabe der AusfO-EPÜ so oft wie erforderlich auf, innerhalb einer von ihr zu bestimmenden Frist eine Stellungnahme einzureichen (Art 96 EPÜ).

Ist die Prüfungsabteilung der Auffassung, dass die europäische Patentanmeldung oder die Erfindung, die sie zum Gegenstand hat, den Erfordernissen des EPÜ nicht genügt, so *weist* sie die europäische Patentanmeldung *zurück* (Art 97 EPÜ). Ist die Prüfungsabteilung der Auffassung, dass die europäische Patentanmeldung und die Erfindung, die sie zum Gegenstand hat, den Erfordernissen des EPÜ genügen, so beschließt sie die *Erteilung* des europäischen Patents für die benannten Vertragsstaaten. Die Entscheidung über die Erteilung wird erst an dem Tag wirksam, an dem im *Europäischen Patentblatt* auf die Erteilung hingewiesen worden ist (Art 97 Abs 4 EPÜ).

Erfahrungsgemäß beträgt die *Dauer eines europäischen Patenterteilungsverfahrens* drei bis fünf Jahre ab Einreichung der Anmeldung.[24]

Für die Praxis besonders wichtig ist, dass das Erteilungsverfahren auch noch ein fristgebundenes „Nachspiel" vor der *nationalen Behörde* hat: Jeder Vertragsstaat kann für den Fall, dass die Fassung, in der das EPA für diesen Staat ein europäisches Patent zu erteilen oder in geänderter Fassung aufrechtzuerhalten beabsichtigt, nicht in einer seiner Amtssprachen vorliegt, vorschreiben, dass der Anmelder oder Patentinhaber bei der Zentralbehörde für den gewerblichen Rechtsschutz eine *Übersetzung* der Fassung nach seiner Wahl in einer der Amtssprachen dieses Staats, oder, soweit der betreffende Staat die Verwendung einer bestimmten Amtssprache vorgeschrieben hat, in dieser Amtssprache einzureichen hat (Art 65 EPÜ; so genannten „*Validierung*"). Die Frist für die Einreichung der Übersetzung endet *drei Monate*, nachdem der Hinweis auf die Erteilung des europäischen Patents oder die Aufrechterhaltung des europäischen Patents in geändertem Umfang im Europäischen Patentblatt bekannt gemacht worden ist, sofern nicht der betreffende Staat eine längere Frist vorschreibt. Jeder Vertragsstaat, der eine derartige Vorschrift erlassen hat, kann vorschreiben, dass der Anmelder oder Patentinhaber innerhalb einer von diesem Staat bestimmten Frist die Kosten für eine Veröffentlichung der Übersetzung ganz oder teilweise zu entrichten hat. Jeder Vertragsstaat kann vorschreiben, dass im Fall der Nichtbeachtung einer aufgrund dieser Bestimmungen erlassenen Vorschrift die Wirkungen des europäischen Patents in diesem Staat als von Anfang an nicht eingetreten gelten. Zur Umsetzung ordnet § 5 PatV-EG an: Wird die europäische Patentschrift nicht in deutscher Sprache herausgegeben, so ist spätestens *drei Monate*[25] nach der Veröffentlichung des Hinweises auf die Erteilung des europäischen Patents im Europäischen Patentblatt beim Österreichischen PA eine Übersetzung der Patentschrift ins Deutsche einzureichen und eine Veröffentlichungsgebühr (§ 22 PatV-EG) zu zahlen.[26] Das PA veröffentlicht die Über-

---

[24]) Das Europäische Patenterteilungsverfahren, 15.
[25]) Zur Wiedereinsetzung bei Versäumen der Frist: BA 20. 12. 1988, B 6, 7 /88, ÖBl 1991, 197.
[26]) Zur Zurücknahme der Übersetzung: BA 12. 3. 1991, B 40/90 – Übersetzung – PBl 1991, 178.

setzung als Druckschrift. Zur verbindlichen Sprachfassung vgl § 6 PatV-EG. Zur Eintragung ins *österreichische Patentregister* vgl § 7 PatV-EG.

12.5.8. Veröffentlichung der europäischen Patentschrift

Das Europäische Patentamt gibt gleichzeitig mit der Bekanntmachung des Hinweises auf die Erteilung des europäischen Patents eine europäische *Patentschrift* heraus, in der die Beschreibung, die Patentansprüche und gegebenenfalls die Zeichnungen enthalten sind (Art 98 EPÜ; zur *Übersetzung* der europäischen Patentschrift vgl Art 65 und 67 Abs 3 EPÜ[27]). Zum *Europäische Patentregister* vgl Art 127 EPÜ, zur *Akteneinsicht* Art 128 EPÜ und zum *Europäischen Patentblatt* sowie zum *Amtsblatt des Europäischen Patentamts* Art 129 EPÜ.

12.5.9. Einspruch

Innerhalb von *neun Monaten* nach der Bekanntmachung des Hinweises auf die Erteilung des europäischen Patents kann jedermann beim Europäischen Patentamt gegen das erteilte europäische Patent schriftlich Einspruch einlegen (Art 99 EPÜ). Er erfasst das europäische Patent für alle Vertragsstaaten, in denen es Wirkung hat. Er kann auch eingelegt werden, wenn für alle benannten Vertragsstaaten auf das europäische Patent verzichtet worden ist oder wenn das europäische Patent für alle diese Staaten erloschen ist.

Einspruchsgründe (Art 100 EPÜ): Der Einspruch kann nur darauf gestützt werden, dass

> der Gegenstand des europäischen Patents nach Art 52 bis 57 EPÜ (Seite 1021) nicht patentfähig ist;
> das europäische Patent die Erfindung nicht so deutlich und vollständig offenbart, dass ein Fachmann sie ausführen kann;
> der Gegenstand des europäischen Patents über den Inhalt der Anmeldung in der ursprünglich eingereichten Fassung oder, wenn das Patent auf einer europäischen Teilanmeldung oder einer nach Art 61 EPÜ eingereichten neuen europäischen Patentanmeldung beruht, über den Inhalt der früheren Anmeldung in der ursprünglich eingereichten Fassung hinausgeht.

Zunächst wird der Einspruch von der *Einspruchsabteilung* geprüft (Art 101 EPÜ). Sie fordert die Beteiligten so oft wie erforderlich auf, innerhalb einer von ihr zu bestimmenden Frist eine Stellungnahme zu ihren Bescheiden oder zu den Schriftsätzen anderer Beteiligter einzureichen. Ist die Einspruchsabteilung der Auffassung, dass die Einspruchsgründe der Aufrechterhaltung des europäischen Patents entgegenstehen, so *widerruft* sie das Patent (Art 102 Abs 1 EPÜ), sonst *weist* sie den Einspruch *zurück*. Ist sie der Auffassung, dass unter Berücksichtigung der vom Patentinhaber im Einspruchsverfahren vorgenommenen Änderungen das europäische Patent und die Erfindung, die es zum Gegenstand hat, den Erfordernissen des

---

[27]) Zur Frage der Unwirksamkeit wegen fehlender Übersetzung: EuGH 21. 9. 1999, C-44/98 – BASF/Präsident dPA – wbl 1999, 509 = EuZW 1999, 730 = EWS 1999, 430.

EPÜ genügen, so beschließt sie die Aufrechterhaltung des Patents in *geändertem Umfang*, vorausgesetzt, dass feststeht, dass der Patentinhaber mit der Fassung, in der die Einspruchsabteilung das Patent aufrechtzuerhalten beabsichtigt, einverstanden ist, und die Druckkostengebühr für eine neue europäische Patentschrift innerhalb der in der AusfO-EPÜ vorgeschriebenen Frist entrichtet worden ist (in diesem Fall wird eine neue europäische Patentschrift herausgegeben). Zur Kostentragung im Einspruchsverfahren vgl Art 104 EPÜ. Zur Wirkung des Widerrufs vgl Art 68 EPÜ.

Der Vorteil des Einspruchsverfahrens für den „Angreifer" liegt darin, dass er die europäische Patentanmeldung zentral erfassen und für alle benannten Staaten zu Fall bringen kann. Unabhängig davon bleibt ihm aber immer noch die Möglichkeit, das Patent dezentral bei den jeweiligen nationalen Patentämtern mit Nichtigerklärungsantrag (nach den jeweiligen nationalen Regelungen) anzugreifen.

12.5.10. Umwandlung

Unter gewissen Voraussetzungen ist eine Umwandlung der europäischen Patentanmeldung in eine nationale Patentanmeldung möglich (Art 135 bis 137 EPÜ; § 9 PatV-EG).

12.6. Wirkung des Patentschutzes

Das europäische Patent gewährt seinem Inhaber vom Tag der Bekanntmachung des Hinweises auf seine Erteilung an in jedem Vertragsstaat, für den es erteilt ist, vorbehaltlich Art 64 Abs 2 EPÜ *dieselben Rechte*, die ihm ein in diesem Staat erteiltes *nationales Patent* gewähren würde (Art 64 Abs 1 EPÜ). Ist Gegenstand des europäischen Patents ein Verfahren, so erstreckt sich der Schutz auch auf die durch das Verfahren unmittelbar hergestellten Erzeugnisse (Art 64 Abs 2 EPÜ).

Der *Schutzbereich* des europäischen Patents und der europäischen Patentanmeldung wird durch den Inhalt der Patentansprüche bestimmt. Die Beschreibung und die Zeichnungen sind jedoch zur Auslegung der Patentansprüche heranzuziehen (Art 69 Abs 1 EPÜ). Allerdings bestimmt das Protokoll über die Auslegung des Art 69 EPÜ, beschlossen auf der Münchner Diplomatischen Konferenz über die Einführung eines europäischen Patenterteilungsverfahrens am 5. 10. 1973: „Art 69 ist nicht in der Weise auszulegen, dass unter dem Schutzbereich des europäischen Patents der Schutzbereich zu verstehen ist, der sich aus dem genauen Wortlaut der Patentansprüche ergibt, und dass die Beschreibung sowie die Zeichnungen nur zur Behebung etwaiger Unklarheiten in den Patentansprüchen anzuwenden sind. Ebensowenig ist Art 69 dahingehend auszulegen, dass die Patentansprüche lediglich als Richtlinie dienen und der Schutzbereich sich auch auf das erstreckt, was sich dem Fachmann nach Prüfung der Beschreibung und der Zeichnungen als Schutzbegehren des Patentinhabers darstellt. Die Auslegung soll vielmehr zwischen diesen extremen Auffassungen liegen und einen angemessenen Schutz für den Patentinhaber mit ausreichender Rechtssicherheit für Dritte verbinden." Dieses Protokoll ist Bestandteil des EPÜ (Art 164 Abs 1).

Übertragung: Die europäische Patentanmeldung kann für einen oder mehrere der benannten Vertragsstaaten übertragen werden oder Gegenstand von Rechten sein (Art 71 EPÜ). Die rechtsgeschäftliche Übertragung muss schriftlich erfolgen und bedarf der Unterschrift der Vertragsparteien Art 72 EPÜ). Zum anwendbaren Recht vgl Art 74 EPÜ.[28]

Eine europäische Patentanmeldung kann ganz oder teilweise Gegenstand von *Lizenzen* für alle oder einen Teil der Hoheitsgebiete der benannten Vertragsstaaten sein (Art 73 EPÜ).

12.7. Schutzdauer

Die Laufzeit des europäischen Patents beträgt *zwanzig Jahre*, gerechnet vom Anmeldetag an (Art 63 Abs 1 EPÜ). Dies lässt das Recht eines Vertragsstaats unberührt, in gewissen Fällen unter den gleichen Bedingungen, die für nationale Patente gelten, die Laufzeit eines europäischen Patents zu verlängern oder entsprechenden Schutz zu gewähren, der sich an den Ablauf der Laufzeit des Patents unmittelbar anschließt (Art 63 Abs 2 EPÜ). Von diesem Freiraum wurde durch die Schaffung *ergänzender Schutzzertifikate* Gebrauch gemacht (Seite 1007).

Nichtigerklärung (Art 138 EPÜ): Vorbehaltlich Art 139 EPÜ kann aufgrund des Rechts eines Vertragsstaats das europäische Patent mit Wirkung für das Hoheitsgebiet dieses Staats gemäß Art 138 EPÜ nur für nichtig erklärt werden (zuständig ist für Österreich die NA des PA),

- wenn der Gegenstand des europäischen Patents nach Art 52 bis 55 EPÜ nicht patentfähig ist;
- das europäische Patent die Erfindung nicht so deutlich und vollständig offenbart, dass ein Fachmann sie ausführen kann;
- der Gegenstand des europäischen Patents über den Inhalt der Anmeldung in der eingereichten Fassung oder, wenn das Patent auf einer europäischen Teilanmeldung oder einer nach Art 61 EPÜ eingereichten neuen europäischen Patentanmeldung beruht, über den Inhalt der früheren Anmeldung in der ursprünglich eingereichten Fassung hinausgeht;
- der Schutzbereich des europäischen Patents erweitert worden ist;
- gemäß § 10 Abs 1 PatV-EG weiters aus den in § 48 Abs 1 Z 1 PatG iVm § 3 Abs 2 PatG (Seite 938) und in § 48 Abs 1 Z 3 PatG vorgesehenen Gründen.

---

[28]) Zur Aktivlegitimation des Erwerbers vor der Eintragung: OGH 12. 2. 1991, 4 Ob 173/90 – Trennwand – ÖBl 1991, 153 = EvBl 1991/83 = RdW 1991, 263 = wbl 1991, 236 = SZ 64/10 = PBl 1991, 138 = GRUR Int 1992, 131. Zur Abgrenzung der Zuständigkeit zwischen EPA und PA: BA 13. 12. 1983, B 21/83, PBl 1984, 78 = ÖBl 1984, 66.

§ 10 PatV-EG zählt die Gründe, aus denen ein europäisches Patent in Österreich für nichtig erklärt werden kann, *taxativ* auf.[29]

Zur *Unterbrechung* des Nichtigerklärungsverfahrens wegen eines vor dem EPA anhängigen Einspruchsverfahrens vgl § 11 PatV-EG.[30]

Gemäß § 10 Abs 1 PatV-EG können Europäische Patente aus dem im Art 138 Abs 1 lit e EPÜ vorgesehenen Grund (der Inhaber des europäischen Patents ist nach Art 60 Abs 1 EPÜ nicht berechtigt) *aberkannt* werden.

Ältere Rechte und Rechte mit gleichem Anmelde- oder Prioritätstag (Art 139 EPÜ): In jedem benannten Vertragsstaat haben eine europäische Patentanmeldung und ein europäisches Patent gegenüber einer nationalen Patentanmeldung und einem nationalen Patent die gleiche Wirkung als älteres Recht wie eine nationale Patentanmeldung und ein nationales Patent. Eine nationale Patentanmeldung und ein nationales Patent in einem Vertragsstaat haben gegenüber einem europäischen Patent, soweit dieser Vertragsstaat benannt ist, die gleiche Wirkung als älteres Recht wie gegenüber einem nationalen Patent (Art 139 EPÜ).

12.8. Sanktionen

Eine Verletzung des europäischen Patents wird nach nationalem Recht behandelt (Art 64 Abs 3 EPÜ). Die zivil- und strafrechtlichen Sanktionen entsprechen somit jenen im PatG für nationale Patente. Der Verletzte hat also insbesondere *zivilrechtliche Ansprüche* auf Unterlassung, Beseitigung, Urteilsveröffentlichung, angemessenes Entgelt, Schadenersatz, Herausgabe des Gewinns und Rechnungslegung (§§ 147 bis 157 PatG).[31] Vorsätzliche Rechtsverletzungen sind als *Privatanklagedelikt* gerichtlich strafbar (§ 159 PatG).[32] Zur *Unterbrechung* des Verletzungsverfahrens wegen einer Vorfragenentscheidung vgl auch § 12 PatV-EG.

Nach § 165 PatG besteht eine *Auskunftspflicht*. Gegen eine unberechtigte Schutzrechtsanmaßung kann gegebenenfalls nach § 2 UWG vorgegangen werden. Zu den *Feststellungsanträgen* vgl § 163 PatG.

---

[29]) OPM 10. 10. 2001, Op 6/00 – Dichtungseinrichtung – PBl 2002, 111 = ÖBl-LS 2002, 181. Zum Stoffschutzverbot: OPM 12. 6. 1996, Op 2/95 – DNA-Molekül – PBl 1997, 19 = ÖBl 1997, 156.
[30]) Hier besteht ausnahmsweise eine Bindungswirkung, NA 18. 6. 1998, N 8/97 – Dichtungsmatte II – PBl 2000, 168 = ÖBl-LS 2001/23.
[31]) Die Patentrechts- und Gebührennovelle 2000 (GZ 1962-GR/99) sollte zusätzlich einen Anspruch auf Auskunft über die Herkunfts- und Vertriebswege bringen.
[32]) Allerdings besteht keine Strafbarkeit bei Verletzung einer europäischen Patentanmeldung: OLG Wien 20. 9. 1999, 21 Bs 339/99, ecolex 2000, 730 (*Engin-Deniz*).

13. PCT-ANMELDUNG *(schwach!)*

Überblick:

- Der *Patent Cooperation Treaty* (PCT) ermöglicht es, aufgrund einer einzigen Anmeldung (beim Österreichischen Patentamt) Patentschutz in mehr als 100 Staaten zu erlangen.
- Er gibt die Basis für eine obligatorische „*internationale Recherche*".
- Danach kann der Anmelder – wenn er aufgrund der internationalen Recherche Chancen für ein Patent sieht – das *nationale* Anmeldeverfahren fortsetzen.
- Er kann aber auch (fakultativ) noch eine „*internationale vorläufige Prüfung*" durchführen lassen und dann erst die (nationalen bzw regionalen) Registrierungsverfahren fortsetzen. Dies erleichtert die Arbeit in den betreffenden (dezentralen) Verfahren.
- Anders als nach dem EPÜ ist die *Patenterteilung* nicht zentralisiert.
- Letztlich erhält der Anmelder auch nach diesem System kein einheitliches „internationales Patent", sondern ein *Bündel* nationaler (bzw regionaler) Schutzrechte.

13.1. Einleitung

13.1.1. Begriff „PCT-Anmeldung"

Die Vertragsstaaten des 1970 geschlossenen *Patent Cooperation Treaty – PCT* bilden einen Verband für die Zusammenarbeit bei der Einreichung, der Recherche und der Prüfung von Anmeldungen für den Schutz von Erfindungen und für die Leistung besonderer technischer Dienste. Der Verband trägt die Bezeichnung „Internationaler Verband für die Zusammenarbeit auf dem Gebiet des Patentwesens" (Art 1 PCT). Dem PCT gehören derzeit 121 Staaten an.[1]

Das PCT-Verfahren hat große praktische Bedeutung: 1979 waren es erst 2.625 internationale Anmeldungen, 1998 bereits 67.007.[2]

13.1.2. Rechtsquellen

Der PCT ist ein Sonderabkommen im Sinne des Art 19 PVÜ.[3] Es gelten daher der Grundsatz der *Inländerbehandlung* (Seite 190) und der *PVÜ-Frist* (Seite 190).

Spezielle nationale Umsetzungsbestimmungen enthält das *PatV-EG*. Auf internationale Patentanmeldungen sind im Übrigen ergänzend die Vorschriften des PatG sinngemäß anzuwenden (§ 24 PatV-EG).

---

[1] Stand 6. 6. 2003: http://www.wipo.int/treaties/registration/pct/index.html.
[2] http://www.wipo.org/eng/main.htm.
[3] *Schönherr*, Grundriß RN 942 ff.

Checklist: Rechtsquellen

Gesetze

▸ **PatG:** Patentgesetz 1970, BGBl 1970/259 (Wiederverlautbarung des PatG 1950), BGBl 1971/137 (Druckfehlerberichtigung), BGBl 1973/167 (Aufhebung des § 163 PatG), BGBl 1973/560 (Aufhebung in § 146 Abs 2 PatG), BGBl 1973/581 (Änderung des PatG), BGBl 1977/349 (PatG-Nov 1977), BGBl 1981/526 (PatG- und MSchG-Nov 1981), BGBl 1982/201 (ZustellrechtsanpassungsG), BGBl 1984/126 (Patent- und Markengebühren-Nov 1984), BGBl 1984/234 (Patentrechts-Nov 1984), BGBl 1985/104 (Arbeits- und SozialgerichtsG), BGBl 1986/382 (PatG-Nov 1986), BGBl 1987/653 (Patent- und Markengebühren-Nov 1987), BGBl 1992/418 (Patent- und Markengebühren-Nov 1992), BGBl 1992/771 (PatG-Nov 1992), BGBl 1994/212 (Änderung des PatG und des GebG), BGBl 1994/634 (Änderung des PatG), BGBl 1994/819 (Druckfehlerberichtigung zu BGBl 1994/ 212), BGBl 1996/181 (Änderung des PatG und des PatV-EG), BGBl I 1998/175 (Änderung des PatG, des PatV-EG und des GMG), BGBl I 1999/191 (Erstes BundesrechtsbereinigungsG – 1.BRBG) und BGBl I 2001/143 (Euro-UmstellungsG Patent-, Marken- und Musterrecht – EUG-PMM).

▸ **PatV-EG:** BG v 16. 12. 1978 über die Einführung des Europäischen Patentübereinkommens und des Vertrages über die internationale Zusammenarbeit auf dem Gebiet des Patentwesens (Patentverträge-Einführungsgesetz – PatV-EG) BGBl 1979/52, BGBl 1984/234 (Patentrechts-Nov 1984), BGBl 1992/418 (Patent- und Markengebühren-Nov 1992), BGBl 1996/181 (Änderung des PatG und des PatV-EG), BGBl I 1998/175 (Änderung des PatG, des PatV-EG und des GMG) und BGBl I 2001/143 (Euro-UmstellungsG Patent-, Marken- und Musterrecht – EUG-PMM).

Verordnungen

▸ **PGMMV:** Verordnung des BMwA betreffend die Durchführung des PatentG 1970, des PatV-EG, des SchZG 1996, des GMG, des HlSchG, des MSchG 1970 und des MuSchG 1990 (Patent-, Gebrauchsmuster-, Marken- und Musterverordnung – PGMMV) BGBl 1994/226 idF BGBl II 1997/238, BGBl II 2001/477 und BGBl II 2002/459.
▸ **PAV:** Verordnung des Präsidenten des Patentamtes v 8. 11. 1990 über Eingaben an das Patentamt sowie über das Verfahren in Patent-, Schutzzertifikats-, Gebrauchsmuster-, Halbleiterschutz-, Marken- und Musterangelegenheiten (Patentamtsverordnung – PAV) PBl 1990, 161 idF PBl 1992, 73, PBl 1994, 66, PBl 1997, 122, PBl 1998, 213, PBl 1999, 154 und PBl 2001, 148.
▸ **TRFV:** Verordnung des Präsidenten des Patentamtes, mit der die im Rahmen der Teilrechtsfähigkeit des Patentamtes zu erbringenden Service- und Informationsleistungen festgesetzt werden (Teilrechtsfähigkeitsverordnung – TRFV) PBl 1996, 222.

▸ **PublV:** Verordnung des BMwA über die Herausgabe amtlicher Publikationen des Patentamtes BGBl II 1997/237.[4]

Internationales Recht

▸ **PCT:** Vertrag über die internationale Zusammenarbeit auf dem Gebiet des Patentwesens BGBl 1979/348 idF BGBl 1984/525 und BGBl III 2002/132.
▸ **AusfO-PCT:** Ausführungsordnung zum Vertrag über die internationale Zusammenarbeit auf dem Gebiet des Patentwesens BGBl 1979/348, idF BGBl 1979/349, BGBl 1981/477, BGBl 1984/526, BGBl 1992/193, BGBl 1993/400, BGBl III 2000/31, BGBl III 2000/196, BGBl III 2002/23 und BGBl III 2002/132.
▸ **KlassA:** Straßburger Abkommen über die internationale Patentklassifikation v 24. 3. 1971 BGBl 1975/517 idF BGBl 1984/125.

13.1.3. Literatur

Gesetzesausgaben und Übersichtsdarstellungen

▸ *Collin*, Internationale Patentsysteme und Praxis (1992) – systematische Darstellung.
▸ *Hauser/Thomasser*, Wettbewerbs- und Immaterialgüterrecht (1998) Rz 659.
▸ *Sonn/Pawloy/Alge*, Patentwissen leicht gemacht[2] (2000) – praxisnaher Leitfaden.
▸ *Brandi-Dohrn/Gruber/Muir*, Europäisches und internationales Patentrecht – Einführung zum EPÜ und PCT[5] (2002).
▸ *Gall*, Die europäische Patentanmeldung und der PCT in Frage und Antwort[6] (2002).

Zeitschriften

▸ Österreichische Blätter für gewerblichen Rechtsschutz und Urheberrecht („ÖBl") – erscheinen zweimonatlich mit umfassendem Rechtsprechungsteil.
▸ Österreichisches Patentblatt („PBl") – erscheint monatlich; abrufbar als pdf auf der Website des PA (www.patent.bmwa.gv.at).

Einzelabhandlungen

Mayer, Überlegungen zur Verfassungsmäßigkeit des Patentverträge-Einführungsgesetzes, des EPÜ und des PCT, ÖBl 1979, 89; *Mayer*, Kann wirklich „nichts passieren"? ÖBl 1980, 63; *Czuba*, Der internationale Patentvertrag und seine Auswirkungen auf die österreichische Wirtschaft, in *Rafeiner*, Patente, Marken, Muster, Märkte (1993) 73; *Fichte*, Harmonisierung in den verschiedenen Bereichen des Patentwesens, in *Rafeiner*, Patente, Marken, Muster, Märkte (1993) 18; *Collin*, China und PCT, ÖBl 1993, 150.

---

[4]) Die Verordnung des Präsidenten des Patentamtes v 10. 2. 1997, Zl. 1359/Präs.97, betreffend die Einrichtung von Verwaltungsstellen (Verwaltungsstellenverordnung – VwStV; PBl 1997, 17) wurde mit Bekanntmachung des Präsidenten des PA v 10. 1. 2000 aufgehoben. Die Kompetenzen der Verwaltungsstellendirektion sowie der einzelnen Verwaltungsstellen sind jetzt durch eine Bekanntmachung des Präsidenten geregelt (PBl 2002, 107).

13.2. Schutzgegenstand „Erfindung"

Legaldefinition und Schutzvoraussetzungen: Der PCT harmonisiert nicht die materiellrechtlichen Regelungen. Er bestimmt lediglich im Zusammenhang mit der „internationalen vorläufigen Prüfung" (Seite 1042), dass ein nicht bindendes Gutachten darüber erstellt wird, ob die beanspruchte Erfindung als neu, auf erfinderischer Tätigkeit beruhend (nicht offensichtlich) und gewerblich anwendbar anzusehen ist (Art 33 PCT): Für die Zwecke dieser internationalen vorläufigen Prüfung gilt eine beanspruchte Erfindung als *neu*, wenn sie nicht durch den Stand der Technik, wie er in der AusfO-PCT umschrieben ist, vorweggenommen ist (Art 33 Abs 2 PCT). Eine beanspruchte Erfindung gilt weiters als auf einer *erfinderischen Tätigkeit* beruhend, wenn sie für einen Fachmann nach dem Stand der Technik, wie er in der AusfO-PCT umschrieben ist, nicht zum vorgeschriebenen maßgeblichen Zeitpunkt als nahe liegend anzusehen ist (Art 33 Abs 3 PCT). Eine Erfindung wird schließlich als *gewerblich anwendbar* beurteilt, wenn ihr Gegenstand dem Wesen der Erfindung nach auf irgendeinem gewerblichen Gebiet hergestellt oder (im technischen Sinne) benutzt werden kann. Der Ausdruck „gewerbliches Gebiet" ist dabei entsprechend der PVÜ im weitesten Sinne zu verstehen (Art 33 Abs 4 PCT). Art 33 Abs 5 PCT stellt aber dann nochmals ausdrücklich klar: „Die zuvor ausgeführten Begriffe haben nur für die internationale vorläufige Prüfung Bedeutung. Jeder Vertragsstaat kann für die Entscheidung über die Patentfähigkeit der beanspruchten Erfindung in diesem Staat zusätzliche oder abweichende Merkmale aufstellen." Damit wird hinsichtlich der Schutzvoraussetzungen letztlich auf das nationale Patentrecht verwiesen.

13.3. Erfinder

Auch hinsichtlich des Begriffs „*Erfinder*" macht der PCT keine Vorgaben. Er bestimmt lediglich, dass jeder *Staatsangehörige eines Vertragsstaats* sowie jeder, der in einem Vertragsstaat seinen Sitz oder Wohnsitz hat, eine internationale Anmeldung einreichen kann (Art 9 PCT).

13.4. Institutionen

13.4.1. Das Internationale Büro

Die Verwaltungsaufgaben des Verbands werden vom Internationalen Büro in Genf wahrgenommen (Art 55 PCT). Der *Generaldirektor* ist der höchste Beamte des Verbands und vertritt den Verband (Art 55 Abs 3 PCT).

Art 2 PCT gibt weiters folgende Definitionen: „*Nationales Amt*" ist die mit der Erteilung von Patenten beauftragte Regierungsbehörde eines Vertragsstaats;

„*Bestimmungsamt*" bezeichnet das nationale Amt des Staates, den der Anmelder nach Kapitel I PCT bestimmt hat, oder das für diesen Staat handelnde nationale Amt; „*ausgewähltes Amt*" ist das nationale Amt des Staates, den der Anmelder nach Kapitel II PCT ausgewählt hat, oder das für diesen Staat handelnde nationale Amt; „*Anmeldeamt*" bezeichnet das nationale Amt oder die zwischenstaatliche Organisation, bei der die internationale Anmeldung eingereicht worden ist; für Österreich ist dies jeweils das Österreichische Patentamt §§ 15 bis 17 PatV-EG.

13.4.2. Österreichisches Patentamt (PA)

Für Anmelder, die österreichische Staatsbürger sind oder ihren Wohnsitz (Sitz) in Österreich haben, ist das Österreichische Patentamt *Anmeldeamt* im Sinne des Art 10 PCT (§ 15 PatV-EG). Die Zuständigkeit für Erledigungen bei internationalen Patentanmeldungen richtet sich nach den sinngemäß anzuwendenden Bestimmungen des PatG (§ 23 Abs 1 PatV-EG). Zur Funktion als *Bestimmungsamt* vgl § 16 PatV-EG und zur Funktion als „*ausgewähltes Amt*" § 17 PatV-EG.

13.4.3. Gerichte

Für Klagen und einstweilige Verfügungen ist gemäß § 162 PatG iVm § 24 PatV-EG ausschließlich das *Handelsgericht Wien* in Senatsbesetzung zuständig. Die Gerichtsbarkeit in Strafsachen steht dem *Landesgericht für Strafsachen Wien* zu.

13.5. Registrierung

13.5.1. Anmeldestelle

Die internationale Anmeldung ist beim *Anmeldeamt* einzureichen (Art 10 PCT). Das ist für Österreich das *Österreichisches Patentamt* (§ 15 PatV-EG).

13.5.2. Anmeldung

Für die internationale Patentanmeldung finden Sie Formulare auf der WebSite der WIPO: http://www.wipo.org/pct/de/forms/index.htm. Die Anmeldung muss enthalten (Art 3 PCT):

- einen *Antrag* auf Erteilung eines internationalen Patents (ein Gesuch auf Behandlung der internationalen Anmeldung nach den Regelungen des PCT; Art 4 PCT);
- eine *Beschreibung* der Erfindung (in der Beschreibung ist die Erfindung so deutlich und vollständig zu offenbaren, dass ein Fachmann sie danach ausführen kann; Art 5 PCT);
- die *Bezeichnung* der Erfindung (Art 4 PCT);
- einen oder mehrere *Ansprüche* (Der Anspruch oder die Ansprüche haben den Gegenstand anzugeben, für den Schutz begehrt wird. Die Ansprüche sind klar und knapp zu fassen. Sie müssen in vollem Umfang durch die Beschreibung gestützt werden; Art 6 PCT);
- eine oder mehrere *Zeichnungen* (sie sind erforderlich, wenn sie für das Verständnis der Erfindung notwendig sind; Art 7 PCT);

- den *Namen des Anmelders* und (soweit vorhanden) des Anwalts;
- den *Namen des Erfinders*;
- eine *Zusammenfassung* (Sie dient ausschließlich der technischen Information und kann nicht für andere Zwecke, insbesondere nicht für die Bestimmung des Umfangs des begehrten Schutzes herangezogen werden.);
- die Bestimmung des Vertragsstaats oder der Vertragsstaaten, in denen Schutz für die Erfindung auf der Grundlage der internationalen Anmeldung begehrt wird (*Bestimmungsstaaten*);

Auch für die internationale Anmeldung gilt der Grundsatz der *„Einheitlichkeit der Erfindung"* (Art 3 Abs 4 PCT).

Gebühren

Ist das Österreichische Patentamt Bestimmungsamt (und nicht zugleich Anmeldeamt), so hat der Anmelder innerhalb der hiefür in Art 22 PCT vorgesehenen Frist für die internationale Anmeldung eine Gebühr in der Höhe der *Anmeldegebühr* (§ 166 Abs 1 PatG) zu zahlen (§ 16 Abs 2 PatV-EG). Zu den Gebühren für internationale Recherchen vgl § 19 PatV-EG.

13.5.3. Priorität

Das Anmeldeamt erkennt als *internationales Anmeldedatum* das Datum des Eingangs der internationalen Anmeldung zu (Art 11 PCT), vorausgesetzt, dass das Amt festgestellt hat, dass im Zeitpunkt des Eingangs der Anmelder aus Gründen des Sitzes, des Wohnsitzes oder der Staatsangehörigkeit nicht offensichtlich unberechtigt ist, eine internationale Anmeldung bei diesem Anmeldeamt einzureichen; die internationale Anmeldung in der vorgeschriebenen Sprache abgefasst ist; die internationale Anmeldung die Mindestbestandteile enthält (Hinweis darauf, dass die Anmeldung als internationale Anmeldung behandelt werden soll, Bestimmung mindestens eines Vertragsstaats, Name des Anmelders, eine Beschreibung, ein Anspruch). Jede internationale Anmeldung, die diese Erfordernisse erfüllt und der ein internationales Anmeldedatum zuerkannt worden ist, hat vorbehaltlich des Art 64 Abs 4 PCT in jedem Bestimmungsstaat die *Wirkung einer vorschriftsmäßigen nationalen Anmeldung* mit dem internationalen Anmeldedatum; das internationale Anmeldedatum gilt als das tatsächliche Anmeldedatum in jedem Bestimmungsstaat. Jede derartige internationale Anmeldung steht einer vorschriftsmäßigen nationalen Anmeldung im Sinne der PVÜ gleich (Art 11 Abs 3 und 4 PCT).

Inanspruchnahme von Prioritäten (Art 8 PCT; Art 4 PVÜ): Die internationale Anmeldung kann eine Erklärung der in der AusfO-PCT näher bestimmten Art enthalten, mit der die Priorität einer oder mehrerer in einem oder für einen Mitgliedstaat der *PVÜ* eingereichter früherer Anmeldungen beansprucht wird.[5]

---

[5]) Zur Wiedereinsetzung: BA 13. 12. 1995, B 11/93 – Meßgrößenbestimmung – PBl 1996, 78.

13.5.4. Prüfung

Das Anmeldeamt prüft, ob die internationale Anmeldung Mängel aufweist (Art 14 PCT): fehlende Unterzeichnung; Fehlen der vorgeschriebenen Angaben über den Anmelder, der Bezeichnung der Erfindung, der Zusammenfassung oder Nichterfüllung der Formerfordernisse der AusfO-PCT. Gegebenenfalls wird der Anmelder zur Mängelbehebung aufgefordert.

13.5.5. Übermittlung

Ein Exemplar der internationalen Anmeldung verbleibt beim Anmeldeamt („*Anmeldeamtsexemplar*"), ein Exemplar („*Aktenexemplar*") wird dem Internationalen Büro übermittelt, ein weiteres Exemplar („*Recherchenexemplar*") wird der zuständigen Internationalen Recherchenbehörde (Art 16 PCT) übermittelt (Art 12 PCT). Zur Übermittlung an die Bestimmungsämter vgl Art 13 PCT.

13.5.6. Internationale Recherche

Für jede internationale Anmeldung wird von der „Internationalen Recherchenbehörde" (Art 16 PCT) gemäß Art 15 PCT eine internationale Recherche durchgeführt. Sie dient der Ermittlung des einschlägigen Standes der Technik. Zum Verfahren vgl Art 17 PCT. Der *internationale Recherchenbericht* wird, von der Internationalen Recherchenbehörde dem Anmelder und dem Internationalen Büro übermittelt (Art 18 PCT). Nach Eingang des internationalen Recherchenberichts darf der Anmelder einmal die Ansprüche der internationalen Anmeldung durch Einreichung von Änderungsanträgen beim Internationalen Büro innerhalb der vorgeschriebenen Frist ändern (die Änderungsanträge dürfen aber grundsätzlich nicht über den Offenbarungsgehalt der internationalen Anmeldung im Anmeldezeitpunkt hinausgehen; Art 19 PCT). Zur Einsetzung des PA als internationale Recherchenbehörde vgl § 18 PatV-EG. Ein Formular zur Beantragung der Internationalen Recherche findet sich auf der Website der WIPO: http://www.wipo.org/pct/de/forms/index.htm.

13.5.7. Übermittlung an die Bestimmungsämter und Veröffentlichung

Die internationale Anmeldung wird zusammen mit dem internationalen Recherchenbericht jedem Bestimmungsamt *übermittelt* (Art 20 PCT). Das Internationale Büro *veröffentlicht* weiters die internationale Anmeldung (Art 21 PCT; § 20 Abs 1 PatV-EG). Zu den Wirkungen der Veröffentlichung vgl Art 29 PCT und § 20 Abs 2 PatV-EG. Der Anmelder muss jedem Bestimmungsamt spätestens mit dem Ablauf von 20 Monaten seit dem Prioritätsdatum ein Exemplar der internationalen Anmeldung (soweit es nicht bereits übermittelt worden ist) und eine Übersetzung der Anmeldung zuleiten sowie die nationale Gebühr (falls eine solche erhoben wird) zahlen (Art 22 PCT).

Durchführungsbestimmungen für Österreich enthält § 16 PatV-EG: Ist das Österreichische Patentamt Bestimmungsamt, so hat der Anmelder innerhalb der in Art 22 PCT vorgesehenen Frist ein Exemplar der internationalen Anmeldung einzureichen, sofern es nicht bereits gemäß Art 20 PCT übermittelt worden ist, und, wenn das Österreichische Patentamt nicht zugleich Anmeldeamt ist, eine Gebühr in der Höhe der Anmeldegebühr (§ 166 Abs 1 PatG) zu zahlen. Ist die Anmeldung nicht in deutscher Sprache abgefasst, so ist weiters innerhalb der gleichen Frist eine Übersetzung ins Deutsche einzureichen. Eine Entscheidung über die Weiterbehandlung einer internationalen Anmeldung gem Art 25 Abs 2 lit a PCT ist vom PA nur zu treffen, wenn fristgerecht eine Gebühr in der Höhe der Anmeldegebühr (§ 166 Abs 1 PatG) gezahlt und gegebenenfalls eine Übersetzung der internationalen Anmeldung ins Deutsche eingereicht wird.

13.5.8. Internationale vorläufige Prüfung

Nach der Veröffentlichung kann der Anmelder entscheiden, ob er durch einen entsprechenden Antrag die *„nationale bzw regionale Phase"* vor den einzelnen bestimmten Patentämtern einleitet oder ob er das PCT-Verfahren durch einen Prüfungsantrag weiter in Anspruch nimmt:[6] Jeder Anmelder, der Sitz oder Wohnsitz in einem Vertragsstaat hat oder Staatsangehöriger eines Vertragsstaats ist und dessen internationale Anmeldung beim Anmeldeamt dieses Staates oder dem für diesen Staat handelnden Anmeldeamt eingereicht worden ist, kann einen Antrag auf internationale vorläufige Prüfung stellen. Im Antrag sind die Vertragsstaaten anzugeben, in denen der Anmelder die Ergebnisse der internationalen vorläufigen Prüfung verwenden will (*„ausgewählte Staaten"*; Art 31 PCT; § 17 PatV-EG). Gegenstand der internationalen vorläufigen Prüfung ist die Erstellung eines vorläufigen und nicht bindenden Gutachtens darüber, ob die beanspruchte Erfindung als neu, auf erfinderischer Tätigkeit beruhend und gewerblich anwendbar anzusehen ist (Art 33 PCT). Zum Verfahren vgl Art 34 PCT. Der internationale vorläufige Prüfungsbericht darf keine Feststellungen über die Frage enthalten, ob die beanspruchte Erfindung nach irgendeinem nationalen Recht patentfähig oder nicht patentfähig ist oder zu sein scheint. Er bringt lediglich, vorbehaltlich des Art 35 Abs 3 PCT, in Bezug auf jeden Anspruch zum Ausdruck, ob dieser Anspruch die Merkmale der Neuheit, des Beruhens auf einer erfinderischen Tätigkeit (Nichtoffensichtlichkeit) und der gewerblichen Anwendbarkeit zu erfüllen scheint, wie sie für die Zwecke der internationalen vorläufigen Prüfung in Art 33 Abs 1 bis 4 PCT bestimmt sind. Der Bericht wird dem Anmelder, dem Internationalen Büro und jedem ausgewählten Amt übermittelt (Art 36 PCT). Auch für den Antrag auf internationale vorläufige Prüfung findet sich ein Formular auf der Website der WIPO: http://www.wipo.org/pct/de/forms/index.htm.

---

[6]) *Sonn/Pawloy/Alge²*, 162.

13.6. Wirkung des Patentschutzes

Der PCT harmonisiert insoweit die Rechtsvorschriften nicht. Es gilt das Recht des jeweiligen Patentsystems.

13.7. Schutzdauer

Auch insoweit ist keine Harmonisierung vorgesehen.

13.8. Sanktionen

Auch diese bestimmen sich nach der jeweils anzuwendenden (nationalen bzw regionalen) Patentrechtsordnung.

MIT > MediaLab
> Innovation > Kult

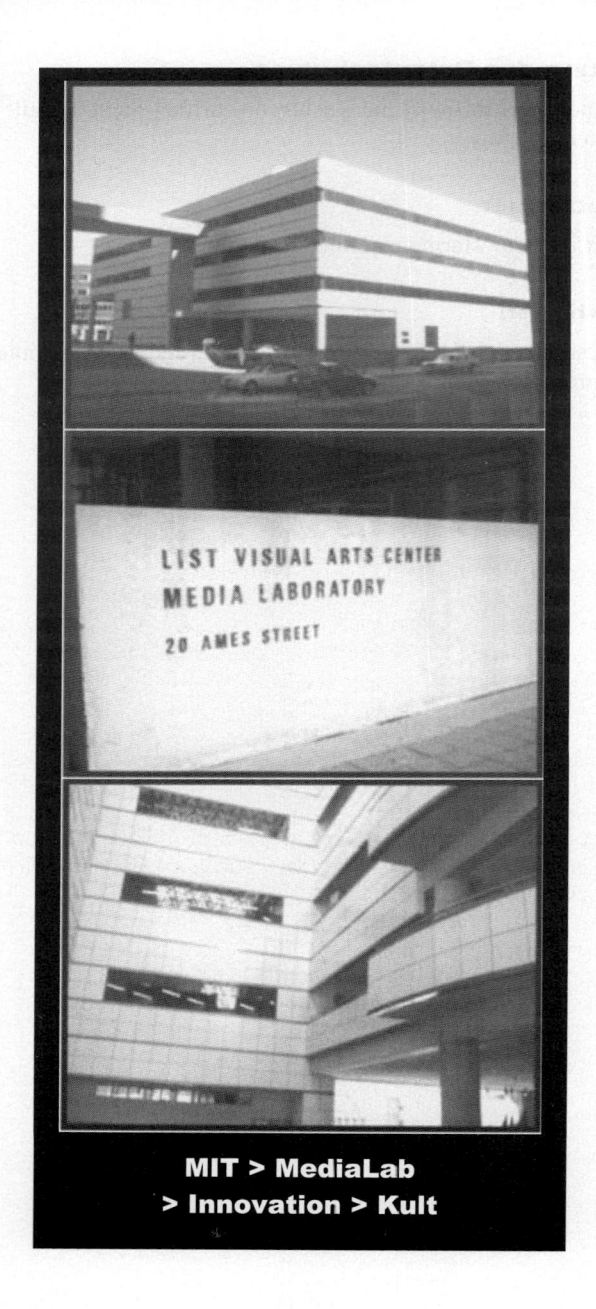

update: www.geistigeseigentum.at

Frank Lloyd Wright – Guggenheim Museum

URHEBERRECHT

Werk = IP

Wie sensibel geistiges Eigentum ist, wurde vielen erst durch das Internet und die NAPSTER-Diskussion bewusst: Allgegenwärtig, überall mit relativ geringem Aufwand zugänglich, ununterscheidbar in der Qualität, millionenfach reproduzierbar. Das Thema ist nicht neu, die Quantität vielleicht schon. Beginnend mit dem Buchdruck über die Absicherung der Rechte an einem Text, einer Komposition, eines Bildes, eines Films oder Werks der Architektur, immer ging es darum, rechtliche Mechanismen zu entwickeln, die einerseits dem Schöpfer die Verwertung seiner geistigen Leistung ermöglichen, andererseits aber auch die Interessen der Öffentlichkeit am freien Zugang zum Geistesgut wahren. Dieser Zielkonflikt ist immer wieder neu auszutragen und auszutarieren. Jedes neue Medium, jede neue Technologie, seien es die Drehorgeln, das Grammophon oder der Film gewesen, oder heute die Online-Übertragung im Web, die Tauschbörsen, die Multimediaproduktionen, das Satellitenfernsehen, Printing on Demand, Klingeltöne am Handy, hat eine neue Herausforderung für die Gestaltung des Urheberrechts gebracht. Wie kein anderes Gebiet des Immaterialgüterrechts gibt daher gerade das Urheberrecht Anlass zu breiter rechtspolitischer Diskussion. Immer wieder ist der Ausgleich der einander gegenüberstehenden Interessen neu zu suchen.

Dazu kommt, dass das Urheberrecht, anders als die bisher behandelten „gewerblichen Schutzrechte" (Marke, Muster, Patent), automatisch entsteht mit einem weltweiten Schutz.

Die Konsequenz daraus ist ein immer dichter und unübersichtlicher werdendes Normengeflecht aus zahlreichen internationalen und gemeinschaftsrechtlichen Regelungen mit dem nationalen Recht. Kein anderes Rechtsgebiet im Bereich des geistigen Eigentums ist ähnlich komplex und herausfordernd.

Viel Vergnügen bei diesem bunten, letzten Kapitel dieses „Werks der Literatur"!

statement

Wozu Urheberrechtsschutz für Software?

Zugegeben, zumindest auf den ersten Blick ist es keineswegs selbstverständlich, dass auch Computerprogramme als geistige Schöpfungen vom Schutz des Urheberrechts erfasst sind. Man muss sich dann allerdings fragen, welchen Anreiz ein IT-Unternehmen haben sollte, hohe Beträge in die Forschung und Entwicklung neuer Produkte zu investieren, wenn jedem Mitbewerber (und potentiellen Kunden!) ein „alternativer Produktionsweg" offen stünde, nämlich abzuwarten und dann abzukupfern. Erst wenn Unternehmen eine sichere Chance haben, ihre Produkte zu verkaufen und vor dem Diebstahl ihres geistigen Eigentums geschützt werden, können sie auch Profit erzielen und der heimischen Wirtschaft damit starke Impulse geben.

Ein Beispiel: Die Entwicklung des Microsoft Betriebssystems Windows hat bis heute unzählige Mannstunden Programmierleistung erfordert. Das Herstellen einer Raubkopie hingegen benötigt ein paar Mausklicks und einen CD-Rohling im Wert von ein paar Cents.

Der Schaden, der der Softwareindustrie durch Raubkopien zugefügt wurde, betrug einer Studie des unabhängigen Marktforschungsinstituts IPR im Jahr 2002 weltweit über 13 Mrd. Euro, davon entfielen rund 60 Mio. Euro allein auf Österreich mit einer Piraterierate von aktuell 30% bei gewerblich genutzter Software. Darüber hinaus schädigt jede am Schwarzmarkt verkaufte Raubkopie den Staat am Steueraufkommen: Eine Studie der IDC, eines weltweit führenden Anbieters von IT-Marktbeobachtung und –Beratung, die im April 2003 veröffentlicht wurde, belegt eindrucksvoll die gesamtwirtschaftlichen Folgen der Softwarepiraterie: Durch eine Senkung der Piraterierate auf (immer noch!) 23 Prozent bis zum Jahr 2006 könnten demnach allein in Österreich 3.600 zusätzliche Arbeitsplätze in der IT-Branche geschaffen werden; insgesamt könnten in der österreichischen IT-Industrie bis 2006 rund 67.000 Menschen arbeiten; Steuermehreinnahmen von 445 Millionen Euro und eine Steigerung des Bruttoinlandprodukts um 1,755 Mrd. Euro wären weitere wünschenswerte Auswirkungen einer Eindämmung von Softwarepiraterie.

Die Situation ist in anderen Bereichen der Kreativwirtschaft, etwa im Bereich der Musikindustrie, keineswegs anders. Die Gewährung eines in Gesetzgebung und Vollziehung effizienten Urheberrechtsschutzes ist daher eine fundamentale Voraussetzung dafür, dass derartige kreative Leistungen finanziert werden können, im Interesse all jener, die sie nutzen wollen.

Vielleicht sollte es also doch selbstverständlich sein, dass nicht zuletzt Softwareprodukte durch starke Ausschließungsrechte geschützt sind ...

◄ **Mag. Günter SCHNEIDER** ist Vertriebsleiter für Kleinbetriebe bei Microsoft Österreich.

Urheberrecht

1. EINLEITUNG

Überblick

- Der „Urheberrechtsschutz" ist primär im *Urheberrecht* verankert.
- Das UrhG 1936 wurde zuletzt *2003* tiefgreifend zur Harmonisierung mit dem Gemeinschaftsrecht (InfoRL) novelliert.
- Zur Rechtsvereinheitlichung in der Europäischen Union wurden insgesamt bereits sieben *Richtlinien* erlassen, die nächste, die umzusetzen sein wird, ist jene über das Folgerecht.
- Österreich ist aber auch in alle wesentlichen *internationalen Verträge* im Urheberrecht eingebunden, die auf die nationale Rechtsentwicklung maßgeblichen Einfluss hatten.

1.1. Begriff „Urheberrecht"

Literaturhinweise: *Thaler*, Immaterialgüterrechte und gewerblicher Rechtsschutz, FS 75 Jahre Österr Patentamt (1974) 246; *Schönherr*, Zur Begriffsbildung im Immaterialgüterrecht, FS Troller (1976) 57; *Schönherr*, Gewerblicher Rechtsschutz und Urheberrecht (1982) 1; *Hodik*, Überlegungen zur Theorie des Immaterialgüterrechts, UFITA 96 (1983) 93; *Dittrich*, Umverteilung geistigen Eigentums, ZUM 1985, 556; *Hodik*, Immaterialgüter und das Vollrecht daran im österreichischen Zivilrecht, UFITA 100 (1985) 109; *Dillenz*, Was heißt und zu welchem Ende studiert man Urheberrecht? FS Uchtenhagen, UFITA 75 (1987) 23; *Scheuch/Holzmüller*, Die wirtschaftliche Bedeutung des Urheberrechts in Österreich – die Wertschöpfung der Copyright-Industries (1989) 59; *Dillenz*, Urheberrechtsschutz heute, ÖBl 1990, 1; *Dillenz*, Die Bewertung von Urheberrechten, NZ 1991, 240; *Strowel*, Urheberrecht und Copyright: Übereinstimmungen und Abweichungen, ÖSGRUM 19 (1996) 1.

1.1.1. Urheberrecht im objektiven Sinn

Geschützt ist nicht der Datenträger sondern der Content.

Das Schlagwort „Urheberrecht" wird vielfach immer noch primär mit dem Schutz von Kunstwerken „im klassischen Sinn" assoziiert. Selbstverständlich ist es auch heute noch eine der Kernaufgaben eines funktionierenden Urheberrechtssystems, die Rechte von Autoren eines Romans oder eines Bühnenstücks, von bildenden Künstlern, von Komponisten oder Architekten an ihrer geistigen Schöpfung zu schützen. Diese Urheber benötigen das urheberrechtliche Sanktionensystem, um sich gegen die unautorisierte Nutzung ihrer Werke (durch Vervielfältigen, Verbreiten, öffentliches Aufführen, Nachbauen etc) wehren zu können. Sie erhalten über die urheberrechtlichen Regelungen die Möglichkeit, durch entsprechende Verträge Entgelt aus solchen Nutzungen zu erzielen und sie werden vor einer Verletzung ihrer ideellen Interessen (zB dem Recht auf Nennung als Urheber) geschützt.

Tatsächlich geht aber heute die Bedeutung des Urheberrechts bereits weit über diesen Kernbereich hinaus. Geschützt werden etwa auch Leistungen der Lichtbildhersteller für Lichtbilder, die nicht als „Werke der Kunst" zu beurteilen sind, der Schallträgerhersteller oder eines Rundfunkunternehmers für seine Sendeleistung. Geschützt werden nicht nur „museale" Werke der bildenden Kunst, sondern auch Gebrauchsgraphiken oder Werbeslogans. Urheberrechtlich geschützt werden Spielfilme, Videospiele, Computerprogramme und Datenbanken. Die Schlagworte von der „Informationsgesellschaft", die von einer multimedialen Vermittlung der Inhalte geprägt ist, vom „Datenhighway", von „globalen Kommunikationsnetzen" sind in aller Munde. All dies berührt unmittelbar Fragen des Urheberrechts. Die wirtschaftliche Bedeutung der „Copyright-Industries" ist gewaltig. Eine bereits vor Jahren durchgeführte österreichische Studie hat diesem Wirtschaftsbereich mit einer Wertschöpfung von 26 Mrd ATS einen Anteil am Bruttoinlandsprodukt von 2,053 % gegeben.[1] Man wird nicht fehlgehen mit der Annahme, dass sich dieser Anteil inzwischen noch deutlich erhöht hat.

Das Urheberrecht gehört zum *Immaterialgüterrecht* (zur Begriffsbildung vgl Seite 93). Es ist – wie auch die anderen Bereiche des Immaterialgüterrechts (Marken-, Muster- und Patentrecht) – vom Territorialitätsprinzip geprägt. Dies bedeutet, dass grundsätzlich jedes Land seine eigenen Rechtsvorschriften zum Schutz geistiger Leistungen erlässt. Dieses Prinzip führt dazu, dass in den einzelnen Ländern teilweise sehr unterschiedliche Regelungen mit stark unterschiedlichem Schutzniveau bestehen. Die Bemühungen zu einer internationalen Rechtsvereinheitlichung reichen schon in das vorige Jahrhundert zurück (vgl zur „Berner Übereinkunft" Seite 1083). Im Zeitalter der globalen Vernetzung und des globalen Datenaustauschs führt die Situation, dass in jedem Land andere urheberrechtliche „Spielregeln" gelten, zu einer untragbaren Erschwerung für alle Beteiligten. Durch national unterschiedliche Regelungen sind zwischenstaatliche Handelshemmnisse entstanden, die dem Wunsch nach einem einheitlichen europäischen Markt, aber auch dem Wunsch nach einer globalen Liberalisierung der Waren- und Dienstleistungsströme entgegenstehen. Dem kann nur durch internationale Rechtsnormen, die zu einer Vereinheitlichung der nationalen Urheberrechtssysteme, zu einem angemessenen und wirksamen Schutz und zu einer Anpassung an die Bedürfnisse einer solchen globalen Vernetzung führen, entsprochen werden.[2] Im Bereich der Europäischen Union wurden daher in den letzten Jahren durch punktuelle Richtlinien bereits

---

[1]) *Scheuch/Holzmüller*, Die wirtschaftliche Bedeutung des Urheberrechts in Österreich – Die Wertschöpfung der Copyright-Industries (1989) 59.
[2]) *Kucsko*, MP3 macht Musik frei? Urheberrechtsverletzungen im Internet, in *Feldner/Forgó/Kremnitzer/Philapitsch* (Hrsg), Chaos Control – Das Internet als dunkle Seite des Rechts? (2001) 45.

massive Impulse zur Umgestaltung und Vereinheitlichung der nationalen Urheberrechte gegeben. Diese waren auch für Österreich Hauptanlass zu den Urheberrechtsnovellen 1993, 1996, 1997 und 2003. Aber auch außerhalb des Europäischen Wirtschaftsraumes ist dieses Thema unter dem maßgeblichen Einfluss vor allem der Vereinigten Staaten von Amerika zu einem der zentralen Regelungsbereiche geworden. Im Rahmen der GATT-Uruguay-Runde wurde als Teil des WTO-Abkommens ein Abkommen über die handelsbezogenen Aspekte des Rechts des geistigen Eigentums (TRIPS-Abkommen) geschlossen, das zu einem beträchtlichen Teil urheberrechtliche Fragen regelt.

Ziel der folgenden Einführung ist es daher, einen ersten Überblick über das nationale österreichische Urheberrecht zu geben, gleichzeitig aber dessen Einbettung in die Regelungen des internationalen Urheberrechts unter besonderer Berücksichtigung der Regelungen in der EU sowie des nunmehr neu geschaffenen TRIPS-Abkommens zu skizzieren.

1.1.2. Urheberrecht im subjektiven Sinn

Die oben (Seite 1048) dargestellte Situation erfasst das „Urheberrecht im *objektiven Sinn*" zur Bezeichnung der im UrhG versammelten generellen Normen. Das Urheberrecht im objektiven Sinn dient dem Schutz eines „geistigen Guts", eines Immaterialguts. Es gehört zum Bereich des *„Immaterialgüterrechts"* (Seite 93).

Vom Urheberrecht im objektiven Sinn sind die Befugnisse zu unterscheiden, die dem Einzelnen aufgrund dieser Regelungen zustehen.[3] Diese können als „Urheberrecht im *subjektiven Sinn*" bezeichnet werden. In diesem Sinn spricht auch das UrhG an manchen Stellen von „Urheberrecht". So bestimmt etwa § 23 Abs 3 UrhG dass das „Urheberrecht" im Allgemeinen „unübertragbar" ist. Der Schöpfer eines Werks kann gegen den Verletzer seines (subjektiven) Urheberrechts mit Ansprüchen auf Unterlassung, Beseitigung, Zahlung etc vorgehen (im Einzelnen Seite 1267). Das „Urheberrecht im objektiven Sinn" gewährt somit dem Urheber als „Urheberrecht im subjektiven Sinn" vor allem ein Ausschließungsrecht. Nach § 23 Abs 1 UrhG ist das „Urheberrecht" (im subjektiven Sinn) als *Vermögensrecht* vererblich.

1.2. Schutzzweck des Urheberrechts

Das ist nun in der Tat nicht mehr mit einem Satz zu beantworten – wieso? Der Grund liegt darin, dass das UrhG die unterschiedlichsten Materien in sich vereinigt. Wir haben es bereits oben gesehen, das klassische Werk der Literatur oder bildenden Künste hat hier ebenso seinen Platz gefunden für die Investitionsleistung eines CD-Produzenten oder einer Rundfunkanstalt. Das Werk der Architektur ist ebenso Gegenstand des Urheberrechts wie ein Firmenlogo, ein Werbe-

---

[3]) Vgl allgemein zur Abgrenzung des „Rechts im objektiven Sinn" vom „Recht im subjektiven Sinn": *Koziol/Welser*, Bürgerliches Recht[12] I (2002) 1ff.

update: www.geistigeseigentum.at

prospekt oder eine Datenbank. Während das PatentG eher eindimensional dem Schutz der Erfindung, das MSchG dem Schutz der Marke und das MuSchG dem Schutz des Designs dient, ist der Schutzgegenstand des UrhG inhomogen, ein Sammelbecken verschiedenartiger Schöpfungen und Leistungen. Dementsprechend aufgefächert sind auch die speziellen Regelungen für jeden Bereich, mit unterschiedlicher Bemessung der Schutzdauer, mit unterschiedlich starkem Schutz der ideellen Interessen des jeweiligen Rechteinhabers und auch mit unterschiedlich weit ausgestaltetem Schutzbereich.

1.3. Auskunftsstellen

Wie bei den anderen Teilgebieten des Immaterialgüterrechts gibt es auch für das Urheberrecht spezielle Anlaufstellen:

Checklist: Auskunftsstellen

- *Design Austria*, DA, Berufsverband der Grafik-Designer, Illustratoren und Produkt-Designer (A-1070 Wien, Kandlg. 16; Tel: [01]-524 49 49-0; Fax: [01]-524 49 49-4; E-Mail: info@designaustria.at; online: www.designaustria.at).
- *Wirtschaftskammer Österreich*, (A-1045 Wien, Wiedner Hauptstraße 63; Tel: [01]-501 05-0; Fax [01]-501 05-250; E-Mail: wkoe@wko.at; online: wko.at).
- *Veranstalterverband*, (A-1010 Wien, Dorotheergasse 7; Tel: [01]-5122918-0; Fax: [01]-5122918-33; E-Mail: office@vvat.at; online: www.vvat.at).
- Die *Verwertungsgesellschaften*, vgl dazu Seite 1142.

1.4. Rechtsquellen

Literaturhinweise: Zur Dokumentation der Entwicklung vgl insbesondere *Dillenz*, Materialien zum österreichischen Urheberrecht, ÖSGRUM 3 (1986); *Dillenz*, Materialien zum VerwertungsgesellschaftenG, ÖSGRUM 5 (1987); *Dillenz*, Materialien zur Geschichte des österreichischen Urheberrechts 1895-1936, ÖSGRUM 8 (1989).

Urheberrecht ist gemäß Art 10 Abs 1 Z 6 B-VG in Gesetzgebung und Vollziehung Bundessache. Das Urheberrecht ist im Wesentlichen im *Urheberrechtsgesetz* – UrhG sowie im *Verwertungsgesellschaftengesetz* – VerwGesG geregelt.

Das Gemeinschaftsrecht hat bereits durch mehrere Richtlinien eine Teilvereinheitlichung im Urheberrecht bewirkt (ein einheitliches „europäisches Urheberrecht" ist aber noch in weiter Ferne): Richtlinie über den Rechtsschutz von *Computerprogrammen*, Richtlinie zum *Vermiet- und Verleihrecht*, Richtlinie betreffend *Satellitenrundfunk und Kabelweiterverbreitung*, Richtlinie zur *Harmonisierung der Schutzdauer*, Richtlinie über den rechtlichen Schutz von *Datenbanken*, Richtlinie über das *Folgerecht* und Richtlinie zur Harmonisierung bestimmter Aspekte des Urheberrechts und der verwandten Schutzrechte in der *Informationsgesellschaft*.

Das internationale Urheberrecht ist vor allem durch die *Berner Übereinkunft* zum Schutz von Werken der Literatur und Kunst (Pariser Fassung), das *Welturheber-*

rechtsabkommen (Pariser Fassung), das *Römer Leistungsschutzabkommen*, das *Tonträgerübereinkommen*, das *Brüsseler Satellitenübereinkommen* und das *TRIPS-Abkommen* geprägt. Vgl zu diesen internationalen Abkommen näher: Seite 1083.

Checklist: Rechtsquellen

Gesetze

- **UrhG:** BG über das Urheberrecht an Werken der Literatur und der Kunst und über verwandte Schutzrechte (Urheberrechtsgesetz) BGBl 1936/111 idF BGBl 1949/206 (Änderung des UrhG), BGBl 1953/106 (UrhG-Nov 1953), BGBl 1957/31 (Änderung des Strafverfahrensrechtes; Art IV Abs 1), BGBl 1963/175 (StGNov 1963), BGBl 1972/492 (UrhG-Nov 1972), BGBl 1973/142 (Kundmachung; Druckfehlerberichtigung), BGBl 1974/422 (StrafrechtsanpassungsG), BGBl 1980/321 (UrhG-Nov 1980), BGBl 1982/295 (UrhG-Nov 1982), BGBl 1988/601 (UrhG-Nov 1988), BGBl 1989/612 (UrhG-Nov 1989), BGBl 1993/93 (UrhG-Nov 1993), BGBl 1996/151 (UrhG-Nov 1996), BGBl I 1998/25 (UrhG-Nov 1997), BGBl I 2000/110 und BGBl I 2003/32 (UrhG-Nov 2003).
- **UrhG-Nov 1980:** BG v 2. 7. 1980 mit dem das UrhG geändert wird (Urheberrechtsgesetznovelle 1980 – UrhG-Nov 1980) BGBl 1980/321 idF BGBl 1986/375, 1989/612, 1994/505 und 1996/151.
- **VerwGesG:** BG v 9. 4. 1936 betreffend Unternehmen zur Nutzbarmachung von Vortrags-, Aufführungs- oder Senderechten an Sprachwerken und an Werken der Tonkunst (Verwertungsgesellschaftengesetz) BGBl 1936/112.
- **SKV:** Verordnung des BMJ im Einvernehmen mit den beteiligten Bundesministern, betreffend die im Verwertungsgesellschaftengesetz, B.G.Bl. Nr. 112/1936, vorgesehenen Schiedskommissionen BGBl 1936/188 idF BGBl I 1999/191.[4]
- **PPG:** BG, mit dem ergänzende Regelungen im Verkehr mit Waren, die ein Recht am geistigen Eigentum verletzen, erlassen werden (ProduktpiraterieG), BGBl I 2001/65.

Verordnungen

- **DurchführungsV:** Verordnung des BMJ v 9. 1. 1990 zur Durchführung des § 90a Abs 3 und 4 des UrhG BGBl 1990/40.
- **SitzungsgeldV:** Verordnung der Bundesregierung v 17. 2. 1981 über die Sitzungsgelder der Schiedsstelle BGBl 1981/100.
- **GebV:** Verordnung des BMJ v 17. 2. 1981 über die Gebühren für die Inanspruchnahme der Schiedsstelle BGBl 1981/101.

Gemeinschaftsrecht

- **ProduktpiraterieVO:** Verordnung (EG) Nr 3295/94 des Rates vom 22. 12. 1994 über Maßnahmen, welche das Verbringen von Waren, die bestimmte Rechte am geistigen Eigentum verletzen, in die Gemeinschaft sowie ihre Ausfuhr und

---

[4]) Gemäß Art II Abs 1 UrhG-Nov 1980 nunmehr im Gesetzesrang.

Wiederausfuhr aus der Gemeinschaft betreffen, ABl 1994 L 341 S 8 idF ABl 1999 L 027 S 1 (DVO: ABl 1995 L 133 S 2 idF ABl 1999 L 308 S 16).
- **ComputerRL:** Richtlinie des Rates vom 14. Mai 1991 über den Rechtsschutz von Computerprogrammen (91/250/EWG) ABl 1991 L 122 S 42 idF der Richtlinie 93/98/EWG des Rates vom 29. Oktober 1993 zur Harmonisierung der Schutzdauer des Urheberrechts und bestimmter verwandter Schutzrechte, ABl 1993 L 290 S 9 und des Abkommens über den europäischen Wirtschaftsraum – Anhang XVII – Geistiges Eigentum – Verzeichnis nach Artikel 65 Absatz 2, ABl 1994 L 001 S 482.
- **VermietRL:** Richtlinie 92/100/EWG des Rates vom 19. November 1992 zum Vermietrecht und Verleihrecht sowie zu bestimmten dem Urheberrecht verwandten Schutzrechten im Bereich des geistigen Eigentums, ABl 1992 L 346 S 61 idF ABl 1993 L 290 S 9 und ABl 2001 L 167 S 10.
- **SatellitenRL:** Richtlinie 93/83/EWG des Rates vom 27. September 1993 zur Koordinierung bestimmter urheber- und leistungsschutzrechtlicher Vorschriften betreffend Satellitenrundfunk und Kabelweiterverbreitung, ABl 1993 L 248 S 15.
- **SchutzfristenRL:** Richtlinie 93/98/EWG des Rates vom 29. Oktober 1993 zur Harmonisierung der Schutzdauer des Urheberrechts und bestimmter verwandter Schutzrechte, ABl 1993 L 290 S 9 idF ABl 2001 L 167 S 10.
- **DatenbankRL:** Richtlinie 96/9/EG des Europäischen Parlaments und des Rates vom 11. März 1996 über den rechtlichen Schutz von Datenbanken, ABl 1996 L 77 S 20.
- **FolgerechtRL:** Richtlinie 2001/84/EG des Europäischen Parlaments und des Rates vom 27. September 2001 über das Folgerecht des Urhebers des Originals eines Kunstwerks, ABl 2001 L 272 S 32.
- **InfoRL:** Richtlinie 2001/29/EG des Europäischen Parlaments und des Rates vom 22. Mai 2001 zur Harmonisierung bestimmter Aspekte des Urheberrechts und der verwandten Schutzrechte in der Informationsgesellschaft, ABl 2001 L 167 S 10 idF ABl 2002 L 006 S 71.

Internationales Recht

- **RBÜ:** Berner Übereinkunft zum Schutz von Werken der Literatur und Kunst samt Anhang (Pariser Fassung) BGBl 1982/319 idF BGBl 1985/133 und BGBl 1986/612.
- **WUA:** Welturheberrechtsabkommen, revidiert am 24.7.1971 in Paris samt Zusatzerklärung, Entschließung und Zusatzprotokollen (Pariser Fassung) BGBl 1982/293.
- **Römer Leistungsschutz-Abk:** Internationales Abkommen über den Schutz der ausübenden Künstler, der Hersteller von Tonträgern und der Sendeunternehmen BGBl 1973/413.
- **Genfer Tonträger-Abk:** Übereinkommen zum Schutz der Hersteller von Tonträgern gegen die unerlaubte Vervielfältigung ihrer Tonträger BGBl 1982/294.
- **Brüsseler Satelliten-Abk:** Übereinkommen über die Verbreitung der durch Satelliten übertragenen programmtragenden Signale BGBl 1982/335.
- **Vertrag über die internationale Registrierung** audiovisueller Werke BGBl 1991/48.

▶ **TRIPS-Abk:** Abkommen zur Errichtung der Welthandelsorganisation (WTO-Abkommen) samt Schlussakte, Anhängen, Beschlüssen und Erklärungen der Minister sowie österreichischen Konzessionslisten betreffend landwirtschaftliche und nichtlandwirtschaftliche Produkte und österreichische Verpflichtungslisten betreffend Dienstleistungen BGBl 1995/1 idF BGBl 1995/379 (insbesondere TRIPS: Abkommen über handelsbezogene Aspekte der Rechte des geistigen Eigentums, Anhang 1C des WTO-Abkommens).

1.5. Literatur
1.5.1. Österreichische Literatur
Gesetzesausgaben, systematische Darstellungen

▶ *Lißbauer*, Die österreichischen Urheberrechtsgesetze (1936).
▶ *Mitteis*, Grundriß des österreichischen Urheberrechts (1936).
▶ *Peter*, Das Österreichische Urheberrecht (1954) – Kommentierte Gesetzesausgabe mit den vollständigen Erläuternden Bemerkungen zum UrhG 1936.
▶ *Rintelen*, Urheberrecht und Urhebervertragsrecht (1958) – Systematische Darstellung.
▶ *Dittrich*, Verlagsrecht (1969) – Systematische Darstellung.
▶ *Schönherr*, Gewerblicher Rechtsschutz und Urheberrecht (1982) – Grundriß Allgemeiner Teil; mit Deckblättern 1983 und 1985.
▶ *Hartl/Reich-Rohrwig/Schlosser*, Der Druckvertrag im österreichischen Recht (1987).
▶ *Zanger* (Hrsg), Urheberrecht für Fotografen (1988).
▶ *Scheuch/Holzmüller*, Die wirtschaftliche Bedeutung des Urheberrechts in Österreich (1989).
▶ *Krejci*, in *Rummel*, Kommentar zum ABGB I² (1990) zu §§ 1172, 1173 (Verlagsvertrag).
▶ *Zanger*, Werbung und Urheberrecht (1991).
▶ *Walter*, Copyright Law, in *Rüster*, World Intellectual Property Guidebook (1991).
▶ *Dittrich*, Urheberrechtsgesetz (1993) – Textausgabe.
▶ *Zanger*, Urheberrecht und Leistungsschutz im digitalen Zeitalter – Ein Handbuch für Werbung, Film und Fernsehen (1996).
▶ *Ciresa*, Urheberrecht aktuell (1997) – systematische Darstellung.
▶ *Tonninger*, Copyright und Urheberrecht im Internet (1998) – systematische Darstellung.
▶ *Wiedenbauer*, Urheberrechtsschutz von Multimediaprodukten (1998) – systematische Darstellung.
▶ *Aicher/Dellinger*, in *Möhring/Schulze/Ulmer/Zweigert*, Quellen des Urheberrechts, Loseblattsammlung; Länderbericht Österreich, 47. Lfg (2000).
▶ *Büchele*, Urheberrecht im World Wide Web (2002) – systematische Darstellung.
▶ *Barbist/Gruber/Oberkofler/Stomper* (Hrsg), Praxishandbuch Internetrecht (2002).
▶ *Dittrich*, Österreichisches und internationales Urheberrecht[4] – MGA (2003).
▶ *Gutman*, Urheberrecht im Internet in Österreich, Deutschland und der EU (2003).

update: www.geistigeseigentum.at

▸ *Dittrich* (Hrsg), Österreichische Schriftenreihe zum gewerblichen Rechtsschutz, Urheber- und Medienrecht (ÖSGRUM):
- Bd 1: *Dittrich*, Gedanken zum Leistungsschutz von Schall- und Bildschallträgern (1985).
- Bd 2: Urhebervertragsrecht; Stand – Entwicklung (1986).
- Bd 3: *Dillenz* (Hrsg), Materialien zum österreichischen Urheberrecht (1986).
- Bd 4: *Dittrich* (Hrsg), Festschrift 50 Jahre UrheberrechtsG (1986).
- Bd 5: *Dillenz* (Hrsg), Materialien zum VerwertungsgesellschaftenG (1987).
- Bd 6: *Dittrich* (Hrsg), Beiträge zum Urheberrecht I (1988).
- Bd 7: *Dittrich* (Hrsg), Woher kommt das Urheberrecht und wohin geht es? (1988).
- Bd 8: *Dillenz* (Hrsg), Materialien zur Geschichte des österreichischen Urheberrechts 1895–1936 (1989).
- Bd 9: *Dittrich* (Hrsg), Die Notwendigkeit des Urheberrechtsschutzes im Lichte seiner Geschichte (1991).
- Bd 10: *Majer*, Das Urheberstrafrecht (1991).
- Bd 11: *Dittrich*, Der Kontrahierungszwang von Verwertungsgesellschaften (1992).
- Bd 12: *Reindl*, Die Nebenrechte im Musikverlagsvertrag (1993).
- Bd 13: *Dittrich* (Hrsg), Domaine Public Payant (1993).
- Bd 14: *Dittrich* (Hrsg), Beiträge zum Urheberrecht II (1993).
- Bd 15: *Juranek J*, Die Richtlinie der Europäischen Union zur Harmonisierung der Schutzfristen im Urheber- und Leistungsschutzrecht (1994).
- Bd 16: *Ciresa*, Handbuch der Urteilsveröffentlichung (1995).
- Bd 17: *Dittrich* (Hrsg), Beiträge zum Urheberrecht III (1995).
- Bd 18: *Vock*, Neue Formen der Musikproduktion (1995).
- Bd 19: *Dittrich* (Hrsg), Beiträge zum Urheberrecht IV (1996).
- Bd 20: *Dittrich* (Hrsg), Beiträge zum Urheberrecht V (1997).
- Bd 21: *Graschitz*, Ausgewählte Probleme des Leistungsschutzes ausübender Künstler (1998).
- Bd 22: *Dittrich* (Hrsg), Beiträge zum Urheberrecht VI (2000).
- Bd 23: *Schumacher*, Medienberichterstattung und Schutz der Persönlichkeitsrechte (2001).
- Bd 25: *Popp*, Verwertungsgesellschaften (2001).
- Bd 27: *Dittrich/Krejci*, Zur Entgeltfestsetzung durch Schiedskommissionen nach dem VerwGesG (2002).
- Bd 29: *Dittrich* (Hrsg), Beiträge zum Urheberrecht VII (2003).[5]

Zeitschriften

▸ Österreichische Blätter für gewerblichen Rechtsschutz und Urheberrecht („ÖBl") – erscheinen zweimonatlich mit umfassendem Rechtsprechungsteil.
▸ ecolex – Fachzeitschrift für Wirtschaftsrecht – erscheint monatlich (mit einem eigenen Abschnitt über „Wettbewerbs- und Immaterialgüterrecht"); auch auf CD-ROM erhältlich.

---

[5]) Die Bände 24, 26, 28 und 30 betreffen keine urheberrechtlichen Themen.

▶ Medien und Recht („MR") – erscheint zweimonatlich (Schwerpunkte: Medien-, Urheber- und Wettbewerbsrecht).

Jüngere Einzelabhandlungen

Dilienz, Die EG-Wettbewerbsregeln und die österreichischen Verwertungsgesellschaften, ZfRV 1990, 161; *Dillenz*, Direktsatellit und die Grenzen des klassischen Senderechtsbegriffs (1990); *Dillenz*, Urheberrechtsschutz heute, ÖBl 1990, 1; *Dittrich*, Die urheberrechtlichen Schutzfristen in der UdSSR – Zugleich: Eine Ergänzung „Zur Revision des bilateralen Urheberrechtsabkommens mit der UdSSR", RfR 1990, 31; *Dittrich*, Zur Revision des bilateralen Urheberrechtsabkommens mit der UdSSR, RfR 1990, 1; *Haindl*, Urheberrecht und Satellitenfernsehen – Neue Entwicklungen, AnwBl 1990, 175; *Hodik*, Der Begriff „ausübender Künstler" im österreichischen Urheberrecht, ÖBl 1990, 49; *Jaburek*, Handbuch der EDV-Verträge (1990); *Kaltner/Sebök*, Die künstlerische Tätigkeit in der Judikatur des VwGH, MR 1990, 6; *Polak*, Grenzen des Bildnisschutzes für Prominente, ecolex 1990, 741; *Reinbothe*, Die Harmonisierung des Urheberrechtes in der Europäischen Gemeinschaft, ÖBl 1990, 145; *Röttinger*, Der Urheberrechtsschutz von Computersoftware in Österreich, ÖJZ 1990, 33; *Schuhmacher*, Das Wettbewerbsrecht nach den Novellen 1988 – Kritische Anmerkungen zu einer problematischen Reform, FS Ostheim (1990) 495; *Steinmetz*, Die Neuregelung der Leerkassettenvergütung, MR 1990, 42; *Walter,* Der Schutz ausländischer (amerikanischer) Schallträgerhersteller im österreichischen Leistungsschutzrecht, MR 1990, 4; *Walter*, Werkverwertung in körperlicher Form, MR 1990, 112, 162 und 203; *Wittmann*, Ein neues Verwertungsrecht für Bild- und Tonträger? MR 1990, 9; *Wittmann*, Film- und Videorecht (1990); *Zanger*, Karikatur, Satire, Kabarett und Kunstfreiheit, ÖBl 1990, 193; *Blocher,* Die EG-Richtlinie über den Rechtsschutz von Computerprogrammen, MR 1991, 93; *Dillenz*, Bauherr und Urheberrecht, ecolex 1991, 257; *Dillenz*, Der Good-News-Mann als Urheberrechtsverletzer? ecolex 1991, 543; *Dillenz*, Die Bewertung von Urheberrechten, NZ 1991, 240; *Dittrich*, „So ein Tag, so wunderschön ...", ecolex 1991, 471; *Dittrich*, Bildnisschutz – Rechtsprechungsübersicht, ecolex 1991, 703; *Dittrich*, Die Weiterentwicklung des österr Urheberrechtes, GRUR Int 1991, 774; *Dittrich*, Empfiehlt sich die Schaffung eines eigenen originären Rechts des Verlegers? ÖSGRUM 9 (1991) 135; *Dittrich*, Lichtbildschutz – Schutz des Rundfunkunternehmers, ecolex 1991, 545; *Dreier*, Rundfunk und Urheberrecht im Binnenmarkt, GRUR Int 1991, 13; *Gantner*, Der Schutz von Computerprogrammen (1991); *Haindl*, Urheberrecht an grenzüberschreitenden Sendungen, MR 1991, 180; *Hofmeister*, Der österreichisch-sardinische Urheberrechtsvertrag von 1840, ÖSGRUM 9 (1991) 239; *Hoyer*, Urhebervertragsrecht als Beispiel für den Schutz des Schwächeren im Privatrecht, ÖSGRUM 9 (1991) 124; *Kletecka*, Unberechtigte Verwendung eines Werktitels, ecolex 1991, 525; *Koblanck*, Jährlich werden 1 Milliarde Kopien unerlaubt angefertigt, MR 1991, 218; *Korn*, Zur Frage des Wegfalls der Wiederholungsgefahr, MR 1991, 220; *Korn/Neumayer*, Persönlichkeitsschutz im Zivil- und Wettbewerbsrecht (1991); *Kucsko*, ecolex-Checklist: Vereinbarung über die Nutzung von Lichtbildern in Österreich, ecolex 1991, 549; *v Lewinski*, Harmonisierung des Urheberrechts in der EG (Vermietrecht – Verleihrecht – verwandte Schutzrechte) MR 1991, 53; *Majer*, Das Urheberstrafrecht, ÖSGRUM 10 (1991); *Pflaum/A. Schima*, Der Architektenvertrag (1991); *Püschel*, Rechte des Bühnenautors und Urheberschutzfrist aus historischer Sicht, ÖSGRUM 9 (1991) 222; *Reindl*, Neue urheberrechtliche Initiativen der EWG, ecolex 1991, 367; *Tretter*, Urheberrecht und Grundrechte, ÖSGRUM 9 (1991) 102; *Walter*, Die freie Werknutzung der Freiheit des Straßenbilds, MR 1991, 4; *Wittmann*, Das Internationale Register audiovisueller Werke, MR 1991, 48; *Andréewitch/Polliret/Bartsch,* Worauf sollte der Anwender beim Abschluß von EDV-Verträgen besonders achten? EDVuR 1992, 152; *Blocher/Walter*, Softwareschutz nach der EG-Richtlinie und nach österreichischem Recht, EDVuR 1992, 5; *Dillenz*, EG und EWR – Ihre Auswirkungen auf das Urheberrecht in Österreich, ÖBl 1992, 6; *Dillenz*, Rechtsfragen des Urheberrechts im

Hochschulbereich, in *Strasser* (Hrsg), Organisations-, europa-, und immaterialgüterrechtliche Probleme der Universitäten (1992) 97; *Dillenz*, Urheberrechtsschutz von Computerprogrammen, ecolex 1992, 177; *Dittrich*, Computer-Programme und Vervielfältigungsrecht, ecolex 1992, 339; *Dittrich*, Der Kontrahierungszwang von Verwertungsgesellschaften, ÖSGRUM 11 (1992); *Dittrich*, Urheberrechtsschutz für die österreichische Bundeshymne? RfR 1992, 1; *Dreier*, Die Harmonisierung des Rechtsschutzes von Datenbanken in der EG, GRUR Int 1992, 739; *Geist*, Immaterialgüterrechtliche Probleme der Drittmittelforschung an österreichischen Universitäten, in *Strasser* (Hrsg), Organisations-, europa- und immaterialgüterrechtliche Probleme der Universitäten (1992) 127; *Graninger*, Kleines oder großes Recht? Autorenzeitung 1992/4, 26; *Gutjahr*, Rechtsprobleme der Verfolgung von Softwarepiraterie, EDVuR 1992, 126; *Haindl*, Zum Entwurf einer Urheberrechtsgesetz-Novelle 1992, AnwBl 1992, 566; *Keinert*, Zur Verjährung im Urheberrecht, ecolex 1992, 567; *Kreile*, Europäische Urheberrechtspolitik am Vorabend des Europäischen Binnenmarkts, Autorenzeitung 1992/2, 4; *Kronberger*, Der Software-Vertrag (1992); *v Lewinski*, Der Bibliotheksgroschen – ein rechtsvergleichender Überblick, MR 1992, 53; *v Lewinski*, Der Schutz von Datenbanken: Rechtsangleichung in der EG, MR 1992, 178; *Liebscher*, Das Immaterialgüterrecht nach dem EWR-Abkommen, ÖBl 1992, 193; *Liebscher*, Das Immaterialgüterrecht nach dem EWR-Abkommen, ÖBl 1992, 193; *Milchrahm*, Die Einräumung von Werknutzungsrechten an zukünftigen Werken, RfR 1992, 25; *Röttinger*, Der Rechtsschutz von Datenbanken nach EG-Recht, ZUM 1992, 594; *Röttinger*, Urheberrechtsnovelle in Begutachtung – Schutz von Computerprogrammen, ecolex 1992, 172; *Schick/Schmölzer*, Das österreichische Computerstrafrecht – eine Bestandsaufnahme, EDVuR 1992, 107; *Senger*, Die Vergewaltigung des Urheberrechts – am Beispiel des Kabelfernsehens, MR 1992, 96; *Twaroch*, Urheberrecht an topographischen und thematischen Karten, MR 1992, 183; *Walter*, Urheberrechtsverletzungen durch die öffentliche Hand, MR 1992, 138; *Wittmann*, Der Fall „Schott" und das Satelliten-Urheberrecht, Autorenzeitung 1992/4, 6; *Wittmann*, Rechtsprechung: Rechtsfragen bei von Dienstnehmern entwickelten Computerprogrammen, EDVuR 1992, 132; *Wittmann*, Verankerung des Softwareschutzes im Urheberrecht, MR 1992, 6; *Zanger*, Dürfen Trafiken Medienwerke vertreiben, die Urheberrechtsverletzungen enthalten? ÖBl 1992, 1; *Zanger*, Unschuldsvermutung in Printmedien, ÖBl 1992, 196; *Ager*, Arbeitsunterlage für den Bereich Musik, ÖSGRUM 13 (1993) 65; *Blocher*, Der Schutz von Software nach der Urheberrechtsgesetz-Novelle 1993 – Überblick, EDVuR 1993, 3; *Dietz*, Einige Thesen zum Urhebergemeinschaftsrecht, ÖSGRUM 13 (1993) 12; *Dillenz*, Die österreichische Urheberrechtsgesetz-Novelle 1993, GRUR Int 1993, 465; *Dillenz*, Fragen der Verjährung im Urheberrecht, FS Frotz (1993) 699; *Dittrich* (Hrsg), Domaine Public Payant, ÖSGRUM 13 (1993); *Dittrich*, Der EuGH und der „Erschöpfungsgrundsatz", ecolex 1993, 249; *Dittrich*, Die Urheberrechtsnovelle 1993, ecolex 1993, 170; *Dittrich*, Harmonisierung der Schutzfristen in der EG – nachgelassene Werke, ÖSGRUM 14 (1993) 1; *Dittrich*, Überlegungen zum Begriff des Rundfunkunternehmers, FS Frotz (1993) 715; *Dittrich*, Zum Schutzumfang im Urheberrecht, ecolex 1993, 531; *Dittrich*, Zum Schutzumfang nach österreichischem Urheberrecht, GRUR Int 1993, 200; *Fiebinger*, § 42 UrhG: Die magische Zahl 7 ist tot! MR 1993, 43; *Graninger*, Freie Werknutzungen an musikalischen Werken im Bereich des Aufführungsrechts, ÖSGRUM 14 (1993) 35; *Haindl*, 1993 – Jahr des Urheberrechts, AnwBl 1993, 899; *Hallas*, Verfassungsrechtliche Probleme eines Domaine Public Payant, ÖSGRUM 13 (1993) 1; *Hartmann*, Arbeitsunterlage für den Bereich bildende Kunst, ÖSGRUM 13 (1993) 93; *Hodik*, Miturheberschaft, Werkverbindung und Kollektivwerke in der EG-Richtlinie zur Vereinheitlichung der Schutzfristen, ÖSGRUM 14 (1993) 17; *Holzinger*, EG-Richtlinienentwurf zum Schutz von Datenbanken, EDVuR 1993, 57; *Iro*, Die Verantwortlichkeit des Verlegers für den Inhalt seiner Bücher, RdW 1993, 328; *Jaburek*, Das neue Software-Urheberrecht (1993); *Kucsko*, Vergütungspflicht für wissenschaftliche Bildzitate? ecolex 1993, 255; *Lessiak*, Zur Rechtsstellung von Verwertungsgesellschaften bei Geltendmachung von Vergütungsansprüchen, ÖJZ 1993, 760; *Maleczky*, Urheberrechtsgesetz-Novelle 1993, JAP 92/93, 238; *Mark*, Arbeitsunterlage für den Bereich Musik, ÖSGRUM 13 (1993) 73; *Medwenitsch*, „Phil Collins" und die Folgen: Ende der Schutzlückenpiraterie? MR 1993, 171; *Melichar*, Übergangsregelungen bei Veränderung der Schutzdauer, ÖSGRUM 14 (1993) 25; *Noll*, Urheberrechtliche Aspekte der maschinellen Übersetzung, ÖBl 1993, 145; *Plöchl*, Sind Computerprogramme Werke der Tonkunst? FS Frotz (1993) 727; *Reindl*, Die Nebenrechte im Musikverlagsvertrag, ÖSGRUM 12 (1993); *Reinisch*, Zur unmittelbaren Anwendbarkeit von EWR-Recht, ZfRV 1993, 11; *Röttinger*, Software Protection in Austria: Changes Brought

About by The Copyright Amendment Act 1993, The Int. Computer Lawyer 1993, 2; *Ruiss/Koblanck*, Arbeitsunterlage für den Bereich Literatur, ÖSGRUM 13 (1993) 54; *Swoboda*, Das etwas andere Recht am eigenen Bild, ÖJZ 1993, 438; *Wallentin*, Die besondere Schutzfristenproblematik im Zusammenhang mit Filmen, ÖSGRUM 14 (1993) 21; *Walter*, Die cessio legis im geltenden und künftigen österreichischen Filmurheberrecht, FS Frotz (1993) 749; *Walter*, Domaine Public Payant, ÖSGRUM 13 (1993) 22; *Walter*, Entwurf einer Urheberrechtsgesetz-Novelle, ÖSGRUM 14 (1993) 58; *Walter*, Österreichischer Kunstfonds, ÖSGRUM 13 (1993) 107; *Wittmann*, Die Urheberrechtsgesetz-Novelle 1993, MR 1993, 4; *Wittmann*, Entwurf der österr Urheberrechtsgesetz-Novelle 1994, MR 1993, 131; *Wittmann/Popp*, Die Urheberrechtsgesetz-Novelle 1993, MR 1993, 4; *Angst*, Die neue Rechtsprechung zur Unterlassungsexekution, ecolex 1994, 767; *Blocher*, Die Rechtsstellung des Software-Anwenders nach österreichischem und deutschem Urheberrecht, EDVuR 1994, 5; *Dillenz*, EU: 3x Urheberrecht, ecolex 1994, 29; *Dittrich*, Gesetzliche Treuhand für Verwertungsgesellschaften? ecolex 1994, 103; *Dittrich*, Ist die Phil-Collins-Entscheidung in Österreich auf Grund des EWR-Abkommens von unmittelbarer Bedeutung? RfR 1994, 1; *Dittrich*, Noch einmal: Zur Weiterverbreitung von Rundfunksendungen im Hotel, MR 1994, 145; *Dittrich*, Urheberrechtlich geschützte Elemente von Landkarten, ÖBl 1994, 3; *E. Wolf*, Softwarelizenzvertrag und Konkurs, EDVuR 1994, 132; *Graninger*, Zur Weiterverbreitung von Rundfunksendungen im Hotel, MR 1994, 96; *Gutjahr*, Zur Strafbarkeit von Softwaredelikten nach der geplanten Urheberrechtsgesetz-Novelle 1994, EDVuR 1994, 161; *Holzinger*, Beurteilung von Softwarequalität im Hinblick auf Vertragserfüllung und Gewährleistung, EDVuR 1994, 38; *Jaburek*, Die Vergabe von EDV-Leistungen nach dem Bundesvergabegesetz, EDVuR 1994, 141; *Juranek*, Die Richtlinie der Europäischen Union zur Harmonisierung der Schutzfristen im Urheber- und Leistungsschutzrecht, ÖSGRUM 15 (1994); *Kaltner*, Zum EuGH-Urteil „Phil Collins", ecolex 1994, 33; *Karsch*, Gewerblicher Rechtsschutz in Österreich und im Europarecht, ecolex 1994, 175; *Löffler/Wittmann*, Die geplante Umsetzung der EG-Richtlinie 93/83/EWG in das österr Recht (UrhG-Nov 1994), MR 1994, 56; *Mahr*, Die „rätselhafte Schadenspauschalierung" nach § 87 Abs. 3 UrhG, MR 1994, 183; *Noll*, Handbuch zum Übersetzungsrecht und Übersetzer-Urheberrecht (1994); *Pichler*, EG-Richtlinie über Urheberrecht, Satellitenrundfunk und Kabelweiterverbreitung vom 27. September 1993, MR 1994, 54; *Steinmetz*, Urheberrecht und GATT, Autorenzeitung 1994/1, 8; *Walter*, Das Diskriminierungsverbot nach dem EWR-Abkommen und das österreichische Urheber- und Leistungsschutzrecht, Überlegungen anläßlich der Entscheidung des EuGH in Sachen Phil Collins, MR 1994, 101 und 152; *Walter*, Herstellerbezeichnung, Gegenstandsbezeichnung und Änderungsverbot im Lichtbildrecht, MR 1994, 49; *Wilhelm*, Nachahmung banaler Werbesprüche, ecolex 1994, 521; *Dillenz*, Internationales Urheberrecht in Zeiten der Europäischen Union, JBl 1995, 351; *Dittrich*, Die Arbeiten des Expertenkomitees der WIPO über ein allfälliges internationales Instrument für den Schutz der Rechte der ausübenden Künstler und der Hersteller von Tonträgern, ÖSGRUM 17 (1995) 24; *Dittrich*, Einige Fragen des Filmurheberrechts, ecolex 1995, 268; *Eilmansberger*, Geistiges Eigentum und Kontrahierungszwang, wbl 1995, 232; *Erhard*, Österreichische Buchpreise im Binnenmarkt, ecolex 1995, 236; *Frotz*, Allgemeine Bemerkungen zum Entwurf eines Protokolls zur RBÜ, ÖSGRUM 17 (1995) 8; *Gervais*, Urheberschutz am Datenhighway, Autorenzeitung 1995/3, 22; *Haller*, Der Schutz der Editio princeps. Urheber- oder Leistungsschutz für den Erstherausgeber gemeinfreier Werke, Ludwig Boltzmann Institut zur Analyse wirtschaftspolitischer Aktivitäten, Forschungsbericht 9515 (1995); *Hodik*, Der Begriff des „ausübenden Künstlers" im österreichischen Recht – Eine Betrachtung aus der Praxis, ÖSGRUM 17 (1995) 102; *Hodik*, Theater- und Konzertverträge (1995); *Kremser*, Der Jurist im öffentlichen Dienst als Urheber, in Anwalt und Berater der Republik – FS zum 50. Jahrestag der Wiedereinrichtung der österr Finanzprokuratur (1995) 49; *Mahr*, Der Verwendungsanspruch beim „Recht am eigenen Bild", MR 1995, 127; *Prettenthaler*, Das EU-Grünbuch „Urheberrechte in der Informationsgesellschaft", MR 1995, 213; *Reiterer*, Die neuen Bereiche der Welthandelsorganisation, ecolex 1995, 861; *Steinmetz*, Urheberrechtliche Aspekte des GATT, ÖSGRUM 17 (1995) 40; *Stewart*, Das Urheberrecht im 21. Jahrhundert, in *Dittrich* (Hrsg), Beiträge zum Urheberrecht III (ÖSGRUM 17, 1995) 1; *Swoboda*, Bildnisschutz – gestern und heute – Anmerkungen zur Auslegung des § 78 UrhG am Beispiel der OGH-Entscheidung 4 Ob 26, 27/95, MR 1995, 204; *Thurnher*, Hält oder fällt die Preisbindung für Bücher? – Die Buchpreisbindung auf dem europäischen Prüfstein, ÖBl 1995, 155; *Vock*, Neue Formen der Musikproduktion, ÖSGRUM 18 (1995); *Walter*, Der Begriff des „ausübenden Künstlers" im österr Urheberrecht –

Regisseure, Bühnenbildner und Choreographen als ausübende Künstler und Urheber, ÖSGRUM 17 (1995) 106; *Walter*, Der Schutz von sportlichen Leistungen und Sportveranstaltungen nach österr Recht, MR 1995, 206; *Walter*, Schadenersatz, angemessenes Entgelt und Verletzergewinn bei Urheberrechtsverletzungen, MR 1995, 2; *Walter*, Zum Begriff des ausübenden Künstlers im österreichischen Urheberrecht – Regisseure, Bühnenbildner und Choreographen als ausübende Künstler und Urheber, ÖSGRUM 17 (1995) 106; *Walter*, Zur urheberrechtlichen Einordnung der digitalen Werkvermittlung, MR 1995, 125; *Wessely*, Die Magill-Entscheidung des EuGH, MR 1995, 45; *Wilhelm*, Bereicherungsansprüche wegen Ausnützens fremder Schöpfungen und Kenntnisse, ÖBl 1995, 147; *Zanger*, Die moralische und rechtliche Verantwortung der Medien, MR 1995 123; *Alton*, Regierungsvorlage zur Urheberrechtsgesetznovelle 1996 – Filmschaffende Fernsehgeschädigte, Juridikum 1996 H 1, 23; *Ciresa*, Grundzüge der Urheberrechtsgesetz-Novelle 1996, RdW 1996, 107; *Dillenz*, Die österreichische Urheberrechtsgesetz-Novelle 1996, GRUR Int 1996, 799; *Dillenz*, Die Urheberrechtsgesetznovelle 1996, ecolex 1996, 275; *Dittrich*, „Ludus tonalis", ecolex 1996, 549; *Dittrich*, Anwendung ausländischen Urheberrechts – Ein Verstoß gegen den ordre public? GedS Hofmeister (1996) 117; *Dittrich*, On-demand-Dienste: Drahtfunksendung oder öffentliche Wiedergabe? RfR 1996, 7; *G. Burgstaller*, Decoder-Piraterie und StGB, ecolex 1996, 762; *Gamerith*, Die Probleme des Bildnisschutzes aus der Sicht der Rechtsprechung, MR 1996, 130; *Gamerith*, Sind die Rechtsgemeinschaften an Immaterialgüterrechten Gesamthandgemeinschaften? ÖBl 1996, 63; *Gaster*, Bemerkungen zum gemeinsamen Standpunkt des EU-Ministerrats bezüglich der künftigen Richtlinie zum Rechtsschutz von Datenbanken, wbl 1996, 51; *Haindl*, Änderung des Urheberrechtsgesetzes, AnwBl 1996, 358; *Haller*, Urheberrecht/Informationsgesellschaft: EG-Initiativen zum Grünbuch, MR 1996, 230; *Kaltner*, Verwertungsgesellschaften in Österreich, UFITA 130 (1996); *Koziol*, Zu schadenersatzrechtlichen Problemen des § 87 UrhG, ÖSGRUM 19 (1996) 33; *Kucsko*, Kopieren in der Schule – ein Kavaliersdelikt? Anzeiger 1996, 10; *Mahr*, Bereicherung, Schadenersatz und Herausgabe des Verletzergewinnes im Urheberrecht, ÖSGRUM 19 (1996) 33; *Mahr*, Der „besondere Ärger" als Voraussetzung einer Entschädigung nach § 87 Abs 2 UrhG, MR 1996, 9; *Popp*, Urheberrechtsgesetz-Novelle 1996, MR 1996, 53; *Schanda*, Satellitenrundfunk: Was heißt „Sendung in Österreich"? MR 1996, 133; *Schanda*, Urheberrecht in der Informationsgesellschaft, ecolex 1996, 104; *Strowel*, Urheberrecht und Copyright: Übereinstimmungen und Abweichungen, ÖSGRUM 19 (1996) 1; *Vock*, Software als literarische Werke des Urheberrechts? ÖBl 1996, 72; *Wachter/Winter*, Computerrecht für die betriebliche Praxis[3] (1996); *Walter*, Das Ausstellungsrecht und die Ausstellungsvergütung, MR 1996, 56; *Walter*, Der Schutz nachgelassener Werke nach der EU Schutzdauer-Richtlinie, im geänderten deutschen Urheberrecht und nach der österreichischen UrhG-Novelle 1996, FS Beier (1996) 425; *Warbek*, Produkt-Piraten als Delikts-Kavaliere? Österreich und die Plagiate, ecolex 1996, 762; *Auer*, Die Umsetzung urheberrechtlicher Richtlinien am Beispiel der Satellitenrichtlinie, ÖSGRUM 20 (1997) 19; *Dillenz*, Harmonisierung des Rechts der Verwertungsgesellschaften in Europa, GRUR Int 1997, 315; *Dittrich*, Internet und On-demand-Dienste im IPR, ecolex 1997, 166; *Dittrich*, Neuerungen im österr Urheberrecht – Ist die E Ludus tonalis ein Irrweg? ÖSGRUM 20 (1997) 1; *Dittrich*, Überlegungen zur „communication to the public" aufgrund des neuen WIPO-Urheberrechtsvertrages, ÖSGRUM 20 (1997) 153; *Dittrich*, Unkörperliche Verbreitung? – Eine Kritik der „APA-Entscheidung", ecolex 1997, 367; *Ertl*, Gutgläubiger Erwerb von Softwarepiraten – zugleich ein Beitrag zum Gutglaubenserwerb an Forderungen, MR 1997, 314; *Gamerith*, Die wichtigsten Änderungen der Urheberrechtsgesetznovelle 1996, ÖBl 1997, 99; *Gassauer-Fleissner*, Geheimhaltung, Offenbarung und Veröffentlichung von Daten in Informationsnetzwerken, ecolex 1997, 102; *Gaster*, Funktionen des Binnenmarkts und Paralleleinfuhren aus Drittländern: Ein Plädoyer gegen die internationale (globale) Erschöpfung von Immaterialgüterrechten, wbl 1997, 47; *Haller*, Der Schutz zuvor unveröffentlichter Werke und seine Einführung ins österr Urheberrecht, ÖSGRUM 20 (1997) 40; *Haller*, Die Haftung von Internet-Providern, ÖSGRUM 20 (1997) 98; *Heinrich*, Der rechtliche Schutz von Datenbanken, WRP 1997, 275; *Hirnböck*, Übergangsbestimmungen zur Schutzfristenverlängerung im österreichischen Urheberrechtsgesetz, ÖSGRUM 20 (1997) 53; *Hoeren/Thum*, Internet und IPR – Kollisionsrechtliche Anknüpfungen in internationalen Datennetzen, ÖSGRUM 20 (1997) 57; *Juranek*, Ausgewählte Probleme der Schutzfristenberechnung, ÖSGRUM 20 (1997) 41; *Kilches*, Urheberrechtsnovelle 1997 – neuer Schutz für Datenbanken, RdW 1997, 710; *Kucsko*, Internetomania und andere Entwicklungen, ÖBl 1997, 209; *Loos*, Durchsetzung von Rechten des geistigen Eigentums: Verfahren und Sanktionen, ÖBl 1997, 267; *Mayr*, Der Eigentumserwerb an Diensterfindungen und sachenrechtliche bzw schuldrechtliche Konsequenzen des Erwerbs vom Nichtberechtigten, ÖJZ 1997, 691; *Noll*, Die Kunstsammlung als Sammelwerk, ecolex 1997, 438; *Popp*, Die Reprographievergütung in der Praxis, MR 1997, 30; *Röttinger*, Aktuelles aus Urheberrecht und gewerblichem Rechtsschutz, MR 1997, 104; *Schanda*, Pressefreiheit contra Urheberrecht, MR 1997, 90; *W. Schwarz*, Die Einführung des Folgerechtes in Österreich, ZfRV 1997, 112; *Stickler*, Der Stellenwert des geistigen Eigentums im Binnenmarkt, ÖBl 1997, 147; *Walter*, Die Mindestschutzrechte der Berner Übereinkunft und das innerstaatliche Urheberrecht – Die Entscheidung „ludus tonalis": Kein Irrweg, MR 1997, 309; *Walter*, Die vermutete Verwaltungsvollmacht des Herausgebers oder Verlegers, MR 1997, 153; *Walter*, Die Wiederherstellung des Schutzes gemeinfreier Werke in den USA (Copyright Restoration) – Berner Übereinkunft, TRIPs-Abkommen, Rückwirkung und die Formvorschriften des US-amerikanischen Urheberrechts, ÖBl 1997, 51; *Wittmann*, Aktuelles Urheberrecht: Hotelvideo, Kabelfernsehen, MR 1997, 262; *Wittmann*, Umsetzung der Datenbank-Richtlinie, MR 1997, 130; *Dittrich*, Bemerkungen zu § 38 Abs 1 zweiter Satz UrhG, RfR 1998, 1; *Dittrich*, Ist die Entscheidung Ludus Tonalis doch ein Irrweg? ecolex 1998, 493; *Dittrich*, Noch einmal: Zum Umfang der freien Werknutzung nach § 56 UrhG, ÖBl 1998, 63; *Dittrich*, Wem stehen Vergütungsansprüche an Filmwerken zu? ÖJZ 1998, 901; *Graschitz*, Ausgewählte Probleme des Leistungsschutzes ausübender Künstler, ÖSGRUM 21 (1998); *Haller*, Zum EG-Richtlinienvorschlag betreffend Urheberrecht in der Informationsgesellschaft, MR 1998, 61; *Juranek*, Steht die neue Reprographieregelung für Musiknoten im Widerspruch zur Berner Konvention? ÖBl 1998, 215; *Mahr*, Die Abgrenzung der „urheberrechtsfreien" Weiterleitung von der öffentlichen Wiedergabe einer Rundfunksendung, MR 1998, 143; *Mahr*, Die digitale Speicherung von Werken der Tonkunst zum Zwecke der Rundfunksendung, MR 1998, 333; *Öhlinger*, Neue Aspekte des kollektiven Urhebervertragsrechtes aus verfassungsrechtlicher Sicht, RfR 1998, 25; *Pichler*, Die neue Urheberrechtslage der Kabelweiterverbreitung von ausländischen Fernsehsendungen, MR 1998, 21; *Rechberger/Punschner*, Prozessuale Probleme des Verhältnisses der Ansprüche nach §§ 6 ff MedG und § 87 Abs 2 UrhG – Eine Entscheidungsanmerkung, RZ 1998, 219; *Reinbothe*, Neue Medien und Urheberrecht. Strategien der Europäischen Union im Europäischen Umfeld, ÖBl 1998, 155; *Renner*, Rechtsschutz von Computerprogrammen (1998); *Schwarz*, Ein neues Schutzrecht für Datenbanken, ecolex 1998, 42; *Steinmetz*, Vertrag ORF – austro mechana, MR 1998, 19; *Stickler*, Der Stellenwert des geistigen Eigentums im Binnenmarkt, ÖBl 1997, 147; *Haindl*, Urheberrechtliche Aspekte Neuer Medien, AnwBl 1998, 15; *Tretter*, Die freie Werknutzung für den Schulgebrauch unter dem Blickwinkel der Eigentumsfreiheit, in *Dittrich* (Hrsg), Beiträge zum Urheberrecht I, ÖSGRUM 6 (1998) 52; *Walter*, Die Werkverwertung in unkörperlicher Form (öffentliche Wiedergabe), MR 1998, 132 und 171; *Zeiler*, Mehr Freiheit in der Bildberichterstattung? ecolex 1998, 226; *Briem*, Elektronische Lizenzierung von urheberrechtlich geschützten Werken, MMR 1999, 256; *Briem*, Ist die Verletzung von Urheberpersönlichkeitsrechten ein Kavaliersdelikt? GRUR Int 1999, 936; *Burgstaller*, Das Schutzrecht „sui generis" der Datenbank-Richtlinie: Daten- und Informationsmonopol? ecolex 1999, 331; *Daum*, Abschöpfung der Bereicherung und einstweilige Verfügung im Privatanklageverfahren wegen Produktpiraterie, MR 1999, 84; *Dittrich*, Ausgewählte zivilrechtliche Fragen der Software-Piraterie, ÖBl 1999, 219; *Dittrich*, Gedanken zur Auslegung der Z 2 bis 4 des § 53 Abs 1 UrhG, ÖBl 1999, 63.; *Dittrich*, Zur Tragweite des Art 18 RBÜ, RfR 1999, 1; *Graninger*, Ein Privilegium Majus für Elektrohändler? ÖBl 1999, 159; *Graninger*, Urheberrecht in der Informationsgesellschaft, AKM Informationen 1999, 1; *Juranek*, Inländerdiskriminierung durch das österreichische Urheberrechtsgesetz? MR 1999, 222; *Korn*, Bildnisschutz neu – Abschied von alten Dogmen. Anmerkungen zur E des OGH 1.6.1999, 4 Ob 142/99g – Miserabler Verleumder, MR 1999, 213; *Mayer-Schönberger/Wittmann*, Rechtsfragen der Nutzung von Zeitungen und Zeitschriften für Zwecke der Medienbeobachtung (1999); *Parschalk*, Provider-Haftung für Urheberrechtsverletzungen Dritter, ecolex 1999, 834; *Plöckinger*, Zur Frage der Erschöpfung im Urheberrecht, MR 1999, 153; *Thiele*, Die Publikation von Gerichtsentscheidungen im Internet, RZ 1999, 215; *Urlesberger*, Auswirkungen des Silhouette-Urteils auf die Europa-Konformität des § 16 Abs 3 UrhG, ecolex 1999, 36; *Walter*, Die vier Säulen des Urheberrechts. Zugleich eine Standortbestimmung der österr Urheberrechtsreform nach der UrhG-Nov 1997, ZfRV 1999, 88; *Arnold/W. Funk/Busch*, Technische Schutzmaßnahmen multimedialer Daten, ÖSGRUM 22 (2000) 67; *Auer*, Rechtsschutz für technischen Schutz im Gemeinschaftsrecht, FS Dittrich (2000) 3; *Auer*, Thermenhotel und Informationsge-

update: www.geistigeseigentum.at

sellschaft, RfR 2000, 85; *Briem,* Identifizierung von Werken und Rechteinhabern im digitalen Umfeld, ÖSGRUM 22 (2000) 31; *Dillenz,* Karl Kraus und das Urheberrecht, FS Dittrich (2000) 39; *Dillenz,* Urheberrecht im Lichte der Konvergenz, JRP 2000, 184; *Dittrich,* Die Journalistengesetz-Novelle – Ein Modell für ein Urhebervertragsrecht? Anhang: Regierungsvorlage zu einem Medienmitarbeitergesetz 19 BlgNR 15. GP, ÖSGRUM 22 (2000) 87; *Dittrich,* Livesendungen als Filmwerke, ÖBl 2000, 12; *Dittrich,* Überlegungen zum Begriff des ausübenden Künstlers, RfR 2000, 1; *Gamerith,* Gedanken zur Harmonisierung des Folgerechts in der EG, FS Dittrich (2000) 71; *Gaster,* Harmonisierung des Folgerechts? FS Dittrich (2000) 91; *Gaster,* Zwei Jahre Sui-generis-Recht: Europäischer Datenbankschutz in der Praxis der EG-Mitgliedstaaten, CRI 2000, 38; *Gerlach,* Verwertungsgesellschaften und europäischer Wettbewerb, FS Dittrich (2000) 119; *Graninger,* Systeme der kollektiven Rechtevergabe für Online-Nutzungen, ÖSGRUM 22 (2000) 43; *Graninger,* Von Kunst und Kant zu Bit und Byte – Überlegungen zum urheberrechtlichen Werkbegriff, FS Dittrich (2000) 133; *Graschitz,* Überlegungen zum Umfang der Leistungsschutzrechte, FS Dittrich (2000) 151; *Haller,* Amtliche Werke und Internet – urheberrechtliche Schlaglichter, FS Dittrich (2000) 163; *Höhne,* Urheberbertragsrecht und neue Nutzungsarten, ÖSGRUM 22 (2000) 123; *Karnell,* Eine unerträgliche Anmaßung des internationalen Urheberrechts? ÖSGRUM 22 (2000) 1; *Korn,* Die Zeitung als Sammelwerk, FS Dittrich (2000) 197; *Krejci,* Urheberrechtliches zur Medienbeobachtung, FS Dittrich (2000) 201; *Kucsko,* Memo: Aus für Ausstellungsvergütung, ecolex 2000, 884; *Laga,* Rechtliche Beurteilung von technischen Schutzmaßnahmen, ÖSGRUM 22 (2000) 75; *Mahr,* Interne Weiterleitung von grenzüberschreitenden Rundfunksendungen in die Hotelzimmer. Anmerkung zu EuGH 3.2.2000 (sechste Kammer) in der Rechtssache C-293/98, MR 2000, 152; *Mayer-Schönberger,* Das Immaterialgüterrecht in der Informationsgesellschaft – Ein Essay, ÖBl 2000, 51; *Medwenitsch/Schanda,* Download von MP3-Dateien aus dem Internet – Private Vervielfältigung und rechtmäßig erstellte Vorlage, FS Dittrich (2000) 219; *Noll,* Die „objektivierbare Kränkung" gem § 87 Abs 2 UrhG, ÖSGRUM 22 (2000) 117; *Oeller/Bergemann,* One stop-shopping am Beispiel der CMMV, ÖSGRUM 22 (2000) 15; *Plöckinger,* Gemeinschaftsweite vs internationale Erschöpfung des Verbreitungsrechts (Anmerkungen zur Entscheidung 4 Ob 151/99f, MR 1999, 343), MR 2000, 24; *Reinbothe,* Beschränkungen und Ausnahmen von den Rechten im WIPO-Urheberrechtsvertrag, FS Dittrich (2000) 251; *Röttinger,* Das Urheberrecht an den Euro-Münzen und Euro-Banknoten, ecolex 2000, 654; *Röttinger,* Vom „Urheberrecht ohne Urheber" zur „Währung des Informationszeitalters": Das Urheberrecht in Rechtspolitik und Rechtsetzung der Europäischen Gemeinschaft, FS Dittrich (2000) 269; *Schramböck,* Urheberrechtsschutz von Internet-Websites und anderen Bildschirmdarstellungen von Computerprogrammen, ecolex 2000, 126; *Schulze,* Die Katalogbilder-Freiheit, FS Dittrich (2000) 311; *Uchtenhagen,* Vom Streben nach Harmonie im Urheberrecht, FS Dittrich (2000) 331; *Vock,* Gedanken zur digitalen Vervielfältigung, FS Dittrich (2000) 343; *Walter,* Öffentliche Wiedergabe und Online-Übertragung – Berner Übereinkunft, WIPO-Verträge, künftige Info-RL und deren Umsetzung in österreichisches Recht, FS Dittrich (2000) 363; *Wandtke,* Doppelte Lizenzgebühr als Bemessungsgrundlage im Urheberrecht, FS Dittrich (2000) 389; *Dittrich,* Das Leistungsschutzrecht des ausübenden Künstlers bei der öffentlichen Wiedergabe von Rundfunksendungen? RfR 2001, 1; *Dittrich,* Die Festplatte – ein Trägermaterial iSd § 42b UrhG, ÖJZ 2001, 754; *Dittrich,* Überlegungen zum Lichtbildschutz nach österreichischem Recht, FS Dietz (2001) 223; *Graninger,* Musik und E-Commerce, MR 2001, 3; *Guggenberger,* Urheberrechtlicher Schutz für das Layout einer Website, MR 2001, 147; *Juranek,* Die Gratwanderung zwischen großem und kleinen Recht, MR 2001, 377; *Kucsko,* MP3 macht Musik frei? Urheberrechtsverletzungen im Internet, in *Feldner/Forgó/Kremnitzer/ Philapitsch* (Hrsg), Chaos Control – Das Internet als dunkle Seite des Rechts? (2001) 45; *Kucsko,* Öffentlicher E-Content und Urheberrecht, ecolex 2001, 681; *Lachmair,* Die Urheberrechts-Richtlinie der EU für die Informationsgesellschaft, SWK 2001, 1311; *Röttinger,* Das Urheberrecht in Rechtspolitik und Rechtsetzung der Europäischen Gemeinschaft – vom Handelshemmnis zum „Espace euopéen de la créativité", UFITA 2001, 9; *Walter,* Entwurf eines Gesetzes zur Verbesserung der vertraglichen Stellung von Urhebern und ausübenden Künstlern in Österreich, GRUR Int 2001, 602; *Walter,* Zu den Rechten der Filmurheber und Filmdarsteller, MR 2001, 293 und 379; *Widhalm,* Die Rechte des Urhebers, Masseverwalters und Dritten im Konkurs und Ausgleich des Werknutzungsberechtigten, ÖBl 2001, 205; *Wittmann,* Die EU-Urheberrechts-Richtlinie – ein Überblick, MR 2001, 143; *Wittmann,* Satzung der Schiedskommission „Fernsehwiedergabe in Gastgewerbebetrieben", MR 2001,

103; *Wittmann,* Urheberrechtsgesetz-Novelle 2002, MR 2001, 352; *Zanger,* MP3 macht Musik frei? Urheberrechtsverletzungen im Internet (Koreferat), in *Feldner/Forgó/Kremnitzer/ Philapitsch* (Hrsg), Chaos Control – Das Internet als dunkle Seite des Rechts? (2001) 51; *Dittrich,* Einige Bemerkungen zum Schutz schlichter Datenbanken, ÖBl 2002, 3; *Dittrich,* Noch einmal: Handy-Klingeltöne als neue urheberrechtliche Nutzungsart, ecolex 2002, 892; *Dittrich,* Straffreier Gebrauch von Software? ecolex 2002, 186; *Dittrich,* Verwendungsansprüche zwischen Verwertungsgesellschaften? RfR 2002, 13; *Dittrich/Öhlinger,* Passive Informationsfreiheit und Medienbeobachtung, ÖJZ 2002, 361; *Dittrich/Wallentin,* Die *cessio legis* in § 38 Abs 1 UrhG, RfR 2002, 25; *Fallenböck,* Urheberrecht in der digitalen Ökonomie: Die EG-Urheberrechtsrichtlinie und ihre Umsetzung, ecolex 2002, 103; *Fallenböck/Haberler,* Technische Schutzmaßnahmen und Urheberrecht in der Informationsgesellschaft, ecolex 2002, 262; *Schumacher,* Schutz einer Website, ecolex 2002, 438; *Stomper,* Urheberrechtliche Aspekte von Links, ÖBl 2002, 212; *Swoboda,* Fotorechte im Wandel der Zeit(ung), ÖJZ 2002, 636; *Swoboda,* Radelnd zum Foto-Kunstwerk. Auswirkungen der „Eurobike"-Entscheidung für die Praxis des Fotorechts, MR 2002, 195; *Thiele,* Banner Grabbing als neue Werbemethode im Internet, RdW 2002, 331; *Thiele,* Handy-Klingelton als neue urheberrechtliche Nutzungsart, ecolex 2002, 594; *Thiele,* Übertragung von Urheberrechten auf den Arbeitgeber, RdW 2002, 537; *Thiele,* Verwendung von Mitarbeiterfotos auf Firmenwebsites, wbl 2002, 397; *Thiele/Waß,* Urheberrecht post mortem – Rechtsnachfolge bei Werkschöpfern, NZ 2002, 97; *Walter,* Ministerialentwurf einer UrhGNov 2002 – Ausgewählte Aspekte, MR 2002, 217; *Burgstaller,* Datenbankrecht (2003); *Ciresa,* Rechtsfragen der Aktivlegitimation von Verwertungsgesellschaften, ÖSGRUM 29 (2003) 79; *Deisenberger,* „Nicht direkt, aber glatt", MR 2003, 157; *Dittrich,* Die OGH-Entscheidung „Thermenhotel L", ÖSGRUM 29 (2003) 53; *Dittrich,* Kollektivvertrag und Urheberrecht, ÖSGRUM 29 (2003) 165; *Dittrich,* Widerruf der Namensnennung des Urhebers? RfR 2003, 1; *Dittrich/Krejci,* Sammelverträge im Urheberrecht, ÖSGRUM 29 (2003) 1; *Dittrich,* Noch einmal: Die cessio legis in § 38 Abs 1 UrhG, ecolex 2003, 533; *Fallenböck/Nitzl,* Urheberrechtliche Rahmenbedingungen für elektronische Pressespiegel, MR 2003, 102; *Fallenböck/Weitzer,* Digital Rights Management: A New Approach to Information and Content Management? CRi 2003, 40; *Gamerith,* Die Verwirkungslehre im Urheberrecht, ÖSGRUM 29 (2003) 113; *Handig,* Urheberrechtliche Erschöpfung von Downloads im World Wide Web, RdW 2003, 2; *Handig,* Zulässigkeit der Darstellung von Inhalten Dritter auf einer Webpage, RdW 2003, 365; *Lachmair,* Novelle 2003 zum Urheberrechtsgesetz, SWK 2003, 888; *Nauta,* Die Rechtsstellung des Lizenznehmers, ÖJZ 2003, 404; *Noll,* Der Schutz der geistigen Interessen der ausübenden Künstler durch das Privatrecht, MR 2003, 98; *Noll,* Lichtbildwerk und/oder einfaches Lichtbild, ÖBl 2003, 164; *Schuhmacher,* Die Essential Facility Doctrine als Herausforderung für das Urheberrecht, ÖSGRUM Bd 29 (2003) 85; *Stomper,* Internet-Tauschbörsen nach der UrhG-Novelle, RdW 2003, 368; *Stomper,* Links im Urheberrecht. Bemerkungen zu OGH 17.12.2002, 4 Ob 248/02b – METEO-data, MR 2003, 33; *Walter,* Schutzfristverlängerung und ältere Urheberverträge, MR 2003, 159; *Warbek,* Universitäten und Informationstechnologie – Anpassungsbedarf im Urheberrecht, ecolex 2003, 179.

1.5.2. Deutsche Literatur

Das deutsche Urheberrecht ist dem österreichischen ähnlich, sodass auch deutsche Literatur – mit der gebotenen Vorsicht wegen der doch im Detail bestehenden Unterschiede – herangezogen werden kann.

- *v. Gamm,* Urheberrechtsgesetz (1968) – Kommentar.
- *Nordemann/Vinck/Hertin,* Internationales Urheberrecht (1977) – Kommentar.
- *Ulmer,* Urheber- und Verlagsrecht[3] (1980) – System.
- *Masouyee* (deutsch: *M. Walter*), Kommentar zur Berner Übereinkunft (1981).
- *Beier/Götting/Lehmann/Moufang* (Hrsg), Urhebervertragsrecht (1995) – Sammelband.
- *Fromm/Nordemann,* Urheberrecht[9] (1998) – Kommentar.
- *Schricker* (Hrsg), Urheberrecht[2] (1999) – Kommentar.

▸ *Delp*, Kleines Praktikum für Urheber- und Verlagsrecht[4] (2000) – Einführung.
▸ *Möhring/Nicolini*, Urheberrechtsgesetz[2] (2000) – Kommentar.
▸ *Bappert/Maunz/Schricker*, Verlagsrecht[3] (2001) – Kommentar.
▸ *Rehbinder*, Urheberrecht[12] (2002) – Grundriss.
▸ *Wandtke/Bullinger*, Praxiskommentar zum Urheberrecht (2002) mit Ergänzungsband (2003) – Kommentar.

Zeitschriften

▸ Gewerblicher Rechtsschutz und Urheberrecht („GRUR") – erscheint monatlich; auch auf CD-ROM bzw DVD erhältlich.
▸ Gewerblicher Rechtsschutz und Urheberrecht, Internationaler Teil („GRUR Int") – erscheint monatlich; auch auf CD-ROM bzw DVD erhältlich.
▸ Gewerblicher Rechtsschutz und Urheberrecht, Rechtsprechungs-Report („GRUR-RR") – erscheint monatlich; auch auf CD-ROM bzw DVD erhältlich.
▸ Wettbewerb in Recht und Praxis („WRP") – erscheint monatlich.
▸ Zeitschrift für Urheber- und Medienrecht („ZUM") – erscheint monatlich.
▸ Zeitschrift für Informations-, Telekommunikations- und Medienrecht („MMR" – MultiMedia und Recht) – erscheint monatlich.
▸ International Review of Industrial Property and Copyright Law („IIC") – erscheint achtmal jährlich; auch auf CD-ROM bzw DVD erhältlich.

Jüngere Einzelabhandlungen

Becker, Neue Übertragungstechniken und Urheberrechtsschutz, ZUM 1995, 231; *Beseler*, Die Harmonisierung des Urheberrechts aus europäischer Sicht, ZUM 1995, 437; *Katzenberger*, TRIPS und das Urheberrecht, GRUR Int 1995, 447; *Koch*, Software-Urheberrechtsschutz für Multimedia-Anwendungen, GRUR 1995, 459; *Schack*, Schutzfristenchaos im europäischen Urheberrecht, GRUR Int 1995, 310; *Vogel*, Die Umsetzung der Richtlinie zur Harmonisierung der Schutzdauer des Urheberrechts und verwandter Schutzrechte, ZUM 1995, 451; *Braun*, Die Schutzlücken-Piraterie nach dem Urheberrechtsänderungsgesetz vom 23. Juni 1995, GRUR Int 1996, 790; *Kreile/Becker*, Multimedia und die Praxis der Lizenzierung von Urheberrechten, GRUR Int 1996, 677; *Kreile/Westphal*, Multimedia und das Filmbearbeitungsrecht, GRUR 1996, 254; *v Lewinski*, Urheberrecht als Gegenstand des internationalen Wirtschaftsrechts, GRUR Int 1996, 630; *Loewenheim*, Urheberrechtliche Probleme bei Multimediaanwendungen, GRUR 1996, 830; *Nordemann*, Kunstfälschungen und kein Rechtsschutz? GRUR 1996, 737; *Rehbinder*, Die urheberrechtlichen Verwertungsrechte nach der Einführung des Vermietrechts, ZUM 1996, 349; *Rehbinder*, Die Mitbestimmung des Urhebers bei der Vermarktung seiner Werke, ZUM 1996, 613; *Reinbothe*, TRIPS und die Folgen für das Urheberrecht, ZUM 1996, 735; *Schricker*, Der Urheberrechtsschutz von Werbeschöpfungen, Werbeideen, Werbekonzeptionen und Werbekampagnen, GRUR 1996, 815; *Schricker*, Urheberrecht und unkörperliche Verbreitung multimedialer Werke, GRUR 1996, 836; *M. Schwarz*, Urheberrechtliche Fragen der „kleinen Münze" bei der Popmusikproduktion, ZUM 1996, 584; *Strömholm*, Spielraum, Originalität oder Persönlichkeit? Das Urheberrecht vor einer Wegwahl, GRUR Int 1996, 529; *Bradley*, Die Nutzung urheberrechtlich geschützter Werke in digitaler Form und die Rolle der Bibliotheken, ZUM 1997, 553; *Dillenz*, Harmonisierung des Rechts der Verwertungsgesellschaften in Europa, GRUR 1997, 315; *Dreier*, Urheberrecht auf dem Weg zur Informationsgesellschaft – Anpassung des Urheberrechts an die Bedürfnisse der Informationsgesellschaft, GRUR 1997, 859; *Ernst*, Urheberrechtliche Probleme bei der Veranstaltung von On-demand-Diensten, GRUR 1997, 592; *Hertin*, Zur urheberrechtlichen Schutzfähigkeit von Werbeleistungen unter besonderer Berücksichtigung von Werbekonzeptionen und Werbeideen – Zugleich eine Auseinandersetzung mit *Schricker*, GRUR 1996 815 ff. – GRUR 1997, 799; *Hieber*, Für den Urheberschutz des Theaterregisseurs – die Inszenierung als persönliche geistige Schöpfung, ZUM 1997, 17; *Kappes*, Gesetzliche

Vergütungsansprüche bei der privaten Nutzung von computerunterstützten Informationssammlungen, GRUR 1997, 338; *Katzenberger*, Harmonisierung des Folgerechts in Europa, GRUR Int 1997, 309; *Koch*, Grundlagen des Urheberrechtsschutzes im Internet und in Online-Diensten, GRUR 1997, 417; *Kotthoff*, Zum Schutz von Datenbanken beim Einsatz von CD-ROMs in Netzwerken, GRUR 1997, 597; *Kreile/Wallner*, Schutz der Urheberpersönlichkeitsrechte im Multimediazeitalter, ZUM 1997, 625; *Leuze*, Urheberrechte im Beamtenverhältnis, ZBR 1997, 38; *Loewenheim*, Harmonisierung des Urheberrechts in Europa, GRUR Int 1997, 285; *Pietzcker*, Zum Rechtsschutz gegen Kunstfälschungen, GRUR 1997, 414; *Reber*, Die Bekanntheit der Nutzungsart im Filmwesen – ein weiterer Mosaikstein in einem undeutlichen Bild, GRUR 1997, 162; *Reuter*, Digitale Bild- und Filmbearbeitung im Licht des Urheberrechts, GRUR 1997, 23; *Schulze*, Urheber- und leistungsschutzrechtliche Fragen virtueller Figuren, ZUM 1997, 77; *Waldenberger*, Zur zivilrechtlichen Verantwortlichkeit für Urheberrechtsverletzungen im Internet, ZUM 1997, 176; *Wandtke/Bullinger*, Die Marke als urheberrechtlich schutzfähiges Werk, GRUR 1997, 573; *Bechthold*, Multimedia und Urheberrecht – einige grundsätzliche Anmerkungen, GRUR 1998, 18; *Cichon*, Urheberrechte an Webseiten, ZUM 1998, 897; *Dietz*, Die EU-Richtlinie zum Urheberrecht und zu den Leistungsschutzrechten in der Informationsgesellschaft, ZUM 1998, 438; *Ernst*, Zur Panoramafreiheit des Urheberrechts, ZUM 1998, 475; *Flechsig*, EU-Harmonisierung des Urheberrechts und der verwandten Schutzrechte in der Informationsgesellschaft, ZUM 1998, 139; *Heinz*, Das sogenannte Folgerecht („droit de suite") als künftige europaweite Regelung? – Zur Theorie des urheberrechtlichen Eigentums, GRUR 1998, 786; *Jacobs*, Der urheberrechtliche Vermietbegriff, GRUR 1998, 246; *Litten*, Urheberrechtlicher Schutz für Fernsehshow und Fernsehserienformate, MMR 1998, 412; *Loewenheim*, Die Beteiligung der Sendeunternehmen an den gesetzlichen Vergütungsansprüchen im Urheberrecht, GRUR 1998, 513; *Raue/Bensinger*, Umsetzung des sui-generis-Rechts an Datenbanken in den §§ 87a ff. UrhG, MMR 1998, 507; *Reber*, Digitale Verwertungstechniken – neue Nutzungsarten: Hält das Urheberrecht der technischen Entwicklung noch stand? GRUR 1998, 792; *Schaefer/Rasch/Braun*, Zur Verantwortlichkeit von Online-Diensten und Zugangsvermittlern für fremde urheberrechtsverletzende Inhalte, ZUM 1998, 451; *Wiebe/Funkat*, Multimedia-Anwendungen als urheberrechtlicher Schutzgegenstand, MMR 1998, 69; *Zscherpe*, Urheberrechtsschutz digitalisierter Werke im Internet, MMR 1998, 404. *Arnold*, Ist § 5 UrhG verfassungskonform? ZUM 1999, 283; *Briem*, Ist die Verletzung von Urheberpersönlichkeiten ein Kavaliersdekikt? GRUR Int 1999, 936; *Decker*, Haftung für Urheberrechtsverletzungen im Internet Anforderungen an die Kenntnis des Host Providers, MMR 1999, 7; *Drexl*, Urheberrecht und Handelspolitik: Zweckehe oder Mesalliance? GRUR Int 1999, 1; *Freytag*, Digital Millennium Copyright Act und europäisches Urheberrecht für die Informationsgesellschaft, MMR 1999, 207; *Gabel/Lackum*, Zur Schutzfähigkeit von Wortkreationen auf der Grundlage des Urheberrechtsgesetzes, ZUM 1999, 629; *Gounalakis*, Das Vierte Gesetz zur Änderung des Urheberrechtsgesetzes: Kritische Bemerkungen zur Hypertrophie des Urheberschutzes, NJW 1999, 545; *Haupt*, Die Übertragung des Urheberrechts, ZUM 1999, 898; *Heermann*, Urheberrechtliche Probleme bei der Nutzung von E-Mail, MMR 1999, 3; *Heinig*, Die Wahrnehmung der Urheberrechtspersönlichkeit durch den Erben – Sondererblast oder Rechtswahrung, ZUM 1999, 291; *Jaeger*, Open Source Software und deutsches Urheberrecht, GRUR Int 1999, 839; *Kur*, Händlerwerbung für Markenartikel aus urheberrechtlicher Sicht – Präsentationsrecht als neue Schutzschranke? Bemerkungen zu i.S. Dior ./. Evora, GRUR Int 1999, 24; *Leistner*, Der Schutz von Telefonverzeichnissen und das neue Datenbankherstellerrecht, MMR 1999, 636; *Mayer-Schönberger/Wittmann*, Rechtsfragen der Nutzung von Zeitungen und Zeitschriften für Zwecke der Medienbeobachtung (1999); *Metzger*, Open Source Software und deutsches Urheberrecht, GRUR Int 1999, 839; *Pense*, Der urheberrechtliche Filmherstellerbegriff des § 94 UrhG, ZUM 1999, 121; *Poll*, Urheberschaft und Verwertungsrechte am Filmwerk, ZUM 1999, 29; *Sack*, Die Erschöpfung von gewerblichen Schutzrechten und Urheberrechten nach europäischem Recht, GRUR 1999, 193; *Schwarz*, Die ausübenden Künstler, ZUM 1999, 40; *Dreier*, Gesetzesfolgenabschätzung und Gesetzesevaluierung im Urheberrecht, FS Dittrich (2000) 49; *Federrath*, Multimediale Inhalte und technischer Urheberrechtsschutz im Internet, ZUM 2000, 804; *Fitzek*, Die unbekannte Nutzungsart (2000); *Flechsig*, Gesamtvertrag versus Koalitionsfreiheit, ZRP 2000, 529; *Foerstl/Weichs*, Der allgemeine Auskunftsanspruch im Urheberrechtsprozess, ZUM 2000, 897; *Ginsburg*, Die Rolle des nationalen Urheberrechts im Zeitalter der internationalen Urheberrechtsnormen, GRUR Int 2000, 97; *Grosheide*, Durchsetzung von Urheberrechten im Wege einstweiliger

Maßnahmen, GRUR Int 2000, 310; *Grzeszick,* Freie Software: eine Wiederlegung der Urheberrechtstheorie? MMR 2000, 412; *Hoeren,* Urheberrecht 2000 – Thesen für eine Reform des Urheberrechts, MMR 2000, 3; *Lattenmayer,* „Micro Business Leader": Einschränkung des EWR-weiten Erschöpfungsgrundsatzes? ZUM 2000, 477; *Melichar,* Printing on Demand – Eine Bestandsaufnahme, FS Dittrich (2000) 229; *Nordemann,* Neues aus Deutschland, FS Dittrich (2000) 239; *Raue,* EVA & ADELE – der Mensch als „Werk" im Sinne des Urheberrechtes, GRUR 2000, 951; *Reber,* Aktuelle Fragen zu Recht und Praxis der Verwertungsgesellschaften, GRUR 2000, 203; *Rehbinder,* Urheberrechte an rechts- oder sittenwidrigen Werken? FS Dittrich (2000) 243; *Schulze,* Wann beginnt eine urheberrechtlich relevante Nutzung? ZUM 2000, 126; *Schulze,* Rechtsfragen von Printmedien im Internet, ZUM 2000, 432; *Schulze/Bettinger,* Wiederaufleben des Urheberrechtsschutzes bei gemeinfreien Fotographien, GRUR 2000, 12; *Wandtke/Schäfer,* Music on Demand – Neue Nutzungsart im Internet? GRUR Int 2000, 187; *Barta/Markiewicz,* Kontroversen um die Säulen des Urheberrechts, FS Dietz (2001) 3; *Bayreuther,* Beschränkungen des Urheberrechts nach der neuen Urheberrechtsrichtlinie, ZUM 2001, 828; *Bercovitz,* Marken und Urheberrecht, GRUR Int 2001, 611; *Davies,* Urheberrecht in der Informationsgesellschaft: Technische Mechanismen zur Kontrolle privater Vervielfältigung, GRUR Int 2001, 915; *Dreier,* Sachfotographie, Urheberrecht und Eigentum, FS Dietz (2001) 235; *Drexl,* Europarecht und Urheberkollisionsrecht, FS Dietz (2001) 461; *Flechsig,* CD-Brenner als urhebervergütungspflichtige Geräte, ZUM 2001, 656; *Frey,* Peer-To-Peer-File-Sharing, das Urheberrecht und die Verantwortlichkeit von Diensteanbietern am Beispiel Napster, Inc. im Lichte des US-amerikanischen und des EG-Rechts, ZUM 2001, 466; *Grunert,* Götterdämmerung, Iphigenie und die amputierte Csárdásfürstin – Urteile zum Urheberrecht des Theaterregisseurs und die Folgen für die Verwertung seiner Leistung, ZUM 2001, 210; *Haberstumpf,* Wem gehören Forschungsergebnisse – Zum Urheberrecht an Hochschulen, ZUM 2001, 819; *Heise/Nordemann,* Urheberrechtlicher Schutz für Designleistungen in Deutschland und auf europäischer Ebene, ZUM 2001, 128; *Holeweg,* Europäischer und internationaler gewerblicher Rechtsschutz und Urheberrecht – Tabellarischer Überblick und aktuelle Entwicklungen, GRUR Int 2001, 141; *Klett,* Puccini und kein Ende – Anwendung des europarechtlichen Diskriminierungsverbots auf vor 1925 verstorbene Urheber? GRUR Int 2001, 810; *Kreutzer,* Napster, Gnutella & Co: Rechtsfragen zu Filesharing-Netzen aus der Sicht des deutschen Urheberrechts de lege lata und de lege ferenda – Teil 1, GRUR 2001, 193; *Kreutzer,* Napster, Gnutella & Co: Rechtsfragen zu Filesharing-Netzen aus der Sicht des deutschen Urheberrechts de lege lata und de lege ferenda – Teil 2, GRUR 2001, 307; *Krüger,* Zum postmortalen Schutz des Künstlerpersönlichkeitsrechts, FS Dietz (2001) 101; *Kur,* Mehr als nur „ein Hauch von Dior"? – Das Urheberrecht und die Präsentation von Waren, FS Dietz (2001) 253; *Lehmann,* Persönlichkeitsrecht, Urheberpersönlichkeitsrecht und Neue Medien, FS Dietz (2001) 117; *Lubitz,* Die Haftung der Internet Service Provider für Urheberrechtsverletzungen: Ein Vergleich von US-amerikanischen und europäischem Recht, GRUR Int 2001, 283; *Metzger,* Erschöpfung des urheberrechtlichen Verbreitungsrechts bei vertikalen Vertriebsbindungen, ZUM 2001, 210; *Moritz,* Das Vervielfältigungsstück eines Programms und seine berechtigte Verwendung. § 69d UrhG und die neueste BGH-Rechtsprechung, MMR 2001, 94; *Nordemann,* Urheberrechtliche Verwertungsformen im Jahre 2026, FS Dietz (2001) 595; *Reinbothe,* Die EG-Richtlinie zum Urheberrecht in der Informationsgesellschaft, GRUR Int 2001, 733; *Schack,* Urheberrechtliche Gestaltung von Webseiten unter Einsatz von Links und Frames, MMR 2001, 9; *Schalast/Schalast,* Das Recht der Kabelweitersendung von Rundfunkprogrammen. Aktuelle Fragen bei der Umsetzung von § 20 UrhG, MMR 2001, 436; *Schorr/Reber,* Peer-to-Peer-Kommunikationsplattformen und deren Freistellung von der urheberrechtlichen Verantwortlichkeit, ZUM 2001, 672; *Schricker,* Bemerkungen zur Erschöpfung im Urheberrecht, FS Dietz (2001) 447; *Schulze,* Vernichtung von Bauwerken, FS Dietz (2001) 177; *Straub,* Individualität als Schlüsselkriterium des Urheberrechts, GRUR Int 2001, 1; *Strömholm,* Alte Fragen in neuer Gestalt – das internationale Urheberrecht im IT-Zeitalter, FS Dietz (2001) 533; *Tyra,* Alter Hut bleibt in Mode – Rechtliche Aspekte des Samplings im Bereich der sog. Dancemusic, ZUM 2001, 49; *Ahlberg,* Der Einfluß des § 31 IV UrhG auf die Auswertungsrechte von Tonträgerunternehmen, GRUR 2002, 313; *Baus,* Umgehung der Erschöpfungswirkung durch Zurückhaltung von Nutzungsrechten? MMR 2002, 14; *Berger,* Urheberrechtliche Erschöpfungslehre und digitale Informationstechnologie, GRUR 2002, 198; *von Bermuth,* § 46 UrhG und Multimedia-Richtlinie, GRUR Int. 2002, 567; *Czychowski/Bröcker,* ASP – Ein Auslaufmodell für das Urheberrecht, MMR 2002, 81; *Erdmann,* Urhebervertragsrecht im

Meinungsstreit, GRUR 2002, 923; *Flechsig*, Grundlagen des Europäischen Urheberrechts – Die Richtlinie zur Harmonisierung des Urheberrechtsschutzes in Europa und die Anforderungen an ihre Umsetzung in deutsches Recht, ZUM 2002, 1; *Gyertyánfy*, Expansion des Urheberrechts – und kein Ende? GRUR Int 2002, 557; *Haupt*, „E-Mail-Versand" – eine neue Nutzungsart im urheberrechtlichen Sinn? ZUM 2002, 797; *Hilty*, Rechtsschutz technischer Maßnahmen: Zum UrhG-Regierungsentwurf vom 31.7.2002, MMR 2002, 577; *Hilty*, Das neue deutsche Urhebervertragsrecht im internationalen Kontext, GRUR Int 2002, 643; *Hoeren*, Ende gut, alles schlecht? Überlegungen zur Neuregelung des Urhebervertragsrechts, MMR 2002, 137; *Hoeren*, Pressespiegel und das Urheberrecht – Eine Besprechung des Urteils des BGH „Elektronischer Pressespiegel" GRUR 2002, 1022; *Knies*, Kopierschutz für Audio-CDs – Gibt es den Anspruch auf die Privatkopie? ZUM 2002, 793; *Kröger*, Enge Auslegung von Schrankenbestimmungen – wie lange noch? MMR 2002, 18; *Lober*, Spiele in Internet-Cafés: Game Over? MMR 2002, 730; *Metzger/Kreutzer*, Richtlinie zum Urheberrecht in der „Informationsgesellschaft" MMR 2002, 139; *von Olenhusen*, Der Urheber- und Leistungsrechtsschutz der arbeitnehmerähnlichen Personen, GRUR 2002, 11; *Peukert*, Das neue deutsche Urhebervertragsrecht im internationalen Kontext, GRUR Int 2002, 643; *Plaß*, Open Contents im deutschen Urheberrecht, GRUR 2002, 670; *Plöckinger*, Der Erschöpfungstatbestand des § 16 Abs 3 des österreichischen Urheberrechtsgesetzes und seine Vereinbarkeit mit den europarechtlichen Vorgaben, GRUR Int 2002, 479; *Pühringer*, Der urheberrechtliche Schutz von Werbung (2002); *Schack*, Schutz digitaler Werke vor privater Vervielfältigung – zu den Auswirkungen der Digitalisierung auf § 53 UrhG, ZUM 2002, 497; *Schack*, Urhebervertragsrecht im Meinungsstreit, GRUR 2002, 853; *Schmidt*, Der Vergütungsanspruch des Urhebers nach der Reform des Urhebervertragsrechts, ZUM 2002, 781; *Schricker*, Zum neuen deutschen Urhebervertragsrecht, GRUR Int 2002, 797; *Schricker*, Zum Begriff der angemessenen Vergütung im Urheberrecht – 10 % vom Umsatz als Maßstab? GRUR 2002, 737; *Spindler*, Europäisches Urheberrecht in der Informationsgesellschaft, GRUR 2002, 105; *Wandtke*, Copyright und virtueller Markt in der Informationsgesellschaft, GRUR 2002, 1; *Berger*, Zum Anspruch auf angemessene Vergütung (§ 32 UrhG) und weitere Beteiligung (§ 32a UrhG) bei Arbeitnehmer-Urhebern, ZUM 2003, 173; *Haberstumpf*, Der Schutz elektronischer Datenbanken nach dem Urheberrechtsgesetz, GRUR 2003, 14; *Hertin*, Urhebervertragsnovelle 2002: Up-Date von Urheberrechtsverträgen, MMR 2003, 16; *Hilty*, Urheberrechtsschutzfrist in den USA, GRUR Int 2003, 201; *Karnell*, Melodienschutz in Schweden, GRUR Int 2003, 398; *Metzger*, Rechtsgeschäfte über Urheberpersönlichkeitsrechte, GRUR Int 2003, 9; *Poll*, Harmonisierung des Filmurheberrechts, GRUR Int 2003, 290; *Reber*, Die Redlichkeit der Vergütung (§ 32 UrhG) im Film- und Fernsehbereich. GRUR 2003, 393; *Riesenhuber*, Die Vermutungstatbestände des § 10 UrhG, GRUR 2003, 187; *Schippan*, Urheberrecht goes digital – Das Gesetz zur Regelung des Urheberrechts in der Informationsgesellschaft, ZUM 2003, 378; *Schmitt*, § 36 UrhG – Gemeinsame Vergütungsregelungen europäisch gesehen, GRUR 2003, 294; *Schwarze*, Urheberrechte und deren Verwaltung im Lichte des europäischen Wettbewerbsrechts, ZUM 2003, 15; *Steinhaus*, Urheberrecht in der Andengemeinschaft, GRUR Int 2003, 301; *Süßenberger/Czychowski*, Das „Erscheinen" von Werken ausschließlich über das Internet und ihr urheberrechtlicher Schutz, GRUR 2003, 489; *Zentai*, Das Recht auf eine orginalgetreue Darstellung des eigenen Bildnisses? ZUM 2003, 363.

1.6. Entwicklung des Urheberrechts

Literaturhinweise: *Frotz*, Die Entwicklung des Urheberrechts in Österreich, Jahrbuch 1979 der INTERGU, Bd 4 (1979) 455; *Walter*, Grundlagen und Ziele einer österreichischen Urheberrechtsreform, FS 50 Jahre UrhG (1986) 233; *Dillenz*, Was heißt und zu welchem Ende studiert man Urheberrecht? FS Uchtenhagen, UFITA 75 (1987) 23; *Hofmeister*, Bemerkungen zur Geschichte des österr Urheberrechts, UFITA 106 (1987) 173; *Dietz*, Urheberrecht im Wandel. Paradigmenwechsel im Urheberrecht? ÖSGRUM 7 (1988) 200; *Dittrich* (Hrsg), Woher kommt das Urheberrecht und wohin geht es? ÖSGRUM 7 (1988) 1; *Frotz*, 50 Jahre Urheberrechtsgesetz 1936, ÖSGRUM 6 (1988); *Dillenz*, Urheberrechtsschutz heute, ÖBl 1990, 1; *Boytha*, Die historischen Wurzeln der Vielfältigkeit des Schutzes von Rechten an Urheberwerken, ÖSGRUM 9 (1991) 69; *Dillenz*, Druckprivilegien und Drucker zwischen Kapitalismus und europäischem Religionsstreit, ÖSGRUM 9 (1991) 46; *Dittrich* (Hrsg), Die

Notwendigkeit des Urheberrechtsschutzes im Lichte seiner Geschichte, ÖSGRUM 9 (1991); *Walter*, Entwurf einer Urheberrechtsgesetz-Novelle, ÖSGRUM 14 (1993) 58.

1.6.1. Bis zum UrheberrechtsG 1895

Literaturhinweise: *Geller*, Urheberrecht (1896); *Schmidl*, Das österreichische Urheberrecht (1906) 7; *Hofmeister*, Die Entwicklung des Urheberrechts in Österreich vom Absolutismus bis zum Jahr 1895, ÖSGRUM 7 (1988) 135; *Luf*, Philosophische Strömungen in der Aufklärung und ihr Einfluß auf das Urheberrecht, ÖSGRUM 7 (1988) 9; *Potz*, Urheberrecht aus kirchenrechtlicher Sicht, ÖSGRUM 7 (1988) 43; *Rehbinder*, Kein Urheberrecht ohne Gesetzesrecht, ÖSGRUM 7 (1988) 99; *Frohne*, Vom Nachdruck unprivilegierter Bücher: Observation LXXV des NOVUM IUS CONTROVERSUM, ÖSGRUM 9 (1991) 9; *Hofmeister*, Der österreichisch-sardinische Urheberrechtsvertrag von 1840, ÖSGRUM 9 (1991) 239.

Kein Urheberrecht in der Antike.

Ein ausgebildetes Urheberrecht ist weder aus der Antike noch aus dem Mittelalter überliefert. Mit dem Aufkommen des Buchdrucks (um 1440) wurden dann durch Privilegien[6] Ausschließungsrechte verliehen; sie schützten allerdings zunächst nicht den Autor, sondern den Drucker oder ersten Verleger, denn er trug das wirtschaftliche Risiko der Erstauflage. Erst später traten allmählich die Rechte des Urhebers in den Vordergrund.[7]

Für diese Entwicklung war die naturrechtliche Theorie des „*geistigen Eigentums*" von besonderer Bedeutung.[8] Sie ordnete das Geisteswerk als Rechtsgut dem Urheber zu, und berücksichtigte so in erster Linie die materiellen Interessen des Werkschöpfers. Dessen ideelle Interessen wurden in der Folge durch die „*Theorie vom Persönlichkeitsrecht*" stärker betont. Eine weitere Verfeinerung brachte die *Theorie vom Immaterialgüterrecht*[9]; sie anerkannte die rechtliche Selbständigkeit der geistigen Schöpfung (als Immaterialgut).

Die „*dualistische Theorie*" (*Josef Kohler*) unterscheidet zwischen dem „Urheberrecht" (als Recht am Immaterialgut) und dem „Persönlichkeitsrecht" (zum Schutz der ideellen Interessen).

Heute ist die so genannte „*monistische Theorie*" herrschend (*Mitteis, Ulmer, Hubmann*): Danach ist das Urheberrecht weder reines Persönlichkeits- noch reines Vermögensrecht. Aus dem einheitlichen Urheberrecht entspringen persönlichkeitsrechtliche und vermögensrechtliche Befugnisse.

---

[6]) Zum Privilegienbegriff vgl *Potz*, ÖSGRUM 7 (1988) 43.
[7]) Zum Übergang vom Privilegienwesen zum Gesetzesrecht: *Rehbinder*, ÖSGRUM 7 (1988) 99.
[8]) Zur früheren Entwicklung: *Luf*, ÖSGRUM 7 (1988) 9; zu den Bezügen zum Kirchenrecht: *Potz*, ÖSGRUM 7 (1988) 45.
[9]) *Schönherr*, Zur Begriffsbildung im Immaterialgüterrecht, in FS Troller (1976) 57; *Hodik*, Überlegungen zur Theorie des Immaterialgüterrechts, UFITA 96 (1983) 93; *Schönherr*, Immaterialgüter und das Vollrecht daran im österr Zivilrecht, UFITA 100 (1985) 109.

Hofmeister[10] berichtet über die Anfänge des Urheberrechtsschutzes in *Österreich*: Das Zeitalter des aufgeklärten Absolutismus war für Österreich eine Zeit des Nachdruckes. *Johann Thomas von Trattner* war, gefördert von *Maria Theresia*, einer jener Buchproduzenten, die Wien eine in Europa führende Rolle im Nachdruck gaben. Hintergrund für diese Entwicklung war primär die damalige Bildungs- und Wissenschaftspolitik. Unter *Josef II* blühte der Nachdruck weiter, freilich nur soweit es um ausländische Bücher ging. Zum Schutze der inländischen Autoren und Buchhändler galt ein Nachdruckverbot. Auch in *Österreich* war das Privilegienwesen die Vorstufe zur Ausbildung eines Urheberrechts.[11] Im ABGB von 1811 sind nur rudimentäre Spuren eines Urheberrechts zu finden (§§ 1171, 1165).[12]

Die erste umfassende Regelung des Urheberrechts in Österreich findet sich im *Staatsvertrag mit der sardinischen Regierung zum gegenseitigen Schutze gegen Nachdruck* vom 22. 5. 1840.[13] Er bildete die Grundlage für eine nachfolgende Kodifikation und regelt bereits den Schutz der Literatur, der bildenden Kunst sowie der musikalischen Werke gegen unbefugte Vervielfältigung und Übersetzung, den Schutz dramatischer Werke gegen unbefugte Aufführung. Auch spezielle Regelungen über Artikel in Journalen sowie über den Titelschutz waren in diesem Vertrag bereits enthalten. Das erste Urheberrechtsgesetz war dann das *Kaiserliche Patent* „zum Schutze des literarischen und artistischen Eigentums gegen unbefugte Veröffentlichung, Nachdruck und Nachbildung" des Jahres 1846.[14]

1.6.2. Das UrheberrechtsG 1895

Literaturhinweise: *Schuster*, Der Entwurf eines neuen österreichischen Urheberrechtsgesetzes, GZ 1892, 297, 306, 329, 338; *Benedikt*, Bemerkungen über das Urheberrecht und den Gesetzentwurf der österreichischen Regierung, JBl 1893, 241, 253, 265, 277, 289 und 304; *Geller*, Urheberrecht (1896); *Gernerth*, Zur Classification der Musikformen nach dem Gesetze vom 26. December 1895, GZ 1896, 201; *Altschul*, Die Urheberrechtsaffären des Georg Stubenvoll vor dem Gesetze, JBl 1906, 313, 325 und 341; *Schmidl*, Das österreichische Urheberrecht (1906) 16; *Altschul*, Die Novelle zum Urheberrechtsgesetz, JBl 1907, 53; *Abel*, Gewerblicher Rechtsschutz und Urheberrecht im Friedensvertrag von Saint-Germain, GZ 1919, 369; *Altschul*, Das internationale Urheberrecht für die Republik Österreich im Frieden von Saint-Germain, JBl 1920, 101; *Bartsch*, Die österreichische Urheberrechtsnovelle, ZHR Bd 85, 203; *Adler*, Die österreichische Urheberrechts-Novelle vom 13. Juli 1920, GRUR 1921, 13; *Seiller*, Österreichisches Urheberrecht (1927); *Elster/Hoffmann/Marwitz*, Zur deutschen und österreichischen Urheberrechtsreform, UFITA Bd 2 (1929), 125; *Seiller*, Zur Reform des österreichischen Urheberrechtes, JBl 1929, 136, 251, 361, 427, 515, und JBl 1930, 90; *Abel*, Urheberrechtsreform in Österreich, GRUR 1930, 1170; *Seiller*, Der Vorentwurf zur Urheberrechtsnovelle, JBl 1930, 400; *Abel*, Vereinheitlichung des Urheberrechts in Deutschland und Österreich, GRUR 1931, 1185; *Breuer*, Bemerkungen zum Vorentwurf der Urheberrechtsgesetznovelle, GZ 1931, 124; *Fischmann*, Der Regierungsentwurf eines neuen Urheberrechtsgesetzes, AnwZ 1932, 281; *Dillenz*, Die Entwicklung des Urheberrechts in Österreich von 1895 bis 1936, ÖSGRUM 7 (1988) 147; *Hofmeister*, Die Entwicklung des Urheberrechts

---

[10]) ÖSGRUM 7 (1988) 135.
[11]) Details bei *Schmidl*, Das österreichische Urheberrecht (1906) 7.
[12]) Kaiserliches Patent v 11. 6. 1811, JGS 946.
[13]) JGS 441; dazu eingehend *Schmidl*, Das österreichische Urheberrecht (1906) 10.
[14]) JGS 1846/992.

in Österreich vom Absolutismus bis zum Jahr 1895, ÖSGRUM 7 (1988) 135; *Dillenz*, Materialien zur Geschichte des österreichischen Urheberrechts 1895 – 1936, ÖSGRUM 8 (1989).

Der Berner Konvention zum Schutze von Werken der Literatur und Kunst vom 9. 9. 1886 (Seite 1083) trat Österreich zunächst nicht bei. Wesentlicher Beweggrund zu dieser Entscheidung war, dass man sich nicht einem strengen Regime des Übersetzungsrechts unterwerfen wollte. *Schmidl* kommentiert dies noch 1906 so: „Die rückständige Literatur der verschiedenen, in der Monarchie vertretenen Nationalitäten macht es augenscheinlich wünschenswert, die Benützung derjenigen der großen Nationen nicht allzu sehr zu erschweren."[15] Das Urheberpatent des Jahres 1846 wurde dann erst 1895 durch ein neues Urheberrechtsgesetz ersetzt, welches die Rechte der Urheber wesentlich stärkte. Das *„Gesetz betreffend das Urheberrecht an Werken der Literatur, Kunst und Photographie"* vom 26. 12. 1895[16] war die Folge des massiven Drängens der Erben *Richard Wagners*. Sie wollten eine Verlängerung des Aufführungsschutzes für dessen Opern in Österreich.[17] Referent der damaligen Kommission im Justizministerium war Sektionsrat *von Call*. Manche Motive des damaligen Reformwerks erinnern an die heutige Situation. Unter dem Druck der technologischen Entwicklung war eine Anpassung des Schutzes erforderlich: „*Die ausserordentliche Entfaltung, welche Literatur und Kunst seit der Mitte unseres Jahrhunderts gefunden haben, die um diese Zeit wohl noch kaum geahnte Erleichterung und Ausbreitung des Verkehrs, endlich die während der Geltung des kaiserlichen Patents vom Jahre 1846 gemachten Erfindungen und Verbesserungen in den Vervielfältigungs- und Reproductionsmethoden haben jedoch seither Verhältnisse zur Entstehung gebracht, an die man bei Erlassung des kaiserlichen Patents nicht gedacht hatte, zum Teil auch gar nicht denken konnte, denen aber die Gesetzgebung, will sie ihrer Aufgabe gerecht werden, sicherlich Rechnung tragen muss. So ist – um nur Eines zu nennen – die Photographie mit dem ganzen Complex der darauf beruhenden Vervielfältigungsmethoden durch das kaiserliche Patent vom Jahre 1846 an sich in keiner Weise geschützt und nur durch die Judicatur des für Kunstwerke gewährten Schutzes theilhaftig erklärt worden*".[18] Das Gesetz von 1895 gewährte ausländischen Urhebern nur dann Schutz, wenn ein entsprechender bilateraler Staatsvertrag bestand. Durch die *Novelle 1907* wurde das behoben. Für jene Staaten, in denen kein Urheberrechtsschutz bestand, konnte der Schutz jetzt bei Bestehen der Gegenseitigkeit durch Verordnung des Justizministers ausgedehnt werden. [19]

Der im Staatsvertrag von St. Germain[20] (1919) auferlegten Verpflichtung, der Berner Übereinkunft (Seite 1083) beizutreten, kam Österreich 1920[21] nach und novel-

---

[15]) *Schmidl*, Das österreichische Urheberrecht (1906) 15.
[16]) RGBl 197 = ÖZGR 1895, 22, 41 und 50.
[17]) Vgl *Hofmeister* (ÖSGRUM 7 [1988] 140), der vor allem auch den bedeutenden Einfluss von *Franz Klein* in den Diskussionen zu den einzelnen Bestimmungen nachzeichnet. Zur damaligen Kritik am neuen Gesetz, insbesondere wegen der Einschränkung des Schutzes für ausländische Werke, vgl *Dillenz*, ÖSGRUM 7 (1988) 147 (149).
[18]) EB, 142 BlgHH 11; abgedruckt in *Dillenz*, ÖSGRUM 8 (1989) 23.
[19]) Dazu *Dillenz*, ÖSGRUM 7 (1988) 147 (149).
[20]) Art 239 (StGBl 1920/303). Vgl dazu *Abel*, GZ 1919, 369.

lierte dabei gleichzeitig das Gesetz von 1895. Die *Novelle 1920*[22] sollte insbesondere vermeiden, dass Inländer gegenüber den durch die RBÜ geschützten Ausländern benachteiligt werden. Dazu wurden allerdings nur die notwendigsten Anpassungen vorgenommen. Eine umfassendere Reform wollte man im Einvernehmen mit dem Deutschen Reich durchführen.[23] Tatsächlich kam es auch zu gemeinsamen Arbeiten, angestoßen durch die Revisionskonferenz zur RBÜ von Rom 1928.[24] Sie führten allerdings nicht zur angestrebten gemeinsamen Reform. Österreich verlängerte 1929 und 1933 seine Schutzfristen und arbeitete an einer umfassenden Reform weiter.

1.6.3. Das UrheberrechtsG 1936

Literaturhinweise: *Guttmann,* Der Entwurf einer Urheberrechtsnovelle und das Gesetz gegen den unlauteren Wettbewerb, JBl 1931, 31; *Klauer,* Der Stand der Urheberrechtsreform nach dem Ergebnis der deutsch-österreichischen Angleichsverhandlungen, GRUR 1932, 639; *Seiller,* Der Entwurf eines neuen Urheberrechtsgesetzes, JBl 1932, 392, 419, 442, 467; *Seiller,* Der Entwurf zu einem neuen Urheberrechtsgesetz und das Berner Übereinkommen, JBl 1933, 134; *Abel,* Die Neugestaltung des österreichischen Urheberrechtes, AnwZ 1936, 105; *Mitteis,* Grundgedanken des neuen österreichischen Urheberrechtes, AnwZ 1936, 445; *Seiller,* Das neue Urheberrechtsgesetz, JBl 1936, 183, 201, 221; *Dillenz,* Karl Kraus und das Urheberrecht, FS Dittrich (2000) 39.

Die Ratifikation der 1928 in Rom neuerlich revidierten Fassung der Berner Übereinkunft setzte eine grundlegende Reform des Urheberrechts voraus; sie führte zum Urheberrechtsgesetz 1936 („UrhG").[25] Gleichzeitig wurde durch das VerwertungsgesellschaftenG („VerwGesG") auch das Recht der Verwertungsgesellschaften (Seite 1142) gesetzlich geregelt.[26] Autor des UrhG 1936 war *Karl Lissbauer.* Seinen vorzüglichen Materialien kommt heute noch hohe Autorität bei der Auslegung des Stammgesetzes zu.

1.6.4. Zwischen 1938 und 1953

Literaturhinweise: *Hefti,* Das Urheberrecht im Nationalsozialismus, ÖSGRUM 7 (1988) 165.

Das österreichische UrhG 1936 galt auch nach 1938 als landesrechtliche Bestimmung weiter.[27] Man wollte damals eine durchgreifende Reform des deutschen Urheberrechts verwirklichen. Leitlinie war der Gedanke des Vorrangs der Interessen der Allgemeinheit vor jenen des Urhebers.[28] Trotz mehrerer Entwürfe kam es aber nicht zu der angestrebten Neukodifikation. Österreich behielt das UrhG 1936.

Für die weitere Entwicklung des österreichischen Urheberrechts waren insbesondere die Ratifikation der Brüsseler (1948) sowie der Stockholmer Fassung (1967;

---

[21]) StGBl 1920/435.
[22]) StGBl 1920/325.
[23]) *Seiller,* Österreichisches Urheberrecht (1927) 7.
[24]) *Dillenz,* ÖSGRUM 7 (1988) 147 (155).
[25]) BG über das Urheberrecht an Werken der Literatur und der Kunst und über verwandte Schutzrechte (Urheberrechtsgesetz) BGBl 1936/111.
[26]) *Frotz,* ÖSGRUM 6 (1988) 1; *Dillenz,* ÖBl 1990, 1.
[27]) Art II, ReichsG 13. 3. 1938 RGBl I 237.
[28]) Dazu im Detail *Hefti,* ÖSGRUM 7 (1988) 165.

update: www.geistigeseigentum.at

ratifiziert wurden Art 22ff) der Berner Übereinkunft und in jüngster Zeit die Richtlinien der EU (vgl Seite 1089) von Bedeutung.[29] Die Novelle 1949[30] betraf nur eine spezielle freie Werknutzung (in § 53 UrhG) für nicht aus Berufsmusikern bestehende Musikkapellen zur nicht auf Erwerb gerichteten „Pflege volkstümlichen Brauchtums".

1.6.5. UrhG-Novelle 1953

Literaturhinweise: *Peter,* Das Urheber- und Wettbewerbsrecht 1945 – 1948, RabelsZ 1951, 102; *Peter,* Die Urheberrechtsgesetznovelle 1953, ÖJZ 1953, 561; *Schönherr,* Gewerblicher Rechtsschutz und Urheberrecht in Österreich – Eine Übersicht über die Rechtsprechung der 2. Republik, GRUR Ausl 1954, 2 (14); *Peter,* Das Österreichische Urheber- und Wettbewerbsrecht 1949 – 1953, RabelsZ 1957, 488; *Dittrich,* Die Weiterentwicklung des österreichischen Urheberrechts, GRUR Int 1961, 124; *Juranek,* Die Richtlinie der Europäischen Union zur Harmonisierung der Schutzfristen im Urheber- und Leistungsschutzrecht, ÖSGRUM 15 (1994) 10.

Die Revisionskonferenz zur RBÜ in Brüssel 1948 brachte eine neue Fassung dieses Abkommens, der das Gesetz aus 1936 nicht mehr entsprach. Um der RBÜ in dieser Fassung beitreten zu können, wurde die *UrhG-Nov 1953*[31] erforderlich. So musste Österreich insbesondere zusätzlich zum bereits bestehenden Leistungsschutz für Lichtbilder nunmehr auch den in der Neufassung der RBÜ für „œuvres photographiques" vorgesehenen Werkschutz einführen. Seither zählen die Lichtbildwerke zu den Werken der bildenen Künste (vgl § 3 UrhG; Seite 1119). § 6 UrhG über das Sammelwerk wurde neu gefasst, um klarzustellen, dass auch Zusammenstellungen nicht geschützter „Beiträge" für den Schutz als Sammelwerk in Betracht kommen. Die vom Bundesamt für Eich- und Vermessungswesen stammenden Karten wurden von den „freien Werken" ausgenommen (§ 7 Abs 2 UrhG; Seite 1129). Der Begriff des „Erscheinens" in § 9 Abs 1 UrhG wurde angepasst (Seite 1129). Auch an den freien Werknutzungen im Bereich der Tonkunst sowie der Schutzfristenberechnung wurden Korrekturen vorgenommen. Schließlich wurde im Hinblick auf den 2. Weltkrieg eine gewisse Schutzfristenverlängerung vorgesehen.

Die *Strafgesetznovelle 1963*[32] hat Anpassungen der Beträge der Geldstrafen gebracht.

1.6.6. UrhG-Novelle 1972

Literaturhinweise: *Dittrich,* Der Stand des österreichischen Urheberrechts im Lichte der neueren Rechtsprechung, GRUR Int 1963, 11; *Dittrich,* Der Stand des österreichischen Urheberrechts im Lichte der neueren Rechtsprechung, GRUR Int 1967, 231; *Dittrich,* Die Weiterentwicklung des österreichischen Urheberrechts, GRUR Int 1971, 50, 78; *Dittrich,* Die österreichische Urheberrechtsgesetznovelle 1972, GRUR Int 1973, 627; *Handl,* Novellierung des österreichischen Urheberrechtsgesetzes, FuR 1973, 60; *Walter,* Die Auswirkung der Schutzfristverlängerung auf bestehende Nutzungsverträge nach

---

[29]) Zur Weiterentwicklung etwa: *Walter,* FS 50 Jahre UrhG (1986) 233; *Walter,* ÖSGRUM 14 (1993) 58.
[30]) BGBl 1949/206.
[31]) BGBl 1953/106.
[32]) BGBl 1963/175 (StGNov 1963).

deutschem und österreichischem Urheberrecht, FS Ulmer (1973) 63; *Walter*, Zur Revision des österreichischen Urheberrechts, GRUR Int 1974, 42 und 1975, 11.

1961 wurde in Rom das internationale Abkommen über den Schutz der ausübenden Künstler, der Schallplattenhersteller und der Rundfunkunternehmen abgeschlossen („Römer Leistungsschutzabkommen"; Seite 1086). Wieder wurde durch ein internationales Abkommen die Anpassung des nationalen Urheberrechts erforderlich (UrhG-Nov 1972).[33] Vor allem wurde ein neues Leistungsschutzrecht für Rundfunkunternehmen in das UrhG eingefügt (Seite 1320). Weitere Veränderungen waren bei den Rechten der ausübenden Künstler vorzunehmen (Seite 1295).

Deutschland hatte 1965 die Schutzfrist auf 70 Jahre erhöht. Man musste daher befürchten, dass österreichische Urheber von österreichischen Verlegern zu deutschen Verlegern abwandern. Deshalb entschloss man sich, mit der Novelle 1972 auch in Österreich die Schutzfrist auf 70 Jahre anzuheben.

1.6.7. UrhG-Novellen 1980 und 1982

Literaturhinweise: *Handl*, Österreich legalisiert Kabelfernsehen – Ein Kurzbericht über die Urheberrechtsgesetznovelle 1980, FuR 1980, 399; *Holeschofsky*, Ausgewählte Probleme zur Lage des Urheberrechts, UFITA 88 (1980) 127; *Dittrich*, Die österreichische Urheberrechtsgesetznovelle 1980, GRUR Int 1981, 8; *Handl*, Zur Frage der Anwendung des österreichischen Verwertungsgesellschaftengesetzes und der Vorschriften über die Schiedsstelle gemäß der Urheberrechtsgesetznovelle 1980, FuR 1981, 118; *Holeschofsky*, Zur Reform des Urheberrechts in Österreich, UFITA 91 (1981) 81; *Dittrich*, Die österreichische Urheberrechtsgesetznovelle 1982, GRUR Int 1983, 30; *Hodik*, Die Rechtsprechung zu den österreichischen Urheberrechtsgesetznovellen 1980 und 1982, UFITA 98 (1984) 91; *Hodik*, Änderungen im österreichischen Urheberrecht – eine Novelle zur Novelle, GRUR Int 1987, 34; *Dillenz*, Functions and Recent Developments of Continental Copyright Societies, EIPR 1990, 191; *Kaltner*, Verwertungsgesellschaften in Österreich, UFITA 130 (1996) 71 (75ff).

Die UrhG-Nov 1980[34] diente einerseits dazu, das nationale Recht wieder an den Standard internationaler Abkommen anzupassen (Pariser Fassung der RBÜ, Pariser Fassung des WUA, Genfer Tonträgerabkommen, Brüsseler Satellitenabkommen). Andererseits wurden aber auch eigenständige Korrekturen vorgenommen, insbesondere im Bereich der „privaten Tonbandüberspielung" sowie beim „Kabelfernsehen". So wurde eine Ausnahme vom Senderecht für gewisse Gemeinschaftsantennenanlagen sowie für die „gleichzeitige, vollständige und unveränderte Übermittlung von Rundfunksendungen" des ORF vorgesehen (§ 17 Abs 3 UrhG). Die freie Werknutzung der Vervielfältigung zum eigenen Gebrauch (§ 42 UrhG) wurde auch auf Filmwerke ausgedehnt. Eine Leerkassettenvergütung wurde eingeführt. Für die Weiterleitung ausländischer Rundfunksendungen wurde eine gesetzliche Lizenz mit angemessener Vergütung vorgesehen (§ 59a UrhG aF). Schließlich waren vor allem die Einführung einer Schiedsstelle (Seite 1162) und Änderungen im Verwertungsgesellschaftenrecht wesentliche Elemente dieser Novelle, die dann mit der UrhG-Nov 1986[35] modifiziert wurden.

---

[33]) BGBl 1972/492.
[34]) BGBl 1980/321.
[35]) BGBl 1986/375.

Die UrhG-Nov 1982[36] steht inhaltlich insoweit in einem engen Zusammenhang mit der Novelle 1980, als sie auf derselben Regierungsvorlage beruht. Sie hat Änderungen gebracht, die bereits in der Regierungsvorlage zur Novelle 1980 vorgesehen waren, die aber zunächst 1980 noch nicht beschlossen wurden (insbesondere § 24 Abs 2 UrhG – Wirksambleiben von Werknutzungsbewilligungen; § 38 Abs 3 UrhG – Vermutung des Filmherstellers; § 42 Abs 3 UrhG – Berichterstattung über Tagesereignisse; §§ 61a ff – Urheberregister; Regelungen über die Rechtsdurchsetzung).

1.6.8. UrhG-Novellen 1988 und 1989

Literaturhinweise: *Dittrich*, Die Weiterentwicklung des österreichischen Urheberrechts, ZUM 1987, 359; *Handl*, Die österreichische Urheberrechtsgesetznovelle 1986 in ihren sozialen, kulturellen und ökonomischen Dimensionen, ZUM 1987, 171; *Hodik*, Änderungen im österreichischen Urheberrecht – eine Novelle zur Novelle, GRUR Int 1987, 34; *Hügel*, Über Eingriffe in Urheberrechte und laufende Verfahren, ÖBl 1987, 9; *Hodik*, Die österr Urheberrechtsgesetznovelle 1988 – Ein Schritt zur EG? GRUR Int 1989, 380; *Röttinger*, Neuerungen im österr Urheber- und Wettbewerbsrecht, GRUR Int 1989, 827; *Dillenz*, Urheberrechtsschutz heute, ÖBl 1990, 1; *Wittmann*, Ein neues Verwertungsrecht für Bild- und Tonträger? MR 1990, 9; *Dittrich*, Die Weiterentwicklung des österr Urheberrechtes, GRUR Int 1991, 774; *Malecsky*, Urheberrechtsgesetz-Novelle 1993, JAP 92/93, 238; *Blocher*, Der Schutz von Software nach der Urheberrechtsgesetz-Novelle 1993 – Überblick, EDVuR 1993, 3; *Dillenz*, Die österreichische Urheberrechtsgesetz-Novelle 1993, GRUR Int 1993, 465; *Dittrich*, Die Urheberrechtsnovelle 1993, ecolex 1993, 170; *Haindl*, 1993 – Jahr des Urheberrechts, AnwBl 1993, 899; *Wittmann/Popp*, Die Urheberrechtsgesetz-Novelle 1993, MR 1993, 4; *Wittmann*, Entwurf der österr Urheberrechtsgesetz-Novelle 1994, MR 1993, 131.

Die *UrhG-Nov 1988*[37] hat eine Einschränkung der Ausnahme vom Erschöpfungsgrundsatz im Hinblick auf Parallelimporte aus EG und EFTA (§ 16 Abs 3 UrhG; Seite 1177), eine neue Auskunftspflicht (§ 87b UrhG; Seite 1278) und eine entsprechende Ergänzung der Verjährungsregelung (§ 90 Abs 1 UrhG; Seite 1277) gebracht.

Die *UrhG-Nov 1989*[38] hat den mit der Novelle 1980 geschaffenen § 59a UrhG um einen § 59b UrhG aF für die Übernahme von Satellitenprogrammen ergänzt, die Auskunftspflicht im Zusammenhang mit dem Anspruch auf Rechnungslegung konkretisiert (§ 87a UrhG), die Bestimmungen über die Leerkassettenvergütung um eine die Mitwirkung der Zollbehörden betreffende Regelung ergänzt (§ 90a UrhG) und die Schiedsstellenregelung der UrhG-Nov 1980 novelliert.

---

[36]) BGBl 1982/295.
[37]) BGBl 1988/601.
[38]) BGBl 1989/612.

1.6.9. UrhG-Novelle 1993

Literaturhinweise: *Haindl*, Zum Entwurf einer Urheberrechtsgesetz-Novelle 1992, AnwBl 1992, 566; *Wittmann*, Die Urheberrechtsgesetz-Novelle 1993, MR 1993, 4; *Frotz*, Urheberrechtsgesetzliche Entwicklungen in Österreich, FS Kreile (1994) 191.

1992: Österreich bereitet sich auf den Beitritt zum EWR vor. Dies erforderte auch im Urheberrecht eine Anpassung an den damaligen Bestand des EG-Rechts. Dazu waren jedenfalls die *ComputerRL* 1991 (Seite 1090) und der Grundsatz der gemeinschaftsweiten *Erschöpfung* des Verbreitungsrechts (= Erlöschen des Verbreitungsrechts an Werkstücken durch bestimmte Verbreitungsakte) umzusetzen. Die *VermietRL* (Seite 1091) war damals noch in Vorbereitung, aber bereits so weit ausgereift, dass Österreich auch deren Vorgaben sogleich übernommen hat. Zusätzlich zu diesen Umsetzungsmaßnahmen hat die UrhG-Nov 1993[39] schließlich noch die Vergütungspflicht für die freie Werknutzung zum *Kirchen-, Schul- und Unterrichtsgebrauch* gebracht.[40]

1.6.10. UrhG-Novelle 1996

Literaturhinweise: *Ciresa*, Grundzüge der Urheberrechtsgesetz-Novelle 1996, RdW 1996, 107; *Dillenz*, Die Urheberrechtsgesetznovelle 1996, ecolex 1996, 275; *Dillenz*, Die österreichische Urheberrechtsgesetz-Novelle 1996, GRUR Int 1996, 799; *Haindl*, Änderung des Urheberrechtsgesetzes, AnwBl 1996, 358; *Popp*, Urheberrechtsgesetz-Novelle 1996, MR 1996, 53; *Gamerith*, Die wichtigsten Änderungen der Urheberrechtsgesetznovelle 1996, ÖBl 1997, 99.

Für die UrhG-Nov 1996[41] musste man drei Anläufe nehmen: Die Regierungsvorlage vom 22. 3. 1994[42] wurde in der damals laufenden Gesetzgebungsperiode nicht mehr als Gesetz beschlossen, dann mit geringfügigen Veränderungen am 8. 11. 1994 neuerlich als Regierungsvorlage gefasst und dem Nationalrat vorgelegt[43], allerdings wieder nicht parlamentarisch behandelt, und schließlich 1996 neuerlich eingebracht. Äußerer (Zeit-)Druck für diese Novelle bestand wegen der Verpflichtung zur Umsetzung der europäischen *Satelliten-Richtlinie (SatellitenRL)* und der *SchutzfristenRL*. In beiden Fällen war Österreich nämlich bereits säumig mit der Umsetzung. Dennoch umfasst diese Novelle nicht bloß die zwingend notwendigen Anpassungen. Sie hat vielmehr weitreichende Neuregelungen gebracht, die Österreich autonom (also ohne den Druck einer europäischen Rechtsvereinheitlichung) vorgenommen hat. Das waren die wesentlichsten Punkte dieser Novelle:

- Neueinführung eines *Ausstellungsrechts* (in Form eines Vergütungsanspruchs für gewisse Ausstellungen);
- Neueinführung einer *Reprographievergütung* (ähnlich der Tonträgervergütung);
- erweiterte Rechte für *Filmurheber* (Beteiligung an Vergütungsansprüchen);
- verschärfte *Strafsanktionen* bei gewerbsmäßiger Urheberrechtsverletzung;

---

[39]) BGBl 1993/93.
[40]) RV 596 BlgNR 18.GP.
[41]) BGBl 1996/151; RV 3 BlgNR 20.GP.
[42]) 1563 BlgNR 18.GP.
[43]) 23 BlgNR 19.GP.

- erweiterte freie Werknutzung für *Unterricht und Wissenschaft*;
- Neueinführung einer gesetzlichen Lizenz für das *„Schlechtwetterprogramm"* in Beherbergungsbetrieben;
- Neuordnung der Regelungen über *Satellitenrundfunk und Kabelweiterverbreitung* (zur Anpassung an die SatellitenRL);
- Anpassung der *Schutzfristen* an die SchutzfristenRL.

Anlässlich dieser Novelle wurde auch wieder sehr intensiv über die Einführung des „Folgerechts" (Seite 1096) diskutiert. Dieses sieht – unter gewissen Voraussetzungen – einen Beteiligungsanspruch des Urhebers bei der Weiterveräußerung seines Werks vor. Letztlich war aber der Widerstand gegen diese Regelung zu groß. Das BMJ hat die Streichung dieser Regelung aus dem Entwurf primär damit begründet, dass die „Phil Collins-Entscheidung" des EuGH v 20. 10. 1993[44] eine andere Ausgangslage geschaffen habe.[45] Aus dieser Entscheidung ergebe sich, dass sich ein Urheber oder ausübender Künstler eines anderen Mitgliedstaates oder derjenige, der Rechte von ihm ableitet, vor dem nationalen Gericht unmittelbar auf das Diskriminierungsverbot gemäß Art 6 Abs 1 EWGV (nunmehr Art 12 Abs 1 EGV bzw Art 4 EWR-Abkommen) berufen könne, um den Schutz wie inländische Urheber und ausübende Künstler zu beanspruchen. Demgegenüber seien die Mitgliedstaaten der EU, die für ihre Rechteinhaber das Folgerecht kennen, bisher davon ausgegangen, dass sie den Angehörigen anderer Mitgliedstaaten dieses Recht nur auf der Grundlage materieller Gegenseitigkeit einräumen müssen. Österreich wollte daher zunächst das Folgerecht einführen, damit österreichische Urheber etwa in Deutschland die materielle Gegenseitigkeit nachweisen und dort das Folgerecht beanspruchen können. Dieses Motiv für die Einführung eines Folgerechts in Österreich war aber mit der Phil Collins-Entscheidung hinfällig. Österreichische Urheber können sich nunmehr auf das Diskriminierungsverbot berufen und – auch ohne materielle Gegenseitigkeit – das Folgerecht in Deutschland in Anspruch nehmen. Interessant sind aber auch die weiteren Folgerungen in den Erläuterungen[46]: „Noch viel schwerwiegender ist jedoch der Umstand, dass für den Fall der Einführung des Folgerechts in Österreich dieses auch den Angehörigen der Mitgliedstaaten des EWR gewährt werden muss, die kein Folgerecht haben, etwa Großbritanniens oder Italiens." Inzwischen wurden diese Erwägungen dadurch obsolet, dass eine entsprechende Harmonisierungsrichtlinie[47] geschaffen wurde, die Österreich, so wie die anderen Mitgliedstaaten der EU, umzusetzen hatte.

---

[44]) EuGH 20. 10.1993, Rs C-92/92 und C-326/92 – Phil Collins – Slg 1933 I-5145 = GRUR 1992, 845 = ZUM 1992, 626 = GRUR Int 1995, 503.
[45]) EB 3 BlgNR 20.GP 12.
[46]) EB 3 BlgNR 20.GP 13.
[47]) Richtlinie 2001/84/EG des Europäischen Parlaments und des Rates vom 27. September 2001 über das Folgerecht des Urhebers des Originals eines Kunstwerks, ABl 2001 L 272 S 32.

1.6.11. UrhG-Novelle 1997

Literaturhinweise: *Heinrich*, Der rechtliche Schutz von Datenbanken, WRP 1997, 275; *Kilches*, Urheberrechtsnovelle 1997 – neuer Schutz für Datenbanken, RdW 1997, 710; *Kucsko*, Internetomania und andere Entwicklungen, ÖBl 1997, 209; *Wittmann*, Umsetzung der Datenbank-Richtlinie, MR 1997, 130; *Schwarz*, Ein neues Schutzrecht für Datenbanken, ecolex 1998, 42. Vgl auch die speziellen Literaturangaben zum Datenbankwerk (Seite 1124).

Auch für diese Novelle[48] kam der Anstoß aus dem Zwang zur europäischen Rechtsvereinheitlichung. Sie diente der nationalen Umsetzung der europäischen *Datenbank-Richtlinie* (DatenbankRL).[49] Diese Richtlinie war von Österreich vor dem 1. 1. 1998 umzusetzen.[50] Zunächst[51] war beabsichtigt, der DatenbankRL nur teilweise durch eine Novellierung des UrhG zu entsprechen. Dazu sollte der urheberrechtliche Schutz für Datenbanken in das UrhG eingebaut werden. Der zusätzlich in der DatenbankRL vorgezeichnete Schutz für jene Datenbanken, die zwar nicht den Erfordernissen für den Urheberrechtsschutz entsprechen aber zumindest auf „wesentlichen Investitionen" beruhen (so genannter „Sui-generis-Schutz"), sollte in einem gesonderten Datenbankrechtsgesetz verankert werden. Dies ist im Begutachtungsverfahren auf Kritik gestoßen.[52] Die UrhG-Nov 1997 hat daher von dieser Aufspaltung abgesehen und alle Regelungen in das UrhG eingefügt.[53] Jene Bestimmungen, die den urheberrechtlichen Schutz von Datenbanken als Sammelwerke betreffen, wurden im I. Hauptstück des UrhG („Urheberrecht an Werken der Literatur und der Kunst") nach den „Sondervorschriften für Computerprogramme" (§§ 40a bis 40e) in einem neuen Abschnitt VIb („Sondervorschriften für Datenbankwerke") verankert (§§ 40f bis 40h). Jene Regelungen, die den „Sui-generis-Schutz" betreffen, gehören hingegen eher zum Bereich der Leistungsschutzrechte (so genannte „verwandte Schutzrechte").[54] Sie wurden daher konsequent in das II. Hauptstück des UrhG („Verwandte Schutzrechte") als Abschnitt IIa („Geschützte Datenbanken" §§ 76c bis 76e) eingefügt. Österreich hat die DatenbankRL nicht in allen Punkten wortgetreu umgesetzt, sondern möglichst die Terminologie des UrhG beibehalten. Die Neuregelungen werden aber selbstverständlich richtlinienkonform zu interpretieren sein. Art II UrhG-Nov 1997 bekräftigt diese Richtlinienumsetzung noch ausdrücklich.

---

[48]) BGBl I 1998/25; RV 883 BlgNR 20.GP 1.
[49]) Richtlinie 96/9/EG des Europäischen Parlaments und des Rates vom 11. März 1996 über den rechtlichen Schutz von Datenbanken ABl 1996 L 77 S 20.
[50]) Die Novelle wurde am 9. 1. 1998 kundgemacht, ist aber rückwirkend auf den 1. 1. 1998 in Kraft gesetzt worden (Art III UrhG-Nov 1997).
[51]) Entwurf eines Datenbankrechtsgesetzes und einer Urheberrechtsgesetz-Novelle 1997 (GZ 8.115/7-I.4/1997 BMJ); dazu *Wittmann*, MR 1997, 130.
[52]) Vgl etwa *Kucsko*, ÖBl 1997, 209.
[53]) Zur Umsetzung in Deutschland vgl das deutsche Informations- und Kommunikationsdienste-Gesetz (dBGBl 1997 I, S 1870).
[54]) Die Materialien verweisen daher zutreffend auf jenen (Leistungs-)Schutz, den Herstellern von Schallträgern gewährt wird (EB, RV 883 BlgNR 20.GP 5): „Hier wie dort geht es um den Schutz einer in erster Linie wirtschaftlich-organisatorischen Leistung, deren Früchte demjenigen, der diese Leistung mit erheblichem Aufwand erbracht hat, vorbehalten werden sollen".

Obwohl im Rahmen des Begutachtungsverfahrens auch andere Reformanliegen diskutiert wurden, beschränkt sich die Novelle 1997 auf das Thema Datenbanken.

1.6.12. UrhG-Novelle 2000

Mit der Novelle 2000[55] wurde lediglich die Bestimmung über die Ausstellungsvergütung (§ 16b UrhG) wieder aufgehoben.

1.6.13. UrhG-Novelle 2003

Literaturhinweise: *Wittmann*, Urheberrechtsgesetz-Novelle 2002, MR 2001, 352; *Walter*, Ministerialentwurf einer UrhGNov 2002 – Ausgewählte Aspekte, MR 2002, 217; *Lachmair*, Novelle 2003 zum Urheberrechtsgesetz, SWK 2003, 888.

Die Verpflichtung zur Umsetzung der InfoRL gab den Anstoß zur jüngsten Urheberrechtsreform. Sie wäre bereits bis zum 22. 12. 2002 umzusetzen gewesen. Ein entsprechender Ministerialentwurf[56] aus dem Herbst 2002 konnte aber wegen der vorzeitigen Beendigung der 21. Legislaturperiode dann nicht mehr rechtzeitig parlamentarisch behandelt werden. Eine weitere Vorgabe für diese Novelle war, zwei im Rahmen der WIPO 1996 erarbeitete Übereinkommen (WIPO-Urheberrechtsvertrag – WCT und WIPO-Vertrag über Darbietungen und Tonträger – WPPT; Seite 1088) umzusetzen.

Im März 2003 wurde die Novelle in reduzierter Form[57] neu eingebracht. Sie hat in das UrhG insbesondere ein neues Verwertungsrecht („*Zurverfügungstellungsrecht*"; Seite 1194) zur Regelung der Nutzung geschützter Werke im Internet eingefügt. Weiters hat sie einen neuen Rechtsschutz gegen die Umgehung technischer Schutzmaßnahmen, und für Kennzeichnungen zur elektronischen Rechteverwaltung gebracht. Schließlich wurden der Katalog der freien Werknutzungen überarbeitet und die Vorschriften zur Rechtsdurchsetzung angepasst. Die Novelle ist mit 1. Juli 2003 in Kraft getreten (Art III UrhG-Nov 2003).[58]

1.6.14. Ausblick

Literaturhinweise: *Dietz*, Entwickelt sich das Urheberrecht zu einem gewerblichen Schutzrecht? Schönherr-GedS (1986) 111; *Frotz*, Zum Vervielfältigungsrecht des Urhebers und zu den konventionskonformen nationalen Beschränkungen – Ein Beitrag zur Fortentwicklung des UrhG, FS 50 Jahre UrhG (1986) 119; *Röttinger/Wittmann*, Ein erster Schritt zur Urheberrechtsreform? MR 1986/3, 12; *Walter*, Grundlagen und Ziele einer österreichischen Urheberrechtsreform, FS 50 Jahre UrhG (1986) 233; *Stewart*, Das Urheberrecht im 21. Jahrhundert, in *Dittrich* (Hrsg), Beiträge zum Urheberrecht III (ÖSGRUM 17, 1995) 1; *Jochum* (Hrsg), Recht, Moral und Datenhighway (1998); *Walter*, Die vier

---

[55]) BGBl I 2000/110.
[56]) JMZ 8.117/24-I.4/2002.
[57]) Insbesondere sind die vorgeschlagenen Regelungen zum Urhebervertragsrecht (Zweckübertragungstheorie, Unwirksamkeit der Verfügung über noch nicht bekannte Nutzungsarten und Bestsellerparagraph) entfallen.
[58]) BGBl I 2003/32. Die Gesetzmäßigkeit von Vervielfältigungsstücken eines Werks, der Aufzeichnung eines Vortrags oder einer Aufführung, eines Lichtbildes, eines Schallträgers oder der Aufzeichnung einer Rundfunksendung, die vor dem In-Kraft-Treten dieses Gesetzes hergestellt worden sind, ist nach der bisher geltenden Rechtslage zu beurteilen. Soweit die Verbreitung von Vervielfältigungsstücken nach der bisher geltenden Rechtslage zulässig ist, dürfen sie auch weiterhin frei verbreitet werden (*Übergangsbestimmung*; Art IV UrhG-Nov 2003).

Säulen des Urheberrechts. Zugleich eine Standortbestimmung der österr Urheberrechtsreform nach der UrhGNov 1997, ZfRV 1999, 88; *Dillenz*, Urheberrecht im Lichte der Konvergenz, JRP 2000, 184.

Die UrhG-Nov 2003 wurde auf das zur Umsetzung der InfoRL notwendige Maß reduziert. Weitergehende Regelungen (so auch jene zum Urhebervertragsrecht) blieben draußen. Stattdessen wurde angekündigt, dass im Herbst dieses Jahres eine Enquete zur Erörterung des weiteren Reformbedarfs stattfinden soll. Jedenfalls Novellierungsbedarf wird sich aus der noch umzusetzenden FolgerechtRL (Seite 1096) ergeben. Hinsichtlich der Sanktionen ist eine weitere Harmonisierungsrichtlinie in Vorbereitung, die dann ebenfalls ins nationale Urheberrecht umzusetzen sein wird (Seite 1099). Gerade an diesen Entwicklungen zeigt sich auch deutlich, dass der berechtigte Ruf einer Eindämmung der Normenflut gelegentlich in unauflösbarem Widerspruch zum ebenfalls berechtigten Anliegen einer zeitgemäßen Fortentwicklung der Rechtsordnung steht.

Eine wesentliche Rolle bei der Verfestigung, dem Ausbau und der Fortentwicklung des Urheberrechts kommt auch der *Rechtsprechung* zu. Ihre Entwicklung konnte in dieser sehr gerafften Darstellung der Fortbildung der gesetzlichen Grundlagen nur unzureichend angesprochen werden.[59] Immer wieder waren es Leitentscheidungen, die wie Wegweiser in der manchmal nur groben Skizze der Gesetze Orientierung und letztlich Sicherheit gegeben haben.

1.7. Systematik

1.7.1. Systematik des UrhG

Das UrhG ist in fünf *Teile* gegliedert:

- ▸ 1. Hauptstück: Urheberrecht an Werken der Literatur und der Kunst (§§ 1–65)
- ▸ 2. Hauptstück: Verwandte Schutzrechte (§§ 66–80)
- ▸ 3. Hauptstück: Rechtsdurchsetzung (§§ 81–93)
- ▸ 4. Hauptstück: Anwendungsbereich des Gesetzes (§§ 94–100)
- ▸ 5. Hauptstück: Übergangs- und Schlußbestimmungen (§§ 101–114)

1.7.2. Gegenstand des Urheberrechts

Das österreichische UrhG regelt sowohl das *Urheberrecht im engeren Sinn* (Schutzobjekt sind Werke im Sinne des § 1 UrhG, Seite 1105) als auch die „*verwandten Schutzrechte*" („Leistungsschutzrechte"), insbesondere für Vorträge und Aufführungen, für Lichtbilder, Schallträger, Rundfunksendungen, Datenbanken etc (Seite 1294). Das UrhG enthält unter dieser Überschrift auch persönlichkeits- und wettbewerbsrechtliche Bestimmungen (Seite 1333); die Einordnung dieser Regelungen unter die Überschrift „verwandte Schutzrechte" entspricht nicht mehr der modernen Dogmatik. Das Urheberrecht ieS sowie die verwandten Schutzrechte werden hier als *Urheberrecht im weiteren Sinn* bezeichnet.

---

[59]) Vgl *Rehbinder*, ÖSGRUM 7 (1988) 99 (111).

Unabhängig vom urheberrechtlichen Schutz besteht unter Umständen wettbewerbsrechtlicher Schutz vor „Ausbeutung fremder Leistung" gemäß § 1 UWG[60], markenrechtlicher Schutz (Seite 195), Geschmacksmusterschutz[61] (Seite 693) oder Patent-, Gebrauchsmuster- oder Halbleiterschutz (Seite 805).[62] Auch das Gemeinschaftsrecht geht grundsätzlich davon aus, dass diese Schutzrechte parallel zueinander bestehen können. So bestimmt etwa die ComputerRL (Art 9 Abs 1), dass die Bestimmungen dieser RL sonstigen Rechtsvorschriften, so für Patentrechte, Warenzeichen, unlauteres Wettbewerbsverhalten, Geschäftsgeheimnisse und den Schutz von Halbleiterprodukten, sowie dem Vertragsrecht nicht entgegenstehen. Nach dem Grundsatz der *Spezialität* des UrhG und der *Subsidiarität* des UWG geht der OGH allerdings davon aus, dass ein Verstoß gegen die im UrhG geschützten Rechte des Urhebers für sich allein noch keine Unlauterkeit im Sinne des § 1 UWG begründet.[63]

Gelegentlich stößt man auf versprengte „urheberrechtsnahe" Regelungen in unerwarteter Umgebung: § 106 Abs 1 UniversitätsG 2003[64] bestimmt über die „Verwertung von geistigem Eigentum": Jede oder jeder *Universitätsangehörige* hat das Recht, eigene wissenschaftliche oder künstlerische Arbeiten selbstständig zu veröffentlichen. Bei der Veröffentlichung der Ergebnisse der Forschung oder der Entwicklung und Erschließung der Künste sind Universitätsangehörige, die einen eigenen wissenschaftlichen oder künstlerischen Beitrag zu dieser Arbeit geleistet haben, als Mitautorinnen oder Mitautoren zu nennen.

Weitere Sonderregelungen hat das *Fernseh-ExklusivrechteG (FERG)*[65] gebracht. Es verpflichtet den Fernsehveranstalter, der ausschließliche Übertragungsrechte erworben hat, unter gewissen Voraussetzungen dazu, das betreffende Ereignis in einem frei zugänglichen Fersehprogramm in Österreich zugänglich zu machen.

Für ÖNORMEN bestimmt § 7 *NormenG*[66], dass diese nur von einem bestimmten Verein in den Verkehr gesetzt und vervielfältigt werden dürfen. Dies gilt nicht für auszugsweise Vervielfältigungen, die ausschließlich für innerbetriebliche Zwecke

---

[60]) Vgl etwa *Scolik*, „Benützungsgebühr" und freie Verwertung nicht mehr geschützter Filmkopien, RfR 1986, 1; zum Kopieren fremder AGB: OGH 27. 7. 1993, 4 Ob 62, 63/93 – Loctite – ecolex 1993, 825 = wbl 1994, 29.

[61]) OGH 12. 8. 1996, 4 Ob 2161/96i – Buchstützen – ÖBl 1997, 38 = MR 1997, 33 (*Walter*) = GRUR Int 1997, 1030.

[62]) Zum Schutz auf vertraglicher Grundlage bei Präsentation eines (urheberrechtlich nicht geschützten) Werbekonzepts: OGH 22. 3. 1994, 4 Ob 166/93 – Wienerwald II – ÖBl 1994, 232 = MR 1994, 120 (*Walter*) = RdW 1994, 279 = ecolex 1994, 552 = wbl 1994, 314; *Wilhelm*, Ausnützen fremder Kenntnisse und Schöpfungen, ecolex 1991, 517; *Wilhelm*, Bereicherungsansprüche wegen Ausnützens fremder Schöpfungen und Kenntnisse, ÖBl 1995, 147.

[63]) OGH 28. 5. 2002, 4 Ob 30/02v – EDV-Firmenbuch II – MR 2002, 306; OGH 12. 6. 2001, 4 Ob 140/01v – Internet-Nachrichtenagentur II – MR 2001, 385 (*Walter*) = GRUR Int 2002, 353; OGH 24. 4. 2001, 4 Ob 93/01g – Internet-Nachrichtenagentur I – ÖBl 2001, 220 (*Mayer*) = ÖBl-LS 2001/112 – 114, 131 = MR 2001, 381 (*Walter*) = wbl 2001, 497 = RdW 2001/748 = GRUR Int 2002, 350.

[64]) BGBl I 2002/120.

[65]) BGBl I 2001/85.

[66]) BG v 16. 6. 1971 über das Normenwesen (Normengesetz 1971), BGBl 1971/240 idF BGBl I 2001/136.

bestimmt sind. Der Verein kann jedoch die Vervielfältigung von ÖNORMEN gegen Entgelt gestatten.

1.7.3. Systematik dieses Abschnitts

Im Folgenden machen wir noch einen kurzen Blick auf das internationale Urheberrecht. Danach folgt dann ein Überblick über das nationale Urheberrecht auf der Grundlage des UrhG, wobei jeweils die internationalen Vorgaben für die nationalen Regelungen vorangestellt werden. Die Gliederung des Stoffes orientiert sich dabei weitgehend an der Gliederung des Gesetzes und entspricht der Gliederung der vorangehenden Abschnitte (Marken-, Muster- und Patentrecht): Schutzgegenstand / Urheber / Institutionen / Entstehen des Schutzes / Wirkung / Schutzdauer / Sanktionen / Leistungsschutz.

1.8. Internationales Urheberrecht
1.8.1. Globalisierung und Territorialitätsprinzip

Literaturhinweise: *Walter*, Die Vertragsfreiheit im Urheberrecht aus der Sicht des Internationalen Privatrechts, in *Reimer*, Vertragsfreiheit im Urheberrecht, GRUR-Abhandlungen Bd 9 (1977) 137; *Boytha*, Fragen der Entstehung des internationalen Urheberrechts, ÖSGRUM 7 (1988) 181; *Uchtenhagen*, Die Urheberrechts-Systeme der Welt und ihre Verwurzelung in den geistigen Grundlagen des Urheberrechts, ÖSGRUM 7 (1988) 28; *Dittrich*, Anwendung ausländischen Urheberrechts – Ein Verstoß gegen den ordre public? GedS Hofmeister (1996) 117; *Auer*, Die Umsetzung urheberrechtlicher Richtlinien am Beispiel der Satellitenrichtlinie, in *Dittrich* (Hrsg), Beiträge zum Urheberrecht V ÖSGRUM 20 (1997) 19; *Dittrich*, Internet und On-demand-Dienste im IPR, ecolex 1997, 166; *Hoeren/Thum*, Internet und IPR – Kollisionsrechtliche Anknüpfungen in internationalen Datennetzen, ÖSGRUM 20 (1997) 57.

Neu ist das Thema keineswegs. Es ist heute nur besonders drängend geworden. Es geht um die Frage, ob die Werke eines Staatsangehörigen in anderen Ländern geschützt sind und wenn ja, wie. Dieses Thema stand schon am Beginn der Urheberrechtsentwicklung zur Diskussion, also zur Zeit des drucker- und verlegerorientierten Privilegienschutzes. Selbstverständlich waren Drucker und Verleger an einem Schutz in „ihrem" Land interessiert. Zwiespältig war die Einschätzung, wenn es um die Frage des Nachdruckes und der Übersetzung im Ausland bzw von ausländischen Werken im Inland ging. Dort wo der „Kulturimport" überwog, musste das Interesse an dem Schutz auch ausländischer Werke gering sein. Wo man hingegen subtanzielle Nutzungen im Ausland (sei es durch Nachdruck oder Übersetzung) registrierte, musste der Ruf nach einer Internationalisierung des Schutzes laut werden. Heute ist die internationale, ja globale Nutzung von Werken Alltag. Jede Website im Internet ist grundsätzlich weltweit abrufbar, Satelliten strahlen die Programme der Rundfunkanstalten zeitgleich in zahlreiche Länder, Filme, Videos, CDs werden weltweit vertrieben und genutzt, das Herunterladen der Files aus dem Internet macht sogar den Transport physischer Werkstücke entbehrlich. Man könnte annehmen, dass für einen geordneten Rechteerwerb parallel zur technischen Entwicklung auch die internationalen rechtlichen Schutzsysteme gereift sind. Man könnte meinen, dass der seit mehr als einem Jahrhundert bekannte Bedarf nach international einheitlichen Regelungen zu entsprechenden Kodifikationen oder zumindest zu einer durchgreifenden Harmonisierung der nationalen Schutzrechte geführt hat. Betrachtet man den mühsamen Weg von den ersten nationalen Normen, über die bilateralen Abkommen, wie beispielsweise den interessanten Staatsvertrag Österreichs mit Sardinien 1840[67], bis hin zur ersten großen internationalen Konvention, der RBÜ von 1886, der Österreich aus verschiedenen Gründen auch erst 1920 beigetreten ist, betrachtet man weiters das langwierige Ringen der an den Konventionsverhandlungen beteiligten Staaten, so verwundert es kaum, dass der Weg zum Welturheberrecht auch danach noch nicht geebnet war. Nicht anders ist der Befund zur weiteren Entwicklung bis heute. Es ist offensichtlich ein äußerst schwieriges Bemühen um Detaillösungen, eine stete Suche nach Kompromissen, die wenigstens Teillösungen ermöglichen, sei es auch um den Preis weiter, unscharfer Formulierungen, die nicht gerade zur Rechtssicherheit beitragen.

Uchtenhagen[68] zeichnet, meines Erachtens leider zutreffend, ein eher pessimistisches Bild für die weitere Entwicklung: Die großen Konventionen (RBÜ, WUA) haben die erforderliche durchgreifende Harmonisierung nicht gebracht und werden diese auch bis auf weiteres nicht bringen können. Eine „Systematik des Urheberrechts in der Welt" sei nicht feststellbar. Die Vereinheitlichung von Urheberrechtsordnungen könne keinen Anspruch darauf erheben, „zum Verfahren der Zukunft" zu werden. Mit diesem Befund dürfen wir uns aber nicht zufrieden geben. Die technologische Entwicklung weltweiter Vernetzung, der globale Informationsmarkt und nicht zuletzt auch die neuen Chancen für Urheber und Rechteinhaber warten mit Sicherheit nicht. Sie haben die bestehenden Urheberrechtssysteme zum Teil schon heute überholt. Es ist hoch an der Zeit, einen neuen internationalen Schub zur umfassenden Rechtsvereinheitlichung und damit Rechtssicherheit zu propagieren und zu erreichen. Gelegentlich muss der Anstoß dazu vielleicht auch aus einer unerwarteten Ecke kommen, wie etwa durch das TRIPS-Abkommen. Der Zustand der Rechtszersplitterung, den auch die zahlreichen Harmonisierungsrichtlinien der Gemeinschaft zu einzelnen urheberrechtlichen Aspekten widerspiegeln, ist kaum mehr haltbar.

---

[67]) Dazu *Hofmeister*, ÖSGRUM 7 (1988) 140.
[68]) *Uchtenhagen*, ÖSGRUM 7 (1988) 29.

1.8.2. Territorialitätsprinzip

§ 34 Abs 1 IPRG[69] bestimmt: *„Das Entstehen, der Inhalt und das Erlöschen von Immaterialgüterrechten sind nach dem Recht des Staates zu beurteilen, in dem eine Benützungs- oder Verletzungshandlung gesetzt wird."* Wird also beispielsweise das von einem Schweizer Staatsangehörigen (mit Gerichtsstand in Österreich) geschaffene und in Frankreich erstmals veröffentlichte Werk in Belgien oder in Italien nachgedruckt, so ist die Rechtslage nach belgischem bzw italienischem Urheberrecht zu beurteilen.

Diese Bestimmung lässt die §§ 94-100 UrhG unberührt.

Für Verträge über Nutzungsrechte gilt die allgemeine Vertragsanknüpfung (Art 4 Abs 1, 2 und 5 EVÜ). Sonderregelungen gelten für Arbeitsverhältnisse (§ 34 Abs 2 IPRG).[70]

1.8.3. Anwendungsbereich des UrhG

Literaturhinweise: *Dittrich,* Die Entwicklung der internationalen Beziehungen Österreichs auf dem Gebiet des Urheberrechts, ÖBl 1961, 2; *Dittrich,* Staatsbürgerschaft und Urheberrechtsschutz, ÖBl 1970, 116; *Uchtenhagen,* Die Entwicklung der Staatsverträge im Urheberrecht, ZfRV 1971, 107; *Haindl,* Urheberrechtliche Beziehungen zwischen Österreich und der Sowjetunion, AnwBl 1983, 684; *Dittrich,* Gedanken zur Verordnung vom 9. 12. 1907 RGBl 265 über den Rechtsschutz im Verhältnis zu den USA, RfR 1987, 25; *Dittrich,* Zur Revision des bilateralen Urheberrechtsabkommens mit der UdSSR, RfR 1990, 1; *Dittrich,* Die urheberrechtlichen Schutzfristen in der UdSSR – Zugleich: Eine Ergänzung „Zur Revision des bilateralen Urheberrechtsabkommens mit der UdSSR", RfR 1990, 31; *Walter,* Der Schutz ausländischer (amerikanischer) Schallträgerhersteller im österreichischen Leistungsschutzrecht, MR 1990, 4; *Dillenz,* Internationales Urheberrecht in Zeiten der Europäischen Union, JBl 1995, 351.

1.8.3.1. Werke der Literatur und Kunst

Für Werke der Literatur und Kunst gelten folgende Grundsätze:

Staatsbürgerschaftsprinzip: Ein Werk genießt ohne Rücksicht darauf, ob und wo es erschienen ist, im Inland Urheberrechtsschutz, wenn der Urheber oder ein Miturheber österreichischer Staatsbürger ist (§ 94 UrhG).[71]

Anknüpfung an den Erscheinungsort: Überdies sind alle Werke geschützt, die im Inland erschienen sind, unabhängig von der Staatsbürgerschaft des Urhebers. Gleiches gilt für Werke der bildenden Künste, die Bestandteil oder Zugehör einer inländischen Liegenschaft sind (§ 95 UrhG).

Gleichstellung durch Staatsverträge oder Gegenseitigkeit: Für alle anderen Werke besteht Urheberrechtsschutz nach Maßgabe von Staatsverträgen oder unter der Voraussetzung der Gegenseitigkeit (vgl näher § 96 UrhG).

---

[69]) Bundesgesetz über das internationale Privatrecht, BGBl 1978/304 idF BGBl I 1998/119, I 1999/18 und I 2000/135.

[70]) Zur Anknüpfung bei Verletzung des Bildnisschutzes nach § 78 UrhG: OGH 10. 11. 1992, 4 Ob 89/92 – Macht und Magie – MR 1995, 55 (*Walter*) = EvBl 1993/58 = ZfRV 1993/46 = ecolex 1993, 159.

[71]) *Dittrich,* ÖBl 1970, 116. Vgl auch Art 14 der Konvention über die Rechtsstellung der Flüchtlinge (BGBl 1955/55).

1.8.3.2. Leistungsschutzrechte

Literaturhinweise: *Hodik,* Der Schutz ausländischer Schallträgerhersteller in Österreich, GRUR Int 1989, 120; *Walter,* Der Schutz ausländischer (amerikanischer) Schallträgerhersteller im österreichischen Leistungsschutzrecht, MR 1990, 4.

Für Vorträge und Aufführungen von Werken der Literatur und der Tonkunst sowie für Lichtbilder und Schallträger gelten ähnliche Grundsätze (vgl §§ 97–99 UrhG); der Anspruch auf angemessene Vergütung (§ 76 Abs 3 UrhG; Seite 1319) setzt jedoch einen entsprechenden Staatsvertrag voraus (vgl das Römer Leistungsschutzabkommen; Seite 1086).[72]

Rundfunksendungen, die nicht im Inland ausgestrahlt werden, sind nur nach Maßgabe von Staatsverträgen geschützt (§ 99a UrhG; Römer Leistungsschutzabkommen; Seite 1086).[73]

Für den Schutz nachgelassener Werke (§ 76b UrhG) gelten die Vorschriften der §§ 94 bis 96 UrhG entsprechend (§ 99b UrhG).[74]

Art 11 DatenbankRL regelt für die Schutzbestimmungen für *Datenbanken* den fremdenrechtlichen Anwendungsbereich. Mit der UrhG-Nov 1997 wurden entsprechende Bestimmungen ins UrhG eingefügt (§ 99c).

1.8.3.3. Wettbewerbsrechtliche Regelungen

Nachrichten- und Titelschutz: Ausländern, die im Inland keine Hauptniederlassung haben, kommt der Schutz der §§ 79 und 80 UrhG nur nach Maßgabe von Staatsverträgen, also insbesondere der Pariser Verbandsübereinkunft, oder bei Gegenseitigkeit zu (§ 100 UrhG).

1.8.4. Berner Übereinkunft (RBÜ)

Literaturhinweise: *Altschul,* Österreich und die Berner Übereinkunft, GZ 1912, 527; *Abel,* Die Revision des internationalen Urheberrechtsübereinkommens zu Rom, GZ 1928, 226; *Seiller,* 50 Jahre Berner Übereinkommen, JBl 1936, 357; *Abel,* Der Einfluß der internationalen auf die nationale Gesetzgebung im Bereich des Urheberrechts, UFITA 18 (1954) 41; *Dittrich,* Die Stockholmer Fassung der Berner Übereinkunft, ÖBl 1967, 97; *Walter,* Das Folgerecht im Recht der Berner Übereinkunft, ZfRV 1973, 110; *Walter,* Gemeinschaftsantennen und Rundfunkvermittlungsanlagen im Recht der Berner Übereinkunft, GRUR Int 1974, 119; *Walter,* Probleme des Aufführungs-, Vortrags- und Senderechts nach Art 11 und 11bis der Brüsseler und Stockholmer Fassung der Berner Übereinkunft, ZfRV 1974, 280; *Dittrich,* Zur Auslegung des Art 11bis Abs 1 und 2 RBÜ, RfR 1982, 25; *Dittrich,* Über die Schutzdauer der Opern von Giacomo Puccini in Österreich, FS Roeber (1982) 53; *Dittrich,* Der Grundsatz der Inländerbehandlung der RBÜ und die sogenannte soziale Hälfte – Zugleich ein Beitrag zur Methode, die RBÜ auszulegen, FS 50 Jahre UrhG (1986) 63; *Frotz,* Zum Vervielfältigungsrecht des Urhebers und zu den konventionskonformen nationalen Beschränkungen – Ein Beitrag zur Fortentwicklung des UrhG, FS 50 Jahre UrhG (1986) 119; *Polak,* 100 Jahre Berner Konvention – Eine Standortbestimmung zum Urheberrecht, MR 1986/2, 3; *Boytha,* Ansätze für das Urhebervertragsrecht in der revidierten Berner Übereinkunft, ZfRV 1987, 179; *Dillenz,* Was heißt und zu welchem Ende studiert man Urheberrecht?

---

[72]) *Walter,* MR 1/90, 4.
[73]) Dazu *Schwarz,* ecolex 1998, 42.
[74]) Die UrhG-Nov 1996 hat den Anwendungsbereich bewusst nach dem Vorbild der Regelungen für Lichtbilder durch einen Verweis auf die Bestimmungen für das Urheberrecht im engeren Sinn umschrieben, zumal der Inhalt dieses Leistungsschutzrechts den Verwertungsrechten der Urheber entspricht (EB 3 BlgNR 20. GP 31).

FS Uchtenhagen, UFITA 75 (1987) 23; *Dillenz*, Die Entwicklung des Urheberrechts in Österreich von 1895 bis 1936, ÖSGRUM 7 (1988) 147 (150); *Uchtenhagen*, Die Urheberrechts-Systeme der Welt und ihre Verwurzelung in den geistigen Grundlagen des Urheberrechts, ÖSGRUM 7 (1988) 28; *Walter*, Die Grundsätze des Konventionsrechts vor dem Hintergrund der neueren urheberrechtlichen Entwicklungen, ÖSGRUM 7 (1988) 238; *Dillenz*, Urheberrechtsschutz heute, ÖBl 1990, 1 (5); *Dittrich*, Harmonisierung der Schutzfristen in der EG – nachgelassene Werke, ÖSGRUM 14 (1993) 1; *Frotz*, Allgemeine Bemerkungen zum Entwurf eines Protokolls zur RBÜ, ÖSGRUM 17 (1995) 8; *Dittrich*, „Ludus tonalis", ecolex 1996, 549; *Dittrich*, Neuerungen im österr Urheberrecht – Ist die E Ludus tonalis ein Irrweg? ÖSGRUM 20 (1997) 1; *Walter*, Die Mindestschutzrechte der Berner Übereinkunft und das innerstaatliche Urheberrecht – Die Entscheidung „ludus tonalis": Kein Irrweg, MR 1997, 309; *Walter*, Die Wiederherstellung des Schutzes gemeinfreier Werke in den USA (Copyright Restoration) – Berner Übereinkunft, TRIPs-Abkommen, Rückwirkung und die Formvorschriften des US-amerikanischen Urheberrechts, ÖBl 1997, 51; *Dittrich*, Zur Tragweite des Art 18 RBÜ, RfR 1999, 1; *Uchtenhagen*, Vom Streben nach Harmonie im Urheberrecht, FS Dittrich (2000) 331; *Walter*, Öffentliche Wiedergabe und Online-Übertragung – Berner Übereinkunft, WIPO-Verträge, künftige Info-RL und deren Umsetzung in österreichisches Recht, FS Dittrich (2000) 363; *Würfel*, Vertragsverletzung durch den Nichtbeitritt zur Berner Übereinkunft (Kommission ./. Irland, EuGH vom 19. März 2002, C-13/00), ELR 2002, 237.

Österreich ist seit 1920 Mitglied der Berner Übereinkunft. Der österreichische Weg bis zum Beitritt war lang. Obwohl man sich zumindest zeitweise an den Konferenzen beteiligte, trat Österreich der 1886 geschlossenen RBÜ erst 1920 bei.[75] Sie steht auf der Stufe eines einfachen Gesetzes.[76] Die RBÜ ist zuletzt 1971 in Paris neuerlich revidiert worden, ohne dass sich jedoch für den Schutz im Inland wesentliche Änderungen ergeben hätten. Zum 15. 7. 2003 hatte die RBÜ 151 Mitglieder.[77] Die RBÜ ist keine Gesamtkodifikation. Sie schafft kein einheitliches Urheberrechtssystem. Sie ist eher als „Brückenschlag" zwischen den verschiedenen nationalen Urheberrechtssystemen zu charakterisieren.[78]

Die Mitglieder der RBÜ bilden einen *Verband* zum Schutz der Rechte der Urheber an ihren Werken der Literatur und Kunst (Art 1 RBÜ). Die organisatorischen Fragen regeln Art 22 bis 26 RBÜ (Versammlung, Internationales Büro, Exekutivausschuss, Generaldirektor, Haushaltsplan).

Die Urheber genießen für die Werke, für die sie durch die RBÜ geschützt sind, in allen *Verbandsländern* mit Ausnahme des *Ursprungslandes* (vgl Art 5 Abs 4 RBÜ) des Werks die Rechte, welche die einschlägigen Gesetze den inländischen Urhebern gewähren oder gewähren werden (Art 5 Abs 1 RBÜ). *Anspruch auf Schutz* haben nicht nur die Staatsangehörigen der einzelnen Verbandsländer, sondern auch jeder, der in einem Verbandsland seinen gewöhnlichen Aufenthalt hat oder das Werk erstmals veröffentlicht hat (vgl im Detail Art 3 RBÜ, der die allgemeinen, für alle Werkgattungen geltenden Anknüpfungspunkte und den Begriff der „Veröf-

---

[75]) Zur Vorgeschichte: *Dillenz*, ÖSGRUM 7 (1988) 147 (150).
[76]) OGH 16. 6. 1998, 4 Ob 146/98v – Thermenhotel L – ÖBl 1999, 98 = SZ 71/101 = MR 1998, 277 (*Walter*) = RdW 1998, 610 = GRUR Int 1999, 279.
[77]) Aktueller Stand: http://www.wipo.int/treaties. Zur Verletzung des EG-Vertrags durch Irland wegen nicht rechtzeitigen Beitritts zur RBÜ: EuGH 19. 3. 2002, Rs C-13/00 – Kommission / Irland – Slg 2002 I-2943 = ZUM 2002, 633.
[78]) *Uchtenhagen*, ÖSGRUM 7 (1988) 28.

fentlichung" regelt, Art 4 RBÜ, der besondere Anknüpfungspunkte für Filmwerke und Werke der Architektur bestimmt, Art 5 RBÜ, der den Grundsatz des *Konventionsschutzes* und der *Inländerbehandlung* festschreibt und Art 6 RBÜ, der Vergeltungsmaßnahmen vorsieht).[79] Kein Verbandsland muss jedoch die Werke, die in einem anderen Verbandsland erschienen sind (bzw die unveröffentlichten Werke eines Angehörigen eines anderen Verbandslandes) länger schützen, als ein solcher Schutz im Ursprungsland (Staat des Erscheinens bzw Staat, dem der Urheber angehört) dauert (*"Schutzfristenvergleich"*, Art 7 Abs 8 RBÜ). Österreich führt (nach der SchutzfristenRL zwingend) diesen Schutzfristenvergleich durch.[80]

Der Schutz darf *nicht* an die Erfüllung irgendwelcher *Förmlichkeiten* gebunden werden (Art 5 Abs 2 RBÜ, Seite 1166).

Die RBÜ gewährt den Urhebern in allen anderen Verbandsstaaten außer dem Ursprungsland einen Mindestschutz, der für sie unmittelbar (*"iure conventionis"*) wirksam ist. Insbesondere dauert die Schutzfrist (soweit das Verbandsland, für das der Schutz beansprucht wird, keine längere Frist vorsieht) mindestens 50 Jahre nach dem Tod des Urhebers (Art 7 Abs 1; Besonderes gilt für anonyme und pseudonyme Werke, Art 7 Abs 3, Seite 1261) und die Urheber genießen das ausschließliche Übersetzungsrecht (Art 8, Seite 1171), Vervielfältigungsrecht (Art 9, Seite 1173),[81] Aufführungsrecht (Art 11, Seite 1191), Senderecht (Art 11bis, Seite 1185), Vortragsrecht (Art 11ter, Seite 1191), Bearbeitungsrecht (Art 12, Seite 1171) und Verfilmungsrecht (Art 14, Seite 1120).[82] Diese Mindestschutzrechte gelten nicht für Inländer im Inland. Durch das Mindestschutzprinzip für „Ausländer" wurde aber erreicht, dass die Mitgliedstaaten ihren nationalen Schutz entsprechend anpassen, um eine (Innen-)Diskriminierung der eigenen Staatsangehörigen zu vermeiden.[83]

Die Bestimmungen der RBÜ hindern nicht daran, die Anwendung von *weitergehenden Bestimmungen* zu beanspruchen, die durch die Gesetzgebung eines Verbandslands etwa erlassen werden (Art 19 RBÜ).

1.8.5. Welturheberrechtsabkommen (WUA)

Literaturhinweise: *Abel*, Der Einfluß der internationalen auf die nationale Gesetzgebung im Bereich des Urheberrechts, UFITA 18 (1954) 41; *Dittrich*, Zur Tragweite des Artikels VII Welturheberrechtsabkommen, FS Hubmann (1985) 77; *Scolik,* Der Schutzfristvergleich nach dem Welturheberrechtsab-

---

[79]) OGH 12. 3. 1996, 4 Ob 9/96 – Happy Birthday II – ÖBl 1996, 251 = MR 1996, 111 (*Walter*) = ZfRV 1996/47. Zur Prozesskostensicherheit für US-Amerikaner: OGH 18. 5. 1999, 4 Ob 130/99t – AUA – MR 1999, 231 (*Walter*) = SZ 72/84 = GRUR Int 2000, 447.

[80]) Vgl etwa OGH 29. 6. 1982, 4 Ob 413/81 – Otello – ÖBl 1983, 28 = GRUR Int 1983, 118 = SZ 55/93.

[81]) Zur Anwendung dieses Mindestrechts auf das Kopieren von Musiknoten: OGH 31. 1. 1995, 4 Ob 143/94 – Ludus tonalis – ÖBl 1995, 184 = EvBl 1995/95 = SZ 68/25= MR 1995, 106 (*Walter*) = ecolex 1995, 422 (*Dillenz*) = RdW 1995, 343 = GRUR Int 1995, 729 (*Dillenz*) = ZfRV 1995/30.

[82]) Die Bestimmungen der RBÜ können in keiner Beziehung das der Regierung jedes Verbandslands zustehende Recht beeinträchtigen, durch Maßnahmen der Gesetzgebung oder inneren Verwaltung die Verbreitung, die Aufführung oder das Ausstellen von Werken oder Erzeugnissen jeder Art zu gestatten, zu überwachen oder zu untersagen, für die die zuständige Behörde dieses Recht auszuüben hat (Art 17 RBÜ).

[83]) Den zeitlichen Anwendungsbereich regelt Art 18 RBÜ.

kommen im österr Recht, FS 50 Jahre UrhG (1986) 217; *Dillenz*, Urheberrechtsschutz heute, ÖBl 1990, 1 (5); *Uchtenhagen*, Vom Streben nach Harmonie im Urheberrecht, FS *Dittrich* (2000) 331.

Dieser völkerrechtliche Vertrag aus dem Jahre 1952 – revidiert in Paris 1971 (BGBl 1982/293) – war deshalb von besonderer Bedeutung, weil ihm (in der Genfer Fassung) auch die Sowjetunion angehörte, die der RBÜ noch nicht beigetreten war (auch die USA sind der RBÜ erst 1988 beigetreten und waren zunächst nur durch die weniger weitreichenden Regelungen des WUA international eingebunden).

Das WUA sieht vor (Art 3, Seite 1165), dass jeder Vertragsstaat die Formerfordernisse als erfüllt anzusehen hat, wenn alle Werkexemplare das *Zeichen* © (= Copyright) in Verbindung mit dem *Namen* des Inhabers des Urheberrechts und dem *Jahr* der Erstveröffentlichung tragen. Auch nach dem WUA gelten die Grundsätze der *Inländerbehandlung* (Art 2 Abs 1) sowie des *Schutzfristenvergleichs* (Art 4 Abs 4).[84] Als *Mindestrechte* anerkennt das WUA insbesondere eine Mindestschutzdauer von 25 Jahren nach dem Tod des Urhebers (Art 4 Abs 1) sowie das ausschließliche Vervielfältigungs-, Aufführungs-, Sende- und Übersetzungsrecht (Art 4bis und 5).[85]

Das WUA berührt in keiner Weise die Bestimmungen der RBÜ noch die Mitgliedschaft in dem durch diese Übereinkunft geschaffenen Verband (Art 17 Abs 1 WUA).

1.8.6. Internationales Abkommen über den Schutz der ausübenden Künstler, der Hersteller von Tonträgern und der Sendeunternehmen (Römer Leistungsschutzabkommen)

Literaturhinweise: *Dittrich*, Das Rom-Abkommen über die verwandten Schutzrechte, ÖBl 1962, 21; *Dittrich*, Die Weiterentwicklung des zwischenstaatlichen Urheberrechts, UFITA 62 (1971) 17; *Frotz*, Gedanken zu einer Revision des Rom-Abkommens über den Schutz der ausübenden Künstler, der Hersteller von Tonträgern und der Sendeunternehmen, Jahrbuch der INTERGU 3 (1976) 91; *Dreier*, Kabelrundfunk, Satelliten und das Rom-Abkommen zum Schutz der ausübenden Künstler, der Hersteller von Tonträgern und der Sendeunternehmen, GRUR Int 1988, 753; *Dittrich*, Die Arbeiten des Expertenkomitees der WIPO über ein allfälliges internationales Instrument für den Schutz der Rechte der ausübenden Künstler und der Hersteller von Tonträgern, ÖSGRUM 17 (1995) 24.

---

[84]) *Scolik*, FS 50 Jahre UrhG (1986) 217.
[85]) Zum Begriff der „*Veröffentlichung*" bestimmt Art 6 WUA: Eine „Veröffentlichung" im Sinn dieses Abkommens liegt vor, wenn das Werk in einer körperlichen Form vervielfältigt und der Öffentlichkeit durch Werkstücke zugänglich gemacht wird, die es gestatten, das Werk zu lesen oder sonst mit dem Auge wahrzunehmen. Den *zeitlichen Anwendungsbereich* regelt Art 7 WUA.

Dieses Abkommen aus dem Jahr 1961, dem Österreich seit 1973 angehört[86], stellt für die ausübenden Künstler, die Hersteller von Tonträgern und die Sendeunternehmen *Gegenseitigkeit* her. Wie die RBÜ enthält es den Grundsatz der *Inländerbehandlung* (Art 2) und gewisse *Mindestschutzbestimmungen*. Soweit in einem Vertragsstaat der Schutz von Tonträgern bzw der auf ihnen festgehaltenen Darbietungen ausübender Künstler von *Formvorschriften* abhängig ist, genügt das Zeichen ℗ mit gewissen näheren Angaben (Art 11). Zum 9. 6. 2003 gehörten diesem Abkommen 76 Staaten an.[87]

1.8.7. Genfer Tonträgerabkommen

Literaturhinweise: *Dittrich,* Das internationale Abkommen zum Schutz der Hersteller von Tonträgern, ÖBl 1971, 141; *Dittrich,* Die Weiterentwicklung des zwischenstaatlichen Urheberrechts, UFITA 62 (1971) 17; *Stewart,* Das Genfer Tonträgerabkommen, UFITA Bd 70 (1974) 1; *Hodik,* Der Schutz ausländischer Schallträgerhersteller in Österreich, GRUR Int 1989, 120; *Dittrich,* Die Arbeiten des Expertenkomitees der WIPO über ein allfälliges internationales Instrument für den Schutz der Rechte der ausübenden Künstler und der Hersteller von Tonträgern, ÖSGRUM 17 (1995) 24.

Das Übereinkommen aus 1971 zum Schutz der Hersteller von Tonträgern gegen die unerlaubte Vervielfältigung ihrer Tonträger wurde deshalb notwendig, weil dem Römer Leistungsschutzabkommen nur relativ wenige Staaten beigetreten waren (inzwischen ist die Anzahl deutlich gestiegen) und dieses daher nicht effizient genug wirkte. Das Genfer Tonträgerabkommen sollte den Schutz der Tonträgerhersteller gegen unerlaubte Vervielfältigung ihrer Tonträger und gegen die Einfuhr und den Vertrieb von ohne deren Zustimmung hergestellten Vervielfältigungsstücken stärken. Insoweit ist sein Anwendungsbereich also enger, weil die ausübenden Künstler und die Sendeunternehmen nicht erfasst sind. Anders als das Römer Leistungsschutzabkommen beruht das Genfer Tonträgerabkommen nicht auf dem Grundsatz der Inländerbehandlung. Es schützt nur gegen bestimmte Missbrauchsfälle (Art 2). Das Genfer Tonträgerabkommen knüpft grundsätzlich an die Staatsangehörigkeit an (nur in Ausnahmefällen an den Ort der Festlegung), während das Römer Leistungsschutzabkommen sowohl an die Staatsangehörigkeit des Tonträgerherstellers als auch an den Ort der Festlegung oder der Veröffentlichung anknüpft. Andererseits ist der Anwendungsbereich des Genfer Tonträgerabkommens insofern weiter, als er auch den Schutz vor Einfuhr und Verbreitung unerlaubt hergestellter Vervielfältigungsstücke umfasst. Während das Römer Leistungsschutzabkommen einen urheberrechtlichen Leistungsschutz verlangt, überlässt es das Genfer Tonträgerabkommen den Vertragsstaaten, ob sie den Schutz im Urheberrecht im engeren Sinn, im Leistungsschutzrecht, im Wettbewerbsrecht oder

---

[86]) BGBl 1973/413.
[87]) Aktueller Stand: http://www.wipo.int/treaties.

im Strafrecht verankern wollen (Art 3). Österreich sieht den Schutz im Rahmen eines Leistungsschutzrechts (§ 76 UrhG; Seite 1315) vor. Zum 15. 4. 2003 gehörten diesem Abkommen 72 Staaten an.[88]

1.8.8. Brüsseler Satellitenabkommen

Literaturhinweise: *Dittrich,* Das Brüsseler Satellitenabkommen, ÖBl 1975, 8; *Hoyer,* Das Brüsseler Satelliten-Abkommen; Anfang oder Endpunkt? Jahrbuch der INTERGU 3 (1976) 107.

Dieses Abkommen verpflichtet die Vertragsstaaten, angemessene Maßnahmen zu treffen, um die Verbreitung von programmtragenden Signalen in oder von ihren Hoheitsgebieten durch einen Verbreiter zu verhindern, für den die an den Satelliten ausgestrahlten oder darüber geleiteten Signale nicht bestimmt sind. Dabei wird es den Vertragsstaaten freigestellt, diesen Schutz im Leistungsschutzrecht, im Verwaltungsrecht, im Lauterkeitsrecht oder im Strafrecht vorzusehen. Nicht Gegenstand dieses Übereinkommens sind die „Direktsatelliten" (das sind solche, die es ermöglichen, dass Hörrundfunk- und Fernsehprogramme unmittelbar vom Satelliten durch handelsübliche Rundfunk- und Fernsehgeräte empfangen werden, ohne dass eine Erdstation dazwischen geschaltet werden müsste). Das Abkommen schützt auch nicht die Inhalte, sondern nur das „Signal". Zum 15. 4. 2003 gehörten diesem Abkommen 24 Staaten an.[89]

1.8.9. Vertrag über die internationale Registrierung audiovisueller Werke

Literaturhinweise: *Wittmann,* Das Internationale Register audiovisueller Werke, MR 1991, 48; *Dillenz,* Internationales Urheberrecht in Zeiten der Europäischen Union, JBl 1995, 351 (355); *v Lewinski,* Die diplomatische Konferenz der WIPO 1996 zum Urheberrecht und zu verwandten Schutzrechten, GRUR 1997, 667.

Durch die Eintragung in dieses von der WIPO geführte Register sollte ein Primafacie-Beweis für die Richtigkeit der eingetragenen Daten (insbesondere hinsichtlich der Inhaberschaft des Rechts) geschaffen werden. Dieses Register wurde allerdings in der Praxis kaum angenommen und blieb daher erfolglos.[90] Zum 15. 4. 2003 gehörten diesem Abkommen 13 Staaten an.[91]

1.8.10. WIPO Internet Treaties

Literaturhinweise: *Dittrich,* Die Arbeiten des Expertenkomitees der WIPO über ein allfälliges internationales Instrument für den Schutz der Rechte der ausübenden Künstler und der Hersteller von Tonträ-

---

[88]) Aktueller Stand: http://www.wipo.int/treaties.
[89]) Aktueller Stand: http://www.wipo.int/treaties.
[90]) Vgl *Dillenz,* JBl 1995, 351 (355).
[91]) Aktueller Stand: http://www.wipo.int/treaties.

gern, ÖSGRUM 17 (1995) 24; *Frotz*, Allgemeine Bemerkungen zum Entwurf eines Protokolls zur RBÜ, ÖSGRUM 17 (1995) 8; *Dittrich*, Überlegungen zur „communication to the public" aufgrund des neuen WIPO-Urheberrechtsvertrages, in *Dittrich* (Hrsg), Beiträge zum Urheberrecht V ÖSGRUM 20 (1997) 153; *Dreier*, Urheberrecht auf dem Weg zur Informationsgesellschaft, GRUR 1997, 859; *Auer*, Rechtsschutz für technischen Schutz im Gemeinschaftsrecht, FS Dittrich (2000) 3; *Karnell*, Eine unerträgliche Anmaßung des internationalen Urheberrechts? ÖSGRUM 22 (2000) 1; *Reinbothe*, Beschränkungen und Ausnahmen von den Rechten im WIPO-Urheberrechtsvertrag, FS Dittrich (2000) 251; *Walter*, Öffentliche Wiedergabe und Online-Übertragung – Berner Übereinkunft, WIPO-Verträge, künftige Info-RL und deren Umsetzung in österreichisches Recht, FS Dittrich (2000) 363.

Mit dem Schlagwort „WIPO Internet Treaties" werden zwei Vertragsdokumente bezeichnet, die zur „WIPO Digital Agenda" zählen: Der *WIPO-Urheberrechtsvertrag (WCT)* und der *WIPO-Vertrag über Darbietungen und Tonträger (WPPT)*. Diese zwei neuen internationalen Verträge aus 1996 sind für Österreich noch nicht wirksam geworden. Auf der Grundlage dieser beiden Verträge wurde die InfoRL (Seite 1097) entwickelt. Inhaltlich schließen sie an die RBÜ an und übernehmen teilweise Vorgaben aus dem TRIPS-Abk.

Dem WCT gehörten zum Stichtag 15. 4. 2003 41 Staaten an, dem WPPT zum Stichtag 1. 5. 2003 ebenfalls 41 Staaten.[92]

1.8.11. Europäische Union

Literaturhinweise: *Schönherr*, Immaterialgüterrechte und Europarecht, GesRZ 1975, 48; *Dittrich*, Die Verträge Österreichs mit den Europäischen Gemeinschaften und das österreichische Urheberrecht, ÖBl 1977, 81; *Koppensteiner*, Zum Import von Tonträgern aus dem EG-Bereich, JBl 1982, 18; *Dittrich*, Die Annäherung Österreichs an die EG im Bereich des Urheberrechts, RfR 1989, 1; *Reinbothe*, Die Harmonisierung des Urheberrechtes in der Europäischen Gemeinschaft, ÖBl 1990, 145; *Reindl*, Neue urheberrechtliche Initiativen der EWG, ecolex 1991, 367; *Dillenz*, EG und EWR – Ihre Auswirkungen auf das Urheberrecht in Österreich, ÖBl 1992, 6; *Kreile*, Europäische Urheberrechtspolitik am Vorabend des Europäischen Binnenmarkts, Autorenzeitung 1992/2, 4; *Liebscher*, Das Immaterialgüterrecht nach dem EWR-Abkommen, ÖBl 1992, 193; *Medwenitsch*, „Phil Collins" und die Folgen: Ende der Schutzlückenpiraterie? MR 1993, 171; *Ofner*, Europäische Union und Zivilrecht, JAP 1993/94, 219; *Dillenz*, EU: 3x Urheberrecht, ecolex 1994, 29; *Dittrich*, Ist die Phil-Collins-Entscheidung in Österreich auf Grund des EWR-Abkommens von unmittelbarer Bedeutung? RfR 1994, 1; *Hummer*, Vorrang für EWR-Recht in der österr Rechtsordnung? ÖBl 1994, 243; *Kaltner*, Zum EuGH-Urteil „Phil Collins", ecolex 1994, 33; *Karnell*, Wer liebt Phil Collins? GRUR Int 1994, 733; *Karsch*, Gewerblicher Rechtsschutz in Österreich und im Europarecht, ecolex 1994, 175; *Kreile/Becker*, Neuordnung des Urheberrechts in der Europäischen Union, GRUR Int 1994, 901; *Walter*, Das Diskriminierungsverbot nach dem EWR-Abkommen und das österreichische Urheber- und Leistungsschutzrecht, Überlegungen anläßlich der Entscheidung des EuGH in Sachen Phil Collins, MR 1994, 101 und 152; *Ciresa*, OGH: Anwendungsvorrang des EWR-Abkommens gegenüber entgegenstehendem österr Recht, RdW 1995, 1; *Dillenz*, Internationales Urheberrecht in Zeiten der Europäischen Union, JBl 1995, 351 (358); *Eilmansberger*, Geistiges Eigentum und Kontrahierungszwang, wbl 1995, 232; *Eilmansberger*, Zur EG-rechtlichen Zulässigkeit der Buchpreisbindung, wbl 1995, 105; *Erhard*, Österreichische Buchpreise im Binnenmarkt, ecolex 1995, 236; *Kucsko-Stadlmayer*, Die Vorrangwirkung am Beispiel der „Sportschuh-Spezial"-Entscheidung, ecolex 1995, 352; *Obwexer/Niedermühlbichler*, Das EU-Recht in der österr Rechtsordnung, ecolex 1995, 145; *Posch*, Die Auslegung von Gemeinschaftsrecht und umgesetztem Richtlinienrecht, AnwBl 1995, 703; *Thurnher*, Hält oder fällt die Preisbindung für Bücher? – Die Buchpreisbindung auf dem europäischen Prüfstein, ÖBl 1995, 155; *Wessely*, Die Magill-Entscheidung

---

[92]) Aktueller Stand: http://www.wipo.int/treaties.

des EuGH, MR 1995, 45; *Frost,* Auf dem Weg zu einem europäischen Urheberrecht, EWS 1996, 86; *Griller,* Der Anwendungsvorrang des EG-Rechts, ecolex 1996, 639; *Hecht,* Derogation von österr Recht durch Gemeinschaftsrecht? ecolex 1996, 494; *B. Müller,* Die Haftung des Staates nach EG-Recht – Erste Anwendungen zur jüngsten Rechtsprechung des EuGH, ecolex 1996, 428; *Obwexer,* Die Grundsätze der Staatshaftung nach Gemeinschaftsrecht – Anmerkungen zu EuGH 5.3.1996, verb Rs C-46/93 und C-48/96, Brasserie du pêcheur SA ua, wbl 1996, 183; *Potacs,* Aus der Rechtsprechung der Gerichte der Europäischen Union, ÖJZ 1996, 641; *Stix-Hackl,* Weitreichende Entwicklungen bei der „Staatshaftung", AnwBl 1996, 229; *Doutrelepont,* Das droit moral in der Europäischen Union, GRUR Int 1997, 293; *Gamerith,* Das nationale Privatrecht in der Europäischen Union – Harmonisierung durch Schaffung von Gemeinschaftsprivatrecht, ÖJZ 1997, 165; *Gaster,* Funktionen des Binnenmarkts und Paralleleinfuhren aus Drittländern: Ein Plädoyer gegen die internationale (globale) Erschöpfung von Immaterialgüterrechten, wbl 1997, 47; *Röttinger,* Aktuelles aus Urheberrecht und gewerblichem Rechtsschutz, MR 1997, 104; *Stickler,* Der Stellenwert des geistigen Eigentums im Binnenmarkt – Eine Standortbestimmung anhand der einschlägigen Rechtsprechung des Gerichtshofes der Europäischen Gemeinschaften, ÖBl 1997, 147; *Röttinger,* Vom „Urheberrecht ohne Urheber" zur „Währung des Informationszeitalters": Das Urheberrecht in Rechtspolitik und Rechtsetzung der Europäischen Gemeinschaft, FS Dittrich (2000) 269; *Mogel,* Europäisches Urheberrecht (2001); *Röttinger,* Das Urheberrecht in Rechtspolitik und Rechtsetzung der Europäischen Gemeinschaft – von Handelshemmnis zum „Espace euopéen de la créativité", UFITA 2001, 9; *Walter* (Hrsg), Europäisches Urheberrecht (2001).

In jüngster Zeit sind die stärksten Impulse zur Weiterentwicklung des Urheberrechts nicht mehr von der WIPO (im Rahmen einer Fortentwicklung der RBÜ), sondern von der EU ausgegangen. Mit den – bereits oben (Seite 1090) erwähnten – Richtlinien und durch die Spruchpraxis des EuGH[93] wurden bedeutende Bereiche des Urheberrechts gestaltet und harmonisiert. Wir werden im Folgenden jeweils nicht nur den Vorgaben der Harmonisierungsrichtlinien, sondern auch der EuGH-Judikatur begegnen. Zunächst aber ein kurzer Überblick über die Harmonisierungsrichtlinien im Urheberrecht:

1.8.11.1. ComputerRL

Literaturhinweise: *Röttinger,* Computerprogramme im EG-Grünbuch zum Urheberrecht, EDVuR 4 (1988) 32; *Dittrich,* Der Schutz von Computerprogrammen, GesRZ 1989, 133; *A. Wolff,* Der Vorschlag einer EG-Richtlinie über Softwareschutz, EDVuR 1989, 18; *Auer,* Rechtsschutz für technischen Schutz im Gemeinschaftsrecht, FS Dittrich (2000) 3; *Röttinger,* Vom „Urheberrecht ohne Urheber" zur „Währung des Informationszeitalters": Das Urheberrecht in Rechtspolitik und Rechtsetzung der Europäischen Gemeinschaft, FS Dittrich (2000) 269; *Blocher/Walter* in *Walter* (Hrsg), Europäisches Urheberrecht (2001) 111ff; *Mogel,* Europäisches Urheberrecht (2001) 158ff.

Die erste urheberrechtliche Richtlinie der Gemeinschaft war 1991 der Teilharmonisierung des Urheberrechts für den Bereich der Computerprogramme gewidmet. Ausgehend von der Feststellung, dass „die Entwicklung von Computerprogrammen ... die Investition erheblicher menschlicher, technischer und finanzieller Mittel" erfordert, andererseits aber „Computerprogramme ... zu einem Bruchteil der zu ihrer unabhängigen Entwicklung erforderlichen Kosten kopiert werden" kön-

---

[93]) Vgl etwa zum Diskriminierungsverbot gemäß Art 12 Abs 1 EGV: EuGH 6. 6. 2002, Rs C-360/00 – Ricordi / Land Hessen – Slg 2002 I-5089 = MR 2002, 229 (*Walter*) = ZUM 2002, 631 = ABl HABM 2002, 1778.

nen, hat die Gemeinschaft mit der ComputerRL für den Schutz von Computerprogrammen gewisse Mindeststandards zur Harmonisierung festgeschrieben:[94] Die Mitgliedstaaten müssen Computerprogramme als Werke der *Literatur* schützen. Damit war zunächst die Diskussion, ob für den Softwareschutz eher ein „patent approach" oder ein „copyright approach" oder ein „Schutz sui generis" angemessen wäre, zu Gunsten des Urheberrechtsschutzes entschieden. Heute wird diese Diskussion freilich erneut mit der Frage geführt, ob zusätzlich nicht doch ein Patentschutz für Softwareerfindungen zuzulassen ist (Seite 831). Weiters hat die ComputerRL vorgeschrieben, wer schutzberechtigt und was schutzwürdig ist sowie welche Ausschließlichkeitsrechte bestehen. Schließlich hat die ComputerRL zunächst auch die Harmonisierung der Schutzdauer auf 50 Jahre vorgesehen. Diese Regelung wurde dann wegen der umfassenderen SchutzfristenRL aufgehoben (Art 11 Abs 1 SchutzfristenRL).

Diese RL war für die Mitgliedstaaten bis 1. 1. 1993 umzusetzen (Art 10 Abs 1); für Österreich allerdings erst im Zusammenhang mit dem Wirksamwerden des EWR. Österreich ist dieser Verpflichtung mit der UrhG-Nov 1993 nachgekommen (Seite 1074).[95]

1.8.11.2. VermietRL

Literaturhinweise: *Röttinger*, Vom „Urheberrecht ohne Urheber" zur „Währung des Informationszeitalters": Das Urheberrecht in Rechtspolitik und Rechtsetzung der Europäischen Gemeinschaft, FS Dittrich (2000) 269; *v Lewinski* in *Walter* (Hrsg), Europäisches Urheberrecht (2001) 279ff; *Mogel*, Europäisches Urheberrecht (2001) 174ff.

Als zweite HarmonisierungsRL im Urheberrecht folgte bereits 1992 die VermietRL. Die VermietRL geht davon aus, dass das Vermieten und Verleihen von urheberrechtlich geschützten Werken und Gegenständen der verwandten Schutzrechte insbesondere für die Urheber und die ausübenden Künstler sowie für die Hersteller von Tonträgern und Filmen eine immer wichtigere Rolle spiele, und dass die Piraterie eine zunehmende Bedrohung darstelle.[96] Dem angemessenen Schutz von urheberrechtlich geschützten Werken und Gegenständen der verwandten Schutzrechte durch Vermiet- und Verleihrechte sowie dem Schutz von Gegenständen der verwandten Schutzrechte durch das Aufzeichnungsrecht, Vervielfältigungsrecht, Verbreitungsrecht, Senderecht und Recht der öffentlichen Wiedergabe komme daher eine grundlegende Bedeutung für die wirtschaftliche und kulturelle Entwicklung der Gemeinschaft zu.[97] Das Vermietrecht wurde bereits in Art 4 lit c ComputerRL kurz angesprochen. Jetzt wurde es generalisiert.

---

[94]) Die Bestimmungen dieser Richtlinie finden unbeschadet etwaiger vor dem 1. 1. 1993 getroffener Vereinbarungen und erworbener Rechte auch auf vor diesem Zeitpunkt geschaffene Programme Anwendung (Art 9 Abs 2 ComputerRL).
[95]) Vgl auch den Bericht der Kommission über die Umsetzung und die Auswirkungen dieser RL, KOM (2000) 199 endg.
[96]) Erwägungsgrund 4 VermietRL.
[97]) Erwägungsgrund 5 VermietRL.

Die VermietRL enthält in ihren Erwägungsgründen (6 bis 10) aber auch bemerkenswerte *allgemeine Aussagen über den Urheberrechtsschutz*: Der Schutz, den das Urheberrecht und verwandte Schutzrechte gewähren, müsse an neue wirtschaftliche Entwicklungen, wie zB an neue Nutzungsarten, angepasst werden. Um ihre Tätigkeit ausüben zu können, bedürfen Urheber und ausübende Künstler eines angemessenen Einkommens als Grundlage für weiteres schöpferisches und künstlerisches Arbeiten. Die insbesondere für die Herstellung von Tonträgern und Filmen erforderlichen Investitionen seien außerordentlich hoch und risikoreich. Die Möglichkeit, ein solches Einkommen sicherzustellen und solche Investitionen abzusichern, könne nur durch einen angemessenen Rechtsschutz für die jeweils betroffenen Rechtsinhaber wirkungsvoll gewährleistet werden. Diese schöpferischen, künstlerischen und unternehmerischen Tätigkeiten seien großteils selbständige Tätigkeiten, und ihre Ausübung müsse durch die Schaffung eines gemeinschaftsweit harmonisierten Rechtsschutzes erleichtert werden. Soweit diese Tätigkeiten hauptsächlich Dienstleistungen darstellen, müsse auch ihre Erbringung erleichtert werden, indem ein gemeinschaftsweit harmonisierter rechtlicher Rahmen geschaffen wird. Die Angleichung der Rechtsvorschriften der Mitgliedstaaten sollte in der Weise erfolgen, dass die Rechtsvorschriften nicht in Widerspruch zu den internationalen Übereinkommen stehen, auf denen das Urheberrecht und die verwandten Schutzrechte in vielen Mitgliedstaaten beruhen.

Der zweite Teil der VermietRL (Art 6 bis 10) ist den *Leistungsschutzrechten* der ausübenden Künstler, der Tonträgerhersteller, Filmhersteller und der Sendeunternehmen gewidmet.

Die in der VermietRL enthaltene Vorgabe für die *Schutzfrist* ist inzwischen durch die SchutzfristenRL überholt (Art 11 Abs 2 SchutzfristenRL).

Die VermietRL war bis 1. 7. 1994 umzusetzen.[98] Österreich hat die Umsetzung bereits mit der UrhG-Nov 1993 vorgenommen (Seite 1074).

1.8.11.3. SatellitenRL

Literaturhinweise: *Dreier*, Rundfunk und Urheberrecht im Binnenmarkt, GRUR Int 1991, 13; *Haindl*, Urheberrecht an grenzüberschreitenden Sendungen: EG und Österreich, MR 1991, 180 (mit Abdruck des vorgeschlagenen Richtlinientextes); *Dillenz*, EU: 3x Urheberrecht, ecolex 1994, 29; *Löffler/Wittmann*, Die geplante Umsetzung der EG-Richtlinie 93/83/EWG in das österr Recht (UrhG-Nov 1994), MR 1994, 56; *Pichler*, EG-Richtlinie über Urheberrecht, Satellitenrundfunk und Kabelweiterverbreitung vom 27. September 1993, MR 1994, 54; *Auer*, Die Umsetzung urheberrechtlicher Richtlinien am Beispiel der Satellitenrichtlinie, ÖSGRUM 20 (1997) 19; *Röttinger*, Vom „Urheberrecht ohne Urheber" zur „Währung des Informationszeitalters": Das Urheberrecht in Rechtspolitik und Rechtsetzung der Europäischen Gemeinschaft, FS Dittrich (2000) 269; *Dreier* in *Walter* (Hrsg), Europäisches Urheberrecht (2001) 339ff; *Mogel*, Europäisches Urheberrecht (2001) 184ff.

---

[98]) Zu den Übergangsvorschriften vgl Art 13 und 15 VermietRL.

Die *FernsehRL* (Seite 123)[99] hatte für den wichtigen Bereich genzüberschreitender Rundfunksendungen innerhalb der Gemeinschaft bereits eine gewisse Harmonisierung mit Regelungen zur Förderung der europäischen Programmverbreitung und -produktion sowie auf den Gebieten von Werbung, Sponsoring, Jugendschutz und im Bereich des Gegendarstellungsrechts gebracht. Dennoch konstatierte der Gemeinschaftsgesetzgeber[100] bei der grenzüberschreitenden Programmverbreitung über Satelliten gegenwärtig ebenso wie bei der Kabelweiterverbreitung von Programmen aus anderen Mitgliedstaaten noch eine Reihe unterschiedlicher nationaler Urheberrechtsvorschriften sowie gewisse Rechtsunsicherheiten. Dadurch seien die Rechtsinhaber der Gefahr ausgesetzt, dass ihre Werke ohne entsprechende Vergütung verwertet werden oder dass einzelne Inhaber ausschließlicher Rechte in verschiedenen Mitgliedstaaten die Verwertung ihrer Werke blockieren. Vor allem bilde die Rechtsunsicherheit ein unmittelbares Hindernis für den freien Verkehr der Programme innerhalb der Gemeinschaft. Insbesondere war die Frage strittig, ob die Sendung über Satelliten, deren Signale direkt empfangen werden können, nur die Rechte im Ausstrahlungsland oder aber kumulativ zugleich die Rechte in allen Empfangsländern berührt. Die durch die *FernsehRL* festgelegten rechtlichen Rahmenbedingungen für die Schaffung eines einheitlichen audiovisuellen Raumes sollten daher für den Bereich des Urheberrechts ergänzt werden.[101]

Die SatellitenRL enthält zunächst im Kapitel I einige *Definitionen*, für „Satellit", „Kabelweiterverbreitung" etc (Art 1). Das Kapitel II umschreibt die speziellen Vorgaben für den Satellitenrundfunk (Art 2 bis 7), Kapitel III ist der Kabelweiterverbreitung gewidmet (Art 8 bis 12) und Kapitel IV enthält allgemeine Bestimmungen (über die kollektive Wahrnehmung von Rechten sowie Schlussbestimmungen; Art 13 bis 15).

Die SatellitenRL war bis 1. 1. 1995 umzusetzen.[102] Österreich hat die Umsetzung mit der UrhG-Nov 1996 vorgenommen (Seite 1074).[103]

1.8.11.4. SchutzfristenRL

Literaturhinweise: *Dittrich*, Harmonisierung der Schutzfristen in der EG – nachgelassene Werke, ÖSGRUM 14 (1993) 1; *Hodik*, Miturheberschaft, Werkverbindung und Kollektivwerke in der EG-Richtlinie zur Vereinheitlichung der Schutzfristen, ÖSGRUM 14 (1993) 17; *Melichar*, Übergangsregelungen bei Veränderung der Schutzdauer, ÖSGRUM 14 (1993) 25; *Juranek*, Die Richtlinie der Europäischen Union zur Harmonisierung der Schutzfristen im Urheber- und Leistungsschutzrecht, ÖSGRUM 15 (1994); *Dillenz*, EU: 3x Urheberrecht, ecolex 1994, 29; *Dietz*, Die Schutzdauer-Richtlinie der EU, GRUR Int 1995, 670; *Juranek*, Ausgewählte Probleme der Schutzfristenverlängerungen, ÖSGRUM 20 (1997) 41; *Röttinger*, Vom „Urheberrecht ohne Urheber" zur „Währung des Informationszeitalters": Das Urheberrecht in Rechtspolitik und Rechtsetzung der Europäischen Gemeinschaft, FS

---

[99]) Richtlinie 89/552/EWG des Rates vom 3. Oktober 1989 zur Koordinierung bestimmter Rechts- und Verwaltungsvorschriften der Mitgliedstaaten über die Ausübung der Fernsehtätigkeit.
[100]) Erwägungsgrund 5 SatellitenRL.
[101]) Erwägungsgrund 12 SatellitenRL.
[102]) Art 14 Abs 1 SatellitenRL.
[103]) Vgl auch den Bericht der Kommission über die Anwendung dieser RL, KOM (2002) 430 endg.

Dittrich (2000) 269; *Mogel*, Europäisches Urheberrecht (2001) 219ff; *Walter* in *Walter* (Hrsg), Europäisches Urheberrecht (2001) 507ff.

Die SchutzfristenRL hat 1993 eine Harmonisierung der Schutzfristen auf „sehr hohem Niveau"[104] gebracht: für das Urheberrecht wurde sie mit *70 Jahren* und für die Leistungsschutzrechte der ausübenden Künstler, der Hersteller von Tonträgern, der Hersteller der erstmaligen Aufzeichnung eines Films und der Sendeunternehmen mit *50 Jahren* vorgegeben. Damit wollte man an den Vorgaben der RBÜ anknüpfen und diese den heutigen Gegebenheiten anpassen: Die Mindestschutzdauer, die nach der RBÜ fünfzig Jahre nach dem Tod des Urhebers umfasst, verfolgte den Zweck, den Urheber und die ersten beiden Generationen seiner Nachkommen zu schützen. Wegen der gestiegenen durchschnittlichen Lebenserwartung in der Gemeinschaft reicht diese Schutzdauer nicht mehr aus, um zwei Generationen zu erfassen (Erwägungsgrund 5). Österreich hatte bereits die 70-jährige Schutzfrist, so dass nur geringfügige Anpassungen notwendig waren (Anhebung der Schutzfristen bei Laufbildern und Rundfunksendungen sowie Korrekturen bei den Regeln zur Fristenberechnung).[105]

Obwohl dies der Titel dieser Richtlinie nicht vermuten lässt, enthält sie noch weitere materielle Regelungen: Sie verpflichtet die Mitgliedstaaten, ein Leistungsschutzrecht für die Erstveröffentlichung zuvor unveröffentlichter Werke einzuführen (Art 4). Österreich hat dazu ein neues Schutzrecht für *„nachgelassene Werke"* in § 76b UrhG eingefügt (Seite 1324).

Weiters sieht die SchutzfristenRL ein Schutzrecht für *„kritische und wissenschaftliche Ausgaben"* vor (Art 5): Die Mitgliedstaaten können kritische und wissenschaftliche Ausgaben von gemeinfrei gewordenen Werken urheberrechtlich schützen. Die Schutzfrist für solche Rechte beträgt höchstens 30 Jahre ab dem Zeitpunkt der ersten erlaubten Veröffentlichung. Österreich hat von dieser Möglichkeit nicht Gebrauch gemacht.

Eine weitere materiellrechtliche Bestimmung enthält Art 6 SchutzfristenRL: Er gibt eine Vorgabe für die Qualifizierung von *Fotografien als Werke* (Seite 1119). Österreich hat insoweit keinen Umsetzungsbedarf gesehen. § 1 UrhG entspreche dieser Vorgabe, eine Sonderregelung für Lichtbildwerke sei nicht erforderlich.[106] Bei der ComputerRL hatte sich der Gesetzgeber noch anders entschieden und für die Qualifikation von Computerprogrammen als Werke eine Sonderregelung (§ 40a Abs 1 UrhG) eingefügt (Seite 1115).[107]

---

[104]) EB UrhG-Nov 1996, 23 BlgNR 19.GP 14. Zum Diskriminierungsverbot gemäß Art 12 Abs 1 EGV: EuGH 6.6. 2002, Rs C-360/00 – Ricordi / Land Hessen – Slg 2002 I-5089 = MR 2002, 229 (*Walter*) = ZUM 2002, 631 = ABl HABM 2002, 1778.
[105]) Zum Schutz im Verhältnis zu Drittländern im Sinne der RBÜ vgl Art 7 SchutzfristenRL; zur zeitlichen Anwendbarkeit und zu den Übergangsbestimmungen vgl Art 10 SchutzfristenRL.
[106]) EB UrhG-Nov 1996, 23 BlgNR 19.GP 14.
[107]) Erwägungsgrund 17: Der Schutz von Fotografien ist in den Mitgliedstaaten unterschiedlich geregelt. Damit die Schutzdauer für fotografische Werke insbesondere bei Werken, die aufgrund ihrer künstlerischen oder professionellen Qualität im Rahmen des Binnenmarkts von Bedeutung sind, ausreichend harmonisiert werden kann, muss

Die Bestimmungen der Mitgliedstaaten zur Regelung der *Urheberpersönlichkeitsrechte* lässt die SchutzfristenRL unberührt (Art 9).

Die SchutzfristenRL war bis 1. 7. 1995 umzusetzen.[108] Österreich hat die Umsetzung mit der UrhG-Nov 1996 vorgenommen (Seite 1074).

1.8.11.5. DatenbankRL

Literaturhinweise: *Dreier*, Die Harmonisierung des Rechtsschutzes von Datenbanken in der EG, GRUR Int 1992, 739; *Holzinger*, EG-Richtlinienentwurf zum Schutz von Datenbanken, EDVuR 1993, 57; *Gaster*, Bemerkungen zum gemeinsamen Standpunkt des EU-Ministerrates bezüglich der künftigen Richtlinie zum Rechtsschutz von Datenbanken, wbl 1996, 51; *Berger*, Der Schutz elektronischer Datenbanken nach der EG-Richtlinie vom 11. 3. 1996, GRUR 1997, 170; *Flechsig*, Der rechtliche Rahmen der europäischen Richtlinie zum Schutz von Datenbanken, ZUM 1997, 577; *Gaster*, Zwei Jahre Suigeneris-Recht: Europäischer Datenbankschutz in der Praxis der EG-Mitgliedstaaten, CRI 2000, 38; *Röttinger*, Vom „Urheberrecht ohne Urheber" zur „Währung des Informationszeitalters": Das Urheberrecht in Rechtspolitik und Rechtsetzung der Europäischen Gemeinschaft, FS Dittrich (2000) 269; *v Lewinski* in *Walter* (Hrsg), Europäisches Urheberrecht (2001) 689ff; *Mogel*, Europäisches Urheberrecht (2001) 242ff; *Dittrich*, Einige Bemerkungen zum Schutz schlichter Datenbanken, ÖBl 2002, 3. Vgl die Literaturangaben zum Datenbankwerk (Seite 1124).

Die Arbeiten an dieser am 11. 3. 1996 erlassenen Richtlinie reichen bis zum „Grünbuch über Urheberrecht und die technologische Herausforderung", das von der Kommission 1988 publiziert wurde, zurück.[109] Die DatenbankRL betrifft nicht den Datenschutz (Schutz personenbezogener Daten). Ziel dieser Richtlinie ist es vielmehr, „ein angemessenes und einheitliches Niveau im Schutz der Datenbanken sicherzustellen, damit der Hersteller der Datenbank die ihm zustehende Vergütung erhält" (Erwägungsgrund 48). Dies war deshalb notwendig, weil die Kommission in den einzelnen Mitgliedstaaten ein sehr unterschiedliches Schutzniveau festgestellt hat.[110] Dieser Zustand hat sich nachteilig auf das Funktionieren des Binnenmarktes für Datenbanken ausgewirkt. Er widerspricht dem Ziel, Online-Datenbankprodukte und -dienste überall in der Gemeinschaft auf einer innerhalb der gesamten Gemeinschaft harmonisierten Rechtsgrundlage zur Verfügung stellen zu können. Der Anbieter muss darauf vertrauen können, dass die europaweit angebotenen Produkte und Leistungen jeweils auf gleiche rechtliche Rahmenbedingungen in den einzelnen Mitgliedstaaten stoßen. Der Aufwand, die jeweiligen Sonderregelungen in den einzelnen Ländern zu recherchieren und sich entsprechend zu verhalten, ist wirtschaftlich nicht vertretbar.

Das Konzept dieser Richtlinie war von Beginn an so ausgelegt, dass es sowohl einen Urheberrechtsschutz für Datenbanken, die „eigentümliche geistige Schöp-

---

der hierfür erforderliche Originalitätsgrad in der vorliegenden Richtlinie festgelegt werden. Im Sinne der RBÜ ist ein fotografisches Werk als ein individuelles Werk zu betrachten, wenn es die eigene geistige Schöpfung des Urhebers darstellt, in der seine Persönlichkeit zum Ausdruck kommt; andere Kriterien wie zB Wert oder Zwecksetzung sind hierbei nicht zu berücksichtigen. Der Schutz anderer Fotografien kann durch nationale Rechtsvorschriften geregelt werden.

[108]) Art 13 Abs 1 SchutzfristenRL.
[109]) Dok KOM (88) 172 endg v 23. 8. 1988; dazu eingehend *Gaster*, wbl 1996, 51.
[110]) Zu den unterschiedlichen Schutzsystemen vgl etwa *Schwarz*, ecolex 1998, 42.

fungen" sind, als auch – als zweite Schiene – einen speziellen Sui-generis-Schutz vorsieht. Ursprünglich wollte man nur die elektronischen Datenbanken erfassen. Im Zuge der Diskussion wurden dann aber auch die nicht-elektronischen Datenbanken einbezogen (vgl im Detail Seite 1125). Auch diese Richtlinie ist wieder nur ein Puzzle-Stein. Sie ist aber ein weiterer wichtiger Beitrag zu dem Anliegen, den freien Waren- und Dienstleistungsverkehr innerhalb der Gemeinschaft durch harmonisierte Rechtsvorschriften zu erleichtern.[111]

Die Einführung dieses Sonderschutzes hat massive ökonomische Hintergründe: Der Aufbau von Datenbanken erfordert – so die Erwägungsgründe 7 und 8 der DatenbankRL – die Investition erheblicher menschlicher, technischer und finanzieller Mittel, während sie zu einem Bruchteil der zu ihrer unabhängigen Entwicklung erforderlichen Kosten kopiert oder abgefragt werden können. Die unerlaubte Entnahme und/oder Weiterverwendung des Inhalts einer Datenbank sind Handlungen, die schwerwiegende wirtschaftliche und technische Folgen haben können. Dazu kommt die große Bedeutung, die man Datenbanken bei der Entwicklung des Informationsmarktes beimisst. Investitionen in moderne Datenspeicher- und Datenverarbeitungs-Systeme werden in der Gemeinschaft aber nur dann in dem gebotenen Umfang stattfinden, wenn ein solides, einheitliches System zum Schutz der Rechte der Hersteller von Datenbanken geschaffen wird (Erwägungsgrund 12).

Die DatenbankRL lässt die Rechtsvorschriften unberührt, die insbesondere Folgendes betreffen: das Urheberrecht, verwandte Schutzrechte oder andere Rechte und Pflichten, die in Bezug auf die in eine Datenbank aufgenommenen Daten, Werke oder anderen Elemente bestehen, Patentrechte, Warenzeichen, Geschmacksmuster, den Schutz von nationalem Kulturgut, das Kartellrecht und den unlauteren Wettbewerb, Geschäftsgeheimnisse, die Sicherheit, die Vertraulichkeit, den Schutz personenbezogener Daten und der Privatsphäre, den Zugang zu öffentlichen Dokumenten sowie das Vertragsrecht (Art 13 DatenbankRL).

Die DatenbankRL war bis 1. 1. 1998 umzusetzen (Art 16 Abs 1 DatenbankRL).[112] Österreich hat die Umsetzung mit der UrhG-Nov 1997 vorgenommen (Seite 1076).

1.8.11.6. FolgerechtRL

Literaturhinweise: *Engel*, Das Problem des „Droit de Suite", JBl 1951, 456; *Walter*, Das Folgerecht im Recht der Berner Übereinkunft, ZfRV 1973, 110; *W. Schwarz*, Die Einführung des Folgerechtes in Österreich, ZfRV 1997, 112; *Gamerith*, Gedanken zur Harmonisierung des Folgerechts in der EG, FS Dittrich (2000) 71; *Gaster*, Harmonisierung des Folgerechts? FS Dittrich (2000) 91; *Röttinger*, Vom „Urheberrecht ohne Urheber" zur „Währung des Informationszeitalters": Das Urheberrecht in Rechtspolitik und Rechtsetzung der Europäischen Gemeinschaft, FS Dittrich (2000) 269; *Mogel*, Europäisches Urheberrecht (2001) 254ff; *Walter* in *Walter* (Hrsg), Europäisches Urheberrecht (2001) 959ff; *Würfel*,

---

[111]) Die DatenbankRL gilt unbeschadet der gemeinschaftlichen Bestimmungen über den Rechtsschutz von Computerprogrammen, zum Vermietrecht und Verleihrecht sowie zu bestimmten, dem Urheberrecht verwandten Schutzrechten im Bereich des geistigen Eigentums und zur Schutzdauer des Urheberrechts und bestimmter verwandter Schutzrechte (Art 2 DatenbankRL).

[112]) Zum zeitlichen Anwendungsbereich vgl Art 14 DatenbankRL.

Richtlinie zum Folgerecht (Richtlinie 2001/84/EG vom 27. September 2001, ABl. 2001 Nr. L 272/32), ELR 2001, 395.

Das – rechtspolitisch nicht unumstrittene – Folgerecht („droit de suite") soll dem Urheber von Werken der bildenen Künste eine Beteiligung am Weiterveräußerungserlös von Originalwerken sichern. Dazu bestehen in der Gemeinschaft unterschiedliche Regelungen (Österreich hat dieses Recht bislang gar nicht vorgesehen). Am 27. 9. 2001 wurde daher zur Harmonisierung dieses Bereichs die Richtlinie „über das Folgerecht des Urhebers des Originals eines Kunstwerks" erlassen. Sie definiert das Folgerecht als das unabtretbare und unveräußerliche Recht des Urhebers des Originals eines Werks der bildenden Künste auf wirtschaftliche *Beteiligung am Erlös aus jeder Weiterveräußerung* des betreffenden Werks. Seinem Wesen nach ist dies ein vermögenswertes Recht, das dem Urheber/Künstler die Möglichkeit gibt, für jede Weiterveräußerung seines Werks eine Vergütung zu erhalten. Gegenstand des Folgerechts ist das materielle Werkstück, dh der Träger, der das geschützte Werk verkörpert. Durch dieses Recht soll den Urhebern von Werken der bildenden Künste eine wirtschaftliche Beteiligung am Erfolg ihrer Werke garantiert werden. Es soll ein Ausgleich zwischen der wirtschaftlichen Situation der bildenden Künstler und der Situation der anderen Kunstschaffenden hergestellt werden, die aus der fortgesetzten Verwertung ihrer Werke Einnahmen erzielen (Erwägungsgründe 1 bis 3).

Die FolgerechtRL ist bis 1. 1. 2006 umzusetzen (Art 12 Abs 1 FolgerechtRL).

1.8.11.7. InfoRL

Literaturhinweise: *v Lewinski*, Das europäische Grünbuch über das Urheberrecht und neue Technologien, GRUR Int 1995, 831; *Prettenthaler*, Das EU-Grünbuch „Urheberrechte in der Informationsgesellschaft", MR 1995, 213; *Schwab*, Urheberrechte und verwandte Schutzrechte in der Informationsgesellschaft, EuZW 1995, 685; *Haller*, Urheberrecht/Informationsgesellschaft: EG-Initiativen zum Grünbuch, MR 1996, 230; *Hoeren*, Urheberrecht in der Informationsgesellschaft – Überlegungen zu einem Rechtsgutachten von Gerhard Schricker et al, GRUR 1997, 866; *Buschle/Joller*, Multimedia und Urheberrecht: Richtlinienvorschlag der Kommission, European Law Reporter 1998/3, 113; *Haller*, Zum EG-Richtlinienvorschlag betreffend Urheberrecht in der Informationsgesellschaft, MR 1998, 61; *v Lewinski*, Die Multimedia-Richtlinie, Der EG-Richtlinienvorschlag zum Urheberrecht in der Informationsgesellschaft, MMR 1998, 115; *v Lewinski*, Der EG-Richtlinienvorschlag zum Urheberrecht und zu verwandten Schutzrechten in der Informationsgesellschaft, GRUR Int 1998, 637; *Reinbothe*, Neue Medien und Urheberrecht. Strategien der Europäischen Union im Europäischen Umfeld, ÖBl 1998, 155; *Decker*, Geänderter Vorschlag zur Multimediarichtlinie im Urheberrecht, ELR 1999, 301; *Graninger*, Urheberrecht in der Informationsgesellschaft, AKM Informationen 1999, 1; *Hoeren*, Entwurf einer EU-Richtlinie zum Urheberrecht in der Informationsgesellschaft, MMR 2000, 515; *Mayer-Schönberger*, Das Immaterialgüterrecht in der Informationsgesellschaft – Ein Essay, ÖBl 2000, 51; *Röttinger*, Vom „Urheberrecht ohne Urheber" zur „Währung des Informationszeitalters": Das Urheberrecht in Rechtspolitik und Rechtsetzung der Europäischen Gemeinschaft, FS Dittrich (2000) 269; *Walter*, Öffentliche Wiedergabe und Online-Übertragung – Berner Übereinkunft, WIPO-Verträge, künftige Info-RL und deren Umsetzung in österreichisches Recht, FS Dittrich (2000) 363; *Bayreuther*, Europa auf dem Weg zu einem einheitlichen Urheberrecht, EWS 2001, 422; *Buhrow*, Richtlinie zum Urheberrecht in der Informationsgesellschaft, ELR 2001, 311; *Lachmair*, Die Urheberrechts-Richtlinie der EU für die Informationsgesellschaft, SWK 2001, 1311; *v Lewinski/Walter* in *Walter* (Hrsg), Europäisches Urheberrecht (2001) 1009ff; *Mogel*, Europäisches Urheberrecht (2001) 264ff; *Wittmann*, Die EU-Urheberrechts-Richtlinie – ein Überblick, MR 2001, 143; *Dittrich/Öhlinger*, Passive Informationsfreiheit und Medienbeobachtung, ÖJZ 2002, 361; *Fallenböck*, Urheberrecht in der digitalen Ökonomie: Die EG-Urheberrechtsrichtlinie und ihre Umsetzung, ecolex 2002, 103; *Fallenböck/Haberler*, Technische Schutzmaßnahmen und Urheberrecht in der Informationsgesellschaft, ecolex 2002, 262; *H.-P. Mayer*, Richtlinie 2001/29/EG zur Harmonisierung bestimmter Aspekte des Urheberrechts und der verwandten Schutzrechte in der Informationsgesellschaft, EuZW 2002, 325; *Fallenböck/Weitzer*, Digital Rights Management: A New Approach to Information and Content Management? CRi 2003, 40.

Die bislang jüngste Harmonisierungsrichtlinie im Urheberrecht stammt vom 22. 5. 2001. Unter dem Titel *Richtlinie zur Harmonisierung bestimmter Aspekte des Urheberrechts und der verwandten Schutzrechte in der Informationsgesellschaft* hat sie weitreichende Vorgaben für die Nutzung geschützter Werke gebracht. Programmatisch heißt es dazu in den Erwägungsgründen 9 bis 11: Jede Harmonisierung des Urheberrechts und der verwandten Schutzrechte muss von einem *hohen Schutzniveau* ausgehen, da diese Rechte für das geistige Schaffen wesentlich sind. Ihr Schutz trägt dazu bei, die Erhaltung und Entwicklung kreativer Tätigkeit im Interesse der Urheber, ausübenden Künstler, Hersteller, Verbraucher, von Kultur und Wirtschaft sowie der breiten Öffentlichkeit sicherzustellen. *Das geistige Eigentum ist daher als Bestandteil des Eigentums anerkannt worden*. Wenn *Urheber* und *ausübende Künstler* weiter schöpferisch und künstlerisch tätig sein sollen, müssen sie für die Nutzung ihrer Werke eine *angemessene Vergütung* erhalten, was ebenso für die *Produzenten* gilt, damit diese die Werke finanzieren können. Um Produkte wie Tonträger, Filme oder Multimediaprodukte herstellen und Dienstleistungen, zB Dienste auf Abruf, anbieten zu können, sind beträchtliche *Investitionen* erforderlich. Nur wenn die Rechte des geistigen Eigentums angemessen geschützt werden, kann eine angemessene Vergütung der Rechtsinhaber gewährleistet und ein zufrieden stellender Ertrag dieser Investitionen sichergestellt werden. Eine rigorose und wirksame Regelung zum Schutz der Urheberrechte und verwandten Schutzrechte ist eines der wichtigsten Instrumente, um die notwendigen Mittel für das kulturelle Schaffen in Europa zu garantieren und die Unabhängigkeit und Würde der Urheber und ausübenden Künstler zu wahren.[113]

Andererseits sind auch gewisse *Einschränkungen* des Schutzes erforderlich: Ziel dieser Richtlinie ist es auch, Lernen und kulturelle Aktivitäten durch den Schutz von Werken und sonstigen Schutzgegenständen zu fördern; hierbei müssen allerdings Ausnahmen oder Beschränkungen im öffentlichen Interesse für den Bereich Ausbildung und Unterricht vorgesehen werden (Erwägungsgrund 14).

Ziel der InfoRL ist es, das europäische Urheberrecht an neue technische Verwertungsarten (insbesondere Digitalisierung, Internet) anzupassen und den WIPO-Urheberrechtsvertrag sowie den WIPO-Vertrag über Darbietungen und Tonträger umzusetzen. Dazu werden das Vervielfältigungsrecht, das Recht der öffentlichen Wiedergabe auf Distanz und das Verbreitungsrecht harmonisiert. Weiters gibt die InfoRL den Mitgliedstaaten einen abschließenden Katalog freier Werknutzungen

---

[113]) Der Schutz der dem Urheberrecht verwandten Schutzrechte im Sinne dieser Richtlinie lässt den Schutz des Urheberrechts unberührt und beeinträchtigt ihn in keiner Weise (Art 12 Abs 2 InfoRL).

vor. Spezielle Regelungen betreffen schließlich die Umgehung technischer Maßnahmen sowie den Schutz von Kennzeichnungen zur elektronischen Rechteverwaltung.

Zum *Anwendungsbereich* bestimmt Art 1 Abs 1 InfoRL: Gegenstand dieser Richtlinie ist der rechtliche Schutz des Urheberrechts und der verwandten Schutzrechte im Rahmen des Binnenmarkts, insbesondere in Bezug auf die Informationsgesellschaft. Außer in den in Art 11 InfoRL genannten Fällen lässt diese Richtlinie die bestehenden gemeinschaftsrechtlichen Bestimmungen über den rechtlichen Schutz von Computerprogrammen, über das Vermietrecht, das Verleihrecht und bestimmte dem Urheberrecht verwandte Schutzrechte im Bereich des geistigen Eigentums, über das Urheberrecht und die verwandten Schutzrechte im Bereich des Satellitenrundfunks und der Kabelweiterverbreitung, über die Dauer des Schutzes des Urheberrechts und bestimmter verwandter Schutzrechte und über den rechtlichen Schutz von Datenbanken unberührt und beeinträchtigt sie in keiner Weise (Art 1 Abs 2 InfoRL).

Die InfoRL lässt andere Rechtsvorschriften insbesondere in folgenden Bereichen unberührt: Patente, Marken, Muster, Gebrauchsmuster, Topographien von Halbleitererzeugnissen, typographische Schriftzeichen, Zugangskontrolle, Zugang zum Kabel von Sendediensten, Schutz nationalen Kulturguts, Anforderungen im Bereich gesetzlicher Hinterlegungspflichten, Rechtsvorschriften über Wettbewerbsbeschränkungen und unlauteren Wettbewerb, Betriebsgeheimnisse, Sicherheit, Vertraulichkeit, Datenschutz und Schutz der Privatsphäre, Zugang zu öffentlichen Dokumenten sowie Vertragsrecht (Art 9 InfoRL).

Die InfoRL war bis 22. 12. 2002 umzusetzen (Art 13 Abs 1 InfoRL).[114] Österreich hat die Anpassung an diese Richtlinie mit der UrhG-Nov 2003 (Seite 1077) vorgenommen.

1.8.11.8. Richtlinienentwurf zum geistigen Eigentum

Literaturhinweis: *Harte-Bavendamm*, Die Arbeiten an einer Richtlinie zur Durchsetzung der Rechte des geistigen Eigentums, MarkenR 2002, 382.

Die derzeit in Vorbereitung befindliche „*Richtlinie zum Schutz des geistigen Eigentums*" umfasst alle Rechte am geistigen Eigentum, auch das Urheberrecht. Sie soll den Sanktionenbereich (nicht nur im Urheberrecht) vereinheitlichen.[115]

1.8.11.9. Antipiraterieverordnung

Ein Sonderthema, das nicht nur Marken, sondern auch andere Immaterialgüter, insbesondere auch urheberrechtlich geschützte Werke, betrifft, ist der Schutz vor Piraterie durch die Zollbehörden. Dazu wurde in der Gemeinschaft die *Produktpi-*

---

[114]) Zur zeitlichen Anwendbarkeit vgl Art 10 InfoRL.
[115]) Vorschlag der Kommission für eine Richtlinie des Europäischen Parlaments und des Rates über Maßnahmen und Verfahren zum Schutz der Rechte am geistigen Eigentum, Dok KOM (2003) 46 endg v 30. 1. 2003; vgl dazu *Harte-Bavendamm*, MarkenR 2002, 382.

raterieVO 1994 erlassen. Österreich hat dazu ergänzend das *Produktpirateriegesetz (PPG)* in Kraft gesetzt (dieses Thema wurde oben bereits in einem eigenen Abschnitt behandelt; vgl Seite 168).

1.8.12. TRIPS-Abkommen

Literaturhinweise: *Steinmetz*, Urheberrecht und GATT, Autorenzeitung 1994/1, 8; *Dillenz*, Internationales Urheberrecht in Zeiten der Europäischen Union, JBl 1995, 351 (363); *Katzenberger*, TRIPS und das Urheberrecht, GRUR Int 1995, 447; *Reiterer*, Die neuen Bereiche der Welthandelsorganisation, ecolex 1995, 861; *Steinmetz*, Urheberrechtliche Aspekte des GATT, ÖSGRUM 17 (1995) 40; *Braun*, Der Schutz ausübender Künstler durch TRIPS, GRUR Int 1997, 427; *Loos*, Durchsetzung von Rechten des geistigen Eigentums: Verfahren und Sanktionen, ÖBl 1997, 267; *Walter*, Die Wiederherstellung des Schutzes gemeinfreier Werke in den USA (Copyright Restoration) – Berner Übereinkunft, TRIPs-Abkommen, Rückwirkung und die Formvorschriften des US-amerikanischen Urheberrechts, ÖBl 1997, 51.

Im Rahmen der Uruguay-Runde der GATT-Verhandlungen wurde 1993 die Welthandelsorganisation (WTO – World Trade Organization) geschaffen. Den Anhang 1C des WTO-Abkommens bildet das TRIPS-Abkommen („Trade Related Aspects of Intellectual Property"). Dieses wichtige internationale Handelsabkommen befasst sich damit erstmals speziell mit Fragen des Immaterialgüterrechts (und auch des Urheberrechts) und dokumentiert so den bedeutenden Stellenwert, der diesen Rechten im Welthandel zukommt. Die urheberrechtlichen Regelungen betreffen allerdings nur Teilaspekte des Urheberrechts. Die Mitglieder werden verpflichtet, große Teile der *RBÜ* (Art 1 – 21) zu befolgen (Art 9 Abs 1 TRIPS-Abk). Es gilt der Grundsatz der *Inländerbehandlung* (Art 3 TRIPS-Abk) und – anders als in der RBÜ und im WUA – das Prinzip der *Meistbegünstigung* (Art 4 TRIPS-Abk). Einzelbestimmungen regeln aktuelle Bereiche wie den Schutz von *Computerprogrammen* und *Datenbanken* (Art 10 TRIPS-Abk; Seite 1114), das *Vermietrecht* (Art 11 TRIPS-Abk; Seite 1180), die *Schutzdauer* (Art 12 TRIPS-Abk; Seite 1262) und Mechanismen zur *Rechtsdurchsetzung* (Art 41 ff TRIPS-Abk).[116] Das TRIPS-Abk steht auf der Stufe eines einfachen Gesetzes.[117]

1.8.13. Europarat

In diesem Rahmen ist die (noch nicht wirksame) „European Convention relating to questions on copyright law and neighbouring rights in the framework of transfrontier broadcasting by satellite" vom 11. 5. 1994 entstanden.[118]

---

[116]) Zur Frage der unmittelbaren Anwendbarkeit des Art 50 Abs 6 TRIPS-Abk: EuGH 13. 9. 2001, Rs C-89/99 – TRIPS und Markenrecht – Slg 2001 I-5851 = MarkenR 2002, 16 = GRUR Int 2002, 41.

[117]) OGH 16. 6. 1998, 4 Ob 146/98v – Thermenhotel L – ÖBl 1999, 98 = SZ 71/101 = MR 1998, 277 (*Walter*) = RdW 1998, 610 = GRUR Int 1999, 279.

[118]) European Treaty Series/153.

details | urheberrecht | einleitung　**1101**

PUBLIC CONTENT

Kucsko, Geistiges Eigentum (2003)

PAID CONTENT

Es ist eine Binsenweisheit, deshalb aber um nichts weniger wahr: In der Informationsgesellschaft setzt Recht mehr denn je die Rahmenbedingungen für erfolgreiche Geschäftsmodelle. Besonders fieberhaft wird zur Zeit an Modellen gearbeitet, bei denen Werke im Internet erfolgreich gegen Bezahlung angeboten werden (oft als „Paid Content"-Modelle bezeichnet). Gerade im Internet stoßen die Rechteinhaber auf einen Markt, in dem die Nutzer seit Jahren gewohnt sind, Inhalte kostenlos zu beziehen. Dazu kommt die – rechtlich weitgehend falsche – Vorstellung, dass Inhalte im Internet frei von Urheberrechten wären. Für die Rechteinhaber, seien es Print- oder Musikverlage, stellt sich damit die Herausforderung, ihre Online-Inhalte kostenpflichtig anzubieten, da eine Finanzierung nur durch Werbeerlöse nicht ausreichend ist. Umfragen im Verbraucherbereich zeigen, dass sich die Einstellung der Nutzer zu kostenpflichtigen Inhalten im Internet wandelt. Laut einer im Juni 2003 veröffentlichten Studie von Forrester zum amerikanischen Markt haben heuer durchschnittlich bereits 18 % der Internetnutzer für Inhalte bezahlt (ein Jahr davor waren es nur 5 %).

Wie auch immer – Recht wird in dieser Entwicklung ein zentraler Faktor sein. Drei Punkte sollen die Rahmenbedingungen beispielhaft skizzieren, in denen Unternehmen operieren, wenn sie an Geschäftsmodellen rund um das Internet arbeiten:

Damit ist natürlich zunächst das Urheberrecht adressiert. Ob etwa der Betrieb eines kostenpflichtigen Online-Musikforums lohnt, hängt wesentlich auch von den Freiheiten ab, die das Urheberrecht im Bereich der freien Werknutzungen bzw des „fair use" ermöglicht. Wenn hier Gratis-Tauschbörsen wie Grokster, Kazaa oder Morpheus einen – wie es in der amerikanischen Dogmatik heißt – „substantial non-infringing use" aufweisen, dann wird es für die Betreiber kostenpflichtiger Angebote ökonomisch schwer. Im Gegenzug könnten die Musikverlage in technische Schutzmaßnahmen (etwa Kopierschutz) investieren – wenn jedoch jeder diese Maßnahmen sanktionslos umgehen kann, fehlt der wirtschaftliche Anreiz. Die durch die Urheberrechtsgesetz-Novelle 2003 verankerte rechtliche Absicherung technischer Schutzmaßnahmen soll genau einen solchen Investitionsschutz bringen.

Aber auch andere Bereiche des Immaterialgüterrechts spielen eine große Rolle. Die Marke, ja insgesamt die Kennzeichen des Geschäftsverkehrs, sind als Träger von Information wichtiger denn je. Mit bekannten Kennzeichen sind konkrete Erwartungen verknüpft, wodurch Suchkosten für die Nutzer gesenkt werden. Die Flut an Domainstreitigkeiten legt dafür Zeugnis ab. Man weiß eben, was man unter „www.google.com" finden und erwarten kann. Was passiert, wenn Erwartungen enttäuscht werden, sehen Sie unter „www.bgh.de" – wenn Sie dort nach juristischer Information suchen, werden Sie im wahrsten Sinne des Wortes auf Stahl beißen.

Selbst das gute alte Patentrecht kommt zu Ehren. Dies beweist der – zugegebenerweise von Besonderheiten des amerikanischen Rechts – geprägte Streit um das „One Click Shopping"-Patent von Amazon. Am Höhepunkt des „Internet-Hype" stritten die beiden größten Online-Buchhändler in den USA um die Verfügungsgewalt über ein System, durch das die Nutzer auf der Website mit einem Mausklick Waren auswählen, in den Einkaufswagen legen und bezahlen können.

Angesichts dieser Entwicklungen ist eine innovative rechtliche Risikoanalyse, die Geschäftsmodelle im Internet gestaltend begleitet, unverzichtbar. Das vorliegende Buch ist die Grundlage dafür.

◄ **Dr. Markus FALLENBÖCK**, LL.M. (Yale) ist Leiter der Abteilung „Legal&Security" bei evolaris research lab, Graz. evolaris ist das österreichische Kompetenzzentrum für die wirtschaftlich sinnvolle Nutzung des Internet. Dabei will evolaris Kundenbedürfnisse im Internet verstehen, sie für wirtschaftlich sinnvolle Geschäftsmodelle nutzen und so größtmögliches Vertrauen der Kunden gewinnen. evolaris arbeitet in einem weltweiten Netzwerk führender Unternehmen sowie anerkannter Wissenschaftspartner. Damit wird branchenspezifisches Know-how und Umsetzungserfahrung mit wissenschaftlichem Methodenwissen vereint. Markus Fallenböck beschäftigt sich in seiner Tätigkeit mit der rechtlichen Risikoanalyse und Gestaltung von IT-Anwendungen (insbesondere in den Bereichen Online-Content, Outsourcing/ASP, Internet-Marketing, Kundendatennutzung und Mobile Business).

2. SCHUTZGEGENSTAND „WERK"

Überblick:

- Als „*Werk*" geschützt sind „eigentümliche geistige Schöpfungen" auf den Gebieten der Literatur, der Tonkunst, der bildenden Künste und der Filmkunst (§ 1 Abs 1 UrhG).
- Die jüngere Rechtsprechung hat das Kriterium der „*Werkhöhe*" aufgegeben und die Latte für den Urheberrechtschutz tiefer gelegt.
- Der Urheberrechtsschutz umfasst auch *Computerprogramme* und *Datenbankwerke*.

2.1. Definition des Werks

Vorgaben der RBÜ: Art 2 Abs 1 RBÜ listet zunächst eine lange Beispielsaufzählung auf: Die Bezeichnung „*Werke der Literatur und Kunst*" umfasst alle Erzeugnisse auf dem Gebiet der Literatur, Wissenschaft und Kunst, ohne Rücksicht auf die Art und Form des Ausdrucks, wie: Bücher, Broschüren und andere Schriftwerke; Vorträge, Ansprachen, Predigten und andere Werke gleicher Art; dramatische oder dramatisch-musikalische Werke; choreographische Werke und Pantomimen; musikalische Kompositionen mit oder ohne Text; Filmwerke einschließlich der Werke, die durch ein ähnliches Verfahren wie Filmwerke hervorgebracht sind; Werke der zeichnenden Kunst, der Malerei, der Baukunst, der Bildhauerei, Stiche und Lithographien; photographische Werke, denen Werke gleichgestellt sind, die durch ein der Photographie ähnliches Verfahren hervorgebracht sind; Werke der angewandten Kunst; Illustrationen, geographische Karten; Pläne, Skizzen und Darstellungen plastischer Art auf den Gebieten der Geographie, Topographie, Architektur oder Wissenschaft.

Der Gesetzgebung der Verbandsländer bleibt jedoch vorbehalten, die Werke der Literatur und Kunst oder eine oder mehrere Arten davon nur zu schützen, wenn sie auf einem *materiellen Träger* festgelegt sind (Art 2 Abs 2 RBÜ; Österreich hat davon nicht Gebrauch gemacht).

Die in Art 2 Abs 1 bis 5 RBÜ genannten Werke (zu Abs 3 Seite 1121, zu Abs 4 Seite 1128, zu Abs 5 Seite 1123) genießen *Schutz* in allen Verbandsländern. Dieser Schutz besteht zugunsten des Urhebers und seiner Rechtsnachfolger oder sonstiger Inhaber ausschließlicher Werknutzungsrechte (Art 2 Abs 6 RBÜ).

Vorgaben der WUA: Jeder Vertragsstaat verpflichtet sich, alle notwendigen Bestimmungen zu treffen, um einen *ausreichenden und wirksamen Schutz der Rechte der Urheber* und anderer Inhaber von Urheberrechten an den Werken der Literatur, Wissenschaft und Kunst, wie Schriftwerken, musikalischen und dramatischen Werken, Filmwerken sowie an Werken der Malerei, Stichen und Werken der Bildhauerei, zu gewähren (Art 1 WUA).

Vorgaben des TRIPS-Abk: Das TRIPS-Abk enthält keine allgemeine Definition des urheberrechtlich geschützten Werks. Es enthält aber zumindest einen Hinweis darauf, was nicht geschützt sein soll: Der urheberrechtliche Schutz erstreckt sich auf Ausdrucksformen und nicht auf Ideen, Verfahren, Arbeitsweisen oder mathematische Konzepte als solche (Art 9 Abs 2 TRIPS-Abk).

2.1.1. Legaldefinition

Literaturhinweise: *Wechsler,* Urheberrecht an Werken der Technik nach österreichischem Recht, GRUR 1929, 536; *Dillenz,* Was heißt und zu welchem Ende studiert man Urheberrecht? FS Uchtenhagen, UFITA 75 (1987) 23; *Dittrich,* Der Werkbegriff – sinnvolle Ausdehnung oder Denaturierung, ÖSGRUM 7 (1988) 214; *Dillenz,* Urheberrechtsschutz heute, ÖBl 1990, 1; *Kaltner/Sebök,* Die künstlerische Tätigkeit in der Judikatur des VwGH, MR 1990, 6; *Mitteregger,* Ansätze zu einer Positivierung des Kunstbegriffs der österreichischen Verfassung, JBl 1995, 284; *Graninger,* Von Kunst und Kant zu Bit und Byte – Überlegungen zum urheberrechtlichen Werkbegriff, FS Dittrich (2000) 133.

Das UrhG gibt zunächst eine Legaldefinition für geschützte Werke. § 1 UrhG bestimmt:

> „*(1) Werke im Sinne dieses Gesetzes sind eigentümliche geistige Schöpfungen auf den Gebieten der Literatur, der Tonkunst, der bildenden Künste und der Filmkunst.*
>
> *(2) Ein Werk genießt als Ganzes und in seinen Teilen urheberrechtlichen Schutz nach den Vorschriften dieses Gesetzes.*"

Damit ein Ergebnis menschlichen Schaffens als Werk im urheberrechtlichen Sinn qualifiziert werden kann, muss es also eine eigentümliche geistige Schöpfung und außerdem der Literatur, der Tonkunst, den bildenden Künsten oder der Filmkunst zurechenbar sein. Dazu im Einzelnen:

2.1.2. Eigentümlichkeit

Literaturhinweise: *Dittrich,* „So ein Tag, so wunderschön ...", ecolex 1991, 471; *Dittrich,* Zum Schutzumfang im Urheberrecht, ecolex 1993, 531; *Dittrich,* Zum Schutzumfang nach österreichischem Urheberrecht, GRUR Int 1993, 200; *Kremser,* Der Jurist im öffentlichen Dienst als Urheber, in Anwalt und Berater der Republik – FS zum 50. Jahrestag der Wiedererrichtung der österr Finanzprokuratur (1995) 49; *Schanda,* Pressefreiheit contra Urheberrecht, MR 1997, 90; *Guggenberger,* Urheberrechtlicher Schutz für das Layout einer Website, MR 2001, 147.

Das erste Tatbestandsmerkmal ist die „Eigentümlichkeit" der geistigen Leistung. Es wird im Gesetz nicht näher definiert. In der Rechtsprechung haben sich dazu folgende Grundsätze herausgebildet:

- Das UrhG kennt nur einen *einheitlichen,* von den einzelnen Werkgattungen unabhängigen Werkbegriff.[1]
- Nur eine *individuell* eigenartige Leistung, die sich vom *Alltäglichen, Landläufigen, üblicherweise Hervorgebrachten* abhebt, ist geschützt.[2]

---

[1]) OGH 17. 12. 2002, 4 Ob 274/02a – Felsritzbild – MR 2003, 162 (*Walter*).
[2]) StRsp, etwa OGH 17. 12. 2002, 4 Ob 274/02a – Felsritzbild – MR 2003, 162 (*Walter*); OGH 28. 5. 2002, 4 Ob 65/02s – Tischkalender – MR 2003, 109 = wbl 2002, 480 = ÖBl-LS 2002/182; OGH 12. 6. 2001, 4 Ob 140/01v –

- Die Schöpfung muss zu einem *individuellen und originellen Ergebnis* geführt haben.[3]
- Beim Werkschaffenden müssen *persönliche Züge* – insbesondere durch die visuelle Gestaltung und durch die gedankliche Bearbeitung – zur Geltung kommen.[4]
- Die Schöpfung muss den *Stempel der persönlichen Eigenart* des Schöpfers tragen oder sich zumindest durch eine *persönliche Note*, die ihr die geistige Arbeit des Schöpfers verliehen hat, von anderen Erzeugnissen ähnlicher Art abheben.[5]
- Persönliche Züge kommen durch *visuelle Gestaltung* und *gedankliche Bearbeitung zur Geltung*.[6]
- Geschützt ist nur der jeweilige Gegenstand, eine bestimmte *Formung* des Stoffes.[7]
- Maßgebend ist die auf der Persönlichkeit seines Schöpfers beruhende *Individualität* des Werks.[8]
- Ob eine eigentümliche geistige Schöpfung vorliegt, hängt von der Individualität der Leistung und nicht allein von ihrer *statistischen Einmaligkeit* ab.[9] Die „statistische Einmaligkeit" einer Arbeit genügt allein nicht: Auch wenn es zB nach statistischen Grundsätzen auszuschließen ist, dass ein 70 Worte umfassender Text von zwei Autoren unabhängig von einander gleich formuliert wird, so folgt daraus noch nicht, dass der Text eine eigentümliche geistige Schöpfung ist.[10]
- Die früher von der Rsp vertretene Auffassung, dass im Bereich der Werke der bildenden Kunst stets eine entsprechende „*Werkhöhe*" erforderlich sei, wird von der jüngeren Rsp nicht aufrechterhalten.[11] Diese geht nunmehr davon aus, dass das UrhG nur einen einheitlichen Werkbegriff kennt, der nicht von den einzelnen Werkkategorien abhängt. Für einzelne Werkkategorien dürfen daher auch nicht höhere Schutzvoraussetzungen als für andere verlangt werden.[12]
- Von dem als individuelles Geistesgut Schützbaren ist das *freie Geistesgut* zu unterscheiden, wie Anregungen aus der Natur oder der Geschichte, Sagenstoffe;

---

[3]) Internet-Nachrichtenagentur II – MR 2001, 385 (*Walter*) = GRUR Int 2002, 353; OGH 16. 6. 1992, 4 Ob 53/92 – City-Gemeinschaft Klagenfurt – ÖBl 1992, 181 = MR 1992, 201 = ecolex 1992, 712 (*Kucsko*).
[4]) OGH 28. 5. 2002, 4 Ob 65/02s – Tischkalender – MR 2003, 109 = wbl 2002, 480 = ÖBl-LS 2002/182.
[5]) OGH 17. 12. 2002, 4 Ob 274/02a – Felsritzbild – MR 2003, 162 (*Walter*); OGH 24. 4. 2001, 4 Ob 94/01d – www.telering.at – ÖBl 2001, 276 = ÖBl-LS 2001/149, 150 = RdW 2001/609 = MR 2001, 234 = wbl 2001, 537 (*Thiele*) = ecolex 2001, 847 (*Schanda*) = MMR 2002, 42.
[5]) OGH 28. 5. 2002, 4 Ob 65/02s – Tischkalender – MR 2003, 109 = wbl 2002, 480 = ÖBl-LS 2002/182 (unter Berufung auf *Peter*, Urheberrecht 38).
[6]) OGH 28. 5. 2002, 4 Ob 65/02s – Tischkalender – MR 2003, 109 = wbl 2002, 480 = ÖBl-LS 2002/182.
[7]) OGH 19. 11. 2002, 4 Ob 229/02h – Hundertwasserhaus II – ÖBl 2003, 142 (*Gamerith*) = ÖBl-LS 2003/34, 35 = MR 2003, 41 = RdW 2003/267; OGH 9. 11. 1999, 4 Ob 282/99w – Ranking – MR 1999, 346 = ÖBl-LS 2000/26.
[8]) OGH 17. 12. 1996, 4 Ob 2363/96w – Head-Kaufvertrag – ÖBl 1997, 256 = MR 1997, 93 (*Walter*) = SZ 69/283 = wbl 1997, 175 = GRUR Int 1998, 334.
[9]) OGH 17. 12. 2002, 4 Ob 274/02a – Felsritzbild – MR 2003, 162 (*Walter*).
[10]) Vgl OGH 10. 12. 1985, 4 Ob 387/85 – Tagebücher – ÖBl 1986, 27 = MR 1986, 20 (*Walter*) = SZ 58/201 = GRUR Int 1986, 486.
[11]) OGH 24. 4. 2001, 4 Ob 94/01d – www.telering.at – ÖBl 2001, 276 = ÖBl-LS 2001/149, 150 = RdW 2001/609 = MR 2001, 234 = wbl 2001, 537 (*Thiele*) = ecolex 2001, 847 (*Schanda*) = MMR 2002, 42; OGH 12. 4. 2000, 4 Ob 26/00b – Einreichplanung – MR 2000, 313 (*Walter*) = ÖBl-LS 2000/85.
[12]) OGH 16. 6. 1992, 4 Ob 53/92 – City-Gemeinschaft Klagenfurt – ÖBl 1992, 181 = MR 1992, 201 = ecolex 1992, 712 (*Kucsko*).

all das kann nicht zugunsten eines Einzelnen urheberrechtlich geschützt werden. Gleiches gilt für *Stil, Manier und Technik* eines Werks[13].
- Nie schutzfähig ist die *Methode des Schaffens*.[14]
- Die *künstlerische Form* als solche ist nicht schutzfähig.[15]
- Nicht schutzfähig sind *Gedanken (Ideen)* an sich.[16]
- Auf den *künstlerischen, wissenschaftlichen und ästhetischen Wert* des Werks kommt es nicht an: Auch ein minderwertiges oder geschmackloses Werk kann geschützt sein, sofern es nur die erforderliche Individualität aufweist.[17]
- Der Werkbegriff ist *zweckneutral*: Ob etwa das Werk für Werbezwecke oder zur Belehrung geschaffen wurde, ist unerheblich.[18] Auch ein bloßer Gebrauchszweck schadet nicht.[19]
- Bei *kartografischen Werken* ist die bloße Wiedergabe geographischer Tatsachen ebenso wenig schutzfähig wie rein schablonenmäßige Darstellungsformen oder übliche Darstellungstechniken.[20]
- *Wissenschaftliche Sprachwerke* müssen eine sich durch individuelle Darstellung auszeichnende sprachliche Schöpfung auf wissenschaftlichem Gebiet sein, deren äußere Form und/oder inhaltliche Gestaltung sich von vergleichbaren Werken deutlich abhebt.[21]
- Auch *Slogans* können urheberrechtlich geschützt sein, wenn sie eine eigentümliche Prägung haben.[22]
- *Wortfolgen* und Darstellungen genießen Urheberrechtsschutz, wenn in der Gestaltung eine *gedankliche Bearbeitung* zum Ausdruck kommt, welche ihr eine *persönliche, unverwechselbare Note* gibt und die sie daher von anderen Erzeugnissen ähnlicher Art abhebt. Kein Werk liegt vor, wenn sich die Wortfolgen und Darstellungen weder durch einen *neuen Gedanken* noch durch eine *originelle Ausgestaltung* auszeichnen.[23]
- Auch die eigenständige geistige Bearbeitung eines vorgefundenen Objekts oder einer *Naturerscheinung* kann ein „Werk" sein, sofern in ihr nur die individuelle Handschrift des Urhebers zum Ausdruck kommt.[24]
- *Geometrische Zeichen*, wie etwa Dreiecke, sind nicht schutzfähig.[25]

---

[13]) OGH 19. 11. 2002, 4 Ob 229/02h – Hundertwasserhaus II – ÖBl 2003, 142 (*Gamerith*) = ÖBl-LS 2003/34, 35 = MR 2003, 41 = RdW 2003/267; OGH 16. 3. 1982, 4 Ob 434/81 – Koch-Männchen – ÖBl 1983, 21 (*Schönherr/Nowakowski*).
[14]) OGH 17. 12. 2002, 4 Ob 274/02a – Felsritzbild – MR 2003, 162 (*Walter*); OGH 9. 11. 1999, 4 Ob 282/99w – Ranking – MR 1999, 346 = ÖBl-LS 2000/26.
[15]) OGH 25. 6. 1996, 4 Ob 2093/96i – AIDS-Kampagne – ÖBl 1997, 199 = MR 1996, 188 (*Walter*).
[16]) OGH 14. 5. 1996, 4 Ob 2085/96p – Hier wohnt – ÖBl 1996, 292 = ecolex 1996, 769 = MR 1996, 241 (*Walter*).
[17]) StRsp etwa OGH 2. 3. 1982, 4 Ob 427, 428/81 – Blumenstück – ÖBl 1982, 164 = SZ 55/25.
[18]) OGH 2. 3. 1982, 4 Ob 427, 428/81 – Blumenstück – ÖBl 1982, 164 = SZ 55/25.
[19]) OGH 12. 8. 1996, 4 Ob 2161/96i – Buchstützen – ÖBl 1997, 38 = MR 1997, 33 (*Walter*) = GRUR Int 1997, 1030.
[20]) OGH 17. 12. 2002, 4 Ob 274/02a – Felsritzbild – MR 2003, 162 (*Walter*); OGH 22. 3. 2001, 4 Ob 22/01s – Weinviertelkarte – MR 2001, 106 = ÖBl-LS 2001/105; OGH 14. 9. 1999, 4 Ob 245/99d – Liniennetzplan – MR 2000, 103 (*Walter*) = ÖBl-LS 2000/27; OGH 24. 11. 1998, 4 Ob 292/98i – Mittelschulatlas – MR 1999, 171 (*Walter*) = ecolex 1999, 409 (*Tahedl*).
[21]) OGH 17. 12. 2002, 4 Ob 274/02a – Felsritzbild – MR 2003, 162 (*Walter*); OGH 9. 11. 1999, 4 Ob 282/99w – Ranking – MR 1999, 346 = ÖBl-LS 2000/26.
[22]) LG Innsbruck 29. 5. 2000, 11 Cg 4/00m – Holz Eich´s Holz – MR 2001, 166 (*Walter*).
[23]) OGH 13. 9. 2000, 4 Ob 223/00y – Holz Eich´s Holz – MR 2001, 166 (*Walter*).
[24]) OGH 17. 12. 2002, 4 Ob 274/02a – Felsritzbild – MR 2003, 162 (*Walter*).
[25]) LG Innsbruck 29. 5. 2000, 11 Cg 4/00m – Holz Eich´s Holz – MR 2001, 166 (*Walter*).

▸ Eine *Fotografie* hat dann Werkcharakter, wenn sie das Ergebnis der eigenen geistigen Schöpfung des Urhebers ist, ohne dass es eines besonderen Maßes an *Originalität* bedürfte. Entscheidend ist, dass eine individuelle Zuordnung zwischen Lichtbild und Fotograf insofern möglich ist, als dessen Persönlichkeit auf Grund der von ihm gewählten Gestaltungsmittel (Motiv, Blickwinkel, Beleuchtung uvm) zum Ausdruck kommt. Eine solche Gestaltungsfreiheit besteht nicht nur für professionelle Fotografen, sondern auch für die Masse der Amateurfotografen, die alltägliche Szenen festhalten. Entscheidend ist das Kriterium der *Unterscheidbarkeit*, das immer schon dann erfüllt ist, wenn man sagen kann, ein anderer Fotograf hätte das Lichtbild möglicherweise anders gestaltet.[26]

▸ Eine *Gebrauchsgrafik* ist nur dann geschützt, wenn sie individuell und originell ist.[27]

▸ Die Anwendung der allgemeinen Grundsätze auf eine konkrete Gestaltung ist *keine erhebliche Rechtsfrage* im Sinne des § 528 Abs 1 ZPO.[28]

Der Kläger muss jene Kriterien *behaupten* und beweisen, die den Urheberrechtsschutz begründen sollen.[29]

In der Praxis, insbesondere der Bundesrepublik Deutschland, wird auch die so genannte „*kleine Münze*" geschützt (zB Landkarten, Kataloge mit einer besonderen Zusammenstellung der Daten).[30] Schon hier sei aber auf die allgemeine Problematik bei Werken mit geringer Individualität hingewiesen: Als so genanntes „Plagiat"[31], demnach als Urheberrechtsverletzung, kann dann nur die genaue Kopie angesehen werden. Für die Beurteilung der Frage, ob eine Urheberrechtsverletzung vorliegt, ist immer die Übereinstimmung zwischen dem Original und dem Verletzungsgegenstand im schöpferischen Teil, also in jenem Teil des Originals, der diesem das Gepräge der Einmaligkeit gibt, entscheidend.[32]

Durch die *Anlehnung* an ein fremdes Werk wird die Eigentümlichkeit im Allgemeinen noch nicht ausgeschlossen.

---

[26]) OGH 17. 12. 2002, 4 Ob 274/02a – Felsritzbild – MR 2003, 162 (*Walter*); OGH 12. 9. 2001, 4 Ob 179/01d – Eurobike – ÖBl 2003, 39 (*Gamerith*) = MR 2001, 389 (*Walter*) = RdW 2002/205.

[27]) OGH 24. 4. 2001, 4 Ob 94/01d – www.telering.at – ÖBl 2001, 276 = ÖBl-LS 2001/149, 150 = RdW 2001/609 = MR 2001, 234 = wbl 2001, 537 (*Thiele*) = ecolex 2001, 847 (*Schanda*) = MMR 2002, 42.

[28]) OGH 7. 3. 1995, 4 Ob 10/95 – Kerzenständer – MR 1986, 244.

[29]) OGH 22. 3. 2001, 4 Ob 22/01s – Weinviertelkarte – MR 2001, 106 = ÖBl-LS 2001/105; OGH 14. 9. 1999, 4 Ob 245/99d – Liniennetzplan – MR 2000, 103 (*Walter*) = ÖBl-LS 2000/27; OGH 24. 11. 1998, 4 Ob 292/98i – Mittelschulatlas – MR 1999, 171 (*Walter*) = ecolex 1999, 409 (*Tahedl*); OGH 18. 10. 1994, 4 Ob 92/94 – Lebenserkenntnis – ÖBl 1995, 182 = MR 1995, 140 (*Walter*) = GRUR Int 1996, 663; *Dittrich*, ecolex 1993, 531; *Dittrich*, GRUR Int 1993, 200.

[30]) Beispiele aus der österr Rsp für den Schutz bei schwacher Individualität: OGH 1. 9. 1970, 4 Ob 336/70 – ZahnärztekammerG I – ÖBl 1970, 146; OGH 7. 3. 1978, 4 Ob 317/78 – Stichwörterverzeichnis – ÖBl 1978, 107.

[31]) Zum Plagiatsbegriff: *Frohne*, Die Stichworte ‚Plagiarisme' resp. ‚Plagiat' und ‚Plagiaire' in den Enzyklopädien von P. Bayle und D. Diderot, ÖSGRUM 7 (1988) 20.

[32]) OGH 21. 4. 1998, 4 Ob 85/98y – EAV-Klang – ÖBl 1998, 360 (*Klauser*); OGH 25. 6. 1996, 4 Ob 2093/96i – AIDS-Kampagne – ÖBl 1997, 199 = MR 1996, 188 (*Walter*).

Beispiele geschützter Leistungen:

- OGH 9. 12. 1969: die kritische Würdigung einer Theateraufführung;[33]
- OGH 1. 9. 1970: ein Gesetzesentwurf;[34]
- OGH 10. 6. 1975: die Vorderseite eines österr Tausend-Schilling-Scheines;[35]
- OGH 7. 3. 1978: das Stichwortverzeichnis einer mit Anmerkungen versehenen Gesetzesausgabe;[36]
- OGH 13. 1. 1981: geschnitzte Krippenfiguren;[37]
- OGH 2. 3. 1982: ein abstoßendes Gedicht;[38]
- OLG Wien 21. 7. 1983: der „Pumuckl" von Ellis Kaut;[39]
- OGH 10. 7. 1984: ein hinterbeinloser Stahlrohrsessel;[40]
- OGH 12. 9. 1989: ein Schriftzug als Signet für eine Schischule;[41]
- OGH 10. 7. 1990: der Vers „Voll Leben und voll Tod ist diese Erde" (aus dem Gedicht Jura Soyfers „Das Lied von der Erde");[42]
- OGH 23. 10. 1990: die Liedzeile „So ein Tag, so wunderschön wie heute" (Text: Walter Rothenburg; Musik Lotar Olias);[43]
- OGH 16. 6. 1992: die Graphik eines Lindwurms;[44]
- OGH 11. 7. 1995: Ein Pfeil (Abbildung rechts), der durch die „einem Kometenschweif ähnliche Gestaltung des Pfeilschaftes den Fahrtwind" ausdrückt, ist als eigentümliche Schöpfung beurteilt worden.[45]
- OGH 12. 3. 1996: Dem Refrain des Liedes „Happy Birthday to you" (von *Stevie Wonder*) wurde Urheberrechtsschutz zuerkannt (Notenbild, Abbildung rechts).[46]
- OGH 17. 12. 1996: Auch ein *anwaltlicher Vertragsentwurf* kann geschützt sein, wenn es sich nicht bloß um routinemäßige Angelegenheiten handelt.[47]

---

[33]) OGH 9. 12. 1969, 4 Ob 94/69 – Rundfunk-Theaterkritiker – ÖBl 1970, 104.
[34]) OGH 1. 9. 1970, 4 Ob 336/70 – ZahnärztekammerG I – ÖBl 1970, 146.
[35]) OGH 10. 6. 1975, 4 Ob 320/75 – 1000-S-Banknote – ÖBl 1975, 150. Zum Urheberrecht an den EURO-Münzen vgl die Mitteilung der Kommission Dok KOM (2001) 600 endg v 13. 11. 2001, ABl 2001 C 318 S 3.
[36]) OGH 7. 3. 1978, 4 Ob 317/78 – Stichwörterverzeichnis – ÖBl 1978, 107.
[37]) OGH 13. 1. 1981, 4 Ob 399/80 – Bacher-Krippe – ÖBl 1981, 137 = GRUR Int 1981, 582.
[38]) OGH 2. 3. 1982, 4 Ob 427, 428/81 – Blumenstück – ÖBl 1982, 164 = SZ 55/25.
[39]) OLG Wien 21. 7. 1983, 1 R 136/83.
[40]) OGH 10. 7. 1984, 4 Ob 337/84 – „Mart Stam"-Stuhl – ÖBl 1985, 24 = MR 1992, 21 = GRUR Int 1985, 684.
[41]) OGH 12. 9. 1989, 4 Ob 76/89 – Happy Skiing – ÖBl 1990, 136 = MR 6/89, 210 (*Walter*).
[42]) OGH 10. 7. 1990, 4 Ob 72/90 – Voll Leben und voll Tod – ÖBl 1990, 283 = MR 1990, 227 (*Walter*) = ecolex 1990, 679 (*Zanger*) = wbl 1990, 382.
[43]) OGH 23. 10. 1990, 4 136/90 – So ein Tag ... – ÖBl 1991, 42 = MR 1991, 22 (*Walter*) = ecolex 1991, 184 (*Kucsko*) = wbl 1991, 66 = GRUR Int 1991, 652.
[44]) OGH 16. 6. 1992, 4 Ob 53/92 – City-Gemeinschaft Klagenfurt – ÖBl 1992, 181 = MR 1992, 201 = ecolex 1992, 712 (*Kucsko*).
[45]) OGH 11. 7. 1995, 4 Ob 58/95 – Pfeilgrafik – ÖBl 1996, 56 = MR 1996, 107 (*Walter*) = wbl 1995, 514 = ecolex 1995, 910.
[46]) OGH 12. 3. 1996, 4 Ob 9/96 – Happy Birthday – ÖBl 1996, 251 = MR 1996, 111 (*Walter*) = ZfRV 1996/47 (OLG Wien 19. 12. 1995, 3 R 205/95 – Happy Birthday I – MR 1996, 109).
[47]) OGH 17. 12. 1996, 4 Ob 2363/96w – Head-Kaufvertrag – ÖBl 1997, 256 = MR 1997, 93 (*Walter*) = SZ 69/283 = wbl 1997, 175 = GRUR Int 1998, 334. Zum lauterkeitsrechtlichen Schutz von AGBs: OGH 27. 7. 1993, 4 Ob 62, 63/93 – Loctite – ecolex 1993, 825 = wbl 1994, 29.

- OGH 22. 6. 1999: Der aus zwei verschiedenen Schriftarten zusammengesetzte Schriftzug „Zimmermann FITNESS" wurde als geschützt beurteilt (Abbildung rechts).[48] 
- OGH 24. 4. 2001: Bei einer *Website* ist die rein handwerkliche, routinemäßige Layoutleistung nicht geschützt. Für die besondere Gestaltung eines Banners mit dem schräg gedruckten Buchstaben „i", der (rhetorischen) Frage „Wo ist die 1012 Privat Website geblieben?" und den zwei versetzt angebrachten quadratischen Zeichen wurde der Schutz jedoch bejaht (Abbildung rechts).[49] 
- OGH 19. 11. 2002: Das „Hundertwasser-Haus" ist geschützt.[50]
- OGH 17. 12. 2002: Die zweidimensionale zeichnerische Darstellung eines in der Natur vorgefundenen Felsritzbildes mittels schwarzer Linien auf weißem Hintergrund wurde ebenfalls als geschützt beurteilt. Bei jeder einzelnen Linie musste interpretiert werden, ob es sich dabei um eine künstlich geschaffene Felsritze, um eine nachträgliche willkürliche Ergänzung oder um natürliche Verwitterung handelt.[51]

Beispiele nicht geschützter Leistungen:

- OGH 17. 2. 1987: das Wort „Radial" als Bezeichnung für Skier;[52]
- OGH 7. 4. 1992: die Gestaltung eines Formblatts des Bundesministeriums für Landesverteidigung (Abbildung rechts);[53] 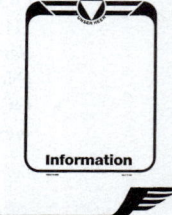
- OGH 18. 5 1993: eine aus stilisierten Flügeln bestehende Graphik (Abbildung rechts);[54] 
- OGH 22. 3. 1994: der Slogan „Auf bald – beim Wienerwald";[55]
- OGH 19. 9. 1995: Das Design von Skischuhen (Abbildung rechts) wurde nicht geschützt. Sie seien nicht als „Kunstwerke" anzusehen.[56]

---

[48]) OGH 22. 6. 1999, 4 Ob 159/99g – Zimmermann FITNESS – ÖBl 2000, 130 (*Kucsko*) = MR 1999, 282 = GRUR Int 2000, 449 (*Keim*).
[49]) OGH 24. 4. 2001, 4 Ob 94/01d – www.telering.at – ÖBl 2001, 276 = ÖBl-LS 2001/149, 150 = RdW 2001/609 = MR 2001, 234 = wbl 2001, 537 (*Thiele*) = ecolex 2001, 847 (*Schanda*) = MMR 2002, 42.
[50]) OGH 19. 11. 2002, 4 Ob 229/02h – Hundertwasserhaus II – ÖBl 2003, 142 (*Gamerith*) = ÖBl-LS 2003/34, 35 = MR 2003, 41 = RdW 2003/267.
[51]) OGH 17. 12. 2002, 4 Ob 274/02a – Felsritzbild – MR 2003, 162 (*Walter*).
[52]) OGH 17. 2. 1987, 4 Ob 405/86 – Radial – ÖBl 1987, 109 = SZ 60/26 = wbl 1987, 128 = PBl 1988, 59.
[53]) OGH 7. 4. 1992, 4 Ob 36/92 – Bundesheer-Formblatt – ÖBl 1992, 81 = MR 1992, 199 (*Walter*) = SZ 65/51 = EvBl 1993/36 = wbl 1992, 340 = GRUR Int 1993, 565.
[54]) OGH 18. 5 1993, 4 Ob 34/93 – Hermes-Symbol – ÖBl 1993, 132 = MR 1993, 186 (*Walter*) = ecolex 1993, 688 (*Kucsko*) = wbl 1993, 368.
[55]) OGH 22. 3. 1994, 4 Ob 166/93 – Wienerwald II – ÖBl 1994, 232 = MR 1994, 120 (*Walter*) = RdW 1994, 279 = ecolex 1994, 552 = wbl 1994, 314.
[56]) OGH 19. 9. 1995, 4 Ob 1060/95 – Schi- und Wanderschuhe – MR 1996, 108.

- OGH 14. 5. 1996: Das rechts abgebildete Türschild mit Enten wurde als nicht geschützt qualifiziert.[57]
- OGH 12. 8. 1996: Die in alltäglicher Sprache formulierte *Gebrauchsinformation* eines Arzneimittels wurde als nicht geschützt beurteilt.[58]
- OGH 14. 1. 1997: Der Gestaltung des *Schriftzuges* „Palette" mit einer Standard-Computerschrift, bei der nur die Abstände zwischen den Buchstaben verkürzt wurden, zusammen mit der schlichten Darstellung eines Buchs, wurde kein Urheberrechtsschutz zuerkannt.[59]
- OGH 14. 9. 1999: Ein *Liniennetzplan* öffentlicher Verkehrsmittel, bei dem die Linien vom Zentrum ausgehend verjüngend zum Randbereich hin gestaltet sind, wurde als nicht geschützt beurteilt.[60]
- OGH 9. 11. 1999: Den Ergebnissen einer *Rangliste* für Werbeagenturen wurde der Urheberrechtsschutz abgesprochen.[61]
- OGH 13. 9. 2000: Der Slogan „Holz Eich´s Holz" ist nur die Abwandlung der Wortfolge „Holt´s euch´s Holz!" aus dem Tiroler Dialekt. Ihm fehlt die erforderliche Kreativität.[62]
- OGH 28. 5. 2002: Einem *Tischkalender* aus einem gefalteten Karton, der mit einer Nylonschnur zusammengehalten wird, und bei dem zwei Metallringe die einzelnen, in üblicher Form grafisch gestalteten Blätter wie bei einem Ringbuch zusammenhalten, wurde die Eigentümlichkeit abgesprochen.[63]
- OGH 19. 11. 2002: Der *„Hundertwasser-Stil"* als solcher genießt keinen Urheberrechtsschutz.[64]
- OGH 17. 12. 2003: Die Gestaltung von Webseiten mit einer vertikalen Menüleiste am linken und einem horizontalen Werbebanner am oberen Seitenrand ist nicht geschützt.[65]

2.1.3. „geistige Schöpfung"

Das zweite Tatbestandsmerkmal des § 1 Abs 1 UrhG, „geistige Schöpfung", bedeutet, dass der Schutzgegenstand nicht die körperliche Festlegung (das einzelne Urstück, das Vervielfältigungsstück), sondern die dahinter stehende geistige Gestaltung ist.[66]

---

[57]) OGH 14. 5. 1996, 4 Ob 2085/96p – Hier wohnt – ÖBl 1996, 292 = ecolex 1996, 769 = MR 1996, 241 (*Walter*).
[58]) OGH 12. 8. 1996, 4 Ob 2202/96v – Mutan-Beipackzettel – ÖBl 1997, 34 = ecolex 1996, 931 = wbl 1996, 502.
[59]) OGH 14. 1. 1997, 4 Ob 2385/96f – Für Sie gelesen – MR 1997, 41 = RdW 1998, 12.
[60]) OGH 14. 9. 1999, 4 Ob 245/99d – Liniennetzplan – MR 2000, 103 (*Walter*) = ÖBl-LS 2000/27.
[61]) OGH 9. 11. 1999, 4 Ob 282/99w – Ranking – MR 1999, 346 = ÖBl-LS 2000/26.
[62]) LG Innsbruck 29. 5. 2000, 11 Cg 4/00m – Holz Eich´s Holz – MR 2001, 166 (*Walter*).
[63]) OGH 28. 5. 2002, 4 Ob 65/02s – Tischkalender – MR 2003, 109 = wbl 2002, 480 = ÖBl-LS 2002/182.
[64]) OGH 19. 11. 2002, 4 Ob 229/02h – Hundertwasserhaus II – ÖBl 2003, 142 (*Gamerith*) = ÖBl-LS 2003/34, 35 = MR 2003, 41 = RdW 2003/267.
[65]) OGH 17. 12. 2002, 4 Ob 248/02b – METEO-data – ÖBl-LS 2003/45 und 76 = ÖBl 2003, 190 (*Fallenböck*; *Reitböck*) = ecolex 2003, 254 (*Tonninger*) = wbl 2003, 189 = MR 2003, 35 (*Burgstaller/Krüger*).
[66]) Vgl OGH 2. 3. 1982, 4 Ob 427, 428/81 – Blumenstück – ÖBl 1982, 164 = SZ 55/25.

2.1.4. „Schöpfung"

Das dritte Tatbestandsmerkmal in der Werkdefinition des § 1 Abs 1 UrhG besagt, dass es sich um eine „Schöpfung" handeln muss. Darunter ist das der Außenwelt wahrnehmbare Ergebnis der Gestaltung eines bestimmten Vorstellungsinhalts zu verstehen. Ein geistiges Gebilde kann nur dann Schutzgegenstand des Urheberrechts sein, wenn es der Außenwelt erkennbar gemacht worden ist. ZB: durch Worte, Bilder, Gebärden.

Schutzobjekt des Urheberrechts ist nur der *formgewordene* Gedanke.[67] Nicht erforderlich ist hingegen seine Festlegung (Aufzeichnung); der urheberrechtliche Schutz ist unabhängig von der körperlichen Festlegung des Werks. ZB: Auch improvisierte Kompositionen sind geschützt (und dürfen daher im Allgemeinen ohne Zustimmung des Berechtigten nicht auf Tonträgern festgehalten werden).

2.1.5. Werke der Literatur

Literaturhinweise: *Stölzle,* Unterliegen Leistungen eines Rechtsanwaltes dem Urheberrechtsschutz? AnwBl 1973, 2; *Dittrich,* Urheberrechtsfragen in der täglichen Arbeit des Notariats, FS Wagner (1987) 63; *Dillenz,* Urheberrechtsschutz heute, ÖBl 1990, 1 (2); *Dittrich,* Urheberrechtsschutz für die österreichische Bundeshymne? RfR 1992, 1; *Walter,* Der Begriff des „ausübenden Künstlers" im österr Urheberrecht – Regisseure, Bühnenbildner und Choreographen als ausübende Künstler und Urheber, ÖSGRUM 17 (1995); *Vock,* Software als literarische Werke des Urheberrechts? ÖBl 1996, 72.

Der Urheberrechtsschutz setzt weiters voraus, dass das Werk nicht nur den Voraussetzungen einer „eigentümlichen geistigen Schöpfung" entspricht, sondern auch zu einem der folgenden Gebiete (Literatur, Tonkunst, bildenden Künste oder Filmkunst) gehört. Die Unterscheidung dieser Werkkategorien ist insbesondere für die freie Werknutzung und für die Schutzfristen von Bedeutung.

§ 2 UrhG zählt als Werke der Literatur taxativ auf:
1. Sprachwerke aller Art einschließlich Computerprogrammen (§ 40a);
2. Bühnenwerke, deren Ausdrucksmittel Gebärden und andere Körperbewegungen sind (choreographische und pantomimische Werke);
3. Werke wissenschaftlicher oder belehrender Art, die in bildlichen Darstellungen in der Fläche oder im Raume bestehen, sofern sie nicht zu den Werken der bildenden Künste zählen.

---

[67]) OGH 11. 2. 1997, 4 Ob 17/97x – Wiener Aktionismus – ÖBl 1997, 301 = MR 1997, 98 (*Walter*).

2.1.5.1. Sprachwerke aller Art

Dazu gehören Werke, deren Ausdrucksmittel die Sprache ist, ohne Rücksicht darauf, ob sie durch Schrift oder auf Tonträgern festgelegt sind oder nicht. Dazu gehören auch Reden, Vorträge und Vorlesungen ohne Rücksicht darauf, ob sie festgehalten oder durch Schallträgeraufnahmen wörtlich wiederholbar gemacht werden. Ein einzelnes Wort, das kein Sprachgefüge bildet, kann kein Sprachwerk in diesem Sinne sein.[68]

Beispiel:

▸ In der bereits oben (Seite 673) geschilderten Auseinandersetzung zwischen zwei Medien, die beide mit derselben Wesenheit unter der Bezeichnung „*Ramtha*" gechannelt haben, war neben den kennzeichenrechtlichen Fragen auch zu klären, ob dieses, der Phantasie der Klägerin entstammende Wort nicht als solches urheberrechtlich geschützt ist. Der OGH hat jedoch das Vorliegen eines Sprachwerks und damit den Urheberrechtsschutz an diesem Wort verneint.[69]

2.1.5.2. Computerprogramme

Literaturhinweise: *Dittrich,* Elektronische Datenverarbeitung und Urheberrecht, ÖBl 1970, 1; *Eckert,* Der Computer, ein Rechtobjekt sui generis, ÖJZ 1977, 39; *Dittrich,* Urheberrechtsschutz für Computerprogramme? RdW 1983, 39; *Hodik,* Computerprogramme – Urheberrechtsschutz, MR 3/84, 14; *Dittrich,* Urheberrecht und moderne Technologien, LJZ 1985, 85; *Jahn,* Reichweite des Urheberrechtsschutzes für Computerprogramme, GesRZ 1985, 191; *Dittrich,* Urheberrechtsschutz für Computerprogramme? in *Kühne,* Software und Recht (1986) 103; *Hamburger,* Gedanken über den Schutz integrierter Schaltungen, ÖBl 1986, 89; *Hodik,* Der Schutz von Software im österreichischem Recht[2] (1986); *Hodik/Tanzer,* Die Verwertung selbstgeschaffener „Software" – Urheberrechtsschutz und Steuerbegünstigung nach § 38 Abs 4 EStG, GesRZ 1986, 122; *Röttinger,* Finden beim Lauf eines Computerprogramms Vervielfältigungsvorgänge im Sinne des Urheberrechts statt? FS 50 Jahre UrhG (1986) 203; *Röttinger,* Abkehr vom Urheberrechtsschutz für Computerprogramme? iur 1986, 1; *Wolff,* Die Rechte an durch Arbeitnehmer entwickelter Computer-Software, EDVuR 1986/1, 6; *Andréewitch,* Urheberrechtsschutz von Computer-Software, RdW 1987, 398; *Neeb/Ertl/Jaburek/Maschek/Wolf,* Musterverträge für Software, Schriftenreihe der Österreichischen Computergesellschaft (1987); *Röttinger,* Die Diskussion zum Rechtsschutz von Computerprogrammen in der BRD, in Österreich und der Schweiz in den vergangenen 20 Jahren – Teil III und Schluß, iur 1987, 139; *Schuhmacher,* Urheberrechtsschutz und wettbewerbsrechtlicher Schutz von Computer-Software. Teil 1: Urheberrecht, wbl 1987, 221; *Holzinger,* Rechtsschutz von Computerprogrammen im Urheber-, Patent- und Wettbewerbsrecht (1988); *Hodik,* Urheberrechtsfragen bei computergestützter Musikproduktion, MR 1988, 110; *Röttinger,* Der Schutz von Computerprogrammen nach österr Recht, Recht des Internationalen Wirtschaft 1988, 953; *Blocher,* Der Schutz von Software im Urheberrecht (1989); *Svoboda/Zanger,* Software-Urheberrecht (1989); *Jaburek,* Handbuch der EDV-Verträge (1990); *Röttinger,* Der Urheberrechtsschutz von Computersoftware in Österreich, ÖJZ 1990, 33; *Blocher,* Die EG-Richtlinie über den Rechtsschutz von Computerprogrammen, MR 1991, 93; *Gantner,* Der Schutz von Computerprogrammen (1991); *Blocher/Walter,* Softwareschutz nach der EG-Richtlinie und nach österreichischem Recht, EDVuR 1992, 5; *Dillenz,* Urheberrechtsschutz von Computerprogrammen, ecolex 1992, 177; *Dittrich,* Computer-Programme und Vervielfältigungsrecht, ecolex 1992, 339; *Gutjahr,* Rechtsprobleme der Verfolgung von Softwarepiraterie, EDVuR 1992, 126; *Kronberger,* Der Software-Vertrag (1992); *Liebscher,* Das Immaterialgüterrecht nach dem EWR-Abkommen, ÖBl 1992, 193; *Röttinger,* Urheberrechtsnovelle in Begutachtung – Schutz von Computerprogrammen, ecolex 1992, 172; *Schick/Schmölzer,* Das österrei-

---

[68]) OGH 22. 4. 1997, 4 Ob 96/97i – Ramtha – ÖBl 1998, 53 = ecolex 1997, 681 (*Schanda*) = MR 2000, 30.
[69]) OGH 22. 4. 1997, 4 Ob 96/97i – Ramtha – ÖBl 1998, 53 = ecolex 1997, 681 (*Schanda*) = MR 2000, 30.

chische Computerstrafrecht – eine Bestandsaufnahme, EDVuR 1992, 107; *Wittmann*, Rechtsprechung: Rechtsfragen bei von Dienstnehmern entwickelten Computerprogrammen, EDVuR 1992, 132; *Wittmann*, Verankerung des Softwareschutzes im Urheberrecht, MR 1992, 6; *Blocher,* Der Schutz von Software nach der Urheberrechtsgesetz-Novelle 1993 – Überblick, EDVuR 1993, 3; *Dillenz,* Die österreichische Urheberrechtsgesetz-Novelle 1993, GRUR Int 1993, 465; *Dittrich,* Die Urheberrechtsnovelle 1993, ecolex 1993, 170; *Haindl,* 1993 – Jahr des Urheberrechts, AnwBl 1993, 899; *Holzinger,* EG-Richtlinienentwurf zum Schutz von Datenbanken, EDVuR 1993, 57; *Jaburek,* Das neue Software-Urheberrecht (1993); *Plöch,* Sind Computerprogramme Werke der Tonkunst? FS Frotz (1993) 727; *Prändl,* Computerprogramme und EWG/EWR-Wettbewerbsrecht, ecolex 1993, 174; *Röttinger,* Software Protection in Austria: Changes Brought About by The Copyright Amendment Act 1993, The Int. Computer Lawyer 1993, 2; *Wachter/Winter,* Computerrecht für die betriebliche Praxis[3] (1993); *Wittmann/Popp,* Die Urheberrechtsgesetz-Novelle 1993, MR 1993, 4; *Blocher,* Die Rechtsstellung des Software-Anwenders nach österreichischem und deutschem Urheberrecht, EDVuR 1994, 5; *Gutjahr,* Zur Strafbarkeit von Softwaredelikten nach der geplanten Urheberrechtsgesetz-Novelle 1994, EDVuR 1994, 161; *E. Wolf,* Softwarelizenzvertrag und Konkurs, EDVuR 1994, 132; *Vock,* Neue Formen der Musikproduktion, ÖSGRUM 18 (1995); *Staudegger,* Rechtsfragen bei Individualsoftware, Schriftenreihe EDV & Recht, Bd 1 (1995); *Vock,* Software als literarische Werke des Urheberrechts? ÖBl 1996, 72; *Wachter/Winter,* Computerrecht für die betriebliche Praxis[3] (1996); *Dittrich,* Ausgewählte zivilrechtliche Fragen der Software-Piraterie, ÖBl 1999, 219.

Vorgaben des TRIPS-Abk: Das TRIPS-Abk schreibt die Zuordnung der Computerprogramme zu den Werken der Literatur vor: Computerprogramme in Quellcode oder Maschinenprogrammcode werden nach der RBÜ als Werke der Literatur geschützt (Art 10 Abs 1 TRIPS-Abk).

Vorgaben des Gemeinschaftsrechts: Nach Art 1 Abs 1 ComputerRL sind die Mitgliedstaaten verpflichtet, Computerprogramme urheberrechtlich als literarische Werke im Sinne der RBÜ zu schützen. Der Begriff „Computerprogramm" umfasst auch das Entwurfsmaterial zu ihrer Vorbereitung (Art 1 Abs 1, zweiter Satz ComputerRL). Der Schutz gilt für alle Ausdrucksformen von Computerprogrammen.[70]

Hingegen sind *Ideen* und *Grundsätze,* die irgendeinem Element eines Computerprogramms zugrunde liegen, einschließlich der den *Schnittstellen* zugrunde liegenden Ideen und Grundsätze, *nicht* im Sinne dieser Richtlinie urheberrechtlich geschützt (Art 1 Abs 2 ComputerRL). Die Gemeinschaft wollte nämlich durch die Harmonisierung des Softwareschutzes nicht die notwendige Bildung von Standards behindern: Die Funktion von Computerprogrammen bestehe darin, mit den anderen Komponenten eines Computersystems und den Benutzern in Verbindung zu treten. Zu diesem Zweck sei eine logische und, wenn zweckmäßig, physische Verbindung und Interaktion notwendig, um zu gewährleisten, dass Software und Hardware mit anderer Software und Hardware und Benutzern wie beabsichtigt funktionieren können. Die Teile des Programms, die eine solche Verbindung und Interaktion zwischen den Elementen von Software und Hardware ermöglichen sollen, bezeichnet man als „Schnittstellen", die funktionale Verbindung und Interaktion als „Interoperabilität" (= die Fähigkeit zum Austausch von Informationen und zur wechsel-

---

[70]) Auch Programme, die in die *Hardware* integriert sind (Erwägungsgrund 7 ComputerRL). *Qualitative* oder *ästhetische* Vorzüge eines Computerprogramms sollten nicht als Kriterium für die Beurteilung der Frage angewendet werden, ob ein Programm ein individuelles Werk ist oder nicht (Erwägungsgrund 8 ComputerRL).

seitigen Verwendung der ausgetauschten Informationen).[71] Nur die *Ausdrucksform* der Ideen und Grundsätze soll urheberrechtlich geschützt sein.[72]
Computerprogramme werden geschützt, wenn sie *individuelle Werke* in dem Sinne darstellen, dass sie das Ergebnis der eigenen geistigen Schöpfung ihres Urhebers sind. Zur Bestimmung ihrer Schutzfähigkeit sind keine anderen Kriterien anzuwenden (Art 1 Abs 3 ComputerRL).

Österreichische Regelung: *Computerprogramme*[73] zählen gemäß § 2 Z 1 UrhG zu den *Sprachwerken*. § 40a UrhG enthält seit der UrhG-Nov 1993 eine Sonderbestimmung für den Werkcharakter von Computerprogrammen: Sie sind dann als Werke im Sinne des UrhG zu beurteilen, „wenn sie das *Ergebnis der eigenen geistigen Schöpfung* ihres Urhebers sind". Damit wollte man klarstellen, dass keine übersteigerten Anforderungen an die „Eigentümlichkeit" dieser geistigen Schöpfung zu stellen sind. Ein Arbeitsergebnis auf diesem Gebiet ist dann geschützt, wenn es durch die Kombination vieler Programmschritte erreicht wurde und damit eine individuell geprägte Problemlösung ist.[74] Als „Computerprogramm" werden nunmehr alle Ausdrucksformen, einschließlich des Maschinencodes sowie das Material zur Entwicklung des Computerprogramms bezeichnet (§ 40a Abs 2 UrhG; vgl Art 1 Abs 2 und 3 Computer-Richtlinie; Art 10 Abs 1 TRIPS-Abk).

Beispiele:
- OGH 23. 5. 2000: Das *„Handwerkerpaket"*, eine komplexe Softwarelösung mit hohem Programmieraufwand, wurde als geschützt beurteilt.[75]
- OGH 19. 12. 2000: Auch das EDV-Programm *„Steuerprofi"* wurde ohne weitere Prüfung als Werk der Literatur gemäß § 2 Z 1 iVm § 40a Abs 1 UrhG beurteilt.[76]

2.1.5.3. Bühnenwerke

Zu den Werken der Literatur zählen auch die „Bühnenwerke", deren Ausdrucksmittel Gebärden und andere Körperbewegungen sind (choreographische und pantomimische Werke).

2.1.5.4. Werke wissenschaftlicher oder belehrender Art

Literaturhinweise: *Twaroch*, Urheberrecht an topographischen und thematischen Karten, MR 1992, 183; *Dittrich,* Urheberrechtlich geschützte Elemente von Landkarten, ÖBl 1994, 3.

---

[71]) Erwägungsgründe 9 bis 13 ComputerRL.
[72]) Erwägungsgrund 15 ComputerRL.
[73]) In zwei zweitinstanzlichen Entscheidungen wurde bereits Anfang der 80er Jahre die urheberrechtliche Schutzfähigkeit von Programmen grundsätzlich bejaht (OLG Wien 12. 12. 1985, 3 R 226/85 – Zahnarztprogramm – MR 1986, 22 = GesRZ 1986, 102 = EDVuR1986, 26; OLG Wien 8. 8. 1986, 3 R 101/86 – Commodore-Diskettenbetriebssystem – MR 6/86, 17 = EDVuR 1984/4, 34). Der OGH hat einen Schutz zunächst auf wettbewerbsrechtlicher Grundlage (§ 1 UWG) angenommen (OGH 19. 5. 1987, 4 Ob 323/86 – Zahnärzteprogramm – ÖBl 1987, 95 = MR 1987, 135 [*Walter*] = EDVuR 1987, 3).
[74]) OGH 9. 11. 1999, 4 Ob 282/99w – Ranking – MR 1999, 346 = ÖBl-LS 2000/26.
[75]) OGH 23. 5. 2000, 4 Ob 30/00s – Handwerkerpaket Win 2.3 – ÖBl 2001, 141 = ÖBl-LS 2000/123 = MR 2000, 249 (*Walter*) = ecolex 2000, 732 (*Schanda*) = RdW 2000/498, 651 = ZfRV 2000/93 = GRUR Int 2000, 1028.
[76]) OGH 19. 12. 2000, 4 Ob 256/00a – steuerprofi.at – ÖBl-LS 2001/66 = wbl 2001, 237 (*Thiele*).

Weiters gehören zu den Werken der Literatur auch die „*Werke wissenschaftlicher oder belehrender Art*, die in bildlichen Darstellungen in der Fläche oder im Raume bestehen, sofern sie nicht zu den Werken der bildenden Künste zählen". ZB: Landkarten[77], Globusse, Reliefdarstellungen.

2.1.5.5. Presseberichte

Literaturhinweise: *Dittrich,* Zur Tragweite des § 44 Abs 3 UrhG, MR 1985/1 Archiv 4; *Deisenberger*, „Nicht direkt, aber glatt", MR 2003, 157.

Artikel in Zeitungen und Zeitschriften können ebenso wie Interviews grundsätzlich als Werke der Literatur urheberrechtlich geschützt sein. Zur Klarstellung sagt allerdings § 44 Abs 3 UrhG: Einfache Mitteilungen darstellende Presseberichte (vermischte Nachrichten, Tagesneuigkeiten) genießen keinen urheberrechtlichen Schutz. Für solche Presseberichte gilt der wettbewerbsrechtliche Schutz nach § 79 UrhG (Seite 1336).

2.1.5.6. Mikrochips

Literaturhinweise: vgl dazu Seite 991.

Auch für *Mikrochips* besteht eine ausdrückliche Ausnahme von den Werken der Literatur. § 25 HlSchG bestimmt, dass das Urheberrecht an Werken der Literatur gemäß § 2 Z 3 UrhG und verwandte Schutzrechte für Lichtbilder (§ 73 UrhG) der geschäftlichen Verwertung von Topographien nicht entgegenstehen.

2.1.6. Werke der Tonkunst

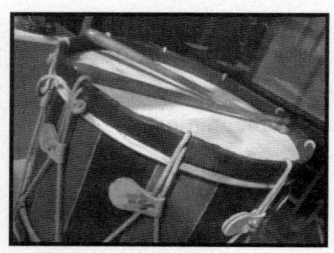

Tonkunst

Literaturhinweise: *Brenner*, Die Sprechmaschinenaufnahmen in ihrer Stellung zum Urheberrecht, GZ 1907, 265, 333 und 342; *Abel*, Zur urheberrechtlichen Behandlung der mechanischen Musikinstrumente, JBl 1910, 601 und 613; *Altschul*, Die mechanischen Musikinstrumente und ihre Stellung in der österreichischen und in der ungarischen Judikatur, JBl 1910, 505 und 517; *Engel*, Das Urheberrecht in der Musik, JBl 1951, 176; *Fischer-See*, Zur Frage der Zulässigkeit der Verwendung neuer Texte zu Werken der Tonkunst („Vertextung"), FS 50 Jahre UrhG (1986) 109; *Hodik*, Urheberrechtsfragen bei computergestützter Musikproduktion, MR 1988, 110; *Plöchl*, Sind Computerprogramme Werke der Tonkunst? FS Frotz (1993) 727; *Vock*, Neue Formen der Musikproduktion, ÖSGRUM 18 (1995).

Die „Werke der Tonkunst" sind im UrhG nicht definiert. Noch nicht als Ton*kunst* zu qualifizieren wären zB: akustische Signale.

---

[77]) Zum Schutz von Landkarten: *Dittrich,* ÖBl 1994, 3; OGH 29. 6. 1993, 4 Ob 55/93 – Oberösterreich-Karte II – MR 1993, 228 (*Walter*); OGH 14. 1. 1992, 4 Ob 125/91 – Oberösterreich-Karte – MR 1992, 197 (*Walter*) = ecolex 1992, 346 (*Kucsko*) = wbl 1992, 204 (*Schuhmacher*) = GRUR Int 1992, 836; OGH 6. 11. 1990, 4 Ob 155/90 – Stadtplan Innsbruck – ÖBl 1991, 134 = MR 1991, 70 (*Walter*) = wbl 1991, 138 = ecolex 1991, 183 (*Kucsko*) = GRUR Int 1991, 745.

Es ist vielmehr erforderlich, dass der Eindruck auf das Gehör in den beteiligten Verkehrskreisen – wenn auch nicht einhellig – als Kunst qualifiziert wird. Dieser Kunstbegriff ist variabel und zeitbedingt.[78] Der Schutzgegenstand kann zB in der Verbindung der rhythmischen Untermalung mit der Versgestaltung und dem sich daraus ergebenden Wortrhythmus, den vorkommenden Singspielsilben und den eingebauten Zwischenspielen ergeben.[79]

2.1.7. Werke der bildenden Künste

2.1.7.1. Allgemeines

Literaturhinweise: *Katz*, Ein Beitrag zur Lehre von dem Urheberrechte an Werken der Architektur, JBl 1900, 409; *Hermann*, Architektonische Pläne im deutsch-österreichischen internationalen Urheberrechtsschutze, GZ 1902, 191; *Hirsch-Ballin*, Zum Urheberrecht an Marken, FS 50 Jahre PA (1949) 53; *Peter*, Geschmacksmuster und Werk der angewandten Kunst, FS 60 Jahre Österreichisches Patentamt (1959) 106; *Dittrich*, Der urheberrechtliche Werkbegriff und die moderne Kunst, ÖJZ 1970, 365; *Dittrich*, Sind Lichtbildwerke gleichzeitig Lichtbilder? ÖBl 1978, 113; *Blum*, Parallelen des Urheberrechtsschutzes zum Musterschutz, ÖBl 1981, 113; *Hodik*, Die Urheberrechte des Bühnenbildners, FuR 1983, 298; *List*, Der Abbildungsschutz der österreichischen Banknoten, ÖJZ 1986, 481; *Rascher*, Für ein Urheberrecht des Bühnenregisseurs (1989) [47ff]; *Dillenz*, Urheberrechtsschutz heute, ÖBl 1990, 1 (2); *Dillenz*, Bauherr und Urheberrecht, ecolex 1991, 257; *Pflaum/ A. Schima*, Der Architektenvertrag (1991); *Walter*, Der Begriff des „ausübenden Künstlers" im österr Urheberrecht – Regisseure, Bühnenbildner und Choreographen als ausübende Künstler und Urheber, ÖSGRUM 17 (1995) 106; *Dietz*, Der „design approach" als Entlastung des Urheberrechts, FS Beier (1996) 355; *Katzenberger*, Urheberrechtsschutz von Modelleisenbahnen? FS Dittrich (2000) 177; *Röttinger*, Das Urheberrecht an den Euro-Münzen und Euro-Banknoten, ecolex 2000, 654; *Schramböck*, Urheberrechtsschutz von Internet-Websites und anderen Bildschirmdarstellungen von Computerprogrammen, ecolex 2000, 126; *Schumacher*, Schutz einer Website, ecolex 2002, 438; *Swoboda*, Radelnd zum Foto-Kunstwerk. Auswirkungen der „Eurobike"-Entscheidung für die Praxis des Fotorechts, MR 2002, 195; *Noll*, Lichtbildwerk und/oder einfaches Lichtbild, ÖBl 2003, 164.

Wo beginnt das Werk der angewandten „Kunst"?

Auch diese Werkkategorie wird vom Gesetz nicht umschrieben, sondern als bekannt vorausgesetzt. Beim Begriff „bildende *Künste*" wird wieder auf die innerhalb der beteiligten Verkehrskreise (Künstler, Kunsthändler, Kunsthistoriker, Sammler, Kritiker) herrschende Auffassung abgestellt werden müssen. Die Rechtsprechung verlangt, dass das Schaffensergebnis objektiv als Kunst interpretierbar sein muss. Diese Voraussetzung sei erfüllt, wenn es mit den Darstellungsmitteln der bildenden

---

[78]) Zur aktuellen Entwicklung: *Vock*, ÖSGRUM 18 (1995).
[79]) OGH 21. 4. 1998, 4 Ob 85/98y – EAV-Klang – ÖBl 1998, 360 (*Klauser*).

Künste durch formgebende Tätigkeit hervorgebracht und zum Anschauen bestimmt ist.[80]

Gemäß § 3 UrhG gehören zu den Werken der bildenden Künste auch die Werke der Lichtbildkunst (*Lichtbildwerke*), der *Baukunst*[81] (deren Modelle, Pläne, Zeichnungen und Entwürfe[82]) und der *angewandten Kunst*[83] (des Kunstgewerbes).[84] Auch Werke der „*Gebrauchsgraphik*" zählen dazu.[85] Die *Werke der Lichtbildkunst* wurden erst mit der Novelle 1953 einbezogen (bis dahin bestand für Lichtbilder nur das Leistungsschutzrecht). Dazu kommentierten die EB 1953[86] unter Berufung auf *Frieberger/Peter*[87]: *„Ob einem Lichtbild ein eigenpersönlicher Charakter (Kunstwerkcharakter) zuerkannt werden kann oder nicht, wird von einer Reihe von Umständen abhängen, wie der Auswahl des Punktes, von dem aus die Aufnahme gemacht wird, der Verwendung eines bestimmten Objektivs, der Beleuchtung des Aufnahmegegenstandes, der Belichtung der Aufnahme, der Entwicklung des Negativs (durch die dieses einer unterschiedlichen Behandlung unterworfen wird), der Retusche des Negativs (zwecks Vereinheitlichung des künstlerischen Gesamtbildes), dem Kopieren des Negativs udgl".* Zum aktuellen Stand der Beurteilung der Abgrenzung zwischen dem Leistungsschutz genießenden Lichtbild und dem vollen Urheberrechtschutz in Anspruch nehmenden Lichtbildwerk sogleich im Folgenden.

Umstritten ist, ob und unter welchen Voraussetzungen bestimmte Werke *moderner Kunst* urheberrechtlichen Schutz genießen.[88] ZB der von Duchamp ausgestellte Flaschentrockner; monochrome Bilder; von Computern hergestellte Graphiken.

---

[80]) OGH 24. 4. 2001, 4 Ob 94/01d – www.telering.at – ÖBl 2001, 276 = ÖBl-LS 2001/149, 150 = RdW 2001/609 = MR 2001, 234 = wbl 2001, 537 (*Thiele*) = ecolex 2001, 847 (*Schanda*) = MMR 2002, 42; OGH 12. 4. 2000, 4 Ob 26/00b – Einreichplanung – MR 2000, 313 (*Walter*) = ÖBl-LS 2000/85; OGH 7. 3. 1995, 4 Ob 10/95 – Kerzenständer – MR 1996, 244.

[81]) Einen allgemeinen Überblick über die Rechte an Werken der Baukunst gibt *Dillenz*, ecolex 1991, 257. Vgl auch OGH 12. 4. 2000, 4 Ob 26/00b – Einreichplanung – MR 2000, 313 (*Walter*) = ÖBl-LS 2000/85.

[82]) OGH 3. 5. 2000, 4 Ob 127/00f – Baupläne – MR 2000, 316 (*Walter*) = ÖBl-LS 2000/102.

[83]) Zur Abgrenzung des Schutzes von Werken der angewandten Künste gegenüber gewerblichen Mustern und Modellen vgl auch Art 2 Abs 7 RBÜ.

[84]) Der Begriff „angewandte Kunst" wurde zunächst durch die UrhG-Nov 1993 aus der VermietRL in § 16a Abs 4 Z 2 UrhG übernommen. Mit der UrhG-Nov 1996 wurde er dann auch in die Begriffsdefinition des § 3 Abs 1 UrhG eingefügt, ohne dass damit eine Begriffsänderung beabsichtigt war (EB, 3 BlgNR 20. GP 18). Zum Bühnenbild als Werk der angewandten Kunst: *Hodik*, FuR 1983, 298.

[85]) OGH 24. 4. 2001, 4 Ob 94/01d – www.telering.at – ÖBl 2001, 276 = ÖBl-LS 2001/149, 150 = RdW 2001/609 = MR 2001, 234 = wbl 2001, 537 (*Thiele*) = ecolex 2001, 847 (*Schanda*) = MMR 2002, 42; OGH 16. 6. 1992, 4 Ob 53/92 – City-Gemeinschaft Klagenfurt – ÖBl 1992, 181 = MR 1992, 201 = ecolex 1992, 712 (*Kucsko*).

[86]) 64 BlgNR 7. GP.

[87]) Die Brüsseler Neufassung des Berner Übereinkommens und das österreichische Urheberrecht (1949) 60.

[88]) *Dittrich*, ÖJZ 1970, 365.

2.1.7.2. Lichtbildwerke

Literaturhinweise: *Dittrich,* Sind Lichtbildwerke gleichzeitig Lichtbilder? ÖBl 1978, 113; *Wadle,* Photographie und Urheberrecht im 19. Jahrhundert, ÖSGRUM 9 (1991) 179.

Lichtbildwerk

Vorgaben des Gemeinschaftsrechts: Für den Schutz von *Photographien* enthält die SchutzfristenRL eine materiellrechtliche Vorgabe: Fotografien werden gemäß Art 1 SchutzfristenRL geschützt, wenn sie *individuelle Werke* in dem Sinne darstellen, dass sie das Ergebnis der eigenen geistigen Schöpfung ihres Urhebers sind. Zur Bestimmung ihrer Schutzfähigkeit sind keine anderen Kriterien anzuwenden. Die Mitgliedstaaten können den Schutz anderer Fotografien vorsehen (Art 6 SchutzfristenRL).

Österreichische Regelung: Werke der Lichtbildkunst (Lichtbildwerke) sind durch ein photographisches oder durch ein der Photographie ähnliches Verfahren hergestellte Werke (§ 3 Abs 2 UrhG). Fotografien sind dann als Lichtbildwerk zu beurteilen, wenn sie das Ergebnis der eigenen Schöpfung ihres Urhebers sind, ohne dass es eines besonderen Maßes an Originalität bedürfte.[89] Fehlt diese Voraussetzung, so bleibt nur der Leistungsschutz (Seite 1311).

2.1.8. Werke der Filmkunst

Literaturhinweise: *Brenner,* Das Projektionsbild in seiner urheberrechtlichen Bedeutung, GZ 1911, 189; *Berger,* Urheberrechtliche Gedanken über die kinematographische Dichtung, GZ 1912, 440; *Abel,* Kinematographie und Urheberrecht, GZ 1914, 49; *Engel,* Das Filmrecht im deutsch-österreichischen Urheberrechtsentwurfe, AnwZ 1933, 451; *Groß,* Zum deutsch-österreichischen Urheberrechtsentwurf (Der Tonfilm, die Zwangslizenz und das Urheberrecht bei kinematographischen Erzeugnissen), JBl 1933, 449; *Fuld,* Abtretung von Urheberrechten für Verfilmung, JBl 1935, 230; *Engel,* Der Film in Recht und Wirtschaft, AnwZ 1937, 8; *Frieberger,* Filmurheber und Filmhersteller, UFITA 23 (1957) 149; *Peter,* Zum Recht der Verfilmung und Filmverwertung, ÖBl 1957, 32; *Peter,* Das allgemeine Persönlichkeitsrecht und das „droit moral" des Urhebers und des Leistungsschutzberechtigten in den Beziehungen zum Film, UFITA 36 (1962) 257; *Schönherr,* Der Film im österreichischen Recht, in Österr Landesreferate zum VII. Internat Kongreß für Rechtsvergleichung in Uppsala (1966); *Dittrich,* Gedanken zum österreichischen Filmurheberrecht, UFITA 59 (1971) 103; *Dillenz,* Filmwerk und „Fernsehwerk" im österreichischen Recht, ÖBl 1972, 133; *Handl,* Filmwirtschaftlich relevante Vorschläge zur Änderung des österreichischen Urheberrechtsgesetzes, FuR 1974, 624; *Gesek,* Rechtssicherheit für Filmarchive, FuR 1980, 181; *Hodik,* Rechtsfragen bei Musikvideos, ÖBl 1985, 1; *Hodik,* Videorecht und Videopraxis in Österreich, MR, Sonderheft 1985; *Wittmann* (Hrsg), Videorecht und Videopraxis in Österreich, MR International Sonderheft (September 1985); *Scolik,* „Benützungsgebühr" und freie Verwertung nicht mehr geschützter Filmkopien, RfR 1986, 1; *Walter,* Der Werbefilm im österreichischen Urheber- und Umsatzsteuerrecht, MR 1986/4, 6; *Dittrich,* Vergütungsansprüche des Filmherstellers nach dem UrhG, in *Dittrich,* Beiträge zum Urheberrecht I, ÖSGRUM Bd 6 (1988) 13; *Wittmann,* Film- und Videorecht (1990); *Wallentin,* Die besondere Schutzfristenproblematik im Zusammenhang

---

[89]) Vgl dazu OGH 12. 9. 2001, 4 Ob 179/01d – Eurobike – ÖBl 2003, 39 (*Gamerith*) = MR 2001, 389 (*Walter*) = RdW 2002/205.

mit Filmen, ÖSGRUM 14 (1993) 21; *Dittrich*, Einige Fragen des Filmurheberrechts, ecolex 1995, 268; *Dittrich*, Wem stehen Vergütungsansprüche an Filmwerken zu? ÖJZ 1998, 901; *Dittrich*, Bemerkungen zu § 38 Abs 1 zweiter Satz UrhG, RfR 1998, 1; *Walter*, Zu den Rechten der Filmurheber und Filmdarsteller, MR 2001, 293 und 379; *Dittrich/Wallentin*, Die *cessio legis* in § 38 Abs 1 UrhG, RfR 2002, 25; *Dittrich*, Noch einmal: Die cessio legis in § 38 Abs 1 UrhG, ecolex 2003, 533; *Walter*, Schutzfristverlängerung und ältere Urheberverträge, MR 2003, 159.

Vorgaben der RBÜ: Art 14 RBÜ regelt zunächst die Rechte an *vorbestehenden Werken* (so genanntes *„Verfilmungsrecht"*): Die Urheber von Werken der Literatur oder Kunst haben das ausschließliche Recht, die filmische Bearbeitung und Vervielfältigung dieser Werke und das In-Verkehr-Bringen der auf diese Weise bearbeiteten oder vervielfältigten Werke sowie die öffentliche Vorführung und die Übertragung mittels Draht an die Öffentlichkeit der auf diese Weise bearbeiteten oder vervielfältigten Werke zu erlauben (Art 14 Abs 1 RBÜ). Die Bearbeitung von Filmwerken, die auf Werken der Literatur oder Kunst beruhen, in irgendeine andere künstlerische Form bedarf, unbeschadet der Erlaubnis ihrer Urheber, der Erlaubnis der Urheber der Originalwerke (Art 14 Abs 2 RBÜ). Art 13 Abs 1 RBÜ (Zwangslizenz) ist nicht anwendbar (Art 14 Abs 3 RBÜ).

Art 14bis RBÜ regelt das *Recht am Filmwerk* selbst: Unbeschadet der Rechte des Urhebers jedes etwa bearbeiteten oder vervielfältigten Werks wird das *Filmwerk wie ein Originalwerk geschützt*. Der Inhaber des Urheberrechts am Filmwerk genießt die gleichen Rechte wie der Urheber eines Originalwerks einschließlich der in Art 14 RBÜ genannten Rechte (Art 14bis Abs 1 RBÜ). Der Gesetzgebung des Landes, in dem der Schutz beansprucht wird, bleibt vorbehalten, die *Inhaber des Urheberrechts* am Filmwerk zu bestimmen (Art 14bis Abs 2 lit a RBÜ). In den Verbandsländern jedoch, deren innerstaatliche Rechtsvorschriften als solche Inhaber auch Urheber anerkennen, die Beiträge zur Herstellung des Filmwerks geleistet haben, können sich diese, wenn sie sich zur Leistung solcher Beiträge verpflichtet haben, mangels gegenteiliger oder besonderer Vereinbarungen der Vervielfältigung, dem Inverkehrbringen, der öffentlichen Vorführung, der Übertragung mittels Draht an die Öffentlichkeit, der Rundfunksendung, der öffentlichen Wiedergabe, dem Versehen mit Untertiteln und der Textsynchronisation des Filmwerks *nicht widersetzen* (Art 14bis Abs 2 lit b RBÜ). Die Frage, ob für die Anwendung des Art 14bis Abs 2 lit b RBÜ die Form der dort genannten Verpflichtung in einem schriftlichen *Vertrag* oder in einem gleichwertigen Schriftstück bestehen muss, wird durch die Rechtsvorschriften des Verbandslands geregelt, in dem der Hersteller des Filmwerks seinen Sitz oder seinen gewöhnlichen Aufenthalt hat. Die Rechtsvorschriften des Verbandslands, in dem der Schutz beansprucht wird, können jedoch vorsehen, dass diese Verpflichtung durch einen schriftlichen Vertrag oder durch ein gleichwertiges Schriftstück begründet sein muss. Die Länder, die von dieser Befugnis Gebrauch machen, müssen dies dem Generaldirektor durch eine schriftliche Erklärung notifizieren, der sie unverzüglich allen anderen Verbandsländern mitteilt (Art 14bis Abs 2 lit c RBÜ). Als „gegenteilige oder besondere Vereinbarung" gilt jede einschränkende Bestimmung, die in der vorgenannten Verpflichtung gegebenenfalls enthalten ist (Art 14bis Abs 2 lit b RBÜ). Sofern die innerstaatlichen Rechtsvorschriften nichts anderes vorsehen, ist Art 14bis Abs 2 lit d RBÜ weder auf die Urheber der *Drehbücher*, der *Dialoge* und der *musikalischen Werke* anwendbar, die für die Herstellung des Filmwerks geschaffen worden sind, noch auf dessen *Hauptregisseur*. Die Verbandsländer jedoch, deren Rechtsvorschriften keine Bestimmungen über die Anwendung des Art 14bis Abs 2 lit b RBÜ auf den Hauptregisseur vorsehen, müssen dies dem Generaldirektor durch eine schriftliche Erklärung notifizieren, der sie unverzüglich allen anderen Verbandsländern mitteilt (Art 14bis Abs 3 RBÜ).

Österreichische Regelung: Eine Definition der „Filmwerke" enthält § 4 UrhG: *„Laufbildwerke, wodurch die den Gegenstand des Werks bildenden Vorgänge und Handlungen entweder bloß für das Gesicht oder gleichzeitig für Gesicht und Gehör zur Darstellung gebracht werden, ohne Rücksicht auf die Art des bei der Herstellung oder Aufführung des Werks verwendeten Verfahrens"*. Das Tonfilmwerk umfasst als Einheit den Film und die akustischen Eindrücke, jedoch ohne die Filmmusik: Film und Filmmusik sind ein zusammengesetztes Werk (vgl Seite 1135).[90] Zur „cessio legis"-Regelung vgl Seite 1137.

2.2. Werkteile

Werkteile (§ 1 Abs 2 UrhG) genießen nur dann urheberrechtlichen Schutz, wenn sie als solche dem Erfordernis einer eigentümlichen geistigen Schöpfung entsprechen.[91] Im Verletzungsstreit ist daher zu prüfen, ob der Verletzer individuelle Elemente entnommen hat.[92]

2.3. Bearbeitungen

Literaturhinweise: *Dillenz*, Die urheberrechtliche Beurteilung der Parodie, ZfRV 1984, 93; *Dittrich*, Zum Urheberrechtsschutz von Übersetzungen, UFITA 100 (1985) 139; *Noll*, Urheberrechtliche Aspekte der maschinellen Übersetzung, ÖBl 1993, 145; *Noll*, Handbuch zum Übersetzungsrecht und Übersetzer-Urheberrecht (1994); *Davis*, Pixel Piracy, Digital Sampling & Moral Rights, GRUR Int 1996, 889.

Vorgaben der RBÜ: Den gleichen Schutz wie Originalwerke genießen, unbeschadet der Rechte des Urhebers des Originalwerks, die Übersetzungen, Bearbeitungen, musikalischen Arrangements und andere Umarbeitungen eines Werks der Literatur

---

[90]) Vgl OGH 16. 7. 2002, 4 Ob 164/02z – Universum – ÖBl 2003, 147 (*Wolner*) = ÖBl-LS 2003/36 = MR 2002, 307 (*Walter*).
[91]) OGH 9. 11. 1999, 4 Ob 282/99w – Ranking – MR 1999, 346 = ÖBl-LS 2000/26; OGH 23. 10. 1990, 4 136/90 – So ein Tag ... – ÖBl 1991, 42 = MR 1991, 22 (*Walter*) = ecolex 1991, 184 (*Kucsko*) = wbl 1991, 66 = GRUR Int 1991, 652.
[92]) Vgl dazu OGH 13. 9. 1977, 4 Ob 381/77 – Evviva Amico – ÖBl 1978, 54.

oder Kunst (Art 2 Abs 3 RBÜ). Die Urheber von Werken der Literatur und Kunst, die durch diese Übereinkunft geschützt sind, genießen während der ganzen Dauer ihrer Rechte am Originalwerk das ausschließliche Recht, ihre Werke zu übersetzen oder deren Übersetzung zu erlauben (Art 8 RBÜ).

Österreichische Regelung: Übersetzungen und andere Bearbeitungen eines Werks werden, soweit sie eine eigentümliche geistige Schöpfung des Bearbeiters sind,[93] unbeschadet des am bearbeiteten Werk bestehenden Urheberrechts, wie Originalwerke geschützt (§ 5 Abs 1 UrhG).

Der Bearbeiter braucht jedoch zur *Verwertung* (dazu Seite 1170) seiner Bearbeitung die Zustimmung des Urhebers des Originalwerks (vgl § 14 Abs 2 UrhG); aber auch dieser muss das Urheberrecht des Bearbeiters beachten und darf daher nicht etwa eine von diesem angefertigte Übersetzung ohne Zustimmung des Übersetzers verwerten.

Beispiel:

▸ OGH 29. 1. 2002: Die Übersetzung von Romanzitaten, die in einer Literatursendung gebracht wurden, hat der OGH als geschützt beurteilt. Im Regelfall sei jede von einem Menschen erstellte Übersetzung eine Bearbeitung, weil die Übertragung in eine andere Sprache aufgrund der ideomatischen Verschiedenheiten – von ganz außergewöhnlichen Fällen abgesehen – eine individuelle Leistung des Übersetzers erfordere.[94]

Die *Benützung* eines Werks bei der Schaffung eines anderen macht dieses dann nicht zur Bearbeitung, wenn es ein selbständiges neues Werk bildet, wenn also das Originalwerk (was zulässig ist) nur als *Anregung* gedient hat (so genannte „*selbständige Neuschöpfung*" oder „*freie Benützung*" vgl § 5 Abs 2 UrhG).[95]

2.4. Sammelwerke

2.4.1. Allgemeines

Literaturhinweise: *Noll*, Die Kunstsammlung als Sammelwerk, ecolex 1997, 438; *Dillenz*, Urheberrechtsschutz heute, ÖBl 1990, 1 (2); *Kremser*, Der Jurist im öffentlichen Dienst als Urheber, in Anwalt und Berater der Republik – FS zum 50. Jahrestag der Wiedererrichtung der österr Finanzprokuratur (1995) 49; *Korn*, Die Zeitung als Sammelwerk, FS Dittrich (2000) 197.

Vorgaben der RBÜ: Sammlungen von Werken der Literatur oder Kunst, wie zum Beispiel Enzyklopädien und Anthologien, die wegen der Auswahl oder der Anord-

---

[93]) Vgl OGH 13. 9. 1977, 4 Ob 381/77 – Evviva Amico – ÖBl 1978, 54.
[94]) OGH 29. 1. 2002, 4 Ob 293/01v – Riven Rock – ÖBl 2002, 250 (*Wolner*) = ÖBl-LS 2002/144 - 146 = EvBl 2002/122 = MR 2002, 164 (*Walter*) = GRUR Int 2003, 368.
[95]) Zur Abgrenzung: OGH 17. 12. 2002, 4 Ob 274/02a – Felsritzbild – MR 2003, 162 (*Walter*); OGH 28. 11. 2000, 4 Ob 273/00a – C-Compass – ÖBl 2001, 279 = ÖBl-LS 2001/64, 65 = MR 2001, 168 (*Walter*) = RdW 2001/371 = wbl 2001, 290 = GRUR Int 2001, 775; OGH 12. 3. 1996, 4 Ob 9/96 – Happy Birthday II – ÖBl 1996, 251 = MR 1996, 111 (*Walter*) = ZfRV 1996/47; OGH 7. 4. 1992, 4 Ob 13/92 – Servus Du – ÖBl 1992, 75 = MR 1992, 238 (*Walter*) = SZ 65/49 = ecolex 1992, 488 = GRUR Int 1993, 176.

nung des Stoffes geistige Schöpfungen darstellen, sind als solche geschützt, unbeschadet der Rechte der Urheber an jedem einzelnen der Werke, die Bestandteile dieser Sammlungen sind (Art 2 Abs 5 RBÜ).

Österreichische Regelung: Sammlungen, die infolge der Zusammenstellung einzelner Beiträge zu einem einheitlichen Ganzen eine eigentümliche geistige Schöpfung bilden, werden als Sammelwerke urheberrechtlich geschützt (§ 6 UrhG). In der Stammfassung des UrhG 1936 war noch von Zusammenstellungen einzelner „Werke" die Rede. Die UrhG-Nov 1953 hat dann die Klarstellung gebracht, dass auch Zusammenstellungen von nicht geschützten „Beiträgen" als Sammelwerk geschützt sein können: „Man denke etwa an die Zusammenstellung von Kochrezepten in einem Kochbuch".[96] Beim Sammelwerk drückt sich die bei jedem urheberrechtsschutzfähigen Werk notwendige Eigentümlichkeit in der *Auswahl* oder auch der *Anordnung* der aufgenommenen Beiträge aus.[97] Die bloße Aneinanderreihung oder Einteilung nach nur äußeren Gesichtspunkten genügt hiefür nicht. Erforderlich ist das Sammeln und Sichten oder Ordnen und Aufeinanderabstimmen nach einem bestimmten Leitgedanken.[98] Dieses individuelle Ordnungsprinzip muss die Sammlung von anderen Sammlungen unterscheiden.[99]

Beispiele:

> Eine nach bestimmten Zeitgedanken ausgesuchte Sammlung expressionistischer Gedichte kann ein „Sammelwerk" sein;
> OGH 6. 12. 1994: *nicht* aber schon das bloße Aneinanderreihen von Schlagern auf einem Tonträger.[100]
> OGH 11. 2. 1997: Eine *Sammlung* von Kunstwerken kann ein Sammelwerk sein.[101]
> OGH 13. 4. 1999: Der *„Baby Guide"*, eine Broschüre über Geburt und die ersten Lebensmonate des Kindes, mit Experteninterviews und Artikeln wurde als Sammelwerk beurteilt. Stammen Idee, Konzeption und Gestaltung des Gesamtwerks vom Verleger, so ist er der Urheber des Sammelwerks.[102]

Diesen Schutz kann in der Regel der Herausgeber geltend machen. Davon unberührt bleiben aber die an den aufgenommenen Beiträgen etwa bestehenden Urhe-

---

[96]) EB zur UrhG-Nov 1953, 64 BlgNR 7. GP.
[97]) OGH 3. 10. 2000, 4 Ob 224/00w – Schüssels Dornenkrone – ÖBl 2001, 181 = MR 2000, 373 (*Walter*) = EvBl 2001/30 = SZ 73/149 = RdW 2001/85 = GRUR Int 2001, 646 = ZUM 2001, 574; OGH 11. 2. 1997, 4 Ob 17/97x – Wiener Aktionismus – ÖBl 1997, 301 = MR 1997, 98 (*Walter*); OGH 6. 12. 1994, 4 Ob 135/94 – Hit auf Hit – ÖBl 1995, 281 = wbl 1995, 254.
[98]) OGH 6. 12. 1994, 4 Ob 135/94 – Hit auf Hit – ÖBl 1995, 281 = wbl 1995, 254; OGH 8. 3. 1994, 4 Ob 165/93 – Das österreichische Recht – ÖBl 1994, 182 (*Dittrich*) = MR 1994, 117 (*Walter*) = EvBl 1994/103 = GRUR Int 1995, 255. Zur grundlegenden Frage, ob die *bloße Auswahl* von nichtschutzfähigen Elementen als Sammelwerk Schutz genießen kann, vgl *Dittrich*, ÖBl 1994, 3 (5).
[99]) OGH 3. 10. 2000, 4 Ob 224/00w – Schüssels Dornenkrone – ÖBl 2001, 181 = MR 2000, 373 (*Walter*) = EvBl 2001/30 = SZ 73/149 = RdW 2001/85 = GRUR Int 2001, 646 = ZUM 2001, 574.
[100]) OGH 6. 12. 1994, 4 Ob 135/94 – Hit auf Hit – ÖBl 1995, 281 = wbl 1995, 254.
[101]) OGH 11. 2. 1997, 4 Ob 17/97x – Wiener Aktionismus – ÖBl 1997, 301 = MR 1997, 98 (*Walter*).
[102]) OGH 13. 4. 1999, 4 Ob 62/99t – Guide 40plus – MR 1999, 339 (*Walter*).

berrechte (§ 6, zweiter Satz UrhG); sie stehen jeweils dem Urheber des betreffenden Beitrags zu. Das Urheberrecht an einem Sammelwerk wird durch den *Nachdruck einzelner Beiträge* verletzt, wenn dadurch die – eine eigentümliche geistige Schöpfung bildende – Auswahl oder Anordnung übernommen wird.[103]

2.4.2. Datenbanken

Literaturhinweise: *Hodik,* Rechtsfragen bei Bildschirmtext und Datenbanken, ZUM 1984, 560; *Jaburek,* Datenbanken und Urheberrecht, EDVuR 1988/4, 22 und 1989, 28; *Katzenberger,* Urheberrecht und Datenbanken, GRUR 1990, 94 (dazu Bericht, GRUR 1990, 106); *Reinbothe,* Die Harmonisierung des Urheberrechts in der Europäischen Gemeinschaft, ÖBl 1990, 145 (149); *v Lewinski,* Der Schutz von Datenbanken: Rechtsangleichung in der EG, MR 1992, 178; *Röttinger,* Der Rechtsschutz von Datenbanken nach EG-Recht, ZUM 1992, 594; *Holzinger,* EG-Richtlinienentwurf zum Schutz von Datenbanken, EDVuR 1993, 57; *Gaster,* Bemerkungen zum gemeinsamen Standpunkt des EU-Ministerrats bezüglich der künftigen Richtlinie zum Rechtsschutz von Datenbanken, wbl 1996, 51; *Heinz,* Die europäische Richtlinie über den rechtlichen Schutz von Datenbanken in verfassungsrechtlicher und rechtstheoretischer Sicht, GRUR 1996, 455; *Kappes,* Gesetzliche Vergütungsansprüche bei der privaten Nutzung von computergestützten Informationssammlungen, GRUR 1997, 338; *Kilches,* Urheberrechtsnovelle 1997 – neuer Schutz für Datenbanken, RdW 1997, 710; *Kucsko,* Internetomania und andere Entwicklungen, ÖBl 1997, 209; *Wittmann,* Umsetzung der Datenbank-Richtlinie, MR 1997, 130; *Heinrich,* Der rechtliche Schutz von Datenbanken, WRP 1997, 275; *Schwarz,* Ein neues Schutzrecht für Datenbanken, ecolex 1998, 42; *Burgstaller,* Das Schutzrecht „sui generis" der Datenbank-Richtlinie: Daten- und Informationsmonopol? ecolex 1999, 331; *Kucsko,* Öffentlicher E-Content und Urheberrecht, ecolex 2001, 681; *Dittrich,* Einige Bemerkungen zum Schutz schlichter Datenbanken, ÖBl 2002, 3; *Burgstaller,* Datenbankrecht (2003).

Vorgaben des TRIPS-Abk: Das TRIPS-Abk sieht den Schutz von Datenbanken vor: Datensammlungen oder sonstiges Material in maschinenlesbarer oder anderer Form, die auf Grund der Auswahl oder Anordnung ihres Inhalts geistige Schöpfungen bilden, werden als solche geschützt. Dieser Schutz, der sich nicht auf die Daten oder das Material selbst erstreckt, gilt unbeschadet eines an den Daten oder dem Material selbst bestehenden urheberrechtlichen Schutzes (Art 10 Abs 2 TRIPS-Abk).

Vorgaben des Gemeinschaftsrechts: Die DatenbankRL (Seite 1095) hat umfassende Vorgaben für den Schutz von Datenbanken normiert. Art 1 Abs 1 DatenbankRL bestimmt zunächst für den *Geltungsbereich,* dass diese Richtlinie den Rechtsschutz von *Datenbanken in jeglicher Form* betrifft. Im Sinne der DatenbankRL bezeichnet der Ausdruck „*Datenbank*" eine Sammlung von Werken, Daten oder anderen unabhängigen Elementen, die systematisch oder methodisch angeordnet und einzeln mit elektronischen Mitteln oder auf andere Weise zugänglich sind (Art 1 Abs 2 DatenbankRL). Der gewährte Schutz erstreckt sich *nicht* auf für

---

[103]) OGH 3. 10. 2000, 4 Ob 224/00w – Schüssels Dornenkrone – ÖBl 2001, 181 = MR 2000, 373 (*Walter*) = EvBl 2001/30 = SZ 73/149 = RdW 2001/85 = GRUR Int 2001, 646 = ZUM 2001, 574.

die Herstellung oder den Betrieb elektronisch zugänglicher Datenbanken verwendete *Computerprogramme* (Art 1 Abs 3 DatenbankRL).

Nach der DatenbankRL sind Datenbanken, die aufgrund der Auswahl oder Anordnung des Stoffes eine *eigene geistige Schöpfung* ihres Urhebers darstellen, als solche urheberrechtlich geschützt. Bei der Bestimmung, ob sie für diesen Schutz in Betracht kommen, sind keine anderen Kriterien anzuwenden (*Schutzgegenstand*; Art 3 Abs 1 DatenbankRL). Der urheberrechtliche Schutz einer Datenbank erstreckt sich *nicht* auf deren *Inhalt* und lässt Rechte an diesem Inhalt unberührt (Art 3 Abs 2 DatenbankRL).

Österreichische Regelung: Der urheberrechtliche Schutz von Datenbanken wurde durch die *UrhG-Nov 1997*[104] eingeführt. Diese hat die *DatenbankRL* umgesetzt. Durch die UrhG-Nov 1997 wurde zumindest eine bestehende Rechtsunsicherheit beseitigt. Denn schon bisher konnte man davon ausgehen, dass unter Umständen ein Schutz als Sammelwerk besteht.

2.4.2.1. Definition

„*Datenbanken*" sind Sammlungen von (literarischen, künstlerischen oder anderen)[105] Werken, Daten oder anderen unabhängigen Elementen (Texte, Töne, Bilder, Zahlen, Fakten)[106], die systematisch oder methodisch angeordnet[107] und einzeln mit elektronischen Mitteln oder auf andere Weise zugänglich sind (§ 40f Abs 1 UrhG; Art 1 Abs 2 DatenbankRL). In den Schutz werden also neben elektronischen Datenbanken (Online-Datenbanken, CD-ROM, CD-I)[108] auch nicht-elektronische einbezogen.

Nicht als Datenbank zu beurteilen ist beispielsweise die Aufzeichnung eines audiovisuellen, kinematographischen, literarischen oder musikalischen Werks als solche, zumal es hier durchwegs am Kriterium der systematischen oder methodischen Anordnung fehlen wird (Erwägungsgrund 17 DatenbankRL).

Zur Datenbank werden auch jene Elemente gezählt, die für den Betrieb oder die Abfrage erforderlich sind, beispielsweise der Thesaurus oder die Indexierungssys-

---

[104]) BGBl I 1998/25, in Kraft getreten am 1. 1. 1998 (Art III; Art 16 Abs 1 DatenbankRL). Die §§ 40f bis 40h UrhG gelten auch für Datenbankwerke, die vor dem 1. 1. 1998 geschaffen worden sind. § 40h Abs 2 ist jedoch nicht auf Verträge anzuwenden, die vor dem 1. 1. 1998 geschlossen worden sind (Art IV Abs 1 und 3 UrhG-Nov 1997; Art 14 Abs 1 DatenbankRL).
[105]) Vgl die Aufzählung in Erwägungsgrund 17 der DatenbankRL.
[106]) Auch dazu vgl die Aufzählung in Erwägungsgrund 17 der DatenbankRL.
[107]) Erforderlich ist nur, dass die Werke, Daten oder anderen Elemente systematisch oder methodisch angeordnet sind. Nicht erforderlich ist, dass ihre physische Speicherung in geordneter Weise erfolgt (Erwägungsgrund 21 der DatenbankRL). Es ist also insoweit irrelevant, wie die Daten auf der Festplatte physikalisch abgelegt sind.
[108]) Siehe Erwägungsgrund 22 der DatenbankRL.

teme.[109] Nicht Bestandteil der Datenbank sind hingegen die für die Herstellung oder den Betrieb elektronisch zugänglicher Datenbanken verwendeten *Computerprogramme* (§ 40f Abs 1, zweiter Satz UrhG; Art 1 Abs 3 DatenbankRL).[110] Diese Programme können jedoch als Werke der Literatur eigenständigen Urheberrechtsschutz genießen (§ 40a UrhG; Seite 1115).[111]

2.4.2.2. Schutzvoraussetzungen

Datenbanken sind als *Sammelwerke* geschützt, wenn sie infolge der Auswahl oder Anordnung des Stoffes eine „eigentümliche geistige Schöpfung" sind („*Datenbankwerke*"; § 40f Abs 2 UrhG). § 40f UrhG folgt hier der (in Österreich üblichen) Terminologie und spricht von „eigentümlicher" Schöpfung, während Art 3 Abs 1 DatenbankRL das Tatbestandsmerkmal der „eigenen" geistigen Schöpfung vorsieht. Das ist nicht ganz konsequent, zumal man bei der Umsetzung der ComputerRL den abweichenden Terminus „eigene" beibehalten hat (§ 40a Abs 1 UrhG; Art 1 Abs 3 ComputerRL). In beiden Fällen sollte aber lediglich – den Richtlinienvorgaben folgend – deutlich gemacht werden, dass an den Werkcharakter keine zu hohen Anforderungen gestellt werden dürfen. Die Materialien betonen, dass bei Datenbankwerken keine höheren Anforderungen gestellt werden dürfen als bei anderen Werkarten.[112] Beispielsweise soll es nicht auf die Qualität oder den ästhetischen Wert der Datenbank ankommen. Entscheidend ist nur die „Originalität". Zutreffend wird für Sammlungen urheberrechtlich nicht geschützter Elemente eine „gewisse Überdurchschnittlichkeit" bei der Auswahl und Anordnung verlangt, um die Abgrenzung von der ungeschützten „Mühe und Fleiß"-Leistung zu gewährleisten.[113] Ich halte diesen Gedanken für richtig. Gerade der parallel eingeführte Leistungsschutz für Datenbanken (Seite 1124) zeigt, dass die Latte nicht zu tief gelegt werden muss. Aus der Sorge, es könnte noch einmal eine „Inkassoprogramm-Entscheidung" geben, sollte man nicht ins andere Extrem (zu geringer Anforderungen an das Schutzniveau) verfallen.

Beispiel:

▸ OGH 10. 7. 2001: Mehrere miteinander durch Links verbundene *Webseiten*, die zusammen einen systematisch angeordneten Internetauftritt bilden (hier: Werbung für 8 Ferienhäuser auf einer Karibikinsel), können ein Datenbankwerk sein. Auf die einzelne Webseite trifft dies hingegen nicht zu, weil ihre Elemente nicht voneinander unabhängig sind.[114]

---

[109]) Erwägungsgrund 20 der DatenbankRL.
[110]) OGH 28. 11. 2000, 4 Ob 273/00a – C-Compass – ÖBl 2001, 279 = ÖBl-LS 2001/64, 65 = MR 2001, 168 (*Walter*) = RdW 2001/371 = wbl 2001, 290 = GRUR Int 2001, 775.
[111]) Die DatenbankRL lässt die gemeinschaftsrechtlichen Regelungen über den Rechtsschutz von Computerprogrammen unberührt (Art 2 lit a DatenbankRL). Zu den Abgrenzungsschwierigkeiten vgl *Kilches*, RdW 1997, 710.
[112]) EB 883 BlgNR 20. GP 6 unter Hinweis auf Erwägungsgrund 16 der DatenbankRL.
[113]) *Kappes*, GRUR 1997, 338; vgl dazu auch die eingehendere Analyse von *Heinrich*, WRP 1997, 275.
[114]) OGH 10. 7. 2001, 4 Ob 155/01z – C-Villas – MR 2001, 311 = ÖBl-LS 2001/181 - 183 = EvBl 2002/7 = RdW 2001/750 = ecolex 2001, 923 (*Schanda*) = ÖJZ-LSK 2001/285.

2.4.2.3. Paralleler Leistungschutz

Für jene Datenbanken, die zwar der allgemeinen Definition des § 40f Abs 1 UrhG entsprechen, aber keine „eigentümliche geistige Schöpfung" sind, greift unter Umständen ein besonderes *Leistungsschutzrecht* (§ 76c UrhG; Seite 1325). So wird ein sehr umfassendes, aber bloß alphabetisch sortiertes Adressverzeichnis kaum das Kriterium einer eigentümlichen geistigen Schöpfung erfüllen. Ein Schutz als Datenbankwerk kommt nicht in Betracht. Unter Umständen hat aber die Erstellung dieses Verzeichnisses eine beträchtliche Investition erfordert. Damit greift der Leistungsschutz nach § 76c UrhG. Andererseits werden aber zB bloße Zusammenstellungen mehrerer Aufzeichnungen musikalischer Darbietungen auf einer CD noch nicht als geschützte „Datenbank" zu beurteilen sein, weil sie als Zusammenstellung weder die Voraussetzungen für einen urheberrechtlichen Schutz erfüllen, noch eine ausreichende Investition im Sinne des § 76c UrhG darstellen.[115]

2.4.2.4. Schutz des Inhalts

Eine Datenbank kann ungeschützte Teile (zB Telefonnummern), aber auch geschützte Teile (zB Bilder, Texte, Fotografien, Tonwerke) enthalten. Der allgemeine Grundsatz, dass der Schutz des Sammelwerks nicht auch dessen *Inhalt* umfasst, dass also die Rechte an diesem Inhalt „unberührt" bleiben, gilt auch für Datenbanken.[116] Das Urheberrecht an Werken bzw die verwandten Schutzrechte an Leistungen, die in Datenbanken aufgenommen worden sind, werden in keiner Weise durch die Existenz eines gesonderten Rechts an der Auswahl oder Anordnung dieser Werke und Leistungen in der Datenbank berührt (Erwägungsgrund 27 der DatenbankRL). Der Betreiber einer Datenbank muss sich daher von den Rechteinhabern die erforderlichen Rechte an den Inhalten einräumen lassen, damit er sie im Rahmen des Datenbankbetriebs nutzen kann. Der Urheber kann entscheiden, ob oder in welcher Form er die Aufnahme seiner Werke in eine Datenbank gestatten und insbesondere, ob die Genehmigung dazu eine ausschließliche ist oder nicht. Andererseits muss derjenige, der geschützte Teile aus der Datenbank entnimmt und weiterverwertet, die erforderlichen Rechte dazu vom Inhaber der Rechte an diesen Teilen erwerben. Dazu geht Erwägungsgrund 18 der DatenbankRL noch auf einen speziellen Fall ein: Hat ein Urheber oder Inhaber eines verwandten Schutzrechts in einem nicht ausschließlichen Lizenzvertrag die Aufnahme einiger seiner Werke oder Leistungen in eine Datenbank gestattet, so kann ein Dritter diese Werke oder Leistungen im Rahmen der erforderlichen Genehmigung des Urhebers oder des Inhabers des verwandten Rechts nutzen (zB für eine Publikation), ohne dass ihm gegenüber das Schutzrecht sui generis des Herstellers der Datenbank geltend gemacht werden kann, sofern diese Werke oder Leistungen weder der Datenbank entnommen noch ausgehend von dieser Datenbank weiterverwendet werden.

---

[115]) Vgl Erwägungsgrund 19 der DatenbankRL.
[116]) EB 883 BlgNR 20. GP 6; Art 3 Abs 2 DatenbankRL.

Der für Datenbankwerke besonders normierte Urheberrechtsschutz ist also ein *struktureller Schutz*. Er kann auch dann bestehen, wenn die Einzelelemente nicht geschützt sind. Da nur die Sammlung als solche und ihre Struktur geschützt werden, kann unter Berufung auf das Recht am Datenbankwerk die Entnahme einzelner ungeschützter Elemente nicht verhindert werden.[117]

2.4.2.5. Wettbewerbsrechtlicher Schutz

Unabhängig vom und unter Umständen parallel zum Urheberrechtsschutz kommt auch ein *wettbewerbsrechtlicher Schutz* von Datenbanken nach § 1 UWG in Betracht.[118] In Anlehnung an die OGH-Entscheidung[119] über das eigenmächtige Weiterverkaufen von Kopien eines fremden Computerprogramms, wird auch das Vertreiben von Raubkopien fremder Datenbanken (in der Praxis betrifft das insbesondere das Raubkopieren von CD-ROM-Datenbanken) als wettbewerbswidrig zu qualifizieren sein. Höchstgerichtliche Entscheidungen, wie diese allgemein anerkannten Grundsätze auf Datenbanken anzuwenden sind, liegen – soweit ersichtlich – noch nicht vor.

2.5. Freie – veröffentlichte – erschienene Werke

2.5.1. Freie (gemeinfreie) Werke

Literaturhinweise: *Dittrich*, Der Schutz der veröffentlichten Entscheidung nach österreichischem Urheberrecht, ÖJZ 1959, 342; *Korn*, Das Sachverständigengutachten als urheberrechtlich geschütztes Werk, FS 50 Jahre UrhG (1986) 179; *Korn*, Das Sachverständigengutachten als urheberrechtlich geschütztes Werk, SV 1987 H 4; *Dittrich*, Urheberrechtsschutz für die österreichische Bundeshymne? RfR 1992, 1; *Twaroch*, Urheberrecht an topographischen und thematischen Karten, MR 1992, 183; *Dittrich*, Urheberrechtlich geschützte Elemente von Landkarten, ÖBl 1994, 3; *Kremser*, Der Jurist im öffentlichen Dienst als Urheber, in Anwalt und Berater der Republik – FS zum 50. Jahrestag der Wiedererrichtung der österr Finanzprokuratur (1995) 49; *Thiele*, Die Publikation von Gerichtsentscheidungen im Internet, RZ 1999, 215; *Haller*, Amtliche Werke und Internet – urheberrechtliche Schlaglichter, FS Dittrich (2000) 163.

Vorgaben der RBÜ: Der Gesetzgebung der Verbandsländer bleibt vorbehalten, den Schutz amtlicher Texte auf den Gebieten der Gesetzgebung, Verwaltung und Rechtsprechung sowie der amtlichen Übersetzungen dieser Texte zu bestimmen (Art 2 Abs 4 RBÜ).

Österreichische Regelung: Weil das öffentliche Interesse dasjenige der Werkschöpfer überwiegt, genießen gemäß § 7 UrhG *keinen urheberrechtlichen Schutz*: Gesetze, Verordnungen, amtliche Erlässe, Bekanntmachungen und Entscheidungen sowie ausschließlich oder vorwiegend zum amtlichen Gebrauch hergestellte amtliche Werke der in § 2 Z 1 oder 3 UrhG bezeichneten Art.[120]

---

[117]) Vgl *Kappes*, GRUR 1997, 338.
[118]) Dazu und insbesondere zur Übernahme der Daten aus Telefonverzeichnissen *Heinrich*, WRP 1997, 275 (277).
[119]) OGH 19. 5. 1987, 4 Ob 323/86 – Zahnärzteprogramm – ÖBl 1987, 95 = MR 1987, 135 (*Walter*) = EDV & Recht 1987, 3.
[120]) Kein Urheberrechtsschutz für die Zusammenfassung der Merkmale eines Erzeugnisses, die von der für Arzneimittel zuständigen Behörde genehmigt wird: EFTA-GH 24. 11. 1998, Rs E-1/98, ABl C 44 S 8 v 18. 2. 1999.

Beispiel:

▸ OGH 9. 4. 2002: Das *Firmenbuch* ist eine amtliche Bekanntmachung.[121]

Nicht unter die freien Werke fallen bestimmte *Landkarten des Bundesamts für Eich- und Vermessungswesen* (§ 7 Abs 2 UrhG). Diese Einschränkung der Freistellung wurde erst durch die UrhG-Nov 1953 eingefügt. Die Materialien[122] verweisen darauf, dass die Generalstabskarten der österreichisch-ungarischen Monarchie für militärische Zwecke erstellt und auf dem Laufenden erhalten wurden. Nach dem Zusammenbruch 1918 sei dieses Werk, um es vor dem Verfall zu bewahren, vorwiegend für zivile Zwecke vom Bundesamt weitergeführt worden. Die im Handel befindlichen topographischen Karten (ehemals Generalstabskarten) würden sich so regen Zuspruchs erfreuen, dass sich das Bundesamt entschlossen habe, neue Karten zu erstellen. Die Kosten eines solchen neuen Kartenwerks und die Erhaltung auf dem Laufenden seien sehr hoch, die Fertigstellung erfordere Jahrzehnte. Demgemäß könne die Hereinbringung des Aufwands erst nach langer Zeit erwartet werden. Zur Absicherung dieser Investitionen wurde der Schutz dieser Kartenwerke (klarstellend) festgeschrieben. Nicht zu den freien Werken zählen auch die *Gutachten* eines „*nichtamtlichen Sachverständigen*" gemäß § 52 Abs 2 AVG.[123]

2.5.2. Veröffentlichte Werke

Literaturhinweis: *Dittrich,* Veröffentlichung und Erscheinen, ÖJZ 1971, 225.

Ein Werk ist veröffentlicht, sobald es mit Einwilligung des Berechtigten der *Öffentlichkeit zugänglich* gemacht worden ist (§ 8 UrhG). ZB: durch eine über den privaten Bereich hinausgehende Aufführung.

2.5.3. Erschienene Werke

Literaturhinweise: *Dittrich,* Veröffentlichung und Erscheinen, ÖJZ 1971, 225; *Dittrich,* Über die Schutzdauer der Opern von Giacomo Puccini in Österreich, FS Roeber (1982) 53.

Ein Werk ist erschienen, sobald es mit Einwilligung des Berechtigten der Öffentlichkeit dadurch zugänglich gemacht worden ist, dass *Werkstücke in genügender Anzahl*[124] feilgehalten oder in Verkehr gebracht worden sind (§ 9 Abs 1 UrhG). So ist ein Werk zwar durch einen mündlichen Vortrag unter Umständen bereits veröffentlicht; erschienen ist es aber erst, wenn es zB als Buch auf den Markt kommt. Diese Unterscheidung ist insbesondere für die freie Werknutzung bedeutsam (zB beim Zitatrecht; Seite 1228).[125]

---

[121]) OGH 9. 4. 2002, 4 Ob 17/02g – EDV-Firmenbuch I – ÖBl 2003, 46 (*Dittrich*; *Barbist*) = ÖBl-LS 2002/148, 149 = MR 2002, 298 (*Walter*) = ecolex 2002, 675 (*Schanda*) = RdW 2002/541.
[122]) EB zur UrhG-Nov 1953, 64 BlgNR 7. GP.
[123]) OGH 17. 11. 1987, 4 Ob 306/86 – Sachverständigen-Gutachten – ÖBl 1988, 49 = JBl 1988, 185 = SZ 60/245 = EvBl 1988/97 = GRUR Int 1988, 786; *Korn*, FS 50 Jahre UrhG (1986) 179; zum Urheberrechtsschutz für die österreichische Bundeshymne: *Dittrich*, RfR 1992, 1.
[124]) Eingefügt durch die UrhG-Nov 1953.
[125]) Ein Werk, das innerhalb eines Zeitraumes von 30 Tagen im Inland und im Ausland erschienen ist, zählt zu den im Inland erschienenen Werken (§ 9 Abs 2 UrhG).

WAS TUT DIE AKM

Wenn es um die Durchsetzung von urheberrechtlichen Nutzungsrechten geht sind Verwertungsgesellschaften nicht wegzudenken. Sie sind dazu da, den Rechteinhabern zu einem angemessenen Lohn für die Nutzung ihrer Werke zu verhelfen. Sie erfüllen diese kultur- und sozialpolitisch wichtige Aufgabe, indem sie Verträge mit Veranstaltern und Produzenten schließen und die für die Erteilung von Nutzungsbewilligungen eingehobenen Entgelte an die Berechtigten (Mitglieder) verteilen.

Die AKM als älteste und größte derartige Organisation vertritt Komponisten, Textautoren (Autoren von mit musikalischen Werken verbundenen Texten) und Musikverleger. Sie verwertet bereits seit über 100 Jahren treuhändig deren Aufführungs- und Senderechte in Österreich. Überall wo urheberrechtlich geschützte Musik öffentlich aufgeführt wird, ob im Konzertsaal, in der Diskothek oder im Supermarkt trägt die AKM dafür Sorge, dass diese Aufführungen durch eine entsprechende Lizenz gedeckt sind. Österreichweit wird diese Tätigkeit mit Hilfe von 9 Geschäftsstellen durchgeführt.

Die AKM ist ein Dienstleistungsunternehmen, das den Veranstaltern ein vielseitiges Service anbietet. Durch den Abschluss von Gegenseitigkeitsverträgen mit ausländischen Verwertungsgesellschaften kann die AKM nicht nur die Rechte inländischer Urheber sondern auch solche von in anderen Ländern der Welt ansässigen Rechteinhabern wahren. Diese internationale Vernetzung bietet dem Veranstalter den großen Vorteil, dass er nahezu das gesamte Weltrepertoire bei einer zentralen Stelle erwerben kann. Die AKM führt im Aufführungsbereich das Inkasso für andere österreichische Verwertungsgesellschaften wie die Austro Mechana, die Literar Mechana, die LVG und die LSG durch.

Die Höhe des Aufführungsentgelts richtet sich zumeist nach dem zwischen der AKM und dem Veranstalterverband Österreichs (VVAT) abgeschlossenen Gesamtvertrag, der vereinbarte Tarife für verschiedene Musikdarbietungen vorsieht. Für die Lizenzierung von Rundfunksendungen (Privatradio, Kabelweitersendung etc) gibt es Rahmenverträge mit den zuständigen Fachverbänden der Wirtschaftskammer Österreich. Mit dem Österreichischen Rundfunk (ORF) gibt es einen gesonderten Vertrag. An Lizenzerträgen wurde von der AKM im Jahr 2002 insgesamt ein Betrag von 71,24 Mio. erzielt.

update: www.geistigeseigentum.at

Die AKM ist nicht auf Gewinn ausgerichtet. Die von ihr erzielten Einnahmen werden nach Abzug der Verwaltungsspesen zur Gänze an die Urheber und Verlage verteilt. Diese Verteilung wird nach genau festgelegten veröffentlichten Regeln durchgeführt. Im Jahr 2002 belief sich die zur Verteilung bestimmte Summe auf 63,97 Mio. Wenn man bedenkt, dass dieser Betrag auf insgesamt etwa 3 Mio. Werke und 3,1 Mio. Rechteinhaber (weltweit) aufgeteilt wird, ist leicht vorstellbar, welches Datenvolumen jährlich bewegt werden muss, um den Tantiemenanteil jedes einzelnen Komponisten, Textautors oder Musikverlegers zu errechnen.

Neben ihrer eigentlichen Inkassotätigkeit hat die AKM auch soziale und kulturelle Funktionen. So gewährt sie ihren Bezugsberechtigten bei Vorliegen bestimmter Bedingungen eine Art Alterspension (Alters- und Witwenquoten) und erbringt soziale Zuwendungen bei entsprechender Bedürftigkeit. Im kulturellen Bereich werden von der AKM Projekte, die das Österreichische Musikschaffen fördern, finanziell unterstützt.

Die AKM ist eine private Genossenschaft deren Mitgliederkreis sich aus den Komponisten, Textautoren und Musikverlegern zusammensetzt. Nach dem demokratischen Prinzip der Selbstverwaltung sind die Funktionen auf die Organe Generalversammlung, Aufsichtsrat und Vorstand aufgeteilt, wobei die drei Mitgliedergruppen (Kurien) in allen Gremien vertreten sind.

Die Tätigkeit der AKM ist in allen Bereichen strengen Bestimmungen unterworfen und wird von mehreren Seiten überprüft. Der Jahresabschluss wird von einem Wirtschaftsprüfer geprüft und nach seiner Genehmigung durch die Generalversammlung veröffentlicht. Darüber hinaus wird die Ordnungsmäßigkeit der wirtschaftlichen Gebarung durch den Genossenschaftsrevisionsverband überprüft. Die Einhaltung der Bestimmungen des VerwGesG wird von einem eigens hierfür eingesetzten Staatskommissär überwacht.

◄ **Dr. Gernot GRANINGER** ist Prokurist und Leiter der Rechtsabteilung der AKM.

3. URHEBER

Überblick:

▶ Es gilt das *Schöpferprinzip*: Urheber eines Werks ist, wer es geschaffen hat.
▶ *Miturhebern* steht das Recht gemeinsam zu.
▶ Für Werke von *Arbeitnehmern* bestehen nur bei Software und Datenbanken spezielle gesetzliche Regelungen.
▶ Die Verwertungsrechte an gewerbsmäßig hergestellten *Filmwerken* stehen grundsätzlich (anders als bei anderen Werkkategorien) dem Inhaber des Unternehmens (Filmhersteller) zu.

3.1. Schöpferprinzip

Literaturhinweise: *Altschul,* Gesetzliche Urheberschaftsfiktionen, JBl 1916, 229 und 241; *Altschul,* Subjektsloses Urheberrecht an sich, JBl 1918, 507; *Edlbacher,* Urheberrecht und Sachwalterschaft, FS 50 Jahre UrhG (1986) 95; *Dillenz,* Urheberrechtsschutz heute, ÖBl 1990, 1 (3).

Vorgaben des Gemeinschaftsrechts: Das Gemeinschaftsrecht sieht keine generelle Regelung vor.

Für *Computerprogramme* besteht jedoch eine Harmonisierungsvorgabe in Art 2 ComputerRL: Der Urheber eines Computerprogramms ist die natürliche Person, die Gruppe natürlicher Personen, die das Programm *geschaffen* hat, oder, soweit nach den Rechtsvorschriften der Mitgliedstaaten zulässig[1], die juristische Person, die nach diesen Rechtsvorschriften als Rechtsinhaber gilt.[2] Soweit kollektive Werke durch die Rechtsvorschriften eines Mitgliedstaats anerkannt sind,[3] gilt die Person als Urheber, die nach den Rechtsvorschriften des Mitgliedstaats als Person angesehen wird, die das Werk geschaffen hat (Art 2 Abs 1 MarkenRL).

Für *Datenbankwerke* enthält die DatenbankRL ähnliche Vorgaben: Der Urheber einer Datenbank ist die natürliche Person oder die Gruppe natürlicher Personen, die die Datenbank *geschaffen* hat[4], oder, soweit dies nach den Rechtsvorschriften der Mitgliedstaaten zulässig ist[5], die juristische Person, die nach diesen Rechtsvorschriften als Rechtsinhaber gilt (Art 4 Abs 1 DatenbankRL). Soweit kollektive Werke durch die Rechtsvorschriften eines Mitgliedstaats anerkannt sind, stehen die vermögensrechtlichen Befugnisse der Person zu, die das Urheberrecht innehat (Art 4 Abs 2 DatenbankRL). Ist eine Datenbank von einer Gruppe natürlicher Per-

---

[1] Nach österreichischem Urheberrecht ist dies nicht zulässig.
[2] Zur internationalen Anknüpfung: Schutzberechtigt sind alle natürlichen und juristischen Personen gemäß dem für Werke der Literatur geltenden innerstaatlichen Urheberrecht (Art 3 ComputerRL).
[3] Für das österreichische Urheberrecht trifft dies nicht zu.
[4] Dies entspricht der Regelung des § 10 UrhG über das Schöpferprinzip. Es war daher keine weitere Anpassung erforderlich.
[5] Diese Regelung greift in Österreich nicht.

sonen gemeinsam geschaffen worden, so stehen diesen die ausschließlichen Rechte daran gemeinsam zu (Art 4 Abs 3 DatenbankRL).[6]

Österreichische Regelung: Österreich geht generell vom Schöpferprinzip aus. *„Urheber eines Werks ist, wer es geschaffen hat"* (§ 10 Abs 1 UrhG). Als *„Urheber"* bezeichnet werden im UrhG, wenn sich nicht aus dem Hinweis auf § 10 Abs 1 UrhG das Gegenteil ergibt, außer dem Schöpfer des Werks auch die Personen, auf die das Urheberrecht nach seinem Tod übergegangen ist (§ 10 Abs 2 UrhG). Eine juristische Person kann daher nicht Inhaberin eines originären Urheberrechts sein.[7] Zum Spezialthema „Arbeitnehmerurheberrecht": Seite 1135.

Beispiel:

▸ OGH 19. 11. 2002: Urheber eines *Bauwerks* ist derjenige, von dem die maßgeblichen Pläne stammen.[8]

3.2. Doppelschöpfung

Es ist zumindest theoretisch möglich, dass zwei Schöpfer unabhängig voneinander das gleiche Werk kreieren. Dann erwerben die beiden Schöpfer unabhängig voneinander Urheberrechtsschutz. Es ist dies aber eher eine theoretische Erwägung. In der Praxis bin ich diesem Phänomen noch nie begegnet.

3.3. Gehilfe

Literaturhinweise: *Fischer-See*, Zur Frage der Zulässigkeit der Verwendung neuer Texte zu Werken der Tonkunst („Vertextung"), FS 50 Jahre UrhG (1986) 109; *Dillenz*, Urheberrechtsschutz heute, ÖBl 1990, 1 (3); *Dillenz*, Bauherr und Urheberrecht, ecolex 1991, 257.

Nicht selten verdankt ein Werk seine Entstehung dem Zusammenwirken mehrerer Personen. Es ist daher notwendig, klarzustellen, ob allen oder nur einzelnen oder etwa nur einem einzigen (zB dem Auftraggeber) die Rechte an diesem „Gemeinschaftswerk" zustehen. Die Beantwortung dieser Frage hängt davon ab, welcher Art der Beitrag zum fertigen Werk war. Dazu unterscheidet man zwischen Gehilfen, Miturhebern und Teilurhebern.

Der Gehilfe, der zur Schaffung des Werks keinen eigenpersönlichen geistigen Beitrag geleistet hat, erwirbt kein Urheberrecht. Auch wer zu dem Werk nur eine Anregung oder Idee gegeben oder kritisch Stellung genommen oder das Werk eines anderen bearbeitet hat, ist nicht Miturheber. Im UrhG ist dies nicht ausdrück-

---

[6]) Anlässlich der Umsetzung der DatenbankRL war insoweit keine Sonderregelung erforderlich.
[7]) OGH 17. 8. 2000, 4 Ob 190/00w – Programmpaket – MR 2000, 382; OGH 18. 7. 2000, 4 Ob 151/00k – A-Flugschule – MR 2000, 381 = ÖBl-LS 2000/122; OGH 24. 11. 1998, 4 Ob 292/98i – Mittelschulatlas – MR 1999, 171 (*Walter*) = ecolex 1999, 409 (*Tahedl*).
[8]) OGH 19. 11. 2002, 4 Ob 229/02h – Hundertwasserhaus II – ÖBl 2003, 142 (*Gamerith*) = ÖBl-LS 2003/34, 35 = MR 2003, 41 = RdW 2003/267.

lich geregelt. Dies ergibt sich aus der Anordnung des Schöpferprinzips in § 10 UrhG; der bloße Gehilfe ist nicht Schöpfer und daher auch nicht (Mit-)Urheber.

Beispiele:

- Der Mitarbeiter, der nur mit der Beschaffung des Materials beschäftigt war, ist nicht Urheber, sondern Gehilfe;
- ebenso der Verleger, der den Autor dazu animiert, ein weiteres Buch zu schreiben und dazu vielleicht sogar einen Themenvorschlag macht.

3.4. Miturheber

Literaturhinweise: *Dittrich*, Über die Schutzdauer der Opern von Giacomo Puccini in Österreich, FS Roeber (1982) 53; *Hodik*, Miturheberschaft, Werkverbindung und Kollektivwerke in der EG-Richtlinie zur Vereinheitlichung der Schutzfristen, ÖSGRUM 14 (1993) 17; *Dittrich*, Einige Fragen des Filmurheberrechts, ecolex 1995, 268; *Gamerith*, Sind die Rechtsgemeinschaften an Immaterialgüterrechten Gesamthandgemeinschaften? ÖBl 1996, 63.

Vorgaben des Gemeinschaftsrechts: Das Gemeinschaftsrecht sieht für *Computerprogramme* eine Harmonisierungsvorgabe vor (Art 2 Abs 2 ComputerRL): Ist ein Computerprogramm von einer Gruppe natürlicher Personen gemeinsam geschaffen worden, so stehen dieser die ausschließlichen Rechte daran gemeinsam zu.[9]

Für *Filmwerke oder audiovisuelle Werke* enthält die SchutzfristenRL (Art 2 Abs 1) materiellrechtliche Bestimmungen: Der Hauptregisseur eines Filmwerks oder eines audiovisuellen Werks gilt als dessen Urheber oder als einer seiner Urheber. Es steht den Mitgliedstaaten frei, vorzusehen, dass weitere Personen als Miturheber benannt werden können.

Österreichische Regelung: Anders als der bloße Gehilfe ist der *Miturheber* zu beurteilen, der mit einem anderen gemeinsam ein Werk geschaffen hat, bei dem die Ergebnisse ihres Schaffens eine untrennbare Einheit bilden. In diesem Fall steht das Urheberrecht den Urhebern gemeinschaftlich zu (§ 11 Abs 1 UrhG).

Verletzungen des Urheberrechts gerichtlich zu verfolgen, ist jeder Miturheber allein berechtigt.[10] Jede Änderung oder Verwertung des Werks bedarf hingegen des Einverständnisses aller Miturheber. Verweigert ein Miturheber seine Einwilligung ohne ausreichenden Grund, so kann ihn jeder andere Miturheber auf deren Erteilung klagen (§ 11 Abs 2 UrhG). Zur Gerichtszuständigkeit vgl Seite 1140.

---

[9]) Vgl zB OGH 14. 3. 2000, 4 Ob 41/00h – Zahnarztprogramm – MR 2000, 312 (*Walter*). Beim Lichtbild: OGH 1. 2. 2000, 4 Ob 15/00k – Vorarlberg Online – ÖBl 2000, 276 = ÖBl-LS 2000/51 = MR 2000, 167 (*Walter*) = ecolex 2000, 439 = GRUR Int 2001, 351.

[10]) Vgl zB OGH 10. 7. 2001, 4 Ob 155/01z – C-Villas – MR 2001, 311 = ÖBl-LS 2001/181-183 = EvBl 2002/7 = RdW 2001/750 = ecolex 2001, 923 (*Schanda*) = ÖJZ-LSK 2001/285.

Verzichtet ein Miturheber auf sein Urheberrecht[11] oder erwirbt es weder ein Erbe noch ein Legatar, so geht das Miturheberrecht auf die anderen Miturheber über (§ 23 Abs 2 UrhG). Für das Erlöschen des Urheberrechts (Seite 1260) ist der Tod des letztlebenden Miturhebers maßgebend (§ 60 UrhG). Für die Anknüpfung im internationalen Urheberrecht genügt es, dass einer der Miturheber österreichischer Staatsbürger ist (§ 94 UrhG).

Beispiele:

- Mitautor ist, wer zusammen mit einem anderen (Urheber) einen Roman geschrieben hat.
- Miturheber sind auch die Mitglieder einer Gruppe von Programmierern, die gemeinsam ein Computerprogramm schreiben.
- OGH 19. 11. 2002: Beim „Hundertwasser-Haus" wurde Miturheberschaft zwischen Hundertwasser und dem Architekten Krawina angenommen.[12]

3.5. Teilurheber

Literaturhinweis: *Fischer-See,* Zur Frage der Zulässigkeit der Verwendung neuer Texte zu Werken der Tonkunst („Vertextung"), FS 50 Jahre UrhG (1986) 109.

Die *Verbindung von Werken* verschiedener Art – wie die eines Werks der Tonkunst mit einem Sprachwerk oder einem Filmwerk – begründet an sich noch keine Miturheberschaft, sondern *„Teilurheberschaft"* (§ 11 Abs 3 UrhG). Für die Abgrenzung der Teilurheberschaft von der Miturheberschaft ist entscheidend, ob der Beitrag eines der Urheber abgesondert verwertet werden kann. Jeder *Teil*urheber kann sein Werk unabhängig verwerten.

Beispiele:

- Die Verbindung von Film und Filmmusik oder von Text und Musik zu einer Operette begründet Teilurheberschaft.[13]
- Das Textbuch einer Oper ist selbständig verwertbar; daher Teilurheberschaft.

3.6. Arbeitnehmer-/Auftragnehmerschöpfungen

Literaturhinweise: *Dittrich,* Arbeitnehmer und Urheberrecht, Schriftenreihe der INTERGU 55 (1978); *Dittrich,* Arbeitnehmerurheberrecht – aus österr Sicht, FuR 1979, 59; *Holeschofsky,* Gedanken zur urheberrechtlichen Verwertungsgesellschaft als Interessenvertretung, ÖBl 1979, 145; *Dittrich,* Die Urheberpersönlichkeitsrechte des Arbeitnehmerurhebers, in *Rehbinder,* Das Urheberrecht im Arbeitsverhältnis (1983) 20; *Wolff,* Die Rechte an durch Arbeitnehmer entwickelter Computer-Software, EDVuR 1986/1, 6; *Dillenz,* Rechtsfragen des Urheberrechts im Hochschulbereich, in *Strasser* (Hrsg), Organisations-, europa-, und immaterialgüterrechtliche Probleme der Universitäten (1992) 97; *Geist,*

---

[11]) Der Verzicht ist gegenüber dem anderen Miturheber zu erklären: OGH 19. 11. 2002, 4 Ob 229/02h – Hundertwasserhaus II – ÖBl 2003, 142 (*Gamerith*) = ÖBl-LS 2003/34, 35 = MR 2003, 41 = RdW 2003/267.

[12]) OGH 19. 11. 2002, 4 Ob 229/02h – Hundertwasserhaus II – ÖBl 2003, 142 (*Gamerith*) = ÖBl-LS 2003/34, 35 = MR 2003, 41 = RdW 2003/267.

[13]) *Fischer-See,* FS 50 Jahre UrhG (1986) 109.

Immaterialgüterrechtliche Probleme der Drittmittelforschung an österreichischen Universitäten, in *Strasser* (Hrsg), Organisations-, europa- und immaterialgüterrechtliche Probleme der Universitäten (1992) 127; *Kremser,* Der Jurist im öffentlichen Dienst als Urheber, in Anwalt und Berater der Republik – FS zum 50. Jahrestag der Wiedereinrichtung der österr Finanzprokuratur (1995) 49; *Dittrich,* Ausgewählte zivilrechtliche Fragen der Software-Piraterie, ÖBl 1999, 219; *Thiele,* Übertragung von Urheberrechten auf den Arbeitgeber, RdW 2002, 537.

Vorgaben des Gemeinschaftsrechts: Das Gemeinschaftsrecht bestimmt für *Computerprogramme* (Art 2 Abs 3 ComputerRL): Wird ein Computerprogramm von einem Arbeitnehmer in Wahrnehmung seiner Aufgaben oder nach den Anweisungen seines Arbeitgebers geschaffen, so ist ausschließlich der Arbeitgeber zur Ausübung aller wirtschaftlichen Rechte an dem so geschaffenen Programm berechtigt, sofern keine andere vertragliche Vereinbarung getroffen wird.

Österreichische Regelung: Das UrhG enthält *keine generelle Regelung* für Werke, die im Rahmen eines Arbeits- oder Auftragsverhältnisses geschaffen wurden. Der Arbeit-/Auftraggeber ist vielmehr darauf verwiesen, vertraglich entsprechende Nutzungsrechte zu erwerben (durch Erwerb einer Werknutzungsbewilligung oder eines Werknutzungsrechts; Seite 1244). Allerdings wird man in der Regel von einer stillschweigenden Rechtseinräumung ausgehen können. Mit Abschluss des Arbeitsvertrags räumt der Arbeitnehmer in der Regel dem Arbeitgeber ein Werknutzungsrecht an den in Erfüllung seiner Arbeitspflicht geschaffenen Werken ein.[14]

Für *Computerprogramme* enthält jedoch § 40b UrhG eine Sonderregelung:[15] Wird ein Computerprogramm von einem Dienstnehmer in Erfüllung seiner dienstlichen Obliegenheiten geschaffen, so steht dem Dienstgeber hieran ein unbeschränktes Werknutzungsrecht zu, wenn er mit dem Urheber nichts anderes vereinbart hat. In solchen Fällen ist der Dienstgeber auch zur Ausübung der in § 20 und § 21 Abs 1 UrhG bezeichneten Rechte berechtigt; das Recht des Urhebers, nach § 19 UrhG die Urheberschaft für sich in Anspruch zu nehmen, bleibt unberührt.

Beispiel:

> OGH 13. 3. 2002: Der Kläger war als Abteilungsleiter in der Softwareentwicklung bei der Beklagten angestellt. Das Programm wurde in der Folge ohne seinen Widerspruch vom Dienstgeber mit einem eigenen Copyright-Vermerk in hoher Auflage verkauft. Auch nach seinem Ausscheiden aus dem Betrieb hat der Kläger das Programm noch weiter für seinen ehemaligen Arbeitgeber adaptiert.

---

[14]) *Holeschofsky* (ÖBl 1979, 145 [148]) unter Berufung auf *Dittrich,* INTERGU 55 (1978). Zur Vertragsinterpretation hinsichtlich der *Fortdauer der Rechtseinräumung auch nach Beendigung des Dienstverhältnisses*: OGH 21. 11. 1995, 4 Ob 1101/95 – Urlaubsfotos – MR 1996, 568 (*Walter*).

[15]) Diese ist durch Art 2 Abs 3 ComputerRL so vorgezeichnet. Für die Zeit vor In-Kraft-Treten dieser Sonderbestimmung: OGH 28. 10. 1997, 4 Ob 304/97b – „einzigartiges" EDV-Programm – ÖBl 1999, 57 = MR 1998, 72 (*Walter*) = wbl 1998, 181 = GRUR Int 1998, 1008.

Die Gerichte gingen daher davon aus, dass dem Arbeitgeber das Werknutzungsrecht an dem Programm zusteht.[16]

Obwohl die DatenbankRL dies nicht zwingend vorschreibt, wurde für *Datenbanken* eine entsprechende Regelung vorgesehen (§ 40f Abs 3 UrhG).[17] Dies wird zutreffend damit begründet, dass das Schwergewicht des Urheberrechtsschutzes für Datenbanken bei den elektronischen Datenbanken liege und dass die wirtschaftlichen Verhältnisse, unter denen solche Datenbanken von Dienstnehmern geschaffen werden, dieselben sind wie bei Computerprogrammen.[18]

3.7. Sonderregelungen für Filmwerke

Literaturhinweise: *Scolik,* „Benützungsgebühr" und freie Verwertung nicht mehr geschützter Filmkopien, RfR 1986, 1; *Walter,* Die cessio legis im geltenden und künftigen österreichischen Filmurheberrecht, FS Frotz (1993) 749; *Dittrich,* Einige Fragen des Filmurheberrechts, ecolex 1995, 268; *Alton,* Regierungsvorlage zur Urheberrechtsgesetznovelle 1996 – Filmschaffende Fernsehgeschädigte, Juridikum 1996 H 1, 23; *Dittrich,* Wem stehen Vergütungsansprüche an Filmwerken zu? ÖJZ 1998, 901; *Dittrich,* Bemerkungen zu § 38 Abs 1 zweiter Satz UrhG, RfR 1998, 1; *Dittrich,* Livesendungen als Filmwerke, ÖBl 2000, 12; *Dittrich/Wallentin,* Die *cessio legis* in § 38 Abs 1 UrhG, RfR 2002, 25.

Vorgaben des Gemeinschaftsrechts: Für *Filmwerke oder audiovisuelle Werke* enthält die SchutzfristenRL (Art 2 Abs 1) materiellrechtliche Bestimmungen: Der Hauptregisseur eines Filmwerks oder eines audiovisuellen Werks gilt als dessen Urheber oder als einer seiner Urheber. Es steht den Mitgliedstaaten frei, vorzusehen, dass weitere Personen als Miturheber benannt werden können.

Österreichische Regelung: Für gewerbsmäßig hergestellte *Filmwerke* bestehen Sondervorschriften (§§ 38 – 40 UrhG; vgl auch Seite 1119): Die Verwertungsrechte an gewerbsmäßig hergestellten Filmwerken stehen mit der im § 39 Abs 4 UrhG enthaltenen Beschränkung dem Inhaber des Unternehmens (*Filmhersteller*) zu („*cessio legis*"[19]). Die gesetzlichen Vergütungsansprüche des Urhebers stehen dem Filmhersteller und dem Urheber je zur Hälfte zu, soweit sie nicht unverzichtbar sind und der Filmhersteller mit dem Urheber nichts anderes vereinbart hat.[20] Durch

---

[16]) OGH 13. 3. 2002, 4 Ob 53/02a – Computer-Spielprogramm – MR 2002, 237 (*Walter*).
[17]) Erwägungsgrund 29 der DatenbankRL stellt den Mitgliedstaaten eine solche Regelung frei. In einem früheren Entwurf war sogar eine generelle Regelung über die automatische Rechtsinhaberschaft des Arbeitgebers für solche Werke („work-made-for-hire") vorgesehen; vgl *Gaster,* wbl 1996, 51 (52).
[18]) EB, RV 883 BlgNR 20. GP 6.
[19]) Zu diesem Begriff: OGH 18. 2. 2003, 4 Ob 235/02s. Bei einem Werbefilm: OGH 13. 9. 1999, 4 Ob 151/99f – Roll up – ÖBl 2000, 133 (*Kucsko*) = MR 1999, 343 (*Walter*). Zum „*Autorenfilm*": OGH 9. 12. 1997, 4 Ob 341/97v – Kunststücke – ÖBl 1998, 315 = MR 1998, 66 (*Walter*) = ecolex 1998, 410.
[20]) Zur Rechtslage vor der UrhG-Nov 1996: OGH 13. 2. 2001, 4 Ob 307/00a – VDFS II – ÖBl 2002, 32 = ÖBl-LS 2001/106, 107 = MR 2001, 298 (*Walter*) = GRUR Int 2002, 267.

diese Vorschrift werden Urheberrechte, die an den bei der Schaffung des Filmwerks benutzten Werken bestehen, nicht berührt (§ 38 Abs 1 UrhG; vgl auch Art 14bis RBÜ, Seite 1119).

Änderungen des Filmwerks, seines Titels und der Bezeichnung des Filmherstellers dürfen, unbeschadet der Vorschrift des § 39 Abs 3 UrhG (nur mit Einwilligung zulässige Änderungen), ohne Einwilligung des Filmherstellers nur vorgenommen werden, soweit sie nach der auf den Filmhersteller entsprechend anzuwendenden Vorschrift des § 21 Abs 1 UrhG (Seite 1199) zulässig sind (§ 38 Abs 2 UrhG).

3.8. Urhebervermutung

Literaturhinweis: *Walter*, Die vermutete Verwaltungsvollmacht des Herausgebers oder Verlegers, MR 1997, 153.

Vorgaben der RBÜ: Damit die Urheber der durch diese Übereinkunft geschützten Werke der Literatur und Kunst mangels Gegenbeweises als solche gelten und infolgedessen vor den Gerichten der Verbandsländer zur Verfolgung der unbefugten Vervielfältiger zugelassen werden, genügt es, dass der *Name* in der üblichen Weise *auf dem Werkstück* angegeben ist. Dieser Absatz ist anwendbar, selbst wenn dieser Name ein *Pseudonym* ist, sofern das vom Urheber angenommene Pseudonym keinen Zweifel über seine Identität aufkommen lässt (Art 15 Abs 1 RBÜ). Als Hersteller des *Filmwerks* gilt mangels Gegenbeweises die natürliche oder juristische Person, deren Name in der üblichen Weise auf dem Werkstück angegeben ist (Art 15 Abs 2 RBÜ). Bei den *anonymen Werken* und bei den nicht unter Art 15 Abs 1 RBÜ fallenden *pseudonymen* Werken gilt der Verleger, dessen Name auf dem Werkstück angegeben ist, ohne weiteren Beweis als berechtigt, den Urheber zu vertreten; in dieser Eigenschaft ist er befugt, dessen Rechte wahrzunehmen und geltend zu machen. Diese Bestimmung ist nicht mehr anwendbar, sobald der Urheber seine Identität offenbart und seine Berechtigung nachgewiesen hat (Art 15 Abs 3 RBÜ). Für die *nichtveröffentlichten* Werke, deren Urheber unbekannt ist, bei denen jedoch aller Grund zu der Annahme besteht, dass ihr Urheber Angehöriger eines Verbandslands ist, kann die Gesetzgebung dieses Landes die zuständige Behörde bezeichnen, die diesen Urheber vertritt und berechtigt ist, dessen Rechte in den Verbandsländern wahrzunehmen und geltend zu machen (Art 15 Abs 4 lit a RBÜ).[21] Die Verbandsländer, die nach dieser Bestimmung eine solche Bezeichnung vornehmen, notifizieren dies dem Generaldirektor durch eine schriftliche Erklärung, in der alle Angaben über die bezeichnete Behörde enthalten

---

[21]) Österreich hat von dieser Ermächtigung nicht Gebrauch gemacht.

sein müssen. Der Generaldirektor teilt diese Erklärung allen anderen Verbandsländern unverzüglich mit (Art 15 Abs 4 lit b RBÜ).

Österreichische Regelung: Wer auf den Vervielfältigungsstücken eines erschienenen Werks oder auf dem Urstück eines Werks der bildenden Künste in der üblichen Weise als Urheber bezeichnet wird, gilt widerlegbar als Urheber, wenn die Bezeichnung sein wahrer Name, ein von ihm bekanntermaßen gebrauchter Deckname oder (bei Werken der bildenden Künste) sein Künstlerzeichen ist (§ 12 Abs 1 UrhG).

Dasselbe gilt für den, der bei einem öffentlichen Vortrag, einer öffentlichen Aufführung oder Vorführung oder einer Rundfunksendung des Werks auf die in § 12 Abs 1 UrhG angegebene Art als Urheber bezeichnet wird, sofern nicht die Vermutung des § 12 Abs 1 UrhG für einen anderen spricht (§ 12 Abs 2 UrhG). Die UrhG-Nov 2003 hat dies auch auf Urheberbenennungen bei einer öffentlichen Zurverfügungstellung des Werks im Sinne des § 18a UrhG erweitert (Seite 1194).

Solange der Urheber eines erschienenen Werks nicht auf eine Art bezeichnet worden ist, die nach § 12 UrhG die Vermutung der Urheberschaft begründet, gilt der Herausgeber oder, wenn ein solcher auf den Werkstücken nicht angegeben ist, der Verleger als mit der Verwaltung des Urheberrechts betrauter Bevollmächtigter des Urhebers (§ 13, erster Satz UrhG). Weiters ist der Herausgeber oder Verleger in einem solchen Fall berechtigt, Verletzungen des Urheberrechts im eigenen Namen gerichtlich zu verfolgen (§ 13, zweiter Satz UrhG).[22]

Sonderregelung für gewerbsmäßig hergestellte Filmwerke (§ 38 Abs 3 UrhG): Bis zum Beweis des Gegenteils gilt als Filmhersteller, wer als solcher auf den Vervielfältigungsstücken eines Filmwerks in der üblichen Weise durch Angabe seines wahren Namens, seiner Firma oder eines von ihm bekanntermaßen gebrauchten Decknamens oder Unternehmenskennzeichens bezeichnet wird. Dasselbe gilt von dem, der bei einer öffentlichen Aufführung oder bei einer Rundfunksendung des Filmwerks auf die angegebene Art als Filmhersteller bezeichnet wird, sofern nicht die im vorigen Satz aufgestellte Vermutung dafür spricht, dass Filmhersteller ein anderer ist.

---

[22]) Dazu OGH 27. 6. 1995, 4 Ob 61/95 – Rosa-Lila-Villa II – MR 1996, 70 (*Walter*).

4. INSTITUTIONEN

Überblick:

- Urheberrecht ist in Gesetzgebung und Vollziehung *Bundessache*.
- Ressortzuständig ist der *Justizminister*.
- Zur Durchsetzung der zivil- und strafrechtlichen Sanktionen sind primär die *Gerichte* berufen.
- Im Hinblick auf die gebündelte Rechtewahrnehmung kommt den *Verwertungsgesellschaften* besondere Bedeutung zu. Sie können auch mit *Nutzerverbänden* über die Konditionen Rahmen- oder Gesamtverträge schließen.
- Anstelle eines solchen Gesamtvertrags kann eine *Schiedskommission* eine generell verbindliche Satzung erlassen.
- Für Spezialbereiche (Leerkassettenvergütung und Kabelweiterleitung von Sendungen) ist die *Schiedsstelle* eingerichtet.

4.1. Justizministerium

Das Urheberrecht ist gemäß Art 10 Abs 1 Z 6 B-VG in Gesetzgebung und Vollziehung *Bundessache*. Die *Legistik* im Bereich des Urheberrechts und damit ein sehr wesentlicher Einfluss auf die Rechtsgestaltung obliegen dem Bundesminister für Justiz. Das UrhG sieht für ihn im Übrigen nur insoweit eine spezielle Kompetenz vor, als das *Urheberregister* vom Justizministerium zu führen ist (§ 61a UrhG). In der Praxis hat dieses Register freilich wenig Bedeutung erlangt (vgl Seite 1264). Zu erwähnen sind noch Kundmachungskompetenzen nach § 58 Abs 1 und §§ 96, 97 Abs 2, 99 Abs 3 und 100 Abs 1 UrhG sowie Verordnungskompetenzen nach § 90a Abs 3 und 4 UrhG. Im Verwertungsgesellschaftenrecht kommt dem Bundesminister für Justiz insoweit eine wichtige Kompetenz zu, als er die subsidiäre Zuständigkeit zur Bestellung von Mitgliedern der *Schiedskommission* hat (§ 16 VerwGesG; Seite 1159). Auch die *Schiedsstelle* ist gemäß Art III § 1 Abs 1 UrhG-Nov 1980 beim Bundesministerium für Justiz eingerichtet.

4.2. Gerichte

4.2.1. Zivilgerichte

Literaturhinweise: *Fasching*, Die Zuständigkeit der Gerichte für Klagen der Verwertungsgesellschaften auf Zahlung von Aufführungsentgelten, ÖBl 1983, 100; *Seber*, Der Umfang der österr inländischen Gerichtsbarkeit für Klagen im gewerblichen Rechtsschutz und Urheberrecht, ZfRV 1983, 270; *Frotz/Hügel*, Aspekte der kollektiven Wahrnehmung von Urheberrechten am Beispiel der AKM, ÖSGRUM 2 (1986) 26; *Walter*, Zur Klagslegitimation der musikalischen Verwertungsgesellschaften, MR 1986/1, 14.

Den Gerichten obliegt vor allem die Entscheidung im Verletzungsverfahren (Seite 1267). Die *Zuständigkeit* für das erstinstanzliche Verfahren in Zivilsachen richtet sich nach der JN: Streitigkeiten nach dem UrhG fallen gemäß § 51 Abs 2 Z 10

JN ohne Rücksicht auf den Streitwert in die Zuständigkeit der *Handelsgerichte* (Kausal-Eigenzuständigkeit[1]). Die örtliche Zuständigkeit ist in § 83c JN geregelt: Sind Personen geklagt, deren Unternehmen sich im Inland befindet oder die mit Rücksicht auf ihre Tätigkeit bei einem im Inland befindlichen Unternehmen in Anspruch genommen werden, so ist hierfür – soweit nicht andere gesetzliche Vorschriften bestehen – ausschließlich das Gericht zuständig, in dessen Sprengel dieses Unternehmen liegt, bei Vorhandensein mehrerer Niederlassungen wahlweise das Gericht der Hauptniederlassung oder derjenigen Niederlassung, auf die sich die Handlung bezieht. In Ermangelung eines Unternehmens im Inland richtet sich die Zuständigkeit nach dem allgemeinen Gerichtsstand des Beklagten. Für Personen, die im Inland weder ein Unternehmen noch ihren allgemeinen Gerichtsstand haben, ist das Gericht des inländischen Aufenthaltsortes zuständig, oder, wenn ein solcher nicht bekannt ist, das Gericht, in dessen Sprengel die Handlung begangen worden ist (§ 83c Abs 1 JN).[2] Wird die gesetzwidrige Handlung durch den Inhalt von Schriften oder Druckwerken oder durch andere Gegenstände bewirkt, die vom Ausland abgesendet worden sind, so gilt für die Zuständigkeit jener Ort des Inlands als Begehungsort, wo der Gegenstand eingelangt oder zur Abgabe oder Verbreitung gelangt ist (§ 83c Abs 3 JN).

Im Urheberrecht bestehen noch vereinzelte *Sonderregelungen*: Die UrhG-Nov 1980[3] hatte die Schiedsstelle zur Entscheidung in strittigen Auseinandersetzungen über Vergütungsansprüche (*Leerkassettenvergütung*; Seite 1214) berufen. Dies hat sich allerdings nicht bewährt. Mit der UrhG-Nov 1989[4] wurden daher die Kompetenzen der Schiedsstelle insoweit wieder eingeschränkt und ihr nur die Bemessung der angemessenen Vergütung nach allgemeinen Kriterien zugeordnet. Dazu sieht Art III § 1a UrhG 1980 idF UrhG-Nov 1989 eine Unterbrechung des Zivilverfahrens auf Antrag vor (Seite 1163). Eine weitere Sonderregelung enthält § 11 Abs 2 UrhG: Verweigert ein *Miturheber* seine Einwilligung zu einer Änderung oder Verwertung des gemeinsamen Werks ohne ausreichenden Grund, so kann ihn jeder andere Miturheber auf deren Erteilung klagen. Hat der Beklagte im Inland keinen allgemeinen Gerichtsstand, so sind die Gerichte, in deren Sprengel der erste Wiener Gemeindebezirk liegt, zuständig. Eine gleichartige spezielle Zuständigkeitsregelung sieht § 58 Abs 3 UrhG im Zusammenhang mit dem *Bewilligungszwang bei Schallträgern* vor: Für Klagen auf Erteilung der Bewilligung sind, wenn der Beklagte im Inland keinen allgemeinen Gerichtsstand hat, die Gerichte, in deren Sprengel der erste Wiener Gemeindebezirk liegt, zuständig. § 66 Abs 4 UrhG enthält schließlich eine Sonderregelung für den Fall, dass kein gemeinsamer *Chor-*

---

[1]) Vgl *Fasching*, Lehrbuch[2] Rz 256. Zur speziellen Frage der Klagen von Verwertungsgesellschaften auf Zahlung von Aufführungsentgelten: *Fasching*, ÖBl 1983, 100. Zu Ansprüchen aus Urheberrechtsverträgen: HG Wien 26. 11. 1997, 1 R 515/97z – Vergleichsveröffentlichung – MR 1998, 30.
[2]) Zum Gerichtsstand des Ortes des schädigenden Ereignisses: OGH 13. 7. 1999, 4 Ob 347/98b – Thousand Clowns – MR 1999, 342 = ZfRV 2000, 156 = GRUR Int 2000, 795.
[3]) BGBl 1980/321.
[4]) BGBl 1989/612.

oder Orchesterleiter bestellt wurde: In Ermangelung eines gemeinsamen Vertreters hat das Bezirksgericht Innere Stadt Wien einen Sachwalter zu bestellen, der an die Stelle des gemeinsamen Vertreters tritt. Zur Antragstellung ist jeder berechtigt, der ein Interesse an der Verwertung des Vortrags oder der Aufführung glaubhaft macht.

4.2.2. Strafgerichte

Literaturhinweise: *Majer*, Das Urheberstrafrecht, ÖSGRUM 10 (1991); *Renner*, Rechtsschutz von Computerprogrammen (1998).

Das *Strafverfahren* obliegt dem Einzelrichter des Gerichtshofs erster Instanz (§ 91 Abs 5 UrhG).[5] Für die örtliche Zuständigkeit bestehen keine Sonderregelungen (vgl §§ 51ff StPO). Verfolgungsanträge an andere Behörden reichen zur Wahrung der sechswöchigen Privatanklagefrist nicht.[6]

4.3. Verwertungsgesellschaften
4.3.1. Allgemeines

Literaturhinweise: *Peter*, Der Entwurf einer Novellierung des österreichischen Verwertungsgesellschaften-Gesetzes 1936, RIDA 1956, 41; *Brezina*, Zur Verwertung der sogenannten „kleinen Urheberrechte" durch die Verwertungsgesellschaften, JBl 1969, 651; *Edlbacher*, Verleger und Verwertungsgesellschaft, ÖJZ 1970, 429; *Walter*, Zur Monopolstellung der urheberrechtlichen Verwertungsgesellschaften, JBl 1970, 601; *Dittrich*, Zur Abgrenzung der „kleinen" und der „großen Rechte", ÖBl 1971, 1; *Friedl/Frotz/Schönherr,* Berühren Rundfunksendungen musikalisch-dramatischer Bühnenwerke unter Benützung von Schallträgern stets ein „kleines" Recht? ÖBl 1971, 34; *Juranek*, Die Verwertungsgesellschaften als Treuhänder, ÖBl 1971, 72; *Handl*, Novellierung des österr VerwGesG, FuR 1975, 151; *Öhlinger*, Verfassungsrechtliche Bemerkungen zu den Gesamtverträgen im Urheberrecht, ÖBl 1976, 89; *Holeschofsky*, Der Staatskommissär nach dem Verwertungsgesellschaftengesetz, ZfRV 1977, 81; *Holeschofsky*, Schiedskommissionen nach dem österreichischen Verwertungsgesellschaftengesetz (VerwGesG), FuR 1977, 518; *Schönherr*, Gedanken zur Regelung des Rechts der Verwertungsgesellschaften in Österreich, UFITA 80 (1977) 143; *Holeschofsky/Huber*, Zur Mißbrauchsaufsicht über urheberrechtliche Verwertungsgesellschaften, ZfRV 1979, 30; *Holeschofsky*, Gedanken zur urheberrechtlichen Verwertungsgesellschaft als Interessenvertretung, ÖBl 1979, 145; *Holeschofsky*, Die geplante Neuregelung des Rechts der Verwertungsgesellschaften in Österreich, FuR 1979, 348; *Stormann*, Zur Reform des österreichischen Verwertungsgesellschaftengesetzes, FuR 1980, 78; *Buchner*, Zur Diversifizierung des Verwertungsgesellschaftenrechtes, ÖBl 1981, 57; *Dittrich*, Die österr Urheberrechtsgesetznovelle 1980, GRUR Int 1981, 8; *Handl*, Zur Frage der Anwendung des österr VerwGesG und der Vorschriften über die Schiedsstelle gem der Urheberrechtsgesetznovelle 1980, FuR 1981, 118; *Fasching*, Die Zuständigkeit der Gerichte für Klagen der Verwertungsgesellschaften auf Zahlung von Aufführungsentgelten, ÖBl 1983, 100; *Juranek*, Komponist, Musikverleger und Verwertungsgesellschaft, ZfRV 1983, 250; *Dittrich*, Der Grundsatz der Inländerbehandlung der RBÜ und die sogenannte soziale Hälfte – Zugleich ein Beitrag zur Methode, die RBÜ auszulegen, FS 50 Jahre UrhG (1986) 63; *Frotz/Hügel*, Aspekte der kollektiven Wahrnehmung von Urheberrechten am Beispiel der AKM, ÖSGRUM 2 (1986) 26; *Juranek*, Vertragliche und gesetzliche Verteilungsbestimmungen von Verwertungsgesellschaften im Zusammenhang mit sozialen und kulturellen Zwecken dienenden Einrichtungen, FS 50 Jahre UrhG (1986) 163; *Walter*, Zur Klagslegitimation der musikalischen Verwertungsgesellschaften, MR 1986/1, 14; *Hügel*, Über Eingriffe in Urheberrechte und laufende Verfahren, ÖBl 1987, 9; *Hodik*, Änderungen im österreichischen Urheberrecht – eine Novelle zur

---

[5]) Zur Historie dieser Zuständigkeitsregelung: *Majer*, ÖSGRUM 10 (1991) 101.
[6]) *Renner*, Rechtsschutz von Computerprogrammen (1998) 41 mwN.

Hodik, Änderungen im österreichischen Urheberrecht – eine Novelle zur Novelle, GRUR Int 1987, 34; *Dillenz*, Functions and Recent Developments of Continental Copyright Societies, EIPR 1990, 191; *Dillenz*, Die EG-Wettbewerbsregeln und die österreichischen Verwertungsgesellschaften, ZfRV 1990, 161; *Dittrich*, Der Kontrahierungszwang von Verwertungsgesellschaften, ÖSGRUM 11 (1992); *Graninger*, Kleines oder großes Recht? Autorenzeitung 1992/4, 26; *Lessiak*, Zur Rechtsstellung von Verwertungsgesellschaften bei Geltendmachung von Vergütungsansprüchen, ÖJZ 1993, 760; *Dittrich*, Gesetzliche Treuhand für Verwertungsgesellschaften? ecolex 1994, 103; *Kaltner*, Verwertungsgesellschaften in Österreich, UFITA 130 (1996); *Dillenz*, Harmonisierung des Rechts der Verwertungsgesellschaften in Europa, GRUR Int 1997, 315; *Dittrich*, Bemerkungen zu § 38 Abs 1 zweiter Satz UrhG, RfR 1998, 1; *Öhlinger*, Neue Aspekte des kollektiven Urhebervertragsrechtes aus verfassungsrechtlicher Sicht, RfR 1998, 25; *Steinmetz*, Vertrag ORF – austro mechana, MR 1998, 19; *Dietz*, Die Entwicklung des Rechts der Verwertungsgesellschaften in Mittel- und Osteuropa am Beispiel des neuen ungarischen Urheberrechtsgesetzes von 1999, FS Dittrich (2000) 21; *Gerlach*, Verwertungsgesellschaften und europäischer Wettbewerb, FS Dittrich (2000) 119; *Graninger*, Systeme der kollektiven Rechtevergabe für On-line-Nutzungen, ÖSGRUM 22 (2000) 43; *Oeller/Bergemann*, One stop-shopping am Beispiel der CMMV, ÖSGRUM 22 (2000) 15; *Juranek*, Die Gratwanderung zwischen großem und kleinem Recht, MR 2001, 377; *Dittrich*, Verwendungsansprüche zwischen Verwertungsgesellschaft? RfR 2002, 13; *Ciresa*, Rechtsfragen der Aktivlegitimation von Verwertungsgesellschaften, ÖSGRUM 29 (2003) 79; *Dittrich/Krejci*, Sammelverträge im Urheberrecht, ÖSGRUM 29 (2003) 1.

Vorgaben des Gemeinschaftsrechts: Derzeit gibt es noch keine HarmonisierungsRL für den Bereich des Verwertungsgesellschaftenrechts. Eine allgemeine Definition der „Verwertungsgesellschaft" enthält Art 1 Abs 4 SatellitenRL: „Verwertungsgesellschaft" ist jede Organisation, die Urheber- oder verwandte Schutzrechte als einziges Ziel oder als eines ihrer Hauptziele wahrnimmt oder verwaltet.[7] Im Zusammenhang mit dem Folgerecht verlangt Erwägungsgrund 28 FolgerechtRL von den Mitgliedstaaten lediglich die Gewährleistung, dass Verwertungsgesellschaften *transparent und effizient* arbeiten. Ähnlich postuliert Erwägungsgrund 17 InfoRL: Insbesondere aufgrund der durch die Digitaltechnik bedingten Erfordernisse muss sichergestellt werden, dass die Verwertungsgesellschaften im Hinblick auf die Beachtung der Wettbewerbsregeln ihre Tätigkeit stärker rationalisieren und für mehr Transparenz sorgen.

Österreichische Regelung: Zunächst eine Vorfrage: *Wozu gibt es Verwertungsgesellschaften?* Die Begründung liegt auf der Hand: Dem Urheber (vor allem eines Werks der Tonkunst) ist es fast unmöglich, mit jedem einzelnen, der seine Werke verwertet (zB durch öffentliche Aufführung; man denke nur an die vielen Gaststättenbetriebe und Tanzlokale, die Tonbänder oder CDs spielen), einen Vertrag zu schließen. Er kann auch nicht alle Veranstaltungen im In- und Ausland überwachen, um festzustellen, ob seine Werke gespielt werden und jeden, der sein Werk unbefugt spielt, zur Verantwortung ziehen. Andererseits ist es auch dem Veranstalter kaum möglich, in jedem einzelnen Fall zu ermitteln, wer zur Erteilung einer Aufführungsbewilligung ermächtigt ist und wo er ihn findet. Selbst wenn er den Berechtigten kennt, müsste der Veranstalter dann erst in Einzelverhandlungen mit dem Berechtigten treten, um eine Aufführungsbewilligung zu erhalten. „Die Mü-

---

[7]) Nach Art 13 SatellitenRL bleibt jedoch die Regelung der Tätigkeit von Verwertungsgesellschaften durch die Mitgliedstaaten von dieser Richtlinie unberührt.

hen und Kosten, die mit der Beschaffung der Aufführungsbewilligung verbunden wären, würden für die Veranstalter untragbare Lasten bedeuten. Gesetzestreue Veranstalter von Konzerten könnten geschützte Tonwerke nur selten oder gar nicht zur Aufführung bringen; die so genannten Schwarzspieler aber könnten ruhig damit rechnen, dass die Urheber von der unerlaubten Aufführung keine Kenntnis erlangen oder nicht in der Lage sein werden, dagegen einzuschreiten."[8]

Daher haben sich immer mehr die so genannten „*Verwertungsgesellschaften*" durchgesetzt, die treuhändig die Rechte an möglichst vielen Werken verwalten und entsprechende Nutzungsbewilligungen an ihrem Repertoire erteilen. Begonnen hat diese Entwicklung Mitte des 19. Jahrhunderts in Frankreich mit der Gründung der Société des Auteurs, Compositeurs et Editeurs de Musique (Sacem).[9] Am 5. 12. 1897 wurde dann in Österreich gegen beträchtliche Widerstände die „AKM" (Staatlich genehmigte Gesellschaft der Autoren, Komponisten, Musikverleger) gegründet.[10] In den folgenden Jahrzehnten kam es in Österreich ebenso wie im Ausland zur Gründung weiterer Verwertungsgesellschaften für andere (spezielle) Aufgabenbereiche (zum derzeitigen Stand vgl Seite 1155).[11] Etwas spezieller als die Definition der Aufgaben von Verwertungsgesellschaften in Art 1 Abs 4 SatellitenRL ist jene in der Rechtsprechung des OGH. Danach ist es ihre Aufgabe, aufgrund der ihnen vom Urheber eingeräumten ausschließlichen Werknutzungsrechte im eigenen Namen Werknutzungsbewilligungen an Interessenten zu erteilen, die betreffenden Werknutzungen zu überwachen, die dafür zu leistenden Entgelte als Treuhänder des Urhebers einzuheben und gegen allfällige Rechtsverletzungen vorzugehen.[12]

Den Verwertungsgesellschaften werden von den Urhebern in „*Wahrnehmungsverträgen*"[13] Werknutzungsrechte eingeräumt und von Werknutzungsberechtigten Werknutzungsrechte übertragen, um von der Verwertungsgesellschaft *treuhändig*[14] *verwaltet* zu werden. Der OGH lässt auch die Übertragung von Urheberpersönlichkeitsrechten an eine Verwertungsgesellschaft zur treuhändigen Wahrnehmung zu.[15] Die Verwertungsgesellschaft erteilt dann an Nutzer Werknutzungsbewilligungen (zB an den Betreiber einer Diskothek), hebt dafür ein entsprechendes Nutzungs-

---

[8]) So die plastischen Ausführungen in den EB zum VerwGesG, abgedruckt bei *Dillenz*, Materialien zum Verwertungsgesellschaftengesetz, ÖSGRUM 5 (1987) 11ff.
[9]) EB zum VerwGesG, abgedruckt bei *Dillenz*, ÖSGRUM 5 (1987) 12. Vgl auch die Anekdote über die Gründung der SACEM bei *Dillenz*, GRUR Int 1997, 315.
[10]) 100 Jahre AKM, AKM-Informationen 1997/3.
[11]) In der internationalen Dachorganisation CISAC sind mehr als 150 Gesellschaften zusammengefasst, die schon 1992 einen Ertrag von $ 4 Milliarden erwirtschaftet haben (*Dillenz*, GRUR Int 1997, 315 mwN).
[12]) *Dittrich*, RfR 1998, 1 mwN.
[13]) Dies sind nach hM Verträge „sui generis" (*Edlbacher*, ÖJZ 1970, 429). Zum Wahrnehmungsvertrag allgemein: *Juranek*, ÖBl 1971, 72; *Frotz/Hügel*, ÖSGRUM 2 (1986) 26; *Juranek*, FS 50 Jahre UrhG (1986) 163 (164); *Dittrich*, RfR 1998, 1.
[14]) *Juranek*, ÖBl 1971, 72. Eine „gesetzliche Treuhand" wird zutreffend abgelehnt: *Dittrich*; ecolex 1994, 103; *Dittrich*, RfR 1998, 1.
[15]) OGH 19. 11. 2002, 4 Ob 229/02h – Hundertwasserhaus II – ÖBl 2003, 142 (*Gamerith*) = ÖBl-LS 2003/34, 35 = MR 2003, 41 = RdW 2003/267; *Gamerith*, ÖSGRUM 29 (2003) 113.

entgelt (*Tantiemen*) ein, verteilt dieses nach Abzug ihrer Spesen an die Berechtigten und wahrt auch sonst die Rechte der Urheber und Werknutzungsberechtigten, indem sie etwa Urheberrechtsverletzungen verfolgt. Durch die Verbindung mit gleichartigen ausländischen Unternehmen (über so genannte „*Gegenseitigkeitsverträge*"[16]) können die Verwertungsgesellschaften die Rechte ihrer Vertragspartner auch im Ausland wahrnehmen. Wer also zB in seinem Lokal einen CD-Player betreiben will, muss sich nicht mit jedem einzelnen Urheber (im Ausland) ins Einvernehmen setzen, sondern erhält von der inländischen Verwertungsgesellschaft AKM die Werknutzungsbewilligung für nahezu das gesamte *Weltrepertoire*.[17]

Die rasante technologische Entwicklung eröffnet laufend neue Aufgabenbereiche auch für Verwertungsgesellschaften. Sinnvoll wäre beispielsweise eine *Clearing-Stelle Multimedia*: Die boomende Produktion von Multimedia-Produkten stößt auf besondere Schwierigkeiten beim Rechteerwerb, weil definitionsgemäß unterschiedlichste Mediengattungen verwertet werden. Der Reiz solcher Produkte liegt ja gerade in der Fülle des verarbeiteten Materials unterschiedlicher Werkgattungen (Texte, Fotos, Tonbeispiele, Filme etc). Selbstverständlich müssen an jedem einzelnen Teil die erforderlichen Rechte vom jeweiligen Rechteinhaber erworben werden. Hier wäre eine zentrale Clearing-Stelle, die sich um die Rechtseinräumung kümmert (indem sie entweder selbst die notwendigen Nutzungsrechte vergeben kann oder zumindest den Rechteerwerb vermittelt), wünschenswert. Entsprechende Arbeiten an der Einrichtung einer solchen Institution sind im Gange.[18] Andererseits sollte das ohnehin schon bestehende Dickicht der Institutionen nicht noch weiter verstärkt werden. Eine Konzentration der Verwertungsgesellschaften und eine europäische Harmonisierung des Verwertungsgesellschaftenrechts sind daher in Diskussion.[19]

4.3.2. Aufgaben der „Verwertungsgesellschaft"
4.3.2.1. Kernbereich nach dem VerwGesG

Sucht man nach einer gesetzlichen Definition der „Verwertungsgesellschaften" bzw nach einer umfassenden Kodifikation ihrer Rechte und Pflichten, so wird man zunächst auf das *Verwertungsgesellschaftengesetz (VerwGesG)*[20] stoßen. Dieses regelt freilich den Tätigkeitsbereich von Verwertungsgesellschaften nicht (mehr)

---

[16]) Dazu etwa: *Frotz/Hügel*, ÖSGRUM 2 (1986) 26.
[17]) Zur „AKM-Vermutung": OGH 22. 4. 1997, 4 Ob 116/97f – AKM-Vermutung II – MR 1997, 216 (*Walter*); *Frotz/Hügel*, ÖSGRUM 2 (1986) 26; *Walter*, MR 1986/1, 14; *Dittrich*, RfR 1998, 1 (6). Zur „*Repertoireklage*": OLG Wien 29. 4. 1999, 3 R 6/99w – Picasso Collage – MR 1999, 223 (*Walter*).
[18]) Vgl dazu etwa *Kappes*, GRUR 1997, 338 (339).
[19]) Eingehend hat dies *Dillenz* (GRUR Int 1997, 315) untersucht.
[20]) BG v 9. 4. 1936 betreffend Unternehmen zur Nutzbarmachung von Vortrags-, Aufführungs- oder Senderechten an Sprachwerken und an Werken der Tonkunst (Verwertungsgesellschaftengesetz) BGBl 1936/112; abgedruckt in *Dittrich*, UrhR³ (1998) 1235; Materialien (65/Ge der Beilagen) abgedruckt in *Dillenz*, Materialien zum Verwertungsgesellschaftengesetz, ÖSGRUM 5 (1987) 11ff. Nach einer Unterbrechung durch die Verordnung über die Einführung des Gesetzes über die Vermittlung von Musikaufführungsrechten im Lande Österreich v 11. 6. 1938 (RGBl I, 623) ist es mit BG v 12. 12. 1946 (BGBl 1947/32) wieder in Kraft getreten; vgl dazu *Schönherr*, UFITA 80 (1977) 143.

umfassend und abschließend. Es knüpft vielmehr an den „klassischen Kernbereich" der Tätigkeit von Verwertungsgesellschaften an, nämlich die Verwaltung des Vortrags- und Senderechts: Verwertungsgesellschaft im Sinne des § 1 VerwGesG ist demnach ein Unternehmen, das darauf gerichtet ist, *Vortrags- oder Senderechte an Sprachwerken oder Aufführungs- oder Senderechte an Werken der Tonkunst* (§§ 17 und 18 UrhG; Seite 1191) dadurch nutzbar zu machen, dass den Veranstaltern von *öffentlichen Vorträgen*, von *konzertmäßigen Aufführungen* oder von *Rundfunksendungen* die dazu erforderlichen Werknutzungsbewilligungen gegen Entgelt erteilt werden (§ 1 Abs 1 VerwGesG). Unter „konzertmäßigen Aufführungen" von Werken der Tonkunst werden öffentliche Aufführungen aller Art (§ 18 UrhG; Seite 1191) verstanden, mit Ausnahme von Aufführungen der die Vertonung von Bühnenwerken bildenden Werke der Tonkunst in Verbindung mit bühnenmäßigen Aufführungen der vertonten Werke. Öffentliche Aufführungen von Werken der Tonkunst bloß als Einlagen, Zwischenaktmusik oder auf ähnliche Art gelegentlich der Bühnenaufführung eines Werks der Literatur sowie öffentliche Aufführungen eines Werks der Literatur sowie öffentliche Aufführungen von Werken der Tonkunst in Verbindung mit Filmwerken oder anderen kinematographischen Erzeugnissen zählen zu den konzertmäßigen Aufführungen (§ 1 Abs 2 VerwGesG). Ausgenommen sind Rundfunksendungen von Bühnenwerken, wenn die Sendung eine Bühnenaufführung oder eine nach Art einer solchen Aufführung für Sendezwecke vorgenommene Wiedergabe des Werks zum Gegenstand hat, sowie Rundfunksendungen von Hörspielen (§ 1 Abs 1 VerwGesG). Den Verwertungsgesellschaften obliegt also – mit gewissen Ausnahmen (etwa Vergütungsansprüche nach § 59a UrhG) – nur die Wahrnehmung der so genannten „*kleinen Rechte*" („petits droits"; zB an einzelnen Liedern oder Arien, Ouvertüren). Die so genannten „*großen Rechte*" zur bühnenmäßigen Aufführung vertonter Bühnenwerke (zB die Bühnenaufführung einer Operette, aber auch die Rundfunksendung eines ganzen Opernakts) werden hingegen in der Regel von den Musikverlagen verwaltet.[21] Der Grund für diese Einschränkung des Wahrnehmungsbereichs der Verwertungsgesellschaft liegt darin, dass die Zahl der Bühnen, die Opern, Operetten oder Singspiele aufführen, im Verhältnis zu den Lokalen, in denen konzertmäßige Aufführungen stattfinden (Konzertsäle, Hotels, Kaffeehäuser, Gastwirtschaften, Tanzlokale etc) so gering ist, dass die Bühnenaufführungen von den Autoren und Verlegern selbst überwacht werden können.[22] „*Vertonen*" in diesem Sinn ist jede Umsetzung des dramatischen Geschehens in Musik, die die Musik zum integrierenden Bestandteil des Sprachwerks werden lässt; dies ist bei bloßer Hintergrund- oder Zwischentaktmusik oder bei Musik, die nur anlässlich einer Bühnenaufführung erklingt, von vornherein nicht der Fall.[23]

---

[21]) *Dittrich*, ÖBl 1971, 1; dazu *Friedl/Frotz/Schönherr*, ÖBl 1971, 34; *Buchner*, ÖBl 1981, 57 (58 und 64); *Graninger*, ÖAZ 1992, 26.
[22]) EB zum VerwGesG, abgedruckt bei *Dillenz*, ÖSGRUM 5 (1987) 13.
[23]) OGH 19. 11. 2002, 4 Ob 188/02d – Dantons Tod – ÖBl-LS 2003/80 = ÖBl 2003, 195 = EvBl 2003/58 = ecolex 2003, 536 (*Schumacher*).

4.3.2.2. Ausdehnung durch die UrhG-Nov 1980

Am Beginn des Verwertungsgesellschaftenrechts bestand die AKM als „Prototyp" der Verwertungsgesellschaft, auf den auch das VerwGesG zugeschnitten war. In der Folge gesellte sich die LVG (Seite 1156), ebenfalls eine Genossenschaft, hinzu. Neben diesen Verwertungsgesellschaften bestand Jahrzehnte hindurch die für die Wahrnehmung „mechanischer Rechte" gegründete Austro-Mechana, eine GmbH, die nicht dem VerwGesG unterlag und daher auch nicht unter den Monopolschutz fiel. Das VerwGesG galt zwar – wie gesagt – für die kleinen Vortrags- oder Senderechte an Sprachwerken oder Aufführungs- oder Senderechte an Werken der Tonkunst, nicht aber für „große" Vortrags-, Aufführungs- und Senderechte, nicht für Aufführungs-, Vorführungs- oder Senderechte an anderen Werken und auch nicht für Rechte an Darbietungen, Lichtbildern, Schallträgern und Rundfunksendungen.[24] Bereits 1956 wurde daher eine Novellierung des VerwGesG diskutiert, die den Anwendungsbereich dieses Gesetzes ausdehnen sollte.[25] Auch ein 1975/76 vom Justizminister zur Begutachtung versandter Entwurf hat die Einbeziehung der außerhalb des VerwGesG stehenden Verwertungsgesellschaften (damals waren es die Austro-Mechana, die Literar-Mechana, die LSG und die ÖSTIG) vorgesehen. Auch dieser Entwurf wurde stark kritisiert[26] und letztlich nicht umgesetzt. Die Verwirklichung dieses legistischen Anliegens dauerte noch bis 1980.[27]

Erst die UrhG-Nov 1980 (jetzt insoweit idF UrhG-Nov 1986)[28] hat den Anwendungsbereich des VerwGesG entsprechend erweitert:[29] Für Unternehmen, die darauf gerichtet sind, Ansprüche auf *Leerkassettenvergütung* (§§ 42b, 69, 74 und 76 UrhG; Seite 1214) geltend zu machen, sind bezüglich ihres gesamten Tätigkeitsbereichs[30], soweit für sie das VerwGesG nicht schon bisher anzuwenden war, das VerwGesG und die SchiedskommissionsV nach Maßgabe des Art II Abs 2 bis 3, 5 und 6 und des Art III UrhG-Nov 1980 entsprechend anzuwenden.[31] Soweit für sie das VerwGesG schon bisher gegolten hat, gilt es nur für den im vorstehenden Satz umschriebenen Tätigkeitsbereich dieser Unternehmen nach Maßgabe des Art II Abs 2 bis 6 und des Art III UrhG-Nov 1980 entsprechend; im Übrigen bleibt es unberührt (Art II Abs 1 UrhG-Nov 1980 idF UrhG-Nov 1986).

Das Gleiche gilt für Unternehmen, die darauf gerichtet sind, in gesammelter Form Rechte an Werken und verwandte Schutzrechte im Sinne des UrhG dadurch nutzbar zu machen, dass den Benutzern die zu ihrer Nutzung erforderlichen Bewilligungen gegen Entgelt erteilt werden, oder *andere Ansprüche* nach dem UrhG geltend zu machen (Art II Abs 1a UrhG-Nov 1980).

---

[24]) *Dittrich*, GRUR Int 1981, 8 (23).
[25]) Zu diesem Entwurf: *Peter*, RIDA 1956, 41.
[26]) *Handl*, FuR 1975, 151; *Schönherr*, UFITA 80 (1977) 143; *Handl*, FuR 1981, 118.
[27]) Zum Entwurf eines VerwGesG 1979: *Stormann*, FuR 1980, 78.
[28]) BG v 2. 7. 1980 mit dem das UrhG geändert wird (Urheberrechtsgesetznovelle 1980 – UrhG-Nov 1980) BGBl 1980/321 idF BGBl 1986/375, 1989/612, 1994/505 und 1996/151; abgedruckt in *Dittrich*, UrhR³ (1998) 418.
[29]) Vgl dazu *Kaltner*, UFITA Bd 130 (1996).
[30]) Vgl dazu insbesondere *Buchner*, ÖBl 1981, 57 (65) und *Handl*, FuR 1981, 118.
[31]) Zu Detailfragen dieser Verweisung: *Buchner*, ÖBl 1981, 57; *Handl*, FuR 1981, 118 (124).

Über die Abgeltung der in Art II Abs 1 und 1a UrhG-Nov 1980 genannten Ansprüche können *Gesamtverträge* abgeschlossen und *Satzungen* erlassen werden. Die für Veranstalterorganisationen geltenden Bestimmungen des Verwertungsgesellschaftengesetzes gelten für Organisationen der Zahlungspflichtigen entsprechend (Art II Abs 2 UrhG-Nov 1980).

4.3.2.3. Negative Abgrenzung

Das VerwGesG gilt nicht für die Erteilung von Werknutzungsbewilligungen *durch den Urheber selbst* oder durch die Personen, auf die das Urheberrecht nach seinem Tode übergegangen ist (§ 1 Abs 3 VerwGesG). Dies schließt auch die Rechtewahrnehmung durch einen direkten Stellvertreter ein, der im fremden Namen handelt.[32] Diskutiert wurde, inwieweit auch Verleger bei der Verwertung der ihnen eingeräumten Rechte dem Bewilligungszwang unterliegen und daher indirekt veranlasst sind, für den betreffenden Bereich einer Verwertungsgesellschaft beizutreten.[33]

4.3.2.4. Soziale und kulturelle Einrichtungen

Die *UrhG-Nov 1980*[34] idF *UrhG-Nov 1986*[35] sieht Regelungen über die Dotierung sozialer und kultureller Einrichtungen vor: Verwertungsgesellschaften können für ihre Bezugsberechtigten und deren Angehörige sozialen und kulturellen Zwecken dienende Einrichtungen schaffen. Verwertungsgesellschaften, die Leerkassettenvergütungen verteilen, haben solche Einrichtungen zu schaffen und diesen den überwiegenden Teil der Gesamteinnahmen aus diesen Vergütungen abzüglich der darauf entfallenden Verwaltungskosten zuzuführen (so genannte „soziale Hälfte"; Art II Abs 6 UrhG-Nov 1980).[36] Zur Kunstförderung und zur Künstler-Sozialversicherung vgl das *Kunstförderungsgesetz*[37], das *KunstförderungsbeitragsG* 1981[38] sowie das *Künstler-Sozialversicherungsfondsgesetz* (K-SVFG)[39].

---

[32]) *Edlbacher*, ÖJZ 1970, 429. AA *Walter*, JBl 1970, 601.
[33]) Für die Verwertung der einem Verleger eingeräumten „kleinen Rechte" bejaht dies *Edlbacher* (ÖJZ 1970, 429; dieser Beitrag ist vor der UrhG-Nov 1980 geschrieben worden); ähnlich *Walter*, JBl 1970, 601. AA *Brezina*, JBl 1969, 651 und jüngst überzeugend unter Berufung auf die Materialien zur UrhG-Nov 1986: *Lessiak*, ÖJZ 1993, 760 (ähnlich bereits *Hodik*, GRUR Int 1987, 34 [36]). Zum Beispiel der Erteilung der Sendebewilligung an zwei Musikstücken: VwGH 25. 9. 1995, Zl 91/10/0243 – Barfoot Beachers – MR 1996, 150.
[34]) BGBl 1980/321.
[35]) BGBl 1986/375.
[36]) Dazu *Handl*, FuR 1981, 118 (121); *Juranek*, FS 50 Jahre UrhG (1986) 163; *Dittrich*, FS 50 Jahre UrhG (1986) 63; *Hodik*, GRUR Int 1987, 34 (35); *Dillenz*, GRUR Int 1997, 315 (325).
[37]) BGBl 1988/146 idF BGBl I 2000/132.
[38]) BGBl 1981/573 idF BGBl I 2001/98.
[39]) BGBl I 2000/131 idF BGBl I 2001/136.

4.3.2.5. Abgabenbefreiung

Mit der *UrhG-Nov 1986*[40] wurde in die *UrhG-Nov 1980*[41] ein neuer Art IV eingefügt, der weitreichende Begünstigungen für die Verwertungsgesellschaften bringt: Die Verwertungsgesellschaften (ihre Einrichtungen) sind, soweit sie im Rahmen des in ihrer Genehmigung umschriebenen Tätigkeitsbereichs handeln (VerwGesG und Art II UrhG-Nov 1980), von allen bundesgesetzlich geregelten Abgaben vom Einkommen, vom Ertrag und vom Vermögen befreit (Art IV § 1 UrhG-Nov 1980). Schenkungen und Zweckzuwendungen (§§ 3 und 4 Erbschafts- und SchenkungssteuerG) der Verwertungsgesellschaften (ihrer Einrichtungen) für die in Art II Abs 6 UrhG-Nov 1980 genannten sozialen und kulturellen Zwecke sind von der Schenkungssteuer befreit (Art IV § 2 UrhG-Nov 1980).[42]

4.3.3. Betriebsbewilligung

Das VerwGesG sieht ein *Konzessionssystem* vor: Eine Verwertungsgesellschaft darf nur mit *besonderer Genehmigung* des Bundesministers für Unterricht[43] betrieben werden (§ 1 Abs 1 VerwGesG).[44] Diese Genehmigung darf „nur inländischen Körperschaften erteilt werden, die volle Gewähr dafür bieten, dass sie die ihnen nach diesem Gesetze zukommenden Aufgaben und Pflichten gehörig erfüllen werden" (§ 3 Abs 1 VerwGesG). Dabei ist der Gesetzgeber davon ausgegangen, dass die Verwertungsgesellschaft nicht bloß einseitig im Interesse der Urheber agiert: „Im Inland haben die Verwertungsgesellschaften eine wichtige soziale Aufgabe im allgemeinen Interesse zu besorgen. Sie müssen ihre Vermittlerrolle als ein ihnen nicht allein im Interesse der Urheberschaft, sondern im Gesamtinteresse anvertrautes Amt verwalten. Zu ihren Pflichten gehört es daher auch, den Veranstaltern die Erlangung der notwendigen Vortrags-, Aufführungs- oder Sendebewilligungen tunlichst zu erleichtern und die Tarife nicht zu überspannen, sondern in einer nach der gesamten Wirtschaftslage als angemessen zu bezeichnenden Höhe zu halten."[45]

Die Genehmigung wird ohne zeitliche Beschränkung erteilt (§ 4 Abs 1 VerwGesG). Sie wird widerrufen, wenn die Verwertungsgesellschaft die ihr nach diesem Gesetz obliegenden Aufgaben und Pflichten trotz vorheriger Mahnung nicht gehörig erfüllt. Die Erteilung der Genehmigung und ihr Widerruf sind (mE mit nur deklarativer Wirkung) im BGBl kundzumachen (§ 4 Abs 3 VerwGesG). Wird die den Verwertungsgesellschaften zukommende Tätigkeit ohne Genehmigung ausgeübt, so ist der Betrieb dieses Unternehmens durch die Bezirksverwaltungsbehörde

---

[40]) BGBl 1986/375.
[41]) BGBl 1980/321.
[42]) Zu dieser persönlichen Steuerbefreiung und ihrem Hintergrund: *Hodik*, GRUR Int 1987, 34.
[43]) Derzeit liegt die Zuständigkeit beim Bundeskanzler (BGBl I 1997/21 Z 7).
[44]) Dieser Genehmigungszwang steht nach zutreffender Auffassung im Widerspruch zu dem in der RBÜ verankerten Prinzip der Formfreiheit der Schutzerlangung (EB zum VerwGesG, abgedruckt bei *Dillenz*, ÖSGRUM 5 [1987] 18).
[45]) EB zum VerwGesG, abgedruckt bei *Dillenz*, ÖSGRUM 5 (1987) 16. Zur Abgrenzung der Verwertungsgesellschaft von einer „Gewerkschaft" der (Arbeitnehmer-)Urheber vgl *Holeschofsky*, ÖBl 1979, 145.

einzustellen (§ 2 VerwGesG, der dem ohne Bewilligung tätigen Unternehmensinhaber auch das zivilrechtliche Klagerecht und die Privatanklageansprüche nimmt). Die Betriebsgenehmigung grenzt Inhalt und Umfang des Wahrnehmungsbereichs der Verwertungsgesellschaft ab.[46]

Das VerwGesG geht vom *Monopolprinzip* aus.[47] Es dürfen keine überschneidenden Betriebsgenehmigungen erteilt werden.[48] Der Vorteil der konzentrierten Rechtewahrnehmung (der Veranstalter muss nicht mit zahllosen Rechteinhabern, sondern nur mit einer einzigen Verwertungsgesellschaft kontrahieren) kann nämlich nur dann verwirklicht werden, wenn die Verwertungsgesellschaft für den fachlichen Bereich, in dem sie tätig ist, Monopolstellung hat: „Das Bestehen mehrerer Gesellschaften zur Verwertung musikalischer Aufführungsrechte gereicht nicht wie die freie Konkurrenz mehrerer Unternehmer auf anderen wirtschaftlichen Gebieten den Abnehmern zum Vorteil, sondern schlägt zu ihrem Nachteil aus. Denn die Zersplitterung der Aufführungsrechte zwingt die Veranstalter konzertmäßiger Aufführungen, von allen in Betracht kommenden Verwertungsgesellschaften Aufführungsbewilligungen einzuholen, vervielfältigt also die Last der Veranstalter. Infolge der Notwendigkeit, mehrere Verwaltungs- und Kontrolleinrichtungen zu halten, werden die Kosten der Einhebung erhöht; das führt zu einer Erhöhung der Tarife, ohne dass hieraus den Urhebern Vorteile erwüchsen."[49] Dieser Gedanke ist heute wichtiger denn je. Seit diese Bemerkungen der EB geschrieben wurden (1936), sind nicht nur zahlreiche neue Verwertungsgesellschaften entstanden (für jeweils andere fachliche Bereiche), auch die Nutzungshandlungen sind komplexer geworden. Viele Nutzer (vor allem im Multimediabereich) sehen sich daher mit einer größeren Anzahl von Verwertungsgesellschaften mit unterschiedlichem Wahrnehmungsbereich und zusätzlich noch mit Rechteinhabern, die nicht von einer Verwertungsgesellschaft repräsentiert werden, konfrontiert. Das Schlagwort des „One Stop Shop" wird daher – im Sinne des Monopolgedankens – auch hier diskutiert.

Mit der UrhG-Nov 1980[50] wurde der Monopolgrundsatz festgeschrieben: Bewerben sich zwei oder mehr Antragsteller um die gleiche Genehmigung zum Betrieb einer Verwertungsgesellschaft (gem Art II Abs 1 und 1a UrhG-Nov 1980), so ist sie demjenigen zu erteilen, der nach den Ergebnissen des Ermittlungsverfahrens die größere Gewähr für eine ordentliche und umfassende Erfüllung der Aufgaben bietet; bieten sie alle gleich große Gewähr, so ist sie dem Antragsteller zu erteilen, der glaubhaft macht, dass den Ansprüchen, mit deren Wahrnehmung er betraut

---

[46]) Vgl OGH 29. 1. 2002, 4 Ob 272/01f – Leerkassettenvergütung – ÖBl 2002, 201 = ÖBl-LS 2002/105 = wbl 2002, 284; OGH 22. 3. 2001, 4 Ob 60/01d – Audioanteil – ÖBl 2003, 44 = MR 2001, 236.

[47]) Dazu etwa *Frotz/Hügel*, ÖSGRUM 2 (1986) 26; OGH 29. 1. 2002, 4 Ob 272/01f – Leerkassettenvergütung – ÖBl 2002, 201 = ÖBl-LS 2002/105 = wbl 2002, 284; OGH 22. 3. 2001, 4 Ob 60/01d – Audioanteil – ÖBl 2003, 44 = MR 2001, 236; OGH 16. 1. 2001, 4 Ob 291/00y – WUV II – ÖBl 2001, 281 = ÖBl-LS 2001/147, 148 = MR 2001, 35; VwGH 25. 9. 1995, Zl 91/10/0243 – Barfoot Beachers – MR 1996, 150.

[48]) VwGH 27. 11. 1995, Zl 95/10/0048 – VDFS – MR 1996, 152.

[49]) EB zum VerwGesG, abgedruckt bei *Dillenz*, ÖSGRUM 5 (1987) 14.

[50]) BGBl 1980/321. Dazu *Handl*, FuR 1981, 118 (120).

worden ist, die größere wirtschaftliche Bedeutung zukommen wird; ist auch die wirtschaftliche Bedeutung gleich groß, so entscheidet das Zuvorkommen (Art II Abs 3 UrhG-Nov 1980).

Das Stichwort „Monopol" legt die Frage nach der *Missbrauchskontrolle* nahe. Der Gesetzgeber 1936 hat dieser Sorge durch verschiedene Mechanismen Rechnung getragen (Genehmigungsverfahren für die Bildung von Verwertungsgesellschaften; Gesamtverträge und Satzungen, die vor individueller Diskiminierung schützen sollen; staatliche Aufsicht durch einen Staatskommissär). Diese Mechanismen zur Missbrauchskontrolle sind nicht unstrittig. Eine diskutierte Alternative wäre es, an die Stelle der Aufsicht durch den Staatskommissär eine entsprechend ausgebaute Missbrauchsaufsicht durch das *Kartellgericht* zu setzen.[51] Auf europäischer Ebene unterliegen die Verwertungsgesellschaften den allgemeinen EG-Wettbewerbsregeln.[52]

4.3.4. Pflichten der Verwertungsgesellschaften

4.3.4.1. Wahrnehmungspflicht

Die Verwertungsgesellschaften haben die betreffenden Rechte inländischer und ausländischer Urheber und Werknutzungsberechtigter „wirksam zu wahren[53] und *nutzbar zu machen*; sie haben aber auch den Veranstaltern von öffentlichen Vorträgen, von konzertmäßigen Aufführungen und von Rundfunksendungen die Erlangung der dazu erforderlichen Werknutzungsbewilligungen gegen angemessenes Entgelt *tunlichst zu erleichtern*" (§ 3 Abs 2 VerwGesG). Sie haben ferner durch Verbindung mit den gleiche Zwecke verfolgenden ausländischen Unternehmen auch im Ausland für die Wahrung und Nutzbarmachung der genannten Rechte österreichischer Staatsbürger in möglichst weitgehendem Maße vorzusorgen (so genannte *„Gegenseitigkeitsverträge"*). Die Verwertungsgesellschaften haben für die *Aufteilung* der ihnen als Entgelt für die Erteilung von Werknutzungsbewilligungen zufließenden Beträge auf die Bezugsberechtigten feste Regeln aufzustellen, die ein willkürliches Vorgehen bei der Aufteilung ausschließen und dem Grundsatz entsprechen, dass das Schaffen kulturell hochwertiger Werke zu fördern ist; Bearbeitungen sind geringer zu bewerten als Originalwerke (§ 3 Abs 2 VerwGesG).[54]

Es besteht *keine Zwangsmitgliedschaft*: Dem Urheber steht es im Allgemeinen frei zu entscheiden, ob er sich der Hilfe einer Verwertungsgesellschaft bedienen will, oder ob er seine Rechte selbst verwertet.[55]

---

[51]) *Schönherr*, UFITA 80 (1977) 143 (145); *Holeschofsky*, Film und Recht 1979, 348; *Holeschofsky/Huber*, ZfRV 1979, 30. Zur marktbeherrschenden Stellung der AKM: KOG 30. 11. 1973, Okt 25/73 ÖBl 1974, 17.
[52]) Vgl dazu *Dillenz*, ZfRV 1990, 161; *Dillenz*, GRUR Int 1997, 315.
[53]) Zur Aktivlegitimation der Verwertungsgesellschaften: *Walter*, MR 1986/1, 14. Die „AKM-Vermutung" ist allerdings nicht auf alle Verwertungsgesellschaften generalisierbar.
[54]) Allgemein jüngst zum Verteilungsthema: *Dillenz*, GRUR Int 1997, 315 (324).
[55]) EB zum VerwGesG, abgedruckt bei *Dillenz*, ÖSGRUM 5 (1987) 16; *Dittrich*, RfR 1998, 1 mwN. Eine Sonderproblematik besteht allerdings für jene Vergütungsansprüche, die nur von Verwertungsgesellschaften geltend ge-

Die UrhG-Nov 1980[56] hat einen speziellen *Kontrahierungszwang* für Verwertungsgesellschaften geschaffen: Verwertungsgesellschaften (Art II Abs 1 und 1a) müssen die zu ihrem Tätigkeitsbereich gehörenden Ansprüche auf Verlangen der Berechtigten zu angemessenen Bedingungen wahrnehmen, wenn diese österreichische Staatsbürger sind oder ihren Hauptwohnsitz im Inland haben, es sei denn, dass die Einnahmen des betreffenden Bezugsberechtigten den auf ihn entfallenden Verwaltungsaufwand nicht decken (Art II Abs 5).[57]

4.3.4.2. Rechtseinräumungspflicht

Kommt ein die Erteilung einer Werknutzungsbewilligung betreffender Vertrag zwischen einer Verwertungsgesellschaft und einem Veranstalter von öffentlichen Vorträgen oder konzertmäßigen Aufführungen nur deshalb nicht zustande, weil keine Einigung über die Bemessung des Entgelts erzielt werden kann, so muss dem Veranstalter die Werknutzungsbewilligung erteilt werden, wenn er eine der Höhe des von der Verwertungsgesellschaft verlangten Entgelts entsprechende *Sicherheit* leistet (§ 26 VerwGesG).[58] Dies liegt im Interesse der Verwertungsgesellschaft, die daran interessiert sein muss, möglichst viele Werknutzungsbewilligungen zu erteilen. Dies liegt aber auch im Interesse der Nutzer, zeitgerecht die erforderliche Nutzungsbewilligung zu erhalten. Durch diese Regelung „wird der Veranstalter aus der Zwangslage befreit, sich dem Preisdiktat einer Verwertungsgesellschaft zu unterwerfen oder den Vortrag oder die Aufführung geschützter Werke zu unterlassen".[59]

4.3.4.3. Repertoireverzeichnisse

Jede Verwertungsgesellschaft hat ein *Verzeichnis* der Namen (Decknamen) aller Urheber, deren Vortrags-, Aufführungs- oder Senderechte sie nutzbar zu machen hat, anzulegen und fortlaufend richtigzustellen. Die Verwertungsgesellschaften haben in ihren Geschäftsräumen während der Geschäftsstunden den Veranstaltern von öffentlichen Vorträgen, von konzertmäßigen Aufführungen und von Rundfunksendungen sowie den Veranstalterorganisationen *Einsicht* in dieses Verzeichnis zu gewähren (§ 27 Abs 1 VerwGesG). Zusätzlich besteht eine – in mehrfacher Hinsicht limitierte (insbesondere höchstens 10 Werke pro Anfrage) – *Auskunftspflicht* gegenüber Nutzern über einzelne konkrete Werke (§ 27 Abs 2 bis 5 VerwGesG). Insbesondere bei kleineren (jüngeren) Verwertungsgesellschaften, die noch nicht das „Weltrepertoire" in ihrem Bereich wahrnehmen, ist die Kenntnis dieser Verzeichnisse für den Nutzer sehr wichtig. Er sollte sich schnell und präzise darüber informieren können, ob das zur Nutzung in Aussicht genommene Werk zum

---

macht werden können; vgl dazu *Lessiak*, ÖJZ 1993, 760. Keine Beitrittspflicht: OGH 11. 1. 1972, 4 Ob 371/71 – Schallplattenüberspielungen – ÖBl 1972, 102.
[56]) BGBl 1980/321.
[57]) Dazu im Detail: *Handl*, FuR 1981, 118 (120); *Dittrich*, ÖSGRUM 11 (1992); *Dillenz*, GRUR Int 1997, 315 (322).
[58]) Vgl dazu OGH 22. 4. 1997, 4 Ob 116/97f – AKM-Vermutung II – MR 1997, 216 (*Walter*).
[59]) EB zum VerwGesG, abgedruckt bei *Dillenz*, ÖSGRUM 5 (1987) 21.

Werkbestand der betreffenden, sachlich in Betracht kommenden Verwertungsgesellschaft zählt. Die heutigen technischen Möglichkeiten, Datenbanken unkompliziert über Internet zugänglich zu machen, könnten hier helfen. Die Offenlegungspflicht der Verwertungsgesellschaften sollte daher in diesem Sinn ausgedehnt werden.

4.3.5. Staatliche Aufsicht

Die Verwertungsgesellschaften unterliegen der Aufsicht des Bundesministers für Unterricht[60] (§ 5 Abs 1 VerwGesG). Für jede Verwertungsgesellschaft wird ein *Staatskommissär* und erforderlichenfalls ein Stellvertreter bestellt (§ 5 Abs 2 VerwGesG).[61] Dieser hat gemäß § 5 Abs 3 VerwGesG darauf zu achten, dass die Verwertungsgesellschaft die ihr nach diesem Gesetz obliegenden Aufgaben und Pflichten gehörig erfüllt. Die Organe und Angestellten der Verwertungsgesellschaft sind verpflichtet, dem Staatskommissär die von ihm verlangten Auskünfte zu erteilen und ihm in die Geschäftsbücher und die übrigen Schriften der Verwertungsgesellschaft Einsicht zu gewähren. Der Staatskommissär hat über seine Wahrnehmungen dem Bundesminister für Unterricht nach dessen Weisungen, mindestens aber einmal in jedem Jahre zu berichten.

4.3.6. Tarife

Es ist zunächst Sache der Verwertungsgesellschaft, ihre Tarife („Preisliste") bekannt zu geben. Mangels einer anderslautenden gesetzlichen Regelung sind diese Tarife von der Verwertungsgesellschaft im Rahmen ihres pflichtgemäßen Ermessens privatautonom zu erstellen. Der Gesetzgeber hat bewusst die Einführung eines Systems staatlich festgelegter oder zumindest genehmigter Tarife abgelehnt.[62]

Die Verwertungsgesellschaften haben den Tarif, nach dem sie das Entgelt für die Erteilung von Werknutzungsbewilligungen an die Veranstalter berechnen, für die weder ein Gesamtvertrag noch eine Satzung oder eine besondere Vereinbarung gilt, sowie jede Änderung dieses Tarifs spätestens eine Woche vor der Anwendung der neuen Tarifbestimmungen in der „Wiener Zeitung" zu verlautbaren (§ 25 VerwGesG).

4.3.7. Gesamtverträge

Vor In-Kraft-Treten des VerwGesG konnten die Veranstalterorganisationen mit der zuständigen Verwertungsgesellschaft lediglich einen *Rahmenvertrag* schließen. Scheiterten diese Vertragsverhandlungen, so kam „es regelmäßig zu heftigen

---

[60]) Derzeit liegt die Zuständigkeit beim Bundeskanzler (BGBl I 1997/21 Z 7).
[61]) Eingehend zum Staatskommissär *Holeschofsky*, ZfRV 1977, 81, der aber im Ergebnis eher für eine Missbrauchsaufsicht durch das Kartellgericht plädiert. Möglichste Transparenz, verbunden mit einer gerichtlichen Kontrolle, erscheinen in der Tat als geeigneteres Korrektiv zu der aus dem Monopol resultierenden Machtstellung.
[62]) EB zum VerwGesG, abgedruckt bei *Dillenz*, ÖSGRUM 5 (1987) 18f.

Kämpfen".[63] Es fehlte eine Instanz, die diesen Kämpfen durch eine unparteiische Entscheidung ein Ende setzen konnte. Selbst wenn es aber zu einem Rahmenvertragsabschluss kam, hatte dieser – anders als etwa ein Kollektivvertrag im Arbeitsrecht – keine normative Kraft. Er wurde für den einzelnen Nutzer nur dann und nur so weit verbindlich, als dieser einen entsprechenden Einzelvertrag schloss. Das VerwGesG hat daher die Gestaltungsmittel des Gesamtvertrags und der Satzung geschaffen:

Der Inhalt der Verträge, wodurch eine Verwertungsgesellschaft den Veranstaltern öffentlicher Vorträge oder konzertmäßiger Aufführungen die dazu erforderlichen Werknutzungsbewilligungen erteilt, ist tunlichst in schriftlichen[64] *Gesamtverträgen*[65] festzusetzen, die von der Verwertungsgesellschaft mit der zuständigen Veranstalterorganisation (das ist die nach ihrem fachlichen Wirkungsbereich dazu berufene öffentlich-rechtliche Berufsorganisation oder eine Vereinigung, der gemäß § 6 Abs 2 VerwGesG die Befähigung zum Abschlusse von Gesamtverträgen zuerkannt wurde) abgeschlossen werden, deren räumlicher Wirkungsbereich sich auf das gesamte Bundesgebiet erstreckt (§ 6 Abs 1 VerwGesG). Sie haben insbesondere Bestimmungen über die *Höhe sowie über die Art der Berechnung und Entrichtung des Entgelts* zu enthalten, das von den Mitgliedern der Veranstalterorganisation für die Erteilung von Werknutzungsbewilligungen zu leisten ist (§ 7 Abs 2 VerwGesG). Weiters sind Regelungen über eine *„gütliche Streitbeilegung"* zu treffen (§ 7 Abs 3 VerwGesG). Die Verwertungsgesellschaft kann auch eine Regelung über die regelmäßige Mitteilung von Verzeichnissen der Werke verlangen, die von den Mitgliedern der Veranstalterorganisation bei öffentlichen Vorträgen und konzertmäßigen Aufführungen benutzt worden sind (§ 7 Abs 4 VerwGesG, der aber auch Ausnahmen, insbesondere bei Betrieb eines Rundfunkempfängers vorsieht). Der Abschluss eines Gesamtvertrags ist in der „Wiener Zeitung" zu verlautbaren (§ 8 Abs 1 VerwGesG). Die Verwertungsgesellschaft und die Veranstalterorganisation müssen ihren Mitgliedern auch Einsicht (bzw Kopien) gewähren (§ 8 Abs 2 VerwGesG). Die Veranstalterorganisation muss den Gesamtvertrag gegebenenfalls in ihrem Nachrichtenblatt verlautbaren (§ 8 Abs 3 VerwGesG). Zum In-Kraft-Treten vgl § 8 Abs 4 VerwGesG. Die *Überprüfung* von Gesamtverträgen durch die Gerichte ist ebenso wie bei Kollektivverträgen grundsätzlich möglich.[66]

Der Gesamtvertrag gilt als Bestandteil jedes von der Verwertungsgesellschaft mit einem Mitglied der Veranstalterorganisation abgeschlossenen *Einzelvertrags* über die Bewilligung öffentlicher Vorträge oder konzertmäßiger Aufführungen. Vom Gesamtvertrag *abweichende Vereinbarungen* sind, soweit sie der Gesamtvertrag nicht ausschließt, nur dann gültig, wenn sie für den Veranstalter günstiger sind und

---

[63]) EB zum VerwGesG, abgedruckt bei *Dillenz*, ÖSGRUM 5 (1987) 14.
[64]) Die Schriftform ist ein Gültigkeitserfordernis (§ 7 Abs 1 VerwGesG).
[65]) Zu den verfassungsrechtlichen Bedenken: *Öhlinger*, ÖBl 1976, 89.
[66]) OGH 16. 1. 2001, 4 Ob 291/00y – WUV II – ÖBl 2001, 281 = ÖBl-LS 2001/147, 148 = MR 2001, 35.

die Veranstalterorganisation dieser Begünstigung zustimmt. Der Grund für diese Beschränkung der Privatautonomie liegt darin, dass über Gegenstände, die im Gesamtvertrage nicht geregelt sind, Sondervereinbarungen getroffen werden können (§ 9 Abs 1 VerwGesG). Soweit ein Gesamtvertrag nichts anderes bestimmt, erstreckt sich seine Wirkung auch auf Einzelverträge, die vor seinem In-Kraft-Treten abgeschlossen worden sind (§ 9 Abs 2 VerwGesG).

Ein Gesamtvertrag kann nur *auf unbestimmte Zeit* abgeschlossen werden. Abweichende Vereinbarungen sind ungültig (§ 11 Abs 1 VerwGesG). Die Parteien können einen Gesamtvertrag jederzeit durch Vereinbarung außer Kraft setzen, abändern oder durch einen neuen Gesamtvertrag ersetzen. Wird das Verlangen einer Partei, den Gesamtvertrag abzuändern oder durch einen neuen Gesamtvertrag zu ersetzen, abgelehnt, so kann sie die Aufstellung einer Satzung (dazu sogleich unten) beantragen. Doch ist ein solcher Antrag vor dem Ablauf von drei Jahren nach dem In-Kraft-Treten des Gesamtvertrags nur mit Bewilligung des Bundesministers für Unterricht[67] zulässig (§ 11 Abs 2 VerwGesG). Zur (geringfügigen) *Gebührenpflicht* vgl § 24 Abs 2 VerwGesG.

Für Verträge, wodurch eine Verwertungsgesellschaft einem *Rundfunkunternehmen* die Bewilligung erteilt, Sprachwerke oder Werke der Tonkunst durch Rundfunk zu senden, gelten entsprechende Regelungen (§ 13 VerwGesG).

4.3.8. Satzungen

Bleiben die auf den Abschluss eines Gesamtvertrags abzielenden Verhandlungen erfolglos, so kann sowohl die Verwertungsgesellschaft als auch die Veranstalterorganisation verlangen, dass die Rechtsverhältnisse, die den Gegenstand des Gesamtvertrags bilden sollen, von der *Schiedskommission* (Seite 1159) durch eine Satzung geregelt werden. Diese hat die Wirkung, die nach § 9 VerwGesG einem Gesamtvertrag zukommt (§ 10 VerwGesG).[68] Für die von einer Schiedskommission aufgestellten Satzungen gelten die Vorschriften des § 11 VerwGesG entsprechend (§ 19 VerwGesG). Die in Streitsachen (§ 14 Abs 2 VerwGesG) gefällten Entscheidungen einer Schiedskommission haben die Wirkung rechtskräftiger gerichtlicher Urteile (§ 20 VerwGesG). Die Entscheidungen einer Schiedskommission und die vor ihr abgeschlossenen Vergleiche sind *Exekutionstitel* (§ 21 VerwGesG).[69]

4.3.9. Die österreichischen Verwertungsgesellschaften
AKM
Die 1897 gegründete Staatlich genehmigte Gesellschaft der Autoren, Komponisten und Musikverleger (AKM) ist eine Genossenschaft.[70] Sie ist die wirtschaftlich

---

[67]) Derzeit liegt die Zuständigkeit beim Bundeskanzler (BGBl I 1997/21 Z 7).
[68]) Vgl zB die Satzung „Kabelentgelt", MR 1999, 158.
[69]) Zum Wegfall des Rechtsschutzinteresses an einem Unterlassungsanspruch bei Aufstellung einer Satzung: OGH 23. 3. 1999, 4 Ob 8/99a – Live-Darbietungen II – MR 1999, 175 (*Walter*).
[70]) 100 Jahre AKM, AKM-Informationen 1997/3. Statut abgedruckt in *Dittrich*, UrhR³ (1998) 1265.

bedeutendste Verwertungsgesellschaft in Österreich.[71] Die AKM nimmt insbesondere die („kleinen") Aufführungs- und Senderechte an Werken der Musik und den mit ihr verbundenen Texten sowie Vergütungsansprüche (vgl §§ 59a, 56b, 56c UrhG) wahr.[72]

Adresse: A-1030 Wien, Baumannstr. 8-10, Tel: 01-717 14-0.

AUSTRO-MECHANA

Die AUSTRO-MECHANA Gesellschaft zur Wahrnehmung mechanisch-musikalischer Urheberrechte Gesellschaft mbH[73] ist insbesondere für die Verwertung und Auswertung mechanisch-musikalischer Urheberrechte (insbesondere betreffend die Übertragung von Werken auf Bild- oder Schallträger und deren Verbreitung) zuständig. Sie verwaltet auch die Leerkassettenvergütung (Seite 1214).[74]

Adresse: A-1030 Wien, Baumannstr. 10, Tel: 01-717 87-0.

LSG

Die LSG – Wahrnehmung von Leistungsschutzrechten GmbH[75] verwaltet insbesondere die Leistungsschutzrechte der Hersteller von Schallträgern und der daran mitwirkenden ausübenden Künstler sowie Vergütungsansprüche.[76]

Adresse: A-1060 Wien, Bieneng. 5, Tel: 01-587 17 92-0.

LITERAR-MECHANA

Die LITERAR-MECHANA (GmbH)[77] ist insbesondere für die mechanischen Vervielfältigungs- und Verbreitungsrechte an Sprachwerken sowie Vergütungsansprüche zuständig.[78]

Adresse: A-1060 Wien, Linke Wienzeile 18, Tel: 01-587 21 61-0.

LVG

Die Literarische Verwertungsgesellschaft (L.V.G.), registrierte Genossenschaft mit beschränkter Haftung[79] nimmt insbesondere die („kleinen") Vortrags- und Senderechte an Sprachwerken, soweit es sich nicht um mit Musik verbundene Texte

---

[71]) *Frotz/Hügel*, ÖSGRUM 2 (1986) 26.
[72]) Vgl im Detail die Betriebsgenehmigung und die Wahrnehmungserklärung, abgedruckt in *Dittrich*, UrhR³ (1998) 1290. Zur „AKM-Vermutung": OGH 12. 4. 1988, 4 Ob 7/88 – AKM-Vermutung – ÖBl 1988, 165 = MR 1988, 90 = SZ 61/83 = RdW 1988, 353 = JBl 1988, 727 = RZ 1988, 256 = GRUR Int 1989, 153.
[73]) Gesellschaftsvertrag abgedruckt in *Dittrich*, UrhR³ (1998) 1292.
[74]) Vgl im Detail die Betriebsgenehmigung und den Wahrnehmungsvertrag, abgedruckt in *Dittrich*, UrhR³ (1998) 1301.
[75]) Gesellschaftsvertrag abgedruckt in *Dittrich*, UrhR³ (1998) 1306.
[76]) Vgl im Detail die Betriebsgenehmigung und die Wahrnehmungsverträge, abgedruckt in *Dittrich*, UrhR³ (1998) 1311.
[77]) Gesellschaftsvertrag abgedruckt in *Dittrich*, UrhR³ (1998) 1316.
[78]) Vgl im Detail die Betriebsgenehmigung und den Wahrnehmungsvertrag, abgedruckt in *Dittrich*, UrhR³ (1998) 1320.
[79]) Statuten abgedruckt in *Dittrich*, UrhR³ (1998) 1324.

handelt (insoweit ist die AKM zuständig), wahr. Ausgenommen ist der Vergütungsanspruch nach § 59a UrhG. Für diesen ist die Literar-Mechana zuständig.[80]

Adresse: A-1060 Wien, Linke Wienzeile 18.

Musikedition

Die Musikedition Gesellschaft zur Wahrnehmung von Rechten und Ansprüchen aus Musikeditionen, reg. Gen. mbH[81] nimmt gewisse Rechte an Werken der Tonkunst und an vertonten Texten wahr.[82]

Adresse: A-1010 Wien, Karlsplatz 6, Tel: 01-505 86 95.

OESTIG

Die Oesterr Interpretengesellschaft (OESTIG) ist ein Verein.[83] Sie nimmt Leistungsschutzrechte ausübender Künstler wahr.[84]

Adresse: A-1060 Wien, Bieneng. 5, Tel: 01-587 79 74-0.

VAM

Die Verwertungsgesellschaft für audiovisuelle Medien (V.A.M.) ist ebenfalls ein Verein.[85] Sie nimmt, soweit ein Filmhersteller Berechtigter ist, Rechte an Werken der Filmkunst und Laufbildern, die keine Musikvideos sind, wahr.[86]

Adresse: A-1070 Wien, Neubaug. 25, Tel: 01-5264301.

VBK

Die Verwertungsgesellschaft bildender Künstler (VBK) ist ein Verein.[87] Sie verwaltet insbesondere Leistungsschutzrechte der Lichtbildhersteller und Rechte an Werken der bildenden Künste.[88]

Adresse: A-1120 Wien, Tivolig. 67, Tel: 01-815 26 91.

VBT

Die Verwertungsgesellschaft für Bild und Ton (vbt) ist ein Verein.[89] Sie ist auf die Rechtewahrnehmung von Videogrammen spezialisiert.[90]

---

[80]) Vgl im Detail die Betriebsgenehmigung und den Wahrnehmungsvertrag, abgedruckt in *Dittrich*, UrhR³ (1998) 1338.
[81]) Statuten abgedruckt in *Dittrich*, UrhR³ (1998) 1342.
[82]) Vgl im Detail die Betriebsgenehmigungen und die Wahrnehmungsverträge, abgedruckt in *Dittrich*, UrhR³ (1998) 1349.
[83]) Satzungen abgedruckt in *Dittrich*, UrhR³ (1998) 1358.
[84]) Vgl im Detail die Betriebsgenehmigungen und die Wahrnehmungserklärung, abgedruckt in *Dittrich*, UrhR³ (1998) 1365.
[85]) Statuten abgedruckt in *Dittrich*, UrhR³ (1998) 1369.
[86]) Vgl im Detail die Betriebsgenehmigungen und den Wahrnehmungsvertrag, abgedruckt in *Dittrich*, UrhR³ (1998) 1378.
[87]) Statuten abgedruckt in *Dittrich*, UrhR³ (1998) 1384.
[88]) Vgl im Detail die Betriebsgenehmigungen sowie die Wahrnehmungsordnung und die Wahrnehmungserklärung, abgedruckt in *Dittrich*, UrhR³ (1998) 1393. Zur Besonderheit der Abgrenzung dieser Betriebsgenehmigung nach einem persönlichen Merkmal vgl *Frotz/Hügel*, ÖSGRUM 2 (1986) 26 (31).

Adresse: A-1010 Wien, Schreyvogelg. 2, Tel: 01-535 60 35.

VDFS

Die VDFS – Verwertungsgesellschaft Dachverband der Filmschaffenden Österreichs reg. Gen. mbH.[91] nimmt Rechte hinsichtlich Werken der Filmkunst und Laufbildern wahr, soweit nicht ein Filmhersteller oder ein Rundfunkunternehmer Berechtigter ist, sowie gewisse Rechte ausübender Künstler.[92]

Adresse: A-1010 Wien, Bösendorferstr. 4, Tel: 01-504 76 20.

VGR

Die Verwertungsgesellschaft Rundfunk (VGR) ist ein Verein.[93] Sie nimmt Rechte der Rundfunkunternehmer wahr.[94]

Adresse: A-1136 Wien, Würzburgg. 30.

4.4. Nutzerverbände

Die Interessenverbände der Nutzer („Veranstalterorganisationen" oder, wie sie die UrhG-Nov 1980 nennt, „Organisation der Zahlungspflichtigen"[95]) sind nicht gesondert, sondern im Zusammenhang mit den Verwertungsgesellschaften im *VerwGesG* (bzw in der UrhG-Nov 1980) mitgeregelt. Zentrale Bestimmung dazu ist § 6 VerwGesG über Gesamtverträge und Satzungen. Gesamtverträge sind von der Verwertungsgesellschaft mit „den nach ihrem fachlichen Wirkungsbereich dazu berufenen öffentlich-rechtlichen Berufsorganisationen", deren räumlicher Wirkungsbereich sich auf das gesamte Bundesgebiet erstreckt, abzuschließen (§ 6 Abs 1 VerwGesG). In der Praxis ist dies im Wesentlichen die *Wirtschaftskammer Österreich* (bzw das jeweils zuständige Bundesgremium).

Soweit solche Berufsorganisationen nicht bestehen, sind die Gesamtverträge mit *freien Vereinigungen* von Veranstaltern öffentlicher Vorträge oder konzertmäßiger Aufführungen abzuschließen, denen der Bundesministers für Unterricht[96] (§ 28 VerwGesG) die Befähigung zum Abschlusse von Gesamtverträgen mit einer Verwertungsgesellschaft zuerkennt.[97] Diese Befähigung soll, wenn nicht besondere Verhältnisse eine Ausnahme erfordern, nur solchen Vereinigungen zuerkannt wer-

---

[89]) Statuten abgedruckt in *Dittrich*, UrhR³ (1998) 1403.
[90]) Vgl im Detail die Betriebsgenehmigungen sowie die Wahrnehmungsverträge, abgedruckt in *Dittrich*, UrhR³ (1998) 1408.
[91]) Satzung abgedruckt in *Dittrich*, UrhR³ (1998) 1413.
[92]) Vgl im Detail die Betriebsgenehmigungen sowie den Wahrnehmungsvertrag, abgedruckt in *Dittrich*, UrhR³ (1998) 1434.
[93]) Statuten abgedruckt in *Dittrich*, UrhR³ (1998) 1439.
[94]) Vgl im Detail die Betriebsgenehmigung sowie die Wahrnehmungserklärungen, abgedruckt in *Dittrich*, UrhR³ (1998) 1446.
[95]) Vgl dazu *Handl*, FuR 1981, 118 (123).
[96]) Derzeit liegt die Zuständigkeit beim Bundeskanzler (BGBl I 1997/21 Z 7).
[97]) Zum Beispiel eines Verbandes der Automatenaufsteller und -verleiher: VwGH, Zl 1485/64, 28. 4. 1965 ÖBl 1965, 127.

den, deren örtlicher Wirkungsbereich das gesamte Bundesgebiet umfasst. Vor der Zuerkennung der Befähigung ist die Verwertungsgesellschaft zu hören. Die Befähigung kann jederzeit aberkannt werden. Das hat insbesondere dann zu geschehen, wenn eine Vereinigung die ihr nach einem Gesamtvertrag oder nach einer Satzung obliegenden Pflichten gröblich verletzt (§ 6 Abs 2 VerwGesG).

Unabhängig davon können selbstverständlich sonstige Verbände von Nutzern mit der jeweils in Betracht kommenden Verwertungsgesellschaft einen *Rahmenvertrag*[98] schließen, dem zwar nicht die Wirkung eines Gesamtvertrags oder einer Satzung zukommt, auf dessen Grundlage dann aber die einzelnen Mitglieder des Verbands einen Einzelvertrag schließen können. Solche Rahmenverträge wurden beispielsweise vom Verband Österreichischer Zeitungsherausgeber und Zeitungsverleger (VÖZ), vom Verband der Konzertlokalbesitzer und aller Veranstalter Österreichs (KLBV; nunmehr „Veranstalterverband") und von der Interessengemeinschaft österreichischer Museen und Ausstellungsveranstalter (IMA) geschlossen.

Die immer komplizierter werdende Rechtslage, die sich immer schneller entwickelnde Technik und das Entstehen neuer Nutzungsarten, ja ganzer neuer Branchen (zB jener der Internet-Provider) werden auch auf Nutzerseite verstärkt auf Urheberrechtsfragen spezialisierte Institutionen der betreffenden Branchen erfordern, um ein Gegengewicht zu den seit Jahrzehnten im Urheberrecht tätigen und daher sehr erfahrenen Verwertungsgesellschaften zu bilden. Diese Entwicklung ist nicht nur national zu beobachten, sondern auch international, insbesondere auf europäischer Ebene. Hier ist im besonderen Maße die sehr branchenbezogene, spezielle Monitoring- und Lobbying-Tätigkeit institutionalisiert. Ihr kommt bei der Vorbereitung neuer Rechtsakte eine wesentliche Bedeutung zu.

4.5. Schiedskommission

Literaturhinweise: *Holeschofsky*, Schiedskommissionen nach dem österreichischen Verwertungsgesellschaftengesetz (VerwGesG), FuR 1977, 518; *Holeschofsky*, Die geplante Neuregelung des Rechts der Verwertungsgesellschaften in Österreich, FuR 1979, 348.

4.5.1. Rechtsgrundlage

Die Schiedskommission ist eine im *VerwertungsgesellschaftenG* (§§ 14 ff) vorgesehene Institution, die jeweils ad hoc für einen bestimmten Fall gebildet wird. Die näheren Vorschriften über die Bestellung, Enthebung und Entlohnung der Mitglieder der Schiedskommission sowie über die Ablehnung von Mitgliedern einer Schiedskommission, über das Verfahren vor den Schiedskommissionen, über die Abfassung, Verlautbarung und das In-Kraft-Treten ihrer Entscheidungen sowie über deren Nichtigerklärung durch gerichtliches Urteil und über den Kostenersatz

---

[98]) Vgl dazu etwa *Buchner*, ÖBl 1981, 57 (62).

regelt die aufgrund des § 23 VerwGesG erlassene *Schiedskommissionsverordnung (SKV)*[99], die gemäß Art II Abs 1 UrhG-Nov 1980[100] nunmehr Gesetzesrang hat.

4.5.2. Zuständigkeit

Der Schiedskommission kommen zwei wesentliche Aufgaben zu: Die von den Parteien zu berufende Schiedskommission entscheidet über Anträge, eine *Satzung* (§ 10 und § 13 Abs 2 VerwGesG; Seite 1155) aufzustellen (§ 14 Abs 1 VerwGesG). Ihr kommt also insoweit eine rechtsgestaltende Aufgabe zu.[101] Die Schiedskommission entscheidet ferner über *Streitigkeiten*, die *zwischen einer Verwertungsgesellschaft und einer Veranstalterorganisation* oder dem Rundfunkunternehmer aus einem Gesamtvertrag, einem Vertrag über die Bewilligung, Sprachwerke oder Werke der Tonkunst durch Rundfunk zu senden, oder aus einer Satzung entstehen (§ 14 Abs 2 VerwGesG). Rechtssachen, für die die Schiedskommission zuständig ist, sind den ordentlichen Gerichten entzogen (§ 14 Abs 3 VerwGesG). Zur Zuständigkeitsentscheidung vgl § 14 SKV. Die Schiedskommission ist hingegen nicht für Streitigkeiten zwischen einer Verwertungsgesellschaft und dem einzelnen Mitglied einer Veranstalterorganisation zuständig.[102] Insoweit bleibt es also bei der allgemeinen Zuständigkeit der Gerichte.

Ende der Siebzigerjahre wurde eine grundlegende Reform dieser Institution diskutiert. Statt einer Schiedskommission sollte der BMJ zur Entscheidung berufen werden. Ihm sollte ein *„Gesamtvertragsbeirat"* beratend zur Seite stehen. Diese Vorschläge sind auf begründete Kritik gestoßen und wurden nicht umgesetzt.[103]

4.5.3. Zusammensetzung

Die Schiedskommission besteht aus *fünf Mitgliedern*. Je ein Mitglied wird von jeder Partei bestellt.[104] Diese beiden Mitglieder wählen die übrigen drei Mitglieder. Diese müssen an der Sache unbeteiligte Personen sein und dürfen zu keiner Partei in einem Verhältnis stehen, das ihre Unbefangenheit in Zweifel ziehen lässt. Die näheren Bestimmungen über die Ablehnung von Schiedskommissionsmitgliedern finden sich in §§ 4 ff SKV. Aus den drei gewählten Mitgliedern wird der Vorsitzende von allen Mitgliedern der Schiedskommission mit absoluter Stimmenmehrheit gewählt (§ 15 Abs 3 VerwGesG). Die Parteien können im Gesamtvertrag oder in einem besonderen, schriftlich errichteten Vertrag die Zahl der Mitglieder der Schiedskommission festsetzen und die Art ihrer Berufung regeln sowie auch die Mitglieder der Schiedskommission benennen. In die Schiedskommission können

---

[99]) BGBl 1936/188 idF BGBl I 1999/191; abgedruckt in *Dittrich*, UrhR³ (1998) 1252.
[100]) BGBl 1980/321.
[101]) *Holeschofsky* (FuR 1977, 518) verweist darauf, dass diese Funktion einem Schiedsgutachter ähnlich ist.
[102]) Vgl *Peter*, Urheberrecht, Anm 2 zu § 14 VerwGesG.
[103]) Dazu eingehend *Holeschofsky*, FuR 1979, 348.
[104]) Gegen die Art der Bestellung wurden in den EB zum Entwurf eines VerwGesG 1976 verfassungsrechtliche Bedenken geäußert (dazu *Holeschofsky*, FuR 1977, 518, der diese generellen Bedenken jedoch nicht teilt und lediglich die subsidiäre Bestellung durch den BMJ für problematisch hält). Vgl zu den verfassungsrechtlichen Bedenken auch *Handl*, FuR 1981, 118 (121, 123); *Buchner*, ÖBl 1981, 57 (58).

auch im Dienststande befindliche *Richter* berufen werden (§ 15 Abs 1 VerwGesG; anders § 578 ZPO). Zur Einleitung des Konstituierungsverfahrens, zur Konstituierung, zur Ersatzbestellung von Mitgliedern durch den Justizminister vgl § 15 Abs 4 und 5, §§ 16, 17 VerwGesG sowie §§ 1 ff SKV.

4.5.4. Verfahren

Das Verfahren vor der Schiedskommisssion ist primär in der SKV geregelt. Ergänzend gelten die Regelungen der *ZPO* über die Beratung und Abstimmung der Senate, über Schriftsätze, Zustellungen, Fristen und Tagsatzungen, die Wiedereinsetzung in den vorigen Stand und über die Verhandlungs- und Beratungsprotokolle sowie die §§ 588 und 598 ZPO (§ 8 Abs 1 SKV). Bei der Abstimmung geben zunächst in alphabetischer Reihe die Beisitzer und dann der Vorsitzende die Stimme ab (§ 8 Abs 2 SKV). In der Verhandlung können Anträge zu Protokoll gegeben werden. Außerhalb der Verhandlung sind sie schriftlich an den Vorsitzenden zu richten (§ 8 Abs 3 SKV). Die Parteien können sich durch ein Vorstandsmitglied, einen Angestellten oder durch einen Rechtsanwalt vertreten lassen. Da gemäß § 8 Abs 5 SKV die Vorschriften der ZPO über Prozessvollmachten entsprechend gelten, wird sich der Rechtsanwalt auf die erteilte Vollmacht gemäß § 30 Abs 2 ZPO berufen können. Dem schiedsgerichtlichen Charakter dieser Institution entsprechend sagt schließlich § 9 SKV: Im Rahmen der in dieser Verordnung enthaltenen oder für anwendbar erklärten Vorschriften können die Parteien in einem schriftlich errichteten Vertrag nähere Bestimmungen über das Verfahren vereinbaren; im Übrigen wird dies von der Schiedskommission selbst geregelt. In der Praxis wird von dieser Ermächtigung durchaus Gebrauch gemacht. So ist es zweckmäßig, gleich zu Beginn nach der Konstituierung den weiteren Verfahrensablauf vorzugeben (etwa bestimmte Fristen für einen zweifachen Schriftsatzwechsel zwischen den Parteien und die Anordnung einer ersten Verhandlungstagsatzung auf einen bestimmten Termin).

Der *Satzungsantrag* ist schriftlich samt einem Satzungsentwurf einzubringen (vgl zu den Details § 15 Abs 4 VerwGesG, § 10 SKV; zu den Streitsachen § 11 SKV). Besonders zu beachten ist die Frist von 14 Tagen ab Benachrichtigung von der Konstituierung (§ 12 SKV). Langt der Antrag nicht fristgerecht ein, so hat der Vorsitzende die Tätigkeit der Schiedskommission für beendet zu erklären. Ein fristgerechter Antrag ist der Gegenpartei zuzustellen. Diese kann dann mit einer Gegenschrift erwidern (vgl § 12 Abs 2 und § 13 SKV). Zur Antrags- oder Klagsrücknahme vgl § 15 SKV. Zur Durchführung der (in der Regel nicht öffentlichen) Verhandlung vgl §§ 16 bis 19 SKV. Anders als ein Zivilrichter hat die Schiedskommission „auf alle für die Entscheidung der Streitpunkte wichtigen Tatsachen und Verhältnisse von Amts wegen Bedacht zu nehmen und sie durch Vornahme zweckdienlicher Erhebungen und Beweisaufnahmen klarzustellen" (§ 19 Abs 2 SKV; Grundsatz der *amtswegigen Wahrheitsforschung*). Im Satzungsverfahren ist zwingend die Erörterung eines von der Schiedskommission auszuarbeitenden Vergleichsvorschlags vorgesehen (§ 19 Abs 4 SKV). Zur Entscheidung und den Kosten vgl §§ 20 bis 25 SKV. Die Endentscheidung kann durch Nichtigkeitsklage angefochten werden (§§ 26 bis 28 SKV).

4.6. Schiedsstelle

Literaturhinweise: *Dittrich*, Die österr Urheberrechtsgesetznovelle 1980, GRUR Int 1981, 8 (24); *Handl*, Zur Frage der Anwendung des österr VerwGesG und der Vorschriften über die Schiedsstelle gem der Urheberrechtsgesetznovelle 1980, FuR 1981, 118; *Hodik*, Änderungen im österreichischen Urheberrecht – eine Novelle zur Novelle, GRUR Int 1987, 34; *Dittrich*, Die Weiterentwicklung des österreichischen Urheberrechts, GRUR Int 1991, 774.

4.6.1. Rechtsgrundlage

Die *UrhG-Nov 1980*[105] (Seite 1072) hat neue Vergütungsansprüche (Leerkassettenvergütung und Vergütung für die Kabelweiterleitung) eingeführt. Die Materialien[106] verweisen darauf, dass „die mit der Vollziehung dieser Regelungen Befassten vor allem bei der Bemessung der Höhe der angemessenen Vergütung mit großer Sachkenntnis werden vorgehen müssen, weil bei der Geltendmachung der Ansprüche auf angemessene Vergütung durch eine Verwertungsgesellschaft auch auf diejenigen Ansprüche auf angemessene Vergütung Rücksicht genommen werden muss, die von anderen Verwertungsgesellschaften noch geltend gemacht werden könnten". Hiefür erschien dem Justizausschuss ein Verfahren vor einer Verwaltungsbehörde am besten geeignet. Es wurde daher eine Behörde im Sinne des Art 20 Abs 2 und Art 133 Z 4 B-VG geschaffen, die an die Stelle der Schiedskommission nach den §§ 14ff VerwGesG tritt.[107] Sie hat über Streitigkeiten über diese neuen Vergütungsansprüche zu entscheiden und auch Satzungen zu erlassen. Durch diesen konkreten Anlass ist es dazu gekommen, dass diese Schiedsstelle nicht – systematisch richtig – im VerwGesG, sondern in einem gesonderten Artikel der UrhG-Nov 1980 geregelt ist.

Die *UrhG-Nov 1986*[108] hat nur eine geringfügige Anpassung der Verfahrensbestimmungen gebracht.[109] Markanter war die Erweiterung der Zuständigkeit der Schiedsstelle durch die *UrhG-Nov 1989*[110]. Die Erfahrungen mit der Schiedsstelle zeigten – so der Justizausschussbericht[111] – dass die Schiedsstelle für die Durchführung von Verfahren, in denen es in erster Linie um die Klärung eines strittigen Sachverhalts und um die Schaffung eines Exekutionstitels geht, wegen der Art ihrer Zusammensetzung weniger geeignet ist als die Gerichte. Die Zuständigkeit der Schiedsstelle wurde daher auf die Bemessung der angemessenen Vergütung

---

[105]) BGBl 1980/321.
[106]) AB 422 BlgNR 15. GP 2; abgedruckt bei *Dillenz*, ÖSGRUM 5 (1987) 378ff.
[107]) Die Unabhängigkeit und Unparteilichkeit im Sinne eines Tribunals nach Art 6 Abs 1 EMRK hat der VfGH als gegeben angesehen (VfGH 2. 12. 1988, B 1236/88 – Metro IV – MR 1991, 64).
[108]) BGBl 1986/375.
[109]) Vgl dazu *Hodik*, GRUR Int 1987, 34 (36).
[110]) BGBl 1989/612.
[111]) 1114 BlgNR 17. GP 5; abgedruckt bei *Dittrich*, UrhR³ (1998) 425; vgl auch *Dittrich*, GRUR Int 1991, 774 (779).

nach allgemeinen Kriterien beschränkt (Art III § 1 Abs 2 UrhG-Nov 1980 idF UrhG-Nov 1989). Für die ihrer Zuständigkeit entzogenen zivilrechtlichen Streitigkeiten sind nunmehr die ordentlichen Gerichte zuständig. Eine Veränderung der Zuständigkeit der Schiedsstelle hat schließlich die *UrhG-Nov 1996*[112] gebracht. Sie ist nunmehr zur Vertragshilfe gemäß § 59b UrhG in Zusammenhang mit der Kabelweiterleitung von Sendungen zuständig. Der Vergütungsanspruch nach § 59a UrhG aF im Zusammenhang mit der Kabelweiterleitung wurde durch die Novelle 1996 beseitigt; (Seite 1074) die Schiedsstelle hat daher nicht mehr über diese „Kabelvergütung" zu entscheiden. Begründet wurde diese Zuordnung damit, dass diese Institution schon mit der UrhG-Nov 1980 für vergleichbare Zwecke geschaffen wurde und den Vorgaben des Art 11 SatellitenRL entspreche.[113]

Zu den Gebühren vgl Art III § 8 UrhG-Nov 1980 sowie die *V der Bundesregierung v 17. 12 1981 über die Sitzungsgelder der Schiedsstelle*[114] und die *V des Justizministers v 17. 12 1981 über die Gebühren für die Inanspruchnahme der Schiedsstelle.*[115]

4.6.2. Zuständigkeit

Leerkassettenvergütung

Die Schiedsstelle stellt mit *Feststellungsbescheid*[116] die Vergütungssätze fest, nach denen die Höhe der *Leerkassettenvergütung* zu berechnen ist. Weiters hat sie auf Antrag der Verwertungsgesellschaft oder der Organisation der Zahlungspflichtigen eine *Satzung* über die Abgeltung dieser Ansprüche zu erlassen.[117] Diese hat die Wirkung, die einem Gesamtvertrag zukommt (Art III § 1 Abs 3 UrhG-Nov 1980).[118] Zur *Publikation* und zum In-Kraft-Treten der Satzung vgl Art III § 3 UrhG-Nov 1980. Zur *Aufhebung* der Satzung vgl Art III § 2 UrhG-Nov 1980.

Sind in einem Rechtsstreit über Ansprüche auf Leerkassettenvergütung die Vergütungssätze strittig, nach denen die Höhe dieser Ansprüche zu berechnen ist, so hat das Gericht auf Antrag einer Partei das Verfahren zu *unterbrechen*.[119] Wenn keine der Parteien binnen einem Monat ab Zustellung des Unterbrechungsbeschlusses nachweist, dass sie bei der Schiedsstelle einen Feststellungsantrag nach Art III § 1 Abs 2 UrhG-Nov 1980 gestellt hat, sowie nach Beendigung des Verfahrens vor der Schiedsstelle hat das Gericht das Verfahren auf Antrag oder von Amts wegen aufzunehmen (Art III § 1a UrhG-Nov 1980 idF UrhG-Nov 1989).

---

[112]) BGBl 1996/151.
[113]) EB 3 BlgNR 20. GP 1 (27).
[114]) BGBl 1981/100; abgedruckt bei *Dittrich*, UrhR³ (1998) 412.
[115]) BGBl 1981/101; abgedruckt bei *Dittrich*, UrhR³ (1998) 412.
[116]) AB 1114 BlgNR 17. GP 5f; abgedruckt bei *Dittrich*, UrhR³ (1998) 425.
[117]) Diese Satzungen sind – so der Justizausschussbericht (AB 422 BlgNR 15. GP 1; abgedruckt bei *Dillenz*, ÖSGRUM 5 [1987] 378ff) – als Verordnungen anzusehen. So dann auch VfGH 29. 11. 1983, B 539/82-14 – Kabelfernseh-Satzung – MR 1984/2, A 10 GRUR Int 1984, 531.
[118]) Die Bestimmung über die Zuständigkeit zur Erlassung einer Satzung wurde vorsorglich in Verfassungsrang beschlossen; vgl dazu *Handl*, FuR 1981, 118 (121).
[119]) Zur Leerkassettenvergütung vgl OLG Wien 24. 4. 1998, 4 R 226/97b – WUV – MR 1999, 100 (*Walter*).

Kucsko, Geistiges Eigentum (2003)

Kabelweiterleitung

Seit der UrhG-Nov 1996[120] ist die Schiedsstelle auch zur *Vertragshilfe* gemäß § 59b Abs 1 UrhG in Zusammenhang mit der *Kabelweiterleitung* von Sendungen zuständig: Kommt ein Vertrag über die Bewilligung der Weitersendung im Sinn des § 59a UrhG nicht zustande, so kann jeder der Beteiligten bei der Schiedsstelle Vertragshilfe beantragen. Die Schiedsstelle kann den Parteien Vorschläge unterbreiten. Ein solcher Vorschlag gilt als von den Parteien angenommen, wenn keine der Parteien binnen drei Monaten Einwände erhebt.

4.6.3. Zusammensetzung

Die Schiedsstelle ist beim Bundesministerium für Justiz eingerichtet (Art III § 1 Abs 1 UrhG-Nov 1980). Sie besteht aus *neun Mitgliedern*. Für jedes Mitglied sind zwei Ersatzmitglieder zu ernennen. Eines der Mitglieder und zwei der Ersatzmitglieder müssen dem Richterstand angehören. Die Mitglieder der Schiedsstelle sind in Ausübung ihres Amtes unabhängig und an keine Weisungen und Aufträge gebunden (Art III § 4 UrhG-Nov 1980).[121]

Die Mitglieder der Schiedsstelle bestellt der Bundespräsident auf *Vorschlag* der Bundesregierung für die Dauer von fünf Jahren. Die Vorbereitung des Vorschlags der Bundesregierung für die Bestellung der Mitglieder der Schiedsstelle obliegt dem Justizminister. Die Bundesregierung hat für ein Mitglied und für zwei Ersatzmitglieder einen übereinstimmenden Besetzungsvorschlag von den Verwertungsgesellschaften einzuholen. Sie hat weiters für ein Mitglied und für zwei Ersatzmitglieder einen übereinstimmenden Besetzungsvorschlag von den Organisationen der Zahlungspflichtigen, denen die Gesamtvertragsfähigkeit zuerkannt wurde, einzuholen. Weiters hat sie für ein Mitglied und für zwei Ersatzmitglieder einen Besetzungsvorschlag von repräsentativen Vereinigungen aus dem Bereich der Kunst einzuholen. Für zwei Mitglieder und für vier Ersatzmitglieder hat die Bundesregierung einen Besetzungsvorschlag der WKÖ, für zwei Mitglieder und für vier Ersatzmitglieder einen Besetzungsvorschlag der Bundesarbeitskammer einzuholen; hinsichtlich des Vorsitzenden und zweier Ersatzmitglieder hat die Bundesregierung Beamte des Bundesministeriums für Justiz vorzuschlagen. Hinsichtlich eines weiteren Mitglieds und zweier Ersatzmitglieder hat sie dem Richterstand angehörende Personen vorzuschlagen (Art III § 5 UrhG-Nov 1980). Zum Erlöschen des Amts vgl Art III § 6 UrhG-Nov 1980.

4.6.4. Verfahren

Die Schiedsstelle verhandelt und entscheidet unter der Leitung des Vorsitzenden. Der Vorsitzende hat Verfahrensanordnungen zu treffen. Ferner hat der Vorsitzende die übrigen Mitglieder zu den Verhandlungen und Sitzungen einzuberufen. Sofern

---

[120]) BGBl 1996/151.
[121]) *Handl* (FuR 1981, 118 [122]) bezeichnet diese Weisungsfreiheit im Hinblick auf die Nominierung der Mitglieder durch Interessenvertretungen zutreffend als „gesetzgeberisches Feigenblatt".

kein anderes Mitglied dem widerspricht, können Mitglieder der Sitzung fernbleiben und ihre Stimme schriftlich abgeben. Die Schiedsstelle entscheidet mit einfacher Mehrheit der abgegebenen Stimmen. Bei Stimmengleichheit gibt die Stimme des Vorsitzenden den Ausschlag. Stimmenthaltung ist unzulässig (Art III § 9 UrhG-Nov 1980).

Die Entscheidungen der Schiedsstelle unterliegen nicht der Aufhebung oder Abänderung im Verwaltungsweg. Gegen Bescheide der Schiedsstelle ist allerdings die Beschwerde an den VwGH zulässig. Auf das Verfahren der Schiedsstelle ist das *AVG* mit Ausnahme der §§ 74 bis 79 anzuwenden. Die Schiedsstelle hat binnen drei Monaten, gerechnet vom Zeitpunkt des Einlangens des Antrags, zu entscheiden (Art III § 11 UrhG-Nov 1980). Es gilt das Prinzip der „eigenen Kostentragung".[122]

---

[122]) Also keine Kostenersatzregelung in Analogie zur ZPO; VwGH 11. 6. 1986, Zl 84/01/0124, 0314, ZfVB 1987/672.

5. ENTSTEHEN DES SCHUTZES

Überblick:
- Das Urheberrecht entsteht „automatisch" mit dem *Realakt* der Schaffung des Werks.
- Ein *Formalakt*, wie etwa die Registrierung, ist nicht erforderlich.

Literaturhinweise: *Prunbauer*, Die Registrierung von Urheberrechten in den USA, AnwBl 1982, 358; *Schönherr*, Gewerblicher Rechtsschutz und Urheberrecht (1982) Rz 329.

Vorgaben der RBÜ: Art 5 Abs 2 RBÜ zeichnet die Schutzgewährung *ohne* „Erfüllung irgendwelcher *Förmlichkeiten*" vor.

Vorgaben des WUA: Ein Vertragsstaat, dessen innerstaatliche Rechtsvorschriften als Voraussetzung für den Urheberrechtsschutz die Erfüllung von *Förmlichkeiten*, wie Hinterlegung, Registrierung, Vermerk, notarielle Beglaubigungen, Gebührenzahlung, Herstellung oder Veröffentlichung in seinem eigenen Hoheitsgebiet, fordern, hat diese Erfordernisse für jedes durch dieses Abkommen geschützte und zum ersten Mal außerhalb seines Hoheitsgebiets veröffentlichte Werk, dessen Urheber nicht Angehöriger dieses Staates ist, als erfüllt anzusehen, wenn alle Werkstücke, die mit Erlaubnis des Urhebers oder eines anderen Inhabers des Urheberrechts veröffentlicht worden sind, von der ersten Veröffentlichung des Werks an das Kennzeichen © in Verbindung mit dem *Namen des Inhabers des Urheberrechts* und der *Jahreszahl der ersten Veröffentlichung* tragen; Kennzeichen, Name und Jahreszahl sind in einer Weise und an einer Stelle anzubringen, dass sie den Vorbehalt des Urheberrechts genügend zum Ausdruck bringen (Art 3 Abs 1 WUA). Diese Regelung hindert keinen Vertragsstaat, die Erfüllung von Förmlichkeiten oder anderen Voraussetzungen für den Erwerb und die Ausübung des Urheberrechts bei Werken, die zum ersten Mal in seinem Hoheitsgebiet veröffentlicht worden sind, sowie, ohne Rücksicht auf den Ort der Veröffentlichung, bei Werken seiner Staatsangehörigen zu fordern (Art 3 Abs 2 WUA). Art 3 Abs 1 WUA hindert keinen Vertragsstaat, von Personen, die ihre Rechte gerichtlich geltend machen, zu verlangen, dass sie in einem Rechtsstreit bestimmte Verfahrenserfordernisse, wie die Vertretung des Klägers durch einen inländischen Rechtsbeistand oder die Hinterlegung eines Werkstücks durch den Kläger bei dem Gericht oder einer Verwaltungsbehörde oder bei beiden, erfüllen. Jedoch wird der Bestand des Urheberrechts durch die Nichterfüllung dieser Erfordernisse nicht berührt. Die Erfüllung eines Erfordernisses, das der Staat, in dem der Schutz beansprucht wird, seinen Staatsangehörigen nicht auferlegt, darf von den Angehörigen eines anderen Vertragsstaats nicht verlangt werden (Art 3 Abs 3 WUA). Jeder Vertragsstaat ist verpflichtet, den *unveröffentlichten Werken* der Angehörigen anderer Vertragsstaaten Rechtsschutz zu gewähren, *ohne* die Erfüllung von *Förmlichkeiten* zu verlangen (Art 3 Abs 4 WUA). Sieht ein Vertragsstaat für die Schutzdauer mehr als eine

Frist vor und überschreitet die erste Frist eine der in Art 4 WUA vorgeschriebenen Mindestzeiten, so ist dieser Staat nicht verpflichtet, Art 3 Abs 1 WUA auf die zweite und jede weitere Frist anzuwenden (Art 3 Abs 5 WUA).

Österreichische Regelung: Das Urheberrecht entsteht bereits mit dem *Realakt* der Schaffung des Werks; auf die *Handlungsfähigkeit* des Urhebers kommt es daher nicht an. Auch Kinder oder Geisteskranke erwerben ohne weiteres für ihre Werke Urheberrechtsschutz. Das Werk muss jedoch aus der bloßen Gedankenwelt in die Außenwelt gedrungen sein (etwa durch Singen, Sprechen, Zeichnen etc; zum Begriff der „Schöpfung" vgl Seite 1112).

Ein *Formalakt*, wie etwa die Registrierung, ist nicht erforderlich. Damit entspricht Österreich den Vorgaben durch Art 5 Abs 2 RBÜ: In Österreich existiert zwar ein *„Urheberregister"* (§§ 61a ff UrhG). Die Eintragung in dieses Register ist jedoch keine Schutzvoraussetzung. Sie hat nur im Zusammenhang mit der Schutzfristenberechnung gewisse Bedeutung (vgl Seite 1264). Auch der Copyright-Vermerk (©; Seite 1086) ist nicht Schutzvoraussetzung.

Da nur eine *eigentümliche* geistige Schöpfung geschützt ist, kommt beim Erwerb von Urheberrechten Stellvertretung nicht in Betracht. Es gibt daher auch kein originäres Urheberrecht *juristischer Personen*[1] oder von *Arbeitgebern* an Werken von Arbeitnehmern. Der Arbeitgeber muss vom Arbeitnehmer vertraglich eine Werknutzungsbewilligung oder ein Werknutzungsrecht erwerben (Seite 1244).

---

[1] OGH 18. 2. 1992, 4 Ob 127/91 – Auf bald beim Wienerwald – ÖBl 1992, 184 = MR 1992, 117 (*Walter*) = SZ 65/19 = ecolex 1992, 346 (*Kucsko*) = EvBl 1992/92 = GRUR Int 1992, 838.

statement

Der Veranstalterverband

Kurz nach Gründung der AKM haben die Etablissementbesitzer beschlossen, ebenfalls einen Verband zur Wahrung ihrer Interessen zu gründen. Dies war vor mehr als 100 Jahren. Der Verband besteht auch heute noch und zählt derzeit rund 52 000 Mitglieder. Musikbetriebe wie Diskotheken, Heurige, Hotels mit Tanzmusik, Jazz-Clubs und Bars gehören ebenso zu den Mitgliedern wie Gastgewerbe- und Handelsbetriebe mit Hintergrundmusik sowie Ball- und Live-Konzertveranstalter.

Der Veranstalterverband verhandelt mit den Verwertungsgesellschaften über die Tarife für die Nutzung geschützter Werke. Er schließt entsprechende Gesamt- und Rahmenverträge im Interesse seiner Mitglieder.

Die Symbiose zwischen kreativ Schaffenden einerseits und kommerziell tätigen Werkvermittlern andererseits spiegelt sich in der jahrzehntelangen guten Kooperation zwischen den Verwertungsgesellschaften als Repräsentanten der Urheber einerseits und dem Veranstalterverband als Interessenvertretung jener Unternehmen, die öffentliche Darbietungen organisieren, andererseits wider.

Auf Initiative des Veranstalterverbands wurde das Kompetenzzentrum für Geistiges Eigentum gegründet, das einen maßgeblichen Beitrag zur Fortentwicklung, insbesondere im Urheberrecht, leistet.

◂ **Senator h.c. KR Ing. Hugo REINPRECHT** ist Präsident des Veranstalterverbandes (www.veranstalterverband.at).

6. WIRKUNG DES URHEBERRECHTSSCHUTZES

Überblick:

- Das UrhG gewährt dem Urheber bestimmte *Verwertungsrechte* (Vervielfältigungsrecht, Verbreitungsrecht, Senderecht etc).
- Zusätzlich gewährt es dem Urheber bestimmte Rechte zum Schutz seiner *ideellen Interessen* (zB Recht auf Urheberbezeichnung, Werkschutz).
- Von den Ausschließungsrechten bestehen gewisse Ausnahmen, die so genannten *„freien Werknutzungen"* (zB Vervielfältigung zum eigenen Gebrauch).
- Das Urheberrecht ist *vererblich*, aber als solches unter Lebenden *nicht übertragbar*.
- Der Urheber kann aber anderen *„Lizenzen"* zur Nutzung (Werknutzungsbewilligungen oder Werknutzungsrechte) erteilen.

Das Urheberrecht gewährt dem Inhaber – mit gewissen Ausnahmen – das *ausschließliche Recht*, sein Werk auf die ihm im UrhG vorbehaltenen Arten zu verwerten (also wirtschaftlich zu nutzen; so genannte *Verwertungsrechte*; § 14 Abs 1 UrhG)[1] sowie das Recht auf Schutz seiner *„geistigen Interessen"* am Werk. Trotz der Trennung dieser Bereiche im Gesetz kann der ideelle Interessenbereich nicht eindeutig vom materiellen abgegrenzt werden. So dienen die Verwertungsrechte durchaus auch dem Schutz ideeller Interessen und umgekehrt. Wir beginnen mit den Verwertungsrechten:

6.1. Verwertungsrechte

Broterwerb

Das UrhG normiert bestimmte *Ausschließungsrechte*. Als *Auslegungsregel* ist anerkannt, dass der Urheber im Zweifel das Recht hat, am finanziellen Ergebnis der Verwertung seines Schaffens beteiligt zu werden. Sein Anspruch richtet sich aber nicht unmittelbar gegen den (zumeist schwer erfassbaren) Benützer des Werks, sondern knüpft an die Werkvermittlung (Vervielfältigung, Verbreitung, Sendung, Vortrag udgl) an. Diese ist dem Urheber vorbehalten; er entscheidet darüber, ob er sie einem anderen gestattet. Das Entgelt für die Benützung des Werks wird dann (zB vom Verleger, vom Rundfunkunternehmer udgl) auf den Verbraucher umgelegt (durch Einrechnung zB in den Buchpreis, in die Rundfunkgebühr udgl). Das Gesetz sieht somit ein *Stufensystem zur mittelbaren Erfassung des End-*

---

[1]) Zur Bewertung von Urheberrechten: *Dillenz*, NZ 1991, 240.

verbrauchers vor.[2] Dabei bereitet die Einordnung neuer Technologien (zB BTX[3], Software, Datenbanken, Online-Übertragungen etc) in das System bestehender Verwertungsrechte anfangs gewisse Auslegungsprobleme. Dennoch hat sich das bestehende System bislang als so flexibel erwiesen, dass es auch neue Technologien erfasst.

6.1.1. Recht der ersten Inhaltsangabe

Literaturhinweis: *Dittrich*, Überlegungen zum Schutz gegen Indiskretionen im Urheberrecht, MR 1985/5, 18.

Die öffentliche Mitteilung des Inhalts eines Werks der Literatur oder der Filmkunst ist dem Urheber so lange vorbehalten, als das Werk oder sein wesentlicher Inhalt nicht mit seiner Einwilligung veröffentlicht ist (§ 14 Abs 3 UrhG). Gerade diese Bestimmung berührt auch die geistigen Interessen des Urhebers.

6.1.2. Bearbeitungs- und Übersetzungsrecht

Literaturhinweise: *Altschul*, Potpourris, GZ 1910, 209; *Dillenz*, Die Entwicklung des Urheberrechts in Österreich von 1895 bis 1936, ÖSGRUM 7 (1988) 147 (159); *Noll*, Handbuch zum Übersetzungsrecht und Übersetzer-Urheberrecht (1994); *Thiele*, Banner Grabbing als neue Werbemethode im Internet, RdW 2002, 331.

Vorgaben der RBÜ: Die Urheber von Werken der Literatur oder Kunst genießen das ausschließliche Recht, *Bearbeitungen*, Arrangements und andere Umarbeitungen ihrer Werke zu erlauben (Art 12 RBÜ).

Vorgaben des WUA: Auch das WUA zeichnet das *Überarbeitungs- und Übersetzungsrecht* vor (vgl Art 4bis Abs 1, zweiter Satz und Art 5 WUA).

Vorgaben des Gemeinschaftsrechts: Zu den Vorgaben für das Bearbeitungsrecht in Art 4 *ComputerRL* vgl Seite 1173.

Für *Datenbankwerke* sieht Art 5 lit b DatenbankRL vor, dass der Urheber einer Datenbank das ausschließliche Recht hat, „die Übersetzung, die Bearbeitung, die Anordnung und jede andere Umgestaltung" ... „in bezug auf die urheberrechtsfähige Ausdrucksform vorzunehmen oder zu erlauben". Gemäß Art 5 lit e DatenbankRL ist dem Urheber auch jede Vervielfältigung sowie öffentliche Verbreitung, Wiedergabe, Vorführung oder Aufführung der Ergebnisse der unter Art 5 lit b genannten Handlungen vorbehalten.

Österreichische Regelung: Die lange bestehenden Vorbehalte Österreichs gegen einen Beitritt zur RBÜ 1886 hatten wohl auch darin einen Grund, dass Österreich als Staat mit vielen Sprachen (Deutsch, Ungarisch, Tschechisch, Serbokroatisch,

---

[2]) OGH 17. 6. 1986, 4 Ob 309/86 – Hotel-Video – ÖBl 1986, 132 = MR 1986, 20 (*Walter*) = SZ 59/100 = JBl 1986, 655 (*Scolik*) = RdW 1986, 340 = GRUR Int 1986, 728 (*Hodik*).

[3]) Dazu: *Dittrich/Matzka/Wittmann*, Rechtsprobleme des Bildschirmtextbetriebes in Österreich (1984) 81; *Hodik*, Rechtsfragen bei Bildschirmtext und Datenbanken, ZUM 1984, 560; *Jaburek*, Bildschirmtext und Recht (1984) 58; *Dittrich*, Urheberrecht und moderne Technologien, Liechtensteinische Juristen-Zeitung 1985, 85; *Dittrich*, Bildschirmtext in Österreich – ein Vergleich, in Rechtsprobleme des Bildschirmtextes, Schriftenreihe des Inst für Rundfunkrecht an der Universität zu Köln 39 (1986) 37.

Italienisch usw) das Übersetzungsrecht ablehnte. Erst 1920 erfolgten der Beitritt und die Verankerung des Übersetzungsrechts im Gesetz. Übrigens wurde damals die bislang frei zulässige „Anfertigung und öffentlicher Gebrauch von Instrumenten zur mechanischen Wiedergabe von Tonwerken" (§ 36 UrhG 1895) dem Bearbeitungsrecht unterstellt (§ 23 Abs 3 und § 31 Abs 2 UrhG 1920).[4] Das mutet eigenartig an. Andererseits wird heute wieder erwogen, ob nicht auch die Festlegung in digitalisierter Form eine Bearbeitung ist – so veraltet sind derartige Ideen also nicht.

Das Bearbeitungsrecht ist heute im UrhG umfassend abgesichert: Übersetzungen und andere Bearbeitungen werden, soweit sie eine eigentümliche geistige Schöpfung des Bearbeiters sind, unbeschadet des am bearbeiteten Werke bestehenden Urheberrechtes, wie Originalwerke geschützt (§ 5 Abs 1 UrhG). Die Benutzung eines Werkes bei der Schaffung eines anderen macht dieses nicht zur Bearbeitung, wenn es im Vergleich zu dem benutzten Werke ein selbständiges neues Werk darstellt (§ 5 Abs 2 UrhG). Der Urheber einer Übersetzung oder anderen Bearbeitung darf diese auf die ihm vorbehaltenen Arten nur verwerten, soweit ihm die der Urheber des bearbeiteten Werks das ausschließliche Recht oder die Bewilligung dazu (*Bearbeitungs- oder Übersetzungsrecht*) erteilt hat (§ 14 Abs 2 UrhG). Das Übersetzen oder sonstige Bearbeiten selbst ist jedenfalls zulässig.

Die Anordnung des Art 5 lit b DatenbankRL wurde mit der UrhG-Nov 1997 nicht ausdrücklich umgesetzt, weil der Gesetzgeber davon ausging, dass dieses Bearbeitungsrecht durch die allgemeine Regelung des § 14 Abs 1 UrhG hinreichend abgesichert ist.[5] Zumindest nach dem Wortlaut ist dies fraglich. Nach § 14 UrhG ist die bloße Bearbeitung („im stillen Kämmerlein") zulässig, nach Art 5 lit b DatenbankRL jedoch nicht.

Sonderregelung für *gewerbsmäßig hergestellte Filmwerke* (§ 39 Abs 4 UrhG): Zur Verwertung von Bearbeitungen und Übersetzungen des Filmwerks bedarf es außer der Einwilligung des Filmherstellers auch der Einwilligung der in der Urheberbezeichnung genannten Urheber. Soweit diese Urheber mit dem Filmhersteller nichts anderes vereinbart haben, bedarf es dieser Einwilligung nicht für Übersetzungen und Bearbeitungen einschließlich der Fertigstellung des unvollendet gebliebenen Filmwerks, die nach den im redlichen Verkehr geltenden Gewohnheiten und Gebräuchen zur normalen Verwertung des Filmwerks erforderlich sind und die geistigen Interessen der Urheber am Werk nicht beeinträchtigen.

6.1.3. Vervielfältigungsrecht

Literaturhinweise: Zur juristischen Konstruktion des Urheberrechts, Archiv f Bürgerl Recht (1894) 104; *Abel*, Die Sprechmaschinenaufnahmen in ihrer Stellung zum Urheberrecht, GZ 1907, 309; *Altschul*, Im Urheberrechtsgesetze nicht geschützte Urheberrechte, JBl 1913, 421; *Frotz*, Zum Vervielfältigungsrecht des Urhebers und zu den konventionskonformen nationalen Beschränkungen – Ein Beitrag

---

[4]) *Dillenz*, ÖSGRUM 7 (1988) 147 (160).
[5]) EB, RV 883 BlgNR 20. GP 6.

zur Fortentwicklung des UrhG, FS 50 Jahre UrhG (1986) 119; *Röttinger,* Finden beim Lauf eines Computerprogramms Vervielfältigungsvorgänge im Sinne des Urheberrechts statt? FS 50 Jahre UrhG (1986) 203; *Walter,* Werkverwertung in körperlicher Form, MR 1990, 112, 162 und 203; *Dittrich,* Computer-Programme und Vervielfältigungsrecht, ecolex 1992, 339; *Gervais,* Urheberschutz am Datenhighway, Autorenzeitung 1995/3, 22; *Walter,* Zur urheberrechtlichen Einordnung der digitalen Werkvermittlung, MR 1995, 125; *Dittrich,* Unkörperliche Verbreitung? – Eine Kritik der „APA-Entscheidung", ecolex 1997, 367; *Kappes,* Gesetzliche Vergütungsansprüche bei der privaten Nutzung von computergestützten Informationssammlungen, GRUR 1997, 338; *Mahr,* Die digitale Speicherung von Werken der Tonkunst zum Zwecke der Rundfunksendung, MR 1998, 333; *Vock,* Gedanken zur digitalen Vervielfältigung, FS Dittrich (2000) 343; *Handig,* Zulässigkeit der Darstellung von Inhalten Dritter auf einer Webpage, RdW 2003, 365.

Vorgaben der RBÜ: Die Urheber von Werken der Literatur und Kunst, die durch diese Übereinkunft geschützt sind, genießen das ausschließliche Recht, die *Vervielfältigung* dieser Werke zu erlauben, gleichviel, auf welche Art und in welcher Form sie vorgenommen wird (Art 9 Abs 1 RBÜ). Jede Aufnahme auf einen *Bild- oder Tonträger* gilt als Vervielfältigung im Sinne dieser Übereinkunft (Art 9 Abs 3 RBÜ).

Vorgaben des WUA: Auch das WUA spricht das *Vervielfältigungsrecht* an (vgl Art 4bis Abs 1 WUA).

Vorgaben des Gemeinschaftsrechts: Art 4 ComputerRL gibt für *Computerprogramme* die zustimmungsbedürftigen Handlungen vor: Vorbehaltlich des Art 5 und 6 ComputerRL umfassen die Ausschließlichkeitsrechte des Rechtsinhabers das Recht, folgende Handlungen vorzunehmen oder zu gestatten: die dauerhafte oder vorübergehende *Vervielfältigung*, ganz oder teilweise, eines Computerprogramms mit jedem Mittel und in jeder Form. Soweit das Laden, Anzeigen, Ablaufen, Übertragen oder Speichern des Computerprogramms eine Vervielfältigung erforderlich macht, bedürfen diese Handlungen der Zustimmung des Rechtsinhabers: die Übersetzung, die *Bearbeitung*, das Arrangement und andere Umarbeitungen eines Computerprogramms[6] sowie die Vervielfältigung der erzielten Ergebnisse, unbeschadet der Rechte der Person, die das Programm umarbeitet; jede Form der öffentlichen *Verbreitung* des originalen Computerprogramms oder von Kopien davon, einschließlich der *Vermietung*[7].

Ähnlich listet Art 5 DatenbankRL für *Datenbankwerke* die zustimmungsbedürftigen Handlungen auf: Der Urheber einer Datenbank hat das ausschließliche Recht, folgende Handlungen in Bezug auf die urheberrechtsfähige Ausdrucksform vorzunehmen oder zu erlauben: a) die vorübergehende oder dauerhafte *Vervielfältigung*, ganz oder teilweise, mit jedem Mittel und in jeder Form; b) die Übersetzung, die *Bearbeitung*, die Anordnung und jede andere Umgestaltung; c) jede Form der öffentlichen *Verbreitung* der Datenbank oder eines ihrer Vervielfältigungsstücke

---

[6]) Auch die nicht erlaubte Änderung der Codeform einer Kopie eines Computerprogramms stellt eine Verletzung der Ausschließlichkeitsrechte des Urhebers dar (Erwägungsgrund 19 ComputerRL).

[7]) „*Vermietung*" bedeutet die Überlassung eines Computerprogramms oder einer Kopie davon zur zeitweiligen Verwendung und zu Erwerbszwecken; dieser Begriff beinhaltet nicht den öffentlichen Verleih, der somit aus dem Anwendungsbereich der ComputerRL ausgeschlossen bleibt (Erwägungsgrund 16 ComputerRL).

(Mit dem Erstverkauf eines Vervielfältigungsstücks einer Datenbank in der Gemeinschaft durch den Rechtsinhaber oder mit seiner Zustimmung *erschöpft* sich in der Gemeinschaft das Recht, den Weiterverkauf dieses Vervielfältigungsstücks zu kontrollieren); d) jede *öffentliche Wiedergabe*, Vorführung oder Aufführung; e) jede Vervielfältigung sowie öffentliche Verbreitung, Wiedergabe, Vorführung oder Aufführung der Ergebnisse der unter lit b) genannten Handlungen. Der rechtmäßige Benutzer einer Datenbank oder ihrer Vervielfältigungsstücke bedarf für die in Art 5 DatenbankRL aufgezählten Handlungen nicht der Zustimmung des Urhebers der Datenbank, wenn sie für den Zugang zum Inhalt der Datenbank und deren normale Benutzung durch den rechtmäßigen Benutzer erforderlich sind. Sofern der rechtmäßige Benutzer nur berechtigt ist, einen Teil der Datenbank zu nutzen, gilt diese Bestimmung nur für diesen Teil (Art 6 Abs 1 DatenbankRL).

Art 2 lit a *InfoRL* schreibt nunmehr allgemein für das Vervielfältigungsrecht vor: Die Mitgliedstaaten sehen für die Urheber in Bezug auf ihre Werke das ausschließliche Recht vor, die unmittelbare oder mittelbare, vorübergehende oder dauerhafte Vervielfältigung auf jede Art und Weise und in jeder Form ganz oder teilweise zu erlauben oder zu verbieten. Für *Datenbankwerke* enthält Art 5 lit a DatenbankRL eine Regelung.

Österreichische Regelung: Der Urheber hat das ausschließliche Recht, das Werk – gleichviel in welchem Verfahren und in welcher Menge – zu vervielfältigen (§ 15 Abs 1 UrhG). Die UrhG-Nov 2003 hat diese Klarstellung noch erweitert: „gleichviel in welchem Verfahren, in welcher Menge *und ob vorübergehend oder dauerhaft*". Damit soll im Sinne des Art 2 InfoRL klargestellt werden, dass auch die vorübergehende Vervielfältigung dem Vervielfältigungsrecht des Urhebers unterliegt.[8]

Eine Vervielfältigung liegt insbesondere auch im Festhalten des Vortrags oder der Aufführung eines Werks auf Mitteln zur wiederholbaren Wiedergabe für Gesicht oder Gehör (Bild- oder Schallträger), wie zum Beispiel auf Filmstreifen oder Schallplatten (§ 15 Abs 2 UrhG).[9]

Beispiele:

> Das Filmen einer Aufführung ist ein Eingriff in das Vervielfältigungsrecht.
> OGH 21. 6. 1950: Ebenso die Aufnahme eines Vortrages auf Schallplatte[10] oder Tonband, uzw auch dann, wenn ein Werk (gleichgültig, ob vor oder aufgrund

---

[8]) EB UrhG-Nov 2003 zur Z 2, 40 BlgNR 22. GP.
[9]) Solchen Schallträgern stehen gemäß § 15 Abs 3 UrhG „der wiederholbaren Wiedergabe von Werken dienende Mittel gleich, die ohne Schallaufnahme durch Lochen, Stanzen, Anordnen von Stiften oder auf ähnliche Art hergestellt werden (Drehorgeln, Spieldosen udgl)".
[10]) § 15 Abs 3 UrhG ist sogar noch den „der wiederholbaren Wiedergabe von Werken" dienenden Mitteln gewidmet, „die ohne Schallaufnahme durch Lochen, Stanzen, Anordnen von Stiften oder auf ähnliche Art hergestellt werden (Drehorgeln, Spieldosen udgl)".

der Sendung) durch ein Sendeunternehmen auf Schallplatte aufgenommen wird.[11]
- OGH 21. 6. 1950: Das Senden einer Industrieschallplatte verletzt hingegen nicht das Vervielfältigungsrecht, sondern allenfalls das Senderecht.[12]
- OLG Wien 25. 1. 1999: Das Installieren einer *Software-Raubkopie* auf der Festplatte ist eine Vervielfältigungshandlung.[13]
- OGH 26. 1. 1999: Werden Musikstücke von einem Schallträger digitalisiert in den Computer einer Sendeanlage eingespeichert, so ist dies als Vervielfältigungshandlung zu beurteilen.[14]
- OGH 1. 2. 2000: Auch das Digitalisieren und Abspeichern von Bildern wurde als Vervielfältigungsvorgang qualifiziert.[15]
- OGH 18. 9. 2001: Das „*Benutzen*" von *Software* ist ein Vervielfältigen im Sinne des § 15 UrhG.[16]

Bei Plänen und Entwürfen zu Werken der bildenden Künste umfasst das Vervielfältigungsrecht auch das ausschließliche Recht, das Werk danach auszuführen (§ 15 Abs 4 UrhG; vgl auch § 42 Abs 5 Z 2 UrhG).

Für *Datenbankwerke* ordnet Art 5 lit a DatenbankRL an, dass der Urheber einer Datenbank das ausschließliche Recht hat, „in bezug auf die urheberrechtsfähige Ausdrucksform" die vorübergehende oder dauerhafte Vervielfältigung, ganz oder teilweise, mit jedem Mittel und in jeder Form vorzunehmen oder zu erlauben. Dieses Ausschließungsrecht ist durch § 15 UrhG gewährleistet. Bei der Umsetzung der DatenbankRL war daher keine Sonderregelung notwendig.[17] Werden aus einer Datenbank nur ungeschützte Einzeldaten entnommen, so wird man nur dann den Eingriff in das Vervielfältigungsrecht bejahen können, wenn auch eine geschützte (Teil-)Struktur übernommen wurde.[18] Auch hier gilt die allgemeine Regelung des § 1 Abs 2 UrhG, dass nur jene Teile (der Datenbank als Sammelwerk) geschützt sind, die in sich als eigentümliche geistige Schöpfung zu beurteilen sind.

6.1.4. Verbreitungsrecht

6.1.4.1. Allgemeines

Literaturhinweise: *Altschul*, Die urheberrechtsgesetzlichen Begriffe des Vertriebes, der Verbreitung und des Inverkehrsetzens, JBl 1913, 157; *Gentz*, Das Verbreitungsrecht nach § 16 UrhG, ÖBl 1971, 95; *Koppensteiner*, Zum Erschöpfungsgrundsatz im Patent- und Urheberrecht – Eine Erwiderung, GRUR Int 1972, 413; *Horst*, Parallelimporte von Tonträgern und der Grundsatz des freien Warenverkehrs nach

---

[11] OGH 21. 6. 1950, 3 Ob 34/50, SZ 23/207, vgl § 33 UrhG.
[12] OGH 21. 6. 1950, 3 Ob 34/50, SZ 23/207.
[13] OLG Wien 25. 1. 1999, 4 R 6/99b – Microsoft – MR 1999, 167 (*Walter*) = GRUR Int 1999, 970.
[14] OGH 26. 1. 1999, 4 Ob 345/98h – Radio Melody III – ÖBl 2000, 86 = MR 1999, 94 (*Walter*) = EvBl 1999/108 = RdW 1999, 409 = MMR 1999, 352 (*Holler*) = GRUR Int 1999, 968 (OLG Wien 31. 8. 1998, 4 R 85/98v– Radio Melody II – MR 1998, 339 = GRUR Int 1999, 624; HG Wien 13. 1. 1998, 24 Cg 174/96p – Radio Melody I – MR 1998, 25 = GRUR Int 1998, 727).
[15] OGH 1. 2. 2000, 4 Ob 15/00k – Vorarlberg Online – ÖBl 2000, 276 = ÖBl-LS 2000/51 = MR 2000, 167 (*Walter*) = ecolex 2000, 439 = GRUR Int 2001, 351.
[16] OGH 18. 9. 2001, 14 Os 91, 92/01 – Softwaregebrauch – ecolex 2002, 193 = MR 2002, 32 (*Walter*).
[17] EB, RV 883 BlgNR 20. GP 6. Zu den besonderen Aspekten des „digitalen Vervielfältigungsrechts" vgl etwa *Kappes*, GRUR 1997, 338.
[18] Vgl zu diesem Thema *Heinrich*, WRP 1997, 275 (277).

Artikel 30 ff. EWG-Vertrag, FuR 1979, 515; *Dittrich,* Überlegungen zum Schutz gegen Indiskretionen im Urheberrecht, MR 1985/5, 18; *Hodik/Tanzer,* Die Verwertung selbstgeschaffener „Software" – Urheberrechtsschutz und Steuerbegünstigung nach § 38 Abs 4 EStG, GesRZ 1986, 122; *Koppensteiner/Schuhmacher,* Zum urheberrechtlichen Verbreitungsbegriff, RdW 1986, 316; *Tanzer,* Die begünstigte Verwertung von Urheberrechten, RdW 1986, 253; *NN,* öUrhG-Novelle legalisiert Parallelimporte von Tonträgern, MR 1988, 146; *Schuhmacher,* Das Wettbewerbsrecht nach den Novellen 1988 – Kritische Anmerkungen zu einer problematischen Reform, FS Ostheim (1990) 495; *Walter,* Werkverwertung in körperlicher Form – Vervielfältigung und Verbreitung des Werks, MR 1990, 112, 162 und 203; *Dillenz,* Der Good-News-Mann als Urheberrechtsverletzer? ecolex 1991, 543; *Zanger,* Dürfen Trafiken Medienwerke vertreiben, die Urheberrechtsverletzungen enthalten? ÖBl 1992, 1; *Gervais,* Urheberschutz am Datenhighway, Autorenzeitung 1995/3, 22; *Walter,* Zur urheberrechtlichen Einordnung der digitalen Werkvermittlung, MR 1995, 125; *Ciresa,* Grundzüge der Urheberrechtsgesetz-Novelle 1996, RdW 1996, 107; *Schanda,* Urheberrecht in der Informationsgesellschaft, ecolex 1996, 104; *Dittrich,* Unkörperliche Verbreitung? – Eine Kritik der „APA-Entscheidung", ecolex 1997, 367; *Plöckinger,* Zur Frage der Erschöpfung im Urheberrecht, MR 1999, 153; *Urlesberger,* Auswirkungen des Silhouette-Urteils auf die Europa-Konformität des § 16 Abs 3 UrhG, ecolex 1999, 36; *Plöckinger,* Gemeinschaftsweite vs internationale Erschöpfung des Verbreitungsrechts (Anmerkungen zur Entscheidung 4 Ob 151/99f, MR 1999, 343) MR 2000, 24; *Stomper,* Urheberrechtliche Aspekte von Links, ÖBl 2002, 212; *Stomper,* Links im Urheberrecht. Bemerkungen zu OGH 17.12.2002, 4 Ob 248/02b – METEO-data, MR 2003, 33.

Verbreitung in beliebiger Form.

Vorgaben der RBÜ: Diese regelt das Verbreitungsrecht nicht ausdrücklich.

Vorgaben des Gemeinschaftsrechts: Zu den Vorgaben des Art 4 ComputerRL für *Computerprogramme* vgl bereits oben, Seite 1173. Ähnlich auch Art 5 DatenbankRL für *Datenbankwerke.*

Allgemein zum Verbreitungsrecht verpflichtet Art 4 Abs 1 InfoRL die Mitgliedstaaten vorzusehen, dass den Urhebern in Bezug auf das Original ihrer Werke oder auf Vervielfältigungsstücke davon das ausschließliche Recht zusteht, die Verbreitung an die Öffentlichkeit in beliebiger Form durch Verkauf oder auf sonstige Weise zu erlauben oder zu verbieten.

Österreichische Regelung: Der Urheber hat das ausschließliche Recht, Werkstücke zu verbreiten. Demnach dürfen Werkstücke ohne seine Einwilligung weder feilgehalten noch auf eine Art, die das Werk der Öffentlichkeit zugänglich macht, in Verkehr gebracht werden (§ 16 Abs 1 UrhG; das umfasst auch das Inverkehrbringen durch Verschenken, Verleihen udgl).[19]

Unter „*Feilhalten*" ist das öffentliche Anbieten von Werkstücken zu verstehen, die zur Abgabe bereitgehalten werden. „*In Verkehr bringen*" heißt, einem anderen die tatsächliche oder rechtliche Verfügungsmacht über ein Werkstück einzuräumen.[20]

---

[19] Zur „digitalen" Verbreitung vgl: OGH 4. 10. 1994, 4 Ob 1091/94 – APA-Bildfunknetz – MR 1995, 143; *Walter,* MR 1995, 125; *Gervais,* Autorenzeitung 1995/3, 22; *Dittrich,* ecolex 1997, 367.
[20] OGH 17. 3. 1998, 4 Ob 80/98p – Figur auf einem Bein – ÖBl 1998, 266 = MR 1998, 200 (*Walter*).

Solange ein Werk nicht veröffentlicht ist, umfasst das Verbreitungsrecht auch das ausschließliche Recht, das Werk durch öffentlichen Anschlag, Auflegen, Aushängen, *Ausstellen* oder durch eine ähnliche Verwendung von Werkstücken der Öffentlichkeit zugänglich zu machen (§ 16 Abs 2 UrhG).

Für *Datenbankwerke* ist in Art 5 lit c DatenbankRL vorgesehen, dass der Urheber einer Datenbank das ausschließliche Recht hat, „jede Form der öffentlichen Verbreitung der Datenbank oder eines ihrer Vervielfältigungsstücke" ... „vorzunehmen oder zu erlauben". Da sich dieses Ausschließungsrecht bereits aus § 16 UrhG ergibt, war eine gesonderte Umsetzung durch die UrhG-Nov 1997 nicht erforderlich.[21]

Dem an einem Werke der bildenden Künste bestehenden Verbreitungsrecht unterliegen Werkstücke nicht, die *Zugehör einer unbeweglichen Sache* sind (§ 16 Abs 4 UrhG).

§ 16 Abs 5 UrhG ordnet noch besonders an, dass im UrhG mit dem Terminus „ein Werk verbreiten" stets das nach § 16 Abs 1 bis 3 UrhG dem Urheber vorbehaltene Verbreiten von Werkstücken zu verstehen ist.

6.1.4.2. Erschöpfung des Verbreitungsrechts

Literaturhinweise: *Schönherr*, Immaterialgüterrechte und Europarecht, GesRZ 1975, 48; *Walter*, Grundfragen der Erschöpfung des Verbreitungsrechts im österr Urheberrecht, ÖJZ 1975, 143; *Dittrich*, Die Verträge Österreichs mit den Europäischen Gemeinschaften und das österr Urheberrecht, ÖBl 1977, 81; *Frotz*, Verletzung von Urheberrechten beim Parallel- und Reimport von Tonträgern? ÖBl 1977, 137; *Dittrich*, Der Einfluß des Freihandelsabkommens zwischen der EWG und Österreich auf die Auslegung österreichischer Rechtsvorschriften, ÖBl 1980, 1 und 38; *Dittrich*, Zum Import von Tonträgern aus dem EWG-Bereich, ÖBl 1982, 141; *Koppensteiner*, Zum Import von Tonträgern aus dem EWG-Bereich, JBl 1982, 18; *Hodik*, Reizwort „Parallelimport-Verbot", MR 1987/4, 120; *Hanreich*, Neuregelungen im österreichischen Wettbewerbsrecht, ÖZW 1988, 108 (119); *Dittrich*, Die Annäherung Österreichs an die EG im Bereich des Urheberrechts, RfR 1989, 1; *Hodik*, Die österreichische Urheberrechtsgesetznovelle 1988 – Ein Schritt zur EG? GRUR Int 1989, 380; *Röttinger*, Neuerungen im österreichischen Urheber- und Wettbewerbsrecht, GRUR Int 1989, 827; *Zanger*, Parallelimporte von Tonträgern im EG-Recht, MR 1989/2, 38; *Dittrich*, Die Weiterentwicklung des österreichischen Urheberrechts, GRUR Int 1991, 774; *v Lewinski*, Harmonisierung des Urheberrechts in der EG (Vermietrecht – Verleihrecht – verwandte Schutzrechte) MR 1991, 53; *Dillenz*, Die österreichische Urheberrechtsgesetz-Novelle 1993, GRUR Int 1993, 465; *Dittrich*, Die Urheberrechtsnovelle 1993, ecolex 1993, 170; *Dittrich*, Der EuGH und der „Erschöpfungsgrundsatz", ecolex 1993, 249; *Gaster*, Funktionen des Binnenmarkts und Paralleleinfuhren aus Drittländern: Ein Plädoyer gegen die internationale (globale) Erschöpfung von Immaterialgüterrechten, wbl 1997, 47; *Stickler*, Der Stellenwert des geistigen Eigentums im Binnenmarkt, ÖBl 1997, 147; *Decker*, Vermietung von Laserdisks und der Erschöpfungsgrundsatz, ELR 1998, 521; *Joller*, Keine Erschöpfung des Vermietrechts, ELR 1998, 209; *Handig*, Urheberrechtliche Erschöpfung von Downloads im World Wide Web, RdW 2003, 2.

Vorgaben des Gemeinschaftsrechts: Art 4 lit c ComputerRL bestimmt für *Computerprogramme*: Mit dem Erstverkauf einer Programmkopie in der Gemeinschaft durch den Rechtsinhaber oder mit seiner Zustimmung erschöpft sich in der Gemeinschaft das Recht auf die Verbreitung dieser Kopie; ausgenommen hiervon ist

---

[21]) EB, RV 883 BlgNR 20. GP 6.

jedoch das Recht auf Kontrolle der Weitervermietung des Programms oder einer Kopie davon. Vgl dazu auch Art 2 des Protokolls 28 zum EWR-Abkommen, der bereits auf die EuGH-Rsp zur Erschöpfung von Immaterialgüterrechten verwiesen hat. Für *Datenbanken* sieht Art 5 lit c, zweiter Satz DatenbankRL eine spezielle Regelung vor.

Die *InfoRL* bestimmt nunmehr allgemein: Das Verbreitungsrecht erschöpft sich in der Gemeinschaft in Bezug auf das Original oder auf Vervielfältigungsstücke eines Werks nur, wenn der Erstverkauf dieses Gegenstands oder eine andere erstmalige Eigentumsübertragung in der Gemeinschaft durch den Rechtsinhaber oder mit dessen Zustimmung erfolgt (Art 4 Abs 2 InfoRL).

Österreichische Regelung: Werkstücke, die mit Einwilligung des Berechtigten durch Übertragung des Eigentums in einem Mitgliedstaat der Europäischen Gemeinschaft oder in einem Vertragsstaat des EWR in Verkehr gebracht worden sind, unterliegen – vorbehaltlich des § 16a UrhG (Vermieten und Verleihen; Seite 1180) – nicht mehr dem Verbreitungsrecht (gemäß § 16 Abs 3 UrhG, idF UrhG-Nov 2003).[22]

Der Urheber kann somit nicht verhindern, dass die Werkstücke vom nunmehrigen Eigentümer weiterverbreitet werden; sein Verbreitungsrecht ist „*erschöpft*" („verbraucht"); unberührt bleiben aber sonstige Verwertungsrechte (und auch das Vermiet- und Verleihrecht[23]).

Beispiele:

> Ein Maler, der sein Bild einer Galerie verkauft hat, kann nicht mehr verhindern, dass es dort öffentlich ausgestellt und weiterverkauft wird.
> Auch der Antiquariatsbuchhandel greift nicht in das Verbreitungsrecht ein.
> OGH 9. 9. 1975: Das bloße Überlassen zum *privaten* Gebrauch berechtigt den Empfänger hingegen nicht zur weiteren Verbreitung.[24]

Die UrhG-Nov 2003 hat die bisherige Einschränkung gestrichen, wonach dann, wenn die Einwilligung nur für ein bestimmtes *Gebiet* erteilt worden ist, das Recht, die dort in Verkehr gebrachten Werkstücke außerhalb dieses Gebietes zu verbreiten, aufrecht geblieben ist (diese Ausnahme galt allerdings nicht für Werkstücke, die in einem Mitgliedstaat der EG oder der EFTA mit Einwilligung des Berechtigten in Verkehr gebracht worden sind; § 16 Abs 3 UrhG idF vor der UrhG-Nov

---

[22]) Allgemein zum „*Software-Kauf*": OGH 14. 10. 1997, 5 Ob 504, 505/96, SZ 70/202 = JBl 1998, 577 (*Staudegger*) = RdW 1998, 127 = ecolex 1998, 127 (*Wilhelm*). Zur Erschöpfung beim Software-Kauf: OGH 23. 5. 2000, 4 Ob 30/00s – Handwerkerpaket Win 2.3 – ÖBl 2001, 141 = ÖBl-LS 2000/123 = MR 2000, 249 (*Walter*) = ecolex 2000, 732 (*Schanda*) = RdW 2000/498, 651 = ZfRV 2000/93 = GRUR Int 2000, 1028; Vgl auch OGH 10. 7. 1979, 4 Ob 302/79 – Schallplatten-Parallelimporte – ÖBl 1980, 25 = SZ 52/114 = GRUR Int 1980, 185 (*Ulmer*).

[23]) EuGH 22. 9. 1998, Rs C-61/97 – Laserdisken – Slg 1998, I-5171 = ÖBl 1999, 151 = MR 1999, 29 = ecolex 1999, 40 (*Schanda*) = wbl 1998, 531 = ZUM 1998, 1025; EuGH 28. 4. 1998, Rs C-200/96 – Metronome/Music Point – Slg 1998, I-1953 = wbl 1998, 348.

[24]) OGH 9. 9. 1975, 4 Ob 331/75 ÖBl 1976, 49.

2003).[25] Damit hat die UrhG-Nov 2003 die Regelung der Erschöpfung des Verbreitungsrechts an Art 4 Abs 2 InfoRL angepasst.[26]

Im Zusammenhang mit dem Vertrieb von Dior-Produkten ging es in einem interessanten Vorabentscheidungsverfahren[27] auch um die Frage der Verknüpfung von Markenrecht und Urheberrecht: Nach Art 5 und 7 MarkenRL hat ein *Wiederverkäufer* von Original-Markenwaren nicht nur das Recht, die mit der Marke versehenen Waren, die vom Markeninhaber oder mit seiner Zustimmung in der Gemeinschaft in den Verkehr gebracht worden sind, weiterzuverkaufen, sondern auch das Recht, die Marke zu benutzen, um in der Öffentlichkeit für diese Waren zu *werben*. Der Originalhersteller berief sich aber auch auf den Urheberrechtsschutz für seine Waren, um deren Abbildung in der Werbung zu verhindern. Dem hielt der EuGH jedoch die Warenverkehrsfreiheit entgegen: Der Inhaber eines Marken- oder Urheberrechts könne einen Wiederverkäufer, der gewöhnlich Artikel gleicher Art, aber nicht unbedingt gleicher Qualität wie die geschützten Waren vertreibt, nicht daran hindern, diese im Rahmen der in seiner Branche üblichen Werbeformen zu benutzen, um der Öffentlichkeit den weiteren Vertrieb dieser Waren anzukündigen, sofern nicht erwiesen ist, dass die Benutzung dieser Waren ihren Ruf im konkreten Fall erheblich schädigt.

Art 5 lit c, zweiter Satz DatenbankRL sieht vor, dass sich mit dem Erstverkauf eines[28] Vervielfältigungsstücks einer *Datenbank* in der Gemeinschaft durch den Rechtsinhaber oder mit seiner Zustimmung in der Gemeinschaft das Recht erschöpft, den Weiterverkauf dieses Vervielfältigungstücks zu kontrollieren. Auch insoweit war keine gesonderte Umsetzung erforderlich.[29] Die Frage der Erschöpfung des Verbreitungsrechts stelle sich im Übrigen – so Erwägungsgrund 33 der DatenbankRL – nicht im Fall von Online-Datenbanken, die in den Dienstleistungsbereich fallen.[30] Dies gelte auch in Bezug auf ein physisches Vervielfältigungsstück einer solchen Datenbank, das vom Nutzer der betreffenden Dienstleistung mit Zustimmung des Rechtsinhabers hergestellt wurde. Anders als im Fall der CD-ROM bzw CD-I, bei denen das geistige Eigentum an ein physisches Trägermedium, das heißt an eine Ware gebunden ist, sei jede Online-Leistung nämlich – sofern das Urheberrecht dies vorsieht – eine genehmigungspflichtige Handlung. Damit ist offenbar gemeint, dass die Zustimmung des Berechtigten zur Herstellung

---

[25]) Dazu: OGH 13. 9. 1999, 4 Ob 151/99f – Roll up – ÖBl 2000, 133 (*Kucsko*) = MR 1999, 343 (*Walter*). Vgl auch OGH 10. 7. 1979 – Schallplatten-Parallelimporte – ÖBl 1980, 25; OGH 14. 3. 1989, 4 Ob 121/88 – Schallplatten-Parallelimporte II – ÖBl 1989, 120 = MR 1989, 94 (*Walter*) = SZ 62/38 = RdW 1989, 159 = wbl 1989, 188 = GRUR Int 1989, 699; *Frotz*, ÖBl 1977, 137.

[26]) EB UrhG-Nov 2003 zur Z 3, 40 BlgNR 22. GP.

[27]) EuGH 4. 11. 1997, Rs C-337/95 – Parfums Christian Dior – ecolex 1998, 228 (*Schanda*) = wbl 1998, 26 = Slg 1997, I-6013. Dazu *Kur*, Händlerwerbung für Markenartikel aus urheberrechtlicher Sicht – Präsentationsrecht als neue Schutzschranke? GRUR Int 1999, 24.

[28]) EuGH 20. 1. 1981, Rs C-55 und 57/80 – Musik-Vertrieb membran und K-tel International – Slg 1981, 147 = GRUR Int 1981, 229.

[29]) EB, RV 883 BlgNR 20. GP 6.

[30]) Vgl *Gaster*, wbl 1996, 51 (54).

eines physischen Vervielfältigungsstücks nicht das Verwertungsrecht im Online-Betrieb erschöpfe. Ohne Zustimmung zum Vertrieb dieses Vervielfältigungsstücks wird sich wohl auch nicht das Verbreitungsrecht am Vervielfältigungsstück selbst erschöpfen.

6.1.4.3. Vermieten und Verleihen

Literaturhinweise: *Dittrich*, Soll sich das Verbreitungsrecht des Urhebers künftig auch auf das Vermieten und Verleihen erstrecken? ÖBl 1970, 60; *Gentz*, Das Verbreitungsrecht nach § 16 UrhG, ÖBl 1971, 95; *Handl*, Eigenständige Lösung für den Bibliotheksgroschen in Österreich – Planung einer Gesetzlösung außerhalb des Urheberrechts, FuR 1975, 368; *Hofmann*, Vermietung von Schall- und Bildschallträgern, MR 1984/5, 18; *Handl*, Die Rechtsbeziehungen zwischen Filmverleih und Lichtspieltheater, MR 1987, 32; *v Lewinski*, Der Bibliotheksgroschen – ein rechtsvergleichender Überblick, MR 1992, 53.

Vorgaben des TRIPS-Abk: Das TRIPS-Abk sieht nur ein eingeschränktes Vermietrecht vor: Zumindest in Bezug auf Computerprogramme und Filmwerke gewähren die Mitglieder den Urhebern und ihren Rechtsnachfolgern das Recht, die gewerbliche Vermietung von Originalen oder Kopien ihrer urheberrechtlich geschützten Werke an die Öffentlichkeit zu gestatten oder zu verbieten. Ein Mitglied ist in Bezug auf Filmwerke von dieser Pflicht befreit, es sei denn, deren Vermietung hat zu einem umfangreichen Kopieren dieser Werke geführt, welches das den Urhebern und ihren Rechtsnachfolgern in diesem Mitglied gewährte ausschließliche Recht auf Vervielfältigung erheblich beeinträchtigt. In Bezug auf Computerprogramme findet diese Verpflichtung keine Anwendung auf Vermietungen, bei denen das Programm selbst kein wesentlicher Gegenstand der Vermietung ist (Art 11 TRIPS-Abk).

Vorgaben des Gemeinschaftsrechts: Zu den Vorgaben für das Vermieten von *Computerprogrammen* vgl Art 4 lit c ComputerRL vgl Seite 1173.

Art 1 Abs 1 *VermietRL* gibt den Mitgliedstaaten die Verpflichtung vor, die Vermietung und das Verleihen von Originalen und Vervielfältigungsstücken urheberrechtlich geschützter Werke und bestimmter anderer in Art 2 Abs 1 VermietRL genannter Schutzgegenstände zu erlauben oder zu verbieten. Als „Vermietung" wird die zeitlich begrenzte Gebrauchsüberlassung zu unmittelbarem oder mittelbarem wirtschaftlichen oder kommerziellen Nutzen und als „Verleihen" die zeitlich begrenzte Gebrauchsüberlassung, die nicht einem unmittelbaren oder mittelbaren wirtschaftlichen oder kommerziellen Nutzen dient[31] und durch der Öffentlichkeit zugängliche Einrichtungen vorgenommen wird, definiert (Art 1 Abs 2 und 3 VermietRL).[32] Diese Rechte sollen weder durch die Veräußerung von in Art 2 Abs 1

---

[31]) Wird bei einem Verleihen durch eine der Öffentlichkeit zugängliche Einrichtung ein Entgelt gezahlt, dessen Betrag das für die Deckung der *Verwaltungskosten* der Einrichtung erforderliche Maß nicht überschreitet, so liegt keine unmittelbare oder mittelbare wirtschaftliche oder kommerzielle Nutzung im Sinne dieser Richtlinie vor (Erwägungsgrund 14).

[32]) Eine wichtige Interpretationshilfe gibt Erwägungsgrund 13: Der Klarheit halber ist es wünschenswert, von „Vermietung" und „Verleihen" im Sinne dieser Richtlinie bestimmte Formen der Überlassung, zB die Überlassung von Tonträgern und Filmen (vertonte oder nicht vertonte Filmwerke oder Laufbilder) zur *öffentlichen Vor-*

VermietRL bezeichneten Originalen und Vervielfältigungsstücken von urheberrechtlich geschützten Werken und anderen Schutzgegenständen noch durch andere darauf bezogene Verbreitungshandlungen erschöpft werden (Art 1 Abs 4 VermietRL). Das ausschließliche Recht, die Vermietung und das Verleihen zu erlauben oder zu verbieten, soll dem Urheber in Bezug auf das Original und auf Vervielfältigungsstücke seines Werks, dem ausübenden Künstler in Bezug auf Aufzeichnungen seiner Darbietung, dem Tonträgerhersteller in Bezug auf seine Tonträger und dem Hersteller der erstmaligen Aufzeichnung eines Films (vertonte oder nicht vertonte Filmwerke, audiovisuelle Werke oder Laufbilder) in Bezug auf das Original und auf Vervielfältigungsstücke seines Films zustehen (Art 2 Abs 1 VermietRL). Für ein Filmwerk oder audiovisuelles Werk wird angeordnet, dass der *Hauptregisseur* als sein Urheber oder als einer seiner Urheber gilt. Die Mitgliedstaaten können allerdings vorsehen, dass weitere Personen als Miturheber gelten (Art 2 Abs 2 VermietRL).[33] Vermiet- und Verleihrechte an *Bauwerken* und Werken der angewandten Kunst fallen nicht unter diese Richtlinie (Art 2 Abs 3 VermietRL). Die Rechte können übertragen oder abgetreten werden oder Gegenstand vertraglicher Lizenzen sein (Art 2 Abs 4 VermietRL). Schließen ausübende Künstler mit einem Filmproduzenten einen Vertrag als Einzel- oder Tarifvereinbarung über eine Filmproduktion ab, so wird unbeschadet des Art 2 Abs 7 VermietRL vermutet, dass der unter diesen Vertrag fallende ausübende Künstler, sofern in den Vertragsbestimmungen nichts anderes vorgesehen ist, sein Vermietrecht vorbehaltlich Art 4 VermietRL abgetreten hat (Art 2 Abs 5 VermietRL; *„Abtretungsvermutung"*). Die Mitgliedstaaten können eine ähnliche Vermutung wie in Art 2 Abs 5 VermietRL in Bezug auf die Urheber vorsehen (Art 2 Abs 6 VermietRL). Die Mitgliedstaaten können vorsehen, dass die Unterzeichnung des zwischen einem ausübenden Künstler und einem Filmproduzenten geschlossenen Vertrags über eine Filmproduktion als eine Ermächtigung zur Vermietung zu betrachten ist, sofern der Vertrag eine angemessene Vergütung im Sinne von Art 4 VermietRL vorsieht. Die Mitgliedstaaten können ferner vorsehen, dass dieser Absatz sinngemäß auch für die Rechte des Kapitels II gilt (Art 2 Abs 7 VermietRL). Art 4 lit c ComputerRL enthielt bereits eine Vorgabe für die Vermietung von *Computerprogrammen*. Sie sollte durch die VermietRL unberührt bleiben (Art 3 VermietRL).

Die VermietRL sieht die *Unverzichtbarkeit* des Rechts auf *angemessene Vergütung* vor: Hat ein Urheber oder ein ausübender Künstler sein Vermietrecht an einem Tonträger oder an dem Original oder einem Vervielfältigungsstück eines Films an einen Tonträgerhersteller oder Filmproduzenten übertragen oder abgetreten, so behält er den Anspruch auf eine angemessene Vergütung für die Vermietung (Art 4

---

führung oder Sendung sowie die *Überlassung zu Ausstellungszwecken* oder zur *Einsichtnahme* an Ort und Stelle auszuschließen. Unter „Verleihen" im Sinne dieser Richtlinie fällt nicht die *Überlassung zwischen der Öffentlichkeit zugänglichen Einrichtungen*.

[33]) Ähnlich bestimmt Art 1 Abs 5 SatellitenRL: Für die Zwecke dieser Richtlinie gilt der Hauptregisseur eines Filmwerks oder audiovisuellen Werks als sein Urheber oder als einer seiner Urheber. Die Mitgliedstaaten können vorsehen, dass weitere Personen als Miturheber des Werks gelten.

Abs 1 VermietRL).[34] Auf den Anspruch auf eine angemessene Vergütung für die Vermietung kann der Urheber oder ausübende Künstler nicht verzichten (Art 4 Abs 2 VermietRL). Die Wahrnehmung dieses Anspruchs auf eine angemessene Vergütung kann Verwertungsgesellschaften, die Urheber oder ausübende Künstler vertreten, übertragen werden (Art 4 Abs 3 VermietRL). Die Mitgliedstaaten können regeln, ob und in welchem Umfang zur Auflage gemacht werden kann, dass der Anspruch auf eine angemessene Vergütung durch eine Verwertungsgesellschaft wahrgenommen werden muss, und gegenüber wem diese Vergütung gefordert oder eingezogen werden darf (Art 4 Abs 4 VermietRL).

Schließlich sieht Art 5 VermietRL *Ausnahmen* vom ausschließlichen öffentlichen Verleihrecht vor: Die Mitgliedstaaten können hinsichtlich des öffentlichen Verleihwesens Ausnahmen von dem ausschließlichen Recht nach Art 1 VermietRL vorsehen, sofern zumindest die Urheber eine Vergütung für dieses Verleihen erhalten. Es steht den Mitgliedstaaten frei, diese Vergütung entsprechend ihren kulturpolitischen Zielsetzungen festzusetzen (Art 5 Abs 1 VermietRL). Bringen die Mitgliedstaaten das ausschließliche Verleihrecht im Sinne des Art 1 VermietRL in Bezug auf Tonträger, Filme und Computerprogramme nicht zur Anwendung, so führen sie eine Vergütung zumindest für die Urheber ein (Art 5 Abs 2 VermietRL). Die Mitgliedstaaten können bestimmte Kategorien von Einrichtungen von der Zahlung der Vergütung ausnehmen (Art 5 Abs 3 VermietRL).

Österreichische Regelung: Seit der UrhG-Nov 1993 gelten Sonderregelungen für das *Vermieten und Verleihen* (§ 16a UrhG):[35]

„*Vermieten*" ist die zeitlich begrenzte, Erwerbszwecken dienende Gebrauchsüberlassung (§ 16a Abs 3 UrhG). Darauf, ob derjenige, dem der Gebrauch überlassen wird, das überlassene Werkstück für Erwerbszwecke verwendet, kommt es nicht an.[36] Für das Vermieten gilt das Erschöpfungsprinzip nach § 16 Abs 3 UrhG nicht (§ 16a Abs 1 UrhG).[37] Wird der Vermietung in einem Mitgliedstaat der Gemeinschaft zugestimmt, so erschöpft sich dadurch das Vermietrecht nicht für andere Mitgliedstaaten.[38]

Beispiele:

> Ein Maler, der sein Bild im Kunsthandel verkauft hat, kann daher trotzdem verhindern, dass es zu Erwerbszwecken vermietet wird.

---

[34]) Die angemessene Vergütung kann in Form einer oder mehrerer Zahlungen jederzeit bei Abschluss des Vertrags oder später entrichtet werden (Erwägungsgrund 16). Diese angemessene Vergütung muss dem Umfang des Beitrages der beteiligten Urheber und ausübenden Künstler zum Tonträger bzw Film Rechnung tragen (Erwägungsgrund 17).

[35]) Eine besondere Übergangsregelung enthält Art II Abs 3 UrhG-Nov 1993.

[36]) EB zur UrhG-Nov 1993 (596 Blg NR 18.GP 8).

[37]) EuGH 22. 9. 1998, Rs C-61/97 – Laserdisken – Slg 1998, I-5171 = ÖBl 1999, 151 = MR 1999, 29 = ecolex 1999, 40 (*Schanda*) = wbl 1998, 531 = ZUM 1998, 1025; EuGH 28. 4. 1998, Rs C-200/96 – Metronome/Music Point – Slg 1998, I-1953 = wbl 1998, 348.

[38]) EuGH 22. 9. 1998, Rs C-61/97 – Laserdisken – Slg 1998, I-5171 = ÖBl 1999, 151 = MR 1999, 29 = ecolex 1999, 40 (*Schanda*) = wbl 1998, 531 = ZUM 1998, 1025.

▸ Gleiches gilt für das Vermieten von Videokassetten oder DVDs in Videotheken.

„*Verleihen*" ist die zeitlich begrenzte, nicht Erwerbszwecken dienende Gebrauchsüberlassung durch eine der Öffentlichkeit zugängliche Einrichtung (Bibliothek, Bild- oder Schallträgersammlung, Artothek udgl; § 16a Abs 3 UrhG). Beim bloßen Verleihen gilt der Erschöpfungsgrundsatz des § 16 Abs 3 UrhG, allerdings hat der Urheber einen Anspruch auf eine angemessene Vergütung für das Verleihen (§ 16a Abs 2 UrhG; so genannter „*Bibliotheksgroschen*").[39] Dieser Anspruch kann nur durch Verwertungsgesellschaften (Seite 1142) geltend gemacht werden.

Beim Vermiet- und Verleihrecht gelten spezielle *Ausnahmen* für Zwecke der Rundfunksendung sowie des öffentlichen Vortrags und der öffentlichen Aufführung und Vorführung sowie für Werke der angewandten Kunst (§ 16a Abs 4 UrhG).

Gestattet ein Werknutzungsberechtigter oder der nach § 38 Abs 1 UrhG berechtigte *Filmhersteller* gegen Entgelt anderen das Vermieten oder Verleihen von Werkstücken, so hat der Urheber gegen den Werknutzungsberechtigten bzw den Filmhersteller einen unverzichtbaren Anspruch auf einen angemessenen Anteil an diesem Entgelt. Steht der Vergütungsanspruch für das Verleihen von Werkstücken nach dem Gesetz oder aufgrund eines Vertrags einem anderen zu, so hat der Urheber einen unverzichtbaren Anspruch auf einen angemessenen Anteil an der Vergütung (§ 16a Abs 5 UrhG).

Generell unterliegen dem an Werken der bildenden Künste bestehenden Verbreitungsrecht nicht Werkstücke, die Zugehör einer unbeweglichen Sache sind (insbesondere *Bauwerke*; § 16 Abs 4 UrhG; Art 2 Abs 3 VermietRL).

Für das Vermieten und Verleihen von *Datenbanken* gelten keine Sonderregelungen. Es sind auch hier die Grundsätze der VermietRL anzuwenden.[40]

6.1.4.4. Ausstellungsvergütung

Literaturhinweise: *Walter*, Das Ausstellungsrecht und die Ausstellungsvergütung, MR 1996, 56; *Kucsko*, Memo: Aus für Ausstellungsvergütung, ecolex 2000, 884.

Mit der UrhG-Nov 1996 wurde ein eingeschränktes *Ausstellungsrecht* in Form eines Vergütungsanspruchs eingeführt (§ 16b UrhG). Die Regelung war nur kurze Zeit in Kraft. Sie wurde bereits mit der UrhG-Nov 2000 wieder aufgehoben. Der Vergütungsanspruch war vom Ausschließungsrecht zu unterscheiden. Im Wesentlichen bestehen drei Fallgruppen:

Solange ein Werk *nicht veröffentlicht* ist, umfasst das Verbreitungsrecht – wie gesagt (oben Seite 1176) – auch das ausschließliche Recht, das Werk durch Ausstellen oder durch eine ähnliche Verwendung von Werkstücken der Öffentlichkeit zugänglich zu machen (§ 16 Abs 2 UrhG). Diese Regelung ist nach wie vor auf-

---

[39]) Vgl *v Lewinski*, MR 1992, 53.
[40]) Erwägungsgrund 24 DatenbankRL und Art 2 lit b DatenbankRL.

recht. Der Urheber hat daher ein Ausschließungsrecht und kann das öffentliche Ausstellen verhindern. Ist das Werk einmal veröffentlicht (§ 8 UrhG; Seite 1129), so erlischt dieses Ausschließungsrecht, das Werk darf daher ohne Zustimmung – ja sogar gegen den Willen des Urhebers – ausgestellt werden.

Das ausschließliche Ausstellungsrecht ist Teil des Verbreitungsrechts. Es erlischt daher, wenn das Verbreitungsrecht insgesamt *erschöpft* ist (§ 16 Abs 3 UrhG; Seite 1177).

Centre Pompidou (Arch: Richard Rogers) – Ausstellungshaus als Ausstellungsobjekt.

Neu war, dass der Urheber in jenen Fällen, in denen er kein ausschließliches Ausstellungsrecht mehr hat (weil das Werk bereits veröffentlicht oder das Verbreitungsrecht erschöpft war), eine *Vergütung* für das öffentliche Ausstellen seiner Werke erhalten sollte. § 16 Abs 2 und 3 UrhG galt für das öffentliche Ausstellen von Werkstücken[41] „mit der Maßgabe, dass der Urheber einen Anspruch auf angemessene Vergütung hat" (§ 16b Abs 1 UrhG aF). Dieser Vergütungsanspruch sollte „kommerzielle Ausstellungen" erfassen. Er war daher bewusst stark eingeschränkt formuliert worden und sollte nur dann greifen, wenn Werkstücke der bildenden Künste „zu Erwerbszwecken entgeltlich" ausgestellt werden. Es wurden also kumulativ das Vorliegen eines Erwerbszwecks und die Entgeltlichkeit des Ausstellens verlangt. Werden also beispielsweise im Kassensaal eines Kreditinstituts Bilder ausgestellt, so sollten Vergütungsansprüche schon mangels Entgeltlichkeit ausscheiden. Andererseits sollten Museen, die zwar nur gegen Entgelt zugänglich sind, aber nicht zu Erwerbszwecken betrieben werden, keiner Vergütungspflicht unterliegen.[42] Der OGH hat in der Folge diesen Vergütungstatbestand weit ausgelegt und ihm auch solche Fälle unterstellt, in denen das Ausstellen nur mittelbar Erwerbszwecken eines anderen diente.[43]

Die Vergütungsansprüche konnten nur von Verwertungsgesellschaften (konkret ist die Verwertungsgesellschaft bildender Künstler – VBK angesprochen) geltend gemacht werden (§ 16b Abs 1, zweiter Satz UrhG aF). § 16a Abs 5 galt sinngemäß. Von der Ausstellungsvergütung ausdrücklich (§ 16b Abs 2 UrhG) ausgenommen waren Werke der angewandten Kunst (des Kunstgewerbes). Mit 25. 10. 2000 ist die Regelung über die Ausstellungsvergütung wieder außer Kraft getreten.

---

[41]) Also nicht nur für Urstücke, sondern auch für Reproduktionen (EB 3 BlgNR 20. GP 18).
[42]) EB 3 BlgNR 20. GP 18.
[43]) OGH 23. 11. 1999, 4 Ob 319/99m – Bank Austria Kunstforum – ÖBl 2000, 228 = ÖBl-LS 2000/28 = ecolex 2000, 298 = MR 2000, 25 = RdW 2000/203; vgl auch OLG Wien 27. 9. 2002, 3 R 72/02h – Kunsthalle – MR 2002, 390 (*Walter*); OLG Wien 29. 5. 2002, 3 R 219/01z – Österreichische Galerie – MR 2002, 388.

6.1.5. Senderecht

6.1.5.1. Allgemeines

Literaturhinweise: *Abel*, Rundfunk und Urheberrecht, GZ 1925, 145; *Fischmann*, Radio und Urheberrecht, GZ 1925, 124; *Seiller*, Rundfunk und Urheberrecht. Eine Entgegnung, GZ 1925, 180; *Abel*, Rundfunk und Urheberrecht, AnwZ 1936, 297; *Seiller*, Der Rundfunk im österreichischen Urheberrechtsgesetz, AnwZ 1936, 450; *Seiller*, Der Rundfunk, JBl 1937, 10; *Öhlinger*, Rechtsprobleme des Kabelfernsehens und des Satellitenrundfunks, RfR 1983, 37; *Hodik*, Satellitenlizenzen für Musikvideos, MR 1987, 4; *Vögl*, Hotelvideo: Aktuelle Rechtsfragen, MR 1987, 122; *Dillenz*, Die Entwicklung des Urheberrechts in Österreich von 1895 bis 1936, ÖSGRUM 7 (1988) 147 (161); *Röttinger*, Neuerungen im österreichischen Urheber- und Wettbewerbsrecht, GRUR Int 1989, 827; *Dillenz*, Direktsatellit und die Grenzen des klassischen Senderechtsbegriffs (1990); *Haindl*, Urheberrecht an grenzüberschreitenden Sendungen, MR 1991, 180; *Haindl*, Urheberrecht an grenzüberschreitenden Satellitensendungen – Die Aktionen der EG, AnwBl 1991, 433; *Senger*, Die Vergewaltigung des Urheberrechts – am Beispiel des Kabelfernsehens, MR 1992, 96; *Wittmann*, Der Fall „Schott" und das Satelliten-Urheberrecht, Autorenzeitung 1992/4, 6; *Dittrich*, Der EuGH und der „Erschöpfungsgrundsatz", ecolex 1993, 249; *Walter*, Zur urheberrechtlichen Einordnung der digitalen Werkvermittlung – Anmerkung zur OGH-Entscheidung „APA-Bildfunknetz", MR 1995, 125; *Dittrich*, On-demand-Dienste: Drahtfunksendung oder öffentliche Wiedergabe? RfR 1996, 7; *Schanda*, Satellitenrundfunk: Was heißt „Sendung in Österreich"? MR 1996, 133; *Mahr*, Die Abgrenzung der „urheberrechtsfreien" Weiterleitung von der öffentlichen Wiedergabe einer Rundfunksendung, MR 1998, 143; *Pichler*, Die neue Urheberrechtslage der Kabelweiterverbreitung von ausländischen Fernsehsendungen, MR 1998, 21; *Auer*, Thermenhotel und Informationsgesellschaft, RfR 2000, 85; *Mahr*, Interne Weiterleitung von grenzüberschreitenden Rundfunksendungen in die Hotelzimmer. Anmerkung zu EuGH 3.2.2000 (sechste Kammer) in der Rechtssache C-293/98, MR 2000, 152; *Stomper*, Urheberrechtliche Aspekte von Links, ÖBl 2002, 212; *Dittrich*, Die OGH-Entscheidung „Thermenhotel L", ÖSGRUM 29 (2003) 53; *Stomper*, Links im Urheberrecht. Bemerkungen zu OGH 17.12.2002, 4 Ob 248/02b – METEO-data, MR 2003, 33.

Vorgaben der RBÜ: Die Urheber von Werken der Literatur und Kunst genießen das ausschließliche Recht, die *Rundfunksendung* ihrer Werke oder die öffentliche Wiedergabe der Werke durch irgendein anderes Mittel zur drahtlosen Verbreitung von Zeichen, Tönen oder Bildern, weiters jede öffentliche Wiedergabe des durch Rundfunk gesendeten Werks mit oder ohne Draht, wenn diese Wiedergabe von einem anderen als dem ursprünglichen Sendeunternehmen vorgenommen wird, und drittens die öffentliche Wiedergabe des durch Rundfunk gesendeten Werks durch Lautsprecher oder irgendeine andere ähnliche Vorrichtung zur Übertragung von Zeichen, Tönen oder Bildern zu erlauben (Art 11bis Abs 1 RBÜ). Der Gesetzgebung der Verbandsländer bleibt vorbehalten, die Voraussetzungen für die Ausübung der in Art 11bis Abs 1 RBÜ erwähnten Rechte festzulegen; doch beschränkt sich die Wirkung dieser Voraussetzungen ausschließlich auf das Hoheitsgebiet des Landes, das sie festgelegt hat. Sie dürfen in keinem Fall das *Urheberpersönlichkeitsrecht* oder den Anspruch des Urhebers auf eine *angemessene Vergütung* beeinträchtigen, die mangels gütlicher Einigung durch die zuständige Behörde festgesetzt wird (Art 11bis Abs 2 RBÜ). Sofern keine gegenteilige Vereinbarung vorliegt, schließt eine nach Art 11bis Abs 1 RBÜ gewährte Erlaubnis nicht die Erlaubnis ein, das durch Rundfunk gesendete Werk auf Bild- oder Tonträger aufzunehmen. Der Gesetzgebung der Verbandsländer bleibt jedoch vorbehalten, Bestimmungen über die von einem Sendeunternehmen mit seinen eigenen Mitteln und für seine eigenen Sendungen vorgenommenen *ephemeren Aufnahmen* auf Bild- oder Tonträger zu erlassen. Diese Gesetzgebung kann erlauben, dass die Bild- oder Tonträger aufgrund ihres außergewöhnlichen Dokumentationscharakters in *amtlichen Archiven* aufbewahrt werden (Art 11bis Abs 3 RBÜ).

Vorgaben des WUA: Auch das WUA spricht das *Senderecht* an (vgl Art 4bis Abs 1 WUA).

Vorgaben des Gemeinschaftsrechts: Gemäß Art 2 SatellitenRL sind die Mitgliedstaaten verpflichtet, für den Urheber das *ausschließliche Recht* vorzusehen, die öffentliche Wiedergabe von urheberrechtlich geschützten Werken über Satellit zu erlauben. Über den *Erwerb von Senderechten* bestimmt die SatellitenRL Folgendes: Die Mitgliedstaaten müssen dafür sorgen, dass die Erlaubnis nach Art 2 ausschließlich vertraglich erworben werden kann (Art 3 Abs 1 SatellitenRL). Ein Mitgliedstaat kann vorsehen, dass ein kollektiver Vertrag, den eine Verwertungsgesellschaft mit einem Sendeunternehmen für eine bestimmte Gruppe von Werken geschlossen hat, auf Rechtsinhaber derselben Gruppe, die nicht durch die Verwertungsgesellschaft vertreten sind, unter der Voraussetzung ausgedehnt werden kann, dass gleichzeitig mit der öffentlichen Wiedergabe über Satellit von demselben Sendeunternehmen über erdgebundene Systeme gesendet wird und der nicht vertretene Rechtsinhaber jederzeit die Ausdehnung des kollektiven Vertrags auf seine Werke ausschließen und seine Rechte entweder individuell oder kollektiv wahrnehmen kann (Art 3 Abs 2 SatellitenRL). Art 3 Abs 2 SatellitenRL findet auf Filmwerke einschließlich der Werke, die durch ein ähnliches Verfahren wie Filmwerke geschaffen worden sind, keine Anwendung (Art 3 Abs 3 SatellitenRL). Sehen die Rechtsvorschriften eines Mitgliedstaats die Ausdehnung eines kollektiven Vertrags gemäß Art 3 Abs 2 SatellitenRL vor, so teilt dieser Mitgliedstaat der Kommission mit, welche Sendeunternehmen diese Rechtsvorschriften in Anspruch nehmen können. Die Kommission veröffentlicht diese Angaben im Amtsblatt der Europäischen Gemeinschaften (Art 3 Abs 4 SatellitenRL).[44]

Österreichische Regelung: Am 29. 10. 1923 begannen in Deutschland regelmäßige Rundfunksendungen.[45] 1927 war in Österreich zwar ein Verbreitungsrecht, aber noch kein Senderecht verankert. Konsequent verneinte der OGH bei einer Rundfunksendung eines Werks der Literatur das Vorliegen einer Urheberrechtsverletzung. Das Verbreitungsrecht (damals sprach man noch von „Vertreiben") umfasse nur körperliche Erscheinungsformen von Werkstücken, nicht aber die unkörperliche Verbreitung. Blenden wir um in die Gegenwart: Wieder wird die urheberrechtliche Einordnung einer neuen Technologie diskutiert. Ist die Übermittlung in digitalisierter Form ein Akt der „Verbreitung" oder beschränkt sich das Verbreitungsrecht auf körperliche Werkexemplare?[46] Zurück zur Historie: Erst das UrhG 1936 hat das Senderecht ausdrücklich verankert.

---

[44]) Im Hinblick auf das bereits bestehende Senderecht des § 17 UrhG bzw auf das Fehlen nichtfreiwilliger Lizenzen, hat der Gesetzgeber der UrhG-Nov 1996 insoweit keinen Umsetzungsbedarf gesehen (23 BlgNR 19. GP 12).
[45]) Zur Entwicklung des Senderechts in Österreich: *Dillenz*, ÖSGRUM 7 (1988) 161.
[46]) Vgl zu dieser Diskussion: *Walter*, MR 1995, 125; *Dittrich*, ecolex 1997, 367.

Der Urheber hat das ausschließliche Recht, das Werk *durch Rundfunk* (= Hörfunk und Fernsehen) oder auf ähnliche Art zu *senden* oder (von einer im In- oder im Ausland gelegenen Stelle aus) der Öffentlichkeit im Inland, ähnlich wie durch Rundfunk, mit Hilfe von Leitungen wahrnehmbar zu machen (§ 17 Abs 1 und 2 UrhG).[47] Der *Empfang* von Sendungen ist dem Urheber nicht vorbehalten.

6.1.5.2. Rundfunkvermittlungsanlage

Literaturhinweise: *Dittrich*, Gemeinschaftsantennen, FS Kastner (1872) 77; *Walter*, Gemeinschaftsantennen und Rundfunkvermittlungsanlagen im österreichischen Urheberrecht, JBl 1973, 445; *Walter*, Gemeinschaftsantennen und Rundfunkvermittlungsanlagen, UFITA 69 (1973) 95; *Walter*, Gemeinschaftsantennen im österreichischen Urheberrecht, FuR 1974, 151; *Walter*, Gemeinschaftsantennen und Rundfunkvermittlungsanlagen im Recht der Berner Übereinkunft, GRUR Int 1974, 119; *Walter*, Gemeinschaftsantennen im österreichischen Urheberrecht und im Recht der Berner Übereinkunft, FuR 1974, 303; *Walter*, Gemeinschaftsantennen im geltenden und künftigen österreichischen Urheberrecht, FuR 1974, 707; *Dillenz*, Zum Thema: Gemeinschaftsantennen und Kabelfernsehen – Die Abgrenzung des direkten Empfangsbereichs eines Senders nach technischen Kriterien, FuR 1975, 779; *Dittrich*, Gemeinschaftsantennen, ÖBl 1975, 29; *Radel*, Zum Thema: Gemeinschaftsantennen und Kabelfernsehen – Überlegungen zu Fragen des Kabelfernsehens, FuR 1975, 782; *Walter*, Gemeinschaftsantennen und Kabelfernsehen: Die urheberrechtliche Problematik – Ein rechtsvergleichender Überblick unter Beachtung des Berner Verbandsrechtes, FuR 1975, 752; *Dillenz*, Urheberrechtliche Erfassung des Kabelfernsehens rückt näher – AKM-Tarif für Kabelfernsehen in Österreich veröffentlicht, FuR 1976, 754; *Frotz*, Zur Neuregelung des Kabelfernsehens in Österreich, ÖBl 1980, 113; *Handl*, Österreich legalisiert Kabelfernsehen – Ein Kurzbericht über die Urheberrechtsgesetznovelle 1980, FuR 1980, 399; *Dillenz*, Die Neuregelung des Kabelfernsehens in Österreich – Der eingeschlagene Weg, FuR 1981, 57; *Dittrich*, Drahtfunksendungen und Empfangsvorgänge, RfR 1981, 41; *Hillig*, Betrachtungen zur Regelung des Kabelfernsehens in der österreichischen Urheberrechtsgesetznovelle 1980 aus nationaler und internationaler Sicht, UFITA 91 (1981) 1; *Walter*, Die Regelung des Kabelfernsehens in der österreichischen Urheberrechtsgesetznovelle 1980 unter besonderer Berücksichtigung ihrer Vereinbarkeit mit dem Konventionsrecht, UFITA 91 (1981) 29; *Dittrich*, Zur Auslegung des Art 11bis Abs 1 und 2 RBÜ, RfR 1982, 25; *Dittrich*, Weitere Entwicklungen in Österreich unter Geltung der Urheberrechtsgesetznovelle 1980, FuR 1982, 529; *Handl*, Verfassungsmäßigkeit der österreichischen Regelung des Kabelfernsehens bleibt weiterhin ungeklärt, FuR 1982, 573; *Holeschofsky*, Zur Reform des Urheberrechts in Österreich: Kabelfernsehen, UFITA 94 (1982) 119; *Hügel*, Hotel-Video und Senderechtsbegriff, ÖBl 1983, 153; *Walter*, Die Hotel-Video-Systeme aus urheberrechtlicher Sicht, MR 1983/3, Archiv 4; *Dittrich*, Hotel-Video aus urheberrechtlicher Sicht, RfR 1984, 30; *Dittrich*, Kabelfernsehen und internationales Urheberrecht – Zur Vereinbarkeit der österreichischen Regelung mit dem Recht der Berner Konvention, Ed 67 Schriftenreihe der UFITA (1984); *Walter*, Die Hotel-Video-Systeme aus urheberrechtlicher Sicht, MR 1984/6 Archiv 9; *Hügel*, Hotel-Video: Antikritische Bemerkungen zu Dittrich und M. Walter, ÖBl 1985, 113; *Radel*, Die Entwicklung des Urheberrechts auf dem Sektor des passiven Kabelfernsehens im deutschsprachigen Raum, RfR 1985, 1; *Haindl*, Fragen des Kabel- und Satellitenfernsehens und ihre Auswirkungen auf das Musikgeschäft, AnwBl 1988, 609; *Senger*, Die Vergewaltigung des Urheberrechts – am Beispiel des Kabelfernsehens, MR 1992, 96; *Dittrich*, Noch einmal: Zur Weiterverbreitung von Rundfunksendungen im Hotel, MR 1994, 145; *Graninger*, Zur Weiterverbreitung von Rundfunksendungen im Hotel, MR 1994, 96; *Dillenz*, Internationales Urheberrecht in Zeiten der Europäischen Union, JBl 1995, 351; *Wittmann*, Aktuelles Urheberrecht: Hotelvideo, Kabelfernsehen, MR 1997, 262.

---

[47]) Zum Begriff des bewilligungspflichtigen Rundfunkunternehmers bei der Kabelweiterleitung: OGH 13. 11. 2001, 4 Ob 182/01w – Kabelnetz Breitenfurt – ÖBl 2002, 149 = ÖBl-LS 2002/72 = MR 2002, 34 (*Walter*) = ZfRV 2003, 75 = GRUR Int 2002, 938. Zum anwendbaren Recht bei gezielter Sendung aus dem Ausland: OGH 28. 5. 1991, 4 Ob 19/91 – TELE UNO III – ÖBl 1991, 181 = MR 1991, 195 (*Walter*) = EvBl 1991/180 = SZ 64/64 = ZfRV 1993, 153 = GRUR Int 1991, 920.

Die Vermittlung von Rundfunksendungen durch eine *Rundfunkvermittlungsanlage* gilt nicht als neue Rundfunksendung (§ 17 Abs 3 Z 1 UrhG).

Beispiel:

▸ OGH 16. 11. 1971: Als bloße Empfangsanlagen gelten die Rundfunkvermittlungsanlagen in Hotels oder Spitälern, die das Rundfunkprogramm an die Lautsprecher in den einzelnen Zimmern (zum privaten Empfang) weiterleiten.[48]

Die Frage, ob es sich um eine „öffentliche Wiedergabe" oder einen „öffentlichen Empfang" handelt, wenn ein Hotel über Satellit oder über erdgebundene Systeme Fernsehsignale empfängt und diese über Kabel in die Hotelzimmer verbreitet, wird nicht von der Kabel- und SatellitenRL geregelt und ist daher nach nationalem Recht zu beurteilen.[49]

6.1.5.3. Gemeinschaftsantennenanlage

Als neue Rundfunksendung gilt auch nicht die Übermittlung von Rundfunksendungen durch eine *Gemeinschaftsantennenanlage*, wenn sich die Standorte aller Empfangsanlagen nur auf zusammenhängenden Grundstücken befinden, kein Teil der Anlage einen öffentlichen Weg benützt oder kreuzt und die Antenne vom Standort der am nächsten liegenden Empfangsanlage nicht mehr als 500 m entfernt ist oder wenn an die Anlage nicht mehr als 500 Teilnehmer angeschlossen sind (§ 17 Abs 3 Z 2 UrhG).

Beispiel:

▸ OGH 16. 6. 1998: Der bestimmungsgemäße *Rundfunkempfang im Hotelzimmer* greift auch bei Satellitensendungen, die über eine Gemeinschaftsantennenanlage empfangen werden, nicht in die Ausschließungsrechte ein.[50]

6.1.5.4. ORF-Programme

Die gleichzeitige, vollständige und unveränderte Übermittlung von Rundfunksendungen des *ORF* mit Hilfe von Leitungen im Inland gilt als Teil der ursprünglichen Rundfunksendung (§ 17 Abs 3 UrhG).

6.1.5.5. Verschlüsselte Sendungen

Burgstaller, Decoder-Piraterie und StGB, ecolex 1996, 608.

Vorgaben des Gemeinschaftsrechts: Sind die programmtragenden Signale kodiert, so liegt eine öffentliche Wiedergabe über Satellit unter der Voraussetzung vor, dass die Mittel zur Dekodierung der Sendung durch das Sendeunternehmen selbst oder mit seiner Zustimmung der Öffentlichkeit zugänglich gemacht worden sind (Art 1 Abs 2 lit c SatellitenRL).

---

[48]) OGH 16. 11. 1971, 4 Ob 361/71 – Hotel-Rundfunkvermittlungsanlage – ÖBl 1972, 23.
[49]) EuGH 3. 2. 2000, Rs C-293/98 – Egeda/Hoasa – Hotel-Fernsehempfangsanlage – Slg 2000, I-629 = ÖBl 2000, 186 (*Kucsko*) = ÖBl-LS 00/89 = MR 2000, 160 = GRUR Int 2000, 382 und 548.
[50]) OGH 16. 6. 1998, 4 Ob 146/98v – Thermenhotel L – ÖBl 1999, 98 = SZ 71/101 = MR 1998, 277 (*Walter*) = RdW 1998, 610 = GRUR Int 1999, 279.

Österreichische Regelung: Wenn die programmtragenden Signale verschlüsselt gesendet werden, liegt eine Rundfunksendung nur dann vor, wenn die Mittel zur Entschlüsselung der Sendung durch den Rundfunkunternehmer selbst oder mit seiner Zustimmung der Öffentlichkeit zugänglich gemacht worden sind (§ 17a UrhG). Österreich hat hier gegenüber der gemeinschaftsrechtlichen Vorgabe eine weitere Fassung gewählt und diese Regelung nicht bloß auf Satellitensendungen beschränkt.

6.1.5.6. Satellitensendungen

Literaturhinweise: *Dittrich,* Überlegungen zur Tragweite des § 59a Abs 1 Urheberrechtsgesetz, MR 1984/1 Archiv 1; *Korn,* Satelliten-TV und urheberrechtliche Zwangslizenz (§ 59a UrhG), MR 1984/2, Archiv 5; *Dittrich,* Die gesetzliche Lizenz bei Einspeisung von Rundfunkprogrammen in Kabelnetze – aus österreichischer Sicht, in *Kreile/Roegele/Scharf,* Geistiges Eigentum und die audiovisuellen Medien, Beiträge aus der Hochschule für Fernsehen und Film München Bd 11 (1985) 59; *Fischer-See,* „3-SAT" – Satellitenfernsehen im österreichischen Rundfunk- und Urheberrecht, MR 1985/1, Archiv 1; *Dillenz,* Urheberrechtliche Probleme des Direktsatelliten, FS 50 Jahre UrhG (1986) 43; *Fischer-See/Scolik,* Sky-Channel und die Folgen, RfR 1986, 29; *Hügel,* OGH-Entscheidungen zum Satellitenfernsehen, RdW 1986, 166; *Dittrich,* Vergütungsansprüche des Filmherstellers nach dem UrhG, in *Dittrich,* Beiträge zum Urheberrecht I, ÖSGRUM 6 (1988) 13; *Dittrich,* Urheberrechtliche Probleme des Satellitenfernsehens, ZUM 1988, 359; *Haindl,* Fragen des Kabel- und Satellitenfernsehens und ihre Auswirkungen auf das Musikgeschäft, AnwBl 1988, 609; *Dillenz,* Verloren im Weltraum? ZUM 1988, 361; *Haindl,* Satellitenfernsehen und Urheberrecht, AnwBl 1989, 60; *Dillenz,* Anmerkung zum Urteil des OGH vom 13.12.1988, ZUM 1989, 128; *Dillenz,* Direktsatellit und die Grenzen des klassischen Senderechtsbegriffs (1990); *Haindl,* Urheberrecht und Satellitenfernsehen – Neue Entwicklungen, AnwBl 1990, 175; *Dittrich,* Die Weiterentwicklung des österreichischen Urheberrechts, GRUR Int 1991, 774; *Haindl,* Urheberrecht an grenzüberschreitenden Sendungen: EG und Österreich, MR 1991, 180; *Dillenz,* Internationales Urheberrecht in Zeiten der Europäischen Union, JBl 1995, 351; *Auer,* Die Umsetzung urheberrechtlicher Richtlinien am Beispiel der Satellitenrichtlinie, ÖSGRUM 20 (1997) 19.

Vorgaben des Gemeinschaftsrechts: Art 1 SatellitenRL enthält zunächst allgemeine *Definitionen:* „*Satellit*" = ein Satellit, der auf Frequenzbändern arbeitet, die fernmelderechtlich dem Aussenden von Signalen zum öffentlichen Empfang oder der nichtöffentlichen Individual-Kommunikation vorbehalten sind. Im letzteren Fall muss jedoch der Individualempfang der Signale unter Bedingungen erfolgen, die den Bedingungen im ersteren Fall vergleichbar sind (Art 1 Abs 1 SatellitenRL). „*Öffentliche Wiedergabe über Satellit*" = die Handlung, mit der unter der Kontrolle des Sendeunternehmens und auf dessen Verantwortung die programmtragenden Signale, die für den öffentlichen Empfang bestimmt sind, in eine ununterbrochene Kommunikationskette, die zum Satelliten und zurück zur Erde führt, eingegeben werden (Art 1 Abs 2 lit a SatellitenRL). „*Kabelweiterverbreitung*" = die zeitgleiche, unveränderte und vollständige Weiterverbreitung einer drahtlosen oder drahtgebundenen, erdgebundenen oder durch Satellit übermittelten Erstsendung von

Fernseh- oder Hörfunkprogrammen, die zum öffentlichen Empfang bestimmt sind, aus einem anderen Mitgliedstaat durch Kabel- oder Mikrowellensysteme (Art 1 Abs 3 SatellitenRL).

Die öffentliche Wiedergabe über Satellit findet nur in dem Mitgliedstaat statt, in dem die programmtragenden Signale unter der Kontrolle des Sendeunternehmens und auf dessen Verantwortung in eine ununterbrochene Kommunikationskette eingegeben werden, die zum Satelliten und zurück zur Erde führt (Art 1 Abs 2 lit b SatellitenRL). Damit wird der so genannten „*Bogsch*"-Theorie, nach der die Rechte in allen Empfangsländern berührt sind, eine Absage erteilt. Findet eine öffentliche Wiedergabe über Satellit in einem Drittstaat statt, in dem das in Kapitel II der SatellitenRL vorgesehene Schutzniveau nicht gewährleistet ist, so gelten die besonderen Regelungen des Art 1 Abs 2 lit d SatellitenRL.

Österreichische Regelung: Bei einer Rundfunksendung über Satellit liegt die dem Urheber vorbehaltene Verwertungshandlung in der unter der Kontrolle und Verantwortung des Rundfunkunternehmers vorgenommenen Eingabe der programmtragenden Signale in eine ununterbrochene Kommunikationskette, die zum Satelliten und zurück zur Erde führt (§ 17b Abs 1, erster Satz UrhG). Die Rundfunksendung über Satellit findet daher vorbehaltlich des § 17b Abs 2 UrhG nur in dem Staat statt, in dem diese Eingabe vorgenommen wird (§ 17b Abs 1, zweiter Satz UrhG).

Findet die in § 17b Abs 1 UrhG bezeichnete Eingabe in einem Staat statt, der kein Mitgliedstaat des EWR ist und in dem das in Kapitel II der SatellitenRL vorgesehene Schutzniveau nicht gewährleistet ist, dann findet die Sendung in dem Mitgliedstaat des EWR statt, in dem die Erdfunkstation liegt, von der aus die programmtragenden Signale zum Satelliten geleitet werden (§ 17b Abs 2 Z 1 UrhG); wenn die Voraussetzung nach Z 1 nicht vorliegt, in dem Mitgliedstaat des EWR, in dem die Hauptniederlassung des Rundfunkunternehmers liegt, der die Eingabe im Sinn des § 17b Abs 1 UrhG in Auftrag gegeben hat (§ 17b Abs 2 Z 2 UrhG). In den Fällen des Abs 2 gilt das Betreiben der Erdfunkstation bzw die Auftragserteilung zur Eingabe im Sinne des Abs 1 als Sendung im Sinne des § 17 Abs 1 UrhG (§ 17b Abs 3 UrhG).

Die DatenbankRL (Art 5) spricht für *Datenbankwerke* das Senderecht nicht ausdrücklich an. Mangels einer Sonderregelung unterliegen diese Sammelwerke jedenfalls dem Senderecht nach § 17 UrhG. Interessant ist in diesem Zusammenhang Erwägungsgrund 34 der DatenbankRL, der von einer Verwertung durch einen „Online-Dienst oder durch andere Mittel der Verbreitung" spricht. Offenbar geht die Richtlinie davon aus, dass die Vermittlung der Datenbank im Online-Betrieb nicht dem Senderecht, sondern dem Verbreitungsrecht unterliegt.

6.1.6. Vortrags-, Aufführungs- und Vorführungsrecht (= Recht auf – unkörperliche – Wiedergabe)

Literaturhinweise: *Schmidl*, Die urheberrechtliche Bedeutung des Grammophons, GZ 1907, 337 und 347; *Brenner*, Das Projektionsbild in seiner urheberrechtlichen Bedeutung, GZ 1911, 189; *Berger*, Urheberrechtliche Gedanken über die kinematographische Dichtung, GZ 1912, 440; *Schönherr*, Gewerblicher Rechtsschutz und Urheberrecht in Österreich – Eine Übersicht über die Rechtsprechung der 2. Republik, GRUR Ausl 1954, 2 (15); *Haindl*, Der Begriff der öffentlichen Aufführung im Urheberrecht, ÖBl 1964, 22; *Dillenz*, Zur Frage der Betriebsmusik, ÖBl 1971, 76; *Dittrich*, Zur urheberrechtlichen Beurteilung der Betriebsmusik, ÖBl 1975, 125; *Scolik*, Der neue urheberrechtliche Aufführungsbegriff des OGH, wbl 1987, 117; *Dillenz*, Die Entwicklung des Urheberrechts in Österreich von 1895 bis 1936, ÖSGRUM 7 (1988) 147 (159); *Dittrich*, Noch einmal: Zur Weiterverbreitung von Rundfunksendungen im Hotel, MR 1994, 145; *Graninger*, Zur Weiterverbreitung von Rundfunksendungen im Hotel, MR 1994, 96; *Dittrich*, On-demand-Dienste: Drahtfunksendung oder öffentliche Wiedergabe? RfR 1996, 7; *Mahr*, Die Abgrenzung der „urheberrechtsfreien" Weiterleitung von der öffentlichen Wiedergabe einer Rundfunksendung, MR 1998, 143; *Walter*, Die Werkverwertung in unkörperlicher Form (öffentliche Wiedergabe), MR 1998, 132 und 171; *Auer*, Thermenhotel und Informationsgesellschaft, RfR 2000, 85; *Graninger*, Musik und E-Commerce, MR 2001, 3; *Wittmann*, Satzung der Schiedskommission „Fernsehwiedergabe in Gastgewerbebetrieben", MR 2001, 103; *Stomper*, Urheberrechtliche Aspekte von Links, ÖBl 2002, 212; *Dittrich*, Die OGH-Entscheidung „Thermenhotel L", ÖSGRUM 29 (2003) 53; *Stomper*, Links im Urheberrecht. Bemerkungen zu OGH 17.12.2002, 4 Ob 248/02b – METEO-data, MR 2003, 33.

Vorgaben der RBÜ: Die Urheber von *dramatischen, dramatisch-musikalischen und musikalischen Werken* genießen das ausschließliche Recht, die öffentliche *Aufführung* ihrer Werke einschließlich der öffentlichen Aufführung durch irgendein Mittel oder Verfahren sowie die öffentliche *Übertragung der Aufführung* ihrer Werke durch irgendein Mittel zu erlauben (Art 11 Abs 1 RBÜ). Die gleichen Rechte werden den Urhebern dramatischer oder dramatisch-musikalischer Werke während der ganzen Dauer ihrer Rechte am Originalwerk hinsichtlich der *Übersetzung* ihrer Werke gewährt (Art 11 Abs 2 RBÜ).

Die Urheber von *Werken der Literatur* genießen das ausschließliche Recht, den öffentlichen *Vortrag* ihrer Werke einschließlich des öffentlichen Vortrags durch irgendein Mittel oder Verfahren sowie die öffentliche *Übertragung des Vortrags* ihrer Werke durch irgendein Mittel zu erlauben (Art 11ter Abs 1 RBÜ). Die gleichen Rechte werden den Urhebern von Werken der Literatur während der ganzen Dauer ihrer Rechte am Originalwerk hinsichtlich der *Übersetzung* ihrer Werke gewährt (Art 11ter Abs 2 RBÜ).

Vorgaben des WUA: Auch das WUA spricht das *Aufführungsrecht* an (vgl Art 4bis Abs 1 WUA).

Österreichische Regelung: Der Urheber hat gemäß § 18 UrhG das ausschließliche Recht,

- ein Sprachwerk öffentlich *vorzutragen* oder *aufzuführen*;

- ein choreographisches oder pantomimisches Werk, ein Werk der Tonkunst oder ein Filmwerk öffentlich *aufzuführen*;
- ein Werk der bildenden Künste durch optische Einrichtungen öffentlich *vorzuführen*,

und zwar auch dann, wenn das mit Hilfe von Bild- oder Schallträgern geschieht.[51]

Zu diesem Recht gehören auch die Benutzung einer Rundfunksendung oder öffentlichen Zurverfügungstellung eines Werks zu einer öffentlichen Wiedergabe des gesendeten oder der Öffentlichkeit zur Verfügung gestellten Werks durch Lautsprecher oder durch eine andere technische Einrichtung sowie die auf eine solche Art bewirkte öffentliche Wiedergabe von Vorträgen, Aufführungen oder Vorführungen eines Werks außerhalb des Ortes (Theater, Saal, Platz, Garten udgl), wo sie stattfinden (§ 18 Abs 3 UrhG; die UrhG-Nov 2003 hat hier den Verweis auf das Zurverfügungstellen gemäß § 18a UrhG eingefügt; vgl Seite 1194).

Für die Beurteilung, ob eine Wiedergabe unter dieses Ausschließungsrecht fällt, ist in der Praxis zumeist das Tatbestandsmerkmal der *„Öffentlichkeit"* entscheidend. Dazu haben sich folgende Leitsätze in der Rechtsprechung herausgebildet:

- Eine öffentliche Wiedergabe eines Tonwerks wird immer dann angenommen, wenn die Aufführung nicht von vornherein auf einen in sich geschlossenenen und nach außen begrenzten *Kreis* abgestimmt ist, wenn sie also *allgemein zugänglich* ist.[52]
- Dies wird immer dann angenommen, wenn eine Aufführung im Rahmen eines *gewerblichen Betriebs mit fluktuierendem Publikum* stattfindet, das Lokal also seinem Wesen nach allgemein zugänglich ist und von (Lauf-)Kunden auch tatsächlich aufgesucht wird.[53]
- Auf die *räumliche Gemeinsamkeit* des nicht durch ein reelles persönliches Band verbundenen nach außen hin nicht abgegrenzten Personenkreises kommt es nicht an.[54]
- Auch die *Gleichzeitigkeit* der Werkvermittlung ist keine Voraussetzung dafür, dass eine Aufführung als öffentlich zu gelten hat.[55]
- Ob eine Veranstaltung „privat" oder „öffentlich" ist, kann in Grenzfällen nur nach den *Umständen des Falles* unter Berücksichtigung der *Zahl der Teilnehmer*, des Ausmaßes der *persönlichen Beziehungen* zwischen ihnen untereinander

---

[51]) *Scolik*, wbl 1987, 117.
[52]) OGH 28. 5. 2002, 4 Ob 108/02i – Figurstudio – MR 2002, 236 (*Walter*) = ÖBl-LS 2002/183; OGH 16. 6. 1998, 4 Ob 146/98v – Thermenhotel L – ÖBl 1999, 98 = SZ 71/101 = MR 1998, 277 (*Walter*) = RdW 1998, 610 = GRUR Int 1999, 279.
[53]) OGH 28. 5. 2002, 4 Ob 108/02i – Figurstudio – MR 2002, 236 (*Walter*) = ÖBl-LS 2002/183.
[54]) OGH 28. 5. 2002, 4 Ob 108/02i – Figurstudio – MR 2002, 236 (*Walter*) = ÖBl-LS 2002/183; OGH 16. 6. 1998, 4 Ob 146/98v – Thermenhotel L – ÖBl 1999, 98 = SZ 71/101 = MR 1998, 277 (*Walter*) = RdW 1998, 610 = GRUR Int 1999, 279.
[55]) OGH 28. 5. 2002, 4 Ob 108/02i – Figurstudio – MR 2002, 236 (*Walter*) = ÖBl-LS 2002/183; OGH 16. 6. 1998, 4 Ob 146/98v – Thermenhotel L – ÖBl 1999, 98 = SZ 71/101 = MR 1998, 277 (*Walter*) = RdW 1998, 610 = GRUR Int 1999, 279.

oder zwischen ihnen und dem Veranstalter und auch des Zweckes des Zusammenkommens beurteilt werden.[56]
- Dabei ist im Zweifel auch zu beachten, ob der Veranstalter – eigene oder fremde – *wirtschaftliche Zwecke* fördern will.[57]

Beispiele:

- Der Betrieb eines Rundfunkempfängers (oder Musikautomaten) in Kaffeehäusern und Gaststätten ist eine öffentliche Aufführung iSd § 18 UrhG, weil sie allgemein zugänglich ist.[58] Das war übrigens nicht immer selbstverständlich. 1895 hieß es noch im Gesetz (§ 36): „Anfertigung und öffentlicher Gebrauch von Instrumenten zur mechanischen Wiedergabe von Tonwerken bildet keinen Eingriff in das musikalische Urheberrecht." Man unterschied also zunächst zwischen der Wiedergabe mit einem Grammophon und der Livedarbietung. Diese Freistellung mechanischer Vorrichtungen endete erst mit dem UrhG 1936.[59]
- OGH 22. 6. 1971: Als *nicht* öffentlich wurde das Gschnasfest eines Filmkaufmanns in einem Atelier beurteilt, an dem ca 150 Gäste (davon ca 10 Angestellte), von denen einander etwa die Hälfte kannte, teilnahmen, obwohl es den Eingeladenen freistand, eine zweite Person mitzubringen, sodass etwa 5 bis 10 vorher nicht bekannte Personen dabei waren.[60]
- OGH 28. 11. 1978: Die Rundfunkwiedergabe in einem Saal mit mehr als 100 Arbeiterinnen, welche nur zum Teil verwandt oder gut befreundet sind, ist eine „öffentliche Aufführung".[61]
- OGH 17. 6. 1986: Beim Betrieb einer zentralen Hotel-Video-Anlage, mit der den Gästen Videokassetten über ca 600 Anschlüsse wahrnehmbar gemacht werden,[62] wurde ebenfalls Öffentlichkeit angenommen.
- OGH 27. 1. 1987: Bei der Vorführung von Sexfilmen in Videokabinen ist (sukzessive) Öffentlichkeit gegeben.[63]
- OGH 27. 1. 1998: Eine *Hochzeitsfeier* in einem Gasthaus mit geladenen Gästen ist nicht öffentlich.[64]
- OGH 16. 6. 1998: Der bestimmungsgemäße *Rundfunkempfang im Hotelzimmer* greift nicht in die Ausschließungsrechte ein.[65]

---

[56]) OGH 28. 5. 2002, 4 Ob 108/02i – Figurstudio – MR 2002, 236 (*Walter*) = ÖBl-LS 2002/183; OGH 16. 6. 1998, 4 Ob 146/98v – Thermenhotel L – ÖBl 1999, 98 = SZ 71/101 = MR 1998, 277 (*Walter*) = RdW 1998, 610 = GRUR Int 1999, 279.
[57]) OGH 28. 5. 2002, 4 Ob 108/02i – Figurstudio – MR 2002, 236 (*Walter*) = ÖBl-LS 2002/183.
[58]) OGH 8. 10. 1968, 4 Ob 335/68 ÖBl 1969, 71; OGH 22. 4. 1975, 4 Ob 311/75 – Musikautomaten – ÖBl 1976, 170.
[59]) *Dillenz*, ÖSGRUM 7 (1988) 147 (159).
[60]) OGH 22. 6. 1971, 4 Ob 315, 316/71 – Gschnasfest – ÖBl 1971, 160.
[61]) OGH 28. 11. 1978, 4 Ob 390/78 – Betriebsmusik – ÖBl 1979, 51; *Dillenz*, ÖBl 1971, 76; *Dittrich*, ÖBl 1975, 125.
[62]) OGH 17. 6. 1986, 4 Ob 309/86 – Hotel-Video – ÖBl 1986, 132 = MR 1986, 20 (*Walter*) = SZ 59/100 = JBl 1986, 655 (*Scolik*) = RdW 1986, 11 = GRUR Int 1986, 728 (*Hodik*).
[63]) OGH 27. 1. 1987, 4 Ob 393/86 – Sexshop – ÖBl 1987, 82 = MR 1987, 54 (*Walter*) = SZ 60/9 = wbl 1987, 127 = GRUR Int 1987, 609.
[64]) OGH 27. 1. 1998, 4 Ob 347/97a – Hochzeitsmusik – ÖBl 1998, 313 = SZ 71/8 = MR 1998, 154 (*Walter*) = ecolex 1998, 565 (*Schwarz*) = EvBl 1998/105 = RdW 1998, 337.
[65]) OGH 16. 6. 1998, 4 Ob 146/98v – Thermenhotel L – ÖBl 1999, 98 = SZ 71/101 = MR 1998, 277 (*Walter*) = RdW 1998, 610 = GRUR Int 1999, 279.

▸ OGH 28. 5. 2002: Läuft in einem unbeschränkt zugänglichen *Figurstudio* ein Radiogerät, so ist dies eine öffentliche Aufführung.[66]

6.1.7. Wiedergaberecht

Vorgaben des Gemeinschaftsrechts: Für *Datenbankwerke* normiert Art 5 lit d DatenbankRL, dass der Urheber einer Datenbank das ausschließliche Recht hat, „jede öffentliche Wiedergabe, Vorführung oder Aufführung" ... „in bezug auf die urheberrechtsfähige Ausdrucksform vorzunehmen oder zu erlauben".

Österreichische Regelung: Anders als bei den anderen von der DatenbankRL normierten Ausschließungsrechten, war der österreichische Gesetzgeber hier der Meinung, dass eine ausdrückliche Umsetzung notwendig ist.[67] § 18 UrhG sehe nämlich das Vortrags-, Aufführungs- und Vorführungsrecht in seinen verschiedenen Ausprägungen jeweils nur für bestimmte Werkarten vor. Gemäß § 40g UrhG hat der Urheber daher das ausschließliche Recht, ein *Datenbankwerk öffentlich wiederzugeben*.

Die *bloße Bereitstellung der Einrichtungen*, die eine Wiedergabe ermöglichen oder bewirken, stellt selbst keine Wiedergabe im Sinne dieser Richtlinie dar (Erwägungsgrund 27 InfoRL).

6.1.8. Zurverfügungstellungsrecht

Literaturhinweise: *Handig*, Zulässigkeit der Darstellung von Inhalten Dritter auf einer Webpage, RdW 2003, 365; *Stomper*, Internet-Tauschbörsen nach der UrhG-Novelle, RdW 2003, 368.

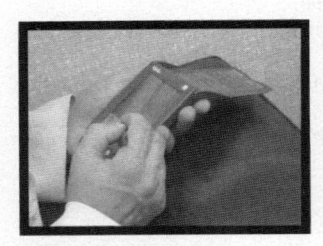

Making available?

Vorgaben des Gemeinschaftsrechts: Nach der InfoRL müssen die Mitgliedstaaten vorsehen, dass den Urhebern das ausschließliche Recht zusteht, die drahtgebundene oder drahtlose öffentliche Wiedergabe ihrer Werke einschließlich der öffentlichen Zugänglichmachung der Werke in der Weise, dass sie Mitgliedern der Öffentlichkeit von Orten und zu Zeiten ihrer Wahl zugänglich sind, zu erlauben oder zu verbieten (Art 3 Abs 1 InfoRL).

Österreichische Regelung: Die UrhG-Nov 2003 hat daher ein neues Verwertungsrecht gebracht: Gemäß § 18a Abs 1 UrhG hat der Urheber das ausschließliche Recht, *„das Werk der Öffentlichkeit drahtgebunden oder drahtlos in einer Weise zur Verfügung zu stellen, dass es Mitgliedern der Öffentlichkeit von Orten und zu Zeiten ihrer Wahl zugänglich ist"*. Damit wird – so die EB[68] – Art 3 Abs 1 InfoRL umgesetzt, der für den Urheber ein Recht der öffentlichen Wiedergabe einschließlich des Rechtes der interaktiven öffentlichen Zugänglichmachung vorsieht. Unter

---
[66]) OGH 28. 5. 2002, 4 Ob 108/02i – Figurstudio – MR 2002, 236 (*Walter*) = ÖBl-LS 2002/183.
[67]) EB, RV 883 BlgNR 20. GP 6.
[68]) EB UrhG-Nov 2003 zur Z 5, 40 BlgNR 22. GP.

Wiedergabe im Sinn dieser Bestimmung ist nach dem Erwägungsgrund 23 InfoRL jedoch nur eine „Wiedergabe an die Öffentlichkeit, die an dem Ort, an dem die Wiedergabe ihren Ursprung nimmt, nicht anwesend ist" zu verstehen. Die von Art 3 Abs 1 InfoRL umfassten nicht-interaktiven Verwertungshandlungen wurden bisher – so die EB weiter – durch das weitgefasste Senderecht des UrhG sowie durch den bisherigen zweiten Fall des § 18 Abs 3 UrhG abgedeckt. Eine Umsetzung erfordere daher nur das Recht der Zugänglichmachung. Der Systematik des UrhG entspreche es, hiefür in einem eigenen Paragraphen ein selbständiges Verwertungsrecht vorzusehen.[69] Dies nennt der österreichische Gesetzgeber in Anlehnung an den englischen Text der InfoRL („right of making available") kurz „Zurverfügungstellungsrecht". Wenn sich das UrhG des Ausdrucks „ein Werk der Öffentlichkeit zur Verfügung stellen" oder „öffentliche Zurverfügungstellung eines Werks" bedient, so ist darunter nur die dem Urheber nach § 18a Abs 1 UrhG vorbehaltene Verwertung zu verstehen (§ 18a Abs 2 UrhG). Zutreffend wird das bloße Setzen von Links nicht generell als Akt des Zurverfügungstellens beurteilt.[70]

6.1.9. Exkurs: Folgerecht (droit de suite)

Literaturhinweise: siehe Seite 1096.

Vorgaben der RBÜ: Hinsichtlich der *Originale* von Werken der bildenden Künste und der Originalhandschriften der Schriftsteller und Komponisten genießt der Urheber – oder genießen nach seinem Tod die von den innerstaatlichen Rechtsvorschriften dazu berufenen Personen oder Institutionen – ein *unveräußerliches Recht auf Beteiligung am Erlös* aus Verkäufen eines solchen Werkstücks nach der ersten Veräußerung durch den Urheber (Art 14ter Abs 1 RBÜ). Dieser Schutz kann in jedem Verbandsland nur beansprucht werden, sofern die Heimatgesetzgebung des Urhebers diesen Schutz anerkennt und soweit es die Rechtsvorschriften des Landes zulassen, in dem dieser Schutz beansprucht wird (Art 14ter Abs 2 RBÜ). Das Verfahren und das Ausmaß der Beteiligung werden von den Rechtsvorschriften der einzelnen Länder bestimmt (Art 14ter Abs 3 RBÜ).

Vorgaben des Gemeinschaftsrechts: Die von Österreich bis 1. 1. 2006 umzusetzende *FolgerechtRL* gibt die wesentlichen Eckpunkte dieses vermögenswerten Rechts vor:

Gegenstand des Folgerechts: Die Mitgliedstaaten sehen zugunsten des Urhebers des Originals eines Kunstwerks ein Folgerecht vor, das als unveräußerliches Recht konzipiert ist, auf das der Urheber auch im Voraus nicht verzichten kann; dieses Recht gewährt einen Anspruch auf Beteiligung am Verkaufspreis aus jeder Weiter-

---

[69]) Schon vor der UrhG-Nov 2003 hat der OGH die Aufnahme von Artikeln und Lichtbildern in eine Homepage den Ausschließungsrechten des Urhebers unterstellt und als Vervielfältigung und Verbreitung beurteilt (OGH 12. 6. 2001, 4 Ob 127/01g – Medienprofessor – MR 2001, 304 [*Swoboda*; *Walter*]).
[70]) Handig, RdW 2003, 365 mwN. Zur Haftung bei Setzung eines Links vgl auch OGH 27. 11. 2001, 4 Ob 252/01i – www.baukompass.at – ÖBl 2002, 101 (*Wolner/Schnider*) = ÖBl-LS 2002/73, 74 = MR 2002, 101 (*Burgstaller*; *Walter*) = ecolex 2002, 441 (*Schanda*) = RdW 2002/283 = MMR 2002, 376 (*Schanda*) = GRUR Int 2002, 940.

Kucsko, Geistiges Eigentum (2003)

veräußerung nach der ersten Veräußerung durch den Urheber (Art 1 Abs 1 FolgerechtRL). Dieses Recht gilt für alle Weiterveräußerungen, an denen *Vertreter des Kunstmarkts* wie Auktionshäuser, Kunstgalerien und allgemein Kunsthändler als Verkäufer, Käufer oder Vermittler beteiligt sind (Art 1 Abs 2 FolgerechtRL).

Ausnahme: Die Mitgliedstaaten können vorsehen, dass dieses Recht auf Weiterveräußerungen nicht anzuwenden ist, wenn der Veräußerer das Werk weniger als drei Jahre vor der betreffenden Weiterveräußerung unmittelbar beim Urheber erworben hat und wenn der bei der Weiterveräußerung erzielte Preis 10.000,-- EUR nicht übersteigt (Art 1 Abs 3 FolgerechtRL).

Haftung: Die Folgerechtsvergütung wird vom Veräußerer abgeführt. Die Mitgliedstaaten können vorsehen, dass eine – vom Veräußerer verschiedene – natürliche oder juristische Person nach Art 1 Abs 2 FolgerechtRL allein oder gemeinsam mit dem Veräußerer für die Zahlung der Folgerechtsvergütung haftet (Art 1 Abs 4 FolgerechtRL).

Unter das Folgerecht fallende Kunstwerke: Als „Originale von Kunstwerken" gelten Werke der bildenden Künste wie Bilder, Collagen, Gemälde, Zeichnungen, Stiche, Bilddrucke, Lithographien, Plastiken, Tapisserien, Keramiken, Glasobjekte und Lichtbildwerke, soweit sie vom Künstler selbst geschaffen worden sind oder es sich um Exemplare handelt, die als Originale von Kunstwerken angesehen werden (Art 2 Abs 1 FolgerechtRL). Exemplare von unter die FolgerechtRL fallenden Kunstwerken, die vom Künstler selbst oder unter seiner Leitung in begrenzter Auflage hergestellt wurden, gelten im Sinne dieser Richtlinie als Originale von Kunstwerken. Derartige Exemplare müssen in der Regel nummeriert, signiert oder vom Künstler auf andere Weise ordnungsgemäß autorisiert sein (Art 2 Abs 2 FolgerechtRL). Den *zeitlichen Anwendungsbereich* bestimmt Art 10 FolgerechtRL: Diese Richtlinie gilt für alle Originale von Kunstwerken im Sinne des Art 2 FolgerechtRL, die am 1. 1. 2006 noch durch die Urheberrechtsbestimmungen der Mitgliedstaaten geschützt sind oder die Kriterien für einen Schutz nach dieser Richtlinie zu diesem Zeitpunkt erfüllen.

Mindestbetrag: Die Mitgliedstaaten setzen einen *Mindestverkaufspreis* fest, ab dem die Veräußerungen im Sinne des Art 1 FolgerechtRL dem Folgerecht unterliegen (Art 3 Abs 1 FolgerechtRL). Dieser Mindestverkaufspreis darf 3.000,-- EUR in keinem Fall überschreiten (Art 3 Abs 2 FolgerechtRL).

Sätze: Die Folgerechtsvergütung beträgt: 4 % für die Tranche des Verkaufspreises bis zu 50.000,-- EUR, 3 % für die Tranche des Verkaufspreises von 50.000,01 bis 200.000,-- EUR, 1 % für die Tranche des Verkaufspreises von 200.000,01 bis 350.000,-- EUR, 0,5 % für die Tranche des Verkaufspreises von 350.000,01 bis 500.000,-- EUR, 0,25 % für die Tranche des Verkaufspreises über 500.000,-- EUR. Der Gesamtbetrag der Folgerechtsvergütung darf jedoch 12.500,-- EUR nicht übersteigen (Art 4 Abs 1 FolgerechtRL). Abweichend davon können die Mitgliedstaaten einen Satz von 5 % auf die erste Tranche des Verkaufspreises anwenden (Art 4

Abs 2 FolgerechtRL). Setzt ein Mitgliedstaat einen niedrigeren Mindestverkaufspreis als 3.000,-- EUR fest, so bestimmt er auch den Satz, der für die Tranche des Verkaufspreises bis zu 3.000,-- EUR gilt; dieser Satz darf nicht unter 4 % liegen (Art 4 Abs 3 FolgerechtRL).

Berechnungsgrundlage: Als *Verkaufspreis* im Sinne der Art 3 und 4 FolgerechtRL gilt der Verkaufspreis ohne Steuern (Art 5 FolgerechtRL).

Anspruchsberechtigte: Die Folgerechtsvergütung ist an den Urheber des Werks und, vorbehaltlich des Art 8 Abs 2 FolgerechtRL, nach seinem Tod an seine Rechtsnachfolger zu zahlen (Art 6 Abs 1 FolgerechtRL). Die Mitgliedstaaten können vorsehen, dass die Wahrnehmung des Folgerechts obligatorisch oder fakultativ einer Verwertungsgesellschaft übertragen wird (Art 6 Abs 2 FolgerechtRL). Die Anspruchsberechtigung von Urhebern aus Drittländern regelt Art 7 FolgerechtRL.

Schutzdauer des Folgerechts: Die Schutzdauer des Folgerechts entspricht der in Art 1 SchutzfristenRL vorgesehenen Schutzdauer (Art 8 Abs 1 FolgerechtRL). Abweichend davon brauchen die Mitgliedstaaten, die das Folgerecht im Zeitpunkt des In-Kraft-Tretens nach Art 13 nicht anwenden, während eines Zeitraums, der spätestens am 1. 1. 2010 abläuft, ein Folgerecht zugunsten der nach dem Tod des Künstlers anspruchsberechtigten Rechtsnachfolger nicht anzuwenden (Art 8 Abs 2 FolgerechtRL). Ein Mitgliedstaat, auf den Art 8 Abs 2 FolgerechtRL Anwendung findet, verfügt erforderlichenfalls über einen zusätzlichen Zeitraum von höchstens zwei Jahren, um die Wirtschaftsteilnehmer in diesem Mitgliedstaat in die Lage zu versetzen, sich unter Wahrung ihrer wirtschaftlichen Lebensfähigkeit allmählich an das Folgerechtssystem anzupassen, bevor dieses Recht zugunsten der nach dem Tod des Künstlers anspruchsberechtigten Rechtsnachfolger angewandt werden muss. Spätestens zwölf Monate vor dem Ende des in Art 8 Abs 2 FolgerechtRL genannten Zeitraums unterrichtet der betreffende Mitgliedstaat die Kommission hierüber unter Angabe der Gründe, sodass die Kommission nach entsprechenden Konsultationen innerhalb von drei Monaten nach dieser Unterrichtung eine Stellungnahme abgeben kann. Falls der Mitgliedstaat der Stellungnahme der Kommission nicht folgt, unterrichtet er die Kommission innerhalb eines Monats hiervon und rechtfertigt seine Entscheidung. Die Unterrichtung und die Rechtfertigung des Mitgliedstaats sowie die Stellungnahme der Kommission werden im Amtsblatt der Europäischen Gemeinschaften veröffentlicht und dem Europäischen Parlament übermittelt (Art 8 Abs 3 FolgerechtRL). Kommt es innerhalb der in Art 8 Abs 2 und 3 FolgerechtRL genannten Zeiträume zu einem erfolgreichen Abschluss von internationalen Verhandlungen zur Ausweitung des Folgerechts auf internationaler Ebene, so legt die Kommission geeignete Vorschläge vor (Art 8 Abs 4 FolgerechtRL).

Ergänzend sieht Art 9 FolgerechtRL ein spezielles *Auskunftsrecht* vor.

Österreichische Regelung: In Österreich bestehen bislang keine Regelungen zum Folgerecht.

6.2. Urheberpersönlichkeitsrecht

6.2.1. Allgemeines

Literaturhinweise: *Engel*, Das „Droit Moral" im Urheberrechtssystem und seine Beziehung zum „Domaine Public Payant", JBl 1950, 336; *Peter*, Das allgemeine Persönlichkeitsrecht und das „droit moral" des Urhebers und des Leistungsschutzberechtigten in den Beziehungen zum Film, UFITA 36 (1962) 257; *Dittrich*, Die Urheberpersönlichkeitsrechte des Arbeitnehmerurhebers, in *Rehbinder*, Das Urheberrecht im Arbeitsverhältnis (1983) 20; *Dittrich* (Hrsg), Domaine Public Payant, ÖSGRUM 13 (1993).

Im Urheberrecht sind die Regelungen zum Schutz der geistigen (ideellen) Interessen des Schöpfers an seinem Werk („droit moral", „Urheberpersönlichkeitsrecht") viel stärker ausgeprägt als in den anderen Bereichen des Immaterialgüterrechts.

Vorgaben der RBÜ: Die RBÜ enthält Vorgaben, die im Folgenden jeweils gesondert angesprochen werden.

Vorgaben des Gemeinschaftsrechts: Für die Urheberpersönlichkeitsrechte der natürlichen Person, die eine *Datenbank* geschaffen hat, und deren Ausübung sieht die DatenbankRL keine Sonderregelungen vor. Hier wird lediglich darauf verwiesen, dass die Rechtsvorschriften der Mitgliedstaaten im Einklang mit den Bestimmungen der RBÜ zu gelten haben; diese Regelungen bleiben deshalb außerhalb des Anwendungsbereichs der DatenbankRL.[71]

Ähnlich weist Erwägungsgrund 19 *InfoRL* lediglich darauf hin, dass die Urheberpersönlichkeitsrechte im Einklang mit den Rechtsvorschriften der Mitgliedstaaten und den Bestimmungen der RBÜ, des WIPO-Urheberrechtsvertrags und des WIPO-Vertrags über Darbietungen und Tonträger auszuüben sind. Sie bleiben deshalb außerhalb des Anwendungsbereichs dieser Richtlinie.

6.2.2. Veröffentlichungsrecht

Literaturhinweis: *Dittrich*, Überlegungen zum Schutz gegen Indiskretionen im Urheberrecht, MR 1985/5, 18.

Der Urheber hat das ausschließliche Recht, darüber zu entscheiden, ob, durch wen und wie sein Werk der Öffentlichkeit zugänglich gemacht werden soll.

Dieses Recht ist im Gesetz nicht gesondert angeführt, weil es in den gesetzlich geregelten Verwertungsrechten mitenthalten ist: Durch die Erteilung einer Sendeerlaubnis etwa verwertet der Urheber auch das Veröffentlichungsrecht.

6.2.3. Schutz der Urheberschaft

Vorgaben der RBÜ: Unabhängig von seinen vermögensrechtlichen Befugnissen und selbst nach deren Abtretung behält der Urheber das Recht, die Urheberschaft am Werk für sich in Anspruch zu nehmen (Art 6bis Abs 1, erster Halbsatz RBÜ).

Österreichische Regelung: Der Urheber (nach seinem Tod derjenige, auf den das Urheberrecht übergegangen ist) hat gemäß § 19 UrhG das unverzichtbare Recht,

---

[71]) Erwägungsgrund 28 DatenbankRL.

die Urheberschaft in Anspruch zu nehmen, wenn sie bestritten oder das Werk einem anderen zugeschrieben wird. Nach seinem Tode steht in diesen Fällen den Personen, auf die das Urheberrecht übergegangen ist, das Recht zu, die Urheberschaft des Schöpfers des Werks zu wahren.

Das Urheberrecht schützt aber nicht davor, dass jemandem fälschlich ein Werk *zugeschrieben* wird; hier greifen gegebenenfalls persönlichkeitsrechtliche Normen, zB § 43 ABGB, ein.

Der so genannte „*Ghostwriter*" stimmt einer Fremdzuschreibung seines Werks zugunsten eines anderen zu. Fraglich ist, inwieweit er dann trotzdem unter Berufung auf § 19 Abs 2 UrhG die Urheberschaft für sich in Anspruch nehmen darf.

6.2.4. Urheberbezeichnung

Literaturhinweise: *Dillenz*, Bauherr und Urheberrecht, ecolex 1991, 257; *Briem*, Identifizierung von Werken und Rechteinhabern im digitalen Umfeld, ÖSGRUM 22 (2000) 31; *Dittrich*, Widerruf der Namensnennung des Urhebers? RfR 2003, 1.

Der Urheber bestimmt, ob und mit welcher Urheberbezeichnung das Werk zu versehen ist (unter Umständen Pseudonym). Bearbeitungen dürfen nicht so bezeichnet werden, dass der Eindruck eines Originalwerks entsteht, Vervielfältigungen von Werken der bildenden Künste nicht so, dass der Eindruck eines Urstücks entsteht (§ 20 UrhG). Gemäß § 20 Abs 1 UrhG kann der Urheber auch verlangen, anonym zu bleiben („*Namensnennungsverbot*").[72] Das Recht auf Namensnennung ist *verzichtbar*.[73] Eine besondere Verpflichtung zur Nennung des Urhebers ergibt sich für den Bereich universitärer Forschung aus § 106 Abs 1 UniversitätsG 2002.[74]

Wer an der Schaffung eines *gewerbsmäßig hergestellten Filmwerks* derart mitgewirkt hat, dass der Gesamtgestaltung des Werks die Eigenschaft einer eigentümlichen geistigen Schöpfung zukommt, kann vom Hersteller (Seite 1137) verlangen, auf dem Film und in Ankündigungen des Filmwerks als dessen Urheber genannt zu werden (§ 39 Abs 1 UrhG). Diese Urheberbezeichnung ist in den Ankündigungen von öffentlichen Aufführungen und von Rundfunksendungen des Filmwerks anzuführen (§ 39 Abs 2 UrhG). § 39 Abs 1 UrhG ist nicht auf den Komponisten der (selbständigen) Filmmusik anzuwenden.[75]

6.2.5. Werkschutz

Literaturhinweise: *Schönherr*, Gewerblicher Rechtsschutz und Urheberrecht in Österreich – Eine Übersicht über die Rechtsprechung der 2. Republik, GRUR Ausl 1954, 2 (14); *Dittrich*, Widerruf der

---

[72]) Dazu und insbesondere auch zur Annahme eines *Verzichts* und zum *nachträglichen Widerruf* der Urheberbenennung: OGH 16. 7. 2002, 4 Ob 164/02z – Universum – ÖBl 2003, 147 (*Wolner*) = ÖBl-LS 2003/36 = MR 2002, 307 (*Walter*) = ÖJZ 2002, 767.
[73]) OGH 29. 1. 2002, 4 Ob 293/01v – Riven Rock – ÖBl 2002, 250 (*Wolner*) = ÖBl-LS 2002/144 - 146 = EvBl 2002/122 = MR 2002, 164 (*Walter*) = GRUR Int 2003, 368.
[74]) BGBl I 2002/120.
[75]) OGH 16. 7. 2002, 4 Ob 164/02z – Universum – ÖBl 2003, 147 (*Wolner*) = ÖBl-LS 2003/36 = MR 2002, 307 (*Walter*) = ÖJZ 2002, 767.

Namensnennung des Urhebers? RfR 2003, 1; *Handig*, Zulässigkeit der Darstellung von Inhalten Dritter auf einer Webpage, RdW 2003, 365.

Vorgaben der RBÜ: Unabhängig von seinen vermögensrechtlichen Befugnissen und selbst nach deren Abtretung behält der Urheber das Recht, ... sich jeder Entstellung, Verstümmelung, sonstigen Änderung oder Beeinträchtigung des Werks zu widersetzen, die seiner Ehre oder seinem Ruf nachteilig sein könnten (Art 6bis Abs 1 RBÜ).

Österreichische Regelung: Wird ein Werk auf eine Art, die es der Öffentlichkeit zugänglich macht, benutzt oder zum Zweck der Verbreitung vervielfältigt, so dürfen auch von dem zu einer solchen Werknutzung Berechtigten an dem Werke selbst, an dessen Titel oder an der Urheberbezeichnung keine Kürzungen, Zusätze oder andere Änderungen[76] vorgenommen werden, soweit nicht der Urheber einwilligt oder das Gesetz die Änderung zulässt. Zulässig sind insbesondere Änderungen, die der Urheber dem zur Benutzung des Werks Berechtigten nach den im redlichen Verkehr geltenden Gewohnheiten und Gebräuchen nicht untersagen kann, namentlich Änderungen, die durch die Art oder den Zweck der erlaubten Werknutzung gefordert werden (§ 21 Abs 1 UrhG).

Beispiele:
- Verbesserung von Tipp- oder Rechtschreibfehlern durch den Verleger.
- OGH 11. 2. 1997: Der mit der Erstellung einer Sammlung (als Sammelwerk) Beauftragte wird dem Eigentümer nicht verbieten können, sie zu vergrößern oder zu verkleinern.[77]
- OGH 22. 6. 1999: Der Fall des oben (Seite 1110) bereits abgebildeten Schriftzugs „Zimmermann FITNESS" zeigt sehr anschaulich die Grenzen des Zulässigen: Da Unternehmensveräußerungen übliche Vorgänge im Geschäftsverkehr seien, musste der Urheber die Ergänzung des Logos um einen diesen Vorgang kenntlich machenden Zusatz (Einfügen der Worte „DAS NEUE") hinnehmen. Hingegen konnte er sich gegen weitere Bearbeitungen (Verkleinern der Schriftgröße sowie der Buchstabenabstände beim Wort „FITNESS" und Schattierung der Schrift) erfolgreich zur Wehr setzen.[78]

Bei Urstücken von *Werken der bildenden Künste* gilt dies auch, wenn sie nicht auf eine Art benützt werden, die das Werk der Öffentlichkeit zugänglich macht (vgl § 21 Abs 2 und § 83 UrhG).

Allerdings hindert auch die Einwilligung zu nicht näher bezeichneten Änderungen den Urheber nicht, sich *Entstellungen*, Verstümmelungen und anderen Änderungen des Werks zu widersetzen, die seine geistigen Interessen am Werk schwer beeinträchtigen (§ 21 Abs 3 UrhG).

---

[76]) Zu diesem Begriff bei Zeichnungen: OGH 12. 10. 1993, 4 Ob 101/93 – WIN – ÖBl 1993, 279 = MR 1994, 239 (*Walter*) = RdW 1994, 105 = ecolex 1994, 237 = wbl 1994, 100 = EvBl 1994/45 = SZ 66/122.
[77]) OGH 11. 2. 1997, 4 Ob 17/97x – Wiener Aktionismus – ÖBl 1997, 301 = MR 1997, 98 (*Walter*).
[78]) OGH 22. 6. 1999, 4 Ob 159/99g – Zimmermann FITNESS – ÖBl 2000, 130 (*Kucsko*) = MR 1999, 282 = GRUR Int 2000, 449 (*Keim*).

Sonderregelung für *gewerbsmäßig hergestellte Filmwerke* (§ 39 Abs 3 UrhG): Zu einer nach § 21 UrhG nur mit Einwilligung des Urhebers zulässigen Änderung des Filmwerks, seines Titels und der Urheberbezeichnung bedarf es, unbeschadet der Vorschrift des § 38 Abs 2, der Einwilligung der in der Urheberbezeichnung genannten Urheber. Nach § 38 Abs 2 UrhG dürfen Änderungen des Filmwerks, seines Titels und der Bezeichnung des Filmherstellers ohne Einwilligung des Filmherstellers nur vorgenommen werden, soweit sie nach der auf den Filmhersteller entsprechend anzuwendenden Vorschrift des § 21 Abs 1 UrhG zulässig sind. Die dem Filmhersteller zustehenden Verwertungsrechte sind vererblich und veräußerlich und können ohne Einschränkung in Exekution gezogen werden. Werden sie auf einen anderen übertragen, so kann dem Erwerber auch das Recht eingeräumt werden, sich als Hersteller des Filmwerks zu bezeichnen. In diesem Falle gilt der Erwerber fortan als Filmhersteller und genießt auch den diesem nach § 38 Abs 2 UrhG zukommenden Schutz (§ 40 Abs 1 UrhG).

6.2.6. Pflichten des Besitzers eines Werkstückes

Der Besitzer eines Werkstücks hat es dem Urheber auf Verlangen zugänglich zu machen, soweit dies notwendig ist, um das Werk zu vervielfältigen. Allerdings hat der Urheber hiebei die Interessen des Besitzers entsprechend zu berücksichtigen. Zur Herausgabe des Werkstücks ist der Besitzer nicht verpflichtet. Er ist er dem Urheber gegenüber auch nicht verpflichtet, für die Erhaltung des Werkstücks zu sorgen (§ 22 UrhG).

6.3. Freie Werknutzung

Literaturhinweise: *Hoyer,* Empfiehlt es sich, die freie Werknutzung gegenüber der derzeitigen Rechtslage einzuschränken? ÖBl 1971, 62; *Walter,* Die Zulässigkeit freier Werknutzungen im Bereich des Vortrags- und Aufführungsrechts aus der Sicht des Berner Verbandsrechtes, ÖBl 1974, 77; *Holeschofsky,* Urheberrechtlich geschützte Werke im Schulgebrauch, FuR 1977, 821; *Dillenz,* Das Filmzitat im österr Urheberrecht, RfR 1987, 30; *Tretter,* Die freie Werknutzung für den Schulgebrauch unter dem Blickwinkel der Eigentumsfreiheit, ÖSGRUM 6 (1988) 52; *Uchtenhagen,* Die Urheberrechts-Systeme der Welt und ihre Verwurzelung in den geistigen Grundlagen des Urheberrechts, ÖSGRUM 7 (1988) 29 (34); *Tretter,* Urheberrecht und Grundrechte, ÖSGRUM 9 (1991) 102; *Swoboda,* Fotorechte im Wandel der Zeit(ung), ÖJZ 2002, 636; *Warbek,* Universitäten und Informationstechnologie – Anpassungsbedarf im Urheberrecht, ecolex 2003, 179.

Das Urheberrecht stellt der Allgemeinheit gewisse Nutzungen eines Werks frei. Diese „*freien Werknutzungen*" bilden Ausnahmen von den ausschließlichen Verwertungsrechten des Urhebers. Sie können teilweise aus der historischen Entwicklung des Urheberrechts erklärt werden. *Uchtenhagen*[79] führt etwa die Freistellung für Schulen, Kirchen, Volksfeste, patriotische Anlässe, militärische Veranstaltungen auf die Jahrhunderte zurückreichende Vorstellung zurück, dass der Urheber einen Dienst an der Gemeinschaft schulde, der er Erziehung, Ausbildung und Förderung verdanke. Selbstverständlich gibt es aber zumeist sehr spezifische Erklä-

---

[79]) ÖSGRUM 7 (1988) 29 (34).

rungen für die einzelnen Freistellungen, wie etwa im Beispiel der Schulbuchfreiheit die Absicherung des freien Zugangs zum Lehrstoff.

Vorgaben der RBÜ: Der Gesetzgebung der Verbandsländer bleibt vorbehalten, die Vervielfältigung in gewissen Sonderfällen unter der Voraussetzung zu gestatten, dass eine solche Vervielfältigung weder die *normale Auswertung des Werks* beeinträchtigt noch die *berechtigten Interessen des Urhebers unzumutbar verletzt* (Art 9 Abs 2 RBÜ).

Zitate aus einem der Öffentlichkeit bereits erlaubterweise zugänglich gemachten Werk sind gemäß Art 10 Abs 1 RBÜ zulässig, sofern sie anständigen Gepflogenheiten entsprechen und in ihrem Umfang durch den Zweck gerechtfertigt sind, einschließlich der Zitate aus Zeitungs- und Zeitschriftenartikeln in Form von Presseübersichten.

Der Gesetzgebung der Verbandsländer und den zwischen ihnen bestehenden oder in Zukunft abzuschließenden Sonderabkommen bleibt vorbehalten, die Benützung von Werken der Literatur oder Kunst in dem durch den Zweck gerechtfertigten Umfang zur Veranschaulichung des *Unterrichts* durch Veröffentlichungen, Rundfunksendungen oder Aufnahmen auf Bild- oder Tonträger zu gestatten, sofern eine solche Benützung anständigen Gepflogenheiten entspricht (Art 10 Abs 2 RBÜ).

Werden Werke nach Art 10 Abs 1 und 2 RBÜ benützt, so ist die *Quelle* zu erwähnen sowie der Name des Urhebers, wenn dieser Name in der Quelle angegeben ist (Art 10 Abs 3 RBÜ).

Der Gesetzgebung der Verbandsländer bleibt vorbehalten, die Vervielfältigung durch die Presse, die Rundfunksendung oder die Übertragung mittels Draht an die Öffentlichkeit von *Artikeln über Tagesfragen* wirtschaftlicher, politischer oder religiöser Natur, die in Zeitungen oder Zeitschriften veröffentlicht worden sind, oder von durch Rundfunk gesendeten Werken gleicher Art zu erlauben, falls die Vervielfältigung, die Rundfunksendung oder die genannte Übertragung *nicht ausdrücklich vorbehalten* ist. Jedoch muss die *Quelle* immer deutlich angegeben werden; die Rechtsfolgen der Unterlassung dieser Angabe werden durch die Rechtsvorschriften des Landes bestimmt, in dem der Schutz beansprucht wird (Art 10bis Abs 1 RBÜ).

Ebenso bleibt der Gesetzgebung der Verbandsländer vorbehalten zu bestimmen, unter welchen Voraussetzungen anlässlich der *Berichterstattung über Tagesereignisse* durch Photographie oder Film oder im Weg der Rundfunksendung oder Übertragung mittels Draht an die Öffentlichkeit Werke der Literatur oder Kunst, die im Verlauf des Ereignisses sichtbar oder hörbar werden, in dem durch den Informationszweck gerechtfertigten Umfang vervielfältigt und der Öffentlichkeit zugänglich gemacht werden dürfen (Art 10bis Abs 2 RBÜ).

Vorgaben des WUA: Jeder Vertragsstaat kann in seiner innerstaatlichen Gesetzgebung für die in Art 4bis Abs 1 WUA bezeichneten Rechte *Ausnahmen* vorsehen, die dem Geist und den Bestimmungen dieses Abkommens nicht widersprechen.

Jedoch muss ein Staat, der von dieser Befugnis Gebrauch macht, jedem der Rechte, für die er Ausnahmen vorsieht, ein *angemessenes Maß* an wirksamem Schutz gewähren (vgl Art 4bis Abs 2 WUA).

Vorgaben des TRIPS-Abk: Die Mitglieder begrenzen Beschränkungen und Ausnahmen von ausschließlichen Rechten auf bestimmte Sonderfälle, die weder die *normale Verwertung des Werks* beeinträchtigen noch die *berechtigten Interessen des Urhebers unzumutbar verletzen* (Art 13 TRIPS-Abk).

Vorgaben des Gemeinschaftsrechts: Sowohl die *ComputerRL* als auch die *DatenbankRL* haben jeweils für ihre Bereiche spezielle Freistellungen vorgesehen (sie werden jeweils an der betreffenden Stelle erörtert).

Einen allgemeinen Rahmen hat schließlich die *InfoRL* vorgegeben: Zunächst sieht Art 5 Abs 1 InfoRL eine Freistellung für flüchtige oder begleitende *Vervielfältigungshandlungen* vor (Seite 1207). Art 5 Abs 2 InfoRL bestimmt, dass die Mitgliedstaaten in den folgenden Fällen Ausnahmen oder Beschränkungen in Bezug auf das in Art 2 InfoRL vorgesehene *Vervielfältigungsrecht* vorsehen können:

- in Bezug auf *Vervielfältigungen auf Papier* oder einem ähnlichen Träger mittels beliebiger fotomechanischer Verfahren oder anderer Verfahren mit ähnlicher Wirkung, mit Ausnahme von Notenblättern, und unter der Bedingung, dass die Rechtsinhaber einen gerechten Ausgleich erhalten (lit a);
- in Bezug auf *Vervielfältigungen auf beliebigen Trägern* durch eine natürliche Person zum privaten Gebrauch und weder für direkte noch indirekte kommerzielle Zwecke unter der Bedingung, dass die Rechtsinhaber einen gerechten Ausgleich erhalten, wobei berücksichtigt wird, ob technische Maßnahmen gemäß Art 6 InfoRL auf das betreffende Werk oder den betreffenden Schutzgegenstand angewendet wurden (lit b);
- in Bezug auf bestimmte Vervielfältigungshandlungen von öffentlich zugänglichen *Bibliotheken*, Bildungseinrichtungen oder *Museen* oder von Archiven, die keinen unmittelbaren oder mittelbaren wirtschaftlichen oder kommerziellen Zweck verfolgen (lit c);
- in Bezug auf *ephemere Aufzeichnungen* von Werken, die von Sendeunternehmen mit eigenen Mitteln und für eigene Sendungen vorgenommen worden sind; aufgrund ihres außergewöhnlichen Dokumentationscharakters kann die Aufbewahrung dieser Aufzeichnungen in amtlichen *Archiven* erlaubt werden (lit d);
- in Bezug auf Vervielfältigungen von Sendungen, die von nicht kommerziellen sozialen Einrichtungen wie *Krankenhäusern* oder *Haftanstalten* angefertigt wurden, unter der Bedingung, dass die Rechtsinhaber einen gerechten Ausgleich erhalten (lit e).

Art 5 Abs 3 InfoRL gibt vor, dass die Mitgliedstaaten in den folgenden Fällen Ausnahmen oder Beschränkungen in Bezug auf das in Art 2 InfoRL vorgesehene *Vervielfältigungsrecht* und auf das in Art 3 InfoRL vorgesehene *Recht der öffentlichen Wiedergabe bzw der öffentlichen Zugänglichmachung* vorsehen können:

- für die Nutzung ausschließlich zur Veranschaulichung im *Unterricht* oder für Zwecke der wissenschaftlichen *Forschung*, sofern – außer in Fällen, in denen

sich dies als unmöglich erweist – die Quelle, einschließlich des Namens des Urhebers, wann immer dies möglich ist, angegeben wird und soweit dies zur Verfolgung nicht kommerzieller Zwecke gerechtfertigt ist (lit a);
- für die Nutzung zugunsten *behinderter Personen*, wenn die Nutzung mit der Behinderung unmittelbar in Zusammenhang steht und nicht kommerzieller Art ist, soweit es die betreffende Behinderung erfordert (lit b);
- für die Vervielfältigung durch die Presse, die öffentliche Wiedergabe oder die Zugänglichmachung von veröffentlichten *Artikeln zu Tagesfragen* wirtschaftlicher, politischer oder religiöser Natur oder von gesendeten Werken oder sonstigen Schutzgegenständen dieser Art, sofern eine solche Nutzung nicht ausdrücklich vorbehalten ist und sofern die Quelle, einschließlich des Namens des Urhebers, angegeben wird, oder die Nutzung von Werken oder sonstigen Schutzgegenständen in Verbindung mit der Berichterstattung über Tagesereignisse, soweit es der Informationszweck rechtfertigt und sofern – außer in Fällen, in denen sich dies als unmöglich erweist – die Quelle, einschließlich des Namens des Urhebers, angegeben wird (lit c);
- für *Zitate* zu Zwecken wie Kritik oder Rezensionen, sofern sie ein Werk oder einen sonstigen Schutzgegenstand betreffen, das bzw der der Öffentlichkeit bereits rechtmäßig zugänglich gemacht wurde, sofern – außer in Fällen, in denen sich dies als unmöglich erweist – die Quelle, einschließlich des Namens des Urhebers, angegeben wird und sofern die Nutzung den anständigen Gepflogenheiten entspricht und in ihrem Umfang durch den besonderen Zweck gerechtfertigt ist (lit d);
- für die Nutzung zu Zwecken der öffentlichen *Sicherheit* oder zur Sicherstellung des ordnungsgemäßen Ablaufs von *Verwaltungsverfahren*, parlamentarischen Verfahren oder *Gerichtsverfahren* oder der *Berichterstattung* darüber (lit e);
- für die Nutzung von *politischen Reden* oder von Auszügen aus öffentlichen Vorträgen oder ähnlichen Werken oder Schutzgegenständen, soweit der Informationszweck dies rechtfertigt und sofern – außer in Fällen, in denen sich dies als unmöglich erweist – die Quelle, einschließlich des Namens des Urhebers, angegeben wird (lit f);
- für die Nutzung bei *religiösen Veranstaltungen* oder offiziellen, von einer *Behörde* durchgeführten Veranstaltungen (lit g);
- für die Nutzung von Werken wie Werken der *Baukunst* oder *Plastiken*, die dazu angefertigt wurden, sich bleibend an öffentlichen Orten zu befinden (lit h);
- für die *beiläufige Einbeziehung* eines Werks oder sonstigen Schutzgegenstands *in anderes Material* (lit i);
- für die Nutzung zum Zwecke der Werbung für die öffentliche *Ausstellung* oder den öffentlichen *Verkauf* von künstlerischen Werken in dem zur Förderung der betreffenden Veranstaltung erforderlichen Ausmaß unter Ausschluss jeglicher anderer kommerzieller Nutzung (lit j);
- für die Nutzung zum Zwecke von *Karikaturen*, Parodien oder Pastiches (lit k);
- für die Nutzung im Zusammenhang mit der *Vorführung* oder *Reparatur* von Geräten (lit l);
- für die Nutzung eines künstlerischen Werks in Form eines Gebäudes bzw einer Zeichnung oder eines Plans eines Gebäudes zum Zwecke des *Wiederaufbaus* des Gebäudes (lit m);

▶ für die Nutzung von Werken und sonstigen Schutzgegenständen, für die keine Regelungen über Verkauf und Lizenzen gelten und die sich in den Sammlungen der Einrichtungen gemäß Art 5 Abs 2 lit c InfoRL befinden, durch ihre Wiedergabe oder Zugänglichmachung für einzelne Mitglieder der Öffentlichkeit zu Zwecken der *Forschung* und privater Studien auf eigens hierfür eingerichteten *Terminals* in den Räumlichkeiten der genannten Einrichtungen (lit n);
▶ für die Nutzung in bestimmten anderen *Fällen von geringer Bedeutung*, soweit solche Ausnahmen oder Beschränkungen bereits in einzelstaatlichen Rechtsvorschriften vorgesehen sind und sofern sie nur analoge Nutzungen betreffen und den freien Waren- und Dienstleistungsverkehr in der Gemeinschaft nicht berühren; dies gilt unbeschadet der anderen in diesem Artikel enthaltenen Ausnahmen und Beschränkungen (lit o).

Wenn die Mitgliedstaaten gemäß Art 5 Abs 2 oder 3 InfoRL eine Ausnahme oder Beschränkung in Bezug auf das Vervielfältigungsrecht vorsehen können, können sie entsprechend auch eine Ausnahme oder Beschränkung in Bezug auf das *Verbreitungsrecht* im Sinne von Art 4 InfoRL zulassen, soweit diese Ausnahme durch den Zweck der erlaubten Vervielfältigung gerechtfertigt ist (Art 5 Abs 4 InfoRL).

Die in den Art 5 Abs 1, 2, 3 und 4 InfoRL genannten Ausnahmen und Beschränkungen dürfen nur in bestimmten *Sonderfällen* angewandt werden, in denen die normale Verwertung des Werks oder des sonstigen Schutzgegenstands nicht beeinträchtigt wird und die berechtigten Interessen des Rechtsinhabers nicht ungebührlich verletzt werden (Art 5 Abs 5 InfoRL; *„Drei-Stufen-Test"*).

Österreichische Regelung: Die InfoRL hat auch für Österreich eine Anpassung der bisherigen freien Werknutzungen erforderlich gemacht. Diese wurde mit der UrhG-Nov 2003 vorgenommen. Dabei hat sich der österreichische Gesetzgeber dafür entschieden, sich nicht unmittelbar an den in Art 5 Abs 2 und 3 InfoRL enthaltenen Katalog der Ausnahmen zu halten. Er war vielmehr bestrebt, die geltenden (in der Systematik und Fassung von der InfoRL abweichenden) freien Werknutzungen so weit wie möglich aufrechtzuerhalten und lediglich ihren Anwendungsbereich entsprechend den Harmonisierungsvorgaben einzuschränken.[80]

Der OGH geht bei der *Auslegung* dieser Ausnahmebestimmungen davon aus, dass diese im Rahmen ihrer engeren ratio legis der ausdehnenden Auslegung und auch der Analogie zugänglich sind.[81] Weiters lässt er in der jüngeren Rechtsprechung auch dadurch gewisse Freiräume offen, dass er das Urheberrecht im Einzelfall

---

[80]) EB UrhG-Nov 2003 zur Z 10, 40 BlgNR 22. GP.
[81]) OGH 19. 11. 2002, 4 Ob 230/02f – meischi.at – ÖBl-LS 2003/77 – 79 = EvBl 2003/57 = MR 2003, 38 (*Walter*) = RdW 2003/268; OGH 21. 4. 1998, 4 Ob 101/98a – AIDS-Kampagne II – ÖBl 1999, 54 = MR 1998, 341 (*Walter*). Die frühere Rsp, wonach grundsätzlich die freien Werknutzungen als Ausnahmebestimmungen eng auszulegen sind (OGH 3. 10. 2000, 4 Ob 224/00w – Schüssels Dornenkrone – ÖBl 2001, 181 = MR 2000, 373 (*Walter*) = EvBl 2001/30 = SZ 73/149 = RdW 2001/85 = GRUR Int 2001, 646 = ZUM 2001, 574), wird also offenbar nicht aufrechterhalten.

gegenüber dem *Recht der freien Meinungsäußerung* (Art 10 EMRK) zurücktreten lässt.[82]

Wie bisher sieht das UrhG sowohl *allgemeine* freie Werknutzungen, die für alle Werkkategorien gelten, als auch *werkgattungsspezifische* freie Werknutzungen vor. Wir beginnen mit den allgemeinen:

6.3.1. Allgemein: Freie Werknutzung im Interesse der Rechtspflege und der Verwaltung

Literaturhinweise: *Dittrich,* Urheberrechtsfragen in der täglichen Arbeit des Notariats, FS Wagner (1987) 63; *Swoboda,* Das etwas andere Recht am eigenen Bild, ÖJZ 1993, 438.

Stellen Sie sich folgende Situation vor: Am Beginn der (öffentlichen und mündlichen) Hauptverhandlung gegen einen zwar sehr erfolgreichen, aber nicht geständigen Bankräuber will der Staatsanwalt seinen Haupttrumpf ausspielen. Er will einen geradezu poetisch detaillierten Brief des Beschuldigten an dessen Freundin als Beweismittel verlesen, weil der Beschuldigte sich darin der Tat rühmt. Daraufhin steht der Beschuldigte auf und gibt zu Protokoll, dass er keine Werknutzungsbewilligung für diesen Vortrag (vgl Seite 1191) erteilt. Muss daher dieses wichtige Beweisstück ungehört und unberücksichtigt bleiben? Um derartige Situationen zu vermeiden, bedarf es einer freien Werknutzung.

Vorgaben des Gemeinschaftsrechts: Vgl *allgemein* Art 5 Abs 3 lit e InfoRL (Seite 1204). Für *Datenbankwerke* sieht § 6 Abs 2 lit c DatenbankRL vor, dass Ausnahmen „für die Verwendung zu Zwecken der öffentlichen Sicherheit oder eines Verwaltungs- oder Gerichtsverfahrens" zulässig sind. Österreich hat diese Regelung nicht ausdrücklich übernommen, zumal § 41 UrhG insoweit genügend Freiraum gibt und auch auf Datenbankwerke anzuwenden ist.

Österreichische Regelung: § 41 UrhG (idF UrhG-Nov 2003) stellt bestimmte Werknutzungen in gerichtlichen oder verwaltungsbehördlichen Verfahren frei und bestimmt:[83] Der Benutzung eines Werks zu Zwecken der öffentlichen Sicherheit oder zur Sicherstellung des ordnungsgemäßen Ablaufs von Verwaltungsverfahren, parlamentarischen Verfahren oder Gerichtsverfahren steht das Urheberrecht nicht entgegen. Die EB[84] merken dazu noch an: Mit Beziehung auf den in der Richtlinie gebrauchten Ausdruck „Verwaltungsverfahren" ist darauf hinzuweisen, dass dieser nicht im Sinn der österreichischen Terminologie zu verstehen ist; das heißt, dass diese Ausnahme nicht auf Verwaltungsverfahren im Sinn des AVG beschränkt ist.

---

[82]) OGH 19. 11. 2002, 4 Ob 230/02f – meischi.at – ÖBl-LS 2003/77-79 = EvBl 2003/57 = MR 2003, 38 (*Walter*) = RdW 2003/268; OGH 2. 7. 2002, 4 Ob 135/02k – Soziales Netz – MR 2002, 233 (*Walter*); OGH 28. 5. 2002, 4 Ob 120/02d, RdW 2003/14; OGH 9. 4. 2002, 4 Ob 77/02f – Geleitwort – MR 2002, 387 = ÖBl-LS 2002/147 (hier wurde jedoch im konkreten Fall, beim Abdruck eines Gedichts, der Vorrang der Meinungsäußerungsfreiheit verneint); OGH 12. 9. 2001, 4 Ob 194/01k – Wiener Landtagswahlkampf – MR 2002, 30 (*Walter*) = ÖBl-LS 2002/20; OGH 12. 6. 2001, 4 Ob 127/01g – Medienprofessor – MR 2001, 304 (*Swoboda*; *Walter*).

[83]) Dazu OLG Wien 5. 9. 1991, 1 R 129/91 – Eastport International – MR 1991, 240 (*Walter*; *Höhne*) = ecolex 1991, 863.

[84]) EB UrhG-Nov 2003 zur Z 8, 40 BlgNR 22. GP.

Diese Ausnahme decke daher insbesondere auch die digitale Vervielfältigung von Parteieingaben (sofern diese ausnahmsweise Werkqualität haben sollten) für Zwecke des so genannten elektronischen Akts ab.

6.3.2. Allgemein: Flüchtige und begleitende Vervielfältigungen

Mit der Anwendung der Internettechnologie kommt es technisch gesehen in den Geräten zu zahlreichen kurzzeitigen Zwischenspeicherungen und damit zu Vervielfältigungsvorgängen ohne eigenen wirtschaftlichen Wert. Diese würden dem ausschließlichen Vervielfältigungsrecht unterliegen, gäbe es nicht dazu eine spezielle freie Werknutzung.

Vorgaben des Gemeinschaftsrechts: Diese Freistellung hat die *InfoRL* gebracht. Erwägungsgrund 33 InfoRL erläutert, dass eine Ausnahme vom ausschließlichen Vervielfältigungsrecht für bestimmte vorübergehende Vervielfältigungshandlungen gewährt werden sollte, die flüchtige oder begleitende Vervielfältigungen sind, als integraler und wesentlicher Teil eines technischen Verfahrens erfolgen und ausschließlich dem Ziel dienen, entweder die effiziente Übertragung in einem Netz zwischen Dritten durch einen Vermittler oder die rechtmäßige Nutzung eines Werks oder sonstiger Schutzgegenstände zu ermöglichen. Die betreffenden Vervielfältigungshandlungen sollten keinen eigenen wirtschaftlichen Wert besitzen. Soweit diese Voraussetzungen erfüllt sind, erfasst diese Ausnahme auch Handlungen, die das *„Browsing"* sowie Handlungen des *„Caching"* ermöglichen; dies schließt Handlungen ein, die das effiziente Funktionieren der Übertragungssysteme ermöglichen, sofern der Vermittler die Information nicht verändert und nicht die erlaubte Anwendung von Technologien zur Sammlung von Daten über die Nutzung der Information, die von der gewerblichen Wirtschaft weithin anerkannt und verwendet werden, beeinträchtigt. Eine Nutzung sollte als rechtmäßig gelten, soweit sie vom Rechtsinhaber zugelassen bzw nicht durch Gesetze beschränkt ist. Dementsprechend bestimmt Art 5 Abs 1 InfoRL: Die in Art 2 InfoRL bezeichneten vorübergehenden Vervielfältigungshandlungen (Seite 1207), die flüchtig oder begleitend sind und einen integralen und wesentlichen Teil eines technischen Verfahrens darstellen und deren alleiniger Zweck es ist, eine Übertragung in einem Netz zwischen Dritten durch einen Vermittler oder eine rechtmäßige Nutzung eines Werks oder sonstigen Schutzgegenstands zu ermöglichen, und die keine eigenständige wirtschaftliche Bedeutung haben, werden von dem in Art 2 InfoRL vorgesehenen Vervielfältigungsrecht ausgenommen.

Österreichische Regelung: Die UrhG-Nov 2003 hat dementsprechend eine neue Freistellung in das UrhG eingefügt (§ 41a UrhG): Zulässig ist die vorübergehende Vervielfältigung, wenn sie flüchtig oder begleitend ist und wenn sie ein integraler und wesentlicher Teil eines technischen Verfahrens ist und wenn ihr alleiniger Zweck die Übertragung in einem Netz zwischen Dritten durch einen Vermittler oder eine rechtmäßige Nutzung ist und wenn sie keine eigenständige wirtschaftliche Bedeutung hat.

Beispiel:

▶ OGH 17. 12. 2003: Der Beklagte hatte seine Website mit Frames so eingerichtet, dass darin durch einen *Link* der Inhalt einer Webseite (Wetterkarte) des Klägers aufgerufen werden konnte. Ein mit dem Zugriff durch den Benutzer verbundener „flüchtiger" Vervielfältigungsvorgang (im Arbeitsspeicher des Computers des Nutzers) oder ein „begleitender" Vervielfältigungsvorgang (im Proxy-Server) wurden (bereits vor In-Kraft-Treten der UrhG-Nov 2003) als zulässige Vervielfältigung zum eigenen Gebrauch (bzw nunmehr als Vervielfältigung im Sinne des § 41a UrhG) beurteilt. Der OGH hat in diesem Fall übrigens auch Ansprüche nach § 1 UWG verneint.[85]

6.3.3. Allgemein: Vervielfältigung zum eigenen Gebrauch

6.3.3.1. Die Grundregel

Literaturhinweise: *Abel*, Mikrophotographie und Urheberrecht, JBl 1951, 431; *Abel*, Magnetophon und Urheberrecht, JBl 1953, 177 und 205; *Freund*, Urheberrecht und Privatgebrauch, JBl 1953, 451; *Zedek*, Der Leistungsschutz beim Überspielen von Schallplatten auf Tonband, ÖJZ 1956, 309; *Dittrich*, Die Vervielfältigung zum eigenen Gebrauch, UFITA 64 (1972) 33; *Frotz*, Zur Reform der Vervielfältigung zum eigenen Gebrauch, ÖBl 1972, 105; *Steinmetz*, Gedanken zur photomechanischen Vervielfältigung, ÖBl 1972, 53; *Dittrich*, Zur urheberrechtlichen Beurteilung von Münzkopierautomaten nach österr Recht, GRUR Int 1973, 257; *Dittrich*, Die Weiterentwicklung des UrhG in Österreich, Jahrbuch der INTERGU 3 (1976) 163; *Feil*, Der Gebrauch moderner Bürotechnik im Rechtsalltag, GesRZ 1978, 66; *Steinmetz*, Vervielfältigung zum eigenen Gebrauch mit Videorecordern, ÖBl 1978, 57; *Dittrich*, Videorecorder und privater Gebrauch, ÖBl 1980, 33; *Dittrich*, Die österr UrheberrechtsG-Novelle 1980, GRUR Int 1981, 8; *Holeschofsky*, Zur Reform des Urheberrechts in Österr, UFITA 91 (1981) 81; *Steinmetz*, Leerkassettenvergütung in Österr, FuR 1981, 60; *Steinmetz*, Die geplante Neuregelung der privaten Überspielung aus österreichischer Sicht, FuR 1983, 254; *Dittrich*, Zum Umfang der freien Werknutzung für den eigenen Gebrauch, MR 1984/4 Archiv 1; *Hofmann*, Zur Bedeutung des Begriffs „einzelne" für die freie Werknutzung im österr Urheberrecht, MR 1985/4, 19; *Frotz*, Zum Vervielfältigungsrecht des Urhebers und zu den konventionskonformen nationalen Beschränkungen, FS 50 Jahre UrhG (1986) 119; *Dittrich*, Urheberrechtsfragen in der täglichen Arbeit des Notariats, FS Wagner (1987) 63; *Dittrich*, Vergütungsansprüche des Filmherstellers nach dem UrhG? ÖSGRUM 6 (1988) 13; *Enzinger*, Aktuelle urheberrechtliche Fragen des Bibliothekswesens, ÖSGRUM 6 (1988) 20; *Walter*, Die freie Werknutzung der Vervielfältigung zum eigenen Gebrauch, MR 1989/2, 69, 1989/4, 147 und 1989/6, 230; *Steinmetz*, Die Neuregelung der Leerkassettenvergütung, MR 1990, 42; *Fiebinger*, § 42 UrhG: Die magische Zahl 7 ist tot! MR 1993, 43; *Dittrich*, „Ludus tonalis", ecolex 1996, 549; *Kucsko*, Kopieren in der Schule – ein Kavaliersdelikt? Anzeiger 1996, 10; *Cornish*, Harmonisierung des Rechts der privaten Vervielfältigung in Europa, GRUR Int 1997, 305; *Dittrich*, Neuerungen im österr Urheberrecht – Ist die E Ludus tonalis ein Irrweg? ÖSGRUM 20 (1997) 1); *Dittrich*, Ist die Entscheidung Ludus Tonalis doch ein Irrweg? ecolex 1998, 493; *Juranek*, Steht die neue Reprographieregelung für Musiknoten im Widerspruch zur Berner Konvention? ÖBl 1998, 215; *Däubler-Gmelin*, Private Vervielfältigung unter dem Vorzeichen digitaler Technik, ZUM 1999, 769; *Juranek*, Inländerdiskriminierung durch das österreichische Urheberrechtsgesetz? MR 1999, 222; *Mayer-Schönberger/Wittmann*, Rechtsfragen der Nutzung von Zeitungen und Zeitschriften für Zwecke der Medienbeobachtung (1999); *Krejci*, Urheberrechtliches zur Medienbeobachtung, FS Dittrich (2000) 201; *Medwenitsch/Schanda*, Download von MP3-Dateien aus dem Internet – Private Vervielfältigung und rechtmäßig erstellte Vorlage, FS Dittrich (2000) 219; *Dittrich*, Die Festplatte – ein Trägermaterial iSd § 42b UrhG, ÖJZ 2001, 754; *Kucsko*, MP3

---

[85]) OGH 17. 12. 2002, 4 Ob 248/02b – METEO-data – ÖBl-LS 2003/45 und 76 = ÖBl 2003, 190 (*Fallenböck*; *Reitböck*) = ecolex 2003, 254 (*Tonninger*) = wbl 2003, 189 = MR 2003, 35 (*Burgstaller/Krüger*).

macht Musik frei? Urheberrechtsverletzungen im Internet, in *Feldner/Forgó/Kremnitzer/ Philapitsch* (Hrsg), Chaos Control – Das Internet als dunkle Seite des Rechts? (2001) 45; *Zanger*, MP3 macht Musik frei? Urheberrechtsverletzungen im Internet (Koreferat), in *Feldner/Forgó/Kremnitzer/ Philapitsch* (Hrsg), Chaos Control – Das Internet als dunkle Seite des Rechts? (2001) 51; *Dittrich/Öhlinger*, Passive Informationsfreiheit und Medienbeobachtung, ÖJZ 2002, 361; *Fallenböck/Nitzl*, Urheberrechtliche Rahmenbedingungen für elektronische Pressespiegel, MR 2003, 102; *Stomper*, Internet-Tauschbörsen nach der UrhG-Novelle, RdW 2003, 368.

Vorgaben des Gemeinschaftsrechts: Art 5 Abs 2 lit a-c InfoRL hat Vorgaben für diese freie Werknutzung gebracht (dazu bereits oben Seite 1203).

Österreichische Regelung: Die UrhG-Nov 2003 hat zur Anpassung an diese gemeinschaftsrechtlichen Vorgaben in die bisherige Regelung der Vervielfältigung zum eigenen Gebrauch massiv eingegriffen:

6.3.3.2. Vervielfältigung zum eigenen Gebrauch

Gemäß § 42 Abs 1 UrhG darf jedermann von einem Werk einzelne Vervielfältigungsstücke auf Papier oder einem ähnlichen Träger zum eigenen Gebrauch herstellen. Man kann davon ausgehen, dass der Begriff „*jedermann*" wie bisher[86] die „natürlichen Personen" und auch die „juristischen Personen" (AG, GmbH etc) umfasst. Das ergibt sich schon aus der Differenzierung in § 42 Abs 4 UrhG, wo ausdrücklich nur die „natürliche Person" angesprochen ist. Der Gesetzgeber hat auch den Begriff des „*eigenen Gebrauchs*" unverändert gelassen. Man wird daher – in Abgrenzung zum „privaten Gebrauch" gemäß § 42 Abs 4 UrhG – weiterhin davon ausgehen können, dass insoweit sowohl der private als auch der *berufliche* eigene Gebrauch gedeckt ist.[87] Der Begriff „*einzelne*" legt keine absolute Obergrenze fest. Vielmehr ist im Einzelfall nach dem Zweck der Herstellung der Vervielfältigungsstücke zum eigenen Gebrauch zu beurteilen, ob es sich hiebei noch um „einzelne" Vervielfältigungsstücke handelt.[88]

Der wesentliche Unterschied zur bisherigen Regelung besteht darin, dass diese Vervielfältigung nur auf bestimmten Medien, nämlich *Papier* oder einem „ähnlichen Träger" erfolgen darf. Damit sind also weiterhin jedenfalls die Fotokopie und der Ausdruck aus dem Computer auf Papier gedeckt. Nicht mehr gedeckt ist aber beispielsweise die Vervielfältigung auf Tonband, Minidisk oder CD-ROM (vgl dazu aber die insoweit weiter gehende Ausnahme für die „Vervielfältigung zum privaten Gebrauch" gemäß § 42 Abs 4 UrhG).

Die herrschende Meinung[89] geht nunmehr dahin, die Ausnahme der Vervielfältigung zum eigenen Gebrauch generell nur dann zuzulassen, wenn als Kopiervorlage ein „*rechtmäßig erworbenes Werkstück*" gedient hat. Völlig überzeugt dies nach der Teleologie der Regelung deshalb nicht, weil dadurch ein für breitere Bevölke-

---

[86]) Vgl EB zur UrhG-Nov 1980, 385 BlgNR 15. GP abgedruckt bei *Dillenz*, ÖSGRUM (1986) 359. OGH 21. 4. 1998, 4 Ob 101/98a – AIDS-Kampagne II – ÖBl 1999, 54 = MR 1998, 341 (*Walter*).
[87]) OGH 21. 4. 1998, 4 Ob 101/98a – AIDS-Kampagne II – ÖBl 1999, 54 = MR 1998, 341 (*Walter*).
[88]) OGH 21. 4. 1998, 4 Ob 101/98a – AIDS-Kampagne II – ÖBl 1999, 54 = MR 1998, 341 (*Walter*).
[89]) Vgl etwa *Stomper*, RdW 2003, 368 mwN. OGH 17. 3. 1998, 4 Ob 80/98p – Figur auf einem Bein – ÖBl 1998, 266 = MR 1998, 200 (*Walter*).

rungskreise geschaffener Freiraum praktisch nicht mehr genutzt werden könnte. Die Erfüllung einer Prüfpflicht, ob die Kopiervorlage tatsächlich rechtmäßig in Verkehr gebracht worden ist und daher rechtmäßig erworben wurde, ist oftmals nicht einmal dem Fachmann möglich. Eine Einschränkung dieses Grundsatzes auf das bewusste Kopieren von einer Raubkopie wäre eher lebensnah.[90]

Beispiel:
> OGH 26. 1. 1993: 19 vervielfältigte Exemplare der nur für den „internen Redaktionsgebrauch hergestellten", nicht in den Verkauf gekommen „Null-Nummer" einer neu gestalteten Zeitung, die ausschließlich zur Beurteilung der Druckqualität in der Redaktionssitzung verteilt wurden, fallen als *„einzelne* Vervielfältigungsstücke" unter die freie Werknutzung.[91]

6.3.3.3. Vervielfältigung zum privaten Gebrauch

Soll eine Vervielfältigung *auf anderen Medien als auf Papier* oder einem „ähnlichen Träger" vorgenommen werden, so ist dies durch diese freie Werknutzung nur dann gedeckt, wenn zusätzliche Voraussetzungen erfüllt sind (§ 42 Abs 4 UrhG): Jede *natürliche Person* darf von einem Werk einzelne Vervielfältigungsstücke auf anderen als den in § 42 Abs 1 UrhG genannten Trägern *zum privaten Gebrauch* und *weder für unmittelbare noch mittelbare kommerzielle Zwecke* herstellen. Danach wird es also beispielsweise weiter zulässig sein, privat eine Radio- oder Fernsehsendung auf Tonband, Videoband oder einen digitalen Datenträger aufzuzeichnen. Nicht gedeckt ist hingegen eine solche Vervielfältigung für berufliche Zwecke.

6.3.3.4. Vervielfältigung zur Forschung

Neu ist auch die Differenzierung, die nunmehr § 42 Abs 2 UrhG vorgibt: Jedermann darf von einem Werk einzelne Vervielfältigungstücke auf anderen als den in § 42 Abs 1 UrhG genannten Trägern zum eigenen Gebrauch zu Zwecken der Forschung herstellen, soweit dies zur Verfolgung nicht kommerzieller Zwecke[92] gerechtfertigt ist. Hier ist nun einerseits durch das Tatbestandsmerkmal „eigener Gebrauch" offenbar auch wieder der „berufliche" eigene Gebrauch umfasst. Andererseits aber deckt dies nur Forschungszwecke. Bemerkenswert ist die unterschiedliche Terminologie zu § 42 Abs 4 UrhG, der von *„unmittelbaren"* und *„mittelbaren"* kommerziellen Zwecken spricht. Dies ließe sich allenfalls dadurch erklären,

---

[90]) Vgl auch die Entscheidung OGH 23. 5. 2000 (4 Ob 134/00k – Postwurfsendung – MR 2000, 379 [*Walter*]) zur Berichterstattung über Tagesereignisse, in der es nicht darauf ankam, ob die Postwurfsendung, über die berichtet wurde, rechtmäßig hergestellt worden war.

[91]) OGH 26. 1. 1993, 4 Ob 94/92 – Null-Nummer II – ÖBl 1993, 136 = SZ 66/6 = MR 1993, 65 (*Walter*) = wbl 1993, 233 = ecolex 1993, 396 = GRUR Int 1994, 857.

[92]) Bei Anwendung der Ausnahme von Beschränkung für nicht kommerzielle Unterrichtszwecke und nicht kommerzielle wissenschaftliche Forschungszwecke einschließlich Fernunterricht sollte die nicht kommerzielle Art der betreffenden Tätigkeit durch diese Tätigkeit als solche bestimmt sein. Die organisatorische Struktur und die Finanzierung der betreffenden Einrichtung sind in dieser Hinsicht keine maßgeblichen Faktoren (Erwägungsgrund 42 InfoRL).

dass eine berufliche Forschungstätigkeit wohl immer zumindest mittelbar kommerziellen Zwecken dient, wird doch der Forschende irgendwie auch seinen Lebensunterhalt verdienen müssen. Würde man auch solche „mittelbaren" kommerziellen Zwecke ausschließen, hätte diese Regelung keinen vernünftigen Anwendungsbereich mehr.

6.3.3.5. Vervielfältigung zur Medienbeobachtung

Neu ist auch die weitere Differenzierung für eine Vervielfältigung zur Erleichterung der Medienbeobachtung (§ 42 Abs 3 UrhG; Art 5 Abs 3 lit o InfoRL): „Jedermann darf von Werken, die im Rahmen der Berichterstattung über Tagesereignisse veröffentlicht werden, einzelne Vervielfältigungsstücke zum eigenen Gebrauch herstellen, sofern es sich nur um eine analoge Nutzung handelt." Dazu merken die Materialien[93] an: Im Hinblick auf die im Begutachtungsverfahren vorgetragenen Bedenken gegen eine eigene freie Werknutzung zugunsten der Medienbeobachtung soll auf eine solche verzichtet und stattdessen – in Anlehnung an § 53 Abs 2 Z 3 dUrhG – ein weiterer Fall des eigenen Gebrauchs und zwar für die Vervielfältigung von im Rahmen der Berichterstattung über Tagesereignisse veröffentlichten Werken eingeführt werden. Die durch Art 5 Abs 3 lit o InfoRL erzwungene Beschränkung der freien Werknutzung auf analoge Träger dürfe – so die EB weiter – nach dem Zweck der Regelung nicht zu eng gesehen werden: Erlaubt müsse danach auch das Einscannen von Papiervorlagen sein, da hier – wenn auch unter Einsatz digitaler Hilfsmittel – ebenso wie beim Ablichten nur das Abbild der Vorlage aufbewahrt und wiedergegeben werden kann.[94] Vgl dazu auch die Freistellung zum eigenen Gebrauch eines anderen gemäß § 42a Z 3 UrhG (Seite 1213).

6.3.3.6. Einschränkung auf nicht-öffentliche Nutzung

Eine Vervielfältigung zum eigenen oder privaten Gebrauch liegt vorbehaltlich des § 42 Abs 6 und 7 UrhG (Vervielfältigung zum eigenen Schulgebrauch und Vervielfältigung zum eigenen Gebrauch von Sammlungen; dazu gleich unten) *nicht* vor, wenn sie zu dem Zweck vorgenommen wird, das Werk mit Hilfe des Vervielfältigungsstücks der *Öffentlichkeit* zugänglich zu machen. Zum eigenen oder privaten Gebrauch hergestellte Vervielfältigungsstücke dürfen nicht dazu verwendet werden, das Werk damit der Öffentlichkeit zugänglich zu machen (§ 42 Abs 5 UrhG).[95] Dabei wird die Weitergabe *„innerhalb der Privatsphäre"* als zulässig angesehen, solange das Werk damit nicht der Öffentlichkeit zugänglich gemacht wird.[96]

---

[93]) EB UrhG-Nov 2003 zur Z 10, 40 BlgNR 22. GP.
[94]) Die EB nehmen noch auf die Formulierung des Entwurfs Bezug („Jedermann darf von Werken, die im Rahmen der Berichterstattung über Tagesereignisse veröffentlicht werden, einzelne Vervielfältigungsstücke auf analogen Trägern zum eigenen Gebrauch herstellen"), die nunmehrige Formulierung präzisiert den Wortlaut, ändert aber mE nicht den Sinngehalt und die in den EB kommentierte Teleologie.
[95]) Vgl dazu OGH 17. 3. 1998, 4 Ob 80/98p – Figur auf einem Bein – ÖBl 1998, 266 = MR 1998, 200 (*Walter*).
[96]) OGH 21. 4. 1998, 4 Ob 101/98a – AIDS-Kampagne II – ÖBl 1999, 54 = MR 1998, 341 (*Walter*). Vgl dazu auch OGH 25. 6. 1996, 4 Ob 2093/96i – AIDS-Kampagne I – ÖBl 1997, 199 = MR 1996, 188 (*Walter*).

6.3.3.7. Vervielfältigung zum eigenen Schulgebrauch

Schulen und *Universitäten* dürfen für Zwecke des Unterrichts beziehungsweise der Lehre in dem dadurch gerechtfertigten Umfang Vervielfältigungsstücke in der für eine bestimmte Schulklasse beziehungsweise Lehrveranstaltung erforderlichen Anzahl herstellen und verbreiten, auf anderen als den im § 42 Abs 1 UrhG genannten Trägern (Papier oder einem „ähnlichen Träger") aber nur zur Verfolgung *nicht kommerzieller Zwecke*.[97] Die Befugnis zur Vervielfältigung zum eigenen Schulgebrauch gilt nicht für Werke, die ihrer Beschaffenheit und Bezeichnung nach zum Schul- oder Unterrichtsgebrauch bestimmt sind (§ 42 Abs 6 UrhG).

6.3.3.8. Vervielfältigung zum eigenen Gebrauch von Sammlungen

Der Öffentlichkeit zugängliche Einrichtungen, die Werkstücke *sammeln*, dürfen Vervielfältigungsstücke herstellen, auf anderen als den im § 42 Abs 1 UrhG genannten Trägern (Papier oder einem „ähnlichen Träger") aber nur, wenn sie damit keinen unmittelbaren oder mittelbaren wirtschaftlichen oder kommerziellen Zweck verfolgen, und zwar

- von eigenen Werkstücken jeweils ein Vervielfältigungsstück; ein solches Vervielfältigungsstück darf statt des vervielfältigten Werkstücks unter denselben Voraussetzungen wie dieses ausgestellt (§ 16 Abs 2 UrhG; Seite 1183), verliehen (§ 16a UrhG; Seite 1180) und nach § 56b UrhG (Seite 1223) benützt werden (§ 42 Abs 7 Z 1 UrhG);
- von veröffentlichten, aber nicht erschienenen oder vergriffenen Werken einzelne Vervielfältigungsstücke; solange das Werk nicht erschienen beziehungsweise vergriffen ist, dürfen solche Vervielfältigungsstücke ausgestellt (§ 16 Abs 2 UrhG; Seite 1183), nach § 16a UrhG (Seite 1180) verliehen und nach § 56b UrhG (Seite 1223) benützt werden (§ 42 Abs 7 Z 2 UrhG).

6.3.3.9. Ausschlüsse von der freien Werknutzung

Stets nur mit Einwilligung des Berechtigten zulässig ist die Vervielfältigung ganzer *Bücher*, ganzer *Zeitschriften* oder von *Musiknoten*. Dies gilt auch dann, wenn als Vervielfältigungsvorlage nicht das Buch, die Zeitschrift oder die Musiknoten selbst, sondern eine gleichviel in welchem Verfahren hergestellte Vervielfältigung des Buches, der Zeitschrift oder der Musiknoten verwendet wird. Jedoch ist auch in diesen Fällen die Vervielfältigung durch Abschreiben, die Vervielfältigung nicht erschienener oder vergriffener Werke sowie die Vervielfältigung unter den Voraussetzungen des § 42 Abs 7 Z 1 UrhG zulässig (§ 42 Abs 8 Z 1 UrhG). Die Ausnahme für Musiknoten stammt aus der UrhG-Nov 2003 zur Anpassung an die InfoRL.

---

[97]) Bei Anwendung der Ausnahme oder Beschränkung für nicht kommerzielle Unterrichtszwecke und nicht kommerzielle wissenschaftliche Forschungszwecke einschließlich Fernunterricht sollte die nicht kommerzielle Art der betreffenden Tätigkeit durch diese Tätigkeit als solche bestimmt sein. Die organisatorische Struktur und die Finanzierung der betreffenden Einrichtung sind in dieser Hinsicht keine maßgeblichen Faktoren (Erwägungsgrund 42 InfoRL).

Ebenfalls nur mit Einwilligung des Berechtigten zulässig ist die Ausführung eines *Werks der Baukunst* nach einem Plan oder Entwurf oder der Nachbau eines solchen Werks (§ 42 Abs 8 Z 2 UrhG).

6.3.3.10. Vervielfältigung für andere

Auf Bestellung dürfen *unentgeltlich* einzelne Vervielfältigungsstücke auch zum eigenen Gebrauch eines anderen hergestellt werden (§ 42a UrhG). Eine solche Vervielfältigung ist jedoch auch *entgeltlich* zulässig,

- wenn die Vervielfältigung mit Hilfe *reprographischer oder ähnlicher Verfahren*[98] vorgenommen wird;
- wenn ein Werk der Literatur oder Tonkunst durch *Abschreiben* vervielfältigt wird;
- wenn es sich um eine Vervielfältigung nach § 42 Abs 3 UrhG („*Vervielfältigung zur Medienbeobachtung*"; Seite 1211) handelt. Dieser Anwendungsfall wurde durch die UrhG-Nov 2003 „Zur Erleichterung der Medienbeobachtung" eingefügt.[99] Bereits anlässlich des Begutachtungsverfahrens der UrhG-Nov 1997 wurde auch der Wunsch nach einer freien Werknutzung für die Medienbeobachtung geäußert. Dazu sollte folgende Bestimmung als neuer § 41a UrhG eingefügt werden: „Die Benutzung eines Werks zur Medienbeobachtung ist in dem durch den Zweck gerechtfertigten Umfang zulässig." Nach dem Selbstverständnis der Berufsgruppe der Medienbeobachter umfasst die „Medienbeobachtung" die gezielte Suche nach Medieninhalten, vor allem auch durch eigene Angestellte oder beauftragte Unternehmen, weiters die Mitteilung dieser Medieninhalte an den oder die Dienst- oder Auftraggeber in beliebiger Form, auch in Form von Kopien jeglicher Art (Fotokopien, Ton- oder Videobänder, Datenübertragung, Disketten, Fax oder Funk) und schließlich das Festhalten dieser Medieninhalte in jeder beliebigen Form und zu jeder Zeit, also sowohl vor als auch nach dem gezielten Suchen, jedoch stets zu diesem Zweck. Dazu wird auch eine (Rück-) Dokumentation in Form von Datenbanken erforderlich sein. Das Anliegen ist durchaus gerechtfertigt. Die freie Werknutzung soll dem Einzelnen eine gesicherte Grundlage dafür bieten, dass er über ihn betreffende Medienberichte prompt und umfassend informiert wird und gegebenenfalls (medienrechtlich) reagieren kann.[100] Das BMJ hat dieses Reformanliegen gemeinsam mit dem Vorschlag für eine europäische RL zur Harmonisierung bestimmter Aspekte des Urheberrechts und der verwandten Schutzrechte in der Informationsgesellschaft (Seite 1097) zur Stellungnahme versandt.[101] Er wurde dann aber nicht legistisch umgesetzt. Auch der Entwurf für die UrhG-Nov 2003 enthielt zunächst noch eine wesentlich weiter gefasste gesonderte Regelung der freien Werknutzung für die Medienbeobachtung. Nunmehr wurde diese Freistellung in § 42 Abs 3 und § 42a Z 3 UrhG eingebaut.

---

[98]) Zur Abgrenzung gegenüber dem *„händischen"* Kopieren vgl OLG Wien 20. 12. 2001, 1 R 221/01d – artmedia – MR 2002, 161.
[99]) EB UrhG-Nov 2003 zur Z 11, 40 BlgNR 22. GP.
[100]) Zu den verfassungsrechtlichen Aspekten: *Dittrich/Öhlinger*, Verfassungsrechtlicher Schutz von geistigem Eigentum und passiver Informationsfreiheit – Überlegungen zum österr Urheberrecht aus der Sicht von Medienbeobachtungsunternehmen, UFITA 135 (1998) 5.
[101]) BMJ, GZ 8.451C/2-I.4/1998.

Die *entgeltliche Herstellung eines Abgusses* eines Werks der bildenden Künste ist also nicht gedeckt.[102]

6.3.3.11. Leerkassettenvergütung

Ist von einem Werk, das durch Rundfunk gesendet, der Öffentlichkeit zur Verfügung gestellt oder auf einem zu Handelszwecken hergestellten Bild- oder Schallträger festgehalten worden ist, seiner Art nach zu erwarten, dass es durch Festhalten auf einem Bild- oder Schallträger nach § 42 Abs 2 bis 7 UrhG zum eigenen oder privaten Gebrauch vervielfältigt wird, so hat der Urheber Anspruch auf eine *angemessene Vergütung* (Leerkassettenvergütung), wenn Trägermaterial (zB Tonbandkassetten) im Inland gewerbsmäßig entgeltlich in den Verkehr kommt. Als Trägermaterial gelten unbespielte Bild- oder Schallträger, die für solche Vervielfältigungen geeignet sind, oder andere Bild- oder Schallträger, die hiefür bestimmt sind (§ 42b Abs 1 UrhG).[103] Die UrhG-Nov 2003 ist davon ausgegangen, dass § 42b UrhG das Entstehen des Anspruchs auf Leerkassettenvergütung an Sachverhalte knüpfen soll, die typischerweise die Vervielfältigung zum eigenen bzw privaten Gebrauch ermöglichen. Bisher waren dies die Sendung und das Festhalten auf Handels-Bild- oder Schallträgern. Da die Zurverfügungstellung (§ 18a UrhG; Seite 1194) die gleiche Wirkung habe, wurde sie in den Kreis dieser Anknüpfungspunkte aufgenommen.[104]

Vergütungshöhe: Bei der Bemessung der Vergütung ist insbesondere auf die Spieldauer Bedacht zu nehmen (§ 42b Abs 4 Z 1 UrhG).

Haftung: Die Leerkassettenvergütung hat derjenige zu leisten, der das Trägermaterial im Inland als erster gewerbsmäßig entgeltlich in den Verkehr bringt (§ 42b Abs 3 Z 1 UrhG). Wer das Trägermaterial im Inland gewerbsmäßig entgeltlich, jedoch nicht als erster in den Verkehr bringt oder feilhält, haftet wie ein Bürge und Zahler. Diese Mithaftung des Zwischen- und Einzelhandels wurde bereits durch die UrhG-Nov 1989 eingeführt.[105] Von der Haftung für die Leerkassettenvergütung ist jedoch ausgenommen, wer im Halbjahr Schallträger mit nicht mehr als 5 000 Stunden Spieldauer und Bildträger mit nicht mehr als 10 000 Stunden Spieldauer bezieht.

Einhebung: Diese Vergütungsansprüche können nur von Verwertungsgesellschaften geltend gemacht werden (§ 42b Abs 5 UrhG).

Rückzahlung: Die Verwertungsgesellschaft hat die angemessene Vergütung an denjenigen zurückzuzahlen, der Trägermaterial vor der Veräußerung an den Letzt-

---

[102]) OGH 17. 3. 1998, 4 Ob 80/98p – Figur auf einem Bein – ÖBl 1998, 266 = MR 1998, 200 (*Walter*).
[103]) Zur Beurteilung des „*Touristenexports*": OGH 15. 10. 1996, 4 Ob 2159/96w – Leerkassetten „L" – ÖBl 1997, 88 = MR 1997, 37 (*Walter*).
[104]) EB UrhG-Nov 2003 zur Z 12, 40 BlgNR 22. GP.
[105]) OGH 31. 5. 1994, 4 Ob 19/94 – Leerkassettenvergütung – ÖBl 1995, 89 = MR 1999, 165 = ecolex 1995, 112 = GRUR Int 1995, 423: keine verfassungsrechtlichen Bedenken.

verbraucher in das Ausland ausführt (§ 42b Abs 6 Z 1 UrhG). Weiters ist die Vergütung an denjenigen zurückzuzahlen, der Trägermaterial für eine Vervielfältigung auf Grund der Einwilligung des Berechtigten benutzt; Glaubhaftmachung genügt (§ 42b Abs 6 Z 2 UrhG idF UrhG-Nov 2003).

6.3.3.12. Reprographievergütung

Literaturhinweise: *Koblanck*, Jährlich werden 1 Milliarde Kopien unerlaubt angefertigt, MR 1991, 218; *Kappes*, Gesetzliche Vergütungsansprüche bei der privaten Nutzung von computergestützten Informationssammlungen, GRUR 1997, 338; *Popp*, Die Reprographievergütung in der Praxis, MR 1997, 30.

Gerätevergütung (§ 42b Abs 2 Z 1 UrhG): Ist von einem Werk seiner Art nach zu erwarten, dass es mit Hilfe reprographischer oder ähnlicher Verfahren zum eigenen Gebrauch vervielfältigt wird, so hat der Urheber Anspruch auf eine angemessene Vergütung (Reprographievergütung), wenn ein Gerät, das seiner Art nach zur Vornahme solcher Vervielfältigungen bestimmt ist (Vervielfältigungsgerät), im Inland gewerbsmäßig entgeltlich in den Verkehr kommt. Bei der Bemessung der Vergütung ist insbesondere auf die Leistungsfähigkeit des Geräts Bedacht zu nehmen (§ 42b Abs 4 Z 2 UrhG). Diese Vergütung hat derjenige zu leisten, der das Vervielfältigungsgerät im Inland als erster gewerbsmäßig entgeltlich in den Verkehr bringt. Wer das Vervielfältigungsgerät im Inland gewerbsmäßig entgeltlich, jedoch nicht als erster in den Verkehr bringt oder feilhält, haftet wie ein Bürge und Zahler (§ 42b Abs 3 Z 1 UrhG). Diese Vergütungsansprüche können nur von Verwertungsgesellschaften geltend gemacht werden (§ 42b Abs 5 UrhG). Die Verwertungsgesellschaft hat die angemessene Vergütung an denjenigen zurückzuzahlen, der ein Vervielfältigungsgerät vor der Veräußerung an den Letztverbraucher in das Ausland ausführt (§ 42b Abs 6 Z 1 UrhG).

Betreibervergütung (§ 42b Abs 2 Z 2 UrhG): Weiters besteht ein Vergütungsanspruch, wenn ein Vervielfältigungsgerät in Schulen, Hochschulen, Einrichtungen der Berufsbildung oder der sonstigen Aus- und Weiterbildung, Forschungseinrichtungen, öffentlichen Bibliotheken oder in Einrichtungen betrieben wird, die Vervielfältigungsgeräte entgeltlich bereithalten. Bei der Bemessung der Vergütung ist insbesondere auf die Art und den Umfang der Nutzung des Vervielfältigungsgeräts, die nach den Umständen, insbesondere nach der Art des Betriebs, dem Standort des Geräts und der üblichen Verwendung wahrscheinlich ist, Bedacht zu nehmen (§ 42b Abs 4 Z 3 UrhG). Diese Vergütung hat der Betreiber des Vervielfältigungsgeräts zu leisten (§ 42b Abs 3 Z 2 UrhG). Die Vergütungsansprüche können nur von Verwertungsgesellschaften geltend gemacht werden (§ 42b Abs 5 UrhG).

6.3.3.13. Sonderregelungen für Computerprogramme

Vorgaben des Gemeinschaftsrechts: Art 5 ComputerRL sieht gewisse Ausnahmen von den zustimmungsbedürftigen Handlungen vor: In Ermangelung spezifischer vertraglicher Bestimmungen bedürfen die in Art 4 lit a und b ComputerRL genannten Handlungen (Seite 1173) nicht der Zustimmung des Rechtsinhabers, wenn sie für eine *bestimmungsgemäße Benutzung* des Computerprogramms einschließlich der Fehlerberichtigung durch den rechtmäßigen Erwerber notwendig sind. Die Erstellung einer *Sicherungskopie* durch eine Person, die zur Benutzung des Programms berechtigt ist, darf nicht vertraglich untersagt werden, wenn sie für die Benutzung erforderlich ist. Die zur Verwendung einer Programmkopie berechtigte Person kann, ohne die Genehmigung des Rechtsinhabers einholen zu müssen, das Funktionieren dieses Programms *beobachten*, untersuchen oder testen, um die einem Programmelement zugrunde liegenden Ideen und Grundsätze zu ermitteln, wenn sie dies durch Handlungen zum Laden, Anzeigen, Ablaufen, Übertragen oder Speichern des Programms tut, zu denen sie berechtigt ist.

Zusätzlich enthält Art 6 ComputerRL eine spezielle Regelung für die Zulässigkeit der „*Dekompilierung*", fügt aber die Einschränkung an: Zur Wahrung der Übereinstimmung mit den Bestimmungen der RBÜ können die Bestimmungen des Art 6 ComputerRL nicht dahingehend ausgelegt werden, dass Art 6 ComputerRL in einer Weise angewendet werden kann, die die rechtmäßigen Interessen des Rechtsinhabers in unvertretbarer Weise beeinträchtigt oder im Widerspruch zur normalen Nutzung des Computerprogramms steht (Art 6 Abs 3 ComputerRL).[106]

Österreichische Regelung: Für *Computerprogramme* gilt eine Sonderregelung: § 42 UrhG ist für sie nicht anwendbar (§ 40d Abs 1 UrhG).

Computerprogramme dürfen jedoch gemäß § 40d Abs 2 UrhG vervielfältigt und bearbeitet werden, „soweit dies für ihre *bestimmungsgemäße Benutzung* durch den zur Benutzung Berechtigten notwendig ist"; hiezu gehört auch die „Anpassung an dessen Bedürfnisse". Auf dieses Recht kann nicht wirksam verzichtet werden. Dies schließt aber Vereinbarungen über den Umfang der bestimmungsgemäßen Benutzung im Sinne dieser Regelung nicht aus (§ 40d Abs 4 UrhG).

Die zur Benutzung des Programms berechtigte Person darf weiters gemäß § 40d Abs 3 UrhG die für die Benutzung notwendigen *Sicherungskopien* herstellen und „das Funktionieren des Programms *beobachten*, untersuchen oder testen, um die einem Programmelement zugrunde liegenden Ideen und Grundsätze zu ermitteln, wenn sie dies durch Handlungen zum Laden, Anzeigen, Ablaufen, Übertragen oder Speichern des Programms tut, zu denen sie berechtigt ist". Auch dieses Recht ist *nicht verzichtbar* (§ 40d Abs 4 UrhG).

Eine weitere Ausnahme vom Ausschließungsrecht des Urhebers sieht § 40e UrhG für das „*Dekompilieren*" vor. Danach darf der Code eines Computerprogramms vervielfältigt und seine Codeform übersetzt werden, sofern folgende Bedingungen erfüllt sind: Diese Handlungen müssen unerlässlich sein, um die erforderlichen Informationen zur Herstellung der Interoperabilität eines unabhängig geschaffenen

---

[106]) Vertragliche Bestimmungen, die im Widerspruch zu Art 6 oder zu den Ausnahmen nach Art 5 Abs 2 und 3 stehen, sind unwirksam (Art 9 Abs 1 ComputerRL).

Computerprogramms mit anderen Programmen zu erhalten (Z 1).[107] Das Dekompilieren muss weiters von einer zur Verwendung des Vervielfältigungsstücks eines Computerprogramms berechtigten Person oder in deren Namen von einer hiezu ermächtigten Person vorgenommen werden (Z 2). Die für die Herstellung der Interoperabilität notwendigen Informationen dürfen für die unter Z 1 genannten Personen noch nicht ohne weiteres zugänglich gemacht sein (Z 3) und die Handlungen müssen sich auf die Teile des Programms beschränken, die zur Herstellung der Interoperabilität notwendig sind (Z 4). Die so gewonnenen Informationen dürfen nicht zu anderen Zwecken als zur Herstellung der Interoperabilität des unabhängig geschaffenen Programms verwendet werden. Sie dürfen nicht an Dritte weitergegeben werden, es sei denn, dass dies für die Interoperabilität des unabhängig geschaffenen Programms notwendig ist. Sie dürfen auch nicht für die Entwicklung, Vervielfältigung oder Verbreitung eines Programms mit im Wesentlichen ähnlicher Ausdrucksform oder für andere, das Urheberrecht verletzende Handlungen verwendet werden (§ 40e Abs 2 UrhG). Auch diese freie Werknutzung ist *unverzichtbar* (§ 40e Abs 3 UrhG).

6.3.3.14. Sonderregelungen für Datenbankwerke

Literaturhinweise: Vgl die Literaturangaben zum Datenbankwerk (Seite 1124).

Gerade bei Datenbanken ist das Thema „private Nutzung" besonders virulent. Hat man früher ein Buch ausgeborgt, aus einem fremden Lexikon kopiert oder in einer Bibliothek gesammelte Daten aus Druckwerken zusammengetragen, so wird heute eine bereits unüberschaubare Vielzahl von (nationalen oder ausländischen) Datenbanken auf dem Servierbrett ins Wohnzimmer jedes Internet-Users offeriert. Wer hätte sich früher kurz einmal ein zwanzig-bändiges Universallexikon ausgeborgt? Stattdessen heute eine CD-ROM mit einem noch ungleich größeren Datenbestand übers Wochenende von einem Freund zu leihen, nichts leichter als das! Ähnlich einfach ist es im beruflichen Bereich geworden: In großen Organisationen greifen die Mitarbeiter auf eine zentrale Datenbank (zB mehrere CD-ROM-Stationen) zu. Dazu braucht man keinen Kopierer und keinen CD-ROM-Brenner zur Herstellung physischer Vervielfältigungsstücke. Es genügt ein firmeninternes Netzwerk (Intranet). Wer die Fundstelle lieber auf Papier als nur am Bildschirm hat, wird sie sich ausdrucken, oder er baut die gefundenen Elemente in seine eigenen Dokumente (zB als Zitat in einem Gutachten) ein. Diese Liste möglicher Nutzungen im schwer zu kontrollierenden privaten und beruflichen Bereich ließe sich noch beträchtlich verlängern.[108] Was ist aber nun vom Ausschließungsrecht freigestellt und wo beginnt die Urheberrechtsverletzung? Hier mussten und müssen zum Teil neue (rechtliche und vielleicht auch technische) Wege gesucht werden, um einen akzeptablen Mittelweg zwischen dem Interesse der Nutzer auf freien, ungehinderten und

---

[107]) Ein Ziel dieser Ausnahme ist es, die Verbindung aller Elemente eines Computersystems, auch solcher verschiedener Hersteller, zu ermöglichen, so dass sie zusammenwirken können (Erwägungsgrund 22 ComputerRL).

[108]) Zu diesen und anderen Nutzungen von „computergestützten Informationssammlungen" vgl insbesondere *Kappes*, GRUR 1997, 338.

möglichst billigen Zugang zu Informationen und dem Interesse der Rechteinhaber auf (finanzielle) Abgeltung möglichst aller Nutzungen zu finden.

Vorgaben des Gemeinschaftsrechts: Die Mitgliedstaaten können Beschränkungen der in Art 5 DatenbankRL genannten Rechte in folgenden Fällen vorsehen: für die Vervielfältigung einer nichtelektronischen Datenbank zu privaten Zwecken (Art 6 lit a DatenbankRL); für die Benutzung ausschließlich zur Veranschaulichung des Unterrichts oder zu Zwecken der wissenschaftlichen Forschung – stets mit Quellenangabe –, sofern dies zur Verfolgung nichtkommerzieller Zwecke gerechtfertigt ist (Art 6 lit b DatenbankRL); im Fall sonstiger Ausnahmen vom Urheberrecht, die traditionell von ihrem innerstaatlichen Recht geregelt werden (Art 6 lit d DatenbankRL), unbeschadet der Buchstaben a, b und c (Art 6 Abs 2 lit a, b und d DatenbankRL; zu Art 6 Abs 2 lit c DatenbankRL vgl bereits oben Seite 1206). In Übereinstimmung mit der RBÜ können die Bestimmungen dieses Artikels nicht dahin gehend ausgelegt werden, dass dieser Artikel in einer Weise angewendet werden kann, die die rechtmäßigen Interessen des Rechtsinhabers unzumutbar verletzt oder die normale Nutzung der Datenbank beeinträchtigt (Art 6 Abs 3 DatenbankRL).

Österreichische Regelung: Der Gesetzgeber der DatenbankRL – und ihm folgend der nationale Gesetzgeber – musste somit der Ausnahme der *„Vervielfältigung zum eigenen Gebrauch"* von Datenbankwerken besonderes Augenmerk schenken. Auch für Datenbankwerke besteht daher eine Sonderregelung (§ 40h Abs 1 und 2 UrhG idF UrhG-Nov 2003[109]). Anders als bei Computerprogrammen wird diese freie Werknutzung nicht gänzlich ausgeschlossen, sondern modifiziert: § 42 Abs 1, 3 und 4 UrhG ist auf Datenbankwerke nicht anzuwenden. Jedoch darf jede natürliche Person von einem Datenbankwerk, dessen Elemente nicht einzeln mit Hilfe elektronischer Mittel zugänglich sind, einzelne Vervielfältigungsstücke zum privaten Gebrauch und weder für unmittelbare noch mittelbare kommerzielle Zwecke herstellen. § 42 Abs 2 UrhG (Vervielfältigung zum eigenen Gebrauch zu *Zwecken der Forschung*[110]; Seite 1210) gilt für Datenbankwerke mit der Maßgabe, dass die Vervielfältigung auch auf Papier oder einem ähnlichen Träger zulässig ist.

Die zur Benützung eines Datenbankwerks oder eines Teils desselben berechtigte Person darf die dem Urheber sonst vorbehaltenen Verwertungshandlungen vornehmen, wenn sie für den Zugang zum Inhalt des Datenbankwerks oder des Teiles derselben oder für deren bestimmungsgemäße Benutzung notwendig sind. Auf dieses Recht kann wirksam nicht verzichtet werden; dies schließt jedoch Vereinba-

---

[109] EB, RV 883 BlgNR 20. GP 7. Erwägungsgrund 35 der DatenbankRL verweist in diesem Zusammenhang auf „die einzelstaatlichen Vorschriften bestimmter Mitgliedstaaten betreffend Abgaben auf unbeschriebene Datenträger und auf Aufzeichnungsgeräte". Die Regelungen über die Reprographievergütung gelten also auch hier.

[110] Sie umfasst die Naturwissenschaften und auch die Geisteswissenschaften (Erwägungsgrund 36 der DatenbankRL).

rungen über den Umfang der bestimmungsgemäßen Nutzung nicht aus (§ 40h Abs 3 UrhG).[111]

Im Übrigen ist der Gesetzgeber bei der Umsetzung der DatenbankRL jedoch davon ausgegangen, dass nach Art 6 Abs 2 lit d DatenbankRL die bisher im UrhG vorgesehenen freien Werknutzungen (als *„sonstige Ausnahmen vom Urheberrecht, die traditionell von ihrem innerstaatlichen Recht geregelt werden"*) auch mit Wirkung für Datenbankwerke beibehalten werden dürfen.[112] Die freie Werknutzung zum eigenen Gebrauch von Sammlungen (§ 42 Abs 7 UrhG) ist daher anzuwenden.

Gerade im Zusammenhang mit der privaten Nutzung von digitalisierten Datenbanksystemen wird seit längerem darüber diskutiert, wie man die individuelle Nutzung registrieren, einem bestimmten Nutzer zuordnen und letztlich verrechnen könnte. Theoretisch wäre es ja denkbar, jede Informationseinheit mit einem „Nummernschild" (Chiffre, „cryptographic envelope") zu versehen, um ihren Weg und ihre Nutzung kontrollieren und dafür kassieren zu können.[113] Die administrative Gigantomanie eines solchen Systems mit nicht zuletzt datenschutzrechtlichen Folgefragen erscheint vorprogrammiert, seine Verwirklichung noch in weiter Ferne.

6.3.4. Allgemein: Berichterstattung über Tagesereignisse

Literaturhinweise: *Handl,* Urheberrechtsprobleme der Filmberichterstattung in Österreich, UFITA 1971, 159; *Walter,* Die Film- und Funkberichterstattung über Tagesereignisse, GRUR Int 1971, 384; *Federsel,* Die Tagesberichterstattung und die Rechtsstellung des Urhebers nach §§ 49, 69 Abs 1 und § 70 Abs 2 UrhG, ÖBl 1977, 26; *Hodik,* Aktuelle Berichterstattung über Kulturereignisse, MR 1989, 160; *Schanda,* Pressefreiheit contra Urheberrecht, MR 1997, 90.

Vorgaben des Gemeinschaftsrechts: Vgl dazu bereits oben die Vorgaben des Art 5 Abs 3 lit c InfoRL (Seite 1204).

Österreichische Regelung: Seit der UrhG-Nov 1982 dürfen zur Berichterstattung über Tagesereignisse generell Werke, die bei Vorgängen, über die berichtet wird, öffentlich wahrnehmbar werden, in einem durch den Informationszweck gerechtfertigten Umfang vervielfältigt, verbreitet, durch Rundfunk gesendet und zu öffentlichen Vorträgen, Aufführungen und Vorführungen benutzt werden (§ 42c UrhG; Art 10bis Abs 2 RBÜ). Als *„Tagesereignis"* definiert die Rechtsprechung einen tagesaktuellen (tatsächlichen) Vorgang, der wegen seiner Aktualität Interesse erweckt.[114] Das Werk als solches darf nicht allein Gegenstand des Tagesereignisses sein, sondern es darf lediglich bei einem anderen Ereignis in Erscheinung treten.

---

[111]) Sprachlich wurde diese Regelung an die für Computerprogramme geltende Formulierung des § 40d UrhG angepasst; EB, RV 883 BlgNR 20. GP 7.
[112]) EB, RV 883 BlgNR 20. GP 7.
[113]) Zum Stand der (internationalen) Bemühungen um solche Erfassungssysteme vgl *Kappes,* GRUR 1997, 338 (341).
[114]) OGH 3. 10. 2000, 4 Ob 224/00w – Schüssels Dornenkrone – ÖBl 2001, 181 = MR 2000, 373 (*Walter*) = EvBl 2001/30 = SZ 73/149 = RdW 2001/85 = GRUR Int 2001, 646 = ZUM 2001, 574; OLG Wien 29. 4. 1999, 3 R 6/99w – Picasso Collage – MR 1999, 223 (*Walter*); OGH 24. 2. 1998, 4 Ob 51/98y – Ingenieur – MR 1999, 28; OGH 9. 12. 1997, 4 Ob 361/97k – Edith – MR 1998, 284 (*Walter*) = EvBl 1998/95 = GRUR Int 1998, 896; OGH 9. 9. 1997, 4 Ob 203/97z – Semmering-Tunnel – MR 1997, 320 (*Walter*) = ecolex 1998, 45.

Seine Vervielfältigung ist nur in dem durch den Informationszweck gerechtfertigten Umfang zulässig.[115] Die UrhG-Nov 2003 hat den Anwendungsbereich dieser freien Werknutzung auch noch auf die öffentliche Zurverfügungstellung im Sinne des § 18a UrhG (Seite 1194) ausgedehnt.

Beispiele:

- Ein Zeitungsbild zeigt den Bürgermeister bei der Eröffnung einer Ausstellung – im Hintergrund ist eines der ausgestellten Bilder erkennbar.
- OGH 10. 10. 1989: Wird ein Artikel über Äußerungen des Chefs eines Auktionshauses über eine erst *bevorstehende* Kunstauktion mit Bildern der betreffenden Künstler illustriert, so ist dies durch § 42c UrhG nicht gedeckt.[116]
- OGH 23. 5. 2000: Im Wahlkampf hatte der politische Gegner das Lichtbild eines Politikers – nach Hinzufügung eines bissig-ironischen Textes – in einer Postwurfsendung verbreitet. Im Zuge der Wahlkampfberichterstattung wurde diese Postwurfsendung in einem Nachrichtenmagazin abgebildet. Dieses konnte sich auf die freie Werknutzung berufen. Darauf, ob das Bild vom politischen Gegner in der Postwurfsendung befugt verwendet wurde, kam es nicht an.[117]
- OGH 3. 10. 2000: Die Berichterstattung einer anderen Tageszeitung ist kein „Tagesereignis".[118]

6.3.5. Allgemein: Behinderte Personen

Vorgaben des Gemeinschaftsrechts: Vgl dazu Art 5 Abs 3 lit b InfoRL (Seite 1204).

Österreichische Regelung: Diese freie Werknutzung wurde mit der UrhG-Nov 2003 neu in das Gesetz aufgenommen: Zulässig ist die *nicht kommerzielle Benutzung* eines erschienenen Werks durch Vervielfältigung für und Verbreitung an behinderte Personen in einer für sie geeigneten Form, soweit ihnen wegen ihrer Behinderung der Zugang zum Werk durch sinnliche Wahrnehmung eines erschienenen Werkstücks nicht möglich oder erheblich erschwert ist (§ 42d Abs 1 UrhG). Für diese Vervielfältigung und Verbreitung steht dem Urheber ein Anspruch auf angemessene Vergütung zu. Dieser Anspruch kann nur von Verwertungsgesellschaften geltend gemacht werden (§ 42d Abs 2 UrhG).

Damit wollte der Gesetzgeber einem schon älteren Anliegen entsprechen, zumal eine Ausnahme für die Nutzung zugunsten behinderter Personen durch die InfoRL nicht nur erlaubt (Art 5 Abs 3 lit b), sondern den Mitgliedstaaten in Erwägungsgrund 43 nachdrücklich empfohlen werde. Dabei weisen die Materialien insbesondere darauf hin, dass dieses Anliegen nicht mit einer Kompensation zugunsten behinderter Menschen begründet werden kann, zumal es nicht Aufgabe der Rechte-

---

[115]) OGH 23. 5. 2000, 4 Ob 134/00k – Postwurfsendung – MR 2000, 379 (*Walter*).
[116]) OGH 10. 10. 1989, 4 Ob 119/89 – Dorotheum-Kunstauktion – ÖBl 1990, 37 = MR 6/89, 212 (*Walter*) = EvBl 1990/54.
[117]) OGH 23. 5. 2000, 4 Ob 134/00k – Postwurfsendung – MR 2000, 379 (*Walter*).
[118]) OGH 3. 10. 2000, 4 Ob 224/00w – Schüssels Dornenkrone – ÖBl 2001, 181 = MR 2000, 373 (*Walter*) = EvBl 2001/30 = SZ 73/149 = RdW 2001/85 = GRUR Int 2001, 646 = ZUM 2001, 574.

inhaber sei, Sonderopfer für Behinderte zu bringen. Außerdem könnten allzu weitreichende Ausnahmen die Anreiz- und Verteilungsfunktion des Urheberrechts für behinderte Menschen beeinträchtigen und eine allenfalls funktionierende kommerzielle Produktion von Werken in für Behinderte zugänglichen Formaten erschweren oder gar unmöglich machen. Hingegen sei es sachgerecht, eine vergütungspflichtige freie Werknutzung dort vorzusehen, wo es den Betroffenen nicht oder nur schwer möglich ist, zu den für sie zugänglichen Formaten zu kommen, etwa weil der Markt von sich aus diese Produkte nicht anbietet. Im Wesentlichen gehe es darum zuzulassen, dass das Werk oder der sonstige Schutzgegenstand in eine andere Wahrnehmungsform übertragen werden kann und dadurch dem Behinderten ein Zugang ermöglicht wird. Dem weitergehenden Wunsch der Behindertenvertreter, auch auf die Vergütungspflicht zu verzichten, habe man in Hinblick auf die allgemeine Beschränkung des Drei-Stufen-Tests nach Art 5 Abs 5 InfoRL nicht näher treten können, zumal diese Werknutzung ohne Vergütung die „berechtigten Interessen des Rechtsinhabers ungebührlich verletzen" würde.[119] Gerade diese Erläuterungen zeigen wieder sehr gut das schwierige Bemühen des Gesetzgebers, in dem im Urheberrecht überall präsenten Interessengegensatz zwischen Rechteinhaber und Nutzer ausgewogene vermittelnde Lösungen zu finden.

6.3.6. Allgemein: Benutzung von Bild- oder Schallträgern und Rundfunksendungen in bestimmten Geschäftsbetrieben

Literaturhinweise: *Walter,* Die Zulässigkeit freier Werknutzungen im Bereich des Vortrags- und Aufführungsrechts aus der Sicht des Berner Verbandsrechtes, ÖBl 1974, 77; *Dittrich,* Zum Umfang der freien Werknutzung nach § 56 UrhG, ÖBl 1997, 211; *Dittrich,* Noch einmal: Zum Umfang der freien Werknutzung nach § 56 UrhG, ÖBl 1998, 63; *Graninger,* Ein Privilegium Majus für Elektrohändler? ÖBl 1999, 159.

Vorgaben des Gemeinschaftsrechts: Vgl dazu bereits oben die Vorgaben des Art 5 Abs 3 lit l InfoRL (Seite 1204).

Österreichische Regelung: In Geschäftsbetrieben, die die Herstellung, den Vertrieb oder die Instandsetzung von Bild- oder Schallträgern oder von Vorrichtungen zu ihrer Herstellung oder zu ihrem Gebrauch zum Gegenstand haben, dürfen Vorträge, Aufführungen und Vorführungen von Werken auf Bild- oder Schallträgern festgehalten und Bild- oder Schallträger zu öffentlichen Vorträgen, Aufführungen und Vorführungen der darauf festgehaltenen Werke benutzt werden, soweit es notwendig ist, um die Kunden mit den Bild- oder Schallträgern oder mit Vorrichtungen zu ihrer Herstellung oder zu ihrem Gebrauch bekanntzumachen oder die Brauchbarkeit zu prüfen (§ 56 Abs 1 UrhG). Diese Freistellung gilt jedoch nicht, wenn ein Bild- oder Schallträger benutzt wird, der mit Verletzung eines ausschließlichen Rechts, das darauf festgehaltene Werk zu vervielfältigen oder zu verbreiten, hergestellt oder verbreitet worden ist (§ 56 Abs 3 UrhG).

---

[119]) EB UrhG-Nov 2003 zur Z 15, 40 BlgNR 22. GP.

Unter diese freie Werknutzung fällt auch die Benutzung von Rundfunksendungen zur öffentlichen Wiedergabe eines Werks durch Lautsprecher oder eine andere technische Einrichtung in Geschäftsbetrieben, die die Herstellung, den Vertrieb oder die Instandsetzung von Rundfunkgeräten zum Gegenstand haben (§ 56 Abs 2 UrhG). Diese freie Werknutzung ermöglicht es insbesondere, Kunden mit den Bild- und Schallträgern bzw mit den entsprechenden Geräten vertraut zu machen.

Beispiele:

- „Vorführung" eines Fernsehers in einem Elektrogeschäft;
- „Vorspielen" von CDs im Plattengeschäft.
- OGH 7. 10. 1997: Nicht gedeckt ist eine allgemeine *„Musikberieselung"*.[120]

Für *Datenbankwerke* weisen die Materialien zur UrhG-Nov 1997[121] darauf hin, dass diese freie Werknutzung selbstverständlich auch für diese Werke gilt und den Bedürfnissen von Hardware- und Softwarehäusern gerecht wird, die elektronisch gespeicherte Datenbanken für Demonstrationszwecke vorführen. Das Speichermedium, auf dem die Datenbank festgehalten wird, werde wohl stets unter den Begriff des Bild- oder Schallträgers subsumiert werden können, die Vorführungsgeräte (samt Software) unter den Begriff der „Vorrichtungen zu ihrem Gebrauch".

6.3.7. Allgemein: Überlassung von Bild- oder Schallträgern an bestimmte Bundesanstalten

Literaturhinweis: *Gesek*, Rechtssicherheit für Filmarchive, FuR 1980, 181.

Vorgaben des Gemeinschaftsrechts: Zu den Vorgaben des Art 5 Abs 2 lit d und Abs 3 lit a InfoRL vgl oben Seite 1203.

Österreichische Regelung: Das Überlassen von Bild- und Schallträgern, an denen das Verbreitungsrecht bereits erloschen ist (§ 16 Abs 3 UrhG; Seite 1177), ist unproblematisch. Ist dieses Recht hingegen noch nicht erloschen, so könnten die Rechtsinhaber die Weitergabe an Archive verhindern. Konkreter Regelungsanlass waren die vom ORF produzierten Bild- oder Schallträger, für die er selbst kein Verbreitungsrecht hat.[122] Hier wollte man mit der UrhG-Nov 1996 eine Freistellung schaffen, die die Weitergabe an bestimmte Archive deckt:

Bild- oder Schallträger, auf denen ein veröffentlichtes Werk festgehalten ist, dürfen durch Überlassung an wissenschaftliche Anstalten des öffentlichen Rechts des Bundes, die die Sammlung, Bewahrung und Erschließung von audiovisuellen Medien zur Aufgabe haben und keine kommerziellen Zwecke verfolgen, verbreitet werden. Zum Zweck der Überlassung darf auch eine Vervielfältigung des Bild- oder Schallträgers hergestellt werden (§ 56a Abs 1 UrhG idF UrhG-Nov 2003). Davon ausgenommen sind Bild- oder Schallträger, die mit Verletzung eines aus-

---

[120]) OGH 7. 10. 1997, 4 Ob 210/97d – Musikberieselung – ÖBl 1998, 85 = MR 1998, 26 = EvBl 1998/48 = RdW 1998, 337 = GRUR Int 1998, 817.
[121]) EB, RV 883 BlgNR 20. GP 7.
[122]) EB 3 BlgNR 20. GP 26.

schließlichen Rechts, das darauf festgehaltene Werk zu vervielfältigen oder zu verbreiten, hergestellt oder verbreitet worden sind (§ 56a Abs 2 UrhG).

6.3.8. Allgemein: Benutzung von Bild- oder Schallträgern in Bibliotheken

Vorgaben des Gemeinschaftsrechts: Vgl dazu bereits oben die Vorgaben des Art 5 Abs 3 lit n InfoRL (Seite 1205).

Österreichische Regelung: Öffentliche, nicht Erwerbszwecken dienende Bibliotheken und vergleichbare Einrichtungen dürfen Werkstücke (Bücher oder Zeitschriften, aber auch Bild- und Schallträger, wie etwa Tonbänder, CDs, Videokassetten, Bildplatten)[123] an Besucher verleihen (§ 16a UrhG; Seite 1180). Dabei dürfen Bücher und Zeitschriften auch in der Bibliothek selbst zum Lesen durch den Bibliotheksbenützer verliehen werden (das Lesen ist keine weitere Verwertungshandlung). Problematisch ist dies jedoch bei Bild- oder Schallträgern. Diese müssen abgespielt werden. Nach der jüngeren Rsp[124] wird dies in der Regel als öffentliche Wiedergabe der darauf festgehaltenen Werke zu beurteilen sein (im Sinne einer „sukzessiven Öffentlichkeit", Seite 1193). Mit der UrhG-Nov 1996 wurde daher eine Sonderregelung zur Freistellung dieser Nutzung eingefügt. Diese stellt einerseits sicher, dass eine angemessene Nutzung möglich ist, sichert den Rechtsinhabern aber andererseits eine angemessene Vergütung zu und verhindert durch die Einschränkung der zulässigen öffentlichen Wiedergabe auf jeweils nicht mehr als zwei Besucher, dass ohne Zustimmung der Rechtsinhaber kino- oder konzertähnliche Veranstaltungen stattfinden:

Der Öffentlichkeit zugängliche Einrichtungen (Bibliothek, Bild- oder Schallträgersammlung udgl) dürfen Bild- oder Schallträger zu öffentlichen Vorträgen, Aufführungen und Vorführungen der darauf festgehaltenen Werke für jeweils nicht mehr als *zwei Besucher* der Einrichtung benützen, sofern dies nicht zu Erwerbszwecken geschieht. Hiefür steht dem Urheber ein Anspruch auf angemessene Vergütung zu. Solche Ansprüche können nur von Verwertungsgesellschaften geltend gemacht werden (§ 56b Abs 1 UrhG).

Diese Freistellung gilt nicht, wenn ein Bild- oder Schallträger benutzt wird, der mit Verletzung eines ausschließlichen Rechts, das darauf festgehaltene Werk zu vervielfältigen oder zu verbreiten, hergestellt oder verbreitet worden ist (§ 56b Abs 2 UrhG).

---

[123]) Dazu und zum Folgenden: EB 3 BlgNR 20. GP 26.
[124]) OGH 27. 1. 1987, 4 Ob 393/86 – Sexshop – ÖBl 1987, 82 = MR 1987, 54 (*Walter*) = SZ 60/9 = wbl 1987, 127 = GRUR Int 1987, 609.

6.3.9. Allgemein: Öffentliche Wiedergabe im Unterricht

Vorgaben des Gemeinschaftsrechts: Vgl dazu bereits oben die Vorgaben des Art 5 Abs 3 lit a InfoRL (Seite 1203).

Österreichische Regelung: Schulen und Universitäten dürfen für Zwecke des Unterrichts beziehungsweise der Lehre in dem dadurch gerechtfertigten Umfang Werke der Filmkunst und die damit verbundenen Werke der Tonkunst öffentlich aufführen (§ 56c Abs 1 UrhG idF UrhG-Nov 2003). Einem Wunsch des BMBWK folgend wurde mit der UrhG-Nov 2003 der letzte Halbsatz der geltenden Fassung, wonach das Recht zur Aufführung von Spielfilmen nur Hochschulen zustand, in die geänderte Fassung nicht mehr übernommen; damit kommt dieses Recht auch anderen Schulen zu. Die Filmaufführung dürfe allerdings nicht nur dazu dienen, „die Schüler zu unterhalten". Die Änderung sei im Ergebnis auch im Interesse der Rechtsinhaber, da – wie aus den beteiligten Kreisen zu hören ist – die entsprechenden Filmvorführungen auch ohne gesetzliche Deckung stattfinden, dafür aber keine Vergütung gezahlt wird und eine Verfolgung von Rechtsverletzungen in diesem Bereich praktisch nicht vorkommt; durch die Legalisierung werde den Rechtsinhabern zumindest ein Vergütungsanspruch gesichert.[125]

Für diese öffentliche Aufführung steht dem Urheber ein Anspruch auf angemessene *Vergütung* zu. Solche Ansprüche können nur von Verwertungsgesellschaften geltend gemacht werden (§ 56c Abs 2 UrhG).

Diese Freistellung gilt nicht für Filmwerke, die ihrer Beschaffenheit und Bezeichnung nach zum Schul- oder Unterrichtsgebrauch bestimmt sind. Sie gilt weiters nicht, wenn ein Bild- oder Schallträger benutzt wird, der mit Verletzung eines ausschließlichen Rechts, das darauf festgehaltene Werk zu vervielfältigen oder zu verbreiten, hergestellt oder verbreitet worden ist (§ 56c Abs 3 UrhG).

6.3.10. Allgemein: Öffentliche Wiedergabe in Beherbergungsbetrieben

Literaturhinweis: *Feichtenberger*, Öffentliche Video-Vorführungen in Fremdenverkehrsbetrieben, MR 1983, 16.

Vorgaben des Gemeinschaftsrechts: Zu den Vorgaben des Art 5 InfoRL vgl oben Seite 1203.

Österreichische Regelung: Beherbergungsunternehmer dürfen für die von ihnen aufgenommenen Gäste Werke der Filmkunst öffentlich aufführen, wenn gewisse Voraussetzungen erfüllt sind (§ 56d

---

[125]) EB UrhG-Nov 2003 zur Z 32, 40 BlgNR 22. GP.

Abs 1 UrhG): Seit der Erstaufführung des Filmwerks entweder im Inland oder in deutscher Sprache oder in einer Sprache einer in Österreich anerkannten Volksgruppe müssen mindestens zwei Jahre vergangen sein. Weiters muss die Aufführung mit Hilfe eines zu Handelszwecken hergestellten Bild- oder Schallträgers, dessen Verbreitung nach § 16 Abs 3 UrhG zulässig ist (zur Erschöpfungsregelung vgl Seite 1177), vorgenommen werden. Und letztlich wird vorausgesetzt, dass die Zuschauer ohne Entgelt zugelassen werden.

Für diese öffentliche Aufführung steht dem Urheber ein Anspruch auf angemessene *Vergütung* zu. Solche Ansprüche können nur von Verwertungsgesellschaften geltend gemacht werden (§ 56d Abs 2 UrhG).

6.3.11. Literatur: Öffentliche Reden

Vorgaben der RBÜ: Der Gesetzgebung der Verbandsländer bleibt vorbehalten, politische Reden und Reden in Gerichtsverhandlungen teilweise oder ganz von dem in Art 2 RBÜ (Seite 1104) vorgesehenen Schutz auszuschließen (Art 2bis Abs 1 RBÜ). Ebenso bleibt der Gesetzgebung der Verbandsländer vorbehalten zu bestimmen, unter welchen Voraussetzungen Vorträge, Ansprachen, und andere in der Öffentlichkeit dargebotene Werke gleicher Art durch die Presse vervielfältigt, durch Rundfunk gesendet, mittels Draht an die Öffentlichkeit übertragen werden und in den Fällen des Art 11bis Abs 1 RBÜ öffentlich wiedergegeben werden dürfen, wenn eine solche Benützung durch den Informationszweck gerechtfertigt ist (Art 2bis Abs 2 RBÜ). Der Urheber genießt jedoch das ausschließliche Recht, seine in Art 2bis Abs 1 und 2 RBÜ genannten Werke in Sammlungen zu vereinigen (Art 2bis Abs 3 RBÜ).

Vorgaben des Gemeinschaftsrechts: Zu den Vorgaben des Art 5 Abs 3 lit f InfoRL vgl oben Seite 1204.

Österreichische Regelung: Reden, die in einer zur Besorgung öffentlicher Angelegenheiten zuständigen *Versammlung* (zB im Parlament) oder im Verfahren vor den *Gerichten* oder anderen Behörden gehalten werden, sowie öffentlich gehaltene *politische Reden* dürfen zum Zweck der Berichterstattung vervielfältigt, verbreitet, öffentlich vorgetragen und durch Rundfunk gesendet werden (§ 43 Abs 1 UrhG). Die UrhG-Nov 2003 hat den Anwendungsbereich dieser freien Werknutzung auch noch auf die öffentliche Zurverfügungstellung im Sinne des § 18a UrhG (Seite 1194) ausgedehnt. Ist eine Rede dieser Art auf einem Schallträger festgehalten worden, so darf dieser nur mit Einwilligung des Urhebers verbreitet werden (§ 43 Abs 2 UrhG). Die Vervielfältigung und Verbreitung sowie die öffentliche Zurverfügungstellung der im § 43 Abs 1 UrhG bezeichneten Reden in Sammlungen solcher Werke ist dem Urheber vorbehalten (§ 43 Abs 3 UrhG idF UrhG-Nov 2003). Zum *Leistungsschutzrecht des Redners* vgl insbesondere § 72 Abs 6 UrhG (Seite 1306).

Beispiel:

▶ OGH 19. 11. 2002: Eine bloß persönliche Stellungnahme auf einer Website zu einem Parteiausschlussverfahren fällt nicht unter den Begriff der „öffentlich gehaltenen politischen Rede".[126]

6.3.12. Literatur: Nachdruckfreiheit

Literaturhinweise: Dittrich, Zur Tragweite des § 44 Abs 3 UrhG, MR 1985/1 Archiv 4; Krejci, Urheberrechtliches zur Medienbeobachtung, FS Dittrich (2000) 201.

Vorgaben der RBÜ: Zu den Vorgaben in Art 10bis RBÜ vgl Seite 1240.

Vorgaben des Gemeinschaftsrechts: Zu den Vorgaben des Art 5 Abs 3 lit c InfoRL vgl Seite 1204.

Österreichische Regelung: Einzelne in einer Zeitung oder Zeitschrift enthaltene Aufsätze über wirtschaftliche, politische oder religiöse Tagesfragen[127] dürfen in anderen Zeitungen und Zeitschriften[128] vervielfältigt und verbreitet werden. Dies gilt jedoch nicht, wenn die Vervielfältigung ausdrücklich verboten wird. Zu einem solchen Verbot genügt der Vorbehalt der Rechte bei dem Aufsatz oder am Kopfe der Zeitung oder Zeitschrift (§ 44 Abs 1 UrhG). In einer Zeitung oder Zeitschrift enthaltene Aufsätze, deren Vervielfältigung nach dieser Ausnahmeregelung zulässig ist, dürfen auch öffentlich vorgetragen, durch Rundfunk gesendet sowie der Öffentlichkeit zur Verfügung gestellt werden (§ 44 Abs 2 UrhG idF UrhG-Nov 2003). Zur Quellenangabe vgl Seite 1239. Diese Freistellung soll die Auseinandersetzung mit anderen Meinungen ermöglichen und damit der wirtschaftlichen, politischen und religiösen Diskussion dienen.[129] Zu den bloß „einfache Mitteilungen darstellenden Presseberichten" vgl Seite 1336.

Beispiele:

▶ OGH 12. 6. 2001: Eine *Datenbank*, aus der Meldungen über einen längeren Zeitraum hindurch abgerufen werden können, ist einer Zeitung oder Zeitschrift im Sinne des § 44 Abs 1 UrhG nicht vergleichbar, die Artikel über wirtschaftliche, politische oder religiöse Tagesfragen veröffentlicht.[130]
▶ OGH 19. 11. 2002: Der Kläger hatte auf seiner *Website* einen persönlichen Kommentar zu seinem Parteiausschlussverfahren gegeben. Die Beklagte zitierte

---

[126]) OGH 19. 11. 2002, 4 Ob 230/02f – meischi.at – ÖBl-LS 2003/77 – 79 = EvBl 2003/57 = MR 2003, 38 (*Walter*) = RdW 2003/268.
[127]) Zur diesbezüglichen *Substantiierungspflicht* des Beklagten: OGH 13. 11. 2001, 4 Ob 249/01y – Wirtschaftskurier – MR 2002, 101.
[128]) Dies erfasst nicht einen *elektronischen Pressespiegel*: OGH 12. 6. 2001, 4 Ob 140/01v – Internet-Nachrichtenagentur II – MR 2001, 385 (*Walter*) = GRUR Int 2002, 353.
[129]) OGH 9. 12. 1997, 4 Ob 361/97k – Edith – MR 1998, 284 (*Walter*) = EvBl 1998/95 = GRUR Int 1998, 896.
[130]) OGH 12. 6. 2001, 4 Ob 140/01v – Internet-Nachrichtenagentur II – MR 2001, 385 (*Walter*) = GRUR Int 2002, 353.

diesen Text in einem Zeitungsartikel. Der OGH verneinte hier die Anwendbarkeit der Nachdruckfreiheit.[131]

6.3.13. Literatur: Kirchen-, Schul- oder Unterrichtsgebrauch

Literaturhinweise: *Holeschofsky*, Urheberrechtlich geschützte Werke im Schulgebrauch, FuR 1977, 821; *Holeschofsky*, Die Regeln des „fair use" im Urheberrecht, FuR 1978, 520; *Potz*, Urheberrecht aus kirchenrechtlicher Sicht, ÖSGRUM 7 (1988) 43 (51); *Tretter*, Die frei3 Werknutzung für den Schulgebrauch unter dem Blickwinkel der Eigentumsfreiheit, ÖSGRUM Bd 6 (1988) 52; *Lessiak*, Zur Rechtsstellung von Verwertungsgesellschaften bei Geltendmachung von Vergütungsansprüchen, ÖJZ 1993, 760; *Dittrich*, Gesetzliche Treuhand für Verwertungsgesellschaften? ecolex 1994, 103.

Vorgaben des Gemeinschaftsrechts: Zu den Vorgaben des Art 5 Abs 3 lit a und g InfoRL vgl Seite 1204.

Österreichische Regelung: Die Regelung dieser freien Werknutzung wurde zur Anpassung an die InfoRL neu gefasst:

Nutzung für nicht kommerzielle Zwecke

Die UrhG-Nov 2003 hat die bisherigen freien Werknutzungen in diesem Bereich auf „*nicht kommerzielle Zwecke*" eingeschränkt: Einzelne Sprachwerke oder Werke der im § 2 Z 3 UrhG bezeichneten Art („wissenschaftliche oder belehrende Werke", Seite 1115) dürfen zur Verfolgung nicht kommerzieller Zwecke nach ihrem Erscheinen in einem durch den Zweck gerechtfertigten Umfang in einer *Sammlung*, die Werke mehrerer Urheber enthält und ihrer Beschaffenheit und Bezeichnung nach *zum Kirchen-, Schul- oder Unterrichtsgebrauch* bestimmt ist, vervielfältigt, verbreitet und der Öffentlichkeit zur Verfügung gestellt werden; ein Werk der im § 2 Z 3 UrhG bezeichneten Art darf jedoch bloß zur Erläuterung des Inhalts aufgenommen werden (§ 45 Abs 1 Z 1 UrhG idF UrhG-Nov 2003). Weiters dürfen einzelne Sprachwerke oder Werke der im § 2 Z 3 UrhG bezeichneten Art zur Verfolgung nicht kommerzieller Zwecke nach ihrem Erscheinen in einem durch den Zweck gerechtfertigten Umfang in einem *Werk*, das seiner Beschaffenheit und Bezeichnung nach *zum Schulgebrauch* bestimmt ist, vervielfältigt, verbreitet und der Öffentlichkeit zur Verfügung gestellt werden, allerdings bloß zur Erläuterung des Inhalts (§ 45 Abs 1 Z 2 UrhG idF UrhG-Nov 2003).

Auch dürfen zur Verfolgung nicht kommerzieller Zwecke erschienene Sprachwerke in einem durch den Zweck gerechtfertigten Umfang zu Rundfunksendungen verwendet werden, deren Benutzung zum Schulgebrauch von der Unterrichtsbe-

---

[131]) OGH 19. 11. 2002, 4 Ob 230/02f – meischi.at – ÖBl-LS 2003/77 – 79 = EvBl 2003/57 = MR 2003, 38 (*Walter*) = RdW 2003/268.

hörde für zulässig erklärt worden ist und die als *Schulfunk* bezeichnet werden (§ 45 Abs 2 UrhG idF UrhG-Nov 2003). Zur Quellenangabe vgl Seite 1239.

Seit der UrhG-Nov 1993 besteht für diese freien Werknutzungen eine *Vergütungspflicht*: Für die Vervielfältigung, die Verbreitung, die öffentliche Zurverfügungstellung nach § 45 Abs 1 UrhG sowie für die Rundfunksendung gemäß § 45 Abs 2 UrhG steht dem Urheber gemäß § 45 Abs 3 UrhG ein Anspruch auf angemessene Vergütung zu. Solche Ansprüche können nur von Verwertungsgesellschaften geltend gemacht werden.[132]

Nutzung für kommerzielle Zwecke

Die UrhG-Nov 2003 musste einerseits – zur Anpassung an die InfoRL – die freie Werknutzung in diesem Bereich auf nicht kommerzielle Nutzungen einschränken. Andererseits geht sie aber davon aus, dass weiterhin ein berechtigtes Interesse besteht, auch in den Fällen, in denen mit der Herstellung von Schulbüchern ein kommerzieller Zweck verfolgt wird, den erforderlichen Rechteerwerb auf einfache Weise sicherzustellen. Es wurde daher eine dem Vorbild des § 59 UrhG (Seite 1259) entsprechende Regelung neu eingefügt. Die Rechte der „Außenseiter", die von der zuständigen Verwertungsgesellschaft sonst nicht wahrgenommen werden, wurden nach dem Vorbild des § 59a Abs 2 UrhG geregelt:[133] Die in § 45 Abs 1 UrhG (*Sammlung zum Kirchen-, Schul- oder Unterrichtsgebrauch, Nutzung für Schulgebrauch zur Erläuterung*; nicht aber *Schulfunk*) bezeichneten Werknutzungen sind auch zur Verfolgung *kommerzieller Zwecke* zulässig, wenn der Nutzer die hiefür erforderlichen Rechte von der zuständigen Verwertungsgesellschaft (§ 3 VerwGesG, Seite 1149) erworben hat. Mit Beziehung auf diese Bewilligung haben auch die Urheber, die mit der Verwertungsgesellschaft keinen Wahrnehmungsvertrag geschlossen haben und deren Rechte auch nicht auf Grund eines Gegenseitigkeitsvertrags mit einer ausländischen Verwertungsgesellschaft wahrgenommen werden, dieselben Rechte und Pflichten wie die Bezugsberechtigten der Verwertungsgesellschaft (§ 59c UrhG).

6.3.14. Literatur: Zitatrecht

Literaturhinweise: *Walter,* Die Zulässigkeit freier Werknutzungen im Bereich des Vortrags- und Aufführungsrechts aus der Sicht des Berner Verbandsrechtes, ÖBl 1974, 77; *Dittrich,* Deckt die freie Werknutzung nach § 46 Z 1 UrhG auch die Anführung außerhalb einer eigenen literarischen Arbeit? RfR 1980, 49.

---

[132]) Allerdings nur soweit der Verwertungsgesellschaft die Rechtewahrnehmung vom Urheber eingeräumt wurde; vgl *Lessiak,* ÖJZ 1993, 760. Eine „gesetzliche Treuhand" wird zutreffend abgelehnt; die Größe des Werkrepertoires ist daher eine bestimmende Größe für die Höhe der Vergütung *Dittrich,* ecolex 1994, 103.

[133]) EB UrhG-Nov 2003 zur Z 36, 40 BlgNR 22. GP.

Vorgaben des Gemeinschaftsrechts: Zu den Vorgaben des Art 5 Abs 3 lit d InfoRL vgl Seite 1204.

Österreichische Regelung:

Kleines Zitat

Zulässig sind die Vervielfältigung und die Verbreitung sowie der öffentliche Vortrag, die Rundfunksendung[134] und die öffentliche Zurverfügungstellung, wenn bloß einzelne Stellen eines veröffentlichten Sprachwerks angeführt werden („*kleines Zitat*"; § 46 Z 1 UrhG idF UrhG-Nov 2003).[135] Zur Quellenangabe vgl Seite 1239. Die Rechtsprechung verlangt als Voraussetzung für die Zulässigkeit des Zitats, dass dieses in ein anderes Werk übernommen wird, das selbst ebenfalls schutzfähig ist.[136]

Großes Zitat

Zulässig sind die Vervielfältigung und die Verbreitung sowie der öffentliche Vortrag, die Rundfunksendung und die öffentliche Zurverfügungstellung, wenn einzelne Sprachwerke oder Werke gemäß § 2 Z 3 UrhG (diese nur zur Erläuterung des Inhalts) nach ihrem Erscheinen in einem durch den Zweck gerechtfertigten Umfang in ein die Hauptsache bildendes wissenschaftliches Werk aufgenommen werden („*großes Zitat*"; § 46 Z 2 UrhG idF UrhG-Nov 2003).[137] Zur Quellenangabe vgl Seite 1239.

Vertonung

Kleine Teile eines Sprachwerks oder Sprachwerke von geringem Umfang dürfen nach ihrem Erscheinen als Text eines zum Zweck ihrer Vertonung geschaffenen Werks der Tonkunst in Verbindung mit diesem vervielfältigt, verbreitet, öffentlich vorgetragen, durch Rundfunk gesendet und der Öffentlichkeit zur Verfügung gestellt werden. Ausgenommen ist die Vervielfältigung und Verbreitung von Sprachwerken auf Schallträgern und die öffentliche Zurverfügungstellung mit Hilfe eines Schallträgers (§ 47 Abs 1 und 3 UrhG idF UrhG-Nov 2003). Die Vertonungsfreiheit gilt ferner weder für Sprachwerke, die ihrer Gattung nach zur Vertonung bestimmt sind, wie die Texte zu Oratorien, Opern, Operetten und Singspielen, noch für Sprachwerke, die als Text eines Werks der Tonkunst mit einem die Vertonungsfreiheit ausschließenden Vorbehalt erschienen sind (§ 47 Abs 4 UrhG). Zur Quellenangabe vgl Seite 1239.

---

[134]) Vgl zB OGH 29. 1. 2002, 4 Ob 293/01v – Riven Rock – ÖBl 2002, 250 (*Wolner*) = ÖBl-LS 2002/144 - 146 = EvBl 2002/122 = MR 2002, 164 (*Walter*) = GRUR Int 2003, 368.

[135]) Zum zulässigen Ausmaß: OGH 13. 7. 1982, 4 Ob 350/82 – Max Merkel – ÖBl 1983, 25 = SZ 55/110 = GRUR Int 1983, 311; *Dittrich*, RfR 1980, 49.

[136]) OGH 19. 11. 2002, 4 Ob 230/02f – meischi.at – ÖBl-LS 2003/77 – 79 = EvBl 2003/57 = MR 2003, 38 (*Walter*) = RdW 2003/268.

[137]) Zur Abgrenzung „kleines Zitat"/„großes Zitat": OGH 31. 1. 1995, 4 Ob 1/95 – Friedrich Heer II – ÖBl 1996, 99 = EvBl 1995/102 = SZ 68/26 = ecolex 1995, 498 = MR 1995, 179 (*Walter*) = GRUR Int 1996, 1056; zur Erkennbarkeit als Zitat: OGH 10. 7. 1990, 4 Ob 72/90 – Voll Leben und voll Tod – ÖBl 1990, 283 = MR 1990, 227 (*Walter*) = ecolex 1990, 679 (*Zanger*) = wbl 1990, 382.

Für diese Nutzung gebührt dem Urheber des vertonten Sprachwerks ein angemessener *Anteil an dem Entgelt*, das der zur öffentlichen Aufführung oder Rundfunksendung des Werks der Tonkunst ausschließlich Berechtigte für die Bewilligung von öffentlichen Aufführungen oder von Rundfunksendungen dieses Werks in Verbindung mit dem vertonten Sprachwerk erhält (§ 47 Abs 2 UrhG).

6.3.15. Literatur: Textfreiheit

Vorgaben des Gemeinschaftsrechts: Zu den Vorgaben des Art 5 InfoRL vgl Seite 1203.

Österreichische Regelung: Eine weitere Sonderregelung betrifft „kleine Teile eines Sprachwerks und Sprachwerke von geringem Umfang, die vertont worden sind". Sie dürfen in drei Fällen nach ihrem Erscheinen abgesondert von dem Werke der Tonkunst vervielfältigt und verbreitet werden: Erstens dürfen sie zum Gebrauch der Zuhörer, die einer unmittelbaren persönlichen Wiedergabe der verbundenen Werke am Aufführungsorte beiwohnen, vervielfältigt und verbreitet werden, allerdings nur „mit Andeutung dieser Bestimmung" (§ 48 Z 1 UrhG). Solche Texte dürfen zweitens in Programmen, worin die Rundfunksendung der verbundenen Werke angekündigt wird, vervielfältigt und verbreitet werden (§ 48 Z 2 UrhG). Schließlich dürfen sie in Aufschriften auf Schallträgern oder in Beilagen dazu vervielfältigt und verbreitet werden (§ 48 Z 3 UrhG). Die Schallträger dürfen aber nicht mit Verletzung eines ausschließlichen Rechts, die darauf festgehaltenen Werke zu vervielfältigen oder zu verbreiten, hergestellt oder verbreitet werden und die Beilagen müssen als solche bezeichnet sein (§ 48 Z 3 UrhG). Zur Quellenangabe vgl Seite 1239.

6.3.16. Literatur: Vortragsfreiheit

Literaturhinweis: *Walter*, Die Zulässigkeit freier Werknutzungen im Bereich des Vortrags- und Aufführungsrechts aus der Sicht des Berner Verbandsrechtes, ÖBl 1974, 77.

Vorgaben des Gemeinschaftsrechts: Zu den Vorgaben des Art 5 InfoRL vgl Seite 1203.

Österreichische Regelung: Zulässig ist der öffentliche Vortrag eines erschienenen Sprachwerks, wenn die Zuhörer weder ein Eintrittsgeld noch sonst ein Entgelt entrichten und der Vortrag keinerlei Erwerbszwecken dient oder wenn sein Ertrag ausschließlich für wohltätige Zwecke bestimmt ist (§ 50 Abs 1 UrhG).

Diese Vortragsfreiheit gilt aber nicht, wenn die Mitwirkenden ein Entgelt erhalten; sie gilt ferner nicht, wenn der Vortrag mit Hilfe eines Schallträgers vorgenommen wird, der mit Verletzung eines ausschließlichen Rechts, das darauf festgehaltene Sprachwerk zu vervielfältigen oder zu verbreiten, hergestellt oder verbreitet worden ist (§ 50 Abs 2 UrhG).

6.3.17. Tonkunst: Schulgebrauch

Literaturhinweise: *Frotz*, Österreichisches Urheberrecht und sakrale Tonkunst, Schriftenreihe der Intergu Bd 47 (1971) 29; *Walter*, Die Zulässigkeit freier Werknutzungen im Bereich des Vortrags- und Aufführungsrechts aus der Sicht des Berner Verbandsrechtes, ÖBl 1974, 77; *Holeschofsky*, Urheberrechtlich geschützte Werke im Schulgebrauch, FuR 1977, 821; *Holeschofsky*, Die Regeln des „fair use" im Urheberrecht, FuR 1978, 520; *Graninger*, Freie Werknutzungen an musikalischen Werken im Bereich des Aufführungsrechts, ÖSGRUM 14 (1993) 35; *Lessiak*, Zur Rechtsstellung von Verwertungsgesellschaften bei Geltendmachung von Vergütungsansprüchen, ÖJZ 1993, 760; *Dittrich*, Gesetzliche Treuhand für Verwertungsgesellschaften? ecolex 1994, 103; *Tretter*, Die freie Werknutzung für den Schulgebrauch unter dem Blickwinkel der Eigentumsfreiheit, ÖSGRUM 6 (1998) 52.

Vorgaben des Gemeinschaftsrechts: Zu den Vorgaben des Art 5 Abs 3 lit a InfoRL vgl Seite 1203.

Österreichische Regelung:

Nutzung für nicht kommerzielle Zwecke

Auch diese freie Werknutzung hat die UrhG-Nov auf nicht kommerzielle Nutzungen eingeschränkt (vgl zur Literatur: Seite 1227): Zur Verfolgung nicht kommerzieller Zwecke dürfen einzelne Werke der Tonkunst nach ihrem Erscheinen in Form von Notationen in einem durch den Zweck gerechtfertigten Umfang in einem Werk vervielfältigt, verbreitet und der Öffentlichkeit zur Verfügung gestellt werden, das seiner Beschaffenheit und Bezeichnung nach zum Schulgebrauch bestimmt ist, wenn sie in eine für den *Gesangsunterricht* bestimmte Sammlung aufgenommen werden, die Werke mehrerer Urheber vereinigt, oder wenn sie bloß zur *Erläuterung des Inhalts* aufgenommen werden (§ 51 Abs 1 UrhG idF UrhG-Nov 2003). Zur Quellenangabe vgl Seite 1239:

Seit der UrhG-Nov 1993 besteht auch hier ein *Vergütungsanspruch*: Für diese Vervielfältigung, Verbreitung und öffentliche Zurverfügungstellung steht dem Urheber ein Anspruch auf angemessene Vergütung zu. Solche Ansprüche können nur von Verwertungsgesellschaften geltend gemacht werden (§ 51 Abs 2 UrhG idF UrhG-Nov 2003).[138]

Nutzung für kommerzielle Zwecke

Die UrhG-Nov 2003 hat diese freie Werknutzung durch einen besonderen Mechanismus für den Rechteerwerb bei kommerzieller Nutzung ergänzt: Die in § 51 Abs 1 UrhG bezeichneten Werknutzungen sind auch zur Verfolgung *kommerzieller Zwecke* zulässig, wenn der Nutzer die hiefür erforderlichen Rechte von der zuständigen Verwertungsgesellschaft (§ 3 Verw-

---

[138]) Zur Aktivlegitimation vgl *Lessiak*, ÖJZ 1993, 760. Eine „gesetzliche Treuhand" wird zutreffend abgelehnt; die Größe des Werkrepertoires ist daher eine bestimmende Größe für die Höhe der Vergütung: *Dittrich*, ecolex 1994, 103.

GesG, Seite 1149) erhalten hat. Mit Beziehung auf diese Bewilligung haben auch die Urheber, die mit der Verwertungsgesellschaft keinen Wahrnehmungsvertrag geschlossen haben und deren Rechte auch nicht auf Grund eines Gegenseitigkeitsvertrags mit einer ausländischen Verwertungsgesellschaft wahrgenommen werden, dieselben Rechte und Pflichten wie die Bezugsberechtigten der Verwertungsgesellschaft (§ 59c UrhG).

6.3.18. Tonkunst: Musikzitat

Literaturhinweis: *Dittrich,* Deckt die freie Werknutzung nach § 46 Z 1 UrhG auch die Anführung außerhalb einer eigenen literarischen Arbeit? RfR 1980, 49.

Vorgaben des Gemeinschaftsrechts: Zu den Vorgaben des Art 5 Abs 3 lit d InfoRL vgl Seite 1204.

Österreichische Regelung: Zulässig ist die Vervielfältigung, die Verbreitung sowie die öffentliche Aufführung, die Rundfunksendung und die öffentliche Zurverfügungstellung, wenn einzelne Stellen eines erschienenen Werks der Tonkunst in einem selbständigen neuen Werke der Tonkunst angeführt werden oder wenn einzelne Stellen eines veröffentlichten Werks der Tonkunst in einer literarischen Arbeit angeführt werden (*„kleines Zitat"*; § 52 Z 1 und 2 UrhG idF UrhG-Nov 2003) oder wenn einzelne erschienene Werke der Tonkunst in einem durch den Zweck gerechtfertigten Umfang in ein die Hauptsache bildendes wissenschaftliches Werk aufgenommen werden (*„großes Zitat"*; § 52 Z 3 UrhG idF UrhG-Nov 2003). Zur Quellenangabe vgl Seite 1239.

6.3.19. Tonkunst: Drehorgeln udgl

Literaturhinweise: *Dillenz,* Zur Frage der Betriebsmusik, ÖBl 1971, 76; *Walter,* Die Zulässigkeit freier Werknutzungen im Bereich des Vortrags- und Aufführungsrechts aus der Sicht des Berner Verbandsrechtes, ÖBl 1974, 77; *Dittrich,* Zur urheberrechtlichen Beurteilung der Betriebsmusik, ÖBl 1975, 125.

Vorgaben des Gemeinschaftsrechts: Zu den Vorgaben des Art 5 InfoRL vgl Seite 1203.

Österreichische Regelung: Zulässig ist die öffentliche Aufführung eines erschienenen Werks der Tonkunst, wenn die Aufführung mit Drehorgeln, Spieldosen oder anderen Schallträgern der im § 15 Abs 3 UrhG bezeichneten Art vorgenommen wird, die nicht auf eine Weise beeinflusst werden können, dass das Werk damit nach Art einer persönlichen Aufführung wiedergegeben werden kann (§ 53 Abs 1 Z 1 UrhG).

Diese Ausnahmeregelung gilt nicht, wenn die Aufführung mit Hilfe eines Schallträgers vorgenommen wird, der mit Verletzung eines ausschließlichen Rechts, das darauf festgehaltene Werk zu vervielfältigen oder zu verbreiten, hergestellt oder verbreitet worden ist (§ 53 Abs 2 UrhG). Diese Ausnahmeregelung gilt im Übrigen weder für bühnenmäßige Aufführungen einer Oper oder eines anderen mit einem

Werke der Literatur verbundenen Werks der Tonkunst noch für die Aufführung eines Werks der Tonkunst in Verbindung mit einem Filmwerk oder einem anderen kinematographischen Erzeugnisse (§ 53 Abs 3 UrhG).

6.3.20. Tonkunst: Kirchliche oder bürgerliche Feiern

Literaturhinweise: *Dillenz,* Zur Frage der Betriebsmusik, ÖBl 1971, 76; *Walter,* Die Zulässigkeit freier Werknutzungen im Bereich des Vortrags- und Aufführungsrechts aus der Sicht des Berner Verbandsrechtes, ÖBl 1974, 77; *Dittrich,* Zur urheberrechtlichen Beurteilung der Betriebsmusik, ÖBl 1975, 125; *Potz,* Urheberrecht aus kirchenrechtlicher Sicht, ÖSGRUM 7 (1988) 43 (51); *Dittrich,* Gedanken zur Auslegung der Z 2 bis 4 des § 53 Abs 1 UrhG, ÖBl 1999, 63.

Vorgaben des Gemeinschaftsrechts: Zu den Vorgaben des Art 5 InfoRL vgl Seite 1203.

Österreichische Regelung: Zulässig ist weiters die öffentliche Aufführung eines erschienenen Werks der Tonkunst, wenn das Werk bei einer kirchlichen oder bürgerlichen Feierlichkeit oder aus einem militärdienstlichen Anlaß aufgeführt wird und die Zuhörer ohne Entgelt zugelassen werden (§ 53 Abs 1 Z 2 UrhG). Allerdings bestehen freiwillige (unpräjudizielle) Vereinbarungen der Verwertungsgesellschaften über die Zahlung von Aufführungsentgelten.[139]

Auch diese Ausnahmeregelung gilt nicht, wenn die Aufführung mit Hilfe eines Schallträgers vorgenommen wird, der mit Verletzung eines ausschließlichen Rechts, das darauf festgehaltene Werk zu vervielfältigen oder zu verbreiten, hergestellt oder verbreitet worden ist (§ 53 Abs 2 UrhG). Sie gilt weiters weder für bühnenmäßige Aufführungen einer Oper oder eines anderen mit einem Werke der Literatur verbundenen Werks der Tonkunst noch für die Aufführung eines Werks der Tonkunst in Verbindung mit einem Filmwerk oder einem anderen kinematographischen Erzeugnisse (§ 53 Abs 3 UrhG).

6.3.21. Tonkunst: Aufführung ohne Eintrittsgeld

Literaturhinweise: *Dillenz,* Zur Frage der Betriebsmusik, ÖBl 1971, 76; *Walter,* Die Zulässigkeit freier Werknutzungen im Bereich des Vortrags- und Aufführungsrechts aus der Sicht des Berner Verbandsrechtes, ÖBl 1974, 77; *Dittrich,* Zur urheberrechtlichen Beurteilung der Betriebsmusik, ÖBl 1975, 125; *Dittrich,* Gedanken zur Auslegung der Z 2 bis 4 des § 53 Abs 1 UrhG, ÖBl 1999, 63.

Vorgaben des Gemeinschaftsrechts: Zu den Vorgaben des Art 5 InfoRL vgl Seite 1203.

Österreichische Regelung: Zulässig ist die öffentliche Aufführung eines erschienenen Werks der Tonkunst, wenn die Zuhörer weder ein Eintrittsgeld noch sonst ein Entgelt entrichten und die Aufführung keinerlei Erwerbszwecken dient oder

---

[139] *Potz,* ÖSGRUM 7 (1988) 43 (51).

wenn ihr Ertrag ausschließlich für wohltätige Zwecke bestimmt ist (§ 53 Abs 1 Z 3 UrhG).

Diese Freistellung gilt nicht, wenn die Aufführung mit Hilfe eines Schallträgers vorgenommen wird, der mit Verletzung eines ausschließlichen Rechts, das darauf festgehaltene Werk zu vervielfältigen oder zu verbreiten, hergestellt oder verbreitet worden ist, oder wenn die Mitwirkenden ein Entgelt erhalten (§ 53 Abs 2 UrhG). Diese Freistellung greift im Übrigen weder für bühnenmäßige Aufführungen einer Oper oder eines anderen mit einem Werke der Literatur verbundenen Werks der Tonkunst noch für die Aufführung eines Werks der Tonkunst in Verbindung mit einem Filmwerk oder einem anderen kinematographischen Erzeugnisse (§ 53 Abs 3 UrhG).

6.3.22. Tonkunst: Aufführung zur Pflege volkstümlichen Brauchtums

Literaturhinweise: *Dillenz,* Zur Frage der Betriebsmusik, ÖBl 1971, 76; *Walter,* Die Zulässigkeit freier Werknutzungen im Bereich des Vortrags- und Aufführungsrechts aus der Sicht des Berner Verbandsrechtes, ÖBl 1974, 77; *Dittrich,* Zur urheberrechtlichen Beurteilung der Betriebsmusik, ÖBl 1975, 125; *Dittrich,* Gedanken zur Auslegung der Z 2 bis 4 des § 53 Abs 1 UrhG, ÖBl 1999, 63.

Vorgaben des Gemeinschaftsrechts: Zu den Vorgaben des Art 5 InfoRL vgl Seite 1203.

Österreichische Regelung: Zulässig ist schließlich die öffentliche Aufführung eines erschienenen Werks der Tonkunst, wenn die Aufführung von einer nicht aus Berufsmusikern bestehenden Musikkapelle oder einem solchen Chor veranstaltet wird, deren Bestand nach einem von der zuständigen Landesregierung ausgestellten Zeugnis der Pflege volkstümlichen Brauchtums dient und deren Mitglieder nicht um des Erwerbs willen mitwirken, und wenn bei dieser Aufführung – zumindest weitaus überwiegend – volkstümliche Brauchtumsmusik oder infolge Ablaufs der Schutzfrist freigewordene Musik oder Bearbeitungen von infolge Ablaufs der Schutzfrist freigewordener Musik gepflegt werden. Jedoch darf die Aufführung in Gemeinden mit mehr als 2500 Einwohnern nicht im Betriebe eines Erwerbsunternehmens, in Gemeinden bis zu 2500 Einwohnern nur dann im Betriebe eines Erwerbsunternehmens stattfinden, wenn andere passende Räume nicht zur Verfügung stehen und der Reingewinn nicht dem Erwerbsunternehmen zufließt (§ 53 Abs 1 Z 4 UrhG).

Diese freie Werknutzung greift allerdings weder für bühnenmäßige Aufführungen einer Oper oder eines anderen mit einem Werke der Literatur verbundenen Werks der Tonkunst noch für die Aufführung eines Werks der Tonkunst in Verbindung mit einem Filmwerk oder einem anderen kinematographischen Erzeugnisse (§ 53 Abs 3 UrhG).

6.3.23. Bildende Künste: Sammlungskataloge

Literaturhinweise: *Kucsko,* Die Katalogfreiheit, FS 50 Jahre UrhG (1986) 191; *Kucsko,* Die Freiheit des Straßenbildes, in GedS Schönherr (1986) 125; *Walter,* Die freie Werknutzung der Vervielfältigung zum eigenen Gebrauch (III), MR 1989, 230; *Dillenz*, Bauherr und Urheberrecht, ecolex 1991, 257; *Walter*, Die freie Werknutzung der Freiheit des Straßenbilds, MR 1991, 4; *Tretter*, Die freie Werknutzung für den Schulgebrauch unter dem Blickwinkel der Eigentumsfreiheit, in *Dittrich* (Hrsg), Beiträge zum Urheberrecht I ÖSGRUM 6 (1998) 52; *Schulze*, Die Katalogbilder-Freiheit, FS Dittrich (2000) 311.

Vorgaben des Gemeinschaftsrechts: Zu den Vorgaben des Art 5 Abs 3 lit j InfoRL vgl Seite 1204.

Österreichische Regelung: Es ist zulässig, Werke der bildenden Künste nach bleibend zu einer öffentlichen Sammlung gehörenden Werkstücken in den vom Eigentümer der Sammlung für ihre Besucher herausgegebenen Verzeichnissen zu vervielfältigen, zu verbreiten und der Öffentlichkeit zur Verfügung zu stellen, soweit dies zur Förderung der Veranstaltung erforderlich ist; doch dürfen solche Werbeschriften vom Herausgeber nur unentgeltlich oder zu einem die Herstellungskosten nicht übersteigenden Preis verbreitet oder der Öffentlichkeit zur Verfügung gestellt werden; jede andere kommerzielle Nutzung ist ausgeschlossen (§ 54 Abs 1 Z 1 UrhG idF UrhG-Nov 2003; Art 5 Abs 3 lit j InfoRL). Zur Quellenangabe vgl Seite 1239.

6.3.24. Bildende Künste: Verkaufskataloge

Literaturhinweise: *Kucsko,* Die Katalogfreiheit, FS 50 Jahre UrhG (1986) 191; *Kucsko,* Die Freiheit des Straßenbildes, in GedS Schönherr (1986) 125; *Tretter,* Die freie Werknutzung für den Schulgebrauch unter dem Blickwinkel der Eigentumsfreiheit, in *Dittrich,* Beiträge zum Urheberrecht I, ÖSGRUM 6 (1988) 52; *Walter,* Die freie Werknutzung der Vervielfältigung zum eigenen Gebrauch (III), MR 1989, 230; *Schulze,* Die Katalogbilder-Freiheit, FS Dittrich (2000) 311.

Vorgaben des Gemeinschaftsrechts: Zu den Vorgaben des Art 5 Abs 3 lit j InfoRL vgl Seite 1204.

Österreichische Regelung: Es ist weiters zulässig, veröffentlichte Werke der bildenden Künste nach Werkstücken, die versteigert werden sollen oder sonst zum Kauf angeboten werden, in Verzeichnissen der feilgebotenen Werkstücke oder in ähnlichen Werbeschriften zu vervielfältigen, zu verbreiten und der Öffentlichkeit zur Verfügung zu stellen, soweit dies zur Förderung der Veranstaltung erforderlich ist; doch dürfen solche Werbeschriften vom Herausgeber nur unentgeltlich oder zu einem die Herstellungskosten nicht übersteigenden Preis verbreitet oder der Öffentlichkeit zur Verfügung gestellt werden; jede andere kommerzielle Nutzung ist ausgeschlossen (§ 54 Abs 1 Z 2 UrhG idF UrhG-Nov 2003).[140] Zur Quellenangabe vgl Seite 1239.

---

[140]) Zum Verkaufskatalog: BG Salzburg 16. 11. 2001, 38 C 83/01z – Festspielausstellung – MR 2002, 159.

6.3.25. Bildende Künste: Schulgebrauch

Literaturhinweise: *Kucsko*, Vergütungspflicht für wissenschaftliche Bildzitate? ecolex 1993, 255; *Lessiak*, Zur Rechtsstellung von Verwertungsgesellschaften bei Geltendmachung von Vergütungsansprüchen, ÖJZ 1993, 760; *Dittrich*, Gesetzliche Treuhand für Verwertungsgesellschaften? ecolex 1994, 103.

Vorgaben des Gemeinschaftsrechts: Zu den Vorgaben des Art 5 Abs 3 lit a InfoRL vgl Seite 1203.

Österreichische Regelung:

Nutzung für nicht kommerzielle Zwecke

Die UrhG-Nov 2003 hat diese freie Werknutzung auf nicht kommerzielle Zwecke eingeschränkt: Zulässig ist es, zur Verfolgung nicht kommerzieller Zwecke einzelne erschienene Werke der bildenden Künste in einem seiner Beschaffenheit und Bezeichnung nach zum *Schul- oder Unterrichtsgebrauch* bestimmten Sprachwerk bloß zur Erläuterung des Inhalts oder in einem solchen Schulbuch zum Zweck der *Kunsterziehung* der Jugend zu vervielfältigen, zu verbreiten und der Öffentlichkeit zur Verfügung zu stellen (§ 54 Abs 1 Z 3 UrhG idF UrhG-Nov 2003). Zur Quellenangabe vgl Seite 1239.

Seit der UrhG-Nov 1993 besteht ein *Vergütungsanspruch*: Für diese Vervielfältigung, Verbreitung und öffentliche Zurverfügungstellung steht dem Urheber ein Anspruch auf angemessene Vergütung zu. Diese Ansprüche können nur von Verwertungsgesellschaften geltend gemacht werden (§ 54 Abs 2 UrhG idF UrhG-Nov 2003).[141]

Nutzung für kommerzielle Zwecke

Die UrhG-Nov 2003 hat diese freie Werknutzung durch einen besonderen Mechanismus für den Rechteerwerb bei kommerzieller Nutzung ergänzt: Die in § 54 Abs 1 Z 3 UrhG bezeichneten Werknutzungen sind auch zur Verfolgung *kommerzieller Zwecke* zulässig, wenn der Nutzer die hiefür erforderlichen Rechte von der zuständigen Verwertungsgesellschaft (§ 3 VerwGesG, Seite 1149) erhalten hat. Mit Beziehung auf diese Bewilligung haben auch die Urheber, die mit der Verwertungsgesellschaft keinen Wahrnehmungsvertrag geschlossen haben und deren Rechte auch nicht auf Grund eines Gegenseitigkeitsvertrags mit einer ausländischen Verwertungsgesellschaft wahrgenommen werden, dieselben Rechte und Pflichten wie die Bezugsberechtigten der Verwertungsgesellschaft (§ 59c UrhG).

---

[141]) Zur Aktivlegitimation: *Lessiak*, ÖJZ 1993, 760. Eine „gesetzliche Treuhand" wird zutreffend abgelehnt; die Größe des Werkrepertoires ist daher eine bestimmende Größe für die Höhe der Vergütung: *Dittrich*, ecolex 1994, 103.

6.3.26. Bildende Künste: Wissenschaftliches Bildzitat

Literaturhinweis: *Kucsko,* Vergütungspflicht für wissenschaftliche Bildzitate? ecolex 1993, 255.

Vorgaben des Gemeinschaftsrechts: Zu den Vorgaben des Art 5 Abs 3 lit a InfoRL vgl Seite 1203.

Österreichische Regelung: Im Rahmen dieser freien Werknutzung ist es zulässig, einzelne erschienene Werke der bildenden Künste in einem die Hauptsache bildenden wissenschaftlichen Werk zu vervielfältigen, zu verbreiten und der Öffentlichkeit zur Verfügung zu stellen (§ 54 Abs 1 Z 3a UrhG idF UrhG-Nov 2003). Im Übrigen (also abgesehen vom „wissenschaftlichen Bildzitat") ist allerdings kein „allgemeines Bildzitat" vorgesehen, doch ist eine analoge Anwendung unter gewissen Voraussetzungen zulässig.[142]

6.3.27. Bildende Künste: Vortragserläuterung

Vorgaben des Gemeinschaftsrechts: Zu den Vorgaben des Art 5 InfoRL vgl Seite 1203.

Österreichische Regelung: Veröffentlichte Werke der bildenden Künste dürfen bei einem die Hauptsache bildenden wissenschaftlichen oder belehrenden Vortrag bloß zur Erläuterung des Inhalts durch optische Einrichtungen öffentlich vorgeführt und die dazu notwendigen Vervielfältigungsstücke hergestellt werden (§ 54 Abs 1 Z 4 UrhG).

6.3.28. Bildende Künste: Freiheit des Straßenbildes

GRAND ARCH
(Arch: Johan Otto v Spreckelsen,
Paul Andreu, François Deslaugiers)

Vorgaben des Gemeinschaftsrechts: Zu den Vorgaben des Art 5 Abs 3 lit h InfoRL vgl Seite 1204.

Österreichische Regelung: Im Rahmen dieser freien Werknutzung dürfen Werke der Baukunst nach einem ausgeführten Bau oder andere Werke der bildenden Künste nach Werkstücken, die sich an einem dem öffentlichen Verkehr dienenden Orte *bleibend* befinden, vervielfältigt, verbreitet, durch optische Einrichtungen öffentlich vorgeführt, durch Rundfunk gesendet und der Öffentlichkeit zur Verfügung gestellt werden. Ausgenommen sind das Nachbauen von Werken der Baukunst, die Vervielfältigung eines Werks der Malkunst oder der graphischen Künste zur bleibenden Anbringung an einem Orte der genannten Art sowie die Vervielfältigung von Werken der Plastik durch die Plastik (§ 54 Abs 1 Z 5 UrhG idF UrhG-Nov 2003). Diese *„Freiheit des Straßenbildes"* erfasst nicht

---

[142]) Vgl dazu etwa OGH 3. 10. 2000, 4 Ob 224/00w – Schüssels Dornenkrone – ÖBl 2001, 181 = MR 2000, 373 (*Walter*) = EvBl 2001/30 = SZ 73/149 = RdW 2001/85 = GRUR Int 2001, 646 = ZUM 2001, 574.

nur die Außenansicht von Bauwerken, sondern auch die „Innenarchitektur".[143] Hingegen gewährt diese freie Werknutzung kein Bearbeitungsrecht.[144]

Mit der Freiheit des Straßenbildes wird in der Praxis immer wieder die Frage in Zusammenhang gebracht, ob der Eigentümer eines nicht (mehr) geschützten Baus verhindern kann, dass jemand ohne seine Zustimmung Fotos des Baus macht und verwertet. Mit der zitierten freien Werknutzung hat dies freilich schon deshalb nichts zu tun, weil es nicht um eine Freistellung von den Rechten am abzubildenden Werk geht. Ein solches „*Fotografierverbot*" kann aber sehr wohl auf vertraglicher Grundlage bestehen (zB in Museen, wo dies durch entsprechende Beschilderung oder Zutrittsbestimmungen Teil des mit dem Erwerb der Eintrittskarte geschlossenen Vertrags wird). Aber auch dann, wenn etwa eine Liegenschaft ohne Einwilligung des Eigentümers, also rechtswidrig, betreten wurde, kann dieser mit einem Unterlassungsanspruch gegen die Verwendung der durch diese Eigentumsverletzung erlangten Fotos vorgehen.[145]

6.3.29. Bildende Künste: Porträts

Vorgaben des Gemeinschaftsrechts: Zu den Vorgaben des Art 5 InfoRL vgl Seite 1203.

Österreichische Regelung: Von einem auf Bestellung geschaffenen Bildnis einer Person dürfen, wenn nichts anderes vereinbart ist, der Besteller und seine Erben sowie der Abgebildete und nach seinem Tode die mit ihm in gerader Linie Verwandten und sein überlebender Ehegatte einzelne Lichtbilder herstellen oder durch einen anderen, auch gegen Entgelt, herstellen lassen (§ 55 Abs 1 UrhG). Dies gilt jedoch für Bildnisse, die in einem Druckverfahren, in einem photographischen oder in einem der Photographie ähnlichen Verfahren hergestellt sind, nur, wenn sich die angeführten Personen weitere in diesen Verfahren hergestellte Werkstücke von dem Berechtigten überhaupt nicht oder nur mit unverhältnismäßig großen Schwierigkeiten beschaffen können (§ 55 Abs 2 UrhG). Vervielfältigungsstücke, deren Herstellung nach dieser freien Werknutzung zulässig ist, dürfen unentgeltlich verbreitet werden (§ 55 Abs 3 UrhG).

6.4. Schutz geistiger Interessen bei freien Werknutzungen
6.4.1. Allgemeines

Die Ausnahmeregelungen für freie Werknutzungen stellen zwar vom Ausschließungsrecht des Urhebers frei, sodass dieser die Nutzung nicht untersagen kann.

---

[143]) OGH 12. 7. 1994, 4 Ob 80/94 – Glasfenster – ÖBl 1995, 81 = MR 1994, 204 (*Walter*) = ecolex 1994, 691; 12. 9. 1989, 4 Ob 106/89 – Adolf Loos – ÖBl 1989, 187 = MR 1991, 25 = SZ 62/148 = EvBl 990/16 = GRUR Int 1991, 56.

[144]) OGH 26. 4. 1994, 4 Ob 51/94 – Hundertwasserhaus – ÖBl 1994, 285 = MR 1994, 200 (*Walter*) = ecolex 1994, 771 = SZ 67/70. Zum Benutzungsentgelt: *Scolik*, „Benützungsgebühr" und freie Verwertung nicht mehr geschützter Filmkopien, RfR 1986, 1.

[145]) OGH 29. 1. 2002, 4 Ob 266/01y – Schwimmbad – MR 2002, 44 (*Walter*) = EvBl 2002/118; OGH 22. 3. 1994, 4 Ob 26/94 – Internationales Freistilringerturnier – ÖBl 1995, 139 = MR 1995, 231 (*Walter*).

Der Nutzer wird hingegen nicht von der Einhaltung bestimmter Regelungen zum Schutze der ideellen Rechte des Urhebers befreit.

6.4.2. Werkschutz

Der Werkschutz nach § 21 UrhG gilt auch bei freier Werknutzung: Die Zulässigkeit von Kürzungen, Zusätzen und anderen Änderungen an dem Werke selbst, an dessen Titel oder an der Urheberbezeichnung ist auch bei freien Werknutzungen nach § 21 UrhG zu beurteilen (Seite 1200). Sinn und Wesen des benutzten Werks dürfen in keinem Fall entstellt werden (§ 57 Abs 1 UrhG).

6.4.3. Quellenangabe

Verpflichtung zur Quellenangabe (§ 57 Abs 2 UrhG): Werden Stellen eines Werks nach § 46 Z 1 UrhG („kleines Zitat"; Seite 1228) oder § 52 Z 1 UrhG („kleines Musikzitat"; Seite 1232) auf andere Art als auf Schallträgern oder wird ein Werk ganz oder zum Teil nach § 45 („Kirchen-, Schul- oder Unterrichtsgebrauch"; Seite 1227), § 46 Z 2 UrhG („großes Zitat"; Seite 1229), § 47 UrhG („Vertonungsfreiheit"; Seite 1229), § 48 UrhG („Textfreiheit"; Seite 1230), § 51 UrhG („Schulgebrauch"; Seite 1231), § 52 Z 2 oder 3 UrhG („großes Musikzitat"; Seite 1232) oder den § 54 Abs 1 Z 1 bis 3a UrhG[146] („Sammlungs- und Verkaufskataloge", „Schulgebrauch"; vgl Seite 1235) vervielfältigt, so ist stets die Quelle deutlich anzugeben.

In der Quellenangabe sind der Titel und die Urheberbezeichnung des benutzten Werks nach den Vorschriften des § 21 Abs 1 UrhG anzuführen. Bei einer nach § 45 UrhG zulässigen Benutzung einzelner Teile von Sprachwerken in Schulbüchern muss der Titel des benutzten Werks nur angegeben werden, wenn dieses nicht mit dem Namen oder Decknamen des Urhebers bezeichnet ist. Werden Stellen oder Teile von Sprachwerken nach § 46 UrhG („Zitatrecht", vgl Seite 1228) vervielfältigt, so sind sie in der Quellenangabe so genau zu bezeichnen, dass sie in dem benutzten Werke leicht aufgefunden werden können. Wird im Fall einer nach § 46 UrhG zulässigen Vervielfältigung das benutzte Werk einer Sammlung entnommen, so ist auch diese anzugeben; dabei kann die Angabe des Titels des Werks durch einen Hinweis auf die in Betracht kommende Stelle der Sammlung ersetzt werden.

In den im § 44 Abs 1 und 2 UrhG bezeichneten Fällen („Zeitungs- oder Zeitschriftenartikel"; Seite 1226) ist außer dem in der benutzten *Quelle* angeführten Namen oder Decknamen des Urhebers des Aufsatzes auch die Zeitung oder Zeitschrift, aus der der Aufsatz entnommen ist, wenn aber dort eine andere Zeitung oder Zeitschrift als Quelle angeführt ist, diese deutlich anzugeben. Wird die Angabe der Zeitung oder Zeitschrift unterlassen, so stehen ihrem Herausgeber oder, wenn ein

---

[146] Der Verweis auf Z 3a wurde durch die UrhG-Nov 2003 eingefügt, weil er dort „vermutlich wegen eines früheren Redaktionsversehens" fehlte (EB UrhG-Nov 2003 zur Z 33-35, 40 BlgNR 22. GP).

solcher nicht genannt ist, ihrem Verleger die gleichen Ansprüche zu wie einem Urheber im Fall einer rechtswidrigen Unterlassung der Angabe der Urheberbezeichnung (§ 57 Abs 3 UrhG; Art 10bis Abs 1, zweiter Satz RBÜ).

Darüber hinaus ist in den folgenden drei Fällen die Quelle, einschließlich des Namens des Urhebers, anzugeben, es sei denn, dies erweist sich als unmöglich: wenn Werke ganz oder zum Teil auf Grund des § 42c UrhG vervielfältigt werden, es sei denn, sie werden in die Berichterstattung nur beiläufig einbezogen; wenn Werke ganz oder zum Teil auf Grund der §§ 43, 54 Abs 1 Z 4 oder des § 56a UrhG vervielfältigt werden; wenn Stellen eines Werks nach § 46 Z 1 oder § 52 Z 1 UrhG auf Schallträgern vervielfältigt werden (§ 57 Abs 3a UrhG, eingefügt durch die UrhG-Nov 2003; Art 5 Abs 3 InfoRL).

Diese Aufzählung der Fälle, in denen eine Quellenangabe erforderlich ist, ist nicht taxativ: Ob und inwieweit bei anderen freien Werknutzungen als den in § 57 Abs 2, 3 und 3a UrhG bezeichneten freien Werknutzungen eine Quellenangabe unterbleiben kann, ist nach den *im redlichen Verkehr geltenden Gewohnheiten und Gebräuchen* zu beurteilen (§ 57 Abs 4 UrhG). Der Begriff der „im redlichen Verkehr geltenden Gewohnheiten und Gebräuche" entspricht jenem der „Übung des redlichen Verkehrs" in § 914 ABGB. Es ist eine Abwägung der Interessen des Urhebers mit jenen des zur freien Werknutzung Berechtigten vorzunehmen.

Beispiel:

▸ OGH 29. 1. 2002: Werden in einer Literatur-Rundfunksendung Roman-Zitate aus einer Übersetzung gebracht, so hat auch der Übersetzer ein Recht, genannt zu werden.[147]

6.5. Übertragung der Rechte
6.5.1. Erbfolge

Literaturhinweis: *Dillenz*, Urheberrechtsschutz heute, ÖBl 1990, 1 (4).

Das Urheberrecht ist vererblich und kann auch durch Vermächtnis übertragen werden (§ 23 Abs 1 UrhG).

Geht das Urheberrecht von Todes wegen auf mehrere Personen über, so sind auf sie die für Miturheber (§ 11 UrhG) geltenden Vorschriften anzuwenden (§ 23 Abs 4 UrhG).

Zur Sonderregelung für die Verlassenschaft eines Miturhebers (§ 23 Abs 2 UrhG): Wird die Verlassenschaft eines Miturhebers von niemand erworben und auch nicht als erbloses Gut vom Staat übernommen, so geht das Miturheberrecht auf die anderen Miturheber über. Dasselbe gilt im Falle des Verzichts eines Miturhebers auf sein Urheberrecht, soweit dieser Verzicht wirkt.

---

[147]) OGH 29. 1. 2002, 4 Ob 293/01v – Riven Rock – ÖBl 2002, 250 (*Wolner*) = ÖBl-LS 2002/144-146 = EvBl 2002/122 = MR 2002, 164 (*Walter*) = GRUR Int 2003, 368.

6.5.2. Übertragung unter Lebenden

Literaturhinweise: *Benedikt*, Ueber Art und Wirkung der Uebertragung von Urheberrechten, JBl 1895, 1 und 13; *Rabel*, Die Übertragbarkeit des Urheberrechts nach dem österr Gesetz vom 26. Dezember 1895, UFITA 108 (1988) 185 (erstmals erschienen in GrünhutsZ 27 [1900] 71).

Im Übrigen ist das Urheberrecht unübertragbar (§ 23 Abs 3 UrhG). Das Urheberrecht als solches kann also durch *Rechtsgeschäft unter Lebenden* nicht übertragen werden. Wohl aber kann der Urheber anderen durch Erteilung einer Werknutzungsbewilligung oder Einräumung eines Werknutzungsrechts die Befugnis erteilen, das Werk in bestimmter Weise zu benutzen. Er kann zB einem Verleger die Befugnis einräumen, das Werk zu vervielfältigen und zu verbreiten; das entsprechende Verwertungsrecht (als Teil des Urheberrechts) verbleibt aber beim Urheber.

Sonderregelung für *gewerbsmäßig hergestellte Filmwerke* (§ 40 Abs 1 UrhG): Die dem Filmhersteller zustehenden Verwertungsrechte sind vererblich und veräußerlich. Werden sie auf einen anderen übertragen, so kann dem Erwerber auch das Recht eingeräumt werden, sich als Hersteller des Filmwerks zu bezeichnen.

6.6. Einräumung von Nutzungsrechten
6.6.1. Allgemeines

Literaturhinweise: *Peter*, Verlags- und andere Werknutzungsrechte im Konkurs und Ausgleich des Verlegers oder Werknutzungsberechtigten, ÖJZ 1952, 121; *Juranek*, Die Verwertungsgesellschaften als Treuhänder, ÖBl 1971, 72; *Dittrich*, Rechtspolitische Überlegungen zur Schaffung eines Urhebervertragsrechts aus österreichischer Sicht, in Neuordnung des Urhebervertragsrechts, Schriftenreihe des Institus für Rundfunkrecht an der Universität Köln (1977) 18; *Walter*, Die Vertragsfreiheit im Urheberrecht aus der Sicht des Internationalen Privatrechts, in *Reimer*, Vertragsfreiheit im Urheberrecht, GRUR-Abhandlungen Bd 9 (1977) 137; *Holeschofsky*, Ausgewählte Probleme zur Lage des Urheberrechts, UFITA 88 (1980) 127; *Auer*, Urheberrecht und Ruhensbestimmungen in Österreich, MR 1985/6, 16; *Röttinger*, Vorarbeiten für neues Urhebervertragsrecht – Bericht von der Tagung des österr. Arbeitskreises „Urheberrecht" in Sopron, MR 1985, 16; *Frotz*, Möglichkeiten und Grenzen einer gesetzlichen Regelung des Urhebervertragsrechts, in *Dittrich*, Urhebervertragsrecht, Stand – Entwicklung, ÖSGRUM 2 (1986) 9; *Hodik*, Überlegungen zur Systematik und Dogmatik des Urhebervertragsrechts, in *Dittrich*, Urhebervertragsrecht, Stand – Entwicklung, ÖSGRUM 2 (1986) 92; *Frotz/Hügel*, Aspekte der kollektiven Wahrnehmung von Urheberrechten am Beispiel der AKM, ÖSGRUM 2 (1986) 9; *Holeschofsky*, Verträge über künftige Werke oder künftige Nutzungen, FS 50 Jahre UrhG (1986) 153; *Knittler*, Die Wertungsgrundsätze des Konsumentenschutzgesetzes und ihre sinngemäße Anwendung auf das Urhebervertragsrecht, in *Dittrich*, Urhebervertragsrecht, Stand – Entwicklung, ÖSGRUM 2 (1986) 46; *Röttinger*, Gesetzliche Eingriffe in das Urhebervertragsrecht, MR 1986, 16; *Röttinger/Wittmann*, Urhebervertragsrecht – ein unerschöpfliches Thema, MR 1987, 2; *Wittmann*, Die OCG-Musterverträge für Software, EDVuR 1987/2, 2; *Wolf*, Taktische Vorschläge zur Gestaltung von Softwareverträgen, EDVuR 1986/4, 6 und 1987/1, 10; *Dittrich*, Urheberrechtsfragen in der täglichen Arbeit des Notariats, FS Wagner (1987) 63; *Neeb/Ertl/Jaburek/Maschek/Wolf*, Musterverträge für Software, Schriftenreihe der Österreichischen Computergesellschaft (1987); *NN*, Rechtsquellen des österr Verlagswesens, MR 1988, 179; *Dillenz*, Urheberrechtsschutz heute, ÖBl 1990, 1 (4); *Dillenz*, Bauherr und Urheberrecht, ecolex 1991, 257; *Dittrich*, Empfiehlt sich die Schaffung eines eigenen originären Rechts des Verlegers? ÖSGRUM 9 (1991) 135; *Hoyer*, Urhebervertragsrecht als Beispiel für den Schutz des Schwächeren im Privatrecht, ÖSGRUM 9 (1991) 124; *Jaburek*, Handbuch der EDV-Verträge – Musterverträge für Anwender und Anbieter[2] (1991); *Andréewitch/Pollirer/Bartsch*, Worauf sollte der Anwender beim Abschluß von EDV-Verträgen besonders achten? EDVuR 1992, 152; *Milchrahm*, Die

Einräumung von Werknutzungsrechten an zukünftigen Werken, RfR 1992, 25; *Wolf*, ecolex-checklist: Softwareüberlassungsvertrag, ecolex 1992, 165; *Lessiak*, Zur Rechtsstellung von Verwertungsgesellschaften bei Geltendmachung von Vergütungsansprüchen – Am Beispiel der Vergütungsansprüche für Nutzungen zum Schul- und Unterrichtsgebrauch, ÖJZ 1993, 760; *Reindl*, Die Nebenrechte im Musikverlagsvertrag, ÖSGRUM 12 (1993); *Blocher*, Die Rechtsstellung des Software-Anwenders nach österreichischem und deutschem Urheberrecht, EDVuR 1994, 5; *Dittrich*, Gesetzliche Treuhand für Verwertungsgesellschaften? ecolex 1994, 103; *Ertl*, Allgemeine Geschäftsbedingungen der Softwareverträge, EDVuR 1994, 19; *Holzinger*, Beurteilung von Softwarequalität im Hinblick auf Vertragserfüllung und Gewährleistung, EDVuR 1994, 38; *Jaburek*, Die Vergabe von EDV-Leistungen nach dem Bundesvergabegesetz, EDVuR 1994, 141; *Staudegger*, Rechtliche Verantwortung bei der Herstellung von Individualsoftware, EDVuR 1994, 117; *Eilmansberger*, Geistiges Eigentum und Kontrahierungszwang, wbl 1995, 232; *Hodik*, Theater- und Konzertverträge (1995); *Ertl*, Gutgläubiger Erwerb von Softwarepiraten – zugleich ein Beitrag zum Gutglaubenserwerb an Forderungen, MR 1997, 314; *Mayr*, Der Eigentumserwerb an Diensterfindungen und sachenrechtliche bzw. schuldrechtliche Konsequenzen des Erwerbs vom Nichtberechtigten, ÖJZ 1997, 691; *Briem*, Elektronische Lizenzierung von urheberrechtlich geschützten Werken, MMR 1999, 256; *Dittrich*, Die Journalistengesetz-Novelle – Ein Modell für das Urhebervertragsrecht? Anhang: Regierungsvorlage zu einem Medienmitarbeitergesetz 19 BlgNR 15.GP, ÖSGRUM 22 (2000) 87; *Höhne*, Urhebervertragsrecht und neue Nutzungsarten, ÖSGRUM 22 (2000) 123; *Walter*, Entwurf eines Gesetzes zur Verbesserung der vertraglichen Stellung von Urhebern und ausübenden Künstlern in Österreich, GRUR Int 2001, 602; *Dittrich*, Noch einmal: Handy-Klingeltöne als neue urheberrechtliche Nutzungsart, ecolex 2002, 892; *Thiele*, Handy-Klingelton als neue urheberrechtliche Nutzungsart, ecolex 2002, 594; *Dittrich/Schrammel*, Kollektivvertrag und Urheberrecht, ÖSGRUM 29 (2003) 165; *Nauta*, Die Rechtsstellung des Lizenznehmers, ÖJZ 2003, 404; *Schuhmacher*, Die Essential Facility Doctrine als Herausforderung für das Urheberrecht, ÖSGRUM Bd 29 (2003) 85.

Der Urheber kann anderen (durch „*Urheberrechtsverträge*")[148] gestatten, das Werk auf einzelne oder alle nach den §§ 14–18a UrhG dem Urheber vorbehaltenen Verwertungsarten zu benutzen (*Werknutzungsbewilligung*; § 24 Abs 1, 1. Satz UrhG idF UrhG-Nov 2003). Er kann diese Befugnis einem anderen aber auch mit *ausschließlicher* Wirkung einräumen (*Werknutzungsrecht*; § 24 Abs 1, 2. Satz UrhG). In beiden Fällen ist eine zeitliche, räumliche oder inhaltliche *Beschränkung* zulässig. Diese Verträge sind grundsätzlich *formfrei*, sie können auch konkludent geschlossen werden.[149] Zur (konkludenten) Rechtseinräumung an Werken von *Arbeit-/Auftragnehmern* vgl bereits oben Seite 1136.

Beispiele:

> OGH 12. 4. 2000: Wird ein Werk im Auftrag eines anderen geschaffen (hier: Auftrag zur Herstellung von Lichtbildern für einen *Katalog*), so wird diesem damit jedenfalls schlüssig das Recht eingeräumt, das Werk zu dem Zweck zu verwenden, zu dem es in Auftrag gegeben wurde.[150]

> OGH 3. 5. 2000: Hat ein Architekt *Baupläne* im Rahmen seiner Geschäftsbeziehung mit dem Beklagten entworfen und sollte dieser berechtigt sein, sie bei der

---

[148]) Zum Vertrag eines Kostümbildners mit dem Theaterunternehmen: OGH 8. 6. 1993, 4 Ob 53/93 – Kostümentwürfe – ÖBl 1993, 184 = MR 1993, 187 (*Walter*) = ecolex 1993, 690.
[149]) OGH 12. 8. 1996, 4 Ob 2161/96i – Buchstützen – ÖBl 1997, 38 = MR 1997, 33 (*Walter*) = GRUR Int 1997, 1030.
[150]) OGH 12. 4. 2000, 4 Ob 88/00w – Katalogbilder – MR 2000, 315 (*Walter*). Ähnlich: OGH 12. 4. 2000, 4 Ob 26/00b – Einreichplanung – MR 2000, 313 (*Walter*) = ÖBl-LS 2000/85.

Durchführung von Bauvorhaben zu verwenden, so ist dies als Einräumung eines Werknutzungs- (oder sonstigen Benützungs-) Rechts zu beurteilen.[151]

Oftmals erfolgt der Rechteerwerb nicht direkt vom Urheber, sondern von einem Lizenzgeber (einem Verlag, einer Agentur), der seine Rechte seinerseits von einem anderen Lizenzgeber ableitet. Die wirksame (mittelbare) Rechtseinräumung setzt eine lückenlose Kette vom originär Berechtigten bis zum Nutzer voraus: Im Bereich der urheberrechtlichen Ausschließungsrechte wird ein *Gutglaubenserwerb vom Nichtberechtigten* grundsätzlich abgelehnt.[152] Der Lizenznehmer, der – wenn auch gutgläubig – eine Lizenz vom Nichtberechtigten erworben hat, kann sich darauf gegenüber dem tatsächlich Berechtigten also nicht berufen. Ihm bleiben aber allenfalls Regressansprüche gegen den Lizenzgeber.

Was geschieht mit einer vom Werknutzungsberechtigten eingeräumten Werknutzungsbewilligung, wenn das Werknutzungsrecht auf einen Dritten *übertragen* wird? Dieser Spezialfall ist im Gesetz ausdrücklich angesprochen: Wird mit dem Inhaber einer Werknutzungsbewilligung nichts anderes vereinbart, so bleibt sie bei Einräumung oder Übertragung eines Werknutzungsrechts gegenüber dem (neuen) Werknutzungsberechtigten wirksam (§ 24 Abs 2 UrhG).

Zweckübertragungstheorie

Literaturhinweise: *Dittrich,* Gedanken zur sogenannten Zweckübertragungstheorie, RfR 1979, 41; *Holeschofsky,* Zweckübertragungstheorie – ein im Urheberrecht allgemein anwendbarer Gedanke? FuR 1979, 231; *Dittrich,* Noch einmal: Gedanken zur sogenannten Zweckübertragungstheorie, RfR 1984, 1; *Holeschofsky,* Bemerkungen zur Zweckübertragungstheorie, FuR 1984, 518; *Holeschofsky,* Die Lehre von der Zweckübertragung im österr Urheberrecht – Gedanken zu ihrem Wesen und ihrer Ausgestaltung in einem künftigen Urhebervertragsrecht, in *Dittrich,* Urhebervertragsrecht, Stand – Entwicklung, ÖSGRUM 2 (1986) 58.

Nach der so genannten „*Zweckübertragungstheorie*" hat der Vertragspartner (bei Auslegung des Vertrags nach dem Zweck) auch bei umfassender Umschreibung der Befugnis nur so viel an Rechten erworben, als er zur Erfüllung des Vertragszwecks benötigt. Sie ist in Österreich (anders als in der Bundesrepublik Deutschland) nicht herrschend. Allgemeine Formulierungen in Verträgen – wie „alle Rechte" – werden als wirksam angesehen. Allerdings ist das Ausmaß der Befugnisse, die der Berechtigte erwirbt, „im Zweifel" nicht weiter auszulegen, als es für den praktischen Zweck der vorgesehenen Werknutzung erforderlich erscheint.[153] Im

---

[151]) OGH 3. 5. 2000, 4 Ob 127/00f – Baupläne – MR 2000, 316 (*Walter*) = ÖBl-LS 2000/102.
[152]) OGH 29. 4. 2003, 4 Ob 57/03s – Puppenfee; für einen Gutglaubenserwerb von Rechten (insbesondere beim Kauf einer CD-ROM im Fachhandel) plädiert *Kilches,* RdW 1997, 710 (714). Vgl auch *Ertl,* Gutgläubiger Erwerb von Softwarepiraten – zugleich ein Beitrag zum Gutglaubenserwerb an Forderungen, MR 1997, 314.
[153]) OGH 4. 7. 2000, 4 Ob 171/00a – Glückwunschkartenmotive – MR 2000, 318 (*Walter*) = ÖBl-LS 2000/124, 125; OGH 12. 4. 2000, 4 Ob 88/00w – Katalogbilder – MR 2000, 315 (*Walter*); OGH 26. 3. 1996, 4 Ob 2012/96b –

Zweifel sei auch – so der OGH[154] – nur eine Werknutzungsbewilligung und keine ausschließliche Rechtseinräumung anzunehmen. Spezielle Auslegungsregeln enthält § 33 UrhG (Seite 1249).

Beispiele:
- OGH 12. 8. 1998: Ist der Text eines Verlagsvertrags auf die Nutzung im Printbereich zugeschnitten, so deckt er nicht die Nutzung im *Internet*.[155]
- OGH 21. 3. 2000: Vereinbart wurde die Einräumung eines Werknutzungsrechts *„für Katalog und Folder"* (und nicht ganz allgemein „in der Werbung"). Dies deckt daher nicht die Verwendung im Internet.[156]
- OGH 12. 4. 2000: Ist der Auftrag für den Auftraggeber nur sinnvoll, wenn er *allein berechtigt* ist, das Arbeitsergebnis zu verwenden, dann schließt der zwischen Auftraggeber und Auftragnehmer zu Stande gekommene Vertrag die Einräumung eines Werknutzungsrechts mit ein.[157]
- OGH 4. 7. 2000: Wurde die *„Übertragung sämtlicher Verwertungsrechte"* vereinbart, so ist dies als Einräumung eines Werknutzungsrechts zu interpretieren.[158]

6.6.2. Werknutzungsbewilligung

Die Werknutzungsbewilligung ist dadurch charakterisiert, dass der Urheber dem Nutzer nur eine *nicht ausschließliche* Bewilligung zur Nutzung erteilt. Klassisches Beispiel sind die Werknutzungsbewilligungen, die von der AKM für die öffentliche Musikwiedergabe erteilt werden. Die Werknutzungsbewilligung berechtigt dazu, das betreffende Werk auf die vereinbarte Weise zu nutzen. Sie gewährt aber bloß ein relatives Recht.[159]

6.6.3. Werknutzungsrecht

6.6.3.1. Inhalt der Rechtseinräumung

Für das Werknutzungsrecht ist die *Ausschließlichkeit* der Nutzungsberechtigung charakteristisch. Sie betrifft auch den Urheber selbst. Auch er hat, soweit das von ihm eingeräumte Werknutzungsrecht reicht, die Verwertung des Werks zu unterlassen. Nach Einräumung eines Werknutzungsrechts kann er das Werk weder selbst auf eine davon erfasste Verwertungsart nutzen noch kann er anderen das Recht dazu einräumen.[160] Allerdings behält er – neben dem Werknutzungsberech-

---

Masterband – ÖBl 1996, 296 = MR 1996, 193 (*Walter*); OGH 8. 6. 1993, 4 Ob 53/93 – Kostümentwürfe – ÖBl 1993, 184 = MR 1993, 187 (*Walter*) = ecolex 1993, 690.

[154]) OGH 25. 6. 1996, 4 Ob 2093/96i – AIDS-Kampagne – ÖBl 1997, 199 = MR 1996, 188 (*Walter*).
[155]) OGH 12. 8. 1998, 4 Ob 193/98f – Wiener Gruppe – MR 1998, 287 (*Walter*) = GRUR Int 1999, 360 = ZUM 1998, 1027.
[156]) OGH 21. 3. 2000, 4 Ob 77/00b – Für Katalog und Folder – MR 2000, 171 (*Walter*) = ÖBl-LS 2000/86 = GRUR Int 2000, 186.
[157]) OGH 12. 4. 2000, 4 Ob 88/00w – Katalogbilder – MR 2000, 315 (*Walter*). Ähnlich: OGH 12. 4. 2000, 4 Ob 26/00b – Einreichplanung – MR 2000, 313 (*Walter*) = ÖBl-LS 2000/85.
[158]) OGH 4. 7. 2000, 4 Ob 171/00a – Glückwunschkartenmotive – MR 2000, 318 (*Walter*) = ÖBl-LS 2000/124, 125.
[159]) OGH 9. 4. 2002, 4 Ob 77/02f – Geleitwort – MR 2002, 387 = ÖBl-LS 2002/147.
[160]) OGH 4. 7. 2000, 4 Ob 171/00a – Glückwunschkartenmotive – MR 2000, 318 (*Walter*) = ÖBl-LS 2000/124, 125.

tigten – das Recht, Verletzungen des Urheberrechts gerichtlich zu verfolgen. Auf welche Art, mit welchen Mitteln und innerhalb welcher örtlichen und zeitlichen Grenzen das Werk von einem Werknutzungsberechtigten (§ 24 Abs 1 Satz 2) benutzt werden darf, richtet sich nach dem mit dem Urheber abgeschlossenen *Vertrag* (§ 26, erster Satz UrhG). Die *Beweislast* dafür, dass nicht bloß eine Werknutzungsbewilligung erteilt, sondern ein Werknutzungsrecht eingeräumt wurde, liegt bei demjenigen, der behauptet, dieses Recht zu haben.[161] Mit dem Erlöschen des Nutzungsrechts erlangt das Verwertungsrecht wieder „seine frühere Kraft" („*Elastizität des Urheberrechts*"; § 26, dritter Satz UrhG).

Auch über *erst zu schaffende Werke* kann im Voraus gültig verfügt werden (§ 31 Abs 1 UrhG); der Rechtserwerb erfolgt dann mit der Schaffung des Werks.[162]

6.6.3.2. Übertragung des Werknutzungsrechts

Literaturhinweis: *Krejci*, Ist zur Vertragsübernahme bei der Unternehmensveräußerung Dreiparteieneinigung erforderlich? ÖJZ 1975, 449.

Das Werknutzungsrecht ist nicht nur *vererblich*, sondern *auch veräußerlich*. Auf Sondernachfolger kann es in der Regel nur mit Einwilligung des Urhebers übertragen werden (§ 27 UrhG). Die Einwilligung kann nur aus einem wichtigen Grund verweigert werden. Sie gilt als erteilt, wenn der Urheber sie nicht binnen zwei Monaten nach dem Empfang der schriftlichen Aufforderung des Werknutzungsberechtigten oder dessen, auf den das Werknutzungsrecht übertragen werden soll, versagt. Auf diese Wirkung muss in der Aufforderung ausdrücklich hingewiesen sein.

Werknutzungsrechte können auch *sicherungsweise* übertragen werden.[163]

Sonderregelung für *gewerbsmäßig hergestellte Filmwerke* (§ 40 Abs 2 UrhG): Werknutzungsrechte an gewerbsmäßig hergestellten Filmwerken können, wenn mit dem Hersteller nichts anderes vereinbart worden ist, ohne dessen Einwilligung auf einen anderen übertragen werden.[164]

Für *Computerprogramme* gilt eine wortident formulierte Sonderbestimmung: vgl § 40c UrhG (grundsätzliche Übertragbarkeit ohne Zustimmung).[165]

---

[161] OGH 9. 4. 2002, 4 Ob 77/02f – Geleitwort – MR 2002, 387 = ÖBl-LS 2002/147. Die Behauptung eines Werknutzungsrechts erst in der Revision ist eine unzulässige Neuerung: OGH 13. 9. 2000, 4 Ob 214/00z – Kampfsporttechniken – MR 2001, 105.

[162] OGH 18. 10. 1994, 4 Ob 93/94 – Oskar Werner – MR 1995, 101 (*Walter*) = ÖBl 1995, 131 = SZ 67/172 (zum Sonderfall der Schenkung); OGH 10. 10. 1978, 4 Ob 340/78 – Festliches Innsbruck – ÖBl 1978, 161 = SZ 51/134 = GRUR Int 1979, 165.

[163] Vgl dazu OGH 23. 11. 1999, 4 Ob 274/99v – Verfall von Nutzungsrechten – MR 2000, 162 (*Walter*) = ecolex 2000, 648 = EvBl 2000/85.

[164] *Scolik*, „Benützungsgebühr" und freie Verwertung nicht mehr geschützter Filmkopien, RfR 1986, 1; *Walter*, Die cessio legis im geltenden und künftigen österreichischen Filmurheberrecht, FS Frotz (1993) 749; *Dittrich*, Einige Fragen des Filmurheberrechts, ecolex 1995, 268.

[165] § 40c UrhG gilt nicht für Computerprogramme, die vor dem 1. 3. 1993 geschaffen worden sind (Art II Abs 5 UrhG-Nov 1993).

Diese Regelung wurde auch für *Datenbankwerke* übernommen (§ 40f Abs 3 UrhG verweist auf § 40c UrhG).

Haftung bei Veräußerung des Werknutzungsrechts: Wer ein Werknutzungsrecht im Wege der Sondernachfolge erwirbt, hat gemäß § 27 Abs 3 UrhG an Stelle des Veräußerers die Verbindlichkeiten zu erfüllen, die diesem nach dem mit dem Urheber geschlossenen Vertrag obliegen. Für das dem Urheber gebührende Entgelt sowie für den Schaden, den der Erwerber im Falle der Nichterfüllung einer der aus diesem Vertrag für ihn entspringenden Pflichten dem Urheber zu ersetzen hat, haftet der Veräußerer dem Urheber wie ein Bürge und Zahler. Vom Veräußerer mit dem Erwerber ohne Einwilligung des Urhebers getroffene Vereinbarungen, die dieser Regelung zum Nachteil des Urhebers widersprechen, sind diesem gegenüber unwirksam (§ 27 Abs 4 UrhG). Die Haftung des Erwerbers für einen schon vor der Übernahme gegen den Veräußerer entstandenen Schadenersatzanspruch des Urhebers richtet sich nach den allgemeinen Vorschriften (§ 27 Abs 5 UrhG).

Rechtsübergang bei Unternehmensveräußerung: Ist nichts anderes vereinbart, so kann ein Werknutzungsrecht mit dem Unternehmen, zu dem es gehört, oder mit einem solchen Zweige des Unternehmens auf einen anderen übertragen werden, ohne dass es der Einwilligung des Urhebers bedarf (§ 28 Abs 1 UrhG).[166]

Übertragung in Sonderfällen: Wenn der Werknutzungsberechtigte zur Ausübung seines Rechts nicht verpflichtet ist und mit dem Urheber nichts anderes vereinbart hat, so können Werknutzungsrechte in gewissen Sonderfällen ohne dessen Einwilligung übertragen werden (§ 28 Abs 2 UrhG): Dies ist erstens bei Werknutzungsrechten an Sprachwerken und Werken der im § 2 Z 3 UrhG bezeichneten Art (gewisse „wissenschaftliche oder belehrende" Werke; vgl Seite 1115) der Fall, die entweder auf Bestellung des Werknutzungsberechtigten nach seinem den Inhalt und die Art der Behandlung bezeichnenden Plane oder bloß als Hilfs- oder Nebenarbeit für ein fremdes Werk geschaffen werden. Zweitens gilt diese Erleichterung des Rechtsverkehrs für Werknutzungsrechte an Werken der Lichtbildkunst (Lichtbildwerken) und des Kunstgewerbes, die auf Bestellung oder im Dienst eines gewerblichen Unternehmens für dieses geschaffen werden. Mit dieser Regelung wollte man der Tatsache Rechnung tragen, dass Werknutzungsrechte an Werken des Kunstgewerbes häufig den Charakter einer Ware gewinnen, die dem Erwerber gegen ein bestimmtes Entgelt zur freien Verfügung überlassen werden.[167]

---

[166]) Vgl etwa: OGH 22. 6. 1999, 4 Ob 159/99g – Zimmermann FITNESS – ÖBl 2000, 130 (*Kucsko*) = MR 1999, 282 = GRUR Int 2000, 449 (*Keim*).
[167]) OGH 4. 7. 2000, 4 Ob 171/00a – Glückwunschkartenmotive – MR 2000, 318 (*Walter*) = ÖBl-LS 2000/124, 125.

6.6.3.3. Vorzeitige Auflösung und Kündigung des Vertrags

Literaturhinweise: *Peter*, Verlags- und andere Werknutzungsrechte im Konkurs und Ausgleich des Verlegers oder Werknutzungsberechtigten, ÖJZ 1952, 121; *Rintelen*, Die Neuauflage, JBl 1961, 579; *Widhalm*, Die Rechte des Urhebers, Masseverwalters und Dritten im Konkurs und Ausgleich des Werknutzungsberechtigten, ÖBl 2001, 205.

Unzureichende Nutzung: Eine vorzeitige Auflösung des Vertrags ist schon nach den allgemein für Dauerschuldverhältnissen angenommenen Grundsätzen[168] unter Umständen möglich.[169] Dazu regelt das UrhG aber zunächst einen bestimmten, für den Urheber wichtigen Sonderfall (§§ 29, 30 UrhG): Es geht hier nicht um eine missbräuchliche Nutzung, sondern darum, dass der an sich Nutzungsberechtigte zum Nachteil des Urhebers nicht ausreichend nutzt und dadurch das Werk und dessen Verbreitung blockiert. Wird von einem Werknutzungsrecht ein dem Zweck seiner Bestellung entsprechender Gebrauch überhaupt nicht oder nur in so unzureichendem Maße gemacht, dass wichtige Interessen des Urhebers beeinträchtigt werden, so kann dieser, wenn ihn kein Verschulden daran trifft, das Vertragsverhältnis, soweit es das Werknutzungsrecht betrifft, vorzeitig lösen (§ 29 Abs 1 UrhG). Die Auflösung kann erst nach fruchtlosem Ablauf einer vom Urheber dem Werknutzungsberechtigten gesetzten angemessenen *Nachfrist* erklärt werden. Der Setzung einer Nachfrist bedarf es nicht, wenn die Ausübung des Werknutzungsrechts dem Erwerber unmöglich ist oder von ihm verweigert wird oder wenn die Gewährung einer Nachfrist überwiegende Interessen des Urhebers gefährdet (§ 29 Abs 2 UrhG). Auf das Recht, das Vertragsverhältnis aus den im § 29 Abs 1 UrhG bezeichneten Gründen zu lösen, kann im voraus für eine drei Jahre übersteigende Frist *nicht verzichtet* werden. In diese Frist wird die Zeit nicht eingerechnet, in der der Werknutzungsberechtigte durch Umstände, die auf Seiten des Urhebers liegen, daran verhindert war, das Werk zu benutzen (§ 29 Abs 3 UrhG). Eine Falle der besonderen Art für den Nutzungsberechtigten kann die Fristenregelung in § 29 Abs 4 UrhG werden: Die Wirksamkeit der vom Urheber abgegebenen Erklärung[170], das Vertragsverhältnis aufzulösen, kann nicht bestritten werden, wenn der Werknutzungsberechtigte diese Erklärung nicht binnen 14 Tagen nach ihrem Empfang zurückweist. Er muss also auch der unbegründeten Auflösungserklärung gegebenenfalls fristgerecht widersprechen. Die Verschweigung des Bestreitungsrechts tritt auch dann ein, wenn der Auflösungserklärung keine Nachfristsetzung voranging.[171] Für jene zwei Sonderfälle, die § 28 Abs 2 UrhG im Zusammenhang mit der Übertragung des Werknutzungsrechts regelt (oben, Seite 1246), besteht übrigens auch hinsichtlich der vorzeitigen Auflösung eine Besonderheit (§ 30

---

[168]) *Kozio/Welser*, Bürgerliches Recht[11] II (2000) 8.
[169]) Zum Verlagsvertrag: OGH 29. 5. 1996, 4 Ob 2111/96 – Vertragsauflösung – MR 1996, 248 (*Walter*); OGH 18. 12. 1995, 4 Ob 1108/95 – Vertragsänderung – MR 1996, 69; OGH 23. 10. 1990, 4 Ob 111/90 – Apotheke Gottes V – MR 1991, 152.
[170]) Zur *Auslegung* einer solchen Erklärung: OGH 26. 1. 1999, 4 Ob 318/98p – Sternenklang – MR 1999, 98 (*Walter*) = GRUR Int 1999, 1068.
[171]) OGH 26. 1. 1999, 4 Ob 318/98p – Sternenklang – MR 1999, 98 (*Walter*) = GRUR Int 1999, 1068.

Abs 1 UrhG): Bei diesen Werknutzungsrechten gelten die Vorschriften des § 29 UrhG nur, wenn der Werknutzungsberechtigte zur Ausübung seines Rechts verpflichtet ist. Sonderregelung für *gewerbsmäßig hergestellte Filmwerke* (§ 40 Abs 3 UrhG): Die Vorschriften des § 29 UrhG gelten nicht für Werknutzungsrechte an gewerbsmäßig hergestellten Filmwerken. § 29 UrhG gilt auch nicht für Werknutzungsrechte an *Computerprogrammen* (§ 40c UrhG) und *Datenbankwerken* (§ 40f Abs 3 UrhG verweist auf § 40c UrhG).

Werknutzungsrechte an künftigen Werken: Auch dies ist eine spezielle Fallkonstellation, die gesondert geregelt wurde. Wie erwähnt kann auch über erst zu schaffende Werke im Voraus gültig verfügt werden (§ 31 Abs 1 UrhG). Solche weit in die (ungewisse) Zukunft reichende Bindungen sind (für beide Teile) nicht ungefährlich. Es ist daher ein zwingendes gesetzliches Kündigungsrecht vorgesehen, für das kein unvorhergesehener wichtiger Grund vorliegen muss: Hat sich der Urheber verpflichtet, einem anderen Werknutzungsrechte an allen nicht näher oder nur der Gattung nach bestimmten Werken einzuräumen, die er Zeit seines Lebens oder binnen einer fünf Jahre übersteigenden Frist schaffen wird, so kann jeder Teil den Vertrag kündigen, sobald seit dessen Abschluss fünf Jahre abgelaufen sind. Auf das Kündigungsrecht kann im Voraus *nicht verzichtet* werden. Die Kündigungsfrist beträgt *drei Monate*, wenn keine kürzere Frist vereinbart ist. Durch die Kündigung wird das Vertragsverhältnis nur hinsichtlich der Werke beendet, die zur Zeit des Ablaufs der Kündigungsfrist noch nicht vollendet sind (§ 31 Abs 2 UrhG).

Sonstige Auflösungsgründe: Letztlich stellt § 30 Abs 2 UrhG klar, dass durch die speziellen Vorschriften des § 29 UrhG die dem Urheber nach Vertrag oder Gesetz zustehenden Rechte nicht berührt werden, den Vertrag aus anderen Gründen aufzuheben, vom Vertrag zurückzutreten oder dessen Erfüllung zu begehren sowie Schadenersatz wegen Nichterfüllung zu verlangen. Eine ähnliche Klarstellung enthält auch § 31 Abs 3 UrhG hinsichtlich der Sonderregelung für Werknutzungsrechte an künftigen Werken: Durch diese Vorschrift werden andere Rechte, den Vertrag aufzuheben, nicht berührt.

6.6.3.4. Werknutzungsrechte im Konkurs und Ausgleich

Literaturhinweise: *Peter*, Verlags- und andere Werknutzungsrechte im Konkurs und Ausgleich des Verlegers oder Werknutzungsberechtigten, ÖJZ 1952, 121; *E. Wolf*, Softwarelizenzvertrag und Konkurs, EDVuR 1994, 132; *Widhalm*, Die Rechte des Urhebers, Masseverwalters und Dritten im Konkurs und Ausgleich des Werknutzungsberechtigten, ÖBl 2001, 205.

Hat der Urheber einem anderen das ausschließliche Recht eingeräumt, ein Werk zu vervielfältigen und zu verbreiten, und wird gegen den Werknutzungsberechtigten das Ausgleichsverfahren oder über sein Vermögen der Konkurs eröffnet, so wird die Anwendung der Vorschriften der Ausgleichsordnung und der Konkursordnung über noch nicht erfüllte zweiseitige Verträge dadurch nicht ausgeschlossen, dass der Urheber dem Werknutzungsberechtigten das zu vervielfältigende Werkstück schon vor der Eröffnung des Ausgleichsverfahrens oder des Konkurses übergeben hat (§ 32 Abs 1 UrhG). Ist zur Zeit der Eröffnung des Ausgleichsverfahrens oder des Konkurses mit der Vervielfältigung des Werks noch nicht begonnen worden, so kann der Urheber vom Vertrag zurücktreten. Auf Antrag des Schuldners oder Masseverwalters hat das Ausgleichs- oder Konkursgericht eine Frist zu bestimmen, nach deren Ablauf der Urheber den Rücktritt nicht mehr erklären kann (§ 32 Abs 2 UrhG).

6.6.3.5. Vorbehalte zugunsten des Urhebers

Literaturhinweise: *Peter*, Verlags- und andere Werknutzungsrechte im Konkurs und Ausgleich des Verlegers oder Werknutzungsberechtigten, ÖJZ 1952, 121; *E. Wolf*, Softwarelizenzvertrag und Konkurs, EDVuR 1994, 132.

Die §§ 33–37 UrhG sehen gewisse Vorbehalte zugunsten des Urhebers vor:

Besondere Auslegungsregeln (§ 33 UrhG; vgl zur Auslegung auch bereits oben Seite 1243): Für die *Auslegung* von Urheberrechtsverträgen gelten zunächst die allgemeinen Auslegungsregelungen des ABGB. Fragen der Vertragsauslegung werden vom OGH nur dann als erhebliche Rechtsfrage im Sinne des § 502 Abs 1 iVm § 528 Abs 1 ZPO beurteilt, wenn infolge einer wesentlichen Verkennung der Rechtslage ein unvertretbares Auslegungsergebnis vorliegt.[172] Das UrhG enthält im Übrigen noch spezielle urhebervertragsrechtliche Auslegungsregeln: Wenn nicht das Gegenteil vereinbart worden ist, erstreckt sich die Gewährung des Rechts, ein Werk zu benutzen, *nicht* auf *Übersetzungen und andere Bearbeitungen*, die Gewährung des Rechts, ein Werk der Literatur oder Tonkunst zu vervielfältigen, *nicht* auf die *Vervielfältigung* des Werks *auf Bild- oder Schallträgern* und die Gewährung des Rechts, ein Werk zu senden (§ 17), *nicht* auf das Recht, das Werk während der Sendung oder zum Zwecke der Sendung auf Bild- oder Schallträgern *festzuhalten*.

Eigentumsübertragung und Nutzungsrecht: In der Übertragung des Eigentums an einem Werkstück (zB Handschrift, Buchexemplar, Schallträger, Notenblatt, Originalgemälde oder dessen Kopie)[173] ist im Zweifel die Einräumung eines *Werknutzungsrechts* oder die Erteilung einer *Werknutzungsbewilligung* nicht enthalten (§ 33 Abs 2 UrhG). Nach der Konstruktion des Urheberrechts als vom Eigentumsrecht am Gegenstand völlig abgekoppeltes Immaterialgüterrecht ist dies eigentlich eine Selbstverständlichkeit. Dennoch bestehen darüber auch heute noch in der Praxis immer wieder Fehlvorstellungen. Der Ankauf von Originalen eines Künstlers gibt noch nicht das Recht, diese im Geschäftsbericht, gleichsam als Teil der Berichterstattung an die Anteilseigner, zu veröffentlichen. Der

---

[172]) OGH 18. 2. 2003, 4 Ob 22/03v – business MARKETING; OGH 24. 10. 2000, 4 Ob 268/00s – Adolf Loos als Konstrukteur – MR 2001, 108.
[173]) EB UrhG 1936 (zitiert nach *Dillenz*, ÖSGRUM 3, 102).

Gesetzgeber des Jahres 1936 tat also gut daran, dies nochmals ausdrücklich zu sagen. Die historischen Wurzeln dieses Prinzips reichen weit zurück in die Zeit der Entstehung der heutigen Urheberrechtssysteme. Zunächst meinte man, dass alle Rechte am Werk mit dem Sacheigentum am betreffenden Exemplar verknüpft seien. Demnach nahm man an, dass mit der Übergabe des Manuskripts an den Verlag als Annex auch das Verlagsrecht übergeht.[174] Erst im Verlauf des 18. Jhdts entwickelte sich die uns heute selbstverständliche klare Trennung von Sacheigentum und Urheberrecht.

Dennoch darf nicht übersehen werden, dass diese Regel nur „*im Zweifel*" gilt. Selbstverständlich kann eine abweichende Regelung ausdrücklich oder konkludent getroffen werden. Vielfach wird sich schon aus den Begleitumständen der Eigentumsübertragung ergeben, dass dies auch das Einverständnis des Urhebers zur Nutzung einschließt. So wird der Verleger einer Zeitschrift mit Recht annehmen können, dass der bei ihm eingelangte Leserbrief zur Vervielfältigung und Verbreitung in seinem Blatt bestimmt ist und daher insoweit zumindest eine Werknutzungsbewilligung erteilt wurde.

Vor dem UrhG 1936 war diese Grenzlinie übrigens noch anders gezogen: Nach § 17 UrhG 1895 war vorgesehen, dass in der unentgeltlichen Überlassung des Eigentums an einem Werk der Literatur oder Tonkunst ohne besondere Verabredung die Übertragung des Urheberrechts nicht enthalten sei. Hingegen galt die entgeltliche Überlassung als „Übertragung des Urheberrechtes, sofern aus den Umständen nicht das Gegenteil hervorgeht". Für Werke der bildenden Künste oder der Photographie ordnete § 18 Abs 1 UrhG 1895 an, dass bei entgeltlicher und unentgeltlicher Eigentumsübertragung „ohne besondere Verabredung die Übertragung des Nachbildungs- oder Vervielfältigungsrechtes nicht enthalten" war. Interessant ist der Nachsatz (§ 18 Abs 2 UrhG 1895): Aber mit der Übertragung des Vervielfältigungsmittels (Form, Platte, Holzstock) gilt auch das Vervielfältigungsrecht als übertragen. Dies liest sich eigentlich auch heute noch recht lebensnah. Dennoch meinte der Gesetzgeber des UrhG 1936, dass diese Vermutungen „sachlich nicht gerechtfertigt sind und leicht zu einer Übervorteilung des Urhebers führen können".[175]

Beispiel:

▸ Daraus, dass ein Unternehmen eine Serie von Original-Aquarellen eines Künstlers als „Kunstsponsoring" erworben hat, folgt also beispielsweise nicht zwingend, dass diese im Eigentum des Unternehmens stehenden Orginale zur Illustration des Jahresberichts verwendet werden dürfen. Beim Ankauf ist daher eine ausdrückliche vertragliche Klarstellung über die beabsichtigten Nutzungen empfehlenswert.

---

[174]) *Luf*, Philosophische Strömungen in der Aufklärung und ihr Einfluß auf das Urheberrecht, ÖSGRUM 7 (1988) 9 (15).
[175]) EB UrhG 1936 (zitiert nach *Dillenz*, ÖSGRUM 3, 102).

Gesamtausgaben (§ 34 UrhG): Der Urheber, der einem anderen das ausschließliche Recht eingeräumt hat, ein Werk der Literatur oder Tonkunst zu vervielfältigen und zu verbreiten, behält gleichwohl das Recht, das Werk in einer Gesamtausgabe zu vervielfältigen und zu verbreiten, sobald seit dem Ablauf des Kalenderjahrs, in dem das Werk erschienen ist, zwanzig Jahre verstrichen sind. Dieses Recht kann durch Vertrag weder beschränkt noch aufgehoben werden. Hier bietet das Gesetz also im Interesse des Urhebers nicht nur eine Auslegungsregel, die eine anderslautende Vertragsklausel zulassen würde, sondern ein zwingendes, durch Vertrag nicht abdingbares Recht des Urhebers.

Vorbehalte bei Werken der bildenden Künste (§ 35 UrhG): Der Urheber, der einem anderen das ausschließliche Recht eingeräumt hat, ein Werk der bildenden Künste zu vervielfältigen und zu verbreiten, behält gleichwohl das Recht, es in Aufsätzen über die künstlerische Tätigkeit des Schöpfers des Werks oder als *Probe seines Schaffens* zu vervielfältigen und zu verbreiten.

Beiträge zu Sammlungen (§§ 36 und 37 UrhG): Wird ein Werk als Beitrag zu einer periodisch erscheinenden Sammlung (Zeitung, Zeitschrift, Jahrbuch, Almanach udgl) angenommen, so bleibt der Urheber berechtigt, das Werk anderweitig zu vervielfältigen und zu verbreiten, wenn nichts anderes vereinbart und wenn auch nicht aus den Umständen zu entnehmen ist, dass der Herausgeber oder Verleger der Sammlung das Recht, das Werk darin zu vervielfältigen und zu verbreiten, als ausschließliches Recht in dem Sinn erwerben soll, dass das Werk sonst nicht vervielfältigt oder verbreitet werden darf. Ein solches ausschließliches Recht erlischt bei Beiträgen zu einer Zeitung sogleich nach dem Erscheinen des Beitrags in der Zeitung. Bei Beiträgen zu anderen periodisch erscheinenden Sammlungen sowie bei Beiträgen, die zu einer nicht periodisch erscheinenden Sammlung angenommen werden und für deren Überlassung dem Urheber kein Anspruch auf ein Entgelt zusteht, erlischt ein solches ausschließliches Recht, wenn seit dem Ablauf des Kalenderjahrs, in dem der Beitrag in der Sammlung erschienen ist, ein Jahr verstrichen ist. Nimmt der Herausgeber oder Verleger einer periodisch erscheinenden Sammlung ein Werk als Beitrag an und wird über die Zeit nichts vereinbart, wann der Beitrag in der Sammlung zu vervielfältigen und zu verbreiten ist, so ist der Herausgeber oder Verleger im Zweifel dazu nicht verpflichtet. Der Urheber kann aber in diesem Fall das Recht des Herausgebers oder Verlegers für erloschen erklären, wenn der Beitrag nicht binnen einem Jahre nach der Ablieferung in der Sammlung erscheint; der Anspruch des Urhebers auf das Entgelt bleibt unberührt. Die gefährliche Fristenbestimmung des § 29 Abs 4 UrhG gilt auch hier: Die Wirksamkeit der vom Urheber abgegebenen Erklärung, das Vertragsverhältnis aufzulösen, kann nicht bestritten werden, wenn der Werknutzungsberechtigte diese Erklärung nicht binnen 14 Tagen nach ihrem Empfang zurückweist.

6.6.3.6. Bestsellerparagraph

Literaturhinweis: *Dillenz,* Der deutsche „Bestsellerparagraph" (§ 36 dUrhG) aus der Sicht des österreichischen Urheberrechts, ÖBl 1984, 1.

In der Bundesrepublik Deutschland gibt der *„Bestsellerparagraph"* (§ 36 dUrhG) dem Urheber ein Recht auf Vertragsanpassung, falls die vereinbarte Gegenleistung in einem groben Missverhältnis zu den Erträgnissen aus der Werknutzung steht. In Österreich gibt es diese Regelung bislang nicht.

6.6.4. Wichtige Urheberrechtsverträge

Verlagsvertrag

Literaturhinweise: *Rintelen,* Die Neuauflage, JBl 1961, 579; *Dittrich,* Rechtsquellen, Rechtsnatur und Auslegung des Verlagsvertrages, ÖBl 1966, 101; *Dittrich,* Der Gegenstand des Verlagsvertrages, ÖBl 1967, 1; *Dittrich,* Die Pflichten des Verlaggebers, ÖBl 1967, 49; *Dittrich,* Verlagsrecht (1969).

Durch diesen (formfreien) Vertrag verpflichtet sich der Urheber eines Werks der Literatur, der Tonkunst oder der bildenden Künste oder sein Rechtsnachfolger, das Werk einem anderen zur Vervielfältigung und Verbreitung *für eigene Rechnung* zu überlassen, dieser (der Verleger) dagegen, das Werk zu vervielfältigen und die Vervielfältigungsstücke zu verbreiten (§ 1172 ABGB).

Der Verlagsvertrag, ein Vertrag sui generis, ist auch dann gültig geschlossen, wenn keine Vereinbarung über die Auflagenhöhe, ein Honorar (dessen Höhe), Ort und Zeit des Erscheinens, sowie die Anzahl der Freiexemplare vorliegt. Ist die Anzahl der Auflagen nicht bestimmt worden, so ist der Verleger nur zu einer einzigen Auflage berechtigt (§ 1173 ABGB). Den Verkaufspreis für die Vervielfältigungsstücke (zB Bücher, Partituren) kann der Verleger grundsätzlich frei festlegen.[176]

In den (Buch-)Verlagsverträgen finden sich häufig auch Bestimmungen über die Nutzung von „Nebenrechten" (Taschenbuchausgaben, Sammelbände, Übersetzungen, Verfilmung, Sendung etc). Sie haben in manchen Bereichen wirtschaftlich die überwiegende oder sogar die alleinige Bedeutung.

Beispiel:

▶ OGH 26. 7. 2000: Die Beklagte beauftragte einen Verlag mit der Herausgabe einer Chronik der Stadt V. Im Zuge der Arbeiten stellte sich heraus, dass das zunächst angenommene 750 Jahre-Jubiläum falsch datiert war, dann starb der Autor und die Beklagte teilte dem Verlag mit, dass an der Chronik kein Interesse mehr bestehe. Der Verlag konnte dennoch seinen Entgeltanspruch durchsetzen, weil diese Umstände der Sphäre des Werkbestellers zuzurechnen waren.[177]

---

[176]) Zum Bereichungsanspruch bei unberechtigtem Tantiemeneinzug: OGH 10. 7. 2001, 4 Ob 66/01m – Thousand Clowns II – ÖBl 2002, 309 = GRUR Int 2002, 773.
[177]) OGH 26. 7. 2000, 7 Ob 163/00x – Chronik der Stadt – MR 2001, 238.

Vortragsvertrag für Sprachwerke

Hier räumt der Rechtsinhaber dem Vertragspartner das Recht zum öffentlichen Vortrag eines Sprachwerks ein.

Aufführungsvertrag für Bühnen- und Tonwerke mit einem Aufführungsunternehmen

Mit diesem Vertrag wird das Aufführungsrecht (in der Regel für bestimmte Bühnen) gegen Gewährung einer Aufführungstantieme eingeräumt. Vertragspartner sind der Urheber (oder ein Bühnenverlag) und das Bühnenunternehmen.[178]

Verträge mit Bühnenverlegern

Statt mit jedem einzelnen Aufführungsunternehmen zu kontrahieren, kann der Urheber (sein Rechtsnachfolger) das Recht zur Vervielfältigung, Verbreitung und Aufführung auch einem Bühnenverleger (Theateragenten) einräumen. Dieser schließt dann seinerseits mit den einzelnen Bühnenunternehmern ab. Dies erspart dem Urheber die Verhandlungen mit einer Vielzahl von Aufführungsunternehmen.

Verfilmungsvertrag

Mit diesem Vertrag räumt der Urheber (oder sein Rechtsnachfolger) eines Sprachwerks (zB eines Romans) dem Filmhersteller das Recht ein, das Werk zur Verfilmung zu bearbeiten (ein Drehbuch zu erstellen bzw das erworbene Drehbuch für den Film zu benützen). In der Regel berechtigt der Verfilmungsvertrag nur zur einmaligen Verfilmung und nicht zur Wiederverfilmung. Der Filmhersteller erwirbt in der Regel auch das Recht, den Film zu vervielfältigen und zu verbreiten, vorzuführen und auch zu senden. Über Filmverleiher wird dann der Film an die einzelnen Kinos weitergegeben.

Sendevertrag

Aufgrund dieses Vertrags wird einer Rundfunkanstalt das Recht zur Sendung eines Werks eingeräumt.

6.6.5. Exekutionsbeschränkungen

Literaturhinweis: *Altschul*, Die urheberrechtliche Exekution, GZ 1907, 148 und 157.

Da *Verwertungsrechte* in der Regel auch ideelle Interessen des Urhebers schützen sollen, sind sie gemäß § 25 Abs 1 UrhG der *Exekution wegen Geldforderungen* entzogen (Ausnahme: Verwertungsrechte des Filmherstellers; § 40 Abs 1, erster Satz UrhG). Das gilt auch für *Werkstücke* – sofern diese nicht mit Zustimmung des Berechtigten verpfändet worden sind –, wenn durch deren Verkauf das Verbreitungsrecht des Urhebers (Werknutzungsberechtigten) verletzt würde (§ 25 Abs 2 und 3 UrhG).

---

[178]) Zur „*Materialmiete*": OGH 16. 4. 1996, 4 Ob 2052/96 – Materialgebühr – MR 1996, 248.

Bei Werken der bildenden Künste wird durch das Verbreitungsrecht die Exekution auf *Werkstücke* (Urstücke und Vervielfältigungsstücke) nicht gehindert, die von dem zur Verbreitung Berechtigten zum Verkauf bereitgestellt sind (§ 25 Abs 4 UrhG). Mittel, die ausschließlich zur Vervielfältigung eines Werks bestimmt sind (zB Formen, Platten, Magnetbänder udgl) oder ausschließlich zur Aufführung eines Filmwerks, und die einem dazu Berechtigten gehören, dürfen wegen einer Geldforderung nur gleich einem Zugehör des Vervielfältigungsrechts mit diesem in Exekution gezogen werden (§ 25 Abs 5 und 6 UrhG). Auf *Werknutzungsrechte* kann hingegen Exekution geführt werden. Die *Exekution zur Erwirkung von Handlungen oder Unterlassungen* wird durch § 25 UrhG nicht betroffen.

Sonderregelung für *gewerbsmäßig hergestellte Filmwerke* (§ 40 Abs 1 UrhG): Die dem Filmhersteller zustehenden Verwertungsrechte können ohne Einschränkung in Exekution gezogen werden.

6.6.6. Zwangslizenzen

6.6.6.1. Allgemeines

Während die freie Werknutzung vom Erfordernis der Zustimmung des Urhebers zur Nutzung freistellt, zwingen die Regelungen der „Zwangslizenz" den Urheber dazu, mit dem Nutzer zu kontrahieren.

6.6.6.2. Bewilligungszwang bei Schallträgern

Vorgaben der RBÜ: Jedes Verbandsland kann für seinen Bereich *Vorbehalte* und Voraussetzungen festlegen für das ausschließliche Recht des Urhebers eines musikalischen Werks und des Urhebers eines Textes, dessen Aufnahme auf einen *Tonträger* zusammen mit dem musikalischen Werk dieser Urheber bereits gestattet hat, die Aufnahme des musikalischen Werks und gegebenenfalls des Textes auf Tonträger zu erlauben; doch beschränkt sich die Wirkung aller derartigen Vorbehalte und Voraussetzungen ausschließlich auf das Hoheitsgebiet des Landes, das sie festgelegt hat; sie dürfen in keinem Fall den Anspruch des Urhebers auf eine angemessene Vergütung beeinträchtigen, die mangels gütlicher Einigung durch die zuständige Behörde festgesetzt wird (Art 13 Abs 1 RBÜ).[179] Tonträger, die nach Art 13 Abs 1 RBÜ hergestellt und ohne Erlaubnis der Beteiligten in ein Land eingeführt worden sind, in dem sie nicht erlaubt sind, können dort *beschlagnahmt* werden (Art 13 Abs 2 RBÜ).

Österreichische Regelung: Diese *Zwangslizenz* bezieht sich auf das Vervielfältigungs- und Verbreitungsrecht eines Werks auf Schallplatte und gibt das Recht nur zur Vervielfältigung und Verbreitung im Inland sowie für die Ausfuhr nach Staaten, in denen kein Schutz gegen Vervielfältigung und Verbreitung auf Schallträgern besteht (§ 58 UrhG): Hat der Berechtigte einem anderen gestattet, ein Werk der Tonkunst auf Schallträgern zu vervielfältigen und zu verbreiten, so kann, so-

---

[179]) Art 13 Abs 2 RBÜ enthält eine Übergangsbestimmung für die Vorfassungen der RBÜ.

bald das Werk erschienen ist, jeder Hersteller von Schallträgern vom Berechtigten verlangen, dass auch ihm die gleiche Werknutzung gegen angemessenes Entgelt bewilligt wird.

Dies gilt, wenn der Hersteller seinen Wohnsitz oder seine Hauptniederlassung im Ausland hat, unbeschadet von Staatsverträgen nur unter der Voraussetzung, dass Hersteller mit Wohnsitz oder Hauptniederlassung im Inland auch in diesem Staat in annähernd gleicher Weise behandelt werden, jedenfalls aber in gleicher Weise wie die Hersteller mit Wohnsitz oder Hauptniederlassung in diesem Staat. Diese *Gegenseitigkeit* ist dann anzunehmen, wenn sie in einer Kundmachung des Bundesministers für Justiz im Hinblick auf die in dem betreffenden Staat bestehende Rechtslage festgestellt worden ist. Darüber hinaus können die zuständigen Behörden die Gegenseitigkeit mit einem anderen Staat vertraglich vereinbaren, wenn dies zur Wahrung der Interessen österreichischer Hersteller von Schallträgern geboten erscheint. Die Werknutzungsbewilligung gilt nur für die Vervielfältigung und Verbreitung des Werks auf Schallträgern im Inland und für die Ausfuhr nach Staaten, in denen der Urheber keinen Schutz gegen die Vervielfältigung und Verbreitung des Werks auf Schallträgern genießt.

Die Zwangslizenzregelung gilt gemäß § 58 Abs 2 UrhG für die mit einem Werk der Tonkunst als Text *verbundenen Sprachwerke* entsprechend, wenn der Berechtigte einem anderen gestattet hat, das Sprachwerk in dieser Verbindung auf Schallträgern zu vervielfältigen und zu verbreiten.

Bei Anwendung dieser Zwangslizenz bleiben Mittel, die zur gleichzeitigen wiederholbaren Wiedergabe von Werken für Gesicht und Gehör bestimmt sind (Bild- und Schallträger), außer Betracht (§ 58 Abs 4 UrhG).

6.6.6.3. Benutzung von Rundfunksendungen

Rundfunksendungen von Sprach- und Tonwerken dürfen zu öffentlichen Vorträgen und Aufführungen der gesendeten Werke mit Lautsprechern benutzt werden, wenn der Veranstalter einer solchen öffentlichen Wiedergabe die Bewilligung dazu von der zuständigen Verwertungsgesellschaft erhalten hat (§ 59 UrhG). Die VerwGes wenden diese Regelung zu Recht analog auf das Fernsehen an.

Die Verwertungsgesellschaft hat das Entgelt für solche Bewilligungen auf gleiche Weise zu verteilen wie das Entgelt, das sie von einem inländischen Rundfunkunternehmer für die Bewilligung erhält, Sprachwerke oder Werke der Tonkunst durch Rundfunk zu senden.

Eine spezielle Regelung, die auf eine Zwangslizenz hinausläuft, enthält das neu geschaffene *Fernseh-ExklusivrechteG (FERG)*.[180]

---

[180] BGBl I 2001/85.

6.6.6.4. Kabelfernsehen

Vorgaben des Gemeinschaftsrechts: Die Mitgliedstaaten müssen dafür sorgen, dass die *Kabelweiterverbreitung* von Rundfunksendungen aus anderen Mitgliedstaaten in ihrem Staatsgebiet unter der Beachtung der anwendbaren Urheberrechte und verwandten Schutzrechte und auf der Grundlage individueller oder kollektiver Verträge zwischen den Urheberrechtsinhabern, den Leistungsschutzberechtigten und den Kabelunternehmen erfolgt (Art 8 SatellitenRL).[181] Art 9 bis 12 SatellitenRL enthält Vorgaben für die Ausübung des Kabelweiterverbreitungsrechts, die in Österreich mit §§ 59a und 59b UrhG idF UrhG-Nov 1996 umgesetzt wurden (Seite 1074).

Österreichische Regelung: Das Recht, Rundfunksendungen von Werken einschließlich solcher über Satellit zur gleichzeitigen, vollständigen und unveränderten Weitersendung mit Hilfe von Leitungen zu benutzen, kann nur von Verwertungsgesellschaften geltend gemacht werden; dies gilt jedoch nicht für das Recht, Verletzungen des Urheberrechts gerichtlich zu verfolgen (§ 59a Abs 1 UrhG).

Rundfunksendungen dürfen zu einer Weitersendung im Sinne des § 59a Abs 1 UrhG benutzt werden, wenn der weitersendende Rundfunkunternehmer[182] die Bewilligung dazu von der zuständigen Verwertungsgesellschaft (§ 3 VerwGesG) erhalten hat. Mit Beziehung auf diese Bewilligung haben auch die Urheber, die mit der Verwertungsgesellschaft keinen Wahrnehmungsvertrag geschlossen haben und deren Rechte auch nicht aufgrund eines Gegenseitigkeitsvertrags mit einer ausländischen Verwertungsgesellschaft wahrgenommen werden, dieselben Rechte und Pflichten wie die Bezugsberechtigten der Verwertungsgesellschaft (§ 59a Abs 2 UrhG).

Die Regelungen des § 59a Abs 1 und 2 UrhG gelten jedoch nicht, soweit das Recht zur Weitersendung im Sinne des § 59a Abs 1 UrhG dem Rundfunkunternehmer, dessen Sendung weitergesendet wird, zusteht (§ 59a Abs 3 UrhG).

Kommt ein Vertrag über die Bewilligung der Weitersendung im Sinne des § 59a UrhG nicht zustande, so kann jeder der Beteiligten gemäß § 59b UrhG bei der Schiedsstelle (Art III UrhG-Nov 1980; Seite 1072) Vertragshilfe beantragen. Die Schiedsstelle kann den Parteien Vorschläge unterbreiten. Ein solcher Vorschlag gilt als von den Parteien angenommen, wenn keine der Parteien binnen drei Monaten Einwände erhebt. Kommt ein Vertrag über die Bewilligung einer Weitersendung im Sinne des § 59a Abs 1 UrhG nur deshalb nicht zustande, weil die Verwertungsgesellschaft oder der berechtigte Rundfunkunternehmer (§ 59a Abs 3 UrhG)

---

[181]) Damit war die bisher geltende gesetzliche Lizenz der §§ 59a und 59b UrhG nicht vereinbar. Die Mitgliedstaaten konnten jedoch insoweit eine Übergangsregelung bis zum 31. 12. 1997 vorsehen, wovon Österreich Gebrauch gemacht hat (Art III Abs 2 UrhG-Nov 1996).

[182]) Zum Begriff des bewilligungspflichtigen Rundfunkunternehmers bei der Kabelweiterleitung: OGH 13. 11. 2001, 4 Ob 182/01w – Kabelnetz Breitenfurt – ÖBl 2002, 149 = ÖBl-LS 2002/72 = MR 2002, 34 (*Walter*) = ZfRV 2003, 75 = GRUR Int 2002, 938.

die Verhandlungen darüber nicht nach Treu und Glauben aufgenommen oder sie ohne triftigen Grund be- oder verhindert hat, dann hat der weitersendende Rundfunkunternehmer einen Anspruch auf Erteilung der Bewilligung zu angemessenen Bedingungen (§ 59b Abs 2 UrhG)

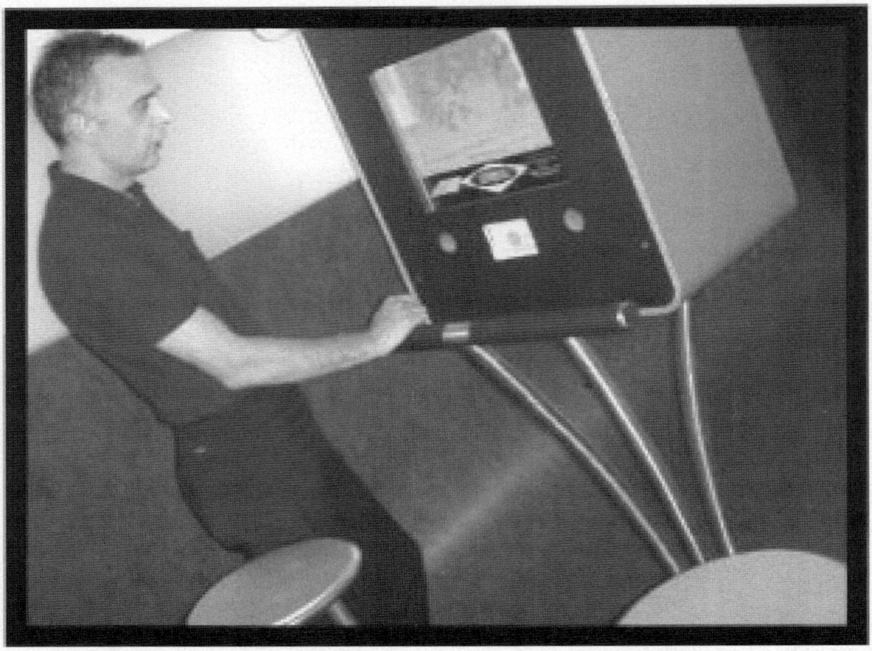

Werkzeug und Urheber

Der Schöpfer früherer Werke – der Bildhauer, der Autor, der Fotograf – arbeitet mit physischen und vergleichsweise einfachen Werkzeugen. Er kann weitgehende Ansprüche auf seinen Schöpfungsanteil erheben. Im Falle digitaler Medien verändert sich jedoch der Werkzeugcharakter grundlegend. Soweit sie in althergebrachter Weise genutzt werden, sind zwar auch digitale Medien bloß Werkzeuge – etwa die Digitalkamera als Abbildungsmaschine oder der Personal Computer als mehrdimensionale Schreibmaschine. Über diese Grundfunktionen der Medienarbeit hinaus bieten Digitalmedien jedoch zunehmend mehr und vor allem höherwertige Werkzeuglichkeit. Auf Softwarebasis entstehen immer komplexere Tools zur Automatisierung von Arbeitsschritten, die in früheren Tagen noch der handwerklichen Fertigkeit des Urhebers entsprangen. Programme für Rechtschreibung, Bildeffekte, Filmblenden oder auch Klangveredelung werfen die Frage auf, wie hoch der Urheberschaftsanteil von Konzernen wie Microsoft oder Apple an diversen digitalen Medienwerken ist.

Die Digitalisierung bringt zweifellos eine Demokratisierung der Medienproduktion im Sinne einer Ausdehnung auf den sogenannten Amateurmarkt. Der ehemals passive Rezipient sieht sich eingeladen, selbst tätig zu werden – freilich um den Preis der Abhängigkeit von der Industrie, die ihm, in hartem marktwirtschaftlichem Konkurrenzkampf hoch entwickelte Werkzeuge als Konsumgüter bereitstellt. Damit funktioniert jedoch auch das Begriffspaar Professionist und Amateur nicht mehr. Anstelle des professionellen Künstlers von ehedem, der mit konventionellem Werkzeug eine superlative kreative Leistung erbringt, sieht die demokratisierte Allgemeinkunst des Digitalzeitalters eine Vielzahl Talentierter, die mit superlativen Werkzeugen umzugehen lernen. Wo aber enden die Grenzen des Werkzeugs? Wo beginnt die kreative Leistung des Künstlers? – bei den Polygonen, die die Software als virtuelle Bausteine einer digitalen 3D-Installation bereitstellt? – bei der Textur, die im Softwarepaket quasi von der Stange geboten wird? Ist das in einer dynamischen Animation verwendete Zufallsprinzip, das ausschließlich vom Computer generiert wird, ein Indiz dafür, dass er die künstlerische Urheberschaft zu beanspruchen beginnt?

◄ **Dr. Otmar MORITSCH** ist gemeinsam mit Dr. Wolfgang Pensold Kurator der Abteilung **medien.welten** im Technischen Museum Wien (www.tmw.at).

7. SCHUTZDAUER

Überblick:

▸ Für den Urheberrechtsschutz wurde die Schutzfrist in der Europäischen Union auf *70 Jahre* vereinheitlicht.

▸ Die Schutzfrist beginnt in der Regel nach dem *Ablauf des Todesjahres* des letztlebenden Miturhebers.

▸ In Sonderfällen hat die Eintragung in das *Urheberregister* Einfluss auf die Schutzfristenberechnung.

7.1. Allgemeines

Literaturhinweise: *Altschul*, Stellung der Opern „Rienzi", „Der fliegende Holländer", „Tannhäuser" und „Lohengrin" von Richard Wagner zum Urheberrechtsschutz in Österreich, GZ 1906, 117; *Fortner*, Die urheberrechtliche Schutzfrist, GZ 1913, 73; *Altschul*, Schutzfrist posthumer Kryptonymwerke, GZ 1914, 305; *Abel*, Zur Frage der Schutzfrist in Österreich, UFITA 3 (1930) 16; *Abel*, Die Verlängerung der urheberrechtlichen Schutzfrist in Österreich, AnwZ 1934, 23; *Walter*, Die Auswirkung der Schutzfristverlängerung auf bestehende Nutzungsverträge nach deutschem und österreichischem Urheberrecht, FS Ulmer (1973) 63; *Dittrich*, Über die Schutzdauer der Opern von Giacomo Puccini in Österreich, FS Roeber (1982) 53; *Dillenz*, Überlegungen zum Domaine Public Payant, GRUR Int 1983, 920; *Scolik*, „Benützungsgebühr" und freie Verwertung nicht mehr geschützter Filmkopien, RfR 1986, 1; *Dillenz*, Die Entwicklung des Urheberrechts in Österreich von 1895 bis 1936, ÖSGRUM 7 (1988) 147 (157); *Uchtenhagen*, Die Urheberrechts-Systeme der Welt und ihre Verwurzelung in den geistigen Grundlagen des Urheberrechts, ÖSGRUM 7 (1988) 29; *Püschel*, Rechte des Bühnenautors und Urheberschutzfrist aus historischer Sicht, ÖSGRUM 9 (1991) 222; *Ager*, Arbeitsunterlage für den Bereich Musik, ÖSGRUM 13 (1993) 65; *Dietz*, Einige Thesen zum Urhebergemeinschaftsrecht, ÖSGRUM 13 (1993) 12; *Dittrich*, Harmonisierung der Schutzfristen in der EG – nachgelassene Werke, ÖSGRUM 14 (1993) 1; *Hallas*, Verfassungsrechtliche Probleme eines Domaine Public Payant, ÖSGRUM 13 (1993) 1; *Hartmann*, Arbeitsunterlage für den Bereich bildende Kunst, ÖSGRUM 13 (1993) 93; *Hodik*, Miturheberschaft, Werkverbindung und Kollektivwerke in der EG-Richtlinie zur Vereinheitlichung der Schutzfristen, ÖSGRUM 14 (1993) 17; *Mark*, Arbeitsunterlage für den Bereich Musik, ÖSGRUM 13 (1993) 73; *Melichar*, Übergangsregelungen bei Veränderung der Schutzdauer, ÖSGRUM 14 (1993) 25; *Ruiss/Koblanck*, Arbeitsunterlage für den Bereich Literatur, ÖSGRUM 13 (1993) 54; *Walter*, Domaine Public Payant, ÖSGRUM 13 (1993) 22; *Walter*, Österreichischer Kunstfonds, ÖSGRUM 13 (1993) 107; *Juranek*, Die Richtlinie der Europäischen Union zur Harmonisierung der Schutzfristen im Urheber- und Leistungsschutzrecht, ÖSGRUM 15 (1994); *Dillenz*, Internationales Urheberrecht in Zeiten der Europäischen Union, JBl 1995, 351 (362); *Walter*, Der Schutz nachgelassener Werke nach der EU Schutzdauer-Richtlinie, im geänderten deutschen Urheberrecht und nach der österreichischen UrhG-Novelle 1996, FS Beier (1996) 425; *Hirnböck*, Übergangsbestimmungen zur Schutzfristenverlängerung im österreichischen Urheberrechtsgesetz, ÖSGRUM 20 (1997) 53; *Juranek*, Ausgewählte Probleme der Schutzfristenberechnung, ÖSGRUM 20 (1997) 41; *Tichy*, Massnahmen zum Schutz erworbener Rechte Dritter bei Wiederaufleben des Urheberrechtsschutzes, ELR 1999, 416; *Naumann*, Unionsbürger Giacomo Puccini? ELR 2002, 280; *Thiele/Waß*, Urheberrecht post mortem – Rechtsnachfolge bei Werkschöpfern, NZ 2002, 97; *Walter*, Schutzfristverlängerung und ältere Urheberverträge, MR 2003, 159.

Der Urheberrechtsschutz reicht weit über den Tod des Urhebers hinaus. Zutreffend verweist *Uchtenhagen*[1] darauf, dass weniger die Urheber selbst eine Verlängerung der Schutzfrist *post mortem auctoris* betreiben, als eher die Verleger und anderen Verwerter, denn die Schutzfristverlängerung bringe eine stärkere Stellung auf dem Kunstmarkt. Der Urheber selbst hat daran wohl nur den Trost in der Todesstunde, dass seine Erben noch lange Tantiemen erhalten werden. Das österreichische UrhG 1895 beschränkte die Schutzdauer noch auf 30 Jahre nach dem Tod des Urhebers (§ 43). 1929 wären demnach die Werke von *Johann Strauß* frei geworden. Man verlängerte daraufhin die Schutzfrist mit der Novelle 1929, allerdings nur bis zum 31. 12. 1931. Erst 1933 wurde die 50-jährige Schutzfrist eingeführt.[2]

Vorgaben der RBÜ: Die Dauer des durch die RBÜ gewährten Schutzes umfasst das Leben des Urhebers und *fünfzig Jahre* nach seinem Tod (Art 7 Abs 1 RBÜ).

Für *Filmwerke* sind die Verbandsländer jedoch befugt vorzusehen, dass die Schutzdauer fünfzig Jahre nach dem Zeitpunkt endet, in dem das Werk mit Zustimmung des Urhebers der Öffentlichkeit zugänglich gemacht worden ist, oder, wenn ein solches Ereignis nicht innerhalb von fünfzig Jahren nach der Herstellung eines solchen Werks eintritt, fünfzig Jahre nach der Herstellung (Art 7 Abs 2 RBÜ). Für *anonyme und pseudonyme Werke* endet die durch diese Übereinkunft gewährte Schutzdauer fünfzig Jahre nachdem das Werk erlaubterweise der Öffentlichkeit zugänglich gemacht worden ist. Wenn jedoch das vom Urheber angenommene Pseudonym keinerlei Zweifel über die Identität des Urhebers zulässt, richtet sich die Schutzdauer nach Art 7 Abs 1 RBÜ. Wenn der Urheber eines anonymen oder pseudonymen Werks während der oben angegebenen Frist seine Identität offenbart, richtet sich die Schutzdauer gleichfalls nach Art 7 Abs 1 RBÜ. Die Verbandsländer sind nicht gehalten, anonyme oder pseudonyme Werke zu schützen, bei denen aller Grund zu der Annahme besteht, dass ihr Urheber seit fünfzig Jahren tot ist (Art 7 Abs 3 RBÜ). Der Gesetzgebung der Verbandsländer bleibt vorbehalten, die Schutzdauer für Werke der *Photographie* und für als Kunstwerke geschützte *Werke der angewandten Kunst* festzusetzen; diese Dauer darf jedoch nicht weniger als fünfundzwanzig Jahre seit der Herstellung eines solchen Werks betragen (Art 7 Abs 4 RBÜ). Die sich an den Tod des Urhebers anschließende Schutzfrist und die in den Art 7 Abs 2, 3 und 4 RBÜ vorgesehenen Fristen *beginnen mit dem Tod* oder dem in diesen Absätzen angegebenen Ereignis zu laufen, doch wird die Dauer dieser Frist erst *vom 1. Januar des Jahres an* gerechnet, das auf den Tod oder das genannte Ereignis folgt (Art 7 Abs 5 RBÜ). Die Verbandsländer sind befugt, eine *längere* als die in den vorhergehenden Absätzen vorgesehene *Schutzdauer* zu gewähren (Art 7 Abs 6 RBÜ). Art 7 Abs 7 RBÜ enthält eine Übergangsregelung gegenüber der Rom-Fassung der RBÜ; Art 7 Abs 8 RBÜ enthält den *Schutzfristenvergleich*. Art 7bis RBÜ regelt die Schutzfrist bei *Miturheberschaft*.

---

[1]) ÖSGRUM 7 (1988) 32.
[2]) Zu dieser Entwicklung eingehend *Dillenz*, ÖSGRUM 7 (1988) 147 (157).

Die dem Urheber nach Art 6bis Abs 1 RBÜ gewährten Rechte (*Schutz der Urheberschaft*, Seite 1198, und *Werkschutz*, Seite 1199) bleiben nach seinem Tod wenigstens bis zum Erlöschen der vermögensrechtlichen Befugnisse in Kraft und werden von den Personen oder Institutionen ausgeübt, die nach den Rechtsvorschriften des Landes, in dem der Schutz beansprucht wird, hierzu berufen sind (vgl näher Art 6bis Abs 2 RBÜ).

Vorgaben des WUA: Das WUA sieht eine *Mindestschutzdauer* (25 Jahre nach dem Tod des Urhebers) und einen *Schutzfristenvergleich* (vgl näher Art 4 WUA) vor.

Vorgaben des TRIPS-Abk: Der vom TRIPS-Abk vorgegebene Mindeststandard liegt weit unter dem österreichischen: Wird die Dauer des Schutzes eines Werks, das kein photographisches Werk und kein Werk der angewandten Kunst ist, auf einer anderen Grundlage als jener der Lebensdauer einer natürlichen Person berechnet, darf die Schutzdauer nicht weniger als 50 Jahre ab dem Ende des Kalenderjahres der erlaubten Veröffentlichung betragen, oder, wenn es innerhalb von 50 Jahren ab der Herstellung des Werks zu keiner erlaubten Veröffentlichung kommt, 50 Jahre ab dem Ende des Kalenderjahres der Herstellung (Art 12 TRIPS-Abk).

Vorgaben des Gemeinschaftsrechts:[3] Die *SchutzfristenRL* (Seite 1093) hat eine Vereinheitlichung der Schutzfristen in Europa gebracht. Dabei hat man sich nicht für die geringere 50-jährige Schutzfrist entschieden, sondern für eine Harmonisierung „nach oben", also auf die *70-jährige Schutzdauer*.[4] Begründet wurde dies damit, dass die 50-jährige Mindestschutzdauer nach der RBÜ den Zweck verfolgte, den Urheber und die ersten beiden Generationen seiner Nachkommen zu schützen. Wegen der gestiegenen durchschnittlichen Lebenserwartung in der Gemeinschaft reiche diese Schutzdauer nicht mehr aus, um zwei Generationen zu erfassen.[5] Die Schutzdauer des Urheberrechts an Werken der Literatur und Kunst im Sinne des Art 2 RBÜ muss nach Art 1 Abs 1 SchutzfristenRL nunmehr das Leben des Urhebers und siebzig Jahre nach seinem Tod umfassen, unabhängig von dem Zeitpunkt, zu dem das Werk erlaubterweise der Öffentlichkeit zugänglich gemacht worden ist. Steht das Urheberrecht den Miturhebern eines Werks gemeinsam zu, so beginnt diese Frist mit dem Tod des längstlebenden Miturhebers (Art 1 Abs 1 und 2 SchutzfristenRL). Für *anonyme und pseudonyme Werke* endet die Schutzdauer siebzig Jahre nachdem das Werk erlaubterweise der Öffentlichkeit zugänglich gemacht worden ist. Wenn jedoch das vom Urheber angenommene Pseudonym keinerlei Zweifel über die Identität des Urhebers zulässt oder wenn der Urheber

---

[3]) Zum Diskriminierungsverbot gemäß Art 12 Abs 1 EGV im Hinblick auf die Schutzfristenregelungen: EuGH 6. 6. 2002, Rs C-360/00 – Ricordi / Land Hessen – Slg 2002 I-5089 = MR 2002, 229 (*Walter*) = ZUM 2002, 631 = ABl HABM 2002, 1778.

[4]) Für den Bereich der Werke der Filmkunst ergibt sich aus der Schutzfristverlängerung, die mit einer Neudefinition des Beginns der Schutzfrist gekoppelt wurde, unter Umständen sogar eine Verlängerung um mehr als das Doppelte (*Dillenz*, JBl 1995, 351 [362]). Zur Zulässigkeit von Übergangsvorschriften: EuGH 29. 6. 1999, C-60/98 – Butterfly/Carosello – Briciole di baci – ÖBl 2000, 92 = MR 2000, 33 = ZUM 1999, 839.

[5]) Erwägungsgrund 5 der SchutzfristenRL.

innerhalb der im vorigen Satz angegebenen Frist seine Identität offenbart, richtet sich die Schutzdauer nach Art 1 Abs 1 SchutzfristenRL (Art 1 Abs 3 SchutzfristenRL). Sieht ein Mitgliedstaat besondere Urheberrechtsbestimmungen in Bezug auf *Kollektivwerke* oder in Bezug auf eine als Inhaber der Rechte zu bestimmende juristische Person vor, so wird die Schutzdauer nach Art 1 Abs 3 SchutzfristenRL berechnet, sofern nicht die natürlichen Personen, die das Werk als solches geschaffen haben, in den der Öffentlichkeit zugänglich gemachten Fassungen dieses Werks als solche identifiziert sind. Diese Regelung lässt die Rechte identifizierter Urheber, deren identifizierbare Beiträge in diesen Werken enthalten sind, unberührt; für diese Beiträge findet Art 1 Abs 1 oder 2 SchutzfristenRL Anwendung (Art 1 Abs 4 SchutzfristenRL). Für Werke, die *in mehreren Bänden*, Teilen, Lieferungen, Nummern oder Episoden veröffentlicht werden und für die die Schutzfrist ab dem Zeitpunkt zu laufen beginnt, in dem das Werk erlaubterweise der Öffentlichkeit zugänglich gemacht worden ist, beginnt die Schutzfrist für jeden Bestandteil einzeln zu laufen (Art 1 Abs 5 SchutzfristenRL). Bei Werken, deren Schutzdauer nicht nach dem Tod des Urhebers oder der Urheber berechnet wird und die nicht innerhalb von 70 Jahren nach ihrer Schaffung erlaubterweise der Öffentlichkeit zugänglich gemacht worden sind, erlischt der Schutz (Art 1 Abs 6 SchutzfristenRL).

Die Schutzfrist für ein *Filmwerk oder ein audiovisuelles Werk* erlischt 70 Jahre nach dem Tod des Längstlebenden der folgenden Personen, unabhängig davon, ob diese als Miturheber benannt worden sind: Hauptregisseur, Urheber des Drehbuchs, Urheber der Dialoge und Komponist der speziell für das betreffende Filmwerk oder audiovisuelle Werk komponierten Musik (Art 2 Abs 2 SchutzfristenRL).

Zur *Berechnung der Fristen* bestimmt Art 8 SchutzfristenRL, dass die in dieser Richtlinie genannten Fristen vom 1. Januar des Jahres an berechnet werden, das auf das für den Beginn der Frist maßgebende Ereignis folgt.

Österreichische Regelung: Auch die Materialien zur *UrhG-Nov 1996*[6], mit der diese Richtlinie in Österreich umgesetzt wurde, sprechen von einer Angleichung „auf einem sehr hohen Niveau". Österreich hatte bereits im Wesentlichen die allgemeine siebzigjährige Schutzfrist. Nur in Detailfragen und insbesondere bei den Filmwerken war eine Anpassung erforderlich. Hier war die Schutzfrist von 50 auf 70 Jahre anzuheben.[7] Im – später zu behandelnden (Seite 1294) – Leistungsschutzrecht hat die SchutzfristenRL eine Vereinheitlichung der Schutzdauer auf 50 Jahre gebracht. Dazu musste Österreich mit der UrhG-Nov 1996 die Schutzfristen für Laufbilder und Rundfunksendungen von 30 auf 50 Jahre anheben.

Über die Einführung des *Domaine Public Payant* wird in Österreich diskutiert.[8] Mit diesem Begriff ist die Verlängerung der Schutzfrist um eine zweite Schutzpe-

---

[6]) BGBl 1996/151; 3 BlgNR 20. GP 15.
[7]) Zur Auslegung der Übergangsvorschrift des Art VIII der UrhG-Nov 1996: OGH 18. 2. 2003, 4 Ob 235/02s.
[8]) Vgl den Sammelband *Dittrich* (Hrsg), Domaine Public Payant, ÖSGRUM 13 (1993).

riode gemeint, in der das nunmehr gemeinfreie Werk frei verwertet werden darf, in der aber andererseits dafür eine angemessene Vergütung zu zahlen ist.[9] Der Grundgedanke dafür liegt auf der Hand: Der Urheber (genauer seine Rechtsnachfolger oder – je nach Ausgestaltung – ein sozialer Fonds) sollen noch über die Schutzdauer hinaus eine Einnahmequelle erhalten. Gegen die einseitige Einführung dieses Vergütungsanspruchs in Österreich bestehen ähnliche Einwände wie sie auch gegen das Folgerecht (Seite 1096) vorgebracht werden.

7.2. Fristenberechnung

Alle im UrhG geregelten *Schutz*fristen (nicht: die Fristen für die Rechtsverfolgung) werden vom *Ende* des Jahres an berechnet, in welches das maßgebende Ereignis (Tod, Veröffentlichung) fällt (§ 64 UrhG): Bei Berechnung der Schutzfristen (§§ 60 bis 63 UrhG) ist das Kalenderjahr, in dem die für den Beginn der Frist maßgebende Tatsache eingetreten ist, nicht mitzuzählen. Dies entspricht auch der Vorgabe in Art 8 SchutzfristenRL.

7.3. Schutzfristen
7.3.1. Werke der Literatur, der Tonkunst und der bildenden Künste
Benannter Urheber

Das Urheberrecht an Werken der Literatur, der Tonkunst und der bildenden Künste, deren Urheber (§ 10 Abs 1 UrhG; Seite 1133) auf eine Art bezeichnet worden ist, die nach § 12 UrhG (Seite 1138) die Vermutung der Urheberschaft begründet, endet *siebzig Jahre nach dem Tode* des Urhebers, bei einem von mehreren Urhebern gemeinsam geschaffenen Werke (§ 11 UrhG; Seite 1134) endet das Urheberrecht siebzig Jahre nach dem Tode des letztlebenden Miturhebers (§ 60 UrhG).

Urheber nicht benannt

Das Urheberrecht an Werken, deren Urheber nicht auf eine Art bezeichnet worden ist, die nach § 12 UrhG die Vermutung der Urheberschaft begründet (so genannte „kryptonyme Werke"), endet *siebzig Jahre nach ihrer Schaffung*. Wenn aber das Werk vor dem Ablauf dieser Frist veröffentlicht wird, endet das Urheberrecht siebzig Jahre nach der Veröffentlichung (§ 61 UrhG).

Urheberregister

Das UrhG sieht für die Offenbarung der Identität des Urhebers die Einhaltung gewisser Formalitäten vor.[10] Innerhalb der im § 61 UrhG bezeichneten Frist kann der wahre Name des Urhebers von ihm selbst oder von den Personen, auf die das Urheberrecht nach seinem Tod übergegangen ist, zu dem vom Bundesminister für Justiz geführten *Urheberregister* angemeldet werden. Eine solche Anmeldung

---

[9]) *Hallas*, ÖSGRUM 13 (1993) 1.
[10]) EB, 3 BlgNR 20. GP 29.

bewirkt, dass die Schutzfrist nach § 60 UrhG zu bemessen ist (§ 61a UrhG). Die *Anmeldung* bedarf der Schriftform. Jede Anmeldung hat Art und Titel des Werks oder seine andere Bezeichnung, Zeit, Ort und Art der Veröffentlichung, die bisher verwendeten Urheberbezeichnungen, Vor- und Familiennamen des Urhebers und Vor- und Familiennamen, Beschäftigung und Wohnort des Anmelders zu enthalten. Eine Anmeldung kann auch mehrere Werke, die demselben Urheber zugeschrieben werden, umfassen (§ 61b Abs 1 UrhG). Die *Eintragung* ist vom BMJ (Seite 1140) ohne Prüfung der Befugnis des Anmelders zum Einschreiten und der Richtigkeit der angemeldeten Tatsachen vorzunehmen. Sie hat jedenfalls die in § 61b Abs 1 UrhG vorgeschriebenen Angaben zu enthalten. Gibt eine Anmeldung auch den Tag und den Ort der Geburt des Urhebers oder seines Ablebens oder seine Staatsangehörigkeit an, so sind auch diese Angaben einzutragen. Die Eintragung ist auf Kosten des Anmelders im „Amtsblatt zur Wiener Zeitung" öffentlich *bekanntzumachen*. Jedermann kann in das Urheberregister *Einsicht* nehmen und die Ausfertigung amtlich beglaubigter *Auszüge* sowie die Ausstellung von Zeugnissen darüber verlangen, dass ein bestimmtes Werk im Urheberregister nicht eingetragen ist (§§ 61b Abs 2 und 61c UrhG).

Für die Schutzdauer des Urheberrechts an *Datenbankwerken* (Seite 1124) gelten keine Sonderregelungen. Die durch die SchutzfristenRL harmonisierten Schutzfristen sind auch hier anzuwenden.[11]

7.3.2. Filmwerke

Das Urheberrecht an Filmwerken endet *siebzig Jahre nach dem Tode* des Letztlebenden der folgenden Personen, und zwar des Hauptregisseurs sowie des Urhebers des Drehbuchs, der Dialoge und des für das Filmwerk besonders geschaffenen Werks der Tonkunst (§ 62 UrhG).[12]

7.4. Lieferungswerke

Bei Werken, die in mehreren Bänden, Teilen, Lieferungen, Nummern oder Episoden veröffentlicht werden und bei denen die Veröffentlichung die für den Beginn der Schutzfrist maßgebende Tatsache darstellt, wird die Schutzfrist von der Veröffentlichung jedes einzelnen Bestandteils berechnet (§ 63 UrhG).

7.5. Schutz geistiger Interessen

Auch wenn die Schutzfrist schon abgelaufen ist, kann der Schöpfer eines Werks den *Schutz seiner geistigen Interessen* (§§ 19 und 21 Abs 3 UrhG; Seite 1198) *Zeit seines Lebens* geltend machen (§ 65 UrhG; vgl Art 6bis RBÜ). Zu dieser Situation kann es beispielsweise dann kommen, wenn ein Werk eines 15-jährigen Urhebers

---

[11]) Erwägungsgrund 25 DatenbankRL und Art 2 lit c DatenbankRL.
[12]) Nach Ablauf der Schutzdauer ist eine „Benützungsgebühr" nicht mehr urheberrechtlich zu begründen; vgl dazu Scolik, RfR 1986, 1.

anonym veröffentlicht wird. Die Schutzfrist würde enden, wenn er 85 wäre. Er könnte sich in den Folgejahren dann nicht einmal mehr dagegen wehren, dass ein anderer das Werk als seine Schöpfung ausgibt oder völlig entstellt nachdruckt. Insoweit wollte man daher den Schöpfer nicht schutzlos lassen.[13] Die SchutzfristenRL enthält sich einer Regelung zum Urheberpersönlichkeitsrecht (Erwägungsgrund 21 und Art 9): „Diese Richtlinie lässt die Bestimmungen der Mitgliedstaaten zur Regelung der Urheberpersönlichkeitsrechte unberührt."

---

[13]) EB zum UrhG 1936, abgedruckt bei *Dillenz*, ÖSGRUM 3 (1986) 141.

8. SANKTIONEN

Überblick:

- Bei Urheberrechtsverletzungen bestehen *zivilrechtliche* Ansprüche (insbesondere auf Unterlassung, Beseitigung, Rechnungslegung, Zahlung und Urteilsveröffentlichung).
- Vorsätzliche Urheberrechtsverletzungen sind als Privatanklagedelikt gerichtlich *strafbar*.

Wie schützt man ein immaterielles Gut vor Diebstahl?

Vorgaben der RBÜ: Jedes unbefugt hergestellte Werkstück kann in den Verbandsländern, in denen das Originalwerk Anspruch auf gesetzlichen Schutz hat, *beschlagnahmt* werden (Art 16 Abs 1 RBÜ). Diese Bestimmungen sind auch auf Vervielfältigungsstücke anwendbar, die aus einem Land stammen, in dem das Werk nicht oder nicht mehr geschützt ist (Art 16 Abs 2 RBÜ). Die Beschlagnahme findet nach den Rechtsvorschriften jedes Landes statt (Art 16 Abs 3 RBÜ).

Vorgaben des Gemeinschaftsrechts: Nach Art 7 *ComputerRL* müssen die Mitgliedstaaten *geeignete Maßnahmen* gegen Personen vorsehen, die eine der folgenden Handlungen begehen: Inverkehrbringen einer Kopie eines Computerprogramms, wenn die betreffende Person wusste oder Grund zu der Annahme hatte, dass es sich um eine unerlaubte Kopie handelt; Besitz einer Kopie eines Computerprogramms für Erwerbszwecke, wenn diese betreffende Person wusste oder Grund zu der Annahme hatte, dass es sich um eine unerlaubte Kopie handelt; das Inverkehrbringen oder der Erwerbszwecken dienende Besitz von Mitteln, die allein dazu bestimmt sind, die unerlaubte Beseitigung oder Umgehung technischer Programmschutzmechanismen zu erleichtern (die Mitgliedstaaten können die Beschlagnahme dieser Mittel vorsehen). Gemäß Art 7 Abs 2 ComputerRL soll jede unerlaubte Kopie eines Computerprogramms gemäß den Rechtsvorschriften des betreffenden Mitgliedstaats *beschlagnahmt* werden können.

Die *DatenbankRL* bestimmt zu den Sanktionen lediglich: Die Mitgliedstaaten sehen *geeignete Sanktionen* für Verletzungen der in dieser Richtlinie vorgesehenen Rechte vor (Art 12 DatenbankRL).

Die *InfoRL* verpflichtet die Mitgliedstaaten gemäß Art 8 Abs 1, bei Verletzungen der in dieser Richtlinie festgelegten Rechte und Pflichten angemessene Sanktionen und Rechtsbehelfe vorzusehen und alle notwendigen Maßnahmen zu treffen, um deren Anwendung sicherzustellen. Die betreffenden Sanktionen müssen *wirksam, verhältnismäßig und abschreckend* sein. Nach Art 8 Abs 2 *InfoRL* ist jeder Mitgliedstaat verpflichtet, die erforderlichen Maßnahmen zu treffen, um sicherzustellen, dass Rechtsinhaber, deren Interessen durch eine in seinem Hoheitsgebiet begangene Rechtsverletzung beeinträchtigt werden, Klage auf *Schadenersatz* erheben und/oder eine gerichtliche Anordnung sowie gegebenenfalls die Beschlagnahme von rechtswidrigem Material sowie von Vorrichtungen, Erzeugnissen oder Bestandteilen im Sinne des Art 6 Abs 2 InfoRL beantragen können. Die Mitgliedstaaten müssen auch sicherstellen, dass die Rechtsinhaber gerichtliche Anordnungen gegen *Vermittler* beantragen können, deren Dienste von einem Dritten zur Verletzung eines Urheberrechts oder verwandter Schutzrechte genutzt werden (Art 8 Abs 3 InfoRL).

8.1. Zivilrechtlicher Schutz

8.1.1. Unterlassungsanspruch

Jelinek, Das „Klagerecht" auf Unterlassung, ÖBl 1974, 125; *Schuster-Bonnott*, Die Gefahr des Zuwiderhandels gegen Unterlassungsverpflichtungen (Wiederholungsgefahr), JBl 1974, 169; *Schuster-Bonnott*, Der privatrechtliche Anspruch auf Unterlassung, JBl 1976, 281; *Schönherr*, Zur Unterlassungsklage gegen Vertretungsorgane juristischer Personen bei Wettbewerbsverstößen oder Immaterialgüterrechtsverletzungen, GRUR Int 1979, 406; *Schönherr*, Die Unterlassungsklage gegen die Vertretungsorgane juristischer Personen bei Wettbewerbsverstößen oder Verletzungen von Immaterialgüterrechten, ÖBl 1979, 33; *Schuster-Bonnott*, Unterlassungsanspruch – vorbeugende Unterlassungsklage, – Wiederholungsgefahr, ÖBl 1981, 33; *Frotz/Hügel*, Aspekte der kollektiven Wahrnehmung von Urheberrechten am Beispiel der AKM, ÖSGRUM 2 (1984) 26; *Koziol*, Österreichisches Haftpflichtrecht II[2] (1984) 235; *Schuster-Bonnott*, Die Wiederholungsgefahr bei Unterlassungsverpflichtungen und der seinerzeitige Motivenbericht zum Entwurf des BGB, JBl 1986, 487; *Schuster-Bonnott*, Einstweilige Verfügung und vorbeugende Unterlassungsklage zur Sicherung von Unterlassungsansprüchen, GesRZ 1989, 11; *Korn*, Zur Frage des Wegfalls der Wiederholungsgefahr, MR 1991, 220; *Dillenz*, Der Good-News-Mann als Urheberrechtsverletzer? ecolex 1991, 543; *Walter*, Urheberrechtsverletzungen durch die öffentliche Hand, MR 1992, 138; *Zanger*, Dürfen Trafiken Medienwerke vertreiben, die Urheberrechtsverletzungen enthalten? ÖBl 1992, 1; *Iro*, Die Verantwortlichkeit des Verlegers für den Inhalt seiner Bücher, RdW 1993, 328; *Angst*, Die neue Rechtsprechung zur Unterlassungsexekution, ecolex 1994, 767; *Bortloff*, Wer haftet im Internet? – Ein internationaler Vergleich, ÖSGRUM 20 (1997) 110; *Bortloff*, Die Verantwortlichkeit von online-Diensten, GRUR Int 1997, 387; *Haller*, Die Haftung von Internet-Providern, ÖSGRUM 20 (1997) 98; *Dittrich*, Bemerkungen zu § 38 Abs 1 zweiter Satz UrhG, RfR 1998, 1(3, FN 8); *Dittrich*, Ausgewählte zivilrechtliche Fragen der Software-Piraterie, ÖBl 1999, 219; *Parschalk*, Provider-Haftung für Urheberrechtsverletzungen Dritter, ecolex 1999, 834; *Gamerith*, Die Verwirkungslehre im Urheberrecht, ÖSGRUM 29 (2003) 113.

Wer in einem Ausschließungsrecht verletzt worden ist, oder eine solche Verletzung zu besorgen hat, kann auf Unterlassung klagen (§ 81 UrhG). Das Unterlassungsgebot hat sich stets am konkreten Verstoß zu orientieren. Ohne Vorliegen besonderer Gründe besteht daher kein Anlass, dem Beklagten die Veröffentlichung anderer Werke, an denen der Kläger die

Werknutzungsrechte besitzt, zu verbieten.[1] Der Unterlassungsanspruch setzt *kein Verschulden*[2] des Verletzers, aber in der Regel *Wiederholungs*-(Begehungs-)*Gefahr* voraus; diese ist nach den gleichen Grundsätzen wie im Wettbewerbsrecht zu beurteilen.[3] Dass die Wiederholungsgefahr im Einzelfall fehlt, hat der Beklagte zu behaupten und zu bescheinigen.[4] Dazu muss er Umstände dartun, die eine Wiederholung seiner Handlung als völlig ausgeschlossen oder doch zumindest äußerst unwahrscheinlich erscheinen lassen. Dies kann durch das Anbot eines vollstreckbaren Vergleichs geschehen, der dem berechtigten Anspruch des Verletzten voll gerecht wird, kann aber auch auf andere Art bewiesen werden.[5] Das UrhG gewährt auch eine *„vorbeugende Unterlassungsklage"*.[6] Der Unterlassungsanspruch richtet sich gegen den unmittelbaren Täter (*Störer*), aber auch gegen *Mittäter*, *Anstifter* und *Gehilfen*. Dabei genügt allerdings nicht die adäquate Verursachung. Wer nicht tatbestandsmäßig handelt, sondern nur einen sonstigen Tatbeitrag leistet, haftet nur dann, wenn er den Täter bewusst fördert. Dies setzt voraus, dass dem Betreffenden die Tatumstände bekannt sind, die den Gesetzesverstoß begründen.[7] Der Unterlassungsanspruch geht auf den *Gesamtrechtsnachfolger* über.[8] Der Einsatz von *Testkäufern* wird als zulässig beurteilt.[9]

Beispiel:

> OGH 30. 6. 1998: Das Gebot, den Beklagten wird verboten, „Microsoft Computerprogramme … unbefugt zu vervielfältigen und unbefugt hergestellte Kopien zu gebrauchen", ist hinreichend bestimmt.[10]

Der *Inhaber eines Unternehmens* kann auch dann geklagt werden, wenn eine Verletzung im Betrieb seines Unternehmens von einem Bediensteten oder Beauftragten begangen worden ist oder droht (§ 81 Abs 1, zweiter Satz UrhG).[11]

---

[1] OGH 17. 12. 1996, 4 Ob 2363/96w – Head-Kaufvertrag – ÖBl 1997, 256 = MR 1997, 93 (*Walter*) = SZ 69/283 = wbl 1997, 175 = GRUR Int 1998, 334: allgemein zur *Fassung des Unterlassungsgebots*: OGH 13. 4. 1999, 4 Ob 73/99k – Konflikte – ÖBl 1999, 304 = MR 1999, 229 (*Walter*).

[2] OGH 13. 9. 1999, 4 Ob 151/99f – Roll up – ÖBl 2000, 133 (*Kucsko*) = MR 1999, 343 (*Walter*).

[3] OGH 13. 9. 1999, 4 Ob 151/99f – Roll up – ÖBl 2000, 133 (*Kucsko*) = MR 1999, 343 (*Walter*); OGH 20. 10. 1998, 4 Ob 248/98v – Unisono – MR 1999, 27 (*Walter*); OGH 28. 11. 1978, 4 Ob 390/78 – Betriebsmusik – ÖBl 1979, 51. Zum Wegfall der Wiederholungsgefahr wegen eines Vergleichsangebots: OGH 25. 3. 2003, 4 Ob 268/02v – Schlafender Offizier – MR 2003, 153.

[4] StRsp, etwa OGH 28. 5. 2002, 4 Ob 108/02i – Figurstudio – MR 2002, 236 (*Walter*) = ÖBl-LS 2002/183.

[5] OGH 13. 2. 2000, 4 Ob 220/00g – Werbeprospekt – MR 2001, 168. Vgl auch im Detail: OGH 9. 3. 1999, 4 Ob 15/99f – Kitz-Info-Magazin – MR 1999, 227 (*Ciresa*). Zum Fall einer limitierten Nutzung bei einem Forschungsprojekt: OGH 28. 10. 1997, 4 Ob 264/97w – SFB Moderne – MR 1997, 323 (*Walter*).

[6] OGH 12. 8. 1998, 4 Ob 193/98f – Wiener Gruppe – MR 1998, 287 (*Walter*) = GRUR Int 1999, 360 = ZUM 1998, 1027. Zur *Verwirkung* von Ansprüchen: OGH 19. 11. 2002, 4 Ob 229/02h – Hundertwasserhaus II – ÖBl 2003, 142 (*Gamerith*) = ÖBl-LS 2003/34, 35 = MR 2003, 41 = RdW 2003/267; *Gamerith*, ÖSGRUM 29 (2003) 113.

[7] OGH 29. 1. 2002, 4 Ob 279/01k – Aufzugsanlagen – MR 2002, 156 (*Walter*).

[8] OGH 14. 5. 2001, 4 Ob 44/01a – Das 700-Millionen-Ding – MR 2002, 21.

[9] OGH 9. 9. 1997, 4 Ob 229/97y – CD-Testbestellung – MR 1997, 264.

[10] OGH 30. 6. 1998, 4 Ob 182/98p – Windows – MR 1999, 171.

[11] Zur Haftung von Mittäter, Anstifter und Gehilfen: OGH 19. 9. 1994, 4 Ob 97/94 – Telefonstudien – ÖBl 1995, 84 = SZ 67/151 = MR 1995, 360 (*Walter*) = wbl 1995, 125; zur Passivlegitimation eines Zeitschriften-Vertriebsunternehmens: *Dillenz*, ecolex 1991, 543; *Zanger*, ÖBl 1992, 1.

Haftung des Vermittlers (§ 81 Abs 1a UrhG, eingefügt durch die UrhG-Nov 2003): Bedient sich derjenige, der eine solche Verletzung begangen hat oder von dem eine solche Verletzung droht, hiezu der Dienste eines Vermittlers, so kann auch dieser auf Unterlassung nach § 81 Abs 1 UrhG geklagt werden. Wenn bei diesem die Voraussetzungen für einen Ausschluss der Verantwortlichkeit nach den §§ 13 bis 17 ECG vorliegen, kann er jedoch erst nach Abmahnung geklagt werden.[12] Anlass für diese Ergänzung war Art 8 Abs 3 InfoRL, der die Mitgliedstaaten verpflichtet, sicherzustellen, dass die Rechtsinhaber gerichtliche Anordnungen gegen Vermittler beantragen können, deren Dienste von einem Dritten zur Verletzung eines Urheberrechts oder verwandten Schutzrechts genutzt werden. Durch den Begriff der „gerichtlichen Anordnungen" im Sinn dieser Bestimmung werden der Unterlassungsanspruch und der Beseitigungsanspruch berührt. In den entsprechenden Bestimmungen wurde daher – so die EB[13] – sichergestellt, dass diese Ansprüche auch gegen Vermittler im Sinn des Art 8 Abs 3 InfoRL geltend gemacht werden können. Zur Bedeutung des Begriffs „Vermittler" wird angemerkt, dass dieser nicht nach der innerstaatlichen Terminologie zu bestimmen ist, sondern nach dem Verständnis der InfoRL: Sowohl aus dem Erwägungsgrund 59 als auch der Entstehungsgeschichte der Richtlinie ergebe sich, dass Art 8 Abs 3 InfoRL eine Ergänzung zum Art 5 Abs 1 lit a InfoRL sei und dass damit primär an Vermittler im Sinn der letztgenannten Bestimmung gedacht sei; es gehe dort um die Übertragung von Werken oder sonstigen Schutzgegenständen in einem Netz zwischen Dritten durch einen Vermittler. Der Justizausschuss hat im Text des § 81 Abs 1a UrhG noch den klarstellenden Hinweis angefügt: „Wenn bei diesem die Voraussetzungen für einen Ausschluss der Verantwortlichkeit nach den §§ 13 bis 17 ECG vorliegen, kann er jedoch erst nach *Abmahnung* geklagt werden." Damit wollte man auf jene Diensteanbieter Rücksicht nehmen, die gemäß § 3 Z 2 ECG unter die Haftungsbefreiung nach §§ 13 bis 17 ECG fallen.

Einstweilige Verfügungen bedürfen keiner *Gefahrenbescheinigung* (§ 81 Abs 2 UrhG).[14]

Sonderbestimmungen zum Unterlassungs- und Beseitigungsanspruch für Werke der bildenden Künste (§ 83 Abs 1 UrhG):[15] Ist ein Urstück eines Werks der bildenden Künste unbefugt geändert worden, so kann der Urheber, soweit im Folgenden nichts anderes bestimmt ist, nur verlangen, dass die Änderung auf dem Urstück als nicht vom Schöpfer des Werks herrührend gekennzeichnet oder dass eine darauf befindliche Urheberbezeichnung beseitigt oder berichtigt werde. Ist die Wiederherstellung des ursprünglichen Zustands möglich und stehen ihr nicht überwiegende öffentliche Interessen oder überwiegende Interessen des Eigentümers entgegen, so kann der Schöpfer des Werks nach seiner Wahl an Stelle dieser Maßnahmen ver-

---

[12]) AB 51 BlgNR 51, 22. GP.
[13]) EB UrhG-Nov 2003 zur Z 55, 40 BlgNR 22. GP.
[14]) Zur Aufhebung einer EV: OGH 10. 10. 1995, 4 Ob 70/95 – Zillertaler Schürzenjäger – MR 1996, 34.
[15]) Dazu OGH 11. 2. 1997, 4 Ob 17/97x – Wiener Aktionismus – ÖBl 1997, 301 = MR 1997, 98 (*Walter*).

langen, dass ihm die Wiederherstellung gestattet werde (§ 83 Abs 2 UrhG). Bei Werken der Baukunst kann der Urheber aufgrund des § 81 UrhG eine unbefugte Änderung nicht untersagen. Auch kann er nicht verlangen, dass Bauten abgetragen, umgebaut oder ihm nach § 82 Abs 5 UrhG überlassen werden. Doch ist auf sein Verlangen je nach der Sachlage eine der im § 83 Abs 1 UrhG bezeichneten Maßnahmen zu treffen oder auf dem Nachbau eine der Wahrheit entsprechende Urheberbezeichnung anzubringen (§ 83 Abs 3 UrhG).

Sonderbestimmungen zum Unterlassungs- und Beseitigungsanspruch im Bereich des Nachrichtenschutzes: Im Fall des § 79 UrhG (Nachrichtenschutz) können Unterlassungs- und Beseitigungsansprüche nicht nur vom Nachrichtensammler geltend gemacht werden, sondern auch von jedem Unternehmer, der mit dem Täter in Wettbewerb steht, sowie von Vereinigungen zur Förderung wirtschaftlicher Interessen von Unternehmern, wenn diese Interessen berührt werden (§ 84 Abs 1 UrhG; vgl § 14 UWG). Eingriffsgegenstände unterliegen dem Beseitigungsanspruch nur, wenn sie zur widerrechtlichen Verbreitung bestimmt sind. Ein Anspruch auf Überlassung von Eingriffsgegenständen oder Eingriffsmitteln (§ 82 Abs 5 UrhG) besteht in diesen Fällen nicht (§ 84 Abs 3 UrhG).

Sonderbestimmungen zum Unterlassungs- und Beseitigungsanspruch im Bereich des Titelschutzes: Im Falle des § 80 UrhG (Titelschutz) können Unterlassungs- und Beseitigungsansprüche von einer solchen Interessenvereinigung sowie von jedem Unternehmer geltend gemacht werden, der sich damit befasst, Stücke des Werks, dessen Titel, Bezeichnung oder Ausstattung für ein anderes Werk verwendet wird, in Verkehr zu bringen oder es öffentlich vorzutragen, aufzuführen oder vorzuführen, und dessen Interessen beeinträchtigt werden. Bei urheberrechtlich geschützten Werken ist dazu stets auch der Urheber berechtigt (§ 84 Abs 2 UrhG). Eingriffsgegenstände unterliegen dem Beseitigungsanspruch nur, wenn sie zur widerrechtlichen Verbreitung bestimmt sind. Ein Anspruch auf Überlassung von Eingriffsgegenständen oder Eingriffsmitteln (§ 82 Abs 5 UrhG) besteht in diesen Fällen nicht (§ 84 Abs 3 UrhG).

Mangels einer speziellen Regelung gilt für die *Verjährung* die allgemeine 30-jährige Frist.[16]

8.1.2. Beseitigungsanspruch

Der in seinem Ausschließungsrecht Verletzte kann verlangen, dass der dem Gesetz widerstreitende Zustand beseitigt werde; § 81 Abs 1a UrhG gilt sinngemäß (§ 82 Abs 1 UrhG idF UrhG-Nov 2003). Der Verletzte kann insbesondere verlangen, dass die den Vorschriften dieses Gesetzes zuwider hergestellten oder verbreiteten sowie die zur widerrechtlichen Verbreitung bestimmten Vervielfältigungsstücke vernichtet und dass die ausschließlich oder überwiegend zur widerrechtlichen Vervielfältigung bestimmten Mittel (Formen, Steine, Platten, Filmstreifen und derglei-

---

[16]) OLG Wien 29. 4. 1999, 3 R 6/99w – Picasso Collage – MR 1999, 223 (*Walter*).

chen) unbrauchbar gemacht werden (§ 82 Abs 2 UrhG idF UrhG-Nov 2003). Enthalten diese Eingriffsgegenstände oder Eingriffsmittel Teile, deren unveränderter Bestand und deren Gebrauch durch den Beklagten das Ausschließungsrecht des Klägers nicht verletzen, so hat das Gericht diese Teile in dem die Vernichtung oder Unbrauchbarmachung aussprechenden Urteil zu bezeichnen. Bei der Vollstreckung sind diese Teile, soweit es möglich ist, von der Vernichtung oder Unbrauchbarmachung auszunehmen, wenn der Verpflichtete die damit verbundenen Kosten im Voraus bezahlt. Zeigt sich im Exekutionsverfahren, dass die Unbrauchbarmachung von Eingriffsmitteln unverhältnismäßig große Kosten erfordern würde, und werden diese vom Verpflichteten nicht im Voraus bezahlt, so ordnet das Exekutionsgericht nach Einvernehmung der Parteien die Vernichtung dieser Eingriffsmittel an (§ 82 Abs 3 UrhG). Kann der dem Gesetz widerstreitende Zustand auf eine andere, mit keiner oder einer geringeren Wertvernichtung verbundene Art beseitigt werden, so kann der Verletzte nur Maßnahmen dieser Art begehren. Namentlich dürfen Werkstücke nicht bloß deshalb vernichtet werden, weil die Quellenangabe fehlt oder dem Gesetz nicht entspricht (§ 82 Abs 4 UrhG).

Statt der Vernichtung von Eingriffsgegenständen oder Unbrauchbarmachung von Eingriffsmitteln kann der Verletzte verlangen, dass ihm die Eingriffsgegenstände oder Eingriffsmittel von ihrem Eigentümer gegen eine angemessene, die Herstellungskosten nicht übersteigende Entschädigung überlassen werden (§ 82 Abs 5 UrhG).

Der Beseitigungsanspruch richtet sich gegen den Eigentümer (nicht gegen den Entlehner oder Verwahrer) der Gegenstände.[17] Der Anspruch kann während der Dauer des verletzten Rechts so lange geltend gemacht werden, als solche Gegenstände vorhanden sind (§ 82 Abs 6 UrhG).

Zu den Sonderbestimmungen zum *Beseitigungsanspruch für Werke der bildenden Künste* (§ 83 UrhG), *im Bereich Nachrichten- und Titelschutz* (§ 84 UrhG) vgl oben Seite 1270 und 1271.

8.1.3. Urteilsveröffentlichung

Literaturhinweise: *Keinert*, Urteilsveröffentlichung im Wettbewerbsprozeß bei einem Teilerfolg, ÖBl 1983, 121; *Kucsko*, Zum Umfang der Urteilsveröffentlichung, ÖBl 1984, 145; *Engin-Deniz*, Kostenfestsetzung gemäß § 25 Abs 6 UWG erst nach der Veröffentlichung? ÖBl 1985, 66; *Pimmer*, Urteilsveröffentlichung auf Antrag des Beklagten, ecolex 1990, 621; *Ciresa*, Handbuch der Urteilsveröffentlichung[2] (2000).

Anspruch (§ 85 Abs 1 UrhG): Wird auf Unterlassung oder Beseitigung oder Feststellung des Bestehens oder Nichtbestehens eines auf dieses Gesetz gegründeten Ausschließungsrechts oder der Urheberschaft (§ 19 UrhG; Seite 1198) geklagt, so hat das Gericht der obsiegenden Partei, wenn diese daran ein berechtigtes Interesse hat, auf Antrag die Befugnis zuzusprechen, das Urteil innerhalb bestimmter Frist

---

[17]) OGH 17. 5. 1977, 4 Ob 344/77 – Panoramakarte Zillertal – ÖBl 1978, 23.

auf Kosten des Gegners zu veröffentlichen. Die Art der Veröffentlichung ist im Urteil zu bestimmen. Hat der Kläger Veröffentlichung in einem bestimmten Medium begehrt, so engt er damit den Ermessensrahmen des Gerichts ein; dieses darf nur ein vom Antrag umfasstes Medium bestimmen.[18]

Beispiel:

▸ OGH 6. 11. 1990: Wurde die Rechtsverletzung in einem Fachbuch mit einer Auflage von 800 Stück begangen, so ist ein auf zwei österreichweit erscheinende Tageszeitungen gerichtetes Veröffentlichungsbegehren als unangemessen abzuweisen.[19]

§ 85 UrhG wird analog auch auf Persönlichkeitsrechtsverletzungen im Sinne des § 16 ABGB angewendet.[20]

Inhalt (§ 85 Abs 2 UrhG): Die Veröffentlichung umfasst den Urteilsspruch. Auf Antrag der obsiegenden Partei kann jedoch das Gericht einen vom Urteilsspruch nach Umfang oder Wortlaut abweichenden oder ihn ergänzenden Inhalt der Veröffentlichung bestimmen. Dieser Antrag ist spätestens vier Wochen nach Rechtskraft des Urteils zu stellen. Ist der Antrag erst nach Schluss der mündlichen Streitverhandlung gestellt worden, so hat hierüber das Gericht erster Instanz nach Rechtskraft des Urteils mit Beschluss zu entscheiden.

Kosten (§ 85 Abs 3 UrhG): Das Gericht erster Instanz hat auf Antrag der obsiegenden Partei die Kosten der Veröffentlichung festzusetzen und deren Ersatz dem Gegner aufzutragen.

Veröffentlichungszwang (§ 85 Abs 4 UrhG): Die Veröffentlichung aufgrund eines rechtskräftigen Urteils oder eines anderen vollstreckbaren Exekutionstitels ist vom Medienunternehmer ohne unnötigen Aufschub vorzunehmen.

8.1.4. Anspruch auf angemessenes Entgelt

Literaturhinweise: *Koziol*, Der Verwendungsanspruch bei Ausnützung fremder Kenntnisse und schöpferischer Leistungen, JBl 1978, 239; *Dittrich*, Zur Tragweite der Verjährungsregelung in § 90 neuer Fassung des österr UrhG, GRUR Int 1983, 396; *Wilhelm*, Ausnützung fremder Kenntnisse und Schöpfungen, ecolex 1991, 517; *Kletecka*, Unberechtigte Verwendung eines Werktitels, ecolex 1991, 525; *Keinert*, Zur Verjährung im Urheberrecht, ecolex 1992, 567; *Dillenz*, Fragen der Verjährung im Urheberrecht, FS Frotz (1993) 699; *Wilhelm*, Nachahmung banaler Werbesprüche, ecolex 1994, 521; *Walter*, Schadenersatz, angemessenes Entgelt und Verletzergewinn bei Urheberrechtsverletzungen, MR 1995, 2; *Wilhelm*, Bereicherungsansprüche wegen Ausnützens fremder Schöpfungen und Kenntnisse, ÖBl 1995, 147; *Mahr*, Bereicherung, Schadenersatz und Herausgabe des Verletzergewinnes im Urheberrecht, ÖSGRUM 19 (1996) 33.

Anspruch (§ 86 Abs 1 UrhG idF UrhG-Nov 2003): Bei gewissen – in § 86 UrhG aufgezählten – Verletzungen des Urheberrechts gewährt das UrhG einen verschul-

---

[18]) OGH 17. 12. 2002, 4 Ob 274/02a – Felsritzbild – MR 2003, 162 (*Walter*).
[19]) OGH 6. 11. 1990, 4 Ob 145/90 – Oberndorfer Gschichtn – ÖBl 1991, 188 = MR 1990, 230 (*Walter*) = SZ 63/193 = ecolex 1991, 109 = GRUR Int 1991, 653.
[20]) OGH 20. 3. 2003, 6 Ob 287/02b – MA 2412 II – MR 2003, 92 (*Korn*).

densunabhängigen[21] Anspruch auf angemessenes Entgelt.[22] Wer unbefugt ein Werk der Literatur oder Kunst auf eine nach den §§ 14 bis 18a UrhG dem Urheber vorbehaltene Verwertungsart benutzt, den Vortrag oder die Aufführung eines Werks der Literatur oder Tonkunst dem § 66 Abs 1 und 5 UrhG zuwider auf einem Bild- oder Schallträger festhält oder diesen vervielfältigt oder dem § 66 Abs 1 und 5 UrhG oder dem § 69 Abs 2 UrhG zuwider verbreitet, den Vortrag oder die Aufführung eines Werks der Literatur oder Tonkunst § 66 Abs 7, § 69 Abs 2, §§ 70, 71 oder 71a UrhG zuwider durch Rundfunk sendet, öffentlich wiedergibt oder der Öffentlichkeit zur Verfügung stellt, ein Lichtbild oder einen Schallträger auf eine nach den §§ 74 oder 76 UrhG dem Hersteller vorbehaltene Verwertungsart benutzt, eine Rundfunksendung auf eine nach § 76a UrhG dem Rundfunkunternehmer vorbehaltene Verwertungsart benutzt oder eine Datenbank auf eine nach § 76d UrhG dem Hersteller vorbehaltene Verwertungsart benutzt, hat, auch wenn ihn kein Verschulden trifft, dem Verletzten, dessen Einwilligung einzuholen gewesen wäre, ein angemessenes Entgelt zu zahlen. Als „*angemessen*" wird jenes Entgelt beurteilt, das üblicherweise für eine gleichartige, im Voraus eingeholte Einwilligung gezahlt wird, also die der Nutzungsbewilligung entsprechende Lizenzgebühr.[23] Das *Fehlen der Urheberbezeichnung* oder die unbefugte Bearbeitung können *nicht* bei der Bemessung des angemessenen Entgelts durch einen *Zuschlag* berücksichtigt werden.[24] Die bloße Verletzung des Rechts auf Herstellerbezeichnung begründet keinen Anspruch auf angemessenes Entgelt.[25]

Ausnahme (§ 86 Abs 2 UrhG idF UrhG-Nov 2003): Auf ein solches Entgelt besteht aber kein Anspruch, wenn eine Rundfunksendung, öffentliche Wiedergabe oder eine öffentliche Zurverfügungstellung nur deshalb unzulässig gewesen ist, weil sie mit Hilfe von Bild- oder Schallträgern oder Rundfunksendungen vorgenommen worden ist, die nach § 50 Abs 2, § 53 Abs 2, § 56 Abs 3, § 56b Abs 2, § 56c Abs 3 Z 2, § 56d Abs 1 Z 2, § 66 Abs 7, § 69 Abs 2, §§ 70, 71, 74, 76 oder 76a Abs 2 und 3 UrhG dazu nicht verwendet werden durften, und wenn diese Eigenschaft der Bild- oder Schallträger oder Rundfunksendungen ihrem Benutzer ohne sein Verschulden unbekannt gewesen ist.

Presseberichte (§ 86 Abs 3 UrhG): Wer einen Pressebericht dem § 79 UrhG zuwider benutzt, hat, auch wenn ihn kein Verschulden trifft, dem Nachrichtensammler ein angemessenes Entgelt zu bezahlen.

---

[21]) Vgl zB OGH 29. 1. 2002, 4 Ob 279/01k – Aufzugsanlagen – MR 2002, 156 (*Walter*).
[22]) Mehrere Zahlungsansprüche (insbesondere auf angemessenes Entgelt) sind nicht als Pauschalbetrag, sondern entsprechend ziffernmäßig bestimmt und individualisiert geltend zu machen; OGH 11. 9. 1990 – Schneefilm II – MR 1991, 154 (*Walter*). Zur Festsetzung nach § 273 ZPO: OGH 1. 6. 1999, 4 Ob 92/99d – generelle Sperre – MR 1999, 281.
[23]) OGH 13. 11. 2001, 4 Ob 249/01y – Wirtschaftskurier – MR 2002, 101.
[24]) OGH 24. 11. 1998, 4 Ob 292/98i – Mittelschulatlas – MR 1999, 171 (*Walter*) = ecolex 1999, 409 (*Tahedl*).
[25]) OGH 26. 5. 1998, 4 Ob 63/98p – Rauchfänge – SZ 71/92 = MR 1998, 194 (*Walter*) = EvBl 1998/197 = JBl 1998, 793 (*Mahr*) = ecolex 1998, 855 (*Schanda*) = RdW 1998, 610 = GRUR Int 1999, 182.

Haftung des Inhabers eines Unternehmens (§ 88 Abs 1 UrhG): Wird der einen Anspruch auf angemessenes Entgelt begründende Eingriff im Betrieb eines Unternehmens von einem Bediensteten oder Beauftragten begangen, so trifft die Pflicht zur Zahlung des Entgelts den Inhaber des Unternehmens. „Beauftragter" ist jeder, der – ohne in einem Dienstverhältnis zu stehen – auf Grund eines anderen Rechtsgeschäfts dauernd oder vorübergehend für das Unternehmen tätig wird.[26]

Haftung mehrerer Verpflichteter (§ 89 UrhG): Soweit derselbe Anspruch auf ein angemessenes Entgelt gegen mehrere Personen begründet ist, haften sie zur ungeteilten Hand.

Verjährung (§ 90 UrhG):[27] Die Verjährung des Anspruchs auf angemessenes Entgelt richtet sich nach den Vorschriften für Entschädigungsklagen (vgl § 1489 ABGB).

8.1.5. Anspruch auf Schadenersatz und auf Herausgabe des Gewinnes

Literaturhinweise: *Bydlinski*, Der Ersatz ideellen Schadens als sachliches und methodisches Problem, JBl 1965, 173; *Torggler*, Probleme des Schadenersatzes im Immaterialgüter- und Wettbewerbsrecht, ÖBl 1976, 57; *Schönherr/Kucsko*, Schadenersatz im gewerblichen Rechtsschutz und Urheberrecht Österreichs, GRUR Int 1980, 282; *Dittrich*, Zur Tragweite der Verjährungsregelung in § 90 neuer Fassung des österr UrhG, GRUR Int 1983, 396; *Blum*, Die Berechnung des Entgeltsanspruches bei Verwendung von Personenbildnissen, FS 50 Jahre UrhG (1986) 9; *Ostheim*, Marginalien zum Ersatz entgangenen Gewinns im bürgerlichen Recht, Handelsrecht, gewerblichen Rechtsschutz und Urheberrecht, GedS Schönherr (1986) 367; *Keinert*, Zur Verjährung im Urheberrecht, ecolex 1992, 567; *Dillenz*, Fragen der Verjährung im Urheberrecht, FS Frotz (1993) 699; *Mahr*, Die „rätselhafte Schadenspauschalierung" nach § 87 Abs. 3 UrhG, MR 1994, 183; *Walter*, Schadenersatz, angemessenes Entgelt und Verletzergewinn bei Urheberrechtsverletzungen, MR 1995, 2; *Koziol*, Zu schadenersatzrechtlichen Problemen des § 87 UrhG, ÖSGRUM 19 (1996) 33; *Mahr*, Bereicherung, Schadenersatz und Herausgabe des Verletzergewinnes im Urheberrecht, ÖSGRUM 19 (1996) 33; *Mahr*, Der „besondere Ärger" als Voraussetzung einer Entschädigung nach § 87 Abs 2 UrhG, MR 1996, 9; *Rechberger/Punschner*, Prozessuale Probleme des Verhältnisses der Ansprüche nach §§ 6 ff MedG und § 87 Abs 2 UrhG – Eine Entscheidungsanmerkung, RZ 1998, 219; *Briem*, Ist die Verletzung von Urheberpersönlichkeitsrechten ein Kavaliersdelikt? GRUR Int 1999, 936; *Noll*, Die „objektivierbare Kränkung" gem § 87 Abs 2 UrhG, ÖSGRUM 22 (2000) 117; *Wandtke*, Doppelte Lizenzgebühr als Bemessungsgrundlage im Urheberrecht, FS Dittrich (2000) 389.

Schadenersatzanspruch (§ 87 Abs 1 und 2 UrhG): Wer durch eine Zuwiderhandlung gegen dieses Gesetz einen anderen schuldhaft schädigt, hat dem Verletzten ohne Rücksicht auf den Grad des Verschuldens auch den entgangenen Gewinn zu ersetzen. Auch kann der Verletzte in einem solchen Fall eine angemessene Entschädigung für die in keinem Vermögensschaden bestehenden Nachteile verlangen, die er durch die Handlung erlitten hat (Ersatz des *ideellen Schadens*). Der

---

[26]) OGH 29. 1. 2002, 4 Ob 279/01k – Aufzugsanlagen – MR 2002, 156 (*Walter*).
[27]) *Dittrich*, Zur Tragweite der Verjährungsregelung in § 90 neuer Fassung des österr UrhG, GRUR Int 1983, 396; *Keinert*, Zur Verjährung im Urheberrecht, ecolex 1992, 567; *Dillenz*, Fragen der Verjährung im Urheberrecht, FS Frotz (1993) 699.

immaterielle Schaden steht auch schon bei leichter Fahrlässigkeit zu[28] und ist dann zu ersetzen, wenn die Beeinträchtigung den mit jeder Urheberrechtsverletzung verbundenen Ärger übersteigt, es sich also um eine ganz empfindliche *Kränkung* handelt.[29] Dazu muss der Kläger konkrete Behauptungen aufstellen und beweisen.[30]

Beispiele:

- OGH 29. 9. 1998: Bei der Bemessung des Schadenersatzes für eine unbefugte Veröffentlichung eines Lichtbilds sind weder der Begleittext noch die Tatsache zu berücksichtigen, dass der Rechteinhaber dieser Veröffentlichung nie zugestimmt hätte.[31]
- OGH 10. 11. 1998: Bei unbefugter Kürzung eines 60-minütigen Films um 15 Minuten wurde ein schwerwiegender Eingriff angenommen, sodass ein immaterieller Schaden von ATS 70.000,-- angemessen sei.[32]

Höhe (§ 87 Abs 3 UrhG): Der Verletzte, dessen Einwilligung einzuholen gewesen wäre, kann als Ersatz des ihm schuldhaft zugefügten Vermögensschadens (§ 87 Abs 1 UrhG), wenn kein höherer Schaden nachgewiesen wird, das *Doppelte* des ihm nach § 86 UrhG gebührenden Entgelts begehren.[33] Der Nachweis eines „*Grundschadens*" ist nicht erforderlich.[34] Die bloße Verletzung des Rechts auf Herstellerbezeichnung begründet keinen Anspruch auf Zahlung des doppelten angemessenen Entgelts.[35] §§ 86 und 87 Abs 3 UrhG stehen zueinander im Verhältnis alternativer Anspruchskonkurrenz (daher kommt es nicht zur Verdreifachung des angemessenen Entgelts).[36]

Gewinnherausgabe (§ 87 Abs 4 UrhG): Wird ein Werk der Literatur oder Kunst unbefugt vervielfältigt oder verbreitet, so kann der Verletzte, dessen Einwilligung einzuholen gewesen wäre, auch die Herausgabe des Gewinnes verlangen, den der Schädiger durch den schuldhaften Eingriff erzielt hat. Dasselbe gilt, wenn der Vortrag oder die Aufführung eines Werks der Literatur oder Tonkunst dem § 66

---

[28]) OGH 26. 5. 1998, 4 Ob 63/98p – Rauchfänge – SZ 71/92 = MR 1998, 194 (*Walter*) = EvBl 1998/197 = JBl 1998, 793 (*Mahr*) = ecolex 1998, 855 (*Schanda*) = RdW 1998, 610 = GRUR Int 1999, 182.

[29]) OLG Wien 13. 12. 2001, 3 R 137/01s – Handtransplantation – MR 2002, 211 (*Korn*), zu einer Verletzung des Rechts am eigenen Bild. OGH 18. 7. 2000, 4 Ob 172/00y – Wirtschaftspolizist – ÖBl 2002, 39 = ÖBl-LS 2000/127 = MR 2000, 303 (*Korn*); OGH 23. 11. 1999, 4 Ob 262/99d – Psychotest – MR 2000, 16.

[30]) OGH 14. 5. 2001, 4 Ob 44/01a – Das 700-Millionen-Ding – MR 2002, 21.

[31]) OGH 29. 9. 1998, 4 Ob 242/98m – Exklusivfoto – MR 1999, 26 (*Walter*).

[32]) OGH 10. 11. 1998, 4 Ob 281/98x – Den Kopf zwischen den Schultern – MR 1998, 345 (*Walter*) = GRUR Int 1999, 553.

[33]) Mahr, MR 1994, 183.

[34]) OGH 24. 11. 1998, 4 Ob 292/98i – Mittelschulatlas – MR 1999, 171 (*Walter*) = ecolex 1999, 409 (*Tahedl*); OGH 10. 11. 1998, 4 Ob 281/98x – Den Kopf zwischen den Schultern – MR 1998, 345 (*Walter*) = GRUR Int 1999, 553; OGH 26. 5. 1998, 4 Ob 63/98p – Rauchfänge – SZ 71/92 = MR 1998, 194 (*Walter*) = EvBl 1998/197 = JBl 1998, 793 (*Mahr*) = ecolex 1998, 855 (*Schanda*) = RdW 1998, 610 = GRUR Int 1999, 182.

[35]) OGH 26. 5. 1998, 4 Ob 63/98p – Rauchfänge – SZ 71/92 = MR 1998, 194 (*Walter*) = EvBl 1998/197 = JBl 1998, 793 (*Mahr*) = ecolex 1998, 855 (*Schanda*) = RdW 1998, 610 = GRUR Int 1999, 182.

[36]) OGH 26. 5. 1998, 4 Ob 63/98p – Rauchfänge – SZ 71/92 = MR 1998, 194 (*Walter*) = EvBl 1998/197 = JBl 1998, 793 (*Mahr*) = ecolex 1998, 855 (*Schanda*) = RdW 1998, 610 = GRUR Int 1999, 182.

Abs 1 UrhG zuwider oder eine Rundfunksendung dem § 76a UrhG zuwider auf einem Bild- oder Schallträger verwertet oder wenn ein Lichtbild dem § 74 UrhG zuwider oder ein Schallträger dem § 76 UrhG zuwider vervielfältigt oder verbreitet wird. Das Gesetz gewährt also nur bei ganz bestimmten Eingriffen den Anspruch auf Gewinnherausgabe (nicht etwa bei unbefugter öffentlicher Aufführung eines Werks).[37]

Konkurrenz (§ 87 Abs 5 UrhG): Neben einem angemessenen Entgelt (§ 86 UrhG) oder der Herausgabe des Gewinns (§ 87 Abs 4 UrhG) kann ein Ersatz des Vermögensschadens nur begehrt werden, soweit er das Entgelt oder den herauszugebenden Gewinn übersteigt.

Haftung des Inhabers eines Unternehmens (§ 88 Abs 2 UrhG): Hat ein Bediensteter oder Beauftragter im Betrieb eines Unternehmens diesem Gesetz zuwidergehandelt, so haftet, unbeschadet einer allfälligen Ersatzpflicht dieser Personen, der Inhaber des Unternehmens für den Ersatz des dadurch verursachten Schadens (§ 87 Abs 1 bis 3 UrhG), wenn ihm die Zuwiderhandlung bekannt war oder bekannt sein musste (hier ist also ein Verschulden erforderlich).[38] Auch trifft ihn in einem solchen Falle die Pflicht zur Herausgabe des Gewinns nach § 87 Abs 4 UrhG.

Haftung mehrerer Verpflichteter (§ 89 UrhG): Soweit derselbe Anspruch auf Schadenersatz (§ 87 Abs 1 bis 3) oder auf Herausgabe des Gewinns (§ 87 Abs 4) gegen mehrere Personen begründet ist, haften sie zur ungeteilten Hand.

Verjährung (§ 90 UrhG): Die Verjährung des Anspruchs auf Herausgabe des Gewinns richtet sich nach den Vorschriften für Entschädigungsklagen (vgl § 1489 ABGB).

8.1.6. Anspruch auf Rechnungslegung und Auskunft

Literaturhinweise: *Dittrich*, Zum Rechnungslegungsanspruch des Arbeitnehmers nach dem UrhG, FS Strasser (1983) 139; *Dittrich*, Zur Tragweite der Verjährungsregelung in § 90 neuer Fassung des österr UrhG, GRUR Int 1983, 396; *Dittrich*, Zur Rechnungslegung nach § 87a UrhG, MR 1984/1, Archiv 7; *Dittrich*, Die Weiterentwicklung des österreichischen Urheberrechts, GRUR Int 1991, 774; *Keinert*, Zur Verjährung im Urheberrecht, ecolex 1992, 567; *Dillenz*, Fragen der Verjährung im Urheberrecht, FS Frotz (1993) 699; *Rassi*, Verfahrensrechtliche Fragen der Bucheinsicht, ÖJZ 1997, 891.

Vorgaben des Gemeinschaftsrechts: Ein spezielles *Auskunftsrecht* schreibt die *FolgerechtRL* vor: Die Mitgliedstaaten sehen vor, dass die Anspruchsberechtigten nach Art 6 FolgerechtRL in einem Zeitraum von drei Jahren nach dem Zeitpunkt der Weiterveräußerung von jedem Vertreter des Kunstmarkts nach Art 1 Abs 2 FolgerechtRL alle Auskünfte einholen können, die für die Sicherung der Zahlung der Folgerechtsvergütung aus dieser Weiterveräußerung erforderlich sein können (Art 9 FolgerechtRL).

---

[37]) OGH 9. 12. 1997, 4 Ob 311/97g – Lola Blau – ÖBl 1998, 363 = ZfRV 1998/24.
[38]) OGH 28. 6. 1994, 4 Ob 76/94 – Wir brauchen Männer II – ÖBl 1995, 87 = SZ 67/115.

Österreichische Regelung: § 87a Abs 1 UrhG (idF UrhG-Nov 2003) bestimmt über den Anspruch auf Rechnungslegung: Wer nach diesem Gesetz zur Leistung eines angemessenen Entgelts oder angemessenen Vergütung, eines angemessenen Anteils an einer solchen Vergütung, zum Schadenersatz, zur Herausgabe des Gewinns oder zur Beseitigung verpflichtet ist, hat dem Anspruchsberechtigten Rechnung zu legen und deren Richtigkeit durch einen Sachverständigen prüfen zu lassen.[39] Wenn sich dabei ein höherer Betrag als aus der Rechnungslegung ergibt, sind die Kosten der Prüfung vom Zahlungspflichtigen zu tragen. Wer zur Rechnungslegung verpflichtet ist, hat dem Anspruchsberechtigten darüber hinaus über alle weiteren zur Rechtsverfolgung erforderlichen Umstände Auskunft zu erteilen. Damit hat die UrhG-Nov 2003 den von der Rechtsprechung anerkannten Grundsatz, dass die Erteilung der zur Rechtsdurchsetzung notwendigen Auskünfte Teil des Rechnungslegungsanspruchs ist, nunmehr ausdrücklich im Gesetzestext verankert.[40] *Art und Umfang* der Rechnungslegung richten sich nach Art und Gegenstand im Einzelfall.[41]

Sonderbestimmungen für Leerkassettenvergütung (§ 87a Abs 2 und 3 UrhG): Wer nach § 42b Abs 3 Z 1 UrhG als Bürge und Zahler haftet (vgl Seite 1215), hat dem Anspruchsberechtigten auch anzugeben, von wem er das Trägermaterial oder das Vervielfältigungsgerät bezogen hat, sofern er nicht die Vergütung leistet. Dies gilt sinngemäß auch für denjenigen, der nach § 42b Abs 3 Z 1 UrhG von der Haftung ausgenommen ist.

Anspruch auf Auskunft: Wer im Inland Werkstücke verbreitet, an denen das Verbreitungsrecht durch In-Verkehr-Bringen in einem Mitgliedstaat der Europäischen Gemeinschaft oder in einem Vertragsstaat des EWR erloschen ist (§ 16 Abs 3 UrhG; Seite 1177), hat dem Berechtigten auf Verlangen richtig und vollständig Auskunft über Hersteller, Inhalt, Herkunftsland und Menge der verbreiteten Werkstücke zu geben. Anspruch auf Auskunft hat der, dem das Recht, die Werkstücke im Inland zu verbreiten, im Zeitpunkt des Erlöschens zugestanden ist (§ 87b Abs 1 UrhG idF UrhG-Nov 2003).

Wer im geschäftlichen Verkehr durch die Herstellung oder Verbreitung von Vervielfältigungsstücken unbefugt ein Werk der Literatur oder Kunst oder einen sonstigen Schutzgegenstand auf eine nach dem UrhG dem Rechteinhaber vorbehaltene Verwertungsart benutzt, hat dem Verletzten über die Identität Dritter (Name und Anschrift), die an der Herstellung oder am Vertrieb der Vervielfältigungsstücke beteiligt waren, und über ihre Vertriebswege Auskunft zu geben, sofern dies nicht

---

[39]) Zur analogen Anwendung auf Ansprüche zwischen Verwertungsgesellschaften: OGH 13. 2. 2001, 4 Ob 307/00a – VDFS II – ÖBl 2002, 32 = ÖBl-LS 2001/106, 107 = MR 2001, 298 (*Walter*) = GRUR Int 2002, 267. Zur *Stufenklage*: OGH 7. 10. 1997, 4 Ob 288/97z – Stufenklage – MR 1998, 203 (*Walter*).

[40]) EB UrhG-Nov 2003 zur Z 62, 40 BlgNR 22. GP. Zum Einwand der Unmöglichkeit der Belegvorlage: OGH 18. 7. 2000, 4 Ob 96/00x – Kopien im Konservatorium – MR 2000, 381 = ÖBl-LS 2000/122, 129.

[41]) OGH 17. 12. 2002, 4 Ob 274/02a – Felsritzbild – MR 2003, 162 (*Walter*); OGH 18. 7. 2000, 4 Ob 96/00x – Kopien im Konservatorium – MR 2000, 381 = ÖBl-LS 2000/122, 129.

unverhältnismäßig im Vergleich zur Schwere der Verletzung wäre (§ 87b Abs 2 UrhG, eingefügt durch die UrhG-Nov 2003; Art 47 TRIPS-Abk).

Vermittler im Sinn des § 81 Abs 1a UrhG (Seite 1270) haben dem Verletzten Auskunft über die Identität des Verletzers (Name und Anschrift) zu geben (§ 87b Abs 3 UrhG, eingefügt durch die UrhG-Nov 2003).

Verjährung (§ 90 UrhG): Die Verjährung des Anspruchs auf Auskunft richtet sich nach den Vorschriften für Entschädigungsklagen (vgl § 1489 ABGB).

8.1.7. Vergütungsansprüche

Literaturhinweise: *Dittrich,* Zur Tragweite der Verjährungsregelung in § 90 neuer Fassung des österr UrhG, GRUR Int 1983, 396; *Keinert,* Zur Verjährung im Urheberrecht, ecolex 1992, 567; *Dillenz,* Fragen der Verjährung im Urheberrecht, FS Frotz (1993) 699.

Das UrhG sieht mehrfach Ansprüche auf angemessene Vergütung vor: Die Verjährung dieser Ansprüche richtet sich nach den Vorschriften für Entschädigungsklagen (§ 90 Abs 1 UrhG).

8.1.8. Ansprüche gegen die Verwertungsgesellschaft

Literaturhinweise: *Dittrich,* Zur Tragweite der Verjährungsregelung in § 90 neuer Fassung des österr UrhG, GRUR Int 1983, 396; *Keinert,* Zur Verjährung im Urheberrecht, ecolex 1992, 567; *Dillenz,* Fragen der Verjährung im Urheberrecht, Frotz-FS (1993) 699.

Verjährung (§ 90 Abs 2 UrhG): Die Ansprüche der einzelnen Anspruchsberechtigten oder Gruppen von Anspruchsberechtigten gegen die Verwertungsgesellschaft verjähren ohne Rücksicht auf die Kenntnis des Anspruchsberechtigten von den die Zahlungspflicht der Verwertungsgesellschaft begründenden Tatsachen in drei Jahren ab diesem Zeitpunkt.

8.2. Mitwirkung der Zollbehörden

Literaturhinweis: *Dittrich,* Die Weiterentwicklung des österreichischen Urheberrechts, GRUR Int 1991, 774.

Seit der UrhG-Nov 1989 ist zur Absicherung der Zahlungsansprüche gemäß § 42b UrhG auch eine Mitwirkung der Zollbehörden vorgesehen (§ 90a Abs 1 UrhG): Trägermaterial und Vervielfältigungsgeräte im Sinne des § 42b UrhG, die in den zollrechtlichen freien Verkehr übergeführt oder in ein Lager des Typs D im Sinne der zollrechtlichen Vorschriften eingelagert werden, sind vom Anmelder nach Maßgabe der Verordnungen nach den § 90a Abs 3 und 4 UrhG mit einem eigenen *Anmeldeschein* anzumelden. Im Anmeldeschein sind Stückzahl, Art und Warenzeichen der angemeldeten Waren sowie der Name und die Anschrift des Anmelders und des Empfängers der angemeldeten Waren anzugeben; bei Trägermaterial ist überdies die Spieldauer, bei Vervielfältigungsgeräten die Leistungsfähigkeit (Vervielfältigungen je Minute) anzugeben. Der Anmeldeschein ist eine erforderliche Unterlage zur Zollanmeldung im Sinn der zollrechtlichen Vorschriften. Die Anmeldescheine sind von den Zollstellen den Verwertungsgesellschaften, die Ansprüche nach § 42b UrhG und in Verbindung damit aus § 69 Abs 3, § 74 Abs 7 und § 76 Abs 4 UrhG geltend machen, zu übersenden.

Von der Anmeldepflicht sind Sendungen *ausgenommen*, die nach zollrechtlichen Vorschriften eingangsabgabefrei bleiben, im Fall von Trägermaterial überdies Sendungen, die nicht mehr als 100 Stück umfassen (§ 90a Abs 2 UrhG).

Details regelt die Verordnung des BMJ v 9. 1. 1990 BGBl 40: Der Bundesminister für Justiz hat im Einvernehmen mit dem Bundesminister für Finanzen durch Verordnung zu bestimmen, welche nach den Positionen der Kombinierten Nomenklatur (Verordnung [EWG] Nr. 2658/87 des Rates vom 23. Juli 1987 über die zolltarifliche und statistische Nomenklatur sowie den gemeinsamen Zolltarif, ABl L 253 vom 11. Oktober 1993, S 1, in der jeweils geltenden Fassung) bezeichnete Waren unter die Anmeldepflicht nach § 90a Abs 1 UrhG fallen und welchen Verwertungsgesellschaften die Anmeldescheine zu übersenden sind; die Verordnung hat auch Form und Inhalt des Anmeldescheins zu bestimmen. Die Verordnung hat auf den erforderlichen Verwaltungsaufwand und auf die Bedürfnisse der Verwertungsgesellschaften angemessen Bedacht zu nehmen (§ 90a Abs 3 UrhG). Der Bundesminister für Justiz kann im Einvernehmen mit dem Bundesminister für Finanzen durch Verordnung weitere Ausnahmen von der Anmeldepflicht vorsehen, wenn das Interesse an der Erleichterung des Warenverkehrs oder der Verwaltungsvereinfachung das Interesse der Verwertungsgesellschaften an der Anmeldung überwiegt (§ 90a Abs 4 UrhG).

Der Anmelder und der im Anmeldeschein genannte Empfänger der angemeldeten Waren haben den in § 90a Abs 1 UrhG bezeichneten Verwertungsgesellschaften auf deren Verlangen richtig und vollständig Auskunft über die für die Entstehung der Zahlungspflicht maßgeblichen Umstände zu geben (§ 90a Abs 5 UrhG).

8.3. Schutz von Computerprogrammen

Die UrhG-Nov 2003 hat eine zusätzliche Absicherung zum Softwareschutz gebracht: Der Inhaber eines auf das UrhG gegründeten Ausschließungsrechts an einem Computerprogramm, der sich *technischer Mechanismen zum Schutz* dieses Programms bedient, kann auf Unterlassung und Beseitigung des dem Gesetz widerstreitenden Zustands klagen, wenn Mittel in Verkehr gebracht oder zu Erwerbszwecken besessen werden, die allein dazu bestimmt sind, die unerlaubte Beseitigung oder Umgehung dieser technischen Mechanismen zu erleichtern (§ 90b, erster Satz UrhG). Die §§ 81, 82 Abs 2 bis 6, §§ 85, 87 Abs 1 und 2, § 87a Abs 1, § 88 Abs 2, §§ 89 und 90 UrhG gelten entsprechend (§ 90b, zweiter Satz UrhG).[42] Dazu verweisen die Materialien[43] darauf, dass Art 7 Abs 1 lit c ComputerRL mit der UrhG-Nov 1993 nur durch die Einfügung eines entsprechenden Straftatbestands in § 91 Abs 1a UrhG umgesetzt wurde. Da Art 7 ComputerRL durch die InfoRL nicht berührt werde, gelten insbesondere die allgemeinen Bestimmungen des Art 6 InfoRL über technische Schutzmaßnahmen nicht für Computerprogramme. Dennoch sei es sinnvoll, ohne Änderung des Tatbestands die Sanktionen an die Regelung anzupassen, mit der Art 6 InfoRL umgesetzt wird. Dem stehe Art 7 ComputerRL nicht entgegen, da diese Bestimmung keine bestimmten Sanktionen vorschreibt.

8.4. Schutz technischer Maßnahmen

Literaturhinweise: *Holzinger*, Anstiftung zum Software-„Knacken" – ein Fall für das UWG? EDVuR 1989, 1; *Bechtold*, Multimedia und Urheberrecht – einige grundsätzliche Anmerkungen, GRUR 1998, 18; *Arnold/W. Funk/Busch*, Technische Schutzmaßnahmen multimedialer Daten, ÖSGRUM 22 (2000) 67; *Auer*, Rechtsschutz für technischen Schutz im Gemeinschaftsrecht, FS Dittrich (2000) 3; *Laga*, Rechtliche Beurteilung von technischen Schutzmaßnahmen, ÖSGRUM 22 (2000) 75; *Bechtold*, Vom Urheber- zum Informationsrecht (2001); *Davies*, Urheberrecht in der Informationsgesellschaft: Technische Mechanismen zur Kontrolle privater Vervielfältigung, GRUR Int 2001, 915; *v Lewinski/Walter* in *Walter* (Hrsg), Europäisches Urheberrecht (2001) 1009ff; *Mogel*, Europäisches Urheberrecht (2001) 264ff; *Fallenböck/Haberler*, Technische Schutzmaßnahmen und Urheberrecht in der Informationsgesellschaft, ecolex 2002, 262; *Fallenböck/Weitzer*, Digital Rights Management: A New Approach to Information and Content Management? CRi 2003, 40.

Vorgaben des Gemeinschaftsrechts: Art 6 *InfoRL* verpflichtet die Mitgliedstaaten, einen *angemessenen Rechtsschutz* gegen die *Umgehung* wirksamer technischer Maßnahmen durch eine Person, der bekannt ist oder den Umständen nach bekannt sein muss, dass sie dieses Ziel verfolgt, vorzusehen (Art 6 Abs 1 InfoRL).[44] Weiters müssen sie einen angemessenen Rechtsschutz gegen die *Herstellung*, die Einfuhr, die Verbreitung, den Verkauf, die Vermietung, die Werbung im Hinblick auf Verkauf oder Vermietung und den Besitz zu kommerziellen Zwecken von Vorrichtungen, Erzeugnissen oder Bestandteilen sowie die Erbringung von Dienstleistungen vorsehen, die Gegenstand einer Verkaufsförderung, Werbung oder Vermarktung mit dem Ziel der Umgehung wirksamer technischer Maßnahmen sind oder die, abgesehen von der Umgehung wirksamer technischer Maßnahmen, nur einen

---

[42]) Zur wettbewerbsrechtlichen Beurteilung vgl OGH 25. 10. 1988, 4 Ob 94/88 – MBS-Familie – ÖBl 1989, 138.
[43]) EB UrhG-Nov 2003 zur Z 65, 40 BlgNR 22. GP.
[44]) Der Rechtsschutz technischer Maßnahmen lässt einzelstaatliche Rechtsvorschriften unberührt, die den privaten Besitz von Vorrichtungen, Erzeugnissen oder Bestandteilen zur Umgehung technischer Maßnahmen untersagen (Erwägungsgrund 49 InfoRL). Ein solcher harmonisierter Rechtsschutz lässt die speziellen Schutzbestimmungen gemäß der ComputerRL unberührt. Er sollte insbesondere nicht auf den Schutz der in Verbindung mit Computerprogrammen verwendeten technischen Maßnahmen Anwendung finden, der ausschließlich in jener Richtlinie behandelt wird. Er sollte die Entwicklung oder Verwendung anderer Mittel zur Umgehung technischer Maßnahmen, die erforderlich sind, um Handlungen nach Art 5 Abs 3 oder Art 6 ComputerRL zu ermöglichen, nicht aufhalten oder verhindern. Art 5 und 6 ComputerRL sehen ausschließlich Ausnahmen von den auf Computerprogramme anwendbaren ausschließlichen Rechten vor (Erwägungsgrund 50 InfoRL).

begrenzten wirtschaftlichen Zweck oder Nutzen haben oder die hauptsächlich entworfen, hergestellt, angepasst oder erbracht werden, um die Umgehung wirksamer technischer Maßnahmen zu ermöglichen oder zu erleichtern (Art 6 Abs 2 InfoRL).

Art 6 Abs 3 InfoRL enthält *Definitionen*: Als „*technische Maßnahmen*" werden alle Technologien, Vorrichtungen oder Bestandteile definiert, die im normalen Betrieb dazu bestimmt sind, Werke oder sonstige Schutzgegenstände betreffende Handlungen zu verhindern oder einzuschränken, die nicht von der Person genehmigt worden sind, die Inhaber der Urheberrechte oder der dem Urheberrecht verwandten gesetzlich geschützten Schutzrechte oder des in Kapitel III der DatenbankRL verankerten Sui-generis-Rechts ist. Technische Maßnahmen sind als „*wirksam*" anzusehen, soweit die Nutzung eines geschützten Werks oder eines sonstigen Schutzgegenstands von den Rechtsinhabern durch eine Zugangskontrolle oder einen Schutzmechanismus wie Verschlüsselung, Verzerrung oder sonstige Umwandlung des Werks oder sonstigen Schutzgegenstands oder einen Mechanismus zur Kontrolle der Vervielfältigung, die die Erreichung des Schutzziels sicherstellen, unter Kontrolle gehalten wird.

Werden von Seiten der Rechtsinhaber *freiwillige Maßnahmen*, einschließlich Vereinbarungen zwischen den Rechtsinhabern und anderen betroffenen Parteien, nicht ergriffen, so treffen die Mitgliedstaaten ungeachtet des Rechtsschutzes nach Art 6 Abs 1 InfoRL geeignete Maßnahmen, um sicherzustellen, dass die Rechtsinhaber dem Begünstigten einer im nationalen Recht gemäß Art 5 Abs 2 lit a, c, d, oder e oder Abs 3 lit a, b oder e InfoRL vorgesehenen Ausnahme oder Beschränkung die Mittel zur Nutzung der betreffenden Ausnahme oder Beschränkung in dem für die Nutzung der betreffenden Ausnahme oder Beschränkung erforderlichen Maße zur Verfügung stellen, soweit der betreffende Begünstigte rechtmäßig Zugang zu dem geschützten Werk oder Schutzgegenstand hat. Ein Mitgliedstaat kann derartige Maßnahmen auch in Bezug auf den Begünstigten einer Ausnahme oder Beschränkung gemäß Art 5 Abs 2 lit b InfoRL treffen, sofern die Vervielfältigung zum privaten Gebrauch nicht bereits durch die Rechtsinhaber in dem für die Nutzung der betreffenden Ausnahme oder Beschränkung erforderlichen Maße gemäß Art 5 Abs 2 lit b und Abs 5 InfoRL ermöglicht worden ist; der Rechtsinhaber kann dadurch nicht gehindert werden, geeignete Maßnahmen in Bezug auf die Zahl der Vervielfältigungen gemäß diesen Bestimmungen zu ergreifen. Die von den Rechtsinhabern freiwillig angewandten technischen Maßnahmen, einschließlich der zur Umsetzung freiwilliger Vereinbarungen angewandten Maßnahmen, und die technischen Maßnahmen, die zur Umsetzung der von den Mitgliedstaaten getroffenen Maßnahmen angewandt werden, genießen den Rechtsschutz nach Art 6 Abs 1 InfoRL. Die Unterabsätze 1 und 2 gelten nicht für Werke und sonstige Schutzgegenstände, die der Öffentlichkeit aufgrund einer vertraglichen Vereinbarung in einer Weise zugänglich gemacht werden, dass sie Mitgliedern der Öffentlichkeit von Orten und zu Zeiten ihrer Wahl zugänglich sind. Wenn dieser Artikel im Zusammenhang mit der VermietRL und der DatenbankRL angewandt wird, so findet dieser Absatz entsprechende Anwendung (Art 6 Abs 4 InfoRL).

Österreichische Regelung: Auch diese Sonderregelung wurde mit der UrhG-Nov 2003 eingefügt. Sie folgt den Vorgaben des Art 6 InfoRL: Der Inhaber eines auf das UrhG gegründeten Ausschließungsrechts[45], der sich wirksamer *technischer Maßnahmen* bedient, um eine Verletzung dieses Rechts zu verhindern oder einzuschränken, kann auf Unterlassung und Beseitigung des dem Gesetz widerstreitenden Zustandes klagen (§ 90c Abs 1 UrhG),

- wenn diese Maßnahmen durch eine Person umgangen werden, der bekannt ist oder den Umständen nach bekannt sein muss, dass sie dieses Ziel verfolgt, oder
- wenn Umgehungsmittel hergestellt, eingeführt, verbreitet, verkauft, vermietet und zu kommerziellen Zwecken besessen werden, oder
- wenn für den Verkauf oder die Vermietung von Umgehungsmitteln geworben wird oder
- wenn Umgehungsdienstleistungen erbracht werden.[46]

Unter *„wirksamen technischen Maßnahmen"* sind alle Technologien, Vorrichtungen und Bestandteile zu verstehen, die im normalen Betrieb dazu bestimmt sind, derartige Rechtsverletzungen zu verhindern oder einzuschränken, und die die Erreichung dieses Schutzziels sicherstellen (§ 90c Abs 2, erster Satz UrhG). Diese Voraussetzungen sind nur erfüllt, soweit die Nutzung eines Werks oder sonstigen Schutzgegenstands kontrolliert wird

- durch eine Zugangskontrolle,
- einen Schutzmechanismus wie Verschlüsselung, Verzerrung oder sonstige Umwandlung des Werks oder sonstigen Schutzgegenstands oder
- durch einen Mechanismus zur Kontrolle der Vervielfältigung (§ 90c Abs 2, zweiter Satz UrhG).

Unter *„Umgehungsmitteln"* bzw *„Umgehungsdienstleistungen"* sind Vorrichtungen, Erzeugnisse oder Bestandteile beziehungsweise Dienstleistungen zu verstehen,

- die Gegenstand einer Verkaufsförderung, Werbung oder Vermarktung mit dem Ziel der Umgehung wirksamer technischer Maßnahmen sind,
- die, abgesehen von der Umgehung wirksamer technischer Maßnahmen, nur einen begrenzten wirtschaftlichen Zweck oder Nutzen haben oder
- die hauptsächlich entworfen, hergestellt, angepasst oder erbracht werden, um die Umgehung wirksamer technischer Maßnahmen zu ermöglichen oder zu erleichtern (§ 90c Abs 3 UrhG).

---

[45]) Damit wird lediglich bestimmt, wem die neuen Ansprüche eingeräumt werden. Der Hinweis auf ein Ausschließungsrecht bedeutet hingegen nicht, dass damit der Umfang des Rechtsschutzes etwa dadurch beschränkt wäre, dass dieser nicht bestehen solle, soweit technische Schutzmaßnahmen zum Zweck der Inanspruchnahme einer freien Werknutzung umgangen werden (EB UrhG-Nov 2003 zur Z 65, 40 BlgNR 22. GP).

[46]) Dem Wunsch, eine Ausnahme für die kryptographische Forschung vorzusehen, wurde nicht entsprochen. Der Justizausschuss verweist dazu allerdings auf Erwägungsgrund 48 der InfoRL (51 BlgNR 22. GP 3).

Die §§ 81, 82 Abs 2 bis 6, §§ 85, 87 Abs 1 und 2, § 87a Abs 1, § 88 Abs 2, §§ 89 und 90 UrhG gelten entsprechend (§ 90c Abs 4 UrhG). Nicht anwendbar ist jedoch der Anspruch auf angemessenes Entgelt (auch nicht mittelbar nach § 87 Abs 3 UrhG), da es hier nicht um die Nutzung eines Werks gehe.[47]

Zwischen dieser Absicherung technischer Schutzmaßnahmen einerseits und den im Interesse der Allgemeinheit normierten *freien Werknutzungen* andererseits besteht ein Spannungsverhältnis, das die EB zunächst so kommentieren: Art 6 Abs 4 InfoRL regelt das Verhältnis zwischen technischen Schutzmaßnahmen und bestimmten Ausnahmen nach Art 5 InfoRL. Die InfoRL geht davon aus, dass die Rechtsinhaber, die technische Schutzmaßnahmen anwenden, freiwillige Maßnahmen ergreifen, um den Begünstigten dieser Ausnahmen die Mittel zur Nutzung der betreffenden Ausnahme zur Verfügung zu stellen, soweit der betreffende Begünstigte rechtmäßig Zugang zu dem geschützten Werk oder Schutzgegenstand hat. Für Österreich sind in diesem Zusammenhang relevant: die Ausnahmen zugunsten reprografischer Vervielfältigungen (Art 5 Abs 2 lit a InfoRL), für Bibliotheken und ähnliche Einrichtungen (Art 5 Abs 2 lit c InfoRL) und zum privaten Gebrauch (Art 5 Abs 2 lit b InfoRL). Es ist zu erwarten, dass diese Bestimmung in der Praxis so umgesetzt werden wird, dass die technischen Maßnahmen von vornherein so ausgestaltet werden, dass sie die Nutzung der angeführten Ausnahmen in dem durch Art 6 Abs 4 InfoRL gesteckten Rahmen ermöglichen. Nur für den Fall, dass solche freiwillige Maßnahmen, einschließlich Vereinbarungen zwischen den Rechtsinhabern und anderen betroffenen Parteien, nicht ergriffen werden, sieht die InfoRL vor, dass die Mitgliedstaaten geeignete Maßnahmen treffen, um das oben erwähnte Ziel sicherzustellen, wobei mit Beziehung auf die Ausnahme zum privaten Gebrauch keine Verpflichtung besteht, sondern die Mitgliedstaaten nur ermächtigt werden, entsprechende Maßnahmen zu treffen. Art 6 Abs 4 InfoRL ist also primär als „Rute im Fenster" zu verstehen. Die weite Formulierung des Art 6 Abs 4 InfoRL gibt dem innerstaatlichen Gesetzgeber zwei Möglichkeiten: Er kann entweder sogleich eine Regelung für den Fall treffen, dass die erwähnten freiwilligen Maßnahmen nicht ergriffen werden, oder aber er kann mit der entsprechenden gesetzlichen Regelung selbst zuwarten, bis sich auf Grund der weiteren Entwicklung ein praktisches Bedürfnis hierfür zeigt. Im Hinblick auf die Unsicherheiten der technischen Entwicklung und der sich herausbildenden Usancen in diesem Bereich entscheidet sich der Entwurf für die zweite Wahlmöglichkeit und sieht von einer gesetzlichen Regelung derzeit ab.[48] Der österreichische Gesetzgeber hat sich also dafür entschieden abzuwarten. Der Justizausschuss hat dazu allerdings einen Entschließungsantrag gefasst, der den BMJ auffordern soll, bis 1. 7. 2004 einen entsprechenden Bericht dazu vorzulegen.[49]

---

[47]) EB UrhG-Nov 2003 zur Z 65, 40 BlgNR 22. GP.
[48]) EB UrhG-Nov 2003 zur Z 65, 40 BlgNR 22. GP.
[49]) Entschließung des Justizausschusses v 8. 4. 2003 (51 BlgNR 22. GP, Anlage 2).

§ 90c Abs 1 bis 4 UrhG gelten nicht hinsichtlich der Rechte an Computerprogrammen (§ 90c Abs 5 UrhG).

8.5. Schutz von Kennzeichnungen

Vorgaben des Gemeinschaftsrechts: Art 7 InfoRL erlegt den Mitgliedstaaten *Verpflichtungen in Bezug auf Informationen für die Rechtewahrnehmung* auf: Die Mitgliedstaaten sehen einen angemessenen rechtlichen Schutz gegen Personen vor, die wissentlich unbefugt eine der nachstehenden Handlungen vornehmen, wobei ihnen bekannt ist oder den Umständen nach bekannt sein muss, dass sie dadurch die Verletzung von Urheberrechten oder dem Urheberrecht verwandten gesetzlich geschützten Schutzrechten oder die Verletzung des in Kapitel III der DatenbankRL vorgesehenen Sui-generis-Rechts veranlassen, ermöglichen, erleichtern oder verschleiern: die Entfernung oder Änderung elektronischer Informationen für die Wahrnehmung der Rechte, die Verbreitung, Einfuhr zur Verbreitung, Sendung, öffentliche Wiedergabe oder öffentliche Zugänglichmachung von Werken oder sonstigen unter diese Richtlinie oder unter Kapitel III der DatenbankRL fallenden Schutzgegenständen, bei denen elektronische Informationen für die Wahrnehmung der Rechte unbefugt entfernt oder geändert wurden (Art 7 Abs 1 InfoRL).

Im Sinne der InfoRL bezeichnet der Ausdruck „Informationen für die Rechtewahrnehmung" die von Rechtsinhabern stammenden Informationen, die die in der InfoRL bezeichneten Werke oder Schutzgegenstände oder die durch das in Kapitel III der DatenbankRL vorgesehene Sui-generis-Recht geschützten Werke oder Schutzgegenstände, den Urheber oder jeden anderen Rechtsinhaber identifizieren, oder Informationen über die Modalitäten und Bedingungen für die Nutzung der Werke oder Schutzgegenstände sowie die Zahlen oder Codes, durch die derartige Informationen ausgedrückt werden. Unterabsatz 1 gilt, wenn irgendeine der betreffenden Informationen an einem Vervielfältigungsstück eines Werks oder eines sonstigen Schutzgegenstands, der in dieser Richtlinie genannt wird oder unter das in Kapitel III der DatenbankRL vorgesehene Sui-generis-Recht fällt, angebracht wird oder im Zusammenhang mit der öffentlichen Wiedergabe eines solchen Werks oder Schutzgegenstands erscheint (Art 7 Abs 2 InfoRL).

Österreichische Regelung: Zur weiteren Absicherung hat die UrhG-Nov 2003 auch einen besonderen Schutz für Kennzeichnungen gebracht: Der Inhaber eines auf das UrhG gegründeten Ausschließungsrechts, der Kennzeichnungen im Sinne dieser Bestimmung anwendet, kann auf Unterlassung und Beseitigung des dem Gesetz widerstreitenden Zustandes klagen,

> ▶ wenn solche Kennzeichnungen entfernt oder geändert werden oder
> ▶ wenn Vervielfältigungsstücke von Werken oder sonstigen Schutzgegenständen, von bzw auf denen Kennzeichnungen unbefugt entfernt oder geändert worden sind, verbreitet oder zur Verbreitung eingeführt oder für eine Sendung, für eine

öffentliche Wiedergabe oder für eine öffentliche Zurverfügungstellung verwendet werden (§ 90d Abs 1 UrhG).

Dieser Anspruch besteht nur gegen Personen, die die angeführten Handlungen *unbefugt und wissentlich* vornehmen, wobei ihnen bekannt ist oder den Umständen nach bekannt sein muss, dass sie dadurch die Verletzung eines auf dieses Gesetz gegründeten Ausschließungsrechts veranlassen, ermöglichen, erleichtern oder verschleiern (§ 90d Abs 2 UrhG). Auch dieser Anspruch wird nur als Hilfsanspruch zur Durchsetzung urheberrechtlicher Ausschließungsrechte gesehen.[50]

Unter „*Kennzeichnungen*" sind Angaben zu verstehen (§ 90d Abs 3 UrhG),

- die in elektronischer Form festgehalten sind, auch wenn sie durch Zahlen oder in anderer Form verschlüsselt sind,
- die mit einem Vervielfältigungsstück des Werks oder sonstigen Schutzgegenstandes verbunden sind oder in Zusammenhang mit dem Werk oder sonstigen Schutzgegenstand gesendet, öffentlich wiedergegeben oder der Öffentlichkeit zur Verfügung gestellt werden und
- die folgenden Inhalt haben:
  - die Bezeichnung des Werks oder sonstigen Schutzgegenstands, des Urhebers oder jedes anderen Rechtsinhabers, sofern alle diese Angaben vom Rechtsinhaber stammen, oder
  - die Modalitäten und Bedingungen für die Nutzung des Werks oder sonstigen Schutzgegenstands.

Die §§ 81, 82 Abs 2 bis 6, §§ 85, 87 Abs 1 und 2, § 87a Abs 1, § 88 Abs 2, §§ 89 und 90 UrhG gelten entsprechend (§ 90d Abs 4 UrhG).

8.6. Strafrechtliche Vorschriften

Literaturhinweise: *Janowsky*, Das selbständige Verfallsverfahren, ÖJZ 1953, 263; *Steinmetz*, Zum Thema der Tonträgerpiraterie: Piraten entdecken Österreich, FuR 1978, 750; *Walter,* Der strafrechtliche Schutz im österreichischen Urheber- und Leistungsschutzrecht, FuR 1980, 360; *Hofmann*, Urheber fordern schärferes Strafrecht zur Pirateriebekämpfung, MR 1983, 6; *Korn*, Beschlagnahme nach dem Mediengesetz bei unbefugter Bildveröffentlichung? MR 1983/4, Archiv 5; *Walter,* Zur Reform des österr Urheberstrafrechts, MR 1983/4, Archiv 6; *Kunst,* Zur Problematik des Urheberstrafrechts, FS 50 Jahre UrhG (1986) 199; *Polley,* Der ungeliebte Privatankläger, MR 1989, 190; *Majer*, Das Urheberstrafrecht, ÖSGRUM 10 (1991); *Gutjahr*, Rechtsprobleme der Verfolgung von Softwarepiraterie, EDVuR 1992, 126; *Schick/Schmölzer*, Das österreichische Computerstrafrecht – eine Bestandsaufnahme, EDVuR 1992, 107; *Zanger*, Unschuldsvermutung in Printmedien, ÖBl 1992, 196; *Gutjahr*, Zur Strafbarkeit von Softwaredelikten nach der geplanten Urheberrechtsgesetz-Novelle 1994, EDVuR 1994, 161; *G. Burgstaller*, Decoder-Piraterie und StGB, ecolex 1996, 762; *Heinz*, Die europäische Richtlinie über den rechtlichen Schutz von Datenbanken in verfassungsrechtlicher und rechtstheoretischer Sicht, GRUR 1996, 455 (458); *Warbek*, Produkt-Piraten als Delikts-Kavaliere? Österreich und die Plagiate, ecolex 1996, 762; *Daum*, Abschöpfung der Bereicherung und einstweilige Verfügung im Privatklageverfahren wegen Produktpiraterie, MR 1999, 84; *Hager/Zöchbauer*, Persönlichkeitsschutz im Straf- und Medienrecht[4] (2000); *Dittrich*, Straffreier Gebrauch von Software? ecolex 2002, 186.

---

[50]) EB UrhG-Nov 2003 zur Z 65, 40 BlgNR 22. GP.

8.6.1. Allgemeines

Ein wesentliches Argument für die strafrechtliche Verfolgung etwa von Fällen der Software- oder Produktpiraterie liegt in der Praxis nicht darin, dass dem Rechteinhaber primär mit der Verurteilung des Eingreifers gedient ist. Diese bringt für ihn kaum etwas. Es geht hier in der Regel auch nicht um persönliche Genugtuung. Entscheidend ist zunächst die Möglichkeit, als Privatankläger eine (überraschend durchzuführende) Hausdurchsuchung veranlassen zu können. Erst durch diese Untersuchungsmaßnahme und durch die daran anschließende Beschlagnahme der Eingriffsgegenstände (unter Umständen auch der entsprechenden Buchhaltungsunterlagen) wird der volle Umfang des Pirateriefalles evident. Erst auf dieser Grundlage ist es dann möglich, den Schaden bzw den Entgeltsanspruch präziser zu definieren. Demgegenüber ist der Kläger im Zivilverfahren regelmäßig im Beweisnotstand. Bis er endlich zu einem rechtskräftigen Urteil über den Rechnungslegungsanspruch gelangt, kann es viele Monate (oder sogar Jahre) dauern. Ob dann aus der Buchhaltung zu erschließen ist, ob und in welchem Umfang Raubkopien vertrieben wurden, ist zweifelhaft. Die Fälle, in denen gerade über diese Produkte nachvollziehbar Rechnung geführt wird, bleiben in der Seltenheit. Der Warenbestand wird zu diesem Zeitpunkt regelmäßig auch nicht mehr vorhanden sein, sodass auch der zivilrechtliche Beseitigungsanspruch ins Leere gehen wird. Aus diesem Grund erweist sich auch ein bloß auf § 1 UWG gestütztes Vorgehen (wegen sittenwidriger Nachahmung) in der Praxis meist nur hinsichtlich des Unterlassungs- und Veröffentlichungsanspruchs als wirklich effizient. Ganz anders ist die Durchsetzbarkeit bei einer Kombination zivilrechtlicher und strafrechtlicher Sanktionen. Das parallel eingeleitete Strafverfahren liefert zumeist sehr schnell ein klares Bild über den Umfang der Rechtsverletzung. Dies erhöht die Bereitschaft des Täters, einen angemessenen Vorschlag zur Bereinigung zu machen und erspart dann häufig die weitere Durchführung der kostenaufwendigen Zivil- und Strafverfahren. Andererseits besteht der Wunsch nach einer „Entkriminalisierung". Eine vermittelnde rechtspolitische Lösung könnte darin bestehen, den zivilrechtlichen Anspruch auf Beweissicherung auszubauen, um so die strafrechtlichen Untersuchungsmaßnahmen entbehrlich zu machen.[51]

8.6.2. Eingriff

Vorsätzliche Eingriffe der in § 86 Abs 1, § 90b, § 90c Abs 1 oder § 90d Abs 1 UrhG bezeichneten Art können als *Privatanklagedelikte*[52] strafrechtlich mit Freiheitsstrafe bis zu sechs Monaten oder mit Geldstrafe bis zu 360 Tagessätzen verfolgt werden (§ 91 Abs 1 und 3 UrhG; der bisherige § 91 Abs 1a UrhG ist mit der UrhG-Nov 2003 entfallen). Im Bereich der Softwarepiraterie genügt ein anonymes

---

[51]) Vgl dazu die Überlegungen von *Heinz*, GRUR 1996, 455 (458).
[52]) Der Täter ist nur „auf Verlangen" des in seinem Recht Verletzten zu verfolgen (§ 91 Abs 3 UrhG). Zur *Kostenersatzpflicht*: OLG Wien 29. 7. 1999, 22 Bs 62/99 – Malva – MR 1999, 288. Zur *Abschöpfung der Bereicherung*: OLG Innsbruck 5. 8. 1998, 6 Bs 296/98 – TK – MR 1999, 90 (*Walter*); *Daum*, MR 1999, 84.

Schreiben zur Bescheinigung der Rechtsverletzung.[53] Das Vorliegen eines Werknutzungsrechts kann mit eidesstättiger Erklärung bescheinigt werden.[54] Bei Vorerhebungen in Privatanklageverfahren bestimmt der Antragsteller, was zur Aufklärung der Sache zu geschehen hat. Der Untersuchungsrichter muss seinem Ersuchen entsprechen; das muss er auch dann tun, wenn er die verlangte Beweisaufnahme für überflüssig oder aussichtslos hält. Liegen keine Strafausschließungs- oder Strafaufhebungsgründe vor, und sind auch sonst keine Umstände bekannt, die eine Verfolgung des Täters hindern, sind die Anträge durchzuführen.[55]

Der Eingriff ist jedoch dann nicht strafbar, wenn es sich nur um eine unbefugte Vervielfältigung oder um ein unbefugtes Festhalten eines Vortrags oder einer Aufführung jeweils zum eigenen Gebrauch oder unentgeltlich auf Bestellung zum eigenen Gebrauch eines anderen handelt (§ 91 Abs 1 UrhG). Eine gewerbliche Nutzung von Software geht jedenfalls über den hier privilegierten „eigenen Gebrauch" hinaus.[56]

Ebenso ist zu bestrafen, wer als *Inhaber* oder *Leiter eines Unternehmens* einen im Betrieb des Unternehmens von einem Bediensteten oder Beauftragten begangenen Eingriff dieser Art nicht verhindert (§ 91 Abs 2 UrhG).

Wer eine nach § 91 Abs 1, 1a oder 2 UrhG strafbare Handlung *gewerbsmäßig* begeht, ist mit Freiheitsstrafe bis zu zwei Jahren zu bestrafen (§ 91 Abs 2a UrhG).

8.6.3. Urteilsveröffentlichung

Die Vorschriften des § 85 Abs 1, 3 und 4 UrhG über die Urteilsveröffentlichung gelten entsprechend (§ 91 Abs 4 UrhG).

8.6.4. Vernichtung und Unbrauchbarmachung von Eingriffsgegenständen und Eingriffsmitteln

Die Eingriffsgegenstände (zB unbefugt gebrannte CDs, Schallplatten – so genannte „Raubpressungen" oder Druckstöcke, mit deren Hilfe Schriftwerke oder Abbildungen vervielfältigt werden) und Eingriffsmittel unterliegen diesen Maßnahmen ohne Rücksicht darauf, wem sie gehören (§ 92 UrhG): In dem Urteil, womit ein Angeklagter des Vergehens nach § 91 UrhG schuldig erkannt wird, ist auf Antrag des Privatanklägers die Vernichtung der zur widerrechtlichen Verbreitung bestimmten Eingriffsgegenstände sowie die Unbrauchbarmachung der ausschließlich oder überwiegend zur widerrechtlichen Vervielfältigung bestimmten und der im § 90b sowie im § 90c Abs 3 UrhG bezeichneten Eingriffsmittel anzuordnen. Solche Eingriffsgegenstände und Eingriffsmittel unterliegen diesen Maßnahmen ohne Rück-

---

[53]) Für ein EV-Verfahren: OLG Wien 25. 1. 1999, 4 R 6/99b – Microsoft – MR 1999, 167 (*Walter*) = GRUR Int 1999, 970.
[54]) LG f Strafsachen Wien (Ratskammer) 30. 10. 1996, 26c Vr 5572/96-33 – Musée Imaginaire – MR 1997, 103.
[55]) Ratskammer LG Linz 19. 4. 2000, RK 81/00 – Disques Duchesse II – MR 2000, 103. Zur Voruntersuchung: OLG Wien 4. 2. 1998, 23 Bs 37/98, MR 1998, 29.
[56]) OLG Wien 26. 7. 2002, 18 Bs 205/02 – Softwaregebrauch II – ecolex 2003, 429 (*Braunböck*).

sicht darauf, wem sie gehören. Bauten sind diesen Maßnahmen nicht unterworfen. Die Vorschriften des § 82 Abs 3 UrhG (Seite 1272) gelten entsprechend (§ 92 Abs 1 UrhG idF UrhG-Nov 2003).

Selbständiges Verfahren: Kann keine bestimmte Person verfolgt oder verurteilt werden, so hat das Strafgericht auf Antrag des Verletzten die im § 92 Abs 1 UrhG bezeichneten Maßnahmen im freisprechenden Erkenntnis oder in einem selbständigen Verfahren anzuordnen, wenn die übrigen Voraussetzungen dieser Maßnahmen vorliegen. Im selbständigen Verfahren erkennt hierüber das Gericht, das zur Durchführung des Strafverfahrens zuständig wäre, nachdem die etwa erforderlichen Erhebungen gepflogen worden sind, nach mündlicher Verhandlung durch Urteil. Auf die Verhandlung, die Entscheidung und ihre Veröffentlichung sowie auf die Anfechtung der Entscheidung sind die Vorschriften entsprechend anzuwenden, die für die Entscheidung über den Strafanspruch gelten. Für den Kostenersatz gelten dem Sinne nach die allgemeinen Vorschriften über den Ersatz der Kosten des Strafverfahrens; wird dem Antrag stattgegeben, so trifft die Kostenersatzpflicht die an dem Verfahren als Gegner des Antragstellers Beteiligten (§ 92 Abs 2 UrhG).

In den Fällen des § 92 Abs 1 und 2 UrhG sind, soweit es möglich ist, auch die Eigentümer der der Vernichtung oder Unbrauchbarmachung unterliegenden Gegenstände zur Verhandlung zu laden. Sie sind, soweit es sich um die gesetzlichen Voraussetzungen dieser Maßnahmen handelt, berechtigt, tatsächliche Umstände vorzubringen, Anträge zu stellen und gegen die Entscheidung die nach der Strafprozessordnung zulässigen Rechtsmittel zu ergreifen. Wegen Nichtigkeit können sie das Urteil auch dann anfechten, wenn das Gericht die ihm nach § 92 Abs 1 und 2 UrhG zustehenden Befugnisse überschritten hat. Sie können ihre Sache selbst oder durch einen Bevollmächtigten führen und sich eines Rechtsbeistandes aus der Zahl der in die Verteidigerliste eingetragenen Personen bedienen. Die Frist zur Erhebung von Rechtsmitteln beginnt für sie mit der Verkündung des Urteils, auch wenn sie dabei nicht anwesend waren. Gegen ein in ihrer Abwesenheit gefälltes Urteil können sie keinen Einspruch erheben (§ 92 Abs 3 UrhG).

8.6.5. Beschlagnahme

Zur Sicherung der aufgrund des § 92 UrhG beantragten Maßnahmen können die ihnen unterliegenden Eingriffsgegenstände und Eingriffsmittel auf Antrag des Privatanklägers vom Strafgericht in Beschlag genommen werden (§ 93 Abs 1 UrhG).[57]

Das Strafgericht hat über einen solchen Antrag sofort zu entscheiden. Es kann die Bewilligung der Beschlagnahme vom Erlag einer Sicherstellung abhängig machen. Die Beschlagnahme ist auf das unbedingt notwendige Maß zu beschränken. Sie

---

[57]) Zur Frage der Freigabe nach Ablauf der Schutzdauer: LG f Strafsachen Wien (Ratskammer) 15. 1. 1997, 26c Vr 5572/96-42 – Monet – MR 1997, 102 (*Walter*).

muss aufgehoben werden, wenn eine angemessene Sicherheit dafür geleistet wird, dass die beschlagnahmten Gegenstände nicht auf eine unerlaubte Art benutzt und dem Zugriff des Gerichtes nicht entzogen werden (§ 93 Abs 2 UrhG).

Wird die Beschlagnahme nicht schon früher aufgehoben, so bleibt sie bis zur rechtskräftigen Erledigung des Verfahrens über den Antrag auf Vernichtung der Eingriffsgegenstände oder Unbrauchbarmachung der Eingriffsmittel und, wenn im Urteil hierauf erkannt wird, bis zur Vollstreckung der angeordneten Maßnahmen aufrecht (§ 93 Abs 3 UrhG).

Gegen Beschlüsse, betreffend die Anordnung, Einschränkung oder Aufhebung der Beschlagnahme, kann binnen 14 Tagen Beschwerde erhoben werden; sie hat nur dann aufschiebende Wirkung, wenn sie sich gegen die Aufhebung oder Beschränkung der Beschlagnahme richtet (§ 93 Abs 4 UrhG idF UrhG-Nov 2003).

Erkennt das Gericht nicht auf Vernichtung oder Unbrauchbarmachung der beschlagnahmten Gegenstände, so hat der Antragsteller dem von der Beschlagnahme Betroffenen alle hiedurch verursachten vermögensrechtlichen Nachteile zu ersetzen. Kommt es infolge einer von den Parteien getroffenen Vereinbarung zu keiner Entscheidung über den Antrag auf Vernichtung oder Unbrauchbarmachung, so kann der Betroffene den Anspruch auf Ersatz nur erheben, wenn er sich ihn in der Vereinbarung vorbehalten hat (§ 93 Abs 5 UrhG). Dieser Anspruch auf Ersatz ist im ordentlichen Rechtswege geltend zu machen (§ 93 Abs 6 UrhG).

Vernichtung gefälschter Mäuse

Kucsko, Geistiges Eigentum (2003)

statement

Netzwerk und Interaktivität

Eine weitere Problemdimension veränderter Urheberschaft zeigt sich in der Vernetzung, die das Internet bewirkt. Personal Computer und Netzwerk erschaffen gemeinsam eine virtuelle Galerie, die sich als Ausstellungsforum digitaler Medienwerke anbietet. Allerdings ist diese Galerie durch die potentielle Interaktivität gleichzeitig auch Atelier. Die Werke entstehen in diesem Online-Raum mitunter jenseits der überkommenen Herstellungsweise des einsam und für sich Schaffenden. Jeder Betrachter hat in der partizipatorisch organisierten virtuellen Welt die Möglichkeit, auch Mitgestalter zu werden und am Allgemeinkunstwerk mitzubauen. Viele, meist anonyme Urheber, hinterlassen auf digitalen Boards eigene Graffitis oder gestalten bestehende weiter aus. Es macht in dieser dynamischen Umgebung nur nach alter (wenngleich marktwirtschaftlich zementierter) Logik Sinn, individuelle Urheberrechtsansprüche zu erheben, das digitale Dokument in seinem Status quo einzufrieren und als unveränderbar zu erklären. Die neue mediale Qualität liegt in der Latenz des digitalen Raums, die das Fixieren des Status quo und damit einen Zugriffsschutz auf das Dokument nur durch zusätzlich zu setzende Maßnahmen erlaubt, individuelle Urheberschaft tendenziell ausschließt und dynamische Transformation und multiple Herstellungsweisen forciert. Wenn es schwer fällt, diesen Prozess aus den eingefahrenen Bahnen eines kommerziell organisierten Markts für Medienprodukte alter Provenienz heraus zu verstehen, so denke man einfach an eine Verkehrsdienstplattform, die stetig von beliebigen Verkehrsteilnehmern zum eigenen und allgemeinen Nutzen aktualisiert würde. Die Bedeutung individueller Urheberschaft, die ehedem zweifellos dem Betreiber der Plattform zugestanden wäre, wird obsolet.

◂ **Dr. Otmar MORITSCH** ist gemeinsam mit Dr. Wolfgang Pensold Kurator der Abteilung **medien.welten** im Technischen Museum Wien (www.tmw.at).

9. LEISTUNGSSCHUTZ

Überblick:

▶ Das UrhG regelt *"verwandte Schutzrechte"* für Leistungen, die zwar nicht „eigentümlich" sind, aber mit der Vermittlung von Werken im Zusammenhang stehen (Vorträge und Aufführungen; Leistung des Veranstalters; Lichtbilder; Herstellung von Schallträgern; Rundfunksendungen; Veröffentlichung nachgelassener Werke; Datenbanken).
▶ Weiters enthält es *persönlichkeitsrechtliche Bestimmungen* (Briefschutz; Recht am eigenen Bild).
▶ Schließlich finden sich im UrhG noch *wettbewerbsrechtliche Regelungen* (Nachrichtenschutz und Titelschutz).

9.1. Einleitung

Literaturhinweise: *Rintelen*, Über die sogenannten dem Urheberrecht „verwandten Schutzrechte", JBl 1964, 236; *Hodik*, Leistungsschutzrechte – „Auswüchse" des Urheberrechts? FS 50 Jahre UrhG (1986) 141; *Zanger*, Leistungsschutz für Computerprogramme? AnwBl 1988, 614; *Röttinger*, Zur Möglichkeit eines urheberrechtlichen Leistungsschutzes für Computerprogramme de lege lata – Eine Erwiderung auf Zanger, Leistungsschutz für Computerprogramme? AnwBl 1989, 114; *Wittmann*, Ein neues Verwertungsrecht für Bild- und Tonträger? – Bericht vom Arbeitskreis Urheberrecht in Ottenstein, MR 1990, 9; *Walter*, Der Schutz von sportlichen Leistungen und Sportveranstaltungen nach österr Recht, MR 1995, 206; *Graschitz*, Ausgewählte Probleme des Leistungsschutzes ausübender Künstler, ÖSGRUM 21 (1998); *Graschitz*, Überlegungen zum Umfang der Leistungsschutzrechte, FS Dittrich (2000) 151.

Vollen urheberrechtlichen Schutz genießt nur der Urheber einer eigentümlichen geistigen Schöpfung, nicht aber derjenige, der das Werk der Umwelt nur vermittelt, also etwa Schauspieler, Sänger, Musiker, Tänzer. Da aber auch diese Künstler (und in der Folge weitere Personengruppen, wie etwa Veranstalter, Hersteller von Lichtbildern oder Schallplatten) eine schutzwürdige Leistung erbringen, behandelt sie das Gesetz zwar nicht als Urheber, gewährt ihnen aber einen ähnlichen Schutz in Form der so genannten „Leistungsschutzrechte" („verwandte Schutzrechte"). Diese sind zwar nicht so umfassend wie das Urheberrecht, schützen aber ebenfalls sowohl materielle als auch – mit Abstufungen – ideelle Interessen.

Auch bei den „Leistungsschutzrechten" bestehen – analog geregelte – *"freie Nutzungen"*, insbesondere zum eigenen Gebrauch, zur Berichterstattung über Tagesereignisse, für Wissenschaft und Unterricht udgl.

Vorgaben des Gemeinschaftsrechts: Das Gemeinschaftsrecht enthält keine umfassenden Harmonisierungsregelungen für den Bereich der Leistungsschutzrechte. Soweit sich in den einzelnen Richtlinien entsprechende Vorgaben finden, werden diese im Folgenden jeweils am Beginn der Erörterung des betreffenden Leistungsschutzrechts zitiert. Es steht den Mitgliedstaaten im Übrigen frei, andere Leistungsschutzrechte beizubehalten oder einzuführen. Dazu sieht die SchutzfristenRL nur ein besonderes *Meldeverfahren* vor: Die Mitgliedstaaten teilen der Kommission unverzüglich jeden Gesetzentwurf zur Einführung neuer verwandter Schutzrechte mit und geben die Hauptgründe für ihre Einführung sowie die vorgesehene Schutzdauer an (Art 12).

9.2. Schutz von Vorträgen und Aufführungen

Literaturhinweise: *Abel*, Die Stellung des ausführenden Künstlers im österreichischen Urheberrechtsgesetz, AnwZ 1936, 452; *Lißbauer*, Zum Leistungsschutz des ausübenden Künstlers, JBl 1936, 354; *Schöndorf*, Leistungsschutz des ausübenden Künstlers, JBl 1936, 486; *Peter*, Leistungsschutz, ein Holzweg? Betrachtung zur neuesten Entwicklung einer internationalen Regelung des Leistungsschutzes der ausübenden Künstler, der Schallträgerhersteller und der Rundfunksendeunternehmen, ÖBl 1959, 101; *Peter*, Der internationale Leistungsschutz für ausübende Künstler, Schallplattenhersteller und Rundfunkunternehmungen, ÖBl 1959, 22; *Dittrich*, Das Rom-Abkommen über die verwandten Schutzrechte, ÖBl 1962, 21; *Frotz*, Gedanken zu einer Revision des Rom-Abkommens über den Schutz der ausübenden Künstler, der Hersteller von Tonträgern und der Sendeunternehmen, Jahrbuch der INTERGU 3 (1976) 91; *Hunziker*, Leistungsschutzrechte nach dem Tode des Interpreten, Ein Vergleich zwischen deutschem und österreichischem Recht, FuR 1983, 591; *Hodik*, Der Begriff „ausübender Künstler" im österreichischen Urheberrecht, ÖBl 1990, 49; ; *Dittrich*, Die Arbeiten des Expertenkomitees der WIPO über ein allfälliges internationales Instrument für den Schutz der Rechte der ausübenden Künstler und der Hersteller von Tonträgern, ÖSGRUM 17 (1995) 24; *Hodik*, Der Begriff des „ausübenden Künstlers" im österreichischen Recht – Eine Betrachtung aus der Praxis, ÖSGRUM 17 (1995) 102; *Walter*, Zum Begriff des ausübenden Künstlers im österreichischen Urheberrecht – Regisseure, Bühnenbildner und Choreographen als ausübende Künstler und Urheber, ÖSGRUM 17 (1995) 106; *Walter*, Der Schutz von sportlichen Leistungen und Sportveranstaltungen nach österr Recht, MR 1995, 206; *Graschitz*, Ausgewählte Probleme des Leistungsschutzes ausübender Künstler ÖSGRUM 21 (1998); *Dittrich*, Überlegungen zum Begriff des ausübenden Künstlers, RfR 2000, 1; *Dittrich*, Leistungsschutzrechte des ausübenden Künstlers bei der öffentlichen Wiedergabe von Rundfunksendungen? RfR 2001, 1; *Noll*, Der Schutz der geistigen Interessen der ausübenden Künstler durch das Privatrecht, MR 2003, 98.

9.2.1. Allgemeines

Es geht hier um den Schutz derjenigen, die Literatur oder Musik vortragen (Opernsänger, Musiker, Schauspieler).

Vorgaben des Römer Leistungsschutz-Abk: Dieses Abkommen stellt für die *ausübenden Künstler* (Schauspieler, Sänger, Musiker, Tänzer und andere Personen, die Werke der Literatur oder der Kunst aufführen, singen, vortragen, vorlesen, spielen oder auf irgendeine andere Weise darbieten, Art 3 lit a; zur Schutzausdehnung auf Künstler, die keine Werke der Literatur oder der Kunst darbieten vgl Art 9) *Gegenseitigkeit* her. Es normiert den Grundsatz der *Inländerbehandlung* (Art 2 und 4) und gewisse *Mindestschutzbestimmungen* (Art 7 und 12; zur *Mindestschutzdauer* vgl Art 14; zu den Ausnahmen vom Schutz vgl Art 15). Soweit in einem Vertragsstaat der Schutz von Tonträgern bzw der auf ihnen festgehaltenen Darbietungen ausübender Künstler von *Formvorschriften* abhängig ist, genügt das Zeichen Ⓟ mit gewissen näheren Angaben (Art 11).

Vorgaben des TRIPS-Abk: In Bezug auf die Festlegung ihrer Leistung auf einem Tonträger haben ausübende Künstler die Möglichkeit, folgende Handlungen zu verhindern, wenn diese ohne ihre Erlaubnis vorgenommen werden: die *Festlegung* ihrer nicht festgelegten Leistung und die *Vervielfältigung* einer solchen Festlegung. Ausübende Künstler haben auch die Möglichkeit, folgende Handlungen zu verhindern, wenn diese ohne ihre Erlaubnis vorgenommen werden: die *Rundfunksendung* auf drahtlosem Wege und die *Übertragung* ihrer Live-Aufführung an die Öffentlichkeit (Art 14 Abs 1 TRIPS-Abk). Die gemäß dem TRIPS-Abk den ausübenden Künstlern gewährte Schutzdauer läuft mindestens bis zum Ende eines Zeitraums von 50 Jahren berechnet ab dem Ende des Kalenderjahres, in dem die Festlegung vorgenommen wurde oder die Aufführung stattfand (Art 14 Abs 5 TRIPS-Abk). Die Mitglieder sind befugt, in Bezug auf die gemäß Art 14 Abs 1 TRIPS-Abk gewährten Rechte in dem vom Rom-Abkommen gestatteten Umfang Bedingungen, Beschränkungen, Ausnahmen und Vorbehalte festzulegen. Die Bestimmungen des Art 18 RBÜ finden jedoch sinngemäß auf die Rechte der ausübenden Künstler Anwendung (Art 14 Abs 6 TRIPS-Abk).

Vorgaben des Gemeinschaftsrechts: Nach Art 6 Abs 1 VermietRL sind die Mitgliedstaaten verpflichtet, für ausübende Künstler das ausschließliche Recht vorzusehen, die Aufzeichnung ihrer Darbietungen zu erlauben oder zu verbieten („*Aufzeichnungsrecht*").[1]

Gemäß Art 8 Abs 1 VermietRL müssen die Mitgliedstaaten für ausübende Künstler das ausschließliche Recht vorsehen, drahtlos übertragene *Rundfunksendungen* und die *öffentliche Wiedergabe* ihrer Darbietungen zu erlauben oder zu verbieten, es sei denn, die Darbietung ist selbst bereits eine gesendete Darbietung oder beruht auf einer Aufzeichnung.

Die Mitgliedstaaten müssen für ausübende Künstler in Bezug auf die Aufzeichnungen ihrer Darbietungen das ausschließliche Recht vorsehen, diese Schutzgegenstände sowie Kopien davon der Öffentlichkeit im Wege der Veräußerung oder auf sonstige Weise zur Verfügung zu stellen („*Verbreitungsrecht*"; Art 9 Abs 1 VermietRL). Dieses Verbreitungsrecht in der Gemeinschaft *erschöpft* sich nur mit dem Erstverkauf des Gegenstands in der Gemeinschaft durch den Rechtsinhaber oder mit seiner Zustimmung (Art 9 Abs 2 VermietRL). Die besonderen Bestimmungen des Kapitels I VermietRL, insbesondere die des Art 1 Abs 4 VermietRL (Seite 1180), werden durch das Verbreitungsrecht nicht berührt (Art 9 Abs 3 VermietRL). Das Verbreitungsrecht kann übertragen oder abgetreten werden oder Gegenstand vertraglicher Lizenzen sein (Art 9 Abs 4 VermietRL).

---

[1]) Der Schutz von dem Urheberrecht verwandten Schutzrechten gemäß dieser Richtlinie lässt den Schutz der Urheberrechte unberührt und beeinträchtigt ihn in keiner Weise (Art 14 VermietRL).

Die Mitgliedstaaten können *Beschränkungen* dieser Rechte in folgenden Fällen vorsehen: für eine private Benutzung; für eine Benutzung kurzer Bruchstücke anlässlich der Berichterstattung über Tagesereignisse; für eine ephemere Aufzeichnung, die von einem Sendeunternehmen mit seinen eigenen Mitteln und für seine eigenen Sendungen vorgenommen wird; für eine Benutzung, die ausschließlich Zwecken des Unterrichts oder der wissenschaftlichen Forschung dient (Art 10 Abs 1 VermietRL). Unbeschadet dessen kann jeder Mitgliedstaat für den Schutz der ausübenden Künstler Beschränkungen der gleichen Art vorsehen, wie sie für den Schutz des Urheberrechts an Werken der Literatur und der Kunst vorgesehen sind. Zwangslizenzen können jedoch nur insoweit vorgesehen werden, als sie mit den Bestimmungen des Rom-Abkommens vereinbar sind (Art 10 Abs 2 VermietRL). Die Beschränkungen dürfen nur in bestimmten Sonderfällen angewandt werden, in denen die normale Verwertung des Schutzgegenstands nicht beeinträchtigt wird und die berechtigten Interessen des Rechtsinhabers nicht ungebührlich verletzt werden. (Art 10 Abs 3 VermietRL idF Art 11 InfoRL).

Die *SchutzfristenRL* bestimmt in Art 3 Abs 1: Die Rechte der ausübenden Künstler erlöschen *fünfzig Jahre* nach der Darbietung. Wird jedoch eine Aufzeichnung der Darbietung innerhalb dieser Frist erlaubterweise veröffentlicht oder erlaubterweise öffentlich wiedergegeben, so erlöschen die Rechte fünfzig Jahre nach der betreffenden ersten Veröffentlichung oder ersten öffentlichen Wiedergabe, je nachdem, welches Ereignis zuerst stattgefunden hat. Zur *Berechnung der Fristen* sieht Art 8 SchutzfristenRL vor, dass die in dieser Richtlinie genannten Fristen vom 1. Januar des Jahres an berechnet werden, das auf das für den Beginn der Frist maßgebende Ereignis folgt.

Die *SatellitenRL* verweist in Art 4 Abs 1 hinsichtlich der Rechte der ausübenden Künstler auf die Art 6, 7, 8 und 10 der VermietRL.[2]

Art 2 lit b *InfoRL* schreibt für das Vervielfältigungsrecht vor: Die Mitgliedstaaten sehen für die ausübenden Künstler in Bezug auf die Aufzeichnungen ihrer Darbietungen das ausschließliche Recht vor, die unmittelbare oder mittelbare, vorübergehende oder dauerhafte Vervielfältigung auf jede Art und Weise und in jeder Form ganz oder teilweise zu erlauben oder zu verbieten.[3]

Nach der *InfoRL* müssen die Mitgliedstaaten für die ausübenden Künstler in Bezug auf die Aufzeichnungen ihrer Darbietungen das ausschließliche Recht vorsehen, zu erlauben oder zu verbieten, dass die nachstehend genannten Schutzgegenstände drahtgebunden oder drahtlos in einer Weise der Öffentlichkeit zugänglich gemacht werden, dass sie Mitgliedern der Öffentlichkeit von Orten und zu Zeiten ihrer Wahl zugänglich sind (Art 3 Abs 2 lit a InfoRL). Diese Rechte erschöpfen sich

---

[2]) Der Gesetzgeber der UrhG-Nov 1996 hat insoweit keinen Umsetzungsbedarf gesehen, lediglich hinsichtlich der Übergangsregelung des Art 7 SatellitenRL war eine Anpassung erforderlich (23 BlgNR 19. GP 13).

[3]) Mit Art 11 Abs 1 InfoRL wurde der frühere Art 7 VermietRL gestrichen (dieser hatte das Vervielfältigungsrecht geregelt).

nicht mit den Handlungen der öffentlichen Wiedergabe oder der Zugänglichmachung für die Öffentlichkeit (Art 3 Abs 3 InfoRL).

Österreichische Regelung: Das *UrhG 1920* hatte zunächst noch die Übertragung eines Werks der Literatur oder Tonkunst auf „Vorrichtungen zur mechanischen Wiedergabe für das Gehör" als Bearbeitung des Werks eingestuft, wenn sie durch „persönlichen Vortrag" bewirkt wurde (§ 23). Als Bearbeiter galt der Vortragende. Mit dem *UrhG 1936* wurde dann der urheberrechtliche Schutz des Werks klar von den Rechten getrennt, „die dem Schutz einer bloß reproduzierenden Tätigkeit dienen".[4] Damit wurde die auch heute geltende Struktur eines vom Urheberrechtsschutz völlig getrennten Leistungsschutzes für ausübende Künstler (gelegentlich wurde auch die Bezeichnung „ausführende Künstler" oder „artistes exécutants" verwendet) geschaffen. Der Forderung der ausübenden Künstler, einen Urheberrechtsschutz für ihre Leistung vorzusehen, wurde bewusst nicht entsprochen. Stattdessen wurden dem Urheberrechtsschutz verwandte spezielle Regelungen geschaffen, die den Schutz nicht von der künstlerischen Höhe der Leistung abhängig machen. Auch der Begriff „Künstler" sei daher – so die EB[5] – nicht im strengen Sinn des Wortes zu verstehen. Jede persönliche Wiedergabe von Werken der Literatur oder Tonkunst sei geschützt, ohne Rücksicht auf den künstlerischen Wert der Wiedergabe.

9.2.2. Schutzgegenstand und Schutzberechtigter
Der ausübende Künstler und der Inhalt seiner Darbietung

Geschützt wird derjenige, der ein Werk der Literatur (also ein Sprachwerk oder ein choreographisches/pantomimisches Werk; vgl Seite 1115) oder ein Werk der Tonkunst vorträgt oder aufführt. Entscheidend ist also, ob das Dargebotene als „Werk" im Sinne des UrhG zu beurteilen ist (vgl Seite 1105). Hingegen ist nicht entscheidend, ob es (noch) geschützt ist (§ 72 Abs 1 UrhG). Die Aufführung eines Werks sollte nämlich auch dann geschützt werden, wenn das Urheberrecht bereits erloschen ist, oder wenn das betreffende Werk etwa wegen der Staatsangehörigkeit des Urhebers in Österreich keinen Schutz genießt. Auch derjenige, der beispielsweise ein altgriechisches Drama darbietet, ist daher als ausübender Künstler geschützt.

Andererseits besteht selbstverständlich unabhängig vom Leistungsschutz des ausübenden Künstlers unter Umständen ein urheberrechtlicher Schutz an dem dargebotenen Werk. Der ausübende Künstler benötigt daher in der Regel eine entsprechende Rechtseinräumung dieses Urhebers, um dessen Werk öffentlich vortragen zu dürfen (vgl Seite 1191).

Daraus, dass das Leistungsschutzrecht des ausübenden Künstlers unabhängig vom allfälligen Urheberrechtsschutz an dem dargebotenen Werk besteht, ergibt sich mitunter eine sehr komplexe juristische Situation. Dazu ein anschauliches *Beispiel*

---

[4]) EB zum UrhG 1936; abgedruckt bei *Dillenz*, ÖSGRUM 3 (1986) 142.
[5]) Abgedruckt bei *Dillenz*, ÖSGRUM 3 (1986) 143.

aus den Materialien:[6] Die Rede eines Politikers im Parlament kann ein urheberrechtlich geschütztes Werk der Literatur sein. Sie dürfte daher zur Berichterstattung nur vervielfältigt werden, wenn der Betreffende zustimmt. Um aber die im öffentlichen Interesse liegende Berichterstattung nicht von einer solchen Zustimmung abhängig zu machen, ist dafür eine spezielle freie Werknutzung vorgesehen (§ 43 Abs 1 UrhG; Seite 1225). Der Redner könnte sich aber zu Recht noch darauf berufen, dass er als „ausübender Künstler" auch noch ein Leistungsschutzrecht hat. Deshalb ist im Bereich des Leistungschutzrechts vorgesehen, dass für solche Reden insoweit kein Schutz besteht, als es um den Vortrag durch den Redner selbst geht (§ 72 Abs 6 UrhG; Seite 1306). Wird aber eine solche (vielleicht inzwischen berühmte) Rede später von einem Schauspieler auf einem Vortragsabend wiederholt, so ist *dieser* Vortrag eines ausübenden Künstlers geschützt.

Der Leistungsschutz des ausübenden Künstlers ist freilich auch noch aus einem anderen Aspekt vom Urheberrechtsschutz abhängig: Da der Leistungsschutz nur greift, wenn das Dargebotene als „Werk" zu beurteilen ist, hat der Stand der Rechtsprechung zum Urheberrechtsschutz auch Einfluss darauf, welche Darbietungen Leistungsschutz genießen. Ist die Rechtsprechung „schutzfreudig" und nimmt sie schon bei Werken mit geringer Individualität den Werkcharakter als gegeben an, so ist auch die Darbietung dieses Werks leistungsgeschützt. Dies könnte problematisch werden, bedenkt man, dass schon einfache Sätze geschützt werden (Seite 1109). Die Frage, ob bei der Eingrenzung des leistungsschutzberechtigten Personenkreises nicht doch auf die „künstlerische" Mitwirkung an einer Darbietung abzustellen wäre, erscheint diskussionswürdig.

Wer nun konkret in den Kreis der *„ausübenden Künstler"* einzurechnen ist, regelt das Gesetz nicht ausdrücklich. Das *Römer Leistungsschutzabkommen* zählt dazu die „Schauspieler, Sänger, Musiker, Tänzer und andere Personen, die Werke der Literatur oder der Kunst aufführen, singen, vortragen, vorlesen, spielen oder auf irgend eine andere Weise darbieten" (Art 3 lit a). Bei der Umsetzung dieses Abkommens mit der UrhG-Nov 1972 hat der Gesetzgeber bewusst keine ausdrückliche Abgrenzung des Personenkreises vorgenommen, „weil diesbezüglich in Einzelfragen innerhalb der beteiligten Verkehrskreise keine Übereinstimmung erreicht werden konnte"; das so genannte technische Personal (zB Beleuchter) gehöre jedenfalls nicht dazu.[7] Diese Abgrenzungsfrage wird insbesondere zum „szenischen Dienst" (Studienleiter, Regie- und Bühnenbildassistenten, Maskenbildner, Beleuchtungs- und Toningenieure, Korrepetitoren, Souffleure, Dekorationsmaler, -architekten, Bühnentechniker udgl) diskutiert.[8]

---

[6]) Abgedruckt bei *Dillenz*, ÖSGRUM 3 (1986) 144.
[7]) EB; abgedruckt bei *Dillenz*, ÖSGRUM 3 (1986) 304.
[8]) *Hodik*, ÖBl 1990, 49.

Orchester

Nicht selten wird ein Werk von mehreren Personen gemeinsam aufgeführt; beispielsweise ein Streichquartett oder ein Orchesterkonzert. § 67 Abs 2 UrhG sieht vor, dass die für Miturheber geltenden Vorschriften (§ 11 UrhG) entsprechend anzuwenden sind.[9] Dies ist dann problematisch, wenn eine größere Gruppe tätig ist.

Hier hat nun zunächst das *UrhG 1936* zwischen den Personen, die Einzelleistungen erbringen (Solisten) und den übrigen, die nur im Chor oder Orchester, als Statisten oder auf ähnliche Art mitwirken, unterschieden.[10] Die Leistungen dieser Gruppe gingen in der nach den Weisungen des Leiters (Dirigent, Regisseur, Ballettmeister) bewirkten Gesamtleistung auf. Wurde also beispielsweise ein Klavierkonzert mit Orchesterbegleitung aufgeführt, so stand das Verwertungsrecht der Interpreten nur dem Solisten und dem Leiter der Aufführung zu. Hingegen hatte das einzelne Orchestermitglied nicht auch noch ein selbständiges Leistungsschutzrecht. Die Materialien begründeten dies aus der erforderlichen Rechtssicherheit: „Es ginge auch mit Rücksicht auf die Rechtssicherheit des Verkehrs nicht an, das Verwertungsrecht allen Mitgliedern eines Chors oder Orchesters oder allen bei einer Bühnenaufführung mitwirkenden Statisten einzuräumen. Wer mit Einwilligung des Leiters die Aufführung eines Chor- oder Orchesterwerks auf einem Schallträger festgehalten hat, darf nicht Gefahr laufen, dass ihm von irgendeinem Mitglied des Chors oder Orchesters die Vervielfältigung oder Verbreitung der Schallträger untersagt wird."

Zur Umsetzung des Römer Leistungsschutzabkommens (Seite 1086) wurde diese Regelung mit der *UrhG-Nov 1972* neu gefasst. Der Kreis der Berechtigten wurde zwar ausgedehnt, es wurde aber andererseits eine Vertreterregelung eingeführt (§ 66 Abs 2 bis 4 UrhG): Bei Vorträgen und Aufführungen, die – wie die Aufführung eines Schauspiels oder eines Chor- oder Orchesterwerks – durch das Zusammenwirken mehrerer Personen unter einer einheitlichen Leitung zustande kommen, können die Verwertungsrechte derjenigen Personen, die bloß im Chor oder Orchester oder auf ähnliche Art mitwirken, nur durch einen gemeinsamen Vertreter wahrgenommen werden. Falls die Vertretung nicht bereits kraft Gesetzes oder durch Satzung, Kollektiv- oder Einzelvertrag geregelt ist, wird der gemeinsame Vertreter von den erwähnten Mitwirkenden mit einfacher Mehrheit ohne Berücksichtigung allfälliger Stimmenthaltungen gewählt. In Ermangelung eines gemeinsamen Vertreters hat das Bezirksgericht Innere Stadt Wien einen Sachwalter zu bestellen, der an die Stelle des gemeinsamen Vertreters tritt. Zur Antragstellung ist jeder berechtigt, der ein Interesse an der Verwertung des Vortrags oder der Aufführung glaubhaft macht.

---

[9]) Zur rechtsmissbräuchlichen Zustimmungsverweigerung vgl OGH 20. 5. 1965, 4 Ob 321, 322 – Leopoldi – ÖBl 1965, 153.
[10]) EB zum UrhG 1936; abgedruckt bei *Dillenz*, ÖSGRUM 3 (1986) 148.

9.2.3. Wirkung des Schutzes

Dem ausübenden Künstler ist die Verwertung seiner Leistung in vier speziellen Nutzungsarten vorbehalten:

Verwertung auf Bild- und Schallträgern

Wer ein Werk der Literatur oder Tonkunst vorträgt oder aufführt, hat das ausschließliche Recht, den Vortrag oder die Aufführung auf einem Bild- oder Schallträger *festzuhalten*, diesen zu *vervielfältigen* und zu *verbreiten* (§ 66 Abs 1 UrhG). Dies gilt auch dann, wenn der Vortrag oder die Aufführung durch Rundfunk gesendet wurde. Unter der Vervielfältigung wird auch die Benutzung einer mit Hilfe eines Bild- oder Schallträgers bewirkten Wiedergabe des Vortrags oder der Aufführung zur Übertragung auf einen anderen Bild- oder Schallträger verstanden. Im Übrigen verweist § 67 Abs 2 UrhG auf § 15 Abs 1 UrhG, der das Vervielfältigungsrecht für Werke regelt (vgl Seite 1172). Für das Verbreitungsrecht wird auf § 16 Abs 1 und 3 UrhG verwiesen (Seite 1175).

Das Recht der Verwertung auf Bild- oder Schallträgern wurde aber sonst nicht weiter ausgebaut: Dem ausübenden Künstler wurde nicht auch noch das ausschließliche Recht gegeben, die mit seiner Einwilligung hergestellten Bild- oder Schallträger zu einer öffentlichen Wiedergabe oder Rundfunksendung zu benutzen. Solche Nutzungen sind also ohne seine Zustimmung zulässig. Die Materialien[11] begründen dies einsichtig damit, dass dieses weitergehende Recht bislang international nicht unstrittig sei. „Es wird daher die Entwicklung in anderen Staaten sowie das Ergebnis der auf eine zwischenstaatliche Vereinbarung über den Schutz der ausübenden Künstler gerichteten Bestrebungen abzuwarten sein, ehe in einem kleinen Staat wie Österreich daran gedacht werden kann, das Recht der ausführenden Künstler auch auf die Benutzung rechtmäßig hergestellter und verbreiteter Bild- und Schallträger zur öffentlichen Wiedergabe und zur Rundfunksendung auszudehnen." Es wurde daher lediglich klargestellt, dass *entgegen* dem oben dargestellten Ausschließungsrecht hergestellte oder verbreitete Bild- oder Schallträger nicht zu einer Rundfunksendung oder öffentlichen Wiedergabe des Vortrages oder der Aufführung benutzt werden dürfen (§ 66 Abs 7 UrhG).

Verwertung im Rundfunk

Der Vortrag oder die Aufführung eines Werks der Literatur oder Tonkunst darf weiters nur mit Einwilligung der Personen, deren Einwilligung nach § 66 Abs 1 UrhG zur Festhaltung auf Bild- oder Schallträgern erforderlich ist, durch Rundfunk gesendet werden (§ 70 UrhG); § 33 Abs 1 UrhG (Auslegungsregel; Seite 1249), § 66 Abs 6 UrhG (Mitwirkungspflicht), §§ 59a und 59b (Kabelweiterleitung; Seite 1249) gelten entsprechend.

---

[11]) EB zum UrhG 1936; abgedruckt bei *Dillenz*, ÖSGRUM 3 (1986) 145.

Diese Einwilligung ist für eine Rundfunksendung mit Hilfe von Bild- oder Schallträgern nicht erforderlich, es sei denn, dass diese nach § 66 Abs 7 oder § 69 Abs 2 UrhG zu einer Rundfunksendung nicht benutzt werden dürfen. Vom ausführenden Künstler unmittelbar vorgenommene Vorträge und Aufführungen dürfen also stets nur mit seiner Einwilligung gesendet werden. Gleiches gilt für die Benutzung seiner durch Rundfunk gesendeten Leistung zu einer weiteren Rundfunksendung. Hingegen dürfen rechtmäßig hergestellte und vertriebene Bild- oder Schallträger zu Rundfunksendungen hinsichtlich der ausführenden Künstler frei verwendet werden (es gelten also nur die Ausnahmen nach § 66 Abs 7 und § 69 Abs 2 UrhG). Das Verwertungsrecht der ausübenden Künstler erstreckt sich eben – wie bereits oben geschildert – nur auf die Vervielfältigung und Verbreitung der Bild- oder Schallträger, nicht aber auf ihre Benutzung.[12]

Verwertung zur öffentlichen Wiedergabe

§ 71 UrhG regelt *drei Fälle* vorbehaltener Nutzungen:[13] Erstens geht es um die *Livewiedergabe an einem anderen Ort*: Werden Vorträge oder Aufführungen von Werken der Literatur oder Tonkunst unmittelbar von darbietenden Künstlern vorgenommen, so dürfen sie nur mit Einwilligung der Personen, deren Einwilligung nach § 66 Abs 1 UrhG zur Festhaltung auf Bild- oder Schallträgern erforderlich ist, durch Lautsprecher oder durch eine andere technische Einrichtung außerhalb des Ortes (Theater, Saal, Platz, Garten udgl), wo sie stattfinden, öffentlich wiedergegeben werden. Soll beispielsweise ein Klavierkonzert vom überfüllten Konzertsaal in ein Freiluftzelt übertragen und dort mit Lautsprechern wahrnehmbar gemacht werden, so erfordert dies die Zustimmung des Pianisten. § 66 Abs 6 UrhG (Mitwirkungspflicht) gilt entsprechend.

Der zweite Fall betrifft die *öffentliche Wiedergabe einer durch Rundfunk gesendeten Leistung*; also beispielsweise den Betrieb eines Radios im Kaffeehaus, um die Gäste mit einem dort übertragenen Klavierkonzert zu berieseln. Ist diese Rundfunksendung nach § 70 UrhG (Seite 1301) rechtmäßig, weil sie mit Einwilligung des ausübenden Künstlers oder mit Hilfe eines Bild- oder Schallträgers erfolgt ist, so ist auch die Benützung der Rundfunksendung zu einer Lautsprecherwiedergabe nicht an die Zustimmung des ausübenden Künstlers gebunden (zur Zustimmung des Veranstalters vgl Seite 1309). Gemäß § 71 Abs 2 UrhG darf „eine dem § 70 UrhG entsprechende Rundfunksendung des Vortrages oder der Aufführung eines Werks der Literatur oder Tonkunst zu einer öffentlichen Wiedergabe des Vortrages oder der Aufführung durch Lautsprecher oder durch eine andere technische Einrichtung benutzt werden".

Die dritte Fallgruppe erfasst die *mittelbare Wiedergabe von Rundfunksendungen oder Schallträgern*. Es geht darum, dass eine mit Hilfe eines Bild- oder Schallträgers oder mit Benutzung einer Rundfunksendung bewirkte Wiedergabe eines Vor-

---

[12]) EB zum UrhG 1936; abgedruckt bei *Dillenz*, ÖSGRUM 3 (1986) 147.
[13]) EB zum UrhG 1936; abgedruckt bei *Dillenz*, ÖSGRUM 3 (1986) 148.

trags oder einer Aufführung zu einer weiteren öffentlichen Wiedergabe außerhalb des Ortes verwendet wird, wo die benutzte mittelbare Wiedergabe stattfindet. In diesen Fällen bedarf es grundsätzlich nicht der Zustimmung der ausübenden Künstler (§ 71 Abs 1, zweiter Satz UrhG; zur Zustimmung des Veranstalters vgl Seite 1309). Davon ausgenommen sind freilich jene Bild- oder Schallträger, die rechtswidrig hergestellt oder verbreitet worden sind, oder die gemäß § 69 Abs 2 UrhG nur zum eigenen Gebrauch hergestellt worden sind. Bei Rundfunksendungen ist vorausgesetzt, dass sie gemäß § 70 UrhG zulässig sind.

Verwertung zur öffentlichen Zurverfügungstellung
Der Vortrag oder die Aufführung eines Werks der Literatur oder Tonkunst darf nur mit Einwilligung der Personen, deren Einwilligung nach § 66 Abs 1 und 5 UrhG zur Festhaltung auf Bild- oder Schallträgern erforderlich ist, der Öffentlichkeit zur Verfügung gestellt werden; § 66 Abs 6 UrhG gilt entsprechend (§ 71a UrhG; eingefügt durch die UrhG-Nov 2003; Art 3 Abs 2 InfoRL). Zum Begriff „der Öffentlichkeit zur Verfügung gestellt" verweist § 18a Abs 2 UrhG auf § 18a Abs 1 UrhG (Seite 1194).

9.2.4. Entsprechend anzuwendende Bestimmungen
Der Leistungsschutz der ausübenden Künstler ist weitgehend dem Urheberrechtsschutz nachgebildet. Viele Bestimmungen aus dem I. Hauptstück des UrhG sind daher entsprechend anzuwenden (§ 67 Abs 2 UrhG): § 11 UrhG („Miturheber"; Seite 1134), § 12 UrhG („Vermutung der Urheberschaft"; Seite 1138), § 13 UrhG („Ungenannte Urheber"; Seite 1139), § 15 Abs 1 UrhG („Vervielfältigungsrecht"; Seite 1172), § 16 Abs 1 und 3 UrhG („Verbreitungsrecht"; Seite 1175), § 16a UrhG („Vermieten und Verleihen"; Seite 1180), § 23 UrhG (Rechtsübertragung; Seite 1241), § 24 UrhG („Werknutzungsbewilligung und Werknutzungsrecht"; Seite 1243), § 25 Abs 1, 2, 3 und 5 UrhG („Exekutionsbeschränkungen"; Seite 1253), § 26 UrhG („Werknutzungsrechte"; Seite 1245), § 27 UrhG („Übertragung der Werknutzungsrechte"; Seite 1245), § 28 Abs 1 UrhG (Unternehmensübergang; Seite 1246), § 29 UrhG („Vorzeitige Auflösung"; Seite 1247), § 31 UrhG (Nutzung künftiger Werke; Seite 1248), § 32 UrhG („Konkurs und Ausgleich"; Seite 1248) und § 33 Abs 2 UrhG (Auslegungsregel; Seite 1249). An die Stelle der im § 31 Abs 2 UrhG genannten Frist von fünf Jahren tritt jedoch eine solche von einem Jahr. Damit wollte man den ausübenden Künstler bewusst besser stellen als den Urheber, zumal er durch einen langfristigen Vertrag im Ergebnis am Schaffen gehindert werden könne.[14]

9.2.5. Schutz geistiger Interessen
Auf Verlangen eines nach § 66 Abs 1 UrhG Verwertungsberechtigten ist sein *Name* (Deckname) auf den Bild- oder Schallträgern anzugeben. Ohne seine Einwilli-

---
[14]) EB zur UrhG-Nov 1972; abgedruckt bei *Dillenz*, ÖSGRUM 3 (1986) 307.

gung darf das nicht geschehen. Die Einwilligung kann zurückgenommen werden, wenn ein Bild- oder Schallträger den Vortrag oder die Aufführung mit solchen Änderungen oder so mangelhaft wiedergibt, dass seine Benutzung geeignet ist, den künstlerischen Ruf des Verwertungsberechtigten zu beeinträchtigen (§ 68 Abs 1 UrhG; Art 5 WPPT).

Vorträge oder Aufführungen eines Werks der Literatur oder Tonkunst dürfen auf eine Art, die sie der Öffentlichkeit zugänglich macht, *nicht* benutzt werden, wenn der Vortrag oder die Aufführung mit solchen Änderungen oder so *mangelhaft* wiedergegeben wird, dass dadurch *der künstlerische Ruf* der nach § 66 Abs 1 UrhG Verwertungsberechtigten beeinträchtigt werden kann. Gleiches gilt für die Verbreitung sowie für die Vervielfältigung zum Zweck der Verbreitung von Bild- oder Schallträgern, auf denen Vorträge oder Aufführungen festgehalten sind (§ 68 Abs 1a UrhG; eingefügt durch die UrhG-Nov 2003; Art 5 WPPT).

Diese Regelungen über den Schutz geistiger Interessen gelten jedoch für Personen, die bloß im *Chor oder Orchester* oder auf ähnliche Art mitwirken, mit der Maßgabe, dass anstelle des Namens des Verwertungsberechtigten der Name des Chores oder Orchesters anzugeben ist und dass diese Rechte gemeinsam mit den Verwertungsrechten erlöschen; § 66 Abs 2 bis 4 UrhG gilt sinngemäß (§ 68 Abs 3 UrhG idF UrhG-Nov 2003). Das Namensnennungsrecht war bis zur UrhG-Nov 2003 bewusst auf die Solisten und künstlerischen Leiter beschränkt. Dies entsprach der Rechtslage nach dem UrhG 1936. Die Novelle 1972 hatte den Schutz zwar – entsprechend den Vorgaben des Römer Leistungsschutzabkommens – ausgedehnt (Seite 1071), hinsichtlich des Namensnennungsrechts aber die Einschränkung beibehalten, weil es praktisch undurchführbar sei, den Namen jedes Mitwirkenden auf einem Bild- oder Schallträger anzugeben, wenn an einem Vortrag oder einer Aufführung eine erhebliche Anzahl von Personen beteiligt ist.[15] Personen, die bloß im Chor oder Orchester oder auf ähnliche Art mitwirken, waren also zur Gänze vom Schutz geistiger Interessen ausgeschlossen. Die UrhG-Nov 2003 ist zwar weiterhin davon ausgegangen, dass es schon aus praktischen Gründen unmöglich ist, dem einzelnen Mitwirkenden diese Rechte einzuräumen. Es sei jedoch nicht einzusehen, warum diese Rechte nicht ebenso, wie dies für die Verwertungsrechte in § 66 Abs 2 bis 4 UrhG vorgesehen ist, kollektiv wahrgenommen werden können. Die Neufassung des § 68 Abs 3 UrhG sieht daher nunmehr eine sinngemäße Anwendung der angeführten Bestimmungen vor, wobei statt der Namen der einzelnen Mitwirkenden der Name des Ensembles anzugeben ist. Da es aus praktischen Gründen nicht möglich ist, auf den Tod jedes einzelnen Mitwirkenden abzustellen, wird – in Abweichung von § 68 Abs 2 UrhG (Seite 1307) – vorgesehen, dass diese Rechte stets gemeinsam mit den Verwertungsrechten erlöschen.[16]

---

[15]) EB zur UrhG-Nov 1972; abgedruckt bei *Dillenz*, ÖSGRUM 3 (1986) 307.
[16]) EB UrhG-Nov 2003 zur Z 39, 40 BlgNR 22. GP.

9.2.6. Einschränkungen des Schutzes

Ausnahmen für Filmwerke

Zur Vervielfältigung und Verbreitung gewerbsmäßig hergestellter *Filmwerke* und anderer kinematographischer Erzeugnisse bedarf es der sonst nach § 66 Abs 1 UrhG erforderlichen Einwilligung der Personen nicht, die an den zum Zweck der Herstellung des Filmwerks oder des kinematographischen Erzeugnisses vorgenommenen Vorträgen oder Aufführungen in Kenntnis dieses Zwecks mitgewirkt haben (§ 69 Abs 1 UrhG). Es ergibt sich nämlich schon aus dem Zweck der Leistung, dass die Mitwirkenden deren Verwertung nicht beabsichtigen, sondern das Recht dazu dem Filmhersteller, für den sie tätig sind, überlassen wollen. Diesem soll die ungehinderte Verwertung des Films gesichert werden. Andererseits soll jeder, dem vom Hersteller die Benützung gestattet wird, darauf vertrauen können, dass ihm die Aufführung nicht von einem, der bei der Herstellung mitgewirkt hat, mit der Begründung untersagt werden kann, der zur Mitwirkung verpflichtende Vertrag sei aus irgendeinem Grund ungültig.[17]

Vervielfältigung zum eigenen Gebrauch

Zum privaten Gebrauch und weder für unmittelbare noch mittelbare kommerzielle Zwecke darf jede natürliche Person durch *Rundfunk* gesendete Vorträge oder Aufführungen sowie die mit Hilfe eines *Bild- oder Schallträgers* bewirkte Wiedergabe eines Vortrags oder einer Aufführung auf einem Bild- oder Schallträger festhalten und von diesem einzelne Vervielfältigungsstücke herstellen. § 42 Abs 2 und 3 sowie 5 bis 7, § 42a und § 42b Abs 1 und 3 bis 6 UrhG gelten entsprechend (§ 69 Abs 2 UrhG idF UrhG-Nov 2003).

Diese Ausnahme vom Ausschließungsrecht erfasst also nicht die *unmittelbar wahrnehmbaren persönlichen Vorträge oder Aufführungen*. Diese dürfen auch zum eigenen Gebrauch nicht ohne Zustimmung des ausführenden Künstlers auf Bild- oder Schallträger festgehalten werden.

Berichterstattung über Tagesereignisse

Zu diesem Zweck dürfen Vorträge und Aufführungen, die bei Vorgängen, über die berichtet wird, öffentlich wahrnehmbar werden, in einem durch den Informationszweck gerechtfertigten Umfang auf Bild- oder Schallträgern festgehalten, durch Rundfunk gesendet, öffentlich wiedergegeben und der Öffentlichkeit zur Verfügung gestellt werden. Solche Bild- oder Schallträger dürfen in diesem Umfang vervielfältigt und verbreitet werden. In diesen Fällen ist die Quelle anzugeben, es sei denn, dies erweist sich als unmöglich, oder die Vorträge und Aufführungen sind nur beiläufig in die Berichterstattung einbezogen worden (§ 72 Abs 3 UrhG idF UrhG-Nov 2003; Art 5 Abs 3 lit c, zweiter Fall und lit i InfoRL).

---

[17]) EB zum UrhG 1936; abgedruckt bei *Dillenz*, ÖSGRUM 3 (1986) 146.

Wissenschaft und Unterricht

Die Benutzung einzelner Vorträge oder Aufführungen von Werken der Literatur oder Tonkunst zu Zwecken der Wissenschaft oder des Unterrichts in einem durch den nicht kommerziellen Zweck gerechtfertigten Umfang ist zulässig. In diesen Fällen ist die Quelle anzugeben, es sei denn, dies erweist sich als unmöglich (§ 72 Abs 4 UrhG idF UrhG-Nov 2003; Art 5 Abs 3 lit a InfoRL).

Öffentliche Reden

Für den Vortrag einer der im § 43 UrhG (Freie Werknutzung für bestimmte öffentliche Reden; Seite 1225) bezeichneten Reden durch den Redner selbst gelten die Vorschriften der §§ 66 bis 71a UrhG nicht (§ 72 Abs 6 UrhG idF UrhG-Nov 2003).

Wiedergabe in anderen Räumen

Vorträge oder Aufführungen von Werken der Literatur oder Tonkunst dürfen durch den Veranstalter auf einem Bild- oder Schallträger festgehalten und mit Hilfe eines solchen Bild- oder Schallträgers oder einer anderen technischen Einrichtung innerhalb des Gebäudes, in dem die Veranstaltung stattfindet, zu dem Zweck wiedergegeben werden, die Veranstaltung in einem anderen Raume wahrnehmbar zu machen (§ 72 Abs 5 UrhG). Hintergrund dieser mit der UrhG-Nov 1972 eingefügten Ausnahme ist, dass in vielen Theaterbetrieben Vorstellungen und Proben von der Bühne in die Künstlergarderoben und in die Kantinen übertragen werden, damit die Künstler jederzeit wissen, wann sie an der Reihe sind. Weiters wird in vielen Theaterbetrieben den Zuspätkommenden der Eintritt in den Zuschauerraum verweigert. Sie sollen aber zumindest die Möglichkeit erhalten, einer Übertragung der Vorführung im Warteraum zu folgen, um „dann nach ihrem Eintritt in den Zuschauerraum den Anschluss an die Vorstellung" zu finden.[18] Für den Veranstalter selbst hat diese Freistellung in der Regel nur im Hinblick auf die Leistungsschutzrechte der ausübenden Künstler, nicht aber im Hinblick auf seine eigenen Leistungsschutzrechte unmittelbare Bedeutung (denkbar wäre allenfalls, dass er Dritten daran einen Anteil gewährt hat und dass es für ihn deshalb wichtig ist, klargestellt zu haben, dass diese Wiedergabe gar nicht in das Veranstalterrecht eingreift).

Weitere freie Werknutzungen

Die Freistellung im Interesse der *Rechtsprechung und Verwaltung* (§ 41 UrhG; Seite 1206) sowie die Regelung über *flüchtige und begleitende Vervielfältigungen* (§ 41a UrhG; Seite 1207) gelten entsprechend (§ 72 Abs 2 UrhG idF UrhG-Nov 2003).

Auch bei diesem Leistungsschutzrecht besteht eine für die Praxis wesentliche Freistellung für den „*privaten Gebrauch*". Sie ist die Grundlage dafür, dass jedermann privat die Hits aus dem Radio auf Kassettenrecorder oder Mini-Disc aufnehmen darf: Zum privaten Gebrauch und weder für unmittelbare noch mittelbare kommer-

---

[18]) EB zur UrhG-Nov 1972; abgedruckt bei *Dillenz*, ÖSGRUM 3 (1986) 309.

zielle Zwecke darf jede natürliche Person durch Rundfunk gesendete Vorträge oder Aufführungen sowie die mit Hilfe eines Bild- oder Schallträgers bewirkte Wiedergabe eines Vortrags oder einer Aufführung auf einem Bild- oder Schallträger festhalten und von diesem einzelne Vervielfältigungsstücke herstellen; § 42 Abs 2 und 3 sowie 5 bis 7 UrhG (Seite 1210), § 42a UrhG (Seite 1213), § 42b Abs 1 und 3 bis 6 UrhG (Seite 1214) gelten entsprechend (§ 69 Abs 2 UrhG idF UrhG-Nov 2003; Art 5 InfoRL). Die EB[19] merken dazu an, dass § 69 Abs 2 UrhG in der gleichen Art und Weise wie § 42 an Art 5 InfoRL angepasst werden sollte, wobei die Vervielfältigung zum eigenen Gebrauch auf Papier oder einem ähnlichen Träger (§ 42 Abs 1 UrhG) naturgemäß ausscheide. Nicht ausdrücklich in den EB angesprochen ist die Frage, ob dies neben der bisher gebräuchlichen Privatkopie von Rundfunksendungen sowie Bild- oder Schallträgern auch die Kopie von im Internet gemäß dem neuen § 71a UrhG (in Verbindung mit § 18a UrhG; Seite 1194) zugänglich gemachten Vorträgen oder Aufführungen umfasst.

Verwiesen wird in § 69 Abs 3 UrhG auf die Ausnahmen für die „Benutzung von Bild- oder Schallträgern und Rundfunksendungen in bestimmten *Geschäftsbetrieben*" (§ 56 Abs 1 und 3 UrhG; Seite 1221) und die „Überlassung von Bild- oder Schallträgern an bestimmte *Bundesanstalten*" (§ 56a UrhG; Seite 1222).

9.2.7. Schutzdauer

Die *Leistungsschutzrechte* der ausübenden Künstler erlöschen *fünfzig Jahre* nach dem Vortrag oder der Aufführung, wenn aber vor dem Ablauf dieser Frist ein Bild- oder Schallträger, auf dem der Vortrag oder die Aufführung festgehalten worden ist, veröffentlicht wird, fünfzig Jahre nach der Veröffentlichung. Die Fristen sind nach § 64 UrhG zu berechnen (§ 67 Abs 1 UrhG).

Das *Recht auf Namensnennung* (§ 68 Abs 1 UrhG, Seite 1304) sowie das *Recht, mangelhafte Aufführungen zu untersagen* (§ 68 Abs 1a UrhG, Seite 1304) enden keinesfalls vor dem Tode des nach § 66 Abs 1 UrhG Verwertungsberechtigten. Nach seinem Tode steht es bis zum Erlöschen der Verwertungsrechte den Personen zu, auf die die Verwertungsrechte übergegangen sind (§ 68 Abs 2 UrhG). Zur Sonderregelung in § 68 Abs 3 UrhG betreffend die Rechte der Mitwirklenden in Chor und Orchster vgl Seite 1304.

9.3. Veranstalterschutz

Literaturhinweise: *Hodik*, Der Rechtsschutz des Theater- und Konzertveranstalters in Deutschland, Österreich und der Schweiz, GRUR Int 1984, 421 und 605; *Walter*, Der Schutz von sportlichen Leistungen und Sportveranstaltungen nach österr Recht, MR 1995, 206.

---

[19]) EB UrhG-Nov 2003 zur Z 40, 40 BlgNR 22. GP.

9.3.1. Allgemeines

Das UrhG schützt nicht nur die ausübenden Künstler, sondern auch den Veranstalter, damit nicht andere „ohne seine Erlaubnis die von ihm mit Mühe und Kosten veranstalteten Vorträge und Aufführungen dadurch ausbeuten, dass sie diese auf Bild- oder Schallträger festhalten, durch Rundfunk senden oder bei einer an einem anderen Orte vorgenommenen Veranstaltung mit Hilfe technischer Mittel öffentlich wiedergeben."[20] Wer also beispielsweise eine Theateraufführung filmen und die Kassetten verkaufen will, benötigt auch die Zustimmung des Theaterunternehmers.[21]

Veranstalterschutz

9.3.2. Schutzberechtigter

Veranstalter

Geschützter „Veranstalter" ist derjenige, auf dessen „Anordnung" hin Vorträge und Aufführungen stattfinden (vgl § 66 Abs 5 UrhG). Es kommt nicht darauf an, ob dieser Veranstalter gewerbsmäßig tätig ist.[22]

Mitwirkungspflicht anderer

Ob gegenüber dem Veranstalter von Vorträgen oder Aufführungen, die auf die in § 66 Abs 1 UrhG bezeichnete Art verwertet werden sollen, die Verpflichtung besteht, daran mitzuwirken und eine solche Verwertung zu gestatten, ist nach den das Rechtsverhältnis der Mitwirkenden zum Veranstalter regelnden Vorschriften und Vereinbarungen zu beurteilen (zB nach dem Bühnendienstvertrag). Hienach richtet sich auch, ob einem Mitwirkenden ein Anspruch auf ein besonderes Entgelt gegen den Veranstalter zusteht. In jedem Falle hat der Veranstalter, mit dessen Einwilligung ein Vortrag oder eine Aufführung festgehalten werden soll, hievon die Mitwirkenden, auch wenn sie zur Mitwirkung verpflichtet sind, vorher auf angemessene Art in Kenntnis zu setzen (§ 66 Abs 6 UrhG).

9.3.3. Wirkung des Schutzes

Verwertung auf Bild- und Schallträgern

Vorträge und Aufführungen, die auf Anordnung eines Veranstalters stattfinden, dürfen, soweit das Gesetz keine Ausnahme zulässt, vorbehaltlich des § 66 Abs 1 UrhG (Leistungsschutz der darstellenden Künstler; Seite 1295) nur mit Einwilligung des Veranstalters auf Bild- oder Schallträgern festgehalten werden (§ 66 Abs 5 UrhG). Entgegen dieser Bestimmung hergestellte Bild- oder Schallträger

---

[20]) EB zum UrhG 1936; abgedruckt bei *Dillenz*, ÖSGRUM 3 (1986) 149.
[21]) Zum *„Hausrecht"* des Veranstalters: OGH 22. 3. 1994, 4 Ob 26/94 – Internationales Freistilringerturnier – ÖBl 1995, 139 = MR 1995, 231 (*Walter*).
[22]) EB zum UrhG 1936; abgedruckt bei *Dillenz*, ÖSGRUM 3 (1986) 149.

dürfen weder vervielfältigt noch verbreitet werden. Dieser Regelung zuwider hergestellte oder verbreitete Bild- oder Schallträger dürfen auch zu einer Rundfunksendung (§ 17; Seite 1185) oder öffentlichen Wiedergabe des Vortrags oder der Aufführung nicht benutzt werden (§ 66 Abs 7 UrhG).

Verwertung im Rundfunk

Der Vortrag oder die Aufführung eines Werks der Literatur oder Tonkunst darf nur mit Einwilligung der Personen, deren Einwilligung nach § 66 Abs 1 UrhG (ausübende Künstler) und § 66 Abs 5 UrhG (Veranstalter) zur Festhaltung auf Bild- oder Schallträgern erforderlich ist, durch Rundfunk gesendet werden (§ 70 UrhG; Seite 1301); § 33 Abs 1 UrhG (Auslegungregel; Seite 1249), § 66 Abs 6 UrhG (Mitwirkungspflicht), §§ 59a und 59b (Kabelweiterleitung; Seite 1256) gelten entsprechend. Diese Einwilligung ist für eine Rundfunksendung mit Hilfe von Bild- oder Schallträgern nicht erforderlich, es sei denn, dass diese nach § 66 Abs 7 oder § 69 Abs 2 UrhG zu einer Rundfunksendung nicht benutzt werden dürfen.

Verwertung zur öffentlichen Wiedergabe

Vorträge oder Aufführungen eines Werks der Literatur oder Tonkunst dürfen nur mit Einwilligung der Personen, deren Einwilligung nach § 66 Abs 1 (ausübende Künstler) und § 66 Abs 5 UrhG (Veranstalter) zur Festhaltung auf Bild- oder Schallträgern erforderlich ist, durch Lautsprecher oder durch eine andere technische Einrichtung außerhalb des Ortes (Theater, Saal, Platz, Garten udgl), wo sie stattfinden, öffentlich wiedergegeben werden; § 66 Abs 6 UrhG (Mitwirkungspflicht) gilt entsprechend. Doch bedarf es nur der Einwilligung des Veranstalters der Vorträge oder Aufführungen, wenn diese mit Hilfe von Bild- oder Schallträgern oder Rundfunksendungen vorgenommen werden, die hiezu nach den Vorschriften dieses Abschnittes benutzt werden dürfen. Eine dem § 70 UrhG entsprechende Rundfunksendung des Vortrages oder der Aufführung eines Werks der Literatur oder Tonkunst darf zu einer öffentlichen Wiedergabe des Vortrages oder der Aufführung durch Lautsprecher oder durch eine andere technische Einrichtung benutzt werden (§ 71 UrhG).

9.3.4. Entsprechend anzuwendende Bestimmungen

§ 11 UrhG („Miturheber"; Seite 1134), § 12 UrhG („Vermutung der Urheberschaft"; Seite 1138), § 13 UrhG („Ungenannte Urheber"; Seite 1139), § 15 Abs 1 UrhG („Vervielfältigungsrecht"; Seite 1172), § 16 Abs 1 und 3 UrhG („Verbreitungsrecht"; Seite 1175), § 1175 UrhG („Vermieten und Verleihen"; Seite 1180), § 23 UrhG (Rechtsübertragung; Seite 1241), § 24 UrhG („Werknutzungsbewilligung und Werknutzungsrecht"; Seite 1243), § 25 Abs 1, 2, 3 und 5 UrhG („Exekutionsbeschränkungen"; Seite 1253), § 26 UrhG („Werknutzungsrechte"; Seite 1245), § 27 UrhG („Übertragung der Werknutzungsrechte"; Seite 1245), § 28 Abs 1 UrhG (Unternehmensübergang; Seite 1246), § 29 UrhG („Vorzeitige Auflösung"; Seite 1247), § 31 UrhG (Nutzung künftiger Werke; Seite 1248), § 32 UrhG

("Konkurs und Ausgleich"; Seite 1248) und § 33 Abs 2 UrhG (Auslegungsregel; Seite 1249). An die Stelle der im § 31 Abs 2 UrhG genannten Frist von fünf Jahren tritt jedoch eine solche von einem Jahr (§ 67 Abs 2 UrhG).

9.3.5. Schutz geistiger Interessen
Anders als für den ausübenden Künstler ist für den Veranstalter *kein Namensnennungsrecht* vorgesehen (§ 68 UrhG ist auf Veranstalter nicht anzuwenden).

9.3.6. Einschränkungen des Schutzes
Berichterstattung über Tagesereignisse
Zu diesem Zweck dürfen Vorträge und Aufführungen, die bei Vorgängen, über die berichtet wird, öffentlich wahrnehmbar werden, in einem durch den Informationszweck gerechtfertigten Umfang auf Bild- oder Schallträgern festgehalten, durch Rundfunk gesendet und öffentlich wiedergegeben werden und der Öffentlichkeit zur Verfügung gestellt werden. Solche Bild- oder Schallträger dürfen in diesem Umfang vervielfältigt und verbreitet werden (§ 72 Abs 3 UrhG).

Wissenschaft und Unterricht
Die Benutzung einzelner Vorträge oder Aufführungen von Werken der Literatur oder Tonkunst zu Zwecken der Wissenschaft oder des Unterrichts in einem durch den nicht kommerziellen Zweck gerechtfertigten Umfang ist zulässig (§ 72 Abs 4 UrhG).

Öffentliche Reden
Für den Vortrag einer der im § 43 UrhG (freie Werknutzung für bestimmte öffentliche Reden; Seite 1225) bezeichneten Reden durch den Redner selbst gelten die Vorschriften der §§ 66 bis 71a UrhG nicht (§ 72 Abs 6 UrhG).

Wiedergabe in anderen Räumen
Vorträge oder Aufführungen von Werken der Literatur oder Tonkunst dürfen durch den Veranstalter auf einem Bild- oder Schallträger festgehalten und mit Hilfe eines solchen Bild- oder Schallträgers oder einer anderen technischen Einrichtung innerhalb des Gebäudes, in dem die Veranstaltung stattfindet, zu dem Zweck wiedergegeben werden, die Veranstaltung in einem anderen Raume wahrnehmbar zu machen (§ 72 Abs 5 UrhG). Zum Hintergrund dieser mit der UrhG-Nov 1972 eingefügten Ausnahme vgl Seite 1306.

Weitere freie Werknutzungen
Die Freistellung im Interesse der *Rechtsprechung und Verwaltung* (§ 41 UrhG; Seite 1206) gilt entsprechend (§ 72 Abs 2 UrhG). Ebenso anwendbar sind gemäß § 69 Abs 3 UrhG die Ausnahmen für die „Benutzung von Bild- oder Schallträgern und Rundfunksendungen in bestimmten *Geschäftsbetrieben*" (§ 56 Abs 1 und 3

UrhG; Seite 1221) und die „Überlassung von Bild- oder Schallträgern an bestimmte *Bundesanstalten*" (§ 56a UrhG; Seite 1222).

9.3.7. Schutzdauer

Diese Leistungsschutzrechte erlöschen *fünfzig Jahre* nach dem Vortrag oder der Aufführung, wenn aber vor dem Ablauf dieser Frist ein Bild- oder Schallträger, auf dem der Vortrag oder die Aufführung festgehalten worden ist, veröffentlicht wird, fünfzig Jahre nach der Veröffentlichung. Die Fristen sind nach § 64 UrhG zu berechnen (§ 67 Abs 1 UrhG).

9.4. Schutz von Lichtbildern

Literaturhinweise: *Dittrich,* Sind Lichtbildwerke gleichzeitig Lichtbilder? ÖBl 1978, 113; *Dittrich,* Zum Namensnennungsrecht des Lichtbildherstellers, in Ged Schönherr (1986) 121; *Auer,* Der Schutz von Micro-Chips nach österreichischem Recht, EDVuR 1987/2, 20; *Korn,* Das Recht des Lichtbildherstellers auf Herstellerbezeichnung gemäß § 74 Abs 3 UrhG, ÖBl 1988, 35; *Walter,* Die freie Werknutzung der Vervielfältigung zum eigenen Gebrauch (III), MR 1989, 230; *Dittrich,* Lichtbildschutz – Schutz des Rundfunkunternehmers, ecolex 1991, 545; *Kucsko,* ecolex-Checklist: Vereinbarung über die Nutzung von Lichtbildern in Österreich, ecolex 1991, 549; *Wadle,* Photographie und Urheberrecht im 19. Jahrhundert, ÖSGRUM 9 (1991) 179; *Swoboda,* Das etwas andere Recht am eigenen Bild, ÖJZ 1993, 438; *Walter,* Herstellerbezeichnung, Gegenstandsbezeichnung und Änderungsverbot im Lichtbildrecht, MR 1994, 49; *Dittrich,* Überlegungen zum Lichtbildschutz nach österreichischem Recht, FS Dietz (2001) 223; *Thiele,* Verwendung von Mitarbeiterfotos auf Firmenwebsites, wbl 2002, 397; *Noll,* Lichtbildwerk und/oder einfaches Lichtbild, ÖBl 2003, 164.

Vorgaben des Gemeinschaftsrechts: Die Mitgliedstaaten müssen für Hersteller der erstmaligen Aufzeichnung von Filmen in Bezug auf das Original und auf Vervielfältigungsstücke ihrer Filme das ausschließliche Recht vorsehen, diese Schutzgegenstände sowie Kopien davon der Öffentlichkeit im Wege der Veräußerung oder auf sonstige Weise zur Verfügung zu stellen („*Verbreitungsrecht*"; Art 9 Abs 1 VermietRL).[23] Dieses Verbreitungsrecht in der Gemeinschaft *erschöpft* sich nur mit dem Erstverkauf des Gegenstands in der Gemeinschaft durch den Rechtsinhaber oder mit seiner Zustimmung („*Verbreitungsrecht*"; Art 9 Abs 2 VermietRL). Die besonderen Bestimmungen des Kapitels I VermietRL, insbesondere die des Art 1 Abs 4 VermietRL (Seite 1180), werden durch das Verbreitungsrecht nicht berührt (Art 9 Abs 3 VermietRL). Das Verbreitungsrecht kann übertragen oder abgetreten werden oder Gegenstand vertraglicher Lizenzen sein (Art 9 Abs 4 VermietRL).

---

[23]) Der Schutz von dem Urheberrecht verwandten Schutzrechten gemäß dieser Richtlinie lässt den Schutz der Urheberrechte unberührt und beeinträchtigt ihn in keiner Weise (Art 14 VermietRL).

Die Mitgliedstaaten können *Beschränkungen* dieser Rechte in folgenden Fällen vorsehen: für eine private Benutzung; für eine Benutzung kurzer Bruchstücke anlässlich der Berichterstattung über Tagesereignisse; für eine ephemere Aufzeichnung, die von einem Sendeunternehmen mit seinen eigenen Mitteln und für seine eigenen Sendungen vorgenommen wird; für eine Benutzung, die ausschließlich Zwecken des Unterrichts oder der wissenschaftlichen Forschung dient (Art 10 Abs 1 VermietRL). Unbeschadet dessen kann jeder Mitgliedstaat für Hersteller der erstmaligen Aufzeichnungen von Filmen Beschränkungen der gleichen Art vorsehen, wie sie für den Schutz des Urheberrechts an Werken der Literatur und der Kunst vorgesehen sind. Zwangslizenzen können jedoch nur insoweit vorgesehen werden, als sie mit den Bestimmungen des Rom-Abkommens vereinbar sind (Art 10 Abs 2, letzter Satz VermietRL). Die Beschränkungen dürfen nur in bestimmten Sonderfällen angewandt werden, in denen die normale Verwertung des Schutzgegenstands nicht beeinträchtigt wird und die berechtigten Interessen des Rechtsinhabers nicht ungebührlich verletzt werden. (Art 10 Abs 3 VermietRL idF Art 11 InfoRL).

Die *SchutzfristenRL* bestimmt in Art 3 Abs 3: Die Rechte der Hersteller der erstmaligen Aufzeichnung eines Films erlöschen *fünfzig Jahre* nach der Aufzeichnung. Wird jedoch der Film innerhalb dieser Frist erlaubterweise veröffentlicht oder erlaubterweise öffentlich wiedergegeben, so erlöschen die Rechte fünfzig Jahre nach der betreffenden ersten Veröffentlichung oder öffentlichen Wiedergabe, je nachdem, welches Ereignis zuerst stattgefunden hat. Für die Zwecke dieser Richtlinie bedeutet „Film" vertonte oder nicht vertonte Filmwerke, audiovisuelle Werke[24] oder Laufbilder. Zur *Berechnung der Fristen* sieht Art 8 SchutzfristenRL vor, dass die in dieser Richtlinie genannten Fristen vom 1. Januar des Jahres an berechnet werden, das auf das für den Beginn der Frist maßgebende Ereignis folgt.

Art 2 lit d *InfoRL* schreibt für das *Vervielfältigungsrecht* vor: Die Mitgliedstaaten sehen für die Hersteller der erstmaligen Aufzeichnungen von Filmen in Bezug auf das Original und die Vervielfältigungsstücke ihrer Filme das ausschließliche Recht vor, die unmittelbare oder mittelbare, vorübergehende oder dauerhafte Vervielfältigung auf jede Art und Weise und in jeder Form ganz oder teilweise zu erlauben oder zu verbieten.[25]

Nach der *InfoRL* müssen die Mitgliedstaaten für die Hersteller der erstmaligen Aufzeichnungen von Filmen in Bezug auf das Original und auf Vervielfältigungsstücke ihrer Filme weiters das ausschließliche Recht vorsehen, zu erlauben oder zu verbieten, dass die nachstehend genannten Schutzgegenstände drahtgebunden oder drahtlos in einer Weise der Öffentlichkeit zugänglich gemacht werden, dass sie Mitgliedern der Öffentlichkeit von Orten und zu Zeiten ihrer Wahl zugänglich sind

---

[24]) Österreich hat den spezielleren Begriff der „ " bei der Umsetzung nicht übernommen, weil diese bereits von der weiten Definition der Filmwerke umfasst sind (EB UrhG-Nov 1996, 23 BlgNR 19. GP 26).

[25]) Mit Art 11 Abs 1 InfoRL wurde der frühere Art 7 VermietRL gestrichen (dieser hatte das Vervielfältigungsrecht geregelt).

(Art 3 Abs 2 lit c InfoRL). Diese Rechte erschöpfen sich nicht mit den Handlungen der öffentlichen Wiedergabe oder der Zugänglichmachung für die Öffentlichkeit (Art 3 Abs 3 InfoRL).

„*Lichtbild*" und „*Laufbild*" (§ 73 Abs 1 und 2 UrhG): Lichtbilder im Sinne des UrhG sind durch ein photographisches Verfahren hergestellte Abbildungen. Als photographisches Verfahren ist auch ein der Photographie ähnliches Verfahren anzusehen. Derart hergestellte Laufbilder (kinematographische Erzeugnisse) unterliegen, unbeschadet der urheberrechtlichen Vorschriften zum Schutze von Filmwerken, den für Lichtbilder geltenden Vorschriften.

Beispiel:

▶ OGH 1. 2. 2000: Die mittels computergesteuerter *Digitalkamera* aufgenommenen und (etwa auf der Festplatte eines Computers) gespeicherten Standbilder sind als mit einem der Photographie ähnlichen Verfahren hergestellt anzusehen.[26]

Schutzrecht (§ 74 Abs 1 UrhG idF UrhG-Nov 2003): Wer ein Lichtbild aufnimmt (*Hersteller*), hat mit den vom Gesetz bestimmten Beschränkungen das ausschließliche Recht, das Lichtbild zu vervielfältigen, zu verbreiten, durch optische Einrichtungen öffentlich vorzuführen, durch Rundfunk zu senden und der Öffentlichkeit zur Verfügung zu stellen. Bei gewerbsmäßig hergestellten Lichtbildern gilt der Inhaber des Unternehmens als Hersteller.[27]

Hersteller- und Gegenstandshinweis (§ 74 Abs 3 und 4 UrhG): Hat der Hersteller ein Lichtbild mit seinem Namen (Decknamen, Firma) bezeichnet, so sind auch die von anderen hergestellten, zur Verbreitung bestimmten Vervielfältigungsstücke mit einem entsprechenden Hinweis auf den Hersteller zu versehen. Gibt ein derart bezeichnetes Vervielfältigungsstück das Lichtbild mit wesentlichen Änderungen wieder, so ist die Herstellerbezeichnung mit einem entsprechenden Zusatz zu versehen. Bei den mit einer Herstellerbezeichnung versehenen Vervielfältigungsstücken darf auch die Gegenstandsbezeichnung von der vom Hersteller angegebenen nur so weit abweichen, als es der Übung des redlichen Verkehrs entspricht. Nach dem Tode des Herstellers kommt dieser Schutz des Hersteller- und Gegenstandshinweises den Personen zu, auf die die Verwertungsrechte übergehen (§ 74 Abs 5, erster Satz UrhG).

Übertragung der Rechte (§ 74 Abs 2 UrhG): Die dem Hersteller zustehenden Verwertungsrechte sind vererblich und veräußerlich.[28] Werden die Verwertungsrechte auf einen anderen übertragen, so kann dem Erwerber gemäß § 74 Abs 5 UrhG auch

---

[26]) OGH 1. 2. 2000, 4 Ob 15/00k – Vorarlberg Online – ÖBl 2000, 276 = ÖBl-LS 2000/51 = MR 2000, 167 (*Walter*) = ecolex 2000, 439 = GRUR Int 2001, 351.
[27]) Vgl auch OGH 13. 9. 2000, 4 Ob 214/00z – Kampfsporttechniken – MR 2001, 105. Zur Urheberschaft bei maschinell hergestellten Lichtbildern: OGH 1. 2. 2000, 4 Ob 15/00k – Vorarlberg Online – ÖBl 2000, 276 = ÖBl-LS 2000/51 = MR 2000, 167 (*Walter*) = ecolex 2000, 439 = GRUR Int 2001, 351.
[28]) Vgl zB OGH 29. 1. 2002, 4 Ob 279/01k – Aufzugsanlagen – MR 2002, 156 (*Walter*).

das Recht eingeräumt werden, sich als Hersteller des Lichtbildes zu bezeichnen. In diesem Falle gilt der Erwerber fortan als Hersteller und genießt, wenn er als solcher auf den Lichtbildstücken genannt ist, auch Schutz nach den Vorschriften des § 74 Abs 3 und 4 UrhG.

Schutzdauer (§ 74 Abs 6 UrhG): Das Schutzrecht an Lichtbildern erlischt *fünfzig Jahre* nach der Aufnahme, wenn aber das Lichtbild vor dem Ablauf dieser Frist veröffentlicht wird, fünfzig Jahre nach der Veröffentlichung. Die Fristen sind nach § 64 UrhG (Seite 1264) zu berechnen.

Entsprechend anzuwendende Bestimmungen (§ 74 Abs 7 UrhG): § 5 UrhG (Bearbeitung), §§ 7 bis 9 UrhG (Freie, veröffentlichte, erschienene Werke; Seite 1128), § 11 UrhG (Miturheber; Seite 1134), § 12 UrhG (Vermutung der Urheberschaft; Seite 1138), § 13 UrhG (Ungenannte Urheber; Seite 1139), § 14 Abs 2 UrhG (Bearbeitungs- und Übersetzungsrecht; Seite 1171), § 15 Abs 1 UrhG (Vervielfältigungsrecht; Seite 1172), § 16 UrhG (Verbreitungsrecht; Seite 1175), § 16a UrhG (Vermieten und Verleihen; Seite 1180), §§ 17, 17a und 17b UrhG (Senderecht; Seite 1185), § 18 Abs 3 UrhG (Vorführungsrecht; Seite 1191), § 23 Abs 2 und 4 UrhG (Rechtsübertragung; Seite 1241), § 24 UrhG (Werknutzungsbewilligung und Werknutzungsrecht; Seite 1243), § 25 Abs 2 bis 6 UrhG (Exekutionsbeschränkungen; Seite 1253), § 26 UrhG (Werknutzungsrechte; Seite 1245), § 27 Abs 1, 3, 4 und 5 UrhG (Übertragung der Werknutzungsrechte; Seite 1245)[29], § 31 Abs 1 UrhG (Nutzung künftiger Werke; Seite 1248), § 32 Abs 1 UrhG (Konkurs und Ausgleich; Seite 1248), § 33 Abs 2 UrhG (Auslegungsregel; Seite 1249), §§ 36 und 37 UrhG (Beiträge zu Sammlungen; Seite 1251), § 41 UrhG (Freie Werknutzung im Interesse der Rechtspflege und Verwaltung; Seite 1206), § 41a UrhG (Flüchtige und begleitende Vervielfältigungen; Seite 1207), §§ 42, 42a und 42b UrhG (Vervielfältigung zum eigenen und zum privaten Gebrauch; Seite 1209), § 42c UrhG (Berichterstattung über Tagesereignisse; Seite 1219), § 54 Abs 1 Z 3, 3a und 4 und Abs 2 UrhG (Freie Werknutzungen an Werken der bildenden Künste; Seite 1236), § 56 UrhG (Benutzung von Bild- oder Schallträgern und Rundfunksendungen in bestimmten Geschäftsbetrieben; Seite 1221), § 56a UrhG (Überlassung von Bild- oder Schallträgern an bestimmte Bundesanstalten; Seite 1222), § 56b UrhG (Benutzung von Bild- oder Schallträgern in Bibliotheken; Seite 1223), § 57 Abs 3a Z 1 und 2 UrhG (Quellangabe; Seite 1240), §§ 59a und 59b UrhG (Satellitensendungen; Seite 1249) gelten für Lichtbilder, § 56c (Öffentliche Wiedergabe im Unterricht; Seite 1224) und § 56d UrhG (Öffentliche Wiedergabe in Beherbergungsbetrieben; Seite 1224) für kinematographische Erzeugnisse entsprechend. § 42a zweiter Satz Z 1 UrhG (entgeltliche Vervielfältigung zum eigenen Gebrauch eines anderen auf Bestellung mit Hilfe reprographischer oder ähnlicher Verfahren; Seite 1213) gilt jedoch nicht für die Vervielfältigung von gewerbsmä-

---

[29]) § 27 Abs 2 UrhG findet auf Lichtbilder keine Anwendung: OGH 12. 4. 2000, 4 Ob 88/00w – Katalogbilder – MR 2000, 315 (*Walter*).

ßig hergestellten Lichtbildern nach einer Vorlage, die in einem photographischen Verfahren hergestellt worden ist (so genannte Bild vom Bild Kopien).[30]

Personenbildnisse (§ 75 UrhG): Von einem auf Bestellung aufgenommenen Lichtbildnis einer Person dürfen, wenn nichts anderes vereinbart ist, der Besteller und seine Erben sowie der Abgebildete und nach seinem Tode die mit ihm in gerader Linie Verwandten und sein überlebender Ehegatte einzelne Vervielfältigungsstücke herstellen oder durch einen anderen, auch gegen Entgelt, herstellen lassen, in einem photographischen Verfahren aber nur dann, wenn sie sich in einem solchen Verfahren hergestellte Vervielfältigungsstücke von dem Berechtigten überhaupt nicht oder nur mit unverhältnismäßig großen Schwierigkeiten beschaffen können.[31] Vervielfältigungsstücke, deren Herstellung nach dieser Regelung zulässig ist, dürfen unentgeltlich verbreitet werden.

9.5. Schutz von Schallträgern

Literaturhinweise: *Zedek*, Der Leistungsschutz beim Überspielen von Schallplatten auf Tonband, ÖJZ 1956, 309; *Feil*, Der Gebrauch moderner Bürotechnik im Rechtsalltag, GesRZ 1978, 66; *Steinmetz*, Vervielfältigung zum eigenen Gebrauch mit Videorecordern, ÖBl 1978, 57; *Dittrich*, Überlegungen zum Urheberrechtsschutz von Bearbeitungen von Schallträgern und Rundfunksendungen, FS Hübner (1984) 737; *Dittrich*, Gedanken zum Leistungsschutz von Schall- und Bildschallträgern, ÖSGRUM 1 (1985); *Hodik*, Leistungsschutzrechte – „Auswüchse" des Urheberrechts? FS 50 Jahre UrhG (1986) 141; *Hodik*, Zur Auslegung des § 76 Abs 3 UrhG, ÖSGRUM 6 (1988) 46; *NN*, Musikvideos – Neues Lizenzierungsmodell, MR 1989, 115; *Hodik*, Leistungsschutzrechtliche Vertragsbeziehungen bei der Tonträgerherstellung und –verwertung, UFITA 113 (1990) 5; *Dittrich*, Lichtbildschutz – Schutz des Rundfunkunternehmers, ecolex 1991, 545; *Bortloff*, Der Tonträgerpiraterieschutz im Immaterialgüterrecht, UFITA 132 (1995).

Schallträger?

Vorgaben des Römer Leistungsschutz-Abk: Dieses Abkommen stellt für die *Tonträgerhersteller* („Tonträger" ist jede ausschließlich auf den Ton beschränkte Festlegung der Töne einer Darbietung oder anderer Töne; „Hersteller von Tonträgern" sind die natürlichen oder juristischen Personen, die erstmals die Töne einer Darbietung oder andere Töne festlegen; Art 3 lit b) *Gegenseitigkeit* her. Es normiert den Grundsatz der *Inländerbehandlung* (Art 2 und 5) und gewisse *Mindestschutzbestimmungen* (Art 10 und 12; zur *Mindestschutzdauer* vgl Art 14; zu den Ausnahmen vom Schutz vgl Art 15). Soweit in einem Vertragsstaat der Schutz von Tonträgern bzw der auf ihnen festgehaltenen Darbietungen ausübender Künstler von *Formvorschriften* abhängig ist, genügt das Zeichen ⓟ mit gewissen näheren Angaben (Art 11).

---

[30]) Vgl dazu (insbesondere auch zum Einsatz von Testkäufern) OGH 15. 10. 2002, 4 Ob 222/02d – Testbilder – MR 2003, 111 = ÖBl-LS 2003/37.
[31]) *Swoboda*, ÖJZ 1993, 438.

Vorgaben des Genfer Tonträger Abk: Dieses Abkommen ist neben das Römer Leistungsschutz-Abk getreten (Seite 1086). Nach Art 2 ist jeder Vertragsstaat verpflichtet, die Hersteller von Tonträgern, die Angehörige anderer Vertragsstaaten sind, gegen die Herstellung von Vervielfältigungsstücken ohne Zustimmung des Herstellers des Tonträgers und gegen die Einfuhr solcher Vervielfältigungsstücke zu schützen, sofern die Herstellung oder die Einfuhr zum Zweck der Verbreitung an die Öffentlichkeit erfolgt. Weiters ist ein Schutz gegen die Verbreitung solcher Vervielfältigungsstücke an die Öffentlichkeit vorzusehen. Es bestimmt eine Mindestschutzdauer von 20 Jahren (Art 4). Es sieht ebenfalls die Kennzeichnung mit ℗ vor (Art 5).

Vorgaben des TRIPS-Abk: Die Hersteller von Tonträgern haben das Recht, die unmittelbare oder mittelbare *Vervielfältigung* ihrer Tonträger zu gestatten oder zu verbieten (Art 14 Abs 2 TRIPS-Abk). Die Bestimmungen des Art 11 TRIPS-Abk (Seite 1180) betreffend Computerprogramme gelten sinngemäß auch für Hersteller von Tonträgern und sonstige Inhaber der Rechte an Tonträgern gemäß den innerstaatlichen Rechtsvorschriften des Mitglieds. Wenn am 15. 4. 1994 in einem Mitglied ein System der angemessenen Vergütung für die Inhaber von Rechten in Bezug auf die Vermietung von Tonträgern in Kraft ist, kann das Mitglied dieses System beibehalten, sofern die gewerbliche Vermietung von Tonträgern die ausschließlichen Rechte der Rechtsinhaber auf Vervielfältigung nicht erheblich beeinträchtigt (Art 14 Abs 4 TRIPS-Abk). Die gemäß diesem Abkommen Herstellern von Tonträgern gewährte Schutzdauer läuft mindestens bis zum Ende eines Zeitraums von *50 Jahren*, berechnet ab dem Ende des Kalenderjahres, in dem die Festlegung vorgenommen wurde oder die Aufführung stattfand (Art 14 Abs 5 TRIPS-Abk). Die Mitglieder sind befugt, in Bezug auf die gemäß Art 14 Abs 2 TRIPS-Abk gewährten Rechte in dem vom Rom-Abkommen gestatteten Umfang Bedingungen, Beschränkungen, Ausnahmen und Vorbehalte festzulegen. Die Bestimmungen des Art 18 RBÜ findet jedoch sinngemäß auf die Rechte der Hersteller von Tonträgern an Tonträgern Anwendung (Art 14 Abs 6 TRIPS-Abk).

Vorgaben des Gemeinschaftsrechts: Gemäß Art 8 Abs 2 VermietRL müssen die Mitgliedstaaten ein Recht vorsehen, das bei Nutzung eines zu Handelszwecken veröffentlichten Tonträgers oder eines Vervielfältigungsstücks eines solchen Tonträgers für drahtlos übertragene *Rundfunksendungen* oder eine *öffentliche Wiedergabe* die Zahlung einer einzigen *angemessenen Vergütung* durch den Nutzer und die Aufteilung dieser Vergütung auf die ausübenden Künstler und die Tonträgerhersteller gewährleistet. Besteht zwischen den ausübenden Künstlern und den Tonträgerherstellern kein diesbezügliches Einvernehmen, so können die Bedingungen, nach denen die Vergütung unter ihnen aufzuteilen ist, von den Mitgliedstaaten festgelegt werden.[32] Dazu hat der EuGH in einem Vorlageverfahren festgestellt,

---

[32]) Der Schutz von dem Urheberrecht verwandten Schutzrechten gemäß dieser Richtlinie lässt den Schutz der Urheberrechte unberührt und beeinträchtigt ihn in keiner Weise (Art 14 VermietRL).

dass der Begriff der „angemessenen Vergütung" in allen Mitgliedstaaten gleich auszulegen und von jedem Mitgliedstaat umzusetzen sei, wobei dieser für sein Gebiet die Kriterien festzusetzen habe, die am besten geeignet sind, innerhalb der vom Gemeinschaftsrecht gezogenen Grenzen die Beachtung dieses Gemeinschaftsbegriffs zu gewährleisten. Die Vorgabe der VermietRL stehe einer Methode für die Berechnung der angemessenen Vergütung der ausübenden Künstler und der Tonträgerhersteller nicht entgegen, die variable und feste Faktoren enthält, wenn diese Methode es erlaube, das Interesse der ausübenden Künstler und der Tonträgerhersteller an einer Vergütung für die Sendung eines bestimmten Tonträgers und das Interesse Dritter daran, diesen Tonträger unter vertretbaren Bedingungen senden zu können, angemessen in Ausgleich zu bringen, und wenn sie gegen keinen Grundsatz des Gemeinschaftsrechts verstößt.[33]

Die Mitgliedstaaten müssen für Tonträgerhersteller in Bezug auf ihre Tonträger das ausschließliche Recht vorsehen, diese Schutzgegenstände sowie Kopien davon der Öffentlichkeit im Wege der Veräußerung oder auf sonstige Weise zur Verfügung zu stellen (Art 9 Abs 1 VermietRL). Dieses Verbreitungsrecht in der Gemeinschaft *erschöpft* sich nur mit dem Erstverkauf des Gegenstands in der Gemeinschaft durch den Rechtsinhaber oder mit seiner Zustimmung (*„Verbreitungsrecht"*; Art 9 Abs 2 VermietRL). Die besonderen Bestimmungen des Kapitels I VermietRL, insbesondere die des Art 1 Abs 4 VermietRL (Seite 1180), werden durch das Verbreitungsrecht nicht berührt (Art 9 Abs 3 VermietRL). Das Verbreitungsrecht kann übertragen oder abgetreten werden oder Gegenstand vertraglicher Lizenzen sein (Art 9 Abs 4 VermietRL).

Die Mitgliedstaaten können *Beschränkungen* dieser Rechte in folgenden Fällen vorsehen: für eine private Benutzung; für eine Benutzung kurzer Bruchstücke anlässlich der Berichterstattung über Tagesereignisse; für eine ephemere Aufzeichnung, die von einem Sendeunternehmen mit seinen eigenen Mitteln und für seine eigenen Sendungen vorgenommen wird; für eine Benutzung, die ausschließlich Zwecken des Unterrichts oder der wissenschaftlichen Forschung dient (Art 10 Abs 1 VermietRL). Unbeschadet dessen kann jeder Mitgliedstaat für den Schutz der Tonträgerhersteller Beschränkungen der gleichen Art vorsehen, wie sie für den Schutz des Urheberrechts an Werken der Literatur und der Kunst vorgesehen sind. Zwangslizenzen können jedoch nur insoweit vorgesehen werden, als sie mit den Bestimmungen des Rom-Abkommens vereinbar sind (Art 10 Abs 2 VermietRL). Die Beschränkungen dürfen nur in bestimmten Sonderfällen angewandt werden, in denen die normale Verwertung des Schutzgegenstands nicht beeinträchtigt wird und die berechtigten Interessen des Rechtsinhabers nicht ungebührlich verletzt werden. (Art 10 Abs 3 VermietRL idF Art 11 InfoRL).

Die *SchutzfristenRL* bestimmt in Art 3 Abs 2 (idF Art 11 Abs 2 InfoRL): Die Rechte der Hersteller von Tonträgern erlöschen *fünfzig Jahre* nach der Aufzeich-

---

[33]) EuGH 6. 2. 2003, Rs C-245/00 – SENA / NOS – wbl 2003, 177 = GRUR Int 2003, 529 = GRUR 2003, 325.

nung. Wurde jedoch der Tonträger innerhalb dieser Frist rechtmäßig veröffentlicht, so erlöschen diese Rechte fünfzig Jahre nach der ersten rechtmäßigen Veröffentlichung. Wurde der Tonträger innerhalb der in Satz 1 genannten Frist nicht rechtmäßig veröffentlicht und wurde der Tonträger innerhalb dieser Frist rechtmäßig öffentlich wiedergegeben, so erlöschen diese Rechte fünfzig Jahre nach der ersten rechtmäßigen öffentlichen Wiedergabe. Sind jedoch die Rechte der Hersteller von Tonträgern aufgrund des Ablaufs der Schutzfrist gemäß dem vorliegenden Absatz in seiner Fassung vor der Änderung durch die InfoRL nicht mehr geschützt, so bewirkt dieser Absatz nicht, dass jene Rechte erneut geschützt sind. Zur *Berechnung der Fristen* sieht Art 8 SchutzfristenRL vor, dass die in dieser Richtlinie genannten Fristen vom 1. Januar des Jahres an berechnet werden, das auf das für den Beginn der Frist maßgebende Ereignis folgt.

Die *SatellitenRL* verweist in Art 4 hinsichtlich der Rechte der Tonträgerhersteller auf die VermietRL.[34]

Art 2 lit c *InfoRL* schreibt für das *Vervielfältigungsrecht* vor: Die Mitgliedstaaten sehen für die Tonträgerhersteller in Bezug auf ihre Tonträger das ausschließliche Recht vor, die unmittelbare oder mittelbare, vorübergehende oder dauerhafte Vervielfältigung auf jede Art und Weise und in jeder Form ganz oder teilweise zu erlauben oder zu verbieten.[35]

Nach der *InfoRL* müssen die Mitgliedstaaten für die Tonträgerhersteller in Bezug auf ihre Tonträger weiters das ausschließliche Recht vorsehen, zu erlauben oder zu verbieten, dass die nachstehend genannten Schutzgegenstände drahtgebunden oder drahtlos in einer Weise der Öffentlichkeit zugänglich gemacht werden, dass sie Mitgliedern der Öffentlichkeit von Orten und zu Zeiten ihrer Wahl zugänglich sind (Art 3 Abs 2 lit b InfoRL). Diese Rechte erschöpfen sich nicht mit den Handlungen der öffentlichen Wiedergabe oder der Zugänglichmachung für die Öffentlichkeit (Art 3 Abs 3 InfoRL).

Österreichische Regelung: *Schutzrecht* (§ 76 Abs 1 UrhG idF UrhG-Nov 2003): Wer akustische Vorgänge zu ihrer wiederholbaren Wiedergabe auf einem Schallträger festhält (*Hersteller*), hat mit den vom Gesetz bestimmten Beschränkungen das ausschließliche Recht, den Schallträger zu *vervielfältigen*, zu *verbreiten* und der *Öffentlichkeit zur Verfügung* zu stellen. Unter der Vervielfältigung wird auch die Benutzung einer mit Hilfe eines Schallträgers bewirkten Wiedergabe zur Übertragung auf einen anderen verstanden. Bei gewerbsmäßig hergestellten Schallträgern gilt der Inhaber des Unternehmens als Hersteller.

---

[34]) Der Gesetzgeber der UrhG-Nov 1996 hat insoweit keinen Umsetzungsbedarf gesehen, lediglich hinsichtlich der Übergangsregelung des Art 7 SatellitenRL war eine Anpassung erforderlich (23 BlgNR 19. GP 13).

[35]) Mit Art 11 Abs 1 InfoRL wurde der frühere Art 7 VermietRL gestrichen (dieser hatte das Vervielfältigungsrecht geregelt).

Dem § 76 Abs 1 UrhG zuwider vervielfältigte oder verbreitete Schallträger dürfen zu einer *Rundfunksendung* (§ 17 UrhG; Seite 1185) oder öffentlichen *Wiedergabe* nicht benutzt werden (§ 76 Abs 2 UrhG).

Wird ein zu Handelszwecken hergestellter oder der Öffentlichkeit zur Verfügung gestellter Schallträger zu einer Rundfunksendung oder öffentlichen Wiedergabe benutzt, so hat der Benutzer dem Hersteller, vorbehaltlich des § 66 Abs 7 UrhG und des § 76 Abs 2 UrhG, eine *angemessene Vergütung* zu entrichten. Die im § 66 Abs 1 UrhG bezeichneten Personen haben gegen den Hersteller einen Anspruch auf einen Anteil an dieser Vergütung. Dieser Anteil beträgt mangels Einigung der Berechtigten die Hälfte der dem Hersteller nach Abzug der Einhebungskosten verbleibenden Vergütung. Die Ansprüche des Herstellers und der im § 66 Abs 1 UrhG bezeichneten Personen können nur von Verwertungsgesellschaften oder durch eine einzige Verwertungsgesellschaft geltend gemacht werden (§ 76 Abs 3 UrhG idF UrhG-Nov 2003; Art 15 WPPT).

Freie Werknutzung (§ 76 Abs 4 UrhG idF UrhG-Nov 2003): Zum privaten Gebrauch und weder für unmittelbare noch mittelbare kommerzielle Zwecke darf jede natürliche Person eine mit Hilfe eines Schallträgers bewirkte Wiedergabe auf einem Schallträger festhalten und von diesem einzelne Vervielfältigungsstücke herstellen. § 42 Abs 2 und 3 sowie 5 bis 7 UrhG, § 42a, § 42b Abs 1 und 3 bis 6 UrhG („Vervielfältigung zum eigenen und zum privaten Gebrauch"; Seite 1209) und § 56a UrhG („Überlassung von Bild- oder Schallträgern an bestimmte Bundesanstalten"; Seite 1222) gelten entsprechend.

Schutzdauer (§ 76 Abs 5 UrhG): Das Schutzrecht an Schallträgern erlischt *fünfzig Jahre* nach der Aufnahme, wenn aber der Schallträger vor dem Ablauf dieser Frist veröffentlicht wird, fünfzig Jahre nach der Veröffentlichung. Die Fristen sind nach § 64 UrhG (Seite 1264) zu berechnen.

Entsprechend anzuwendende Bestimmungen (§ 76 Abs 6 UrhG idF UrhG-Nov 2003): § 5 UrhG (Bearbeitung; Seite 1171), §§ 7 bis 9 UrhG (Freie, veröffentlichte, erschienene Werke; Seite 1128), § 11 UrhG (Miturheber; Seite 1134), § 12 UrhG (Vermutung der Urheberschaft; Seite 1138), § 13 UrhG (Ungenannte Urheber; Seite 1139), § 14 Abs 2 UrhG (Bearbeitungs- und Übersetzungsrecht; Seite 1171), § 15 Abs 1 UrhG (Vervielfältigungsrecht; Seite 1172), § 16 Abs 1 und 3 UrhG (Verbreitungsrecht; Seite 1175), § 16a UrhG (Vermieten und Verleihen; Seite 1180), § 23 Abs 2 und 4 UrhG (Rechtsübertragung; Seite 1241), § 24 UrhG (Werknutzungsbewilligung und Werknutzungsrecht; Seite 1243), § 25 Abs 2, 3 und 5 UrhG (Exekutionsbeschränkungen; Seite 1253), § 26 UrhG (Werknutzungsrechte; Seite 1245), § 27 Abs 1, 3, 4 und 5 UrhG (Übertragung der Werknutzungsrechte; Seite 1245), § 31 Abs 1 UrhG (Nutzung künftiger Werke; Seite 1248), § 32 Abs 1 UrhG (Konkurs und Ausgleich; Seite 1248), § 33 Abs 2 UrhG (Auslegungsregel; Seite 1249), § 41 UrhG (Freie Werknutzung im Interesse der Rechtspflege und Verwaltung; Seite 1206), § 41a (Flüchtige und begleitende Vervielfältigungen;

Seite 1207), § 42c UrhG (Berichterstattung über Tagesereignisse; Seite 1219), § 56 UrhG (Benutzung von Bild- oder Schallträgern und Rundfunksendungen in bestimmten Geschäftsbetrieben; Seite 1221), § 57 Abs 3a Z 1 UrhG (Quellangabe; Seite 1240), § 72 Abs 4 UrhG (Gebrauch für Wissenschaft und Unterricht; Seite 1310) und § 74 Abs 2 bis 5 UrhG (Vererb- und Veräußerlichkeit der Verwertungsrechte, Hersteller- und Gegenstandsbezeichnung; Seite 1313).

Zum *Bewilligungszwang* bei Schallträgern siehe § 58 UrhG (Seite 1254).

9.6. Schutz von Rundfunksendungen

Literaturhinweise: *Handl*, Urheberrechtlicher Schutz für Fernsehsender? FuR 1972, 168; *Handl*, Duplik auf die Replik von Dr. Helmut Thoma, FuR 1972, 292; *Thoma*, Urheberrechtlicher Schutz für Fernsehsender – Eine Replik zu den Ausführungen von Dr. Josef Handl in FuR 5/1972, FuR 1972, 290; *Dittrich*, Videorecorder und privater Gebrauch, ÖBl 1980, 33; *Dittrich*, Überlegungen zum Urheberrechtsschutz von Bearbeitungen von Schallträgern und Rundfunksendungen, FS Hübner (1984) 737; *Dittrich*, Lichtbildschutz – Schutz des Rundfunkunternehmers (Rechtsprechungsübersicht), ecolex 1991, 545; *Dittrich*, Überlegungen zum Begriff des Rundfunkunternehmers, FS Frotz (1993) 715; *Rumphorst*, The Broadcasters' Neighbouring Right, FS Dittrich (2000) 297.

Vorgaben des **Römer Leistungsschutz-Abk:** Dieses Abkommen stellt für die *Sendeunternehmen Gegenseitigkeit* her. Es normiert den Grundsatz der *Inländerbehandlung* (Art 2 und 6) und gewisse *Mindestschutzbestimmungen* (Art 13; zur *Mindestschutzdauer* vgl Art 14; zu den Ausnahmen vom Schutz vgl Art 15). Soweit in einem Vertragsstaat der Schutz von Tonträgern bzw der auf ihnen festgehaltenen Darbietungen ausübender Künstler von *Formvorschriften* abhängig ist, genügt das Zeichen ℗ mit gewissen näheren Angaben (Art 11).

Vorgaben des **Brüsseler Satellitenabkommens:** Dieses Abkommen verpflichtet die Vertragsstaaten, angemessene Maßnahmen zu treffen, um die Verbreitung von programmtragenden Signalen in seinem Hoheitsgebiet oder von seinem Hoheitsgebiet aus durch einen Verbreiter zu verhindern, für den die an den Satelliten ausgestrahlten oder darüber geleiteten Signale nicht bestimmt sind. Diese Verpflichtung gilt für den Fall, dass das Ursprungsunternehmen Staatsangehöriger eines anderen Vertragsstaats ist und die verbreiteten Signale abgeleitete Signale sind (Art 2 Abs 1). Eine Mindestschutzdauer ist nicht vorgesehen.

Vorgaben des **TRIPS-Abk:** Sendeunternehmen haben das Recht, folgende Handlungen zu verbieten, wenn diese ohne ihre Erlaubnis vorgenommen werden: die *Festlegung*, die *Wiedergabe* von Festlegungen und deren drahtlose Wiedergabe durch *Rundfunksendungen* ebenso wie die öffentliche Wiedergabe von Fernsehsendungen. Mitglieder, die den Sendeunternehmen solche Rechte nicht gewähren, müssen den Inhabern des Urheberrechts in der Frage von Rundfunksendungen die Möglichkeit bieten, unbeschadet der Bestimmungen der RBÜ die genannten Handlungen zu verhindern (Art 14 Abs 3 TRIPS-Abk). Die auf Grund dieser Regelung gewährte Schutzdauer beläuft sich auf mindestens *20 Jahre* ab dem Ende des Kalenderjahres, in dem die Rundfunksendung stattfand (Art 14 Abs 5 TRIPS-Abk). Die Mitglieder sind befugt, in Bezug auf die gemäß Art 14 Abs 3 TRIPS-Abk gewährten Rechte in dem vom Rom-Abkommen gestatteten Umfang Bedingungen, Beschränkungen, Ausnahmen und Vorbehalte festzulegen (Art 14 Abs 6 TRIPS-Abk).

Vorgaben des Gemeinschaftsrechts: Nach Art 6 Abs 2 VermietRL sind die Mitgliedstaaten verpflichtet, für Sendeunternehmen das ausschließliche Recht vorzusehen, die Aufzeichnung ihrer Sendungen zu erlauben oder zu verbieten, unabhängig davon, ob es sich hierbei um drahtlose oder drahtgebundene, über Kabel oder durch Satelliten vermittelte Sendungen handelt (*„Aufzeichnungsrecht"*). Einem weiterverbreitenden Kabelsendeunternehmen, das lediglich Sendungen anderer Sendeunternehmen über Kabel weiterverbreitet, steht dieses Recht jedoch nicht zu (Art 6 Abs 3 VermietRL).[36]

Die Mitgliedstaaten müssen für Sendeunternehmen das ausschließliche Recht vorsehen, die drahtlose *Weitersendung* ihrer Sendungen sowie die *öffentliche Wiedergabe* ihrer Sendungen, wenn die betreffende Wiedergabe an Orten stattfindet, die der Öffentlichkeit gegen Zahlung eines Eintrittsgeldes zugänglich sind, zu erlauben oder zu verbieten (Art 8 Abs 3 VermietRL).

Die Mitgliedstaaten müssen für Sendeunternehmen in Bezug auf die Aufzeichnungen ihrer Sendungen nach Maßgabe von Art 6 Abs 2 VermietRL das ausschließliche Recht vorsehen, diese Schutzgegenstände sowie Kopien davon der Öffentlichkeit im Wege der Veräußerung oder auf sonstige Weise zur Verfügung zu stellen (Art 9 Abs 1 VermietRL). Dieses Verbreitungsrecht in der Gemeinschaft *erschöpft* sich nur mit dem Erstverkauf des Gegenstands in der Gemeinschaft durch den Rechtsinhaber oder mit seiner Zustimmung (*„Verbreitungsrecht"*; Art 9 Abs 2 VermietRL). Die besonderen Bestimmungen des Kapitels I VermietRL, insbesondere die des Art 1 Abs 4 VermietRL (Seite 1180), werden durch das Verbreitungsrecht nicht berührt (Art 9 Abs 3 VermietRL). Das Verbreitungsrecht kann übertragen oder abgetreten werden oder Gegenstand vertraglicher Lizenzen sein (Art 9 Abs 4 VermietRL).

Die Mitgliedstaaten können *Beschränkungen* dieser Rechte in folgenden Fällen vorsehen: für eine private Benutzung; für eine Benutzung kurzer Bruchstücke anlässlich der Berichterstattung über Tagesereignisse; für eine ephemere Aufzeichnung, die von einem Sendeunternehmen mit seinen eigenen Mitteln und für seine eigenen Sendungen vorgenommen wird; für eine Benutzung, die ausschließlich

---

[36]) Der Schutz von dem Urheberrecht verwandten Schutzrechten gemäß dieser Richtlinie lässt den Schutz der Urheberrechte unberührt und beeinträchtigt ihn in keiner Weise (Art 14 VermietRL).

Zwecken des Unterrichts oder der wissenschaftlichen Forschung dient (Art 10 Abs 1 VermietRL). Unbeschadet dessen kann jeder Mitgliedstaat für den Schutz der Sendeunternehmen Beschränkungen der gleichen Art vorsehen, wie sie für den Schutz des Urheberrechts an Werken der Literatur und der Kunst vorgesehen sind. Zwangslizenzen können jedoch nur insoweit vorgesehen werden, als sie mit den Bestimmungen des Rom-Abkommens vereinbar sind (Art 10 Abs 2 VermietRL). Die Beschränkungen dürfen nur in bestimmten Sonderfällen angewandt werden, in denen die normale Verwertung des Schutzgegenstands nicht beeinträchtigt wird und die berechtigten Interessen des Rechtsinhabers nicht ungebührlich verletzt werden (Art 10 Abs 3 VermietRL idF Art 11 InfoRL).

Die *SchutzfristenRL* bestimmt in Art 3 Abs 4: Die Rechte der Sendeunternehmen erlöschen *fünfzig Jahre* nach der Erstsendung[37] unabhängig davon, ob es sich hierbei um drahtlose oder drahtgebundene, über Kabel oder durch Satelliten vermittelte Sendungen handelt. Zur *Berechnung der Fristen* sieht Art 8 SchutzfristenRL vor, dass die in dieser Richtlinie genannten Fristen vom 1. Januar des Jahres an berechnet werden, das auf das für den Beginn der Frist maßgebende Ereignis folgt.

Die *SatellitenRL* verweist in Art 4 hinsichtlich der Rechte der Sendeunternehmen auf die VermietRL.[38]

Art 2 lit e *InfoRL* schreibt für das *Vervielfältigungsrecht* vor: Die Mitgliedstaaten sehen für die Sendeunternehmen in Bezug auf die Aufzeichnungen ihrer Sendungen, unabhängig davon, ob diese Sendungen drahtgebunden oder drahtlos, über Kabel oder Satellit übertragen werden, das ausschließliche Recht vor, die unmittelbare oder mittelbare, vorübergehende oder dauerhafte Vervielfältigung auf jede Art und Weise und in jeder Form ganz oder teilweise zu erlauben oder zu verbieten.[39]

Nach der *InfoRL* müssen die Mitgliedstaaten für die Sendeunternehmen in Bezug auf die Aufzeichnungen ihrer Sendungen, unabhängig davon, ob diese Sendungen drahtgebunden oder drahtlos, über Kabel oder Satellit übertragen werden, das ausschließliche Recht vorsehen, zu erlauben oder zu verbieten, dass die nachstehend genannten Schutzgegenstände drahtgebunden oder drahtlos in einer Weise der *Öffentlichkeit zugänglich* gemacht werden, dass sie Mitgliedern der Öffentlichkeit von Orten und zu Zeiten ihrer Wahl zugänglich sind (Art 3 Abs 2 lit d InfoRL). Diese Rechte erschöpfen sich nicht mit den Handlungen der öffentlichen Wiedergabe oder der Zugänglichmachung für die Öffentlichkeit (Art 3 Abs 3 InfoRL).

Österreichische Regelung: *Schutzrecht* (§ 76a Abs 1 UrhG idF UrhG-Nov 2003): Wer Töne oder Bilder durch Rundfunk oder auf eine ähnliche Art sendet (§ 17 UrhG, *Rundfunkunternehmer*), hat mit den vom Gesetz bestimmten Beschränkun-

---

[37]) Diese Vorschrift soll verhindern, dass eine neue Frist in den Fällen zu laufen beginnt, in denen eine Sendung mit einer vorhergehenden identisch ist (Erwägungsgrund 19 SchutzfristenRL).

[38]) Der Gesetzgeber der UrhG-Nov 1996 hat insoweit keinen Umsetzungsbedarf gesehen, lediglich hinsichtlich der Übergangsregelung des Art 7 SatellitenRL war eine Anpassung erforderlich (23 BlgNR 19. GP 13).

[39]) Mit Art 11 Abs 1 InfoRL wurde der frühere Art 7 VermietRL gestrichen (dieser hatte das Vervielfältigungsrecht geregelt).

gen das ausschließliche Recht, die Sendung gleichzeitig über eine andere Sendeanlage zu *senden* und zu einer *öffentlichen Wiedergabe* im Sinne des § 18 Abs 3 UrhG an Orten zu benutzen, die der Öffentlichkeit gegen Zahlung eines Eintrittsgeldes zugänglich sind. Der Rundfunkunternehmer hat weiters das ausschließliche Recht, die Sendung auf einem Bild- oder Schallträger (insbesondere auch in Form eines Lichtbildes) *festzuhalten*, diesen zu *vervielfältigen*, zu *verbreiten* und zur öffentlichen *Zurverfügungstellung* zu benutzen. Unter der Vervielfältigung wird auch die Benutzung einer mit Hilfe eines Bild- oder Schallträgers bewirkten Wiedergabe zur Übertragung auf einen anderen verstanden.

Beispiel:

> ▶ OGH 6. 11. 1990: Das Leistungsschutzrecht des Rundfunkunternehmers wird verletzt, wenn zwei Sätze (aus einer Nachrichtensendung), die einen in sich abgeschlossenen Gedanken enthalten, auf einem Schallträger (mit einem Lied) festgehalten und von diesem ca 100 Stück an Privatpersonen verschenkt werden.[40]
>
> ▶ OGH 13. 4. 1999: Der Leistungsschutz kann auch ein *Standbild* umfassen (hier: Foto mit eingeblendeter Bildunterschrift).[41]

Dem § 76a Abs 1 UrhG zuwider vervielfältigte oder verbreitete Bild- oder Schallträger dürfen zu einer Rundfunksendung oder zu einer öffentlichen Wiedergabe nicht benutzt werden (§ 76a Abs 2 UrhG).

Freie Werknutzung (§ 76a Abs 3 UrhG idF UrhG-Nov 2003): Zum *privaten* Gebrauch und weder für unmittelbare noch mittelbare kommerzielle Zwecke darf jede natürliche Person eine Rundfunksendung auf einem Bild- oder Schallträger festhalten und von diesem einzelne Vervielfältigungsstücke herstellen. § 42 Abs 2 und 3 sowie 5 bis 7 UrhG und § 42a UrhG gelten entsprechend.

Schutzdauer (§ 76a Abs 4 UrhG): Das Schutzrecht an Rundfunksendungen erlischt fünfzig Jahre nach der Sendung. Die Frist ist nach § 64 UrhG zu berechnen.

Entsprechend anzuwendende Bestimmungen (§ 76a Abs 5 UrhG idF UrhG-Nov 2003): § 5 UrhG (Bearbeitung; Seite 1171), §§ 7 bis 9 UrhG (Freie, veröffentlichte, erschienene Werke; Seite 1128), § 11 UrhG (Miturheber; Seite 1134), § 12 UrhG (Vermutung der Urheberschaft; Seite 1138), § 13 UrhG (Ungenannte Urheber; Seite 1139), § 14 Abs 2 UrhG (Bearbeitungs- und Übersetzungsrecht; Seite 1171), § 15 Abs 1 UrhG (Vervielfältigungsrecht; Seite 1172), § 16 Abs 1 und 3 UrhG (Verbreitungsrecht; Seite 1175), § 16a UrhG (Vermieten und Verleihen; Seite 1180), § 18 Abs 2 UrhG (Vorführungsrecht; Seite 1191), § 23 Abs 2 und 4 UrhG (Rechtsübertragung; Seite 1241), § 24 UrhG (Werknutzungsbewilligung und Werknutzungsrecht; Seite 1243), § 25 Abs 2, 3 und 5 UrhG (Exekutionsbeschränkungen; Seite 1254), § 26 UrhG (Werknutzungsrechte; Seite 1245), § 27 Abs 1, 3,

---

[40]) OGH 6. 11. 1990, 4 Ob 145/90 – Oberndorfer Gschichtn – ÖBl 1991, 188 = MR 1990, 230 (*Walter*) = SZ 63/193 = ecolex 1991, 109 = GRUR Int 1991, 653.
[41]) OGH 13. 4. 1999, 4 Ob 73/99k – Konflikte – ÖBl 1999, 304 = MR 1999, 229 (*Walter*).

4 und 5 UrhG (Übertragung der Werknutzungsrechte; Seite 1245), § 31 Abs 1 UrhG (Nutzung künftiger Werke; Seite 1248), § 32 Abs 1 UrhG (Konkurs und Ausgleich; Seite 1248), § 33 Abs 2 UrhG (Auslegungsregel; Seite 1249), § 41 UrhG (Freie Werknutzung im Interesse der Rechtspflege und Verwaltung; Seite 1206), § 41a UrhG (Flüchtige und begleitende Vervielfältigungen; Seite 1207), § 42c UrhG (Berichterstattung über Tagesereignisse; Seite 1219), § 56 UrhG (Benutzung von Bild- oder Schallträgern und Rundfunksendungen in bestimmten Geschäftsbetrieben; Seite 1221), § 56a UrhG (Überlassung von Bild- oder Schallträgern an bestimmte Bundesanstalten; Seite 1222), § 57 Abs 3a Z 1 UrhG (Quellangabe; Seite 1240), § 72 Abs 4 UrhG (Gebrauch für Wissenschaft und Unterricht; Seite 1310) und § 74 Abs 2 bis 5 UrhG (Vererb- und Veräußerlichkeit der Verwertungsrechte, Hersteller- und Gegenstandsbezeichnung; Seite 1313).

9.7. Schutz nachgelassener Werke

Literaturhinweise: *Dittrich*, Harmonisierung der Schutzfristen in der EG – nachgelassene Werke, ÖSGRUM 14 (1993) 1; *Dillenz*, Internationales Urheberrecht in Zeiten der Europäischen Union, JBl 1995, 351 (362); *Haller*, Der Schutz der Editio princeps. Urheber- oder Leistungsschutz für den Erstherausgeber gemeinfreier Werke, Ludwig Boltzmann Institut zur Analyse wirtschaftspolitischer Aktivitäten, Forschungsbericht 9515 (1995); *Haller*, Der Schutz zuvor unveröffentlichter Werke und seine Einführung ins österr Urheberrecht, ÖSGRUM 20 (1997) 40.

Vorgaben des Gemeinschaftsrechts: Der „Schutz zuvor unveröffentlichter Werke" wird durch Art 4 *SchutzfristenRL* zwingend vorgegeben: Wer ein zuvor unveröffentlichtes Werk, dessen urheberrechtlicher Schutz abgelaufen ist, erstmals erlaubterweise veröffentlicht bzw erlaubterweise öffentlich wiedergibt, genießt einen den vermögensrechtlichen Befugnissen des Urhebers entsprechenden Schutz. Die Schutzdauer für solche Rechte beträgt 25 Jahre ab dem Zeitpunkt, zu dem das Werk erstmals erlaubterweise veröffentlicht oder erstmals erlaubterweise öffentlich wiedergegeben worden ist.

Österreichische Regelung: Mit der UrhG-Nov 1996 wurde (entsprechend der Vorgabe durch Art 4 SchutzfristenRL) ein neues Leistungsschutzrecht in das UrhG (§ 76b) eingefügt („*editio princeps*"): Demjenigen, der ein nichtveröffentlichtes Werk, für das die Schutzfrist abgelaufen ist, erlaubterweise veröffentlicht, stehen die Verwertungsrechte am Werk wie einem Urheber zu. Dieses Schutzrecht endet 25 Jahre nach der Veröffentlichung, wobei die Frist nach § 64 UrhG zu berechnen ist.[42]

---

[42]) Art IX UrhG-Nov 1996 enthält eine spezielle Übergangsregelung für das In-Kraft-Treten dieser neuen Bestimmung zum Schutz nachgelassener Werke, die an dem Stichtag 30. 6. 1995 anknüpft (vgl auch Art 10 Abs 1 SchutzfristenRL).

9.8. Schutz von Datenbanken

Literaturhinweise: Vgl die Zusammenstellung zum Begriff „Datenbank" (Seite 1124).

Vorgaben des Gemeinschaftsrechts: Art 7 Abs 1 DatenbankRL verpflichtet die Mitgliedstaaten, *für den Hersteller einer Datenbank*, bei der für die Beschaffung, die Überprüfung oder die Darstellung ihres Inhalts eine in qualitativer oder quantitativer Hinsicht wesentliche Investition erforderlich ist, das *Recht* vorzusehen, die Entnahme und/oder die Weiterverwendung der Gesamtheit oder eines in qualitativer oder quantitativer Hinsicht wesentlichen Teils des Inhalts dieser Datenbank zu untersagen.

Art 7 Abs 2 DatenbankRL definiert zentrale Begriffe: „*Entnahme*" bedeutet die ständige oder vorübergehende Übertragung der Gesamtheit oder eines wesentlichen Teils des Inhalts einer Datenbank auf einen anderen Datenträger, ungeachtet der dafür verwendeten Mittel und der Form der Entnahme; „*Weiterverwendung*" bedeutet jede Form öffentlicher Verfügbarmachung der Gesamtheit oder eines wesentlichen Teils des Inhalts der Datenbank durch die Verbreitung von Vervielfältigungsstücken, durch Vermietung, durch Online-Übermittlung oder durch andere Formen der Übermittlung. Mit dem Erstverkauf eines Vervielfältigungsstücks einer Datenbank in der Gemeinschaft durch den Rechtsinhaber oder mit seiner Zustimmung *erschöpft* sich in der Gemeinschaft das Recht, den Weiterverkauf dieses Vervielfältigungsstücks zu kontrollieren. Der öffentliche Verleih ist keine Entnahme oder Weiterverwendung.

Das in Art 7 Abs 1 DatenbankRL genannte Recht kann *übertragen* oder *abgetreten* werden oder Gegenstand vertraglicher Lizenzen sein (Art 7 Abs 3 DatenbankRL). Es gilt unabhängig davon, ob die Datenbank für einen Schutz durch das Urheberrecht oder durch andere Rechte in Betracht kommt. Es gilt ferner unabhängig davon, ob der *Inhalt der Datenbank* für einen Schutz durch das Urheberrecht oder durch andere Rechte in Betracht kommt. Der Schutz von Datenbanken durch dieses Recht berührt nicht an ihrem Inhalt bestehende Rechte (Art 7 Abs 4 DatenbankRL). Unzulässig ist die wiederholte und systematische Entnahme und/oder Weiterverwendung *unwesentlicher Teile* des Inhalts der Datenbank, wenn dies auf Handlungen hinausläuft, die einer normalen Nutzung der Datenbank entgegenstehen oder die berechtigten Interessen des Herstellers der Datenbank unzumutbar beeinträchtigen (Art 7 Abs 5 DatenbankRL).

Rechte und Pflichten der rechtmäßigen Benutzer: Der Hersteller einer der Öffentlichkeit – in welcher Weise auch immer – zur Verfügung gestellten Datenbank kann dem rechtmäßigen Benutzer dieser Datenbank *nicht untersagen*, in qualitativer und/oder quantitativer Hinsicht unwesentliche Teile des Inhalts der Datenbank zu beliebigen Zwecken zu entnehmen und/oder weiterzuverwenden. Sofern der rechtmäßige Benutzer nur berechtigt ist, einen Teil der Datenbank zu entnehmen und/oder weiterzuverwenden, gilt dieser Absatz nur für diesen Teil (Art 8 Abs 1

DatenbankRL). Der rechtmäßige Benutzer einer der Öffentlichkeit – in welcher Weise auch immer – zur Verfügung gestellten Datenbank darf keine Handlungen vornehmen, die die normale Nutzung dieser Datenbank beeinträchtigen oder die berechtigten Interessen des Herstellers der Datenbank unzumutbar verletzen (Art 8 Abs 2 DatenbankRL). Der rechtmäßige Benutzer einer der Öffentlichkeit – in welcher Weise auch immer – zur Verfügung gestellten Datenbank darf dem Inhaber eines Urheberrechts oder verwandten Schutzrechts an in dieser Datenbank enthaltenen Werken oder Leistungen keinen Schaden zufügen (Art 8 Abs 3 DatenbankRL). Dem Art 8 DatenbankRL zuwiderlaufende vertragliche Bestimmungen sind *nichtig* (Art 15 DatenbankRL).

Ausnahmen vom Recht sui generis: Die Mitgliedstaaten können festlegen, dass der rechtmäßige Benutzer einer der Öffentlichkeit – in welcher Weise auch immer – zur Verfügung gestellten Datenbank ohne Genehmigung des Herstellers der Datenbank in folgenden Fällen einen wesentlichen Teil des Inhalts der Datenbank entnehmen und/oder weiterverwenden kann: für eine Entnahme des Inhalts einer nichtelektronischen Datenbank *zu privaten Zwecken*; für eine Entnahme zur Veranschaulichung des *Unterrichts* oder zu Zwecken der *wissenschaftlichen Forschung*, sofern er die Quelle angibt und soweit dies durch den nichtkommerziellen Zweck gerechtfertigt ist; für eine Entnahme und/oder Weiterverwendung zu Zwecken der öffentlichen Sicherheit oder eines *Verwaltungs-* oder *Gerichtsverfahrens* (Art 9 DatenbankRL).

Schutzdauer: Das in Art 7 DatenbankRL vorgesehene Recht entsteht mit dem Zeitpunkt des Abschlusses der Herstellung der Datenbank. Es erlischt *15 Jahre* nach dem 1. Januar des auf den Tag des Abschlusses der Herstellung folgenden Jahres (Art 10 Abs 1 DatenbankRL). Im Fall einer Datenbank, die vor Ablauf dieses Zeitraums der Öffentlichkeit – in welcher Weise auch immer – zur Verfügung gestellt wurde, endet der durch dieses Recht gewährte Schutz 15 Jahre nach dem 1. Januar des Jahres, das auf den Zeitpunkt folgt, zu dem die Datenbank erstmals der Öffentlichkeit zur Verfügung gestellt wurde (Art 10 Abs 2 DatenbankRL). Jede in qualitativer oder quantitativer Hinsicht wesentliche Änderung des Inhalts einer Datenbank einschließlich wesentlicher Änderungen infolge der Anhäufung von aufeinanderfolgenden Zusätzen, Löschungen oder Veränderungen, aufgrund deren angenommen werden kann, dass eine in qualitativer oder quantitativer Hinsicht wesentliche Neuinvestition erfolgt ist, begründet für die Datenbank, die das Ergebnis dieser Investition ist, *eine eigene Schutzdauer* (Art 10 Abs 3 DatenbankRL).

Begünstigte im Rahmen des Schutzrechts sui generis: Das in Art 7 DatenbankRL vorgesehene Recht gilt für Datenbanken, sofern deren Hersteller oder Rechtsinhaber Staatsangehöriger eines Mitgliedstaats ist oder seinen gewöhnlichen Aufenthalt im Gebiet der Gemeinschaft hat (Art 11 Abs 1 DatenbankRL). Dies gilt auch für Unternehmen und Gesellschaften, die entsprechend den Rechtsvorschriften eines Mitgliedstaats gegründet wurden und ihren satzungsmäßigen Sitz, ihre Hauptverwaltung oder ihre Hauptniederlassung in der Gemeinschaft haben; haben diese

Unternehmen oder Gesellschaften jedoch lediglich ihren satzungsmäßigen Sitz im Gebiet der Gemeinschaft, so muss ihre Tätigkeit eine tatsächliche ständige Verbindung zu der Wirtschaft eines der Mitgliedstaaten aufweisen (Art 11 Abs 2 DatenbankRL). Vereinbarungen über die Ausdehnung des in Art 7 DatenbankRL vorgesehenen Rechts auf in Drittländern hergestellte Datenbanken, auf die die Bestimmungen des Art 11 Abs 1 und 2 DatenbankRL keine Anwendung finden, werden vom Rat auf Vorschlag der Kommission geschlossen. Die Dauer des nach diesem Verfahren auf Datenbanken ausgedehnten Schutzes übersteigt nicht die Schutzdauer nach Art 10 DatenbankRL (Art 11 Abs 3 DatenbankRL).

Hinsichtlich der *Sanktionen* bestimmt Art 12 DatenbankRL lediglich: Die Mitgliedstaaten sehen geeignete Sanktionen für Verletzungen der in dieser Richtlinie vorgesehenen Rechte vor.

Österreichische Regelung: Österreich hat den Vorgaben der DatenbankRL mit der UrhG-Nov 1997 durch Einfügung eines neuen Leistungsschutzrechts im Abschnitt IIa (§§ 76c bis 76e UrhG) entsprochen.

9.8.1. Rechtspolitische Begründung

Datenbanken sind unter gewissen Voraussetzungen urheberrechtlich geschützt (Seite 1124). Diesem urheberrechtlichen Schutz wurde mit der UrhG-Nov 1997[43] ein Leistungsschutzrecht an die Seite gestellt, das von der rechtspolitischen Rechtfertigung etwa dem Leistungsschutzrecht der Schallträgerhersteller vergleichbar ist. Geschützt werden „*wirtschaftlich-organisatorische Leistungen*".[44] Die DatenbankRL gibt die wirtschaftlichen Beweggründe für dieses neue Schutzrecht sehr anschaulich wieder: „Der zunehmende Einsatz der Digitaltechnik setzt den Hersteller der Datenbank der Gefahr aus, dass die Inhalte seiner Datenbank kopiert und ohne seine Genehmigung zwecks Erstellung einer Datenbank identischen Inhalts, die aber keine Verletzung des Urheberrechts an der Anordnung des Inhalts seiner Datenbank darstellt, elektronisch neu zusammengestellt werden. Das Ziel dieses Schutzrechts sui generis besteht darin, den Schutz einer Investition in die Beschaffung, Überprüfung oder Darstellung des Inhalts einer Datenbank für die begrenzte Dauer des Schutzrechts sicherzustellen. Diese Investition kann in der Bereitstellung von finanziellen Mitteln und/oder im Einsatz von Zeit, Arbeit und Energie bestehen."[45]

---

[43]) BGBl I 1998/25, in Kraft getreten am 1. 1. 1998 (Art III; Art 16 Abs 1 DatenbankRL). Die §§ 76c bis 76e UrhG gelten auch für Datenbanken, deren Herstellung zwischen dem 1. 1. 1983 und 31. 12. 1997 abgeschlossen worden ist. Die Schutzfrist beginnt in diesen Fällen mit dem 1. 1. 1998. § 76e ist jedoch nicht auf Verträge anzuwenden, die vor dem 1. 1. 1998 geschlossen worden sind (Art IV Abs 2 und 3 UrhG-Nov 1997; Art 14 Abs 3 bis 5 DatenbankRL).
[44]) EB, RV 883 BlgNR 20. GP 5.
[45]) Erwägungsgründe 38 und 40 der DatenbankRL.

9.8.2. Geschützte Datenbanken

Der Begriff der „Datenbank" ist hier derselbe wie im Bereich des Urheberrechtsschutzes (§ 40f Abs 1 UrhG; dazu oben Seite 1125).[46] Eine Datenbank genießt den Leistungsschutz, wenn für „die Beschaffung, Überprüfung oder Darstellung ihres Inhalts eine nach Art oder Umfang wesentliche Investition erforderlich" war (§ 76c Abs 1 UrhG). § 7 UrhG („freie Werke") ist nicht analog anwendbar.[47]

Beispiel:

▸ OGH 27. 11. 2001: Die *„Gelben Seiten"* (das ist ein Verzeichnis aller erfassbaren Unternehmen Österreichs, die innerhalb jener Branche, in der sie tätig sind, mit Firma, Adresse, Telefon- und Telefaxnummer sowie weiteren Angaben angeführt werden) genießen diesen Leistungsschutz.[48]

Ähnlich wie der Leistungsschutz an Lichtbildern parallel zum Urheberrechtsschutz an Lichtbildwerken bestehen kann (Seite 1311), kann auch eine Datenbank leistungsschutzrechtlich und parallel als Datenbank*werk* (§ 40f UrhG; Seite 1125) geschützt sein. Nach der ausdrücklichen Anordnung des § 76c Abs 3 UrhG ist der Leistungsschutz unabhängig davon, ob die Datenbank als solche oder ihr Inhalt für den urheberrechtlichen oder einen anderen sonderrechtlichen Schutz in Betracht kommt.[49] Der Leistungsschutz berührt auch nicht die am Inhalt der Datenbank etwa bestehenden Rechte (§ 76c Abs 4 UrhG).

Es liegt im Wesen einer Datenbank, dass sie immer wieder aktualisiert und erweitert wird. Wie ein organisches Gebilde unterliegt eine Datenbank zumeist einer ständigen Veränderung. Es war daher auch die Frage zu lösen, wie sich dies auf die Dauer der Schutzfrist auswirkt. Wollte man nämlich die Schutzfrist ab der erstmaligen Fertigstellung beginnen lassen, so wären nach Schutzzfristende unter Umständen wesentliche Bearbeitungen nicht mehr erfasst. Art 10 Abs 3 DatenbankRL sieht dazu vor, dass „jede in qualitativer oder quantitativer Hinsicht wesentliche Änderung des Inhalts einer Datenbank einschließlich wesentlicher Änderungen infolge der Anhäufung von aufeinanderfolgenden Zusätzen, Löschungen oder Veränderungen, aufgrund deren angenommen werden kann, dass eine in qualitativer oder quantitativer Hinsicht wesentliche Neuinvestition erfolgt ist," für die Datenbank, die das Ergebnis dieser Investition ist, eine eigene Schutzdauer begründet. Österreich hat diesen Grundsatz noch weitergehend umgesetzt:[50] Eine in ihrem Inhalt nach Art oder Umfang *wesentlich geänderte Datenbank* gilt als *neue Daten-*

---

[46]) Computerprogramme sind daher auch vom Leistungsschutz für Datenbanken ausgenommen (EB, RV 883 BlgNR 20. GP 7).
[47]) OGH 9. 4. 2002, 4 Ob 17/02g – EDV-Firmenbuch I – ÖBl 2003, 46 (*Dittrich; Barbist*) = ÖBl-LS 2002/148, 149 = MR 2002, 298 (*Walter*) = ecolex 2002, 675 (*Schanda*) = RdW 2002/541.
[48]) OGH 27. 11. 2001, 4 Ob 252/01i – www.baukompass.at – ÖBl 2002, 101 (*Wolner/Schnider*) = ÖBl-LS 2002/73, 74 = MR 2002, 101 (*Burgstaller; Walter*) = ecolex 2002, 441 (*Schanda*) = RdW 2002/283 = MMR 2002, 376 (*Schanda*) = GRUR Int 2002, 940.
[49]) Damit wird die Anordnung des Art 7 Abs 4, 1. Satz DatenbankRL umgesetzt.
[50]) Dabei ist man dem Grundsatz des selbständigen Schutzes der Bearbeitung gefolgt (EB, RV 883 BlgNR 20. GP 7).

bank, wenn die Änderung eine nach Art oder Umfang wesentliche Investition[51] erfordert hat; dies gilt auch dann, wenn diese Voraussetzung nur durch mehrere aufeinander folgende Änderungen gemeinsam erfüllt wird (§ 76c Abs 2 UrhG). Daraus folgt allerdings nicht, dass der Schutz einer Datenbank schon dann nicht mehr verletzt werde, wenn die vom Benutzer vorgenommenen Änderungen eine nach Art und Umfang wesentliche Investition erfordert haben.[52]

Zu den Begriffen „veröffentlicht" und „erschienen" verweist § 76d Abs 5 UrhG auf §§ 8 und 9 UrhG.

9.8.3. Schutzrechtsinhaber

Das Schutzrecht wird demjenigen zugeordnet, der die Investition vorgenommen hat (§ 76d Abs 1 UrhG). Er wird als „Hersteller" bezeichnet. Etwas konkreter zum Herstellerbegriff ist Erwägungsgrund 41 DatenbankRL: „Hersteller einer Datenbank ist die Person, die die *Initiative* ergreift und das *Investitionsrisiko* trägt." Insbesondere Auftragnehmer fallen daher nicht unter den Begriff des Herstellers. Die allgemeinen Bestimmungen über den „Miturheber" (§ 11 UrhG), die „Vermutung der Urheberschaft" (§ 12 UrhG) und den „ungenannten Urheber" (§ 13 UrhG) gelten entsprechend (§ 76d Abs 5 UrhG).

9.8.4. Schutzrecht

Ausschließungsrecht

Der Hersteller hat das ausschließliche Recht, die ganze Datenbank oder einen nach Art oder Umfang *wesentlichen Teil* derselben zu *vervielfältigen*, zu *verbreiten*, durch Rundfunk zu *senden*, öffentlich *wiederzugeben* und der *Öffentlichkeit zur Verfügung* zu stellen (§ 76d Abs 1 UrhG idF UrhG-Nov 2003). Das Schutzrecht bezieht sich also auf den Inhalt der Datenbank (somit auf die gesammelten Daten selbst), indem es die Gesamtheit dieser Daten oder wesentliche Teile davon gegen unerlaubte Entnahme und/oder Weiterverwendung schützt, um dem Hersteller die für seine Investitionen zustehende Vergütung zu sichern.[53] Mit dem gebräuchlichen Terminus des Vervielfältigungsrechts (§ 76d Abs 5 UrhG verweist auf § 15 Abs 1 UrhG; Seite 1172) wird der in der DatenbankRL (Art 7 Abs 1 und Abs 2 lit a) definierte Begriff der „Entnahme" abgedeckt:[54] Die ständige oder vorübergehende Übertragung der Gesamtheit oder eines wesentlichen Teils des Inhalts einer Datenbank auf einen anderen Datenträger, ungeachtet der dafür verwendeten Mittel und der Form der Entnahme. Das Abspeichern einer Zwischenkopie beim elektroni-

---

[51]) Eine wesentliche Neuinvestition kann auch in einer eingehenden Überprüfung des Inhalts der Datenbank bestehen (Erwägungsgrund 55 DatenbankRL).
[52]) OGH 27. 11. 2001, 4 Ob 252/01i – www.baukompass.at – ÖBl 2002, 101 (*Wolner/Schnider*) = ÖBl-LS 2002/73, 74 = MR 2002, 101 (*Burgstaller; Walter*) = ecolex 2002, 441 (*Schanda*) = RdW 2002/283 = MMR 2002, 376 (*Schanda*) = GRUR Int 2002, 940.
[53]) OGH 27. 11. 2001, 4 Ob 252/01i – www.baukompass.at – ÖBl 2002, 101 (*Wolner/Schnider*) = ÖBl-LS 2002/73, 74 = MR 2002, 101 (*Burgstaller; Walter*) = ecolex 2002, 441 (*Schanda*) = RdW 2002/283 = MMR 2002, 376 (*Schanda*) = GRUR Int 2002, 940.
[54]) EB, RV 883 BlgNR 20. GP 8.

schen Durchsuchen einer Datenbank wird – meines Erachtens zutreffend – als Vervielfältigungsvorgang angesehen.[55] Das in Art 7 Abs 2 lit b DatenbankRL vorgezeichnete Recht der „Weiterverwendung" erschien bei der Umsetzung 1997 durch die weiteren Ausschließungsrechte (Verbreitungsrecht im Sinne des § 16 UrhG; Senderecht im Sinne der §§ 17, 17a und 17b UrhG; Recht auf unkörperliche Wiedergabe) hinreichend abgedeckt: „Jede Form öffentlicher Verfügbarmachung der Gesamtheit oder eines wesentlichen Teils des Inhalts der Datenbank durch die Verbreitung von Vervielfältigungsstücken, durch Vermietung, durch Online-Übermittlung oder durch andere Formen der Übermittlung." § 76d Abs 5 UrhG verweist auf §§ 17, 17a und 17b UrhG. Da das nunmehr für die anderen Kategorien von Rechtsinhabern neu eingeführte Zurverfügungstellungsrecht ebenfalls vom weiten Begriff der „Weiterverwendung" in Art 7 DatenbankRL erfasst ist, war § 76d UrhG mit der UrhG-Nov 2003 entsprechend zu ergänzen.[56] Zum *Bearbeitungsrecht* verweist § 76d Abs 5 UrhG auf § 14 Abs 2 UrhG.

Beispiel:

> ▸ OGH 27. 11. 2001: Die Beklagten haben zum Aufbau einer eigenen kommerziellen Datenbank den „*Gelben Seiten*" der Klägerin nicht nur einzelne Daten, sondern all jene Inhalte entnommen, die sich auf Unternehmen der Baubranche bezogen. Diese Daten haben sie in die eigene Datenbank integriert und auf ihrer Website „www.baukompass.at" wiedergegeben. Dies wurde als Eingriff in das ausschließliche Recht der Vervielfältigung, Verbreitung und öffentlichen Wiedergabe beurteilt.[57]

Diesen Verwertungshandlungen stehen die wiederholte und systematische Vervielfältigung, Verbreitung, Rundfunksendung und öffentliche Wiedergabe von *unwesentlichen Teilen* der Datenbank gleich, wenn diese Handlungen der normalen Verwertung der Datenbank entgegenstehen oder die berechtigten Interessen des Herstellers der Datenbank unzumutbar beeinträchtigen (§ 76d Abs 1 UrhG).

Beispiel:

> ▸ OGH 9. 4. 2002: Die täglichen Änderungsabfragen aus dem *Firmenbuch* zur Aktualisierung der eigenen Datenbanken wurden als Eingriff beurteilt.[58]

Auch hier gilt selbstverständlich der allgemeine Grundsatz der *Erschöpfung* (Art 7 Abs 2 lit b, 2. Satz DatenbankRL; § 76d Abs 5 iVm § 16 UrhG).[59] Hinsichtlich des

---

[55]) *Schwarz*, ecolex 1998, 42 (44).
[56]) EB UrhG-Nov 2003 zur Z 54, 40 BlgNR 22. GP.
[57]) OGH 27. 11. 2001, 4 Ob 252/01i – www.baukompass.at – ÖBl 2002, 101 (*Wolner/Schnider*) = ÖBl-LS 2002/73, 74 = MR 2002, 101 (*Burgstaller*; *Walter*) = ecolex 2002, 441 (*Schanda*) = RdW 2002/283 = MMR 2002, 376 (*Schanda*) = GRUR Int 2002, 940.
[58]) OGH 9. 4. 2002, 4 Ob 17/02g – EDV-Firmenbuch I – ÖBl 2003, 46 (*Dittrich*; *Barbist*) = ÖBl-LS 2002/148, 149 = MR 2002, 298 (*Walter*) = ecolex 2002, 675 (*Schanda*) = RdW 2002/541 (hier auch zur „Essential Facilities-Doktrin").

Verbreitungsrechts gilt allerdings eine Besonderheit: Es umfasst nicht das *Verleihen* im Sinne des § 16a Abs 3 UrhG (§ 76d Abs 2 UrhG; Art 7 Abs 2, letzter Satz DatenbankRL). Hingegen wird auf das entsprechend anzuwendende *Vermietrecht* verwiesen (§ 76d Abs 5 iVm § 16a Abs 1 und 3 UrhG).

Die DatenbankRL stellt im Übrigen ausdrücklich klar, dass im Recht auf Untersagung der unerlaubten Entnahme und/oder Weiterverwendung „in keinerlei Hinsicht eine Ausdehnung des urheberrechtlichen Schutzes auf reine Fakten oder Daten zu sehen" ist (Erwägungsgrund 45).

Ein Recht des Herstellers auf *Namensnennung* wurde nicht vorgesehen.[60]

Dieses Leistungsschutzrecht reicht weiter als der schon bisher bestehende *wettbewerbsrechtliche Schutz* nach § 1 UWG. Insbesondere wird kein Handeln „zu Zwecken des Wettbewerbs" verlangt. Der Hersteller kann daher sein Ausschließungsrecht auch gegen den privaten Gebrauch geltend machen.[61] Das Schutzrecht ist durch die Möglichkeit einer Schutzdauererneuerung gemäß § 76c Abs 2 UrhG zeitlich praktisch nicht limitiert und zusätzlich durch Strafsanktionen – die auch eine Hausdurchsuchung und Beschlagnahme ermöglichen – stärker abgesichert.

9.8.5. Freie Werknutzung

Art 9 DatenbankRL setzt den Ausnahmen vom Ausschließungsrecht enge Grenzen: Die Vervielfältigung eines wesentlichen Teils einer veröffentlichten Datenbank ist zulässig *„für private Zwecke"*. Dies gilt jedoch nicht für eine Datenbank, deren Elemente einzeln mit Hilfe elektronischer Mittel zugänglich sind (§ 76d Abs 3 Z 1 UrhG; Art 9 lit a DatenbankRL).

Weiters ist die Vervielfältigung eines wesentlichen Teils einer veröffentlichten[62] Datenbank zulässig *„zu Zwecken der Wissenschaft oder des Unterrichts"* in einem durch den Zweck gerechtfertigten Umfang, wenn dies ohne Erwerbszweck geschieht und die Quelle angegeben wird (§ 76d Abs 3 Z 2 UrhG; Art 9 lit b DatenbankRL).

Die allgemeine Regelung über die freie Werknutzung im Interesse der *Rechtspflege und Verwaltung* (§ 41 UrhG; Seite 1206) gilt entsprechend (§ 76d Abs 5 UrhG; Art 9 lit c DatenbankRL).

9.8.6. Rechtsübertragung und Rechtseinräumung

Das Datenbankrecht ist *übertragbar* (§ 76d Abs 5 UrhG verweist nicht auf § 23 Abs 3 UrhG). Hinsichtlich der Übertragung im *Todesfall* gelten die allgemeinen Regelungen entsprechend (§ 76d Abs 5 iVm § 23 Abs 2 und 4 UrhG).

---

[59]) Dass der Richtlinientext nur den Fall des „Verkaufs" anspricht, während § 16 Abs 3 UrhG jede Übertragung des Eigentums nennt, wurde bei der Umsetzung bewusst hingenommen (EB, RV 883 BlgNR 20. GP 8). Speziell zur Online-Übermittlung erläutert Erwägungsgrund 43 DatenbankRL.
[60]) Dazu krit *Schwarz*, ecolex 1998, 42 (45).
[61]) *Heinrich*, WRP 1997, 275 (282), der auch auf den erweiterten Schutzumfang verweist.
[62]) Zu den Begriffen „veröffentlichen" und „erscheinen" verweist § 76d Abs 5 UrhG auf §§ 8 und 9 UrhG.

Auch die allgemeinen Bestimmungen über *Werknutzungsbewilligungen* und *Werknutzungsrechte* gelten entsprechend (§ 76d Abs 5 iVm §§ 24, 25 Abs 2, 3 und 5, §§ 26, 27 Abs 1 und 3 bis 5, § 31 Abs 1 sowie § 32 Abs 1 UrhG). Ebenso die *Auslegungsregeln* des § 33 Abs 2 UrhG (Seite 1249).

Eine *Sonderregelung für Nutzungsvereinbarungen* war jedoch erforderlich: Das Verwertungsrecht des Herstellers gibt diesem nicht die Möglichkeit, einem anderen die Verwertung bloß unwesentlicher Teile der Datenbank zu untersagen. Nach Art 8 Abs 1 DatenbankRL ist zwingend (Art 15 DatenbankRL) dafür Vorsorge zu treffen, dass ein derartiger Anspruch auch nicht schuldrechtlich (durch Vertrag) begründet wird. Dementsprechend bestimmt § 76e UrhG, dass eine vertragliche Vereinbarung, durch die sich der rechtmäßige Benutzer einer veröffentlichten Datenbank gegenüber dem Hersteller verpflichtet, die Vervielfältigung, Verbreitung, Rundfunksendung oder öffentliche Wiedergabe von nach Art und Umfang unwesentlichen Teilen der Datenbank zu unterlassen, insoweit unwirksam ist, als diese Handlungen weder der normalen Verwertung der Datenbank entgegenstehen noch die berechtigten Interessen des Datenbankherstellers unzumutbar beeinträchtigen.

Art 8 Abs 3 DatenbankRL verlangt noch ganz allgemein, dass „der rechtmäßige Benutzer einer der Öffentlichkeit – in welcher Weise auch immer – zur Verfügung gestellten Datenbank dem Inhaber eines Urheberrechts oder verwandten Schutzrechts an in dieser Datenbank enthaltenen Werken oder Leistungen *keinen Schaden zufügen*" darf. Im Hinblick darauf, dass ohnehin schon nach § 76c Abs 4 UrhG der Schutz nach diesem Abschnitt „nicht die am Inhalt der Datenbank etwa bestehenden Rechte" berührt, wurde diese Richtlinienbestimmung nicht gesondert umgesetzt.

Das Ausschließungsrecht kann bei marktbeherrschenden Unternehmen problematisch werden, zumal es geeignet ist, den Zugang zu wichtigen Informationen zu reglementieren oder einzuschränken. Die DatenbankRL sieht daher vor, dass die Kommission dem Europäischen Parlament, dem Rat und dem Wirtschafts- und Sozialausschuss alle drei Jahre einen Bericht über die Anwendung dieser Richtlinie zu übermitteln hat (Art 16 Abs 3). In diesem soll insbesondere untersucht werden, ob die Anwendung dieses Rechts zu Missbräuchen einer beherrschenden Stellung oder anderen Beeinträchtigungen des freien Wettbewerbs geführt hat, die entsprechende Maßnahmen rechtfertigen würden, wie insbesondere die Einführung einer *Zwangslizenzregelung*. In einem früheren Entwurf der DatenbankRL [63] war bereits eine solche Zwangslizenz vorgesehen, die das „Informationszugangsrecht" absichern sollte.

---

[63]) KOM (92) 0024 endg.; dazu *Heinz*, GRUR 1996, 455 (458).

9.8.7. Schutzdauer

Das Leistungsschutzrecht an Datenbanken entsteht mit dem Zeitpunkt des Abschlusses der Herstellung der Datenbank.[64] Es erlischt 15 Jahre nach Abschluss der Herstellung der Datenbank, wenn aber die Datenbank vor dem Ablauf dieser Frist veröffentlicht wird, 15 Jahre nach der Veröffentlichung (§ 76d Abs 4 UrhG; Art 10 Abs 1 und 2 DatenbankRL). Die Fristen sind nach § 64 UrhG zu berechnen (Seite 1264). Zur Berechnung der Schutzdauer bei „alten" Datenbanken vgl Art IV Abs 2 UrhG-Nov 1997.

Wie bereits erwähnt hat die *Bearbeitung* der Datenbank unter Umständen zur Folge, dass die Schutzfrist neu zu laufen beginnt (vgl Seite 1328).

9.9. Persönlichkeitsrechtliche Bestimmungen

Das UrhG enthält im Hauptstück „Verwandte Schutzrechte" (systemwidrig) auch persönlichkeitsrechtliche und wettbewerbsrechtliche Regelungen:

9.9.1. Briefschutz

Literaturhinweise: *Dittrich*, Der Schutz der Persönlichkeit nach österr Urheberrecht, ÖJZ 1970, 533; *R. Doralt*, Der Schutz des Lebensbildes, ÖJZ 1973, 645; *Uchtenhagen*, Die Urheberrechts-Systeme der Welt und ihre Verwurzelung in den geistigen Grundlagen des Urheberrechts, ÖSGRUM 7 (1988) 29 (30); *Gassauer-Fleissner*, Geheimhaltung, Offenbarung und Veröffentlichung von Daten in Informationsnetzwerken, ecolex 1997, 102.

Briefe, Tagebücher und ähnliche vertrauliche Aufzeichnungen dürfen weder öffentlich vorgelesen noch auf eine andere Art, wodurch sie der Öffentlichkeit zugänglich gemacht werden, verbreitet werden, wenn dadurch berechtigte Interessen des Verfassers oder, falls er gestorben ist, ohne die Veröffentlichung gestattet oder angeordnet zu haben, eines nahen Angehörigen verletzt würden (§ 77 Abs 1 UrhG).

Nahe Angehörige im Sinne dieser Regelung sind die Verwandten in auf- und absteigender Linie sowie der überlebende Ehegatte. Die mit dem Verfasser im ersten Grade Verwandten und der überlebende Ehegatte genießen diesen Schutz zeit ihres Lebens, andere Angehörige nur, wenn seit dem Ablauf des Todesjahres des Verfassers zehn Jahre noch nicht verstrichen sind (§ 77 Abs 2 UrhG).

Briefe dürfen auch dann nicht auf die oben bezeichnete Art verbreitet werden, wenn hiedurch berechtigte Interessen dessen, an den der Brief gerichtet ist, oder, falls er gestorben ist, ohne die Veröffentlichung gestattet oder

---

[64]) So ausdrücklich Art 10 Abs 1 DatenbankRL.

angeordnet zu haben, eines nahen Angehörigen verletzt würden (§ 77 Abs 3 UrhG). § 77 Abs 2 UrhG gilt entsprechend.

Diese Regelungen gelten ohne Rücksicht darauf, ob diese Schriften den urheberrechtlichen Schutz dieses Gesetzes genießen oder nicht. Die Anwendung urheberrechtlicher Bestimmungen auf solche Schriften bleibt unberührt (§ 77 Abs 4 UrhG). Sie gelten nicht für Schriften, die, wenngleich nicht ausschließlich, zum *amtlichen Gebrauch* verfasst worden sind (§ 77 Abs 5 UrhG).

Freie Werknutzung: Die Vorschriften des § 41 UrhG („Freie Werknutzung im Interesse der Rechtspflege und Verwaltung"; Seite 1207) gelten entsprechend (§ 77 Abs 6 UrhG).

9.9.2. Bildnisschutz

Literaturhinweise: *Fortner*, Urheberrecht und „Recht am eigenen Bilde". Zur Auslegung des § 13 UrhG, GZ 1913, 315; *Abel*, Das Recht am eigenen Bild, GRUR 1932, 1165; *Schönherr*, Gewerblicher Rechtsschutz und Urheberrecht in Österreich – Eine Übersicht über die Rechtsprechung der 2. Republik, GRUR Ausl 1954, 2 (16); *Rehm*, Das Recht am eigenen Bild, JBl 1962, 1; *Dittrich*, Der Schutz der Persönlichkeit nach österr Urheberrecht, ÖJZ 1970, 533; *R. Doralt*, Der Schutz des Lebensbildes, ÖJZ 1973, 645; *Nowakowski*, Kein Verwendungsanspruch bei Eingriff in das Recht am eigenen Bild? ÖBl 1983, 97; *Blum*, Die Berechnung der Entgeltansprüche bei Verwendung von Personenbildnissen, FS 50 Jahre UrhG (1986) 9; *Buchner*, Das Persönlichkeitsrecht des Abgebildeten, FS 50 Jahre UrhG (1986) 21; *Polak*, Grenzen des Bildnisschutzes für Prominente, ecolex 1990, 741; *Zanger*, Karikatur, Satire, Kabarett und Kunstfreiheit, ÖBl 1990, 193; *Dittrich*, Bildnisschutz – Rechtsprechungsübersicht, ecolex 1991, 703; *Frick*, Persönlichkeitsrechte (1991); *Korn/Neumayer*, Persönlichkeitsschutz im Zivil- und Wettbewerbsrecht (1991); *Zanger*, Unschuldsvermutung in Printmedien, ÖBl 1992, 196; *Mahr*, Der Verwendungsanspruch beim „Recht am eigenen Bild", MR 1995, 127; *Swoboda*, Bildnisschutz – gestern und heute – Anmerkungen zur Auslegung des § 78 UrhG am Beispiel der OGH-Entscheidung 4 Ob 26, 27/95, MR 1995, 204; *Swoboda*, Die medienmoralische Schutzverpflichtung, MR 1995, 80; *Zanger*, Die moralische und rechtliche Verantwortung der Medien, MR 1995 123; *Berka*, Aktuelle Probleme des Persönlichkeitsschutzes im Medienbereich, Journal für Rechtspolitik 1996, 232; *Gamerith*, Die Probleme des Bildnisschutzes aus der Sicht der Rechtsprechung, MR 1996, 130; *Zeiler*, Mehr Freiheit in der Bildberichterstattung? ecolex 1998, 226; *Zeiler*, Persönlichkeitsschutz (1998); *Korn*, Bildnisschutz neu – Abschied von alten Dogmen. Anmerkungen zur E des OGH 1.6.1999, 4 Ob 142/99g – Miserabler Verleumder, MR 1999, 213; *Hager/Zöchbauer*, Persönlichkeitsschutz im Straf- und Medienrecht[4] (2000); *Schumacher*, Medienberichterstattung und Schutz der Persönlichkeitsrechte (2001); *Thiele*, Verwendung von Mitarbeiterfotos auf Firmenwebsites, wbl 2002, 397.

Personenbildnisse (Gemälde, Photos, Graphiken, Filme udgl)[65] dürfen gemäß § 78 UrhG der Öffentlichkeit[66] nicht zugänglich gemacht werden, wenn dadurch berechtigte Interessen[67] des Abgebildeten oder falls er gestorben ist, eines nahen Angehö-

---

[65]) Zur *Karikatur*: OGH 23. 2. 1999, 4 Ob 37/99s – Köpfe rollen – MR 1999, 148 (*Korn*) = ecolex 1999, 559.
[66]) Zum Öffentlichkeitsbegriff in § 78 UrhG: OGH 13. 10. 1999, 4 Ob 187/99z – Judenfluchtrumpf – wbl 2000, 92.
[67]) Zur Berücksichtigung der Wertungen des Medienrechts (§ 7a MedienG): OGH 10. 7. 2001, 4 Ob 162/01d – Gaston G. – ÖBl 2002, 151 = ÖBl-LS 2001/ 184-186 = EvBl 2001/205 = MR 2001, 287 (*Korn*); OGH 3. 5. 2000,

rigen verletzt würden.⁶⁸ Die Identität des Abgebildeten muss zumindest aus den Umständen erkennbar sein. Ob ein Begleittext zu einer Bildnisveröffentlichung berechtigte Interessen des Abgebildeten verletzt, ist nach dem *Gesamteindruck* des Textes zu beurteilen.⁶⁹ Bei der Interessenabwägung ist auf Seiten des Nutzers auch die „Freiheit der Kunst" zu berücksichtigen.⁷⁰

Beispiele:

- Das so genannte „*Recht am eigenen Bild*" wird verletzt, wenn im Zusammenhang mit der Veröffentlichung eines Bildes ehrenrührige – wenn auch wahre – Tatsachen erwähnt werden.
- OGH 23. 6. 1981: Das Recht am eigenen Bild wird auch verletzt, wenn ein Bildnis unbefugt zu Werbezwecken verwendet wird;⁷¹
- OGH 6. 12. 1994: Keine Verletzung des § 78 UrhG, wenn die Bilder von Fußballstars wegen ihrer besonderen Beliebtheit auf Abzieh-(Sammel-)Bildern wiedergegeben werden.⁷²
- OGH 12. 9. 2001: Wird eine als rechtswidrig erkannte Bildveröffentlichung anlässlich der Veröffentlichung eines *Vergleichs* wiederholt, so kann auch dies wieder eine Verletzung des Rechts am eigenen Bild sein.⁷³
- EGMR 26. 2. 2002: Das öffentliche Interesse überwiegt und rechtfertigt eine Presseberichterstattung mit Personenbild im Sinne des Art 10 EMRK, wenn über die finanziellen Verhältnisse eines Abgeordneten berichtet wird.⁷⁴
- OGH 20. 3. 2003: Die drei Hauptdarsteller der Serie „MA 2412" konnten erfolgreich gegen einen Werbespot vorgehen, der zwar nicht ihre Personenbildnisse, wohl aber Sprecher mit Stimmlage, Tonfall, Sprachmelodie und Dialekt sowie Standardformulierungen einsetzte, die den Eindruck erweckten, es handle sich um eine Unterhaltung dieser drei Darsteller in der Serie. Der OGH nahm hier einen dem § 78 UrhG entsprechenden Persönlichkeitsschutz an (vgl auch § 16 ABGB).⁷⁵

Behauptet auch derjenige, der das Bild verbreiten will, ein Interesse an der Veröffentlichung, dann müssen die Interessen gegeneinander abgewogen werden. Das gilt vor allem für die Veröffentlichung der Bilder von Politikern und Künstlern. Die einmal erteilte Zustimmung zur Bildveröffentlichung kann vom Abgebildeten

---

4 Ob 110/00f – Chinesen-Koch – ÖBl 2001, 284 = ÖBl-LS 2000/126 = MR 2000, 301 = EvBl 2000/187 = RdW 2000/512.
⁶⁸) Zur *Videoüberwachung* aus der Sicht des § 16 ABGB: OGH 30. 1. 1997, 6 Ob 2401/96y – Video-Überwachung – MR 1997, 150.
⁶⁹) OGH 30. 1. 2001, 4 Ob 17/01f – Sadist – MR 2001, 165.
⁷⁰) OGH 18. 7. 2000, 4 Ob 175/00i – Apocalypse – MR 2001, 33.
⁷¹) Etwa OGH 23. 6. 1981, 4 Ob 363/81 – Ich liebe TOYOTA – ÖBl 1982, 85. StRsp, vgl OGH 14. 9. 1999, 4 Ob 205/99x – CD-Werbung – MR 1999, 278 (*Korn*).
⁷²) OGH 6. 12. 1994, 4 Ob 127/94 – Fußballer-Abziehbilder – ÖBl 1995, 284 = MR 1995, 109 (*Walter*) = SZ 67/224 = ecolex 1995, 272 = ZfRV 1995/24 = GRUR Int 1996, 161 (*Götting*). Es ist aber unter Umständen ein *Verwendungsanspruch* gegeben.
⁷³) OGH 12. 9. 2001, 4 Ob 192/01s – Neuerliche Bildveröffentlichung – MR 2002, 153 (*Korn*) = ÖBl-LS 2002/75.
⁷⁴) EGMR 26. 2. 2002, 34.315/96 – Krone./.Österreich – ÖJZ 2002, 466 = MR 2002, 82.
⁷⁵) OGH 20. 3. 2003, 6 Ob 287/02b – MA 2412 II – MR 2003, 92 (*Korn*).

unter Umständen auch widerrufen werden.[76] Die bloße Verletzung des Bildnisschutzes begründet keinen Anspruch auf angemessenes Entgelt, zu dessen Durchsetzung Rechnungslegung verlangt werden könnte.[77]

Entsprechend anzuwendende Bestimmungen (§ 78 Abs 2 UrhG): § 41 UrhG („Freie Werknutzung im Interesse der Rechtspflege und Verwaltung"; Seite 1207) und § 77 Abs 2 und 4 UrhG (Definition des Begriffs „naher Angehöriger" und Unabhängigkeit vom Urheberrechtsschutz; Seite 1333).

9.10. Wettbewerbsrechtliche Bestimmungen

9.10.1. Nachrichtenschutz

Literaturhinweise: *Bettelheim,* Die Tagespresse im neuen österreichischen Urheberrecht, AnwZ 1936, 448; *Bettelheim,* Die Tagespresse, JBl 1937, 8; *Bettelheim,* Wettbewerbsrechtliche Gedanken im neuen Urheberrechtsgesetze, JBl 1937, 94; *Dittrich,* Zur Tragweite des § 44 Abs 3 UrhG, MR 1985/1 Archiv 4; *Deisenberger,* „Nicht direkt, aber glatt", MR 2003, 157.

Vorgaben der RBÜ: Der Schutz dieser Übereinkunft besteht nicht für Tagesneuigkeiten oder vermischte Nachrichten, die einfache Zeitungsmitteilungen darstellen (Art 2 Abs 8 RBÜ).

Österreichische Regelung: Presseberichte, die sich auf einfache Mitteilungen beschränken (vermischte Nachrichten, Tagesneuigkeiten), genießen keinen urheberrechtlichen Schutz (§ 44 Abs 3 UrhG). Wenn sie in Zeitungskorrespondenzen oder anderen der entgeltlichen Vermittlung von Nachrichten an Zeitungen oder Zeitschriften dienenden Mitteilungen enthalten sind, dürfen sie jedoch in Zeitungen oder Zeitschriften erst dann wiedergegeben werden, wenn seit ihrer Verlautbarung in einer vom Nachrichtensammler dazu ermächtigten Zeitung oder Zeitschrift mindestens 12 Stunden verstrichen sind (§ 79 Abs 1 UrhG). Entsprechendes gilt für alle anderen Einrichtungen, welche die periodische Verbreitung von Nachrichten an jedermann besorgen (§ 79 Abs 2 UrhG).

§ 59a UrhG (Satellitensendungen; Seite 1249) gilt jedoch entsprechend.

9.10.2. Titelschutz

Im geschäftlichen Verkehr darf weder der *Titel* oder die sonstige Bezeichnung eines (wenn auch – zB wegen Ablaufs der Schutzfrist – nicht mehr urheberrechtlich geschützten) Werks der Literatur oder Kunst noch die *äußere Ausstattung* von Werkstücken für ein anderes Werk auf eine Weise verwendet werden, die geeignet ist, Verwechslungen hervorzurufen (§ 80 UrhG). Diese Bestimmung gehört systematisch ins Kennzeichenrecht; vgl dazu eingehender Seite 677.

---

[76]) Vgl OGH 24. 2. 1970, 4 Ob 306/70 – Zigeunerprimas – ÖBl 1970, 155.
[77]) OGH 5. 11. 2002, 4 Ob 237/02k – Tablettenwerbung – ÖBl 2003, 105 = ÖBl-LS 2003/38 = MR 2003, 111. Zum Anspruch auf immateriellen Schaden vgl OLG Wien 13. 12. 2001, 3 R 137/01s – Handtransplantation – MR 2002, 211 (*Korn*).

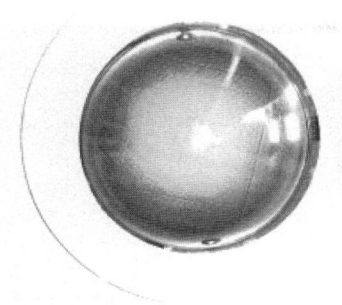

Das Urheberrecht hat sich zuletzt vor allem im Leistungsschutzrecht weiterentwickelt. Was wird das nächste Leistungsschutzrecht sein? Wird es organisatorische Leistungen erfassen (etwa neue Geschäftsmodelle) oder Technologien, die heute noch in der Grundlagenforschung angesiedelt sind, insbesondere im Bereich der Nanotechnologie? Oder werden außerhalb des Urheberrechts neue Systeme zum Schutz des „Geistigen Eigentums" entstehen, mit neuen internationalen Vorgaben und Gesetzen? Das Immaterialgüterrecht wird sich jedenfalls weiterhin rasant fortentwickeln. Soviel ist gewiss.

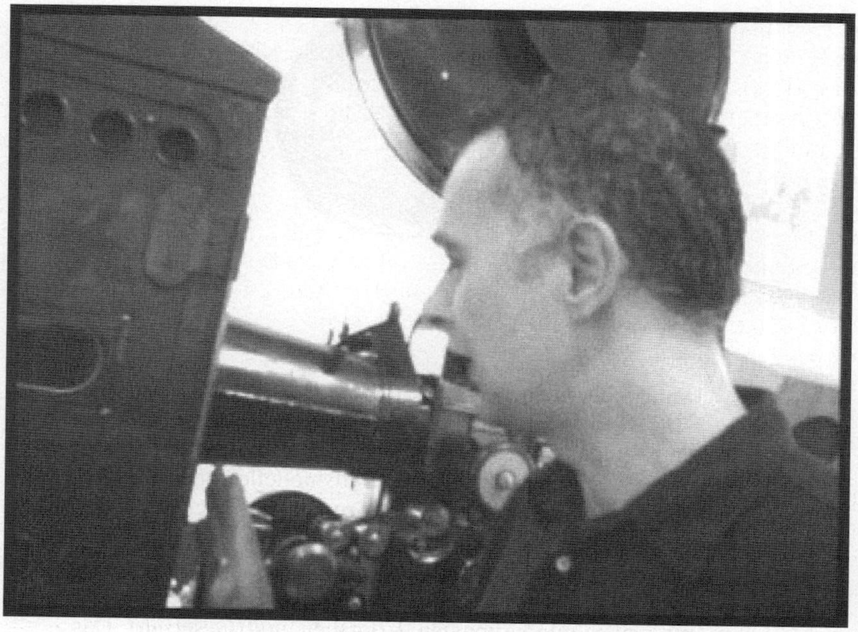

Multikat und Kapazität

In der digitalen Welt verliert sich nicht nur die Eigenschaft des Unikats – die bekanntlich schon seit der Möglichkeit der Massenreproduktion verschwunden ist –, sondern auch die der physischen Integrität. Ein digitales Dokument besteht aus einem binären Datenmuster und existiert im landläufigen Sinn nicht. Es besteht lediglich in der augenblicklichen Abbildung zahlreicher Informationen auf einem Screen. Es ist gar nicht und gleichzeitig in beliebiger Zahl (je nach der Anzahl der Rezipienten, die es gerade abrufen) vorhanden. Eine Auflagenhöhe zu bestimmen, verbietet sich, nachdem das zugrunde liegende prototypische Datenmuster beliebig hohe Reproduktion zulässt. Aber nicht nur das, denn das Datenmuster eines digitalen Tondokuments etwa kann auf Grund der vollständigen technischen Kompatibilität ebenso gut als Bild wiedergegeben werden, mitunter sogar, ohne dass es in seiner ursprünglichen Auditivität erkannt werden muss. Das Tondokument, auf das sein Urheber zu Recht Ansprüche erheben kann, besteht in diesem Fall aus den gleichen binären Datenmustern wie das Bild. Bedeutet das aber, dass dem Komponisten gleichzeitig auch die Urheberschaft dafür zukommt? Gibt es urheberrechtliche Ansprüche auf ein zugrunde liegendes binäres Datenmuster, das gleichermaßen als Ton und als Bild interpretiert werden kann? Kann ein und dasselbe Datenmuster mehrere Urheber zeitigen?

Noch drastischere Auswirkungen zeitigt das Problem verfügbarer Datenmuster angesichts der rasant steigenden Kapazitäten von Computern. So ist es denkbar, mit Hilfe eines Supercomputers sämtliche Melodien, die sich aus einer Tonleiter bilden lassen, zu arrangieren (also alle möglichen Datenmuster zu bilden), in einer Datenbank abzulegen und über das Internet zu veröffentlichen. Abgesehen von der Frage, wer als Komponist dieser Melodien zu gelten hat – der Computer oder sein Programmierer (zumal jeder andere konkurrenzfähige Computer mit derselben Tonleiter zu denselben Ergebnissen käme) –, fragt sich, ob damit alle Melodierechte an einen Komponisten (der, nebenbei, über keinerlei Musikalität zu verfügen bräuchte) en bloc vergeben würden und keine neuen Melodien mehr komponiert werden könnten?

◄ **Dr. Otmar MORITSCH** ist gemeinsam mit Dr. Wolfgang Pensold Kurator der Abteilung **medien.welten** im Technischen Museum Wien (www.tmw.at).

schlusswort

Lieber Leser,

das Recht des GEISTIGEN EIGENTUMS ist in meinen Augen das mit Abstand spannendste Rechtsgebiet, das alle Lebensbereiche durchdringt, ein Gut regelt, das global allgegenwärtig ist und sich in rasanter Dynamik weiterentwickelt, getrieben von der technischen, wirtschaftlichen, sozialen und kulturellen Entwicklung der Länder.

Wie aber entsteht das Recht, wie entstehen die Gesetze, wie kommt es zu den Normen internationaler Verträge? Wer könnte darüber besser berichten, als der Doyen des Urheberrechts, der dessen Fortentwicklung seit Jahrzehnten betreut. Ich will ihn daher um das Schlusswort bitten:

update: www.geistigeseigentum.at

Wie entsteht „Urheberrecht"?

Das Urheberrechtsgesetz normiert nicht nur die Rechte von Urhebern im technischen Sinn, sondern auch jene der Inhaber von verwandten Schutzrechten (vgl 1294), die untereinander in einem gewissen Interessengegensatz stehen. Es ist aber auch um einen Ausgleich mit den Interessen der Allgemeinheit (und damit auch mit den Interessen der Nutzer, die sich mit denen der Allgemeinheit nicht decken) bemüht.

Es liegt in der Natur der Sache, dass dieser Interessenausgleich nicht immer allgemeine Zustimmung finden kann. Wer – wie ich – immer wieder Fachvorträge auch vor kreativ Schaffenden gehalten hat, weiß, dass gerade die Urheber selbst einerseits einen vollständigen Schutz gegen jede nur denkbare Art der Benutzung ihrer Werke für richtig halten, andererseits aber beim Schaffen ihrer Werke die Werke anderer Urheber unbeschränkt und frei von jeder Zahlungspflicht verwenden wollen; die Überlegung, dass das Urheberrechtsgesetz schon zwischen diesen Positionen einen Ausgleich schaffen muss, ist ihnen leider weitgehend fremd.

Da die Damen und/oder Herren, die mit der Vorbereitung von Gesetzesvorschlägen betraut sind, die Aufgabe haben, realistische Lösungen vorzuschlagen, also solche, die die Zustimmung des Hohen Hauses erhalten können, ist bei dieser Tätigkeit dieses Ziel ein weiteres bestimmendes Element. Hierzu ein Beispiel: Ein Rechtsgedanke, der von der Wirtschaftskammer Österreich und von der Bundesarbeitskammer in gleicher Weise entschieden abgelehnt wird, wird mit an Sicherheit grenzender Wahrscheinlichkeit nicht einmal die Zustimmung des Ressortchefs finden. Aus diesem Grunde sind die in den verschiedenen Novellen enthaltenen Neuregelungen von jener Zeit geprägt, in der sie entstanden sind.

Wie ich aus meiner legislativen Tätigkeit weiß, ist es immer wieder vorgekommen, dass sich die im Justizausschuss vertretenen Parteien in gewissen ihnen weniger wichtig erscheinenden Fragen nicht einigen konnten und dann die umstrittene Frage ungeregelt gelassen haben, ihre Beantwortung also – wie mehrfach ausdrücklich gesagt worden ist – „der Praxis überlassen" haben. Offene Fragen sind die Folge.

Daraus folgt: Wünsche, auch berechtigte Wünsche, werden immer offen bleiben.

Das Urheberrecht ist – wie schon früher aufgezeigt (1080) – mehrfach durch internationale Instrumente vorgegeben. Aber auch an der Schaffung dieser Instrumente (dieser vorgegebenen Normen) wirken die Staaten in aller Regel mit. Meistens streben die handelnden Personen danach, internationale Vorgaben zu vermeiden, die Änderungen des nationalen Rechtes notwendig machen würden. Es kann aber auch sein, dass bewusst Änderungen angestrebt werden, um auf diese Weise einen Zwang zu einer Änderung des nationalen Rechts zu schaffen, wenn diese Änderung den handelnden Personen wünschenswert erscheint, sie jedoch meinen, dass eine solche Änderung des nationalen Rechts auf anderem Weg nicht durchsetzbar sein werde.

Auch so besehen: Das Urheberrecht ist ein sehr spannendes Rechtsgebiet.

▲ **Hon.-Prof DDr. Robert DITTRICH**, Sektionschef i.R. im BMJ.

Stichwortverzeichnis

A

Aberkennung
- eines Geschmacksmusters 772
- eines Patents 939

Abhängigerklärung 906, 907, 952
Abkommen von Locarno 718, 728
Abkommen von Nizza 244, 358
Agentenmarke 495
Ähnlichkeitsrecherche bei Marken 384
Akteneinsicht 912
AKM 5, 1130, 1147, 1155
Alltagsarbeit 1105
Änderungen am Werk 1200
angemessene Vergütung 1181, 1184, 1185, 1279
angemessenes Entgelt
- im Geschmacksmusterrecht 779
- im Markenrecht 530
- im Patentrecht 956
- im Urheberrecht 1273
angewandte Kunst 1118
Anlehnung an fremdes Werk 1108
Anmelderprinzip 380
Anmeldestelle
- im Gebrauchsmusterrecht 978
- im Geschmacksmusterrecht 753
- im Markenrecht 355
- im Patentrecht 884
Anspornungstheorie 809
Antiquariatsbuchhandel 1178
Anwendbarkeit, gewerbliche 841
Äquivalenz 924
Arbeitgeberurheberrecht 1135
Arbeitnehmermuster 747

ärgerniserregende Geschmacksmuster 738
ärgerniserregende Zeichen 273
Arzneimittel, Patente für 812
Aufführung 1295
Aufführungsrecht 1191
Aufführungsvertrag 1253
Aufgebot bei Patentanmeldung 902
Auflösung, vorzeitige 1247
Auftragnehmermuster 747
Auftragnehmerschöpfung 1135
Ausführbarkeit der Erfindung 840
Ausgleich, Werknutzungsrecht 1248
Aushängen 1177
Auskunft
- über Geschmacksmusterschutz 780
- über Markenschutz 538
- über Patentschutz 961
- im Urheberrecht 1277
Auslegung der Patentanmeldung 902
Auslegungsregeln, Urheberrecht 1170
Auslegung von Patentansprüchen 923
ausschließliches Recht 95, 390, 764, 920, 983
Ausstattung 685
Ausstellungsrecht 1177, 1183
AUSTRO-MECHANA 1156
ausübende Künstler 1295
Auswahlerfindung 849
Auszeichnung als Marke 329
automatische Patenterteilung 909

B

Basismarke (MMA) 627
Baukunst 1118
Bearbeitung 1111
Begehungsgefahr 523
begleitende Marke 260
Behandlungsverfahren,
 Patent für 845
Beherbergungsbetrieb,
 öffentliche Wiedergabe 1224
behinderte Personen,
 freie Werknutzung 1220
bekannte Marke 440, 486
Bekanntheitsgrad 300
Bekanntmachung der
 Patentanmeldung 902
Belgischer Torpedo 18
belehrende Werke 1115
Belohnungstheorie 809
Benutzung einer Marke 436
Berichterstattung über
 Tagesereignisse 1219
Berner Übereinkunft 1083
Berufung
– im Geschmacksmuster-
 verfahren 778
– im Markenverfahren 352
– im Patentverfahren 949
berühmte Marke 669
Berührungsmarke 259
Beschaffenheitsangabe 450
Beschlagnahme 1289
beschreibende Zeichen 304
Beschreibung des Geschmacks-
 musters 757
Beschwerde
– im Geschmacksmuster-
 verfahren 751
– im Markenverfahren 350
– im Patentverfahren 872, 909

Beschwerdeabteilung des PA 350,
 751, 871
Beseitigungsanspruch
– im Geschmacksmusterrecht 779
– im Markenrecht 529
– im Patentrecht 954
– im Urheberrecht 1271
Bestimmungsangabe 450
Bestsellerparagraph 1252
Betriebsmäßigkeit 922
Betriebsmusik 1192
Bewegungsmarke 259
Bewilligungszwang bei
 Schallträgern 1254
Bezeichnung als Urheber 1199
Bibliotheken, freie
 Werknutzung 1223
Bibliotheksgroschen 1183
Bild 109
bildende Künste 1117
Bildmarke 258
Bildnisschutz 1334
Biotechnologie 829
Biopiracy 17
bösgläubige Markenanmeldung 516
Brauchtumspflege, freie
 Werknutzung 1234
Briefschutz 1333
Brüsseler Satellitenabkommen 1088
Buchdruck 110
Buchpreisbindung 111
Buchstabenmarke 258
Buchverlagsvertrag 1252
Budapester Vertrag 832
Bühnenwerke 1115
Bundesanstalt, freie
 Werknutzung 1222
Bundesministerien 354, 881

C

cessio legis 1137
chirurgische Behandlungs-
    verfahren 845
choreographische Werke 1115
CIP-Einheitsaufnahme 111
Computerprogramm 141, 1090,
    1113, 1280
ComputerRL 1090
Content 89
Cookies 26
Copyright-Vermerk 1086
Corporate Brand 260

D

Darstellbarkeit, graphische 262
Datenbank 1095, 1124, 1325
DatenbankRL 1095
Dauer > siehe Schutzdauer
DDOS 21
Defensivmarke 260
Dekompilieren 1216
Deregulieren 23
Designschutz 696
Dezeptivzeichen 273
Diagnostizierverfahren,
    Patent für 845
Diensterfindervergütung 875
Diensterfindung 854, 976
Dienstleistungsähnlichkeit 430
Dienstleistungsmarke 233, 260
Domain-Grabbing 210
Doppelerfindungen 854, 907
Doppelschöpfung 1133
Doppelschutzverbot 739
Drehorgel 1232
dreidimensionale Marke 258, 270, 287, 296
droit de suite > siehe Folgerecht
droit moral > siehe geistige
    Interessen
dualistische Theorie 1067

E

E-Commerce 24, 151
editio principis 1324
Eigenart, Geschmacksmuster 737
eigener Gebrauch 1208
Eigentümlichkeit 1105
Eingaben an Patentamt 875
Eingriffsgegenstände 529, 1288
Einheitlichkeit der Erfindung 891
Einmaligkeit, statistische 1106
Einspruch gegen
    die Patenterteilung 904
einstweilige Verfügung
    – im Geschmacksmusterrecht 779
    – im Markenrecht 525
    – im Patentrecht 954
    – im Urheberrecht 1270
einstweiliger Patentschutz 959
Elastizität des Urheberrechts 1245
Electronic Government 16
Empfang von Sendungen 1187
Entdeckung 839
Entgelt > siehe angemessenes
    Entgelt
Entnahme einer Erfindung 939
Entscheidungen 1128
Entstehung des Urheberrechts 1167
Entstellungen des Werks 1200
Enumerationsprinzip 95
ephemäre Aufnahme 1185
Erfinder 852, 976
Erfinderehre 860
erfinderischer Schritt 975
Erfindung 838
Erfindungsbesitz 840
Erfindungshöhe 848
Erlässe 1128
erschienenes Werk 1129
Erschöpfung 17
    – im Geschmacksmusterrecht 767
    – im Markenrecht 452
    – im Patentrecht 925

- im Urheberrecht 1177
Erstanmeldung (PVÜ) 190
erste Inhaltsangabe 1171
Etablissementbezeichnung 672
EuGH 587, 793
Europäische Union 192, 240, 713, 828, 1089
Europäisches Patentamt 1024
Europäisches Patentübereinkommen 828, 1017
Europamarke 566
Europarat 1100
EWR-Abkommen 239, 713
Exekutionsbeschränkungen 1253

F

Farbenmarke 259
Feilhalten 1176
Feststellungsantrag 780, 961
Film 118, 1119
Filmhersteller 1137
Filmmusik 1121
Filmwerke 1137, 1139, 1199, 2001
Firma 656
Firmenmarke 260
Folgerecht 1096, 1195
FolgerechtsRL 1096
Form der Ware als Marke
 > siehe dreidimensionale Marke
Formfreiheit 1166, 1242
Forum Sopping 18
Foto 114
Fotokopierabgabe 1215
Franchise 472, 525, 930
freie Werknutzung 1201
- begleitende Vervielfältigung 1207
- Beherbungsbetriebe 1224
- behinderte Personen 1220
- Berichterstattung über Tagesereignisse 1219
- Bibliotheken 1223

- Brauchtumspflege 1234
- Bundesanstalten 1222
- Drehorgeln 1232
- eigener Gebrauch 1208
- flüchtige Vervielfältigung 1207
- Forschung 1210
- in bestimmten Geschäftsbetrieben 1221
- Katalogfreiheit 1234
- Kirchengebrauch 1227, 1233
- Medienbeobachtung 1211
- Nachdruckfreiheit 126
- öffentlicher Reden 1225
- Porträts 1238
- privater Gebrauch 1210
- Rechtspflege 1206
- Schulgebrauch 1224, 1227, 1231, 1234
- Schutz geistiger Interessen 1238
- Straßenbild 1237
- Unterrichtsgebrauch 1224, 1227
- Vertonung 1229, 1230
- Verwaltung 1206
- Vortrag 1230, 1237
- Werke der bildenden Künste 1234
- Werke der Literatur 1225
- Werke der Tonkunst 1231
- Zeitschriftenartikel 1226
- Zeitungsartikel 1226
- Zitat 1228, 1232, 1237
freies Geistesgut 1106
freies Werk 1128
Freihaltebedürfnis 280
Freiheit des Straßenbildes 1237
Freizeichen 325, 512
Fristen 877

G

Garantiefunktion der Marke 203
Garantiemarke 261
GATT 191

Stichwortverzeichnis 1347

Gattungsbezeichnungen 325, 512
Gebrauch, privater 1210
Gebrauchsgraphik 1108
Gebrauchsmuster 966
- Anfechtung 985
- Anmeldung 978
- Begriff 966
- historische Entwicklung 969
- Inhaber 976
- Institutionen 977
- Literatur 968
- Lizenz 985
- Löschung 985
- Neuheit 974
- Nichtigerklärung 985
- Priorität 981
- Prüfung 981
- Rechtsquelle 967
- Registrierung 982
- Sanktionen 986
- Schutzgegenstand 972
- Schutzdauer 985
- Übertragung 984
- Umwandlung 983
Gebrauchsmusterblatt 982
Gebrauchsmusterregister 982
Gebrauchszwang 501
Gebühren
- im Geschmacksmusterrecht 758
- im Markenrecht 379
- im Patentrecht 892, 980
Gedanke, formgewordener 1107
Gegenseitigkeitsvertrag 1151
Geheimmuster 758
Gehilfe 1133
Gehirn 29
geistige Interessen 1198, 1265
- , freie Werknutzung 1238
geistige Schöpfung 1112
geistiges Eigentum 88, 97
gemeinfreies Werk 1128
Gemeinschaftsantennen 1188

Gemeinschaftsgeschmacksmuster 714, 783
Gemeinschaftsmarke 242, 566
Gemeinschaftspatentübereinkommen 828
Genfer Tonträgerabkommen 1087
geographische Angaben 243, 552
Gerichte 353, 752, 881, 978, 1140
Geruchszeichen 259, 264
Gesamtausgabe 1251
Gesamteindruck
- von Geschmacksmuster 764
- von Marken 397
Gesamtvertrag 1153
geschäftlicher Verkehr 439
Geschäftsbetrieb, freie Werknutzung 1221
Geschäftsbezeichnung 672
Geschmacksmuster
- Aberkennung 777
- Anmeldung 753
- Arbeitnehmermuster 747
- Begriff 696, 724
- Doppelschutzverbot 739
- Erneuerung 772
- Gebühren 758
- historische Entwicklung 708
- Inhaber 746
- Inhalt 764
- Institutionen 750
- Literatur 705
- Lizenz 769
- Löschung 773
- Neuheit 760
- Nichtigerklärung 774
- Priorität 759
- Prüfung 760
- Recherche 735
- Rechte 764
- Rechtsquellen 702
- Registrierung 753
- Sanktionen 779

- Schöpfer 746
- Schutz 779
- Schutzdauer 772
- Schutzgegenstand 724
- Schutzvoraussetzungen 732
- Schutzzweck 700
- Statistik 701
- Übertragung 768
- Wirkung 764

Gesellschaft der Autoren Komponisten und Musikverleger
> siehe AKM

Gesetzgebungskompetenz 183
Gesetzmäßigkeitsprüfung
  der Marke 383
Gewährleistungsmarke 261
Gewährzeichen 261
gewerbliche Anwendbarkeit 841, 976
gewerbliche Schutzrechte 99
gewerbliches Erzeugnis 728
gewerblicher Rechtsschutz 98
Gewinnherausgabe
  > siehe Herausgabe des Gewinns
Ghostwriter 1199
Gleichnamigkeit 649
Gleichheitssatz 184
Globalisierung 238, 712
Globusse 1116
große Rechte 1146
großes Zitat 1228
Grundrechte 183
Gutachten des PA über den Stand
  der Technik 915
Gütezeichen 261
Gutglaubenserwerb 1243

H

Haager Musterabkommen 712
Haftung des Unternehmensinhabers
- im Markenrecht 531
- im Patentrecht 957

- im Urheberrecht 1277

Halbleiterschutzrecht
- Anmeldung 1000
- Begriff 994
- Eigenart 995
- Feststellung 1005
- Inhalt 1001
- Institutionen 998
- Nichtigerklärung 1004
- Prüfung 1000
- Rechte 1001
- Registrierung 1000
- Sanktionen 1005
- Schöpfer 995
- Schutz 1001
- Schutzdauer 1003
- Schutzvoraussetzungen 994
- Übertragung 1003
- Wirkung 1001

Halbleiterschutzregister 1001
Handelsname 492
Harmonisierungsamt 585, 792
Hauptverband des Buchhandels 110
Hausmarke 227, 260
Heimatmarke (MMA) 627
Herausgabe des Gewinns
- im Geschmacksmusterrecht 779
- im Markenrecht 531
- im Patentrecht 956
- im Urheberrecht 1275

Herausgeber 1123
Herkunftsangaben,
  geographische 243
Herkunftsfunktion der Marke 201
Hersteller eines Films
  > siehe Filmhersteller
Hinweis auf
- Geschmacksmusterschutz 780
- Markenschutz 465

Hofmarken 227
Hoheitszeichen 268
Hörmarke > siehe Klangmarke

Hotelzimmer, Empfang im 1193

I
Idee 1107
ideelle Interessen
- im Geschmacksmusterrecht 748
- im Patentrecht 852
- im Urheberrecht 1198
Immaterialgüterrecht 93
Impressum 113
Individualität 1106
Individualkommunikation 108
Individualmarke 260, 336
InfoRL 1097
Informationserfindung 807
Informatikrecht 103
Informationsrecht 104
Inhaltsangabe, Recht der ersten 1171
Inländerbehandlung,
  Grundsatz der 190
Intellectual Property
  > siehe geistiges Eigentum
Interfaces 13
internationale Marke 622
internationales Privatrecht 250, 721,
  812, 834
Internet 10, 151
Intenet Treaties 1088
Interpreten 1295
In-Verkehr-Bringen 1176
Irreführung 273, 344, 515
ISBN-Nummer 111

J
Justizministerium 1140

K
Kabelfernsehen 1164, 1256
Kartellrecht 103
Katalogfreiheit 1234
Kennzeichen 640
Kennzeichnungen, Schutz von 1285

Kennzeichnungsgrad 300
Kennzeichnungskraft
  > siehe Unterscheidungskraft
Kirchengebrauch 1227, 1233
Klangmarke 258, 265
kleine Münze 1108
kleine Rechte 1146
kleines Zitat 1228
Kollision von Kennzeichen 640
Kombinationserfindung 849
Kombinationsmuster 757
Konkurs, Werknutzungsrecht 1248
Kontrahierungszwang 1152
Konvergenz 104
Kopierschutz 1281
körperliche Marke 258, 270
künftige Werke,
  Verfügung über 1248
Kunstgewerbe 1118
Künstlerzeichen 1139

L
Landkarten 1115
Lauterkeitsrecht 102, 208
Layout 1110
Leerkassettenvergütung 1163, 1214
Leistungsschutz 1294
Leistungsschutzabkommen 1086
LeistungsschutzrechtsGmbH
  > siehe LSG
Lichtbilder, Schutz der 1311
Lichtbildwerke 1119
Lieferungswerk 1265
Lissabonner Abkommen 248
LITERAR-MECHANA 1156
Literatur 1112
Lizenz
- im Gebrauchsmusterrecht 985
- im Geschmacksmusterrecht 769
- im Markenrecht 68
- im Patentrecht 929
- im Urheberrecht 1244

LSG 1156
LVG 1156

M

Madrider Markenabkommen 238, 622
- über irreführende Herkunftsangaben 248

Manier 1107

Marke
- Anmeldung 355
- Arten 257
- Auskunftsstellen 206
- Begriff 198, 254
- Design 205
- Erneuerung 475
- Funktion 200, 265, 279
- Gebühren 379
- historische Entwicklung 226
- Inhaber 336
- Institutionen 348
- Literatur 217
- Lizenz 468
- Löschung 478
- nicht-registrierte Marke 489, 685
- Priorität 979
- Prüfung 383
- Recherche 384
- Rechte 390
- Rechtsquellen 206, 213
- Registrierung 355
- Registrierungshindernisse 266
- Sanktionen 520
- Schutzdauer 475
- Schutzgegenstand 254
- Schutzvoraussetzungen 266
- Schutzzweck 200
- Statistik 206
- Übertragung 466
- Wirkung 390

Markenanzeiger 386
Markenregister 385

Markenrecht 199
Markenrechtsvertrag 245
MarkenRL 240
Markenzwang 227, 473
Massenmedien 108
mechanische Rechte 1147
Medienbeobachtung 1211
mehrteilige Marken 258
Meinungsfreiheit 16
Meisterzeichen 227
Mems 26
Metatags 436
Mikrochips 988, 1116
Mikroorganismus 913
Mindestschutzprinzip 190
Mittäter 524
Miturheber 1134
Modell 725
monistische Theorie 1067
Monopolprinzip 1150
Münze, kleine 1108
Musikedition 1157
Musiknoten, Kopieren von 1212
Musikverlag 1146
Musikvideos 1157
Musikzitat 1232
Musterrecht > siehe Geschmacksmuster oder Gebrauchsmuster
Musterregister 761
Musterzertifikat 762

N

Nachahmungsfreiheit 92
Nachanmeldung (PVÜ) 380
Nachdruckfreiheit 1226
nachgelassene Werke 1324
Nachrichtenschutz 1326
Name 642
Napster 89
Nationalität des Markeninhabers 342
Nennung
- Erfinder 860

- Geschmacksmusterschöpfer 748, 769
- Markeninhaber 343
Neuheit
- Erfindung 845
- Gebrauchsmusters 974
- Geschmacksmusters 733
Neuheitsschonfrist 737, 975
new economy 3
Nichtigerklärung
- Gebrauchsmuster 985
- Geschmacksmuster 774
- Halbleiterschutzrecht 1004
- Marke 478
- Patent 937
Nichtigkeitsabteilung des PA 351, 751, 874
notorisch bekannte Marke 444

O

Oberster Patent– und Markensenat 356, 752, 879
Offenbarung
- Erfinfung 890
- Geschmacksmuster 754
Offenbarungstheorie 93, 809
öffentliche Ordnung 738
Öffentlichkeit 809, 1192
OMPI > siehe WIPO
Orchester 1300
Ordnungsstrafe 878
ordnungswidrige Zeichen 273
ORF 119, 125, 1188
ÖSTIG 1157

P

pantomimische Werke 1115
Parallelimport 455
Pariser Verbandsübereinkunft
  > siehe PVÜ
Parodie 1121
Patent

- Aberkennung 939
- Anfechtung 937
- Anmeldung 884
- Arten 913
- Anspruch auf 852
- Arbeitnehmererfindung 853
- Arten 913
- Aufgebot 860
- Auskunftsstellen 811
- Begriff 838
- Einspruch 904
- Erfinder 852
- Erfindungshöhe 848
- Erteilungsverfahren 884
- Gebühren 892
- historische Entwicklung 823
- Inhaber 852
- Inhalt 920
- Institutionen 863
- Literatur 815
- Lizenzen 929
- Löschung 937
- Neuheit 845
- Nichtigerklärung 937
- Priorität 897
- Prüfung 901
- Recherche 915
- Rechte 920
- Rechtsquellen 811, 813
- Registrierung 909
- Rücknahme 937
- Sanktionen 953
- Schutzgegenstand 838
- Schutzdauer 936
- Schutzvoraussetzungen 843
- Schutzzweck 809
- Statistik 810
- Teilung 896
- Umwandlung 897
- Übertragung 928
- Wirkung 920
Patentamt 4, 9, 348, 751, 863, 977

Patentanmaßung 961
Patentansprüche 887
Patentblatt 910
Patent Law Treaty 833
Patent Cooperation Treaty
> siehe PCT
Patentrechtstheorien 809
Patentregister 910, 935
Patentschrift 912
PCT 1035
Persönlichkeitsrechte 100, 1198, 1333
Pfandrecht
– Gebrauchsmuster 985
– Geschmacksmusterrecht 770
– Marke 473
– Patent 934
Pflanzensorten, Patent für 845
Pflichtenexemplare 111
Pionierpatent 848
Piraterie 168, 717
Plagiat 110
Porträts, freie Werknutzungen 1238
Präsidialabteilungen des PA 875
Priorität
– im Gebrauchsmusterrecht 981
– im Geschmacksmusterrecht 759
– im Markenrecht 379
– im Patentrecht 897
Prioritätserklärung 190, 380, 759, 898
Prioritätsfrist (PVÜ) 190, 380, 759, 898
Prioritätsprinzip 379
Privatanklagedelikt 536, 960, 1287
privater Gebrauch 1210
Privilegienwesen 93, 227, 823
Probe des Schaffens 1251
Produktpiraterie 168, 243, 812, 1099
Programmlogik, Schutz der 973
Propriété Intellectuelle
> siehe geistiges Eigentum

Protokoll zum MMA 624
Prüfzeichen 261
Pseudonym 1138
PVÜ 189, 244, 718, 832

Q
Quellenangabe 1239

R
RBÜ > siehe Berner Übereinkunft
Realakt 1167
Recherchen, Marken 384
Rechnungslegung
– im Gebrauchsmusterrecht 986
– im Geschmacksmusterrecht 779
– im Markenrecht 532
– im Patentrecht 956
– im Urheberrecht 1277
Recht am eigenen Bild 1334
Recht auf unkörperliche Wiedergabe 1191
Recht der ersten Inhaltsangabe 1171
Recht, mechanisches 1147
Rechte, kleine und große 1146
Rechtsabteilung des PA 350, 751, 870
Rechtspflege, freie Werknutzung 1206
Rechtssicherheit 6
Reden, öffentliche 1225
Regel zum technischen Handeln 852
Registered Rights 7
Registrierung
– Gebrauchsmuster 982
– Geschmacksmuster 753
– Marken 355
– Patente 909
– von Marken
Registrierungshindernisse, Marke 266
Reprographievergütung 1215
reverse engineering 1002

Revidierte Berner Übereinkunft
> siehe Berner Übereinkunft
Römer Leistungsschutzabkommen 1086
Rundfunksendung(en) 119, 1185, 1320
Rundfunkvermittlungsanlage 1187

S

Sachpatent 913
Sachverständigengutachten 1128
Sammelmuster 757
Sammelwerk 1122, 1251
Satellitenabkommen, Brüsseler 1088
Satellitenprogramme 1092, 1189
SatellitenRL 1092
Satzung 1155
Schadenersatz
- im Gebrauchsmusterrecht 986
- im Geschmacksmusterrecht 779
- im Markenrecht 531
- im Patentrecht 956
- im Urheberrecht 1275
Schallträger 114, 1315
Schiedskommission 1159
Schiedsstelle 1162
Schnittstelle 1114
Schöpfer 746
Schöpferprinzip 746, 852, 976, 1132
Schöpfung 1112
Schrift 109
Schulgebrauch 1224, 1227, 1231, 1234
Schutzdauer
- im Gebrauchsmusterrecht 985
- im Geschmacksmusterrecht 772
- im Markenrecht 475
- im Patentrecht 936
- im Urheberrecht 1263
SchutzfristenRL 1093
Schutzrechte, verwandte 1294
Schutzzertifikat 1007

Schutzzweck, Markenrecht 200
schwache Zeichen 396
Selbstregulierung 182
Senderecht 1185
Sendevertrag 1253
Serienzeichen 259
Signet 1109
sittenwidriges Zeichen 273
sittenwidriger Markenerwerb 462
Sittenwidrigkeit 209
SMS 109 *Slogans 284, 286, 295*
Software
> siehe Computerprogramme
Sortenbezeichnungen 278
Spirituosenmarken 278
Sprache 109
Sprachwerke 1113
Staatsbürgerschaft 342, 854, 1082
Staatsvertrag von St. Germain 1069
Stand der Technik 845
starke Zeichen 396
statistische Einmaligkeit 1106
Stichwortverzeichnis 1109
Stil 1107
Stoffschutzverbot 914
strafrechtlicher Schutz
- im Gebrauchsmusterrecht 987
- im Geschmacksmusterrecht 780
- im Markenrecht 536
- im Patentrecht 496
- im Urheberrecht 1287
Straßburger Abkommen 831
Straßenbild, Freiheit des 1237
Stufensystem 1170
Suggestivfunktion der Marke 204

T

Tagesereignisse,
   Berichterstattung über 1219
täuschende Zeichen 273
Technik
- , Begriff 840

–, Stand der 845
technisch-funktionelle
    Merkmale 740
technische Abteilung des PA 869
Teilung der patentanmeldung 896
Teilurheber 1135
Telefon 134
Telle–quelle–Klausel 332
Territorialitätsprinzip 187, 238, 712, 828, 925, 1080
Textfreiheit 1230
therapeutische Behandlungsverfahren 845
Tierart, Patent für 845
Titelschutz 677
Tonkunst 1116
Tonträgerübereinkommen 1087
Topographien von Mikrochips 988
Trademark Law Treaty
    > siehe Markenrechtsvertrag
Trägermaterial 1208
Transaktionskosten 14
TRIPS-Abkommen 191, 247, 719, 833, 1100

U

Übersetzung, Patentanmeldung 889
Übersetzungsrecht 1171
Übertragung
– des Gebrauchsmusterrechts 984
– des Geschmacksmusterrechts 768
– des Markenrechts 466
– des Patentrechts 928
– des Urheberrechts 1240
Übertragungserfindung 848
Ubiquität, potentielle 94
Umwandlung der Patentanmeldung 897
Unionspriorität 190, 759, 898
Unterlassungsanspruch
– im Gebrauchsmusterrecht 986
– im Geschmacksmusterrecht 779

– im Markenrecht 521
– im Patentrecht 954
– im Urheberrecht 1268
Unternehmensmarke 336
Unternehmerhaftung 957, 1277
Unterrichtsgebrauch, freie Werknutzung > siehe Schulgebrauch
Unterscheidungskraft 265, 279
Urheber 1132
Urheberbezeichnung 1199
Urheberpersönlichkeitsrecht 1198
Urheberrecht
– Entstehung 1166
– Erschöpfung
– freie Werknutzung 1201
– Gegenstand
– historische Entwicklung 1066
– ideelle Interessen 1198
– Inhalt 1170
– internationales 1080
– Leistungsschutz 1295
– Literatur 1054
– Rechtseinräumung 1241
– Rechtsquellen 1051
– Sanktionen 1267
– Schöpfer 1132
– Schutzdauer 1260
– Schutzgegenstand 1104
– Schutzzweck 1050
– Übertragung 1240
– Urheber 1132
– Unübertragbarkeit 1241
– Vererbung 1240
Urheberrechtsverträge 1241, 1252
Urheberregister 1264
Urheberschaft, Schutz der 1198
Urhebervermutung 1138
Ursprungsbezeichnung 243, 552
Ursprungsidentität 202
Ursprungsmarke (MMA) 627
Urstück 1254, 1270
Urteilsveröffentlichung

- im Gebrauchsmusterrecht 986
- im Geschmacksmusterrecht 779
- im Markenrecht 533
- im Patentrecht 955
- im Urheberrecht 1272

UWG 209

V

VAM 1157
VBK 1157
VBT 1157
VDFS 1158
Veranstalterschutz 1307
Veranstalterverband 5, 1159, 1169
Verbandsland 260
Verbandsmarke 343, 540
Verbandspriorität
> siehe Unionspriorität
Verbindung von Werken 1135
Verbreitungsrecht 1175
Verfahrenspatent 913, 923
Verfilmungsvertrag 1253
Vergütung, angemessene
> siehe angemessene Vergütung
Verjährung 957
Verkehrsgeltung 299
Verkehrsgeltungsnachweis 301
Verlagsvertrag 1252
Verleihen 1091, 1180
Vermieten 1091, 1180
VermietRL 1091
Vermischte Nachrichten 1336
Vermutung der Urheberschaft 1138
veröffentlichtes Werk 1129
Veröffentlichungsrecht 1198
Verschenken 1176
verschlüsselte Sendungen 1188
Verschlüsselung 1281
Verstümmelungen des Werks 1200
Vertextung 1116
Vertonung 1146, 1229
Vertrag über internationale

    Zusammenarbeit 1035
Vertrag von Nairobi 249
Vertrauensfunktion der Marke 203
Vervielfältigungsrecht 1172
Vervielfältigung zum
    eigenen Gebrauch 1208
Vervielfältigung zum
    privaten Gebrauch 1210
Verwaltung, freie
    Werknutzung 1206
Verwaltungsstellen des PA 875
Verwandte Schutzrechte 1294
Verwechslungsgefahr 393
Verwendungspatent 915
Verwertungsgesellschaft 1142
Verwertungsrecht 1170
Verwirkung 487, 491, 494, 534
VGR 1158
Vorabentscheidungsverfahren 192
Vorbehalte zugunsten des
    Urhebers 1249
Vorbenützerrecht
- im Gebrauchsmusterrecht 984
- im Geschmacksmusterrecht 767
- im Patentrecht 926

Vorbild 725
Vorfragenentscheidung
- im Markenrecht 535
- im Patentrecht 958

Vorführungsrecht 1191
Vorprüfung, Patent 901
Vorratsmarke 260
Vortrag, freie Werknutzung 1230
Vortrag, Schutz 1295
Vortragsrecht 1291

W

Wahrnehmungspflicht 1151
Wahrnehmungsvertrag 1144
Waren- und Dienstleistungs-
    verzeichnis (Marke) 358
- Erweiterung 386

Warenverzeichnis (Muster) 728, 757
Warenähnlichkeit 430
Warenmarken 260
Weinmarken 278
Weltorganisation für geistiges
    Eigentum > siehe WIPO
Weltrepertoire 1145
Welturheberrechtsabkommen 1085
Werbefunktion der Marke 204
Werk
– eines Arbeitnehmers 1135
– amtliches 1128
– erschienenes 1129
– freies 1128
– veröffentlichtes 1129
– Verwertung
Werke
– der bildenden Künste 1117
– der Filmkunst 1119
– der Lichtbildkunst 1119
– der Literatur 1112
– der Tonkunst 1116
Werkhöhe 1104
Werkkategorie 1106
Werknutzung, freie 1201
Werknutzungs-
    bewilligung 1242, 1244
Werknutzungsrecht 1242, 1244
Werkschutz 1199, 1239
Werkstück 1129
Werkteile 1121
Werkzweck 1107
Wert, künstlerischer, wissenschaftlicher und ästhetischer 1107
Wettbewerbsrecht 101
Widerspruch 599
Wiedergaberecht 1191, 1194
Wiederholbarkeit der Erfindung 840
Wiederholungsgefahr 521, 1269
Wiener Abkommen 247
WIPO 188
WIPO Internet Treaties 1088

Wirtschaftslkammern 750, 1158
Wissenschaftliche Werke 1115
World Intellectual Property
    Organization > siehe WIPO
Wort-Bild-Marke 258
Wortmarke 258
WTO 191
WUA 1085

Z
Zahlenmarke 258
Zahlungen an das Patentamt 876
Zeitschriftenartikel 111, 1226
Zeitungsartikel 112, 1226
Zentralbehörde für den gewerblichen
    Rechtsschutz 98,l 794
Ziffernmarke 258
Zitat, großes und kleines 1228
Zollbehörden, Mitwirkung 1279
Zufallserfindung 840
Zugangskontrolle 126
Zuordnungsgrad 300
Zurverfügungstellungsrecht 1194
Zusatzpatent 915
Zusammenfassung, Patent 889
Zwangslizenz 930, 1254
Zweck des Werks 1107
Zweckübertragungstheorie 1243

ÖBl

[Österreichische Blätter für gewerblichen Rechtsschutz und Urheberrecht]

Unentbehrlich für jeden Wirtschaftsjuristen!

Aktuelle Aufsätze und Entscheidungen über Themen der täglichen Praxis:
- Zugaben und Gewinnspiele
- Markenpiraterie
- Domainname-Konflikte
- Nutzungsrechte in neuen Medien
- Werbung im Internet
- Gemeinschaftspatent
- Entkriminalisierung des Kartellrechts

Rechtsgebiete
Wettbewerbs-, Marken-, Muster-, Kartell-, Patent-, Urheber- und Medienrecht

Schnupperabo zum Kennenlernen!

Herausgeber
Österreichische Vereinigung für gewerblichen Rechtsschutz und Urheberrecht, 1014 Wien, Tuchlauben 17

Redaktion
RA Dr. **L. Wiltschek**
Hon.-Prof. Dr. **H. Gamerith**
PatA Dipl.-Ing. **W. Holzer**

6 Hefte jährlich. Jahresabonnement 2003, einschließlich der Beilage Rundfunkrecht
EUR 208,– inkl. Versand
Einzelheft EUR 41,60
Schnupperabo: 3 Hefte zum Preis von 2 um EUR 83,20

MANZ

Domain - Grabbing   S. 212
Domain - Schutz   S. 646   (§43 ABGB)
                   S. 649   Gleichnamige (§9 UWG)
                             zusätzlich: §12 MSchG
                   S. 652   "   §1 UWG
Domain - Name S. 673   als Unternehmenskennz. §9 UWG
Domain als Gattung S. 328
WIPO als Schiedsgericht! S. 539